2023

7, 9급 공무원, 변호사, 행정사 시험 대비

★★★★★
완전
정복

# 삼봉

## 행정법총론

## 주요판례

김유환 편저

미담스북스

완전정복 삼봉
행정법총론
주요판례

**초판 1쇄** 2022년 10월 28일

**편저** 김유환
**펴낸이** 류종렬

**펴낸곳** 미다스북스
**총괄실장** 명상완
**책임편집** 이다경
**책임진행** 김가영 신은서 임종익 박유진

**등록** 2001년 3월 21일 제2001-000040호
**주소** 서울시 마포구 양화로 133 서교타워 711호
**전화** 02) 322-7802~3
**팩스** 02) 6007-1845
**블로그** http : //blog.naver.com/midasbooks
**전자주소** midasbooks@hanmail.net
**페이스북** https : //www.facebook.com/midasbooks425
**인스타그램** https : //www.instagram.com/midasbooks

**ISBN** 979-11-6910-089-2 13360

값 33,000원

미다스북스는 다음 세대에게 필요한 지혜와 교양을 생각합니다

✦

"매일매일 숙독(熟讀)해서
그것을 내 가슴 속에 자리하도록
먼저 수백 수천 번 읽고 다시 읽으면
저절로 정통해진다."

- 조선 22대 왕, 정조

# 머리말

## 삼봉공부법은 완전정복 100퍼센트 합격법이다!

### 고려대에서 법학 전공, 행정고시 일반행정직 합격자의 정통 교재

나는 고려대학교에서 법학을 전공했고, 행정고시 일반행정직렬에 합격하여 7년간 국가공무원으로 근무하다 1999년도에 사직했다. 이후 신림동을 거쳐 노량진에서 13년간 1타 강사로 강의했고, 지금은 행정법 수험교재를 집필하고 유튜브 "삼봉과 함께 하는 세상"에서 강의를 진행하고 있다.

내 소개를 하는 이유는, 교재 저자와 강사를 선택하는 기준 때문이다. 강사를 선택할 때는 그 과목 전공자인가를 반드시 확인해야 한다. 물론 전공자가 아닌 경우에도 강의를 할 수는 있다. 그러나 전공자만큼 그 과목에 관한 지식과 그 배경에 깔린 요소를 상세하게 설명할 수는 없다. 특히 법학에서 사용하는 개념은 일상적인 국어적 의미와 다르게 쓰이는 경우가 많기 때문에, 배경 설명 없이 칠판에 맹목적으로 필기만 하고 두문자 위주로 암기를 강요하는 강의를 들을 바에는 차라리 혼자 공부하는 게 시간 낭비를 줄이는 길이다. 강의를 들으려면 법학을 제대로 전공하고, 수험에서도 합격이라는 결실을 거둔 실력이 검증된 선생의 해설이 필수적이다. 법학 전공자가 아닌 경우에는 개념이 의미하는 내포와 외연을 제대로 설명할 수 없다.

또한 두 번째 기준은 고시에 합격하여 실무 근무를 해본 적이 있는가이다. 법학을 전공했다 하더라도 본인이 수험에 실패한 경우에는 뭔가 문제가 있다고 생각해야 한다. 본인의 실패한 경험담을 수험생에게 전수해봤자 그 결과는 실패로 귀결될 가능성이 높다. 추락하는 것에는 날개가 있듯이, 고시에 떨어진 데에는 뭔가 문제가 있게 마련이다. 또한 행정법은 행정실무에 직접 연결되는 과목이기 때문에 이론뿐만 아니라 현장에서 필요한 실무적 감각에 대해서도 알아야 하기 때문에 실무경험이 있는 행정고시 합격자의 강의를 듣는다면 금상첨화이다.

### 기본에 충실한 최고의 적중률, 삼봉행정법 시리즈!

2022년 국가직 9급 행정법총론 시험이 끝난 후 매우 어렵게 출제되었다는 평가가 대부분인 것 같다. 그러나 내가 보기에는 예년과 별로 다르지 않은 정도의 난도였다고 생각한다. 그럼에도 2021년도 시험이 끝난 뒤에는 어렵다는 평가가 별로 없었는데, 2022년도 시험 후에 어렵다는 평가가 주류인 이유는, 2021년에는 행정법총론이 선택과목이었는데 2022년도에 필수과목이 되었다는 점이다. 즉, 금년도에 행정법을 처음 접하는 수험생들이 행정법총론과 사회 과목의 차이를 제대로 알지 못하고, 행정법총론을 사회 과목 공부하듯이 공부했기 때문에 어렵게 느껴지는 것이다. 제대로 공부하지 않으면 행정법은 아무리 쉽게 출제해도 어렵다고 느껴질 수밖에 없다.

그렇다면 해결방안은 무엇인가? 기본에 충실해야 한다는 점이다. 수험생 누구나 최대한 빨리 시험에 합격하고 싶을 것이다. 실력이 되는데 굳이 합격을 자제할 이유는 없다. 그러나 실력을 기르기 위해서는 조급증을 버려야 한다. 먼저 제대로 된 이론서를 통해 개념과 문장독해 능력을 충실히 길러야 한다. 문장에 나타난 논리의 배경과 핵심도 충실히 익혀야 한다.

기본이 닦이지 않은 상태에서 성급하게 기출문제를 통해 실력을 확인하려는 수험생들이 매우 많다. 시험문제는 실력이 쌓이면 저절로 풀리게 마련이다. 실력이 쌓이지 않은 상태에서 성급하게 문제풀이를 병행하면 공연히 스트레스만 받게 되고, 지문의 의미도 제대로 알지 못하고 맹목적으로 외워봐야 변형된 지문에 속절없이 당하게 마련이다. 2022년도 국가직 9급 행정법총론 문제도 그동안 출제되지 않았던 새로운 쟁점이나 판례, 사례형이라는 새로운 출제 유형이 많이 등장했다.

## 점점 늘어가는 판례 사례 문제의 비중에 주목하라

법학은 일반적·추상적 규율인 법률과 그에 관한 해석인 판례와 학설이라는 세 부분으로 구성되어 있다. 해마다 출제경향에 따라 비중이 달라질 뿐 세 구성요소가 모두 법학의 중요한 요소라는 사실은 변함이 없다. 그럼에도 불구하고 매년 출제경향이 바뀜에 따라 웃고 우는 수험생들을 보는 것은 매우 안타깝고 유감스러운 일이다. 법학 공부의 정도는 출제경향과 무관하게 법률·판례·학설을 충실히 소화하겠다는 자세라고 감히 단언한다. 본 교재는 법학의 세 구성요소 가운데 하나인 판례를 중심으로 추상적인 법률의 구체화를 도모하고자 만들어진 교재이다.

한편, 2008년을 기점으로 문제지 공개가 보편화되고 매년 새로운 문제가 추가되면서 판례비중이 강화되었고, 앞으로도 이 추세는 지속될 것이라고 예측된다. 인간의 머리는 한계가 있기 때문에 완전히 새로운 지문을 개발하는 것도, 기존의 지문을 변경하는 것도 한계가 있다. 따라서 매년 새로 추가되거나 변경되는 판례는 무궁무진한 출제의 원천이므로, 최근 판례가 차지하는 비중은 90% ~ 100%까지 높아졌고, 판례의 단순결론만이 아닌 논거를 묻는 문제들이 출제되고 있다. 또한 판례와 관련된 사례문제가 차지하는 비중도 점차 높아지고 있다.

| 구 분 | 국가직 | 지방직 |
|---|---|---|
| 계 | 20 | 20 |
| 판례문제 | 16 | 15 |
| 법률문제 | 1 | |
| 법률 + 판례 | 2 | 4 |
| 학설 | 1 | |
| 법률 + 학설 | | |
| 학설 + 판례 | | 1 |
| 법률 + 학설 + 판례 | | |
| 판례 관련 문제 | 18(90%) | 20(100%) |
| 사례문제 | 5(25%) | 2(10%) |

〈2022년 국가직 9급과 지방직 9급 행정법총론의 판례 비중〉

| 구 분 | 2018 | 2019 | 2020 | 2021 | 2022 |
|---|---|---|---|---|---|
| 계 | 20 | 20 | 20 | 20 | 20 |
| 판례문제 | 9 | 13 | 15 | 15 | 16 |
| 법률문제 | 1 | 1 | 2 | 1 | 1 |
| 법률 + 판례 | 7 | 4 | 2 | 1 | 2 |
| 학설 | | | | | 1 |
| 법률 + 학설 | | | | | |
| 학설 + 판례 | 2 | 1 | 1 | 2 | |
| 법률 + 학설 + 판례 | 1 | 1 | | 1 | |
| 판례 관련 문제 | 19(95%) | 19(95%) | 18(90%) | 19(95%) | 18(90%) |
| 사례문제 | 2(10%) | 0 | 0 | 2(10%) | 5(25%) |

〈최근 5년간 국가직 9급 행정법총론의 판례 비중〉

따라서 현재의 출제경향을 볼 때 판례를 제대로 공부하지 않고서는 합격이 전혀 불가능한 현실이다. 이는 달리 말하면 판례와 중요 법률인 행정기본법, 행정절차법, 「공공기관의 정보공개에 관한 법률」, 행정조사기본법, 「민원처리에 관한 법률」, 「개인정보 보호법」만 제대로 공부해도 100점이 가능하다는 것이다.

이번 판례교재는 다음과 같은 독자들을 위한 교재이다.

1. 기존에 삼봉이론서로 공부한 수험생에게는 기본서 출판 이후의 최신판례를 반영한 기본서의 추록이라는 의미를 가진다.
2. 또한 기본서에 판례결론만 언급한 것도 판례배경을 읽어봄으로써 판례를 입체적으로 완성하는 의미를 갖는다.
3. 또한 기존에 다른 수험서로 공부한 독자들에게는 단기간에 판례부분만 집중적으로 정리한다는 의미를 갖는다.

본 교재는 필자가 신림동에서 처음 출판한 이후 지방국립대 대학원교재로도 사용될 정도로 학계의 선택을 받은 교재이기도 하다.

2023년판 판례교재는 2022년 7월까지의 대법원판례와 헌법재판소 결정례를 반영했다. 최근 5년간 출제된 판례는 최신기출 표시를, 최근 3년간의 판례에는 최신판례 표시를, 대법원 전원합의체판결은 매우 중요한 판례이므로 전합판례 표시를 달았다. 최신기출이 아니더라도 출제된 판례의 제목 옆에 기출주석을 달았고, 판례 아래에는 틀리게 출제된 지문을 달았다. 따라서 수험생들은 최신기출판례만 정리하거나, 최신판례만 정리하거나, 기출판례만 정리하거나 필요에 따라 발췌독을 하면 된다. 기출주석은 2022년 지방직9급시험까지 반영했다. 처음 공부하는 친구들은 모든 판례의 논거와 결론을 음미해야 할 것이다.

모쪼록 본 교재가 수험생 여러분들이 각자 선택한 교과서와 유기적인 일체가 되어 추상적인 법률과 판례·학설의 유기적인 공부에 미약하나마 기여하기를 진심으로 바란다. 정도를 걷는 자만이 끝내 최종합격의 영광을 거둘 수 있다는 확신을 수험생 여러분에게 드린다.

이 교재를 선택한 수험생 모두에게 합격의 영광이 있으라!!!

삼봉 김유환 씀

유튜브 〈삼봉과 함께하는 세상〉

삼봉 김유환의 블로그

# 목차

# 02 행정작용법

# 03  행정의 실효성확보수단

# 04 행정구제법

판례 찾아보기

(QR코드로 연결됩니다)

# ✦ 완전정복 삼봉 행정법총론,
# 핵심을 꿰뚫는 판례 공부법

## Ⅰ. 판례에 대한 배경지식

### 1. 판결과정

| 구분 | 내용 |
|---|---|
| 사건의 발생 | |
| ↓ | |
| 소송제기 | |
| ↓ | |
| 관련법률의 탐색 | |
| ↓ | |
| 관련법률의 해석 | 법해석의 기준으로서 이후의 동종사건(유사사건)에 되풀이 적용 |
| ↓ | |
| 사실관계의 재구성 | |
| ↓ | |
| 포섭 | 어떠한 사실관계가 해석된 관련 법률의 법률요건을 충족(포섭)했는지 여부를 판단하는 과정 |
| ↓ | |
| 판결 | 포섭되면 법률효과를 부여해서 판결을 내림 |

## 2. 법률의 해석과 포섭, 적용 : 얼굴만 침입사건

1. 사실관계

   甲은 1993.9.22. 00:10경 乙녀의 집에서 乙녀를 강간하기 위해 그 집 담벽에 발을 딛고 창문을 열고 안으로 얼굴을 들이미는 등의 행위를 하였다. 검사는 甲을 「폭력행위 등 처벌에 관한 법률」 위반(주거침입)죄의 미수범으로 기소하였다.

2. 판례요지

   (1) 해석

   주거침입죄는 사실상의 주거의 평온을 보호법익으로 하는 것이므로, 반드시 행위자의 신체의 전부가 범행의 목적인 타인의 주거 안으로 들어가야만 성립하는 것이 아니라 신체의 일부만 타인의 주거 안으로 들어갔다고 하더라도 거주자가 누리는 사실상의 주거의 평온을 해할 수 있는 정도에 이르렀다면 범죄구성요건을 충족하는 것이라고 보아야 하고, 따라서 주거침입죄의 범의(범죄고의)는 반드시 신체의 전부가 타인의 주거 안으로 들어간다는 인식이 있어야만 하는 것이 아니라 신체의 일부라도 타인의 주거 안으로 들어간다는 인식이 있으면 족하다.

   (2) 포섭

   야간에 타인의 집의 창문을 열고 집 안으로 얼굴을 들이미는 등의 행위를 하였다면 피고인이 자신의 신체의 일부가 집 안으로 들어간다는 인식하에 하였더라도 주거침입죄의 범의는 인정되고, 또한 비록 신체의 일부만이 집 안으로 들어갔다고 하더라도 사실상 주거의 평온을 해하였다면 주거침입죄는 기수에 이르렀다(대판 1995.9.15, 94도2561).

3. 이와 같은 대법원판결에 따라 앞으로 유사사건(얼굴만 침입사건)이 발생하면 검사나 하급심법원은 주거침입죄 기수가 된다고 법을 인식하게 될 것이다. 이와 같이 판례는 특정사건에 대한 결론만이 아니라 앞으로 유사사건에 법해석의 기준이 된다는 점에서 법의 인식근거, 즉 법원으로 기능하는 것이 아닌가 논의되는 것이다.

## 3. 심급제도

| 구분 | | 내용 | |
|---|---|---|---|
| 상소 | 대법원(3심) | ① 법률심(법률문제만 심리)<br>② 상고심(상고사건 심리) | ┐<br>↓<br>파기환송<br>↵ |
| | ↑ 상고(14일 이내) | | |
| | 고등법원(2심) | ① 사실심(법률문제 + 사실문제 심리)<br>② 항소심(항소사건 심리) | |
| | ↑ 항소(14일 이내) | | |
| | 지방법원(행정법원) : 1심 | 사실심(법률문제 + 사실문제 심리) | |
| 얼굴만 침입사건(당해사건) | | 하급심 기속 ⇒ 다시는 미수라고 판결하지 못함 | |
| 왼쪽다리 침입사건[동종사건(유사사건)] | | 하급심을 기속하지 않음 ⇒ 다시 미수라고 판결해도 무방 | |

## 4. 대법원판결과 헌재결정의 사건번호

| 구분 | 일반법원 | | | 헌법재판소 | | | |
|---|---|---|---|---|---|---|---|
| | 지방법원 | 고등법원 | 대법원 | | | | |
| 행정사건 | 구 | 누 | 두 | 헌가 | 위헌법률심판사건 | 헌마 | 헌법소원심판사건<br>(헌법재판소법 §68 ①) |
| 민사사건 | 가 | 나 | 다 | 헌나 | 탄핵심판사건 | 헌바 | 헌법소원심판사건<br>(헌법재판소법 §68 ②) |
| 형사사건 | 고 | 노 | 도 | 헌다 | 정당해산심판사건 | 헌사 | 각종 신청사건 |
| | | | | 헌라 | 권한쟁의심판사건 | 헌아 | 각종 특별사건 |

> 예 대판 2011.11.10, 2009두2435 : 2011년 11월 10일 선고한 대법원판결로서, 2009년에 2435번째로 대법원에 접수된 행정상고사건

# Ⅱ. 판례공부법

## 1. 이론서와 병행하는 판례학습
전에 법대생들은 가방도 2개 싸가지고 다니고 책받침도 큰 것을 사용했다. 책받침 중간에 기본서, 왼쪽에 소법전, 오른쪽에 판례집을 놓고 동시에 비교하며 공부하기 때문이다. 판례의 결론은 뜬금없이 나오는 것이 아니라 대부분 이론적 배경이나 논리적 전개를 거쳐 도출되는 것이 대부분이다. 따라서 이론적 배경 없이 판례의 결론만 맹목적으로 외우려고 하면 잘 외워지지도 않을뿐더러 쉽게 망각하게 마련이다. 판례의 논리를 이해하기 위해 이론서와 진도를 나란히 해서 함께 공부하는 것이 효율적이다.

## 2. 법률과 판례의 유기적 결합
시험에 자주 출제되는 주요 법률들, 예를 들면 행정기본법, 행정절차법, 「공공기관의 정보공개에 관한 법률」, 행정조사기본법, 「민원 처리에 관한 법률」, 「개인정보 보호법」 등은 어차피 암기해야 할 법률들이다. 이들 법률에 대한 해석인 판례는 항상 법률 문장과 연결해서 공부해야 한다. 법률 문장이 기억나면 관련 판례가 떠오르게 되고, 판례가 떠오르면 관련 법률이 떠오르게 되므로 상호 연상효과가 매우 클뿐더러, 판례의 결론을 맹목적으로 외우지 않고, 법률과 연결해서 자연스레 도출할 수 있기 때문에 암기에 도움이 된다.
그러나 주요 법률이 아닌 경우 법률 내용까지 일일이 찾아서 외우는 것은 오히려 암기량을 늘리게 되므로 자제해야 한다. 판례요지에 관련 법령의 내용이 인용되면 그 정도만 판례 결론과 연결해서 공부하면 되고, 그렇지 않은 경우 일일이 관련 법령을 찾아보는 것은 비효율적이다.

## 3. 포섭과정을 중시
법률의 해석에 관한 판례도 포섭과정이 중요하지만, 신뢰보호원칙의 성립요건과 같이 법률해석이 아니고 판례가 기준을 만든 경우에는 포섭과정을 거쳐 결론을 자연스럽게 도출하는 훈련을 해야 한다. 신뢰보호원칙의 성립요건 중 공적 견해표명에 관한 것도 형식적인 권한분장에 국한되지 않는다는 것이 판례의 판단 기준이므로, 이에 맞춰 보조기관의 행위도 공적 견해표명이 될 수 있다는 구체적인 판례결론은 별도로 외우지 않고 도출해 내야 한다.

## 4. 판례의 종합적 학습의 중요성

판례는 유사판례를 모두 정리한 교재로 학습함이 정도이다. 미묘한 사실관계의 차이를 인식하지 못하고, 특정 판례만 공부하면 시험장에서 전혀 엉뚱하게 판례를 선택하는 오류를 범할 수 있다. 또한 유사판례를 함께 정리하지 않는다면, 판례가 밝힌 원칙과 예외를 혼동할 수 있다. 판례지문은 대단히 신중하게 사용되고 있고, 따라서 원칙과 예외에 관해서도 매우 신중한 표현을 하고 있다. 그런데 예외적 사례에만 적용한 특정한 판례의 입장을 마치 대법원의 원칙적이고 주류적인 입장이라고 이해한다면 판례독해가 전혀 될 수 없는 것이다. 이런 오류를 범하지 않기 위해서도, 기본판례와 함께 유사판례, 관련판례를 모두 함께 이해하는 것이 중요하다. 그러기 위해서는 일견 분량이 많아서 부담이 된다 하더라도 충실한 판례교재를 교과서와 별도로 선택해서 교과서 진도에 따라 함께 공부하는 것이 최선이라고 생각한다.

## 5. 사실관계의 중요성

미묘한 사실관계의 차이에 따른 판례의 차이를 이해함은 판례의 입장을 이해하는 첫걸음이자, 객관식 시험이든 논술시험이든 사례문제의 경우 대부분 쟁점이 된 판례사안의 변형이므로 사례문제를 해결하는 데도 사실관계의 파악은 매우 중요하다.

사실관계의 미묘한 차이는 앞에서도 말한 바와 같이 판례의 정확한 이해를 위해서 기본판례와 유사판례를 종합적으로 공부함으로써 명백하게 드러날 수 있을 것이다. 또한 행정판례의 경우 판례요지에 나타난 정도로도 사실관계의 기본적인 특성을 파악하는 데 손색이 없기 때문에, 판례를 공부하는 초기부터 판례요지에 나타난 사실관계도 꼼꼼히 읽어보고 정리하는 습관을 갖는 것이 공부의 정도라고 생각한다.

사실관계를 염두에 두고 공부하면 법학이라는 과목이 추상적인 학문이 아니라 현실에 적용되는 실용적인 과목이라는 것을 이해하게 되고, 판례공부가 흥미진진하게 느껴지고, 법이론을 사실관계에 포섭하는 재미도 느낄 수 있기 때문에 학습효율이 효율적으로 될 것이다. 다만, 양적인 부담 때문에 판례교재에서도 사실관계를 모두 다루지는 못한다. 이 문제는 주요판례에 대해서 보충자료로 사실관계를 정리하는 것으로 가름하고자 한다.

# ✦ 삼봉 시리즈 활용 방법

삼봉공부법으로 철저히 무장하고 삼봉 행정법총론 시리즈를 활용하여 합격의 영광을 반드시 누리기 바란다.

## 1. 공부순서

삼봉 행정법총론(출간) → 삼봉 행정법총론 판례(근간) → 삼봉 행정법총론 기출문제(근간) → 삼봉 행정법총론 객관식(미정) → 삼봉 행정법총론 핵심정리

## 2. 이론서를 통한 충실한 실력의 확보

모든 과목이 마찬가지겠지만 실력의 원천은 문제집이 아닌 이론서에 있다. 따라서 먼저 이론서를 충실히 공부하는 것이 수험기간을 단축시키는 핵심적인 과정이라는 것을 강조하고 싶다.

## 3. 문제집을 통한 실전능력 배양

이론적 기초가 충실히 닦인다면 이제 문제를 통해 확인하고 복습하는 과정이 뒤따라야 한다. 문제집도 일단 난도가 낮은 기출문제집부터 정리하고 난도가 높은 객관식문제집 순으로 접근하는 것이 무난하다.

## 4. 핵심정리를 통한 완벽한 정리

오랜 수험생활을 해 온 수험생의 경우 한두 문제 차이로 불합격하는 가장 큰 이유가 정리를 제대로 못해서라고 생각한다. 시험을 앞둔 한 달의 시간은 그 전의 세 달에 해당할 정도로 중요한 시간이다. 따라서 마지막 한 달을 얼마나 효율적으로 정리하느냐가 절대적으로 중요한데, 이때 꼭 필요한 것이 핵심정리집이다. 핵심정리서는 지금까지 고시를 포함한 모든 시험에서 100점을 받을 수 있기에 충분한 핵심정리집이라는 사실을 검증받은 바 있다.

# 최근 5개년 국가직 9급
# 행정법총론 기출문제 분석(2018-2022)

| 구 분 | 2018 | 2019 | 2020 | 2021 | 2022 |
|---|---|---|---|---|---|
| 계 | 20 | 20 | 20 | 20 | 20 |
| **총론종합** | 1 | 1 | 1 | 1 | 3 |
| **행정** | | | | | |
| 행정관념의 성립 | | | | | |
| 행정의 의의 | | | | | |
| 통치행위 | | | | | |
| 행정의 분류 | | | | | |
| **행정법** | 1 | 1 | 2 | 2 | 1 |
| 행정법의 의의 | | | | | |
| 행정법의 성립과 유형 | | | | | |
| 법률에 의한 행정의 원리 | | 1 | | | |
| 행정법의 특수성 | | | | | |
| 우리나라 행정법의 기본원리 | | | | | |
| 행정법의 법원일반 | | | 1 | 1 | |
| 성문법 | | | | | |
| 불문법 | | | | | |
| 행정법의 일반법원칙 | 1 | | 1 | 1 | 1 |
| 행정법의 효력 | | | | | |
| **행정법관계** | 1 | | | | 1 |
| 행정법관계와 사법관계 | | | | | 1 |
| 행정법관계의 당사자 | | | | | |
| 행정법관계의 특질 | | | | | |
| 행정법관계의 내용 | 1 | | | | |
| 행정법관계에 대한 사법규정의 적용 | | | | | |
| 특별행정법관계 | | | | | |
| **행정법상 법률요건과 법률사실** | 1 | | 1 | | |
| 의의 및 종류 | | | | | |
| 공법상의 사건 | | | | | |
| 공법상의 사무관리, 부당이득, 임치 | | | | | |
| 공법상의 행위 | 1 | | 1 | | |
| **행정입법** | 2 | 1 | 1 | 2 | 1 |
| 종합 | 1 | 1 | | | 1 |
| 법규명령 | 1 | | | 1 | |
| 행정규칙 | | | 1 | 1 | |
| **행정행위** | 2 | 4 | 4 | 4 | 4 |
| 행정행위 종합 | | | | 1 | 1 |
| 행정행위의 개념 | | | | | |
| 행정행위의 특수성 | | | | | |
| 행정행위의 종류 | | | | | 1 |

| 구 분 | 2018 | 2019 | 2020 | 2021 | 2022 |
|---|---|---|---|---|---|
| 복효적 행정행위 | | | | | |
| 기속행위와 재량행위 | | | | | |
| 판단여지 | | | | | |
| 행정행위의 내용 종합 | | | | | |
| 허가 | | | | 1 | |
| 인가 | | 1 | 1 | | |
| 특허 | | | | | |
| 준법률행위적 행정행위 | | | | 1 | |
| 행정행위의 부관 | | 1 | 1 | 1 | |
| 행정행위의 성립 및 효력발생 | 1 | | 1 | | |
| 행정행위의 효력 | | 1 | | | 1 |
| 행정행위의 하자일반론·종합문제 | | | 1 | | 1 |
| 행정행위의 치유와 전환 | | | | | |
| 행정행위의 하자의 승계 | 1 | | | | |
| 행정행위의 무효 | | | | | |
| 행정행위의 취소 | | | | | |
| 행정행위의 철회 | | 1 | | | |
| 행정행위의 실효 | | | | | |
| **그 밖의 행정의 주요 행위형식** | 2 | 1 | 1 | 2 | |
| 행정상의 확약 | 1 | | | | |
| 행정계획 | | | 1 | 1 | |
| 공법상 계약 | 1 | | | 1 | |
| 공법상 합동행위 | | | | | |
| 공법상 사실행위 | | | | | |
| 비공식 행정작용 | | | | | |
| 행정지도 | | 1 | | | |
| 행정의 자동화작용 | | | | | |
| 행정의 사법적 활동 | | | | | |
| **행정과정의 법적 규율** | 2 | 2 | 2 | 2 | 2 |
| 종합문제 | | | | | |
| 행정절차 | 1 | 1 | 1 | | 1 |
| 행정규제의 개혁을 위한 법적 규율 | | | | | |
| 민원처리에 대한 법적 규율 | | | | | |
| 정보공개법 | | 1 | 1 | 1 | 1 |
| 개인정보보호 | 1 | | | 1 | |
| **행정의 실효성확보수단** | 3 | 3 | 3 | 3 | 3 |
| 행정의 실효성확보수단 종합 | 1 | 2 | 1 | 1 | |
| 행정상 강제집행 일반 | | | | 1 | |
| 행정상 대집행 | 1 | | 1 | | |
| 기타 강제집행 | | | | | |
| 행정상 즉시강제 | | | | 1 | 1 |
| 행정조사 | 1 | | | | |
| 행정벌 | | 1 | 1 | | 1 |
| 새로운 의무이행확보수단종합 | | | | | |

| 구 분 | 2018 | 2019 | 2020 | 2021 | 2022 |
|---|---|---|---|---|---|
| 복효적 행정행위 | | | | | |
| 기속행위와 재량행위 | | | | | |
| 판단여지 | | | | | |
| 행정행위의 내용 종합 | | | | | |
| 허가 | | | | 1 | |
| 인가 | | 1 | 1 | | |
| 특허 | | | | | |
| 준법률행위적 행정행위 | | | | 1 | |
| 행정행위의 부관 | | 1 | 1 | 1 | |
| 행정행위의 성립 및 효력발생 | 1 | | 1 | | |
| 행정행위의 효력 | | 1 | | | 1 |
| 행정행위의 하자일반론·종합문제 | | | 1 | | 1 |
| 행정행위의 치유와 전환 | | | | | |
| 행정행위의 하자의 승계 | 1 | | | | |
| 행정행위의 무효 | | | | | |
| 행정행위의 취소 | | | | | |
| 행정행위의 철회 | | 1 | | | |
| 행정행위의 실효 | | | | | |
| **그 밖의 행정의 주요 행위형식** | **2** | **1** | **1** | **2** | |
| 행정상의 확약 | 1 | | | | |
| 행정계획 | | | 1 | 1 | |
| 공법상 계약 | 1 | | | 1 | |
| 공법상 합동행위 | | | | | |
| 공법상 사실행위 | | | | | |
| 비공식 행정작용 | | | | | |
| 행정지도 | | 1 | | | |
| 행정의 자동화작용 | | | | | |
| 행정의 사법적 활동 | | | | | |
| **행정과정의 법적 규율** | **2** | **2** | **2** | **2** | **2** |
| 종합문제 | | | | | |
| 행정절차 | 1 | 1 | 1 | | 1 |
| 행정규제의 개혁을 위한 법적 규율 | | | | | |
| 민원처리에 대한 법적 규율 | | | | | |
| 정보공개법 | | 1 | 1 | 1 | 1 |
| 개인정보보호 | 1 | | | 1 | |
| **행정의 실효성확보수단** | **3** | **3** | **3** | **3** | **3** |
| 행정의 실효성확보수단 종합 | 1 | 2 | 1 | 1 | |
| 행정상 강제집행 일반 | | | | 1 | |
| 행정상 대집행 | 1 | | 1 | | |
| 기타 강제집행 | | | | | |
| 행정상 즉시강제 | | | | 1 | 1 |
| 행정조사 | 1 | | | | |
| 행정벌 | | 1 | 1 | | 1 |
| 새로운 의무이행확보수단종합 | | | | | |

| 구 분 | 2018 | 2019 | 2020 | 2021 | 2022 |
|---|---|---|---|---|---|
| 공표 | | | | | |
| 공급거부 | | | | | |
| 기타수단 | | | | | 1 |
| **행정구제개설** | | | | | |
| **행정상 손해전보** | 1 | 1 | 1 | 1 | 2 |
| 손해전보종합 | | | | | |
| 손해배상종합 | | | | | |
| 공무원의 직무상 불법행위책임 | 1 | 1 | | 1 | 1 |
| 영조물의 설치관리의 하자배상책임 | | | 1 | | |
| 행정상 손실보상제도 | | | | | 1 |
| 새로운 손해전보제도 | | | | | |
| **행정상 쟁송제도 종합** | 1 | | | | |
| **행정심판** | 1 | 1 | 1 | 1 | 1 |
| **행정소송** | 2 | 5 | 3 | 2 | 2 |
| 종합 | 2 | | | | |
| 행정사건에 대한 사법심사의 한계 | | | | | |
| 행정소송의 종류 | | | | | |
| 항고소송종합 | | | | | 1 |
| 원고적격 | | | | 1 | |
| 피고적격 | | | 1 | | |
| 협의의 소익 | | 1 | | | |
| 대상적격 | | 2 | | | |
| 기타소송요건 | | | | 1 | |
| 가구제 | | | | | |
| 심리 | | | | | |
| 판결 | | 2 | 1 | | 1 |
| 무효등확인소송 | | | | | |
| 부작위위법확인소송 | | | 1 | | |
| 당사자소송 | | | | | |
| 객관적 소송 | | | | | |

| 구 분 | 2018 | 2019 | 2020 | 2021 | 2022 |
|---|---|---|---|---|---|
| 계 | 20 | 20 | 20 | 20 | 20 |
| 판례문제 | 9 | 13 | 15 | 15 | 16 |
| 법률문제 | 1 | 1 | 2 | 1 | 1 |
| 법률 + 판례 | 7 | 4 | 2 | 1 | 2 |
| 학설 | | | | | 1 |
| 법률 + 학설 | | | | | |
| 학설 + 판례 | 2 | 1 | 1 | 2 | |
| 법률 + 학설 + 판례 | 1 | 1 | | 1 | |
| 판례 관련 문제 | 19(95%) | 19(95%) | 18(90%) | 19(95%) | 18(90%) |
| 사례문제 | 2(10%) | 0 | 0 | 2(10%) | 5(25%) |

✦

나 _____은(는) 삼봉 선생님과 함께
끝까지 포기하지 않고 공부하여
반드시 합격할 것입니다.

ADMINISTRATION

# 01

행정법통론

# 제1장
# 통치행위

## I. 통치행위의 의의

> 통치행위란 고도의 정치적 결단에 의한 국가행위로서 사법적 심사의 대상으로 삼기에 적절하지 못한 행위라고 일반적으로 정의되고 있다(헌재결 1996.2.29, 93헌마186).

## II. 가분(可分)행위의 이론

### 1. '남북정상회담의 개최'는 통치행위이다 ★ 15 국가9급, 11 순경특채, 09 국회8급, 09 관세사, 08 선관위9급

> 남북정상회담의 개최는 고도의 정치적 성격을 지니고 있는 행위라 할 것이므로 특별한 사정이 없는 한 그 당부를 심판하는 것은 사법권의 내재적·본질적 한계를 넘어서는 것이 되어 적절하지 못하다(대판 2004.3.26, 2003도7878).

### 2. '대북송금행위'(남북정상회담의 개최과정에서 북한측에 사업권의 대가명목으로 송금한 행위) 자체는 사법심사 대상이 된다 ★ 17·13 지방9급, 15 국가9급, 14 변호사, 11 순경특채, 10 국회9급

> 남북정상회담의 개최과정에서 재정경제부장관에게 신고하지 아니하거나 통일부장관의 협력사업 승인을 얻지 아니한 채 북한측에 사업권의 대가명목으로 송금한 행위 자체는 헌법상 법치국가의 원리와 법 앞에 평등원칙 등에 비추어 볼 때 사법심사의 대상이 된다(대판 2004.3.26, 2003도7878).

남북정상회담 개최는 고도의 정치적 성격을 지니고 있는 행위로서 사법심사의 대상으로 하는 것은 적절치 못하므로 그 개최과정에서 당국에 신고하지 아니하거나 승인을 얻지 아니한 채 북한 측에 송금한 행위는 사법심사의 대상이 되지 않는다. (x) ■ 15 국가9급

### 3. '신행정수도건설이나 수도이전의 문제, 법률'은 통치행위가 아니다 ★ 17 지방9급, 11 순경특채

> 신행정수도건설이나 수도이전의 문제가 정치적 성격을 가지고 있는 것은 인정할 수 있지만, 그 자체로 고도의 정치적 결단을 요하여 사법심사의 대상으로 하기에는 부적절한 문제라고까지는 할 수 없다. 더구나 이 사건 심판의 대상은 이 사건 법률의 위헌여부이고 대통령의 행위의 위헌여부가 아닌바, 법률의 위헌여부가 헌법재판의 대상으로 된 경우 당해법률이 정치적인 문제를 포함한다는 이유만으로 사법심사의 대상에서 제외된다고 할 수는 없다(헌재결 2004.10.21, 2004헌마554·566).
> ※ 본 판례에 대해서 정치적 법률분쟁에 대해서는 사법심사가 가능하다는 입장으로 소개하는 견해가 있다(홍정선).

신행정수도건설이나 수도이전문제는 그 자체로 고도의 정치적 결단을 요하므로 사법심사의 대상에서 제외되고, 그것이 국민의 기본권 침해와 관련되는 경우에도 헌법재판소의 심판대상이 될 수 없다. (x) ■ 17 지방9급

## 4. '신행정수도건설이나 수도이전의 문제를 국민투표에 부칠지 여부에 관한 대통령의 의사결정'은 통치 행위에 해당한다

> 이 사건 법률의 위헌여부를 판단하기 위한 선결문제로서 신행정수도건설이나 수도이전의 문제를 국민투표에 부 칠지 여부에 관한 대통령의 의사결정이 사법심사의 대상이 될 경우 위 의사결정은 고도의 정치적 결단을 요하는 문제여서 사법심사를 자제함이 바람직하다고는 할 수 있고, 이에 따라 그 의사결정에 관련된 흠을 들어 위헌성이 주장되는 법률에 대한 사법심사 또한 자제함이 바람직하다고는 할 수 있다(헌재결 2004.10.21, 2004헌마554·566).

# Ⅲ. 통치행위 인정사례

## 1. 대법원 판례

| 인정사례 | 부정사례<br>(통치행위이지만 예외적으로 사법심사대상이라는 견해 존재) |
|---|---|
| 1. 국회자율권(대판 1972.1.18, 71도1845)<br>2. 대통령의 긴급조치권(대판 1978.5.23, 78도813), 계엄선포 행위[대판(전합) 1997.4.17, 96도3376]<br>3. 군사시설보호법에 의한 군사시설보호구역의 설정·변경 또는 해제행위(대판 1985.1.22, 83누279)<br>4. 남북정상회담의 개최(대판 2004.3.26, 2003도7878)<br>5. 대통령이 행하는 사면권 행사(대판 2006.12.7, 2005두241) | 1. 비상계엄의 선포나 확대가 당연무효, 즉 국헌문란의 목적 을 달성하기 위해 행하여진 군사반란행위인 경우[대판(전 합) 1997.4.17, 96도3376]<br>2. 남북정상회담의 개최과정에서 북한 측에 사업권의 대가 명목으로 송금한 행위(대북송금행위)(대판 2004.3.26, 2003 도7878)<br>3. 서훈취소(대판 2015.4.23. 2012두26920)<br>▶ 서훈수여와 구별<br>▶ 서훈취소통보는 사실상의 통지로 처분이 아님(대판 2015.4.23, 2012두26920) |

#### (1) 대통령의 비상계엄의 선포나 확대행위 ★ 11 국회9급

전합판례

> 대통령의 비상계엄의 선포나 확대행위는 고도의 정치적·군사적 성격을 지니고 있는 행위라 할 것이므로, 그것이 누구 에게도 일견하여 헌법이나 법률에 위반되는 것으로서 명백하게 인정될 수 있는 등 특별한 사정이 있는 경우라면 몰라 도, 그러하지 아니한 이상 그 계엄선포의 요건 구비 여부나 선포의 당·부당을 판단할 권한이 사법부에는 없다[대판(전 합) 1997.4.17, 96도3376].

#### (2) 서훈취소는 법원이 사법심사를 자제해야 할 고도의 정치성을 띤 행위라고 볼 수 없다

> 서훈취소는 서훈수여의 경우와는 달리 이미 발생된 서훈대상자 등의 권리 등에 영향을 미치는 행위로서 관련 당사자에 게 미치는 불이익의 내용과 정도 등을 고려하면 사법심사의 필요성이 크다. 따라서 기본권의 보장 및 법치주의의 이념에 비추어 보면, 비록 서훈취소가 대통령이 국가원수로서 행하는 행위라고 하더라도 법원이 사법심사를 자 제하여야 할 고도의 정치성을 띤 행위라고 볼 수는 없다(대판 2015.4.23, 2012두26920).

**(3) 특별사면이 있은 후 행정청이 그 이전의 범죄사실에 따른 입찰참가자격 제한처분을 한 경우, 처분이 지연되지 않았다면 특별사면 대상이 될 수 있었다는 사정만으로 입찰참가자격 제한처분이 위법하다고 볼 수 없다**

> 특별사면은 사면권자의 고도의 정치적·정책적 판단에 따른 시혜적인 조치이고, 특별사면 진행 여부 및 그 적용 범위는 사전에 예상하기 곤란할 뿐 아니라, 처분청에 처분상대방이 특별사면 대상이 되도록 신속하게 절차를 진행할 의무까지 인정된다고 보기도 어렵다. 따라서 처분이 지연되지 않았다면 특별사면 대상이 될 수 있었다는 사정만으로 입찰참가자격 제한처분이 위법하다고 볼 수는 없다. 다만 법원으로서는 처분이 지연된 경위, 지연된 처분에 따른 사면 대상 제외 이외에 처분상대방이 입게 된 특별한 불이익이 있는지, 그 밖의 감경사유는 없는지, 처분상대방에 대한 제재의 필요성, 처분상대방이 처분 지연으로 인하여 특별사면의 혜택을 누리게 되지 못한 점이 처분 양정에 고려되었는지, 처분 결과가 비례와 형평에 반하는지 등을 종합적으로 고려하여 입찰참가자격 제한처분에 관한 재량권 일탈·남용이 인정되는지를 판단할 수 있을 따름이다(대판 2018.5.15, 2016두57984).

## 2. 헌법재판소 결정례

| 인정사례 | 부정사례 |
|---|---|
| 1. 대통령의 긴급재정·경제명령(헌재결 1996.2.29, 93헌마186)<br>2. 사면(헌재결 2000.6.1, 97헌바74) : 명시적 인정사례는 아님.<br>3. 외국에의 국군의 파견결정과 같이 성격상 외교 및 국방에 관련된 고도의 정치적 결단이 요구되는 사안에 대한 국민의 대의기관의 결정(헌재결 2004.4.29, 2003헌마814)<br>4. 신행정수도건설이나 수도이전의 문제를 국민투표에 부칠지 여부에 관한 대통령의 의사결정(헌재결 2004.10.21. 2004헌마554·566) | 1. 신행정수도건설이나 수도이전의 문제, 법률(헌재결 2004.10.21, 2004헌마554·566)<br>2. 중앙선거관리위원회 위원장(피청구인)이 청구인(노무현대통령)에게 한 2007.6.7.자의 '대통령의 선거중립의무 준수 요청 조치'와 2007.6.18.자의 '대통령의 선거중립의무 준수 재촉구 조치'(헌재결 2008.1.17, 2007헌마700)<br>3. 대통령이 한·미연합 군사훈련의 일종인 2007년 전시증원연습을 하기로 한 결정(헌재결 2009.5.28, 2007헌마369) |

**(1) 대통령 긴급재정·경제명령에서 통치행위 개념·사례 인정** ★ 15 국가9급, 14 변호사, 13 지방9급, 11 국회9급

> 통치행위란 고도의 정치적 결단에 의한 국가행위로서 사법적 심사의 대상으로 삼기에 적절하지 못한 행위라고 일반적으로 정의되고 있는바, 이 사건 긴급명령이 통치행위로서 헌법재판소의 심사대상에서 제외되는지에 관하여 살피건대, 고도의 정치적 결단에 의한 행위로서 그 결단을 존중하여야 할 필요성이 있는 행위라는 의미에서 이른바 통치행위의 개념을 인정할 수 있다(헌재결 1996.2.29, 93헌마186).

**(2) 사면은 통치행위에 해당한다** ★ 11 국회9급

> 사면은 형의 선고의 효력 또는 공소권을 상실시키거나, 형의 집행을 면제시키는 국가원수의 고유한 권한을 의미하며, 사법부의 판단을 변경하는 제도로서 권력분립의 원리에 대한 예외가 된다. 사면제도는 역사적으로 절대군주인 국왕의 은사권(恩赦權)에서 유래하였으며, 대부분의 근대국가에서도 유지되어 왔고, 대통령제국가에서는 미국을 효시로 대통령에게 사면권이 부여되어 있다. 사면권은 전통적으로 국가원수에게 부여된 고유한 은사권이며, 국가원수가 이를 시혜적으로 행사한다. 현대에 이르러서는 법 이념과 다른 이념과의 갈등을 조정하고, 법의 이념인 정의와 합목적성을 조화시키기 위한 제도로도 파악되고 있다(헌재결 2000.6.1, 97헌바74).

**(3) 외국에의 국군의 파견결정과 같이 성격상 외교 및 국방에 관련된 고도의 정치적 결단이 요구되는 사안에 대한 국민의 대의기관의 결정은 사법심사의 대상이 되지 아니한다** ★ 15 국가9급, 13 지방9급

> 외국에의 국군의 파견결정은 파견군인의 생명과 신체의 안전뿐만 아니라 국제사회에서의 우리나라의 지위와 역할, 동맹국과의 관계, 국가안보문제 등 궁극적으로 국민 내지 국익에 영향을 미치는 복잡하고도 중요한 문제로서 국내 및 국제정치관계 등 제반상황을 고려하여 미래를 예측하고 목표를 설정하는 등 고도의 정치적 결단이 요구되는 사안이다. 따라서 그와 같은 결정은 그 문제에 대해 정치적 책임을 질 수 있는 국민의 대의기관이 관계분야의 전문가들과 광범위하고 심도 있는 논의를 거쳐 신중히 결정하는 것이 바람직하며 우리 헌법도 그 권한을 국민으로부터 직접 선출되고 국민에게 직접 책임을 지는 대통령에게 부여하고 그 권한행사에 신중을 기하도록 하기 위해 국회로 하여금 파병에 대한 동의여부를 결정할 수 있도록 하고 있는바, 현행 헌법이 채택하고 있는 대의민주제 통치구조 하에서 대의기관인 대통령과 국회의 그와 같은 고도의 정치적 결단은 가급적 존중되어야 한다(헌재결 2004.4.29, 2003헌마814).

**(4) 중앙선거관리위원회 위원장(피청구인)이 청구인에게 한 2007.6.7.자의 '대통령의 선거중립의무 준수요청 조치'와 2007.6.18.자의 '대통령의 선거중립의무 준수 재촉구 조치'는 통치행위가 아니다**

> 이 사건 조치는 피청구인이 청구인의 행위가 이 사건 법률조항에 위반되는지 여부를 판단한 것이어서 이를 통치행위와 유사한 고도의 정치적 행위라거나 권력분립의 원칙상 그 판단을 극히 존중해야 할 사안으로 보기 어렵다(헌재결 2008.1.17, 2007헌마700).

**(5) 대통령이 한미연합 군사훈련의 일종인 2007년 전시증원연습을 하기로 한 결정은 통치행위가 아니다**
★ 11 순경특채

> 한미연합 군사훈련은 1978. 한미연합사령부의 창설 및 1979.2.15. 한미연합연습 양해각서의 체결 이후 연례적으로 실시되어 왔고, 특히 이 사건 연습은 대표적인 한미연합 군사훈련으로서, 피청구인이 2007.3.경에 한 이 사건 연습결정이 새삼 국방에 관련되는 고도의 정치적 결단에 해당하여 사법심사를 자제하여야 하는 통치행위에 해당된다고 보기 어렵다(헌재결 2009.5.28, 2007헌마369).

# Ⅳ. 통치행위라는 이유로 사법심사를 배제할지 여부에 관한 학설

## 1. 대법원 판례(내재적 한계설)

대법원판례를 종합적으로 해석하면 통치행위에 대한 사법심사배제에 대한 긍정설이 일반적이고, 긍정설의 논거로 내재적 한계설 내지는 권력분립설이 주류적이다. 그러나 예외적으로 비상계엄의 선포나 확대가 국헌문란의 목적을 달성하기 위하여 행하여진 경우에는 법원은 그 자체가 범죄행위에 해당하는지의 여부에 관하여 심사할 수 있다는 입장(대판(전합) 1997.4.17, 96도3376]이라고 할 수 있다. 따라서 대법원판례의 입장을 한정적 긍정론으로 이해하는 견해(홍정선)도 제기된다.

### (1) 내재적 한계설

> 대통령의 계엄선포행위는 고도의 정치적·군사적 성격을 띠는 행위라고 할 것이어서, 그 선포의 당·부당을 판단할 권한은 헌법상 계엄의 해제요구권이 있는 국회만이 가지고 있다(권력분립설) 할 것이고 그 선포가 당연무효의 경우라면 모르되, 사법기관인 법원이 계엄선포의 요건 구비 여부나 선포의 당·부당을 심사하는 것은 사법권의 내재적인 본질적 한계를 넘어서는 것(내재적 한계설)이 되어 적절한 바가 못된다(대판 1981.9.22, 81도1833).

**(2) 군사반란 및 내란행위**(비상계엄의 선포나 확대가 국헌문란의 목적을 달성하기 위하여 행하여진 경우)**는 범죄행위에 해당하는지의 여부에 관하여 심사할 수 있다** ★ 15 국가9급, 14 변호사

비상계엄의 선포나 확대가 국헌문란의 목적을 달성하기 위하여 행하여진 경우에는 법원은 그 자체가 범죄행위에 해당하는지의 여부에 관하여 심사할 수 있다[대판(전합) 1997.4.17, 96도3376].

**(3) 고도의 정치성을 띤 국가행위인 이른바 통치행위도 사법심사의 대상이 될 수 있다(사법자제설에 입각한 판례)**
★ 13 지방9급, 13 순경특채, 11 국회9급

법원이 정치문제에 개입되어 그 중립성과 독립성을 침해당할 위험성도 부인할 수 없으므로, 고도의 정치성을 띤 국가행위에 대하여는 이른바 통치행위라 하여 법원 스스로 사법심사권의 행사를 억제하여 그 심사대상에서 제외하는 영역이 있으나, 이와 같이 통치행위의 개념을 인정한다고 하더라도 과도한 사법심사의 자제가 기본권을 보장하고 법치주의 이념을 구현하여야 할 법원의 책무(책임과 의무)를 태만히 하거나 포기하는 것이 되지 않도록 그 인정을 지극히 신중하게 하여야 하며, 그 판단은 오로지 사법부만에 의하여 이루어져야 한다(대판 2004.3.26, 2003도7878).

**(4) 고도의 정치성을 띤 국가행위인 이른바 '통치행위'가 사법심사의 대상이 되는지 여부** ★ 17 지방9급

평상시의 헌법질서에 따른 권력행사방법으로는 대처할 수 없는 중대한 위기상황이 발생한 경우 이를 수습함으로써 국가의 존립을 보장하기 위하여 행사되는 국가긴급권에 관한 대통령의 결단은 가급적 존중되어야 한다. 그러나 앞에서 살펴본 바와 같은 법치주의의 원칙상 통치행위라 하더라도 헌법과 법률에 근거하여야 하고 그에 위배되어서는 아니된다. 더욱이 유신헌법 제53조에 근거한 긴급조치 제1호는 국민의 기본권에 대한 제한과 관련된 조치로서 형벌법규와 국가형벌권의 행사에 관한 규정을 포함하고 있다. 그러므로 기본권 보장의 최후 보루인 법원으로서는 마땅히 긴급조치 제1호에 규정된 형벌법규에 대하여 사법심사권을 행사함으로써, 대통령의 긴급조치권 행사로 인하여 국민의 기본권이 침해되고 나아가 우리나라 헌법의 근본이념인 자유민주적 기본질서가 부정되는 사태가 발생하지 않도록 그 책무를 다하여야 할 것이다[대판(전합) 2010.12.16, 2010도5986].

기본권 보장의 최후 보루인 법원으로서는 사법심사권을 행사함으로써, 대통령의 긴급조치권 행사로 인하여 우리나라 헌법의 근본이념인 자유민주적 기본질서가 부정되는 사태가 발생하지 않도록 그 책무를 다하여야 한다. ■ 17 지방9급

**(5) 유신헌법 제53조에 근거한 대통령긴급조치의 위헌심판기관은 대법원이다**

위헌심사의 대상이 되는 '법률'이라 함은 '국회의 의결을 거친 이른바 형식적 의미의 법률'을 의미하고, 위헌심사의 대상이 되는 규범이 형식적 의미의 법률이 아닌 때에는 그와 동일한 효력을 갖는 데에 국회의 승인이나 동의를 요하는 등 국회의 입법권 행사라고 평가할 수 있는 실질을 갖춘 것이어야 한다. 유신헌법 제53조 제3항은 대통령이 긴급조치를 한 때에는 지체 없이 국회에 통고하여야 한다고 규정하고 있을 뿐, 사전적으로는 물론이거니와 사후적으로도 긴급조치가 그 효력을 발생 또는 유지하는 데 국회의 동의 내지 승인 등을 얻도록 하는 규정을 두고 있지 아니하고, 실제로 국회에서 긴급조치를 승인하는 등의 조치가 취하여진 바도 없다. 따라서 유신헌법에 근거한 긴급조치는 국회의 입법권 행사라는 실질을 전혀 가지지 못한 것으로서, 헌법재판소의 위헌심판대상이 되는 '법률'에 해당한다고 할 수 없고, 긴급조치의 위헌 여부에 대한 심사권은 최종적으로 대법원에 속한다[대판(전합) 2010.12.16, 2010도5986].

## (6) 긴급조치 제1호는 위헌이다

**전합판례** 긴급조치 제1호는 그 발동요건을 갖추지 못한 채 목적상 한계를 벗어나 국민의 자유와 권리를 지나치게 제한함으로써 헌법상 보장된 국민의 기본권을 침해한 것이므로, 긴급조치 제1호가 해제 내지 실효되기 이전부터 유신헌법에 위반되어 위헌이고, 나아가 긴급조치 제1호에 의하여 침해된 위 각 기본권의 보장 규정을 두고 있는 현행 헌법에 비추어 보더라도 위헌이다[대판(전합) 2010.12.16, 2010도5986].

※ 이와 달리 유신헌법 제53조에 근거를 둔 긴급조치 제1호가 합헌이라는 취지로 판시한 대법원 1975.1.28. 선고 74도3492 판결, 대법원 1975.1.28. 선고 74도3498 판결, 대법원 1975.4.8. 선고 74도3323 판결과 그 밖에 이 판결의 견해와 다른 대법원 판결들은 모두 폐기함

## (7) 이른바 유신헌법 제53조에 근거하여 발령된 '대통령긴급조치 제9호'는 헌법에 위배되어 위헌·무효이다

**전합판례** 구 대한민국헌법(유신헌법) 제53조에 근거하여 발령된 국가안전과 공공질서의 수호를 위한 대통령 긴급조치(긴급조치 제9호)는 그 발동 요건을 갖추지 못한 채 목적상 한계를 벗어나 국민의 자유와 권리를 지나치게 제한함으로써 헌법상 보장된 국민의 기본권을 지나치게 제한하거나 침해한 것이므로, 긴급조치 제9호가 해제 내지 실효되기 이전부터 이는 유신헌법에 위배되어 위헌·무효이고, 나아가 긴급조치 제9호에 의하여 침해된 기본권들의 보장 규정을 두고 있는 현행 헌법에 비추어 보더라도 위헌·무효라 할 것이다[대판(전합) 2013.4.18, 2011초기689].

## (8) 이른바 유신헌법 제53조에 근거를 둔 '대통령긴급조치 제4호'는 그 폐지 이전부터 헌법에 위배되어 무효이다

**전합판례** 구 대한민국헌법(유신헌법) 제53조에 기한 대통령긴급조치 제4호는 그 발동 요건을 갖추지 못한 채 목적상 한계를 벗어나 민주주의의 본질적 요소인 표현의 자유를 침해하고, 영장주의에 위배되며, 법관에 의한 재판을 받을 권리와 학문의 자유 및 대학의 자율성 등 헌법상 보장된 국민의 기본권을 침해하는 것이므로, 그것이 폐지되기 이전부터 유신헌법은 물론 현행 헌법에 비추어 보더라도 위헌·무효이다[대판(전합) 2013.5.16, 2011도2631].

## (9) 1979.10.18.자 비상계엄 선포에 따른 계엄포고 제1호는 형벌에 관한 법령의 일부이고, 재심이 개시된 사건에서 재심판결 당시 폐지된 형벌 관련 법령이 당초부터 위헌·무효인 경우, 그 법령을 적용하여 공소가 제기된 피고사건에 대하여 법원이 취하여야 할 조치는 무죄의 선고이다 ★ 21 변호사

**최신기출** 계엄포고 제1호는 구 대한민국헌법(유신헌법) 제54조 제3항, 구 계엄법 제13조에서 정한 '특별한 조치'로서 이루어졌다. 이는 벌칙조항인 구 계엄법 제15조에서 정한 '제13조의 규정에 의하여 취한 계엄사령관의 조치'에 해당하여 형벌에 관한 법령의 일부가 된다. 형벌에 관한 법령이 헌법재판소의 위헌결정으로 소급하여 그 효력을 상실하였거나 법원에서 위헌·무효로 선언된 경우 그 법령을 적용하여 공소가 제기된 피고사건에 대해서는 형사소송법 제325조에 따라 무죄를 선고하여야 한다. 나아가 재심이 개시된 사건에서 형벌에 관한 법령이 재심판결 당시 폐지되었더라도 그 폐지가 당초부터 헌법에 위배되어 효력이 없는 법령에 대한 것이었다면 형사소송법 제325조 전단에서 규정하는 '범죄로 되지 아니한 때'의 무죄사유에 해당한다(대판 2018.11.29, 2016도14781).

## (10) 1979.10.18.자 비상계엄 선포에 따른 계엄포고 제1호의 위헌·위법 여부에 대한 최종적 심사기관은 대법원이다

구 계엄법 제15조에서 정하고 있는 '제13조의 규정에 의하여 취한 계엄사령관의 조치'는 유신헌법 제54조 제3항, 구 계엄법 제13조에서 계엄사령관에게 국민의 기본권 제한과 관련한 특별한 조치를 할 수 있는 권한을 부여한 데 따른 것으로서 구 계엄법 제13조, 제15조의 내용을 보충하는 기능을 하고 그와 결합하여 대외적으로 구속력이 있는 법규명령으로서 효력을 가진다. 그러므로 법원은 현행 헌법 제107조 제2항에 따라서 위와 같은 특별한 조치로서 이루어진 계엄포고 제1호에 대한 위헌·위법 여부를 심사할 권한을 가진다(대판 2018.11.29, 2016도14781).

**(11) 1979.10.18.자 비상계엄 선포에 따른 계엄포고 제1호는 해제 또는 실효되기 이전부터 이미 유신헌법, 구 계엄법에 위배되어 위헌·위법한 것으로서 무효이다**

> 평상시의 헌법질서에 따른 권력행사 방법으로는 대처할 수 없는 중대한 위기상황이 발생한 경우 이를 수습함으로써 국가의 존립을 보장하기 위하여 국가긴급권을 행사하는 대통령의 결정은 존중되어야 한다. 그러나 이러한 국가긴급권은 국가가 중대한 위기에 처하였을 때 그 위기의 직접적 원인을 제거하는 데 필수불가결한 최소한도로 행사되어야 하고 국가긴급권을 규정한 헌법상 발동 요건과 한계에 부합하여야 한다. … 계엄포고 제1호는 헌법과 법률에서 정한 요건을 갖추지 못한 채 발령되었고, 그 내용도 영장주의와 죄형법정주의의 명확성 원칙에 위배되며, 표현의 자유·학문의 자유·대학의 자율성 등 헌법상 보장된 국민의 기본권을 침해하는 것이므로, 계엄포고 제1호가 해제 또는 실효되기 이전부터 이미 유신헌법, 구 계엄법에 위배된다. 따라서 계엄포고 제1호는 위헌이고 위법한 것으로 무효이다(대판 2018.11.29, 2016도14781).

## 2. 헌법재판소 결정례

### (1) 대통령의 긴급재정·경제명령(부정설) ★ 17·13 서울7급, 15 국가9급, 14 변호사, 13 순경특채, 11 국회9급, 10· 국회8급

> 헌법재판소는 헌법의 수호와 국민의 기본권 보장을 사명으로 하는 국가기관이므로 비록 고도의 정치적 결단에 의하여 행해지는 국가작용이라고 할지라도 그것이 국민의 기본권 침해와 직접 관련되는 경우에는 당연히 헌법재판소의 심판대상이 된다(헌재결 1996.2.29, 93헌마186).

### (2) 자이툰부대이라크파병결정(긍정설 중 사법자제설) ★ 17 지방9급, 15 국가9급, 14 변호사, 13 서울7급, 13·11 순경특채, 10 국회9급

> 이 사건 파병결정은 대통령이 파병의 정당성뿐만 아니라 북한 핵 사태의 원만한 해결을 위한 동맹국과의 관계, 우리나라의 안보문제, 국·내외 정치관계 등 국익과 관련한 여러 가지 사정을 고려하여 파병부대의 성격과 규모, 파병기간을 국가안전보장회의의 자문을 거쳐 결정한 것으로, 그 후 국무회의의 심의·의결을 거쳐 국회의 동의를 얻음으로써 헌법과 법률에 따른 절차적 정당성을 확보했음을 알 수 있다. 그렇다면 이 사건 파견결정은 그 성격상 국방 및 외교에 관련된 고도의 정치적 결단을 요하는 문제로서, 헌법과 법률이 정한 절차를 지켜 이루어진 것임이 명백하므로(적법절차준수를 논거), 대통령과 국회의 판단은 존중되어야 하고 헌법재판소가 사법적 기준만으로 이를 심판하는 것은 자제되어야 한다(헌재결 2004.4.29, 2003헌마814).

### (3) 신행정수도건설특별법(부정설)

> 대통령의 위 의사결정(수도이전문제를 국민투표에 부칠지 여부에 대한 의사결정)이 국민의 기본권 침해와 직접 관련되는 경우에는 헌법재판소의 심판대상이 될 수 있고, 이에 따라 위 의사결정과 관련된 법률도 헌법재판소의 심판대상이 될 수 있다(헌재결 2004.10.21, 2004헌마554·566).

### (4) 긴급조치들에 대한 위헌심사권한

> 일정한 규범이 위헌법률심판 또는 헌법재판소법 제68조 제2항에 의한 헌법소원심판의 대상이 되는 '법률'인지 여부는 그 제정 형식이나 명칭이 아니라 그 규범의 효력을 기준으로 판단하여야 한다. 따라서 헌법이 법률과 동일한 효력을 가진다고 규정한 긴급재정경제명령(제76조 제1항) 및 긴급명령(제76조 제2항)은 물론, 헌법상 형식적 의미의 법률은 아니지만 국내법과 동일한 효력이 인정되는 '헌법에 의하여 체결·공포된 조약과 일반적으로 승인된 국제법규'(제6조)의 위헌 여부의 심사권한은 헌법재판소에 전속한다. 이 사건 긴급조치들은 유신헌법 제53조에 근거한 것으로서 그에 정해진 요건과 한계를 준수해야 한다는 점에서 헌법과 동일한 효력을 갖는 것으로 보기는 어렵지만, 표현의 자유 등 기본권을 제한하고, 형벌로 처벌하는 규정을 두고 있으며, 영장주의나 법원의 권한에 대한 특별한 규정 등을 두고 있는 점에 비추어 보면, 이 사건 긴급조치들은 최소한 법률과 동일한 효력을 가지는 것으로 보아야 하므로, 그 위헌 여부 심사권한은 헌법재판소에 전속한다(헌재결 2013.3.21, 2010헌바132).

### (5) 이 사건 긴급조치들에 대한 위헌심사 준거규범

현행헌법은 전문에서 "1948.7.12.에 제정되고 8차에 걸쳐 개정된 헌법을 이제 국회의 의결을 거쳐 국민투표에 의하여 개정한다."라고 하여, 제헌헌법 이래 현행헌법에 이르기까지 헌법의 동일성과 연속성을 선언하고 있으므로 헌법으로서의 규범적 효력을 가지고 있는 것은 오로지 현행헌법이다. 이미 폐기된 유신헌법에 따라 이 사건 긴급조치들의 위헌 여부를 판단하는 것은, 유신헌법 일부 조항과 긴급조치 등이 기본권을 과도하게 침해하고 자유민주적 기본질서를 훼손한다는 반성에 기초하여 헌법 개정을 결단한 주권자인 국민의 의사와 기본권 강화와 확대라는 헌법의 역사성에 반하는 것으로 허용할 수 없다. 그러므로 이 사건 긴급조치들의 위헌성을 심사하는 준거규범은 유신헌법이 아니라 현행헌법이라고 봄이 타당하다(헌재결 2013.3.21, 2010헌바132).

### (6) 긴급조치 제1호, 제2호의 위헌 여부

#### ① 입법목적의 정당성과 방법의 적절성

헌법을 개정하거나 다른 내용의 헌법을 모색하는 것은 주권자인 국민이 보유하는 가장 기본적인 권리로서, 가장 강력하게 보호되어야 할 권리 중의 권리에 해당하고, 집권세력의 정책과 도덕성, 혹은 정당성에 대하여 정치적인 반대의사를 표시하는 것은 헌법이 보장하는 정치적 자유의 가장 핵심적인 부분이다. 정부에 대한 비판 일체를 원천적으로 배제하고 이를 처벌하는 긴급조치 제1호, 제2호는 대한민국 헌법의 근본원리인 국민주권주의와 자유민주적 기본질서에 부합하지 아니하므로 기본권 제한에 있어서 준수하여야 할 목적의 정당성과 방법의 적절성이 인정되지 않는다. 긴급조치 제1호, 제2호는 국민의 유신헌법 반대운동을 통제하고 정치적 표현의 자유를 과도하게 침해하는 내용이어서 국가긴급권이 갖는 내재적 한계를 일탈한 것으로서, 이 점에서도 목적의 정당성이나 방법의 적절성을 갖추지 못하였다(헌재결 2013.3.21, 2010헌바132).

#### ② 긴급조치 제1호, 제2호의 구체적 위헌요소

긴급조치 제1호, 제2호는 국가긴급권의 발동이 필요한 상황과는 전혀 무관하게 헌법과 관련하여 자신의 견해를 단순하게 표명하는 모든 행위까지 처벌하고, 처벌의 대상이 되는 행위를 전혀 구체적으로 특정할 수 없으므로, 표현의 자유 제한의 한계를 일탈하여 국가형벌권을 자의적으로 행사하였고, 죄형법정주의의 명확성 원칙에 위배되며, 국민의 헌법개정권력의 행사와 관련한 참정권, 국민투표권, 영장주의 및 신체의 자유, 법관에 의한 재판을 받을 권리 등을 침해한다(헌재결 2013.3.21, 2010헌바132).

### (7) 긴급조치 제9호의 위헌 여부

#### ① 입법목적의 정당성과 방법의 적절성

'북한의 남침 가능성의 증대'라는 추상적이고 주관적인 상황인식만으로는 긴급조치를 발령할 만한 국가적 위기상황이 존재한다고 보기 부족하고, 주권자이자 헌법개정권력자인 국민이 유신헌법의 문제점을 지적하고 그 개정을 주장하거나 청원하는 활동을 금지하고 처벌하는 긴급조치 제9호는 국민주권주의에 비추어 목적의 정당성을 인정할 수 없다. 다원화된 민주주의 사회에서는 표현의 자유를 보장하고 자유로운 토론을 통해 사회적 합의를 도출하는 것이야말로 국민총화를 공고히 하고 국론을 통일하는 진정한 수단이라는 점에서 긴급조치 제9호는 국민총화와 국론통일이라는 목적에 적합한 수단이라고 보기도 어렵다(헌재결 2013.3.21, 2010헌바132).

#### ② 긴급조치 제9호의 구체적 위헌요소

긴급조치 제9호는 학생의 모든 집회·시위와 정치관여행위를 금지하고, 위반자에 대하여는 주무부장관이 학생의 제적을 명하고 소속 학교의 휴업, 휴교, 폐쇄조치를 할 수 있도록 규정하여, 학생의 집회·시위의 자유, 학문의 자유와 대학의 자율성 내지 대학자치의 원칙을 본질적으로 침해하고, 행위자의 소속 학교나 단체 등에 대한 불이익을 규정하여 헌법상의 자기책임의 원리에도 위반되며, 긴급조치 제1호, 제2호와 같은 이유로 죄형법정주의의 명확성 원칙에 위배되고, 헌법개정권력의 행사와 관련한 참정권, 표현의 자유, 집회·시위의 자유, 영장주의 및 신체의 자유, 학문의 자유 등을 침해한다(헌재결 2013.3.21, 2010헌바132).

# 제2장
# 행정법

## 제1절 법치행정의 원리

## 제1항 개설

### Ⅰ. 법치행정의 의의와 근거

#### (1) 명확성의 원칙은 헌법상 내재하는 법치국가의 원리에서 파생된다

> 헌법상 내재하는 법치국가의 원리에서 파생되는 명확성의 원칙은 국민의 자유와 권리를 제한하는 법령의 경우 그 구성
> 요건을 명확하게 규정하여야 한다는 것을 의미하는바, 어떠한 법규범이 명확한지 여부는 그 법규범이 수범자에게
> 법규의 의미내용을 알 수 있도록 공정한 고지를 하여 예측가능성을 주고 있는지 여부 및 그 법규범이 법을 해석·
> 집행하는 기관에게 충분한 의미내용을 규율하여 자의적인 법해석이나 법집행이 배제되는지 여부, 다시 말하면
> 예측가능성 및 자의적 법집행 배제가 확보되는지 여부에 따라 이를 판단할 수 있다(대판 2007.12.27, 2005두965
> 1).

### Ⅱ. 법치주의의 내용

#### (1) 법치주의는 정의의 실현과 법적 안정성 내지 신뢰보호를 목표로 한다

> 법치주의는 정의의 실현과 아울러 법적 안정성 내지 신뢰보호를 목표로 삼지 않으면 안 된다. 국민이 행위시의 법률
> 을 신뢰하고 자신의 행동을 결정하였다면 그러한 신뢰가 보호가치가 있는 한 입법자가 이를 함부로 박탈할 수 없는
> 것은 당연하다. 법의 본질은 요구 내지 금지규범으로서 수범자의 행위를 향도하고 지시하는 데 있다고 할 것인데,
> 수범자가 실정법(물론 위헌·무효이거나 내용이 불분명하거나, 반공익적이라거나, 조만간 개정될 것이 예상되는 법률이 아닐 것이
> 전제된다)을 믿고 구체적 행위로 나아간 것이 보호되지 않는다면 법의 본질 내지 법치주의의 목표가 심각히 훼손되는
> 결과가 되고 국민들에게는 법의 불신을 초래하게 된다. 따라서 입법자로서의 국가 역시 그 자신이 유효하게 정립한
> 법규범에 원칙적으로 구속되는 것이라고 할 것이다(헌재결 1995.10.26, 94헌바12).

#### (2) 조세법률주의의 의미

> 조세법률주의는 조세행정에 있어서의 법치주의를 말하는 것인바, 오늘날의 법치주의는 국민의 권리·의무에 관한 사
> 항을 법률로써 정해야 한다는 형식적 법치주의에 그치는 것이 아니라 그 법률의 목적과 내용 또한 기본권 보장의 헌법
> 이념에 부합되어야 한다는 실질적 적법절차를 요구하는 법치주의를 의미하며, 헌법 제38조, 제59조가 선언하는 조
> 세법률주의도 이러한 실질적 적법절차가 지배하는 법치주의를 뜻하므로, 비록 과세요건이 법률로 명확히 정해진
> 것일지라도 그것만으로 충분한 것은 아니고 조세법의 목적이나 내용이 기본권 보장의 헌법이념과 이를 뒷받침하는
> 헌법상 요구되는 제 원칙에 합치되어야 하는 것이다(헌재결 1997.7.16, 96헌바36 내지 49).

(3) 실질적 법치주의의 실현을 위해서는 국가작용이 법률에 근거하여 행해져야 한다는 것 못지않게 그 과정에 있어서 법적 안정성 또한 중요하게 고려되어야 한다

> **전합판례** 실질적 법치주의의 실현을 위하여는 국가작용이 법률에 근거하여 행하여져야 한다는 것 못지않게 그 과정에 있어서 법적 안정성 또한 중요하게 고려되어야 한다[대판(전합) 2006.11.16, 2003두12899].

(4) 모든 국가기관과 공무원은 헌법과 법률에 의하여 부여된 권한을 행사함에 있어 그 권한을 남용해서는 안 된다는 원칙은 법치국가원리 내지 법치주의에 기초한 것이다

> 법치국가원리는 국가권력의 행사가 법의 지배 원칙에 따라 법적으로 구속을 받는 것을 뜻한다. 법치주의는 원래 국가 권력의 자의적 행사를 막기 위한 데서 출발한 것이다. 국가권력의 행사가 공동선의 실현을 위하여서가 아니라 특정 개인이나 집단의 이익 또는 정파적 이해관계에 의하여 좌우된다면 권력의 남용과 오용이 발생하고 국민의 자유와 권리는 쉽사리 침해되어 힘에 의한 지배가 되고 만다. 법치주의는 국가권력의 중립성과 공공성 및 윤리성을 확보하기 위한 것이므로, 모든 국가기관과 공무원은 헌법과 법률에 위배되는 행위를 하여서는 아니 됨은 물론 헌법과 법률에 의하여 부여된 권한을 행사할 때에도 그 권한을 남용하여서는 아니 된다[대판 2016.12.15, 2016두47659].

(5) 세무조사의 적법 요건으로 객관적 필요성, 최소성, 권한 남용의 금지 등을 규정한 국세기본법 제81조의4 제1항은, 법치국가원리를 조세절차법의 영역에서도 관철하기 위한 것으로서 그 자체로 구체적인 법규적 효력을 가진다

> 조세법률주의는 조세의 종목과 세율 그 밖의 과세요건과 조세의 부과·징수절차를 법률로 정하여야 한다는 것을 그 기본내용으로 한다. 조세채무는 법률이 정하는 과세요건이 충족되는 때에는 당연히 자동적으로 성립한다[대판 2016.12.15, 2016두47659].

(6) 법문언에 모호함이 내포되어 있으나 법관의 보충적인 가치판단을 통해서 법문언의 의미 내용을 확인할 수 있고 그러한 보충적 해석이 해석자의 개인적인 취향에 따라 좌우될 가능성이 없는 경우, 명확성원칙에 반한다고 할 수 없다

>  법치국가 원리의 한 표현인 명확성원칙은 모든 기본권제한 입법에 대하여 요구되나, 명확성원칙을 산술적으로 엄격히 관철하도록 요구하는 것은 입법기술상 불가능하거나 현저히 곤란하므로 입법기술상 추상적인 일반조항과 불확정개념의 사용은 불가피하다. 따라서 법문언에 어느 정도의 모호함이 내포되어 있다고 하더라도 법관의 보충적인 가치판단을 통해서 법문언의 의미 내용을 확인할 수 있고 그러한 보충적 해석이 해석자의 개인적인 취향에 따라 좌우될 가능성이 없다면 명확성원칙에 반한다고 할 수 없다[대판 2019.10.17, 2018두104].

(7) 조세법률주의 원칙의 의미

>  조세법률주의 원칙은 과세요건 등 국민의 납세의무에 관한 사항을 국민의 대표기관인 국회가 제정한 법률로써 규정하여야 하고, 그 법률을 집행하는 경우에도 이를 엄격하게 해석·적용하여야 하며, 행정편의적인 확장해석이나 유추적용을 허용하지 아니함을 뜻한다[대판(전합) 2021.9.9, 2019두35695].

(8) 법률의 위임 없이 명령 또는 규칙 등의 행정입법으로 과세요건 등에 관한 사항을 규정하거나 법률에 규정된 내용을 함부로 유추·확장하는 내용의 해석규정을 마련하는 것은 조세법률주의 원칙에 위배된다

> 법률의 위임 없이 명령 또는 규칙 등 행정입법으로 과세요건 등에 관한 사항을 규정하거나 법률에 규정된 내용을 함부로 유추·확장하는 내용의 해석규정을 마련하는 것은 조세법률주의 원칙에 위배된다[대판(전합) 2021.9.9, 2019두35695].

# 제2항 법률유보의 원칙

## I. 법률유보원칙의 의의

### (1) 법률유보는 '조직규범'을 의미하는 것이 아니다

> 여신전문금융회사의 임원에 대한 문책경고의 경우 적어도 그 제한의 본질적인 사항에 관한 한 법률에 근거를 두어야 한다는 전제하에, 금융감독기구의 설치 등에 관한 법률(감독기구설치법) 제17조 제1호, 제3호, 제37조 제1호, 제2호의 각 규정은 금융감독위원회(금감위) 또는 금융감독원의 직무범위를 규정한 조직규범에 불과하여 이들이 당연히 법률유보원칙에서 말하는 법률의 근거가 될 수 없고…(대판 2005.2.17, 2003두14765).

### (2) 법률유보의 원칙은 국가작용의 모든 부문을 빠짐없이 법제화할 것을 요구하지는 않는다

> 조세법률주의는 과세요건의 법정주의 또는 명확주의를 그 핵심적 내용으로 삼는다고 하지만, 조세법의 특수성 또는 입법기술상의 제약성 때문에 일정한 한계가 있다고 하지 않을 수 없다. 즉, 조세법의 주된 규율대상은 경제적 현상인데, 이러한 경제적 현상은 천차만별하고 그 생성·변화가 극심하기 때문에, 아무리 조세법률주의의 원칙을 고수한다고 하더라도 법률로 조세에 관한 사항을 빠짐없이 망라하여 완결적으로 규정하기는 어렵다(헌재결 1989.7.21, 89헌마38).

### (3) 헌법상의 조세법률주의원칙의 의미 ★ 15 국가9급

> 헌법 제38조, 제59조에서 채택하고 있는 조세법률주의의 원칙은 과세요건과 징수절차 등 조세권행사의 요건과 절차는 국민의 대표기관인 국회가 제정한 법률로써 규정하여야 한다는 것이나, 과세요건과 징수절차에 관한 사항을 명령·규칙 등 하위법령에 위임하여 규정하게 할 수 없는 것은 아니고, 이러한 사항을 하위법령에 위임하여 규정하게 하는 경우 구체적·개별적 위임만이 허용되며 포괄적·백지적 위임은 허용되지 아니하고(과세요건법정주의), 이러한 법률 또는 그 위임에 따른 명령·규칙의 규정은 일의적이고 명확하여야 한다(과세요건명확주의)는 것이다(대결 1994.9.30, 94부18).

헌법에서 채택하고 있는 조세법률주의의 원칙상 과세요건과 징수절차에 관한 사항을 명령·규칙 등 하위법령에 구체적·개별적으로 위임하여 규정할 수 없다. (x) ■ 15 국가9급

### (4) 기본권 제한에 있어 법률유보원칙의 의미 ★ 21 변호사, 17 지방9급

최신기출

> 법률유보의 원칙은 '법률에 의한' 규율만을 뜻하는 것이 아니라 '법률에 근거한' 규율을 요청하는 것이므로 기본권 제한의 형식이 반드시 법률의 형식일 필요는 없고 법률에 근거를 두면서 헌법 제75조가 요구하는 위임의 구체성과 명확성을 구비하기만 하면 위임입법에 의하여도 기본권 제한을 할 수 있다 할 것이다(헌재결 2005.2.24, 2003헌마289).

기본권 제한에 관한 법률유보의 원칙은 '법률에 근거한 규율'뿐만 아니라 '법률에 의한 규율'을 요청하는 것이므로, 기본권의 제한에는 법률의 근거가 필요할 뿐만 아니라 기본권 제한의 형식도 법률의 형식일 것을 요한다. (x) ■ 21 변호사

### (5) 예산은 형식적 의미의 법률이 아니므로 일반국민을 구속하지 않는다 ★ 13 지방9급

> 예산은 일종의 법규범이고 법률과 마찬가지로 국회의 의결을 거쳐 제정되지만 법률과 달리 국가기관만을 구속할 뿐 일반국민을 구속하지 않는다. 국회가 의결한 예산 또는 국회의 예산안 의결은 헌법재판소법 제68조 제1항 소정의 '공권력의 행사'에 해당하지 않고, 따라서 헌법소원의 대상이 되지 아니한다(헌재결 2006.4.25, 2006헌마409).

## II. 법률유보원칙의 적용범위

법률우위원칙은 행정의 전 영역에 걸쳐 적용됨에 비해, 법률유보의 원칙은 오늘날 적용범위를 확대하려는 다양한 견해가 제시되고 있지만 여전히 행정의 일부영역에서만 적용된다는 점에서 법률우위원칙과 다르다.

■ 판례상 본질사항 해당여부

| 본질사항 인정사례 | 본질사항 부정사례 |
|---|---|
| 1. 병(兵)의 복무기간(대판 1985.2.28, 85초13)<br>2. 중학교 의무교육의 실시 여부 자체와 그 연한(헌재결 1991.2.11, 90헌가27)<br>3. 재산권 관련<br>　① 토지초과이득세법상의 기준시가(헌재결 1994.7.29, 92헌바49·52)<br>　② 취득세가 중과세되는 고급주택과 고급오락장의 의미(헌재결 1998.7.16, 96헌바52, 97헌바40, 97헌바52·53·86·87, 98헌바23)<br>　③ 교통안전분담금의 분담방법 및 분담비율에 관한 사항(헌재결 1999.1.28, 97헌가8)<br>　④ 텔레비전방송수신료 납부의무자의 범위와 수신료금액(헌재결 1999.5.27, 98헌바70)<br>　⑤ 법인세법상의 특별부가세의 과세대상의 범위(헌재결 2000.1.27, 96헌바95, 97헌바1·36·64)<br>4. 도시환경정비사업의 시행자인 토지 등 소유자가 사업시행인가를 신청하기 전에 얻어야 하는 토지 등 소유자의 동의요건(헌재결 2012.4.24. 2010헌바1) : 개발사업의 주체 및 정비구역 내 토지 등 소유자를 상대로 수용권을 행사하고 각종 행정처분을 발할 수 있는 행정주체로서의 지위를 가지는 사업시행자를 지정하는 문제<br>5. 지방의회의원에 대하여 유급보좌인력을 두는 것(대판 2013.1.16, 2012추84)<br>6. 납세의무자에게 조세의 납부의무 외에 과세표준과 세액을 계산하여 신고해야 하는 의무까지 부과하는 경우, 신고의무 이행에 필요한 기본적인 사항과 신고의무불이행 시 납세의무자가 입게 될 불이익 등[대판(전합) 2015.8.20, 2012두23808]<br>7. 법외노조 통보[대판(전합) 2020.9.3, 2016두32992] | 1. 국가유공자 단체의 대의원 선출에 관한 사항(헌재결 2006.3.30, 2005헌바31)<br>2. 「도시 및 주거환경정비법」 제28조 제4항이 사업시행자의 정관에 위임한 사업시행인가 신청 시의 토지 등 소유자의 동의요건(대판 2007.10.12,2006 두14476) : 조합의 설립 자체에 대하여는 엄격한 동의요건을 요구, 동의요건은 사업시행인가 신청에 대한 토지 등 소유자의 사전 통제를 위한 절차적 요건에 불과<br>4. 징수업무를 한국방송공사가 직접 수행할 것인지 제3자에게 위탁할 것인지 여부(헌재결 2008.2.28, 2006헌바70)<br>5. 「도시 및 주거환경정비법」상 경쟁입찰의 실시를 위한 절차 등 세부적 내용(대판 2017.5.30, 2014다61340)<br>6. 「공공기관의 운영에 관한 법률」 제39조 제3항 중 '제2항의 규정에 따른 입찰참가자격의 제한기준 등(헌재결 2017.8.31, 2015헌바388)<br>7. 과세표준 구간이나 누진 정도(대판 2022.4.14. 2020추5169) : 과세형평을 도모하기 위한 기술적, 정책적 사항 |

## 1. 대법원(본질성설)

### (1) 본질사항유보설 ★ 21 국가9급, 20 국회9급, 15·11 지방9급

최신기출 법률이 자치적인 사항을 정관에 위임한 경우 원칙적으로 헌법상의 포괄위임입법금지 원칙이 적용되지 않는다 하더라도 그 사항이 국민의 권리·의무에 관련되는 것일 경우에는 적어도 국민의 권리·의무에 관한 기본적이고 본질적인 사항은 국회가 정하여야 할 것이다(대판 2007.10.12, 2006두14476).

### (2) 어떤 사안이 국회가 형식적 법률로 스스로 규정해야 하는 본질적 사항에 해당하는지 판단하는 기준
★ 19 국회8급, 19 국가9급

최신기출
전합판례 어떠한 사안이 국회가 형식적 법률로 스스로 규정하여야 하는 본질적 사항에 해당되는지는, 구체적 사례에서 관련된 이익 내지 가치의 중요성, 규제 또는 침해의 정도와 방법 등을 고려하여 개별적으로 결정하여야 하지만, 규율대상이 국민의 기본권 및 기본적 의무와 관련한 중요성을 가질수록 그리고 그에 관한 공개적 토론의 필요성 또는 상충하는 이익 사이의 조정 필요성이 클수록, 그것이 국회의 법률에 의해 직접 규율될 필요성은 더 증대된다[대판(전합) 2015.8.20, 2012두23808].

### (3) 병(兵)의 복무기간은 본질사항이다 ★ 11 국회9급

병(兵)의 복무기간은 국방의무의 본질적 내용에 관한 것이어서 이는 반드시 법률로 정하여야 할 입법사항에 속한다고 풀이할 것인바, 「육군본부 방위병 소집복무해제규정」 제23조가 질병휴가, 청원휴가, 각종사고(군무이탈, 구속, 영창, 징역, 유계결근), 1일 24시간 이상 지각, 조퇴한 날, 전속 및 보직변경에 따른 출발일자부터 일보변경 전일까지의 기간 등을 복무에서 제외한다고 규정하여 병역법 제25조 제3항이 규정하지 아니한 구속 등의 사유를 복무기간에 산입하지 않도록 규정한 것은 병역법에 위반하여 무효라고 할 것이다(대판 1985.2.28, 85초13).

### (4) 사업시행인가 신청시의 토지 등 소유자의 동의요건을 사업시행자의 정관에 위임한 「도시 및 주거환경정비법」 제28조 제4항 본문은 포괄위임입법금지 원칙에 위배되지 않고, 그 동의요건은 토지 등 소유자의 재산상 권리·의무에 영향을 미치는 것으로서 법률유보 내지 의회유보의 원칙에 위배되지 않는다 ★ 17 지방9급

구 「도시 및 주거환경정비법」상 사업시행자에게 사업시행계획의 작성권이 있고 행정청은 단지 이에 대한 인가권만을 가지고 있으므로 사업시행자인 조합의 사업시행계획 작성은 자치법적 요소를 가지고 있는 사항이라 할 것이고, 이와 같이 사업시행계획의 작성이 자치법적 요소를 가지고 있는 이상, 조합의 사업시행인가 신청시의 토지 등 소유자의 동의요건 역시 자치법적 사항이라 할 것이며, 따라서 2005.3.18. 법률 제7392호로 개정된 「도시 및 주거환경정비법」 제28조 제4항 본문이 사업시행인가 신청시의 동의요건을 조합의 정관에 포괄적으로 위임하고 있다고 하더라도 헌법 제75조가 정하는 포괄위임입법금지의 원칙이 적용되지 아니하므로 이에 위배된다고 할 수 없다. 그리고 조합의 사업시행인가 신청시의 토지 등 소유자의 동의요건이 비록 토지 등 소유자의 재산상 권리·의무에 영향을 미치는 사업시행계획에 관한 것이라고 하더라도, 그 동의요건은 사업시행인가 신청에 대한 토지 등 소유자의 사전 통제를 위한 절차적 요건에 불과하고 토지 등 소유자의 재산상 권리·의무에 관한 기본적이고 본질적인 사항이라고 볼 수 없으므로 법률유보 내지 의회유보의 원칙이 반드시 지켜져야 하는 영역이라고 할 수 없고, 따라서 개정된 「도시 및 주거환경정비법」 제28조 제4항 본문이 법률유보 내지 의회유보의 원칙에 위배된다고 할 수 없다(대판 2007.10.12, 2006두14476).

### (5) 지방의회의원에 대하여 유급보좌인력을 두는 것은 입법사항이다 ★ 17 국가9급, 17 지방9급

지방의회의원에 대하여 유급보좌인력을 두는 것은 지방의회의원의 신분·지위 및 그 처우에 관한 현행 법령상의 제도에 중대한 변경을 초래하는 것으로서, 이는 개별 지방의회의 조례로써 규정할 사항이 아니라 국회의 법률로써 규정하여야 할 입법사항이다(대판 2013.1.16, 2012추84).

**(6)** 납세의무자에게 조세의 납부의무 외에 과세표준과 세액을 계산하여 신고해야 하는 의무까지 부과하는 경우, 신고의무 이행에 필요한 기본적인 사항과 신고의무불이행 시 납세의무자가 입게 될 불이익 등은 납세의무를 구성하는 기본적, 본질적 내용으로서 법률로 정해야 한다 ★ 17 국가7급

헌법 제37조 제2항, 제38조, 제59조, 제75조에 비추어 보면, 국민에게 납세의 의무를 부과하기 위해서는 조세의 종목과 세율 등 납세의무에 관한 기본적, 본질적 사항은 국민의 대표기관인 국회가 제정한 법률로 규정하여야 하고, 법률의 위임 없이 명령 또는 규칙 등의 행정입법으로 과세요건 등 납세의무에 관한 기본적, 본질적 사항을 규정하는 것은 헌법이 정한 조세법률주의 원칙에 위배된다. 특히 법인세, 종합소득세와 같이 납세의무자에게 조세의 납부의무뿐만 아니라 스스로 과세표준과 세액을 계산하여 신고하여야 하는 의무까지 부과하는 경우에는 신고의무 이행에 필요한 기본적인 사항과 신고의무불이행 시 납세의무자가 입게 될 불이익 등은 납세의무를 구성하는 기본적, 본질적 내용으로서 법률로 정하여야 한다(대판(전합) 2015.8.20, 2012두23808).

**(7)** 정비사업의 시공자를 조합총회에서 국토해양부장관이 정하는 경쟁입찰의 방법으로 선정하도록 규정한 구「도시 및 주거환경정비법」제11조 제1항 본문은 법률유보의 원칙에 반하지 않는다

구「도시 및 주거환경정비법」제11조 제1항 본문은 계약 상대방 선정의 절차와 방법에 관하여 조합총회에서 '경쟁입찰의 방법으로 하도록 규정함으로써, 계약 상대방 선정의 방법을 법률에서 직접 제한하고 제한의 내용을 구체화하고 있다. 다만 경쟁입찰의 실시를 위한 절차 등 세부적 내용만을 국토해양부장관이 정하도록 규정하고 있을 뿐이고, 이것이 계약의 자유를 본질적으로 제한하는 사항으로서 입법자가 반드시 법률로써 규율하여야 하는 사항이라고 보기 어렵다. 또한 '경쟁입찰'은 경쟁의 공정성을 유지하는 가운데 입찰자 중 입찰 시행자에게 가장 유리한 입찰참가인을 낙찰자로 하는 것까지를 포괄하는 개념이므로 위 규정이 낙찰자 선정 기준을 전혀 규정하지 않고 있다고 볼 수 없다. 따라서 위 규정은 법률유보의 원칙에 반하지 않는다(대판 2017.5.30, 2014다61340).

**(8)**「노동조합 및 노동관계조정법 시행령」제9조 제2항은 법률의 위임 없이 법률이 정하지 아니한 법외노조 통보에 관하여 규정함으로써 헌법상 노동3권을 본질적으로 제한하여 그 자체로 무효이다

법외노조 통보는 적법하게 설립된 노동조합의 법적 지위를 박탈하는 중대한 침익적 처분으로서 원칙적으로 국민의 대표자인 입법자가 스스로 형식적 법률로써 규정하여야 할 사항이고, 행정입법으로 이를 규정하기 위하여는 반드시 법률의 명시적이고 구체적인 위임이 있어야 한다. 그런데「노동조합 및 노동관계조정법 시행령」(노동조합법 시행령) 제9조 제2항은 법률의 위임 없이 법률이 정하지 아니한 법외노조 통보에 관하여 규정함으로써 헌법상 노동3권을 본질적으로 제한하고 있으므로 그 자체로 무효이다. 구체적인 이유는 아래와 같다.
법외노조 통보는 이미 법률에 의하여 법외노조가 된 것을 사후적으로 고지하거나 확인하는 행위가 아니라 그 통보로써 비로소 법외노조가 되도록 하는 형성적 행정처분이다. 이러한 법외노조 통보는 단순히 노동조합에 대한 법률상 보호만을 제거하는 것에 그치지 않고 헌법상 노동3권을 실질적으로 제약한다. 그런데「노동조합 및 노동관계조정법」(노동조합법)은 법상 설립요건을 갖추지 못한 단체의 노동조합 설립신고서를 반려하도록 규정하면서도, 그보다 더 침익적인 설립 후 활동 중인 노동조합에 대한 법외노조 통보에 관하여는 아무런 규정을 두고 있지 않고, 이를 시행령에 위임하는 명문의 규정도 두고 있지 않다. 더욱이 법외노조 통보 제도는 입법자가 반성적 고려에서 폐지한 노동조합 해산명령 제도와 실질적으로 다를 바 없다. 결국 노동조합법 시행령 제9조 제2항은 법률이 정하고 있지 아니한 사항에 관하여, 법률의 구체적이고 명시적인 위임도 없이 헌법이 보장하는 노동3권에 대한 본질적인 제한을 규정한 것으로서 법률유보원칙에 반한다(대판(전합) 2020.9.3, 2016두32992).

**(9)** 과세표준 구간이나 누진 정도는 본질사항이 아니다

과세표준 구간이나 누진 정도는 과세형평을 도모하기 위한 기술적, 정책적 사항으로 국민의 납세의무에 관한 기본적이고도 본질적인 사항이라고 볼 수 없다(대판 2022.4.14, 2020추5169).

## 2. 헌법재판소(본질성설)

### (1) 본질성설(의회유보설) ★ 21 변호사, 19 국가9급, 14 서울9급, 10 지방7급, 10 국회8급

오늘날 법률유보원칙은 단순히 행정작용이 법률에 근거를 두기만 하면 충분한 것이 아니라, 국가공동체와 그 구성원에게 기본적이고도 중요한 의미를 갖는 영역, 특히 국민의 기본권 실현과 관련된 영역에 있어서는 국민의 대표자인 입법자가 그 본질적 사항에 대해서 스스로 결정하여야 한다는 요구까지 내포하고 있다(의회유보원칙)(헌재결 1999.5.27, 98헌바70).

### (2) 국회입법권의 의미 ★ 11 지방7급

우리 헌법 제40조(입법권은 국회에 속한다)의 의미는 적어도 국민의 권리와 의무의 형성에 관한 사항을 비롯하여 국가의 통치조직과 작용에 관한 기본적이고 본질적인 사항은 반드시 국회가 정하여야 한다는 것이다(헌재결 1998.5.28, 96헌가1).

### (3) 중학교 의무교육의 실시 여부나 연한은 본질사항이지만, 실시의 시기·범위 등 세부사항은 본질사항이 아니다
★ 17 지방9급

중학교 의무교육의 실시 여부 자체라든가 그 연한은 교육제도의 수립에 있어서 본질적 내용으로서 국회입법에 유보되어 있어서 반드시 형식적 의미의 법률로 규정되어야 할 기본적 사항이라 하겠으나(이에 따라서 교육법 제8조에서 3년의 중등교육을 반드시 실시하여야 하도록 규정하고 있다), 그 실시의 시기·범위 등 구체적인 실시에 필요한 세부사항에 관하여는 반드시 그런 것은 아니다(헌재결 1991.2.11, 90헌가27).

### (4) 텔레비전방송수신료 납부의무자의 범위와 수신료금액은 본질사항에 해당한다 ★ 13 지방9급, 10 국회8급

텔레비전방송수신료는 대다수 국민의 재산권 보장의 측면이나 한국방송공사에게 보장된 방송자유의 측면에서 국민의 기본권 실현에 관련된 영역에 속하고, 수신료금액의 결정은 납부의무자의 범위 등과 함께 수신료에 관한 본질적인 중요한 사항이므로 국회가 스스로 행하여야 하는 사항에 속하는 것임에도 불구하고 한국방송공사법 제36조 제1항에서 국회의 결정이나 관여를 배제한 채 한국방송공사로 하여금 수신료금액을 결정해서 문화관광부장관의 승인을 얻도록 한 것은 법률유보원칙에 위반된다(헌재결 1999.5.27, 98헌바70).

### (5) 도시환경정비사업의 시행자인 토지 등 소유자가 사업시행인가를 신청하기 전에 얻어야 하는 토지 등 소유자의 동의요건을 토지 등 소유자가 자치적으로 정하여 운영하는 규약에 정하도록 한 구 「도시 및 주거환경정비법」 제28조 제5항 본문의 '사업시행자' 중 제8조 제3항에 따라 도시환경정비사업을 토지 등 소유자가 시행하는 경우 '정관등이 정하는 바에 따라' 부분은 법률유보원칙에 위반된다(위헌) ★ 17 국가9급, 17 지방9급

토지 등 소유자가 도시환경정비사업을 시행하는 경우 사업시행인가 신청시 필요한 토지 등 소유자의 동의는, 개발사업의 주체 및 정비구역 내 토지 등 소유자를 상대로 수용권을 행사하고 각종 행정처분을 발할 수 있는 행정주체로서의 지위를 가지는 사업시행자를 지정하는 문제로서, 그 동의요건을 정하는 것은 국민의 권리와 의무의 형성에 관한 기본적이고 본질적인 사항이므로 국회가 스스로 행하여야 하는 사항에 속하는 것임에도 불구하고, 사업시행인가 신청에 필요한 동의정족수를 토지 등 소유자가 자치적으로 정하여 운영하는 규약에 정하도록 한 것은 법률유보원칙에 위반된다(헌재결 2012.4.24, 2010헌바1).

## Ⅲ. 주요 행정작용별 법률유보 적용 여부

| | 구분 | | 적용 여부 | | 구분 | 적용 여부 |
|---|---|---|---|---|---|---|
| 행정입법 | 법규명령 | 위임명령 | ○ | 행정계획 | 구속적 행정계획 | ○ |
| | | 집행명령 | × | | 비구속적 행정계획 | × |
| | 행정규칙 | 일반적인 행정규칙 | × | 사실행위 | 권력적 사실행위 | ○ |
| | | 법령보충규칙(다수설·판례) | ○ | | 비권력적 사실행위<br>(행정지도, 비공식적 행정작용) | × |
| | 조례 | 원칙은 적용안 됨(자주법) | × | 기타 | 공법상의 계약(비권력적 공법행위) | × |
| | | 주민의 권리제한·의무부과·벌칙<br>: 포괄적 위임도 가능 | ○ | | 가행정행위, 확약 | ×<br>(본처분권한<br>내재설) |
| 행정행위 | 침익적 | 원칙 | ○ | | 명단공표(비권력적 사실행위이면서 유일하게 법률유보 적용) | ○ |
| | | 수익적 행정행위의 취소·철회·거부(판례) | × | | | |
| | 수익적 | | × | | | |

## 1. 조례

### (1) 지방자치단체가 주민의 '권리제한 또는 의무부과에 관한 사항'이나 벌칙에 해당하는 조례를 제정하는 경우 법률의 위임이 필요하다(대법원)

> 지방자치단체는 그 고유사무인 자치사무와 개별법령에 의하여 지방자치단체에 위임된 단체위임사무에 관하여 자치조례를 제정할 수 있지만 그 경우라도 주민의 권리제한 또는 의무부과에 관한 사항이나 벌칙은 법률의 위임이 있어야 하며, 기관위임사무에 관하여 제정되는 이른바 위임조례는 개별법령에서 일정한 사항을 조례로 정하도록 위임하고 있는 경우에 한하여 제정할 수 있으므로, 주민의 권리제한 또는 의무부과에 관한 사항이나 벌칙에 해당하는 조례를 제정할 경우에는 그 조례의 성질을 묻지 아니하고 법률의 위임이 있어야 하고, 그러한 위임 없이 제정된 조례는 효력이 없다(대판 2007.12.13, 2006추52).

### (2) 주민의 '권리의무에 관한 사항'을 규율하는 조례를 제정함에 있어서는 법률의 위임이 필요하다(헌법재판소)

★ 20 지방9급

`최신기출`
> 이 사건 조례들은 담배소매업을 영위하는 주민들에게 자판기 설치를 제한하는 것을 내용으로 하고 있으므로 주민의 직업선택의 자유, 특히 직업수행의 자유를 제한하는 것이 되어 지방자치법 제15조(현행법상 제22조) 단서 소정의 주민의 권리의무에 관한 사항을 규율하는 조례라고 할 수 있으므로 지방자치단체가 이러한 조례를 제정함에 있어서는 법률의 위임을 필요로 한다(헌재결 1995.4.20, 92헌마264·279).

**(3) 지방자치단체가 「세 자녀 이상 세대 양육비 등 지원에 관한 조례안」을 제정함에 있어서 법률의 개별적 위임은 필요 없다** ★ 20 지방9급

지방자치단체의 「세 자녀 이상 세대 양육비 등 지원에 관한 조례안」은 저출산 문제의 국가적·사회적 심각성을 십분 감안하여 향후 지방자치단체의 출산을 적극 장려토록 하여 인구정책을 보다 전향적으로 실효성 있게 추진하고자 세 자녀 이상 세대 중 세 번째 이후 자녀에게 양육비 등을 지원할 수 있도록 하는 것으로서, 위와 같은 사무는 지방자치단체 고유의 자치사무 중 주민의 복지증진에 관한 사무를 규정한 지방자치법 제9조 제2항 제2호 (라)목에서 예시하고 있는 아동·청소년 및 부녀의 보호와 복지증진에 해당되는 사무이고, 또한 위 조례안에는 주민의 편의 및 복리증진에 관한 내용을 담고 있어 그 제정에 있어서 반드시 법률의 개별적 위임이 따로 필요한 것은 아니다 (대판 2006.10.12, 2006추38).

**(4) 법률의 위임 없이 보육시설 종사자의 정년을 규정한 「서울특별시 중구 영유아 보육조례 일부개정조례안」에 대한 재의결은 무효이다** ★ 20 지방9급

영유아보육법이 보육시설 종사자의 정년에 관한 규정을 두거나 이를 지방자치단체의 조례에 위임한다는 규정을 두고 있지 않음에도 보육시설 종사자의 정년을 규정한 「서울특별시 중구 영유아 보육조례 일부개정조례안」제17조 제3항은, 법률의 위임 없이 헌법이 보장하는 직업을 선택하여 수행할 권리의 제한에 관한 사항을 정한 것이어서 그 효력을 인정할 수 없으므로, 위 조례안에 대한 재의결은 무효이다(대판 2009.5.28, 2007추134).

영유아 보육시설 종사자의 정년을 조례로 규정하고자 하는 경우에는 법률의 위임이 필요 없다. (x) ■ 20 지방9급

## 2. 침익적인 행정에도 법률유보가 불필요한 경우(인허가의 거부)

구 주택건설촉진법 제44조 및 같은법 시행령 제42조의 규정에 따라 설립인가를 신청한 주택조합의 사업내용이 같은법 등 관계법령의 규정에 위배되거나 사회질서를 해칠 우려가 있음이 명백한 때에는 인가를 거부할 수 있다고 보아야 하고 그 경우에 법규에 명문의 근거가 없더라도 거부처분을 할 수 있다(대판 1995.12.12, 94누12302).

# 제2절 행정법의 법원(法源)

## Ⅰ. 행정법의 성문법원(成文法源)

### 1. 헌법

#### (1) 인간다운 생활을 보장하기 위한 국가의 헌법적인 의무위반은 위헌이다

> 모든 국민은 인간다운 생활을 할 권리를 가지며 국가는 생활능력없는 국민을 보호할 의무가 있다는 헌법의 규정은 입법부와 행정부에 대하여는 국민소득, 국가의 재정능력과 정책 등을 고려하여 가능한 범위 안에서 최대한으로 모든 국민이 물질적인 최저생활을 넘어서 인간의 존엄성에 맞는 건강하고 문화적인 생활을 누릴 수 있도록 하여야 한다는 행위의 지침 즉 행위규범으로서 작용하지만, 헌법재판에 있어서는 다른 국가기관, 즉 입법부나 행정부가 국민으로 하여금 인간다운 생활을 영위하도록 하기 위하여 객관적으로 필요한 최소한의 조치를 취할 의무를 다하였는지의 여부를 기준으로 국가기관의 행위의 합헌성을 심사하여야 한다는 통제규범으로 작용하는 것이다. 그러므로 국가가 인간다운 생활을 보장하기 위한 헌법적인 의무를 다하였는지의 여부가 사법적 심사의 대상이 된 경우에는, 국가가 생계보호에 관한 입법을 전혀 하지 아니하였다든가 그 내용이 현저히 불합리하여 헌법상 용인될 수 있는 재량의 범위를 명백히 일탈한 경우에 한하여 헌법에 위반된다고 할 수 있다(헌재결 1997.5.29, 94헌마33).

#### (2) 사회적 기본권에 대해 예외적으로 구체적 권리성을 인정한 판례

> 인간다운 생활을 할 권리로부터는 인간의 존엄에 상응하는 생활에 필요한 '최소한의 물질적인 생활의 유지에 필요한 급부를 요구할 수 있는 구체적인 권리가 상황에 따라서는 직접 도출될 수 있다고 할 수는 있어도, 동 기본권이 직접 그 이상의 급부를 내용으로 하는 구체적인 권리를 발생케 한다고는 볼 수 없다고 할 것이다. 이러한 구체적 권리는 국가가 재정형편 등 여러 가지 상황들을 종합적으로 감안하여 법률을 통하여 구체화할 때에 비로소 인정되는 법률적 권리라고 할 것이다(헌재결 1995.7.21, 93헌가14).

### 2. 법률

#### (1) 특별법이 일반법에 우선하고 신법이 구법에 우선한다는 원칙이 적용되는 경우 및 이때 법률이 상호 모순·저촉되는지 판단하는 기준

> 일반적으로 특별법이 일반법에 우선하고 신법이 구법에 우선한다는 원칙은 동일한 형식의 성문법규인 법률이 상호 모순·저촉되는 경우에 적용된다. 이때 법률이 상호 모순·저촉되는지는 법률의 입법목적, 규정사항 및 적용범위 등을 종합적으로 검토하여 판단하여야 한다(대판 2016.11.25, 2014도14166).

#### (2) 구 「공공기관의 운영에 관한 법률」에 따른 준정부기관인 도로교통공단의 임직원에 대하여 도로교통법 제129조의2가 특별법 내지 신법으로 우선하여 적용되고 구 「공공기관의 운영에 관한 법률」 제53조의 적용이 배제된다고 할 수 없다

> 공공기관운영법 제53조와 도로교통법 제129조의2는 입법목적, 입법연혁, 규정사항 및 적용범위 등을 달리하여 서로 모순·저촉되는 관계에 있다고 볼 수 없다. 따라서 공공기관운영법에 따른 준정부기관인 도로교통공단의 임직원에 대하여 도로교통법 제129조의2가 특별법 내지 신법으로 우선하여 적용되고 공공기관운영법 제53조의 적용이 배제된다고 볼 수 없다(대판 2016.11.25, 2014도14166).

## 3. 국제조약·국제법규

### (1) 헌법에 의하여 체결·공포된 조약(우리가 조약당사국)

#### ① 「남북 사이의 화해와 불가침 및 교류협력에 관한 합의서」의 국내법적 효력 부정 ★ 15·14 순경특채, 11 지방9급

> 남북한 당국이 각기 정치적인 책임을 지고 상호 간에 그 성의 있는 이행을 약속한 것이기는 하나 법적 구속력이 있는 것은 아니어서 이를 국가 간의 조약 또는 이에 준하는 것으로 볼 수 없고, 따라서 국내법과 동일한 효력이 인정되는 것도 아니다(대판 1999.7.23, 98두14525).

#### ② 1992.2.19. 발효된 남북기본합의서의 법률적 효력 또는 조약으로서의 성격 부정

> 1992.2.19. 발효된 「남북 사이의 화해와 불가침 및 교류협력에 관한 합의서」는 일종의 공동성명 또는 신사협정에 준하는 성격을 가짐에 불과하여 법률이 아님은 물론 국내법과 동일한 효력이 있는 조약이나 이에 준하는 것으로 볼 수 없다(헌재결 2000.7.20, 98헌바63).

#### ③ WTO 설립을 위한 마라케쉬협정은 적법하게 체결·공포된 조약이다 ★ 15 변호사

> 마라케쉬협정도 적법하게 체결되어 공포된 조약이므로 국내법과 같은 효력을 갖는 것이어서 그로 인하여 새로운 범죄를 구성하거나 범죄자에 대한 처벌이 가중된다고 하더라도 이것은 국내법에 의하여 형사처벌을 가중한 것과 같은 효력을 갖게 되는 것이다. 따라서 마라케쉬협정에 의하여 관세법위반자의 처벌이 가중된다고 하더라도 이를 들어 법률에 의하지 아니한 형사처벌이라거나 행위시의 법률에 의하지 아니한 형사처벌이라고 할 수 없다(헌재결 1998.11.26, 97헌바65).

#### ④ 「대한민국과 아메리카합중국 간의 상호방위조약 제4조에 의한 시설과 구역 및 대한민국에서의 합중국군대의 지위에 관한 협정(sofa)」은 국회의 동의를 요하는 조약에 해당한다

> 이 사건 조약은 그 명칭이 '협정'으로 되어 있어 국회의 관여 없이 체결되는 행정협정처럼 보이기도 하나 우리나라의 입장에서 볼 때에는 외국군대의 지위에 관한 것이고, 국가에게 재정적 부담을 지우는 내용과 입법사항을 포함하고 있으므로 국회의 동의를 요하는 조약으로 취급되어야 한다. 이 사건 조약은 국회의 비준동의와 대통령의 비준 및 공포를 거친 것으로 인정되므로 이 사건 조약이 국내법적 효력을 가짐에 있어서 성립절차상의 하자로 인하여 헌법에 위반되는 점은 없다(헌재결 1999.4.29, 97헌가14).

#### ⑤ 「관세 및 무역에 관한 일반협정(General Agreement on Tariffs and Trade 1994)」과 「정부조달에 관한 협정(AGP)」은 국내법령과 동일한 효력을 갖는다 ★ 21·20·17·12 국가9급, 14·11 지방9급, 11 국가7급, 07 국회8급

> `최신기출` 「1994년 관세 및 무역에 관한 일반협정(General Agreement on Tariffs and Trade 1994)」은 1994.12.16. 국회의 동의를 얻어 같은달 23. 대통령의 비준을 거쳐 같은달 30. 공포되고 1995.1.1. 시행된 조약인 「세계무역기구(WTO) 설립을 위한 마라케쉬협정(Agreement Establishing the WTO)(조약 1265호)」의 부속 협정(다자 간 무역협정)이고, 「정부조달에 관한 협정(Agreement on Government Procurement, AGP)」은 1994.12.16. 국회의 동의를 얻어 1997.1.3. 공포시행된 조약(조약 1363호, 복수국가 간 무역협정)으로서 각 헌법 제6조 제1항에 의하여 국내법령과 동일한 효력을 가지므로 지방자치단체가 제정한 조례가 GATT나 AGP에 위반되는 경우에는 그 효력이 없다. 특정 지방자치단체의 초·중·고등학교에서 실시하는 학교급식을 위해 위 지방자치단체에서 생산되는 우수농수축산물과 이를 재료로 사용하는 가공식품을 우선적으로 사용하도록 하고 그러한 우수농산물을 사용하는 자를 선별하여 식재료나 식재료 구입비의 일부를 지원하며 지원을 받은 학교는 지원금을 반드시 우수농산물을 구입하는 데 사용하도록 하는 것을 내용으로 하는 위 지방자치단체의 조례안은 내국민대우원칙을 규정한 「1994년 관세 및 무역에 관한 일반협정(General Agreement on Tariffs and Trade 1994)」에 위반되어 그 효력이 없다(대판 2005.9.9, 2004추10).

⑥ 반덤핑부과처분이 WTO 협정에 위반된다는 이유만으로 사인이 직접 국내 법원에 그 처분의 취소를 구할 수 없다 ★ 11 지방9급

> 우리나라가 1994.12.16. 국회의 비준동의를 얻어 1995.1.1. 발효된 「1994년 국제무역기구 설립을 위한 마라케쉬협정(Marrakesh Agreement Establishing the World Trade Organization, WTO 협정)」의 일부인 「1994년 관세 및 무역에 관한 일반협정(General Agreement on Tariffs and Trade, GATT 1994) 제6조의 이행에 관한 협정」은 국가와 국가 사이의 권리·의무관계를 설정하는 국제협정으로, 그 내용 및 성질에 비추어 이와 관련한 법적 분쟁은 WTO 분쟁해결기구에서 해결하는 것이 원칙이고, 사인(私人)에 대하여는 위 협정의 직접 효력이 미치지 아니한다고 보아야 할 것이므로, 위 협정에 따른 회원국 정부의 반덤핑부과처분이 WTO 협정위반이라는 이유만으로 사인이 직접 국내 법원에 회원국 정부를 상대로 그 처분의 취소를 구하는 소를 제기하거나 위 협정위반을 처분의 독립된 취소사유로 주장할 수는 없다(대판 2009.1.30, 2008두17936).

## (2) 일반적으로 승인된 국제법규(우리나라가 당사국이 아닌 조약

헌법재판소는 국제연합(UN)의 「인권에 관한 세계선언」과 이를 뒷받침하기 위한 「경제적·사회적 및 문화적 권리에 관한 국제규약」「시민적 및 정치적 권리에 관한 국제규약」, 국제연합교육과학문화기구와 국제노동기구가 채택한 「교원지위에 관한 권고」, 우리나라가 회원이 아닌 국제노동기구의 조약(헌재결 1991.7.22, 89헌가106), 우리나라가 비준하지 않은 강제노동의 폐지에 대한 국제노동기구의 조약(헌재결 1998.7.16, 97헌바23)은 국내적으로 효력을 가지지 못하는 것으로 본다.

① 국제연합의 「인권에 관한 세계선언」 ★ 15 변호사

> 모든 국민과 모든 나라가 달성하여야 할 공통의 기준으로 선언하는 의미는 있으나 그 선언내용인 각 조항이 바로 보편적인 법적 구속력을 가지거나 국제법적 효력을 갖는 것으로 볼 것은 아니다(헌재결 1991.7.22, 89헌가106).

② 「경제적·사회적 및 문화적 권리에 관한 국제규약[1990.6.13. 조약 1006호, 이른바 에이(A)규약]」, 「시민적 및 정치적 권리에 관한 국제규약[1990.6.13. 조약 1007호, 이른바 비(B)규약]」

> 국가안보 또는 공공의 안전, 공공질서, 공중보건 또는 도덕의 보호 또는 타인의 권리 및 자유의 보호를 위하여 민주사회에서 필요한 범위 내에서는 합법적인 제한을 가하는 것을 용인하는 유보조항을 두고 있을 뿐 아니라, 특히 위 제22조는 우리의 국내법적인 수정의 필요에 따라 가입당시 유보되었기 때문에 직접적으로 국내법적 효력을 가지는 것도 아니다(헌재결 1991.7.22, 89헌가106).

③ 1960.10.5. 국제연합교육과학문화기구와 국제노동기구가 채택한 「교원의 지위에 관한 권고」 ★ 15 변호사

> 우리사회의 교육적 전통과 현실, 그리고 국민의 법감정과의 조화를 이룩하면서 국민적 합의에 의하여 우리 현실에 적합한 교육제도를 단계적으로 실시·발전시켜 나갈 것을 그 취지로 하는 교육제도의 법정주의와 반드시 배치되는 것이 아니고, 또한 직접적으로 국내법적인 효력을 가지는 것이라고도 할 수 없다(헌재결 1991.7.22, 89헌가106).

④ 우리나라가 비준한 바 없는 강제노동의 폐지에 관한 국제노동기구(ILO)의 제105호 조약은 위헌성 심사의 척도가 되지 않는다 ★ 15 변호사

> 강제노동의 폐지에 관한 국제노동기구(ILO)의 제105호 조약은 우리나라가 비준한 바가 없고, 헌법 제6조 제1항에서 말하는 일반적으로 승인된 국제법규로서 헌법적 효력을 갖는 것이라고 볼만한 근거도 없으므로 이 사건 심판대상 규정의 위헌성 심사의 척도가 될 수 없다(헌재결 1998.7.16, 97헌바23).

### (3) 국내법과 국제법과의 관계

① 
> 헌법 제6조 제1항의 국제법존중주의는 우리나라가 가입한 조약과 일반적으로 승인된 국제법규가 국내법과 같은 효력을 가진다는 것으로서 조약이나 국제법규가 국내법에 우선한다는 것은 아니다(헌재결 2001.4.26, 99헌가13).

② 
> 국제항공운송에 관한 법률관계에 대하여는 1955년 헤이그에서 개정된 「국제항공운송에 있어서의 일부규칙의 통일에 관한 협약」은 일반법인 민법이나 상법에 우선하여 적용된다(대판 2006.4.28, 2005다30184).

# II. 불문법원(不文法源)

## 1. 관습법

### (1) 의의

> 법령과 같은 효력을 갖는 관습법은 당사자의 주장·입증을 기다림이 없이 법원이 직권으로 이를 확정하여야 하고, 사실인 관습은 그 존재를 당사자가 주장·입증하여야 하나, 관습은 그 전부 자체도 명확하지 않을 뿐만 아니라 그 관습이 사회의 법적 확신이나 법적 인식에 의하여 법적 규범으로까지 승인되었는지의 여부를 가리기는 더욱 어려운 일이므로, 법원이 이를 알 수 없는 경우 결국은 당사자가 이를 주장·입증할 필요가 있다(대판 1983.6.14, 80다3231).

### (2) 성립요건

#### ① 법적 확신설 ★ 20 서울7급, 13 국회9급, 07 서울9급

`최신기출`
> 국립지리원이 간행한 지형도상의 해상경계선을 행정구역 경계선으로 인정해온 행정관행이 존재하고, 이러한 행정관행이 오랜 기간 동안 존재하여 왔고(객관적 관행), 지형도상 해상경계선이 해상에서의 행정구역 경계선이라는 점에 대한 지방자치단체들과 일반국민들의 법적 확신이 존재한다고 할 것이므로(주관적 법적 확신), 국립지리원이 간행한 지형도상의 해상경계선(육지의 경우에는 지형도가 아닌 지적공부가 기준)은 행정관습법상 해상경계선으로 인정될 뿐만 아니라 행정판례법상으로도 인정되고 있기 때문에, 불문법상의 해상경계가 된다(헌재결 2004.9.23, 2000헌라2).

> 대법원은 국토지리정보원이 발간한 국가기본도상 해상경계선은 「수산업법」상 조업구역의 경계선이 될 수 없다고 하였다. (×)
> ■ 20 서울7급

#### ② 관습헌법의 성립요건

> 관습헌법이 성립하기 위하여서는 관습법의 성립에서 요구되는 일반적 성립요건이 충족되어야 한다. 첫째, 기본적 헌법사항에 관하여 어떠한 관행 내지 관례가 존재하고, 둘째, 그 관행은 국민이 그 존재를 인식하고 사라지지 않을 관행이라고 인정할 만큼 충분한 기간 동안 반복 내지 계속되어야 하며(반복·계속성), 셋째, 관행은 지속성을 가져야 하는 것으로서 그 중간에 반대되는 관행이 이루어져서는 아니 되고(항상성), 넷째, 관행은 여러 가지 해석이 가능할 정도로 모호한 것이 아닌 명확한 내용을 가진 것이어야 한다(명료성). 또한 다섯째, 이러한 관행이 헌법관습으로서 국민들의 승인 내지 확신 또는 폭넓은 컨센서스를 얻어 국민이 강제력을 가진다고 믿고 있어야 한다(국민적 합의)(헌재결 2004.10.21, 2004헌마554·566).

③ '우리나라의 수도가 서울인 점'은 관습헌법이다

> 서울이 우리나라의 수도인 것은 조선시대 이래 600여 년 간 우리나라의 국가생활에 관한 당연한 규범적 사실이 되어 왔으므로 우리나라의 국가생활에 있어서 전통적으로 형성되어 있는 계속적 관행이라고 평가할 수 있고(계속성), 이러한 관행은 변함없이 오랜 기간 실효적으로 지속되어 중간에 깨어진 일이 없으며(항상성), 서울이 수도라는 사실은 우리나라의 국민이라면 개인적 견해 차이를 보일 수 없는 명확한 내용을 가진 것이며(명료성), 나아가 이러한 관행은 오랜 세월 간 굳어져 와서 국민들의 승인과 폭넓은 컨센서스를 이미 얻어(국민적 합의) 국민이 실효성과 강제력을 가진다고 믿고 있는 국가생활의 기본사항이라고 할 것이다. 따라서 서울이 수도라는 점은 우리의 제정헌법이 있기 전부터 전통적으로 존재하여온 헌법적 관습이며 우리 헌법조항에서 명문으로 밝힌 것은 아니지만 자명하고 헌법에 전제된 규범으로서, 관습헌법으로 성립된 불문헌법에 해당한다(헌재결 2004.10.21, 2004헌마554·566).

## (3) 종류

### ① 민중적 관습법

⑦ **입어권(관행어업권, 법적 확신설)** ★ 13 국회9급, 10 국가9급

> 구 수산업법 제40조 소정의 '입어의 관행에 따른 권리(관행어업권)'란 일정한 공유수면에 대한 공동어업권 설정 이전부터 어업의 면허(특허) 없이 그 공유수면에서 오랫동안 계속 수산동식물을 포획 또는 채취하여 옴으로써(객관적 관행) 그것이 대다수 사람들에게 일반적으로 시인될 정도에 이른 것(주관적 법적 확신)을 말한다(대판 2001.3.13, 99다57942).

### ⑥ 하천용수권

> 농지소유자들이 수백년 전부터 공유(公有)하천에 보를 설치하여 그 연안의 논에 관개를 하여 왔고 원고도 그 논 중 일부를 경작하면서 위 보로부터 인수(引水)를 하여 왔다면, 공유하천으로부터 용수를 함에 있어서 하천법에 의하여 하천관리청으로부터 허가를 얻어야 한다고 하더라도 그 허가를 필요로 하는 법규 시행 이전부터 원고가 위 보에 의하여 용수할 수 있는 권리를 관습에 의하여 취득하였음이 뚜렷하므로 원고는 하천법에 관한 법규에 불구하고 그 기득권이 있는 것이다(대판 1972.3.31, 72다78).

### ⓒ 종래 인정되던 관행어업권에 대하여 2년 이내에 등록하여야 입어할 수 있도록 한 구 수산업법 제2조 제7호 등은 신뢰보호의 원칙에 위배되지 않는다(합헌)

> 이 사건 심판대상조항으로 인하여 청구인들이 침해받은 신뢰이익(사익)은 등록에 관계없이 인정받던 권리를 등록하여야 하는 정도이고, 관행어업권을 등록함에 있어서 어떤 요건이 추가된 것도 아니며, 일단 등록을 마치면 종전부터 보유하고 있던 관행어업권자로서의 지위를 더욱 공고히 유지할 수 있게 되므로 관행어업권자들에게 일정 기간 내에 관행어업권의 등록을 요구하는 것이 불가능하거나 기대하기 어려운 무리한 행위 또는 무익한 행위를 요구하는 것으로 보기 힘들다. 이에 반하여 구 수산업법 시행 당시 이미 전국연안의 수면이 공동어업으로 정리되어 있었으므로 새로이 관행어업권이 발생할 여지는 없고, 이 사건 심판대상조항은 종래에 존재하던 관행어업권자를 정리함으로써 관행어업권자의 지위를 공고히 하고 불법어업으로 인한 폐해를 방지하며 불법어업자의 무분별한 관행어업권 주장을 배제하여 어업질서를 확립하기 위하여 개정된 것이다. 따라서 이 사건 심판대상조항으로 인하여 관행어업권자들이 침해받은 신뢰이익이 이 사건 심판대상조항으로 달성하고자 하는 공익목적에 우선하여 보호되어야 할 정도로 중대한 것이라고 할 수 없으므로 이 사건 심판대상조항이 헌법상 신뢰보호의 원칙에 위배되는 것으로 볼 수 없다(헌재결 1999.7.22, 97헌바76).

② 행정선례법

⊙ 국세행정의 관행의 의미 ★ 14 지방9급

> 국세기본법 제18조 제3항이 규정하고 있는 '일반적으로 납세자에게 받아들여진 세법의 해석 또는 국세행정의 관행'이란 비록 잘못된 해석 또는 관행이라도 특정납세자가 아닌 불특정한 일반납세자에게 정당한 것으로 이의 없이 받아들여져 납세자가 그와 같은 해석 또는 관행을 신뢰하는 것이 무리가 아니라고 인정될 정도에 이른 것을 말한다(대판 2009.12.24, 2008두15350).

⊙ 국세기본법 제18조 제3항의 비과세관행의 성립요건

`전합판례`
> 국세기본법 제18조 제3항에서 말하는 비과세관행이 성립되었다고 하려면 상당한 기간에 걸쳐 그 사항에 대하여 과세하지 아니하였다는 객관적 사실이 존재하여야 할 뿐 아니라 과세관청이 그 사항에 대하여 과세할 수 있음을 알면서도 어떤 특별한 사정에 의하여 과세하지 않는다는 의사가 있고 이와 같은 의사가 명시적 또는 묵시적으로 표시되어야 하는 것이고, 과세관청이 비과세대상에 해당하는 것으로 잘못 알고 일단 비과세결정을 하였으나 그 후 과세표준과 세액의 탈루 또는 오류가 있는 것을 발견한 때에는, 이를 조사하여 경정할 수 있다[대판(전합) 1991.10.22, 90누9360].

⊙ 구 관세법 제5조 제2항 소정의 비과세관행의 의사표시 ★ 18 서울7급

`최신기출`
> 의사표시는 과세물건에 대한 비과세의 사실상태가 장기간에 걸쳐 지속된 경우 '묵시적인 의향의 표시'라고 볼 수 있는 정도이면 족하다(대판 2011.5.13, 2008두18250).

⊙ 비과세관행 인정사례

ⓐ 관세청장이 4년 간 보세운송면허세를 단 한 건도 부과한 적이 없고 주무관청인 관세청장도 수출확대라는 공익상의 필요 등에서 관계법조문의 삭제를 건의하였었다면 비과세관행이 인정된다 ★ 20 지방7급

`최신기출`
> 보세운송면허세의 부과근거규정이던 「지방세법 시행령」이 1973.10.1.에 제정되어 폐지될 때까지 근 4년 간 위 면허세가 단 한 건도 부과된 적이 없고(부작위로 인한 객관적 관행, 부작위로 인한 공적 견해표명), 그 주무관청인 관세청장도 수출확대라는 공익상의 필요 등에서 관계법조문의 삭제를 건의하였었다면(주관적 법적 확신) 그로써 위 면허세의 비과세의 관행이 이루어졌다고 보아야 하고, 과세근거법규가 폐지된 지 1년 3개월이나 지난 뒤에 행한 4년 간의 위 면허세의 부과처분은 신의성실의 원칙과 위의 관행을 무시한 위법한 처분이다(대판 1982.6.8, 81누38).

ⓑ 착오로 인한 장기간의 과세누락에 대한 비과세관행 부정

> 어느 사항에 대하여 비록 장기간에 걸쳐 과세하지 아니한 상태가 계속되었다 하더라도 그것이 착오로 인한 것이라면, 그와 같은 비과세는 일반적으로 납세자에게 받아들여진 국세행정의 관행으로 되었다 할 수 없다(대판 1985.3.12, 84누398).

ⓒ 비과세관행의 성립 여부는 특정한 국민이 아닌 일반납세자를 기준으로 판단한다

> '세법의 해석 또는 국세행정의 관행이 일반적으로 납세자에게 받아들여진 것'이라고 함은 특정한 납세자가 아닌 불특정의 일반납세자에게 그와 같은 해석 또는 관행이 이의 없이 받아들여지고, 납세자가 그 해석 또는 관행을 신뢰하는 것이 무리가 아니라고 인정될 정도에 이른 것을 말한다(대판 2001.4.24, 99두5412).

ⓓ 사업소세 도입 이래 20년 이상 사업소세를 부과하지 않으면서, 다른 과세관청의 유사 사례에 대한 사업소세 과세 시도를 보면서도 같은 조치를 취하지는 않은 경우 묵시적으로 비과세관행이 성립하였다고 볼 여지가 있다

> 피고가 사업소세 도입 이래 20년 이상 원고가 경영하는 병원에 대하여 사업소세를 부과하지 않으면서, 그와 같은 장기간의 비과세기간 동안 인근 다른 과세관청의 유사 사례에 대한 사업소세 과세 시도를 보면서도 같은 조치를 취하지는 않은 채 그와 같은 과세 시도가 무산된 취지에 부응하여 비과세 조치를 계속 유지하였다고 볼 수 있으므로, 이와 같은 경위로 피고가 장기간에 걸쳐 비과세의 사실상태를 유지한 것은 묵시적으로 사업소세 비과세의 의사를 표시함으로써 비과세관행이 성립하였다고 볼 여지가 있다(대판 2009.12.24, 2008두15350).

ⓔ 비과세관행의 성립에 대한 주장·입증책임은 납세자가 부담한다

> 과세관청 자신이 그 사항에 대하여 과세할 수 있음을 알면서 어떤 특별한 사정에 의하여 과세하지 않는다는 의사가 있고, 이와 같은 의사가 대외적으로 명시적 또는 묵시적으로 표시될 것임을 요한다고 해석되며, 이는 납세자가 주장·입증하여야 한다(대판 1995.4.21, 94누6574).

③ 일단 성립한 비과세관행이 소멸하는 시점

> 일단 성립한 비과세관행이 소멸하였다고 하기 위하여는 종전의 비과세관행을 시정하여 앞으로 당해 과세물건에 대하여 과세하겠다는 과세관청의 확정적인 의사가 명시적으로 표시되어야 하며, 그러한 의사표시는 반드시 전체 과세관청에 의하여 이루어지거나 처분, 결정과 같이 구체적인 행정작용을 통하여 이루어질 필요는 없지만, 적어도 공적 견해의 표명으로서 그로 인하여 납세자가 더 이상 종전의 비과세관행을 신뢰하는 것이 무리라고 여겨질 정도에 이르러야 한다(대판 2011.5.13, 2008두18250).

## (4) 효력

① 대법원 판례(보충적 효력설)

㉠ 보충적 효력설(처가 먼저 사망한 경우에는 그 부가 망실의 제사를 통제하는 제주가 되는 것이 관습이라고 주장한 사건)

> 「가정의례에 관한 법률」에 따라 제정된 가정의례준칙(성문법원인 대통령령) 제13조는 사망자의 배우자와 직계비속이 상제가 되고 주상은 장자가 되나 장자가 없는 경우에는 장손이 된다고 정하고 있으므로 원심인정의 관습이 관습법이라는 취지라면 관습법의 제정법에 대한 열후적, 보충적 성격에 비추어 그와 같은 관습법의 효력을 인정하는 것은 관습법의 법원으로서의 효력을 정한 위 민법 제1조의 취지에 어긋나는 것이다(대판 1983.6.14, 80다3231).

㉡ 헌법을 최상위 규범으로 하는 전체 법질서에 반하지 아니하는 것으로서 정당성과 합리성이 있어야 한다

전합판례
> 사회의 거듭된 관행으로 생성한 어떤 사회생활규범이 법적 규범으로 승인되기에 이르렀다고 하기 위하여는 그 사회생활규범은 헌법을 최상위 규범으로 하는 전체 법질서에 반하지 아니하는 것으로서 정당성과 합리성이 있다고 인정될 수 있는 것이어야 하고, 그렇지 아니한 사회생활규범은 비록 그것이 사회의 거듭된 관행으로 생성된 것이라고 할지라도 이를 법적 규범으로 삼아 관습법으로서의 효력을 인정할 수 없다(대판(전합) 2003.7.24, 2001다48781).

② 헌법재판소(개폐적·변경적 효력설)

⑦ 관습헌법은 성문헌법과 동등한 효력을 가진다

> 헌법사항에 관하여 형성되는 관행 내지 관례가 전부 관습헌법이 되는 것은 아니고 강제력이 있는 헌법규범으로서 인정되려면 엄격한 요건들이 충족되어야만 하며, 이러한 요건이 충족된 관습만이 관습헌법으로서 성문의 헌법과 동일한 법적 효력을 가진다. 헌법 제1조 제2항은 "대한민국의 주권은 국민에게 있고, 모든 권력은 국민으로부터 나온다."고 규정한다. 이와 같이 국민이 대한민국의 주권자이며, 국민은 최고의 헌법제정권력이기 때문에 성문헌법의 제·개정에 참여할 뿐만 아니라 헌법전에 포함되지 아니한 헌법사항을 필요에 따라 관습의 형태로 직접 형성할 수 있다. 그렇다면 관습헌법도 성문헌법과 마찬가지로 주권자인 국민의 헌법적 결단의 의사의 표현이며 성문헌법과 동등한 효력을 가진다고 보아야 한다(헌재결 2004.10.21, 2004헌마554·566).

⑥ '우리나라의 수도가 서울인 점'에 대한 관습헌법을 폐지하기 위해서는 헌법개정이 필요하다 ★ 11 지방9급

> 우리나라의 수도가 서울이라는 점에 대한 관습헌법을 폐지하기 위해서는 헌법이 정한 절차에 따른 헌법개정이 이루어져야 한다. 이 경우 성문의 조항과 다른 것은 성문의 수도조항이 존재한다면 이를 삭제하는 내용의 개정이 필요하겠지만 관습헌법은 이에 반하는 내용의 새로운 수도설정조항을 헌법에 넣는 것만으로 그 폐지가 이루어지는 점에 있다. 다만, 헌법규범으로 정립된 관습이라고 하더라도 세월의 흐름과 헌법적 상황의 변화에 따라 이에 대한 침범이 발생하고, 나아가 그 위반이 일반화되어 그 법적 효력에 대한 국민적 합의가 상실되기에 이른 경우에는 관습헌법은 자연히 사멸하게 된다. 이와 같은 사멸을 인정하기 위하여서는 국민에 대한 종합적 의사의 확인으로서 국민투표 등 모두가 신뢰할 수 있는 방법이 고려될 여지도 있을 것이다. 그러나 이 사건의 경우에 이러한 사멸의 사정은 확인되지 않는다. 따라서 우리나라의 수도가 서울인 것은 우리 헌법상 관습헌법으로 정립된 사항이며, 여기에는 아무런 사정의 변화도 없다고 할 것이므로 이를 폐지하기 위해서는 반드시 헌법개정의 절차에 의하여야 한다(헌재결 2004.10.21, 2004헌마554·566).

## 2. 판례법

### (1) 대법원 판결

상급법원의 재판에 있어서의 판단은 당해 사건에 관하여 하급심을 기속한다(법원조직법 제8조).

① 환송판결의 하급심에 대한 기속력의 범위

> 상고법원으로부터 사건을 환송받은 하급심법원은 그 사건을 다시 재판함에 있어서 상고법원이 파기이유로 한 사실상과 법률상의 판단에 기속을 받는 것이나, 파기의 이유로 된 잘못된 견해만 피하면 다른 가능한 견해에 의하여 환송 전의 판결과 동일한 결론을 가져온다고 하여도 환송판결의 기속을 받지 아니한 위법을 범한 것이라고는 할 수 없다(대판 2001.6.15, 99두5566).

② 하급심법원이 유사 사건의 대법원 판례와 다른 견해를 취하여 재판한 경우 재심사유에 해당하지 않는다

> 판례가 사안이 서로 다른 사건을 재판하는 하급심법원을 직접 기속하는 효력이 있는 것은 아니므로, 하급심법원이 판례와 다른 견해를 취하여 재판한 경우에 상고를 제기하여 구제받을 수 있음은 별론으로 하고 민사소송법 제422조 제1항 제1호 소정의 재심사유인 법률에 의하여 판결법원을 구성하지 아니한 때에 해당한다고 할 수 없다(대판 1996.10.25, 96다31307).

## (2) 헌법재판소 결정(긍정)

### ① 당해사건 + 동종사건 + 병행사건 + 일반사건 ★ 22 국가9급, 15 지방9급, 13 서울7급, 13 변호사, 07 국가7급

`최신기출` 헌법재판소의 위헌결정의 효력은 위헌제청을 한 당해사건, 위헌결정이 있기 전에 이와 동종의 위헌여부에 관하여 헌법재판소에 위헌여부심판제청을 하였거나 법원에 위헌여부심판제청신청을 한 동종사건과 따로 위헌제청신청은 아니하였지만 당해 법률 또는 법률조항이 재판의 전제가 되어 법원에 계속 중인 병행사건뿐만 아니라, 위헌결정 이후에 위와 같은 이유로 제소된 일반사건에도 미친다고 할 것이나, 위헌결정의 효력은 그 미치는 범위가 무한정일 수는 없고 다른 법리에 의하여 그 소급효를 제한하는 것까지 부정되는 것은 아니라 할 것이며, 법적 안정성의 유지나 당사자의 신뢰보호를 위하여 불가피한 경우에 위헌결정의 소급효를 제한하는 것은 오히려 법치주의의 원칙상 요청되는 바라 할 것이다(대판 2006.6.9, 2006두1296).

乙은 부담금을 납부한 후 부담금부과처분에 대해 행정소송을 제기하였고 현재 소가 계속 중인 경우에도, 乙이 위헌법률심판제청신청을 하지 않았으므로 乙에게 위헌결정의 소급효는 미치지 않는다. (×) ■ 22 국가9급

### ② 이미 취소소송의 제기기간을 경과하여 확정력이 발생한 행정처분의 경우에는 위헌결정의 소급효가 미치지 않는다 ★ 20 국회8급, 15 지방9급, 13 서울7급

`최신기출` 이미 취소소송의 제기기간을 경과하여 확정력이 발생한 행정처분의 경우에는 위헌결정의 소급효가 미치지 않는다고 보아야 할 것이고, 일반적으로 법률이 헌법에 위반된다는 사정은 헌법재판소의 위헌결정이 있기 전에는 객관적으로 명백한 것이라고 할 수는 없으므로 헌법재판소의 위헌결정 전에 행정처분의 근거되는 당해 법률이 헌법에 위반된다는 사유는 특별한 사정이 없는 한 그 행정처분의 취소소송의 전제가 될 수 있을 뿐 당연무효사유는 아니라고 봄이 상당하다(대판 2002.11.8, 2001두3181).

법률의 위헌여부가 명백하지 않은 상태라도 이후 해당 법률에 위헌이 선언되었다면 위헌판결의 기속력에 의해 그 법률에 근거한 행정처분의 하자는 무효사유이다. (×) ■ 20 국회8급

### ③ 형벌법규 이외의 법률 또는 법률조항에 대한 위헌결정에 대해 소급효를 인정하지 아니하는 헌법재판소법 제47조 제2항 본문은 합헌이다

헌법재판소에 의하여 위헌으로 선고된 법률 또는 법률의 조항이 제정 당시로 소급하여 효력을 상실하는가 아니면 장래에 향하여 효력을 상실하는가의 문제는 특단의 사정이 없는 한 헌법적합성의 문제라기보다는 입법자가 법적 안정성과 개인의 권리구제 등 제반이익을 비교형량하여 가면서 결정할 입법정책의 문제로 보인다. 우리의 입법자는 헌법재판소법 제47조 제2항 본문의 규정을 통하여 형벌법규를 제외하고는 법적 안정성을 더 높이 평가하는 방안을 선택하였는바, 이에 의하여 구체적 타당성이나 평등의 원칙이 완벽하게 실현되지 않는다고 하더라도 헌법상 법치주의의 파생인 법적 안정성 내지 신뢰보호의 원칙에 의하여 이러한 선택은 정당화된다 할 것이고, 특단의 사정이 없는 한 이로써 헌법이 침해되는 것은 아니라 할 것이다(헌재결 2008.9.25, 2006헌바108).

### ④ 헌법재판소가 법률의 위헌 여부를 판단하기 위하여 한 법률해석에 법원이 구속되지 않는다

구체적 분쟁사건의 재판에 즈음하여 법률 또는 법률조항의 의미·내용과 적용범위가 어떠한 것인지를 정하는 권한, 곧 법령의 해석·적용 권한은 사법권의 본질적 내용을 이루는 것이고, 법률이 헌법규범과 조화되도록 해석하는 것은 법령의 해석·적용상 대원칙이다. 따라서 합헌적 법률해석을 포함하는 법령의 해석·적용 권한은 대법원을 최고법원으로 하는 법원에 전속하는 것이며, 헌법재판소가 법률의 위헌 여부를 판단하기 위하여 불가피하게 법원의 최종적인 법률해석에 앞서 법령을 해석하거나 그 적용범위를 판단하더라도 헌법재판소의 법률해석에 대법원이나 각급 법원이 구속되는 것은 아니다(대판 2009.2.12, 2004두10289).

⑤ 비형벌조항에 대해 잠정적용 또는 적용중지 헌법불합치결정이 선고되었으나 위헌성이 제거된 개선입법이 이루어지지 않은 채 개정시한이 지난 경우, 그 법률조항의 효력이 상실되는 시점

비형벌조항에 대해 잠정적용 헌법불합치결정이 선고되었으나 위헌성이 제거된 개선입법이 이루어지지 않은 채 개정시한이 지남으로써 그 법률조항의 효력이 상실되었다고 하더라도 그 효과는 장래에 향해서만 미칠 뿐이고, 당해 사건이라고 하여 이와 달리 취급할 이유는 없다. 한편 비형벌조항에 대한 적용중지 헌법불합치결정이 선고되었으나 위헌성이 제거된 개선입법이 이루어지지 않은 채 개정시한이 지난 때에는 헌법불합치결정 시점과 법률조항의 효력이 상실되는 시점 사이에 아무런 규율도 존재하지 않는 법적 공백을 방지할 필요가 있으므로, 그 법률조항은 헌법불합치결정이 있었던 때로 소급하여 효력을 상실한다(대판 2020.1.30, 2018두49154).

⑥

비형벌조항에 대해 잠정적용 헌법불합치결정이 선고되었으나 해당 법률조항의 잠정적용을 명한 부분의 효력이 미치는 사안이 아니라 적용중지 상태에 있는 부분의 효력이 미치는 사안인 경우, 그 법률조항 중 적용중지 상태에 있는 부분은 헌법불합치결정이 있었던 때로 소급하여 효력을 상실한다(대판 2020.1.30, 2018두49154).

⑦ 세무사 자격을 보유하고 있는 변호사 甲이 국세청장에게 세무대리업무등록 갱신을 신청하였으나 국세청장이 세무사법 제6조 제1항, 제20조 제1항에 따라 甲의 신청을 반려하는 처분을 하자, 甲이 처분의 취소를 구하는 소송 계속 중 위 법률조항에 대하여 위헌법률심판제청을 신청하였고 원심법원이 위헌법률심판제청을 하였는데, 헌법재판소가 위 법률조항이 세무사 자격 보유 변호사의 직업선택 자유를 침해한다며 위 법률조항에 대한 헌법불합치를 선언하면서 2019.12.31.을 시한으로 입법자가 개정할 때까지 위 법률조항의 계속 적용을 결정하였으나 국회가 개정시한까지 위 법률조항을 개정하지 않은 사안에서, 위 법률조항 가운데 세무사 자격 보유 변호사의 세무대리를 전면적·일률적으로 금지한 부분은 헌법불합치결정이 있었던 때로 소급하여 효력을 상실하였으므로 헌법불합치결정을 하게 된 해당 사건에 대해서는 위 법률조항이 그대로 적용될 수 없다는 이유로, 위 법률조항이 적용됨을 전제로 甲의 세무대리업무등록 갱신 신청을 반려한 국세청장의 처분이 위법하다고 한 사례

헌법재판소가 헌법불합치결정에서 위 법률조항의 계속 적용을 명한 부분의 효력은 일반 세무사의 세무사등록을 계속 허용하는 근거 규정이라는 점에 미치고 이와 달리 위 법률조항 가운데 세무사 자격 보유 변호사의 세무대리를 전면적·일률적으로 금지한 부분은 여전히 적용이 중지되고 개정시한이 지남으로써 헌법불합치결정이 있었던 때로 소급하여 효력을 상실하였으므로 헌법불합치결정을 하게 된 해당 사건에 대해서는 위 법률조항이 그대로 적용될 수 없다는 이유로, 위 법률조항이 적용됨을 전제로 甲의 세무대리업무등록 갱신 신청을 반려한 국세청장의 처분이 위법하다고 한 사례(대판 2020.1.30, 2018두49154)

⑧ 구 군인연금법 제21조 제5항 제3호에 대하여 이중의 위헌결정이 있었던 경우 위헌결정의 소급효는 당해사건으로 제한된다

⑨ 헌법재판소가 2018.8.30. 선고한 '구 「민주화운동 관련자 명예회복 및 보상 등에 관한 법률」 제18조 제2항의
민주화운동과 관련하여 입은 피해 중 불법행위로 인한 정신적 손해에 관한 부분은 헌법에 위반된다.'는 결정은
법원에 대하여 기속력이 있고, 일부위헌결정이 선고된 사정은 그 결정 선고 전 헌법소원의 전제가 된 해당 소송
사건에서 이미 확정된 판결에 대하여 헌법재판소법 제75조 제7항에서 정한 재심사유가 된다

최신판례 헌법재판소는 2018.8.30. 구 민주화보상법 제18조 제2항의 '민주화운동과 관련하여 입은 피해' 중 불법행위로
인한 정신적 손해에 관한 부분은 헌법에 위반된다는 결정(헌법재판소 2018.8.30. 선고 2014헌바180 등 전원재판부
결정, 이하 '일부위헌결정'이라고 한다)을 선고하였다. 일부위헌결정은 위와 같이 '민주화운동과 관련하여 입은 피해
중 일부인 '불법행위로 인한 정신적 손해 부분을 위헌으로 선언함으로써 그 효력을 상실시켜 구 민주화보상법 제18조
제2항의 일부가 폐지되는 것과 같은 결과를 가져오는 결정으로서 법원에 대한 기속력이 있다. 일부위헌결정 선고 전
에 헌법소원의 전제가 된 해당 소송사건에서 이미 확정된 판결에 대해서 일부위헌결정이 선고된 사정은 헌법재판소법
제75조 제7항에서 정한 재심사유가 된다(대판 2020.12.10. 2020다205455).

⑩

최신판례 헌법재판소가 2021.5.27. 선고한 '구 「광주민주화운동 관련자 보상 등에 관한 법률」 제16조 제2항의 광주민주
화운동과 관련하여 입은 피해 중 정신적 손해 부분은 헌법에 위반된다.'는 결정은 법원에 대하여 기속력이 있고,
위 일부 위헌결정의 효력은 그 결정이 있기 전에 위 조항의 위헌 여부가 재판의 전제가 되어 법원에 계속 중이던
사건에 미친다(대판 2021.7.29. 2016다259363).

⑪ 헌법재판소가 2018.8.30. 선고한 '민법 제166조 제1항, 제766조 제2항 중 「진실·화해를 위한 과거사정리 기본
법」 제2조 제1항 제3호(민간인 집단 희생사건), 제4호(중대한 인권침해사건·조작의혹사건)에 적용되는 부분은 헌법에
위반된다.'는 위헌결정의 효력은 위 제3호, 제4호 사건에서 공무원의 위법한 직무집행으로 입은 손해에 대한
배상을 구하는 소송이 위헌결정 당시까지 법원에 계속되어 있는 경우에도 미치고, 손해배상청구권에 대하여 민
법 제766조 제2항 또는 국가재정법 제96조 제2항에 따른 소멸시효가 적용되지 않는다

최신판례 헌법재판소는 2018.8.30. 민법 제166조 제1항, 제766조 제2항 중 「진실·화해를 위한 과거사정리 기본법」(과거
사정리법) 제2조 제1항 제3호의 '민간인 집단 희생사건', 같은 항 제4호의 '중대한 인권침해사건·조작의혹사건'에
적용되는 부분은 헌법에 위반된다는 결정을 선고하였다. 이러한 위헌결정의 효력은 과거사정리법 제2조 제1항
제3호의 '민간인 집단 희생사건'이나 같은 항 제4호의 '중대한 인권침해사건·조작의혹사건'에서 공무원의 위법
한 직무집행으로 입은 손해에 대한 배상을 청구하는 소송이 위헌결정 당시까지 법원에 계속되어 있는 경우에도
미친다. 따라서 그러한 손해배상청구권에 대해서는 민법 제766조 제2항에 따른 10년의 소멸시효 또는 국가재정법
제96조 제2항[구 예산회계법(1989.3.31. 법률 제4102호로 전부 개정되기 전의 것) 제71조 제2항]에 따른 5년의 소멸시효
가 적용되지 않는다(대판 2021.7.29. 2016다259363).

# 제3절 행정법의 일반원칙

## 제1항 평등의 원칙

### Ⅰ. 평등원칙의 의의 및 심사기준

#### 1. 평등원칙의 의의

##### (1) 평등원칙은 상대적 평등을 의미한다 ★ 21 국가9급

`최신기출` 헌법 제11조 제1항의 평등의 원칙이란, 모든 국민이 모든 경우에 모든 점에서 똑같이 취급되어야 한다는 절대적 평등을 뜻하는 것이 아니라 규율대상의 차이를 전제로 한 상대적 평등을 말하는 것이므로, 위와 같은 차이가 있는 경우에 그에 상응하는 합리적 차별까지 배제되는 것은 아니라고 할 것이다(대판 2008.5.15, 2005두11463).

##### (2)

`전합판례` 헌법 제11조 제1항에 근거를 둔 평등원칙은 본질적으로 같은 것을 자의적으로 다르게 취급함을 금지하는 것으로 서, 법령을 적용할 때뿐만 아니라 입법을 할 때에도 불합리한 차별취급을 하여서는 안 된다는 것을 뜻한다[대판(전합) 2007.10.29, 2005두14417].

##### (3) 합리적 근거 없는 차별이란 정의에 반하는 자의적인 차별을 의미한다

합리적 근거 없는 차별이란 정의에 반하는 자의적인 차별을 의미하는 것으로서, 국민의 기본권에 대한 차별적인 대우를 규정하는 입법은 그 목적이 국가안전보장, 질서유지 또는 공공복리를 위하여 필요하고 또 정당한 것이어 야 하고, 나아가 그 수단 또는 방법이 위 목적의 실현을 위하여 실질적인 관계가 있어야 할 뿐만 아니라, 그 정도 또한 적정한 것이어야 하며, 이러한 요건을 갖추지 못한 입법은 헌법 제11조 제1항이 예정하고 있는 평등 의 원칙에 반하는 위헌입법이라고 할 것이다(헌재결 2002.9.19, 2000헌바84).

## 2. 심사기준

### (1) 엄격한 심사척도(비례심사)와 완화된 심사척도(자의의 심사, 합리적 사유 유무)

헌법재판소에서는 평등위반여부를 심사함에 있어 엄격한 심사척도와 완화된 심사척도의 두 가지 척도를 구별하고, 어떤 심사척도를 적용할 것인가를 결정하는 기준으로서 헌법에서 특별히 평등을 요구하고 있는 경우(즉, 헌법이 스스로 차별의 근거로 삼아서는 아니되는 기준을 제시하거나 차별을 특히 금지하고 있는 영역을 제시하고 있는 경우)와 차별적 취급으로 인하여 관련 기본권에 대한 중대한 제한을 초래하게 되는 경우에는 엄격한 심사척도가 적용되어야 하고, 그렇지 않은 경우에는 완화된 심사척도에 의한다는 원칙을 적용하고 있다. 이 경우 엄격한 심사를 한다는 것은 자의금지원칙에 따른 심사 즉, 합리적 이유의 유무를 심사하는 것에 그치지 아니하고 비례성원칙에 따른 심사 즉, 차별취급의 목적과 수단간에 엄격한 비례관계가 성립하는지를 기준으로 한 심사를 행함을 의미하며, 완화된 심사척도 즉, 자의심사의 경우에는 차별을 정당화하는 합리적인 이유가 있는지만을 심사하기 때문에 그에 해당하는 비교대상 간의 사실상의 차이나 입법목적(차별목적)을 발견하고 확인하여, 그 차별이 인간의 존엄성 존중이라는 헌법원리에 반하지 아니하면서 정당한 입법목적을 달성하기 위하여 필요하고도 적정한 것인가를 기준으로 판단되어야 한다(헌재결 2002.9.19, 2000헌바84).

### (2) 여성 근로자들이 전부 또는 다수를 차지하는 분야의 정년을 다른 분야의 정년보다 낮게 정한 것이 여성에 대한 불합리한 차별에 해당하는지 판단하는 방법

`최신판례` 여성 근로자들이 전부 또는 다수를 차지하는 분야의 정년을 다른 분야의 정년보다 낮게 정한 것이 여성에 대한 불합리한 차별에 해당하는지는, 헌법 제11조 제1항에서 규정한 평등의 원칙 외에도 헌법 제32조 제4항에서 규정한 '여성근로에 대한 부당한 차별 금지'라는 헌법적 가치를 염두에 두고, 해당 분야 근로자의 근로 내용, 그들이 갖추어야 하는 능력, 근로시간, 해당 분야에서 특별한 복무규율이 필요한지 여부나 인력수급사정 등 여러 사정들을 종합적으로 고려하여 판단하여야 한다(대판 2019.10.31, 2013두20011).

# II. 평등원칙의 내용

### (1) 제대군인지원에 관한 가산점제도의 평등위반 여부를 심사함에 있어서는 엄격한 심사척도가 적용된다

가산점제도는 헌법 제32조 제4항(여자의 근로는 특별한 보호를 받으며, 고용·임금 및 근로조건에 있어서 부당한 차별을 받지 아니한다.)이 특별히 남녀평등을 요구하고 있는 '근로' 내지 '고용'의 영역에서 남성과 여성을 달리 취급하는 제도이고, 또한 동법 제25조에 의하여 보장된 공무담임권이라는 기본권의 행사에 중대한 제약을 초래하는 것이기 때문에 엄격한 심사척도가 적용된다(헌재결 1999.12.23, 98헌마363).

### (2) 단계적 제도개선과 헌법상의 평등의 원칙

헌법상 평등의 원칙은 국가가 언제 어디서 어떤 계층을 대상으로 하여 기본권에 관한 상황이나 제도의 개선을 시작할 것인지를 선택하는 것을 방해하지는 않는다. 만약 어떤 경우든지 모든 사항과 계층을 대상으로 하여 동시에 제도의 개선을 추진하여야 한다면 그 시행이 불가능하다는 결과에 이르게 되어 불합리할 뿐 아니라 평등의 원칙이 실현하고자 하는 가치와도 어긋나기 때문이다. 비록 수용되지 아니한 토지소유자가 보유하게 되는 개발이익을 포함하여 일체의 개발이익을 환수할 수 있는 제도적 장치가 마련되지 아니한 상황에서, 기준지가가 고시된 지역 내에서 피수용토지를 둔 토지소유자로부터서만 이를 환수한다고 하여, 합리적 이유 없이 수용 여부에 따라 토지소유자를 차별한 것이라고는 인정되지 아니한다(헌재결 1990.6.25, 89헌마107).

# III. 평등원칙위반 인정사례

1. 함께 화투놀이를 한 3명은 견책처분, 특정 공무원에게만 파면처분한 경우(대판 1972.12.26, 72누194)
2. 사회단체등록신청에 형식상의 요건불비가 없는데 등록청이 이미 설립목적 및 사업내용을 같이 하는 선등록단체가 있다 하여 등록신청을 반려한 경우[대판(전합) 1989.12.26, 87누308]
3. 특별전형에서 외교관, 공무원의 자녀에 대하여만 획일적으로 과목별 실제 취득점수에 20%의 가산점을 부여한 경우(대판 1990.8.28, 89누8255)
4. 영업허가에 관련된 공무원 중 기안담당자는 불문에, 담당과장은 견책에, 담당국장은 경고 등 가벼운 처분을 받은 경우, 담당계장에게만 감봉처분을 한 경우(대판 1991.5.10, 91누2090)
5. 국유잡종재산에 대한 시효취득을 부인하는 국유재산법 제5조 제2항(헌재결 1991.5.13, 89헌가97)
6. 지방의회의 조사·감사를 위해 채택된 증인의 불출석 등에 대한 과태료를 증인이 5급 이상 공무원인지 여부, 기관(법인)의 대표나 임원인지 여부 등 증인의 사회적 신분에 따라 차등 부과할 것을 규정한 조례(대판 1997.2.25, 96추213)
7. 제대군인지원에 관한 가산점제도(헌재결 1999.12.23, 98헌마363)
8. 청원경찰의 인원감축을 위한 면직처분대상자를 선정함에 있어 초등학교 졸업 이하 학력소지자 집단과 중학교 중퇴 이상 학력소지자 집단으로 나누어 각 집단별로 같은 감원비율 상당의 인원을 선정한 것은 평등원칙 위반이지만 취소사유(대판 2002.2.8, 2000두4057)
9. 변호사, 공인회계사 등 여타 전문직과 의약품제조업자 등 약사법의 규율을 받는 다른 직종들에 대하여는 법인을 구성하여 업무를 수행할 수 있도록 하면서, 약사에게만 합리적 이유 없이 이를 금지하는 것(헌재결 2002.9.19, 2000 헌바84)
10. 다른 지방선거 후보자와는 달리 기초의회의원선거의 후보자에 대해서만 정당표방을 금지한 공직선거법(헌재결 2003. 1.30, 2001 헌가4)
11. 지방자치단체의 장으로 하여금 당해 지방자치단체의 관할구역과 같거나 겹치는 선거구역에서 실시되는 지역구 국회의원선거에 입후보하고자 하는 경우 당해 선거의 선거일 전 180일까지 그 직을 사퇴하도록 규정하고 있는 「공직선거 및 선거부정방지법」(헌재결 2003.9.25, 2003헌마106) : 다른 공무원의 경우 선거일 전 60일까지 사퇴하도록 규정
12. 국·공립학교의 채용시험에 국가유공자와 그 가족이 응시하는 경우 만점의 10퍼센트를 가산하도록 규정하고 있는 「국가유공자 등 예우 및 지원에 관한 법률」 제31조 제1항·제2항(헌재결 2006.2.23, 2004헌마675·981·1022)
13. 개인택시운송사업면허의 우선순위 기준으로 무사고운전 등의 성실의무를 반드시 동일회사에서 이행하였을 것을 정하고 있는 지방자치단체(경기도 고양시)의 '개인택시운송사업면허 사무처리규정'(대판 2007.2.8, 2006두13886) : 성실의무를 하나의 회사에서 이행하였는지 또는 둘 이상의 회사에서 이행하였는지에 따라 차등을 두는 것은 위 규정의 목적에 비추어 보더라도 합리적 근거 없이 차별대우를 하는 것으로서 평등의 원칙에 반하고 직장선택의 자유를 침해
14. 개발제한구역 훼손부담금의 부과율을 규정함에 있어서 전기공급시설 등과는 달리 집단에너지공급시설에 차등을 두는 구 「개발제한구역의 지정 및 관리에 관한 특별조치법 시행령」 제35조 제1항 제3호의 규정[대판(전합) 2007.10.29, 2005두14417] : 집단에너지공급시설과 전기공급시설 등은 공급하는 물질(에너지)만 다를 뿐, 그 설치공사의 내용과 방법이나 그에 관한 기술적 측면의 규제 내용 등이 동일하거나 유사하고, 그 외 도로법 등 다른 각종 행정법규에서도 점용료나 원인자부담금 등의 산정·부과 및 감면 등에서 같게 취급
15. 플라스틱제품의 폐기물부담금의 산출기준이 제조업자는 합성수지 kg당 7.6원 또는 3.8원(종량제)임에 반하여 수입업자는 수입가의 0.7%(종가제)로 규정 [대판(전합) 2008.11.20, 2007두8287] : 폐기물부담금은 정책목적 실현 부담금인 동시에 원인자부담금으로서 정책목적과 그 부과대상 사이에 긴밀한 상관관계가 있어야 하고, 제조업자와 수입업자 모두 행정청의 조사·확인에 응하여 합성수지 투입량에 관한 자료를 제출하여야 한다는 점에서 본질적 차이가 없으므로

**(1) 함께 화투놀이를 한 3명은 견책처분, 특정 공무원에게만 파면처분한 경우 평등원칙 위반이다**(부산시 영도구청 당직근무 대기 중 고스톱사건) ★ 13 서울7급

> 원고가 부산시 영도구청의 당직근무 대기 중 약 25분간 같은 근무조원 3명과 함께 시민과장실에서 심심풀이로 돈을 걸지 않고 점수따기 화투놀이를 한 사실 … 이것이 국가공무원법 제78조 제1호·제3호 규정의 징계사유에 해당한다 할지라도 당직 근무시간이 아닌 그 대기 중에 불과 약 25분간 심심풀이로 한 것이고 또 돈을 걸지 아니하고 점수따기를 한 데 불과하며 원고와 함께 화투놀이를 한 3명(지방공무원)은 부산시 소청심사위원회에서 견책에 처하기로 의결된 사실이 인정되는 점 등 제반사정을 고려하면 피고가 원고에 대한 징계처분으로 파면을 택한 것은 당직근무 대기자의 실정이나 공평의 원칙상 그 재량의 범위를 벗어난 위법한 것이다(대판 1972.12.26, 72누194).

**(2) 특별전형에서 외교관, 공무원의 자녀에 대하여만 획일적으로 과목별 실제 취득점수에 20%의 가산점을 부여한 경우 평등원칙에 위반된다** ★ 20·13 국회9급, 09 지방7급

최신기출
> 서울대학교 총장인 피고가 해외근무자들의 자녀를 대상으로 한 「교육법 시행령」 제71조의2 제4항 소정의 특별전형에서 외교관, 공무원의 자녀에 대하여만 획일적으로 과목별 실제 취득점수에 20%의 가산점을 부여하여 합격 사정을 함으로써 실제 취득점수에 의하면 충분히 합격할 수 있는 원고들에 대하여 불합격처분을 하였다면 위법하다(대판 1990.8.28, 89누8255).

**(3) 국유잡종재산에 대한 시효취득을 부인하는 국유재산법 제5조 제2항은 평등원칙에 위반된다** ★ 11 국회8급

> 국유잡종재산은 사경제적 거래의 대상으로서 사적 자치의 원칙이 지배되고 있으므로 시효제도의 적용에 있어서도 동일하게 보아야 하고, 국유잡종재산에 대한 시효취득을 부인하는 동규정(국유재산법 제5조 제2항 ; 필자 주)은 합리적 근거 없이 국가만을 우대하는 불평등한 규정으로서 헌법상의 평등의 원칙과 사유재산권 보장의 이념 및 과잉금지의 원칙에 반한다(헌재결 1991.5.13, 89헌가97).

**(4) 지방의회의 조사·감사를 위해 채택된 증인의 불출석 등에 대한 과태료를 그 사회적 신분에 따라 차등 부과할 것을 규정한 조례는 평등원칙에 위반되어 당연무효이다** ★ 16 국가7급

> 조례안이 지방의회의 감사 또는 조사를 위하여 출석요구를 받은 증인이 5급 이상 공무원인지 여부, 기관(법인)의 대표나 임원인지 여부 등 증인의 사회적 신분에 따라 미리부터 과태료의 액수에 차등을 두고 있는 경우, 그와 같은 차별은 증인의 불출석이나 증언거부에 대하여 과태료를 부과하는 목적에 비추어 볼 때 그 합리성을 인정할 수 없고 지위의 높고 낮음만을 기준으로 한 부당한 차별대우라고 할 것이어서 헌법에 규정된 평등의 원칙에 위배되어 무효이다(대판 1997.2.25, 96추213).

**(5) 제대군인지원에 관한 가산점제도는 평등원칙에 위반된다**

> 가산점제도는 아무런 재정적 뒷받침 없이 제대군인을 지원하려 한 나머지 결과적으로 여성과 장애인 등 이른바 사회적 약자들의 희생을 초래하고 있으며, 각종 국제협약, 실질적 평등 및 사회적 법치국가를 표방하고 있는 우리 헌법과 이를 구체화하고 있는 전체 법체계 등에 비추어 우리 법체계 내에 확고히 정립된 기본질서라고 할 '여성과 장애인에 대한 차별금지와 보호'에도 저촉되므로 정책수단으로서의 적합성과 합리성을 상실한 것이다. 가산점제도는 수많은 여성들의 공직진출에의 희망에 걸림돌이 되고 있으며, 공무원채용시험의 경쟁률이 매우 치열하고 합격선도 평균 80점을 훨씬 상회하고 있으며 그 결과 불과 영점 몇 점 차이로 당락이 좌우되고 있는 현실에서 각 과목별 득점에 각 과목별 만점의 5퍼센트 또는 3퍼센트를 가산함으로써 합격 여부에 결정적 영향을 미쳐 가산점을 받지 못하는 사람들을 6급 이하의 공무원 채용에 있어서 실질적으로 거의 배제하는 것과 마찬가지의 결과를 초래하고 있고, 제대군인에 대한 이러한 혜택을 몇 번이고 아무런 제한 없이 부여함으로써 한 사람의 제대군인을 위하여 몇 사람의 비(非)제대군인의 기회가 박탈당할 수 있게 하는 등 차별취급을 통하여 달성하려는 입법목적의 비중에 비하여 차별로 인한 불평등의 효과가 극심하므로 가산점제도는 차별취급의 비례성을 상실하고 있다(헌재결 1999.12.23, 98헌마363).

**(6) 청원경찰에 대한 면직처분이 위법하기는 하나 당연무효로 보기는 어렵다고 한 사례** ★ 20 서울7급

행정자치부의 지방조직 개편지침의 일환으로 청원경찰의 인원감축을 위한 면직처분대상자를 선정함에 있어서 초등학교 졸업 이하 학력소지자 집단과 중학교 중퇴 이상 학력소지자 집단으로 나누어 각 집단별로 같은 감원비율 상당의 인원을 선정한 것은 합리성과 공정성을 결여하고, 평등의 원칙에 위배하여 그 하자가 중대하다 할 것이나, 그렇게 한 이유가 시험문제 출제 수준이 중학교 학력 수준이어서 초등학교 졸업 이하 학력소지자에게 상대적으로 불리할 것이라는 판단 아래 이를 보완하기 위한 것이었으므로 그 하자가 객관적으로 명백하다고 보기는 어렵다(대판 2002.2.8, 2000두4057).

중앙부처 지방조직 개편지침의 일환으로 청원경찰의 인원감축을 위한 면직처분대상자를 선정함에 있어서 초등학교 졸업 이하 학력소지자 집단과 중학교 중퇴 이상 학력소지자 집단으로 나누어 각 집단별로 같은 감원비율 상당의 인원을 선정한 것은 평등의 원칙에 위배되어 무효사유에 해당한다. (x) ■ 20 서울7급

**(7) 국·공립학교의 채용시험에 국가유공자와 그 가족이 응시하는 경우 만점의 10퍼센트를 가산하도록 규정하고 있는 「국가유공자 등 예우 및 지원에 관한 법률」 제31조 제1항·제2항, 「독립유공자 예우에 관한 법률」 제16조 제3항 중 「국가유공자 등 예우 및 지원에 관한 법률」 제31조 제1항·제2항 준용 부분, 「5·18 민주유공자 예우에 관한 법률」 제22조 제1항·제2항은 기타 응시자들의 평등권과 공무담임권을 침해한다** ★ 12 국회9급

이 사건 조항의 경우 명시적인 헌법적 근거[국가유공자·상이군경 및 전몰군경의 유가족은 법률이 정하는 바에 의하여 우선적으로 근로의 기회를 부여받는다(헌법 제32조 제6항).] 없이 국가유공자의 가족들에게 만점의 10%라는 높은 가산점을 부여하고 있는바, 그러한 가산점 부여 대상자의 광범위성과 가산점 10%의 심각한 영향력과 차별효과를 고려할 때, 그러한 입법정책만으로 헌법상의 공정경쟁의 원리와 기회균등의 원칙을 훼손하는 것은 부적절하며, 국가유공자의 가족의 공직 취업기회를 위하여 매년 많은 일반응시자들에게 불합격이라는 심각한 불이익을 입게 하는 것은 정당화될 수 없다. 이 사건 조항의 차별로 인한 불평등효과는 입법목적과 그 달성수단 간의 비례성을 현저히 초과하는 것이므로, 이 사건 조항은 청구인들과 같은 일반 공직시험 응시자들의 평등권을 침해한다. 이 사건 조항이 공무담임권의 행사에 있어서 일반응시자들을 차별하는 것이 평등권을 침해하는 것이라면, 같은 이유에서 이 사건 조항은 그들의 공무담임권을 침해하는 것이다(헌재결 2006.2.23, 2004헌마675·981·1022).
※ 본 판례는 상대방의 사정이 다른 경우에는 달리 취급하는 것이 정당화될 수 있지만, 비례성을 결여한 과도한 차별취급은 평등원칙에 반한다는 판시이다.

**(8) 개인택시운송사업면허의 우선순위 기준으로 무사고운전 등의 성실의무를 반드시 동일회사에서 이행하였을 것을 정하고 있는 지방자치단체(경기도 고양시)의 개인택시운송사업면허 사무처리규정은 평등의 원칙에 반하고 직장선택의 자유를 침해한다** ★ 20 서울7급

면허신청 공고일부터 역산하여 일정기간의 성실의무 이행을 요구하는 외에 이를 반드시 동일회사에서 이행하도록 요구함으로써 성실의무를 하나의 회사에서 이행하였는지 또는 둘 이상의 회사에서 이행하였는지에 따라 차등을 두는 것은 위 규정의 목적에 비추어 보더라도 합리적 근거 없이 차별대우를 하는 것으로서 평등의 원칙에 반하고 직장선택의 자유를 침해하는 결과를 초래하므로 객관적인 타당성이나 합리성이 있다고 보기 어렵다(대판 2007.2.8, 2006두13886).

**(9) 개발제한구역 훼손부담금의 부과율을 규정함에 있어서 전기공급시설 등과는 달리 집단에너지공급시설에 차등을 두는 구 「개발제한구역의 지정 및 관리에 관한 특별조치법 시행령」 제35조 제1항 제3호의 규정은 헌법상 평등원칙에 위배되어 무효이다**

전합판례 집단에너지공급시설과 전기공급시설 등은 공급하는 물질(에너지)만 다를 뿐, 그 설치공사의 내용과 방법이나 그에 관한 기술적 측면의 규제내용 등이 동일하거나 유사하고, 그 외 도로법 등 다른 각종 행정법규에서도 점용료나 원인자부담금 등의 산정·부과 및 감면 등에서 같게 취급하고 있는 등 사실상의 차이도 찾아보기 어려운 점 등을 종합하여 보면, 위 시행령 제35조 제1항 제3호에서 집단에너지공급시설에 대한 훼손부담금의 부과율을 전기공급시설 등에 대한 훼손부담금의 부과율인 100분의 20의 다섯 배에 이르는 100분의 100으로 정한 것은, 집단에너지공급시설과 전기공급시설 등의 사이에 그 공급받는 수요자가 다소 다를 수 있음을 감안하더라도, 부과율에 과도한 차등을 둔 것으로서 합리적 근거 없는 차별에 해당하므로 헌법상 평등원칙에 위배되어 무효이다[대판(전합) 2007.10.29, 2005두14417].

**(10) 플라스틱제품의 폐기물부담금의 산출기준이 제조업자는 합성수지 kg당 7.6원 또는 3.8원임에 반하여 수입업자는 수입가의 0.7%로 규정된 대통령령 조항은 헌법상 평등원칙에 위배된다**

전합판례 폐기물부담금은 폐기물의 발생을 억제하고 자원의 낭비를 막는 데에 그 제도적 취지가 있으므로, 플라스틱제품의 경우 재활용이 어렵고 폐기물 관리상의 문제를 초래하는 합성수지의 투입량에 따라 산출하는 것이 합리적이다. 그런데 이 사건 조항에 의하면, 수입업자는 합성수지의 투입량과 무관하게 수입가에 따라 산출된 폐기물부담금을 부담하게 됨으로써 합성수지 외의 다른 물질에 대해서도 그것이 환경에 해로운 영향을 끼치는지 여부에 관계없이 그 처리에 드는 비용을 부담하게 되고, 만약 수입제품의 가격이 동종의 국내 생산제품의 가격보다 비싼 경우에는 제조업자보다 더 많은 부담금을 부담하여야 하고 고가의 플라스틱제품일수록 더욱 그 부담의 정도가 커지게 된다는 점에서, 합성수지 투입량을 기준으로 산출되는 폐기물부담금을 부담하는 제조업자에 비하여 차별 취급을 받게 된다. 또한 수입업자는 합성수지 투입량에 관한 정확한 정보와 자료를 보유하는 지위에 있지 않고, 행정청이 수입업자가 제출한 자료의 정확성을 조사·확인하려면 비용과 시간이 소요된 다는 점 등을 감안하면, 수입 플라스틱제품에 대해서는 수입가를 기준으로 폐기물부담금을 산출하는 종가제를 채택하는 것이 행정상 편리한 측면이 있지만, 폐기물부담금은 정책목적실현 부담금인 동시에 원인자부담금으로서 정책목적과 그 부과대상 사이에 긴밀한 상관관계가 있어야 하고, 제조업자와 수입업자 모두 행정청의 조사·확인에 응하여 합성수지 투입량에 관한 자료를 제출하여야 한다는 점에서 본질적 차이가 없으며, 수입업자로 하여금 수입제품에 투입된 합성수지의 양과 그 증빙자료를 제출하도록 할 수 있고, 행정청이 사후에 그 신고내용을 조사·확인하는 데 크게 기술적 난점이 있다고 보이지 않는 점 등을 종합하여 보면, 행정청이 종가제에 의할 경우 편리한 점이 있다는 사정만으로는 수입업자에 대한 차별을 정당화할 수 없다. 따라서 플라스틱제품의 수입업자가 부담하는 폐기물부담금의 산출기준을 제조업자와 달리 그 수입가만을 기준으로 한 것은 수입업자를 제조업자에 비하여 과도하게 차등을 둔 것으로서 합리적 이유 없는 차별에 해당한다[대판(전합) 2008.11.20, 2007두8287].

# Ⅳ. 평등원칙위반 부정사례

1. 국가를 우대하는 규정
   국유잡종재산을 무단으로 점유한 자에 대하여 변상금을 부과하도록 한 국유재산법 조항은 평등원칙과 비례원칙 위반이 아님(대판 2008.5.15, 2005두11463).
2. 공무원을 공공단체 직원이나 국민보다 우대
   ① 공무원이 법령에 의하여 지급받는 정근수당 중 연 100만 원에 상당하는 금액에 대해서만 비과세하도록 하고 농지개량조합의 직원에게 지급하는 정근수당은 비과세대상에서 제외한 소득세법(대판 1990.10.10, 89누3816)
   ② 국가보위비상대책위원회의 정화계획에 의한 해직공무원만을 보상대상자로 규정한 「1980년 해직공무원의 보상 등에 관한 특별조치법」(대판 1992.8.14, 91누940)
   ③ 통근재해에 관하여 공무상 재해(공무원연금법상의 공무상 재해에 관하여는 출근 중의 부상을 공무상 재해로 인정)와 산업재해의 재해 기준이 다르게 규정된 경우(대판 1995.3.14, 94누15523)
3. 개인택시운전면허 관련
   ① 유예기간 없이 개인택시운송사업면허기준을 변경하고 그에 기하여 한 행정청의 면허신청접수거부처분은 신뢰보호의 원칙이나 평등원칙 위반이 아님(대판 1996.7.30, 95누12897).
   ② 해당 지역에서 일정기간 거주하여야 한다는 요건 이외에 해당 지역 운수업체에서 일정기간 근무한 경력이 있는 경우에만 개인택시운송사업면허신청 자격을 부여한다는 청주시 '개인택시운송사업면허업무규정'은 비례원칙·평등원칙 위반이 아님(대판 2005.4.28, 2004두8910).
   ③ 행정청이 개인택시운송사업의 면허를 하면서, 버스 등 다른 차종의 운전경력보다 택시의 운전경력을 다소 우대하는 내용의 '2007년도 구리시 개인택시운송사업면허 모집공고'에 따라 면허발급대상 인원보다 후순위인 사람에게 개인택시운송사업면허 발급제외처분을 한 것(대판 2009.11.26, 2008두16087) : 운송사업자가 직접 운전을 하는 개인택시운송사업은 특성상 검증된 안전운행능력을 갖춘 자가 하여야 승객들의 생명과 신체의 안전을 확보할 수 있을 것인데, 그 징표로서 가장 중요한 것이 동종차량의 운전경험이라는 점에서 택시운전경력이 다른 운송수단의 운전경력보다 비교 우위에 있을 수 있다는 점
   ④ 청주시장이 청주시 소재 버스회사에서 일정기간 근속한 자에 대하여 면허발급우선순위를 부여하고 있는 「청주시 개인택시운송사업면허 업무규정」에 따라 화성시에 본점을 둔 버스회사의 청주영업소에 소속되어 근무한 운전경력을 청주시 소재 버스회사에서 근속한 경력으로 볼 수 없다는 이유로 이를 제외한 경력만을 근거로 우선순위를 계산하여 갑을 개인택시운송사업면허발급대상에서 제외하는 처분을 한 사안(대판 2012.11.29, 2011두9812)
4. 중학교의무교육의 순차적 실시를 대통령령에 위임한 법률규정(헌재결 1991.2.11, 90헌가27)
5. 65세대의 주택건설사업에 대한 사업계획승인 시 '진입도로 설치 후 기부채납, 인근 주민의 기존 통행로 폐쇄에 따른 대체 통행로 설치 후 그 부지 일부 기부채납'을 조건으로 붙인 것은 비례원칙이나 평등원칙 위반이 아님(대판 1997.3.14, 96누16698).
6. 일반직 직원의 정년을 58세로 규정하면서 전화교환직렬 직원만은 정년을 53세로 규정하여 5년 간의 정년차등(대판 1996.8.23, 94누13589) : 교환직렬에서의 인력의 잉여 정도, 연령별 인원구성, 정년 차이의 정도, 차등정년을 실시함에 있어서 노사 간의 협의를 거친 점, 신규채용을 하지 못한 기간, 현재의 정년에 대한 교환직렬 직원들의 의견
7. 도시계획구역 내의 농지를 기타 지역의 농지와는 달리 비과세대상에서 제외한 「소득세법 시행령」(대판 1997.7.8, 95누9822)
8. 다양한 지하수 사용자 중에서 주류·청량음료 제조업자 등 지하수를 사용하는 다른 경우와 달리 특별히 먹는샘물제조업자에 대해서만 수질개선부담금을 부과하는 내용의 구 먹는물관리법(헌재결 1998.2.24, 98헌가1)
9. 터키탕 업소에 이성의 입욕보조자를 둘 수 없도록 규정하면서 시행규칙 부칙 제4조 제1항이 종전의 규정에 의하여 허가를 받은 터키탕 업소는 시행일로부터 2년 간 이성의 입욕보조자를 둘 수 있도록 규정한 '공중위생법 시행규칙'(헌재결 1998.2.27, 97헌마64) : 종전의 규정에 의하여 이성의 입욕보조자를 둘 수 있다고 믿고 허가를 받은 터키탕업자의 신뢰이익을 보호하고 임대기간, 투자회수기간 등을 감안하여 손해를 최소화하기 위한 조치로서 합리적인 이유
10. 같은 정도의 비위를 저지른 자들 사이에서도 그 직무의 특성 등에 비추어 개전의 정이 있는지 여부에 따라 징계의 종류의 선택과 양정을 달리하는 경우(대판 1999.8.20, 99두2611)
11. 비변호사에 대하여 법률사무 전반을 금지함으로써 변호사가 아닌 다른 법률사무관련직종에 종사하는 자에게는 법률사무의 일부만을 허용하는 내용의 변호사법(헌재결 2000.4.27, 98헌바95·96, 99헌바2, 2000헌바4)

12. 대법원장 70세, 대법관 65세, 그 이외의 법관은 63세로 법관의 정년을 달리 규정하고 있는 법원조직법(헌재결 2002.10.31, 2001헌마557)
13. 위험물저장시설인 주유소와 LPG충전소 중에서 주유소는 허용하면서 LPG충전소를 금지하는 「대덕연구단지관리법 시행령」 규정(헌재결 2004.7.15, 2001헌마646)
14. 먹는샘물 수입판매업자에 대한 수질개선부담금 부과(헌재결 2004.7.15, 2002헌바42) : 수돗물 우선정책에 반하는 수입 먹는샘물의 보급 및 소비를 억제하도록 간접적으로 유도함으로써 궁극적으로는 수돗물의 질을 개선하고 이를 국민에게 저렴하게 공급하려는 정당한 국가정책이 원활하게 실현될 수 있게 하기 위한 것으로서, 부과에 합리적인 이유
15. 지방의회의원 등 다른 선출직 공직자의 경우에는 계속 재임을 제한하지 않으면서 지방자치단체 장의 계속 재임은 3기로 제한하는 지방자치법(헌재결 2006.2.23, 2005헌마403)
16. 잠수기어업의 조업구역과 허가의 정수에 관한 구 수산자원보호령 제17조 제1항 [별표 16]의 규정(대판 2006.2.24, 2004두13592) : 어업허가의 정수를 정할 때에는 수산자원의 상태뿐만 아니라 현재 당해 어업을 경영하는 자의 수, 기타 자연적·사회적 조건, 다른 어업과의 관계 등도 참작하여야 하는 점
17. 사법시험 제2차시험에 과락제도를 적용하고 있는 구 사법시험령 제15조 제2항(대판 2007.1.11, 2004두10432) : 비례의 원칙, 과잉금지의 원칙 및 평등의 원칙 등 위반이 아니다.
18. 「폭력행위 등 처벌에 관한 법률」 제3조 제4항의 누범에 대하여 같은 조 제3항의 상습범과 같은 법정형을 정한 것(대판 2007.8.23, 2007도4913)
19. 영종도 주민에게만 혜택을 부여하는 내용의 「인천광역시 공항고속도로 통행료지원 조례안」(대판 2008.6.12, 2007추42)
20. 외국군에 소속되거나 소속이 없는 유격대의 경우를 적용대상에서 제외하고 있는 「특수임무수행자 보상에 관한 법률 시행령」 제2조(대판 2008.11.13, 2007두13302)
21. 미신고 집회의 주최자를 미신고 시위 주최자와 동등하게 처벌하는 구 집시법 제19조 제2항(헌재결 2009.5.28, 2007헌바22)
22. 원주혁신도시 및 기업도시 편입지역 주민지원 조례안이 원주 혁신 및 기업도시 주민들에 대해서만 지원 대책을 수립하여 시행하도록 한 것(대판 2009.10.15, 2008추32) : 국가나 지방자치단체가 국민이나 주민을 수혜 대상자로 하여 재정적 지원을 하는 정책을 실행하는 경우 그 정책은 재정 상태에 따라 영향을 받을 수밖에 없다.
23. 복수·부전공 가산점 적용시한을 규정하고 있는 교육공무원법 부칙 제2조(대판 2009.11.26, 2009두6759)
24. 구 「지방세법 시행령」 제131조의2가 과세기준일 현재 법령상 규제로 인하여 건축물의 건축 등이 제한된 경우를 별도 합산과세대상으로 규정하지 않고 있는 것(대판 2011.1.27, 2010두6793) : 지방세법상 토지분 재산세의 별도합산과세는 그 이용 상황에 비추어 사업 내지 경제활동에 정상적으로 활용되고 있는 토지로서 과다보유의 우려가 없는 한도 내의 토지에 대하여 예외적으로 별도로 합산함으로써 종합합산과세의 획일적 적용에서 오는 불합리를 보완하고자 하는 데 그 취지
25. '이미 장해를 가진 사람'에서 '장해'의 발생사유가 업무상 재해에 한정된 것이 아니라는 내용의 '산업재해보상보험법 시행령」 제53조 제4항(대판 2011.10.27, 2011두15640) : 기존 장해가 없는 사람과 기존 장해가 있는 사람은 장해 유무에서 본질적으로 다르나 업무상 재해로 기존 장해가 있는 사람과 업무상 재해와 무관하게 기존 장해가 있는 사람 사이에는 본질적 차이가 있다고 할 수 없는 점
26. 「정신건강증진 및 정신질환자 복지서비스 지원에 관한 법률」 제19조 제1항 및 의료법이 정신병원 등의 개설에 관하여는 허가제로 규정한 것과 달리 정신과의원 개설에 관하여는 신고제로 규정하고 있는 것(대판 2018.10.25, 2018두44302) : 각 의료기관의 개설 목적 및 규모 등 차이를 반영한 합리적 차별

### (1) 유예기간 없이 개인택시 운송사업면허기준을 변경하고 그에 기하여 한 행정청의 면허신청접수거부처분은 신뢰보호의 원칙이나 평등원칙 위반이 아니다

> 매년 그때의 상황에 따라 적절히 면허 숫자를 조절해야 할 필요성이 있는 개인택시 면허제도의 성격상 그 자격요건이나 우선순위의 요건을 일정한 범위 내에서 강화하고 그 요건을 변경함에 있어 유예기간을 두지 아니하였다 하더라도 그러한 점만으로는 행정청의 면허신청접수거부처분이 신뢰보호의 원칙이나 형평의 원칙, 재량권의 남용에 해당하지 아니한다(대판 1996.7.30, 95누12897).

**(2) 해당 지역에서 일정기간 거주하여야 한다는 요건 이외에 해당 지역 운수업체에서 일정기간 근무한 경력이 있는 경우에만 개인택시운송사업면허신청 자격을 부여한다는 「청주시 개인택시운송사업면허업무규정」은 비례원칙·평등원칙 위반이 아니다** ★ 12 국회9급

> 매년 상황에 따라 적절히 면허 숫자를 조절하여야 할 필요성이 있는 개인택시 면허제도의 성격, 택시운송사업 및 시내버스운송사업의 공익성, 지역실정에 따라 근로자의 이동을 억제하고 지역에서의 장기간 근속을 장려함으로써 안정적인 여객운송서비스를 제공할 필요성, 기준의 명확성 요청 등의 제반사정에 비추어 이는 합리적인 제한이라고 보아야 할 것이므로, 수단·방법이 적절하지 아니하여 비례의 원칙 내지 과잉금지의 원칙에 위배되거나 헌법 제37조 제2항에 반한다고 볼 수 없으며, 개인택시면허발급 여부는 해당 지방자치단체가 처한 교통수급상황 등 지역적 여건을 고려하여 정하지 않을 수 없는 이상 필연적으로 다른 지역과 차이가 있을 수밖에 없으므로 원고가 다른 지역에 거주하였다면 이 사건 면허신청 자격이 있었을 것이라는 사유만으로 이를 형평성에 반한다고 볼 수도 없다(대판 2005. 4.28. 2004두8910).

**(3) 행정청이 개인택시운송사업의 면허를 하면서, 버스 등 다른 차종의 운전경력보다 택시의 운전경력을 다소 우대하는 내용의 「2007년도 구리시 개인택시운송사업면허 모집공고」에 따라 면허발급대상 인원보다 후순위인 사람에게 개인택시운송사업면허 발급제외처분을 한 것은 평등원칙에 위반되지 않으므로 적법이다** ★ 15 사회복지

> 운송사업자가 직접 운전을 하는 개인택시운송사업은 특성상 검증된 안전운행능력을 갖춘 자가 하여야 승객들의 생명과 신체의 안전을 확보할 수 있을 것인데, 그 징표로서 가장 중요한 것이 동종차량의 운전경험이라는 점에서 택시운전경력이 다른 운송수단의 운전경력보다 비교 우위에 있을 수 있다는 점, 법 제6조, 시행규칙 제17조 제7항 제2호에 의하면 관할 관청은 지역 사정에 따른 버스운송과 택시운송의 균형 있는 발전을 위해 면허 우선순위를 정함에 있어 어느 특정 운전 경력을 우대할 수 있다는 점, 그리고 개인택시운송사업면허에 대한 취득을 신뢰하고 오랜 기간 성실하게 근무하고 있는 피고시 관내 택시 운전자들의 신뢰이익을 보호할 필요가 있다는 점 등을 종합적으로 고려한 것으로 피고가 위 모집공고에서 정한 우선순위에 따라 면허발급대상인원보다 후순위인 원고에 대하여 이 사건 면허발급 제외처분을 한 것은 적법하다고 할 것이다(대판 2009.11.26. 2008두16087).

**(4) 일반직 직원의 정년을 58세로 규정하면서 전화교환직렬 직원만은 정년을 53세로 규정하여 5년 간의 정년차등** ★ 11 국회8급

> 원고의 교환직렬에서의 인력의 잉여 정도, 연령별 인원구성, 정년 차이의 정도, 차등정년을 실시함에 있어서 노사 간의 협의를 거친 점, 신규채용을 하지 못한 기간, 현재의 정년에 대한 교환직렬 직원들의 의견 등에 비추어 보아 원고가 교환직렬에 대하여 다른 일반직 직원과 비교하여 5년 간의 정년차등을 둔 것이 사회통념상 합리성이 없다고 단정하기는 어렵다 할 것이다(대판 1996.8.23. 94누13589).

**(5) 도시계획구역 내의 농지를 기타 지역의 농지와는 달리 비과세대상에서 제외한 「소득세법 시행령」**

> 양도소득세 비과세대상인 농지의 범위를 정하고 있는 구 「소득세법 시행령」 제14조 제3항 제1호의 규정취지는 대도시 근교 주거지역의 대지 위에서 채소 등을 경작하는 경우에도 농지로 취급되어 비과세되는 불합리한 점을 시정하고, 대지와 경제적 가치 면에서 큰 차이가 없는 도시계획구역 내의 농지를 비과세대상에서 제외하여 농지에 대한 투기 수요를 억제할 수 있도록 하기 위한 것인데, 이러한 규정취지 등에 비추어 보면 위 시행령 조항이 도시계획구역 내의 농지를 기타 지역의 농지와는 달리 비과세대상에서 제외하고 있다고 하여 그것이 불합리한 차별이 되는 것은 아니라 할 것이므로, 헌법상의 평등원칙과 소득세법상의 8년 이상 자경농지 비과세제도의 취지에 반하는 무효의 것이라고 볼 수는 없다(대판 1997.7.8. 95누9822).

**(6) 다양한 지하수 사용자 중에서 특별히 먹는샘물제조업자에 대해서만 수질개선부담금을 부과(구 먹는물관리법 제28조 제1항 위헌제청)**

> 주류·청량음료 제조업자 등 지하수를 사용하는 다른 경우와 달리 먹는샘물제조업자에 대해서만 수질개선부담금을 부과하는 것은, 먹는샘물이 수돗물과 마찬가지로 음용수로 사용된다는 점에서 수돗물과 대체적·경쟁적 관계에 있어서 그 음용이 보편화되면 그만큼 국가가 추진하는 수돗물 수질개선정책이 위축되는 관계에 있는 점, 먹는샘물의 이용이 일반화될 경우 먹는샘물용 지하수 개발 및 취수가 기하급수적으로 증가되어 그만큼 지하수자원의 고갈 및 오염의 우려가 높아진다는 점, 국민의 대다수가 수돗물을 음용수로 이용하고 있는 상황에서 국가의 수돗물정책이 포기되거나 제대로 실현되지 못한다면 수돗물을 이용하는 대다수 국민의 먹는물 비용부담이 증가되고, 특히 먹는샘물을 선택할 경제적 능력이 부족한 저소득층 국민들로 하여금 질낮은 수돗물을 마시게 하는 결과를 초래하게 되는 점 등 여러 가지 사정을 종합적으로 고려할 때 합리적 이유가 있다고 할 것이어서 평등원칙에 위배되지 아니한다(헌재결 1998.2.24, 98헌가1).

**(7) 같은 정도의 비위를 저지른 자들 사이에서도 그 직무의 특성 등에 비추어 개전의 정이 있는지 여부에 따라 징계의 종류의 선택과 양정을 달리하는 것은 평등원칙 위반이 아니다** ★ 20 지방9급, 14 사회복지, 14 순경특채, 13 변호사

> 같은 정도의 비위를 저지른 자들 사이에 있어서도 그 직무의 특성 등에 비추어, 개전의 정이 있는지 여부에 따라 징계의 종류의 선택과 양정에 있어서 차별적으로 취급하는 것은, 사안의 성질에 따른 합리적 차별로서 이를 자의적 취급이라고 할 수 없는 것이어서 평등원칙 내지 형평에 반하지 아니한다(대판 1999.8.20, 99두2611).

**(8) 위험물저장시설인 주유소와 LPG충전소 중에서 주유소는 허용하면서 LPG충전소를 금지하는 「대덕연구단지관리법 시행령」 규정은 LPG충전소 영업을 하려는 국민을 합리적 이유 없이 자의적으로 차별하여 평등원칙에 위배되지 않는다(기각)** ★ 13 국회9급

> 주유소와 LPG충전소는 '위험물저장시설'이라는 점에서 공통점이 있으나, LPG는 석유보다 위험성이 훨씬 크다. LPG는 상온·상압에서 쉽게 기화되고, 인화점이 낮으며 공기보다 무거워 누출되어도 쉽게 확인되지 않아 화재 및 폭발의 위험성이 매우 크다. 이에 반하여 석유는 액체상태로 저장되고 공급되기 때문에 적은 양이 누출되는 경우에도 쉽게 확인이 가능하고 LPG에 비하여 인화점이 높으며 무엇보다도 점화원이 없이는 자체적으로 폭발의 위험성이 상존하지는 않는다. 위와 같은 점을 종합해 보면, LPG는 석유에 비하여 화재 및 폭발의 위험성이 훨씬 커서 주택 및 근린생활시설이 들어설 지역에 LPG충전소의 설치금지는 불가피하다 할 것이고 석유와 LPG의 위와 같은 차이를 고려하여 연구단지 내 녹지구역에 LPG충전소의 설치를 금지한 것은 위와 같은 합리적 이유에 근거한 것이므로 이 사건 시행령 규정이 평등원칙에 위배된다고 볼 수 없다(헌재결 2004.7.15, 2001헌마646).

**(9) 국유잡종재산을 무단으로 점유한 자에 대하여 변상금을 부과하도록 한 국유재산법 제51조 제1항은 평등원칙과 비례원칙 위반이 아니다**

> 국유의 잡종재산은 국유의 행정재산이나 보존재산과 달리 공적 목적에 직접 제공된 것은 아니라고 하더라도, 그 경제적 가치를 통하여 국가 재정에 기여한다는 점에서 여전히 국유재산으로서 보호할 필요가 있고, 현재의 상태에서는 당장 공적 목적에 사용되지 않는다고 하더라도 행정 목적상 필요한 경우에는 언제든지 행정재산 등으로 전환될 수 있으므로, 그 유지·보호 및 운용의 적정이라는 공익상의 목적과 기능을 수행하기 위하여 필요한 경우에는 공법적 규율이 가능하다고 보아야 할 것이다. … 특히, 국유의 잡종재산은 그 종류가 다양하고 그 위치도 전국적으로 광범위하게 분포되어 있는 반면에 관리청의 인적·물적 자원은 제한될 수밖에 없는 실정이므로, 관리청이 일상적으로 잡종재산의 현황과 무단 점유 여부 등을 점검하여 국유재산법 위반행위를 발견한 경우에는 반드시 민사법에 따른 권리구제수단으로 그 위반상태를 바로 잡아야 한다면 이는 행정목적 달성을 위한 효율적 수단이라고 보기 어려울 것이다. 그렇다면 이 사건 법률조항인 법 제51조 제1항이 대부계약 등을 맺지 아니하고 국유잡종재산을 무단 점유한 자에 대하여 통상의 대부료에 20%를 할증한 변상금을 부과·징수하도록 하고 있는 데에는 국유재산의 효율적인 보존·관리라는 합리적인 이유가 있다고 할 것이므로 헌법 제11조 제1항의 평등원칙에 반한다고 볼 수 없고, 이 사건 법률조항으로 인하여 잃게 되는 무단점유자의 재산권이라는 사익보다 그로 인하여 얻게 되는 국유재산의 효율적인 관리·보존이라는 공익이 크다고 할 것이므로 헌법 제23조 제1항 및 제37조 제2항에 위반하여 재산권을 과도하게 침해하였다고 볼 수도 없다(대판 2008.5.15, 2005두11463).

**(10) 영종도 주민에게만 혜택을 부여하는 내용의 「인천광역시 공항고속도로 통행료지원 조례안」은 평등원칙에 위배된다고 할 수 없다**

이 사건 조례안의 시행으로 인하여 다른 지역에 거주하는 주민과의 사이에 다소 규율의 차이가 발생하기는 하나, 이 사건 조례안은 그에 정한 일정한 조건에 해당하는 경우에는 아무런 차별 없이 지원하겠다는 것으로서, 위와 같이 통행요금 지원대상의 조건으로 정한 내용이 현저하게 합리성이 결여되어 자의적인 기준을 설정한 것이라고 볼 수 없으므로 이 사건 조례안이 평등원칙에 위배된다고 할 수 없다(대판 2008.6.12, 2007추42).

**(11) 미신고 집회의 주최자를 미신고 시위 주최자와 동등하게 처벌하는 구 집시법 제19조 제2항은 평등원칙에 위배되지 아니한다** ★ 11 국회8급

일반적으로는 시위가 옥외집회보다 공공의 안녕질서에 미치는 영향이 크다고 할 수 있을 것이나, 반드시 그런 것만은 아니고 개별적·구체적 사안에 따라서는 그 반대의 경우도 얼마든지 있을 수 있다. 즉, 옥외집회 장소의 위치, 넓이 또는 형태, 참가인원의 수, 그 집회의 목적, 성격 및 방법 등에 따라서는 옥외집회가 시위와 마찬가지로 공공의 안녕질서에 해를 끼칠 우려가 있을 수 있고, 특히 수많은 군중이 한꺼번에 모인 대규모 집회의 경우는 질서유지의 어려움으로 인하여 그러한 우려가 더욱 커진다고 할 것이다(헌재결 2009.5.28, 2007헌바22).

**(12) 원주혁신도시 및 기업도시 편입지역 주민지원 조례안이 원주 혁신 및 기업도시 주민들에 대해서만 지원 대책을 수립하여 시행하도록 한 것은 원주시 내 다른 공익사업에 따른 주민들을 차별하는 것이 아니다**

국가나 지방자치단체가 국민이나 주민을 수혜대상자로 하여 재정적 지원을 하는 정책을 실행하는 경우 그 정책은 재정상태에 따라 영향을 받을 수밖에 없다고 할 것인바, … 위 조례안이 원주시 내에 건설되는 혁신도시, 기업도시의 주민 등에게만 일정한 지원을 하도록 하고 있더라도 그것만으로 평등원칙을 위반하고 있다고 보기는 어렵다(대판 2009.10.15, 2008추32).

**(13) '이미 장해를 가진 사람'에서 '장해'의 발생사유가 업무상 재해에 한정된 것이 아니라는 내용의 「산업재해보상보험법 시행령」 제53조 제4항은 평등의 원칙 및 과잉금지의 원칙에 위배되지 않는다**

이 사건 규정은 업무상 재해 여부를 불문하고 이미 장해가 있는 부위에 업무상 재해로 그 정도가 더 심해진 경우 그 부분에 한하여 장해보상을 한다는 데 그 취지가 있는 점, 기존 장해와 업무상 재해로 인한 신규 장해 사이의 정도의 차이를 기준으로 한다는 점에서 기존 장해가 없는 사람과 기존 장해가 있는 사람은 장해 유무에서 본질적으로 다르나 업무상 재해로 기존 장해가 있는 사람과 업무상 재해와 무관하게 기존 장해가 있는 사람 사이에는 본질적 차이가 있다고 할 수 없는 점, 사회보장급여의 하나인 산업재해보험급여의 기준이나 내용 등을 구체적으로 확정하는 문제는 산업재해보험기금의 상황, 국가의 재정부담능력, 전체적인 사회보장수준과 국민감정 등 사회정책적인 측면 및 보험기술적 측면과 같은 제도 자체의 특성 등 여러 가지 요소를 고려할 필요에서 입법자에게 광범위한 입법형성의 자유가 주어진 영역인 점 등에 비추어 보면, 이 사건 규정의 목적이 합리적이고, 정당하며 그 방법도 적절하다고 할 수 있다. 따라서 이 사건 규정이 평등의 원칙이나 과잉금지의 원칙에 위배되지 아니한다(대판 2011.10.27, 2011두15640).

**(14)** 구「방세법 시행령」제131조의2가 과세기준일 현재 법령상 규제로 인하여 건축물의 건축 등이 제한된 경우를 별도합산과세대상으로 규정하지 않고 있는 것이 헌법이 규정한 평등의 원칙 등에 위반한다고 볼 수는 없다

조세법률에 있어 그 과세요건과 이에 대한 예외적 규정인 비과세 내지 감면요건을 규정하는 것은 그 규정이 현저히 불합리하지 않은 한 입법자의 입법재량에 속한다고 할 것인바, 지방세법상 토지분 재산세의 별도합산과세는 그 이용상황에 비추어 사업 내지 경제활동에 정상적으로 활용되고 있는 토지로서 과다보유의 우려가 없는 한도 내의 토지에 대하여 예외적으로 별도로 합산함으로써 종합합산과세의 획일적 적용에서 오는 불합리를 보완하고자 하는 데에 그 취지가 있는 점, … 과세기준일 현재 별도합산과세대상의 요건에 해당하지 아니하는 이상 그 요건에 해당하지 아니한 데에 정당한 사유가 있는지 여부는 위 조항 등에 규정된 과세대상 토지의 구분에 있어 고려사유가 되지 못하는 점 등을 종합하여 보면, 비록 구「지방세법 시행령」제131조의2가 과세기준일 현재 법령상 규제로 인하여 건축물의 건축 등이 제한된 경우를 별도합산과세대상으로 규정하지 않았다고 하더라도 그로 인하여 위 조항이 헌법이 규정한 평등의 원칙이나 재산권 보장, 과잉금지의 원칙 등에 위반한다고 볼 수는 없다(대판 2011. 1. 27, 2010두6793).

**(15)** 청주시장이 청주시 소재 버스회사에서 일정기간 근속한 자에 대하여 면허발급우선순위를 부여하고 있는「청주시 개인택시운송사업면허 업무규정」에 따라 화성시에 본점을 둔 버스회사의 청주영업소에 소속되어 근무한 운전경력을 청주시 소재 버스회사에서 근속한 경력으로 볼 수 없다는 이유로 이를 제외한 경력만을 근거로 우선순위를 계산하여 갑을 개인택시운송사업면허발급대상에서 제외하는 처분을 한 사안에서, 청주시장이 본점 소재지가 청주시가 아니라는 형식적인 이유만으로 다른 합리적인 이유 없이 갑을 부당하게 차별대우했다고 할 수 없어 위 처분이 위법하다고 볼 수 없음에도 이와 달리 본 원심판결에 법리를 오해한 위법이 있다고 한 사례

「여객자동차 운수사업법 시행규칙」제19조 제6항은 관할관청은 지역실정을 고려하여 면허발급 요건 또는 우선순위를 따로 정하여 면허할 수 있다고 규정하고 있고, 기록에서 알 수 있는 피고의 주장에 의하면, 피고가 우선순위 요건을 '청주시 소재 버스회사', 즉 '청주시에 본점을 둔 버스회사'에 일정기간 근속한 자만으로 한정한 이유는, 청주시 지역실정을 반영한 것으로서 청주시 관할구역인 개인택시운송사업구역의 지리에 밝고 관할구역 내에 장기간 거주하면서 청주시에 본점을 둔 버스회사에서 근무하여 온 운전자들의 장기적 근속을 유도함과 아울러 이를 통해 청주시에 본점을 둔 버스회사를 보호하여 청주시에서 안정적인 여객운송서비스업이 유지되도록 하고, 특히 버스분야에 배당되는 면허비율이 12%에 불과하여(이 사건 2008년도, 2009년도 모집공고에 의하면 총 31대 중 2대에 불과하다) 청주시에 본점을 둔 버스회사에 근속한 버스운전자만으로 우선순위 범위를 한정한 것이라고 한다. 이러한 지역실정을 고려한 규정취지와 함께 매년 상황에 따라 적절히 면허 숫자를 조절하여야 할 필요성이 있는 개인택시 면허제도의 성격, 택시운송사업의 공익성, 지역실정에 따라 근로자의 이동을 억제하고 지역에서의 장기간 근속을 장려함으로써 안정적인 여객운송서비스를 제공할 일반적 필요성 등의 제반 사정에 비추어 보면, 이 사건 우선순위 규정이 청주시에 본점을 둔 버스회사에 근속한 자만을 우대함으로써 결과적으로 원고와 같은 다른 지역에 본점을 둔 버스회사 소속 신청자에게 불리한 결과를 초래하였다고 하더라도, 이를 객관적으로 합리적이지 아니하거나 타당하지 않다고 보기는 어렵다. 따라서 피고가 본점 소재지가 청주시가 아니라는 형식적인 이유만 가지고 다른 합리적인 이유 없이 원고를 부당하게 차별대우하였다고 할 수 없으므로 이 사건 처분이 위법하다고 볼 수 없다(대판 2012. 11. 29, 2011두9812).

**(16)** 「정신건강증진 및 정신질환자 복지서비스 지원에 관한 법률」 제19조 제1항 및 의료법이 정신병원 등의 개설에 관하여는 허가제로 규정한 것과 달리 정신과의원 개설에 관하여는 신고제로 규정하고 있는 것은 헌법상 평등원칙 및 국가의 기본권 보호의무를 위반하지 않는다 ★ 20 서울7급

> **최신기출** 헌법상 기본권 보호의무란 기본권적 법익을 기본권 주체인 사인에 의한 위법한 침해 또는 침해의 위험으로부터 보호하여야 하는 국가의 의무를 말하며, 주로 사인인 제3자에 의한 개인의 생명이나 신체의 훼손에서 문제 되는 것이다. 이러한 법리에 비추어 살펴보면, 관련 법령이 정신병원 등의 개설에 관하여는 허가제로, 정신과의원 개설에 관하여는 신고제로 각 규정하고 있는 것은 각 의료기관의 개설 목적 및 규모 등 차이를 반영한 합리적 차별로서 평등의 원칙에 반한다고 볼 수 없다. 또한 신고제 규정으로 사인인 제3자에 의한 개인의 생명이나 신체 훼손의 위험성이 증가한다고 할 수 없어 기본권 보호의무에 위반된다고 볼 수도 없다(대판 2018.10.25, 2018두44302).

# 제2항 자기구속의 원칙

## Ⅰ. 인정 여부 및 성립요건(선례필요설)

### 1. 대법원 판례

대법원 판례도 최신판례에서 다수설·헌법재판소와 마찬가지로 자기구속원칙을 명시적으로 인정하고 있다.

#### (1) 자기구속의 법리를 간접적으로 취했다고 논란이 되는 판례

> 「식품위생법 시행규칙」 제53조에 따른 [별표 15]의 행정처분기준은 행정기관 내부의 사무처리준칙을 규정한 것(행정규칙)에 불과하기는 하지만, 규칙 제53조 단서의 식품 등의 수급정책 및 국민보건에 중대한 영향을 미치는 특별한 사유가 없는 한 행정청은 당해 위반사항에 대하여 위 처분기준(행정규칙)에 따라 행정처분을 함이 보통이라 할 것이므로, 행정청이 이러한 처분기준을 따르지 아니하고 특정한 개인에 대하여만 위 처분기준을 과도하게 초과하는 처분을 한 경우에는 재량권의 한계를 일탈하였다고 볼만한 여지가 충분하다(대판 1993.6.29, 93누5635).

#### (2) 상급행정기관이 하급행정기관에 발하는 이른바 '행정규칙이나 내부지침'을 위반한 행정처분이 위법하게 되는 경우(자기구속원칙을 인정한 판례)

★ 20·18 서울7급, 20 지방9급, 20·17·14·13 국가9급, 15·13 지방7급, 15 순경특채, 14 사회복지, 13 변호사

> **최신기출** 상급행정기관이 하급행정기관에 대하여 업무처리지침이나 법령의 해석적용에 관한 기준(법령해석규칙)을 정하여 발하는 이른바 '행정규칙이나 내부지침'은 일반적으로 행정조직 내부에서만 효력을 가질 뿐, 대외적인 구속력을 갖는 것은 아니므로 행정처분이 그에 위반하였다고 하여 그러한 사정만으로 곧바로 위법하게 되는 것은 아니다. 다만, 재량권 행사의 준칙인 행정규칙이 그 정한 바에 따라 되풀이 시행되어 행정관행이 이루어지게 되면(선례필요설) 평등의 원칙이나 신뢰보호의 원칙에 따라 행정기관은 그 상대방에 대한 관계에서 그 규칙에 따라야 할 자기구속을 받게 되므로, 이러한 경우에는 특별한 사정이 없는 한 그를 위반하는 처분은 평등의 원칙이나 신뢰보호의 원칙에 위배되어 재량권을 일탈·남용한 위법한 처분이 된다(대판 2009.12.24, 2009두7967).

(3) 시장이 농림수산식품부에 의하여 공표된 「2008년도 농림사업시행지침서」에 명시되지 않은 '시·군별 건조저장시설 개소당 논 면적' 기준을 충족하지 못하였다는 이유로 신규 건조저장시설 사업자 인정신청을 반려한 사안에서, 그 처분이 행정의 자기구속의 원칙 및 행정규칙에 대한 신뢰보호의 원칙에 위배되거나 재량권을 일탈·남용한 위법이 없다고 한 사례 ★ 21·16 지방9급, 21 변호사, 15 사회복지

최신기출 위 지침이 되풀이 시행되어 행정관행이 이루어졌다거나 그 공표만으로 신청인이 보호가치 있는 신뢰를 갖게 되었다고 볼 수 없고, 쌀 시장 개방화에 대비한 경쟁력 강화 등 우월한 공익상 요청에 따라 위 지침상의 요건 외에 '시·군별 건조저장시설 개소당 논 면적 1,000ha 이상' 요건을 추가할 만한 특별한 사정을 인정할 수 있어, 그 처분이 행정의 자기구속의 원칙 및 행정규칙에 관련된 신뢰보호의 원칙에 위배되거나 재량권을 일탈·남용한 위법이 없다(대판 2009.12.24, 2009두7967).
※ 판례는 재량준칙에 따른 행정관행이 성립되지 않았거나, 성립된 경우에도 특별한 사정이 있는 경우에는 자기구속의 원칙이 적용되지 않는다고 보고 있다. 이 경우에는 신뢰보호의 이익과 공익과의 이익형량의 문제가 될 것이다.

## 2. 헌법재판소 결정례

(1) 헌법재판소는 평등원칙이나 자기구속의 원칙을 매개로 행정규칙의 준법규성을 명시적으로 인정한 바 있으며, 다만 그 근거로서는 학설과 달리 평등원칙 외에 신뢰보호원칙을 함께 원용하고 있다.

최신기출 행정규칙은 일반적으로 행정조직 내부에서만 효력을 가지는 것이나(원칙적으로 법규성 부정), 행정규칙이 법령의 규정에 의하여 행정관청에 법령의 구체적 내용을 보충할 권한을 부여한 경우(법령보충규칙)나 재량권 행사의 준칙인 규칙(재량준칙)이 그 정한 바에 따라 되풀이 시행되어 행정관행이 이룩되게 되면(행정선례 필요), 평등의 원칙이나 신뢰보호의 원칙(이론적 근거)에 따라 행정기관은 그 상대방에 대한 관계에서 그 규칙에 따라야 할 자기구속을 당하게 되는 경우에는 대외적인 구속력을 가지게 되는바(법규로 전환), 이러한 경우에는 헌법소원의 대상이 될 수도 있다(헌재결 1990.9.3, 90헌마13).
★ 20·12 지방9급, 18·13·11 국가9급, 16·08 국가7급, 13 서울7급, 13·12 순경특채, 12 변호사, 10·08 지방7급

## II. 자기구속원칙의 한계

### 1. 위법한 처분에 대한 자기구속을 부정

(1) 행정청이 조합설립추진위원회의 설립승인 심사에서 위법한 행정처분을 한 선례가 있다고 하여 그러한 기준을 따라야 할 의무가 없는 점 등에 비추어, 평등의 원칙이나 신뢰보호의 원칙 또는 자기구속의 원칙 등에 위배되고 재량권을 일탈·남용하여 자의적으로 조합설립추진위원회 승인처분을 한 것으로 볼 수 없다고 한 사례

★ 21·19·13 국가9급, 19 국회8급, 18 서울7급, 17 국가7급, 16 지방9급, 15·12 순경특채, 13 변호사, .12 국회9급

최신기출 | 위법한 행정처분이 수차례에 걸쳐 반복적으로 행하여졌다 하더라도 그러한 처분이 위법한 것인 때에는 행정청에 대하여 자기구속력을 갖게 된다고 할 수 없다. 피고가 소외 2측 추진위원회의 승인신청을 반려할 당시 100인 이상의 위원으로 추진위원회를 구성할 것을 요구하고, 날짜가 기재되지 아니한 동의서들을 효력이 없는 것으로 간주한 선례가 있다 하더라도 피고가 참가인 추진위원회에 대하여 승인심사를 할 때에도 그러한 기준을 따라야 할 의무가 없는 점 등에 비추어, 피고가 평등의 원칙이나 신뢰보호의 원칙 또는 자기구속의 원칙 등에 위배하고 재량권을 일탈·남용하여 자의적으로 이 사건 승인처분을 하였다고 볼 수 없다(대판 2009.6.25, 2008두13132).

평등의 원칙에 의할 때, 위법한 행정처분이 수 차례에 걸쳐 반복적으로 행하여졌다면 설령 그러한 처분이 위법하더라도 행정청에 대하여 자기구속력을 갖게 된다. (x)  ■ 17 서울7급

# 제3항 과잉금지의 원칙(비례원칙)

## I. 비례원칙의 의의 ★ 19 국회8급

최신기출 | 비례의 원칙(과잉금지의 원칙)이란 어떤 행정목적을 달성하기 위한 수단은 그 목적달성에 유효·적절하고, 또한 가능한 한 최소침해를 가져오는 것이어야 하며 아울러 그 수단의 도입으로 인한 침해가 의도하는 공익을 능가하여서는 아니 된다는 헌법상의 원칙을 말한다(대판 1997.9.26, 96누10096).

## II. 비례원칙의 근거

비례원칙의 근거에 대해서는 헌법 제37조 제2항에서 도출하는 견해가 일반적이다. 독일에서도 비례원칙은 헌법적 지위의 일반원칙으로 이해되고 있다. 헌법재판소는 비례원칙의 근거를 동법 제37조 제2항에서 바로 찾는다(헌재결 1997.9.25, 96헌가16).

# III. 비례원칙의 내용

## 1. 일반적 내용

일반적으로 비례원칙의 내용에 관해서 학설은 적합성, 필요성(최소침해의 원칙), 상당성(협의의 비례원칙)을 들고 있다. 그러나 헌법재판소는 비례원칙의 내용에 관해 목적의 정당성, 방법의 적정성, 침해의 최소성, 법익의 균형성(권형성)을 제시하고 있다.

### (1) 헌법재판소 ★ 17 국회8급

토지재산권에 대한 제한입법 역시 다른 기본권을 제한하는 입법과 마찬가지로 과잉금지의 원칙(비례의 원칙)을 준수해야 하고, 재산권의 본질적 내용인 사용·수익권과 처분권을 부인해서는 아니 된다. 요컨대, 공익을 실현하기 위하여 적용되는 구체적인 수단은 그 목적이 정당(목적의 정당성)해야 하며 법치국가적 요청인 비례의 원칙에 합치해야 한다. 즉, 입법자가 선택한 수단이 의도하는 입법목적을 달성하고 촉진하기에 적합해야 하고(방법의 적정성), 입법목적을 달성하기에 똑같이 효율적인 수단 중에서 가장 기본권을 존중하고 적게 침해하는 수단을 사용해야 하며(침해의 최소성), 법률에 의하여 기본권이 침해되는 정도와 법률에 의하여 실현되는 공익의 비중을 전반적으로 비교형량하였을 때 양자 사이의 적정한 비례관계가 성립해야 한다(법익의 균형성)(헌재결 1998.12.24, 89헌마214·90헌바16·97헌바78).

### (2) 대법원

#### ① 헌법상의 기본원리로서 비례의 원칙의 내용 ★ 20 지방9급

최신기출 비례의 원칙은 법치국가 원리에서 당연히 파생되는 헌법상의 기본원리로서, 모든 국가작용에 적용된다. 행정목적을 달성하기 위한 수단은 목적달성에 유효·적절하고, 가능한 한 최소침해를 가져오는 것이어야 하며, 아울러 그 수단의 도입에 따른 침해가 의도하는 공익을 능가하여서는 안 된다(대판 2019.7.11, 2017두38874).

## 2. 적합성의 원칙

### (1) 변호사로 개업하고자 하는 판사나 검사 등의 개업지 제한규정은 적합성 위반이다 ★ 13 국회9급

변호사로 개업하고자 하는 판사나 검사 등의 개업지를 제한함으로써 개업을 막겠다는 것은 중견판사 및 검사의 확보라는 목적에 비추어 적절하거나 합리적인 방법이라 할 수 없다. … 법(변호사법을 말함 ; 필자 주) 제10조 제2항은 법조경력이 15년이 되지 아니한 변호사가 개업신고 전 2년 이내의 근무지가 속하는 지방법원의 관할구역 안에서 3년 간 개업하는 것을 금지하고 있기는 하나, 개업이 금지된 곳에서 법률사무를 취급하는 행위 자체를 금지하고 있지는 않다. 따라서 위 법률조항이 변호사의 개업지를 제한하는 그 자체에 목적이 있는 것이 아니라 특정사건으로부터 정실개입의 소지가 있는 변호사의 관여를 배제하여 법률사무의 공정성과 공신성을 확보하자는 데 그 목적이 있는 것이라면, 아래에서 보듯 그 제한이 획일적인 점을 감안해 볼 때 위 법률조항이 정한 개업지의 제한은 결국 정실배제라는 목적실현에도 필요하고 적정한 수단이라고 할 수 없다(헌재결 1989.11.20, 89헌가102).

**(2) 수돗물에 대한 불안감 방지 내지 식수공급행정에 대한 혼란 방지를 위하여 보존음료수의 국내판매를 금지하는 것은 적합성과 필요성에 위반되므로 식품제조영업허가기준고시는 무효이다**

전합판례 | 수돗물에 대한 국민의 불안감은 근본적으로 국민이 수돗물의 질을 믿지 못하는 데서 생긴다고 보아야 할 것이므로, 보존음료수의 국내판매와 수돗물에 대한 국민의 불안감 사이에 연관성이 있다고는 인정되지 아니하며, 보존음료수의 국내판매와 수돗물에 대한 국민의 불안감 사이에 연관성이 있는 것으로 인정된다고 하더라도, 그와 같은 이유만으로 보존음료수를 주한외국인에게만 판매하도록 허용하고 국내판매를 완전히 금지할 정도로 보존음료수제조업의 허가를 받은 자들의 직업의 자유를 강력하게 제한하는 것을 정당한 것으로 볼 수 있을는지도 의문이고, 보존음료수의 국내판매를 금지하는 것이 수돗물에 대한 국민의 불안감을 해소시키기 위한 필요하고도 적절한 방법이라고 할 수 없으므로, 보존음료수의 국내판매를 금지하는 것은, 보존음료수제조업의 허가를 받은 자의 헌법상 보장된 기본권인 직업의 자유를 침해하는 것으로서 헌법에 위반될 뿐 아니라 식품위생법의 목적(제1조)에 비추어 보더라도, 보건사회부장관이 구 식품위생법 제23조의3 제4호나 현행 식품위생법 제24조 제1항 제4호에 따라 보존음료수제조업의 허가를 받는 자의 직업의 자유를 제한하는 고시를 발한 것이, 질서유지나 공공복리를 위하여 꼭 필요하고 합리적인 것이라고 볼 수도 없으므로, 위 고시는 효력이 없다[대판(전합) 1994.3.8, 92누1728].

## 3. 필요성의 원칙(최소침해의 원칙)

### (1) 판단기준

#### ① 의무규정에 대한 최소침해성 판단방법

어떤 법률의 입법목적이 정당하고 그 목적을 달성하기 위해 국민에게 의무를 부과하고 그 불이행에 대해 제재를 가하는 것이 적합하다고 하더라도 입법자가 그러한 수단을 선택하지 아니하고도 보다 덜 제한적인 방법을 선택하거나, 아예 국민에게 의무를 부과하지 아니하고도 그 목적을 실현할 수 있음에도 불구하고 국민에게 의무를 부과하고 그 의무를 강제하기 위하여 그 불이행에 대해 제재를 가한다면 이는 과잉금지원칙의 한 요소인 '최소침해성의 원칙'에 위배된다(헌재결 2006.6.29, 2002헌바80·87·88, 2003헌가22).

### (2) 필요성위반 인정사례

1. 단지 1회 훈령에 위반하여 요정(카바레)출입을 하다가 적발된 공무원에 대한 파면처분(대판 1967.5.2, 67누24)
2. 출입시킨 미성년자가 성년에 가까운 자이고 성년자로 오인할 수 있는 사정도 엿보이는데다가(선의·무과실) 단 1회 위반에 대해 가장 중한 영업취소(대판 1977.9.13, 77누15)
3. 주유소의 관리인(외삼촌)이 부정휘발유를 구입 판매하였으나 원고 자신은 그 사실을 알지 못한 경우에(선의) 이를 이유로 위험물취급소설치허가를 취소한 행정처분(대판 1989.3.28, 87누436)
4. 공정한 업무처리에 대한 사의로 두고 간 돈 30만 원을 피동적으로 수수하였다가 돌려 준 20여 년 근속의 경찰공무원에 대한 해임처분(대판 1991.7.23, 90누8954)
5. 보존음료수의 국내판매를 완전히 금지하는 것[대판(전합) 1994.3.8, 92누1728]
6. 단원에게 지급될 급량비를 바로 지급하지 않고 모아두었다가 지급한 시립 무용단원에 대한 해촉처분(대판 1995.12.22, 95누4636)
7. 교통사고를 일으킨 후 구호조치 없이 도주한 수사 담당 경찰관에 대한 해임처분(대판 1999.10.8, 99두6101)
8. 청소년유해매체물로 결정·고시된 만화인 사실을 모르고 있던(선의) 도서대여업자가 그 고시일로부터 8일 후에 청소년에게 그 만화를 대여한 것을 사유로 도서대여업자에게 금 700만 원의 과징금이 부과된 경우(대판 2001.7.27, 99두9490)
9. 여권발급 신청인이 북한 고위직 출신의 탈북 인사(황장엽)로서 신변에 대한 위해 우려가 있다는 이유로 신청인의 미국 방문을 위한 여권발급을 거부한 것(대판 2008.1.24, 2007두10846)

① **단원에게 지급될 급량비를 바로 지급하지 않고 모아두었다가 지급한 시립 무용단원에 대한 해촉처분**
★ 08 국회8급

> 원고가 급량비가 나올 때마다 바로 지급하지 않고 이를 모아 두었다가 일정액에 달하였을 때에 지급하여 온 것이 관례
> 화되어 있었을 뿐더러 원고가 급량비를 유용한 것은 개인적인 목적을 위한 것이 아니고 시립무용단장의 지시에 따라
> 시립무용단의 다른 용도에 일시 전용한 것이라는 점, 유용한 금액이 비교적 소액이고 그 후에 모두 단원들에게 지급
> 된 점 등 이 사건 변론에 나타난 여러 사정 등을 종합하여 보면, 원고를 징계하기 위하여 한 이 사건 해촉은
> 너무 가혹하여 징계권을 남용한 것이어서 무효이다(대판 1995.12.22, 95누4636).

② **공정한 업무처리에 대한 사의로 두고 간 돈 30만 원을 피동적으로 수수하였다가 돌려 준 20여 년 근속의 경찰공
무원에 대한 해임처분은 재량권의 남용에 해당한다** ★ 20 국회9급

최신기출
> 20여 년 동안 성실하게 근무하여 온 경찰공무원이 공정한 업무처리가 아니었더라면 곤란한 지경에 처할 뻔 하였
> 는데 그 곤경을 벗어나게 하여 주어 고맙다고 느끼고 있던 사람의 동생이 사후에 찾아와 임의로 두고 간 돈 30만
> 원이 든 봉투를 소지하는 피동적 형태로 금품을 수수하였고 그 후 이를 돌려주었는데도 곧바로 그 직무에서 배제하는
> 해임처분이라는 중한 징계에 나아간 것은 사회통념상 현저하게 타당성을 잃었다고 하지 아니할 수 없다(대판 1991.
> 7.23, 90누8954).

③ **식품제조영업허가기준고시가 기본권을 침해하여 무효인 경우 위 고시에 따른 의무불이행을 이유로 하는 제재적
행정처분인 과징금을 부과하는 것은 위법이고, 헌법 제37조 제2항에 위반된다** ★ 10 국가9급

전합판례
> 식품제조영업허가기준고시가 헌법상 보장된 기본권을 침해하는 것으로서 헌법에 위반될 때에는 위 고시는 효력
> 이 없는 것으로 볼 수밖에 없으므로, 원고들이 위 고시에 따라서 지게 되는 의무를 이행하지 아니하였다는 이유
> 로 원고들에 대하여 과징금을 부과하는 제재적 행정처분을 하는 것은 위법하다[대판(전합) 1994.3.8, 92누1728].

④ **보존음료수의 국내판매를 완전히 금지하는 것은 직업의 자유에 대한 중대한 제한이다** ★ 10 국가9급

전합판례
> 보존음료수의 국내판매를 금지함으로써 잠재적인 판매시장의 거의 대부분을 폐쇄한다는 것은 실질적으로 보존음료
> 수제조업의 허가를 전면적으로 허용하면서 그 허가의 요건을 한정하는 것(이는 직업선택의 자유를 제한하는 경우에
> 해당한다)에 못지않는 큰 제한으로서, 직업선택의 자유를 제한하는 것과 다를 바 없는 영업의 자유에 대한 중대한
> 제한이고, 영업의 자유를 제한하는 내용에 있어서도 국내판매를 완전히 금지하여 어느 경우에도 예외를 인정하지
> 않고 있으므로, 그 제한의 정도가 절대적인 것이어서 직업의 자유를 심하게 제한하고 있다고 하지 않을 수 없다[대판
> (전합) 1994.3.8, 92누1728].

⑤ **청소년유해매체물로 결정·고시된 만화인 사실을 모르고 있던 도서대여업자가 그 고시일로부터 8일 후에 청소년
에게 그 만화를 대여한 것을 사유로 그 도서대여업자에게 금 700만 원의 과징금이 부과된 경우는 비례원칙 위
반** ★ 13 국회9급, 11 순경특채

> 청소년유해매체물로 결정·고시된 만화인 사실을 모르고 있던(선의) 도서대여업자가 그 고시일로부터 8일 후에 청소
> 년에게 그 만화를 대여한 것을 사유로 그 도서대여업자에게 금 700만 원의 과징금이 부과된 경우, 그 도서대여
> 업자에게 청소년유해매체물인 만화를 청소년에게 대여하여서는 아니 된다는 금지의무의 해태를 탓하기는 가혹하
> 므로 그 과징금부과처분은 재량권을 일탈·남용한 것으로서 위법하다(대판 2001.7.27, 99두9490).

⑥ 약사의 의약품 개봉판매행위는 약사법에 의하여 금지되어 있는데, 이를 위반한 약사에 대하여 구 약사법령에 근거한 15일 영업정지에 갈음하는 과징금 855만 원을 부과한 처분

> 약사의 의약품 개봉판매행위에 대하여 구 약사법 제69조 제1항 제3호·제3항, 같은법 시행규칙 제89조 [별표 6] '행정처분의 기준'에 따라 업무정지 15일의 처분을 사전통지하였다가, 그 후 같은법 제71조의3 제1항·제2항, 같은법 시행령 제29조 [별표 1의2] '과징금 산정기준'에 따라 업무정지 15일에 갈음하는 과징금부과처분을 한 것이 재량권의 범위를 일탈하거나 재량권을 남용한 것으로 보기 어렵다(대판 2007.9.20, 2007두6946).

⑦ 여권발급 신청인이 북한 고위직 출신의 탈북인사로서 신변에 대한 위해 우려가 있다는 이유로 신청인의 미국 방문을 위한 여권발급을 거부한 것은 거주·이전의 자유를 과도하게 제한하는 것으로서 위법하다

> 여권의 발급은 헌법이 보장하는 거주·이전의 자유의 내용인 해외여행의 자유를 보장하기 위한 수단적 성격을 갖고 있으며, 해외여행의 자유는 행복을 추구하기 위한 권리이자 이동의 자유로운 보장의 확보를 통하여 의사를 표현할 수 있는 측면에서 인신의 자유 또는 표현의 자유와 밀접한 관련을 가진 기본권이므로 최대한 그 권리가 보장되어야 하고, 따라서 그 권리를 제한하는 것은 최소한에 그쳐야 한다. 여권발급 신청인이 북한 고위직 출신의 탈북인사로서 신변에 대한 위해 우려가 있다는 이유로 신청인의 미국 방문을 위한 여권발급을 거부한 것은 여권법 제8조 제1항 제5호에 정한 사유에 해당한다고 볼 수 없고 거주·이전의 자유를 과도하게 제한하는 것으로서 위법하다(대판 2008.1.24, 2007두10846).

### (3) 필요성위반 부정사례

1. 교통사고를 일으킨 후 구호조치 없이 도주한 수사 담당 경찰관에 대한 해임처분(대판 1999.10.8. 99두6101)
2. 교통경찰관이 법규위반자에게 만 원권 지폐 한 장을 두 번 접어서 면허증과 함께 달라고 한 경우에 내려진 해임처분(대판 2006.12.21, 2006두16274)
3. 명예퇴직 합의 후 명예퇴직 예정일 사이에 허위로 병가를 받아 다른 회사에 근무하였음을 사유로 한 징계해임처분(대판 2002.8.23, 2000다60890·60906)

① 교통경찰관이 법규위반자에게 만 원권 지폐 한 장을 두 번 접어서 면허증과 함께 달라고 한 경우에 내려진 해임처분

> 경찰공무원이 그 단속의 대상이 되는 신호위반자에게 먼저 적극적으로 돈을 요구하고(능동적 수수) 다른 사람이 볼 수 없도록 돈을 접어 건네주도록 전달방법을 구체적으로 알려주었으며 동승자에게 신고시 범칙금 처분을 받게 된다는 등 비위신고를 막기 위한 말까지 하고 금품을 수수한 경우, 비록 그 받은 돈이 1만 원에 불과하더라도 위 금품수수행위를 징계사유로 하여 당해 경찰공무원을 해임처분한 것은 징계재량권의 일탈·남용이 아니다(대판 2006.12.21, 2006두16274).

② 교통사고를 일으킨 후 구호조치 없이 도주한 수사 담당 경찰관에 대한 해임처분 ★ 11 순경특채

> 범죄를 예방, 진압, 수사하여야 할 직무를 가진 경찰관, 그것도 수사업무를 직접 담당하고 있던 경찰관인 원고가 (기록에 의하면 원고는 이 사건 사고 당시 강릉경찰서 수사과에 근무하고 있었다) 교통사고 후 도주라는 결코 가볍지 않은 죄질의 이 사건 범행을 저질렀다면 그러한 경찰관이 수행하는 직무에 대하여 국민이 신뢰를 하기는 어려울 것이고, 이를 이유로 하는 징계사유가 가볍다고 할 수는 없을 것이다. 그러므로 원고에게, 원심이 인정한 바와 같은 정상에 관한 사정이 있다고 하더라도 원고를 징계해임하는 것이 경찰관이 수행하는 직무의 특성, 징계의 원인이 된 비위사실의 내용과 성질, 징계에 의하여 달성하려는 행정목적 등에 비추어 볼 때 그 징계 내용이 객관적으로 명백히 부당한 것으로서 사회통념상 현저하게 타당성을 잃어 징계권자에게 맡겨진 재량권을 일탈하였거나 남용한 것이라고 단정할 수는 없다(대판 1999.10.8, 99두6101).

③ **명예퇴직 합의 후 명예퇴직 예정일 사이에 허위로 병가를 받아 다른 회사에 근무하였음을 사유로 한 징계해임처분** ★ 13 국회9급, 11 국회8급

원고는 명예희망퇴직신청서를 제출한 1998.6.15. 당시에 이미 소외 회사로부터 채용합격통지를 받고 있었으므로 원고로서는 퇴직희망일자를 1998.6.30.로 선택할 수 있었음에도 불구하고 그렇게 하지 아니하고 세제상의 혜택을 누릴 의도에서 퇴직희망일자를 1998.9.18.로 정하여 명예희망퇴직신청서를 제출하고 피고 연구원(한국전자통신연구원)으로부터 그에 따른 퇴직명령을 받았던 것이고, 그 퇴직일까지의 기간 동안에 피고 연구원의 직원으로서의 신분을 그대로 유지하면서 실제로는 소외 회사의 직원으로 근무할 목적으로, 병가의 사유가 되지 못하는 경미한 질병을 이유로 병가를 신청하여 피고 연구원으로부터 병가를 얻고 그 병가기간 동안에 소외 회사에 근무하였던 것이므로 원고가 비록 위 병가 신청에 대하여 소속 부서장의 묵인을 받았다고 하더라도, 그것만으로는 피고 연구원이 위와 같은 병가신청의 이유 내지 목적을 알면서도 병가를 승인하였다거나 그러한 사정을 알았더라도 병가를 승인하였을 것이라고는 할 수 없고, 따라서 위 병가의 승인은 원고가 피고 연구원을 기망하여 받아낸 것이라고 보아야 할 것이다. 그리고 원고가 피고 연구원으로부터 병가를 받아 소외 회사에 근무한 2개월 남짓의 기간이 사회통념상 용인될 수 있는 정도의 단기간에 해당한다고도 할 수 없다. 이러한 이 사건 징계처분의 원인이 된 비위사실의 내용과 성질, 원고가 비위행위를 저지르게 된 경위 등에 비추어 볼 때, 원심이 인정한 바와 같은 여러 사정(위에서 인정한 사실에 배치되는 부분 제외)을 고려하더라도, 원고를 해임처분한 징계양정이 객관적으로 명백히 부당한 것으로서 사회통념상 현저히 타당성을 잃어 징계권자에게 맡겨진 재량권을 일탈하였거나 남용한 것이라고 단정할 수는 없다고 할 것이다(대판 2002.8.23, 2000다60890·60906).

## 4. 상당성의 원칙(협의의 비례원칙)

당해 작용에 의한 침해의 정도와 추구하는 목적 사이에는 합리적인 비례관계가 있어야 한다는 원칙이다. 즉, 적합하고 필요한 수단을 통해 달성하려는 공익과 침해되는 사익 사이에 적절한 균형이 이루어져야 하고, 이를 위해서 이익형량(비교형량, 비교교량)이 요구된다.

### (1) 상당성 원칙 위반 인정사례

① **주유소 영업의 양도인이 등유가 섞인 유사휘발유를 판매한 바를 모르고 양수한 양수인에게 대하여 한 6월의 석유판매업영업정지처분** ★ 13 국회9급, 11 순경특채

> 주유소영업의 양도인이 등유가 섞인 유사휘발유를 판매한 바를 모르고 이를 양수한 석유판매영업자에게 전 운영자인 양도인의 위법사유를 들어 사업정지기간 중 최장기인 6월의 사업정지에 처한 영업정지처분은 석유사업법에 의하여 실현시키고자 하는 공익목적의 실현보다는 양수인이 입게 될 손실이 훨씬 커서 재량권을 일탈한 것으로서 위법하다(대판 1992.2.25, 91누13106).

② **구 「독점규제 및 공정거래에 관한 법률」상의 불공정거래행위인 사원판매행위에 대하여 부과된 과징금의 액수가 법정 상한비율을 초과하지 않는다고 하더라도 그 사원판매행위로 인하여 취득한 이익의 규모를 크게 초과하여 그 매출액에 육박하게 된 경우**

> 과징금을 부과함에 있어서는 위반행위의 내용과 정도, 기간과 횟수 외에 위반행위로 인하여 취득한 이익의 규모 등도 아울러 참작하도록 규정하고 있는 것이므로, 불공정거래행위에 대하여 부과되는 과징금의 액수는 당해 불공정거래행위의 구체적 태양 등에 기하여 판단되는 그 위법성의 정도뿐만 아니라 그로 인한 이득액의 규모와도 상호 균형을 이룰 것이 요구되고, 이러한 균형을 상실할 경우에는 비례의 원칙에 위배되어 재량권의 일탈·남용에 해당할 수가 있다. 구 「독점규제 및 공정거래에 관한 법률」상의 불공정거래행위인 사원판매행위에 대하여 부과된 과징금의 액수가 법정 상한비율을 초과하지 않는다고 하더라도 그 사원판매행위로 인하여 취득한 이익의 규모를 크게 초과하여 그 매출액에 육박하게 된 경우, 불법적인 경제적 이익의 박탈이라는 과징금 부과의 기본적 성격과 그 사원판매행위의 위법성의 정도에 비추어 볼 때 그 과징금부과처분은 비례의 원칙에 위배된 재량권의 일탈·남용에 해당한다(대판 2001.2.9, 2000두6206).
>
> ※ 이 경우는 재량의 일탈(유월)에는 해당하지 않는다. 기속행위라면 바로 적법이라는 판단이 가능하겠지만, 재량행위는 실정법에 위반한 일탈이나 유월이 아니라 하더라도, 최종적으로 적법하다는 판단을 하지 못하고, 일반 법원칙 위반 여부를 추가적으로 심사해야 한다. 행정행위의 법적 성질 중 기속행위와 재량행위를 구별하는 이유는 이처럼 당해 행위가 재량행위이냐 기속행위이냐에 따라 위법성심사기준과 구조가 다르기 때문이다.

**(2) 상당성원칙 위반 부정사례(공익중시)**

**① 보건위생**

**㉠ 생물학적 동등성 시험자료에 조작이 있음을 이유로 의약품의 회수 및 폐기를 명한 행정처분** ★ 12 사회복지

> 의약품은 사람의 생명이나 건강에 직접적인 영향을 미치는 것이므로 의약품의 안전성과 유효성을 확보함으로써 국민
> 보건의 향상을 기하기 위한 처분은 다른 분야의 처분에 비하여 보다 엄격하고 엄정한 기준이 요구된다 할 것인데,
> 이 사건에서 비록 시험자료 일부분의 조작이 있었을 뿐이고 조작 전의 원본자료에 의하면 생동성 시험기준상 동등으
> 로 판정될 것이라고 하더라도, 시험자료의 조작은 그 자체로 비윤리적인 사위의 방법에 해당하여 비난가능성이 크고,
> 결과적으로는 시험기준을 충족한다는 이유를 들어 섣불리 조작에 눈감고 이를 용인하게 되면 사전에 그 안전성·유효성
> 이 검증되거나 보증되지 아니한 의약품의 유통을 방치하는 셈이 되며, 이 사건 처분으로 인하여 원고가 입게 될
> 불이익이 상당하다고 하더라도 이와 같은 불이익은 경제적 손실로 환원될 수 있는 것에 불과하여, 생물학적 동등성
> 이 사전에 제대로 확인되지 않은 의약품의 유통으로 인하여 국민건강이 침해받을 수 있는 위험을 예방할 공익상의
> 필요와는 단순 비교하기 어려운 점에 비추어 보면, 생물학적 동등성 시험자료에 조작이 있음을 이유로 해당 의약품의
> 회수, 폐기를 명한 이 사건 처분에 어떠한 재량권의 일탈·남용이 있다고 할 수는 없다(대판 2008.11.13, 2008두8628).

**㉡ 태국에서 수입하는 냉동새우에 유해화학물질인 말라카이트그린이 들어 있음에도 수입신고서에 말라카이트그린
이 사용된 사실을 기재하지 않았음을 이유로 행정청이 영업정지 1개월의 처분을 한 것** ★ 11 순경특채

> 행정처분기준에서 정하고 있는 범위를 벗어나는 처분을 하기 위해서는 그 기준을 준수한 행정처분을 할 경우 공익상
> 필요와 상대방이 받게 되는 불이익 등과 사이에 현저한 불균형이 발생한다는 등의 특별한 사정이 있어야 하는바, 피고
> (행정청)가 위 행정처분기준에서 정하고 있는 처분경감사유와 나머지 사정을 고려하여 위 기준에서 허용하고 있
> 는 가장 가벼운 처분을 하여 그 기준을 준수하였고, 동물용 의약품으로서 발암성 등 그 유해성이 명백히 입증된
> 유해화학물질인 말라카이트그린이 포함된 이 사건 냉동새우가 수입·유통됨으로써 발생할 수 있었던 위생상의 위해가
> 적지 않았고, 이 사건 처분은 그와 같은 위해를 야기한 원고에게 불이익을 가함과 동시에, 이로써 장래에 발생할
> 수 있는 위생상의 위해를 방지할 공익상의 필요에서 행해진 것으로 위 처분으로 인하여 원고가 받는 불이익이 위와
> 같은 공익상 필요보다 막대하다거나 양자 사이에 현저한 불균형이 발생한다고 보이지 않으므로, 이 사건 처분에 재량
> 권을 일탈 내지 남용한 위법이 있다고 보기 어렵다(대판 2010.4.8, 2009두22997).

**㉢ 수입 녹용 중 전지 3대를 절단부위로부터 5cm까지의 부분을 절단하여 측정한 회분함량이 기준치를 0.5% 초과
하였다는 이유로 수입 녹용 전부에 대하여 전량 폐기 또는 반송처리를 지시한 처분** ★ 13 국회9급

> 수입 녹용 전부에 대하여 전량 폐기 또는 반송처리를 지시한 경우, 녹용 수입업자가 입게 될 불이익이 의약품의
> 안전성과 유효성을 확보함으로써 국민보건의 향상을 기하고 고가의 한약재인 녹용에 대하여 부적합한 수입품의 무분
> 별한 유통을 방지하려는 공익상 필요보다 크다고는 할 수 없으므로 위 폐기 등 지시처분은 재량권을 일탈·남용한
> 경우에 해당하지 않는다(대판 2006.4.14, 2004두3854).

② 자연환경보전

㉠ 농지전용신청 대상 농지가 국립공원인 치악산 인근에 위치하고 있고 주변이 마을관광단지로 지정되어 일반시민의 휴식공간으로 이용되고 있으며 산림훼손 제한지역으로 고시되어 있는 경우, 여관 건물을 신축하기 위한 농지전용허가신청에 대한 불허가처분

> 농지전용행위에 대하여 허가관청은 구 「농지법 시행령」이 정한 위의 심사기준에 부적합한 경우는 물론 대상 농지의 현상과 위치 및 주위의 상황 등을 종합적으로 고려하여 국토 및 자연의 유지와 환경의 보전 등 중대한 공익상 필요가 있다고 인정되는 경우에도 이를 불허가할 수 있다. 농지전용신청 대상 농지가 국립공원인 치악산 인근에 위치하고 있고 주변이 마을관광단지로 지정되어 일반시민의 휴식공간으로 이용되고 있으며 산림훼손 제한지역으로 고시되어 있는 경우, 여관 건물을 신축하기 위한 농지전용허가신청에 대한 불허가처분이 중대한 공익상의 필요에 의한 것으로서 적법하다(대판 2000.5.12, 98두15382).

㉡ 자연녹지지역으로 지정하는 절차가 진행 중인 통도사 인근임야에 고층아파트를 건축하는 내용의 임대주택 사업계획 승인신청을 국토 및 자연의 유지와 환경의 보존 등 중대한 공익상의 필요를 이유로 거부한 경우

> 자연녹지지역으로 지정하는 절차가 진행 중인 통도사 인근임야에 고층아파트를 건축하는 내용의 임대주택 사업계획 승인신청을 국토 및 자연의 유지와 환경의 보존 등 중대한 공익상의 필요를 이유로 거부한 경우, 재량권의 일탈·남용이 아니다(대판 2002.6.14, 2000두10663).

③ 기타

㉠ 택시운송사업자의 차고지와 운송부대시설을 증설하는 내용의 자동차운송사업계획변경인가 신청에 대하여 교통행정 및 주거환경 등의 공익을 이유로 한 거부처분 ★ 13 국회9급

> 택시운송사업자의 차고가 설치될 경우 소속 택시들이 비포장도로를 비롯한 주민들의 통행로 및 학생들의 통행로로 자주 운행하고 차고 내에서 차량을 정비함으로써 분진과 소음을 발생시키고 환경오염물질을배출하는 등 심히 인근주민들의 주거환경을 저해하고 통학하는 학생들을 비롯한 주민들의 교통사고의 위험성을 증대시키며 교육환경을 저해할 우려가 크다면 교통행정 및 주거환경 등의 공익을 고려할 때 비록 차고지와 운송부대시설을 증설하는 내용의 자동차운수사업계획변경인가 신청이 거부됨으로 인하여 택시운송사업자가 불이익을 입게 된다고 하더라도 위 신청을 받아들이지 아니하여야 할 공익상의 필요성이 훨씬 크다고 볼 수밖에 없어 위 신청에 대한 거부처분이 이익교량의 원칙에 반한다거나 재량권을 남용한 것이 아니다(대판 2000.5.26, 98두6500).

# Ⅳ. 적용영역

## 1. 수익적 행정행위의 취소·철회 제한

### (1) 수익적 행정처분의 취소와 관계이익의 교량 ★ 15 국가9급

> 수익적 행정처분을 취소하거나 중지시키는 경우에는 이미 부여된 그 국민의 기득권을 침해하는 것이 되므로, 비록 취소 등의 사유가 있다고 하더라도 그 취소권 등의 행사는 기득권의 침해를 정당화할 만한 중대한 공익상의 필요 또는 제3자의 이익보호의 필요가 있는 때에 한하여 상대방이 받는 불이익과 비교교량하여 결정하여야 하고, 그 처분으로 인하여 공익상의 필요보다 상대방이 받게 되는 불이익 등이 막대한 경우에는 재량권의 한계를 일탈한 것으로서 그 자체가 위법하다(대판 1991.5.14, 90누9780).

## 2. 음주운전으로 인한 운전면허취소 사례

### (1) 일반의 수익적 행정행위의 취소와 달리 최신판례의 경향은 공익을 중시하여 인적·물적 피해가 없더라도 음주운전으로 인한 운전면허취소·정지처분에 대한 재량권 일탈·남용을 거의 인정하지 않는 추세이다 ★ 20 국가7급

**최신기출**
> 운전면허의 취소(강학상 철회) 여부가 행정청의 재량행위라 하여도 오늘날 자동차가 대중적인 교통수단이고 그에 따라 대량으로 자동차운전면허가 발급되고 있는 상황이나 음주운전으로 인한 교통사고의 증가 및 그 결과의 참혹성 등에 비추어 볼 때, 음주운전으로 인한 교통사고를 방지할 공익상의 필요는 매우 크다 아니할 수 없으므로, 음주운전 내지 그 제재를 위한 음주측정 요구의 거부 등을 이유로 한 자동차운전면허의 취소에 있어서는 일반의 수익적 행정행위의 취소와는 달리 그 취소로 인하여 입게 될 당사자의 개인적인 불이익(사익)보다는 이를 방지하여야 하는 일반예방적인 측면(공익)이 더욱 강조되어야 할 것이고, 특히 당해 운전자가 영업용 택시를 운전하는 등 자동차운전을 업으로 삼고 있는 자인 경우에는 더욱 그러하다(대판 1995.9.26, 95누6069).

> 음주운전으로 인해 운전면허를 취소하는 경우의 이익형량에서 음주운전으로 인한 교통사고를 방지할 공익상의 필요가 취소의 상대방이 입게 될 불이익보다 강조되어야 하는 것은 아니다. (x) ★ 20 국가7급

## 3. 징계처분

### (1) 공무원에 대한 징계처분에 있어서 재량권 남용 여부의 판단기준

> 공무원인 피징계자에게 징계사유가 있어서 징계처분을 하는 경우 어떠한 처분을 할 것인가는 징계권자의 재량에 맡겨진 것이고(결정재량은 부정되고 선택재량만 인정), 다만 징계권자가 재량권의 행사로서 한 징계처분이 사회통념상 현저하게 타당성을 잃어 징계권자에게 맡겨진 재량권을 남용한 것이라고 인정되는 경우에 한하여 그 처분을 위법하다고 할 수 있고, 공무원에 대한 징계처분이 사회통념상 현저하게 타당성을 잃었다고 하려면 구체적인 사례에 따라 징계의 원인이 된 비위사실의 내용과 성질, 징계에 의하여 달성하려고 하는 행정목적, 징계양정의 기준 등 여러 요소를 종합하여 판단할 때에 그 징계내용이 객관적으로 명백히 부당하다고 인정할 수 있는 경우라야 한다(대판 1998.11.10, 98두12017).

## 4. 제재적 처분

> 제재적 행정처분이 사회통념상 재량권의 범위를 일탈하였거나 남용하였는지 여부는 처분사유인 위반행위의 내용과 당해 처분행위에 의하여 달성하려는 공익목적 및 이에 따르는 제반사정 등을 객관적으로 심리하여 공익침해의 정도와 그 처분으로 인하여 개인이 입게 될 불이익을 비교·형량하여 판단하여야 한다(대판 2006.4.14, 2004두3854).

## 5. 공용수용

### (1) 공용수용의 목적물의 범위 ★ 20 국회9급

**최신기출** 공용수용은 공익사업을 위하여 타인의 특정한 재산권을 법률의 힘에 의하여 강제적으로 취득하는 것이므로 수용할 목적물의 범위는 원칙적으로 사업을 위하여 필요한 최소한도에 그쳐야 한다(대판 1987.9.8, 87누395).

## 6. 기타 비례원칙위반 관련사례

### (1) 자동차를 이용하여 동종의 범죄를 재범할 위험이 크다는 이유로 한 운전면허취소처분은 적법하다

운전면허행정처분기준에서 자동차를 이용하여 범죄행위를 한 경우를 운전면허의 취소사유로 하면서 그 범죄행위로 살인 및 시체유기, 강도, 강간, 방화, 유괴·불법감금만을 규정하고 강제추행을 규정하고 있지 아니하더라도, 자동차를 운전하여 범죄행위를 한 자의 운전면허를 취소·정지함으로써 다시 자동차를 이용하여 범죄행위를 못하도록 하려는 도로교통법 제78조 제1항 제5호의 규정내용과 취지 등에 비추어 보면, 일반시민의 교통의 편의를 담당하고 있는 개인택시운전사로서 불특정다수의 승객을 매일 운송하여야 하는 개인택시운전사가 승객인 피해자를 강제추행한 점 등의 사정에 의하면 개인택시운전사가 자동차를 이용하여 동종의 범죄를 재범할 위험성이 상당히 크므로 당해 운전면허취소처분은 적법하고, 또 그에 있어 재량권의 일탈·남용도 없다(대판 1997.10.24, 96누17288).

### (2) 운전면허를 받은 사람이 자동차 등을 이용하여 범죄행위를 한 때 범죄의 경중을 가리지 않고 필요적 면허취소사유로 규정한 도로교통법 제78조 제1항 단서 제5호는 위헌이다 ★ 19 국회8급

**최신기출** 이 사건 규정은 자동차 등을 이용하여 범죄행위를 하기만 하면 그 범죄행위가 얼마나 중한 것인지, 그러한 범죄행위를 행함에 있어 자동차 등이 당해 범죄행위에 어느 정도로 기여했는지 등에 대한 아무런 고려 없이 무조건 운전면허를 취소하도록 하고 있으므로 이는 구체적 사안의 개별성과 특수성을 고려할 수 있는 여지를 일체 배제하고 그 위법의 정도나 비난의 정도가 극히 미약한 경우까지도 운전면허를 취소할 수밖에 없도록 하는 것으로 최소침해성의 원칙에 위반된다 할 것이고, 한편 이 사건 규정에 의해 운전면허가 취소되면 2년 동안은 운전면허를 다시 발급받을 수 없게 되는바, 이는 지나치게 기본권을 제한하는 것으로서 법익균형성 원칙에도 위반된다고 할 것이다. 그러므로 이 사건 규정은 직업의 자유 내지 일반적 행동자유권을 침해하여 헌법에 위반된다(헌재결 2005.11.24, 2004헌가28).

### (3) 도로교통법 제148조의2 제1항 제1호의 '도로교통법 제44조 제1항을 2회 이상 위반한' 것에 구 도로교통법 제44조 제1항 위반 음주운전 전과도 포함된다고 해석하는 것은 형벌불소급원칙이나 일사부재리원칙 또는 비례원칙에 위배되지 않는다 ★ 13 국가9급

도로교통법 제148조의2 제1항 제1호는 도로교통법 제44조 제1항을 2회 이상 위반한 사람으로서 다시 같은 조 제1항을 위반하여 술에 취한 상태에서 자동차 등을 운전한 사람에 대해 1년 이상 3년 이하의 징역이나 500만 원 이상 1,000만 원 이하의 벌금에 처하도록 규정하고 있는데, 도로교통법 제148조의2 제1항 제1호에서 정하고 있는 '도로교통법 제44조 제1항을 2회 이상 위반한' 것에 개정된 도로교통법이 시행된 2011.12.9. 이전에 구 도로교통법 제44조 제1항을 위반한 음주운전 전과까지 포함되는 것으로 해석하는 것이 형벌불소급의 원칙이나 일사부재리의 원칙 또는 비례의 원칙에 위배된다고 할 수 없다(대판 2012.11.29, 2012도10269).

# 제4항 신뢰보호의 원칙

## Ⅰ. 신뢰보호원칙의 의의와 근거

### 1. 신뢰보호원칙의 의의 ★ 21 변호사, 17 국가7급

`최신기출` 헌법상의 법치국가원리의 파생원칙인 신뢰보호의 원칙은 국민이 법률적 규율이나 제도가 장래에도 지속할 것이라는 합리적인 신뢰를 바탕으로 이에 적응하여 개인의 법적 지위를 형성해 왔을 때에는 국가로 하여금 그와 같은 국민의 신뢰를 되도록 보호할 것을 요구한다. 따라서 법규나 제도의 존속에 대한 개개인의 신뢰가 그 법규나 제도의 개정으로 침해되는 경우에 상실된 신뢰의 근거 및 종류와 신뢰이익의 상실로 인한 손해의 정도 등과 개정규정이 공헌하는 공공복리의 중요성을 비교교량하여 현존상태의 지속에 대한 신뢰가 우선되어야 한다고 인정될 때에는 규범 정립자는 지속적 또는 과도적으로 그 신뢰보호에 필요한 조치를 취하여야 할 의무가 있다. 이 원칙은 법률이나 그 하위법규 뿐만 아니라 국가관리의 입시제도와 같이 국·공립대학의 입시전형을 구속하여 국민의 권리에 직접 영향을 미치는 제도운영지침의 개폐에도 적용되는 것이다(헌재결 1997.7.16, 97헌마38).

### 2. 신뢰보호원칙은 법치국가원리에 근거(헌법재판소)

신뢰보호의 원칙은 법치국가원리에 근거를 두고 있는 헌법상의 원칙으로서 특정한 법률에 의하여 발생한 법률관계는 그 법에 따라 파악되고 판단되어야 하고 과거의 사실관계가 그 뒤에 생긴 새로운 법률의 기준에 따라 판단되지 않는다는 국민의 신뢰를 보호하기 위한 것이나, 사회환경이나 경제여건의 변화에 따른 정책적인 필요에 의하여 공권력행사의 내용은 신축적으로 바뀔 수밖에 없고 그 바뀐 공권력행사에 의하여 발생된 새로운 법질서와 기존의 법질서와의 사이에는 어느 정도 이해관계의 상충이 불가피하므로, 국민들의 국가의 공권력행사에 관하여 가지는 모든 기대 내지 신뢰가 절대적인 권리로서 보호되는 것은 아니다(헌재결 2001.6.28, 2001헌마132).

### 3. 신뢰보호원칙은 법적 안정성에 근거(대법원)

`전합판례` 어떤 법령이 장래에도 그대로 존속할 것이라는 합리적이고 정당한 신뢰를 바탕으로 국민이 그 법령에 상응하는 구체적 행위로 나아가 일정한 법적 지위나 생활관계를 형성하여 왔음에도 국가가 이를 전혀 보호하지 않는다면, 법질서에 대한 국민의 신뢰는 무너지고 현재의 행위에 대한 장래의 법적 효과를 예견할 수 없게되어 법적 안정성이 크게 저해된다 할 것이므로, 입법자는 법령을 개정함에 있어서 이와 같은 신뢰를 적절하게 보호하는 조치를 취함으로써 법적 안정성을 도모하여야 한다는 것이 법치주의 원리가 요청하는 바이라 할 것이다[대판(전합) 2006.11.16, 2003두12899].

## Ⅱ. 신의성실의 원칙과의 관계

### 1. 신의성실원칙의 의의와 요건

> 일반적으로 조세법률관계에서 과세관청의 행위에 대하여 신의성실의 원칙이 적용되기 위하여는 첫째, 과세관청이 납세자에게 신뢰의 대상이 되는 공적인 견해를 표명하여야 하고, 둘째, 납세자가 과세관청의 견해표명이 정당하다고 신뢰한 데 대하여 납세자에게 귀책사유가 없어야 하며, 셋째, 납세자가 그 견해표명을 신뢰하고 이에 따라 무엇인가 행위를 하여야 하고, 넷째, 과세관청이 위 견해표명에 반하는 처분을 함으로써 납세자의 이익이 침해되는 결과가 초래되어야 한다(대판 2002.11.26, 2001두9103).
>
> ※ 판례는 신뢰보호원칙과 신의성실의 원칙, 관습법의 관계에 대해 구별하지 않고 혼동하여 다루는 경향을 보인다. 국세기본법상 신의성실의 원칙은 제15조, 신뢰보호원칙과 관습법에 대해서는 제18조에서 별도로 규정하고 있고, 또한 신의성실의 원칙은 사법(私法)상의 대원칙임에 비해 신뢰보호원칙은 헌법상의 법치주의의 일 내용인 법적 안정성에서 파생되는 헌법상의 원칙임에 비추어 볼 때, 대법원의 이러한 태도는 납득하기 어렵다(私見).

### 2. 신의성실의 원칙의 의미와 그 위배를 이유로 권리행사를 부정하기 위한 요건 및 일반 행정법률관계에서 관청의 행위에 대하여 신의칙이 적용되는 경우

> 신의성실의 원칙은 법률관계의 당사자는 상대방의 이익을 배려하여 형평에 어긋나거나 신뢰를 저버리는 내용 또는 방법으로 권리를 행사하거나 의무를 이행하여서는 아니 된다는 추상적 규범을 말하는 것으로서, 신의성실의 원칙에 위배된다는 이유로 그 권리의 행사를 부정하기 위하여는 상대방에게 신의를 주었다거나 객관적으로 보아 상대방이 그러한 신의를 가짐이 정당한 상태에 이르러야 하고, 이와 같은 상대방의 신의에 반하여 권리를 행사하는 것이 정의관념에 비추어 용인될 수 없는 정도의 상태에 이르러야 하고, 일반 행정법률관계에서 관청의 행위에 대하여 신의칙이 적용되기 위해서는 합법성의 원칙을 희생하여서라도 처분의 상대방의 신뢰를 보호함이 정의의 관념에 부합하는 것으로 인정되는 특별한 사정이 있을 경우에 한하여 예외적으로 적용된다(대판 2004.7.22, 2002두11233).

## Ⅲ. 신뢰보호원칙의 적용요건

■ 행정청의 행위에 대하여 신뢰보호의 원칙이 적용되기 위한 요건 및 위 요건 중 하나인 행정청의 공적 견해표명이 있었는지 여부에 관한 판단 기준 ★ 19 서울7급

> `최신기출` 일반적으로 행정상의 법률관계에 있어서 행정청의 행위에 대하여 신뢰보호의 원칙이 적용되기 위해서는, 첫째 행정청이 개인에 대하여 신뢰의 대상이 되는 공적인 견해표명을 하여야 하고, 둘째 행정청의 견해표명이 정당하다고 신뢰한 데 대하여 그 개인에게 귀책사유가 없어야 하며, 셋째 그 개인이 그 견해표명을 신뢰하고 어떠한 행위를 하였어야 하고, 넷째 행정청이 위 견해표명에 반하는 처분을 함으로써 그 견해표명을 신뢰한 개인의 이익이 침해되는 결과가 초래되어야 하며, 마지막으로 위 견해표명에 따른 행정처분을 할 경우 이로 인하여 공익 또는 제3자의 정당한 이익을 현저히 해할 우려가 있는 경우가 아니어야 한다(대판 2006.4.28, 2005두9644).

행정청의 견해표명이 정당하다고 신뢰한 데에 대하여 그 개인에게 귀책사유가 있더라도 신뢰보호의 원칙이 적용된다. (x)
■ 19 서울7급

# 1. 행정기관의 선행조치의 존재(신뢰의 대상)

> 판례는 신뢰의 대상이 되는 공적인 견해표명에 국한하고 있다는 점에서 학설보다 인정범위가 좁다. 그러나 대법원도 명시적 표시 외에 묵시적 표시도 공적 견해표명으로 인정한다는 점에서는 같다(대판 2001.4.24, 2000두5203).

## (1) 공적 견해표명의 판단기준

### ① 원칙적으로 일정한 책임 있는 지위에 있는 공무원에 의하여 이루어져야 한다

> 과세관청의 공적인 견해표명은 원칙적으로 일정한 책임 있는 지위에 있는 세무공무원에 의하여 이루어짐을 요한다(대판 1996.1.23, 95누13746).

### ② 예외적으로 행정조직상의 형식적인 권한분장에 구애될 것은 아니고 담당자의 조직상의 지위와 임무, 당해 언동을 하게 된 구체적인 경위 및 그에 대한 상대방의 신뢰가능성에 비추어 실질에 의하여 판단하므로 행정청이 아닌 소속공무원(보조기관, 담당공무원)이 해도 무방하다

★ 21 국가7급, 21·16 지방9급, 20 국가9급, 18 서울7급, 17·14 국회8급, 14 사회복지, 14 변호사, 13·11 순경특채, 12 사회복지

<sup>최신기출</sup>
> 행정청의 공적 견해표명이 있었는지의 여부를 판단하는 데 있어 반드시 행정조직상의 형식적인 권한분장에 구애될 것은 아니고 담당자의 조직상의 지위와 임무, 당해 언동을 하게 된 구체적인 경위 및 그에 대한 상대방의 신뢰가능성에 비추어 실질에 의하여 판단하여야 한다(대판 2006.4.28, 2005두9644).

### ③ 묵시적 표시도 가능하다 ★ 17 지방7급, 13 순경특채

> 공적 견해나 의사는 명시적 또는 묵시적으로 표시되어야 하지만, 묵시적 표시가 있다고 하기 위하여는 단순한 과세누락과는 달리 과세관청이 상당기간 불과세상태에 대하여 과세하지 않겠다는 의사표시를 한 것으로 볼 수 있는 사정이 있어야 한다(대판 2001.4.24, 2000두5203).

### ④ 의사표시가 추상적인 질의에 대한 일반론적인 견해표명에 불과한 경우(대판 2001.4.24, 2000두5203)와 담당공무원이 은혜적으로 행정청의 단순한 정보제공 내지는 일반적인 법률상담 차원에서 이루어진 경우(대판 1997.9.12, 96누18380)에는 부정

### ⑤ 입증책임은 신뢰이익 주장자인 국민이 부담한다

> 신의성실의 원칙이나 소급과세금지의 원칙이 적용되기 위한 요건의 하나인 '과세관청이 납세자에게 신뢰의 대상이 되는 공적인 견해를 표명하였다'는 사실은, 납세자가 주장 입증하여야 한다고 보는 것이 상당하다(대판 1992.3.31, 91누9824).

## (2) 공적 견해표명 인정사례

1. 형식적 권한이 있는 행정청이 한 경우
   ① 국세청장이 훈련교육용역의 제공이 사업경영상담업에 해당하는 것으로 본다는 회신(대판 1994.3.22, 93누22517)
   ② 폐기물처리사업계획서 적정통보(대판 1998.5.8, 98두4061) : 폐기물처리업허가에 대한 공적 견해표명
   ③ 노태우대통령이 담화를 발표하고 이에 따라 국방부장관이 삼청교육 관련 피해자들에게 그 피해를 보상하겠다고 공고(대판 2001.7.10, 98다38364)
   ④ 구 지방세법 제288조 제2항에 정한 '기술진흥단체'인지 여부에 관한 질의에 대해 건설교통부장관과 내무부장관이 비과세 의견으로 회신한 경우(대판 2008.6.12, 2008두1115)
   ⑤ 외교부 소속 전·현직 공무원을 회원으로 하는 비영리 사단법인인 甲 법인(사단법인 한국외교협회)이 재외공무원 자녀들을 위한 기숙사 건물을 신축하면서, 甲 법인과 외무부장관이 과세관청과 내무부장관에게 취득세 등 지방세 면제 의견을 제출하자, 내무부장관이 '甲 법인이 학술연구단체와 장학단체이고 甲 법인이 직접 사용하기 위하여 취득하는 부동산이라면 취득세가 면제된다.'고 회신하였고, 이에 과세관청은 약 19년 동안 甲 법인에 대하여 기숙사 건물 등 부동산과 관련한 취득세·재산세 등을 전혀 부과하지 않았는데, 그 후 과세관청이 위 부동산이 학술연구단체가 고유업무에 직접 사용하는 부동산에 해당하지 않는다는 등의 이유로 재산세 등의 부과처분을 한 사안(대판 2019.1.17, 2018두42559)
2. 보조기관(담당자)이 한 경우
   ① 세무서 직원들이 골절치료기구의 수입판매업자에게 명시적으로 골절치료기구가 부가가치세 면제대상이라는 세무지도(대판 1990.10.10, 88누5280) : 행정지도에 대해서도 공적 견해표명 인정
   ② 구청장의 지시에 따라 그 소속직원이 적극적으로 나서서 대체 부동산 취득에 대한 취득세 면제를 제의함에 따라 그 약속을 그대로 믿고 구에 대하여 그 소유 부동산에 대한 매각의사를 결정한 경우(대판 1995.6.16, 94누12159) : 구청장은 지방세법 제4조 및 서울특별시세조례 제6조 제1항의 규정에 의하여 서울특별시세인 취득세에 대한 부과징수권을 위임받아 처리하는 과세관청의 지위에 있으므로 부동산 매매계약을 체결함에 있어 표명된 취득세 면제 약속은 과세관청의 지위에서 이루어진 것이라고 볼 여지가 충분하고, 또한 위 직원이 비록 총무과에 소속되어 있다고 하더라도 그가 한 언동은 구청장의 지시에 의한 것이므로
   ③ 동사무소 직원이 행정상 착오로 국적이탈을 사유로 주민등록을 말소한 것을 신뢰하여 만 18세가 될 때까지 별도로 국적이탈신고를 하지 않았던 사람이, 만 18세가 넘은 후 동사무소의 주민등록 직권 재등록 사실을 알고 국적이탈신고를 하자 "병역을 필하였거나 면제받았다는 증명서가 첨부되지 않았다."는 이유로 이를 반려한 처분(대판 2008.1.17, 2006두10931) : 행정청이 대외적으로 공신력 있는 주민등록표상 국적이탈을 이유로 원고의 주민등록을 말소한 행위는 원고에게 간접적으로 국적이탈이 법령에 따라 이미 처리되었다는 견해를 표명한 것
   ④ 안산시의 도시계획과장과 도시계획국장이 도시계획사업의 준공과 동시에 사업부지에 편입한 토지에 대한 완충녹지 지정을 해제함과 아울러 당초의 토지소유자들에게 환매하겠다는 약속(대판 2008.10.9, 2008두6127)
3. 실질적 신뢰가능성
   ① 무권한자인 보건사회부장관이 '의료취약지 병원설립운영자 신청공고'를 하면서 국세 및 지방세를 비과세하겠다고 발표했지만, 지방세 주무장관인 내무부장관이나 시·도지사가 도 또는 시·군에 대해 지방세 감면조례제정을 지시하여 그 조례에 대한 승인의 의사를 미리 표명한 경우(대판 1996.1.23, 95누13746)
   ② 충주시청의 토지거래계약허가 담당 공무원이 종교법인인 대순진리회의 종교회관에 대한 토지형질변경과 건축허가가 가능하다는 견해표명(대판 1997.9.12, 96누18380)
   ③ 동사무소 직원이 행정상 착오로 국적이탈을 사유로 주민등록을 말소한 것을 신뢰하여 만 18세가 될 때까지 별도로 국적이탈신고를 하지 않았던 사람이, 만 18세가 넘은 후 동사무소의 주민등록 직권 재등록 사실을 알고 국적이탈신고를 하자 "병역을 필하였거나 면제받았다는 증명서가 첨부되지 않았다."는 이유로 이를 반려한 처분(대판 2008.1.17, 2006두10931) : 행정청이 대외적으로 공신력 있는 주민등록표상 국적이탈을 이유로 원고의 주민등록을 말소한 행위는 원고에게 간접적으로 국적이탈이 법령에 따라 이미 처리되었다는 견해를 표명한 것
   ④ 안산시의 도시계획과장과 도시계획국장이 도시계획사업의 준공과 동시에 사업부지에 편입한 토지에 대한 완충녹지 지정을 해제함과 아울러 당초의 토지소유자들에게 환매하겠다는 약속(대판 2008.10.9, 2008두6127)

① 무권한자인 보건사회부장관이 '의료취약지 병원설립운영자 신청공고'를 하면서 국세 및 지방세를 비과세하겠다고 발표했지만, 지방세 주무장관인 내무부장관이나 시·도지사가 도 또는 시·군에 대하여 지방세 감면조례제정을 지시하여 그 조례에 대한 승인의 의사를 미리 표명한 경우 ★ 11 국가9급

> 보건사회부장관(현 보건복지부장관)이 '의료취약지 병원설립운영자 신청공고'를 하면서 국세 및 지방세를 비과세하겠다고 발표하였고, 그 후 내무부장관이나 시·도지사가 도 또는 시·군에 대하여 지방세 감면조례제정을 지시하여 그 조례에 대한 승인의 의사를 미리 표명하였다면, 보건사회부장관에 의하여 이루어진 위 비과세의 견해표명은 당해 과세관청의 그것과 마찬가지로 볼 여지가 충분하다고 할 것이고, 또한 납세자로서는 위와 같은 정부의 일정한 절차를 거친 공고에 대하여서는 보다 고도의 신뢰를 갖는 것이 일반적이다(대판 1996.1.23. 95누13746).

② 충주시청의 토지거래계약허가 담당공무원이 종교법인인 대순진리회의 종교회관에 대한 토지형질변경과 건축허가가 가능하다는 견해표명 ★ 13 국가9급

> 토지거래계약의 허가(인가)과정에서 이 사건 토지형질변경이 가능하다는 피고측의 견해표명은 원고의 요청에 의하여 우연히 피고의 소속 '담당공무원이 은혜적으로 행정청의 단순한 정보제공 내지는 일반적인 법률상담 차원'에서 이루어진 것이라고 보이기보다는, 이 사건 토지거래계약의 허가와 같이 그 이용목적이 토지형질변경을 거쳐 건축물을 건축하는 것인 경우 그러한 이용목적이 관계법령상 허용되는 것인지를 개별적·구체적으로 검토하여 그것이 가능할 경우에만 거래계약허가를 하여 주도록 하는 것이 당시 피고 시청의 실무처리관행이거나 내부업무처리지침이어서 그에 따라 이루어진 것으로 볼 여지가 더 많고, 나아가 위 토지거래허가신청과정에서 그 허가담당공무원으로부터 이용목적대로 토지를 이용하겠다는 각서까지 제출할 것을 요구받아 이를 제출한 원고로서는 피고측의 위와 같은 견해표명에 대하여 보다 고도의 신뢰를 갖게 되었다고 할 것이다(대판 1997.9.12. 96누18380).

③ 노태우대통령이 담화를 발표하고 이에 따라 국방부장관이 삼청교육 관련피해자들에게 그 피해를 보상하겠다고 공고

> 대통령이 담화를 발표하고 이에 따라 국방부장관이 삼청교육 관련피해자들에게 그 피해를 보상하겠다고 공고하고 피해신고까지 받은 것은, 대통령이 정부의 수반인 지위에서 피해자들인 국민에 대하여 향후 입법조치 등을 통하여 그 피해를 보상해 주겠다고 구체적 사안에 관하여 종국적으로 약속한 것으로서, 거기에 채무의 승인이나 시효이익의 포기와 같은 사법상의 효과는 없더라도, 그 상대방은 약속이 이행될 것에 대한 강한 신뢰를 가지게 되고, 이러한 신뢰는 단순한 사실상의 기대를 넘어 법적으로 보호받아야 할 이익이라고 보아야 하므로, 국가로서는 정당한 이유 없이 이 신뢰를 깨뜨려서는 아니 되는바, 국가가 그 약속을 어기고 후속조치를 취하지 아니함으로써 위 담화 및 피해신고 공고에 따라 피해신고를 마친 피해자의 신뢰를 깨뜨린 경우, 그 신뢰의 상실에 따르는 손해를 배상할 의무가 있고, 이러한 손해에는 정신적 손해도 포함된다(대판 2001.7.10. 98다38364).

④ 동사무소 직원이 행정상 착오로 국적이탈을 사유로 주민등록을 말소한 것을 신뢰하여 만 18세가 될 때까지 별도로 국적이탈신고를 하지 않았던 사람이, 만 18세가 넘은 후 동사무소의 주민등록 직권 재등록 사실을 알고 국적이탈신고를 하자 '병역을 필하였거나 면제받았다는 증명서가 첨부되지 않았다'는 이유로 이를 반려한 처분

> 행정청이 대외적으로 공신력 있는 주민등록표상 국적이탈을 이유로 원고의 주민등록을 말소한 행위는 원고에게 간접적으로 국적이탈이 법령에 따라 이미 처리되었다는 견해를 표명한 것이라고 보아야 하고, 나아가 행정청의 주민등록말소는 주민등록표등·초본에 공시되어 대내·외적으로 행정행위의 적법한 존재를 추단하는 중요한 근거가 되는 점에 비추어 원고가 위와 같은 주민등록말소를 통하여 자신의 국적이탈이 적법하게 처리된 것으로 신뢰한 것에 대하여 귀책사유가 있다고 할 수 없는바, 따라서 원고는 위와 같은 신뢰를 바탕으로 만 18세가 되기까지 별도로 국적이탈신고 절차를 취하지 아니하였던 것이므로, 피고가 원고의 이러한 신뢰에 반하여 원고의 국적이탈신고를 반려한 이 사건 처분은 신뢰보호의 원칙에 반하여 원고가 만 18세 이전에 국적이탈신고를 할 수 있었던 기회를 박탈한 것으로서 위법하다(대판 2008.1.17. 2006두10931).

⑤ 안산시의 도시계획과장과 도시계획국장이 도시계획사업의 준공과 동시에 사업부지에 편입한 토지에 대한 완충녹지 지정을 해제함과 아울러 당초의 토지소유자들에게 환매하겠다는 약속 ★ 11 국회8급

> 다음의 사정, 즉 비록 도시관리계획의 입안권자인 피고가 직접 이 사건 사업이 준공되면 이 사건 토지에 대한 완충녹지의 지정을 해제하여 주겠다는 취지의 약속을 한 것은 아니지만, 이 사건 약속이 피고를 위원장으로 하여 구성되는 보상심의위원회에서 이 사건 사업을 담당하는 실무부서의 최고 책임자인 안산시 도시계획국장 또는 도시계획과장에 의하여 이루어졌고, 보상심의위원회 자료가 사전에 준비, 배포된 것에 비추어 볼 때 위 도시계획국장 또는 도시계획과장이 피고의 의사와는 전혀 무관하게 아무런 사전검토 없이 단지 개인적인 견해에 따라 이 사건 약속을 하게 된 것이라고 보기는 어려우므로, 이 사건 약속은 실질적으로 피고가 한 것으로 봄이 상당한 점, ⓒ 이 사건 약속은 완충녹지 용도로 편입되는 토지가 반드시 필요한 것이 아니어서 이 사건 사업의 준공과 동시에 완충녹지를 해제함과 아울러 당초의 토지소유자들에게 환매함으로써 해당 토지의 이용을 원하는 토지소유자에게 절대 피해가 없도록 하겠다는 것으로서 명확히 이 사건 토지에 대한 완충녹지 지정의 해제를 그 내용으로 하고 있고, 적어도 위 완충녹지의 지정을 해제하는 내용의 도시관리계획의 입안은 피고의 권한에 속하는 점, ⓒ 보상심의위원회의 개최를 전후하여 원고를 비롯한 토지소유자들이 이 사건 사업이 완료되면 이 사건 토지에 대한 완충녹지의 지정을 해제하여 그 환매를 요구한 것으로 보일 뿐만 아니라, 1999.9.20. 보상심의위원회에서 이 사건 약속이 있은 후, 1999.11. 13. 이 사건 토지에 관하여 안산시 앞으로 소유권이전등기가 경료되었고, 같은달 17. 원고가 이 사건 토지에 대한 보상금을 수령한 점 등을 종합하여 보면, 원고는 이 사건 약속을 신뢰한 나머지 이 사건 사업이 완료되면 이 사건 토지에 대한 완충녹지 지정이 해제되어 이 사건 토지를 환매할 수 있을 것이라 믿고 이 사건 토지를 협의매매하기에 이르렀다고 봄이 상당하고, 달리 원고가 이 사건 약속을 신뢰한 데 대하여 어떠한 귀책사유가 있다고 볼 자료는 기록상 찾아볼 수 없으므로, 특별한 사정이 없는 한 원고가 갖게 된 이와 같은 고도의 신뢰는 보호되어야 할 것이다(대판 2008.10.9, 2008두6127).

⑥ 외교부 소속 전·현직 공무원을 회원으로 하는 비영리 사단법인인 甲 법인이 재외공무원 자녀들을 위한 기숙사 건물을 신축하면서, 甲 법인과 외무부장관이 과세관청과 내무부장관에게 취득세 등 지방세 면제 의견을 제출하자, 내무부장관이 '甲 법인이 학술연구단체와 장학단체이고 甲 법인이 직접 사용하기 위하여 취득하는 부동산이라면 취득세가 면제된다.'고 회신하였고, 이에 과세관청은 약 19년 동안 甲 법인에 대하여 기숙사 건물 등 부동산과 관련한 취득세·재산세 등을 전혀 부과하지 않았는데, 그 후 과세관청이 위 부동산이 학술연구단체가 고유업무에 직접 사용하는 부동산에 해당하지 않는다는 등의 이유로 재산세 등의 부과처분을 한 사안에서, 위 처분은 신의성실의 원칙에 반하는 것으로서 위법하다고 본 원심판단을 수긍한 사례

`최신판례` > 과세관청과 내무부장관이 甲 법인에 '甲 법인이 재산세 등이 면제되는 학술연구단체·장학단체에 해당하고, 위 부동산이 甲 법인이 고유업무에 직접 사용하는 부동산에 해당하여 재산세 등이 과세되지 아니한다.'는 공적 견해를 명시적 또는 묵시적으로 표명하였으며, 甲 법인은 고유업무에 사용하는 부동산에 대하여는 재산세 등이 면제된다는 과세관청과 내무부장관 등의 공적인 견해표명을 신뢰하여 위 부동산을 취득하여 사용해 왔고, 甲 법인이 위 견해표명을 신뢰한 데에 어떠한 귀책사유가 있다고 볼 수 없으므로, 위 처분은 신의성실의 원칙에 반하는 것으로서 위법하다고 본 원심판단을 수긍한 사례(대판 2019.1.17. 2018두42559).

### (3) 공적 견해표명 부정사례

1. 일반론적 견해표명인 경우
   ① 콘도미니엄의 시설관리료 수입의 실질을 파악할 수 있는 내용을 사실에 따라 구체적으로 밝히지 아니하고 단지 추상적으로 분양목적인 '콘도미니엄' 자산의 관리와 부대시설 및 서비스 제공에 대한 대가로 지급받는 일정한 관리기간의 시설관리료 수납액이라고 표시하여 질의한 데 대한 국세청장의 "콘도미니엄 시설관리료는 그 관리기간에 따라 안분계산한 금액만을 각 사업연도별 귀속수입으로 계상하여야 한다."는 취지의 회신(대판 1992.1.21, 91누254)

② 건설교통부장관의 기초자치단체 도시기본계획승인과 건축제한의 해제(대판 1997.9.26, 96누10096) : 기초자치단체의 특정지구가 도시계획구역 또는 어떤 지역·지구·구역으로 지정되거나 어떤 도시계획시설로 지정됨으로써 어떠한 행위제한이 가해질지 여부는 광역자치단체장과 기초자치단체장의 도시계획(변경)결정·고시 및 지적승인·고시에 의하여 비로소 확정

③ 재정경제부가 1998.6.9. 신문 등 언론매체를 통해 '법인이 구조조정을 위해 1999.12.31. 이전에 부동산을 매각하는 경우 그 부동산을 비업무용 부동산에서 제외하는 것으로 「법인세법 시행규칙」을 개정하여 법제처의 심의를 거쳐 6월 말경 공포·시행할 예정'이라고 발표한 경우(대판 2002.11.26, 2001두9103) : 시행규칙을 시기적으로 반드시 6월 말경까지 공포·시행하겠다는 내용의 공적 견해를 표명한 것으로 보기 어렵고, 부동산의 양도 이전에 위 시행규칙의 관계규정이 실제 공포·시행되고 있는지 여부를 확인하지 않은 데 귀책사유가 있다.

④ 병무청 담당부서의 담당 공무원에게 공적 견해의 표명을 구하는 정식의 서면질의 등을 하지 아니한 채 총무과 민원팀장에 불과한 공무원이 민원봉사차원에서 상담에 응하여 안내한 것을 신뢰한 경우(대판 2003.12.26, 2003두1875)

⑤ 행정청이 지구단위계획을 수립하면서 그 권장용도를 판매·위락·숙박시설로 결정하여 고시한 행위(대판 2005.11.25, 2004두6822·6839·6846) : 당해 지구 내에서는 공익과 무관하게 언제든지 숙박시설에 대한 건축허가가 가능하리라는 공적 견해를 표명한 것이라고 평가할 수는 없다.

⑥ 해양수산부장관 및 충청남도지사가 "충청남도로 하여금 어업인들이 키조개자원을 한시적으로 이용할 수 있는 방안을 검토토록 하였다."거나 "어업여건 및 자원변동 등을 고려하여 재조정하여야 할 필요성이 있다고 판단되어 충청남도에서는 잠수기어업의 허가정수를 재조정하여 줄 것을 중앙에 건의할 계획에 있다."라고 한 회신(대판 2006.2.24, 2004두13592)

⑦ 지상에 예식장, 대형할인매장 및 자율식당을 건축하는 것이 관계 법령상 가능한지 여부를 질의하는 민원예비심사를 의뢰하여 피고로부터 그 결과를 통보받았는데, 그 통보서에 첨부된 관련부서 협의결과에 따르면 지적민원과 의견으로 「개발이익환수에 관한 법률」에 '저촉사항 없음'이라고 기재한 경우 동법상 개발부담금 부과대상이 아니라는 공적 견해표명이 아님(대판 2006.6.9, 2004두46) : 민원예비심사 결과 통보는 원고가 피고에게 이 사건 개발사업에 대한 개발부담금 부과 여부에 대하여 특정하여 질의를 하고 이에 대해 피고가 개발부담금 부과대상이 아니라는 취지를 명시적으로 밝힌 것이 아닌 점, 위 통보서에는 참고사항으로 "본 예비심사는 현행 법령과 관련부서 협의결과에 의한 것으로 차후 관계 법령과 조례제정, 사업계획의 구체화 등으로 인하여 변동될 수 있다."고 기재되어 있는 점

⑧ 입법예고를 통해 법령안의 내용을 국민에게 예고한 것(대판 2018.6.15, 2017다249769)

⑨ 甲 주식회사가 교육환경보호구역에 해당하는 사업부지에 콘도미니엄을 신축하기 위하여 교육환경평가승인신청을 한 데 대하여, 관할 교육지원청 교육장이 甲 회사에 '관광진흥법 제3조 제1항 제2호 (나)목에 따른 휴양 콘도미니엄업이 「교육환경 보호에 관한 법률」에 따른 금지행위 및 시설로 규정되어 있지는 않으나 성매매 등에 대한 우려를 제기하는 민원에 대한 구체적인 예방대책을 제시하시기 바람'이라고 기재된 보완요청서를 보낸 후 교육감으로부터 '콘도미니엄업에 관하여 교육환경보호구역에서 금지되는 행위 및 시설에 관한 「교육환경 보호에 관한 법률」 제9조 제27호를 적용하라'는 취지의 행정지침을 통보받고 甲 회사에 교육환경평가승인신청을 반려하는 처분을 한 사안(대판 2020.4.29, 2019두52799)

2. 조세관련

① 지방해운항만청장이 도세인 지역개발세의 과세관청이나 그 상급관청과 아무런 상의 없이 이를 면제한다는 취지의 공적인 견해를 표명(대판 1997.11.28, 96누11495)

② 과세관청이 납세의무자에게 면세사업자등록증을 교부하고 수년 간 면세사업자로서 한 부가가치세 예정신고 및 확정신고를 받은 행위(대판 2002.9.4, 2001두9370) : 부가가치세법상의 사업자등록은 과세관청으로 하여금 부가가치세의 납세의무자를 파악하고 그 과세자료를 확보케 하려는 데 입법 취지가 있는 것으로서, 이는 단순한 사업사실의 신고로서 사업자가 소관 세무서장에게 소정의 사업자등록신청서를 제출함으로써 성립되는 것이고, 사업자등록증의 교부는 이와 같은 등록사실을 증명하는 증서의 교부행위에 불과

3. 착오로 인한 경우

① 과세관청이 공한지에 대하여 중과세율을 적용하지 아니하고 그 지상의 무허가건물에 대해 재산세를 부과징수(대판 1990.6.26, 89누862) : 그 토지가 공한지에 해당하지 않는다는 공적인 견해표명을 하였다고 볼 수 없다.

② 실제의 공원구역(화랑공원)과 다르게 경계측량 및 표지를 설치한 십수 년 후 착오를 발견하여 지형도를 수정한 조치(대판 1992.10.13, 92누2325) : 경주시장이 한때 실제의 공원구역과 다르게 경계측량 및 표지를 설치함으로 인하여

원고들이 그 잘못된 경계를 믿고 행정청으로부터 초지조성허가를 받아 초지를 조성하고 축사를 신축하여 그러한 상태가 십수 년이 경과하였다 하여도, 이 사건 토지가 당초 화랑공원구역 안에 있는 것으로 적법하게 지정·공고된 이상 여전히 이 사건 토지는 그 공원구역 안에 있는 것이고, 따라서 그 후 위와 같은 착오를 발견한 피고가 이 사건 토지는 그 공원구역 안에 있는 것으로 지형도를 수정한 조치를 가리켜 신뢰보호의 원칙에 위배된다거나 행정의 자기구속의 법리에 반하는 것이라고도 할 수 없다.

③ 단순히 착오로 어떠한 처분(도로점용료 부과처분)을 계속한 경우(대판 1993.6.11, 92누14021) : 처분청이 그 사항에 관해 다른 내용의 처분을 할 수 있음을 알면서도 어떤 특별한 사정 때문에 그러한 처분을 하지 않는다는 의사가 있고 이와 같은 의사가 명시적 또는 묵시적으로 표시되어야 한다 할 것이므로, 단순히 착오로 어떠한 처분을 계속한 경우는 이에 해당되지 않는다.

④ 토지의 양도로 인한 소득이 사업소득에 해당하는 사실을 알지 못하고 양도소득세 등 부과처분을 한 경우 종합소득세를 부과하지 않겠다는 견해를 표명한 것이 아님(대판 2001.4.24, 99두5412).

⑤ 지방병무청장이 일본에서 거주하는 자로 잘못 알고 징병검사를 연기한 것이고, 사정이 비슷한 형들에 대해 제2국민역 처분을 한 경우(대판 2001.11.9, 2001두7251) : 동생에 대한 병역의무가 면제된다는 공적 견해를 표명한 것이 아님.

⑥ 등록세 중과 대상인 부동산등기에 대해 담당 공무원으로부터 통상의 세율을 적용한 등록세 고지서를 교부받은 사유(대판 2005.8.19, 2004두7634) : 과세관청이 위 부동산등기에 대하여 등록세를 중과하지 않겠다는 공적인 견해표명을 한 것으로 볼 수 없다.

⑦ 납세의무자에게 징수유예된 체납세금이 있음에도, 국가 산하 세무서장이 납세의무자에게 '징수유예 또는 체납처분 유예의 내역'란을 공란으로 한 납세증명서를 발급하였고, 납세의무자는 그 납세증명서를 금융기관에 제출하여 금융기관이 납세의무자 소유의 부동산들에 근저당권을 설정하고 납세의무자에게 대출을 하였는데, 이후 금융기관의 신청에 의하여 개시된 위 부동산들에 대한 임의경매절차에서 국가가 위 징수유예된 체납세금에 대한 교부청구를 한 사안(대판 2006.5.26, 2003다18401)

⑧ 국가나 국가로부터 국유재산의 관리·처분에 관한 사무를 위탁받은 자가 국유재산의 무단 점유·사용을 장기간 방치한 후에 한 변상금부과처분(대판 2008.5.15, 2005두11463)

⑨ 행정청이 적법한 대표권이 없는 종중의 대표자를 당사자로 하여 소송을 수행한 경우, 그 종중의 대표자에게 적법한 대표권이 있는지 여부에 관한 공적 견해표명이 아님(대판 2010.5.27, 2010두2609).

4. 폐기물처리사업계획 적정통보 관련
   ① 폐기물처리업사업계획 적정통보(조건부 통지임)에 '토지형질변경허가' 취지는 불포함(대판 1998.9.25, 98두6494) : 일반적으로 폐기물처리업사업계획에 대한 적정통보에 당해 토지에 대한 형질변경허가신청을 허가하는 취지의 공적 견해표명이 있는 것으로는 볼 수 없다고 할 것이고, 더구나 토지의 지목변경 등을 조건으로 그 토지상의 폐기물처리업 사업계획에 대한 적정통보를 한 경우에는 위 조건부적정통보에 토지에 대한 형질변경허가의 공적 견해표명이 포함되어 있었다고 볼 수 없다.
   ② 폐기물처리업 사업계획에 대해 적정통보를 한 것만으로 그 사업부지 토지에 대한 '국토이용계획변경신청을 승인'해 주겠다는 취지의 공적인 견해표명을 한 것으로 볼 수 없다(대판 2005.4.28, 2004두8828) : 폐기물관리법령에 의한 폐기물처리업 사업계획에 대한 적정통보와 국토이용관리법령에 의한 국토이용계획변경은 각기 그 제도적 취지와 결정단계에서 고려해야 할 사항들이 다르기 때문

5. 계획보장청구권 관련
   ① 당초 정구장 시설을 설치한다는 도시계획결정을 했다가 정구장 대신 청소년 수련시설을 설치한다는 도시계획 변경결정 및 지적승인을 한 경우(대판 2000.11.10, 2000두727) : 당초의 도시계획결정만으로는 도시계획사업의 시행자 지정을 받게 된다는 공적인 견해를 표명하였다고 할 수 없다.
   ② 행정청이 용도지역을 자연녹지지역으로 지정결정했다가 그보다 규제가 엄한 보전녹지지역으로 지정결정하는 내용으로 도시계획을 변경한 경우(대판 2005.3.10, 2002두5474) : 용도지역을 종래와 같이 자연녹지지역으로 유지하거나 보전녹지지역으로 변경하지 않겠다는 취지의 공적인 견해를 한 것이라고 볼 수 없다.

6. 권한의 주체가 다른 경우
   ① 경주시장의 종합의료시설의 도시계획사업 시행자지정 및 실시계획인가처분을 한 경우 고분발굴허가를 받을 수 있다는 공적 견해표명이 아니다(대판 2000.10.27, 99두264) : 고분의 발굴을 허가할 수 있는 처분청은 문화체육부장관의

위임을 받은 피고(문화재국장)이고 위 처분 및 종합의료시설에 관한 건축허가의 처분청은 경주시장이어서 그 주체가 다르고 그 처분의 목적도 달리하므로

② 관광숙박업사업계획 승인 시 부대시설에 대한 사업계획을 포함하여 승인한 경우(대판 1992.12.8, 92누13813) : 부대시설의 영업에 대하여는 관계 법령이 정하는 바에 따라 그 허가조건을 갖추어 각 소관 행정청으로부터 별도의 영업허가를 받아야

7. 행정청이 환지확정되기 이전의 종전토지에 대해 건축허가를 한 바 있지만 원고가 소유권을 취득하기 이전의 종전토지를 대상으로 한 경우(대판 1992.5.26, 91누10091) : 원고가 소유권을 취득하기 이전의 종전토지를 대상으로 하여 한 것이므로 이것이 원고에 대하여 환지확정된 대지의 건축허가에 관한 공적인 견해표명을 한 것이라고 할 수 없다.

8. 국회에서 법률안을 심의하거나 의결한 사정(대판 2008.5.29, 2004다33469) : 법률로 확정되지 아니한 이상 국가가 이해관계자들에게 위 법률안에 관련된 사항을 약속하였다고 볼 수 없으며, 이러한 사정만으로 어떠한 신뢰를 부여하였다고 볼 수도 없다.

9. 헌법재판소의 위헌결정(대판 2003.6.27, 2002두6965) : 행정청이 개인에 대하여 신뢰의 대상이 되는 공적인 견해를 표명한 것이라고 할 수 없으므로

10. "「관광숙박시설지원 등에 관한 특별법」의 유효기간까지 관광호텔업 사업계획 승인신청을 한 경우에는 그 유효기간이 경과한 이후에도 특별법을 적용할 수 있다."는 내용의 문화관광부장관의 지방자치단체장에 대한 회신내용을 담당 공무원이 알려주었다는 사정(대판 2006.4.28, 2005두6539) : 문화관광부장관이 피고에게 한 것이어서 이를 원고에 대한 공적인 견해표명으로 보기 어렵고, 회신이 있기 전에 담당 공무원 자신의 추측을 이야기한 것에 불과하고, 원고가 증축부지에 대한 건축특례지역 고시 이후 2년여 동안 별다른 사업추진을 하지 않고 있다가 특별법의 실효가 임박한 시점에 이르러 뒤늦게 이 사건 승인신청을 하는 등 시간을 지연했던 점에 귀책사유

11. 甲 주식회사가 교육환경보호구역에 해당하는 사업부지에 콘도미니엄을 신축하기 위하여 교육환경평가승인신청을 한 데 대하여, 관할 교육지원청 교육장이 甲 회사에 '관광진흥법 제3조 제1항 제2호 (나)목에 따른 휴양 콘도미니엄업이 교육환경 보호에 관한 법률에 따른 금지행위 및 시설로 규정되어 있지는 않으나 성매매 등에 대한 우려를 제기하는 민원에 대한 구체적인 예방대책을 제시하시기 바람'이라고 기재된 보완요청서를 보낸 후 교육감으로부터 '콘도미니엄업에 관하여 교육환경보호구역에서 금지되는 행위 및 시설에 관한 「교육환경 보호에 관한 법률」 제9조 제27호를 적용하라'는 취지의 행정지침을 통보받고 甲 회사에 교육환경평가승인신청을 반려하는 처분을 한 사안(대판 2020.4.29, 2019두52799)

---

### ① 실제의 공원구역(화랑공원)과 다르게 경계측량 및 표지를 설치한 십수 년 후 착오를 발견하여 지형도를 수정한 조치 ★ 15 사회복지

> 경주시장이 한때 실제의 공원구역과 다르게 경계측량 및 표지를 설치함으로 인하여 원고들이 그 잘못된 경계를 믿고 행정청으로부터 초지조성허가를 받아 초지를 조성하고 축사를 신축하여 그러한 상태가 십수년이 경과하였다 하여도, 이 사건 토지가 당초 화랑공원구역 안에 있는 것으로 적법하게 지정·공고된 이상 여전히 이 사건 토지는 그 공원구역 안에 있는 것이고, 따라서 그 후 위와 같은 착오를 발견한 피고가 이 사건 토지는 그 공원구역 안에 있는 것으로 지형도를 수정한 조치를 가리켜 신뢰보호의 원칙에 위배된다거나 행정의 자기구속의 법리에 반하는 것이라고도 할 수 없다(대판 1992.10.13, 92누2325).

### ② 지방해운항만청장이 도세인 지역개발세의 과세관청이나 그 상급관청과 아무런 상의 없이 이를 면제한다는 취지의 공적인 견해를 표명

> 국가기관인 울산지방해운항만청장이 도세인 지역개발세의 과세관청이나 그 상급관청과 아무런 상의 없이 이를 면제한다는 취지의 공적인 견해를 표명하였다고 하더라도, 이로써 지역개발세 면제에 관한 과세관청의 견해표명이 있었다거나 그와 마찬가지로 볼 수는 없다(대판 1997.11.28, 96누11495).

### ③ 폐기물처리업 사업계획에 대한 적정통보에 당해 토지에 대한 형질변경허가신청을 허가하는 취지의 공적 견해표명은 불포함 ★ 21 국가9급, 12 지방7급

일반적으로 폐기물처리업 사업계획에 대한 적정통보에 당해 토지에 대한 형질변경허가신청을 허가하는 취지의 공적 견해표명이 있는 것으로는 볼 수 없다고 할 것이고, 더구나 토지의 지목변경 등을 조건으로 그 토지상의 폐기물처리업 사업계획에 대한 적정통보를 한 경우에는 위 조건부 적정통보에 토지에 대한 형질변경허가의 공적 견해표명이 포함되어 있었다고 볼 수 없다(대판 1998.9.25, 98두6494).

### ④ 경주시장의 종합의료시설의 도시계획사업 시행자 지정 및 실시계획인가처분

경주시장이 원고에 대하여 종합의료시설의 도시계획사업 시행자 지정 및 실시계획인가처분을 함에 있어 "부지 정지시 매장문화재가 발견될 때에는 문화재보호법에 따라 조치하여야 한다."는 조건을 부관으로 부가한 바 있음을 알 수 있으며, 이 사건 고분의 발굴을 허가할 수 있는 처분청은 문화체육부장관의 위임을 받은 피고이고 위 처분 및 종합의료시설에 관한 건축허가의 처분청은 경주시장이어서 그 주체가 다르고 그 처분의 목적도 달리 하므로, 위 경주시장이 관련부서의 내부적 검토를 거쳐 위 각 처분을 하였다는 사정만으로는 피고가 원고에 대하여 이 사건 발굴허가를 받을 수 있다는 공적인 견해표명을 하였다거나 원고로 하여금 그러한 신뢰를 갖게 하였다고 볼 수는 없는 것이다(대판 2000.10.27, 99두264).

### ⑤ 당초 정구장시설을 설치한다는 도시계획결정을 하였다가 정구장 대신 청소년수련시설을 설치한다는 도시계획 변경결정 및 지적승인을 한 경우 ★ 21 변호사, 19 국가7급, 12 지방7급

피고가 원고 소유의 대구 북구 산격동 산 2의 1 임야 27,488㎡ 중 5,700㎡에 정구장시설을 설치한다는 등 내용의 도시계획결정을 하자, 원고가 위 도시계획결정에 따른 도시계획사업의 시행으로 지정받을 것을 예상하고 정구장 설계비용 등을 지출하였다 하더라도 피고의 위와 같은 도시계획결정만으로는 피고가 원고에게 그 도시계획사업의 시행자 지정을 받게 된다는 등 내용의 공적인 견해를 표명하였다고 할 수 없으므로, 피고가 위 임야 5,700㎡를 포함한 판시 임야 9,250㎡에 정구장 대신 청소년수련시설을 설치한다는 등 내용의 도시계획 변경결정 및 지적승인을 한 것이 원고의 신뢰이익을 침해한 것으로 볼 수 없다(대판 2000.11.10, 2000두727).

당초 폐기물처리시설을 설치한다는 도시관리계획결정 및 지형도면 고시를 하였다가 폐기물처리시설 대신 광장을 설치한다는 도시관리계획 변경결정 및 지형도면 고시를 한 경우 당초 도시관리계획결정은 도시계획시설사업의 시행자 지정을 받게 된다는 공적인 견해를 표명한 것으로 볼 수 있으므로, 그 후의 도시관리계획 변경결정 및 지형도면 고시는 당초의 도시계획시설사업의 시행자로 지정받을 것을 예상하고 폐기물처리시설의 설계비용 등을 지출한 자의 신뢰이익을 침해한다. (×) ■ 21 변호사

### ⑥ 사정이 비슷한 원고의 형들에 대하여 제2국민역 처분을 한 경우(일본국 영주권 취득자에 대하여 징병검사 연기 및 국외여행허가를 해오다가 그 허가대상자에 해당하지 않는다는 이유로 징병검사 연기 및 국외여행허가를 취소한 사건)

피고가 그 동안 원고에 대한 징병검사를 연기해 왔던 이유는 피고가 원고를 일본에서 거주하는 자로 잘못 알고 연기해 왔던 것임을 알 수 있고, 비록 피고가 사정이 비슷한 원고의 형들에 대하여 제2국민역 처분을 하였다고 하더라도 이는 원고에 대한 처분이 아니므로 이러한 피고의 처분을 들어 피고가 원고의 병역의무가 면제된다는 공적 견해를 표명한 것이라고 할 수 없는바, 피고가 그와 같은 공적 견해를 표명하였다고 할 수 없는 이상 원고가 주장하는 바와 같은 여러 사정이 있다는 점만으로 이 사건 처분이 신뢰보호의 원칙에 반하는 행위로서 위법하다고 할 수 없다고 할 것이다(대판 2001.11.9, 2001두7251).

⑦ 과세관청이 납세의무자에게 부가가치세 면세사업자용 사업자등록증을 교부하거나 고유번호를 부여한 행위는 부가가치세를 과세하지 아니함을 시사하는 언동이나 공적인 견해표명이 아니다 ★ 17 지방7급

> 부가가치세법상의 사업자등록은 과세관청이 부가가치세의 납세의무자를 파악하고 그 과세자료를 확보하는 데 입법 취지가 있고, 이는 단순한 사업사실의 신고로서 사업자가 소관 세무서장에게 소정의 사업자등록신청서를 제출함으로써 성립하며, 사업자등록증의 교부는 이와 같은 등록사실을 증명하는 증서의 교부행위에 불과한 것으로 과세관청이 납세의무자에게 부가가치세 면세사업자용 사업자등록증을 교부하였다고 하더라도 그가 영위하는 사업에 관하여 부가가치세를 과세하지 아니함을 시사하는 언동이나 공적인 견해를 표명한 것으로 볼 수 없으며, 구 「부가가치세법 시행령」 제8조 제2항에 정한 고유번호의 부여도 과세자료를 효율적으로 처리하기 위한 것에 불과한 것이므로 과세관청이 납세의무자에게 고유번호를 부여한 경우에도 마찬가지이다(대판 2008.6.12, 2007두23255).

⑧ 재정경제부가 보도자료를 통해 「법인세법 시행규칙」을 개정하여 법제처의 심의를 거쳐 6월 말경 공포·시행할 예정이라고 밝힌 것

> 재정경제부(현 기획재정부)가 보도자료를 통해 「법인세법 시행규칙」을 개정하여 법제처의 심의를 거쳐 6월 말경 공포·시행할 예정이라고 밝힌 것만으로 위 시행규칙을 시기적으로 반드시 6월 말경까지 공포·시행하겠다는 내용의 공적 견해를 표명한 것으로 보기 어렵고, 부동산의 양도 이전에 위 시행규칙의 관계 규정이 실제 공포·시행되고 있는지 여부를 확인하지 않은 데 귀책사유가 있다(대판 2002.11.26, 2001두9103).

⑨ **헌법재판소의 위헌결정** ★ 19 지방9급, 14 국회8급, 13·11·10 순경특채

`최신기출` 헌법재판소의 위헌결정은 행정청이 개인에 대하여 신뢰의 대상이 되는 공적인 견해를 표명한 것이라고 할 수 없으므로 그 결정에 관련한 개인의 행위에 대하여는 신뢰보호의 원칙이 적용되지 아니한다(대판 2003.6.27, 2002두6965).

⑩ 병무청 담당부서의 담당공무원에게 공적 견해의 표명을 구하는 정식의 서면질의 등을 하지 아니한 채 총무과 민원팀장에 불과한 공무원이 민원봉사차원에서 상담에 응하여 안내한 것을 신뢰한 경우

★ 22·13 국가9급, 18 서울7급, 18 지방9급, 16 국가7급, 12 국회9급, 10 순경특채

`최신기출` 병무청 담당부서의 담당공무원에게 공적 견해의 표명을 구하는 정식의 서면질의 등을 하지 아니한 채 총무과 민원팀장에 불과한 공무원이 민원봉사차원에서 상담에 응하여 안내한 것을 신뢰한 경우, 신뢰보호원칙이 적용되지 아니한다(대판 2003.12.26, 2003두1875).

> 병무청 담당부서의 담당공무원에게 공적 견해의 표명을 구하지 아니한 채 민원봉사 담당공무원이 상담에 응하여 안내한 것을 신뢰한 경우에도 신뢰보호의 원칙이 적용된다. (x) ■ 22 국가9급

⑪ 폐기물처리업 사업계획에 대한 적정통보에 국토이용계획변경신청을 승인하여 주겠다는 취지의 공적인 견해표명을 한 것으로 볼 수 없다 ★ 21 서울7급, 20·11 국가9급, 19 지방9급, 18 서울7급, 5·14 변호사, 12 사회복지

최신기출
폐기물관리법령에 의한 폐기물처리업 사업계획에 대한 적정통보와 국토이용관리법령에 의한 국토이용계획변경은 각기 그 제도적 취지와 결정단계에서 고려해야 할 사항들이 다르므로, 피고가 위와 같이 폐기물처리업 사업계획에 대하여 적정통보를 한 것만으로 그 사업부지 토지에 대한 국토이용계획변경신청을 승인하여 주겠다는 취지의 공적인 견해표명을 한 것으로 볼 수 없고, 그럼에도 불구하고 원고가 그 승인을 받을 것으로 신뢰하였다면 원고에게 귀책사유가 있다 할 것이므로, 이 사건 처분이 신뢰보호의 원칙에 위배된다고 할 수 없다(대판 2005.4.28, 2004두8828).

폐기물처리업 사업계획에 대하여 적정통보를 하였다면, 이것은 당해 사업을 위해 필요한 그 사업부지 토지에 대하여 국토이용계획변경신청을 승인하여 주겠다는 취지의 공적인 견해표명을 한 것으로 볼 수 있다. (×) ■ 18 서울7급
폐기물관리법령상 폐기물처리업 사업계획에 대한 적정통보를 한 것만으로도 그 사업부지 토지에 대한 국토이용계획변경신청을 승인하여 주겠다는 공적인 견해 표명을 한 것이므로 사업계획에 대한 적정통보에 반하는 국토이용계획변경신청 승인거부는 신뢰보호원칙에 반한다. (×) ■ 21 서울7급

⑫ 행정청이 지구단위계획을 수립하면서 그 권장용도를 판매·위락·숙박시설로 결정하여 고시한 행위를 당해 지구 내에서는 공익과 무관하게 언제든지 숙박시설에 대한 건축허가가 가능하리라는 공적 견해를 표명한 것이라고 평가할 수는 없다 ★ 21 국회8급, 17 지방7급

최신기출
피고가 위와 같은 계획을 수립하여 고시하고 관련도서를 비치하여 열람하게 한 행위로서 표명한 공적 견해는 숙박시설의 건축허가를 불허하여야 할 중대한 공익상의 필요가 없음을 전제로 숙박시설 건축허가도 가능하다는 것이지, 이를 H지구 내에서는 공익과 무관하게 언제든지 숙박시설에 대한 건축허가가 가능하리라는 취지의 공적 견해를 표명한 것이라고 평가할 수는 없을 것이고, 만일 원고들이 위 고시를 보고 H지구 내에서는 숙박시설 건축허가를 받아 줄 것으로 신뢰하였다면 원고들의 그러한 신뢰에 과실이 있다고 하지 않을 수 없다(대판 2005.11.25, 2004두6822·6839·6846).

⑬ 「관광 숙박시설 지원 등에 관한 특별법」의 유효기간까지 관광호텔업 사업계획 승인신청을 한 경우에는 그 유효기간이 경과한 이후에도 특별법을 적용할 수 있다는 내용의 문화관광부장관의 지방자치단체장에 대한 회신내용을 담당공무원이 알려주었다는 사정 ★ 11 순경특채

「관광 숙박시설 지원 등에 관한 특별법」의 유효기간인 2002.12.31. 이전까지 사업계획승인 신청을 한 경우에는 유효기간이 경과한 이후에도 특별법을 적용할 수 있다는 내용의 2002.11.13.자 회신은 문화관광부장관이 피고에게 한 것이어서 이를 원고에 대한 공적인 견해표명으로 보기 어렵고, 위 회신에 앞서 피고의 담당공무원이 원고에게 위와 같은 내용의 회신이 있을 것으로 예상되니 신청을 다소 늦게 하더라도 무방하다고 말했다고 하더라도 이는 위 회신이 있기 전에 담당공무원 자신의 추측을 이야기한 것에 불과하여 이 또한 피고의 공적인 견해표명으로 보기 어렵다(대판 2006.4.28, 2005두6539).

⑭ 「개발이익환수에 관한 법률」에 정한 개발사업을 시행하기 전에 행정청이 민원예비심사에 대하여 관련부서 의견으로 '저촉사항 없음'이라고 기재 ★ 21 국가7급, 10 국가9급

`최신기출`
원고가 이 사건 개발사업 시행 전에 피고에게 이 사건 토지 지상에 예식장, 대형할인매장 및 자율식당을 건축하는 것이 관계법령상 가능한지 여부를 질의하는 민원예비심사를 의뢰하여 피고로부터 그 결과를 통보받았는데, 그 통보서에 첨부된 관련부서 협의결과에 따르면 지적민원과 의견으로 「개발이익환수에 관한 법률」에 '저촉사항 없음'이라고 기재되어 있는 사실은 인정되나, ㉠ 위 민원예비심사 결과 통보는 원고가 피고에게 이 사건 개발사업에 대한 개발부담금 부과 여부에 대하여 특정하여 질의를 하고 이에 대해 피고가 개발부담금 부과대상이 아니라는 취지를 명시적으로 밝힌 것이 아닌 점, ㉡ 위 통보서에는 참고사항으로 "본 예비심사는 현행 법령과 관련부서 협의결과에 의한 것으로 차후 관계법령과 조례제정, 사업계획의 구체화 등으로 인하여 변동될 수 있다."고 기재되어 있는 점 등에 비추어 볼 때, 위와 같은 사정만으로 피고가 원고에게 신뢰의 대상이 되는 공적인 견해표명을 한 것이라고는 보기 어렵고, 가사 피고가 공적인 견해를 표명한 것으로 본다 하더라도 피고의 견해표명이 정당하다고 신뢰한 데에 대하여 원고에게 귀책사유가 없다고 할 수 없다(대판 2006.6.9, 2004두46).

⑮ 국회에서 법률안을 심의하거나 의결한 사정만으로 신뢰이익을 인정할 수 없다 ★ 10 순경특채

헌법 제53조에 따라서 국회가 의결한 법률안을 대통령이 공포하는 등의 절차를 거쳐서 법률이 확정되면 그 규정 내용에 따라서 국민의 권리·의무에 관한 새로운 법규가 형성될 수 있지만, 이와 같이 법률이 확정되기 전에는 기존 법규를 수정·변경하는 법적 효과가 발생할 수 없고, 다원적 의견이나 각가지 이익을 반영시킨 토론과정을 거쳐 다수결의 원리에 따라 통일적인 국가의사를 형성하는 국회에서 일정한 법률안을 심의하거나 의결한 적이 있다고 하더라도, 그것이 법률로 확정되지 아니한 이상 국가가 이해관계자들에게 위 법률안에 관련된 사항을 약속하였다고 볼 수 없으며, 이러한 사정만으로 어떠한 신뢰를 부여하였다고 볼 수도 없다(대판 2008.5.29, 2004다33469).

⑯ 입법예고를 통해 법령안의 내용을 국민에게 예고한 것만으로 국가가 이해관계자들에게 법령안에 관련된 사항을 약속하거나 신뢰를 부여하였다고 볼 수 없다 ★ 20·13 국가9급

`최신기출`
정책의 주무 부처인 중앙행정기관이 그 소관 사항에 대하여 입안한 법령안은 법제처 심사 등의 절차를 거쳐 공포함으로써 확정되므로, 법령이 확정되기 이전에는 법적 효과가 발생할 수 없다. 따라서 입법예고를 통해 법령안의 내용을 국민에게 예고한 적이 있다고 하더라도 그것이 법령으로 확정되지 아니한 이상 국가가 이해관계자들에게 위 법령안에 관련된 사항을 약속하였다고 볼 수 없으며, 이러한 사정만으로 어떠한 신뢰를 부여하였다고 볼 수도 없다(대판 2018.6.15, 2017다249769).

⑰ 甲 주식회사가 교육환경보호구역에 해당하는 사업부지에 콘도미니엄을 신축하기 위하여 교육환경평가승인신청을 한 데 대하여, 관할 교육지원청 교육장이 甲 회사에 '관광진흥법 제3조 제1항 제2호 (나)목에 따른 휴양 콘도미니엄업이 교육환경 보호에 관한 법률에 따른 금지행위 및 시설로 규정되어 있지는 않으나 성매매 등에 대한 우려를 제기하는 민원에 대한 구체적인 예방대책을 제시하시기 바람'이라고 기재된 보완요청서를 보낸 후 교육감으로부터 '콘도미니엄업에 관하여 교육환경보호구역에서 금지되는 행위 및 시설에 관한 「교육환경 보호에 관한 법률」 제9조 제27호를 적용하라'는 취지의 행정지침을 통보받고 甲 회사에 교육환경평가승인신청을 반려하는 처분을 한 사안에서, 위 처분은 신뢰의 대상이 되는 교육장의 공적 견해표명이 있었다고 보기 어렵고, 교육장의 교육환경평가승인이 공익 또는 제3자의 정당한 이익을 현저히 해할 우려가 있는 경우에 해당하므로 신뢰보호원칙에 반하지 않는다고 한 사례

교육장이 보완요청서에서 '휴양 콘도미니엄업이 교육환경법 제9조 제27호에 따른 금지행위 및 시설로 규정되어 있지 않다.'는 의견을 밝힌 바 있으나, 이는 교육장이 최종적으로 교육환경평가를 승인해 주겠다는 취지의 공적 견해를 표명한 것이라고 볼 수 없고 오히려 수차례에 걸쳐 甲 회사에 보낸 보완요청서에 의하면 현 상태로는 교육환경평가승인이 어렵다는 취지의 견해를 밝힌 것에 해당하는 점, 甲 회사는 사업 준비 단계에서 휴양 콘도미니엄업을 계획하고 교육장의 보완요청에 따른 추가 검토를 진행한 정도에 불과하여 위 처분으로 침해받는 甲의 이익이 그다지 크다고 보기 어려운 반면 교육환경보호구역에서 휴양 콘도미니엄이 신축될 경우 학생들의 학습권과 교육환경에 미치는 부정적 영향이 매우 큰 점 등에 비추어, 위 처분은 신뢰의 대상이 되는 교육장의 공적 견해표명이 있었다고 보기 어렵고, 교육장의 교육환경평가승인이 공익 또는 제3자의 정당한 이익을 현저히 해할 우려가 있는 경우에 해당하므로 신뢰보호원칙에 반하지 않는다고 한 사례(대판 2020. 4. 29. 2019두52799).

## 2. 보호가치 있는 신뢰

### (1) 보호가치의 판단기준

#### ① 귀책사유가 없어야 한다

> 행정상의 법률관계에 있어서 행정청의 행위에 대하여 신뢰보호의 원칙이 적용되기 위하여는, … 둘째, 행정청의 견해표명이 정당하다고 신뢰한 데에 대하여 그 개인에게 귀책사유가 없어야 한다(대판 2002.11.8, 2001두1512).

#### ② 귀책사유의 의미와 판단기준 ★ 21·19 국가7급, 18 지방9급, 18 서울7급, 17·16 국회8급, 15 사회복지, 14 국가9급, 13 변호사

`최신기출` 귀책사유라 함은 행정청의 견해표명의 하자가 상대방 등 관계자의 사실은폐나 기타 사위의 방법에 의한 신청행위 등 부정행위에 기인한 것이거나 그러한 부정행위가 없다고 하더라도 하자가 있음을 알았거나(악의) 중대한 과실(중과실)로 알지 못한 경우 등을 의미한다고 해석함이 상당하고, 귀책사유의 유무는 상대방과 그로부터 신청행위를 위임받은 수임인 등 관계자 모두를 기준으로 판단하여야 한다(대판 2002.11.8, 2001두1512).

### (2) 귀책사유의 유형

#### ① 상대방의 사기나 사위(詐僞)·허위, 사실은폐, 증수뢰(부정행위)

##### ㉠ 사실은폐나 사위 ★ 20 지방7급, 14 순경특채 / 14 변호사, 13 서울7급, 10 순경특채, 08 지방7급

`최신기출` 처분의 하자가 당사자의 사실은폐나 기타 사위의 방법에 의한 신청행위에 기인한 것이라면 당사자는 그 처분에 의한 이익이 위법하게 취득되었음을 알아 그 취소가능성도 예상하고 있었다고 할 것이므로 그 자신이 위 처분에 관한 신뢰이익을 수용할 수 없음은 물론 행정청이 이를 고려하지 아니하였다고 하여도 재량권의 남용이 되지 않는다(대판 1990.2.27, 89누2189).

##### ㉡ 수익적 처분이 상대방의 허위 기타 부정한 방법으로 행하여진 경우에도 그 상대방의 신뢰를 보호하여야 하는 것은 아니다 ★ 19 지방9급

`최신기출` 수익적 처분이 있으면 상대방은 그것을 기초로 하여 새로운 법률관계 등을 형성하게 되는 것이므로, 이러한 상대방의 신뢰를 보호하기 위하여 수익적 처분의 취소에는 일정한 제한이 따르는 것이나, 수익적 처분이 상대방의 허위 기타 부정한 방법으로 인하여 행하여졌다면 상대방은 그 처분이 그와 같은 사유로 인하여 취소될 것임을 예상할 수 없었다고 할 수 없으므로, 이러한 경우에까지 상대방의 신뢰를 보호하여야 하는 것은 아니라고 할 것이다(대판 1995.1.20, 94누6529).

##### ㉢ 사위의 방법으로 면허를 얻은 경우 면허취소처분 ★ 13 국회9급, 11 국회8급

> 행정청이 개인택시사업면허를 받을 수 없는 자가 제출한 허위의 무사고증명 기재내용을 그대로 믿고 동인의 순위를 오인하여 개인택시사업면허를 발급한 경우 동 면허처분은 결국 면허를 받을 요건을 구비하지 못한 자에 대하여 면허를 발급한 하자 있는 행정처분이므로 처분청은 그 하자를 이유로 스스로 이를 취소할 수 있고 이 경우 허위의 무사고 증명을 제출하여 사위의 방법으로 면허를 받은 사람은 그 이익이 위법하게 취득되었음을 알고 있어 그 취소가능성도 예상하고 있었을 것이므로 그 자신이 위 행정행위에 대한 신뢰이익을 원용할 수 없음은 물론 행정청이 이를 고려하지 아니하였다 하더라도 재량권의 남용이 논의될 여지가 없다고 봄이 신의칙과 공평의 원칙에 합당하다(대판 1986.8.19, 85누291).

> 허위의 고등학교 졸업증명서를 제출하는 사위의 방법에 의한 하사관 지원의 하자를 이유로 하사관 임용일로부터 33년이 경과한 후에 행정청이 행한 하사관 및 준사관 임용취소처분은 적법하다(대판 2002.2.5, 2001두5286).
> ★ 13 순경특채

ⓔ 준농림지역에서 레미콘 공장을 설립하여 운영하던 甲 주식회사가 아스콘 공장을 추가로 설립하기 위하여 관할 시장(용인시장)으로부터 공장설립 변경승인을 받고 아스콘 공장 증설에 따른 대기오염물질 배출시설 설치 변경신고를 마친 다음 아스콘 공장을 운영하였는데, 위 공장에 대하여 실시한 배출검사에서 대기환경보전법상 특정대기유해물질에 해당하는 포름알데히드 등이 검출되자 시장이 자연녹지지역 안에서 허가받지 않은 특정대기유해물질 배출시설을 설치·운영하였다는 사유로 대기환경보전법 제38조 단서에 따라 위 공장의 대기오염물질 배출시설 및 방지시설을 폐쇄하라는 명령을 한 사안에서, 위 처분이 신뢰보호원칙, 행정의 자기구속 법리, 실효의 원칙에 위배되지 않는다고 본 원심판단을 수긍한 사례

위 공장설립 당시의 관계 법령에 따르면 준농림지역 안에서 특정대기유해물질이 발생하는 위 공장의 설치가 금지되어 있었고, 위 공장은「국토의 계획 및 이용에 관한 법률 시행령」제71조 제1항 제16호 [별표 17] 제2호 (차)목에 따라 처분 당시 변경된 자연녹지지역에 설치가 금지된 경우에 해당하므로 대기환경보전법 제38조 단서에 따른 폐쇄명령의 대상이며, 공장설립 당시에 甲 회사가 위 공장에서 특정대기유해물질은 배출되지 않고 토석의 저장·혼합 및 연료 사용에 따라 먼지와 배기가스만 배출될 것이라는 전제에서 허위이거나 부실한 배출시설 및 방지시설 설치 계획서를 제출하였으므로 시장이 만연히 甲 회사의 계획서를 그대로 믿은 데에 과실이 있더라도, 시장의 착오는 甲 회사가 유발한 것이므로, 위 공장에 대하여 특정대기유해물질 관련 규제가 적용되지 않으리라는 甲 회사의 기대는 보호가치가 없다는 등의 이유로, 위 처분이 신뢰보호원칙, 행정의 자기구속 법리, 실효의 원칙에 위배되지 않는다고 본 원심판단을 수긍한 사례(대판 2020.4.9, 2019두51499)

② 악의(취소가능성을 알고 있는 경우)

㉠ 택시운송사업자로서는 자동차운수사업법의 내용을 잘 알고 있어 교통사고를 낸 택시에 대하여 운송사업면허가 취소될 가능성을 예상할 수 있다 ★ 13 국가9급, 10 순경특채

교통사고가 일어난 지 1년 10개월이 지난 뒤 그 교통사고를 일으킨 택시에 대하여 운송사업면허를 취소하였더라도 … 택시운송사업자로서는 자동차운수사업법의 내용을 잘 알고 있어 교통사고를 낸 택시에 대하여 운송사업면허가 취소될 가능성을 예상할 수도 있었을 터이니, 자신이 별다른 행정조치가 없을 것으로 믿고 있었다 하여 바로 신뢰의 이익을 주장할 수는 없으므로 그 교통사고가 자동차운수사업법 제31조 제1항 제5호 소정의 '중대한 교통사고로 인하여 많은 사상자를 발생하게 한 때'에 해당한다면 그 운송사업면허의 취소가 행정에 대한 국민의 신뢰를 저버리고 국민의 법생활의 안정을 해치는 것이어서 재량권의 범위를 일탈한 것이라고 보기는 어렵다(대판 1989.6.27, 88누6283).

㉡

토지형질변경 불허가처분이 종래 그 일대의 토지에 관한 주택지조성사업의 준공검사 당시 이른바 원형택지로 남아 있던 토지에 대하여는 건축시 별도로 도시계획법 소정의 형질변경 등에 관한 허가를 득하여 택지정지를 하여야 건축행위를 할 수 있다는 등의 조건을 붙인 점에 비추어 신뢰보호의 원칙에 반하는 것으로서 위법하다고 할 수 없다(대판 2001.9.28, 2000두8684).

© 법률의 존속에 대한 개인의 신뢰가 어느 정도로 보호되는지 여부에 대한 판단기준(의무사관후보생의 병적에서 제외된 사람의 징집면제연령을 31세에서 36세로 상향조정한 구 병역법 제71조 제1항 단서 위헌소원)

국가가 입법행위를 통하여 개인에게 신뢰의 근거를 제공한 경우, 입법자가 자신의 종전 입법행위에 의하여 어느 정도로 구속을 받는지 여부, 다시 말하면 법률의 존속에 대한 개인의 신뢰가 어느 정도로 보호되는지 여부에 대한 주요한 판단기준으로 다음과 같은 2가지 요소를 거시할 수 있다.

ⓐ 법령개정의 예측성 : 법적 상태의 존속에 대한 개인의 신뢰는 그가 어느 정도로 법적 상태의 변화를 예측할 수 있는지, 혹은 예측하였어야 하는지 여부에 따라 상이한 강도를 가진다. 그런데 일반적으로 법률은 현실상황의 변화나 입법정책의 변경 등으로 언제라도 개정될 수 있는 것이기 때문에, 원칙적으로 이에 관한 법률의 개정은 예측할 수 있다고 보아야 한다. 따라서, 청구인과 같이 의과대학에 입학하여 의무사관후보생 병적에 편입된 사람이 그 당시 법률규정에 따른 징집면제연령에 대하여 가지고 있던 기대와 신뢰가 절대적인 것이라고는 볼 수 없다.

ⓑ 유인된 신뢰의 행사 여부 ★ 18 국가7급, 16 지방9급 : 개인의 신뢰이익에 대한 보호가치는 ㉮ 법령에 따른 개인의 행위가 국가에 의하여 일정방향으로 유인된 신뢰의 행사인지, ㉯ 아니면 단지 법률이 부여한 기회를 활용한 것으로서 원칙적으로 사적 위험부담의 범위에 속하는 것인지 여부에 따라 달라진다. 만일 법률에 따른 개인의 행위가 단지 법률이 반사적으로 부여하는 기회의 활용을 넘어서 국가에 의하여 일정방향으로 유인된 것이라면 특별히 보호가치가 있는 신뢰이익이 인정될 수 있고, 원칙적으로 개인의 신뢰보호가 국가의 법률개정이익에 우선된다고 볼 여지가 있다. 그런데 이 사건 법률조항의 경우 국가가 입법을 통하여 개인의 행위를 일정방향으로 유도하였다고 볼 수는 없고, 따라서 청구인의 징집면제연령에 관한 기대 또는 신뢰는 단지 법률이 부여한 기회를 활용한 것으로서 원칙적으로 사적 위험부담의 범위에 속하는 것이다(헌재결 2002.11.28, 2002헌바45).

ⓔ 법률의 개정 시 구법 질서에 대하여 국민이 가지는 기대 내지 신뢰의 보호 여부를 판단하는 방법 ★ 11 지방7급

> 법률의 개정 시 구법 질서에 대한 당사자의 신뢰가 합리적이고도 정당하며, 법률의 개정으로 야기되는 당사자의 손해가 극심하여 새로운 입법으로 달성하고자 하는 공익적 목적이 그러한 당사자의 신뢰의 파괴를 정당화할 수 없다면 새로운 입법은 신뢰보호의 원칙 등에 비추어 허용될 수 없다. 다만 사회환경이나 경제여건의 변화에 따른 필요성에 의하여 법률은 신축적으로 변할 수밖에 없고, 변경된 새로운 법질서와 기존의 법질서 사이에는 이해관계의 상충이 불가피하므로 국민이 가지는 모든 기대 내지 신뢰가 헌법상 권리로서 보호될 것은 아니고, 보호 여부는 기존의 제도를 신뢰한 자의 신뢰를 보호할 필요성과 새로운 제도를 통해 달성하려고 하는 공익을 비교형량하여 판단하여야 한다(대판 2016.11.9, 2014두3235).

ⓜ 변리사 제1차 시험 실시를 2개월밖에 남겨 놓지 않은 시점에서 시험을 절대평가제에서 상대평가제로 환원하는 내용의 「변리사법 시행령」 개정조항을 즉시 시행하도록 정한 부칙 부분은 헌법에 위반되어 무효이다

전합판례
> 개정 시행령의 즉시 시행으로 인한 수험생들의 신뢰이익 침해는 개정 시행령의 즉시 시행에 의하여 달성하려는 공익적 목적을 고려하더라도 정당화될 수 없을 정도로 과도하다. 나아가 개정 시행령에 따른 시험준비 방법과 기간의 조정이 2002년의 변리사 제1차 시험에 응한 수험생들에게 일률적으로 적용되었다는 이유로 위와 같은 수험생들의 신뢰이익의 침해를 정당화할 수 없으며, 또한 수험생들이 개정 시행령의 내용에 따라 공고된 2002년의 제1차 시험에 응하였다고 하더라도 사회통념상 그것만으로는 개정 전 시행령의 존속에 대한 일체의 신뢰이익을 포기한 것이라고 볼 수도 없다[대판(전합) 2006.11.16, 2003두12899].

ⓑ 한약사 국가시험의 응시자격에 관하여 개정 전의 「약사법 시행령」 제3조의2에서 '필수 한약관련 과목과 학점을 이수하고 대학을 졸업한 자'로 규정하고 있던 것을 '한약학과를 졸업한 자'로 응시자격을 변경하면서, 그 개정 이전에 이미 한약자원학과에 입학하여 대학에 재학 중인 자에게도 개정 시행령이 적용되게 한 개정 시행령 부칙은 헌법상 신뢰보호의 원칙과 평등의 원칙에 위배된다

전합판례 개정 전 약사법 제3조의2 제2항의 위임에 따라 같은법 시행령 제3조의2에서 한약사 국가시험의 응시자격을 '필수 한약관련 과목과 학점을 이수하고 대학을 졸업한 자'로 규정하던 것을, 개정 시행령 제3조의2에서 '한약학과를 졸업한 자'로 응시자격을 변경하면서, 개정 시행령 부칙이 한약사 국가시험의 응시자격에 관하여 1996학년도 이전에 대학에 입학하여 개정 시행령 시행 당시 대학에 재학 중인 자에게는 개정 전의 시행령 제3조의2를 적용하게 하면서도 1997학년도에 대학에 입학하여 개정 시행령 시행 당시 대학에 재학 중인 자에게는 개정 시행령 제3조의2를 적용하게 하는 것은 헌법상 신뢰보호의 원칙과 평등의 원칙에 위배되어 허용될 수 없다[대판(전합) 2007.10.29, 2005두4649].

③ 상대방이나 수임인 등 관계자의 과실

**수임인인 건축사의 중과실을 건축주의 귀책사유로 인정** ★ 22·11 국가9급

최신기출 건축주와 그로부터 건축설계를 위임받은 건축사(수임인)가 상세계획지침에 의한 건축한계선의 제한이 있다는 사실을 간과한 채 건축설계를 하고 이를 토대로 건축물의 신축 및 증축허가를 받은 경우, 그 신축 및 증축허가가 정당하다고 신뢰한 데에 귀책사유가 있다(대판 2002.11.8, 2001두1512).

# Ⅳ. 신뢰보호원칙의 한계

## 1. 행정의 법률적합성의 원칙과의 관계(이익형량설, 소극적 요건설)

학설과 달리 대법원 판례는 양자의 충돌문제를 한계문제가 아닌 소극적 요건설로 이해한다. 따라서 법률적합성(공익)이 법적 안정성(사익)보다 큰 경우에 판례는 일체의 보호를 인정하지 않는다.

### (1) 이익형량설·소극적 요건설(대법원 판례) ★ 21 국가7급, 19·14 국회8급, 14 순경특채, 14 변호사, 12 사회복지

> `최신기출` 일반적으로 행정상의 법률관계에 있어서 행정청의 행위에 대하여 신뢰보호의 원칙이 적용되기 위해서는, 첫째 행정청이 개인에 대하여 신뢰의 대상이 되는 공적인 견해표명을 하여야 하고, 둘째 행정청의 견해표명이 정당하다고 신뢰한 데 대하여 그 개인에게 귀책사유가 없어야 하며, 셋째 그 개인이 그 견해표명을 신뢰하고 어떠한 행위를 하였어야 하고, 넷째 행정청이 위 견해표명에 반하는 처분을 함으로써 그 견해표명을 신뢰한 개인의 이익이 침해되는 결과가 초래되어야 하며, 마지막으로 위 견해표명에 따른 행정처분을 할 경우 이로 인하여 공익 또는 제3자의 정당한 이익을 현저히 해할 우려가 있는 경우가 아니어야 한다(대판 2006.6.9, 2004두46).

### (2) 신의성실의 원칙은 합법성을 희생해서라도 국민의 신뢰를 보호함이 정의와 형평에 부합할 경우에만 적용된다

> 신의성실의 원칙 내지 금반언의 원칙은 합법성을 희생하여서라도 납세자의 신뢰를 보호함이 정의, 형평에 부합하는 것으로 인정되는 특별한 사정이 있는 경우에 적용되는 것으로서 납세자의 신뢰보호라는 점에 그 법리의 핵심적 요소가 있는 것이다(대판 1996.1.23, 95누13746).
> ※ 본 판례에 대해서는 지나치게 엄격한 요건을 요구하고 있다는 비판이 제기되고 있다.

### (3) 강행규정 위반과 신뢰보호의 인정 요건

> 사적 자치의 영역을 넘어 공공질서를 위하여 공익적 요구를 선행시켜야 할 경우 합법성의 원칙은 신의성실의 원칙보다 우월한 것이므로, 신의성실의 원칙은 합법성의 원칙을 희생하여서라도 구체적 신뢰보호의 필요성이 인정되는 경우에 한하여 예외적으로 적용되는 것인바, 어떠한 경우에 합법성의 원칙보다 구체적 신뢰보호를 우선할 필요가 있는지를 판단하기 위하여는 신뢰보호를 주장하는 사람에게 위법행위와 관련한 주관적 귀책사유가 있는지 여부 및 그와 같은 신뢰가 법적으로 보호할 가치가 있는지 여부 등을 종합적으로 고려하여야 한다(대판 2014.5.29. 2012다44518).

### (4) 이익형량설(헌법재판소) ★ 19 지방9급

> `최신기출` 신뢰보호원칙의 위반 여부는 한편으로 침해받은 신뢰이익의 보호가치, 침해의 중한 정도, 신뢰침해의 방법 등과 다른 한편으로는 새 입법을 통해 실현코자 하는 공익목적을 종합적으로 비교형량하여 판단하여야 한다(헌재결 1998.3.26, 93헌바12).

## 2. 신뢰보호원칙 위반

### (1) 신뢰보호원칙 위반 인정사례

**① 우량농지로 보전하려는 공익보다 종교법인인 대순진리회의 불이익이 크므로 토지형질변경불허가처분은 위법이다**

> 비록 지방자치단체장이 당해 토지형질변경허가를 하였다가 이를 취소·철회하는 것은 아니라 하더라도 지방자치단체장이 토지형질변경이 가능하다는 공적 견해표명을 함으로써 이를 신뢰하게 된 당해 종교법인에 대하여는 그 신뢰를 보호하여야 한다는 점에서 형질변경허가 후 이를 취소·철회하는 경우를 유추·준용하여 그 형질변경허가의 취소·철회에 상당하는 당해 처분으로써 지방자치단체장이 달성하려는 공익, 즉 당해 토지에 대하여 그 형질변경을 불허하고 이를 우량농지로 보전하려는 공익과 위 형질변경이 가능하리라고 믿은 종교법인이 입게 될 불이익을 상호 비교·교량하여 만약 전자가 후자보다 더 큰 것이 아니라면 당해 처분은 비례의 원칙에 위반되는 것으로 재량권을 남용한 위법한 처분이라고 봄이 상당하다. 이 사건 토지와 같은 동에 있고 위 도로와 접한 바로 인근의 자연녹지로서 답인 달천동 415의 1 등의 토지에 대하여는 1993.4.경 이미 피고가 토지형질변경을 허가하여 주유소가 건립되어 있으며, 그 바로 옆에 음식점 한 곳도 들어서 있는 점 등에 비추어 보면, 이 사건 토지가 위 규칙 제4조 제1항 제4호 소정의 우량농지로 보전의 필요가 있는 지역에 해당한다고 쉽사리 단정하기에는 의문이 있다고 하지 아니할 수 없다(대판 1997.9.12, 96누18380).

**② 폐기물처리업에 대하여 관할 관청의 사전 적정통보를 받고 막대한 비용을 들여 허가요건을 갖춘 다음 허가신청을 하였음에도 청소업자의 난립으로 효율적인 청소업무의 수행에 지장이 있다는 이유로 한 불허가처분이 신뢰보호의 원칙에 반하여 재량권을 남용한 위법한 처분이라고 본 사례** ★ 11 국가9급

> 원고는 그 설립단계에서 피고로부터 이 사건 사업계획에 관하여 적정통보(예비결정)를 받고 법정 허가요건을 구비하기만 하면 폐기물수집·운반업허가를 하여 주는 것을 신뢰한 나머지 상당한 자금과 노력을 투자하여 법정 허가요건을 갖추어 허가신청을 하게 된 것인데[원고 회사는 그 설립절차를 마친 다음 이미 적정통보를 받은 위 사업계획에 따라 폐기물관리법령 소정의 허가요건을 갖추어 허가신청을 하면 당연히 허가를 받을 수 있는 것으로 믿고 그 허가요건을 갖추기 위하여 합계 금 305,565,296원을 들여 장비(밀폐식 운반용차량 8.5t 2대, 운반용 압축차량 5t 2대, 기계식상차장치부착차량 2.5t 2대)를 구입하고 기술인력 10명(운전기사 6명, 미화원 4명)을 고용함과 아울러 사무실과 차고지를 개설하여 수집운반능력 1일 64t을 갖추는 등 법정 허가요건을 완비], 이 사건 처분으로 말미암아 거액을 들여 구비한 장비·사무실 등을 오랜 기간 동안 사용하지 못한 채 방치하는 등 상당한 재산상 손해를 입게 되었다 할 것이므로, 이 사건 처분은 피고의 적정통보에 대한 원고의 신뢰를 저버린 행위로서 신뢰보호의 원칙에 반한다 할 것이고, 또한 이 사건 처분으로 인하여 피고가 달성하려는 '생활폐기물의 적정하고도 안정적인 처리'라는 공익과 원고가 입게 될 불이익을 비교·형량할 때, 생활폐기물 발생량의 변화 및 처리능력, 위 사업계획서 적정통보를 전후하여 14개 업체가 생활폐기물수집·운반업을 위한 사업계획서를 제출하였다는 사정만으로는 업체의 난립 및 과당경쟁으로 기존 청소 질서가 파괴되어 안정적이고 효율적인 책임청소행정의 이행이 불가능함으로써 공익을 해할 것이라는 점을 인정하기 어려울 뿐만 아니라, 이 사건 처분을 통하여 피고가 달성하려는 공익은 위 허가가 가능하리라고 믿은 원고가 입게 될 불이익보다도 더 크다고 보기도 어려우며, 위 ○○○가 부산교통공단에 재직하면서 원고의 대표이사를 겸하고 있는 점은 관계법령에서 정하는 생활폐기물 수집·운반업허가 제한사유 이외의 사유로서 공익상 필요와도 무관하므로 이 사건 처분은 결국 신뢰보호의 원칙 및 비례의 원칙에 반한 것으로서 재량권을 남용한 위법한 처분이다(대판 1998.5.8, 98두4061).

③ 운전면허 취소사유에 해당하는 음주운전을 적발한 경찰관의 소속 경찰서장이 사무착오(전산입력착오)로 위반자에게 운전면허정지처분을 한 상태에서 위반자의 주소지 관할 지방경찰청장이 위반자에게 운전면허취소처분을 한 것은 선행처분에 대한 당사자의 신뢰 및 법적 안정성을 저해하는 것으로서 허용될 수 없다고 한 사례 ★ 14 변호사

> 운전면허취소사유에 해당하는 음주운전을 적발한 경찰관의 소속(여수) 경찰서장이 사무착오로 위반자에게 운전면허정지처분을 한 상태에서 위반자의 주소지(대구) 관할지방경찰청장이 위반자에게 운전면허취소처분을 한 것은 선행처분에 대한 당사자의 신뢰 및 법적 안정성을 저해하는 것으로서 허용될 수 없다(대판 2000.2.25, 99두10520).

④ 기존 특허청 경력공무원 중 일부에게만 구법 규정을 적용하여 변리사자격이 부여되도록 규정한 위 변리사법 부칙 제3항은 신뢰이익을 침해하는 것으로서 헌법에 위반된다

> 청구인들의 변리사자격 부여에 대한 신뢰는 보호할 필요성이 있는 합리적이고도 정당한 신뢰라 할 것이고, 위 변리사법 제3조 제1항 등의 개정으로 말미암아 청구인들이 입게 된 불이익의 정도, 즉 신뢰이익의 침해정도는 중대하다고 아니할 수 없는 반면, 청구인들의 신뢰이익을 침해함으로써 일반응시자와의 형평을 제고한다는 공익은 위와 같은 신뢰이익 제한을 헌법적으로 정당화할 만한 사유라고 보기 어렵다. 그러므로 기존 특허청 경력공무원 중 일부에게만 구법 규정을 적용하여 변리사자격이 부여되도록 규정한 위 변리사법 부칙 제3항은 충분한 공익적 목적이 인정되지 아니함에도 청구인들의 기대가치 내지 신뢰이익을 과도하게 침해한 것으로서 헌법에 위반된다(헌재결 2001.9.27, 2000헌마208.501).

⑤ 기존 국세관련 경력공무원 중 일부에게만 구법 규정을 적용하여 세무사자격이 부여되도록 규정한 위 세무사법 부칙 제3항은 신뢰이익을 침해하는 것으로서 헌법에 위반된다

> 청구인들의 세무사자격 부여에 대한 신뢰는 보호할 필요성이 있는 합리적이고도 정당한 신뢰라 할 것이고, 개정법 제3조 등의 개정으로 말미암아 청구인들이 입게 된 불이익의 정도, 즉 신뢰이익의 침해정도는 중대하다고 아니할 수 없는 반면, 청구인들의 신뢰이익을 침해함으로써 일반응시자와의 형평을 제고한다는 공익은 위와 같은 신뢰이익 제한을 헌법적으로 정당화할 만한 사유라고 보기 어렵다. 그러므로 기존 국세관련 경력공무원 중 일부에게만 구법 규정을 적용하여 세무사자격이 부여되도록 규정한 위 세무사법 부칙 제3항은 충분한 공익적 목적이 인정되지 아니함에도 청구인들의 기대가치 내지 신뢰이익을 과도하게 침해한 것으로서 헌법에 위반된다(헌재결 2001.9.27, 2000헌마152).

⑥ 안산시의 도시계획과장과 도시계획국장이 도시계획사업의 준공과 동시에 사업부지에 편입한 토지에 대한 완충
녹지 지정을 해제함과 아울러 당초의 토지소유자들에게 환매하겠다는 약속을 했음에도, 이를 믿고 토지를 협의
매매한 토지소유자의 완충녹지지정해제신청을 거부한 것은, 행정상 신뢰보호의 원칙을 위반하거나 재량권을 일
탈·남용한 위법한 처분이라고 한 사례

> ① 비록 도시관리계획의 입안권자인 피고(안산시장)가 직접 이 사건 사업이 준공되면 이 사건 토지에 대한 완충녹지의
> 지정을 해제하여 주겠다는 취지의 약속을 한 것은 아니지만, 이 사건 약속이 피고를 위원장으로 하여 구성되는 보상심
> 의위원회에서 이 사건 사업을 담당하는 실무부서의 최고 책임자인 안산시 도시계획국장 또는 도시계획과장에 의하여
> 이루어졌고, 보상심의위원회 자료가 사전에 준비, 배포된 것에 비추어 볼 때 위 도시계획국장 또는 도시계획과장이
> 피고의 의사와는 전혀 무관하게 아무런 사전검토 없이 단지 개인적인 견해에 따라 이 사건 약속을 하게 된 것이라고
> 보기는 어려우므로, 이 사건 약속은 실질적으로 피고가 한 것으로 봄이 상당한 점, ② 이 사건 약속은 완충녹지 용도
> 로 편입되는 토지가 반드시 필요한 것이 아니어서 이 사건 사업의 준공과 동시에 완충녹지를 해제함과 아울러 당초의
> 토지소유자들에게 환매함으로써 해당 토지의 이용을 원하는 토지소유자에게 절대 피해가 없도록 하겠다는 것으로서
> 명확히 이 사건 토지에 대한 완충녹지 지정의 해제를 그 내용으로 하고 있고, 적어도 위 완충녹지의 지정을 해제하
> 는 내용의 도시관리계획의 입안은 피고의 권한에 속하는 점, ③ 보상심의위원회의 개최를 전후하여 원고를 비롯
> 한 토지소유자들이 이 사건 사업이 완료되면 이 사건 토지에 대한 완충녹지의 지정을 해제하여 그 환매를 요구한
> 것으로 보일 뿐만 아니라, 1999.9.20. 보상심의위원회에서 이 사건 약속이 있은 후, 1999.11.13. 이 사건 토지
> 에 관하여 안산시 앞으로 소유권이전등기가 경료되었고, 같은 달 17. 원고가 이 사건 토지에 대한 보상금을 수령
> 한 점 등을 종합하여 보면, 원고는 이 사건 약속을 신뢰한 나머지 이 사건 사업이 완료되면 이 사건 토지에 대한
> 완충녹지 지정이 해제되어 이 사건 토지를 환매할 수 있을 것이라 믿고 이 사건 토지를 협의매매하기에 이르렀다고
> 봄이 상당하고, 달리 원고가 이 사건 약속을 신뢰한 데 대하여 어떠한 귀책사유가 있다고 볼 자료는 기록상 찾아
> 볼 수 없으므로, 특별한 사정이 없는 한 원고가 갖게 된 이와 같은 고도의 신뢰는 보호되어야 할 것이다(대판
> 2008.10.9, 2008두6127).

## (2) 신뢰보호원칙 위반 부정사례

### ① 한려해상국립공원 인근 자연녹지지역에서의 토석채취허가 불허가처분

> 한려해상국립공원지구 인근의 자연녹지지역에서의 토석채취허가가 법적으로 가능할 것이라는 행정청의 언동을
> 신뢰한 개인이 많은 비용과 노력을 투자하였다가 불허가처분으로 상당한 불이익을 입게 된 경우, 위 불허가처분
> 에 의하여 행정청이 달성하려는 주변의 환경·풍치·미관 등의 공익이 그로 인하여 개인이 입게 되는 불이익을 정당화할
> 만큼 강하므로 불허가처분이 재량권의 남용 또는 신뢰보호의 원칙에 반하여 위법하다고 할 수 없다(대판 1998.11.13,
> 98두7343).

### ② 천안시 H지구 내 러브호텔 건축허가 거부

> 무분별한 유흥업소 및 숙박시설 등 청소년유해업소의 난립이나 주택가로의 유입 및 이에 따른 향락문화의 확산과 범죄
> 의 증가 등 날로 심각해지고 있는 교육환경과 주거환경의 저하를 막고 주민 대다수가 보다 쾌적한 환경에서 생활할
> 수 있게 하는 것은, 국가나 지방자치단체의 의무인 동시에 모든 국민의 당연한 권리이자 의무로서 이와 같은 사회적
> 환경의 보호는 자연환경의 보호 못지 않게 중요한 가치이며, 일단 대규모 숙박업소가 집단적으로 형성되어 향락단
> 지화된다면 그 허가를 함부로 취소할 수도 없고 인근의 다른 숙박업소의 허가신청도 거부하기 어려워 그 영업이
> 장기간 계속될 것이 예상되므로, 이로 인한 교육환경과 주거환경의 침해는 인근주민과 학생들의 수인한도를 넘게
> 될 것으로 보일 뿐 아니라 일단 침해된 사회적 환경은 그 회복이 사실상 불가능하다는 점 등에 비추어 보면, 이
> 사건 처분에 의하여 피고가 달성하려는 학생들의 교육환경과 인근주민들의 주거환경 보호라는 공익은 이 사건
> 처분으로 인하여 원고들이 입게 되는 불이익을 정당화할 만큼 강한 경우에 해당한다고 할 것이므로, 같은 취지에
> 서 원고들의 각 숙박시설 건축허가신청을 반려한 이 사건 처분은 신뢰보호의 원칙에 위배되지 않는다(대판 2005.
> 11.25, 2004두6822·6839·6846).

③ 납세의무자에게 징수유예된 체납세금이 있음에도, 국가 산하 세무서장이 납세의무자에게 '징수유예 또는 체납처분유예의 내역'란을 공란으로 한 납세증명서를 발급하였고, 납세의무자는 그 납세증명서를 금융기관에 제출하여 금융기관이 납세의무자 소유의 부동산들에 근저당권을 설정하고 납세의무자에게 대출을 하였는데, 이후 금융기관의 신청에 의하여 개시된 위 부동산들에 대한 임의경매절차에서 국가가 위 징수유예된 체납세금에 대한 교부청구를 한 사안

> 위 금융기관은 문제가 된 조세의 납세의무자가 아니므로 조세법률관계에 있어서의 신뢰보호의 원칙이 적용될 수 없고, 국가의 교부청구가 신의칙 위반이나 권리남용에 해당한다고 볼 수 없다(대판 2006.5.26, 2003다18401).

④ 외국군에 소속되거나 소속이 없는 유격대의 경우를 적용대상에서 제외하고 있는 '특수임무수행자 보상에 관한 법률 시행령' 제2조는 자의금지의 원칙을 벗어나 헌법상 평등의 원칙에 위배된다고 할 수 없다

> 법은 특수임무를 '특별한 내용·형태의 정보수집 등을 목적으로 하는 국가를 위한 특별한 희생이 요구되는 활동'으로, 특수임무수행자를 '군 첩보부대에 소속되어 특수임무를 하였거나 이와 관련한 교육훈련을 받은 쟈로 한정하고 있는 점, 따라서 외국군에 소속된 경우, 소속이 없는 유격대의 경우에는 특별한 희생이 있었다 하더라도 법의 적용대상에서 제외되는 것으로 법 제2조 제1항 제2호에서 이미 정하여진 것인데, 법 시행령 제2조는 이러한 내용을 명확히 하고 있을 뿐인 점 등의 이유를 들어, 법 제2조 제1항 제2호의 규정을 명확히 한 법 시행령 제2조가 자의금지 원칙을 벗어나 헌법상 평등원칙에 위배된다고 할 수 없다(대판 2008.11.13, 2007두13302).

⑤ 한시적 법인세액 감면제도를 시행하다가 개정된 조세특례제한법 제2조 제3항을 신설하면서 법인세액 감면대상이 되지 않는 업종으로 변경된 기업에 대하여 아무런 경과규정을 두지 않은 경우, 위 규정은 헌법상의 평등의 원칙, 재산권의 보장, 과잉금지의 원칙, 신뢰보호의 원칙 등에 위배되지 않는다 ★ 11 국회8급

> 2001.12.29. 법률 제6538호로 개정된 조세특례제한법 부칙 제1조, 제2조 제1항의 규정에 의하면, 개정 법률 시행 전에 이미 과세요건이 완성된 법인세액의 감면분까지 소급하여 그 혜택을 박탈하는 것도 아니다. 그렇다면 정책적·잠정적·일시적 조세우대조치라 할 한시적 법인세액 감면제도를 시행하다가 위 법 제2조 제3항을 신설하면서 법인세액 감면대상이 되지 아니하는 업종으로 변경된 기업에 대하여 아무런 경과규정을 두지 아니하였다고 하여, 위 법 제2조 제3항이 헌법상의 평등의 원칙, 재산권의 보장, 과잉금지의 원칙, 신뢰보호의 원칙 등에 위배된다고 할 수 없다(대판 2009.9.10, 2008두9324).

⑥ 시장이 농림수산식품부에 의하여 공표된 「2008년도 농림사업시행지침서」에 명시되지 않은 '시·군별 건조저장시설 개소당 논 면적' 기준을 충족하지 못하였다는 이유로 신규 건조저장시설 사업자 인정신청을 반려한 경우
★ 21 변호사, 16 지방9급

**최신기출**
> 위 지침이 되풀이 시행되어 행정관행이 이루어졌다거나 그 공표만으로 신청인이 보호가치 있는 신뢰를 갖게 되었다고 볼 수 없고, 쌀 시장 개방화에 대비한 경쟁력 강화 등 우월한 공익상 요청에 따라 위 지침상의 요건 외에 '시·군별 건조저장시설 개소당 논 면적 1,000ha 이상 요건을 추가할 만한 특별한 사정을 인정할 수 있어, 그 처분이 행정의 자기구속의 원칙 및 행정규칙에 관련된 신뢰보호의 원칙에 위배되거나 재량권을 일탈·남용한 위법이 없다(대판 2009.12.24, 2009두7967).

> 행정청 내부의 사무처리준칙에 해당하는 농림사업시행지침서가 공표된 것만으로는 사업자로 선정되기를 희망하는 자가 당해 지침에 명시된 요건을 충족할 경우 사업자로 선정되어 사업자금 지원 등의 혜택을 받을 수 있다는 보호가치 있는 신뢰를 가지게 되었다고 보기 어렵다. ■ 21 변호사

## 3. 사정변경

### (1) 공적인 의사표명은 그 자체에서 정한 유효기간을 경과한 이후에는 당연 실효된다
★ 22·20·13 국가9급, 21 지방9급, 21·17 국회8급, 21 변호사, 20·19 지방7급, 18 국가7급, 14 사회복지, 15·14·10 순경특채

**최신기출** 행정청이 상대방에게 장차 어떤 처분을 하겠다고 확약 또는 공적인 의사표명을 하였다고 하더라도, 그 자체에서 상대방으로 하여금 언제까지 처분의 발령을 신청하도록 유효기간을 두었는데도 그 기간 내에 상대방의 신청이 없었다거나 확약 또는 공적인 의사표명이 있은 후에 사실적·법률적 상태가 변경되었다면, 그와 같은 확약 또는 공적인 의사표명은 행정청의 별다른 의사표시를 기다리지 않고 실효된다(대판 1996.8.20, 95누10877).

### (2) 행정청이 공적인 견해를 표명한 후 사정이 변경됨에 따라 그 견해표명에 반하는 처분을 한 경우, 신뢰보호의 원칙에 위반되지 않는다 ★ 21 국회8급

**최신기출** 신뢰보호의 원칙은 행정청이 공적인 견해를 표명할 당시의 사정이 그대로 유지됨을 전제로 적용되는 것이 원칙이므로, 사후에 그와 같은 사정이 변경된 경우에는 그 공적 견해가 더 이상 개인에게 신뢰의 대상이 된다고 보기 어려운 만큼, 특별한 사정이 없는 한 행정청이 그 견해표명에 반하는 처분을 하더라도 신뢰보호의 원칙에 위반된다고 할 수 없다. 한편 재건축조합에서 일단 내부 규범이 정립되면 조합원들은 특별한 사정이 없는 한 그것이 존속하리라는 신뢰를 가지게 되므로, 내부 규범 변경을 통해 달성하려는 이익이 종전 내부 규범의 존속을 신뢰한 조합원들의 이익보다 우월해야 한다. 조합 내부 규범을 변경하는 총회결의가 신뢰보호의 원칙에 위반되는지를 판단하기 위해서는, 종전 내부 규범의 내용을 변경하여야 할 객관적 사정과 필요가 존재하는지, 그로써 조합이 달성하려는 이익은 어떠한 것인지, 내부 규범의 변경에 따라 조합원들이 침해받은 이익은 어느 정도의 보호가치가 있으며 침해 정도는 어떠한지, 조합이 종전 내부 규범의 존속에 대한 조합원들의 신뢰 침해를 최소화하기 위하여 어떤 노력을 기울였는지 등과 같은 여러 사정을 종합적으로 비교·형량해야 한다(대판 2020.6.25, 2018두34732).

## 4. 무효인 처분

### (1) 공무원임용결격자에 대한 임용행위의 취소는 당연무효임을 통지하여 확인시켜 주는 행위이므로 신의칙 내지 신뢰보호원칙이 적용되지 않고 취소권은 시효로 소멸하지 않는다 ★ 10 국회8급

국가가 공무원임용결격사유가 있는 자에 대하여 결격사유가 있는 것을 알지 못하고 공무원으로 임용하였다가 사후에 결격사유가 있는 자임을 발견하고 공무원임용행위를 취소하는 것은 당사자에게 원래의 임용행위가 당초부터 당연무효이었음을 통지하여 확인시켜 주는 행위에 지나지 아니하는 것이므로, 그러한 의미에서 당초의 임용처분을 취소함에 있어서는 신의칙 내지 신뢰의 원칙을 적용할 수 없고, 또 그러한 의미의 취소권은 시효로 소멸하는 것도 아니다(대판 1987.4.14, 86누459).

## 5. 위법행위에 대한 신뢰와 장래효(부정)

### (1) 비과세관행이 성립하였다고 하여 장래에 향한 과세처분까지 할 수 없게 되는 것은 아니다

과세관청이 과거의 언동을 시정하여 장래에 향하여 처분하는 것은 신의성실의 원칙이나 소급과세금지의 원칙에 위반되지 않으므로, 비과세관행이 성립하였다고 하더라도 장래에 향한 과세처분은 할 수 있다(대판 2009.12.24, 2008두15350).

## V. 신뢰보호원칙의 적용영역

## 1. 소급효금지

**(1) 법률의 제정·개정과 신뢰보호의 원칙**(의무사관후보생의 병적에서 제외된 사람의 징집면제연령을 31세에서 36세로 상향 조정한 구 병역법 제71조 제1항 단서 위헌소원)

> 신뢰보호의 원칙은 헌법상 법치국가의 원칙으로부터 도출되는데, 그 내용은 법률의 제정이나 개정시 구법질서에 대한 당사자의 신뢰가 합리적이고도 정당하며 법률의 제정이나 개정으로 야기되는 당사자의 손해가 극심하여 새로운 입법으로 달성하고자 하는 공익적 목적이 그러한 당사자의 신뢰의 파괴를 정당화할 수 없다면, 그러한 새로운 입법은 신뢰보호의 원칙상 허용될 수 없다는 것이다. 이러한 신뢰보호원칙의 위반 여부를 판단하기 위해서는, 한편으로는 침해받은 신뢰이익의 보호가치, 침해의 중한 정도, 신뢰가 손상된 정도, 신뢰침해의 방법 등과 다른 한편으로는 새로운 입법을 통해 실현하고자 하는 공익적 목적을 종합적으로 비교·형량하여 판단하여야 한다(헌재결 2002.11.28, 2002헌바45).

**(2) 신뢰보호와 경과규정**(의무사관후보생의 병적에서 제외된 사람의 징집면제연령을 31세에서 36세로 상향조정한 구 병역법 제71조 제1항 단서 위헌소원)

> 일반적으로 신뢰보호의 구체적 실현수단으로 사용되는 경과규정에는 ① 기존 법률이 적용되던 사람들에게 신법 대신 구법을 적용하도록 하는 방식과, ② 적용보조규정을 두는 방식 등이 있다. 이 사건에 관련하여 입법자는 군복무이행이 가지는 기본권 제약적인 성격을 감안하여, 의무사관후보생 병적 등에서 제적된 사람의 징집면제연령을 31세에서 36세로 상향조정하는 내용이 포함된 구 병역법의 부칙 제3조에 "이 법 시행 전에 특수병과사관후보생의 병적에 편입된 자는 이 법에 의하여 특수병과사관후보생의 병적에 편입된 것으로 보며, 그 병적에서 제적되는 자에 대한 의무부과는 종전의 규정에 의한다."라고 규정하여 1983년 법률의 시행 당시 위 병적에 편입되었다가 제적된 사람 중 1991년 법률이 시행되기 이전에 이미 종전 법률 소정의 징집면제연령인 31세에 이르렀거나 이에 임박했던 자들이 새로운 법질서를 예측하지 못하고 있다가 갑자기 징집되는 상황에 대비하였다. 또한, 입법자는 위와 같은 1991년 법률 부칙 제3조의 경과규정을 2년 이상 존속시킨 다음, 이러한 경과규정이 삭제된 1993년 법률을 시행하면서 "특수병과사관후보생의 병적에서 제적된 사람으로 현역병으로 입영하여야 할 사람 중 31세 이상인 사람은 공익근무요원으로 복무할 수 있다."라는 취지의 임의적 적응조정규정(제71조 제2항, 제1항 제4호)을 신설함으로써 종전의 법률을 적용받던 사람 등의 기본권제약적 요소를 부분적으로 완화시킬 수 있는 보완조치를 하였다(헌재결 2002.11.28, 2002헌바45).

**(3) 법령의 개정에서 신뢰보호원칙이 적용되어야 하는 이유 및 신뢰보호원칙의 위배 여부를 판단하는 방법**

> `전합판례` 법령의 개정에서 신뢰보호원칙이 적용되어야 하는 이유는, 어떤 법령이 장래에도 그대로 존속할 것이라는 합리적이고 정당한 신뢰를 바탕으로 국민이 그 법령에 상응하는 구체적 행위로 나아가 일정한 법적 지위나 생활관계를 형성하여 왔음에도 국가가 이를 전혀 보호하지 않는다면 법질서에 대한 국민의 신뢰는 무너지고 현재의 행위에 대한 장래의 법적 효과를 예견할 수 없게 되어 법적 안정성이 크게 저해되기 때문이고, 이러한 신뢰보호는 절대적이거나 어느 생활영역에서나 균일한 것은 아니고 개개의 사안마다 관련된 자유나 권리, 이익 등에 따라 보호의 정도와 방법이 다를 수 있으며, 새로운 법령을 통하여 실현하고자 하는 공익적 목적이 우월한 때에는 이를 고려하여 제한될 수 있으므로, 이 경우 신뢰보호원칙의 위배 여부를 판단하기 위해서는 한편으로는 침해된 이익의 보호가치, 침해의 중한 정도, 신뢰가 손상된 정도, 신뢰침해의 방법 등과 다른 한편으로는 새 법령을 통해 실현하고자 하는 공익적 목적을 종합적으로 비교·형량하여야 한다[대판(전합) 2007.10.29, 2005두4649].

**(4) 법령 개정에서 입법자가 경과규정을 두는 등 구 법령의 존속에 대한 당사자의 신뢰를 보호할 조치가 필요한지 판단하는 기준** ★ 14·12 변호사, 10 지방7급

> 법령의 개정에서 입법자의 광범위한 재량이 인정되는 경우라 하더라도 구 법령의 존속에 대한 당사자의 신뢰가 합리적이고도 정당하며 법령의 개정으로 야기되는 당사자의 손해가 극심하여 새로운 법령으로 달성하고자 하는 공익적 목적이 그러한 신뢰의 파괴를 정당화할 수 없다면 입법자는 경과규정을 두는 등 당사자의 신뢰를 보호할 적절한 조치를 하여야 하며 이와 같은 적절한 조치 없이 새 법령을 그대로 시행하거나 적용하는 것은 허용될 수 없는바, 이는 헌법의 기본원리인 법치주의 원리에서 도출되는 신뢰보호의 원칙에 위배되기 때문이다(대판 2013.4.26, 2011다14428).

## 2. 실권(失權)의 법리

**(1) 실권의 법리의 의미** ★ 15 사회복지, 14 국가9급, 10 지방9급

> 권리행사의 기회가 있음에도 불구하고 권리자가 장기간에 걸쳐 그의 권리를 행사하지 아니하였기 때문에 의무자인 상대방은 이미 그의 권리를 행사하지 아니할 것으로 믿을 만한 정당한 사유가 있게 되거나 행사하지 아니할 것으로 추인(추측과 인정)케 할 경우에 새삼스럽게 그 권리를 행사하는 것이 신의성실의 원칙에 반하는 결과가 될 때 그 권리행사를 허용하지 않는 것을 의미한다(대판 1988.4.27, 87누915).

**(2) 실효의 원칙을 적용하기 위한 요건 및 충족 여부의 판단기준**

> 일반적으로 권리의 행사는 신의에 좇아 성실히 하여야 하고 권리는 남용하지 못하는 것이므로 권리자가 실제로 권리를 행사할 수 있는 기회가 있었음에도 불구하고 상당한 기간이 경과하도록 권리를 행사하지 아니하여 의무자인 상대방으로서도 이제는 권리자가 권리를 행사하지 아니할 것으로 신뢰할 만한 정당한 기대를 가지게 된 다음에 새삼스럽게 그 권리를 행사하는 것이 법질서 전체를 지배하는 신의성실의 원칙에 위반하는 것으로 인정되는 결과가 될 때에는 이른바 실효의 원칙에 따라 그 권리의 행사가 허용되지 않는다고 보아야 할 것이고, 또한 실효의 원칙이 적용되기 위하여 필요한 요건으로서의 실효기간(권리를 행사하지 아니한 기간)의 길이와 의무자인 상대방이 권리가 행사되지 아니하리라고 신뢰할 만한 정당한 사유가 있었는지의 여부는 일률적으로 판단할 수 있는 것이 아니라 구체적인 경우마다 권리를 행사하지 아니한 기간의 장단과 함께 권리자측과 상대방측 쌍방의 사정 및 객관적으로 존재한 사정 등을 모두 고려하여 사회통념에 따라 합리적으로 판단하여야 할 것이다(대판 2005.10.28, 2005다45827).

**(3) 실권의 법리 인정사례** ★ 10 순경특채

> 택시운전사가 1983.4.5. 운전면허정지기간 중에 운전행위를 하다가 적발되어 형사처벌을 받았으나 행정청으로부터 아무런 행정조치가 없어 안심하고 계속 운전업무에 종사하고 있던 중 행정청이 위 위반행위가 있은 이후에 장기간에 걸쳐 아무런 행정조치를 취하지 않은 채 방치하고 있다가 3년여가 지난 1986.7.7.에 와서 이를 이유로 행정제재를 하면서 가장 무거운 운전면허를 취소하는 행정처분을 하였다면 이는 행정청이 그간 별다른 행정조치가 없을 것이라고 믿은 신뢰의 이익과 그 법적 안정성을 빼앗는 것이 되어 매우 가혹할 뿐만 아니라 비록 그 위반행위가 운전면허취소사유에 해당한다 할지라도 그와 같은 공익상의 목적만으로는 위 운전사가 입게 될 불이익에 견줄 바 못된다 할 것이다(대판 1987.9.8, 87누373).

### (4) 실권의 법리 부정사례 ★ 19 국가7급

원고가 허가받은 때로부터 20년이 다 되어 피고가 그 허가를 취소한 것이기는 하나 피고가 취소사유를 알고서도 그렇게 장기간 취소권을 행사하지 않은 것이 아니고 1985.9. 중순에 비로소 위에서 본 취소사유를 알고 그에 관한 법적 처리방안에 관하여 다각도로 연구검토가 행해졌고, 그러한 사정은 원고도 알고 있었음이 기록상 명백하여 이로 써 본다면 상대방인 원고에게 취소권을 행사하지 않을 것이란 신뢰를 심어준 것으로 여겨지지 않으니 피고의 처분이 실권의 법리에 저촉된 것이라고 볼 수 있는 것도 아니다(대판 1988.4.27, 87누915).

## 3. 금반언(禁反言)의 법리

### (1) 징계처분의 무효확인을 구하는 소가 신의칙에 반하는 것으로서 허용될 수 없다고 한 사례

피징계자가 징계처분에 중대하고 명백한 흠(당연무효)이 있음을 알면서도 퇴직시에 지급되는 퇴직금 등 급여를 지급받으면서 그 징계처분에 대하여 위 흠을 들어 항고하였다가 곧 취하하고 그 후 5년 이상이나 그 징계처분의 효력을 일체 다투지 아니하다가 위 비위사실에 대한 공소시효가 완성되어 더이상 형사소추를 당할 우려가 없게 되 자 새삼 위 흠을 들어 그 징계처분의 무효확인을 구하는 소를 제기하기에 이르렀고 한편 징계권자로서도 그 후 오랜 기간 동안 피징계자의 퇴직을 전제로 승진·보직 등 인사를 단행하여 신분관계를 설정하였다면 피징계자가 이제 와서 위 흠을 내세워 그 징계처분의 무효확인을 구하는 것은 신의칙에 반한다(대판 1989.12.12, 88누8869).

## 4. 권리남용금지원칙

### (1) 신의성실의 원칙의 의미와 그 위배를 이유로 권리행사를 부정하기 위한 요건

신의성실의 원칙에 위배된다는 이유로 그 권리의 행사를 부정하기 위해서는 상대방에게 신의를 공여하였다거나, 객관적으로 보아 상대방이 신의를 가짐이 정당한 상태에 있어야 하고, 이러한 상대방의 신의에 반하여 권리를 행사 하는 것이 정의관념에 비추어 용인될 수 없는 정도의 상태에 이르러야 한다(대판 2011.2.10, 2009다68941).

## 5. 처분사유의 추가·변경

행정처분취소소송에 있어서는 실질적 법치주의와 행정처분의 상대방인 국민에 대한 신뢰보호라는 견지에서 처분청 은 당초의 처분사유와 기본적 사실관계에 있어서 동일성이 인정되는 한도 내에서만 새로운 처분사유를 추가하거나 변경할 수 있고 기본적 사실관계와 동일성이 전혀 없는 별개의 사실을 들어 처분사유로서 주장함은 허용되지 아니하며 법원으로서도 당초 처분사유와 기본적 사실관계의 동일성이 없는 사실은 처분사유로 인정할 수 없다 (대판 2001.9.28, 2000두8684).

## 6. 신의성실의 원칙

### (1) 조세소송에서의 조세실체법과 관련한 신의성실의 원칙의 적용기준

> 조세법률주의에 의하여 합법성의 원칙이 강하게 작용하는 조세실체법과 관련한 신의성실의 원칙의 적용은 합법성을 희생해서라도 구체적 신뢰를 보호할 필요성이 있다고 인정되는 경우에 한하여 비로소 적용된다고 할 것이고, 특히 납세의무자가 과세관청에 대하여 자기의 과거의 언동에 반하는 행위를 하였을 경우에는 세법상 조세감면 등 혜택의 박탈, 각종 가산세에 의한 제재, 세법상의 벌칙 등 불이익처분을 받게 될 것이며, 과세관청은 납세자에 대한 우월적 지위에서 실지조사권 등을 가지고 있고, 과세처분의 적법성에 대한 입증책임은 원칙적으로 과세관청에 있다는 점 등을 고려한다면, 납세의무자에 대한 신의성실의 원칙의 적용은 극히 제한적으로 인정하여야 하고 이를 확대해석하여서는 안 된다(대판 2004.5.14, 2003두3468).

### (2) 신의성실의 원칙 부정사례 ★ 21 국가9급

> **최신기출** 지방공무원 임용신청 당시 잘못 기재된 호적상 출생연월일을 생년월일로 기재하고, 이에 근거한 공무원인사기록카드의 생년월일 기재에 대하여 처음 임용된 때부터 약 36년 동안 전혀 이의를 제기하지 않다가, 정년을 1년 3개월 앞두고 호적상 출생연월일을 정정한 후 그 출생연월일을 기준으로 정년의 연장을 요구하는 것은 신의성실의 원칙에 반하지 않는다(대판 2009.3.26, 2008두21300).

### (3) 취득시 매입세액 상당액을 환급받은 건물에 관하여 폐업시 잔존재화의 공급의제규정에 따라 부담하게 된 부가가치세 납세의무에 대하여 명의수탁자에 불과하다는 사정을 들어 다투는 것은 신의성실의 원칙에 반하여 허용될 수 없다고 본 사례

> 납세의무자에게 신의성실의 원칙을 적용하기 위해서는 객관적으로 모순되는 행태가 존재하고, 그 행태가 납세의무자의 심한 배신행위에 기인하였으며, 그에 기하여 야기된 과세관청의 신뢰가 보호받을 가치가 있는 것이어야 할 것이다. 원고가 명의신탁받은 이 사건 부동산을 그 신탁자 등에게 임대한 것처럼 가장하여 사업자등록을 마치고 그 중 건물 등의 취득가액에 대한 매입세액까지 환급받은 다음 '폐업시의 잔존재화 자가공급 의제규정'에 따른 피고의 이 사건 2004년 제2기 부가가치세 부과처분 등이 있은 후에야 비로소 이 사건 부동산은 명의신탁된 것이므로 그 임대차계약은 통정허위표시로서 무효라고 주장하는 것은 원고의 모순된 언동과 그에 이르게 된 경위 및 비난가능성의 정도, 이 사건 2004년 제2기 부가가치세 과세표준의 성격과 피고의 신뢰에 대한 보호가치의 정도, 부가가치세 등과 같이 원칙적으로 납세의무자가 스스로 과세표준과 세액을 정하여 신고하는 신고납세방식의 조세에 있어서 과세관청의 조사권은 2차적·보충적인 점 등을 앞서 본 법리에 비추어 보면, 신의성실의 원칙에 위배된다고 봄이 상당하다(대판 2009.4.23, 2006두14865).

**(4)** 부가가치세 포탈을 목적으로 하는 일련의 변칙적 금지금 거래에 있어서 최종단계의 금지금 수출업자가 부가가치세 매입세액의 공제·환급을 구하는 것이 신의성실의 원칙에 위배되는지 여부(한정적극)

`전합판례`
> 부가가치세법이 채택하고 있는 전단계세액공제 제도하에서는 각 거래단계에서 징수되는 매출세액이 그에 대응하는 매입세액의 공제·환급을 위한 재원이 되므로 그 매출세액이 국가에 납부되지 않으면 부가가치세의 체제를 유지할 수 없다. 따라서 악의적 사업자가 매출세액을 포탈하는 방법에 의해서만 이익이 창출되고 이를 포탈하지 않으면 손해만 보는 부정거래를 시도하여 그가 징수한 매출세액을 납부하지 않는 경우, 그 후의 거래단계에 영세율 적용으로 매입세액을 공제·환급받을 수 있는 수출업자가 있다면 국가는 다른 조세수입을 재원으로 그 환급 등을 실시할 수밖에 없는바, 이러한 결과는 소극적인 조세수입의 공백을 넘어 적극적인 국고의 유출에 해당되는 것이어서 부가가치세 제도의 훼손을 넘어 그 부담이 일반 국민에게 전가됨으로써 전반적인 조세체계에까지 심각한 폐해가 미치게 된다. 이러한 경우의 수출업자가 전 단계에 부정거래가 있었음을 알면서도 그 기회를 틈타 자신의 이익을 도모하고자 거래에 나섰고 그의 거래 이익도 앞서의 부정거래로부터 연유하는 것이며 그의 거래 참여가 부정거래의 판로를 확보해 줌으로써 부정거래를 가능하게 한 결정적인 요인이 되었다면 이는 그 전제가 되는 매입세액 공제·환급 제도를 악용하여 부당한 이득을 추구하는 행위라고 할 것이다. 따라서 그러한 수출업자의 매입세액 공제·환급 주장은 보편적인 정의관과 윤리관에 비추어 도저히 용납될 수 없으므로 국세기본법 제15조가 규정하는 신의성실의 원칙에 반하는 것으로서 허용될 수 없고, 그 수출업자가 중대한 과실로 그와 같은 부정거래가 있었음을 알지 못한 경우에도 마찬가지이다[대판(전합) 2011.1.20, 2009두13474].

**(5)** 연속되는 일련의 거래과정에서 매출세액의 포탈을 목적으로 하는 악의적 사업자가 존재하고 그로 인하여 자신의 매입세액 공제·환급이 다른 세수의 손실을 가져온다는 사정을 알았거나 중대한 과실로 알지 못하고 구매확인서에 의한 국내 영세율 매출을 한 사업자가 매입세액의 공제·환급을 구하는 것은 신의성실의 원칙에 위배된다

> 연속되는 일련의 거래과정 중에 매출세액의 포탈을 목적으로 하는 악의적 사업자가 존재하는 변칙적 금지금 거래에서, 매출세액의 포탈을 목적으로 하는 악의적 사업자가 존재하고 그로 인하여 자신의 매입세액 공제·환급이 다른 세수의 손실을 가져온다는 사정을 알았거나 중대한 과실로 알지 못한 수출업자가 매입세액의 공제·환급을 구하는 것은 보편적인 정의관과 윤리관에 비추어 도저히 용납될 수 없으므로, 이는 구 국세기본법 제15조에서 정한 신의성실의 원칙에 반하는 것으로서 허용될 수 없는데, 위와 같은 법리는 수출업자뿐만 아니라 구매확인서에 의한 국내 영세율 매출을 함으로써 매출세액의 부담 없이 매입세액을 공제·환급받는 사업자의 경우에도 마찬가지로 적용된다(대판 2011.6.30, 2010두7758).

**(6)** 사업주에 대한 직업능력개발훈련과정 인정제한처분과 훈련비용 지원제한처분이 쟁송절차에서 위법한 것으로 판단되어 취소되거나 당연무효로 확인된 후에 사업주가 그 인정제한 기간에 실제로 실시한 직업능력개발훈련 과정의 비용에 대하여 사후적으로 지원신청을 하는 경우, 관할관청이 사업주가 해당 훈련과정에 대하여 미리 훈련과정 인정을 받아 두지 않았다는 형식적인 이유만으로 훈련비용 지원을 거부하는 것은 신의성실의 원칙에 반하여 허용될 수 없다 ★ 21 국회8급

관할관청이 위법한 직업능력개발훈련과정 인정제한처분을 하여 사업주로 하여금 제때 훈련과정 인정신청을 할 수 없 도록 하였음에도, 인정제한처분에 대한 취소판결 확정 후 사업주가 인정제한 기간 내에 실제로 실시하였던 훈련에 관하여 비용지원신청을 한 경우에, 관할관청은 단지 해당 훈련과정에 관하여 사전에 훈련과정 인정을 받지 않았다는 이유만을 들어 훈련비용 지원을 거부할 수는 없음이 원칙이다. 이러한 거부행위는 위법한 훈련과정 인정제한처분을 함으로써 사업주로 하여금 제때 훈련과정 인정신청을 할 수 없게 한 장애사유를 만든 행정청이 사업주에 대하여 사전 에 훈련과정 인정신청을 하지 않았음을 탓하는 것과 다름없으므로 신의성실의 원칙에 반하여 허용될 수 없다.
따라서 사업주에 대한 훈련과정 인정제한처분과 훈련비용 지원제한처분이 쟁송절차에서 위법한 것으로 판단되 어 취소되거나 당연무효로 확인된 후에 사업주가 인정제한 기간에 실제로 실시한 직업능력개발훈련과정의 비용 에 대하여 사후적으로 지원신청을 하는 경우, 관할관청으로서는 사업주가 해당 훈련과정에 대하여 미리 훈련과정 인정을 받아 두지 않았다는 형식적인 이유만으로 훈련비용 지원을 거부하여서는 아니 된다. 관할관청은 사업주가 인정제한 기간에 실제로 실시한 직업능력개발훈련과정이 구 「근로자직업능력 개발법 시행령」 제22조 제1항에 서 정한 훈련과정 인정의 실체적 요건들을 모두 충족하였는지, 각 훈련생이 구 「사업주에 대한 직업능력개발훈 련 지원규정」 제8조 제1항에서 정한 지원금 지급을 위한 수료기준을 충족하였는지 등을 심사하여 훈련비용 지원 여부와 지원금액의 규모를 결정하여야 한다. 나아가 관할관청은 사업주가 사후적인 훈련비용 지원신청서에 위와 같은 심사에 필요한 서류를 제대로 첨부하지 아니한 경우에는 사업주에게 상당한 기간을 정하여 보완을 요구하여야 한다(행정절차법 제17조 제5항)(대판 2019.1.31, 2016두52019).

# VI. 권리보호

**(1)** 공무원의 허위 아파트입주권 부여대상 확인을 믿고 아파트입주권을 매입한 경우, 공무원의 허위 확인행위와 매수인의 손해 사이의 상당인과관계를 인정

서울특별시 소속 건설담당직원이 무허가건물이 철거되면 그 소유자에게 시영아파트입주권이 부여될 것이라고 허위의 확인을 하여 주었기 때문에 그 소유자와의 사이에 처음부터 그 이행이 불가능한 아파트입주권 매매계약 을 체결하여 매매대금을 지급한 경우, 매수인이 입은 손해는 그 아파트입주권 매매계약이 유효한 것으로 믿고서 출연한 매매대금으로서 이는 매수인이 시영아파트입주권을 취득하지 못함으로 인하여 발생한 것이 아니라 공무원의 허위의 확인행위로 인하여 발생된 것으로 보아야 하므로, 공무원의 허위 확인행위와 매수인의 손해발생 사이에는 상당 인과관계가 있다(대판 1996.11.29, 95다21709).

# 제5항 부당결부금지원칙

## Ⅰ. 부당결부금지 원칙의 의미

> 부당결부금지의 원칙이란 행정주체가 행정작용을 함에 있어서 상대방에게 이와 실질적인 관련이 없는 의무를 부과하거나 그 이행을 강제하여서는 아니 된다는 원칙을 말한다(대판 2009.2.12, 2005다65500).

## Ⅱ. 부관

### (1) 건축허가와 별개인 도로를 기부채납한다는 조건하에 건축허가를 한 후, 기부채납 미이행을 이유로 한 준공거부처분은 위법이다 ★ 13 국가9급

> 원고가 서울 도봉구 쌍문동 416의 2 일대에 대학의 기숙사와 부속경비실을 건축하기 위하여 1987.9.23. 서울특별시장으로부터 도시계획사업시행허가를 받고, 같은해 11.5. 위 기숙사 등의 건축허가를 받았으며, 그 후인 1988.12.14. 피고로부터 사업의 착수시 미분할 도로계획선은 분할신청하여 분할하도록 하고 경계복원측량을 실시한 후 시공토록 할 것이며, 공사완료시 도로로 지목변경하여 피고에게 기부채납한다는 조건하에 도시계획사업(변경)시행허가를 받은 사실, 피고가 1992.1.4. 원고에 대하여 준공검사필증의 교부 없이 위 기숙사건물 등의 사용, 부속토지 미합필 및 도시계획사업 시행조건인 도로 기부채납의 미이행 등의 위법사항이 있으니 1992.1.20.까지 시정하라는 내용의 시정명령을 하였으며, 피고는 같은해 2.24. 원고가 위 도시계획사업시행허가조건인 도로기부채납의무를 이행하지 아니하였다는 이유로 이 사건 준공거부처분을 한 사실을 인정한 다음, 위 준공거부처분에서 그 이유로 내세운 도로 기부채납의무는 이 사건 기숙사 등 건축물에 인접한 도로의 개설을 위한 도시계획사업시행허가와 위 기숙사 등 건축물의 신축을 위한 도시계획사업의 시행허가에 관한 것으로 이 사건 기숙사 등 건축물의 건축허가와는 별개의 것이고, 건축허가 사항대로 이행되어 건축법 등에 위반한 사항이 없는 이 사건 기숙사 등 건축물에 관하여, 원고가 위와 같은 이유로 준공거부처분을 한 것은 건축법에 근거 없이 이루어진 것으로서 위법하다(대판 1992.11.27, 92누10364).

### (2) 주택건설사업계획 승인에 붙여진 기부채납조건에 근거한 기부채납행위는 당연무효이거나 또는 취소될 사유는 아니다 ★ 17 국회8급

> 주택건설사업계획 승인에 붙여진 기부채납의 조건은 행정행위의 부관 중 '부담'에 해당하는 것으로서, 그 조건에 하자가 있다고 하더라도 그 하자가 기부채납의 조건을 당연무효로 할 만한 사유에 해당한다고 볼 수는 없고, 또 그와 같은 행정처분의 부관에 근거한 기부채납행위가 당연무효이거나 취소될 사유는 못 된다(대판 1996.1.23, 95다3541).

甲은 기부채납 부관에 대하여서 독립하여 취소소송을 제기할 수 있다. ■ 17 국회8급

### (3) 주택사업계획승인을 하면서 주택사업과는 아무런 관련이 없는 토지를 기부채납하도록 하는 내용의 부관은 부당결부금지의 원칙에 위반하여 위법하지만 그 하자가 중대하고 명백하여 당연무효라고 볼 수는 없다

★ 21·18 서울7급, 19 지방9급, 16 국가7급, 15·13 국가9급, 13 행정사, 11 순경특채

최신기출
> 지방자치단체장이 사업자에게 주택사업계획승인을 하면서 그 주택사업과는 아무런 관련이 없는 토지를 기부채납하도록 하는 부관(부담)을 주택사업계획승인(인가)에 붙인 경우, 그 부관은 부당결부금지의 원칙에 위반되어 위법하지만, 지방자치단체장이 승인한 사업자의 주택사업계획은 상당히 큰 규모의 사업(1,093억원)임에 반하여, 사업자가 기부채납한 토지가액은 그 100분의 1 상당의 금액(12억원)에 불과한 데다가, 사업자가 그동안 그 부관에 대하여 아무런 이의를 제기하지 아니하다가 지방자치단체장이 업무착오로 기부채납한 토지에 대하여 보상협조 요청서를 보내자, 그때서야 비로소 부관의 하자를 들고 나온 사정에 비추어 볼 때 부관의 하자가 중대하고 명백하여 당연무효라고는 볼 수 없다(취소사유에 불과)(대판 1997.3.11, 96다49650).

**(4)**

> 이 사건 아파트와 주공2단지아파트 주민들은 위 운동로를 통하여 반포유수지의 운동시설을 이용하거나 산책을 할 수 있는데, 폭 25m 도로의 신설로 위 운동로가 차단되어 이 사건 아파트 주민들을 비롯한 인근주민들의 불편을 해소하고 교통사고를 예방하기 위해서는 위 운동로의 언더패스 방안이 필요한 점, 위 운동로의 언더패스의 설치가 이 사건 아파트 주민의 편익과 이 사건 아파트의 가치증진에 기여하게 될 것으로 예상되는 점 등을 종합하면, 연접하고 있는 주공2단지아파트 주민들도 위 운동로를 함께 이용하게 된다는 사정만으로는 원고에게 위 운동로의 언더패스 설치의 무를 부담시키는 인가조건(부담) 5번이 부당결부금지의 원칙을 위반하거나 재량권의 범위를 일탈하여 위법하다고 보기 어렵다(대판 2007.7.12, 2007두6663).

**(5) 고속국도 관리청이 고속도로 부지와 접도구역에 송유관 매설을 허가하면서 상대방과 체결한 협약에 따라 송유관 시설을 이전하게 될 경우 그 비용을 상대방에게 부담하도록 하였고, 그 후 「도로법 시행규칙」이 개정되어 접도구역에는 관리청의 허가 없이도 송유관을 매설할 수 있게 된 사안에서, 위 협약에 포함된 부관은 부당결부금지의 원칙에 반하지 않는다** ★ 19 국회8급, 14 사회복지

`최신기출` 
> 이 사건 협약에서, 고속국도의 유지관리 및 도로확장 등의 사유로 접도구역에 매설한 송유시설의 이설이 불가피할 경우 그 이설비용을 피고가 부담하도록 한 것은, 원고(한국도로공사)가 접도구역의 송유관 매설에 대한 허가를 할 것을 전제로 한 것으로, 피고는 송유관이설이라는 부대공사와 관련하여 공작물설치자로서 특별한 관계가 있다고 볼 수 있고, 피고로서는 접도구역부지 소유자와 사이에 별도로 이용계약을 체결하고 그 부지점용에 따른 사용료를 지급하게 되나 관리청인 원고로부터 접도구역의 송유관 매설에 관한 허가를 얻게 됨으로써 접도구역이 아닌 사유지를 이용하여 매설하는 경우에 비하여는 공사절차 등의 면에서 이익을 얻는다고 할 수 있으며, 피고의 사업이 공익성을 갖는다고 하더라도 비영리사업이라고 볼 수는 없고, 피고로서는 처음부터 이러한 경제적 이해관계를 고려하여 이 사건 협약을 체결한 것이라고 할 것이므로, 이 사건 협약 중 접도구역에 매설된 송유관 이설비용을 피고가 부담하도록 한 부분이 부당결부금지원칙에 위반된 것이라고 할 수는 없다(대판 2009.2.12, 2005다65500).

# Ⅲ. 음주운전으로 인한 복수운전면허의 취소

판례는 운전면허의 관련성을 기준으로 하여 음주운전을 하다 적발된 차량을 운전할 수 있는 면허(실체적 관련성이 있는 면허)까지 취소한 것은 부당결부금지원칙 위배가 아니지만, 운전할 수 없는 면허(실체적 관련성이 없는 면허)까지 취소한 것은 부당결부금지원칙에 위배된다는 기준과 취소되는 운전면허로 운전할 수 있는 차량을 운전할 수 있는 면허까지 취소한 것은 적법이라는 기준으로 판단한다.

## 1. 부당결부금지원칙 위반 인정사례

1. 이륜자동차 음주운전, 제1종 대형면허나 보통면허의 취소나 정지(대판 1992.9.22, 91누8289) : 이륜자동차는 오직 2종소형면허로만 운전가능
2. 제1종 특수차인 레이카크레인이나 트레일러를 음주운전, 제1종 보통·대형면허의 취소(대판 1997.5.16, 97누1310) : 제1종 보통면허나 제1종 대형면허로는 레이카크레인이나 트레일러 운전불가
3. 제1종 보통·대형·특수면허를 가진 자가 12인승 승합자동차를 운전하다 운전면허취소사유가 발생한 경우, 제1종 특수면허까지 취소한 경우(대판 1998.3.24, 98두1031) : 제1종 특수면허로는 10인 이하의 승합차만 운전가능할 뿐, 12인승 승합차는 운전불가

### (1) 이륜자동차 음주운전, 제1종 대형면허나 보통면허의 취소나 정지는 부당결부금지원칙 위반 ★ 10 국회9급

**최신기출** 이륜자동차로서 제2종 소형면허를 가진 사람만이 운전할 수 있는 오토바이는 제1종 대형면허나 보통면허를 가지고서도 이를 운전할 수 없는 것이어서 이와 같은 이륜자동차의 운전은 제1종 대형면허나 보통면허와는 아무런 관련이 없는 것이므로 이륜자동차를 음주운전한 사유만 가지고서는 제1종 대형면허나 보통면허의 취소나 정지를 할 수 없다(대판 1992.9.22, 91누8289).

### (2) 제1종 특수·대형·보통면허를 가진 자가 제1종 특수면허만으로 운전할 수 있는 차량을 운전하다 운전면허취소사유가 발생한 경우, 제1종 대형·보통면허까지 취소할 수 없다

1995.7.1. 「도로교통법 시행규칙」 제26조 [별표 14]가 개정되어 제1종 특수면허로 트레일러, 레커 외에 제2종 보통면허로 운전할 수 있는 차량을 운전할 수 있게 되었다고 하더라도 트레일러는 제1종 특수면허로는 운전이 가능하나 제1종 보통면허나 대형면허로는 여전히 운전할 수 없는 것이어서 제1종 특수·대형·보통면허를 가진 자가 트레일러를 운전한 것은 자신이 가지고 있는 면허 중 특수면허만으로써 운전한 것이 되고, 제1종 보통면허나 대형면허는 트레일러 운전과는 아무런 관련이 없는 것이므로, 제1종 특수·대형·보통면허를 가진 자가 트레일러를 운전하다가 운전면허취소사유가 발생한 경우에는 그 운전자가 가지고 있는 면허 중 특수면허에 대한 취소사유가 될 수 있을 뿐 제1종 보통면허나 대형면허에 대한 취소사유는 되지 아니한다(대판 1997.5.16, 97누1310).

### (3) 제1종 보통·대형·특수면허를 가진 자가 제1종 보통·대형면허만으로 운전할 수 있는 12인승 승합자동차를 운전하다 운전면허취소사유가 발생한 경우, 제1종 특수면허도 취소할 수 없다 ★ 10 국회8급

도로교통법 제68조 제6항의 위임에 따라 운전면허를 받은 사람이 운전할 수 있는 자동차 등의 종류를 규정하고 있는 「도로교통법 시행규칙」 제26조 [별표 14]에 의하면 제1종 보통, 제1종 대형, 제1종 특수자동차운전면허소유자가 운전한 12인승 승합자동차는 제1종 보통 및 제1종 대형자동차운전면허로는 운전이 가능하나 제1종 특수자동차운전면허로는 운전할 수 없으므로, 위 운전자는 자신이 소지하고 있는 자동차운전면허 중 제1종 보통 및 제1종 대형자동차운전면허만으로 운전한 것이 되어, 제1종 특수자동차운전면허는 위 승합자동차의 운전과는 아무런 관련이 없고, 또한 위 [별표 14]에 의하면 추레라와 레이카는 제1종 특수자동차운전면허를 받은 자만이 운전할 수 있어 제1종 보통이나 제1종 대형자동차운전면허의 취소에 제1종 특수자동차운전면허로 운전할 수 있는 자동차의 운전까지 금지하는 취지가 당연히 포함되어 있는 것은 아니다(대판 1998.3.24, 98두1031).

## 2. 부당결부금지원칙 위반 부정사례

1. 음주운전을 한 당해 차량을 운전할 수 있는 면허까지 취소한 것은 적법
    ① 제1종 보통 운전면허로 운전할 수 있는 차(승합차)를 음주운전, 제1종 보통 및 대형 운전면허취소(대판 1997.3.11, 96누15176) : 제1종 대형면허는 제1종 보통면허로 운전할 수 있는 차량 운전가능
    ② 택시 음주운전, 제1종 특수면허의 취소(대판 1996.6.28, 96누4992) : 특수면허로 택시 운전가능
    ③ 배기량 125cc 이륜자동차를 운전하였다는 이유로 제1종 대형, 제1종 보통, 제1종 특수(대형견인·구난), 제2종 소형] 를 취소하는 처분(대판 2018.2.28, 2017두67476)
2. 취소되는 운전면허로 운전할 수 있는 차량을 운전할 수 있는 면허까지 취소한 것은 적법
    ① 제1종 보통면허로 운전할 수 있는 차량을 음주운전, 제1종 대형면허와 제1종 보통면허 외에 원동기장치자전거면허 까지 취소(대판 1996.11.8, 96누9959)
    ② 제1종 대형차량 음주운전, 제1종 보통면허까지 취소(대판 1997.2.28, 96누17578)
    ③ 제1종 대형면허로 운전할 수 있는 차량을 운전면허정지기간 중에 운전한 경우, 제1종 보통면허까지 취소(대판 2005. 3.11, 2004두12452)
    ④ 승용자동차를 면허 없이 운전한 사람에 대한 제2종 원동기장치자전거면허 취소(대판 2012.6.28, 2011두358)

### (1) 제1종 보통면허로 운전할 수 있는 차량을 음주운전, 제1종 대형면허와 원동기장치자전거 면허취소

★ 15 국가9급, 12 사회복지, 10 국회8급

한 사람이 여러 종류의 자동차운전면허를 취득하는 경우뿐 아니라 이를 취소 또는 정지하는 경우에 있어서도 서로 별개의 것으로 취급하는 것이 원칙이기는 하나, 자동차운전면허는 그 성질이 대인적 면허일 뿐만 아니라 「도로교통 법 시행규칙」 제26조 [별표 14]에 의하면, 제1종 대형면허소지자는 제1종 보통면허로 운전할 수 있는 자동차와 원동기장치자전거를, 제1종 보통면허소지자는 원동기장치자전거까지 운전할 수 있도록 규정하고 있어서 제1종 보통 면허로 운전할 수 있는 차량의 음주운전은 당해 운전면허뿐만 아니라 제1종 대형면허로도 가능하고, 또한 제1종 대형 면허나 제1종 보통면허의 취소에는 당연히 원동기장치자전거의 운전까지 금지하는 취지가 포함된 것이어서 이들 세 종류의 운전면허는 서로 관련된 것이라고 할 것이므로 제1종 보통면허로 운전할 수 있는 차량을 음주운전한 경 우에 이와 관련된 면허인 제1종 대형면허와 원동기장치자전거면허까지 취소할 수 있는 것으로 보아야 한다(대판 1994.11.25, 94누9672).

### (2) 제1종 대형면허차량 음주운전, 제1종 보통면허까지 취소

제1종 대형면허를 가진 사람만이 운전할 수 있는 대형승합자동차는 제1종 보통면허를 가지고 운전할 수 없는 것이기 는 하지만, 자동차운전면허는 그 성질이 대인적 면허일 뿐만 아니라 「도로교통법 시행규칙」 제26조 [별표 14]에 의하면, 제1종 대형면허소지자는 제1종 보통면허소지자가 운전할 수 있는 차량을 모두 운전할 수 있는 것으로 규정하고 있어, 제1종 대형면허의 취소에는 당연히 제1종 보통면허소지자가 운전할 수 있는 차량의 운전까지 금지하 는 취지가 포함된 것이어서 이들 차량의 운전면허는 서로 관련된 것이라고 할 것이므로, 제1종 대형면허로 운전할 수 있는 차량을 음주운전하거나 그 제재를 위한 음주측정의 요구를 거부한 경우에는 그와 관련된 제1종 보통면 허까지 취소할 수 있다(대판 1997.2.28, 96누17578).

### (3) 제1종 보통운전면허로 운전할 수 있는 차(승합차)를 음주운전, 제1종 보통 및 대형 운전면허취소한 경우 부당결 부금지원칙 위반이 아니다 ★ 10 지방9급

취소처분으로 생업에 막대한 지장을 초래하게 되어 가족의 생계조차도 어려워질 수 있다는 당사자의 불이익보다 는 교통법규의 준수 또는 주취운전으로 인한 사고의 예방이라는 공익목적실현의 필요성이 더욱 크고, 당해 처분 중 제1종 대형운전면허의 취소가 재량권을 일탈한 것으로 본다면 상대방은 그 운전면허로 다시 승용 및 승합자동차를 운전할 수 있게 되어 주취운전에도 불구하고 아무런 불이익을 받지 않게 되어 현저히 형평을 잃은 결과가 초래된다(대 판 1997.3.11, 96누15176).

**(4) 택시 음주운전, 제1종 특수면허의 취소**

> 특수면허가 제1종 운전면허의 하나인 이상 특수면허소지자는 승용자동차로서 자동차운수사업법, 같은법 시행령, 사업용자동차구조등의기준에관한규칙 등에 규정된 사업용자동차인 택시를 운전할 수 있다. 따라서 택시의 운전은 제1종 보통면허 및 특수면허 모두로 운전한 것이 되므로 택시의 음주운전을 이유로 위 두 가지 운전면허 모두를 취소할 수 있다(대판 1996.6.28, 96누4992).

**(5) 승용자동차를 면허 없이 운전한 사람에 대하여 그 사람이 소지한 제2종 원동기장치자전거면허를 취소할 수 있다**

> 원고의 이 사건 승용자동차의 음주운전행위가 「도로교통법 시행규칙」 제53조 별표 18에 의하여 승용자동차를 운전할 수 있는 제1종 대형면허, 제1종 보통면허, 제2종 보통면허의 취소사유에 해당하는 것인 이상 승용자동차를 운전할 수 있는 위 각 면허와 제2종 원동기장치자전거면허를 소지하고 이 사건 승용자동차를 음주운전한 경우라면 승용자동차를 운전할 수 있는 위 각 면허의 취소에는 당연히 원동기장치자전거의 운전까지 금지하는 취지가 포함된 것이어서 이와 관련된 면허인 원동기장치자전거면허까지 취소할 수 있는 점에 비추어 보면, 원고에게 승용자동차를 운전할 수 있는 위 각 면허가 없었다 하더라도 원고의 이 사건 승용자동차의 음주운전행위는 제2종 원동기장치자전거의 운전을 금지시킬 사유에 해당하므로 그 면허를 취소할 수 있다고 봄이 마땅하다(대판 2012.6.28, 2011두358).

**(6) 甲이 혈중알코올농도 0.140%의 주취상태로 배기량 125cc 이륜자동차를 운전하였다는 이유로 관할 지방경찰청장이 甲의 자동차운전면허[제1종 대형, 제1종 보통, 제1종 특수(대형견인·구난), 제2종 소형]를 취소하는 처분을 한 사안에서, 위 처분 중 제1종 대형, 제1종 보통, 제1종 특수(대형견인·구난) 운전면허를 취소한 부분에 재량권을 일탈·남용한 위법이 있다고 본 원심판단에 재량권 일탈·남용에 관한 법리 등을 오해한 위법이 있다고 한 사례**

> 甲에 대하여 제1종 대형, 제1종 보통, 제1종 특수(대형견인·구난) 운전면허를 취소하지 않는다면, 甲이 각 운전면허로 배기량 125cc 이하 이륜자동차를 계속 운전할 수 있어 실질적으로는 아무런 불이익을 받지 않게 되는 점, 甲의 혈중알코올농도는 0.140%로서 도로교통법령에서 정하고 있는 운전면허 취소처분 기준인 0.100%를 훨씬 초과하고 있고 甲에 대하여 특별히 감경해야 할 만한 사정을 찾아볼 수 없는 점, 甲이 음주상태에서 운전을 하지 않으면 안 되는 부득이한 사정이 있었다고 보이지 않는 점, 처분에 의하여 달성하려는 행정목적 등에 비추어 볼 때, 처분이 사회통념상 현저하게 타당성을 잃어 재량권을 남용하거나 한계를 일탈한 것이라고 단정하기에 충분하지 않음에도, 이와 달리 위 처분 중 제1종 대형, 제1종 보통, 제1종 특수(대형견인·구난) 운전면허를 취소한 부분에 재량권을 일탈·남용한 위법이 있다고 본 원심판단에 재량권 일탈·남용에 관한 법리 등을 오해한 위법이 있다고 한 사례(대판 2018.2.28, 2017두67476).

# 제6항 그 밖의 일반법원칙

## I. 적법절차의 원칙(due process of law)

### (1)

> 헌법 제12조 제1항 및 제3항에 규정된 적법절차의 원칙은 일반적 헌법원리로서 모든 공권력의 행사에 적용되는 바, 이는 절차의 적법성뿐만 아니라 절차의 적정성까지 보장되어야 한다는 뜻으로 이해된다. 즉, 형식적인 절차 뿐만 아니라 실체적 법률내용이 합리성과 정당성을 갖춘 것이어야 한다는 실질적인 의미로 확대해석되고 있다 (헌재결 2007.4.26. 2006헌바10).

### (2) 납세고지서에 해당 본세의 과세표준과 세액의 산출근거 등이 제대로 기재되지 않은 경우 과세처분의 적법 여부 (원칙적 소극) 및 하나의 납세고지서에 의하여 복수의 과세처분을 하는 경우 납세고지서 기재의 방식

`전합판례`
> 구 국세징수법과 개별 세법의 납세고지에 관한 규정들은 헌법상 적법절차의 원칙과 행정절차법의 기본 원리를 과세처분의 영역에도 그대로 받아들여, 과세관청으로 하여금 자의를 배제한 신중하고도 합리적인 과세처분을 하게 함으로써 조세행정의 공정을 기함과 아울러 납세의무자에게 과세처분의 내용을 자세히 알려주어 이에 대한 불복 여부의 결정과 불복신청의 편의를 주려는 데 그 근본취지가 있으므로, 이 규정들은 강행규정으로 보아야 한다. 따라서 납세고지서에 해당 본세의 과세표준과 세액의 산출근거 등이 제대로 기재되지 않았다면 특별한 사정이 없는 한 그 과세처분은 위법하다는 것이 판례의 확립된 견해이다. 판례는 여기에서 한발 더 나아가 설령 부가가치세법과 같이 개별 세법에서 납세고지에 관한 별도의 규정을 두지 않은 경우라 하더라도 해당 본세의 납세고지서에 국세징수법 제9조 제1항이 규정한 것과 같은 세액의 산출근거 등이 기재되어 있지 않다면 그 과세처분은 적법하지 않다고 한다. 말하자면 개별 세법에 납세고지에 관한 별도의 규정이 없더라도 국세징수법이 정한 것과 같은 납세고지의 요건을 갖추지 않으면 안 된다는 것이고, 이는 적법절차의 원칙이 과세처분에도 적용됨에 따른 당연한 귀결이다. 같은 맥락에서, 하나의 납세고지서에 의하여 복수의 과세처분을 함께 하는 경우에는 과세처분별로 그 세액과 산출근거 등을 구분하여 기재함으로써 납세의무자가 각 과세처분의 내용을 알 수 있도록 해야 하는 것 역시 당연하다고 할 것이다[대판(전합) 2012.10.18. 2010두12347].

## II. 과소보호 금지원칙

### 1. 기본권 보호의무 위반에 대한 심사기준 ★ 21 서울7급, 21 국가9급, 17 국가7급

`최신기출`
> 국가가 국민의 생명·신체의 안전에 대한 보호의무를 다하지 않았는지 여부를 헌법재판소가 심사할 때에는 국가가 이를 보호하기 위하여 적어도 적절하고 효율적인 최소한의 보호조치를 취하였는가 하는 이른바 '과소보호 금지원칙'의 위반 여부를 기준으로 삼아, 국민의 생명·신체의 안전을 보호하기 위한 조치가 필요한 상황인데도 국가가 아무런 보호조치를 취하지 않았든지 아니면 취한 조치가 법익을 보호하기에 전적으로 부적합하거나 매우 불충분한 것임이 명백한 경우에 한하여 국가의 보호의무의 위반을 확인하여야 한다(헌재결 2008.12.26. 2008헌마419).

> 국가가 국민의 생명·신체의 안전에 대한 보호의무를 다하지 않았는지 여부를 헌법재판소가 심사할 때에는 국가가 이를 보호하기 위하여 적어도 적절하고 효율적인 최소한의 보호조치를 취하였는가 하는 '과소보호 금지원칙'의 위반 여부를 기준으로 삼는다.
> ■ 21 국가9급
> 국가가 국민의 생명·신체의 안전에 대한 보호의무를 다하지 않았는지 여부에 대한 심사는 '과소보호 금지원칙'의 위반 여부를 기준으로 삼는다. ■ 21 국가9급, 17 국가7급

# 제4절 행정법의 효력

## Ⅰ. 시간적 효력

### 1. 효력발생시기(장래효)

#### (1) 발행된 날 = 최초구독가능시설(통설·판례)

> 구 「광업법 시행령」 제3조에 이른바 관보게재일이라 함은 관보에 인쇄된 발행일자(관보일자, 관부일부일)를 뜻하는 것이 아니고 관보가 전국의 각 관보보급소에 발송·배포되어 이를 일반인이 열람 또는 구독할 수 있는 상태에 놓이게 된 최초의 시기(최초구독가능시)를 뜻한다(대판 1969.11.25, 69누129).

#### (2) 관보일자보다 실제 인쇄일이 늦은 경우 실제 인쇄일이다 ★ 10 국회9급

> 구 국가배상법이 공포된 날짜는 그것이 관보에 게재된 일자인 1967.3.3.이 아니라 관보가 실제로 인쇄·발행된 동년 3.9.이라고 보아야 한다(대판 1968.12.6, 68다1753).

#### (3) 관보가 정부간행물 판매센터에 배치되거나 관보취급소에 발송된 날

> 공포한 날부터 시행하기로 한 법령등의 시행일은 그 법령이 수록된 관보의 발행일자가 아니고 그 관보가 정부간행물 판매센터에 배치되거나 관보취급소에 발송된 날이다(대판 1970.7.21, 70누76).

### 2. 소급효금지의 원칙(법률불소급의 원칙)

#### (1) 진정소급효

#### ① 원칙 부정

#### ㉠ 행정법규의 소급적용은 원칙적으로 부정된다(대법원)

> 법령의 소급적용, 특히 행정법규의 소급적용은 일반적으로는 법치주의의 원리에 반하고, 개인의 권리·자유에 부당한 침해를 가하며, 법률생활의 안정을 위협하는 것이어서, 이를 인정하지 않는 것이 원칙이다(법률불소급의 원칙 또는 행정법규불소급의 원칙)(대판 2005.5.13, 2004다8630).

#### ㉡ 조세법령의 폐지 또는 개정 전에 종결된 과세요건 사실에 대하여 폐지 또는 개정 전의 조세법령을 적용하는 것은 조세법률주의에 위배되지 않는다 ★ 14 변호사

> 조세법률주의의 원칙상 조세의무는 각 세법에 정한 과세요건이 완성된 때에 성립된다고 할 것이나, 조세법령이 일단 효력을 발생하였다가 폐지 또는 개정된 경우 조세법령이 정한 과세요건 사실이 폐지 또는 개정된 당시까지 완료된 때에는 다른 경과규정이 없는 한 그 과세요건 사실에 대하여는 종전의 조세법령이 계속 효력을 가지며, 조세법령의 폐지 또는 개정 후에 발생된 행위사실에 대하여만 효력을 잃는 것이라고 보아야 할 것이므로, 조세법령의 폐지 또는 개정 전에 종결된 과세요건 사실에 대하여 폐지 또는 개정 전의 조세법령을 적용하는 것이 조세법률주의의 원칙에 위배된다고 할 수 없다(대판 1993.5.11, 92누18399).

ⓒ 진정소급입법은 원칙적으로 부정된다(헌법재판소)

> 기존의 법에 의하여 형성되어 이미 굳어진 개인의 법적 지위를 사후입법을 통하여 박탈하는 것 등을 내용으로 하는 진정소급입법은 개인의 신뢰보호와 법적 안정성을 내용으로 하는 법치국가원리에 의하여 헌법적으로 허용되지 않는 것이 원칙이다(헌재결 1996.2.16, 96헌가2·96헌바7·96헌바13).

ⓔ

> 건축법상의 이행강제금에 관한 규정은 시정명령 불이행을 이유로 한 구 건축법상의 과태료에 관한 규정을 개선한 것이기는 하나, 그 최고한도 및 부과횟수 등에 있어서 차이가 있으므로, 위반행위를 한 시기가 개정 건축법이 시행되기 전이라서 구 건축법 제56조의2 제1항을 적용하여 과태료에 처할 것을 개정 건축법 제83조 제1항을 적용하여 이행강제금에 처하였다면 위법하다(대결 2000.3.8, 99마317).

ⓜ 원자력발전에 대한 지역개발세를 신설한 구 지방세법 개정에 따라 해당 지방자치단체가 일정기간 경과 후 관련 도세조례를 개정·시행하는 경우 해당 조례에 따른 지역개발세의 과세시기를 조례의 시행일이 아닌 개정 지방세법의 시행일로 소급하여 적용할 수 없다

전합판례
> 조세법률주의를 규정한 헌법 제38조, 제59조의 취지에 의하면 국민에게 새로운 납세의무나 종전보다 가중된 납세의무를 부과하는 규정은 그 시행 이후에 부과요건이 충족되는 경우만을 적용대상으로 삼을 수 있음이 원칙이므로, 법률에서 특별히 예외규정을 두지 아니하였음에도 하위법령인 조례에서 새로운 납세의무를 부과하는 요건에 관한 규정을 신설하면서 그 시행시기 이전에 이미 종결한 과세요건사실에 소급하여 이를 적용하도록 하는 것은 허용될 수 없다. 2005.12.31. 법률 제7843호로 개정되어 2006.1.1.부터 시행된 구 지방세법 제253조는 '대통령령이 정하는 원자력발전'을 지역개발세의 과세대상으로 추가하였는데, 그 법 제258조 제1항에는 "지역개발세를 부과할 지역과 부과징수에 관하여 필요한 사항은 도조례가 정하는 바에 의한다."고 규정되어 있었으므로, 원자력발전에 대한 지역개발세는 그 부과요건의 하나인 부과지역에 관한 조례가 정해져야만 비로소 부과지역이 대외적으로 확정되어 이를 부과할 수 있게 된다. 그런데 구 지방세법 제258조 제1항의 위임에 따라 규정된 구 경상북도세조례 부칙 제4조 제1항과 구 전라남도세조례 부칙 제2조 제1항은 원자력발전에 대한 지역개발세의 부과요건에 관한 규정을 그 시행시기 이전에 이미 종결한 과세요건사실에 소급하여 적용하도록 하는 것으로서 헌법 제38조, 제59조의 취지에 반하여 허용될 수 없으므로 모두 무효라 할 것이다(대판(전합) 2011.9.2, 2008두17363].

ⓗ 개발제한구역법에 의한 이행강제금 부과의 근거가 되는 시정명령은 이행강제금 규정이 시행된 2010. 2.7. 이후에 이루어져야 한다

> 이행강제금을 정한 개발제한구역법 제30조의2는 2009.2.6. 법률 제9436호로 신설되었고, 그 이행강제금 부과의 근거가 되는 시정명령에 관한 제30조의 규정 역시 같은 법률에 의하여 개정되었는데, 건축물·공작물 등의 철거·폐쇄·개축 또는 이전에 관하여는 종전의 규정과 달리 '상당한 기간을 정하여' 시정명령을 하도록 하였다. 그리고 위 법률 부칙은 제1조에서 "이 법은 공포 후 6개월이 경과한 날부터 시행한다. 다만, 제30조 및 제30조의2의 개정규정은 공포 후 1년이 경과한 날부터 시행한다."고 규정하여 신설된 이행강제금 규정과 그 이행강제금 부과의 근거가 되는 시정명령에 관한 개정규정이 2010.2.7. 함께 시행되도록 하고 있으며, 달리 개정 법률 시행 당시 종전의 규정에 따라 이루어진 시정명령 등에 관한 일반적인 경과조치 규정을 두고 있지 않다. 위와 같은 개발제한구역법의 규정들에 비추어 보면, 개발제한구역법에 의한 이행강제금 부과의 근거가 되는 시정명령은 위 법률 시행일인 2010.2.7. 이후에 이루어져야 한다(대판 2013.12.12, 2012두19137).

② 예외적 허용

　㉠ **진정소급효입법이 예외적으로 허용되는 경우(대법원)** ★ 15·12 사회복지

> 다만 법령을 소급적용하더라도 일반국민의 이해에 직접 관계가 없는 경우, 오히려 그 이익을 증진하는 경우, 불이익
> 이나 고통을 제거하는 경우 등의 특별한 사정이 있는 경우에 한하여 예외적으로 법령의 소급적용이 허용된다(대판
> 2005.5.13, 2004다8630).

　㉡ **진정소급효입법이 예외적으로 허용되는 경우(헌법재판소)** ★ 20·14 국가9급, 15 사회복지, 12·10 국회9급

`최신기출`
> 특단의 사정이 있는 경우, 즉 기존의 법을 변경하여야 할 공익적 필요는 심히 중대한 반면에 그 법적 지위에 대한
> 개인의 신뢰를 보호하여야 할 필요가 상대적으로 정당화될 수 없는 경우에는 예외적으로 허용될 수 있다. 그러한
> 진정소급입법이 허용되는 예외적인 경우로는 일반적으로, ① 국민이 소급입법을 예상할 수 있었거나, ② 법적 상태
> 가 불확실하고 혼란스러웠거나 하여 보호할 만한 신뢰의 이익이 적은 경우와 ③ 소급입법에 의한 당사자의 손실이
> 없거나 아주 경미한 경우, 그리고 ④ 신뢰보호의 요청에 우선하는 심히 중대한 공익상의 사유가 소급입법을 정당화하
> 는 경우를 들 수 있다. … 물론 그러한 '공익'적 필요가 존재하는지 여부의 문제를 심사함에 있어서는, 부진정소
> 급입법의 경우에 있어서의 신뢰보호의 요청과 서로 비교형량되는 단순한 공익상의 사유보다도 훨씬 엄격한 조건
> 이 적용되지 않으면 아니된다. 즉 매우 중대한 공익이 존재하는 예외적인 경우에만 그러한 진정소급입법은 정당화될
> 수 있다. 또한 진정소급입법을 헌법적으로 정당화할 수 있는 이러한 예외사유가 존재하는 여부는 특별법과 같이
> 신체의 자유에 대한 제한과 직결되는 등 중요한 기본권에 대한 침해를 유발하는 입법에 있어서는 더욱 엄격한 기준으
> 로 판단하여야 할 것이다(헌재결 1996.2.16, 96헌가2·96헌바7·96헌바13).

　㉢ **「5·18 민주화운동 등에 관한 특별법」 제2조가 진정소급효를 갖는 경우에도 법적 안정성과 신뢰보호의 원칙을
　포함하는 법치주의 정신에 위반되거나 평등의 원칙에 위배되지 않는다**

> 이 사건 반란행위 및 내란행위자들은 우리 헌법질서의 근간을 이루고 있는 자유민주적 기본질서를 파괴하였고, 그로
> 인하여 우리의 민주주의가 장기간 후퇴한 것은 말할 것도 없고, 많은 국민의 그 생명과 신체가 침해되었으며, 전
> 국민의 자유가 장기간 억압되는 등 국민에게 끼친 고통과 해악이 너무도 심대하여 공소시효의 완성으로 인한 이익은
> 단순한 법률적 차원의 이익이고, 헌법상 보장된 기본권적 법익에 속하지 않는 반면, 집권과정에서 헌정질서파괴범죄
> 를 범한 자들을 응징하여 정의를 회복하여 왜곡된 우리 헌정사의 흐름을 바로 잡아야 할 뿐만 아니라, 앞으로는
> 우리 헌정사에 다시는 그와 같은 불행한 사태가 반복되지 않도록 자유민주적 기본질서의 확립을 위한 헌정사적
> 이정표를 마련하여야 할 공익적 필요는 매우 중대한 반면, 이 사건 반란행위자들 및 내란행위자들의 군사반란죄나
> 내란죄의 공소시효완성으로 인한 법적 지위에 대한 신뢰이익이 보호받을 가치가 별로 크지 않다는 점에서, 이 법률조
> 항은 위 행위자들의 신뢰이익이나 법적 안정성을 물리치고도 남을 만큼 월등히 중대한 공익을 추구하고 있다고 평가
> 할 수 있어, 이 법률조항이 위 행위자들의 공소시효완성에 따르는 법적 지위를 소급적으로 박탈하고, 그들에
> 대한 형사소추를 가능하게 하는 결과를 초래하여 그 합헌성 인정에 있어서 엄격한 심사기준이 적용되어야 한다
> 고 하더라도, 이 법률조항은 헌법적으로 정당화된다고 할 것이다(헌재결 1996.2.16, 96헌가2·96헌바7·96헌바13).

@ 친일재산은 취득·증여 등 원인행위 시에 국가의 소유로 한다고 정한 「친일반민족행위자 재산의 국가귀속에 관한 특별법」 제3조 제1항 본문은 진정소급입법이지만 소급입법금지 원칙 등을 위반하여 위헌이라고 할 수 없다

> 친일재산은 취득·증여 등 원인행위 시에 국가의 소유로 한다고 규정하고 있는 「친일반민족행위자 재산의 국가귀속에 관한 특별법」 제3조 제1항 본문은 진정소급입법에 해당하지만, 진정소급입법이라 하더라도 예외적으로 국민이 소급입법을 예상할 수 있었거나 신뢰보호 요청에 우선하는 심히 중대한 공익상 사유가 소급입법을 정당화하는 경우 등에는 허용될 수 있는데, 친일재산의 소급적 박탈은 일반적으로 소급입법을 예상할 수 있었던 예외적인 사안이고, 진정소급입법을 통해 침해되는 법적 신뢰는 심각하다고 볼 수 없는 데 반해 이를 통해 달성되는 공익적 중대성은 압도적이라고 할 수 있으므로 진정소급입법이 허용되는 경우에 해당하고, 따라서 위 귀속조항이 진정소급입법이라는 이유만으로 헌법 제13조 제2항에 위배된다고 할 수 없다. 또한 위 귀속조항은 일본제국주의에 저항한 3·1 운동의 헌법이념을 구현하기 위한 것으로 입법 목적이 정당하고, 민법 등 기존 재산법 조항의 해석 및 적용에 의존하는 방법만으로는 친일재산의 처리가 어려운 점에 비추어 적절한 수단이며, 사안이 중대하고 범위가 명백한 네 가지 친일반민족행위를 한 자의 친일재산으로 귀속대상을 한정하고 있을 뿐만 아니라 친일반민족행위 후에 독립운동에 적극 참여한 자 등으로 친일반민족행위자재산조사위원회가 결정한 자에 대하여는 다시 예외를 인정하여 귀속대상에서 제외하고 있으며, 친일반민족행위자 측은 그 재산이 친일행위의 대가로 취득한 것이 아니라는 점을 증명하여 국가귀속을 막을 수 있고 선의의 제3자에 대한 보호 규정도 마련되어 있어 피해의 최소성 원칙에 반하지 않고, 법익의 균형성도 충족하므로 재산권을 침해하지 아니한다. 나아가 친일재산 보유를 보장하는 것 자체가 정의에 반하므로 위 귀속조항이 평등의 원칙에 반한다고 볼 수 없고, 친일반민족행위자의 후손 자신의 경제적 활동으로 취득하게 된 재산이나 친일재산 이외의 상속재산 등을 국가에 귀속시키는 것은 아니므로 연좌제 금지 원칙에 반한다고 할 수도 없다(대판 2011.5.13, 2009다26831·26848·26855·26862).

## (2) 부진정소급효

### ① 부진정소급입법의 허용범위 ★ 21 서울7급, 17 국가7급, 14 국가9급, 12 변호사

> `최신기출` 부진정소급입법은 원칙적으로 허용되지만 소급효를 요구하는 공익상의 사유와 신뢰보호의 요청 사이의 교량과정에서 신뢰보호의 관점이 입법자의 형성권에 제한을 가하게 된다(헌재결 1998.11.26, 97헌바58).

### ② 부진정소급효는 금지되는 소급효가 아니다 ★ 21 국가9급, 18 국가7급

> `최신기출` 행정처분은 그 근거법령이 개정된 경우에도 경과 규정에서 달리 정함이 없는 한 처분 당시 시행되는 개정 법령과 그에서 정한 기준에 의하는 것이 원칙이고, 그 개정 법령이 기존의 사실 또는 법률관계를 적용대상으로 하면서 종전보다 불리한 법률효과를 규정하고 있는 경우에도 그러한 사실 또는 법률관계가 개정 법률이 시행되기 이전에 이미 종결된 것이 아니라면 이를 헌법상 금지되는 소급입법이라고 할 수는 없으며, 그러한 개정법률의 적용과 관련하여서는 개정 전 법령의 존속에 대한 국민의 신뢰가 개정 법령의 적용에 관한 공익상의 요구보다 더 보호가치가 있다고 인정되는 경우에 그러한 국민의 신뢰보호를 보호하기 위하여 그 적용이 제한될 수 있는 여지가 있을 따름이다(대판 2001.10.12, 2001두274).

### ③ 법령불소급원칙의 적용범위 ★ 21 국회8급, 15 사회복지

> `최신기출` 법령불소급의 원칙은 법령의 효력발생 전에 완성된 요건 사실에 대하여 당해 법령을 적용할 수 없다는 의미일 뿐, 계속 중인 사실이나 그 이후에 발생한 요건 사실에 대한 법령적용까지를 제한하는 것은 아니다(대판 2014.4.24, 2013두26552).

④ 형벌불소급의 원칙의 의의

> 우리 헌법이 규정한 형벌불소급의 원칙은 형사소추가 '언제부터 어떠한 조건하에서' 가능한가의 문제에 관한 것이고, '얼마 동안' 가능한가의 문제에 관한 것은 아니다. 다시 말하면, 헌법의 규정은 '행위의 가벌성'에 관한 것이기 때문에 소추가능성에만 연관될 뿐, 가벌성에는 영향을 미치지 않는 공소시효에 관한 규정은 원칙적으로 그 효력범위에 포함되지 않는다. 행위의 가벌성은 행위에 대한 소추가능성의 전제조건이지만 소추가능성은 가벌성의 조건이 아니므로 공소시효의 정지규정을 과거에 이미 행한 범죄에 대하여 적용하도록 하는 법률이라 하더라도 그 사유만으로 헌법 제12조 제1항 및 제13조 제1항에 규정한 죄형법정주의의 파생원칙인 형벌불소급의 원칙에 언제나 위배되는 것으로 단정할 수는 없다(헌재결 1996.2.16, 96헌가2·96헌바7·96헌바13).

⑤ 성적불량을 이유로 한 학생징계처분에 있어서 수강신청 이후 징계요건을 완화한 학칙개정의 소급효는 허용된다
(원고가 한국해양대학 항해학과에 재학 중 1986. 말경에 시행된 2학년 2학기말 정기시험에서 신청학점 22.5학점 중 17.5학점만을 취득하고 나머지 5학점을 취득하지 못하여 재시험을 쳤으나 재시험에서도 위 미취득 5학점을 전혀 취득하지 못하였고, 그로 인하여 위 대학학칙 제50조 제3항의 '재시험을 마치고도 그 학기에 신청한 학점의 80퍼센트 이상을 취득하지 못한 자'에 해당한다는 이유로 1987.1.19.에 열린 교수회의의 심의를 거쳐 같은달 27. 수강신청 후인 1986.10.11.부터 개정시행된 학칙을 적용하여 원고에게 재재시험의 기회를 부여하지 아니하고 제적처분을 한 사건) ★ 22 국가9급

최신기출
> 대학이 성적불량을 이유로 학생에 대하여 징계처분을 하는 경우에 있어서 수강신청이 있은 후 징계요건을 완화하는 학칙개정이 이루어지고 이어 당해 시험이 실시되어 그 개정학칙에 따라 징계처분을 한 경우라면 이는 이른바 부진정소급효에 관한 것으로서 구 학칙의 존속에 관한 학생의 신뢰보호가 대학당국의 학칙개정의 목적달성보다 더 중요하다고 인정되는 특별한 사정이 없는 한 위법하다고 할 수 없다(대판 1989.7.11, 87누1123).

⑥ 「5·18 민주화운동 등에 관한 특별법」 제2조가 부진정소급효를 갖는 경우 법적 안정성과 신뢰보호의 원칙을 포함하는 법치주의 정신에 위반되지 않는다

> 공소시효가 아직 완성되지 않은 경우 위 법률조항은 단지 진행중인 공소시효를 연장하는 법률로서 이른바 부진정소급효를 갖게 되나, 공소시효제도에 근거한 개인의 신뢰와 공시시효의 연장을 통하여 달성하려는 공익을 비교형량하여 공익이 개인의 신뢰보호이익에 우선하는 경우에는 소급효를 갖는 법률도 헌법상 정당화될 수 있다. 위 법률조항의 경우에는 왜곡된 한국 반세기 헌정사의 흐름을 바로 잡아야 하는 시대적 당위성과 아울러 집권과정에서의 헌정질서 파괴범죄를 범한 자들을 응징하여 정의를 회복하여야 한다는 중대한 공익이 있는 반면, 공소시효는 행위자의 의사와 관계없이 정지될 수도 있는 것이어서 아직 공소시효가 완성되지 않은 이상 예상된 시기에 이르러 반드시 시효가 완성되리라는 것에 대한 보장이 없는 불확실한 기대일 뿐이므로 공소시효에 대하여 보호될 수 있는 신뢰보호이익은 상대적으로 미약하여 위 법률조항은 헌법에 위반되지 아니한다(헌재결 1996.2.16, 96헌가2·96헌바7·96헌바13).

⑦ 터키탕(증기탕) 업소 안에 이성(異性)의 입욕보조자를 둘 수 없도록 규정한 「공중위생법 시행규칙」 [별표 3] 중 2의 나의 (2)의 (다)목이 터키탕 영업자나 입욕보조자로 종사하는 여성의 재산권, 직업의 자유를 침해하는지 여부(소극)

> 이 사건 규칙조항이 터키탕업소에 이성의 입욕보조자를 둘 수 없도록 규정하면서 시행규칙 부칙 제4조 제1항이 종전의 규정에 의하여 허가를 받은 터키탕업소는 시행일로부터 2년 간 이성의 입욕보조자를 둘 수 있도록 규정(경과규정, 유예조치, 적응조치)한 것은 종전의 규정에 의하여 이성의 입욕보조자를 둘 수 있다고 믿고 허가를 받은 터키탕업자의 신뢰이익을 보호하고 임대기간, 투자회수기간 등을 감안하여 손해를 최소화하기 위한 조치로서 합리적인 이유가 있을 뿐만 아니라 이로 인하여 청구인들이 평등권을 침해받는 것도 아니므로 이 부분 주장도 이유 없다(헌재결 1998.2.27, 97헌마64).

⑧ 「개발이익 환수에 관한 법률」 시행 전에 개발에 착수하였지만 아직 개발을 완료하지 아니한 사업, 즉 개발이 진행중인 사업에 개발부담금을 부과하는 것은 소급입법금지의 원칙에 위반되지 않는다 ★ 10 국회9급

> 「개발이익 환수에 관한 법률」 부칙 제2조(1993.6.11. 법률 제4563호로 개정된 것)는 동법이 시행된 1990.1.1. 이전에 이미 개발을 완료한 사업에 대하여 소급하여 개발부담금을 부과하려는 것이 아니라 동법 시행 당시 개발이 진행중인 사업에 대하여 장차 개발이 완료되면 개발부담금을 부과하려는 것이므로, 이는 아직 완성되지 아니하여 진행과정에 있는 사실관계 또는 법률관계를 규율대상으로 하는 이른바 부진정소급입법에 해당하는 것이어서 원칙적으로 헌법상 허용되는 것이다(헌재결 2001.2.22. 98헌바19).

⑨ 개정 법령이 의사의 파산선고를 임의적 취소사유에서 필요적 취소사유로 규정한 경우, 파산선고를 받고 복권되지 아니한 의사에 대해 면허취소를 한 경우는 적법

> 2000.1.12. 법률 제6157호로 개정되기 전의 의료법 제52조 제1항은 제8조 제1항 제4호 소정의 '파산선고를 받고 복권되지 아니한 자'를 임의적 면허취소사유로 규정하였다가 위 개정으로 그 항에 단서를 신설하여 위 사유를 필요적 면허취소사유로 규정하였는바, '파산선고를 받고 복권되지 아니한 자'를 파산선고 후 복권될 때까지 파산자의 상태에 있는 자의 의미로 해석한다면, 파산선고를 받고 복권되지 아니한 의사의 경우 파산자라는 결격사유가 위 법률 개정 전에 이미 종료된 것이 아니고 위 법률 개정 후에도 여전히 존속하고 있는 것으로 보아야 할 것이므로, 행정청으로서는 개정 전의 의료법을 적용하여 면허취소에 대한 재량판단을 할 것이 아니라, 개정된 의료법 제52조 제1항 단서에 따라 그 면허를 반드시 취소하여야 할 것이고, 그 의사가 파산선고 당시 파산을 임의적 취소사유로 규정한 개정 전 의료법의 존속에 대하여 신뢰를 가졌다 하더라도, 의료인 결격사유의 규정취지에 비추어 볼 때, 그러한 그 의사의 신뢰가 개정된 의료법 규정의 적용에 관한 공익상의 요구와 비교·형량하여 더 보호가치 있는 것이라고 할 수 없다(대판 2001.10.12, 2001두274).

⑩ 공무원연금공단이 공무원으로 재직하다가 명예퇴직한 후 재직 중의 범죄사실로 징역형의 집행유예를 선고받고 확정된 甲에게 헌법재판소의 헌법불합치결정에 따라 개정된 공무원연금법 시행 직후 퇴직연금 급여제한처분 등을 하였고, 위 처분에 대한 취소소송 계속 중 다시 헌법재판소가 위 개정된 공무원연금법의 시행일 및 경과조치에 관한 부칙 규정에 대하여 위헌결정을 한 사안에서, 위 처분은 소급입법에 의한 재산권 침해가 문제 되지 않고 甲의 신뢰보호를 위하여 위 개정된 공무원연금법의 적용을 제한할 여지가 없다고 본 사례

> 위 처분은 퇴직연금수급권의 기초가 되는 급여의 사유가 이미 발생한 후에 그 퇴직연금수급권을 대상으로 하지만, 이미 발생하여 이행기에 도달한 퇴직연금수급권의 내용을 변경함이 없이 장래 이행기가 도래하는 퇴직연금수급권의 내용만을 변경하는 것에 불과하여, 이미 완성 또는 종료된 과거 사실 또는 법률관계에 새로운 법률을 소급적으로 적용하여 과거를 법적으로 새로 평가하는 것이 아니므로 소급입법에 의한 재산권 침해가 될 수 없고, 위 헌법불합치 결정에 따라 개선입법이 이루어질 것을 충분히 예상할 수 있으므로 개선입법 후 비로소 이행기가 도래하는 퇴직연금수급권에 대해서까지 급여제한처분이 없으리라는 신뢰가 합리적이고 정당한 것이라고 보기 어려워 甲의 신뢰보호를 위하여 신법의 적용을 제한할 여지가 없음에도, 신법 시행 전에 지급사유가 발생한 퇴직연금수급권에 관해서는 신법 시행 이후에 이행기가 도래하는 부분의 급여에 대하여도 지급을 제한할 수 없다고 보아 위 처분이 위법하다고 본 원심판결에 법리오해의 위법이 있다고 한 사례(대판 2014.4.24, 2013두26552)

⑪

> 최신판례
>
> 2013.4.25. 국토교통부령 제5호로 개정된 「공익사업을 위한 토지 등의 취득 및 보상에 관한 법률 시행규칙」 시행일 전에 사업인정고시가 이루어졌으나 위 시행규칙 시행 후 보상계획의 공고·통지가 이루어진 공익사업에 대해서도 영농보상금액의 구체적인 산정방법·기준에 관한 위 시행규칙 제48조 제2항 단서 제1호를 적용하도록 규정한 위 시행규칙 부칙(2013.4.25.) 제4조 제1항은 진정소급입법에 해당하지 않는다(대판 2020.4.29, 2019두32696).

## 3. 법령의 개정과 부칙 규정의 효력

### (1) 법령이 전문개정된 경우, 전문개정 전 부칙 규정은 소멸된다

> 법률의 개정시에 종전 법률 부칙의 경과규정을 개정하거나 삭제하는 명시적인 조치가 없다면 개정 법률에 다시 경과규정을 두지 않았다고 하여도 부칙의 경과규정이 당연히 실효되는 것은 아니지만, 개정 법률이 전문개정인 경우에는 기존 법률을 폐지하고 새로운 법률을 제정하는 것과 마찬가지이어서 종전의 본칙은 물론 부칙 규정도 모두 소멸하는 것으로 보아야 할 것이므로 특별한 사정이 없는 한 종전의 법률 부칙의 경과규정도 모두 실효된다고 보아야 한다(대판 2002.7.26, 2001두11168).

### (2) 법률이 전문개정된 경우 개정 전 법률의 부칙 규정의 효력이 소멸하지 않는 '특별한 사정'의 의미 및 판단방법

> '특별한 사정'이라 함은 전문개정된 법률에서 종전의 법률 부칙의 경과규정에 관하여 계속 적용한다는 별도의 규정을 둔 경우뿐만 아니라 그러한 규정을 두지 않았다고 하더라도 종전의 경과규정이 실효되지 않고 계속 적용된다고 보아야 할 만한 예외적인 특별한 사정이 있는 경우도 포함된다고 할 것이고, 이 경우 예외적인 '특별한 사정'이 있는지 여부를 판단함에 있어서는 종전 경과규정의 입법경위 및 취지, 전문 개정된 법령의 입법취지 및 전반적 체계, 종전의 경과규정이 실효된다고 볼 경우 법률상 공백상태가 발생하는지 여부, 기타 제반사정 등을 종합적으로 고려하여 개별적·구체적으로 판단하여야 한다(대판 2008.11.27, 2006두19419)

### (3) 예외적으로 종전 부칙 경과규정이 실효되지 않고 계속 적용되는 경우

> 종전 경과규정의 입법 경위와 취지, 그리고 개정 전후 법령의 전반적인 체계나 내용 등에 비추어 신법의 효력발생 이후에도 종전의 경과규정을 계속 적용하는 것이 입법자의 의사에 부합하고, 그 결과가 수범자인 국민에게 예측할 수 없는 부담을 지우는 것이 아니라면 별도의 규정이 없더라도 종전의 경과규정이 실효되지 않고 계속 적용된다고 해석할 수 있다(대판 2013.3.28, 2012재두299).

### (4) 법령을 일부 개정하면서 개정 법령에 경과규정을 두지 않은 경우, 기존 법령 부칙의 경과규정은 원칙적으로 실효되지 않는다

> 법령이 일부 개정된 경우에는 기존 법령 부칙의 경과규정을 개정 또는 삭제하거나 이를 대체하는 별도의 규정을 두는 등의 특별한 조치가 없는 한 개정 법령에 다시 경과규정을 두지 않았다고 하여 기존 법령 부칙의 경과규정이 당연히 실효되는 것은 아니다(대판 2014.4.24, 2011두18229).

### (5) 구 건축법 부칙 제2항은 1991.5.31. 법률 제4381호로 전부 개정된 건축법 시행에도 실효되지 않았다고 보아야 할 예외적인 '특별한 사정'이 있다

> **[최신판례]** 건축법이 1991.5.31. 법률 제4381호로 전부 개정되면서 구 건축법 부칙(1975.12.31.) 제2항(종전 부칙 제2항)과 같은 경과규정을 두지 않은 것은 당시 대부분의 도로가 시장·군수 등의 도로 지정을 받게 됨으로써 종전 부칙 제2항과 같은 경과규정을 존치시킬 필요성이 줄어든 상황을 반영한 것일 뿐, 이미 건축법상의 도로가 된 사실상의 도로를 다시 건축법상의 도로가 아닌 것으로 변경하려고 한 취지는 아닌 점, 종전 부칙 제2항이 효력을 상실한다고 보면 같은 규정에 의하여 이미 확정적으로 건축법상의 도로가 된 사실상의 도로들에 관하여 법률상 공백 상태가 발생하게 되고 그 도로의 이해관계인들, 특히 그 도로를 통행로로 이용하는 인근 토지 및 건축물 소유자의 신뢰보호 및 법적 안정성 측면에도 문제가 생기는 점 등의 제반 사정을 종합해 볼 때, 종전 부칙 제2항은 1991.5.31. 법률 제4381호로 전부 개정된 건축법의 시행에도, 여전히 실효되지 않았다고 볼 '특별한 사정'이 있다(대판 2019.10.31, 2017두74320).

## 4. 처분시 적용법령

### (1) 처분시법(원칙)

① 보상금 신청 후 처분 전에 보상 기준과 대상에 관한 관계 법령의 규정이 개정된 경우 보상금지급 여부를 결정하는 기준이 되는 법령은 처분시법이다

> 행정처분은 근거 법령이 개정된 경우에도 경과규정에서 달리 정함이 없는 한 처분 당시 시행되는 개정 법령과 거기에서 정한 기준에 의하는 것이 원칙이고, 그러한 개정 법령의 적용과 관련하여서는 개정 전 법령의 존속에 대한 국민의 신뢰가 개정 법령의 적용에 관한 공익상의 요구보다 더 보호가치가 있다고 인정되는 경우에 그러한 국민의 신뢰를 보호하기 위하여 적용이 제한될 수 있는 여지가 있다(대판 2014.7.24, 2012두23501).

② 신청에 따른 처분의 발급에 관한 법령이 개정된 경우, 경과규정에서 달리 정하지 않은 한 처분 당시에 시행되는 개정 법령과 그에서 정한 기준에 의하여 위 처분의 발급 여부를 결정하는 것이 원칙이다 ★ 18 지방9급, 14 지방7급

**최신기출**
**최신판례**
> 항고소송에서 처분의 위법 여부는 특별한 사정이 없는 한 그 처분 당시를 기준으로 판단하여야 한다. 이는 신청에 따른 처분의 경우에도 마찬가지이다. 새로 개정된 법령의 경과규정에서 달리 정함이 없는 한, 처분 당시에 시행되는 개정 법령과 그에서 정한 기준에 의하여 신청에 따른 처분의 발급 여부를 결정하는 것이 원칙이고, 그러한 개정 법령의 적용과 관련하여서는 개정 전 법령의 존속에 대한 국민의 신뢰가 개정 법령의 적용에 관한 공익상의 요구보다 더 보호가치가 있다고 인정되는 경우에 그러한 국민의 신뢰를 보호하기 위하여 그 적용이 제한될 수 있는 여지가 있을 따름이다(대판 2020.1.16, 2019다264700).

③ 인허가신청 후 처분 전에 관계법령이 개정 시행된 경우 원칙적으로 새로운 법령 및 허가기준에 따라 처분해야
한다 ★ 20·12 국회9급, 19 서울7급, 19 지방9급, 18 지방7급, 18·11 국가7급, 15·14 변호사, 14·13 순경특채

**최신기출**
> 허가 등의 행정처분은 원칙적으로 처분시의 법령과 허가기준에 의하여 처리되어야 하고 허가신청 당시의 기준에 따라야 하는 것은 아니며, 비록 허가신청 후 허가기준이 변경되었다 하더라도 그 허가관청이 허가신청을 수리하고도 정당한 이유 없이 그 처리를 늦추어 그 사이에 허가기준이 변경된 것이 아닌 이상 변경된 허가기준에 따라서 처분을 하여야 한다(대판 2006.8.25, 2004두2974).

> 갑이 허가를 신청한 이후 관계 법령이 개정되어 허가기준이 변경되었다면, 허가 여부에 대해서는 신청 당시의 법령을 적용하여야 하며 허가 당시의 법령을 적용할 수 없다. (x) ■ 18 국가7급
> 허가 등의 행정처분은 원칙적으로 허가 신청시의 법령과 허가기준에 의하여 처리되어야 한다. ■ 19 서울7급

④ '정당한 이유 없이 처리를 지연하였는지' 여부를 판단하는 방법'

> '정당한 이유 없이 처리를 지연하였는지'는 법정 처리기간이나 통상적인 처리기간을 기초로 당해 처분이 지연되게 된 구체적인 경위나 사정을 중심으로 살펴 판단하되, 개정 전 법령의 적용을 회피하려는 행정청의 동기나 의도가 있었는지, 처분지연을 쉽게 피할 가능성이 있었는지 등도 아울러 고려할 수 있다(대판 2014.7.24, 2012두23501).

⑤ 인천 서해관광호텔 투전기업소 신규허가신청에 대해 구체적인 허가기준을 정하도록 위임받은 시행령이 개정 시행되기를 기다리며 신청에 대한 처리를 보류하고 있다가 새로운 시행령에 의하여 한 불허가처분은 정당한 이유 없이 처리를 지체한 것이라고 볼 수 없으므로 적법하다

> 이 사건에 있어서 원고가 허가신청을 한 1991.9.5.부터 불과 3일 후인 같은달 8일부터 신법인 사행행위 등 규제법의 적용을 받게 되었는데, 투전기업소 등의 허가요건을 규정한 같은법 제5조는 그 제1항 제3호 및 제4호에서 '외국인을 상대로 하는 오락시설로서 외화획득에 특히 필요하다고 인정되는 경우' 및 '관광진흥과 관광객의 유치촉진을 위하여 특히 필요하다고 인정되는 경우'를 허가요건의 하나로 규정하면서 그 제2항에서 제1항 각호 소정의 '특히 필요하다고 인정되는 경우'에 관하여는 대통령령으로 정한다고 하여 그 구체적인 기준을 시행령에 위임하였으나, 그 시행령은 위 신법의 시행과 더불어 개정·시행되지 아니하고 같은해 12.17.에 이르러서야 개정·시행되었고, 한편 구법인 「사행행위단속법 시행령」에는 위 신법이 정하고 있는 허가기준인 '특히 필요하다고 인정되는 경우'를 보충하여 판단할 수 있는 아무런 규정이 없었으므로, 피고는 부득이 이 사건 허가신청에 대한 처리를 보류하고 신법에 대한 시행령이 개정·시행되기를 기다려 그 새로운 시행령이 시행되자 개정된 시행령에 의하여 이 사건 불허처분을 한 것이므로, 피고가 원고의 허가신청을 수리하고도 정당한 이유 없이 그 처리를 지체한 것이라고는 볼 수 없고, 따라서 피고가 처분 당시에 시행 중인 법령 및 허가기준에 의하여 한 이 사건 불허처분이 위법하다고는 할 수 없다(대판 1992.12.8, 92누13813).

⑥ 국토이용관리법 시행 당시 주택건설사업계획 승인신청을 하였는데, 그 후 「국토의 계획 및 이용에 관한 법률」의 시행으로 국토이용관리법이 폐지됨에 따라 시장이 신법에 의하여 위 신청을 반려한 사안에서, 시장이 위 신청을 수리하고도 정당한 이유 없이 그 처리를 늦추었다고 볼 수 없다 하여 위 반려처분 당시 적용될 법률은 종전 국토이용관리법이 아니라 「국토의 계획 및 이용에 관한 법률」이라고 한 사례 ★ 10 국회9급

> 원심은, 원고가 종전 국토이용관리법 시행 당시인 2002.12.27. 준농림지역인 이 사건 신청지가 준도시지역으로 국토이용계획변경이 될 것을 전제로 주택건설사업계획 승인신청을 하였는데, 2003.1.1. 국토계획법의 시행으로 국토이용관리법이 폐지되었고, 피고가 2003.1.4. 이 사건 신청을 반려하는 이 사건 처분을 함에 있어서 이 사건 신청과 관련하여 국토이용계획변경을 입안하여 이를 관보 또는 일간신문 등에 공고한 바도 없으며, 그 밖에 판시와 같은 사정에 비추어 보면 피고가 이 사건 신청을 수리하고도 정당한 이유 없이 그 처리를 늦추었다고 볼 수 없으므로, 이 사건 처분 당시 적용될 법률은 종전 국토이용관리법이 아니라 국토계획법이라고 한 다음, 국토계획법령에 따르면 이 사건 신청은 건축물의 규모에 관한 제한에 위반되어 부적법한 것이어서 피고로서는 반드시 반려처분을 하여야 하는 것이므로, 피고가 처분사유로 삼은 나머지 점 및 그에 대한 원고의 나머지 주장에 대하여 나아가 살펴 볼 필요 없이 이 사건 처분은 적법하다고 판단하였다. 앞서 본 법리와 기록에 비추어 살펴보면, 원심의 위와 같은 판단은 정당하고, 거기에 상고이유로 주장하는 헌법상의 공무원의 지위, 행정절차법 제17조 등에 관한 법리를 오해한 위법이 없다(대판 2006.8.25, 2004두2974).

⑦ 구 「국가유공자 등 예우 및 지원에 관한 법률」 제4조 제1항 제6호에서 정한 공상군경에 해당하는지 판단하기 위해 적용할 법령과 기준은 등록 여부를 결정할 당시 시행되는 법령과 그에 정한 기준에 의하여야 한다

> 국가유공자와 그 유족 등이 갖는 보상금 등 각종 수급권은 법률에 의하여 비로소 인정되는 권리로서 보상금수급권 발생에 필요한 절차 등 법으로 정해진 수급권 발생요건을 갖추기 전에는 헌법이 보장하는 재산권이라고 할 수 없고, 이때 국가유공자와 그 유족 등의 지위는 재산권인 보상금 등 수급권을 취득할 수 있는 기대이익을 가지고 있는 것에 불과하다. 따라서 구 「국가유공자 등 예우 및 지원에 관한 법률」 제4조 제1항 제6호에서 정한 공상군경에 해당하는지는 국가보훈처장이 구 국가유공자법 제6조 제1항의 신청에 따라 같은 조 제2항의 국가유공자 등 등록 여부를 결정할 당시 시행되는 법령과 그에 정한 기준에 의하여야 한다(대판 2012.11.15. 2009두7639).

⑧ 수도법 제71조 및 「수도법 시행령」 제65조에서 정한 상수도원인자부담금은 부과처분일 당시 적용되는 법령에 따라 산정해야 한다

**최신판례** 수도법 제71조 및 「수도법 시행령」 제65조에서 정한 상수도원인자부담금은 해당 지방자치단체의 조례에서 그 산정시점에 관하여 특별히 정함이 없는 한, 부과처분일 당시 적용되는 법령에 따라 이를 산정하여야 한다(대판 2022.4.28, 2021두58837).

## (2) 예외

① 법률관계를 확인하는 처분(법률관계의 확정시, 지급사유발생시) : 사건의 발생시 법령에 따라 이미 법률관계가 확정되고, 행정청이 이를 확인하는 처분(예 : 장애등급결정)을 하는 경우에는 일정한 예외적인 경우를 제외하고는 원칙상 처분시법이 아니라 당해 법률관계의 확정시(지급사유발생시)의 법령을 적용한다.

㉠ 사건의 발생시 법령에 따라 법률관계가 확정되고 행정청이 이를 확인하는 처분을 하는 경우 처분시법(장해등급결정시법)이 아니라 법률관계확정시(장해급여 지급청구권 취득시, 즉 지급사유발생시)의 법령을 적용하는 것이 원칙이지만, ★ 14 지방7급 흉터로 인한 장해등급을 결정함에 있어 개정동기가 위헌적 요소를 없애려는 반성적 고려에서 이루어졌기 때문에 예외적으로 개정 시행령을 적용해야 한다 ★ 09 서울9급

산업재해보상보험법상 장해급여는 근로자가 업무상의 사유로 부상을 당하거나 질병에 걸려 치료종결 후 신체 등에 장해가 있는 경우에 지급되는 것으로서, 치료종결 후 신체 등에 장해가 있을 때 그 지급 사유가 발생하고, 그때 근로자는 장해급여 지급청구권을 취득하므로, 장해급여 지급을 위한 장해등급 결정 역시 장해급여 지급청구권을 취득할 당시, 즉 그 지급 사유 발생 당시의 법령에 따르는 것이 원칙이라 할 것이다.
그러나 이 사건 개정 시행령은 외모의 흉터 장해에 대한 장해등급의 결정에 관하여 단순한 정책변경에 따라 개정된 것이 아니라, 개정 전 시행령이 동일한 외모의 흉터에 대하여 남녀를 불합리하게 차별하는 위헌적 요소가 있어서 이를 해소하려는 반성적 고려에서 개정된 것이고, 그 개정을 통하여 개정 전 시행령보다 근로자에게 유리하게 장해등급을 결정하도록 하여 근로자의 균등한 복지증진을 도모하고자 하는 데 그 취지가 있으며, 피고의 원고에 대한 장해등급 결정 전에 개정 시행령의 시행일이 도래한 점 등에 비추어 보면, 이 사건에서 원고의 외모 흉터 장해에 대하여는 예외적으로 개정 시행령을 적용하여 그 장해등급을 결정함이 상당하다 할 것이다(대판 2007.2.22, 2004두12957).

㉡ 국민연금법상 장애연금 지급을 위한 장애등급 결정 시와 장애연금의 변경지급을 위한 장애등급 변경결정 시 각 적용할 법령은 장애연금 지급청구권을 취득할 당시, 즉 치료종결 후 신체 등에 장애가 있게 된 당시의 법령이다

장애연금 지급을 위한 장애등급 결정은 장애연금 지급청구권을 취득할 당시, 즉 치료종결 후 신체 등에 장애가 있게 된 당시의 법령에 따르는 것이 원칙이다. 나아가 이러한 법리는 기존의 장애등급이 변경되어 장애연금액을 변경하여 지급하는 경우에도 마찬가지이므로, 장애등급 변경결정 역시 변경사유 발생 당시, 즉 장애등급을 다시 평가하는 기준일인 '질병이나 부상이 완치되는 날'의 법령에 따르는 것이 원칙이다(대판 2014.10.15, 2012두15135).

② 법령위반에 대한 제재처분(위반행위시법) : 법령위반행위에 대한 제재처분의 경우 원칙적으로 위반행위시법에 따른다. 위반행위 후 개정된 처분시의 법을 적용하는 것은 소급적용금지의 원칙상 위법하다. 다만, 처분 상대방에게 유리하게 개정된 경우 개정법령(처분시법)을 적용하는 것은 가능하다.

㉠ 건설업면허수첩 대여행위가 법령 개정으로 건설업면허 취소사유에서 삭제된 경우 구법 적용에 의한 면허취소가 가능하다 ★ 14 국가9급

> 법령이 변경된 경우 명문의 다른 규정이나 특별한 사정이 없는 한 그 변경 전에 발생한 사항에 대하여는 변경 후의 신 법령이 아니라 변경 전의 구 법령이 적용되므로, 건설업자인 원고가 1973.12.31. 소외인에게 면허수첩을 대여한 것이 그 당시 시행된 건설업법 제38조 제1항 제8호 소정의 건설업면허 취소사유에 해당된다면 그 후 동법시행령 제3조 제1항이 개정되어 건설업면허 취소사유에 해당하지 아니하게 되었다 하더라도 건설부장관(현 국토해양부장관)은 동 면허수첩 대여행위 당시 시행된 건설업법 제38조 제1항 제8호를 적용하여 원고의 건설업면허를 취소하여야 할 것이다(대판 1982.12.28, 82누1).

㉡ 건설업자가 시공자격 없는 자에게 전문공사를 하도급한 행위에 대하여 과징금 부과처분을 하는 경우, 구체적인 부과기준에 대하여 처분시의 법령이 행위시의 법령보다 불리하게 개정되었고 어느 법령을 적용할 것인지에 대하여 특별한 규정이 없다면 행위시의 법령을 적용하여야 한다 ★ 15 국가9급, 14 변호사

> 법령이 변경된 경우 신 법령이 피적용자에게 유리하여 이를 적용하도록 하는 경과규정을 두는 등의 특별한 규정이 없는 한 헌법 제13조 등의 규정에(행위시법주의) 비추어 볼 때 그 변경 전에 발생한 사항에 대하여는 변경 후의 신 법령이 아니라 변경 전의 구 법령이 적용되어야 한다. 건설업자가 시공자격 없는 자에게 전문공사를 하도급한 행위에 대하여 과징금 부과처분을 하는 경우, 구체적인 부과기준에 대하여 처분시의 법령이 행위시의 법령보다 불리하게 개정되었고 어느 법령을 적용할 것인지에 대하여 특별한 규정이 없다면 행위시의 법령을 적용하여야 한다고 한 사례(대판 2002.12.10, 2001두3228).

㉢ 경과규정 등의 특별규정 없이 법령이 변경된 경우, 그 변경 전에 발생한 사항에 대하여 적용할 법령은 구 법령이다 ★ 12 사회복지, 08 국가9급

> 구 건설업법 시행 당시에 건설업자가 도급받은 건설공사 중 전문공사를 그 전문공사를 시공할 자격 없는 자에게 하도급한 행위에 대하여 건설산업기본법 시행 이후에 과징금 부과처분을 하는 경우, 과징금의 부과상한은 건설산업기본법 부칙 제5조 제1항에 의하여 피적용자에게 유리하게 개정된 건설산업기본법 제82조 제2항에 따르되, 구체적인 부과기준에 대하여는 처분시의 시행령이 행위시의 시행령보다 불리하게 개정되었고 어느 시행령을 적용할 것인지에 대하여 특별한 규정이 없으므로, 행위시의 시행령을 적용하여야 한다(대판 2002.12.10, 2001두3228).

㉣ 적법한 용도변경절차를 마치지 아니한 위법상태의 법적 성격을 판단하는 기준이 되는 법령은 법적 성격 여하가 문제 되는 시점 당시에 시행되는 건축법령이다

> 건축법상의 용도변경행위에는 유형적인 용도변경행위뿐만 아니라 용도변경된 건축물을 사용하는 행위도 포함된다. 따라서 적법한 용도변경절차를 마치지 아니한 건축물은 원상회복되거나 적법한 용도변경절차를 마치기 전까지는 그 위법상태가 계속되고, 그 위법상태의 법적 성격은 특별한 사정이 없는 한 그 법적 성격 여하가 문제 되는 시점 당시에 시행되는 건축법령에 의하여 판단되어야 한다(대판 2017.5.31, 2017두30764).

③ 불합격처분(시험일자의 법령)

㉠ 시험에 따른 합격 또는 불합격처분은 원칙적으로 시험일자의 법령을 적용한다

> 헌법재판소의 헌법불합치결정에 따라 개정된 「국가유공자 등 예우 및 지원에 관한 법률」 제31조 제1항, 제2항 등의 적용 시기인 2007.7.1. 전에 실시한 공립 중등학교 교사 임용후보자 선정 경쟁시험에서, 위 법률 등의 개정 규정을 소급 적용하지 않고 개정 전 규정에 따른 가산점 제도를 적용하여 한 불합격처분은 적법하다(대판 2009.1.15, 2008두15596).

## 5. 장래효

> 식품제조·가공업을 신고업종에서 등록업종으로 변경하는 개정 식품위생법령이 시행된 2012.12.8. 이후 이루어진 미신고 식품제조영업을 개정 전 구 식품위생법 제97조 제1호, 제37조 제4항, 구 「식품위생법 시행령」 제25조 제1항 제1호에 의하여 처벌할 수 없다(대판 2014.1.16. 2013도12308).

## 6. 효력의 소멸

(1) 「개발제한구역의 지정 및 관리에 관한 특별조치법」 제11조 제3항 및 같은법 시행규칙 관련 조항의 신설로 허가나 신고 없이 개발제한구역 내 공작물 설치행위를 할 수 있도록 법령이 개정된 경우, 그 법령의 시행 전에 이미 범하여진 위법한 설치행위에 대한 가벌성이 소멸하지 않는다 ★ 20 국가9급, 12 국회9급

> 종전에 허가를 받거나 신고를 하여야만 할 수 있던 행위의 일부를 허가나 신고 없이 할 수 있도록 법령이 개정되었다 하더라도 이는 법률 이념의 변천으로 과거에 범죄로서 처벌하던 일부 행위에 대한 처벌 자체가 부당하다는 반성적 고려에서 비롯된 것이라기보다는 사정의 변천에 따른 규제 범위의 합리적 조정의 필요에 따른 것이라고 보이므로, 위 「개발제한구역의 지정 및 관리에 관한 특별조치법」과 같은법 시행규칙의 신설 조항들이 시행되기 전에 이미 범하여진 개발제한구역 내 비닐하우스 설치행위에 대한 가벌성이 소멸하는 것은 아니다(대판 2007.9.6, 2007도4197).

(2) 현행 「도시 및 주거환경정비법」하에서 구법 시행 당시 존재하던 무등록 자문행위에 대한 벌칙규정에 의한 처벌은 불가능하다

> 비록 정비사업전문관리업으로 등록하지 아니한 자라고 할지라도 정비사업의 시행을 위하여 필요한 법 제69조 제1항 각호의 사항에 관한 추진위원회 또는 사업시행자의 자문에 응하는 행위를 처벌대상으로 삼은 종전의 조치가 부당하다는 반성적 고려에서 위와 같이 「도시 및 주거환경정비법」을 개정한 것으로 보아야 할 것이다. 그렇다면 이는 범죄 후 법률의 변경에 의하여 그 행위가 범죄를 구성하지 아니하는 경우에 해당하여 형법 제1조 제2항에 따라 신법을 적용하여야 한다(대판 2009.9.24, 2007도6185).

## II. 지역적 효력

**(1) 「남극해양생물자원 보존에 관한 협약」의 체약국인 우리나라에 입항한 어획물 운반선은 위 협약과 그에 따른 남극해양생물자원 보존위원회의 보존조치에 의한 전재(轉載) 제한조치의 적용대상이다**

> 1980.5.20. 체결된 「남극해양생물자원 보존에 관한 협약」과 관련하여, 우리나라가 1985.3.29. 가입서를 기탁한 후, 1985.4.28. 조약 제860호로 위 협약이 발효되어 우리나라 영토 전체에 그 효력이 미치는 이상, 우리나라 항구에 입항한 어획물 운반선은 그 기국(旗國) 및 어획물 조업선의 기국이 위 협약의 체약국인지 여부와 관계없이, 위 협약 및 그에 따른 남극해양생물자원 보존위원회의 보존조치에 의한 검색과 양륙 및 전재 제한조치의 적용대상이 된다(대판 2007.12.27, 2007두11177).

## III. 대인적 효력

**(1) 일본국에서 영주권을 취득한 재일교포는 대한민국 국민이므로 외국인토지법을 준용하면 안 된다**

> 대한민국 국민이 일본국에서 영주권을 취득하였다 하여 우리 국적을 상실하지 아니하며, 영주권을 가진 재일교포를 준외국인으로 보아 외국인토지법을 준용하여야 하는 것도 아니다(대판 1981.10.13, 80다2435).

**(2) 북한주민도 대한민국 국민이다**

> 조선인을 부친으로 하여 출생한 자는 남조선과도정부법률 제11호 「국적에 관한 임시조례」의 규정에 따라 조선국적을 취득하였다가 제헌헌법의 공포와 동시에 대한민국 국적을 취득하였다 할 것이고, 설사 그가 북한법의 규정에 따라 북한국적을 취득하여 중국 주재 북한대사관으로부터 북한의 해외공민증을 발급받은 자라 하더라도 북한지역 역시 대한민국의 영토에 속하는 한반도의 일부를 이루는 것이어서 대한민국의 주권이 미칠 뿐이고, 대한민국의 주권과 부딪치는 어떠한 국가단체나 주권을 법리상 인정할 수 없는 점에 비추어 볼 때, 그러한 사정은 그가 대한민국 국적을 취득하고 이를 유지함에 있어 아무런 영향을 끼칠 수 없다. 출입국관리법 소정의 외국인으로서 대한민국 밖으로 강제퇴거를 시키기 위하여는 상대방이 대한민국의 국적을 가지지 아니한 외국인이라고 단정할 수 있어야 하고, 따라서 재외국민이 다른 나라의 여권을 소지하고 대한민국에 입국하였다 하더라도 그가 당초에 대한민국의 국민이었던 점이 인정되는 이상 다른 나라의 여권을 소지한 사실 자체만으로는 그 나라의 국적을 취득하였다거나 대한민국의 국적을 상실한 것으로 추정·의제되는 것이 아니므로, 다른 특별한 사정이 없는 한 그와 같은 재외국민을 외국인으로 볼 것은 아니고, 다른 나라의 여권을 소지하고 입국한 재외국민이 그 나라의 국적을 취득하였다거나 대한민국의 국적을 상실한 외국인이라는 점에 대하여는 관할외국인보호소장 등 처분청이 이를 입증하여야 한다(대판 1996.11.12, 96누1221).

# 제5절 행정법의 해석

### (1) 법해석의 방법과 한계

법은 원칙적으로 불특정 다수인에 대하여 동일한 구속력을 갖는 사회의 보편타당한 규범이므로 이를 해석함에 있어서는 법의 표준적 의미를 밝혀 객관적 타당성이 있도록 하여야 하고, 가급적 모든 사람이 수긍할 수 있는 일관성을 유지함으로써 법적 안정성이 손상되지 않도록 하여야 한다. 한편 실정법은 보편적이고 전형적인 사안을 염두에 두고 규정되기 마련이므로 사회현실에서 일어나는 다양한 사안에서 그 법을 적용함에 있어서는 구체적 사안에 맞는 가장 타당한 해결이 될 수 있도록 해석할 것도 또한 요구된다. 요컨대 법해석의 목표는 어디까지나 법적 안정성을 저해하지 않는 범위 내에서 구체적 타당성을 찾는 데 두어야 한다. 나아가 그러기 위해서는 가능한 한 법률에 사용된 문언의 통상적인 의미에 충실하게 해석하는 것을 원칙으로 하면서, 법률의 입법 취지와 목적, 그 제·개정 연혁, 법질서 전체와의 조화, 다른 법령과의 관계 등을 고려하는 체계적·논리적 해석방법을 추가적으로 동원함으로써, 위와 같은 법해석의 요청에 부응하는 타당한 해석을 하여야 한다[대판 (전합) 2013.1.17. 2011다83431].

### (2) 침익적 행정행위의 근거가 되는 행정법규의 해석 ★ 18 국회8급

침익적 행정행위의 근거가 되는 행정법규는 엄격하게 해석·적용하여야 하고 그 행정행위의 상대방에게 불리한 방향으로 지나치게 확장해석하거나 유추해석하여서는 안 되며, 그 입법 취지와 목적 등을 고려한 목적론적 해석이 전적으로 배제되는 것은 아니라 하더라도 그 해석이 문언의 통상적인 의미를 벗어나서는 아니 된다(대판 2013.12.12. 2011두3388).

### (3)

사회복지법인 또는 사회복지시설에 대한 후원금의 용도 외 사용에 관한 규정은 엄격하게 해석하여야 한다(대판 2017.6.29. 2017두33824).

# 제3장
# 행정상 법률관계

## 제1절 공법과 사법

### Ⅰ. 공·사법의 구별실익과 구별기준

#### 1. 구별실익

**(1)**

> 행정주체가 경제적 활동의 주체로서 활동할 때에도 공공의 복지와 밀접한 관계가 있는 공적인 행위로서가 아니라, 다시 말하면 사사로운 국민 상호 간의 경제적 활동과 조금도 차이가 없는 경우에는 그 성질상 사법이 전면적으로 그대로 적용되어야 할 것이다. 행정주체가 물품의 매매계약을 하며 건축청부 계약을 체결하고 국유재산을 매각하는 것 등이 그 예라 할 것이다(대판 1961.10.5, 4292행상6).

**(2) 의료업을 영위하는 법인 중 공법인(서울대학교병원, 국립대학교병원, 지방공사병원)과는 달리 민법상 비영리법인만을 지방세의 면제대상에서 제외**

> 서울대학교병원, 국립대학교병원, 지방공사병원은 공법인, 민법상 비영리법인은 사법인인 점에서 법률적 성격에 본질적인 차이가 있고, 양자 사이에는 설립목적, 경영원칙, 목적사업, 운영형태, 재정지원 및 감독 등의 점에서도 규율을 달리하고 있으므로, 지방세의 면제 여부에 관하여 이들 공법인과 민법상의 비영리법인을 달리 취급하는 것은 양자의 본질적 차이에 따른 것이므로 합리적인 이유가 있다(헌재결 2001.1.18, 98헌바75).

**(3) 지방자치단체가 일방 당사자가 되는 이른바 '공공계약'이 사경제의 주체로서 상대방과 대등한 위치에서 체결하는 사법상 계약에 해당하는 경우, 사적 자치와 계약자유의 원칙 등 사법의 원리가 적용된다** ★ 19 지방7급

최신기출
> 지방자치단체가 일방 당사자가 되는 이른바 '공공계약'이 사경제의 주체로서 상대방과 대등한 위치에서 체결하는 사법상 계약에 해당하는 경우 그에 관한 법령에 특별한 정함이 있는 경우를 제외하고는 사적 자치와 계약자유의 원칙 등 사법의 원리가 그대로 적용된다(대판 2018.2.13. 2014두11328).

#### 2. 구별기준

> 어떤 법률관계가 불평등한 것이어서 민법의 규정이 배제되는 공법적 법률관계라고 하기 위하여는 그 불평등이 법률에 근거한 것이라야 할 것이고, 당사자 간의 불평등이 공무원의 위법한 강박행위에 기인한 것일 때에는 이러한 불평등은 사실상의 문제에 불과하여 이러한 점만을 이유로 당사자 사이의 관계가 민법의 규정이 배제되는 공법적 법률관계라고 할 수는 없다(대판 1993.10.26, 93다6409).

# Ⅱ. 공법관계인지 사법관계인지 다투어지는 영역

## 1. 국유재산 관련

### (1) 공법관계

1. 국유재산의 관리청이 무단점유자에 대하여 하는 변상금부과처분(대판 1988.2.23, 87누1046·1047) : 기속행위, 처분성 인정
2. 귀속재산 불하처분(대판 1969.1.21, 68누190)
   ※ 국유재산 불하는 사법관계
3. 「징발재산정리에 관한 특별조치법」에 의한 국방부장관의 징발재산 매수결정(처분성 인정)(대판 1991.10.22, 91다26690)· 징발권자인 국가와 피징발자와의 관계
   ※ 징발물보상청구권은 사법관계(대판 1970.3.24, 69다1561)
④ 국유재산 관리청의 행정재산의 사용·수익자에 대한 사용료부과처분(대판 1996.2.13, 95누11023) : 처분성 인정
⑤ 행정재산의 목적 외 사용(행정재산의 사용수익허가)(특허)(대판 2006.3.9, 2004다31074) 및 사용·수익허가취소(대판 1997.4.11, 96누17325), 사용·수익허가신청거부(대판 1998.2.27, 97누1105) : 모두 처분성 긍정
⑥ 국립의료원 부설 주차장에 관한 위탁관리용역운영계약의 실질은 행정재산에 대한 사용·수익허가로서 특허(대판 2006.3.9, 2004다31074)

---

### ① 국유재산의 관리청이 무단점유자에 대하여 하는 변상금부과처분은 공법관계로서 행정처분이다

★ 17 지방9급, 16 지방7급, 14 행정사, 13·11 국회8급, 13 서울9급, 12 행정사, 12 변호사, 11 국가8급, 10 서울7급

> 국유재산법 제51조 제1항은 국유재산의 무단점유자에 대하여는 대부 또는 사용·수익허가 등을 받은 경우에 납부하여야 할 대부료 또는 사용료 상당액 외에도 그 징벌적 의미에서 국가측이 일방적으로 그 2할 상당액을 추가하여 변상금을 징수토록 하고 있으며, 동조 제2항은 변상금의 체납시 국세징수법에 의하여 강제징수토록 하고 있는 점 등에 비추어 보면 국유재산의 관리청이 그 무단점유자에 대하여 하는 변상금부과처분은 순전히 사경제주체로서 행하는 사법상의 법률행위라 할 수 없고, 이는 관리청이 공권력을 가진 우월적 지위에서 행한 것으로서 행정소송의 대상이 되는 행정처분이라고 보아야 한다(대판 1988.2.23, 87누1046.1047).

### ② 행정재산의 목적 외 사용(행정재산의 사용·수익허가 및 사용·수익허가취소)은 공법관계이다 ★ 10 국회8급

> 국·공유재산의 관리청이 행정재산의 사용·수익을 허가한 다음 그 사용·수익하는 자에 대하여 하는 사용·수익허가취소는 순전히 사경제주체로서 행하는 사법상의 행위라 할 수 없고, 이는 관리청이 공권력을 가진 우월적 지위에서 행한 것으로서 항고소송의 대상이 되는 행정처분이다(대판 1997.4.11, 96누17325).

### ③ 국유재산의 관리청의 사용료 부과의 성질은 행정처분이다 ★ 15 국회8급, 14 서울7급

> 국유재산의 관리청이 행정재산의 사용·수익을 허가한 다음 그 사용·수익하는 자에 대하여 하는 사용료 부과는 순전히 사경제주체로서 행하는 사법상의 이행청구라 할 수 없고, 이는 관리청이 공권력을 가진 우월적 지위에서 행한 것으로서 항고소송의 대상이 되는 행정처분이라 할 것이다(대판 1996.2.13, 95누11023).

④ **행정재산의 사용·수익에 대한 허가는 특허이고, 이에 대한 신청을 거부한 행위는 항고소송의 대상인 행정처분이다** ★ 21·17·15·10 국회8급, 20·12 국가7급, 16 지방9급, 13 서울9급, 13 지방7급, 13 행정사, 13 변호사

공유재산의 관리청이 행정재산의 사용·수익에 대한 허가는 순전히 사경제주체로서 행하는 사법상의 행위가 아니라 관리청이 공권력을 가진 우월적 지위에서 행하는 행정처분으로서 특정인에게 행정재산을 사용할 수 있는 권리를 설정하여 주는 강학상 특허에 해당하고, 이러한 행정재산의 사용·수익허가처분의 성질에 비추어 국민에게는 행정재산의 사용·수익허가를 신청할 법규상 또는 조리상의 권리가 있다고 할 것이므로 공유재산의 관리청이 이러한 신청을 거부한 행위 역시 행정처분에 해당한다(대판 1998.2.27, 97누1105).

⑤ **국립의료원 부설 주차장에 관한 위탁관리용역운영계약의 실질은 행정재산에 대한 국유재산법 제24조 제1항의 사용·수익허가로서 특허로서 공법관계이다** ★ 18 지방9급, 16·11 국가9급, 15·11 국회8급, 15 순경특채, 12 지방7급

운영계약의 실질은 행정재산인 위 부설주차장에 대한 국유재산법 제24조 제1항에 의한 사용·수익 허가로서 이루어진 것임을 알 수 있으므로, 이는 위 국립의료원이 원고의 신청에 의하여 공권력을 가진 우월적 지위에서 행한 행정처분으로서 특정인에게 행정재산을 사용할 수 있는 권리를 설정하여 주는 강학상 특허에 해당한다 할 것이고 순전히 사경제주체로서 원고와 대등한 위치에서 행한 사법상의 계약으로 보기 어렵다고 할 것이다. 따라서 원고가 그 주장과 같이 이 사건 가산금 지급채무의 부존재를 주장하여 구제를 받으려면, 적절한 행정쟁송절차를 통하여 권리관계를 다투어야 할 것이지, 이 사건과 같이 피고에 대하여 민사소송으로 위 지급의무의 부존재확인을 구할 수는 없는 것이다. 그렇다면 원고의 이 사건 소는 쟁송방법을 잘못 선택한 것으로서 부적법한 것이라고 아니할 수 없다(대판 2006.3.9, 2004다31074).

국립의료원 부설 주차장에 관한 위탁관리용역운영계약은 공법상 계약에 해당한다. (x) ■ 16 국가9급
국립의료원 부설 주차장 위탁관리용역운영계약은 공법상 계약에 해당한다. (x) ■ 22 지방9급

### (2) 사법관계

1. 국유재산 불하(대판 1960.1.27, 4290행상139)
   ※ 귀속재산 불하는 공법관계
2. 철도국장이 관리하는 건물을 임대하는 계약(대판 1961.10.5, 4292행상6)
3. 국유임야 대부·매각·양여행위, 국유임야 무상양여신청거부행위(대판 1983.9.27, 83누292)
4. 국유잡종재산 매각행위, 매각신청 반려행위(대판 1986.6.24, 86누171)
5. 국유잡종재산 대부행위 및 대부료의 납입고지(대판 2000.2.11, 99다61675), 국유임야 대부료부과 조치(대판 1993.12.7, 91누11612)
6. 국유광업권매각(대판 1970.3.24, 69누286)
7. 폐천부지를 양여하는 행위(대판 1988.5.10, 87누1219)(공용폐지 = 잡종재산)
8. 시유지 분양처분의 결과로 매매목적물이 감평된 경우 그 대금액의 조정(대판 1989.9.12, 88누9763)
9. 기부채납 받은 공유재산을 무상으로 기부자에게 사용을 허용하는 행위(대판 1994.1.25, 93누7365)
   ※ 기부채납 받은 행정재산의 사용·수익에 대한 허가는 공법관계(대판 2001.6.15, 99두509)
10. 공유재산인 잡종재산 대부행위(대판 2010.11.11, 2010다59646)

① **국유임야 무상양여신청거부행위는 행정소송의 대상이 아니다** ★ 15 국회8급, 15 변호사, 12 순경특채

산림청장이 산림법이나 구 산림법 또는 구 산림령 등의 정하는 바에 따라 국유임야를 대부하거나 매각 또는 양여하는 행위는 사경제 주체로서 하는 사법상의 행위이고 행정청이 공권력을 행사하는 주체로서 행하는 행정처분이라고 볼 수 없으므로 산림청장의 국유임야 무상양여거부처분도 단순한 사법상의 행위일 뿐이며 따라서 위 거부처분은 행정소송의 대상이 되지 아니한다(대판 1983.9.27, 83누292).

② **국유재산 불하와 같이 행정권의 주체가 사인과 대등한 지위에서 하는 행위는 행정행위에 속하지 아니하여 행정소송의 대상이 되지 않는다**

국가 또는 행정권의 주체가 사인과 대등한 지위에서 하는 행위, 예컨대 국유재산의 불하 정부수요품의 매입공사 청부계약 등은 재정법 또는 국유재산법에 그에 대한 여러 가지 제한규정은 있을지라도 그 본질은 사법상의 법률행위이고 행정행위의 관념에 속하지 않는 것으로서 그 행위는 행정소송의 대상이 되지 않고 이에 관한 쟁송은 민사소송에 속한다 해석할 것이다(대판 1960.1.27, 4290행상139).

③ **국유임야 대부·매각·양여·무상양여신청거부행위는 사법상의 행위는 사법관계이다** ★ 14 서울7급

산림청장이 산림법이나 구 산림법 또는 구 산림령 등의 정하는 바에 따라 국유임야를 대부하거나 매각 또는 양여하는 행위는 사경제주체로서 하는 사법상의 행위이고 행정청이 공권력을 행사하는 주체로서 행하는 행정처분이라고 볼 수 없으므로 산림청장의 국유임야 무상양여거부처분도 단순한 사법상의 행위일 뿐이며, 따라서 위 거부처분은 행정소송의 대상이 되지 아니한다(대판 1983.9.27, 83누292).

④ **국유잡종재산 매각행위, 매각신청 반려행위는 사법관계이다** ★ 15 국회8급

국유재산법의 규정에 의하여 총괄청 또는 그 권한을 위임받은 기관이 국유재산을 매각하는 행위는 사경제주체로서 행하는 사법상의 법률행위에 지나지 아니하며 행정청이 공권력의 주체라는 지위에서 행하는 공법상의 행정처분은 아니라 할 것이므로 국유재산매각 신청을 반려한 거부행위도 단순한 사법상의 행위일 뿐 공법상의 행정처분으로 볼 수 없다(대판 1986.6.24, 86누171).

⑤ **국유임야 대부료부과 조치는 사법상 채무이행을 구하는 것으로 보아야지 행정처분이라고 할 수 없다**

★ 14 서울7급

산림청장이나 그로부터 권한을 위임받은 행정청이 산림법 등이 정하는 바에 따라 국유임야를 대부하거나 매각하는 행위는 사경제적 주체로서 상대방과 대등한 입장에서 하는 사법상 계약이지 행정청이 공권력의 주체로서 상대방의 의사 여하에 불구하고 일방적으로 행하는 행정처분이라고 볼 수 없으며 이 대부계약에 의한 대부료부과 조치 역시 사법상 채무이행을 구하는 것으로 보아야지 이를 행정처분이라고 할 수 없다(대판 1993.12.7, 91누11612).

⑥ **폐천부지를 양여하는 행위는 사법관계이다**

하천법 제77조의 규정에 의하여 건설부장관(현 국토해양부장관) 또는 그 권한을 위임받은 기관이 폐천부지를 양여하는 행위는 사경제주체로서 행하는 사법상의 법률행위에 지나지 않으며 행정청이 공권력의 주체라는 우월적 지위에서 행하는 공법상의 행정처분이 아니므로 이는 행정소송의 대상이 되지 아니한다(대판 1988.5.10, 87누1219).

⑦ **국유잡종재산 대부행위(임대차)·대부료 납입고지는 사법관계이다**

★ 16 지방7급, 17·16 지방9급, 15 변호사, 14 행정사, 11 지방9급, 10 서울7급

잡종재산인 국유림을 대부하는 행위는 국가가 사경제주체로서 상대방과 대등한 위치에서 행하는 사법상의 법률행위라 할 것이고, 행정청이 공권력의 주체로서 행하는 공법상의 행위라 할 수 없으며, 이 대부계약의 취소사유나 대부료의 산정방법 등을 법정하고(산림법 제78조, 동 시행령 제62조), 또 대부료의 징수에 관하여 국세징수법 중 체납처분에 관한 규정을 준용하는 규정(국유재산법 제25조 제3항, 제38조)들이 있다고 하더라도 위 규정들은 국유재산관리상의 공정과 편의를 꾀하기 위한 규정들에 불과하여 위 규정들로 인하여 잡종재산인 국유림 대부행위의 본질이 사법상의 법률행위에서 공법상의 행위로 변화되는 것은 아니라 할 것이므로, 잡종재산인 국유림에 관한 대부료의 납입고지 역시 사법상의 이행청구에 해당한다고 할 것이어서 행정소송의 대상으로 되지 아니한다(대판 1993.12.21, 93누13735).

⑧ **기부채납 부동산의 사용허가기간 연장신청 거부행위는 사법관계이다** ★ 21 국회8급, 17 국가7급

최신기출

> 지방자치단체가 구 「지방재정법 시행령」 제71조의 규정에 따라 기부채납받은 공유재산을 무상으로 기부자에게
> 사용을 허용하는 행위는 사경제주체로서 상대방과 대등한 입장에서 하는 사법상 행위이지 행정청이 공권력의
> 주체로서 행하는 공법상 행위라고 할 수 없으므로, 기부자가 기부채납한 부동산을 일정기간 무상사용한 후에 한
> 사용허가기간 연장신청을 거부한 행정청의 행위도 단순한 사법상의 행위일 뿐 행정처분 기타 공법상 법률관계에
> 있어서의 행위는 아니다(대판 1994.1.25, 93누7365).
> ※ 기부채납받은 행정재산의 사용·수익에 대한 허가는 공법관계(대판 2001.6.15, 99두509)

지방자치단체가 일반재산인 부동산을 무상으로 기부자에게 사용을 허용하는 행위는 사경제주체로서 상대방과 대등한 입장에서 하
는 사법상 행위이지만 기부자가 그 부동산을 일정기간 무상사용한 후에 한 사용허가기간 연장신청을 지방자치단체가 거부한 경우,
당해 거부행위는 단순한 사법상의 행위가 아니라 행정처분에 해당한다. (x) ■ 21 국회8급

⑨ **구 한국공항공단법 제17조에 의하여 한국공항공단이 정부로부터 무상사용허가를 받은 행정재산을 위임이나 위
탁을 받지 않고 전대하는 행위는 사법상의 임대차에 해당한다** ★ 16 국회8급

> 한국공항공단이 정부로부터 무상사용허가를 받은 행정재산을 구 한국공항공단법 제17조에서 정한 바에 따라 전
> 대하는 경우에 미리 그 계획을 작성하여 건설교통부장관에게 제출하고 승인을 얻어야 하는 등 일부 공법적 규율
> 을 받고 있다고 하더라도, 한국공항공단이 그 행정재산의 관리청으로부터 국유재산관리사무의 위임을 받거나 국유재
> 산관리의 위탁을 받지 않은 이상, 한국공항공단이 무상사용허가를 받은 행정재산에 대하여 하는 전대행위는 통상의
> 사인간의 임대차와 다를 바가 없고, 그 임대차계약이 임차인의 사용승인신청과 임대인의 사용승인의 형식으로 이
> 루어졌다고 하여 달리 볼 것은 아니다(대판 2004.1.15, 2001다12638).

## 2. 특별행정법관계 관련

| 공법관계 | 사법관계 |
|---|---|
| 1. 공공조합직원의 근무관계(단, 급여관계는 사법관계)<br>　① 토지개량조합과 직원의 복무관계로서 징계처분(대판 1967.11.14, 67다2271)<br>　② 농지개량조합의 직원에 대한 징계처분(대판 1995.6.9, 94다10870)<br>　③ 도시재개발조합에 대한 조합원의 자격확인 [대판(전합) 1996.2.15, 94다31235] : 당사자소송<br>　※ 주한미군 한국인 직원의료보험조합직원의 근무관계는 사법관계(대판 1987.2.8, 87누884)<br>2. 유치원 교사의 자격이 있는 자에 대한 해임처분의 시정 및 수령지체된 보수의 지급을 구하는 소송은 행정소송(대판 1991.5.10, 90다10766)<br>3. 지방소방공무원의 근무관계와 보수에 관한 법률관계(대판 2013.3.28, 2012다102629) : 당사자소송<br>4. 입찰참가자격 제한<br>　① 행정청인 국방부장관(대판 1996.2.27, 95누4360), 관악구청장(대판 1999.3.9, 98두18565), 서울특별시장의 입찰참가자격제한처분(대판 1994.8.23, 94누3568)은 행정처분<br>　② 공기업·준정부기관이 법령에 근거하여 계약상대방에게 한 입찰참가자격 제한 조치(대판 2018.10.25, 2016두33537) : 처분성 인정<br>5. 국가나 지방자치단체에 근무하는 청원경찰의 근무관계(대판 1993.7.13, 92다47564)<br>6. 공무원연금관리공단의 급여에 관한 결정(대판 1996.12.6, 96누6417) : 처분성 인정<br>　■ 공무원연금관리공단이 퇴직연금 중 일부 금액에 대하여 지급거부의 의사표시를 한 경우 미지급연금의 지급을 구하는 소송은 당사자소송(대판 2004.7.8, 2004두244) | 1. 공공조합의 급여관계 : 토지개량조합 연합회직원의 동 연합회에 대한 급여청구권(대판 1967.11.14, 67다2271)<br>2. 구「도시 및 주거환경정비법」상 재개발조합과 조합장 또는 조합임원 사이의 선임·해임 등을 둘러싼 법률관계(대결 2009.9.24, 2009마168·169)<br>3. 공사·공단의 근무관계·급여관계<br>　① 한국조폐공사의 임원과 직원의 근무관계(파면행위)(대판 1978.4.25, 78다414)<br>　② 서울특별시지하철공사의 임원과 직원의 근무관계(대판 1989.9.12, 89누2103)<br>　③ 공무원 및 사립학교교직원의료보험관리공단과 직원의 근무관계(대판 1993.11.23, 93누15212)<br>　④ 종합유선방송위원회 소속 직원의 근로관계(임금과 퇴직금의 지급 청구)(대판 2001.12.24, 2001다54038)<br>4. 입찰참가자격 제한<br>　① 한국전력공사가 정부투자기관회계규정에 의하여 행한 입찰참가자격을 제한하는 내용의 부정당업자제재처분(대결 1999.11.26, 99부3)·한국토지개발공사의 입찰참가자격 제한(부정당업자제재처분)(대결 1995.2.28, 94두36)·수도권매립지관리공사가 한 입찰참가자격을 제한하는 내용의 부정당업자제재처분(대결 2010.11.26. 2010무137)<br>　　■ 행정청에 의한 입찰참가자격제한은 공법관계로서 처분성 인정<br>　② 공기업·준정부기관이 계약에 근거하여 계약상대방에게 한 입찰참가자격 제한 조치(대판 2018.10.25, 2016두33537)<br>5. 한국마사회가 조교사 또는 기수의 면허를 부여하거나 취소하는 것(대판 2008.1.31, 2005두8269)<br>6. 주택재건축정비사업조합과 조합 설립에 동의하지 않은 자 사이의 매도청구를 둘러싼 법률관계(대판 2010.7.15, 2009다63380) |

### (1) 국가나 지방자치단체에 근무하는 청원경찰의 근무관계(징계처분)는 공법관계이다

★ 18 지방9급, 15 변호사, 10 서울7급, 11 국회8급, 11 국가9급

최신기출 국가나 지방자치단체에 근무하는 청원경찰(모든 청원경찰이 아니고 국가나 지방자치단체에 근무하는 청원경찰임)은 국가공무원법이나 지방공무원법상의 공무원은 아니지만, 다른 청원경찰과는 달리 그 임용권자가 행정기관의 장이고, 국가나 지방자치단체로부터 보수를 받으며, 산업재해보상보험법이나 근로기준법이 아닌 공무원연금법에 따른 재해보상과 퇴직급여를 지급받고, 직무상의 불법행위에 대하여도 민법이 아닌 국가배상법이 적용되는 등의 특질이 있으며 그 외 임용자격, 직무, 복무의무내용 등을 종합하여 볼 때, 그 근무관계를 사법상의 고용계약관계로 보기는 어려우므로 그에 대한 징계처분의 시정을 구하는 소는 행정소송의 대상이지 민사소송의 대상이 아니다(대판 1993.7.13, 92다47564).

### (2) 농지개량조합과 직원과의 관계는 공법관계이다

> 농지개량조합과 그 직원과의 관계는 사법상의 근로계약관계가 아닌 공법상의 특별권력관계이고, 그 조합의 직원에 대한 징계처분의 취소를 구하는 소송은 행정소송사항에 속한다(대판 1995.6.9, 94누10870).

### (3) 행정청인 국방부장관이 정리회사 진로건설 주식회사를 대상으로 한 입찰참가자격제한처분은 공법관계로서 처분에 해당한다 ★ 10 서울교행

> 행정청이 시공연대보증업체에 대하여 보증시공을 하지 아니하였다는 이유로 행한 입찰참가자격제한처분의 당부를 법원이 판단함에 있어서는 시공연대보증업체가 보증시공의무를 이행하지 아니한 데 정당한 이유가 있는지의 여부를 심리하여 처분의 위법 여부를 판단하고, 나아가 정당한 이유 없이 계약을 이행하지 아니하였다고 인정되는 경우에도 행정청이 제반 사정에 비추어 지나치게 과도한 제한기간을 정함으로써 재량권을 일탈 또는 남용한 위법이 있는지를 가려 보아야 한다(대판 1996.2.27, 95누4360).

### (4) 도시재개발조합에 대한 조합원의 자격 확인을 구하는 소송은 당사자소송이고 관리처분계획(분양계획)은 행정처분이다 ★ 15 지방7급

> 도시재개발법(현 도시 및 주거환경정비법)에 의한 재개발조합은 조합원에 대한 법률관계에서 적어도 특수한 존립목적을 부여받은 특수한 행정주체로서 국가의 감독하에 그 존립목적인 특정한 공공사무를 행하고 있다고 볼 수 있는 범위 내에서는 공법상의 권리의무관계에 서 있는 것이므로 분양신청 후에 정하여진 관리처분계획의 내용에 관하여 다툼이 있는 경우에는 그 관리처분계획은 토지 등의 소유자에게 구체적이고 결정적인 영향을 미치는 것으로서 조합이 행한 처분에 해당하므로 항고소송의 방법으로 그 무효확인이나 취소를 구할 수 있다(대판 2002.12.10, 2001두6333).

### (5) 토지개량조합 직원의 급여청구권은 사법관계이다

> 조합이 공법인이고 조합과 조합 직원 간의 복무관계가 공법관계라 할지라도 그 조합의 직원이 조합에 대하여 근로를 제공하고 그 대가를 청구하는 퇴직금을 포함한 모든 급여청구권까지를 모두 공법상의 권리관계라고 할 수 없다(대판 1967.11.14, 67다2271).
>
> ※ 토지개량조합과 그 직원의 복무관계는 공법관계이지만, 토지개량조합 연합회직원의 동 연합회에 대한 급여청구권은 사법관계임에 유의할 것(대판 1967.11.14, 67다2271)

### (6) 한국조폐공사 직원의 근무관계는 사법관계이다 ★ 14 서울7급, 12 순경특채

> 한국조폐공사 직원의 근무관계는 사법관계에 속하고 그 직원의 파면행위도 사법상의 행위라고 보아야 한다(대판 1978.4.25, 78다414).

### (7) 주한미군 한국인 직원의료보험조합 직원의 근무관계는 사법관계이다 ★ 14 서울7급

> 주한미군 한국인 직원의료보험조합 직원의 근무관계는 사법관계에 속하는 것이므로 동 조합 직원에 대한 위 조합의 징계면직처분은 항고소송의 대상이 되는 행정처분이 아니고 사법상의 법률행위라고 보아야 한다(대판 1987.12. 8, 87누884).

### (8) 서울특별시지하철공사의 임원과 직원의 근무관계는 사법관계이다 ★ 15·11 순경특채, 15 변호사, 13 지방7급, 09 국회9급

> 서울특별시지하철공사의 임원과 직원의 근무관계의 성질은 지방공기업법의 모든 규정을 살펴보아도 공법상의 특별권력관계라고는 볼 수 없고 사법관계에 속할 뿐만 아니라, 위 지하철공사의 사장이 그 이사회의 결의를 거쳐 제정된 인사규정에 의거하여 소속직원에 대한 징계처분을 한 경우 위 사장은 행정소송법 제13조 제1항 본문과 제2조 제2항 소정의 행정청에 해당되지 않으므로 공권력발동 주체로서 위 징계처분을 행한 것으로 볼 수 없고, 따라서 이에 대한 불복절차는 민사소송에 의할 것이지 행정소송에 의할 수는 없다(대판 1989.9.12, 89누2103).

**(9) 토지개발공사의 입찰참가자격 제한처분은 사법관계이다**

> 한국토지개발공사법의 규정에 의하여 설립된 자본금 전액 정부투자법인일 뿐인 한국토지개발공사가 행정소송법 소정의 행정청 또는 그 소속기관이거나 이로부터 일정기간 입찰참가자격을 제한하는 내용의 부정당업자제재처분의 권한을 위임받았다고 볼만한 아무런 법적 근거가 없으므로, 한국토지개발공사가 한 그 제재처분은 행정소송의 대상이 되는 행정처분이 아니라 단지 상대방을 그 공사가 시행하는 입찰에 참가시키지 않겠다는 뜻의 사법상의 효력을 가지는 통지행위에 불과하고, 또한 그 공사의 이와 같은 통지행위가 있다고 하여 상대방에게 예산회계법(현 국가재정법) 제95조 제2항, 지방재정법 제62조 제2항에 의한 국가 또는 지방자치단체에서 시행하는 모든 입찰에의 참가자격을 제한하는 효력이 발생한다고 볼 수도 없으므로 그 상대방이 한국토지개발공사를 상대로 하여 제기한 부정당업자 제재처분 효력정지신청의 본안소송은 부적법하다(대결 1995.2.28, 94두36).
> ※ 다수설은 처분성 인정
> ※ 행정기관인 국방부장관(대판 1996.2.27, 95누4360), 관악구청장(대판 1999.3.9, 98두18565), 서울특별시장의 입찰참가자격제한처분(대판 1994.8.23, 94누3568)은 행정처분이라고 판시

**(10) 한국전력공사가 정부투자기관회계규정에 의하여 행한 입찰참가자격을 제한하는 내용의 부정당업자제재처분의 법적 성질은 사법상 통지행위이다** ★ 15 지방9급, 14 국회8급

> 공사가 행정소송법 소정의 행정청 또는 그 소속기관이거나 이로부터 위 제재처분의 권한을 위임받았다고 볼 만한 아무런 법적 근거가 없다고 할 것이므로 위 공사가 정부투자기관회계규정에 의하여 행한 입찰참가자격을 제한하는 내용의 부정당업자제재처분은 행정소송의 대상이 되는 행정처분이 아니라 단지 상대방을 위 공사가 시행하는 입찰에 참가시키지 않겠다는 뜻의 사법상의 효력을 가지는 통지행위에 불과하다(대결 1999.11.26. 99부3).

**(11) 수도권매립지관리공사가 한 입찰참가자격을 제한하는 내용의 부정당업자제재처분은 사법관계이다**

> 수도권매립지관리공사가 갑에게 입찰참가자격을 제한하는 내용의 부정당업자제재처분을 하자, 갑이 제재처분의 무효확인 또는 취소를 구하는 행정소송을 제기하면서 제재처분의 효력정지신청을 한 사안에서, 수도권매립지관리공사는 행정소송법에서 정한 행정청 또는 그 소속기관이거나 그로부터 제재처분의 권한을 위임받은 공공기관에 해당하지 않으므로, 수도권매립지관리공사가 한 위 제재처분은 행정소송의 대상이 되는 행정처분이 아니라 단지 갑을 자신이 시행하는 입찰에 참가시키지 않겠다는 뜻의 사법상의 효력을 가지는 통지에 불과하므로, 갑이 수도권매립지관리공사를 상대로 하여 제기한 위 효력정지신청은 부적법함에도 그 신청을 받아들인 원심결정은 집행정지의 요건에 관한 법리를 오해한 위법이 있다(대결 2010.11.26, 2010무137).

**(12) 종합유선방송위원회 소속직원의 근로관계의 성질은 사법상의 계약관계이다** ★ 11 순경특채

> 구 종합유선방송법(2000.1.12. 법률 제6139호로 전문개정된 방송법 부칙 제2조 제2호에 따라 폐지)상의 종합유선방송위원회는 그 설치의 법적 근거, 법에 의하여 부여된 직무, 위원의 임명절차 등을 종합하여 볼 때 국가기관이고, 그 사무국 직원들의 근로관계는 사법(私法)상의 계약관계이므로, 사무국 직원들은 국가를 상대로 민사소송으로 그 계약에 따른 임금과 퇴직금의 지급을 청구할 수 있다(대판 2001.12.24, 2001다54038).

**(13) 구 「도시 및 주거환경정비법」상 재개발조합과 조합장 또는 조합임원 사이의 선임·해임 등을 둘러싼 법률관계의 성질은 사법상의 법률관계이다** ★ 19 서울7급, 13 지방9급

> 최신기출
> 구 「도시 및 주거환경정비법」상 재개발조합이 공법인이라는 사정만으로 재개발조합과 조합장 또는 조합임원 사이의 선임·해임 등을 둘러싼 법률관계가 공법상의 법률관계에 해당한다거나 그 조합장 또는 조합임원의 지위를 다투는 소송이 당연히 공법상 당사자소송에 해당한다고 볼 수는 없고, 구 「도시 및 주거환경정비법」의 규정들이 재개발조합과 조합장 및 조합임원과의 관계를 특별히 공법상의 근무관계로 설정하고 있다고 볼 수도 없으므로, 재개발조합과 조합장 또는 조합임원 사이의 선임·해임 등을 둘러싼 법률관계는 사법상의 법률관계로서 그 조합장 또는 조합임원의 지위를 다투는 소송은 민사소송에 의하여야 할 것이다(대결 2009.9.24, 2009마168.169).

> 재개발조합은 공법인이므로 재개발조합과 조합장 사이의 선임해임 등을 둘러싼 법률관계는 공법상 법률관계이고 그 조합장의 지위를 다투는 소송은 공법상 당사자소송이다. (×) ■ 19 서울7급

**(14) 한국마사회가 조교사 또는 기수의 면허를 부여하거나 취소하는 것은 사법관계로서 처분성이 부정된다**

★ 21 지방7급, 15 국회8급, 15 지방9급

최신기출 | 한국마사회가 조교사 또는 기수의 면허를 부여하거나 취소하는 것은 경마를 독점적으로 개최할 수 있는 지위에서 우수한 능력을 갖추었다고 인정되는 사람에게 경마에서의 일정한 기능과 역할을 수행할 수 있는 자격을 부여하거나 이를 박탈하는 것에 지나지 아니하므로, 이는 국가 기타 행정기관으로부터 위탁받은 행정권한의 행사가 아니라 일반 사법상의 법률관계에서 이루어지는 단체 내부에서의 징계 내지 제재처분이다(대판 2008.1.31, 2005두8269).

한국마사회가 조교사 또는 기수의 면허를 부여하거나 취소하는 것은 국가 기타 행정기관으로부터 위탁받은 행정권한의 행사에 해당하므로 처분성이 인정된다. (x) ■ 15 국회8급

**(15) 주택재건축정비사업조합의 매도청구권 행사에 따른 소유권이전등기의무의 존부를 다투는 소송의 법적 성질은 민사소송이다** ★ 12 국회8급

구 「도시 및 주거환경정비법」(구 도시정비법)상 주택재건축정비사업조합이 공법인이라는 사정만으로 조합 설립에 동의하지 않은 자의 토지 및 건축물에 대한 주택재건축정비사업조합의 매도청구권을 둘러싼 법률관계가 공법상의 법률관계에 해당한다거나 그 매도청구권 행사에 따른 소유권이전등기절차 이행을 구하는 소송이 당연히 공법상 당사자소송에 해당한다고 볼 수는 없고, 위 법률의 규정들이 주택재건축정비사업조합과 조합 설립에 동의하지 않은 자와의 사이에 매도청구를 둘러싼 법률관계를 특별히 공법상의 법률관계로 설정하고 있다고 볼 수도 없으므로, 주택재건축정비사업조합과 조합 설립에 동의하지 않은 자 사이의 매도청구를 둘러싼 법률관계는 사법상의 법률관계로서 그 매도청구권 행사에 따른 소유권이전등기의무의 존부를 다투는 소송은 민사소송에 의하여야 할 것이다(대판 2010.7.15, 2009다63380).

**(16) 지방소방공무원의 근무관계는 공법상의 근무관계에 해당하고, 그 근무관계의 주요한 내용 중 하나인 보수에 관한 법률관계는 공법상의 법률관계라고 보아야 한다** ★ 14 지방7급

지방자치단체와 그 소속 경력직 공무원인 지방소방공무원 사이의 관계, 즉 지방소방공무원의 근무관계는 사법상의 근로계약관계가 아닌 공법상의 근무관계에 해당하고, 그 근무관계의 주요한 내용 중 하나인 지방소방공무원의 보수에 관한 법률관계는 공법상의 법률관계라고 보아야 한다(대판 2013.3.28, 2012다102629).

**(17) 공기업·준정부기관의 계약상대방에 대한 입찰참가자격 제한 조치가 법령에 근거한 행정처분인지 계약에 근거한 권리행사인지 판단하는 방법**

공기업·준정부기관이 법령 또는 계약에 근거하여 선택적으로 입찰참가자격 제한 조치를 할 수 있는 경우, 계약상대방에 대한 입찰참가자격 제한 조치가 법령에 근거한 행정처분인지 아니면 계약에 근거한 권리행사인지는 원칙적으로 의사표시의 해석 문제이다. 이때에는 공기업·준정부기관이 계약상대방에게 통지한 문서의 내용과 해당 조치에 이르기까지의 과정을 객관적·종합적으로 고찰하여 판단하여야 한다. 그럼에도 불구하고 공기업·준정부기관이 법령에 근거를 둔 행정처분으로서의 입찰참가자격 제한 조치를 한 것인지 아니면 계약에 근거한 권리행사로서의 입찰참가자격 제한 조치를 한 것인지가 여전히 불분명한 경우에는, 그에 대한 불복방법 선택에 중대한 이해관계를 가지는 그 조치 상대방의 인식가능성 내지 예측가능성을 중요하게 고려하여 규범적으로 이를 확정함이 타당하다(대판 2018.10.25, 2016두33537).

## 3. 계약 관련

| 공법관계 | 사법관계 |
|---|---|
| 1. 공법상 계약(통설·판례 모두 공법상 실질적 당사자소송에 의한 구제 인정)<br>　① 학술 : 지방전문직공무원인 서울특별시의 경찰국 산하 서울대공전술연구소 소장 채용계약(대판 1993.9.14, 92누4611)<br>　② 예술단원<br>　　㉠ 서울시립무용단원의 위촉(대판 1995.12.22, 95누4636)<br>　　㉡ 국립중앙극장 전속합창단원의 채용(대판 1996.8.27, 95나35953)<br>　　㉢ 광주시립합창단원에 대한 재위촉(대판 2001.12.11, 2001두7794)<br>　③ 언론 : 국방일보의 발행책임자인 국방홍보원장으로 채용된 계약직공무원에 대한 채용계약(대판 2002.11.26, 2002두5948)<br>　④ 의사 : 전문직공무원인 공중보건의사 채용계약(대판 1996.5.31, 95누10617)<br>　⑤ 중소기업 정보화지원사업에 따른 지원금 출연을 위하여 중소기업청장이 체결하는 협약(대판 2015.8.27. 2015두41449)<br>　⑥ 국책사업인 '한국형 헬기 개발사업'(Korean Helicopter Program)에 개발주관사업자 중 하나로 참여하여 국가 산하 중앙행정기관인 방위사업청과 한국항공우주산업 주식회사 간의 '한국형헬기 민군겸용 핵심구성품 개발협약'(대판 2017.11.9. 2015다215526)<br>2. 공기업이용관계<br>　① 수도료의 부과징수(학설상 처분성 인정)와 수도료의 납부관계(공법상의 법률관계로 당사자소송 대상으로 해석)(대판 1977.2.22, 76다2517)<br>　② 단수처분(대판 1979.12.28, 79누218)(학설상 권력적 사실행위) : 판례는 권력적 사실행위라는 논거를 제시하지 않고 결론만 처분으로 인정<br>3. 공기업이용관계 관련사례 중 처분성 부정(행정지도)<br>　① 한국전력공사가 관할구청장에게 전기공급의 적법 여부를 조회한 데 대하여, 관할구청장이 전기공급이 불가하다는 내용의 회신(대판 1995.11.21, 95누9099)<br>　② 행정청이 전기·전화의 공급자에게 위법건축물에 대한 전기·전화공급을 하지 말아 줄 것을 요청한 행위(대판 1996.3.22, 96누433) | 1. 공설시장 점포에 대한 부산시장의 사용허가 및 취소행위(대판 1962.2.22, 4294행상173)<br>2. 전화가입계약(대판 1982.12.28, 82누441) : 행정사법관계<br>3. 시의 물품구입계약(대판 1992.4.28, 91다46885)<br>4. 협의취득(다수설은 공법상 계약설)<br>　① 도시계획사업의 시행자가 그 사업에 필요한 토지를 협의취득하는 행위(대판 1992.10.27, 91누3871)<br>　② 토지수용법상 공공사업시행자의 협의매수에 의한 토지취득행위(대판 1996.2.13, 95다3510)<br>　③ 구 「공공용지의 취득 및 손실보상에 관한 특례법」에 의한 협의취득 또는 보상합의(대판 2004.9.24, 2002다68713)<br>5. 국·공립병원(경찰병원)의 전공의(인턴, 레지던트) 임용(대판 1994.12.2, 94누8778)<br>6. 창덕궁 안내원의 채용계약(대판 1996.1.23, 95다5809)<br>7. 사립학교 교원과 학교법인의 관계(대판 1993.2.12, 92누13707)·사립대학의 등록금징수행위·사립대학생의 징계처분<br>※ 사립대학생에 대한 학위수여는 공법관계<br>8. 예산회계법(현 국가재정법) 또는 지방재정법에 따라 지방자치단체가 당사자가 되어 체결하는 계약과 손해배상예정으로서의 입찰보증금 국고귀속조치(대판 1996.12.20, 96누14708)<br>9. 기 타<br>　① 국가계약법에 따라 지방자치단체가 당사자가 되는 공공계약(관급공사계약)(대판 2001.12.11, 2001다33604), 관공서(정부청사·도청청사·시청청사·구청청사 등) 건축도급계약, 도로·항만 등 토목도급계약<br>　② 「정부투자기관 관리기본법」의 적용 대상인 정부투자기관이 일방 당사자가 되는 계약(공공계약)(대판 2014.12.24, 2010다83182)<br>　③ 음식물류 폐기물의 수집·운반, 가로 청소, 재활용품의 수집·운반 업무의 대행을 위탁하고 그에 대한 대행료를 지급하는 것을 내용으로 하는 용역계약(대판 2018.2.13, 2014두11328)<br>　④ 을 회사가 고용노동부의 '청년취업인턴제 시행지침' 또는 구 「보조금 관리에 관한 법률」 제33조의2 제1항 제1호에 따라 보조금수령자에 대하여 거짓 신청이나 그 밖의 부정한 방법으로 지급받은 보조금을 반환하도록 요구하는 의사표시(대판 2019.8.30, 2018다242451)<br>　⑤ 지방자치단체와 사인과 체결한 자원회수시설과 부대시설에 관한 위·수탁 운영 협약(대판 2019.10.17. 2018두60588) |

## (1) 수도료의 부과징수와 수도료의 납부관계는 공법관계이다

수도법에 의하여 지방자치단체인 수도사업자가 수도물의 공급을 받는 자에 대하여 하는 수도료의 부과징수와 이에 따른 수도료의 납부관계는 공법상의 권리의무관계라 할 것이므로 이에 관한 소송은 행정소송절차에 의하여야한다(대판 1977.2.22, 76다2517).

## (2) 예산회계법(현 국가재정법)에 따라 체결되는 계약과 손해배상예정으로서의 입찰보증금 국고귀속조치는 사법관계이다 ★ 20 국가7급, 20·16 지방9급, 19·15·11 국가9급, 16·11 지방7급, 14 변호사, 13·11 국회8급

**최신기출** 예산회계법(현 국가재정법)에 따라 체결되는 계약은 사법상의 계약이라고 할 것이고 동법 제70조의5의 입찰보증금은 낙찰자의 계약체결의무이행의 확보를 목적으로 하여 그 불이행시에 이를 국고에 귀속시켜 국가의 손해를 전보하는 사법상의 손해배상예정으로서의 성질을 갖는 것이라고 할 것이므로 입찰보증금의 국고귀속조치는 국가가 사법상의 재산권의 주체로서 행위하는 것이지 공권력을 행사하는 것이거나 공권력작용과 일체성을 가진 것이 아니라 할 것이므로 이에 관한 분쟁은 행정소송이 아닌 민사소송의 대상이 될 수밖에 없다고 할 것이다(대판 1983.12.27, 81누366).

구 「예산회계법」상 입찰보증금의 국고귀속조치는 국가가 공권력을 행사하는 것이라는 점에서, 이를 다투는 소송은 행정소송에 해당한다. (x) ■ 19 국가9급

## (3) 협의취득(학설상으로는 공법상 계약)은 사법관계이다
★ 20 국가7급, 20 국회9급, 16 지방9급, 14 행정사, 13 국회8급, 11 순경특채, 10 서울9급

**최신기출** 공공사업의 시행자가 토지수용법에 의하여 그 사업에 필요한 토지를 취득하는 경우 그것이 협의에 의한 취득이고 토지수용법 제25조의2의 규정에 의한 협의성립의 확인이 없는 이상, 그 취득행위는 어디까지나 사경제주체로서 행하는 사법상의 취득으로서 승계취득한 것으로 보아야 할 것이고, 재결에 의한 취득과 같이 원시취득한 것으로 볼 수는 없다(대판 1996.2.13, 95다3510).

「공익사업을 위한 토지 등의 취득 및 보상에 관한 법률」에 의한 협의취득은 공법상 계약이다. (x) ■ 16 지방9급

「공익사업을 위한 토지 등의 취득 및 보상에 관한 법률」상의 협의취득의 법적 성질은 공법상 계약에 해당한다. (x) ■ 20 국회9급

## (4) 구 공공용지의취득및손실보상에관한특례법에 의한 협의취득 또는 보상합의의 법적 성질은 사법상 매매이다
★ 16 지방9급

구 공공용지의취득및손실보상에관한특례법은 사업시행자가 토지 등의 소유자로부터 토지 등의 협의취득 및 그 손실보상의 기준과 방법을 정한 법으로서, 이에 의한 협의취득 또는 보상합의는 공공기관이 사경제주체로서 행하는 사법상 매매 내지 사법상 계약의 실질을 가진다(대판 2004.9.24. 2002다68713).

## (5) 예산회계법(현 국가재정법) 또는 지방재정법에 따라 지방자치단체가 당사자가 되어 체결하는 계약은 행정소송의 대상이 될 수 없다 ★ 14 변호사, 13·11 국회8급, 11 국가9급, 07 국가7급

예산회계법(현 국가재정법) 또는 지방재정법에 따라 지방자치단체가 당사자가 되어 체결하는 계약은 사법상의 계약일 뿐, 공권력을 행사하는 것이거나 공권력 작용과 일체성을 가진 것은 아니라고 할 것이므로 이에 관한 분쟁은 행정소송의 대상이 될 수 없다(대판 1996.12.20, 96누14708).

**(6) 국가계약법에 따라 지방자치단체가 당사자가 되는 공공계약(관급공사계약)은 사법상의 계약이다**

★ 21·17·16·13 국회8급, 17 국가7급, 15 순경특채

**최신기출** 지방재정법에 의하여 준용되는 국가계약법에 따라 지방자치단체가 당사자가 되는, 이른바 공공계약은 사경제의 주체로서 상대방과 대등한 위치에서 체결하는 사법상의 계약으로서 그 본질적인 내용은 사인 간의 계약과 다를 바가 없으므로, 그에 관한 법령에 특별한 정함이 있는 경우를 제외하고는 사적 자치와 계약자유의 원칙 등 사법의 원리가 그대로 적용된다 할 것이다(대판 2001.12.11, 2001다33604).

**(7) 사립학교 교원과 학교법인의 관계는 사법관계이다** ★ 21·20 국회8급

**최신기출** 사립학교 교원은 학교법인 또는 사립학교 경영자에 의하여 임면되는 것으로서 사립학교 교원과 학교법인의 관계를 공법상의 권력관계라고는 볼 수 없으므로 사립학교 교원에 대한 학교법인의 해임처분을 취소소송의 대상이 되는 행정청의 처분으로 볼 수 없고, 따라서 학교법인을 상대로 한 불복은 행정소송에 의할 수 없고 민사소송절차에 의할 것이다(대판 1993.2.12, 92누13707).

**(8) 구「정부투자기관 관리기본법」의 적용 대상인 정부투자기관이 사경제 주체로서 상대방과 대등한 위치에서 체결하는 사법(私法)상 계약에 사법의 원리가 적용된다** ★ 21 지방7급

**최신기출** 구「정부투자기관 관리기본법」의 적용 대상인 정부투자기관이 일방 당사자가 되는 계약(공공계약)은 정부투자기관이 사경제의 주체로서 상대방과 대등한 위치에서 체결하는 사법(私法)상의 계약으로서 본질적인 내용은 사인 간의 계약과 다를 바가 없으므로 그에 관한 법령에 특별한 정함이 있는 경우를 제외하고는 사적 자치와 계약자유의 원칙 등 사법의 원리가 그대로 적용된다(대판 2014.12.24, 2010다83182).

**(9) 국책사업인 '한국형 헬기 개발사업'(Korean Helicopter Program)에 개발주관사업자 중 하나로 참여하여 국가 산하 중앙행정기관인 방위사업청과 '한국형헬기 민군겸용 핵심구성품 개발협약'을 체결한 甲 주식회사(한국항공우주산업 주식회사)가 협약을 이행하는 과정에서 환율변동 및 물가상승 등 외부적 요인 때문에 협약금액을 초과하는 비용이 발생하였다고 주장하면서 국가를 상대로 초과비용의 지급을 구하는 민사소송을 제기한 사안에서, 위 협약의 법률관계는 공법관계에 해당하므로 이에 관한 분쟁은 행정소송으로 제기하여야 한다고 한 사례**

위 협약에서 국가는 甲 회사에 '대가'를 지급한다고 규정하고 있으나 이는 국가연구개발사업규정에 근거하여 국가가 甲 회사에 연구경비로 지급하는 출연금을 지칭하는 데 다름 아닌 점, 위 협약에 정한 협약금액은 정부의 연구개발비 출연금과 참여기업의 투자금 등으로 구성되는데 위 협약 특수조건에 의하여 참여기업이 물가상승 등을 이유로 국가에 협약금액의 증액을 내용으로 하는 협약변경을 구하는 것은 실질적으로는 KHP사업에 대한 정부출연금의 증액을 요구하는 것으로 이에 대하여는 국가의 승인을 얻도록 되어 있는 점, 위 협약은 정부와 민간이 공동으로 한국형헬기 민·군 겸용 핵심구성품을 개발하여 기술에 대한 권리는 방위사업이라는 점을 감안하여 국가에 귀속시키되 장차 기술사용권을 甲 회사에 이전하여 군용 헬기를 제작·납품하게 하거나 또는 민간 헬기의 독자적 생산기반을 확보하려는 데 있는 점, KHP사업의 참여기업인 甲 회사로서도 민·군 겸용 핵심구성품 개발사업에 참여하여 기술력을 확보함으로써 향후 군용 헬기 양산 또는 민간 헬기 생산에서 유리한 지위를 확보할 수 있게 된다는 점 등을 종합하면, 국가연구개발사업규정에 근거하여 국가 산하 중앙행정기관의 장과 참여기업인 甲 회사가 체결한 위 협약의 법률관계는 공법관계에 해당하므로 이에 관한 분쟁은 행정소송으로 제기하여야 한다고 한 사례(대판 2017.11.9, 2015다215526)

**(10)** 음식물류 폐기물의 수집·운반, 가로 청소, 재활용품의 수집·운반 업무의 대행을 위탁하고 그에 대한 대행료를 지급하는 것을 내용으로 하는 용역계약은 민사 법률관계에 해당한다 ★ 20 국회9급

> **최신기출** 이 사건 최초계약과 변경계약은 피고가 원고들에게 음식물류 폐기물의 수집·운반, 가로 청소, 재활용품의 수집·운반 업무의 대행을 위탁하고 그에 대한 대행료를 지급하는 것을 내용으로 하는 용역계약으로서 이 사건 변경계약에 따른 대행료 정산의무의 존부는 민사 법률관계에 해당하므로 이를 소송물로 다투는 소송은 민사소송에 해당하는 것으로 보아야 한다. 따라서 행정사건이 아닌 민사사건은 지방법원의 전속관할에 속하지 않으므로 이 사건 원심 역시 관할위반의 잘못은 없다(대판 2018.2.13. 2014두11328)

**(11)** 갑 주식회사(주식회사 고려적산사무소)가 고용노동부가 시행한 '청년취업인턴제' 사업에 실시기업으로 참여하여 고용노동부로부터 사업에 관한 업무를 위탁받은 을 주식회사(주식회사 프로뱅크)와 청년인턴지원협약을 체결하고 인턴을 채용해 왔는데, 갑 회사는 30명의 인턴에 대하여 실제 약정 임금이 130만 원임에도 마치 150만 원을 지급한 것처럼 꾸며 을 회사로부터 1인당 150만 원의 50%인 75만 원의 청년인턴지원금을 청구하여 지급받았고, 이에 을 회사가 갑 회사를 상대로 지원금 반환을 구하는 소를 제기한 사안에서, 을 회사의 갑 회사에 대한 협약에 따른 지원금 반환청구는 협약에서 정한 의무의 위반을 이유로 채무불이행 책임을 구하는 것으로 민사소송의 대상이고, 갑 회사가 임금을 부풀린 허위의 인턴약정서 등을 제출하여 을 회사로부터 지급받은 지원금액 전부가 협약에 따라 을 회사에 반환하여야 할 대상이라고 한 사례

> **최신판례** 을 회사가 고용노동부의 '청년취업인턴제 시행지침' 또는 구「보조금 관리에 관한 법률」제33조의2 제1항 제1호에 따라 보조금수령자에 대하여 거짓 신청이나 그 밖의 부정한 방법으로 지급받은 보조금을 반환하도록 요구하는 의사표시는 우월한 지위에서 하는 공권력의 행사로서의 '반환명령'이 아니라, 대등한 당사자의 지위에서 계약에 근거하여 하는 의사표시라고 보아야 하며, 또한 을 회사의 갑 회사에 대한 협약에 따른 지원금 반환청구는 협약에서 정한 의무의 위반을 이유로 채무불이행 책임을 구하는 것에 불과하고, 채무의 존부 및 범위에 관한 다툼이 협약에 포함된 공법적 요소에 어떤 영향을 받는다고 볼 수도 없으므로 민사소송의 대상이라고 보아야 하는데, 협약에 따라 을 회사와 갑 회사 사이의 계약 내용으로 편입된 위 시행지침에 의하면, 실시기업이 지원금 지급신청을 하면서 임금을 부풀린 허위의 인턴약정서를 제출하는 행위는 '거짓 기타 부정한 방법으로 지원금을 신청하는 경우'에 해당하고, 운영기관이 실시기업으로부터 인턴약정서 등을 제출받아 심사하는 단계에서 거짓 기타 부정한 방법이 개입되었음을 확인한 경우에는 해당 신청에 대해서도 지원금을 일부라도 지급하지 않아야 하는바, 운영기관이 실시기업이 허위의 인턴약정서를 제출하였다는 사정을 미처 파악하지 못하고 해당 신청에 따른 지원금을 지급한 경우에는, 실시기업이 해당 신청으로 수령한 지원금액 전액이 거짓 기타 부정한 방법으로 지원받은 금액으로서 운영기관에 반환하여야 할 대상이라고 보아야 하므로, 갑 회사가 임금을 부풀린 허위의 인턴약정서 등을 제출하여 을 회사로부터 지급받은 지원금액 전부가 협약에 따라 을 회사에 반환하여야 할 대상이라고 한 사례(대판 2019.8.30. 2018다242451)

(12) 甲 지방자치단체(양산시)가 乙 주식회사(주식회사 포스코건설) 등 4개 회사로 구성된 공동수급체를 자원회수시설과 부대시설의 운영·유지관리 등을 위탁할 민간사업자로 선정하고 乙 회사 등의 공동수급체와 위 시설에 관한 위·수탁 운영 협약을 체결하였는데, 민간위탁 사무감사를 실시한 결과 乙 회사 등이 위 협약에 근거하여 노무비와 복지후생비 등 비정산비용 명목으로 지급받은 금액 중 집행되지 않은 금액에 대하여 회수하기로 하고 乙 회사에 이를 납부하라고 통보하자, 乙 회사 등이 이를 납부한 후 회수통보의 무효확인 등을 구하는 소송을 제기한 사안에서, 甲 지방자치단체가 미집행액 회수를 위하여 乙 회사 등으로부터 지급받은 돈이 부당이득에 해당하지 않는다고 본 원심판단에 법리를 오해한 잘못이 있다고 한 사례 ★ 22 지방9급, 20 지방7급

위 협약은 甲 지방자치단체가 사인인 乙 회사 등에 위 시설의 운영을 위탁하고 그 위탁운영비용을 지급하는 것을 내용으로 하는 용역계약으로서 상호 대등한 입장에서 당사자의 합의에 따라 체결한 사법상 계약에 해당하고, 위 협약에 따르면 수탁자인 乙 회사 등이 위탁운영비용 중 비정산비용 항목을 일부 집행하지 않았다고 하더라도, 위탁자인 甲 지방자치단체에 미집행액을 회수할 계약상 권리가 인정된다고 볼 수 없는 점, 인건비 등이 일부 집행되지 않았다는 사정만으로 乙 회사 등이 협약상 의무를 불이행하였다고 볼 수는 없는 점, 乙 회사 등이 甲 지방자치단체에 미집행액을 반환하여야 할 계약상 의무가 없으므로 결과적으로 乙 회사 등이 미집행액을 계속 보유하고 자신들의 이윤으로 귀속시킬 수 있다고 해서 협약에서 정한 '운영비용의 목적 외 사용'에 해당한다고 볼 수도 없는 점 등을 종합하면, 甲 지방자치단체가 미집행액 회수를 위하여 乙 회사 등으로부터 지급받은 돈이 부당이득에 해당하지 않는다고 본 원심판단에 법리를 오해한 잘못이 있다고 한 사례(대판 2019. 10. 17. 2018두60588)

## 4. 권리 관련

| 공법관계 | 사법관계 |
|---|---|
| 1. 별도의 불복방법에 관한 규정이 있는 경우의 손실보상청구권<br>① 항고소송에 의하는 경우<br>  ㉠ 공유수면매립법에 정한 권리를 가진 자가 취득한 손실보상청구권(대판 2001.6.29, 99다56468)<br>  ㉡ 하천법 개정(1984.12.31.) 후 하천법 본문에 따라 하천법상 준용하천의 제외지로 편입된 토지소유자의 손실보상청구는 토지수용위원회를 상대로 항고소송(대판 2003.4.25, 2001두1369)<br>② 실질적 당사자소송<br>  ㉠ 하천법 개정(1984.12.31.) 전 하천법 부칙 제2조 제1항 및 「법률 제3782호 하천법 중 개정법률 부칙 제2조의 규정에 의한 보상청구권의 소멸시효가 만료된 하천구역 편입토지 보상에 관한 특별조치법」제2조 제1항에서 정하고 있는 손실보상청구권의 법적 성질은 공권이고, 그 쟁송절차는 행정소송(당사자소송)[대판(전합) 2006.5.18, 2004다6207]<br>  ㉡ 주거이전비 보상청구에 대한 소송(대판 2008.5.29, 2007다8129)<br>  ㉢ 구「공익사업을 위한 토지 등의 취득 및 보상에 관한 법률」제79조 제2항 등에 따른 사업폐지 등 | 주요 권리에 대해 다수설은 공권·당사자소송, 판례는 사권·민사소송<br>1. 손실보상청구권<br>  ① 별도의 불복방법에 관한 규정이 없는 경우의 손실보상청구권(대판 1998.1.20, 95다29161)·징발물보상청구권(대판 1970.3.24, 69다1561)<br>  ② 구「공익사업을 위한 토지 등의 취득 및 보상에 관한 법률」제91조에 규정된 환매권의 존부에 관한 확인을 구하는 소송 및 같은 조 제4항에 따라 환매금액의 증감을 구하는 소송은 민사소송(대판 2013.2.28, 2010두22368)<br>2. 부당이득반환청구권(조세의 오납액, 초과납부액 또는 환급세액에 대한 납세의무자의 환급청구권)(대판 2004.3.25, 2003다64435)<br>3. 손해배상청구권(국가의 철도운행사업과 관련하여 공무원의 직무상 과실을 원인으로 발생한 사고로 인한 손해배상청구는 민법)(대판 1999.6.22, 99다7008)<br>※ 다만, 동판례에서 철도시설물(수원역 대합실과 승강장)의 설치 또는 관리의 하자로 인한 불법행위를 원인으로 하여 국가에 대하여 손해배상청구를 하는 경우에는 국가배상법이 적용(판례상 모두 사법관계는 동일)<br>4. 환매권(대판 1992.4.24, 92다4673 ; 헌재결 1994.2.24, 92헌마283) : 사권설(박윤흔, 유상현, 한견우)과, 공권설(김남진, |

에 대한 보상청구권(대판 2012.10.11, 2010다 23210)
    ㉣ 구 「하천법」 부칙 제2조 제1항, 「하천편입토지 보상 등에 관한 특별조치법」 제2조 제2호에 의한 손실보상청구권(대판 2016.8.24, 2014두46966)
  ③ 형식적 당사자소송
    ㉠ 「공익사업을 위한 토지 등의 취득 및 보상에 관한 법률」상 보상금증감청구소송(대판 1991.11.26, 91누285)
    ㉡ 구 「공익사업을 위한 토지 등의 취득 및 보상에 관한 법률」 제74조 제1항에 의한 잔여지 수용청구를 받아들이지 않은 토지수용위원회의 재결에 대하여 토지소유자가 불복하여 제기하는 소송은 '보상금의 증감에 관한 소송'에 해당하여 사업시행자를 피고로 하여야 한다(대판 2010.8.19, 2008두822).
2. 무허가건물의 강제철거와 관련하여 이루어지는 시나 구 등 지방자치단체의 철거건물 소유자에 대한 시영아파트 분양권 부여 및 세입자에 대한 지원대책(대판 1994.9.30, 94다11767)
3. 부가가치세 환급세액 지급청구는 공법상의 법률관계로서 당사자소송의 대상[대판(전합) 2013.3.21, 2011다95564]
4. 토지구획정리사업에 따른 공공시설용지의 원시취득으로 형성되는 국가 또는 지방자치단체와 사업시행자 사이의 관계(대판 2016.12.15, 2016다221566)
5. 정비기반시설의 소유권 귀속에 관한 국가 또는 지방자치단체와 정비사업시행자 사이의 법률관계(대판 2018.7.26, 2015다221569)

김성수, 류지태, 정하중, 홍정선)
5. 결과제거청구권(대판 1987.7.7, 853다카1383)

### (1) 무허가건물의 강제철거와 관련하여 이루어지는 시나 구 등 지방자치단체의 철거건물 소유자에 대한 시영아파트 분양권 부여 및 세입자에 대한 지원대책은 공법관계이다 ★ 16 지방7급

> 도로가설 등 공사로 인한 무허가건물의 강제철거와 관련하여 이루어지는 시나 구 등 지방자치단체의 철거건물 소유자에 대한 시영아파트 분양권 부여 및 세입자에 대한 지원대책 등의 업무는 지방자치단체의 공권력 행사 기타 공행정작용과 관련된 활동으로 볼 것이지 사경제주체로서 하는 활동이라고는 볼 수 없다(대판 1994.9.30, 94다11767).

도로개설 등 공사로 인한 무허가건물의 강제철거와 관련하여 이루어지는 지방자치단체의 그 철거건물 소유자에 대한 시영아파트 분양권부여 등의 업무는, 사경제주체로서의 활동이므로 지방자치단체의 공권력행사로 보기 어렵다고 할 것이다. (x) ■ 16 지방7급

### (2) 환매권은 사권이다 ★ 18 국회8급, 10 순경특채

최신기출
> 징발재산정리에관한특별조치법 제20조 소정의 환매권은 일종의 형성권으로서 그 존속기간은 제척기간으로 보아야 할 것이며, 위 환매권은 재판상이든 재판 외이든 그 기간 내에 행사하면 이로써 매매의 효력이 생기고, 위 매매는 같은조 제1항에 적힌 환매권자와 국가 간의 사법상의 매매라 할 것이다(대판 1992.4.24, 92다4673).

**(3) 행정청이 환매권행사를 부인하는 의사표시를 한 경우 사법관계이다**

> 청구인이 설사 청구인들의 환매권 행사를 부인하는 어떤 의사표시를 하였다 하더라도, 이는 환매권의 발생 여부 또는 그 행사의 가부에 관한 사법관계의 다툼을 둘러싸고 사전에 피청구인의 의견을 밝히고, 그 다툼의 연장인 민사소송절차에서 상대방의 주장을 부인하는 것에 불과하므로, 그것을 가리켜 헌법소원심판의 대상이 되는 공권력의 행사라고 볼 수는 없다(헌재결 1994.2.24, 92헌마283).

**(4) 국가의 철도운행사업과 관련하여 공무원의 직무상 과실을 원인으로 발생한 사고로 인한 손해배상청구권은 사법관계이다(수원역 대합실사건)** ★ 21·20 국가7급, 21 국회8급

> 최신기출
>
> 국가 또는 지방자치단체라 할지라도 공권력의 행사가 아니고 단순한 사경제의 주체로 활동하였을 경우에는 그 손해배상책임에 국가배상법이 적용될 수 없고, 민법상의 사용자책임 등이 인정되는 것이고, 국가의 철도운행사업은 국가가 공권력의 행사로서 하는 것이 아니고 사경제적 작용이라 할 것이므로, 이로 인한 사고에 공무원이 간여하였다고 하더라도 국가배상법을 적용할 것이 아니고 일반 민법의 규정에 따라야 하므로, 국가배상법상의 배상전치절차를 거칠 필요가 없으나, 공공의 영조물인 철도시설물(수원역 대합실과 승강장)의 설치 또는 관리의 하자로 인한 불법행위를 원인으로 하여 국가에 대하여 손해배상청구를 하는 경우에는 국가배상법이 적용되므로 배상전치절차를 거쳐야(현재는 임의적 배상전치주의로 개정)한다(대판 1999.6.22, 99다7008).

**(5) 구 「공익사업을 위한 토지 등의 취득 및 보상에 관한 법률」 제91조에 규정된 환매권의 존부에 관한 확인을 구하는 소송 및 같은 조 제4항에 따라 환매금액의 증감을 구하는 소송은 민사소송에 해당한다**

★ 22 국가9급, 18 서울7급, 17 국가7급, 15 변호사

> 최신기출
>
> 구 「공익사업을 위한 토지 등의 취득 및 보상에 관한 법률」(구 공익사업법) 제91조에 규정된 환매권은 상대방에 대한 의사표시를 요하는 형성권의 일종으로서 재판상이든 재판 외이든 위 규정에 따른 기간 내에 행사하면 매매의 효력이 생기는 바, 이러한 환매권의 존부에 관한 확인을 구하는 소송 및 구 공익사업법 제91조 제4항에 따라 환매금액의 증감을 구하는 소송 역시 민사소송에 해당한다(대판 2013.2.28, 2010두22368).

**(6) 구 하천법 부칙 제2조 제1항, 「하천편입토지 보상 등에 관한 특별조치법」 제2조 제2호에 의한 손실보상청구권의 법적 성질은 공법상의 권리이다** ★ 19 국회8급, 16 지방9급

> 최신기출
>
> 법률 제3782호 하천법 중 개정법률(개정 하천법)은 부칙 제2조 제1항에서 개정 하천법의 시행일인 1984.12.31. 전에 유수지에 해당되어 하천구역으로 된 토지 및 구 하천법의 시행으로 국유로 된 제외지 안의 토지에 대하여는 관리청이 손실을 보상하도록 규정하였고, 「하천편입토지 보상 등에 관한 특별조치법」 제2조는 '다음 각 호의 어느 하나에 해당하는 경우 중 「하천구역편입토지 보상에 관한 특별조치법」 제3조에 따른 소멸시효의 만료로 보상청구권이 소멸되어 보상을 받지 못한 때에는 특별시장·광역시장 또는 도지사가 그 손실을 보상하여야 한다.'고 정하면서, 제2호에서 '법률 제2292호 하천법 개정법률의 시행일부터 법률 제3782호 하천법 중 개정법률의 시행일 전에 토지가 법률 제3782호 하천법 중 개정법률 제2조 제1항 제2호 (가)목에 해당되어 하천구역으로 된 경우'를 정하고 있다. 위 각 규정에 의한 손실보상청구권은 종전의 하천법 규정 자체에 의하여 하천구역으로 편입되어 국유로 되었으나 그에 대한 보상규정이 없거나 보상청구권이 시효로 소멸되어 보상을 받지 못한 토지에 대하여, 국가가 반성적 고려와 국민의 권리구제 차원에서 손실을 보상하기 위하여 규정한 것으로서, 법적 성질은 하천법이 원래부터 규정하고 있던 하천구역에의 편입에 의한 손실보상청구권과 다를 바 없는 공법상의 권리이다(대판 2016.8.24, 2014두46966).

## 5. 기타

| 공법관계 | 사법관계 |
|---|---|
| 1. 지방자치단체가 공업단지 등의 조성을 목적으로 산업기지개발사업을 시행함에 있어서 그 일환으로 공유수면매립공사를 하는 경우(대판 1999.9.17, 98다5548)<br>2. 구 「남녀차별금지 및 구제에 관한 법률」상 국가인권위원회의 성희롱결정 및 시정조치권고(대판 2005.7.8, 2005두487)<br>3. 중학교 의무교육의 사립중학교 위탁관계(대판 2015.1.29, 2012두7387) | 1. 국회의원이 재직 중 국가로부터 받게 될 세비, 거마비, 체류비, 보수금 등을 의원직을 그만둔 후에 국가에 대하여 청구하는 법률관계(대판 1966.9.20, 65다2506)<br>2. 이주택지의 공급조건에서 공공시설의 설치비용을 분양가에 포함시키는 내용이 있는 경우의 이주대책 시행공고(대판 2000.9.8, 99두1113) : 이주대책 대상자로 선정된 자와 사이에 체결될 이주택지에 관한 분양계약에서 그 대상자가 반대급부로서 부담하게 되는 사법상의 금전지급의무에 관한 사항을 사전 통보하는 것에 지나지 아니함. |

### (1) 지방자치단체가 공업단지 등의 조성을 목적으로 산업기지개발사업을 시행함에 있어서 그 일환으로 공유수면매립공사를 하는 경우는 공법관계이다

> 지방자치단체가 공업단지 등의 조성을 목적으로 산업기지개발사업을 시행함에 있어서 그 일환으로 공유수면매립공사를 하는 경우, 이러한 사업과 관련된 공무원의 행위는 지방자치단체의 공권력 행사 기타 공행정작용과 관련된 활동으로 볼 것이지 단순히 사경제주체로서 하는 활동이라고 볼 수는 없으므로, 지방자치단체 소속공무원이 그와 같은 직무를 집행함에 당하여 고의 또는 과실로 법령에 위배하여 손해를 가하였음을 이유로 한 지방자치단체에 대한 손해배상의 소송은 국가배상법 제9조에 따라 배상심의회의 배상결정을 거치거나 배상금지급신청이 있은 날로부터 3월이 경과한 때라야 제소할 수 있다(대판 1999.9.17, 98다5548).
> ※ 법률개정으로 현재는 임의적 배상전치주의로 변경되었다.

### (2) 이주택지의 공급조건에서 공공시설의 설치비용을 분양가에 포함시키는 내용이 있는 경우의 이주대책 시행공고는 사법관계이다

> 이주대책 시행공고 중 이주택지의 공급조건에서 공공시설의 설치비용을 분양가에 포함시키는 내용이 있더라도 이는 이주대책 대상자로 선정된 자와 사이에 체결될 이주택지에 관한 분양계약에서 그 대상자가 반대급부로서 부담하게 되는 사법상의 금전지급의무에 관한 사항을 사전통보하는 것에 지나지 아니하고, 그에 기한 분양계약에 따라 부담하게 되는 금전지급의무의 범위 등에 관한 다툼은 민사소송의 대상으로서 그를 통하여 적절한 구제가 이루어질 수 있는 사항이라 할 것이므로, 이주대책 대상자로 선정된 자의 법률상의 권리의무에 직접적 변동을 초래하거나 혹은 항고소송을 통한 구제가 요구되는 것이라 하여 행정처분에 해당한다고 볼 수는 없다(대판 2000.9.8, 99두1113).

### (3) 중학교 의무교육의 위탁관계는 공법관계이다

> 중학교 의무교육의 위탁관계는 초·중등교육법 제12조 제3항, 제4항 등 관련 법령에 의하여 정해지는 공법적 관계로서, 대등한 당사자 사이의 자유로운 의사를 전제로 사익 상호 간의 조정을 목적으로 하는 민법 제688조의 수임인의 비용상환청구권에 관한 규정이 그대로 준용된다고 보기도 어렵다(대판 2015.1.29. 2012두7387).

## Ⅲ. 공법과 사법의 구별의 문제점

**(1) 건물 신축이 건축 당시의 공법적 규제에 형식적으로 적합하다고 하더라도 현실적인 일조방해의 정도가 현저하게 커 사회통념상 수인한도를 넘는 경우 위법행위로 평가될 수 있다**

> 건축법 등 관계 법령에 일조방해에 관한 직접적인 단속법규가 있다면 그 법규에 적합한지 여부가 사법상 위법성을 판단함에 있어서 중요한 판단자료가 될 것이지만, 이러한 공법적 규제에 의하여 확보하고자 하는 일조는 원래 사법상 보호되는 일조권을 공법적인 면에서도 가능한 한 보장하려는 것으로서 특별한 사정이 없는 한 일조권 보호를 위한 최소한도의 기준으로 봄이 상당하고, 구체적인 경우에 있어서는 어떠한 건물 신축이 건축 당시의 공법적 규제에 형식적으로 적합하다고 하더라도 현실적인 일조방해의 정도가 현저하게 커 사회통념상 수인한도를 넘은 경우에는 위법행위로 평가될 수 있다(대판 2004.9.13, 2003다64602).

**(2) 일조방해행위가 사회통념상 수인한도를 넘었는지 여부에 관한 판단 기준**

> 일조방해행위가 사회통념상 수인한도를 넘었는지 여부는 피해의 정도, 피해이익의 성질 및 그에 대한 사회적 평가, 가해 건물의 용도, 지역성, 토지이용의 선후관계, 가해 방지 및 피해 회피의 가능성, 공법적 규제의 위반 여부, 교섭 경과 등 모든 사정을 종합적으로 고려하여 판단하여야 하고, 건축 후에 신설된 일조권에 관한 새로운 공법적 규제 역시 이러한 위법성의 평가에 있어서 중요한 자료가 될 수 있다(대판 2004.9.13, 2003다64602).

# 제2절 행정법관계의 당사자

**▌행정주체의 종류**

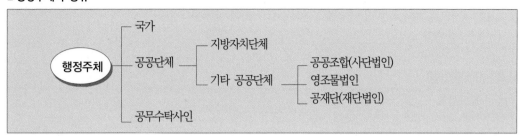

# Ⅰ. 공공단체

## 1. 지방자치단체

### (1) 기본권의 주체라야만 헌법소원심판을 청구할 수 있으므로, 지방자치단체장인 송파구청장은 청구인적격이 없다

> 헌법재판소법 제68조 제1항은 "공권력의 행사 또는 불행사로 인하여 기본권을 침해받은 자는 헌법소원의 심판을 청구할 수 있다"고 규정하고 있다. 따라서 기본권의 주체라야만 헌법소원의 심판을 청구할 수 있고, 기본권의 주체가 아닌 자는 헌법소원의 심판을 청구할 수 없다고 할 것이다. 그리고 기본권 보장규정인 헌법 제2장의 제목이 '국민의 권리와 의무'이고 그 제10조 내지 제39조에서 "모든 국민은 ○○○권리를 가진다."고 규정하고 있는 점에 비추어 원칙적으로 국민만이 헌법상 기본권의 주체이고, 공권력의 행사자인 국가, 지방자치단체나 그 기관 또는 국가조직의 일부나 공법인이나 그 기관은 헌법상 기본권의 주체가 될 수 없으므로 국가기관 또는 국가조직의 일부나 공법인이나 그 기관은 헌법소원심판을 청구할 수 없다. 그런데 청구인 송파구청장 김성순은 기본권의 주체가 될 수 없는 지방자치단체의 장의 지위에서 이 사건 법률조항에 의하여 그 권한을 침해받았음을 이유로 이 사건 헌법소원심판을 청구한 것임이 그 주장 자체에 의하여 분명하다. 따라서 청구인 송파구청장 김성순의 이 사건 심판청구는 청구인적격이 없는 자의 헌법소원심판청구로서 부적법하다고 할 것이다(헌재결 1996.3.28, 96헌마50).

### (2) 서울시의회는 헌법소원을 제기할 수 있는 청구인적격이 없다

> 기본권의 보장에 관한 각 헌법규정의 해석상 국민(또는 국민과 유사한 지위에 있는 외국인과 사법인)만이 기본권의 주체라 할 것이고, 국가나 국가기관 또는 국가조직의 일부나 공법인은 기본권의 '수범자(受範者)'이지 기본권의 주체로서 그 '소지자'가 아니고 오히려 국민의 기본권을 보호 내지 실현해야 할 책임과 의무를 지니고 있는 지위에 있을 뿐이므로, 공법인인 지방자치단체의 의결기관인 청구인 의회는 기본권의 주체가 될 수 없고, 따라서 헌법소원을 제기할 수 있는 적격이 없다(헌재결 1998.3.26, 96헌마345).

### (3)

> 지방자치단체는 재산권 등의 주체가 될 수 없다(헌재결 2006.2.23, 2004헌바50).

**(4) 민사소송에 있어 읍·면의 당사자능력을 인정할 수 없다**

> 1949.7.4. 법률 제32호로 지방자치법이 제정되면서 읍·면은 지방자치단체로서 법인격을 가지고 있었지만 196 1.9.1. 법률 제707호로 「지방자치에 관한 임시조치법」이 제정됨에 따라 군에 편입되어 독립적인 법인격을 갖는 지방자치단체로서의 지위를 상실함과 아울러 읍·면의 일체의 재산은 소속군에 귀속되었으므로, 그 이후부터는 읍·면은 지방자치단체의 하부 행정구역에 불과하여 민사소송에 있어 당사자능력을 인정할 수 없다(대판 2002.3. 29, 2001다83258).

## 2. 공공조합(사단법인)

1. 조합과 조합연합회
   ① 농지개량조합(헌재결 2000.11.30, 99헌마190)
   ② 도시재개발법에 의한 재개발조합(헌재결 1997.4.24, 96헌가3·96헌바70, 대판 2002.12.10, 2001두6333), 「도시 및 주거환경정비법」상 정비사업조합(대판 2009.9.24, 2008다60568), 「도시 및 주거환경정비법」에 따른 주택재건축정비사업조합(대결 2009.11.2, 2009마596)
   ③ 토지구획정리조합(현재는 도시개발법상 도시개발조합)
   ④ 도시개발조합
   ⑤ 농업협동조합·수산업협동조합·산림조합·임업협동조합·직장의료보험조합(헌재결 2000.6.29, 99헌마289)(현재는 국민건강보험공단)·중소기업협동조합·해운조합·건설공제조합·엽연초생산조합·인삼협동조합
2. 직능단체(이익단체, 이익집단, 압력단체)
   ① 대한변호사협회(헌재결 2019.11.28, 2017헌마759, 대판 2021.1.28, 2019다260197)
   ② 지방법무사회(대판 2020.4.9, 2015다34444)       ③ 대한의사협회
   ④ 대한약사회                                      ⑤ 한국공인회계사회
   ⑥ 대한민국재향군인회                             ⑦ 대한교육연합회
   ⑧ 대한상공회의소                                  ⑨ 건축사회
   ⑩ 관세사협회                                      ⑪ 대한변리사회

**(1) 농지개량조합**

> 농지개량조합과 그 직원과의 관계는 사법상의 근로계약관계가 아닌 공법상의 특별권력관계이고, 그 조합의 직원에 대한 징계처분의 취소를 구하는 소송은 행정소송사항에 속한다(대판 1995.6.9, 94누10870).

**(2) 도시재개발조합**

> 구 도시재개발법에 의한 재개발조합은 조합원에 대한 법률관계에서 적어도 특수한 존립목적을 부여받은 특수한 행정주체로서 국가의 감독하에 그 존립목적인 특정한 공공사무를 행하고 있다고 볼 수 있는 범위 내에서는 공법상의 권리의무 관계에 서 있다(대판 2002.12.10, 2001두6333).

**(3) 대한변호사협회는 변호사 등록에 관한 한 공법인으로서 공권력 행사의 주체이다**

> `최신판례` 변호사 등록제도는 그 연혁이나 법적 성질에 비추어 보건대, 원래 국가의 공행정의 일부라 할 수 있으나, 국가가 행정상 필요로 인해 대한변호사협회(변협)에 관련 권한을 이관한 것이다. 따라서 변협은 변호사 등록에 관한 한 공법인으로서 공권력 행사의 주체이다. 또한 변호사법의 관련 규정, 변호사 등록의 법적 성질, 변호사 등록을 하려는 자와 변협 사이의 법적 관계 등을 고려했을 때 변호사 등록에 관한 한 공법인 성격을 가지는 변협이 등록사무의 수행과 관련하여 정립한 규범을 단순히 내부 기준이라거나 사법적인 성질을 지니는 것이라 볼 수는 없고, 변호사 등록을 하려는 자와의 관계에서 대외적 구속력을 가지는 공권력 행사에 해당한다고 할 것이다. 따라서 변협이 변호사 등록사무의 수행과 관련하여 정립한 규범인 심판대상조항들은 헌법소원 대상인 공권력의 행사에 해당한다(헌재결 2019.11.28. 2017헌마759).

**(4) 변호사 등록사무를 수행하는 대한변호사협회의 법적 지위는 공법인이다**

최신판례 | 피고 대한변호사협회는 변호사와 지방변호사회의 지도·감독에 관한 사무를 처리하기 위하여 변호사법에 의하여 설립된 공법인으로서, 변호사등록은 피고 대한변호사협회가 변호사법에 의하여 국가로부터 위탁받아 수행하는 공행정 사무에 해당한다(대판 2021.1.28. 2019다260197).

**(5) 지방법무사회는 법무사 감독 사무를 수행하기 위하여 법률에 의하여 설립과 법무사의 회원 가입이 강제된 공법인이다**

최신판례 | 지방법무사회의 법무사 사무원 채용승인은 단순히 지방법무사회와 소속 법무사 사이의 내부 법률문제라거나 지방법무사회의 고유사무라고 볼 수 없고, 법무사 감독이라는 국가사무를 위임받아 수행하는 것이라고 보아야 한다. 따라서 지방법무사회는 법무사 감독 사무를 수행하기 위하여 법률에 의하여 설립과 법무사의 회원 가입이 강제된 공법인으로서 법무사 사무원 채용승인에 관한 한 공권력 행사의 주체라고 보아야 한다(대판 2020.4.9. 2015다34444).

## 3. 공재단

**(1) 총포·화약안전기술협회의 법적 성질은 공법상 재단법인이다**

최신판례 | 협회는 총포화약류의 안전관리와 기술지원 등에 관한 국가사무를 수행하기 위하여 법률에 따라 설립된 '공법상 재단법인'이라고 보아야 한다(대판 2021.12.30. 2018다241458).

## 4. 영조물법인

**(1) 서울대학교는 민사소송의 당사자능력이 없다**

서울대학교는 국가가 설립·경영하는 학교임은 공지의 사실이고, 학교는 법인도 아니고 대표자 있는 법인격 없는 사단 또는 재단도 아닌 교육시설의 명칭에 불과하여 민사소송에 있어 당사자능력을 인정할 수 없다(대판 2001.6. 29, 2001다21991).

**(2) 교통안전공단이 분담금 납부의무자에 대하여 한 분담금 납부통지는 행정처분이다** ★ 14 국가9급

구 교통안전공단법에 의하여 설립된 교통안전공단의 사업목적과 분담금의 부담에 관한 같은법 제13조, 그 납부통지에 관한 같은법 제17조, 제18조 등의 규정내용에 비추어 교통안전공단이 그 사업목적에 필요한 재원으로 사용할 기금조성을 위하여 같은법 제13조에 정한 분담금 납부의무자에 대하여 한 분담금 납부통지는 그 납부의무자의 구체적인 분담금 납부의무를 확정시키는 효력을 갖는 행정처분이라고 보아야 할 것이고, 이는 그 분담금 체납자로부터 국세징수법에 의한 강제징수를 할 수 있음을 정한 규정이 없다고 하여도 마찬가지이다(대판 2000.9.8, 2000다12716).

## Ⅱ. 공무수탁사인

### 1. 소득세원천징수의무자

#### (1) 원천징수행위는 행정처분이 아니다 ★ 10 지방9급, 10 서울교행

> 원천징수하는 소득세에 있어서는 납세의무자의 신고나 과세관청의 부과결정이 없이 법령이 정하는 바에 따라 그 세액이 자동적으로 확정되고, 원천징수의무자는 소득세법 제142조 및 제143조의 규정에 의하여 이와 같이 자동적으로 확정되는 세액을 수급자로부터 징수하여 과세관청에 납부하여야 할 의무를 부담하고 있으므로, 원천징수의무자가 비록 과세관청과 같은 행정청이더라도 그의 원천징수행위는 법령에서 규정된 징수 및 납부의무를 이행하기 위한 것에 불과한 것이지, 공권력의 행사로서의 행정처분을 한 경우에 해당되지 아니한다(대판 1990. 3. 23, 89누4789).

### 2. 제도의 취지(능률성과 전문성) ★ 10 지방9급

> 국가가 자신의 임무를 그 스스로 수행할 것인지 아니면 그 임무의 기능을 민간부문으로 하여금 수행하게 할 것인지 하는 문제, 즉 국가가 어떤 임무수행방법을 선택할 것인가 하는 문제는 입법자가 당해 사무의 성격과 수행방식의 효율성 정도 및 비용, 공무원 수의 증가 또는 정부부문의 비대화 문제, 민간부문의 자본능력과 기술력의 성장정도, 시장여건의 성숙도, 민영화에 대한 사회적·정치적 합의 등을 종합적으로 고려하여 판단해야 할 사항으로서 그 판단에 관하여는 입법자에게 광범위한 입법재량 내지 형성의 자유가 인정된다(헌재결 2007. 6. 28, 2004헌마262).

# 제3절 행정법관계의 내용

## Ⅰ. 개설

### 1. 공권과 기본권

| 구체적 공권성 인정사례(자유권, 원고적격 인정) | 구체적 공권성 부정사례(사회적 기본권, 원고적격 부정) |
|---|---|
| 1. 알 권리(헌재결 1991.5.13, 90헌마133)<br>2. 결사의 자유[대판(전합) 1989.12.26, 87누308]<br>3. 피고인 또는 피의자의 접견권(대판 1992.5.8, 91누7552)<br>4. 행복추구권(대판 1994.3.8, 92누1728)<br>5. 경쟁의 자유(헌재결 1998.4.30, 97헌마141) | 1. 환경권(대판 1995.9.15, 95다23378)<br>2. 자연방위권(대결 2006.6.2, 2004마1148·1149)<br>3. 의료보험수급권(헌재결 2003.12.18, 2002헌바1)<br>4. 근로자가 퇴직급여를 청구할 수 있는 권리(헌재결 2011.7.28. 2009헌마408) |

**(1) 사회적 기본권의 성격을 가지는 의료보험수급권은 헌법규정만으로는 실현할 수 없고 법률에 의한 형성이 필요하다** ★ 14 변호사

> 사회적 기본권의 성격을 가지는 의료보험수급권은 국가에 대하여 적극적으로 급부를 요구하는 것이므로 헌법규정만으로는 이를 실현할 수 없고 법률에 의한 형성을 필요로 한다. 의료보험수급권의 구체적 내용, 즉 수급요건·수급권자의 범위·급여금액 등은 법률에 의하여 비로소 확정된다(헌재결 2003.12.18, 2002헌바1).

**(2) 공무원연금 수급권과 같은 사회보장 수급권은 헌법규정만으로는 실현할 수 없고 법률에 의한 형성이 필요하다** ★ 17 지방9급

> 공무원연금 수급권과 같은 사회보장 수급권은 '모든 국민은 인간다운 생활을 할 권리를 가지고, 국가는 사회보장·사회복지의 증진에 노력할 의무를 진다'고 규정한 헌법 제34조 제1항 및 제2항으로부터 도출되는 사회적 기본권 중의 하나로서, 이는 국가에 대하여 적극적으로 급부를 요구하는 것이므로 헌법규정만으로는 이를 실현할 수 없어 법률에 의한 형성이 필요하고, 그 구체적인 내용 즉 수급요건, 수급권자의 범위 및 급여금액 등은 법률에 의하여 비로소 확정된다(헌재결 2009.5.28, 2008헌바107).

> 사회권적 기본권의 성격을 가지는 연금수급권은 헌법에 근거한 개인적 공권이므로 헌법 규정만으로도 실현할 수 있다. (×)
> ■ 17 지방9급

**(3) 근로자가 퇴직급여를 청구할 수 있는 권리도 헌법상 바로 도출되는 것이 아니라 퇴직급여법 등 관련 법률이 구체적으로 정하는 바에 따라 비로소 인정될 수 있다** ★ 12 국가9급

> 근로자가 퇴직급여를 청구할 수 있는 권리도 헌법상 바로 도출되는 것이 아니라 퇴직급여법 등 관련 법률이 구체적으로 정하는 바에 따라 비로소 인정될 수 있는 것이므로 계속근로기간 1년 미만인 근로자가 퇴직급여를 청구할 수 있는 권리가 헌법 제32조 제1항에 의하여 보장된다고 보기는 어렵다(헌재결 2011.7.28, 2009헌마408).

## 2. 개인적 공권의 특수성

### (1) 이전성 제한

#### ① 국가유공자와 유족으로 등록되어 보상금을 받고, 교육보호 등 각종 보호를 받을 수 있는 권리

> 구 「국가유공자 등 예우 및 지원에 관한 법률」에 의하여 국가유공자와 유족으로 등록되어 보상금을 받고, 교육보호 등 각종 보호를 받을 수 있는 권리는 국가유공자와 유족에 대한 응분의 예우와 국가유공자에 준하는 군경 등에 대한 지원을 행함으로써 이들의 생활안정과 복지향상을 도모하기 위하여 당해 개인에게 부여되어진 일신전속적인 권리이어서, 같은법 규정에 비추어 상속의 대상으로도 될 수 없다고 할 것이므로 전상군경등록거부처분취소청구소송은 원고의 사망과 동시에 종료하였고, 원고의 상속인들에 의하여 승계될 여지는 없다(대판 2003.8.19, 2003두5037).

#### ② 공무원으로서의 지위

> 공무원으로서의 지위는 일신전속권으로서 상속의 대상이 되지 않으므로, 의원면직처분에 대한 무효확인을 구하는 소송은 당해 공무원이 사망함으로써 중단됨이 없이 종료된다(대판 2007.7.26, 2005두15748).

#### ③ 장래 발생할 지방공무원의 명예퇴직수당 채권을 미리 압류할 수 있다

> 지방공무원의 경우 명예퇴직수당의 기초가 되는 법률관계가 존재하고 그 발생근거와 제3채무자를 특정할 수 있어 그 권리의 특정이 가능하며, '20년 이상 근속' 요건은 지방공무원법과 지방공무원 명예퇴직수당 등 지급규정에서 명예퇴직수당 지급대상자로 규정한 요건일 뿐이어서 당해 지방공무원이 14~15년 정도 근속한 상태라면 명예퇴직수당 채권이 가까운 장래에 발생할 것이 상당 정도 기대되는 경우라고 볼 수 있으므로, 그 명예퇴직수당 채권은 압류할 수 있다(대판 2010.2.25, 2009다76799).

#### ④ 보조금청구채권은 양도가 금지된 것으로 강제집행의 대상이 될 수 없다 ★ 14 지방7급

> 보조금은 국가나 지방자치단체가 특정한 사업을 육성하거나 재정상의 원조를 하기 위하여 지급하는 금원으로서, 그 금원의 목적 내지 성질, 용도 외 사용의 금지 및 감독, 위반 시의 제재조치 등 그 근거 법령의 취지와 규정 등에 비추어 국가 혹은 지방자치단체와 특정의 보조사업자 사이에서만 수수·결제되어야 하는 것으로 봄이 상당하므로, 보조금청구채권은 양도가 금지된 것으로서 강제집행의 대상이 될 수 없다(대판 2008.4.24. 2006다33586).

#### ⑤ 국가나 지방자치단체가 중요무형문화재 보유자에게 지급하는 전승지원금채권은 강제집행의 대상이 되지 않는다

> 금원의 목적 내지 성질상 국가나 지방자치단체와 특정인 사이에서만 수수, 결제되어야 하는 보조금교부채권은 성질상 양도가 금지된 것으로 보아야 하므로 강제집행의 대상이 될 수 없으며, 이러한 법리는 국가나 지방자치단체가 중요무형문화재를 보호·육성하기 위하여 그 전수 교육을 실시하는 중요무형문화재 보유자에게만 전수 교육에 필요한 경비 명목으로 지급하고 있는 금원으로서 그 목적이나 성질상 국가나 지방자치단체와 중요무형문화재 보유자 사이에서만 수수, 결제되어야 하는 전승지원금의 경우에도 마찬가지이다(2013.3.28, 2012다203461).

#### ⑥ 「근로자퇴직급여 보장법」상 퇴직연금제도의 급여를 받을 권리에 대한 압류명령의 효력은 무효이다

> 채권의 양도를 금지하는 법률의 규정이 강행법규에 해당하는 이상 그러한 채권에 대한 압류명령은 강행법규에 위반되어 무효라고 할 것이어서 실체법상 효력을 발생하지 아니하므로, 제3채무자는 압류채권의 추심금 청구에 대하여 그러한 실체법상의 무효를 들어 항변할 수 있다(대판 2014.1.23. 2013다71180).

⑦ 제3채무자는 그 압류채권의 추심금 청구에 대하여 위 무효를 들어 지급을 거절할 수 있다

> 근로자 퇴직급여제도의 설정 및 운영에 필요한 사항을 정함으로써 근로자의 안정적인 노후생활 보장에 이바지함을 목적으로 2005.1.27. 법률 제7379호로 「근로자퇴직급여 보장법」이 제정되면서 제7조에서 퇴직연금제도의 급여를 받을 권리에 대하여 양도를 금지하고 있으므로 위 양도금지 규정은 강행법규에 해당한다. 따라서 퇴직연금제도의 급여를 받을 권리에 대한 압류명령은 실체법상 무효이고, 제3채무자는 그 압류채권의 추심금 청구에 대하여 위 무효를 들어 지급을 거절할 수 있다(대판 2014.1.23. 2013다71180).

⑧ 민사집행법 제246조 제1항 제4호에도 불구하고 「근로자퇴직급여 보장법」상 퇴직연금채권 전액에 관하여 압류가 금지된다

> 민사집행법은 제246조 제1항 제4호에서 퇴직연금 그 밖에 이와 비슷한 성질을 가진 급여채권은 그 1/2에 해당하는 금액만 압류하지 못하는 것으로 규정하고 있으나, 이는 「근로자퇴직급여 보장법」(퇴직급여법)상 양도금지 규정과의 사이에서 일반법과 특별법의 관계에 있으므로, 퇴직급여법상 퇴직연금채권은 그 전액에 관하여 압류가 금지된다고 보아야 한다(대판 2014.1.23. 2013다71180).

### (2) 포기성 제한

① 소권은 공권이므로 포기할 수 없다

> 원래 소권은 사인의 국가에 대한 공권이므로 당사자의 합의로써 국가에 대한 공권은 포기할 수 없는 것이며, 이 법리는 민사소송에 있어서와 같이 행정소송에 있어서도 동일하다고 할 것이다(대판 1961.11.2, 4293행상60).

② 「석탄사업법 시행령」상의 재해위로금청구권

> 「석탄산업법 시행령」 제41조 제4항 제5호 소정의 재해위로금청구권은 개인의 공권으로서 그 공익적 성격에 비추어 당사자의 합의에 의하여 이를 미리 포기할 수 없다(대판 1998.12.23, 97누5046).

## 3. 공의무

### (1) 수인의 상속세 납세의무자들 중 일부 상속세 납세의무자에 대하여 상속세 전액을 부과한 경우, 일부 상속세 납세의무자가 납부하여야 할 세액을 초과하여 부과한 부분은 위법하다

> 수인의 상속세 납세의무자들은 전체 상속재산에 관하여 산출된 상속세를 각자 일정한 범위에서 납부할 의무가 있으므로, 과세관청이 이들 전부를 상속세 납세의무자로 삼아 상속세를 부과하지 아니한 채 일부 상속세 납세의무자에 대하여만 상속세 전액을 부과하였다면 그중 일부 상속세 납세의무자가 납부하여야 할 세액을 초과하여 부과한 부분은 위법하다(대판 2014.10.15. 2012두22706).

## 4. 공권과 공의무의 승계

### (1) 산림을 무단형질변경한 자가 사망한 경우, 당해 토지의 소유권 또는 점유권을 승계한 상속인이 그 복구의무를 부담한다 ★ 21 국가7급, 18 국회8급, 11 국회9급

원상회복명령에 따른 복구의무는 타인이 대신하여 행할 수 있는 의무로서 일신전속적인 성질을 가진 것으로 보기 어려운 점, 같은법 제4조가 법에 의하여 행한 처분·신청·신고 기타의 행위는 토지소유자 및 점유자의 승계인 등에 대하여도 그 효력이 있다고 규정하고 있는 것은 산림의 보호·육성을 통하여 국토의 보전 등을 도모하려는 법의 목적을 감안하여 법에 의한 처분 등으로 인한 권리와 아울러 그 의무까지 승계시키려는 취지인 점 등에 비추어 보면, 산림을 무단형질변경한 자가 사망한 경우 당해 토지의 소유권 또는 점유권을 승계한 상속인은 그 복구의무를 부담한다고 봄이 상당하고, 따라서 관할행정청은 그 상속인에 대하여 복구명령을 할 수 있다고 보아야 한다(대판 2005.8.19. 2003두9817·9824).

### (2) 이행강제금 납부의무는 일신전속적 성질이므로 이행강제금을 부과받은 사람이 이행강제금사건의 계속 중 사망한 경우 강제절차는 종료된다 ★ 21·18 지방9급, 21·16·15·10 국가9급, 19 지방7급, 15·11 국회8급, 15 변호사, 14 사회복지, 10 국회9급

구 건축법상의 이행강제금은 구 건축법의 위반행위에 대하여 시정명령을 받은 후 시정기간 내에 당해 시정명령을 이행하지 아니한 건축주 등에 대하여 부과되는 간접강제의 일종으로서 그 이행강제금 납부의무는 상속인 기타의 사람에게 승계될 수 없는 일신전속적인 성질의 것이므로 이미 사망한 사람에게 이행강제금을 부과하는 내용의 처분이나 결정은 당연무효이고, 이행강제금을 부과받은 사람의 이의에 의하여 비송사건절차법에 의한 재판절차가 개시된 후에 그 이의한 사람이 사망한 때에는 사건 자체가 목적을 잃고 절차가 종료한다(대결 2006.12.8, 2006마470).

사망한 건축주에 대하여 「건축법」상 이행강제금이 부과된 경우 그 이행강제금 납부의무는 상속인에게 승계된다. (x) ■ 16 국가9급
이행강제금의 납부의무는 상속의 대상이 되므로, 상속인이 납부의무를 승계합니다. (x) ■ 21 국가9급

### (3) 과징금이 부과되기 전 회사가 분할한 경우에는 과징금납부의무 자체가 없으므로, 분할 전 위반행위를 이유로 신설회사에 대하여 과징금을 부과하는 것은 허용되지 않는다

분할하는 회사의 분할 전 법 위반행위를 이유로 과징금이 부과되기 전까지는 단순한 사실행위만 존재할 뿐 그 과징금과 관련하여 분할하는 회사에게 승계의 대상이 되는 어떠한 의무가 있다고 할 수 없고, 특별한 규정이 없는 한 신설회사에 대하여 분할하는 회사의 분할 전 법 위반행위를 이유로 과징금을 부과하는 것은 허용되지 않는다(대판 2007.11.29, 2006두18928).

### (4) 합병으로 소멸한 법인이 종업원 등의 위법행위에 대하여 양벌규정에 따라 부담하던 형사책임은 합병으로 존속하는 법인에 승계되지 않는다 ★ 22 국가9급

회사합병이 있는 경우 피합병회사의 권리·의무는 사법상의 관계나 공법상의 관계를 불문하고 모두 합병으로 인하여 존속하는 회사에 승계되는 것이 원칙이지만, 그 성질상 이전을 허용하지 않는 것은 승계의 대상에서 제외되어야 한다. 양벌규정에 의한 법인의 처벌은 어디까지나 형벌의 일종으로서 행정적 제재처분이나 민사상 불법행위책임과는 성격을 달리하는 점, 형사소송법 제328조가 '피고인인 법인이 존속하지 아니하게 되었을 때'를 공소기각결정의 사유로 규정하고 있는 것은 형사책임이 승계되지 않음을 전제로 한 것이라고 볼 수 있는 점 등에 비추어 보면, 법인이 형사처벌을 면탈하기 위한 방편으로 합병제도 등을 남용하는 경우 이를 처벌하거나 형사책임을 승계시킬 수 있는 근거규정을 특별히 두고 있지 않은 현행법하에서는 합병으로 인하여 소멸한 법인이 그 종업원 등의 위법행위에 대해 양벌규정에 따라 부담하던 형사책임은 그 성질상 이전을 허용하지 않는 것으로서 합병으로 인하여 존속하는 법인에 승계되지 않는다(대판 2015.12.24. 2015도13946).

양벌규정에 의한 법인의 처벌은 어디까지나 행정적 제재처분일 뿐 형벌과는 성격을 달리한다. (x) ■ 22 국가9급

**(5) 회사합병이 있는 경우 피합병회사의 권리·의무는 모두 합병으로 인하여 존속한 회사에 승계된다**

> 회사합병이 있는 경우에는 피합병회사의 권리·의무는 사법상의 관계나 공법상의 관계를 불문하고 그의 성질상 이전을 허용하지 않는 것을 제외하고는 모두 합병으로 인하여 존속한 회사에 승계되는 것으로 보아야 한다(대판 2019.12.12, 2018두63563).

## II. 무하자재량행사청구권

판례는 검사임용거부처분취소소송과 관련하여 무하자재량행사청구권의 법리를 받아들이고 있다는 것이 일반적인 판례평석(김남진, 김동희, 김성수, 박균성, 박윤흔)이다. 그러나 동 판례가 무하자재량행사청구권의 인정과는 무관하고 대상적격과 관련해서 조리상 신청권을 인정할 뿐이라는 견해(김연태, 김철용)와 독자적인 무하자재량행사청구권을 인정하는 것은 아니라는 견해(홍정선)도 제시된다.

### (1) 검사임용거부처분 취소소송 ★ 15 국가9급, 14 국회8급, 12 사회복지

> 검사 지원자 중 한정된 수의 임용대상자에 대한 임용결정은 한편으로는 그 임용대상에서 제외한 자에 대한 임용거부결정이라는 양면성을 지니는 것이므로 임용대상자에 대한 임용의 의사표시는 동시에 임용대상에서 제외한 자에 대한 임용거부의 의사표시를 포함(묵시적 거부행위의 존재 인정. 원심은 거부행위의 존재 자체를 부인하고 부작위로 판시 ; 필자 주)한 것으로 볼 수 있고, 이러한 임용거부의 의사표시는 본인에게 직접 고지되지 않았다고 하여도 본인이 이를 알았거나 알 수 있었을 때에 그 효력이 발생한 것으로 보아야 한다. 검사의 임용 여부는 임용권자의 자유재량에 속하는 사항이나, 임용권자가 동일한 검사신규임용의 기회에 원고를 비롯한 다수의 검사 지원자들로부터 임용신청을 받아 전형을 거쳐 자체에서 정한 임용기준에 따라 이들 일부만을 선정하여 검사로 임용하는 경우에 있어서 법령상 검사임용신청 및 그 처리의 제도에 관한 명문규정이 없다고 하여도(법규상 신청권 부정 ; 필자 주) 조리상 임용권자는 임용신청자들에게 전형의 결과인 임용 여부의 응답을 해 줄 의무가 있다고 할 것이며, 응답할 것인지 여부조차도 임용권자의 편의재량사항이라고는 할 수 없다(즉, 응답 여부는 기속재량행위). 검사의 임용에 있어서 임용권자가 임용 여부에 관하여 어떠한 내용의 응답을 할 것인지는 임용권자의 자유재량에 속하므로 일단 임용거부라는 응답을 한 이상 설사 그 응답내용이 부당하다고 하여도 사법심사의 대상으로 삼을 수 없는 것이 원칙이나, 적어도 재량권의 한계일탈이나 남용이 없는 위법하지 않은 응답을 할 의무가 임용권자에게 있고 이에 대응하여 임용신청자로서도 재량권의 한계일탈이나 남용이 없는 적법한(무하자재량행사청구권의 법리를 인정 ; 필자 주) 응답을 요구할 권리(응답신청권, 즉 조리상 신청권을 인정함으로써 거부행위의 처분성 인정. 판례는 거부나 부작위의 경우 작위와 달리 처분성 인정을 위해 법규상 또는 조리상의 신청권을 추가적으로 요구한다 ; 필자 주)가 있다고 할 것이며, 이러한 응답신청권에 기하여 재량권 남용의 위법한 거부처분에 대하여는 항고소송으로서 그 취소를 구할 수 있다고 보아야 하므로 임용신청자가 임용거부처분이 재량권을 남용한 위법한 처분이라고 주장하면서 그 취소를 구하는 경우에는 법원은 재량권 남용 여부를 심리하여 본안에 관한 판단으로서 청구의 인용 여부를 가려야 한다(대판 1991.2.12, 90누5825).

> 다수의 검사 임용신청자 중 일부만을 검사로 임용하는 결정을 함에 있어, 임용신청자들에게 전형의 결과인 임용 여부의 응답을 할 것인지는 임용권자의 편의재량사항이다. (×) ■ 15 국가9급

### (2) 후속판례 ★ 13 지방7급

> 공무원 임용을 위한 면접전형에 있어서 임용신청자의 능력이나 적격성 등에 관한 판단은 면접위원의 고도의 교양과 학식, 경험에 기초한 자율적 판단에 의존하는 것으로서 오로지 면접위원의 자유재량에 속하고, 그와 같은 판단이 현저하게 재량권을 일탈 내지 남용한 것이 아니라면 이를 위법하다고 할 수 없다. 검사 신규임용을 위한 면접전형에 불합격한 자에 대한 검사임용거부처분은 평등권 및 신뢰보호의 원칙에 반하거나 재량권의 일탈·남용으로 볼 수 없다(대판 1997.11.28, 97누11911).

# Ⅲ. 행정개입청구권

## 1. 인정 여부

대법원 판례는 항고소송에 있어 행정개입청구권을 부정하는 것이 주류적 입장이지만, 예외적으로 인정한 판례도 있다. 다만, 국가배상청구소송에서 행정청의 부작위에 대한 위법성을 인정함으로써 간접적으로 행정개입청구권을 인정하는 입장이라고 할 수 있다.

### (1) 부정사례(주류적 판례)

1. 시외완행버스업체들이 시외버스 공용정류장 운영회사의 정류장 사용 요금체계가 부당할 뿐만 아니라 사용요금 책정 후 사정변경이 있다는 이유로 구청장에게 사업개선명령을 내리도록 신청한 것을 거부한 행위(대판 1991.2.26, 90누5597) : 구청장으로 하여금 위 회사에게 사업개선명령을 내리도록 감독권의 발동을 촉구한 것에 지나지 아니할 뿐 그 신청에 따른 행위를 요구할 법규상 또는 조리상의 권리에 터 잡은 것이 아니어서

2. 행정청이 인접 토지소유자의 장애물철거요구를 거부한 행위(대판 1996.1.23, 95누1378) : 도시계획법 등 관계 법령상 주민에게 도로상 장애물의 철거를 신청할 수 있는 권리를 인정한 근거 법규가 없을 뿐 아니라 조리상 이를 인정할 수도 없다.

3. 산림훼손 용도변경신청을 반려한 행위(대판 1998.10.13, 97누13764) : 산림법에 산림훼손 용도변경신청에 관하여 아무런 규정을 두지 않고 있고, 처분 후에 원래의 처분을 그대로 존속시킬 수 없게 된 사정변경이 생겼다 하여 철회·변경을 요구할 권리가 생기는 것도 아니므로

4. 건축허가와 준공검사의 취소 및 제3자 소유의 건축물에 대한 철거명령신청거부(대판 1999.12.7, 97누17568) : 건축법에 규정이 없고, 시장·군수·구청장에게 그러한 의무가 있음을 규정한 것은 아니므로

5. 산림 복구설계승인 및 복구준공통보에 대한 이해관계인의 취소신청 거부(대판 2006.6.30, 2004두701) : 산림법령에는 채석허가처분을 한 처분청이 산림을 복구한 자에 대하여 복구설계서승인 및 복구준공통보를 한 경우 그 취소신청과 관련하여 아무런 규정을 두고 있지 않으므로

#### ① 행정청이 인접 토지소유자의 장애물 철거요구를 거부한 것은 거부처분이 아니다

> 도시계획법(현 「국토의 계획 및 이용에 관한 법률」), 건축법, 도로법 등 관계법령상 주민에게 도로상 장애물의 철거를 신청할 수 있는 권리를 인정한 근거법규가 없을 뿐 아니라 조리상 이를 인정할 수도 없고, 따라서 행정청이 인접 토지소유자의 장애물 철거요구를 거부한 행위는 항고소송의 대상이 되는 거부처분에 해당될 수 없다(대판 1996.1. 23, 95누1378).

#### ② 국민이 행정청에 대하여 제3자에 대한 건축허가와 준공검사의 취소 및 제3자 소유의 건축물에 대한 철거명령을 요구할 수 있는 법규상 또는 조리상 권리가 없다 ★ 15 국가9급, 14 세무사

> 구 건축법 및 기타 관계법령에 국민이 행정청에 대하여 제3자에 대한 건축허가의 취소나 준공검사의 취소 또는 제3자 소유의 건축물에 대한 철거 등의 조치를 요구할 수 있다는 취지의 규정이 없고, 같은법 제69조 제1항 및 제70조 제1항은 각 조항 소정의 사유가 있는 경우에 시장·군수·구청장에게 건축허가 등을 취소하거나 건축물의 철거 등 필요한 조치를 명할 수 있는 권한 내지 권능을 부여한 것에 불과할 뿐, 시장·군수·구청장에게 그러한 의무가 있음을 규정한 것은 아니므로 위 조항들도 그 근거규정이 될 수 없으며, 그 밖에 조리상 이러한 권리가 인정된다고 볼 수도 없다(대판 1999.12.7, 97누17568).

> 규제권한발동에 관해 행정청의 재량을 인정하는 「건축법」의 규정은 소정의 사유가 있는 경우 행정청에 건축물의 철거 등을 명할 수 있는 권한을 부여한 것일 뿐만 아니라, 행정청에 그러한 의무가 있음을 규정한 것이다. (x) ■ 15 국가9급

### ③ 산림복구설계승인 및 복구준공통보에 대한 이해관계인의 취소신청 거부 ★ 19 국가7급, 15 국회8급

산림법령에는 채석허가처분을 한 처분청이 산림을 복구한 자에 대하여 복구설계서승인 및 복구준공통보를 한 경우 그 취소신청과 관련하여 아무런 규정을 두고 있지 않고, 원래 행정처분을 한 처분청은 그 처분에 하자가 있는 경우에는 원칙적으로 별도의 법적 근거가 없더라도 스스로 이를 직권으로 취소할 수 있지만, 그와 같이 직권취소를 할 수 있다는 사정만으로 이해관계인에게 처분청에 대하여 그 취소를 요구할 신청권이 부여된 것으로 볼 수는 없다(대판 2006.6.30, 2004두701).

> 법률에서 직권취소에 대한 근거를 두고 있는 경우에는 이해관계인이 처분청에 대하여 위법을 이유로 행정행위의 취소를 요구할 신청권을 갖는다고 보아야 한다. (x) ■ 19 국가7급

## (2) 예외적으로 행정개입청구권을 인정한 판례

### ① 공사중지명령 해제청구권(광의의 행정개입청구권에 관한 판례임)

지방자치단체장이 공장시설을 신축하는 회사에 대하여 사업승인 내지 건축허가 당시 부가하였던 조건에 따른 이행을 하고 이를 증명하는 서류를 제출할 때까지 신축공사를 중지하라는 공사중지명령에 있어서는 그 명령의 내용 자체로 또는 그 성질상으로 명령 이후에 그 원인사유가 해소되는 경우에는 잠정적으로 내린 당해 공사중지명령의 해제를 요구할 수 있는 권리를 위 명령의 상대방에게 인정하고 있다고 할 것이므로, 위 회사에게는 조리상으로 그 해제를 요구할 수 있는 권리가 인정된다고 할 것이다(대판 2007.5.11, 2007두1811).

### ② 공유수면매립면허의 취소·변경청구권(새만금사건)

공유수면매립면허에 의하여 환경영향평가 대상지역 안에 거주하는 주민이 수인할 수 없는 환경침해를 받거나 받을 우려가 있어 개별적·구체적 환경이익을 침해당하였다면, 그 이익침해의 배제를 위하여 면허의 취소·변경 등을 요구할 위치에 있다고 봄이 상당한 점, 환경영향평가 대상지역 안에 있어 환경상의 이익을 침해당한 개인이 공유수면매립면허가 취소되거나 변경됨으로써 그 이익을 회복하거나 침해를 줄일 수 있다고 주장하면서 그 주장의 당부를 판단하여 주도록 요구하는 재판청구에 대하여 소송요건심리에서 이를 배척할 것이 아니라 그 본안에 나아가 판단함이 개인의 권리구제를 본질로 하는 사법국가원리에도 부합하는 점 등을 종합하면, 환경영향평가 대상지역 안에 거주하는 주민에게는 공유수면매립면허의 처분청에게 공유수면매립법 제32조에서 정한 취소·변경 등의 사유가 있음을 내세워 면허의 취소·변경을 요구할 조리상의 신청권이 있다고 보아야 함이 상당하다(대판(전합) 2006.3.16, 2006두330).

## 2. 성립요건

대법원판례는 재량권의 0으로의 수축이론을 간접적으로 인정하고 있는데, 헌법재판소는 명시적으로 인정하고 있다.

### (1) 재량권의 '0'으로의 수축이론을 간접적으로 인정한 판례

경찰관의 주취운전자에 대한 권한행사가 관계 법률의 규정 형식상 경찰관의 재량에 맡겨져 있다고 하더라도, 그러한 권한을 행사하지 아니한 것이 구체적인 상황하에서 현저하게 합리성을 잃어 사회적 타당성이 없는 경우에는 경찰관의 직무상 의무를 위배한 것으로서 위법하게 된다(대판 1998.5.8, 97다54482).

## (2) 재량권의 0으로의 수축이론을 명시적으로 인정(헌법재판소)

> 경찰권의 행사 여부는 원칙적으로 재량처분으로 인정되고 있으나, 목전의 상황이 매우 중대하고 긴박한 것이거나, 그로 인하여 국민의 중대한 법익이 침해될 우려가 있는 경우에는, 재량권이 영으로 수축하여 경찰권을 발동할 의무가 있다. 따라서 사람이 바다에서 조난을 당하여 인명이 경각에 달린 경우에 해양경찰관으로서는 그 직무상 즉시 출동하여 인명을 구조할 의무가 있다(헌재결 2007.10.25, 2006헌마869).

## 3. 손해배상의 청구

무장공비출현(1968.1.21. 세칭 1·21사태)에 대해 주민이 3차례 신고했으나 군경공무원들이 출동하지 않아 주민이 사망(김신조 무장공비 침투사건)

> 무장공비색출체포를 위한 대간첩작전을 수행하기 위하여 파출소 소장, 순경 및 육군장교 수명 등이 파출소에서 합동대기하고 있던 중 그로부터 불과 60~70미터 거리에서 약 15분 간에 걸쳐 주민들이 무장간첩과 격투하던 중 1인이 무장간첩의 발사권총탄에 맞아 사망하였다면 위 군경공무원들의 직무유기행위와 위 망인의 사망과의 사이에 인과관계가 있다고 봄이 상당하다(대판 1971.4.6, 71다124).
> ※ 본 판례에서는 공무원의 부작위(신고받은 군경의 부작위)와 피해자(무장공비에 의한 피살자)의 사망 간의 인과관계만을 다루었으나, 최근에는 직무범위나 위법성, 인과관계 등의 요건에 관하여 구체적으로 검토하는 경향을 나타내고 있다.

# 제4절 특별행정법관계

## Ⅰ. 특별행정법관계 인정여부(제한적 긍정설)

### (1) 수형자에 대한 기본권 제한의 한계

> 수형자의 기본권 제한에 대한 구체적인 한계는 헌법 제37조 제2항에 따라 법률에 의하여, 구체적인 자유·권리의 내용과 성질, 그 제한의 태양과 정도 등을 교량하여 설정하게 되며, 수용시설 내의 안전과 질서를 유지하기 위하여 이들 기본권의 일부 제한이 불가피하다 하더라도 그 본질적인 내용을 침해하거나, 목적의 정당성, 방법의 적정성, 피해의 최소성 및 법익의 균형성 등을 의미하는 과잉금지의 원칙에 위배되어서는 안 된다(헌재결 2004.12.16, 2002헌마478).

### (2) 육군 신병교육 지침서 중 '신병훈련소에서 교육훈련을 받는 동안 전화사용을 통제하는 부분'은 법률유보원칙 등에 위배되지 않는다(기각)

> 이 사건 지침은 군인사법 제47조의2의 위임과 군인복무규율 제29조 제2항의 재위임 및 국방교육훈련규정 제9조 제1호의 위임에 따라 제정된 것으로서 법률에 근거한 규율이라고 할 것이므로 법률유보의 원칙에 위반된다고 보기 어렵다. 또한, 국군의 특수한 사명을 수행하기 위하여 모든 국민에게 국방의무가 부과되고, 군인의 복무 및 군인훈련은 일반사회생활과는 현저하게 다른 특수하고 전문적인 영역이어서 군사전문가인 지휘관에게 포괄적으로 일임할 필요가 있으며, 군대에 대한 통수와 지휘는 예측할 수 없는 다양한 상황에 대하여 신속하고 전문적·효과적으로 이루어져야 하므로, 군인사법 제47조의2가 군인의 복무에 관한 사항에 관한 규율권한을 대통령령에 위임하면서 다소 개괄적으로 위임하였다고 하여 헌법 제75조의 포괄위임금지원칙에 어긋난다고 보기 어렵다(헌재결 2010.10.28, 2007헌마890).

### (3) 불온도서의 소지·전파 등을 금지하는 군인복무규율 제16조의2는 명확성원칙, 과잉금지원칙 및 법률유보원칙에 위배되어 청구인들의 기본권을 침해하지 않는다(기각) ★ 19 국회9급

> **최신기출** 군인복무규율 제16조의2는 국군의 이념 및 사명을 해할 우려가 있는 도서로 인하여 군인들의 정신전력이 저해되는 것을 방지하기 위한 조항이라고 할 것이고, 규범의 의미내용으로부터 무엇이 금지되고 무엇이 허용되는 행위인지를 예측할 수 있으므로 명확성원칙에 위배되는 법령조항이라고 보기 어렵다. 군의 정신전력이 국가안전보장을 확보하는 군사력의 중요한 일부분이라는 점이 분명한 이상, 정신전력을 보전하기 위하여 불온도서의 소지·전파 등을 금지하는 규율조항은 목적의 정당성이 인정된다. 또한 군의 정신전력에 심각한 저해를 초래할 수 있는 범위의 도서로 한정함으로써 침해의 최소성 요건을 지키고 있고, 이 사건 복무규율조항으로 달성되는 군의 정신전력 보존과 이를 통한 군의 국가안전보장 및 국토방위의무의 효과적인 수행이라는 공익은 이 사건 복무규율조항으로 인하여 제한되는 군인의 알 권리라는 사익보다 결코 작다 할 수 없다. 이 사건 복무규율조항은 법익균형성원칙에도 위배되지 아니한다. 이 사건 복무규율조항이 법률유보원칙을 준수하였는지를 살펴보면, 군인사법 제47조의2는 헌법이 대통령에게 부여한 군통수권을 실질적으로 존중한다는 차원에서 군인의 복무에 관한 사항을 규율할 권한을 대통령령에 위임한 것이라 할 수 있고, 대통령령으로 규정될 내용 및 범위에 관한 기본적인 사항을 다소 광범위하게 위임하였다 하더라도 포괄위임금지원칙에 위배된다고 볼 수 없다. 따라서 이 사건 복무규율조항은 이와 같은 군인사법 조항의 위임에 의하여 제정된 정당한 위임의 범위 내의 규율이라 할 것이므로 법률유보원칙을 준수한 것이다(헌재결 2010.10.28, 2008헌마638).

**(4) 군인이 상관의 지시와 명령에 대하여 헌법소원 등 재판청구권을 행사하는 것은 군인의 복종의무에 위반되지 않는다**

상관의 지시나 명령 그 자체를 따르지 않는 행위와 상관의 지시나 명령은 준수하면서도 그것이 위법·위헌이라는 이유로 재판청구권을 행사하는 행위는 구별되어야 한다. 법원이나 헌법재판소에 법적 판단을 청구하는 것 자체로는 상관의 지시나 명령에 직접 위반되는 결과가 초래되지 않으며, 재판절차가 개시되더라도 종국적으로는 사법적 판단에 따라 위법·위헌 여부가 판가름 나므로 재판청구권 행사가 곧바로 군에 대한 심각한 위해나 혼란을 야기한다고 상정하기도 어렵다. 상관의 지시나 명령을 준수하는 이상 그에 대하여 소를 제기하거나 헌법소원을 청구하였다는 사실만으로 상관의 지시나 명령을 따르지 않겠다는 의사를 표명한 것으로 간주할 수도 없다. 종래 군인이 상관의 지시나 명령에 대하여 사법심사를 청구하는 행위를 무조건 하극상이나 항명으로 여겨 극도의 거부감을 보이는 태도 역시 모든 국가권력에 대하여 사법심사를 허용하는 법치국가의 원리에 반하는 것으로 마땅히 배격되어야 한다. 따라서 군인이 상관의 지시나 명령에 대하여 재판청구권을 행사하는 경우에 그것이 위법·위헌인 지시와 명령을 시정하려는 데 목적이 있을 뿐, 군 내부의 상명하복관계를 파괴하고 명령불복종 수단으로서 재판청구권의 외형만을 빌리거나 그 밖에 다른 불순한 의도가 있지 않다면, 정당한 기본권의 행사이므로 군인의 복종의무를 위반하였다고 볼 수 없다[대판(전합) 2018.3.22. 2012두26401].

**(5) 구 군인복무규율 제24조와 제25조를 군인에게 건의나 고충심사를 청구하여야 할 의무를 부과한 조항 내지 군인의 재판청구권 행사에 앞서 반드시 거쳐야 하는 군 내 사전절차로서의 의미를 갖는 것으로 볼 수 없다**

★ 19 국회8급

관련 법령의 문언과 체계에 비추어 보면, 건의 제도의 취지는 위법 또는 오류의 의심이 있는 명령을 받은 부하가 명령 이행 전에 상관에게 명령권자의 과오나 오류에 대하여 자신의 의견을 제시할 수 있도록 함으로써 명령의 적법성과 타당성을 확보하고자 하는 것일 뿐 그것이 군인의 재판청구권 행사에 앞서 반드시 거쳐야 하는 군 내 사전절차로서의 의미를 갖는다고 보기 어렵다[대판(전합) 2018.3.22. 2012두26401].

**(6) 구 군인복무규율 제13조 제1항에서 금지하는 '군무 외의 일을 위한 집단행위'의 의미 및 군인의 기본권 행사에 해당하는 행위가 이에 해당하는지 판단하는 방법**

'군무 외의 일을 위한 집단행위'란 군인으로서 군복무에 관한 기강을 저해하거나 기타 본분에 배치되는 등 군무의 본질을 해치는 특정 목적을 위한 다수인의 행위를 말한다. 법령에 군인의 기본권 행사에 해당하는 행위를 금지하거나 제한하는 규정이 없는 이상, 그러한 행위가 군인으로서 군복무에 관한 기강을 저해하거나 기타 본분에 배치되는 등 군무의 본질을 해치는 특정 목적이 있다고 하기 위해서는 권리행사로서의 실질을 부인하고 이를 규범위반행위로 보기에 충분한 구체적·객관적 사정이 인정되어야 한다. 즉 군인으로서 허용된 권리행사를 함부로 집단행위에 해당하는 것이라고 단정하여서는 아니 된다[대판(전합) 2018.3.22. 2012두26401].

**(7) 육군3사관학교 사관생도의 경우 일반 국민보다 기본권이 더 제한될 수 있다**

사관생도는 군 장교를 배출하기 위하여 국가가 모든 재정을 부담하는 특수교육기관인 육군3사관학교의 구성원으로서, 학교에 입학한 날에 육군 사관생도의 병적에 편입하고 준사관에 준하는 대우를 받는 특수한 신분관계에 있다(「육군3사관학교 설치법 시행령」 제3조). 따라서 그 존립 목적을 달성하기 위하여 필요한 한도 내에서 일반 국민보다 상대적으로 기본권이 더 제한될 수 있으나, 그러한 경우에도 법률유보원칙, 과잉금지원칙 등 기본권 제한의 헌법상 원칙들을 지켜야 한다(대판 2018.8.30. 2016두60591).

**(8)**

「육군3사관학교 설치법」 및 시행령, 「육군3사관학교 학칙」 및 「사관생도 행정예규」 등에서 사관생도의 준수사항과 징계를 규정할 수 있고 이러한 규율은 존중되어야 한다(대판 2018.8.30. 2016두60591).

**(9)** 육군3사관학교 사관생도인 갑이 4회에 걸쳐 학교 밖에서 음주를 하여 「사관생도 행정예규」 제12조에서 정한 품위유지의무를 위반하였다는 이유로 육군3사관학교장이 교육운영위원회의 의결에 따라 갑에게 퇴학처분을 한 사안에서, 위 금주조항은 사관생도의 일반적 행동자유권, 사생활의 비밀과 자유 등 기본권을 과도하게 제한하는 것으로서 무효인데도 위 금주조항을 적용하여 내린 퇴학처분이 적법하다고 본 원심판결에 법리를 오해한 잘못이 있다고 한 사례

> 첫째 사관학교의 설치 목적과 교육 목표를 달성하기 위하여 사관학교는 사관생도에게 교내 음주 행위, 교육·훈련 및 공무 수행 중의 음주 행위, 사적 활동이더라도 신분을 나타내는 생도 복장을 착용한 상태에서 음주하는 행위, 생도 복장을 착용하지 않은 상태에서 사적 활동을 하는 때에도 이로 인하여 사회적 물의를 일으킴으로써 품위를 손상한 경우 등에는 이러한 행위들을 금지하거나 제한할 필요가 있으나 여기에 그치지 않고 나아가 사관생도의 모든 사적 생활에서까지 예외 없이 금주의무를 이행할 것을 요구하는 것은 사관생도의 일반적 행동자유권은 물론 사생활의 비밀과 자유를 지나치게 제한하는 것이고, 둘째 구 예규 및 예규 제12조에서 사관생도의 모든 사적 생활에서까지 예외 없이 금주의무를 이행할 것을 요구하면서 제61조에서 사관생도의 음주가 교육 및 훈련 중에 이루어졌는지 여부나 음주량, 음주 장소, 음주 행위에 이르게 된 경위 등을 묻지 않고 일률적으로 2회 위반 시 원칙으로 퇴학 조치하도록 정한 것은 사관학교가 금주제도를 시행하는 취지에 비추어 보더라도 사관생도의 기본권을 지나치게 침해하는 것이므로, 위 금주조항은 사관생도의 일반적 행동자유권, 사생활의 비밀과 자유 등 기본권을 과도하게 제한하는 것으로서 무효인데도 위 금주조항을 적용하여 내린 퇴학처분이 적법하다고 본 원심판결에 법리를 오해한 잘못이 있다고 한 사례(대판 2018.8.30. 2016두60591).

**(10)** 국가기관과 공무원 간의 공법상 근무관계에도 고용관계에서 양성평등을 규정한 「남녀고용평등과 일·가정 양립 지원에 관한 법률」 제11조 제1항과 근로기준법 제6조가 적용된다

> 국가나 국가기관 또는 국가조직의 일부는 기본권의 수범자로서 국민의 기본권을 보호하고 실현해야 할 책임과 의무를 지니고 있는 점, 공무원도 임금을 목적으로 근로를 제공하는 근로기준법상의 근로자인 점 등을 고려하면, 공무원 관련 법률에 특별한 규정이 없는 한, 고용관계에서 양성평등을 규정한 「남녀고용평등과 일·가정 양립 지원에 관한 법률」 제11조 제1항과 근로기준법 제6조는 국가기관과 공무원 간의 공법상 근무관계에도 적용된다(대판 2019.10.31. 2013두20011).

**(11)** 교육공무원법 등에 따라 조교로 임용되어 교육공무원 내지 특정직공무원의 신분을 부여받는 경우, 기간의 정함이 없는 근로자로의 전환에 관한 「기간제 및 단시간근로자 보호 등에 관한 법률」 제4조 제1항, 제2항을 국가와 공무원신분인 조교 간의 근무관계에 곧바로 적용할 수 없다

<sup>최신판례</sup>

> 일정한 자격을 갖추고 소정의 절차에 따라 대학의 장에 의하여 임용된 조교는 법정된 근무기간 동안 신분이 보장되는 교육공무원법상의 교육공무원 내지 국가공무원법상의 특정직공무원 지위가 부여되고, 근무관계는 사법상의 근로계약관계가 아닌 공법상 근무관계에 해당한다(대판 2019.11.14. 2015두52531).

# II. 특별행정법관계에 대한 사법심사(전면적 긍정설)

판례도 어떤 행위가 특별권력관계에서의 행위라는 이유만으로 사법심사에서 제외될 수 없다고 하는 전면적 긍정설을 취하고 있다. 즉, 판례는 '특별권력관계'라는 전통적인 용어를 사용하고 있지만, 사법심사를 긍정함으로써 현대적 의미의 '특별권력관계'라는 용어를 사용하고 있다.

## 1. 근무관계

### (1) 서대문구청장의 역촌동장 직권면직

> 동장과 구청장과의 관계는, 이른바 행정상의 특별권력관계에 해당되며, 이러한 특별권력관계에 있어서도 위법·부당한 특별권력의 발동으로 말미암아 권리를 침해당한 자는 행정소송법 제1조의 규정에 따라 그 위법 또는 부당한 처분의 취소를 구할 수 있다(대판 1982.7.27, 80누86).

### (2) 군복무관계

> 군검찰관의 기소유예처분은 공권력의 행사에 포함되는 것이 명백하므로 이로 인하여 기본권이 침해된 때에는 헌법소원심판청구의 대상이 된다. 범죄혐의가 없음이 명백한 사안인데도 이에 대하여 검찰관이 자의적이고 타협적으로 기소유예처분을 했다면 이는 헌법 제11조 제1항의 평등권, 헌법 제10조의 행복추구권을 침해한 것이다(헌재결 1989.10.27, 89헌마56).

## 2. 영조물이용관계

### (1) 국립서울교육대학교 총학생회장 퇴학처분

#### ① 특별권력관계에도 사법심사 긍정 ★ 15 순경특채, 13 지방7급, 10 국가9급, 09 국회9급, 08 국회8급

> 국립교육대학 학생에 대한 퇴학처분은, 국가가 설립·경영하는 교육기관인 동 대학의 교무를 통할하고 학생을 지도하는 지위에 있는 학장이 교육목적 실현과 학교의 내부질서유지를 위해 학칙위반자인 재학생에 대한 구체적 법집행으로서, 국가공권력의 하나인 징계권을 발동하여 학생으로서의 신분을 일방적으로 박탈하는 국가의 교육행정에 관한 의사를 외부에 표시한 것이므로 행정처분임이 명백하다(대판 1991.11.22, 91누2144).

#### ② 자유재량행위에 대하여도 사법심사 긍정 ★ 10 국가9급

> 학생에 대한 징계권의 발동이나 징계의 양정이 징계권자의 교육적 재량에 맡겨져 있다 할지라도 법원이 심리한 결과 그 징계처분에 위법사유가 있다고 판단되는 경우에는 이를 취소할 수 있는 것이고, 징계처분이 교육적 재량행위라는 이유만으로 사법심사의 대상에서 당연히 제외되는 것은 아니다(대판 1991.11.22, 91누2144).

#### ③ 국립교육대학 교수회의 학생에 대한 무기정학처분의 징계의결에 대하여 학장이 징계의 재심을 요청하여 다시 개최된 교수회에서 표결을 거치지 아니한 채 학장이 직권으로 징계의결내용을 변경하여 퇴학처분을 한 것은 학칙에 규정된 교수회의 심의·의결을 거치지 아니한 것이어서 위법하다

> 국립교육대학의 학칙에 학장이 학생에 대한 징계처분을 하고자 할 때에는 교수회의 심의·의결을 먼저 거쳐야 하도록 규정되어 있는 경우, 교수회의 학생에 대한 무기정학처분의 징계의결에 대하여 학장이 징계의 재심을 요청하여 다시 개최된 교수회에서 학장이 교수회의 징계의결내용에 대한 직권 조정권한을 위임하여 줄 것을 요청한 후 일부 교수들의 찬반토론은 거쳤으나 표결은 거치지 아니한 채 자신의 책임 아래 직권으로 위 교수회의 징계의결내용을 변경하여 퇴학처분을 하였다면, 위 퇴학처분은 교수회의 심의·의결을 거침이 없이 학장이 독자적으로 행한 것에 지나지 아니하여 위법하다(대판 1991.11.22, 91누2144).

## (2) 국립서울대학교

국립대학인 서울대학교는 특정한 국가목적(대학교육)에 제공된 인적·물적 종합시설로서 공법상의 영조물이다. 그리고 서울대학교와 학생과의 관계는 공법상의 영조물이용관계로서 공법관계이며, 서울대학교가 대학입학고사시행방안을 정하는 것은 공법상의 영조물이용관계설정을 위한 방법, 요령과 조건 등을 정하는 것이어서 서울대학교 입학고사에 응시하고자 하는 사람들에 대하여 그 시행방안에 따르지 않을 수 없는 요건·의무 등을 제한설정하는 것이기 때문에 그것을 제정·발표하는 것은 공권력의 행사에 해당된다(헌재결 1992.10.1, 92헌마 68·76).

## (3) 국공립학교교원징계

국공립학교교원에 대한 징계 등 불리한 처분은 행정처분이므로 국공립학교교원이 징계 등 불리한 처분에 대하여 불복이 있으면 교원징계재심위원회에 재심청구를 하고 위 재심위원회의 재심결정에 불복이 있으면 항고소송으로 이를 다투어야 할 것인데, 이 경우 그 소송의 대상이 되는 처분은 원칙적으로 원처분청의 처분이고, 원처분이 정당한 것으로 인정되어 재심청구를 기각한 재결에 대한 항고소송은 원처분의 하자를 이유로 주장할 수는 없고 그 재결 자체에 고유한 주체, 절차, 형식 또는 내용상의 위법이 있는 경우에 한한다고 할 것이므로, 도교육감의 해임처분의 취소를 구하는 재심청구를 기각한 재심결정에 사실오인의 위법이 있다거나 재량권의 남용 또는 그 범위를 일탈한 것으로서 위법하다는 사유는 재심결정 자체에 고유한 위법을 주장하는 것으로 볼 수 없어 재심결정의 취소사유가 될 수 없다(대판 1994.2.8, 93누17874).

## (4) 국립대학은 총장 후보자 선정방식을 학칙으로 정할 수 있고, 학칙에 규정되어 있는 기존의 총장 후보자 선정방식을 학칙 개정을 통하여 변경할 수 있다

총장 후보자 선정방식은 국립대학의 조직에 관한 기본적 사항의 하나로서 학칙으로 정할 수 있는 대상인 점, 해당 대학이 법령과 학칙이 정하는 절차에 따라 법령의 범위 내에서 제정 또는 개정한 학칙은 대학의 자치규범으로서 당연히 구속력을 갖는 점 등을 종합하여 보면, 총장 후보자 선정방식을 총장임용추천위원회에서의 선정(간선제)과 해당 대학 교원의 합의된 방식과 절차에 따른 선정(직선제) 중 어느 방법으로 할 것인지는 구 교육공무원법 제24조 제3항에 따라 해당 대학의 자율적 선택에 맡겨져 있어, 해당 대학은 총장 후보자 선정방식을 학칙으로 정할 수 있고, 나아가 학칙에 규정되어 있는 기존의 총장 후보자 선정방식을 학칙의 개정을 통하여 변경할 수 있다(대판 2015. 6.24, 2013두26408).

## (5) 국립대학의 학칙에 규정되어 있는 총장 후보자 선정방식인 직선제를 학칙 개정을 통하여 간선제로 변경하는 것은 교육의 본질이나 대학의 자율성을 침해하거나 교육 관계 법령을 위반하는 것이 아니다

대학이 총장 후보자를 간선제 방법에 따라 선정한다고 하여 그것이 대학의 자치를 보장하는 헌법 정신을 훼손하는 것은 아니다. 따라서 국립대학의 학교규칙(학칙)에 규정되어 있는 총장 후보자 선정방식인 직선제를 학칙 개정을 통하여 간선제로 변경한다고 하여 그것이 교육의 본질이나 대학의 자율성을 침해하거나 교육 관계 법령을 위반하는 것은 아니다(대판 2015.6.24. 2013두26408).

## (6) 교원 또는 교수회의 동의 없이 총장 후보자 선출을 위한 기존의 직선제 학칙을 간선제로 바꾸는 것은 허용된다

대학자치의 주체를 오로지 교원으로 한정함으로써 총장 후보자를 선정할 때 직원과 학생의 의사는 배제한 채 교원 또는 법률상 임의단체에 불과한 교수회의 의사를 우선시하여 그 동의가 없는 한 총장 후보자 선출을 위한 기존의 해당 대학 교원의 합의된 방식과 절차에 따른 선정(직선제) 학칙을 총장임용추천위원회에서의 선정(간선제)으로 바꾸는 것이 허용되지 않는다고 할 수는 없다(대판 2015.6.24. 2013두26408).

**(7) 교도소(구치소) 재소관계**

**① 행형법 제26조 중 행형법 제18조 제3항을 미결수용자의 변호인 접견에도 준용하도록 한 부분은 헌법에 위반된다**

> 변호인과의 자유로운 접견은 신체구속을 당한 사람에게 보장된 변호인의 조력을 받을 권리의 가장 중요한 내용이어서 국가안전보장, 질서유지, 공공복리 등 어떠한 명분으로도 제한될 수 있는 성질의 것이 아니다. … 행형법(형의 집행 및 수용자의 처우에 관한 법률) 제62조가 "미결수용자에 대하여 본법 또는 본법의 규정에 의하여 발하는 명령에 특별한 규정이 없는 때에는 수형자에 관한 규정을 준용한다."라고 규정하여 미결수용자(피의자, 피고인)의 변호인 접견에도 행형법 제18조 제3항에 따라서 교도관이 참여할 수 있게 한 것은 신체구속을 당한 미결수용자에게 보장된 변호인의 조력을 받을 권리를 침해하는 것이어서 헌법에 위반된다(헌재결 1992.1.28, 91헌마111).

**② 교도소장의 서신 검열행위는 권력적 사실행위로서 행정처분이다** ★ 18 서울7급, 17 지방9급, 11 지방9급, 10 국회8급

**[최신기출]**
> 수형자의 서신을 교도소장이 검열하는 행위는 이른바 권력적 사실행위로서 행정심판이나 행정소송의 대상이 되는 행정처분으로 볼 수 있으나, 위 검열행위가 이미 완료되어 행정심판이나 행정소송을 제기하더라도 소의 이익이 부정될 수 밖에 없으므로 헌법소원심판을 청구하는 외에 다른 효과적인 구제방법이 있다고 보기 어렵기 때문에 보충성의 원칙에 대한 예외에 해당한다(헌재결 1998.8.27, 96헌마398).

> 헌법재판소는 수형자의 서신을 교도소장이 검열하는 행위는 이른바 권력적 사실행위로서 행정심판이나 행정소송의 대상이 되는 행정처분으로 볼 수 있다. 라고 하여 명시적으로 권력적 사실행위의 처분성을 긍정하였다. ■ 18 서울7급

**③ 미결수용자와 변호인이 아닌 자 사이의 서신을 검열한 행위는 헌법에 위반되지 않는다**

> 질서유지 또는 공공복리를 위하여 구속제도가 헌법 및 법률상 이미 용인되어 있는 이상, 미결수용자는 구속제도 자체가 가지고 있는 일면의 작용인 사회적 격리의 점에 있어 외부와의 자유로운 교통과는 상반되는 성질을 가지고 있으므로, 증거인멸이나 도망을 예방하고 교도소 내의 질서를 유지하여 미결구금제도를 실효성 있게 운영하고 일반사회의 불안을 방지하기 위하여 미결수용자의 서신에 대한 검열은 그 필요성이 인정된다고 할 것이고, 이로 인하여 미결수용자의 통신의 비밀이 일부제한되는 것은 질서유지 또는 공공복리라는 정당한 목적을 위하여 불가피할 뿐만 아니라 유효적절한 방법에 의한 최소한의 제한으로서 헌법에 위반된다고 할 수 없다(헌재결 1995.7.21, 92헌마144).

**④ 미결수용자와 변호인 사이의 서신을 검열한 행위는 헌법에 위반된다**

> 헌법 제12조 제4항 본문은 신체구속을 당한 사람에 대하여 변호인의 조력을 받을 권리를 규정하고 있는바, 이를 위하여서는 신체구속을 당한 사람에게 변호인과 사이의 충분한 접견교통을 허용함은 물론 교통내용에 대하여 비밀이 보장되고 부당한 간섭이 없어야 하는 것이며, 이러한 취지는 접견의 경우뿐만 아니라 변호인과 미결수용자 사이의 서신에도 적용되어 그 비밀이 보장되어야 할 것이다. 다만 미결수용자와 변호인 사이의 서신으로서 그 비밀을 보장받기 위하여는, 첫째, 교도소측에서 상대방이 변호인이라는 사실을 확인할 수 있어야 하고, 둘째, 서신을 통하여 마약 등 소지금지품의 반입을 도모한다든가 그 내용에 도주·증거인멸·수용시설의 규율과 질서의 파괴·기타 형벌법령에 저촉되는 내용이 기재되어 있다고 의심할 만한 합리적인 이유가 있는 경우가 아니어야 한다(헌재결 1995.7.21, 92헌마144).

⑤ 수용자가 밖으로 내보내는 모든 서신을 봉함하지 않은 상태로 교정시설에 제출하도록 규정하고 있는 「형의 집행 및 수용자의 처우에 관한 법률 시행령」 제65조 제1항은 청구인의 통신 비밀의 자유를 침해한다(위헌)

> 이 사건 시행령조항은 교정시설의 안전과 질서유지, 수용자의 교화 및 사회복귀를 원활하게 하기 위해 수용자가 밖으로 내보내는 서신을 봉함하지 않은 상태로 제출하도록 한 것이나, 이와 같은 목적은 교도관이 수용자의 면전에서 서신에 금지물품이 들어 있는지를 확인하고 수용자로 하여금 서신을 봉함하게 하는 방법, 봉함된 상태로 제출된 서신을 X-ray 검색기 등으로 확인한 후 의심이 있는 경우에만 개봉하여 확인하는 방법, 서신에 대한 검열이 허용되는 경우에만 무봉함 상태로 제출하도록 하는 방법 등으로도 얼마든지 달성할 수 있다고 할 것인바, 위 시행령 조항이 수용자가 보내려는 모든 서신에 대해 무봉함 상태의 제출을 강제함으로써 수용자의 발송 서신 모두를 사실상 검열 가능한 상태에 놓이도록 하는 것은 기본권 제한의 최소 침해성 요건을 위반하여 수용자인 청구인의 통신비밀의 자유를 침해하는 것이다(헌재결 2012.2.23, 2009헌마333).

⑥ 교정시설 소장에 의하여 허용된 범위를 넘어 사진 또는 그림 등을 부착한 수용자에 대해 교도관이 부착물의 제거를 지시한 행위는 적법한 직무집행에 해당한다

> 수용자가 교정시설의 소장이 허용한 범위를 넘어 수용시설에 사진 또는 그림 등을 부착하는 행위는 교정시설의 소장이 유지하려는 수용시설 본래의 청결상태를 훼손하는 본질적 성격을 가지는 점, 수용시설에 부착될 부착물의 허용 기준 설정은 수용시설의 관리자인 교정시설 소장의 권한에 속하는 사항으로서 허용 기준 설정 자체를 두고 형집행법상 수용자의 인권 존중 조항(제4조)이나 헌법상 과잉금지의 원칙에 위배된다고 볼 수 없는 점, 수용자의 위와 같은 개인적·임의적 부착 행위는 수용시설 자체의 청결유지뿐만 아니라 교정시설 내 공동생활의 질서유지를 저해할 우려가 크다고 보이는 점 등을 종합하면, 수용자에게 부착물의 내용, 부착의 경위 등에 비추어 교정시설의 소장에 의하여 허용된 범위를 넘은 부착 행위를 하게 된 정당한 사유가 인정되는 등의 특별한 사정이 없는 한, 교정시설의 소장에 의하여 허용된 범위를 넘어 사진 또는 그림 등을 부착한 수용자에 대하여 교도관이 부착물의 제거를 지시한 행위는 수용자가 복종하여야 할 직무상 지시로서 적법한 직무집행이라고 보아야 한다(대판 2014.9.25. 2013도1198).

⑦ 징벌사유에 해당하는 행위를 하였다고 의심할 만한 상당한 이유가 있는 수용자에 대하여 조사가 필요한 경우, 수용자를 조사거실에 분리 수용할 수 있다

> 징벌사유에 해당하는 행위를 하였다고 의심할 만한 상당한 이유가 있는 수용자에 대하여 조사가 필요한 경우라 하더라도, 특히 그 수용자에 대한 조사거실에의 분리 수용은 「형의 집행 및 수용자의 처우에 관한 법률」 제110조 제1항의 각 호에 따라 그 수용자가 증거를 인멸할 우려가 있는 때 또는 다른 사람에게 위해를 끼칠 우려가 있거나 다른 수용자의 위해로부터 보호할 필요가 있는 때에 한하여 인정된다(대판 2014.9.25, 2013도1198).

## 3. 사단관계인 당진농지개량조합의 직원에 대한 징계처분 ★ 15 순경특채, 13 지방7급, 08 국가9급, 07 대구9급, 05 국회8급

> 농지개량조합과 그 직원과의 관계는 사법상의 근로계약관계가 아닌 공법상의 특별권력관계이고, 그 조합의 직원에 대한 징계처분의 취소를 구하는 소송은 행정소송사항에 속한다(대판 1995.6.9, 94누10870)

# 제5절 행정법관계의 흠결과 사법규정의 적용

## I. 공법의 유추적용(우선적)

### 1. 유추적용 인정사례

#### (1) 국세기본법상의 환급가산금에 관한 규정 → 관세법

> 구 관세법 및 동법 시행령에는 과오납관세의 환급에 있어서 국세기본법 제52조 등과 같은 환급가산금(이자)에 관한 규정이 없으나, 부당하게 징수한 조세를 환급함에 있어서 국세와 관세를 구별할 합리적인 이유가 없고 과오납관세의 환급금에 대하여만 법의 규정이 없다 하여 환급가산금을 지급치 아니한다는 것은 심히 형평을 잃은 것이라 할 것이므로(따라서 현행 관세법에는 환급가산금에 관한 규정을 신설하였다) 국세기본법의 환급가산금에 관한 규정을 유추적용하여 과오납관세의 환급금에 대하여도 납부한 다음 날부터 환급가산금(이자)을 지급하여야 한다(대판 1985.9.10, 85다카571).

#### (2) 하천법상의 손실보상규정 → 하천법상의 제외지에 대한 손실보상 ★ 18 국회8급

> `최신기출`
> 하천법 제2조 제1항 제2호, 제3조에 의하면 제외지는 하천구역에 속하는 토지로서 법률의 규정에 의하여 당연히 그 소유권이 국가에 귀속된다고 할 것인바, 한편 동법에서는 위 법의 시행으로 인하여 국유화가 된 제외지의 소유자에 대하여 그 손실을 보상한다는 직접적인 보상규정을 둔 바 없으나 동법 제74조의 손실보상요건에 관한 규정은 보상사유를 제한적으로 열거한 것이라기보다는 예시적으로 열거하고 있으므로 국유로 된 제외지의 소유자에 대하여는 위 법조를 유추적용하여 관리청은 그 손실을 보상하여야 한다(대판 1987.7.21, 84누126).

#### (3) 「공공용지의 취득 및 손실보상에 관한 특례법」과 동 시행규칙

##### ① 낙농업의 폐지에 대한 손실평가

> 구 「공공용지의 취득 및 손실보상에 관한 특례법 시행규칙」 제24조는 영업폐지에 대한 손실평가에 관하여 규정하는 외에 낙농업과 같은 경우에 대하여는 따로 규정된 것이 없는데 그 성격상, 어업의 폐지에 따른 손실의 평가를 규정한 위 시행규칙 제25조의2 제1항을 토지수용으로 인한 낙농업의 폐지에 대한 손실평가의 경우에 유추적용할 수 있다(대판 1992.5.22, 91누12356).

##### ② 어업허가의 취소·제한·정지 등에 대한 손실보상

> 어업허가는 일정한 종류의 어업을 일반적으로 금지하였다가 일정한 경우 이를 해제하여 주는 것으로서 어업면허에 의하여 취득하게 되는 어업권과는 그 성질이 다른 것이기는 하나, 어업허가를 받은 자가 그 허가에 따라 해당 어업을 함으로써 재산적인 이익을 얻는 면에서 보면 어업허가를 받은 자의 해당 어업을 할 수 있는 지위는 재산권으로 보호받을 가치가 있고, 수산업법이 1990.8.1. 개정되기 이전까지는 어업허가의 취소·제한·정지 등의 경우에 이를 보상하는 규정을 두고 있지 않았지만, 1988.4.25. 「공공용지의 취득 및 손실보상에 관한 특례법 시행규칙」이 개정되면서 그 제25조의2에 허가어업의 폐지·휴업 또는 피해에 대한 손실의 평가규정이 마련되었고, … 적법한 어업허가를 받고 허가어업에 종사하던 중 공유수면매립사업의 시행으로 피해를 입게 되는 어민들이 있는 경우 그 공유수면매립사업의 시행자로서는 위 구 「공공용지의 취득 및 손실보상에 관한 특례법 시행규칙」 제25조의2의 규정을 유추적용하여 위와 같은 어민들에게 손실보상을 하여 줄 의무가 있다(대판 1999.11.23, 98다11529).

③

공유수면매립사업 시행자가 손실보상의무를 이행하지 아니한 채 공사를 시행하여 허가어업자에 실질적이고 현실적인 침해를 가한 경우, 불법행위의 성립하고, 이때 손해배상의 범위는 손실보상금 상당액이다(대판 1999.11. 23, 98다11529). ★ 18 국회8급

### ④ 사업시행자가 손실보상의무를 이행하지 아니한 채 공유수면매립공사를 시행함으로써 허가어업권자가 손해를 입은 경우 수산업법을 유추적용하여 손실보상

사업시행자가 손실보상의무를 이행하지 아니한 채 공유수면에서 허가어업을 영위하던 어민들에게 피해를 입힐 수 있는 공유수면매립공사를 시행함으로써 어민들이 더 이상 허가어업을 영위하지 못하는 손해를 입게 된 경우에는, 어업허가가 취소 또는 정지되는 등의 처분을 받았을 때 손실을 입은 자에 대하여 보상의무를 규정하고 있는 수산업법 제81조 제1항을 유추적용하여 그 손해를 배상하여야 할 것이고, 이 경우 그 손해액은 공유수면매립사업의 시행일을 기준으로 삼아 산정하여야 한다(대판 2004.12.23, 2002다73821).

### (4) 세무서장이 구 국세기본법 제51조 제7항에 따라 국세환급금을 반환받아 환수하였으나 거기에 다시 과오납부 등의 사정이 있어 환수금을 재환급하는 경우, 환급가산금을 가산하여야 하고 환급가산금 환수에 따른 재환급의 경우 같은 법리가 적용된다

구 국세기본법은, 세무서장이 충당 또는 지급된 국세환급금에 착오환급 내지 과다환급 등의 이유로 제51조 제7항에 따라 국세환급금을 반환받아 이를 환수하였으나 거기에 다시 과오납부 등의 사정이 있어 그 환수금을 재환급하여야 할 경우에 관하여는 아무런 규정을 두고 있지 않으나, 국세환급금의 환수제도가 국세의 징수에 부수하는 절차로서 국세채권의 만족을 위한 것이며, 국세의 징수에 관한 규정이 그대로 준용되는 이상, 그 환수금을 재환급하는 경우에도 국세환급금에 대한 환급가산금에 관한 규정을 유추적용하여 환급가산금을 가산하는 것이 타당하다. 그리고 이러한 법리는 환급가산금의 환수에 따른 재환급의 경우에도 마찬가지로 적용된다(대판 2013.10.31, 2012다200769).

## 2. 유추적용 부정사례

### (1) 조세법규 해석

조세법률주의의 원칙상 과세요건이거나 비과세요건 또는 조세감면요건을 막론하고 조세법규의 해석은 특별한 사정이 없는 한 법문대로 해석할 것이고 합리적 이유 없이 확장해석하거나 유추해석하는 것은 허용되지 아니하며, 특히 감면요건규정 가운데에 명백히 특혜규정이라고 볼 수 있는 것은 엄격하게 해석하는 것이 조세공평의 원칙에도 부합한다(대판 2004.5.28, 2003두7392).

### (2) 공특법상의 환매권 규정의 환지처분에 대한 유추적용

「공공용지의 취득 및 손실보상에 관한 특례법」 제9조에 의한 환매권의 행사에는 토지수용법 제71조 제5항의 규정이 준용되거나 유추적용된다고 할 수 없어 민사소송절차에서 법원이 환매대금액을 증감할 수는 없으며, 토지수용법 제75조의2 제2항에 의하여 사업시행자가 환매권자를 상대로 하는 소송은 공법상의 당사자소송으로 사업시행자로서는 환매가격이 환매대상토지의 취득 당시 지급한 보상금 상당액보다 증액 변경될 것을 전제로 하여 환매권자에게 그 환매가격과 그 보상금 상당액의 차액지급을 구할 수 있다(대판 2002.6.14, 2001다24112).

## II. 사법의 유추적용(보충적, 제한적 유추적용설)

### (1) 이해조정에 관한 규정은 권력관계에 적용될 수 없다

> 특히 공권력의 주체로서 국민에 대하는 관계(권력관계)에 있어서는 대등한 사사로운 국민 상호 간의 경제적 이해를 조정함을 목적으로 하는 사법이 전면적으로 그대로 적용될 수는 없고 국가공익의 실현을 우선적으로 하는 특수성을 고려하여 특수한 법규나 법원칙이 인정되어야 할 것이다(대판 1961.10.5, 4292행상6).

### (2) 법기술적 규정인 기간계산은 권력관계에도 적용

> 징계요구기간의 계산에 관하여는 구 경찰공무원징계령에 특별한 규정이 없으므로 보충적으로 그 계산방법을 규정하고 있는 민법 제155조·제157조의 규정에 따라 징계사유가 발생한 초일은 기간계산에 산입하지 아니한다(초일 불산입의 원칙)고 해석할 것이다(대판 1972.12.12, 71누149).

### (3) 법원리적 규정인 실권의 법리는 권력관계에도 적용

> 실권 또는 실효의 법리는 법의 일반원리인 신의성실의 원칙에 바탕을 둔 파생원칙인 것이므로 공법관계 가운데 관리관계는 물론이고, 권력관계에도 적용되어야 함을 배제할 수는 없다(대판 1988.4.27, 87누915).

# 제4장
# 행정법상의 법률요건과 법률사실

## 제1절 행정법상의 사건

## 제1항 시간의 경과(기간)

### I. 광업법상 기간의 계산

> 광업법에는 기간의 계산에 관하여 특별한 규정을 두고 있지 아니하므로, 광업법 제16조에 정한 출원제한기간을 계산할 때에도 기간계산에 관한 민법의 규정은 그대로 적용된다. 광업권설정 출원제한기간의 기산일인 2007.7.28.로부터 6개월의 기간이 경과하는 마지막 날인 2008.1.27.이 일요일인 경우, 그 출원제한기간은 민법 제161조의 규정에 따라 그 다음날인 2008.1.28. 만료된다고 본 사례(대판 2009.11.26, 2009두12907).

### II. 병역법 제88조 제1항 제2호에 정한 '소집기일부터 3일'이라는 기간을 계산할 때에 도 기간계산에 관한 민법의 규정이 적용되어 민법 제157조에 따라 기간의 초일은 산입하지 아니하고, 민법 제161조에 따라 기간의 말일이 토요일 또는 공휴일에 해 당하는 때에는 기간은 그 익일로 만료한다고 보아야 한다

> 민법 제155조는 "기간의 계산은 법령, 재판상의 처분 또는 법률행위에 다른 정한 바가 없으면 본장의 규정에 의한다."고 규정하고 있으므로, 기간의 계산에 있어서는 당해 법령 등에 특별한 정함이 없는 한 민법의 규정에 따라야 한다. 한편 병역법 제88조 제1항 제2호는 "공익근무요원 소집통지서를 받은 사람이 정당한 사유 없이 소집기일부터 3일이 지나도 소집에 응하지 아니한 경우에는 3년 이하의 징역에 처한다."고 규정하고 있으나, 병역법은 기간의 계산에 관하여 특별한 규정을 두고 있지 아니하다. 따라서 병역법 제88조 제1항 제2호에 정한 '소집기일부터 3일'이라는 기간을 계산할 때에도 기간계산에 관한 민법의 규정이 적용된다고 할 것이므로, 민법 제157조에 따라 기간의 초일은 산입하지 아니하고, 민법 제161조에 따라 기간의 말일이 토요일 또는 공휴일에 해당하는 때에는 기간은 그 익일로 만료한다고 보아야 한다(대판 2012.12.26, 2012도13215).

# 제2항 시효

## Ⅰ. 금전채권의 소멸시효

### 1. 시효기간

#### (1) 적용대상 ★ 16 지방9급

> 구 예산회계법(현 국가재정법) 제71조의 금전의 급부를 목적으로 하는 국가의 권리라 함은 금전의 급부를 목적으로 하는 권리인 이상 금전급부의 발생원인에 관하여는 아무런 제한이 없으므로 국가의 공권력의 발동으로 하는 행위는 물론 국가의 사법상의 행위에서 발생한 국가에 대한 금전채무도 포함한다(대판 1967.7.4. 67다751).

#### (2) 다른 법률에 규정의 의미는 5년보다 짧은 기간을 말한다

> 예산회계법(현 국가재정법) 제71조에서 타 법률에 운운 규정은 타 법률에 동법 제71조에 규정한 5년의 소멸시효기간보다 짧은 기간의 소멸시효의 규정이 있는 경우에 그 규정에 의한다는 뜻이고 이보다 긴 10년의 소멸시효를 규정한 본조 민법 제766조 제2항은 예산회계법(현 국가재정법) 제71조에서 말하는 타 법률에 규정한 경우에 해당하지 아니한다(대판 1967.7.4. 67다751).

#### (3) 구 국유재산법상 변상금 부과권과 연체료 부과권의 소멸시효기간(=5년) 및 연체료 부과권의 소멸시효 기산점

> 구 국유재산법에서는 변상금 및 연체료의 부과권과 징수권을 구별하여 제척기간이나 소멸시효의 적용 대상으로 규정하고 있지 않으므로, 변상금 부과권 및 연체료 부과권도 모두 국가재정법 제96조 제1항에 따라 5년의 소멸시효가 적용된다. 그리고 구 국유재산법 제51조 제2항, 구 「국유재산법 시행령」 제56조 제5항, 제44조 제3항의 규정에 의하면, 변상금 납부의무자가 변상금을 기한 내에 납부하지 아니하는 때에는 국유재산의 관리청은 변상금 납부 기한을 경과한 날부터 60월을 초과하지 않는 범위 내에서 연체료를 부과할 수 있고, 연체료 부과권은 변상금 납부 기한을 경과한 날부터 60월이 될 때까지 날짜의 경과에 따라 그때그때 발생하는 것이므로, 소멸시효도 각 발생일부터 순차로 5년이 경과하여야 완성된다(대판 2014.4.10. 2012두16787).

#### (4)

> 最新判例 특별시장 등이 거짓이나 부정한 방법으로 화물자동차 유가보조금(부정수급액)을 교부받은 운송사업자 등으로부터 부정수급액을 반환받을 권리에 대해서는 지방재정법 제82조 제1항에서 정한 5년의 소멸시효가 적용된다. 그 소멸시효는 부정수급액을 지급한 때부터 진행하므로, 반환명령일을 기준으로 이미 5년의 소멸시효가 완성된 부정수급액에 대해서는 반환명령이 위법하다(대판 2019.10.17. 2019두3389).

(5) **민법 제166조 제1항, 제766조, 국가재정법 제96조 제2항, 구 예산회계법(현 국가재정법) 제96조 제2항이 일반적인 공무원의 직무상 불법행위로 손해를 받은 국민의 손해배상청구에 관한 소멸시효 기산점과 시효기간을 정하고 있는 것은 국가배상청구권을 침해하여 위헌이라고 할 수 없다**

> 민법상 소멸시효제도의 일반적인 존재이유는 '법적 안정성의 보호, 채무자의 이중변제 방지, 채권자의 권리불행사에 대한 제재 및 채무자의 정당한 신뢰 보호'에 있다. 이와 같은 민법상 소멸시효제도의 존재 이유는 국가배상청구권의 경우에도 일반적으로 타당하고, 특히 국가의 채무관계를 조기에 확정하여 예산수립의 불안정성을 제거하기 위해서는 국가채무에 대해 단기소멸시효를 정할 필요성도 있다. 그러므로 심판대상조항들이 일반적인 공무원의 직무상 불법행위로 손해를 받은 국민의 국가배상청구권에 관한 소멸시효 기산점과 시효기간을 정하고 있는 것은 합리적인 이유가 있다(헌재결 2018.8.30, 2014헌바148·162·219·466, 2015헌바50·440; 2014헌바223·290, 2016헌바419).

(6) **민법 제166조 제1항, 제766조 제2항 중 「진실·화해를 위한 과거사정리 기본법」(과거사정리법) 제2조 제1항 제3호의 '민간인 집단 희생사건', 제4호의 '중대한 인권침해사건·조작의혹사건'에 적용되는 부분은 국가배상청구권을 침해하여 위헌이다**

> 과거사정리법 제2조 제1항 제3호에 규정된 '민간인 집단희생사건', 제4호에 규정된 '중대한 인권침해·조작의혹사건'의 특수성을 고려하지 아니한 채 민법 제166조 제1항, 제766조 제2항의 '객관적 기산점'이 그대로 적용되도록 규정하는 것은 국가배상청구권에 관한 입법형성의 한계를 일탈한 것인데, 그 이유는 다음과 같다.
> 민간인 집단희생사건과 중대한 인권침해·조작의혹사건은 국가기관이 국민에게 누명을 씌워 불법행위를 자행하고, 소속 공무원들이 조직적으로 관여하였으며, 사후에도 조작·은폐함으로써 오랜 기간 진실규명이 불가능한 경우가 많아 일반적인 소멸시효 법리로 타당한 결론을 도출하기 어려운 문제들이 발생하였다. 이에 2005년 여·야의 합의로 과거사정리법이 제정되었고, 그 제정 경위 및 취지에 비추어볼 때 위와 같은 사건들은 사인 간 불법행위 내지 일반적인 국가배상 사건과 근본적으로 다른 유형에 해당됨을 알 수 있다. … 구체적으로 살펴보면, 불법행위의 피해자가 '손해 및 가해자를 인식하게 된 때'로부터 3년 이내에 손해배상을 청구하도록 하는 것은 불법행위로 인한 손해배상청구에 있어 피해자와 가해자 보호의 균형을 도모하기 위한 것이므로, 과거사정리법 제2조 제1항 제3, 4호에 규정된 사건에 민법 제766조 제1항의 '주관적 기산점'이 적용되도록 하는 것은 합리적 이유가 인정된다. 그러나 국가가 소속 공무원들의 조직적 관여를 통해 불법적으로 민간인을 집단 희생시키거나 장기간의 불법구금·고문 등에 의한 허위자백으로 유죄판결을 하고 사후에도 조작·은폐를 통해 진상규명을 저해하였음에도 불구하고, 그 불법행위 시점을 소멸시효의 기산점으로 삼는 것은 피해자와 가해자 보호의 균형을 도모하는 것으로 보기 어렵고, 발생한 손해의 공평·타당한 분담이라는 손해배상제도의 지도원리에도 부합하지 않는다. 그러므로 과거사정리법 제2조 제1항 제3, 4호에 규정된 사건에 민법 제166조 제1항, 제766조 제2항의 '객관적 기산점'이 적용되도록 하는 것은 합리적 이유가 인정되지 않는다.
> 결국, 민법 제166조 제1항, 제766조 제2항의 객관적 기산점을 과거사정리법 제2조 제1항 제3, 4호의 민간인 집단희생사건, 중대한 인권침해·조작의혹사건에 적용하도록 규정하는 것은, 소멸시효제도를 통한 법적 안정성과 가해자 보호만을 지나치게 중시한 나머지 합리적 이유 없이 위 사건 유형에 관한 국가배상청구권 보장 필요성을 외면한 것으로서 입법형성의 한계를 일탈하여 청구인들의 국가배상청구권을 침해한다(헌재결 2018.8.30, 2014헌바148·162·219·466, 2015헌바50·440, 2014헌바223·290, 2016헌바419).

(7) 헌법재판소가 2018.8.30. 선고한 '민법 제166조 제1항, 제766조 제2항 중 「진실·화해를 위한 과거사정리 기본법」 제2조 제1항 제3호(민간인 집단 희생사건), 제4호(중대한 인권침해사건·조작의혹사건)에 적용되는 부분은 헌법에 위반된다.'는 위헌결정의 효력은 위 제3호, 제4호 사건에서 공무원의 위법한 직무집행으로 입은 손해에 대한 배상을 구하는 소송이 위헌결정 당시까지 법원에 계속되어 있는 경우에도 미치고, 위 손해배상청구권에 대하여 민법 제166조 제1항, 제766조 제2항이나 국가재정법 제96조 제2항에 따른 '객관적 기산점을 기준으로 하는 소멸시효'는 적용되지 않는다[피고(대한민국)로부터 구로 일대 농지를 분배받았던 수분배자들의 후손인 원고들이 피고를 상대로 분배 농지와 관련하여 불법행위로 인한 손해배상을 청구하는 사안]

> **최신판례** 위헌결정의 효력은 과거사정리법 제2조 제1항 제3호의 '민간인 집단 희생사건'이나 같은 항 제4호의 '중대한 인권침해사건·조작의혹사건'에서 공무원의 위법한 직무집행으로 입은 손해에 대한 배상을 청구하는 소송이 위헌결정 당시까지 법원에 계속되어 있는 경우에도 미친다고 할 것이어서, 그 손해배상청구권에 대해서는 민법 제166조 제1항, 제766조 제2항에 따른 '객관적 기산점을 기준으로 하는 소멸시효'는 적용되지 않고, 국가에 대한 금전 급부를 목적으로 하는 권리의 소멸시효기간을 5년으로 규정한 국가재정법 제96조 제2항 역시 이러한 객관적 기산점을 전제로 하는 경우에는 적용되지 않는다(대판 2019.11.14, 2018다233686).

(8) 구 군인연금법상 선순위 유족의 연금청구와 국방부장관의 지급결정으로 발생한 구체적인 유족연금수급권(기본권)은 독립적으로 구 군인연금법 제8조 제1항에서 정한 소멸시효의 적용 대상이 되지 않고, 이는 선순위 유족에게 유족연금수급권의 상실사유가 발생하여 동순위 또는 차순위 유족에게 구체적인 유족연금수급권이 같은 법 제29조 제2항 규정에 따라 이전되는 경우에도 마찬가지이다

> **최신판례** 군인의 사망으로 인한 유족연금수급권은 선순위 유족이 '군인이 사망한 날로부터 5년 내'에 유족연금을 청구하여 국방부장관의 지급결정을 받아 구체적인 유족연금수급권(기본권)이 발생한 경우, 그에 따라 다달이 발생하는 월별 수급권(지분권)이 소멸시효에 걸릴 수 있을 뿐, 구체적인 유족연금수급권은 독립적으로 법 제8조 제1항에서 정한 소멸시효의 적용 대상이 되지 아니한다. 이는 선순위 유족에게 유족연금수급권의 상실사유가 발생하여 동순위 또는 차순위 유족에게 구체적인 유족연금수급권이 법 제29조 제2항 규정에 따라 이전되는 경우에도 마찬가지라고 보아야 한다(대판 2019.12.27, 2018두46780).

(9) 구 군인연금법상 선순위 유족이 구체적 유족연금수급권을 상실함에 따라 동순위 또는 차순위 유족이 구체적 유족연금수급권을 취득한 경우 그로부터 발생하는 월별 수급권(지분권)의 소멸시효 기간과 기산점 / 국방부장관에게 유족연금수급권 이전 청구를 한 경우, 이전 청구 시부터 5년 이내의 월별 수급권은 소멸시효의 진행이 중단되는지 여부(적극)

> **최신판례** 선순위 유족에게 구 군인연금법 제29조 제1항 각호에서 정한 사유가 발생하여 구체적 유족연금수급권을 상실함에 따라 동순위 또는 차순위 유족이 법 제29조 제2항 규정에 의하여 곧바로 구체적 유족연금수급권을 취득한 경우 그로부터 발생하는 월별 수급권은 매 연금지급일(매달 25일)부터 5년간 이를 행사하지 아니한 때에는 각 시효가 완성되어 소멸하게 되며, 국방부장관에게 구 「군인연금법 시행령」 제56조에 따라 유족연금수급권 이전 청구를 한 경우에는 이미 발생한 월별 수급권에 관하여 권리를 행사한다는 취지를 객관적으로 표명한 것이므로, 그 이전 청구 시부터 거꾸로 계산하여 5년 이내의 월별 수급권은 소멸시효의 진행이 중단되어 지급받을 수 있다(대판 2019.12.27, 2018두46780).

(10) 헌법재판소가 2018.8.30. 선고한 '구 「민주화운동 관련자 명예회복 및 보상등에 관한 법률」 제18조 제2항의 민주화운동과 관련하여 입은 피해 중 불법행위로 인한 정신적 손해에 관한 부분은 헌법에 위반된다.'는 결정은 법원에 대하여 기속력이 있고, 위 위헌결정의 효력은 그 결정 선고 전 구 「민주화운동 관련자 명예회복 및 보상 등에 관한 법률」 제18조 제2항에 관하여 위헌여부심판제청이 이루어진 사건에 미친다

> **최신판례** 구 「민주화운동 관련자 명예회복 및 보상 등에 관한 법률」(구 민주화보상법) 제18조 제2항은 "이 법에 의한 보상금 등의 지급결정은 신청인이 동의한 때에는 민주화운동과 관련하여 입은 피해에 대하여 민사소송법의 규정에 의한 재판상화해가 성립된 것으로 본다."라고 정하고 있었다. 헌법재판소는 2018.8.30. 구 민주화보상법 제18조 제2항의 '민주화운동과 관련하여 입은 피해 중 불법행위로 인한 정신적 손해에 관한 부분은 헌법에 위반된다는 결정을 선고하였다. 그 결정은 위와 같이 '민주화운동과 관련하여 입은 피해' 중 가분적 부분인 '불법행위로 인한 정신적 손해' 부분을 위헌으로 선언함으로써 그 효력을 상실시켜 구 민주화보상법 제18조 제2항의 일부가 폐지되는 것과 같은 결과를 가져오는 일부위헌결정으로서 법원에 대한 기속력이 있다. 이러한 위헌결정의 효력은 그 위헌결정이 있기 전에 구 민주화보상법 제18조 제2항의 위헌 여부에 관하여 헌법재판소에 위헌여부심판제청이 이루어진 사건에 미친다(대판 2020.11.26, 2019다276307).

(11) 헌법재판소가 2018.8.30. 선고한 '민법 제166조 제1항, 제766조 제2항 중 「진실·화해를 위한 과거사정리 기본」 법 제2조 제1항 제3호(민간인 집단 희생사건), 제4호(중대한 인권침해사건·조작의혹사건)에 적용되는 부분은 헌법에 위반된다.'는 위헌결정의 효력은 위 제3호, 제4호 사건에서 공무원의 위법한 직무집행으로 입은 손해에 대한 배상을 구하는 소송이 위헌결정 당시까지 법원에 계속되어 있는 경우에도 미치고, 위 손해배상청구권에 대하여 민법 제766조 제2항이나 국가재정법 제96조 제2항에 따른 소멸시효가 적용되지 않는다

> **최신판례** 수사과정에서 이루어진 가혹행위 등 위법행위로 인하여 원고들에게 긴급조치 제9호 위반의 범죄사실로 유죄판결이 선고되어 확정되었고, 원고들이 유죄판결에 대한 재심을 청구하여 2013년 8월과 같은 해 9월 원고들에 대한 무죄판결이 확정되었음을 알 수 있다. 이에 비추어 보면, 원고들은 재심에서 무죄판결이 확정된 이후에야 비로소 불법행위의 요건사실에 대하여 현실적이고도 구체적으로 인식할 수 있다고 보아야 하고, 원고들이 그로부터 3년 이내에 이 사건 소를 제기하였음은 기록상 분명하므로, 원고들의 청구에 관하여 단기소멸시효는 완성되지 않았다고 볼 수 있다(대판 2020.11.26, 2019다276307).

## 2. 소멸시효의 기산점

(1) '권리를 행사할 수 없는' 경우라 함은 그 권리행사에 법률상의 장애사유, 예컨대 기간의 미도래나 조건불성취 등이 있는 경우를 말하는 것이고, 사실상 권리의 존재나 권리행사가능성을 알지 못하였고 알지 못함에 과실이 없다고 하여도 이러한 사유는 법률상 장애사유에 해당하지 않는다

> **전합판례** 소멸시효는 객관적으로 권리가 발생하여 그 권리를 행사할 수 있는 때로부터 진행하고 그 권리를 행사할 수 없는 동안만은 진행하지 않는바, '권리를 행사할 수 없는' 경우라 함은 그 권리행사에 법률상의 장애사유, 예컨대 기간의 미도래나 조건불성취 등이 있는 경우를 말하는 것이고, 사실상 권리의 존재나 권리행사가능성을 알지 못하였고 알지 못함에 과실이 없다고 하여도 이러한 사유는 법률상 장애사유에 해당하지 않는다. 과세처분의 하자가 중대하고 명백하여 당연무효에 해당하는 여부를 당사자로서는 현실적으로 판단하기 어렵다거나, 당사자에게 처음부터 과세처분의 취소소송과 부당이득반환청구소송을 동시에 제기할 것을 기대할 수 없다고 하여도 이러한 사유는 법률상 장애사유가 아니라 사실상의 장애사유에 지나지 않는다[대판(전합) 1992.3.31, 91다32053].

**(2) 과세처분에 의한 부당이득반환청구권의 소멸시효 기산점(취소사유 = 취소시, 무효사유 = 오납시)**

> 국세의 오납이 다만 취소할 수 있는 위법한 과세처분에 의하여 한 것이라면 그 과세처분은 행정행위의 공정력 또는 집행력이 있어 그것이 적법한 기관 또는 행정쟁송절차에 의하여 취소되기까지는 유효하므로 이와 같은 경우의 오납으로 인한 부당이득반환청구는 그 과세처분이 적법하게 취소될 때부터 행사할 수 있다 할 것이어서 그에 대한 소멸시효도 그때부터 진행한다고 할 것이지만 그 과세처분이 명백하고도 중대한 하자가 있는 당연무효의 것이라면 그로 인한 부당이득금반환청구권의 소멸시효의 기산점은 그 부당이득금반환청구권을 행사할 수 있을 때, 즉 그 과세처분으로 인한 오납이 있었던 때를 기준으로 하여야 한다(대판 1987.7.7, 87다카54).

**(3) 변상금부과처분에 대한 취소소송의 진행 중이라도 부과권의 소멸시효가 진행된다**

★ 21·18·14 서울7급, 19·15·11 국가7급, 17 국가9급, 13 행정사, 11 지방9급

**최신기출**

> 변상금부과처분에 대한 취소소송이 진행 중이라도 그 부과권자로서는 위법한 처분을 스스로 취소하고 그 하자를 보완하여 다시 적법한 부과처분을 할 수도 있는 것이어서 그 권리행사에 법률상의 장애사유가 있는 경우에 해당한다고 할 수 없으므로, 그 처분에 대한 취소소송이 진행되는 동안에도 그 부과권의 소멸시효가 진행된다(대판 2006.2.10, 2003두5686).

> 행정행위의 위법 여부에 대하여 취소소송이 이미 진행 중인 경우 처분청은 위법을 이유로 그 행정행위를 직권취소할 수 없다. (x) ■ 19 국가7급
> 변상금 부과처분에 대한 취소소송이 진행 중인 경우에는 그 부과권자라고 하여도 위법한 처분을 스스로 취소하고 그 하자를 보완하여 다시 적법한 부과처분을 할 수 없다. (x) ■ 21 서울7급

**(4) '손해 및 가해자를 안 날'이란 불법행위의 요건사실에 대하여 현실적이고도 구체적으로 인식하였을 때를 의미**

> 불법행위로 인한 손해배상청구권의 단기소멸시효의 기산점이 되는 민법 제776조 제1항 소정의 '손해 및 가해자를 안 날'이라 함은 손해의 발생, 위법한 가해행위의 존재, 가해행위와 손해의 발생과의 사이에 상당인과관계가 있다는 사실 등 불법행위의 요건사실에 대하여 현실적이고도 구체적으로 인식하였을 때를 의미하고, 피해자 등이 언제 불법행위의 요건사실을 현실적이고도 구체적으로 인식한 것으로 볼 것인지는 개별적 사건에 있어서의 여러 객관적 사정을 참작하고 손해배상청구가 사실상 가능하게 된 상황을 고려하여 합리적으로 인정하여야 할 것이다(대판 2008.4.24, 2006다30440).

**(5) 단기소멸시효의 기산점인 '손해 및 가해자를 안 날'의 의미는 피해자나 그 법정대리인이 가해 공무원이 국가 또는 지방자치단체와 공법상 근무관계가 있다는 사실을 알고, 또한 일반인이 당해 공무원의 불법행위가 국가 또는 지방자치단체의 직무를 집행함에 있어서 행해진 것이라고 판단하기에 족한 사실까지 인식하는 것을 의미한다** ★ 17 국가7급

> 가해자를 안다는 것은 피해자나 그 법정대리인이 가해 공무원이 국가 또는 지방자치단체와 공법상 근무관계가 있다는 사실을 알고, 또한 일반인이 당해 공무원의 불법행위가 국가 또는 지방자치단체의 직무를 집행함에 있어서 행해진 것이라고 판단하기에 족한 사실까지 인식하는 것을 의미한다. 한편, 민법 제766조 제1항 소정의 '손해 및 가해자를 안 날'이라 함은 손해의 발생, 위법한 가해행위의 존재, 가해행위와 손해의 발생 사이에 상당인과관계가 있다는 사실 등 불법행위의 요건사실에 대하여 현실적이고도 구체적으로 인식하였을 때를 의미하고, 피해자 등이 언제 불법행위의 요건사실을 현실적이고도 구체적으로 인식한 것으로 볼 것인지는 개별적 사건에 있어서의 여러 객관적 사정을 참작하고 손해배상청구가 사실상 가능하게 된 상황을 고려하여 합리적으로 인정하여야 한다(대판 2008.5.29, 2004다33469).

> 배상청구권의 시효와 관련하여 '가해자를 안다는 것'은 피해자나 그 법정대리인이 가해 공무원의 불법행위가 그 직무를 집행함에 있어서 행해진 것이라는 사실까지 인식함을 요구하지 않는다. (x) ■ 17 국가7급

**(6) 불법체포·구금으로 인한 손해배상청구권의 소멸시효 기산일(= 구속영장 발부·집행에 의하여 불법상태가 종료된 날)**

> 소멸시효는 피해자가 손해의 결과발생을 알았거나 예상할 수 있는가 여부에 관계없이 '가해행위로 인한 손해가 현실적인 것으로 되었다고 볼 수 있는 때로부터 진행하는 것인바, 이 사건의 경우 불법체포·구금으로 인한 손해가 현실적인 것으로 되었다고 볼 수 있는 불법행위의 종료일은 구속영장의 발부·집행에 의하여 불법상태가 종료된 날이고, 그때부터 국가재정법 제96조에 기한 5년의 소멸시효기간도 진행한다. 대법원에서 무죄판결이 확정된 때 비로소 불법체포·구금으로 인한 손해 등을 현실적·구체적으로 인식하였다고 볼 수 있으므로, 국가재정법 제96조에 기한 소멸시효기간도 그때부터 진행하는 것인데, 이 사건 소는 그로부터 5년 이내에 제기되었다는 이유로 피고의 항변을 배척한 원심을 파기한 사례(대판 2008.11.27, 2008다60223)

**(7) 원고가 경찰관들을 폭행죄로 고소하였으나 오히려 무고죄로 기소되어 제1심에서 징역형의 실형을 선고받았다가 상고심에서 최종적으로 무죄로 확정된 사안에서, 원고의 손해배상청구는 폭행사건 발생일 다음날부터가 아니라 무고죄에 대한 무죄판결이 확정된 때에야 사실상 가능하게 되었다고 보아 그때로부터 소멸시효가 진행된다고 본 사례**

> 원고가 2005.5.25. □□지구대 소속 소외 1, 2 등 경찰관들을 폭행죄로 고소하였으나 오히려 2005.10.13. 원고가 무고죄로 기소된 사실, 원고는 2005.5.16. 징역 10월의 실형을 선고받았다가(서울중앙지방법원 2005고단5739 판결) 2007.7.25. 무죄판결(같은 법원 2006노1427 판결)을, 2007.10.11. 상고기각판결(대법원 2007도6560 판결)을 각 선고받은 사실 등을 알 수 있는바, 이러한 사실관계를 위 법리에 비추어 보면, 가해 경찰관들의 주장대로 원고의 무고죄가 유죄로 인정되는 경우에는 원고가 가해 경찰관들이나 피고에 대하여 손해배상청구를 한다고 하더라도 손해배상을 받을 수 없고 오히려 가해 경찰관들에게 손해를 배상해 주어야 할 입장에 놓일 수도 있게 되므로, 이와 같은 상황 아래서 원고가 이 사건 폭행으로 인한 손해배상청구를 한다는 것은 사실상 불가능하다고 보이고, 따라서 원고의 이 사건 손해배상청구는 무고죄에 대한 무죄판결이 확정된 때에야 비로소 사실상 가능하게 되었다고 보아야 하며, 그 결과 원고의 이 사건 손해배상청구권은 그 때부터 소멸시효가 진행된다고 할 것이다(대판 2010.12.9, 2010다71592).

**(8) 공유수면매립법에서 정하는 간척사업의 시행으로 인하여 관행어업권이 상실되었음을 이유로 한 손실보상청구권에 민법에서 정하는 소멸시효규정이 유추적용될 수 있고 손실보상청구권의 소멸시효의 기산일은 현실적 손실이 발생한 때이다**

> 공유수면매립법상 간척사업의 시행으로 인하여 관행어업권이 상실되었음을 이유로 한 손실보상청구권에도 그 소멸시효에 관하여 달리 정함이 없으면 민법에서 정하는 소멸시효규정이 유추적용될 수 있고, 이 경우 관행어업권자가 그 매립면허를 받은 자 또는 사업시행자에 대하여 가지는 손실보상청구권은 금전의 지급을 구하는 채권적 권리이므로 그 소멸시효기간은 민법 제162조 제1항에 따라 10년이라고 할 것이다. 또한 그 소멸시효의 기산일은 손실보상청구권이 객관적으로 발생하여 그 권리를 행사할 수 있는 때, 즉 특별한 사정이 없는 한 이 사건 간척사업으로 인하여 관행어업권자인 원고 등이 자연산 패류 및 해초류 어장으로서의 이 사건 어장을 상실하는 등 실질적이고 현실적인 손실이 발생한 때부터라고 봄이 상당하다(대판 2010.12.9, 2007두6571).

**(9) 민법 제766조 제1항 소정의 '손해를 안 날'의 의미**

> 민법 제766조 제1항 소정의 손해를 안다는 것은 단순히 손해발생의 사실을 아는 것만으로는 부족하고 가해행위가 불법행위로서 이를 원인으로 하여 손해배상을 소구할 수 있다는 것까지 아는 것을 의미한다(대판 2010.12.9, 2010다71592).

**(10)** 공무원이 형의 선고를 받아 당연퇴직할 당시 발생한 공무원연금법상 퇴직급여 지급청구권의 소멸시효 기산점은 당연퇴직 시이다

> 공무원이 형의 선고를 받아 당연퇴직할 당시 발생한 공무원연금법상의 퇴직급여 지급청구권은 당연퇴직 시로부터 그 소멸시효가 진행한다고 보아야 한다(대판 2011.5.26, 2011두242).

**(11)** 갑 등이 시위에 참가한 전력이 있어 1981년, 1982년 사법시험 불합격 처분을 받았는데 그 후 '진실과 화해를 위한 과거사 정리위원회'의 권고에 의하여 2007년 국가가 불합격 처분을 취소한 사안에서, 국가에 대한 손해배상청구권은 사법시험의 불합격 처분일로부터 구 예산회계법(현 국가재정법)상 소멸시효기간인 5년이 경과된 시점에 이미 시효 소멸하였고, '진실과 화해를 위한 과거사 정리위원회'의 결정이 있기 전까지 불합격 처분에 관한 모든 증거자료들을 국가가 소지하고 있었고 사실상 소를 제기하더라도 승소가능성이 없었다는 사유는 권리행사에 사실상의 장애사유에 불과하므로 소멸시효 기산점을 불합격 처분일로 보아야 한다고 한 원심판단을 수긍한 사례

> 원심판결 이유에 의하면, 원심은 1981년에 시행된 제23회 사법시험의 3차 면접시험과 관련하여 당시 총무처 장관은 1970년대 유신반대 시위에 참가한 전력이 있는 사람들을 3차 면접시험에서 일괄 탈락시킬 것을 면접위원들에게 요구하였고, 그에 따라 시위전력자인 원고들이 3차 면접시험에서 최하점을 받자 원고들에게 제23회 사법시험의 불합격 처분을 한 사실, 3차 면접시험에서 탈락한 응시자들에 대하여 그 다음 해의 1, 2차 필기시험이 면제되도록 한 당시의 사법시험령에 따라 원고들은 다음 해에 실시된 제24회 사법시험의 3차 면접시험에 응시하였으나 총무처 장관은 1982.9.25. 같은 이유로 재차 불합격 처분을 한 사실, 그로부터 약 25년이 경과한 2007.9.18. '진실과 화해를 위한 과거사 정리위원회'(진화위)는 원고들에 대한 제23회, 제24회 사법시험 불합격 처분이 위법하다고 평가한 후 피고에게 불합격 처분을 취소하는 등의 적절한 조치를 취할 것을 권고하는 결정을 한 사실, 피고는 2007.12.27. 진화위의 권고를 받아들여 원고 1, 2, 3에 대하여 제23회, 제24회 사법시험의 불합격 처분을 취소한 사실을 인정한 다음, 위법한 불합격 처분을 원인으로 한 원고들의 국가배상청구권은 제24회 사법시험의 불합격 처분일인 1982.9.25.부터 구 예산회계법(현 국가재정법)상 소멸시효기간인 5년이 경과되어 이 사건 소 제기 전에 이미 시효 소멸되었다고 판단하였고, 소멸시효 기산점을 불합격 처분일이 아니라 진화위의 결정이 있은 날로 보아야 한다는 원고들의 주장에 대하여는, 진화위의 결정이 있기 전까지 불합격 처분에 관한 모든 증거자료들을 피고가 소지하고 있었고 사실상 소를 제기하더라도 승소가능성이 없었다는 사유는 권리행사에 법률상의 장애사유가 아니라 사실상의 장애사유에 불과하다는 이유로 원고들의 위 주장을 배척하였다. 앞서 본 법리와 기록에 비추어 살펴보면, 위와 같은 원심의 판단은 정당한 것으로 수긍할 수 있고, 거기에 상고이유에서 주장하는 바와 같은 소멸시효 기산점에 관한 법리를 오해한 위법이 있다고 할 수 없다(대판 2011.7.28, 2009다92784).

**(12)** 공무원의 직무수행 중의 불법행위에 의하여 납북된 피랍자 본인의 그 납북 피해에 대한 국가배상청구권과 관련하여, 납북상태가 지속되는 동안에도 피랍자 본인의 국가배상청구권의 소멸시효 기산점이 도래하여 그 소멸시효기간이 진행한다고 볼 수 없다

> 국가배상청구권에 관한 3년의 단기시효기간을 기산함에 있어서도 민법 제766조 제1항 외에 소멸시효의 기산점에 관한 일반규정인 민법 제166조 제1항이 적용되므로, 위 3년의 단기시효기간은 그 '손해 및 가해자를 안 날'에 더하여 그 '권리를 행사할 수 있는 때'가 도래하여야 비로소 시효가 진행한다. 그런데 이 사건과 같이 공무원의 직무수행 중 불법행위에 의하여 납북된 것을 원인으로 하는 국가배상청구권의 행사에 있어, 남북교류의 현실과 거주·이전 및 통신의 자유가 제한된 북한 사회의 비민주성이나 폐쇄성 등을 고려하여 볼 때, 다른 특별한 사정이 없는 한 북한에 납북된 사람이 피고인 국가를 상대로 대한민국 법원에 소장을 제출하는 등으로 그 권리를 행사하는 것은 객관적으로도 불가능하다고 하겠으므로, 납북상태가 지속되는 동안은 소멸시효가 진행하지 않는다고 봄이 상당하다(다만, 이 사건에서와 같이 납북자에 대한 실종선고심판이 확정되게 되면 상속인들에 의한 상속채권의 행사가 가능해질 뿐이다)(대판 2012.4.13, 2009다33754).

(13) 진실·화해를 위한 과거사정리위원회가 「진실·화해를 위한 과거사정리 기본법」 제2조 제1항 제3호, 제4호 사건에 대하여 진실규명결정을 한 경우, 피해자와 유족들의 손해배상청구권에 대한 민법 제766조 제1항의 단기소멸시효의 기산점인 '손해 발생 및 가해자를 안 날'은 진실규명결정통지서가 송달된 날이다

최신판례 진실·화해를 위한 과거사정리위원회가 「진실·화해를 위한 과거사정리 기본법」 제2조 제1항 제3호의 '민간인 집단 희생사건', 같은 항 제4호의 '중대한 인권침해·조작의혹사건'에 대하여 진실규명결정을 한 경우 그 피해자 및 유족들의 손해배상청구권에 대한 민법 제766조 제1항의 단기소멸시효와 관련하여 '손해 발생 및 가해자를 안 날'은 진실규명결정일이 아닌 그 진실규명결정통지서가 송달된 날을 의미한다(대판 2020.12.10, 2020다205455).

(14)

최신판례 진실·화해를 위한 과거사정리위원회가 '1970년대 유신정권의 경제개발 과정에서 국가기관이 노조의 설립과 활동을 방해하고, 이른바 '블랙리스트'를 작성·관리하면서 갑 등 해직된 노동조합 간부 및 조합원의 재취업을 막는 등의 중대한 인권침해 행위가 있었다.'는 취지의 진실규명결정을 하자, 갑 등이 국가배상을 구한 사안에서, 진실규명결정통지서가 갑 등에게 송달된 때가 불명확하더라도 위 결정일부터 3년 이내에 소가 제기되었으므로 민법 제766조 제1항의 단기소멸시효는 완성되지 않았다고 한 사례(대판 2020.12.10, 2020다205455).

(15) 수사기관이 형사소송법 제130조 제2항, 제3항 및 제219조의 요건을 충족하지 않는데도 위법하게 압수물을 폐기한 이후 형사재판에서 무죄판결이 확정되어 위법한 폐기로 인해 압수물의 환부를 받지 못한 피압수자에게 손해가 발생한 경우, 수사기관의 위법한 폐기처분으로 인한 손해배상청구권에 관한 장기소멸시효의 기산점은 무죄의 형사판결이 확정되었을 때이다

최신판례 판결 선고 당시 압수물이 현존하지 않거나 형사소송법 제130조 제2항, 제3항 및 제219조에 따라 압수물이 이미 폐기된 경우 법원으로서는 그 물건에 대하여 몰수를 선고할 수 없는바, 수사기관이 형사소송법 제130조 제2항, 제3항 및 제219조의 요건을 충족하지 아니함에도 위법하게 몰수하여야 할 압수물을 폐기한 경우, 이후 형사재판에서 압수물이 현존하지 않는 등의 사유로 해당 압수물에 대한 몰수형이 선고되지 아니한 채 유죄판결이 선고·확정되었다면 다른 특별한 사정이 없는 한 위법한 폐기가 없었더라도 해당 압수물에 대해서는 몰수형이 선고되었을 것이어서 피압수자에게 어떠한 손해가 발생하였다고 보기 어려울 것이나, 만약 형사재판에서 무죄판결이 선고·확정되었다면, 이 경우 위법한 폐기가 없었더라면 압수물 환부의무가 발생하여 압수물의 환부가 이루어졌을 것이므로 결국 위법한 폐기로 인해 압수물의 환부를 받지 못한 피압수자에게 손해가 발생하였음을 인정할 수 있다. 결국 수사기관의 위법한 폐기처분으로 인한 피압수자의 손해는 형사재판 결과가 확정되기 전까지는 관념적이고 부동적인 상태에서 잠재적으로만 존재하고 있을 뿐 아직 현실화되었다고 볼 수 없으므로, 수사기관의 위법한 폐기처분으로 인한 손해배상청구권에 관한 장기소멸시효의 기산점은 위법한 폐기처분이 이루어진 시점이 아니라 무죄의 형사판결이 확정되었을 때로 봄이 타당하다(대판 2022.1.14, 2019다282197).

(16) 가해행위와 이로 인한 현실적인 손해의 발생 사이에 시간적 간격이 있는 불법행위에 기한 손해배상채권의 경우, 장기소멸시효의 기산점이 되는 '불법행위를 한 날'의 의미

최신판례 가해행위와 이로 인한 현실적인 손해의 발생 사이에 시간적 간격이 있는 불법행위에 기한 손해배상채권의 경우, 장기소멸시효의 기산점이 되는 '불법행위를 한 날'의 의미는 단지 관념적이고 부동적인 상태에서 잠재적으로만 존재하고 있는 손해가 그 후 현실화되었다고 볼 수 있는 때, 즉 손해의 결과발생이 현실적인 것으로 되었다고 할 수 있을 때로 보아야 한다(대판 2022.1.14, 2019다282197).

## 3. 시효의 중단과 정지

### (1) 행정소송은 원칙적으로 사권에 대한 시효중단사유가 되지 못하나, 예외적으로 과세처분의 취소 또는 무효확인 청구의 소는 조세환급을 구하는 부당이득반환청구권의 소멸시효 중단사유인 재판상 청구에 해당한다

전합판례 | 과세처분의 취소를 구하였으나 재판과정에서 그 과세처분이 무효로 밝혀졌다고 하여도 그 과세처분은 처음부터 무효이고 무효선언으로서의 취소판결이 확정됨으로써 비로소 무효로 되는 것은 아니므로 오납시부터 그 반환청구권의 소멸시효가 진행한다. … 일반적으로 위법한 행정처분의 취소·변경을 구하는 행정소송은 사권을 행사하는 것으로 볼 수 없으므로 사권에 대한 시효중단사유가 되지 못하는 것이나, 다만 오납한 조세에 대한 부당이득반환청구권을 실현하기 위한 수단이 되는 과세처분의 취소 또는 무효확인을 구하는 소는 그 소송물이 객관적인 조세채무의 존부확인으로서 실질적으로 민사소송인 채무부존재확인의 소와 유사할 뿐 아니라, 과세처분의 유효 여부는 그 과세처분으로 납부한 조세에 대한 환급청구권의 존부와 표리관계에 있어 실질적으로 동일당사자인 조세부과권자와 납세의무자 사이의 양면적 법률관계라고 볼 수 있으므로, 위와 같은 경우에는 과세처분의 취소 또는 무효확인청구의 소가 비록 행정소송이라고 할지라도 조세환급을 구하는 부당이득반환청구권의 소멸시효중단사유인 재판상 청구에 해당한다고 볼 수 있다[대판(전합) 1992.3.31, 91다32053].

### (2) 납입고지

#### ① 채권의 발생원인이 공법상의 것이건 사법상의 것이건 시효중단의 효력이 발생한다

예산회계법(현 국가재정법) 제98조는 법령의 규정에 의하여 국가가 행하는 납입의 고지는 시효중단의 효력이 있다고 규정하여 민법의 시효중단의 효력에 대한 예외를 두고 있는바, 금전의 급부를 목적으로 하는 국가의 채권에 대하여 예산회계법(현 국가재정법) 제51조와 「예산회계법 시행령」 제26조 등의 규정이 정한 형식과 절차를 거쳐 납입의 고지가 이루어진 경우에는 그 채권의 발생원인이 공법상의 것이건 사법상의 것이건 간에 시효중단의 효력이 생긴다(대판 2001.12.14, 2001다45539).

#### ② 납입고지에 의한 부과처분이 취소되더라도 납입고지에 의한 시효중단의 효력이 상실되지 않는다
★ 16 지방9급, 11 국가7급

예산회계법(현 국가재정법) 제98조에서 법령의 규정에 의한 납입고지를 시효중단사유로 규정하고 있는바, 이러한 납입고지에 의한 시효중단의 효력은 그 납입고지에 의한 부과처분이 취소되더라도 상실되지 않는다(대판 2000.9.8, 98두19933).

#### ③ "법령의 규정에 의하여 국가가 행하는 납입의 고지는 시효중단의 효력이 있다."고 한 예산회계법(현 국가재정법) 제98조가 사법상의 원인에 기한 납입의 고지에도 민법상의 최고와 달리 종국적인 시효중단을 인정하는 것은 평등권을 침해하지 않는다 ★ 11 국가7급

입법자가 비록 사법상의 원인에 기한 국가채권의 경우에도 납입의 고지에 있어 민법상의 최고[최고는 6월 내에 재판상의 청구, 파산절차 참가, 화해를 위한 소환, 임의출석, 압류 또는 가압류, 가처분을 하지 아니하면 시효중단의 효력이 없다(민법 제174조)]의 경우보다 더 강한 시효중단 효력을 인정한 것은 합리적 이유가 있어 평등권을 침해하지 않는다(헌재결 2004.3.25, 2003헌바22).

④ 한국자산관리공사가 국유재산의 무단점유자에 대하여 변상금 부과·징수권을 행사한 경우 민사상 부당이득반환 청구권의 소멸시효가 중단되지 않는다

> 국유재산법 제72조 제1항, 제73조 제2항에 의한 변상금 부과·징수권이 민사상 부당이득반환청구권과 법적 성질을 달리하는 별개의 권리인 이상 한국자산관리공사가 변상금 부과·징수권을 행사하였다 하더라도 이로써 민사상 부당이득반환청구권의 소멸시효가 중단된다고 할 수 없다(대판 2014.9.4, 2013다3576).

⑤ 과세예고통지는 소멸시효의 중단사유가 아니다

> 과세예고통지는 구 국세기본법 제28조 제1항에 정한 징수권의 소멸시효 중단사유에 해당하지 않고, 장래에 납세자에게 일정액의 조세를 부과한다는 예고로서의 성격을 가질 뿐 직접적으로 납세자에 대한 채무이행을 구한다는 의사의 통지로 볼 수 없어 민법상 최고에 해당한다고 할 수도 없으므로, 이로써 징수권의 소멸시효가 중단되었다고 볼 수 없다(대판 2016.12.1, 2014두8650).

## (3) 압류

① 세무공무원이 체납자의 재산을 압류하기 위해 수색을 하였으나 압류할 목적물이 없어 압류를 실행하지 못한 경우에도 시효중단의 효력이 발생한다

> 국세기본법 제28조 제1항은 국세징수권의 소멸시효의 중단사유로서 납세고지, 독촉 또는 납부최고, 교부청구 외에 '압류'를 규정하고 있는바, 여기서의 '압류'란 세무공무원이 국세징수법 제24조 이하의 규정에 따라 납세자의 재산에 대한 압류절차에 착수하는 것을 가리키는 것이므로, 세무공무원이 국세징수법 제26조에 의하여 체납자의 가옥·선박·창고 기타의 장소를 수색하였으나 압류할 목적물을 찾아내지 못하여 압류를 실행하지 못하고 수색조서를 작성하는 데 그친 경우에도 소멸시효 중단의 효력이 있다(대판 2001.8.21, 2000다12419).

② '압류'에 의한 시효중단의 종료 시점은 압류가 해제되거나 집행절차가 종료될 때이다

> 시효가 중단된 때에는 중단까지에 경과한 시효기간은 이를 산입하지 아니하고 중단사유가 종료한 때로부터 새로이 진행하는데(국세기본법 제28조 제2항, 민법 제178조 제1항), 소멸시효의 중단사유 중 '압류'에 의한 시효중단의 효력은 압류가 해제되거나 집행절차가 종료될 때 중단사유가 종료한 것으로 볼 수 있다(대판 2017.4.28, 2016다239840).

③ 체납처분에 의한 채권압류로 채권자의 채무자에 대한 채권의 시효가 중단된 후, 피압류채권이 기본계약관계의 해지·실효 또는 소멸시효 완성 등으로 소멸함으로써 압류의 대상이 존재하지 않게 되어 압류 자체가 실효된 경우, 시효중단사유가 종료한다

> 체납처분에 의한 채권압류로 인하여 채권자의 채무자에 대한 채권의 시효가 중단된 경우에 압류에 의한 체납처분 절차가 채권추심 등으로 종료된 때뿐만 아니라, 피압류채권이 기본계약관계의 해지·실효 또는 소멸시효 완성 등으로 인하여 소멸함으로써 압류의 대상이 존재하지 않게 되어 압류 자체가 실효된 경우에도 체납처분 절차는 더 이상 진행될 수 없으므로 시효중단사유가 종료한 것으로 보아야 하고, 그때부터 시효가 새로이 진행한다(대판 2017. 4.28, 2016다239840).

**(4) 민법 제168조 제1호에서 소멸시효의 중단사유로 규정하고 있는 '청구'도 허용될 수 있는 경우 국세징수권의 소멸시효 중단사유가 될 수 있다**

납세고지, 독촉 또는 납부최고, 교부청구, 압류는 국세징수를 위해 국세징수법에 규정된 특유한 절차들로서 국세기본법이 규정한 특별한 국세징수권 소멸시효 중단사유이기는 하다. 그러나 구 국세기본법은 민법에 따른 국세징수권 소멸시효 중단사유의 준용을 배제한다는 규정을 두지 않고 있고, 조세채권도 민사상 채권과 비교하여 볼 때 성질상 민법에 정한 소멸시효 중단사유를 적용할 수 있는 경우라면 준용을 배제할 이유도 없다. 따라서 구 국세기본법 제28조 제1항 각호의 소멸시효 중단사유를 제한적·열거적 규정으로 보아 구 국세기본법 제28조 제1항 각호가 규정한 사유들만이 국세징수권의 소멸시효 중단사유가 된다고 볼 수는 없다. 이와 같은 관련 규정의 체계와 문언 내용 등에 비추어, 민법 제168조 제1호가 소멸시효의 중단사유로 규정하고 있는 '청구'도 그것이 허용될 수 있는 경우라면 구 국세기본법 제27조 제2항에 따라 국세징수권의 소멸시효 중단사유가 될 수 있다고 봄이 타당하다(대판 2020.3.2, 2017두41771).

**(5) 중단범위**

**① 청구한 범위**

청구부분이 특정될 수 있는 경우에 있어서의 일부 청구는 청구를 하지 아니한 나머지 부분에 대한 시효중단의 효력이 발생하지 아니한다고 할 것이고, 이 이치는 국가조세채권에 있어서도 달리 할 바 아니라고 할 것이므로 납세고지에 의하여 시효가 중단되는 부분은 납세고지된 부분 및 그 액수에 한정되고 남은 세액에 대한 조세부과권에 대하여는 시효가 중단됨이 없이 진행한다(대판 1985.2.13, 84누649).

**② 채권자가 동일한 목적을 달성하기 위하여 복수의 채권을 갖고 있는 경우, 어느 하나의 청구권을 행사하더라도 다른 채권에 대한 소멸시효 중단의 효력이 없다**

채권자가 동일한 목적을 달성하기 위하여 복수의 채권을 갖고 있는 경우, 어느 하나의 청구권을 행사하는 것이 다른 채권에 대한 소멸시효 중단의 효력이 있다고 할 수 없다(대판 2002.5.10, 2000다39735).

**③ 부당이득반환청구의 소를 제기한 경우 채무불이행으로 인한 손해배상청구권의 소멸시효가 중단되지 않는다**

채권자가 동일한 목적을 달성하기 위하여 복수의 채권을 갖고 있는 경우, 채권자로서는 그 선택에 따라 권리를 행사할 수 있되, 그 중 어느 하나의 청구를 한 것만으로는 다른 채권 그 자체를 행사한 것으로 볼 수는 없으므로, 특별한 사정이 없는 한 그 다른 채권에 대한 소멸시효 중단의 효력은 없다(대판 2011.2.10, 2010다81285).

**(6) 시효중단 여부는 직권심리사항**

시효중단의 사유가 기록상 현출되어 있다면 피고의 시효중단에 관한 명시적인 항변이 없더라도 행정소송법 제26조에 따라 직권으로 심리판단할 사항이다(대판 1987.1.20, 86누346).

**(7) 과세전 적부심사 청구에 따른 심리기간은 국세징수권의 소멸시효 정지기간에 해당하지 않는다**

구 국세기본법에 열거된 국세징수권의 소멸시효 정지사유 가운데 '과세전 적부심사 청구에 따른 심리기간'이 규정되어 있지 아니하고, 민법에도 그와 같은 취지의 규정이 없는 점 등에 비추어 보면, 납세의무자가 과세전 적부심사를 청구함에 따라 적부심의 심리가 진행 중이라고 하여 국세징수권의 소멸시효가 진행되지 아니한다고 볼 수 없다(대판 2016.12.1, 2014두8650).

## 4. 소멸시효완성의 효과

### (1) 절대적 소멸설

소멸시효에 있어서 그 시효기간이 만료되면 권리는 당연히 소멸하지만 그 시효의 이익을 받는 자가 소송에서 소멸시효의 주장을 하지 아니하면 그 의사에 반하여 재판할 수 없고, 그 시효이익을 받는 자는 시효기간 만료로 인하여 소멸하는 권리의 의무자를 말한다(대판 1991.7.26, 91다5631).

### (2) 소멸시효 항변은 당사자의 주장이 있어야만 법원의 판단대상이 된다

민사소송절차에서 변론주의 원칙은 권리의 발생·변경·소멸이라는 법률효과 판단의 요건이 되는 주요사실에 관한 주장·증명에 적용된다. 따라서 권리를 소멸시키는 소멸시효 항변은 변론주의 원칙에 따라 당사자의 주장이 있어야만 법원의 판단대상이 된다(대판 2017.3.22, 2016다258124).

### (3) 소멸시효가 완성된 후에 부과한 과세처분은 무효이다 ★ 16 지방9급, 11 국가7급

조세채권의 소멸시효가 완성되어 부과권이 소멸된 후에 부과한 과세처분은 위법한 처분으로 그 하자가 중대하고도 명백하여 무효라 할 것이다(대판 1988.3.22, 87누1018).


## 5. 시효완성의 주장과 권리남용

### (1) 국가의 소멸시효완성 주장이 신의칙에 반하여 권리남용에 해당하는지 여부에 관한 판단기준

전합판례 국가에게 국민을 보호할 의무가 있다는 사유만으로 국가가 소멸시효의 완성을 주장하는 것 자체가 신의성실의 원칙에 반하여 권리남용에 해당한다고 할 수는 없으므로, 국가의 소멸시효완성 주장이 신의칙에 반하고 권리남용에 해당한다고 하려면 일반채무자의 소멸시효완성 주장에서와 같은 특별한 사정이 인정되어야 할 것이고, 또한 그와 같은 일반적 원칙을 적용하여 법이 두고 있는 구체적인 제도의 운용을 배제하는 것은 법해석에 있어 또 하나의 대원칙인 법적 안정성을 해할 위험이 있으므로 그 적용에는 신중을 기하여야 한다[대판(전합) 2005.5.13, 2004다71881].

### (2) 채무자의 소멸시효완성 주장이 신의칙에 반하여 허용되지 않는 경우

채무자의 소멸시효에 기한 항변권의 행사도 우리 민법의 대원칙인 신의성실의 원칙과 권리남용금지의 원칙의 지배를 받는 것이어서, 채무자가 시효완성 전에 채권자의 권리행사나 시효중단을 불가능 또는 현저히 곤란하게 하였거나 그러한 조치가 불필요하다고 믿게 하는 행동을 하였거나, 객관적으로 채권자가 권리를 행사할 수 없는 장애사유가 있었거나, 일단 시효완성 후에 채무자가 시효를 원용하지 아니할 것 같은 태도를 보여 권리자로 하여금 그와 같이 신뢰하게 하였거나, 채권자보호의 필요성이 크고 같은 조건의 다른 채권자가 채무의 변제를 수령하는 등의 사정이 있어 채무이행의 거절을 인정함이 현저히 부당하거나 불공평하게 되는 등의 특별한 사정이 있는 경우에는 채무자가 소멸시효의 완성을 주장하는 것이 신의성실의 원칙에 반하여 권리남용으로서 허용될 수 없다(대판 2008.9.25, 2006다18228).

### (3) 한국전쟁 전후 민간인 희생사건들에 있어서 국가의 소멸시효항변이 권리남용에 해당하기 위한 요건

전합판례 과거사정리법에 의한 진실규명신청이 있었고, 정리위원회도 망인들을 희생자로 확인 또는 추정하는 결정을 한 경우, 망인들의 유족인 원고들로서는 그 결정에 기초하여 상당한 기간 내에 권리를 행사할 경우 피고가 적어도 소멸시효의 완성을 들어 권리소멸을 주장하지는 않을 것이라는 데 대한 신뢰를 가질 만한 특별한 사정이 있다고 봄이 상당하다. 그럼에도 불구하고 피고가 원고들에 대하여 소멸시효의 완성을 주장하는 것은 신의성실 원칙에 반하는 권리남용에 해당한다 할 것이어서 이는 허용될 수 없다[대판(전합) 2013.5.16, 2012다202819].

**(4) 채무자가 소멸시효 완성 후 시효를 원용하지 아니할 것 같은 태도를 보여 권리자로 하여금 이를 신뢰하게 함에 따라 권리자가 그로부터 '상당한 기간 내'에 자신의 권리를 행사한 경우, 채무자가 소멸시효 완성을 주장하는 것은 허용되지 않는다**

전합판례 | 소멸시효를 이유로 한 항변권의 행사도 민법의 대원칙인 신의성실의 원칙과 권리남용금지의 원칙의 지배를 받는 것이어서 채무자가 소멸시효 완성 후 시효를 원용하지 아니할 것 같은 태도를 보여 권리자로 하여금 이를 신뢰하게 하였고, 권리자가 그로부터 권리행사를 기대할 수 있는 상당한 기간 내에 자신의 권리를 행사하였다면, 채무자가 소멸시효 완성을 주장하는 것은 신의성실 원칙에 반하는 권리남용으로 허용될 수 없다[대판(전합) 2013.5.16. 2012다202819].

**(5) 채무자가 소멸시효 이익을 원용하지 않을 것 같은 신뢰를 부여한 때로부터 '상당한 기간' 내에 채권자의 권리행사가 있었는지 판단하는 기준 및 불법행위로 인한 손해배상청구의 경우 '상당한 기간'의 범위**

전합판례 | 채무자가 소멸시효의 이익을 원용하지 않을 것 같은 신뢰를 부여한 경우에도 채권자는 그러한 사정이 있는 때로부터 상당한 기간 내에 권리를 행사하여야만 채무자의 소멸시효의 항변을 저지할 수 있는데, 여기에서 '상당한 기간' 내에 권리행사가 있었는지는 채권자와 채무자 사이의 관계, 신뢰를 부여하게 된 채무자의 행위 등의 내용과 동기 및 경위, 채무자가 그 행위 등에 의하여 달성하려고 한 목적과 진정한 의도, 채권자의 권리행사가 지연될 수밖에 없었던 특별한 사정이 있었는지 여부 등을 종합적으로 고려하여 판단할 것이다. 다만 신의성실의 원칙을 들어 시효 완성의 효력을 부정하는 것은 법적 안정성의 달성, 입증곤란의 구제, 권리행사의 태만에 대한 제재를 이념으로 삼고 있는 소멸시효 제도에 대한 대단히 예외적인 제한에 그쳐야 할 것이므로, 위 권리행사의 '상당한 기간'은 특별한 사정이 없는 한 민법상 시효정지의 경우에 준하여 단기간으로 제한되어야 한다. 그러므로 개별 사건에서 매우 특수한 사정이 있어 그 기간을 연장하여 인정하는 것이 부득이한 경우에도 불법행위로 인한 손해배상청구의 경우 그 기간은 아무리 길어도 민법 제766조 제1항이 규정한 단기소멸시효기간인 3년을 넘을 수는 없다고 보아야 한다[대판(전합) 2013.5.16. 2012다202819].

**(6) '진실·화해를 위한 과거사정리위원회'가, 진실규명 신청대상자가 조사대상 사건의 희생자라는 결정을 함에 따라 유족들이 그 결정에 기초하여 국가를 상대로 손해배상을 구하는 민사소송을 제기한 경우, 위 위원회 조사보고서가 갖는 증명력 및 내용의 모순 등으로 조사보고서의 사실확정을 수긍하기 곤란한 경우 법원이 취할 조치(진도군 민간인 희생사건)**

전합판례 | 「진실·화해를 위한 과거사정리 기본법」에 의한 '진실·화해를 위한 과거사정리위원회'(정리위원회)의 조사보고서에서 대상 사건 및 시대상황의 전체적인 흐름과 사건의 개괄적 내용을 정리한 부분은 상당한 신빙성이 있다 할 것이지만, 국가를 상대로 민사적인 손해배상을 청구하는 사건에서는 그러한 전체 구도 속에서 개별 당사자가 해당 사건의 희생자가 맞는지에 대하여 조사보고서 중 해당 부분을 개별적으로 검토하는 등 증거에 의하여 확정하는 절차를 거쳐야 한다. 따라서 그 절차에서까지 정리위원회의 조사보고서나 처분 내용이 법률상 '사실의 추정과 같은 효력을 가지거나 반증을 허용하지 않는 증명력을 가진다고 할 수는 없다. 더구나 조사보고서 자체로 개별 신청대상자 부분에 관하여 판단한 내용에 모순이 있거나 스스로 전제한 결정 기준에 어긋난다고 보이거나, 조사보고서에 희생자 확인이나 추정 결정의 인정 근거로 나온 유족이나 참고인의 진술 내용이 조사보고서의 사실확정과 불일치하거나, 그것이 추측이나 소문을 진술한 것인지 또는 누구로부터 전해 들은 것인지 아니면 직접 목격한 것인지조차 식별할 수 없도록 되어 있는 등으로 그 진술의 구체성이나 관련성 또는 증명력이 현저히 부족하여 논리와 경험칙상 조사보고서의 사실확정을 수긍하기 곤란한 점들이 있다고 보이는 경우에는, 조사관이 조사한 내용을 요약한 조사보고서의 내용만으로 사실의 존부를 판단할 것은 아니다. 그 경우에는 참고인 등의 진술 내용을 담은 정리위원회의 원시자료 등에 대한 증거조사 등을 통하여 사실의 진실성 여부를 확인하는 것이 필요하고, 이는 사법적 절차에서 지켜야 할 기본적인 사실심리의 자세이다. 물론 그러한 심리의 과정에서 정리위원회의 조사자료 등을 보관하고 있는 국가 측에서 개별 사건의 참고인 등이 한 진술 내용의 모순점이나 부족한 점 등을 구체적으로 지적하고 그에 관한 자료를 법원에 제출하여 다투는 것이 바람직하다 하겠고, 그러한 적절한 대응을 하지 못한 때에는 민사소송의 심리구조상 국가에 불리한 평가를 하는 요소로 작용할 수는 있겠지만, 그렇다고 하여 바로 상대방의 주장 사실이 증명되었다고 단정할 것은 아니다[대판(전합) 2013.5.16. 2012다202819].

**(7) 이른바 '거창사건'으로 인한 희생자와 그 유족들이 국가를 상대로 제기한 손해배상청구소송에서, 국가가 소멸시효 완성의 항변을 하는 것이 신의칙에 반하지 않는다고 한 사례**

> 피고 국가 소속 행정부의 국방장관 등이 거창사건의 발생 직후에 그 진상을 은폐하고자 시도한 적이 있으나, 그 후 피고 소속 국회가 국민의 대의기관으로서 1951.5.14. 거창사건 책임자를 처벌하라는 결의문을 채택하였고, 중앙고등 군법회의가 거창사건의 책임자들에 대한 형사재판을 진행하여 1951.12.16. 유죄판결을 선고한 점 등 제반 사정을 앞서 본 법리에 비추어 보면, 원고들은 적어도 위 유죄판결이 선고된 시점에는 거창사건의 손해와 가해자 및 그 가해행위가 불법행위인 점 등을 모두 알았다고 봄이 상당하고, 그로부터 3년이 도과하여 원고들의 손해배상청구권에 관한 단기소멸시효가 완성될 때까지 피고 국가가 원고들의 권리 행사나 시효의 중단을 불가능 또는 현저히 곤란하게 하거나 그런 조치가 불필요하다고 믿게 할 만한 언동을 하였다고 보기 어려울 뿐만 아니라, 객관적으로 원고들이 권리행사를 할 수 없는 장애사유가 있었다거나 권리행사를 기대할 수 없는 상당한 사정이 있었다고 단정하기도 어렵다.(대판 2008.5.29, 2004다33469).

**(8) 요양급여에 관한 판결 확정 후의 휴업급여 청구에 대한 근로복지공단의 소멸시효항변은 신의성실의 원칙에 위배된다** ★ 21 국회8급

> 근로자가 입은 부상이나 질병이 업무상 재해에 해당하는지 여부에 따라 요양급여 신청의 승인, 휴업급여청구권의 발생 여부가 차례로 결정되고, 따라서 근로복지공단의 요양불승인처분의 적법 여부는 사실상 근로자의 휴업급여청구권 발생의 전제가 된다고 볼 수 있는 점 등에 비추어, 근로자가 요양불승인에 대한 취소소송의 판결확정시까지 근로복지공단에 휴업급여를 청구하지 않았던 것은 이를 행사할 수 없는 사실상의 장애사유가 있었기 때문이라고 보아야 하므로, 근로복지공단의 소멸시효 항변은 신의성실의 원칙에 반하여 허용될 수 없다[대판(전합) 2008.9.18, 2007두21731].

**(9) 국가의 소멸시효 항변이 권리남용에 해당한다고 본 사례**

> ① 원고 1은 과거사정리위원회의 진실규명결정이 내려진 후에야 비로소 이를 근거로 재심을 청구하였는데, 위 진실규명결정을 통하여 수사관들의 불법구금과 고문행위가 어느 정도 밝혀졌기 때문에 법원에 의하여 재심이 받아들여져 무죄판결이 선고되기에 이른 점, 과거의 유죄판결이 고문 등으로 조작된 증거에 기초하여 내려진 잘못된 판결이라는 것을 밝히는 재심판결이 확정되기 전까지는, 과거의 유죄판결이 잘못된 것임을 전제로 그 원인된 수사와 공소제기 및 판결의 전과정에 이르는 수사관, 검사, 법관 등 관여 공무원의 불법행위를 이유로 하여 피고를 상대로 국가배상청구의 소를 제기한다는 것은 일반인의 관점에서 보더라도 기대하기 어렵다는 점 기타 여러 다른 사정들을 종합해 보면, 아무리 빨라도 과거사정리위원회의 진실규명결정이 내려진 2008.3.18.까지의 기간 동안에는 원고들이 피고를 상대로 이 사건 위자료지급청구를 할 수 없는 객관적 장애가 있었다고 보아야만 할 것이고, ② 불법구금과 고문 등은 수사기관이 절대로 해서는 안 될 행위로서 그 불법의 정도가 매우 중한 점, 원고 1은 불법구금상태에서 고문을 당한 뒤에 간첩방조 등의 범죄사실로 징역 8년을 선고받고 형기를 전부 마친 이후로도 억울한 누명을 쓰고 살면서 심대한 피해를 입었고, 나머지 원고들도 간첩의 처자식들이라는 그릇된 낙인 아래 사회와 국가로부터 온갖 차별과 냉대, 편견을 견뎌내야 했던 점, 그럼에도 피고가 소속 공무원들의 고의적인 불법행위로 인하여 크나큰 고통과 불이익을 당한 원고들을 위로하고 그 피해를 보상해줄 적극적인 대책을 찾아보지 아니한 채 오히려 이 사건과 같은 원고들의 손해배상청구에 하여 소멸시효 완성을 주장하는 것은 원고들이 사법부의 판단을 통하여 적절한 피해보상을 받을 수 있는 통로조차 사실상 봉쇄하는 결과를 초래할 수도 있는 매우 부적절한 대응이 아닐 수 없는 점 등에 비추어, 이 사건에서 피해를 당한 원고들을 보호할 필요성은 심대한 반면 피고의 위자료채무에 대한 이행거절을 인정하는 것은 현저히 부당하고 불공평하다 할 것이므로, 결국 피고의 이 사건 소멸시효 완성 항변은 신의성실의 원칙에 반하는 권리남용으로서 허용될 수 없다(대판 2011.1.13, 2009다103950).

(10) 불법체포 상태에서 고문 또는 협박을 당한 후 국가보안법 위반으로 유죄판결을 받고 상당기간 동안 형의 집행을 받은 사람에 대하여 국가배상책임을 인정하면서, 국가의 소멸시효 완성 항변은 신의성실의 원칙에 반하는 권리 남용으로 허용될 수 없다고 본 원심판단을 수긍한 사례

원고 1이 불법체포와 고문에 의한 허위자백으로 유죄판결이 확정되고 7년 간 형의 집행을 받은 뒤 가석방된 이후에도 보안관찰과 불법 가택 수색 및 감시 등을 받아온 사정과 원고 1이 법원에 재심을 신청하여 수사기관의 불법적 고문에 의한 허위자백 주장이 받아들여지고 유죄의 확정판결이 취소되기 전에는 가해자인 국가를 상대로 손해배상을 청구하는 소를 제기한다는 것은 합리적으로 기대하기 어려운데 원고 1이 2008.4.7. 재심을 신청하기 이전에 그와 같은 재심이 받아들여질 것이라고 기대하기 어려운 시대적 상황이었던 점 등의 사정을 종합해 보면, 그 재심판결이 확정되기 전까지는 원고 1이 피고에 대하여 손해배상청구권을 행사할 수 없는 객관적인 장애사유가 있었다고 보아야만 할 것이고, 나아가 위와 같은 피해를 당한 원고 1을 보호할 필요성은 큰 반면, 국민의 인권을 보호할 의무가 있음에도 오히려 위헌·위법적 불법행위로 국민의 인권을 중대하게 침해한 피고의 손해배상채무 이행 거절을 소멸시효 제도를 들어 인정하는 것은 현저히 부당한 결과를 초래하게 되는 것이므로, 피고의 이 사건 소멸시효 완성 항변은 신의성실의 원칙에 반하는 권리남용으로서 허용될 수 없다(대판 2011.1.13, 2010다53419).

(11) 지방공무원 갑이 공직선거법 위반죄로 벌금 200만 원의 형을 선고받아 1999.11.5. 확정된 후 계속 근무하다가 2009.12.29. 퇴직한 다음 공무원연금공단에 퇴직급여를 신청하였는데, 공무원연금공단이 갑은 1999.11.5. 당연퇴직됨에 따라 퇴직급여 지급청구권의 시효가 완성되어 이를 지급할 수 없다고 통보한 사안에서, 공무원연금 공단의 지급 거절이 현저히 부당하거나 불공평하게 되는 등의 특별한 사정에 해당한다고 보기 어렵다는 이유로, 공무원연금공단의 소멸시효 주장이 권리남용에 해당하지 않는다고 한 사례

① 원고는 위 형사판결의 확정으로써 당연퇴직한 것이고 그 후에 행하여진 불문경고 처분은 당연무효이며, 원고가 소속 기관장(동작구청장)으로부터 불문경고 처분만을 받고 계속 근무하였다고 하여 묵시의 재임용이 이루어졌다거나 당연퇴직 사유의 하자가 치유된 것으로 볼 수 없고, 위와 같은 사유로 공무원으로서의 적법한 신분을 갖지 아니한 원고에 대하여 퇴직급여의 지급을 거부한 것이 부당하거나 위법하다고 볼 수 없는 점, ② 피고(공무원연금공단)가 원고에게 퇴직금 개산액을 통보하거나 피고의 인터넷사이트에서 예상퇴직금을 확인할 수 있도록 한 것은 원고가 공무원으로서의 적법한 신분을 가지고 있음을 전제로 한 것에 불과하고, 이로써 원고의 퇴직급여 지급청구권이 확정적으로 발생하거나 금액이 확정되는 것도 아닌 점, ③ 원고와 특례법의 적용을 받는 다른 당연퇴직 공무원 사이에 다른 결과가 발생하는 것은 특례법이 한시법의 형태로 제정되었고, 원고도 특례법의 적용 대상이었으나 원고가 법령 규정을 통하여 쉽게 알 수 있는 당연퇴직사유의 범위 등을 제대로 파악하지 못함으로써 스스로 당연퇴직사유에 해당함을 알지 못하여 구제받지 못한 것에 불과하며, 다른 당연퇴직 공무원이 특례법에 의하여 수령하는 퇴직보상금을 퇴직급여 지급청구권의 변제수령이라고 보기 어렵고, 원고로서는 당연퇴직 이후의 근로에 대해서는 근로기준법상의 퇴직금 상당 금액을 부당이득으로서 반환 청구할 수 있는 점 등에 비추어 피고의 채무이행의 거절을 인정함이 현저히 부당하거나 불공평하게 되는 등의 특별한 사정에 해당한다고 보기 어렵다(대판 2011.5.26, 2011두242).

(12) 대외적으로 좌익전향자 단체임을 표방하였으나 실제로는 국가가 조직·관리하는 관변단체 성격을 띠고 있던 국민 보도연맹 산하 지방연맹 소속 연맹원들이 1950.6.25. 한국전쟁 발발 직후 상부 지시를 받은 군과 경찰에 의해 구금되었다가 그들 중 일부가 처형대상자로 분류되어 집단 총살을 당하였고, 이후 국가가 처형자 명부 등을 작성하여 3급 비밀로 지정하였는데, 위 학살의 구체적 진상을 잘 알지 못했던 유족들이 진실·화해를 위한 과거사정리위원회의 진실규명결정이 있었던 2007.11.27. 이후에야 국가를 상대로 손해배상을 청구하자 국가가 소멸시효 완성을 주장한 사안에서, 국가의 소멸시효 완성 주장이 신의칙에 반하여 허용될 수 없다고 한 사례(국민보도연맹사건)

> 전시 중에 경찰이나 군인이 저지른 위법행위는 객관적으로 외부에서 거의 알기 어려워 유족들이 사법기관의 판단을 거치지 않고 손해배상청구권의 존부를 확정하여 국가 등을 상대로 손해배상을 청구한다는 것은 좀처럼 기대하기 어려운 점, 전쟁이나 내란 등에 의하여 조성된 위난의 시기에 개인에 대하여 국가기관이 조직을 통하여 집단적으로 자행한 또는 국가권력의 비호나 묵인하에 조직적으로 자행된 기본권 침해에 대한 구제는 통상의 법절차에 의해서는 사실상 달성하기 어려운 점 등에 비추어 과거사정리위원회의 진실규명결정이 있었던 2007.11.27.까지는 객관적으로 유족들이 권리를 행사할 수 없었다고 보아야 하고, 여기에 본질적으로 국가는 그 성립 요소인 국민을 보호할 의무를 부담하고 어떠한 경우에도 적법한 절차 없이 국민의 생명을 박탈할 수는 없다는 점을 더하여 보면, 여태까지 생사 확인을 구하는 유족들에게 처형자 명부 등을 3급 비밀로 지정함으로써 진상을 은폐한 국가가 이제 와서 뒤늦게 유족들이 위 집단 학살의 전모를 어림잡아 미리 소를 제기하지 못한 것을 탓하는 취지로 소멸시효 완성을 주장하여 채무이행을 거절하는 것은 현저히 부당하여 신의성실원칙에 반하는 것으로서 허용될 수 없다(대판 2011.6.30, 2009다72599).

(13) 권리남용 부정사례

> 자신들의 시위전력 때문에 불합격 처분이 되었음을 그 당시 짐작하였던 원고들이 진화위의 결정이 나기 전까지는 불합격 처분의 구체적이고 자세한 내막까지는 몰랐다는 사유만으로는 원고들의 권리행사에 어떠한 객관적인 장애사유가 있다고 볼 수 없고, 피고가 불합격 처분을 취소한 것이 시효를 원용하지 아니할 것 같은 태도를 보인 것이라고 보기도 어려운바, 이 사건에 있어서 피고의 소멸시효 완성 주장이 권리남용에 해당한다고 볼 만한 특별한 사정이 없다고 한 원심의 판단은 정당한 것으로 수긍할 수 있고, 상고이유에서 주장하는 바와 같이 소멸시효 또는 권리남용에 관한 법리를 오해한 위법이 있다고 할 수 없다(대판 2011.7.28, 2009다92784).

(14) 국가의 소멸시효완성 항변이 신의칙에 반하여 권리남용에 해당한다고 본 사례(문경양민학살사건)

> 6·25전쟁 발발 직전인 1949.12.24. 공비토벌작전을 수행 중이던 모 부대 소속 군인들이 전투능력은 물론 공비 협력 활동을 할 가능성이 거의 없는 어린이, 노약자, 부녀자들을 포함한 문경시 석달마을 주민들을 학살한 사건의 유족들이 과거사정리위원회의 진실규명을 통하여 국가를 상대로 손해배상(위자료)을 청구한 사안에서, 피고의 소멸시효 항변이 신의성실의 원칙에 반하여 권리남용에 해당한다는 이유로, 원고들의 청구를 배척한 원심판결을 파기한 사례(대판 2011.9.8, 2009다66969)

(15) 신병훈련을 마치고 부대에 배치된 군인이 선임병들에게서 온갖 구타와 가혹행위 및 끊임없는 욕설과 폭언에 시달리다가 전입한 지 채 열흘도 지나지 않은 1991.2.3. 부대 철조망 인근 소나무에 목을 매어 자살을 하였는데, 유족들이 망인이 사망한 날로부터 5년의 소멸시효 기간이 훨씬 경과한 2009.12.10.에야 국가를 상대로 손해배상을 구하는 소를 제기하자 국가가 소멸시효 완성을 항변한 사안에서, 국가의 소멸시효 완성 항변은 신의성실의 원칙에 반하는 권리남용으로서 허용될 수 없다고 한 사례

> 군의 특성상 군 외부에 있는 민간인이 군 내부에서 이루어진 불법행위에 관하여 그 존재 사실을 인식하는 것은 원칙적으로 불가능에 가까운 데다가, 위 사고 직후 부대 지휘관들이 부대원들에게 일상적으로 자행되고 있던 구타 및 가혹행위에 대하여 함구명령을 내린 사실, 사고 직후 사건을 조사한 헌병수사관들조차 위 사고를 망인의 복무부적응으로 인한 비관에 의한 자살로 결론을 내리고 사건을 종결한 사실 등에 비추어 보면, 비록 군 당국이 유족들의 국가배상청구권 행사를 직접적으로 방해하는 행위를 한 적은 없다고 하더라도, 유족들은 위 자살사고가 선임병들의 심한 폭행·가혹행위 및 이에 대하여 적절한 조치를 취하지 않은 부대관계자들의 관리·감독 소홀 등의 불법행위로 인하여 발생한 것이라는 점을 군의문사진상규명위원회의 2009.3.16.자 진상규명결정이 내려짐으로써 비로소 알았거나 알 수 있었다고 할 것이므로, 2009.3.16. 전까지의 기간 동안에는 유족들이 국가를 상대로 손해배상청구를 할 수 없는 객관적 장애가 있었다고 보아야 하고, 또한 병영문화의 선진화에 힘써야 할 책임을 지고 있는 국가가 후진적 형태의 군대 내 사고의 발생을 막지 못하고서도 망인이나 유족에 대하여 아무런 보상도 하지 않은 채 자신의 책임으로 빚어진 권리행사의 장애 상태 때문에 소멸시효 기간이 경과하였다는 점을 이유로 들어 망인이나 유족에 대한 손해배상책임을 면하는 결과를 인정한다면 이는 현저히 정의와 공평의 관념에 반하는 것이므로, 국가의 소멸시효 완성 항변은 신의성실의 원칙에 반하는 권리남용으로서 허용될 수 없다(대판 2011.10.13, 2011다36091).

(16) 권리남용 부정사례

> 1980년 10월부터 11월 사이에 일어난 이른바 '10·27 법난' 당시 정부 소속 합동수사본부 내 합동수사단 수사관들에 의해 불법구금이 되어 고문과 폭행 등을 당한 피해자가 불법구금 상태에서 벗어난 1980.11.26.부터 5년이 훨씬 경과한 2009.6.5.에야 국가를 상대로 손해배상을 구하는 소를 제기하자 국가가 소멸시효 완성을 주장한 사안에서, 위 손해배상청구권의 소멸시효는 피해자가 불법구금 상태에서 벗어난 때로부터 기산되고, 국무총리의 대국민 사과성명 발표, 국방부 과거사진상규명위원회의 '10·27 법난에 대한 조사결과보고서' 발표, 국회의 「10·27 법난 피해자의 명예회복 등에 관한 법률」 제정 등으로 국가가 소멸시효 이익을 포기한 것으로 볼 수 없으며, 나아가 국가의 소멸시효 완성으로 인한 채권 소멸의 주장이 신의성실의 원칙에 반하여 권리남용에 해당한다고 할 수 없다고 본 원심판단을 정당하다고 한 사례(대판 2011.10.27, 2011다54709)

(17) '진실·화해를 위한 과거사정리위원회'가 피해자 등의 진실규명신청에 따라 진실규명신청 대상자를 희생자로 확인 또는 추정하는 진실규명결정을 하고 피해자 등이 그 결정에 기초하여 상당한 기간 내에 권리행사를 한 경우, 국가가 소멸시효 완성을 주장하는 것은 허용되지 않고 위 위원회가 「진실·화해를 위한 과거사정리 기본법」 제22조 제3항에 따라 직권으로 조사를 개시하여 진실규명결정을 한 경우에도 마찬가지이다 ★ 14 행정사

> 국가가 「진실·화해를 위한 과거사정리 기본법」(과거사정리법)의 적용 대상인 피해자의 진실규명신청을 받아 국가 산하 '진실·화해를 위한 과거사정리위원회'(정리위원회)에서 희생자로 확인 또는 추정하는 진실규명결정을 하였다면, 그 결정에 기초하여 피해자나 그 유족이 상당한 기간 내에 권리를 행사할 경우에, 국가가 적어도 소멸시효의 완성을 들어 권리소멸을 주장하지 않을 것이라는 데 대한 신뢰를 가질 만한 특별한 사정이 있다고 봄이 타당하고, 이에 불구하고 국가가 피해자 등에 대하여 소멸시효의 완성을 주장하는 것은 신의성실 원칙에 반하는 권리남용에 해당하여 허용될 수 없다. 그리고 비록 피해자 등으로부터 진실규명신청이 없었더라도 정리위원회가 "역사적으로 중요한 사건으로서 진실규명사건에 해당한다고 인정할 만한 상당한 근거가 있고 진실규명이 중대하다고 판단되는 때에는 이를 직권으로 조사할 수 있다."는 과거사정리법 제22조 제3항에 따라 직권으로 조사를 개시하여 희생자로 확인 또는 추정하는 진실규명결정을 한 경우에는, 과거사정리법의 입법 목적 및 위 조항의 내용에 비추어 볼 때 당해 사건의 중대성을 감안하여 그 희생자의 피해 및 명예회복이 반드시 이루어져야 하며 이를 수용하겠다는 과거사정리법에 의한 국가의 의사가 담긴 것으로 보아야 하고, 피해자 등에 대한 신뢰부여라는 측면에서 진실규명신청에 의하여 진실규명결정이 이루어진 경우와 달리 취급할 이유가 없으므로, 그 희생자나 유족의 권리행사에 대하여 국가가 소멸시효를 주장하는 것은 마찬가지로 권리남용에 해당한다(대판 2013.7.25, 2013다16602).

(18) 수사기관의 위법행위 등으로 수집한 증거 등에 기초하여 유죄 확정판결을 받았다가 재심절차에서 무죄 확정판결을 받은 자가 국가를 상대로 손해배상을 청구하는 경우에 채무자인 국가의 소멸시효 항변이 권리남용으로 되는 경우 및 채권자가 국가의 소멸시효 항변을 저지할 수 있는 권리행사의 상당한 기간

> 국가기관이 수사과정에서 한 위법행위 등으로 수집한 증거 등에 기초하여 공소가 제기되고 유죄의 확정판결까지 받았으나 재심사유의 존재 사실이 뒤늦게 밝혀짐에 따라 재심절차에서 무죄판결이 확정된 후 국가기관의 위법행위 등을 원인으로 국가를 상대로 손해배상을 청구하는 경우, 재심절차에서 무죄판결이 확정될 때까지는 채권자가 손해배상청구를 할 것을 기대할 수 없는 사실상의 장애사유가 있었다고 볼 것이다. 따라서 이러한 경우 채무자인 국가의 소멸시효 완성의 항변은 신의성실의 원칙에 반하는 권리남용으로 허용될 수 없다. 다만 채권자는 특별한 사정이 없는 한 그러한 장애가 해소된 재심무죄판결 확정일로부터 민법상 시효정지의 경우에 준하는 6개월의 기간 내에 권리를 행사하여야 한다. 이때 그 기간 내에 권리행사가 있었는지는 원칙적으로 손해배상을 청구하는 소를 제기하였는지 여부를 기준으로 판단할 것이다. 다만 재심무죄판결이 확정된 경우에 채권자로서는 민사상 손해배상청구에 앞서, 그보다 간이한 절차라고 할 수 있는 「형사보상 및 명예회복에 관한 법률」(형사보상법)에 따른 형사보상을 먼저 청구할 수 있다. 그런데 형사보상 금액은 구금의 종류 및 기간의 장단 등 관련되는 모든 사정을 고려하여 산정하되, 구금 1일당 보상금 지급한도를 보상청구의 원인이 발생한 해의 최저임금법에 따른 일급 최저임금액을 하한으로 하여 그 금액의 5배까지로 한다고 되어 있어(형사보상법 제5조 제1항, 제2항, 그 시행령 제2조), 구체적인 형사보상금의 액수는 법원의 형사보상결정을 기다려 볼 수밖에 없다. 게다가 형사보상법 제6조 제3항은 "다른 법률에 따라 손해배상을 받을 자가 같은 원인에 대하여 이 법에 따른 보상을 받았을 때에는 그 보상금의 액수를 빼고 손해배상의 액수를 정하여야 한다."고 규정하고 있다. 따라서 채권자가 재심무죄판결 확정일로부터 6개월 내에 손해배상청구의 소를 제기하지는 아니하였더라도 그 기간 내에 형사보상법에 따른 형사보상청구를 한 경우에는 소멸시효의 항변을 저지할 수 있는 권리행사의 '상당한 기간'은 이를 연장할 특수한 사정이 있다고 할 것이고, 그때는 형사보상결정 확정일로부터 6개월 내에 손해배상청구의 소를 제기하면 상당한 기간 내에 권리를 행사한 것으로 볼 수 있다. 다만 이 경우에도 그 기간은 권리행사의 사실상의 장애사유가 객관적으로 소멸된 재심무죄판결 확정일로부터 3년을 넘을 수는 없다고 보아야 한다(대판 2013.12.12, 2013다201844).

(19) 수사과정에서 불법구금이나 고문을 당한 사람이 공판절차에서 유죄 확정판결을 받고 수사관들을 직권남용, 감금 등 혐의로 고소하였으나 검찰에서 '혐의 없음' 결정을 받은 경우, 재심절차에서 무죄판결이 확정될 때까지는 국가를 상대로 불법구금이나 고문을 원인으로 한 손해배상청구를 할 것을 기대할 수 없는 장애사유가 있었다고 보아야 한다

최신판례 수사과정에서 불법구금이나 고문을 당한 사람이 그에 이은 공판절차에서 유죄 확정판결을 받고 수사관들을 직권남용, 감금 등 혐의로 고소하였으나 검찰에서 '혐의 없음' 결정까지 받았다가 나중에 재심절차에서 범죄의 증명이 없는 때에 해당한다는 이유로 형사소송법 제325조 후단에 따라 무죄판결을 선고받은 경우, 이러한 무죄판결이 확정될 때까지는 국가를 상대로 불법구금이나 고문을 원인으로 한 손해배상청구를 할 것을 기대할 수 없는 장애사유가 있었다고 보아야 한다. 이처럼 불법구금이나 고문을 당하고 공판절차에서 유죄 확정판결을 받았으며 수사관들을 직권남용, 감금 등 혐의로 고소하였으나 '혐의 없음' 결정까지 받은 경우에는 재심절차에서 무죄판결이 확정될 때까지 국가배상책임을 청구할 것을 기대하기 어렵고, 채무자인 국가가 그 원인을 제공하였다고 볼 수 있기 때문이다(대판 2019.1.31, 2016다258148).

## 6. 국가배상청구권의 소멸시효

### (1) 소멸시효기간

#### ① 손해 및 가해자를 안 경우(3년)

전합판례 불법행위를 원인으로 한 손해배상청구권은 손해 및 가해자를 안 날로부터 3년 간 행사하지 아니하면 시효로 인하여 소멸하지만(민법 제766조 제1항), 정리위원회로부터 진실규명결정을 받은 피해자 등은 특별한 사정이 없는 한 진실규명결정이 있었던 때에 손해 및 가해자를 알았다고 봄이 상당하므로, 그때부터 3년이 경과하여야 위 단기소멸시효가 완성된다 할 것이다(대판(전합) 2013.5.16, 2012다202819].

#### ② 손해 및 가해자를 알지 못한 경우(5년)

ㄱ

국가배상법 제2조 제1항 본문 전단 규정에 따른 국가에 대한 손해배상청구권은 그 불법행위의 종료일로부터 구 예산회계법(현 국가재정법) 제71조 제2항, 제1항에 정한 5년의 기간 동안 이를 행사하지 아니하면 시효로 인하여 소멸한다(대판 2011.7.28, 2009다92784).

ㄴ

전합판례 불법행위를 원인으로 한 국가에 대한 손해배상청구권은 불법행위일로부터 5년 동안 이를 행사하지 아니하면 시효로 소멸하고, 이는 위 3년의 단기소멸시효 기간과 달리 불법행위일로부터 바로 진행이 되므로 과거사정리법에 의하여 한국전쟁 전후 희생사건에 대하여 희생자임을 확인하는 진실규명결정이 있었던 경우에도 그 손해배상청구권의 소멸시효는 희생자에게 피해가 생긴 날로부터 5년이 경과한 때에 이미 완성되었다고 할 것이다[대판(전합) 2013.5.16, 2012다202819].

**(2) 국가배상법 제8조가 국가배상청구권에도 단기의 소멸시효제도를 적용하도록 한 것은 합헌이다**

> 국가배상법 제8조가 "국가 또는 지방자치단체의 손해배상책임에 관하여는 이 법의 규정에 의한 것을 제외하고는 민법의 규정에 의한다. … (생략) …"고 하고 소멸시효에 관하여 별도의 규정을 두고 있지 아니함으로써 국가배상 청구권에도 소멸시효에 관한 민법상의 규정인 민법 제766조가 적용되게 되었다 하더라도 이는 국가배상청구권의 성격과 책임의 본질, 소멸시효제도의 존재이유 등을 종합적으로 고려한 입법재량 범위 내에서의 입법자의 결단의 산물인 것으로 국가배상청구권의 본질적인 내용을 침해하는 것이라고는 볼 수 없고 기본권 제한에 있어서의 한계를 넘어서는 것이라고 볼 수도 없으므로 헌법에 위반되지 아니한다(헌재결 1997.2.20, 96헌바24).

# Ⅱ. 공물의 취득시효

## 1. 행정재산·보존재산

### (1) 자연공물인 바다에 대하여 묵시적 공용폐지가 가능하다 ★ 12 지방7급

> 공유수면으로서 자연공물인 바다의 일부가 매립에 의하여 토지로 변경된 경우에 다른 공물과 마찬가지로 공용폐지가 가능하다고 할 것이며, 이 경우 공용폐지의 의사표시는 명시적 의사표시뿐만 아니라 묵시적 의사표시도 무방하다(대판 2009.12.10, 2006다87538).

### (2) 묵시적 공용폐지 의사의 판단기준

> 공물의 공용폐지에 관하여 국가의 묵시적인 의사표시가 있다고 인정되려면 공물이 사실상 본래의 용도에 사용되고 있지 않다거나 행정주체가 점유를 상실하였다는 정도의 사정만으로는 부족하고, 주위의 사정을 종합하여 객관적으로 공용폐지 의사의 존재가 추단될 수 있어야 할 것이다(대판 2009.12.10, 2006다87538).

### (3) 사실상 공물로서의 용도에 사용되지 아니하고 있다는 사실이나 무효인 매도행위는 용도폐지의 의사표시가 아니다 ★ 21 국회8급, 16 국가9급, 14 국가7급, 10 지방7급

> `최신기출` 행정목적을 위하여 공용되는 행정재산은 공용폐지가 되지 않는 한 사법상 거래의 대상이 될 수 없으므로 취득시효의 대상도 될 수 없다. 공물의 용도폐지 의사표시는 명시적이든 묵시적이든 불문하나 적법한 의사표시이어야 하고, 단지 사실상 공물로서의 용도에 사용되지 아니하고 있다는 사실이나 무효인 매도행위를 가지고 용도폐지의 의사표시가 있다고 볼 수 없다(대판 1983.6.14, 83다카181).

### (4) 도로 ★ 12 국회8급

> 오랫동안 도로로서 사용되지 않는 토지가 일부에 건물이 세워져 있으며 그 주위에 담이 둘려져 있어 사실상 대지화되어 있다고 하더라도 관리청의 적법한 의사표시에 의한 것이 아니라 그 인접토지의 소유자들이 임의로 토지를 봉쇄하고 독점적으로 사용해 왔기 때문이라면, 관리청이 묵시적으로 토지의 도로로서의 용도를 폐지하였다고 볼 수는 없다(대판 1994.9.13, 94다12579).

### (5) 갯벌

공유수면인 갯벌은 자연의 상태 그대로 공공용에 제공될 수 있는 실체를 갖추고 있는, 이른바 자연공물로서 간척에 의하여 사실상 갯벌로서의 성질을 상실하였더라도 당시 시행되던 국유재산법령에 의한 용도폐지를 하지 않은 이상 당연히 잡종재산으로 된다고는 할 수 없다(대판 1995.11.14, 94다42877).

### (6) 하천부지 ★ 13 행정사

국유하천부지는 공공용재산이므로 그 일부가 사실상 대지화되어 그 본래의 용도에 공여되지 않는 상태에 놓여 있더라도 국유재산법령에 의한 용도폐지를 하지 않은 이상 당연히 잡종재산으로 된다고는 할 수 없다(대판 1997.8.22, 96다10737).

### (7) 빈지(濱地)

빈지는 만조수위선으로부터 지적공부에 등록된 지역까지의 사이를 말하는 것으로서 자연의 상태 그대로 공공용에 제공될 수 있는 실체를 갖추고 있는 이른바 자연공물이고, 성토 등을 통하여 사실상 빈지로서의 성질을 상실하였더라도 국유재산법령에 의한 용도폐지를 하지 않은 이상 당연히 시효취득의 대상인 잡종재산으로 된다고 할 수 없다(대판 1999.4.9, 98다34003).

### (8) 종전에 지방국도사무소 소장관사로 사용되던 국유의 부동산이 지방국도사무소가 폐지됨으로써 공용으로 사용되지 않게 된 경우 묵시적 공용폐지 인정 ★ 13 국가7급

원심이 확정한 바와 같이, 대한민국정부 수립 후 1948.11.4. 미군정청 토목부 사무가 내무부(현 안전행정부)에 인계되고, 1949.6.4. 내무부에 부산지방건설국이 설치되어 경상남북도의 건설사업을 관장하게 되면서, 그 산하 대구국도사무소가 폐지되고, 그 이래 위 국도사무소 소장관사로 사용되던 위 부동산이 달리 공용으로 사용된 바 없다면, 그 부동산은 이로 인하여 묵시적으로 공용이 폐지되어 시효취득의 대상이 되었다 할 것이다(대판 1990.11.27, 90다5948).

### (9) 학교장 관사

학교 교장이 학교 밖에 위치한 관사를 용도폐지한 후 재무부로 귀속시키라는 국가의 지시를 어기고 사친회 이사회의 의결을 거쳐 개인에게 매각한 경우, 이와 같이 교장이 국가의 지시대로 위 부동산을 용도폐지한 다음 비록 재무부에 귀속시키지 않고 바로 매각하였다고 하더라도 위 용도폐지 자체는 국가의 지시에 의한 것으로 유효하다고 아니할 수 없고, 그후 오랫동안 국가가 위 매각절차상의 문제를 제기하지도 않고, 위 부동산이 관사 등 공공의 용도에 전혀 사용된 바가 없다면, 이로써 위 부동산은 적어도 묵시적으로 공용폐지되어 시효취득의 대상이 되었다고 봄이 상당하다(대판 1999.7.23, 99다15924).

### (10) 포락되었다가 매립된 매립지

해면에 포락되어 사권이 소멸되고 해면 아래의 지반이 되었다가 매립면허구역을 초과하여 매립되면서 육지화가 된 매립지에 대하여 국(國)이 자연공물임을 전제로 한 아무런 조치를 취하지 않았고, 기존의 토지대장상 지목이 답으로 변경되었다는 등의 사정만으로는 공용폐지에 관한 국(國)의 의사가 객관적으로 추단된다고 보기에 부족하다(대판 2009.12.10, 2006다87538).

**(11) 보존재산(문화재보호구역 내의 국유토지)는 시효취득의 대상이 아니다** ★ 18·10 지방7급

**최신기출** 문화재보호구역 내의 국유토지는 '법령의 규정에 의하여 국가가 보존하는 재산', 즉 국유재산법 제4조 제3항 소정의 '보존재산'에 해당하므로 구 국유재산법 제5조 제2항에 의하여 시효취득의 대상이 되지 아니한다(대판 1994.5. 10, 93다23442).

문화재보호구역 내의 국유토지는 「국유재산법」상 보존재산에 해당하므로 시효취득의 대상이 될 수 있다. (x) ■ 18 지방7급

## 2. 잡종재산

일반재산(구 잡종재산)에 대하여도 시효취득을 부정했던 국유재산법과 지방재정법에 대한 헌법재판소의 위헌결정(헌재결 19 91.5.13, 89헌가97 ; 헌재결 1992.10.1, 92헌가6·7 병합)으로 인하여 개정 국유재산법(제7조 제2항)은 일반재산에 대한 시효취득을 인정하고 있다.

**(1) 국유잡종재산에 대한 시효취득을 부정하는 국유재산법 제5조 제2항은 평등원칙과 과잉금지원칙에 반한다**
★ 11 지방7급

국유잡종재산은 사경제적 거래의 대상으로서 사적 자치의 원칙이 지배되고 있으므로 시효제도의 적용에 있어서도 동일하게 보아야 하고, 국유잡종재산에 대한 시효취득을 부인하는 동 규정(국유재산법 제5조 제2항 ; 국가의 국민의 재산에 대한 시효취득은 인정)은 합리적 근거 없이 국가만을 우대하는 불평등한 규정으로서 헌법상의 평등의 원칙과 사유재산권 보장의 이념 및 과잉금지의 원칙에 반한다(헌재결 1991.5.13, 89헌가97).

**(2) 공유잡종재산**

지방재정법 제74조 제2항이 "같은법 제72조 제2항에 정한 공유재산 중 잡종재산에 대하여까지 시효취득의 대상이 되지 아니한다."고 규정한 것은, 사권을 규율하는 법률관계에 있어서는 그 권리주체가 누구냐에 따라 차별대우가 있어서는 아니 되며, 비록 지방자치단체라 할지라도 사경제적 작용으로 인한 민사관계에 있어서는 사인과 대등하게 다루어져야 한다는 헌법의 기본원리에 반하고, 공유재산의 사유화로 인한 잠식을 방지하고 그 효율적인 보존을 위한 적정한 수단도 되지 아니하여 법률에 의한 기본권 제한에 있어서 비례의 원칙 또는 과잉금지의 원칙에 위배된다(헌재결 1992.10.1, 92헌가6·7).

**(3) 구 지방재정법상 공유재산에 대한 취득시효 완성에 그 공유재산이 취득시효기간 동안 계속하여 시효취득의 대상이 될 수 있는 잡종재산일 것을 요하고 그 점에 대한 증명책임의 소재는 시효주장자이다**

구 지방재정법상 공유재산에 대한 취득시효가 완성되기 위하여는 그 공유재산이 취득시효기간 동안 계속하여 시효취득의 대상이 될 수 있는 잡종재산이어야 하고, 이러한 점에 대한 증명책임은 시효취득을 주장하는 자에게 있다(대판 2009.12.10, 2006다19177).

**(4) 수리조합이 자연상태에서 전·답에 불과한 토지 위에 저수지를 설치한 경우 위 시설은 시효취득의 대상이다**

시효취득의 대상이 될 수 없는 자연공물이란 자연의 상태 그대로 공공용에 제공될 수 있는 실체를 갖추고 있는 것을 말하므로, 원래 자연상태에서는 전·답에 불과하였던 토지 위에 수리조합이 저수지를 설치한 경우라면 이는 자연공물이라고 할 수 없을 뿐만 아니라 국가가 직접 공공목적에 제공한 것도 아니어서 비록 일반공중의 공동이용에 제공된 것이라 하더라도 국유재산법상의 행정재산에 해당하지 아니하므로 시효취득의 대상이 된다(대판 2010.11. 25, 2010다37042).

## 3. 국가나 지방자치단체의 취득시효

### (1) 국가나 지방자치단체가 부동산을 점유하는 경우에도 자주점유의 추정이 적용된다

부동산의 점유권원의 성질이 분명하지 않을 때에는 민법 제197조 제1항에 따라 점유자는 소유의 의사로 선의, 평온 및 공연하게 점유한 것으로 추정되며, 이러한 추정은 지적공부 등의 관리주체인 국가나 지방자치단체(국가 등)가 점유하는 경우에도 마찬가지로 적용된다(대판 2016.6.9, 2014두1369).

### (2) 점유자가 주장하는 자주점유의 권원이 인정되지 않는다는 사유만으로 자주점유의 추정이 번복되지 않는다

점유자가 스스로 매매 또는 증여와 같이 자주점유의 권원을 주장하였으나 이것이 인정되지 않는 경우에도 원래 자주점유의 권원에 관한 증명책임이 점유자에게 있지 아니한 이상 그 주장의 점유권원이 인정되지 않는다는 사유만으로 자주점유의 추정이 번복된다거나 또는 점유권원의 성질상 타주점유라고 볼 수 없다(대판 2016.6.9, 2014두1369).

### (3) 국가나 지방자치단체가 취득시효 완성을 주장하는 토지의 취득절차에 관한 서류를 제출하지 못하고 있더라도 자주점유의 추정이 번복되지 않는 경우

국가 등이 취득시효의 완성을 주장하는 토지의 취득절차에 관한 서류를 제출하지 못하고 있더라도, 점유의 경위와 용도, 국가 등이 점유를 개시한 후에 지적공부에 토지의 소유자로 등재된 자가 소유권을 행사하려고 노력하였는지 여부, 함께 분할된 다른 토지의 이용 또는 처분관계 등 여러 가지 사정을 감안할 때 국가 등이 점유개시 당시 공공용 재산의 취득절차를 거쳐서 소유권을 적법하게 취득하였을 가능성을 배제할 수 없는 경우에는, 국가 등의 자주점유의 추정을 부정하여 무단점유로 인정할 것이 아니다(대판 2016.6.9, 2014두1369).

### (4) 취득시효에서 자주점유 여부에 대한 증명책임의 소재

점유자는 소유의 의사로 선의, 평온 및 공연하게 점유한 것으로 추정되므로(민법 제197조 제1항), 점유자가 취득시효를 주장할 때 자신이 소유의 의사로 점유하였음을 증명할 책임은 없고, 오히려 점유가 소유의 의사로 이루어진 것이 아님을 주장하여 점유자의 취득시효의 성립을 부정하려는 사람이 증명책임을 부담하는 것이 원칙이다(대판 2017.9.7, 2017다228342).

### (5) 점유자가 점유 개시 당시 소유권 취득의 원인이 될 수 있는 법률행위 기타 법률요건 없이 그와 같은 법률요건이 없다는 사실을 잘 알면서 다른 사람 소유의 부동산을 무단으로 점유한 경우, 자주점유의 추정이 깨어지고 이러한 법리는 국가나 지방자치단체가 점유하는 경우에도 적용된다

그런데 점유자의 점유가 소유의 의사 있는 자주점유인지는 점유자의 내심의 의사에 의하여 결정할 것은 아니고 점유취득의 원인이 된 권원의 성질이나 점유와 관계있는 모든 사정에 비추어 외형적·객관적으로 결정하여야 할 문제이므로, 점유자가 점유 개시 당시에 소유권 취득의 원인이 될 수 있는 법률행위 기타 법률요건이 없이 그와 같은 법률요건이 없다는 사실을 잘 알면서 다른 사람 소유의 부동산을 무단으로 점유한 것이라면 특별한 사정이 없는 한 점유자는 타인의 소유권을 배척하고 점유할 의사를 갖고 있지 않다고 보아야 하고, 이로써 소유의 의사가 있는 점유라는 추정은 깨어진 것이다.

이러한 법리는 국가나 지방자치단체가 점유하는 경우에도 적용된다. 국가나 지방자치단체가 자신의 부담이나 기부의 채납 등 국유재산법 또는 지방재정법 등에 정한 공공용 재산의 취득절차를 밟거나 소유자들의 사용승낙을 받는 등 토지를 점유할 수 있는 일정한 권원 없이 사유토지를 점유·사용하였다면 특별한 사정이 없는 한 자주점유의 추정은 깨어진다(대판 2017.9.7, 2017다228342).

## 4. 시효취득과 손실보상청구권

### (1) 국가가 토지를 20년간 점유하여 취득시효가 완성된 경우, 토지 소유자가 「하천편입토지 보상 등에 관한 특별조치법」에 따른 손실보상청구권을 행사할 수 있다

점유취득시효가 완성되어 국가에 소유권이전등기청구권이 발생하였다는 사정은 토지 소유자가 국가를 상대로 소유권에 기초한 물권적 청구권을 행사하는 것을 저지할 수 있는 사유는 될 수 있으나, 나아가 토지 소유자가 소유권의 상실을 전제로 하천편입토지보상법에 따른 손실보상청구권을 행사하는 것을 저지하는 사유가 될 수는 없다(대판 2016.6.28. 2016두35243).

### (2) 위 법리는 하천구역 편입 당시 이미 국가가 토지의 소유권을 취득한 경우에는 적용되지 않는다

한편 위 법리는 국가가 토지에 대한 취득시효의 완성에도 그에 따른 등기를 하지 아니하여 소유권을 취득하지 못한 상태에서 토지가 하천구역에 편입됨에 따라 국유로 되었고, 그 결과 소유명의자가 소유권을 상실한 경우에 적용되는 것으로서, 하천구역 편입 당시 이미 국가가 토지의 소유권을 취득한 경우에는 적용될 수 없다(대판 2016.6.28. 2016두35243).

# Ⅲ. 제척기간

## 1. 제척기간의 의의 및 취지

제척기간은 권리자로 하여금 해당 권리를 신속하게 행사하도록 함으로써 법률관계를 조속히 확정시키려는 데 그 제도의 취지가 있는 것으로서, 그 기간의 경과 자체만으로 곧 권리 소멸의 효과를 가져오게 하는 것이다(대판 2014.8.20. 2012다47074).

## 2. 국세부과의 제척기간이 지난 다음에 이루어진 부과처분의 효력은 무효이다

구 국세기본법 제26조의2 제1항은 국세부과의 제척기간을 정하고 있다. 즉, 국세는 이를 부과할 수 있는 날부터 5년이 지난 다음에는 부과할 수 없고(제3호), 다만 납세자가 사기 기타 부정한 행위로써 국세를 포탈하거나 환급·공제받는 경우에는 10년(제1호), 납세자가 법정신고기한 내에 과세표준신고서를 제출하지 않은 경우에는 7년(제2호)이 지난 다음에는 부과할 수 없다. 이와 같은 국세부과의 제척기간이 지난 다음에 이루어진 부과처분은 무효이다(대판 2018.12.13. 2018두128).

# 제3항 주소

**전입신고의 요건인 '거주지를 이동한 때'의 의미**

전입신고의 요건인 '거주지를 이동한 때'라 함은 30일 이상 생활의 근거로서 거주할 목적으로 거주지를 실질적으로 옮기는 것을 의미하므로, 30일 이상 생활의 근거로서 거주할 목적으로 거주지를 실질적으로 옮기지 아니하였음에도 거주지를 이동하였다는 이유로 전입신고를 하였다면 이는 주민등록법 제17조의2 제2항 소정의 '신고의무자가 신고한 내용이 사실과 다른 때'에 해당한다 할 것이어서 이러한 경우 시장 등은 주민등록법 제17조의2 각 항에서 규정한 절차에 따라 그 등록사항을 직권으로 말소할 수 있다. 무허가건물을 철거하고 아파트 등을 건립한다는 개발계획이 발표되자 거주자들에게 주어지는 이주대책대상자로서의 혜택 등을 받기 위하여 세입자를 내보낸 후 주민등록전입신고를 하였으나 관할구청장이 위장전입자라고 판단하여 그 주민등록사항을 직권으로 말소하는 처분을 한 사안에 있어 그 전입신고인이 30일 이상 생활의 근거로서 거주할 목적으로 거주지를 실질적으로 옮겼다고 보기 어렵다는 이유로, 위 주민등록말소처분이 위법한 처분에 해당한다고 한 원심판결을 파기한 사례(대판 2005.3.25, 2004두11329)

# 제4항 공법상의 사무관리

1. 행정주체의 사인을 위한 사무관리
   ① 강제관리 : 특허기업(보호기업)에 대한 강제관리, 문제가 있는 학교재단에 대한 교육위원회의 강제관리, 압수물에 대한 국가기관의 환가처분
   ② 보호관리 : 행려병사자의 보호관리·유류품 관리·시립병원이 행하는 행려병자 보호
   ③ 역무제공 : 비상재해시 재화와 역무의 제공(시설의 응급복구조치, 빈 상점의 물건의 처분), 수난구호
2. 사인의 행정주체를 위한 사무관리 : 비상재해시 사인에 의한 행정사무의 관리, 사인이 행한 조난자의 구호조치·역무제공, 甲 주식회사(허베이 스피리트 선박 주식회사) 소유의 유조선에서 원유가 유출되는 사고가 발생하자 乙 주식회사(주원환경 주식회사)가 피해 방지를 위해 해양경찰의 직접적인 지휘를 받아 방제작업을 보조한 사안(대판 2014.12.11, 2012다15602)

## 1. 사인이 국가의 사무를 처리한 경우, 사무관리가 성립하기 위한 요건

사무관리가 성립하기 위하여는 우선 사무가 타인의 사무이고 타인을 위하여 사무를 처리하는 의사, 즉 관리의 사실상 이익을 타인에게 귀속시키려는 의사가 있어야 하며, 나아가 사무의 처리가 본인에게 불리하거나 본인의 의사에 반한다는 것이 명백하지 아니할 것을 요한다. 다만 타인의 사무가 국가의 사무인 경우, 원칙적으로 사인이 법령상 근거 없이 국가의 사무를 수행할 수 없다는 점을 고려하면, 사인이 처리한 국가의 사무가 사인이 국가를 대신하여 처리할 수 있는 성질의 것으로서, 사무 처리의 긴급성 등 국가의 사무에 대한 사인의 개입이 정당화되는 경우에 한하여 사무관리가 성립하고, 사인은 그 범위 내에서 국가에 대하여 국가의 사무를 처리하면서 지출된 필요비 내지 유익비의 상환을 청구할 수 있다(대판 2014.12.11, 2012다15602).

## 2. 압수물에 대한 환가처분 후 해당 압수물이 그 후의 형사절차에 의하여 몰수되지 아니한 경우, 그 환가처분의 법적 성질은 사무관리에 준하는 행위이다

몰수할 수 있는 압수물에 대한 수사기관의 환가처분은 그 경제적 가치를 보존하기 위한 형사소송법상의 처분이라고 할지라도 해당 압수물이 그 후의 형사절차에 의하여 몰수되지 아니하는 경우 그 환가처분은 그 물건소유자를 위한 사무관리에 준하는 행위라 할 것이므로, 검사가 압수물에 대한 환가처분을 하며 소요된 비용은 물건의 소유자에게 상환을 구할 수 있다 할 것이지만, 압수는 물건의 소유자 등의 점유를 배제하고 수사기관 등이 그 점유를 취득하는 강제처분이고, 환가처분 또한 수사기관 등이 그 권한과 책임하에 본인의 의사 여하를 불문하고 행하는 것이므로, 사무관리자가 본인의 의사에 반하여 관리한 때의 관리비용 상환 범위에 준하여 수사기관 등이 환가처분을 함으로써 압수물소유자가 지출하지 않아도 되게 된 그 물건의 매각비용의 한도, 즉 현존이익의 한도 내에서 환가처분 비용의 상환을 구할 수 있다(대판 2000.1.21, 97다58507).

## 3. 의무 없이 타인을 위하여 사무를 관리한 자는 그 사무관리에 의하여 사실상 이익을 얻은 제3자에 대하여 직접 부당이득반환을 청구할 수 없다

계약상의 급부가 계약의 상대방뿐 아니라 제3자에게 이익이 된 경우에 급부를 한 계약당사자는 계약 상대방에 대하여 계약상의 반대급부를 청구할 수 있는 이외에 그 제3자에 대하여 직접 부당이득반환청구를 할 수는 없다고 보아야 하고, 이러한 법리는 그 급부가 사무관리에 의하여 이루어진 경우에도 마찬가지이다. 따라서 의무 없이 타인을 위하여 사무를 관리한 자는 그 타인에 대하여 민법상 사무관리 규정에 따라 비용상환 등을 청구할 수 있는 외에 그 사무관리에 의하여 결과적으로 사실상 이익을 얻은 다른 제3자에 대하여 직접 부당이득반환을 청구할 수는 없다고 할 것이다. 대한민국과 해군전술자료 처리체계의 유지·보수에 관한 용역계약(용역업체는 대한민국을 위하여 영국 회사의 군사정보 관련 프로그램인 JDS 사용권을 매년 구매할 의무가 있음)을 체결한 원고가 용역기간이 만료된 후 새로운 용역업체가 선정되기 전에 대한민국에 대한 아무런 의무가 없는데도 JDS 사용권을 구매한 다음, 새로운 용역업체로 선정된 피고를 상대로 JDS 사용권 구매비 상당의 부당이득반환을 청구한 사안에서, 원고로서는 사무관리에 관한 민법 규정에 따라 대한민국에 대하여 그 비용상환을 청구할 수 있을지 여부는 별론으로 하고, 피고에 대하여 직접 부당이득반환을 청구할 수는 없다는 이유로 원고의 부당이득반환청구를 인용한 원심을 파기한 사안(대판 2013.6.27, 2011다17106)

## 4. 甲 주식회사(허베이 스피리트 선박 주식회사) 소유의 유조선에서 원유가 유출되는 사고가 발생하자 乙 주식회사(주원환경 주식회사)가 피해 방지를 위해 해양경찰의 직접적인 지휘를 받아 방제작업을 보조한 사안에서, 乙 회사는 사무관리에 근거하여 국가에 방제비용을 청구할 수 있다고 한 사례 ★ 22 국가9급

`최신기출` 甲 회사의 조치만으로는 원유 유출사고에 따른 해양오염을 방지하기 곤란할 정도로 긴급방제조치가 필요한 상황이었고, 위 방제작업은 乙 회사가 국가를 위해 처리할 수 있는 국가의 의무 영역과 이익 영역에 속하는 사무이며, 乙 회사가 방제작업을 하면서 해양경찰의 지시·통제를 받았던 점 등에 비추어 乙 회사는 국가의 사무를 처리한다는 의사로 방제작업을 한 것으로 볼 수 있으므로, 乙 회사는 사무관리에 근거하여 국가에 방제비용을 청구할 수 있다(대판 2014.12.11, 2012다15602).

# 제5항 공법상 부당이득

## 1. 의의 및 성립요건

행정행위는 공정력이 있으므로 행정행위가 당연무효이거나 하자를 이유로 권한 있는 기관에 의해 취소됨으로써 비로소 부당이득을 구성한다. 그러나 행정행위와 무관하게 부당이득이 성립할 수도 있다.

### (1) 부당이득의 성립요건으로서 '법률상 원인의 흠결' 여부에 관한 판단 방법

> 부당이득제도는 이득자의 재산상 이득이 법률상 원인을 결여하는 경우에 공평과 정의의 이념에 근거하여 이득자에게 그 반환의무를 부담시키는 것으로서, 특정한 당사자 사이에서 일정한 재산적 가치의 변동이 생기고 그것이 일반적·형식적으로는 정당한 것으로 보이지만 그들 사이의 재산적 가치의 변동이 상대적·실질적인 관점에서 법의 다른 이상인 공평의 이념에 반하는 모순이 생기는 경우에 재산적 가치의 취득자에게 가치의 반환을 명함으로써 그와 같은 모순을 해결하려는 제도이다. 따라서 부당이득의 성립 요건 중 '법률상 원인의 흠결' 여부는 공평의 이념을 기초로 한 규범적 판단의 영역에 속하므로, 급부행위의 성질이나 급부자(손실자)의 해당 급부행위에 관한 책임과 의무 등 여러 사정을 고려하여 합리적으로 판단하여야 한다(대판 2016.1.14. 2015다219733).

### (2) 조세의 과오납이 부당이득이 되는 경우 ★ 20·18·13 국회8급, 18 지방7급, 18·14 지방9급, 13 순경특채, 13 국가9급, 13 세무사

`최신기출`
> 조세의 과오납이 부당이득이 되기 위하여는 납세 또는 조세의 징수가 실체법적으로나 절차법적으로 전혀 법률상의 근거가 없거나 과세처분의 하자가 중대하고 명백하여 당연무효이어야 하고, 과세처분의 하자가 단지 취소할 수 있는 정도에 불과할 때에는 과세관청이 이를 스스로 취소(직권취소)하거나 항고소송절차에 의하여 취소(쟁송취소)되지 않는 한 그로 인한 조세의 납부가 부당이득이 된다고 할 수 없다(대판 1994.11.11. 94다28000).

과세처분의 하자가 취소할 수 있는 사유인 경우 과세관청이 이를 스스로 취소하거나 항고소송절차에 의하여 취소되지 아니하여도 해당 조세의 납부는 부당이득이 된다. (x) ■ 18 지방7급

### (3) 당연무효인 변상금부과처분에 의하여 납부하거나 징수당한 오납금 ★ 21 국가7급, 20 국가9급

`최신기출`
> 지방재정법 제87조 제1항에 의한 변상금부과처분이 당연무효인 경우에 이 변상금부과처분에 의하여 납부자가 납부하거나 징수당한 오납금은 지방자치단체가 법률상 원인 없이 취득한 부당이득에 해당하고, 이러한 오납금에 대한 납부자의 부당이득반환청구권은 처음부터 법률상 원인이 없이 납부 또는 징수된 것이므로 납부 또는 징수시에 발생하여 확정되며, 그때부터 소멸시효가 진행한다(대판 2005.1.27. 2004다50143).

변상금부과처분이 당연무효인 경우, 당해 변상금부과처분에 의하여 납부한 오납금에 대한 납부자의 부당이득반환청구권의 소멸시효는 변상금부과처분의 부과시부터 진행한다. (x) ■ 20 국가9급

### (4) 국가 또는 상위 지방자치단체 등이 위임조례 등에 의하여 그 권한의 일부를 하위 지방자치단체의 장 등에게 기관위임을 하여 수임관청이 그 사무처리를 위하여 공원 등의 부지가 된 토지를 점유하는 경우, 위임관청이 그 토지를 간접점유하는 것이므로 위임관청이 부당이득반환의무를 부담한다

> 사무귀속의 주체인 위임관청은 위임조례의 개정 등에 의한 기관위임의 종결로 법령상의 관리청으로 복귀하며 수임관청에게 그 점유의 반환을 요구할 수 있는 지위에 있는 점 등에 비추어 보면, 위임관청은 위임조례 등을 점유매개관계로 하여 법령상 관리청인 수임관청 또는 그가 속하는 지방자치단체가 직접점유하는 공원 등의 부지가 된 토지를 간접점유한다고 보아야 하므로, 위임관청은 공원부지의 소유자에게 그 점유·사용으로 인한 부당이득을 반환할 의무가 있다(대판 2010.3.25. 2007다22897).

**(5)** 특정 토지가 통제보호구역으로 지정되어 토지소유자의 토지에 대한 출입과 사용·수익이 제한될 수 있다는 사정만으로 국가가 그 토지를 계속적으로 점유·사용하는 것이 허용되지는 않고, 국가가 통제보호구역으로 지정된 토지를 군사시설 부지 등으로 계속적, 배타적으로 점유·사용하는 경우, 원칙적으로 토지소유자에게 차임 상당을 부당이득으로 반환하여야 한다

> 특정 토지가 통제보호구역으로 지정됨으로써 토지소유자의 출입 및 토지의 용도에 따른 사용·수익이 제한될 수 있다는 사정만으로는 국가가 계속적으로 그 토지를 점유·사용하는 것이 허용된다고 할 수 없고, 또한 국가가 그 토지를 점유·사용하면서 실질적인 이익을 얻고 있다고 보기 어려울 것이다. 한편 국가가 그 토지 위에 군사시설 등을 설치하여 그 부지 등으로 계속적, 배타적으로 점유·사용하는 경우에는, 국가가 그 토지를 점유·사용할 수 있는 정당한 권원이 있음을 주장·증명하지 아니하는 이상, 그 토지에 관하여 차임 상당의 이익을 얻고 이로 인하여 원고에게 동액 상당의 손해를 주고 있다고 봄이 타당하므로, 국가는 토지소유자에게 차임 상당의 이득을 부당이득금으로 반환할 의무가 있다(대판 2012. 12. 26, 2011다73144).

**(6)** 「공유재산 및 물품 관리법」 제81조 제1항에 따른 변상금부과의 법적 성격은 행정처분이고 무단으로 공유재산 등을 사용·수익·점유하는 자가 변상금부과처분에 따라 변상금을 납부한 경우, 변상금부과처분이 당연 무효이거나 행정소송을 통해 취소되기 전에 부당이득반환청구로써 납부액의 반환을 구할 수 없다

> 변상금의 부과는 관리청이 공유재산 중 일반재산과 관련하여 사경제 주체로서 상대방과 대등한 위치에서 사법상 계약인 대부계약을 체결한 후 그 이행을 구하는 것과 달리 관리청이 공권력의 주체로서 상대방의 의사를 묻지 않고 일방적으로 행하는 행정처분에 해당한다. 그러므로 만일 무단으로 공유재산 등을 사용·수익·점유하는 자가 관리청의 변상금부과처분에 따라 그에 해당하는 돈을 납부한 경우라면 위 변상금부과처분이 당연 무효이거나 행정소송을 통해 먼저 취소되기 전에는 사법상 부당이득반환청구로써 위 납부액의 반환을 구할 수 없다(대판 2013. 1. 24, 2012다79828).

**(7)** 신고납부방식의 조세에 관한 신고행위에 하자가 있는 경우 이를 당연무효로 보기 위한 요건(=하자의 중대·명백)과 그 판단 방법 ★ 17 지방7급

> 등록세와 같은 신고납부방식의 조세의 경우에는 원칙적으로 납세의무자가 스스로 과세표준과 세액을 정하여 신고하는 행위에 의하여 납세의무가 구체적으로 확정된다. 따라서 그와 같이 확정된 납세의무를 이행함에 따라 지방자치단체가 납부된 세액을 보유하는 것은 납세의무자의 신고행위가 중대하고 명백한 하자로 인하여 당연무효로 되지 아니하는 한 부당이득이 된다고 할 수 없다. 이때 신고행위의 하자가 중대하고 명백하여 당연무효에 해당하는지 여부는 신고행위의 근거가 되는 법규의 목적, 의미, 기능 및 하자 있는 신고행위에 대한 법적 구제수단 등을 목적론적으로 고찰함과 동시에 신고행위에 이르게 된 구체적 사정을 개별적으로 파악하여 합리적으로 판단하여야 한다(대판 2014. 1. 16, 2012다23382).

**(8)** 과세관청의 잘못된 법령해석에 따른 납세의무자의 신고·납부행위의 효력

> 신고납부방식의 조세채무와 관련된 과세요건이나 조세감면 등에 관한 법령의 규정이 특정 법률관계나 사실관계에 적용되는지 여부가 법리적으로 명확하게 밝혀져 있지 아니한 상태에서 과세관청이 그 중 어느 하나의 견해를 취하여 해석·운영하여 왔고 납세의무자가 그 해석에 좇아 과세표준과 세액을 신고·납부하였는데, 나중에 과세관청의 해석이 잘못된 것으로 밝혀졌더라도 그 해석에 상당한 합리적 근거가 있다고 인정되는 한 그에 따른 납세의무자의 신고·납부행위는 하자가 명백하다고 할 수 없어 이를 당연무효라고 할 것은 아니다. 회사정리계획에 따른 유상증자로 인한 자본증가의 등기가 등록세 납부대상이라는 행정자치부의 유권해석과 대법원 등기예규에 따라 정리회사인 A회사가 등록세 등을 납부하였으나 이후 행정안전부가 위 유권해석을 변경하자, 위 회사를 흡수합병한 원고가 행정청의 잘못된 유권해석에 따른 등록세 신고행위는 당연무효라고 주장하며 부당이득금반환을 구한 사안에서, 원고의 청구를 인용한 원심판결을 파기한 사례(대판 2014. 1. 16, 2012다23382)

(9) 甲 법인이 국유재산인 제1부동산에 관하여는 국가로부터, 공유재산인 제2부동산에 관하여는 乙 지방자치단체로부터 점용허가를 받은 후 골프장 사업승인을 받고 점유를 개시하여 골프장 조성공사를 한 다음 골프장을 운영하고 있었는데, 제1, 2부동산이 일반재산으로 되면서 해당 관리청이 甲 법인과 새로 대부계약을 체결하고 매년 갱신하며 甲 법인이 최초 점유를 개시할 당시의 이용상태가 아니라 골프장으로 이용하고 있는 대부계약 갱신 당시의 이용상태를 기준으로 대부료를 산정하여 지급받아 온 사안에서, 국유 일반재산인 제1부동산에 대한 현행 「국유재산법 시행령」 시행일인 2009.7.31. 이후 대부료에 관하여도 점유 개시 당시의 이용상태를 기준으로 산정한 대부료를 초과하는 부분에 부당이득을 인정한 원심판결에 법리오해의 위법이 있다고 한 사례

**전합판례** 2009.7.27. 대통령령 제21641호로 전부 개정되어 같은 달 31일부터 시행된 현행 「국유재산법 시행령」이 시행되기 전 대부료 부분에 관하여는, 甲 법인이 자신의 비용과 노력으로 제1, 2부동산의 가치를 증가시킨 부분에 상응하는 대부료, 즉 국가 등에 귀속된 대부료에서 제1, 2부동산에 대한 점유를 개시할 당시 각 부동산의 현실적 이용상태를 전제로 적정하게 산정된 대부료 상당액을 공제한 나머지 부분은 법률상 원인이 없어 국가 등의 부당이득이 되지만, 2009년 개정 「국유재산법 시행령」이 시행된 2009.7.31. 이후의 국유 일반재산인 제1부동산에 관한 대부료는 특별한 사정이 없는 한 골프장으로 이용하고 있는 대부계약 갱신 당시의 현실적 이용상태를 기준으로 한 개별공시지가를 적용하여 산출한 가액에 일정한 사용료율을 곱하여 산정하여야 하며, 해당 관리청이 이에 따라 대부료를 산정하여 지급받은 이상 국가 등에 그와 같은 대부료가 귀속되었다고 하더라도 이는 甲 법인이 대부계약에 기한 의무를 이행한 것일 뿐 국가 등이 법률상 원인 없이 부당한 이득을 얻은 것으로 볼 수 없는데도, 제1부동산에 관한 2009.7.31. 이후 대부료에 관하여도 점유 개시 당시의 이용상태를 기준으로 산정한 대부료를 초과하는 부분에 대하여 부당이득을 인정한 원심판결에 법리오해의 위법이 있다. 공유 일반재산인 제2부동산의 대부료에 관하여는 「공유재산 및 물품관리법 시행령」이 2009.7.27. 「국유재산법 시행령」 개정 때 함께 개정되지 않은 채 당초 2005.12.30. 제정될 당시의 상태 그대로 유지되고 있으므로, 점유 개시 당시의 이용상태를 기준으로 산정한 대부료를 초과하는 부분은 부당이득이 된다[대판(전합) 2013.1.17, 2011다83431].

(10) 시장·군수·구청장으로부터 구 의료급여법 제23조 제1항에 근거한 징수처분을 받고 부과금을 징수당한 의료급여기관이 징수처분이 당연무효라고 주장하며 징수당한 부과금 상당의 부당이득반환을 청구하는 경우, 청구의 상대방은 의료급여기관에 징수처분을 하고 부과금을 징수한 시장·군수·구청장이 속한 시·군·구이다

시장·군수·구청장으로부터 의료급여법 제23조 제1항에 근거한 징수처분을 받고 부과금을 징수당한 의료급여기관이 징수처분이 당연무효라고 주장하며 징수당한 부과금 상당의 부당이득반환을 청구하는 경우, 청구의 상대방은 의료급여기관에 징수처분을 하고 부과금을 징수한 시장·군수·구청장이 속한 시·군·구가 되어야 하고, 그 시·군·구가 아닌 제3자를 상대로 부당이득반환을 청구할 수는 없다. 그리고 이는 의료급여법 제33조 제2항, 구 「의료급여법 시행령」 제20조 제2항 제1호에 의하여 시장·군수·구청장의 의료급여에 관한 업무 중 급여비용의 지급에 관한 업무를 위탁받은 국민건강보험공단이 의료급여법 제23조 제1항에 근거한 징수처분을 받은 의료급여기관에 지급하여야 할 의료급여비용에서 징수처분에 의한 부과금 상당액을 차감하고 나머지만을 지급하는 방식으로 부과금이 징수되었다거나, 의료급여법 제25조 제1항에 의하여 의료급여비용의 재원에 충당하기 위한 의료급여기금이 시·도에 설치되었다고 하여 달리 볼 수 없다(대판 2014.3.27, 2013다87475).

**(11) 실제사업자가 따로 있는데도 사업명의자에게 과세처분이 이루어져 사업명의자 명의로 세액이 납부되었으나 과세처분이 무효이거나 취소되어 과오납부액이 발생한 경우, 사업명의자 명의로 납부된 세액의 환급청구권자는 사업명의자이다**

> 실제사업자가 따로 있는데도 과세관청이 사업명의자에게 과세처분을 한 경우에는, 사업명의자와 과세관청 사이에 과세처분에 따라 세액을 납부하는 법률관계가 성립된다. 이는 실제사업자와 과세관청 사이의 법률관계와는 별도의 법률관계로서, 사업명의자에 대한 과세처분에 대하여 실제사업자가 사업명의자 명의로 직접 납부행위를 하였거나 납부자금을 부담하였다고 하더라도 납부의 법률효과는 과세처분의 상대방인 사업명의자에게 귀속될 뿐이며, 실제사업자와 과세관청의 법률관계에서 실제사업자가 세액을 납부한 효과가 발생된다고 할 수 없다. 따라서 사업명의자에게 과세처분이 이루어져 사업명의자 명의로 세액이 납부되었으나 과세처분이 무효이거나 취소되어 과오납부액이 발생한 경우에, 사업명의자 명의로 납부된 세액의 환급청구권자는 사업명의자와 과세관청 사이의 법률관계에 관한 직접 당사자로서 세액 납부의 법률효과가 귀속되는 사업명의자로 보아야 한다(대판 2015.8.27, 2013다212639).

**(12) 납세자가 납부하여야 할 지방세 등 지방자치단체의 징수금을 제3자가 납세자 명의로 납부한 경우, 지방자치단체에 대하여 부당이득반환을 청구할 수 없고, 이는 지방세 등을 징수하기 위한 체납처분압류가 무효인 경우에도 마찬가지이다**

> 지방세기본법 제70조 제1항, 구 지방세법 제60조는 제3자가 납세자를 위하여 지방자치단체의 징수금을 납부할 수 있다고 규정하고 있고, 지방세기본법 제70조 제2항, 구「지방세법 시행령」 제47조 제1항은 그 납부를 납세자의 명의로만 하도록 규정하고 있으며, 지방세기본법 제70조 제3항, 구「지방세법 시행령」 제47조 제2항은 제3자가 납세자의 명의로 납부를 한 경우에 지방자치단체에 대하여 그 반환을 청구하거나 구상권을 행사할 수 없다고 규정하고 있다.
> 이와 같이 납세자가 납부하여야 할 지방세와 가산금 및 체납처분비 등 지방자치단체의 징수금을 제3자가 납세자의 명의로 납부한 경우에는 원칙적으로 납세자의 조세채무에 대한 유효한 이행이 되고, 지방자치단체의 조세채권은 만족을 얻어 소멸한다. 따라서 지방자치단체가 징수금을 납부받은 것에 법률상 원인이 없다고 할 수 없으므로, 지방세기본법 제70조 제3항, 구「지방세법 시행령」 제47조 제2항에 따라 제3자는 지방자치단체에 대하여 부당이득반환을 청구할 수 없다. 그리고 이러한 납부에 따른 조세채무 이행의 효력은 지방세 등을 징수하기 위한 체납처분 절차 진행 여부와 관련이 없으므로 체납처분압류가 무효인 경우에도 원칙적으로 다르지 아니하다(대판 2015.11.12. 2014다36221).

**(13) 농지개량사업 시행지역 내의 토지 등 소유자가 토지사용에 관한 승낙을 하였으나 정당한 보상을 받지 못한 경우, 농지개량사업 시행자가 토지 소유자 및 승계인에 대하여 보상할 의무가 있고, 보상 없이 타인의 토지를 점유·사용하는 것은 법률상 원인 없이 이득을 얻은 때에 해당한다** ★ 17 지방9급

> 농지개량사업 시행지역 내의 토지 등 소유자가 토지사용에 관한 승낙을 하였더라도 그에 대한 정당한 보상을 받은 바가 없다면 농지개량사업 시행자는 토지 소유자 및 승계인에 대하여 보상할 의무가 있고, 그러한 보상 없이 타인의 토지를 점유·사용하는 것은 법률상 원인 없이 이득을 얻은 때에 해당한다(대판 2016.6.23, 2016다206369).

> 농지개량사업 시행지역 내의 토지 등 소유자가 토지사용에 관한 승낙을 한 경우, 그에 대한 정당한 보상을 받지 않았더라도 농지개량사업 시행자는 토지소유자 및 그 승계인에 대하여 보상할 의무가 없다. (x) ■ 17 지방9급

**(14) 임용행위가 당연무효이거나 취소된 공무원의 임용 시부터 퇴직 시까지의 사실상의 근로에 대하여 국가 또는 지방자치단체는 부당이득반환의무를 진다**

> 임용행위가 당연무효이거나 취소된 공무원(임용결격공무원 등)의 공무원 임용 시부터 퇴직 시까지의 사실상의 근로는 법률상 원인 없이 제공된 것으로서, 국가 및 지방자치단체는 이 사건 근로를 제공받아 이득을 얻은 반면 임용결격공무원 등은 이 사건 근로를 제공하는 손해를 입었다 할 것이므로, 손해의 범위 내에서 국가 및 지방자치단체는 위 이득을 민법 제741조에 의한 부당이득으로 반환할 의무가 있다(대판 2017.5.11. 2012다200486).

**(15) 국가 또는 지방자치단체의 이득액과 임용결격공무원 등이 입은 손해의 내용**

> 국가 또는 지방자치단체는 공무원연금법이 적용될 수 있었던 임용결격공무원 등의 이 사건 근로 제공과 관련하여 매월 지급한 월 급여 외에 공무원연금법상 퇴직급여의 지급을 면하는 이익을 얻는데, 퇴직급여 가운데 임용결격공무원 등이 스스로 적립한 기여금 관련 금액은 임용기간 중의 이 사건 근로의 대가에 해당하고, 기여금을 제외한 나머지 금액 중 순수한 근로에 대한 대가로서 지급되는 부분(공무원의 지위에 대한 공로보상적, 사회보장적 차원에서 지급되는 부분을 제외하는 취지이다) 상당액이 퇴직에 따라 이 사건 근로의 대가로 지급되는 금액이라 할 수 있다(대판 2017.5.11, 2012다200486).

**(16) 임용결격공무원 등이 입은 손해가 국가 또는 지방자치단체의 이득액인 공무원연금법상 퇴직급여 상당액을 넘는 경우, 국가 또는 지방자치단체가 반환하여야 할 부당이득액은 공무원연금법상 퇴직급여 상당액으로 제한된다**

> 「근로자퇴직급여 보장법」 제8조에서 정한 퇴직금 제도는 퇴직하는 근로자의 근로조건에 대한 최하한의 기준으로서 본질적으로 근로제공의 대가인 후불적 임금의 성질을 지니고 있음에 비추어 보면, 퇴직에 따라 지급받을 수 있는 이 사건 근로의 대가라고 평가될 수 있는 금액은 적어도 「근로자퇴직급여 보장법」상 퇴직금 상당액으로 볼 수 있으므로, 임용결격공무원 등은 이 사건 근로를 제공함으로써 그 상당의 손해를 입는다고 할 수 있다.
> 그리고 앞에서 본 것과 같이 부당이득은 손해액과 이득액 중 적은 범위 내에서 반환의무를 지므로, 위와 같이 임용결격공무원 등이 입은 손해, 즉 임용기간 중 이 사건 근로의 대가로서의 손해액에 해당하는 공무원연금법상 기여금 관련 금액 및 퇴직에 따라 지급받을 수 있는 이 사건 근로의 대가로서의 손해액에 해당하는 「근로자퇴직급여 보장법」상 퇴직금 상당액의 합계가 국가 또는 지방자치단체의 이득액에 해당하는 공무원연금법상 퇴직급여 상당액을 넘는 경우에, 국가 또는 지방자치단체가 반환하여야 할 부당이득액은 공무원연금법상 퇴직급여 상당액으로 제한된다(대판 2017.5.11, 2012다200486).

**(17) 납세자가 조세환급금에 대하여 이행청구를 한 이후에는 환급가산금청구권과 지연손해금청구권이 경합적으로 발생한다**

전합판례
> 조세환급금은 조세채무가 처음부터 존재하지 않거나 그 후 소멸하였음에도 불구하고 국가가 법률상 원인 없이 수령하거나 보유하고 있는 부당이득에 해당하고, 환급가산금은 그 부당이득에 대한 법정이자로서의 성질을 가진다. 부당이득반환의무는 일반적으로 기한의 정함이 없는 채무로서, 수익자는 이행청구를 받은 다음 날부터 이행지체로 인한 지연손해금을 배상할 책임이 있다. 그러므로 납세자가 조세환급금에 대하여 이행청구를 한 이후에는 법정이자의 성질을 가지는 환급가산금청구권 및 이행지체로 인한 지연손해금청구권이 경합적으로 발생하고, 납세자는 자신의 선택에 좇아 그중 하나의 청구권을 행사할 수 있다(대판(전합) 2018.7.19, 2017다242409).

**(18) 국가나 지방자치단체가 어느 단체에게 시설의 관리 등을 위탁하여 이를 사용·수익하게 하고, 그 단체가 자신의 명의와 계산으로 재화 또는 용역을 공급하고 부가가치세를 납부한 경우, 그러한 사정만으로 위탁자인 국가나 지방자치단체가 법률상 원인 없이 채무를 면하는 등의 이익을 얻어 부당이득을 한 것이라 할 수 없다**

최신판례 부당이득이 성립하기 위한 요건인 '이익'을 얻은 방법에는 제한이 없다. 가령 채무를 면하는 경우와 같이 어떠한 사실의 발생으로 당연히 발생하였을 손실을 보지 않는 것과 같은 재산의 소극적 증가도 이익에 해당한다. 그런데 국가나 지방자치단체가 어느 단체에게 시설의 관리 등을 위탁하여 이를 사용·수익하게 하고, 그 단체가 자신의 명의와 계산으로 제3자에게 재화 또는 용역을 공급하는 경우에는 국가나 지방자치단체가 아니라 거래당사자인 위 단체가 부가가치세 납세의무를 부담하는 것이다. 따라서 시설의 관리 등을 위탁받은 단체가 재화 또는 용역을 공급하고 부가가치세를 납부한 것은 자신이 거래당사자로서 부담하는 부가가치세법에 따른 조세채무를 이행한 것에 불과하므로, 그와 같은 사정만으로 위탁자인 국가나 지방자치단체가 법률상 원인 없이 채무를 면하는 등의 이익을 얻어 부당이득을 하였다고 볼 수 없다(대판 2019.1.17, 2016두60287).

## 2. 사례(종류)

### (1) 행정주체의 부당이득

#### ① 인정사례

1. 과세처분이 무효이거나 취소된 경우(대판 1994.11.11, 94다28000)
2. 당연무효인 변상금부과처분에 의해 납부하거나 징수당한 오납금(대판 2005.1.27, 2004다50143)
3. 신고납부방식의 조세에 관한 신고행위에 중대하고 명백한 하자로 인해 당연무효인 경우(대판 2014.1.16, 2012다23382)
4. 조세환급금(대판 2009.9.10, 2009다11808)
5. 소득금액변동통지를 처분으로 본 대법원 전원합의체 판결 선고 이전에 이루어진 과세관청의 소득처분에 따른 소득금액 변동통지에 의해 원천징수의무자가 근로소득세 원천징수분을 자진납부한 경우(대판 2009.12.24, 2007다25377)
6. 국가 또는 상위 지방자치단체 등이 위임조례 등에 의하여 그 권한의 일부를 하위 지방자치단체의 장 등에게 기관위임을 하여 수임관청이 그 사무처리를 위하여 공원 등의 부지가 된 토지를 점유하는 경우(대판 2010.3.25, 2007다22897)
7. 국가가 통제보호구역으로 지정된 토지를 군사시설 부지 등으로 계속적, 배타적으로 점유·사용하는 경우(대판 2012.12.26, 2011다73144)
8. 새로 설치한 정비기반시설의 설치비용이 용도폐지되는 정비기반시설의 평가가액을 초과하는데도 사업시행 인가관청이 용도폐지 정비기반시설 가액에 미달한다고 보아 정산금을 부과한 경우(대판 2014.2.21, 2012다82466)
9. 공익사업의 시행자가 자신이 부담하여야 하는 생활기본시설 설치비용을 이주대책대상자에게 전가한 경우(대판 2014.8.20, 2014다6572)
10. 국가의 재정 지원범위를 벗어나 지방자치단체가 국유재산을 학교부지로 임의 사용하는 경우(대판 2014.12.24, 2010다69704)
11. 농지개량사업 시행지역 내의 토지 등 소유자가 토지사용에 관한 승낙을 하였으나 농지개량사업 시행자가 토지 소유자 및 승계인에 대하여 보상 없이 타인의 토지를 점유·사용하는 것(대판 2016.6.23, 2016다206369)
12. 임용행위가 당연무효이거나 취소된 공무원의 임용 시부터 퇴직 시까지의 사실상 근로한 경우(대판 2017.5.11, 2012다200486)

ⓐ 시가 사인 소유의 토지를 권원 없이 도로로서 점유하고 있는 경우

> 시가 사인 소유의 토지를 용익할 사법상의 권리를 취득함이 없이 또는 적법한 보상을 함이 없이 이를 점유하고 있다면 비록 그것이 도로라고 하더라도 그로 인하여 이득을 얻고 있는 것이라고 보아야 한다. 도로를 구성하는 부지에 관하여는 도로법 제5조에 의하여 사권의 행사가 제한된다고 하더라도 이는 도로법상의 도로에 관하여 도로로서의 관리, 이용에 저촉되는 사권을 행사할 수 없다는 취지이지 부당이득반환 청구권의 행사를 배제하는 것은 아니다(대판 1989.1.24, 88다카6006).

ⓑ 조세환급금은 부당이득이다

> 조세환급금은 조세채무가 처음부터 존재하지 않거나 그 후 소멸하였음에도 불구하고 국가가 법률상 원인 없이 수령하거나 보유하고 있는 부당이득에 해당하고, 환급가산금은 그 부당이득에 대한 법정이자로서의 성질을 가진다. 이때 환급가산금의 내용에 대한 세법상의 규정은 부당이득의 반환범위에 관한 민법 제748조에 대하여 그 특칙으로서의 성질을 가진다고 할 것이므로, 환급가산금은 수익자인 국가의 선의·악의를 불문하고 그 가산금에 관한 각 규정에서 정한 기산일과 비율에 의하여 확정된다. 한편 부당이득반환의무는 일반적으로 기한의 정함이 없는 채무로서, 수익자는 이행청구를 받은 다음 날부터 이행지체로 인한 지연손해금을 배상할 책임이 있다. 그러므로 납세자가 조세환급금에 대하여 이행청구를 한 이후에는 법정이자의 성질을 가지는 환급가산금청구권 및 이행지체로 인한 지연손해금청구권이 경합적으로 발생하고, 납세자는 자신의 선택에 좇아 그 중 하나의 청구권을 행사할 수 있다(대판 2009.9.10, 2009다11808).

ⓒ 소득금액변동통지를 처분으로 본 대법원 전원합의체 판결 선고 이전에 이루어진 과세관청의 소득처분에 따른 소득금액변동통지에 의하여 원천징수의무자가 근로소득세 원천징수분을 자진납부한 경우, 그 소득처분에 따른 소득금액변동통지가 잘못되었다는 이유로 부당이득반환청구권이 인정된다

> 소득금액변동통지를 행정처분으로 본 대법원 2006.4.20. 선고 2002두1878 전원합의체 판결이 선고되기 이전인 2000.1.26. 이루어진 위법한 이 사건 소득금액변동통지에 의하여 근로소득세 원천징수분을 자진납부한 원고에 대하여는 항고소송을 통한 권리구제수단이 봉쇄되어 있다는 점 등을 이유로, 원고가 자진납부한 근로소득세 원천징수분 가운데 이 사건 사외유출금에서 사외유출되지 않았거나 대표자 이외의 자에게 귀속된 것으로 밝혀진 금액에 대한 근로소득세 원천징수분은 원천징수대상이 되는 소득에 대한 것이 아니어서 국가가 ○○금고로부터 이를 납부받는 순간 법률상 원인 없이 보유하는 부당이득이 된다(대판 2009.12.24, 2007다25377).

ⓓ 특정 토지가 통제보호구역으로 지정되어 토지소유자의 토지에 대한 출입과 사용·수익이 제한될 수 있다는 사정만으로 국가가 그 토지를 계속적으로 점유·사용하는 것이 허용되지는 않고, 국가가 통제보호구역으로 지정된 토지를 군사시설 부지 등으로 계속적, 배타적으로 점유·사용하는 경우, 원칙적으로 토지소유자에게 차임 상당을 부당이득으로 반환하여야 한다

> 구 군사시설보호법(2007.12.21. 법률 제8733호 군사기지 및 군사시설 보호법 부칙 제2조로 폐지)과 군사기지 및 군사시설 보호법의 입법 취지와 규정 내용, 통제보호구역의 지정 목적과 그 범위 및 통제보호구역 내에서의 행위의 제한 등에 관한 규정 등을 종합하여 보면, 특정 토지가 통제보호구역으로 지정됨으로써 토지소유자의 출입 및 토지의 용도에 따른 사용·수익이 제한될 수 있다는 사정만으로는 국가가 계속적으로 그 토지를 점유·사용하는 것이 허용된다고 할 수 없고, 또한 국가가 그 토지를 점유·사용하면서 실질적인 이익을 얻고 있다고 보기 어려울 것이다. 한편 국가가 그 토지 위에 군사시설 등을 설치하여 그 부지 등으로 계속적, 배타적으로 점유·사용하는 경우에는, 국가가 그 토지를 점유·사용할 수 있는 정당한 권원이 있음을 주장·증명하지 아니하는 이상, 그 토지에 관하여 차임 상당의 이익을 얻고 이로 인하여 원고에게 동액 상당의 손해를 주고 있다고 봄이 타당하므로, 국가는 토지소유자에게 차임 상당의 이득을 부당이득금으로 반환할 의무가 있다(대판 2012.12.26, 2011다73144).

ⓜ 공익사업의 시행자가 자신이 부담하여야 하는 생활기본시설 설치비용을 이주대책대상자에게 전가한 경우, 이를 부당이득으로 반환할 의무가 있다

> 이주대책의 내용에는 이주정착지에 대한 도로·급수시설·배수시설 그 밖의 공공시설 등 당해 지역조건에 따른 생활기본시설이 포함되어야 하고, 이에 필요한 비용은 사업시행자가 부담하여야 한다(제4항 본문). 따라서 사업시행자는 자신이 부담하여야 하는 생활기본시설 설치비용을 이주대책대상자에게 전가한 경우에 이를 부당이득으로 반환할 의무가 있다(대판 2014.8.20, 2014다6572).

ⓝ 국가의 재정 지원범위를 벗어나 지방자치단체가 국유재산을 학교부지로 임의 사용하는 경우, 민법상 부당이득이 성립될 수 있다

> 국가는 법률과 예산의 범위 안에서 지방교육자치를 실현하고 있는 지방자치단체에 재정을 지원할 의무가 있으며, 이러한 국가의 지원범위를 벗어나 지방자치단체가 법률상 원인 없이 국유재산을 학교부지로 임의 사용하는 경우에는 민법상 부당이득이 성립될 수 있다(대판 2014.12.24, 2010다69704).

## ② 부정사례

1. 甲 법인이 국유재산인 제1부동산에 관하여는 국가로부터, 공유재산인 제2부동산에 관하여는 乙 지방자치단체로부터 점용허가를 받은 후 골프장 사업승인을 받고 점유를 개시하여 골프장 조성공사를 한 다음 골프장을 운영하고 있었는데, 제1, 2부동산이 일반재산으로 되면서 해당 관리청이 甲 법인과 새로 대부계약을 체결하고 매년 갱신하며 甲 법인이 최초 점유를 개시할 당시의 이용상태가 아니라 골프장으로 이용하고 있는 대부계약 갱신 당시의 이용상태를 기준으로 대부료를 산정하여 지급받아 온 사안에서, 국유 일반재산인 제1부동산에 대한 현행 「국유재산법 시행령」 시행일인 2009.7.31. 이후 대부료에 관하여도 점유 개시 당시의 이용상태를 기준으로 산정한 대부료를 초과하는 부분에 부당이득을 인정한 원심판결에 법리오해의 위법이 있다고 한 사례[대판(전합) 2013.1.17, 2011다83431]
2. 국립대학의 기성회가 기성회비를 납부받은 것은 '법률상 원인 없이' 타인의 재산으로 이익을 얻은 경우에 해당한다고 볼 수 없다[대판(전합) 2015.6.23. 2014다5531].
3. 납세자가 납부하여야 할 지방세 등 지방자치단체의 징수금을 제3자가 납세자 명의로 납부한 경우(대판 2015.11.12. 2014다36221)
4. 국가나 지방자치단체가 어느 단체에게 시설의 관리 등을 위탁하여 이를 사용·수익하게 하고, 그 단체가 자신의 명의와 계산으로 재화 또는 용역을 공급하고 부가가치세를 납부한 경우, 그러한 사정만으로 위탁자인 국가나 지방자치단체가 법률상 원인 없이 채무를 면하는 등의 이익을 얻어 부당이득을 한 것이라 할 수 없다(대판 2019.1.17, 2016두60287).
5. 구 소하천정비법에 따라 소하천구역으로 편입된 토지의 소유자가 사용·수익에 관한 권리행사에 제한을 받아 손해를 입고 있는 경우(대판 2021.12.30, 2018다284608) : 소하천정비법 제24조에서 정한 절차에 따라 손실보상을 청구할 수 있음은 별론

㉠ 국립대학의 기성회가 기성회비를 납부받은 것은 '법률상 원인 없이' 타인의 재산으로 이익을 얻은 경우에 해당한다고 볼 수 없다

**전합판례** (가) 고등교육법 제11조 제1항, 「대학 등록금에 관한 규칙」 등에서 국립대학이 학생으로부터 받을 수 있는 수업료와 그 밖의 납부금(등록금)은 국립대학이 학생에게 강의, 실습, 실험 등 교육활동을 실시하는 방법으로 대학의 목적에 부합하는 교육역무를 제공하고 이러한 교육역무에 필요한 교육시설 등을 이용하게 하는 것에 대한 대가, 즉 영조물인 국립대학의 이용에 대한 사용료를 의미하는 것이다.

따라서 국립대학이 납부받은 돈이 등록금에 해당하는지는 납부금의 명칭이나 납부방식 등 형식적 기준에 의하여만 정할 것이 아니고, 국립대학이 납부금을 받게 된 경위, 필요성, 사용처, 납부금액, 납부방식, 학생들이 동일한 수준의 금액을 획일적으로 납부하고 있는지 여부, 납부자인 학생이나 학부모의 의사 등을 종합적으로 고려하여 납부금의 실질이 국립대학의 교육역무 제공과 교육시설 이용 등에 대하여 대가관계에 있는지, 다시 말하면 영조물인 국립대학의 사용료의 의미를 갖는지에 따라 판단하여야 한다.

그리고 이와 같은 교육 관련 법령의 취지 및 법적 성격 등에 비추어 보면, 국립대학이 영조물인 국립대학의 사용료로서의 실질을 가지는 비용을 직접 납부받지 아니하고 영조물 이용자인 학생이나 학부모로 구성된 단체로부터 자금을 지원받아 대학의 목적에 부합하는 교육역무와 교육시설의 제공에 사용하더라도 교육 관련 법령의 취지에 위배된다고 할 수 없다.

(나) 「국가유공자 등 예우 및 지원에 관한 법률」 제25조 제1항, 5·18 「민주유공자예우에 관한 법률」 제13조, 「북한이탈주민의 보호 및 정착지원에 관한 법률 시행령」 제46조 제3항, 「특수임무유공자 예우 및 단체설립에 관한 법률」 제12조 등은 교육지원의 내용으로 '수업료·입학금·기성회비'를 면제 또는 지원한다고 규정하고 있고, 사립학교법 제28조 제3항은 "고등교육법 제11조의 규정에 의한 수업료 기타 납부금(입학금·학교운영지원비 또는 기성회비를 말한다)을 받을 권리는 이를 압류하지 못한다."고 규정하고 있는데, 이러한 규정들은 기성회비가 수업료와 유사한 실질을 가지고 있음을 고려하여 수업료와 마찬가지로 취급하도록 한 것으로서, 고등교육법 제11조 제1항에서 국립대학이 받을 수 있도록 정한 '그 밖의 납부금'에 기성회비가 포함됨을 전제로 한 것이다.

(다) 국립대학의 기성회비는 기성회에 가입한 회원들로부터 기성회 규약에 따라 받는 회비라는 법률적인 성격을 가짐과 아울러, 실질에서 국립대학이 기성회를 통하여 영조물 이용관계에서의 사용료를 학생이나 학부모로부터 납부받은 것으로서 고등교육법 제11조 제1항에 의하여 국립대학의 설립자·경영자가 받을 수 있는 '그 밖의 납부금'을 납부받은 것과 마찬가지로 볼 수 있다. 그리고 1997.12.13. 고등교육법이 제정된 이래 고등교육법 제11조 제1항에 수업료 외에 그 밖의 납부금을 받을 수 있는 근거가 규정되어 있으므로, 고등교육법 제정 이후에 기성회장 명의로 기성회비 납부고지를 하면서 실질적으로는 국립대학이 수업료와 함께 기성회비를 납부받은 것을 가지고 국립대학 기성회가 '법률상 원인 없이' 타인의 재산으로 인하여 이익을 얻은 경우에 해당한다고 볼 수는 없다 [대판(전합) 2015.6.23. 2014다5531].

ⓛ 산업화약류 제조·판매·수입업 등을 목적으로 하는 갑 주식회사(주식회사 고려노벨화약)가 총포·화약안전기술협회를 상대로 「총포·도검·화약류 등의 안전관리에 관한 법률」 제58조 제2항과 같은 법 시행령 제78조 제1항 제3호에 근거한 회비납부의무의 부존재 확인 및 이미 납부한 회비에 대한 부당이득반환을 구한 사안에서, 장래의 회비납부의무의 부존재 확인을 구하는 것은 확인의 이익이 없고, 이미 납부한 회비는 법률상 원인 없는 이득이라고 할 수 없다고 한 사례

> **최신판례**
> 협회가 매년 구체적인 회비를 산정·고지하는 처분을 하기 전에 갑 회사가 협회를 상대로 구체적으로 정해진 바도 없는 회비납부의무의 부존재 확인을 곧바로 구하는 것은 현존하는 권리·법률관계의 확인이 아닌 장래의 권리·법률관계의 확인을 구하는 것일 뿐만 아니라, 갑 회사의 회비납부의무 부존재 확인청구는 협회가 장래에 갑 회사의 구체적인 회비를 산정·고지할 때 총포화약법 제58조 제2항과 같은 법 시행령 제78조 제1항 제3호에 근거한 '수입원가 기준 회비' 부분을 제외해야 한다는 것으로서 실질적으로 협회로 하여금 특정한 내용으로 회비를 산정·고지할 의무가 있음의 확인을 구하는 것과 같으므로 현행 행정소송법상 허용되지 않는 의무확인소송 또는 예방적 금지소송과 마찬가지로 허용되지 않고, 갑 회사로서는 협회가 매년 구체적인 회비를 산정·고지하는 처분을 하면 그 처분의 효력을 항고소송의 방식으로 다투어야 하며, 한편 갑 회사가 이미 협회에 납부한 수입원가 기준 회비의 근거가 된 협회의 회비납부통지는 행정처분에 해당하고 이미 제소기간이 지나서 불가쟁력이 발생하였으며, 회비 부과·징수의 근거 규정이 위헌·위법하다고 하더라도 특별한 사정이 없는 한 그러한 하자는 회부납부통지의 취소사유일 뿐 당연무효사유는 아니므로, 갑 회사가 이미 협회에 납부한 회비는 법률상 원인 없는 이득이라고 할 수 없다고 한 사례(대판 2021. 12.30, 2018다241458)

ⓒ 구 소하천정비법에 따라 소하천구역으로 편입된 토지의 소유자가 사용·수익에 관한 권리행사에 제한을 받아 손해를 입고 있는 경우, 관리청을 상대로 손해배상이나 부당이득의 반환을 청구할 수 없다

> **최신판례**
> 토지가 구 소하천정비법(2016.1.27. 법률 제13919호로 개정되기 전의 것, 이하 같다)에 의하여 소하천구역으로 적법하게 편입된 경우 그로 인하여 그 토지의 소유자가 사용·수익에 관한 권리행사에 제한을 받아 손해를 입고 있다고 하더라도 구 소하천정비법 제24조에서 정한 절차에 따라 손실보상을 청구할 수 있음은 별론으로 하고, 관리청의 제방 부지에 대한 점유를 권원 없는 점유와 같이 보아 손해배상이나 부당이득의 반환을 청구할 수 없다(대판 2021.12.30, 2018다284608).

## (2) 사인의 부당이득

### ① 성립요건

행정행위는 공정력이 있으므로 행정행위가 당연무효이거나 하자를 이유로 권한 있는 기관에 의해 취소됨으로써 비로소 부당이득을 구성한다. 그러나 행정행위와 무관하게 부당이득이 성립할 수도 있다.

ⓐ 재결에 대하여 불복절차를 취하지 아니함으로써 그 재결에 대하여 더 이상 다툴 수 없게 된 경우, 기업자(현 사업시행자)가 이미 보상금을 지급받은 자에 대하여 민사소송으로 부당이득의 반환을 구할 수 없다

★ 21 국회8급, 14 지방7급

> **최신기출**
> 재결에 대하여 불복절차를 취하지 아니함으로써 그 재결에 대하여 더 이상 다툴 수 없게 된 경우에는 기업자는 그 재결이 당연무효이거나 취소되지 않는 한, 이미 보상금을 지급받은 자에 대하여 민사소송으로 그 보상금을 부당이득이라 하여 반환을 구할 수 없다(대판 2001.4.27, 2000다50237).

ⓛ 갑 재건축조합(해청아파트1단지재건축조합)이 재건축한 공동주택에 관하여 을 구청장(서울특별시 강남구청장)으로부터 준공인가 전 사용허가를 받은 후 동·호수 추첨이 무효라는 확정판결이 있었는데도 당초의 추첨 결과에 따른 집합건축물대장 작성절차를 강행하였는데, 조합원들이 '기존의 동·호수 추첨 결과에 따라 배정된 주택에 잠정적으로 입주하는 것을 허용하되, 이로 인하여 입주한 동·호수를 분양받은 것으로 의제되는 것은 아니다.'라는 취지의 가처분결정을 받은 후 입주하고 소유권보존등기를 마치자, 을 구청장이 사용승인 이후부터 조합원들이 소유권보존등기를 마치기 전까지 기간 동안 갑 조합이 공동주택의 사실상 소유자라고 보아 갑 조합에 재산세를 부과하는 처분을 한 사안에서, 처분은 하자가 중대하고 명백하여 당연무효라고 한 사례

> 재건축조합인 갑 조합은 구 지방세법 제107조 제1항에서 정한 재산세 납세의무자인 '사실상 소유자'로 볼 수 없고, 구 지방세법 제107조 제3항에서 정한 재산세 납세의무자인 '사용자'에도 해당하지 않으므로, 처분은 납세의무자가 아닌 자에게 한 과세처분으로 하자가 중대하고, 을 구청장은 조합원들에게 배정된 공동주택에 관하여 갑 조합으로부터 조합원분으로 통지를 받아 건축물관리대장을 작성하였으므로 공동주택이 조합원용임을 이미 알고 있었던 점 등을 종합하면, 갑 조합이 공동주택의 재산세 납세의무자가 아님은 객관적으로 명백하므로, 처분은 하자가 중대하고 명백하여 당연무효라고 한 사례(대판 2016.12.29, 2014두2980·2997).

ⓒ 국민건강보험공단이 요양급여비용 지급결정을 취소하지 않은 상태에서 요양기관을 상대로 위 결정에 따라 지급된 요양급여비용 상당의 부당이득반환을 구할 수 없다

> [최신판례] 요양기관의 공단에 대한 요양급여비용청구권은 요양기관의 청구에 따라 공단이 지급결정을 함으로써 구체적인 권리가 발생하는 것이지, 공단의 결정과 무관하게 국민건강보험법령에 의하여 곧바로 발생한다고 볼 수 없다. 따라서 요양기관의 요양급여비용 수령의 법률상 원인에 해당하는 요양급여비용 지급결정이 취소되지 않았다면, 요양급여비용 지급결정이 당연무효라는 등의 특별한 사정이 없는 한 그 결정에 따라 지급된 요양급여비용이 법률상 원인 없는 이득이라고 할 수 없고, 공단의 요양기관에 대한 요양급여비용 상당 부당이득반환청구권도 성립하지 않는다(대판 2020.9.3, 2015다230730).

ⓓ 「공익사업을 위한 토지 등의 취득 및 보상에 관한 법률」 제78조 등에서 정한 주거이전비 등의 지급절차가 이루어지지 않은 경우, 주택재개발정비사업의 시행자가 종전 토지나 건축물을 사용·수익하고 있는 현금청산대상자를 상대로 부당이득반환을 청구할 수 없다

> [최신판례] 사업시행자가 현금청산대상자나 임차인 등에 대해서 종전의 토지나 건축물의 인도를 구하려면 관리처분계획의 인가·고시만으로는 부족하고 구 도시정비법 제49조 제6항 단서에서 정한 대로 토지보상법에 따른 손실보상이 완료되어야 한다. … 토지보상법 제78조 등에서 정한 주거이전비, 이주정착금, 이사비(주거이전비 등)는 구 도시정비법 제49조 제6항 단서에서 정한 '토지보상법에 따른 손실보상'에 해당한다고 보아야 한다. 구 도시정비법 제49조 제6항 단서에서 정한 토지보상법에 따른 손실보상이 완료되려면 협의나 수용재결에서 정해진 토지나 건축물 등에 대한 보상금의 지급 또는 공탁뿐만 아니라 주거이전비 등에 대한 지급절차까지 이루어져야 한다. 만일 협의나 재결절차 등에 따라 주거이전비 등의 지급절차가 이루어지지 않았다면 관리처분계획의 인가·고시가 있더라도 분양신청을 하지 않거나 철회하여 현금청산대상자가 된 자는 종전의 토지나 건축물을 사용·수익할 수 있다. 위와 같이 주거이전비 등을 지급할 의무가 있는 주택재개발정비사업의 시행자가 종전 토지나 건축물을 사용·수익하고 있는 현금청산대상자를 상대로 부당이득반환을 청구하는 것은 허용되지 않는다(대판 2021.7.29, 2019다300477).

## ② 부당이득 인정사례

1. 공무원연금법상의 퇴직연금 수급자가 구 사립학교교원연금법상의 교직원으로 임용되어 급여를 받게 된 경우(대판 2000. 11.28, 99두5443)
2. 장해보상연금을 받던 사람이 재요양 후에 장해등급이 변경되어 장해보상연금의 지급 대상에서 제외되었음에도 장해보상연금을 받은 경우(대판 2013.2.14, 2011두12054)
3. 국민건강보험법상 보험급여 수급권자에게 가해자 등 제3자가 보험급여 항목과 관련된 재산상 손해액을 모두 변제하였음에도 수급권자가 보험급여를 받았고 국민건강보험공단이 보험급여와 관련하여 부담금을 지급한 경우(대판 2016.12. 29, 2014두40340)

⊙ 공무원연금법상의 퇴직연금 수급자가 구 사립학교교원연금법상의 교직원으로 임용되어 급여를 받게 된 경우, 그 재직기간 중에는 당연히 퇴직연금의 지급이 정지되고 그 퇴직연금 지급정지 사유기간 중 퇴직연금 수급자에게 지급된 퇴직연금은 공무원연금법 제31조 제1항 제3호 소정의 '기타 급여가 과오급된 경우'에 해당한다

> 공무원으로 재직하다가 퇴직하여 공무원연금법에 따라 퇴직연금을 지급받고 있던 사람이 구 사립학교교원연금법 제3조가 정한 교직원으로 임용되어 그 기관으로부터 급여를 받게 되는 경우에는 재직기간 합산신청 여부와는 관련 없이 그 법의 적용을 받게 되고, 그 재직기간 중에는 공무원연금법 제47조, 같은법 시행령 제40조 제1항에 의하여 공무원연금관리공단의 지급정지처분 여부에 관계없이 그 사유가 발생한 때로부터 당연히 퇴직연금의 지급이 정지되는 것이므로, 그 지급정지 사유기간 중 퇴직연금 수급자에게 지급된 퇴직연금은 공무원연금법 제31조 제1항 제3호에 정하여진 '기타 급여가 과오급된 경우'에 해당한다(대판 2000.11.28. 99두5443).

⊙ 국민건강보험법상 보험급여 수급권자에게 가해자 등 제3자가 보험급여 항목과 관련된 재산상 손해액을 모두 변제하였음에도 수급권자가 보험급여를 받았고 국민건강보험공단이 보험급여와 관련하여 부담금을 지급한 경우, 국민건강보험법 제57조에 따라 국민건강보험공단은 지급한 부담금 부분을 부당이득으로 징수할 수 있다

> 국민건강보험법 제58조는 제3자의 행위로 인하여 보험급여 지급의무가 발생한 경우 보험급여의 수급권자가 보험급여와 제3자에 의한 손해배상에 의하여 중복전보를 받는 것과 가해자인 제3자가 책임을 면탈하는 것을 막고 보험재정의 확보를 꾀하려는 데 취지가 있다.
> 위와 같은 국민건강보험법 제58조의 규정 내용과 입법 취지에 비추어 볼 때, 보험급여 수급권자의 제3자에 대한 손해배상채권이 변제, 면제, 포기 등의 사유로 소멸한 경우, 국민건강보험공단(공단)은 보험급여 수급권자가 제3자로부터 배상받을 수 있는 보험급여 항목과 관련된 재산상 손해액의 한도 내에서 보험급여 지급의무를 면하게 된다. 나아가 보험급여 수급권자가 보험급여 지급의 원인이 된 제3자의 행위와 관련하여 제3자 등을 상대로 보험급여 항목과 관련된 부분을 포함한 손해배상금의 지급을 구하는 소를 제기하여 손해배상 책임의 유무 및 범위를 정한 판결이 확정된 경우, 제3자 등이 보험급여 수급권자에게 확정판결에서 정한 바에 따라 보험급여 항목과 관련된 재산상 손해액을 모두 변제하였다면 공단은 그 금액의 한도 내에서 보험급여 지급의무를 면한다.
> 따라서 가해자 등 제3자가 보험급여 수급권자에게 보험급여 항목과 관련된 재산상 손해액을 모두 변제하였음에도 수급권자가 보험급여를 받았고 공단이 보험급여와 관련하여 부담금을 지급한 경우, 공단이 지급한 부담금 부분은 이미 공단이 지급의무를 면하였음에도 불구하고 지급한 것이므로, 그 부분은 국민건강보험법 제57조에 의하여 부당이득으로 징수할 수 있다. 이때 징수 범위는 제3자가 보험급여 수급권자에게 지급한 손해배상액을 한도로 하여 실제로 공단이 지급한 부담금 부분이고, 공단이 지급한 부담금 중 가해자의 과실비율에 해당하는 부분으로 제한되는 것으로 볼 수는 없다(대판 2016.12.29, 2014두40340).

### ③ 부당이득 부정사례

1. 「공익사업을 위한 토지 등의 취득 및 보상에 관한 법률」에 의하여 토지가 수용됨에 따라 기존의 가압류 효력이 소멸된 경우 가압류 집행 이후 토지의 소유권을 취득한 제3자가 보상금을 전액 수령하는 것(대판 2009.9.10, 2006다61536) : 공익사업법에 따른 토지수용의 효과일 뿐
2. 국민건강보험공단이 뺑소니 자동차 또는 무보험 자동차에 의한 교통사고 피해자에게 구 국민건강보험법에 따른 보험급여를 한 경우, 이로 인하여 정부 또는 「자동차손해배상 보장법」 제45조 제1항에 의하여 자동차손해배상 보장사업에 관한 업무를 국토해양부장관에게서 위탁받은 보장사업자의 이익(대판 2012.12.13, 2012다200394) : 국민건강보험공단이 뺑소니 자동차 또는 무보험 자동차에 의한 교통사고의 피해자에게 구 국민건강보험법에 따른 보험급여를 하였다고 하더라도 이는 자신의 보험급여의무를 이행한 것
3. 사업시행자가 주택건설사업계획 승인을 받음으로써 도로점용허가가 의제되었는데 관리청이 도로점용료를 부과하지 않은 경우(대판 2013.6.13, 2012다87010)
4. 국가배상소송에 따른 손해배상금을 지급받은 후 별도의 형사보상재판을 통하여 지급받은 형사보상금에 중복된 부분이 있는 경우(대판 2021.11.25, 2018다201207)

ⓐ 사업시행자가 주택건설사업계획 승인을 받음으로써 도로점용허가가 의제되었는데 관리청이 도로점용료를 부과하지 않은 경우, 원칙적으로 사업시행자가 점용료 상당액을 부당이득하였다고 볼 수 없다 ★ 20 서울7급

**최신기출** 관리청으로부터 도로의 점용허가를 받았다고 하더라도 관리청이 도로점용에 관하여 점용료를 부과하기 전에는 점용료를 납부할 의무를 부담한다고 볼 수 없고, 항상 관리청으로부터 점용료가 부과되는 것도 아니라고 할 것이다. 따라서 사업시행자가 주택건설사업계획 승인을 받음으로써 도로점용허가가 의제된 경우에 관리청이 도로점용료를 부과하지 않아 그 점용료를 납부할 의무를 부담하지 않게 되었다고 하더라도 특별한 사정이 없는 한 사업시행자가 그 점용료 상당액을 법률상 원인 없이 부당이득하였다고 볼 수는 없다고 할 것이다(대판 2013.6.13, 2012다87010).

ⓑ 국가배상소송에 따른 손해배상금을 지급받은 후 별도의 형사보상재판을 통하여 지급받은 형사보상금에 중복된 부분이 있는 경우 부당이득이 성립하지 않는다

**최신판례** 피고가 원고(대한민국)를 상대로 한 국가배상소송의 일부 승소 확정 판결에 따라 원고가 그 손해배상금을 피고에게 지급한 후, 피고의 청구에 의한 형사보상재판에서 원고가 위 손해배상금 지급사실을 주장하지 아니하여 앞서 본 바와 같은 형사보상결정이 확정되었고 나아가 원고가 그 확정된 형사보상금 전액을 피고에게 지급한 이상, 위 지급은 국가의 위법한 수사와 형의 집행으로 상당한 손해를 입은 피고에 대하여 각기 확정된 국가배상판결과 형사보상결정에 따른 것으로 '법률상 원인'을 결여하였다고 할 수 없다(대판 2021.11.25, 2018다201207).

ⓒ 갑이 국방경비법 위반죄로 사형을 선고받아 형이 집행된 후 재심에서 무죄판결이 선고·확정되었고, 이에 을을 포함한 갑의 유족들이 국가를 상대로 위자료를 구하는 소를 제기하여 국가로부터 위자료를 지급받았으며, 을은 국가를 상대로 형사보상을 청구하여 국가로부터 형사보상금을 지급받았는데, 국가가 형사보상금 지급이 「형사보상 및 명예회복에 관한 법률」 제6조 제2항에 반하는 이중지급이라고 주장하며 을을 상대로 부당이득반환을 구한 사안에서, 형사보상금을 이중지급이라는 이유로 반환하여야 한다면 국가의 손해배상 및 형사보상금 지급이 정당한 방식으로 운영된다고 믿은 을의 신뢰를 저버리는 것이 되므로, 위 부당이득반환청구는 신의성실의 원칙에 반하는 것으로서 허용될 수 없다고 한 사례

국가는 재심 무죄판결이 확정될 무렵 을로부터 형사보상청구와 손해배상청구가 있을 것을 예상할 수 있었으므로, 손해배상소송이나 형사보상절차가 진행 중인 상황에서는 같은 원인의 다른 절차가 있음을 법원에 알리고, 손해배상금이나 형사보상금이 확정되어 이를 지급하는 과정에서는 먼저 지급된 금원을 빼고 지급하는 등 적절한 조치를 하여 이중지급을 방지할 수 있었는데, 형사보상금을 지급할 당시 이미 손해배상금이 지급된 사정을 알고 있었음에도 아무런 조치를 하지 아니한 채 확정된 형사보상금 전액을 지급하였고, 한편 국가의 위법한 수사와 형의 집행으로 크나큰 고통과 피해를 입은 을이 그에 대한 정당한 보상으로 인식하고 지급받은 형사보상금을 이중지급이라는 이유로 반환하여야 한다면 이는 국가의 손해배상 및 형사보상금 지급이 정당한 방식으로 운영된다고 믿은 을의 신뢰를 저버리는 것이 되며, 을이 위와 같이 신뢰한 데에 어떠한 잘못이 있었다고 보기 어려우므로, 위 부당이득반환청구는 신의성실의 원칙에 반하는 것으로서 허용될 수 없다(대판 2021.11.25. 2017다258381).

④ 내용

㉠ 뺑소니 자동차 또는 무보험 자동차에 의한 교통사고의 경우, 「자동차손해배상 보장법」 제30조 제1항에 따른 피해자의 보상금청구권은 구 국민건강보험법 제53조 제1항에서 말하는 제3자에 대한 손해배상청구의 권리에 해당하지 않는다

자동차 보유자를 알 수 없는 뺑소니 자동차 또는 무보험 자동차에 의한 교통사고의 경우 「자동차손해배상 보장법」 제30조 제1항에 따라 피해자가 가지는 보장사업에 의한 보상금청구권은 피해자 구제를 위하여 법이 특별히 인정한 청구권으로서, 구 국민건강보험법 제53조 제1항에서 말하는 제3자에 대한 손해배상청구의 권리에 해당한다고 볼 수 없다(대판 2012.12.13, 2012다200394).

㉡ 국유재산의 무단점유자에 대하여 구 국유재산법 제51조 제1항, 제4항, 제5항에 의한 변상금 부과·징수권의 행사와 별도로 민사상 부당이득반환청구의 소를 제기할 수 있다 ★ 14 지방7급

국유재산의 무단점유자에 대한 변상금 부과는 공권력을 가진 우월적 지위에서 행하는 행정처분이고, 그 부과처분에 의한 변상금 징수권은 공법상의 권리인 반면, 민사상 부당이득반환청구권은 국유재산의 소유자로서 가지는 사법상의 채권이다. 또한 변상금은 부당이득 산정의 기초가 되는 대부료나 사용료의 120%에 상당하는 금액으로서 부당이득금과 액수가 다르고, 이와 같이 할증된 금액의 변상금을 부과·징수하는 목적은 국유재산의 사용·수익으로 인한 이익의 환수를 넘어 국유재산의 효율적인 보존·관리라는 공익을 실현하는 데 있다. 그리고 대부 또는 사용·수익허가 없이 국유재산을 점유하거나 사용·수익하였지만 변상금 부과처분은 할 수 없는 때에도 민사상 부당이득반환청구권은 성립하는 경우가 있으므로, 변상금 부과징수의 요건과 민사상 부당이득반환청구권의 성립 요건이 일치하는 것도 아니다. 구 국유재산법 제51조 제1항, 제4항, 제5항에 의한 변상금 부과·징수권은 민사상 부당이득반환청구권과 법적 성질을 달리하므로, 국가는 무단점유자를 상대로 변상금 부과·징수권의 행사와 별도로 국유재산의 소유자로서 민사상 부당이득반환청구의 소를 제기할 수 있다. 그리고 이러한 법리는 구 국유재산법 제32조 제3항, 구 「국유재산법 시행령」 제33조 제2항에 의하여 국유재산 중 잡종재산(현행 국유재산법상의 일반재산에 해당한다)의 관리·처분에 관한 사무를 위탁받은 한국자산관리공사의 경우에도 마찬가지로 적용된다(대판(전합) 2014.7.16, 2011다76402).

ⓒ 잡종재산의 무단점유자가 반환하여야 할 부당이득의 범위는 조정대부료가 아니라 구 국유재산법 제38조 제1항, 제25조 제1항에서 정한 방법에 따라 산출되는 대부료이다

부당이득반환의 경우 수익자가 반환하여야 할 이득의 범위는 손실자가 입은 손해의 범위에 한정되고, 손실자의 손해는 사회통념상 손실자가 당해 재산으로부터 통상 수익할 수 있을 것으로 예상되는 이익 상당액이다. 그런데 국가가 잡종재산으로부터 통상 수익할 수 있는 이익은 그에 관하여 대부계약이 체결되는 경우의 대부료이므로, 잡종재산의 무단점유자가 반환하여야 할 부당이득은 특별한 사정이 없는 한 국유재산 관련 법령에서 정한 대부료 상당액이다. 나아가 ① 구 국유재산법 제38조 제1항, 제25조의2 제1항의 문언에 의하더라도, 1년을 초과하여 계속 점유하거나 사용·수익한 사람에 대하여 행하는 대부료의 감액 조정(조정된 대부료를 '조정대부료'라고 한다)은 의무적인 것이 아니고 행정청의 재량에 의하여 정할 수 있도록 되어 있는 점, ② 대부료의 감액 조정은 적법하게 대부계약을 체결한 후 1년을 초과하여 잡종재산을 점유 또는 사용·수익하는 성실한 대부계약자를 위한 제도인바, 무단점유자에 대하여도 같은 기준을 적용하여 부당이득을 산정하는 것은 대부료 조정제도의 취지에 부합하지 아니하는 점, ③ 무단점유자가 1년을 초과하여 점유한 경우 조정대부료를 기준으로 부당이득을 산정하면, 장기간의 무단점유자가 오히려 대부기간의 제한을 받는 적법한 대부계약자나 단기간의 무단점유자에 비하여 이익을 얻는 셈이어서 형평에 반하는 점 등을 고려하면, 부당이득 산정의 기초가 되는 대부료는 조정대부료가 아니라 구 국유재산법 제38조 제1항, 제25조 제1항이 정한 방법에 따라 산출되는 대부료라고 보아야 한다[대판(전합) 2014.7.16, 2011다76402].

ⓔ

국유재산의 무단점유자에 대하여 한 변상금 부과·징수권과 민사상 부당이득반환청구권이 동일한 금액 범위 내에서 경합하여 병존하고 민사상 부당이득반환청구권이 만족을 얻어 소멸하면 그 범위 내에서 변상금 부과·징수권도 소멸한다(대판 2014.9.4. 2012두5688).

## 3. 법적 성질(사권설) ★ 22 국가9급, 21 국가7급, 15 지방7급, 14 행정사, 13 국회8급, 13 서울9급, 12 변호사, 10 순경특채, 10 서울7급

### (1)

조세부과처분이 무효임을 전제로 하여 이미 납부한 세금의 반환을 청구하는 것은 민사상의 부당이득반환청구로서 민사소송절차에 따라야 한다(대판 1991.2.6, 90프2).

甲은 납부한 과징금을 돌려받기 위해 관할 행정법원에 과징금반환을 구하는 당사자소송을 제기할 수 있다. (×) ■ 22 국가9급

### (2) 국세환급금 충당의 법적 성격 및 충당이 무효인 경우의 쟁송방법은 민사소송이다 ★ 20 지방7급

국세환급금의 충당은 납세의무자가 갖는 환급청구권의 존부나 범위 또는 소멸에 구체적이고 직접적인 영향을 미치는 처분이라기보다는 국가의 환급금 채무와 조세채권이 대등액에서 소멸되는 점에서 오히려 민법상의 상계와 비슷하고, 소멸대상인 조세채권이 존재하지 아니하거나 당연무효 또는 취소되는 경우에는 그 충당의 효력이 없는 것으로서 이러한 사유가 있는 경우에 납세의무자로서는 충당의 효력이 없음을 주장하여 언제든지 민사소송에 의하여 이미 결정된 국세환급금의 반환을 청구할 수 있는 것이다(대판 2004.3.25, 2003다64435).

### (3) 지방자치단체장에 위임된 국가사무인 산림전용부담금부과처분이 취소된 경우, 그 부당이득반환청구의 상대방은 국고이다

지방자치단체가 산림전용자에 대하여 산림전용부담금을 부과·징수한 것은 위임에 의한 국가사무의 처리에 불과하고, 나아가 그 산림전용부담금이 국고에 납입된 이상, 산림전용자가 지방자치단체를 상대로 산림전용부담금부과처분의 취소를 구하는 소송을 제기하여 승소하였다고 하더라도 그 납부된 산림전용부담금에 관한 부당이득의 반환청구는 이득의 주체가 되는 국고에 대하여 하여야 한다(대판 1998.2.10, 95다20256).

**(4) 원천징수의무자가 원천납세의무자로부터 원천징수대상이 아닌 소득에 대하여 세액을 징수·납부한 경우, 원천납세의무자가 원천징수의무자에 대하여 환급청구권 상당액을 부당이득으로 구상할 수 있다**

> 원천징수 세제에 있어 원천징수의무자가 원천납세의무자로부터 원천징수대상이 아닌 소득에 대하여 세액을 징수·납부하였거나 징수하여야 할 세액을 초과하여 징수·납부하였다면, 이로 인한 환급청구권은 원천납세의무자가 아닌 원천징수의무자에게 귀속되는 것인바, 이는 원천징수의무자가 원천납세의무자에 대한 관계에서는 법률상 원인 없이 이익을 얻은 것이라 할 것이므로 원천납세의무자는 원천징수의무자에 대하여 환급청구권 상당액을 부당이득으로 구상할 수 있다(대판 2003.3.14, 2002다68294).

**(5) 납세자가 이미 존재와 범위가 확정되어 있는 과오납부액에 대하여 부당이득 반환을 구하는 민사소송으로 환급을 청구할 수 있다**

> 국세환급금에 관한 국세기본법 및 구 국세기본법 제51조 제1항은 이미 부당이득으로서 존재와 범위가 확정되어 있는 과오납부액이 있는 때에는 국가가 납세자의 환급신청을 기다리지 않고 즉시 반환하는 것이 정의와 공평에 합당하다는 법리를 선언하고 있는 것이므로, 이미 존재와 범위가 확정되어 있는 과오납부액은 납세자가 부당이득의 반환을 구하는 민사소송으로 환급을 청구할 수 있다(대판 2015.8.27. 2013다212639).

## 4. 급부처분의 직권취소 후 환수처분과 부당이득

### (1) 환수처분의 제한(이익형량)

① 산업재해보상보험법 제84조 제1항 제3호에 따라 보험급여를 받은 당사자로부터 잘못 지급된 보험급여액에 해당하는 금액을 징수하는 처분을 할 수 있는 경우 ★ 17 지방9급

> 산업재해보상보험법(산재보상법) 제84조 제1항 제3호의 내용과 취지, 사회보장 행정영역에서의 수익적 행정처분 취소의 특수성 등을 종합해 보면, 산재보상법 제84조 제1항 제3호에 따라 보험급여를 받은 당사자로부터 잘못 지급된 보험급여액에 해당하는 금액을 징수하는 처분을 할 때에는 보험급여의 수급에 관하여 당사자에게 고의 또는 중과실의 귀책사유가 있는지, 잘못 지급된 보험급여액을 쉽게 원상회복할 수 있는지, 잘못 지급된 보험급여액에 해당하는 금액을 징수하는 처분을 통하여 달성하고자 하는 공익상 필요의 구체적 내용과 처분으로 당사자가 입게 될 불이익의 내용 및 정도와 같은 여러 사정을 두루 살펴, 잘못 지급된 보험급여액에 해당하는 금액을 징수하는 처분을 해야 할 공익상 필요와 그로 말미암아 당사자가 입게 될 기득권과 신뢰의 보호 및 법률생활 안정의 침해 등의 불이익을 비교·교량한 후, 공익상 필요가 당사자가 입게 될 불이익을 정당화할 만큼 강한 경우에 한하여 보험급여를 받은 당사자로부터 잘못 지급된 보험급여액에 해당하는 금액을 징수하는 처분을 하여야 한다(대판 2014.7.24, 2013두27159).

② 「특수임무수행자 보상에 관한 법률」 제18조 제1항 제2호에 따라 보상금 등을 받은 당사자로부터 잘못 지급된 부분을 환수하는 처분을 할 수 있는 경우

> 잘못 지급된 보상금 등에 해당하는 금액을 징수하는 처분을 해야 할 공익상 필요와 그로 인하여 당사자가 입게 될 기득권과 신뢰의 보호 및 법률생활 안정의 침해 등의 불이익을 비교·교량한 후, 공익상 필요가 당사자가 입게 될 불이익을 정당화할 만큼 강한 경우에 한하여 보상금 등을 받은 당사자로부터 잘못 지급된 보상금 등에 해당하는 금액을 환수하는 처분을 하여야 한다고 봄이 타당하다(대판 2014.10.27, 2012두17186).

③ 구 국민연금법 제57조 제1항에 따라 급여를 받은 당사자로부터 잘못 지급된 급여액에 해당하는 금액을 환수하는 처분을 하기 위한 요건

> 잘못 지급된 급여액에 해당하는 금액을 환수하는 처분을 하여야 할 공익상 필요와 그로 인하여 당사자가 입게 될 기득권과 신뢰의 보호 및 법률생활 안정의 침해 등의 불이익을 비교·교량한 후, 공익상 필요가 당사자가 입게 될 불이익을 정당화할 만큼 강한 경우에 한하여 잘못 지급된 급여액에 해당하는 금액을 환수하는 처분을 하여야 한다(대판 2017.3.30, 2015두43971).

## (2) 급부처분의 취소변경처분과 징수처분의 독립성

① 산업재해보상보험법상 각종 보험급여 지급결정을 변경 또는 취소하는 처분이 적법한 경우, 그에 터 잡은 징수처분도 반드시 적법하다고 판단해야 하는 것은 아니다 ★ 19 국가7급, 19 지방9급

**최신기출**
> 산재보상법상 각종 보험급여 등의 지급결정을 변경 또는 취소하는 처분과 처분에 터 잡아 잘못 지급된 보험급여액에 해당하는 금액을 징수하는 처분이 적법한지를 판단하는 경우 비교·교량할 각 사정이 동일하다고는 할 수 없으므로, 지급결정을 변경 또는 취소하는 처분이 적법하다고 하여 그에 터 잡은 징수처분도 반드시 적법하다고 판단해야 하는 것은 아니다(대판 2014.7.24, 2013두27159).

「산업재해보상보험법」상 각종 보험급여 등의 지급결정을 변경 또는 취소하는 처분과 처분에 터 잡아 잘못 지급된 보험급여액에 해당하는 금액을 징수하는 처분이 적법한지를 판단하는 경우, 지급결정을 변경 또는 취소하는 처분이 적법하다면 그에 터 잡은 징수처분도 적법하다고 판단해야 한다. (x) ■ 19 지방9급
「국민연금법」상 연금 지급결정을 취소하는 처분과 그 처분에 기초하여 잘못 지급된 급여액에 해당하는 금액을 환수하는 처분이 적법한지를 판단하는 경우 비교·교량할 각 사정이 상이하다고는 할 수 없으므로, 연금 지급결정을 취소하는 처분이 적법하다면 환수처분도 적법하다고 판단하여야 한다. (x) ■ 19 국가7급

② 국민연금법이 정한 수급요건을 갖추지 못하였음에도 연금 지급결정이 이루어진 경우, 이미 지급된 급여 부분에 대한 환수처분과 별도로 지급결정을 취소할 수 있다

> 행정처분을 한 처분청은 처분의 성립에 하자가 있는 경우 별도의 법적 근거가 없더라도 직권으로 이를 취소할 수 있다고 봄이 원칙이므로, 국민연금법이 정한 수급요건을 갖추지 못하였음에도 연금 지급결정이 이루어진 경우에는 이미 지급된 급여 부분에 대한 환수처분과 별도로 지급결정을 취소할 수 있다(대판 2017.3.30, 2015두4397 1).

③ 연금 지급결정을 취소하는 처분이 적법한 경우 그에 기초한 환수처분도 반드시 적법하다고 판단해야 하는 것은 아니다 ★ 18 서울7급

**최신기출**
> 연금 지급결정을 취소하는 처분과 그 처분에 기초하여 잘못 지급된 급여액에 해당하는 금액을 환수하는 처분이 적법한지를 판단하는 경우 비교·교량할 각 사정이 동일하다고는 할 수 없으므로, 연금 지급결정을 취소하는 처분이 적법하다고 하여 환수처분도 반드시 적법하다고 판단하여야 하는 것은 아니다(대판 2017.3.30, 2015두4397 1).

출생연월일 정정으로 특례노령연금 수급요건을 충족하지 못하게 된 자에 대하여 지급결정을 소급적으로 직권취소하고, 이미 지급된 급여를 환수하는 처분은 위법하다. (x) ■ 18 서울7급

# 제2절 행정법상의 행위

## Ⅰ. 사인의 공법행위에 대한 적용법리

### 1. 하자 있는 의사표시

#### (1) 강박에 의한 의사표시

① **취소사유(원칙)**

> 조사기관에 소환당하여 구타당하리라는 공포심에서 조사관의 요구를 거절치 못하고 작성교부한 사직서이라면 이를 본인의 진정한 의사에 의하여 작성한 것이라 할 수 없으므로 그 사직원에 따른 면직처분은 위법이다(대판 1968.3. 19, 67누164).

② **강박에 의한 의사표시는 단순강박**(의사결정의 자유를 '제한'하는 정도)**의 경우 취소사유, 저항할 수 없는 강박**(의사결정의 자유를 '박탈'할 정도)**의 경우 무효사유이다** ★ 14 국가7급

> 사직서의 제출이 감사기관이나 상급관청 등의 강박에 의한 경우에는 그 정도가 의사결정의 자유를 박탈할 정도에 이른 것이라면 그 의사표시가 무효로 될 것이고 그렇지 않고 의사결정의 자유를 제한하는 정도에 그친 경우라면 그 성질에 반하지 아니하는 한 의사표시에 관한 민법 제110조의 규정을 준용하여 그 효력을 따져보아야 할 것이나, 감사 담당 직원이 당해 공무원에 대한 비리를 조사하는 과정에서 사직하지 아니하면 징계파면이 될 것이고, 또한 그렇게 되면 퇴직금 지급상의 불이익을 당하게 될 것이라는 등의 강경한 태도를 취하였다고 할지라도 그 취지가 단지 비리에 따른 객관적 상황을 고지하면서 사직을 권고·종용한 것에 지나지 않고 위 공무원이 그 비리로 인하여 징계파면이 될 경우 퇴직금 지급상의 불이익을 당하게 될 것 등 여러 사정을 고려하여 사직서를 제출한 경우라면 그 의사결정이 의원면직처분의 효력에 영향을 미칠 하자가 있었다고는 볼 수 없다(대판 1997.12.12, 97누13962).

③ **소청심사위원회가 절차상 하자**(강박에 의한 사의표시)**가 있다는 이유로 의원면직처분을 취소하는 결정을 한 후 징계권자가 징계절차에 따라 당해 공무원에 대하여 징계처분을 하는 경우, 국가공무원법 제14조 제6항에 정한 불이익변경금지의 원칙이 적용되지 않는다** ★ 19 국회8급

> **최신기출** 국가공무원법 제14조 제6항은 소청심사결정에서 당초의 원처분청의 징계처분보다 청구인에게 불리한 결정을 할 수 없다는 의미인데, 의원면직처분에 대하여 소청심사청구를 한 결과 소청심사위원회가 의원면직처분의 전제가 된 사의표시에 절차상 하자가 있다는 이유로 의원면직처분을 취소하는 결정을 하였다고 하더라도, 그 효력은 의원면직처분을 취소하여 당해 공무원으로 하여금 공무원으로서의 신분을 유지하게 하는 것에 그치고, 이때 당해 공무원이 국가공무원법 제78조 제1항 각 호에 정한 징계사유에 해당하는 이상 같은 항에 따라 징계권자로서는 반드시 징계절차를 열어 징계처분을 하여야 하므로, 이러한 징계절차는 소청심사위원회의 의원면직처분취소 결정과는 별개의 절차로서 여기에 국가공무원법 제14조 제6항에 정한 불이익변경금지의 원칙이 적용될 여지는 없다(대판 2008.10.9, 2008두118 53,11860).

소청심사위원회가 절차상 하자가 있다는 이유로 의원면직처분을 취소하는 결정을 한 후 징계권자가 징계절차에 따라 별도로 당해 공무원에 대하여 징계처분을 하는 경우 「국가공무원법」에서 정한 불이익변경금지의 원칙이 적용된다. (x) ■ 19 국회8급

### (2) 비진의표시(진의 아닌 의사표시) ★ 20·10 국회9급, 15 지방7급

① 

민법의 법률행위에 관한 규정은 행위의 격식화를 특색으로 하는 공법행위에 당연히 타당하다고 말할 수 없으므로 공법행위인 영업재개업신고에 민법 제107조는 적용될 수 없다(대판 1978.7.25, 76누276).

### ② 여군하사관 면역사건

군인사정책상 필요에 의하여 복무연장지원서와 전역(여군의 경우 면역임)지원서를 동시에 제출하게 한 피고측의 방침에 따라 위 양 지원서를 함께 제출한 이상, 그 취지는 복무연장지원의 의사표시를 우선으로 하되, 그것이 받아들여지지 아니하는 경우에 대비하여 원에 의하여 전역하겠다는 조건부 의사표시를 한 것이므로 그 전역지원의 의사표시도 유효한 것으로 보아야 하고, 가사 전역지원의 의사표시가 진의 아닌 의사표시라고 하더라도 그 무효에 관한 법리를 선언한 민법 제107조 제1항 단서의 규정은 그 성질상 사인의 공법행위에는 적용되지 않는다 할 것이므로 그 표시된 대로 유효한 것으로 보아야 할 것이다(대판 1994.1.11, 93누10057).

### (3) 공무원이 사직의 의사표시를 하여 의원면직된 경우, 그 사직의 의사표시에 민법 제107조가 준용되지 않는다
★ 21·16·15 지방7급, 14·11 서울7급

공무원이 사직의 의사표시를 하여 의원면직처분을 하는 경우 그 사직의 의사표시는 그 법률관계의 특수성에 비추어 외부적·객관적으로 표시된 바를 존중하여야 할 것이므로, 비록 사직원제출자의 내심의 의사가 사직할 뜻이 아니었다고 하더라도 진의 아닌 의사표시에 관한 민법 제107조는 그 성질상 사직의 의사표시와 같은 사인의 공법행위에는 준용되지 아니하므로 그 의사가 외부에 표시된 이상 그 의사는 표시된 대로 효력을 발한다(대판 1997.12.12, 97누13962).

## 2. 부관(불가)

공무원이 일정시기까지 수리를 보류해 줄 것을 당부하면서 작성일자를 기재 않은 사직서를 제출한 경우 행정청이 바로 그 사직서를 수리하여 행한 면직처분은 적법하다(대판 1986.8.19. 86누81).

## 3. 철회·보정

### (1) 사직의 의사표시 후 의원면직처분 전에 이를 철회할 수 있다 ★ 20·11 국회9급

공무원이 한 사직의 의사표시는 그에 터잡은 의원면직처분이 있을 때까지는 원칙적으로 이를 철회할 수 있는 것이지만, 다만 의원면직처분이 있기 전이라도 사직의 의사표시를 철회하는 것이 신의칙에 반한다고 인정되는 특별한 사정이 있는 경우에는 그 철회는 허용되지 아니한다(대판 1993.7.27, 92누16942).

### (2) 공무원의 사직 의사표시의 철회 또는 취소가 허용되는 시한은 의원면직처분시까지이다
★ 14 국가7급, 13 국회8급, 07 국가9급

공무원이 한 사직 의사표시의 철회나 취소는 그에 터잡은 의원면직처분이 있을 때까지 할 수 있는 것이고, 일단 면직처분이 있고 난 이후에는 철회나 취소할 여지가 없다(대판 2001.8.24, 99두9971).

**(3) 구 도시재개발법상 재개발조합의 설립 및 사업시행에 대한 토지 또는 건축물소유자의 동의나 동의 철회의 기한은 재개발조합의 설립 및 사업시행인가 처분시이다** ★ 11 서울7급

> 사인의 공법상 행위는 명문으로 금지되거나 성질상 불가능한 경우가 아닌 한 그에 의거한 행정행위가 행하여질 때까지는 자유로이 철회나 보정이 가능하다고 보아야 할 것인 점 등에 비추어 보면, 구 도시재개발법이 적용되는 경우에 있어서 토지 또는 건축물의 소유자는 재개발조합의 설립 및 사업시행인가 처분시까지 동의를 하거나 이미 한 동의를 철회할 수 있다고 해석함이 상당하다(대판 2001.6.15, 99두5566).

## II. 사인의 공법행위(종된 행위)의 하자와 행정행위(주된 행위)의 효력(주종관계)

**(1) 신고납부방식의 조세인 취득세 납세의무자의 신고행위의 하자가 중대하지만 명백하지는 않은 때 예외적으로 당연무효라고 할 수 있는 경우**(납세신고의 경우 원칙상 중대명백설에 의하지만, 예외적으로 명백성 보충요건설을 취한 판례)

> 취득세 신고행위는 납세의무자와 과세관청 사이에 이루어지는 것으로서 취득세 신고행위의 존재를 신뢰하는 제3자의 보호가 특별히 문제되지 않아 그 신고행위를 당연무효로 보더라도 법적 안정성이 크게 저해되지 않는 반면, 과세요건 등에 관한 중대한 하자가 있고 그 법적 구제수단이 국세에 비하여 상대적으로 미비함에도 위법한 결과를 시정하지 않고 납세의무자에게 그 신고행위로 인한 불이익을 감수시키는 것이 과세행정의 안정과 그 원활한 운영의 요청을 참작하더라도 납세의무자의 권익구제 등의 측면에서 현저하게 부당하다고 볼 만한 특별한 사정이 있는 때에는 예외적으로 이와 같은 하자 있는 신고행위가 당연무효라고 함이 타당하다(대판 2009.2.12, 2008두11716).

**(2)**

> 신고납세방식의 조세에서 납세사유가 없음에도 세관장의 형사고발 및 과세 전 통지를 받고 불이익을 피하기 위해 불가피하게 관세납부 신고행위(수정신고)를 하고 세금납부를 한 사안에서, 그 후 각종 구제절차에서 수정신고의 하자를 적극적으로 주장하였고 수정신고의 하자에 관하여 다른 구제수단이 없는 경우, 위 수정신고는 당연무효이다(대판 2009.9.10, 2009다11808).

**(3)**

> 중앙정보부(현 국가정보원)가 공무원의 면직 등에 관여할 수 없다 하더라도 그 부원이 사실상 당해 공무원을 구타 위협하는 등으로 관여하여 이로 말미암아 본의 아닌 사직원을 제출케 한 이상 위와 같은 사직원에 의한 공무원의 면직처분은 위법이다(대판 1968.4.30, 68누8).

**(4) 위임자명의의 서류를 위조하여 위임받지 아니한 허가신청에 기한 허가처분은 무효이다**

> 행정관청에 대하여 특정사항에 관한 허가신청을 하도록 위임받은 자가 위임자명의의 서류를 위조하여 위임받지 아니한 하자 있는 허가신청에 기하여 이루어진 허가처분은 무효다(대판 1974.8.30, 74누168).

**(5) 무효인 사직원에 의한 면직처분은 무효이다**

> 징계처분통지를 받은 날로부터 일정한 기간 내에 사직원을 제출하지 아니하면 징계해임한다는 소위 조건부징계해임처분이 무효로 인정된다면 그에 따라 제출한 사직원에 의하여 행한 의원면직처분도 특단의 사정이 없는 한 무효로 보아야 하고, 무효인 조건부해임처분에서 정한 조건대로 사직원을 제출하였다 하여 위 처분에 승복하고 그 위법에 대한 불복을 포기한 것이라 볼 수 없다(대판 1985.5.14, 83다카2069).

**(6) 과세관청이 취득세 납세의무자의 신고에 의하여 납세의무가 확정된 것으로 보고 그 이행을 명하는 징수처분으로 나아간 경우, 납세의무자의 신고행위의 하자가 당연무효가 아닌 한 후행처분인 징수처분에 그대로 승계되는 것은 아니다**

> 신고납세방식을 채택하고 있는 취득세에 있어서 과세관청이 납세의무자의 신고에 의하여 취득세의 납세의무가 확정된 것으로 보고 그 이행을 명하는 징수처분으로 나아간 경우, 납세의무자의 신고행위에 하자가 존재하더라도 그 하자가 당연무효 사유에 해당하지 않는 한 그 하자가 후행처분인 징수처분에 그대로 승계되지는 않는 것이고, 납세의무자의 신고행위의 하자가 중대하고 명백하여 당연무효에 해당하는지 여부는 신고행위의 근거가 되는 법규의 목적, 의미, 기능 및 하자 있는 신고행위에 대한 법적 구제수단 등을 목적론적으로 고찰함과 동시에 신고행위에 이르게 된 구체적 사정을 개별적으로 파악하여 합리적으로 판단하여야 한다(대판 2006.9.8, 2005두14394).

# 제3절 사인의 공법행위로서의 신고와 신청

## Ⅰ. 신고의 종류

### 1. 구별기준

대법원은 신고대상인 행위와 그 시설에 대해서 관계법이 적법요건을 두고 있지 않은 때에는 행정청에 의한 당해 신고의 수리행위는 필요하지 아니한 자기완결적 의미의 신고로 보고, 신고대상인 행위와 그 시설에 대해서 근거법 기타 관계법이 적법요건을 두고 있는 때에는 행정청은 그 수리를 거부할 수 있는 것으로 보아 수리를 요하는 신고로 보고 있다.

### 2. 신고의 종류

| 자기완결적(수리를 요하지 않는) 신고 | 수리를 요하는(행위요건적) 신고 |
|---|---|
| 자기완결적(자체완성적, 자족적, 본래의 의미의, 통상적, 수리를 요하지 않는) 신고. 행정절차법에 명문규정<br>1. 의료법에 의한 의원·치과의원·한의원 또는 조산소의 개설신고(대판 1985.4.23, 84도2953), 의료기관 개설신고(대판 2018.10.25, 2018두44302)<br>2. 2륜 소형자동차의 사용신고(대판 1985.8.20, 85누329)<br>3. 「유선 및 도선업법」상 유선장의 경영신고와 변경신고(대판 1988.8.9, 86누889)<br>4. 「체육시설의 설치·이용에 관한 법률」 제18조에 의한 골프연습장 이용료 변경신고(대결 1993.7.6, 93마635)<br>5. 「공업배치 및 공장설립에 관한 법률」에 의한 공장설립신고(대판 1996.7.12, 95누11665)<br>6. 주택건설촉진법상의 건축물의 건축신고(대판 1999.4.27, 97누6780)<br>7. 건축법상 건축신고[대판(전합) 2011.1.20, 2010두14954](대판 1999.10.22, 98두18435)<br>　※ 건축주 명의변경신고는 행위요건적 신고(대판 1992.3.31, 91누4911)<br>8. 수산업법상의 수산제조업신고(대판 1999.12.24, 98다57419·57426)<br>　※ 어업신고는 수리를 요하는 신고(대판 2000.5.26, 99다37382)<br>9. 구 「체육시설의 설치·이용에 관한 법률」상 등록체육시설업에 대한 사업계획의 승인을 얻은 자가 제출한 사업시설의 착공계획서의 신고(대판 2001.5.29, 99두10292)<br>10. 비산먼지배출사업신고(대판 2008.12.24, 2007두1707)<br>11. 축산물판매업신고(대판 2010.4.29, 2009다97925)<br>12. 구 평생교육법 제22조 제1항, 제2항에 따라 정보통신매체를 이용하여 원격평생교육을 불특정 다수인에게 학습비를 받고 실시하는 경우의 신고(대판 2011.7.28, 200 | 행정절차법에 규정 없음. 수리(거부, 취소)의 처분성 인정<br>1. 신고에 관한 근거 법률 외에 관계 법률에 심사권에 관한 규정이 있는 경우(학설은 자기완결적 신고로서의 성질이 변하지 않는다는 견해)<br>　① 학교보건법상 학교환경위생정화구역 내에서의 체육시설업(당구장업)신고(대판 1991.7.12, 90누8350)<br>　② 건축법상 무허가건물에서의 볼링장업 설치신고(대판 1996.2.27, 94누6062)·골프연습장업신고(대판 1983.4.27, 93누1374)<br>　③ 도시계획법상 개발제한구역 내 골프연습장신고(대판 1995.9.29, 95누7215)<br>　④ 개발제한구역 내 건축신고(대판 2007.3.15, 2006 도9214)<br>　⑤ 건축법상 무허가건물에서의 식품위생법상 영업신고(대판 2009.4.23, 2008도6829)<br>　⑥ 인허가의제 효과를 수반하는 건축신고[대판(전합) 2011.1.20, 2010두14954]<br>2. 허가영업의 양도양수에 따른 지위승계신고<br>　① 「액화석유가스의 안전 및 사업관리법」에 의한 사업양수지위승계신고(대판 1993.6.8, 91누11544)<br>　② 식품위생법에 의한 영업양도에 따른 지위승계신고(대판 1995.2.24, 94누9146)<br>　※ 자기완결적 신고영업의 양도양수신고는 자기완결적 신고<br>　③ 채석허가수허가자명의변경신고(대판 2005.12.23, 2005두3554)<br>　④ 관광사업의 양도양수에 의한 지위승계신고(대판 2007.6.29, 2006두4097)·관광진흥법 제8조 제4항에 의한 지위승계신고<br>　⑤ 「체육시설의 설치·이용에 관한 법률」 제20조, 제27 |

5두11784)

13. 화물자동차운송주선사업자가 화물자동차운수사업법 소정의 자본금 또는 자산평가액 등 허가기준에 관해서 하는 신고(대판 2011.9.8, 2010도7034)

조에 의한 영업양수신고나 체육시설업의 시설 기준에 따른 필수시설인수신고(대판 2012.12.13, 2011두29144)

3. 중요행위의 신고
  ① 광업출원인 주소변경계 신고(대판 1962.2.15, 4294행상16) : 신고는 광업권 부기 등록에 준하는 독립적인 절차이며 그 신고를 수리하는 주무 관청의 행위도 광업 출원인의 표시의 변경이라는 법률 효과를 발생하는 일종의 독립적인 행정처분
  ② 건축주 명의변경신고(대판 1992.3.31, 91누4911)
  ③ 농지법 제37조에 의한 농지전용신고·농어촌발전특별조치법 제47조 제1항의 농지전용신고(대판 1993.9.14, 93누6959)
  ④ 토지거래신고(대판 1997.8.29, 96누6646)
  ⑤ 수산업법 소정의 어업신고(대판 2000.5.26, 99다37382)
  ※ 수산제조업의 신고는 자기완결적 신고임(대판 1999.12.24, 98다57419·57426).
  ⑥ 납골탑설치신고(대판 2005.2.25, 2004 두4031)·납골당설치신고(대판 2011.9.8, 2009두6766)
  ※ 다만 유족편의시설, 산골시설 등 부대시설은 신고대상이 아니다.
  ⑦ 구 노인복지법에 의한 유료노인복지주택의 설치신고(대판 2007.1.11, 2006두14537)
  ⑧ 골재채취법상 골재선별·세척 또는 파쇄신고(대판 2009.6.11, 2008두18021)
  ⑨ 주민등록법상 전입신고(대판 2009.1.30, 2006다17850)
  ⑩ 체육시설의 회원을 모집하고자 하는 자의 회원모집계획서 제출(대판 2009.2.26, 2006두16243)
  ⑪ 노동조합 설립신고(대판 2014.4.10, 2011두6998)
  ⑫ 장기요양기관의 폐업신고와 노인의료복지시설의 폐지신고(대판 2018.6.12, 2018두33593)

4. 등록신청
  ① 「사회단체등록에 관한 법률」(폐지)에 의한 사회단체 등록신청[대판(전합) 1989.12.26, 87누308]
  ② 사설강습소 설립에 관한 등록신청(대판 1990.8.10, 90도1062)
  ③ 유통산업발전법에 따른 대규모점포의 개설등록신청 및 구 「재래시장 및 상점가 육성을 위한 특별법」에 따른 시장관리자 지정신청(대판 2019.9.10, 2019다208953)

5. 혼인신고(대판 1991.12.10, 91므344)

## 3. 협력의무로서의 신고

### (1) 옥외집회신고는 협력의무로서의 신고이다

사전신고는 경찰관청 등 행정관청으로 하여금 집회의 순조로운 개최와 공공의 안전보호를 위하여 필요한 준비를 할 수 있는 시간적 여유를 주기 위한 것으로서, 협력의무로서의 신고라고 할 것이다. 결국, 구 집시법 전체의 규정 체제에서 보면 법은 일정한 신고절차만 밟으면 일반적·원칙적으로 옥외집회 및 시위를 할 수 있도록 보장하고 있으므로, 집회에 대한 사전신고제도는 헌법 제21조 제2항의 사전허가금지에 반하지 않는다고 할 것이다(헌재결 2009.5.28, 2007헌바22).

## 4. 자체완성적 공법행위로서의 신고

### (1) 건축법상의 신고 ★ 13 행정사, 10 지방9급

전합판례 건축법이 건축물의 건축 또는 대수선에 관하여 원칙적으로 허가제로 규율하면서도 일정 규모 이내의 건축물에 관하여는 신고제를 채택한 것은, 건축행위에 대한 규제를 완화하여 국민의 자유의 영역을 넓히는 한편, 행정목적상 필요한 정보를 파악·관리하기 위하여 국민으로 하여금 행정청에 미리 일정한 사항을 알리도록 하는 최소한의 규제를 가하고자 하는 데 그 취지가 있다. 따라서 건축법 제14조 제1항의 건축신고 대상 건축물에 관하여는 원칙적으로 건축 또는 대수선을 하고자 하는 자가 적법한 요건을 갖춘 신고를 하면 행정청의 수리 등 별도의 조처를 기다릴 필요 없이 건축행위를 할 수 있다고 보아야 한다[대판(전합) 2011.1.20, 2010두14954].

### (2) 의료법에 의한 의원·치과의원·한의원 또는 조산소의 개설신고

의료법 제30조 제3항에 의하면 의원, 치과의원, 한의원 또는 조산소의 개설은 단순한 신고사항으로만 규정하고 있고 또 그 신고의 수리 여부를 심사·결정할 수 있게 하는 별다른 규정도 두고 있지 아니하므로 의원의 개설신고를 받은 행정관청으로서는 별다른 심사·결정 없이 그 신고를 당연히 수리하여야 한다(대판 1985.4.23, 84도2953).

### (3) 「공업배치 및 공장설립에 관한 법률」에 의한 공장설립신고

공장설립신고서가 「공업배치 및 공장설립에 관한 법률」 제13조 제1항, 같은법 시행령 제19조 제1항, 같은법 시행규칙 제6조 제1항 소정의 형식적 요건을 모두 갖추었다면 시장·군수·구청장은 일단 이를 수리하여야 하는 것이고, 만일 신고한 사항이 같은법 소정의 입지기준에 적합하지 아니하다고 판단된다면 같은법에서 정한 바에 따라 공장입지의 변경을 권고하거나 입지기준에 적합하도록 시설의 설치를 권고할 수 있으며, 이러한 권고를 받은 자가 권고응낙의 통보를 하면 시장·군수·구청장은 공장설립신고확인서를 교부하고, 이에 응하지 아니한다면 공장입지의 변경 또는 공장설립계획의 조정을 명할 수 있을 뿐이지 공장설립신고서의 수리 자체를 거부할 수는 없는 것이며, 공장배치법 제52조는 공장입지 조정명령에 위반한 자에 대한 벌칙을 규정하고 있으므로 공장입지 조정명령에 대하여 불복이 있으면 항고소송으로 이를 다툴 수 있다(대판 1996.7.12, 95누11665).

### (4) 「체육시설의 설치·이용에 관한 법률」상의 골프연습장 이용료 변경신고 ★ 15 순경특채, 14 국가9급, 11 국가9급

행정청에 대한 신고는 일정한 법률사실 또는 법률관계에 관하여 관계행정청에 일방적으로 통고를 하는 것을 뜻하는 것으로서 법에 별도의 규정이 있거나 다른 특별한 사정이 없는 한 행정청에 대한 통고로서 그치는 것이고 그에 대한 행정청의 반사적 결정을 기다릴 필요가 없는 것이므로, 체육시설의설치이용에관한법률 제18조에 의한 변경신고서는 그 신고 자체가 위법하거나 그 신고에 무효사유가 없는 한 이것이 도지사에게 제출하여 접수된 때에 신고가 있었다고 볼 것이고, 도지사의 수리행위가 있어야만 신고가 있었다고 볼 것은 아니다(대결 1993.7.6, 93마635).

### (5) 수산업법상 수산제조업신고

> 수산제조업의 신고를 하고자 하는 자는 그 규칙에서 정한 양식에 따른 수산제조업 신고서에 주요 기기의 명칭·수량 및 능력에 관한 서류, 제조공정에 관한 서류를 첨부하여 시장·군수·구청장에게 제출하면 되고, 시장·군수·구청장에게 수산제조업 신고에 대한 실질적인 검토를 허용하고 있다고 볼 만한 규정을 두고 있지 아니하고 있으므로, 수산제조업의 신고를 하고자 하는 자가 그 신고서를 구비서류까지 첨부하여 제출한 경우 시장·군수·구청장으로서는 형식적 요건에 하자가 없는 한 수리하여야 할 것이고, 나아가 관할 관청에 신고업의 신고서가 제출되었다면 담당공무원이 법령에 규정되지 아니한 다른 사유를 들어 그 신고를 수리하지 아니하고 반려하였다고 하더라도, 그 신고서가 제출된 때에 신고가 있었다고 볼 것이다(대판 1999.12.24, 98다57419·57426).

## 5. 수리를 요하는 신고

### (1) 학교환경위생정화구역 내의 체육시설업(당구장업)신고

> 학교보건법과 「체육시설의 설치·이용에 관한 법률」은 그 입법목적, 규정사항, 적용범위 등을 서로 달리하고 있어서 당구장의 설치에 관하여 「체육시설의 설치·이용에 관한 법률」이 학교보건법에 우선하여 배타적으로 적용되는 관계(특별법)에 있다고는 해석되지 아니하므로 「체육시설의 설치·이용에 관한 법률」에 따른 당구장업의 신고요건을 갖춘 자라 할지라도 학교보건법 제5조 소정의 학교환경 위생정화구역 내에서는 같은법 제6조에 의한 별도요건을 충족하지 아니하는 한 적법한 신고를 할 수 없다고 보아야 한다(대판 1991.7.12, 90누8350).

### (2) 무허가건물에 대한 골프연습장 설치신고 ★ 15 지방9급

> 건축법과 「체육시설의 설치·이용에 관한 법률」은 입법목적, 규정사항, 적용범위 등을 서로 달리하고 있어서 볼링장의 설치에 관하여 체육시설의설치·이용에 관한 법률이 건축법에 우선하여 배타적으로 적용되는 관계에 있다고는 해석되지 아니하므로, 「체육시설의 설치·이용에 관한 법률」에 따른 볼링장의 신고요건을 갖춘 자라고 할지라도 그 볼링장을 설치하려고 하는 건물이 건축법 소정의 허가를 받지 아니하여 건축법을 위배하여 건축된 무허가건물이라면 적법한 신고를 할 수 없다고 보아야 할 것이다(대판 1993.11.9, 93누13483).

### (3) 「액화석유가스의 안전 및 사업관리법」 제7조 제2항에 의한 사업양수에 의한 지위승계신고 ★ 15 사회복지, 15 변호사

> 「액화석유가스의 안전 및 사업관리법」 제7조 제2항에 의한 사업양수에 의한 지위승계신고를 수리하는 허가관청의 행위는 단순히 양도, 양수자 사이에 발생한 사법상의 사업양도의 법률효과에 의하여 양수자가 사업을 승계하였다는 사실의 신고를 접수하는 행위에 그치는 것이 아니라 실질에 있어서 양도자의 사업허가를 취소함과 아울러 양수자에게 적법히 사업을 할 수 있는 법규상 권리를 설정하여 주는 행위로서 사업허가자의 변경이라는 법률효과를 발생시키는 행위이므로 허가관청이 법 제7조 제2항에 의한 사업양수에 의한 지위승계신고를 수리하는 행위는 행정처분에 해당한다(대판 1993.6.8, 91누11544).

### (4) 식품위생법 제25조 제3항에 의한 영업양도에 따른 지위승계신고 ★ 21 지방7급, 19 지방9급, 18 국회8급, 10 국회9급

`최신기출`
> 식품위생법 제25조 제3항에 의한 영업양도에 따른 지위승계신고를 수리하는 허가관청의 행위는 단순히 양도·양수인 사이에 이미 발생한 사법상의 사업양도의 법률효과에 의하여 양수인이 그 영업을 승계하였다는 사실의 신고를 접수하는 행위에 그치는 것이 아니라, 영업허가자의 변경이라는 법률효과를 발생시키는 행위라고 할 것이다(대판 1995.2.24, 94누9146).

**(5) 구 식품위생법 제39조 제1항, 제3항에 따라 영업자 지위 승계신고를 하여야 하는 '영업양도'가 있다고 볼 수 있는지에 관한 기준** ★ 18 지방9급

최신기출 구 식품위생법 제39조는 제1항에서 영업자가 영업을 양도하는 경우에는 양수인이 영업자의 지위를 승계한다고 규정하면서, 제3항에서 제1항에 따라 영업자의 지위를 승계한 자는 보건복지가족부령으로 정하는 바에 따라 1개월 이내에 그 사실을 관할 당국에 신고하도록 규정하고 있고, 위 영업양도에 따른 지위승계신고를 수리하는 허가관청의 행위는 단순히 양도인과 양수인 사이에 이미 발생한 사법상 사업양도의 법률효과에 의하여 양수인이 영업을 승계하였다는 사실의 신고를 접수하는 행위에 그치는 것이 아니라, 실질적으로 양도자의 사업허가 등을 취소함과 아울러 양수자에게 적법하게 사업을 할 수 있는 권리를 설정하여 주는 행위로서 사업허가자 등의 변경이라는 법률효과를 발생시키는 행위라고 할 것이므로, 위와 같은 영업양도가 있다고 볼 수 있는지 여부는 영업양도로 인하여 구법상의 영업자의 지위가 양수인에게 승계되어 양도인에 대한 사업허가 등이 취소되는 효과가 발생함을 염두에 두고, 양수인이 유기적으로 조직화된 수익의 원천으로서의 기능적 재산을 이전받아 양도인이 하던 것과 같은 영업적 활동을 계속하고 있다고 볼 수 있는지에 따라 판단되어야 한다(대판 2012.1.12, 2011도6561).

**(6) 「사회단체 등록에 관한 법률」에 의한 등록신청**

전합판례 「사회단체 등록에 관한 법률」에 의한 등록신청의 법적 성질은 사인의 공법행위로서의 신고이고, 등록은 당해 신고를 수리하는 것을 의미하는 준법률행위적 행정행위라 할 것이나 법 제4조 제1항의 형식요건의 불비가 없는데도 불구하고 등록의 거부처분을 당한 신고인은 우선 법 제10조 소정의 행정벌의 제재를 벗어나기 위하여 또한 법의 정당한 적용을 청구하는 의미에서도 위와 같은 거부처분에 대한 취소청구를 할 이익이 있는 것이다[대판(전합) 1989.12.26, 87누308].

**(7) 수산업법 제44조 소정의 어업의 신고**

어업의 신고에 관하여 유효기간을 설정하면서 그 기산점을 '수리한 날'로 규정하고, 나아가 필요한 경우에는 그 유효기간을 단축할 수 있도록까지 하고 있는 수산업법 제44조 제2항의 규정취지 및 어업의 신고를 한 자가 공익상 필요에 의하여 한 행정청의 조치에 위반한 경우에 어업의 신고를 수리한 때에 교부한 어업신고필증을 회수하도록 하고 있는 구 「수산업법 시행령」 제33조 제1항의 규정취지에 비추어 보면, 수산업법 제44조 소정의 어업의 신고는 행정청의 수리에 의하여 비로소 그 효과가 발생하는 이른바 '수리를 요하는 신고'라고 할 것이고, 따라서 설사 관할관청이 어업신고를 수리하면서 공유수면매립구역을 조업구역에서 제외한 것이 위법하다고 하더라도, 그 제외된 구역에 관하여 관할관청의 적법한 수리가 없었던 것이 분명한 이상 그 구역에 관하여는 같은법 제44조 소정의 적법한 어업신고가 있는 것으로 볼 수 없다(대판 2000.5.26, 99다37382).

**(8) 주민등록법 제16조상 주민등록신고** ★ 21 국가7급, 18 지방7급, 13 순경특채, 11 서울7급, 11 지방9급

최신기출 주민등록은 단순히 주민의 거주관계를 파악하고 인구의 동태를 명확히 하는 것 외에도 주민등록에 따라 공법관계상의 여러 가지 법률상 효과가 나타나게 되는 것으로서, 주민등록의 신고는 행정청에 도달하기만 하면 신고로서의 효력이 발생하는 것이 아니라 행정청이 수리한 경우에 비로소 신고의 효력이 발생한다. 따라서 주민등록신고서를 행정청에 제출하였다가 행정청이 이를 수리하기 전에 신고서의 내용을 수정하여 위와 같이 수정된 전입신고서가 수리되었다면 수정된 사항에 따라서 주민등록신고가 이루어진 것으로 보는 것이 타당하다(대판 2009.1.30, 2006다17850).

**(9) 건축법상 무허가건물에서의 식품위생법상 영업신고** ★ 20·16 지방9급, 16 국가9급, 15 국회8급

최신기출 식품위생법과 건축법은 그 입법목적, 규정사항, 적용범위 등을 서로 달리하고 있어서 식품접객업에 관하여 식품위생법이 건축법에 우선하여 배타적으로 적용되는 관계에 있다고는 해석되지 아니하므로, 식품위생법에 따른 식품접객업(일반음식점영업)의 영업신고요건을 갖춘 자라고 할지라도 그 영업신고를 한 당해 건축물이 건축법 소정의 허가를 받지 아니한 무허가 건물이라면 적법한 신고를 할 수 없다고 보아야 할 것이다(대판 2009.4.23, 2008도6829).

**(10) 인허가의제 효과를 수반하는 건축신고는 '수리를 요하는 신고'로 보아야 한다** ★ 21·19 서울7급, 21·13 국회9급, 21·20·17·15·12 지방9급, 21·20·16 국가9급, 19·15·13·12 국회8급, 19·17 지방7급, 15 순경특채, 12 세무사, 12 변호사

<table><tr><td>최신기출<br>전합판례</td><td>건축법에서 이러한 인허가의제 제도를 둔 취지는, 인허가의제사항과 관련하여 건축허가 또는 건축신고의 관할 행정청<br>으로 그 창구를 단일화하고 절차를 간소화하며 비용과 시간을 절감함으로써 국민의 권익을 보호하려는 것이지, 인허가<br>의제사항 관련 법률에 따른 각각의 인허가 요건에 관한 일체의 심사를 배제하려는 것으로 보기는 어렵다. 왜냐하면,<br>건축법과 인허가의제사항 관련 법률은 각기 고유한 목적이 있고, 건축신고와 인허가의제사항도 각각 별개의 제도적<br>취지가 있으며 그 요건 또한 달리하기 때문이다. 나아가 인허가의제사항 관련 법률에 규정된 요건 중 상당수는 공익<br>에 관한 것으로서 행정청의 전문적이고 종합적인 심사가 요구되는데, 만약 건축신고만으로 인허가의제사항에 관한<br>일체의 요건 심사가 배제된다고 한다면, 중대한 공익상의 침해나 이해관계인의 피해를 야기하고 관련 법률에서 인허가<br>제도를 통하여 사인의 행위를 사전에 감독하고자 하는 규율체계 전반을 무너뜨릴 우려가 있다. 또한 무엇보다도 건축<br>신고를 하려는 자는 인허가의제사항 관련 법령에서 제출하도록 의무화하고 있는 신청서와 구비서류를 제출하여야 하<br>는데, 이는 건축신고를 수리하는 행정청으로 하여금 인허가의제사항 관련 법률에 규정된 요건에 관하여도 심사를 하<br>도록 하기 위한 것으로 볼 수밖에 없다. 따라서, 인허가의제 효과를 수반하는 건축신고는 일반적인 건축신고와는<br>달리, 특별한 사정이 없는 한 행정청이 그 실체적 요건에 관한 심사를 한 후 수리하여야 하는 이른바 '수리를 요하는<br>신고'로 보는 것이 옳다[대판(전합) 2011.1.20, 2010두14954].</td></tr></table>

**(11) 수산물품질관리법 제19조에 따라 수산물가공업 등록을 하고 해당 영업을 하는 경우, 식품제조·가공업 신고를 하지 않아도 된다**

<table><tr><td>구 「식품위생법」 제37조 제4항, 구 「식품위생법 시행령」 제21조 제1호, 제25조 제1항 제1호는 식품을 제조·가공하<br>는 영업, 즉 식품제조·가공업을 하려는 자는 관할관청에 신고하여야 한다고 규정하고 있고, 구 「식품위생법 시행령」<br>제25조 제2항 제2호는 수산물품질관리법 제19조에 따라 수산물가공업의 등록을 하고 해당 영업을 하는 경우에는<br>식품제조·가공업 신고를 하지 아니한다고 규정하고 있다. 그 후 수산물품질관리법령이 폐지됨에 따라 수산물가공<br>업에 관하여는 식품산업진흥법령이 규율하게 되었고, 그에 따라 2012.7.19. 대통령령 제23962호로 개정된 「식<br>품위생법 시행령」 제25조 제2항 제2호는 식품산업진흥법 제19조의5에 따라 수산물가공업(냉동·냉장업)의 신고를<br>하고 해당 영업을 하는 경우에는 식품제조·가공업 신고를 하지 아니한다고 규정하였는데, 2011.7.21. 법률 제1<br>0889호로 개정되어 2012.7.22.부터 시행된 식품산업진흥법의 부칙 제5조는 수산물품질관리법 제19조에 따라<br>수산물가공업(냉동·냉장업) 등록을 한 자는 식품산업진흥법에 따라 신고한 자로 본다고 규정하였다. 이상의 각 규정을<br>종합하면, 식품제조·가공업을 하려는 자는 관할관청에 신고하여야 하지만 위 수산물품질관리법 제19조에 따라<br>수산물가공업 등록을 하고 해당 영업을 하는 경우에는 식품제조·가공업 신고를 하지 않아도 된다(대판 2015.1.29.<br>2014도8448).</td></tr></table>

**(12) 장기요양기관의 폐업신고와 노인의료복지시설의 폐지신고는 이른바 '수리를 필요로 하는 신고'에 해당하고, 행정청이 신고를 수리하였으나 신고서 위조 등의 사유가 있어 신고행위 자체가 효력이 없는 경우, 수리행위 자체에 중대·명백한 하자가 있는지 따질 필요 없이 당연무효이다**

<table><tr><td>장기요양기관의 폐업신고와 노인의료복지시설의 폐지신고는, 행정청이 관계 법령이 규정한 요건에 맞는지를 심사한<br>후 수리하는 이른바 '수리를 필요로 하는 신고'에 해당한다. 그러나 행정청이 그 신고를 수리하였다고 하더라도,<br>신고서 위조 등의 사유가 있어 신고행위 자체가 효력이 없다면, 그 수리행위는 유효한 대상이 없는 것으로서, 수리행위<br>자체에 중대·명백한 하자가 있는지를 따질 것도 없이 당연히 무효이다(대판 2018.6.12, 2018두33593).</td></tr></table>

**(13) 구 유통산업발전법에 따른 대규모점포의 개설등록 및 구 「재래시장 및 상점가 육성을 위한 특별법」에 따른 시장 관리자 지정은 '수리를 요하는 신고'로서 행정처분에 해당하고 이에 따른 대규모점포개설자의 지위 및 시장관리 자의 지위는 위 행정처분이 당연무효이거나 적법하게 취소되지 않는 한 유효하게 유지된다**

★ 19 국회8급, 19·18지방7급

최신기출
전합판례

> 구 유통산업발전법에 따른 대규모점포의 개설등록 및 구 재래시장법에 따른 시장관리자 지정은 행정청이 실체적 요건 에 관한 심사를 한 후 수리하여야 하는 이른바 '수리를 요하는 신고로서 행정처분에 해당한다. 그러므로 이러한 행정 처분에 당연무효에 이를 정도의 중대하고도 명백한 하자가 존재하거나 그 처분이 적법한 절차에 의하여 취소되 지 않는 한 구 유통산업발전법에 따른 대규모점포개설자의 지위 및 구 재래시장법에 따른 시장관리자의 지위는 공정력을 가진 행정처분에 의하여 유효하게 유지된다고 봄이 타당하다(대판 2019.9.10, 2019다208953).[1]

### (14) 영업자 지위승계신고

양도인과 양수인 간에 사업양도양수에 관한 계약이 체결됐다 하더라도 지위승계신고수리가 되기 전에는 법적 허가권자는 양도인이다. 그러나 대물적 허가의 경우 양수인의 입장에서도 양도인의 허가가 취소되면 양도인의 지위승계를 받지 못하기 때문에 영업을 할 수 없고 자유권적 기본권인 직업의 자유를 침해받게 되므로 법률상 이익이 인정된다. 한편, 수리는 유효 한 기본행위의 존재를 전제로 하는 수동적인 행위로서 그 대상인 기본행위의 존재와 불가분의 관련성을 가진다. 따라서 수리의 대상인 기본행위가 존재하지 아니하거나 무효인 때는 수리를 하더라도 수리는 유효한 대상이 없기 때문에 무효사유 라는 것이 다수설·판례이다. 이는 인가와 같은 입장이다. 그러나 판례는 인가의 경우 기본행위에 하자가 있더라도 원칙적 으로 기본행위의 하자가 민사판결에 의해 확정돼야만 비로소 보충행위인 인가처분의 무효확인을 구할 소익이 있다고 보고 있는데(대판 2001.12.11, 2001두7541), 지위승계신고의 경우에는 이와 달리 기본행위의 무효를 이유로 신고수리처분무효확 인소송의 소익을 인정하고 있다.

**① 액화석유가스충전사업양도의 무효를 주장하는 양도자는 민사쟁송으로 양도행위의 무효를 구함이 없이 허가관청 을 상대로 신고수리처분의 무효확인을 구할 법률상 이익이 있다** ★ 13 행정사

> 허가관청의 사업양수에 의한 지위승계신고의 수리는 적법한 사업의 양도가 있었음을 전제로 하는 것이므로 사업 의 양도행위가 무효라고 주장하는 양도자는 민사쟁송으로 양도행위의 무효를 구함이 없이 막바로 허가관청을 상대로 하여 행정소송으로 위 신고수리처분의 무효확인을 구할 법률상 이익이 있다(대판 1993.6.8, 91누11544).

---

1) 판례는 '개설등록'과 '시장관리자 지정'이 '수리를 요하는 신고'라고 판시하고 있는데, 엄밀히 말하면 이는 오류이다. 신고와 그에 대해 행정청의 수리는 구별해야 할 개념이다. 구 유통산업발전법 제8조 제1항은, 대규모점포를 개설하고자 하는 자는 영업을 개시 하기 전에 지식경제부령으로 정하는 바에 따라 시장·군수·구청장에게 등록하여야 한다고 규정하고 있고, 구 「유통산업발전법 시행 규칙」(2012.10.5. 지식경제부령 제271호로 개정되기 전의 것) 제5조 제1항은 구 유통산업발전법에 따라 대규모점포의 개설등록 을 하려는 자는 소정 서식의 신청서에 그 각호의 서류를 첨부하여 시장·군수 또는 구청장에게 제출하여야 한다고 규정하고 있으며, 구 유통산업발전법 제9조는 구 유통산업발전법 제8조에 따라 대규모점포를 등록하는 경우 일정 요건하에 제9조 제1항 각호 소정의 인허가 등이 의제되는 효과가 발생하도록 규정하고 있다. 따라서 '개설등록신청'이 사인의 공법행위로서의 '신청'이고, 그에 대한 수리는 강학상 수리가 아닌 등록으로 보아야 한다.

② 채석허가를 받은 자에 대한 관할행정청의 채석허가 취소처분에 대하여 수허가자의 지위를 양수한 양수인이 취소 처분의 취소를 구할 법률상 이익 인정 ★ 15 국가7급, 15 변호사 13 국가7급

> 산림법령이 수허가자의 명의변경제도를 두고 있는 취지는, 채석허가가 일반적·상대적 금지를 해제하여 줌으로써 채석행위를 자유롭게 할 수 있는 자유를 회복시켜 주는 것(허가)일 뿐 권리를 설정하는 것(특허)이 아니어서 관할 행정청과의 관계에서 수허가자의 지위의 승계를 직접 주장할 수는 없다 하더라도, 채석허가가 대물적 허가의 성질 을 아울러 가지고 있고 수허가자의 지위가 사실상 양도·양수되는 점을 고려하여 수허가자의 지위를 사실상 양수한 양수인의 이익을 보호하고자 하는 데 있는 것으로 해석되므로, 수허가자의 지위를 양수받아 명의변경신고를 할 수 있는 양수인의 지위는 단순한 반사적 이익이나 사실상의 이익이 아니라 산림법령에 의하여 보호되는 직접적이고 구체 적인 이익으로서 법률상 이익이라고 할 것이고, 채석허가가 유효하게 존속하고 있다는 것이 양수인의 명의변경신 고의 전제가 된다는 의미에서 관할행정청이 양도인에 대하여 채석허가를 취소하는 처분을 하였다면 이는 양수인의 지위에 대한 직접적 침해가 된다고 할 것이므로 양수인은 채석허가를 취소하는 처분의 취소를 구할 법률상 이익을 가진다(대판 2003.7.11, 2001두6289).

③ 사업의 양도행위가 무효라고 주장하는 양도자가 양도·양수행위의 무효를 구함이 없이 사업양도·양수에 따른 허 가관청의 지위승계 신고수리처분의 무효확인을 구할 법률상 이익이 있다
★ 20·18·11 국회8급, 18 지방9급, 17 지방7급, 17·15 국가7급, 15·14 변호사, 14 사회복지, 13 순경특채

최신기출
> 사업양도·양수에 따른 허가관청의 지위승계신고의 수리는 적법한 사업의 양도·양수가 있었음을 전제로 하는 것 이므로 그 수리대상인 사업양도·양수가 존재하지 아니하거나 무효인 때에는 수리를 하였다 하더라도 그 수리는 유효 한 대상이 없는 것으로서 당연히 무효라 할 것이고, 사업의 양도행위가 무효라고 주장하는 양도자는 민사쟁송으로 양도·양수행위의 무효를 구함이 없이 막바로 허가관청을 상대로 하여 행정소송으로 위 신고수리처분의 무효확인을 구 할 법률상 이익이 있다(대판 2005.12.23, 2005두3554).

사업 양도·양수에 따른 허가관청의 지위승계신고의 수리에 있어서, 그 수리대상인 사업양도·양수가 무효임을 이유로 막바로 행정 소송으로 그 신고수리처분의 무효확인을 구할 법률상 이익은 없다. (×) ■ 17 국가7급
甲과 乙 사이의 사업양도·양수계약이 무효이더라도 이에 대한 신고의 수리가 있게 되면 사업양도의 효과가 발생한다. (×)
■ 17 지방7급
사업의 양도행위가 무효임을 주장하는 양도자는 양도·양수행위의 무효를 구함이 없이 사업양도·양수에 따른 허가관청의 지위승계 신고수리처분의 무효확인을 구할 법률상 이익은 없다. (×) ■ 20 국회8급

④ 주택건설사업이 양도되었으나 그 변경승인을 받기 이전에 행정청이 양수인에 대하여 양도인에 대한 사업계획승 인을 취소하였다는 사실을 통지한 경우, 위 통지는 항고소송의 대상이 되는 행정처분이 아니다

> 주택건설촉진법 제33조 제1항, 구 같은법시행규칙 제20조의 각 규정에 의한 주택건설사업계획에 있어서 사업주 체변경의 승인은 그로 인하여 사업주체의 변경이라는 공법상의 효과가 발생하는 것이므로, 사실상 내지 사법상으로 주택건설사업 등이 양도·양수되었을지라도 아직 변경승인을 받기 이전에는 그 사업계획의 피승인자는 여전히 종전 의 사업주체인 양도인이고 양수인이 아니라 할 것이어서, 사업계획승인취소처분 등의 사유가 있는지의 여부와 취소사 유가 있다고 하여 행하는 취소처분은 피승인자인 양도인을 기준으로 판단하여 그 양도인에 대하여 행하여져야 할 것이므로 행정청이 주택건설사업의 양수인에 대하여 양도인에 대한 사업계획승인을 취소하였다는 사실을 통지한 것만으로는 양수인의 법률상 지위에 어떠한 변동을 일으키는 것은 아니므로 위 통지는 항고소송의 대상이 되는 행정 처분이라고 할 수는 없다(대판 2000.9.26, 99두646).

⑤ 주택건설사업의 양수인이 사업주체의 변경승인신청을 한 이후에 행정청이 양도인에 대하여 그 사업계획변경승인의 전제로 되는 사업계획승인을 취소하는 처분을 한 경우, 양수인은 위 처분의 취소를 구할 법률상의 이익을 가진다

> 주택건설촉진법 제33조 제1항, 구 같은법시행규칙 제20조의 각 규정에 의하면 주택건설 사업주체의 변경승인신청은 양수인이 단독으로 할 수 있고 위 변경승인은 실질적으로 양수인에 대하여 종전에 승인된 사업계획과 동일한 사업계획을 새로이 승인해 주는 행위라 할 것이므로, 사업주체의 변경승인신청이 된 이후에 행정청이 양도인에 대하여 그 사업계획변경승인의 전제로 되는 사업계획승인을 취소하는 처분을 하였다면 양수인은 그 처분 이전에 양도인으로부터 토지와 사업승인권을 사실상 양수받아 사업주체의 변경승인신청을 한 자로서 그 취소를 구할 법률상의 이익을 가진다(대판 2000.9.26, 99두646).

⑥ 배출시설 설치 당시 신고대상이 아니었으나 그 후 법령 개정에 따라 신고대상에 해당하게 된 배출시설을 운영하면서 업무상 과실로 가축분뇨를 공공수역에 유입시킨 자는 신고대상자인 '배출시설을 설치하고자 하는 자'에 포함되지 않는다

> 구 「가축분뇨의 관리 및 이용에 관한 법률」(구 가축분뇨법) 제50조 제8호에서 정한 '제11조 제3항의 규정에 따른 신고를 하지 아니한 자'는 문언상 '제11조 제3항의 규정에 의한 신고대상자임에도 신고를 하지 아니한 자'를 의미하는데, '제11조 제3항 규정에 의한 신고대상자'는 '대통령령이 정하는 규모 이상의 배출시설을 설치하고자 하는 자 또는 신고한 사항을 변경하고자 하는 자'를 말한다. 따라서 이미 배출시설을 설치한 경우에, 설치 당시에 '대통령령이 정하는 규모 이상의 배출시설'에 해당하지 아니하여 신고대상이 아니었다면, 그 후 법령 개정에 따라 신고대상에 해당하게 되었더라도 구 가축분뇨법 제11조 제3항에서 정한 신고대상자인 '배출시설을 설치하고자 하는 자'에 해당한다고 볼 수 없다(대판 2016.6.23. 2014도7170).

⑦ 식품위생법 제39조 제1항, 제3항에 의한 영업양도에 따른 지위승계 신고를 할 때 양수인은 영업자 지위승계 신고서를 제출할 때 해당 영업장에서 적법하게 영업할 수 있는 요건을 갖추었다는 점에 관한 소명자료를 첨부해야 한다

> 양수인은 영업자 지위승계 신고서에 해당 영업장에서 적법하게 영업을 할 수 있는 요건을 모두 갖추었다는 점을 확인할 수 있는 소명자료를 첨부하여 제출하여야 하며(「식품위생법 시행규칙」 제48조 참조), 그 요건에는 신고 당시를 기준으로 해당 영업의 종류에 사용할 수 있는 적법한 건축물(점포)의 사용권원을 확보하고 식품위생법 제36조에서 정한 시설기준을 갖추어야 한다는 점도 포함된다(대판 2020.3.26, 2019두38830).

## II. 신고와 신청의 요건

### 1. 자기완결적 신고의 요건

**(1) 건축주명의변경신고를 받은 행정청의 심사권의 범위** ★ 20 국가7급

`최신기출` 허가대상 건축물의 양수인이 구 건축법시행규칙에 규정되어 있는 형식적 요건을 갖추어 시장·군수에게 적법하게 건축주의 명의변경을 신고한 때에는 시장·군수는 그 신고를 수리하여야지 실체적인 이유를 내세워 신고의 수리를 거부할 수 없다(대판1993.10.12, 93누883).

**(2) 건축물의 소유권을 둘러싸고 소송이 계속중이어서 판결로 소유권의 귀속이 확정될 때까지 건축주명의변경신고의 수리를 거부함이 상당하다고 본 사례** ★ 15 국회8급

건축물의 소유권을 둘러싸고 소송이 계속중이어서 판결로 소유권의 귀속이 확정될 때까지 건축주명의변경신고의 수리를 거부함이 상당하다(대판1993.10.12, 93누883).

**(3) 구 「공업배치 및 공장설립에 관한 법률」 제20조 제2항에 의한 공장설립 허가신청서가 공장설립 신고서의 형식요건을 갖추고 있는 경우에도 허가신청서의 수리 자체를 거부할 수 있다**

구 「공업배치 및 공장설립에 관한 법률」 제20조 제2항의 공장설립허가와 같은법 제13조 제1항의 공장설립신고는 그 적용대상과 요건을 달리 하고 있으므로 시·군·구청장은 공장설립 허가신청서가 공장설립 신고서의 형식요건을 갖추고 있다고 하여 공장설립 허가신청서의 수리 자체를 거부할 수 없는 것은 아니고, 같은법 제20조 제1항의 규정에 정한 요건에 따라 공장설립허가 여부를 결정할 수 있을 따름이다(대판 1999.7.23, 97누6261).

**(4) 상가건물 구분소유자의 전유부분 용도변경신고에 대한 반려처분은 위법하다**

구 건축법 제14조의 규정취지 등에 비추어 볼 때, 건축물의 용도변경신고가 변경하고자 하는 용도의 건축기준에 적합한 이상 행정청으로서는 관계법령이 정하지 않은 다른 사유를 내세워 그 용도변경신고의 수리를 거부할 수 없다고 해석함이 상당하다(대판 2007.6.1, 2005두17201).

## 2. 수리를 요하는 신고의 요건

**(1) 구 노인복지법에 의한 유료노인복지주택의 설치신고를 받은 행정관청은 유료노인복지주택의 시설 및 운영기준이 위 법령에 부합하는지와 아울러 그 유료노인복지주택이 적법한 입소대상자에게 분양되었는지와 설치신고 당시 부적격자들이 입소하고 있지는 않은지 여부까지 심사하여 그 신고의 수리 여부를 결정할 수 있다**

★ 14 국가9급

> 구 노인복지법의 목적과 노인주거복지시설의 설치에 관한 법령의 각 규정들 및 노인복지시설에 대하여 각종 보조와 혜택이 주어지는 점 등을 종합하여 보면, 노인복지시설을 건축한다는 이유로 건축부지 취득에 관한 조세를 감면받고 일반 공동주택에 비하여 완화된 부대시설 설치기준을 적용받아 건축허가를 받은 자로서는 당연히 그 노인복지시설에 관한 설치신고 당시에도 당해 시설이 노인복지시설로 운영될 수 있도록 조치하여야 할 의무가 있고, 따라서 같은법 제33조 제2항에 의한 유료노인복지주택의 설치신고를 받은 행정관청으로서는 그 유료노인복지주택의 시설 및 운영기준이 위 법령에 부합하는지와 아울러 그 유료노인복지주택이 적법한 입소대상자에게 분양되었는지와 설치신고 당시 부적격자들이 입소하고 있지는 않은지 여부까지 심사하여 그 신고의 수리 여부를 결정할 수 있다(대판 2007.1.11, 2006두14537).

**(2) 골재채취법 제32조 제1항에 의한 골재의 선별·세척·파쇄 신고에 대하여 행정기관이 실질적인 심사를 할 수 있다**

> 1991.12.14. 법률 제4428호로 제정된 골재채취법에서는 골재의 선별·세척·파쇄·채취 업무는 모두 '허가' 대상이었으나, 1999.4.15. 법률 제5966호로 골재채취법이 개정되면서 위 업무 중 연간 1,000㎡ 이상의 골재를 선별·세척·파쇄하는 업무는 '신고' 대상으로 변경된 점, 골재채취 허가신청서와 골재선별·세척·파쇄신고서의 각 필요적 첨부서류를 비교하여 보면, 선별·세척·파쇄신고의 경우에도 채취업무에 고유하게 수반하는 서류 등을 제외하고 있을 뿐 허가신청서와 동일한 서류를 필요적 첨부서류로 정하고 있어(구 「골재채취법 시행규칙」) 제12조, 제17조), 비록 선별·세척·파쇄 업무가 앞서 본 바와 같이 허가제에서 신고제로 완화된 사정이 있다고 하여도, 골재채취법은 선별·세척·파쇄 신고에 있어서도 여전히 채취 허가 심사에 준하는 실질적인 검토를 요구하고 있다고 보이는 점, … 등에 비추어 보면, 시장·군수 또는 구청장은 골재선별·세척 또는 파쇄 신고에 대하여 실질적인 요건을 심사하여 신고를 수리하거나 거부할 수 있다고 할 것이다. 그리고 위 법 제32조 제3항에서 준용하는 제30조 각호의 요건에 관하여는 골재채취법령에서 따로 정한바 없어 결국 다른 법령의 내용 및 관계에서 판단하여야 하므로, 시장·군수 또는 구청장으로서는 다른 법령에서 정한 사유도 심사의 대상으로 삼을 수 있다고 할 것이다(대판 2009.6.11, 2008두18021).

**(3) 시장 등의 주민등록전입신고 수리 여부에 대한 심사는 주민등록법의 입법목적의 범위 내에서 제한적으로 이루어져야 하므로 부동산투기나 이주대책 요구 등을 방지할 목적으로 주민등록전입신고를 거부할 수 없다**

★ 21·19·17·14·11 지방9급, 20·16·12·11 국가9급, 15 지방7급, 14 서울9급, 13 국회8급, 13 국가7급

> 주민들의 거주지 이동에 따른 주민등록전입신고에 대하여 행정청이 이를 심사하여 그 수리를 거부할 수는 있다고 하더라도, 그러한 행위는 자칫 헌법상 보장된 국민의 거주·이전의 자유를 침해하는 결과를 초래할 수도 있으므로, 시장 등의 주민등록전입신고 수리 여부에 대한 심사는 주민등록법의 입법목적의 범위 내에서 제한적으로 이루어져야 할 것이다. … 전입신고를 받은 시장 등의 심사 대상은 전입신고자가 30일 이상 생활의 근거로서 거주할 목적으로 거주지를 옮기는지 여부만으로 제한된다. 무허가 건축물을 실제 생활의 근거지로 삼아 10년 이상 거주해 온 사람의 주민등록 전입신고를 거부한 사안에서, 부동산투기나 이주대책 요구 등을 방지할 목적으로 주민등록전입신고를 거부하는 것은 주민등록법의 입법 목적과 취지 등에 비추어 허용될 수 없다고 한 사례[대판(전합) 2009.6.18, 2008두10997]

**(4) 행정관청은 노동조합으로 설립신고를 한 단체가 「노동조합 및 노동관계조정법」 제2조 제4호 각 목에 해당하는 지 여부를 실질적으로 심사할 수 있다**

> 「노동조합 및 노동관계조정법」(노동조합법)이 행정관청으로 하여금 설립신고를 한 단체에 대하여 같은 법 제2조 제4호 각 목에 해당하는지를 심사하도록 한 취지가 노동조합으로서의 실질적 요건을 갖추지 못한 노동조합의 난립을 방지함으로써 근로자의 자주적이고 민주적인 단결권 행사를 보장하려는 데 있는 점을 고려하면, 행정관청은 해당 단체가 노동조합법 제2조 제4호 각 목에 해당하는지 여부를 실질적으로 심사할 수 있다(대판 2014.4.10. 2011두6998).

**(5) 행정관청이 노동조합으로 설립신고를 한 단체가 「노동조합 및 노동관계조정법」 제2조 제4호 각 목에 해당하는 지 여부를 실질적으로 심사할 경우의 기준**

> 다만 행정관청에 광범위한 심사권한을 인정할 경우 행정관청의 심사가 자의적으로 이루어져 신고제가 사실상 허가제로 변질될 우려가 있는 점, 노동조합법은 설립신고 당시 제출하여야 할 서류로 설립신고서와 규약만을 정하고 있고(제10조 제1항), 행정관청으로 하여금 보완사유나 반려사유가 있는 경우를 제외하고는 설립신고서를 접수받은 때로부터 3일 이내에 신고증을 교부하도록 정한 점(제12조 제1항) 등을 고려하면, 행정관청은 일단 제출된 설립신고서와 규약의 내용을 기준으로 노동조합법 제2조 제4호 각 목의 해당 여부를 심사하되, 설립신고서를 접수할 당시 그 해당 여부가 문제된다고 볼 만한 객관적인 사정이 있는 경우에 한하여 설립신고서와 규약 내용 외의 사항에 대하여 실질적인 심사를 거쳐 반려 여부를 결정할 수 있다(대판 2014.4.10. 2011두6998).

**(6) 허가권자가 양수인에게 '건축할 대지의 소유 또는 사용에 관한 권리를 증명하는 서류'의 제출을 요구하거나, 양수인에게 이러한 권리가 없다는 실체적인 이유를 들어 신고 수리를 거부할 수 없다**

> 건축허가를 받은 건축물의 양수인이 건축주 명의변경을 위하여 건축관계자 변경신고서에 첨부하여야 하는 구 「건축법 시행규칙」 제11조 제1항에서 정한 '권리관계의 변경사실을 증명할 수 있는 서류'란 건축할 대지가 아니라 허가대상 건축물에 관한 권리관계의 변경사실을 증명할 수 있는 서류를 의미하고, 그 서류를 첨부하였다면 이로써 구 「건축법 시행규칙」에 규정된 건축주 명의변경신고의 형식적 요건을 갖추었으며, 허가권자는 양수인에 대하여 구 「건축법 시행규칙」 제11조 제1항에서 정한 서류에 포함되지 아니하는 '건축할 대지의 소유 또는 사용에 관한 권리를 증명하는 서류'의 제출을 요구하거나, 양수인에게 이러한 권리가 없다는 실체적인 이유를 들어 신고의 수리를 거부하여서는 아니 된다(대판 2015.10.29. 2013두11475).

## 3. 신청의 요건

**(1) 실질적인 요건에 관한 흠이 있는 경우라도 민원인의 단순한 착오나 일시적인 사정 등에 기한 경우에는 보완이 가능하다**

> 보완의 대상이 되는 흠은 보완이 가능한 경우이어야 함은 물론이고, 그 내용 또한 형식적·절차적인 요건이거나, 실질적인 요건에 관한 흠이 있는 경우라도 그것이 민원인의 단순한 착오나 일시적인 사정 등에 기한 경우 등이라야 한다. 건축불허가처분을 하면서 그 사유의 하나로 소방시설과 관련된 소방서장의 건축부동의 의견을 들고 있으나 그 보완이 가능한 경우, 보완을 요구하지 아니한 채 곧바로 건축허가신청을 거부한 것은 재량권의 범위를 벗어난 것이다(대판 2004. 10. 15, 2003두6573).

**(2) 행정절차법 제17조 제5항은 행정청으로 하여금 신청에 대하여 거부처분을 하기 전에 반드시 신청인에게 신청의 내용이나 처분의 실체적 발급요건에 관한 사항까지 보완할 기회를 부여하여야 할 의무를 정한 것이 아니다**
★ 21 서울7급

`최신기출` 행정절차법 제17조가 '구비서류의 미비 등 흠의 보완'과 '신청 내용의 보완'을 분명하게 구분하고 있는 점에 비추어 보면, 행정절차법 제17조 제5항은 신청인이 신청할 때 관계 법령에서 필수적으로 첨부하여 제출하도록 규정한 서류를 첨부하지 않은 경우와 같이 쉽게 보완이 가능한 사항을 누락하는 등의 흠이 있을 때 행정청이 곧바로 거부처분을 하는 것보다는 신청인에게 보완할 기회를 주도록 함으로써 행정의 공정성·투명성 및 신뢰성을 확보하고 국민의 권익을 보호하려는 행정절차법의 입법 목적을 달성하고자 함이지, 행정청으로 하여금 신청에 대하여 거부처분을 하기 전에 반드시 신청인에게 신청의 내용이나 처분의 실체적 발급요건에 관한 사항까지 보완할 기회를 부여하여야 할 의무를 정한 것은 아니라고 보아야 한다(대판 2020. 7. 23, 2020두36007).

「행정절차법」 제17조는 행정청으로 하여금 신청에 대하여 거부처분을 하기 전에 신청인에게 신청의 내용이나 처분의 실체적 발급요건에 관한 사항을 보완할 기회를 부여하여야 할 의무를 정하고 있다. (×) ■ 21 서울7급

**(3) 수익적 행정처분을 구하는 신청에 대한 거부처분이 있은 후 당사자가 새로운 신청을 하는 취지로 다시 신청을 하였으나 행정청이 이를 다시 거절한 경우, 새로운 거부처분이다** ★ 20 국가7급, 17 지방9급, 14 행정사, 10 세무사

`최신기출` 수익적 행정처분을 구하는 신청에 대한 거부처분은 당사자의 신청에 대하여 관할 행정청이 이를 거절하는 의사를 대외적으로 명백히 표시함으로써 성립된다. 거부처분이 있은 후 당사자가 다시 신청을 한 경우에는 신청의 제목 여하에 불구하고 그 내용이 새로운 신청을 하는 취지라면 관할 행정청이 이를 다시 거절하는 것은 새로운 거부처분이라고 보아야 한다. 관계 법령이나 행정청이 사전에 공표한 처분기준에 신청기간을 제한하는 특별한 규정이 없는 이상 재신청을 불허할 법적 근거가 없으며, 설령 신청기간을 제한하는 특별한 규정이 있더라도 재신청이 신청기간을 도과하였는지는 본안에서 재신청에 대한 거부처분이 적법한가를 판단하는 단계에서 고려할 요소이지, 소송요건 심사 단계에서 고려할 요소가 아니다(대판 2021. 1. 14, 2020두50324).

# Ⅲ. 신고와 신청의 효과

## 1. 적법한 신고의 효과

### (1) 수리의무

#### ① 자기완결적 신고

##### ㉠ 의료법에 의한 의원·치과의원·한의원 또는 조산소의 개설신고

> 의료법 제30조 제3항에 의하면 의원, 치과의원, 한의원 또는 조산소의 개설은 단순한 신고사항으로만 규정하고 있고, 또 그 신고의 수리 여부를 심사·결정할 수 있게 하는 별다른 규정도 두고 있지 아니하므로 의원의 개설신고를 받은 행정관청으로서는 별다른 심사·결정 없이 그 신고를 당연히 수리하여야 한다(대판 1985.4.23, 84도2953).

##### ㉡ 비산먼지배출사업을 하고자 하는 사람이 구 대기환경보전법 등에 정한 형식적 요건을 모두 갖춘 사업신고서를 제출한 경우, 행정청이 취해야 할 조치

> 구 대기환경보전법이나 그 시행규칙 등은 비산먼지배출사업을 단순한 신고사항으로 규정하고 있을 뿐 행정청으로 하여금 그 신고의 수리 여부를 심사, 결정할 수 있도록 규정하고 있지 않으므로, 행정청은 비산먼지배출사업 신고서가 구 대기환경보전법 제28조 제1항, 같은 법 시행규칙 제62조에서 정한 형식적 요건을 모두 갖춘 경우에는 특별한 사정이 없는 한 이를 수리하여야 하고, 만일 비산먼지배출사업을 하는 자가 비산먼지의 발생을 억제하기 위한 시설의 설치 또는 필요한 조치를 하지 않거나 그 시설이나 조치가 적합하지 않다고 인정하는 때에는 필요한 시설의 설치나 조치의 이행 또는 개선을 명하고, 위 명령을 이행하지 않는 경우에는 당해 사업의 중지 또는 시설 등의 사용중지나 사용제한을 명할 수 있을 뿐이다(대판 2008.12.24. 2007두1707).

##### ㉢ 비산먼지배출사업을 하는 것 자체가 다른 법령에 의하여 허용되지 않을 때 행정청이 그 신고의 수리를 거부할 수 있다

> 다른 법령에 의하여 비산먼지배출사업을 하는 것 자체가 허용되지 않는다면 설령 비산먼지배출사업이 구 대기환경보전법 제28조 제1항, 같은 법 시행규칙 제62조에서 정한 요건을 모두 갖추고 있다고 하더라도, 비산먼지배출사업을 하고자 하는 자가 적법한 신고를 할 수 없으므로 그 수리거부가 위법하게 되는 것은 아니다(대판 2008.12.24, 2007두1707).

##### ㉣ 「국토의 계획 및 이용에 관한 법률」상의 제2종지구단위계획구역 안에서 비산먼지발생사업을 하고자 하는 자가 구 대기환경보전법에 정한 요건을 모두 갖추어 비산먼지발생사업신고를 한 경우, 제2종지구단위계획이 수립될 당시 비산먼지발생사업을 예상하지 못하였다고 하여 그 신고를 거부할 수 없다

> 제2종지구단위계획구역 안에서 건축물의 건축이나 그 밖의 행위를 하는 경우 그 행위에 관하여 제2종지구단위계획에서 정하고 있으면 그 계획에 적합하게 하여야 하나, 그 계획에서 정하고 있지 않은 사항에 관하여는 다른 법령에 의하여 제한되지 않는 한 자유롭게 할 수 있으며, 이는 비산먼지발생사업의 경우에도 마찬가지라 할 것이다. 따라서 제2종지구단위계획구역 안에서 비산먼지발생사업을 하고자 하는 자가 구 대기환경보전법 제28조 제1항과 같은 법 시행규칙 제62조 제1항이 정한 요건을 모두 갖추어 비산먼지발생사업 신고를 한 경우, 그 신고가 제2종지구단위계획에 저촉된다는 이유로 그 신고의 수리를 거부하기 위해서는 제2종지구단위계획에서 신고의 대상이 된 비산먼지발생사업을 제한하거나 금지하고 있어야 하고, 제2종지구단위계획이 수립될 당시 비산먼지발생사업을 예상하지 못하였다는 등의 사정만으로 비산먼지발생사업 신고를 거부할 수는 없다(대판 2008.12.24, 2007두1707).

ⓜ 구 축산물가공처리법령에서 규정하는 시설기준을 갖추어 축산물판매업 신고를 한 경우, 행정관청은 당연히 그 신고를 수리하여야 하고 담당공무원이 위 법령상의 시설기준이 아닌 사유로 그 신고 수리를 할 수 없다는 통보를 하고 미신고 영업으로 고발할 수 있다는 통지를 한 것은 위법한 직무집행이다

> 법 제21조 제1항 제6호, 제24조 제1항에 의하면, 축산물판매업을 하고자 하는 자는 농림부령이 정하는 기준에 적합한 시설을 갖추고 시장·군수·구청장에게 신고하여야 한다고만 규정하고 있는바, 이러한 법령에 비추어 볼 때 행정관청으로서는 위 법령에서 규정하는 시설기준을 갖추어 축산물판매업 신고를 하는 경우 당연히 그 신고를 수리하여야 하고, 적법한 요건을 갖춘 신고의 경우에는 행정관청의 수리처분 등 별단의 조처를 기다릴 필요 없이 그 접수시에 신고로서의 효력이 발생하는 것이므로 그 수리가 거부되었다고 하여 미신고 영업이 되는 것은 아니라고 할 것이다. 따라서 피고시 담당공무원이 위 법령상의 시설기준이 아닌 사유로 축산물판매업 신고 수리를 할 수 없다는 통보를 하고 미신고 영업으로 고발할 수 있다는 통지를 한 것은 위법한 직무집행이라고 할 것이다(대판 2010.4.29, 2009다97925).

ⓝ 정보통신매체를 이용하여 학습비를 받고 불특정 다수인에게 원격평생교육을 실시하기 위해 구 평생교육법 제22조 등에서 정한 형식적 요건을 모두 갖추어 신고한 경우, 행정청이 실체적 사유를 들어 신고 수리를 거부할 수 없다 ★ 19 국회8급, 18 지방7급

**최신기출**

> 구 평생교육법 제22조 제1항, 제2항, 제3항, 구 「평생교육법 시행령」 제27조 제1항, 제2항, 제3항에 의하면, 정보통신매체를 이용하여 학습비를 받지 아니하고 원격평생교육을 실시하고자 하는 경우에는 누구든지 아무런 신고 없이 자유롭게 이를 할 수 있고, 다만 위와 같은 교육을 불특정 다수인에게 학습비를 받고 실시하는 경우에는 이를 신고하여야 하나, 법 제22조가 신고를 요하는 제2항과 신고를 요하지 않는 제1항에서 '학습비' 수수 외에 교육 대상이나 방법 등 다른 요건을 달리 규정하고 있지 않을 뿐 아니라 제2항에서도 학습비 금액이나 수령 등에 관하여 아무런 제한을 하고 있지 않은 점에 비추어 볼 때, 행정청으로서는 신고서 기재사항에 흠결이 없고 정해진 서류가 구비된 때에는 이를 수리하여야 하고, 이러한 형식적 요건을 모두 갖추었음에도 신고대상이 된 교육이나 학습이 공익적 기준에 적합하지 않는다는 등 실체적 사유를 들어 신고 수리를 거부할 수는 없다(대판 2011.7.28, 2005두11784).

> 자기완결적 신고에 있어 적법한 신고가 있는 경우, 행정청은 법 규정에 정하지 아니한 사유를 심사하여 이를 이유로 신고수리를 거부할 수 있다. (x) ■ 18 지방7급

ⓞ 전통 민간요법인 침·뜸행위를 온라인을 통해 교육할 목적으로 인터넷 침·뜸 학습센터를 설립한 갑이 구 평생교육법 제22조 제2항 등에 따라 평생교육시설로 신고하였으나 관할 행정청이 교육 내용이 의료법에 저촉될 우려가 있다는 등의 사유로 이를 반려하는 처분을 한 사안에서, 관할 행정청은 형식적 심사범위에 속하지 않는 사항을 수리거부사유로 삼았을 뿐만 아니라 처분사유도 인정되지 않는다는 이유로, 위 처분은 위법하다고 한 사례

★ 16 지방9급

> 관할 행정청은 신고서 기재사항에 흠결이 없고 정해진 서류가 구비된 이상 신고를 수리하여야 하고 형식적 요건이 아닌 신고 내용이 공익적 기준에 적합하지 않는다는 등 실체적 사유를 들어 이를 거부할 수 없고, 또한 행정청이 단지 교육과정에서 무면허 의료행위 등 금지된 행위가 있을지 모른다는 막연한 우려만으로 침·뜸에 대한 교육과 학습의 기회제공을 일률적·전면적으로 차단하는 것은 후견주의적 공권력의 과도한 행사일 뿐 아니라 그렇게 해야 할 공익상 필요가 있다고 볼 수 없으므로, 형식적 심사 범위에 속하지 않는 사항을 수리거부사유로 삼았을 뿐만 아니라 처분사유도 인정되지 않는다는 이유로, 위 처분은 위법하다고 한 사례(대판 2011.7.28, 2005두11784)

> 정보통신매체를 이용하여 원격평생교육을 불특정 다수인에게 학습비를 받고 실시하기 위해 인터넷 침·뜸학습센터를 평생교육시설로 신고한 경우, 관할 행정청은 신고서 기재사항에 흠결이 없고 형식적 요건을 모두 갖추었더라도 신고대상이 된 교육이나 학습이 공익적 기준에 적합하지 않는다는 등의 실체적 사유를 들어 신고수리를 거부할 수 있다. (x) ■ 16 지방9급

◎ **의료법이 의료기관의 종류에 따라 허가제와 신고제를 구분하여 규정하고 있는 취지**

> 의료법이 의료기관의 종류에 따라 허가제와 신고제를 구분하여 규정하고 있는 취지는, 신고 대상인 의원급 의료기관 개설의 경우 행정청이 법령에서 정하고 있는 요건 이외의 사유를 들어 신고 수리를 반려하는 것을 원칙적으로 배제함으로써 개설 주체가 신속하게 해당 의료기관을 개설할 수 있도록 하기 위함이다(대판 2018.10.25, 2018두44302).

ⓧ ★ 19 지방7급

최신기출

> 정신과의원을 개설하려는 자가 법령에 규정되어 있는 요건을 갖추어 개설신고를 한 경우, 행정청이 법령에서 정한 요건 이외의 사유를 들어 의원급 의료기관 개설신고의 수리를 거부할 수 없다(대판 2018.10.25, 2018두44302).

ⓧ **건축물의 건축이 허용되기 위한 요건인 '부지 확보'의 의미**

최신기출

> 건축물의 건축은 건축주가 그 부지를 적법하게 확보한 경우에만 허용될 수 있다. 여기에서 '부지 확보'란 건축주가 건축물을 건축할 토지의 소유권이나 그 밖의 사용권원을 확보하여야 한다는 점 외에도 해당 토지가 관계 법령상 건축물의 건축이 허용되는 법적 성질을 지니고 있어야 한다는 점을 포함한다(대판 2020.7.23, 2019두31839).

② **수리를 요하는 신고**

㉠ **관광진흥법상 관광사업의 양도·양수에 의한 지위승계신고 수리의무**

> 구 관광진흥법 제8조 등 관계 규정의 형식이나 체재 또는 문언 등을 종합하여 보면, 관광사업의 양도·양수에 의한 지위승계신고에 대하여는 적법·유효한 사업양도가 있고, 양수인에게 구 관광진흥법 제7조 제1항 각호의 결격사유가 없는 한 행정청이 다른 사유를 들어 수리를 거절할 수 없다고 할 것이므로, 원심이 이 사건 처분을 재량행위라고 본 것은 잘못이다(대판 2007.6.29, 2006두4097).

㉡ **입법 목적 등을 달리하는 법률들이 일정한 행위에 관한 요건을 각기 정하고 있는 경우, 그 행위에 관하여 각 법률의 규정에 따른 인허가를 받아야 하는지 여부(원칙적 적극)**

> 입법목적 등을 달리하는 법률들이 일정한 행위에 관한 요건을 각기 정하고 있는 경우 어느 법률이 다른 법률에 우선하여 배타적으로 적용된다고 풀이되지 아니하는 한 그 행위에 관하여 각 법률의 규정에 따른 인·허가를 받아야 한다. 다만 이러한 경우 그 중 하나의 인허가에 관한 관계 법령 등에서 다른 법령상의 인허가에 관한 규정을 원용하고 있는 경우나 그 행위가 다른 법령에 의하여 절대적으로 금지되고 있어 그것이 객관적으로 불가능한 것이 명백한 경우 등에는 그러한 요건을 고려하여 인허가 여부를 결정할 수 있다. 장사법 제14조 제1항에 의한 사설납골시설 설치신고의 수리와 「국토의 계획 및 이용에 관한 법률」(국토계획법) 제56조 제1항 제2호에 의한 토지형질변경의 개발행위허가는 그 입법목적, 수리권자 또는 허가권자, 요건 등을 서로 달리하고 있어 어느 법률이 다른 법률에 우선하여 배타적으로 적용된다고 풀이되지 아니한다. 나아가 기록에 비추어 살펴보면, 이 사건 신청지에 대한 개발행위허가가 국토계획법 제58조 제1항 각 호의 기준에 의하여 절대적으로 금지되고 있어 그것이 객관적으로 불가능한 것이 명백하다고 볼 자료도 없음을 알 수 있다. 그러므로 앞서 본 법리에 따라, 피고는 이 사건 납골당 설치신고에 관하여 장사법에 규정된 신고요건에 의하여 심사함으로써 그 수리 여부를 결정하여야 하고, 이 사건 신청지의 개발행위허가가 국토계획법 등 관계 법률에 의하여 가능한지 여부에 따라 그 수리 여부를 결정하는 것은 허용되지 아니한다(대판 2010.9.9, 2008두22631).

ⓒ 「국토의 계획 및 이용에 관한 법률」상의 개발행위허가로 의제되는 건축신고가 개발행위허가의 기준을 갖추지 못한 경우, 행정청이 수리를 거부할 수 있다 ★ 21·13 국회9급, 14 지방9급, 12 국회8급

일정한 건축물에 관한 건축신고는 건축법 제14조 제2항, 제11조 제5항 제3호에 의하여 「국토의 계획 및 이용에 관한 법률」 제56조에 따른 개발행위허가를 받은 것으로 의제되는데, 「국토의 계획 및 이용에 관한 법률」 제58조 제1항 제4호에서는 개발행위허가의 기준으로 주변 지역의 토지이용실태 또는 토지이용계획, 건축물의 높이, 토지의 경사도, 수목의 상태, 물의 배수, 하천·호소·습지의 배수 등 주변 환경이나 경관과 조화를 이룰 것을 규정하고 있으므로, 「국토의 계획 및 이용에 관한 법률」상의 개발행위허가로 의제되는 건축신고가 위와 같은 기준을 갖추지 못한 경우 행정청으로서는 이를 이유로 그 수리를 거부할 수 있다고 보아야 한다[대판(전합) 2011.1.20, 2010두14954].

ⓔ 허가대상 건축물의 양수인이 구 「건축법 시행규칙」에 규정되어 있는 형식적 요건을 갖추어 시장·군수 등 행정관청에 적법하게 건축주의 명의변경을 신고한 경우, 행정관청이 실체적인 이유를 내세워 신고 수리를 거부할 수 없다

구 「건축법 시행규칙」 제11조의 규정은 단순히 행정관청의 사무집행의 편의를 위한 것이 아니라, 허가대상 건축물의 양수인에게 건축주의 명의변경을 신고할 수 있는 공법상의 권리를 인정함과 아울러 행정관청에게는 그 신고를 수리할 의무를 지게 한 것으로 봄이 타당하므로, 허가대상 건축물의 양수인이 구 「건축법 시행규칙」에 규정되어 있는 형식적 요건을 갖추어 시장·군수 등 행정관청에 적법하게 건축주의 명의변경을 신고한 때에는 행정관청은 그 신고를 수리하여야지 실체적인 이유를 내세워 신고의 수리를 거부할 수는 없다(대판 2014.10.15, 2014두37658).

ⓜ 숙박업을 하고자 하는 자가 법령이 정하는 시설과 설비를 갖추고 행정청에 신고를 한 경우, 원칙적으로 행정청은 수리해야 한다

숙박업을 하고자 하는 자가 법령이 정하는 시설과 설비를 갖추고 행정청에 신고를 하면, 행정청은 공중위생관리 법령의 위 규정에 따라 원칙적으로 이를 수리하여야 한다. 행정청이 법령이 정한 요건 이외의 사유를 들어 수리를 거부하는 것은 위 법령의 목적에 비추어 이를 거부해야 할 중대한 공익상의 필요가 있다는 등 특별한 사정이 있는 경우에 한한다(대판 2017.5.30, 2017두34087).

ⓑ 이러한 법리는 이미 다른 사람 명의로 숙박업 신고가 되어 있는 시설 등의 전부 또는 일부에서 새로 숙박업을 하려는 자가 신고한 경우에도 마찬가지이다 ★ 18 국가9급

일정한 건축물에 관한 건축신고는 건축법 제14조 제2항, 제11조 제5항 제3호에 의하여 「국토의 계획 및 이용에 관한 법률」 제56조에 따른 개발행위허가를 받은 것으로 의제되는데, 「국토의 계획 및 이용에 관한 법률」 제58조 제1항 제4호에서는 개발행위허가의 기준으로 주변 지역의 토지이용실태 또는 토지이용계획, 건축물의 높이, 토지의 경사도, 수목의 상태, 물의 배수, 하천·호소·습지의 배수 등 주변 환경이나 경관과 조화를 이룰 것을 규정하고 있으므로, 「국토의 계획 및 이용에 관한 법률」상의 개발행위허가로 의제되는 건축신고가 위와 같은 기준을 갖추지 못한 경우 행정청으로서는 이를 이유로 그 수리를 거부할 수 있다고 보아야 한다[대판(전합) 2011.1.20, 2010두14954].

ⓧ

관광숙박업 영업신고가 이루어진 숙박시설의 객실 일부를 매수한 원고가 별도의 숙박업 영업신고를 한 경우, 행정청이 중복신고를 이유로 그 수리를 거부할 수는 없으나, 객실·접객대·로비시설 등을 다른 용도의 시설 등과 분리되도록 갖추어 해당 시설의 영업주체를 분명히 인식할 수 있도록 하지 못하였다는 이유로 그 수리를 거부한 것은 적법하다고 판단한 사례(대판 2017.5.30, 2017두34087).

◎ 가설건축물 존치기간을 연장하려는 건축주 등이 법령에 규정되어 있는 제반 서류와 요건을 갖추어 행정청에 연장신고를 한 경우, 행정청이 법령에서 요구하지 않은 '대지사용승낙서' 등의 서류가 제출되지 아니하였거나, 대지소유권자의 사용승낙이 없다는 등의 사유를 들어 연장신고의 수리를 거부할 수 없다 ★ 19 지방7급

가설건축물은 건축법상 '건축물'이 아니므로 건축허가나 건축신고 없이 설치할 수 있는 것이 원칙이지만 일정한 가설건축물에 대하여는 건축물에 준하여 위험을 통제하여야 할 필요가 있으므로 신고 대상으로 규율하고 있다. 이러한 신고제도의 취지에 비추어 보면, 가설건축물 존치기간을 연장하려는 건축주 등이 법령에 규정되어 있는 제반 서류와 요건을 갖추어 행정청에 연장신고를 한 때에는 행정청은 원칙적으로 이를 수리하여 신고필증을 교부하여야 하고, 법령에서 정한 요건 이외의 사유를 들어 수리를 거부할 수는 없다. 따라서 행정청으로서는 법령에서 요구하고 있지도 아니한 '대지사용승낙서' 등의 서류가 제출되지 아니하였거나, 대지소유권자의 사용승낙이 없다는 등의 사유를 들어 가설건축물 존치기간 연장신고의 수리를 거부하여서는 아니 된다(대판 2018.1.25, 2015두35116).

Ⓧ

행정청이 「국토의 계획 및 이용에 관한 법률」에 따른 개발행위허가 기준에 부합하지 않는다는 점을 이유로 구 건축법상 가설건축물 축조신고의 수리를 거부할 수 없다(대판 2019.1.10, 2017두75606).

## (2) 신고의 효과와 효력발생시기

① 자기완결적 신고(신고시, 신고서 접수시·도달시·제출시 ↔ 신고서 발송시)

㉠ 담당공무원이 법령에 규정되지 아니한 다른 사유를 들어 그 신고를 반려한 경우 신고의 효력발생시기는 신고서 제출시이다

구 수산업법, 구 「수산업법 시행령」, 구 「수산제조업의 허가 등에 관한 규칙」의 각 규정에도 수산제조업의 신고를 하고자 하는 자는 그 규칙에서 정한 양식에 따른 수산제조업 신고서에 주요 기기의 명칭·수량 및 능력에 관한 서류, 제조공정에 관한 서류를 첨부하여 시장·군수·구청장에게 제출하면 되고, 시장·군수·구청장에게 수산제조업 신고에 대한 실질적인 검토를 허용하고 있다고 볼만한 규정을 두고 있지 아니하고 있으므로, 수산제조업의 신고를 하고자 하는 자가 그 신고서를 구비서류까지 첨부하여 제출한 경우 시장·군수·구청장으로서는 형식적 요건에 하자가 없는 한 수리하여야 할 것이고, 나아가 관할관청에 신고업의 신고서가 제출되었다면 담당공무원이 법령에 규정되지 아니한 다른 사유를 들어 그 신고를 수리하지 아니하고 반려하였다고 하더라도, 그 신고서가 제출된 때에 신고가 있었다고 볼 것이다(대판 1999.12.24, 98다57419.57426).

㉡ 담당공무원이 관계법령에 규정되지 아니한 서류를 요구하여 신고서를 제출하지 못했다면 신고효과 부정
★ 15 국회8급

담당공무원이 관계법령에 규정되지 아니한 서류를 요구하여 신고서를 제출하지 못하였다는 사정만으로는 신고가 있었던 것으로 볼 수 없다(대판 2002.3.12, 2000다73612).

② 수리를 요하는 신고(수리시)

㉠ 사실상 영업이 양도·양수되었지만 아직 승계신고 및 수리처분이 있기 이전의 경우 행정제재처분사유 유무의 판단기준이 되는 대상자 및 위반행위에 대한 행정책임이 귀속되는 자는 양도인이다

★ 15 국가7급, 14 국가9급, 14 사회복지, 07 서울9급

> 사실상 영업이 양도·양수되었지만 아직 승계신고 및 그 수리처분이 있기 이전에는 여전히 종전의 영업자인 양도인이 영업허가자이고, 양수인은 영업허가자가 되지 못한다 할 것이어서 행정제재처분의 사유가 있는지 여부 및 그 사유가 있다고 하여 행하는 행정제재처분은 영업허가자인 양도인을 기준으로 판단하여 그 양도인에 대하여 행하여야 할 것이고, 한편 양도인이 그의 의사에 따라 양수인에게 영업을 양도하면서 양수인으로 하여금 영업을 하도록 허락하였다면 그 양수인의 영업 중 발생한 위반행위에 대한 행정적인 책임은 영업허가자인 양도인에게 귀속된다고 보아야 할 것이다(대판 1995.2.24, 94누9146).

> 법령상 신고요건을 갖춘 적법한 신고가 있었다면, 관할 행정청의 수리 여부와 관계없이 영업양도는 효력을 발생한다. (x)
> ■ 15 국가7급

(3) 신고필증

① 「의료법 시행규칙」 제22조 제3항 소정의 신고필증 교부의 효력은 신고사실의 확인행위이다

★ 19 지방9급, 15 지방7급, 11 국가9급, 10 국회9급

`최신기출` 「의료법 시행규칙」 제22조 제3항에 의하면 의원개설신고서를 수리한 행정관청이 소정의 신고필증을 교부하도록 되어 있다 하여도 이는 신고사실의 확인행위로서 신고필증을 교부하도록 규정한 것에 불과하고 그와 같은 신고필증의 교부가 없다 하여 개설신고의 효력을 부정할 수 없다 할 것이다(대판 1985.4.23, 84도2953).

② 부가가치세법상 과세관청의 사업자등록 직권말소행위는 행정처분이 아니다 ★ 20 국가7급, 14 행정사

`최신기출` 부가가치세법상의 사업자등록은 과세관청으로 하여금 부가가치세의 납세의무자를 파악하고 그 과세자료를 확보케 하려는 데 입법취지가 있는 것으로서, 이는 단순한 사업사실의 신고로서 사업자가 소관 세무서장에게 소정의 사업자등록신청서를 제출함으로써 성립되는 것이고, 사업자등록증의 교부는 이와 같은 등록사실을 증명하는 증서의 교부행위에 불과한 것이며, 부가가치세법 제5조 제5항에 의하면 사업자가 폐업하거나 또는 신규로 사업을 개시하고자 하여 사업개시일 전에 등록한 후 사실상 사업을 개시하지 아니하게 되는 때에는 과세관청이 직권으로 이를 말소하도록 하고 있는데, 사업자등록의 말소 또한 폐업사실의 기재일 뿐 그에 의하여 사업자로서의 지위에 변동을 가져오는 것이 아니라는 점에서 과세관청의 사업자등록 직권말소행위는 불복의 대상이 되는 행정처분으로 볼 수가 없다(대판 2000.12.22, 99두6903).

③ 납골당설치 신고는 '수리를 요하는 신고'이고 수리행위에 신고필증 교부 등 행위가 필요하지 않다

★ 21·18 지방7급, 19·18 국회8급

`최신기출` 납골당설치 신고는 이른바 '수리를 요하는 신고'라 할 것이므로, 납골당설치 신고가 구 장사법 관련 규정의 모든 요건에 맞는 신고라 하더라도 신고인은 곧바로 납골당을 설치할 수는 없고, 이에 대한 행정청의 수리처분이 있어야만 신고한 대로 납골당을 설치할 수 있다. 한편 수리란 신고를 유효한 것으로 판단하고 법령에 의하여 처리할 의사로 이를 수령하는 수동적 행위이므로 수리행위에 신고필증 교부 등 행위가 꼭 필요한 것은 아니다(대판 2011.9.8, 2009두6766).

> 수리를 요하는 신고에서 행정청의 수리행위에 신고필증 교부의 행위가 반드시 필요한 것은 아니다. ■ 21 지방7급

## 2. 부적법한 신고의 효과

### (1) 자기완결적 신고

#### ① 요건을 갖추지 못한 체육시설업신고는 부적법한 것으로 무신고 영업행위에 해당한다 ★ 10 서울교행

> 소정의 시설을 갖추지 못한 체육시설업의 신고는 부적법한 것으로 그 수리가 거부될 수밖에 없고 그러한 상태에서 신고체육시설업의 영업행위를 계속하는 것은 무신고 영업행위에 해당한다(대판 1998.4.24, 97도3121).

#### ② 공중위생영업의 신고의무자인 '영업을 하는 자'의 의미

> 공중위생영업의 신고의무는 '공중위생영업을 하고자 하는 자'에게 부여되어 있고, 여기서 '영업을 하는 자'란 영업으로 인한 권리의무의 귀속주체가 되는 자를 의미하므로, 영업자의 직원이나 보조자의 경우에는 영업을 하는 자에 포함되지 않는다(대판 2008.3.27, 2008도89).

#### ③ 영업장 면적 변경에 관한 신고의무가 이행되지 않은 영업을 양수한 자가 그 신고의무를 이행하지 않은 채 영업을 계속하는 행위는 처벌대상이다 ★ 13 국회9급

> 구 식품위생법 제25조 제1항은 영업의 신고를 한 자가 그 영업을 양도한 때에는 양수인이 영업자의 지위를 승계하도록 규정하는바, 위 신고의무 조항 및 처벌조항의 취지는 신고대상인 영업을 신고 없이 하거나 해당 영업의 영업장 면적 등 중요한 사항을 변경하였음에도 그에 관한 신고 없이 영업을 계속하는 경우 이를 처벌함으로써 그 신고를 강제하고 궁극적으로는 미신고영업을 금지하려는데 있는 것으로 보이는 점도 고려하면, 영업장 면적이 변경되었음에도 그에 관한 신고의무가 이행되지 않은 영업을 양수한 자도 역시 그와 같은 신고의무를 이행하지 않은 채 영업을 계속한다면 처벌대상이 된다고 보아야 한다(대판 2010.7.15, 2010도4869).

#### ④ 배출시설 설치 당시 신고대상이 아니었다가 그 후 법령 개정에 따라 신고대상에 해당하게 된 배출시설을 이용하여 가축을 사육한 자는 포함되지 않는다

> 법률조항이 2011.7.28. 법률 제10973호로 개정되기 전에는 배출시설을 '설치'한 자만 처벌하는 것으로 규정하다가, 개정에 의하여 배출시설을 '이용'하여 가축을 사육한 자도 처벌하도록 규정한 취지는, 신고대상자가 신고를 하지 않고 설치한 배출시설의 '설치자'와 '이용자'가 서로 다른 경우에 설치자뿐 아니라 이용자도 처벌함으로써 처벌의 균형을 도모하기 위한 것이다.
> 위와 같은 법률조항의 내용과 문언적 해석, 신고대상자의 범위, 법 개정 취지 및 죄형법정주의 원칙 등에 비추어 보면, 법률조항의 '그 배출시설을 이용하여 가축을 사육한 자'는 '법 제11조 제3항의 신고대상자가 신고를 하지 아니하고 설치한 배출시설을 이용하여 가축을 사육한 자'만을 의미하는 것으로 한정적으로 해석하여야 하고, 그렇다면 배출시설을 설치할 당시에는 신고대상 시설이 아니었지만 그 후 법령의 개정에 따라 시설이 신고대상에 해당하게 된 경우 그 배출시설을 이용하여 가축을 사육한 자는 여기에 포함되지 아니한다(대판 2015.7.23, 2014도15510).

## (2) 수리를 요하는 신고

① 이미 고시된 실시계획에 포함된 상세계획으로 관리되는 토지 위의 건물의 용도를 상세계획 승인권자의 변경승인 없이 임의로 판매시설에서 상세계획에 반하는 일반목욕장으로 변경신고한 것을 수리하지 않고 영업소를 폐쇄한 처분은 적법하다 ★ 17 지방9급

> 택지개발지구 내의 토지 및 그 지상건축물은 택지개발사업계획 단계에서뿐만 아니라 사업의 준공 이후에도 택지 개발지구 내의 토지의 이용 및 그 지상건축물의 용도에 관하여 택지개발계획의 승인권자가 최종 승인한 상세계획에 따라 이용 및 관리되어야 할 것이고, 이와 같이 승인된 상세계획을 변경 승인하는 절차를 거치지 아니하는 이상 임의로 상세계획에 반하는 토지 및 그 지상 건축물의 용도를 변경할 수는 없으므로, 판매시설인 이 사건 건물을 일반목욕장의 용도로 변경하기 위하여 필요한 이 사건 상세계획 승인권자의 변경 승인이 있었음을 인정할 아무런 증거가 없는 이 사건에서, 피고가 원고의 영업신고를 수리하지 아니하고 영업소를 폐쇄한 이 사건 처분은 적법하다 (대판 2008.3.27, 2006두3742.3759).

> 이미 고시된 실시계획에 포함된 상세계획으로 관리되는 토지 위의 건물의 용도를 상세계획 승인권자의 변경승인 없이 임의로 판매 시설에서 상세계획에 반하는 일반목욕장으로 변경한 사안에서, 그 영업신고를 수리하지 않고 영업소를 폐쇄한 처분은 위법하다.
> (x) ■ 17 지방9급

② 식품위생법 제37조 제4항, 「식품위생법 시행령」 제26조 제4호에 따른 영업장 면적 변경에 관한 신고의무가 이행되지 않은 영업을 양수한 자가 그 신고의무를 이행하지 않은 채 영업을 계속하는 경우, 시정명령 또는 영업 정지 등 제재처분의 대상이 된다

> `최신판례` 영업장 면적이 변경되었음에도 그에 관한 신고의무가 이행되지 않은 영업을 양수한 자 역시 그와 같은 신고의무를 이행하지 않은 채 영업을 계속한다면 시정명령 또는 영업정지 등 제재처분의 대상이 될 수 있다(대판 2020.3. 26, 2019두38830).

## 3. 신고의무위반과 사법상의 효력

### (1) 토지거래신고위반의 거래계약은 유효

> 국토이용관리법 제21조의2, 제21조의7, 제21조의3 제7항, 제33조 제4호의 각 규정을 종합하면 위 법 제21조의 7 이하의 신고구역에 관한 규정은 단속법규에 속하고 신고의무에 위반한 거래계약의 사법적 효력까지 부인되는 것은 아니다(대판 1988.11.22, 87다카2777).

# Ⅳ. 수리(거부·취소)의 처분성 인정 여부

## 1. 자기완결적 신고의 경우(부정)

자기완결적 신고의 경우에는 신고 자체로 법적 효과(신고의무의 해제)가 발생하므로, 이에 대한 행정청의 수리나 수리거부·수리취소는 권리의무와 무관한 사실행위에 불과하므로 처분성이 부정된다. 판례도 같은 입장이다. 그러나 건축법상의 신고의 수리나 수리거부·수리취소에 대해 대법원은 최근에 전원합의체 판결로 처분성을 인정하는 입장으로 변경한 바 있다.

| 처분성 인정사례 | 처분성 부정사례 |
|---|---|
| 1. 수리를 요하는 신고의 수리(수리거부, 수리취소)<br>　① 광업출원인 주소변경계 수리(대판 1962.2.15, 4294행상16)<br>　② 「건축법 시행규칙」에 의한 건축주명의변경신고수리거부(대판 1992.3.31, 91누4911)<br>　③ 「액화석유가스의 안전 및 사업관리법」에 의한 사업양수지위승계신고수리(대판 1993.6.8, 91누11544)<br>　④ 「사회단체등록에 관한 법률」(폐지)에 의한 사회단체등록[대판(전합) 1989.12.26, 87누308]<br>　⑤ 체육시설의 회원을 모집하고자 하는 자의 회원모집계획서 제출에 대한 시·도지사 등의 검토결과 통보(대판 2009.2.26, 2006두16243)<br>　⑥ 납골당설치 신고사항 이행통보(대판 2011.9.8, 2009두6766) : 이행통보를 신고수리로 보는 것이 타당<br>　⑦ 구 관광진흥법 제8조 제4항에 의한 지위승계신고를 수리하는 허가관청의 행위 및 구 「체육시설의 설치·이용에 관한 법률」 제20조, 제27조에 의한 영업양수신고나 문화체육관광부령으로 정하는 체육시설업의 시설 기준에 따른 필수시설인수신고를 수리하는 관계 행정청의 행위(대판 2012.12.13, 2011두29144)<br>2. 자기완결적 신고의 수리(수리거부, 수리취소)임에도 처분성 인정<br>　① 건축법상의 건축신고수리(수리거부, 수리취소)[대판(전합) 2010.11.18, 2008두167]<br>　② 건축법상 착공신고 반려행위(대판 2011.6.10, 2010두7321)<br>　③ 구 평생교육법 제22조 제1항, 제2항에 따라 정보통신매체를 이용하여 원격평생교육을 불특정 다수인에게 학습비를 받고 실시하는 경우의 신고에 대한 반려처분(대판 2011.7.28, 2005두11784) | 1. 자기완결적 신고의 수리(수리거부, 수리취소)<br>　① 「체육시설의 설치·이용에 관한 법률」에 의한 골프연습장 이용료 변경신고(대결 1993.7.6, 93마635)<br>　② 2륜 소형자동차의 사용신고를 수리하고 그 신고필증을 교부하는 행위(대판 1985.8.20, 85누329)<br>2. 신고를 요하지 않는 행위의 신고에 대한 수리(수리거부·수리취소)<br>　① 공동주택(안산시 상록수현대2차아파트) 입주민의 옥외운동시설인 테니스장을 배드민턴장으로 변경한 사실의 신고수리(대판 2000.12.22, 99두455)<br>　② 납골탑설치 신고는 수리를 요하는 신고로서 이에 대한 반려행위는 행정처분이지만, 관리사무실·유족편의시설 등과 같은 부대시설에 관한 사항은 신고사항이 아니므로 이에 대한 반려행위는 처분이 아니다(대판 2005.2.25, 2004두4031) |

## (1) 행정청의 건축신고 반려행위 또는 수리거부행위는 항고소송의 대상이다

★ 20·19 지방9급, 19·12 국가9급, 13·12 국회8급, 12 변호사, 11 서울9급, 11 서울교행7급, 10 국가7급

**최신기출**
**전합판례**

구 건축법 관련 규정의 내용 및 취지에 의하면, 건축주 등으로서는 신고제하에서도 건축신고가 반려될 경우 당해 건축물의 건축을 개시하면 시정명령, 이행강제금, 벌금의 대상이 되거나 당해 건축물을 사용하여 행할 행위의 허가가 거부될 우려가 있어 불안정한 지위에 놓이게 된다. 따라서 건축신고 반려행위가 이루어진 단계에서 당사자로 하여금 반려행위의 적법성을 다투어 그 법적 불안을 해소한 다음 건축행위에 나아가도록 함으로써 장차 있을지도 모르는 위험에서 미리 벗어날 수 있도록 길을 열어 주고, 위법한 건축물의 양산과 그 철거를 둘러싼 분쟁을 조기에 근본적으로 해결할 수 있게 하는 것이 법치행정의 원리에 부합한다. 그러므로 이 사건 건축신고 반려행위는 항고소송의 대상이 된다고 보는 것이 옳다[대판(전합) 2010.11.18, 2008두167].

「건축법」 제14조 제2항에 의한 인·허가의제 효과를 수반하는 건축신고에 대한 수리거부는 처분성이 인정되나, 동 규정에 의한 인·허가의제 효과를 수반하지 않는 건축신고에 대한 수리거부는 처분성이 부정된다. (×) ■ 19 국가9급

## (2) 구 체육시설의설치·이용에관한법률상 등록체육시설업에 대한 사업계획의 승인을 얻은 자가 제출한 사업시설의 착공계획서를 행정청이 수리하고 이를 통보하는 행위는 항고소송이나 행정심판의 대상이 되는 행정처분이 아니다

구 체육시설의설치·이용에관한법률(1994.1.7. 법률 제4719호로 전문 개정되어 1999.1.18. 법률 제5636호로 개정되기 전의 것) 제16조, 제34조, 같은법시행령(1994.6.17. 대통령령 제14284호로 전문 개정되어 2000.1.28. 대통령령 제16701호로 개정되기 전의 것) 제16조의 규정을 종합하여 볼 때, 등록체육시설업에 대한 사업계획의 승인을 얻은 자는 규정된 기한 내에 사업시설의 착공계획서를 제출하고 그 수리 여부에 상관없이 설치공사에 착수하면 되는 것이지, 착공계획서가 수리되어야만 비로소 공사에 착수할 수 있다거나 그 밖에 착공계획서 제출 및 수리로 인하여 사업계획의 승인을 얻은 자에게 어떠한 권리를 설정하거나 의무를 부담케 하는 법률효과가 발생하는 것이 아니므로 행정청이 사업계획의 승인을 얻은 자의 착공계획서를 수리하고 이를 통보한 행위는 그 착공계획서 제출사실을 확인하는 행정행위에 불과하고 그를 항고소송이나 행정심판의 대상이 되는 행정처분으로 볼 수 없다(대판 2001.5.29, 99두10292).

## (3) 행정청의 착공신고 반려행위는 항고소송의 대상이 된다 ★ 20 국가9급, 17 국가7급, 17 지방9급

**최신기출**

건축주 등으로서는 착공신고가 반려될 경우, 당해 건축물의 착공을 개시하면 시정명령, 이행강제금, 벌금의 대상이 되거나 당해 건축물을 사용하여 행할 행위의 허가가 거부될 우려가 있어 불안정한 지위에 놓이게 된다. 따라서 착공신고 반려행위가 이루어진 단계에서 당사자로 하여금 반려행위의 적법성을 다투어 법적 불안을 해소한 다음 건축행위에 나아가도록 함으로써 장차 있을지도 모르는 위험에서 미리 벗어날 수 있도록 길을 열어주고, 위법한 건축물의 양산과 철거를 둘러싼 분쟁을 조기에 근본적으로 해결할 수 있게 하는 것이 법치행정의 원리에 부합한다. 그러므로 행정청의 착공신고 반려행위는 항고소송의 대상이 된다고 보는 것이 옳다(대판 2011.6.10, 2010두7321).

건축법상 착공신고가 반려될 경우 당사자에게 그 반려행위를 다툴 실익이 없는 것이므로 착공신고 반려행위의 처분성이 인정되지 않는다. (×) ■ 17 지방9급

## 2. 수리를 요하는 신고(긍정)

### (1) 건축주명의변경신고수리거부행위는 처분에 해당한다 ★ 19 지방9급, 15 순경특채, 14 행정사, 13 국회9급, 13 국회8급

최신기출 건축주명의변경신고수리거부행위는 행정청이 허가대상건축물 양수인의 건축주명의변경신고라는 구체적인 사실에 관한 법집행으로서 그 신고를 수리하여야 할 법령상의 의무를 지고 있음에도 불구하고 그 신고의 수리를 거부함으로써, 양수인이 건축공사를 계속하기 위하여 또는 건축공사를 완료한 후 자신의 명의로 소유권보존등기를 하기 위하여 가지는 구체적인 법적 이익을 침해하는 결과가 되었다고 할 것이므로, 비록 건축허가가 대물적 허가로서 그 허가의 효과가 허가대상건축물에 대한 권리변동에 수반하여 이전된다고 하더라도, 양수인의 권리의무에 직접 영향을 미치는 것으로서 취소소송의 대상이 되는 처분이라고 하지 않을 수 없다(대판 1992.3.31, 91누4911).

### (2) 파주시장이 종교단체 납골당설치 신고를 한 甲 교회에, 구 「장사 등에 관한 법률」에 따라 필요한 시설을 설치하고 유골을 안전하게 보관할 수 있는 설비를 갖추어야 하며 관계 법령에 따른 허가 및 준수사항을 이행하여야 한다'는 취지의 납골당설치 신고사항 이행통지를 한 사안에서, 파주시장이 甲 교회에 이행통지를 함으로써 납골당설치 신고수리를 하였다고 보는 것이 타당하고, 이를 수리처분과 별도로 항고소송 대상이 되는 다른 처분으로 볼 수 없다 ★ 12 지방7급

이행통지는 납골당설치 신고에 대하여 파주시장이 납골당설치 요건을 구비하였음을 확인하고 구 장사법령상 납골당설치 기준, 관계 법령상 허가 또는 신고 내용을 고지하면서 신고한 대로 납골당 시설을 설치하도록 한 것이므로, 파주시장이 甲 교회에 이행통지를 함으로써 납골당설치 신고수리를 하였다고 보는 것이 타당하고, 이행통지가 새로이 甲 교회 또는 관계자들의 법률상 지위에 변동을 일으키지는 않으므로 이를 수리처분과 별도로 항고소송 대상이 되는 다른 처분으로 볼 수 없다(대판 2011.9.8, 2009두6766).

### (3) 구 관광진흥법 제8조 제4항에 의한 지위승계신고를 수리하는 허가관청의 행위 및 구 「체육시설의 설치·이용에 관한 법률」 제20조, 제27조에 의한 영업양수신고나 문화체육관광부령으로 정하는 체육시설업의 시설 기준에 따른 필수시설인수신고를 수리하는 관계 행정청의 행위는 항고소송의 대상이다 ★ 21 지방9급

최신기출 구 관광진흥법 제8조 제4항에 의한 지위승계신고를 수리하는 허가관청의 행위는 단순히 양도·양수인 사이에 이미 발생한 사법상 사업양도의 법률효과에 의하여 양수인이 그 영업을 승계하였다는 사실의 신고를 접수하는 행위에 그치는 것이 아니라, 영업허가자의 변경이라는 법률효과를 발생시키는 행위이다. 그리고 구 「체육시설의 설치·이용에 관한 법률」 제20조, 제27조의 각 규정 등에 의하면 체육시설업자로부터 영업을 양수하거나 문화체육관광부령으로 정하는 체육시설업의 시설 기준에 따른 필수시설을 인수한 자가 관계 행정청에 이를 신고하여 행정청이 수리하는 경우에는 종전 체육시설업자는 적법한 신고를 마친 체육시설업자의 지위를 부인당할 불안정한 상태에 놓이게 되므로, 그로 하여금 이러한 수리행위의 적법성을 다투어 법적 불안을 해소할 수 있도록 하는 것이 법치행정의 원리에 맞는다(대판 2012.12.13, 2011두29144).

## 3. 신고를 요하지 않는 사항에 대한 신고(부정)

**(1) 공동주택(안산시 상록수현대2차아파트) 입주민의 옥외운동시설인 테니스장을 배드민턴장으로 변경한 사실의 신고 수리는 처분이 아니다**

공동주택 입주민의 옥외운동시설인 테니스장을 배드민턴장으로 변경하고 그 변동사실을 신고하여 관할시장이 그 신고를 수리한 경우, 그 용도변경은 주택건설촉진법상 신고를 요하는 입주자 공유인 복리시설의 용도변경에 해당하지 아니하므로 그 변동사실은 신고할 사항이 아니고 관할시장이 그 신고를 수리하였다 하더라도 그 수리는 공동주택 입주민의 구체적인 권리의무에 아무런 변동을 초래하지 않으므로 항고소송의 대상이 되는 행정처분이 아니다(대판 2000.12.22, 99두455).

**(2) 납골탑 설치신고는 수리를 요하는 신고로서 이에 대한 반려행위는 행정처분이지만, 관리사무실·유족편의시설 등과 같은 부대시설에 관한 사항은 신고사항이 아니므로 이에 대한 반려행위는 처분이 아니다** ★ 13 행정사

재단법인이 아닌 종교단체가 설치하고자 하는 납골탑에는 관리사무실, 유족편의시설, 화장한 유골을 뿌릴 수 있는 시설, 그 밖에 필요한 시설물과 주차장을 마련하여야 하나, 위와 같은 시설들은 신고한 납골탑을 실제로 설치·관리함에 있어 마련해야 하는 시설에 불과한 것으로서 이에 관한 사항이 납골탑 설치신고의 신고대상이 되는 것으로 볼 아무런 근거가 없으므로, 종교단체가 납골탑 설치신고를 함에 있어 위와 같은 시설 등에 관한 사항을 신고한 데 대하여 행정청(전남 화순군수)이 그 신고를 이를 일괄 반려하였다고 하더라도 그 반려처분 중 위와 같은 시설 등에 관한 신고를 반려한 부분은 항고소송의 대상이 되는 행정처분이라고 할 수 없다(대판 2005.2.25, 2004두4031).

## 4. 신청

**(1)**

구 「경제자유구역의 지정 및 운영에 관한 법률」 제9조 제1항 본문의 실시계획 승인 시기에 관한 규정의 법적 성질은 훈시규정이다(대판 2011.2.24· 2010두21464).

**(2) 행정행위 중 신청에 의한 처분의 경우, 신청에 대하여 일단 거부처분이 행하여진 후 그 거부처분이 적법한 절차에 의하여 취소되지 않은 상태에서 사유를 추가하여 반복하여 행한 거부처분의 효력은 무효이다** ★ 19·18 국회8급

**최신기출** 행정행위 중 당사자의 신청에 의하여 인·허가 또는 면허 등 이익을 주거나 그 신청을 거부하는 처분을 하는 것을 내용으로 하는 이른바 신청에 의한 처분의 경우에는 신청에 대하여 일단 거부처분이 행해지면 그 거부처분이 적법한 절차에 의하여 취소되지 않는 한, 사유를 추가하여 거부처분을 반복하는 것은 존재하지도 않는 신청에 대한 거부처분으로서 당연무효이다(대판 1999.12.28, 98두1895).

행정행위 중 신청에 의한 처분의 경우에는 신청에 대하여 일단 거부처분이 행하여지면 그 거부처분이 적법한 절차에 의하여 취소되지 않는 한 사유를 추가하여 거부처분을 반복하는 것은 취소의 흠이 있는 거부처분이 반복되는 것이 된다. (×) ■ 19 국회8급

ADMINISTRATION

# 02

행정작용법

# 제1장
# 행정입법

## 제1절 개설

### (1) 행정입법의 필요성과 문제점

> 끊임없이 진화하는 전기통신기술 영역을 규율대상으로 하는 전기통신사업법은 다른 법률에 비해 고도로 전문적이고 기술적일 뿐 아니라, 현실의 변화에 따른 신속한 입법적 대응이 필요한 분야의 법률이어서 그 세부적이고 기술적인 규율을 국회에 맡기기보다는 행정입법에 의하도록 하는 편이 보다 적절하다고 할 것이다(헌재결 2007.7.26, 2005헌바100).

### (2) 구 식품위생법 제31조 제1항 규정은 포괄위임입법금지의 원칙에 반하는 위헌규정이라고 할 수 없다

★ 14 변호사

> 식품산업의 발전에 따라 식품위생에 관한 기준도 달라질 수 있고 이에 대한 적절한 대처가 필요하지만 국회의 기술적·전문적 능력이나 시간적 적응능력에는 한계가 있을 뿐만 아니라, 규율대상인 식품 및 식품첨가물의 제조 또는 가공업의 종류 및 형태가 다양하여 이에 종사하는 자들이 준수하여야 할 세부적인 사항을 법률에서 구체적으로 정하기 어려우므로 이러한 식품위생에 관한 기준 등은 국회 제정의 법률에 비하여 탄력적인 행정입법에 위임할 필요성이 인정된다. 또한 위 법 제31조 제1항은 식품접객영업자 등이 지켜야 할 사항을 영업의 위생적 관리 및 질서유지와 국민보건위생의 증진을 위하여 필요한 사항으로 정하고 있는 등 그로부터 보건복지가족부령에 규정될 내용의 대강을 예측할 수 있어 헌법이 정한 위임입법의 한계를 준수하고 있다고 할 것이므로, 위 규정이 포괄위임입법금지의 원칙에 반하는 위헌규정이라고는 할 수 없다(대판 2010.6.10, 2010두3473).

# 제2절 법규명령

## Ⅰ. 종류

**(1) 경찰공무원임용령은 법규명령에 해당한다** ★ 15 사회복지, 14·12 순경특채, 10 국가9급

> 경찰공무원임용령 제46조 제1항은 행정청 내부의 사무처리기준을 규정한 재량준칙이 아니라 일반국민이나 법원을 구속하는 법규명령에 해당하므로, 그에 의한 처분은 재량행위가 아니라 기속행위라 할 것이다(대판 2008.5.29, 2007두18321).

**(2)「공익사업을 위한 토지 등의 취득 및 보상에 관한 법률」제68조 제3항의 위임에 따라 협의취득의 보상액 산정에 관한 구체적 기준을 정하고 있는「공익사업을 위한 토지 등의 취득 및 보상에 관한 법률 시행규칙」제22조는 대외적인 구속력을 가진다** ★ 14 지방9급

> 「공익사업을 위한 토지 등의 취득 및 보상에 관한 법률」(공익사업법) 제68조 제3항은 협의취득의 보상액 산정에 관한 구체적 기준을 시행규칙에 위임하고 있고, 위임 범위 내에서「공익사업을 위한 토지 등의 취득 및 보상에 관한 법률 시행규칙」제22조는 토지에 건축물 등이 있는 경우에는 건축물 등이 없는 상태를 상정하여 토지를 평가하도록 규정하고 있는데, 이는 비록 행정규칙의 형식이나 공익사업법의 내용이 될 사항을 구체적으로 정하여 내용을 보충하는 기능을 갖는 것이므로, 공익사업법 규정과 결합하여 대외적인 구속력을 가진다(대판 2012.3.29, 2011다104253).

## Ⅱ. 법적 근거

**(1) 의료법의 위임 없이 당직의료인의 수와 자격을 정하고 있는「의료법 시행령」제18조 제1항은 위임입법의 한계를 벗어나 무효이다**

**전합판례**
> 의료법 제41조는 "각종 병원에는 응급환자와 입원환자의 진료 등에 필요한 당직의료인을 두어야 한다."라고 규정하는 한편, 제90조에서 제41조를 위반한 사람에 대한 처벌규정을 두었다. 이와 같이 의료법 제41조는 각종 병원에 응급환자와 입원환자의 진료 등에 필요한 당직의료인을 두어야 한다고만 규정하고 있을 뿐, 각종 병원에 두어야 하는 당직의료인의 수와 자격에 아무런 제한을 두고 있지 않고 이를 하위 법령에 위임하고 있지도 않다. 그런데도「의료법 시행령」제18조 제1항(시행령 조항)은 "법 제41조에 따라 각종 병원에 두어야 하는 당직의료인의 수는 입원환자 200명까지는 의사·치과의사 또는 한의사의 경우에는 1명, 간호사의 경우에는 2명을 두되, 입원환자 200명을 초과하는 200명마다 의사·치과의사 또는 한의사의 경우에는 1명, 간호사의 경우에는 2명을 추가한 인원 수로 한다."라고 규정하고 있다. 의료법 제41조가 "환자의 진료 등에 필요한 당직의료인을 두어야 한다."라고 규정하고 있을 뿐인데도 시행령 조항은 당직의료인의 수와 자격 등 배치기준을 규정하고 이를 위반하면 의료법 제90조에 의한 처벌의 대상이 되도록 함으로써 형사처벌의 대상을 신설 또는 확장하였다. 그러므로 시행령 조항은 위임입법의 한계를 벗어난 것으로서 무효이다[대판(전합) 2017.2.16, 2015도16014].

**(2) 법률의 시행령이나 시행규칙의 내용이 모법의 입법 취지와 관련 조항 전체를 유기적·체계적으로 살펴보아 모법의 해석상 가능한 것을 명시한 것에 지나지 않거나 모법 조항의 취지에 근거하여 이를 구체화하기 위한 것인 경우, 모법에 직접 위임하는 규정을 두지 않았다고 하여 무효라고 볼 수 없다** ★ 21 서울7급

`최신기출` 법률 하위의 법규명령은 법률에 의한 위임이 없으면 개인의 권리·의무에 관한 내용을 변경·보충하거나 법률이 규정하지 아니한 새로운 내용을 정할 수는 없지만, 법률의 시행령이나 시행규칙의 내용이 모법의 입법 취지와 관련 조항 전체를 유기적·체계적으로 살펴보아 모법의 해석상 가능한 것을 명시한 것에 지나지 아니하거나 모법 조항의 취지에 근거하여 이를 구체화하기 위한 것인 때에는 모법의 규율 범위를 벗어난 것으로 볼 수 없으므로, 모법에 이에 관하여 직접 위임하는 규정을 두지 아니하였다고 하더라도 이를 무효라고 볼 수는 없다(대판 2020.4.9, 2015다34444).

법률의 시행령 내용이 모법의 해석상 가능한 것을 명시한 것에 지나지 아니하더라도, 모법에 직접 위임하는 규정을 두지 않았다면 무효이다. (x) ■ 21 서울7급

# III. 한계

## 1. 위임형식과 수임기관의 특정

### (1) 법률이나 대통령령으로 규정할 사항을 부령으로 규정한 경우 그 부령은 무효이다 ★ 18 서울7급

`최신기출` 헌법 제74조(현행 제75조)는 "행정각부 장관은 그 담임한 직무에 관하여 직권 또는 특별한 위임에 의하여 부령을 발할 수 있다."고 규정하고 있으므로 행정각부 장관이 부령으로 제정할 수 있는 범위는 법률·대통령령이 위임한 사항이나 법률 또는 대통령령을 실시하기 위하여 필요한 사항에 한정되므로 법률 또는 대통령령으로 규정할 사항을 부령으로 규정하였다고 하면 그 부령은 무효임을 면치 못한다(대판 1962.1.25, 4294민상9).

### (2) 시행규칙에서 시행령의 위임에 의한 것임을 명시하지 않은 경우에도 시행령과의 위임관계를 인정할 수 있다
★ 16·15·14 지방9급

법령의 위임관계는 반드시 하위 법령의 개별조항에서 위임의 근거가 되는 상위 법령의 해당 조항을 구체적으로 명시하고 있어야만 하는 것은 아니라고 할 것이므로, 같은법 시행규칙 제5조가 같은법 시행령 제8조 제3항과의 위임관계를 위와 같이 명시하고 있다고 하여 같은법 시행규칙의 다른 규정에서 같은법 시행령 제8조 제3항의 위임에 기하여 풍속영업의 운영에 관하여 필요한 사항을 따로 정하는 것을 배제하는 취지는 아니라고 할 것이어서, 같은법 시행규칙 제5조 및 제8조 제1항의 위임관계에 관한 규정내용만을 들어 같은법 시행규칙 제8조 제1항과 같은법 시행령 제8조 제3항 사이의 위임관계를 부정할 수는 없다고 할 것이다(대판 1999.12.24, 99두5658).

### (3) 입법사항을 대통령령이 아닌 총리령이나 부령에 위임할 수 있다 ★ 12 국회9급

헌법 제75조는 대통령에 대한 입법권한의 위임에 관한 규정이지만, 국무총리나 행정각부의 장으로 하여금 법률의 위임에 따라 총리령 또는 부령을 발할 수 있도록 하고 있는 헌법 제95조의 취지에 비추어 볼 때, 입법자는 법률에서 구체적으로 범위를 정하기만 한다면 대통령령뿐만 아니라 부령에 입법사항을 위임할 수도 있다(헌재결 1998.2.27, 97헌마64).

**(4) 상위법령에서 세부사항 등을 시행규칙으로 정하도록 위임하였음에도 이를 고시 등 행정규칙으로 정한 경우, 대외적 구속력을 가지는 법규명령으로서 효력을 인정할 수 없다**

★ 20·13 지방7급, 20 지방9급, 19·16·15 지방9급, 17 서울7급, 17·15 국회8급

최신기출 행정규칙이나 규정이 상위법령의 위임범위를 벗어난 경우에는 법규명령으로서 대외적 구속력을 인정할 여지는 없다. 이는 행정규칙이나 규정 '내용'이 위임범위를 벗어난 경우뿐 아니라 상위법령의 위임규정에서 특정하여 정한 권한행사의 '절차'나 '방식'에 위배되는 경우도 마찬가지이므로, 상위법령에서 세부사항 등을 시행규칙으로 정하도록 위임하였음에도 이를 고시 등 행정규칙으로 정하였다면 그 역시 대외적 구속력을 가지는 법규명령으로서 효력이 인정될 수 없다(대판 2012.7.5, 2010다72076).

**(5) 구 주택건설촉진법 제33조의6 제6항의 위임에 의하여 건설교통부장관의 '고시' 형식으로 되어 있는 「주택건설공사 감리비지급기준」은 이를 건설교통부령으로 정하도록 한 구 주택법이 시행된 이후에는 대외적인 구속력이 있는 법규명령으로서 효력이 없다**

개정 조항에서는 "사업주체는 감리자에게 건설교통부령이 정하는 절차 등에 의하여 공사감리비를 지급하여야 한다."고 되어 있다. 따라서 구 주택법이 시행된 이후에는 감리비의 지급기준 등은 구 주택법이 규정한 바에 따라 '건설교통부령'의 형식으로 정해야 하므로, 건설교통부장관의 '고시' 형식으로 되어 있는 종전 감리비지급기준은 구 주택법 제24조 제6항이 권한행사의 절차 및 방법을 특정하여 위임한 것에 위배되어 더 이상 대외적인 구속력이 있는 법규명령으로서 효력을 가지지 못한다(대판 2012.7.5, 2010다72076).

## 2. 위임의 범위

### (1) 헌법 제75조의 의의

헌법은 제75조에서 "대통령은 법률에서 구체적으로 범위를 정하여 위임받은 사항 … 에 관하여 대통령령을 발할 수 있다."고 규정함으로써 위임입법의 근거를 마련함과 동시에, 입법상 위임은 '구체적으로 범위를 정하여' 하도록 함으로써 그 한계를 제시하고 있다(헌재결 2013.10.24, 2012헌바368).

### (2) 특정 사안과 관련하여 법률에서 하위 법령에 위임을 한 경우, 모법의 위임범위를 확정하거나 하위 법령이 위임의 한계를 준수하고 있는지 판단하는 방법

최신판례 특정 사안과 관련하여 법률에서 하위 법령에 위임을 한 경우에 모법의 위임범위를 확정하거나 하위 법령이 위임의 한계를 준수하고 있는지를 판단할 때에는, 하위 법령이 규정한 내용이 입법자가 형식적 법률로 스스로 규율하여야 하는 본질적 사항으로서 의회유보의 원칙이 지켜져야 할 영역인지와 함께, 당해 법률 규정의 입법 목적과 규정 내용, 규정의 체계, 다른 규정과의 관계 등을 종합적으로 고려하여야 하고, 위임 규정 자체에서 의미 내용을 정확하게 알 수 있는 용어를 사용하여 위임의 한계를 분명히 하고 있는데도 문언적 의미의 한계를 벗어났는지 여부나 하위 법령의 내용이 모법 자체로부터 위임된 내용의 대강을 예측할 수 있는 범위 내에 속한 것인지, 수권 규정에서 사용하고 있는 용어의 의미를 넘어 범위를 확장하거나 축소하여서 위임 내용을 구체화하는 단계를 벗어나 새로운 입법을 한 것으로 평가할 수 있는지 등을 구체적으로 따져 보아야 한다(대판 2020.2.27, 2017두37215).

### (3) 법규명령이 법률의 위임 범위를 벗어났는지 판단하는 방법

법규명령이 법률의 위임 범위를 벗어났는지는 직접적인 위임 법률조항의 형식과 내용뿐만 아니라 법률의 전반적인 체계와 목적 등도 아울러 고려하여 법률의 위임 범위나 한계를 객관적으로 확정한 다음 법규명령의 내용과 비교해서 판단해야 한다. 법규명령의 내용이 위와 같이 확정된 법률의 위임 범위 내에 있다고 인정되거나 법률이 예정하고 있는 바를 구체적으로 명확하게 한 것으로 인정되면 법규명령은 무효로 되지 않는다(대판 2021.7.29, 2020두39655).

### (4) 구체적 위임이 필요한 이유 ★ 13 변호사

위임입법이 필요한 분야라고 하더라도 입법권의 위임은 법치주의의 원칙과 의회민주주의의 원칙, 권력분립의 원칙에 비추어 구체적으로 범위를 정하여 하는 경우만 허용된다. 더구나 처벌규정의 위임은 처벌대상인 행위가 어떠한 것일 것이라고 이를 예측할 수 있을 정도로 구체적으로 정하고 형벌의 종류 및 그 상한과 폭을 명백히 규정하여야 한다(헌재결 2004.9.23, 2002헌가26).

### (5) 시행령의 위헌 여부와 위임규정의 위헌 여부의 관계 ★ 15 변호사

위임입법의 법리는 헌법의 근본원리인 권력분립주의와 의회주의 내지 법치주의에 바탕을 두는 것이기 때문에 행정부에서 제정된 대통령령에서 규정한 내용이 정당한 것인지 여부와 위임의 적법성에는 직접적인 관계가 없다. 따라서 대통령령으로 규정한 내용이 헌법에 위반될 경우라도 그 대통령령의 규정이 위헌으로 되는 것은 별론으로 하고 그로 인하여 정당하고 적법하게 입법권을 위임한 수권법률 조항까지도 위헌으로 되는 것은 아니다(헌재결 1996. 6.26, 93헌바2).

### (6) 법률의 시행령이 형사처벌에 관한 사항을 규정하면서 법률의 명시적인 위임 범위를 벗어나 처벌 대상을 확장하는 경우, 위임입법의 한계를 벗어나 무효이다 ★ 21 변호사, 17 지방9급

법률의 시행령은 모법인 법률의 위임 없이 법률이 규정한 개인의 권리·의무에 관한 내용을 변경·보충하거나 법률에서 규정하지 아니한 새로운 내용을 규정할 수 없고, 특히 법률의 시행령이 형사처벌에 관한 사항을 규정하면서 법률의 명시적인 위임 범위를 벗어나 처벌의 대상을 확장하는 것은 죄형법정주의의 원칙에도 어긋나는 것이므로, 그러한 시행령은 위임입법의 한계를 벗어난 것으로서 무효이다[대판(전합) 2017.2.16, 2015도16014].

### (7) '구체적으로 범위를 정하여'의 의미

#### ① 구체적·개별적 위임만 허용 ↔ 일반적·추상적(포괄적·전면적·백지)위임, 백지수권·골격입법은 금지(대법원)

헌법 제75조는 "대통령은 법률에서 구체적 범위를 정하여 위임받은 사항 … 에 관하여 대통령령을 발할 수 있다."고 규정하고 있으므로, 법률의 위임은 반드시 구체적이고 개별적으로 한정된 사항에 관하여 행해져야 할 것이고, 여기서 구체적이라는 것은 일반적·추상적이어서는 안 된다는 것을, 범위를 정한다는 것은 포괄적·전면적이어서는 아니 된다는 것을 각 의미한다(대결 1995.12.8, 95카기16).

#### ② 구체적·개별적 위임만 허용(헌법재판소)

법률의 위임은 반드시 구체적이고 개별적으로 한정된 사항에 대하여 행하여져야 한다. 그렇지 아니하고 일반적이고 포괄적인 위임을 한다면 이는 사실상 입법권을 백지위임하는 것이나 다름없어 의회입법의 원칙이나 법치주의를 부인하는 것이 되고 행정권의 부당한 자의와 기본권행사에 대한 무제한적 침해를 초래할 위험이 있기 때문이다(헌재결 2013.6.27, 2011헌바386).

③ **총리령·부령도 헌법에 명시적 규정은 없지만 구체적 위임만 가능하다** ★ 21 변호사

`최신기출` 헌법 제95조에는 동 제75조와 같이 '구체적으로 범위를 정하여'라는 문구가 없지만 역시 마찬가지로 위임의 구체성과 명확성을 요구한다. 다만, 이러한 기준은 기본권의 성질 및 행정분야에 따라서, 국민에 대한 영향력의 정도에 따라서, 현실적·입법기술적 곤란성에 따라서, 그리고 수임자의 민주적 정당성, 조직형태에 따라서 달리 적용된다 (헌재결 1997.12.24, 95헌마390).

④ **실질적 예측(예견)가능성(유기적·체계적으로 종합 판단, 규제대상의 성질에 따라 구체적·개별적 검토)** ★ 12 국회9급, 10 국가7급

위임명령은 법률이나 상위명령에서 구체적으로 범위를 정한 개별적인 위임이 있을 때에 가능하고, 여기에서 구체적인 위임의 범위는 규제하고자 하는 대상의 종류와 성격에 따라 달라지는 것이어서 일률적 기준을 정할 수는 없지만, 적어도 위임명령에 규정될 내용 및 범위의 기본사항이 구체적으로 규정되어 있어서 누구라도 당해 법률이나 상위명령으로부터 위임명령에 규정될 내용의 대강을 예측할 수 있어야 하나, 이 경우 그 예측가능성의 유무는 당해 위임조항 하나만을 가지고 판단할 것이 아니라 그 위임조항이 속한 법률이나 상위명령의 전반적인 체계와 취지·목적, 당해 위임조항의 규정형식과 내용 및 관련법규를 유기적·체계적으로 종합 판단하여야 하고, 나아가 각 규제대상의 성질에 따라 구체적·개별적으로 검토함을 요한다(대판 2006.4.14, 2004두14793).

⑤ **실질적 예측(예견)가능성**

헌법 제75조는 위임입법의 근거조문임과 동시에 그 범위와 한계를 제시하고 있는바, 여기서 '법률에서 구체적인 범위를 정하여 위임받은 사항'이란 법률에 이미 대통령령으로 규정될 내용 및 범위의 기본사항이 구체적으로 규정되어 있어서 누구라도 당해 법률로부터 대통령령에 규정될 내용의 대강을 예측할 수 있어야 함을 의미한다 (헌재결 2013.6.27, 2011헌바386).

위임조항에서 위임의 구체적 범위를 명확히 규정하고 있지 않다고 하더라도 당해 법률의 전반적 체계와 관련규정에 비추어 위임조항의 내재적인 위임의 범위나 한계를 객관적으로 분명히 확정할 수 있다면 이를 일반적이고 포괄적인 백지위임에 해당하는 것으로 볼 수는 없다(헌재결 1997.12.24, 95헌마390). ★ 15 변호사

⑥ **법률이 특정 사안과 관련하여 시행령에 위임을 한 경우 시행령이 위임의 한계를 준수하고 있는지 판단하는 기준**
★ 16 국가7급

`전합판례` 법률이 특정 사안과 관련하여 시행령에 위임을 한 경우 시행령이 위임의 한계를 준수하고 있는지를 판단할 때는 당해 법률 규정의 입법 목적과 규정 내용, 규정의 체계, 다른 규정과의 관계 등을 종합적으로 살펴야 한다. 법률의 위임 규정 자체가 그 의미 내용을 정확하게 알 수 있는 용어를 사용하여 위임의 한계를 분명히 하고 있는데도 시행령이 그 문언적 의미의 한계를 벗어났다든지, 위임 규정에서 사용하고 있는 용어의 의미를 넘어 그 범위를 확장하거나 축소함으로써 위임 내용을 구체화하는 단계를 벗어나 새로운 입법을 한 것으로 평가할 수 있다면, 이는 위임의 한계를 일탈한 것으로서 허용되지 않는다[대판(전합) 2012.12.20, 2011두30878].

위임명령이 위임 내용을 구체화하는 단계를 벗어나 새로운 입법을 한 것으로 평가할 수 있다고 하더라도 이는 위임의 한계를 일탈한 것이 아니다. (×) ■ 16 국가7급

⑦ **외형에 의해서가 아니라 객관적으로 판단**

`전합판례` 외형상으로는 일반적·포괄적으로 위임한 것처럼 보이더라도 그 법률의 전반적인 체계와 취지·목적, 당해 조항의 규정형식과 내용 및 관련법규를 살펴 이에 대한 해석을 통하여 그 내재적인 위임의 범위나 한계를 객관적으로 분명히 확정될 수 있는 것이라면 이를 일반적·포괄적인 위임에 해당하는 것으로 볼 수는 없다[대판(전합) 1996.3. 21, 95누3640].

⑧ **일반적·추상적·개괄적인 규정이라도 법관의 법보충작용으로서의 해석을 통해 구체화·명확화될 수 있다면 합헌**

> 일반적·추상적·개괄적인 규정이라 할지라도 법관의 법보충작용으로서의 해석을 통하여 그 의미가 구체화·명확화될 수 있다면 그 규정이 명확성을 결여하여 과세요건명확주의에 반하는 것으로 볼 수는 없다(대판 2001.4.27, 2000두9076).

⑨ **예시적 위임도 가능할 수 있다**

> 토지수용법 제51조, 「공공용지의 취득 및 손실보상에 관한 특례법」 제4조 제5항 등의 규정취지에 비추어 볼 때, 토지수용법 제57조의2에 의하여 준용되는 위 특례법 제4조 제5항에 열거하여, 건설부령으로 평가방법, 보상액 산정방법 및 기준 등을 정할 수 있도록 위임한 항목들은 제한적·한정적인 것이 아니라 예시적인 것에 불과하여 거기에 열거되지 아니한 손실에 대하여도 보상액 산정방법과 기준 등을 상위법규에 위반되지 아니한 이상 건설부령으로 정할 수 있다(대판 1994.1.28, 93누17218).

⑩ **법률의 시행령이나 시행규칙의 내용이 모법의 입법 취지와 관련 조항 전체를 유기적·체계적으로 살펴보아 모법의 해석상 가능한 것을 명시한 것에 지나지 않거나 모법 조항의 취지에 근거하여 이를 구체화하기 위한 것인 경우, 모법에 직접 위임하는 규정을 두지 않았다고 하여 무효라고 할 수 없고 이러한 법리는 지방자치단체의 교육감이 제정하는 교육규칙과 모법인 상위 법령의 관계에서도 마찬가지이다** ★ 21 국가7급, 21 지방9급, 21 국가9급, 20 서울7급

최신기출
> 법률의 시행령이나 시행규칙은 법률에 의한 위임이 없으면 개인의 권리·의무에 관한 내용을 변경·보충하거나 법률이 규정하지 아니한 새로운 내용을 정할 수는 없지만, 법률의 시행령이나 시행규칙의 내용이 모법의 입법 취지와 관련 조항 전체를 유기적·체계적으로 살펴보아 모법의 해석상 가능한 것을 명시한 것에 지나지 아니하거나 모법 조항의 취지에 근거하여 이를 구체화하기 위한 것인 때에는 모법의 규율 범위를 벗어난 것으로 볼 수 없으므로, 모법에 이에 관하여 직접 위임하는 규정을 두지 아니하였다고 하더라도 이를 무효라고 볼 수는 없다. 이러한 법리는 지방자치단체의 교육감이 제정하는 교육규칙과 모법인 상위 법령의 관계에서도 마찬가지이다(대판 2014.8.20, 2012두19526).

### (8) 위임의 구체성과 명확성의 정도 ★ 21 변호사, 14 국가9급, 12 순경특채, 07 국가7급

최신기출
> 위임의 구체성·명확성의 요구 정도는 그 규율대상의 종류와 성격에 따라 달라질 것이지만, 특히 처벌법규나 조세법규와 같이 국민의 기본권을 직접적으로 제한하거나 침해할 소지가 있는 법규에서는 구체성·명확성의 요구가 강화되어 그 위임의 요건과 범위가 일반적인 급부행정의 경우보다 더 엄격하게 제한적으로 규정되어야 하는 반면에, 규율대상이 지극히 다양하거나 수시로 변화하는 성질의 것일 때에는 위임의 구체성·명확성의 요건이 완화될 수도 있을 것이며, 그 밖에 이 사건과 같은 조세감면규정의 경우에는 법률의 구체적인 근거없이 대통령령에서 감면대상·감면비율 등 국민의 납세의무에 직접 영향을 미치는 감면요건 등을 규정하였는가 여부도 중요한 판단기준으로 삼을 수 있을 것이다(헌재결 1997.2.20, 95헌바27).

① **구체성·명확성이 엄격하게 요구되는 영역(침익적 행정)**

㉠ **형벌(헌법재판소)** ★ 19 국가9급, 14 지방9급, 13·11 지방7급, 13 행정사, 07 국회8급

최신기출
> 형벌법규에 대하여도 특히 긴급한 필요가 있거나 미리 법률로써 자세히 정할 수 없는 부득이한 사정이 있는 경우에 한하여(보충성) 수권법률(위임법률)이 구성요건의 점에서는 처벌대상인 행위가 어떠한 것일 거라고 이를 예측할 수 있을 정도로 구체적으로 정하고, 형벌의 점에서는 형벌의 종류 및 그 상한과 폭을 명확히 규정하는 것을 조건으로 위임입법이 허용되며 이러한 위임입법은 죄형법정주의에 반하지 않는다(헌재결 1996.2.29, 94헌마213).

ⓛ **형벌법규의 해석(대법원)** ★ 14 서울9급

사회현상의 복잡다기화와 국회의 전문적·기술적 능력의 한계 및 시간적 적응능력의 한계로 인하여 형사처벌에 관련된 모든 법규를 예외 없이 형식적 의미의 법률에 의하여 규정한다는 것은 사실상 불가능할 뿐만 아니라 실제에 적합하지도 아니하기 때문에, 특히 긴급한 필요가 있거나 미리 법률로써 자세히 정할 수 없는 부득이한 사정이 있는 경우에 한하여(보충성) 위임법률이 구성요건의 점에서는 처벌대상인 행위가 어떠한 것인지 이를 예측할 수 있을 정도로 구체적으로 정하고, 형벌의 점에서는 형벌의 종류 및 그 상한과 폭을 명확히 규정하는 것을 전제로 위임입법이 허용되며, 이러한 위임입법은 죄형법정주의에 반하지 않는다(대판 2013.3.28, 2012도16383).

ⓒ **과세요건의 해석**

`전합판례` 조세법률주의의 원칙상 과세요건은 엄격히 해석되어야 하고 일반적·포괄적인 위임입법은 금지된다[대판(전합) 1996.3.21, 95누3640].

ⓔ **국민의 기본권을 제한하거나 침해할 소지가 있는 사항** ★ 10 서울9급

`전합판례` 국민의 기본권을 제한하거나 침해할 소지가 있는 사항에 관한 위임에 있어서는 위와 같은 구체성 내지 명확성이 보다 엄격하게 요구된다[대판(전합) 2000.10.19, 98두6265].

② **구체성·명확성이 완화되는 영역(급부행정)**

㉠ **다양한 사실관계를 규율하거나 사실관계가 수시로 변화될 것이 예상될 때** ★ 17 지방9급

다양한 형태의 사실관계를 규율하거나 규율대상인 사실관계가 상황에 따라 자주 변화하리라고 예상된다면 규율대상인 사실관계의 특성을 고려하여 명확성에 대하여 엄격한 요구를 할 수 없다. 이러한 경우, 복잡·다양하고 변화하는 상황에 따른 합리적인 해결이 가능하도록 입법권을 위임받는 행정부에 어느 정도 자유공간을 인정할 필요가 있다(헌재결 2003.7.24, 2002헌바82).

㉡ **중학교 의무교육**

다양한 사실관계를 규율하거나 사실관계가 수시로 변화될 것이 예상될 때에는 위임의 명확성의 요건이 완화되어야 한다. 따라서 중학교 의무교육의 구체적인 실시시기와 절차 등을 하위법령에 위임하여 정하도록 함에 있어서는 막대한 재정지출을 수반하는 무상교육의 수익적 성격과 규율대상의 복잡다양성을 고려하여 위임의 명확성의 요구 정도를 완화하여 해석할 수 있는 것이다(헌재결 1991.2.11, 90헌가27).

㉢ **보건위생 등 급부행정영역** ★ 20 국회9급, 11 지방9급

`최신기출` 보건위생 등 급부행정영역에서는 기본권침해영역보다는 구체성의 요구가 다소 약화되어도 무방하다고 해석된다. 법 제31조 제1항에서 분만급여를 실시할 것을 규정한 이상 그 범위·상한기준까지 반드시 법률로써 정하여야 하는 사항은 아니다. 따라서 의료보험법의 전반적 체계와 위와 같은 규정을 종합해 보면 내재적인 위임의 범위나 한계를 예측할 수 있으므로 이 사건 법률조항이 분만급여의 범위나 상한기준을 더 구체적으로 정하지 아니하였다고 하여 포괄위임에 해당한다고 할 수는 없다고 할 것이다(헌재결 1997.12.24, 95헌마390).

ⓔ 자치사무와 단체위임사무에 관한 자치조례에 대하여는 위임입법의 한계가 적용되지 않는다
★ 20 서울7급, 14 국가7급, 12 사회복지, 08 지방7급

조례가 규정하고 있는 사항이 그 근거 법령 등에 비추어 볼 때 자치사무나 단체위임사무에 관한 것이라면 이는 자치조례로서 지방자치법 제15조가 규정하고 있는 '법령의 범위 안'이라는 사항적 한계가 적용될 뿐, 위임조례와 같이 국가법에 적용되는 일반적인 위임입법의 한계가 적용될 여지는 없다(대판 2000.11.24, 2000추29).

ⓜ 조례는 민주적 정당성을 지니고 있는 주민의 대표기관인 지방의회가 제정하는 지방자치단체의 자주법이고, 헌법상 포괄적 자치권이 인정되기 때문에 다른 법규명령과는 달리 일반적·포괄적 위임도 허용

ⓐ

법률이 주민의 권리의무에 관한 사항에 관하여 구체적으로 아무런 범위도 정하지 아니한 채 조례로 정하도록 포괄적으로 위임하였다고 하더라도 행정관청의 명령과는 달리, 조례도 주민의 대표기관인 지방의회의 의결로 제정되는 지방자치단체의 자주법인만큼, 지방자치단체가 법령에 위반되지 않는 범위 내에서 주민의 권리의무에 관한 사항을 조례로 제정할 수 있는 것이다(대판 1991.8.27, 90누6613).

ⓑ 조례에 대한 위임은 포괄적인 것으로 족하다 ★ 21 변호사, 18 서울7급, 17 지방9급

조례의 제정권자인 지방의회는 선거를 통해서 그 지역적인 민주적 정당성을 지니고 있는 주민의 대표기관이고 헌법이 지방자치단체에 포괄적인 자치권을 보장하고 있는 취지로 볼 때, 조례에 대한 법률의 위임은 법규명령에 대한 법률의 위임과 같이 반드시 구체적으로 범위를 정하여 할 필요가 없으며 포괄적인 것으로 족하다(헌재결 1995.4.20, 92헌마264·279).

조례에 대한 법률의 위임은 반드시 구체적으로 범위를 정하여 해야 한다. (x) ■ 18 서울7급

ⓒ 법률의 위임 없이 주민의 권리를 제한하거나 의무를 부과하는 사항을 정한 조례의 효력은 무효이고, 법률이 주민의 권리의무에 관한 사항에 관하여 구체적으로 범위를 정하지 않은 채 조례로 정하도록 포괄적으로 위임한 경우, 지방자치단체가 주민의 권리의무에 관한 사항을 조례로 제정할 수 있다

지방자치법 제22조, 행정규제기본법 제4조 제3항에 따르면 지방자치단체가 조례를 제정할 때 내용이 주민의 권리 제한 또는 의무 부과에 관한 사항이나 벌칙인 경우에는 법률의 위임이 있어야 한다. 법률의 위임 없이 주민의 권리를 제한하거나 의무를 부과하는 사항을 정한 조례는 효력이 없다. 그러나 법률에서 조례에 위임하는 방식에 관해서는 법률상 제한이 없다. 조례의 제정권자인 지방의회는 선거를 통해서 지역적인 민주적 정당성을 지니고 있는 주민의 대표기관이다. 헌법 제117조 제1항은 지방자치단체에 포괄적인 자치권을 보장하고 있다. 따라서 조례에 대한 법률의 위임은 법규명령에 대한 법률의 위임과 같이 반드시 구체적으로 범위를 정하여 할 필요가 없다. 법률이 주민의 권리의무에 관한 사항에 관하여 구체적으로 범위를 정하지 않은 채 조례로 정하도록 포괄적으로 위임한 경우에도 지방자치단체는 법령에 위반되지 않는 범위 내에서 주민의 권리의무에 관한 사항을 조례로 제정할 수 있다(대판 2017.12.5, 2016추5162).

ⓓ

교육부장관이 전자파 취약계층의 보호를 위해 경기도 내 유치원 및 초등학교 등을 전자파 안심지대로 지정하고 그곳에서는 누구든지 기지국을 설치할 수 없도록 하는 내용의 「경기도교육청 전자파 취약계층보호 조례안」에 대하여 법령에 반한다는 이유로 재의결을 요구하였으나 경기도의회가 원안대로 재의결한 사안에서, 위 조례안이 법률의 위임 없이 주민의 권리 제한에 관한 사항을 규정하였다는 이유로 효력을 인정할 수 없다고 한 사례(대판 2017.12.5, 2016추5162)

ⓔ 특정 사안과 관련하여 법령에서 조례에 위임을 한 경우, 조례가 위임의 한계를 준수하였는지 판단하는 방법

> 특정 사안과 관련하여 법령에서 조례에 위임을 한 경우 조례가 위임의 한계를 준수하였는지를 판단할 때는 당해 법령 규정의 입법 목적과 규정 내용, 규정의 체계, 다른 규정과의 관계 등을 종합적으로 살펴야 하고, 수권 규정에서 사용하고 있는 용어의 의미를 넘어 그 범위를 확장하거나 축소하여 위임 내용을 구체화하는 단계를 벗어나 새로운 입법을 하였는지 등도 아울러 고려하여야 한다(대판 2019.7.10, 2016두61051).

ⓕ 전주시장이 구 「폐기물처리시설 설치촉진 및 주변지역지원 등에 관한 법률」 제6조 등에 따라 폐기물처리시설 설치비용에 해당하는 금액을 납부하기로 한 혁신도시 개발사업 시행자에게 「전주시 폐기물처리시설 설치비용 징수와 기금설치 및 운용에 관한 조례」 규정에 따라 폐기물처리시설 설치비용 산정의 기준이 되는 부지면적에 '관리동'과 '세차동 등 기타시설'의 면적을 포함시켜 부지매입비용을 산정한 폐기물처리시설 설치비용 부담금을 부과한 사안에서, 위 조례 규정 중 '관리동', '세차동 등 기타시설'의 부지면적 산정에 관한 부분은 상위법령을 구체화한 것에 불과하고 상위법령의 위임의 한계를 벗어나 무효라고 볼 수 없음에도, 이와 달리 본 원심판단에 법리를 오해한 잘못이 있다고 한 사례

> 구 「폐기물처리시설 설치촉진 및 주변지역지원 등에 관한 법률 시행령」 제4조 제3항 등 관계 법령이 시설의 설치에 드는 비용의 산정기준에 관하여 상세한 규정을 두면서도 폐기물처리시설의 부지면적에 관하여는 아무런 규정을 두고 있지 않아 지방자치단체에는 장래 폐기물처리시설의 규모, 운영방식, 관리수요 등의 다양한 요소를 예측하여 그에 필요한 '관리동'과 '세차동 등 기타시설'의 규모를 정할 수 있는 재량이 부여된 것으로 보아야 하므로 조례에서 정한 폐기물처리시설 부지면적의 산정기준이 현저히 불합리하다는 등의 특별한 사정이 없는 한 조례 내용이 무효라고 볼 수는 없는 점, '관리동'과 '세차동 등 기타시설'은 폐기물처리시설 자체는 아니지만 폐기물처리시설의 원활한 관리·운영을 위하여 필요한 시설로서 환경보전과 국민 생활의 질적 향상에 이바지함을 목적으로 하는 폐기물시설촉진법의 입법 목적 달성에 기여하는 시설인 점 등을 종합하면, 위 조례 규정 중 '관리동', '세차동 등 기타시설'의 부지면적 산정에 관한 부분은 상위법령을 구체화한 것에 불과하고 상위법령의 위임의 한계를 벗어나 무효라고 볼 수 없음에도, 이와 달리 위 조례 규정이 법과 시행령의 위임범위를 벗어나 무효이고, 시장이 위 조례에 따라 '관리동', '세차동 등 기타시설'의 부지면적을 폐기물처리시설의 부지면적에 포함시켜 부지매입비용을 산정한 것은 위법하다고 본 원심판단에 법리를 오해한 잘못이 있다고 한 사례(대판 2019.7.10, 2016두61051)

ⓗ 법률이 공법적 단체의 정관에 자치법적 사항을 위임한 경우 포괄위임 금지원칙이 적용되지 않는다
★ 21 국가9급, 21 변호사, 17 서울7급, 11 지방9급

<code>최신기출</code> 헌법 제75조, 제95조가 정하는 포괄적인 위임입법의 금지는, 그 문리해석상 정관에 위임한 경우까지 그 적용대상으로 하고 있지 않고, 또 권력분립의 원칙을 침해할 우려가 없다는 점 등을 볼 때, 법률이 정관에 자치법적 사항을 위임한 경우에는 원칙적으로 적용되지 않는다(헌재결 2001.4.26, 2000헌마122).

ⓘ 대법원규칙 ★ 21 변호사

<code>최신기출</code> 위임입법이 대법원규칙인 경우에도 수권법률에서 헌법 제75조에 근거한 포괄위임금지원칙을 준수하여야 하는 것은 마찬가지이나, 위임의 구체성·명확성의 정도는 다른 규율 영역에 비해 완화될 수 있다. 변호사보수 가운데 어느 정도를 소송비용으로 인정할 것인지는 기술적이고 전문적인 사항이므로, 소송비용 산입기준에 관한 세부 사항을 법률보다 탄력성이 있는 하위규범에 위임할 필요성이 있다(헌재결 2016.6.30, 2013헌바370·392·421, 2014헌바7·296, 2015헌바74).

> 국회입법에 대한 헌법 제40조와 행정입법에 대한 헌법 제75조 및 제95조의 의미를 체계적으로 살펴보면, 포괄위임금지원칙은 입법부와 행정부 사이의 권력배분의 문제이므로 법률이 대법원규칙에 입법을 위임할 경우 포괄위임금지원칙은 적용되지 않는다.
> (×) ■ 21 변호사

**(9) 합법적 명령해석**(합헌적 법률해석을 유추하여 필자가 붙인 이름) ★ 21 지방7급, 17 지방9급, 10 서울9급

최신기출 | 어느 시행령이나 조례의 규정이 모법에 저촉되는지가 명백하지 않은 경우에는 모법과 시행령 또는 조례의 다른 규정들과 그 입법 취지, 연혁 등을 종합적으로 살펴 모법에 합치된다는 해석도 가능한 경우라면 그 규정을 모법위반으로 무효라고 선언해서는 안 된다. 이러한 법리는, 국가의 법체계는 그 자체 통일체를 이루고 있는 것이므로 상·하규범 사이의 충돌은 최대한 배제되어야 한다는 원칙과 더불어, 민주법치국가에서 규범은 일반적으로 상위규범에 합치할 것이라는 추정원칙에 근거하고 있을 뿐만 아니라, 실제적으로도 하위규범이 상위규범에 저촉되어 무효라고 선언되는 경우에는 그로 인한 법적 혼란과 법적 불안정은 물론, 그에 대체되는 새로운 규범이 제정될 때까지의 법적 공백과 법적 방황은 상당히 심각할 것이므로 이러한 폐해를 회피하기 위해서도 필요하다(대판 2014.1.16, 2011두6264).

**① 「장애인복지법 시행령」 제2조 제1항 [별표 1]은 보호의 대상인 장애인을 한정적으로 열거한 것이 아니다**

최신판례 | 헌법 제34조 제1항, 제5항, 장애인복지법 제1조, 제2조 제1항, 제2항, 「장애인복지법 시행령」 제2조 제1항 [별표 1]의 체계, 장애인복지법의 취지와 장애인등록으로 받게 되는 이익, 위임규정과 시행령 규정의 형식과 내용 등을 종합하면, 장애인복지법 제2조 제1항은 장애인의 정의를 규정하고, 제2조 제2항은 장애인복지법의 적용을 받는 신체적 장애와 정신적 장애의 종류 및 기준을 정함으로써 그에 따라 제정될 시행령의 내용에 관한 예측가능성을 부여하는 한편 행정입법에 관한 재량의 한계를 부여한 규정이라고 보아야 한다. 입법기술상 모법이 정한 장애의 종류 및 기준에 부합하는 모든 장애를 빠짐없이 시행령에 규정할 수는 없다. 그러므로 장애인복지법 시행령 제2조 제1항 [별표 1]은 위임조항의 취지에 따라 모법의 장애인에 관한 정의규정에 최대한 부합하도록 가능한 범위 내에서 15가지 종류의 장애인을 규정한 것으로 볼 수 있을 뿐이다. 따라서 장애인복지법 시행령 제2조 제1항 [별표 1]을 오로지 그 조항에 규정된 장애에 한하여 법적 보호를 부여하겠다는 취지로 보아 그 보호의 대상인 장애인을 한정적으로 열거한 것으로 새길 수는 없다(대판 2019.10.31, 2016두50907).

**② 어느 특정한 장애를 가진 사람이 장애인복지법 제2조에서 정한 장애인에 해당함이 분명함에도 그 장애가 「장애인복지법 시행령」 제2조 제1항 [별표 1]에 규정되어 있지 않다는 이유만으로 행정청이 장애인등록신청을 거부할 수 있는지 여부**(소극) **및 이 경우 행정청이 취할 조치**

최신판례 | 어느 특정한 장애가 장애인복지법 시행령 제2조 제1항 [별표 1]에 명시적으로 규정되어 있지 않다고 하더라도, 그 장애를 가진 사람이 장애인복지법 제2조에서 정한 장애인에 해당함이 분명할 뿐 아니라, 모법과 위 시행령 조항의 내용과 체계에 비추어 볼 때 위 시행령 조항이 그 장애를 장애인복지법 적용대상에서 배제하려는 전제에 서 있다고 새길 수 없고 단순한 행정입법의 미비가 있을 뿐이라고 보이는 경우에는, 행정청은 그 장애가 시행령에 규정되어 있지 않다는 이유만으로 장애인등록신청을 거부할 수 없다. 이 경우 행정청으로서는 위 시행령 조항 중 해당 장애와 가장 유사한 장애의 유형에 관한 규정을 찾아 유추 적용함으로써 위 시행령 조항을 최대한 모법의 취지와 평등원칙에 부합하도록 운용하여야 한다(대판 2019.10.31, 2016두50907).

**③ 초등학교 때 운동 틱과 음성 틱 증상이 모두 나타나는 '뚜렛증후군(Tourette's Disorder)' 진단을 받고 10년 넘게 치료를 받아왔으나 증상이 나아지지 않아 오랫동안 일상 및 사회생활에서 상당한 제약을 받던 갑이 장애인복지법 제32조에 따른 장애인등록신청을 하였으나, 갑이 가진 장애가 「장애인복지법 시행령」 제2조 제1항 [별표 1]에 규정되지 않았다는 이유로 관할 군수가 갑의 장애인등록신청을 거부하는 처분을 한 사안에서, 위 처분이 위법하다고 한 사례**

최신판례 | 갑이 뚜렛증후군이라는 내부기관의 장애 또는 정신 질환으로 발생하는 장애로 오랫동안 일상생활이나 사회생활에서 상당한 제약을 받는 사람에 해당함이 분명하므로 장애인복지법 제2조 제2항에 따라 장애인복지법을 적용받는 장애인에 해당하는 점, 위 시행령 조항이 갑이 가진 장애를 장애인복지법의 적용대상에서 배제하려는 취지라고 볼 수도 없는 점을 종합하면, 행정청은 갑의 장애가 위 시행령 조항에 규정되어 있지 않다는 이유만을 들어 갑의 장애인등록신청을 거부할 수는 없으므로 관할 군수의 위 처분은 위법하고, 관할 군수로서는 위 시행령 조항 중 갑이 가진 장애와 가장 유사한 종류의 장애 유형에 관한 규정을 유추 적용하여 갑의 장애등급을 판정함으로써 갑에게 장애등급을 부여하는 등의 조치를 취하여야 한다고 한 사례(대판 2019.10.31, 2016두50907)

#### (4) 재위임의 한계(헌법재판소) ★ 21·18 국가9급, 21·15 변호사, 17 국회8급, 13 서울7급, 12 사회복지, 10 국가7급

법률에서 위임받은 사항을 전혀 규정하지 않고 모두 재위임하는 것은 "위임받은 권한을 그대로 다시 위임할 수 없다."는 복위임금지의 법리에 반할 뿐 아니라 수권법의 내용변경을 초래하는 것이 되고, 대통령령 이외의 법규명령의 제정·개정절차가 대통령령에 비하여 보다 용이한 점을 고려할 때 하위의 법규명령에 대한 재위임의 경우에도 대통령령에의 위임에 가하여지는 헌법상의 제한이 마땅히 적용되어야 할 것이다. 따라서 법률에서 위임받은 사항을 전혀 규정하지 아니하고 그대로 하위의 법규명령에 재위임하는 것은 허용되지 않으며 위임받은 사항에 관하여 대강을 정하고 그 중의 특정사항을 범위를 정하여 하위의 법규명령에 다시 위임하는 경우에만 재위임이 허용된다(헌재결 2002.10.31, 2001헌라1부).

#### (5) 재위임의 한계(대법원) ★ 14 서울9급, 14 국가9급

법률에서 위임받은 사항을 전혀 규정하지 않고 재위임하는 것은 백지재위임금지의 법리에 반할 뿐 아니라 수권법의 내용변경을 초래하는 것이 되므로 허용되지 아니한다 할 것이나 위임받은 사항에 관하여 대강을 정하고 그 중의 특정사항을 범위를 정하여 하위법령에 다시 위임하는 경우에는 재위임이 허용된다 할 것이다(대판 2013.3.28, 2012도16383).

#### (6) 위임과 재위임의 한계에 관한 법리는 조례가 지방자치법 제22조 단서에 따라 주민의 권리제한 또는 의무부과에 관한 사항을 법률로부터 위임받은 후 다시 지방자치단체장이 정하는 규칙이나 고시 등에 재위임하는 경우에도 마찬가지 법리가 적용된다

법률에서 위임받은 사항을 전혀 규정하지 않고 재위임하는 것은 복위임금지 원칙에 반할 뿐 아니라 위임명령의 제정 형식에 관한 수권법의 내용을 변경하는 것이 되므로 허용되지 않으나 위임받은 사항에 관하여 대강을 정하고 그 중의 특정사항을 범위를 정하여 하위법령에 다시 위임하는 경우에는 재위임이 허용된다. 이러한 법리는 조례가 지방자치법 제22조 단서에 따라 주민의 권리제한 또는 의무부과에 관한 사항을 법률로부터 위임받은 후, 이를 다시 지방자치단체장이 정하는 '규칙'이나 '고시' 등에 재위임하는 경우에도 마찬가지이다(대판 2015.1.15, 2013두14238).

### 3. 내용적 한계

#### (1) 구 소득세법 제203조는 과세요건에 관한 법규의 제정을 대통령령에 위임하는 취지라고 할 수 없다 ★ 17 서울7급

구 소득세법(1980.12.13 법률 제3271호로 개정되기 전의 법) 제203조에 의하면 "이 법 시행에 관하여 필요한 사항은 대통령령으로 정한다."고 규정하고 있으나, 이것은 법률의 시행에 필요한 집행명령을 발할 수 있음을 규정한 것에 지나지 아니하며 양도차익과 같은 과세요건에 관한 법규의 제정까지도 포괄적으로 대통령령에 위임한 규정이라고는 볼 수 없다[대판(전합) 1982.11.23, 82누221].

어떤 법률의 말미에 "이 법의 시행에 필요한 사항은 대통령령으로 정한다."라고 하여 일반적 시행령 위임조항을 두었다면 이것은 위임명령의 일반적 발령 근거로 작용한다. (x) ■ 17 서울7급

#### (2) 집행명령의 사항적 한계

행정관청이 일반적 직권에 의하여 제정하는 집행명령은 상위법령이 규정한 범위 내에서 이를 현실적으로 집행하는 데 필요한 세부적인 사항만을 규정할 수 있을 뿐, 상위법령의 위임이 없는 한 상위법령이 규정한 개인의 권리·의무에 관한 내용을 변경·보충하거나 상위법령에 규정되지 아니한 새로운 내용을 규정할 수는 없다(대판 2012.7.5, 2010다72076).

# Ⅳ. 법규명령의 하자

## 1. 위법한 법규명령은 무효이다 ★ 10 국가9급

> 물품세법 제3조에는 과세물품 반입자에 대하여는 물품세를 부과한다는 규정이 없음에도 불구하고 일정한 경우에 물품의 반입자를 물품세 납세의무자로 규정한 「물품세법 시행령」 제17조 제6항, 동 시행규칙 제7조의5 제3항 각호 및 제4항의 규정은 모법의 위임 없이 실질적으로 새로운 납세의무자를 규정한 것으로 무효이며 이를 근거로 한 과세처분은 위법이다(대판 1979.2.27, 77누86).

## 2. 처분적 법규명령의 경우 취소사유도 가능하다

> 법령의 효력을 가진 명령이라도 그 효력이 다른 행정행위를 기다릴 것 없이 직접적으로 또 현실이 그 자체로서 국민의 권리훼손 기타 이익침해의 효과를 발생케 하는 성질의 것이라면 행정소송법상 처분이라 보아야 할 것이오, 따라서 그에 관한 이해관계자는 그 구체적 관계사실과 이유를 주장하여 그 명령의 취소를 법원에 구할 수 있을 것이다. … 본건 소송은 결국 행정소송의 목적이 될 수 없는 원고 주장의 대통령령을 그의 목적으로 삼아 제기된 것으로서 불법한 것임을 면치 못할 뿐 아니라, 그의 흠결은 그 성질상 보정할 수 없는 것임이 그 자체로서 명백함으로 반드시 각하되어야 할 것이다(대판 1954.8.19, 4286행상37).

## 3. 위헌·위법인 행정입법에 근거한 행정처분의 효력(취소사유)

### (1) 법규명령이 위법무효라고 선언한 대법원 판결이 선고되기 전에는 취소사유, 선고 후에는 무효사유(주류적 판례)

> 구 「개발이익 환수에 관한 법률 시행령」 제9조 제5항 및 제8조 제1항 제2호의 규정은 구 「개발이익환수에 관한 법률」 제10조 제3항 단서 및 제9조 제3항 제2호의 규정에 위반되어 무효이고, 그 구법 시행령의 규정들을 적용한 개발부담금 부과처분은 사안의 특수성을 고려하여 볼 때 그 중요한 부분에 하자가 있는 것으로 귀착되어 그 하자가 중대하지만, 개발부담금 부과처분 당시에는 아직 그 구법 시행령의 규정들이 위법·무효라고 선언한 대법원의 판결들이 선고되지 아니하였고, 또한 그 구법 시행령의 규정들이 그 구법의 규정들에 위반되는 것인지 여부가 해석상 다툼의 여지가 없을 정도로 객관적으로 명백하였다고 보여지지는 아니하는 경우, 그 구법 시행령의 규정들에 따른 개발부담금 부과처분의 하자가 객관적으로 명백하다고 볼 수는 없으므로 그 개발부담금 부과처분은 그 하자가 중대·명백한 당연무효의 처분이라고 할 수 없다(대판 1997.5.28, 95다15735).

## 4. 시행령의 본칙 규정이 무효인 경우 이를 소급적용하도록 한 부칙 규정 역시 무효이다

전합판례
> 개정 시행령 제31조 제6항이 무효인 이상 이 규정과 일체가 되어 개정 시행령 시행 전에 과세요건 사실이 완성된 것에 대하여도 위 개정 시행령 본칙 규정을 소급적용하도록 규정하고 있는 개정 시행령 부칙 제6조 역시 효력이 없다[대판(전합) 2009.3.19, 2006두19693].

# V. 법규명령의 소멸

## 1. 근거법령의 소멸·개정

**(1) 위임명령** ★ 22·18·15·14 국가9급, 21·14·10 국가7급, 21·14 지방9급, 20 지방7급, 20 국회9급, 18·17 서울7급, 15·13 순경특채, 13 서울7급, 13 변호사, 10 서울9급

<u>최신기출</u> 일반적으로 법률의 위임에 의하여 효력을 갖는 법규명령(위임명령)의 경우, 구법에 위임의 근거가 없어 무효였더라도 사후에 법개정으로 위임의 근거가 부여되면 그때부터는 유효한 법규명령이 되나, 반대로 구법의 위임에 의한 유효한 법규명령이 법개정으로 위임의 근거가 없어지게 되면 그때부터 무효인 법규명령이 되므로, 어떤 법령의 위임근거 유무에 따른 유효 여부를 심사하려면 법개정의 전·후에 걸쳐 모두 심사하여야만 그 법규명령의 시기에 따른 유효·무효를 판단할 수 있다(대판 1995.6.30, 93추83).

> 법률의 위임에 의하여 효력을 갖는 법규명령은 구법에 위임의 근거가 없어 무효였더라도 사후에 법률개정으로 위임의 근거가 부여되면 소급하여 유효한 법규명령이 된다. (x) ■ 17 서울7급
> 법률의 위임에 따라 효력을 갖는 법규명령이 위임의 근거가 없어 무효였더라도 나중에 법개정으로 위임의 근거가 부여되면 당해 법규명령의 제정 시에 소급하여 유효한 법규명령이 된다. (x) ■ 20 지방7급
> 법규명령이 위임의 근거가 없어 무효였더라도 나중에 법 개정으로 위임의 근거가 부여되면, 법규명령 제정 당시로 소급하여 유효한 법규명령이 된다. (x) ■ 21 지방9급
> 법률의 위임에 따라 효력을 갖는 법규명령의 경우에 위임의 근거가 없어 무효였더라도 나중에 법 개정으로 위임의 근거가 다시 부여된 경우에는 이전부터 소급하여 유효한 법규명령이 있었던 것으로 본다. (x) ■ 21 국가7급
> 법률의 위임에 의하여 효력을 갖는 법규명령이 법개정으로 위임의 근거가 없어지게 되더라도 효력을 상실하지 않는다. (x) ■ 22 국가9급

**(2) 법률의 위임의 근거가 없어 무효였던 법규명령이 법 개정으로 위임의 근거가 부여되면 그때부터 유효한 법규명령으로 볼 수 있고, 법규명령이 개정된 법률에 규정된 내용을 함부로 유추·확장하는 내용의 해석규정이어서 위임의 한계를 벗어난 것으로 인정될 경우, 법규명령은 여전히 무효이다**

<u>전합판례</u> 일반적으로 법률의 위임에 따라 효력을 갖는 법규명령의 경우에 위임의 근거가 없어 무효였더라도 나중에 법 개정으로 위임의 근거가 부여되면 그때부터는 유효한 법규명령으로 볼 수 있다. 그러나 법규명령이 개정된 법률에 규정된 내용을 함부로 유추·확장하는 내용의 해석규정이어서 위임의 한계를 벗어난 것으로 인정될 경우에는 법규명령은 여전히 무효이다[대판(전합) 2017.4.20, 2015두45700].

**(3) 집행명령** ★ 19 지방9급, 17·11 국회8급, 15 순경특채, 13 서울7급, 13 행정사, 12 국회9급, 10 서울9급, 09 국가9급

<u>최신기출</u> 상위법령의 시행에 필요한 세부적 사항을 정하기 위하여 행정관청이 일반적 직권에 의하여 제정하는 이른바 집행명령은 근거법령인 상위법령이 폐지되면 특별한 규정이 없는 이상 실효되는 것이나, 상위법령이 개정됨에 그친 경우에는 개정법령과 성질상 모순, 저촉되지 아니하고 개정된 상위법령의 시행에 필요한 사항을 규정하고 있는 이상 그 집행명령은 상위법령의 개정에도 불구하고 당연히 실효되지 아니하고 개정법령의 시행을 위한 집행명령이 제정, 발효될 때까지는 여전히 그 효력을 유지한다(대판 1989.9.12, 88누6962).

## 2. 수권법률에 대한 위헌결정이 있으면 시행령의 효력도 실효된다 ★ 21 지방9급, 14·08 지방7급, 13 서울7급, 11 순경특채

<u>최신기출</u> 법규명령의 위임근거가 되는 법률에 대하여 위헌결정이 선고되면 그 위임에 근거하여 제정된 법규명령도 원칙적으로 효력을 상실한다(대판 2001.6.12, 2000다18547).

# VI. 법규명령에 대한 통제

## 1. 법원에 의한 통제

### (1) 구체적 규범통제(간접통제)

#### ① 재판의 전제

##### ㉠ 행정입법 자체의 합법성의 심사를 목적으로 하는 신청의 적부 ★ 18 국회8급

> 헌법 제107조 제2항의 규정에 따르면 행정입법의 심사는 일반적인 재판절차에 의하여 구체적 규범통제의 방법에 의하도록 명시하고 있으므로, 당사자는 구체적 사건의 심판을 위한 선결문제로서 행정입법의 위법성을 주장하여 법원에 대하여 당해 사건에 대한 적용 여부의 판단을 구할 수 있을 뿐 행정입법 자체의 합법성의 심사를 목적으로 하는 독립한 신청을 제기할 수는 없다(대결 1994.4.26, 93부32).

##### ㉡ 법원이 법률 하위의 법규명령, 규칙, 조례, 행정규칙 등이 위헌·위법인지를 심사하기 위한 요건으로서 '재판의 전제성'의 의미 및 법원이 구체적 규범통제를 통해 위헌·위법으로 선언할 심판대상은 해당 규정 중 재판의 전제성이 인정되는 조항에 한정되는지 여부(원칙적 적극) ★ 20 지방7급

> `최신기출` 법원이 법률 하위의 법규명령, 규칙, 조례, 행정규칙 등(규정)이 위헌·위법인지를 심사하려면 그것이 '재판의 전제'가 되어야 한다. 여기에서 '재판의 전제'란 구체적 사건이 법원에 계속 중이어야 하고, 위헌·위법인지가 문제 된 경우에는 규정의 특정 조항이 해당 소송사건의 재판에 적용되는 것이어야 하며, 그 조항이 위헌·위법인지에 따라 그 사건을 담당하는 법원이 다른 판단을 하게 되는 경우를 말한다. 따라서 법원이 구체적 규범통제를 통해 위헌·위법으로 선언할 심판대상은, 해당 규정의 전부가 불가분적으로 결합되어 있어 일부를 무효로 하는 경우 나머지 부분이 유지될 수 없는 결과를 가져오는 특별한 사정이 없는 한, 원칙적으로 해당 규정 중 재판의 전제성이 인정되는 조항에 한정된다(대판 2019.6.13, 2017두33985).

#### ② 법령을 소송의 대상으로 하여 항고소송으로 다툴 수 없는 것이 원칙

| 처분성 인정 | 처분성 부정 |
| --- | --- |
| 1. 처분적 법규명령(대판 1954.8.19, 4286행상37) | 1. 원칙상 처분성 부인(대판 1987.3.24, 86누656) |
| 2. 처분적 조례(두밀분교폐지에 관한 경기도 교육조례)(대판1996. 9.20, 95누8003)<br>※ 피고는 경기도 교육감 | 2. 대통령령<br>3. 법령에 대한 해석<br>4. 국토이용관리법에 근거한 건설부장관의 기준지가고시(대판 1979.4.24, 78누242) |
| 3. 「법무사법 시행규칙」(대법원규칙)에 대한 헌법소원(헌재결 1990.10.15, 89헌마178) | ※ 표준지(개별)공시지가의 처분성은 인정 |
| 4. 부천시담배자동판매기설치금지조례에 대한 헌법소원(헌재결 1995.4.20, 92헌마264·279) | 5. 행정규칙(대판 1985.11.26, 85누394)<br>6. 서울특별시 자치구의 「철거민에 대한 국민주택특별공급 |
| 5. 진정입법부작위에 대하여는 권리구제형 헌법소원(헌재결 1998.7.16, 96헌마246), 부진정입법부작위에 대하여는 위헌소원(헌재결 1996.6.13, 94헌마118·95헌바39) | 지침」(대판 1997.3.14, 96누19079) : 행정규칙<br>7. 행정입법부작위(대판 1992.5.8, 91누11261)<br>8. 의료기관의 명칭표시판에 진료과목을 함께 표시하는 경 |
| 6. 재개발사업 시행자가 분양신청을 하지 아니한 토지의 소유자에 대하여 대지 및 건축시설을 분양하지도 아니하고 청산금도 지급하지 아니하기로 하는 분양처분고시(대판 2002.10.11, 2002다33502) | 우 글자 크기를 제한하고 있는 구 「의료법 시행규칙」(대판 2007.4.12, 2005두15168) |

7. 항정신병 치료제의 요양급여 인정기준에 관한 보건복지부 고시(대결 2003.10.9, 2003무23)
8. 보건복지부 고시인 「약제급여·비급여목록 및 급여상한금액표(대판 2006.9.22, 2005두2506) : 다른 집행행위의 매개 없이 그 자체로서 국민건강보험가입자, 국민건강보험공단, 요양기관 등의 법률관계를 직접 규율
9. 청소년보호법에 따른 청소년유해매체물 결정·고시(대판 2007.6.14, 2004두619) : 청소년유해표시의무, 포장의무, 청소년에 대한 판매·대여·이용제공 등의 금지의무, 구분·격리의무 등 각종 의무를 발생하는 일반처분
10. 국립공주대학교 학칙의 별표2 모집단위별 입학정원을 개정한 학칙개정행위(대판 2009.1.30, 2008두19550)

### ㉠ 부령에 대한 처분성 부정 ★ 15 지방9급

그 자체로서 국민의 구체적인 권리의무에 직접적인 변동을 초래하는 것이 아닌 것은 그 대상이 될 수 없으므로 구체적인 권리의무에 관한 분쟁을 떠나서 재무부령 자체의 무효확인을 구하는 청구는 행정소송의 대상이 아닌 사항에 대한 것으로서 부적법하다(대판 1987.3.24, 86누656).

### ㉡ 대통령령에 대한 처분성 부정

원래 대통령령은 법령의 효력을 가진 것으로서 행정소송법상 행정처분이라 볼 수 없다고 해석함이 타당할 것임으로 그 내용의 적법 여부를 논할 것 없이 행정소송의 목적물이 될 수 없을 것이다(대판 1954.8.19, 4286행상37).

### ③ 처분법령(조례)의 경우는 예외적으로 그 자체가 취소소송의 대상

### ㉠ 처분적 법규명령에 대한 처분성 인정 ★ 18 국가9급

법령의 효력을 가진 명령이라도 그 효력이 다른 행정행위를 기다릴 것 없이 직접적으로, 또 현실이 그 자체로서 국민의 권리훼손 기타 이익침해의 효과를 발생케 하는 성질의 것이라면 행정소송법상 처분이라 보아야 할 것이다(대판 1954.8.19, 4286행상37).

### ㉡ 처분적 조례에 대한 처분성 인정(경기도의 두밀분교폐교조례 ; 정식명칭은 경기도립학교설치조례)

### ⓐ 처분조례는 처분에 해당하고 피고는 지방자치단체장이다
★ 20 국회9급, 18·13 서울7급, 17·16·11 국회8급, 16·15 국가9급, 14 지방7급, 13·11 순경특채, 13 행정사, 12 변호사, 10 지방9급

<u>최신기출</u> 조례가 집행행위의 개입 없이도 그 자체로서 직접 국민의 구체적인 권리의무나 법적 이익에 영향을 미치는 등의 법률상 효과를 발생하는 경우 그 조례는 항고소송의 대상이 되는 행정처분에 해당하고, 이러한 조례에 대한 무효확인소송을 제기함에 있어서 행정소송법 제38조 제1항, 제13조에 의하여 피고적격이 있는 처분 등을 행한 행정청은, 행정주체인 지방자치단체 또는 지방자치단체의 내부적 의결기관으로서 지방자치단체의 의사를 외부에 표시할 권한이 없는 지방의회가 아니라, 구 지방자치법 제19조 제2항, 제92조에 의하여 지방자치단체의 집행기관으로서 조례로서의 효력을 발생시키는 공포권이 있는 지방자치단체의 장이다(대판 1996.9.20, 95누8003).

ⓑ **교육조례를 다투는 항고소송의 피고는 교육감이다** ★ 15 국가9급, 14 지방7급, 14 국가7급

> 구 지방교육자치에관한법률 제14조 제5항, 제25조에 의하면 시·도의 교육·학예에 관한 사무의 집행기관은 시·도 교육감이고 시·도 교육감에게 지방교육에 관한 조례안의 공포권이 있다고 규정되어 있으므로, 교육에 관한 조례(교육조례)의 무효확인소송을 제기함에 있어서는 그 집행기관인 시·도 교육감을 피고로 하여야 한다(대판 1996.9.20, 95누8003).

  교육·학예에 관한 도의회의 조례 – 도의회 (×) ■ 15 국가9급

ⓒ **학교폐지 조례 공포 후 교육감이 한 분교장의 폐쇄, 직원의 인사이동, 급식학교의 변경은 처분성 부정**

> 공립초등학교 분교의 폐지는 지방의회가 이를 폐지하는 내용의 개정조례를 의결하고 교육감이 이를 공포하여 그 효력이 발생함으로써 완결되고, 그 조례 공포 후 교육감이 하는 분교장의 폐쇄, 직원에 대한 인사이동 및 급식학교의 변경지정 등 일련의 행위는 분교의 폐지에 따르는 사후적인 사무처리에 불과할 뿐이므로, 이를 독립하여 항고소송의 대상이 되는 행정처분으로서의 폐교처분이라고 할 수 없다(대판 1996.9.20, 95누7994).

④ **전원합의체 심판대상인 명령 또는 규칙이란 법규명령만을 의미하고 행정규칙은 제외된다**

> 명령 또는 규칙이 법률에 위반한 경우에는 대법관 전원의 2/3 이상의 합의체에서 심판하도록 규정한 법원조직법 제7조 제1항 제2호에서 말하는 명령 또는 규칙이라 함은 국가와 국민에 대하여 일반적 구속력을 가지는 이른바 법규로서의 성질을 가지는 명령 또는 규칙을 의미한다 할 것인바, 수산업에 관한 「어업면허 사무취급규정」(수산청훈령 제434호)은 행정기관 내부의 행정사무처리기준을 정한 것에 불과하고, 이른바 법규로서의 성질을 가지는 명령 또는 규칙이라 볼 수 없으므로 위 규정을 무효라고 판단한 이 사건 재심대상판결이 대법원 전원합의체에서 이루어진 것이 아니라 하더라도 법률에 의하여 구성되지 아니한 판결이라고 할 수 없다(대판 1990.2.27, 88재누55).

⑤

**전합판례**

> 헌법 제107조 제2항의 '규칙'에는 지방자치단체의 조례와 규칙이 모두 포함된다(대판(전합) 1995.8.22, 94누5694].

## (2) 행정입법부작위

### ① 안동댐 건설로 인한 주민들의 손실보상에 대한 행정입법부작위에 대한 부작위위법확인소송 부정

★ 21·20 서울7급, 20 국회9급, 18 지방7급, 18·15·12 국가9급, 17·11 국회8급, 17 지방9급, 16·14 국가7급, 12 순경특채

**최신기출**

원고는 안동지역댐 피해대책위원회 위원장으로서 안동댐 건설로 인하여 급격한 이상기후의 발생 등으로 많은 손실을 입어 왔는바, 특정다목적댐법 제41조에 의하면 다목적댐 건설로 인한 손실보상 의무가 국가에게 있고 같은법 제42조에 의하면 손실보상 절차와 그 방법 등 필요한 사항은 대통령령으로 규정하도록 되어 있음에도 피고가 이를 제정하지 아니한 것은 행정입법부작위에 해당하는 것이어서 그 부작위위법확인을 구한다고 주장하나, 행정소송은 구체적 사건에 대한 법률상 분쟁을 법에 의하여 해결함으로써 법적 안정을 기하자는 것이므로 부작위위법확인소송의 대상이 될 수 있는 것은 구체적 권리의무에 관한 분쟁이어야 하고 추상적인 법령에 관하여 제정의 여부 등은 그 자체로서 국민의 구체적인 권리의무에 직접적 변동을 초래하는 것(처분)이 아니어서 행정소송의 대상이 될 수 없으므로 이 사건 소는 부적법하다(대판 1992.5.8, 91누11261).

> 법률의 집행을 위해 시행규칙을 제정할 의무가 있음에도 불구하고 행정청이 시행규칙을 제정하지 않고 있는 경우, 부작위위법확인소송을 통하여 다툴 수 있다. (x) ■ 16 국가7급
> 행정입법부작위에 대해서는 당사자의 신청이 있는 경우에 한하여 부작위위법확인소송의 대상이 된다. (x) ■ 17 지방9급
> 행정입법부작위는 「행정소송법」상 부작위위법확인소송의 대상이 되지 않는다. ■ 18 지방7급
> 추상적인 법령에 관하여 제정의 여부 등은 그 자체로서 국민의 구체적인 권리의무에 변동을 초래하는 것이어서 행정소송의 대상이 될 수 있다. (x) ■ 21 서울7급

### ② 진정입법부작위에 대한 권리구제형 헌법소원 인정 ★ 17 서울7급, 12 순경특채, 12 국가9급, 10 지방9급

삼권분립의 원칙, 법치행정의 원칙을 당연한 전제로 하고 있는 우리 헌법하에서 행정권의 행정입법 등 법집행의무는 헌법적 의무라고 보아야 한다. 왜냐하면 행정입법이나 처분의 개입 없이도 법률이 집행될 수 있거나 법률의 시행 여부나 시행시기까지 행정권에 위임된 경우는 별론으로 하고, 이 사건과 같이 치과전문의제도의 실시를 법률 및 대통령령이 규정하고 있고 그 실시를 위하여 시행규칙의 개정 등이 행해져야 함에도 불구하고 행정권이 법률의 시행에 필요한 행정입법을 하지 아니하는 경우에는 행정권에 의하여 입법권이 침해되는 결과가 되기 때문이다(헌재결 1998.7.16, 96헌마246).

### ③ 행정입법 지체의 정당화 사유 ★ 20 국가7급

상위법령을 시행하기 위하여 하위법령을 제정하거나 필요한 조치를 함에 있어서는 상당한 기간을 필요로 하며 합리적인 기간 내의 지체를 위헌적인 부작위로 볼 수 없음은 사실이다(헌재결 1998.7.16, 96헌마246).

### ④ 부진정입법부작위에 대한 위헌소원(실질은 위헌법률심사) 인정

입법부작위의 형태 중 기본권 보장을 위한 법규정을 두고 있지만 불완전하게 규정하여 그 보충을 요하는 경우에는 그 불완전한 법규 자체를 대상으로 하여 그것이 헌법위반이라는 적극적인 헌법소원(위헌소원)이 가능함은 별론으로 하고, 입법부작위로서 헌법소원(권리구제소원)의 대상으로 삼을 수는 없다(헌재결 1996.6.13, 94헌마118·95헌바39 병합).

### ⑤ 부진정입법부작위에 대한 헌법소원의 제기방법 ★ 17 서울7급

이른바 부진정입법부작위를 대상으로 헌법소원을 제기하려면 그것이 평등의 원칙에 위배된다는 등 헌법위반을 내세워 적극적인 헌법소원을 제기하여야 하며, 이 경우에는 헌법재판소법 소정의 제소기간(청구기간)을 준수하여야 한다(헌재결 1996.10.31, 94헌마204).

⑥ 구 사법시험령 제15조 제8항이 행정자치부장관에게 제2차시험 성적을 포함하는 종합성적의 세부산출방법 기타 최종합격에 필요한 사항을 정하도록 위임하더라도 행정자치부장관에게 그런 규정을 제정할 작위의무가 있는 것은 아니라고 한 사례 ★ 21 국회8급, 16 지방9급

> 행정입법의 부작위가 위헌·위법이라고 하기 위하여는 행정청에게 행정입법을 하여야 할 작위의무를 전제로 하는 것이고, 그 작위의무가 인정되기 위하여는 행정입법의 제정이 법률의 집행에 필수불가결한 것이어야 하는바, 만일 하위 행정입법의 제정 없이 상위 법령의 규정만으로도 집행이 이루어질 수 있는 경우라면 하위 행정입법을 제정하여야 할 작위의무는 인정되지 아니한다고 할 것이다. … 행정자치부장관이 별도의 규정을 제정하지 아니하더라도 사법시험령은 그 시험의 성적을 산출하여 합격자를 결정하는 데 지장이 없을 정도로 충분한 규정을 두고 있고 또한 실제로 그간 제2차시험 성적의 세부산출방법 등에 관한 하위규정 없이도 사법시험이 차질 없이 실시되어 왔다. 따라서 사법시험령 제15조 제8항이 행정자치부장관에게 제2차시험 성적을 포함하는 종합성적의 세부산출방법 기타 최종합격에 필요한 사항을 정하는 것을 위임하고 있을지라도 행정자치부장관에게 그와 같은 규정을 제정할 작위의무가 있다고 보기 어렵다 할 것이므로, 행정자치부장관이 이를 정하지 아니하고 원고에게 불합격처분을 하였다 하더라도, 그 처분이 행정입법부작위로 인하여 위헌 또는 위법하다고 할 수 없다(대판 2007.1.11, 2004두10432).

⑦ 구 군법무관임용법 제5조 제3항과 「군법무관임용 등에 관한 법률」 제6조가 군법무관의 보수의 구체적 내용을 시행령에 위임했음에도 불구하고 행정부가 정당한 이유 없이 시행령을 제정하지 않은 것은 불법행위에 해당한다 ★ 21 국회8급, 21·16 지방9급

> **최신기출** 입법부가 법률로써 행정부에게 특정한 사항을 위임했음에도 불구하고 행정부가 정당한 이유 없이 이를 이행하지 않는다면 권력분립의 원칙과 법치국가 내지 법치행정의 원칙에 위배되는 것으로서 위법함과 동시에 위헌적인 것이 되는바, 구 「군법무관 임용법」 제5조 제3항과 구 「군법무관임용 등에 관한 법률」 제6조가 군법무관의 보수를 법관 및 검사의 예에 준하도록 규정하면서 그 구체적 내용을 시행령에 위임하고 있는 이상, 위 법률의 규정들은 군법무관의 보수의 내용을 법률로써 일차적으로 형성한 것이고, 위 법률들에 의해 상당한 수준의 보수청구권이 인정되는 것이므로, 위 보수청구권은 단순한 기대이익을 넘어서는 것으로서 법률의 규정에 의해 인정된 재산권의 한 내용이 되는 것으로 봄이 상당하고, 따라서 행정부가 정당한 이유 없이 시행령을 제정하지 않은 것은 위 보수청구권을 침해하는 불법행위에 해당한다(대판 2007.11.29, 2006다3561).

입법자가 법률로써 특정한 사항을 시행령으로 정하도록 위임했음에도 불구하고 행정부가 정당한 이유 없이 이를 이행하지 않는다면 권력분립의 원칙과 법치국가 내지 법치행정의 원칙에 위배되는 것으로서 위헌성이 인정되나 이는 헌법소원을 통한 구제의 대상이 될 뿐이고 국가배상의 대상이 되는 것은 아니다. (×) ■ 21 국회8급

## 2. 헌법재판소에 의한 통제

### (1) 「법무사법 시행규칙」(대법원 규칙)에 대한 헌법소원 예외적으로 인정

★ 21 변호사, 17·14 국가9급, 11 순경특채, 09 서울9급, 08 지방7급, 08·07 국회8급

최신기출 입법부에서 제정한 법률, 행정부에서 제정한 시행령이나 시행규칙 및 사법부에서 제정한 규칙 등은 그것들이 별도의 집행행위를 기다리지 않고 직접 기본권을 침해하는 것일 때에는 모두 헌법소원심판의 대상이 될 수 있는 것이다. 법무사법 제4조 제2항이 대법원규칙으로 정하도록 위임한 이른바 '법무사시험의 실시에 관하여 필요한 사항'이란 시험과목·합격기준·시험실시방법·시험실시시기·실시횟수 등 시험실시에 관한 구체적인 방법과 절차를 말하는 것이지 시험의 실시 여부까지도 대법원 규칙으로 정하라는 말은 아니다. 그럼에도 불구하고 「법무사법 시행규칙」 제3조 제1항은 "법원행정처장은 법무사를 보충할 필요가 있다고 인정되는 경우에는 대법원장의 승인을 얻어 법무사시험을 실시할 수 있다."라고 규정하였는바, 이는 법원행정처장이 법무사를 보충할 필요가 없다고 인정하면 법무사시험을 실시하지 아니해도 된다는 것으로서 상위법인 법무사법 제4조 제1항에 의하여 청구인을 비롯한 모든 국민에게 부여된 법무사자격 취득의 기회를 하위법인 시행규칙으로 박탈하고 법무사업을 법원·검찰청 등의 퇴직 공무원에게 독점시키는 것이 되며, 이는 결국 대법원이 규칙제정권을 행사함에 있어 위임입법권의 한계를 일탈하여 청구인이나 기타 법무사자격을 취득하고자 하는 모든 국민의 헌법 제11조 제1항의 평등권과 헌법 제15조의 직업선택의 자유를 침해한 것이다(헌재결 1990.10.15, 89헌마178).

### (2) 당구장 경영자인 청구인에게 당구장 출입문에 18세 미만자에 대한 출입금지 표시를 하게 하는 「체육시설의 설치·이용에 관한 법률 시행규칙」 제5조는 직업선택의 자유와 평등권을 침해하고 위임입법의 한계를 일탈한 것이어서 위헌이다

명령·규칙이라 할지라도 그 자체에 의하여 직접 국민의 기본권이 침해되었을 경우에는 그것을 대상으로 하여 헌법소원 심판을 청구할 수 있고, 그 경우 제소요건으로서 당해 법령이 구체적 집행행위를 매개로 하지 아니하고 직접적으로 그리고 현재적으로 국민의 기본권을 침해하고 있어야 한다. 당구장 경영자인 청구인에게 당구장 출입문에 18세 미만자에 대한 출입금지 표시를 하게 하는 심판대상규정은 법령이 직접적으로 청구인에게 그러한 표시를 하여야 할 법적 의무를 부과하는 사례에 해당하는 경우로서, 설사 그것이 법무부의 의견처럼 게시(揭示)의무에 그치고 출입 그 자체를 제한하는 규정은 아니라고 할지라도 게시된 그 표시에 의하여 18세 미만자에 대한 당구장 출입을 저지하는 사실상의 규제력을 가지게 되는 것이므로 이는 결국 그 게시의무 규정으로 인하여 당구장 이용고객의 일정범위를 당구장 영업대상에서 제외시키는 결과가 된다고 할 것이고 따라서 청구인을 포함한 모든 당구장 경영자의 직업종사(직업수행)의 자유가 제한되어 헌법상 보장되고 있는 직업선택의 자유가 침해된다고 할 것이다(헌재결 1993.5.13, 92헌마80).

※ 이 사건 규정은 국민 개인의 구체적 권리의무에 직접 변동을 초래하는 규정(행정행위의 성질)은 아니고, 집행행위의 매개 없이 국민의 권익을 직접 규율하는 규정(자동집행적 법규명령)이다. 헌법재판소는 자동집행력을 갖는 법규명령을 헌법소원의 대상으로 보고 있다(박균성).

### (3) 조례에 대한 헌법소원(담배자동판매기 설치장소 제한에 관한 부천시·강남구조례 위헌확인) 예외적으로 인정

조례는 지방자치단체가 그 자치입법권에 근거하여 자주적으로 지방의회의 의결을 거쳐 제정한 법규이기 때문에 조례 자체로 인하여 직접 그리고 현재 자기의 기본권을 침해받은 자는 그 권리구제의 수단으로서 조례에 대한 헌법소원을 제기할 수 있다(헌재결 1995.4.20, 92헌마264·279).

# 제3절 행정규칙

## 제1항 일반론

### Ⅰ. 행정규칙의 법적 성질과 효력

#### 1. 법규성 인정 여부

##### (1) 대내적 효력 인정

① 검찰청의 장이 출장 등의 사유로 근무지를 떠날 때에는 검찰총장의 승인을 얻어야 한다고 규정한 검찰근무규칙 제13조 제1항의 법적 성격은 행정규칙이고 그 위반행위는 직무상의 의무위반으로 징계사유에 해당한다(심재륜 고검장 항명사건)

> 검찰청법 제11조의 위임에 기한 검찰근무규칙 제13조 제1항은 "검찰청의 장이 출장 등의 사유로 근무지를 떠날 때에는 미리 바로 윗 검찰청의 장 및 검찰총장의 승인을 얻어야 한다."고 규정하고 있는바, 이는 검찰조직 내부에서 검찰청의 장의 근무수칙을 정한, 이른바 행정규칙으로서 검찰청의 장에 대하여 일반적인 구속력을 가지므로, 그 ○○○○○ 한다(대판 2001.8.24, 2000두7704).

##### (2) 대외적 효력

① 법규성 부인(원칙)

㉠ **일반론** ★ 15 국회8급, 14 순경특채, 12 군무원, 11 국가9급, 10 국회9급

> 상급행정기관이 하급행정기관에 대하여 업무처리지침이나 법령의 해석적용에 관한 기준을 정하여 발하는 이른바 '행정규칙이나 내부지침'은 일반적으로 행정조직 내부에서만 효력을 가질 뿐 대외적인 구속력을 갖는 것은 아니므로 행정처분이 그에 위반하였다고 하여 그러한 사정만으로 곧바로 위법하게 되는 것은 아니다(대판 2009. 12.24, 2009두7967).
>
> 상급행정기관이 하급행정기관에 대하여 업무처리지침이나 법령의 해석작용에 관한 기준을 정하여서 발하는 이른바 행정규칙은 일반적으로 행정조직 내부에서의 효력뿐만 아니라 대외적인 구속력도 갖는다. (×) ■ 15 국회8급

㉡ **상급행정기관이 소속 공무원이나 하급행정기관에 대하여 업무처리지침이나 법령의 해석·적용 기준을 정해 주는 '행정규칙'은 대외적으로 구속력이 없고, 처분이 행정규칙에 적합한지 여부에 따라 처분의 적법 여부를 판단할 수 없으며, 상급행정기관이 소속 공무원이나 하급행정기관에 하는 개별·구체적인 지시에 관하여도 마찬가지 법리가 적용된다**

> 상급행정기관이 소속 공무원이나 하급행정기관에 대하여 업무처리지침이나 법령의 해석·적용 기준을 정해 주는 '행정규칙'은 일반적으로 행정조직 내부에서만 효력을 가질 뿐 대외적으로 국민이나 법원을 구속하는 효력이 없다. 처분이 행정규칙을 위반하였다고 해서 그러한 사정만으로 곧바로 위법하게 되는 것은 아니고, 처분이 행정규칙을 따른 것이라고 해서 적법성이 보장되는 것도 아니다. 처분이 적법한지는 행정규칙에 적합한지 여부가 아니라 상위법령의 규정과 입법 목적 등에 적합한지 여부에 따라 판단해야 한다.
> 상급행정기관이 소속 공무원이나 하급행정기관에 하는 개별·구체적인 지시도 마찬가지이다. 상급행정기관의 지시는 일반적으로 행정조직 내부에서만 효력을 가질 뿐 대외적으로 국민이나 법원을 구속하는 효력이 없다. 대외적으로 처분 권한이 있는 처분청이 상급행정기관의 지시를 위반하는 처분을 하였다고 해서 그러한 사정만으로 처분이 곧바로 위법하게 되는 것은 아니고, 처분이 상급행정기관의 지시를 따른 것이라고 해서 적법성이 보장되는 것도 아니다. 처분이 적법한지는 상급행정기관의 지시를 따른 것인지 여부가 아니라, 헌법과 법률, 대외적으로 구속력 있는 법령의 규정과 입법 목적, 비례·평등원칙과 같은 법의 일반원칙에 적합한지 여부에 따라 판단해야 한다(대판 2019.7.11, 2017두38874).

② 법규성 인정(예외)

㉠ 「건축사사무소의 등록취소 및 폐쇄처분에 관한 규정」 ★ 11 지방9급

'건축사사무소의 등록취소 및 폐쇄처분에 관한 규정' 제9조에는 건축사사무소의 등록을 취소하고자 할 때에는 미리 당해 건축사에 대하여 청문을 하거나 필요한 경우에 참고인의 의견을 들어야 한다. … 관계행정청이 위와 같은 처분을 하려면 반드시 사전에 청문절차를 거쳐야 하고 설사 위 같은법 제28조 소정의 사유(취소사유)가 분명히 존재하는 경우라 하더라도 당해 건축사가 정당한 이유 없이 청문에 응하지 아니하는 경우가 아닌 한 청문절차를 거치지 아니하고 한 건축사사무소등록취소처분은 청문절차를 거치지 아니한 위법한 처분이라고 하여 이를 취소한 원심의 조치는 정당하다(대판 1984.9.11, 82누166).

㉡ 법령보충적 행정규칙(법령보충규칙)

상급행정기관이 하급행정기관에 대하여 업무처리지침이나 법령의 해석적용에 관한 기준을 정하여서 발하는, 이른바 행정규칙은 일반적으로 행정조직 내부에서만 효력을 가질 뿐 대외적인 구속력을 갖는 것은 아니지만, 법령의 규정이 특정 행정기관에게 그 법령내용의 구체적 사항을 정할 수 있는 권한을 부여하면서 그 권한행사의 절차나 방법을 특정하고 있지 아니한 관계로 수임행정기관이 행정규칙의 형식으로 그 법령의 내용이 될 사항을 구체적으로 정하고 있다면 그와 같은 행정규칙, 규정은 행정규칙이 갖는 일반적 효력으로서가 아니라, 행정기관에 법령의 구체적 내용을 보충할 권한을 부여한 법령규정의 효력에 의하여 그 내용을 보충하는 기능을 갖게 된다 할 것이므로 이와 같은 행정규칙, 규정은 당해 법령의 위임한계를 벗어나지 아니하는 한 그것들과 결합하여 대외적인 구속력이 있는 법규명령으로서의 효력을 갖게 된다(대판 1987.9.29, 86누484).

㉢ 법률이 입법사항을 고시와 같은 행정규칙의 형식으로 위임하는 것이 허용되는지 여부(한정적극)

★ 20 국회9급, 17 국가9급

사회적 변화에 대응한 입법수요의 급증과 종래의 형식적 권력분립주의로는 현대사회에 대응할 수 없다는 기능적 권력분립론을 감안하여 헌법 제40조·제75조·제95조의 의미를 살펴보면, 국회가 입법으로 행정기관에게 구체적인 범위를 정하여 위임한 사항에 관하여는 당해 행정기관이 법 정립의 권한을 갖게 되고, 입법자가 그 규율의 형식도 선택할 수 있다고 보아야 하므로, 헌법이 인정하고 있는 위임입법의 형식은 예시적인 것으로 보아야 한다. 법률이 일정한 사항을 행정규칙에 위임하더라도 그 행정규칙은 위임된 사항만을 규율할 수 있으므로, 국회입법의 원칙과 상치되지 않는다. 다만, 행정규칙은 법규명령과 같은 엄격한 제정 및 개정절차를 필요로 하지 아니하므로, 기본권을 제한하는 내용의 입법을 위임할 때에는 법규명령에 위임하는 것이 원칙이고, 고시와 같은 형식으로 입법위임을 할 때에는 법령이 전문적·기술적 사항이나 경미한 사항으로서 업무의 성질상 위임이 불가피한 사항에 한정된다(헌재결 2014.7.24, 2013헌바183·202).

## 2. 준법규성 인정 여부

판례 중에는 설정된 기준이 객관적으로 합리적이 아니라거나 타당하지 않다고 볼만한 다른 특별한 사정이 없음에도 재량준칙을 따르지 않은 처분을 재량권을 남용한 처분으로 보고, 재량준칙을 따른 처분을 적법한 처분으로 본 판결이 다수 있다. 이러한 판례의 태도는 평등원칙을 매개로 재량준칙의 간접적인 대외적 구속력을 인정하는 다수설의 태도와 유사하다고 평가하는 견해가 있다(박균성).

### (1) 설정된 기준이 객관적으로 합리적이 아니라거나 타당하지 않다고 보이는 경우 또는 그러한 기준을 설정하지 않은 채 구체적이고 합리적인 이유의 제시 없이 사업계획의 부적정 통보를 하거나 사업계획서를 반려하는 경우는 위법하다

> 설정된 기준이 객관적으로 합리적이 아니라거나 타당하지 않다고 볼만한 다른 특별한 사정이 없는 이상 행정청의 의사는 가능한 한 존중되어야 할 것이나, 그 설정된 기준이 객관적으로 합리적이 아니라거나 타당하지 않다고 보이는 경우 또는 그러한 기준을 설정하지 않은 채 구체적이고 합리적인 이유의 제시 없이 사업계획의 부적정 통보를 하거나 사업계획서를 반려하는 경우에까지 단지 행정청의 재량에 속하는 사항이라는 이유만으로 그 행정청의 의사를 존중하여야 하는 것은 아니고, 이러한 경우의 처분은 재량권을 남용하거나 그 범위를 일탈한 조치로서 위법하다(대판 2004.5.28, 2004두961).

### (2) 기준이 객관적으로 보아 합리적이 아니라든가 타당하지 않은 경우가 아닌 이상 행정청의 의사는 가능한 한 존중되어야 한다

> 개인택시운송사업면허는 특정인에게 권리나 이익을 부여하는 행정행위로서 법령에 특별한 규정이 없는 한 재량행위이고, 그 면허에 필요한 기준을 정하는 것 역시 행정청의 재량에 속하는 것이므로 그 기준이 객관적으로 보아 합리적이 아니라든가 타당하지 아니하여 재량권을 남용한 것이라고 인정되지 아니하는 이상 행정청의 의사는 가능한 한 존중되어야 한다(대판 2005.4.28, 2004두8910).


## II. 행정규칙의 종류

## 1. 내용에 의한 분류

### (1) 행정관청 내부의 사무처리규정에 불과한 전결규정에 위반하여 원래의 전결권자 아닌 보조기관 등이 처분권자인 행정관청의 이름으로 행정처분을 한 경우, 그 처분은 무효가 아니다 ★ 21 서울7급, 20 서울7급, 20 국가9급, 14 지방7급

> 최신기출 전결과 같은 행정권한의 내부위임은 법령상 처분권자인 행정관청이 내부적인 사무처리의 편의를 도모하기 위하여 그의 보조기관 또는 하급 행정관청으로 하여금 그의 권한을 사실상 행사하게 하는 것으로서 법률이 위임을 허용하지 않는 경우에도 인정되는 것이므로, 설사 행정관청 내부의 사무처리규정에 불과한 전결규정에 위반하여 원래의 전결권자 아닌 보조기관 등이 처분권자인 행정관청의 이름으로 행정처분을 하였다고 하더라도 그 처분이 권한 없는 자에 의하여 행하여진 무효의 처분이라고는 할 수 없다(대판 1998.2.27, 97누1105).

> 행정관청 내부의 사무처리규정에 불과한 전결규정에 위반하여 원래의 전결권자 아닌 보조기관 등이 처분권자인 행정관청의 이름으로 행정처분을 한 경우, 그 처분은 권한 없는 자에 의하여 행하여진 것으로 무효이다. (x) ■ 20 국가9급
> 행정관청 내부의 사무처리규정인 전결규정에 위반하여 원래의 전결권자가 아닌 보조기관이 처분권자인 행정관청의 이름으로 행정처분을 하였다면 그 처분은 권한 없는 자에 의하여 행하여진 것으로서 무효이다. (x) ■ 20 서울7급

**(2) 행정청 내부의 사무처리지침에 따랐다는 이유만으로 행정처분이 위법하게 되는 것은 아니다** ★ 13 지방7급

> 행정청 내부에서의 사무처리지침이 행정부가 독자적으로 제정한 행정규칙으로서 상위법규의 규정내용을 벗어나 국민에게 새로운 제한을 가한 것이라면 그 효력을 인정할 수 없겠으나, 단순히 행정규칙 중 하급행정기관을 지도 하고 통일적 법해석을 기하기 위하여 상위법규 해석의 준거기준을 제시하는 규범해석규칙의 성격을 가지는 것에 불과하다면 그러한 해석기준이 상위법규의 해석상 타당하다고 보여지는 한 그에 따랐다는 이유만으로 행정처분 이 위법하게 되는 것은 아니라 할 것이다(대판 1992.5.12, 91누8128).

## 2. 고시(복수성질설)

**(1) 대법원 판례** ★ 21 국가7급, 21·17 서울7급, 17·13 국회8급, 14. 세무사, 12 순경특채, 11 사회복지, 10 지방7급

> `최신기출` 어떠한 고시가 일반적·추상적 성격을 가질 때에는 법규명령 또는 행정규칙에 해당할 것이지만, 다른 집행행위의 매개 없이 그 자체로서 직접 국민의 구체적인 권리의무나 법률관계를 규율하는 성격을 가질 때에는 항고소송의 대상이 되는 행정처분에 해당한다(대판 2006.9.22, 2005두2506).

**(2) 고시가 법령에 근거를 두었으나 규정 내용이 법령의 위임 범위를 벗어난 경우, 법규명령으로서의 대외적 구속력 을 인정할 수 없다** ★ 21 국가7급, 20 지방9급, 19 서울7급, 15 국회8급

> `최신기출` 일반적으로 행정 각부의 장이 정하는 고시라도 그것이 특히 법령의 규정에서 특정 행정기관에 법령 내용의 구체적 사항을 정할 수 있는 권한을 부여함으로써 법령 내용을 보충하는 기능을 가질 경우에는 형식과 상관없이 근거 법령 규정과 결합하여 대외적으로 구속력이 있는 법규명령으로서의 효력을 가지나 이는 어디까지나 법령의 위임에 따라 법령 규정을 보충하는 기능을 가지는 점에 근거하여 예외적으로 인정되는 효력이므로 특정 고시가 비록 법령에 근거 를 둔 것이더라도 규정 내용이 법령의 위임 범위를 벗어난 것일 경우에는 법규명령으로서의 대외적 구속력을 인정할 여지는 없다(대판 2016.8.17, 2015두51132).

**(3) 고시가 위임의 한계를 준수하고 있는지 판단하는 방법**

> 그리고 특정 고시가 위임의 한계를 준수하고 있는지를 판단할 때에는, 법률 규정의 입법 목적과 규정 내용, 규정 의 체계, 다른 규정과의 관계 등을 종합적으로 살펴야 하고, 법률의 위임 규정 자체가 의미 내용을 정확하게 알 수 있는 용어를 사용하여 위임의 한계를 분명히 하고 있는데도 고시에서 문언적 의미의 한계를 벗어났다든지, 위임 규정에서 사용하고 있는 용어의 의미를 넘어 범위를 확장하거나 축소함으로써 위임 내용을 구체화하는 단 계를 벗어나 새로운 입법을 한 것으로 평가할 수 있다면, 이는 위임의 한계를 일탈한 것으로서 허용되지 아니한 다(대판 2016.8.17, 2015두51132).

**(4) 헌법재판소 결정례** ★ 19 국가7급, 11 국가9급

> `최신기출` 고시 또는 공고의 법적 성질은 일률적으로 판단될 것이 아니라 고시에 담겨진 내용에 따라 구체적인 경우마다 달리 결정된다고 보아야 한다. 즉, 고시가 일반·추상적 성격을 가질 때는 법규명령 또는 행정규칙에 해당하지만, 고시가 구체적인 규율의 성격을 갖는다면 행정처분에 해당한다(헌재결 1998.4.30, 97헌마141).

> 고시에 담긴 내용이 구체적 규율의 성격을 갖는다고 하더라도, 해당 고시를 행정처분으로 볼 수는 없으며 법령의 수권 여부에 따라 법규명령 또는 행정규칙으로 볼 수 있을 뿐이다. (×) ■ 19 국가7급

## 3. 판례상의 행정규칙

| 구분 | 내용 |
|---|---|
| 훈령 | 「국민의 권익보호를 위한 행정절차에 관한 훈령」(대판 1994.8.9, 94누3414) |
| 지침 | 1. 서울특별시 「상수도손괴원인자부담 처리지침」(대판 1993.4.23, 92누7535)<br>2. 서울특별시가 정한 「개인택시운송사업 면허지침」(대판 1997.1.21, 95누12941)<br>3. 경기도교육청의 1999.6.2.자 「학교장·교사 초빙제 실시」(헌재결 2001.5.31, 99헌마413)<br>4. 한국감정평가업협회가 제정한 토지보상평가지침(대판 2002.6.14, 2000두3450)<br>5. 공정거래위원회가 제정한 「과징금산정방법 및 부과지침」 중 「과징금 부과기준」(대판 2005.4.29, 2004두3281)<br>6. 공정거래위원회의 「부당한 지원행위의 심사지침」(대판 2005.6.9, 2004두7153)<br>7. 건강보험심사평가원 원장이 보건복지부장관의 고시(요양급여비용 심사·지급업무 처리기준)에 따라 진료심사평가위원회 심의를 거쳐 정한 「요양급여비용의 심사기준 또는 심사지침」(대판 2012.11.29, 2008두21669)<br>8. 한국수력원자력 주식회사의 「공급자관리지침」 중 등록취소 및 그에 따른 일정 기간의 거래제한조치에 관한 규정(대판 2020.5.28, 2017두66541) |
| 요령 | 1. 「자동차운수사업법 제31조 등에 관한 처분요령」(교통부훈령 제680호)(대판 1983.2.22, 82누352)<br>2. 공직선거관리규칙과 중앙선거관리위원회의 개표관리요령(대판 1996.7.12, 96우16)<br>3. 건설부가 관계 행정기관에 시달한 94개별공시지가조사요령(대판 1998.2.27, 96누13972)<br>4. 구 「법인세법 시행규칙」 제45조 제3항 제6호에 따른 「소득금액조정합계표 작성요령」(대판 2003.9.5, 2001두403) |
| 시달 | 개인택시면허 우선순위에 관한 교통부장관의 시달(대판 1985.11.26, 85누394) |
| 규정 | 1. 건설교통부 훈령인 개발제한구역관리규정(건설교통부 훈령 제203호)(대판 2002.10.11, 2000도6067)<br>2. 「대규모내부거래에 대한 이사회 의결 및 공시에 관한 규정」(공정거래위원회 고시 제2002-05호)(대결 2007.4.13, 2005마226)<br>3. 「국립묘지안장대상심의위원회 운영규정」(대판 2013.12.26, 2012두19571) |
| 원칙 | 교육위원회의 인사관리원칙(헌재결 1990.9.3, 90헌마13) |
| 기본통칙 | 1. 「소득세법 기본통칙」(대판 1987.5.26, 86누96)<br>2. 국세청의 기본통칙(대판 1989.9.12, 87누564) |
| 기본계획 | 교육부장관이 매년 발표하는 대학입시기본계획(헌재결 1997.7.16, 97헌마70) |
| 편람 | 환경부에서 발행한 폐기물처리시설설치업무편람(대판 2002.6.14, 2000두8523) |
| 예규 | 1. 경찰청 예규인 총포·도검·화약류 등에 관한 사무취급규칙(대판 1996.6.28, 96누3036)<br>2. 공직선거에 관한 사무처리예규(헌재결 2000.6.29, 2000헌마325) |
| 규칙 | 1. 지방자치단체가 제정한 개인택시운송사업면허사무처리규칙(대판 2002.1.22, 2001두8414)<br>2. 검찰보존사무규칙(대판 2004.9.23, 2003두1370)<br>3. 서울특별시 철거민 등에 대한 국민주택 특별공급규칙(대판 2007.11.29, 2006두8495) |
| 고시 | '위반사업자 또는 그 소속 임원·종업원이 위반행위 조사를 거부·방해 또는 기피한 경우' 과징금을 가중할 수 있도록 규정한 구 「과징금부과 세부기준 등에 관한 고시」는 재량준칙(대판 2020.11.12, 2017두36212) |

**(1) 서울시가 정한 개인택시운송사업면허지침의 법적 성질은 사무처리준칙이다** ★ 15 순경특채, 12 국가9급

> 서울특별시가 정한 개인택시운송사업면허지침은 재량권 행사의 기준으로 설정된 행정청의 내부의 사무처리준칙에 불과하므로, 대외적으로 국민을 기속하는 법규명령의 경우와는 달리 외부에 고지되어야만 효력이 발생하는 것은 아니다(대판 1997.1.21, 95누12941).

**(2) 건강보험심사평가원이 「요양급여비용 심사·지급업무 처리기준」 제4조 제1항 제4호에 근거하여 제정한 심사지침인 「방광내압 및 요누출압 측정 시 검사방법」의 법적 성격은 행정규칙이다** ★ 19 국회8급

최신기출
> 보건복지부 고시 구 요양급여의 적용기준 및 방법에 관한 세부사항의 '제9장 처치 및 수술료 등' 중 '자356 요실금수술' 항목에 따라 요구되는 요류역학검사가 표준화된 방법으로 실시되지 않아 부정확한 검사결과가 발생하고 이로 인하여 불필요한 수술 등을 하게 되는 경우가 있어 이를 방지하고 적정진료를 하도록 유도할 목적으로, 법령에서 정한 요양급여의 인정기준을 구체적 진료행위에 적용하도록 마련한 건강보험심사평가원의 내부적 업무처리 기준으로서 행정규칙에 불과하다(대판 2017.7.11, 2015두2864).

**(3) 한국수력원자력 주식회사의 「공급자관리지침」 중 등록취소 및 그에 따른 일정 기간의 거래제한조치에 관한 규정들은 대외적 구속력이 없는 행정규칙이다** ★ 22 국가9급

최신기출
> 「공공기관의 운영에 관한 법률」(공공기관운영법)이나 그 하위법령은 공기업이 거래상대방 업체에 대하여 공공기관운영법 제39조 제2항 및 공기업·준정부기관 계약사무규칙 제15조에서 정한 범위를 뛰어넘어 추가적인 제재조치를 취할 수 있도록 위임한 바 없다. 따라서 한국수력원자력 주식회사가 조달하는 기자재, 용역 및 정비공사, 기기수리의 공급자에 대한 관리업무 절차를 규정함을 목적으로 제정·운용하고 있는 '공급자관리지침' 중 등록취소 및 그에 따른 일정 기간의 거래제한조치에 관한 규정들은 공공기관으로서 행정청에 해당하는 한국수력원자력 주식회사가 상위법령의 구체적 위임 없이 정한 것이어서 대외적 구속력이 없는 행정규칙이다(대판 2020.5.28, 2017두66541).

**(4) '위반사업자 또는 그 소속 임원·종업원이 위반행위 조사를 거부·방해 또는 기피한 경우' 과징금을 가중할 수 있도록 규정한 구 「과징금부과 세부기준 등에 관한 고시」 Ⅳ. 3. 나. (4)항의 법적 근거 및 법적 성질(=재량준칙)**

> 공정거래위원회는 독점규제 및 공정거래에 관한 법령상 과징금 상한의 범위에서 과징금 부과 여부와 과징금 액수를 정할 재량을 가지고 있다. 위 고시조항은 과징금 산정에 관한 재량권 행사의 기준으로 마련된 행정청 내부의 사무처리준칙, 즉 재량준칙이다. 이러한 재량준칙은 그 기준이 헌법이나 법률에 합치되지 않거나 객관적으로 합리적이라고 볼 수 없어 재량권을 남용한 것이라고 인정되지 않는 이상 가급적 존중되어야 한다(대판 2020.11.12, 2017두36212).

# Ⅲ. 행정규칙의 법적 근거

## 행정규칙에는 법률유보원칙이 적용되지 않는다

> 국세청 훈령 제766호 주세사무처리규정은 주세의 세수증대를 목적으로 하여 주세업무처리에 관한 일반지침과 준거기준을 정한 내부규정이라 할 것인바, 국세청은 법령에 위반하지 않는 한 주세업무 전반에 관하여 그 처리지침과 기준을 정할 수 있다고 할 것인즉, 주세법 제18조에 정하여진 사항이 아니라고 하더라도 유보된 취소권에 의하여 면허를 취소할 수 있는 사유나 또는 면허정지의 사유 및 그 기간을 정하였다고 하여 위법이라고 할 수 없고, 상위법인 주세법 제18조를 위반하였다고도 할 수 없다(대판 1984.11.13, 84누269).

# Ⅳ. 행정규칙의 적법요건과 소멸

## 1. 효력발생요건

### (1) 서울특별시 1995년 「개인택시운송사업면허업무처리요령」은 공포를 요하지 않는다 ★ 12 국가9급

> 서울특별시 1995년 「개인택시운송사업면허업무처리요령」은 관할관청인 서울특별시장이 1995년도 개인택시운송사업의 면허를 위하여 재량권 행사의 기준으로 마련된 행정청 내부의 사무처리준칙에 불과하므로 대외적으로 국민을 기속하는 법규명령의 경우와는 달리 공고 등의 방법으로 외부에 고지되어야만 효력이 발생한다고 볼 수 없다 (대판 1997.9.26, 97누8878).

## 2. 하자의 효과

### (1) 행정규칙의 내용이 상위법령에 반하는 경우, 당연무효이다 ★ 21 지방7급

> '행정규칙'은 상위법령의 구체적 위임이 있지 않는 한 행정조직 내부에서만 효력을 가질 뿐 대외적으로 국민이나 법원을 구속하는 효력이 없다. 다만 행정규칙이 이를 정한 행정기관의 재량에 속하는 사항에 관한 것인 때에는 그 규정 내용이 객관적 합리성을 결여하였다는 등의 특별한 사정이 없는 한 법원은 이를 존중하는 것이 바람직하다. 그러나 행정규칙의 내용이 상위법령에 반하는 것이라면 법치국가원리에서 파생되는 법질서의 통일성과 모순금지 원칙에 따라 그것은 법질서상 당연무효이고, 행정내부적 효력도 인정될 수 없다. 이러한 경우 법원은 해당 행정규칙이 법질서상 부존재하는 것으로 취급하여 행정기관이 한 조치의 당부를 상위법령의 규정과 입법 목적 등에 따라서 판단하여야 한다(대판 2020.11.26, 2020두42262).

### (2) '대부업자 등'이 금전대부계약과 관련하여 쌍방대리 형태의 촉탁행위를 할 경우 공증인에게 촉탁을 거절할 의무를 부과하고 있는 「집행증서 작성사무 지침」 제4조는 무효이다

> 「집행증서 작성사무 지침」 제4조는 법률에 의하여 허용되는 쌍방대리 형태의 촉탁행위에 대하여 '대부업자 등'의 금전대부계약에 따른 채권·채무에 관한 경우에는 행정규칙의 형식으로 일반적으로 공증인에게 촉탁을 거절하여야 할 의무를 부과하는 것이어서 '법률우위원칙'에 위배되어 무효라고 보아야 한다(대판 2020.11.26, 2020두42262).

# Ⅴ. 행정규칙에 대한 사법적 통제

## 1. 법원에 의한 통제

### (1) '개인택시면허 우선순위에 관한 교통부장관의 시달'은 처분이 아니다 ★ 14 순경특채

> '개인택시면허 우선순위에 관한 교통부장관의 시달'은 단순히 개인택시면허처분을 위하여 그 면허순위에 관한 내부적 심사기준을 시달한 예규나 통첩에 불과하여 현실적으로 특정인의 권리를 침해하는 것이 아니므로 이를 행정소송의 대상이 되는 행정처분이라고 할 수 없다(대판 1985.11.26, 85누394).

**(2) 항정신병 치료제의 요양급여 인정기준에 관한 보건복지부 고시는 처분에 해당한다** ★ 22 국가9급

항정신병 치료제의 요양급여 인정기준에 관한 보건복지부 고시는 다른 집행행위의 매개 없이 그 자체로서 제약회사, 요양기관, 환자 및 국민건강보험공단 사이의 법률관계를 직접 규율하므로 항고소송의 대상이 되는 행정처분에 해당한다(대결 2003.10.9, 2003무23).

**(3) 재개발사업 시행자가 분양신청을 하지 아니한 토지의 소유자에 대하여 대지 및 건축시설을 분양하지도 아니하고 청산금도 지급하지 아니하기로 하는 분양처분고시는 처분에 해당한다**

재개발사업 시행자가 분양신청을 하지 아니한 토지의 소유자에 대하여 대지 및 건축시설을 분양하지도 아니하고 청산금도 지급하지 아니하기로 하는 분양처분고시는 행정처분의 성질을 지닌 것이므로 그것이 적법한 행정소송의 절차에 의하여 취소되지 아니하는 한 법원도 그 처분에 기속되어 그 행정처분의 내용과 달리 청산금을 지급하라고 명할 수는 없지만, 그와 같이 대지 및 건축시설도 분양하지 아니하고 청산금도 지급하지 아니한 채 분양처분고시를 하여 재개발구역 내에 다른 사람이 소유하고 있던 토지의 소유권을 상실시켰다면 재개발사업 시행자는 그 한도에서 재개발사업을 위법하게 시행하였으므로 그 토지의 소유자에 대하여 불법행위의 책임을 진다(대판 2002.10.11, 2002다33502).

**(4) 보건복지부 고시인 「약제급여·비급여목록 및 급여상한금액표」는 처분에 해당한다**

★ 18 국가9급, 13·12·10 국회8급, 12 지방9급, 12 서울9급, 10 국회9급

보건복지부 고시인 「약제급여·비급여목록 및 급여상한금액표」(보건복지부 고시 제2002-46호로 개정된 것)는 다른 집행행위의 매개 없이 그 자체로서 국민건강보험가입자, 국민건강보험공단, 요양기관 등의 법률관계를 직접 규율하는 성격을 가지므로 항고소송의 대상이 되는 행정처분에 해당한다(대판 2006.9.22, 2005두2506).

**(5) 의료기관의 명칭표시판에 진료과목을 함께 표시하는 경우 글자 크기를 제한하고 있는 구 「의료법 시행규칙」은 처분이 아니다** ★ 20 지방7급, 20 서울7급, 15 국가9급

의료기관의 명칭표시판에 진료과목을 함께 표시하는 경우 글자 크기를 제한하고 있는 구 「의료법 시행규칙」 제31조가 그 자체로서 국민의 구체적인 권리의무나 법률관계에 직접적인 변동을 초래하지 아니하므로 항고소송의 대상이 되는 행정처분이라고 할 수 없다(대판 2007.4.12, 2005두15168).

의료기관의 명칭표시판에 진료과목을 함께 표시하는 경우 글자 크기를 제한하고 있는 구 「의료법 시행규칙」 제31조는 그 자체로 국민의 구체적 권리의무나 법률관계에 직접적 변동을 초래하므로 항고소송의 대상이 될 수 있다. (x)  ■ 20 지방7급, 20 서울7급

**(6) 청소년보호법에 따른 청소년유해매체물 결정·고시는 처분에 해당한다**

★ 21 국가7급, 15 변호사, 12·11·10 지방9급, 11 지방7급

구 청소년보호법에 따른 청소년유해매체물 결정 및 고시처분은 당해 유해매체물의 소유자 등 특정인만을 대상으로 한 행정처분이 아니라 일반 불특정다수인을 상대방으로 하여 일률적으로 표시의무, 포장의무, 청소년에 대한 판매·대여 등의 금지의무 등 각종 의무를 발생시키는 행정처분으로서, 정보통신윤리위원회가 특정 인터넷 웹사이트를 청소년유해매체물로 결정하고 청소년보호위원회가 효력발생시기를 명시하여 고시함으로써 그 명시된 시점에 효력이 발생하였다고 봄이 상당하고, 정보통신윤리위원회와 청소년보호위원회가 위 처분이 있었음을 위 웹사이트 운영자에게 제대로 통지하지 아니하였다고 하여 그 효력 자체가 발생하지 아니한 것으로 볼 수는 없다(대판 2007.6.14, 2004두619).

위 결정·고시는 항고소송의 대상이 되는 행정처분에 해당하지 않는다. (x)  ■ 21 국가7급

## 2. 헌법재판소에 의한 통제(헌법소원)

행정규칙은 행정조직 내부의 행위로서 외부적 구속력이 없으므로, 행정규칙은 헌법소원의 대상이 되는 국민의 기본권에 영향을 미치는 공권력의 행사로 볼 수 없기 때문에 헌법소원의 대상이 될 수 없다. 그러나 예외적으로 ① 서울대학교 「1994학년도 대학입학고사주요요강」이나, ② 법령보충규칙, ③ 재량준칙이 평등원칙이나 신뢰보호의 원칙에 따라 자기구속을 받아 대외적 구속력을 갖는 경우에는 헌법소원의 대상이 될 수 있다는 것이 헌법재판소의 입장이다.

### (1) 정책결정을 구체화시킨 지침의 내용이 국민의 기본권에 직접적으로 영향을 끼치고, 앞으로 법령의 뒷받침에 의하여 그대로 실시될 것이 틀림없을 것으로 예상될 수 있을 때에는 예외적으로 헌법소원의 대상이 될 수 있다

> 행정각부의 장관이 국가 예산을 재원으로 사회복지사업을 시행함에 있어 예산확보방법과 그 집행대상 등에 관하여 정책결정을 내리고 이를 미리 일선 공무원들에게 지침 등의 형태로 고지하는 일련의 행위는 장래의 예산확보 및 집행에 대비한 일종의 준비행위로서 헌법소원의 대상이 될 수 없지만, 위와 같은 정책결정을 구체화시킨 지침의 내용이 국민의 기본권에 직접적으로 영향을 끼치고, 앞으로 법령의 뒷받침에 의하여 그대로 실시될 것이 틀림없을 것으로 예상될 수 있을 때에는 예외적으로 헌법소원의 대상이 될 수도 있다(헌재결 2007.10.25, 2006헌마1236).

### (2) 법령보충규칙이나 재량준칙이 평등원칙이나 신뢰보호의 원칙에 따라 자기구속을 받아 대외적 구속력을 갖는 경우 헌법소원의 대상이 될 수 있다 ★ 19 서울7급, 19 국회8급, 10 지방7급

> 최신기출
> 행정규칙은 일반적으로 행정조직 내부에서만 효력을 가지는 것이나, 행정규칙이 법령의 규정에 의하여 행정관청에 법령의 구체적 내용을 보충할 권한을 부여한 경우(법령보충규칙)나 재량권 행사의 준칙인 규칙(재량준칙)이 그 정한 바에 따라 되풀이 시행되어 행정관행이 이룩되게 되면, 평등의 원칙이나 신뢰보호의 원칙에 따라 행정기관은 그 상대방에 대한 관계에서 그 규칙에 따라야 할 자기구속을 당하게 되는 경우에는 대외적인 구속력을 가지게 되는바, 이러한 경우에는 헌법소원의 대상이 될 수도 있다. 경기도교육청의 1999.6.2. 자 '학교장·교사 초빙제 실시'는 학교장·교사 초빙제의 실시에 따른 구체적 시행을 위해 제정한 사무처리지침으로서 행정조직 내부에서만 효력을 가지는 행정상의 운영지침을 정한 것이어서, 국민이나 법원을 구속하는 효력이 없는 행정규칙에 해당하므로 헌법소원의 대상이 되지 않는다(헌재결 2001.5.31, 99헌마413).

### (3) 아프가니스탄 등 전쟁 또는 테러위험이 있는 해외 위난지역에서 여권사용을 제한하거나 방문 또는 체류를 금지한 외교통상부 고시는 헌법소원의 대상이 된다

> 법령 자체에 의한 직접적인 기본권 침해가 문제될 때에는 그 법령 자체의 효력을 직접 다투는 것을 소송물로 하여 일반법원에 소송을 제기하는 길이 없어 구제절차가 있는 경우가 아니므로 바로 헌법소원을 제기할 수 있다. 이 사건 고시는 구체적 집행행위를 기다리지 않고 일정한 경우 국민의 거주·이전의 자유를 직접 제한하는 규정을 둠으로써 법규명령 또는 행정규칙의 성격을 가지게 되었으므로, 그 효력을 직접 다투기 위한 헌법소원이 가능하다(헌재결 2008.6.26, 2007헌마1366).

# 제2항 법규명령형식의 행정규칙 내용의 법적 성질

## Ⅰ. 법규명령형식의 행정규칙 내용

| 구분 | 법규명령형식, 행정규칙 내용 | 행정규칙형식, 법규명령 내용(법령보충규칙) |
|---|---|---|
| 형식 | 1. 시행규칙 : 부령<br>2. 시행령 : 대통령령 | 훈령·지침·고시 등 |
| 내용 | 1. [별표] : 입법기술상 본문 내용이 복잡하고 많을 때 편의상 본문에서 기재하지 아니하고 별표로 처리하는데, 이들 내용은 대부분 행정처분기준에 관한 사항임<br>2. 제재적 행정처분기준, 사무처리준칙 | 상위법령의 위임·수권(권한부여)·보충 + 법규사항 |
| 법적 성질 | 1. 다수설은 형식 중시 법규명령설<br>2. 판례는 세분<br>　① 전체적 평가 : 내용 중시, 행정규칙설<br>　② 부령·지방자치단체규칙형식 : 내용 중시. 행정규칙설(부령형식이 대부분의 판례임)<br>　　㉠ 「유기장업법 시행규칙」에 의한 처분기준(대판 1990.7.13, 90누2284)<br>　　㉡ 준공인가 등을 받은 날로부터 15일 이내에 매입가격에 관한 거래신고서를 제출하도록 규정한 「개발이익 환수에 관한 법률 시행규칙」 제4조[대판(전합) 1993.5.11, 92누13677]<br>　　㉢ 「식품위생법 시행규칙」 제53조 [별표 15]의 영업정지 등 행정처분기준(대판 1995.3.28, 94누6925)<br>　　㉣ 자동차운수사업법 제31조 제2항의 규정에 따라 제정된 「자동차운수사업법 제31조 등의 규정에 의한 사업면허의 취소 등의 처분에 관한 규칙」[대판(전합) 1995.10.17, 94누14148]<br>　　㉤ 「도로교통법 시행규칙」 제53조 제1항이 정한 [별표 16]의 운전면허행정처분기준(대판 1997.10.24, 96누17288)<br>　　㉥ 「약사법 시행규칙」 제89조 [별표 6] 「행정처분의 기준」(대판 2007.9.20, 2007두6946)<br>　　㉦ 「공공기관의 운영에 관한 법률」 제39조 제3항의 위임에 따라 제정된 기획재정부령인 「공기업·준정부기관 계약사무규칙(대판 2013.9.12, 2011두10584)<br>　　㉧ 「국가를 당사자로 하는 계약에 관한 법률 시행규칙」 제76조 제1항 [별표 2](대판 2014.11.27, 2013두18964)<br>　　※ 제재적 처분기준이 아닌 계획기준(특허의 인가기준)인 시외버스운송사업의 사업계획변경 기준 등에 관한 구 「여객자동차 운수사업법 시 | 내용 중시 법규명령설(통설·대법원·헌재)<br>1. 국세청장훈령인 재산제세사무처리규정(대판 1988.5.10, 87누1028)<br>2. 「액화석유가스의 안전 및 사업관리법 시행령」 제3조 제2항에 의해 제정된 「액화석유가스판매사업 허가기준에 관한 구리시 고시」(대판 1991.4.23, 90누6460)<br>3. 「수입선다변화품목의 지정 등에 관한 상공부 고시」(대판 1993.11.23, 93도662)<br>4. 국무총리훈령인 개별토지가격합동조사지침(대판 1994.2.8, 93누111) : 집행명령으로서 법률보충적인 구실을 하는 법규적 성질<br>5. 식품위생법에 따라 보건사회부장관이 발한 보존음료수의 국내판매를 금지하는 내용의 식품제조영업허가기준고시[대판(전합) 1994.3.8, 92누1728]<br>6. 주세법에 의해 국세청장이 제정한 주류도매면허제도 개선업무지침(대판 1994.4.26, 93누21668)<br>7. 노령수당의 지급대상자의 선정기준 및 지급수준 등에 관한 권한을 부여한 노인복지법에 따라 보건사회부장관이 발한 노인복지사업지침(대판 1996.4.12. 95누7727)<br>8. 석유사업법 제9조 제1·3항, 「석유사업법 시행령」 제15조 [별표 2]의 규정에 따라 제정한 「전라남도 주유소 등록요건에 관한 고시」(대판 1998.9.25, 98두7503)<br>9. 보건복지부장관이 고시의 형식으로 정한 의료보험진료수가기준(대판 1999.6.22, 98두17807)<br>10. 「식품접객업소 영업행위제한기준」(보건복지부 고시)(헌재결 2000.7.20, 99헌마455)<br>11. 「독점규제 및 공정거래에 관한 법률」에 따른 「표시·광고에 관한 공정거래지침」(대판 2000.9.29, 98두12772)<br>12. 「독점규제 및 공정거래에 관한 법률」에 따른 「시장지배적 지위남용행위의 유형 및 기준」(공정거래위원회 고시 제1997-12호)(대판 2001.12.24, 99두11141) |

행규칙」(대판 2006.6.27, 2003두4355)은 법규명령이고, 「도시계획시설기준에 관한 규칙」(대판 2006.10.26, 2003두14840)은 법규로서의 성질

ⓒ 「종합부동산세법 시행규칙」 제5조 제2항, 별지 제3호 서식 부표(2) 중 작성방법(대판 2015. 6.24, 2012두7073)

ⓓ 노동조합의 설립을 신고하려는 자가 설립신고서에 첨부하여 제출할 서류에 관한 구 「노동조합 및 노동관계조정법 시행규칙」 제2조 제4호[대판(전합) 2015.6.24, 2007두4995]

3. 대통령령 형식 : 형식 중시, 법규명령설

① 「주택건설촉진법 시행령」 제10조의3 제1항 [별표 1]은 법규명령이므로 영업정지처분은 기속행위(대판 1997.12.26, 97누15418)

② 구 「청소년보호법 시행령」 제40조 [별표 6]의 위반행위의 종별에 따른 과징금처분기준은 법규명령이고 과징금의 금액의 의미는 최고한도액(대판 2001.3.9, 99두5207)

③ 「국민건강보험법 시행령」 제61조 제1항 [별표 5]의 업무정지처분 및 과징금부과의 기준의 법적 성질은 법규명령이고 업무정지의 기간 내지 과징금의 금액의 의미는 최고한도(대판 2006.2.9, 2005두11982)

13. 「액화석유가스의 안전 및 사업관리법」 제1조, 제2조 제4호, 제3조 제2·4항, 법 시행령의 위임에 따라 광주광역시 남구가 제정한 「가스사업 등의 허가 또는 신고기준 및 절차에 관한 고시」(대판 2002.9.27, 2000두7933)

14. 「지방공무원 수당 등에 관한 규정」 제15조 제4항의 위임을 받아 만들어진 행정자치부장관의 지방공무원수당업무처리지침(헌재결 2002.10.31, 2002헌라2)

15. 「건강보험요양급여행위 및 그 상대가치점수개정고시」(헌재결 2003.12.18, 2001헌마543)

16. 「청소년유해매체물의 표시방법에 관한 정보통신부고시」(헌재결 2004.1.29, 2001헌마894)

17. 관세율표상 품목분류의 기준을 정한 관세청고시(대판 2004.4.9, 2003두1592)

18. 「공업배치 및 공장설립에 관한 법률」에 따라 산업자원부장관이 정한 공장입지기준고시(대판 2004.5.28, 2002두4716)

19. 「주유소 비상표제품 등의 표시기준 및 표시방법」(산업자원부 고시 제2003-53호)(대판 2006.4.27, 2004도1078)

20. 관광진흥법의 위임에 의해 제정된 문화관광부공고인 「외국인전용 신규카지노업 허가계획」(헌재결 2006.7.27, 2004헌마924)

21. 구 택지개발촉진법 제3조 제4항, 제31조, 같은 법 시행령 제7조 제1항 및 제5항에 따라 건설교통부장관이 정한 택지개발업무처리지침 제11조(대판 2008.3.27, 2006두3742·3759)

22. 산지관리법 제18조 제1항, 제4항, 같은 법 시행령 제20조 제4항에 따라 산림청장이 정한 「산지전용허가기준의 세부검토기준에 관한 규정」(대판 2008.4.10. 2007두4841)

23. 문화관광부고시인 「게임제공업소의 경품취급기준」(헌재결 2008.11.27, 2005헌마161·189)

24. 「산업입지의 개발에 관한 통합지침」(대판 2011.9.8, 2009두23822)

25. 구 「지방공무원보수업무 등 처리지침」(대판 2016.1.28. 2015두53121)

26. 「석유 및 석유대체연료의 수입·판매부과금의 징수, 징수유예 및 환급에 관한 고시」(산업자원부 고시)와 구 「소요량의 산정 및 관리와 심사」(관세청 고시)(대판 2016.10.27, 2014두12017)

27. 건축법 제80조 제1항 제2호, 지방세법 제4조 제2항, 「지방세법 시행령」 제4조 제1항 제1호의 위임에 따라 행정자치부장관이 정한 「2014년도 건물 및 기타 물건 시가표준액 조정기준」(대판 2017.5.31, 2017두30764)

28. 피청구인의 「2019년도 제56회 변리사 국가자격시험

| | 시행계획 공고」(공고 제2018-151호) 가운데 '2019년 제2차 시험과목 중 특허법과 상표법 과목에 실무형 문제를 각 1개씩 출제' 부분(헌재결 2019.5.30, 2018헌마1208·1227) |
| | 29. 국민건강보험법 제41조 제2항, 구 「국민건강보험 요양급여의 기준에 관한 규칙」 제5조 제1항 [별표 1] 제1호 (마)목, 제2항의 위임에 따라 보건복지부장관이 정하여 고시한 「요양급여의 적용기준 및 방법에 관한 세부사항」 I. '일반사항' 중 '요양기관의 시설·인력 및 장비 등의 공동이용 시 요양급여비용 청구에 관한 사항'(대판 2021.1.14, 2020두38171) |

## II. 법규명령형식의 행정규칙의 법적 성질

주류적 판례는 규정내용을 중시하여 행정규칙설을 취하고 있지만, 구체적으로 보면 법규의 형식이 부령이나 지방자치단체 규칙의 형식인 경우에는 행정규칙설을 취하고, 대통령령 형식인 경우에는 법규명령설을 취한다. ★ 16 국회8급, 11 국가9급

### 1. 부령·지방자치단체규칙 형식

#### (1) 행정규칙설

① **부령인 시행규칙 또는 지방자치단체의 규칙으로 정한 행정처분기준인 행정명령의 성질** ★ 12 군무원, 10 국회9급

전합판례 | 규정형식상 부령인 시행규칙 또는 지방자치단체의 규칙으로 정한 행정처분의 기준은 행정처분 등에 관한 사무처리기준과 처분절차 등 행정청 내의 사무처리준칙(행정규칙의 내용)을 규정한 것에 불과하므로 행정조직 내부에 있어서의 행정명령의 성격을 지닐 뿐 대외적으로 국민이나 법원을 구속하는 힘이 없고, 그 처분이 위 규칙에 위배되는 것이라 하더라도 위법의 문제는 생기지 아니하고, 또 위 규칙에서 정한 기준에 적합하다 하여 바로 그 처분이 적법한 것이라고도 할 수 없으며, 그 처분의 적법 여부는 위 규칙에 적합한지의 여부에 따라 판단할 것이 아니고 관계법령의 규정 및 그 취지에 적합한 것인지 여부에 따라 개별적·구체적으로 판단하여야 한다[대판(전합) 1995.10.17, 94누14148].

② **「도로교통법 시행규칙」 제53조 제1항이 정한 [별표 16]의 운전면허행정처분기준** ★ 20 지방9급, 20 국회9급

최신기출 | 「도로교통법 시행규칙」 제53조 제1항이 정하고 있는 [별표 16] 운전면허행정처분기준은 관할행정청이 운전면허의 취소 및 운전면허의 효력정지 등의 사무처리를 함에 있어서 처리기준과 방법 등의 세부사항을 규정한 행정기관 내부의 처리지침에 불과한 것으로서 대외적으로 국민이나 법원을 기속하는 것은 아니므로, 자동차운전면허 취소처분의 적법 여부는 위 운전면허행정처분기준이 상위법령에 근거가 있는지 여부 등에 의하여 판단할 것이 아니라 도로교통법의 규정 내용과 취지에 따라 판단하여야 하고, 따라서 위 운전면허행정처분기준이 상위법령에 근거가 없다 하여 자동차운전면허 취소처분이 위법한 것이라고 단정할 수는 없다(대판 1996.4.12, 95누10396).

③ 「식품위생법 시행규칙」 제53조에서 [별표 15]는 행정규칙이다 ★ 22·21 국가9급

「식품위생법 시행규칙」 제53조에서 [별표 15]로 식품위생법 제58조에 따른 행정처분의 기준을 정하였다고 하더라도, 형식은 부령으로 되어 있으나 성질은 행정기관 내부의 사무처리준칙을 정한 것에 불과한 것으로서, 보건사회부장관(현 보건복지부장관)이 관계행정기관 및 직원에 대하여 직무권한 행사의 지침을 정하여 주기 위하여 발한 행정명령의 성질을 가지는 것이지 같은법 제58조 제1항의 규정에 보장된 재량권을 기속하는 것이라고 할 수 없고 대외적으로 국민이나 법원을 기속하는 힘이 있는 것은 아니므로, 같은법 제58조 제1항에 의한 처분의 적법 여부는 같은법 시행규칙에 적합한 것인가의 여부에 따라 판단할 것이 아니라 같은법 규정 및 그 취지에 적합한 것인가의 여부에 따라 판단하여야 할 것이며, 따라서 행정처분이 위 기준에 위반되었다는 사정만으로 그 처분이 위법한 것으로 되는 것은 아니다(대판 1997.11.28, 97누12952).

「식품위생법 시행규칙」의 행정처분기준은 행정규칙의 형식이나, 「식품위생법」의 내용을 보충하면서 「식품위생법」의 규정과 결합하여 위임의 범위 내에서 대외적인 구속력을 가진다. (x) ■ 21 국가9급

④ 「식품위생법 시행규칙」(총리령) 제89조가 법 제74조에 따른 행정처분의 기준으로 마련한 [별표 23]은 행정규칙이다

시행규칙 조항에는 일반음식점에서 손님들이 춤을 출 수 있도록 하는 시설(무도장)을 설치해서는 안 된다는 내용이 명시적으로 규정되어 있지 않고, 다만 시행규칙 제89조가 법 제74조에 따른 행정처분의 기준으로 마련한 [별표 23] 제3호 8. 라.1)에서 위반사항을 '유흥주점 외의 영업장에 무도장을 설치한 경우'로 한 행정처분 기준을 규정하고 있을 뿐이다. 그러나 이러한 행정처분 기준은 행정청 내부의 재량준칙에 불과하므로, 재량준칙에서 위반사항의 하나로 '유흥주점 외의 영업장에 무도장을 설치한 경우'를 들고 있다고 하여 이를 위반의 대상이 된 금지의무의 근거규정이라고 해석할 수는 없다. 또한 업종별 시설기준에 관한 시행규칙 조항의 '8. 식품접객업의 시설기준'의 구체적 내용을 살펴보더라도, 시설기준 위반의 하나로서 '유흥주점 외의 영업장에 무도장을 설치한 경우'를 금지하고 있다고 해석할 만한 규정이 없고, 달리 식품위생법령에 이러한 내용의 시설기준 위반 금지의무를 부과하고 있는 규정을 찾아보기 어렵다(대판 2015.7.9, 2014두47853).

⑤ 제재적 행정처분의 기준이 부령의 형식으로 규정되어 있는 경우, 그 기준에 따른 처분의 적법성에 관한 판단방법
★ 22 국가9급, 21·17 지방9급, 16 국가7급

제재적 행정처분의 기준이 부령의 형식으로 규정되어 있더라도 그것은 행정청 내부의 사무처리준칙을 정한 것에 지나지 아니하여 대외적으로 국민이나 법원을 기속하는 효력이 없고, 당해 처분의 적법 여부는 위 처분기준만이 아니라 관계법령의 규정내용과 취지에 따라 판단되어야 하므로, 위 처분기준에 적합하다 하여 곧바로 당해 처분이 적법한 것이라고 할 수는 없지만, 위 처분기준이 그 자체로 헌법 또는 법률에 합치되지 아니하거나 위 처분기준에 따른 제재적 행정처분이 그 처분사유가 된 위반행위의 내용 및 관계법령의 규정내용과 취지에 비추어 현저히 부당하다고 인정할 만한 합리적인 이유가 없는 한 섣불리 그 처분이 재량권의 범위를 일탈하였거나 재량권을 남용한 것이라고 판단해서는 안 된다(대판 2007.9.20, 2007두6946).

⑥ 제재적 행정처분의 기준이 부령의 형식으로 되어 있는 경우, 그 기준에 따른 처분이 적법한지 판단하는 방법

처분기준이 그 자체로 헌법 또는 법률에 합치되지 않거나 그 기준을 적용한 결과가 처분사유인 위반행위의 내용 및 관계 법령의 규정과 취지에 비추어 현저히 부당하다고 인정할 만한 합리적인 이유가 없는 한, 섣불리 그 기준에 따른 처분이 재량권의 범위를 일탈하였다거나 재량권을 남용한 것으로 판단해서는 안 된다(대판 2018.5.15, 2016두57984).

**(2) 법령의 위임이 없음에도 법령에 규정된 처분 요건에 해당하는 사항을 부령에서 변경하여 규정한 경우, 부령 규정의 법적 성격 및 처분의 적법 여부를 판단하는 기준** ★ 21 지방7급, 21·18·16 국회8급, 21 변호사, 20 지방9급, 20 국가9급, 17 서울7급, 16 국가7급

최신기출

법령에서 행정처분의 요건 중 일부 사항을 부령으로 정할 것을 위임한 데 따라 시행규칙 등 부령에서 이를 정한 경우에 그 부령의 규정은 국민에 대해서도 구속력이 있는 법규명령에 해당한다고 할 것이지만, 법령의 위임이 없음에도 법령에 규정된 처분 요건에 해당하는 사항을 부령에서 변경하여 규정한 경우에는 그 부령의 규정은 행정청 내부의 사무처리 기준 등을 정한 것으로서 행정조직 내에서 적용되는 행정명령의 성격을 지닐 뿐 국민에 대한 대외적 구속력은 없다고 보아야 한다. 따라서 어떤 행정처분이 그와 같이 법규성이 없는 시행규칙 등의 규정에 위배된다고 하더라도 그 이유만으로 처분이 위법하게 되는 것은 아니라 할 것이고, 또 그 규칙 등에서 정한 요건에 부합한다고 하여 반드시 그 처분이 적법한 것이라고 할 수도 없다. 이 경우 처분의 적법 여부는 그러한 규칙 등에서 정한 요건에 합치하는지 여부가 아니라 일반 국민에 대하여 구속력을 가지는 법률 등 법규성이 있는 관계 법령의 규정을 기준으로 판단하여야 한다(대판 2013.9.12, 2011두10584).

상위법령의 위임이 없음에도 상위법령에 규정된 처분 요건을 부령에서 변경하여 규정하였다면 그 부령은 무효이며 따라서 그 부령에 따른 처분 역시 위법하다. (x) ■ 16 국회8급

「공기업·준정부기관 계약사무규칙」 제15조 제1항은 국민에 대하여 구속력이 있다. (x) ■ 18 국회8급

어떤 행정처분이 법규성이 없는 부령의 규정에 위배되면 그 처분은 위법하고, 또 그 부령에서 정한 요건에 부합하면 그 처분은 적법하다. (x) ■ 18 국회8급

입찰참가자격제한처분의 적법 여부는 「공기업·준정부기관 계약사무규칙」 제15조 제1항에서 정한 요건에 합치하는지 여부와 공공기관법 제39조의 규정을 기준으로 판단하여야 한다. (x) ■ 18 국회8급

법령에서 행정처분의 요건 중 일부 사항을 부령으로 정할 것을 위임한 데 따라 부령에서 이를 정하고 있는 경우에 그 부령의 규정은 국민에 대하여 구속력이 없다. (x) ■ 18 국회8급

법령의 위임이 없음에도 법령에 규정된 처분 요건에 해당하는 사항을 부령에서 변경하여 규정한 경우에 처분의 적법 여부는 그러한 부령에서 정한 요건을 기준으로 판단하여야 한다. (x) ■ 21 지방7급

**(3) 노동조합의 설립을 신고하려는 자가 설립신고서에 첨부하여 제출할 서류에 관한 구 「노동조합 및 노동관계조정법 시행규칙」 제2조 제4호가 법규명령으로서의 효력이 없으므로 구 「노동조합 및 노동관계조정법 시행규칙」 제2조 제4호가 정한 사항에 관한 보완이 이루어지지 않았다는 사유를 들어 설립신고서를 반려할 수 없다**

전합판례

「노동조합 및 노동관계조정법」 제10조 제1항, 제12조 제2항, 제3항 제2호, 구 「노동조합 및 노동관계조정법 시행규칙」(구 노동조합법 시행규칙) 제2조의 내용이나 체계, 취지 등을 종합하면, 구 노동조합법 시행규칙이 제2조 제4호에서 설립신고의 대상이 되는 노동조합이 '2 이상의 사업 또는 사업장의 근로자로 구성된 단위노동조합인 경우 사업 또는 사업장별 명칭, 조합원 수, 대표자의 성명'에 관한 서류를 설립신고서에 첨부하여 제출하도록 규정한 것은 상위 법령의 위임 없이 규정한 것이어서, 일반 국민에 대하여 구속력을 가지는 법규명령으로서의 효력은 없다. 따라서 행정관청은 구 노동조합법 시행규칙 제2조 제4호가 정한 사항에 관한 보완이 이루어지지 아니하였다는 사유를 들어 설립신고서를 반려할 수는 없다[대판(전합) 2015.6.24, 2007두4995].

**(4) 제재적 처분기준이 아닌 계획기준은 법규명령이다** ★ 18 국회9급, 17 국가9급, 14 지방9급

최신기출

구 「여객자동차운수사업법 시행규칙」 제31조 제2항 제1호·제2호·제6호는 구 여객자동차운수사업법 제11조 제4항의 위임에 따라 시외버스운송사업의 사업계획변경에 관한 절차, 인가기준 등을 구체적으로 규정한 것으로서, 대외적인 구속력이 있는 법규명령이라고 할 것이고, 그것을 행정청 내부의 사무처리준칙을 규정한 행정규칙에 불과하다고 할 수는 없다(대판 2006.6.27, 2003두4355).

**(5) 구 「도시계획시설기준에 관한 규칙」 제13조 제1항은 법규로서의 성질을 가진다**

구 「도시계획시설기준에 관한 규칙」은 구 도시계획법 제12조 제3항, 제16조 제2항 본문에 의하여 도시계획결정에 필요한 도시계획에 관한 중요한 기준 및 도시계획시설기준, 도시계획구역 안에서 설치할 구 도시계획법 제2조 제1항 제1호 (나)목의 시설에 관한 구조 및 설치기준 등에 관하여 필요한 사항의 제정을 위임받았고, 구 도시계획시설기준에 관한 규칙 제13조 제1항 [별표 2]는 도로의 교차부분에서의 교통을 원활히 하고 시야를 충분히 확보하기 위하여 도로모퉁이의 길이를 정한 것으로서 도시계획시설기준, 특히 도로의 시설에 관한 설치기준을 정한 것이어서 구 도시계획법 제12조 제3항, 제16조 제2항 본문의 위임의 범위 안에 있으므로, 구 도시계획시설기준에 관한 규칙 제13조 제1항은 구 도시계획법 제12조 제1항, 제16조 제2항 본문과 결합하여 법규로서의 성질을 가진다(대판 2006.10.26, 2003두14840).

## 2. 대통령령 형식(법규명령설) ★ 13 행정사

대통령령 형식의 경우에는 법규명령설을 취하고 있다. 즉, 감정평가사시험위원회의 심의사항이나 회의절차에 관한 지가공시 및 토지 등의 평가에 관한 법률 시행령 제20조에 대해서는 법규명령성을 부정하고 있지만(대판 1996.9.20, 96누6882), 최근 판례에서 주택건설촉진법 시행령 제10조의3 제1항 [별표 1]에 대해서 부령과 달리 법규명령으로 판시한 바 있다(대판 1997.12.26, 97누15418).

**(1) 「주택건설촉진법 시행령」은 법규명령이므로 재량행위인지 여부를 결정하는 근거가 된다**

★ 13 국가9급, 12 군무원, 10 순경특채

당해 처분의 기준이 된 「주택건설촉진법 시행령」 제10조의3 제1항 [별표 1]은 주택건설촉진법 제7조 제2항의 위임규정에 터 잡은 규정형식상 대통령령이므로 그 성질이 부령인 시행규칙이나 또는 지방자치단체의 규칙과 같이 통상적으로 행정조직 내부에 있어서의 행정명령에 지나지 않는 것이 아니라 대외적으로 국민이나 법원을 구속하는 힘이 있는 법규명령에 해당한다고 할 것이다. 따라서 이 사건 처분이 재량행위인지 여부를 결정함에 있어서는, 먼저 그 근거가 된 시행령 제10조의3의 규정과 같은조 제1항 [별표 1]의 규정형식이나 체재 또는 문언을 살펴야 하는바, 이들 규정들은 영업의 정지처분에 관한 기준을 개개의 사유별로 그에 따른 영업정지기간을 일률적으로 확정하여 규정하는 형식을 취하고 있고, 다만 영업정지사유가 경합되거나(시행령 제10조의3 제2항 제2호) 사업실적미달로 인하여 영업정지처분사유에 해당하게 된 경우(같은조 제3항)에 한하여 예외적으로 그 정지기간 결정에 재량의 여지를 두고 있을 뿐이므로, 이 사건의 경우와 같이 등록을 마친 주택건설사업자가 '법 제38조 제14항의 규정에 의한 하자보수를 정당한 사유 없이 사용검사권자가 지정한 날까지 이행하지 아니하거나 지체한 때'에는 관할 관청으로서는 위 [별표 1]의 제2호 (타)목 (1)의 규정에 의하여 3개월간의 영업정지처분을 하여야 할 뿐, 달리 그 정지기간에 관하여 재량의 여지가 없다고 할 것이다(대판 1997.12.26, 97누15418).

### (2) 「청소년보호법 시행령」 제40조 [별표 6]의 위반행위의 종별에 따른 과징금처분기준

★ 19·18·17·15·11 지방9급, 15 사회복지, 13 국회9급, 13 국가9급, 13 변호사, 12 군무원, 10 순경특채

| 구분 | | 내용 |
|---|---|---|
| 청소년보호법 (재량행위) | | 시장·군수 또는 구청장은 청소년을 유해업소에 고용하는 행위로 인하여 이익을 취득한 자에 대하여 대통령령이 정하는 바에 의하여 1천만 원 이하의 과징금을 부과·징수할 수 있다(제49조 제2항). |
| 구 「청소년보호법 시행령」 (기속행위) | | 구 「청소년보호법 시행령」 제40조 [별표 6] 위반행위의 종별에 따른 과징금처분기준 제8호 : 법 제24조 제1항의 규정(청소년유해업소의 업주는 종업원을 고용하고자 하는 때에는 그 연령을 확인하여야 하며, 청소년을 고용하여서는 아니 된다)에 의한 청소년고용금지의무를 위반한 때 800만 원 |
| 사실관계 | | ① 원고는 군산시 조촌동 845의 1에서 '안개하우스'라는 상호로 허가를 받지 아니하고 유흥주점업을 하던 자인바, 1997.12.17.경부터 1997.12.22.경까지 위 주점에 청소년인 조○○(17세), 임○○(17세)를 고용하여 영업에 종사하게 하였다.<br>② 피고는 1998.6.2. 청소년보호법 제49조 제1항·제2항, 제50조 제2호, 제24조 제1항, 법 시행령 제40조 [별표 6] 중 8.의 규정에 의하여, 원고에게 청소년 2인을 유해업소에 고용한데 대하여 금 1,600만 원(800만 원×2)의 과징금을 부과<br>③ 한편 원고는 같은 행위로, 법원으로부터 법 제50조 제2호에 따라 징역 8월에 집행유예 2년의 형을 선고받은 바 있고, 1998.1.20. 군산시장으로부터 식품위생법 제58조에 따라 15일간(1998.1.30.~2.13.)의 영업정지처분을 받은 바 있다. |
| 판례 | 판례 요지 | 구 청소년보호법 제49조 제1항·제2항에 따른 같은법 시행령 제40조 [별표 6]의 '위반행위의 종별에 따른 과징금처분기준'은 법규명령이기는 하나 모법의 위임규정의 내용과 취지 및 헌법상의 과잉금지의 원칙과 평등의 원칙 등에 비추어 같은 유형의 위반행위라 하더라도 그 규모나 기간·사회적 비난 정도·위반행위로 인하여 다른 법률에 의하여 처벌받은 다른 사정·행위자의 개인적 사정 및 위반행위로 얻은 불법이익의 규모 등 여러 요소를 종합적으로 고려하여 사안에 따라 적정한 과징금의 액수를 정하여야 할 것이므로 그 수액은 정액이 아니라 최고한도액이다(대판 2001.3.9, 99두5207). |
| | 판례의 의미 | 대통령령으로 정한 행정처분의 기준을 법규명령으로 보면서도 기준이 정액(800만 원)이 아니라 최고한도액(800만 원 이하)으로 보아 구체적 타당성을 기하고 있다(엄격한 구속력이 아닌 신축적 구속력만 인정). |

과징금부과처분의 기준을 규정하고 있는 구 「청소년보호법 시행령」 제40조 [별표 6]은 행정규칙의 성질을 갖는다. (×)
■ 18 지방9급

### (3) 「국민건강보험법 시행령」 제61조 제1항 [별표 5]의 업무정지처분 및 과징금부과의 기준의 법적 성질은 법규명령이고 업무정지의 기간 내지 과징금의 금액의 의미는 최고한도이다

> 국민건강보험법 제85조 제1항·제2항에 따른 같은법 시행령 제61조 제1항 [별표 5]의 업무정지처분 및 과징금부과의 기준은 법규명령이기는 하나 모법의 위임규정의 내용과 취지 및 헌법상의 과잉금지의 원칙과 평등의 원칙 등에 비추어 같은 유형의 위반행위라 하더라도 그 규모나 기간·사회적 비난 정도·위반행위로 인하여 다른 법률에 의하여 처벌받은 다른 사정·행위자의 개인적 사정 및 위반행위로 얻은 불법이익의 규모 등 여러 요소를 종합적으로 고려하여 사안에 따라 적정한 업무정지의 기간 및 과징금의 금액을 정하여야 할 것이므로 그 기간 내지 금액은 확정적인 것이 아니라 최고한도라고 할 것이다(대판 2006.2.9, 2005두11982).

### (4) 판례에 대한 평가

판례의 경우 ① 대통령령과 부령의 제정절차상의 차이는 국무회의의 심의를 거치느냐 아니냐의 차이인데 이것이 대통령령과 부령의 법규성을 부정할 본질적인 차이라고 할 수는 없고(김남진·김연태, 김성수, 박윤흔, 김민호·이광윤), ② 헌법이 대통령령과 함께 총리령과 부령을 법규명령으로 규정하고 있는 법규범의 체계와 질서를 뒤흔드는 위험한 발상이라는 점(김성수), ③ 판례는 부령에서 규정된 제재적 행정처분의 기준을 단순히 사무처리기준이라 하지만, 오히려 기본권 제한에 관련하는 사항으로 보는 것이 합당하다는 점, ④ 구체적 규범통제를 활용해도 구체적 타당성을 도모할 수 있다는 점 등의 문제가 있다. 따라서 부령과 대통령령을 구분하지 않고 법규명령의 형식으로 정해진 것이라면, 내용을 불문하고 법규명령으로 보는 것이 타당하다.

# 제3항 법령보충적 행정규칙(법령보충규칙)

## Ⅰ. 법령보충규칙의 법적 성질(법규명령)

### 1. 법령보충규칙의 법규성 인정

**(1) 대법원 판례** ★ 20 국가9급, 19 국가7급, 13 지방7급, 12 국가9급, 11 국회9급, 10 순경특채, 10 국회8급

> `최신기출` 상급행정기관이 하급행정기관에 대하여 업무처리지침이나 법령의 해석적용에 관한 기준을 정하여 발하는 이른 바 행정규칙은 일반적으로 행정조직 내부에서만 효력을 가질 뿐 대외적인 구속력을 갖지 않지만(원칙적으로 법규성 부정), 법령의 규정이 특정 행정기관에게 그 법령내용의 구체적 사항을 정할 수 있는 권한을 부여하면서 그 권한행사의 절차나 방법을 특정하고 있지 않아 수임행정기관이 행정규칙의 형식으로 그 법령의 내용이 될 사항을 구체적으로 정하고 있다면, 그와 같은 행정규칙은 행정규칙이 갖는 일반적 효력으로서가 아니라 행정기관에 법령의 구체적 내용을 보충할 권한을 부여한 법령규정의 효력에 의하여 그 내용을 보충하는 기능을 갖게 되고, 따라서 이와 같은 행정규칙은 당해 법령의 위임한계를 벗어나지 않는 한 그것들과 결합하여(행정규칙 자체의 독자적 효력으로서가 아니라 상위법령과 결합하여서만 법규적 효력을 가진다는 점에서, 행정규칙 자체로서 예외적으로 법규성이 인정되는 규범구체화 행정규칙과 다름 ; 필자 주) 대외적인 구속력이 있는 법규명령으로서의 효력을 가진다(대판 2008.3.27, 2006두3742·3759).

**(2) 헌법재판소 결정례**

> 법령의 직접적인 위임에 따라 수임행정기관이 그 법령을 시행하는데 필요한 구체적인 사항을 정한 것이면, 그 제정형식은 비록 법규명령이 아닌 고시, 훈령, 예규 등과 같은 행정규칙이더라도, 그것이 상위법령의 위임한계를 벗어나지 않는 한 상위법령과 결합하여 대외적 구속력을 갖는 법규명령으로서 기능하게 된다고 보아야 한다(헌재결 2006. 7.27, 2004헌마924).

### 2. 훈령의 형식

**(1) 국세청 훈령인 재산제세조사사무처리규정** ★ 13 국가9급, 13·10 순경특채, 10 국회8급

> 「소득세법 시행령」 제170조 제4항 제2호에 의하여 투기거래를 규정한 재산제세조사사무처리규정(국세청훈령 제980호)은 그 형식은 행정규칙으로 되어 있으나 위 시행령의 규정을 보충하는 기능을 가지면서 그와 결합하여 법규명령과 같은 효력(대외적인 구속력)을 가지는 것이므로 과세관청이 위 규정에 정하는 바에 따라 양도소득세 공정과세위원회의 자문을 거치지 아니하고 위 규정 제72조 제3항 제8호 소정의 투기거래로 인정하여 양도소득세를 과세하는 것은 위법이다(대판 1989.11.14, 89누5676).

## 3. 고시의 형식 ★ 19 국가7급, 10 국회9급, 10 국가7급

### (1) 식품위생법에 따라 보건사회부장관이 발한 식품제조영업허가기준고시 ★ 18 국가9급

> 식품제조영업허가기준이라는 고시는 공익상의 이유로 허가를 할 수 없는 영업의 종류를 지정할 권한을 부여한 구 식품위생법 제23조의3 제4호에 따라 보건사회부장관(현 보건복지부장관)이 발한 것으로서, 실질적으로 법의 규정내용을 보충하는 기능을 지니면서 그것과 결합하여 대외적으로 구속력이 있는 법규명령의 성질을 가진 것이다(대판 1994.3.8, 92누1728).

행정 각부의 장이 정하는 고시(告示)는 법령의 규정으로부터 구체적 사항을 정할 수 있는 권한을 위임받아 그 법령 내용을 보충하는 기능을 가진 경우라도 그 형식상 대외적으로 구속력을 갖지 않는다. (x) ■ 18 국가9급

### (2) 보건복지부장관이 고시의 형식으로 정한 「의료보험진료수가기준」 ★ 13 서울7급

> 보건복지부장관이 고시의 형식으로 정한 '의료보험진료수가기준' 중 [부록 1] '수탁검사실시기관인정 등 기준'은 요양급여 및 분만급여의 방법·절차·범위·상한기준 및 그 비용 등 법령의 내용이 되는 구체적인 사항을 보건복지부장관으로 하여금 정하도록 한 의료보험법의 위임에 따라 이를 정한 규정으로서 법령의 위임한계를 벗어나지 아니하는 한 법령의 내용을 보충하는 기능을 하면서 그와 결합하여 대외적으로 구속력이 있는 법규명령으로서의 효력을 가진다고 볼 것이므로, 요양기관의 진료비청구가 위 규정에 적합하지 아니하여 진료비심사지급기관이 그 지급을 거절하였다면 특별한 사정이 없는 한 그 처분은 적법하다고 보아야 한다(대판 1999.6.22, 98두17807).

### (3) 「공업배치 및 공장설립에 관한 법률」에 따라 산업자원부장관이 정한 공장입지기준고시 ★ 15 사회복지

> 「공업배치 및 공장설립에 관한 법률」 제8조 제4호가 "산업자원부장관은 관계중앙행정기관의 장과 협의하여 '환경오염을 일으킬 수 있는 공장의 입지제한에 관한 사항'에 관한 공장입지의 기준을 정하여 이를 고시하여야 한다."고 규정함에 따라 산업자원부 장관이 정한 공장입지기준고시(1999.12.16. 산업자원부고시 제1999-147호) 제5조 전문 제2호는 "시장·군수·구청장은 '공장을 설치함으로써 인근주민 또는 농경지, 기타 당해 지역의 생활 및 자연환경을 현저히 해하게 된다고 판단되는 경우'에는 공장의 입지를 제한할 수 있다. 이 경우 시장·군수 또는 구청장은 제한대상시설 및 제한기간 등을 고시하여야 한다."고 규정하는바, 법령의 규정이 특정 행정기관에 그 법령내용의 구체적 사항을 정할 수 있는 권한을 부여하면서 그 권한행사의 절차나 방법을 특정하고 있지 않은 관계로 수임 행정기관이 행정규칙의 형식으로 그 법령의 내용이 될 사항을 구체적으로 정하고 있는 경우에는, 그 행정규칙이 당해 법령의 위임한계를 벗어나지 않는 한, 그와 결합하여 대외적으로 구속력이 있는 법규명령으로서 효력을 가지는 것이므로, 산업자원부장관이 「공업배치 및 공장설립에 관한 법률」 제8조의 규정에 따라 공장입지의 기준을 구체적으로 정한 이 사건 고시 제5조 전문 제2호는 법규명령으로서 효력을 가진다 할 것이다(대판 2003.9.26, 2003두2274).

### (4) 「청소년유해매체물의 표시방법에 관한 정보통신부고시」는 법령보충규칙으로서 헌법소원의 대상
★ 20 국가7급, 18 지방7급

> 「청소년유해매체물의 표시방법에 관한 정보통신부고시」는 청소년유해매체물을 제공하려는 자가 하여야 할 전자적 표시의 내용을 정하고 있는데, 이는 「정보통신망 이용촉진 및 정보보호 등에 관한 법률」 제42조 및 동법 시행령 제21조 제2항·제3항의 위임규정에 의하여 제정된 것으로서 국민의 기본권을 제한하는 것인바, 상위법령과 결합하여 대외적 구속력을 갖는 법규명령으로 기능하고 있는 것이므로 헌법소원의 대상이 된다(헌재결 2004. 1.29, 2001헌마894).

법령보충규칙에 해당하는 고시의 관계규정에 의하여 직접 기본권 침해를 받는다고 하여도 이에 대하여 바로 「헌법재판소법」 제68조 제1항에 의한 헌법소원심판을 청구할 수 없다. (x) ■ 18 지방7급

## 4. 지침의 형식

**(1) 지방공무원 수당 등에 관한 규정 제15조 제4항의 위임을 받아 만들어진 행정안전부장관의 지방공무원수당업무처리지침**

> 지방공무원 수당 등에 관한 규정 제15조 제4항의 위임을 받아 만들어진 이 사건 지침부분(행정자치부장관(현 안전행정부장관)이 2002.1.25.자 지방공무원수당업무처리지침 중에서 "Ⅵ. 초과근무수당 5. 초과근무수당 지급대상자 및 초과근무 인정범위 나. 일반대상자(시간외근무수당) 지급시간수의 계산(영 제15조 제4항) - 평일은 1일 2시간 이상 시간외근무한 경우에 2시간을 공제한 후 4시간 이내에서 매분단위까지 합산함"이라는 부분)은 비록 그 제정형식은 법규명령이 아닌 행정규칙이지만 그 내용으로 볼 때 그것이 상위법령의 위임한계, 즉 지급기준과 지급방법 등의 범위를 설정하도록 한 한계를 벗어난 것은 아니라고 인정되므로 이는 상위법령인 위 수당규정과 결합하여 대외적인 구속력을 갖는 법규명령으로서 기능하게 된다고 보아야 할 것이므로, 이 사건 지침부분은 헌법 제117조 제1항을 위반한 것이 아니고 청구인의 권한도 침해하는 것이 아니다(헌재결 2002.10.31. 2002헌라2).

**(2) 구 「지방공무원보수업무 등 처리지침」은 법규명령으로서의 효력을 갖는다**

> 구 「지방공무원보수업무 등 처리지침」(지침) [별표 1] 「직종별 경력환산율표 해설」이 정한 민간근무경력의 호봉 산정에 관한 부분은 지방공무원법 제45조 제1항과 구 「지방공무원 보수규정」 제8조 제2항, 제9조의2 제2항, [별표 3]의 단계적 위임에 따라 행정자치부장관이 행정규칙의 형식으로 법령의 내용이 될 사항을 구체적으로 정한 것이고, 달리 지침이 위 법령의 내용 및 취지에 저촉된다거나 위임 한계를 벗어났다고 보기 어려우므로, 지침은 상위법령과 결합하여 대외적인 구속력이 있는 법규명령으로서의 효력을 갖게 된다(대판 2016.1.28. 2015두53121).

**(3) 요양기관이 보건복지부 고시 「요양급여의 적용기준 및 방법에 관한 세부사항」Ⅰ. '일반사항' 중 '요양기관의 시설·인력 및 장비 등의 공동이용 시 요양급여비용 청구에 관한 사항' 부분에서 정한 절차와 요건을 준수하지 아니하고 요양급여를 실시하고 그에 대한 요양급여비용을 청구하여 지급받은 경우, 구 국민건강보험법 제57조 제1항에서 정한 '속임수나 그 밖의 부당한 방법'에 해당한다**

최신판례
> 구 국민건강보험법 제41조 제2항, 구 「국민건강보험 요양급여의 기준에 관한 규칙」 제5조 제1항 [별표 1] 제1호 (마)목, 제2항의 위임에 따라 보건복지부장관이 정하여 고시한 「요양급여의 적용기준 및 방법에 관한 세부사항」 Ⅰ. '일반사항' 중 '요양기관의 시설·인력 및 장비 등의 공동이용 시 요양급여비용 청구에 관한 사항' 부분(고시 규정)은 상위법령의 위임에 따라 제정된 '요양급여의 세부적인 적용기준'의 일부로 상위법령과 결합하여 대외적으로 구속력 있는 '법령보충적 행정규칙'에 해당하므로, 요양기관이 위 고시 규정에서 정한 절차와 요건을 준수하여 요양급여를 실시한 경우에 한하여 요양급여비용을 지급받을 수 있다(대판 2021.1.14. 2020두38171).

## 5. 공고의 형식

**(1) 피청구인의 "2019년도 제56회 변리사 국가자격시험 시행계획 공고(공고 제2018-151호)" 가운데 '2019년 제2차 시험과목 중 특허법과 상표법 과목에 실무형 문제를 각 1개씩 출제' 부분은 헌법소원의 대상이 되는 공권력의 행사에 해당한다** ★ 20 국회8급

최신판례
> 이 사건 공고의 근거법령의 내용만으로는 변리사 제2차 시험에서 '실무형 문제'가 출제되는지 여부가 정해져 있다고 볼 수 없고, 이 사건 공고에 의하여 비로소 2019년 제56회 변리사 제2차 시험에 실무형 문제가 출제되는 것이 확정된다. 이 사건 공고는 법령의 내용을 구체적으로 보충하고 세부적인 사항을 확정함으로써 대외적 구속력을 가지므로, 헌법소원의 대상이 되는 공권력의 행사에 해당한다(헌재결 2019.5.30. 2018헌마1208·1227).

> 헌법재판소는 공고에 의하여 비로소 응시자격이 확정되는 경우에는 공고에 대한 헌법소원을 인정하였으나 위와 같은 경우에는 헌법소원을 인정하지 않았다. (×) ■ 20 국회8급

## 6. '기준' 형식

(1) 건축법 제80조 제1항 제2호, 지방세법 제4조 제2항, 「지방세법 시행령」 제4조 제1항 제1호의 위임에 따라 행정자치부장관이 정한 「2014년도 건물 및 기타물건 시가표준액 조정기준」은 법규명령으로서의 효력을 가지고, 그중 「증·개축 건물 등에 대한 시가표준액 산출요령」의 규정들도 마찬가지이다

> 건축법 제80조 제1항 제2호, 지방세법 제4조 제2항, 「지방세법 시행령」 제4조 제1항 제1호의 내용, 형식 및 취지 등을 종합하면, 「2014년도 건물 및 기타물건 시가표준액 조정기준」의 각 규정들은 일정한 유형의 위반 건축물에 대한 이행강제금의 산정기준이 되는 시가표준액에 관하여 행정자치부장관으로 하여금 정하도록 한 위 건축법 및 지방세법령의 위임에 따른 것으로서 그 법령 규정의 내용을 보충하고 있으므로, 그 법령 규정과 결합하여 대외적인 구속력이 있는 법규명령으로서의 효력을 가지고, 그중 증·개축 건물과 대수선 건물에 관한 특례를 정한 '증·개축 건물 등에 대한 시가표준액 산출요령'의 규정들도 마찬가지라고 보아야 한다(대판 2017.5.31, 2017두30764).

## 7. 집행명령의 성질(국무총리훈령인 개별토지가격합동조사지침) ★ 09 국회8급

> 개별토지가격합동조사지침 제6조는 개별토지가격결정절차를 규정하고 있으면서 그 중 제3호에서 산정된 지가의 공개열람 및 토지소유자 또는 이해관계인의 의견접수를 절차의 하나로 규정하고 있는바, 위 지침은 지가공시 및토지 등의 평가에 관한 법률 제10조의 시행을 위한 집행명령으로서 법률보충적인 구실을 하는 법규적 성질을 가지고 있는 것으로 보아야 할 것이므로 위 지침에 규정된 절차에 위배하여 이루어진 지가결정은 위법하다(대판 1994.2.8, 93누111).

## 8. 구 「법인세법 시행규칙」 제45조 제3항 제6호에 따른 「소득금액조정합계표 작성요령」은 행정규칙이다 ★ 19 국회8급, 14 국가9급, 10 국회9급

최신기출
> 「소득금액조정합계표 작성요령」 제4호 단서는 법률의 위임을 받은 것이기는 하나 법인세의 부과징수라는 행정적 편의를 도모하기 위한 절차적 규정으로서 단순히 행정규칙의 성질을 가지는 데 불과하여 과세관청이나 일반 국민을 기속하는 것이 아니다(대판 2003.9.5, 2001두403).

> 총리령으로 제정된 「법인세법 시행규칙」에 따른 「소득금액조정합계표 작성요령」은 법령을 보충하는 법규사항으로서 법규명령의 효력을 가진다. (×) ■ 19 국회8급

## II. 법령보충규칙과 공포

1. 법령보충규칙의 경우 다수설은 고시·훈령 등을 공포하도록 하여야 한다는 견해이다. 그러나 판례는 공포를 요하지 않는다는 입장이다. 법령보충규칙은 그 자체가 법령은 아니고 행정규칙에 지나지 않으므로 공포를 요하지 않는다

> '수입선다변화품목의 지정 및 그 수입절차 등에 관한 1991.5.13.자 상공부(현 산업통상자원부) 고시 제91-21호'는 그 근거가 되는 「대외무역법 시행령」 제35조의 규정을 보충하는 기능을 가지면서 그와 결합하여 대외적인 구속력이 있는 법규명령으로서의 효력을 가지는 것으로서 그 시행절차에 관하여 대외무역관리규정은 아무런 규정을 두고 있지 않으나, 그 자체가 법령은 아니고 행정규칙에 지나지 않으므로 적당한 방법으로 이를 일반인 또는 관계인에게 표시 또는 통보함으로써 그 효력이 발생한다(대판 1993.11.23, 93도662).

## III. 법령보충규칙의 한계

### 1. 사항적 한계

판례에 의하면 법령보충규칙으로 입법사항이나 처벌규정의 위임도 가능하다. 또한 반드시 법적 근거를 요하고, 법적 근거가 있는 경우에도 위임의 한계를 벗어난 법령보충규칙은 무효이다.

**(1) 법률이 입법사항을 대통령령이나 부령이 아닌 고시와 같은 행정규칙 형식으로 위임도 가능하다**(금융산업의 구조개선에 관한 법률 제2조 제3호 가목 등 위헌소원사건) ★ 21·15 변호사 13·10 국회8급, 13 순경특채, 11 지방9급, 10 지방7급 09 국회9급

최신기출

> 국회입법에 의한 수권이 입법기관이 아닌 행정기관에게 법률 등으로 구체적인 범위를 정하여 위임한 사항에 관하여는 당해 행정기관에게 법정립의 권한을 갖게 되고, 입법자가 규율의 형식도 선택할 수도 있다 할 것이므로, 헌법이 인정하고 있는 위임입법의 형식은 예시적인 것으로 보아야 할 것이고, 그것은 법률이 행정규칙에 위임하더라도 그 행정규칙은 위임된 사항만을 규율할 수 있으므로, 국회입법의 원칙과 상치되지도 않는다. 다만, 형식의 선택에 있어서 규율의 밀도와 규율영역의 특성이 개별적으로 고찰되어야 할 것이고, 그에 따라 입법자에게 상세한 규율이 불가능한 것으로 보이는 영역이라면 행정부에게 필요한 보충을 할 책임이 인정되고 극히 전문적인 식견에 좌우되는 영역에서는 행정기관에 의한 구체화의 우위가 불가피하게 있을 수 있다. 그러한 영역에서 행정규칙에 대한 위임입법이 제한적으로 인정될 수 있다(헌재결 2004.10.28, 99헌바91).

> 행정규칙은 법규명령과 같은 엄격한 제정 및 개정절차를 요하지 아니하므로 위임입법이 제한적으로 인정되지만, 위임이 불가피하게 인정되는 경우 법률의 위임은 반드시 구체적·개별적으로 한정된 사항에 대하여 행해져야 하는 것은 아니다. (×) ■ 21 변호사

**(2) 법령보충규칙으로 처벌규정에 대한 위임이 가능하다**

> 행정규칙인 고시가 법령의 수권에 의하여 법령을 보충하는 사항을 정하는 경우에는 그 근거 법령규정과 결합하여 대외적으로 구속력이 있는 법규명령으로서의 성질과 효력을 가진다 할 것인데, 비상표제품을 판매하는 주유소임에도 그러한 표시 없이 이를 판매하는 행위는 구 석유사업법 제35조 제8호, 제29조 제1항 제7호, 구「석유사업법 시행령」제32조 제1항 제5호에 의하여 처벌하도록 하되 다만, 위 시행령 제32조 제3항에서 같은조 제1항 제5호 소정의 표시의무의 세부내용이 됨과 아울러 그 이행 여부의 판단기준이 되는 구체적 표시기준과 표시방법을 산업자원부장관의 고시로 규정하도록 함으로써 위 시행령 제32조 제1항 제5호, 제3항 및 위 관련 고시가 결합하여 구 석유사업법 제35조 제8호, 제29조 제1항 제7호 위반죄의 실질적 구성요건을 이루는 보충규범으로서 작용한다고 해석하여야 할 것이다(대판 2006.4.27, 2004도1078).

**(3) 농림부고시인 농산물원산지 표시요령 제4조 제2항의 규정 내용은 근거 법령인 구「농수산물품질관리법 시행규칙」에 의해 고시로써 정하도록 위임된 사항에 해당한다고 할 수 없어 법규명령으로서 대외적 구속력을 가질 수 없다** ★ 16 국회8급

> 구 농수산물품질관리법령의 관련 규정에 따라 국내 가공품의 원산지표시에 관한 세부적인 사항을 정하고 있는 구「농수산물품질관리법 시행규칙」제24조 제6항은 "가공품의 원산지표시에 있어서 그 표시의 위치, 글자의 크기·색도 등 표시방법에 관하여 필요한 사항은 농림부장관 또는 해양수산부장관이 정하여 고시한다."고 정하고 있는바, 이는 원산지표시의 위치, 글자의 크기·색도 등과 같은 표시방법에 관한 기술적이고 세부적인 사항만을 정하도록 위임한 것일 뿐, 원산지표시 방법에 관한 기술적인 사항이 아닌 원산지표시를 하여야 할 대상을 정하도록 위임한 것은 아니라고 해석되고, 그렇다면 농산물원산지 표시요령(1999.12.9. 농림부고시 제1999-82호) 제4조 제2항이 "가공품의 원료로 가공품이 사용될 경우 원산지표시는 원료로 사용된 가공품의 원료 농산물의 원산지를 표시하여야 한다."고 규정하고 있더라도 이는 원산지표시 방법에 관한 기술적인 사항이 아닌 원산지표시를 하여야 할 대상에 관한 것이어서 구 농수산물품질관리법 시행규칙에 의해 고시로써 정하도록 위임된 사항에 해당한다고 할 수 없어 법규명령으로서의 대외적 구속력을 가질 수 없고, 따라서 법원이 구「농산물품질관리법 시행령을」해석함에 있어서 농산물원산지 표시요령 제4조 제2항을 따라야 하는 것은 아니다(대결 2006.4.28, 2003마715).

**(4) 노령수당의 지급대상자를 '70세 이상'으로 규정한 [1]항의 지침은 노인복지법 제13조, 같은법 시행령 제17조의 위임한계를 벗어나 무효이다** ★ 12 국가9급, 10 국회8급

> 법령보충적인 행정규칙, 규정은 당해 법령의 위임한계를 벗어나지 아니하는 범위 내에서만 그것들과 결합하여 법규적 효력을 가지고, 노인복지법 제13조 제2항의 규정에 따른「노인복지법 시행령」제17조, 제20조 제1항은 노령수당의 지급대상자의 연령범위에 관하여 위 법 조항과 동일하게 '65세 이상의 자'로 반복하여 규정한 다음, 소득수준 등을 참작한 일정소득 이하의 자라고 하는 지급대상자의 선정기준과 그 지급대상자에 대한 구체적인 지급수준(지급액) 등의 결정을 보건사회부장관(현 보건복지부장관)에게 위임하고 있으므로, 보건사회부장관이 노령수당의 지급대상자에 관하여 정할 수 있는 것은 65세 이상의 노령자 중에서 그 선정기준이 될 소득수준 등을 참작한 일정소득 이하의 자인 지급대상자의 범위와 그 지급대상자에 대하여 매년 예산확보상황 등을 고려한 구체적인 지급수준과 지급시기, 지급방법 등일 뿐이지, 나아가 지급대상자의 최저연령을 법령상의 규정보다 높게 정하는 등 노령수당의 지급대상자의 범위를 법령의 규정보다 축소·조정하여 정할 수는 없다고 할 것임에도, 보건사회부장관(현 보건복지부장관)이 정한 1994년도 노인복지사업지침은 노령수당의 지급대상자를 '70세 이상'의 생활보호대상자로 규정함으로써 당초 법령이 예정한 노령수당의 지급대상자를 부당하게 축소·조정하였고, 따라서 위 지침 가운데 노령수당의 지급대상자를 '70세 이상'으로 규정한 부분은 법령의 위임한계를 벗어난 것이어서 그 효력이 없다(대판 1996.4.12, 95누7727).

## 2. 개별적·구체적 위임만 가능

행정규칙형식의 법규명령도 법규명령에 해당하므로 헌법 제75조와 제95조 및 행정규제기본법 제4조 제2항에 의한 위임입법의 제한원리를 준수해야 한다.

**(1) 법률이 국민의 권리의무와 관련된 사항을 고시와 같은 행정규칙에 위임하는 경우 구체적·개별적으로 한정된 사항만 가능(금융산업의 구조개선에 관한 법률 제2조 제3호 가목 등 위헌소원사건)** ★ 19 국가7급, 10 지방7급

> 최신기출 행정규칙은 법규명령과 같은 엄격한 제정 및 개정절차를 요하지 아니하므로, 재산권 등과 같은 기본권을 제한하는 작용을 하는 법률이 입법위임을 할 때에는 '대통령령', '총리령', '부령' 등 법규명령에 위임함이 바람직하고, 금융감독위원회의 고시와 같은 형식으로 입법위임을 할 때에는 적어도 행정규제기본법 제4조 제2항 단서에서 정한 바와 같이 법령이 전문적·기술적 사항이나 경미한 사항으로서 업무의 성질상 위임이 불가피한 사항에 한정된다 할 것이고, 그러한 사항이라 하더라도 포괄위임금지의 원칙상 법률의 위임은 반드시 구체적·개별적으로 한정된 사항에 대하여 행하여져야 한다(헌재결 2004.10.28, 99헌바91).

**(2) 하위규범이 법령상 용어의 사용기준을 정하고 있는 경우 법령의 위임한계를 벗어난 것인지 여부(한정소극) 및 행정규칙에서 사용하는 개념이 달리 해석할 여지가 있다 하여 법령의 위임한계를 벗어났다고 할 수 있는지 여부(한정소극)** ★ 15 지방7급

> 법령상의 어떤 용어가 별도의 법률상의 의미를 가지지 않으면서 일반적으로 통용되는 의미를 가지고 있다면, 상위규범에 그 용어의 의미에 관한 별도의 정의규정을 두고 있지 않고 권한을 위임받은 하위규범에서 그 용어의 사용기준을 정하고 있다 하더라도 하위규범이 상위규범에서 위임한 한계를 벗어났다고 볼 수 없으며, 행정규칙에서 사용하는 개념이 달리 해석할 여지가 있다 하더라도 행정청이 수권의 범위 내에서 법령이 위임한 취지 및 형평과 비례의 원칙에 기초하여 합목적적으로 기준을 설정하여 그 개념을 해석·적용하고 있다면, 개념이 달리 해석할 여지가 있다는 것만으로 이를 사용한 행정규칙이 법령의 위임 한계를 벗어났다고는 할 수 없다(대판 2008. 4.10, 2007두4841).

## 3. 재위임

**(1)** 판례는 법령보충규칙에 의한 재위임도 가능하다는 입장이다. 산업자원부장관이 「공업배치 및 공장설립에 관한 법률」 제8조의 규정에 따라 공장입지의 기준을 구체적으로 정한 「산업자원부 고시 공장입지기준」 제5조의 법적 성질은 법규명령이고 '산업자원부 고시 공장입지기준' 제5조 제2호의 위임에 따라 공장입지의 보다 세부적인 기준을 정한 '김포시 고시 공장입지제한처리기준' 제5조 제1항의 법적 성질도 법규명령으로서의 효력을 가진다

> 「산업자원부 고시 공장입지기준」(1999.12.16. 산업자원부 고시 제1999-147호) 제5조는 산업자원부장관이 「공업배치 및 공장설립에 관한 법률」 제8조의 위임에 따라 공장입지의 기준을 구체적으로 정한 것으로서 법규명령으로서 효력을 가진다 할 것이고, 「김포시 고시 공장입지제한처리기준」(2000.4.10. 김포시 고시 제2000-28호) 제5조 제1항은 김포시장이 위 산업자원부 고시 공장입지기준 제5조 제2호의 위임에 따라 공장입지의 보다 세부적인 기준을 정한 것으로서 상위명령의 범위를 벗어나지 아니하므로 그와 결합하여 대외적으로 구속력이 있는 법규명령으로서 효력을 가진다(대판 2004.5.28, 2002두4716).

# 제2장
# 행정행위

## 제1절 행정행위의 의의

### 행정청이 행한 행정행위의 의미를 해석하는 방법

> 행정청이 행한 행정행위의 의미를 해석함에 있어서는, 행정행위 또는 그 전제가 된 상대방 당사자의 신청행위 등의 문언의 내용과 함께, 행정행위의 목적, 행정행위가 행하여진 경위, 당사자들의 이해관계 등을 종합적으로 참작하여야 할 것이다(대판 2009.10.29, 2008두9829).

## 제2절 행정행위의 종류

## 제1항 대인적·대물적·혼합적 행정행위

### 1. 구 국민건강보험법 제85조 제1항 제1호에 따른 요양기관 업무정지처분의 법적 성격(=대물적 처분) 및 대상(=요양기관의 업무 자체)

`최신판례`
> 요양기관이 속임수나 그 밖의 부당한 방법으로 보험자에게 요양급여비용을 부담하게 한 때에 구 국민건강보험법 제85조 제1항 제1호에 의해 받게 되는 요양기관 업무정지처분은 의료인 개인의 자격에 대한 제재가 아니라 요양기관의 업무 자체에 대한 것으로서 대물적 처분의 성격을 갖는다(대판 2022.1.27, 2020두39365).

### 2. 속임수나 그 밖의 부당한 방법으로 보험자에게 요양급여비용을 부담하게 한 요양기관이 폐업한 경우, 그 요양기관 및 폐업 후 그 요양기관의 개설자가 새로 개설한 요양기관에 대하여 업무정지처분을 할 수 없다

`최신판례`
> 따라서 속임수나 그 밖의 부당한 방법으로 보험자에게 요양급여비용을 부담하게 한 요양기관이 폐업한 때에는 그 요양기관은 업무를 할 수 없는 상태일 뿐만 아니라 그 처분대상도 없어졌으므로 그 요양기관 및 폐업 후 그 요양기관의 개설자가 새로 개설한 요양기관에 대하여 업무정지처분을 할 수는 없다.
> 이러한 해석은 침익적 행정행위의 근거가 되는 행정법규는 엄격하게 해석·적용하여야 하고, 입법 취지와 목적 등을 고려한 목적론적 해석이 전적으로 배제되는 것이 아니라고 하더라도 그 해석이 문언의 통상적인 의미를 벗어나서는 아니 된다는 법리에도 부합한다. 더군다나 구 의료법 제66조 제1항 제7호에 의하면 보건복지부장관은 의료인이 속임수 등 부정한 방법으로 진료비를 거짓 청구한 때에는 1년의 범위에서 면허자격을 정지시킬 수 있고 이와 같이 요양기관 개설자인 의료인 개인에 대한 제재수단이 별도로 존재하는 이상, 위와 같은 사안에서 제재의 실효성 확보를 이유로 구 국민건강보험법 제85조 제1항 제1호의 '요양기관'을 확장해석할 필요도 없다(대판 2022.1.27. 2020두39365).

3. 보건복지부 소속 공무원의 검사 또는 질문을 거부·방해 또는 기피한 경우에 국민건강보험법 제98조 제1항 제2호에 따라 받게 되는 요양기관 업무정지처분 및 의료급여법 제28조 제1항 제3호에 따라 받게 되는 의료급여기관 업무정지처분의 경우에도 마찬가지 법리가 적용된다

> **최신판례** 이러한 법리는 보건복지부 소속 공무원의 검사 또는 질문을 거부·방해 또는 기피한 경우에 국민건강보험법 제98조 제1항 제2호에 의해 받게 되는 요양기관 업무정지처분 및 의료급여법 제28조 제1항 제3호에 의해 받게 되는 의료급여기관 업무정지처분의 경우에도 마찬가지로 적용된다(대판 2022.4.28, 2022두30546).

## 제2항 일반처분(일반적·구체적 규율)

### (1) 횡단보도설치로 보행자의 통행방법을 규제하는 행위는 처분에 해당한다 ★ 20 지방9급, 17 국가7급, 14 국가9급

> **최신기출** 도로교통법 제10조 제1항은 지방경찰청은 도로를 횡단하는 보행자의 안전을 위하여 행정자치부령(현 안전행정부령)이 정하는 기준에 의하여 횡단보도를 설치할 수 있다고 규정하고, 제10조 제2항은 보행자는 지하도·육교 그 밖의 횡단시설이나 횡단보도가 설치되어 있는 도로에서는 그곳으로 횡단하여야 한다고 규정하며, 제24조 제1항은 모든 차의 운전자는 보행자가 횡단보도를 통행하고 있는 때에는 그 횡단보도 앞에서 일시 정지하여 보행자의 횡단을 방해하거나 위험을 주어서는 아니 된다고 … 규정하는 도로교통법의 취지에 비추어 볼 때, 지방경찰청장이 횡단보도를 설치하여 보행자의 통행방법 등을 규제하는 것은 행정청이 특정사항에 대하여 의무의 부담을 명하는 행위이고, 이는 국민의 권리의무에 직접 관계가 있는 행위로서 행정처분이라고 보아야 할 것이다(대판 2000.10.27, 98두896).
> ※ 학설은 횡단보도설치행위에 대하여 물적 행정행위로서 처분성을 인정함에 비해(김남진, 박윤흔), 대법원은 대인적 행정행위설을 취하여 처분성을 인정하고 있다는 점에서 차이가 있다.

### (2) 횡단보도설치에 의해 침해되는 지하상가 상인의 영업상 이익에 대한 원고적격 부정

> 도로교통법 제1조는 "이 법은 도로에서 일어나는 교통상의 모든 위험과 장해를 방지·제거하여 안전하고 원활한 교통을 확보함을 목적으로 한다."고 규정하고 있고, 이러한 목적을 달성하기 위하여 같은법 제10조 제1항에서 횡단보도설치에 관한 규정을 두고 있으며, 일반적으로 도로는 국가나 지방자치단체가 직접 공중의 통행에 제공하는 것으로서 일반국민은 이를 자유로이 이용할 수 있으므로 이러한 횡단보도 설치에 관한 근거법령의 규정취지와 도로의 이용관계에 비추어 볼 때, 횡단보도가 설치된 도로 인근에서 영업활동을 하는 자에게 횡단보도의 설치에 관하여 특정한 권리나 법령에 의하여 보호되는 이익이 부여되어 있다고 말할 수 없으므로, 이와 같은 사람은 횡단보도의 설치행위를 다툴 법률상의 이익이 있다고 할 수 없다(대판 2000.10.27, 98두896).
> ※ 이 판례에 대해서 행정소송에 있어서의 원고적격을 되도록 확대하려는 국내외에서의 경향과, 특히 甲의 지위는 도로의 사용관계에 있어서의 인접주민의 특수한 법적 지위(인접주민의 고양된 보통사용)에 있기 때문에, 甲의 원고적격을 인정하는 것이 타당하다고 판단된다는 이견이 있다(김남진).

# 제3항 재량행위·기속행위

## Ⅰ. 기속재량(법규재량)과 자유재량(공익재량, 편의재량)

판례는 자유재량행위와 기속재량행위를 구별하는 입장이다(대판 2001.2.9, 98두17593). 그러나 기속재량행위의 의미는 재량행위의 일종 또는 기속행위의 일종이라고 판시함으로써 일관성을 결여하고 있다.

### 1. 기속행위의 일종이라는 판례

> 행정행위가 그 재량성의 유무 및 범위와 관련하여 이른바 기속행위 내지 기속재량행위와 재량행위 내지 자유재량행위로 구분된다(대판 2001.2.9, 98두17593).

### 2. 재량행위의 일종이라는 판례

> 어느 행정행위가 기속행위인지 재량행위인지 나아가 재량행위라고 할지라도 기속재량행위인지 또는 자유재량에 속하는 것인지 여부는 이를 일률적으로 규정지을 수는 없는 것이고, 당해 처분의 근거가 된 규정의 형식이나 체재 또는 문언에 따라 개별적으로 판단하여야 한다(대판 1998.9.8, 98두8759).

| 기속재량(법규재량) | 자유재량(공익재량, 편의재량) |
|---|---|
| 1. 약사법상 의약품제조업허가사항변경허가(대판 1985.12. 10, 85누674) : 기속행위의 일종으로 출제<br>2. 검사 임용에 대한 응답 여부(대판 1991.2.12, 90누5825)<br>3. 산림형질변경허가(대판 1998.9.25, 97누19564)<br>4. 행정청이 허가처분을 취소 또는 철회함으로써 그 수익자에게 불이익을 줄 경우(대판 1963.8.31, 63누111)<br>5. 채광계획인가(대판 2002.10.11, 2001두151)<br>※ 재량행위라는 예외판례 존재(대판 2008.9.11, 2006 두7 577)<br>6. 사설납골당설치허가(대판 1994.9.13, 94누3544) | 1. 특허<br>① 공유수면매립면허와 일단 실효된 공유수면매립면허의 효력을 회복시키는 행위(대판 1989.9.12, 88누920 6)<br>② 자동차운수사업면허<br>③ 검사의 임용 여부(대판 1991.2.12, 90누5825)<br>④ 대학교수의 임용 여부(대판 2006.9.28, 2004두7818)<br>2. 예외적 승인 : 구 도시계획법상의 개발제한구역 내의 건축물의 용도변경허가(대판 2001.2.9, 98두17593)<br>3. 군인(군의관)의 전역허가(대판 1998.10.13, 98두12253)<br>※ 병역처분은 기속행위<br>※ 공군 조종사의 전역허가는 기속행위(대판 2011.9.8. 2009다77280) |

## 3. 행정청이 허가처분을 취소 또는 철회함으로써 그 수익자에게 불이익을 줄 경우는 기속재량행위이다

> 행정청이 허가처분을 취소 또는 철회함으로써 그 수익자에게 불이익을 줄 경우에는 그 허가처분 중에 취소 또는 철회에 관하여 일정한 부관이 있건 없건 간에 그 때에 행정청이 가지는 재량행위는 기속재량행위라 할 것이요, 이 기속재량행위의 행사가 심히 부당하거나 남용된 경우에는 그 처분은 위법하다(대판 1963.8.31, 63누111).

## 4. 구 도시계획법상의 개발제한구역 내의 건축물의 용도변경허가의 법적 성질은 재량행위 내지 자유재량행위이고 그 위법 여부에 대한 사법심사 대상은 재량권 일탈·남용의 유무이다 ★ 18·14 국가7급

최신기출 건축물의 용도변경에 대한 예외적인 허가는 그 상대방에게 수익적인 것에 틀림이 없으므로, 이는 그 법률적 성질이 재량행위 내지 자유재량행위에 속하는 것이라고 할 것이고, 따라서 그 위법 여부에 대한 심사는 재량권 일탈·남용의 유무를 그 대상으로 한다(대판 2001.2.9, 98두17593).

갑의 허가신청이 관련 법령의 요건을 모두 충족한 경우에는 관할 행정청은 허가를 하여야 하며, 관련 법령상 제한사유 이외의 사유를 들어 허가를 거부할 수 없다. (x) ★ 18 국가7급


# II. 기속행위와 재량행위의 구별실익

## 1. 행정쟁송과의 관계(행정소송의 한계결정)

### (1) 기속재량이나 자유재량 모두 일탈·남용의 경우 사법심사 대상이 된다 ★ 14 국회8급, 08 지방8급

재량권의 남용이나 재량권의 일탈의 경우에는 그 재량권이 기속재량이거나 자유재량이거나를 막론하고 사법심사의 대상이 된다(대판 1984.1.31, 83누451).


## 2. 부관의 허용성 여부

### (1) 사립학교법상 이사회소집승인을 함에 있어 부관으로 시기·장소를 지정할 수 없고, 부관을 붙였다 하더라도 이는 무효의 것으로서 당초부터 부관이 붙지 아니한 소집승인 행위가 있었던 것으로 보아야 한다
★ 19 국가9급, 14 서울7급, 13 지방7급, 13·11·10·08 국회8급, 12 국회9급, 12·10 순경특채, 11 지방9급, 10 국회8급

최신기출 일반적으로 기속행위나 기속적 재량행위에는 부관을 붙일 수 없고 가사 부관을 붙였다 하더라도 이는 무효의 것이다. 감독청은 이사회소집승인을 함에 있어서 회의의 목적사항을 정한 이사회의 소집 자체를 승인할 수 있을 뿐이고, 여기에 이사회를 소집할 시기·장소를 지정할 수는 없는 것이며, 가사 감독청이 소집승인을 하면서 일시·장소를 지정하였다 하더라도 그 일시·장소의 지정은 아무런 구속력이 없는 무의미한 것에 지나지 않는다 할 것이므로 그 소집승인은 그러한 일시·장소의 지정이 없는 소집승인으로서의 효력이 있을 뿐이다(대판 1988.4.27, 87누1106).


## 3. 요건의 충족과 효과의 부여

### (1) 귀화신청인이 구 국적법 제5조 각호에서 정한 귀화요건을 갖추지 못한 경우, 법무부장관이 귀화 허부에 관한 재량권을 행사할 여지 없이 귀화불허처분을 하여야 한다

귀화신청인이 구 국적법 제5조 각호에서 정한 귀화요건을 갖추지 못한 경우 법무부장관은 귀화 허부에 관한 재량권을 행사할 여지 없이 귀화불허처분을 하여야 한다(대판 2018.12.13, 2016두31616).

**(2) 도로점용허가를 받은 자가 구 도로법 제68조의 감면사유에 해당하는 경우, 도로관리청은 감면 여부에 관한 재량을 갖고, 도로관리청이 감면사유로 규정된 것 이외의 사유를 들어 점용료를 감면할 수 없다**

도로점용허가를 받은 자가 구 도로법 제68조의 감면사유에 해당하는 경우 도로관리청은 감면 여부에 관한 재량을 갖지만, 도로관리청이 감면사유로 규정된 것 이외의 사유를 들어 점용료를 감면하는 것은 원칙적으로 허용되지 않는다(대판 2019.1.17, 2016두56721, 56738).

## 4. 기속행위와 재량행위에 대한 사법심사 방식

★ 21 국회8급, 20·18 국가7급, 17 지방9급, 17·16·10 국가9급, 14 서울9급, 14 순경특채, 13 지방7급, 12 지방9급

행정행위를 기속행위와 재량행위로 구분하는 경우 양자에 대한 사법심사는, 전자(기속행위)의 경우 그 법규에 대한 원칙적인 기속성으로 인하여 법원이 사실인정과 관련법규의 해석·적용을 통하여 일정한 결론을 도출한 후 그 결론에 비추어 행정청이 한 판단의 적법 여부를 독자의 입장에서 판정하는 방식(완전심사·판단대체방식)에 의하게 되나, 후자(재량행위)의 경우 행정청의 재량에 기한 공익판단의 여지를 감안하여 법원은 독자의 결론을 도출함이 없이 당해 행위에 재량권의 일탈·남용이 있는지 여부만을 심사(제한심사방식)하게 되고, 이러한 재량권의 일탈·남용 여부에 대한 심사는 사실오인, 비례·평등의 원칙 위배 등을 그 판단대상으로 한다(대판 2005.7.14, 2004두6181).

재량행위의 경우 그 근거법규에 대하여 법원이 사실인정과 관련 법규의 해석·적용을 통하여 일정한 결론을 도출한 후 그 결론에 비추어 행정청이 한 판단의 적법 여부를 독자의 입장에서 판정한다. (x) ■ 17 지방9급
재량행위에 대한 사법심사에 있어서 법원은 사실인정과 관련 법규의 해석·적용을 통하여 일정한 결론을 도출한 후 그 결론에 비추어 행정청이 한 판단의 적법 여부를 독자의 입장에서 판정하는 방식에 의한다. (x) ■ 21 국회8급

# III. 구별의 기준

## 1. 법문언기준설

### (1) 일차적으로 법률규정, 입법취지 및 입법목적에 의해 결정(통설) ★ 20 지방9급, 15 국가7급, 10 국가9급, 10 국회9급

**최신기출**

> 행정행위가 그 재량성의 유무 및 범위와 관련하여 이른바 기속행위 내지 기속재량행위와 재량행위 내지 자유재량행위로 구분된다고 할 때, 그 구분은 당해 행위의 근거가 된 법규의 체재·형식과 그 문언, 당해 행위가 속하는 행정분야의 주된 목적과 특성, 당해 행위 자체의 개별적 성질과 유형 등을 모두 고려하여 판단한다(대판 2001.2.9, 98두17593).

재량의 존재 여부가 법해석으로 도출되기도 한다. ■ 15 국가7급
재량행위와 기속행위의 구분은 법규의 규정양식에 따라 개별적으로 판단된다. ■ 15 국가7급

### (2) 음주측정거부를 이유로 운전면허취소를 함에 있어서 행정청이 그 취소 여부를 선택할 수 있는 재량의 여지가 없다 ★ 15 국회8급

> 도로교통법 제78조 제1항 단서 제8호의 규정에 의하면, 술에 취한 상태에 있다고 인정할 만한 상당한 이유가 있음에도 불구하고 경찰공무원의 측정에 응하지 아니한 때에는 필요적으로 운전면허를 취소하도록 되어 있어 처분청이 그 취소 여부를 선택할 수 있는 재량의 여지가 없음이 그 법문상 명백하므로, 위 법조의 요건에 해당하였음을 이유로 한 운전면허취소처분에 있어서 재량권의 일탈 또는 남용의 문제는 생길 수 없다(대판 2004.11.12, 2003두12042).

### (3) 「부동산 실권리자명의 등기에 관한 법률 시행령」 제3조의2 단서에 따라 과징금을 감경할 것인지 여부는 행정청의 재량에 속한다 ★ 15 국회8급

> 「부동산 실권리자명의 등기에 관한 법률 시행령」 제3조의2 단서는 조세를 포탈하거나 법령에 의한 제한을 회피할 목적이 아닌 경우에 과징금의 100분의 50을 감경할 수 있다고 규정하고 있고, 이는 임의적 감경규정임이 명백하므로, 위와 같은 감경사유가 존재하더라도 과징금을 감경할 것인지 여부는 과징금 부과관청의 재량에 속한다(대판 2007.7.12, 2006두4554).

### (4) 법률의 문언상 불분명할 경우

**효과재량설을 보충적인 기준으로 수용**

> 주택건설촉진법 제33조 제1항이 정하는 주택건설 사업계획의 승인은 상대방에게 권리나 이익을 부여하는 효과를 수반하는 이른바 수익적 행정처분으로서 법령에 행정처분의 요건에 관하여 일의적으로 규정되어 있지 아니한 이상 행정청의 재량행위에 속한다(대판 2002.6.14, 2000두10663).

## 2. 재량행위·기속행위 사례

### (1) 재량행위

1. 행정청이 영업정지처분을 함에 있어서 그 정지기간을 어느 정도로 할 것인지 여부(대판 1982.9.28, 82누2)
2. 「경찰관 직무집행법」상의 경찰권 발동수단(대판 1996.10.25, 95다45927)
3. 공무원징계행위(파면·해임·강등·정직·감봉·견책 ; 국가공무원법 제79조)
   ※ 정재량은 부정되고 선택재량만 인정
4. 자연공원사업의 시행허가(대판 2001.7.27, 99두5092)
5. 농어촌정비법에 따른 농어촌휴양지사업자 지정처분(대판 2003.2.11, 2002두10735)
6. 예비결정인 폐기물처리업 허가와 관련된 사업계획 적정·부적정 통보(대판 2004.5.28, 2004두961)
7. 공정거래위원회가 행하는 부당지원행위에 대한 과징금납부명령(대판 2006.5.12, 2004두12315)
8. 국방부장관이 군인 명예전역수당 지급대상자로 결정하거나 배제하는 행위(대판 2009.12.10, 2009두14231)
9. 방위사업법이 규정하고 있는 방산물자 지정 및 지정취소 처분(대판 2010.9.9, 2010다39413)
10. 식품의약품안전청장이 식품의 규격과 기준을 설정하고 검사하는 조치(대판 2010.11.25, 2008다67828)
11. 제주도지사의 절대보전지역의 지정 및 변경행위[대판(전합) 2012.7.5, 2011두19239]
12. 구 자동차관리법 제13조 제3항 제4호에 따른 직권말소 처분(대판 2013.5.9, 2010두28748)
13. 국립묘지 안장 대상자의 부적격 사유인 '국립묘지의 영예성 훼손 여부'에 관한 행정청의 판단(대판 2013.12.26, 2012두19571)
14. 수도법에 따른 손괴자부담금 부과처분(대판 2014.1.16, 2011두6264)
15. 구 전염병예방법 제54조의2 제2항에 따른 예방접종으로 인한 질병, 장애 또는 사망의 인정 여부 결정(대판 2014.5.16, 2014두274)
16. 공정거래위원회의 구 「전자상거래 등에서의 소비자 보호에 관한 법률」을 위반한 사업자에게 시정조치를 받은 사실의 공표명령(대판 2014.6.26, 2012두1525)
17. 보건복지부장관의 요양급여의 상대가치점수 변경 또는 조정(대판 2014.10.27, 2012두7745)
18. 표시광고법 제7조에 따른 공표명령(대판 2014.12.24, 2012두26708)
19. 국토해양부장관 또는 시·도지사가 구 자동차관리법상 자동차관리사업자로 구성하는 사업자단체인 조합 또는 협회 설립인가 신청에 대하여 설립인가 여부를 결정할 재량(대판 2015.5.29, 2013두635)
20. 영유아보육법 제45조 제1항 각 호의 사유가 인정되는 경우, 행정청에 어린이집 운영정지 처분을 할 것인지 또는 이에 갈음하여 과징금을 부과할 것인지(대판 2015.6.24, 2015두39378)
21. 중요무형문화재 보유자의 추가인정 여부(대판 2015.12.10, 2013두20585)
22. 의료법 제59조 제1항에서 정한 지도와 명령의 요건에 해당하는지, 요건에 해당하는 경우 행정청이 어떠한 종류와 내용의 지도나 명령을 할 것인지의 판단(대판 2016.1.28, 2013두21120)
23. 법무부장관이 난민인정 결정의 취소 여부를 결정(대판 2017.3.15, 2013두16333)
24. 매장 유골을 '국립묘지 외의 장소로 이장하려는 경우' 국립묘지관리소장의 이장 신청의 적정성 심사(대판 2017.9.26, 2017두50690)
25. 「국토의 계획 및 이용에 관한 법률」 제56조에 따른 개발행위허가와 농지법 제34조에 따른 농지전용허가·협의의 요건에 해당하는지 여부(대판 2017.10.12, 2017두48956)
26. 여객자동차 운송사업자의 휴업허가를 위하여 필요한 기준을 정하는 것(대판 2018.2.28, 2017두51501)
27. 공무원 승진임용(대판 2018.3.27, 2015두47492)
28. 공정거래위원회의 「독점규제 및 공정거래에 관한 법률」 위반행위자에 대한 과징금 부과처분(대판 2018.4.24. 2016두40207)
29. 대학 총장 임용(대판 2018.6.15, 2016두57564)
30. 행정청이 복수의 민간공원추진자로부터 공원조성계획 입안 제안을 받은 후 도시·군계획시설사업 시행자지정 및 협약 체결 등을 위하여 순위를 정하여 그 제안을 받아들이거나 거부하는 행위 또는 특정 제안자를 우선협상자로 지정하는 행위(대판 2019.1.10, 2017두43319)

31. 도로점용허가를 받은 자가 구 도로법 제68조의 감면사유에 해당하는 경우, 도로관리청의 감면 여부(대판 2019.1.17, 2016두56721, 56738)
32. 여객자동차 운수사업자에게 「여객자동차 운수사업법」 운영개선지원금을 지급할지 여부 및 얼마를 지급할지(대판 2019. 1.17, 2017두47137)
33. 재외동포에 대한 사증발급(대판 2019.7.11, 2017두38874)
34. 군인사법상 현역복무 부적합 여부 판단(대판 2019.12.27, 2019두37073)
35. 어떤 군수품을 조달할지 여부나 그 수량과 시기(대판 2020.1.16, 2019다264700)
36. 민간투자법 이외에 다른 개별 법률에 근거해서도 다른 방식으로 민간투자사업을 추진할 수 있는 재량(대판 2020.4.29, 2017두31064)
37. 국민건강보험법 제52조 제1항이 정한 부당이득징수(대판 2020.6.4, 2015두39996; 대판 2020.6.11, 2018두37250)
38. 여객자동차운송사업의 한정면허를 신규로 발급하는 때 및 한정면허의 갱신 여부를 결정하는 때에 관계 법규 내에서 한정면허의 기준이 충족되었는지를 판단하는 것(대판 2020.6.11, 2020두34384)
39. 「군사기지 및 군사시설 보호법」상 국방부장관 또는 관할부대장에 대한 관계 행정기관장의 협의 요청 대상인 행위가 군사작전에 지장을 초래하거나 초래할 우려가 있는지 여부에 대한 판단(대판 2020.7.9, 2017두39785)
40. 국민건강보험법 제57조 제1항, 제2항에서 정한 부당이득징수(대판 2020.7.9, 2018두44838)
41. 「국토의 계획 및 이용에 관한 법률」상 개발행위허가의 허가기준 및 금지요건에 해당하는지 여부(대판 2020.7.23, 2019 두31839)
42. 행정청이 지정폐기물이 아닌 폐기물처리업 허가 신청에 앞서 제출된 폐기물처리사업계획서의 적합 여부를 판단(대판 2020.7.23, 2020두36007)
43. 「국토의 계획 및 이용에 관한 법률」상 개발행위허가의 허가기준 및 금지요건에 해당하는지 여부(대판 2021.3.25, 2020 두51280)
44. 「가축분뇨의 관리 및 이용에 관한 법률」에 따른 가축분뇨 처리방법 변경허가(대판 2021.6.30, 2021두35681)

① 자연공원사업의 시행허가의 법적 성질은 재량행위이다 ★ 13 순경특채, 12 서울7급

> 자연공원사업의 시행은 국토 및 자연의 유지와 환경의 보전에 영향을 미치는 행위로서 그 공원사업시행허가 여부는 사업장소의 현상과 위치 및 주위의 상황, 사업시행의 시기 및 주체의 적정성, 사업계획에 나타난 사업의 내용, 규모, 방법과 그것이 자연 및 환경에 미치는 영향 등을 종합적으로 고려하여 결정하여야 하는 일종의 재량행위에 속한다 할 것인바, 행정청이 공원사업시행을 허가하는 처분을 하였다 하더라도, 행정심판청구의 재결청으로서는 위와 같은 제반 사정을 종합적으로 고려하여 국토 및 자연의 유지와 환경의 보전 등 중대한 공익의 필요에 비추어 볼 때, 그 허가가 위법하거나 부당하다고 인정될 때에는 그 허가처분을 취소할 수 있음은 물론이다(대판 2001. 7.27, 99두5092).

② 제주도지사의 절대보전지역의 지정 및 변경행위의 법적 성격은 재량행위이다

`전합판례`
> 「제주특별자치도 설치 및 국제자유도시 조성을 위한 특별법」(제주특별법) 제292조 제1항은, 도지사는 도의회의 동의를 얻어 한라산·기생화산·계곡·하천·호소·폭포·도서·해안·연안·용암동굴 등으로서 자연경관이 뛰어난 지역(제1호), 수자원 및 문화재의 보존을 위하여 필요한 지역(제2호), 야생동물의 서식지 또는 도래지(제3호), 자연림지역으로서 생태학적으로 중요한 지역(제4호), 그 밖에 자연환경의 보전을 위하여 도조례로 정하는 지역(제5호) 중 어느 하나에 해당하는 지역을 자연환경의 고유한 특성을 보호하기 위한 지역(절대보전지역)으로 지정·변경할 수 있다고 규정하고 있는바, 위 규정의 형식 및 문언에 의하면, 도지사의 절대보전지역 지정 및 변경행위는 재량행위로 봄이 상당하다[대판(전합) 2012.7.5, 2011두19239].

### ③ 구 자동차관리법 제13조 제3항 제4호에 따른 직권말소 처분은 재량행위이다 ★14세무사

구 자동차관리법 제13조 제3항 제4호가 사위 기타 부정한 방법으로 등록을 마친 경우 제재적 효과가 발생하는 직권말소 처분을 할 수 있도록 규정한 목적은, 자동차를 효율적으로 관리하고 자동차의 성능 및 안전을 확보함으로써 공공의 복리를 증진하기 위함이고(법 제1조), 위 규정에 따른 직권말소 처분은 그 규정형식 등에 비추어 볼 때 행정청에게 재량권이 부여되어 있는 재량행위에 속한다. 다만 이러한 재량을 행사함에 있어서 재량권 행사의 한계를 벗어나면 이는 위법하다고 할 것인데, 그 직권말소 처분이 재량권의 범위를 일탈하거나 남용한 것인지는 위와 같은 입법 목적을 토대로 등록과정에서 사용된 사위 기타 부정한 방법의 내용 및 태양, 직권말소 처분에 의하여 달성하려는 공익목적, 자동차등록을 말소함으로써 초래되는 사익 침해의 정도 등 구체적·개별적 사정을 모두 고려하여 판단하여야 한다(대판 2013.5.9, 2010두28748).

### ④ 수도법에 따른 손괴자부담금 부과처분은 재량행위이다

구 수도법 제71조 제1항의 취지에 비추어 보면 손괴자부담금 부과처분은 재량행위이므로, 수도사업자로서는 누수의 구체적 원인, 누수 기간과 양, 누수에 대한 수도시설 손괴자의 고의나 과실의 정도, 누수 피해의 확대에 대한 수도사업자의 고의나 과실의 정도 등을 참작하여, 수도시설 손괴자에게 그 책임에 상응한 적절한 누수금액을 손괴자부담금으로 부담시켜야 하며, 그 한계를 벗어날 경우 위법을 면치 못한다(대판 2014.1.16, 2011두6264).

### ⑤ 구 전염병예방법 제54조의2 제2항에 따른 예방접종으로 인한 질병, 장애 또는 사망의 인정 여부 결정은 보건복지가족부장관(현 보건복지부장관)의 재량에 속한다 ★15국회8급

특정인에게 권리나 이익을 부여하는 이른바 수익적 행정처분은 법령에 특별한 규정이 없는 한 재량행위이고, 구 전염병예방법 제54조의2 제2항에 의하여 보건복지가족부장관(현 보건복지부장관)에게 예방접종으로 인한 질병, 장애 또는 사망(장애 등)의 인정 권한을 부여한 것은, 예방접종과 장애 등 사이에 인과관계가 있는지를 판단하는 것은 고도의 전문적 의학 지식이나 기술이 필요한 점과 전국적으로 일관되고 통일적인 해석이 필요한 점을 감안한 것으로 역시 보건복지가족부장관의 재량에 속하는 것이므로, 인정에 관한 보건복지가족부장관의 결정은 가능한 한 존중되어야 한다(대판 2014.5.16, 2014두274).

### ⑥ 구 전염병예방법 제54조의2 제2항에 따른 예방접종으로 인한 질병, 장애 또는 사망의 인정 여부 결정에 관한 재량권의 한계

다만 인정 여부의 결정이 재량권의 행사에 해당하더라도 재량권을 일탈하거나 남용해서는 안 되고, 특히 구 전염병예방법에 의한 피해보상제도가 수익적 행정처분의 형식을 취하고는 있지만, 구 전염병예방법의 취지와 입법 경위 등을 고려하면 실질은 피해자의 특별한 희생에 대한 보상에 가까우므로, 보건복지가족부장관은 위와 같은 사정 등을 두루 고려하여 객관적으로 합리적인 재량권의 범위 내에서 타당한 결정을 해야 하고, 그렇지 않을 경우 인정 여부의 결정은 주어진 재량권을 남용한 것으로서 위법하게 된다(대판 2014.5.16, 2014두274).

### ⑦ 법무부장관은 난민인정 결정의 취소 여부를 결정할 재량이 있다

구 출입국관리법 제76조의3 제1항 제3호의 문언·내용 등에 비추어 보면, 비록 그 규정에서 정한 사유가 있더라도, 법무부장관은 난민인정 결정을 취소할 공익상의 필요와 취소로 당사자가 입을 불이익 등 여러 사정을 참작하여 취소 여부를 결정할 수 있는 재량이 있다. 그러나 그 취소처분이 사회통념상 현저하게 타당성을 잃거나 비례·평등의 원칙을 위반하였다면 재량권을 일탈·남용한 것으로서 위법하다(대판 2017.3.15, 2013두16333).

⑧ 국립묘지에 안장된 유골 등을 유족 중 일부가 다른 유족들의 동의 없이 국립묘지 외의 장소로 이장하겠다는 신청을 한 경우, 국립묘지를 관리하는 행정청이 이장 신청을 거부할 수 있고, 이때 배우자 이외 '유족'의 범위에 관하여 「국가유공자 등 예우 및 지원에 관한 법률」 제5조 제1항을 원칙적 판단 기준으로 고려할 수 있다

국립묘지의 설치 및 운영에 관한 법령은 안장대상자를 국립묘지에 안장하거나 또는 이미 안장된 유골 등을 다른 곳으로 이장하려는 경우 유족의 의사를 반영하도록 하면서도 유족의 범위를 명확히 정하지 않고 있다. 그러나 다른 한편, 「국립묘지의 설치 및 운영에 관한 법률」(국립묘지법)이 '안장대상심의위원회가 국립묘지의 영예성(榮譽性)을 훼손한다고 인정한 사람'은 국립묘지 안장 대상에서 제외하는 등으로 충의정신 선양 등의 입법 목적을 추구하고 있고(제1조, 제5조 제4항 제5호), 「국립묘지의 설치 및 운영에 관한 법률 시행규칙」 제3조 제1항은 다른 경우와 달리 매장 유골을 '국립묘지 외의 장소로 이장하려는 경우'에는 국립묘지관리소장이 필요하다고 인정하는 서류를 함께 제출하도록 하여, 관리소장에게 이장 신청의 적정성을 심사할 수 있는 재량을 부여하고 있다.
특히 국립묘지에 안장된 사람의 배우자는 본인이나 유족의 희망에 따라 합장할 수 있는데(국립묘지법 제5조 제3항), 일단 이장이 이루어진 뒤에는 망인을 다시 국립묘지에 안장할 수 없게 되고(같은 법 제7조 제2항 단서), 그에 따라 국립묘지에 합장될 수 있는 망인의 배우자 역시 장래에 국립묘지에 합장될 가능성이 없어지게 되며, 그 밖의 망인의 유족들 역시 망인을 계속적으로 국립묘지에 안치시키는 데 대한 이해관계가 있게 된다. 따라서 이러한 유족들 사이에 이장 여부를 둘러싼 다툼이 있어 각각 상충되는 요구를 할 경우 국립묘지의 적정한 운영에 장애가 생길 수 있으므로, 유족 중 일부가 국립묘지 외의 장소로 이장하겠다는 신청을 한 경우, 국립묘지를 관리하는 행정청으로서는 망인의 배우자뿐만 아니라 국립묘지의 적정한 운영과 영예성 유지라는 입법 목적에 부합하는 범위 내의 '유족들'로부터 동의가 있는지를 심사하여, 그들 모두의 동의가 없다면 이장 신청을 거부할 수 있다. 여기서 배우자 이외 '유족'의 범위에 관하여는 국가유공자의 유족 또는 가족의 범위를 규정한 「국가유공자 등 예우 및 지원에 관한 법률」 제5조 제1항을 원칙적 판단 기준으로 고려할 수 있다(대판 2017.9.26, 2017두50690).

⑨ 「국토의 계획 및 이용에 관한 법률」 제56조에 따른 개발행위허가와 농지법 제34조에 따른 농지전용허가·협의의 요건에 해당하는지 여부가 행정청의 재량판단의 영역에 속한다

「국토의 계획 및 이용에 관한 법률」(국토계획법) 제56조에 따른 개발행위허가와 농지법 제34조에 따른 농지전용허가·협의는 금지요건·허가기준 등이 불확정개념으로 규정된 부분이 많아 그 요건·기준에 부합하는지의 판단에 관하여 행정청에 재량권이 부여되어 있으므로, 그 요건에 해당하는지 여부는 행정청의 재량판단의 영역에 속한다(대판 2017.10.12, 2017두48956).

⑩ 여객자동차 운송사업자의 휴업허가를 위하여 필요한 기준을 정하는 것이 행정청의 재량에 속하므로 행정청의 의사를 존중하여야 한다

여객자동차 운수사업법령은 운송사업자의 휴업을 허용하면서도 구체적으로 휴업허가에 관한 기준을 정하지 않음으로써 행정청이 휴업하는 사업의 종류와 운행형태, 휴업예정기간, 휴업사유 등을 살펴 휴업의 필요성과 휴업을 허가하여서는 안 될 공익상 필요가 있는지 등을 종합적으로 고려하여 휴업허가 여부를 결정할 수 있도록 재량의 여지를 남겨 두고 있다. … 여객자동차운송사업이 적정하게 이루어질 수 있도록 해당 지역에서의 현재 및 장래의 수송 수요와 공급상황 등을 고려하여 휴업허가를 위하여 필요한 기준을 정하는 것도 역시 행정청의 재량에 속하는 것이므로 그에 관하여 내부적으로 설정한 기준이 객관적으로 합리적이 아니라거나 타당하지 않다고 볼 만한 다른 특별한 사정이 없는 이상 행정청의 의사는 가능한 한 존중하여야 한다. 그러나 설정된 기준이 그 자체로 객관적으로 합리적이지 않거나 타당하지 않음에도 행정청이 만연히 그에 따라 처분한 경우 또는 기준을 설정하였던 때와 처분 당시를 비교하여 수송 수요와 공급상황이 달라졌는지 등을 전혀 고려하지 않은 채 설정된 기준만을 기계적으로 적용함으로써 휴업을 허가할 것인지를 결정하기 위하여 마땅히 고려하여야 할 사항을 제대로 살피지 아니한 경우 등에까지 단지 행정청의 재량에 속하는 사항이라는 이유만으로 행정청의 의사를 존중하여야 하는 것은 아니며, 이러한 경우의 처분은 재량권을 남용하거나 그 범위를 일탈한 조치로서 위법하다(대판 2018.2.28, 2017두51501).

⑪ 승진후보자 명부에 포함된 후보자를 승진임용에서 제외하는 결정은 공무원의 자격을 정한 관련 법령 규정에 위반되지 아니하고 사회통념상 합리성을 갖춘 사유에 따른 것이라는 주장·증명이 있는 경우, 쉽게 위법하다고 판단할 수 없다

> 교육부장관은 승진후보자 명부에 포함된 후보자들에 대하여 일정한 심사를 진행하여 임용제청 여부를 결정할 수 있고 승진후보자 명부에 포함된 특정 후보자를 반드시 임용제청을 하여야 하는 것은 아니며, 또한 교육부장관이 임용제청을 한 후보자라고 하더라도 임용권자인 대통령이 반드시 승진임용을 하여야 하는 것도 아니다. 이처럼 공무원 승진임용에 관해서는 임용권자에게 일반 국민에 대한 행정처분이나 공무원에 대한 징계처분에서와는 비교할 수 없을 정도의 광범위한 재량이 부여되어 있다. 따라서 승진후보자 명부에 포함된 후보자를 승진임용에서 제외하는 결정이 공무원의 자격을 정한 관련 법령 규정에 위반되지 아니하고 사회통념상 합리성을 갖춘 사유에 따른 것이라는 주장·증명이 있다면 쉽사리 위법하다고 판단하여서는 아니 된다(대판 2018.3.27, 2015두47492).

⑫ 공정거래위원회의 「독점규제 및 공정거래에 관한 법률」 위반행위자에 대한 과징금 부과처분은 재량행위에 해당한다

> 「독점규제 및 공정거래에 관한 법률」(공정거래법) 제6조, 제22조 등 각 규정을 종합하면, 공정거래위원회는 공정거래법 위반행위에 대하여 과징금을 부과할 것인지 여부와 만일 과징금을 부과할 경우 공정거래법령이 정하고 있는 일정한 범위 안에서 과징금의 액수를 구체적으로 얼마로 정할 것인지에 관하여 재량을 가지고 있으므로, 공정거래위원회의 법 위반행위자에 대한 과징금 부과처분은 재량행위에 해당한다. 다만 이러한 재량을 행사하는 데 과징금 부과의 기초가 되는 사실을 오인하였거나 비례·평등의 원칙에 위배되는 등의 사유가 있다면 재량권 일탈·남용으로서 위법하다(대판 2018.4.24, 2016두40207).

⑬ 대학총장 임용에 관하여 임용권자에게 광범위한 재량이 주어져 있고, 대학에서 추천한 후보자를 총장 임용제청이나 총장 임용에서 제외하는 결정이 대학의 장에 관한 자격을 정한 관련 법령 규정에 어긋나지 않고 사회통념에 비추어 불합리하다고 볼 수 없는 경우, 이를 위법하다고 판단할 수 없다

> 교육공무원법령은 대학이 대학의 장 후보자를 복수로 추천하도록 정하고 있을 뿐이고, 교육부장관이나 대통령이 대학이 정한 순위에 구속된다고 볼 만한 규정을 두고 있지 않다. 대학이 복수의 후보자에 대하여 순위를 정하여 추천한 경우 교육부장관이 후순위 후보자를 임용제청하더라도 단순히 그것만으로 헌법과 법률이 보장하는 대학의 자율성이 제한된다고 볼 수는 없다. 대학 총장 임용에 관해서는 임용권자에게 일반 국민에 대한 행정처분이나 공무원에 대한 징계처분에 비하여 광범위한 재량이 주어져 있다고 볼 수 있다. 따라서 대학에서 추천한 후보자를 총장 임용제청이나 총장 임용에서 제외하는 결정이 대학의 장에 관한 자격을 정한 관련 법령 규정에 어긋나지 않고 사회통념에 비추어 불합리하다고 볼 수 없다면 쉽사리 위법하다고 판단해서는 안 된다(대판 2018.6.15. 2016두57564).

⑭ 행정청이 복수의 민간공원추진자로부터 공원조성계획 입안 제안을 받은 후 도시·군계획시설사업 시행자지정 및 협약체결 등을 위하여 순위를 정하여 그 제안을 받아들이거나 거부하는 행위 또는 특정 제안자를 우선협상자로 지정하는 행위는 재량행위이다

**최신판례**

> 「도시공원 및 녹지 등에 관한 법률」(공원녹지법) 제16조 제3항, 제4항, 제21조 제1항, 제21조의2 제1항, 제8항, 제12항의 내용과 취지, 공원녹지법령이 공원조성계획 입안 제안에 대한 심사기준 등에 대하여 특별한 규정을 두고 있지 않은 점, 쾌적한 도시환경을 조성하여 건전하고 문화적인 도시생활을 확보하고 공공의 복리를 증진시키는 데 이바지하기 위한 공원녹지법의 목적 등을 종합하여 볼 때, 행정청이 복수의 민간공원추진자로부터 자기의 비용과 책임으로 공원을 조성하는 내용의 공원조성계획 입안 제안을 받은 후 도시·군계획시설사업 시행자지정 및 협약체결 등을 위하여 순위를 정하여 그 제안을 받아들이거나 거부하는 행위 또는 특정 제안자를 우선협상자로 지정하는 행위는 재량행위로 보아야 한다(대판 2019.1.10, 2017두43319).

⑮ 재외동포에 대한 사증발급은 행정청의 재량행위에 속한다

최신판례 재외동포에 대한 사증발급은 행정청의 재량행위에 속하는 것으로서, 재외동포가 사증발급을 신청한 경우에 「출입국관리법 시행령」 [별표 1의2]에서 정한 재외동포체류자격의 요건을 갖추었다고 해서 무조건 사증을 발급해야하는 것은 아니다. 재외동포에게 출입국관리법 제11조 제1항 각호에서 정한 입국금지사유 또는 재외동포법 제5조제2항에서 정한 재외동포체류자격 부여 제외사유(예컨대 '대한민국 남자가 병역을 기피할 목적으로 외국국적을 취득하고대한민국 국적을 상실하여 외국인이 된 경우')가 있어 그의 국내 체류를 허용하지 않음으로써 달성하고자 하는 공익이그로 말미암아 발생하는 불이익보다 큰 경우에는 행정청이 재외동포체류자격의 사증을 발급하지 않을 재량을 가진다(대판 2019.7.11, 2017두38874).

⑯ 군인사법상 현역복무 부적합 여부 판단에 관하여 관계기관에 폭넓은 재량이 주어져 있고, 그에 관한 군 당국의 판단을 존중해야 한다

최신판례 군인사법 제37조, 「군인사법 시행령」 제49조에 의한 현역복무 부적합자 전역 제도란 대통령령으로 정하는 일정한 사유로 인하여 현역복무에 적합하지 아니한 자를 전역심사위원회 심의를 거쳐 현역에서 전역시키는 제도로서 징계 제도와는 규정 취지와 사유, 위원회의 구성 및 주체 등에 차이가 있다. 군인사법상 현역복무 부적합 여부 판단에 관해서는 참모총장이나 전역심사위원회 등 관계기관에 폭 넓은 재량이 주어져 있으므로, 군의 특수성에 비추어 명백한 법규위반이 없는 이상 군 당국의 판단을 존중하여야 한다(대판 2019.12.27, 2019두37073).

⑰ 대한불교 조계종 승적을 취득하여 승려가 된 갑이 해군 군종장교로 임관하여 복무하던 중 조계종으로부터 종헌을 위반하여 혼인하였다는 이유로 승적 제적처분을 할 예정이라는 통보를 받고 한국불교 태고종 승적을 취득하였는데, 조계종이 갑에 대하여 승적 제적처분을 하자, 해군본부 현역복무부적합 조사위원회 및 전역심사위원회가 '갑이 조계종 계율 위반으로 승적이 박탈되어 더 이상 군종장교 업무를 수행할 수 없다.'는 이유로 갑에 대하여 현역복무 부적합 의결을 함에 따라 국방부장관이 갑에게 군인사법 제37조 제1항 제4호 등에 근거하여 현역복무 부적합 전역처분을 한 사안에서, 군 당국이 갑에게 「군인사법 시행령」 제49조 제1항 제1호 및 제4호에 해당하는 사유가 있다고 판단한 것이 군의 특수성에 비추어 명백한 법규 위반에 해당하거나 재량권을 일탈·남용한 것으로 볼 수 없다고 한 사례

최신판례 조계종 외 불교의 다른 종단도 관련 법령상의 요건을 충족하면 군종 분야 병적편입 대상 종교로 선정될 수 있도록 군종장교 제도를 운영하는 것이 바람직하다는 점은 별론으로 하고, 원고는 군종 분야 병적편입 대상 종교로 선정되지 않은 태고종으로 전종(轉宗)함에 따라 군 내에서 태고종 의식에 따른 종교집회를 주관할 수도, 조계종 의식에 따른 종교집회를 주관할 수도 없게 되었다. 태고종이 군종 분야 병적편입 대상 종교로 선정된다 하더라도 태고종단의 자격 인정 및 추천 등 절차를 거치지 않은 채 바로 원고를 태고종 소속 군종장교로 인정할 수는 없다(대판 2019.12.27, 2019두37073).

⑱ 개발업체가 전력지원체계 연구개발사업을 성공적으로 수행한 경우, 해당 품목에 관하여 수의계약 체결을 요구할 권리를 당연히 갖는 것은 아니다

최신판례 어떤 군수품을 조달할지 여부나 그 수량과 시기는 국방예산의 배정이나 육·해·공군(각군)에서 요청하는 군수품 소요의 우선순위에 따라 탄력적으로 결정될 수 있어야 하므로, 관계 법령이나 규정에서 특별히 달리 정하지 않은 이상, 군수품 조달에 관해서는 방위사업청장이나 각군에게 광범위한 재량이 있다. 국방전력발전업무훈령이 업체투자연구개발 방식이나 정부·업체공동투자연구개발 방식으로 연구개발이 완료되어 군사용 적합판정을 받고 국방규격이 제·개정된 품목에 관해서도 반드시 양산하여야 한다거나 또는 수의계약을 체결하여야 한다고 규정하고 있지 않은 것도 이 때문이다. 따라서 개발업체가 전력지원체계 연구개발사업을 성공적으로 수행하였다고 하더라도 언제나 해당 품목에 관하여 수의계약 체결을 요구할 권리가 있는 것은 아니다(대판 2020.1.16, 2019다264700).

⑲ 행정청에 구「사회기반시설에 대한 민간투자법」이외의 다른 개별 법률에 근거해서 다른 방식으로 민간투자사업을 추진할 수 있는 재량이 있고, 대상시설이 구 사회기반시설에 대한 민간투자법상 사회기반시설에 해당하여 그 법에 따른 민간투자사업 방식이 가능한 경우에도 마찬가지이다

最新判例 민간투자법은 일정한 사회기반시설을 민간투자법이 정하는 절차에 따라 시행할 수 있도록 정하고 있을 뿐이고, 민간투자자가 사회기반시설을 설치하여 운영하는 사업을 민간투자법에 따라서만 추진하여야 한다는 '적용우선 규정'을 명문으로 두고 있지 않으므로, 민간투자법이 민간투자법에 따른 민간투자사업 이외에 다른 개별 법률에 근거한 다른 방식의 민간투자사업을 허용하지 아니하는 취지라고 보기는 어렵다. 따라서 다른 개별 법률이 다른 방식의 민간투자사업을 허용하고 있는 이상, 행정청에는 민간투자법 이외에 다른 개별 법률에 근거해서도 다른 방식으로 민간투자사업을 추진할 수 있는 재량이 있다고 봄이 타당하고, 이는 대상시설이 민간투자법상 사회기반시설에 해당하여 민간투자법에 따른 민간투자사업 방식이 가능한 경우에도 마찬가지이다(대판 2020.4.29, 2017두31064).

⑳ 여객자동차운송사업의 한정면허를 신규로 발급하는 때 및 한정면허의 갱신 여부를 결정하는 때에 관계 법규 내에서 한정면허의 기준이 충족되었는지를 판단하는 것은 관할 행정청의 재량에 속한다

最新判例 여객자동차운송사업의 한정면허는 특정인에게 권리나 이익을 부여하는 수익적 행정행위로서, 교통수요, 운송업체의 수송 및 공급능력 등에 관한 기술적·전문적 판단이 필요하고, 원활한 운송체계의 확보, 일반 공중의 교통 편의성 제고 등 운수행정을 통한 공익적 측면과 함께 관련 운송사업자들 사이의 이해관계 조정 등 사익적 측면을 고려하는 등 합목적성과 구체적 타당성을 확보하기 위한 적합한 기준에 따라야 하므로, 그 범위 내에서는 법령이 특별히 규정한 바가 없으면 행정청이 재량을 보유하고 이는 한정면허가 기간만료로 실효되어 갱신되는 경우에도 마찬가지이다. 따라서 한정면허가 신규로 발급되는 때는 물론이고 한정면허의 갱신 여부를 결정하는 때에도 관계 법규 내에서 한정면허의 기준이 충족되었는지를 판단하는 것은 관할 행정청의 재량에 속한다(대판 2020.6.11, 2020두34384).

㉑ 구「군사기지 및 군사시설 보호법」상 국방부장관 또는 관할부대장에 대한 관계 행정기관장의 협의 요청 대상인 행위가 군사작전에 지장을 초래하거나 초래할 우려가 있는지 등은 고도의 전문적·군사적 판단 사항이고, 그 판단에 관하여 국방부장관 또는 관할부대장 등에게 재량권이 부여되어 있다

最新判例 협의 요청의 대상인 행위가 군사작전에 지장을 초래하거나 초래할 우려가 있는지, 그러한 지장이나 우려를 해소할 수 있는지, 항공등화의 명료한 인지를 방해하거나 항공등화로 오인될 우려가 있는지 등은 해당 부대의 임무, 작전계획, 군사기지 및 군사시설의 유형과 특성, 주변환경, 지역주민의 안전에 미치는 영향 등을 종합적으로 고려하여 행하는 고도의 전문적·군사적 판단 사항으로서, 그에 관해서는 국방부장관 또는 관할부대장 등에게 재량권이 부여되어 있다(대판 2020.7.9, 2017두39785).

㉒ **국민건강보험법 제57조 제1항, 제2항에서 정한 부당이득징수는 재량행위이다**

국민건강보험법 제57조 제1항은 "국민건강보험공단은 속임수나 그 밖의 부당한 방법으로 보험급여를 받은 사람이나 보험급여비용을 받은 요양기관에 대하여 그 보험급여나 보험급여비용에 상당하는 금액의 전부 또는 일부를 징수한다."라고 규정하여 문언상 일부 징수가 가능함을 명시하고 있다. 위 조항은 요양기관이 부당한 방법으로 급여비용을 지급청구하는 것을 방지함으로써 바람직한 급여체계의 유지를 통한 건강보험 및 의료급여 재정의 건전성을 확보하려는 데 입법 취지가 있다. 그러나 요양기관으로서는 부당이득징수로 인하여 이미 실시한 요양급여에 대하여 그 비용을 상환 받지 못하는 결과가 되므로 침익적 성격이 크다.

한편 종전 국민건강보험법은 보험급여비용을 받은 요양기관에 대하여만 부당이득을 징수할 수 있는 것으로 규정하였으나, 2013.5.22. 신설된 국민건강보험법 제57조 제2항은 "국민건강보험공단은 제1항에 따라 속임수나 그 밖의 부당한 방법으로 보험급여비용을 받은 요양기관이 다음 각호의 어느 하나에 해당하는 경우에는 해당 요양기관을 개설한 자에게 그 요양기관과 연대하여 같은 항에 따른 징수금을 납부하게 할 수 있다."라고 규정하면서 제1호에서 "의료법 제33조 제2항을 위반하여 의료기관을 개설할 수 없는 자가 의료인의 면허나 의료법인 등의 명의를 대여받아 개설·운영하는 의료기관"을 규정하여 비의료인 개설자에 대한 부당이득징수의 근거를 마련하였다. 의료법 제33조 제2항이 금지하는 '비의료인의 의료기관 개설행위'는 비의료인이 의료기관의 시설 및 인력의 충원·관리, 개설신고, 의료업의 시행, 필요한 자금의 조달, 운영성과의 귀속 등을 주도적으로 처리하는 것을 의미한다. 즉, 의료인인 개설명의자는 실질 개설·운영자에게 자신의 명의를 제공할 뿐 의료기관의 개설과 운영에 관여하지 않으며, 그에게 고용되어 근로 제공의 대가를 받을 뿐 의료기관 운영에 따른 손익이 그대로 귀속되지도 않는다. 이 점을 반영하여 의료법은 제33조 제2항 위반행위의 주체인 비의료인 개설자는 10년 이하의 징역이나 1억 원 이하의 벌금에 처하도록 규정한 반면, 의료인인 개설명의자는 제90조에서 '의료기관의 개설자가 될 수 없는 자에게 고용되어 의료행위를 한 자'로서 500만 원 이하의 벌금에 처하도록 규정하고 있다.

이상에서 살펴본 위 각 법 규정의 내용, 체재와 입법 취지, 부당이득징수의 법적 성질 등을 고려할 때, 국민건강보험법 제57조 제1항, 제2항이 정한 부당이득징수는 재량행위라고 보는 것이 옳다(대판 2020.7.9, 2018두44838).

㉓ **행정청이 지정폐기물이 아닌 폐기물처리업 허가 신청에 앞서 제출된 폐기물처리사업계획서의 적합 여부를 판단할 때 검토할 사항 및 그 판단에 관하여 행정청에 광범위한 재량권이 인정된다**

폐기물관리법과 환경정책기본법은 지정폐기물이 아닌 폐기물의 경우에도 폐기물관리법과 환경정책기본법의 입법 목적에 입각하여 환경 친화적으로 폐기물처리업을 영위하도록 요구하고 있다.

폐기물관리법 제25조 제1항, 제2항, 제3항, 환경정책기본법 제12조 제1항, 제13조, 제3조 제1호의 내용과 체계, 입법 취지에 비추어 보면, 행정청은 사람의 건강이나 주변 환경에 영향을 미치는지 여부 등 생활환경과 자연환경에 미치는 영향을 두루 검토하여 폐기물처리사업계획서의 적합 여부를 판단할 수 있으며, 이에 관해서는 행정청에 광범위한 재량권이 인정된다(대판 2020.7.23, 2020두36007).

㉔ 「국토의 계획 및 이용에 관한 법률」상 개발행위허가의 허가기준 및 금지요건에 해당하는지 여부는 행정청의 재량판단의 영역에 속한다

[최신판례] 「국토의 계획 및 이용에 관한 법률」상 개발행위허가는 허가기준 및 금지요건이 불확정개념으로 규정된 부분이 많아 그 요건에 해당하는지 여부는 행정청의 재량판단의 영역에 속한다. 그러므로 그에 대한 사법심사는 행정청의 공익판단에 관한 재량의 여지를 감안하여 원칙적으로 재량권의 일탈·남용이 있는지 여부만을 대상으로 하고, 사실오인과 비례·평등원칙 위반 여부 등이 판단 기준이 된다.
특히 환경의 훼손이나 오염을 발생시킬 우려가 있는 개발행위에 대한 행정청의 허가와 관련하여 재량권의 일탈·남용 여부를 심사할 때에는 해당 지역 주민들의 토지이용실태와 생활환경 등 구체적 지역 상황과 상반되는 이익을 가진 이해관계자들 사이의 권익 균형 및 환경권의 보호에 관한 각종 규정의 입법 취지 등을 종합하여 신중하게 판단하여야 한다. '환경오염 발생 우려'와 같이 장래에 발생할 불확실한 상황과 파급효과에 대한 예측이 필요한 요건에 관한 행정청의 재량적 판단은 그 내용이 현저히 합리성을 결여하였다거나 상반되는 이익이나 가치를 대비해 볼 때 형평이나 비례의 원칙에 뚜렷하게 배치되는 등의 사정이 없는 한 폭넓게 존중하여야 한다. 그리고 처분이 재량권을 일탈·남용하였다는 사정은 그 처분의 효력을 다투는 자가 주장·증명하여야 한다(대판 2021.3. 25, 2020두51280).

㉕ 「가축분뇨의 관리 및 이용에 관한 법률」에 따른 가축분뇨 처리방법 변경허가는 허가권자의 재량행위에 해당한다

[최신판례] 가축분뇨법에 따른 처리방법 변경허가는 허가권자의 재량행위에 해당한다. 허가권자는 변경허가 신청 내용이 가축분뇨법에서 정한 처리시설의 설치기준(제12조의2 제1항)과 정화시설의 방류수 수질기준(제13조)을 충족하는 경우에도 반드시 이를 허가하여야 하는 것은 아니고, 자연과 주변 환경에 미칠 수 있는 영향 등을 고려하여 허가 여부를 결정할 수 있다. 가축분뇨 처리방법 변경 불허가처분에 대한 사법심사는 법원이 허가권자의 재량권을 대신 행사하는 것이 아니라 허가권자의 공익판단에 관한 재량의 여지를 감안하여 원칙적으로 재량권의 일탈·남용이 있는지 여부만을 판단하여야 하고, 사실오인과 비례·평등원칙 위반 여부 등이 판단 기준이 된다(대판 2021. 6.30, 2021두35681).

## (2) 기속행위

1. 자동차운수사업법상 등록(대판 1993.7.27, 92누13998)
2. 화약류관리보안책임자면허 취소처분(대판 1996.8.23, 96누1665)
3. 지방재정법에 의한 변상금부과처분(대판 2000.1.14, 99두9735)
4. 국유재산의 무단점유 등에 대한 변상금의 징수(대판 2000.1.28, 97누4098)·변상금부과처분(대판 2000.1.14, 99두9735)
5. 출입국관리법상 법무부장관의 난민인정행위(대판 2008.7.24, 2007두3930)
6. 의무복무기간을 마친 장기복무장교(공군 조종사)의 전역허가(대판 2011.9.8, 2009다77280)
7. 구 국유재산법 제51조 제2항에 따른 변상금 연체료 부과처분(대판 2014.4.10, 2012두16787)
8. 국가공무원법 제73조 제2항에 따른 복직명령(대판 2014.6.12, 2012두4852)
9. 중소기업 판로지원법에 따른 직접생산확인 취소처분(대판 2020.10.15, 2020두35035)
10. 교육감의 건축물을 건축하려는 자가 제출한 교육환경평가서에 대한 승인(대판 2020.10.15, 2019두45739)
11. 법인이 개설한 의료기관에서 거짓으로 진료비를 청구하였다는 범죄사실로 법인의 대표자가 금고 이상의 형을 선고받고 형이 확정된 경우, 해당 의료기관의 개설 허가 취소처분(또는 폐쇄명령)(대판 2021.3.11, 2019두57831)

### ① 지방재정법에 의한 변상금부과처분 ★ 12 국가9급

> 법규의 규정형식으로 보아 처분청의 재량이 허용되지 않은 기속행위로서, 지방자치법 제127조 소정의 사용료 징수처분과는 그 근거 법령, 성립요건 등을 달리하는 것이므로 다른 특별한 명문의 준용규정이 없는 한 위 사용료징수처분에 대한 불복절차를 규정한 지방자치법 제131조의 각 규정은 변상금징수처분에 대한 불복절차에 준용 또는 적용될 수 없다 할 것이어서 위 변상금부과처분에 대한 항고소송의 제1심 관할 법원은 피고의 소재지를 관할하는 행정법원이 된다(대판 2000.1.14, 99두9735).

### ② 출입국관리법상 법무부장관의 난민인정행위는 기속행위이다 ★ 20 서울7급

> 최신기출 출입국관리법 제2조 제2의2호, 제76조의2 제1항, 「난민의 지위에 관한 협약」 제1조, 「난민의 지위에 관한 의정서」 제1조의 규정을 종합하여 보면, 법무부장관은 인종, 종교, 국적, 특정 사회집단의 구성원 신분 또는 정치적 의견을 이유로 박해를 받을 충분한 근거 있는 공포로 인해 국적국의 보호를 받을 수 없거나 국적국의 보호를 원하지 않는 대한민국 안에 있는 외국인에 대하여 그 신청이 있는 경우 난민협약이 정하는 난민으로 인정하여야 한다(대판 2008.7.24, 2007두3930).

> 콩고민주화운동의 주동자라는 이유로 강제징집을 당하게 된 콩고 국민 갑(甲)이 대한민국정부에 난민인정을 신청하였으나 거부당하자 이에 대해 제기한 취소소송에서 법원은 「난민의 지위에 관한 협약」, 「난민의 지위에 관한 의정서」 등의 국제법을 직접 원용할 수 없다는 이유로 갑(甲)의 난민 지위를 인정하지 않았다. (x) ■ 20 서울7급

### ③ 국적국을 떠난 후 거주국에서 정치적 의견을 표명하는 바람에 '박해를 받을 충분한 공포'가 발생한 경우, 난민으로 보호받기 위하여 스스로 박해 원인을 제공하였다고 하여 난민인정을 거부할 수 없다

> 국적국을 떠난 후 거주국에서 정치적 의견을 표명하는 것과 같은 행동의 결과로서 '박해를 받을 충분한 근거 있는 공포'가 발생하였다면, 난민으로 보호받기 위하여 스스로 박해의 원인을 제공하였다는 이유만으로 난민인정을 거부할 수는 없다(대판 2011.7.14, 2008두12559).

### ④ 난민신청인 출신국의 상황 변경을 이유로 박해가능성을 부정하기 위한 요건

> 난민신청인이 주장하는 과거의 박해사실이 합리적으로 수긍되는 경우라면 그 출신국의 상황이 현저히 변경되어 박해의 가능성이 명백히 소멸하였다고 볼 만한 특별한 사정이 인정되지 아니하는 한, 난민 인정의 요건인 박해에 관한 충분한 근거 있는 공포가 있다고 보아야 한다(대판 2012.4.26, 2010두27448).

⑤ 의무복무기간을 마친 장기복무장교(공군 조종사)가 전역을 지원한 경우, 전역권자가 전역 희망 의사의 확인 또는 업무 공백의 방지 등 공익적 목적을 위하여 필요한 한도 내에서 전역일을 조정하는 등 조치를 취할 수 있다

> 구 군인사법 제7조 제1항은 제1호에서 장기복무장교의 의무복무기간을 10년으로 정하고 있고, 구 군인사법 제35조 제1항은 "제7조에 규정된 복무기간을 마친 자는 원에 의하여 현역으로부터 전역할 수 있다. 다만 전시, 사변 등의 국가비상시에는 예외로 한다."고 규정하고 있다. 위와 같은 구 군인사법 관련 규정의 문언 및 형식, 그 규정의 취지 등에 비추어 보면, 의무복무기간을 모두 마친 장기복무장교가 전역을 지원할 경우, 전시, 사변 등의 국가비상시가 아닌 이상 전역권자는 원칙적으로 전역을 허가하여야 할 것이나, 전역 희망 의사의 확인 또는 업무 공백의 방지 등 공익적 목적을 위하여 필요한 한도 내에서 전역일을 조정하는 등 조치를 취할 수는 있다고 할 것이다(대판 2011.9.8, 2009다77280).

⑥ 구 국유재산법 제51조 제2항에 따른 변상금 연체료 부과처분의 법적 성질은 기속행위이다

> 변상금 연체료 부과처분은 국유재산의 적정한 보호와 효율적인 관리·처분을 목적으로 하는 행정행위로서 국유재산 관리의 엄정성이 확보될 필요가 있으며, 변상금 납부의무를 지체한 데 따른 제재적 성격을 띠고 있는 침익적 행정행위이고, 연체료는 변상금의 납부기한이 경과하면 당연히 발생하는 것이어서 부과 여부를 임의로 결정할 수는 없으며, 구 「국유재산법 시행령」 제56조 제5항, 제44조 제3항은 연체료 산정기준이 되는 연체료율을 연체기간별로 특정하고 있어서 처분청에 연체료 산정에 대한 재량의 여지가 없다고 보이므로, 변상금 연체료 부과처분은 처분청의 재량을 허용하지 않는 기속행위이다(대판 2014.4.10, 2012두16787).

⑦ 국가공무원법 제73조 제2항에 따른 복직명령의 법적 성질은 기속행위이다

> 국가공무원법 제73조 제2항의 문언에 비추어 복직명령은 기속행위이므로 휴직사유가 소멸하였음을 이유로 신청하는 경우 임용권자는 지체 없이 복직명령을 하여야 한다(대판 2014.6.12, 2012두4852).

⑧ 여성 교육공무원이 육아휴직 기간 중 다른 자녀를 출산하거나 또는 출산이 예정되어 있어 구 '국가공무원 복무규정' 제20조 제2항에 따른 출산휴가 요건을 갖추어 복직신청을 하거나 미리 출산을 이유로 복직신청을 하는 경우, 임용권자는 출산휴가 개시 시점에 복직명령과 동시에 출산휴가를 허가해야 한다

> 자녀양육을 위한 육아휴직 기간 중 다른 자녀를 출산하거나 또는 출산이 예정되어 있어 구 「국가공무원 복무규정」 제20조 제2항에 따른 출산휴가 요건을 갖춘 경우에는 더 이상 기존 자녀의 양육을 위하여 휴직할 필요가 없는 사유가 발생한 때에 해당한다. 따라서 육아휴직 중인 여성 교육공무원이 출산휴가 요건을 갖추어 복직신청을 하는 경우는 물론 그 이전에 미리 출산을 이유로 복직신청을 하는 경우에도 임용권자는 출산휴가 개시 시점에 휴직사유가 없어졌다고 보아 복직명령과 동시에 출산휴가를 허가하여야 한다(대판 2014.6.12, 2012두4852).

⑨

최신판례

> 법인이 개설한 의료기관에서 거짓으로 진료비를 청구하였다는 범죄사실로 법인의 대표자가 금고 이상의 형을 선고받고 형이 확정된 경우, 의료법 제64조 제1항 제8호에 따라 진료비 거짓 청구가 이루어진 해당 의료기관의 개설 허가 취소처분(또는 폐쇄명령)을 해야 한다(대판 2021.3.11, 2019두57831).

⑩ 교육환경보호구역에서 건축법 제11조 제1항 단서 등에 따른 건축물을 건축하려는 자가 제출한 교육환경평가서를 심사한 결과 그 내용 중에 교육환경 영향평가 결과와 교육환경 보호를 위한 조치 계획이 「교육환경 보호에 관한 법률 시행규칙」 제2조 [별표 1]에서 정한 '평가대상별 평가 기준'에 부합하거나 그 이상이 되도록 할 수 있는 구체적인 방안과 대책 등이 포함되어 있는 경우, 교육감은 원칙적으로 제출된 교육환경평가서를 승인하여야 한다

**최신판례** 교육환경 보호에 관한 법령 관련 규정들의 체계와 내용, 교육환경평가서 승인제도의 입법 연력과 취지, 특성 등을 종합하여 볼 때, 교육환경보호구역에서 건축법 제11조 제1항 단서, 「건축법 시행령」 제8조 제1항에 따른 건축물(층수가 21층 이상이거나 연면적의 합계가 10만㎡ 이상인 경우)을 건축하려는 자가 제출한 교육환경평가서를 심사한 결과 그 내용 중 교육환경 영향평가 결과와 교육환경 보호를 위한 조치 계획이 「교육환경 보호에 관한 법률 시행규칙」 제2조 [별표 1]에서 정한 '평가대상별 평가 기준'에 부합하거나 그 이상이 되도록 할 수 있는 구체적인 방안과 대책 등이 포함되어 있다면, 교육감은 원칙적으로 제출된 교육환경평가서를 승인하여야 하고, 다만 교육환경 보호를 위하여 추가로 필요한 사항을 사업계획에 반영할 수 있도록 사업시행자에게 권고하는 한편 사업시행으로 인한 교육환경의 피해를 방지하기 위하여 교육환경평가서의 승인 내용과 권고사항의 이행 여부를 계속적으로 관리·감독할 권한과 의무가 있을 뿐이라고 보아야 한다(대판 2020.10.15, 2019두45739).

⑪ 중소기업 판로지원법에 따른 직접생산확인 취소처분은 기속행위이다

**최신판례** 판로지원법 제11조 제2항 제3호에 따른 직접생산확인 취소처분은 직접생산확인 의무 위반이라는 처분사유가 인정되는 경우 관할 행정청으로서는 반드시 해당 중소기업자가 받은 모든 제품에 대한 직접생산확인을 취소하여야 하는 '기속행위'에 해당하므로, 이 사건 처분이 의무 위반의 정도에 비하여 과중하여 재량권 일탈·남용에 해당한다는 원고의 주장은 이유 없다(대판 2020.10.15, 2020두35035).


# Ⅳ. 재량하자

## 1. 재량의 남용(내적 한계)

### (1) 징계처분의 재량권 남용에 대한 사법심사 방식 및 그 판단기준

징계사유에 해당하는 행위가 있더라도, 징계권자가 그에 대하여 징계처분을 할 것인지, 징계처분을 하면 어떠한 종류의 징계를 할 것인지는 징계권자의 재량에 맡겨져 있다고 할 것이나, 그 재량권의 행사가 징계권을 부여한 목적에 반하거나, 징계사유로 삼은 비행의 정도에 비하여 균형을 잃은 과중한 징계처분을 선택함으로써 비례의 원칙에 위반하거나 또는 합리적인 사유 없이 같은 정도의 비행에 대하여 일반적으로 적용하여 온 기준과 어긋나게 공평을 잃은 징계처분을 선택함으로써 평등의 원칙에 위반한 경우에는, 그 징계처분은 재량권의 한계를 벗어난 것으로서 위법하고, 징계처분에 있어 재량권의 행사가 비례의 원칙을 위반하였는지 여부는, 징계사유로 인정된 비행의 내용과 정도, 그 경위 내지 동기, 그 비행이 당해 행정조직 및 국민에게 끼치는 영향의 정도, 행위자의 직위 및 수행직무의 내용, 평소의 소행과 직무성적, 징계처분으로 인한 불이익의 정도 등 여러 사정을 건전한 사회통념에 따라 종합적으로 판단하여 결정하여야 한다(대판 2001.8.24, 2000두7704).

**(2) 문화재의 보존을 위한 사업인정 등 처분에 대하여 재량권 일탈·남용 여부를 심사하는 방법 및 이때 구체적으로 고려할 사항**

최신판례

문화재는 한번 훼손되면 회복이 곤란한 경우가 많을 뿐 아니라, 회복이 가능하더라도 막대한 비용과 시간이 소요되는 특성이 있다. 이러한 문화재의 보존을 위한 사업인정 등 처분에 대하여 재량권 일탈·남용 여부를 심사할 때에는, 위와 같은 문화재보호법의 내용 및 취지, 문화재의 특성, 사업인정 등 처분으로 인한 국민의 재산권 침해 정도 등을 종합하여 신중하게 판단하여야 한다. … 행정청이 문화재의 역사적·예술적·학술적 또는 경관적 가치와 원형의 보존이라는 목표를 추구하기 위하여 문화재보호법 등 관계 법령이 정하는 바에 따라 내린 전문적·기술적 판단은 특별히 다른 사정이 없는 한 이를 최대한 존중할 필요가 있는 점 등을 고려하여야 한다(대판 2019.2.28, 2017두71031).

**(3) 구 유통산업발전법 제12조의2 제1항, 제2항, 제3항에 따른 행정청의 영업시간 제한 및 의무휴업일 지정 처분에 재량권 일탈·남용의 위법이 있는지 판단할 때 고려하여야 할 사항**

전합판례

헌법 제119조 제1항과 제2항의 상호관계, 구 유통산업발전법 제12조의2 제1항, 제2항, 제3항에 따른 규제에 관련된 이익상황의 특수성 등에 비추어 보면, 구 유통산업발전법 제12조의2 제1항, 제2항, 제3항에 따른 행정청의 영업시간 제한 및 의무휴업일 지정 처분에 비례원칙 위반 등 재량권 일탈·남용의 위법이 있는지를 판단할 때에는, 행정청이 다양한 공익과 사익의 요소들을 고려하였는지, 나아가 행정청의 규제 여부 결정 및 규제 수단 선택에 있어서 규제를 통해 달성하려는 공익 증진의 실현 가능성과 규제에 따라 수반될 상대방 등의 불이익이 정당하고 객관적으로 비교·형량되었는지 등을 종합적으로 고려하여야 한다[대판(전합) 2015.11.19, 2015두295].

**(4) 환경의 훼손이나 오염을 발생시킬 우려가 있는 개발행위에 대한 행정청의 허가와 관련하여 재량권의 일탈·남용 여부를 심사하는 방법**

최신판례

「국토의 계획 및 이용에 관한 법률」상 개발행위허가는 허가기준 및 금지요건이 불확정개념으로 규정된 부분이 많아 그 요건에 해당하는지 여부는 행정청의 재량판단의 영역에 속한다. 그러므로 그에 대한 사법심사는 행정청의 공익판단에 관한 재량의 여지를 감안하여 원칙적으로 재량권의 일탈·남용이 있는지 여부만을 대상으로 하고, 사실오인과 비례·평등원칙 위반 여부 등이 판단 기준이 된다. 특히 환경의 훼손이나 오염을 발생시킬 우려가 있는 개발행위에 대한 행정청의 허가와 관련하여 재량권의 일탈·남용 여부를 심사할 때에는 해당 지역 주민들의 토지이용실태와 생활환경 등 구체적 지역 상황과 상반되는 이익을 가진 이해관계자들 사이의 권익 균형 및 환경권의 보호에 관한 각종 규정의 입법 취지 등을 종합하여 신중하게 판단하여야 한다. '환경오염 발생 우려'와 같이 장래에 발생할 불확실한 상황과 파급효과에 대한 예측이 필요한 요건에 관한 행정청의 재량적 판단은 그 내용이 현저히 합리성을 결여하였다거나 상반되는 이익이나 가치를 대비해 볼 때 형평이나 비례의 원칙에 뚜렷하게 배치되는 등의 사정이 없는 한 폭넓게 존중하여야 한다(대판 2020.7.23, 2019두31839).

**(5) 법원이 폐기물처리사업계획서의 적합 여부 결정과 관련한 행정청의 재량권 일탈·남용 여부를 심사하는 방법과 대상**

최신판례

행정청의 당초 예측이나 평가와 일부 다른 내용의 감정의견이 제시되었다는 등의 사정만으로 쉽게 행정청의 판단이 위법하다고 단정할 것은 아니다. 또한 이때 제출된 폐기물처리사업계획 그 자체가 독자적으로 생활환경과 자연환경에 미칠 수 있는 영향을 분리하여 심사대상으로 삼을 것이 아니라, 기존의 주변 생활환경과 자연환경 상태를 기반으로 그에 더하여 제출된 폐기물처리사업계획까지 실현될 경우 주변 환경에 총량적·누적적으로 어떠한 악영향을 초래할 우려가 있는지를 심사대상으로 삼아야 한다(대판 2020.7.23, 2020두36007).

**(6) 환경의 훼손이나 오염을 발생시킬 우려가 있다는 것을 처분사유로 하는 가축분뇨 처리방법 변경 불허가처분의 재량권 일탈·남용 여부를 판단하는 방법**

환경의 훼손이나 오염을 발생시킬 우려가 있다는 것을 처분사유로 하는 가축분뇨 처리방법 변경 불허가처분의 재량권 일탈·남용 여부를 심사할 때에는 「가축분뇨의 관리 및 이용에 관한 법률」의 입법 취지와 목적, 자연환경과 환경권의 보호에 관한 각종 규정의 입법 취지, 구체적 지역 상황과 상반되는 이익을 가진 이해관계자들 사이의 권익 균형 등을 종합하여 신중하게 판단하여야 한다(대판 2021.6.30, 2021두35681).

**(7) 재량의 남용 인정사례**

1. 단원에게 지급될 급량비를 바로 지급하지 않고 모아두었다가 지급한 시립 무용단원에 대한 해촉처분(대판 1995.12.22, 95누4636)
2. 준조세 폐해 근절 및 경제난 극복을 이유로 북한어린이를 위한 의약품 지원을 위하여 성금 및 의약품 등을 모금하는 행위 자체를 불허한 것(대판 1999.7.23, 99두3690)
3. 행정청이 정한 면허기준의 해석상 당해 신청이 면허발급의 우선순위에 해당함에도 불구하고 면허거부처분을 한 경우(대판 2002.1.22, 2001두8414)
4. 갑 지방자치단체가 을이 생전에 납입한 개발행위허가 이행보증금을 납부자별로 관리하기 위해 을 명의의 정기예금 계좌에 재예치해 달라고 요청함에 따라 병 은행이 이미 사망한 을 명의의 정기예금 계좌를 개설한 사실에 대하여, 금융위원회가 병 은행에 대하여 담당 직원 정 등이 실명확인의무를 이행하지 않았다는 등의 이유로, 정 등에게 제재조치를 할 것을 요구한 사안(대판 2021.6.10, 2020두55282)

**① 준조세 폐해 근절 및 경제난 극복을 이유로 북한어린이를 위한 의약품 지원을 위하여 성금 및 의약품 등을 모금하는 행위 자체를 불허한 것**

기부금품모집허가의 법적 성질이 강학상의 허가라는 점을 고려하면, 기부금품 모집행위가 법 제4조 제2항의 각 호의 사업에 해당하는 경우에는 특별한 사정이 없는 한 그 모집행위를 허가하여야 하는 것으로 풀이하여야 한다. 피고로서는 북한어린이를 위한 의약품 지원을 위하여 성금 및 의약품 등을 모금하는 원고의 행위가 법 제4조 제2항 제1호의 '국제적으로 행하여지는 구제사업'에 해당하는 이상 그 모집행위를 금지할 만한 다른 특별한 사정이 없는 한 이를 허가하여야 할 것임에도 단순히 '준조세 폐해 근절 및 경제난 극복'이라는 이유를 내세워 이를 불허한 것은 재량권을 일탈하거나 남용한 것으로서 위법하다(대판 1999.7.23, 99두3690).

**② 행정청이 면허발급 여부를 심사하면서 이미 설정된 면허기준의 해석상 당해 신청이 명백하게 면허발급 우선순위에 해당함에도 면허거부처분을 한 경우**

「여객자동차 운수사업법」에 의한 개인택시운송사업면허는 특정인에게 권리나 이익을 부여하는 행정행위로서 법령에 특별한 규정이 없는 한 재량행위이고, 그 면허를 위하여 정하여진 순위 내에서의 운전경력인정방법의 기준설정 역시 행정청의 재량에 속한다 할 것이지만, 행정청이 면허발급 여부를 심사함에 있어서 이미 설정된 면허기준의 해석상 당해 신청이 면허발급의 우선순위에 해당함이 명백함에도 이를 제외시켜 면허거부처분을 하였다면 특별한 사정이 없는 한 그 거부처분은 재량권을 남용한 위법한 처분이 된다(대판 2010.1.28, 2009두19137).

## (8) 재량의 남용 부정사례

1. 사위의 방법으로 면허를 얻은 경우에 한 면허취소처분(대판 1986.8.19, 85누291)
2. 행정구역변경에 따라 장의자동차운수사업자인 원고의 차고지 소재지인 김제시를 원고의 사업구역으로 정하고 장의자동차운수사업자가 없게 된 김제군을 사업구역으로 하여 제3자에게 한 신규면허처분(대판 1992.4.28, 91누10220)
3. 미성년자를 출입시켰다는 이유로 2회나 영업정지에 갈음한 과징금(변형과징금)을 부과 받은 지 1개월 만에 다시 만17세도 되지 아니한 고등학교 1학년 재학생까지 포함된 미성년자들을 연령을 확인하지 않고 출입시킨 행위에 대한 영업허가 취소처분(대판 1993.10.26, 93누5185)
4. 교통사고를 일으킨 후 구호조치 없이 도주한 수사 담당 경찰관에 대한 해임처분(대판 1999.10.8, 99두6101)
5. 대학의 신규 교원 채용에 서류심사위원으로 관여하면서 소지하게 된 인사서류를 학교 운영과 관련한 진정서의 자료로 활용한 사립학교의 교원에 대한 해임처분(대판 2000.10.13, 98두8858)
6. 명예퇴직 합의 후 명예퇴직 예정일 사이에 허위로 병가를 받아 다른 회사에 근무하였음을 사유로 한 징계해임처분(대판 2002.8.23, 2000다60890·60906)
7. 학교법인의 임원이 교비회계자금을 법인회계로 부당 전출하였고, 학교법인이 사실상 행정청의 시정 요구 대부분을 이행하지 아니한 경우에 행한 임원취임승인취소처분[대판(전합) 2007.7.19, 2006두19297]
8. 지방국토관리청장 산하 국도유지관리사무소 소속 청원경찰로서 과적차량단속업무를 담당하던 甲이 건설장비 대여업자에게서 과적단속을 피할 수 있는 이동단속반의 위치정보 등을 알려달라는 청탁을 받고 이를 알려준 대가로 6회에 걸쳐 190만 원의 뇌물을 받았다는 이유로 지방국토관리청장이 파면처분을 한 사안(대판 2011.11.10, 2011두13767)
9. 제주해군기지 국방·군사시설사업의 부지 일부에 관한 절대보전지역변경(축소)결정[대판(전합) 2012.7.5, 2011두19239]
10. 국립서울대학교의 황우석 교수에 대한 파면처분(대판 2014.2.27, 2011두29540)

### ① 군의관에 대한 전역거부처분이 재량권의 일탈·남용에 해당하지 않는다고 본 사례 ★ 20 국회9급

`최신기출` 장교 등 군인의 전역허가 여부는 전역심사위원회 등 관계 기관에서 원칙적으로 자유재량에 의하여 판단할 사항으로서 군의 특수성에 비추어 명백한 법규 위반이 없는 이상 군 당국의 판단을 존중하여야 할 것인데, 원고에 대한 이 사건 전역거부처분에 있어서 군 당국의 법규 위반이 있다고 보여지지 않고, 또한 원고가 주장하는 바와 같은 헌법상 보장된 원고의 직업선택의 자유, 행복추구권, 평등권 등 기본적 인권보호의 필요성을 고려하더라도 원심이 적법하게 인정한 장기복무 의무장교의 확보 필요성 등에 비추어 볼 때 위 처분이 재량의 범위를 일탈하였거나 남용하였다고 할 수도 없으므로 이와 결론을 같이 한 원심판결은 정당하고, 거기에 재량권의 범위에 관한 법리를 오해한 위법이 있다고 할 수 없다(대판 1998.10.13, 98두12253).

### ② 초음파 검사를 통하여 알게 된 태아의 성별을 고지한 의사에 대한 의사면허자격정지처분 ★ 13 국회9급

원고가 초음파 검사 등을 통하여 태아의 성별을 자연스럽게 알게 되었고 태아의 성감별에 대하여 아무런 대가도 받지 않았으며, 위 임부들은 그 당시 임신 7개월 및 9개월로서 낙태 가능성이 거의 없었고 실제로 정상 분만하였으며, 원고가 낙태의 가능성을 염두에 두고 적극적으로 성감별을 하여 임부들에게 태아의 성별을 알려 준 것은 아니라 하더라도, 이러한 사정이 태아의 성별고지행위 자체의 위법성 및 사회적 위험성과 낙태로 이어질 생명경시사상을 예방하고자 하는 위 입법취지에 입각한 공익성에 우선하는 비교가치를 가진다고 할 수 없을 뿐더러, 피고의 처분이 재량권 일탈이라고 할 경우 태아의 성감별행위자에 대한 제재수단이 무력해지는 결과를 초래할 가능성이 있고, 또한 원고가 이 사건 태아 성감별행위로 처음 적발되었고, 그 적발 이후 상당 기간 동안 병원을 자진 폐업하며 근신의 시간을 보낸 점을 감안하더라도, 피고가 이 사건 규칙상 가장 가벼운 의사면허자격정지 7월의 처분을 한 것이 원고에게 지나치게 가혹하여 재량권의 범위를 벗어난 것으로 위법하다고 볼 수는 없다(대판 2002.10.25, 2002두482).

③ 문화재청장이, 국가지정문화재의 보호구역에 인접한 나대지에 건물을 신축하기 위한 국가지정문화재 현상변경 신청을 허가하지 않은 경우 ★ 13 국회9급, 11 국회8급

> 문화재청장이, 국가지정문화재의 보호구역에 인접한 나대지에 건물을 신축하기 위한 국가지정문화재 현상변경 신청을 허가하지 않은 경우, 상당한 규모의 건물이 나대지에 들어서는 경우 보호구역을 포함한 국가지정문화재의 경관을 저해할 가능성이 상당히 클 뿐만 아니라, 위 국가지정문화재 현상변경신청 불허가처분이 취소되는 경우 향후 주변의 나대지에 대한 현상변경허가를 거부하기 어려워질 것으로 예상되는 점 등에 비추어, 위 국가지정문화재 현상 변경신청에 대한 불허가처분이 재량권을 일탈·남용한 위법한 처분이라고 단정하기 어렵다(대판 2006.5.12, 2004 두9920).

④ 제주해군기지 국방·군사시설사업의 부지 일부에 관한 절대보전지역변경(축소)결정은 위법하지 않다

`전합판례`
> 절대보전지역의 지정 및 변경이 도지사의 재량행위에 해당한다는 것을 전제로 하여, 이 사건 절대보전지역변경 (축소)결정은 절대보전지역 중 이 사건 사업부지에 속한 105,295㎡를 해제하여 절대보전지역의 범위를 축소하는 것이어서 주민의견 청취절차가 필요 없고, 도지사가 관계법령의 범위 내에서 도의회의 동의를 얻어 정책상의 전문적·기술적 판단을 기초로 재량권의 범위 내에서 행한 것이어서 적법하다는 원심의 판단을 정당하다고 본 사안[대판(전합) 2012.7.5, 2011두19239].

⑤ 황우석 교수에 대한 파면처분은 징계재량권을 일탈·남용하여 위법하다고 할 수 없다

> 국립대학교에서 학생지도와 연구를 수행하는 교수이자 과학자인 원고에게는 직무의 성질상 강한 성실성과 진실성, 도덕성, 윤리성이 요구되고, 더욱이 인간 난자를 이용한 체세포 핵이식에 의한 인간 배아줄기세포주의 수립이라는 연구 분야는 생명윤리 및 안전을 확보하기 위하여 연구 절차를 엄격히 통제하고 논문작성 과정에서 과학적 진실성을 추구할 필요성이 더욱 크다. 그리고 과학논문에 대하여는 그 데이터의 진실성을 외부에서 검증하기가 쉽지 않아 다른 과학자들은 논문에 기재된 데이터 등이 사실인 것을 전제로 후속 연구를 진행하는데 그 데이터 자체가 조작된 경우 후속 연구가 무산되는 등 과학계 전체가 큰 피해를 입으므로, 과학자가 실험 데이터를 조작하여 허위내용의 논문을 작성·발표한 행위에 대하여는 엄중한 책임을 묻지 않을 수 없다. … 원고에게 엄한 징계를 하지 않을 경우 연구기강을 확립하고 과학연구자 전체 및 서울대학교에 대한 국민적 신뢰를 회복하기 어려운 점 등에 비추어 볼 때 이 사건 처분의 징계 내용이 객관적으로 명백히 부당한 것으로서 사회통념상 현저하게 타당성을 잃어 징계권자에게 맡긴 재량권을 일탈하였거나 남용한 것이라고 볼 수 없다. 황우석에 대한 파면처분이 징계재량권을 일탈·남용한 것이라고 볼 수 없다고 하여, 이와 달리 보아 파면처분을 취소한 원심판결을 파기환송한 사안임(대판 2014.2.27, 2011두29540)

## 2. 재량의 흠결·해태·불행사

(1) 처분의 근거 법령이 행정청에 처분의 요건과 효과 판단에 일정한 재량을 부여하였는데도, 행정청이 처분으로 달성하려는 공익과 처분상대방이 입게 되는 불이익을 전혀 비교형량 하지 않은 채 처분을 한 경우, 재량권 일 탈·남용으로 해당 처분을 취소해야 할 위법사유가 된다

`최신판례`
> 처분의 근거 법령이 행정청에 처분의 요건과 효과 판단에 일정한 재량을 부여하였는데도, 행정청이 자신에게 재량권이 없다고 오인한 나머지 처분으로 달성하려는 공익과 그로써 처분상대방이 입게 되는 불이익의 내용과 정도를 전혀 비교형량 하지 않은 채 처분을 하였다면, 이는 재량권 불행사로서 그 자체로 재량권 일탈·남용으로 해당 처분을 취소하여야 할 위법사유가 된다(대판 2019.7.11, 2017두38874).

**(2)** 「부동산 실권리자명의 등기에 관한 법률 시행령」 제3조의2 단서의 과징금 임의적 감경사유가 있음에도 이를 전혀 고려하지 않거나 감경사유에 해당하지 않는다고 오인하여 과징금을 감경하지 않은 경우, 그 과징금 부과 처분은 재량권을 일탈·남용한 위법한 것이다 ★ 17 지방7급, 14 지방7급

> 실권리자명의 등기의무를 위반한 명의신탁자에 대하여 부과하는 과징금의 감경에 관한 「부동산 실권리자명의 등기에 관한 법률 시행령」 제3조의2 단서는 임의적 감경규정임이 명백하므로, 그 감경사유가 존재하더라도 과징 금 부과관청이 감경사유까지 고려하고도 과징금을 감경하지 않은 채 과징금 전액을 부과하는 처분을 한 경우에 는 이를 위법하다고 단정할 수는 없으나, 위 감경사유가 있음에도 이를 전혀 고려하지 않았거나 감경사유에 해당 하지 않는다고 오인한 나머지 과징금을 감경하지 않았다면 그 과징금 부과처분은 재량권을 일탈·남용한 위법한 처분이라고 할 수밖에 없다(대판 2010.7.15, 2010두7031).

**(3)**

> 행정청이 건설산업기본법 및 구 「건설산업기본법 시행령」의 규정에 따라 건설업자에 대하여 영업정지 처분을 할 때 건설업자에게 영업정지 기간의 감경에 관한 참작 사유가 있음에도 이를 전혀 고려하지 않거나 감경 사유에 해당하지 않는다고 오인하여 영업정지 기간을 감경하지 아니한 경우, 영업정지 처분은 위법하다(대판 2016.8.29, 2014두45956).

**(4)**

> 구 「건설산업기본법 시행령」 제80조 제1항 [별표 6]은 제2항의 감경 기준인 '위반행위의 동기·내용 및 횟수'를 구체화하여 이에 해당하는 개별적인 감경 사유를 규정한 것이고, 행정청이 '위반행위의 동기·내용 및 횟수'에 관한 참작 사유에 대하여 위 [별표 6]에 따른 감경만을 검토하여 영업정지의 기간을 정한 경우, 그 처분은 '감경 사유가 있음에도 이를 전혀 고려하지 않거나 감경 사유에 해당하지 않는다고 오인한 경우'로서 재량권을 일탈· 남용한 경우에 해당하지 않는다(대판 2016.8.29, 2014두45956).

**(5)** 병무청장이 법무부장관에게 '가수 甲(스티브유)이 공연을 위하여 국외여행허가를 받고 출국한 후 미국 시민권을 취득함으로써 사실상 병역의무를 면탈하였다.'는 이유로 입국 금지를 요청함에 따라 법무부장관이 甲의 입국금 지결정을 하였는데, 甲이 재외공관의 장(주로스엔젤레스총영사관 총영사)에게 재외동포(F-4) 체류자격의 사증발급 을 신청하자 재외공관장이 처분이유를 기재한 사증발급 거부처분서를 작성해 주지 않은 채 甲의 아버지에게 전화로 사증발급이 불허되었다고 통보한 사안에서, 사증발급 거부처분에는 행정절차법 제24조 제1항을 위반한 하자가 있고, 재외공관장이 13년 7개월 전에 입국금지결정이 있었다는 이유만으로 그에 구속되어 사증발급 거부처분을 한 것이 비례의 원칙에 반하는 것인지 판단했어야 함에도, 입국금지결정에 따라 사증발급 거부처분 을 한 것이 적법하다고 본 원심판단에 법리를 오해한 잘못이 있다고 한 사례

> 최신판례 甲의 재외동포(F-4) 체류자격 사증발급 신청에 대하여 재외공관장이 6일 만에 한 사증발급 거부처분이 문서에 의한 처분 방식의 예외로 행정절차법 제24조 제1항 단서에서 정한 '신속히 처리할 필요가 있거나 사안이 경미한 경우'에 해당한다고 볼 수도 없으므로 사증발급 거부처분에는 행정절차법 제24조 제1항을 위반한 하자가 있음에 도, 외국인의 사증발급 신청에 대한 거부처분이 성질상 행정절차를 거치기 곤란하거나 불필요하다고 인정되는 처분에 해당하여 행정절차법의 적용이 배제된다고 판단하고, 재외공관장이 자신에게 주어진 재량권을 전혀 행사 하지 않고 오로지 13년 7개월 전에 입국금지결정이 있었다는 이유만으로 그에 구속되어 사증발급 거부처분을 한 것이 비례의 원칙에 반하는 것인지 판단했어야 함에도, 입국금지결정에 따라 사증발급 거부처분을 한 것이 적법하다고 본 원심판단에 법리를 오해한 잘못이 있다고 한 사례(대판 2019.7.11, 2017두38874).

**(6)**

구 국민건강보험법 제52조 제1항이 정한 부당이득징수는 재량행위이고, 의료기관의 개설명의인을 상대로 요양급여비용을 징수할 때 고려할 사항 및 사정을 고려하지 않고 의료기관의 개설명의인을 상대로 요양급여비용 전액을 징수하는 경우, 재량권을 일탈·남용한 때에 해당한다(대판 2020.6.4, 2015두39996).

**(7)**

한정면허의 기준을 충족하였는지 여부를 심사한 시·도지사의 의사는 가능한 존중되어야 하고, 한정면허의 갱신 여부를 심사하는 과정에서 고려할 사항 및 시·도지사가 한정면허의 갱신 여부를 심사할 때 한정면허 갱신 신청자가 거부처분으로 입게 되는 불이익의 내용과 정도 등을 전혀 비교형량하지 않았거나 비교형량의 고려대상에 포함해야 할 사항을 누락한 경우 또는 비교형량을 하였으나 정당성·객관성이 결여된 경우, 한정면허의 갱신에 관한 거부처분은 위법하다(대판 2020.6.11, 2020두34384).

### (8) 처분상대방에게 법령에서 정한 임의적 감경사유가 있는데도, 행정청이 감경사유를 전혀 고려하지 않았거나 감경사유에 해당하지 않는다고 오인하여 개별처분기준에서 정한 상한으로 처분을 한 경우, 재량권을 일탈·남용한 것이다 ★ 15 국회8급

행정청이 제재처분 양정을 하면서 공익과 사익의 형량을 전혀 하지 않았거나 이익형량의 고려대상에 마땅히 포함하여야 할 사항을 누락한 경우 또는 이익형량을 하였으나 정당성·객관성이 결여된 경우에는 제재처분은 재량권을 일탈·남용한 것이라고 보아야 한다. 처분상대방에게 법령에서 정한 임의적 감경사유가 있는 경우에, 행정청이 감경사유까지 고려하고도 감경하지 않은 채 개별처분기준에서 정한 상한으로 처분을 한 경우에는 재량권을 일탈·남용하였다고 단정할 수는 없으나, 행정청이 감경사유를 전혀 고려하지 않았거나 감경사유에 해당하지 않는다고 오인하여 개별처분기준에서 정한 상한으로 처분을 한 경우에는 마땅히 고려대상에 포함하여야 할 사항을 누락하였거나 고려대상에 관한 사실을 오인한 경우에 해당하여 재량권을 일탈·남용한 것이라고 보아야 한다(대판 2020.6.25, 2019두52980).

제재처분에 대한 임의적 감경규정이 있는 경우 감경 여부는 행정청의 재량에 속하므로 존재하는 감경사유를 고려하지 않았거나 일부 누락시켰다 하더라도 이를 위법하다고 할 수 없다. (x) ■ 15 국회8급

**(9)**

의료기관의 개설명의자나 비의료인 개설자를 상대로 요양급여비용을 징수할 때 고려할 사항 및 이러한 사정을 고려하지 않고 의료기관의 개설명의자나 비의료인 개설자를 상대로 요양급여비용 전액을 징수하는 경우, 재량권을 일탈·남용한 것이다(대판 2020.7.9, 2018두44838).

## 3. 새로운 분류

### (1) 재량권의 일탈·남용 여부에 대한 심사 ★ 20 국가7급, 14 국회8급

> 재량권의 일탈·남용 여부에 대한 심사는 사실오인, 비례·평등의 원칙위배, 당해 행위의 목적위반이나 동기의 부정 유무 등을 그 판단대상으로 한다(대판 2001.2.9, 98두17593).

사실의 존부에 대한 판단에도 재량권이 인정될 수 있으므로, 사실을 오인하여 재량권을 행사한 경우라도 처분이 위법한 것은 아니다. (x) ■ 20 국가7급

### (2) 형량하자

> 행정행위를 함에 있어 이익형량을 전혀 하지 아니하거나 이익형량의 고려대상에 마땅히 포함시켜야 할 사항을 누락한 경우 또는 이익형량을 하였으나 정당성·객관성이 결여된 경우에는 그 행정행위는 재량권을 일탈·남용한 위법한 처분이라고 할 수밖에 없다(대판 2005.9.15, 2005두3257).

### (3) 사실오인

> 원고는 육지로부터 7시간 이상 걸리는 거리에 떨어진 낙도근무자로서 1967.7.21. 학교회의에 참석하기 위하여 임지에서 군산으로 항해 도중 풍랑을 만나 현기증, 전신쇠약 등 병세와 뇌신경쇠약 등의 병발로 1968.1.23.까지 입원 또는 병원치료하였고 이로 인하여 수로여행이 불가능하여 임지에 들어가지 못하고 관할교육청에 대하여 위와 같은 사정을 고하고 육지근무를 청원하였다 한다. 이와 같은 사정이라면 구 교육공무원법 제56조 제2호(직무상의 의무에 위반하거나, 직무를 태만히 한 때)에 해당하는 징계사유가 있다고 할 수 없다(대판 1969.7.22, 69누38).

### (4) 목적위반·동기의 부정

> 서울대학교 대학원 학위수여규정 제19조 소정 2종의 외국어고사에 합격되고 당시 시행 중이던 교육법 시행령 제137조와 위 대학원 학위수여규정 제14조에 의한 학위논문심사에 통과한 자에 대하여 정당한 이유 없이 학위수여를 부결한 행정처분은 위 「교육법 시행령」의 규정과 위 대학원 학위수여규정의 각 규정에 위배한 것으로 재량권의 한계를 벗어난 위법한 것이다(대판 1976.6.8, 75누63).

# V. 재량행위에 대한 사법통제

## 법령의 집행행위가 재량행위인 경우 직접성요건의 충족 여부 ★ 12 사회복지

> 법령에 근거한 구체적인 집행행위가 재량행위인 경우에는 법령은 집행관청에게 기본권침해의 가능성만을 부여할 뿐 법령 스스로가 기본권의 침해행위를 규정하고 행정청이 이에 따르도록 구속하는 것이 아니고, 이 때의 기본권의 침해는 집행기관의 의사에 따른 집행행위, 즉 재량권의 행사에 의하여 비로소 이루어지고 현실화되므로 이러한 경우에는 법령에 의한 기본권침해의 직접성이 인정될 여지가 없다(헌재결 1998.4.30, 97헌마141).

# 제4항 불확정개념과 판단여지

## I. 판단여지와 재량행위의 관계(구별부정설)

### 1. 판례는 재량과 판단여지를 구별하지 않고 판단여지가 인정될 수 있는 경우도 재량으로 보고 있기 때문에 구별부정설을 취하고 있다. ★ 10 국회9급

1. 공무원임용시험령 제12조 제4항이 규정한 3급을류 공개경쟁채용시험에 있어서 제3차 시험인 면접시험 또는 실기시험에 의한 전문지식의 유무 내지 적격성의 적부판단은 오로지 시험위원의 자유재량에 속하는 것이다(대판 1972.11.28, 72누164).
2. 의사국가시험문제의 출제 및 답안판정과 그에 따라 취하여진 불합격처분은 자유재량행위이다(대판 1986.9.9, 85누990).
3. 교과서검정은 재량행위이다(대판 1992.4.24, 91누6634).
4. 3차에 걸친 채점결과의 평균을 과목별 점수로 함에 있어 불가피하게 발생하는 소수점 이하의 점수를 어느 자리부터 절사하는가 하는 문제는 행정청의 재량에 속한다(대판 1994.12.23, 94누5922).
5. 감정평가사시험의 합격기준 선택은 행정청의 자유재량에 속한다(대판 1996.9.20, 96누6882).
6. 대학원입학시험에서 입학지원자의 선발시험에 있어서 합격·불합격 판정 또는 입학자격, 선발방법 등은 해당 교육기관이 관계법령이나 학칙 등의 범위 내에서 교육목적을 달성하기 위하여 필요한 인격, 자질, 학력, 지식 등을 종합 고려하여 자유로이 정할 수 있는 재량행위이다(대판 1997.7.22, 97다3200).
7. 한약조제시험 실시기관인 국립보건원장의 평가방법 및 채점기준 설정행위의 성질은 재량행위이다(대판 1998.7.10, 97누13771).
8. 공인중개사시험 출제업무는 재량행위이다(대판 2006.12.22, 2006두12883).
9. 교수임용은 재량행위이다(대판 2006.9.28, 2004두7818).
10. 논술형시험인 사법시험 제2차시험의 채점위원이 하는 채점행위의 법적 성질은 재량행위이다(대판 2007.1.11. 2004두10432).
11. 대학수학능력시험과 각 대학별 입학전형에 있어서 출제 및 배점, 채점이나 면접의 방식, 점수의 구체적인 산정방법 및 기준, 합격자의 선정 등은 시험시행자 또는 전형절차 주관자의 재량사항이다(대판 2007.12.13, 2005다66770).
12. 공무원 임용을 위한 면접전형에서 임용신청자의 능력이나 적격성 등에 관한 판단은 면접위원의 자유재량에 속한다(대판 2008.12.24, 2008두8970).

### (1) 공무원임용을 위한 면접전형에서 임용신청자의 능력이나 적격성 등에 관한 판단은 면접위원의 자유재량에 속한다 ★ 13 지방7급

> 공무원임용을 위한 면접전형에서 임용신청자의 능력이나 적격성 등에 관한 판단은 면접위원의 고도의 교양과 학식, 경험에 기초한 자율적 판단에 의존하는 것으로서 오로지 면접위원의 자유재량에 속하고, 그와 같은 판단이 현저하게 재량권을 일탈·남용하지 않은 한 이를 위법하다고 할 수 없다(대판 2008.12.24, 2008두8970).

### (2) 논술형시험인 사법시험 제2차 시험의 채점위원이 하는 채점행위는 재량행위이다

> 논술형 시험에 대한 채점행위는 객관식 시험과 같은 일의적인 정답을 그 기준으로 하기보다는 덕망과 책임감 높은 평가자가 스스로 보유하고 있는 고도의 전문적 식견과 학식 등에 근거한 평가에 전적으로 의존할 것이 예정되어 있음을 그 본질적인 속성으로 하고 있는 사무이므로, 논술형으로 치르는 이 사건 시험에 있어 채점위원은 사법시험의 목적과 내용 등을 고려하여 법령이 정하는 범위 내에서 전문적인 지식에 근거하여 그 독자적 판단과 재량에 따라 답안을 채점할 수 있는 것이다(대판 2007.1.11, 2004두10432).

**(3) 지방공무원특별임용시험 면접에 면접위원도 아닌 시장이 참여하여 응시자격요건과 무관한 질문을 하여 면접 결과에 영향을 미친 경우 지방공무원임용령 제45조 제3항에서 규제하는 시험의 신뢰도에 대한 침해행위로서 위법하다**

> 정식 면접위원도 아닌 안양시장이 이 사건 면접에 참여하여 행한 행위는 그 절차상 단순한 참관의 정도를 벗어나 사실상 면접에 직접 관여한 것으로 평가할 수 있을 뿐만 아니라, 참여 면접위원들의 구성 및 신분과 숫자, 이 사건 면접시험의 방식과 효력 등에 비추어 응시자격으로 정한 거주지제한 요건과는 무관한 사항에 관하여 면접위원 다수에게 특정 부류의 응시생들에 대한 예단 내지 편견을 조장하여 면접 결과에 영향을 미쳤다고 볼 소지가 있다 할 것이고, 이러한 행위는 이 사건 시험의 근거법령인 지방공무원임용령 제45조 제3항에서 규제하는 시험의 신뢰도에 대한 침해행위로서 위법하다고 보아야 할 것이다(대판 2008.12.24, 2008두8970).

# II. 판단여지가 인정되는 영역(소재)

## 1. 비대체적인 결정

1. 공무원임용시험령 제12조 제4항이 규정한 3급 을류 공개경쟁채용시험에 있어서 제3차시험인 면접시험 또는 실기시험에 의한 전문지식의 유무 내지 적격성의 적부판단은 오로지 시험위원의 자유재량에 속하는 것이다(대판 1972.11.28, 72누164).
2. 지원자가 모집정원에 미달한 경우에도 입학사정 기준에 미달하는 자의 입학을 거부할 수 있다(대판 1982.7.27, 81누398).
3. 의사국가시험문제의 출제 및 답안판정과 그에 따라 취하여진 불합격처분은 자유재량행위이다(대판 1986.9.9, 85누990).
4. 3차에 걸친 채점결과의 평균을 과목별 점수로 함에 있어 불가피하게 발생하는 소수점 이하의 점수를 어느 자리부터 절사하는가 하는 문제는 행정청의 재량에 속한다(대판 1994.12.23, 94누5922).
5. 감정평가사시험의 합격기준 선택은 행정청의 자유재량에 속한다(대판 1996.9.20, 96누6882).
6. 대학원입학시험에서 입학지원자의 선발시험에 있어서 합격·불합격 판정 또는 입학 자격, 선발 방법 등은 해당 교육기관이 관계 법령이나 학칙 등의 범위 내에서 교육목적을 달성하기 위하여 필요한 인격, 자질, 학력, 지식 등을 종합 고려하여 자유로이 정할 수 있는 재량행위이다(대판 1997.7.22, 97다3200).
7. 한약조제시험 실시기관인 국립보건원장의 평가방법 및 채점기준 설정행위의 성질은 재량행위이다(대판 1998.7.10, 97누13771).
8. 국립보건원장이 한약조제시험 평가 요건과 방법을 결정하여 응시자들에게 고지한 경우, 특정한 응시자에 대하여 미리 정한 것과 다른 요건이나 방법으로 평가할 수 없다(대판 1998.7.24, 97누17339).
9. 사법시험 출제행위
   행정행위로서의 사법시험 객관식 시험출제업무에 있어서 문제 출제행위는 재량행위이다(대판 2001.4.10, 99다33960).

### (1) 행정행위로서의 시험출제업무에 있어서 문제 출제행위는 재량행위이다

> 행정행위로서의 시험의 출제업무에 있어서, 출제 담당위원은 법령규정의 허용범위 내에서 어떠한 내용의 문제를 출제할 것인가, 그 문제의 문항과 답항을 어떤 용어나 문장형식을 써서 구성할 것인가를 자유롭게 정할 수 있다는 의미에서 재량권을 가진다고 할 것이며, 반면에 그 재량권에는 그 시험의 목적에 맞추어 수험생들의 능력을 평가할 수 있도록 출제의 내용과 구성에서 적정하게 행사되어야 할 한계가 내재되는 바이어서 그 재량권의 행사가 그 한계를 넘을 때에는 그 출제행위는 위법하게 될 것이다(대판 2001.4.10, 99다33960).

**(2) 사법시험 객관식문제 출제행위가 재량권을 일탈하거나 남용한 것으로 인정되기 위한 요건**

> 사법시험 객관식문제의 출제에 있어서, 법령규정이나 확립된 해석에 어긋나는 법리를 진정한 것으로 전제하여 출제한 법리상의 오류가 재량권의 남용 또는 일탈로서 위법한 것임은 당연하며, 법리상의 오류를 범하지는 아니하였더라도 그의 문항이나 답항의 문장구성이나 표현용어 선택이 지나칠 정도로 잘못되어 결과적으로 사법시험의 평균수준의 수험생으로 하여금 정당한 답안을 선택할 수 없게 만든 때에도 재량권의 남용 또는 일탈이라고 할 것이지만, 법리상의 오류는 없고 문항이나 답항의 일부 용어표현이 미흡하거나 부정확한 편으로서 객관식 답안작성 요령이나 전체의 문항과 답항의 종합·분석을 통하여 진정한 출제의도 파악과 정답선택에 있어 사법시험의 평균수준의 수험생으로서는 장애를 받지 않을 정도에 그친 때에는, 특별한 사정이 없는 한 그러한 잘못을 들어 재량권의 남용 또는 일탈이라고 하기는 어려울 것이므로, 사법시험 출제행위에서 재량권을 벗어났다거나 재량권이 남용되었다고 할 수 있으려면 출제와 답안작성 관련규정의 규제내용, 출제과목의 성격, 출제의 동기, 다툼이 된 문항과 답항의 내용과 표현 및 구성, 응시자의 이해능력의 수준 등 전체 법질서의 관점에서 관련되는 모든 사정에 관한 구체적이고도 종합적인 검토가 선행되어야 할 것이다(대판 2001.4.10, 99다33960).

**(3) 사법시험 객관식문제에 대한 답안선택 기준**

> 여러 가지 사회현상에 대한 법령의 적용이 적절한 것인지의 여부를 묻는 사법시험 객관식 시험문제의 특성상 출제의도와 답항선택의 지시사항은 시험문제 자체에서 객관적으로 파악·평가되어야 하므로 특별한 사정도 없이 문언의 한계를 벗어나 임의로 출제자의 숨겨진 주관적 출제의도를 짐작하여 판단할 수 없으나, 그것은 문항에 의하여 명시적으로만 결정되는 것이 아니라 문항과 답항에 대한 종합적 분석을 통하여 명시적·묵시적으로 진정한 출제의도와 답항선택에 관한 지시사항이 결정되는 것이라고 보아야 할 것이므로, 수험생으로서는 위와 같은 명시적·묵시적 지시사항에 따라 문항과 답항의 내용을 상호 비교·검토하여 가장 적합한 하나만을 정답으로 골라야 하는 것이다(대판 2002.10.22, 2001두236).

## 2. 구속적인 가치평가

**(1) 중고등학교 교과서 검정에 있어서 문교부장관은 내용의 교육적합 여부까지 심사할 수 있다** ★ 12 순경특채

> 문교부장관(현 교육부장관)이 시행하는 검정은 그 책을 교과용 도서로 쓰게 할 것인가 아닌가를 정하는 것일 뿐 그 책을 출판하는 것을 막는 것은 아니나 현행 교육제도하에서의 중·고등학교 교과용 도서를 검정함에 있어서 심사는 원칙적으로 오기, 오식, 기타 객관적으로 명백한 잘못, 제본 기타 기술적 사항에만 그쳐야 하는 것은 아니고, 그 저술한 내용이 교육에 적합한 여부까지를 심사할 수 있다고 하여야 한다(대판 1988.11.8, 86누618).

**(2) 교과서 부적합판정처분에 대한 법원의 심사는 제한된다**

> 법원이 위 검정에 관한 처분의 위법 여부를 심사함에 있어서는 문교부장관(현 교육부장관)과 동일한 입장에 서서 어떠한 처분을 하여야 할 것인가를 판단하고 그것과 동 처분과를 비교하여 당부를 논하는 것은 불가하고, 문교부장관이 관계 법령과 심사기준에 따라서 처분을 한 것이라면 그 처분은 유효한 것이고, 그 처분이 현저히 부당하다거나 또는 재량권의 남용에 해당된다고 볼 수밖에 없는 특별한 사정이 있는 때가 아니면 동 처분을 취소할 수 없다(대판 1988.11.8, 86누618).

**(3) 교과서검정은 재량행위이다** ★ 10 서울교행, 10 지방9급

> 교과서검정이 고도의 학술상, 교육상의 전문적인 판단을 요한다는 특성에 비추어 보면, 교과용 도서를 검정함에 있어서 법령과 심사기준에 따라서 심사위원회의 심사를 거치고, 또 검정상 판단이 사실적 기초가 없다거나 사회통념상 현저히 부당하다는 등 현저히 재량권의 범위를 일탈한 것이 아닌 이상 그 검정을 위법하다고 할 수 없다(대판 1992.4.24, 91누6634).

### (4) 중학교 2종 교과서검정처분취소

> 2종 교용용 도서에 대하여 검정신청을 하였다가 불합격결정처분을 받은 뒤 그 처분이 위법하다 하여 이의 취소를 구하면서 위 처분 당시 시행 중이던 구 「교과용도서에 관한 규정」 제19조에 "2종 도서의 합격종수는 교과목당 5종류 이내로 한다."라고 규정되어 있음을 들어 위 처분과 같은 때에 행하여진 수학, 음악, 미술, 한문, 영어과목의 교용용 도서에 대한 합격결정처분의 취소를 구하고 있으나 원고들은 각 한문, 영어, 음악 과목에 관한 교과용 도서에 대하여 검정신청을 하였던 자들이므로 자신들이 검정신청한 교과서의 과목과 전혀 관계가 없는 수학, 미술과목의 교용용 도서에 대한 합격결정처분에 대하여는 그 취소를 구할 법률상의 이익이 없다 할 것이다(대판 1992. 4.24, 91누6634).

### (5) 구 「교과용도서에 관한 규정」 제26조 제1항의 의미 및 검정도서에 대한 수정명령의 대상이나 범위

> 구 「교과용도서에 관한 규정」 제26조 제1항은 "교육과학기술부장관은 교육과정의 부분개정이나 그 밖의 사유로 인하여 개편의 범위에 이르지 아니할 정도로 검정도서의 문구·문장·통계·삽화 등을 교정·증감·변경하는 등 그 내용을 수정할 필요가 있다고 인정할 때 검정도서의 수정을 명할 수 있다."는 의미이고, 이러한 수정명령의 대상이나 범위에는 문구·문장 등의 기재내용 자체 또는 전후 문맥에 비추어 명백한 표현상의 잘못이나 제본 등 기술적 사항뿐만 아니라 객관적 오류 등을 바로잡는 것도 포함된다(대판 2013.2.15, 2011두21485).

### (6) 유적발굴허가 ★ 14 지방7급

> 구 문화재보호법 제44조 제1항 단서 제3호의 규정에 의하여 문화체육부장관(현 문화체육관광부장관) 또는 그 권한을 위임받은 문화재관리국장 등이 건설공사를 계속하기 위한 발굴허가신청에 대하여 그 공사를 계속하기 위하여 부득이 발굴할 필요가 있는지의 여부를 결정하여 발굴을 허가하거나 이를 허가하지 아니함으로써 원형 그대로 매장되어 있는 상태를 유지하는 조치는 허가권자의 재량행위에 속하는 것이므로, 행정청은 발굴허가가 신청된 고분 등의 역사적 의의와 현상, 주변의 문화적 상황 등을 고려하여 역사적으로 보존되어 온 매장문화재의 현상이 파괴되어 다시는 회복할 수 없게 되거나 관련된 역사문화자료가 멸실되는 것을 방지하고 그 원형을 보존하기 위한 공익상의 필요에 기하여 그로 인한 개인의 재산권 침해 등 불이익이 훨씬 크다고 여겨지는 경우가 아닌 한 발굴을 허가하지 아니할 수 있다 할 것이고, 행정청이 매장문화재의 원형보존이라는 목표를 추구하기 위하여 문화재보호법 등 관계법령이 정하는 바에 따라 내린 전문적·기술적 판단은 특별히 다른 사정이 없는 한 이를 최대한 존중하여야 한다(대판 2000.10.27, 99두264).

### (7) 행정청이 의료법 등 관계 법령이 정하는 바에 따라 신의료기술의 안전성·유효성 평가나 신의료기술의 시술로 국민보건에 중대한 위해가 발생하거나 발생할 우려가 있는지에 대하여 한 전문적인 판단은 원칙적으로 존중되어야 하고 행정청이 전문적인 판단에 기초하여 재량권의 행사로 한 처분은 원칙적으로 적법하다 ★ 21 국회8급

> **최신기출** 신의료기술의 안전성·유효성 평가나 신의료기술의 시술로 국민보건에 중대한 위해가 발생하거나 발생할 우려가 있는지에 관한 판단은 고도의 의료·보건상의 전문성을 요하므로, 행정청이 국민의 건강을 보호하고 증진하려는 목적에서 의료법 등 관계 법령이 정하는 바에 따라 이에 대하여 전문적인 판단을 하였다면, 판단의 기초가 된 사실인정에 중대한 오류가 있거나 판단이 객관적으로 불합리하거나 부당하다는 등의 특별한 사정이 없는 한 존중되어야 한다. 또한 행정청이 전문적인 판단에 기초하여 재량권의 행사로서 한 처분은 비례의 원칙을 위반하거나 사회통념상 현저하게 타당성을 잃는 등 재량권을 일탈하거나 남용한 것이 아닌 이상 위법하다고 볼 수 없다(대판 2016.1.28, 2013두21120).

# 제5항 다단계 행정결정

## I. 다단계 행정결정의 취지(대규모 장기사업의 시간·비용절감)

### 1. 예비결정 ★ 18·15 국가7급

> 폐기물처리업의 허가에 앞서 사업계획서에 대한 적정·부적정통보제도를 두고 있는 것은 폐기물처리업을 하고자 하는 자가 스스로 시설 등을 설치하여 허가신청을 하였다가 허가단계에서 그 사업계획이 부적정하다고 판명되어 불허가되면 허가신청인이 막대한 경제적·시간적 손실을 입게 되므로, 이를 방지하는 동시에 허가관청으로 하여금 미리 사업계획서를 심사하여 그 적정·부적정통보처분을 하도록 하고, 나중에 허가단계에서는 나머지 허가요건만을 심사하여 신속하게 허가업무를 처리하는 데 그 취지가 있다(대판 1998.4.28, 97누21086).

### 2. 부분허가

> 원자로 및 관계시설의 건설에는 장기간의 준비·공사가 필요하기 때문에 필요한 모든 준비를 갖추어 건설허가신청을 하였다가 부지의 부적법성을 이유로 불허가될 경우 그 불이익이 매우 크고 또한 원자로 및 관계시설 건설의 이와 같은 특성상 미리 사전공사를 할 필요가 있을 수도 있어 건설허가 전에 미리 그 부지의 적법성 및 사전공사의 허용 여부에 대한 승인을 받을 수 있게 함으로써 그의 경제적·시간적 부담을 덜어 주고 유효·적절한 건설공사를 행할 수 있도록 배려하려는 데 그 취지가 있다(대판 1998.9.4, 97누19588).

## II. 예비결정(예비허가, 사전결정)의 성질(행정행위)

대법원은 ① 폐기물관리법상의 폐기물사업허가 전의 사업계획에 대한 적정·부적정통보(대판 1998.5.8, 98두4061), ② 구 주택건설촉진법 제33조 제1항의 규정에 의한 주택건설사업계획의 사전결정(대판 1999.5.25, 99두1052), ③ 구 건축법상 사전결정(대판 1996.3.12, 95누658)에 대해 처분성을 인정하고 있다.

### 1. 폐기물처리사업계획서 적정·부적정통보는 행정처분에 해당한다

★ 19 서울7급, 17 국가9급, 15 국가7급, 14 행정사, 10 지방9급

최신기출

> 폐기물관리법 관계법령의 규정에 의하면 폐기물처리업의 허가를 받기 위하여는 먼저 사업계획서를 제출하여 허가권자로부터 사업계획에 대한 적정통보를 받아야 하고, 그 적정통보를 받은 자만이 일정기간 내에 시설, 장비, 기술능력, 자본금을 갖추어 허가신청을 할 수 있으므로, 결국 부적정통보는 허가신청 자체를 제한하는 등 개인의 권리 내지 법률상의 이익을 개별적이고 구체적으로 규제하고 있어 행정처분에 해당한다(대판 1998.4.28, 97누21086).

## 2. 주택건설사업계획승인은 재량행위이므로 그 사전결정도 재량행위이다 ★ 21 국회8급

주택건설촉진법 제33조 제1항이 정하는 주택건설사업계획의 승인은 이른바 수익적 행정처분으로서 행정청의 재량 행위에 속하고, 따라서 그 전 단계로서 같은법 제32조의4 제1항이 정하는 주택건설사업계획의 사전결정 역시 재량 행위라고 할 것이므로, 사전결정을 받으려고 하는 주택건설사업계획이 관계법령이 정하는 제한에 배치되는 경우 는 물론이고, 그러한 제한사유가 없는 경우에도 공익상 필요가 있으면 처분권자는 그 사전결정 신청에 대하여 불허가결정을 할 수 있다(대판 1998.4.24, 97누1501).

## 3. 건축허가는 기속행위이므로 건축법상 사전결정도 기속행위이다 ★ 14 행정사, 10 지방9급

허부판단의 기준은 건축허가에 있어서의 그것과 가급적 일치되어야 할 것이므로 사전결정을 함에 있어서도 처분 당시 의 건축법 기타 관계법령상의 제한만이 판단의 기준이 된다. 그러므로 사전결정신청에 대한 결정권자는 건축하고자 하는 건축물을 해당 대지에 건축하는 것이 처분 당시의 건축법, 도시계획법 등의 관계법령에서 정하는 제한에 배치되지 아니하는 이상 당연히 건축이 허용된다는 사전결정을 하여야 하고 위 관계법령에서 정하는 제한사유 이외의 사유를 들어 건축을 불허가하는 결정을 할 수는 없다(대판 1996.3.12, 95누658).

## 4.

폐기물처리업 허가와 관련된 사업계획 적정 여부와 그에 관한 기준설정은 행정청의 재량에 속하고, 구체적이고 합리적인 이유의 제시 없이 사업계획의 부적정 통보를 하거나 사업계획서를 반려하는 경우 재량권의 일탈·남용 에 해당하여 위법하다(대판 2004.5.28, 2004두961). ★ 18 국가7급

## 5. 정부 간 항공노선의 개설에 관한 잠정협정 및 비밀양해각서와 건설교통부 내부지침에 의한 항공노선 에 대한 운수권배분처분은 항고소송의 대상이 되는 행정처분에 해당한다 ★ 12 지방9급, 10 순경특채

노선을 배분받은 항공사는 중국 항공당국에 통보됨으로써 이 사건 잠정협정 및 비밀양해각서에 의한 지정항공사 로서의 지위를 취득하고, 중국의 지정항공사와 상무협정을 체결하는 등 노선면허를 취득하기 위한 후속절차를 밟 아 중국 항공당국으로부터 운항허가를 받을 수 있게 되며, 추후 당해 노선상의 합의된 업무를 운영함에 있어 중국의 영역 내에서 무착륙비행, 비 운수목적의 착륙 등 제 권리를 가지게 되는 반면, 노선배분을 받지 못한 항공사는 상대 국 지정항공사와의 상무협정 체결 등 노선면허 취득을 위한 후속절차를 밟을 수 없을 뿐만 아니라 중국 항공당국 으로부터 운항허가를 받을 수도 없는 지위에 놓이게 된다. 위에서 본 법리에 비추어 보면, 이 사건 각 노선에 대한 운수권배분처분은 이 사건 잠정협정 등과 행정규칙인 이 사건 지침에 근거하는 것으로서 상대방에게 권리의 설정 또는 의무의 부담을 명하거나 기타 법적 효과를 발생하게 하는 등으로 원고의 권리의무에 직접 영향을 미치는 행위로서 항고소송의 대상이 되는 행정처분에 해당한다고 할 것이다(대판 2004.11.26, 2003두10251·10268).

## 6. 국제항공노선 운수권배분처분에 관한 행정처분의 법적 성질은 재량행위이다

운수권배분은 각 항공사의 노선 및 운송능력, 노선개척에 기여한 정도, 노선의 시장상황 및 노선배분시의 활용도, 공정경쟁 여건조성 등을 고려한 항공정책적 판단이 필요한 분야로서 이에 관한 행정처분은 항공행정을 통한 공익실현과 아울러 합목적성을 추구하기 위하여 구체적 타당성에 적합한 기준에 의하여야 할 것이므로 그 범위 내에서는 행정청의 재량에 속한다고 할 것이고, 그에 관한 행정청의 판단이 평등 또는 신뢰원칙위배 등에 해당하지 아니하는 이상 재량권의 일탈·남용에 해당한다고 할 수 없다(대판 2004.11.26, 2003두3123).

## 7.

행정청이 건설폐기물 처리 사업계획서의 적합 여부 결정을 위하여 「건설폐기물의 재활용촉진에 관한 법률」 제21조 제2항 제4호에서 정한 '환경기준의 유지를 곤란하게 하는지 여부'를 검토할 때 생활환경과 자연환경에 미치는 영향을 두루 검토하여 적합 여부를 판단할 수 있다(대판 2017.10.31, 2017두46783).

## 8.

행정청이 건설폐기물 처리 사업계획서의 적합 여부 결정을 위하여 「건설폐기물의 재활용촉진에 관한 법률」 제21조 제2항 제4호에서 정한 '환경기준의 유지를 곤란하게 하는지 여부'를 검토할 때 생활환경과 자연환경에 미치는 영향을 두루 검토하여 적합 여부를 판단할 수 있다(대판 2017.10.31, 2017두46783).

## 9. 건설폐기물 처리 사업계획서의 적합 여부 결정에 관하여 행정청에 광범위한 재량권이 인정되는지 여부(적극) 및 이때 재량권 일탈·남용 여부를 심사하는 방법/장래에 발생할 불확실한 상황과 파급효과에 대한 예측이 필요한 요건에 관한 행정청의 재량적 판단은 폭넓게 존중되어야 하는지 여부(원칙적 적극) 및 이는 건설폐기물 처리 사업계획서의 적합 여부 결정에 관한 재량권의 일탈·남용 여부를 심사하여 판단할 때에도 고려하여야 하는지 여부(적극)

행정청의 건설폐기물 처리 사업계획서에 대한 적합 여부 결정은 공익에 관한 판단을 해야 하는 것으로서 행정청에 광범위한 재량권이 인정된다. 적합 여부 결정과 관련한 재량권의 일탈·남용 여부를 심사할 때에는, 해당 지역의 자연환경, 주민들의 생활환경 등 구체적 지역 상황, 상반되는 이익을 가진 이해관계자들 사이의 권익 균형과 환경권의 보호에 관한 각종 규정의 입법 취지 등을 종합하여 신중하게 판단하여야 한다. 따라서 '자연환경·생활환경에 미치는 영향'과 같이 장래에 발생할 불확실한 상황과 파급효과에 대한 예측이 필요한 요건에 관한 행정청의 재량적 판단은 내용이 현저히 합리적이지 않다거나 상반되는 이익이나 가치를 대비해 볼 때 형평이나 비례의 원칙에 뚜렷하게 배치되는 등의 사정이 없는 한 폭넓게 존중될 필요가 있다. 이러한 사항은 적합 여부 결정에 관한 재량권의 일탈·남용 여부를 심사하여 판단할 때에도 고려하여야 한다(대판 2017.10.31, 2017두46783).

## 10.

행정청이 폐기물처리사업계획서의 적합 여부를 판단하는 방법 및 폐기물처리사업계획서의 적합 여부 판단에 관하여 행정청에 광범위한 재량권이 인정된다(대판 2019.12.24, 2019두45579). ★ 18 국가7급

## Ⅲ. 부분허가(부분인허, 부분승인)

### 1. 원자로 시설부지 인근주민들에게 방사성물질 등에 의한 생명·신체의 안전침해를 이유로 부지사전승인처분의 취소를 구할 원고적격이 있다 ★ 15 순경특채, 14 서울9급

> 원자력법 제12조 제2호(발전용 원자로 및 관계시설의 위치·구조 및 설비가 대통령령이 정하는 기술수준에 적합하여 방사성물질 등에 의한 인체·물체·공공의 재해방지에 지장이 없을 것)의 취지는 원자로 등 건설사업이 방사성물질 및 그에 의하여 오염된 물질에 의한 인체·물체·공공의 재해를 발생시키지 아니하는 방법으로 시행되도록 함으로써 방사성물질 등에 의한 생명·건강상의 위해를 받지 아니할 이익을 일반적 공익으로서 보호하려는 데 그치는 것이 아니라 방사성물질에 의하여 보다 직접적이고 중대한 피해를 입으리라고 예상되는 지역 내의 주민들의 위와 같은 이익을 직접적·구체적 이익으로서도 보호하려는 데에 있다 할 것이므로, 위와 같은 지역 내의 주민들에게는 방사성물질 등에 의한 생명·신체의 안전침해를 이유로 부지사전승인처분의 취소를 구할 원고적격이 있다(대판 1998.9.4, 97누19588).97누19588).

### 2. 환경영향평가 대상지역 안의 원자로 시설부지 인근 주민들이 방사성물질 이외의 원인(온배수)에 의한 환경침해를 받지 아니하고 생활할 수 있는 이익이 직접적·구체적 이익이므로 위 주민들에게 이를 이유로 원자로시설부지사전승인처분의 취소를 구할 원고적격이 있다

> 환경영향평가법 제7조에 정한 환경영향평가 대상지역 안의 주민들이 방사성물질 이외의 원인에 의한 환경침해를 받지 아니하고 생활할 수 있는 이익도 직접적·구체적 이익으로서 그 보호대상으로 삼고 있다고 보이므로, 위 환경영향평가 대상지역 안의 주민에게는 방사성물질 이외에 원전냉각수 순환시 발생되는 온배수로 인한 환경침해를 이유로 부지사전승인처분의 취소를 구할 원고적격도 있다(대판 1998.9.4, 97누19588).

### 3. 원자력부지사전승인처분은 행정처분에 해당하고, 원자력발전소 건설허가 전에 원자력부지사전승인을 다툴 협의의 소익이 인정되지만, 원자력발전소 건설허가 후에 원자력부지사전승인을 다툴 협의의 소익은 부정된다 ★ 22 국가9급, 19 서울7급, 14 국회8급, 14 세무사, 13 지방7급, 13 지방9급

> `최신기출` 원자로 및 관계시설의 부지사전승인처분은 그 자체로서 건설부지를 확정하고 사전공사를 허용하는 법률효과를 지닌 독립한 행정처분이기는 하지만, 건설허가 전에 신청자의 편의를 위하여 미리 그 건설허가의 일부 요건을 심사하여 행하는 사전적 부분 건설허가처분의 성격을 갖고 있는 것이어서 나중에 건설허가처분이 있게 되면 그 건설허가처분에 흡수되어 독립된 존재가치를 상실함으로써 그 건설허가처분만이 쟁송의 대상이 되는 것이므로, 부지사전승인처분의 취소를 구하는 소는 소의 이익을 잃게 되고, 따라서 부지사전승인처분의 위법성은 나중에 내려진 건설허가처분의 취소를 구하는 소송에서 이를 다투면 된다(대판 1998.9.4, 97누19588).

> 원자로 및 관계시설의 부지사전승인처분은 그 자체로서 독립한 행정처분은 아니므로 이의 위법성을 직접 항고소송으로 다툴 수는 없고 후에 발령되는 건설허가처분에 대한 항고소송에서 다투어야 한다. (x) ■ 17 국가9급

## Ⅳ. 가행정행위

### 1. 직위해제는 잠정적 조치로서 보직의 해제를 의미하므로 징계와 성질이 다르다

> 직위해제는 당해 공무원이 장래에 있어서 계속 직무를 담당하게 될 경우 예상되는 업무상의 장애 등을 예방하기 위하여 일시적으로 당해 공무원에게 직위를 부여하지 아니함으로써 직무에 종사하지 못하도록 하는 잠정적인 조치로서의 보직의 해제를 의미하므로 과거의 공무원의 비위행위에 대하여 기업질서 유지를 목적으로 행하여지는 징벌적 제재로서의 징계와는 그 성질이 다르다(대판 2003.10.10, 2003두5945).

### 2. 직위해제처분 후 파면처분을 한 경우 직위해제처분은 효력을 상실한다

> 직위해제처분은 공무원이 공무원의 신분관계를 그대로 존속시키면서 다만 그 직위를 부여하지 아니하는 처분이므로 만일 어떤 사유에 기하여 직위해제를 한 후 동일한 사유를 이유로 공무원의 신분관계를 박탈하는 파면처분을 하였을 경우에는 뒤에 이루어진 파면처분에 의하여 그전에 있었던 직위해제처분의 효력은 상실하게 된다(헌재결 2005.12.22, 2003헌바76).

### 3. 동일사유로 직위해제처분하고 다시 감봉처분을 한 경우 일사부재리원칙 위반이 아니다 ★ 11 국회8급

> 직위해제처분이 공무원에 대한 불이익한 처분이긴 하나 징계처분과 같은 성질의 처분이라 할 수 없으므로 동일한 사유로 직위해제 처분을 하고 다시 감봉처분을 하였다 하여 일사부재리원칙에 위배된다 할 수 없다(대판 1983. 10.25, 83누184).

### 4. 군인사법상 보직해임은 잠정적이고 가처분적인 성격을 가진 조치이다

> 구 군인사법 제17조에 규정한 보직해임은 일반적으로 장교가 심신장애로 인하여 직무를 수행하지 못하게 되었을 경우, 당해 직무를 수행할 능력이 없다고 인정되었을 경우 등에 있어서 당해 장교가 장래에 있어서 계속 직무를 담당하게 될 경우 예상되는 업무상의 장애, 군 공무집행 및 행정의 공정성과 그에 대한 국민의 신뢰저해 등을 예방하기 위하여 인사권자에게 적시적인 인사 조치를 보장하는 수단으로서 당해 장교에게 직위를 부여하지 아니함으로써 직무에 종사하지 못하도록 하는 잠정적이고 가처분적인 성격을 가진 조치이다(대판 2014.10.15, 2012두5756).

### 5. 공정거래위원회가 부당한 공동행위를 한 사업자에게 과징금 부과처분(선행처분)을 한 뒤, 다시 자진신고 등을 이유로 과징금 감면처분(후행처분)을 한 경우, 선행처분의 취소를 구하는 소는 부적법하다

★ 22·21 국가9급

> **최신기출** 후행처분은 자진신고 감면까지 포함하여 처분 상대방이 실제로 납부하여야 할 최종적인 과징금액을 결정하는 종국적 처분이고, 선행처분은 이러한 종국적 처분을 예정하고 있는 일종의 잠정적 처분으로서 후행처분이 있을 경우 선행처분은 후행처분에 흡수되어 소멸한다. 따라서 위와 같은 경우에 선행처분의 취소를 구하는 소는 이미 효력을 잃은 처분의 취소를 구하는 것으로 부적법하다(대판 2015.2.12, 2013두987).

> 공정거래위원회가 부당한 공동행위를 한 사업자들 중 자진신고자에 대하여 구 독점규제 및 공정거래에 관한 법령에 따라 과징금 부과처분(선행처분)을 한 뒤, 다시 자진신고자에 대한 사건을 분리하여 자진신고를 이유로 과징금 감면처분(후행처분)을 한 경우라도 선행처분의 취소를 구하는 소는 적법하다. (×) ■ 21 국가9급

# 제2절 행정행위의 내용

## 제1항 법률행위적 행정행위

## 제1목 명령적 행정행위

### ■ 명령적 행정행위의 처분성

1. 하명
   ① 국유재산의 관리청이 무단점유자에 대하여 하는 변상금부과처분(대판 1988.2.23, 87누1046·1047)
   ② 노동조합규약의 변경보완시정명령(대판 1993.5.11, 91누10787)
   ③ 소속장관의 변상명령(대판 1994.12.2, 93누623)
   ④ 국유재산 관리청의 행정재산의 사용·수익자에 대한 사용료부과처분(대판 1996.2.13, 95누11023)
   ⑤ 공장입지 조정명령(대판 1996.7.12, 95누11665)
   ⑥ 공유수면 및 하천점용료부과처분(대판 2004.10.15, 2002다68485)
   ⑦ 구 「여객자동차 운수사업법」 제51조 제3항에 규정된 유가보조금 반환명령(대판 2013.12.12, 2011두3388)
2. 허가
   ① 주류제조면허변경처분(대판 1984.2.14, 82누370)
   ② 하천구역 내 자연석 채취허가 및 채취료 징수(대판 1994.1.11, 92다29528)
3. 면제

#### (1) 노동조합규약의 변경보완시정명령은 처분에 해당한다

> 노동조합규약의 변경보완시정명령은 조합규약의 내용이 노동조합법에 위반된다고 보아 구체적 사실에 관한 법집행으로서 같은법 제16조 소정의 명령권을 발동하여 조합규약의 해당 조항을 지적된 법률조항에 위반되지 않도록 적절히 변경보완할 것을 명하는 노동행정에 관한 행정관청의 의사를 조합에게 직접 표시한 것이므로 행정소송법 제2조 제1항에서 규정하고 있는 행정처분에 해당된다(대판 1993.5.11, 91누10787).

#### (2) 감사원법상 소속장관 등의 변상명령은 행정소송의 대상이 되는 독립한 행정행위이다

> 감사원의 변상판정의 위법과는 별개로 소속장관 등의 변상명령 자체에 위법사유가 있을 수 있어 변상명령을 별도로 행정소송 대상으로 인정할 필요성도 있고, 또한 감사원법 제31조 제2항, 제3항, 제5항, 제36조 제1항, 변상판정집행절차에관한규칙 제4조 제1항, 제9조 제1항 등의 규정을 종합하여 보면, 회계관계직원 등의 변상책임에 관하여 감사원은 추상적인 변상의무의 유무 및 범위 등을 확정할 뿐이고 그 변상판정의 내용에 따른 구체적인 변상금 납부의무는 소속장관 등이 감사원의 변상판정서를 첨부한 변상명령처분을 함으로써 비로소 발생한다 할 것이어서, 변상명령은 감사원의 변상판정에 의해 성립한 기존의 의무 이상으로 새로운 의무를 부담시키는 것은 아닐지라도 변상책임자의 권리의무에 아무런 영향을 미치지 않는 단순한 변상판정의 한 단계로서의 표시행위에 불과한 것으로 볼 수는 없을 것이고 그 자체 독립한 행정행위의 하나로 보아야 할 것이다(대판 1994.12.2, 93누623).

# 제1관 하명

## Ⅰ. 하명의 법적 성질(기속행위)

**구 「여객자동차 운수사업법」 제51조 제3항에 규정된 유가보조금 반환명령의 법적 성질은 기속행위이다** ★ 18 국회8급

> **최신기출** 국토해양부장관 또는 시·도지사는 여객자동차 운수사업자가 '거짓이나 부정한 방법으로 지급받은 보조금'에 대하여 이를 반환할 것을 명하여야 하고 위 규정을 '정상적으로 지급받은 보조금'까지 반환할 것을 명할 수 있는 것으로 해석하는 것은 그 문언의 범위를 넘어서는 것이며, 위 규정의 형식이나 체재 등에 비추어 보면, 이 사건 환수처분은 국토해양부장관 또는 시·도지사가 그 지급받은 보조금을 반환할 것을 명하여야 하는 기속행위이다 (대판 2013.12.12, 2011두3388).

## Ⅱ. 하명의 사례

**화약류 안정도시험 대상자가 총포·화약안전기술협회로부터 안정도시험을 받지 않는 경우, 경찰청장 또는 지방경찰청장이 일정 기한 내에 안정도시험을 받으라는 검사명령을 할 수 없고, 위 검사명령은 항고소송의 대상이 되는 '처분'에 해당한다**

> **최신판례** 화약류 안정도시험 대상자가 총포·화약안전기술협회로부터 안정도시험을 받지 않는 경우에는 경찰청장 또는 지방경찰청장이 화약류 안정도시험 대상자에 대하여 일정 기한 내에 안정도시험을 받으라는 검사명령을 할 수 있으며, 이는 항고소송이 대상이 되는 '처분'이라고 보아야 한다(대판 2021.12.30, 2018다241458).

## Ⅲ. 하명위반의 효과

### 1. 승마투표권의 이동금지의무위반

> 경마법이 승마투표권의 이동을 금지한 법의(법의 취지나 뜻)는 단지 경마로 인한 사행성을 단속하는 데 있을 뿐이고, 그 이동으로 인한 사법상의 법률적 효력의 발생까지를 방해하기 위한 규정이 아니다(대판 1954.3.30, 4282민상80).

### 2. 외국환관리법의 제한규정에 위반한 행위가 민법상 불법행위나 무효행위가 되지 않는다

> 외국환관리법은 외국환과 그 거래 기타 대외거래를 관리하여 국제수지의 균형, 통화가치의 안정과 외화자금의 효율적인 운용을 기하는 그 특유의 목적을 달성하기 위하여 위반행위에 대한 벌칙규정을 두고 있는바, 위 제한규정에 위반한 행위는 외국환관리법의 목적에 합치되지 않는 행위일 뿐 그것이 바로 민법상의 불법행위나 무효행위가 되는 것은 아니다(대판 1987.2.10, 86다카1288).

# 제2관 허가

## I. 예외적 승인(예외적 허가)과의 구별

1. 학교환경위생정화구역 내
   ① 학교보건법상 학교환경위생정화구역 '안'에서의 유흥주점 영업허가(대판 1996.10.29, 96누8253)·노래연습장업허가(대판 2007.3.15. 2006두15806)
      학교환경위생정화구역 '밖'의 유흥주점 영업허가는 허가로서 기속행위
   ② 학교보건법 제6조 제1항 단서에 따라 시·도교육위원회 교육감 또는 교육감이 지정하는 사람이 학교환경위생정화구역 '안'에서의 금지행위 및 시설을 해제하는 조치(대판 2010.3.11, 2009두17643)
2. 문화재보호구역 내
   구 문화재보호법 제44조 제1항 단서 제3호의 규정에 의한 건설공사를 계속하기 위한 고분발굴허가(대판 2000.10.27, 99두264) : 신라시대의 주요한 역사·문화적 유적이 다수 소재한 선도산에 위치한 고분에 대하여 계명기독학원이 종합의료시설인 경주동산병원을 건축하기 위해 경주시 충효동 산 204의 28, 29 내의 고분발굴허가를 청구한 사건
      학설상 판단여지와 관련한 판례임.
3. 개발제한구역 내
   ① 도시계획법상 개발제한구역 내에서의 건축·이축·용도변경·토지형질변경허가(대판 2004.7.22, 2003두7606), 개발제한구역 내의 용도변경허가
      개발제한구역 밖의 건축허가는 허가로서 기속행위
   ② 개발제한구역에서의 자동차용 액화석유가스충전사업 허가(대판 2016.1.28, 2015두52432)
4. 국토계획법상 용도지역 내
   「국토의 계획 및 이용에 관한 법률」이 정한 용도지역 안에서의 건축허가(대판 2017.3.15, 201655490)
5. 자연공원구역 내
   자연공원구역 내에서의 식품위생법상 단란주점영업허가(대판 2001.1.30, 99두3577)·개발허가·자연공원구역 내에서의 산림훼손허가·산림형질변경허가·토지형질변경허가·입목벌채허가·토석채취허가·농지전용허가
6. 국제적 멸종위기종 및 그 가공품에 관한 용도변경승인(대판 2011.1.27, 2010두23033)

## 1. 개발제한구역 내의 건축허가는 예외적 승인으로서 재량행위이다 ★ 14 지방7급, 14 순경특채, 10 국가7급

> 개발제한구역 내에서는 구역지정의 목적상 건축물의 건축, 공작물의 설치, 토지의 형질변경 등의 행위는 원칙적으로 금지되고, 다만 구체적인 경우에 위와 같은 구역지정의 목적에 위배되지 아니할 경우 예외적으로 허가에 의하여 그러한 행위를 할 수 있게 되며, 한편 개발제한구역 내에서의 건축물의 건축 등에 대한 예외적 허가는 그 상대방에게 수익적인 것으로서 재량행위에 속하는 것이라고 할 것이다(대판 2004.7.22, 2003두7606).

## 2. 국제적 멸종위기종 및 그 가공품에 관한 용도변경승인과 용도변경의 불가피성에 관한 판단기준을 정하는 것은 원칙적으로 재량행위이다 ★ 19 서울7급, 17 지방9급

**최신기출** 야생동·식물보호법 제16조 제3항과, 같은법 시행규칙 제22조 제1항의 체재 또는 문언을 살펴보면 원칙적으로 국제적멸종위기종 및 그 가공품의 수입 또는 반입 목적 외의 용도로의 사용을 금지하면서 용도변경이 불가피한 경우로서 환경부 장관의 용도변경승인을 받은 경우에 한하여 용도변경을 허용하도록 하고 있으므로, 법 제16조 제3항에 의한 용도변경승인은 특정인에게만 용도 외의 사용을 허용해주는 권리나 이익을 부여하는 이른바 수익적 행정행위로서 법령에 특별한 규정이 없는 한 재량행위이고, 법 제16조 제3항이 용도변경이 불가피한 경우에만 용도변경을 할 수 있도록 제한하는 규정을 두면서도 시행규칙 제22조에서 용도변경 신청을 할 수 있는 경우에 대하여만 확정적 규정을 두고 있을 뿐 용도변경이 불가피한 경우에 대하여는 아무런 규정을 두지 아니하여 용도변경 승인을 할 수 있는 용도변경의 불가피성에 대한 판단에 있어 재량의 여지를 남겨 두고 있는 이상, 용도변경을 승인하기 위한 요건으로서의 용도변경의 불가피성에 관한 판단에 필요한 기준을 정하는 것도 역시 행정청의 재량에 속하는 것이므로, 그 설정된 기준이 객관적으로 합리적이 아니라거나 타당하지 않다고 볼 만한 다른 특별한 사정이 없는 이상 행정청의 의사는 가능한 한 존중되어야 할 것이다(대판 2011.1.27, 2010두23033).

▶ 야생동·식물보호법령에 따른 용도변경승인의 경우 용도변경이 불가피한 경우에만 용도변경을 할 수 있도록 제한하는 규정을 두고 있으므로 환경부장관의 용도변경승인처분은 기속행위이다. (x) ■ 19 서울7급

## 3. 인터넷컴퓨터게임시설제공업(피시방) 시설이 학교환경위생정화구역 내에 있는지 여부를 판단하는 기준 및 학교보건법과 같은 법 시행령에서 정한 '학교 경계선'의 의미

인터넷컴퓨터게임시설제공업(피시방) 시설이 학교환경위생정화구역 내에 있는지의 여부를 판단하는 기준은 해당 피시방 전용시설(피시방 전용 출입구 등)의 경계선으로 보아야 하고, 이러한 전용시설의 경계선이 학교환경위생정화구역 밖에 있다면 해당 시설을 학교환경위생정화구역 내의 금지시설로 보아 설치를 금지할 수 없다고 할 것이다. 학교환경위생정화구역의 범위를 설정하는 기준으로 삼고 있는 '학교 경계선'은 지적공부상 학교용지의 경계선이 아니라 '학교교육이 실질적으로 이루어지는 공간의 경계선'이라고 보아야 한다(대판 2011.2.10, 2010두17946).

## 4. 갑이 인터넷컴퓨터게임시설제공업(피시방)을 운영하기 위하여 학교환경위생정화구역 내 금지행위 및 시설의 해제신청을 하였으나, 위 피시방이 인근 초등학교 등의 학교경계선으로부터 200m까지인 상대정화구역 내에 있다는 이유로 관할 교육청이 신청을 거부하는 처분을 한 사안에서, 위 피시방이 상대정화구역 내에 포함되지 않는다고 한 사례

피시방 이용객이 상가건물의 출입구, 주차장, 승강기, 화장실 등 공용시설을 이용한다고 하더라도 이를 피시방의 시설이라고 할 수 없고, 위 피시방이 상대정화구역에 포함되는지 여부를 판단하는 기준이 되는 경계선은 해당 피시방의 전용출입구로 보아야 하며, 위 피시방은 그 전용출입구에서 인근 학교 경계선까지의 최단직선거리가 200m를 초과하므로 상대정화구역에 포함되지 않는다고 판단한 사례(대판 2011.2.10, 2010두17946)

## 5. 「국토의 계획 및 이용에 관한 법률」이 정한 용도지역 안에서의 건축허가 요건에 해당하는지 여부는 행정청의 재량판단의 영역에 속한다

국토계획법이 정한 용도지역 안에서의 건축허가는 건축법 제11조 제1항에 의한 건축허가와 국토계획법 제56조 제1항의 개발행위허가의 성질을 아울러 갖는데, 개발행위허가는 허가기준 및 금지요건이 불확정개념으로 규정된 부분이 많아 그 요건에 해당하는지 여부는 행정청의 재량판단의 영역에 속한다. 그러므로 그에 대한 사법심사는 행정청의 공익판단에 관한 재량의 여지를 감안하여 원칙적으로 재량권의 일탈이나 남용이 있는지 여부만을 대상으로 하고, 사실오인과 비례·평등의 원칙 위반 여부 등이 그 판단 기준이 된다(대판 2017.3.15, 2016두55490).

# II. 허가의 성질

## 1. 명령적 행위·형성적 행위 여부 : 판례는 명령적 행위설에 따르고 있다

> 공중목욕장업법은 공중목욕장업에 허가제(현 신고제)를 실시하고 있으나 그 허가는 사업경영의 권리를 설정하는 형성적 행위가 아니고 경찰금지의 해제에 불과하며 그 허가의 효과는 영업자유의 회복을 가져오는 것이다(대판 1963. 8.31, 63누101).

## 2. 기속행위·재량행위 여부

| 기속행위(원칙) | 재량행위(예외) |
|---|---|
| 1. 식품위생법상의 광천음료수제조업허가(대판 1993.2.12. 92누5959)<br>2. 식품위생법상 대중(일반)음식점영업허가(대판 1993.5.27, 93누2216)<br>3. 주류판매업 면허(대판 1995.11.10, 95누5714)<br>4. 공중위생법상 위생접객업허가(대판 1995.7.28, 94누13497)<br>5. 개발제한구역 '외'에서의 건축허가(대판 1995.12.12, 95누9051)<br>※ 개발제한구역 '내'의 건축허가는 예외적 승인으로서 재량행위(대판 2004.7.22, 2003두7606)<br>6. 화약류 판매업 및 저장소 설치 허가(대판 1996.6.28, 96누3036)<br>7. 「공업배치 및 공장설립에 관한 법률」상의 공장설립허가(대판 1999.7.23, 97누6261)<br>8. 북한 어린이 살리기 의약품 지원 본부에 대한 기부금품모집허가(대판 1999.7.23, 99두3690) | 1. 자연환경(사회적 환경)보전이나 기타 중대한 공익상의 필요가 있는 경우 거부가능<br>① 도시계획법상 토지형질변경허가(대판 1999.2.23, 98두17845)·「국토의 계획 및 이용에 관한 법률」에 의하여 지정된 도시지역 안에서 토지의 형질변경행위를 수반하는 건축허가(대판 2005.7.14, 2004두6181)<br>② 농지전용허가(대판 2000.5.12, 98두15382)<br>③ 자연공원법상 관광지조성사업(속리산 문장대온천조성사업)의 시행허가(대판 2001.7.27, 99두8589)<br>④ 입목굴채허가(대판 2001.11.30, 2001두5866)<br>⑤ 산림훼손허가(대판 2003.3.28, 2002두12113)<br>⑥ 산림 내에서의 토사채취허가(대판 2007.6.15, 2005두9736)<br>⑦ 「국토의 계획 및 이용에 관한 법률」상 개발행위허가의 대상인 토지분할(대판 2013.7.11, 2013두1621)<br>⑧ 주유소 설치허가(대판 1999.4.23, 97누14378) : 원칙은 기속행위이지만, 예외적으로 중대한 공익상의 필요가 있는 경우에는 재량행위<br>⑨ 구 대기환경보전법에서 정한 대기오염물질 배출시설 설치허가(대판 2013.5.9, 2012두22799) : 원칙은 기속행위이지만, 예외적으로 중대한 공익상의 필요가 있는 경우에는 재량행위<br>2. 기 타<br>① (전자)유기장업허가(대판 1985.2.8, 84누369)<br>※ 투전기업소장소변경허가는 기속행위(대판 1985.8.20, 84누228)<br>② 프로판가스충전업허가(대판 1987.11.10, 87누462)<br>③ 「총포·도검·화약류 등 단속법」 제12조 소정의 총포 등 '소지' 허가(대판 1993.5.14, 92도2179)<br>※ 「총포·도검·화약류 등 단속법」상의 총포·도검·화약류 '판매업 및 저장소 설치허가'는 기속행위(대판 1996.6.28, 96누3036) |

**(1) 기속행위(원칙)** : 건축법상 허가요건을 충족한 경우 관계법규에서 정하는 제한사유 이외의 사유를 들어 거부할 수 없다.

**① 숙박시설인 러브호텔건축허가(종전의 주류적 판례)(경기 양주군 백석면 러브호텔건축허가거부사건)**

> 건축허가신청이 건축법, 도시계획법 등 관계법규에서 정하는 건축허가 제한사유에 해당하지 않는 이상 행정청이 자연경관 훼손 및 주변환경의 오염과 농촌지역의 주변정서에 부정적인 영향을 끼치고 농촌지역에 퇴폐분위기를 조성할 우려가 있다는 등의 사유를 들어 숙박시설 건축을 불허할 수는 없다(대판 1995.12.12, 95누9051).

**② 일반건축허가** ★ 19 국가9급, 15 사회복지, 14 국가7급

**최신기출**

> 건축허가권자는 건축허가신청이 건축법, 도시계획법 등 관계법규에서 정하는 어떠한 제한에 배치되지 않는 이상 당연히 같은법조 소정의 건축허가를 하여야 하므로 법률상의 근거 없이 그 신청이 관계법규에서 정한 제한에 배치되는지 여부에 대한 심사를 거부할 수 없고, 심사결과 그 신청이 법정요건에 합치하는 경우에는 특별한 사정이 없는 한 이를 허가하여야 하며, 공익상 필요가 없음에도 불구하고 요건을 갖춘 자에 대한 허가를 관계법령에서 정하는 제한사유 이외의 사유를 들어 거부할 수는 없다(대판 1995.10.13, 94누14247).

> 건축허가권자는 중대한 공익상의 필요가 없음에도 관계 법령에서 정하는 제한사유 이외의 사유를 들어 건축허가 요건을 갖춘 자에 대한 허가를 거부할 수 있다. (×) ■ 19 국가9급

**③ 주류판매업 면허는 강학상의 허가이고 기속행위이다** ★ 14 지방9급

> 주류판매업 면허는 설권적 행위가 아니라 주류판매의 질서유지, 주세 보전의 행정목적 등을 달성하기 위하여 개인의 자연적 자유에 속하는 영업행위를 일반적으로 제한하였다가 특정한 경우에 이를 회복하도록 그 제한을 해제하는 강학상의 허가로 해석되므로 주세법 제10조 제1호 내지 제11호에 열거된 면허제한사유에 해당하지 아니하는 한 면허관청으로서는 임의로 그 면허를 거부할 수 없다(대판 1995.11.10, 95누5714).

**④ 공중위생법상 위생접객업허가** ★ 07 서울9급

> 공중위생법상의 위생접객업허가는 그 성질상 일반적 금지의 해제에 불과하므로 허가권자는 법에서 정한 요건을 구비한 때에는 이를 반드시 허가하여야 한다(대판 1995.7.28, 94누13497).

**⑤ 식품위생법상 음식점 영업허가** ★ 14 국회8급, 12 국회9급, 11 서울7급

> 식품위생법상 일반음식점영업허가는 성질상 일반적 금지의 해제에 불과하므로 허가권자는 허가신청이 법에서 정한 요건을 구비한 때에는 허가하여야 하고 관계법령에서 정하는 제한사유 외에 공공복리 등의 사유를 들어 허가신청을 거부할 수는 없고, 이러한 법리는 일반음식점 허가사항의 변경허가에 관하여도 마찬가지이다(대판 2000.3.24, 97누12532).

**(2) 재량행위(예외) : 중대한 공익상의 필요가 있을 경우 관계법규에서 정하는 제한사유 이외의 사유를 들어 거부할 수 있다**

**① 자연환경의 보전 등 중대한 공익상의 필요가 있는 경우**

**㉠ 형질변경허가** ★ 14 지방7급

> 도시계획법 제4조 제1항 제1호, 같은법시행령 제5조의2, 토지의형질변경등행위허가기준등에관한규칙 제5조의 규정의 형식이나 문언 등에 비추어 볼 때, 형질변경의 허가가 신청된 당해 토지의 합리적인 이용이나 도시계획사업에 지장이 될 우려가 있는지 여부와 공익상 또는 이해관계인의 보호를 위하여 부관을 붙일 필요의 유무나 그 내용 등을 판단함에 있어서 행정청에 재량의 여지가 있으므로 그에 관한 판단 기준을 정하는 것 역시 행정청의 재량에 속하고, 그 설정된 기준이 객관적으로 합리적이 아니라거나 타당하지 않다고 볼 만한 특별한 사정이 없는 이상 행정청의 의사는 가능한 한 존중되어야 할 것이다(대판 1999.2.23, 98두17845).

**㉡ 입목굴채허가** ★ 12 사회복지

최신기출

> 산림 내에서의 입목벌채는 국토 및 자연의 유지와 환경의 보전에 직접적으로 영향을 미치는 행위가 된다는 점 등을 종합하여 보면, 허가관청은 입목굴채 허가신청 대상 토지의 현상과 위치 및 주위의 상황 등을 고려하여 국토 및 자연의 유지와 환경의 보전 등 중대한 공익상 필요가 있다고 인정될 때에는 허가를 거부할 수 있다(대판 2001.11.30, 2001두5866).

**㉢ 자연공원사업의 시행허가** ★ 11 서울7급

> 자연공원사업의 시행은 국토 및 자연의 유지와 환경의 보전에 영향을 미치는 행위로서 그 공원사업시행허가 여부는 사업장소의 현상과 위치 및 주위의 상황, 사업시행의 시기 및 주체의 적정성, 사업계획에 나타난 사업의 내용, 규모, 방법과 그것이 자연 및 환경에 미치는 영향 등을 종합적으로 고려하여 결정하여야 하는 일종의 재량행위에 속한다 할 것인바, 행정청이 공원사업시행을 허가하는 처분을 하였다 하더라도, 행정심판청구의 재결청으로서는 위와 같은 제반사정을 종합적으로 고려하여 국토 및 자연의 유지와 환경의 보전 등 중대한 공익의 필요에 비추어 볼 때, 그 허가가 위법하거나 부당하다고 인정될 때에는 그 허가처분을 취소할 수 있음은 물론이다(대판 2001.7.27, 99두5092).

**㉣ 산림형질변경허가** ★ 12 지방9급, 12·11 국가7급

> 산림형질변경허가는 법령상의 금지 또는 제한지역에 해당하지 않더라도 신청대상 토지의 현상과 위치 및 주위의 상황 등을 고려하여 국토 및 자연의 유지와 상수원 수질과 같은 환경의 보전 등을 위한 중대한 공익상의 필요가 있을 경우 그 허가를 거부할 수 있으며, 이는 산림형질변경 허가기간을 연장하는 경우에도 마찬가지이다. 천연기념물로 지정된 천호동굴에 인접한 토지에 대한 산림형질변경 허가기간 연장신청에 대하여 그 주변 지역의 자연경관 보호 등을 고려하여 이를 거부한 행정처분이 재량권 남용에 해당하지 않는다(대판 2000.7.7, 99두66).

ⓜ 「국토의 계획 및 이용에 관한 법률」에 의하여 지정된 도시지역 안에서 토지의 형질변경행위를 수반하는 건축허

가 ★ 21 국가7급, 19 지방9급, 19 국가9급, 18 지방7급, 14 국회8급, 14 사회복지

「국토의 계획 및 이용에 관한 법률」(국토계획법)에 의한 토지의 형질변경허가는 그 허가기준 및 금지요건이 불확정개
념으로 규정된 부분이 많아 그 요건에 해당하는지 여부를 판단함에 있어서는 행정청에 재량권이 부여되어 있다 할
것이다. 그리고 국토계획법에 따라 지정된 도시지역 안에 있는 토지에 대한 형질변경행위를 수반하는 건축허가는
건축법에 의한 건축허가와 국토계획법에 의한 토지 형질변경허가의 성질을 아울러 갖는 것으로 보아야 할 것이므로
그러한 건축허가는 재량행위에 속한다고 할 것이다(대판 2012.12.13, 2011두29205).

「국토의 계획 및 이용에 관한 법률」에 따른 토지의 형질변경허가에는 행정청의 재량권이 부여되어 있다고 하더라도 「건축법」상의
건축허가는 기속행위이므로, 「국토의 계획 및 이용에 관한 법률」에 따른 토지의 형질변경행위를 수반하는 건축허가는 기속행위에
속한다. (×) ■ 18 지방7급

토지의 형질변경의 허용 여부에 대해 행정청의 재량이 인정되더라도 주된 행위인 건축허가가 기속행위인 경우에는 甲에 대한 건축
허가는 기속행위로 보아야 한다. (×) ■ 19 지방9급

ⓝ 배출시설 설치허가 신청이 구 대기환경보전법 제23조 제5항에서 정한 허가기준에 부합하고 구 대기환경보전법
제23조 제6항, 같은 법 시행령 제12조에서 정한 허가제한사유에 해당하지 않는 경우, 환경부장관은 원칙적으로
허가하여야 한다 ★ 19 서울7급

환경부장관은 배출시설 설치허가 신청이 구 대기환경보전법 제23조 제5항에서 정한 허가 기준에 부합하고 구
대기환경보전법 제23조 제6항, 같은 법 시행령 제12조에서 정한 허가제한사유에 해당하지 아니하는 한 원칙적
으로 허가를 하여야 한다. 다만 배출시설의 설치는 국민건강이나 환경의 보전에 직접적으로 영향을 미치는 행위
라는 점과 대기오염으로 인한 국민건강이나 환경에 관한 위해를 예방하고 대기환경을 적정하고 지속가능하게
관리·보전하여 모든 국민이 건강하고 쾌적한 환경에서 생활할 수 있게 하려는 구 대기환경보전법의 목적(제1조)
등을 고려하면, 환경부장관은 같은 법 시행령 제12조 각 호에서 정한 사유에 준하는 사유로서 환경 기준의 유지
가 곤란하거나 주민의 건강·재산, 동식물의 생육에 심각한 위해를 끼칠 우려가 있다고 인정되는 등 중대한 공익
상의 필요가 있을 때에는 허가를 거부할 수 있다고 보는 것이 타당하다(대판 2013.5.9, 2012두22799).

ⓞ 개발제한구역에서의 자동차용 액화석유가스충전사업 허가 여부를 판단할 때 행정청에 재량권이 부여되어 있다
★ 17 지방9급

개발제한구역법 및 액화석유가스법 등의 관련 법규에 의하면, 개발제한구역에서의 자동차용 액화석유가스충전
사업허가는 그 기준 내지 요건이 불확정개념으로 규정되어 있으므로 그 허가 여부를 판단함에 있어서 행정청에
재량권이 부여되어 있다고 보아야 한다(대판 2016.1.28, 2015두52432).

ⓟ 「국토의 계획 및 이용에 관한 법률」이 정한 용도지역 안에서 토지의 형질변경행위·농지전용행위를 수반하는 건
축허가는 재량행위에 해당한다 ★ 20 지방9급

국토계획법이 정한 용도지역 안에서 토지의 형질변경행위·농지전용행위를 수반하는 건축허가는 건축법 제11조
제1항에 의한 건축허가와 위와 같은 개발행위허가 및 농지전용허가의 성질을 아울러 갖게 되므로 이 역시 재량
행위에 해당하고, 그에 대한 사법심사는 행정청의 공익판단에 관한 재량의 여지를 감안하여 원칙적으로 재량권
의 일탈이나 남용이 있는지 여부만을 대상으로 하는데, 판단 기준은 사실오인과 비례·평등의 원칙 위반 여부
등이 된다. 이러한 재량권 일탈·남용에 관하여는 행정행위의 효력을 다투는 사람이 주장·증명책임을 부담한다(대
판 2017.10.12, 2017두48956).

② 숙박시설인 러브호텔건축허가(최신판례) : 자연환경만이 아니라 사회적 환경(주거환경과 교육환경)도 중시

㉠ 충남 서산 마애삼존불상과 천주교 성지인 해미읍성 근처의 러브호텔 건축허가 거부처분

전합판례 지방자치단체의 조례에 의하여 준농림지역 내의 건축제한지역이라는 구체적인 취지의 지정·고시가 행하여지지 아니하였다 하더라도, 조례에서 정하는 기준에 맞는 지역에 해당하는 경우에는 숙박시설의 건축을 제한할 수 있다고 할 것이고, 그러한 기준에 해당함에도 불구하고 무조건 숙박시설 등의 건축허가를 하여야 하는 것은 아니라고 할 것이며, 조례에서 정한 요건에 저촉되지 아니하는 경우에 비로소 건축허가를 할 수 있는 것으로 보아야 할 것이다. 부언하면, 그러한 구체적인 지역의 지정·고시 여부는 숙박시설 등 건축허가 여부를 결정하는 요건이 된다고 볼 수 없다고 할 것이다[대판(전합) 1999.8.19, 98두1857].

㉡ 천안시 북부2지구 내 H지구 러브호텔 건축허가 반려처분

무분별한 유흥업소 및 숙박시설 등 청소년유해업소의 난립이나 주택가로의 유입 및 이에 따른 향락문화의 확산과 범죄의 증가 등 날로 심각해지고 있는 교육환경과 주거환경의 저하를 막고 주민 대다수가 보다 쾌적한 환경에서 생활할 수 있게 하는 것은, 국가나 지방자치단체의 의무인 동시에 모든 국민의 당연한 권리이자 의무로서 이와 같은 사회적 환경의 보호는 자연환경의 보호 못지않게 중요한 가치이며, 일단 대규모 숙박소가 집단적으로 형성되어 향락단지화된다면 그 허가를 함부로 취소할 수도 없고 인근의 다른 숙박업소의 허가신청도 거부하기 어려워 그 영업이 장기간 계속될 것이 예상되므로, 이로 인한 교육환경과 주거환경의 침해는 인근주민과 학생들의 수인한 도를 넘게 될 것으로 보일 뿐 아니라 일단 침해된 사회적 환경은 그 회복이 사실상 불가능하다는 점 등에 비추어 보면, 이 사건 처분에 의하여 피고가 달성하려는 학생들의 교육환경과 인근주민들의 주거환경 보호라는 공익은 이 사건 처분으로 인하여 원고들이 입게 되는 불이익을 정당화할 만큼 강한 경우에 해당한다고 할 것이므로, 같은 취지에서 원고들의 각 숙박시설 건축허가신청을 반려한 이 사건 처분은 신뢰보호의 원칙에 위배되지 않는다(대판 2005.11.25, 2004두6822·6839·6846).

③ 총포·도검·화약류단속법 제12조 소정의 총포 등 소지허가 ★ 10 순경특채

총포·도검·화약류 등 단속법령상 총포 등의 소지허가를 받을 수 있는 자격요건을 정하고 있는 규정은 없으나, 관할 관청의 총포 등 소지허가가 총포·도검·화약류단속법 제13조 제1항 소정의 결격자에 해당되지 아니하는 경우 반드시 허가를 하여야 하는 기속행위라고는 할 수 없고, 같은법 제13조 제2항의 규정에 비추어 관할 관청에 총포 등 소지허가에 관한 재량권이 유보되어 있는 것이다(대판 1993.5.14, 92도2179).

# III. 허가의 법적 근거와 요건

## 1. 허가거부와 법적 근거

### (1) 건축허가의 경우 관계법규에서 정하는 제한사유 이외의 사유로 거부할 수 없다

> 건축허가권자는 건축허가신청이 건축법, 도시계획법 등 관계법규에서 정하는 어떠한 제한에 배치되지 않는 이상 당연히 같은법조에서 정하는 건축허가를 하여야 하고 위 관계법규에서 정하는 제한사유 이외의 사유를 들어 거부할 수는 없다(대판 1995.12.12, 95누9051).

### (2) 산림훼손허가는 법규에 명문의 근거가 없더라도 거부할 수 있다 ★ 지방7급, 17 국가7급, 15 국회8급

> 산림훼손행위는 국토의 유지와 환경의 보전에 직접적으로 영향을 미치는 행위이므로 법령이 규정하는 산림훼손 금지 또는 제한지역에 해당하는 경우는 물론 금지 또는 제한지역에 해당하지 않더라도 허가관청은 산림훼손허가신청 대상 토지의 현상과 위치 및 주위의 상황 등을 고려하여 국토 및 자연의 유지와 환경의 보전 등 중대한 공익상 필요가 있다고 인정될 때에는 허가를 거부할 수 있고, 그 경우 법규에 명문의 근거가 없더라도 거부처분을 할 수 있으며, 산림훼손허가를 함에 있어서 고려하여야 할 공익침해의 정도, 예컨대 자연경관훼손정도, 소음·분진의 정도, 수질오염의 정도 등에 관하여 반드시 수치에 근거한 일정한 기준을 정하여 놓고 허가·불허가 여부를 결정하여야 하는 것은 아니고, 산림훼손을 필요로 하는 사업계획에 나타난 사업의 내용, 규모, 방법과 그것이 환경에 미치는 영향 등 제반사정을 종합하여 사회관념상 공익침해의 우려가 현저하다고 인정되는 경우에 불허가할 수 있다(대판 1997.9.12, 97누1228).

산림형질변경허가의 경우 중대한 공익상 필요가 있다고 인정되는 때에는 그 허가를 거부할 수 있으며, 다만 그 경우 별도로 명문의 근거가 있어야 한다. (×) ■ 15 국회8급

### (3) 허가요건의 추가

#### ① 법령에 근거가 없는 경우 시의 예규로써 양곡가공시설물 설치장소에 대한 거리제한을 할 수 없다

> 양곡관리법 등 관계법령에 양곡가공시설물 설치장소에 대한 거리제한의 규정이 없는 이상 시의 예규로써 그 거리를 제한할 수 없다(대판 1981.1.27, 79누433).

#### ② 총포·도검·화약류등단속법상의 총포·도검·화약류판매업허가의 경우 법령이 정한 요건을 충족했음에도 다른 법률에 따라 허가 여부를 결정한 것은 위법하다

> 총포·도검·화약류등단속법상 화약류 판매업 및 저장소 설치허가는 성질상 일반적 금지에 대한 해제에 불과하므로 허가권자는 허가신청이 법에서 정한 요건을 구비한 때에는 허가하여야 하고 관계법규에서 정하는 제한사유 이외의 사유를 들어 허가신청을 거부할 수 없다(대판 1996.6.28, 96누3036).

# IV. 허가와 신청[출원(出願)] ★ 11 국가7급

> 개축허가신청에 대하여 행정청이 착오로 대수선 및 용도변경허가를 하였다 하더라도 취소 등 적법한 조치 없이 그 효력을 부인할 수 없음은 물론(무효사유가 아닌 취소사유에 불과) 더구나 이를 다른 처분(즉, 개축허가)으로 볼 근거도 없다(대판 1985.11.26, 85누382).

# V. 허가의 효과

## 1. 금지의 해제(법률상 이익 또는 반사적 이익 여부)

### (1) 영업상 이익은 원칙적으로 반사적 이익

#### ① 석탄수급조정에 관한 임시조치법 소정의 석탄가공업허가를 받은 기존업자의 이익 ★ 11 순경특채

> 석탄수급조정에관한임시조치법 소정의 석탄가공업에 관한 허가는 사업경영의 권리를 설정하는 형성적 행정행위가 아니라 질서유지와 공공복리를 위한 금지를 해제하는 명령적 행정행위여서 그 허가를 받은 자는 영업자유를 회복하는 데 불과하고 독점적 영업권을 부여받은 것이 아니기 때문에 기존허가를 받은 원고들이 신규허가로 인하여 영업상 이익이 감소된다 하더라도 이는 원고들의 반사적 이익을 침해하는 것에 지나지 아니하므로 원고들은 신규허가처분에 대하여 행정소송을 제기할 법률상 이익이 없다(대판 1980.7.22, 80누33·34).

#### ② 유기장영업허가

> 유기장영업허가는 유기장 경영권을 설정하는 설권행위가 아니고 일반적 금지를 해제하는 영업자유의 회복이라 할 것이므로 그 영업상의 이익은 반사적 이익에 불과하고 행정행위의 본질상 금지의 해제나 그 해제를 다시 철회하는 것은 공익성과 합목적성에 따른 당해 행정청의 재량행위라 할 것이다(대판 1986.11.25, 84누147).

#### ③ 한의사 면허 ★ 12 서울9급

> 한의사 면허는 경찰금지를 해제하는 명령적 행위(강학상 허가)에 해당하고, 한약조제시험을 통하여 약사에게 한약조제권을 인정함으로써 한의사들의 영업상 이익이 감소되었다고 하더라도 이러한 이익은 사실상의 이익에 불과하고 약사법이나 의료법 등의 법률에 의하여 보호되는 이익이라고는 볼 수 없으므로, 한의사들이 한약조제시험을 통하여 한약조제권을 인정받은 약사들에 대한 합격처분의 무효확인을 구하는 당해 소는 원고적격이 없는 자들이 제기한 소로서 부적법하다(대판 1998.3.10, 97누4289).

### (2) 영업상 이익 중 예외적으로 법률상 이익을 인정한 사례

#### ① 한지약종상허가

> 甲이 적법한 약종상허가를 받아 허가지역 내에서 약종상영업을 경영하고 있음에도 불구하고 행정관청이 구 「약사법 시행규칙」을 위배하여 같은 약종상인 乙에게 乙의 영업허가지역이 아닌 甲의 영업허가지역 내로 영업소를 이전하도록 허가하였다면 甲으로서는 이로 인하여 기존업자로서의 법률상 이익을 침해받았음이 분명하므로 甲에게는 행정관청의 영업소이전허가처분의 취소를 구할 법률상 이익이 있다(대판 1988.6.14, 87누873).

#### ② 주류제조면허

> 주류제조면허는 국가의 수입확보를 위하여 설정된 재정허가의 일종이지만 일단 이 면허를 얻은 자의 이득은 단순한 사실상의 반사적 이득에만 그치는 것이 아니라 주세법의 규정에 따라 보호되는 이득이다(대판 1989.12.22, 89누46).

③ 어업허가를 받은 자가 해당 어업을 할 수 있는 지위는 재산권이다

> 어업허가는 일정한 종류의 어업을 일반적으로 금지하였다가 일정한 경우 이를 해제하여 주는 것으로서 어업면허에 의하여 취득하게 되는 어업권과는 그 성질이 다른 것이기는 하나, 어업허가를 받은 자가 그 허가에 따라 해당 어업을 함으로써 재산적인 이익을 얻는 면에서 보면 어업허가를 받은 자의 해당 어업을 할 수 있는 지위는 재산권으로 보호받을 가치가 있다(대판 1999.11.23, 98다11529).

## (3) 거리제한규정이 있는 경우

① 법령의 위임 없이 공중목욕장의 적정분포를 규정(거리제한규정)한 무효인 「공중목욕장 시행세칙」에 의해 신규허가를 발급한 경우 기존 공중목욕업자의 이익은 반사적 이익이다

> 거리의 제한과 같은 위의 시행세칙이나 도지사의 지시가 모두 무효인 이상 원고가 이 사건 허가처분에 의하여 목욕장업에 의한 이익이 사실상 감소된다 하여도 이 불이익은 본건 허가처분의 단순한 사실상의 반사적 결과에 불과하고 이로 말미암아 원고의 권리를 침해하는 것이라고는 할 수 없으므로 원고는 피고의 피고 보조참가인에 대한 이 사건 목욕장업허가처분에 대하여 그 취소를 소구할 수 있는 법률상 이익이 없다(대판 1963.8.31, 63누101).

② 적법한 담배소매인 지정기준으로서의 거리제한규정에 위반한 경우 침해되는 일반소매인의 신규 일반소매인에 대한 이익은 법률상 이익이지만, 담배 일반소매인으로 지정되어 영업을 하고 있는 기존업자의 신규 구내소매인에 대한 지정처분의 취소를 구할 이익은 거리제한규정이 없기 때문에 반사적 이익이다

★ 20·15·12 국회8급, 15 변호사, 14·12 서울9급, 12 세무사

**최신기출**
> 구 담배사업법과 그 시행령 및 시행규칙의 관계규정에 의하면, 담배소매인을 일반소매인과 구내소매인으로 구분하여, 일반소매인 사이에서는 그 영업소 간에 군청, 읍·면사무소가 소재하는 리 또는 동지역에서는 50m, 그 외의 지역에서는 100m 이상의 거리를 유지하도록 규정하는 등 일반소매인의 영업소 간에 일정한 거리제한을 두고 있는데, 이는 담배유통구조의 확립을 통하여 국민의 건강과 관련되고 국가 등의 주요 세원이 되는 담배산업 전반의 건전한 발전 도모 및 국민경제에의 이바지라는 공익목적을 달성하고자 함과 동시에 일반소매인 간의 과당경쟁으로 인한 불합리한 경영을 방지함으로써 일반소매인의 경영상 이익을 보호하는 데에도 그 목적이 있다고 보이므로, 일반소매인으로 지정되어 영업을 하고 있는 기존업자의 신규 일반소매인에 대한 이익은 단순한 사실상의 반사적 이익이 아니라 법률상 보호되는 이익으로서 기존 일반소매인이 신규 일반소매인 지정처분의 취소를 구할 원고적격이 있다고 보아야 할 것이나, 한편 구내소매인과 일반소매인 사이에서는 구내소매인의 영업소와 일반소매인의 영업소 간에 거리제한을 두지 아니할 뿐 아니라 건축물 또는 시설물의 구조·상주인원 및 이용인원 등을 고려하여 동일 시설물 내 2개소 이상의 장소에 구내소매인을 지정할 수 있으며, 이 경우 일반소매인이 지정된 장소가 구내소매인 지정대상이 된 때에는 동일 건축물 또는 시설물 안에 지정된 일반소매인은 구내소매인으로 보고, 구내소매인이 지정된 건축물 등에는 일반소매인을 지정할 수 없으며, 구내소매인은 담배진열장 및 담배소매점 표시판을 건물 또는 시설물의 외부에 설치하여서는 아니 된다고 규정하는 등 일반소매인의 입장에서 구내소매인과의 과당경쟁으로 인한 경영의 불합리를 방지하는 것을 그 목적으로 할 수 있다고 보기 어려우므로, 일반소매인으로 지정되어 영업을 하고 있는 기존업자의 신규 구내소매인에 대한 이익은 법률상 보호되는 이익이 아니라 단순한 사실상의 반사적 이익이라고 해석함이 상당하므로, 기존 일반소매인은 신규 구내소매인 지정처분의 취소를 구할 원고적격이 없다(대판 2008.4.10, 2008두402).

> 담배 일반소매인으로 지정되어 있는 기존업자가 신규담배구내 소매인 지정처분을 다투는 경우에는 원고적격이 있다. (x)
> ■ 15 국회8급
> 甲의 영업소에서 30m 떨어진 장소에 丙이 담배 구내소매인으로 지정을 받은 경우 甲이 원고로서 제기한 丙의 구내소매인 지정에 대한 취소를 구하는 소는 적법하고, 甲은 수소법원에 丙의 구내소매인 지정에 대한 집행정지신청을 할 수 있다. (x) ■ 20 국회8급
> 丁이 담배 일반소매인으로 지정을 받은 장소가 甲의 영업소에서 120m 떨어진 곳이자 丙이 담배 구내소매인으로 지정을 받은 곳에서 50m 떨어져 있다면, 甲과 丙이 공동소송으로 제기한 丁의 일반소매인 지정에 대한 취소소송에서 甲과 丙은 각각 원고적격이 있다. (x) ■ 20 국회8급

## 2. 근거법령상의 금지만 해제

### (1) 도로법상 건축허가와 건축법상의 건축허가 ★ 12 국회9급

> 도로법과 건축법에서 각 규정하고 있는 건축허가는 그 허가권자의 허가를 받도록 한 목적, 허가의 기준, 허가 후의 감독에 있어서 같지 아니하므로 도로법 제50조 제1항에 의하여 접도구역으로 지정된 지역 안에 있는 건물에 관하여 같은법조 제4항·제5항에 의하여 도로관리청인 도지사로부터 개축허가를 받았다고 하더라도 건축법 제5조 제1항에 의하여 시장 또는 군수의 허가를 다시 받아야 한다(대판 1991.4.12, 91도218).

### (2) 구 자연공원법 제23조 제1항 각호의 행위에 대한 허가는 각 행위에 대하여 별도의 허가를 받아야 하는지 여부 (적극) 및 자연공원구역에서의 건축행위가 건축법상 허가를 요하지 아니하는 건축행위인 경우에도 같은법 제23조 제1항 제1호에 정한 공원관리청의 허가를 받아야 한다

> 구 자연공원법 제23조 제1항 각호의 행위에 대한 허가는 특별한 사정이 없는 한 각 행위에 대하여 별도의 허가를 받아야 하고, 건축법상 허가를 요하지 아니하는 건축행위라 하더라도 자연공원구역에서의 건축행위는 자연공원의 특수성을 살려 자연생태계와 자연 및 문화경관 등을 보존하고 지속가능한 이용을 도모하고자 하는 자연공원법의 입법목적에 비추어 같은법 제23조 제1항 단서에서 규정하는 경미한 사항에 해당하지 아니하는 한 같은조 제1항 제1호 소정의 공원관리청의 허가를 받아야 하는 사항이라고 보아야 한다(대판 2005.3.10, 2004도8311).

### (3) 산림법과 「국토의 계획 및 이용에 관한 법률」

> 산림 내에서의 건축용 토석의 채취 불허처분에 관하여는 구 산림법령 관련규정과 국토의 계획 및 이용에 관한 법령 관련규정이 모두 적용된다(대판 2006.9.8, 2005두8191).

## 3. 허가효과(제재사유)의 승계

| 구분 | 허가효과(권리의무·위법사유·제재사유·귀책사유)의 승계 | 경찰책임의 승계 |
|---|---|---|
| 대인적 | 불가 | 불가(행위책임) |
| 대물적 | 가능 | 가능(상태책임) |
| 혼합적 | 제한 | |

### (1) 대인적 허가(불가)

1. 자동차운전면허(대판 1997.5.16, 97누2313)
2. 의사면허·치과의사면허·약사면허·한의사면허(대판 1998.3.10, 97누4289)★ 11 사회복지·건축사면허·이용사면허·미용사면허
3. 해외여행허가

## (2) 대물적 허가(가능)

1. 유기장(전자오락실)영업허가(대판 1990.7.13, 90누2284) : 재량행위
2. 건축법상의 건축(개축·대수선·용도변경)허가(대판 2002.4.26, 2000다16350)
3. 석유판매업(주유소)허가(대판 1999.4.23, 97누14378)
   ※ 다수설(김남진, 김연태, 정하중, 홍준형)은 혼합적 허가로 분류
4. 식품위생법상 일반(대중)음식점영업허가(대판 2000.3.24, 97누12532)·단란주점영업허가(대판 2001.1.30, 99두3577)·유흥접객업허가(대판 1993.2.12, 92누4390)
   ※ • 대인적 허가라는 견해로는 석종현
   　• 혼합적 허가라는 이견으로는 김남진, 김연태, 김성수
5. 채석허가(대판 2003.7.11, 2001두6289)
6. 폐기물중간처리업허가는 대물적 허가 내지는 대물적 요소가 강한 혼합적 허가(대판 2008.4.11, 2007두17113)
7. 「국토의 계획 및 이용에 관한 법률」에 의한 개발행위허가(대판 2014.7.24, 2013도10605)

① 건축허가는 대물허가로서 허가효과가 당연승계되므로 건축주 명의변경행위는 처분이 아니다 ★ 19 국가9급

`최신기출`
> 건축허가는 대물적 허가의 성질을 가지는 것으로 그 허가의 효과는 허가대상 건축물에 대한 권리변동에 수반하여 이전되고, 별도의 승인처분에 의하여 이전되는 것이 아니며, 건축주 명의변경은 당초의 허가대장상 건축주 명의를 바꾸어 등재하는 것에 불과하므로 행정소송의 대상이 될 수 없다(대판 1979.10.30, 79누190).
> ※ 건축주 명의변경신고 수리거부는 처분성 인정(대판 1992.3.31, 91누4911)

② 석유판매업은 양도·권리의무(위법사유·귀책사유) 승계가 가능하다 ★ 16 국회8급, 13 순경특채, 11 국가7급

> 석유판매업(주유소)허가는 소위 대물적 허가의 성질을 갖는 것이어서 그 사업의 양도도 가능하고, 이 경우 양수인은 양도인의 지위를 승계하게 됨에 따라 양도인의 위 허가에 따른 권리의무가 양수인에게 이전되는 것이므로 만약 양도인에게 그 허가를 취소할 위법사유가 있다면 허가관청은 이를 이유로 양수인에게 응분의 제재조치를 취할 수 있다할 것이고, 양수인이 그 양수 후 허가관청으로부터 석유판매업허가를 다시 받았다 하더라도 이는 석유판매업의 양수도를 전제로 한 것이어서 이로써 양도인의 지위승계가 부정되는 것은 아니므로 양도인의 귀책사유는 양수인에게 그 효력이 미친다(대판 1986.7.22, 86누203).

> 대법원은 명문규정이 없으면 원칙적으로 양수인의 법적 책임을 부인하지만 대인적 처분의 경우에는 명문규정이 없어도 양수인에게 책임이 승계된다고 판시하고 있다. (x) ■ 16 국회8급

③ 석유판매업자의 지위를 승계한 자에 대하여 종전의 석유판매업자가 유사석유제품을 판매하는 위법행위를 하였다는 이유로 사업정지 등 제재처분을 취할 수 있다 ★ 15 변호사

> 석유판매업 등록은 원칙적으로 대물적 허가의 성격을 갖고, 또 석유판매업자가 같은 법 제26조의 유사석유제품 판매금지를 위반함으로써 같은 법 제13조 제3항 제6호, 제1항 제11호에 따라 받게 되는 사업정지 등의 제재처분은 사업자 개인의 자격에 대한 제재가 아니라 사업의 전부나 일부에 대한 것으로서 대물적 처분의 성격을 갖고 있으므로, 위와 같은 지위승계에는 종전 석유판매업자가 유사석유제품을 판매함으로써 받게 되는 사업정지 등 제재처분의 승계가 포함되어 그 지위를 승계한 자에 대하여 사업정지 등의 제재처분을 취할 수 있다고 보아야 하고, 같은 법 제14조 제1항 소정의 과징금은 해당 사업자에게 경제적 부담을 주어 행정상의 제재 및 감독의 효과를 달성함과 동시에 그 사업자와 거래관계에 있는 일반 국민의 불편을 해소시켜 준다는 취지에서 사업정지처분에 갈음하여 부과되는 것일 뿐이므로, 지위승계의 효과에 있어서 과징금부과처분을 사업정지처분과 달리 볼 이유가 없다(대판 2003.10.23, 2003두8005).

④ **석유 및 석유대체연료 사업법 제8조에 따른 사업정지처분 효과의 승계 여부**

> 제재사유 및 처분절차의 승계조항을 둔 취지는 제재적 처분 면탈을 위하여 석유정제업자 지위승계가 악용되는 것을 방지하기 위한 것이고, 승계인에게 위와 같은 선의에 대한 증명책임을 지운 취지 역시 마찬가지로 볼 수 있다. 즉 법 제8조 본문 규정에 의해 사업정지처분의 효과는 새로운 석유정제업자에게 승계되는 것이 원칙이고 단서 규정은 새로운 석유정제업자가 그 선의를 증명한 경우에만 예외적으로 적용될 수 있을 뿐이다. 따라서 승계인의 종전 처분 또는 위반 사실에 관한 선의를 인정함에 있어서는 신중하여야 한다(대판 2017.9.7, 2017두41085).

⑤ **공중위생영업(퇴폐이발소인 명진이용원)에 있어 그 영업을 정지할 위법사유가 있는 경우, 그 영업이 양도·양수되었다 하더라도 양수인에 대하여 영업정지처분을 할 수 있다** ★ 21 국가9급

> 영업정지나 영업장폐쇄명령 모두 대물적 처분으로 보아야 할 이치이고, 아울러 구 공중위생관리법 제3조 제1항에서 보건복지부장관은 공중위생영업자로 하여금 일정한 시설 및 설비를 갖추고 이를 유지·관리하게 할 수 있으며, 제2항에서 공중위생영업자가 영업소를 개설한 후 시장 등에게 영업소개설사실을 통보하도록 규정하는 외에 공중위생영업에 대한 어떠한 제한규정도 두고 있지 아니한 것은 공중위생영업의 양도가 가능함을 전제로 한 것이라 할 것이므로, 양수인이 그 양수 후 행정청에 새로운 영업소개설통보를 하였다 하더라도, 그로 인하여 영업양도·양수로 영업소에 관한 권리의무가 양수인에게 이전하는 법률효과까지 부정되는 것은 아니라 할 것인바, 만일 어떠한 공중위생영업에 대하여 그 영업을 정지할 위법사유가 있다면, 관할행정청은 그 영업이 양도·양수되었다 하더라도 그 업소의 양수인에 대하여 영업정지처분을 할 수 있다고 봄이 상당하다(대판 2001.6.29, 2001두1611).

⑥ **채석허가는 상속가능**

> 채석허가는 수허가자에 대하여 일반적·상대적 금지를 해제하여 줌으로써 채석행위를 자유롭게 할 수 있는 자유를 회복시켜 주는 것(허가)일 뿐 권리를 설정하는 것(특허)이 아니라 하더라도, 대물적 허가의 성질을 아울러 가지고 있는 점 등을 감안하여 보면, 수허가자가 사망한 경우 특별한 사정이 없는 한 수허가자의 상속인이 수허가자로서의 지위를 승계한다고 봄이 상당하다(대판 2005.8.19, 2003두9817·9824).

⑦ **폐기물중간처리업허가는 대물적 허가 내지는 대물적 요소가 강한 혼합적 허가**

> 폐기물중간처리업허가는 폐기물처리를 위한 시설·장비 및 기술능력 등 객관적 요소를 주된 대상으로 하는 대물적 허가 내지는 대물적 요소가 강한 혼합적 허가(대인적 요소로는 법 제27조에서 법에 위반하여 형을 받거나 폐기물중간처리업의 허가가 취소된 후 2년이 경과되지 아니한 자 등에 대하여 허가를 금하고 있는 것 등을 들 수 있다)로서, 그 영업장의 소재지 및 시설·장비 등은 폐기물중간처리업허가의 대상을 이루는 중요한 요소라 할 것이다(대판 2008.4.11, 2007두17113).

⑧ **「국토의 계획 및 이용에 관한 법률」에 의한 개발행위허가를 받은 자가 사망한 경우, 상속인이 그 지위를 승계하고, 이러한 지위를 승계한 상속인은 개발행위허가기간 만료에 따른 원상회복명령의 수범자가 된다**

> 「국토의 계획 및 이용에 관한 법률」(국토계획법) 제135조 제2항이 국토계획법에 의한 처분, 그 절차 및 그 밖의 행위에 대하여 그 행위와 관련된 토지 또는 건축물의 소유권이나 그 밖의 권리를 가진 자의 승계인에게 그 효력을 미치도록 규정하고 있는 점, 국토계획법에 의한 개발행위허가는 대물적 허가의 성질을 가지고 있는 점 등을 종합하여 볼 때, 개발행위허가를 받은 자가 사망한 경우 특별한 사정이 없는 한 상속인이 개발행위허가를 받은 자의 지위를 승계하고, 이러한 지위를 승계한 상속인은 국토계획법 제133조 제1항 제5의2호에서 정한 개발행위허가기간의 만료에 따른 원상회복명령의 수범자가 된다(대판 2014.7.24, 2013도10605).

⑨ **건축허가는 대물적(對物的) 성질** ★ 19 서울7급

최신기출
> 건축허가는 대물적 성질을 갖는 것이어서 행정청으로서는 허가를 할 때에 건축주 또는 토지 소유자가 누구인지 등 인적 요소에 관하여는 형식적 심사만 한다(대판 2017.3.15, 2014두41190).

### (3) 혼합적 허가(제한)

1. 전당포영업허가·고물상영업허가·약국영업허가·중개업영업허가
2. 총포·도검·화약류제조허가·판매업허가(대판 1996.6.28, 96누3036)
3. 도시가스사업허가
4. 사설묘지허가(대판 1979.10.16, 79누175)
5. 다방영업허가(대판 1981.8.20, 80도1176)
6. 공중목욕장영업허가(대판 1981.1.13, 80다1126)
7. 「학원의 설립·운영에 관한 법률」 제5조 제2항에 의한 학원의 설립인가(대판 1992.4.14, 91다39986)

#### ① 사설묘지허가 취소처분에 대하여 그 임야의 양수인은 행정소송을 제기할 이익이 없다 ★ 19 국가9급

> **최신기출** 사설묘지설치허가는 단순한 대물적 허가로만 볼 수 없어 그 허가의 효과는 위 임야를 양수한 자에게 당연히 이전될 수 없으므로 위 양수인은 사설묘지허가취소처분에 대하여 행정소송을 제기할 이익이 없다(대판 1979.10.16, 79누175).

사설법인묘지의 설치에 대한 행정청의 허가는 인가 (×) ■ 19 국가9급

#### ② 「학원의 설립·운영에 관한 법률」 제5조 제2항에 의한 학원의 설립인가의 성질은 허가이고 학원의 수인가자 지위의 양도는 허용된다

> 「학원의 설립·운영에 관한 법률」 제5조 제2항에 의한 학원의 설립인가는 강학상의 이른바 허가에 해당하는 것으로서 그 인가를 받은 자에게 특별한 권리를 부여하는 것은 아니고 일반적인 금지를 특정한 경우에 해제하여 학원을 설립할 수 있는 자유를 회복시켜 주는 것에 불과한 것이기는 하지만 위 법률 제5조 제2항 후단의 규정에 근거한 같은법시행령 제10조 제1항은 설립자의 변경을 변경인가사항으로 규정하고 있어 학원의 수인가자의 지위(이른바 인가권)의 양도는 허용된다(대판 1992.4.14, 91다39986).

### (4) 기타 허가

1. 청량음료 제조업허가(대판 1981.7.14, 80누593)
2. 「석탄수급조정에 관한 임시조치법」상의 석탄가공업허가(대판 1980.7.22, 80누33·34)
3. 한지 약종상허가(대판 1988.6.14, 87누873) : 법률상 이익 인정
4. 주류제조면허(대판 1989.12.22, 89누46) : 법률상 이익 인정
5. 숙박업구조변경허가(대판 1990.8.14, 89누7900)
6. 주류판매업 면허(대판 1995.11.10, 95누5714)
7. 양곡가공업허가(대판 1990.11.13, 89누756)
8. 식품위생법상의 광천음료수제조업허가(대판 1993.2.12, 92누5959)
9. 공중위생법상의 위생접객업허가(대판 1995.7.28, 94누13497)
10. 도시계획법상 토지형질변경허가(대판 1999.2.23, 98두17845)(재량행위로 판시), 산림형질변경허가
11. 기부금품모집규제법상의 기부금품모집허가(대판 1999.7.23, 99두3690)[예외적 승인이라는 견해 존재(김남진·김연태)]
12. 어업허가(대판 1999.11.23, 98다11529)
    ※ 어업면허는 특허(대판 1999.5.14, 98다14030)

## 4. 허가와 사권의 설정 여부 ★ 14 지방9급

> 건축허가가 타인의 명의로 된 경우 건물 소유권은 허가명의자가 아니라 자기 비용과 노력으로 건물을 신축한 자가 취득 : 건축허가는 행정관청이 건축행정상 목적을 수행하기 위하여 수허가자에게 일반적으로 행정관청의 허가 없이는 건축행위를 하여서는 안 된다는 상대적 금지를 관계법규에 적합한 일정한 경우에 해제하여 줌으로써 일정한 건축행위를 하여도 좋다는 자유를 회복시켜 주는 행정처분일 뿐 수허가자에게 어떤 새로운 권리나 능력을 부여하는 것이 아니고, 건축허가서는 허가된 건물에 관한 실체적 권리의 득실변경의 공시방법이 아니며 추정력도 없으므로 건축허가서에 건축주로 기재된 자가 건물의 소유권을 취득하는 것은 아니므로, 자기 비용과 노력으로 건물을 신축한 자는 그 건축허가가 타인의 명의로 된 여부에 관계없이 그 소유권을 원시취득한다(대판 2002.4.26, 2000다16350).

## 5. 허가의 갱신

### (1) 유료 직업소개사업의 허가갱신 후에 갱신 전의 법위반을 이유로 허가를 취소할 수 있다
★ 17 국가7급, 15 지방9급, 10 국회8급

> 유료 직업소개사업의 허가갱신은 허가취득자에게 종전의 지위를 계속 유지시키는 효과를 갖는 것에 불과하고 갱신 후에는 갱신 전의 법위반사항을 불문에 붙이는 효과를 발생하는 것이 아니므로 일단 갱신이 있은 후에도 갱신 전의 법위반사실을 근거로 허가를 취소할 수 있다(대판 1982.7.27, 81누174).

### (2) 건설업면허 갱신이 있더라도 갱신 전 건설업자의 위법사유가 치유되지 않는다 ★ 11 지방9급, 10 국회8급

> 건설업면허의 갱신이 있으면 기존면허의 효력은 동일성을 유지하면서 장래에 향하여 지속한다 할 것이고 갱신에 의하여 갱신 전의 면허는 실효되고 새로운 면허가 부여된 것이라고 볼 수는 없으므로 면허갱신에 의하여 갱신 전의 건설업자의 모든 위법사유가 치유된다거나 일정한 시일의 경과로서 그 위법사유가 치유된다고 볼 수 없다(대판 1984.9.11, 83누658).

### (3) 종전 허가의 유효기간이 지난 후에 한 기간연장 신청은 갱신신청이 아니라 새로운 허가의 신청이다.
★ 18 지방7급, 16 지방9급, 15·10 국회8급, 14 순경특채 / 10 국회9급

`최신기출`
> 종전의 허가가 기한(종기)의 도래로 실효한 이상 원고가 종전 허가의 유효기간이 지나서 신청한 이 사건 기간연장 신청은 그에 대한 종전의 허가처분을 전제로 하여 단순히 그 유효기간을 연장하여 주는 행정처분을 구하는 것이라기보다는 종전의 허가처분과는 별도의 새로운 허가를 내용으로 하는 행정처분을 구하는 것이라고 보아야 할 것이어서, 이러한 경우 허가권자는 이를 새로운 허가신청으로 보아 법의 관계규정에 의하여 허가요건의 적합 여부를 새로이 판단하여 그 허가 여부를 결정하여야 할 것이다(대판 1995.11.10, 94누11866).

허가의 유효기간이 지난 후에 그 허가의 기간연장이 신청된 경우, 허가권자는 특별한 사정이 없는 한 유효기간을 연장해 주어야 한다. (x) ■ 16 지방9급

## VI. 허가의 소멸

### 1. 허가의 소멸사유

행정기관의 허가는 법령에 특별한 규정이 없으면 허가를 받은 자연인의 사망, 법인 또는 단체의 해산으로 인하여 그 효력이 소멸되며 기간의 허가인 경우에는 불가항력의 사유로 인한 경우라도 당연히 연장되는 것은 아니다(대판 1956.3.10, 4288민상495·496).

### 2. 2인 공동명의로 된 주류제조면허는 그 중 1인이 면허취소신청을 한 것만으로 2인 공동명의로 된 면허를 취소할 수 없다

2인 공동명의로 된 주류제조면허는 그 중 1인이 면허취소 신청이 있다 하여 그에 따라 다른 1인에 대한 면허도 당연히 취소하여야 되는 것이 아니므로 2인 공동명의로 된 주류제조면허를 취소할 수 없다(대판 1975.3.11, 74누138).

# Ⅶ. 인허가의제제도

## 1. 입법취지 및 유사개념과의 구별

### (1) 인허가의제제도의 취지

> 구 「주한미군 공여구역주변지역 등 지원 특별법」(구 지원특별법) 제29조의 인허가의제 조항은 목적사업의 원활한 수행을 위해 행정절차를 간소화하고자 하는 데 그 입법취지가 있다(대판 2012.2.9, 2009두16305).

### (2) 「중소기업창업 지원법」 제35조 제1항, 제4항에서 정한 인허가 의제 제도의 입법 취지

> 인허가 의제 제도는 목적사업의 원활한 수행을 위해 창구를 단일화하여 행정절차를 간소화하는 데 입법 취지가 있고 목적사업이 관계 법령상 인허가의 실체적 요건을 충족하였는지에 관한 심사를 배제하려는 취지는 아니다. 따라서 시장 등이 사업계획을 승인하기 전에 관계 행정청과 미리 협의한 사항에 한하여 사업계획승인처분을 할 때에 관련 인허가가 의제되는 효과가 발생할 뿐이다(대판 2021.3.11, 2020두42569).

### (3) 부분인허가의제제도

㉠ 구 「주한미군 공여구역주변지역 등 지원 특별법」 제11조에 의한 사업시행승인을 함에 있어 같은 법 제29조 제1항에 규정된 사업 관련 모든 인허가의제 사항에 관하여 관계 행정기관의 장과 일괄하여 사전 협의를 거칠 것을 그 요건으로 하지 않는다 ★ 16 지방7급

> 구 「주한미군 공여구역주변지역 등 지원 특별법」(구 지원특별법) 제29조의 인허가의제 조항은 목적사업의 원활한 수행을 위해 행정절차를 간소화하고자 하는 데 그 입법취지가 있다 할 것인데, 만일 사업시행승인 전에 반드시 사업 관련 모든 인허가의제 사항에 관하여 관계 행정기관의 장과 협의를 거쳐야 한다고 해석하게 되면 일부의 인허가의제 효력만을 먼저 얻고자 하는 사업시행승인 신청인의 의사와 부합하지 않을 뿐만 아니라 사업시행승인 신청을 하기까지 상당한 시간이 소요되어 그 취지에 반하는 점, 「주한미군 공여구역주변지역 등 지원 특별법」이 2009.12.29. 법률 제9843호로 개정되면서 제29조 제1항에서 "제11조의 규정에 의한 사업시행승인이 있은 때에는 다음 각 호의 허가·인가·지정·승인·협의·신고·해제·결정·동의 등(인허가 등) 중 제2항에 따라 관계 중앙행정기관의 장 및 지방자치단체의 장과 미리 협의한 사항에 대하여는 그 인허가등을 받은 것으로 본다"고 규정함으로써 인허가의제 사항 중 일부만에 대하여도 관계 행정기관의 장과 협의를 거치면 인허가의제 효력이 발생할 수 있음을 명확히 하고 있는 점 등 위 각 규정의 내용, 형식 및 취지 등에 비추어 보면, 구 지원특별법 제11조에 의한 사업시행승인을 함에 있어 같은 법 제29조 제1항에 규정된 사업 관련 모든 인허가의제 사항에 관하여 관계 행정기관의 장과 일괄하여 사전 협의를 거칠 것을 그 요건으로 하는 것은 아니라 할 것이고, 사업시행승인 후 인허가의제 사항에 관하여 관계 행정기관의 장과 협의를 거치면 그때 해당 인허가가 의제된다고 봄이 상당하다(대판 2012.2.9, 2009두16305).

> 인·허가 의제에 관계기관의 장과 협의가 요구되는 경우, 주된 인·허가를 하기 전에 의제되는 모든 인·허가 사항에 관하여 관계기관의 장과 사전협의를 거쳐야 한다. (x) ■ 16 지방7급

## 2. 신청

주된 인허가를 받기 원하는 신청인은 주된 인허가의 사무를 담당하는 주무관청에게 의제되는 모든 인허가의 관련서류 등을 구비하여 신청서를 제출하면 된다.

어떤 개발사업의 시행과 관련하여 인허가의 근거 법령에서 절차간소화를 위하여 관련 인허가를 의제 처리할 수 있는 근거 규정을 둔 경우, 사업시행자가 인허가를 신청하면서 반드시 관련 인허가 의제 처리를 신청할 의무는 없다.

> **최신판례** 어떤 개발사업의 시행과 관련하여 여러 개별 법령에서 각각 고유한 목적과 취지를 가지고 요건과 효과를 달리하는 인허가 제도를 각각 규정하고 있다면, 그 개발사업을 시행하기 위해서는 개별 법령에 따른 여러 인허가 절차를 각각 거치는 것이 원칙이다. 다만 어떤 인허가의 근거 법령에서 절차간소화를 위하여 관련 인허가를 의제 처리할 수 있는 근거 규정을 둔 경우에는, 사업시행자가 인허가를 신청하면서 하나의 절차 내에서 관련 인허가를 의제 처리해줄 것을 신청할 수 있다. 관련 인허가 의제 제도는 사업시행자의 이익을 위하여 만들어진 것이므로, 사업시행자가 반드시 관련 인허가 의제 처리를 신청할 의무가 있는 것은 아니다(대판 2020.7.23, 2019두31839).

## 3. 인허가의제제도에서의 심사기준

### (1) 실체적 요건

실체적 규정은 당연히 적용 내지 존중되어야 한다는 견해가 다수설이다.

① **농지의 전용허가를 받으려는 토지에 대하여 택지개발촉진법 제6조 제1항에 의한 토지형질의 변경허가를 받을 수 없는 경우, 구 「농지법 시행령」 제38조 제1항 제2호 소정의 농지전용허가에 관한 심사기준에 저촉된다**

> 택지개발촉진법 제6조 제1항은 예정지구 안에서 토지형질의 변경 등 행위를 하고자 하는 자는 관할시장 또는 군수의 허가를 받아야 한다고 규정하고 있으므로 택지개발예정지구 안에 있는 토지에 대해서는 농지전용의 허가를 받은 자 하더라도 택지개발촉진법 제6조 제1항에 의한 토지형질의 변경허가를 받지 않고서는 그 전용목적사업을 실현할 수 없는 것이므로, 농지의 전용허가를 받으려는 토지에 대하여 택지개발촉진법 제6조 제1항에 의한 토지형질의 변경허가를 받을 수 없다면 이는 구 농지법 시행령 제38조 제1항 제2호 소정의 농지전용허가에 관한 심사기준에 저촉된다(대판 2000.11.24, 2000두2341).

② **「국토의 계획 및 이용에 관한 법률」상 건축물의 건축에 관한 개발행위허가가 의제되는 건축허가신청이 국토의 계획 및 이용에 관한 법령이 정한 개발행위허가기준에 부합하지 아니하는 경우, 허가권자가 이를 거부할 수 있고 이는 건축법 제16조 제3항에 의하여 개발행위허가의 변경이 의제되는 건축허가사항의 변경허가에서도 마찬가지이다** ★ 21·18 국가9급, 18 서울7급

> **최신기출** 건축물의 건축이 국토계획법상 개발행위에 해당할 경우 그에 대한 건축허가를 하는 허가권자는 건축허가에 배치·저촉되는 관계 법령상 제한 사유의 하나로 국토계획법령의 개발행위허가기준을 확인하여야 하므로, 국토계획법상 건축물의 건축에 관한 개발행위허가가 의제되는 건축허가신청이 국토계획법령이 정한 개발행위허가기준에 부합하지 아니하면 허가권자로서는 이를 거부할 수 있고, 이는 건축법 제16조 제3항에 의하여 개발행위허가의 변경이 의제되는 건축허가사항의 변경허가에서도 마찬가지이다(대판 2016.8.24, 2016두35762).

> 판례에 따르면 행정계획의 구속효는 계획마다 상이하나 집중효에 있어서는 절차집중과 실체집중 모두 인정된다. (×) ■ 18 서울7급

③ 구 주택법 제17조 제1항에 따른 인허가 의제가 해당 주택건설 사업대상 토지(주택단지)에 국한하여 허용되는 것은 아니고, 주택건설사업계획의 승인으로 주택건설 사업구역 밖의 토지에 설치될 도시·군계획시설 등에 대하여 지구단위계획결정 등 인허가가 의제되기 위한 요건

> 구 주택법 제17조 제1항의 인허가 의제 규정에는 인허가 의제가 가능한 공간적 범위를 제한하는 내용을 포함하고 있지 않으므로, 인허가 의제가 해당 주택건설 사업대상 토지(주택단지)에 국한하여 허용된다고 볼 수는 없다. 다만 주택건설사업을 시행하는 데 필요한 각종 인허가 절차를 간소화함으로써 주택의 건설·공급을 활성화하려는 인허가 의제 규정의 입법 취지를 고려할 때, 주택건설 사업구역 밖의 토지에 설치될 도시·군계획시설 등에 대하여 지구단위계획결정 등 인허가가 의제 되려면, 그 시설 등이 해당 주택건설사업계획과 '실질적인 관련성'이 있어야 하고 주택건설사업의 시행을 위하여 '부수적으로 필요한' 것이어야 한다(대판 2018.11.29, 2016두38792).

④ 「국토의 계획 및 이용에 관한 법률」 제65조에 따라 '공공시설을 관리할 관리청에 무상으로 귀속되는 공공시설을 설치하고자 하는 자'가 도시·군계획시설사업의 시행자로 지정 받기 위해서는 사인(私人)을 도시·군계획시설사업의 시행자로 지정하기 위한 별도의 소유 및 동의 요건이 요구되는 것은 아니다

> 「국토의 계획 및 이용에 관한 법률」 제86조 제7항에 따르면, '국가 또는 지방자치단체'(제1호), '대통령령으로 정하는 공공기관'(제2호), '그 밖에 대통령령으로 정하는 자'(제3호)에 해당하지 아니하는 자가 도시·군계획시설사업의 시행자로 지정을 받으려면 도시·군계획시설사업의 대상인 토지(국공유지 제외)의 소유 면적 및 토지소유자 동의 비율에 관하여 대통령령으로 정하는 별도의 요건을 갖추어야 한다. 그 위임에 따라 「국토의 계획 및 이용에 관한 법률 시행령」 제96조 제4항 제3호는 법 제86조 제7항 제3호의 '그 밖에 대통령령으로 정하는 자' 중 하나로 "법 제65조의 규정에 의하여 공공시설을 관리할 관리청에 무상으로 귀속되는 공공시설을 설치하고자 하는 자"를 규정하고 있다. 따라서 이러한 사람에 대하여는 사인(私人)을 도시·군계획시설사업의 시행자로 지정하기 위한 별도의 소유 및 동의 요건이 요구되지 않는다(대판 2018.11.29, 2016두38792).

⑤

최신판례

> 건축주가 '부지 확보' 요건을 완비하지는 못한 상태이더라도 가까운 장래에 '부지 확보' 요건을 갖출 가능성이 높은 경우, 건축행정청이 추후 별도로 「국토의 계획 및 이용에 관한 법률」상 개발행위(토지형질변경) 허가를 받을 것을 명시적 조건으로 하거나 또는 묵시적인 전제로 하여 건축주에 대하여 건축법상 건축허가를 발급하는 것은 위법하지 않다(대판 2020.7.23, 2019두31839).

⑥

최신판례

> 건축주가 건축법상 건축허가를 발급받은 후 위 개발행위 허가절차를 이행하기를 거부하거나 허가를 발급할 가능성이 사라진 경우, 건축행정청이 이미 발급한 건축허가를 직권으로 취소·철회하는 방법으로 회수할 필요가 있다(대판 2020.7.23, 2019두31839).

⑦ 건축물의 건축을 위해서는 건축법상 건축허가절차에서 관련 인허가 의제 제도를 통해 건축법상 건축허가와 「국
토의 계획 및 이용에 관한 법률」상 개발행위(건축물의 건축) 허가의 발급 여부가 동시에 심사·결정되어야 한다

건축주가 건축물을 건축하기 위해서는 건축법상 건축허가와 국토계획법상 개발행위(건축물의 건축) 허가를 각각
별도로 신청하여야 하는 것이 아니라, 건축법상 건축허가절차에서 관련 인허가 의제 제도를 통해 두 허가의 발급
여부가 동시에 심사·결정되도록 하여야 한다. 즉, 건축주는 건축행정청에 건축법상 건축허가를 신청하면서 국토
계획법상 개발행위(건축물의 건축) 허가 심사에도 필요한 자료를 첨부하여 제출하여야 하고, 건축행정청은 개발행
위허가권자와 사전 협의절차를 거침으로써 건축법상 건축허가를 발급할 때 국토계획법상 개발행위(건축물의 건축)
허가가 의제되도록 하여야 한다.
이를 통해 건축법상 건축허가절차에서 건축주의 건축계획이 국토계획법상 개발행위 허가기준을 충족하였는지가
함께 심사되어야 한다. 건축주의 건축계획이 건축법상 건축허가기준을 충족하더라도 국토계획법상 개발행위 허
가기준을 충족하지 못한 경우에는 해당 건축물의 건축은 법질서상 허용되지 않는 것이므로, 건축행정청은 건축
법상 건축허가를 발급하면서 국토계획법상 개발행위(건축물의 건축) 허가가 의제되지 않은 것으로 처리하여서는
안 되고, 건축법상 건축허가의 발급을 거부하여야 한다(대판 2020.7.23, 2019두31839).

⑧ 「국토의 계획 및 이용에 관한 법률」상 개발행위 허가기준 충족 여부에 관한 심사가 누락된 채 건축법상 건축허가
가 발급된 경우, 건축허가를 취소할 수 있다

건축법상 건축허가절차에서 국토계획법상 개발행위 허가기준 충족 여부에 관한 심사가 누락된 채 건축법상 건축
허가가 발급된 경우에는 그 건축법상 건축허가는 위법하므로 취소할 수 있다. 이때 건축허가를 취소한 경우 건축
행정청은 개발행위허가권자와의 사전 협의를 통해 국토계획법상 개발행위 허가기준 충족 여부를 심사한 후 건축법상
건축허가 발급 여부를 다시 결정하여야 한다(대판 2020.7.23, 2019두31839).

### (2) 절차적 요건(절차집중설 내지 제한적 긍정설)

인허가의제의 경우 관계인허가기관의 협의를 거치도록 하는 것이 보통이다. 그러나 관계기관과의 협의 외에 의제되는 인허
가의 절차규정들을 모두 준수하도록 하는 것은 인허가의제를 통해 심사절차를 간소화함으로써 달성하려는 심사의 신속성
을 방해하게 되고, 절차규정들 사이에 상호충돌이 일어날 수도 있기 때문에 실체적 규정들과는 달리 생략할 수 있다는
절차집중설 내지 제한적 긍정설이 다수설·판례이다.

① 주택건설사업계획 승인권자가 도시·군관리계획 결정권자와 협의를 거쳐 주택건설사업계획을 승인함으로써 도시·
군관리계획결정이 이루어진 것으로 의제되기 위해서는 협의 절차와 별도로 「국토의 계획 및 이용에 관한 법률」
제28조 등에 따른 주민 의견청취 절차를 거쳐야 하는 것은 아니다 ★ 21 국가9급

주택건설사업계획 승인권자가 구 주택법 제17조 제3항에 따라 도시·군관리계획 결정권자와 협의를 거쳐 관계 주택
건설사업계획을 승인하면 같은 조 제1항 제5호에 따라 도시·군관리계획결정이 이루어진 것으로 의제되고, 이러한
협의 절차와 별도로 「국토의 계획 및 이용에 관한 법률」 제28조 등에서 정한 도시·군관리계획 입안을 위한 주민
의견청취 절차를 거칠 필요는 없다(대판 2018.11.29, 2016두38792).

② 관련 인허가 사항에 관한 사전 협의가 이루어지지 않은 채 「중소기업창업 지원법」 제33조 제3항에서 정한 20일의 처리기간이 지난 날의 다음 날에 사업계획승인처분이 이루어진 것으로 의제된 경우, 창업자는 관련 인허가를 관계 행정청에 별도로 신청하는 절차를 거쳐야 한다

최신판례 | 관련 인허가 사항에 관한 사전 협의가 이루어지지 않은 채 중소기업창업법 제33조 제3항에서 정한 20일의 처리기간이 지난 날의 다음 날에 사업계획승인처분이 이루어진 것으로 의제된다고 하더라도, 창업자는 중소기업창업법에 따른 사업계획승인처분을 받은 지위를 가지게 될 뿐이고 관련 인허가까지 받은 지위를 가지는 것은 아니다. 따라서 창업자는 공장을 설립하기 위해 필요한 관련 인허가를 관계 행정청에 별도로 신청하는 절차를 거쳐야 한다. 만일 창업자가 공장을 설립하기 위해 필요한 「국토의 계획 및 이용에 관한 법률」에 따른 개발행위허가를 신청하였다가 거부처분이 이루어지고 그에 대하여 제소기간이 도과하는 등의 사유로 더 이상 다툴 수 없는 효력이 발생한다면, 시장 등은 공장설립이 객관적으로 불가능함을 이유로 중소기업창업법에 따른 사업계획승인처분을 직권으로 철회하는 것도 가능하다(대판 2021.3.11. 2020두42569).

## 4. 효과

(1) 주된 인허가에 관한 사항을 규정하고 있는 甲법률에서 주된 인허가가 있으면 乙법률에 의한 인허가를 받은 것으로 의제한다는 규정을 둔 경우, 주된 인허가가 있으면 乙법률에 의하여 인허가를 받았음을 전제로 한 乙법률의 모든 규정들까지 적용된다고 볼 수 없다 ★ 18 국가7급

최신기출 | 주된 인허가에 관한 사항을 규정하고 있는 甲법률에서 주된 인허가가 있으면 乙법률에 의한 인허가를 받은 것으로 의제한다는 규정을 둔 경우에는, 주된 인허가가 있으면 乙법률에 의한 인허가가 있는 것으로 보는 데 그치는 것이고, 그에서 더 나아가 乙법률에 의하여 인허가를 받았음을 전제로 한 乙법률의 모든 규정들까지 적용되는 것은 아니다. 구 건축법 제8조 제4항은 건축허가를 받은 경우, 구 도시계획법 제25조의 규정에 의한 도시계획사업 실시계획의 인가를 받은 것으로 본다는 인가의제규정만을 두고 있을 뿐, 구 건축법 자체에서 새로이 설치한 공공시설의 귀속에 관한 구 도시계획법 제83조 제2항을 준용한다는 규정을 두고 있지 아니하므로, 구 건축법 제8조 제4항에 따른 건축허가를 받아 새로이 공공시설을 설치한 경우, 그 공공시설의 귀속에 관하여는 구 도시계획법 제83조 제2항이 적용되지 않는다(대판 2004.7.22. 2004다19715).

(2) 「도시 및 주거환경정비법」에 정한 도시환경정비사업 시행인가를 받아서 건축허가가 있는 것으로 의제되는 경우도 구 「대도시 광역교통관리에 관한 특별법 시행령」 제15조 제2항의 규율대상에 포함된다

도정법에 따른 도시환경정비사업의 사업시행자가 그 사업시행인가를 받은 경우 같은법 제32조 제1항 제1호의 규정에 의하여 건축법 제8조의 규정에 의한 건축허가를 받은 것으로 간주되는데, 사업시행자가 위와 같은 건축허가의 의제를 받고자 하는 경우 사업시행인가를 신청하면서 건축법이 정하는 관계 서류를 함께 제출하여야 하고(도정법 제32조 제3항), 이를 접수한 관할 행정관청은 미리 관계행정기관의 장과 협의하여야 하며, 이 경우 관계 행정기관의 장은 건축법에서 규정한 허가 등의 기준에 위반하여 협의에 응하여서는 아니된다는 점(같은 조 제4항) 등을 종합하여 보면, 도정법 소정의 도시환경정비사업 시행인가를 받아서 건축허가가 있은 것으로 의제되는 경우 역시 구 「광역교통관리에 관한 특별법 시행령」 제15조 제2항의 규율대상(광역교통시설 부담금의 부과 대상)에 포함된다고 할 것이다 (대판 2007.10.26. 2007두9884).

**(3) 도로의 관리청이 구 산림법 제90조 제1항의 입목의 벌채 등에 관하여 관계기관과 협의하여 도로구역을 결정·고시한 경우, 입목 벌채 등의 허가의제의 효과가 미치는 범위**

> 도로의 관리청이 구 산림법 제90조 제1항의 입목의 벌채, 임산물의 굴취에 관하여 관계기관과 협의하여 도로구역을 결정·고시한 경우에는 그 지역 내에서는 입목의 벌채, 임산물의 굴취허가가 있는 것으로 의제되고, 또 그와 같은 허가의제의 효과는 도로의 관리청뿐만 아니라 임야의 소유자 또는 그로부터 동의를 받은 일반인에게도 미친다고 보는 것이 상당하며, 이는 도로의 관리청이 도로구역에 편입된 임야의 소유자들에게 손실보상을 완료하지 아니하였다고 하더라도 마찬가지이다(대판 2006.7.13, 2005도9981).

**(4) 구 택지개발촉진법 제11조 제1항 제9호에 따라 택지개발사업 실시계획승인에 의하여 의제되는 도로공사시행 허가 및 도로점용허가의 범위** ★ 16 지방7급

> 택지개발사업 실시계획승인에 의해 의제되는 도로공사시행허가 및 도로점용허가는 원칙적으로 당해 택지개발사업을 시행하는 데 필요한 범위 내에서만 그 효력이 유지된다고 보아야 한다. 따라서 원고가 이 사건 택지개발사업과 관련하여 그 사업시행의 일환으로 이 사건 도로예정지 또는 도로에 전력관을 매설하였다고 하더라도 사업시행완료 후 이를 계속 유지·관리하기 위해 도로를 점용하는 것에 대한 도로점용허가까지 그 실시계획 승인에 의해 의제된다고 볼 수는 없다(대판 2010.4.29, 2009두18547).

주된 인·허가에 의해 의제되는 인·허가는 원칙적으로 주된 인·허가로 인한 사업을 시행하는 데 필요한 범위 내에서만 그 효력이 유지되는 것은 아니므로, 주된 인·허가로 인한 사업이 완료된 이후에도 효력이 있다. (x) ■ 16 지방7급

갑(甲)은 택지개발사업이 완료된 후에도 사업을 위해 지하에 매설한 전력관을 유지관리하기 위해 도로를 계속 점용할 수 있다. (x) ■ 20 서울7급

## 5. 불복쟁송의 대상

### (1) 주된 인허가 거부의 경우

판례는 주된 인허가에 대한 거부처분만을 대상으로 쟁송을 제기할 수 있되, 의제되는 인허가의 불허가사유를 다툴 수 있다는 입장이다.

**① 행정청이 주된 인허가를 불허하는 처분을 하면서 주된 인허가사유와 의제되는 인허가의 사유를 함께 제시한 경우 주된 인허가에 대한 불허가처분을 대상으로 쟁송을 제기해야 한다**

★ 21·20 서울7급, 18 국가7급, 16·11 지방7급, 15 국가9급, 14 지방9급

최신기출 | 구 건축법 제8조 제1항·제3항·제5항에 의하면, 건축허가를 받은 경우에는 구 도시계획법 제4조에 의한 토지의 형질변경허가나 농지법 제36조에 의한 농지전용허가 등을 받은 것으로 보며(인허가의제), 한편 건축허가권자가 건축허가를 하고자 하는 경우 당해 용도·규모 또는 형태의 건축물을 그 건축하고자 하는 대지에 건축하는 것이 건축법 관련규정이나 같은 도시계획법 제4조, 농지법 제36조 등 관계법령의 규정에 적합한지의 여부를 검토하여야 하는 것일 뿐, 건축불허가처분을 하면서 그 처분사유로 건축불허가 사유뿐만 아니라 형질변경불허가 사유나 농지전용불허가 사유를 들고 있다고 하여 그 건축불허가처분 외에 별개로 형질변경불허가처분이나 농지전용불허가처분이 존재하는 것이 아니므로, 그 건축불허가처분을 받은 사람은 그 건축불허가처분에 관한 쟁송에서 건축법상의 건축불허가 사유뿐만 아니라 같은 도시계획법상의 형질변경불허가 사유나 농지법상의 농지전용불허가 사유에 관하여도 다툴 수 있는 것이지, 그 건축불허가처분에 관한 쟁송과는 별개로 형질변경불허가처분이나 농지전용불허가처분에 관한 쟁송을 제기하여 이를 다투어야 하는 것은 아니며, 그러한 쟁송을 제기하지 아니하였어도 형질변경불허가 사유나 농지전용불허가 사유에 관하여 불가쟁력이 생기지 아니한다(대판 2001.1.16, 99두10988).

甲은 건축허가절차 외에 형질변경허가절차를 별도로 거쳐야 한다. (×) ■ 15 국가9급
건축불허가처분을 하면서 건축불허가 사유 외에 형질변경불허가 사유를 들고 있는 경우, 그 건축불허가처분 외에 별개로 형질변경불허가처분이 존재한다. (×) ■ 15 국가9급
甲이 건축불허가처분에 관한 쟁송과는 별개로 형질변경불허가처분취소소송을 제기하지 아니한 경우 형질변경불허가 사유에 관하여 불가쟁력이 발생한다. (×) ■ 15 국가9급
A허가에 대해 B허가가 의제되는 것으로 규정된 경우, A불허가처분을 하면서 B불허가사유를 들고 있으면 A불허가처분과 별개로 B불허가처분도 존재한다. (×) ■ 18 국가7급
주된 인·허가거부처분을 하면서 의제되는 인·허가거부사유를 제시한 경우, 의제되는 인·허가거부를 다투려는 자는 주된 인·허가거부 외에 별도로 의제되는 인·허가거부에 대한 쟁송을 제기해야 한다. (×) ■ 16 지방7급

**② 건축불허가처분을 하면서 건축불허가 사유뿐만 아니라 소방서장의 건축부동의 사유를 들고 있는 경우, 그 건축불허가처분에 관한 쟁송에서 건축법상의 건축불허가 사유뿐만 아니라 소방서장의 부동의 사유에 관하여도 다툴 수 있다**

건축허가권자가 건축불허가처분을 하면서 그 처분사유로 건축불허가 사유뿐만 아니라 구 소방법 제8조 제1항에 따른 소방서장의 건축부동의 사유를 들고 있다고 하여 그 건축불허가처분 외에 별개로 건축부동의처분이 존재하는 것이 아니므로, 그 건축불허가처분을 받은 사람은 그 건축불허가처분에 관한 쟁송에서 건축법상의 건축불허가 사유뿐만 아니라 소방서장의 부동의 사유에 관하여도 다툴 수 있다(대판 2004.10.15, 2003두6573).

## (2) 주된 인허가처분이 있는 경우

주된 인허가가 발급된 경우 의제되는 인허가의 요건의 결여나 재량권의 일탈·남용을 주장하는 경우이다. 판례는 의제된 인허가가 위법함을 다투고자 하는 경우 원칙적으로 주된 처분이 아니라 의제된 인허가처분을 항고소송의 대상으로 삼아야 한다는 입장이다(대판 2018.11.29, 2016두38792). 또한 판례에 따르면 주된 인허가로 의제되는 인허가는 통상적인 인허가와 동일한 효력을 가지므로, 의제된 인허가의 취소나 철회가 허용되고, 의제된 인허가의 직권취소나 철회는 항고소송의 대상이 되는 처분에 해당한다고 본다(대판 2018.7.12, 2017두48734).

### ① 구 주택법 제17조 제1항에 따라 인허가 의제대상이 되는 처분의 공시방법에 관한 하자가 있다는 사정은 주택건설사업계획 승인처분 자체의 위법사유가 될 수 없다

> 구 주택법 제17조 제1항에 의하면, 주택건설사업계획 승인권자가 관계 행정기관의 장과 미리 협의한 사항에 한하여 승인처분을 할 때에 인허가 등이 의제될 뿐이고, 각호에 열거된 모든 인허가 등에 관하여 일괄하여 사전협의를 거칠 것을 승인처분의 요건으로 하고 있지는 않다. 따라서 인허가 의제대상이 되는 처분의 공시방법에 관한 하자가 있더라도, 그로써 해당 인허가 등 의제의 효과가 발생하지 않을 여지가 있게 될 뿐이고, 그러한 사정이 주택건설사업계획 승인처분 자체의 위법사유가 될 수는 없다(대판 2017.9.12, 2017두45131).

### ② 구 중소기업창업 지원법에 따른 사업계획승인의 경우, 의제된 인허가만 취소 내지 철회함으로써 사업계획에 대한 승인의 효력은 유지하면서 해당 의제된 인허가의 효력만을 소멸시킬 수 있다 ★ 21 변호사

**최신기출**

> 구 「중소기업창업 지원법」(중소기업창업법) 제35조 제1항, 제33조 제4항, 「중소기업창업 지원법 시행령」 제24조 제1항, 중소기업청장이 고시한 「창업사업계획의 승인에 관한 통합업무처리지침」(업무처리지침)의 내용, 체계 및 취지 등에 비추어 보면 다음과 같은 이유로 중소기업창업법에 따른 사업계획승인의 경우 의제된 인허가만 취소 내지 철회함으로써 사업계획에 대한 승인의 효력은 유지하면서 해당 의제된 인허가의 효력만을 소멸시킬 수 있다.
> ① 중소기업창업법 제35조 제1항의 인허가의제 조항은 창업자가 신속하게 공장을 설립하여 사업을 개시할 수 있도록 창구를 단일화하여 의제되는 인허가를 일괄 처리하는 데 입법 취지가 있다. 위 규정에 의하면 사업계획승인권자가 관계 행정기관의 장과 미리 협의한 사항에 한하여 승인 시에 그 인허가가 의제될 뿐이고, 해당 사업과 관련된 모든 인허가의제 사항에 관하여 일괄하여 사전 협의를 거쳐야 하는 것은 아니다. 업무처리지침 제15조 제1항은 협의가 이루어지지 않은 인허가사항을 제외하고 일부만을 승인할 수 있다고 규정함으로써 이러한 취지를 명확히 하고 있다.
> ② 그리고 사업계획을 승인할 때 의제되는 인허가 사항에 관한 제출서류, 절차 및 기준, 승인조건 부과에 관하여 해당 인허가 근거 법령을 적용하도록 하고 있으므로(업무처리지침 제5조 제1항, 제8조 제5항, 제16조), 인허가의제의 취지가 의제된 인허가 사항에 관한 개별법령상의 절차나 요건 심사를 배제하는 데 있다고 볼 것은 아니다.
> ③ 사업계획승인으로 의제된 인허가는 통상적인 인허가와 동일한 효력을 가지므로, 그 효력을 제거하기 위한 법적 수단으로 의제된 인허가의 취소나 철회가 허용될 필요가 있다. 특히 업무처리지침 제18조에서는 사업계획승인으로 의제된 인허가 사항의 변경 절차를 두고 있는데, 사업계획승인 후 의제된 인허가 사항을 변경할 수 있다면 의제된 인허가 사항과 관련하여 취소 또는 철회 사유가 발생한 경우 해당 의제된 인허가의 효력만을 소멸시키는 취소 또는 철회도 할 수 있다고 보아야 한다.
> ④ 이와 같이 사업계획승인으로 의제된 인허가 중 일부를 취소 또는 철회하면, 취소 또는 철회된 인허가를 제외한 나머지 인허가만 의제된 상태가 된다. 이 경우 당초 사업계획승인을 하면서 사업 관련 인허가 사항 중 일부에 대하여만 인허가가 의제되었다가 의제되지 않은 사항에 대한 인허가가 불가한 경우 사업계획승인을 취소할 수 있는 것처럼(업무처리지침 제15조 제2항), 취소 또는 철회된 인허가 사항에 대한 재인허가가 불가한 경우 사업계획승인 자체를 취소할 수 있다(대판 2018.7.12, 2017두48734).

공유수면매립면허처분 이후에 매립실시계획이 승인되면, 공유수면법에 의해 다른 법률상의 인가·허가가 의제될 수 있는데, 이 경우 의제된 인가·허가는 통상적인 인가·허가와 동일한 효력을 가진다. ■ 21 변호사

③ **주택건설사업계획 승인처분에 따라 의제된 인허가에 하자가 있어 이해관계인이 위법함을 다투고자 하는 경우, 취소를 구할 대상은 의제된 인허가이고, 의제된 인허가는 주택건설사업계획 승인처분과 별도로 항고소송의 대상이 되는 처분에 해당한다** ★ 21·20 국가9급, 19 지방7급, 19 서울7급

구 주택법 제17조 제1항에 따르면, 주택건설사업계획 승인권자가 관계 행정청의 장과 미리 협의한 사항에 한하여 승인처분을 할 때에 인허가 등이 의제될 뿐이고, 각호에 열거된 모든 인허가 등에 관하여 일괄하여 사전협의를 거칠 것을 주택건설사업계획 승인처분의 요건으로 규정하고 있지 않다. 따라서 인허가 의제 대상이 되는 처분에 어떤 하자가 있더라도, 그로써 해당 인허가 의제의 효과가 발생하지 않을 여지가 있게 될 뿐이고, 그러한 사정이 주택건설사업계획 승인처분 자체의 위법사유가 될 수는 없다. 또한 의제된 인허가는 통상적인 인허가와 동일한 효력을 가지므로, 적어도 '부분 인허가 의제'가 허용되는 경우에는 그 효력을 제거하기 위한 법적 수단으로 의제된 인허가의 취소나 철회가 허용될 수 있고, 이러한 직권 취소·철회가 가능한 이상 그 의제된 인허가에 대한 쟁송취소 역시 허용된다.

따라서 주택건설사업계획 승인처분에 따라 의제된 인허가가 위법함을 다투고자 하는 이해관계인은, 주택건설사업계획 승인처분의 취소를 구할 것이 아니라 의제된 인허가의 취소를 구하여야 하며, 의제된 인허가는 주택건설사업계획 승인처분과 별도로 항고소송의 대상이 되는 처분에 해당한다(대판 2018.11.29, 2016두38792).

주택건설사업계획 승인처분에 따라 의제된 지구단위계획결정에 하자가 있음을 다투고자 하는 경우, 의제된 지구단위계획결정이 아니라 주택건설사업계획 승인처분을 항고소송의 대상으로 삼아야 한다. (x) ■ 19 서울7급

허가에 타법상의 인·허가가 의제되는 경우, 의제된 인·허가는 통상적인 인·허가와 동일한 효력을 가질 수 없으므로 '부분 인·허가 의제'가 허용되는 경우라도 그에 대한 쟁송취소는 허용될 수 없다. (x) ■ 19 지방7급

어떠한 허가처분에 대하여 타법상의 인·허가가 의제된 경우, 의제된 인·허가는 통상적인 인·허가와 동일한 효력을 갖는 것은 아니므로 '부분 인·허가 의제'가 허용되는 경우에도 의제된 인·허가에 대한 쟁송취소는 허용되지 않는다. (x) ■ 20 국가9급

주택건설사업계획 승인처분에 따라 의제된 인·허가가 위법함을 다투고자 하는 이해관계인은, 주택건설사업계획 승인처분의 취소를 구해야지 의제된 인·허가의 취소를 구해서는 아니되며, 의제된 인·허가는 주택건설사업계획 승인처분과 별도로 항고소송의 대상이 되는 처분에 해당하지 않는다. (x) ■ 21 국가9급

# 제2목 형성적 행정행위

형성적 행정행위의 처분성
1. 특허
   ① 행정재산의 사용수익허가(특허)(대판 2006.3.9, 2004다31074), 행정재산의 사용·수익허가취소(대판 1997.4.11, 96누1
   7325)
      ※ 국유잡종재산 대부신청거부(대판 1998.9.22, 98두7602), 잡종재산인 국유림에 관한 대부료의 납입고지(대판 199
      5.5.12, 94누5281) ★ 11 사회복지, 10 순경특채, 10 서울7급, 국유잡종재산의 매각은 처분성 부인
   ② 토지수용·사업인정(대판 1995.12.5, 95누4889)
   ③ 공기업특허
2. 인가 : 주택건설사업계획의 승인
3. 대리 : 토지수용재결

# 제1관 특허

# Ⅰ. 사례

## 1. 설권행위

### (1) 공익사업

1. 자동차·선박 등 운수사업면허
   ① 선박운항사업면허(대판 1969.12.30, 69누106)·해상여객운송사업 면허(대판 2008.12.11, 2007두18215)
   ② 장의자동차운송사업면허(대판 1992.4.28, 91누13700)
   ③ 자동차운수사업법에 의한 화물자동차운송사업면허(대판 1992.7.10, 91누9107)
   ④ 여객자동차운수사업법에 의한 개인택시운송사업면허(대판 2005.4.28, 2004두8910)
   ⑤ 마을버스운송사업면허(대판 2002.6.28, 2001두10028)
   ⑥ 「여객자동차 운수사업법」(여객자동차법)에 따른 여객자동차 운송사업면허나 운송사업계획 변경인가 여부(대판 2018.
   9.13, 2017두33176)
2. 분뇨 등 관련 영업허가(대판 2006.7.28, 2004두6716)
3. 중계유선방송사업허가(대판 2007.5.11, 2004다11162)
4. 특허기업의 특허

   **① 여객자동차운송사업의 면허를 받은 자가 수 개의 사업계획변경 사항을 동시에 또는 연달아 신청할 수 있다**

   > 구 「여객자동차 운수사업법」 제10조 제3항에서 정하고 있는 사업계획변경제한 사유에 해당하지 않는 한 사업계
   > 획변경의 횟수나 기간을 제한하는 별도의 규정이 없으므로 수 개의 사업계획변경 사항을 동시에 또는 연달아 신청하는
   > 것도 가능하다(대판 2018.9.13, 2017두33176).

② 행정청이 기존업자, 특히 한정면허를 받은 운송사업자가 이미 면허를 받아 운행하고 있는 노선과 중복되는 노선의 신설 등을 신규업자에게 허용하는 처분을 하고자 하는 경우 고려해야 할 사항

> 구 「여객자동차 운수사업법」(여객자동차법)에 따른 여객자동차 운송사업면허나 운송사업계획 변경인가 여부는 원칙적으로 행정청의 재량에 속하는 것이나, 행정청이 기존업자가 이미 면허를 받아 운행하고 있는 노선과 중복되는 노선의 신설 등을 신규업자에게 허용하는 처분을 하고자 하는 경우에는 그로 인하여 달성하고자 하는 공익적 측면 이외에도 관련 운송사업자들 사이의 이해관계 조정 등 사익적 측면을 아울러 고려하여야 한다. 특히 해당 노선에 대한 기존업자가 한정면허를 받은 운송사업자인 경우에는 한정면허의 내용, 그 경위와 목적, 한정면허 당시와 비교한 사정변경 여부 등을 함께 고려하여야 한다(대판 2018.9.13, 2017두33176).

③ '서울~전주~임실'을 운행하던 노선의 운행횟수를 1일 9회에서 1일 6회와 1일 3회로 계통분할하고 그중 '1일 3회' 노선에 관해서는 임실부터 전주까지로 운행구간을 단축함과 아울러 전주에서 인천국제공항까지로 운행구간을 연장하는 내용의 갑 여객운송사업자(주식회사 전북고속)의 사업계획변경 신청에 대하여 관할 도지사가 인가처분을 하자, '전주~인천국제공항' 노선에 관하여 여객을 '해외여행업체의 공항이용계약자'로 제한한 한정면허를 받아 공항버스를 운행하고 있던 운송사업자 을(주식회사 대한관광리무진)이 위 사업계획변경 인가처분의 취소를 구하는 소를 제기한 사안에서, 위 인가처분이 적법하다고 본 원심의 판단에 법리를 오해한 잘못이 있다고 한 사례

> 여러 사정을 종합하면 위 한정면허 부여조건에서 을이 운송할 여객으로 규정한 '해외여행업체의 공항이용계약자'의 의미는 '공항을 이용하여 출입국하는 여객으로 새기는 것이 타당한 점, 해당 노선에 일시적인 수요 증가가 있었다는 이유만으로 곧바로 중복 노선의 신설을 허용하는 것은 타당하지 않고, 해당 노선에 대한 수요 증감의 폭과 추이, 을이 해당 노선을 운영한 기간, 공익적 기여도, 그간 노선을 운행하면서 취한 이익의 정도 등을 종합적으로 고려한 후에 허용 여부를 판단하여야 하는 점 등에 비추어 보면, 관할 도지사가 위와 같은 요소들을 모두 고려하여 위 인가처분과 관련한 공익과 사익을 정당하게 비교형량 하였는지를 심리하였어야 하는데도, 을이 운송할 여객이 '해외여행업체와 여행계약을 체결한 사람'으로 한정된다는 잘못된 전제에서 위 인가처분이 적법하다고 본 원심의 판단에 재량권 일탈·남용에 관한 법리를 오해한 잘못이 있다고 한 사례(대판 2018.9.13, 2017두33176).

### (2) 특권설정

1. 구 「수도권 대기환경개선에 관한 특별법」에서 정한 대기오염물질 총량관리사업장 설치의 허가 또는 변경허가(대판 2013.5.9, 2012두22799)
2. 개발촉진지구 안에서 시행되는 지역개발사업에서 지정권자의 실시계획승인처분(대판 2014.9.26, 2012두5619)
3. 출입국관리법상 체류자격 변경허가(대판 2016.7.14, 2015두48846)
4. 도시·군계획시설사업에 관한 실시계획인가처분(대판 2018.7.24, 2016두48416)
5. 사업인정(대판 2019.2.28, 2017두71031) : 수용권을 설정하여 주는 형성행위
   ※ 사업인정고시는 관념의 통지
6. 공증인 인가·임명행위(대판 2019.12.13, 2018두41907)

① 출입국관리법상 체류자격 변경허가는 설권적 처분의 성격을 가지므로 허가권자가 허가 여부를 결정할 재량을 가진다 ★ 20 국회9급, 17 국가7급, 17 지방9급

**최신기출**

> 체류자격 변경허가는 신청인에게 당초의 체류자격과 다른 체류자격에 해당하는 활동을 할 수 있는 권한을 부여하는 일종의 설권적 처분의 성격을 가지므로, 허가권자는 신청인이 관계 법령에서 정한 요건을 충족하였더라도, 신청인의 적격성, 체류 목적, 공익상의 영향 등을 참작하여 허가 여부를 결정할 수 있는 재량을 가진다(대판 2016.7.14, 2015두48846).

② 법무부장관에게 공증인의 정원을 정하고 임명공증인을 임명하거나 인가공증인을 인가할 수 있는 재량이 주어져 있다

> **최신판례** 공증사무는 국가 사무로서 공증인 인가·임명행위는 국가가 사인에게 특별한 권한을 수여하는 행위이다. 그런데 위와 같이 공증인법령은 공증인 선정에 관한 구체적인 심사기준이나 절차를 자세하게 규율하지 않은 채 법무부장관에게 맡겨두고 있다. 위와 같은 공증인법령의 내용과 체계, 입법 취지, 공증사무의 성격 등을 종합하면, 법무부장관에게는 각 지방검찰청 관할 구역의 면적, 인구, 공증업무의 수요, 주민들의 접근가능성 등을 고려하여 공증인의 정원을 정하고 임명공증인을 임명하거나 인가공증인을 인가할 수 있는 광범위한 재량이 주어져 있다고 보아야 한다(대판 2019.12.13, 2018두41907).

③ 「공익사업을 위한 토지 등의 취득 및 보상에 관한 법률」 제20조에서 정한 사업인정의 법적 성격 및 효력

> **최신판례** 사업인정은 수용권을 설정해 주는 행정처분으로서, 이에 따라 수용할 목적물의 범위가 확정되고, 수용권자가 목적물에 대한 현재 및 장래의 권리자에게 대항할 수 있는 공법상 권한이 생긴다(대판 2019.12.12, 2019두47629).

## (3) 공물의 특허사용(= 계속적 사용 ; 일시적 사용은 허가)

1. 보세구역의 설영(설치경영)특허(대판 1989.5.9, 88누4188)
2. 하천유수인용(河川流水引用)허가(대판 1998.10.2, 96누5445)
3. 공유수면매립면허(대판 1989.9.12, 88누9206)·공유수면매립허가
4. 어업면허(대판 1999.5.14, 98다14030)
   ※ 어업허가는 허가(대판 1999.11.23, 98다11529)
5. 사도개설허가(대판 2004.11.25, 2004두7023)
6. 행정재산의 사용·수익허가(대판 2006.3.9, 2004다31074)
7. 하천점용허가는 대물적 특허처분(대판 2011.1.13, 2009다21058)
8. 비관리청 항만공사 시행허가(대판 2011.1.27, 2010두20508)
9. 「공유수면 관리 및 매립에 관한 법률」에 따른 공유수면의 점용·사용허가(대판 2017.4.28, 2017두30139)
10. 도로점용허가(대판 2019.1.17, 2016두56721, 56738) : 특별사용권을 설정
    ※ 도로사용허가는 허가
11. 광업허가

### ① 보세구역 설영특허는 공기업의 특허로서 그 특허부여 및 특허기간갱신은 행정청의 자유재량에 속한다

★ 15 사회복지

> 관세법 제78조 소정의 보세구역의 설영특허는 보세구역의 설치, 경영에 관한 권리를 설정하는 이른바 공기업의 특허로서 그 특허의 부여 여부는 행정청의 자유재량에 속하며, 특허기간이 만료된 때에 특허는 당연히 실효되는 것이어서 특허기간의 갱신은 실질적으로 권리의 설정과 같으므로 그 갱신여부도 특허관청의 자유재량에 속한다(대판 1989.5.9, 88누4188).

### ② 국유재산 등의 관리청이 하는 행정재산의 사용·수익에 대한 허가

> 국유재산 등의 관리청이 하는 행정재산의 사용·수익에 대한 허가는 순전히 사경제주체로서 행하는 사법상의 행위가 아니라 관리청이 공권력을 가진 우월적 지위에서 행하는 행정처분으로서 특정인에게 행정재산을 사용할 수 있는 권리를 설정하여 주는 강학상 특허에 해당한다(대판 2006.3.9, 2004다31074).

### ③ 하천점용허가는 대물적 특허처분이다 ★ 18 지방9급

**최신기출** 댐이 완공되면 저수구역은 구 「댐건설 및 주변지역지원 등에 관한 법률」(댐법) 제12조, 구 하천법 제2조에 따라 하천구역이 되고, 댐에서 방류되어 댐하류의 하천에 흐르는 물은 하천유수에 속하게 되는데, 하천유수를 본래의 공용목적에 따라 타인의 공동이용을 방해하지 않는 한도에서 자유로이 사용하는 것을 넘어서 일반인에게는 허용되지 않는 특별한 공물사용권을 설정받아 일정기간 배타적으로 사용하기 위해서는 하천법에 의해 하천점용허가를 받아야 한다. … 용수계약은 하천점용허가라는 대물적 특허처분에 상응하여 체결된 것이므로, 각 취수장별 계약을 일괄하여 하나의 계약으로 파악하는 것은 각 용수계약 및 하천법상 하천점용허가의 본질에 어긋난다(대판 2011.1.13, 2009다21058).

하천점용허가는 성질상 일반적 금지의 해제에 불과하여 허가의 일정한 요건을 갖춘 경우 기속적으로 판단하여야 한다. (×)
■ 18 지방9급

### ④ 구 도로법 제61조 제1항에 의한 도로점용허가의 법적 성질은 설권행위이다

**최신판례** 구 도로법 제61조 제1항에 의한 도로점용허가는 일반사용과 별도로 도로의 특정 부분에 대하여 특별사용권을 설정하는 설권행위이다(대판 2019.1.17, 2016두56721, 56738).

## 2. 법률상의 지위 설정

1. 법적 지위 설정토지구획정리사업 시행인가(대판 2004.10.14, 2002두424) : 사업지구에 편입될 목적물의 범위를 확정하고 시행자로 하여금 목적물에 관한 현재 및 장래의 권리자에게 대항할 수 있는 법적 지위를 설정해 주는 행정처분의 성격
2. 토지 등 소유자들이 조합을 따로 설립하지 않고 직접 시행하는 도시환경정비사업에서 사업시행인가처분(대판 2013.6.13, 2011두19994) : 도시정비법상 정비사업을 시행할 수 있는 권한을 가지는 행정주체로서의 지위를 부여하는 일종의 설권적 처분의 성격
3. 「신문 등의 진흥에 관한 법률」상 관할 시·도지사가 하는 신문 등록 : 신문사업자의 지위를 설정
4. 「국토의 계획 및 이용에 관한 법률」상 도시계획시설사업에서 사업시행자 지정(대판 2022.3.17, 2021다283520) : 특정인에게 도시계획시설사업을 시행할 수 있는 권한을 부여하는 처분

### (1) 「신문 등의 진흥에 관한 법률」상 관할 시·도지사가 하는 신문 등록은 행정처분이다

**최신판례** 신문을 발행하려는 자는 신문의 명칭('제호'라는 용어를 사용하기도 한다) 등을 주사무소 소재지를 관할하는 시·도지사(등록관청)에게 등록하여야 하고, 등록을 하지 않고 신문을 발행한 자에게는 2천만 원 이하의 과태료가 부과된다(「신문 등의 진흥에 관한 법률」 제9조 제1항, 제39조 제1항 제1호). 따라서 등록관청이 하는 신문의 등록은 신문을 적법하게 발행할 수 있도록 하는 행정처분에 해당한다(대판 2019.8.30, 2018두47189).

### (2) 구 「국토의 계획 및 이용에 관한 법률」상 도시계획시설사업에서 사업시행자 지정의 법적 성질은 특정인에게 도시계획시설사업을 시행할 수 있는 권한을 부여하는 처분이고 사업시행자 지정과 그 지정 내용의 고시는 구분되는 행위이다

**최신판례** 사업시행자 지정에 관한 구 「국토의 계획 및 이용에 관한 법률」(구 국토계획법) 제86조 제5항, 제6항, 구 「국토의 계획 및 이용에 관한 법률 시행규칙」 제14조의 체계와 내용 등에 비추어 보면, 구 국토계획법상 도시계획시설사업에서 사업시행자 지정은 특정인에게 도시계획시설사업을 시행할 수 있는 권한을 부여하는 처분이고, 사업시행자 지정 내용의 고시는 사업시행자 지정 처분을 전제로 하여 그 내용을 불특정 다수인에게 알리는 행위로서 위 사업시행자 지정과 그 고시는 명확하게 구분되는 것이다(대판 2022.3.17, 2021다283520).

## 3. 권리(행위)능력 설정(공법인설립행위)

1. 「도시 및 주거환경정비법」이 시행되기 전 구 주택건설촉진법에 의하여 조합설립인가처분을 받은 주택재건축정비사업조합이 「도시 및 주거환경정비법」 시행 후 부칙(2002.12.30.) 제10조 제1항에 따라 설립등기를 마친 경우, 조합설립인가처분(대판 2014.2.27, 2011두11570)
2. 재개발조합설립인가처분(대판 2010.12.9, 2009두4555)

### (1) 토지구획정리사업시행인가는 사업지구에 편입될 목적물의 범위를 확정하고 시행자로 하여금 목적물에 관한 현재 및 장래의 권리자에게 대항할 수 있는 법적 지위를 설정해 주는 행정처분이다 ★ 19 국회8급

**최신기출**

토지구획정리사업은 대지로서의 효용증진과 공공시설의 정비를 위하여 실시하는 토지의 교환·분합 기타의 구획변경, 지목 또는 형질의 변경이나 공공시설의 설치·변경에 관한 사업으로서, 그 시행인가는 사업지구에 편입될 목적물의 범위를 확정하고 시행자로 하여금 목적물에 관한 현재 및 장래의 권리자에게 대항할 수 있는 법적 지위를 설정해 주는 행정처분의 성격을 갖는 것이므로, 사업시행자의 자격이나 토지소유자의 동의 여부 및 특정 토지의 사업지구 편입 등에 하자가 있다고 주장하는 토지소유자 등은 시행인가 단계에서 그 하자를 다투었어야 하며, 시행인가처분에 명백하고도 중대한 하자가 있어 당연 무효라고 볼 특별한 사정이 없는 한, 사업시행 후 시행인가처분의 하자를 이유로 환지청산금 부과처분의 효력을 다툴 수는 없다(대판 2004.10.14, 2002두424).

> 토지구획정리사업 시행 후 시행인가처분의 하자가 취소사유에 불과하더라도 사업 시행 후 시행인가처분의 하자를 이유로 환지청산금 부과처분의 효력을 다툴 수 있다. (x) ■ 19 국회8급

### (2) 구 「도시 및 주거환경정비법」상 재개발조합설립인가신청에 대하여 행정청의 재개발조합설립인가처분이 있은 후 조합설립동의에 하자가 있음을 이유로 재개발조합 설립의 효력을 다투기 위한 소송은 항고소송이다
★ 22·17·16 지방9급, 20·13 국회8급, 19 국회8급, 13 지방7급, 13 국가7급

**최신기출**

재개발조합설립인가신청에 대한 행정청의 조합설립인가처분은 단순히 사인(私人)들의 조합설립행위에 대한 보충행위로서의 성질을 가지는 것이 아니라 법령상 일정한 요건을 갖추는 경우 행정주체(공법인)의 지위를 부여하는 일종의 설권적 처분의 성질을 가진다고 보아야 한다. 그러므로 구 「도시 및 주거환경정비법」상 재개발조합설립인가신청에 대하여 행정청의 조합설립인가처분이 있은 이후에는, 조합설립동의에 하자가 있음을 이유로 재개발조합 설립의 효력을 부정하려면 항고소송으로 조합설립인가처분의 효력을 다투어야 한다(대판 2010.1.28, 2009두4845).

> 재개발조합설립인가신청에 대하여 행정청의 조합설립인가처분이 있은 이후에 조합설립 동의에 하자가 있음을 이유로 재개발조합설립의 효력을 부정하려면 조합설립동의의 효력을 소의 대상으로 하여야 한다. (x) ■ 19 국회8급
> 주택재개발조합설립인가는 기본행위에 대한 보충행위에 불과하므로 조합총회결의의 하자를 이유로 인가 취소를 구하는 항고소송을 제기하는 것은 부적법하다. (x) ■ 20 국회8급

### (3) 토지 등 소유자들이 조합을 따로 설립하지 않고 직접 시행하는 도시환경정비사업에서 사업시행인가처분의 법적 성격은 설권적 처분이다 ★ 16 국회8급, 15 국가7급

사업시행인가를 받은 토지 등 소유자들은 관할 행정청의 감독 아래 정비구역 안에서 구 도시정비법상의 도시환경정비사업을 시행하는 목적 범위 내에서 법령이 정하는 바에 따라 일정한 행정작용을 행하는 행정주체로서의 지위를 가진다. 그렇다면 토지 등 소유자들이 직접 시행하는 도시환경정비사업에서 토지 등 소유자에 대한 사업시행인가처분은 단순히 사업시행계획에 대한 보충행위로서의 성질을 가지는 것이 아니라 구 도시정비법상 정비사업을 시행할 수 있는 권한을 가지는 행정주체로서의 지위를 부여하는 일종의 설권적 처분의 성격을 가진다(대판 2013.6.13, 2011두19994).

**(4) 도시환경정비사업을 직접 시행하려는 토지 등 소유자들이 사업시행인가를 받기 전에 작성한 사업시행계획은 항고소송의 대상이 되는 독립된 행정처분에 해당하지 않는다** ★ 21 국회9급

> 도시환경정비사업을 직접 시행하려는 토지 등 소유자들은 시장·군수로부터 사업시행인가를 받기 전에는 행정주체로서의 지위를 가지지 못한다. 따라서 그가 작성한 사업시행계획은 인가처분의 요건 중 하나에 불과하고 항고소송의 대상이 되는 독립된 행정처분에 해당하지 아니한다고 할 것이다(대판 2013.6.13, 2011두19994).

「도시 및 주거환경정비법」상 토지 등 소유자들이 조합을 따로 설립하지 않고 직접 시행하는 도시환경정비사업에서 토지 등 소유자들이 사업시행인가를 받기 전에 작성한 사업시행계획은 항고소송의 대상이 되는 독립된 행정처분에 해당한다. (×) ■ 21 국회9급

**(5) 「도시 및 주거환경정비법」이 시행되기 전 구 주택건설촉진법에 의하여 조합설립인가처분을 받은 주택재건축정비사업조합이 「도시 및 주거환경정비법」 시행 후 부칙 제10조 제1항에 따라 설립등기를 마친 경우, 주택재건축정비사업조합을 행정주체로 볼 수 있고 조합설립인가처분의 당부를 항고소송으로 다툴 수 있다** ★ 11 국회9급

> 행정청이 종전법률인 구 주택건설촉진법에 의하여 주택재건축정비사업조합(재건축조합)에 대하여 조합설립인가처분을 하였더라도 도시정비법이 시행되고 해당 재건축조합이 도시정비법 부칙 제10조 제1항에 따라 설립등기를 마친 후에는 재건축조합을 행정주체(공법인)로 보게 되고, 위와 같은 조합설립인가처분도 도시정비법 부칙 제3조에 의하여 일종의 설권적 처분으로 의제되어 그 처분의 당부를 항고소송으로 다툴 수 있다(대판 2014.2.27, 2011두11570).

**(6) 구 주택건설촉진법상 조합설립인가처분의 기본행위였던 조합설립행위가 무효여서 그에 대한 인가처분이 무효인 경우, 그 후 「도시 및 주거환경정비법」의 시행 등으로 인가처분이 설권적 처분으로 의제되더라도 무효이다**

> 「도시 및 주거환경정비법」(도시정비법) 부칙(2002.12.30.) 제3조에 의하여 구 주택건설촉진법(주촉법)상 조합설립인가처분의 법적 성격이 설권적 처분으로 의제된다고 하더라도 이는 주촉법상 유효하게 성립한 조합설립인가처분만을 대상으로 하는 것일 뿐 주촉법상 무효였던 조합설립인가처분이 도시정비법의 시행으로 인하여 유효하게 된다고 볼 것은 아니다. 따라서 주촉법상 조합설립인가처분의 기본행위였던 조합설립행위가 무효여서 그에 대한 인가처분이 무효인 경우에는 그 후 도시정비법의 시행 등으로 인하여 인가처분이 설권적 처분으로 의제된다 하더라도 여전히 무효이다(대판 2014.2.27, 2011두11570).

**(7) 개발촉진지구 안에서 시행되는 지역개발사업에서 지정권자의 실시계획승인처분은 설권적 처분의 성격을 가진 독립된 행정처분이다**

> 개발촉진지구 안에서 시행되는 지역개발사업(국가 또는 지방자치단체가 직접 시행하는 경우를 제외한다, 이하 '지구개발사업'이라 한다)에서 지정권자의 실시계획승인처분은 단순히 시행자가 작성한 실시계획에 대한 보충행위로서의 성질을 가지는 것이 아니라 시행자에게 구 지역균형개발법상 지구개발사업을 시행할 수 있는 지위를 부여하는 일종의 설권적 처분의 성격을 가진 독립된 행정처분으로 보아야 한다(대판 2014.9.26, 2012두5619).

## II. 성질

### 1. 형성적 행위

(1) 「도시 및 주거환경정비법」상 재건축조합설립인가처분은 단순히 사인들의 조합설립행위에 대한 보충행위로서의 성질을 갖는 것에 그치는 것이 아니라 법령상 요건을 갖출 경우 도시정비법상 주택재건축사업을 시행할 수 있는 권한을 갖는 행정주체(공법인)로서의 지위를 부여하는 일종의 설권적 처분(특허)의 성격을 갖는다 ★ 17·15 국가7급, 14 변호사, 13 지방9급

> 재건축조합은 관할행정청의 감독 아래 정비구역 안에서 도시정비법상의 '주택재건축사업'을 시행하는 목적 범위 내에서 법령이 정하는 바에 따라 일정한 행정작용을 행하는 행정주체로서의 지위를 갖는다. 따라서 행정청이 도시정비법 등 관련법령에 근거하여 행하는 조합설립인가 처분은 단순히 사인들의 조합설립행위에 대한 보충행위로서의 성질을 갖는 것에 그치는 것이 아니라 법령상 요건을 갖출 경우 도시정비법상 주택재건축사업을 시행할 수 있는 권한을 갖는 행정주체(공법인)로서의 지위를 부여하는 일종의 설권적 처분의 성격을 갖는다고 보아야 한다(대판 2009.9.24, 2008다60568).

(2) 조합설립결의는 조합설립인가처분이라는 행정처분을 하는 데 필요한 요건 중 하나에 불과한 것이어서, 조합설립결의에 하자가 있다면 그 하자를 이유로 직접 항고소송의 방법으로 조합설립인가처분의 취소 또는 무효확인을 구하여야 한다 ★ 17 서울7급, 17 국가9급, 16 국회8급, 14 지방9급

> 조합설립결의는 조합설립인가처분이라는 행정처분을 하는 데 필요한 요건 중 하나에 불과한 것이어서, 조합설립결의에 하자가 있다면 그 하자를 이유로 직접 항고소송의 방법으로 조합설립인가처분의 취소 또는 무효확인을 구하여야 하고, 이와는 별도로 조합설립결의 부분만을 따로 떼어내어 그 효력 유무를 다투는 확인의 소를 제기하는 것은 원고의 권리 또는 법률상의 지위에 현존하는 불안·위험을 제거하는 데에 가장 유효·적절한 수단이라 할 수 없어 특별한 사정이 없는 한 확인의 이익은 인정되지 아니한다(대판 2009.9.24, 2008다60568).

조합설립결의에 하자가 있었으나 조합설립인가처분이 이루어진 경우에는 조합설립결의의 하자를 당사자소송으로 다툴 것이고 조합설립인가처분에 대해 항고소송을 제기할 수 없다. (×) ■ 16 국회8급

행정청이 「도시 및 주거환경정비법」 등 관련법령에 근거하여 행하는 조합설립인가처분은 강학상 인가처분으로서 그 조합설립결의에 하자가 있다면 조합설립결의에 대한 무효확인을 구하여야 한다. (×) ■ 17 국가9급

주택재건축조합설립 인가 후 주택재건축조합설립결의의 하자를 이유로 조합설립인가처분의 무효확인을 구하기 위해서는 직접 항고소송의 방법으로 확인을 구할 수 없으며, 조합설립결의부분에 대한 효력 유무를 민사소송으로 다툰 후 인가의 무효확인을 구해야 한다. (×) ■ 17 서울7급

(3) 구 「도시 및 주거환경정비법」상 행정청의 재개발조합설립인가처분이 있은 이후에 조합설립결의의 하자를 이유로 민사소송으로 조합설립결의에 대한 무효확인을 구할 확인의 이익은 없다 ★ 13 지방9급, 10 국가9급

> 구 「도시 및 주거환경정비법」상 재개발조합설립 인가신청에 대하여 행정청의 조합설립인가처분이 있은 이후에 조합설립결의에 하자가 있음을 이유로 재개발조합 설립의 효력을 부정하기 위해서는 항고소송으로 조합설립인가처분의 효력을 다투어야 하고, 특별한 사정이 없는 한 이와는 별도로 민사소송으로 행정청으로부터 조합설립인가처분을 하는 데 필요한 요건 중의 하나에 불과한 조합설립결의에 대하여 무효확인을 구할 확인의 이익은 없다고 보아야 한다(대결 2009.9.24, 2009마168·169).

## (4) 재개발조합설립 인가신청에 대한 행정청의 조합설립인가처분은 설권적 처분의 성격이다

★ 17 서울7급, 15 국가9급, 11 국가7급

> 재개발조합설립 인가신청에 대한 행정청의 조합설립인가처분은 법령상 일정한 요건을 갖출 경우 주택재개발사업의 추진위원회에게 행정주체로서의 지위를 부여하는 일종의 설권적 처분의 성격을 가지고 있다(대판 2010.12. 9, 2009두4555).

## (5) 재건축조합의 조합설립변경인가처분도 조합설립인가처분과 다를 바 없다

> 조합설립변경인가처분도 정비사업조합에 정비사업을 시행할 수 있는 권한을 설정하여 주는 처분인 점에서는 당초 조합설립인가처분과 다를 바 없으므로, 조합설립인가처분의 위법 여부 또는 효력 유무에 관한 다툼이 있어 조합이 처음부터 다시 조합설립인가에 관한 절차를 밟아 조합설립변경인가를 받았고, 그 조합설립변경인가처분이 새로운 조합설립인가처분으로서의 요건을 갖춘 경우에는 그에 따른 효과가 있다 할 것이다. 여기에서 새로운 조합설립인가처분의 요건을 갖춘 경우에 해당하려면 그와 같은 조합설립인가에 필요한 실체적·절차적 요건을 모두 갖추어야 한다고 해석함이 타당하다(대판 2013.2.28, 2012다34146).

## (6) 자동차운수사업면허를 민사소송법 제584조에 의한 강제집행의 방법으로 압류 환가할 수 없다

> 자동차운수사업법의 관계규정에 따르면, 인가를 받아 자동차운수사업의 양도가 적법하게 이루어지면 그 면허는 당연히 양수인에게 이전되는 것일 뿐, 자동차운수사업을 떠난 면허 자체는 자동차운수사업을 합법적으로 영위할 수 있는 자격에 불과하므로, 자동차운수사업자의 자동차운수사업면허는 법원이 강제집행의 방법으로 이를 압류하여 환가하기에 적합하지 않은 것이다(대결 1996.9.12, 96마1088·1089).

## (7) 분뇨등 관련 영업허가 ★ 14 서울9급

> 법과 시행령의 관계규정이 당해 지방자치단체 내의 분뇨등의 발생량에 비하여 기존 업체의 시설이 과다한 경우 일정한 범위 내에서 분뇨등 수집·운반업 및 정화조청소업에 대한 허가를 제한할 수 있도록 하고 있는 것은 분뇨등을 적정하게 처리하여 자연환경과 생활환경을 청결히 하고 수질오염을 감소시킴으로써 국민보건의 향상과 환경보전에 이바지한다는 공익목적을 달성하고자 함과 동시에 업자 간의 과당경쟁으로 인한 경영의 불합리를 미리 방지하자는 데 그 목적이 있는 점 등 제반사정에 비추어 보면, 업종을 분뇨등 수집·운반업 및 정화조청소업으로 하여 분뇨등 관련 영업허가를 받아 영업을 하고 있는 기존업자의 이익은 단순한 사실상의 반사적 이익이 아니고 법률상 보호되는 이익이라고 해석된다(대판 2006.7.28, 2004두6716).

## (8) 도시·군계획시설사업에 관한 실시계획인가처분의 법적 성격은 형성행위이다 ★ 21 변호사

**최신기출**

> 도시·군계획시설사업에 관한 실시계획인가처분은 해당 사업을 구체화하여 현실적으로 실현하기 위한 형성행위로서 이에 따라 토지수용권 등이 구체적으로 발생하게 된다. 따라서 행정청이 실시계획인가처분을 하기 위해서는 그 실시계획이 법령이 정한 도시계획시설의 결정·구조 및 설치기준에 적합하여야 함은 물론이고 사업의 내용과 방법에 대하여 인가처분에 관련된 자들의 이익을 공익과 사익 간에서는 물론, 공익 상호 간 및 사익 상호 간에도 정당하게 비교·교량하여야 하며, 그 비교·교량은 비례의 원칙에 적합하도록 하여야 한다(대판 2018.7.24, 2016두48416).

## (9) 사업인정의 법적 성격은 형성행위이다

**최신판례**

> 사업인정이란 공익사업을 토지 등을 수용 또는 사용할 사업으로 결정하는 것으로서 공익사업의 시행자에게 그 후 일정한 절차를 거칠 것을 조건으로 일정한 내용의 수용권을 설정하여 주는 형성행위이다(대판 2019.2.28, 2017두71031).

## 2. 재량행위

특허는 특정인에게 일정한 공익상의 필요에 따라 권리를 부여하는 설권행위이므로 재량행위이다. 그러나 법령에 특별한 규정이 있으면 기속행위에 해당할 수 있다.

1. 운수사업
   ① 마을버스운송사업면허(특허)의 허용 여부와 마을버스 한정면허시 확정되는 마을버스 노선을 정함에 있어서 기존 일반노선버스의 노선과의 중복 허용 정도에 대한 판단(대판 2001.1.19, 99두3812)
   ② 마을버스운송사업면허와 마을버스 한정면허시 확정되는 마을버스 노선을 정함에 있어서 기존 일반노선버스의 노선과의 중복 허용 정도에 대한 판단(대판 2002.6.28, 2001두10028)
   ③ 개인택시운송사업면허와 면허에 필요한 기준을 정하는 것(대판 2007.2.8, 2006두13886), 개인택시운송사업면허와 관련한 운전경력 인정방법에 관한 기준 설정행위(대판 2007.3.15, 2006두15783)
   ④ 해상여객운송사업 면허(대판 2008.12.11, 2007두18215)
   ⑤ 「여객자동차 운수사업법」(여객자동차법)에 따른 여객자동차 운송사업면허나 운송사업계획 변경인가 여부(대판 2018.9.13, 2017두33176)
2. 공물의 점·사용허가
   ① 도로점용허가(대판 2002.10.25, 2002두5795) ★ 14 국가7급, 13 지방7급
   ② 구 공유수면관리법상 공유수면의 점·사용허가(대판 2004.5.28, 2002두5016)
   ③ 하천부지 점용허가(대판 2008.7.24, 2007두25930·25947·25954)
3. 기타
   ① 공유수면매립면허와 실효된 공유수면매립면허의 효력을 회복시키는 처분(대판 1989.9.12, 88누9206)
   ② 교과서 국정 또는 검·인정(헌재결 1992.11.12, 89헌마88)
   ③ 사업인정(대판 1992.11.13, 92누596)
   ④ 귀화허가(대판 2010.7.15, 2009두19069)
   ⑤ 공무원임용
   ⑥ 비관리청 항만공사 시행허가(대판 2011.1.27, 2010두20508)
   ⑦ 구 「수도권 대기환경개선에 관한 특별법」에서 정한 대기오염물질 총량관리사업장 설치의 허가 또는 변경허가(대판 2013.5.9, 2012두22799)
   ⑧ 출입국관리법상 체류자격 변경허가(대판 2016.7.14, 2015두48846)

---

**(1) 공유수면매립면허는 특허로서 자유재량행위이고 실효된 공유수면매립면허의 효력을 회복시키는 처분도 자유재량행위이다** ★ 21 변호사, 19 국회8급, 14 사회복지, 13 지방7급, 09 지방9급

`최신기출`
공유수면매립면허는 설권행위인 특허의 성질을 갖는 것이므로 원칙적으로 행정청의 자유재량에 속하며, 일단 실효된 공유수면매립면허의 효력을 회복시키는 행위도 특단의 사정이 없는 한 새로운 면허부여와 같이 면허관청의 자유재량에 속한다(대판 1989.9.12, 88누9206).

A도지사의 甲에 대한 공유수면매립면허처분 및 공유수면매립목적 변경 승인처분은 각각 강학상 허가와 강학상 특허에 해당한다.
(x) ■ 21 변호사

**(2) 사업인정은 형성행위·재량행위이다** ★ 10 국회8급

토지수용을 위한 사업인정은 단순한 확인행위가 아니라 형성행위이고 당해 사업이 비록 토지를 수용할 수 있는 사업에 해당된다 하더라도 행정청으로서는 그 사업이 공용수용을 할 만한 공익성이 있는지의 여부를 모든 사정을 참작하여 구체적으로 판단하여야 하는 것이므로 사업인정의 여부는 행정청의 재량에 속한다(대판 1992.11.13, 92누596).

**(3) 마을버스운송사업면허의 법적 성질은 재량행위이고 마을버스 한정면허시 확정되는 마을버스 노선을 정함에 있어서 기존 일반노선버스의 노선과의 중복 허용 정도에 대한 판단의 법적 성질은 재량행위이다** ★ 20·17 지방9급

> 마을버스운송사업면허의 허용 여부는 사업구역의 교통수요, 노선결정, 운송업체의 수송능력, 공급능력 등에 관하여 기술적·전문적인 판단을 요하는 분야로서 이에 관한 행정처분은 운수행정을 통한 공익실현과 아울러 합목적성을 추구하기 위하여 보다 구체적 타당성에 적합한 기준에 의하여야 할 것이므로 그 범위 내에서는 법령이 특별히 규정한 바가 없으면 행정청의 재량에 속하는 것이라고 보아야 할 것이고, 마을버스 한정면허시 확정되는 마을버스 노선을 정함에 있어서도 기존 일반노선버스의 노선과의 중복 허용 정도에 대한 판단도 행정청의 재량에 속한다고 할 것이며, 노선의 중복 정도는 마을버스 노선과 각 일반버스노선을 개별적으로 대비하여 판단하여야 한다(대판 2002.6.28, 2001두10028).

**(4) 도로점용허가의 법적 성질은 설권행위·재량행위이다** ★ 16 지방9급, 14·13 지방7급, 14 국가7급

> 도로점용의 허가는 특정인에게 일정한 내용의 공물사용권을 설정하는 설권행위로서, 공물관리자가 신청인의 적격성, 사용목적 및 공익상의 영향 등을 참작하여 허가를 할 것인지의 여부를 결정하는 재량행위이다(대판 2002.10.25, 2002두5795).

> 甲이 의무이행심판을 제기한 경우, 도로점용허가는 기속행위이므로 의무이행심판의 인용재결이 있으면 乙은 甲에 대하여 도로점용허가를 발급해 주어야 한다. (x) ■ 16 지방9급

**(5) 구 공유수면관리법상 공유수면의 점·사용허가의 법적 성질은 특허로서 재량행위이다** ★ 13 변호사

> 구 공유수면관리법에 따른 공유수면의 점·사용허가는 특정인에게 공유수면 이용권이라는 독점적 권리를 설정하여 주는 처분으로서 그 처분의 여부 및 내용의 결정은 원칙적으로 행정청의 재량에 속한다고 할 것이고, 이와 같은 재량처분에 있어서는 그 재량권 행사의 기초가 되는 사실인정에 오류가 있거나 그에 대한 법령적용에 잘못이 없는 한 그 처분이 위법하다고 할 수 없다(대판 2004.5.28, 2002두5016).

**(6) 개인택시운송사업면허와 면허에 필요한 기준을 정하는 것은 수익적 행정행위로서 재량행위이다**

★ 21 국가7급, 17 지방7급, 16·15 국회8급, 14 지방9급, 12 국회9급, 11 서울7급

> [최신기출] 개인택시운송사업면허는 특정인에게 권리나 이익을 부여하는 행정행위로서 법령에 특별한 규정이 없는 한 재량행위이고 그 면허에 필요한 기준을 정하는 것 역시 법령에 규정이 없는 한 행정청의 재량에 속하나, 이 경우에도 이는 객관적으로 타당하여야 하며 그 설정된 우선 순위 결정방법이나 기준이 객관적으로 합리성을 잃은 것이라면 이에 따라 면허 여부를 결정하는 것은 재량권의 한계를 일탈한 것이 되어 위법하다(대판 2007.2.8, 2006두13886).

**(7) 교과서 국정 또는 검·인정은 특허로서 재량행위이다(헌법재판소)**

> 교과서에 관련된 국정 또는 검·인정제도의 법적 성질은 인간의 자연적 자유의 제한에 대한 해제인 허가의 성질을 갖는다기보다는 어떠한 책자에 대하여 교과서라는 특수한 지위를 부여하거나 인정하는 제도이기 때문에 가치창설적인 형성적 행위로서 특허의 성질을 갖는 것으로 보아야 할 것이며, 그렇게 본다면 국가가 그에 대한 재량권을 갖는 것은 당연하다고 할 것이다(헌재결 1992.11.12, 89헌마88).
> ※ 다수설(김남진, 김연태, 김동희, 김철용, 박균성, 박윤흔, 박종국, 석종현, 장태주, 정하중, 한견우, 홍정선, 홍준형)은 교과서 검정에 대하여 확인행위로 분류

**(8) 귀화허가는 특허로서 재량행위이다** ★ 21 국가7급, 12 지방9급, 14 순경특채

`최신기출` 국적은 국민의 자격을 결정짓는 것이고, 이를 취득한 사람은 국가의 주권자가 되는 동시에 국가의 속인적 통치권
의 대상이 되므로, 귀화허가는 외국인에게 대한민국 국적을 부여함으로써 국민으로서의 법적 지위를 포괄적으로 설정
하는 행위에 해당한다. 한편 국적법 등 관계 법령 어디에도 외국인에게 대한민국의 국적을 취득할 권리를 부여하
였다고 볼 만한 규정이 없다. 이와 같은 귀화허가의 근거 규정의 형식과 문언, 귀화허가의 내용과 특성 등을
고려하여 보면, 법무부장관은 귀화신청인이 법률이 정하는 귀화요건을 갖추었다고 하더라도 귀화를 허가할 것인지
여부에 관하여 재량권을 가진다(대판 2010.7.15, 2009두19069).

> 귀화허가는 강학상 허가에 해당하므로, 귀화신청인이 귀화 요건을 갖추어서 귀화허가를 신청한 경우에 법무부장관은 귀화허가를
> 해 주어야 한다. (x) ■ 21 국가7급

**(9) 구 「수도권 대기환경개선에 관한 특별법」에서 정한 대기오염물질 총량관리사업장 설치의 허가 또는 변경허가
는 재량행위이다** ★ 21 국회9급

`최신기출` 구 수도권대기환경특별법 제14조 제1항에서 정한 대기오염물질 총량관리사업장 설치의 허가 또는 변경허가는
특정인에게 인구가 밀집되고 대기오염이 심각하다고 인정되는 수도권 대기관리권역에서 총량관리대상 오염물질
을 일정량을 초과하여 배출할 수 있는 특정한 권리를 설정하여 주는 행위로서 그 처분의 여부 및 내용의 결정은 행정
청의 재량에 속한다고 할 것이다(대판 2013.5.9, 2012두22799).

**(10) 「공유수면 관리 및 매립에 관한 법률」에 따른 공유수면의 점용·사용허가 처분 여부 및 내용의 결정은 행정청의
재량에 속한다** ★ 21 국가7급

`최신기출` 「공유수면 관리 및 매립에 관한 법률」에 따른 공유수면의 점용·사용허가는 특정인에게 공유수면 이용권이라는
독점적 권리를 설정하여 주는 처분으로서 처분 여부 및 내용의 결정은 원칙적으로 행정청의 재량에 속하고, 이와 같
은 재량처분에 있어서는 재량권 행사의 기초가 되는 사실인정에 오류가 있거나 그에 대한 법령적용에 잘못이
없는 한 처분이 위법하다고 할 수 없다(대판 2017.4.28, 2017두30139).

**(11) 공유수면에 대한 점용·사용허가를 신청하는 자가 위 설계도서 등을 첨부하지 아니한 채 허가신청서를 제출한
경우, 공유수면관리청이 허가요건을 충족하지 못한 것으로 보아 거부처분을 할 수 있다**

> 공유수면에 대한 점용·사용허가를 신청하는 자가 위 설계도서 등을 첨부하지 아니한 채 허가신청서를 제출하였
> 다면 공유수면관리청으로서는 특별한 사정이 없는 한 허가요건을 충족하지 못한 것으로 보아 거부처분을 할 수
> 있다(대판 2017.4.28, 2017두30139).

**(12) 출입국관리법이 난민 인정 거부 사유를 서면으로 통지하도록 규정한 취지 및 난민 인정에 관한 신청을 받은
행정청이 법령이 정한 난민 요건과 무관한 다른 사유만을 들어 난민 인정을 거부할 수 있는지 여부(소극)**

> 출입국관리법이 난민 인정 거부 사유를 서면으로 통지하도록 규정한 것은 행정청으로 하여금 난민 요건에 관한
> 신중한 조사와 판단을 거쳐 정당한 처분을 하도록 하고, 처분의 상대방에게 처분 근거를 제시하여 이에 대한
> 불복신청에 편의를 제공하며, 나아가 이에 대한 사법심사의 심리범위를 명확하게 하여 이해관계인의 신뢰를 보
> 호하고 절차적 권리를 보장하기 위한 것이다. … 난민 인정에 관한 신청을 받은 행정청은 원칙적으로 법령이 정한
> 난민 요건에 해당하는지를 심사하여 난민 인정 여부를 결정할 수 있을 뿐이고, 이와 무관한 다른 사유만을 들어 난민
> 인정을 거부할 수는 없다(대판 2017.12.5, 2016두42913).

**(13)** 난민 인정 요건인 '특정 사회집단의 구성원인 신분을 이유로 한 박해'에서 '특정 사회집단'과 외국인이 받을 '박해'의 의미

> 난민 인정 요건인 '특정 사회집단의 구성원인 신분을 이유로 한 박해'에서 '특정 사회집단'이란 한 집단의 구성원들이 선천적 특성, 바뀔 수 없는 공통적인 역사, 개인의 정체성 및 양심의 핵심을 구성하는 특성 또는 신앙으로서 이를 포기하도록 요구해서는 아니 될 부분을 공유하고 있고, 이들이 사회환경 속에서 다른 집단과 다르다고 인식되고 있는 것을 말한다. 그리고 그 외국인이 받을 '박해'란 생명, 신체 또는 자유에 대한 위협을 비롯하여 인간의 본질적 존엄성에 대한 중대한 침해나 차별을 야기하는 행위를 의미한다(대판 2017.12.5, 2016두42913).

**(14)** '여성 할례'(Female genital mutilation)가 특정 사회집단의 구성원이라는 이유로 가해지는 '박해'에 해당하는지 여부(적극) / 난민신청인이 국적국으로 송환될 경우 본인 의사에 반하여 여성 할례를 당하게 될 위험이 있음에도 국적국으로부터 충분한 보호를 기대하기 어려운 경우, 박해를 받을 수 있다고 인정할 충분한 근거가 있는 공포로 국적국의 보호를 받을 수 없는 경우에 해당하는지 여부(적극) / 여기에서 '여성 할례를 당하게 될 위험'의 의미 및 여성 할례를 당하게 될 개별적·구체적인 위험이 있다는 점을 판단하는 방법[원고는 라이베리아 공화국 국적인 만 14세(생년월일 생략)의 여성으로서 가나 난민촌에서 태어난 후 어머니를 따라 2012.3.7. 대한민국에 입국. 원고의 어머니는 원고의 신변을 보호하기 위하여 원고를 난민으로 인정하여 줄 것을 신청하면서 원고가 국적국으로 돌아가게 되면 'Sande Bush School'에 들어가 여성 할례를 받을 수밖에 없다고 주장한 사건]

> '여성 할례'(Female genital mutilation)는 의료 목적이 아닌 전통적·문화적·종교적 이유에서 여성 생식기의 전부 또는 일부를 제거하거나 여성 생식기에 상해를 입히는 행위를 의미한다. 이는 여성의 신체에 대하여 극심한 고통을 수반하는 직접적인 위해를 가하고 인간의 존엄성을 침해하는 행위로서, 특정 사회집단의 구성원이라는 이유로 가해지는 '박해'에 해당한다. 따라서 난민신청인이 국적국으로 송환될 경우 본인의 의사에 반하여 여성 할례를 당하게 될 위험이 있음에도 국적국으로부터 충분한 보호를 기대하기 어렵다는 사정이 인정된다면, 국적국을 벗어났으면서도 박해를 받을 수 있다고 인정할 충분한 근거가 있는 공포로 인하여 국적국의 보호를 받을 수 없는 경우에 해당한다. 그리고 여기에서 '여성 할례를 당하게 될 위험'은 일반적·추상적인 위험의 정도를 넘어 난민신청인이 개별적·구체적으로 그러한 위험에 노출되어 있는 경우를 의미하고, 여성 할례를 당하게 될 개별적·구체적인 위험이 있다는 점은 난민신청인이 속한 가족적·지역적·사회적 상황에 관한 객관적인 증거에 의하여 합리적으로 인정되어야 한다(대판 2017.12.5, 2016두42913).

**(15)** 도로관리청은 점용허가 여부 및 점용허가의 내용인 점용장소, 점용면적, 점용기간을 정할 수 있는 재량권을 갖는다

> **최신판례** 도로관리청은 신청인의 적격성, 점용목적, 특별사용의 필요성 및 공익상의 영향 등을 참작하여 점용허가 여부 및 점용허가의 내용인 점용장소, 점용면적, 점용기간을 정할 수 있는 재량권을 갖는다(대판 2019.1.17, 2016두56721, 56738).

**(16)** 도로점용허가는 점용목적 달성에 필요한 한도로 제한되어야 하고, 도로관리청이 도로점용허가를 하면서 특별사용의 필요가 없는 부분을 점용장소 및 점용면적에 포함한 경우, 도로점용허가 중 위 부분은 위법하다

> **최신판례** 도로점용허가는 도로의 일부에 대한 특정사용을 허가하는 것으로서 도로의 일반사용을 저해할 가능성이 있으므로 그 범위는 점용목적 달성에 필요한 한도로 제한되어야 한다. 도로관리청이 도로점용허가를 하면서 특별사용의 필요가 없는 부분을 점용장소 및 점용면적에 포함하는 것은 그 재량권 행사의 기초가 되는 사실인정에 잘못이 있는 경우에 해당하므로 그 도로점용허가 중 특별사용의 필요가 없는 부분은 위법하다(대판 2019.1.17, 2016두56721, 56738).

**(17) 위 경우 도로관리청이 위와 같은 흠이 있다는 이유로 유효하게 성립한 도로점용허가 중 특별사용의 필요가 없는 부분을 직권취소할 수 있다**

> 최신판례 이러한 경우 도로점용허가를 한 도로관리청은 위와 같은 흠이 있다는 이유로 유효하게 성립한 도로점용허가 중 특별사용의 필요가 없는 부분을 직권취소할 수 있음이 원칙이다(대판 2019.1.17, 2016두56721, 56738).

**(18) 이때 행정청이 소급적 직권취소를 할 수 있는 경우 / 도로관리청이 도로점용허가 중 특별사용의 필요가 없는 부분을 소급적으로 직권취소한 경우, 이미 징수한 점용료 중 취소된 부분의 점용면적에 해당하는 점용료를 반환해야 한다**

> 최신판례 다만 이 경우 행정청이 소급적 직권취소를 하려면 이를 취소하여야 할 공익상 필요와 그 취소로 당사자가 입을 기득권 및 신뢰보호와 법률생활 안정의 침해 등 불이익을 비교 교량한 후 공익상 필요가 당사자의 기득권 침해 등 불이익을 정당화할 수 있을 만큼 강한 경우여야 한다. 이에 따라 도로관리청이 도로점용허가 중 특별사용의 필요가 없는 부분을 소급적으로 직권취소하였다면, 도로관리청은 이미 징수한 점용료 중 취소된 부분의 점용면적에 해당하는 점용료를 반환하여야 한다(대판 2019.1.17, 2016두56721, 56738).

**(19) 도로점용료 부과처분에 취소사유에 해당하는 흠이 있는 경우, 점용료 부과처분에 대한 취소소송이 제기된 이후에 도로관리청이 당초 처분 자체를 취소하고 흠을 보완하여 새로운 부과처분을 하거나 흠 있는 부분에 해당하는 점용료를 감액하는 처분을 할 수 있다**

> 최신판례 행정청은 행정소송이 계속되고 있는 때에도 직권으로 그 처분을 변경할 수 있고, 행정소송법 제22조 제1항은 이를 전제로 처분변경으로 인한 소의 변경에 관하여 규정하고 있다. 점용료 부과처분에 취소사유에 해당하는 흠이 있는 경우 도로관리청으로서는 당초 처분 자체를 취소하고 흠을 보완하여 새로운 부과처분을 하거나, 흠 있는 부분에 해당하는 점용료를 감액하는 처분을 할 수 있다. 한편 흠 있는 행정행위의 치유는 원칙적으로 허용되지 않을 뿐 아니라, 흠의 치유는 성립 당시에 적법한 요건을 갖추지 못한 흠 있는 행정행위를 그대로 존속시키면서 사후에 그 흠의 원인이 된 적법 요건을 보완하는 경우를 말한다. 그런데 앞서 본 바와 같은 흠 있는 부분에 해당하는 점용료를 감액하는 처분은 당초 처분 자체를 일부 취소하는 변경처분에 해당하고, 그 실질은 종래의 위법한 부분을 제거하는 것으로서 흠의 치유와는 차이가 있다.
> 그러므로 이러한 변경처분은 흠의 치유와는 성격을 달리하는 것으로서, 변경처분 자체가 신뢰보호 원칙에 반한다는 등의 특별한 사정이 없는 한 점용료 부과처분에 대한 취소소송이 제기된 이후에도 허용될 수 있다. 이에 따라 특별사용의 필요가 없는 부분을 도로점용허가의 점용장소 및 점용면적으로 포함한 흠이 있고 그로 인하여 점용료 부과처분에도 흠이 있게 된 경우, 도로관리청으로서는 도로점용허가 중 특별사용의 필요가 없는 부분을 직권취소하면서 특별사용의 필요가 없는 점용장소 및 점용면적을 제외한 상태로 점용료를 재산정한 후 당초 처분을 취소하고 재산정한 점용료를 새롭게 부과하거나, 당초 처분을 취소하지 않고 당초 처분으로 부과된 점용료와 재산정된 점용료의 차액을 감액할 수도 있다(대판 2019.1.17, 2016두56721, 56738).

## Ⅲ. 효과

## 1. 특허는 권리를 설정하는 행위이며, 이에는 공권인 것이 일반적이나 사권인 경우도 있다(광업허가·어업 면허에 의해 사권인 광업권·어업권 설정)

### (1) 같은 업무구역 안의 중복된 어업면허는 당연무효이다

> 지구별 어업협동조합 및 지구별 어업협동조합 내에 설립된 어촌계의 어장을 엄격히 구획하여 종래 인접한 각 조합이나 어촌계 상호 간의 어장한계에 관한 분쟁이나 경업을 규제함으로써 각 조합이나 어촌계로 하여금 각자의 소속어장을 배타적으로 점유·관리하게 하였음에 비추어 특별한 경우가 아니면 같은 업무구역 안에 중복된 어업면 허는 당연무효이다(대판 1978.4.25, 78누42).

### (2) 광업권의 존속 중 그 광업권이 설정된 광물과 동일광상에 부존하는 다른 광물에 대한 광업권을 설정할 수 없다

> 광업법상 이미 광업권이 설정된 동일한 구역에 대하여 동일한 광물에 대한 광업권을 중복설정할 수 없고, 이종광물이 라고 할지라도 광업권이 설정된 광물과 동일광상중에 부존하는 이종광물은 광업권설정에 있어서 동일광물로 보게 되 므로 이러한 이종광물에 대하여는 기존광업권이 적법히 취소되거나 그 존속기간이 만료되지 않는 한 별도로 광 업권을 설정할 수 없다(대판 1986.2.25, 85누712).

## 2. 대인적 특허는 이전성이 인정되지 않지만(귀화허가 등), 대물적 특허는 이전성이 인정된다

### (1) 종전 토지소유자가 아닌 타인을 권리자로 지정한 환지처분의 경우 종전 토지소유자가 환지소유권을 취득한다

> 종전의 토지가 단독 또는 다른 토지들과 합동으로 환지되었다면 그 환지가 제자리 환지라 하더라도 환지처분이 대인적 처분이 아닌 대물적 처분의 성격을 가진 점에 비추어 종전 토지소유자는 환지에 대하여 단독 또는 공동으로 소유권을 취득한다 할 것이고 사업시행자가 종전 토지소유자가 아닌 타인을 환지받는 권리자로 지정하였다 하더라도 종전 토지소유자가 환지의 소유권을 취득하고 이를 행사함에 있어서는 아무런 영향이 없다(대판 1987.2.10, 86다카28 5).
> ※ 대물적 행정행위는 물건의 소유자, 점유자 등 관계인에게 귀속되는 것이므로 처분의 상대방이 잘못된 경우에 도 대물적 행정행위의 효과는 물건의 관계인에 대해 발생한다는 취지의 판례이다.

### (2) 토지 전부 또는 일부에 관하여 중복하여 별개의 지적공부가 작성되고 각각 소유권보존등기가 경료되었는데, 후행등기에 대응하는 지적공부에 기초하여 구 농촌근대화촉진법에 의한 환지처분이 이루어진 경우, 선행등기 에 기한 토지 소유자가 이에 상응하는 환지된 토지 소유권을 취득한다

> 구 농촌근대화촉진법에 의한 농지개량사업의 일환으로 이루어지는 환지처분은 시행구역 내의 종전 토지에 대신 하여 농지정리공사 완료 후에 새로 지번을 붙인 다른 토지를 지정하여 이를 종전의 토지로 보는 일종의 대물적 행정행위로서, 환지계획을 고시한 날의 다음 날부터 종전의 토지소유자는 같은 법 제133조에 의한 환지등기가 없어도 환지된 토지의 소유권을 취득하고, 사업시행자가 소유자를 오인하여 소유자가 아닌 다른 사람에게 환지를 하였다 하더라도 다른 사람이 소유권을 취득하는 것이 아니며, 종전의 토지소유자는 환지처분 후 종전 토지의 소유권 에 기하여 환지된 토지의 소유권을 주장할 수 있다(대판 2014.7.10, 2011다102462).

**(3) 상표권부여의 형성처분의 법적 성질은 대물적 처분이므로 승계가 가능하다**

> 상표권부여의 형성처분은 특정인의 속성과의 관련성보다는 상표라는 표장의 식별표식으로서 물(物)에 대한 처분이고 또 사용권부등록을 상표등록취소사유로 한 구 상표법 제73조 제1항 제1호의 규정은 공익을 위한 제재적 성질을 가진 규정이라 할 것이니 이에 해당되는 행위의 책임은 법원의 경매절차에서 등록상표들에 대한 상표권을 승계취득한 자에게도 미친다(대판 2000.9.8, 98후3057·3064·3071·3088·3095·3101·3118).

**(4)** ★ 17 지방9급

> 개인택시운송사업의 양도·양수가 있고 그에 대한 인가가 있은 후 그 양도·양수 이전에 있었던 양도인에 대한 운송사업면허취소사유를 들어 양수인의 사업면허를 취소할 수 있다(대판 1998.6.26, 96누18960).

갑이 개인택시운송사업면허를 받았다가 이를 을에게 양도하였고 운송사업의 양도양수에 대한 인가를 받은 이후에는 양도·양수 이전에 있었던 갑의 운송사업면허 취소사유를 이유로 을의 운송사업면허를 취소할 수 없다. (x) ■ 17 지방9급

# 제2관 인가(보충행위)

## I. 종류

| 인 가 | 승 인 | 허 가 |
|---|---|---|
| 1. 매립준공인가(대판 1975.8.29, 75 누2 3)<br>  ※ 개간허가의 준공인가는 확인행위(대판 1985.2.8, 83누625)<br>2. 외자도입법 제19조에 따른 기술도입계약에 대한 인가(대판 1983.12.27, 82누491)<br>3. 상호신용금고의 정관의 변경인가(대판 1985.3.26, 84누181)<br>4. 채광계획인가(대판 1993.5.27, 92 누19477)<br>5. 자동차운송사업계획변경(기점연장, 노선 및 운행시간)인가(대판 1995.11. 7, 95누9730)<br>6. 공기업 사업양도의 인가, 자동차운송사업양도양수계약에 기한 양도양수인가(대판 1997.9.26, 97누8878)<br>7. 하천점용권 양도의 인가·허가<br>8. 도시재개발법 제34조에 의한 행정청의 관리처분계획 인가처분(대판 2001.12.11, 2001두7541)<br>9. 「도시 및 주거환경정비법」에 기초한 주택재개발정비사업조합의  사업시 | 1. 학교(의료)법인의 임원에 대한 감독청의 취임승인(대판 1987.8.18, 86누152)<br>2. 사립학교법에 의한 감독청의 이사소집승인(대판 1988.4.27, 87누1106)<br>3. 학교법인의 임원에 대한 감독청의 취임승인(대판 1991.6.14, 90누1557)<br>4. 종교법인(재단법인 예수병원유지재단)의 임원취임에 대한 주무관청의 승인(대판 2000.1.28, 98두16996)<br>5. 중소기업 창업사업계획 승인(대판 1994.6.24, 94누1289)<br>6. 자연공원사업의 시행에 있어 그 공원시설기본설계 및 변경설계승인(대판 2001.7.27, 99두2970)<br>7. 주택건설사업계획의 승인(대판 2002. 6.14, 2000두10663)<br>8. 공유수면매립목적 변경 승인처분(대판 2012.6.28, 2010두2005)<br>9. 재개발조합설립추진위원회 구성승인처분(대판 2013.12.26, 2011두8291)<br>10. 전기용품 형식승인<br>  ※ 건축법상 사용승인은 확인행위 | 1. 하천공사 권리의무양수도에 관한 허가(대판 1980.5.27, 79누196)<br>2. 토지거래계약허가[대판(전합)1991.12. 24, 90다12243] [학설 ; ① 허가설 : 박균성, ② 인가설 : 김동희, 유상현, 한견우, ③ 복합적 성질설(=허가+인가) : 김민호, 이광윤, 김철용, 석종현, 박윤흔, 장태주, 홍정선]<br>3. 재단법인(비영리법인) 정관변경허가[대판(전합) 1996.5.16, 95누4810], 사회복지법인의 정관변경허가(대판 2002.9.24, 2000두5661)<br>4. 학교법인이 해산되어 기본재산 처분시 관할관청의 허가(대판 2010.4.8. 2009다93329)<br>5. 농지이전허가<br>6. 지방의회의 의원사직허가<br>7. 특허기업 양도허가<br>  ※ 특허기업의 특허는 특허 |

행계획에 대한 인가처분(대판 2010. 12.9, 2009두4913)
10. 관리처분계획에 대한 행정청의 인가(대판 2012.8.30, 2010두24951)
11. 구「도시 및 주거환경정비법」제20조 제3항에서 정한 정관변경 인가(대판 2014.7.10, 2013도11532)
12. 비영리법인(사립대학, 학교법인) 설립·정관변경인가
13. 특허기업의 요금 인가
14. 하천점유권의 양도인가
    ※ 토지구획정리사업 시행인가는 사업지구에 편입될 목적물의 범위를 확정하고 시행자로 하여금 목적물에 관한 현재 및 장래의 권리자에게 대항할 수 있는 법적 지위를 설정해 주는 행정처분(대판 2004.10.14, 2002두424)
    ※ 「학원의 설립·운영에 관한 법률」상 학원의 설립인가는 허가(대판 1992.4.14, 91다39986)
    ※ 「도시 및 주거환경정비법」상 재건축조합설립인가처분은 설권적 행위로서 특허(대판 2009.9.24, 2008다60568)
    ※ 토지 등 소유자들이 조합을 따로 설립하지 않고 직접 시행하는 도시환경정비사업에서 사업시행인가처분은 설권적 행위로서 특허(대판 2013.6.13, 2011두19994)

※ 택지개발계획승인은 수용권을 설정하여 주는 처분으로서 특허(대판 1996.12.6, 95누8409)
11. 조합설립추진위원회 구성승인(대판 2014.2.27, 2011두2248)
※ 개발촉진지구 안에서 시행되는 지역개발사업에서 지정권자의 실시계획승인처분은 설권적 처분(대판 2014.9.26, 2012두5619)
※ 임대주택법 제21조에 따른 분양전환승인처분은 확인행위(대판 2020.7.23, 2015두48129)

## 1. 토지거래계약허가 ★ 21 국회9급, 19 국가9급, 12 군무원

**최신기출**

국토이용관리법 제21조의3 제1항 소정의 허가(토지거래계약허가)가 규제지역 내의 모든 국민에게 전반적으로 토지거래의 자유를 금지하고 일정한 요건을 갖춘 경우에만 금지를 해제하여 계약체결의 자유를 회복시켜 주는 성질의 것(허가)이라고 보는 것은 위 법의 입법취지를 넘어선 지나친 해석이라고 할 것이고, 규제지역 내에서도 토지거래의 자유가 인정되나, 다만 위 허가를 허가 전의 유동적 무효상태에 있는 법률행위의 효력을 완성시켜 주는 인가적 성질을 띤 것이라고 보는 것이 타당하다(대판 1991.12.24, 90다12243).

## 2. 학교법인의 임원선임행위의 불성립 또는 무효를 이유로 바로 그에 대한 감독청의 취임승인처분의 취소 또는 무효확인을 소구할 법률상의 이익이 없다 ★ 17 서울7급

사립학교법 제20조 제2항에 의한 학교법인의 임원에 대한 감독청의 취임승인처분은 학교법인의 임원선임행위를 보충하여 그 법률상의 효력을 완성시키는 보충적 행정행위이므로 기본행위인 사법상의 임원선임행위에 하자가 있다 하여 그 선임행위의 효력에 관하여 다툼이 있는 경우에 민사쟁송으로서 그 선임행위의 취소 또는 무효확인을 구하는 것은 별론으로 하고 기본행위의 불성립 또는 무효를 내세워 바로 그에 대한 감독청의 취임승인처분의 취소 또는 무효확인을 소구할 법률상의 이익이 있다고 할 수 없다(대판 1991.6.14, 90누1557).

## 3. 주택조합의 조합장 명의변경에 대한 시장, 군수 또는 자치구 구청장의 인가처분의 법적 성질은 인가이다 ★ 21 국회9급

최신기출 | 주택조합의 조합장 명의변경에 대한 시장, 군수 또는 자치구 구청장의 인가처분은 종전의 조합장이 그 지위에서 물러나고 새로운 조합장이 그 지위에 취임함을 내용으로 하는 주택조합의 조합장 명의변경 행위를 보충하여 그 법률상의 효력을 완성시키는 보충적 행정행위로서 성질상 기본행위인 주택조합의 조합장 명의변경 행위를 떠나 인가처분 자체만으로는 법률상 아무런 효력도 발생할 수 없다(대판 1995.12.12, 95누7338).

## 4. 재단법인 정관변경허가 ★ 20·16 지방9급, 19·15 국가9급, 18 국회8급, 14 행정사, 14 변호사

최신기출 전합판례 | 민법 제45조와 제46조에서 말하는 재단법인의 정관변경 허가는 법률상의 표현이 '허가'로 되어 있기는 하나, 그 성질에 있어 법률행위의 효력을 보충해 주는 것이지 일반적 금지를 해제하는 것이 아니므로, 그 법적 성격은 인가라고 보아야 한다[대판(전합) 1996.5.16, 95누4810].

## 5. 도시재개발법 제34조에 의한 행정청의 관리처분계획 인가처분의 법적 성질은 인가이고 관리처분계획의 하자를 이유로 관리처분계획 인가처분의 취소 또는 무효확인을 소구할 법률상 이익은 없다 ★ 22 지방9급, 19 국가9급, 15·13 국회8급

최신기출 | 도시재개발법 제34조에 의한 행정청의 인가는 주택개량재개발조합의 관리처분계획에 대한 법률상의 효력을 완성시키는 보충행위로서 그 기본 되는 관리처분계획에 하자가 있을 때에는 그에 대한 인가가 있었다 하여도 기본행위인 관리처분계획이 유효한 것으로 될 수 없으며, 다만 그 기본행위가 적법·유효하고 보충행위인 인가처분 자체에만 하자가 있다면 그 인가처분의 무효나 취소를 주장할 수 있다고 할 것이지만, 인가처분에 하자가 없다면 기본행위에 하자가 있다 하더라도 따로 그 기본행위의 하자를 다투는 것은 별론으로 하고 기본행위의 무효를 내세워 바로 그에 대한 행정청의 인가처분의 취소 또는 무효확인을 소구할 법률상의 이익이 있다고 할 수 없다(대판 2001.12.11, 2001두7541).

인가란 타인의 법률적 행위를 보충하여 그 법률적 효력을 완성시켜 주는 행정행위를 말하는데 기본행위에 하자가 있는 경우 인가행위를 다투는 것이 원칙이다. (x) ▪ 15 국회8급

## 6. 조합설립추진위원회가 추진위원회 구성의 변경승인을 받기 전에 조합설립인가신청을 한 경우, 변경승인 전의 행위라는 사정만으로 조합설립인가신청이 원칙적으로 무효라고 할 수는 없다

조합설립추진위원회(추진위원회) 구성승인은 조합의 설립을 위한 주체인 추진위원회의 구성행위를 보충하여 효력을 부여하는 처분이므로, 시장·군수로부터 추진위원회 구성승인을 받은 추진위원회는 유효하게 설립된 비법인사단으로서 조합설립에 필요한 법률행위 등을 할 수 있다. 따라서 추진위원회가 구성승인을 받을 당시의 정비예정구역보다 정비구역이 확대되어 지정된 경우, 추진위원회가 구성 변경승인을 받기 전에 확대된 정비구역 전체에서 조합설립을 추진하여 조합설립인가신청을 하였다 하더라도 이는 유효하게 설립된 비법인사단의 법률행위이므로, 당초의 추진위원회 구성승인이 실효되었다는 등의 특별한 사정이 없는 한 변경승인 전의 행위라는 사정만으로 조합설립인가신청 자체가 무효라고 할 수는 없다(대판 2014.2.27, 2011두2248).

7. 구 「도시 및 주거환경정비법」 제20조 제3항에서 정한 정관변경 인가의 법적 성질은 인가이고 이러한 인가를 받지 못한 경우, 변경된 정관의 효력은 무효이고 시장 등이 변경된 정관을 인가한 경우, 정관 변경의 효력은 총회의 의결이 있었던 때로 소급하여 발생하지 않는다

> 시장 등의 인가는 그 대상이 되는 기본행위를 보충하여 법률상 효력을 완성시키는 행위로서 이러한 인가를 받지 못한 경우 변경된 정관은 효력이 없고, 시장 등이 변경된 정관을 인가하더라도 정관변경의 효력이 총회의 의결이 있었던 때로 소급하여 발생한다고 할 수 없다(대판 2014.7.10, 2013도11532).

8. 구 자동차관리법상 자동차관리사업자로 구성하는 사업자단체인 조합 또는 협회 설립인가처분의 법적 성격은 인가이다 ★ 21 국회9급

> 최신기출
>
> 자동차관리법상 자동차관리사업자로 구성하는 사업자단체인 조합 또는 협회(조합 등)의 설립인가처분은 국토해양부장관 또는 시·도지사(시·도지사 등)가 자동차관리사업자들의 단체결성행위를 보충하여 효력을 완성시키는 처분에 해당한다. 그리고 자동차관리법이 자동차관리사업자들로 하여금 시·도지사 등의 설립인가를 거쳐 조합 등을 설립하도록 한 취지는, 자동차관리사업자들이 공통의 이익을 추구하기 위해 단체를 구성하여 활동할 수 있는 헌법상 결사의 자유를 폭넓게 보장하는 한편, 조합 등이 수행하는 업무의 특수성을 고려하여 공익적 차원에서 최소한의 사전적 규제를 하고자 함에 있다(대판 2015.5.29, 2013두635).

## II. 인가의 재량행위성

인가의 재량행위성 여부에 대하여 학설은 대립하고 있다. 판례상으로 인가는 기속행위인 경우도 있고 재량행위도 있다.

| 재량행위 | 기속재량행위 | 기속행위 |
|---|---|---|
| 1. 중소기업 창업사업계획 승인(대판 1994.6.24, 94누1289)<br>2. 민법상 비영리법인 설립허가(대판 1996.9.10, 95누18437)<br>3. 종교법인(재단법인 예수병원유지재단)의 임원취임에 대한 주무관청의 승인(대판 2000.1.28, 98두16996)<br>4. 자연공원사업의 시행에 있어 그 공원시설기본설계 및 변경설계승인(대판 2001.7.27, 99두2970)<br>5. 사회복지법인의 정관변경허가(대판2002.9.24, 2000두5661)<br>6. 주택건설사업계획의 승인(대판 2007.5.10, 2005두13315)<br>7. 주택재건축사업시행 인가(대판 2007.7.12, 2007두6663)<br>8. 공유수면매립목적 변경 승인처분(대판 2012.6.28, 2010두2005)<br>9. 여객자동차 운송사업에서 운송할 여객 등에 관한 업무의 범위나 기간을 한정하는 면허(한정면허)의 사업계획 변경에 대한 인가처분(대판 2014.4.30, 2011두14685) | 채광계획인가(대판 2002.10.11, 2001두151)<br>※ 재량행위라는 예외판례(대판 2008.9.11, 2006두7577) | 1. 사립학교법에 의한 감독청의 이사회 소집승인(대판 1988.4.27, 87누1106)<br>2. 학교법인이사취임승인처분(대판 1992.9.22, 92누5461)<br>3. 관리처분계획에 대한 행정청의 인가(대판 2012.8.30, 2010두24951) |

## 1. 재량행위

### (1) 민법상 비영리법인 설립허가 ★ 11 서울7급

현행 법령상 비영리법인의 설립허가에 관한 구체적인 기준이 정하여져 있지 아니하므로, 비영리법인의 설립허가를 할 것인지 여부는 주무관청의 정책적 판단에 따른 재량에 맡겨져 있다(대판 1996.9.10, 95누18437).

### (2) 종교법인(재단법인 예수병원유지재단)의 임원취임에 대한 주무관청의 승인 ★ 21 국가7급, 21 국회9급, 19 국가9급

최신기출 종교법인 임원의 취임이 사법인인 그 법인의 정관에 근거한다 할지라도 이에 대한 행정청의 승인(인가)행위는 법인에 대한 주무관청의 감독권에 연유하는 이상 그 인가행위 또는 인가거부행위는 공법상의 행정처분으로서, 그 임원취임을 인가 또는 거부할 것인지 여부는 주무관청의 권한에 속하는 사항이므로, 종교법인의 임원취임승인신청에 대하여 주무관청이 이에 기속되어 이를 당연히 승인(인가)하여야 하는 것은 아니다(대판 2000.1.28, 98두16996).

### (3) 사회복지법인의 정관변경허가 ★ 20 국회8급, 18 국가7급

사회복지법인의 정관변경을 허가할 것인지의 여부는 주무관청의 정책적 판단에 따른 재량에 맡겨져 있다고 할
것이고, 주무관청이 정관변경허가를 함에 있어서는 비례의 원칙 및 평등의 원칙에 적합하고 행정처분의 본질적
효력을 해하지 않는 한도 내에서 부관을 붙일 수 있다(대판 2002.9.24, 2000두5661).

### (4) 주택건설촉진법 제33조에 의한 주택건설사업계획 승인의 법적 성질은 재량행위이고 처분권자가 관계 법령상의 제한사유가 없는 경우에도 공익상 필요에 의하여 그 승인신청에 대하여 불허가 결정을 할 수 있다 ★ 19 서울7급

주택건설촉진법 제33조에 의한 주택건설사업계획의 승인은 상대방에게 권리나 이익을 부여하는 효과를 수반하
는 이른바 수익적 행정처분으로서 법령에 행정처분의 요건에 관하여 일의적으로 규정되어 있지 아니한 이상 행
정청의 재량행위에 속한다 할 것이고, 이러한 승인을 받으려는 주택건설사업계획이 관계 법령이 정하는 제한에
배치되는 경우는 물론이고 그러한 제한사유가 없는 경우에도 공익상 필요가 있으면 처분권자는 그 승인신청에
대하여 불허가 결정을 할 수 있다(대판 2005.4.15, 2004두10883).

### (5) 주택재건축사업시행인가 ★ 10 국가9급

주택재건축사업시행의 인가는 상대방에게 권리나 이익을 부여하는 효과를 가진, 이른바 수익적 행정처분으로서 법령
에 행정처분의 요건에 관하여 일의적으로 규정되어 있지 아니한 이상 행정청의 재량행위에 속하므로, 처분청으로서
는 법령상의 제한에 근거한 것이 아니라 하더라도 공익상 필요 등에 의하여 필요한 범위 내에서 여러 조건(부담)
을 부과할 수 있다(대판 2007.7.12, 2007두6663).

### (6) 여객자동차 운송사업에서 운송할 여객 등에 관한 업무의 범위나 기간을 한정하는 면허(한정면허)의 사업계획변경에 대한 인가처분

구 「여객자동차 운수사업법」 제4조 제1항, 제3항, 제5조, 제10조, 구 「여객자동차 운수사업법 시행규칙」 제17
조, 제32조 등 관계 법령의 규정 내용 및 체계에 의하면, 여객자동차 운송사업에서 운송할 여객 등에 관한 업무
의 범위나 기간을 한정하는 면허(한정면허)의 사업계획변경에 대한 인가 여부는 교통수요, 운송업체의 수송능력,
공급능력 등에 관하여 기술적·전문적인 판단을 요하는 분야로서 이에 관한 행정처분은 운수행정을 통한 공익실현과
아울러 합목적성을 추구하기 위하여 구체적 타당성에 적합한 기준에 의하여야 하므로 그 범위 내에서는 법령이 특별히
규정한 바가 없으면 행정청의 재량에 속한다(대판 2014.4.30, 2011두14685).

### (7) 국토해양부장관 또는 시·도지사가 구 자동차관리법상 자동차관리사업자로 구성하는 사업자단체인 조합 또는 협회 설립인가 신청에 대하여 설립인가 여부를 결정할 재량을 가진다 ★ 17 국가7급

인가권자인 국토해양부장관 또는 시·도지사는 조합 등의 설립인가 신청에 대하여 자동차관리법 제67조 제3항에
정한 설립요건의 충족 여부는 물론, 나아가 조합 등의 사업내용이나 운영계획 등이 자동차관리사업의 건전한 발전
과 질서 확립이라는 사업자단체 설립의 공익적 목적에 부합하는지 등을 함께 검토하여 설립인가 여부를 결정할 재량을
가진다. 다만 이러한 재량을 행사할 때 기초가 되는 사실을 오인하였거나 비례·평등의 원칙을 위반하는 등의
사유가 있다면 이는 재량권의 일탈·남용으로서 위법하다(대판 2015.5.29, 2013두635).

## 2. 기속재량

### (1) 채광계획인가는 기속재량이다

> 광업권의 행사를 보장하면서도 광산개발에 따른 자연경관의 훼손, 상수원의 수질오염 등 공익침해를 방지하기 위한 목적에서 광물채굴에 앞서 채광계획인가를 받도록 한 제도의 취지와 공익을 실현하여야 하는 행정의 합목적성에 비추어 볼 때, 당해 채광계획이 중대한 공익에 배치된다고 할 때에는 그 인가를 거부할 수 있다고 보아야 하고, 채광계획을 불인가하는 경우에는 정당한 사유가 제시되어야 하며 자의적으로 불인가를 하여서는 아니 될 것이므로 채광계획의 인가는 기속재량행위에 속하는 것으로 보아야 할 것이다(대판 1993.5.27, 92누19477).

### (2) 중대한 공익상의 필요가 있는 경우 채광계획의 변경인가를 거부할 수 있다

> 채광계획의 변경인가는 기본적으로 채광의 위치와 방법 등이 종전의 채광계획과 동일하지 아니할 경우에 변경된 채광계획의 내용을 합리성과 사업성 및 안전성의 측면에서 심사하는 것이기는 하나 당해 채광계획이 특히 산림훼손을 수반하는 경우에는 그로 인하여 초래되는 자연경관의 훼손, 소음과 분진의 발생, 수질 오염의 정도 등을 국토와 자연의 유지 및 상수원 수질과 같은 환경 보전의 측면에서 고려하여 중대한 공익상의 필요가 있다고 인정될 때에는 이를 거부할 수가 있고, 또 그와 같은 사항은 반드시 구체적 수치에 의하여 설정된 기준을 근거로 하여 심사하여야 하는 것은 아니고, 당해 채광계획에 나타난 사업의 내용, 규모, 방법과 그것이 환경에 미치는 영향 등 제반 사정을 종합하여 사회 관념상 공익 침해의 우려가 현저한지 여부에 의하여 판단할 수 있다(대판 2000.4.25, 98두6555).

## 3. 기속행위

### (1) 학교법인이사취임승인처분 ★ 11 서울7급

> 이사취임승인은 학교법인의 임원선임행위를 보충하여 법률상의 효력을 완성시키는 보충적 행정행위로서 기속행위에 속한다(대판 1992.9.22, 92누5461).

### (2) 행정청이 관리처분계획에 대한 인가처분을 하면서 기부채납과 같은 조건을 붙일 수 없다 ★ 20 국회8급, 16 국가7급

최신기출
> 관리처분계획에 대한 행정청의 인가는 관리처분계획의 법률상 효력을 완성시키는 보충행위로서의 성질을 갖는데 … 행정청이 관리처분계획에 대한 인가 여부를 결정할 때에는 그 관리처분계획에 도시정비법 제48조 및 그 시행령 제50조에 규정된 사항이 포함되어 있는지, 그 계획의 내용이 도시정비법 제48조 제2항의 기준에 부합하는지 여부 등을 심사·확인하여 그 인가 여부를 결정할 수 있을 뿐 기부채납과 같은 다른 조건을 붙일 수는 없다고 할 것이다(대판 2012.8.30, 2010두24951).

> 관리처분계획에 대한 인가처분은 단순한 보충행위에 그치지 않고 일종의 설권적 처분의 성질을 가지므로, 인가처분시 기부채납과 같은 다른 조건을 붙일 수 있다. (x) ■ 16 국가7급

## 4. 부관의 부가

인가가 재량행위인 경우 부관을 붙일 수 있고, 기속행위라 하더라도 정지조건부 부관을 붙일 수 있다는 것이 판례이다.

### (1) 채광계획인가는 기속재량행위이므로 '규사광물 이외의 채취금지 및 규사의 목적 외 사용금지'를 내용으로 한 채광계획인가조건의 효력은 무효이다

> 일반적으로 기속재량행위에는 부관을 붙일 수 없고 가사 부관을 붙였다 하더라도 이는 무효이므로, 주무관청이 채광계획의 인가를 함에 있어 '규사광물 이외의 채취금지 및 규사의 목적 외 사용금지'를 조건(부담)으로 붙인 것은 광업법 등에 의하여 보호되는 광업권자의 광업권을 침해하는 내용으로서 무효이다(대판 1997.6.13, 96누122 69).

### (2) 채광계획인가로 산림훼손허가가 의제될 경우 부관을 붙일 수 있다

> 채광계획인가를 받으면 광업법 제47조의2에 의하여 산림법 제90조의 규정에 의한 산림훼손허가를 받은 것으로 볼 것이지만(집중효) 그렇다고 하여 채광계획인가시 산림훼손에 관하여 조건을 붙일 수 없다고 할 수는 없으므로, 지방자치단체장이 인가 신청인에게 채광계획인가를 함에 있어 산림훼손기간을 정하여 이를 조건(종기)으로 인가한 이상 그 기간이 만료되면 신청인은 산림훼손기간의 연장 또는 새로운 산림훼손허가를 받아야 한다(대판 1997. 8.29, 96누15213).

### (3) 주무관청의 허가 없는 공익법인의 기본재산에 대한 처분의 효력(=무효) 및 공익법인의 기본재산 처분허가에 부관을 붙인 경우 그 해석 방법 ★ 20 국가9급, 20 국회9급

최신기출

> 공익법인의 기본재산의 처분에 관한 「공익법인의 설립·운영에 관한 법률」 제11조 제3항의 규정은 강행규정으로서 이에 위반하여 주무관청의 허가를 받지 않고 기본재산을 처분하는 것은 무효라 할 것인데, 위 처분허가에 부관을 붙인 경우 그 처분허가의 법률적 성질이 형성적 행정행위로서의 인가에 해당한다고 하여 조건으로서의 부관의 부가가 허용되지 아니한다고 볼 수는 없다. 주무관청이 공익법인의 기본재산 처분에 대하여 허가의 유효조건으로서 매매대금의 액수, 지급방법, 지급기한 등을 명시한 경우, 이를 단순한 주의적 규정이 아닌 조건적 성격의 부관으로 보아, 그에 따른 이행이 없는 이상 위 처분허가는 효력을 상실한다고 한 원심의 판단을 수긍한 사례(대판 200 5.9.28, 2004다50044)

> 공익법인의 기본재산의 처분에 관한 주무관청의 허가는 강학상 인가에 해당하고 이에 대한 부관의 부과는 허용되지 아니한다. (x)
> ■ 20 국회9급
> 공익법인의 기본재산 처분에 대한 허가의 법률적 성질이 형성적 행정행위로서의 인가에 해당하므로, 그 허가에 조건으로서의 부관의 부과가 허용되지 아니한다. (x) ■ 20 국가9급

### (4) 주택재건축사업시행 인가의 법적 성질은 재량행위이므로 이에 대하여 법령상의 제한에 근거하지 않은 조건(부담)을 부과할 수 있다 ★ 18 지방7급

최신기출

> 주택재건축사업시행의 인가는 상대방에게 권리나 이익을 부여하는 효과를 가진 이른바 수익적 행정처분으로서 법령에 행정처분의 요건에 관하여 일의적으로 규정되어 있지 아니한 이상 행정청의 재량행위에 속하므로, 처분청으로서는 법령상의 제한에 근거한 것이 아니라 하더라도 공익상 필요 등에 의하여 필요한 범위 내에서 여러 조건(부담)을 부과할 수 있다(대판 2007.7.12, 2007두6663).

## Ⅲ. 인가의 효과

> 상호신용금고법 제10조 제1호가 정관의 변경에 재무부장관(현 기획재정부장관)의 인가를 얻어야 하도록 규정하고 있음에 비추어 변경된 정관상에 그 시행일에 관하여 아무런 규정을 두고 있지 않다면 정관변경의 효력은 특단의 사정이 없는 한 재무부장관의 인가가 있는 날로부터 발생한다(대판 1985.3.26, 84누181).

## Ⅳ. 인가(보충행위)와 기본적 법률행위(주된 행위)와의 관계

### 1. 기본행위의 사유(인가에 영향을 미침)

**(1) 기본행위가 불성립·무효인 경우 인가도 무효이다** ★ 15 국가9급, 12 군무원, 10 지방9급

> `최신기출` 피고가 한 하천공사 권리의무양수도에 관한 허가는 기본행위인 위의 양수도행위를 보충하여 그 법률상의 효력을 완성시키는 보충행위라고 할 것이니 그 기본행위인 위의 권리의무양수도 계약이 무효일 때에는 그 보충행위인 위의 허가처분도 별도의 취소조치를 기다릴 필요 없이 당연무효라고 할 것이고 피고가 한 무효통지는 무효선언을 하는 방법으로 한 위 허가에 대한 일종의 취소처분이다(대판 1980.5.27, 79누196).

**(2) 기본행위가 사후에 실효되면 인가도 실효된다** ★ 15 국가9급

> 외자도입법 제19조에 따른 기술도입계약에 대한 인가는 기본행위인 기술도입계약을 보충하여 그 법률상 효력을 완성시키는 보충적 행정행위(인가)에 지나지 아니하므로 기본행위인 기술도입계약이 해지로 인하여 소멸되었다면 위 인가처분은 무효선언이나 그 취소처분이 없어도 당연히 실효된다(대판 1983.12.27, 82누491).

**(3) 자동차운송사업의 양수도계약이 취소된 경우 위 계약에 대한 행정청의 인가처분의 효력은 무효이다**

> `전합판례` 자동차운송사업 양수도계약이 후에 사해행위라 하여 확정판결로써 취소된 경우 행정청이 자동차운수사업법 제28조 제1항에 의하여 위 양수도계약에 관하여 한 인가처분도 마땅히 시정되어야 할 것이므로 행정청이 그 시정에 응하지 않은 경우 위 인가처분의 무효확인을 구할 이익이 있다[대판(전합) 1979.2.13, 78누428].

### 2. 인가의 사유(기본행위에 영향을 미치지 못함)

**(1) 기본행위가 불성립·무효인 경우 인가로 기본행위가 유효한 것으로 전환되지 않는다**

★ 20 지방9급, 16·12 국가9급, 13 변호사, 11 국가7급

> `최신기출` 사립학교법 제20조 제2항에 의한 학교법인의 임원에 대한 감독청의 취임승인은 학교법인의 임원선임행위를 보충하여 그 법률상의 효력을 완성케 하는 보충적 행정행위로서 성질상 기본행위를 떠나 승인처분 그 자체만으로는 법률상 아무런 효력도 발생할 수 없으므로 기본행위인 학교법인의 임원선임행위가 불성립 또는 무효인 경우에는 비록 그에 대한 감독청의 취임승인이 있었다 하여도 이로써 무효인 그 선임행위가 유효한 것으로 될 수는 없다(대판 1987.8.18, 86누152).

> 관할청의 임원 취임승인으로 선임절차상의 하자는 치유되고 B는 임원으로서의 지위를 취득한다. (×) ■ 16 국가9급
> 인가처분에 하자가 없더라도 기본행위에 무효사유가 있다면 기본행위의 무효를 내세워 그에 대한 행정청의 인가처분의 취소 또는 무효확인을 구할 소의 이익이 있다. ■ 20 지방9급

**(2) 기본행위인 사업시행계획이 무효인 경우 그에 대한 인가처분이 있다고 하더라도 그 기본행위인 사업시행계획이 유효한 것으로 될 수 없다** ★ 21 서울7급

기본행위인 사업시행계획이 무효인 경우 그에 대한 인가처분이 있다고 하더라도 그 기본행위인 사업시행계획이 유효한 것으로 될 수 없으며, 기본행위가 적법·유효하고 보충행위인 인가처분 자체에만 하자가 있다면 그 인가처분의 무효나 취소를 주장할 수 있다고 할 것이지만, 인가처분에 하자가 없다면 기본행위에 하자가 있다고 하더라도 따로 그 기본행위의 하자를 다투는 것은 별론으로 하고 기본행위의 무효를 내세워 바로 그에 대한 인가처분의 취소 또는 무효확인을 구할 수 없다(대판 2014.2.27, 2011두25173).

**(3) 재단법인의 정관변경 결의의 하자를 이유로 정관변경 인가처분의 취소·무효 확인을 소구할 수 없다**
★ 21 국가7급, 20·18 국회8급, 20 지방9급, 20 국가9급

인가는 기본행위인 재단법인의 정관변경에 대한 법률상의 효력을 완성시키는 보충행위로서, 그 기본이 되는 정관변경 결의에 하자가 있을 때에는 그에 대한 인가가 있었다 하여도 기본행위인 정관변경 결의가 유효한 것으로 될 수 없으므로 기본행위인 정관변경 결의가 적법 유효하고 보충행위인 인가처분 자체에만 하자가 있다면 그 인가처분의 무효나 취소를 주장할 수 있지만, 인가처분에 하자가 없다면 기본행위에 하자가 있다 하더라도 따로 그 기본행위의 하자를 다투는 것은 별론으로 하고 기본행위의 무효를 내세워 바로 그에 대한 행정청의 인가처분의 취소 또는 무효확인을 소구할 법률상의 이익이 없다(대판 1996.5.16, 95누4810).

재단법인의 정관변경 결의에 하자가 있더라도, 그에 대한 인가가 있었다면 기본행위인 정관변경 결의는 유효한 것으로 된다. (x)
■ 21 국가7급
인가의 대상이 되는 행위에 취소원인이 있더라도 일단 인가가 있는 때에는 그 흠은 치유된다. (x) ■ 18 국회8급

## 3. 하자에 대한 쟁송(하자가 있는 행위에 대해서만 소송제기 가능)

**(1) 기본행위는 적법유효하나 보충행위인 인가처분에만 하자가 있는 경우에는 그 인가처분의 취소나 무효확인소송 가능**

**(2) 기본행위에만 하자가 있고 인가는 적법한 경우 기본행위를 다투어야 하고 인가의 무효확인이나 취소청구 불가**
**(협의의 소익 부정)** ★ 17 국가7급, 15 국가9급, 14 국가7급, 14 변호사, 13·08 지방7급, 10 서울9급

기본행위는 적법유효하나 보충행위인 인가처분에만 하자가 있는 경우에는 그 인가처분의 취소나 무효확인을 구할 수 있을 것이지만 기본행위인 조합설립에 하자가 있는 경우에는 민사쟁송으로써 따로 그 기본행위의 취소 또는 무효확인 등을 구하는 것은 별론으로 하고 기본행위의 불성립 또는 무효를 내세워 바로 그에 대한 감독청의 인가처분의 취소 또는 무효확인을 소구할 법률상 이익이 있다고 할 수 없다(대판 2000.9.5, 99두1854).

기본행위에 하자가 있는 경우에 그 기본행위의 하자를 다툴 수 있고, 기본행위의 하자를 이유로 인가처분의 취소 또는 무효확인도 소구할 수 있다. (x) ■ 15 국가9급
인가처분에 하자가 없더라도 기본행위의 하자를 이유로 행정청의 인가처분의 취소 또는 무효확인을 구할 법률상 이익이 인정된다.
(x) ■ 17 국가7급

**(3) 재건축조합설립인가의 법적 성질 및 기본행위인 재건축조합설립행위에 하자가 있는 경우, 기본행위의 불성립 또는 무효를 내세워 그에 대한 감독청의 인가처분의 취소 또는 무효확인을 소구할 법률상 이익이 없다**

★ 14 변호사

> 주택건설촉진법에서 규정한 바에 따른 관할시장 등의 재건축조합설립인가는 불량·노후한 주택의 소유자들이 재건축을 위하여 한 재건축조합설립행위를 보충하여 그 법률상 효력을 완성시키는 보충행위일 뿐이므로 그 기본되는 조합설립행위에 하자가 있을 때에는 그에 대한 인가가 있다 하더라도 기본행위인 조합설립이 유효한 것으로 될 수 없고, 따라서 그 기본행위는 적법유효하나 보충행위인 인가처분에만 하자가 있는 경우에는 그 인가처분의 취소나 무효확인을 구할 수 있을 것이지만 기본행위인 조합설립에 하자가 있는 경우에는 민사쟁송으로써 따로 그 기본행위의 취소 또는 무효확인 등을 구하는 것은 별론으로 하고 기본행위의 불성립 또는 무효를 내세워 바로 그에 대한 감독청의 인가처분의 취소 또는 무효확인을 소구할 법률상 이익이 있다고 할 수 없다(대판 2000.9.5, 99두1854).

**(4) 기본행위인 임시이사들에 의한 이사선임결의의 내용 및 그 절차에 하자가 있다는 이유로 이사선임결의의 효력에 관하여 다툼이 있는 경우, 그 보충행위인 임원취임승인처분의 무효확인이나 그 취소를 구할 법률상 이익이 없다** ★ 20 국회9급, 16 국가9급

최신기출
> 기본행위인 이사선임결의가 적법·유효하고 보충행위인 승인처분 자체에만 하자가 있다면 그 승인처분의 무효확인이나 그 취소를 주장할 수 있지만, 이 사건 임원취임승인처분에 대한 무효확인이나 그 취소의 소처럼 기본행위인 임시이사들에 의한 이사선임결의의 내용 및 그 절차에 하자가 있다는 이유로 이사선임결의의 효력에 관하여 다툼이 있는 경우에는 민사쟁송으로서 그 기본행위에 해당하는 위 이사선임결의의 무효확인을 구하는 등의 방법으로 분쟁을 해결할 것이지 그 이사선임결의에 대한 보충적 행위로서 그 자체만으로는 아무런 효력이 없는 승인처분만의 무효확인이나 그 취소를 구하는 것은 특단의 사정이 없는 한 분쟁해결의 유효적절한 수단이라 할 수 없으므로, 임원취임승인처분의 무효확인이나 그 취소를 구할 법률상 이익이 없다(대판 2002.5.24, 2000두3641).

> 임원 선임절차상의 하자를 이유로 관할청의 취임승인처분에 대한 취소를 구하는 소송은 허용되지 않는다. ■ 16 국가9급
> A 학교법인의 임원선임행위에 대해서는 선임처분취소소송을 제기하여 그 효력을 다툴 수 있다. (x) ■ 16 국가9급
> 관할청의 임원취임승인은 B에 대해 학교법인의 임원으로서의 포괄적 지위를 설정하여 주는 특허에 해당한다. (x) ■ 16 국가9급
> 기본행위인 이사선임결의의 효력에 다툼이 있는 경우 민사쟁송으로 이사선임결의의 무효확인을 구할 것이 아니라 그 이사선임결의에 대한 승인처분의 무효확인이나 그 취소를 구하여야 한다. (x) ■ 20 국회9급

**(5) 기본행위인 주택재개발정비사업조합이 수립한 사업시행계획에 하자가 있는데 보충행위인 관할 행정청의 사업시행계획 인가처분에는 고유한 하자가 없는 경우, 사업시행계획의 무효를 주장하면서 곧바로 그에 대한 인가처분의 무효확인이나 취소를 구할 수 없다** ★ 21 서울7급, 17 국가7급

최신기출
최신판례
> 구 「도시 및 주거환경정비법」에 기초하여 주택재개발정비사업조합이 수립한 사업시행계획은 관할 행정청의 인가고시가 이루어지면 이해관계인들에게 구속력이 발생하는 독립된 행정처분에 해당하고, 관할 행정청의 사업시행계획 인가처분은 사업시행계획의 법률상 효력을 완성시키는 보충행위에 해당한다. 따라서 기본행위인 사업시행계획에는 하자가 없는데 보충행위인 인가처분에 고유한 하자가 있다면 그 인가처분의 무효확인이나 취소를 구하여야 할 것이지만, 인가처분에는 고유한 하자가 없는데 사업시행계획에 하자가 있다면 사업시행계획의 무효확인이나 취소를 구하여야 할 것이지 사업시행계획의 무효를 주장하면서 곧바로 그에 대한 인가처분의 무효확인이나 취소를 구하여서는 아니 된다(대판 2021.2.10, 2020두48031).

> 인가처분에는 고유한 하자가 없는데 사업시행계획에 하자가 있다면 사업시행계획의 무효를 주장하면서 곧바로 인가처분의 무효확인이나 취소를 구할 수 있다. (x) ■ 21 서울7급

## 4. 기본행위의 하자와 인가의 하자 자체는 별개

**(1) 주택재건축조합이 재건축결의에서 결정된 내용과 다르게 사업시행계획을 작성하여 사업시행인가를 받은 경우 인가처분이 근거조항상의 적법요건을 갖추고 있다면 그 사업시행인가처분 자체는 적법하다** ★ 20 국회8급

`최신기출` 조합이 사업시행계획을 재건축결의에서 결정된 내용과 달리 작성한 경우 이러한 하자는 기본행위인 사업시행계획 작성행위의 하자이고, 이에 대한 보충행위인 행정청의 인가처분이 그 근거조항인 위 법 제28조의 적법요건을 갖추고 있는 이상은 그 인가처분 자체에 하자가 있는 것이라 할 수 없다(대판 2008.1.10, 2007두16691).

# V. 무인가행위의 효과

## 1. 면허관청의 인가를 받지 않은 공유수면매립면허로 인한 권리의무양도약정은 무효이다 ★ 20 국가9급

공유수면매립법 제20조 제1항 및 같은법 시행령 제29조 제1항 등 관계법령의 규정내용과 공유수면매립의 성질 등에 비추어 볼 때, 공유수면매립의 면허로 인한 권리의무의 양도·양수에 있어서의 면허관청의 인가는 효력요건으로서, 위 각 규정은 강행규정이라고 할 것인바, 위 면허의 공동명의자 사이의 면허로 인한 권리의무양도약정은 면허관청의 인가를 받지 않은 이상 법률상 아무런 효력도 발생할 수 없다(대판 1991.6.25, 90누5184).

## 2. 주무관청의 허가 없는 공익법인의 기본재산에 대한 처분의 효력은 무효이다

공익법인의 기본재산의 처분에 관한 「공익법인의 설립·운영에 관한 법률」 제11조 제3항의 규정은 강행규정으로서 이에 위반하여 주무관청의 허가를 받지 않고 기본재산을 처분하는 것은 무효라 할 것이다(대판 2005.9.28, 2004다50044).

## 3. 인가의 유무에 따라 기본행위의 효력이 문제되는 것은 공법상의 관계에 한정된다

인가의 유무에 따라 기본행위의 효력이 문제되는 것은 주택건설촉진법과 관련한 공법상의 관계에서이지 주택조합과 조합원, 또는 조합원들 사이의 내부적인 사법관계에까지 영향을 미치는 것은 아니므로, 이 법조항에 따라 설립인가를 받아야 함에도 설립인가를 받지 아니한 채 주택조합을 설립한 결과, 그 조합이 주택건설촉진법의 적용을 받지 못하게 되었다 하더라도, 이로써 그 조합의 단체로서의 실체가 변하는 것은 아니므로, 그 규약이나 정관에 따라 조합원의 자격을 취득한 조합원으로서는 인가 여부와는 관계없이 조합에 대하여 조합원의 권리를 행사할 수 있는 것이고, 마찬가지로 주택조합의 설립행위에 대하여는 인가를 받았으나 조합원의 변동에 대하여는 인가를 받지 못한 경우에도 변동된 새 조합원은 인가 여부와 관계없이 조합에 대하여 조합원으로서 권리를 행사할 수 있다(대결 2002.3.11, 2002그12).

## 4. 구 사회복지사업법 제23조 제3항 제2호의 법적 성질은 강행규정이고 사회복지법인이 보건복지부장관의 허가를 받지 아니한 장기차입계약의 효력은 무효이다

구 사회복지사업법 제23조 제3항 제2호에 의하면, 사회복지법인은 기본재산에 관하여 보건복지부령이 정하는 금액 이상을 1년 이상 장기차입하고자 할 때에는 보건복지부장관의 허가를 받아야 하고, 위 규정은 강행규정으로서 이에 위반하여 허가를 받지 아니한 장기차입계약은 무효이다(대판 2014.4.10, 2013다98710, 98727).

## 5. 유동적 무효(절대적 무효가 아님)

허가를 받지 아니하고 체결한 토지거래계약은 그 효력이 발생하지 아니한다(제118조 제6항). 판례에 의하면 허가를 받지 않은 동안은 무효이나 이후에 허가를 받으면 소급하여 계약 당시부터 유효로 된다. 그러나 ① 처음부터 허가를 배제하거나 잠탈(潛脫)하는 내용의 계약일 경우[대판(전합) 1991.12.24, 90다12243], ② 관할관청에 의하여 불허가된 경우, ③ 당사자 일방이 허가신청협력의무의 이행거절의사를 명백히 표시한 경우(대판 1993.6.22, 91다21435), ④ 당사자 쌍방이 허가신청을 하지 아니하기로 의사표시를 명백히 한 경우(대판 1993.7.27, 91다3376)에는 확정적으로 무효이다.

### (1) 허가를 받지 않은 토지거래계약은 유동적 무효이다 ★ 20 국회8급

토지의 소유권 등 권리를 이전 또는 설정하는 내용의 거래계약은 관할관청의 허가를 받아야만 그 효력이 발생하고 허가를 받기 전에는 물권적 효력은 물론 채권적 효력도 발생하지 아니하여 무효라고 보아야 할 것인바, 다만 허가를 받기 전의 거래계약이 처음부터 허가를 배제하거나 잠탈하는 내용의 계약일 경우에는 확정적으로 무효로서 유효화될 여지가 없으나 이와 달리 허가받을 것을 전제로 한 거래계약(허가를 배제하거나 잠탈하는 내용의 계약이 아닌 계약은 여기에 해당하는 것으로 본다)일 경우에는 허가를 받을 때까지는 법률상 미완성의 법률행위로서 소유권 등 권리의 이전 또는 설정에 관한 거래의 효력이 전혀 발생하지 않음은 위의 확정적 무효의 경우와 다를 바 없지만, 일단 허가를 받으면 그 계약은 소급하여 유효한 계약이 되고 이와 달리 불허가가 된 때에는 무효로 확정되므로 허가를 받기까지는 유동적 무효의 상태에 있다고 보는 것이 타당하므로 허가받을 것을 전제로 한 거래계약은 허가받기 전의 상태에서는 거래계약의 채권적 효력도 전혀 발생하지 않으므로 권리의 이전 또는 설정에 관한 어떠한 내용의 이행청구도 할 수 없으나 일단 허가를 받으면 그 계약은 소급해서 유효화되므로 허가 후에 새로이 거래계약을 체결할 필요는 없다[대판(전합) 1991.12.24, 90다12243].

### (2) 토지거래허가구역 내의 토지에 관한 매매계약이 토지거래허가를 배제 또는 잠탈할 목적으로 이루어져 무효인 경우 예외적으로 양도소득세의 과세대상으로 볼 수 있다

「국토의 계획 및 이용에 관한 법률」이 정한 토지거래허가구역 내의 토지를 매도하고 그 대금을 수수하였으면서도 토지거래허가를 배제하거나 잠탈할 목적으로 매매가 아닌 증여가 이루어진 것처럼 가장하여 매수인 앞으로 증여를 원인으로 한 이전등기까지 마친 경우 또는 토지거래허가구역 내의 토지를 매수하였으나 그에 따른 토지거래허가를 받지 아니하고 이전등기를 마치지도 아니한 채 그 토지를 제3자에게 전매하여 그 매매대금을 수수하고서도 최초의 매도인이 제3자에게 직접 매도한 것처럼 매매계약서를 작성하고 그에 따른 토지거래허가를 받아 이전등기까지 마친 경우에, 그 이전등기가 말소되지 아니한 채 남아 있고 매도인 또는 중간의 매도인이 수수한 매매대금도 매수인 또는 제3자에게 반환하지 아니한 채 그대로 보유하고 있는 때에는 예외적으로, 매도인 등에게 자산의 양도로 인한 소득이 있다고 보아 양도소득세 과세대상이 된다고 봄이 상당하다. 이와 달리, 위와 같은 예외적인 경우에도 자산의 양도에 해당하지 아니하여 그로 인한 소득이 양도소득세 과세대상이 되지 아니한다는 취지로 판시한 대법원 1997.3.20, 선고 95누18383 전원합의체 판결, 대법원 2000.6.13, 선고 98두5811 판결 등의 견해는 이 판결의 견해에 저촉되는 범위에서 이를 변경한다[대판(전합) 2011.7.21, 2010두23644].

※ 종래 매매계약이 무효인 경우에는 자산의 양도에 해당하지 아니하여 그로 인한 소득이 양도소득세 과세대상이 되지 아니한다는 취지의 판례를 변경하여 「국토의 계획 및 이용에 관한 법률」이 정한 토지거래허가를 배제하거나 잠탈할 목적으로 매매 등 계약이 이루어져 위 계약이 무효인 경우 당사자 사이에 그 매매 등 계약이 유효한 것으로 취급되어 매도인 등 앞으로 이전등기를 마치고 매매대금 등을 그대로 보유하고 있는 때에는 종국적으로 경제적 이익이 매도인 등에게 귀속된다고 보아 그로 인하여 얻은 양도차익에 대하여 양도소득세를 과세할 수 있다는 내용의 판결임.

**(3) 토지거래 허가구역 내의 토지 매매계약이 토지거래 허가를 받지 아니하여 유동적 무효 상태에 있는 경우 취득세 신고·납부의무가 없다**

> 토지거래 허가구역 내의 토지에 관한 매매계약이 토지거래 허가를 받지 아니하여 유동적 무효 상태에 있다면, 구「지방세법 시행령」제73조 제1항 각 호에서 취득 시기로 정한 사실상 또는 계약상 잔금지급일이 도래하였다고 하더라도 그 매매계약이 확정적으로 유효하게 되었다고 할 수 없으므로 취득세 신고·납부의무가 있다고 할 수 없고, 그 후 토지거래 허가를 받거나 토지거래 허가구역 지정이 해제되는 등의 사유로 그 매매계약이 확정적으로 유효하게 되었을 때 비로소 취득세 신고·납부의무가 있다고 할 것이므로, 구 지방세법 제120조 제1항에 따른 취득세 신고·납부는 그때부터 30일 이내에 하면 된다고 해석함이 타당하다(대판 2012.11.29, 2012두16695).

**(4) 구「국토의 계획 및 이용에 관한 법률」에 의한 토지거래허가구역 내에 있는 토지를 매수한 사람이 토지거래허가를 받지 않은 경우,「부동산 실권리자명의 등기에 관한 법률」제10조 제1항이 정하는 기간 내에 소유권이전등기를 신청하지 않았다는 이유로 과징금을 부과할 수 없다**

> 구「국토의 계획 및 이용에 관한 법률」에 의한 토지거래허가구역 내의 토지에 관한 거래계약은 관할 행정청으로부터 허가받기 전까지는 채권적 효력도 발생하지 않아 무효이어서 권리의 이전 또는 설정에 관한 어떠한 내용의 이행청구도 할 수 없다. 그러므로 토지거래허가구역 내에 있는 토지를 매수한 사람이 토지거래허가를 받지 않은 이상 「부동산 실권리자명의 등기에 관한 법률」제10조 제1항이 정하는 기간 내에 소유권이전등기를 신청하지 않았다고 하더라도 과징금을 부과할 수는 없다(대판 2017.5.17, 2016두53050).

**(5)**

최신기출

> 구「국토의 계획 및 이용에 관한 법률」에서 정한 토지거래계약 허가구역 내 토지에 관하여 허가를 배제하거나 잠탈하는 내용으로 체결된 매매계약의 효력은 확정적 무효이고, 계약체결 후 허가구역 지정이 해제되거나 허가구역 지정기간 만료 이후 재지정을 하지 아니한 경우, 확정적으로 무효로 된 계약이 유효로 되지 않는다(대판 2019.1.31, 2017다228618).

# VI. 기타

**(1) 공익법인의 기본재산 처분행위에 따른 권리의 양도가 있는 경우, 감독관청의 처분허가의 효력의 존속 여부**
　★ 18 국회8급

최신판례

> 공익법인의 기본재산에 대한 감독관청의 처분허가는 그 성질상 특정 상대에 대한 처분행위의 허가가 아니고 처분의 상대가 누구이든 이에 대한 처분행위를 보충하여 유효하게 하는 행위라 할 것이므로 그 처분행위에 따른 권리의 양도가 있는 경우에도 처분이 완전히 끝날 때까지는 허가의 효력이 유효하게 존속한다(대판 2005.9.28, 2004다50044).

**(2) 인가 전 위법사유의 승계** ★ 20·14 국가7급, 16 국회8급, 12 국회9급

최신기출

> 구「여객자동차 운수사업법」제15조 제4항에 의하면 개인택시 운송사업을 양수한 사람은 양도인의 운송사업자로서의 지위를 승계하는 것이므로, 관할관청은 개인택시 운송사업의 양도·양수에 대한 인가를 한 후에도 그 양도·양수 이전에 있었던 양도인에 대한 운송사업면허 취소사유를 들어 양수인의 사업면허를 취소할 수 있는 것이고, 가사 양도·양수 당시에는 양도인에 대한 운송사업면허 취소사유가 현실적으로 발생하지 않은 경우라도 그 원인되는 사실이 이미 존재하였다면, 관할관청으로서는 그 후 발생한 운송사업면허 취소사유에 기하여 양수인의 사업면허를 취소할 수 있는 것이다. 즉, 이 사건 운송사업의 양도·양수 당시에는 운송사업면허 취소사유, 즉 소외인의 운전면허 취소사실이 현실적으로 발생하지 않았더라도 그 원인되는 소외인의 음주운전 사실이 존재하였던 이상 원고는 그러한 소외인의 이 사건 운송사업면허상의 지위를 그대로 승계한 것이고, 그 후 소외인의 운전면허가 취소되었다면 피고는 원고에 대하여 이 사건 운송사업면허를 취소할 수 있다(대판 2010.4.8, 2009두17018).

**(3) 관할 관청이 개인택시운송사업의 양도·양수에 대한 인가를 하는 경우, 양수인에 대하여 양도인이 가지고 있던 면허와 동일한 내용의 면허를 부여하는 처분이 포함되어 있다** ★ 20 국회8급, 14 변호사

관할 관청이 개인택시운송사업의 양도·양수에 대한 인가를 하였을 경우 거기에는 양도인과 양수인 간의 양도행위를 보충하여 그 법률효과를 완성시키는 의미에서의 인가처분뿐만 아니라 양수인에 대해 양도인이 가지고 있던 면허와 동일한 내용의 면허를 부여하는 처분이 포함되어 있다(대판 2010.11.11, 2009두14934).

**(4) 인가와 변경인가처분과의 관계**

사업시행인가처분 후 정비사업비만을 소폭 변경하는 내용의 사업시행변경인가처분을 한 경우 당초의 사업시행인가처분이 변경인가처분에 흡수되어 존재하지 않게 되는 것은 아니다 : 변경인가처분이 있었다 하여 일률적으로 당초의 인가처분이 변경인가처분에 흡수되어 존재하지 않게 된다고 볼 것은 아니고, 특히 이 사건 변경인가처분은 당초의 사업시행인가처분 내용 중 정비사업비만을 소폭 변경하는 정도에 불과하여 이로 인하여 그 사업시행인가처분이 변경인가처분에 흡수되어 존재하지 않게 되었다고 볼 수는 없다(대판 2010.12.9, 2009두4913).

**(5) 인가와 특허와의 관계**

**재개발조합추진위원회 구성승인 처분에 하자가 있는 경우 원칙적으로 조합설립인가 처분의 효력에 영향을 미치지 않는다** ★ 16 국회8급

조합설립추진위원회(추진위원회)의 구성을 승인하는 처분은 조합의 설립을 위한 주체에 해당하는 비법인 사단인 추진위원회를 구성하는 행위를 보충하여 그 효력을 부여하는 처분인 데 반하여, 조합설립인가처분은 법령상 요건을 갖출 경우 도시정비법상 주택재개발사업을 시행할 수 있는 권한을 가지는 행정주체(공법인)로서의 지위를 부여하는 일종의 설권적 처분이므로, 양자는 그 목적과 성격을 달리한다. 추진위원회의 권한은 조합 설립을 추진하기 위한 업무를 수행하는 데 그치므로 일단 조합설립인가처분을 받아 추진위원회의 업무와 관련된 권리와 의무가 조합에 포괄적으로 승계되면, 추진위원회는 그 목적을 달성하여 소멸한다. 조합설립인가처분은 추진위원회 구성의 동의요건보다 더 엄격한 동의요건을 갖추어야 할 뿐만 아니라 창립총회의 결의를 통하여 정관을 확정하고 임원을 선출하는 등의 단체결성행위를 거쳐 성립하는 조합에 관하여 하는 것이므로, 추진위원회 구성의 동의요건 흠결 등 추진위원회구성승인처분상의 위법만을 들어 조합설립인가처분의 위법을 인정하는 것은 조합설립의 요건이나 절차, 그 인가처분의 성격, 추진위원회 구성의 요건이나 절차, 그 구성승인처분의 성격 등에 비추어 타당하다고 할 수 없다. 따라서 조합설립인가처분은 추진위원회구성승인처분이 적법·유효할 것을 전제로 한다고 볼 것은 아니므로, 구 도시정비법령이 정한 동의요건을 갖추고 창립총회를 거쳐 주택재개발조합이 성립한 이상, 이미 소멸한 추진위원회구성승인처분의 하자를 들어 조합설립인가처분이 위법하다고 볼 수 없다. 다만 추진위원회구성승인처분의 위법으로 그 추진위원회의 조합설립인가 신청행위가 무효라고 평가될 수 있는 특별한 사정이 있는 경우라면, 그 신청행위에 기초한 조합설립인가처분이 위법하다고 볼 수 있을 것이다. 그런데 조합설립인가 신청행위는 앞서 보았듯이 법령이 정한 동의 요건을 갖추고 창립총회를 거쳐 조합의 실체가 형성된 이후에 이를 바탕으로 이루어지는 것이므로, 추진위원회 구성이나 그 인가처분의 위법사유를 이유로 그 추진위원회가 하는 조합설립인가 신청행위가 위법·무효로 된다고 볼 것은 아니고, 그 위법사유가 도시정비법상 하나의 정비구역 내에 하나의 추진위원회로 하여금 조합설립의 추진을 위한 업무를 수행하도록 한 추진위원회 제도의 입법취지를 형해화할 정도에 이르는 경우에 한하여 그 추진위원회의 조합설립인가 신청행위가 위법·무효이고, 나아가 이에 기초한 조합설립인가처분의 효력을 다툴 수 있게 된다고 할 것이다(대판 2013.12.26, 2011두8291).

# 제2항 준법률행위적 행정행위

## Ⅰ. 확인

### 1. 사례

1. 발명특허
2. 결정 : 국가시험합격자결정, 당선인결정, 도로구역·하천구역결정, 소득세 부과를 위한 소득금액결정, 민주화운동관련자결정, 친일반민족행위자재산조사위원회의 친일재산 국가귀속결정(대판 2008.11.13, 2008두13491), 군인연금법상 선순위 유족이 유족연금수급권을 상실함에 따라 동순위 또는 차순위 유족이 유족연금수급권 이전 청구를 한 경우, 이에 관한 국방부장관의 결정(대판 2019.12.27, 2018두46780), 사업관리기관에 의한 연구개발확인서 발급 여부 결정(대판 2020.1.16, 2019다264700), 근로복지공단의 개별 사업장에 대한 사업종류 결정(대판 2020.4.9, 2019두61137)
3. 재결 : 이의재결(토지수용재결은 대리임)·행정심판재결
4. 재정 : 연금액재정
5. 심결 : 특허심판원의 심결
6. 검사 : 병역법상 신체검사, 건축법상 준공검사(현행 건축법상으로는 사용승인)
7. 판정 : 공상(公傷)판정, 귀속재산소청심의회의 판정
8. 사정 : 토지경계사정
9. 검인정 : 교과서의 검인정
   ※ 헌법재판소는 교과서로서의 지위를 부여하는 특허라고 판시(헌재결 1992.11.12, 89헌마88)
10. 확인 : 금전지급청구권확인, 시영아파트 입주권확인
11. 확정 : 군사시설보호구역의 지정·확정
12. 등록 : 국가유공자등록(박균성)
   ※ 논리적으로는 국가유공자결정이 확인행위이고, 국가유공자등록은 공증이라고 보아야 한다(私見).
13. 불인정 : 도산 등 사실 불인정
14. 인가 : 개간허가의 준공인가(대판 1985.2.8, 83누625)
15. 승인 : 임대주택법 제21조에 따른 분양전환승인처분(대판 2020.7.23, 2015두48129)

#### (1) 개간허가의 준공인가는 확인행위이다

> 개간허가의 준공인가는 개간공사에 의하여 조성된 토지상태가 개간허가 및 그 부대조건에 적법한가의 여부를 확인하는 일종의 확인행위이고 개간허가를 받은 자는 준공인가 후 이를 대부받아 개간지상에 건물을 신축하여 사용할 수 있을 뿐만 아니라 수의계약에 의하여 이를 매수할 수 있는 지위를 얻게 되므로 이러한 지위 내지 이익도 법률상으로 보호받아야 하므로 개간허가관청으로서는 개간허가기간 경과 후라 할지라도 허가기간 내의 개간공사로 인하여 조성된 토지상태가 개간허가의 용도에 적합하고 이에 부수하여 부과된 부관이 이행되었느냐를 검토 확인하여 준공인가를 할 것인가를 판단하여야 할 것이며 단순히 개간허가기간이 경과되었다는 사유로 개간준공인가를 거부할 수 없다(대판 1985.2.8, 83누625).

**(2) 친일반민족행위자재산조사위원회의 친일재산 국가귀속결정의 법적 성질은 준법률행위적 행정행위 중 확인행위이다** ★ 21·20·19 서울7급, 16 국회8급, 12 서울9급, 10 국가9급

최신기출

「친일반민족행위자 재산의 국가귀속에 관한 특별법」 제2조 제2호에 정한 친일재산은 친일반민족행위자재산조사위원회가 국가귀속결정을 하여야 비로소 국가의 소유로 되는 것이 아니라 특별법의 시행에 따라 그 취득·증여 등 원인행위시에 소급하여 당연히 국가의 소유로 되는 것이고, 위원회의 국가귀속결정은 당해 재산이 친일재산에 해당한다는 사실을 확인하는 이른바 준법률행위적 행정행위의 성격을 가지는 것이다(대판 2008.11.13, 2008두13491).

▶ 「친일반민족행위자 재산의 국가귀속에 관한 특별법」 제2조 제2호에 정한 친일재산은 위원회가 국가귀속결정을 하여야 비로소 국가의 소유로 되는 것이 아니라 특별법의 시행에 따라 그 취득·증여 등 원인행위시에 소급하여 당연히 국가의 소유로 되는 것이고, 위원회의 국가귀속결정은 당해 재산이 친일재산에 해당한다는 사실을 공적으로 증명하는 소위 공증행위에 속하는 준법률행위적 행정행위의 성격을 가지는 것이다. (x) ■ 21 서울7급

**(3) 조선총독부 중추원 참의로 활동한 행위는 「일제강점하 반민족행위 진상규명에 관한 특별법」 제2조 제9호에서 정한 친일반민족행위에 해당한다**

일제의 총독정치와 식민통치의 핵심적인 역할을 담당했던 중추원 참의의 경우에는 참의로 활동한 행위 그 자체만으로도 특별한 사정이 없는 한 친일반민족행위진상규명위원회의 결정을 거쳐 「일제강점하 반민족행위 진상규명에 관한 특별법」 제2조 제9호에 정한 친일반민족행위에 해당하게 되고, 다만 그 재직기간이 매우 짧다든가 또는 형식적으로 중추원 참의의 지위만 가지고 있었을 뿐 실제로는 일제의 국권침탈을 반대하였거나 독립운동에 참여하거나 이를 지원하였음이 밝혀지는 등 예외적인 경우에 한하여 친일반민족행위에서 배제되는 것으로 보아야 한다(대판 2012.2.9, 2011두22006).

**(4) 근로복지공단의 개별 사업장에 대한 사업종류 결정은 확인적 행정행위이다**

최신판례

고용노동부장관의 고시에 의하면, 개별 사업장의 사업종류 결정은 그 사업장의 재해발생의 위험성, 경제활동의 동질성, 주된 제품·서비스의 내용, 작업공정과 내용, 한국표준산업분류에 따른 사업내용 분류, 동종 또는 유사한 다른 사업장에 적용되는 사업종류 등을 확인한 후, 매년 고용노동부장관이 고시한 '사업종류예시표'를 참고하여 사업세목을 확정하는 방식으로 이루어진다. 1차적으로 사업주의 보험관계 성립신고나 변경신고를 참고하지만, 사업주가 신고를 게을리하거나 그 신고 내용에 의문이 있는 경우에는 산재보험료를 산정하는 행정청인 근로복지공단이 직접 사실을 조사하여 결정하여야 한다. 이러한 사업종류 결정의 주체, 내용과 결정기준을 고려하면, 개별 사업장의 사업종류 결정은 구체적 사실에 관한 법집행으로서 공권력을 행사하는 '확인적 행정행위'라고 보아야 한다(대판 2020. 4.9, 2019두61137).

## 2. 법적 성질

### (1) 처분성 인정사례

1. 감사원의 재심의판정(대판 1984.4.10, 84누91)
   ※ 원처분인 변상판정이 소송대상이 아니라 재결인 재심의판정이 소의 대상인 재결주의사례
2. 도로구역결정·하천구역 범위결정
   ※ 형성적 행정행위가 아님
3. 행정심판재결
4. 친일반민족행위자재산조사위원회의 국가귀속결정(대판 2008.11.13, 2008두13491)
5. 군인연금법상 선순위 유족이 유족연금수급권을 상실함에 따라 동순위 또는 차순위 유족이 유족연금수급권 이전 청구를 한 경우, 이에 관한 국방부장관의 결정(대판 2019.12.27, 2018두46780) : 선순위 유족의 수급권 상실로 청구인에게 유족연금수급권 이전이라는 법률효과가 발생하였는지를 '확인'하는 행정행위에 해당하고, 이는 월별 유족연금액 지급이라는 후속 집행행위의 기초
6. 국방전력발전업무훈령에 따른 연구개발확인서 발급 및 그 거부(대판 2020.1.16, 2019다264700) : 국방조달계약을 체결할 수 있는 지위(경쟁입찰의 예외사유)가 있음을 인정해 주는 '확인적 행정행위'
7. 근로복지공단의 개별 사업장에 대한 사업종류 결정(대판 2020.4.9, 2019두61137)
8. 임대주택법 제21조에 따른 분양전환승인처분(대판 2020.7.23, 2015두48129) : 분양전환에 따른 분양계약의 매매대금 산정의 기준이 되는 분양전환가격의 적정성을 심사하여 그 분양전환가격이 적법하게 산정된 것임을 확인하고 임대사업자로 하여금 승인된 분양전환가격을 기준으로 분양전환을 하도록 하는 처분

### ① 감사원의 재심의판정처분이 소송대상(재결주의)

> 감사원의 변상판정처분(원처분)에 대하여서는 행정소송을 제기할 수 없고, 재결에 해당하는 재심의 판정에 대하여서만 감사원[감사원장(×)]을 피고로 하여 행정소송을 제기할 수 있다(대판 1984.4.10, 84누91).

### ② 구 군인연금법상 선순위 유족이 유족연금수급권을 상실함에 따라 동순위 또는 차순위 유족이 유족연금수급권 이전 청구를 한 경우, 이에 관한 국방부장관의 결정은 항고소송의 대상인 처분에 해당한다

최신판례
> 선순위 유족이 유족연금수급권을 상실함에 따라 동순위 또는 차순위 유족이 상실 시점에서 유족연금수급권을 법률상 이전받더라도 동순위 또는 차순위 유족은 구 「군인연금법 시행령」 제56조에서 정한 바에 따라 국방부장관에게 '유족연금수급권 이전 청구서'를 제출하여 심사·판단 받는 절차를 거쳐야 비로소 유족연금을 수령할 수 있게 된다. 이에 관한 국방부장관의 결정은 선순위 유족의 수급권 상실로 청구인에게 유족연금수급권 이전이라는 법률효과가 발생하였는지를 '확인'하는 행정행위에 해당하고, 이는 월별 유족연금액 지급이라는 후속 집행행위의 기초가 되므로, '행정청이 행하는 구체적 사실에 관한 법 집행으로서의 공권력의 행사 또는 그 거부'(행정소송법 제2조 제1항 제1호)로서 항고소송의 대상인 처분에 해당한다고 보아야 한다(대판 2019.12.27, 2018두46780).

### ③ 국방부장관이 거부결정을 하는 경우 청구인의 불복 방법

최신판례
> 만약 국방부장관이 거부결정을 하는 경우 그 거부결정을 대상으로 항고소송을 제기하는 방식으로 불복하여야 하고, 청구인이 정당한 유족연금수급권자라는 국방부장관의 심사·확인 결정 없이 곧바로 국가를 상대로 한 당사자소송으로 그 권리의 확인이나 유족연금의 지급을 소구할 수는 없다(대판 2019.12.27, 2018두46780).

### ④ 국방전력발전업무훈령에 따른 연구개발확인서 발급 및 그 거부의 법적 성질은 행정처분이다 ★ 19 국회8급

국방전력발전업무훈령 제113조의5 제1항에 의한 연구개발확인서 발급은 개발업체가 '업체투자연구개발' 방식 또는 '정부·업체공동투자연구개발' 방식으로 전력지원체계 연구개발사업을 성공적으로 수행하여 군사용 적합판정을 받고 국방규격이 제·개정된 경우에 사업관리기관이 개발업체에게 해당 품목의 양산과 관련하여 경쟁입찰에 부치지 않고 수의계약의 방식으로 국방조달계약을 체결할 수 있는 지위(경쟁입찰의 예외사유)가 있음을 인정해 주는 '확인적 행정행위'로서 공권력의 행사인 '처분'에 해당하고, 연구개발확인서 발급 거부는 신청에 따른 처분 발급을 거부하는 '거부처분'에 해당한다(대판 2020.1.16, 2019다264700).

### ⑤ 구 임대주택법 제21조에 따른 분양전환승인처분은 확인행위이다

구 임대주택법 제21조에 의한 분양전환승인은 '해당 임대주택이 임대의무기간 경과 등으로 분양전환 요건을 충족하는지 여부' 및 '분양전환승인신청서에 기재된 분양전환가격이 임대주택법령의 규정에 따라 적법하게 산정되었는지'를 심사하여 승인하는 행정처분에 해당하고, 그중 분양전환가격에 관한 부분은 시장 등이 분양전환에 따른 분양계약의 매매대금 산정의 기준이 되는 분양전환가격의 적정성을 심사하여 그 분양전환가격이 적법하게 산정된 것임을 확인하고 임대사업자로 하여금 승인된 분양전환가격을 기준으로 분양전환을 하도록 하는 처분이다. 이러한 절차를 거쳐 승인된 분양전환가격은 곧바로 임대사업자와 임차인 사이에 체결되는 분양계약상 분양대금의 내용이 되는 것은 아니지만, 임대사업자는 승인된 분양전환가격을 상한으로 하여 분양대금을 정하여 임차인과 분양계약을 체결하여야 하므로, 분양전환승인 중 분양전환가격에 대한 부분은 임대사업자뿐만 아니라 임차인의 법률적 지위에도 구체적이고 직접적인 영향을 미친다. 따라서 분양전환승인 중 분양전환가격을 승인하는 부분은 단순히 분양계약의 효력을 보충하여 그 효력을 완성시켜주는 강학상 '인가'에 해당한다고 볼 수 없고, 임차인들에게는 분양계약을 체결한 이후 분양대금이 강행규정인 임대주택법령에서 정한 산정기준에 의한 분양전환가격을 초과하였음을 이유로 부당이득 반환을 구하는 민사소송을 제기하는 것과 별개로, 분양계약을 체결하기 전 또는 체결한 이후라도 항고소송을 통하여 분양전환승인의 효력을 다툴 법률상 이익(원고적격)이 있다고 보아야 한다(대판 2020.7.23, 2015두48129).

## (2) 처분성 부정사례

### ① 공장입지기준확인은 처분이 아니다 ★ 09 세무사

「공업배치 및 공장설립에 관한 법률」 제9조에 따라 시장·군수 또는 구청장이 토지소유자 기타 이해관계인의 신청이 있는 경우에 그 관할구역 안의 토지에 대하여 지번별로 공장설립이 가능한지 여부를 확인하여 통지하는 공장입지기준확인은 공장을 설립하고자 하는 사람이 공장설립승인신청 등 공장설립에 필요한 각종 절차를 밟기 전에 어느 토지 위에 공장설립이 가능한지 여부를 손쉽게 확인할 수 있도록 편의를 도모하기 위하여 마련된 절차로서 그 확인으로 인하여 신청인 등 이해관계인의 지위에 영향을 주는 법률상의 효과가 발생하지 아니하므로, 공장입지기준확인 그 자체는 항고소송의 대상이 될 수 없다(대판 2003.2.11, 2002두10735).

## 3. 기속행위

**(1) 건축 관련법규를 위반하는 내용이 포함된 건물의 용도변경 신고를 수리한 행정관청이 신고내용대로 용도변경된 건물의 사용승인을 거부하는 경우, 건축허가의 취소에 있어서와 같은 조리상의 제약을 준수하여야 하는 것은 아니다**

> 건축법상 용도변경 신고에 대하여 행정청은 그 신고가 소정의 형식적 요건을 갖추어 적법하게 제출되었는지 여부만 심사하여 수리할 뿐, 실질적인 심사를 하는 것이 아니므로 용도변경 신고내용대로 용도변경을 하였다고 하더라도 그 신고내용에 건축 관련법규를 위반하는 내용이 포함되어 있었다면, 그 신고를 수리한 행정관청으로서는 사용승인을 거부할 수 있고, 그 사용승인을 거부함에 있어 건축허가의 취소에 있어서와 같은 조리상의 제약이 따른다고 할 수 없다(대판 2006.1.26, 2005두12565).

**(2) 허가관청은 건축허가사항대로 시공된 건축물의 준공을 거부할 수 없다** ★ 19 지방7급, 16 지방9급

`최신기출`
> 준공검사는 건축허가를 받아 건축한 건물이 건축허가사항대로 건축행정목적에 적합한가의 여부를 확인하고 준공검사필증을 교부하여 주는 것이므로 허가관청으로서는 건축허가사항대로 시공되었다면 준공을 거부할 수 없는 것이다(대판 1999.12.21, 98다29797).

**(3) 개발업체가 국방전력발전업무훈령에서 정한 연구개발확인서 발급 요건을 충족한 경우, 사업관리기관이 관련 국방예산을 배정받지 못했다거나 해당 품목이 군수품 양산 우선순위에서 밀려 곧바로 수의계약을 체결하지는 않을 예정이라는 이유만으로 위 확인서 발급을 거부할 수 없다**

`최신판례`
> 사업관리기관에 의한 연구개발확인서 발급 여부 결정은 수의계약 체결 여부를 결정하기 전에 행해지는 별개의 확인적 행정행위이므로, 개발업체가 국방전력발전업무훈령 제113조의5 제1항에서 정한 발급 요건을 충족한다면 연구개발확인서를 발급하여야 하며, 관련 국방예산을 배정받지 못했다거나 또는 해당 품목이 군수품 양산 우선순위에서 밀려 곧바로 수의계약을 체결하지는 않을 예정이라는 이유만으로 연구개발확인서 발급조차 거부하여서는 안 된다(대판 2020.1.16, 2019다264700).


# II. 공증

## 1. 사례

1. 각종증명서(합격증, 공무원증, 재직증명서, 운전면허증, 졸업증명서, 당선증, 여권, 주민등록등본, 인감증명, 농산물검사합격증, 자동차정기검사필증, 영수증, 허가증, 인가증, 면허증, 납세완납증명서)의 발급·교부, 토지이용계획확인서 발급행위, 준공검사필증의 교부, 건설업면허증 및 건설업면허수첩의 재교부(대판 1994.10.25, 93누21231), 출입국관리법상의 사증발급(대판 2018.5.15, 2014두42506)
   ※ 국방전력발전업무훈령에 따른 연구개발확인서 발급 및 그 거부는 확인행위(대판 2020.1.16, 2019다264700)
2. 등기 : 부동산등기부에의 등기
3. 등록 : 광업원부등록, 외국인등록, 차량등록, 주민등록, 병원개업을 위한 등록, 출판업등록, 특허등록 ★ 11 국가9급
4. 등재 : 토지대장, 가옥대장(현 건축물대장), 임야대장, 선거인명부
5. 기재 : 의사록, 회의록, 국회속기록

## (1) 출입국관리법상의 사증발급의 성질

구 출입국관리법은 외국인이 입국할 때에는 원칙적으로 유효한 여권과 대한민국의 법무부장관이 발급한 사증을 가지고 있어야 하고(제7조 제1항), 입국하는 출입국항에서 출입국관리공무원의 입국심사를 받아야 한다고(제12조 제1항) 규정하고 있다. 따라서 외국인이 이미 사증을 발급받은 경우에도 출입국항에서 입국심사가 면제되지는 않는다. 사증발급은 외국인에게 대한민국에 입국할 권리를 부여하거나 입국을 보장하는 완전한 의미에서의 입국허가 결정이 아니라, 외국인이 대한민국에 입국하기 위한 예비조건 내지 입국허가의 추천으로서의 성질을 가진다고 봄이 타당하다(대판 2018.5.15, 2014두42506).

## 2. 처분성 인정사례

| 구분 | 처분성 인정사례 | 처분성 부정사례 |
|---|---|---|
| 토지<br>대장 | 1. 토지분할신청 거부행위(대판 1992.12.8, 92누7542)<br>2. 지적등록사항 정정신청을 반려한 행위는 헌법소원의 대상인 공권력의 행사에 해당(헌재결 1999.6.24, 97헌마315)<br>3. 지적공부 소관청의 지목변경신청 반려행위[대판(전합) 2004.4.22, 2003두9015]<br>4. 평택~시흥 간 고속도로 건설공사 사업시행자인 한국도로공사가 구 지적법 제24조 제1항, 제28조 제1호에 따라 고속도로 건설공사에 편입되는 토지소유자들을 대위하여 토지면적등록 정정신청을 하였으나 화성시장이 이를 반려한 반려처분(대판 2011.8.25, 2011두3371)<br>5. 지적공부 소관청이 토지대장을 직권으로 말소한 행위(대판 2013.10.24, 2011두13286) | 1. 토지대장등재행위(대판 1980.2.26, 79누439)<br>2. 등기부상 소유자가 토지대장에의 소유자 기재가 잘못되었다는 이유로 토지대장 정정신청을 한 것에 대하여 행정청이 등기부 기재가 착오로 잘못 기재된 것으로 보인다는 이유로 이를 거부한 행위(대판 2012.1.12, 2010두12354) |
| 건축물<br>대장 | 1. 건축물대장상의 용도를 '창고'에서 '위험물저장 및 처리시설'로 변경하여 달라는 원고의 신청을 거부한 행위(대판 2009.1.30, 2007두7277)<br>2. 건축물대장 작성신청에 대한 거부행위(대판 2009.2.12, 2007두17359)<br>3. 구분소유 건축물을 하나의 건축물로 건축물대장을 합병한 처분(대판 2009.5.28, 2007두19775)<br>4. 행정청이 건축물에 관한 건축물대장을 직권말소한 행위(대판 2010.5.27, 2008두22655) | 1. 가옥대장(현 : 건축물대장)등재(대판 1982.10.26, 82누411)<br>2. 건축물관리대장등재(대판 1998.2.24, 96누5612)<br>3. 무허가건물관리대장의 등재를 삭제한 행위(대판 2009.3.12, 2008두11525) |
| 지적도 | 지적도등본교부신청거부행위(대판 1992.5.26, 91누5952) : 지적법(현 「공간정보의 구축 및 관리 등에 관한 법률」) 제12조 제1항은 일반국민에게 지적공부의 열람과 등본의 교부신청을 할 권리가 있음을 규정 | 1. 지적도의 경계를 직권으로 정정한 행위(대판 1990.5.8, 90누554)<br>2. 멸실된 지적도의 복구신청을 거부한 행위(대판 1991.12.24, 91누8357)<br>3. 지적도의 경계를 현재의 도로경계선에 따라 정정해 달라는 지적정리요청을 거부하는 내용의 회신(대판 2002.4.26, 2000두7612) |

| 기타 | 1. 의료유사업자 자격증 갱신발급행위(대판 1977.5.24, 76누295)<br>2. 특허청장의 상표사용권설정등록 행위(대판 1991.8.13, 90누9414)<br>3. 건설업면허증 및 건설업면허수첩의 재교부(대판 1994.10.25, 93누21231)<br>4. 실용신안권이 특허청장의 직권에 의하여 불법 또는 착오로 소멸등록된 경우 특허청장에 대하여 한 실용신안권의 회복등록신청거부(대판 2002.11.22, 2000두9229) : 권리를 표창하지 못하고 처분이나 담보제공 불가 | 1. 부가가치세법상 사업자등록(사실상 등록)<br>　① 부가가치세법상 과세관청의 사업자등록 직권말소행위(대판 2000.12.22, 99두6903)<br>　② 과세관청이 사업자등록을 관리하는 과정에서 위장사업자의 사업자명의를 직권으로 실사업자의 명의로 정정하는 행위(대판 2011.1.27, 2008두2200)<br>2. 기 타<br>　① 광업원부상 등록말소행위(대판 1966.4.6, 65누145)<br>　② 변호사명부상 등록취소행위(대판 1980.2.12, 79누121)<br>　③ 도지사의 어업권 설정 및 소멸에 관한 등록행위(대판 1989.9.12, 87누868)<br>　④ 임야도를 정정하는 행위(대판 1989.11.28, 89누3700)<br>　⑤ 자동차운전면허대장 등재(대판 1991.9.24, 91누1400)<br>　⑥ 하천대장기재(등재)(대판 1991.10.22, 90누9896)<br>　⑦ 측량성과도가 토지의 분할을 위한 측량신청의 취지와는 달리 잘못 작성된 것임을 이유로 위 측량성과도의 오류 정정신청을 한 데 대한 소관청의 등재사항에 대한 정정신청 거부행위(대판 1993.12.14, 93누555)<br>　⑧ 농지조성비 및 전용부담금의 자진납부 시 관할청이 농지조성비 등 내역확인서를 발급·교부하는 행위(대판 1997.3.14, 95누13708)<br>　⑨ 전통사찰의 등록말소신청 거부행위(대판 1999.9.3, 97누13641) : 법규상 또는 조리상 신청권 부정<br>　⑩ 인감증명발급(대판 2001.7.10, 2000두2136)<br>　⑪ 온천관리대장등재(대판 2002.2.26, 2001다53622)<br>　⑫ 상표권자인 법인에 대한 청산종결등기가 되었음을 이유로 한 상표권의 말소등록행위(대판 2015.10.29, 2014두2362) : 상표권이 소멸하였음을 확인하는 사실적·확인적 행위에 불과 |

### (1) 의료유사업자 자격증 갱신발급행위 ★ 21 서울7급, 17 지방9급, 12 국회9급

최신기출

의료법 부칙 제7조, 동법 시행규칙 제59조 및 1973.11.9. 보건사회부 공고 제58호에 의거한 서울특별시장 또는 도지사의 의료유사업자 자격증 갱신발급행위는 유사의료업자의 자격을 부여 내지 확인하는 것이 아니라 특정한 사실 또는 법률관계의 존부를 공적으로 증명하는 소위 공증행위에 속하는 행정행위라 할 것이다(대판 1977.5.24, 76누295).

### (2) 특허청장의 상표사용권설정등록행위 ★ 21 서울7급, 17 지방9급

상표사용권설정등록신청서가 제출된 경우 특허청장은 신청서와 그 첨부서류만을 자료로 형식적으로 심사하여 그 등록신청을 수리할 것인지의 여부를 결정하여야 되는 것으로서, 특허청장의 상표사용권설정등록행위는 사인 간의 법률관계의 존부를 공적으로 증명하는 준법률행위적 행정행위임이 분명하다(대판 1991.8.13, 90누9414).

### (3) 토지분할 신청 거부행위 ★ 15 지방9급

부동산등기법 제15조, 지적법 제3조 내지 제6조 등의 관계규정에 의하여 토지의 개수는 같은법에 의한 지적공부 상의 토지의 필수를 표준으로 결정되는 것으로 1필지의 토지를 수필로 분할하여 등기하려면 반드시 같은법이 정하는 바에 따라 분할의 절차를 밟아 지적공부에 각 필지마다 등록되어야 하고, 이러한 절차를 거치지 아니하는 한 1개의 토지로서 등기의 목적이 될 수 없는 것이니 토지의 소유자는 자기소유 토지의 일부에 대한 소유권의 양도나 저당권의 설정 등 필요한 처분행위를 할 수 없게 되고, 특히 1필지의 일부가 소유자가 다르게 된 때에도 그 소유권을 등기부에 표창하지 못하고 나아가 처분도 할 수 없게 되어 권리행사에 지장을 초래하게 되는 점 등을 고려한다면, 지적소관청의 이러한 토지분할신청의 거부행위는 국민의 권리관계에 영향을 미치는 것으로서 항고소송의 대상이 되는 처분으로 보아야 할 것이다(대판 1992.12.8, 92누7542).

### (4) 지적등록사항 정정신청을 반려한 행위는 헌법소원의 대상인 공권력의 행사에 해당한다

지적법 제38조 제2항에 의하면 토지소유자에게는 지적공부의 등록사항에 대한 정정신청의 권리가 부여되어 있고(법규상 신청권 인정), 이에 대응하여 소관청은 소유자의 정정신청이 있으면 등록사항에 오류가 있는지를 조사한 다음 오류가 있을 경우에는 등록사항을 정정하여야 할 의무가 있는바, 피청구인의 반려행위는 지적관리업무를 담당하고 있는 행정청의 지위에서 청구인의 등록사항 정정신청을 확정적으로 거부하는 의사를 밝힌 것으로서 공권력의 행사인 거부처분이라 할 것이므로 헌법재판소법 제68조 제1항 소정의 '공권력의 행사'에 해당한다(헌재결 1999.6.24, 97헌마315).

### (5) 건설업면허증 및 건설업면허수첩의 재교부의 법적 성질은 행정행위로서 공증이다 ★ 21 서울7급, 17 지방9급, 15 국회8급

건설업면허증 및 건설업면허수첩의 재교부는 그 면허증 등의 분실, 헐어 못쓰게 된 때, 건설업의 면허이전 등 면허증 및 면허수첩 그 자체의 관리상의 문제로 인하여 종전의 면허증 및 면허수첩과 동일한 내용의 면허증 및 면허수첩을 새로이 또는 교체하여 발급하여 주는 것으로서, 이는 건설업의 면허를 받았다고 하는 특정사실에 대하여 형식적으로 그것을 증명하고 공적인 증거력을 부여하는 행정행위(강학상의 공증행위)이므로, 그로 인하여 면허의 내용 등에는 아무런 영향이 없이 종전의 면허의 효력이 그대로 지속하고, 면허증 및 면허수첩의 재교부에 의하여 재교부 전의 면허는 실효되고 새로운 면허가 부여된 것이라고 볼 수 없다(대판 1994.10.25, 93누21231).

**(6) 지적공부 소관청의 지목변경신청 반려행위**

★ 21 지방9급, 21·17·12 국가9급, 19·11·10 지방7급, 18 서울7급, 14 국회8급, 14 서울7급, 13 행정사, 10 서울교행, 10 세무사

**최신기출**
**전합판례**

구 지적법 제20조, 제38조 제2항의 규정은 토지소유자에게 지목변경신청권과 지목정정신청권을 부여한 것이고(법규상 신청권 인정), 한편 지목은 토지에 대한 공법상의 규제, 개발부담금의 부과대상, 지방세의 과세대상, 공시지가의 산정, 손실보상가액의 산정 등 토지행정의 기초로서 공법상의 법률관계에 영향을 미치고, 토지소유자는 지목을 토대로 토지의 사용·수익·처분에 일정한 제한을 받게 되는 점 등을 고려하면, 지목은 토지소유권을 제대로 행사하기 위한 전제요건으로서 토지소유자의 실체적 권리관계에 밀접하게 관련(조리상 신청권 인정)되어 있으므로 지적공부 소관청의 지목변경신청 반려행위는 국민의 권리관계에 영향을 미치는 것으로서 항고소송의 대상이 되는 행정처분에 해당한다[대판(전합) 2004.4.22, 2003두9015].

지적공부 소관청의 지목변경신청 반려행위는 행정사무의 편의와 사실증명의 자료로 삼기 위한 것이지 그 대장에 등재여부는 어떠한 권리의 변동이나 상실효력이 생기지 않으므로 이를 항고소송의 대상으로 할 수 없다. (x) ■ 17 국가9급
토지대장에 등재된 사항을 변경하는 행위는 행정사무집행의 편의와 사실증명의 자료로 삼기 위한 것이므로, 甲은 지목변경신청이 거부되더라도 이에 대하여 취소소송으로 다툴 수 없다. (x) ■ 21 국가9급

**(7) 건축물대장상의 용도를 '창고'에서 '위험물저장 및 처리시설'로 변경하여 달라는 원고의 신청을 거부한 행위**

★ 17 국가7급, 14 서울7급, 13 행정사, 12 변호사, 11 국회8급

구 건축법 제14조 제4항의 규정은 건축물의 소유자에게 건축물대장의 용도변경 신청권을 부여한 것이고, 한편 건축물의 용도는 토지의 지목에 대응하는 것으로서 건물의 이용에 대한 공법상의 규제, 건축법상의 시정명령, 지방세 등의 과세대상 등 공법상 법률관계에 영향을 미치고, 건물소유자는 용도를 토대로 건물의 사용·수익·처분에 일정한 영향을 받게 되는 점 등을 고려해 보면, 건축물대장의 용도는 건축물의 소유권을 제대로 행사하기 위한 전제요건으로서 건축물 소유자의 실체적 권리관계에 밀접하게 관련되어 있으므로 건축물대장 소관청의 용도 변경신청 거부행위는 국민의 권리관계에 영향을 미치는 것으로서 항고소송의 대상이 되는 행정처분에 해당한다(대판 2009.1.30, 2007두7277).

**(8) 건축물대장 작성신청에 대한 거부행위** ★ 18 서울7급

**최신기출**

구 건축법 제18조의 규정에 의한 사용승인을 신청하는 자 또는 구 건축법 제18조의 규정에 의한 사용승인을 얻어야 하는 자 외의 자는 건축물대장의 작성·신청권을 가지고 있고, 한편 건축물대장은 건축물에 대한 공법상의 규제, 지방세의 과세대상, 손실보상가액의 산정 등 건축행정의 기초자료로서 공법상의 법률관계에 영향을 미칠 뿐만 아니라, 건축물에 관한 소유권보존등기 또는 소유권이전등기를 신청하려면 이를 등기소에 제출하여야 하는 점 등을 종합해 보면, 건축물대장의 작성은 건축물의 소유권을 제대로 행사하기 위한 전제요건으로서 건축물 소유자의 실체적 권리관계에 밀접하게 관련되어 있으므로 건축물대장 소관청의 작성신청 반려행위는 국민의 권리관계에 영향을 미치는 것으로서 항고소송의 대상이 되는 행정처분에 해당한다(대판 2009.2.12, 2007두17359).

**(9) 행정청이 건축물에 관한 건축물대장을 직권말소한 행위는 항고소송의 대상이 되는 행정처분에 해당한다**

★ 12 변호사

**최신기출**

건축물대장은 건축물에 대한 공법상의 규제, 지방세의 과세대상, 손실보상가액의 산정 등 건축행정의 기초자료로서 공법상의 법률관계에 영향을 미칠 뿐만 아니라, 건축물에 관한 소유권보존등기 또는 소유권이전등기를 신청하려면 이를 등기소에 제출하여야 하는 점 등을 종합해 보면, 건축물대장은 건축물의 소유권을 제대로 행사하기 위한 전제요건으로서 건축물 소유자의 실체적 권리관계에 밀접하게 관련되어 있으므로, 이러한 건축물대장을 직권말소한 행위는 국민의 권리관계에 영향을 미치는 것으로서 항고소송의 대상이 되는 행정처분에 해당한다(대판 2010.5.27, 2008두22655).

**(10) 토지소유자의 지적공부 등록사항 정정신청권을 대위하여 한 토지면적등록 정정신청을 반려한 것은 항고소송의 대상이 되는 행정처분에 해당한다** ★ 19 지방9급, 12 국회9급

**최신기출**
**최신판례**

구 지적법(현 「공간정보의 구축 및 관리 등에 관한 법률」) 제28조 제1호의 '공공사업 등으로 인하여 학교용지·도로·철도용지·제방·하천·구거·유지·수도용지 등의 지목으로 되는 토지의 경우에는 그 사업시행자가 이 법에 의하여 토지소유자가 하여야 하는 신청을 대위할 수 있다'는 규정에 따라 토지소유자의 같은법 제24조 제1항에 규정된 지적공부 등록사항 정정신청권을 대위하여 피고에게 한 이 사건 토지면적등록 정정신청을 피고가 반려한 것은 공공사업의 원활한 수행을 위하여 부여된 원고의 위 관계법령상의 권리 또는 이익에 영향을 미치는 공권력의 행사 또는 그 거부에 해당하는 것으로서 항고소송의 대상이 되는 행정처분에 해당하는 것으로 항고소송의 대상이 되는 행정처분이다(대판 2011.8.25, 2011두3371).

**(11) 지적공부 소관청이 토지대장을 직권으로 말소한 행위는 항고소송의 대상이 되는 행정처분에 해당한다**
★ 20·14 서울7급, 19·14 지방7급, 14 국회8급

토지대장은 토지에 대한 공법상의 규제, 개발부담금의 부과대상, 지방세의 과세대상, 공시지가의 산정, 손실보상가액의 산정 등 토지행정의 기초자료로서 공법상의 법률관계에 영향을 미칠 뿐만 아니라, 토지에 관한 소유권보존등기 또는 소유권이전등기를 신청하려면 이를 등기소에 제출해야 하는 점 등을 종합해 보면, 토지대장은 토지의 소유권을 제대로 행사하기 위한 전제요건으로서 토지 소유자의 실체적 권리관계에 밀접하게 관련되어 있으므로, 이러한 토지대장을 직권으로 말소한 행위는 국민의 권리관계에 영향을 미치는 것으로서 항고소송의 대상이 되는 행정처분에 해당한다(대판 2013.10.24, 2011두13286).

토지대장은 행정사무집행의 편의와 사실증명의 자료로 삼기 위한 것으로, 이로 인하여 실체상 권리관계에 변동을 가져오는 것은 아니므로, 토지대장을 직권말소한 행위는 항고소송의 대상이 되는 처분에 해당하지 않는다. (x) ■ 20 서울7급

## 3. 처분성 부정사례

현재는 처분성 인정 여부에 대해 해석이 나뉜다.

**(1) 자동차운전면허대장 등재** ★ 21 국회9급, 18 서울7급, 14 세무사

**최신기출**

자동차운전면허대장상 일정한 사항의 등재행위는 운전면허행정사무집행의 편의와 사실증명의 자료로 삼기 위한 것일 뿐 그 등재행위로 인하여 당해 운전면허 취득자에게 새로이 어떠한 권리가 부여되거나 변동 또는 상실되는 효력이 발생하는 것은 아니므로 이는 행정소송의 대상이 되는 독립한 행정처분으로 볼 수 없다(대판 1991.9.24, 91누1400).

자동차운전면허대장상 일정한 사항의 등재행위는 행정소송의 대상이 되는 독립한 행정처분으로 볼 수 있다. (x) ■ 21 국회9급

**(2) 인감증명발급행위는 행정처분이 아니다** ★ 18 서울7급

**최신기출**

인감증명행위는 인감증명청이 적법한 신청이 있는 경우에 인감대장에 이미 신고된 인감을 기준으로 출원자의 현재 사용하는 인감을 증명하는 것으로서 구체적인 사실을 증명하는 것일 뿐, 나아가 출원자에게 어떠한 권리가 부여되거나 변동 또는 상실되는 효력을 발생하는 것이 아니고, 인감증명의 무효확인을 받아들인다 하더라도 이로써 이미 침해된 당사자의 권리가 회복되거나 또는 곧바로 이와 관련된 새로운 권리가 발생하는 것도 아니므로 무효확인을 구할 법률상 이익이 없어 부적법하다(대판 2001.7.10, 2000두2136).

**(3) 무허가건물관리대장의 등재를 삭제한 행위** ★ 19 지방7급, 19·11 국회8급, 17 국가7급, 14 서울7급, 12 서울9급

> 무허가건물관리대장은 행정관청이 지방자치단체의 조례 등에 근거하여 무허가건물 정비에 관한 행정상 사무처리의 편의와 사실증명의 자료로 삼기 위하여 작성, 비치하는 대장으로서 무허가건물을 무허가건물관리대장에 등재하거나 등재된 내용을 변경 또는 삭제하는 행위로 인하여 당해 무허가 건물에 대한 실체상의 권리관계에 변동을 가져오는 것이 아니고, 무허가건물의 건축시기, 용도, 면적 등이 무허가건물관리대장의 기재에 의해서만 증명되는 것도 아니므로, 관할관청이 무허가건물의 무허가건물관리대장 등재 요건에 관한 오류를 바로잡으면서 당해 무허가건물을 무허가건물관리대장에서 삭제하는 행위는 다른 특별한 사정이 없는 한 항고소송의 대상이 되는 행정처분이 아니다(대판 2009.3.12, 2008두11525).

무허가건물을 무허가건물관리대장에서 삭제하는 행위는 다른 특별한 사정이 없는 한 항고소송의 대상이 되는 행정처분에 해당한다. (x) ■ 19 지방7급

**(4) 등기부상 소유자가 토지대장에의 소유자 기재가 잘못되었다는 이유로 토지대장 정정신청을 한 것에 대하여 행정청이 등기부 기재가 착오로 잘못 기재된 것으로 보인다는 이유로 이를 거부한 것은 행정처분에 해당하지 않는다** ★ 21·16 국가9급, 20 지방9급, 19 서울7급, 19 국회8급, 14 서울7급

> 토지대장에 기재된 일정한 사항을 변경하는 행위는, 그것이 지목의 변경이나 정정 등과 같이 토지소유권 행사의 전제요건으로서 토지소유자의 실체적 권리관계에 영향을 미치는 사항에 관한 것이 아닌 한 행정사무집행의 편의와 사실증명의 자료로 삼기 위한 것일 뿐이어서, 그 소유자 명의가 변경된다고 하여도 이로 인하여 당해 토지에 대한 실체상의 권리관계에 변동을 가져올 수 없고 토지 소유권이 지적공부의 기재만에 의하여 증명되는 것도 아니다. 따라서 소관청이 토지대장상의 소유자명의변경신청을 거부한 행위는 이를 항고소송의 대상이 되는 행정처분이라고 할 수 없다(대판 2012.1.12, 2010두12354).

토지대장의 기재는 토지소유권을 제대로 행사하기 위한 전제요건으로서 토지소유자의 실체적 권리관계에 밀접하게 관련되어 있으므로 토지대장상의 소유자명의변경신청을 거부한 행위는 국민의 권리관계에 영향을 미치는 것이어서 항고소송의 대상이 되는 행정처분에 해당한다. (x) ■ 16 국가9급
토지대장상의 소유자명의변경신청을 거부하는 행위는 실체적 권리관계에 영향을 미치는 사항으로 행정처분이다. (x) ■ 19 서울7급
乙에 대한 토지대장상의 소유자명의변경신청 거부는 처분성이 인정된다. (x) ■ 21 국가9급

**(5) 상표권자인 법인에 대한 청산종결등기가 되었음을 이유로 한 상표권의 말소등록행위는 항고소송의 대상이 될 수 없다** ★ 20 지방9급, 16 국회8급

> 상표원부에 상표권자인 법인에 대한 청산종결등기가 되었음을 이유로 상표권의 말소등록이 이루어졌다고 해도 이는 상표권이 소멸하였음을 확인하는 사실적·확인적 행위에 지나지 않고, 말소등록으로 비로소 상표권 소멸의 효력이 발생하는 것이 아니어서, 상표권의 말소등록은 국민의 권리의무에 직접적으로 영향을 미치는 행위라고 할 수 없다.(대판 2015.10.29, 2014두2362).

# Ⅲ. 통지

## 1. 처분성 인정사례

1. 대집행의 계고(대판 1966.10.31, 66누25)
   ※ 제1차의 철거명령 및 계고처분에 대한 의무불이행으로 새로이 발한 제2·3차 철거명령 및 대집행계고는 처분성 부인
2. 대집행영장에 의한 통지
3. 재개발사업 시행자가 분양신청을 하지 아니한 토지의 소유자에 대하여 대지 및 건축시설을 분양하지도 아니하고 청산금도 지급하지 아니하기로 하는 분양처분고시(대판 2002.10.11, 2002다33502)
4. 건축법상 이행강제금 납부의 최초 독촉(대판 2009.12.24, 2009두14507)
5. 독촉(강제징수)
6. 농지법상 농지처분의무통지(대판 2003.11.14, 2001두8742)
7. 구 공무원연금법 제47조 각 호에 정한 급여제한사유가 있음에도 수급자에게 퇴직연금이 잘못 지급된 경우 과다하게 지급된 급여의 환수를 위한 행정청의 환수통지(대판 2009.5.14, 2007두16202)

### (1) 대집행의 계고

> 대집행의 일련의 절차의 불가결의 일부분으로 정하여진 대집행 영장교부 및 대집행실행을 적법하게 하는 필요한 전제절차로서 그것이 실제적으로 명령에 의한 기존의 의무 이상으로 새로운 의무를 부담시키는 것은 아니지만, 계고가 있음으로 인하여 대집행이 실행되어 상대방의 권리의무에 변동을 가져오는 것이라 할 것이므로, 상대방은 계고절차의 단계에서 이의 취소를 소구할 법률상 이익이 있다 할 것이고 계고는 행정소송법 소정의 처분에 포함된다고 보아 계고처분 자체에 위법이 있는 경우에 한하여 항고소송의 대상이 될 수 있다(대판 1966.10.31, 66누25).

### (2) 구 농지법상 농지처분의무통지 ★ 20 서울7급, 17 국회8급

> **[최신기출]** 시장 등 행정청은 위 제7호에 정한 사유의 유무, 즉 농지의 소유자가 위 농업경영계획서의 내용을 이행하였는지 여부 및 그 불이행에 정당한 사유가 있는지 여부를 판단하여 그 사유를 인정한 때에는 반드시 농지처분의무통지를 하여야 하는 점, 위 통지를 전제로 농지처분명령, 같은법 제65조에 의한 이행강제금부과 등의 일련의 절차가 진행되는 점 등을 종합하여 보면, 농지처분의무통지는 단순한 관념의 통지에 불과하다고 볼 수는 없고, 상대방인 농지소유자의 의무에 직접 관계되는 독립한 행정처분으로서 항고소송의 대상이 된다(대판 2003.11.14, 2001두8742).

### (3) 구 도시재개발법상 분양신청기간의 통지

> 구 도시재개발법(현 「도시 및 주거환경정비법」) 제33조 제1항에서 정한 분양신청기간의 통지 등 절차는 재개발구역 내의 토지 등의 소유자에게 분양신청의 기회를 보장해 주기 위한 것으로서 같은법 제31조 제2항에 의한 토지수용을 하기 위하여 반드시 거쳐야 할 필요적 절차이고, 또한 그 통지를 함에 있어서는 분양신청기간과 그 기간 내에 분양신청을 할 수 있다는 취지를 명백히 표시하여야 하므로, 이러한 통지 등의 절차를 제대로 거치지 않고 이루어진 수용재결은 위법하다(대판 2007.3.29, 2004두6235).

**(4)** 구 공무원연금법 제47조 각호에 정한 급여제한사유가 있음에도 수급자에게 퇴직연금이 잘못 지급된 경우 과다하게 지급된 급여의 환수를 위한 행정청의 환수통지

> 공무원연금법 제47조 각호 소정의 급여제한사유가 있음에도 불구하고 수급자에게 퇴직연금이 잘못 지급되었으면 이는 공무원연금법 제31조 제1항 제3호의 '기타 급여가 과오급된 경우(부당이득)'에 해당하고, 이때 과다하게 지급된 급여의 환수를 위한 행정청의 환수통지는 당사자에게 새로운 의무를 과하거나 권익을 제한하는 것으로서 행정처분에 해당한다(대판 2009.5.14, 2007두16202).

## 2. 처분성 부정사례

**(1)** 정년퇴직 발령 ★ 19 서울7급, 17 국회8급, 12 서울9급, 11 순경특채

`최신기출` 국가공무원법 제74조에 의하면 공무원이 소정의 정년에 달하면 그 사실에 대한 효과로서 공무담임권이 소멸되어 당연히 퇴직되고 따로 그에 대한 행정처분이 행하여져야 비로소 퇴직되는 것은 아니라 할 것이며, 피고(영주지방철도청장)의 원고에 대한 정년퇴직발령은 정년퇴직사실을 알리는 이른바 관념의 통지에 불과하므로 행정소송의 대상이 되지 아니한다(대판 1983.2.8, 81누263).

**(2)** 공무원금관리공단이 공무원연금법령의 개정사실과 퇴직연금 수급자가 퇴직연금 중 일부 금액의 지급정지대상자가 되었다는 사실의 통보

> 공무원연금관리공단이 위와 같은법령의 개정사실과 퇴직연금 수급자가 퇴직연금 중 일부 금액의 지급정지대상자가 되었다는 사실을 통보한 것은 단지 위와 같이 법령에서 정한 사유의 발생으로 퇴직연금 중 일부 금액의 지급이 정지된다는 점을 알려주는 관념의 통지에 불과하고, 그로 인하여 비로소 지급이 정지되는 것은 아니므로 항고소송의 대상이 되는 행정처분으로 볼 수 없다(대판 2004.7.8, 2004두244).

# IV. 수리(受理)

## 1. 성질

### (1) 관광사업의 양도·양수에 의한 지위승계신고수리는 기속행위이다 ★ 11 서울7급

> 관광사업의 양도·양수에 의한 지위승계신고에 대하여는 적법·유효한 사업양도가 있고, 양수인에게 구 관광진흥법 제7조 제1항 각호의 결격사유가 없는 한 행정청이 다른 사유를 들어 수리를 거절할 수 없다고 할 것이므로, 원심이 이 사건 처분을 재량행위라고 본 것은 잘못이다(대판 2007.6.29, 2006두4097).

## 2. 효과

수리의 효과는 각 단행법규에 따라 달리 발생한다. 즉, 사법상 효과(예 혼인신고 수리 등)가 발생하기도 하고, 행정청에게 처리의무를 부과하는 것(이의신청, 행정심판청구서의 수리 등)도 있고, 수리가 있을 때까지는 일정한 행위가 금지되기도 한다.

### (1) 사설강습소설립에 관한 등록을 사실상 수리하지 않고 있다 하여 등록 없이 사설강습소를 운영한 행위는 법률에 위반된다

> 사설강습소를 설립함에 있어서 주무관청에 등록토록 한 법률조항이 자유와 권리의 본질적 내용을 침해하는 것이 아닌 이상 이를 직업선택의 자유를 규정한 헌법에 위반되어 효력이 없다 할 수는 없고, 주무관청이 무도교습소에 관해 사실상 그 설립을 위한 등록을 수리하지 않고 있다 하더라도 이에 대하여 행정쟁송으로 다툼은 별론으로 하고 그 등록을 하지 아니하고 위와 같은 시설을 설립·운영한 이상 위 법률에 위반된다 할 것이다(대판 1990.8.10, 90도1062).
> ※ 수리를 요하는 신고의 수리(거부, 취소)행위는 소극적 행정행위로서 행정쟁송의 대상이 된다.

### (2) 광업출원인 주소변경계 수리는 행정처분이다

> 사실증명서의 첨부 없는 광업출원인 주소변경계 수리는 일종의 독립적인 행정처분으로서 취소사유 있는 처분에 속한다(대판 1962.2.15, 4294행상16).

### (3) 체육시설의 회원을 모집하고자 하는 자의 회원모집계획서 제출에 대한 시·도지사 등의 검토결과 통보는 수리행위로서 행정처분이다 ★ 20 국가7급, 12 순경특채

> 최신기출 구 「체육시설의 설치·이용에 관한 법률」 제19조 제1항, 구 '체육시설의 설치·이용에 관한 법률 시행령' 제18조 제2항 제1호 (가)목, 제18조의2 제1항 등의 규정에 의하면, 위 법 제19조의 규정에 의하여 체육시설의 회원을 모집하고자 하는 자는 시·도지사 등으로부터 회원모집계획서에 대한 검토결과 통보를 받은 후에 회원을 모집할 수 있다고 보아야 하고, 따라서 체육시설의 회원을 모집하고자 하는 자의 시·도지사 등에 대한 회원모집계획서 제출은 수리를 요하는 신고에서의 신고에 해당하며, 시·도지사 등의 검토결과 통보는 수리행위로서 행정처분에 해당한다(대판 2009.2.26, 2006두16243).

## 제3절 행정행위의 부관

## Ⅰ. 행정행위 부관의 의의 및 특질

### 1. 고시에 정한 허가기준에 따라 보존음료수제조업허가에 제품전량수출 등의 조건을 붙인 것은 법정부관이므로 부관의 한계에 관한 일반원칙이 적용되지 않는다 ★ 19 국회8급, 18 지방9급, 14 행정사, 10 국가9급

> 식품제조영업허가기준이라는 고시에 정한 허가기준에 따라 보존음료수 제조업의 허가에 붙여진 "전량수출 또는 주한외국인에 대한 판매에 한한다."는 내용의 조건은 이른바 법정부관으로서 행정청의 의사에 기하여 붙여지는 본래의 의미에서의 행정행위의 부관은 아니므로, 이와 같은 법정부관에 대하여는 행정행위에 부관을 붙일 수 있는 한계에 관한 일반적인 원칙이 적용되지는 않는다[대판(전합) 1994.3.8, 92누1728].

> 행정행위의 부관은 법령이 직접 행정행위의 조건이나 기한 등을 정한 경우와 구별되어야 한다. ■ 18 지방9급

### 2. 관할 행정청이 사회복지법인의 임시이사를 선임하면서 임기를 '후임 정식이사가 선임될 때까지'로 기재한 경우, 후임 정식이사가 선임되었다는 사유만으로 임시이사의 임기가 자동적으로 만료되어 임시이사의 지위가 상실되지 않고, 임시이사의 지위가 상실되는 시점은 관할 행정청의 임시이사 해임처분 시이다

**최신판례**

> 임시이사를 선임하면서 임기를 '후임 정식이사가 선임될 때까지'로 기재한 것은 근거 법률의 해석상 당연히 도출되는 사항을 주의적·확인적으로 기재한 이른바 '법정부관'일 뿐, 행정청의 의사에 따라 붙이는 본래 의미의 행정처분 부관이라고 볼 수 없다. 후임 정식이사가 선임되었다는 사유만으로 임시이사의 임기가 자동적으로 만료되어 임시이사의 지위가 상실되는 효과가 발생하지 않고, 관할 행정청이 후임 정식이사가 선임되었음을 이유로 임시이사를 해임하는 행정처분을 해야만 비로소 임시이사의 지위가 상실되는 효과가 발생한다(대판 2020.10.29, 2017다269152).

## Ⅱ. 부관의 종류

### 1. 부관의 종류에 대한 판단기준

(1)

> 부관의 법적 성격을 판단함에 있어서는 위 부관의 필요성, 부관 부가시 행정청인 피고의 의사나 위와 같은 내용의 부관 불이행시 행정청이 취하여 온 행정관행 등이 어떠한 것인지 등을 더 심리하여야 한다고 한 사례(대판 2000.2.11, 98누7527)

(2)

> 구체적인 경우에 그것이 조건, 기한, 부담, 철회권의 유보 중 어느 종류의 부관에 해당하는지는 당해 부관의 내용, 경위 기타 제반 사정을 종합하여 판단하여야 할 것이다(대판 2005.9.28, 2004다50044).

## 2. 조건

| 정지조건 | 해제조건 |
|---|---|
| 1. 공유수면점용허가를 함에 있어서 규사채취는 해수의 침수 영향을 방지할 사전 예방조치를 하고 당국의 확인을 받은 후 실시할 것(대판 1976.3.23, 76다253)<br>2. 주차시설을 완비할 것을 조건으로 한 건축허가·주차시설의 완비를 조건으로 하는 호텔영업허가<br>3. 도로의 완공(도로확장·포장공사·보수)을 조건으로 한 여객자동차운수사업면허<br>4. 공해방지시설의 설치를 조건으로 한 연탄공장설립허가<br>5. 진입도로의 완공을 조건으로 한 주유소설치허가<br>6. 장해시설완비를 조건으로 한 도로점용허가<br>7. 시설완성을 학교법인설립인가의 사유로 하는 경우 | 1. 일정기간 내에 공사에 착수하지 않으면 실효된다는 것을 조건으로 하는(일정기간 내에 공사착수를 조건으로 한) 공유수면매립면허<br>2. 일정기간 내에 시설을 완공하지 아니하면 실효된다는 의약품제조업허가(대학설립인가)<br>3. 특정기업에 취업조건으로 체류허가의 발급<br>4. 일정기간 내 사업불착수를 허가소멸사유로 하는 경우<br>5. 월 내 공사를 착수하지 않으면 효력을 잃는다는 조건으로 행한 공기업(특허기업)특허 |

> 공유수면 점용허가를 함에 있어서 규사채취는 해수의 침수 영향을 방지할 사전 예방조치를 하고 당국의 확인을 받은 후 실시할 것이라고 되어 있다면 이러한 행정행위의 부관은 그 성질이 부담이라기보다는 오히려 조건에 속한다(대판 1976.3.23, 76다253).

## 3. 기한

| 시기 | 종기 |
|---|---|
| 1. 공무원임용행위의 효력발생을 특정일자로 정하는 경우<br>2. ○○년 ○○월 ○○일부터 도로점용을 허가한다(도로사용허가). | 1. 어업면허 유효기간(대판 1986.8.19, 86누202)<br>2. 기부채납 받은 행정재산 사용·수익허가기간(대판 2001.6.15, 99두509)<br>3. 본인의 사망시까지 연금을 지급한다는 결정<br>4. ○○년 ○○월 ○○일까지 도로점용(영업)허가<br>5. 신청인이 사망할 때까지 허가한다.<br>6. 영업허가기간을 5년으로 정하는 경우<br>7. 어업면허처분을 함에 있어 그 면허의 유효기간을 1년으로 정한 경우 |

**(1) 기간연장 등의 특별한 사정이 없는 한 기간경과 후에는 장래에 향하여 당연히 소멸한다(실효사유)** ★ 11 지방9급

①

> 기간을 정한 개간허가처분은 기간연장 등의 특별한 사정이 없는 한 기간경과 후에는 다시 개간행위를 할 수 없다는 의미에서 장래에 향하여 그 효력이 소멸한다 할 것이므로 행정청이 그 허가기간 경과 후에 동 개간지역 내의 건물철거 등 부담의 이행을 촉구하였다 하여 그것만으로 개간허가연장신청이 묵시적으로 받아들여진 것이라고 단정할 수 없다(대판 1985.2.8, 83누625).

②

공유수면매립면허가 준공기간 초과로 실효된 후에 매립공사를 완공하였다면 면허실효 후의 시공은 무면허자의 매립행위에 불과하므로 면허관청이 이에 기속을 받아 면허를 회복해 주어야 할 의무는 없다(대판 1989.9.12, 88누9206).

③

임시적인 가설건축물의 존치기간은 그 건축물의 착공이나 완공 여부에 관계없이 그 정하여진 기간의 최종일이 경과함으로써 만료되는 것이고, 원고가 승인받은 가설건축물의 존치기간(1년)이 지난 후 관할관청인 피고가 원고의 착공계를 수리하고 건축물 구조 시정명령을 하였으며 관계공무원이 완공을 독려하였다 하여 그로 인해 위 존치기간이 당연히 이 사건 건축물의 완공 후 1년 간으로 연장된다고 볼만한 아무런 근거도 없다(대판 1990.12.11, 90누5672).

### (2) 사업의 성질상 부당하게 짧은 기한의 경우 갱신기간(허가 또는 특허의 조건의 존속기간)이다
★ 20·15 국가9급, 19 서울7급, 18 지방7급, 18·15·10 국회8급, 18·17·14·11 지방9급, 15 사회복지, 14 순경특채 / 13·12 국회9급, 13 변호사

`최신기출` 일반적으로 행정처분에 효력기간이 정하여져 있는 경우에는 그 기간의 경과로 그 행정처분의 효력은 상실되고(효력존속기간), 다만 허가에 붙은 기한이 그 허가된 사업의 성질상 부당하게 짧은 경우에는 이를 그 '허가자체'의 존속기간이 아니라 그 '허가조건'의 존속기간(갱신기간 또는 조건존속기간)으로 보아 그 기한이 도래함으로써 그 조건의 개정을 고려한다는 뜻으로 해석할 수는 있지만, 그와 같은 경우라 하더라도 그 허가기간이 연장되기 위하여는 그 종기가 도래하기 전에 그 허가기간의 연장에 관한 신청이 있어야 하며, 만일 그러한 연장신청이 없는 상태에서 허가기간이 만료하였다면 그 허가의 효력은 상실된다(대판 2007.10.11, 2005두12404).

허가에 붙은 기한이 그 허가된 사업의 성질상 부당하게 짧은 경우에 그 기한은 허가조건의 존속기간이 아니라 허가 자체의 존속기간으로 보아야 한다. (x) ★ 18 지방9급

### (3) 허가조건의 존속기간의 경우 갱신신청이 있으면 허가기간이 경과하더라도 허가권이 소멸하지 않는다 ★ 11 지방9급

변경허가는 당시 피고 회사에서 허가기간의 종기(2001.12.31.)에 임박한 2001.12.26.에 기간 연장 외에 위와 같이 기존의 허가내용에 일부를 변경하는 변경허가신청을 함에 따라 서산시에서는 신규허가 때와 같은 절차를 밟아 2002.2.22.에 이르러서야 뒤늦게 변경허가를 하면서 형식적으로 허가기간에 공백기간이 발생한 사실, 한편 구덕산업은 이 사건 시설물을 설치함에 있어서 당초 약 2억 8천만 원 정도를 지출하였고, 피고 회사도 2001.4.경 약 3억 원을 들여 추가시설을 설치하기도 한 사실을 각 인정할 수 있는바, 이러한 사실에다가 모래채취 및 판매 사업의 성질상 대규모 시설의 설치가 전제되고 어느 정도 장기계속성이 예상되는 사정 등을 고려하여 보면, 당초 이 사건 허가에 붙은 3년 내지 4년 여 정도의 기간은 그 허가된 사업의 성질상 부당하게 짧은 경우에 해당하여 이는 이 사건 허가 자체의 존속기간이 아니라 허가조건의 존속기간이라고 봄이 상당하다. 따라서 이 사건 허가권의 당초 허가기간이 도래하였다고 하여 이 사건 허가권이 그대로 소멸하였다고 볼 수는 없다 할 것이므로, 이 사건 허가권이 이미 소멸하였음을 전제로 하는 피고의 상고이유 주장도 받아들일 수 없다(대판 2005.11.10, 2004다7873).

### (4) 연장된 기간을 포함해 사업의 성질상 부당하게 짧은 경우가 아닌 경우에는 기간연장을 불허가할 수 있다
★ 21 국가9급, 16 지방7급

`최신기출` 당초에 붙은 기한을 허가 자체의 존속기간이 아니라 허가조건의 존속기간으로 보더라도 그 후 당초의 기한이 상당 기간 연장되어 연장된 기간을 포함한 존속기간 전체를 기준으로 볼 경우 더 이상 허가된 사업의 성질상 부당하게 짧은 경우에 해당하지 않게 된 때에는 관계법령의 규정에 따라 허가 여부의 재량권을 가진 행정청으로서는 그때에도 허가조건의 개정만을 고려하여야 하는 것은 아니고 재량권의 행사로서 더 이상의 기간연장을 불허가할 수도 있는 것이며, 이로써 허가의 효력은 상실된다(대판 2004.3.25, 2003두12837).

허가에 붙은 기한이 그 허가된 사업의 성질상 부당하게 짧아서 이 기한이 허가 자체의 존속기간이 아니라 허가조건의 존속기간으로 해석되는 경우에는 허가 여부의 재량권을 가진 행정청은 허가조건의 개정만을 고려할 수 있고, 그 후 당초의 기한이 상당 기간 연장되어 그 기한이 부당하게 짧은 경우에 해당하지 않게 된 때라도 더 이상의 기간연장을 불허가할 수는 없다. (x) ■ 21 국가9급

**(5)**

어업에 관한 허가 또는 신고의 유효기간이 경과한 후 재차 허가를 받거나 신고를 한 경우, 종전 어업허가나 신고의 효력 또는 성질이 계속되지 않고, 이러한 법리는 수산업법상 어장이용개발계획에 따른 대체개발 등을 이유로 종전 어업권을 포기하고 다른 어장에 새로운 어업권을 등록한 경우에도 마찬가지이다(대판 2019.4.11, 2018다284400). ★ 18 국회8급

## 4. 부담

### (1) 사례

1. 영업허가를 하면서 일정한 시설의무를 덧붙이는 것, 영업허가를 하면서 위생복의 착용(위생설비 설치)을 명하는 것, 영업허가를 하면서 직원들의 정기건강진단을 요건, 영업허가에 부가된 심야영업의 금지, 단란주점영업허가 시 각종 행위제한, 영업허가에 부가하여 출입, 검사·수거에 응할 의무를 부가, 영업허가를 하면서 일정한 수수료를 과하는 것, 유흥주점영업을 허가하면서 일정한 규모의 주차공간을 확보할 것을 조건으로 하는 것, 공장건축허가를 부여하면서 근로자의 정기건강진단의무를 부과하는 것
2. 기성매립지로서 도시계획공사완료지역은 공사실비로써 연고자에게 분양할 것을 조건으로 한 공유수면매립면허(대판 1982.12.28, 80다731·732)
3. 임야에 대한 개간허가처분을 하면서 그 지역 내에 있는 사설분묘와 건축물을 이장 내지 철거토록 한 부관(대판 1985.2.8, 83누625)
4. 토지형질변경허가를 하면서 떼붙임공사와 조경공사를 철저히 하도록 의무를 부과하고, 공사기간을 1986.10.20.부터 1987.9.30.까지로 한정한 경우의 공사기간(대판 1989.10.24, 89누2431), 공사기간을 2000.8.5.부터 2000.12.31.까지로 변경하는 사도변경허가처분에 부가된 공사기간(대판 2004.11.25, 2004두7023)
5. 건설부장관이 원고(현대자동차주식회사)에 대해 공유수면에 대한 매립면허를 함에 있어 그 면허조건 아·항에서 위 매립구역 내 울산지방해운항만청의 투기토량을 원고가 산정하여 실시계획인가시 그 산출근거를 제출하여 그에 대한 대가(수토대)를 부산지방국토관리청장의 수토대납부고지서에 의거 납부하도록 규정한 경우(대판 1992.1.21, 91누1264)
6. 행정청이 사업시행인가 도시환경정비사업 시행자에게 '무상양도되지 않는 구역 내 국유지를 착공신고 전까지 매입'하도록 한 부관을 붙인 경우(대판 2008.11.27, 2007두24289)
7. 사립대학인가를 발령하면서 일정한 미비된 시설의 보완의무를 부과하는 경우
8. 자동차운수사업자에게 요금신고의무부과
9. 도로점용허가를 하면서 점용료납부의무를 부과하는 것

#### ① 기성매립지로서 도시계획공사완료지역은 공사실비로써 연고자에게 분양할 것

건설부장관이 '기성매립지로서 도시계획공사완료지역은 공사실비로써 연고자에게 분양할 것'이라는 내용의 부관을 붙인 면허 또는 준공인가처분은 공유수면매립면허라는 권리이익을 받는 수면허자에게 위와 같은 의무를 명한 부관부 행정행위로서 그 행정행위의 효력이 제3자에게 미치지 않음은 물론이고 그 부관상의 의무는 수면허자가 면허권자인 건설부장관에게 대하여 부담하는 공법상의 의무에 지나지 아니하고, 행정행위의 상대방인 수면허자가 그 부관상의 의무를 이행함으로써 제3자가 어떤 이익을 받게 되는 경우가 있다 하더라도 이는 동 행정처분의 반사적 이익에 불과하므로 이로써 행정행위의 상대방과 제3자와의 사이에 직접적이고 구체적인 사법상의 권리의무관계 또는 법률관계가 발생한다고 볼 수 없다(대판 1982.12.28, 80다731·80다732).

② 토지형질변경허가를 하면서 떼붙임공사와 조경공사를 철저히 하도록 의무를 부과하고, 공사기간을 1986.10.20.부터 1987.9.30.까지로 한정

이 사건 허가에 붙은 공사기간의 정함이 일종의 '부담'에 해당한다는 소론 주장 자체는 수긍할 수 있지만 부담부 행정처분에 있어서 처분의 상대방이 부담(의무)를 이행하지 아니한 경우에 처분행정청으로서는 이를 들어 당해 처분을 취소(철회)할 수 있는 것이므로 이 사건에서 원고가 소정기간 내에 공사를 완료하지 못했다 하더라도 이로 말미암아 긴급한 위난이 예상되거나 긴급한 사정이 없는 한 허가받은 자의 이익을 번복하는 처분은 할 수 없다는 소론은 받아들일 수 없고, 또 도시계획법이나 기타 법령에 의하더라도 이 사건 허가처분을 취소함에 있어 소론과 같은 절차를 요구하고 있는 규정은 없으므로 피고가 이 사건 취소처분을 함에 있어 그와 같은 절차를 밟지 않았다 하여 잘못이라 할 수도 없다(대판 1989.10.24, 89누2431).

③ 사도개설허가에서 정해진 공사기간 내에 사도로 준공검사를 받지 못한 경우, 이 공사기간을 사도개설허가 자체의 존속기간(유효기간)으로 볼 수 없다는 이유로 사도개설허가가 당연히 실효되는 것은 아니라고 한 사례

사도개설허가는 사도를 개설할 수 있는 권한의 부여(특허) 자체에 주안점이 있는 것이지 공사기간의 제한에 주안점이 있는 것이 아닌 점 등에 비추어 보면 이 사건 제1처분에 명시된 공사기간은 변경된 허가권자인 보조참가인에 대하여 공사기간을 준수하여 공사를 마치도록 하는 의무를 부과하는 일종의 부담에 불과한 것이지, 사도개설허가 자체의 존속기간(즉, 유효기간)을 정한 것이라 볼 수 없고, 따라서 보조참가인이 이 사건 제1처분의 사도개설허가에서 정해진 공사기간 내에 사도로 준공검사를 받지 못하였다 하더라도, 이를 이유로 행정관청이 새로운 행정처분을 하는 것은 별론으로 하고, 사도개설허가가 당연히 실효되는 것은 아니라고 판단하였는바, 위의 법리와 기록에 비추어 살펴보면 원심의 판단은 정당하여 수긍이 가고, 거기에 상고이유의 주장과 같은 사도개설허가와 공사기간에 관한 법리를 오해한 위법이 있다고 할 수 없다(대판 2004.11.25, 2004두7023).

④ 행정청이 도시환경정비사업 시행자에게 '무상양도되지 않는 구역 내 국유지를 착공신고 전까지 매입'하도록 한 부관을 붙여 사업시행인가를 하였으나 시행자가 국유지를 매수하지 않고 점용한 사안에서, 그 부관은 국유지에 관해 사업시행인가의 효력을 저지하는 조건이 아니라 작위의무를 부과하는 부담이므로, 사업시행인가를 받은 때에 국유지에 대해 국유재산법 제24조의 규정에 의한 사용·수익 허가를 받은 것이어서 같은 법 제51조에 따른 변상금 부과처분은 위법하다고 한 사례

이 사건 부관은 이 사건 정비사업구역 내 전체 토지 중 이 사건 토지에 관해서만 사업시행인가의 효력 발생을 저지하는 조건으로서의 부관이 아니라 원고에게 이 사건 국유토지를 유상으로 매수하도록 하는 작위의무를 부과하는 부담으로서의 부관이라고 봄이 상당하다(대판 2008.11.27, 2007두24289).

⑤ 건축허가시 보차혼용통로를 조성·제공하도록 하는 것은 수익적 행정행위인 건축허가에 부가된 부담이 아니다

건축허가 시 보차혼용통로를 조성·제공하도록 한 것은 "도시설계지구 안에서는 도시의 기능 및 미관의 증진을 위하여 건축물을 도시설계에 적합하게 건축하여야 한다."고 규정한 구 건축법 제61조 제1항의 규정에 따른 것일 뿐이지 수익적 행정행위인 건축허가에 부가된 부관으로서 부담이라고 할 수는 없으므로, 보차혼용통로를 조성·제공하도록 한 것이 기속행위나 기속재량행위에 붙은 부관이어서 무효라고 볼 것은 아니다(대판 2012.10.11, 2011두8277).

### (2) 부담의 불이행

부담의 불이행은 ① 강제집행과 ② 행정벌의 사유가 되기도 하고, ③ 행정행위의 철회사유와 ④ 후행행위의 발령의 거부사유가 되기도 한다.

> 개간허가의 준공인가는 개간공사에 의하여 조성된 토지상태가 개간허가 및 그 부대조건에 적법한가의 여부를 확인하는 일종의 확인행위이고 개간허가를 받은 자는 준공인가 후 이를 대부받아 개간지상에 건물을 신축하여 사용할 수 있을 뿐만 아니라 수의계약에 의하여 이를 매수할 수 있는 지위를 얻게 되므로 이러한 지위 내지 이익도 법률상으로 보호받아야 하므로 개간허가관청으로서는 개간허가기간경과 후라 할지라도 허가기간 내의 개간공사로 인하여 조성된 토지상태가 개간허가의 용도에 적합하고 이에 부수하여 부과된 부관이 이행되었느냐를 검토·확인하여 준공인가를 할 것인가를 판단하여야 할 것이며 단순히 개간허가기간이 경과되었다는 사유로 개간준공인가를 거부할 수 없다(대판 1985.2.8, 83누625).

### (3) 행정청이 수익적 행정처분을 하면서 사전에 상대방과 체결한 협약상의 의무를 부담으로 부가하였는데 부담의 전제가 된 주된 행정처분의 근거법령이 개정되어 부관을 붙일 수 없게 된 경우, 위 협약의 효력은 소멸하지 않는다 ★ 21·19·15 지방9급, 21 변호사, 20 국가9급, 19 서울7급, 18·16 지방7급, 18·14 국가7급, 15 국회8급

**최신기출**
> 행정청이 수익적 행정처분을 하면서 부가한 부담의 위법 여부는 처분 당시 법령을 기준으로 판단하여야 하고, 부담이 처분 당시 법령을 기준으로 적법하다면 처분 후 부담의 전제가 된 주된 행정처분의 근거법령이 개정됨으로써 행정청이 더 이상 부관을 붙일 수 없게 되었다 하더라도 곧바로 위법하게 되거나 그 효력이 소멸하게 되는 것은 아니다. 따라서 행정처분의 상대방이 수익적 행정처분을 얻기 위하여 행정청과 사이에 행정처분에 부가할 부담에 관한 협약을 체결하고 행정청이 수익적 행정처분을 하면서 협약상의 의무를 부담으로 부가하였으나 부담의 전제가 된 주된 행정처분의 근거법령이 개정됨으로써 행정청이 더 이상 부관을 붙일 수 없게 된 경우에도 곧바로 협약의 효력이 소멸하는 것은 아니다(대판 2009.2.12, 2005다65500).

부담이 처분 당시 법령을 기준으로 적법하더라도 처분 후 부담의 전제가 된 주된 행정처분의 근거 법령이 개정됨으로써 행정청이 더 이상 부관을 붙일 수 없게 되면 그 부담은 곧바로 위법하게 되어 효력이 소멸된다. (x) ■ 15 국회8급

수익적 행정처분에 부가된 부담이 처분 당시에는 적법했다 하더라도, 부담의 전제가 된 주된 행정처분의 근거 법령이 개정됨으로써 행정청이 더 이상 부관을 붙일 수 없게 되었다면 곧바로 그 효력은 소멸된다. (x) ■ 16 지방7급

「도로법 시행규칙」의 개정으로 접도구역에는 관리청의 허가 없이도 송유관을 매설할 수 있게 되었기 때문에 위 협약 중 접도구역에 대한 부분은 효력이 소멸된다. (x) ■ 17 국가9급

부담을 부가한 처분을 한 후에 부담의 전제가 된 주된 행정처분의 근거 법령이 개정됨으로써 행정청이 더 이상 부관을 붙일 수 없게 되었다면 그 부담은 곧바로 효력이 소멸된다. (x) ■ 19 서울7급

행정청이 수익적 행정처분을 하면서 사전에 상대방과 체결한 협약상의 의무를 부담으로 부가하였는데, 부담의 전제가 된 주된 행정처분의 근거 법령이 개정되어 부관을 붙일 수 없게 된 경우에는 곧바로 협약의 효력이 소멸한다. (x) ■ 20 국가9급

이후 재건축사업부지 내의 국·공유지는 전부 무상양도하도록 근거법령이 개정되어 행정청이 더 이상 위와 같은 부관을 붙일 수 없게 되자, B재건축조합은 ⓔ근거법령의 개정으로 위 협약에 따른 부관의 효력이 소멸하게 되었고, 위 ⓓ부관이 무효라면 이에 근거하여 행하여진 위 매매계약 또한 당연히 무효가 된다고 주장 (x) ■ 21 변호사

처분 당시 법령을 기준으로 처분에 부가된 부담이 적법하였더라도, 처분 후 부담의 전제가 된 주된 행정처분의 근거 법령이 개정됨으로써 행정청이 더이상 부관을 붙일 수 없게 되었다면 그때부터 부담의 효력은 소멸한다. (x) ■ 21 국가9급

### (4) 협약의 형식에 의한 부담(행정청이 수익적 행정처분을 하면서 부관으로 부담을 붙이는 방법)

★ 21·15 국회8급, 21 변호사, 20·17 지방9급, 18 서울7급, 17·16·13 국가9급, 16 국가7급, 14 순경특채, 13 행정사

`최신기출` 수익적 행정처분에 있어서는 법령에 특별한 근거규정이 없다고 하더라도 그 부관으로서 부담을 붙일 수 있고, 그와 같은 부담은 행정청이 행정처분을 하면서 일방적으로 부가할 수도 있지만 부담을 부가하기 이전에 상대방과 협의하여 부담의 내용을 협약의 형식으로 미리 정한 다음 행정처분을 하면서 이를 부가할 수도 있다(대판 2009.2.12, 2005다65500).

부담은 그 자체로서 독립된 행정처분이므로 행정청이 행정처분을 하면서 일방적으로 부가하는 것이지, 사전에 상대방과 협의하여 부담의 내용을 협약의 형식으로 미리 정한 후에 행정처분을 하면서 이를 부가할 수는 없다. (x) ■ 16 국가9급

행정청이 행정처분을 하기 이전에 행정행위의 상대방과 협의하여 의무의 내용을 협약의 형식으로 정한 다음에 행정처분을 하면서 그 의무를 부과하는 것은 부담이라고 할 수 없다. (x) ■ 17 지방9급

수익적 행정처분에 있어서 특별한 법령의 근거규정이 없다고 하더라도 부관으로서 부담을 붙일 수 있으나 그와 같은 부담처분을 하기 이전에 협약을 통하여 내용을 정할 수 없다. (x) ■ 18 서울7급

행정청이 부담을 부가하기 이전에 상대방과 협의하여 부담의 내용을 협약의 형식으로 미리 정한 경우에는 행정처분을 하면서 이를 부담으로 부가할 수 없다. (x) ■ 20 지방9급

## 5. 철회권의 유보

1. 행정청이 종교단체에 대하여 기본재산전환인가를 함에 있어 인가조건(부담)을 부가하고 그 불이행시 인가를 취소할 수 있도록 한 경우(대판 2003.5.30, 2003다6422), 인가조건을 정하고 위반하면 인가를 취소할 수 있게 하는 것
2. 노래방영업허가를 함에 있어서 소음으로 수면을 방해하면 허가를 철회한다는 부관
3. 허가를 하면서 지시를 어기면 취소를 할 수 있게 하는 것
4. 숙박영업허가를 함에 있어 윤락행위를 알선하면 허가를 취소한다는 부관
5. 주류판매업을 면허함에 있어서 소속가맹점 또는 지부에 한하여 주류를 중개하여야 한다고 그 사업범위를 제한하고 이 사업범위를 위반하였을 때에는 면허를 취소한다는 내용의 조건부 면허

### (1) 행정청이 종교단체에 대하여 기본재산전환인가를 함에 있어 인가조건을 부가하고 그 불이행시 인가를 취소할 수 있도록 한 경우 인가조건의 의미는 철회권의 유보이다 ★ 18 지방7급, 14 지방9급

`최신기출` 기본재산전환인가의 인가조건으로 되어 있는 사유들은 모두 위 인가처분의 효력이 발생하여 기본재산 처분행위가 유효하게 이루어진 이후에 비로소 이행할 수 있는 것들이고, 인가처분 당시에 그 처분에 그와 같은 흠이 존재하였던 것은 아니므로, 위 법리에 의하면, 위 사유들은 모두 인가처분의 철회사유에 해당한다고 보아야 하고, 인가처분을 함에 있어 위와 같은 철회사유를 인가조건으로 부가하면서 비록 철회권 유보라고 명시하지 아니한 채 조건 불이행시 인가를 취소할 수 있다는 기재를 하였다 하더라도 위 인가조건의 전체적 의미는 인가처분에 대한 철회권을 유보한 것이라고 봄이 상당하다(대판 2003.5.30, 2003다6422).

### (2) 철회권이 유보된 경우에도 철회권 행사는 비례원칙에 의해 제한된다 ★ 17 지방9급, 15 사회복지, 08 국회8급

`최신기출` 취소권의 유보의 경우에 있어서도 무조건으로 취소권을 행사할 수 있는 것이 아니고 취소를 필요로 할 만한 공익상의 필요가 있는 때에 한하여 취소권을 행사할 수 있는 것이다(대판 1962.2.22, 4293행상42).

## 6. 법률효과의 일부배제

1. 격일제운행을 조건으로 하는 택시사업면허관광객수송용에 국한된 조건부 면세수입허가(대판 1972.5.31, 72누94)
2. 한약업사 허가(대판 1989.9.12, 89누1452)
3. 공유수면매립준공인가 중 매립지 일부에 대한 국가귀속처분(대판 1991.12.13, 90누8503)

### (1) 한약업사 허가의 지역적 범위

> 한약업사의 자격은 처음부터 영업허가예정지역을 정하여 치루어진 자격시험에 합격한 자에게 주어지고, 종합병원, 병원, 의원, 한방병원, 한의원, 약국 또는 보건지소가 없는 면에 한하여 1인의 한약업사를 허가할 수 있으며, 한약업사의 영업소는 그 수급조절 기타 공익상 필요하다고 인정되는 경우에 도지사의 허가를 얻어 당초 허가된 영업소의 소재지를 관할하는 도지사의 관할구역 내에 있는 다른 면으로만 이전이 가능하고 그 관할구역을 벗어나 다른 도지사나 서울특별시장 등의 관할구역으로 이전하는 것은 허용되지 않는다(대판 1989.9.12, 89누1452).

### (2) 공유수면매립준공인가 중 매립지 일부에 대한 국가귀속처분 ★ 20·19·14 지방9급, 19 국회8급, 16 국가7급, 16 지방7급, 14 서울7급, 11 사회복지, 11 서울교행7급, 11 서울교행

> 최신기출 | 행정청이 한 공유수면매립준공인가 중 매립지 일부에 대하여 한 국가귀속처분은 매립준공인가를 함에 있어서 매립의 면허를 받은 자의 매립지에 대한 소유권취득을 규정한 공유수면매립법 제14조의 효과 일부를 배제하는 부관을 붙인 것이므로 이러한 행정행위의 부관에 대하여는 독립하여 행정소송의 대상으로 삼을 수 없다(대판 1991.12.13, 90누8503).

부담이 아닌 부관만의 취소를 구하는 소송이 제기된 경우에 법원은 각하판결을 하여야 한다. ■ 16 지방9급

공유수면매립준공인가처분 중 매립지 일부에 대하여 한 국가 및 지방자치단체에의 귀속처분은 독립하여 행정소송의 대상이 될 수 있다. (x) ■ 16 국가7급

공유수면매립준공인가처분을 하면서 매립지 일부에 대하여 한 국가 및 지방자치단체에의 귀속처분은 부관 중 부담에 해당하므로 독립하여 행정소송 대상이 될 수 있다. (x) ■ 19 지방9급

# Ⅲ. 부관의 한계

## 1. 부관의 가능성

### (1) 수익적 행정행위

#### ① 수익적 행정행위는 법적 근거가 없어도 부관을 부과할 수 있다 ★ 21 국회8급, 18 서울7급

**최신기출** 수익적 행정행위에 있어서는 법령에 특별한 근거규정이 없다고 하더라도 그 부관으로서 부담을 붙일 수 있으나, 그러한 부담은 비례의 원칙, 부당결부금지의 원칙에 위반되지 않아야만 적법하다(대판 1997.3.11, 96다49650).

　재량행위이더라도 수익적 행위에 부관을 붙이기 위해서는 특별한 법적 근거가 있어야 한다. (x) ■ 21 국회8급

#### ② 지방자치단체가 보조사업자에게 금융이자의 부담 없이 보조금을 사용하도록 하되, 일정 기한 내에 보조금을 반환하도록 하는 조건으로 재정상 원조를 하는 것은 허용된다

지방자치단체가 보조금 지급결정을 하면서 일정 기한 내에 보조금을 반환하도록 하는 교부조건을 부가한 사안에서, 지방자치단체의 보조금관리조례 규정과 위 보조금 지급결정이 행정청 재량이 인정되는 수익적 행정행위의 성격을 지니고 있고 경제촉진을 위하여 다양한 형태의 보조금행정을 시행할 필요성도 있는 점 등을 종합하여 보면, 지방자치단체가 보조금 지급결정을 하면서 반드시 보조사업자에게 수익이 발생할 경우에 한하여 보조금을 반환하게 하는 조건을 붙일 수 있다고 볼 근거는 없고, 보조사업자의 보조금 신청 내용과 재정상태, 지방자치단체의 예산상태, 공익상·시책상 필요성, 보조금의 교부목적 등을 고려하여 금융이자의 부담 없이 보조금을 사용하도록 하되, 일정 기한 내에 보조금을 반환하도록 하는 조건의 재정상 원조를 하는 것도 허용될 수 있다고 해석되며, 이 경우 「보조금의 예산 및 관리에 관한 법률」 제18조 제2항이 유추 적용될 수는 없다고 한 사례(대판 2011.6.9, 2011다2951)

### (2) 재량행위와 기속행위

판례는 종래의 통설과 마찬가지로 재량행위에는 법적 근거가 없어도 부관을 부가할 수 있고, 기속행위와 기속재량행위에는 부관을 부가할 수 없고, 부가하였다면 무효라는 입장이다.

#### ① 재량행위에 대한 부관의 부가는 법적 근거가 없어도 가능하다 ★ 18·17 지방9급, 15 국가7급

**최신기출** 재량행위에 있어서는 법령상의 근거가 없다고 하더라도 부관을 붙일 수 있는데, 그 부관의 내용은 적법하고 이행 가능하여야 하며 비례의 원칙 및 평등의 원칙에 적합하고 행정처분의 본질적 효력을 해하지 아니하는 한도의 것이어야 한다(대판 1997.3.14, 96누16698).

　재량행위에 법효과를 제한하는 부관을 붙일 수 없다.(x) ■ 15 국가7급
　행정행위의 부관은 법령에 명시적 근거가 있는 경우에만 부가할 수 있다. (x) ■ 17 지방9급

#### ② 구 도시계획법상 개발제한구역 내에서의 건축허가의 법적 성질은 재량행위 내지 자유재량행위이므로 부관을 붙일 수 있다 ★ 19 지방7급

**최신기출** 예외적인 개발행위의 허가는 상대방에게 수익적인 것이 틀림이 없으므로 그 법률적 성질은 재량행위 내지 자유재량행위에 속하는 것이고, 이러한 재량행위에 있어서는 관계 법령에 명시적인 금지규정이 없는 한 행정목적을 달성하기 위하여 조건이나 기한, 부담 등의 부관을 붙일 수 있고, 그 부관의 내용이 이행 가능하고 비례의 원칙 및 평등의 원칙에 적합하며 행정처분의 본질적 효력을 저해하지 아니하는 이상 위법하다고 할 수 없다(대판 2004.3.25, 2003두12837).

　특별한 규정이 없다면 갑에 대한 건축허가는 기속행위로서 건축허가를 하면서 기부채납조건을 붙인 것은 위법하다. (x)
　■ 19 지방7급

③ 하천부지 점용허가는 재량행위이므로 법적 근거가 없어도 부관을 붙일 수 있다

> 하천부지 점용허가 여부는 관리청의 재량에 속하고 재량행위에 있어서는 법령상의 근거가 없어도 부관을 붙일 것인가
> 의 여부는 당해 행정청의 재량에 속하며, 또한 구 하천법 제33조 단서가 하천의 점용허가에는 하천의 오염으로
> 인한 공해 기타 보건위생상 위해를 방지함에 필요한 부관을 붙이도록 규정하고 있으므로, 하천부지 점용허가의
> 성질의 면으로 보나 법 규정으로 보나 부관을 붙일 수 있음은 명백하다(대판 2008.7.24, 2007두25930·25947·
> 25954).

④ 기속행위나 기속재량행위에 대한 부관의 부가는 불가(무효사유)

★ 21·13·11·10 국회8급, 21 국가9급, 20·12 국회9급, 18 국가7급, 14 행정사, 14 서울7급, 13 지방7급, 12·10 순경특채, 11 지방9급

최신기출

> 일반적으로 기속행위나 기속적 재량행위에는 부관을 붙일 수 없고 가사 부관을 붙였다 하더라도 이는 무효의 것이다.
> 건축허가를 하면서 일정토지를 기부채납하도록 하는 내용의 허가조건(부담)은 부관을 붙일 수 없는 기속행위 내
> 지 기속적 재량행위인 건축허가에 붙인 부담이거나 또는 법령상 아무런 근거가 없는 부관이어서 무효이다(대판
> 1995.6.13, 94다56883).

> 처분이 기속행위라면 甲은 기부채납 부담을 이행할 의무가 없다. ■ 21 국회8급

⑤ 학교법인의 이사회소집승인을 함에 있어 부관으로 시기·장소를 지정할 수 없고, 부관을 붙였다 하더라도 이는
무효의 것으로서 당초부터 부관이 붙지 아니한 소집승인 행위가 있었던 것으로 보아야 한다 ★ 17 국가7급

> 이사회소집승인에 있어서의 일시, 장소의 지정을 가리켜 소집승인 행위의 부관으로 본다 하더라도, 일반적으로
> 기속행위나 기속적 재량행위에는 부관을 붙일 수 없는 것이고, 위 이사회소집승인 행위가 기속행위 내지 기속적 재량
> 행위에 해당함은 위에서 설시한 바에 비추어 분명하므로, 여기에는 부관을 붙이지 못한다 할 것이며, 가사 부관을
> 붙였다 하더라도 이는 무효의 것으로서 당초부터 부관이 붙지 아니한 소집승인 행위가 있었던 것으로 보아야 할 것이
> 다(대판 1988.4.27, 87누1106).

⑥ 보조금 교부결정에 관하여 행정청에 광범위한 재량이 부여되어 있으므로 행정청이 보조금을 교부할 때 보조금의
교부 목적을 달성하는 데 필요한 조건을 붙일 수 있다

최신판례

> 일반적으로 보조금 교부결정에 관해서는 행정청에게 광범위한 재량이 부여되어 있고, 행정청은 보조금 교부결정
> 을 할 때 법령과 예산에서 정하는 보조금의 교부 목적을 달성하는 데에 필요한 조건을 붙일 수 있다(대판 2021.2.
> 4, 2020두48772).

## 2. 사후부관의 가능성(시간적 한계)

판례도 통설과 마찬가지로 제한적 긍정설을 취하지만, 사정변경의 경우를 추가함으로써 통설보다 인정범위가 넓다.

**(1) 제한적 긍정설** ★ 21·14·13·11 국회8급, 21 변호사, 20·12 국회9급, 19·18 서울7급, 19·18·13·11 국가9급, 18 국가7급, 16·15 지방9급, 14 행정사, 13 서울7급, 13·11 지방7급, 13·12·11·10 순경특채, 12 변호사, 10 서울9급

최신기출

> 행정처분에 이미 부담이 부가되어 있는 상태에서 그 의무의 범위 또는 내용 등을 변경하는 부관의 사후변경은
> ① 법률에 명문의 규정이 있거나 ② 그 변경이 미리 유보되어 있는 경우 또는 ③ 상대방의 동의가 있는 경우에
> 한하여 허용되는 것이 원칙이지만, ④ 사정변경으로 인하여 당초에 부담을 부가한 목적을 달성할 수 없게 된 경우
> 에도 그 목적달성에 필요한 범위 내에서 예외적으로 허용된다(대판 1997.5.30, 97누2627).

> 사업의 진행과정에서 사업부지 내 국·공유지의 소유관계가 문제되자 A구청장은 ⓒB재건축조합의 동의를 얻어 부관의 내용을 '착
> 공신고 전까지 매매계약을 체결할 것'으로 변경 ■ 21 변호사

**(2)** 관할 행정청이 여객자동차운송사업자에 대한 면허 발급 이후 운송사업자의 동의하에 운송사업자가 준수할 의무를 정하고 이를 위반할 경우 감차명령을 할 수 있다는 내용의 면허 조건을 붙일 수 있고, 조건을 위반한 경우 「여객자동차 운수사업법」 제85조 제1항 제38호에 따라 감차명령을 할 수 있으며, 감차명령은 항고소송의 대상이 되는 처분에 해당한다 ★ 17 국가7급

> 부관은 면허 발급 당시에 붙이는 것뿐만 아니라 면허 발급 이후에 붙이는 것도 법률에 명문의 규정이 있거나 변경이 미리 유보되어 있는 경우 또는 상대방의 동의가 있는 경우 등에는 특별한 사정이 없는 한 허용된다. 따라서 관할 행정청은 면허 발급 이후에도 운송사업자의 동의하에 여객자동차운송사업의 질서 확립을 위하여 운송사업자가 준수할 의무를 정하고 이를 위반할 경우 감차명령을 할 수 있다는 내용의 면허 조건을 붙일 수 있고, 운송사업자가 조건을 위반하였다면 여객자동차법 제85조 제1항 제38호에 따라 감차명령을 할 수 있으며, 감차명령은 행정소송법 제2조 제1항 제1호가 정한 처분으로서 항고소송의 대상이 된다(대판 2016.11.24. 2016두45028).

택시회사들의 자발적 감차와 그에 따른 감차보상금의 지급 및 자발적 감차 조치의 불이행에 따른 행정청의 직권 감차명령을 내용으로 하는 택시회사들과 행정청 간의 합의는 대등한 당사자 사이에서 체결한 공법상 계약에 해당하므로, 그에 따른 감차명령은 행정청이 우월한 지위에서 행하는 공권력의 행사로 볼 수 없다. (×) ■ 17 국가7급

## 3. 부관의 일반적 한계

### (1) 법규상 한계

**① 행정소송에 관한 부제소특약의 효력은 무효이다** ★ 17 국회8급, 13 지방7급, 13 국회9급, 10 서울9급

최신기출 지방자치단체장이 도매시장법인의 대표이사에 대하여 위 지방자치단체장이 개설한 농수산물도매시장의 도매시장법인으로 다시 지정함에 있어서 그 지정조건으로 "지정기간 중이라도 개설자가 농수산물 유통정책의 방침에 따라 도매시장법인 이전 및 지정취소 또는 폐쇄지시에도 일체 소송이나 손실보상을 청구할 수 없다."라는 부관을 붙였으나, 그 중 부제소특약에 관한 부분은 당사자가 임의로 처분할 수 없는 공법상의 권리관계를 대상으로 하여 사인의 국가에 대한 공권인 소권을 당사자의 합의로 포기하는 것으로서 허용될 수 없다(대판 1998.8.21, 98두8919).

### (2) 내용상 한계

①

부관의 내용은 적법하고 이행가능하여야 하며 비례의 원칙 및 평등의 원칙에 적합하고 행정처분의 본질적 효력을 해하지 아니하는 한도의 것이어야 한다(대판 1997.3.14, 96누16698).

② 하나 이상의 필지의 일부를 하나의 대지로 삼으려는 건축허가 신청에서 토지분할이 관계 법령상 제한에 해당되어 명백히 불가능하다고 판단되는 경우, 건축행정청이 토지분할 조건부 건축허가를 거부하여야 하고, 토지분할이 재량행위인 개발행위허가의 대상이 되는 경우, 건축행정청이 자신의 심사 결과 토지분할에 대한 개발행위허가를 받기 어렵다고 판단되면 토지분할 조건부 건축허가를 거부할 수 있으며, 건축허가행정청이 건축법 등 관계 법령에서 정하는 제한사유 이외의 사유를 들어 요건을 갖춘 자에 대한 건축허가를 거부할 수 없다 ★ 19 국회8급

최신기출 토지분할 조건부 건축허가는, 건축허가 신청에 앞서 토지분할절차를 완료하도록 하는 대신, 건축허가 신청인의 편의를 위해 건축허가에 따라 우선 건축공사를 완료한 후 사용승인을 신청할 때까지 토지분할절차를 완료할 것을 허용하는 취지이다. 행정청이 객관적으로 처분상대방이 이행할 가능성이 없는 조건을 붙여 행정처분을 하는 것은 법치행정의 원칙상 허용될 수 없으므로, 건축행정청은 신청인의 건축계획상 하나의 대지로 삼으려고 하는 '하나 이상의 필지의 일부가 관계 법령상 토지분할이 가능한 경우인지를 심사하여 토지분할이 관계 법령상 제한에 해당되어 명백히 불가능하다고 판단되는 경우에는 토지분할 조건부 건축허가를 거부하여야 한다. 다만 예외적으로 토지분할이 재량행위인 개발행위허가의 대상이 되는 경우, 개발행위에 해당하는 토지분할을 허가할지에 관한 처분권한은 개발행위허가 행정청에 있고, 토지분할 허가 가능성에 관한 건축행정청의 판단이 개발행위허가 행정청의 판단과 다를 여지도 있으므로, 건축행정청은 자신의 심사 결과 토지분할에 대한 개발행위허가를 받기 어렵다고 판단되는 경우에는 개발행위허가 행정청의 전문적인 판단을 먼저 받아보라는 의미에서 건축허가 신청인이 먼저 토지분할절차를 거쳐야 한다는 이유로 토지분할 조건부 건축허가를 거부할 수는 있다. 그러나 이러한 사유가 아니라면 건축행정청은 건축허가신청이 건축법 등 관계 법령에서 정하는 어떠한 제한에 해당되지 않는 이상 같은 법령에서 정하는 건축허가를 하여야 하고, 중대한 공익상의 필요가 없음에도 요건을 갖춘 자에 대한 허가를 관계 법령에서 정하는 제한사유 이외의 사유를 들어 거부할 수는 없다(대판 2018.6.28, 2015두47737).

### (3) 목적상 한계[각주구검(刻舟求劍)사건][2] ★ 19 지방9급, 15 국회8급, 15 국가9급

수산업법 제15조에 의하여 어업의 면허 또는 허가에 붙이는 부관은 그 성질상 허가된 어업의 본질적 효력을 해하지 않는 한도의 것이어야 하고 허가된 어업의 내용 또는 효력 등에 대하여는 행정청이 임의로 제한 또는 조건을 붙일 수 없다. … 기선선망어업의 허가를 하면서 운반선, 등선 등 부속선을 사용할 수 없도록 제한한 부관은 그 어업허가의 목적달성을 사실상 어렵게 하여 그 본질적 효력을 해하는 것일 뿐만 아니라 위 시행령의 규정에도 어긋나는 것이며, 더욱이 어업조정이나, 기타 공익상 필요하다고 인정되는 사정이 없는 이상 위법한 것이다(대판 1990.4.27, 89누6808).

기선선망어업 허가를 하면서 부속선을 사용할 수 없도록 제한한 위법한 부관에 대해서는 부속선을 사용할 수 있도록 어업허가사항변경신청을 한 다음 그것이 거부된 경우에 거부처분취소소송을 제기할 수 있다. ■ 15 국회8급

### (4) 일반원칙상의 한계

#### ① 형질변경허가시 행정청이 부과하는 기부채납 부관의 한계

형질변경허가시 행정청이 부과하는 기부채납의 부관은 그 토지의 일부에 공공시설을 확보하여 이를 관리할 국가 또는 지방자치단체에 무상으로 귀속시키는 점에서 사권침해의 면이 있지만, 토지형질변경으로 인하여 당해 토지의 이용가치가 증진되고 그 공공시설이 당해 토지의 편익에도 이바지할 것이므로, 당해 공공시설을 설치할 구체적이고 객관적인 필요가 있고 그 기부채납의 정도가 공익상 불가피한 범위와 형질변경의 이익범위 내에서 이루어지는 경우에는 재산권 보장에 관한 헌법규정 제23조 제3항이나 형평의 원칙에 위배한 것이라고는 할 수 없고, 다만 그 부담내용이 주변토지와의 관계에서 형평의 이념에 반하거나, 기부채납의 대상이 된 공공시설의 규모가 도시기능의 유지 및 증진에 기여할 수 있는 「도시계획시설기준에 관한 규칙」 소정의 적정규모를 초과하였거나 또는 형질변경공사 착수 전의 전체 토지가격에 그 공사비를 합산한 가격이 공사완료 후의 기부채납 부분을 제외한 나머지 토지의 가격을 초과하는 경우 등에는 위법을 면치 못한다(대판 1999.2.23, 98두17845).

#### ② 비례원칙위반 부정사례

65세대의 공동주택을 건설하려는 사업주체(지역주택조합)에게 주택건설촉진법 제33조에 의한 주택건설사업계획의 승인처분을 함에 있어 그 주택단지의 진입도로 부지의 소유권을 확보하여 진입도로 등 간선시설을 설치하고 그 부지 소유권 등을 기부채납하며 그 주택건설사업 시행에 따라 폐쇄되는 인근 주민들의 기존 통행로를 대체하는 통행로를 설치하고 그 부지 일부를 기부채납하도록 조건을 붙인 경우, 주택건설촉진법과 같은법 시행령 및 주택건설기준등에관한규정 등 관련법령의 관계규정에 의하면 그와 같은 조건을 붙였다 하여도 다른 특별한 사정이 없는 한 필요한 범위를 넘어 과중한 부담을 지우는 것으로서 형평의 원칙 등에 위배되는 위법한 부관이라 할 수 없다(대판 1997.3.14, 96누16698).

---

2) 이 사건의 경우 원심이 적법하게 확정한 이 사건 처분의 경위는 피고가 1988.5.4. 원고에게 제1 대영호와 제38 청룡호에 대한 수산업법 제11조, 동법시행령 제14조의3 제5호 소정의 기선선망어업(어업의 종류와 명칭:기선선망어업, 조업의 방법과 어구명칭:소형선망어업, 기간:5년, 조업구역:전국연해)의 허가를 하면서 등선, 운반선 등 일체의 부속선을 사용할 수 없다는 제한을 붙였고, 원고는 위 허가받은 내용에 따라 조업을 해오다가 1988.9.9. 위 시행령 제19조 제1항, 제14조 제1항 제5호에 따라 원고 소유의 제38 청룡호 (기존허가어선)와 제3 대운호를 제1 대영호(기존허가어선)의 등선으로, 제22 대원호, 제3선경호 및 한진호를 제1 대영호의 운반선으로 각 사용할 수 있도록 하여 선박의 척수를 변경(본선2척을 1척으로 줄이는 대신 등선 2척과 운반선 3척을 추가하는 내용임)하여 달라는 어업허가사항변경신청을 하였는데 피고는 1988.9.13. 수산업법 제15조, 제16조와 수산자원보호령 제17조 제2항의 규정에 따라 수산자원보호 및 다른 어업과 어업조정을 위하여 앞서 한 제한조건을 변경할 수 없다는 사유로 위 신청을 불허가하였다는 것이다. 즉, 이 사건의 경우 부관 자체를 소송대상으로 제기한 것이 아니라, 어업허가사항변경신청불허가처분을 대상으로 제기하였기 때문에 본안판단을 한 것이다.

③ 행정처분과 실제적 관련성이 없어 부관으로 붙일 수 없는 부담을 사법상 계약의 형식으로 행정처분의 상대방에게 부과할 수 없다 ★ 21 지방9급, 21·20·14·10 국가9급, 19·18 국가7급, 19 서울7급, 17·15 국회8급, 13 지방7급, 13 행정사, 12 국회9급

행정처분과 부관 사이에 실제적 관련성이 있다고 볼 수 없는 경우 공무원이 위와 같은 공법상의 제한을 회피할 목적으로 행정처분의 상대방과 사이에 사법상 계약을 체결하는 형식을 취하였다면 이는 법치행정의 원리에 반하는 것으로서 위법하다. 지방자치단체가 골프장사업계획승인과 관련하여 사업자로부터 기부금을 지급받기로 한 증여계약은, 공무수행과 결부된 금전적 대가로서 그 조건이나 동기가 사회질서에 반하므로 민법 제103조에 의해 무효라고 본 사례(대판 2009.12.10, 2007다63966)

행정처분과 실제적 관련성이 없어 부관으로 붙일 수 없는 부담이라고 하더라도 행정처분의 상대방에게 사법상 계약의 형식으로 이를 부과할 수 있다. (x) ■ 20 국가9급

행정처분과 실제적 관련성이 없어 부관으로 붙일 수 없는 부담을 사법상 계약의 형식으로 행정처분의 상대방에게 부과하였더라도 법치행정의 원리에 반하지 않는다. (x) ■ 19 서울7급

행정처분과 부관 사이에 실제적 관련성이 있다고 볼 수 없는 경우, 공무원이 공법상의 제한을 회피할 목적으로 행정처분의 상대방과 사이에 사법상 계약을 체결하는 형식을 취하였더라도 법치행정의 원리에 반하는 것으로서 위법하다고 볼 수 없다. (x) ■ 21 국가9급

처분과 실제적 관련성이 없어 부관으로 붙일 수 없는 부담이라도 사법상 계약의 형식으로 처분의 상대방에게 부과할 수 있다. (x) ■ 21 지방9급

# Ⅳ. 부관의 무효와 행정행위의 효력

## 1. 위법한 부관의 효력

### (1) 하자가 명백하고 중대한 때에는 부관은 무효이다

> 부관부 행정처분에 있어서 그 부관의 내용은 적법하여야 하고, 그 이행이 가능하여야 하며, 위법하거나 그 이행이 불가능하여 그 하자가 명백하고 중대한 때에는 그 부관은 무효라고 할 것이다(대판 1985.2.8, 83누625).

## 2. 무효인 부관과 행정행위의 효력

### (1) 해산처분에 부가된 부관이 해산의 효력을 소급시킨 것으로 무효라 할지라도 해산처분은 무효가 아니다

> 비록 이 해산처분의 부관으로서 그 해산의 효력을 1955.6.15.로 소급시킨 점은 무효라 할지라도 그것만으로써 곧 피고의 해산처분 자체도 무효라는 이론은 나올 수 없는 것이다(대판 1962.7.19, 62누49).

## 3. 취소할 수 있는 부관과 행정행위의 효력

### (1) 부관이 행정행위의 본질적인 요소인 경우 부관에 위법사유가 있다면 행정행위 전부가 위법하게 된다

★ 19·17 지방9급, 19 국가9급, 18 서울7급, 14 국회8급, 13·12 국회9급, 12·10 순경특채

`최신기출`
> 도로점용허가의 점용기간은 행정행위의 본질적인 요소에 해당한다고 볼 것이어서 부관인 점용기간을 정함에 있어서 위법사유가 있다면 이로써 도로점용허가처분 전부가 위법하게 된다(대판 1985.7.9, 84누604).

### (2)

> 기부채납받은 공원(서울대공원)시설의 사용·수익허가에서 그 허가기간은 행정행위의 본질적 요소에 해당한다고 볼 것이어서, 부관인 허가기간에 위법사유가 있다면 이로써 이 사건 허가 전부가 위법하게 될 것이다(대판 2001. 6.15, 99두509).

# V. 위법한 부관에 대한 쟁송

## 1. 부관의 독립가쟁성(독립쟁송가능성)

판례는 부담만 독립하여 항고소송의 대상이 될 수 있고, 기타 부관의 경우에는 독립하여 항고소송의 대상이 될 수 없으며 부관부 행정행위 전체를 대상으로 항고소송을 제기해야 한다는 입장이다. 따라서 부담 이외의 부관을 대상으로 소송을 제기하면 각하판결을 받게 된다. 판례에 의하면 위법한 부담 이외의 부관으로 인하여 권리를 침해당한 자는 부관부 행정행위의 전체의 취소를 구하든지 아니면 먼저 행정청에 부관이 없는 처분으로 변경해 줄 것을 청구한 다음 그것이 거부된 경우에 거부처분취소소송을 제기할 수밖에 없다. ★ 11 서울교행7급, 10 국회8급

### (1) 부담

#### ① 원칙적으로 인정 ★ 21 국회8급, 21·13 국회9급, 21 변호사, 20·17·11 지방9급, 19 지방7급, 16·13·11 국가9급, 15 사회복지, 14 행정사, 12·11 순경특채, 11 서울교행7급

**최신기출**

> 행정행위의 부관은 행정행위의 일반적인 효력이나 효과를 제한하기 위하여 의사표시의 주된 내용에 부가되는 종된 의사표시이지 그 자체로서 직접 법적 효과를 발생하는 독립된 처분이 아니므로 현행 행정쟁송제도 아래서는 부관 그 자체만을 독립된 쟁송의 대상으로 할 수 없는 것이 원칙이나 행정행위의 부관 중에서도 행정행위에 부수하여 그 행정행위의 상대방에게 일정한 의무를 부과하는 행정청의 의사표시인 부담의 경우에는 다른 부관과는 달리 행정행위의 불가분적인 요소가 아니고 그 존속이 본체인 행정행위의 존재를 전제로 하는 것일 뿐이므로 부담 그 자체로서 행정쟁송의 대상이 될 수 있다(대판 1992.1.21, 91누1264).

> 건축허가 자체는 적법하고 부담인 기부채납조건만이 취소사유에 해당하는 위법성이 있는 경우, 갑은 기부채납조건부 건축허가처분 전체에 대하여 취소소송을 제기할 수 있을 뿐이고 기부채납조건만을 대상으로 취소소송을 제기할 수 없다. (x) ■ 19 지방7급
> 부관 중에서 부담은 주된 행정행위로부터 분리될 수 있다 할지라도 부담 그 자체는 독립된 행정행위가 아니므로 주된 행정행위로부터 분리하여 쟁송의 대상이 될 수 없다. (x) ■ 20 지방9급
> 甲은 기부채납을 하도록 하는 부담에 대해서만 취소소송을 제기하여 다툴 수 있다. ■ 21 국회8급

#### ② 행정행위의 부관인 부담에 정해진 바에 따라 당해 행정청이 아닌 다른 행정청이 한 그 부담상의 의무이행 요구의 의사표시가 항고소송의 대상이 되는 처분에 해당하지 않는다

> 행정행위의 부관인 부담에 정해진 바에 따라 당해 행정청이 아닌 다른 행정청이 그 부담상의 의무이행을 요구하는 의사표시를 하였을 경우, 이러한 행위가 당연히 또는 무조건으로 행정소송법상 항고소송의 대상이 되는 처분에 해당한다고 할 수는 없다(대판 1992.1.21, 91누1264).

#### ③ 건설부장관이 공유수면매립면허를 함에 있어 그 면허 받은 자에게 당해 공유수면에 이미 토사를 투기한 지방해운항만청장에게 그 대가를 지급하도록 한 부관에 따라 한 같은 해운항만청장의 수토대금 납부고지행위는 행정처분에 해당한다고 할 수 없다 ★ 12 국회8급

> 건설부장관이 공유수면매립면허를 함에 있어 그 면허조건에서 울산지방해운항만청이 울산항 항로 밑바닥에 쌓인 토사를 준설하여 당해 공유수면에 투기한 토량을 같은 해운항만청장이 산정 결정한 납입고지서에 의하여 납부하도록 정한 경우에 있어 건설부장관이 공유수면매립면허를 받은 자에게 부관으로 당해 공유수면에 이미 토사를 투기한 해운항만청장에게 그 대가를 지급하도록 한 조치에 대하여 별도의 법령상의 근거나 그 징수방법, 불복절차, 강제집행 등에 관한 규정이 없다면 이에 의해 같은 해운항만청장이 한 수토대금의 납부고지행위는 항만준설공사를 함에 있어 투기한 토사가 그 매립공사에 이용됨으로써 이득을 본다는 취지에서 준설공사비용의 범위 내에서 이를 회수하려는 조치로서 그 법적 성격 등에 비추어 볼 때 이를 가리켜 행정소송법 제2조 제1항 제1호 소정의 처분에 해당한다고 할 수 없다고 한 사례(대판 1992.1.21, 91누1264)

④ 해운항만청장이 수토대금을 국세체납의 예에 의하여 징수하겠다는 의사표시를 한 바 있었다거나 세입금납세고지서에 의하여 납부할 것을 고지하였다 하여 그 납부고지행위가 행정처분이 될 수 없다

> 해운항만청장이 공유수면매립면허를 받은 자에게 위 수토대금을 납부하지 않을 경우에는 국세체납의 예에 의하여 징수하겠다는 의사표시를 한 바 있었다고 하여도 이는 법령상의 근거 없이 한 것으로서 이 때문에 위 수토대금의 납부고지행위가 공권력을 가진 우월한 지위에서 행하는 행정처분이나 행정작용이 된다고 할 수 없고 세입금납세고지서에 의하여 납부할 것을 고지하였다 하여도 마찬가지이다(대판 1992.1.21, 91누1264).

## (2) 기한

### ① 어업면허 유효기간

> 어업면허처분을 함에 있어 그 면허의 유효기간을 1년으로 정한 경우, 위 면허의 유효기간은 행정청이 위 어업면허처분의 효력을 제한하기 위한 행정행위의 부관(종기)이라 할 것이고, 이러한 행정행위의 부관은 독립하여 행정소송의 대상이 될 수 없는 것이므로 위 어업면허처분 중 그 면허유효기간만의 취소를 구하는 청구는 허용될 수 없다(대판 1986.8.19, 86누202).

### ② 기부채납받은 행정재산 사용·수익허가기간

★ 21·20·15·11 지방9급, 19·15 국회8급, 18 국가7급, 14·10 서울7급, 14 국가9급, 13 행정사, 10 순경특채

`최신기출`
> 행정행위의 부관은 부담인 경우를 제외하고는 독립하여 행정소송의 대상이 될 수 없는바, 이 사건 허가에서 피고가 정한 사용·수익허가의 기간은 이 사건 허가의 효력을 제한하기 위한 행정행위의 부관으로서 이러한 사용·수익허가의 기간에 대해서는 독립하여 행정소송을 제기할 수 없는 것이고, 이러한 법리는 이 사건 허가 중 원고가 신청한 허가기간을 받아들이지 않은 부분의 취소를 구하는 이 사건 주위적 청구의 경우에도 마찬가지로 적용되어야 할 것이므로, 결국 이 사건 주위적 청구는 부적법하여 각하를 면할 수 없다(대판 2001.6.15, 99두509).

> 기부채납 받은 행정재산에 대한 사용·수익허가서에서 사용·수익허가의 기간에 대하여 독립하여 행정소송을 제기할 수 있다. (x)
> ■ 15 국회8급
> 취소소송에 의하지 않으면 권리구제를 받을 수 없는 경우에는, 부담이 아닌 부관이라 하더라도 그 부관만을 대상으로 취소소송을 제기하는 것이 허용된다. (x) ■ 18 국가7급
> 기부채납받은 행정재산에 대한 사용·수익허가에서 공유재산의 관리청이 정한 사용·수익허가의 기간은 그 허가의 효력을 제한하기 위한 행정행위의 부관으로서, 이러한 사용·수익허가의 기간에 대해서는 독립하여 행정소송을 제기할 수 있다. (x) ■ 20 지방9급

## 2. 기부채납부담의 하자와 기부채납의 효력

### (1) 독립설(중요부분의 착오를 이유로 한 취소설)

①

기부채납의 부관이 당연무효이거나 취소되지 않은 상태에서 그 부관으로 인하여 증여계약의 중요부분에 착오가 있음을 이유로 증여계약을 취소할 수 없다(대판 1999.5.25, 98다53134). ★ 20 국가9급, 11 지방9급

### ② 무효인 건축허가조건을 유효한 것으로 믿고 토지를 증여하였더라도 이는 동기의 착오에 불과하여 그 소유권이전등기의 말소를 청구할 수 없다

허가조건이 무효라고 하더라도 그 부관 및 본체인 건축허가 자체의 효력이 문제됨은 별론으로 하고, 허가신청대행자가 그 소유인 토지를 허가관청에게 기부채납함에 있어 위 허가조건은 증여의사표시를 하게 된 하나의 동기 내지 연유에 불과한 것이고, 위 허가신청대행자가 건축허가를 받은 토지의 일부를 반드시 허가관청에 기부채납하여야 한다는 법령상의 근거규정이 없음에도 불구하고 위 허가조건의 내용에 따라 위 토지를 기부채납하여야만 허가신청인들이 시공한 건축물의 준공검사가 나오는 것으로 믿고 증여계약을 체결하여 허가관청인 시 앞으로 위 토지에 관하여 소유권이전등기를 경료하여 주었다면 이는 일종의 동기의 착오로서 그 허가조건상의 하자가 허가신청대행자의 증여의사표시 자체에 직접 영향을 미치는 것은 아니므로, 이를 이유로 하여 위 시 명의의 소유권이전등기의 말소를 청구할 수는 없다. 무효인 건축허가조건을 유효한 것으로 믿고 토지를 증여하였더라도 이는 동기의 착오에 불과하여 그 소유권이전등기의 말소를 청구할 수 없다고 한 사례(대판 1995.6.13, 94다56883)

### ③ 무효인 부관에 따라 한 증여의 의사표시가 당연히 무효로 되지는 않는다 ★ 19 서울7급, 19 국회8급

기속행위 내지 기속적 재량행위 행정처분에 부담인 부관을 붙인 경우 일반적으로 그 부관은 무효라 할 것이고 그 부관의 무효화에 의하여 본체인 행정처분 자체의 효력에도 영향이 있게 될 수는 있지만, 그러한 사유는 그 처분을 받은 사람이 그 부담의 이행으로서의 증여의 의사표시를 하게 된 동기 내지 연유로 작용하였을 뿐이므로 취소사유가 될 수 있음은 별론으로 하여도 그 의사표시 자체를 당연히 무효화하는 것은 아니다(대판 1998.12.22, 98다51305).

> 기속행위적 행정처분에 부담을 부가한 경우 그 부담은 무효라 할지라도 본체인 행정처분 자체의 효력에는 일반적으로 영향이 없다. (x) ■ 19 국회8급
> 기속행위 행정처분에 부담인 부관을 붙인 경우 그 부관은 무효이므로 그 처분을 받은 사람이 그 부담의 이행으로서 하게 된 증여의 의사표시 자체도 당연히 무효가 된다. (x) ■ 19 서울7급

### ④ 주택건설사업계획 승인에 붙여진 기부채납에 취소사유인 하자가 있는 경우 조건에 근거한 기부채납행위는 당연무효이거나 또는 취소사유는 아니다 ★ 11 국가7급

주택건설사업계획 승인에 붙여진 기부채납의 조건은 행정행위의 부관 중 '부담'에 해당하는 것으로서, 그 조건에 하자가 있다고 하더라도 그 하자가 기부채납의 조건을 당연무효로 할 만한 사유에 해당한다고 볼 수는 없고, 또 그와 같은 행정처분의 부관에 근거한 기부채납행위가 당연무효이거나 취소될 사유는 못 된다(대판 1996.1.23, 95다3541).

⑤ 행정처분에 붙인 부담인 부관이 무효가 되면 그 부담의 이행으로 한 사법상 법률행위도 당연히 무효가 되지는 않고, 행정처분에 붙인 부담인 부관이 제소기간 도과로 불가쟁력이 생긴 경우에도 그 부담의 이행으로 한 사법상 법률행위의 효력을 다툴 수 있다 ★ 21 국가7급, 21·19·17·13·11 국회8급, 21·19·16 국가9급, 19·16·13 지방7급, 16·15 지방9급

행정처분에 부담인 부관을 붙인 경우 부관의 무효화에 의하여 본체인 행정처분 자체의 효력에도 영향이 있게 될 수는 있지만, 그 처분을 받은 사람이 부담의 이행으로 사법상 매매 등의 법률행위를 한 경우에는 그 부관은 특별한 사정이 없는 한 법률행위를 하게 된 동기 내지 연유로 작용하였을 뿐이므로 이는 법률행위의 취소사유가 될 수 있음은 별론으로 하고 그 법률행위 자체를 당연히 무효화하는 것은 아니다. 또한, 행정처분에 붙은 부담인 부관이 제소기간의 도과로 확정되어 이미 불가쟁력이 생겼다면 그 하자가 중대하고 명백하여 당연 무효로 보아야 할 경우 외에는 누구나 그 효력을 부인할 수 없을 것이지만, 부담의 이행으로서 하게 된 사법상 매매 등의 법률행위는 부담을 붙인 행정처분과는 어디까지나 별개의 법률행위이므로 그 부담의 불가쟁력의 문제와는 별도로 법률행위가 사회질서 위반이나 강행규정에 위반되는지 여부 등을 따져보아 그 법률행위의 유효 여부를 판단하여야 한다(대판 2009.6.25, 2006다18174).

행정처분에 붙은 부담인 부관이 불가쟁력이 생겼다 하더라도, 당해 부담이 당연무효가 아닌 이상 그 부담의 이행으로서 하게 된 매매 등 사법상 법률행위의 효력을 민사소송으로 다툴 수는 없다. ■ 16 지방7급

행정처분에 붙인 부담이 무효가 되면 그 처분을 받은 사람이 부담의 이행으로 한 사법상 법률행위도 당연히 무효가 된다. ■ 19 지방9급

행정처분에 부담인 부관을 붙인 경우, 부관이 무효라면 부담의 이행으로 이루어진 사법상 매매행위도 당연히 무효가 된다. (x) ■ 19 국가9급

처분이 기속행위임에도 甲이 부담의 이행으로 기부채납을 하였다면, 그 기부채납 행위는 당연무효인 행위가 된다. (x) ■ 21 국회8급

행정처분에 붙인 부담인 부관이 제소기간 도과로 불가쟁력이 생긴 경우에는 그 부담의 이행으로 한 사법상 법률행위의 효력을 다툴 수 없다. (x) ■ 21 국가7급

# 제4절 행정행위의 성립 및 효력발생요건

## Ⅰ. 행정행위의 성립 및 적법요건

### 1. 구「국토의 계획 및 이용에 관한 법률」상 도시계획시설사업 시행자 지정 처분은 '고시'의 방법으로만 성립하거나 효력이 생기는 것은 아니다

> 국토계획법상 도시계획시설사업에서 사업시행자 지정은 특정인에게 도시계획시설사업을 시행할 수 있는 권한을 부여하는 처분이고, 사업시행자 지정 내용의 고시는 사업시행자 지정처분을 전제로 하여 그 내용을 불특정 다수인에게 알리는 행위이다. 위 사업시행자 지정과 그 고시는 명확하게 구분되는 것으로, 사업시행자 지정 처분이 '고시'의 방법으로 행하여질 수 있음은 별론으로 하고 그 처분이 반드시 '고시'의 방법으로만 성립하거나 효력이 생긴다고 볼 수 없다(대판 2017.7.11, 2016두35120).

### 2. 과세관청이 납세의무자의 기한 후 신고에 대한 내부적인 결정을 납세의무자에게 공식적인 방법으로 통지하지 않은 경우, 항고소송의 대상이 되는 처분으로서 기한 후 신고에 대한 결정이 외부적으로 성립하였다고 볼 수 없다 ★ 21 국가9급

> **최신기출**
> **최신판례**
> 행정처분은 주체·내용·절차와 형식이라는 내부적 성립요건과 외부에 대한 표시라는 외부적 성립요건을 모두 갖춘 경우에 존재한다. 행정처분의 외부적 성립은 행정의사가 외부에 표시되어 행정청이 자유롭게 취소·철회할 수 없는 구속을 받게 되는 시점, 그리고 상대방이 쟁송을 제기하여 다툴 수 있는 기간의 시점을 정하는 의미를 가지므로, 어떠한 처분의 외부적 성립 여부는 행정청에 의하여 당해 처분에 관한 행정의사가 법령 등에서 정하는 공식적인 방법으로 외부에 표시되었는지를 기준으로 판단하여야 한다. 따라서 과세관청이 납세의무자의 기한 후 신고에 대하여 내부적인 결정을 하였다 하더라도 이를 납세의무자에게 공식적인 방법으로 통지하지 않은 경우에는 기한 후 신고에 대한 결정이 외부적으로 성립하였다고 볼 수 없으므로, 항고소송의 대상이 되는 처분이 존재한다고 할 수 없다(대판 2020.2.27, 2016두60898).

### 3. 처분의 존재가 인정되기 위해서는 처분이 주체·내용·절차와 형식의 요건을 모두 갖추고 외부에 표시되어야 한다

> **최신판례**
> 일반적으로 처분이 주체·내용·절차와 형식의 요건을 모두 갖추고 외부에 표시된 경우에는 처분의 존재가 인정된다(대판 2021.12.16, 2019두45944).

### 4. 처분이 성립하는 시점 및 그 성립 여부를 판단하는 기준

> **최신판례**
> 행정의사가 외부에 표시되어 행정청이 자유롭게 취소·철회할 수 없는 구속을 받게 되는 시점에 처분이 성립하고, 그 성립 여부는 행정청이 행정의사를 공식적인 방법으로 외부에 표시하였는지를 기준으로 판단해야 한다(대판 2021. 12.16, 2019두45944).

## II. 효력발생요건

## 1. 특정인에 대한 경우

### (1) 도달주의[↔ 요지주의(了知主義)·발신주의]가 원칙

#### ① 행정처분의 효력발생요건으로서 도달의 의미 ★ 19 국회8급

`최신기출` 행정처분의 효력발생요건으로서의 도달이란 처분상대방이 처분서의 내용을 현실적으로 알았을 필요까지는 없고 처분상대방이 알 수 있는 상태에 놓임으로써 충분하며, 처분서가 처분상대방의 주민등록상 주소지로 송달되어 처분상대방의 사무원 등 또는 그 밖에 우편물 수령권한을 위임받은 사람이 수령하면 처분상대방이 알 수 있는 상태가 되었다고 할 것이다(대판 2017.3.9, 2016두60577).

> 보통의 행정행위는 상대방이 수령하여야만 효력이 발생하는 것이므로 상대방이 그 행정행위를 현실적으로 알고 있어야 한다. (x)
> ■ 19 국회8급

#### ② 상대방에게 고지되지 아니한 중기조종사면허 정지처분의 효력 ★ 18 국회8급

`최신기출` 중기조종사면허의 효력을 정지하는 처분이 그 상대방에게 고지되지 아니하였고, 상대방이 그 정지처분이 있다는 사실을 알지 못하고 굴삭기를 조종하였다면 이는 중기관리법의 조종면허에 관한 규정에 위반하는 조종을 하였다고 할 수 없을 것이고 중기관리법에 도로교통법시행령 제53조와 같은 운전면허의 취소 정지에 대한 통지에 관한 규정이 없다고 하여 중기조종사면허의 취소나 정지는 상대방에 대한 통지를 요하지 아니한다고 할 수 없고, 오히려 반대의 규정이 없다면 행정행위의 일반원칙에 따라 이를 상대방에게 고지하여야 효력이 발생한다고 볼 것이다(대판 1993.6.29, 93다10224).

> 구 「중기관리법」에 「도로교통법 시행령」 제86조 제3항 제4호와 같은 운전면허의 취소 정지에 대한 통지에 관한 규정이 없다면 중기조종사면허의 취소나 정지는 상대방에 대한 통지를 요하지 아니한다고 할 수 있고 행정행위의 일반원칙에 따라 이를 상대방에게 고지하여야 효력이 발생한다고 볼 수 없다. (x) ■ 19 국회8급

#### ③ 효력발생요건인 통지의 정도 ★ 18 국가9급

`최신기출` 문화재보호법 제13조 제2항 소정의 중요문화재 가지정의 효력발생요건인 통지는 행정처분을 상대방에게 표시하는 것으로서 상대방이 인식할 수 있는 상태에 둠으로써 족하고, 객관적으로 보아서 행정처분으로 인식할 수 있도록 고지하면 되는 것이다(대판 2003.7.22, 2003두513).

#### ④ 상대방 있는 행정처분의 경우 그 효력발생의 요건

상대방이 있는 행정처분의 경우 특별한 규정이 없는 한 의사표시의 일반적 법리에 따라 그 행정처분이 상대방에게 고지되어야 효력을 발생하는 것이다. 학사장교로 임용되어 복무를 마치고 전역하여 예비역에 편입된 사람에게 학력 위조를 이유로 임관무효처분을 한 후 그에 따라 현역병입영처분을 한 사안에서, 임관무효처분이 당사자에게 고지되지 않아 무효인 이상 그 신분이 예비역에 편입된 장교로서 현역병입영대상자가 아니므로 현역병입영처분은 위법하다(대판 2009.11.12, 2009두11706).

#### ⑤

`최신기출`
`최신판례` 상대방 있는 행정처분은 상대방에게 고지되어야 효력이 발생하고, 상대방 있는 행정처분이 상대방에게 고지되지 않았으나 상대방이 다른 경로를 통해 행정처분의 내용을 알게 된 경우, 행정처분의 효력이 발생하지 않는다(대판 2019.8.9, 2019두38656).

> 상대방이 있는 행정처분은 특별한 규정이 없는 한 상대방에게 고지되지 아니하더라도 상대방이 다른 경로를 통해 행정처분의 내용을 알게 되었다면 그 효력이 발생한다. (x) ■ 21 변호사

⑥ 도달되기 전에는 효력을 발생하지 않는다

> 공무원에 대한 해임행위는 그 의사표시가 상대방에게 도달됨으로써 그 효력이 생기므로 그 의사표시가 도달되기
> 까지는 그 공무원은 그 권한에 속한 직무를 수행할 수 있다(대판 1962.11.8, 62누163).

⑦ 송달이 부적법하면 효력을 발생하지 않는다

> 납세고지서의 송달이 부적법하면 그 부과처분은 효력이 발생할 수 없고, 또한 송달이 부적법하여 송달의 효력이 발
> 생하지 아니하는 이상 상대방이 객관적으로 위 부과처분의 존재를 인식할 수 있었다 하더라도 그와 같은 사실로
> 써 송달의 하자가 치유된다고 볼 수 없다(대판 1988.3.22, 87누986).

⑧ 처에게 도달한 경우에도 남편에 대한 도달 인정

> 원고의 처가 원고의 주소지에 거주하면서 인사발령통지서를 영수한 이상 비록 당시 원고가 구치소에 수감 중이었고
> 피고 역시 그와 같은 사실을 알고 있었는데다가 더 나아가 원고의 처는 영수한 통지서를 원고에게 전달하지 아니한
> 채 폐기해 버렸다 하더라도 원고로서는 그의 처가 위 통지서를 수령할 때에 그 내용을 양지할 수 있는 상태에 있었다
> 고 할 것이므로 원고에 대한 파면처분의 의사표시는 그 당시 원고에게 도달된 것으로 볼 것이다(대판 1989.1.31,
> 88누940).

⑨ 과세처분의 상대방인 납세의무자 등 서류의 송달을 받을 자가 다른 사람에게 우편물 기타 서류의 수령권한을 명시적 또는 묵시적으로 위임한 경우, 그 수임자가 해당 서류를 수령하면 위임인에게 적법하게 송달된 것으로 보아야 한다

> 과세처분의 상대방인 납세의무자 등 서류의 송달을 받을 자가 다른 사람에게 우편물 기타 서류의 수령권한을
> 명시적 또는 묵시적으로 위임한 경우에는 그 수임자가 해당 서류를 수령함으로써 그 송달받을 자 본인에게 해당
> 서류가 적법하게 송달된 것으로 보아야 하고, 그러한 수령권한을 위임받은 자는 반드시 위임인의 종업원이거나 동거
> 인일 필요가 없다(대판 2000.7.4, 2000두1164).

⑩ 아파트 경비원을 통한 납세고지서 송달도 적법하다

> 납세의무자가 거주하는 아파트에서 일반우편물이나 등기우편물 등 특수우편물이 배달되는 경우 관례적으로 아파
> 트 경비원이 이를 수령하여 거주자에게 전달하여 왔고, 이에 대하여 납세의무자를 비롯한 아파트주민들이 평소 이
> 러한 특수우편물 배달방법에 관하여 아무런 이의도 제기한 바 없었다면, 납세의무자가 거주하는 아파트의 주민들은
> 등기우편물 등의 수령권한을 아파트 경비원에게 묵시적으로 위임한 것이라고 봄이 상당하므로 아파트 경비원이 우
> 편집배원으로부터 납세고지서를 수령한 날이 구 국세기본법 제61조 제1항에 정한 처분의 통지를 받은 날에 해
> 당한다(대판 2000.7.4, 2000두1164).
> ※ 그러나 아파트 경비원이 과징금부과처분의 납부고지서를 수령한 날이 그 납부의무자가 '부과처분이 있음을
>    안 날'은 아니다(대판 2002.8.27, 2002두3850).

⑪ 납세고지서의 교부송달 및 우편송달에 있어서 반드시 납세의무자 또는 그와 일정한 관계에 있는 사람의 현실적인 수령행위를 전제로 하고 납세자가 과세처분의 내용을 이미 알고 있는 경우에도 납세고지서 송달이 필요하다

★ 14 지방7급, 13 지방9급

> 납세고지서의 교부송달 및 우편송달에 있어서는 반드시 납세의무자 또는 그와 일정한 관계에 있는 사람의 현실적인 수령행위를 전제로 하고 있다고 보아야 하며, 납세자가 과세처분의 내용을 이미 알고 있는 경우에도 납세고지서의 송달이 불필요하다고 할 수는 없다(대판 2004.4.9, 2003두13908).

> 납세의무자가 고의로 납세고지서의 수령을 회피하여 세무공무원이 부득이 사업장에 납세고지서를 두고 온 경우, 신의칙상 적법한 고지서 송달로 볼 수 없다 ■ 20 국회8급
> 납세고지서의 송달을 받아야 할 자가 부과처분 제척기간이 임박하자 그 수령을 회피하기 위하여 일부러 송달을 받을 장소를 비워 두어 세무공무원이 송달을 받을 자와 보충송달을 받을 자를 만나지 못하여 부득이 사업장에 납세고지서를 두고 왔다고 하더라도 이로써 신의성실의 원칙을 들어 그 납세고지서가 송달되었다고 볼 수는 없다(대판 2004.4.9, 2003두13908).

⑫ 납세고지서의 수령권한을 묵시적으로 위임하였다고 본 경우

> 국세기본법 제10조 제4항 소정의 동거인이라고 함은 송달을 받을 자와 동일 세대에 속하여 생활을 같이 하는 자를 의미하므로 송달받을 사람과 같은 집에 거주하더라도 세대를 달리하는 사람은 동거인이라고 할 수 없다. … 원고의 주민등록지로 발송한 이 사건 납세고지서를 주민등록지에서 방 1칸을 임차하여 거주하는 소외인이 수령한 사안에서, 실제 원고는 주민등록지에 거주하지 않고 고등학교와 중학교에 다니는 두 딸들만이 소외인이 거주하는 방의 옆 방 1칸을 임차하여 거주하고 있었으며 소외인이 평소 원고에게 온 우편물을 대신 수령하여 온 사실이 인정된다면 원고가 이 사건 납세고지서의 수령권한을 소외인에게 묵시적으로 위임한 것으로 봄이 상당하다(대판 2011.5.13, 2010다108876).

⑬ 망인에게 수여된 서훈을 취소하는 경우, 유족은 서훈취소 처분의 상대방이 되지 않는다 ★ 19 서울7급, 17 지방9급

최신기출

> 서훈은 서훈대상자의 특별한 공적에 의하여 수여되는 고도의 일신전속적 성격을 가지는 것이다. … 서훈의 이러한 특수성으로 말미암아 상훈법은 일반적인 행정행위와 달리 사망한 사람에 대하여도 그의 공적을 영예의 대상으로 삼아 서훈을 수여할 수 있도록 규정하고 있다. 그러나 그러한 경우에도 서훈은 어디까지나 서훈대상자 본인의 공적과 영예를 기리기 위한 것이므로 비록 유족이라고 하더라도 제3자는 서훈수여 처분의 상대방이 될 수 없고, 구 상훈법 제33조, 제34조 등에 따라 망인을 대신하여 단지 사실행위로서 훈장 등을 교부받거나 보관할 수 있는 지위에 있을 뿐이다. 이러한 서훈의 일신전속적 성격은 서훈취소의 경우에도 마찬가지이므로, 망인에게 수여된 서훈의 취소에서도 유족은 그 처분의 상대방이 되는 것이 아니다(대판 2014.9.26, 2013두2518).

⑭ 망인에 대한 서훈취소 결정의 효력이 발생하기 위한 요건

> 망인에 대한 서훈취소는 유족에 대한 것이 아니므로 유족에 대한 통지에 의해서만 성립하여 효력이 발생한다고 볼 수 없고, 그 결정이 처분권자의 의사에 따라 상당한 방법으로 대외적으로 표시됨으로써 행정행위로서 성립하여 효력이 발생한다고 봄이 타당하다(대판 2014.9.26, 2013두2518).

⑮ 상대방이 부당하게 등기취급 우편물의 수취를 거부함으로써 우편물의 내용을 알 수 있는 객관적 상태의 형성을 방해한 경우, 그러한 상태가 형성되지 아니하였다는 사정만으로 발송인의 의사표시 효력을 부정할 수 없다

최신판례

> 상대방이 부당하게 등기취급 우편물의 수취를 거부함으로써 우편물의 내용을 알 수 있는 객관적 상태의 형성을 방해한 경우 그러한 상태가 형성되지 아니하였다는 사정만으로 발송인의 의사표시의 효력을 부정하는 것은 신의성실의 원칙에 반하므로 허용되지 아니한다(대판 2020.8.20, 2019두34630).

⑯ 이 경우 의사표시의 효력 발생 시기는 수취 거부 시

> **최신판례** 이러한 경우에는 부당한 수취 거부가 없었더라면 상대방이 우편물의 내용을 알 수 있는 객관적 상태에 놓일 수 있었던 때, 즉 수취 거부 시에 의사표시의 효력이 생긴 것으로 보아야 한다(대판 2020.8.20, 2019두34630).

⑰ 우편물의 수취 거부가 신의성실의 원칙에 반하는지 판단하는 방법

> **최신판례** 여기서 우편물의 수취 거부가 신의성실의 원칙에 반하는지는 발송인과 상대방과의 관계, 우편물의 발송 전에 발송인과 상대방 사이에 우편물의 내용과 관련된 법률관계나 의사교환이 있었는지, 상대방이 발송인에 의한 우편물의 발송을 예상할 수 있었는지 등 여러 사정을 종합하여 판단하여야 한다(대판 2020.8.20, 2019두34630).

⑱ 우편물의 수취를 거부한 것에 정당한 사유가 있는지에 관한 증명책임의 소재=수취 거부를 한 상대방

> 이때 우편물의 수취를 거부한 것에 정당한 사유가 있는지에 관해서는 수취 거부를 한 상대방이 이를 증명할 책임이 있다(대판 2020.8.20, 2019두34630).

## (2) 송달방법

① 효력발생 요건인 적법한 통지가 없거나 법정 방법에 의하지 아니하고 한 통지는 효력이 없다

> 구「도로교통법 시행령」 제53조 제1항이 정하는 통지나 그에 대한 예외로서 제2항이 정하는 공고는 운전면허의 취소나 정지처분의 효력발생요건임이 명백하므로, 면허관청이 운전면허를 취소하였다고 하더라도 위 규정에 따른 적법한 통지나 공고가 없으면 그 효력을 발생할 수 없으며, 나아가 구「도로교통법 시행규칙」 제53조 제2항(영 제53조 제1항의 규정에 의한 운전면허의 취소 또는 정지의 통지는 별지 제52호서식의 자동차운전면허 취소·정지통지서에 의하되, 정지처분의 경우에는 처분집행예정일 7일 전까지 처분대상자에게 이를 발송하여야 한다)에 위반되는 방법에 의한 통지는 특별한 사정이 없는 한 효력이 없다(대판 1998.9.8, 98두9653).

② 보통우편의 경우 도달이 추정되지 않는다 ★ 18 국가9급, 14 서울9급, 12 지방9급

> **최신기출** 내용증명우편이나 등기우편과는 달리, 보통우편의 방법으로 발송되었다는 사실만으로는 그 우편물이 상당기간 내에 도달하였다고 추정할 수 없고 송달의 효력을 주장하는 측에서 증거에 의하여 도달사실을 입증하여야 한다(대판 2002.7.26, 2000다25002).

③ 우편물이 등기취급의 방법으로 발송된 경우 그 무렵 수취인에게 배달되었다고 추정할 수 있다
   ★ 20 국회8급, 10 순경특채

> **최신기출** 우편물이 등기취급의 방법으로 발송된 경우 그것이 도중에 유실되었거나 반송되었다는 등의 특별한 사정에 대한 반증이 없는 한 그 무렵 수취인에게 배달되었다고 추정할 수 있다(대판 2017.3.9, 2016두60577).
> ※ 등기우편의 경우라 하더라도 도달이 추정(반증에 의해 번복이 가능)되는 것이지 간주(반증에 의해서는 번복되지 않고 재판에 의해서만 번복이 가능)되는 것은 아님에 유의할 것

④ 납세의무자가 거주하지 아니하는 주민등록상 주소지로 납세고지서를 등기우편으로 발송한 후 반송된 사실이 없는 경우 송달된 것으로 볼 수 없다 ★ 20 국회8급, 18 국가9급

우편물이 등기취급의 방법으로 발송된 경우, 특별한 사정이 없는 한, 그 무렵 수취인에게 배달되었다고 보아도 좋을 것이나, 수취인이나 그 가족이 주민등록지에 실제로 거주하고 있지 아니하면서 전입신고만을 해 둔 경우에는 그 사실만으로써 주민등록지 거주자에게 송달수령의 권한을 위임하였다고 보기는 어려울 뿐 아니라 수취인이 주민등록지에 실제로 거주하지 아니하는 경우에도 우편물이 수취인에게 도달하였다고 추정할 수는 없고, 따라서 이러한 경우에는 우편물의 도달사실을 과세관청이 입증해야 할 것이고, 수취인이나 그 가족이 주민등록지에 실제로 거주하고 있지 아니하면서 전입신고만을 해 두었고, 그 밖에 주민등록지 거주자에게 송달수령의 권한을 위임하였다고 보기 어려운 사정이 인정된다면, 등기우편으로 발송된 납세고지서가 반송된 사실이 인정되지 아니한다 하여 납세의무자에게 송달된 것이라고 볼 수는 없다(대판 1998.2.13, 97누8977).

⑤ 면허관청이 임의로 출석한 상대방의 편의를 위하여 구두로 면허정지사실을 알린 경우 면허정지처분으로서의 효력이 없다 ★ 13 지방9급

면허관청이 운전면허정지처분을 하면서 별지 52호 서식의 통지서에 의하여 면허정지사실을 통지하지 아니하거나 처분집행예정일 7일 전까지 이를 발송하지 아니한 경우에는 특별한 사정이 없는 한 위 관계 법령이 요구하는 절차 형식을 갖추지 아니한 조치로서 그 효력이 없고, 이와 같은 법리는 면허관청이 임의로 출석한 상대방의 편의를 위하여 구두로 면허정지사실을 알렸다고 하더라도 마찬가지이다(대판 1996.6.14, 95누17823).

⑥ 사리를 분별할 지능이 있다는 의미

송달받을 사람의 동거인에게 송달할 서류가 교부되고 그 동거인이 사리를 분별할 지능이 있는 이상 송달받을 사람이 그 서류의 내용을 실제로 알지 못한 경우에도 송달의 효력은 있다. 이 경우 사리를 분별할 지능이 있다고 하려면, 사법제도 일반이나 소송행위의 효력까지 이해할 수 있는 능력이 있어야 한다고 할 수는 없을 것이지만 적어도 송달의 취지를 이해하고 그가 영수한 서류를 송달받을 사람에게 교부하는 것을 기대할 수 있는 정도의 능력은 있어야 한다(대판 2011.11.10, 2011재두148).

⑦ 소송서류의 영수와 관련한 사리를 분별할 지능이 있다고 보기 어렵다는 이유로, 상고기록접수통지서의 보충송달이 적법하지 않다고 한 사례

갑은 2002.12.30.생으로서 상고기록접수통지서를 영수할 당시 만 8세 1개월 남짓의 여자 어린이였는데, 그의 연령, 교육정도, 상고기록접수통지서가 가지는 소송법적 의미와 중요성 등에 비추어 볼 때, 그 소송서류를 송달하는 우편집배원이 갑에게 송달하는 서류의 중요성을 주지시키고 원고에게 이를 교부할 것을 당부하는 등 필요한 조치를 취하였다는 등의 특별한 사정이 없는 한, 그 정도 연령의 어린이 대부분이 이를 송달받을 사람에게 교부할 것으로 기대할 수는 없다고 보이므로 상고기록접수통지서 등을 수령한 갑에게 소송서류의 영수와 관련한 사리를 분별할 지능이 있다고 보기 어렵다고 보아, 상고기록접수통지서의 보충송달이 적법하지 않다고 본 사례(대판 2011.11.10, 2011재두148)

## 2. 불특정다수인에 대한 경우(공시송달)

### (1) 청소년유해매체물 결정고시 ★ 20·18 국가9급, 15 변호사, 11·10 지방9급

최신기출

구 청소년보호법에 따른 청소년유해매체물 결정 및 고시처분은 당해 유해매체물의 소유자 등 특정인만을 대상으로 한 행정처분이 아니라 일반 불특정다수인을 상대방으로 하여 일률적으로 표시의무, 포장의무, 청소년에 대한 판매·대여 등의 금지의무 등 각종 의무를 발생시키는 행정처분(일반처분)으로서, 정보통신윤리위원회가 특정 인터넷 웹사이트를 청소년유해매체물로 결정하고 청소년보호위원회가 효력발생시기를 명시하여 고시함으로써 그 명시된 시점에 효력이 발생하였다고 봄이 상당하고, 정보통신윤리위원회와 청소년보호위원회가 위 처분이 있었음을 위 웹사이트 운영자에게 제대로 통지하지 아니하였다고 하여 그 효력 자체가 발생하지 아니한 것으로 볼 수는 없다(대판 2007. 6.14, 2004두619).

> 구 「청소년 보호법」에 따라 정보통신윤리위원회가 특정 웹사이트를 청소년유해매체물로 결정하고 청소년보호위원회가 효력발생시기를 명시하여 고시하였으나 정보통신윤리위원회와 청소년보호위원회가 웹사이트 운영자에게는 위 처분이 있었음을 통지하지 않았다면 그 효력이 발생하지 않는다. (×) ■ 18 국가9급
>
> 甲의 노래가 수록된 음반을 청소년 유해 매체물로 지정하는 결정 및 고시는 항고소송의 대상이 될 수 없다. (×) ■ 20 국가9급

### (2) 주택법상의 사업계획승인의 효력은 사업계획승인권자의 고시가 있은 후 5일이 경과한 날부터 발생한다

중앙행정기관 및 그 소속기관, 지방자치단체의 기관과 군의 기관의 사무관리에 적용되는 구 사무관리규정(현 「행정업무의 효율적 운영에 관한 규정」) 제8조 제2항 단서는 공고문서의 경우에는 공고문서에 특별한 규정이 있는 경우를 제외하고는 그 고시 또는 공고가 있은 후 5일이 경과한 날부터 효력을 발생한다고 규정하고 있고, 구 주택법은 제16조 제1항에서 사업계획승인권자로 국토해양부장관, 시·도지사, 시장·군수 등을 정하고, 제16조 제6항에서 사업계획승인권자는 제1항에 따라 사업계획을 승인하였을 때에는 이에 관한 사항을 고시하여야 하는 것으로 규정하고 있으므로, 구 주택법 제16조에 따라 정하는 사업계획승인의 효력은 사업계획승인권자의 고시가 있은 후 5일이 경과한 날부터 발생한다(대판 2013.3.28, 2012다57231).

### (3) '송달할 장소'가 여러 곳이어서 각각의 장소에 송달을 시도할 수 있었는데도 세무공무원이 그중 일부 장소에만 방문하여 수취인이 부재 중인 것으로 확인된 경우, 국세기본법 제11조 제1항 제3호, 「국세기본법 시행령」 제7조의2 제2호에 따라 납세고지서를 공시송달할 수 있는 경우에 해당하지 않는다

과세관청이 납세고지서를 공시송달할 수 있는 사유로서 국세기본법 제11조 제1항 제3호에서 정한 '송달할 장소'란 과세관청이 선량한 관리자의 주의를 다하여 조사함으로써 알 수 있는 납세자의 주소, 거소, 영업소 또는 사무소를 말하고, 납세자의 '송달할 장소'가 여러 곳이어서 각각의 장소에 송달을 시도할 수 있었는데도 세무공무원이 그중 일부 장소에만 방문하여 수취인이 부재 중인 것으로 확인된 경우에는 국세기본법 제11조 제1항 제3호, 「국세기본법 시행령」 제7조의2 제2호에 따라 납세고지서를 공시송달할 수 있는 경우에 해당하지 않는다(대판 2015.10. 29, 2015두43599).

# 제5절 행정행위의 효력

## 제1항 행정행위의 공정력과 구성요건적 효력

### Ⅰ. 행정행위의 공정력

#### 1. 공정력의 의의

##### (1) 공정력과 불가쟁력의 의의 ★ 21 지방9급

최신기출 행정행위는 공정력과 불가쟁력의 효력이 있어 설혹 행정행위에 하자가 있는 경우에도 그 하자가 중대하고 명백하여 당연무효로 보아야 할 사유가 있는 경우 이외에는 그 행정행위가 행정소송이나 다른 행정행위에 의하여 적법히 취소될 때까지는 단순히 취소할 수 있는 사유가 있는 것만으로는 누구나 그 효력을 부인할 수는 없고(공정력) 법령에 의한 불복기간이 경과한 경우에는 당사자는 그 행정처분의 효력을 다툴 수 없다(불가쟁력)(대판 1991.4.23, 90누8756).

#### 2. 공정력과 입증책임

##### (1) 처분의 적법사유에 대한 입증책임은 피고(법률요건분류설)

민사소송법의 규정이 준용되는 행정소송에 있어서 입증책임은 원칙적으로 민사소송의 일반원칙에 따라 당사자 간에 분배되고 항고소송의 경우에는 그 특성에 따라 당해 처분의 적법을 주장하는 피고에게 그 적법사유에 대한 입증책임이 있다 할 것인바, 피고가 주장하는 당해 처분의 적법성이 합리적으로 수긍할 수 있는 일응의 입증이 있는 경우에는 그 처분은 정당하다 할 것이며, 이와 상반되는 주장과 입증은 그 상대방인 원고에게 그 책임이 돌아간다고 할 것이다(대판 1984.7.24, 84누124).

### Ⅱ. 구성요건적 효력

#### 1. 의의 및 성질

##### (1)

토지구획정리사업시행자가 사실상 도로의 기타 소유자에 대하여 환지도 지정하지 아니하고 청산금도 지급하지 아니하기로 하는 처분은 하나의 공정력 있는 행정처분의 성질을 지닌 것이므로 이것이 적법한 행정소송의 절차에 의하여 취소되지 아니하는 한 법원도 그 처분에 기속되어 그 행정처분의 내용과 달리 청산금을 지급하라고 명할 수 없다(대판 2002.10.11, 2002다33502).

##### (2) 하자 있는 병역처분에 의해 입대한 경우에도 당연무효가 아닌 이상 현역군인이라는 요건을 충족한 것으로 판단해야 한다

병역의무자가 소정의 절차에 따라 현역병입영대상자로 병역처분을 받고 징집되어 군부대에 들어갔다면, 설령 그 병역처분에 흠이 있다고 하더라도 그 흠이 당연무효에 해당하는 것이 아닌 이상, 그 사람은 입영한 때부터 현역의 군인으로서 군형법의 적용대상이 되는 것으로 보아야 한다(대판 2002.4.26, 2002도740).

## 2. 구성요건적 효력과 선결문제

### (1) 민사사건의 경우

#### ① 행정행위의 위법성 확인(위법 여부)이 선결문제인 경우(국가배상청구)

★ 22 지방9급, 20·17·11 국회8급, 16·10 국가7급, 15·14 변호사, 13 국가9급, 13·12 순경특채, 12 사회복지

㉠

`최신기출` 위법한 행정대집행이 완료되면 그 처분의 무효확인 또는 취소를 구할 소의 이익은 없다 하더라도, 미리 그 행정 처분의 취소판결이 있어야만 그 행정처분의 위법임을 이유로 한 손해배상청구를 할 수 있는 것은 아니다(대판 1972.4.28. 72다337).

　　甲의 소송이 인용되려면 미리 영업허가 취소처분에 대한 취소의 인용판결이 있어야 한다. (x) ■ 17 국회8급

㉡

`최신기출` 물품세 과세대상이 아닌 것을 세무공무원이 직무상 과실로 과세대상으로 오인하여 과세처분을 행함으로 인하여 손해가 발생된 경우에는, 동 과세처분이 취소되지 아니하였다 하더라도, 국가는 이로 인한 손해를 배상할 책임이 있다(대판 1979.4.10. 79다262). ★ 20 지방7급, 18 지방9급

#### ② 행정행위의 효력 부인(효력 여부)이 선결문제인 경우(부당이득반환청구)

★ 19·13 국가9급, 19 지방9급, 18 서울7급, 18·10 국가7급, 18·16·11 국회8급, 15·12 변호사, 13 행정사, 13 세무사, 12 순경특채, 11 지방7급

㉠

`최신기출` 국세 등의 부과 및 징수처분과 같은 행정처분이 당연무효임을 전제로 하여 민사소송을 제기한 때에는 그 행정처 분이 당연무효인지의 여부가 선결문제이므로 법원은 이를 심사하여 그 행정처분의 하자가 중대하고도 명백하여 당연무효라고 인정될 경우에는 이를 전제로 하여 판단할 수 있으나, 그 하자가 단순한 취소사유에 그칠 때에는 법원 은 그 효력을 부인(취소)할 수 없다(대판 1973.7.10. 70다1439).

　　처분의 효력 유무가 당사자소송의 선결문제인 경우, 당사자소송의 수소법원은 이를 심사하여 하자가 중대·명백한 경우에는 처분이 무효임을 전제로 판단할 수 있고, 또한 단순한 취소사유에 그칠 때에도 처분의 효력을 부인할 수 있다. (x) ■ 18 국가7급
　　민사소송에 있어서 어느 행정처분의 당연무효 여부가 선결문제로 되는 때에는 이를 판단하여 당연무효임을 전제로 판결할 수는 없고, 반드시 행정소송 등의 절차에 의하여 그 취소나 무효확인을 받아야 한다. (x) ■ 18 서울7급
　　민사소송에 있어서 어느 행정처분의 당연무효 여부가 선결문제로 되는 때에는 당해 소송의 수소법원은 이를 판단하여 그 행정처분의 무효확인판결을 할 수 있다. (x) ■ 19 지방9급
　　갑이 개별공시지가결정에 따라 부과된 재산세를 납부한 후 이미 납부한 재산세에 대한 부당이득반환을 구하는 민사소송을 제기한 경우, 민사법원은 재산세부과처분에 취소사유의 하자가 있음을 이유로 재산세부과처분의 효력을 부인하고 그 납세액의 반환을 명하 는 판결을 내릴 수 있다. ■ 19 국가7급
　　행정행위에 중대명백한 하자가 있는 경우 선결문제에도 불구하고 민사법원 및 형사법원은 제기된 청구에 대하여 판결을 내릴 수 있다. ■ 20 국회8급
　　민사소송에서 어느 행정처분의 당연무효 여부가 선결문제로 된 경우 반드시 행정소송 등의 절차에 의해 그 취소나 무효 확인을 받아야 하는 것은 아니다. ■ 21 지방9급, 18 국회8급

**(2) 형사사건의 경우**

① 행정행위의 위법성 확인(위법 여부)이 선결문제인 경우(도시계획법상 원상회복명령위반죄·온천법상 시설개선명령위반죄)

㉠ 도시계획구역 안에서 허가 없이 토지의 형질을 변경한 경우 행정청이 도시계획법 제78조 제1항에 의하여 행하는 처분이나 원상회복 등 조치명령의 대상자는 그 토지의 형질을 변경한 자이고 토지의 형질을 변경하지 않은 자에 대하여 한 원상복구의 시정명령은 위법하다 ★ 22·13 국가9급, 20 국회8급

> **최신기출** 도시계획구역 안에서 허가 없이 토지의 형질을 변경한 경우 행정청은 그 토지의 형질을 변경한 자(토지임차인)에 대하여서만 같은법 제78조 제1항에 의하여 처분이나 원상회복 등의 조치명령을 할 수 있다고 해석되고, 토지의 형질을 변경한 자도 아닌 자(토지소유자)에 대하여 원상복구의 시정명령이 발하여진 경우 위 원상복구의 시정명령은 위법하다 할 것이다. 같은법 제78조 제1항에 정한 처분이나 조치명령을 받은 자가 이에 위반한 경우 이로 인하여 같은법 제92조에 정한 처벌을 하기 위하여는 그 처분이나 조치명령이 적법한 것이라야 하고, 그 처분이 당연무효가 아니라 하더라도 그것이 위법한 처분으로 인정되는 한 같은법 제92조 위반죄가 성립될 수 없다(대판 1992.8.18, 90도1709).

㉡ 구 도시계획법 제78조 제1항에 정한 처분이나 조치명령을 받은 자가 이에 위반한 경우, 같은 법 제92조에 정한 처벌을 하기 위하여는 그 처분이나 조치명령이 적법할 것을 요한다 ★ 14 변호사

> 구 도시계획법 제78조에 정한 처분이나 조치명령을 받은 자가 이에 위반한 경우 이로 인하여 같은 법 제92조에 정한 처벌을 하기 위하여는 그 처분이나 조치명령이 적법한 것이라야 하고, 그 처분이 당연무효가 아니라 하더라도 그것이 위법한 처분으로 인정되는 한 같은 법 제92조 위반죄가 성립될 수 없다. 개발제한구역 안에 건축되어 있던 비닐하우스를 매수한 자에게 구청장이 이를 철거하여 토지를 원상회복하라고 시정지시한 조치는 위법하므로 이러한 시정지시를 따르지 않았다고 하여 구 도시계획법 제92조 제4호에 정한 조치명령 등 위반죄로 처벌할 수는 없다(대판 2004.5.14, 2001도2841).

㉢ 구 주택법 제98조 제11호 위반죄가 성립하기 위해서는 구 주택법 제91조에 의한 시정명령이 적법해야 한다 ★ 16 지방7급

> 행정청으로부터 구 주택법 제91조에 의한 시정명령을 받고도 이를 위반하였다는 이유로 위 법 제98조 제11호에 의한 처벌을 하기 위해서는 그 시정명령이 적법한 것이어야 하고, 그 시정명령이 위법하다고 인정되는 한 위 법 제98조 제11호 위반죄는 성립하지 않는다(대판 2009.6.25, 2006도824).

> 구 「주택법」에 따른 시정명령이 위법하더라도 당연무효가 아닌 이상 그 시정명령을 따르지 아니한 경우에는 동법상의 시정명령위반죄가 성립한다. (x) ★ 16 지방7급

㉣ 아파트단지 내 상가 입점자의 권리를 침해한다는 이유로 관할 행정청이 입주자대표회의에 단지 내에서의 알뜰시장 개최를 금지하는 취지의 시정명령을 명하였음에도 알뜰시장의 개최를 강행한 사안에서, 위 시정명령이 적법하지 않다는 이유로 구 주택법 제98조 제11호 위반죄의 성립을 부정한 사례

> 「개발제한구역의 지정 및 관리에 관한 특별조치법」 제30조 제1항에 의하여 행정청으로부터 시정명령을 받은 자가 이를 위반한 경우, 같은 법 제32조 제2호에 정한 처벌을 하기 위하여는 시정명령이 적법하여야 하고, 시정명령이 당연무효는 아니지만 위법한 것으로 인정되는 경우, 같은 법 제32조 제2호 위반죄가 성립하지 않는다(대판 2017.9.21, 2017도7321).

ⓜ 시정명령이 위법한 경우 위반죄가 성립하지 않는다 ★18 국가7급

피고인 甲 주식회사의 대표이사 피고인 乙이 개발제한구역 내에 무단으로 고철을 쌓아 놓은 행위 등에 대하여 관할관청으로부터 원상복구를 명하는 시정명령을 받고도 이행하지 아니하였다고 하여 「개발제한구역의 지정 및 관리에 관한 특별조치법」 위반으로 기소된 사안에서, 관할관청이 침해적 행정처분인 시정명령을 하면서 적법한 사전통지를 하거나 의견제출 기회를 부여하지 않았고 이를 정당화할 사유도 없어 시정명령은 절차적 하자가 있어 위법하므로, 피고인 乙에 대하여 같은 법 제32조 제2호 위반죄가 성립하지 않는다고 한 사례(대판 2017.9.21, 2017도7321)

ⓗ 「국토의 계획 및 이용에 관한 법률」 제133조 제1항에 정한 처분이나 조치명령을 받은 자가 이에 위반한 경우, 같은 법 제142조에 정한 처벌을 하기 위하여는 그 처분이나 조치명령이 적법할 것이 필요하고, 지구단위계획에 적합하지 않은 건축물을 건축하거나 용도변경한 경우, 위 건축물을 양수한 사람에 대하여 「국토의 계획 및 이용에 관한 법률」 제133조 제1항에 의한 처분이나 원상복구 등의 조치명령을 할 수 없다

개발행위허가를 받지 아니하고 토지의 형질을 변경한 경우 행정청은 그 토지의 형질을 변경한 자에 대하여만 국토계획법 제133조 제1항에 의하여 원상회복 등의 조치명령을 할 수 있고, 명문의 규정이 없는 한 이러한 토지를 양수한 자에 대하여는 원상회복 등의 조치명령을 할 수 없다고 봄이 상당하다(대판 2021.11.25, 2021두41686).

② 행정행위의 효력 부인(효력 유무)이 선결문제인 경우(무면허운전죄·무면허수입죄·무면허어업죄)

㉠ 행정행위가 무효인 경우 형사법원은 행정행위의 무효를 확인하여 무죄판결을 할 수 있다 ★ 20 국회8급

소론 법조에 정한 체납범은 정당한 과세에 대하여서만 성립되는 것이고, 과세가 당연히 무효한 경우에 있어서는 체납의 대상이 없어 체납범 성립의 여지가 없다고 볼 것이니, 원심이 같은 취지에서 당연무효의 설시 과세를 설시 체납의 대상에서 제외한 판단은 옳고 … (대판 1971.5.31, 71도742).

행정행위에 중대명백한 하자가 있는 경우 선결문제에도 불구하고 민사법원 및 형사법원은 제기된 청구에 대하여 판결을 내릴 수 있다. ■ 20 국회8급

㉡ 운전면허가 취소되기 전에 운전한 행위는 무면허운전이 아니다 ★ 22 국가9급, 20·11 국회8급, 15·14 변호사, 13 순경특채

연령미달의 결격자인 피고인이 소외인의 이름으로 운전면허시험에 응시, 합격하여 교부받은 운전면허는 당연무효가 아니고 도로교통법 제65조 제3호의 사유(운전면허취소사유)에 해당함에 불과하여 취소되지 않는 한 유효하므로 피고인의 운전행위는 무면허운전에 해당하지 아니한다(대판 1982.6.8, 80도2646).

㉢ 적성검사 미필로 운전면허가 취소되고 그 취소사실의 통지에 갈음하여 적법한 공고가 있었으나 면허취소사실을 모르고 운전한 경우, 무면허운전에 해당한다

면허증에 그 유효기간과 적성검사를 받지 아니하면 면허가 취소된다는 사실이 기재되어 있고, 이미 적성검사 미필로 면허가 취소된 전력이 있는데도 면허증에 기재된 유효기간이 5년 이상 지나도록 적성검사를 받지 아니한 채 자동차를 운전하였다면 비록 적성검사 미필로 인한 운전면허취소사실이 통지되지 아니하고 공고되었다 하더라도 면허취소사실을 알고 있었다고 보아야 하므로 무면허운전죄가 성립한다(대판 2002.10.22, 2002도4203).

ⓔ 일단 수입면허를 받고 물품을 통관한 경우 관세법상 무면허수입죄가 성립되지 않는다

★ 22 지방9급, 16 지방7급, 13 국가9급, 10 국가7급

물품을 수입하고자 하는 자가 일단 세관장에게 수입신고를 하여 그 면허를 받고 물품을 통관한 경우에는, 세관장의 수입면허가 중대하고도 명백한 하자가 있는 행정행위이어서 당연무효가 아닌 한 관세법 제181조 소정의 무면허수입죄가 성립될 수 없다(대판 1989.3.28, 89도149).

ⓗ 어업면허를 받은 피고인 갑과 어장시설의 복구·증설비용을 부담하기로 한 피고인 을이 동업계약을 맺고 어류를 양식하던 중 어업면허가 취소되었으나 그 후 판결로 그 처분이 취소되기까지 사이에 어장을 그대로 유지한 행위는 어업권의 임대 및 무면허 어업행위가 되지 않는다

피고인 갑이 어업면허를 받아 피고인 을과 동업계약을 맺고 피고인 을의 비용으로 어장시설을 복구 또는 증설하여 어류를 양식하던 중 어업면허가 취소되었으나 피고인 갑이 행정소송을 제기하여 면허취소처분의 효력정지가처분결정을 받은 후 면허취소처분을 취소하는 판결이 확정되었다면, 피고인들 간의 거래는 어업권의 임대가 아니며 면허취소 후 판결로 그 처분이 취소되기까지 사이에 어장을 그대로 유지한 행위를 무면허어업행위라고 보아서 처벌할 수는 없다(대판 1991.5.14, 91도627).

ⓘ 형사소송에서 행정행위의 효력이 인정되어야만 범죄구성요건이 충족될 수 있는 경우 행정행위의 효력을 부인할 수 없어 유죄판결을 하여야 하나 당해 행정행위가 판결로 취소된 경우 재심사유에 해당한다 ★ 22 국가9급

조세의 부과처분을 취소하는 행정소송판결이 확정된 경우 그 조세부과처분의 효력은 처분시에 소급하여 효력을 잃게 되고 따라서 그 부과처분을 받은 사람은 그 처분에 따른 납부의무가 없다고 할 것이므로 위 확정된 행정판결은 조세포탈에 대한 무죄 내지 원판결이 인정한 죄보다 경한 죄를 인정할 명백한 증거라 할 것이다(대판 1985.10.22, 83도2933).

③ 의무이행을 명하는 행정처분이 무효인 경우 그 행정처분에 불응하였음을 이유로 행정형벌을 부과할 수 없다

★ 21 변호사, 19 지방9급, 13 순경특채

「소방시설설치유지 및 안전관리에 관한 법률」 제9조에 의한 소방시설 등의 설치 또는 유지·관리에 대한 명령을 정당한 사유 없이 위반한 자는 같은법 제48조의2 제1호에 의하여 행정형벌에 처해지는데 위 명령이 행정처분으로서 하자가 있어 무효인 경우에는 위 명령에 따른 의무위반이 생기지 아니하므로 행정형벌을 부과할 수 없다(대판 2011.11.10, 2011도11109).

# 제2항 존속력(확정력)

## Ⅰ. 존속력의 의의

### 1. 불가쟁력이 발생한 행정행위에 대한 취소심판 및 취소소송의 제기는 부적법한 것으로 각하된다. 취소 사유로서 확정력이 발생한 행정처분에 대한 무효확인청구는 기각하여야 한다

★ 22 국가9급, 20·14 국회8급, 18·13 지방9급, 17 서울7급, 15·13 변호사

> **최신기출** 위헌인 법률에 근거한 행정처분이 당연무효인지의 여부는 위헌결정의 소급효와는 별개의 문제로서, 위헌결정의 소급효가 인정된다고 하여 위헌인 법률에 근거한 행정처분이 당연무효가 된다고는 할 수 없고, 오히려 이미 취소소송의 제기기간을 경과하여 확정력이 발생한 행정처분에는 위헌결정의 소급효가 미치지 않는다고 보아야 한다. 어느 행정처분에 대하여 그 행정처분의 근거가 된 법률이 위헌이라는 이유로 무효확인청구의 소가 제기된 경우에는 다른 특별한 사정이 없는 한 법원으로서는 그 법률이 위헌인지 여부에 대하여는 판단할 필요 없이 그 무효확인청구를 기각하여야 한다(대판 1994.10.28, 92누9463).

처분이 있은 날로부터 1년이 도과한 처분으로서 당연무효에 해당하는 하자가 없는 경우, 그 처분의 근거법령이 위헌결정되었다면 원칙적으로 소급효가 미친다. (x) ■ 20 국회8급

취소소송의 제기기간을 경과하여 불가쟁력이 발생한 행정처분에도 위헌결정의 소급효가 미친다. (x) ■ 17 서울7급

## Ⅱ. 불가쟁력과 불가변력의 비교

### 1. 불가쟁력이 발생해도 직권취소가 가능하다 ★ 21 변호사, 18·14 지방9급, 16·14 국회8급, 13 세무사, 12 사회복지

> **최신기출** 개별토지에 대한 가격결정도 행정처분에 해당하며, 원래 행정처분을 한 처분청은 그 행위에 하자가 있는 경우에는 원칙적으로 별도의 법적 근거가 없더라도 스스로 이를 직권으로 취소할 수 있는 것이고, 행정처분에 대한 법정의 불복기간이 지나면(불가쟁력 발생) 직권으로도 취소할 수 없게 되는 것은 아니므로, 처분청은 토지에 대한 개별토지가격의 산정에 명백한 잘못이 있다면 이를 직권으로 취소할 수 있다(대판 1995.9.15, 95누6311).

甲의 공장등록을 취소하는 처분에 대해 제소기간이 경과하여 불가쟁력이 발생한 이후에는 관할 행정청 A도 그 취소처분을 직권취소할 수 없다. (x) ■ 16 국회8급

위법한 점용허가를 다투지 않고 있다가 제소기간이 도과한 경우에는 처분청이라도 그 점용허가를 취소할 수 없다. (x) ■ 18 지방9급

A군수의 공장설립승인 취소처분에 대하여 불가쟁력이 발생한 이후에는 A군수가 공장설립승인 취소처분을 다시 직권취소할 수 없다. (x) ■ 21 변호사

### 2. 행정처분이나 행정심판 재결이 불복기간의 경과로 확정된 경우, 확정력의 의미

★ 22·19 지방9급, 18 서울7급, 14 지방7급

> **최신기출** 행정처분이나 행정심판 재결이 불복기간의 경과로 인하여 확정될 경우 확정력은 처분으로 인하여 법률상 이익을 침해받은 자가 처분이나 재결의 효력을 더 이상 다툴 수 없다는 의미일 뿐(처분이나 행정심판의 재결에) 판결에 있어서와 같은 기판력(실질적 확정력)이 인정되는 것은 아니어서 처분의 기초가 된 사실관계나 법률적 판단이 확정되고 당사자들이나 법원이 이에 기속되어 모순되는 주장이나 판단을 할 수 없게 되는 것은 아니다. 종전의 산업재해요양보상급여취소처분이 불복기간의 경과로 인하여 확정되었더라도 요양급여청구권이 없다는 내용의 법률관계까지 확정된 것은 아니며 소멸시효에 걸리지 아니한 이상 다시 요양급여를 청구할 수 있고 그것이 거부된 경우 이는 새로운 거부처분으로서 위법 여부를 소구할 수 있다(대판 1993.4.13, 92누17181).

행정심판의 재결에도 판결에서와 같은 기판력이 인정되는 것이어서 재결이 확정되면 처분의 기초가 된 사실관계나 법률적 판단이 확정되는 것이므로 당사자는 이와 모순되는 주장을 할 수 없게 된다. (x) ■ 22 지방9급

**3.**

> 피재해자에게 이루어진 요양승인처분이 불복기간의 경과로 확정되었다 하더라도 사업주는 피재해자가 재해발생 당시 자신의 근로자가 아니라는 사정을 들어 보험급여액징수처분의 위법성을 주장할 수 있다(대판 2008.7.24, 2006두20808).

## 4. 불가변력은 당해 행정행위에만 인정된다 ★ 21 지방9급, 18 지방7급, 16 국가7급

최신기출
> 행정행위의 불가변력은 당해 행정행위에 대하여서만 인정되는 것이고, 동종의 행정행위라 하더라도 그 대상을 달리할 때에는 이를 인정할 수 없다(대판 1974.12.10, 73누129).
>
> 행정행위의 불가변력은 해당 행정행위에 대해서 분만 아니라 그 대상을 달리하는 동종의 행정행위에 대해서도 인정된다. (x)
> ■ 18 지방7급
> 행정행위의 불가변력은 당해 행정행위에 대해서만 인정되는 것이 아니고, 동종의 행정행위라면 그 대상을 달리하더라도 인정된다. (x) ■ 21 지방9급

## 5. 준사법적 행정행위에만 불가변력이 인정된다

전합판례
> 귀속재산에 관한 지방관재기관의 귀속재산처리에 대한 소청심의회 결정이 원래 행정처분의 성격을 가진 것이라 할 것이나 실질적인 면에서 본다면 본질상 쟁송의 절차를 통한 준재판이라 할 것인 만큼 이러한 성질을 가진 소청 재결청의 판정은 일반 행정처분과는 달리 재심 기타 특별한 규정이 없는 한 재결청인 소청심의회 자신이 취소변경할 수는 없다[대판(전합) 1965.4.22, 63누200].

## 6. 행정처분의 근거가 되는 법률이 헌법에 위반된다는 사정은 원칙적으로 행정처분의 당연무효사유가 아니고, 취소소송의 제기기간을 경과하여 불가쟁력이 발생한 행정처분에 위헌결정의 소급효가 미치지 않는다

최신판례
> 일반적으로 법률이 헌법에 위반된다는 사정은 헌법재판소의 위헌결정이 있기 전에는 객관적으로 명백한 것이라고 할 수 없으므로 특별한 사정이 없는 한 이러한 하자는 행정처분의 취소사유에 해당할 뿐 당연무효사유는 아니다. 위헌결정의 소급효가 인정된다고 해서 위헌인 법률에 근거한 행정처분이 당연무효가 된다고는 할 수 없고, 이미 취소소송의 제기기간을 경과하여 불가쟁력이 발생한 행정처분에는 위헌결정의 소급효가 미치지 않는다(대판 2021.12.30. 2018다241458).

# 제6절 행정행위의 하자 일반론

## 제1항 하자의 의의

처분의 위법은 처분별로 판단된다. 위법사유는 문제가 된 처분의 위법사유이어야 한다. 원칙상 다른 처분의 위법사유는 처분의 위법사유가 되지 않는다. 다만, 하자의 승계가 인정되는 경우, 선행행위의 구속력의 예외가 인정되는 경우, 인허가가 의제되는 경우 등은 예외이다. 행정처분에 있어 수 개의 처분사유 중 일부가 적법하지 않다고 하더라도 다른 처분사유로써 그 처분의 정당성이 인정되는 경우에는 위법하다고 할 수 없다.

### 1. 징계처분의 사유 중 일부가 인정되지 않으나 다른 징계사유로써 그 처분의 타당성이 인정되는 경우 그 처분의 유지는 적법하다

> 수 개의 징계사유 중 일부가 인정되지 않더라도 인정되는 다른 일부 징계 사유만으로도 당해 징계처분의 타당성을 인정하기에 충분한 경우에는 그 징계처분을 유지한다 하여 위법하다고 할 수 없다(대판 1989.12.26, 89누589).

### 2. 여러 개의 처분사유 중 일부가 적법하지 않으나 다른 처분사유로써 처분의 정당성이 인정되는 경우, 처분은 적법하다 ★ 20 국가9급, 18 국가7급

> `최신판례` 행정처분에 있어 수 개의 처분사유 중 일부가 적법하지 않다고 하더라도 다른 처분사유로써 그 처분의 정당성이 인정되는 경우에는 그 처분을 위법하다고 할 수 없다(대판 2013.10.24, 2013두963).

여러 개의 처분사유 중 일부가 적법하지 않으나 다른 처분사유로써 처분의 정당성이 인정되는 경우, 처분은 적법하다 ■ 20 국가9급, 18 국가7급

행정처분에 있어 수개의 처분사유 중 일부가 적법하지 않다고 하더라도 다른 처분사유로써 그 처분의 정당성이 인정되는 경우에는 그 처분을 위법하다고 할 수 없다(대판 2013.10.24, 2013두963). (x) ■ 18 국가7급

행정처분의 이유로 제시한 수 개의 처분사유 중 일부가 위법하면, 다른 처분사유로써 그 처분의 정당성이 인정되더라도 그 처분은 위법하다. (x) ■ 18 국가7급

행정처분에 있어 여러 개의 처분사유 중 일부가 적법하지 않으면 다른 처분사유로써 그 처분의 정당성이 인정된다고 하더라도, 그 처분은 위법하게 된다. (x) ■ 20 국가9급

### 3. 시정조치를 위반 횟수 가중을 위한 횟수 산정에서 제외하더라도, 그 사유가 과징금 부과처분에 영향을 미치지 아니하여 처분의 정당성이 인정되는 경우, 그 처분은 위법하지 않다

> `최신기출` 다만 공정거래위원회는 독점규제 및 공정거래에 관한 법령상의 과징금 상한의 범위 내에서 과징금 부과 여부 및 과징금 액수를 정할 재량을 가지고 있다. 또한 재량준칙인 '구 과징금 고시' Ⅳ. 2. 나. (1)항은 위반 횟수와 벌점 누산점수에 따른 과징금 가중비율의 상한만을 규정하고 있다. 따라서 법 위반행위 자체가 존재하지 않아 위반행위에 대한 시정조치에 대하여 취소판결이 확정된 경우에 위반 횟수 가중을 위한 횟수 산정에서 제외하더라도, 그 사유가 과징금 부과처분에 영향을 미치지 아니하여 처분의 정당성이 인정되는 경우에는 그 처분을 위법하다고 할 수 없다(대판 2019.7.25, 2017두55077).

# 제2항 무효와 취소의 구별기준

## Ⅰ. 판례(중대명백설)

판례는 기본적으로 중대명백설(외견상 일견명백설)에 입각하고 있다.

### 1. 중대명백설 ★ 17·11 국회8급, 14 행정사

**최신기출** 하자 있는 행정처분이 당연무효가 되기 위하여는 그 하자가 법규의 중요한 부분을 위반한 중대한 것으로서 객관적으로 명백한 것이어야 한다(대판 2011.7.28, 2011두2842).

### 2. 명백성은 목적론적으로 고찰함과 동시에 구체적 사안의 특수성도 합리적으로 고려하여 판단

하자가 중대하고 명백한 것인지 여부를 판별함에 있어서는 그 법규의 목적, 의미, 기능 등을 목적론적으로 고찰함과 동시에 구체적 사안 자체의 특수성에 관하여도 합리적으로 고찰함을 요한다(대판 2011.7.28, 2011두2842).

### 3. 외견상 일견명백설

명백한 하자라 함은 행정처분 자체에 하자 있음이 객관적으로(외형상으로) 명백히 드러나는 것을 말한다(대판 1991.10.22, 91다26690).

### 4. 조사의무설 부정 ★ 12 국회9급

행정처분의 대상이 되는 법률관계나 사실관계가 전혀 없는 사람에게 행정처분을 한 때에는 그 하자가 중대하고도 명백하다 할 것이나, 행정처분의 대상이 되지 아니하는 어떤 법률관계나 사실관계에 대하여 이를 처분의 대상이 되는 것으로 오인할 만한 객관적인 사정이 있는 경우로서 그것이 처분대상이 되는지의 여부가 그 사실관계를 정확히 조사하여야 비로소 밝혀질 수 있는 때에는 비록 이를 오인한 하자가 중대하다고 할지라도 외관상 명백하다고 할 수는 없다(대판 2011.7.28, 2011두2842).

### 5. 공공사업의 경제성 또는 사업성의 결여로 인하여 행정처분이 무효로 되기 위한 요건과 그 경제성 또는 사업성의 판단방법(새만금사건) ★ 08 지방7급

**전합판례** 공공사업의 경제성 내지 사업성의 결여로 인하여 행정처분이 무효로 되기 위하여는 공공사업을 시행함으로 인하여 얻는 이익에 비하여 공공사업에 소요되는 비용이 훨씬 커서 이익과 비용이 현저하게 균형을 잃음으로써 사회통념에 비추어 행정처분으로 달성하고자 하는 사업목적을 실질적으로 실현할 수 없는 정도에 이르렀다고 볼 정도로 과다한 비용과 희생이 요구되는 등 그 하자가 중대하여야 할 뿐만 아니라, 그러한 사정이 객관적으로 명백한 경우라야 한다. 그리고 위와 같은 공공사업에 경제성 내지 사업성이 있는지 여부는 공공사업이 그 시행 당시 적용되는 법률의 요건을 모두 충족하고 있는지 여부에 따라 판단되어야 함은 물론, 경제성 내지 사업성 평가와 관련하여서는 그 평가 당시의 모든 관련법률의 목적과 의미, 내용 그리고 학문적 성과가 반영된 평가기법에 따라 가장 객관적이고 공정한 방법을 사용하여 평가되었는지 여부에 따라 판단되어야 한다(대판(전합) 2006.3.16, 2006두330).

## 6. 행정청이 어느 법률관계나 사실관계에 대하여 어느 법률 규정을 적용할 수 없음에도 이를 잘못 해석한 나머지 그 법률을 적용하여 행정처분을 한 경우, 하자가 중대하고 명백한지 판단하는 기준

행정청이 어느 법률관계나 사실관계에 대하여 어느 법률 규정을 적용하여 행정처분을 한 경우에 그 법률관계나 사실관계에 대하여는 그 법률 규정을 적용할 수 없다는 법리가 명백히 밝혀져 해석에 다툼의 여지가 없음에도 행정청이 위 규정을 적용하여 처분을 한 때에는 하자가 중대하고도 명백하지만, 그 법률관계나 사실관계에 대하여 그 법률 규정을 적용할 수 없다는 법리가 명백히 밝혀지지 않아 해석에 다툼의 여지가 있는 때에는 행정관청이 이를 잘못 해석하여 행정처분을 했더라도 이는 처분 요건사실을 오인한 것에 불과하여 하자가 명백하다고 할 수 없다(대판 2012.8.23, 2010두13463).

## 7. 법령 규정의 문언만으로는 처분 요건의 의미가 분명하지 않지만 그에 관하여 법원이나 헌법재판소의 분명한 판단이 있고, 행정청이 판단 내용에 따라 법령 규정을 해석·적용하는 데에 아무런 법률상 장애가 없는데도 합리적 근거 없이 사법적 판단과 어긋나게 행정처분을 한 경우, 하자가 객관적으로 명백하다 ★ 21 변호사

`최신기출` 법령 규정의 문언만으로는 처분 요건의 의미가 분명하지 아니하여 그 해석에 다툼의 여지가 있었더라도 해당 법령 규정의 위헌 여부 및 그 범위, 법령이 정한 처분 요건의 구체적 의미 등에 관하여 법원이나 헌법재판소의 분명한 판단이 있고, 행정청이 그러한 판단 내용에 따라 법령 규정을 해석·적용하는 데에 아무런 법률상 장애가 없는데도 합리적 근거 없이 사법적 판단과 어긋나게 행정처분을 하였다면 그 하자는 객관적으로 명백하다고 봄이 타당하다(대판 2017.12.28, 2017두30122).

## 8.

`최신판례` 과세관청이 법령 규정의 문언상 과세처분 요건의 의미가 분명함에도 합리적인 근거 없이 그 의미를 잘못 해석한 결과, 과세처분 요건이 충족되지 아니한 상태에서 해당 처분을 한 경우에는 법리가 명백히 밝혀지지 아니하여 그 해석에 다툼의 여지가 있다고 볼 수 없다(대판 2019.4.23, 2018다287287).

## 9. 반대의견(명백성 보충요건설 : 대법원 소수의견임) ★ 17 국회8급

`전합판례` 행정행위의 무효사유를 판단하는 기준으로서의 명백성은 행정처분의 법적 안정성 확보를 통하여 행정의 원활한 수행을 도모하는 한편 그 행정처분을 유효한 것으로 믿은 제3자나 공공의 신뢰를 보호하여야 할 필요가 있는 경우에 보충적으로 요구되는 것으로서, 그와 같은 필요가 없거나 하자가 워낙 중대하여 그와 같은 필요에 비하여 처분 상대방의 권익을 구제하고 위법한 결과를 시정할 필요가 훨씬 더 큰 경우라면 그 하자가 명백하지 않더라도 그와 같이 중대한 하자를 가진 행정처분은 당연무효라고 보아야 한다[대판(전합) 1995.7.11, 94누4615].

대법원은 무효와 취소의 구별기준에 대해서 중대명백설을 취하고 있으나, 반대의견으로 객관적 명백성설이 제시된 판례도 존재한다. (×) ■ 17 국회8급

## II. 헌법재판소

헌법재판소도 기본적으로 중대명백설에 입각하지만, 대법원판례와 달리 중대명백설의 예외사유를 구체적으로 판시하고 있다. 그러나 헌법재판소가 명백성 보충요건설을 취한다고 해석하는 견해도 있다.

### 1.

행정처분의 집행이 이미 종료되었고 그것이 번복될 경우 법적 안정성을 크게 해치게 되는 경우에는 후에 행정처분의 근거가 된 법규가 헌법재판소에서 위헌으로 선고된다고 하더라도 그 행정처분이 당연무효가 되지는 않음이 원칙이라고 할 것이나, 행정처분 자체의 효력이 쟁송기간 경과 후에도 존속 중인 경우, 특히 그 처분이 위헌법률에 근거하여 내려진 것이고 그 행정처분의 목적달성을 위하여서는 후행(後行)행정처분이 필요한데 후행(後行)행정처분은 아직 이루어지지 않은 경우와 같이 그 행정처분을 무효로 하더라도 법적 안정성을 크게 해치지 않는 반면에, 그 하자가 중대하여 그 구제가 필요한 경우에 대하여서는 그 예외를 인정하여 이를 당연무효사유로 보아서 쟁송기간 경과 후에라도 무효확인을 구할 수 있는 것이라고 봐야 할 것이다. 그렇다면 관련소송사건에서 청구인이 무효확인을 구하는 행정처분의 진행 정도는 마포세무서장의 압류만 있는 상태이고 그 처분의 만족을 위한 환가 및 청산이라는 행정처분은 아직 집행되지 않고 있는 경우이므로 이 사건은 위 예외에 해당되는 사례로 볼 여지가 있고, 따라서 헌법재판소로서는 위 압류처분의 근거법규에 대하여 일응 재판의 전제성을 인정하여 그 위헌 여부에 대하여 판단하여야 할 것이다(헌재결 1994.6.30, 92헌바23). ★ 18·14 지방9급, 14 국회8급

### 2. 행정처분에 대한 제소기간이 도과한 후 그 처분에 대한 무효확인의 소를 제기한 경우 당해 행정처분의 근거법률이 위헌인지 여부는 당해 사건 재판의 전제가 되지 않는다(각하)

행정처분의 근거법률이 헌법에 위반된다는 사정은 헌법재판소의 위헌결정이 있기 전에는 객관적으로 명백한 것이라고 할 수는 없으므로 특별한 사정이 없는 한 그러한 하자는 행정처분의 취소사유에 해당할 뿐 당연무효사유는 아니어서, 제소기간이 경과한 뒤에는 행정처분의 근거 법률이 위헌임을 이유로 무효확인소송 등을 제기하더라도 행정처분의 효력에는 영향이 없음이 원칙이다. 따라서 행정처분의 근거가 된 법률조항의 위헌 여부에 따라 당해 행정처분의 무효확인을 구하는 당해 사건 재판의 주문이 달라지거나 재판의 내용과 효력에 관한 법률적 의미가 달라지는 것은 아니므로 재판의 전제성이 인정되지 아니한다(헌재결 2014.1.28, 2010헌바251).

## 제3항 행정행위 하자의 치유와 전환

## I. 행정행위 하자의 치유와 전환의 의의

### 행정행위의 전환을 새로운 행정처분으로 보아 행정쟁송의 대상이 된다는 판례 ★ 18 서울7급, 11 국회8급

`최신기출` 귀속재산을 불하받은 자가 사망한 후에 그 수불하자(불하받은 자)에 대하여 한 그 불하취소처분은 사망자에 대한 행정처분이므로 무효이지만 그 취소처분을 수불하자의 상속인에게 송달할 때에는 그 송달시에 그 상속인에 대하여 다시 그 불하처분을 취소한다는 새로운 행정처분을 한 것이라고 할 것이다(대판 1969.1.21, 68누190).

## Ⅱ. 치유와 전환의 인정 여부 및 인정근거

### 1. 제한적 긍정설 ★ 18 서울7급, 14 사회복지, 13·10 순경특채, 12 국가9급, 10 지방9급

**[최신기출]** 하자 있는 행정행위의 치유는 행정행위의 성질이나 법치주의의 관점에서 볼 때 원칙적으로 허용될 수 없는 것이고, 예외적으로 행정행위의 무용한 반복을 피하고 당사자의 법적 안정성을 위해 이를 허용하는 때에도 국민의 권리나 이익을 침해하지 않는 범위에서 구체적 사정에 따라 합목적적으로 인정하여야 한다(대판 2002.7.9, 2001두10684).

### 2. 행정행위의 하자의 치유 및 전환범위

하자 있는 행정행위의 치유나 전환은 행정행위의 성질이나 법치주의의 관점에서 볼 때 원칙적으로 허용될 수 없는 것이지만, 행정행위의 무용한 반복을 피하고 당사자의 법적 안정성을 위해 이를 허용하는 때에도 국민의 권리와 이익을 침해하지 않는 범위에서 구체적 사정에 따라 합목적적으로 인정해야 할 것이다(대판 1983.7.26, 82누420).

### 3. 경원자관계의 경우 하자치유 부정 ★ 14 지방7급

(1) 판례는 경원자관계의 경우 위법한 수익적 행정행위의 하자의 치유를 인정한다면 타방 당사자의 이익을 침해할 수 있다는 이유로 치유가능성을 부정한다.

참가인들이 허가신청한 충전소설치예정지로부터 100미터 이내에 상수도시설 및 농협창고가 위치하고 있어 위 고시의 규정에 따라 그 건물주의 동의를 받아야 하는 것임에도 그 동의가 없으니 그 신청은 허가요건을 갖추지 아니한 것으로써 이를 받아들인 이 사건 처분은 위법하다고 한 다음, 이 사건 처분 후 위 각 건물주로부터 동의를 받았으니 이 사건 처분의 하자는 치유되었다는 주장에 대하여는, … 이 사건에 있어서는 원고의 적법한 허가신청이 참가인들의 신청과 경합되어 있어 이 사건 처분의 치유를 허용한다면 원고에게 불이익하게 되므로 이를 허용할 수 없다(대판 1992.5.8, 91누13274).

### 4. 치유를 인정하면 개발부담금 납부의무자로서는 위법한 처분에 대한 가산금(연체이자) 납부의무를 부담하게 되는 등 불이익이 있는 경우 하자의 치유 부정

선행처분인 개별공시지가결정이 위법하여 그에 기초한 개발부담금 부과처분도 위법하게 된 경우 그 하자의 치유를 인정하면 개발부담금 납부의무자로서는 위법한 처분에 대한 가산금 납부의무를 부담하게 되는 등 불이익이 있을 수 있으므로, 그 후 적법한 절차를 거쳐 공시된 개별공시지가결정이 종전의 위법한 공시지가결정과 그 내용이 동일하다는 사정만으로는 위법한 개별공시지가결정에 기초한 개발부담금 부과처분이 적법하게 된다고 볼 수 없다(대판 2001.6.26, 99두11592).

# Ⅲ. 치유사유

## 1. 흠결된 요건의 사후보완

### (1) 내용상의 하자에 대하여는 하자의 치유 부정 ★ 16 국가9급, 11 순경특채

> 사업계획변경인가처분에 관한 하자가 행정처분의 내용에 관한 것이고 새로운 노선면허가 소 제기 이후에 이루어진 사정 등에 비추어 하자의 치유를 인정하지 않은 원심의 판단은 정당하다(대판 1991.5.28, 90누1359).

행정행위의 내용상의 하자는 치유의 대상이 될 수 있으나, 형식이나 절차상의 하자에 대해서는 치유가 인정되지 않는다. (x)
■ 16 국가9급

## 2. 하자치유 인정사례

1. 상대방에게 불이익하지 않은 경우
   ① 청문서 도달기간을 어겼더라도 영업자가 이의하지 아니한 채 스스로 청문일에 출석하여 의견을 진술하고 변명하는 등 방어의 기회를 충분히 가진 경우(대판 1992.10.23, 92누2844)
   ② 단체협약에 규정된 여유기간을 두지 않고 징계회부 사실을 통보하였으나 피징계자가 징계위원회에 출석하여 통지절차에 대한 이의 없이 충분한 소명을 한 경우(대판 1999.3.26, 98두4672)
   ③ 압류처분의 단계에서 독촉의 흠결과 같은 절차상의 하자가 있었다고 하더라도 그 이후에 이루어진 공매절차에서 공매통지서가 적법하게 송달된 경우(대판 2006.5.12, 2004두14717)
2. 사전에 필요한 사항을 알려준 경우
   ① 납부고지서에 기재사항의 일부가 누락되었지만 부과처분 전 부담금예정통지서에 필요적 기재사항이 기재되어 있는 경우(대판 1997.12.26, 97누9390)
   ② 납세고지서의 기재사항 일부 등이 누락된 경우라도 앞서 보낸 과세예고통지서 등에 필요적 기재사항이 제대로 기재된 경우(대판 2001.3.27, 99두8039)
   ③ 과세관청이 과세처분에 앞서 납세자에게 보낸 세무조사결과통지 등에 납세고지서의 필요적 기재사항이 제대로 기재되어 있어 처분에 대한 불복 여부의 결정 등에 지장을 받지 않았음이 명백한 경우(대판 2020.10.29, 2017두51174)
3. 주된 납세의무자에 대한 과세처분의 효력 발생 전에 한 제2차 납세의무자에 대한 납부고지처분의 절차상의 하자가 그 후 주된 납세의무자에 대한 과세처분의 효력 발생으로 치유되었다고 본 사례(대판 1998.10.27, 98두4535)

### (1) 청문서 도달기간을 어겼더라도 영업자가 이의하지 아니한 채 스스로 청문일에 출석하여 의견을 진술하고 변명하는 등 방어의 기회를 충분히 가진 경우 ★ 21·20 국회8급, 20 국가9급, 16 국가7급, 16 지방9급

`최신기출`
> 행정청이 식품위생법상의 청문절차를 이행함에 있어 소정의 청문서 도달기간을 지키지 아니하였다면 이는 청문의 절차적 요건을 준수하지 아니한 것이므로 이를 바탕으로 한 행정처분은 일단 위법하다고 보아야 할 것이지만 이러한 청문제도의 취지는 처분으로 말미암아 받게 될 영업자에게 미리 변명과 유리한 자료를 제출할 기회를 부여함으로써 부당한 권리침해를 예방하려는 데에 있는 것임을 고려하여 볼 때, 가령 행정청이 청문서 도달기간을 다소 어겼다 하더라도 영업자가 이에 대하여 이의하지 아니한 채 스스로 청문일에 출석하여 그 의견을 진술하고 변명하는 등 방어의 기회를 충분히 가졌다면 청문서 도달기간을 준수하지 아니한 하자는 치유되었다고 봄이 상당하다(대판 1992.10.23, 92누2844).

행정청이 청문절차를 이행하면서 청문서 도달기간을 다소 어겼다면 상대방이 이의하지 아니한 채 스스로 청문일에 출석하여 그 의견을 진술하고 변명하는 등 방어의 기회를 충분히 가졌더라도 청문서 도달기간을 준수하지 아니한 하자는 치유된다고 볼 수 없다. (x) ■ 21 국회8급

**(2) 납부고지서에 기재사항의 일부가 누락되었지만 부과처분 전 부담금예정통지서에 필요적 기재사항이 기재되어 있는 경우** ★ 18 국회8급, 14 지방9급, 12 지방7급

최신기출

택지초과소유부담금의 납부고지서에 납부금액 및 산출근거, 납부기한과 납부장소 등의 필요적 기재사항의 일부가 누락되었다면 그 부과처분은 위법하다고 할 것이나, 부과관청이 부과처분에 앞서「택지소유 상한에 관한 법률 시행령」제31조 제1항에 따라 납부의무자에게 교부한 부담금예정통지서에 납부고지서의 필요적 기재사항이 제대로 기재되어 있었다면 납부의무자로서는 부과처분에 대한 불복 여부의 결정 및 불복신청에 전혀 지장을 받지 않았음이 명백하므로, 이로써 납부고지서의 흠결이 보완되거나 하자가 치유될 수 있는 것이다(대판 1997.12.26, 97누9390).

이유부기를 결한 행정행위는 무효이며 그 흠의 치유를 인정하지 아니하는 것이 판례의 입장이다. (x) ■ 18 국회8급

**(3) 단체협약에 규정된 여유기간을 두지 않고 징계회부 사실을 통보하였으나 피징계자가 징계위원회에 출석하여 통지절차에 대한 이의 없이 충분한 소명을 한 경우**

단체협약에 조합원을 징계할 경우 징계위원회 개최일로부터 소정일 이전에 피징계자에게 징계회부 통보를 하도록 규정되어 있는데도 사용자가 단체협약에 규정된 여유기간을 두지 아니하고 피징계자에게 징계회부되었음을 통보하는 것은 잘못이나, 피징계자가 징계위원회에 출석하여 통지절차에 대한 이의를 제기하지 아니하고 충분한 소명을 한 경우에는 그와 같은 절차상의 하자는 치유된다(대판 1999.3.26, 98두4672).

**(4) 납세고지서의 기재사항 일부 등이 누락된 경우라도 앞서 보낸 과세예고통지서 등에 필요적 기재사항이 제대로 기재된 경우**

증여세의 납세고지서에 과세표준과 세액의 계산명세가 기재되어 있지 아니하거나 그 계산명세서를 첨부하지 아니하였다면 그 납세고지는 위법하다고 할 것이나, 한편 과세관청이 과세처분에 앞서 납세의무자에게 보낸 과세예고통지서 등에 납세고지서의 필요적 기재사항이 제대로 기재되어 있어 납세의무자가 그 처분에 대한 불복 여부의 결정 및 불복신청에 전혀 지장을 받지 않았음이 명백하다면, 이로써 납세고지서의 하자가 보완되거나 치유될 수 있다(대판 2001.3.27, 99두8039).

**(5) 압류처분의 단계에서 독촉의 흠결과 같은 절차상의 하자가 있었다고 하더라도 그 이후에 이루어진 공매절차에서 공매통지서가 적법하게 송달된 경우**

독촉장의 송달이 흠결되었다고 하더라도 그 이후에 이루어진 공매절차에서 공매통지서가 체납자에게 적법하게 송달된 경우에는 실질적으로 체납자의 절차상의 권리나 이익이 침해되었다고 보기 어려운 점 등에 비추어 보면, 비록 압류처분의 단계에서 독촉의 흠결과 같은 절차상의 하자가 있었다고 하더라도 그 이후에 이루어진 공매절차에서 공매통지서가 적법하게 송달된 바가 있다면 매수인이 매각결정에 따른 매수대금을 납부한 이후에는 다른 특별한 사정이 없는 한, 당해 공매처분을 취소할 수 없다(대판 2006.5.12, 2004두14717).

## 3. 하자치유 부정사례

1. 상대방이나 제3자에게 손해가 되는 경우
   ① 경원자관계(대판 1992.5.8, 91누13274).
   ② 치유를 인정하면 개발부담금 납부의무자로서는 위법한 처분에 대한 가산금(연체이자) 납부의무를 부담하게 되는 등 불이익이 있는 경우(대판 2001.6.26, 99두11592)
   ③ 주택재개발정비사업조합 설립추진위원회가 주택재개발정비사업조합 설립인가처분의 취소소송에 대한 1심 판결 이후 정비구역 내 토지 등 소유자의 4분의 3을 초과하는 조합설립동의서를 새로 받은 경우(대판 2010.8.26, 2010두2579)
2. 행정청의 치유나 보완행위가 전혀 없는 경우
   ① 납세의무자가 부과된 세금을 자진납부하였다 하여 세액산출근거가 누락된 납세고지서에 의한 부과처분의 하자가 치유되지 않는다(대판 1985.4.9, 84누431).
   ② 환지변경처분 후에 이의를 유보함이 없이 변경처분에 따른 청산금을 교부받은 경우(대판 1992.11.10, 91누8227)
   ③ 시정조치 및 과징금납부명령에 불복하여 이의신청을 하면서 뒤늦게 '판매가격 합의' 부분에 대한 의견을 제출한 경우(대판 2001.5.8, 2000두10212)
   ④ 납세의무자가 나름대로 산출근거를 알고 있다거나 사실상 이를 알고서 쟁송에 이른 경우(대판 2002.11.13, 2001두1543)
3. 상대방의 귀책사유로 보호가치가 없는 경우 : 사위의 방법으로 면허를 받은 후 면허관청의 사정으로 면허자격을 완화한 경우(대판 1985.6.11, 84누700)
4. 과세관청이 사전에 납세의무회사의 직원에게 과세근거와 세액산출근거 등을 사실상 알려준 경우(대판 1988.2.9, 83누404)
5. 처분청이 처분 이후에 추가한 새로운 사유를 보태어 처분 당시의 흠을 치유시킬 수는 없다(대판 1996.12.20, 96누9799).

### (1) 납세의무자가 부과된 세금을 자진납부하였다 하여 세액산출근거가 누락된 납세고지서에 의한 부과처분의 하자가 치유되지 않는다 ★ 21 지방9급, 13 국가7급

**최신기출**

> 세액산출근거가 기재되지 아니한 납세고지서에 의한 부과처분은 강행법규에 위반하여 취소대상이 된다 할 것이므로 이와 같은 하자는 납세의무자가 전심절차에서 이를 주장하지 아니하였거나, 그 후 부과된 세금을 자진납부하였다거나, 또는 조세채권의 소멸시효기간이 만료되었다 하여 치유되는 것이라고는 할 수 없다(대판 1985.4.9, 84누431).

### (2) ★ 16 지방9급

> 행정처분의 적법 여부는 특별한 사정이 없는 한 그 처분 당시를 기준으로 하여 판단하여야 하고, 처분청이 처분 이후에 추가한 새로운 사유를 보태어 처분 당시의 흠을 치유시킬 수는 없다(대판 1996.12.20, 96누9799).

> 처분에 하자가 있더라도 처분청이 처분 이후에 새로운 사유를 추가하였다면, 처분 당시의 하자는 치유된다. (x) ■ 16 지방9급

### (3) 자산합산대상소득을 제외하고 당초에 증액할 수 있었던 다른 소득금액을 합산하여 산출한 세액이 당해 과세처분의 세액을 초과하는 경우

> 처분 당시 자산합산대상소득이 아닌 다른 소득금액을 증액하는 것이 가능하고 또 자산합산대상소득을 제외하고 당초에 증액할 수 있었던 다른 소득금액을 합산하여 산출한 종합소득과세표준에 따른 세액이 당해 과세처분의 세액을 초과한다고 하더라도 이로써 당해 과세처분에 대한 납세고지의 하자가 치유되지 아니한다(대판 2002. 7.23, 2000두6237).

**(4) 납세의무자가 나름대로 산출근거를 알고 있다거나 사실상 이를 알고서 쟁송에 이른 경우**

★ 20 서울7급, 19 국가7급, 11 순경특채

납세고지서에 세액산출근거 등의 기재사항이 누락되었거나 과세표준과 세액의 계산명세서가 첨부되지 않았다면 적법한 납세의 고지라고 볼 수 없으며, 위와 같은 납세고지의 하자는 납세의무자가 그 나름대로 산출근거를 알고 있다거나 사실상 이를 알고서 쟁송에 이르렀다 하더라도 치유되지 않는다(대판 2002.11.13, 2001두1543).

**(5) 새로운 조합설립동의서를 징구한 것만으로 당초 조합설립인가처분의 흠이 치유되지 않는다**

이 사건 정비구역 내 토지 등 소유자 중 4분의 3을 초과하는 자들로부터 새로 조합설립동의서를 받았으니 이 사건 처분의 흠은 치유되었다는 피고측의 주장에 대하여, 구 「도시 및 주거환경정비법」 제16조 제1항에서 정하는 조합설립인가처분은 설권적 처분의 성질을 갖고 있고, 흠의 치유를 인정하더라도 토지 등 소유자들에게 아무런 손해가 발생하지 않는다고 단정할 수 없다는 점 등을 이유로 이를 배척한 원심을 수긍한 사례(대판 2010.8.26, 2010 두2579)

**(6) 재건축정비사업조합 설립인가처분 당시 동의율을 충족하지 못한 하자는 후에 추가동의서가 제출되었다는 사정만으로 치유될 수 없다** ★ 18 서울7급, 16 지방9급

이 사건 변경인가처분은 이 사건 설립인가처분 후 추가동의서가 제출되어 동의자 수가 변경되었음을 이유로 하는 것으로서 조합원의 신규가입을 이유로 한 경미한 사항의 변경에 대한 신고를 수리하는 의미에 불과하므로 이 사건 설립인가처분이 이 사건 변경인가처분에 흡수된다고 볼 수 없고, 또한 이 사건 설립인가처분 당시 동의율을 충족하지 못한 하자는 후에 추가동의서가 제출되었다는 사정만으로 치유될 수 없다(대판 2013.7.11, 2011두2 7544).

토지소유자 등의 동의율을 충족하지 못했다는 주택재건축정비사업조합설립인가처분 당시의 하자는 후에 토지소유자 등의 추가 동의서가 제출되었다면 치유된다. (x) ■ 16 지방9급

## IV. 치유의 대상(취소할 수 있는 행정행위)

**(1) 무효인 행정행위는 치유 불가** ★ 16 지방9급, 14·08 지방7급, 14 사회복지, 11 순경특채

징계처분이 중대하고 명백한 흠 때문에 당연무효의 것이라면 징계처분을 받은 자가 이를 용인하였다 하여 그 흠이 치료되는 것은 아니다(대판 1989.12.12, 88누8869).

징계처분이 중대하고 명백한 하자로 인해 당연 무효의 것이라도 징계처분을 받은 원고가 이를 용인하였다면 그 하자는 치유된다. (x) ■ 16 지방9급

**(2) 환지처분 확정 후 새로운 환지절차를 밟지 않고 한 환지변경처분은 무효이므로 원고가 이의를 유보함이 없이 청산금을 교부받았더라도 흠이 치유되지 않는다** ★ 11 국회8급, 11 순경특채

환지처분이 일단 확정되어 효력을 발생한 후에는 이를 소급하여 시정하는 뜻의 환지변경처분이란 있을 수 없고, 그러한 환지변경의 필요가 있을 때에는 환지절차를 새로이 밟아야 하며 이를 밟지 아니하고 한 환지변경처분은 위법하다 할 것인바, 그와 같은 위법은 환지절차의 본질을 해한 것으로서 그 흠은 중대하고 명백하여 행정처분의 무효사유에 해당한다. 원고들이 설사 이의를 유보함이 없이 청산금을 교부받았다 하더라도 그 사정만으로 무효인 행정처분의 흠이 치유된다고 볼 수 없고, 또한 원고들이 소권을 포기 또는 부제소합의를 하였다고 인정할 수도 없다(대판 1992.11.10, 91누8227).

**(3) 토지등급결정의 개별통지가 없어 토지등급결정이 무효이므로 하자치유 부정** ★ 10 순경특채

> 토지등급결정내용의 개별통지가 있다고 볼 수 없어 토지등급결정이 무효인 이상, 토지소유자가 그 결정 이전이나 이후에 토지등급결정내용을 알았다거나 또는 그 결정 이후 매년 정기 등급수정의 결과가 토지소유자 등의 열람에 공하여졌다 하더라도 개별통지의 하자가 치유되는 것은 아니다(대판 1997.5.28, 96누5308).

# V. 치유가능시기

판례의 입장에 대해서는 하자의 치유는 행정심판의 제기 전까지만 가능하다는 입장이라고 해석하는 견해(김동희, 홍정선)와 행정소송 제기 전까지 가능하다는 입장이라고 해석하는 견해(박균성, 박윤흔), 행정소송단계에서도 이유제시에 있어서는 가능하다는 입장이라고 해석하는 견해(정하중)로 나뉜다. 그러나 적어도 행정소송단계에서 하자의 치유를 부인하고 있음은 명백하다.

**(1) 상대방의 불복 여부의 결정 및 불복신청에 편의를 줄 수 있는 상당한 기간 내**

★ 18 지방9급, 14 사회복지, 13 순경특채, 11 국가7급, 10 국회8급

`최신기출`
> 과세처분시 납세고지서에 과세표준, 세율, 세액의 산출근거 등이 누락된 경우에는 늦어도 과세처분에 대한 불복 여부의 결정 및 불복신청에 편의를 줄 수 있는 상당한 기간 내에 보정행위를 하여야 그 하자가 치유된다 할 것이므로, 과세처분이 있은 지 4년이 지나서 그 취소소송이 제기된 때에 보정된 납세고지서를 송달하였다는 사실이나 오랜 기간(4년)의 경과로써 과세처분의 하자가 치유되었다고 볼 수는 없다(대판 1983.7.26, 82누420).

**(2) 소송계류중 과세관청의 보정통지와 위법한 부과처분의 하자는 치유할 수 없다**

★ 22 국가9급, 12 지방9급, 11 국회8급, 10 순경특채

`최신기출`
> 과세관청이 취소소송 계속 중에 납세고지서의 세액산출근거를 밝히는 보정통지를 하였다 하여 이것을 종전에 위법한 부과처분을 스스로 취소하고 새로운 부과처분을 한 것으로 볼 수 없으므로 이미 항고소송이 계속 중인 단계에서 위와 같은 보정통지를 하였다 하여 그 위법성이 이로써 치유된다 할 수 없다(대판 1988.2.9, 83누404).

A시 시장이 과징금부과처분을 함에 있어 과징금부과통지서의 일부 기재가 누락되어 이를 이유로 甲이 관할 행정법원에 과징금부과처분의 취소를 구하는 소를 제기한 경우, A시 시장은 취소소송 절차가 종결되기 전까지 보정된 과징금부과처분 통지서를 송달하면 일부 기재 누락의 하자는 치유된다. (×) ■ 22 국가9급

**(3) 징계재심절차라는 행정심판단계에서 하자의 치유 인정**

> 징계처분에 대한 재심절차는 원래의 징계절차와 함께 전부가 하나의 징계처분절차를 이루는 것으로서 그 절차의 정당성도 징계과정 전부에 관하여 판단되어야 할 것이므로, 원래의 징계과정에 절차위반의 하자가 있더라도 재심과정에서 보완되었다면 그 절차위반의 하자는 치유된다(대판 1999.3.26, 98두4672).

## Ⅵ. 치유와 전환의 효과(소급효)

### (1) 행정행위의 전환의 소급효를 인정한 판례

채권압류 및 전부명령의 제3채무자의 표시를 사망자에서 그 상속인으로 경정하는 결정이 있고 그 경정결정이 확정되는 경우에는 당초의 압류 및 전부명령 정본이 제3채무자에게 송달된 때에 소급하여 제3채무자가 사망자의 상속인으로 경정된 내용의 압류 및 전부명령의 효력이 발생한다(대판 1998.2.13, 95다15667).

### (2)

과세처분시 세액의 산출근거 등이 누락된 경우에는 늦어도 과세처분에 대한 불복 여부의 결정 및 불복신청에 편의를 줄 수 있는 상당한 기간 내에 보정행위를 하여야 그 하자가 치유된다고 본다. 그런데 과세예고통지사항이 흠결되어 있다 하더라도 그 처분에 대한 불복 여부의 결정 및 불복신청에 전혀 지장을 받지 않을 것이므로 하자가 치유되었다고 볼 수 있다(대판 1993.7.13, 92누13981).

# 제4항 행정행위의 하자의 승계

## Ⅰ. 하자승계 논의의 전제·요건·효과

| 구분 | | 내용 |
|---|---|---|
| 취지 | | 원칙적으로 권리구제가 불가능한 것을 예외적으로 권리구제를 인정하자는 취지(권리구제 확대) |
| 논의의 전제 | 선행행위 | ① 불가쟁력 발생 : 불가쟁력이 발생하지 않으면 선행행위를 대상으로 제기하면 됨<br>② 취소사유 : 무효사유나 부존재이면 불가쟁력이 발생하지 않음<br>③ 소송제기시 각하판결 |
| | 후행행위 | ① 적법 : 후행행위가 위법이면 후행행위를 대상으로 제기한 소송에서 후행행위의 하자를 주장함으로 써 권리구제가 가능하므로 굳이 선행행위의 하자승계를 주장할 실익이 없다.<br>② 소송제기시 기각판결 |
| | 공통 | 선행행위와 후행행위가 처분일 것 |
| 승계요건 | | 밀접한 관련 : 양 행정행위가 하나의 목적·효과를 추구하는 일련의 단계적 절차 |
| 승계효과 | | 후행행위가 위법이 됨 ⇒ 후행행위에 대한 취소(인용)판결이 가능<br>cf) 선행행위의 후행행위에 대한 구속력 인정 ⇒ 후행행위에 대한 취소(인용)판결 불가 ⇒ 기각판결 |

### (1) 조세부과처분이 무효이면 체납처분도 무효이다 ★ 17 지방9급, 12 변호사

> 조세의 부과처분과 압류 등의 체납처분은 별개의 행정처분으로서 독립성을 가지므로 부과처분에 하자가 있더라 도 그 부과처분이 취소되지 아니하는 한 그 부과처분에 의한 체납처분은 위법이라고 할 수는 없지만, 체납처분은 부과처분의 집행을 위한 절차에 불과하므로 그 부과처분에 중대하고도 명백한 하자가 있어 무효인 경우에는 그 부 과처분의 집행을 위한 체납처분도 무효라 할 것이다(대판 1987.9.22, 87누383).

### (2) 선행행위인 원상복구명령이 당연무효이면 후행행위인 계고처분도 당연무효이다

> 행정청의 원고에 대한 원상복구명령은 권한 없는 자의 처분으로 무효라고 할 것이고, 위 원상복구명령이 당연무효 인 이상 후행처분인 계고처분의 효력에 당연히 영향을 미쳐 그 계고처분 역시 무효로 된다(대판 1996.6.28, 96누4374).

### (3) 선행행위인 철거명령이 당연무효이면 후행행위인 대집행 계고처분도 당연무효이다 ★ 15·10 지방9급, 11 서울7급

> 적법한 건축물에 대한 철거명령은 그 하자가 중대하고 명백하여 당연무효라고 할 것이고, 그 후행행위인 건축물 철거 대집행계고처분 역시 당연무효라고 할 것이다(대판 1999.4.27, 97누6780).

**(4) 선행처분인 도시계획시설사업 시행자 지정 처분이 처분 요건을 충족하지 못하여 당연무효인 경우, 후행처분인 도시계획시설사업의 시행자가 작성한 실시계획을 인가하는 처분도 무효이다**

★ 22 국가9급, 21 변호사, 20 지방7급, 18 서울7급, 16 국회8급

최신기출
선행처분과 후행처분이 서로 독립하여 별개의 법률효과를 목적으로 하는 때에도 선행처분이 당연무효이면 선행처분의 하자를 이유로 후행처분의 효력을 다툴 수 있다. 도시계획시설사업의 시행자가 작성한 실시계획을 인가하는 처분은 도시계획시설사업 시행자에게 도시계획시설사업의 공사를 허가하고 수용권을 부여하는 처분으로서 선행처분인 도시계획시설사업 시행자 지정 처분이 처분 요건을 충족하지 못하여 당연무효인 경우에는 사업시행자 지정 처분이 유효함을 전제로 이루어진 후행처분인 실시계획 인가처분도 무효라고 보아야 한다(대판 2017.7.11, 2016두35120).

선행 행정행위가 당연무효이더라도 양자가 서로 독립하여 별개의 효과를 목적으로 하는 경우에는 후행 행정행위가 당연무효가 되는 것은 아니다. (x) ■ 16 국회8급

**(5) 후행행위 하자의 선행행위에 대한 승계 부정** ★ 20·14 지방7급, 20 국가9급, 17 지방9급, 16 국가7급, 14·13 순경특채

최신기출
계고처분의 후속절차인 대집행에 위법이 있다고 하더라도, 그와 같은 후속절차에 위법성이 있다는 점을 들어 선행절차인 계고처분이 부적법하다는 사유로 삼을 수는 없다(대판 1997.2.14, 96누15428).


# II. 하자승계의 요건

## 1. 원칙적으로 하자승계론에 입각

판례는 원칙적으로 통설과 같이 하자승계론의 입장을 취하고 있다. 다만, 최근에 개별공시지가에 기초한 과세처분취소사건에서 원칙적으로 종래의 입장인 하자의 승계론을 견지하면서도 서로 독립하여 별개의 효과를 목적으로 하더라도 수인한도를 넘는 가혹함을 가져오고 그 결과가 당사자에게 예측가능한 것이 아닌 경우에는 국민의 재산권과 재판받을 권리를 보장하고 있는 헌법의 이념에 비추어 예외적으로 하자의 승계를 인정하고 있다. 본 판례에 대해서는 본 판례가 당해 사안을 선행행위의 후행행위에 대한 구속력의 문제로 보았다고 해석(김남진, 박균성)하기도 하고, 하자의 승계문제로 보면서도 일부 예외 또는 수정하는 견해라고 해석(김동희, 김성수, 류지태, 박윤흔, 홍준형)하기도 한다.

### (1) 동일한 목적·효과일 때만 하자승계 인정 ★ 14 행정사, 14 순경특채, 10 국회9급, 10 지방7급

동일한 행정목적을 달성하기 위하여 단계적인 일련의 절차로 연속하여 행하여지는 선행처분과 후행처분이 서로 결합하여 하나의 법률효과를 발생시키는 경우(승계요건), 선행처분이 하자가 있는 위법한 처분이라면, 비록 하자가 중대하고도 명백한 것이 아니어서 선행처분을 당연무효의 처분이라고 볼 수 없고, 행정쟁송으로 효력이 다투어지지도 아니하여 이미 불가쟁력이 생겼으며, 후행처분 자체에는 아무런 하자가 없다고 하더라도(논의의 전제), 선행처분을 전제로 하여 행하여진 후행처분도 선행처분과 같은 하자가 있는 위법한 처분으로 보아 항고소송으로 취소를 청구할 수 있다(승계효과)(대판 1993.2.9, 92누4567).

### (2)

선행처분과 후행처분이 서로 독립하여 별개의 법률효과를 발생시키는 때에 선행처분에 불가쟁력이 생겨 그 효력을 다툴 수 없게 된 경우, 원칙적으로 선행처분의 하자를 이유로 후행처분의 효력을 다툴 수 없다(대판 2017.7.18, 2016두49938).

## (3) 예외적으로 별개의 목적·효과임에도 하자승계를 인정

### ① 선행처분과 후행처분이 서로 독립하여 별개의 효과를 목적으로 하는 경우에도 선행처분의 하자를 이유로 후행처분의 효력을 다툴 수 있는 경우 ★ 18·17 지방9급, 15 변호사

**최신기출** 선행처분과 후행처분이 서로 독립하여 별개의 효과를 목적으로 하는 경우에도 선행처분의 불가쟁력이나 구속력이 그로 인하여 불이익을 입게 되는 자에게 수인한도를 넘는 가혹함을 가져오며, 그 결과가 당사자에게 예측가능한 것이 아닌 경우에는 국민의 재판받을 권리를 보장하고 있는 헌법의 이념에 비추어 선행처분의 후행처분에 대한 구속력은 인정될 수 없다(대판 2013.3.14, 2012두6964).

### ② 개별공시지가결정과 과세처분 ★ 21 국가9급, 19 국회8급, 17 서울7급, 14 사회복지, 14 변호사, 11·10 국가7급

**최신기출** 개별공시지가결정은 이를 기초로 한 과세처분 등과는 별개의 독립된 처분으로서 서로 독립하여 별개의 법률효과를 목적으로 하는 것이나, 개별공시지가는 이를 토지소유자나 이해관계인에게 개별적으로 고지하도록 되어 있는 것이 아니어서 토지소유자 등이 개별공시지가결정 내용을 알고 있었다고 전제하기도 곤란할 뿐만 아니라, 결정된 개별공시지가가 자신에게 유리하게 작용될 것인지 또는 불이익하게 작용될 것인지 여부를 쉽사리 예견할 수 있는 것도 아니며, 더욱이 장차 어떠한 과세처분 등 구체적인 불이익이 현실적으로 나타나게 되었을 경우에 비로소 권리구제의 길을 찾는 것이 우리 국민의 권리의식임을 감안하여 볼 때, 토지소유자 등으로 하여금 결정된 개별공시지가를 기초로 하여 장차 과세처분 등이 이루어질 것에 대비하여 항상 토지의 가격을 주시하고 개별공시지가결정이 잘못된 경우 정해진 시정절차를 통하여 이를 시정하도록 요구하는 것은 부당하게 높은 주의의무를 지우는 것이라고 아니할 수 없고, 위법한 개별공시지가결정에 대하여 그 정해진 시정절차를 통하여 시정하도록 요구하지 아니하였다는 이유로 위법한 개별공시지가를 기초로 한 과세처분 등 후행 행정처분에서 개별공시지가결정의 위법을 주장할 수 없도록 하는 것은 수인한도를 넘는 불이익을 강요하는 것으로서 국민의 재산권과 재판받을 권리를 보장한 헌법의 이념에도 부합하는 것이 아니라고 할 것이므로, 개별공시지가결정에 위법이 있는 경우에는 그 자체를 행정소송의 대상이 되는 행정처분으로 보아 그 위법 여부를 다툴 수 있음은 물론 이를 기초로 한 과세처분 등 행정처분의 취소를 구하는 행정소송에서도 선행처분인 개별공시지가결정의 위법을 독립된 위법사유로 주장할 수 있다고 해석함이 타당하다(대판 1994.1.25, 93누8542).
※ 본 판례에 대해서는 ① 선행행위의 후행행위에 대한 구속력의 문제로 보았다고 해석(김남진, 박균성)하기도 하고, ② 하자의 승계문제로 보면서도 일부예외 또는 수정하는 견해라고 해석(김동희, 김성수, 류지태, 박윤흔, 홍준형)하기도 한다.

선행처분인 개별공시지가결정의 하자가 과세처분 등 후행하는 처분에 승계될 수 있는지 여부에 관해 판례는 서로 결합하여 하나의 법률효과를 발생시킨다는 관점에서 하자승계를 인정하였다. (×) ■ 17 서울7급
선행처분인 개별공시지가결정이 위법하여 그에 기초한 개발부담금 부과처분도 위법하게 되었지만 그 후 적법한 절차를 거쳐 공시된 개별공시지가결정이 종전의 위법한 공시지가결정과 그 내용이 동일하다면 위법한 개별공시지가결정에 기초한 개발부담금 부과처분은 적법하게 된다. (×) ■ 19 국회8급

### ③ 개별토지가격 결정과 양도소득세 부과처분 ★ 14 변호사, 14 사회복지, 10 국가7급

두 개 이상의 행정처분이 연속적으로 행하여진 경우 선행처분과 후행처분이 서로 독립하여 별개의 법률효과를 목적으로 하는 때에는 선행처분에 불가쟁력이 생겨 그 효력을 다툴 수 없게 되면 선행처분의 하자가 중대하고 명백하여 당연무효인 경우를 제외하고는 선행처분의 하자를 이유로 후행처분을 다툴 수 없는 것이 원칙이나, 이 경우에도 선행처분의 불가쟁력이나 구속력이 그로 인하여 불이익을 입게 되는 자에게 수인한도를 넘는 가혹함을 가져오고 그 결과가 당사자에게 예측가능한 것이 아닌 경우에는 국민의 재판받을 권리를 보장하고 있는 헌법의 이념에 비추어 선행처분의 후행처분에 대한 구속력은 인정될 수 없다고 봄이 타당하므로, 선행처분에 위법이 있는 경우에는 그 자체를 행정소송의 대상으로 삼아 위법 여부를 다툴 수 있음은 물론, 이를 기초로 한 후행처분의 취소를 구하는 행정소송에서도 선행처분의 위법을 독립된 위법사유로 주장할 수 있다(대판 1998.3.13, 96누6059).

④ **개별토지가격 결정에 대한 재조사 청구에 따른 감액조정에 대하여 더 이상 불복하지 아니한 경우, 이를 기초로 한 양도소득세 부과처분 취소소송에서 다시 개별토지가격 결정의 위법을 당해 과세처분의 위법사유로 주장할 수 없다** ★ 10 국가7급

> 원고가 이 사건 토지를 매도한 이후에 그 양도소득세 산정의 기초가 되는 1993년도 개별공시지가 결정에 대하여 한 재조사청구에 따른 조정결정을 통지받고서도 더 이상 다투지 아니한 경우까지 선행처분인 개별공시지가 결정의 불가쟁력이나 구속력이 수인한도를 넘는 가혹한 것이거나 예측불가능하다고 볼 수 없어, 위 개별공시지가 결정의 위법을 이 사건 과세처분의 위법사유로 주장할 수 없다(대판 1998.3.13, 96누6059).

⑤ **표준지공시지가와 수용재결** ★ 18 국가9급, 17 서울7급, 16·11 국가7급, 15·12 순경특채, 14 서울9급, 14 사회복지, 14 변호사, 13 행정사, 12 지방7급, 12·10 지방9급, 10 국회9급

최신기출
> 인근 토지소유자 등으로 하여금 결정된 표준지공시지가를 기초로 하여 장차 토지보상 등이 이루어질 것에 대비하여 항상 토지의 가격을 주시하고 표준지공시지가결정이 잘못된 경우 정해진 시정절차를 통하여 이를 시정하도록 요구하는 것은 부당하게 높은 주의의무를 지우는 것이고, 위법한 표준지공시지가결정에 대하여 그 정해진 시정절차를 통하여 시정하도록 요구하지 않았다는 이유로 위법한 표준지공시지가를 기초로 한 수용재결 등 후행 행정처분에서 표준지공시지가결정의 위법을 주장할 수 없도록 하는 것은 수인한도를 넘는 불이익을 강요하는 것으로서 국민의 재산권과 재판받을 권리를 보장한 헌법의 이념에도 부합하는 것이 아니다. 따라서 표준지공시지가결정이 위법한 경우에는 그 자체를 행정소송의 대상이 되는 행정처분으로 보아 그 위법 여부를 다툴 수 있음은 물론, 수용보상금의 증액을 구하는 소송에서도 선행처분으로서 그 수용대상 토지가격 산정의 기초가 된 비교표준지공시지가결정의 위법을 독립한 사유로 주장할 수 있다(대판 2008.8.21, 2007두13845).
> ※ 표준지공시지가결정과 개별토지가격(개별공시지가)결정(대판 1995.3.28, 94누12920), 표준지공시지가결정과 개별토지가격(개별공시지가)결정(대판 1998.3.24, 96누6851), 조세부과처분(대판 1997.2.28, 96누10225) 간에는 하자승계를 부정

표준지공시지가는 토지시장에 지가정보를 제공하고 일반적인 토지거래의 지표가 되며, 국가·지방자치단체 등이 그 업무와 관련하여 지가를 산정하거나 감정평가업자가 개별적으로 토지를 감정평가하는 경우에 기준이 되는 행정규칙으로서의 고시이다. (x)
■ 17 서울7급

## 2. 하자승계 인정사례

| 구분 | | 사례 |
|---|---|---|
| 하명과 강제집행 | 인정 | 강제집행절차 상호 간<br>1. 대집행절차 상호 간(계고처분 ⇨ 대집행영장에 의한 통지 ⇨ 대집행의 실행 ⇨ 대집행에 요한 비용의 납부명령 사이)(대판 1996.2.9, 95누12507)<br>2. 강제징수절차 상호 간[독촉 ⇨ 체납처분(압류 ⇨ 매각(공매) ⇨ 청산)]<br>　　㉠ 독촉과 가산금·중가산금징수처분(대판 1986.10.28, 86누147)<br>　　㉡ 압류와 공매처분<br>　　㉢ 독촉과 압류 |
| | 부정 | 의무부과(하명)와 강제집행절차 상호 간<br>1. 건물철거명령과 대집행계고처분(대판 1982.7.27, 81누293)<br>2. 과세처분과 체납처분(대판 1987.9.22, 87누383) |
| 공시지가 | 인정 | 1. 개별공시지가결정과 과세처분(대판 1994.1.25, 93누8542)<br>　　※ 별개의 목적·효과임에도 하자의 승계를 인정한 예외판례임<br>2. 표준지공시지가와 수용재결(대판 2008.8.21, 2007두13845)<br>　　※ 별개의 목적·효과임에도 하자의 승계를 인정한 예외판례임 |

| | 부정 | 1. 개별토지가격 결정에 대한 재조사 청구에 따른 감액조정에 대하여 더 이상 불복하지 아니한 경우(대판 1998.3.13, 96누6059)<br>2. 표준지공시지가결정과 개별토지가격결정(조세부과처분) 사이<br>　① 표준지공시지가결정과 개별토지가격(개별공시지가)결정(대판 1995.3.28, 94누12920)<br>　② 표준지공시지가결정과 조세부과처분(대판 1997.2.28, 96누10225) |
|---|---|---|
| 기타 | 인정 | 1. 시 험<br>　① 한지의사시험자격인정과 한지의사면허처분(대판 1975.12.9, 75누123)<br>　② 안경사시험의 합격무효처분과 안경사면허취소처분(대판 1993.2.9, 92누4567)<br>2. 암매장분묘개장명령과 계고처분(대판 1961.12.21, 4293행상31)<br>　※ 하명과 강제집행 간의 하자승계 긍정한 예외판례임.<br>3. 귀속재산임대처분과 매각처분(대판 1963.2.7, 62누215)<br>4. 기준지가고시처분과 토지수용처분(대판 1979.4.24, 78누227)<br>5. 친일반민족행위진상규명위원회의 최종발표(선행처분)와 「독립유공자 예우에 관한 법률」 적용배제자 결정(후행처분)(대판 2013.3.14, 2012두6964)<br>6. 근로복지공단의 산재보험 사업종류 변경결정과 그에 따른 국민건강보험공단의 보험료 부과처분(대판 2020.4.9, 2019두61137) : 행정절차법에서 정한 처분절차를 준수함으로써 사업주에게 방어권행사 및 불복의 기회가 보장된 경우에는 부정, 실질적으로 행정절차법에서 정한 처분절차를 준수하지 않아 사업주에게 방어권행사 및 불복의 기회가 보장되지 않은 경우에는 예외적 인정 |
| | 부정 | 1. 변상판정과 변상명령(대판 1963.7.25, 63누65)<br>2. 공무원의 직위해제처분과 면직처분(대판 1984.9.11, 84누191)(규준력설에서는 수인가능성이 없음을 이유로 긍정)<br>3. 사업인정과 수용재결(대판 1987.9.8, 87누395)<br>4. 도시계획결정과 수용재결처분(대판 1990.1.23, 87누947)<br>5. 액화석유가스판매사업허가처분과 사업개시신고반려처분(대판 1991.4.23, 90누8756)<br>6. 재개발사업시행인가처분과 토지수용재결처분(대판 1992.12.11, 92누5584)<br>7. 수강거부처분과 수료처분(대판 1994.12.23, 94누477)<br>8. 택지개발지정처분과 택지개발계획의 승인처분(대판 1996.12.6, 95누8409)<br>9. 택지개발계획승인과 수용재결(대판 1996.4.26, 95누13241)<br>10. 사업계획승인처분과 도시계획시설변경 및 지적승인고시처분(대판 2000.9.5, 99두9889)<br>11. 토지등급설정 또는 수정처분과 과세처분(대판 2001.3.23, 98두5583)<br>12. 병역법상 보충역편입처분과 공익근무요원소집처분(대판 2002.12.10, 2001두5422)<br>13. 토지구획정리사업 시행 후 시행인가처분의 하자와 환지청산금 부과처분 사이(대판 2004.10.14, 2002두424)<br>14. 소득금액변동통지와 징수처분(납세고지)(대판 2012.1.26, 2009두14439)<br>15. 사업시행계획의 하자와 관리처분계획(대판 2012.8.23, 2010두13463)<br>16. 종전 상이등급 결정과 상이등급 개정 여부에 관한 결정(대판 2015.12.10, 2015두46505)<br>17. 도시·군계획시설결정과 실시계획인가(대판 2017.7.18, 2016두49938) |

**(1) 안경사시험의 합격무효처분과 안경사면허취소처분** ★ 15·12·10 순경특채

> 안경사 국가시험의 합격을 무효로 하는 처분을 함에 따라 보건사회부장관이 안경사면허를 취소하는 처분을 한 경우 합격무효처분과 면허취소처분은 동일한 행정목적을 달성하기 위하여 단계적인 일련의 절차로 연속하여 행하여지는 행정처분으로서, 안경사 국가시험에 합격한 자에게 주었던 안경사면허를 박탈한다는 하나의 법률효과를 발생시키기 위하여 서로 결합된 선행처분과 후행처분의 관계에 있다(대판 1993.2.9, 92누4567).

**(2)** 후행처분인 대집행비용납부명령 취소청구 소송에서 선행처분인 계고처분이 위법하다는 이유로 대집행비용납부명령의 취소를 구할 수 있다(대집행계고처분과 대집행비용납부명령 사이) ★ 21 지방9급, 20 국회9급, 19·15 국회8급, 18 서울7급

> 최신기출
>
> 대집행의 계고·대집행영장에 의한 통지·대집행의·실행·대집행에 요한 비용의 납부명령 등은, 타인이 대신하여 행할 수 있는 행정의무의 이행을 의무자의 비용부담하에 확보하고자 하는, 동일한 행정목적을 달성하기 위하여 단계적인 일련의 절차로 연속하여 행하여지는 것으로서, 서로 결합하여 하나의 법률효과를 발생시키는 것이므로, 선행처분인 계고처분이 하자가 있는 위법한 처분이라면, 비록 하자가 중대하고도 명백한 것이 아니어서 당연무효의 처분이라고 볼 수 없고 대집행의 실행이 이미 사실행위로서 완료되어 계고처분의 취소를 구할 법률상 이익이 없게 되었으며, 또 대집행비용납부명령 자체에는 아무런 하자가 없다 하더라도, 후행처분인 대집행비용납부명령의 취소를 청구하는 소송에서 청구원인으로 선행처분인 계고처분이 위법한 것이기 때문에 그 계고처분을 전제로 행하여진 대집행비용납부명령도 위법한 것이라는 주장을 할 수 있다(대판 1993.11.9, 93누14271).

선행 계고처분의 위법성을 들어 대집행 비용납부명령의 취소를 구할 수 없다. (x) ■ 15 국회8급

선행처분인 계고처분이 하자가 있는 위법한 처분이라도 당연무효의 처분이 아니라면 후행처분인 대집행비용납부명령의 취소를 청구하는 소송에서 그 계고처분을 전제로 행하여진 대집행비용납부명령도 위법한 것이라는 주장을 할 수는 없다. (x) ■ 19 국회8급

대집행 계고처분과 대집행 비용납부명령은 각각 별개의 법률효과를 발생시키는 것이어서 선행처분의 하자가 후행처분에 승계되지 아니한다. (x) ■ 20 국회9급

후행처분인 대집행비용납부명령 취소청구 소송에서 선행처분인 계고처분이 위법하다는 이유로 대집행비용납부명령의 취소를 구할 수 없다. (x) ■ 21 지방9급

**(3)** 후행처분인 대집행영장발부통보처분의 취소청구 소송에서 선행처분인 계고처분이 위법하다는 이유로 대집행영장발부통보처분도 위법한 것이라는 주장을 할 수 있다(대집행계고처분과 대집행영장발부통보처분 사이)

★ 18 국가9급, 14 사회복지, 14 변호사, 13·11 지방9급, 11 국가7급, 10 서울9급, 10 국회9급

> 최신기출
>
> 대집행의 계고, 대집행영장에 의한 통지, 대집행의 실행, 대집행에 요한 비용의 납부명령 등은 타인이 대신하여 행할 수 있는 행정의무의 이행을 의무자의 비용부담하에 확보하고자 하는, 동일한 행정목적을 달성하기 위하여 단계적인 일련의 절차로 연속하여 행하여지는 것으로서 서로 결합하여 하나의 법률효과를 발생시키는 것이므로, 선행처분인 계고처분이 하자가 있는 위법한 처분이라면, 비록 그 하자가 중대하고도 명백한 것이 아니어서 당연무효의 처분이라고 볼 수 없고, 행정소송으로 효력이 다투어지지도 아니하여 이미 불가쟁력이 생겼으며, 후행처분인 대집행영장발부통보처분 자체에는 아무런 하자가 없다고 하더라도, 후행처분인 대집행영장발부통보처분의 취소를 청구하는 소송에서 청구원인으로 선행처분인 계고처분이 위법한 것이기 때문에 그 계고처분을 전제로 행하여진 대집행영장발부통보처분도 위법한 것이라는 주장을 할 수 있다(대판 1996.2.9, 95누12507).

**(4)** 甲을 친일반민족행위자로 결정한 친일반민족행위진상규명위원회의 최종발표(선행처분)에 따라 지방보훈지청장이 「독립유공자 예우에 관한 법률」 적용 대상자로 보상금 등의 예우를 받던 甲의 유가족 乙 등에 대하여 「독립유공자 예우에 관한 법률」 적용배제자 결정(후행처분)을 한 사안에서, 선행처분의 후행처분에 대한 구속력을 인정할 수 없어 선행처분의 위법을 이유로 후행처분의 효력을 다툴 수 있다 ★ 15 변호사

> 진상규명위원회가 甲의 친일반민족행위자 결정 사실을 통지하지 않아 乙은 후행처분이 있기 전까지 선행처분의 사실을 알지 못하였고, 후행처분인 지방보훈지청장의 독립유공자법 적용배제결정이 자신의 법률상 지위에 직접적인 영향을 미치는 행정처분이라고 생각했을 뿐, 통지를 받지도 않은 진상규명위원회의 친일반민족행위자 결정처분이 자신의 법률상 지위에 영향을 주는 독립된 행정처분이라고 생각하기는 쉽지 않았을 것으로 보여, 乙이 선행처분에 대하여 「일제강점하 반민족행위 진상규명에 관한 특별법」에 의한 이의신청절차를 밟거나 후행처분에 대한 것과 별개로 행정심판이나 행정소송을 제기하지 않았다고 하여 선행처분의 하자를 이유로 후행처분의 효력을 다툴 수 없게 하는 것은 乙에게 수인한도를 넘는 불이익을 주고 그 결과가 乙에게 예측가능한 것이라고 할 수 없어 선행처분의 후행처분에 대한 구속력을 인정할 수 없으므로 선행처분의 위법을 이유로 후행처분의 효력을 다툴 수 있음에도, 이와 달리 본 원심판결에 법리를 오해한 위법이 있다고 한 사례(대판 2013.3.14, 2012두6964)

**(5) 근로복지공단의 산재보험 사업종류 변경결정과 그에 따른 국민건강보험공단의 보험료 부과처분의 관계**

최신판례 | 근로복지공단의 사업종류 변경결정에 따라 국민건강보험공단이 사업주에 대하여 하는 각각의 산재보험료 부과처분도 항고소송의 대상인 처분에 해당하므로, 사업주는 각각의 산재보험료 부과처분을 별도의 항고소송으로 다툴 수 있다. 그런데 근로복지공단이 사업종류 변경결정을 하면서 개별 사업주에 대하여 사전통지 및 의견청취, 이유제시 및 불복방법 고지가 포함된 처분서를 작성하여 교부하는 등 실질적으로 행정절차법에서 정한 처분절차를 준수함으로써 사업주에게 방어권행사 및 불복의 기회가 보장된 경우에는, 그 사업종류 변경결정은 그 내용·형식·절차의 측면에서 단순히 조기의 권리구제를 가능하게 하기 위하여 행정소송법상 처분으로 인정되는 소위 '쟁송법적 처분'이 아니라, 개별·구체적 사안에 대한 규율로서 외부에 대하여 직접적 법적 효과를 갖는 행정청의 의사표시인 소위 '실체법적 처분'에 해당하는 것으로 보아야 한다. 이 경우 사업주가 행정심판법 및 행정소송법에서 정한 기간 내에 불복하지 않아 불가쟁력이 발생한 때에는 그 사업종류 변경결정이 중대·명백한 하자가 있어 당연무효가 아닌 한, 사업주는 그 사업종류 변경결정에 기초하여 이루어진 각각의 산재보험료 부과처분에 대한 쟁송절차에서는 선행처분인 사업종류 변경결정의 위법성을 주장할 수 없다고 봄이 타당하다. 이 경우 근로복지공단의 사업종류 변경결정을 항고소송의 대상인 처분으로 인정하여 행정소송법에 따른 불복기회를 보장하는 것은 '행정법관계의 조기 확정'이라는 단기의 제소기간 제도의 취지에도 부합한다.
다만 근로복지공단이 사업종류 변경결정을 하면서 실질적으로 행정절차법에서 정한 처분절차를 준수하지 않아 사업주에게 방어권행사 및 불복의 기회가 보장되지 않은 경우에는 이를 항고소송의 대상인 처분으로 인정하는 것은 사업주에게 조기의 권리구제기회를 보장하기 위한 것일 뿐이므로, 이 경우에는 사업주가 사업종류 변경결정에 대해 제소기간 내에 취소소송을 제기하지 않았다고 하더라도 후행처분인 각각의 산재보험료 부과처분에 대한 쟁송절차에서 비로소 선행처분인 사업종류 변경결정의 위법성을 다투는 것이 허용되어야 한다(대판 2020.4.9, 2019두61137).

## 3. 하자승계 부정사례

**(1) 과세처분과 체납처분** ★ 19 국가9급, 13 행정사

최신기출 | 일정한 행정목적을 위하여 독립된 행위가 단계적으로 이루어진 경우에 선행행위인 과세처분의 하자는 당연무효 사유를 제외하고는 집행행위인 체납처분에 승계되지 아니한다(대판 1961.10.26, 4292행상73).

> 조세부과처분에 취소사유인 하자가 있는 경우 그 하자는 후행 강제징수절차인 독촉·압류·매각·청산절차에 승계된다. (x)
> ■ 19 국가9급

**(2) 건물철거명령과 대집행계고처분** ★ 22 국가9급, 14 순경특채 / 14 변호사, 13 지방7급, 13 행정사, 11 서울교행7급, 10 서울9급

최신기출 | 건물철거명령에 대한 소원(현 행정심판)이나 소송을 제기하여 그 위법함을 소구하는 절차를 거치지 아니하였다면 위 선행행위인 건물철거명령은 적법한 것으로 확정되었다고 할 것이니 후행행위인 대집행계고처분에서는 동 건물이 무허가건물이 아닌 적법한 건축물이라는 주장이나 그러한 사실인정을 하지 못한다(대판 1982.7.27, 81누293).

**(3) 공무원의 직위해제처분과 면직처분** ★ 22 국가9급, 15·10 순경특채, 14 사회복지, 13 행정사

최신기출 | 구 경찰공무원법 제50조 제1항에 의한 직위해제처분과 같은 제3항에 의한 면직처분은 후자가 전자의 처분을 전제로 한 것이기는 하나 각각 단계적으로 별개의 법률효과를 발생하는 행정처분이어서 선행 직위해제처분의 위법사유가 면직처분에는 승계되지 아니한다 할 것이므로 선행된 직위해제처분의 위법사유를 들어 면직처분의 효력을 다툴 수는 없다(대판 1984.9.11, 84누191).

> 선행처분인 공무원직위해제처분과 후행 직권면직처분 사이에는 하자의 승계가 인정된다. (x) ■ 22 국가9급

**(4) 사업인정의 위법부당한 하자를 이유로 수용재결처분의 취소를 구할 수 없다** ★ 16·12·10 국회8급, 15·13 변호사

> 사업인정단계에서의 하자를 다투지 아니하여 이미 쟁송기간이 도과한 수용재결단계에 있어서는 위 사업인정처분에 중대하고 명백한 하자가 있어 당연무효라고 볼만한 특단의 사정이 없다면 그 처분의 불가쟁력에 의하여 사업인정처분의 위법, 부당함을 이유로 수용재결처분의 취소를 구할 수 없다(대판 1987.9.8, 87누395).

선행 사업인정과 후행 수용재결 사이에는 하자가 승계된다. (x) ■ 16 국회8급

**(5) 도시계획결정과 수용재결처분 사이** ★ 18 서울7급, 16 지방7급, 15 순경특채, 12·10 지방9급

최신기출

> 도시계획의 수립에 있어서 도시계획법 제16조의2 소정의 공청회를 열지 아니하고 「공공용지의 취득 및 손실보상에 관한 특례법」 제8조 소정의 이주대책을 수립하지 아니하였더라도 이는 절차상의 위법으로서 취소사유에 불과하고 그 하자가 도시계획결정 또는 도시계획사업시행인가를 무효라고 할 수 있을 정도로 중대하고 명백하다고는 할 수 없으므로 이러한 위법을 선행처분인 도시계획결정이나 사업시행인가 단계에서 다투지 아니하였다면 그 쟁송기간이 이미 도과한 후인 수용재결단계에 있어서는 도시계획수립행위의 위와 같은 위법을 들어 재결처분의 취소를 구할 수는 없다고 할 것이다(대판 1990.1.23, 87누947).

**(6) 재개발사업시행인가처분과 토지수용재결처분 사이** ★ 14 지방7급, 14 서울9급, 12 순경특채

> 재개발사업시행인가처분 자체의 위법은 사업시행인가단계에서 다투어야 하고 이미 그 쟁송기간이 도과한 수용재결단계에서는 그 인가처분이 당연무효라고 볼 만한 특단의 사정이 없는 한 그 위법을 이유로 토지수용재결처분의 취소를 구할 수는 없다(대판 1992.12.11, 92누5584).

**(7) 택지개발계획승인과 수용재결** ★ 13·09 국회8급

> 건설부장관이 택지개발계획을 승인함에 있어서 토지수용법 제15조에 의한 이해관계자의 의견을 듣지 아니하였거나, 같은법 제16조 제1항 소정의 토지소유자에 대한 통지를 하지 아니한 하자는 중대하고 명백한 것이 아니므로 사업인정 자체가 당연무효라고 할 수 없고, 이러한 하자는 수용재결의 선행처분인 사업인정단계에서 다투어야 할 것이므로 쟁송기간이 도과한 이후에 위와 같은 하자를 이유로 수용재결의 취소를 구할 수 없다(대판 1993.6.29, 91누2342).

**(8) 표준지공시지가결정과 개별토지가격(개별공시지가)결정** ★ 19 국가7급, 15 변호사, 14 서울9급

최신기출

> 표준지로 선정된 토지의 공시지가에 대하여 불복하기 위하여는 지가공시 및 토지 등의 평가에 관한 법률 제8조 제1항 소정의 이의절차를 거쳐 처분청을 상대로 공시지가결정의 취소를 구하는 행정소송을 제기하여야 하고, 그러한 절차를 밟지 아니한 채 개별토지가격결정을 다투는 소송에서 개별토지가격 산정의 기초가 된 표준지공시지가의 위법성을 다툴 수는 없다(대판 1995.3.28, 94누12920).

취소사유에 해당하는 하자가 있는 표준지공시지가결정에 대한 취소소송의 제소기간이 지난 경우, 갑은 개별토지가격결정을 다투는 소송에서 그 개별토지가격 산정의 기초가 된 표준지공시지가의 위법성을 다툴 수 있다. (x) ■ 19 국가7급

**(9) 표준지로 선정된 토지의 표준지공시지가에 대한 불복절차를 밟지 않은 채 토지 등에 관한 재산세 등 부과처분의 취소를 구하는 소송에서 표준지공시지가결정의 위법성을 다투는 것은 원칙적으로 허용되지 않는다**
★ 14 서울9급

최신기출

> 표준지로 선정된 토지의 표준지공시지가를 다투기 위해서는 처분청인 국토교통부장관에게 이의를 신청하거나 국토교통부장관을 상대로 공시지가결정의 취소를 구하는 행정심판이나 행정소송을 제기해야 한다. 그러한 절차를 밟지 않은 채 토지 등에 관한 재산세 등 부과처분의 취소를 구하는 소송에서 표준지공시지가결정의 위법성을 다투는 것은 원칙적으로 허용되지 않는다(대판 2022.5.13, 2018두50147).

## (10) 토지등급설정 또는 수정처분과 과세처분 ★ 15·10 순경특채

> 행정청이 토지등급을 부당하게 설정 또는 수정한 것에 기인하여 조세가 과다하게 부과되었다고 하더라도 토지등급의 설정 또는 수정처분과 과세처분은 독립된 별개의 처분이므로 토지등급의 설정 또는 수정처분에 이의가 있으면 구 지방세법시행규칙 제44조에 의한 심사청구절차 등에 의하여 구제를 받아야 하고, 등급의 설정 또는 수정처분이 잘못되었음을 내세워 바로 과세처분을 다툴 수는 없으며, 다만 그 등급의 설정 또는 수정처분의 하자가 중대하고 명백하여 당연무효인 경우에만 그 하자를 이유로 과세처분을 다툴 수 있을 뿐이다(대판 2001.3.23, 98두5583).

## (11) 병역법상 보충역편입처분과 공익근무요원소집처분이 각각 단계적으로 별개의 법률효과를 발생하는 독립된 행정처분이므로 선행처분인 보충역편입처분의 효력을 다투지 아니하여 불가쟁력이 생긴 경우, 선행처분의 하자를 이유로 후행처분인 공익근무요원소집처분의 효력을 다툴 수 없다
★ 22·12 국가9급, 15·10 순경특채, 14 서울9급, 14 변호사, 11 국가7급

`최신기출`
> 보충역편입처분 등의 병역처분은 구체적인 병역의무부과를 위한 전제로서 징병검사 결과 신체등위와 학력·연령 등 자질을 감안하여 역종을 부과하는 처분임에 반하여, 공익근무요원소집처분은 보충역편입처분을 받은 공익근무요원소집대상자에게 기초적 군사훈련과 구체적인 복무기관 및 복무분야를 정한 공익근무요원으로서의 복무를 명하는 구체적인 행정처분이므로, 위 두 처분은 후자의 처분이 전자의 처분을 전제로 하는 것이기는 하나 각각 단계적으로 별개의 법률효과를 발생하는 독립된 행정처분이라고 할 것이므로, 따라서 보충역편입처분의 기초가 되는 신체등위 판정에 잘못이 있다는 이유로 이를 다투기 위하여는 신체등위 판정을 기초로 한 보충역편입처분에 대하여 쟁송을 제기하여야 할 것이며, 그 처분을 다투지 아니하여 이미 불가쟁력이 생겨 그 효력을 다툴 수 없게 된 경우에는, 병역처분변경신청에 의하는 경우는 별론으로 하고, 보충역편입처분에 하자가 있다고 할지라도 그것이 당연무효라고 볼만한 특단의 사정이 없는 한 그 위법을 이유로 공익근무요원소집처분의 효력을 다툴 수 없다(대판 2002.12.10, 2001두5422).

## (12) 토지구획정리사업 시행 후 시행인가처분의 하자를 이유로 환지청산금 부과처분의 효력을 다툴 수 없다
★ 11 국회8급

> 사업시행자의 자격이나 토지소유자의 동의 여부 및 특정 토지의 사업지구 편입 등에 하자가 있다고 주장하는 토지소유자 등은 시행인가 단계에서 그 하자를 다투었어야 하며, 시행인가처분에 명백하고도 중대한 하자가 있어 당연 무효라고 볼 특별한 사정이 없는 한, 사업시행 후 시행인가처분의 하자를 이유로 환지청산금 부과처분의 효력을 다툴 수는 없다(대판 2004.10.14, 2002두424).

## (13) 선행처분인 국제항공노선 운수권배분 실효처분 및 노선면허거부처분에 대하여 이미 불가쟁력이 생겨 그 효력을 다툴 수 없게 된 이상 그에 위법사유가 있더라도 그것이 당연무효 사유가 아닌 한 그 하자가 후행처분인 노선면허처분에 승계된다고 할 수 없다 ★ 19 국회8급

`최신기출`
> 피고가 참가인에게 한 이 사건 노선에 대한 운수권배분 및 이를 기초로 한 2000.4.15.자 이 사건 노선면허처분은 피고가 원고에게 한 위 1999.12.10.자 운수권배분 실효처분 및 노선면허거부처분이 유효함을 전제로 하고 있기는 하나 원고에게 한 위 각 처분과는 독립하여 별개의 법률효과를 목적으로 하는 독립한 행정처분이므로, 선행처분인 위 운수권배분 실효처분 및 노선면허거부처분에 대하여 이미 불가쟁력이 생겨 그 효력을 다툴 수 없게 된 이상 그에 위법사유가 있더라도 그것이 당연무효 사유가 아닌 한 그 하자가 후행처분인 이 사건 노선면허처분에 승계된다고 할 수 없다(대판 2004.11.26, 2003두3123).

선행처분인 국제항공노선 운수권 배분 실효처분 및 노선면허거부처분에 대하여 이미 불가쟁력이 생겨 그 효력을 다툴 수 없게 되었더라도 후행처분인 노선면허처분을 다투는 단계에서 선행처분의 하자를 다툴 수 있다. (x) ■ 19 국회8급

연대납부의무의 징수처분을 받은 공동상속인 중 1인이 다른 공동상속인에 대한 과세처분 자체에 취소사유가 있다는 이유로 그 징수처분의 취소를 구할 수 없다 ■ 21 국회8급

**(14) 소득금액변동통지의 처분성을 인정하는 대법원 판결 선고 이후에는 선행처분인 소득금액변동통지의 하자가 후행처분인 징수처분(납세고지)에 승계되지 않는다** ★ 19 국회8급

원천징수의무자인 법인이 원천징수하는 소득세의 납세의무를 이행하지 아니함에 따라 과세관청이 하는 납세고지는 확정된 세액의 납부를 명하는 징수처분에 해당하므로 선행처분인 소득금액변동통지에 하자가 존재하더라도 그 하자가 당연무효 사유에 해당하지 않는 한 후행처분인 징수처분에 그대로 승계되지 아니한다. 따라서 과세관청의 소득처분과 그에 따른 소득금액변동통지가 있는 경우 원천징수하는 소득세의 납세의무에 관하여는 이를 확정하는 소득금액변동통지에 대한 항고소송에서 다투어야 하고 그 소득금액변동통지가 당연무효가 아닌 한 징수처분에 대한 항고소송에서 이를 다툴 수는 없다고 해야 할 것이다(대판 2012.1.26, 2009두14439).

**(15) 선행처분인 도시·군계획시설결정에 하자가 있는 경우, 그 하자는 후행처분인 실시계획인가에 승계되지 않는다**
★ 21 변호사, 20 지방7급, 18 국회8급, 18 국가9급

도시·군계획시설결정과 실시계획인가는 도시·군계획시설사업을 위하여 이루어지는 단계적 행정절차에서 별도의 요건과 절차에 따라 별개의 법률효과를 발생시키는 독립적인 행정처분이다. 그러므로 선행처분인 도시·군계획시설결정에 하자가 있더라도 그것이 당연무효가 아닌 한 원칙적으로 후행처분인 실시계획인가에 승계되지 않는다(대판 2017.7.18, 2016두49938).

「국토의 계획 및 이용에 관한 법률」상 도시·군계획시설결정과 실시계획인가는 동일한 법률효과를 목적으로 하는 것이므로 선행처분인 도시·군계획시설결정의 하자는 실시계획인가에 승계된다. (x) ■ 18 국가9급
도시·군계획시설결정과 실시계획인가는 서로 결합하여 도시·군계획시설사업의 실시라는 하나의 법적 효과를 완성하므로, 도시·군계획시설결정의 하자는 실시계획인가에 승계된다. (x) ■ 20 지방7급
도시계획시설결정의 하자가 중대하나 명백하지 않은 경우 그 하자는 실시계획인가에 승계된다. (x) ■ 21 변호사

# 제7절 행정행위의 무효사유·취소사유

## 제1항 주체

### Ⅰ. 정당한 권한을 가진 행정기관이 아닌 자의 행위(원칙 무효)

#### 1. 위임의 근거가 없는 경우나 적법한 위임이 없는 경우

##### (1) 무효사유

①

> 유기장법 및 지방자치법 제7조의 규정에 비추어 유기장영업허가는 시장이 하게 되어 있을 뿐, 이 허가권을 동장에게 외부위임할 수 있는 근거가 없고 영업허가 권한이 없는 동장이 한 영업허가는 당연무효가 될 것이므로 동장으로부터 유기장영업허가 취소를 받은 자는 행정처분 취소를 소구할 이익이 없다(대판 1976.2.24, 76누1).

②

> 폐기물처리시설 설치계획에 대한 승인권자는 구「폐기물처리시설설치촉진및주변지역지원등에관한법률」제10조 제2항의 규정에 의하여 환경부장관이며, 이러한 설치승인권한을 환경관리청장에게 위임할 수 있는 근거도 없으므로, 환경관리청장의 폐기물처리시설 설치승인처분은 권한 없는 기관에 의한 행정처분으로서 그 하자가 중대하고 명백하여 당연무효이다(대판 2004.7.22, 2002두10704).

##### (2) 취소사유

①

> 구청장이 서울특별시 조례에 의한 적법한 위임 없이 택시운전자격정지처분을 한 경우, 그 하자가 비록 중대하다고 할지라도 객관적으로 명백하다고 할 수는 없으므로 당연무효사유가 아니다(대판 2002.12.10, 2001두4566).

② **적법한 권한 위임 없이 세관출장소장에 의하여 행하여진 관세부과처분** ★ 19·15 지방9급, 11 국회8급

최신기출
> 적법한 권한위임 없이 세관출장소장에 의하여 행하여진 관세부과처분은 그 하자가 중대하기는 하지만 객관적으로 명백하다고 할 수 없어 당연무효는 아니다(대판 2004.11.26, 2003두2403).

##### (3)

> 권한이 위임된 경우 수임자가, 내부위임의 경우에는 위임자가 권한을 가진 기관이다. 따라서 내부위임을 받은 수임기관이 자신의 명의로 처분을 한 경우는 무효사유(대판 1993.5.27, 93누6621)
> ※ 다만, 피고는 명의기관인 수임기관이라는 것이 판례

① 시장으로부터 체납취득세에 대한 압류처분권한을 내부위임받은 구청장이 자신의 이름으로 한 압류처분의 효력은 무효이다 ★ 21 국회9급

체납취득세에 대한 압류처분권한은 도지사로부터 시장에게 권한위임된 것이고 시장으로부터 압류처분권한을 내부위임받은 데 불과한 구청장으로서는 시장 명의로 압류처분을 대행처리할 수 있을 뿐이고 자신의 명의로 이를 할 수 없다 할 것이므로 구청장이 자신의 명의로 한 압류처분은 권한 없는 자에 의하여 행하여진 위법무효의 처분이다(대판 1993.5.27, 93누6621).

② 한국철도시설공단이 대구광역시 동구청에 철도부지로 사용하던 국유재산인 토지에 도로를 설치하여 사용허가 없이 점용·사용하고 있다는 이유로 변상금을 부과한 사안에서, 한국철도시설공단의 변상금부과처분은 권한 있는 자에 의한 처분으로서 적법하다고 한 사례

행정재산인 위 토지에 관한 관리청인 국토해양부장관의 변상금 부과권한은 한국철도시설공단에 위탁되어 이전되었다고 보아야 하므로, 한국철도시설공단의 변상금부과처분은 권한이 있는 자에 의한 처분으로서 적법하다(대판 2014.7.10, 2012두23358).

### (4) 대통령에게 한국방송공사 사장(정연주) 해임권한이 있다 ★ 18 국회8급

한국방송공사의 설치·운영에 관한 사항을 정하고 있는 방송법은 제50조 제2항에서 "사장은 이사회의 제청으로 대통령이 임명한다."고 규정하고 있는데, 한국방송공사 사장에 대한 해임에 관하여는 명시적 규정을 두고 있지 않다. 그러나 감사원은 한국방송공사에 대한 외부감사를 실시하고(방송법 제63조 제3항), 임용권자 또는 임용제청권자에게 임원 등의 해임을 요구할 수 있는데(감사원법 제32조 제9항) 이는 대통령에게 한국방송공사 사장 해임권한이 있음을 전제로 한 것으로 볼 수 있는 점, 방송법 제정으로 폐지된 구 한국방송공사법 제15조 제1항은 대통령이 한국방송공사 사장을 '임면'하도록 규정되어 있었고, 방송법 제정으로 대통령의 해임권을 제한하기 위해 '임명'이라는 용어를 사용하였다면 해임 제한에 관한 규정을 따로 두어 이를 명확히 할 수 있었을 텐데도 방송법에 한국방송공사 사장의 해임 제한 등 신분보장에 관한 규정이 없는 점 등에 비추어 방송법에서 '임면' 대신 '임명'이라는 용어를 사용한 입법 취지가 대통령의 해임권을 배제하기 위한 것으로 보기 어려운 점 등 방송법의 입법 경과와 연혁, 다른 법률과의 관계, 입법 형식 등을 종합하면, 한국방송공사 사장의 임명권자인 대통령에게 해임권한도 있다고 보는 것이 타당하다(대판 2012.2.23, 2011두5001).

한국방송공사의 설치·운영에 관한 사항을 정하고 있는 「방송법」은 제50조 제2항에서 "사장은 이사회의 제청으로 대통령이 임명한다."고 규정하고 있을 뿐 한국방송공사 사장에 대한 해임에 관하여는 명시적 규정을 두고 있지 아니하므로, 한국방송공사 사장의 임명권자인 대통령에게 해임권한이 없다고 보는 것이 타당하다. (x) ■ 18 국회8급

### (5) 대통령의 권한인 서훈취소처분을 국가보훈처장이 통지한 경우 주체나 형식에 하자가 있다고 보기 어렵다
★ 21 변호사

이 사건 서훈취소 처분의 통지가 처분권한자인 대통령이 아니라 그 보좌기관인 피고에 의하여 이루어졌다고 하더라도, 그 처분이 대통령의 인식과 의사에 기초하여 이루어졌고, 그 통지로 이 사건 서훈취소 처분의 주체(대통령)와 내용을 알 수 있으므로, 이 사건 서훈취소 처분의 외부적 표시의 방법으로서 위 통지의 주체나 형식에 어떤 하자가 있다고 보기도 어렵다(대판 2014.9.26, 2013두2518).

망인(亡人)의 친일행적을 이유로 국무회의 의결과 대통령 결재를 거쳐 망인에 대한 독립유공자 서훈이 취소된 후 국가보훈처장이 망인의 유족에게 행한 독립유공자 서훈취소결정통보는 권한 없는 기관에 의한 행정처분으로서 당연무효이다. (x) ■ 21 변호사

## 2. 적법하게 구성되지 않은 합의제기관의 행위

### (1)

> 행정청은 일반적으로 어떤 행정처분을 함에 앞서 법령 또는 재량에 의하여 그 사전심사를 위한 심의기구를 구성하여 이를 위임할 수 있는 것이므로 피고가 개인택시를 면허함에 있어서 개인택시면허심사회의를 구성하여 그 심사회의로 하여금 면허신청자의 자격 등을 심사하도록 하고 그 심사위원 중에 공무원 아닌 사람이 포함되어 있다고 하여 심사절차나 그 심사위원에 관하여 특별규정이 없는 이상 이를 무효라고 할 이유가 없다(대판 1985. 11.26, 85누394).

### (2) 표결과정에서 표결권이 없는 광역교통실장이 참석하여 다른 표결권자 대신 표결한 경우 개발제한구역 해제결정은 적법(원지동 추모공원사건)

> 2002.3.22. 개최된 중앙도시계획위원회의 표결과정에 있어 광역교통실장을 포함한 회의 참석인원 21명 전원이 표결에 참가하였고, 당시 회의에 참석하지 아니한 건설교통부차관이 회의에 참석한 것으로 참석자 명단이 작성된 것으로 보아 표결에 참가할 수 없는 광역교통실장이 건설교통부차관을 대신하여 표결한 것으로 볼 수밖에 없으나, 건설교통부차관의 찬성표를 제외하더라도 참석위원 20명 중 찬성 17표, 반대 3표로 이 사건 부지에 대한 개발제한구역 해제안이 가결되는 데에는 아무런 영향이 없는 점, 「개발제한구역의 지정 및 관리에 관한 특별조치법」 제7조 제3항에 의하면 피고가 개발제한구역의 지정 및 해제에 관한 도시계획을 결정하고자 할 때 중앙도시계획위원회의 심의를 거치도록 한 취지는 피고가 도시계획을 결정함에 있어서 도시계획에 관한 학식과 경험이 풍부한 자들로 구성된 위원회의 집합적 의견을 들어 이를 참고하라는 것일 뿐 중앙도시계획위원회의 심의결과에 기속되어 도시계획을 결정하여야 한다는 것은 아닌 점 등을 종합하면, 중앙도시계획위원회의 심의에 위와 같은 잘못이 있다고 하여 이 사건 처분까지 위법하다고 할 수 없다(대판 2007.4.12, 2005두2544).

## 3. 공무원이 정당한 증표를 제시하지 않고 행한 행위

### (1) 경찰관이 신분증을 제시하지 않고 불심검문을 하였으나, 검문하는 사람이 경찰관이고 검문하는 이유가 범죄행위에 관한 것임을 피고인이 알고 있었던 경우, 그 불심검문은 위법한 공무집행이 아니다

> 「경찰관 직무집행법」 제3조 제4항은 경찰관이 불심검문을 하고자 할 때에는 자신의 신분을 표시하는 증표를 제시하여야 한다고 규정하고, 「경찰관 직무집행법 시행령」 제5조는 위 법에서 규정한 신분을 표시하는 증표는 경찰관의 공무원증이라고 규정하고 있는데, 불심검문을 하게 된 경위, 불심검문 당시의 현장상황과 검문을 하는 경찰관들의 복장, 피고인이 공무원증 제시나 신분 확인을 요구하였는지 여부 등을 종합적으로 고려하여, 검문하는 사람이 경찰관이고 검문하는 이유가 범죄행위에 관한 것임을 피고인이 충분히 알고 있었다고 보이는 경우에는 신분증을 제시하지 않았다고 하여 그 불심검문이 위법한 공무집행이라고 할 수 없다(대판 2014.12.11, 2014도7976).

## II. 무권한의 행위(권한 없는 자의 행위)

### 1. 무권한의 행위(권한 없는 자의 행위)는 원칙적으로 무효사유

#### (1) 권한 없는 자의 원상복구명령에 따른 의무불이행을 이유로 한 계고처분의 효력 ★ 15 사회복지, 13 지방9급

> 행정기관의 권한에는 사무의 성질 및 내용에 따르는 제약이 있고, 지역적·대인적으로 한계가 있으므로 이러한 권한의 범위를 넘어서는 권한유월의 행위는 무권한 행위로서 원칙적으로 무효이고, 선행행위가 부존재하거나 무효인 경우에는 그 하자는 당연히 후행행위에 승계되어 후행행위도 무효로 된다(대판 1996.6.28, 96누4374).

#### (2) 권한을 유월한 의원면직처분의 효력 ★ 17 국회8급, 16·15 지방7급

> 행정청의 권한에는 사무의 성질 및 내용에 따르는 제약이 있고, 지역적·대인적으로 한계가 있으므로 이러한 권한의 범위를 넘어서는 권한유월의 행위는 무권한 행위로서 원칙적으로 무효라고 할 것이나, 행정청의 공무원에 대한 의원면직처분은 공무원의 사직의사를 수리하는 소극적 행정행위에 불과하고, 당해 공무원의 사직의사를 확인하는 확인적 행정행위의 성격이 강하며 재량의 여지가 거의 없기 때문에 의원면직처분에서의 행정청의 권한유월 행위를 다른 일반적인 행정행위에서의 그것과 반드시 같이 보아야 할 것은 아니다(대판 2007.7.26, 2005두15748).

임면권자가 아닌 행정청이 소속 공무원에 대하여 행한 의원면직처분은 권한유월의 행위로서 무권한의 행위이므로 당연무효이다. (x) ■ 15 지방7급

행정청이 권한을 유월하여 공무원에 대한 의원면직처분을 하였다면 그러한 처분은 다른 일반적인 행정행위에서의 그것과 같이 보아 당연무효로 보아야 한다. (x) ■ 16 지방7급

판례는 권한유월의 행위는 무권한의 행위로서 원칙적으로 취소사유로 보면서도 의원면직처분에서의 권한유월은 확인적 행정행위의 성격을 갖고 있기 때문에 원칙적으로 무효사유로 보아야 한다는 입장이다. (x) ■ 17 국회8급

#### (3) 임면권자가 아닌 국가정보원장이 5급 이상의 국가정보원직원에 대하여 한 의원면직처분이 당연무효가 아니라고 한 사례 ★ 21 변호사, 18 지방9급

> **최신기출** 이 사건은 감독관계에 있는 직근(直近) 상·하급행정청 사이의 권한위반에 관한 것으로서, 피고가 비록 5급 이상 국정원 직원에 대한 임면권자는 아니나, 그 임면에 대해 제청권이 있어 법적으로도 임면권자인 대통령의 권한행사에 실질적으로 관여할 수 있는 지위에 있었다는 점 등의 사정들을 종합적으로 고려하여 보면, 이 사건 의원면직처분은 임면권자가 아닌 피고에 의해 행해진 것으로 위법하고, 나아가 원고들의 명예퇴직원 내지 사직서 제출이 직위해제 후 1년여에 걸친 피고측의 종용에 의한 것이었다는 사정을 감안한다 하더라도 그러한 하자가 중대한 것이라고 볼 수는 없으므로, 대통령의 내부결재가 있었는지에 관계없이 당연무효는 아니라고 봄이 상당하다(대판 2007.7.26, 2005두15748).

무권한의 행위는 원칙적으로 무효라고 할 것이므로, 5급 이상의 국가정보원 직원에 대해 임면권자인 대통령이 아닌 국가정보원장이 행한 의원면직처분은 당연무효에 해당한다. (x) ■ 18 지방9급

5급 이상의 국가정보원 직원에 대하여 임면권자인 대통령이 아닌 국가정보원장이 행한 의원면직처분은 당연무효이다. (x)
■ 21 변호사

## 2. 사항적 무권한

### (1) 음주운전을 단속한 경찰관 명의로 행한 운전면허정지처분은 당연무효이다 ★ 12 지방7급, 12 순경특채

> 운전면허에 대한 정지처분권한은 경찰청장으로부터 경찰서장에게 권한위임된 것이므로 음주운전자를 적발한 단속 경찰관으로서는 관할 경찰서장의 명의로 운전면허정지처분을 대행처리할 수 있을지는 몰라도 자신의 명의로 이를 할 수는 없다 할 것이므로, 단속 경찰관이 자신의 명의로 운전면허행정처분통지서를 작성·교부하여 행한 운전면허정지처분은 비록 그 처분의 내용·사유·근거 등이 기재된 서면을 교부하는 방식으로 행하여졌다고 하더라도 권한 없는 자에 의하여 행하여진 점에서 무효의 처분에 해당한다(대판 1997.5.16, 97누2313).

### (2) 구 「소득세법 시행령」 제192조 제1항 단서에 따른 소득금액변동통지를 납세지 관할 세무서장 또는 관할 지방국세청장이 아닌 다른 세무서장 또는 지방국세청장이 한 경우, 관할 없는 과세관청의 통지로서 흠이 있는 통지이다

> 구 「소득세법 시행령」 제192조 제1항은 소득의 귀속자에게 하는 소득금액변동통지의 주체를 '법인소득금액을 결정 또는 경정하는 세무서장 또는 지방국세청장'으로 정하고 있고, 구 법인세법 제12조, 제66조, 제67조는 법인세의 결정 또는 경정이나 소득처분을 하는 주체를 납세지 관할 세무서장 또는 관할 지방국세청장으로 정하고 있는 점, … 구 「소득세법 시행령」 제192조 제1항 단서에 따른 소득금액변동통지를 납세지 관할 세무서장 또는 관할 지방국세청장이 아닌 다른 세무서장 또는 지방국세청장이 하였다면 이는 관할 없는 과세관청의 통지로서 흠이 있는 통지라고 할 것이다(대판 2015.1.29, 2013두4118).

### (3) 개별 시·도지사가 관할 지역의 운송업체에 대하여 직행형 시외버스운송사업의 면허를 부여한 후 사실상 고속형 시외버스운송사업에 해당하는 운송사업을 할 수 있도록 사업계획변경을 인가하는 것은 위법한 처분이고, 이러한 위법한 인가처분이 존속하게 된 결과, 사실상 고속형 시외버스운송사업을 하게 된 직행형 시외버스운송사업자에 대하여 위법상태의 일부라도 유지하는 내용의 새로운 사업계획변경을 재차 인가하는 시·도지사의 처분이 위법하며, 위 처분은 전체적으로 위법하다

> 고속형 시외버스운송사업의 면허에 관한 권한과 운행시간·영업소·정류소 및 운송부대시설의 변경을 넘는 사업계획변경인가에 관한 권한은 국토해양부장관에게 유보되어 있는 반면, 고속형 시외버스운송사업을 제외한 나머지 시외버스운송사업의 면허 및 사업계획변경인가에 관한 권한은 모두 시·도지사에게 위임되어 있다. 따라서 개별 시·도지사가 관할 지역의 운송업체에 대하여 직행형 시외버스운송사업의 면허를 부여한 후 사실상 고속형 시외버스운송사업에 해당하는 운송사업을 할 수 있도록 사업계획변경을 인가하는 것은 시·도지사의 권한을 넘은 위법한 처분에 해당한다. 또한 이러한 위법한 인가처분이 존속하게 된 결과, 사실상 고속형 시외버스운송사업을 하고 있게 된 직행형 시외버스운송사업자에 대하여 그러한 위법상태의 일부라도 유지하는 내용의 새로운 사업계획변경을 재차 인가하는 시·도지사의 처분은 원칙적으로 권한을 넘는 위법한 처분으로 봄이 타당하다. 그 이유는, 시·도지사에 의하여 권한 없이 발령되었으나 당연무효로 보기는 어려운 위법한 수익적 처분에 대하여 직권 취소가 제한되거나 쟁송취소가 이루어지지 못함으로써 그 처분이 단순히 유지되는 것은 불가피한 것이지만, 시·도지사가 이에 그치지 않고 더 나아가 이러한 변경인가 처분을 하는 것은, 당초부터 처분권한이 없던 시·도지사가 위법한 종전 처분이 유지되고 있음을 기화로 그 내용을 적극적으로 바꾸어 새로운 위법상태를 형성하는 것이기 때문이다. 나아가 이러한 변경인가 처분은 전체적 관점에서 각 노선별 교통수요 등을 예측하여 이루어지는 것이어서 내용상 불가분적으로 연결되어 있다고 볼 수 있으므로, 이는 전체적으로 위법하다고 볼 수 있다(대판 2018.4.26, 2015두53824).

## III. 행정기관의 의사에 결함이 있는 경우

### 1. 착오로 인한 행위

#### (1) 무효사유

##### ① 착오에 의한 행정재산 매각처분

> 행정재산은 공유물로서, 이른바 사법상 거래의 대상이 되지 아니하는 불융통물이므로 이러한 행정재산을 관재당국이 모르고 매각처분하였다면 그 매각처분은 무효이다(대판 1967.6.27, 67다806).

##### ② 착오로 인한 양도소득세 부과 ★ 11 지방9급

> 부동산을 양도한 사실이 없음에도 세무당국이 부동산을 양도한 것으로 오인하여 양도소득세를 부과하였다면 그 부과처분은 착오에 의한 행정처분으로서 그 표시된 내용에 중대하고 명백한 하자가 있어 당연무효이다(대판 1983.8.23, 83누179).

#### (2) 취소사유

##### ①

> 체납처분으로서의 압류는, 그 대상을 납세자의 재산에 국한하고 있으므로 납세자가 아닌 자의 재산에 대한 압류는 위법이다(대판 1983.12.13, 82누21).

##### ②

> 과세관청이 증여세과세처분 당시 납세자의 주소지나 거소지를 관할하는 세무서는 아니지만, 증여세 결정 전 통지서가 송달될 당시에는 납세자의 주소지를 관할하고 있었고, 과세처분 납세고지서가 납세자에게 송달되어 납세자가 증여세를 그 납부기한 안에 납부하였으며, 과세처분 당시 3개월마다 갱신되는 전산자료를 행정자치부(현 안전행정부)로부터 받아 납세자의 주소지를 확인하고 있던 과세당국으로서는 과세처분 납세고지서가 납세자에게 송달될 때 납세자의 주민등록 변경사항을 전산자료를 통하여 확인할 수 없었던 점 등에 비추어 보면, 납세자의 주소지를 관할하지 아니하는 세무서장이 한 증여세부과처분이 위법하나 그 흠이 객관적으로 명백하여 당연무효라고 볼 수는 없다(대판 2003.1.10, 2002다61897).

### 2. 사기·강박·증수뢰에 의한 행위는 취소사유

#### ※ 저항할 수 없을 정도의 강박에 의한 행위는 무효사유

① 부정한 방법으로 유발한 착오로 인한 귀속재산의 이중매매(대판 1970.2.24, 69누83)
② 응시자격의 결정을 사위의 방법으로 받아서 얻은 한지의사 면허처분(대판 1975.12.9, 75누123)

# 제2항 내용

## Ⅰ. 내용이 실현불가능한 경우

### 1. 내용이 실현불능인 행위는 사실상 불능, 법률상 불능을 막론하고 무효 ★ 18 국회8급

<u>최신기출</u>  행정행위 효력요건은 정당한 권한 있는 기관이 필요한 수속을 거치고 필요한 표시의 형식을 갖추어야 할 뿐만 아니라, 행정행위의 내용이 법률상 효과를 발생할 수 있는 것이어야 되며 그 중의 어느 하나의 요건의 흠결도 당해 행정행위의 절대적 무효를 초래하는 것이며 행정행위의 내용이 법률상 결과를 발생할 수 없는 권리의무를 목적한 것이면 그 행정행위 및 부관은 절대무효이다(대판 1959.5.14, 4290민상834).

행정행위 효력요건은 정당한 권한 있는 기관이 필요한 절차를 거치고 필요한 표시의 형식을 갖추어야 할 뿐만 아니라, 행정행위의 내용이 법률상 효과를 발생할 수 있는 것이어야 되며 그 중의 어느 하나의 요건의 흠결도 당해 행정행위의 취소원인이 된다. (x)
■ 18 국회8급

### 2. 사람(人)에 관한 불능

#### (1)

존재하지 않는 허무인을 대상으로 하는 행위 : 사자에 대한 귀속재산 불하처분의 취소처분(대판 1969.1.21, 68누190), 사자에 대한 농지소재지관서의 증명(대판 1964.6.24, 64다142)

#### (2)

명백하게 권리 또는 의무능력 없는 자에 대하여 권리를 부여하거나 의무를 명하는 경우 : 법원의 행정처분 집행정지결정에 위배한 처분(대판 1961.11.23, 4294행상3), 비사업자에 대한 사업소득세 부과처분(대판 1969.11.11, 69누83), 비영리법인에 대한 사업소득세 부과징수처분(대판 1969.11.11, 69누122), 부동산을 양도한 사실이 없음에도 세무당국이 착오로 인한 양도소득세 부과(대판 1983.8.23, 83누179), 가옥을 소유하지 아니한 자에 대한 재산세부과, 남편이 무허가로 건물을 축조함에 있어 도와 준 처에 대하여 한 철거계고처분(대판 1991.10.11, 91누896)

#### (3) 임용권자의 과실에 의한 임용결격자에 대한 경찰공무원 임용행위의 효력은 무효이다 ★ 16 국가9급

경찰공무원법에 규정되어 있는 경찰관임용 결격사유는 경찰관으로 임용되기 위한 절대적인 소극적 요건으로서 임용 당시 경찰관임용 결격사유가 있었다면 비록 임용권자의 과실에 의하여 임용결격자임을 밝혀내지 못하였다 하더라도 그 임용행위는 당연무효로 보아야 한다(대판 2005.7.28, 2003두469).

임용 당시 법령상 공무원임용 결격사유가 있었더라도 임용권자의 과실에 의하여 임용결격자임을 밝혀내지 못한 경우라면 그 임용행위가 당연무효가 된다고 할 수는 없다. (x) ■ 16 국가9급

(4) 갑 재건축조합(해청아파트1단지재건축조합)이 재건축한 공동주택에 관하여 을 구청장(서울특별시 강남구청장)으로부터 준공인가 전 사용허가를 받은 후 동·호수 추첨이 무효라는 확정판결이 있었는데도 당초의 추첨 결과에 따른 집합건물대장 작성절차를 강행하였는데, 조합원들이 '기존의 동·호수 추첨 결과에 따라 배정된 주택에 잠정적으로 입주하는 것을 허용하되, 이로 인하여 입주한 동·호수를 분양받은 것으로 의제되는 것은 아니다.'라는 취지의 가처분결정을 받은 후 입주하고 소유권보존등기를 마치자, 을 구청장이 사용승인 이후부터 조합원들이 소유권보존등기를 마치기 전까지 기간 동안 갑 조합이 공동주택의 사실상 소유자라고 보아 갑 조합에 재산세를 부과하는 처분을 한 사안에서, 처분은 하자가 중대하고 명백하여 당연무효라고 한 사례

> 재건축조합인 갑 조합은 구 지방세법 제107조 제1항에서 정한 재산세 납세의무자인 '사실상 소유자'로 볼 수 없고, 구 지방세법 제107조 제3항에서 정한 재산세 납세의무자인 '사용자'에도 해당하지 않으므로, 처분은 납세의무자가 아닌 자에 한 과세처분으로 하자가 중대하고, 을 구청장은 조합원들에게 배정된 공동주택에 관하여 갑 조합으로부터 조합원분으로 통지를 받아 건축물관리대장을 작성하였으므로 공동주택이 조합원용임을 이미 알고 있었던 점 등을 종합하면, 갑 조합이 공동주택의 재산세 납세의무자가 아님은 객관적으로 명백하므로, 처분은 하자가 중대하고 명백하여 당연무효라고 한 사례(대판 2016.12.29, 2014두2980, 2997).

## 3. 물건(物)에 관한 불능

(1)

> 명백하게 행정행위의 목적이 될 수 없는 물건을 목적으로 하는 행위 : 국유하천에 대한 부동산투기억제세부과처분(대판 1975.1.28, 74누300), 적법한 건물에 대한 대집행(대판 1999.4.27, 97누6780), 체납자 아닌 제3자 소유물건에 대한 압류처분(대판 2006.4.13, 2005두15151)

(2) 납세의무자 또는 특별징수의무자가 아닌 제3자의 재산을 대상으로 한 압류처분의 효력은 당연무효이다
★ 21 국회9급, 18 서울7급, 11 국회8급

`최신기출` 체납처분으로서 압류의 요건을 규정한 구 지방세법 제28조를 보면 어느 경우에나 압류의 대상을 납세의무자 또는 특별징수의무자의 재산에 국한하고 있으므로, 납세의무자 또는 특별징수의무자가 아닌 제3자의 재산을 대상으로 한 압류처분은 그 처분의 내용이 법률상 실현될 수 없는 것이어서 당연무효이다(대판 2013.1.24, 2010두27998).

(3) 과세관청이 납세자에 대한 체납처분으로서 국내은행 해외지점에 예치된 예금에 대한 반환채권을 대상으로 한 압류처분은 무효이다

> 국내은행의 해외지점은 외국에 소재하면서 본점이나 국내지점과는 달리 별도로 소재지인 외국의 법령에 따른 인가를 받아 외국의 은행으로 간주되고, 은행업을 경영함에 있어서도 외국의 법령에 따라 외국 금융당국의 규제 및 감독을 받으며, 국내은행 해외지점에서 이루어지는 예금거래에 대해서도 소재지인 외국의 법령이 적용됨이 일반적이다. 또한 국내은행 해외지점은 본점 및 국내지점과 전산망이 연결되어 있지 아니하고, 국내은행 해외지점에 예치한 예금은 해외지점이 소재한 외국에서만 인출할 수 있을 뿐 이를 국내에서 처분하기 위해서는 다시 국내로의 송금 절차를 거쳐야만 한다. 따라서 과세관청이 납세자에 대한 체납처분으로서 국내은행 해외지점에 예치된 예금에 대한 반환채권을 대상으로 한 압류처분은 국세징수법에 따른 압류의 대상이 될 수 없는 재산에 대한 것으로서 무효이다(대판 2014.11.27, 2013다205198).

## 4. 법률관계에 관한 불능

> 판매되지 않은 물품에 대한 물품세 부과처분(대판 1966.12.20, 65다43), 확정판결 이전의 사실에 의하여 한 확정판결에 저촉되는 행정처분(대판 1962.10.11, 4294민상1282)

## Ⅱ. 내용이 불명확한 경우

### 1. 행정처분은 그 유효요건으로서 그 처분의 목적물이 특정되어 있어야 할 것이고, 이것이 특정되어 있지 아니한다 할 것 같으면 그 행정처분은 무효임을 면할 수 없다(대판 1964.5.26, 63누136)

(1) '이익제공강요' 및 '불이익제공'의 내용이 구체적으로 명확하게 특정되지 아니한 상태에서 이루어진 시정명령은 위법하다

> '이익제공 강요' 및 '불이익제공'의 내용이 구체적으로 명확하게 특정되어야 하고, 그러하지 아니한 상태에서 이루어진 그 시정명령은 위법하다. 대형할인매장이 납품업자들에게 각종 비용을 부담시킨 행위에 대한 공정거래위원회의 시정명령이 그 대상이 되는 행위의 내용을 구체적으로 명확하게 특정하지 않아 위법하다고 한 사례(대판 2007.1.12, 2004두7139)

(2) 노동위원회가 사용자에게 '부당한 징계 및 해고기간 동안 정상적으로 근무하였다면 받을 수 있었던 임금상당액을 지급하라'는 구제명령을 하고 구제명령 불이행을 이유로 이행강제금을 부과한 사안에서, 위 구제명령에서 지급의무의 대상이 되는 '임금상당액'의 액수를 구체적으로 특정하지 않았다고 하더라도 구제명령의 이행이 불가능할 정도로 불특정하여 위법·무효라고 할 수 없으므로, 이행강제금 부과처분이 적법하다고 한 원심의 판단을 수긍한 사례

> 위 구제명령은 자체로 집행력이 발생하는 것은 아니고 수범자인 사용자의 행위에 의하여 실현되는 것이므로 내용의 특정 여부에 관하여 지나치게 엄격하게 해석할 필요가 없고 사용자는 평균임금을 기초로 하여 부당해고 기간 동안 정상적으로 근로를 제공하였다면 받을 수 있었던 임금상당액을 용이하게 산정할 수 있는 것으로 보이는 점 등에 비추어, 구제명령에서 지급의무의 대상이 되는 '임금상당액의 액수를 구체적으로 특정하지 않았다고 하더라도 구제명령의 이행이 불가능할 정도로 불특정하여 위법·무효라고 할 수 없으므로, 이행강제금 부과처분은 적법하다(대판 2010.10.28, 2010두12682)

## Ⅲ. 기타

### 1. 위헌법률, 위헌·위법의 명령·조례·규칙은 무효사유(대판 1995.8.22, 94누5694)

### 2. 위헌무효인 법률에 근거한 행정처분의 효력

#### (1) 위헌법률에 근거한 행정처분(위헌결정 전에 한 처분)은 중대한 하자이지만 명백하지 않으므로 취소사유이다

★ 21 국회9급, 15·10 지방7급, 15·13·12 국가9급, 14 국회8급, 14 서울9급, 14·13 지방9급, 14·12 순경특채, 13 서울7급

`최신기출` 하자 있는 행정처분이 당연무효가 되기 위해서는 그 하자가 중대할 뿐만 아니라 명백한 것이어야 하는바, 일반적으로 국회에서 헌법과 법률이 정한 절차에 의하여 제정·공포된 법률이 헌법에 위반된다는 사정은 헌법재판소의 위헌결정이 있기 전에는 객관적으로 명백한 것이라고 할 수는 없으므로, 특별한 사정이 없는 한 이러한 하자는 행정처분의 취소사유에 해당할 뿐 당연무효 사유는 아니다(대판 1998.4.10, 96다52359).

처분 이후에 처분의 근거가 된 법률이 헌법재판소에 의해 위헌으로 결정되었다면 그 처분은 법률상 근거 없는 처분이 되어 당연무효임이 원칙이다. (×) ■ 15 지방7급

#### (2) 위헌결정 이후 위헌무효인 법률에 근거한 처분의 효력 : 위헌법률의 집행력 부정

#### ① 위헌결정 이후에 행해진 행정처분(체납처분)은 중대한 하자이고, 그 위헌 여부가 헌법재판소에 의해 명백히 밝혀짐으로써 객관적으로 명백한 하자이므로 무효사유이다 ★ 14 국회8급, 14 순경특채, 13 서울7급, 13 변호사, 07 국가7급

구 「택지소유 상한에 관한 법률」(1998.9.19. 법률 제5571호로 폐지) 소정의 택지초과소유부담금은 조세의 일종이 아니라 위 법이 정한 의무위반에 대한 제재로서 부과하는 금전적 부담으로서 위 법의 목적을 실현하기 위한 이행강제수단에 불과하므로 법률적인 근거 없이는 체납 택지초과소유부담금을 국세징수법에 따라 강제로 징수할 수는 없다 할 것인데, … 체납 택지초과소유부담금을 강제로 징수할 수 있는 다른 법률적 근거가 없으므로, 위 위헌결정 이전에 이미 택지초과소유부담금 부과처분과 압류처분 및 이에 기한 압류등기가 이루어지고 각 처분이 확정되었다고 하여도, 위헌결정 이후에는 별도의 행정처분인 공매처분 등 후속 체납처분 절차를 진행할 수 없고, 만일 그와 같은 절차를 진행하였다면 그로 인한 공매처분은 법률의 근거 없이 이루어진 것으로서 그 하자가 중대하고도 명백하여 당연무효라고 할 것이며, 그 공매처분에 기하여 이루어진 소유권이전등기 역시 원인무효의 등기라고 할 것이다(대판 2002.11.22, 2002다46102).

#### ② 위헌결정 이전에 이미 부담금 부과처분과 그 징수를 위한 압류처분이 확정되었다고 하더라도 납부가 자기의 자유로운 의사에 반하여 이루어진 것으로 볼 수 있는 사정이 있는 때에는 위헌결정 이후 납부한 부담금의 부당이득반환 긍정

구 「택지소유상한에 관한 법률」에 대한 위헌결정 이전에 부담금 등에 대한 수납 및 징수가 완료된 경우에는 법적 안정성의 측면에서 부득이 과거의 상태를 그대로 유지시켜 그 반환청구를 허용할 수 없다고 하더라도, 위헌결정 이후에는 국민의 권리구제의 측면에서 위헌법률의 적용상태를 그대로 방치하거나 위헌법률의 종국적인 실현을 위한 국가의 추가적인 행위를 용납하여서는 아니 되므로, 위헌결정 이전에 이미 부담금 부과처분과 그 징수를 위한 압류처분이 확정되었다고 하더라도, 위헌결정 이후에는 부담금 등의 납부의무가 없음을 알면서도 압류해제거부로 인한 사실상의 손해를 피하기 위하여 부득이 부담금 등을 납부하게 된 경우 등 그 납부가 자기의 자유로운 의사에 반하여 이루어진 것으로 볼 수 있는 사정이 있는 때에는 납부자가 그 반환청구권을 상실하지 않는다(대판 2003.9.2, 2003다14348).

### ③ 위헌인 법률에 근거한 행정처분의 집행이나 집행력을 유지하기 위한 행위는 허용되지 않는다

★ 20 국회8급, 18 지방9급, 13 서울7급, 13 국가9급

최신기출 | 위헌법률에 기한 행정처분의 집행이나 집행력을 유지하기 위한 행위는 위헌결정의 기속력에 위반되어 허용되지 않는다고 보아야 할 것인데, 그 위헌결정 이전에 이미 부담금 부과처분과 압류처분 및 이에 기한 압류등기가 이루어지고 위의 각 처분이 확정되었다고 하여도, 위헌결정 이후에는 별도의 행정처분인 매각처분, 분배처분 등 후속 체납처분절차를 진행할 수 없는 것은 물론이고, 특별한 사정이 없는 한 기존의 압류등기나 교부청구만으로는 다른 사람에 의하여 개시된 경매절차에 배당을 받을 수도 없다(대판 2002.8.23, 2001두2959).

> 근거법률의 위헌결정 이전에 이미 부담금 부과처분과 압류처분 및 이에 기한 압류등기가 이루어지고 각 처분이 확정된 경우에는 기존의 압류등기나 교부청구로도 다른 사람에 의하여 개시된 경매절차에서 배당을 받을 수 있다. (x) ■ 18 지방9급

### ④

> 부담금의 물납허가처분 이행을 위한 등기촉탁이 택상법에 대한 위헌결정이 있는 날인 1999.4.29. 이루어진 것은 법률의 근거 없이 이루어진 것으로서 무효라고 본 사례(대판 2005.4.15, 2004다58123)

### ⑤ 과세처분 이후 그 근거가 되었던 법률규정에 대하여는 위헌결정이 있었으나 그 조세채권의 집행을 위한 후속 체납처분의 근거규정에 대하여는 따로 위헌결정이 없었던 경우에도 그 체납처분의 하나인 압류처분은 당연무효이다 ★ 22·17·16·14·13 국가9급, 21·17·16 지방7급, 19·16 국가7급, 18·17 서울7급, 17·16·15 지방9급, 16 국회8급, 15 변호사

최신기출 전합판례 | 위헌결정의 기속력과 헌법을 최고규범으로 하는 법질서의 체계적 요청에 비추어 국가기관 및 지방자치단체는 위헌으로 선언된 법률규정에 근거하여 새로운 행정처분을 할 수 없음은 물론이고, 위헌결정 전에 이미 형성된 법률관계에 기한 후속처분이라도 그것이 새로운 위헌적 법률관계를 생성·확대하는 경우라면 이를 허용할 수 없다고 봄이 타당하다. 따라서 조세 부과의 근거가 되었던 법률규정이 위헌으로 선언된 경우, 비록 그에 기한 과세처분이 위헌결정 전에 이루어졌고, 그 과세처분에 대한 제소기간이 이미 경과하여 조세채권이 확정되었으며, 그 조세채권의 집행을 위한 체납처분의 근거규정 자체에 대하여는 따로 위헌결정이 내려진 바 없다고 하더라도, 위와 같은 위헌결정 이후에 조세채권의 집행을 위한 새로운 체납처분에 착수하거나 이를 속행하는 것은 더 이상 허용되지 않고, 나아가 이러한 위헌결정의 효력에 위배하여 이루어진 체납처분은 그 사유만으로 하자가 중대하고 객관적으로 명백하여 당연무효라고 보아야 한다[대판(전합) 2012.2.16, 2010두10907].

> 과세처분의 근거규정에 대한 헌법재판소의 위헌결정이 내려진 후 행한 체납처분은 그 하자가 객관적으로 명백하다고 할 수 없다. (x) ■ 15 지방9급
> 부담금 부과처분 이후에 처분의 근거법률이 위헌결정된 경우, 그 부과처분에 불가쟁력이 발생하였고 위헌결정 전에 이미 관할 행정청이 압류처분을 하였다면, 위헌결정 이후에도 후속절차인 체납처분절차를 통하여 부담금을 강제징수할 수 있다. (x) ■ 16 국가9급
> 법률이 위헌으로 선언된 경우, 위헌결정 전에 이미 형성된 법률관계에 기한 후속처분은 비록 그것이 새로운 위헌적 법률관계를 생성·확대하는 경우라도 당연무효라 볼 수는 없다. (x) ■ 16 지방7급
> 과세처분 이후에 그 근거법률이 위헌결정을 받았으나 이미 과세처분의 불가쟁력이 발생한 경우, 당해 과세처분에 대한 조세채권의 집행을 위한 체납처분의 속행은 적법하다. (x) ■ 17 지방9급

⑥ 법률상 정해진 처분 요건에 따라 부담금을 부과·징수하는 침익적 처분의 근거 법령에 대한 헌법불합치결정이 있은 후 개선입법이 없는 경우, 행정청이 사법적 판단에 따라 위헌이라고 판명된 내용과 동일한 취지로 부담금 부과처분을 하여서는 안 되고, 행정청에 위헌적 내용의 법령을 계속 적용할 의무가 없으며 행정청이 위와 같이 부담금 처분을 하지 않는 데에 법률상 장애가 없다 ★ 21 변호사

최신기출 수익적 처분의 근거 법령이 특정한 유형의 사람에 대한 지급 등 수익처분의 근거를 마련하고 있지 않다는 점이 위헌이라는 이유로 헌법불합치 결정이 있더라도, 행정청은 그와 관련한 개선입법이 있기 전에는 해당 유형의 사람에게 구체적인 수익적 처분을 할 수는 없을 것이다. 그러나 이와 달리 법률상 정해진 처분 요건에 따라 부담금을 부과·징수하는 침익적 처분을 하는 경우에는, 어떠한 추가적 개선입법이 없더라도 행정청이 사법적 판단에 따라 위헌이라고 판명된 내용과 동일한 취지로 부담금 부과처분을 하여서는 안 된다는 점은 분명하다. 나아가 이러한 결론은 법질서의 통일성과 일관성을 확보하려는 법치주의의 당연한 귀결이므로, 행정청에 위헌적 내용의 법령을 계속 적용할 의무가 있다고 볼 수 없고, 행정청이 위와 같은 부담금 처분을 하지 않는 데에 어떠한 법률상 장애가 있다고 볼 수도 없다(대판 2017.12.28, 2017두30122).

## 3. 위헌·위법무효선언한 대법원 판결 전에 내려진 처분은 취소사유, 판결 후에 내려진 처분은 무효사유이다 ★ 21 국회9급, 18 국가9급, 15 지방9급, 14 지방7급, 12 순경특채

최신기출 일반적으로 시행령이 헌법이나 법률에 위반된다는 사정은 그 시행령의 규정을 위헌 또는 위법하여 무효라고 선언한 대법원의 판결이 선고되지 아니한 상태에서는 그 시행령 규정의 위헌 내지 위법 여부가 해석상 다툼의 여지가 없을 정도로 명백하였다고 인정되지 아니하는 이상 객관적으로 명백한 것이라 할 수 없으므로, 이러한 시행령에 근거한 행정처분의 하자는 취소사유에 해당할 뿐 무효사유가 되지 아니한다(대판 2007.6.14, 2004두619).

## 4.

무효인 서울특별시행정권한위임조례의 규정에 근거한 관리처분계획의 인가처분(대판 1995.8.22, 94누5694), 무효인 서울특별시행정권한위임조례의 규정에 근거하여 한 구청장의 건설업영업정지처분[대판(전합) 1995.7.11, 94누4615]은 취소사유(대판 1995.8.22, 94누5694)

### (1) 처분권한의 근거조례가 무효인 경우, 그 근거 규정에 기하여 한 행정처분은 당연무효가 아니다 ★ 18·13 서울7급, 11 순경특채

최신기출 일반적으로 조례가 법률 등 상위법령에 위배된다는 사정은 그 조례의 규정을 위법하여 무효라고 선언한 대법원의 판결이 선고되지 아니한 상태에서는 그 조례 규정의 위법 여부가 해석상 다툼의 여지가 없을 정도로 명백하였다고 인정되지 아니하는 이상 객관적으로 명백한 것이라 할 수 없으므로, 이러한 조례에 근거한 행정처분의 하자는 취소사유에 해당할 뿐 무효사유가 된다고 볼 수는 없다(대판 2009.10.29, 2007두26285).

### (2) 무효인 권한위임규칙에 근거한 행정처분의 효력은 취소사유이다

> 규칙 제6조 제4호에 근거하여 한 교육장의 임원취임의 승인취소처분은 결과적으로 적법한 위임 없이 권한 없는 자에 의하여 행하여진 것과 마찬가지가 되어 그 하자가 중대하다 할 것이나, 현행법상 교육감은 지방자치단체의 교육·학예에 관한 사무의 특별집행기관임과 동시에 국가의 기관위임사무를 처리하는 범위 내에서 국가행정기관으로서의 지위를 아울러 가지고 지방자치단체의 사무와 기관위임사무를 함께 관장하고 있어 행위의 외관상 양자의 구분이 쉽지 아니하고, 사립학교법 제4조에는 사립학교를 설치·운영하는 학교법인등에 대한 관할청으로서 교육부장관이 교육감과 함께 규정되어 있을 뿐만 아니라 학교법인 임원취임의 승인 및 그 취소권은 교육감의 관장사무를 규정한 「지방교육 자치에 관한 법률」 제27조에 규정되어 있지 아니하고 사립학교법 제20조, 제20조의2에서 '관할청'의 권한으로 규정되어 있는 관계로 교육감의 학교법인 임원취임의 승인 및 그 취소권은 본래 교육부장관의 권한으로서 교육감에게 기관위임된 것으로 오인할 여지가 없지 아니하며, 또한 헌법 제107조 제2항의 '규칙'에는 지방자치단체의 조례와 규칙이 모두 포함되는 등 이른바 규칙의 개념이 경우에 따라 상이하게 해석되는 점 등에 비추어, 임원취임의 승인취소처분에 관한 권한위임 과정의 하자가 객관적으로 명백하다고 할 수는 없으므로 당연무효사유는 아니다(대판 1997.6.19, 95누8669).

## 5. 선량한 풍속 기타 사회질서에 위반되는 경우

공서양속(신의칙, 미풍양속)에 반하는 행위는 취소사유라는 것이 통설·판례(대판 2002.4.26, 2002두1465)

## 6. 그 밖의 취소사유

신뢰보호원칙(비례원칙) 등 일반법원칙 위반·재량권을 남용한 경우에는 위법으로 취소사유이다. 법률우위원칙 위반은 하자의 정도에 따라 무효사유 또는 취소사유이지만, 판례상 법률유보원칙 위반은 무효사유(주류적 판례)이다.

### (1) 구 「개발이익환수에 관한 법률」 시행 당시 주택조합의 조합원에 대하여 한 개발부담금 부과처분은 법적 근거가 없는 것으로서 당연무효이다(주류적 판례) ★ 11 국회8급

> 주택건설촉진법에 의한 설립인가를 받은 주택조합이 아파트지구 개발사업의 사업계획을 승인받아 아파트를 건축한 경우 구 「개발이익환수에 관한 법률」 제6조 제1항 소정의 개발부담금 납부의무자는 사업시행자인 주택조합이고 그 조합원들이 아니므로, 납부의무자가 아닌 조합원들에 대한 개발부담금 부과처분은 그 처분의 법적 근거가 없는 것으로서 그 하자가 중대하고도 명백하여 무효이다(대판 1998.5.8, 95다30390).

### (2) 법적 근거 없는 공매처분은 당연무효이다(주류적 판례)

> 공매처분은 법률의 근거 없이 이루어진 것으로서 그 하자가 중대하고도 명백하여 당연무효라고 할 것이며, 그 공매처분에 기하여 이루어진 소유권이전등기 역시 원인무효의 등기라고 할 것이다(대판 2002.11.22, 2002다46102).

### (3) 개발부담금 부과처분을 하면서 납부고지서에 납부기한을 법정납부기한보다 단축하여 기재한 경우 적법하다

> 개발부담금의 납부기한은 「개발이익환수에 관한 법률」 제16조의 규정에 따라 정하여지고 납부고지서의 기재는 그 정하여진 날짜를 그대로 기재하는 것에 불과하여 납부기한을 잘못 기재한 것만으로는 납부기한이 단축되는 효력이 발생되는 것이 아니고, 따라서 처분에 대한 불복 여부의 결정과 불복신청에 지장을 주었다고 단정하기 어려우므로 그 처분이 위법하게 되는 것은 아니다(대판 2002.7.23, 2000두9946).

**(4) 공무원에 대하여 기여금과 부담금이 적립되지 않았다는 이유 등으로 공무원연금법에 따른 퇴직금지급을 거부한 처분은 당연무효에 해당한다**

> 대한민국과 미합중국 간의 협정에 따라 대한민국 군무원으로 임용과 동시에 휴직처리되어 주한미군에 근무하면서 보수를 미군으로부터 지급받다가 미군측의 고용해제에 따라 직권면직을 당한 자가 공무원연금법에 따른 퇴직금지급을 구하였는데 원고에 대한 공무원연금법 소정의 기여금과 부담금이 적립되지 않았으며 이미 미군측으로부터 퇴직금 명목의 금원을 수령하였다는 이유로 이를 거부당하자 그 처분의 무효확인을 구한 사안에서 원고의 특수한 근무형태에도 불구하고 원고는 적법하게 임용된 대한민국 군무원으로서 공무원연금법 소정의 공무원에 해당하므로 원고에 대한 퇴직금지급을 거부한 처분은 당연무효이다(대판 2009.2.26, 2006두2572).

**(5) 건축물대장 합병처분상의 하자가 중대하고 명백하여 당연무효이다**

> 건축물대장규칙 제6조 제2항 제2호의 규정에 의하면 건축물대장의 합병신청시 건축물의 소유자 또는 건축주는 '합병하고자 하는 건축물의 소유권을 증명하는 서류를 제출하여야 하므로, 피고 구청장 소속 담당공무원은 이 사건 각 건물에 관한 등기부등본만으로도 이 사건 각 건물의 전부 또는 일부에 가압류등기가 마쳐져 있는 사실을 쉽게 알 수 있는 점, 이 사건 각 건물에는 등기원인 및 그 연원일과 접수번호가 동일한 근저당권설정등기 및 가압류등기 외에도 그 중 일부 건물들에 대해서는 또 다른 가압류등기가 마쳐져 있었던 점 등을 종합해 보면, 이 사건 각 건물의 건축물대장을 합병한 이 사건 처분은 그 하자가 중대할 뿐만 아니라 객관적으로도 명백하다(대판 2009.5.28, 2007두19775).

**(6)**

> 피고가 한 주택재개발정비사업 조합설립추진위원회 설립승인처분이 정비구역의 지정·고시 전에 정비예정지역에 의하여 확정된 토지 등 소유자의 과반수 동의를 얻어 구성된 추진위원회에 대하여 이루어진 것이라고 하더라도, 그 하자가 중대하거나 명백하다고 할 수 없다(대판 2010.9.30, 2010두9358).

**(7) 국민건강보험공단이 처방전을 발급한 요양기관인 의료기관을 상대로 약국이 지급받은 약제비용에 관하여 한 구 국민건강보험법 제52조 제1항 등에 근거한 부당이득징수처분의 효력은 법적 근거가 없는 것으로서 당연무효이다**

> 구 국민건강보험법 제52조 제1항 등에 의한 부당이득징수처분의 대상자는 사위 기타 부당한 방법으로 '보험급여비용을 받은 요양기관'이므로 처방전을 발급한 요양기관인 의료기관을 상대로 약국이 그 처방전에 따라 약을 조제하고 지급받은 약제비용에 관하여 부당이득징수처분을 하는 것은 법률상 근거가 없을 뿐만 아니라 그 흠이 중대하고 명백하여 당연무효이다(대판 2013.3.28, 2009다78214).

**(8) 사단법인 한국토지보상관리회가 한국직업능력개발원에 보상관리사(보) 자격을 민간자격으로 등록해줄 것을 신청하였으나 한국직업능력개발원이 거부처분을 한 사안에서, 보상관리사(보) 자격은 그 직무내용 중 일부가 국가자격 관련 법령인 구 변호사법 등에 따라 금지되는 경우로서 자격기본법 제17조 제1항 제1호의 민간자격 제한분야에 속한다는 이유로, 위 처분이 적법하다고 본 원심의 결론을 정당하다고 한 사례**

> 보상관리사(보) 자격의 직무내용 중 '보상협의, 계약체결 및 보상금의 지급', '보상 관련 민원처리 및 소송수행 관련 업무'는 구 변호사법에 따라, '토지 등의 등기 관련 업무'는 법무사법에 따라, '분할측량 및 지적등록에 관한 업무'는 구 행정사법에 따라 각 해당 법령의 직무내용과 저촉되어 무자격자의 행위가 금지되는 경우에 해당하므로 보상관리사(보) 자격은 자격기본법 제17조 제1항 제1호의 민간자격 제한분야에 속한다는 이유로, 위 처분이 적법하다고 본 원심의 결론을 정당하다고 한 사례(대판 2013.4.26, 2011두9874)

(9) 공유수면에 대한 적법한 사용인지 무단 사용인지의 여부에 관한 판단을 그르쳐 변상금 부과처분을 할 것을 사용료 부과처분을 하거나 반대로 사용료 부과처분을 할 것을 변상금 부과처분을 한 경우, 그 부과처분의 하자는 중대한 하자가 아니다

> 적법한 사용인지 무단 사용인지의 여부에 관한 판단은 사용관계에 관한 사실 인정과 법적 판단을 수반하는 것으로 반드시 명료하다고 할 수 없으므로, 그러한 판단을 그르쳐 변상금 부과처분을 할 것을 사용료 부과처분을 하거나 반대로 사용료 부과처분을 할 것을 변상금 부과처분을 하였다고 하여 그와 같은 부과처분의 하자를 중대한 하자라고 할 수는 없다(대판 2013.4.26, 2012두20663).

(10)

> 구 사회복지사업법상 사회복지법인에 대한 관할 시·도지사의 임원 해임명령만 있고 이사회의 해임결의 등 법인의 후속조치가 없는 경우, 해임명령만 내려진 상태에서 관할 시·도지사가 임시이사를 선임한 경우 그 처분의 효력은 취소사유이다(대판 2013.6.13, 2012다40332).

(11) 골프장에 관한 도시계획시설결정에 따라 관할 시장이 甲 주식회사를 사업시행자로 하여 회원제 골프장을 설치하는 내용의 도시계획시설사업 실시계획인가 고시를 한 사안에서, 위 인가처분은 위법하지만, 그 흠이 중대·명백하여 당연무효라고 볼 수는 없다고 한 사례

> 도시계획시설결정은 일반인의 이용에 제공하기 위하여 설치하는 골프장에 관하여 한 것이라고 인정되는 범위 내에서만 적법한데, 회원제 골프장은 상당한 정도로 고액인 입회비를 내고 회원이 된 사람 이외의 사람에게는 이용이 제한되므로, 특별한 사정이 없는 한 이를 '일반인의 이용에 제공하기 위하여 설치하는 체육시설'이라고 보기는 어려워, 위 도시계획시설사업 실시계획인가는 그 근거가 되는 도시계획시설결정의 적법성이 인정되는 범주를 벗어나는 것으로서 위법하지만, 인가처분 당시 골프장에 관한 도시계획시설결정이 '일반인의 이용에 제공하기 위하여 설치하는 체육시설'인 골프장에 한정되고, 회원제 운영방식의 골프장은 이에 맞지 않아 위법하다는 법리가 명백히 밝혀져 해석에 다툼의 여지가 없었다고 보기는 어려우므로 그 흠이 중대·명백하여 당연무효라고 볼 수는 없다(대판 2013.9.12, 2012두12884).

(12) 개별공시지가가 감정가액이나 실제 거래가격을 초과한다는 사유만으로 가격 결정이 위법하다고 단정할 수는 없다

> 개별공시지가 결정의 적법 여부는 「부동산 가격공시 및 감정평가에 관한 법률」 등 관련 법령이 정하는 절차와 방법에 따라 이루어진 것인지에 의하여 결정될 것이지 당해 토지의 시가나 실제 거래가격과 직접적인 관련이 있는 것은 아니므로, 단지 그 공시지가가 감정가액이나 실제 거래가격을 초과한다는 사유만으로 그것이 현저하게 불합리한 가격이어서 그 가격 결정이 위법하다고 단정할 수는 없다(대판 2013.10.11, 2013두6138).

(13) 도시·주거환경정비기본계획에서 정한 정비예정구역의 범위 안에서 정비구역을 지정하는 경우, 정비구역의 지정을 위한 절차를 거치는 외에 따로 기본계획을 먼저 변경해야 한다거나 그 변경절차를 거치지 않고 곧바로 정비구역을 지정하는 것은 위법하지 않다

> 기본계획 단계에서 그 내용 중 일부인 정비예정구역의 면적을 20% 이상 변경하는 경우에는 기본계획 변경절차를 거쳐야 하나, 이미 수립된 기본계획에서 정한 정비예정구역의 범위 안에서 정비구역을 지정하는 경우에는 정비구역의 지정을 위한 절차를 거치는 외에 따로 기본계획을 먼저 변경하여야 한다거나 그 변경절차를 거치지 않고 곧바로 정비구역 지정행위에 나아간 것이 위법하다고 볼 수는 없다(대판 2013.10.24, 2011두28455).

**(14)**

> 표준지를 특정하여 선정하지 않거나 「부동산 가격공시 및 감정평가에 관한 법률」 제9조 제2항에 따른 비교표에 의하지 아니한 채 개별공시지가가 없는 토지의 가액을 평가하고 기준시가를 정하는 것은 위법하다(대판 2014.4.1 0, 2013두2570).

**(15)**

> 행정청이 법령 규정의 문언상 처분 요건의 의미가 분명함에도 합리적인 근거 없이 그 의미를 잘못 해석한 결과, 처분 요건이 충족되지 아니한 상태에서 해당 처분을 한 경우 하자는 명백한 하자에 해당한다(대판 2014.5.16. 2011두27094).

**(16) 정비사업조합에 관한 조합설립인가처분 또는 선행 조합설립변경인가처분이 쟁송에 의하여 취소되거나 무효로 확정된 경우, 이에 기초하여 이루어진 조합설립변경인가처분 또는 후행 조합설립변경인가처분의 효력은 원칙적으로 무효이다**

> 정비사업조합(조합)에 관한 조합설립변경인가처분은 당초 조합설립인가처분에서 이미 인가받은 사항의 일부를 수정 또는 취소·철회하거나 새로운 사항을 추가하는 것으로서 유효한 당초 조합설립인가처분에 근거하여 설권적 효력의 내용이나 범위를 변경하는 성질을 가지므로, 당초 조합설립인가처분이 쟁송에 의하여 취소되었거나 무효인 경우에는 이에 터 잡아 이루어진 조합설립변경인가처분도 원칙적으로 효력을 상실하거나 무효라고 해석함이 타당하다. 그리고 이러한 법리는 당초 조합설립인가처분 이후 여러 차례 조합설립변경인가처분이 있었다가 중간에 행하여진 선행 조합설립변경인가처분이 쟁송에 의하여 취소되었거나 무효인 경우에 후행 조합설립변경인가처분의 효력에 대해서도 마찬가지로 적용된다고 새겨야 한다(대판 2014.5.29, 2011다46128, 2013다69057).

**(17) 정비사업조합에 관한 조합설립인가처분 또는 선행 조합설립변경인가처분이 쟁송에 의하여 취소되거나 무효로 확정된 경우, 이에 기초하여 이루어진 후행 조합설립변경인가처분의 효력이 인정되는 경우**

> 다만 조합설립변경인가처분도 조합에 정비사업을 시행할 수 있는 권한을 설정하여 주는 처분인 점에서는 당초 조합설립인가처분과 다르지 아니하므로, 선행 조합설립변경인가처분이 쟁송에 의하여 취소되었거나 무효인 경우라도 후행 조합설립변경인가처분이 선행 조합설립변경인가처분에 의해 변경된 사항을 포함하여 새로운 조합설립변경인가처분의 요건을 갖추고 있는 경우에는 그에 따른 효과가 인정될 수 있다. 이러한 경우에 조합은 당초 조합설립인가처분과 새로운 조합설립변경인가처분의 요건을 갖춘 후행 조합설립변경인가처분의 효력에 의하여 정비사업을 계속 진행할 수 있으므로, 그 후행 조합설립변경인가처분을 무효라고 할 수는 없다(대판 2014.5.29, 2011다461 28, 2013다69057).

**(18) 유선장을 설치하여 수상레저사업을 운영하기 위해 하천점용허가를 받은 甲이 乙로부터 돈을 차용하면서 乙과 하천점용허가 및 유선장을 매도하는 계약을 체결하였는데, 그 후 乙이 하천점용허가의 권리의무승계 신고를 하자 관할 시장이 하천 점·사용허가 권리의무승계처분을 한 사안에서, 위 처분에는 하자가 중대·명백하여 무효에 해당하는 위법이 없다고 한 사례**

> 관할 시장은 甲 명의의 권리의무승계신고서와 승계사실 증명에 관한 서류가 위조되는 등으로 승계의 효력이 없다고 볼 특별한 사정이 없는 한 위 신고에 따른 권리의무승계처분을 하면 되는 점, 하천점용허가 관리대장은 허가가 있었음을 증명하는 문서로 행정상 편의를 위하여 작성하는 것에 불과하고, 하천의 점용허가권은 재산권의 설정과 이전에 관하여 등기 또는 등록이 성립요건 또는 대항요건이 되어 있는 재산권이라고 할 수 없으므로 「가등기담보 등에 관한 법률」이 준용된다고 할 수 없는 점 등에 비추어, 위 처분에는 하자가 중대·명백하여 무효에 해당하는 위법이 없음에도, 이와 달리 본 원심판결에 법리를 오해한 잘못이 있다고 한 사례(대판 2015.1.29, 2012두27404).

**(19) 도시계획시설사업에 관한 실시계획의 인가 요건을 갖추지 못한 인가처분의 경우, 그 하자는 중대하다**

> 실시계획의 인가 요건을 갖추지 못한 인가처분은 공공성을 가지는 도시계획시설사업의 시행을 위하여 필요한 수용 등의 특별한 권한을 부여하는 데 정당성을 갖추지 못한 것으로서 법규의 중요한 부분을 위반한 중대한 하자가 있다(대판 2015.3.20, 2011두3746).

**(20) 농업협동조합이나 농업협동조합중앙회의 업무 및 재산에 대하여 농지보전부담금을 부과한 처분에 법규의 중요한 부분을 위반한 중대한 하자가 있다고 인정한 사례**

> 부과금 면제대상인 조합이나 중앙회의 업무 및 재산에 대하여 농지보전부담금을 부과한 처분은 부과대상이 아닌 자에 대하여 부과금을 부과한 것으로서 법규의 중요한 부분을 위반한 중대한 하자가 있다(대판 2015.6.23, 2013다209008).

**(21) 농업용 창고 등을 신축할 목적으로 농지전용허가를 받은 甲 농업협동조합에 농지보전부담금 부과처분을 한 사안에서, 처분의 하자가 객관적으로 명백하다고 한 사례**

> 甲 조합은 구 농업협동조합법(농협법) 제8조에서 정한 '조합 등'에 해당하고, 지역농업협동조합인 甲 조합이 농업용 창고 등을 신축할 목적으로 농지전용허가를 받은 것이 부과금 면제대상인 조합의 '업무와 재산'에 해당한다고 해석하는 것에 다툼의 여지가 없으며, 부과금 면제를 규정한 농협법 제8조가 특별법으로서 다른 법률에 우선한다는 법리와 농협법 제8조의 문언에 의하면, 이미 처분 당시에 부과금 면제에 관한 농협법의 규정에 우선하여 농지보전부담금 부과에 관한 농지법령의 규정을 적용할 수 없음은 법리상 분명하고, 그와 같은 농협법 및 농지법령의 해석에 합리적인 다툼의 여지가 없었으므로, 처분의 하자가 객관적으로 명백하다고 한 사례(대판 2015.6.23, 2013다209008).

**(22) 분양대상자별 종전자산가격 평가기준일을 당연무효인 조합설립인가처분에 터 잡은 사업시행계획에 대한 인가일로 하여 수립된 관리처분계획의 하자는 중대·명백하다고 볼 수 없다**

> 도시정비법 제48조 제1항 제4호가 분양대상자별 종전자산가격을 평가하여 이를 관리처분계획에 포함시키도록 한 것은 기본적으로 조합원들 사이의 상대적 출자 비율을 정하기 위한 것이기 때문에 모든 조합원들에게 동일한 평가기준일을 적용한다면 그 일자를 언제로 하는지가 조합원들의 권리관계에 별다른 영향을 미치지 않는다. 따라서 피고 조합이 종전자산가격 평가기준일을 잘못 정하였다고 하더라도 그 하자가 중대하다고 볼 수 없으므로 이 사건 관리처분계획이 당연무효라고 단정할 수 없다(대판 2016.12.15, 2015두51309).

**(23) 사인(私人)인 사업시행자가 도시·군계획시설사업의 대상인 토지를 사업시행기간 중에 제3자에게 매각하고 제3자로 하여금 해당 시설을 설치하도록 하는 내용이 포함된 실시계획은 허용되지 않고, 그와 같은 실시계획을 인가하는 처분은 하자가 중대하지만 명백하지는 않다**

> 사업시행기간 중에 사업 대상인 토지를 제3자에게 매각하고 제3자에게 도시·군계획시설을 설치하도록 한다면 그와 같은 내용의 도시·군계획시설사업은 사실상 토지를 개발·분양하는 사업으로 변질될 수 있는 데다가 개발이익이 배제된 가격으로 수용한 토지를 처분상대방이나 처분조건 등에 관한 아무런 제한도 받지 않고 매각하여 차익을 얻을 수 있게 됨으로써 도시·군계획시설사업의 공공성을 현저히 훼손한다. 또한 「산업입지 및 개발에 관한 법률」 등에서 일정한 요건과 절차에 따라 공익사업의 대행을 허용하고 있는 것과 달리, 국토계획법은 도시·군계획시설사업의 대행을 허용하는 명시적 규정을 두고 있지 않다. 따라서 사인인 사업시행자가 도시·군계획시설사업의 대상인 토지를 사업시행기간 중에 제3자에게 매각하고 제3자로 하여금 해당 시설을 설치하도록 하는 내용이 포함된 실시계획은 국토계획법상 도시·군계획시설사업의 기본원칙에 반하여 허용되지 않고, 특별한 사정이 없는 한 그와 같은 실시계획을 인가하는 처분은 그 하자가 중대하다고 보아야 한다(대판 2017.7.11, 2016두35120).

**(24) 주택건설 사업부지에 관한 선행 도시·군관리계획결정이 존재하지 않거나 그 결정에 하자가 있는 경우, 그것만으로 곧바로 주택건설사업계획 승인처분의 위법사유를 구성하지 않는다**

> 국토계획법 자체에서 이미 도시·군관리계획의 수립이 건축물의 건축에 반드시 선행하여야 하는 것은 아님을 예정하고 있고, 주택건설사업계획 승인처분의 근거 법령은 사업부지에 관하여 도시·군관리계획결정이 먼저 발효되어 있을 것을 주택건설사업계획 승인처분의 요건으로 규정하고 있지 않다. 나아가 구 주택법 제17조 제1항에 의하면, 관계 행정기관과 협의를 거쳐 주택건설사업계획 승인처분이 있게 되면 협의의 대상이 된 지구단위계획결정 등 도시·군관리계획결정이 있었던 것으로 의제되므로, 선행 도시·군관리계획결정이 존재하고 있더라도 그 선행 결정은 그 범위 내에서 변경된 것으로 볼 수 있다. 따라서 사업부지에 관한 선행 도시·군관리계획결정이 존재하지 않거나 또는 그 결정에 관하여 하자가 있더라도, 특별한 사정이 없는 한 그것만으로는 곧바로 주택건설사업계획 승인처분의 위법사유를 구성한다고 볼 수는 없다(대판 2017.9.12, 2017두45131).

# Ⅳ. 절차

## 1. 법률상 필요한 상대방의 신청 또는 동의를 결여한 행위

**(1) 광업권자의 동의 없이 공유수면매립면허는 적법, 공유수면에 관하여 권리를 가진 자의 동의 없이 공유수면매립면허를 한 경우에도 무효가 아니다**

> 광업권자의 동의 없이 공유수면매립면허를 해 주었다 하여 그 면허처분에 어떠한 위법이 있다 할 수 없고, 공유수면에 관하여 권리를 가진 자의 동의 없이 공유수면매립면허를 하였다 하더라도 그 처분이 당연무효가 되는 것은 아니다(대판 1992.11.13, 92누596).

**(2) 당해 공무원의 동의 없는 지방공무원법 제29조의3의 규정에 의한 전출명령은 위법하여 취소되어야 하므로, 그 전출명령이 적법함을 전제로 내린 징계처분은 징계양정에 있어 재량권을 일탈하여 위법하다고 한 사례**
★ 14 변호사

> 법 제29조의3 규정에 의한 전입은 반드시 당해 공무원의 동의를 전제로 하는 것인데도 피고 2의 이 사건 전출명령에는 원고의 동의가 없었음을 그 피고가 자인하고 있으므로, 이 사건 전출명령은 더 볼 것도 없이 위법하여 취소되어야 할 것이고, 이를 주장하는 원고의 상고이유 주장은 이유 있다. 그리고 위와 같이 이 사건 전출명령이 위법한 것으로서 취소되어야 할 것인 이상 이를 이유로 들어 출근을 거부하는 원고에게 이 사건 전출명령이 적법함을 전제로 하여 내려진 이 사건 징계처분은 비록 이 사건 전출명령이 공정력에 의하여 취소되기 전까지는 유효한 것으로 취급되어야 한다고 하더라도 징계양정에 있어서는 결과적으로 재량권을 일탈한 위법이 있다고 할 것이고 이를 다투는 원고의 상고이유의 주장 또한 이유 있다(대판 2001.12.11, 99두1823).

**(3) 조합설립 동의에 흠이 있는 경우 조합설립인가처분이 당연무효인지 여부(한정소극)**

> 주택재개발사업의 사업시행자인 정비사업조합은 관할 행정청의 조합설립인가와 등기에 의해 설립되고, 조합설립에 대한 토지 등 소유자의 동의는 조합설립인가처분이라는 행정처분을 하는 데 필요한 절차적 요건 중 하나에 불과하므로, 조합설립 동의에 흠이 있다 하더라도 그 흠이 중대·명백하지 않다면 조합설립인가처분이 당연무효라고 할 수 없다(대판 2010.12.23, 2010두16578).

**(4)**

> 구 「도시 및 주거환경정비법」상의 요건을 갖춘 추진위원회 설립승인신청이 있는 경우 원칙적으로 시장·군수는 이를 승인하여야 하고, 정비구역이 정해지기 전의 토지소유자등의 동의에 기초한 설립승인처분은 나중에 확정된 실제 사업구역이 위 동의 당시 예정한 사업구역과 사이에 동일성을 인정할 수 없을 정도로 달라진 때에 한해 위법하다(대판 2011.7.28, 2011두2842).

**(5) 추진위원회 설립동의 당시 예정한 사업구역과 나중에 확정된 실제 사업 구역 사이에 동일성이 인정되지 않아 위 동의를 실제 사업구역을 기반으로 하는 추진위원회의 설립에 대한 동의로 볼 수 없는 경우 그 동의의 하자는 추진위원회 설립승인처분은 취소사유이다**

> 이 사건 승인처분에는 추진위원회 설립승인의 요건인 토지 등 소유자 2분의 1 이상의 유효한 동의가 있는지에 관하여 판단을 그르친 위법이 있기는 하나, 당시에는 위와 같은 동의의 시기나 사업구역과의 관련성에 따른 유·무효의 법리가 명백히 밝혀져 있지 않았을 뿐만 아니라, 피고로서는 별도의 사실관계에 관한 조사 없이 이 사건 동의서 중 일부가 참가인 추진위원회의 설립에 관한 것으로 볼 수 없는 사정이 있음을 알 수 없었다고 할 것이어서 위와 같은 위법사유가 이 사건 승인처분을 당연무효라고 볼 정도로 명백하다고 볼 수 없다(대판 2011.7.28, 2011두2842).

**(6) 추진위원회 설립동의를 받을 당시 추진위원 명단이 첨부되지 않았으나 설립승인 신청서에는 추진위원회 명단이 첨부된 경우 그 신청에 대한 설립승인처분은 취소사유이다**

> 참가인 추진위원회가 이 사건 동의서를 받을 당시 개별적으로 추진위원회 명단을 동의서에 첨부하지 않았다고 하더라도 토지 등 소유자들이 위와 같이 추진위원회 명단을 공란으로 하여 작성한 동의서에는 당시 추진위원으로 활동하며 조합설립을 준비하던 사람들을 그대로 추진위원으로 인정하거나 아니면 그들에게 필요한 범위 내에서 추진위원을 선임·변경할 수 있도록 위임하는 취지가 포함되어 있다고 볼 수 있는데다가, 피고로서는 추진위원회 설립승인 신청서와 함께 토지 등 소유자의 동의서와 그에 첨부된 추진위원의 명단이 제출된 이상 해당 추진위원에 대한 토지 등 소유자의 동의가 있다고 볼 수밖에 없고 달리 그 추진위원에 대한 토지소유자 등의 동의가 존재하지 않는다는 사정을 알 수 없다고 할 것이다. 따라서 설립승인 신청서에 첨부된 추진위원회 명단이 이 사건 동의서를 받을 당시 그에 첨부되지 않았다는 사정만으로 참가인 추진위원회의 구성에 관한 토지 등 소유자 2분의 1 이상의 동의가 없었다거나 그러한 하자가 명백하여 이 사건 승인처분이 당연무효라고 볼 수 없다(대판 2011.7.28, 2011두2842).

**(7) 주택 재건축조합이 구 「도시 및 주거환경정비법」 시행 전에 재건축결의가 이루어졌으나 위 법률 시행 후 재건축결의 시와 비교하여 용적률, 세대수, 신축아파트 규모 등이 대폭 변경된 내용의 사업시행계획을 정기총회에서 단순 다수결로 의결한 사안에서, 사업시행계획 수립에 조합원 3분의 2 이상의 동의를 얻지 못한 하자는 취소사유에 불과하고 이를 들어 관리처분계획의 적법 여부를 다툴 수 없다는 이유로, 관리처분계획이 적법하다고 본 원심의 결론은 정당하다고 한 사례**

> 법 시행 후 재건축결의 시와 비교하여 용적률 등이 대폭 변경된 경우 사업시행계획 수립에 적용될 조합 정관의 결의요건에 관한 규정이 유효한지에 관하여는 하급심의 해석이 엇갈리는 상황이었고 이에 관한 명시적인 대법원 판결도 없었던 점 등에 비추어 정기총회에서 사업시행계획 수립에 조합원 3분의 2 이상의 동의를 얻지 못한 하자가 있다고 하더라도 그 하자가 객관적으로 명백하다고 보기 어려워 무효사유가 아니라 취소사유에 불과하고, 사업시행계획에 관한 취소사유인 하자는 관리처분계획에 승계되지 아니하여 그 하자를 들어 관리처분계획의 적법 여부를 다툴 수 없다는 이유로, 관리처분계획이 적법하다고 본 원심의 결론은 정당하다고 한 사례(대판 2012.8.23, 2010두13463)

(8) 도시개발구역지정처분이 적법한 제안권자 아닌 자가 제안했거나 제안에 필요한 동의요건을 갖추지 못한 제안에 기초하여 이루어진 경우 그 처분이 위법하다고 할 수 없다

> 법 규정의 내용 및 취지 등에 비추어 볼 때, 시·도지사 등 지정권자는 계획적인 도시개발이 필요하다고 인정되는 때에는 도시개발구역을 지정할 수 있고, 토지소유자 등의 개발구역지정제안은 지정권자가 도시개발구역을 지정하는 데 반드시 필요한 절차가 아니라 단순히 지정권자의 권한 행사를 촉구하는 것에 불과하다고 할 것이다. 따라서 도시개발구역지정을 제안한 제안자가 적법한 제안권자가 아니라거나 개발구역지정제안에 필요한 대상구역의 토지면적의 3분의 2 이상에 해당하는 토지소유자의 동의를 얻지 못하였다고 하더라도, 그와 같은 사유로 인하여 그 제안에 기초하여 이루어진 도시개발구역지정처분이 위법하다고 할 수 없다(대판 2012.9.27, 2010두16219).

(9) 甲 주택재개발정비사업조합설립 추진위원회가 토지 등 소유자로부터 '신축건물의 설계 개요' 등이 공란으로 된 조합설립동의서를 제출받은 다음 위임받은 보충권을 행사하여 공란에 조합설립총회에서 가결한 내용을 보충한 후 이를 첨부하여 조합설립인가신청을 하고, 관할 관청이 조합설립인가처분을 한 경우 위 처분은 적법하다

> 구「도시 및 주거환경정비법」과 구「도시 및 주거환경정비법 시행령」 등은 주택재개발정비구역 내 토지 등 소유자가 주택재개발사업의 시행을 위한 주택재개발정비사업조합의 설립에 동의한다는 의사표시를 반드시 토지 등 소유자 본인이 하도록 요구하고 있지 않은 점, 甲 추진위원회는 위 동의서의 공란을 자의적으로 보충한 것이 아니라 토지 등 소유자들의 개별 동의하에 창립총회 결의사항을 공란에 보충한 점, 토지 등 소유자들은 창립총회 결의사항이 그의 의사에 반하는 경우 甲 추진위원회를 상대로 개별 동의를 철회한다는 의사표시를 하여 동의서의 완성을 저지할 수 있는 점 등 여러 사정을 종합적으로 고려해 보면, 관할 관청이 위 동의서를 적법한 것으로 보고 조합설립을 인가한 처분에 하자가 있다거나 그 하자가 중대하고 명백하다고 할 수 없다는 이유로, 이와 달리 본 원심판결에 법리를 오해한 위법이 있다고 한 사례(대판 2013.1.10, 2010두16394)

(10)

> 甲 주식회사가 2001.12.22. 주택재건축정비사업 시행구역에 있는 전체 토지 등 소유자의 과반수가 참석한 주택재건축정비사업조합 창립총회에서 참석인원 과반수의 동의로 시공자로 선정된 다음 2002.8.9. 이후 전체 토지 등 소유자 2분의 1 이상이 되도록 토지 등 소유자로부터 추가로 동의를 받아 주택재건축사업의 시공자 선정 신고를 하자 관할 구청장이 구「도시 및 주거환경정비법」 부칙 제7조 제2항에 따라 수리한 사안에서, 위 수리처분은 하자가 중대·명백하여 당연무효라고 본 원심판단을 정당하다고 한 사례(대판 2013.2.14, 2012두9000)

(11) 주택재개발사업 조합설립추진위원회가 조합의 정관 또는 정관 초안을 첨부하지 않은 채 구「도시 및 주거환경정비법 시행규칙」 제7조 제3항 [별지 제4호의2] 서식에 따른 동의서에 의하여 조합설립 동의를 받는 것은 적법이고 동의서에 비용분담의 기준이나 소유권의 귀속에 관한 사항이 더 구체적이지 않다는 이유로 무효라고 할 수 없다(적법)

> 조합정관에 관한 의견의 수렴은 창립총회에서 충분히 이루어질 수 있으므로 굳이 조합설립에 관한 동의를 받을 때 동의서에 정관 초안을 첨부하여 그 내용에 관한 동의까지 받도록 요구할 필요가 없을 뿐만 아니라 이를 요구하는 것은 절차상 무리인 측면도 있는 점 등을 종합적으로 고려하면, 조합설립추진위원회가 조합의 정관 또는 정관 초안을 첨부하지 아니한 채 법정동의서와 같은 서식에 따른 동의서에 의하여 조합설립에 관한 동의를 받는 것은 적법하고, 그 동의서에 비용분담의 기준이나 소유권의 귀속에 관한 사항이 더 구체적이지 아니하다는 이유로 이를 무효라고 할 수 없다(대판 2013.12.26, 2011두8291).

## 2. 필요한 공고 또는 통지를 결여한 행위

법령이 행정행위를 함에 있어 이해관계인으로 하여금 그의 권리를 주장하고 이의신청 등을 할 기회를 부여하기 위하여 행정행위에 앞서 일정한 공고 또는 통지를 하도록 규정하고 있는 경우, 그 공고나 통지를 결한 행정행위는 원칙적으로 무효이다. 다만, 판례는 취소사유라는 입장이다(대판 1988.6.28, 87누1009).

**(1) 재외국민이 거주용여권 무효확인서를 첨부하지 아니하였음을 이유로 최고·공고의 절차를 거치지 않고 한 주민등록말소처분은 당연무효가 아니다** ★ 14 사회복지, 11 지방9급

> 거주용여권의 무효확인서를 제출하지 아니하였다 하더라도 국내거주의 목적이 있었다면 그의 주민등록신고는 적법하고 관할행정청의 처분은 위법한 것이 될 것이나, 그러한 하자는 중대하고 명백한 것으로는 보여지지 아니하므로 관할행정청의 처분을 당연무효케 하는 것이라고는 할 수 없다(대판 1994.8.26, 94누3223).

**(2) 구 「폐기물처리시설설치촉진 및 주변지역 지원 등에 관한 법률」상의 입지선정위원회가 주민의 의견이 반영된 전문연구기관의 재조사결과에 관하여 새로이 공람·공고 절차를 거치지 않고 입지를 선정한 경우 적법**

> 관련법령이 전문연구기관의 입지타당성 조사결과를 공람·공고토록 하고 주민의 의견이 있을 경우 이를 제출할 수 있다고 규정하고 있을 뿐, 주민의 의견제출이 있다 하여 반드시 전문연구기관에 재조사를 의뢰하여야 한다거나 그 재조사결과에 대하여 다시 공람·공고절차를 거쳐야 하는 것으로는 규정하고 있지 아니하고, 전문연구기관의 당초의 입지타당성 조사결과나 재조사결과 모두가 특정 지역에 쓰레기매립장을 설치하는 것이 타당하다는 결론에 있어서 차이가 없어 재조사결과에 관하여 지역주민들 사이에 새로운 이해관계가 발생하지도 않았는바, 이러한 경우에 입지선정위원회가 재조사결과에 대하여 다시 공람·공고 절차를 거치지 않았다 하여 입지선정에 있어서 요구되는 지역주민들의 절차적 권리가 침해된 것이라고 보기 어려운 점 등에 비추어 보면, 입지선정위원회가 주민의 의견이 반영된 전문연구기관의 재조사결과에 관하여 새로이 공람·공고 절차를 거치지 않고 입지를 선정하였다 하여 그 입지선정이 위법하다고 볼 수 없다(대판 2002.5.28, 2001두8469).

**(3) 사전통지를 거치지 않은 직권면직처분은 취소사유이다** ★ 11 국회8급

> 교육인적자원부장관이 공립유치원 교사의 임용권을 당해 교육감에게 위임하였고, 교육감은 공립유치원 교사의 관내전보, 직위해제, 의원면직, 신규채용권한을 교육장에게 재위임하였을 뿐 직권면직 권한까지 재위임한 바는 없으므로 피고가 공립유치원 교사인 원고에 대하여 이 사건 직권면직처분을 한 것은 적법한 위임 없이 권한 없는 자가 행한 처분으로서 그 하자가 중대하다고 할 것이나, 객관적으로 명백하다고는 할 수 없어 당연무효는 아니고, 근로기준법 제30조 제2항은 교육공무원인 원고에게는 적용되지 아니하며, 이 사건 처분을 하면서 사전통지절차를 거치지 아니한 것은 취소사유에 불과하고, 교육공무원법 제50조 제3항의 규정은 직권면직처분에는 그 적용이 없다(대판 2007.9.21, 2005두11937).

(4) 감사원이 한국방송공사에 대한 감사를 실시한 결과 사장 甲(정연주)에게 부실 경영 등 문책사유가 있다는 이유로 한국방송공사 이사회에 甲에 대한 해임제청을 요구하였고, 이사회가 대통령에게 甲의 사장직 해임을 제청함에 따라 대통령이 甲을 한국방송공사 사장직에서 해임한 사안에서, 대통령의 해임처분에 재량권 일탈·남용의 하자가 존재한다고 하더라도 그것이 중대·명백하지 않고, 행정절차법을 위반한 위법이 있으나 절차나 처분형식의 하자가 중대하고 명백하다고 볼 수 없어 당연무효가 아닌 취소 사유에 해당한다 ★ 20 지방7급, 17 국가7급

**최신기출** 甲에게 한국방송공사의 적자구조 만성화에 대한 경영상 책임이 인정되는 데다 대통령이 감사원의 한국방송공사에 대한 감사에 따른 해임제청 요구 및 한국방송공사 이사회의 해임제청결의에 따라 해임처분을 하게 된 것인 점 등에 비추어 대통령에게 주어진 한국방송공사 사장 해임에 관한 재량권 일탈·남용의 하자가 존재한다고 하더라도 그것이 중대·명백하지 않아 당연무효 사유에 해당하지 않고, 해임처분 과정에서 甲이 처분 내용을 사전에 통지받거나 그에 대한 의견제출 기회 등을 받지 못했고 해임처분 시 법적 근거 및 구체적 해임 사유를 제시받지 못하였으므로 해임처분이 행정절차법에 위배되어 위법하지만, 절차나 처분형식의 하자가 중대하고 명백하다고 볼 수 없어 역시 당연무효가 아닌 취소 사유에 해당한다(대판 2012.2.23, 2011두5001).

## 3. 필요한 이해관계인의 참여 또는 협의를 결여한 행위

이해관계인의 이익의 보호 또는 조정을 목적으로 한 이해관계인의 입회 또는 협의 등을 결한 행정행위는 원칙적으로 무효라는 것이 다수설이다.

### (1) 토지소유자와의 협의를 거치지 않고 행한 토지수용재결

① 취소사유라는 판례

기업자(현 사업시행자)가 토지수용을 하면서 협의나 통지절차를 이행하지 않으면 위법하다(대판 2011.7.28, 2009다35842)

② 토지소유자 등에게 입회를 요구하지 아니하고 작성한 토지조서는 절차상의 하자가 인정되지만, 토지조서에 실제 현황에 관한 기재가 되어 있지 아니하다거나 토지소유자의 입회나 서명날인이 없었다든지 하는 사유만으로는 수용재결이나 이의재결이 위법이 되는 것은 아니다

토지수용을 함에 있어 토지소유자 등에게 입회를 요구하지 아니하고 작성한 토지조서는 절차상의 하자를 지니게 되는 것으로서 토지조서로서의 효력이 부인되어 조서의 기재에 대한 증명력에 관하여 추정력이 인정되지 아니하는 것일 뿐, 토지조서의 작성에 하자가 있다 하여 그것이 곧 수용재결이나 그에 대한 이의재결의 효력에 영향을 미치는 것은 아니라 할 것이므로 토지조서에 실제 현황에 관한 기재가 되어 있지 아니하다거나 토지소유자의 입회나 서명날인이 없었다든지 하는 사유만으로는 이의재결이 위법하다 하여 그 취소를 구할 사유로 삼을 수 없다(대판 1993.9.10, 93누5543).

### (2)

구 「폐기물처리시설 설치촉진 및 주변지역 지원 등에 관한 법률」 및 그 시행령상의 입지선정위원회의 구성방법과 절차가 주민대표나 주민대표 추천에 의한 전문가의 참여 없이 이루어지는 등 위법한 경우, 그 의결에 터잡아 이루어진 폐기물처리시설 입지결정처분은 위법하다(대판 2007.4.12, 2006두20150).

**(3)**

최신기출 구 「폐기물처리시설 설치촉진 및 주변지역 지원 등에 관한 법률」에 정한 입지선정위원회가 그 구성방법 및 절차
에 관한 같은법 시행령의 규정에 위배하여 군수와 주민대표가 선정·추천한 전문가를 포함시키지 않은 채 임의로
구성되어 의결을 한 경우, 그에 터잡아 이루어진 폐기물처리시설 입지결정처분의 하자는 중대한 것이고 객관적
으로도 명백하므로 무효사유이다(대판 2007.4.12, 2006두20150). ★ 19 국가7급, 18·11 지방9급, 12 지방7급, 11 국회8급

**(4) 새로운 사업시행자(용인시 중부공용화물터미널 주식회사) 지정절차를 거치지 않은 채 종전의 사업시행자를 사업시**
**행자로 하여 새로이 실시계획승인처분을 한 경우 취소사유이다**

> 사업시행자가 사업기간 내에 사업구역에 포함된 토지를 매수하거나 이에 대하여 수용재결신청을 하지 않아 실시계획
> 승인처분이 실효될 경우 사업시행자 지정 효력도 당연히 상실되는지에 관하여는 해석상 다툼의 여지가 있다고 할
> 것이다. 그렇다면 피고가 새로운 사업시행자 지정절차를 거치지 않은 채 종전의 사업시행자인 참가인을 사업시
> 행자로 하여 새로이 실시계획 승인 등을 한 이 사건 제2차 처분에 중대하고 명백한 흠이 있다고 할 수 없으므로
> 이를 무효로 보기는 어렵다(대판 2010.2.25, 2009두102).

## 4. 필요한 청문 또는 변명의 기회를 주지 아니한 행위

**(1) 청문절차 없이 행한 영업소 폐쇄명령은 취소사유이다** ★ 15 국가9급, 14 국회8급, 12 지방9급

> 행정청이 영업허가취소 등의 처분을 하려면 반드시 사전에 청문절차를 거쳐야 하고 설사 식품위생법 제26조
> 제1항 소정의 사유가 분명히 존재하는 경우라 할지라도 당해 영업자가 청문을 포기한 경우가 아닌 한 청문절차를
> 거치지 않고 한 영업소 폐쇄명령은 위법하여 취소사유에 해당된다(대판 1983.6.14, 83누14).

**(2)**

> 구 도시계획법에 의한 청문을 거치지 않은 사업시행자 지정처분취소는 취소사유(대판 2004.7.8, 2002두8350)

## 5. 환경영향평가절차 관련 하자의 정도

**(1) 환경영향평가를 거치지 아니하였음에도 승인 등 처분을 하였다면 그 처분은 위법이지만, 환경영향평가의 내용**
**이 다소 부실하다 하더라도, 그 부실의 정도가 환경영향평가 제도를 둔 입법 취지를 달성할 수 없을 정도이어서**
**환경영향평가를 하지 아니한 것과 다를 바 없는 정도의 것이 아닌 이상 적법이다** ★ 20·17 국회8급, 15 국가7급

> 최신기출
> 전합판례 환경영향평가법령에서 정한 환경영향평가를 거쳐야 할 대상사업에 대하여 그러한 환경영향평가를 거치지 아니
> 하였음에도 승인 등 처분을 하였다면 그 처분은 위법하다 할 것이나, 그러한 절차를 거쳤다면, 비록 그 환경영향
> 평가의 내용이 다소 부실하다 하더라도, 그 부실의 정도가 환경영향평가 제도를 둔 입법취지를 달성할 수 없을
> 정도이어서 환경영향평가를 하지 아니한 것과 다를 바 없는 정도의 것이 아닌 이상, 그 부실은 당해 승인 등
> 처분에 재량권 일탈·남용의 위법이 있는지 여부를 판단하는 하나의 요소로 됨에 그칠 뿐, 그 부실로 인하여 당연
> 히 당해 승인 등 처분이 위법하게 되는 것이 아니다(대판(전합) 2006.3.16, 2006두330].
>
> 환경영향평가법령에서 요구하는 환경영향평가절차를 거쳤더라도 그 내용이 부실한 경우, 부실의 정도가 환경영향평가를 하지 아니
> 한 것과 마찬가지인 정도가 아니라면 이는 취소사유에 해당한다. (x) ■ 17 국회8급
> 환경영향평가를 거쳐야 함에도 불구하고 환경영향평가를 거치지 않고 개발사업승인을 한 처분에 대해서는 처분이 있은 후 1년이
> 도과한 경우라도 불가쟁력이 발생하지 않는다. (x) ■ 20 국회8급

**(2)**

> 국립공원 관리청이 국립공원 집단시설지구개발사업과 관련하여 그 시설물기본설계 변경승인처분을 함에 있어서 환경부장관과의 협의를 거친 이상 환경부장관의 환경영향평가에 대한 의견에 반하는 처분을 하였다고 하여 그 처분이 위법하다고 할 수 없다(대판 2001.7.27, 99두2970).

**(3) 구 환경영향평가법상 환경영향평가를 실시하여야 할 사업에 대하여 환경영향평가를 거치지 아니하였음에도 승인 등 처분을 한 경우, 그 처분의 하자는 행정처분의 당연무효사유에 해당한다(예외판례)** ★ 21 국회9급, 19·15 지방9급, 17·16·10 지방7급, 17 서울7급, 15 국가7급, 17 국회8급, 14 사회복지

`최신기출`
> 환경영향평가를 거쳐야 할 대상사업에 대하여 환경영향평가를 거치지 아니하였음에도 불구하고 승인 등 처분이 이루어진다면, 사전에 환경영향평가를 함에 있어 평가대상지역 주민들의 의견을 수렴하고 그 결과를 토대로 하여 환경부장관과의 협의내용을 사업계획에 미리 반영시키는 것 자체가 원천적으로 봉쇄되는바, 이렇게 되면 환경파괴를 미연에 방지하고 쾌적한 환경을 유지·조성하기 위하여 환경영향평가제도를 둔 입법취지를 달성할 수 없게 되는 결과를 초래할 뿐만 아니라 환경영향평가 대상지역 안의 주민들의 직접적이고 개별적인 이익을 근본적으로 침해하게 되므로, 이러한 행정처분의 하자는 법규의 중요한 부분을 위반한 중대한 것이고 객관적으로도 명백한 것이라고 하지 않을 수 없어, 이와 같은 행정처분은 당연무효이다(대판 2006.6.30, 2005두14363).

> 환경영향평가법령의 규정상 환경영향평가를 거쳐야 할 사업인 경우에, 환경영향평가를 거치지 아니하고 행한 사업승인처분을 당연무효라 볼 수는 없다. (x) ■ 16 지방7급

**(4) 「국방·군사시설 사업에 관한 법률」 및 구 산림법에서 보전임지를 다른 용도로 이용하기 위한 사업에 대하여 승인 등 처분을 하기 전에 미리 산림청장과 협의를 거치지 아니한 승인처분은 당연무효가 아니다**
★ 21 변호사, 15 지방7급

`최신기출`
> 「국방·군사시설 사업에 관한 법률」 및 구 산림법에서 보전임지를 다른 용도로 이용하기 위한 사업에 대하여 승인 등 처분을 하기 전에 미리 산림청장과 협의를 하라고 규정한 의미는 그의 자문을 구하라는 것이지 그 의견을 따라 처분을 하라는 의미는 아니라 할 것이므로, 이러한 협의를 거치지 아니하였다고 하더라도 이는 당해 승인처분을 취소할 수 있는 원인이 되는 하자 정도에 불과하고 그 승인처분이 당연무효가 되는 하자에 해당하는 것은 아니라고 봄이 상당하다(대판 2006.6.30, 2005두14363).

> 「국방·군사시설 사업에 관한 법률」 및 구 「산림법」에서 보전임지를 다른 용도로 이용하기 위한 사업에 대하여 승인 등 처분을 하기 전에 미리 산림청장과 협의를 하라고 규정한 의미는 그 의견에 따라 처분을 하라는 것이므로, 이러한 협의를 거치지 아니하고서 행해진 승인처분은 당연무효이다. (x) ■ 15 지방7급

**(5) 사전에 교통영향평가를 거치지 아니한 채 '건축허가 전까지 교통영향평가 심의필증을 교부받을 것'을 부관으로 붙여 한 실시계획승인처분은 무효가 아니다** ★ 19 지방9급, 12 변호사

`최신기출`
> 이 사건 화물터미널(용인시 중부공영화물터미널) 조성사업은 부지면적 161,164㎡로 지방교통영향평가심의위원회 심의대상인 사업으로서 주민의견수렴절차를 거치지 아니할 수 있는 점, 피고는 교통영향평가를 배제한 것이 아니라 '건축허가 전까지 교통영향평가 심의필증을 교부받을 것'을 부관(법률요건충족적 부관)으로 하여 이 사건 제2차 처분을 한 점, 이에 따라 피고는 건축허가시까지 참가인으로 하여금 평가서 협의기관장과의 협의내용을 사업계획 등에 반영하도록 할 수 있는 점, 교통영향평가에 관하여 위와 같은 부관을 붙여 사업승인을 할 수 있는지 여부에 관한 법리가 명백히 밝혀지지 아니하여 해석상 다툼의 여지가 있는 점 등에 비추어 보면, 사전에 교통영향평가를 거치지 아니한 채 위와 같은 부관을 붙여 한 이 사건 제2차 처분에 중대하고 명백한 흠이 있다고 할 수 없으므로 이를 무효로 보기는 어렵다(대판 2010.2.25, 2009두102).

> 행정청이 사전에 교통영향평가를 거치지 아니한 채 '건축허가 전까지 교통영향평가 심의필증을 교부받을 것'을 부관으로 붙여서 한 '실시계획변경 승인 및 공사시행변경 인가 처분'은 그 하자가 중대하고 객관적으로 명백하여 당연무효이다. (x) ■ 19 지방9급

**(6) 환경영향평가절차가 완료되기 전에 공사시행을 금지하고, 위반행위에 대하여 형사처벌을 하도록 한 환경영향 평가법 제28조 제1항 본문, 제51조 제1호 및 제52조 제2항 제2호의 규정 취지**

> 환경영향평가법 제16조 제1항, 제28조 제1항 본문, 제3항, 제51조 제1호 및 제52조 제2항 제2호의 내용, 형식 및 체계에 비추어 보면, 환경영향평가법 제28조 제1항 본문이 환경영향평가절차가 완료되기 전에 공사시행을 금지하고, 제51조 제1호 및 제52조 제2항 제2호가 그 위반행위에 대하여 형사처벌을 하도록 한 것은 환경영향 평가의 결과에 따라 사업계획 등에 대한 승인 여부를 결정하고, 그러한 사업계획 등에 따라 공사를 시행하도록 하여 당해 사업으로 인한 해로운 환경영향을 피하거나 줄이고자 하는 환경영향평가제도의 목적을 달성하기 위한 데에 입법 취지가 있다(대판 2014.3.13, 2012두1006).

**(7) 사업자가 사전 공사시행 금지규정을 위반한 경우 승인기관의 장이 한 사업계획 등에 대한 승인 등의 처분이 위법하게 되지 않는다**

> 따라서 사업자가 이러한 사전 공사시행 금지규정을 위반하였다고 하여 승인기관의 장이 한 사업계획 등에 대한 승인 등의 처분이 위법하게 된다고는 볼 수 없다(대판 2014.3.13, 2012두1006).

## 6. 법령상 필요한 타 기관의 협력을 받지 않고 행한 행위

### (1) 무효사유

① **학교법인 이사회의 승인의결 없이 한 기존재산교환허가신청에 대한 감독청(시교육위원회)의 교환허가처분**
★ 11 국회8급

> 전합판례 | 피고의 이 사건 허가처분은 중대하고 명백한 하자가 있어 당연 무효라 할 것이고 위 학교법인이사회가 위 교환을 추인·재추인하는 의결을 한 사실만으로써 무효인 허가처분의 하자가 치유된다고 볼 수 없다[대판(전합) 1984.2.28, 81누275].

② **경기도지사의 인사교류안 작성과 그에 따른 인사교류의 권고가 전혀 이루어지지 않은 상태에서 행하여진 관할구 역 내 시장의 인사교류에 관한 처분** ★ 20 지방7급

> 최신기출 | 권한의 적정한 행사를 보장하기 위하여 인사교류협의회에서 정한 인사교류기준에 따라 작성된 인사교류안에 따르도록 한 것이므로, 이러한 일련의 절차는 위 조항에 의한 인사교류를 함에 있어서 본질적인 것으로서 중대하다고 할 것인바, 경기도지사의 인사교류안의 작성과 그에 따른 인사교류의 권고가 전혀 이루어지지 않은 상태에서 행하여진 이 사건 처분은 그 하자가 중대한 것으로서 객관적으로 명백하여 당연무효라 할 것이다(대판 2005.6.24, 2004두1096 8).

### (2) 취소사유

①

> 2 이상의 시·도에 걸친 노선업종에 있어서의 노선신설이나 변경 또는 노선과 관련되는 사업계획변경인가처분이 미리 관계도지사와 협의를 거치지 아니하고 행해진 경우(대판 1995.11.7, 95누9730)

**② 건설부장관이 관계중앙행정기관의 장과 협의를 거치지 아니하고 한 택지개발예정지구지정처분** ★ 17 지방7급

> 건설부장관이 택지개발예정지구를 지정함에 있어 미리 관계중앙행정기관의 장과 협의를 하라고 규정한 의미는 그의 자문을 구하라는 것이지 그 의견을 따라 처분을 하라는 의미는 아니라 할 것이므로 이러한 협의를 거치지 아니하였다고 하더라도 이는 위 지정처분을 취소할 수 있는 원인이 되는 하자 정도에 불과하고 위 지정처분이 당연무효가 되는 하자에 해당하는 것은 아니다(대판 2000.10.13, 99두653).

**③ 구 학교보건법상 학교환경위생정화구역에서의 금지행위 및 시설의 해제 여부에 관한 행정처분을 함에 있어 학교환경위생정화위원회의 심의절차를 누락한 행정처분** ★ 21 서울7급, 17·13 지방9급, 16 국회8급

<u>최신기출</u>
> 행정청이 구 학교보건법 소정의 학교환경위생정화구역 내에서 금지행위 및 시설의 해제 여부에 관한 행정처분을 함에 있어 학교환경위생정화위원회의 심의를 거치도록 한 취지는 그에 관한 전문가 내지 이해관계인의 의견과 주민의 의사를 행정청의 의사결정에 반영함으로써 공익에 가장 부합하는 민주적 의사를 도출하고 행정처분의 공정성과 투명성을 확보하려는 데 있고, 나아가 그 심의의 요구가 법률에 근거하고 있을 뿐 아니라 심의에 따른 의결내용도 단순히 절차의 형식에 관련된 사항에 그치지 않고 금지행위 및 시설의 해제 여부에 관한 행정처분에 영향을 미칠 수 있는 사항에 관한 것임을 종합해 보면, 금지행위 및 시설의 해제 여부에 관한 행정처분을 하면서 절차상 위와 같은 심의를 누락한 흠이 있다면 그와 같은 흠을 가리켜 위 행정처분의 효력에 아무런 영향을 주지 않는다거나 경미한 정도에 불과하다고 볼 수는 없으므로, 특별한 사정이 없는 한 이는 행정처분을 위법하게 하는 취소사유가 된다(대판 2007.3.15, 2006두15806).

「학교보건법」에 따른 학교환경위생정화구역 내에서의 금지행위 및 해제여부에 관한 행정처분을 하면서 학교환경위생정화위원회의 심의절차를 누락한 것은 당연무효사유이다. (×) ■ 16 국회8급

**④ 민간투자법 제6조에 따른 민간투자심의위원회(심의위원회)의 심의를 거치지 아니한 하자** ★ 20 지방7급

<u>최신기출</u>
> 구 「민간투자법」 제6조, 구 「민간투자법 시행령」 제4조, 제7조 제6항·제10항, 제8조, 제14조에 의하면, 주무관청은 일정한 민간제안사업을 민간투자사업으로 추진하거나 일정한 민간제안사업에 대한 사업시행자를 지정할 경우 민간투자심의위원회(심의위원회)의 심의를 거쳐야 하며, 심의위원회는 심의위원장인 기획예산처장관이 소집하고, 재적위원 과반수의 출석과 출석위원 과반수의 찬성으로 의결하여야 하므로, 심의위원회에의 대리출석이나 서면심의는 원칙적으로 허용되지 않는다. 원심이 채택한 증거에 의하면, 심의위원회는 2002.4.30. 이 사건 사업의 제3자 공고(안)에 대한 심의회에 일부 위원은 불출석, 일부 위원은 대리출석을 하여 심의의결을 하였고, 이 사건 실시협약(안)에 대해서는 2004.2.23. 서면심의 상정을 하여 같은 해 3.13. 서면의결을 함으로써 그 절차규정을 위반하였음을 알 수 있다. 따라서 위 각 심의위원회의 절차가 법령에 위배되지 않는다는 원심의 판단은 부당하다. 그러나 심의위원회는 스스로 민간제안사업의 민간투자사업 추진 여부나 사업시행자 지정 여부를 결정하는 것이 아니고 의사결정권자의 자문에 응하여 심의하는 기관에 불과하므로, 위와 같은 절차규정 위반은 이 사건 사업시행자지정처분을 무효로 할 만한 중대하고 명백한 하자라고 볼 수 없다(대판 2009.4.23, 2007두13159).

구 「사회간접자본시설에 대한 민간투자법」에 근거한 서울-춘천 간 고속도로 민간투자시설사업의 사업시행자 지정은 공법상 계약에 해당한다. (×) ■ 20 지방7급

**(3)**

> 교수위원들이 위원회 제15차 회의에 관여한 것은 소속대학에 대한 관계에서 법 제13조를 위반한 것이기는 하나, 법 제13조의 적용 범위 등에 관하여 해석상 논의의 여지가 있고, 교수위원이 소속한 전남대학교의 경우 서울외 권역 중 2순위의 평가점수를 받아 소속 교수위원이 배제된 상태에서 심의를 하였더라도 동일한 심의결과가 나왔을 것으로 보이는 점 등에 비추어, 그러한 위반은 이 사건 인가처분의 무효사유가 아니라 취소사유에 해당한다(대판 2009.12.10, 2009두8359).

**(4)**

> 법학전문대학원의 설치인가 심사기준 중 법원행정처장 등에 대한 의견수렴절차 후에 추가·변경된 법조인 배출실적 등의 사항에 대하여 다시 위 의견수렴절차를 거치지 않은 것이 「법학전문대학원의 설치·운영에 관한 법률」 제21조의 절차에 위배되었다고 할 수 없고, 그 심사기준들이 교육과학기술부장관이 재정지원을 하여 제출된 용역보고서에 제시되지 않았었다고 하더라도 설치인가 심사기준을 설정함에 있어 신뢰이익을 침해하였거나 재량권을 일탈·남용한 위법이 없다고 한 사례(대판 2009.12.10, 2009두8359)

**(5) 개발행위허가에 관한 사무를 처리하는 행정기관의 장이 개발행위허가신청을 불허가한 경우, 도시계획위원회의 심의를 거치지 않았다는 사정만으로 곧바로 불허가처분에 취소사유에 이를 정도의 절차상 하자가 있다고 볼 수 없다** ★ 20 서울7급

최신기출
> 국토계획법 제59조 제1항이 일정한 개발행위의 허가에 대하여 사전에 도시계획위원회의 심의를 거치도록 하고 있는 것은 행정기관의 장으로 하여금 개발행위허가를 신중하게 결정하도록 함으로써 난개발을 방지하고자 하는 데에 주된 취지가 있다고 할 것이다. 위와 같은 사정들을 종합하여 볼 때, 개발행위허가에 관한 사무를 처리하는 행정기관의 장이 일정한 개발행위를 허가하는 경우에는 국토계획법 제59조 제1항에 따라 도시계획위원회의 심의를 거쳐야 할 것이나, 개발행위허가의 신청 내용이 허가 기준에 맞지 않는다고 판단하여 개발행위허가신청을 불허가하였다면 이에 앞서 도시계획위원회의 심의를 거치지 않았다고 하여 이러한 사정만으로 곧바로 그 불허가처분에 취소사유에 이를 정도의 절차상 하자가 있다고 보기는 어렵다. 다만 행정기관의 장이 도시계획위원회의 심의를 거치지 아니한 결과 개발행위 불허가처분을 함에 있어 마땅히 고려하여야 할 사정을 참작하지 아니하였다면 그 불허가처분은 재량권을 일탈·남용한 것으로서 위법하다고 평가할 수 있을 것이다(대판 2015.10.29, 2012두28728).

> 개발행위허가 신청에 대한 불허가 처분에서 도시계획위원회 심의를 거치지 않았다는 사정이 있는 경우 이러한 사정만으로 취소사유가 된다. (x) ■ 20 서울7급

## 7. 기타

**(1)**

> 경찰공무원에 대한 징계위원회의 심의과정에 감경사유에 해당하는 공적 사항이 제시되지 아니한 경우에는 그 징계양정이 결과적으로 적정한지와 상관없이 이는 관계 법령이 정한 징계절차를 지키지 않은 것으로서 위법하다(대판 2012.10.11, 2012두13245).

**(2)**

> 정비구역이 지정.고시되기 전의 정비예정구역을 기준으로 한 토지 등 소유자 과반수의 동의를 얻어 구성된 추진위원회에 대하여 구성 승인처분이 이루어진 후 지정된 정비구역이 정비예정구역보다 면적이 축소되었다는 사정만으로 승인처분은 당연무효라고 할 수 없다(대판 2013.10.24, 2011두28455).

**(3)**

> 토석채취허가신청에 대하여 시장·군수·구청장이 지방산지관리위원회 심의를 거치지 않은 채 불허가할 수 있는 경우 및 지방산지관리위원회의 심의를 거쳐야 함에도 거치지 않고 처분을 한 경우, 처분은 위법하다(대판 2015.11.26, 2013두765).

(4) 갑 등이 '4대강 살리기 사업' 중 한강 부분에 관한 각 하천공사시행계획 및 각 실시계획승인처분에 보의 설치와 준설 등에 대한 구 국가재정법 제38조 등에서 정한 예비타당성조사를 하지 않은 절차상 하자가 있다는 이유로 각 처분의 취소를 구한 사안에서, 예산이 각 처분 등으로써 이루어지는 '4대강 살리기 사업' 중 한강 부분을 위한 재정 지출을 내용으로 하고 있고 예산의 편성에 절차상 하자가 있다는 사정만으로 곧바로 각 처분에 취소사유에 이를 정도의 하자가 존재한다고 보기 어렵다고 한 사례 ★ 16 국회8급

> 구 국가재정법 제38조 및 구「국가재정법 시행령」제13조에 규정된 예비타당성조사는 각 처분과 형식상 전혀 별개의 행정계획인 예산의 편성을 위한 절차일 뿐 각 처분에 앞서 거쳐야 하거나 근거 법규 자체에서 규정한 절차가 아니므로, 예비타당성조사를 실시하지 아니한 하자는 원칙적으로 예산 자체의 하자일 뿐, 그로써 곧바로 각 처분의 하자가 된다고 할 수 없어, 구 하천법 제27조 제1항, 제3항, 구 국가재정법 제38조 및 구 국가재정법 시행령 제13조의 내용과 형식, 입법 취지와 아울러, 예산은 1회계연도에 대한 국가의 향후 재원 마련 및 지출 예정 내역에 관하여 정한 계획으로 매년 국회의 심의·의결을 거쳐 확정되는 것으로서, 각 처분과 비교할 때 수립절차, 효과, 목적이 서로 다른 점 등을 종합하면, 구 국가재정법 제38조 및 구 국가재정법 시행령 제13조에 규정된 예비타당성조사는 각 처분과 형식상 전혀 별개의 행정계획인 예산의 편성을 위한 절차일 뿐 각 처분에 앞서 거쳐야 하거나 근거 법규 자체에서 규정한 절차가 아니므로, 예비타당성조사를 실시하지 아니한 하자는 원칙적으로 예산 자체의 하자일 뿐, 그로써 곧바로 각 처분의 하자가 된다고 할 수 없어, 예산이 각 처분 등으로써 이루어지는 '4대강 살리기 사업' 중 한강 부분을 위한 재정 지출을 내용으로 하고 있고 예산의 편성에 절차상 하자가 있다는 사정만으로 각 처분에 취소사유에 이를 정도의 하자가 존재한다고 보기 어렵다고 한 사례(대판 2015.12.10, 2011두32515)

예산의 편성에 절차적 하자가 있으면 그 예산을 집행하는 처분은 위법하게 된다. (x) ■ 16 국회8급

(5) 과세관청이 과세예고 통지 후 과세전적부심사 청구나 그에 대한 결정이 있기 전에 과세처분을 한 경우, 절차상 하자가 중대·명백하여 과세처분은 무효이다 ★ 19 국가7급

최신기출 국세기본법 및 「국세기본법 시행령」이 과세전적부심사를 거치지 않고 곧바로 과세처분을 할 수 있거나 과세전적부심사에 대한 결정이 있기 전이라도 과세처분을 할 수 있는 예외사유로 정하고 있다는 등의 특별한 사정이 없는 한, 과세예고 통지 후 과세전적부심사 청구나 그에 대한 결정이 있기도 전에 과세처분을 하는 것은 원칙적으로 과세전적부심사 이후에 이루어져야 하는 과세처분을 그보다 앞서 함으로써 과세전적부심사 제도 자체를 형해화시킬 뿐만 아니라 과세전적부심사 결정과 과세처분 사이의 관계 및 불복절차를 불분명하게 할 우려가 있으므로, 그와 같은 과세처분은 납세자의 절차적 권리를 침해하는 것으로서 절차상 하자가 중대하고도 명백하여 무효이다(대판 2016.12.27, 2016두49228).

(6) 음주운전 여부에 대한 조사 과정에서 운전자 본인의 동의를 받지 아니하고 법원의 영장도 없이 한 혈액 채취 조사 결과를 근거로 한 운전면허 정지·취소 처분은 원칙적으로 위법하다 ★ 20 국가7급

최신기출 음주운전 여부에 관한 조사방법 중 혈액 채취(채혈)는 상대방의 신체에 대한 직접적인 침해를 수반하는 방법으로서, 이에 관하여 도로교통법은 호흡조사와 달리 운전자에게 조사에 응할 의무를 부과하는 규정을 두지 아니할 뿐만 아니라, 측정에 앞서 운전자의 동의를 받도록 규정하고 있으므로(제44조 제3항), 운전자의 동의 없이 임의로 채혈조사를 하는 것은 허용되지 아니한다. 그리고 수사기관이 범죄 증거를 수집할 목적으로 운전자의 동의 없이 혈액을 취득·보관하는 행위는 형사소송법상 '감정에 필요한 처분' 또는 '압수로서 법원의 감정처분허가장이나 압수영장이 있어야 가능하고, … 따라서 음주운전 여부에 대한 조사 과정에서 운전자 본인의 동의를 받지 아니하고 또한 법원의 영장도 없이 채혈조사를 한 결과를 근거로 한 운전면허 정지·취소 처분은 도로교통법 제44조 제3항을 위반한 것으로서 특별한 사정이 없는 한 위법한 처분으로 볼 수밖에 없다(대판 2016.12.27, 2014두46850).

(7) 갑 재건축조합(해청아파트1단지재건축조합)이 재건축한 공동주택에 관하여 을 구청장(서울특별시 강남구청장)으로부터 준공인가 전 사용허가를 받은 후 동·호수 추첨이 무효라는 확정판결이 있었는데도 당초의 추첨 결과에 따른 집합건축물대장 작성절차를 강행하였는데, 조합원들이 '기존의 동·호수 추첨 결과에 따라 배정된 주택에 잠정적으로 입주하는 것을 허용하되, 이로 인하여 입주한 동·호수를 분양받은 것으로 의제되는 것은 아니다.'라는 취지의 가처분결정을 받은 후 입주하고 소유권보존등기를 마치자, 을 구청장이 사용승인 이후부터 조합원들이 소유권보존등기를 마치기 전까지 기간 동안 갑 조합이 공동주택의 사실상 소유자라고 보아 갑 조합에 재산세를 부과하는 처분을 한 사안에서, 처분은 하자가 중대하고 명백하여 당연무효라고 한 사례

> 재건축조합인 갑 조합은 구 지방세법 제107조 제1항에서 정한 재산세 납세의무자인 '사실상 소유자'로 볼 수 없고, 구 지방세법 제107조 제3항에서 정한 재산세 납세의무자인 '사용자'에도 해당하지 않으므로, 처분은 납세의무자가 아닌 자에게 한 과세처분으로 하자가 중대하고, 을 구청장은 조합원들에게 배정된 공동주택에 관하여 갑 조합으로부터 조합원분으로 통지를 받아 건축물관리대장을 작성하였으므로 공동주택이 조합원용임을 이미 알고 있었던 점 등을 종합하면, 갑 조합이 공동주택의 재산세 납세의무자가 아님은 객관적으로 명백하므로, 처분은 하자가 중대하고 명백하여 당연무효라고 한 사례(대판 2016.12.29, 2014두2980, 2997).

(8) 일정한 법규 위반 사실이 행정처분의 전제사실이자 형사법규의 위반 사실이 되는 경우, 형사판결 확정에 앞서 일정한 위반사실을 들어 행정처분을 하였다고 하여 절차적 위반이 있다고 할 수 없다

> 행정처분과 형벌은 각각 그 권력적 기초, 대상, 목적이 다르다. 일정한 법규 위반 사실이 행정처분의 전제사실이자 형사법규의 위반 사실이 되는 경우에 동일한 행위에 관하여 독립적으로 행정처분이나 형벌을 부과하거나 이를 병과할 수 있다. 법규가 예외적으로 형사소추 선행 원칙을 규정하고 있지 않은 이상 형사판결 확정에 앞서 일정한 위반사실을 들어 행정처분을 하였다고 하여 절차적 위반이 있다고 할 수 없다(대판 2017.6.19, 2015두59808).

(9) 도시관리계획결정·고시와 그 도면에 특정 토지가 도시관리계획에 포함되지 않았음이 명백한데도 도시관리계획을 집행하기 위한 후속 계획이나 처분에서 그 토지가 도시관리계획에 포함된 것처럼 표시되어 있는 경우, 표시된 부분은 무효이다 ★ 21 지방7급

> 도시관리계획결정·고시와 그 도면에 특정 토지가 도시관리계획에 포함되지 않았음이 명백한데도 도시관리계획을 집행하기 위한 후속 계획이나 처분에서 그 토지가 도시관리계획에 포함된 것처럼 표시되어 있는 경우가 있다. 이것은 실질적으로 도시관리계획결정을 변경하는 것에 해당하여 구 「국토의 계획 및 이용에 관한 법률」 제30조 제5항에서 정한 도시관리계획 변경절차를 거치지 않는 한 당연무효이다(대판 2019.7.11, 2018두47783).

도시관리계획결정·고시와 그 도면에 특정 토지가 도시관리계획에 포함되지 않았음이 명백한데도 도시관리계획을 집행하기 위한 후속 계획이나 처분에서 그 토지가 도시관리계획에 포함된 것처럼 표시되어 있는 경우, 이는 원칙적으로 취소사유에 해당한다. (x) ■ 21 지방7급

(10) 과세전적부심사 계속 중 부과제척기간이 임박한 경우 과세전적부심사 결정 전에 한 과세처분은 당연무효이다

> 구 국세기본법 및 구 「국세기본법 시행령」이 과세전적부심사를 거치지 않고 곧바로 과세처분을 할 수 있거나 과세전적부심사에 대한 결정이 있기 전이라도 과세처분을 할 수 있는 예외사유로 정하고 있다는 등의 특별한 사정이 없는 한, 과세예고 통지 후 과세전적부심사 청구나 그에 대한 결정이 있기도 전에 과세처분을 하는 것은 원칙적으로 과세전적부심사 이후에 이루어져야 하는 과세처분을 그보다 앞서 함으로써 과세전적부심사 제도 자체를 형해화시킬 뿐만 아니라 과세전적부심사 결정과 과세처분 사이의 관계 및 그 불복절차를 불분명하게 할 우려가 있으므로, 그와 같은 과세처분은 납세자의 절차적 권리를 침해하는 것으로서 그 절차상 하자가 중대하고도 명백하여 무효라고 할 것이다(대판 2020.4.9, 2018두57490).

**(11)**

과세관청이 세무조사결과통지 후 과세전적부심사 청구나 그에 대한 결정이 있기 전에 과세처분을 한 경우, 절차상 하자가 중대하고도 명백하여 과세처분은 원칙적으로 무효이다(대판 2020.10.29, 2017두51174). ★ 18 국가9급

**(12)** 과세관청이 법인에 대하여 세무조사결과통지를 하면서 익금누락 등으로 인한 법인세 포탈에 관하여 「조세범 처벌법」 위반으로 고발 또는 통고처분을 한 경우, 소득처분에 따른 소득금액변동통지와 관련된 조세포탈에 대하여도 과세전적부심사의 예외사유인 '고발 또는 통고처분'을 한 것으로 볼 수 없고, 이 경우 세무조사결과통지 후 과세전적부심사 청구 또는 그에 대한 결정이 있기 전에 이루어진 소득금액변동통지의 효력은 원칙적으로 무효이다

과세관청의 익금산입 등에 따른 법인세 부과처분과 그 익금 등의 소득처분에 따른 소득금액변동통지는 각각 별개의 처분이므로, 과세관청이 법인에 대하여 세무조사결과통지를 하면서 익금누락 등으로 인한 법인세 포탈에 관하여 「조세범 처벌법」 위반으로 고발 또는 통고처분을 하였더라도 이는 포탈한 법인세에 대하여 구 국세기본법 제81조의15 제2항 제2호의 '「조세범 처벌법」 위반으로 고발 또는 통고처분하는 경우'에 해당할 뿐이지, 소득처분에 따른 소득금액변동통지와 관련된 조세포탈에 대해서까지 과세전적부심사의 예외사유인 '고발 또는 통고처분'을 한 것으로 볼 수는 없다.
따라서 이러한 경우 과세전적부심사를 거치기 전이라도 소득금액변동통지를 할 수 있는 다른 예외사유가 있다는 등의 특별한 사정이 없는 한, 과세관청은 소득금액변동통지를 하기 전에 납세자인 해당 법인에 과세전적부심사의 기회를 부여하여야 한다. 이와 같은 특별한 사정이 없음에도 세무조사결과통지가 있은 후 과세전적부심사 청구 또는 그에 대한 결정이 있기 전에 이루어진 소득금액변동통지는 납세자의 절차적 권리를 침해하는 것으로서 절차상 하자가 중대하고도 명백하여 무효라고 봄이 타당하다. 비록 「소득세법 시행령」 제192조 제1항에서 세무서장 또는 지방국세청장이 법인소득금액을 결정 또는 경정할 때 그 결정일 또는 경정일부터 15일 내에 배당·상여 및 기타소득으로 처분된 소득금액을 소득금액변동통지서에 의하여 해당 법인에 통지하도록 정하였더라도, 이와 달리 볼 것이 아니다(대판 2020.10.29, 2017두51174).

# V. 형식

## 1. 문서에 의하지 않은 행위

적법한 납세고지가 이루어진 과세처분에 관하여 감액경정결정일로부터 2개월여가 경과한 후 경정결정을 통지하면서 '납세고지서'라는 명칭을 사용하지 않았더라도 적법하다(대판 2005.1.13, 2003두14116).

## 2. 필요적 기재(이유부기)가 없는 행위

### (1) 개발부담금의 납부고지서에 기재사항이 누락된 경우, 그 부과처분의 하자는 취소사유이다

개발부담금의 납부고지서에 납부금액 및 그 산출근거, 납부기한과 납부장소를 명시하도록 규정하고 있는 「개발이익환수에 관한 법률 시행령」 제16조는 강행규정이라 할 것이므로, 납부고지서에 그와 같은 기재가 누락되었다면 그 부과처분은 위법할 것이나 부과처분의 이러한 하자는 취소사유에 불과하고 당연무효사유는 아니다(대판 1995.4.25, 93누13728).

**(2) 납세고지서 기재사항 중 일부를 누락시킨 과세처분은 당연무효가 아닌 취소사유이다**

> 지방세법 제1조 제1항 제5호, 제25조 제1항, 「지방세법 시행령」 제8조 등 납세고지서에 관한 법령 규정들은 강행규정으로서 이들 법령이 요구하는 기재사항 중 일부를 누락시킨 하자가 있는 경우 이로써 그 부과처분은 위법하게 되지만, 이러한 납세고지서 작성과 관련한 하자는 그 고지서가 납세의무자에게 송달된 이상 과세처분의 본질적 요소를 이루는 것은 아니어서 과세처분의 취소사유가 됨은 별론으로 하고 당연무효의 사유로는 되지 아니한다 (대판 1998.6.26, 96누12634).

**(3) 국유재산 무단 점유자에 대한 변상금부과처분에 있어서 그 납부고지서 또는 사전통지서에 변상금 산출근거를 명시하지 않은 경우, 그 부과처분은 위법하다** ★ 16 국회8급, 12 서울9급

> 국유재산 무단 점유자에 대하여 변상금을 부과함에 있어서 그 납부고지서에 일정한 사항을 명시하도록 요구한 위 시행령의 취지와 그 규정의 강행성 등에 비추어 볼 때, 처분청이 변상금 부과처분을 함에 있어서 그 납부고지서 또는 적어도 사전통지서에 그 산출근거를 밝히지 아니하였다면 위법한 것이고, 위 시행령 제26조, 제26조의2에 변상금 산정의 기초가 되는 사용료의 산정방법에 관한 규정이 마련되어 있다고 하여 산출근거를 명시할 필요가 없다거나, 부과통지서 등에 위 시행령 제56조를 명기함으로써 간접적으로 산출근거를 명시하였다고는 볼 수 없다(대판 2001.12.14, 2000두86).

> 변상금부과처분을 하면서 그 납부고지서 또는 적어도 사전통지서에 그 산출근거를 제시하지 아니하였다면 위법이지만 그 산출근거가 법령상 규정되어 있거나 부과통지서 등에 산출근거가 되는 '법령을 명기하였다면 이유제시의 요건을 충족한 것이다. (x)
> ■ 16 국회8급

**(4)**

> 재개발조합의 설립추진위원회가 토지 등 소유자로부터 받아 행정청에 제출한 동의서에 구 「도시 및 주거환경정비법 시행령」 제26조 제1항 제1호와 제2호에 정한 '건설되는 건축물의 설계의 개요'와 '건축물의 철거 및 신축에 소요되는 비용의 개략적인 금액'에 관하여 그 내용의 기재가 누락되어 있음에도 이를 유효한 동의로 처리하여 재개발조합의 설립인가를 한 처분은 위법하고 그 하자가 중대하고 명백하여 무효라고 한 사례(대판 2010.1.28, 2009두4845)

**(5) 납세고지서에 해당 본세의 과세표준과 세액의 산출근거 등이 제대로 기재되지 않은 경우 그 징수처분은 위법하다**

> 최신판례 국세징수법 제9조 제1항은 "세무서장은 국세를 징수하려면 납세자에게 그 국세의 과세기간, 세목, 세액 및 그 산출근거, 납부기한과 납부장소를 적은 납세고지서를 발급하여야 한다."라고 규정하고 있다. 따라서 납세고지서에 해당 본세의 과세표준과 세액의 산출근거 등이 제대로 기재되지 않았다면 특별한 사정이 없는 한 그 징수처분은 위법하다(2019.7.4, 2017두38645).

**(6) 적법사례**

> 최신판례 납세자가 납세고지서에 기재된 세율이 명백히 잘못된 오기임을 알 수 있고 납세자의 불복 여부의 결정이나 불복신청에 지장을 초래하지 않을 정도인 경우, 납세고지서의 세율이 잘못 기재되었다는 사정만으로 그에 관한 징수처분을 위법하다고 볼 수 없다(2019.7.4, 2017두38645).

### 3. 서명날인을 결한 행위

#### (1) 토지조서나 물건조서에 토지소유자들의 입회와 서명날인이 없는 이의재결은 적법하다

> 기업자(현 사업시행자)가 토지조서나 물건조서를 작성함에 있어 소유자들의 입회와 서명날인이 있었는지의 여부는 그 기재의 증명력에 관한 문제이어서 입회나 서명날인이 없었다는 사유만으로는 중앙토지수용위원회의 이의재결이 위법하다 하여 그 취소의 사유로 삼을 수는 없다(대판 1990.1.23, 87누947).

# 제3항 무효의 효과

> 무효한 행정처분은 형식상 행정처분으로서는 존재하나 그 처분내용에 적응한 법률상 결과는 전혀 발생할 수 없는 것이므로 권한 있는 기관으로부터의 취소선언이 없다 하여도 누구나 언제든지 그 무효를 주장할 수 있고 법원은 그 행정처분을 민사사건의 선결문제로서 심리하여 그 무효를 인정할 수 있는 것이다(대판 1966.11.29, 66다1619).

# 제4항 무효의 주장방법

국민의 권리구제의 편의를 위해 다수설과 판례는 무효선언을 구하는 의미의 취소소송의 제기를 허용하는 입장이다. 다만, 어디까지나 취소소송의 형식이므로 취소소송의 제소요건을 충족해야 하므로 행정심판전치나 제소기간의 제한규정이 적용된다는 것이 판례의 입장이다.

#### (1) 취소소송의 제소요건을 갖추어야 한다 ★ 21 국회9급, 19·10 지방7급, 16 국회8급, 14·12 세무사, 14 사회복지, 14 순경특채, 12 국가9급, 12 순경특채, 11 국회9급, 11 세무사

최신기출
> 행정처분의 당연무효를 선언하는 의미에서 그 취소를 청구하는 행정소송을 제기한 경우에도 전심절차와 제소기간의 준수 등 취소소송의 제소요건을 갖추어야 한다(대판 1990.12.26, 90누6279).

무효인 행정행위에 대하여 취소소송을 제기하는 경우에는 제소기간의 제한이 적용되지 않는다. (x) ■ 16 국회8급
무효확인소송에 A처분의 취소를 구하는 취지도 포함되어 있고 무효확인소송이 「행정소송법」상 취소소송의 적법요건을 갖추었다 하더라도, 법원은 A처분에 대한 취소판결을 할 수 없다. (x)

#### (2) 취소소송의 요건을 갖추지 못한 경우 행정처분의 취소의 소를 무효확인의 소로 변경한 경우 취소를 구하는 취지는 포함되지 않는다 ★ 21 변호사, 14 지방9급, 13 서울7급, 13 변호사

최신기출
> 일반적으로 행정처분의 무효확인을 구하는 소에는 원고가 그 처분의 취소는 구하지 아니한다고 밝히고 있지 아니하는 이상 그 처분이 만약 당연무효가 아니라면 그 취소를 구하는 취지도 포함되어 있는 것으로 볼 것이나, 행정심판절차를 거치지 아니한 까닭에 행정처분 취소의 소를 무효확인의 소로 변경한 경우에는 무효확인을 구하는 취지 속에 그 처분이 당연무효가 아니라면 그 취소를 구하는 취지까지 포함된 것으로 볼 여지가 전혀 없다고 할 것이므로 법원으로서는 그 처분이 당연무효인가 여부만 심리판단하면 족하다고 할 것이다(대판 1987.4.28, 86누887).

# 제8절 행정행위의 취소

## I. 행정행위의 취소의 의의

### 1. 행정행위의 '취소'와 '철회'의 구별 및 행정행위의 '취소 사유'와 '철회 사유'의 구별 ★ 15 국가7급, 14 행정사

> 행정행위의 '취소'는 일단 유효하게 성립한 행정행위를 그 행위에 위법한 하자가 있음을 이유로 소급하여 효력을 소멸시키는 별도의 행정처분을 의미함이 원칙이다. 반면, 행정행위의 '철회'는 적법요건을 구비하여 완전히 효력을 발하고 있는 행정행위를 사후적으로 효력의 전부 또는 일부를 장래에 향해 소멸시키는 별개의 행정처분이다. 그리고 행정행위의 '취소 사유'는 원칙적으로 행정행위의 성립 당시에 존재하였던 하자를 말하고, '철회 사유'는 행정행위가 성립된 이후에 새로이 발생한 것으로서 행정행위의 효력을 존속시킬 수 없는 사유를 말한다(대판 2018.6.28, 2015두58195).

### 2. 구 사회복지사업법상 관할 행정청의 임시이사 선임에 하자가 존재하더라도 그 하자가 중대·명백하지 않은 경우, 임시이사 해임처분이 있기 전까지는 임시이사의 지위가 유효하게 존속한다

> **최신판례** 구 사회복지사업법상 관할 행정청의 임시이사 선임행위는 행정처분에 해당한다. 따라서 임시이사 선임에 하자가 존재하더라도 그 하자가 중대·명백하지 않은 이상 이를 당연 무효라고 볼 수는 없고, 임시이사 해임처분이 있기 전까지는 임시이사의 지위가 유효하게 존속한다(대판 2020.10.29, 2017다269152).

## II. 취소권자

### 1. 권한 없는 행정기관이 한 당연무효인 처분의 취소권자는 당해 처분청이지 적법한 권한을 가진 행정청이 아니다 ★ 19 지방9급

> **최신기출** 권한 없는 행정기관이 한 당연무효인 행정처분을 취소할 수 있는 권한은 당해 행정처분을 한 처분청에게 속하고, 당해 행정처분을 할 수 있는 적법한 권한을 가지는 행정청에게 그 취소권이 귀속되는 것이 아니다(대판 1984.10. 10, 84누463).

### 2. 산림 복구설계승인 및 복구준공통보에 대한 이해관계인의 취소신청을 거부한 행위는 항고소송의 대상이 되는 행정처분에 해당하지 않는다 ★ 17 국가9급, 14 순경특채, 11 지방9급

> **최신기출** 산림법령에는 채석허가처분을 한 처분청이 산림을 복구한 자에 대하여 복구설계서승인 및 복구준공통보를 한 경우 그 취소신청과 관련하여 아무런 규정을 두고 있지 않고, 원래 행정처분을 한 처분청은 그 처분에 하자가 있는 경우에는 원칙적으로 별도의 법적 근거가 없더라도 스스로 이를 직권으로 취소할 수 있지만, 그와 같이 직권취소를 할 수 있다는 사정만으로 이해관계인에게 처분청에 대하여 그 취소를 요구할 신청권이 부여된 것으로 볼 수는 없으므로, 처분청이 위와 같이 법규상 또는 조리상의 신청권이 없이 한 이해관계인의 복구준공통보 등의 취소신청을 거부하더라도, 그 거부행위는 항고소송의 대상이 되는 처분에 해당하지 않는다(대판 2006.6.30, 2004두701).

> 행정처분을 한 처분청은 그 처분에 하자가 있는 경우에는 원칙적으로 별도의 법적 근거가 없더라도 스스로 이를 직권으로 취소할 수 있고, 이러한 경우 이해관계인에게는 처분청에 대하여 그 취소를 요구할 신청권이 부여된 것으로 볼 수 있다. (x) ■ 17 국가9급

## Ⅲ. 취소권의 법적 근거

### 1. 소극설 ★ 21 서울7급, 21·14 지방9급, 21 변호사, 20·18·15 국가9급, 18·13 서울7급, 17·16 국회8급, 13·12 순경특채, 12 변호사, 11 사회복지

**최신기출** 행정행위를 한 처분청은 그 행위에 하자가 있는 경우에는 별도의 법적 근거가 없더라도 스스로 이를 취소할 수 있다(대판 2006.5.25, 2003두4669).

관할 행정청 A가 甲에 대해 공장등록을 취소하려면 법적 근거가 있어야 한다.
처분청이라도 자신이 행한 수익적 행정행위를 위법 또는 부당을 이유로 취소하려면 취소에 대한 법적 근거가 있어야 한다. (×)
■ 16 국회8급
처분청이라도 자신이 행한 수익적 행정행위를 위법 또는 부당을 이유로 취소하려면 취소에 대한 법적 근거가 있어야 한다. (×)
■ 16 국가9급
처분청은 행정처분에 하자가 있는 경우에 별도의 법적 근거가 없더라도 스스로 이를 취소할 수 있는데, 다만 수익적 행정처분의 경우에는 해당 법률에 취소에 관한 별도의 법적 근거가 요구된다. (×) ■ 21 변호사

### 2.

도시계획시설사업의 사업자 지정이나 실시계획의 인가처분을 한 관할청은 도시계획시설사업의 시행자 지정이나 실시계획 인가처분에 하자가 있는 경우, 별도의 법적 근거가 없더라도 스스로 이를 취소할 수 있다(대판 2014. 7.10, 2013두7025).

## Ⅳ. 취소사유

### 1. 국민에게 일정한 이익과 권리를 취득하게 한 종전 행정처분을 직권으로 취소할 수 있는 경우 및 취소해야 할 필요성에 관한 증명책임의 소재(=행정청) ★ 21·18 서울7급

**최신기출** 일정한 행정처분으로 국민이 일정한 이익과 권리를 취득하였을 경우에 종전 행정처분에 하자가 있음을 전제로 직권으로 이를 취소하는 행정처분은 이미 취득한 국민의 기존 이익과 권리를 박탈하는 별개의 행정처분으로, 취소될 행정처분에 하자가 있어야 하고, 나아가 행정처분에 하자가 있다고 하더라도 취소해야 할 공익상 필요와 취소로 당사자가 입게 될 기득권과 신뢰보호 및 법률생활안정의 침해 등 불이익을 비교·교량한 후 공익상 필요가 당사자가 입을 불이익을 정당화할 만큼 강한 경우에 한하여 취소할 수 있는 것이며, 하자나 취소해야 할 필요성에 관한 증명책임은 기존 이익과 권리를 침해하는 처분을 한 행정청에 있다(대판 2014.11.27, 2014두9226).

### 2.

신뢰보호와 이익형량의 취지는 구 「산업집적활성화 및 공장설립에 관한 법률」에 따른 입주계약 또는 변경계약을 취소하는 경우에도 마찬가지로 적용될 수 있다(대판 2017.6.15, 2014두46843).

# V. 취소의 제한사유

## 1. 이익형량에 의한 제한 ★ 18 서울7급, 18 국회8급, 15 국가9급

수익적 행정처분을 취소 또는 철회하는 경우에는 이미 부여된 그 국민의 기득권을 침해하는 것이 되므로, 비록 취소 등의 사유가 있다고 하더라도 그 취소권 등의 행사는 기득권의 침해를 정당화할 만한 중대한 공익상의 필요 또는 제3자의 이익보호의 필요가 있는 때에 한하여 상대방이 받는 불이익과 비교·교량하여 결정하여야 하고, 그 처분으로 인하여 공익상의 필요보다 상대방이 받게 되는 불이익 등이 막대한 경우에는 재량권의 한계를 일탈한 것으로서 그 자체가 위법하다(대판 2004.11.26, 2003두10251·10268).

## 2. 과세관청이 과세처분에 대한 이의신청절차에서 납세자의 이의신청 사유가 옳다고 인정하여 과세처분을 직권으로 취소한 경우, 허위의 자료를 제출하는 등 부정한 방법에 기초하여 직권취소되었다는 등의 특별한 사유 없이 이를 번복하고 종전과 동일한 처분을 하는 것은 위법하다

과세처분에 관한 불복절차과정에서 불복사유가 옳다고 인정하여 이에 따라 필요한 처분을 하였을 경우에는, 불복제도와 이에 따른 시정방법을 인정하고 있는 국세기본법 취지에 비추어 볼 때 동일 사항에 관하여 특별한 사유 없이 이를 번복하고 종전과 동일한 처분을 하는 것은 허용될 수 없다. 따라서 과세관청이 과세처분에 대한 이의신청 절차에서 납세자의 이의신청 사유가 옳다고 인정하여 과세처분을 직권으로 취소한 경우, 납세자가 허위의 자료를 제출하는 등 부정한 방법에 기초하여 직권취소되었다는 등의 특별한 사유가 없는데도 이를 번복하고 종전과 동일한 과세처분을 하는 것은 위법하다(대판 2017.3.9, 2016두56790).

# VI. 취소가 제한되지 않는 경우

## 1. 산업기능요원에 대한 복무만료처분이 있은 후 산업기능요원편입처분을 취소할 수 있다

> 현역병입영대상자가 산업기능요원으로 편입되어 지정업체의 해당 분야에 종사하지 아니한 때에는 지정업체의 장의 지시 등에 의하여 부득이하게 해당 분야에 종사하지 아니한 경우를 제외하고는 그 의무종사기간의 경과 여부를 불문하고 현역병입영대상자가 36세가 되기 전까지 복무만료처분 및 산업기능요원편입처분을 각 취소하고 현역병입영처분을 할 수 있다(대판 2008.8.21, 2008두5414).

## 2. 도시계획시설인 공원시설 부지에 도시공원을 설치하여 기부채납하되 공원부지 일부에 아파트를 건축·분양하여 설치비용을 회수하고 일정 이윤을 얻겠다는 갑 주식회사(매봉파크피에프브이 주식회사)의 민간특례사업 제안을 관할 시장(대전광역시장)이 받아들였다가, 공원조성계획변경안을 심사하는 과정에서 도시계획위원회가 공원조성계획변경안을 부결함에 따라 갑 회사의 공원조성계획변경신청을 거부하고 갑 회사에 대한 민간특례사업 제안수용 결정을 취소한 사안에서, 위 제안수용 취소처분에는 갑 회사가 입을 불이익을 정당화할 만한 충분한 공익상 필요가 있음에도 이와 달리 본 원심판단에 법리오해의 위법이 있다고 한 사례

> [최신판례] 민간공원추진자의 제안을 받아들인 다음에도 행정청은 후속 심사절차에서 드러나는 여러 공익과 사익의 요소를 형량하여 공원조성계획의 내용을 형성해야 하기 때문에 최종적으로 갑 회사의 사업계획이 좌절되었더라도 이는 제안을 받아들일 당시부터 예정되어 있던 결과의 하나로 볼 수 있어 갑 회사로서는 이러한 결과를 충분히 예상할 수 있었으므로 민간특례사업 시행에 관한 갑 회사의 신뢰가 확고하다고 할 수 없는 점, 위 제안수용 취소처분은 「국토의 계획 및 이용에 관한 법률」이 정한 도시계획시설결정 실효시한 안에 공원사업을 시행하기 위한 불가피한 조치로서 공익상 필요성이 크다고 볼 수 있는 점을 종합하여 갑 회사의 신뢰와 비교·형량하여 볼 때, 위 제안수용 취소처분에는 갑 회사가 입을 불이익을 정당화할 만한 충분한 공익상의 필요가 있음에도 이와 달리 본 원심판단에 법리오해의 위법이 있다고 한 사례(대판 2021.9.30, 2021두34732)

## 3. 수익자의 귀책사유

### (1) 수익적 행정처분의 하자가 당사자의 사실은폐 기타 사위의 방법에 의한 신청행위에 기인한 경우 당사자의 신뢰이익을 고려하여야 하는 것은 아니다 ★ 17·15 국회8급, 16 국가9급

> 수익적 행정처분의 하자가 당사자의 사실은폐나 기타 사위의 방법에 의한 신청행위에 기인한 것이라면, 당사자는 처분에 의한 이익을 위법하게 취득하였음을 알아 취소가능성도 예상하고 있었을 것이므로, 그 자신이 처분에 관한 신뢰이익을 원용할 수 없음은 물론, 행정청이 이를 고려하지 않았다 하여도 재량권의 남용이 되지 않고, 이 경우 당사자의 사실은폐나 기타 사위의 방법에 의한 신청행위가 제3자를 통하여 소극적으로 이루어졌다고 하여 달리 볼 것이 아니다(대판 2008.11.13, 2008두8628).

**(2) 행정처분의 성립과정에서 뇌물이 수수되었다는 사유로 이를 직권취소하는 경우, 직권취소의 예외가 인정되기 위한 요건에 대한 입증책임은 그를 주장하는 측에게 있다**

> 행정처분의 성립과정에서 그 처분을 받아내기 위한 뇌물이 수수되었다면 특별한 사정이 없는 한 그 행정처분에는 직권취소사유가 있는 것으로 보아야 할 것이고, 이러한 이유로 직권취소하는 경우에는 처분 상대방측에 귀책사유가 있기 때문에 신뢰보호의 원칙도 적용될 여지가 없다 할 것이며, 다만 행정처분의 성립과정에서 뇌물이 수수되었다고 하더라도 그 행정처분이 기속적 행정행위이고 그 처분의 요건이 충족되었음이 객관적으로 명백하여 다른 선택의 여지가 없었던 경우에는 직권취소의 예외가 될 수 있을 것이지만, 그 경우 이에 대한 입증책임은 이를 주장하는 측에게 있다(대판 2003.7.22, 2002두11066).

**(3) 불가변력이 발생한 행정행위**

> 심계원의 판정이 행정처분임은 물론이나 당해 회계관계 직원과 관계 행정청을 구속하는 준사법적 성격을 띤 확정력을 가지는 것으로서 판정은 판정을 한 기관조차 일반행정처분과는 달리 위의 제32조 소정 재심에 의한 경우를 제외하고는 취소·변경할 수 없다(대판 1963.7.25, 63누65).

**(4) 구 출입국관리법 제76조의3 제1항 제3호에 따라 난민인정 결정을 취소하는 경우 당사자가 난민인정 결정에 관한 신뢰를 주장할 수 없고 행정청이 이를 고려하지 않은 경우 재량권을 일탈·남용한 것이 아니다 ★ 20 국회9급**

`최신기출`
> 구 출입국관리법 제76조의3 제1항 제3호는 거짓 진술이나 사실은폐 등으로 난민인정 결정을 하는 데 하자가 있음을 이유로 이를 취소하는 것이므로, 당사자는 애초 난민인정 결정에 관한 신뢰를 주장할 수 없음은 물론 행정청이 이를 고려하지 않았다고 하더라도 재량권을 일탈·남용하였다고 할 수 없다(대판 2017.3.15, 2013두16333).

**(5) 취소소송에 의한 행정처분 취소의 경우에는 수익적 행정처분의 취소·철회 제한에 관한 법리가 적용되지 않는다**

`최신판례`
> 수익적 행정처분에 대한 취소권 등의 행사는 기득권의 침해를 정당화할 만한 중대한 공익상의 필요 또는 제3자의 이익보호의 필요가 있는 때에 한하여 허용될 수 있다는 법리는, 처분청이 수익적 행정처분을 직권으로 취소·철회하는 경우에 적용되는 법리일 뿐 쟁송취소의 경우에는 적용되지 않는다(대판 2019.10.17, 2018두104).

# VII. 취소의 효과

## 1. 쟁송취소의 경우(소급효)

### (1) 운전면허취소처분을 받은 후 자동차를 운전하였으나 위 취소처분이 행정쟁송절차에 의하여 취소된 경우, 무면허운전이 성립하지 않는다 ★ 20·11 국가7급, 18 국회8급

`최신기출` 피고인이 행정청으로부터 자동차 운전면허취소처분을 받았으나 나중에 그 행정처분 자체가 행정쟁송절차에 의하여 취소되었다면, 위 운전면허취소처분은 그 처분시에 소급하여 효력을 잃게 되고, 피고인은 위 운전면허취소처분에 복종할 의무가 원래부터 없었음이 후에 확정되었다고 봄이 타당할 것이고, 행정행위에 공정력의 효력이 인정된다고 하여 행정소송에 의하여 적법하게 취소된 운전면허취소처분이 단지 장래에 향하여서만 효력을 잃게 된다고 볼 수는 없다(대판 1999.2.5, 98도4239).

## 2. 국세 감액결정 처분의 성질 및 그 효력(직권취소의 소급효) ★ 18 지방9급

`최신기출` 국세 감액결정 처분은 이미 부과된 과세처분에 하자가 있음을 이유로 사후에 이를 일부취소하는 처분이므로, 취소의 효력은 그 취소된 국세 부과처분이 있었을 당시에 소급하여 발생하는 것이고, 이는 판결 등에 의한 취소이거나 과세관청의 직권에 의한 취소이거나에 따라 차이가 있는 것이 아니다(대판 1995.9.15, 94다16045).

## 3. 자동차 운전면허 취소처분을 받은 사람이 자동차를 운전하였으나 운전면허 취소처분의 원인이 된 교통사고 또는 법규 위반에 대하여 범죄사실의 증명이 없는 때에 해당한다는 이유로 무죄판결이 확정된 경우, 취소처분이 취소되지 않았더라도 도로교통법에 규정된 무면허운전의 죄로 처벌할 수 없다

`최신판례` 행정청의 자동차 운전면허 취소처분이 직권으로 또는 행정쟁송절차에 의하여 취소되면, 운전면허 취소처분은 그 처분 시에 소급하여 효력을 잃고 운전면허 취소처분에 복종할 의무가 원래부터 없었음이 확정되므로, 운전면허 취소처분을 받은 사람이 운전면허 취소처분이 취소되기 전에 자동차를 운전한 행위는 도로교통법에 규정된 무면허운전의 죄에 해당하지 아니한다. 위와 같은 관련 규정 및 법리, 헌법 제12조가 정한 적법절차의 원리, 형벌의 보충성 원칙을 고려하면, 자동차 운전면허 취소처분을 받은 사람이 자동차를 운전하였으나 운전면허 취소처분의 원인이 된 교통사고 또는 법규 위반에 대하여 범죄사실의 증명이 없는 때에 해당한다는 이유로 무죄판결이 확정된 경우에는 그 취소처분이 취소되지 않았더라도 도로교통법에 규정된 무면허운전의 죄로 처벌할 수는 없다고 보아야 한다(대판 2021.9.16, 2019도11826).

## 4. 일부취소

### (1) 전부취소 대신 감액경정처분이라는 일부취소도 허용된다

감액경정처분은 당초처분의 일부취소로서의 성질을 가지고 있으므로, 당초처분에 취소사유인 하자가 있는 경우 그것이 처분 전체에 영향을 미치는 절차상 사유에 해당하는 등의 사정이 없는 한 당초처분 자체를 취소하고 새로운 과세처분을 하는 대신 하자가 있는 해당부분 세액을 감액하는 경정처분에 의해 당초처분의 하자를 시정할 수 있다(대판 2006.3.9, 2003두2861).

**(2) 보조사업자가 허위의 신청이나 기타 부정한 방법으로 보조금의 교부를 받았음을 이유로 보조금의 교부결정을 취소하는 경우, 그 취소 범위에 관한 판단 기준**

> 보조사업자가 허위의 신청이나 기타 부정한 방법으로 보조금의 교부를 받았음을 이유로 보조금의 교부결정을 취소함에 있어서 전부를 취소할 것인지 일부를 취소할 것인지 여부와 일부를 취소하는 경우 그 범위는 보조사업의 목적과 내용, 보조금을 교부받음에 있어서 부정한 방법을 취하게 된 동기, 보조금의 전체액수 중 부정한 방법으로 교부받은 보조금의 비율과 교부받은 보조금을 그 조건과 내용에 따라 사용한 비율 등을 종합하여 개별적으로 결정하여야 한다(대판 2005.1.28, 2002두11165).

**(3) 여러 개의 상병에 대한 요양불승인처분 취소소송에서 일부 상병만이 요양의 대상으로 인정되는 경우, 불승인처분 전부를 취소할 수 없다**

> 산업재해보상보험법에 의한 요양승인신청에는 상병부위 및 상병명을 기재하도록 되어 있고, 요양승인 여부도 신청한 상병부위 및 상병명별로 이루어지므로, 여러 개의 상병에 대한 요양불승인처분에 대한 취소소송에서 그 일부 상병이 요양의 대상이 되는 것으로 인정되더라도 나머지 상병이 요양의 대상이 되지 아니하는 경우에는 요양불승인처분 중 요양의 대상이 되는 상병에 관한 부분만을 취소하여야 할 것이지, 그 불승인처분 전부를 취소할 수는 없다(대판 2010.12.9, 2010두15803).

## VIII. 취소의 하자(취소의 취소 등)

판례의 입장에 대해서는 ① 일정하지 않다는 견해(김남진, 정하중, 홍준형), ② 소극설(부정설)의 입장이라는 견해(김성수, 류지태, 홍정선), ③ 절충설을 취했다고 해석하는 견해(박균성) 등이 대립한다. 판례를 객관적으로 분석하면 절충설의 입장이라고 할 수 있다. 즉, 판례는 침익적 처분의 경우 취소의 취소로 침익적 처분이 소생함으로써 국민에게 침익적 결과가 되는 경우에는 취소의 취소를 허용하지 않고, 수익적 처분의 경우에만 허용하는 입장이다. 다만, 수익적 처분의 경우에도 중간에 이해관계인이 생겨서 이해관계인에게 침익적 결과가 되는 경우 취소의 취소를 부정하는 입장이라고 정리할 수 있다.

### 1. 침익적 처분의 경우 소극설

#### (1) 조세부과 취소처분의 취소 ★ 21·18·11 지방9급, 20 지방7급, 16 국가9급, 15 국가7급, 14 서울7급

**최신기출** 부과의 취소에 위법사유가 있다고 하더라도 당연무효가 아닌 한 일단 유효하게 성립하여 부과처분을 확정적으로 상실시키는 것이므로, 과세관청은 부과의 취소를 다시 취소함으로써 원부과처분을 소생시킬 수는 없고 납세의무자에게 종전의 과세대상에 대한 납부의무를 지우려면 다시 법률에서 정한 부과절차에 좇아 동일한 내용의 새로운 처분을 하는 수밖에 없다(대판 1995.3.10, 94누7027).

당연무효가 아닌 상속세 부과를 직권취소한 것에 대하여 과세관청이 상속세 부과취소를 다시 취소함으로써 원래의 상속세부과처분을 회복시킬 수 있다. (x) ■ 15 국가7급

「국세기본법」상 상속세부과처분의 취소에 하자가 있는 경우, 부과의 취소의 취소에 대하여는 법률이 명문으로 그 취소요건이나 그에 대한 불복절차에 대하여 따로 규정을 두고 있지 않더라도 과세관청은 부과의 취소를 다시 취소함으로써 원부과처분을 소생시킬 수 있다. (x) ■ 18 지방9급

과세관청은 세금부과처분을 취소한 처분에 취소원인인 하자가 있다는 이유로 취소처분을 다시 취소함으로써 원부과처분을 소생시킬 수 있다. (x) ■ 20 지방7급

과세관청은 과세처분의 취소를 다시 취소함으로써 이미 효력을 상실한 과세처분을 소생시킬 수 있다. (x) ■ 21 지방9급

#### (2) 현역병입영대상편입처분 취소처분의 취소 ★ 21 변호사, 14 지방9급, 12 변호사

**최신기출** 지방병무청장이 재신체검사 등을 거쳐 현역병입영대상편입처분을 보충역편입처분이나 제2국민역편입처분으로 변경하거나 보충역편입처분을 제2국민역편입처분으로 변경하는 경우 비록 새로운 병역처분의 성립에 하자가 있다고 하더라도 그것이 당연무효가 아닌 한 일단 유효하게 성립하고 제소기간의 경과 등 형식적 존속력(불가쟁력)이 생김과 동시에 종전의 병역처분의 효력은 취소 또는 철회되어 확정적으로 상실된다고 보아야 할 것이므로 그 후 새로운 병역처분의 성립에 하자가 있었음을 이유로 하여 이를 취소한다고 하더라도 종전의 병역처분의 효력이 되살아난다고 할 수 없다(대판 2002.5.28, 2001두9653).

### 2. 수익적 처분의 경우 이해관계인이 생긴 경우 광업권 취소의 취소 불가 ★ 18 국회8급, 14 서울7급

**최신기출** 피고가 본건 광업권자가 1년 내에 사업에 착수하지 못한 이유가 광구소재지 출입허가를 얻지 못한 때문이라는 점, 또는 위 정리요강에 의한 사전서면 통고를 하지 아니하였다는 점을 참작하여 피고가 광업권취소처분을 하지 아니하였다던가, 또는 일단 취소처분을 한 후에 새로운 이해관계인이 생기기 전에 취소처분을 취소하여 그 광업권의 회복을 시켰다면 모르되 피고가 본건 취소처분을 한 후에 원고가 1966.1.19.에 본건 광구에 대하여 선출원을 적법히 함으로써 이해관계인이 생긴 이 사건에 있어서, 피고가 1966.8.24.자로 1965.12.30.자의 취소처분을 취소하여, 소외인 명의의 광업권을 복구시키는 조처는, 원고의 선출원 권리를 침해하는 위법한 처분이라고 하지 않을 수 없다(대판 1967.10.23, 67누126).

# 제9절 행정행위의 철회

## Ⅰ. 철회의 종류

### 1. 한 사람이 여러 종류의 자동차운전면허를 취득한 경우 이를 취소 또는 정지할 때 서로 별개의 것으로 취급해야 하고(일부철회의 원칙) 취소사유가 다른 면허와 공통된 것이거나 운전면허를 받은 사람에 관한 것일 경우, 여러 면허를 전부 취소할 수 있다 ★ 18 지방9급, 15 순경특채, 14 국회8급

**최신기출** 한 사람이 여러 종류의 자동차운전면허를 취득하는 경우뿐 아니라 이를 취소 또는 정지하는 경우에도 서로 별개의 것으로 취급하는 것이 원칙이고, 다만 취소사유가 특정 면허에 관한 것이 아니고 다른 면허와 공통된 것이거나 운전면허를 받은 사람에 관한 것일 경우에는 여러 면허를 전부 취소할 수도 있다(대판 2012.5.24, 2012두1891).

### 2. 제1종 대형, 제1종 보통 자동차운전면허를 가지고 있는 갑이 배기량 400cc의 오토바이를 절취하였다는 이유로 지방경찰청장이 갑의 제1종 대형, 제1종 보통 자동차운전면허를 모두 취소한 사안에서, 위 오토바이를 훔쳤다는 사유만으로 제1종 대형면허나 보통면허를 취소할 수 없다고 본 원심판단을 정당하다고 한 사례

도로교통법 제93조 제1항 제12호, 「도로교통법 시행규칙」 제91조 제1항 [별표 28] 규정에 따르면 그 취소 사유가 훔치거나 빼앗은 해당 자동차 등을 운전할 수 있는 특정 면허에 관한 것이며, 제2종 소형면허 이외의 다른 운전면허를 가지고는 위 오토바이를 운전할 수 없어 취소 사유가 다른 면허와 공통된 것도 아니므로, 갑이 위 오토바이를 훔친 것은 제1종 대형면허나 보통면허와는 아무런 관련이 없어 위 오토바이를 훔쳤다는 사유만으로 제1종 대형면허나 보통면허를 취소할 수 없다고 본 원심판단은 정당하다(대판 2012.5.24, 2012두1891).

### 3.

승용자동차를 면허 없이 운전한 사람에 대하여 그 사람이 소지한 제2종 원동기장치 자전거면허를 취소할 수 있다(대판 2012.6.28, 2011두358).

### 4. 외형상 하나의 행정처분이라 하더라도 가분성이 있거나 그 처분대상의 일부가 특정될 수 있는 경우, 일부철회 가능 ★ 18 국회8급, 13·11 순경특채

**최신기출** **전합판례** 외형상 하나의 행정처분이라 하더라도 가분성이 있거나 그 처분대상의 일부가 특정될 수 있다면 그 일부만의 취소도 가능하고 그 일부의 취소는 당해 취소부분에 관하여 효력이 생긴다고 할 것인바, 이는 한 사람이 여러 종류의 자동차 운전면허를 취득한 경우 그 각 운전면허를 취소하거나 그 운전면허의 효력을 정지함에 있어서도 마찬가지이다[대판(전합) 1995.11.16, 95누8850].

## 5. 국고보조조림결정에서 정한 조건에 일부만 위반했음에도 그 조림결정 전부를 취소한 것은 위법하다

★ 10 국회8급

> 지방자치단체로부터 보조금관리법 제17조 제1항, 제19조 제1항에 의거 국고보조조림조치 모두를 취소하고 그 묘목대금 상당금원의 반환을 명받은 경우, 비록 조림계약자들이 보조묘목의 조림을 실행함에 있어 그 일부분을 보조결정 내용과 조건에 따라 조림하지 않고 폐기등 훼손처분하거나 보조조건에 위반하여 식재하였더라도 그 이외의 부분은 보조결정내용과 조건에 따라 정당하게 조림하였다고 보여지므로 이러한 사정과 국고보조조림결정의 경위 등을 고려하면 국고보조조림결정 중 정당하게 조림한 부분까지 합쳐 전체를 취소한 것은 위법하다고 보아야 할 것이다(대판 1986.12.9, 86누276).

# II. 철회권자(처분청만)

## 1. 사인의 철회청구권은 원칙적으로 부정

### (1) 사인은 적법한 침익적 행위에 대한 철회청구권을 갖지 아니한다 ★ 11 국가7급

> 도시계획법령이 토지형질변경행위허가의 변경신청 및 변경허가에 관하여 아무런 규정을 두지 않고 있을 뿐 아니라, 처분청이 처분 후에 원래의 처분을 그대로 존속시킬 필요가 없게 된 사정변경이 생겼거나 중대한 공익상의 필요가 발생한 경우에는 별도의 법적 근거가 없어도 별개의 행정행위로 이를 철회·변경할 수 있지만 이는 그러한 철회·변경의 권한을 처분청에게 부여하는 데 그치는 것일 뿐 상대방 등에게 그 철회·변경을 요구할 신청권까지를 부여하는 것은 아니다(대판 1997.9.12, 96누6219).

### (2) 건축주가 토지 소유자로부터 토지사용승낙서를 받아 토지 위에 건축물을 건축하는 대물적(對物的) 성질의 건축허가를 받았다가 착공에 앞서 건축주의 귀책사유로 해당 토지를 사용할 권리를 상실한 경우, 토지 소유자가 건축허가의 철회를 신청할 수 있고 토지 소유자의 신청을 거부한 행위는 항고소송의 대상이 된다(예외)

> 건축허가는 대물적 성질을 갖는 것이어서 행정청으로서는 허가를 할 때에 건축주 또는 토지 소유자가 누구인지 등 인적 요소에 관하여는 형식적 심사만 한다. 건축주가 토지 소유자로부터 토지사용승낙서를 받아 그 토지 위에 건축물을 건축하는 대물적(對物的) 성질의 건축허가를 받았다가 착공에 앞서 건축주의 귀책사유로 해당 토지를 사용할 권리를 상실한 경우, 건축허가의 존재로 말미암아 토지에 대한 소유권 행사에 지장을 받을 수 있는 토지 소유자로서는 건축허가의 철회를 신청할 수 있다고 보아야 한다. 따라서 토지 소유자의 위와 같은 신청을 거부한 행위는 항고소송의 대상이 된다(대판 2017.3.15, 2014두41190).

# III. 철회권의 법적 근거 및 철회사유

## 1. 철회권의 법적 근거

### (1) 법적 근거를 요하지 않는다는 판례(주류적 판례)

**최신기출** 행정행위를 한 처분청은 비록 그 처분 당시에 별다른 하자가 없었고, 또 그 처분 후에 이를 취소(강학상 철회 ; 필자 주)할 별도의 법적 근거가 없다 하더라도 원래의 처분을 존속시킬 필요가 없게 된 사정변경이 생겼거나 또는 중대한 공익상의 필요가 발생한 경우에는 그 효력을 상실케 하는 별개의 행정행위로 이를 취소할 수 있다(대판 2004.11.26, 2003두10251·10268).

행정행위를 한 처분청은 처분 당시에 별다른 하자가 없었고, 또 그 처분 후에 이를 철회할 별도의 법적 근거가 없다면 사정변경을 이유로 그 효력을 상실케 하는 별개의 행정행위로 이를 철회할 수 없다. (x) ■ 18 지방9급

甲이 위 부관에 위반하였음을 이유로 관할 행정청이 건축허가의 효력을 소멸시키려면 법령상의 근거가 있어야 한다. (x)
■ 19 지방9급

A시장은 건축허가 당시 별다른 하자가 없었고 철회의 법적 근거가 없으므로 건축허가를 철회할 수 없다. (x) ■ 22 국가9급

### (2) 개인택시운송사업자에게 운전면허 취소사유가 있으나 그에 따른 운전면허 취소처분이 이루어지지는 않은 경우, 관할관청이 개인택시운송사업면허를 취소할 수 없다

**최신기출** 구 여객자동차운수사업법 제76조 제1항 제15호, 같은법 시행령 제29조에는 관할관청은 개인택시운송사업자의 운전면허가 취소된 때에 그의 개인택시운송사업면허를 취소할 수 있도록 규정되어 있을 뿐 그에게 운전면허 취소사유가 있다는 사유만으로 개인택시운송사업면허를 취소할 수 있도록 하는 규정은 없으므로, 관할관청으로서는 비록 개인택시운송사업자에게 운전면허 취소사유가 있다 하더라도 그로 인하여 운전면허 취소처분이 이루어지지 않은 이상 개인택시운송사업면허를 취소할 수는 없다. 개인택시운송사업자가 음주운전을 하다가 사망한 경우 망인의 운전면허를 취소하는 것은 불가능하고, 음주운전 그 자체는 개인택시운송사업면허의 취소사유가 될 수는 없으므로, 음주운전을 이유로 한 개인택시운송사업면허의 취소처분은 위법하다고 한 사례(대판 2008.5.15, 2007두26001)

## 2. 철회사유

### (1)

#### ① 행정행위의 부관으로 철회권을 유보한 경우, 철회사유는 법령에 규정이 있는 것에 한하지 않는다

행정행위의 부관으로 취소권(강학상 철회)이 유보되어 있는 경우, 당해 행정행위를 한 행정청은 그 취소사유가 법령에 규정되어 있는 경우뿐만 아니라 의무위반이 있는 경우, 사정변경이 있는 경우, 좁은 의미의 취소권이 유보된 경우, 또는 중대한 공익상의 필요가 발생한 경우 등에도 그 행정처분을 취소할 수 있는 것이다(대판 1984. 11.13, 84누269).

② 도로 외의 곳에서의 음주운전·음주측정거부 등에 대해서 운전면허의 취소·정지 처분을 부과할 수 없다

구 도로교통법(2010.7.23. 법률 제10382호로 개정되기 전의 것) 제2조 제24호는 "운전이라 함은 도로에서 차마를 그 본래의 사용방법에 따라 사용하는 것(조종을 포함한다)을 말한다."라고 규정하여 도로교통법상 '운전'에는 도로 외의 곳에서 한 운전은 포함되지 않는 것으로 보았다. 위 규정은 2010.7.23. 법률 제10382호로 개정되면서 "운전이라 함은 도로(제44조, 제45조, 제54조 제1항, 제148조 및 제148조의2에 한하여 도로 외의 곳을 포함한다)에서 차마를 그 본래의 사용방법에 따라 사용하는 것(조종을 포함한다)을 말한다."라고 규정하여, 음주운전에 관한 금지규정인 같은 법 제44조 및 음주운전·음주측정거부 등에 관한 형사처벌 규정인 같은 법 제148조의2의 '운전'에는 도로 외의 곳에서 한 운전도 포함되게 되었다. 이후 2011.6.8. 법률 제10790호로 개정되어 조문의 위치가 제2조 제26호로 바뀌면서 "운전이란 도로(제44조, 제45조, 제54조 제1항, 제148조 및 제148조의2의 경우에는 도로 외의 곳을 포함한다)에서 차마를 그 본래의 사용방법에 따라 사용하는 것(조종을 포함한다)을 말한다."라고 그 표현이 다듬어졌다. 위 괄호의 예외 규정에는 음주운전·음주측정거부 등에 관한 형사처벌 규정인 도로교통법 제148조의2가 포함되어 있으나, 행정제재처분인 운전면허 취소·정지의 근거 규정인 도로교통법 제93조는 포함되어 있지 않기 때문에 도로 외의 곳에서의 음주운전·음주측정거부 등에 대해서는 형사처벌만 가능하고 운전면허의 취소·정지 처분은 부과할 수 없다(대판 2021.12.10. 2018두42771).

## (2) 법령에 명시적 규정이 없는 경우(후발적 사유)

### ① 사정변경

#### ㉠ 특례보충역편입처분 후 국외여행허가를 받아 출국하였다가 귀국을 지연한 경우

국비유학생으로 선발되어 지방병무청장에 의해 학술특기자로 특례보충역에 편입된 후 유학사유로 국외여행허가를 받아 출국한 후 그 여행허가기간이 만료되어 국외체재기간연장신청을 하였으나 그 신청이 불허되었음에도 귀국치 아니하다 2차에 걸친 귀국최고 및 기한연장 후에서야 귀국한 경우, 이와같은 귀국지연이라는 사유는 구 병역법상 특례보충역편입제한사유로만 규정되어 있지만 이는 그 성질상 단순히 특례보충역편입시 갖추어야 할 요건에 그치는 것이 아니라 특례보충역에 편입된 후에도 병역의무를 마칠 때까지 계속해서 갖추어야 할 소극적 요건이라고 봄이 상당하므로, 특례보충역편입처분 후 그와 같은 귀국지연이라는 사유가 발생한 경우에는 이러한 사정은 그 편입처분을 취소할 수 있는 사정변경 또는 중대한 공익상의 필요가 발생한 것으로 볼 수 있어 처분청으로서는 그 취소에 관한 별도의 법적 근거가 없이도 이를 취소할 수 있다고 하여야 한다(대판 1995.2.28. 94누7713).

#### ㉡ 구 「병역법 시행령」 제113조 제3항 신설 이전에 영주 목적 귀국 등의 사유가 발생한 경우, 국외여행허가를 취소할 수 있다 ★ 21 지방9급

영주 목적의 귀국이나 1년 이상 국내에서 취업 또는 체류라는 사유는 구 「병역법 시행령」 제113조 제3항상 국외여행허가취소사유로 규정되어 있지만 이는 그 성질상 국외여행허가를 받은 것으로 간주된 후에도 병역의무를 마칠 때까지 계속해서 갖추어야 할 소극적 요건이라고 봄이 상당하므로, 국외여행허가를 받은 후 위와 같은 사유가 발생한 경우에는 이러한 사정은 국외여행허가를 취소할 수 있는 사정변경 또는 중대한 공익상의 필요가 발생한 것으로 볼 수 있어 처분청으로서는 위 조항이 신설되기 전에 사유발생으로 그 취소에 관한 별도의 법적 근거가 없이도 이를 취소할 수 있다(대판 1995.6.9. 95누1194).

② 상대방의 의무위반

㉠ 개인택시운송사업자가 음주운전교통사고로 자동차운전면허를 취소당한 경우 운송사업면허취소사유

> 자동차운수사업법 제4조, 같은법 시행규칙 제15조에 따라 면허를 받은 사람이 직접 운전할 것을 조건으로 개인택시운송사업면허를 받은 사람이 자동차운전면허를 상실한 경우에는 결국 직접 운전하지 못하게 되는 것이므로 면허권자에 의한 6월 이내의 사업정지나 개인택시운송사업면허의 취소처분의 사유가 되는 것이 원칙이고, 다만 직접 운전하지 못하는 데 대한 정당한 사유가 있는 때에 한하여 예외적으로 위와 같은 불리한 행정처분의 대상이 되지 않는다고 볼 것인바, 개인택시운송사업면허를 얻은 자가 당해사업을 영위하던 중에 음주운전교통사고를 내어 자동차운전면허를 취소당했다면 비록 그가 자동차를 1년 2개월 동안 운휴한 것 외에 별다른 범법행위를 한 바 없었다 하여도 이와 같은 운휴는 운송사업면허취소의 조각원인이 되는 정당한 사유가 된다기보다는 오히려 그 자체가 대중교통의 원활을 기하여야 할 사명에 반하여 공공복리를 침해하는 것이 되어 같은법 제31조 제1항 제3호의 범법행위가 되는 것이므로 같은항 소정의 행정처분의 대상사유가 됨은 당연하다(대판 1990.6.26, 89누5713).

③ 부담의 불이행 : 점용료를 납부하지 않은 자에 대한 영업허가의 취소

> 부담부 행정처분에 있어서 처분의 상대방이 부담(의무)을 이행하지 아니한 경우에 처분행정청으로서는 이를 들어 당해 처분을 취소(철회)할 수 있는 것이다(대판 1989.10.24, 89누2431).

④ 사실상 시정이 불가능하여 시정요구가 무의미한 경우 임원취임승인취소처분을 할 수 있다

> 시정이 가능한 사항에 대하여만 시정요구할 것을 전제로 하고 있다거나 시정이 불가능하여 시정요구가 무의미한 경우에는 임원취임승인취소처분을 할 수 없다고 해석할 수는 없다(대판 2014.9.4, 2011두6431).

⑤

> 사립학교법 제20조의2에서 정한 '시정요구에 응하지 아니한 경우'에 시정에 응한 결과가 관할청의 시정요구를 이행하였다고 보기에 미흡한 경우도 포함된다(대판 2014.9.4, 2011두6431).

⑥

> 사립학교법 제20조의2에서 정한 임원취임승인취소처분의 재량권 남용 여부를 판단할 때, 처분사유로 된 시정요구의 불이행 범위·정도와 시정요구를 있게 한 위법행위 내용과 결과를 참작할 수 있다(대판 2014.9.4, 2011두6431).

⑦ 허가취소 유예기간에 관한 고지를 받고 유예기간 내에 출국하였다가 재입국한 경우, 국외여행허가를 취소할 수 없다

> 제도의 취지는 국내체재기간을 통산함으로써 국외여행허가제도를 이용하여 국내체재기간을 편법적으로 늘리는 것을 방지하되, 국외여행허가를 받은 사람이나 그 부 또는 모에게 국내 장기체재 사실을 알리고 국내생활을 정리하여 국외로 출국할 수 있는 준비기간을 준 것으로 보아야지 더 나아가 준비기간 내에 출입국하는 것까지 막겠다는 것은 아니다. 따라서 허가취소 유예기간에 관한 고지를 받고 유예기간 내에 출국하였다가 재입국하였다는 이유만으로 국외여행허가를 취소할 수는 없다(대판 2014.9.4, 2014두36624).

⑧ 사립학교법 제20조의2 제1항에서 정한 임원취임승인 취소의 사유가 발생하였다는 객관적인 사실이 인정되면, 임원취임승인 취소처분의 처분사유가 존재하고, 같은 조 제2항에 따라 시정요구를 받은 학교법인이 시정을 하지 아니한 사정만으로 임원취임승인 취소의 요건이 충족된다

> 사립학교법 제20조의2 제1항에 규정된 사유가 발생하였다는 객관적인 사실이 인정되면 해당 임원에게 이러한 사유 발생과 관련한 임무해태를 탓할 수 없는 정당한 사유가 인정되지 않는 한, 임원취임승인 취소처분의 처분사유 자체는 존재한다고 보아야 한다. 마찬가지로 사립학교법 제20조의2 제2항 역시 시정요구를 받은 학교법인이 시정을 하지 아니한 사정만 있다면 임원취임승인 취소의 요건이 충족되고, 단순히 시정을 위한 최선의 노력을 하였다는 것만으로 '시정 요구에 응하였다'고 보는 것은 문언 취지에도 맞지 아니하므로, 그러한 사정은 임원취임승인 취소의 재량권 일탈·남용 여부 판단의 참작요소가 될 뿐이다(대판 2017.12.28, 2015두56540).

⑨ 사립학교법 제20조의2가 정한 임원취임승인 취소처분은 재량행위에 해당한다

> 사립학교법 제20조의2가 정한 임원취임승인 취소처분은 재량행위에 해당하고, 이러한 처분이 사회통념상 재량권의 범위를 일탈하였거나 남용하였는지는 처분사유로 된 위반행위의 내용과 처분에 의하여 달성하려는 공익목적 및 이에 따르는 제반 사정 등을 객관적으로 심리하여 공익 침해의 정도와 처분으로 개인이 입게 될 불이익을 비교·형량하여 판단하여야 한다(대판 2017.12.28, 2015두56540).

⑩ 학교법인 임원 간의 분쟁이 발생하지 않도록 진지한 타협안과 양보안을 제시하고, 중재를 위하여 적극 노력하였다는 등의 특별한 사정이 있는 임원의 경우, 임원취임승인 취소사유에 해당하지 않는다

> 임원취임승인 취소사유에 해당하는지는 '임원 간의 분쟁으로 학교운영에 중대한 장애를 야기하였는지'만을 따져 판단하여야 하고, 임원들의 분쟁에 대한 기여의 정도나 책임의 경중은 취소 여부를 결정하는 재량권 행사 단계에서 고려될 수 있을 뿐이다. 다만 이러한 분쟁이 발생하지 않도록 진지한 타협안과 양보안을 제시하고, 그 중재를 위하여 적극 노력하였다는 등의 특별한 사정이 있는 임원의 경우에는, 임원 간의 분쟁 자체에 개입하였거나 관련되었다고 볼 수 없으므로, 임원취임승인 취소사유에 해당되지 않음은 당연하다(대판 2018.1.25, 2017두53361).

## IV. 철회권의 제한

### 1. 공익상의 필요와 당사자가 입을 불이익 등의 형량이 잘못된 면허취소처분은 위법하다

> 면허청이 상대방에게 면허권을 주는 행정처분을 하였을 때에는 비록 법규상의 취소권발동사유가 발생하더라도 수익자에게 실제로 취소권을 발동시키는 데는 취소하여야 할 공익상의 필요와 취소로 인하여 당사자가 입을 불이익 등을 형량하여 취소 여부를 결정하여야 하고 이것이 잘못되었을 경우에는 기속재량권의 남용이나 그 범위의 일탈에 해당하여 당해 취소처분이 위법함을 면할 수 없다(대판 1990.6.26, 89누5713).

### 2. 수익적 행정처분에 대한 취소권 등의 행사의 요건 및 그 한계 ★ 22·17 국가9급

**최신기출**
> 수익적 행정처분을 취소 또는 철회하는 경우에는 이미 부여된 그 국민의 기득권을 침해하는 것이 되므로, 비록 취소 등의 사유가 있다고 하더라도 그 취소권 등의 행사는 기득권의 침해를 정당화할 만한 중대한 공익상의 필요 또는 제3자의 이익보호의 필요가 있는 때에 한하여 상대방이 받는 불이익과 비교·교량하여 결정하여야 하고, 그 처분으로 인하여 공익상의 필요보다 상대방이 받게 되는 불이익 등이 막대한 경우에는 재량권의 한계를 일탈한 것으로서 그 자체가 위법하다(대판 2004.11.26, 2003두10251, 10268).

3. 건축허가를 받은 자가 건축허가가 취소되기 전에 공사에 착수한 경우, 착수기간이 지났다는 이유로 허가권자가 구 건축법 제11조 제7항에 따라 건축허가를 취소할 수 없고, 이는 건축허가를 받은 자가 건축허가가 취소되기 전에 공사에 착수하려 하였으나 허가권자의 위법한 공사중단명령으로 공사에 착수하지 못한 경우에도 마찬가지이다 ★ 18 국회8급

건축허가를 받은 자가 건축허가가 취소되기 전에 공사에 착수하였다면 허가권자는 그 착수기간이 지났다고 하더라도 건축허가를 취소하여야 할 특별한 공익상 필요가 인정되지 않는 한 건축허가를 취소할 수 없다. 이는 건축허가를 받은 자가 건축허가가 취소되기 전에 공사에 착수하려 하였으나 허가권자의 위법한 공사중단명령으로 공사에 착수하지 못한 경우에도 마찬가지이다(대판 2017.7.11, 2012두22973).

건축허가를 받은 자가 법정 착수기간이 지나 공사에 착수한 경우, 허가권자는 착수기간이 지났음을 이유로 건축허가를 취소하여야 한다. (x) ■ 18 국회8급

## 4. 복효적 행정행위

수익적 행정처분을 취소 또는 철회하거나 중지시키는 경우에는 이미 부여된 그 국민의 기득권을 침해하는 것이 되므로, 비록 취소 등의 사유가 있다고 하더라도 그 취소권 등의 행사는 기득권의 침해를 정당화할 만한 중대한 공익상의 필요 또는 제3자의 이익보호의 필요가 있는 때에 한하여 상대방이 받는 불이익과 비교·교량하여 결정하여야 하고, 그 처분으로 인하여 공익상의 필요보다 상대방이 받게 되는 불이익 등이 막대한 경우에는 재량권의 한계를 일탈한 것으로서 그 자체가 위법하다(대판 2004.7.22, 2003두7606).

## V. 철회의 효과(장래효)

1. 영유아보육법 제30조 제5항 제3호에 따른 평가인증 취소의 법적 성격은 평가인증의 철회이고, 행정 청이 평가인증이 이루어진 이후에 새로이 발생한 사유를 들어 영유아보육법 제30조 제5항에 따라 평가인증을 철회하는 처분을 하면서, 별도의 법적 근거 없이 평가인증의 효력을 과거로 소급하여 상 실시킬 수 없다 ★ 20 지방7급, 19 국가9급

영유아보육법 제30조 제5항 제3호에 따른 평가인증의 취소는 평가인증 당시에 존재하였던 하자가 아니라 그 이후에 새로이 발생한 사유로 평가인증의 효력을 소멸시키는 경우에 해당하므로, 법적 성격은 평가인증의 '철회'에 해당한다. 그런데 행정청이 평가인증을 철회하면서 그 효력을 철회의 효력발생일 이전으로 소급하게 하면, 철회 이전의 기간에 평가인증을 전제로 지급한 보조금 등의 지원이 그 근거를 상실하게 되어 이를 반환하여야 하는 법적 불이익이 발생한다. 이는 장래를 향하여 효력을 소멸시키는 철회가 예정한 법적 불이익의 범위를 벗어나는 것이다. 이처럼 행정청이 평가인증이 이루어진 이후에 새로이 발생한 사유를 들어 영유아보육법 제30조 제5항에 따라 평가인증을 철회하는 처분을 하면서도, 평가인증의 효력을 과거로 소급하여 상실시키기 위해서는, 특별한 사정이 없는 한 영유아보육법 제30조 제5항과는 별도의 법적 근거가 필요하다(대판 2018.6.28, 2015두58195).

평가인증의 취소는 강학상 취소에 해당하며, 행정청이 평가인증취소처분을 하면서 별도의 법적 근거 없이도 평가인증의 효력을 취소사유 발생일로 소급하여 상실시킬 수 있다. (x) ■ 19 국가9급
평가인증의 취소는 강학상 철회에 해당하며, 행정청이 평가인증취소처분을 하면서 별도의 법적 근거 없이는 평가인증의 효력을 취소사유 발생일로 소급하여 상실시킬 수 없다. ■ 19 국가9급
평가인증의 취소는 강학상 취소에 해당하며, 행정청이 평가인증취소처분을 하면서 별도의 법적 근거 없이는 평가인증의 효력을 취소사유 발생일로 소급하여 상실시킬 수 없다. (x) ■ 19 국가9급
평가인증의 취소는 강학상 철회에 해당하며, 행정청이 평가인증취소처분을 하면서 별도의 법적 근거 없이도 평가인증의 효력을 취소사유 발생일로 소급하여 상실시킬 수 있다. (x) ■ 19 국가9급

# VI. 하자 있는 철회의 효력

철회행위 자체가 무효인 경우 처음부터 철회의 효력은 발생하지 않고, 철회행위에 취소사유가 있다면 철회의 취소가 가능하다. 또한 철회행위에 철회사유가 있다면 철회도 가능하다.

## 1. 수익적 행정행위 철회의 쟁송취소는 소급효 ★ 22 지방9급, 22·20·19 국가9급, 19·16 지방7급, 16 국회8급, 14 순경특채

**최신기출**
> 영업의 금지를 명한 영업허가취소처분 자체가 나중에 행정쟁송절차에 의하여 취소되었다면 그 영업허가취소처분은 그 처분시에 소급하여 효력을 잃게 되며, 그 영업허가취소처분에 복종할 의무가 원래부터 없었음이 확정되었다고 봄이 타당하고, 영업허가취소처분이 장래에 향하여서만 효력을 잃게 된다고 볼 것은 아니므로 그 영업허가취소처분 이후의 영업행위를 무허가영업이라고 볼 수는 없다(대판 1993.6.25, 93도277).

영업허가취소처분이 청문절차를 거치지 않았다 하여 행정심판에서 취소되었더라도 그 허가취소처분 이후 취소재결시까지 영업했던 행위는 무허가영업에 해당한다. (x) ■ 19 국가9급
영업허가취소처분이 나중에 행정쟁송절차에 의하여 취소되었더라도, 그 영업허가취소처분 이후의 영업행위는 무허가영업이다. (x) ■ 22 국가9급

## 2. 철회(이사취임승인처분의 취소)의 직권취소를 인정한 판례 ★ 17 국가9급, 14 서울7급

> 행정처분이 취소되면 그 소급효에 의하여 처음부터 그 처분이 없었던 것과 같은 효과를 발생하게 되는바, 행정청이 의료법인의 이사에 대한 이사취임승인취소처분(제1처분)을 직권으로 취소(제2처분)한 경우에는 그로 인하여 이사가 소급하여 이사로서의 지위를 회복하게 되고, 그 결과 위 제1처분과 제2처분 사이에 법원에 의하여 선임결정된 임시이사들의 지위는 법원의 해임결정이 없더라도 당연히 소멸된다(대판 1997.1.21, 96누3401).

## 3. 철회의 직권취소를 부정한 판례(예외판례)

> 적법한 영업허가의 취소처분이 있었고, 제소기간의 경과로 확정된 이상 영업허가처분은 그 효력이 확정적으로 상실되었다 할 것이므로 그 영업허가취소(철회)처분을 다시 취소하여 이미 상실한 영업허가의 효력을 다시 소생시킬 수 없으며 이를 소생시키기 위하여는 원 행정행위와 동일한 내용의 새로운 행정행위를 할 수밖에 없다(대판 1980. 4.8, 80누27).

# 제10절 행정행위의 실효사유

## 1. 대상의 소멸 : 유기장의 영업허가를 받은 자가 영업장소를 명도하고 유기시설을 모두 매각함으로써 유기장업을 폐업한 경우

> 유기장법상 유기장의 영업허가는 대물적 허가로서 영업장소의 소재지와 유기시설 등이 영업허가의 요소를 이루는 것이므로, 영업장소에 설치되어 있던 유기시설이 모두 철거되어 허가를 받은 영업상의 기능을 더 이상 수행할 수 없게 된 경우에는, 이미 당초의 영업허가는 허가의 대상이 멸실된 경우와 마찬가지로 그 효력이 당연히 소멸(실효)되는 것이고, 또 유기장의 영업허가는 신청에 의하여 행하여지는 처분으로서 허가를 받은 자가 영업을 폐업할 경우에는 그 효력이 당연히 소멸실효되는 것이니, 이와 같은 경우 허가행정청의 허가취소처분은 허가가 실효되었음을 확인하는 것에 지나지 않는다고 보아야 할 것이므로, 유기장의 영업허가를 받은 자가 영업장소를 명도하고 유기시설을 모두 철거하여 매각함으로써 유기장업을 폐업하였다면 영업허가취소처분의 취소를 청구할 소의 이익이 없는 것이라고 볼 수 있다(대판 1990.7.13, 90누2284).

## 2. 허가영업의 자진폐업

### (1) 신청에 의한 영업허가처분에 있어서 그 영업의 폐업은 그 허가처분의 당연 실효사유이다 ★ 16 국가9급

> 청량음료 제조업허가는 신청에 의한 처분임이 분명한바, 신청에 의한 허가처분은 그 영업을 폐업한 경우는 그 허가도 당연실효된다고 할 것이며, 이런 경우 허가행정청의 허가취소처분은 허가의 실효됨을 확인하는 뜻에 불과하다 할 것이다. 원고가 청량음료 제조영업을 폐업하였다면 그 영업허가는 자연실효되고 피고의 본건 허가취소처분은 그 실효를 확인하는 것에 불과하므로 원고는 그 허가취소처분의 취소를 구할 소의 이익이 없다고 할 것이다(대판 1981.7.14, 80누593).

### (2) 종전의 영업을 자진폐업하고 새로운 영업허가 신청을 한 경우, 기득권이 고려되어야 하는 것은 아니다

> 종전의 결혼예식장영업을 자진폐업한 이상 위 예식장영업허가는 자동적으로 소멸(실효)하고 위 건물 중 일부에 대하여 다시 예식장영업허가신청을 하였다 하더라도 이는 전혀 새로운 영업허가의 신청임이 명백하므로 일단 소멸한 종전의 영업허가권이 당연히 되살아난다고 할 수는 없는 것이니 여기에 종전의 영업허가권이 새로운 영업허가신청에도 그대로 미친다고 보는 기득권의 문제는 개재될 여지가 없다(대판 1985.7.9, 83누412).

# 제11절 처분(행정행위)의 변경

## Ⅰ. 처분변경의 의의

처분변경은 기존의 처분을 다른 처분으로 변경하는 것을 말한다. 처분은 당사자, 처분사유, 처분내용으로 구성된다. 따라서 처분변경도 당사자의 변경, 처분사유의 변경, 처분내용의 변경으로 나눌 수 있다.

## Ⅱ. 처분변경의 종류

### 1. 처분사유의 추가·변경

처분사유의 추가·변경이 처분변경이 되려면 처분사유의 추가·변경이 종전처분의 처분사유와 기본적 사실관계의 동일성이 없는 사유이어야 한다. 처분청은 스스로 당해 처분의 적법성과 합목적성을 확보하자 행하는 자신의 내부시정절차에서는 당초 처분의 근거로 삼은 사유와 기본적 사실관계의 동일성이 인정되지 않는 사유라 하더라도 처분사유로 추가·변경할 수 있다.

(1) 산업재해보상보험법상 심사청구에 관한 절차의 성격은 근로복지공단 내부의 시정절차이고 그 절차에서는 근로복지공단이 당초 처분의 근거로 삼은 사유와 기본적 사실관계의 동일성이 인정되지 않는 사유를 처분사유로 추가·변경할 수 있다.

> 산업재해보상보험법 규정의 내용, 형식 및 취지 등에 비추어 보면, 산업재해보상보험법상 심사청구에 관한 절차는 보험급여 등에 관한 처분을 한 근로복지공단으로 하여금 스스로의 심사를 통하여 당해 처분의 적법성과 합목적성을 확보하도록 하는 근로복지공단 내부의 시정절차에 해당한다고 보아야 한다. 따라서 처분청이 스스로 당해처분의 적법성과 합목적성을 확보하고자 행하는 자신의 내부 시정절차에서는 당초 처분의 근거로 삼은 사유와 기본적 사실관계의 동일성이 인정되지 않는 사유라고 하더라도 이를 처분의 적법성과 합목적성을 뒷받침하는 처분사유로 추가변경할 수 있다고 보는 것이 타당하다(대판 2012.9.13. 2012두3859).

(2) 근로복지공단이 '우측 감각신경성 난청'으로 장해보상청구를 한 근로자 甲에 대하여 소멸시효 완성을 이유로 장해보상급여부지급결정을 하였다가, 甲이 불복하여 심사청구를 하자 甲의 상병이 업무상 재해인 소음성 난청으로 보기 어렵다는 처분사유를 추가하여 심사청구를 기각한 사안에서, 甲의 상병과 업무 사이의 상당인과관계 부존재를 처분사유 중 하나로 본 원심판단을 정당하다고 한 사례

> 최신판례
> 근로복지공단이 산업재해보상보험법상 심사청구에 대한 자신의 심리·결정 절차에서 추가한 사유인 '甲의 상병과 업무 사이의 상당인과관계 부존재'는 당초 처분의 근거로 삼은 사유인 '소멸시효 완성'과 기본적 사실관계의 동일성이 인정되는지와 상관없이 처분의 적법성의 근거가 되는 것으로서 취소소송에서 처음부터 판단대상이 되는 처분사유에 해당한다는 이유로, 甲의 상병과 업무 사이의 상당인과관계 부존재를 처분사유 중 하나로 본 원심판단을 정당하다고 한 사례(대판 2012.9.13. 2012두3859)

## 2. 처분내용의 변경

**(1) 실질적 변경처분** : 처분내용을 상당한 정도로 변경하는 처분이다. 이 경우 종전 처분은 변경처분으로 대체되고 장래에 향하여 효력을 상실한다.

① 관리처분계획의 주요 부분을 실질적으로 변경하는 내용으로 새로운 관리처분계획을 수립하여 시장·군수의 인가를 받은 경우, 당초 관리처분계획은 효력을 상실한다 ★ 20 국회8급

> 최신기출
> 전합판례
> 「도시 및 주거환경정비법」 관련 규정의 내용, 형식 및 취지 등에 비추어 보면, 당초 관리처분계획의 경미한 사항을 변경하는 경우와 달리 관리처분계획의 주요 부분을 실질적으로 변경하는 내용으로 새로운 관리처분계획을 수립하여 시장·군수의 인가를 받은 경우에는, 당초 관리처분계획은 달리 특별한 사정이 없는 한 효력을 상실한다[대판(전합) 2012.3.22. 2011두6400].

② 장해보상연금을 받던 사람이 재요양 후에 장해등급이 변경되어 장해보상연금의 지급 대상에서 제외되었음에도 장해보상연금을 받은 경우, 구 산업재해보상보험법 제84조 제1항에 따른 부당이득의 징수 대상

> 장해보상연금을 받던 사람이 재요양 후에 장해등급이 변경되어 장해보상연금의 지급 대상에서 제외되었음에도 장해보상연금을 받았다면 특별한 사정이 없는 한 이는 보험급여가 잘못 지급된 경우에 해당하지만, 이 경우 장해등급이 변경되었다고 하려면 장해등급 변경 결정이 있어야 할 것이므로, 장해등급 변경 결정 이후에 지급된 장해보상연금만 산업재해보상보험법 제84조 제1항에 따른 부당이득의 징수 대상이 된다고 할 것이다. 다만 장해보상연금을 받던 사람이 산업재해보상보험법 제51조에 따른 재요양 후에 장해상태가 호전됨으로써 장해등급이 변경되어 장해보상연금을 수령할 수는 없게 되었으나 '산업재해보상보험법 시행령' 제58조 제2항 제2호에서 정한 차액을 지급받을 수 있는 경우에는 여전히 그 금액을 장해보상일시금으로 수령할 수 있는 지위에 있으므로 그 금액의 범위 안에서는 부당이득의 징수 대상이 되지 않는다고 할 것이다(대판 2013.2.14. 2011두12054).

**(2) 일부변경처분** : 선행처분의 내용 중 일부만을 소폭 변경하는 등 선행처분과 분리가능한 변경처분이다. 이 경우 종전 선행처분은 일부 변경된 채로 효력을 유지하고 일부변경처분도 별도로 존재한다.

① 선행처분의 내용을 변경하는 후행처분이 있는 경우, 선행처분의 효력 존속 여부[피고(인천해양경찰서장)가 A업체(세종해운 주식회사)에 대한 도선사업면허를 A업체에게 유리하게 변경하여 주는 내용의 1차 변경처분을 하자, 경업자관계에 있던 B업체(유한회사 한림해운)가 A업체에 대한 1차 변경처분의 취소소송을 제기하였는데, 소송 계속 중에 피고가 A업체에 대한 1차 변경처분의 내용 중 일부를 A업체에게 불리하게 직권으로 감축하는 내용의 2차 변경처분을 한 경우에, B업체가 1차 변경처분을 다툰 사안]

> 선행처분의 주요 부분을 실질적으로 변경하는 내용으로 후행처분을 한 경우에 선행처분은 특별한 사정이 없는 한 효력을 상실하지만, 후행처분이 선행처분의 내용 중 일부만을 소폭 변경하는 정도에 불과한 경우에는 선행처분은 소멸하는 것이 아니라 후행처분에 의하여 변경되지 아니한 범위 내에서는 그대로 존속한다(대판 2020.4.9. 2019두49953).

## Ⅲ. 절차

실질적 변경처분은 명문의 규정이 없는 한 선행처분과 동일한 절차에 따라 행해진다. 일부변경처분의 경우 선행처분보다 간소한 절차로 행해질 수 있다.

### 1. 초·중등교육법 제29조가 교과용도서에 관한 검정제도를 채택하고, 구 「교과용도서에 관한 규정」이 교과용도서의 적합성 여부 심사를 위해 교과용도서심의회 심의를 거친 후 심사 결과에 따라 교육과학기술부장관이 검정 합격 여부를 결정하도록 규정한 목적이나 입법 취지

구 초·중등교육법 제29조가 교과용도서에 관한 검정제도를 채택하고, 그 위임을 받은 구 「교과용도서에 관한 규정」이 교과용도서로서의 적합성 여부를 심사하기 위하여 교원이나 학부모를 비롯한 이해관계 있는 자나 관련 전문가 등으로 구성되는 교과용도서심의회의 심의를 거치도록 한 후 그 심사 결과에 따라 교육과학기술부장관이 검정 합격 여부를 결정하도록 규정한 목적이나 입법 취지는 헌법 제31조와 교육기본법 제3조, 제5조, 제6조에서 규정한 국민의 교육을 받을 권리를 실질적으로 보장하고 교육의 자주성·전문성·정치적 중립성을 구현하고자 하는 데에 있다(대판 2013.2.15, 2011두21485).

### 2. 「교과용도서에 관한 규정」 제26조 제1항에서 규정하고 있는 검정도서에 대한 수정명령의 요건과 절차의 해석방법

검정도서에 대한 수정은 교과용도서로서의 적합성 여부에 관한 교과용도서심의회의 심의를 거쳐 이미 검정의 합격결정을 받은 교과용도서에 대하여 이루어지는 것인 점, 교과용도서의 수정에 관한 교육과학기술부장관의 권한은 교과용도서의 검정에 관한 권한에서 유래된 것으로서 검정에 관한 권한 행사의 일종으로 볼 수 있는 점 등에 비추어 보면, 구 「교과용도서에 관한 규정」 제26조 제1항에서 규정하고 있는 '검정도서에 대한 수정명령'의 요건과 절차는, 교육의 자주성·전문성·정치적 중립성을 보장하고 있는 헌법과 교육기본법의 기본정신이나 교과용도서에 관하여 검정제도를 채택한 구 초·중등교육법의 목적과 입법취지 및 구 「교과용도서에 관한 규정」에 의하여 교원이나 학부모를 비롯한 이해관계 있는 자나 관련 전문가 등의 절차적 관여가 보장된 검정제도의 본질이 훼손되지 아니하도록 이를 합리적으로 해석하는 것이 타당하다(대판 2013.2.15, 2011두21485).

### 3. 구 「교과용도서에 관한 규정」 제26조 제1항의 의미 및 검정도서에 대한 수정명령의 대상이나 범위

구 「교과용도서에 관한 규정」 제26조 제1항은 "교육과학기술부장관은 교육과정의 부분개정이나 그 밖의 사유로 인하여 개편의 범위에 이르지 아니할 정도로 검정도서의 문구·문장·통계·삽화 등을 교정·증감·변경하는 등 그 내용을 수정할 필요가 있다고 인정할 때 검정도서의 수정을 명할 수 있다."는 의미이고, 이러한 수정명령의 대상이나 범위에는 문구·문장 등의 기재내용 자체 또는 전후 문맥에 비추어 명백한 표현상의 잘못이나 제본 등 기술적 사항뿐만 아니라 객관적 오류 등을 바로잡는 것도 포함된다(대판 2013.2.15, 2011두21485).

## 4. 구 「교과용도서에 관한 규정」 제26조 제1항에 따른 검정도서에 대한 수정명령의 내용이 이미 검정을 거친 내용을 실질적으로 변경하는 결과를 가져오는 경우 거쳐야 할 절차

구 「교과용도서에 관한 규정」 제26조 제1항에 따른 검정도서에 대한 수정명령의 절차와 관련하여 구 「교과용도서에 관한 규정」에 수정명령을 할 때 교과용도서의 검정절차를 거쳐야 한다거나 이를 준용하는 명시적인 규정이 없으므로 교과용도서심의회의 심의 자체를 다시 거쳐야 한다고 보기는 어렵지만, 헌법 등에 근거를 둔 교육의 자주성·전문성·정치적 중립성 및 교과용도서에 관한 검정제도의 취지에 비추어 보면, 수정명령의 내용이 표현상의 잘못이나 기술적 사항 또는 객관적 오류를 바로잡는 정도를 넘어서서 이미 검정을 거친 내용을 실질적으로 변경하는 결과를 가져오는 경우에는 새로운 검정절차를 취하는 것과 마찬가지라 할 수 있으므로 검정절차상의 교과용도서심의회의 심의에 준하는 절차를 거쳐야 한다. 그렇지 않으면 행정청이 수정명령을 통하여 검정제도의 취지를 훼손하거나 잠탈할 수 있고, 교과용도서심의회의 심의 등 적법한 검정절차를 거쳐 검정의 합격결정을 받은 자의 법률상 이익이 쉽게 침해될 수 있기 때문이다(대판 2013.2.15, 2011두21485).

# 제3장
# 그 밖의 행정의 행위형식

## 제1절 행정상의 확약

## Ⅰ. 법적 성질

판례는 확약 자체의 처분성은 부정하지만, 확약(내인가)의 취소에 대해서는 처분성을 인정한다.

### 1. 확약인 어업면허우선순위결정(행정행위성 부인, 처분성 부인)

★ 21·10 지방7급, 18·13 국가9급, 16 국회8급, 15 지방9급, 15·14·10 순경특채 14 사회복지

> **최신기출** 어업권면허에 선행하는 우선순위결정은 행정청이 우선권자로 결정된 자의 신청이 있으면 어업권면허처분을 하겠다는 것을 약속하는 행위로서 강학상 확약에 불과하고 행정처분은 아니므로, 우선순위결정에 공정력이나 불가쟁력과 같은 효력은 인정되지 아니하며, 따라서 우선순위결정이 잘못되었다는 이유로 종전의 어업권면허처분(특허)이 취소되면 행정청은 종전의 우선순위결정을 무시하고 다시 우선순위를 결정한 다음, 새로운 우선순위결정에 기하여 새로운 어업권면허를 할 수 있다(대판 1995.1.20, 94누6529).

> 행정청의 확약은 위법하더라도 중대명백한 하자가 있어 당연무효가 아닌 한 취소되기 전까지는 유효한 것으로 통용된다. (×)
> ■ 18 국가9급

### 2. 내인가(확약)의 취소(처분성 인정) ★ 22 국가9급, 19 서울7급

> **최신기출** 내인가의 법적 성질이 행정행위의 일종으로 볼 수 있든 아니든 그것이 행정청의 상대방에 대한 의사표시임이 분명하고, 피고가 위 내인가를 취소함으로써 다시 본인가에 대하여 따로 인가 여부의 처분을 한다는 사정이 보이지 않는다면 위 내인가 취소를 인가신청을 거부하는 처분으로 보아야 할 것이다(대판 1991.6.28, 90누4402).

## Ⅱ. 확약과 사정변경(확약의 실효)

### 1. 행정청의 확약 또는 공적인 의사표명은 그 자체에서 정한 유효기간을 경과한 이후에는 당연 실효된다

★ 21 지방9급, 21·17 국회8급, 20·18·13 국가9급, 20·19 지방7급, 18 국가7급, 14 사회복지, 15·14·10 순경특채

> **최신기출** 행정청이 상대방에게 장차 어떤 처분을 하겠다고 확약 또는 공적인 의사표명을 하였다고 하더라도, 그 자체에서 상대방으로 하여금 언제까지 처분의 발령을 신청하도록 유효기간을 두었는데도 그 기간 내에 상대방의 신청이 없었다거나 확약 또는 공적인 의사표명이 있은 후에 사실적·법률적 상태가 변경되었다면, 그와 같은 확약 또는 공적인 의사표명은 행정청의 별다른 의사표시를 기다리지 않고 실효된다(대판 1996.8.20, 95누10877).

> 확약에는 공정력이나 불가쟁력과 같은 효력이 인정되는 것은 아니라고 하더라도, 일단 확약이 있은 후에 사실적·법률적 상태가 변경되었다고 하여 행정청의 별다른 의사표시 없이 확약이 실효된다고 할 수 없다. (×) ■ 19 지방7급

# 제2절 행정계획

## Ⅰ. 행정계획의 의의

### 1. 행정계획의 의미 ★ 16 국회8급

> 행정계획이라 함은 행정에 관한 전문적·기술적 판단을 기초로 하여 도시의 건설·정비·개량 등과 같은 특정한 행정목표를 달성하기 위하여 서로 관련되는 행정수단을 종합·조정함으로써 장래의 일정한 시점에 있어서 일정한 질서를 실현하기 위한 활동기준으로 설정된 것이다(대판 2007.4.12, 2005두1893).

### 2. 행정계획의 의미

> `최신판례` 행정계획은 도시의 건설·정비·개량 등과 같은 특정한 행정목표를 달성하기 위하여 행정에 관한 전문적·기술적 판단을 기초로 관련되는 행정수단을 종합·조정함으로써 장래의 일정한 시점에 일정한 질서를 실현하기 위하여 설정한 활동기준이나 그 설정행위를 말한다(대판 2020.6.25, 2019두56135).

## Ⅱ. 행정계획의 법적 성질(복수성질설)

| 처분성 인정 | 처분성 부정 |
|---|---|
| 1. 도시계획결정(현재는 도시·군관리계획결정)(대판 1982.3.9. 80누105)<br>2. 개발제한구역의 지정·고시(헌재결 1991.7.22, 89헌마174)<br>3. 택지개발예정지구의 지정(대판 1996.3.22, 95누10075)<br>4. 관리처분계획(환권계획, 분양계획)(대판 2002.12.10, 2001두6333)<br>5. 「국토의 계획 및 이용에 관한 법률」상 토지거래허가구역의 지정(대판 2006.12.22, 2006두12883)<br>6. 「도시 및 주거환경정비법」에 따른 주택재건축정비사업시행계획(대결 2009.11.2, 2009마596) | 1. 기본계획<br>　① 도시기본계획(대판 1997.9.26, 96누10096)<br>　② 농어촌도로기본계획(대판 2000.9.5, 99두974)<br>　③ 대학입시기본계획(헌재결 1997.7.16, 97헌마70)<br>　④ 하수도정비기본계획(대판 2002.5.17, 2001두10578)<br>2. 종합계획<br>3. 광역도시계획<br>4. 환지계획(대판 1999.8.20, 97누6889)(학설은 처분성 인정)<br>　※ 환지처분이 확정된 후 별도로 행하여진 환지청산금 교부처분은 사법적 심사의 대상인 행정처분이 아님(대판 1987.3.24, 85누926) : 환지청산금 교부처분도 환지계획에 따른 환지처분에 포함되는 것이므로 |

## 1. 처분성 인정사례

### (1) 도시관리계획 ★ 17·16 국회8급, 15·10 지방7급, 14 행정사, 13 국회9급, 11 서울9급

> 도시계획법 제12조 소정의 고시된 도시계획결정은 특정 개인의 권리 내지 법률상의 이익을 개별적이고 구체적으로 규제하는 효과를 가져오게 하는 행정청의 처분이라 할 것이고, 이는 행정소송의 대상이 된다(대판 1982.3.9, 80누105).

**(2) 개발제한구역의 지정행위는 행정처분이다** ★ 17 지방9급

> 건설부장관의 개발제한구역의 지정·고시가 공권력의 행위로서 헌법소원심판의 대상이 됨은 물론이나 헌법소원심판은 다른 법률에 구제절차가 있는 경우에는 그 절차를 모두 거친 후가 아니면 청구할 수 없으므로 건설교통부장관의 개발제한구역의 지정·고시에 대한 헌법소원심판청구는 행정쟁송절차를 모두 거친 후가 아니면 부적법하다(헌재결 1991.7.22, 89헌마174).

**(3) 도시재개발법상의 관리처분계획(환권계획, 분양계획)** ★ 22·12 지방9급, 13 국회8급

최신기출
> 관리처분계획은 토지 등의 소유자에게 구체적이고 결정적인 영향을 미치는 것으로서 조합이 행한 처분에 해당하므로 항고소송의 방법으로 그 무효확인이나 취소를 구할 수 있다(대판 2002.12.10, 2001두6333).

▶ 甲이 ⓔ(관리처분계획)에 대해 소송으로 다투려면 B구청장을 피고로 하여야 한다. (x) ■ 22 지방9급

**(4) 택지개발예정지구의 지정과 택지개발계획 승인** ★ 14 국회8급, 13 행정사

> 택지개발촉진법 제3조에 의한 건설교통부장관의 택지개발예정지구의 지정은 그 처분의 고시에 의하여 개발할 토지의 위치, 면적과 그 행사가 제한되는 권리내용 등이 특정되는 처분인 반면에, 같은법 제8조에 의한 건설교통부장관(현 국토해양부장관)의 택지개발계획 시행자에 대한 택지개발계획의 승인은 당해 사업이 택지개발촉진법상의 택지개발사업에 해당함을 인정하여 시행자가 그 후 일정한 절차를 거칠 것을 조건으로 하여 일정한 내용의 수용권을 설정하여 주는 처분으로서 그 승인고시에 의하여 수용할 목적물의 범위가 확정되는 것이므로, 그 두 처분은 후자가 전자의 처분을 전제로 하는 것이기는 하나 각각 단계적으로 별개의 법률효과를 발생하는 독립한 행정처분이다(대판 1996.12.6, 95누8409).

**(5) 도시정비법상의 관리처분계획은 구속적 행정계획으로서 행정처분이고, 재건축조합에 대한 총회결의 무효확인 소송의 소송형태는 행정소송법상의 당사자소송이다**

★ 22·13 지방9급, 21 변호사, 20 지방7급, 20 서울7급, 20·16·15 국회8급, 19 국가9급, 16 국가7급, 13·12 서울9급

최신기출
전합판례
> 재건축조합이 행정주체의 지위에서 도시정비법 제48조에 따라 수립하는 관리처분계획은 정비사업의 시행 결과 조성되는 대지 또는 건축물의 권리귀속에 관한 사항과 조합원의 비용 분담에 관한 사항 등을 정함으로써 조합원의 재산상 권리·의무 등에 구체적이고 직접적인 영향을 미치게 되므로, 이는 구속적 행정계획으로서 재건축조합이 행하는 독립된 행정처분에 해당한다. 따라서 행정주체인 재건축조합을 상대로 관리처분계획안에 대한 조합 총회결의의 효력 등을 다투는 소송은 행정처분에 이르는 절차적 요건의 존부나 효력 유무에 관한 소송으로서 그 소송결과에 따라 행정처분의 위법 여부에 직접 영향을 미치는 공법상 법률관계에 관한 것이므로, 이는 행정소송법상의 당사자소송에 해당한다[대판(전합) 2009.9.17, 2007다2428].

행정주체인 조합을 상대로 관리처분계획안에 대한 조합 총회결의의 효력을 다투는 소송은 행정처분에 이르는 절차적 요건의 존부나 효력 유무에 관한 소송으로서 이는 「행정소송법」상의 항고소송에 해당한다. (x) ■ 20 서울7급
「도시 및 주거환경정비법」상 행정주체인 주택재건축정비사업조합을 상대로 관리처분계획안에 대한 조합 총회결의의 효력 등을 다투는 소송은 민사상 법률관계에 관한 것이므로 민사소송에 해당한다. (x) ■ 20 지방7급
甲이 ⓛ에 대해 소송으로 다투려면 A주택재건축정비사업조합을 상대로 민사소송을 제기하여야 한다. (x) ■ 22 지방9급

**(6) 개발제한구역지정처분의 법적 성질은 일종의 행정계획으로서 계획재량처분이다** ★ 20 국회9급

최신기출
> 개발제한구역지정처분은 건설부장관이 법령의 범위 내에서 도시의 무질서한 확산 방지 등을 목적으로 도시정책상의 전문적·기술적 판단에 기초하여 행하는 일종의 행정계획으로서 그 입안·결정에 관하여 광범위한 형성의 자유를 가지는 계획재량처분이므로, 그 지정에 관련된 공익과 사익을 전혀 비교교량하지 아니하였거나 비교교량을 하였더라도 그 정당성과 객관성이 결여되어 비례의 원칙에 위반되었다고 볼 만한 사정이 없는 이상, 그 개발제한구역지정처분은 재량권을 일탈·남용한 위법한 것이라고 할 수 없다(대판 1997.6.24, 96누1313).

**(7) 관할구청장의 인가 등에 의해 확정된 재건축사업시행계획은 행정처분이므로 그에 관한 총회결의의 효력정지를 구하는 방법은 민사소송법상 가처분이 아니라 행정소송법상 집행정지신청으로서만 가능하다** ★ 20·13 국가9급, 16 지방9급, 12 서울9급

> **최신기출** 채무자조합이 이러한 행정주체의 지위에서 도시정비법에 기초하여 수립한 이 사건 사업시행계획은 인가·고시를 통해 확정되면 이해관계인에 대한 구속적 행정계획으로서 독립된 행정처분에 해당하고, 이와 같은 사업시행계획안에 대한 조합 총회결의는 그 행정처분에 이르는 절차적 요건 중 하나에 불과한 것으로서, 그 계획이 확정된 후에는 항고소송의 방법으로 계획의 취소 또는 무효확인을 구할 수 있을 뿐, 절차적 요건에 불과한 총회결의 부분만을 대상으로 그 효력 유무를 다투는 확인의 소를 제기하는 것은 허용되지 아니하고, 한편 이러한 항고소송의 대상이 되는 행정처분의 효력이나 집행 혹은 절차속행 등의 정지를 구하는 신청은 행정소송법상 집행정지신청의 방법으로써만 가능할 뿐, 민사소송법상 가처분의 방법으로는 허용될 수 없다(대결 2009.11.2, 2009마596).

> 「도시 및 주거환경정비법」에 기초하여 주택재건축정비사업조합이 수립한 사업시행계획은 인가·고시를 통해 확정되어도 이해관계인에 대한 직접적인 구속력이 없는 행정계획으로서 독립된 행정처분에 해당하지 아니한다. (x) ■ 20·13 국가9급

## 2. 처분성 부정사례

**(1) 도시기본계획은 일반국민에 대해 직접적인 구속력은 없다** ★ 22·21·14 국가9급, 20 서울7급, 17·16·13 지방9급, 13 국회9급

> **최신기출** 도시기본계획은 도시의 기본적인 공간구조와 장기발전방향을 제시하는 종합계획으로서 그 계획에는 토지이용계획, 환경계획, 공원녹지계획 등 장래의 도시개발의 일반적인 방향이 제시되지만, 그 계획은 도시계획입안의 지침이 되는 것에 불과하여 일반국민에 대한 직접적인 구속력은 없는 것이다(대판 2002.10.11, 2000두8226).

**(2) 구 도시계획법 제19조 제1항 및 지방자치단체의 도시계획조례에서 말하는 도시기본계획은 행정청에 대한 직접적 구속력을 갖지 않는다** ★ 21 국회8급, 18 국가7급

> **최신기출** 구 도시계획법 제19조 제1항 및 도시계획시설결정 당시의 지방자치단체의 도시계획조례에서는 도시계획이 도시기본계획에 부합되어야 한다고 규정하고 있으나, 도시기본계획은 도시의 장기적 개발방향과 미래상을 제시하는 도시계획 입안의 지침이 되는 장기적·종합적인 개발계획으로서 행정청에 대한 직접적인 구속력은 없다(대판 2007.4. 12, 2005두1893).

> 「국토의 계획 및 이용에 관한 법률」에 따른 도시기본계획은 일반 국민에 대한 직접적인 구속력은 인정되지 않지만, 도시의 장기적 개발방향과 미래상을 제시하는 도시계획 입안의 지침이 되기에 행정청에 대한 직접적인 구속력은 인정된다. (x) ■ 18 국가7급
> 도시계획법 제10조의2 소정의 도시기본계획은 직접적 구속력이 없고, 도시계획시설결정 대상면적이 도시기본계획의 예정면적보다 증가한 경우 위법이 아니다 ■ 21 국회8급

**(3) 하수도정비기본계획** ★ 15 지방9급

> 구 하수도법 제5조의2에 의하여 기존의 하수도정비기본계획을 변경하여 광역하수종말처리시설을 설치하는 등의 내용으로 수립한 하수도정비기본계획은 항고소송의 대상이 되는 행정처분에 해당하지 아니한다(대판 2002.5.17, 2001두10578).

### (4) 택지개발촉진법상 택지개발사업시행자의 택지공급방법결정행위·통보

택지개발촉진법 제18조, 제20조의 규정에 따라 택지개발사업 시행자가 건설부장관(현 국토해양부장관)으로부터 승인을 받아 택지의 공급방법을 결정하였더라도 그 공급방법의 결정은 내부적인 행정계획에 불과하여 그것만으로 택지공급회망자의 권리나 법률상 이익에 개별적이고 구체적인 영향을 미치는 것은 아니므로, 택지개발사업시행자가 그 공급방법을 결정하여 통보한 것은 분양계약을 위한 사전 준비절차로서의 사실행위에 불과하고 항고소송의 대상이 되는 행정처분으로 볼 수 없다(대판 1993.7.13, 93누36).

### (5) 환지계획 ★ 16·14 국회8급, 14 국가7급, 11 지방7급

토지구획정리사업법(현 도시개발법) 제57조, 제62조 등의 규정상 환지예정지 지정이나 환지처분은 그에 의하여 직접 토지소유자 등의 권리의무가 변동되므로 이를 항고소송의 대상이 되는 처분이라고 볼 수 있으나, 환지계획은 위와 같은 환지예정지 지정이나 환지처분의 근거가 될 뿐, 그 자체가 직접 토지소유자 등의 법률상의 지위를 변동시키거나 또는 환지예정지 지정이나 환지처분과는 다른 고유한 법률효과를 수반하는 것이 아니어서 이를 항고소송의 대상이 되는 처분에 해당한다고 할 수가 없다(대판 1999.8.20, 97누6889).


## Ⅲ. 행정계획수립절차

## 1. 기초조사절차를 거치지 아니한 도시계획결정은 취소사유이다

도시계획결정을 함에 있어서 도시계획법 제15조 제1항 소정의 기초조사절차를 적법하게 거치지 아니한 하자가 있었더라도 그러한 절차상의 하자는 그 도시계획결정의 취소사유는 될지언정 당연무효의 사유라고는 보여지지 않는다(대판 1990.6.12, 90누2178).


## 2. 공청회를 거치지 않고 이주대책을 수립하지 않은 도시계획결정은 취소사유이다 ★ 12 지방9급

도시계획의 수립에 있어서 도시계획법 제16조의2 소정의 공청회를 열지 아니하고 「공공용지의 취득 및 손실보상에 관한 특례법」 제8조 소정의 이주대책을 수립하지 아니하였더라도 이는 절차상의 위법으로서 취소사유에 불과하고 그 하자가 도시계획결정 또는 도시계획사업시행인가를 무효라고 할 수 있을 정도로 중대하고 명백하다고는 할 수 없으므로 이러한 위법을 선행처분인 도시계획결정이나 사업시행인가 단계에서 다투지 아니하였다면 그 쟁송기간이 이미 도과한 후인 수용재결단계에 있어서는 도시계획수립 행위의 위와 같은 위법을 들어 재결처분의 취소를 구할 수는 없다고 할 것이다(대판 1990.1.23, 87누947).


## 3.

공람 및 공청회절차를 거치지 않은 도시계획결정은 취소사유이다(대판 2000.3.23, 98두2768). ★ 11 지방7급

## 4. 「도시 및 주거환경정비법」 제46조 제1항에서 정한 분양신청기간의 통지 등 절차를 제대로 거치지 않고 이루어진 관리처분계획은 위법하다

> 「도시 및 주거환경정비법」(도시정비법) 제46조 제1항에서 정한 분양신청기간의 통지 등 절차는 재개발구역 내의 토지 등 소유자에게 분양신청의 기회를 보장해 주기 위한 것으로서 도시정비법 제48조 제1항에 의한 관리처분계획을 수립하기 위해서는 반드시 거쳐야 할 필요적 절차이고, 사업시행자인 재개발조합이 분양신청 통지를 함에 있어서는 도시정비법 및 그 위임에 의하여 정해진 재개발조합의 정관 규정에 따라 통지 등 절차가 이루어져야 할 것이므로, 이러한 통지 등 절차를 제대로 거치지 않고 이루어진 관리처분계획은 위법하다(대판 2011.1.27, 2008두14340).

## 5. 주택재개발정비사업조합이 새로 조합설립인가처분을 받는 것과 동일한 요건과 절차로 조합설립변경인가처분을 받은 후 종전의 조합설립인가처분이 당연무효이거나 취소되는 경우, 조합이 관리처분계획을 새롭게 수립하여 인가를 받아야 하고, 이때 조합이 종전 분양신청 현황에 따라 관리처분계획을 수립한 경우, 관리처분계획은 원칙적으로 위법하다

> 주택재개발정비사업조합이 종전의 조합설립인가처분에 대한 무효확인소송 또는 취소소송이 진행되고 있는 등으로 효력 유무 또는 위법 여부 등이 확정되지 않은 상태에서 새로 조합설립인가처분을 받는 것과 동일한 요건과 절차로 조합설립변경인가처분을 받은 경우, 조합설립변경인가처분은 새로운 조합설립인가처분으로서의 효력을 가진다. 그러나 종전의 조합설립인가처분이 당연무효이거나 취소되는 경우에는 종전의 조합설립인가처분이 유효함을 전제로 수립·인가된 관리처분계획은 소급하여 효력을 잃는다. 따라서 조합은 조합설립변경인가처분을 받기 전에 수립·인가된 종전의 관리처분계획에 따라 정비사업을 진행할 수는 없고, 도시 및 주거환경정비법령이 정한 요건과 절차에 따라 관리처분계획을 새롭게 수립하여 인가를 받아야 한다. 이때 조합은 구 「도시 및 주거환경정비법」 제46조 제1항이 규정하고 있는 분양신청 통지·공고 등의 절차를 다시 밟거나 분양신청 대상자들(종전 분양신청 절차에서 분양신청을 한 사람들과 이때에는 분양신청을 하지 않았지만 조합원 지위를 상실하지 않은 자를 포함한다)의 분양신청에 관한 의사를 개별적으로 확인하여 그 분양신청 현황을 기초로 관리처분계획을 수립하여야 하고, 조합이 이러한 절차를 밟지 않고 종전 분양신청 현황에 따라 관리처분계획을 수립하였다면 관리처분계획은 위법하다.
> 다만 종전의 분양신청 현황을 기초로 했더라도 새로운 관리처분계획 수립 당시 토지 등 소유자의 분양신청 현황을 기초로 관리처분계획을 수립했다고 평가할 수 있는 예외적인 경우, 즉 '분양의 대상이 되는 대지 또는 건축물의 내역', '개략적인 분담금의 내역' 등 법령이 분양신청 통지에 포함시키도록 한 사항 등에 관하여 새로운 사업시행계획과 종전 사업시행계획 사이에 실질적으로 변경된 내용이 없고, 사업의 성격이나 규모 등에 비추어 두 사업시행계획 인가일 사이의 시간적 간격이 지나치게 크지 않으며, 분양신청 대상자들 중 종전 분양신청을 철회·변경하겠다거나 새롭게 분양신청을 희망한다는 의사를 조합에 밝힌 사람이 실제 있지 않은 경우 등에는, 종전의 분양신청 현황을 기초로 새로운 관리처분계획을 수립하는 것도 허용된다(대판 2016.12.15, 2015두51309).

# Ⅳ. 행정계획의 효력

## 1. 효력발생요건

도시·군관리계획 결정의 효력은 지형도면을 고시한 날부터 발생한다(「국토의 계획 및 이용에 관한 법률」 제31조 제1항).

### (1) 도시관리계획 결정·고시를 하지 않으면 효력이 발생하지 않는다 ★ 21 지방7급, 12 국회9급, 12 지방9급

최신기출 | 서울특별시장, 도지사 등 지방장관이 기안, 결재 등의 과정을 거쳐 정당하게 도시계획결정 등의 처분을 하였다고 하더라도 이를 관보에 게재하여 고시하지 아니한 이상 대외적으로는 아무런 효력도 발생하지 아니한다(대판 1985.12. 10, 85누186).

### (2) 도시계획결정의 효력발생요건은 도시계획결정고시이고, 구체적·개별적 범위는 지적고시도면의 결정·고시로 확정된다

도시계획결정의 효력은 도시계획결정고시로 인하여 생기고 지적고시도면의 승인고시로 인하여 생기는 것은 아니라고 할 것이나, 일반적으로 도시계획결정고시의 도면만으로는 구체적인 범위나 개별토지의 도시계획선을 특정할 수 없으므로 결국 도시계획결정 효력의 구체적·개별적인 범위는 지적고시도면에 의하여 확정된다(대판 200 0.3.23, 99두11851).

## 2. 계획의 집중효

### (1) 구 택지개발촉진법 제11조 제1항에 의하여 택지개발사업실시계획 승인을 얻은 때 받은 것으로 간주되는 '도시계획법 제12조의 규정에 의한 도시계획결정'에는 기존 도시계획의 변경결정도 포함된다

구 택지개발촉진법 제11조 제1항이 같은법 제9조의 규정에 의한 실시계획의 승인을 얻은 때에는 '도시계획법 제1 2조의 규정에 의한 도시계획의 결정을 받은 것으로 본다고 규정하고 있고 같은 조항 소정의 '도시계획법 제12조의 규정에 의한 도시계획결정'에는 도시계획의 새로운 결정뿐 아니라 기존의 도시계획을 변경하는 결정도 포함된다고 해석된다(대판 1995.5.12, 93누19047).

### (2) 집중효의 정도(절차집중설)

### ① 채광계획인가로 공유수면 점용허가가 의제될 경우, 공유수면 점용불허사유로써 채광계획을 인가하지 아니할 수 있다 ★ 20 국가7급, 16·14 국회8급

최신기출 | 채광계획이 중대한 공익에 배치된다고 할 때에는 인가를 거부할 수 있고, 채광계획을 불인가 하는 경우에는 정당한 사유가 제시되어야 하며 자의적으로 불인가를 하여서는 아니 될 것이므로 채광계획인가는 기속재량행위에 속하는 것으로 보아야 할 것이나, 구 광업법 제47조의2 제5호에 의하여 채광계획인가를 받으면 공유수면 점용허가(특허로서 재량행위)를 받은 것으로 의제(집중효)되고, 이 공유수면 점용허가는 공유수면 관리청이 공공위해의 예방 경감과 공공복리의 증진에 기여함에 적당하다고 인정하는 경우에 그 자유재량에 의하여 허가의 여부를 결정하여야 할 것이므로, 공유수면 점용허가를 필요로 하는 채광계획 인가신청에 대하여도, 공유수면 관리청이 재량적 판단에 의하여 공유수면 점용허가 여부를 결정할 수 있고, 그 결과 공유수면 점용을 허용하지 않기로 결정하였다면, 채광계획 인가관청은 이를 사유로 하여 채광계획을 인가하지 아니할 수 있는 것이다(대판 2002.10.11, 2001두151).

공유수면 점용허가를 필요로 하는 채광계획 인가신청에 대하여, 공유수면 관리청이 공유수면 점용을 허용하지 않기로 결정한 경우, 채광계획 인가관청은 이를 사유로 채광계획 인가신청을 반려할 수 없다. (x) ■ 16 국회8급

② 건설부장관이 관계기관의 장과의 협의를 거쳐 주택건설사업계획 승인을 한 경우 별도로 도시계획법 소정의 중앙 도시계획위원회의 의결이나 주민의 의견청취 등의 절차를 거칠 필요는 없다 ★ 16 지방7급, 16 국회8급

> 주택건설촉진법 제33조 제1항·제4항·제6항에 의하면 건설부장관(현 국토해양부장관)이 주택건설사업계획을 승인 하고자 하는 경우에 그 사업계획에 제4항 각호의 1에 해당하는 사항이 포함되어 있는 때에는 관계기관의 장과 협의하여야 하고, 사업주체가 제1항에 의하여 사업계획의 승인을 얻은 때에는 도시계획법 제12조에 의한 도시계획 의 결정 등을 받은 것으로 보는바(집중효), 위 각 규정의 내용과 촉진법의 목적 및 기본원칙(제1조, 제2조)에 비추어 보면 건설부장관이 촉진법 제33조에 따라 관계기관의 장과의 협의를 거쳐 사업계획승인을 한 이상 같은조 제4항의 허가·인가·결정·승인 등이 있는 것으로 볼 것이고, 그 절차와 별도로 도시계획법 제12조 등 소정의 중앙도시계획위원 회의 의결이나 주민의 의견청취 등 절차를 거칠 필요는 없는 것이다(대판 1992.11.10, 92누1162).

(3) 내부협의나 공고가 없었다 하여 사업주체가 도로법상 도로점용허가를 얻은 것으로 간주되는 주택건설촉진법 제33조 제4항의 적용이 배제되지 않는다

> 주택조합들이 주택건설촉진법 제33조 제1항에 의하여 주택건설사업계획을 승인받은 이상 같은법 제33조 제4항 제3호에 따라 그 사업에 필요한 범위 내의 도로에 대하여 도로법 제40조에 의한 도로점용의 허가(특허)를 얻은 것으로 간주(집중효)되고, 그 사업계획승인시 도로점용허가사항과 관련된 내부협의나 공고가 없었다고 하여 달리 볼 것은 아니며, 도로점용허가가 의제된다 하더라도 도로점용료부과처분을 함에 있어서는 그 부과대상토지를 특정하고 그에 대한 점용료 산정기준 등 산출근거를 구체적으로 명시하여야 한다(대판 2002.2.26, 2000두4323).

(4) 권리구제

㉠ 군수(괴산군수)가 甲 주식회사(주식회사 리사이클링테크)에 구 「중소기업창업 지원법」 제35조에 따라 산지전용허가 등이 의제되는 사업계획을 승인하면서 산지전용허가와 관련하여 재해방지 등 명령을 이행하지 아니한 경우 산지 전용허가를 취소할 수 있다는 조건을 첨부하였는데, 甲 회사가 재해방지 조치를 이행하지 않았다는 이유로 산지 전용허가 취소를 통보하고, 이어 토지의 형질변경 허가 등이 취소되어 공장설립 등이 불가능하게 되었다는 이유 로 甲 회사에 사업계획승인을 취소한 사안에서, 의제된 산지전용허가 취소가 항고소송의 대상이 되는 처분에 해당하고, 산지전용허가를 제외한 나머지 인허가 사항만 의제된 사업계획승인 취소와 별도로 산지전용허가 취소 를 다툴 필요가 있는데도, 이와 달리 본 원심판단에 법리를 오해한 위법이 있다고 한 사례

> 산지전용허가 취소는 군수가 의제된 산지전용허가의 효력을 소멸시킴으로써 甲 회사의 구체적인 권리·의무에 직접적 인 변동을 초래하는 행위로 보이는 점 등을 종합하면 의제된 산지전용허가 취소가 항고소송의 대상이 되는 처분에 해당하고, 산지전용허가 취소에 따라 사업계획승인은 산지전용허가를 제외한 나머지 인허가 사항만 의제하는 것이 되므로 사업계획승인 취소는 산지전용허가를 제외한 나머지 인허가 사항만 의제된 사업계획승인을 취소하는 것이어 서 산지전용허가 취소와 사업계획승인 취소가 대상과 범위를 달리하는 이상, 甲 회사로서는 사업계획승인 취소와 별도 로 산지전용허가 취소를 다툴 필요가 있는데도, 이와 달리 본 원심판단에 법리를 오해한 위법이 있다고 한 사례(대 판 2018.7.12, 2017두48734).

# V. 사후적 권리구제

## 1. 행정쟁송

### (1) 도시계획시설결정 후 장기간 그 사업이 시행되지 아니하였더라도 일단 그 도시계획사업이 시행되어 토지수용에까지 나아간 이상 토지에 대한 도시계획결정의 취소를 청구할 법률상 이익이 인정되지 않는다
★ 12 사회복지, 12 지방9급, 11 지방7급

> 도시계획시설결정은 광범위한 지역과 상당한 기간에 걸쳐 다수의 이해관계인에게 다양한 법률적, 경제적 영향을 미치는 것이 되어 일단 도시계획시설사업의 시행에 착수한 뒤에는, 시행의 지연에 따른 손해나 손실의 배상 또는 보상을 함은 별론으로 하고, 그 결정 자체의 취소나 해제를 요구할 권리를 일부의 이해관계인에게 줄 수는 없는 것이다. 그러므로 심판대상조항들에 대하여 위헌취지 결정을 한다고 하더라도 이에 따라 새로이 개정될 법은 도시계획결정의 성질상 도시계획사업이 시행되고 있지 아니한 토지들에 대하여 취소청구권 또는 해제청구권을 부여할 수 있을 뿐이지 이미 사업이 시행된 토지에 대하여는 그 취소나 해제를 요구할 권리를 부여할 수 없다. 그렇다면 도시계획사업의 시행으로 인한 토지수용에 의하여 이미 이 사건 토지에 대한 소유권을 상실한 청구인은 도시계획결정과 토지의 수용이 법률에 위반되어 당연무효라고 볼만한 특별한 사정이 보이지 않는 이상 이 사건 토지에 대한 도시계획결정의 취소를 청구할 법률상의 이익을 흠결하여 당해소송은 적법한 것이 될 수 없고 나아가 우리 재판소의 위헌 결정에 의하여, 사업이 시행되지 아니한 토지의 소유자에게 취소청구권이나 해제청구권을 부여하는 새로운 입법이 이루어진다고 하더라도, 이미 도시계획시설사업이 시행되어 토지수용까지 이루어진 경우에는 이러한 규정들이 적용될 수 없는 것이므로 심판대상조항들의 위헌 여부는 재판의 전제가 되지 않는다(헌재결 2002.5.30. 2000헌바58·2001헌바3).

## 2. 헌법소원

### (1) 비구속적 행정계획안이나 행정지침
★ 21 국가9급, 21·13 국회9급, 18 국가7급, 18·17 서울7급, 17·16·13 지방9급, 16·15 지방7급, 15 사회복지, 13 국회8급

**최신기출**
> 비구속적 행정계획안이나 행정지침이라도 국민의 기본권에 직접적으로 영향을 끼치고, 앞으로 법령의 뒷받침에 의하여 그대로 실시될 것이 틀림없을 것으로 예상될 수 있을 때에는 공권력행위로서 예외적으로 헌법소원의 대상이 될 수 있다(헌재결 2000.6.1. 99헌마538).

> 비구속적 행정계획안이나 행정지침은 비록 그것이 국민의 기본권에 직접적으로 영향을 끼치고, 앞으로 법령의 뒷받침에 의하여 그대로 실시될 것이 틀림없을 것으로 예상될 수 있을 때에도 헌법소원의 대상이 될 수 없다. (x) ■ 15 지방7급
> 국민의 기본권에 직접적으로 영향을 끼치고 법령의 뒷받침에 의해 실시될 것이라고 예상될 수 있다 하더라도 비구속적 행정계획안의 경우 헌법소원의 대상이 될 수 없다. (x) ■ 18 서울7급

### (2) 서울대학교가 「1994학년도 대학입학고사주요요강」을 제정하여 발표한 것에 대하여 제기된 헌법소원심판청구는 적법하다
★ 17 서울7급, 15 국회8급, 15 국가9급, 14 지방7급

> 국립대학인 서울대학교의 「1994학년도 대학입학고사주요요강」은 사실상의 준비행위 내지 사전안내로서 행정쟁송의 대상이 될 수 있는 행정처분이나 공권력의 행사는 될 수 없지만 그 내용이 국민의 기본권에 직접 영향을 끼치는 내용이고 앞으로 법령의 뒷받침에 의하여 그대로 실시될 것이 틀림없을 것으로 예상되어 그로 인하여 직접적으로 기본권침해를 받게 되는 사람에게는 사실상의 규범작용으로 인한 위험성이 이미 현실적으로 발생하였다고 보아야 할 것이므로 이는 헌법소원의 대상이 되는 헌법재판소법 제68조 제1항 소정의 공권력의 행사에 해당된다고 할 것이며, 이 경우 헌법소원 외에 달리 구제방법이 없다(헌재결 1992.10.1. 92헌마68·76).

> 국립대학교의 대학입학고사 주요 요강은 공권력의 행사로서 행정쟁송의 대상이 될 수 있는 행정처분이다. (x) ■ 17 서울7급

**(3) 기획재정부장관이 2008.8.11.부터 2009.3.31.까지 사이에 6차에 걸쳐 공공기관 선진화 추진계획을 확정, 공표한 행위(선진화 계획)은 공권력행사에 해당하지 않는다**

> 이 사건 선진화 계획은 그 법적 성격이 행정계획이라고 할 것인바, 국민의 기본권에 직접적인 영향을 미친다고 볼 수 없고, 장차 법령의 뒷받침에 의하여 그대로 실시될 것이 틀림없을 것으로 예상된다고 보기도 어려우므로, 헌법소원의 대상이 되는 공권력의 행사에 해당한다고 할 수 없다(헌재결 2011.12.29, 2009헌마330·344).

# VI. 계획재량과 형량명령

## 1. 계획재량과 형량명령, 형량하자의 의의 ★ 21 지방7급, 21·18 국회8급, 20·17 서울7급, 18·10 국가7급, 17 지방9급

`최신기출`
> 관계법령에는 추상적인 행정목표와 절차만이 규정되어 있을 뿐, 행정계획의 내용에 관하여는 별다른 규정을 두고 있지 아니하므로(목적프로그램) 행정주체는 구체적인 행정계획을 입안·결정함에 있어서 비교적 광범위한 형성의 자유(계획재량)를 가지는 것이지만, 행정주체가 가지는 이와 같은 형성의 자유는 무제한적인 것이 아니라 그 행정계획에 관련되는 자들의 이익을 공익과 사익 사이에서는 물론이고 공익 상호 간과 사익 상호 간에도 정당하게 비교교량하여야 한다는 제한(형량명령)이 있으므로, 행정주체가 행정계획을 입안·결정함에 있어서 이익형량을 전혀 행하지 아니하거나(형량의 탈락·해태·조사결함) 이익형량의 고려대상에 마땅히 포함시켜야 할 사항을 누락한 경우(형량의 흠결·부전) 또는 이익형량을 하였으나 정당성과 객관성이 결여된 경우(오형량·형량과오·형량불비례)에는 그 행정계획결정은 형량에 하자가 있어 위법하게 된다(대판 2007.4.12, 2005두1893).

> 행정주체가 행정계획을 입안·결정할 때 이익형량을 하였으나 정당성과 객관성이 결여된 경우 이익형량에 하자가 있는 것은 아니므로 이를 이유로 행정계획이 위법하게 될 수는 없다. (×) ■ 20 서울7급
> 행정주체가 행정계획을 입안·결정하는 데에는 비록 광범위한 계획재량을 갖고 있지만 비례의 원칙에 어긋나게 된 경우에는 재량권을 일탈·남용한 위법한 처분이 된다. ■ 21 국회8급

## 2. 계획재량의 의의 ★ 14 행정사, 14·09 국가7급, 13 지방7급, 12서울9급

> 도시계획법 등 관계법령에는 추상적인 행정목표와 절차만이 규정되어 있을 뿐 행정계획의 내용에 대하여는 별다른 규정을 두고 있지 아니하므로 행정주체는 구체적인 행정계획을 입안·결정함에 있어서 비교적 광범위한 형성의 자유를 가진다(대판 2000.3.23, 98두2768).

## 3. 법적 성질(행정재량과의 구별)

### (1) 계획재량은 불확정적인 개념 사용의 필요성이 행정재량보다 더 크다

> 행정계획에 있어서는 다수의 상충하는 사익과 공익들의 조정에 따르는 다양한 결정가능성과 그 미래전망적인 성격으로 인하여 그에 대한 입법적 규율은 상대적으로 제한될 수밖에 없다. 따라서 행정청이 행정계획을 수립함에 있어서는 일반 재량행위의 경우에 비하여 더욱 광범위한 판단 여지 내지는 형성의 자유, 즉 계획재량이 인정되는 바, 이 경우 일반적인 행정행위의 요건을 규정하는 경우보다 추상적이고 불확정적인 개념을 사용하여야 할 필요성이 더욱 커진다(헌재결 2007.10.4, 2006헌바91).

**(2) 용도지역 지정·변경행위의 법적 성질은 행정계획으로서 재량행위이다** ★ 14 세무사

> 용도지역지정행위나 용도지역변경행위는 전문적·기술적 판단에 기초하여 행하여지는 일종의 행정계획으로서 재량행위이다(대판 2005.3.10. 2002두5474).

**(3) 도시기반시설인 노외주차장의 설치를 위한 도시·군관리계획 입안·결정에 관하여 행정청이 가지는 재량의 범위**

> 행정주체가 노외주차장의 필요성과 그 구체적인 내용을 결정하는 것에 관한 형성의 재량은 무제한적인 것이 아니라, 관련되는 제반 공익과 사익을 비교·형량하여 노외주차장을 설치하여 달성하려는 공익이 그로써 제한받는 다른 공익이나 침해받는 사익보다 우월한 경우에 한하여 그 주차장 설치계획이 정당하다고 볼 수 있다. 특히 노후·불량주택 자체를 효율적으로 개량하기 위한 목적이 아닌 공익사업을 시행하는 과정에서 다수의 기존 주택을 철거하여야 하는 경우에는 단순히 재산권 제한에 그치는 것이 아니라 매우 중요한 기본권인 '주거권'이 집단적으로 제한될 수 있으므로, 이를 정낭화하려면 그 공익사업에 중대한 공익상 필요가 분명하게 인정되어야 한다. 이러한 중대한 공익상 필요는 신뢰할 수 있는 자료를 기초로 앞서 본 제반 사정을 종합하여 신중하게 판단하여야 한다. 나아가 설치하려는 주차장 자체의 경제성·효율성과 주차장을 설치한 후 운영하는 과정에서 발생하게 될 인근 주민의 불편이나 해당 지역의 교통에 미칠 영향 등을 함께 비교·형량하여야 한다(대판 2018.6.28, 2018두35490, 35506).

## 4. 계획재량에 대한 사법적 통제

### (1) 형량명령

㉠ **형량명령이란 행정계획을 수립함에 있어 관련된 모든 이익을 정당하게 형량해야 한다는 원칙이다** ★ 14 행정사

> 행정주체가 가지는 형성의 자유는 무제한적인 것이 아니라 그 행정계획에 관련되는 자들의 이익을 공익과 사익 사이에서는 물론이고, 공익 상호 간과 사익 상호 간에도 정당하게 비교교량하여야 한다는 제한이 있는 것이다(대판 2006.4.28, 2003두11056).

### (2) 행정주체가 기반시설을 조성하기 위하여 도시·군계획시설결정을 하거나 실시계획인가처분을 할 때 행사하는 재량권은 재량통제의 대상이 된다

> 행정주체가 기반시설을 조성하기 위하여 도시·군계획시설결정을 하거나 실시계획인가처분을 할 때 행사하는 재량권에는 한계가 있음이 분명하므로, 이는 재량통제의 대상이 된다(대판 2018.7.24, 2016두48416).

### (3) 형량하자

형량명령에 위반한 계획재량의 행사는 위법이 된다. 대법원 판례도 형량하자의 법리를 인정하고 있지만, 판례는 결과적으로 재량일탈·남용으로 해결한다는 점에서 비판을 받고 있다. 다만, 형량하자를 인정한 예외판례도 있다. ★ 10 지방7급

① **형량하자의 유형**

| 형량의 탈락·해태·조사결함 | 이익형량을 전혀 행하지 아니한 경우 |
|---|---|
| 형량의 흠결·부전(不全) | 이익형량의 고려대상에 마땅히 포함시켜야 할 사항을 누락한 경우 |
| 오형량(형량과오, 형량불비례) | 이익형량을 하였으나 정당성·객관성이 결여된 경우 |

② 행정주체가 구체적인 행정계획을 입안·결정할 때 가지는 형성의 자유의 한계에 관한 법리는 장기간 미집행 도시
계획시설의 변경신청에 관한 결정을 함에 있어서도 적용된다 ★ 20 국가9급

<blockquote>
최신기출

행정주체가 구체적인 행정계획을 입안·결정할 때에 가지는 비교적 광범위한 형성의 자유는 무제한적인 것이 아
니라 행정계획에 관련되는 자들의 이익을 공익과 사익 사이에서는 물론이고 공익 상호 간과 사익 상호 간에도
정당하게 비교교량하여야 한다는 제한이 있는 것이므로, 행정주체가 행정계획을 입안·결정하면서 이익형량을
전혀 행하지 않거나 이익형량의 고려 대상에 마땅히 포함시켜야 할 사항을 빠뜨린 경우 또는 이익형량을 하였으
나 정당성과 객관성이 결여된 경우에는 행정계획결정은 형량에 하자가 있어 위법하게 된다. 위와 같은 법리(계획
재량, 형량명령, 형량하자)는 행정주체가 구 「국토의 계획 및 이용에 관한 법률」 제26조에 의한 주민의 도시관리계
획 입안 제안에 대하여 이를 받아들여 도시관리계획결정을 할 것인지 여부를 결정함에 있어서도 마찬가지이고,
나아가 도시계획시설구역 내 토지 등을 소유하고 있는 주민이 장기간 집행되지 아니한 도시계획시설의 결정권자
에 대하여 도시계획시설의 변경을 신청하고, 그 결정권자가 이러한 신청을 받아들여 도시계획시설을 변경할 것
인지 여부를 결정함에 있어서도 동일하게 적용된다고 보아야 한다(대판 2012.1.12, 2010두5806).
</blockquote>

③ 행정주체가 구체적인 행정계획을 입안·결정할 때 가지는 형성의 자유의 한계 / 행정청이 행정계획을 입안·결정할
때 이익형량을 전혀 하지 않거나 이익형량의 고려 대상에 마땅히 포함시켜야 할 사항을 누락한 경우 또는 이익
형량을 하였으나 정당성과 객관성이 결여된 경우, 행정계획 결정이 위법한지 여부(적극) / 행정청이 주민 등의
도시관리계획 입안 제안을 받아들여 도시관리계획결정을 할 것인지 결정하는 경우에도 마찬가지 법리가 적용되
는지 여부(적극) ★ 21·20 국회9급, 14 국회8급, 14·10 국가7급, 13 지방7급, 13 국회8급, 13 지방9급

<blockquote>
최신기출
최신판례

행정청은 구체적인 행정계획을 입안·결정할 때 비교적 광범위한 형성의 재량을 가진다. 다만 행정청의 이러한
형성의 재량이 무제한적이라고 할 수는 없고, 행정계획에서는 그에 관련되는 자들의 이익을 공익과 사익 사이에
서는 물론이고 공익 사이에서나 사익 사이에서도 정당하게 비교·교량하여야 한다는 제한이 있으므로, 행정청이
행정계획을 입안·결정할 때 이익형량을 전혀 행하지 아니하거나 이익형량의 고려 대상에 마땅히 포함시켜야 할
사항을 누락한 경우 또는 이익형량을 하였으나 정당성과 객관성이 결여된 경우에는 그 행정계획 결정은 이익형
량에 하자가 있어 위법하게 될 수 있다. 이러한 법리는 행정청이 「국토의 계획 및 이용에 관한 법률」(국토계획법)에
따라 주민 등의 도시관리계획 입안 제안을 받아들여 도시관리계획결정을 할 것인지를 결정하는 경우에도 마찬가
지로 적용된다(대판 2020.6.25, 2019두56135).
</blockquote>

④

<blockquote>
최신판례

「산업입지 및 개발에 관한 법률」상 산업단지개발계획 변경권자가 산업단지 입주업체 등의 신청에 따라 산업단지
개발계획을 변경할 것인지를 결정하는 경우에도 마찬가지 법리가 적용된다(대판 2021.7.29, 2021두33593).
</blockquote>

⑤ 환경의 훼손이나 오염을 발생시킬 우려가 있다는 점을 처분사유로 하는 산업단지개발계획 변경신청 거부처분과
관련하여 재량권의 일탈·남용 여부를 판단하는 방법

<blockquote>
최신판례

환경의 훼손이나 오염을 발생시킬 우려가 있다는 점을 처분사유로 하는 산업단지개발계획 변경신청 거부처분과
관련하여 재량권의 일탈·남용 여부를 심사할 때에는 「산업입지 및 개발에 관한 법률」의 입법 취지와 목적, 인근
주민들의 토지이용실태와 생활환경 등 구체적 지역 상황, 환경권의 보호에 관한 각종 규정의 입법 취지 및 상반
되는 이익을 가진 이해관계자들 사이의 권익 균형 등을 종합하여 신중하게 판단하여야 한다(대판 2021.7.29, 2021
두33593).
</blockquote>

⑥

'환경오염 발생 우려'와 같이 장래에 발생할 불확실한 상황과 파급효과에 대한 예측이 필요한 요건에 관한 행정청의 재량적 판단은 폭넓게 존중하여야 한다(대판 2021.7.29, 2021두33593).

⑦ 대학시설을 유치하기 위한 울산광역시의 도시계획시설결정이 공익과 사익의 이익형량에 정당성과 객관성을 결여한 하자가 있어 위법하다고 한 사례

울산지역의 인구 증가에 따른 대학교육 수요를 충족시키기 위하여 대학시설을 유치함으로써 부족한 기존의 대학시설(종합대학교 1개교, 전문대 1개교)을 확충하는 등 교육여건을 개선하고 지역을 발전시킬 필요성이 있는 점 등 피고가 주장하는 그 판시와 같은 사정들을 감안하더라도, 춘해대학의 구체적이고 타당성 있는 교육수요와 현실적인 재원확보정도를 고려한 현실성 있는 장기발전계획을 고려한다면 이 사건 공공시설입지승인만으로도 그와 같은 목적을 달성할 수 있을 것으로 보이고, 위와 같은 사정에다가 위 3.항에서 본 바와 같이 원고(선정당사자) 등을 비롯하여 이 사건 공공시설입지승인 지역 내의 토지나 건물소유자들이 이 사건 공공시설입지승인에 추가하여 이 사건 처분이 이루어짐에 따라 입게 되는 권리행사의 제한과 수용 또는 사용의 가능성으로 인하여 현저한 불이익을 입을 것으로 예상되는 점, 이 사건의 경우 실제로 사업을 시행하는 과정에서 토지소유자들과 적정한 가격에 협의되지 않는다거나 재원확보가 이루어지고 사업시행에 적절한 규모로 토지를 추가확보할 필요성이 있을 경우 춘해학원이 다시 도시계획시설결정을 받을 수도 있을 것이라는 점 등을 아울러 고려하여 보면, 이 사건 처분은 공익과 사익의 이익형량이 정당성과 객관성을 결여함으로써 형량에 하자(오형량·형량과오·형량불비례)가 있어 위법하다(대판 2006.9.8, 2003두5426).

⑧ 청계산 도시자연공원 인근에 휴게광장을 조성하기 위한 서초구청장의 도시계획결정이 공익과 사익에 관한 이익형량을 그르쳐 위법하다고 한 사례 ★ 12 국회8급

도시계획을 입안함에 있어서는 미리 인구·교통·환경·토지이용 등에 대한 기초조사를 거쳐 추가적인 도시계획시설의 필요성 및 수요를 파악하여 시설의 규모와 편입대상 토지의 범위 등에 대한 검토가 이루어져야 함에도, 피고는 이러한 기초조사도 하지 않은 상태에서 도시계획결정을 입안하여 도시계획위원회의 심의까지 마친 점, 그 후 보완한 기초조사의 결과에 의하더라도 구체적인 조사자료나 근거 없이 주말 등에 원터골을 통하여 청계산 도시자연공원을 찾는 등산객의 수를 2~3만명으로 추산하고 있을 뿐, 이 사건 토지 부근의 청계산 원터골에 등산객 등을 위한 어떠한 도시계획시설이 있는지에 대한 조사나 추가적인 만남의 장소 또는 휴게장소의 필요성과 그 수요에 대한 조사 등도 없었던 것으로 보이는 점, 이 사건 도시계획사업의 공람공고와 관련하여 서울특별시 도시계획상임기획단은 이 사건 토지와 그 주변의 산림이 양호하고 지반이 낮은 골짜기 형태의 급경사지와 개울을 이루고 있어서 광장 조성시에 대량의 성토 및 절토가 예상되므로 이를 최소화할 수 있도록 도로변을 중심으로 축소·조정하는 것이 바람직하다는 의견을 제출하였고, 피고가 미리 작성한 이 사건 도시계획사업의 설계도면에 의하더라도 이 사건 토지 전부를 광장으로 조성하지 아니함에도, 피고는 합리적인 근거 없이 위와 같은 의견을 반영하지 아니한 채 이 사건 토지 전부를 위 도시계획사업의 편입대상으로 결정한 점 등을 종합하여 보면, 피고가 이 사건 도시계획사업에 관한 행정계획을 입안·결정함에 있어서 이 사건 토지 전부를 사업부지로 편입한 것은 공익과 사익에 관한 이익형량의 고려대상에 마땅히 포함시켜야 할 사항을 누락하였거나(형량의 흠결·부전) 정당성 내지 객관성이 결여된 상태에서 이익형량을 하였다(오형량)고 할 것이므로 이 사건 도시계획결정은 형량에 하자가 있어 위법하다(대판 2007.1.25, 2004두12063).

# VII. 계획이행청구권(계획준수 + 계획집행청구권)

## (1) 도시계획시설부지로 지정하고 장기간 도시계획사업을 시행하지 않은 경우 구제조치 필요

입법자는 토지재산권의 제한에 관한 전반적인 법체계, 외국의 입법례 등과 기타 현실적인 요소들을 종합적으로 참작하여 국민의 재산권과 도시계획사업을 통하여 달성하려는 공익 모두를 실현하기에 적정하다고 판단되는 기간을 정해야 한다. 그러나 어떠한 경우라도 토지의 사적 이용권이 배제된 상태에서 토지소유자로 하여금 10년 이상을 아무런 보상 없이 수인하도록 하는 것은 공익실현의 관점에서도 정당화될 수 없는 과도한 제한으로서 헌법상의 재산권 보장에 위배된다고 보아야 한다. 도시계획시설로 지정된 토지가 나대지인 경우, 토지소유자는 더 이상 그 토지를 종래 허용된 용도(건축)대로 사용할 수 없게 됨으로써 토지의 매도가 사실상 거의 불가능하고 경제적으로 의미 있는 이용가능성이 배제된다. 이러한 경우, 사업시행자에 의한 토지매수가 장기간 지체되어 토지소유자에게 토지를 계속 보유하도록 하는 것이 경제적인 관점에서 보아 더 이상 요구될 수 없다면, 입법자는 매수청구권이나 수용신청권의 부여, 지정의 해제, 금전적 보상 등 다양한 보상가능성을 통하여 재산권에 대한 가혹한 침해를 적절하게 보상하여야 한다(헌재결 1999.10.21, 97헌바26).

## (2) 잠정적용을 명하는 불합치결정을 하는 이유 ★ 11 국가9급

이 사건의 경우, 도시계획을 시행하기 위해서는 계획구역 내의 토지소유자에게 행위제한을 부과하는 법규정이 반드시 필요한데, 헌법재판소가 위헌결정을 통하여 당장 법률의 효력을 소멸시킨다면, 토지재산권의 행사를 제한하는 근거규범이 존재하지 않게 됨으로써 도시계획이라는 중요한 지방자치단체행정의 수행이 수권규범의 결여로 말미암아 불가능하게 된다. 도시계획은 국가와 지방자치단체의 중요한 행정으로서 잠시도 중단되어서는 안 되기 때문에, 이 사건 법률조항을 입법개선시까지 잠정적으로 적용하는 것이 바람직하다고 판단된다(헌재결 1999.10.21, 97헌바26).

## (3) 장기 미집행 도시계획시설결정의 실효제도는 법률상 권리일 뿐 재산권으로부터 도출되는 권리는 아니다

★ 20 국가9급, 12 국회9급

최신기출 장기미집행 도시계획시설결정의 실효제도는 도시계획시설부지로 하여금 도시계획시설결정으로 인한 사회적 제약으로부터 벗어나게 하는 것으로서 결과적으로 개인의 재산권이 보다 보호되는 측면이 있는 것은 사실이나, 이와 같은 보호는 입법자가 새로운 제도를 마련함에 따라 얻게 되는 법률에 기한 권리일 뿐 헌법상 재산권으로부터 당연히 도출되는 권리는 아니다(헌재결 2005.9.29, 2002헌바84·89, 2003헌마678·943).

## (4) 도시계획시설부지가 나대지인 경우와 달리 지목이 대 이외인 토지인 경우는 매수청구권을 인정하지 않더라도 평등원칙위반이 아니다

대지와 그 밖의 도시계획시설부지 사이에는 도시계획시설결정으로 인하여 종래 용도대로 사용할 수 있는지 여부에 차이가 있고, 바로 이 때문에 대지의 경우에는 보상적 조치가 요구되는 반면, 그 밖의 경우에는 그 조치가 필수적으로 요구되지는 아니한다. 따라서 대지의 경우에만 매수청구를 허용한다고 하더라도 이는 합리적인 이유가 있는 차별이라 할 것이다. 그러므로 이 사건 매수청구권 조항은 평등원칙에 반하지 아니한다(헌재결 2005.9.29, 2002헌바84·89, 2003헌마678·943).

# VIII. 계획변경청구권

## 1. 계획의 변경

계획의 변경은 권한 있는 기관에 의해 행해져야 적법하게 변경된다.

**(1)**

> 서울특별시장이 적법하게 도시계획을 결정·시행하고 있는 지역에 대하여 건설부장관이 택지개발사업실시계획의 승인을 하고 그 승인된 실시계획 중에 기존의 도시계획과 다른 내용이 포함되어 있으면 기존의 도시계획은 위 실시계획에 포함된 도시계획의 내용과 같이 변경된 것으로 보아야 한다(대판 1995.5.12, 93누19047).

**(2) 후행 도시계획에 선행 도시계획과 서로 양립할 수 없는 내용이 포함되어 있다면 특별한 사정이 없는 한 선행 도시계획은 후행 도시계획과 같은 내용으로 변경되는 것이나, 후행 도시계획의 결정을 하는 행정청이 선행 도시계획의 결정·변경 등에 관한 권한을 가지고 있지 아니한 경우에는 선행 도시계획과 양립할 수 없는 내용이 포함된 후행 도시계획결정의 효력은 무효이다** ★ 21 국가9급, 17 서울7급, 17·13 국회8급, 16 지방7급, 16 지방9급

`최신기출`
> 도시계획의 결정·변경 등에 관한 권한을 가진 행정청은 이미 도시계획이 결정·고시된 지역에 대하여도 다른 내용의 도시계획을 결정·고시할 수 있고, 이때에 후행 도시계획에 선행 도시계획과 서로 양립할 수 없는 내용이 포함되어 있다면, 특별한 사정이 없는 한 선행 도시계획은 후행 도시계획과 같은 내용으로 변경되는 것이나, 후행 도시계획의 결정을 하는 행정청이 선행 도시계획의 결정·변경 등에 관한 권한을 가지고 있지 아니한 경우에 선행 도시계획과 서로 양립할 수 없는 내용이 포함된 후행 도시계획결정을 하는 것은 아무런 권한 없이 선행 도시계획결정을 폐지하고, 양립할 수 없는 새로운 내용이 포함된 후행 도시계획결정을 하는 것으로서, 선행 도시계획결정의 폐지부분은 권한 없는 자에 의하여 행해진 것으로서 무효이고, 같은 대상지역에 대하여 선행 도시계획결정이 적법하게 폐지되지 아니한 상태에서 그 위에 다시 한 후행 도시계획결정 역시 위법하고, 그 하자는 중대하고도 명백하여 다른 특별한 사정이 없는 한 무효라고 보아야 한다(대판 2000.9.8, 99두11257).

> 도시계획의 결정·변경 등에 관한 권한을 가진 행정청이 이미 도시계획이 결정·고시된 지역에 대하여 행한 다른 내용의 도시계획의 결정·고시는 무효이다. (x) ■ 16 지방7급
>
> 도시계획의 결정·변경 등에 관한 권한을 가진 행정청은 이미 도시계획이 결정·고시된 지역에 대하여도 다른 내용의 도시계획을 결정·고시할 수 있고, 이 때에 후행 도시계획에 선행 도시계획과 서로 양립할 수 없는 내용이 포함되어 있다면, 특별한 사정이 없는 한 선행 도시계획은 후행 도시계획과 같은 내용으로 변경되는 것이나, 후행 도시계획의 결정을 하는 행정청이 선행 도시계획의 결정·변경 등에 관한 권한을 가지고 있지 아니한 경우에 선행 도시계획과 서로 양립할 수 없는 내용이 포함된 후행 도시계획결정을 하는 것은 취소사유에 해당한다. (x) ■ 17 국회8급
>
> 후행도시계획을 결정하는 행정청이 선행도시계획의 결정변경에 관한 권한을 가지고 있지 아니한 경우 선행도시계획과 양립할 수 없는 후행도시계획결정은 취소사유에 해당한다. (x) ■ 17 서울7급

**(3) 당초 관리처분계획의 주요 부분을 실질적으로 변경하는 내용으로 새로운 관리처분계획을 수립하여 시장·군수의 인가를 받은 경우, 당초 관리처분계획은 원칙적으로 효력을 상실한다** ★ 20 국회8급

`최신기출`
> 구 「도시 및 주거환경정비법」(구 도시정비법) 제48조 제1항의 내용, 형식 및 취지 등에 비추어 보면, 당초 관리처분계획의 경미한 사항을 변경하는 경우와는 달리 당초 관리처분계획의 주요 부분을 실질적으로 변경하는 내용으로 새로운 관리처분계획을 수립하여 시장·군수의 인가를 받은 경우에는 당초 관리처분계획은 달리 특별한 사정이 없는 한 효력을 상실한다(대판 2016.6.23. 2014다16500).

**(4) 효력을 상실한다는 것의 의미는 변경 시점을 기준으로 장래를 향하여 실효된다는 의미이다**

> 이때 당초 관리처분계획이 효력을 상실한다는 것은 당초 관리처분계획이 유효하게 존속하다가 변경 시점을 기준으로 장래를 향하여 실효된다는 의미이지 소급적으로 무효가 된다는 의미가 아니다(대판 2016.6.23, 2014다16500).

**(5) 변경된 관리처분계획이 당초 관리처분계획의 주요 부분을 실질적으로 변경하는 정도에 이르지 않는 경우, 당초 관리처분계획 중 변경되는 부분은 장래를 향하여 실효된다**

> 이러한 법리는 변경된 관리처분계획이 당초 관리처분계획의 주요 부분을 실질적으로 변경하는 정도에 이르지 않는 경우에도 동일하게 적용되므로, 이와 같은 경우 당초 관리처분계획 중 변경되는 부분은 장래를 향하여 실효된다(대판 2016.6.23, 2014다16500).

## 2. 계획변경청구권

계획변경청구권은 기존의 계획의 변경을 청구하는 권리로서 일반적 계획변경청구권은 부인된다는 것이 다수설이다. 판례는 행정계획을 변경해 달라는 국민의 신청에 대해 종래 법규상 신청권뿐만 아니라 조리상 신청권도 부정함으로써 처분성을 부정하는 입장이 주류적이고, 최근에 예외적으로 긍정설(대판 2003.9.23, 2001두10936)을 취한 바 있다. 즉, 대법원은 ① 도시계획시설인 시장 및 아파트지구결정 변경신청(대판 1984.10.23, 84누227), ② 도시계획시설인 공원조성계획 취소신청(대판 1989.10.24, 89누725), ③ 도시계획시설인 여객자동차정류장의 변경·폐지신청(대판 1994.12.9, 94누8433), ④ 임야의 국토이용계획상의 용도지역변경허가신청을 거부·반려한 행위(대판 1995.4.28, 95누627)에 대한 판결에서 계획변경신청권을 부정함으로써 조리상 신청권을 부인한 바 있다.

| 신청권 인정사례(예외) ★ 10 국가7급 | 신청권 부정사례(원칙) |
|---|---|
| 1. 구 국토이용관리법상의 국토이용계획변경신청에 대한 거부(대판 2003.9.23, 2001두10936) : 장래 일정한 기간 내에 관계 법령이 규정하는 시설 등을 갖추어 일정한 행정처분을 구하는 신청을 할 수 있는 법률상 지위에 있는 자의 국토이용계획변경신청을 거부하는 것이 실질적으로 당해 행정처분 자체를 거부하는 결과가 되는 경우 예외적으로 신청권 인정 <br> 2. 문화재청장이 국가지정문화재의 보호구역에 인접한 나대지에 건물을 신축하기 위한 국가지정문화재 현상변경신청을 허가하지 않은 경우(대판 2006.5.12, 2004두9920) <br> 3. 「산림법 시행규칙」 제44조 제1항 제4호 (가)목의 '제1종 수원함양보안림'으로 지정된 토지의 보안림 해제신청에 대한 행정청의 반려처분(대판 2006.6.2, 2006두2046) <br> 4. 산업단지개발계획상 산업단지 안의 토지 소유자로서 산업단지개발계획에 적합한 시설을 설치하여 입주하려는 자의 산업단지개발계획의 변경거부행위(대판 2017.8.29, 2016두44186) | 1. 도시계획시설인 시장 및 아파트지구결정 변경신청거부(대판 1984.10.23, 84누227) <br> 2. 도시계획시설인 부산시 남구 수영공원조성계획 취소신청 거부(대판 1989.10.24, 89누725) <br> 3. 경산시 백천동 도시계획도로 폐지 또는 변경신청 거부(대판 1994.1.28, 93누22029) <br> 4. 종로구의 노외주차장시설부지를 여객자동차정류장으로 변경한 도시계획시설 변경·폐지신청거부(대판 1994.12.9, 94누8433) <br> 5. 임야의 국토이용계획상 용도지역을 사설묘지를 설치할 수 있는 용도지역으로 변경해 달라는 신청의 거부(대판 1995.4.28, 95누627) <br> 6. 재개발사업지구 내 토지 등의 소유자의 재개발사업계획 변경신청에 대한 불허통지(대판 1999.8.24, 97누7004) <br> 7. 도시계획폐지신청 내지 도시계획결정으로 인한 보상청구에 대한 행정청의 거부(헌재결 1999.10.21, 98헌마407) |

## (1) 처분성 부정(주류적 판례) ★ 18 서울7급, 14 국회8급, 13·08 지방7급, 11 서울9급, 10 국가9급

국민의 신청에 대한 행정청의 거부처분이 항고소송의 대상이 되는 행정처분이 되기 위하여는, 국민이 행정청에 대하여 그 신청에 따른 행정행위를 해 줄 것을 요구할 수 있는 법규상 또는 조리상의 권리가 있어야 하는바, 도시계획법상 주민이 도시계획 및 그 변경에 대하여 어떤 신청을 할 수 있음에 관한 규정이 없을 뿐만 아니라(이는 법규상의 신청권이 없다는 내용의 판시임), 도시계획과 같이 장기성·종합성이 요구되는 행정계획에 있어서는 그 계획이 일단 확정된 후에 어떤 사정의 변동이 있다고 하여 지역주민에게 일일이 그 계획의 변경을 청구할 권리를 인정해 줄 수도 없는 이치(이는 조리상의 신청권조차 없다는 내용의 판시임. 이처럼 판례는 일관되게 거부행위의 처분성과 관련하여 일반의 작위와는 달리 법규상 또는 조리상의 신청권을 추가적으로 요구하고 있다는 점에 유의할 것)이므로 도시계획시설변경신청을 불허한 행위는 항고소송의 대상이 되는 행정처분이라고 볼 수 없다(대판 1994.1.28, 93누22029).

> 확정된 행정계획에 대하여 사정변경을 이유로 조리상 변경 신청권이 인정된다. (x) ■ 18 서울7급

## (2) 임야의 국토이용계획상의 용도지역변경허가신청을 거부·반려한 행위는 행정처분이 아니다 ★ 20 지방9급

국토이용관리법상 주민이 국토이용계획의 변경에 대하여 신청을 할 수 있다는 규정이 없을 뿐만 아니라, 국토건설종합계획의 효율적인 추진과 국토이용질서를 확립하기 위한 국토이용계획은 장기성, 종합성이 요구되는 행정계획에 있어서는 그 계획이 일단 확정된 후에 어떤 사정의 변동이 있다고 하여 지역주민이나 일반 이해관계인에게 일일이 그 계획의 변경을 청구할 권리를 인정하여 줄 수도 없는 것이라고 할 것이므로, 이 사건 임야의 국토이용계획상의 용도지역을 사설묘지를 설치할 수 있는 용도지역으로 변경하는 것을 허가하여 달라는 원고의 이 사건 신청을 피고가 거부 내지 반려하였다고 하여 그 거부 내지 반려한 행위를 가지고 항고소송의 대상이 되는 행정처분이라고 볼 수는 없다고 할 것이다(대판 1995.4.28, 95누627).

## (3) 도시계획폐지신청 내지 도시계획결정으로 인한 보상청구에 대한 행정청의 거부행위는 헌법소원심판의 대상이 아니다

국민의 신청에 대한 행정청의 거부행위가 헌법소원심판의 대상인 공권력의 행사가 되기 위해서는 국민이 행정청에 대하여 신청에 따른 행위를 해 줄 것을 요구할 수 있는 권리가 있어야 하는바, 헌법이나 도시계획법 어디에서도 행정청에 대하여 도시계획의 폐지를 신청하거나 도시계획결정으로 인한 보상을 청구할 수 있는 권리를 규정하고 있지 않으므로, 도시계획의 폐지 및 그 보상을 거부한 행정청의 행위는 헌법재판소법 제68조 제1항 소정의 공권력행사에 해당한다고 볼 수 없다(헌재결 1999.10.21, 98헌마407).

## (4) 예외적으로 처분성을 인정한 사례

### ① 국토이용계획변경신청을 거부하는 것이 실질적으로 당해 행정처분 자체를 거부하는 결과가 되는 경우(국토이용계획변경신청에 대한 거부행위) ★ 21·20·14·10 국가9급, 20·17 지방9급, 18·10 국가7급, 17·14 국회8급, 15 지방7급, 15 사회복지

장래 일정한 기간 내에 관계법령이 규정하는 시설 등을 갖추어 일정한 행정처분을 구하는 신청을 할 수 있는 법률상 지위에 있는 자의 국토이용계획변경신청을 거부하는 것이 실질적으로 당해 행정처분 자체를 거부하는 결과가 되는 경우(국토이용계획변경신청에 대한 거부행위가 폐기물처리업허가 자체를 거부하는 결과가 되는 경우)에는 예외적으로 그 신청인에게 국토이용계획변경을 신청할 권리가 인정된다고 봄이 상당하므로, 이러한 신청에 대한 거부행위는 항고소송의 대상이 되는 행정처분에 해당한다(대판 2003.9.23, 2001두10936).

> 장래 일정한 기간 내에 관계 법령이 규정하는 시설 등을 갖추어 일정한 행정처분을 구하는 신청을 할 수 있는 법률상 지위에 있는 자의 국토이용계획변경신청을 거부하는 것이 실질적으로 당해 행정처분 자체를 거부하는 결과가 되는 경우라도, 구「국토이용관리법」상 주민이 국토이용계획의 변경에 대하여 신청을 할 수 있다는 규정이 없으므로 그 신청인에게 국토이용계획변경을 신청할 권리가 인정된다고 볼 수 없다. (x) ■ 21 국가9급

② 산업단지개발계획상 산업단지 안의 토지 소유자로서 산업단지개발계획에 적합한 시설을 설치하여 입주하려는 자에게 산업단지지정권자 또는 그로부터 권한을 위임받은 기관에 대하여 산업단지개발계획의 변경을 요청할 수 있는 법규상 또는 조리상 신청권이 있고, 이러한 신청에 대한 거부행위는 항고소송의 대상이 되는 행정처분에 **해당한다** ★ 21 지방9급, 21 국회8급, 21 지방9급, 20 국회9급

최신기출 | 산업입지에 관한 법령은 산업단지에 적합한 시설을 설치하여 입주하려는 자와 토지 소유자에게 산업단지 지정과 관련한 산업단지개발계획 입안과 관련한 권한을 인정하고, 산업단지 지정뿐만 아니라 변경과 관련해서도 이해관계인에 대한 절차적 권리를 보장하는 규정을 두고 있다. 또한 산업단지 안에는 다수의 기반시설 등 도시계획시설 등을 포함하고 있고, 「국토의 계획 및 이용에 관한 법률」의 해석상 도시계획시설부지 소유자에게는 그에 관한 도시·군관리계획의 변경 등을 요구할 수 있는 법규상 또는 조리상 신청권이 인정된다고 해석되고 있다. 헌법상 재산권 보장의 취지에 비추어 보면 토지의 소유자에게 위와 같은 절차적 권리와 신청권을 인정한 것은 정당하다고 볼 수 있다. 이러한 법리는 이미 산업단지 지정이 이루어진 상황에서 산업단지 안의 토지 소유자로서 종전 산업단지개발계획을 일부 변경하여 산업단지개발계획에 적합한 시설을 설치하여 입주하려는 자가 종전 계획의 변경을 요청하는 경우에도 그대로 적용될 수 있다.
그러므로 산업단지개발계획상 산업단지 안의 토지 소유자로서 산업단지개발계획에 적합한 시설을 설치하여 입주하려는 자는 산업단지지정권자 또는 그로부터 권한을 위임받은 기관에 대하여 산업단지개발계획의 변경을 요청할 수 있는 법규상 또는 조리상 신청권이 있고, 이러한 신청에 대한 거부행위는 항고소송의 대상이 되는 행정처분에 해당한다고 보아야 한다(대판 2017.8.29, 2016두44186).

산업단지개발계획상 산업단지 안의 토지소유자로서 산업단지개발계획에 적합한 시설을 설치하여 입주하려는 자가 산업단지개발계획의 변경을 요청하는 경우에 행정계획변경신청권이 인정되지 아니한다. (x) ■ 20 국회9급

## IX. 도시·군관리계획 입안요구권

## 1. 도시계획구역 내 토지 소유자의 도시계획입안 신청에 대한 도시계획 입안권자의 거부행위는 항고소송의 대상이 되는 행정처분에 해당한다 ★ 21 국회8급, 17 서울7급, 16 지방9급, 14 행정사, 14 지방7급, 14·10 국가9급, 12·10 국가7급

최신기출 | 구 도시계획법은 … 도시계획입안제안과 관련하여서는 주민이 입안권자에게 '1. 도시계획시설의 설치·정비 또는 개량에 관한 사항 2. 지구단위계획구역의 지정 및 변경과 지구단위계획의 수립 및 변경에 관한 사항'에 관하여 '도시계획도서와 계획설명서를 첨부'하여 도시계획의 입안을 제안할 수 있고, 위 입안제안을 받은 입안권자는 그 처리결과를 제안자에게 통보하도록 규정하고 있는 점 등과 헌법상 개인의 재산권 보장의 취지에 비추어 보면, 도시계획구역 내 토지 등을 소유하고 있는 주민으로서는 입안권자에게 도시계획입안을 요구할 수 있는 법규상 또는 조리상의 신청권이 있다고 할 것이고, 이러한 신청에 대한 거부행위는 항고소송의 대상이 되는 행정처분에 해당한다(대판 2004.4.28, 2003두1806).

도시계획구역 내 토지 등을 소유하고 있는 주민이라도 도시계획입안권자에게 도시계획의 입안을 요구할 수 있는 법규상·조리상 신청권은 없다. (x) ■ 16 지방9급

**2.** ★ 13 변호사

군수가 도시관리계획 구역 내 토지 등을 소유하고 있는 주민의 납골시설에 관한 도시관리계획의 입안제안을 반려한 처분은 항고소송의 대상이 되는 행정처분에 해당한다(대판 2010.7.22, 2010두5745)

# 제3절 공법상의 계약

## Ⅰ. 공법상 계약의 의의 및 행정처분과의 구별기준

### 1. '공법상 계약'의 의미

> 공법상 계약이란 공법적 효과의 발생을 목적으로 하여 대등한 당사자 사이의 의사표시의 합치로 성립하는 공법행위를 말한다(대판 2021.2.4, 2019다277133).

### 2. 구「국가를 당사자로 하는 계약」에 관한 법률상의 요건과 절차를 거치지 않고 체결한 국가와 사인 간의 사법상 계약의 효력은 무효이다

> 구「국가를 당사자로 하는 계약에 관한 법률」(국가계약법) 제11조 규정 내용과 국가가 일방당사자가 되어 체결하는 계약의 내용을 명확히 하고 국가가 사인과 계약을 체결할 때 적법한 절차에 따를 것을 담보하려는 규정의 취지 등에 비추어 보면, 국가가 사인과 계약을 체결할 때에는 국가계약법령에 따른 계약서를 따로 작성하는 등 요건과 절차를 이행하여야 할 것이고, 설령 국가와 사인 사이에 계약이 체결되었더라도 이러한 법령상 요건과 절차를 거치지 아니한 계약은 효력이 없다(대판 2015.1.15, 2013다215133).

### 3. 공법상 계약과 행정처분의 판단기준

#### (1) 행정청이 일방적인 의사표시로 자신과 상대방 사이의 근로관계를 종료시킨 경우, 그 의사표시가 행정처분인지 공법상 계약의 대등한 당사자로서 하는 의사표시인지 판단하는 방법 ★ 21 지방7급, 21 국가9급, 20·15 국회8급

최신기출

> 행정청이 자신과 상대방 사이의 근로관계를 일방적인 의사표시로 종료시켰다고 하더라도 곧바로 그 의사표시가 행정청으로서 공권력을 행사하여 행하는 행정처분이라고 단정할 수는 없고, 관계 법령이 상대방의 근무관계에 관하여 구체적으로 어떻게 규정하고 있는지에 따라 그 의사표시가 항고소송의 대상이 되는 행정처분에 해당하는 것인지 아니면 공법상 계약관계의 일방 당사자로서 대등한 지위에서 행하는 의사표시인지 여부를 개별적으로 판단하여야 한다(대판 2014.4.24, 2013두6244).

> 단순히 계약상의 규정에 근거한 것이 아니라 계약상의 규정과 중첩되더라도 법령상의 근거를 가진 행위에 대해서는 공권력성을 인정하여 이를 처분으로 인정하는 경우가 있다. ■ 20 국회8급
> 행정청이 자신과 상대방 사이의 법률관계를 일방적인 의사표시로 종료시켰다면 그 의사표시는 공법상 계약관계의 일방 당사자로서 대등한 지위에서 행하는 의사표시가 아니라 공권력행사로서 행정처분에 해당한다. (×) ■ 21 지방7급

#### (2) 공법상 근무관계의 형성을 목적으로 하는 채용계약의 체결과정에서 행정청의 일방적인 의사표시로 계약이 성립하지 않게 된 경우에도 마찬가지 법리가 적용된다

> 이러한 법리는 공법상 근무관계의 형성을 목적으로 하는 채용계약의 체결 과정에서 행정청의 일방적인 의사표시로 계약이 성립하지 아니하게 된 경우에도 마찬가지이다(대판 2014.4.24, 2013두6244).

**(3) 공기업·준정부기관의 계약상대방에 대한 입찰참가자격 제한 조치가 법령에 근거한 행정처분인지 계약에 근거한 권리행사인지 판단하는 방법**

> 공기업·준정부기관이 법령 또는 계약에 근거하여 선택적으로 입찰참가자격 제한 조치를 할 수 있는 경우, 계약 상대방에 대한 입찰참가자격 제한 조치가 법령에 근거한 행정처분인지 아니면 계약에 근거한 권리행사인지는 원칙적으로 의사표시의 해석 문제이다. 이때에는 공기업·준정부기관이 계약상대방에게 통지한 문서의 내용과 해당 조치에 이르기까지의 과정을 객관적·종합적으로 고찰하여 판단하여야 한다. 그럼에도 불구하고 공기업·준정부기관이 법령에 근거를 둔 행정처분으로서의 입찰참가자격 제한 조치를 한 것인지 아니면 계약에 근거한 권리행사로서의 입찰참가자격 제한 조치를 한 것인지가 여전히 불분명한 경우에는, 그에 대한 불복방법 선택에 중대한 이해관계를 가지는 그 조치 상대방의 인식가능성 내지 예측가능성을 중요하게 고려하여 규범적으로 이를 확정함이 타당하다 (대판 2018.10.25, 2016두33537).

# II. 행정주체와 사인 간의 공법상 계약

## 1. 준비행정에서의 계약

### (1) 협의취득

다수설은 공법상 계약설인데, 판례는 사법상 계약설이다.

**① 협의취득은 사법상의 법률행위이므로 행정처분이 아니다** ★ 19·18 국가9급, 10 서울9급

> [최신기출] 도시계획사업의 시행자가 그 사업에 필요한 토지를 협의취득하는 행위는 사경제주체로서 행하는 사법상의 법률행위에 지나지 않으며 공권력의 주체로서 우월한 지위에서 행하는 공법상의 행정처분이 아니므로 행정소송의 대상이 되지 않는다(대판 1992.10.27, 91누3871).

**② 토지 등의 협의취득에 기한 손실보상금의 환수통보는 행정처분에 해당하지 않는다**

★ 17·15 지방7급, 12 지방9급, 11 순경특채

> [최신기출] 구 「공공용지의 취득 및 손실보상에 관한 특례법」(2002.2.4. 법률 제6656호 공익사업을 위한 토지 등의 취득 및 보상에 관한 법률 부칙 제2조로 폐지됨)에 따른 토지 등의 협의취득은 공공사업에 필요한 토지 등을 그 소유자와의 협의에 의하여 취득하는 것으로서 공공기관이 사경제주체로서 행하는 사법상 매매 내지 사법상 계약의 실질을 가지는 것이지 행정청이 공권력의 주체로서 상대방의 의사 여하에 불구하고 일방적으로 행하는 행정처분이라 볼 수 없는 것이고, 위 협의취득에 기한 손실보상금의 환수통보 역시 사법상의 이행청구에 해당하는 것으로서 이를 항고소송의 대상이 되는 행정처분이라고 할 수 없다(대판 2010.11.11, 2010두14367).

## 2. 특별행정법관계 설정합의

계약직공무원 임용·계약직공무원의 채용계약

### (1) 학술

㉠ **지방전문직공무원인 서울특별시의 경찰국 산하 서울대공전술연구소 소장 채용계약 지방전문직공무원 채용계약 해지 의사표시에 대하여 당사자소송으로 무효확인을 청구할 수 있다** ★ 22·18 국가9급, 19 국가7급, 17 지방9급, 14 행정사, 13 국회8급

> **최신기출** 현행 실정법이 지방전문직공무원 채용계약 해지의 의사표시를 일반공무원에 대한 징계처분과는 달리 항고소송의 대상이 되는 처분 등의 성격을 가진 것으로 인정하지 아니하고, 지방전문직공무원규정 제7조 각호의 1에 해당하는 사유가 있을 때 지방자치단체가 채용계약관계의 한쪽 당사자로서 대등한 지위에서 행하는 의사표시로 취급하고 있는 것으로 이해되므로, 지방전문직공무원 채용계약 해지의 의사표시에 대하여는 대등한 당사자 간의 소송형식인 공법상 당사자소송으로 그 의사표시의 무효확인을 청구할 수 있다(대판 1993.9.14, 92누4611).

공법상 계약이 법령 위반 등의 내용상 하자가 있는 경우에도 그 하자가 중대명백한 것이 아니면 취소할 수 있는 하자에 불과하고 이에 대한 다툼은 당사자소송에 의하여야 한다. (x) ■ 22 국가9급

### (2) 예술단원

① **서울시립무용단원의 위촉** ★ 17 서울7급, 15 지방7급, 11 국회8급

> 서울특별시립무용단 단원의 위촉은 공법상의 계약이라고 할 것이고, 따라서 그 단원의 해촉에 대하여는 공법상의 당사자소송으로 그 무효확인을 청구할 수 있다(대판 1995.12.22, 95누4636).

②

> 국립중앙극장 전속합창단원의 채용(대판 1996.8.27, 95나35953)

③ **광주시립합창단원에 대한 재위촉** ★ 20 지방7급, 20 국회8급, 14 세무사, 14 변호사, 13·12 지방9급

> **최신기출** 광주광역시문화예술회관장의 단원 위촉은 광주광역시문화예술회관장이 행정청으로서 공권력을 행사하여 행하는 행정처분이 아니라 공법상의 근무관계의 설정을 목적으로 하여 광주광역시와 단원이 되고자 하는 자 사이에 대등한 지위에서 의사가 합치되어 성립하는 공법상 근로계약에 해당한다고 보아야 할 것이므로, 광주광역시립합창단원으로서 위촉기간이 만료되는 자들의 재위촉 신청에 대하여 광주광역시문화예술회관장이 실기와 근무성적에 대한 평정을 실시하여 재위촉을 하지 아니한 것을 항고소송의 대상이 되는 불합격처분이라고 할 수는 없다(대판 2001. 12.11, 2001두7794).

시립합창단원에 대한 위촉은 처분에 의한 임명행위라 할 수 있다. (x) ■ 20 국회8급
A광역시립합창단원으로서 위촉기간이 만료되는 자들의 재위촉 신청에 대하여 A광역시문화예술회관장이 실기와 근무성적에 대한 평정을 실시하여 재위촉을 하지 아니한 것은 항고소송의 대상이 되는 불합격 처분에 해당한다. (x) ■ 20 지방7급

### (3)

> 국방일보의 발행책임자인 국방홍보원장으로 채용된 계약직공무원에 대한 채용계약(대판 2002.11.26, 2002두5948)

### (4) 의사

**전문직공무원인 공중보건의사 채용계약·공중보건의 계약해지**

★ 21 국회8급, 21·15·13·12·10 지방9급, 17·14 서울7급, 17 국가9급, 15 순경특채, 14 변호사

현행 실정법이 전문직공무원인 공중보건의사의 채용계약 해지의 의사표시는 일반공무원에 대한 징계처분과는 달라서 항고소송의 대상이 되는 처분 등의 성격을 가진 것으로 인정되지 아니하고, 일정한 사유가 있을 때에 관할도지사가 채용계약 관계의 한쪽 당사자로서 대등한 지위에서 행하는 의사표시로 취급하고 있는 것으로 이해되므로, 공중보건의사 채용계약 해지의 의사표시에 대하여는 대등한 당사자 간의 소송형식인 공법상의 당사자소송으로 그 의사표시의 무효확인을 청구할 수 있는 것이지, 이를 항고소송의 대상이 되는 행정처분이라는 전제하에서 그 취소를 구하는 항고소송을 제기할 수는 없다(대판 1996.5.31, 95누10617).

대법원은 구 「농어촌 등 보건의료를 위한 특별조치법」 및 관계법령에 따른 전문직공무원인 공중보건의사의 채용계약 해지의 의사표시는 일반공무원에 대한 징계처분과 같은 성격을 가지며, 따라서 항고소송의 대상이 된다고 본다. (x) ■ 17 국가9급

전문직공무원인 공중보건의사의 채용계약 해지의 경우 관할 도지사의 일방적인 의사표시에 의하여 그 신분을 박탈하는 불이익처분이므로 당해 채용계약은 공법상 계약이 아니라 항고소송의 대상이 되는 처분의 성질을 가진다. (x) ■ 21 국회8급

# III. 공법상 계약의 특수성

## 1. 실체법적 특수성

### (1) 법적합성

**① 공법상 계약에서는 대등당사자가 자유롭게 의사형성을 하기보다는 법규에 근거하여 행정청만이 보다 많은 형성의 자유를 가질 수 있다** ★ 15 지방9급

지방공무원법과 지방전문직공무원규정 등 관계법령의 규정내용에 비추어 보면, 지방전문직공무원 채용계약에서 정한 채용기간이 만료한 경우 채용계약을 갱신하거나 채용기간을 연장할 것인지 여부는 지방자치단체장의 재량에 맡겨져 있는 것으로 보아야 할 것이므로 지방전문직공무원 채용계약에서 정한 기간이 형식적인 것에 불과하고 그 채용계약은 기간의 약정이 없는 것이라고 볼 수 없다(대판 1993.9.14, 92누4611).

**② 「국가를 당사자로 하는 계약에 있어서 낙찰자 결정 및 그에 기한 계약이 무효로 되는 경우** ★ 11 국가7급

계약담당공무원이 입찰절차에서 「국가를 당사자로 하는 계약에 관한 법률」 및 그 시행령이나 그 세부심사기준에 어긋나게 적격심사를 하였다 하더라도 그 사유만으로 당연히 낙찰자 결정이나 그에 기한 계약이 무효가 되는 것은 아니고, 이를 위배한 하자가 입찰절차의 공공성과 공정성이 현저히 침해될 정도로 중대할 뿐 아니라 상대방도 이러한 사정을 알았거나 알 수 있었을 경우 또는 누가 보더라도 낙찰자의 결정 및 계약체결이 선량한 풍속 기타 사회질서에 반하는 행위에 의하여 이루어진 것임이 분명한 경우 등 이를 무효로 하지 않으면 그 절차에 관하여 규정한 「국가를 당사자로 하는 계약에 관한 법률」의 취지를 몰각하는 결과가 되는 특별한 사정이 있는 경우에 한하여 무효가 된다고 해석함이 타당하다(대판 2001.12.11, 2001다33604).

③

> 계약당사자가 연안화물부두 축조 타당성 조사용역계약에 위반하여 타당성 조사용역이 시행되기도 전에 사업시행자로 선정되었음을 전제로 입찰공고 등 일련의 행위를 한 경우, 조사용역계약의 계속적 성격과 공익적 성격에 비추어 이는 계약당사자 사이의 신뢰관계를 파괴하고 그 공익성을 저해함으로써 계약관계의 계속을 현저히 곤란하게 한다는 이유로 위 조사용역계약이 지방해양수산청장의 해지통고로 적법하게 해지되었다고 한 사례(대판 2003.2.26, 2002두10209)

④ **지방자치단체는 「지방자치단체를 당사자로 하는 계약에 관한 법률」 제33조 제2항 각 호에 해당하는 사업자를 계약대상자로 하여 어떤 내용의 수의계약도 체결할 수 없다**

> 「지방자치단체를 당사자로 하는 계약에 관한 법률」(지방계약법) 제33조는 지방자치단체를 당사자로 하는 계약에 관하여 영향력을 행사할 수 있는 자들의 계약 체결을 제한하여 계약의 체결 및 이행과정에서 부당한 영향력을 행사할 수 있는 여지를 사전에 차단함으로써 투명성을 높이려는 것이므로, 체결을 금지하는 대상 계약의 범위는 명확하여야 하고, 이를 위반한 부정당업자에 대한 입찰참가자격 제한은 엄격하게 집행될 필요가 있는 점, 지방계약법은 지방자치단체는 수의계약에 부칠 사항에 대하여도 미리 예정가격을 작성하도록 하고(제11조 제1항), 「지방자치단체를 당사자로 하는 계약에 관한 법률 시행령」은 지방자치단체의 장 또는 계약담당자는 수의계약을 체결하려는 경우에는 원칙적으로 2인 이상으로부터 견적서를 받도록 하고(제30조 제1항), 견적제출자의 견적가격과 계약이행능력 등 행정자치부장관이 정하는 기준에 따라 수의계약대상자를 결정하도록 규정하는 등(같은 조 제5항) 지방자치단체가 수의계약을 하는 경우에도 공정성과 투명성을 확보하기 위하여 경쟁입찰에 부치는 경우와 유사한 절차를 취하도록 하고 있는 점 등에 비추어 보면, 지방자치단체는 지방계약법 제33조 제2항 각 호에 해당하는 사업자를 계약상대자로 하여서는 어떤 내용의 수의계약도 체결할 수 없고, 계약상대자의 부당한 영향력 행사의 가능성을 개별적으로 심사하여 수의계약 체결 여부를 결정할 수 있다거나, 경쟁입찰방식을 일부 혼합한 절차를 거친다고 하여 수의계약을 체결하는 것이 허용되는 것은 아니다(대판 2014.5.29, 2013두7070).

## (2) 계약의 절차·형식

㉠ **계약직공무원에 대한 채용계약해지의 의사표시의 유효 여부를 판단함에 있어서 이를 일반직 공무원에 대한 징계처분과 같이 보아야 하는 것은 아니다** ★ 21·10 지방9급, 20·10 국회8급, 18 국가9급, 17 국가7급, 15·12 지방7급, 10 서울9급

> 계약직공무원에 관한 현행 법령의 규정에 비추어 볼 때, 계약직공무원 채용계약해지의 의사표시는 일반공무원에 대한 징계처분과는 달라서 항고소송의 대상이 되는 처분 등의 성격을 가진 것으로 인정되지 아니하고, 일정한 사유가 있을 때에 국가 또는 지방자치단체가 채용계약관계의 한쪽 당사자로서 대등한 지위에서 행하는 의사표시로 취급되는 것으로 이해되므로, 이를 징계해고 등에서와 같이 그 징계사유에 한하여 효력 유무를 판단하여야 하거나, 행정처분과 같이 행정절차법에 의하여 근거와 이유를 제시하여야 하는 것은 아니다(대판 2002.11.26, 2002두5948).

행정청이 자신과 상대방 사이의 근로관계를 일방적인 의사표시로 종료시켰다면, 곧바로 그 의사표시는 행정청으로서 공권력을 행사하여 행하는 행정처분에 해당한다. (x) ■ 15 지방7급

계약직공무원 채용계약해지의 의사표시는 일반공무원에 대한 징계처분과는 다르지만, 「행정절차법」의 처분절차에 의하여 근거와 이유를 제시하여야 한다. (x) ■ 18 국가9급

계약직 공무원의 채용계약해지는 행정처분으로 본다. (x) ■ 20 국회8급

계약직공무원 채용계약해지의 의사표시는 항고소송의 대상이 되는 처분 등의 성격을 가진 것으로 행정처분과 같이 「행정절차법」에 의하여 근거와 이유를 제시하여야 한다. (x) ■ 21 지방9급

## (3) 사정변경

### ① 계속적 계약의 해지사유 긍정사례 ★14 변호사

> 계속적 계약은 당사자 상호 간의 신뢰관계를 그 기초로 하는 것이므로, 당해 계약의 존속 중에 당사자의 일방이 그 계약상의 의무를 위반함으로써 그로 인하여 계약의 기초가 되는 신뢰관계가 파괴되어 계약관계를 그대로 유지하기 어려운 정도에 이르게 된 경우에는 상대방은 그 계약관계를 막바로 해지함으로써 그 효력을 장래에 향하여 소멸시킬 수 있다. 국방일보의 발행책임자인 국방홍보원장으로 채용된 자가 부하직원에 대한 지휘·감독을 소홀히 함으로써 북한의 혁명가극인 '피바다'에 관한 기사가 국방일보에 게재되어 사회적 물의를 야기한 경우, 그 채용계약의 기초가 되는 신뢰관계가 파괴되어 채용계약을 그대로 유지하기 어려운 정도에 이르렀다고 한 사례(대판 2002.11.26, 2002두5948)

### ② 계속적 계약의 해지사유 부정사례

> 피고(대한민국) 산하 교육과학기술부장관에 의하여 전남대학교병원 감사로 임명된 원고가 개인적으로 지출한 비용 1,422,000원을 특정업무비로 청구하여 부당하게 지급받았음을 이유로 해임된 데 대하여 여러 사정을 종합하여 원고와 피고 사이에 신뢰관계가 파괴되어 계속적 계약관계를 그대로 유지하기 어려운 정도에 이르게 되었다고 볼 수 없으므로 해임의 의사표시가 무효라고 판단한 원심을 수긍한 사례(대판 2010.8.19, 2010두4971)

### ③ 갑 주식회사(채무자 그린손해보험 주식회사)가 을 지방자치단체(대전광역시)와 구 「사회기반시설에 대한 민간투자법」 제4조 제1호에서 정한 이른바 BTO(Build-Transfer-Operate) 방식의 '지하주차장 건설 및 운영사업' 실시협약을 체결한 후 관리운영권을 부여받아 지하주차장 등을 운영하던 중 파산하였는데, 갑 회사의 파산관재인(예금보험공사)이 「채무자 회생 및 파산에 관한 법률」 제335조 제1항에 따른 해지권을 행사할 수 있는지 문제 된 사안에서, 쌍무계약의 특질을 가진 공법적 법률관계에도 「채무자 회생 및 파산에 관한 법률」 제335조 제1항이 적용 또는 유추적용될 수 있으나, 파산 당시 갑 회사와 을 지방자치단체 사이의 법률관계는 위 규정에서 정한 쌍방미이행 쌍무계약에 해당한다고 보기 어려우므로, 갑 회사의 파산관재인의 해지권이 인정되지 않는다고 한 사례

`최신판례` `전합판례`
> 쌍무계약의 특질을 가진 공법적 법률관계에도 쌍방미이행 쌍무계약의 해지에 관한 채무자회생법 제335조 제1항이 적용 또는 유추적용될 수 있고, 이때 개별 계약관계의 법률적 특징과 내용을 기초로 잔존 급부의 대가성, 의존성, 견련성 등을 검토한 대법원 판례의 태도는 민간투자법령의 규율을 받아 공법적 법률관계로서의 특수성이 강한 위 실시협약의 사업시행자가 파산한 경우에 채무자회생법 제335조 제1항을 유추적용하는 경우에도 고려되어야 하므로, 쌍방미이행 쌍무계약으로 해지권을 행사할 수 있는지를 판단함에 있어서 구 민간투자법의 입법 취지와 공법적 특수성, 파산선고 당시 위 실시협약의 진행 정도, 파산선고 당시 당사자들에게 남아 있는 구체적인 권리와 의무의 내용과 관계 등을 종합하여 판단하여야 하는바, 채무자회생법상 해지권의 입법 취지와 해석론 및 판례의 태도, 구 민간투자법의 내용과 위 실시협약의 공법적 성격 및 내용, 파산 당시 갑 회사가 보유한 관리운영권의 내용과 법률적 성질 등을 종합하면, ① 파산 당시 갑 회사와 을 지방자치단체 사이의 법률관계는 상호 대등한 대가관계에 있는 법률관계라고 할 수 없고, ② 갑 회사와 을 지방자치단체 사이의 법률관계 사이에 성립·이행·존속상 법률적·경제적으로 견련성이 없으며, ③ 오히려 을 지방자치단체가 갑 회사의 파산 이전에 이미 관리운영권을 설정해 줌으로써 위 실시협약에서 '상호 대등한 대가관계에 있는 채무로서 서로 성립·이행·존속상 법률적·경제적으로 견련성을 갖고 있어서 서로 담보로서 기능하는 채무'의 이행을 완료하였다고 봄이 타당하고, 따라서 파산 당시 갑 회사와 을 지방자치단체 사이의 법률관계는 채무자회생법 제335조 제1항에서 정한 쌍방미이행 쌍무계약에 해당한다고 보기 어려우므로, 갑 회사의 파산관재인의 해지권이 인정되지 않는다고 한 사례[대판(전합) 2021.5.6, 2017다273441].

**(4) 계약의 하자(무효사유)**

① **구 지방재정법 및 구 예산회계법령상의 요건과 절차를 거치지 아니하고 체결된 지방자치단체와 사인 간의 사법 상 계약 및 예약의 효력은 무효이다** ★ 15 순경특채

> 지방자치단체가 사경제의 주체로서 사인과 사법상의 계약을 체결함에 있어서는 위 법령에 따른 계약서를 따로 작성하는 등 그 요건과 절차를 이행하여야 할 것이고, 설사 지방자치단체와 사인 간에 사법상의 계약 또는 예약 이 체결되었다 하더라도 위 법령상의 요건과 절차를 거치지 아니한 계약 또는 예약은 그 효력이 없다(대판 2004. 1.27, 2003다14812).

② **지방자치단체가 사인과 사법상의 계약을 체결할 때 따라야 할 요건과 절차를 규정한 법령의 법적 성격은 강행규 정이고 강행규정에 위반된 계약의 성립을 부정하거나 무효를 주장하는 것은 신의칙에 반하지 않는다**

> 지방자치단체가 사경제의 주체로서 사인과 사법상의 계약을 체결함에 있어 따라야 할 요건과 절차를 규정한 관련 법령 은 그 계약의 내용을 명확히 하고, 지방자치단체가 사인과 사법상 계약을 체결함에 있어 적법한 절차에 따를 것을 담보하기 위한 것으로서 강행규정이라 할 것이고, 강행규정에 위반된 계약의 성립을 부정하거나 무효를 주장하는 것이 신의칙에 위배되는 권리의 행사라는 이유로 이를 배척한다면 위와 같은 입법취지를 몰각시키는 것이 될 것이어서 특별한 사정이 없는 한 그러한 주장이 신의칙에 위반된다고 볼 수는 없다(대판 2004.1.27, 2003다 14812).

## 2. 쟁송절차

### (1) 공법상 당사자소송

통설·판례는 공법상 당사자소송에 의하고 있다. 한편, 판례는 항고소송의 일종인 무효확인소송에는 확인의 이익(즉시확정의 이익, 보충성)을 요하지 않지만, 당사자소송의 일종으로서의 무효확인소송을 제기할 경우에는 확인의 이익을 요한다.

#### ① 서울특별시립무용단 단원의 해촉 ★ 17·14 서울7급, 14 국가7급, 12 순경특채, 10 서울9급, 10 지방9급

> 서울특별시립무용단 단원의 위촉은 공법상의 계약이라고 할 것이고, 따라서 그 단원의 해촉에 대하여는 공법상의 당사자소송으로 그 무효확인을 청구할 수 있다(대판 1995.12.22, 95누4636).

#### ② 지방자치단체와 채용계약에 의하여 채용된 계약직공무원이 그 계약기간 만료 이전에 채용계약 해지 등의 불이익을 받은 후 그 계약기간이 만료된 경우, 채용계약 해지의사표시의 무효확인을 구할 소의 이익이 없다 ★ 10 국회8급

> `최신기출` 지방자치단체와 채용계약에 의하여 채용된 계약직공무원이 그 계약기간 만료 이전에 채용계약 해지 등의 불이익을 받은 후 그 계약기간이 만료된 때에는 그 채용계약 해지의 의사표시가 무효라고 하더라도, 지방공무원법이나 지방계약직공무원규정 등에서 계약기간이 만료되는 계약직공무원에 대한 재계약의무를 부여하는 근거규정이 없으므로 계약기간의 만료로 당연히 계약직공무원의 신분을 상실하고 계약직공무원의 신분을 회복할 수 없는 것이므로, 그 해지의 사표시의 무효확인청구는 과거의 법률관계의 확인청구에 지나지 않는다 할 것이고, 한편 과거의 법률관계라 할지라도 현재의 권리 또는 법률상 지위에 영향을 미치고 있고 현재의 권리 또는 법률상 지위에 대한 위험이나 불안을 제거하기 위하여 그 법률관계에 관한 확인판결을 받는 것이 유효 적절한 수단이라고 인정될 때에는 그 법률관계의 확인소송은 즉시확정의 이익이 있다고 보아야 할 것이나, 계약직공무원에 대한 채용계약이 해지된 경우에는 공무원 등으로 임용되는 데에 있어서 법령상의 아무런 제약사유가 되지 않을 뿐만 아니라, 계약기간 만료 전에 채용계약이 해지된 전력이 있는 사람이 공무원 등으로 임용되는 데에 있어서 그러한 전력이 없는 사람보다 사실상 불이익한 장애사유로 작용한다고 하더라도 그것만으로는 법률상의 이익이 침해되었다고 볼 수는 없으므로 그 무효확인을 구할 이익이 없다(대판 2002.11.26, 2002두1496).

#### ③ 공법상 계약의 한쪽 당사자가 다른 당사자를 상대로 효력을 다투거나 이행을 청구하는 소송은 공법상 당사자소송이다 ★ 22 지방9급

> `최신기출` `최신판례` 공법상 계약의 한쪽 당사자가 다른 당사자를 상대로 효력을 다투거나 이행을 청구하는 소송은 공법상의 법률관계에 관한 분쟁이므로 분쟁의 실질이 공법상 권리·의무의 존부·범위에 관한 다툼이 아니라 손해배상액의 구체적인 산정 방법·금액에 국한되는 등의 특별한 사정이 없는 한 공법상 당사자소송으로 제기하여야 한다(대판 2021.2.4, 2019다277133).

> 공법상 계약이더라도 한쪽 당사자가 다른 당사자를 상대로 계약의 이행을 청구하는 소송은 민사소송으로 제기하여야 한다. (×)
> ■ 22 지방9급

## (2) 항고소송의 대상이 되는 경우

행정청에 의한 공법상 계약의 체결 여부 또는 계약상대방의 결정은 행정소송법상 처분에 해당하는 경우가 많다. 또한, 계약직공무원에 대한 징계로서 행하는 채용계약 해지 등 법에 근거하여 제재로서 행해지는 공법상 계약상대방에 대한 권력적 성격이 강한 행위이므로 행정처분으로 볼 수 있다(박균성). 판례도 이런 가능성을 시사하고 있다.

### ① 「사회기반시설에 대한 민간 투자법」상 실시협약대상자 지정행위는 행정행위이다 ★ 10 국회8급

> 「사회기반시설에 대한 민간 투자법」 제13조 제3항상의 실시협약(동법에 의하여 주무관청과 민간투자사업을 시행하고자 하는 자 간에 사업시행의 조건 등에 관하여 체결하는 계약)은 공법상 계약이고, 그 이전에 행해지는 동법 제13조 제2항상의 행정청의 협상대상자(특별한 사정이 없는 한 사업시행자가 된다) 지정행위는 행정행위의 성질을 갖는 것으로 보아야 한다(서울고법 2004.6.24, 2003누6483).

### ② 민간투자법상 민간투자시설사업시행자지정처분은 행정처분이다 ★ 16 국가9급

> 선행처분인 서울-춘천 간 고속도로 민간투자시설사업의 사업시행자 지정처분의 무효를 이유로 그 후행처분인 도로구역결정처분의 취소를 구하는 소송에서, 선행처분인 사업시행자 지정처분을 무효로 할 만큼 중대하고 명백한 하자가 없다(대판 2009.4.23, 2007두13159).

### ③ 지방계약직공무원에 대하여 지방공무원법 등에 정한 징계절차에 의하지 않고 보수를 삭감할 수 없다

★ 21 국가9급, 15 지방7급, 15 지방9급

> [최신기출] 근로기준법 등의 입법취지, 지방공무원법과 「지방공무원징계 및 소청규정」의 여러 규정에 비추어 볼 때, 채용계약상 특별한 약정이 없는 한, 지방계약직공무원에 대하여 지방공무원법, 지방공무원징계및소청규정에 정한 징계절차에 의하지 않고서는 보수를 삭감할 수 없다고 봄이 상당하다(대판 2008.6.12, 2006두16328).

### ④ 지방계약직공무원의 봉급을 삭감할 수 있도록 규정한 「서울특별시 지방계약직공무원 인사관리규칙」 제8조 제3항이 상위 법령의 위임 한계를 벗어나 무효이다 ★ 17 국회8급

> [최신기출] 보수의 삭감은 이를 당하는 공무원의 입장에서는 징계처분의 일종인 감봉과 다를 바 없음에도 징계처분에 있어서와 같이 자기에게 이익이 되는 사실을 진술하거나 증거를 제출할 수 있는 등(지방공무원징계및소청규정 제5조)의 절차적 권리가 보장되지 않고 소청(지방공무원징계및소청규정 제16조) 등의 구제수단도 인정되지 아니한 채 이를 감수하도록 하는 위 규정은, 그 자체 부당할 뿐만 아니라 지방공무원법이나 지방계약직공무원규정에 아무런 위임의 근거도 없는 것이거나 위임의 범위를 벗어난 것으로서 무효이다(대판 2008.6.12, 2006두16328).

> 지방 계약직 공무원의 보수삭감행위는 대등한 당사자 간의 계약관계와 관련된 것이므로 처분성은 인정되지 아니하며, 공법상 당사자소송의 대상이 된다. (x) ■ 17 국회8급

### ⑤ 지방계약직공무원에 대하여 지방공무원법의 징계에 관한 규정에 따라 징계처분을 할 수 있다

★ 20·10 국회8급, 13 세무사

> [최신기출] 지방공무원법 제73조의3과 「지방공무원 징계 및 소청규정」 제13조 제4항에 의하여 지방계약직공무원에게도 지방공무원법 제69조 제1항 각호의 징계사유가 있는 때에는 징계처분을 할 수 있다(대판 2008.6.12, 2006두16328).

# 제4절 행정사법(行政私法)

## Ⅰ. 행정사법의 적용영역

### 1. 국유재산의 무단점유로 인한 변상금징수권

> 국유재산의 무단점유로 인한 변상금징수권은 공법상의 권리채무를 내용으로 하는 것으로서 사법상의 채권과는 그 성질을 달리하는 것이므로 위 변상금징수권의 성립과 행사는 국유재산법의 규정에 의하여서만 가능한 것이고 제3자와의 사법상의 계약에 의하여 그 하여금 변상금채무를 부담하게 하여 이로부터 변상금징수권의 종국적 만족을 실현하는 것은 허용될 수 없다(대판 1989.11.24, 89누787).

### 2. 조세채권

> 조세채권은 국가재정수입을 확보하기 위하여 국세징수법에 의하여 우선변제권 및 자력집행권이 인정되는 권리로서 사법상의 채권과는 그 성질을 달리하므로 조세채권의 성립과 행사는 오직 법률에 의해서만 가능한 것이고 조세에 관한 법률에 의하지 아니한 사법상의 계약에 의하여 조세채무를 부담하게 하거나 이를 보증하게 하여 이들로부터 조세채권의 종국적 만족을 실현하는 것은 허용될 수 없다(대판 1986.12.23, 83누715).

## Ⅱ. 행정사법과 권리구제(민사소송)

#### 전화가입계약의 해지는 항고소송의 대상이 되는 행정처분이 아니다 ★ 10 순경특채, 10 서울7급

> 전화가입계약은 전화가입희망자의 가입청약과 이에 대한 전화관서의 승낙에 의하여 성립하는 영조물 이용의 계약관계로서 비록 그것이 공중통신역무의 제공이라는 이용관계의 특수성 때문에 그 이용조건 및 방법, 이용의 제한, 이용관계의 종료원인 등에 관하여 여러 가지 법적 규제가 있기는 하나 그 성질은 사법상의 계약관계에 불과하다고 할 것이므로, 피고(서울용산전화국장)가 전기통신법 시행령 제59조에 의하여 전화가입계약을 해지하였다 하여도 이는 사법상의 계약의 해지와 성질상 다른 바가 없다 할 것이고 이를 항고소송의 대상이 되는 행정처분으로 볼 수 없다(대판 1982.12.28, 82누441).

## Ⅲ. 협의의 국고작용

**(1) 지방자치단체가 당사자가 되는 공공계약은 사법상의 계약이다** ★ 22 지방9급, 13 국회8급

최신기출 | 지방재정법에 의하여 준용되는 「국가를 당사자로 하는 계약에 관한 법률」에 따라 지방자치단체가 당사자가 되는 이른바 공공계약은 사경제의 주체로서 상대방과 대등한 위치에서 체결하는 사법상의 계약으로서 그 본질적인 내용은 사인 간의 계약과 다를 바가 없으므로, 그에 관한 법령에 특별한 정함이 있는 경우를 제외하고는 사적 자치와 계약 자유의 원칙 등 사법의 원리가 그대로 적용된다(대결 2006.6.19, 2006마117).

**(2) 「국가를 당사자로 하는 계약에 관한 법률」에 따라 국가가 당사자가 되는 이른바 공공계약에 사적 자치와 계약 자유의 원칙 등 사법의 원리가 적용된다** ★ 22 국가9급

최신기출
최신판례 | 「국가를 당사자로 하는 계약에 관한 법률」에 따라 국가가 당사자가 되는 이른바 공공계약은 사경제 주체로서 상대방과 대등한 위치에서 체결하는 사법상 계약으로서 본질적인 내용은 사인 간의 계약과 다를 바가 없으므로, 그에 관한 법령에 특별한 정함이 있는 경우를 제외하고는 사적 자치와 계약자유의 원칙 등 사법의 원리가 그대로 적용된다(대판 2020.5.14, 2018다298409).

▶ 「국가를 당사자로 하는 계약에 관한 법률」에 따라 국가가 당사자가 되는 이른바 공공계약에 관한 법적 분쟁은 원칙적으로 행정법원의 관할 사항이다. (x) ■ 22 국가9급
▶ 지방자치단체가 일방 당사자가 되는 이른바 '공공계약'이 사법상 계약에 해당하는 경우에도 법령에 특별한 규정이 없다면 사적 자치와 계약자유의 원칙 등 사법의 원리가 그대로 적용되지 않는다. (x) ■ 22 지방9급

**(3) 구 「국가를 당사자로 하는 계약」에 관한 법률상의 요건과 절차를 거치지 않고 체결한 국가와 사인 간의 사법상 계약의 효력은 무효이다**

국가가 사인과 계약을 체결할 때에는 국가계약법령에 따른 계약서를 따로 작성하는 등 요건과 절차를 이행하여야 할 것이고, 설령 국가와 사인 사이에 계약이 체결되었더라도 이러한 법령상 요건과 절차를 거치지 아니한 계약은 효력이 없다(대판 2015.1.15, 2013다215133).

**(4) 중소기업기술정보진흥원장이 甲 주식회사와 중소기업 정보화지원사업 지원대상인 사업의 지원에 관한 협약을 체결하였는데, 협약이 甲 회사에 책임이 있는 사업실패로 해지되었다는 이유로 협약에서 정한 대로 지급받은 정부지원금을 반환할 것을 통보한 사안에서, 협약의 해지 및 그에 따른 환수통보는 행정청이 우월한 지위에서 행하는 공권력의 행사로서 행정처분에 해당한다고 볼 수 없다** ★ 21·17 지방7급, 21·18 국가9급, 20 국회9급, 17 지방9급

최신기출 | 중소기업 정보화지원사업에 따른 지원금 출연을 위하여 중소기업청장이 체결하는 협약은 공법상 대등한 당사자 사이의 의사표시의 합치로 성립하는 공법상 계약에 해당하는 점, 구 「중소기업 기술혁신 촉진법」 제32조 제1항은 제10조가 정한 기술혁신사업과 제11조가 정한 산학협력 지원사업에 관하여 출연한 사업비의 환수에 적용될 수 있을 뿐 이와 근거 규정을 달리하는 중소기업 정보화지원사업에 관하여 출연한 지원금에 대하여는 적용될 수 없고 달리 지원금 환수에 관한 구체적인 법령상 근거가 없는 점 등을 종합하면, 협약의 해지 및 그에 따른 환수통보는 공법상 계약에 따라 행정청이 대등한 당사자의 지위에서 하는 의사표시로 보아야 하고, 이를 행정청이 우월한 지위에서 행하는 공권력의 행사로서 행정처분에 해당한다고 볼 수는 없다고 한 사례(대판 2015.8.27, 2015두41449)

중소기업기술정보진흥원장이 갑 주식회사와 체결한 중소기업 정보화지원사업 지원대상인 사업의 지원협약을 갑의 책임 있는 사유로 해지하고 협약에서 정한 대로 지급받은 정부지원금을 반환할 것을 통보한 경우, 협약의 해지 및 그에 따른 환수통보는 행정청이 우월한 지위에서 행하는 공권력의 행사로서 행정처분에 해당한다. (x) ■ 17 지방9급
중소기업기술정보진흥원장이 중소기업 정보화지원사업 지원대상인 사업의 지원에 관하여 체결한 협약의 해지는 행정처분에 해당한다. (x) ■ 20 국회9급
중소기업 정보화지원사업에 대한 지원금출연협약의 해지 및 환수통보는 공법상 계약에 따른 의사표시가 아니라 행정청이 우월한 지위에서 행하는 공권력의 행사로서 행정처분이다. (x) ■ 21 국가9급

# 제5절 행정상의 사실행위

## I. 행정쟁송

### 1. 대상적격

#### (1) 권력적 사실행위(처분성 인정)

1. 단수처분(대판 1979.12.28, 79누218) : 다만, 판례는 별다른 논거 없이 결론만 제시
2. 체납처분에 기한 압류처분(대판 2003.5.16, 2002두3669)
3. 강제적 행정조사
4. 직접강제 : 영업소폐쇄조치
5. 즉시강제
6. 대집행실행
7. 교도소 재소자 이송조치(이송결정)(대결 1992.8.7, 92두30)
8. 구속된 피의자가 검사조사실에서 수갑 및 포승을 사용한 상태로 피의자신문을 받도록 한 수갑 및 포승 사용행위(헌재결 2005.5.26, 2001헌마728).

#### (2) 비권력적 사실행위

##### ① 처분성 부정

> 항고소송의 대상이 되는 행정처분이라 함은 행정청의 공법상 행위로서 특정사항에 대하여 법규에 의한 권리의 설정 또는 의무의 부담을 명하며 기타 법률상 효과를 발생케 하는 등 국민의 구체적 권리의무에 직접적 변동을 초래하는 행위를 말하고 행정권 내부에서의 행위나 알선, 권유, 사실상의 통지 등과 같이 상대방 또는 기타 관계자들의 법률상 지위에 직접적인 법률적 변동을 일으키지 아니하는 행위는 항고소송의 대상이 될 수 없다(대판 1993.10.26, 93누6331).

##### ② 사실행위로서의 통지·통보

1. 인사발령
   ① 정년퇴직 발령(대판 1983.2.8, 81누263)·당연퇴직의 통보·인사발령(대판 1995.11.14, 95누2036)
   ② 공무원임용결격사유자에 대한 공무원 임용취소(대판 1987.4.14, 86누459)
   ③ 주한 미군에 근무하면서 특수업무를 수행하는 한국인 군무원에 대한 주한 미군 측의 고용해제 통보 후 국방부장관이 행한 직권면직의 인사발령(대판 1997.11.11, 97누1990)
2. 상훈대상자를 결정할 권한이 없는 국가보훈처장이 기포상자에게 훈격재심사계획이 없다고 한 회신(대판 1989.1.24, 88누3116)
3. 청원에 대한 심사처리결과의 통지(대판 1990.5.25, 90누1458)
4. 수도사업자가 급수공사신청자에 대하여 한 급수공사비 내역과 이를 지정기일 내에 선납하라는 취지의 납부통지(대판 1993.10.26, 93누6331)
5. 의료보험연합회의 요양기관 지정취소에 갈음하는 금전대체부담금 납부안내(대판 1993.12.10, 93누12619) : 비록 행정청의 행위라 해도 그것이 아무런 법적 근거가 없어 국민의 권리의무에 직접 어떤 영향을 미치는 행정처분으로서의 효력을 발생할 수 없고, 그 내용도 상대방에게 공법상 어떤 의무를 부과하는 것으로 보이지 아니하므로
6. 자동차대여사업 등록실효 통지(대판 1996.6.14, 96누3661) : 사실상의 등록에 불과
7. 원처분에 대한 형성적 취소재결이 확정된 후 처분청의 원처분에 대한 취소처분(대판 1998.4.24, 97누17131)

8. 학교당국이 미납공납금을 완납하지 아니할 경우에 졸업증의 교부와 증명서를 발급하지 않겠다고 통고한 것(헌재결 2001. 10.25, 2001헌마113)

9. 개별토지가격합동조사지침에 의한 토지소유자의 개별공시지가 조정신청에 대한 행정청의 정정불가결정 통지(대판 2002. 2.5, 2000두5043) : 토지소유자 등 이해관계인이 그 경정결정을 신청할 수 있는 권리를 인정하고 있지 아니하므로, 토지소유자 등의 토지에 대한 개별공시지가 조정신청을 재조사청구가 아닌 경정결정신청으로 본다고 할지라도, 이는 행정청에 대하여 직권발동을 촉구하는 의미밖에 없으므로

10. 제1차 철거명령 및 계고처분에 대한 의무불이행으로 새로이 발한 제2·3차 철거명령 및 대집행계고(대판 2000.2.22, 98두4665)

※ 1차 계고는 당연히 처분성이 인정됨에 주의할 것. 또한 거부처분의 경우는 동일한 내용을 수차 신청한 경우 그에 대한 거부처분은 수 회 있을 수 있으므로 각 거부처분은 독립적인 처분성 인정(대판 2002.3.29, 2000두6084)

11. 재개발조합이 조합원들에게 한 '조합원 동·호수 추첨결과 통보 및 분양계약체결 안내'라는 제목의 통지(대판 2002. 12.10, 2001두6333)

12. 공무원연금관리공단이 공무원연금법령의 개정사실과 퇴직연금 수급자가 퇴직연금 중 일부 금액의 지급정지대상자가 되었다는 사실을 통보한 행위(대판 2004.7.8, 2004두244)

13. 「소득세법 시행령」 제192조 제1항 단서에 따른 소득의 귀속자에 대한 소득금액변동통지(대판 2015.1.29, 2013두4118)

※ 과세관청의 법인에 대한 소득처분에 따른 소득금액변동통지는 처분[대판(전합) 2006.4.20, 2002두1878]

14. 성업공사(한국자산관리공사)의 공매(재공매)통지(대판 1998.6.26, 96누12030 ; 대판 2007.7.27, 2006두8464)

15. 「민원사무 처리에 관한 법률」 제18조 제1항에서 정한 '거부처분에 대한 이의신청'을 받아들이지 않는 취지의 기각결정 또는 그 취지의 통지(대판 2012.11.15, 2010두8676) : 행정청과 별도의 행정심판기관에 대하여 불복할 수 있도록 한 절차인 행정심판과는 달리, 민원사무처리법에 의하여 민원사무 처리를 거부한 처분청이 민원인의 신청 사항을 다시 심사하여 잘못이 있는 경우 스스로 시정하도록 한 절차

16. 국민건강보험공단(국민건강보험공단 인천부평지사장)이 甲 등에게 '직장가입자 자격상실 및 자격변동 안내' 통보 및 '사업장 직권탈퇴에 따른 가입자 자격상실 안내' 통보(대판 2019.2.14, 2016두41729) : 甲 등의 가입자 자격의 변동 여부 및 시기를 확인하는 의미에서 한 사실상 통지행위에 불과

### ㉠ 국가보훈처장이 기포상자에게 한 훈격재심사계획이 없다는 회신은 행정처분이 아니다 ★ 18 국회8급

최신기출
> 상훈대상자를 결정할 권한이 없는(상훈법 제 7조 참조) 피고(국가보훈처장)의 기포상자에게 훈격재심사계획이 없다는 회신은 단순한 사실행위에 불과하고, 피고 발행 서적의 독립투쟁에 관한 내용을 시정하여 관보에 그 뜻을 표명하여야 할 의무 및 독립운동단체 소속의 독립운동자들에게 법률 소정의 보상급여의무의 확인을 구하는 청구는 작위의무 확인소송으로서 항고소송의 대상이 되지 아니하므로 모두 행정소송의 대상이 되지 아니한다 할 것이다(대판 1989.1.24, 88누3116).

### ㉡ 수도사업자가 급수공사 신청자에 대하여 급수공사비 내역과 이를 지정기일 내에 선납하라는 취지로 한 납부통지

★ 14 사회복지, 09 관세사, 09 국회8급

> 수도사업자가 급수공사 신청자에 대하여 급수공사비 내역과 이를 지정기일 내에 선납하라는 취지로 한 납부통지는 수도사업자가 급수공사를 승인하면서 급수공사비를 계산하여 급수공사 신청자에게 이를 알려 주고 위 신청자가 이에 따라 공사비를 납부하면 급수공사를 하여 주겠다는 취지의 강제성이 없는 의사 또는 사실상의 통지행위라고 풀이함이 상당하고, 이를 가리켜 항고소송의 대상이 되는 행정처분이라고 볼 수 없다(대판 1993.10.26, 93누6331).
> ※ 수도료부과징수는 학설상 처분성 인정

ⓒ 당연퇴직처분은 행정소송의 대상인 행정처분이 아니다
★ 21 지방7급, 21 국회9급, 20 서울7급, 16·12 국가9급, 14 사회복지, 13 세무사, 12·11 순경특채, 12 서울9급, 12 지방9급

최신기출 | 국가공무원법 제69조에 의하면 공무원이 제33조 각 호의 1에 해당할 때에는 당연히 퇴직한다고 규정하고 있으므로, 국가공무원법상 당연퇴직은 결격사유가 있을 때 법률상 당연히 퇴직하는 것이지 공무원관계를 소멸시키기 위한 별도의 행정처분을 요하는 것이 아니며, 당연퇴직의 인사발령은 법률상 당연히 발생하는 퇴직사유를 공적으로 확인하여 알려주는 이른바 관념의 통지에 불과하고 공무원의 신분을 상실시키는 새로운 형성적 행위가 아니므로 행정소송의 대상이 되는 독립한 행정처분이라고 할 수 없다(대판 1995.11.14, 95누2036).

> 당연퇴직의 인사발령통지는 「행정소송법」상 처분에 해당하므로, 당연퇴직을 다투기 위해서는 항고소송을 제기하여야 한다. (x)
> ■ 20 서울7급
> 공무원의 당연퇴직 인사발령은 준법률행위적 행정행위 중 하나인 통지로서 처분에 해당한다. (x) ■ 21 국회9급

ⓓ 원처분에 대한 형성적 취소재결이 확정된 후 처분청이 다시 원처분을 취소한 경우, 위 처분은 항고소송의 대상이 되는 처분이 아니다 ★ 20 서울7급, 14 변호사

최신기출 | 당해 의약품제조품목허가처분취소재결은 보건복지부장관이 재결청의 지위에서 스스로 제약회사에 대한 위 의약품제조품목허가처분을 취소한 이른바 형성재결임이 명백하므로, 위 회사에 대한 의약품제조품목허가처분은 당해 취소재결에 의하여 당연히 취소·소멸되었고, 그 이후에 다시 위 허가처분을 취소한 당해 처분은 당해 취소재결의 당사자가 아니어서 그 재결이 있었음을 모르고 있는 위 회사에게 위 허가처분이 취소·소멸되었음을 확인하여 알려주는 의미의 사실 또는 관념의 통지에 불과할 뿐 위 허가처분을 취소·소멸시키는 새로운 형성적 행위가 아니므로 항고소송의 대상이 되는 처분이라고 할 수 없다(대판 1998.4.24, 97누17131).

> 행정심판위원회의 취소재결이 있어도 1차 처분을 취소하는 A시장의 처분이 있어야 1차 처분의 효력이 소멸한다. (x) ■ 20 서울7급

ⓔ 학교당국이 미납공납금을 완납하지 아니할 경우에 졸업증의 교부와 증명서를 발급하지 않겠다고 통고한 것은 공권력의 행사에 해당하지 않는다(각하) ★ 15 사회복지

> 학교당국이 미납공납금을 완납하지 아니할 경우에 졸업증의 교부와 증명서를 발급하지 않겠다고 통고한 것은 일종의 비권력적 사실행위로서 헌법재판소법 제68조 제1항에서 헌법소원심판의 청구대상으로서의 '공권력'에는 해당된다고 볼 수 없다(헌재결 2001.10.25, 2001헌마113).

ⓕ 재단법인 한국연구재단이 甲 대학교 총장에게 연구개발비의 부당집행을 이유로 '해양생물유래 고부가식품·향장·한약 기초소재 개발 인력양성사업에 대한 2단계 두뇌한국(BK)21 사업' 협약을 해지하고 연구팀장 乙에 대한 대학 자체 징계 요구 등을 통보한 사안에서, 乙에 대한 대학 자체 징계 요구는 항고소송의 대상이 되는 행정처분에 해당하지 않는다고 한 사례 ★ 20 지방7급, 17 지방9급

> 재단법인 한국연구재단이 甲 대학교 총장에게 乙에 대한 대학 자체징계를 요구한 것은 법률상 구속력이 없는 권유 또는 사실상의 통지로서 乙의 권리, 의무 등 법률상 지위에 직접적인 법률적 변동을 일으키지 않는 행위에 해당하므로, 항고소송의 대상인 행정처분에 해당하지 않는다(대판 2014.12.11, 2012두28704).

> 과학기술기본법령상 사업 협약의 해지 통보는 대등 당사자의 지위에서 형성된 공법상 계약을 계약당사자의 지위에서 종료시키는 의사표시에 해당한다. (x) ■ 20 지방7급

ⓐ 구 「소득세법 시행령」 제192조 제1항 단서에 따른 소득의 귀속자에 대한 소득금액변동통지는 항고소송의 대상이 되는 행정처분에 해당하지 않는다 ★ 17 국회8급

> 소득의 귀속자가 소득세 부과처분에 대한 취소소송 등을 통하여 소득처분에 따른 원천납세의무의 존부나 범위를 충분히 다툴 수 있는 점 등에 비추어 보면, 구 「소득세법 시행령」 제192조 제1항 단서에 따른 소득의 귀속자에 대한 소득금액변동통지는 원천납세의무자인 소득의 귀속자에 대한 법률상 지위에 직접적인 변동을 가져오는 것이 아니므로 항고소송의 대상이 되는 행정처분에 해당하지 않는다. 그런데 구 「소득세법 시행령」 제192조 제1항 단서는 제134조 제1항에 따라 소득의 귀속자에게 종합소득 과세표준의 추가신고 및 자진납부의 기회를 주기 위하여 마련된 특칙으로서 원천납세의무에 따른 신고·납부기한과 이를 전제로 한 가산세의 존부나 범위를 결정하는 요건이 되므로, 구 「소득세법 시행령」 제192조 제1항 단서에 따른 소득의 귀속자에게 소득금액변동통지가 없거나 그것이 적법하지 아니한 경우에는 원천납세의무자인 소득의 귀속자는 과세처분취소소송 등에서 그 흠을 주장하여 다툴 수 있다(대판 2015.1.29, 2013두4118).

구 「소득세법 시행령」에 따른 소득 귀속자에 대한 소득금액변동통지는 원천납세의무자인 소득 귀속자의 법률상 지위에 직접적인 법률적 변동을 가져오므로 행정처분이다. (x) ■ 17 국회8급

법인세법령에 따른 과세관청의 원천징수의무자인 법인에 대한 소득금액변동통지 및 「소득세법 시행령」에 따른 소득의 귀속자에 대한 소득금액변동통지는 항고소송의 대상이다. (x) ■ 17 서울7급

◎ 국민건강보험공단(국민건강보험공단 인천부평지사장)이 甲 등에게 '직장가입자 자격상실 및 자격변동 안내' 통보 및 '사업장 직권탈퇴에 따른 가입자 자격상실 안내' 통보를 한 사안에서, 위 각 통보의 처분성이 인정되지 않는다고 보아 그 취소를 구하는 甲 등의 소를 모두 각하한 원심판단이 정당하다고 한 사례 ★ 20 지방7급

**최신기출**
**최신판례**
> 국민건강보험 직장가입자 또는 지역가입자 자격 변동은 법령이 정하는 사유가 생기면 별도 처분 등의 개입 없이 사유가 발생한 날부터 변동의 효력이 당연히 발생하므로, 국민건강보험공단이 甲 등에 대하여 가입자 자격이 변동되었다는 취지의 '직장가입자 자격상실 및 자격변동 안내' 통보를 하였거나, 그로 인하여 사업장이 국민건강보험법상의 적용대상사업장에서 제외되었다는 취지의 '사업장 직권탈퇴에 따른 가입자 자격상실 안내' 통보를 하였더라도, 이는 甲 등의 가입자 자격의 변동 여부 및 시기를 확인하는 의미에서 한 사실상 통지행위에 불과할 뿐, 위 각 통보에 의하여 가입자 자격이 변동되는 효력이 발생한다고 볼 수 없고, 또한 위 각 통보로 甲 등에게 지역가입자로서의 건강보험료를 납부하여야 하는 의무가 발생함으로써 甲 등의 권리의무에 직접적 변동을 초래하는 것도 아니라는 이유로, 위 각 통보의 처분성이 인정되지 않는다고 보아 그 취소를 구하는 甲 등의 소를 모두 각하한 원심판단이 정당하다고 한 사례(대판 2019.2.14, 2016두41729)

국민건강보험공단에 의한 '직장가입자 자격상실 및 자격변동 안내' 통보 및 '사업장 직권탈퇴에 따른 가입자 자격상실 안내' 통보는 가입자 자격이 변동되는 효력을 가져오므로 항고소송의 대상이 되는 처분에 해당한다. (x) ■ 20 지방7급

## ③ 그 밖의 사실행위

1. 측백나무 식재행위(대판 1979.7.24, 79누173)
2. 군수가 대리경작자로 지정한 행위는 행정처분이지만, 그에 따른 읍면장의 영농세대 선정행위는 행정처분이 아니다(대판 1980.9.9, 80누308)
3. 지방공무원법상의 고충심사결정(대판 1987.12.8, 87누657·658) : 법률적인 쟁송의 절차에 의하여서가 아니라 사실상의 절차에 의하여 그 시정과 개선책을 청구하여 줄 것을 임용권자에게 청구할 수 있도록 한 제도로서, 고충심사결정 자체에 의하여는 어떠한 법률관계의 변동이나 이익의 침해가 직접적으로 생기는 것은 아니므로
4. 추첨방식에 의하여 운수사업면허 대상자를 선정하는 경우에 있어서의 추첨(대판 1993.5.11, 92누15987)
5. 국가보훈처장의 서훈추천서의 행사·불행사(대판 1990.11.23, 90누3553) : 과거의 역사적 사실관계의 존부나 공법상의 구체적인 법률관계가 아닌 사실관계에 관한 것들을 확인의 대상으로 하는 것이거나 행정청의 단순한 부작위를 대상으로 하는 것
6. 건설부장관이 행한 국립공원지정처분에 따라 공원관리청이 행한 경계측량 및 표지의 설치(대판 1992.10.13, 92누2325)
7. 지적측량성과검사(대판 1997.3.28, 96누19000) : 측량성과에 관한 자료의 정확성을 검사하는 행위로 측량성과에 의하여 지적공부를 정리하기 위한 것이고, 실체상의 권리관계에 변동을 가져오는 것은 아님.
8. 신고납세방식인 관세를 과세관청이 납세의무자의 신고에 따라 수령한 것(대판 1997.7.22, 96누8321) : 사실행위에 불과할 뿐 이를 부과처분으로 볼 수는 없다.
9. 비공식 행정작용
10. 명단공표

---

### ㉠ 측백나무 식재행위는 사실행위로서 행정소송 대상이 아니다 ★ 18 국회8급

최신기출 | 피고의 행위 즉 부산시 서구청장이 원고 소유의 밭에 측백나무 300주를 식재한 것은 공법상의 법률행위가 아니라 사실행위에 불과하므로 행정소송의 대상이 아니다(대판 1979.7.24, 79누173).

### ㉡ 군수의 대리경작자 지정행위는 행정처분이지만, 그에 따라 읍면장이 영농세대를 선정한 행위는 행정처분이 아니다

행정처분이라 함은 행정청이 특정한 사건에 대하여 법규에 의한 권리설정이나 의무를 명하는 등 법률상 효과를 발생케하는 외부에 표시된 공법상의 법률행위이므로 군수가 농지의 보전 및 이용에 관한 법률에 의하여 특정지역의 주민들을 대리경작자로 지정한 행위는 그 주민들에게 유휴농지를 경작할 수 있는 권리를 부여하는 행정처분이고 이에 따라 그 지역의 읍장과 면장이 영농할 세대를 선정한 행위는 위 행정처분의 통지를 대행한 사실행위에 불과하다(대판 1980.9.9, 80누308).

### ㉢ 국가보훈처장의 서훈추천서의 행사·불행사(홍범도 장군의 청산리전투 참여 여부에 대한 사실관계확인)

피고 국가보훈처장이 발행·보급한 독립운동사, 피고 문교부장관(현 교육부장관)이 저작하여 보급한 국사교과서 등의 각종 책자와 피고 문화부장관이 관리하고 있는 독립기념관에서의 각종 해설문·전시물의 배치 및 전시 등에 있어서, 일제치하에서의 국내외의 각종 독립운동에 참가한 단체와 독립운동가의 활동상을 잘못 기술하거나, 전시·배치함으로써 그 역사적 의의가 그릇 평가되게 하였다는 이유로 그 사실관계의 확인을 구하고, 또 피고 국가보훈처장은 이들 독립운동가들의 활동상황을 잘못 알고 국가보훈상의 서훈추천권을 행사함으로써 서훈추천권의 행사가 적정하지 아니하였다는 이유로 이러한 서훈추천권의 행사·불행사가 당연무효임의 확인 또는 그 부작위가 위법함의 확인을 구하는 청구는 과거의 역사적 사실관계의 존부나 공법상의 구체적인 법률관계가 아닌 사실관계에 관한 것들을 확인의 대상으로 하는 것이거나 행정청의 단순한 부작위를 대상으로 하는 것으로서 항고소송의 대상이 되지 아니하는 것이다(대판 1990.11.23, 90누3553).

ⓔ 건설부장관이 행한 국립공원지정처분에 따라 공원관리청이 행한 경계측량 및 표지의 설치 등은 행정처분이 아니고 경계측량 및 표지설치로 인하여 공원지정처분이나 그 경계가 변경되지 않는다 ★ 17 지방9급, 14 국가9급

> 건설부장관이 행한 국립공원지정처분은 그 결정 및 첨부된 도면의 공고로써 그 경계가 확정되는 것이고, 시장이 행한 경계측량 및 표지의 설치 등은 공원관리청이 공원구역의 효율적인 보호, 관리를 위하여 이미 확정된 경계를 인식, 파악하는 사실상의 행위로 봄이 상당하며, 위와 같은 사실상의 행위를 가리켜 공권력행사로서의 행정처분의 일부라고 볼 수 없고, 이로 인하여 건설부장관이 행한 공원지정처분이나 그 경계에 변동을 가져온다고 할 수 없다(대판 1992.10.13, 92누2325).

ⓜ 추첨방식에 의하여 운수사업면허 대상자를 선정하는 경우에 있어서의 추첨 ★ 15 사회복지

> 추첨방식에 의하여 운수사업면허 대상자를 선정하는 경우에 있어 추첨 자체는 다수의 면허신청자 중에서 면허를 받을 수 있는 신청자를 특정하여 선발하는 행정처분을 위한 사전 준비절차로서의 사실행위에 불과한 것으로 이 단계에서의 신청자격 유무는 신청서류에 의하여 형식적으로 심사함으로써 족하고 서류상 일응 자격이 있다고 인정되면 추첨에 참여시켜야 하는 것이며, 행정청으로서는 위와 같은 추첨에 의하여 당첨된 신청인을 상대로 면허처분을 할 때에 다시 그의 자격 유무를 구체적으로 조사·판단하여 종국적으로 면허 또는 면허거부처분을 하여야 할 것이다(대판 1993.5.11, 92누15987).

ⓝ 신고납세방식인 관세를 과세관청이 납세의무자의 신고에 따라 수령한 것을 부과처분으로 볼 수 없다 ★ 14 지방7급

> 1993.12.31. 법률 제4674호로 개정된 관세법 제17조 제2항은 관세의 원칙적인 부과·징수를 순수한 신고납세방식으로 전환한 것이고, 이와 같은 신고납세방식의 조세에 있어서 과세관청이 납세의무자의 신고에 따라 세액을 수령하는 것은 사실행위에 불과할 뿐 이를 부과처분으로 볼 수는 없다(대판 1997.7.22, 96누8321).

④ 사법상의 통지

> 한국철도시설공단이 갑 주식회사에 대하여 시설공사 입찰참가 당시 허위 실적증명서를 제출하였다는 이유로 한 향후 2년간 공사낙찰적격심사 시 종합취득점수의 10/100을 감점한다는 내용의 통보(대판 2014.12.24, 2010두6700)

## 2. 예방적 부작위청구소송

권력적 사실행위로 인해 국민의 권익이 현실적으로 침해되고 난 후에는 협의의 소익이 부정되기 때문에 권리구제에 어려움이 있다. 따라서 예방적 부작위청구소송이 효과적인 구제방법으로 논의되는데, 판례는 부정하는 입장이다.

### (1) 행정청의 부작위를 구하는 청구는 부적법하다 ★ 15 국회8급, 15 지방9급

> 건축건물의 준공처분을 하여서는 아니 된다는 내용의 부작위를 구하는 청구는 행정소송에서 허용되지 아니하는 것이므로 부적법하다(대판 1987.3.24, 86누182).

## Ⅱ. 헌법소원

### 1. 구속된 피의자가 검사조사실에서 수갑 및 포승을 시용한 상태로 피의자신문을 받도록 한 수갑 및 포승 시용행위는 권력적 사실행위이다 ★ 15 사회복지

> 구속된 피의자가 검사조사실에서 수갑 및 포승을 사용한 상태로 피의자신문을 받도록 한 이 사건 수갑 및 포승 사용행위는 이미 종료된 권력적 사실행위로서 행정심판이나 행정소송의 대상으로 인정되기 어려워 헌법소원심판을 청구하는 외에 달리 효과적인 구제방법이 없으므로 보충성의 원칙에 대한 예외에 해당한다(2005.5.26, 2001헌마728).

### 2. 행정청이 우월적 지위에서 행하는 권력적 사실행위(폐기물관련사업장에 대한 국가기관의 감독 주체를 다원화하고 감사의 횟수나 시기를 제한하지 않은 폐기물관리법 제43조 제1항에 의한 감사)는 헌법재판소법 제68조 제1항 소정의 헌법소원의 대상이 된다

> 행정청이 우월적 지위에서 일방적으로 강제하는 권력적 사실행위는 헌법소원의 대상이 되는 공권력의 행사에 해당한다는 것이 우리 재판소의 판례이다. 이 사건 감사는 피청구인이 폐기물관리법 제43조 제1항에 따라 폐기물의 적정 처리 여부 등을 확인하기 위한 목적으로 청구인들의 의사에 상관없이 일방적으로 행하는 사실적 업무행위이고, 청구인들이 이를 거부·방해하거나 기피하는 경우에는 과태료에 처해지는 점으로 볼 때 청구인들도 이를 수인해야 할 법적 의무가 있다. 그렇다면 이 사건 감사는 피청구인이 우월적 지위에서 일방적으로 강제하는 권력적 사실행위라 할 것이고 이는 헌법소원의 대상이 되는 헌법재판소법 제68조 제1항의 '공권력의 행사'에 해당된다(헌재결 2003.12.18, 2001헌마754).

### 3. 마약류 관련 수형자에 대하여 마약류반응검사를 위하여 소변을 받아 제출하게 한 것은 헌법재판소법 제68조 제1항의 공권력의 행사에 해당한다

> 교도소 수형자에게 소변을 받아 제출하게 한 것은, 형을 집행하는 우월적인 지위에서 외부와 격리된 채 형의 집행에 관한 지시, 명령을 복종하여야 할 관계에 있는 자에게 행해진 것으로서 그 목적 또한 교도소 내의 안전과 질서유지를 위하여 실시하였고, 일방적으로 강제하는 측면이 존재하며, 응하지 않을 경우 직접적인 징벌 등의 제재는 없다고 하여도 불리한 처우를 받을 수 있다는 심리적 압박이 존재하리라는 것을 충분히 예상할 수 있는 점에 비추어, 권력적 사실행위로서 헌법재판소법 제68조 제1항의 공권력의 행사에 해당한다(헌재결 2006.7.27, 2005헌마277).

# 제6절 행정지도

## I. 행정지도의 의의

> 행정관청이 건축허가시에 도로의 폭에 대하여 행정지도를 하였다는 점만으로는 「건축법 시행령」 제64조 제1항 소정의 도로지정이 있었던 것으로 볼 수 없다(대판 1991.12.13, 91누1776).

## II. 행정지도의 종류

## 1. 지 도

> 세무지도(조세상담 ; 대판 1990.10.10. 88누5280)

## 2. 권고·권유·권장

1. 관광안내업체에 대한 보험요율의 일률적용통지(대판 1982.9.14, 82누161)
2. 공장입지 변경권고(대판 1996.7.12, 95누11665)
    ※ 국가인권위원회의 성희롱 결정 및 시정조치권고는 행정지도가 아니므로 처분성 인정(대판 2005.7.8, 2005두487)
    ※ 공정거래위원회의 '표준약관 사용권장행위'는 행정지도가 아니므로 처분성 인정(대판 2010.10.14, 2008두23184)

### (1) 공정거래위원회의 '표준약관 사용권장행위'는 항고소송의 대상이 된다

> 공정거래위원회의 '표준약관 사용권장행위'는 그 통지를 받은 해당 사업자 등에게 표준약관과 다른 약관을 사용할 경우 표준약관과 다르게 정한 주요내용을 고객이 알기 쉽게 표시하여야 할 의무를 부과하고, 그 불이행에 대해서는 과태료에 처하도록 되어 있으므로, 이는 사업자 등의 권리의무에 직접 영향을 미치는 행정처분으로서 항고소송의 대상이 된다(대판 2010.10.14, 2008두23184).

## 3. 요망·요청·요구

1. 세무당국의 주류거래중지요청(대판 1980.10.27, 80누395)
2. 위법건축물에 대한 단전 및 전화통화 단절조치 요청행위(대판 1996.3.22, 96누433)
3. 한국전력공사가 전기공급의 적법 여부를 조회한 데 대해 전기공급이 불가하다는 내용의 관할 구청장의 회신(대판 1995.11.21, 95누9099)
4. 학교법인이 사립학교법상 부동산 매각과 관련된 관할청의 시정요구사항을 이행하지 아니하여 관할청이 임원취임승인을 취소함과 동시에 임시이사를 선임하고 당초의 시정요구사항을 변경하는 통보를 한 경우, 당초의 시정요구 및 그 시정요구 변경통보(대판 2002.2.5, 2001두7138)
5. 교육인적자원부장관(현 교육부장관)의 대학총장들에 대한 학칙시정요구(헌재결 2003.6.26, 2002헌마337, 2003헌마7·8)
6. 재단법인 한국연구재단이 甲 대학교 총장에게 연구개발비의 부당집행을 이유로 '해양생물유래 고부가식품·향장·한약 기초소재 개발 인력양성사업에 대한 2단계 두뇌한국(BK)21 사업' 협약을 해지하고 연구팀장 乙에 대한 대학 자체 징계 요구 등을 통보한 사안에서, 乙에 대한 대학 자체 징계 요구(대판 2014.12.11, 2012두28704)
    ※ 방송통신심의위원회의 시정요구는 항고소송의 대상이다(헌재결 2012.2.23, 2011헌가13).

**(1) 세무당국이 소외 회사에 대하여 원고와의 주류거래를 일정기간 중지하여 줄 것을 요청한 행위는 처분이 아니다**

★ 19·10 국가9급, 14 세무사, 13 지방9급

세무당국이 소외 회사에 대하여 원고와의 주류거래를 일정기간 중지하여 줄 것을 요청한 행위는 권고 내지 협조를 요청하는 권고적 성격의 행위로서 소외 회사나 원고의 법률상의 지위에 직접적인 법률상의 변동을 가져오는 행정처분이라고 볼 수 없는 것이므로 항고소송의 대상이 될 수 없다(대판 1980.10.27, 80누395).

지도, 권고, 조언 등의 행정지도는 법령의 근거를 요하고 항고소송의 대상이 된다. (x) ■ 22 국가9급

**(2) 위법 건축물에 대한 단전 및 전화통화 단절조치 요청행위** ★ 21 국회8급, 13 지방9급, 11 지방7급

건축법 제69조 제2항, 제3항의 규정에 비추어 보면, 행정청이 위법 건축물에 대한 시정명령을 하고 나서 위반자가 이를 이행하지 아니하여 전기·전화의 공급자에게 그 위법 건축물에 대한 전기·전화공급을 하지 말아 줄 것을 요청한 행위는 권고적 성격의 행위에 불과한 것으로서 전기·전화공급자나 특정인의 법률상 지위에 직접적인 변동을 가져오는 것은 아니므로 이를 항고소송의 대상이 되는 행정처분이라고 볼 수 없다(대판 1996.3.22, 96누433).

**(3) 구 「남녀차별금지 및 구제에 관한 법률」상 국가인권위원회의 성희롱결정 및 시정조치권고는 처분에 해당한다**

★ 21 변호사, 15 국회8급, 14 행정사, 13·12·10 국회9급, 12·11 순경특채, 12 세무사, 12 변호사

구 「남녀차별금지 및 구제에 관한 법률」 제28조에 의하면, 국가인권위원회의 성희롱결정과 이에 따른 시정조치의 권고는 불가분의 일체로 행하여지는 것인데 국가인권위원회의 이러한 결정과 시정조치의 권고는 성희롱 행위자로 결정된 자의 인격권에 영향을 미침과 동시에 공공기관의 장 또는 사용자에게 일정한 법률상의 의무(남녀차별행위의 중지, 원상회복·손해배상 기타 필요한 구제조치, 재발방지를 위한 교육 및 대책수립 등을 위한 조치, 일간신문의 광고란을 통한 공표 등의 의무)를 부담시키는 것이므로 국가인권위원회의 성희롱결정 및 시정조치권고는 행정소송의 대상이 되는 행정처분에 해당한다고 보지 않을 수 없다(대판 2005.7.8, 2005두487).

「남녀차별금지 및 구제에 관한 법률」에 의한 국가인권위원회의 성희롱결정과 이에 따른 시정조치의 권고는 처분성이 인정되지 않는다. (x) ■ 15 국회8급

**(4) 공정거래위원회의 '표준약관 사용권장행위'는 항고소송의 대상이 된다**

★ 17·12 국회8급, 15·14 순경특채, 14 지방7급, 14 국회8급

공정거래위원회의 '표준약관 사용권장행위'는 그 통지를 받은 해당 사업자 등에게 표준약관과 다른 약관을 사용할 경우 표준약관과 다르게 정한 주요내용을 고객이 알기 쉽게 표시하여야 할 의무를 부과하고, 그 불이행에 대해서는 과태료에 처하도록 되어 있으므로, 이는 사업자 등의 권리·의무에 직접 영향을 미치는 행정처분으로서 항고소송의 대상이 된다(대판 2010.10.14, 2008두23184).

공정거래위원회의 표준약관 사용권장행위는 비록 그 통지를 받은 해당 사업자 등에게 표준약관을 사용할 경우 표준약관과 다르게 정한 주요내용을 고객이 알기 쉽게 표시하여야 할 의무를 부과하고 그 불이행에 대해서는 과태료에 처하도록 되어 있으나, 이는 어디까지나 구속력이 없는 행정지도에 불과하므로 행정처분에 해당되지 아니한다. (x) ■ 17 국회8급

## 4. 경 고

| 행정지도로 처분성 부정 | 처분성 인정 |
|---|---|
| 1. 소속공무원에 대한 장관의 서면에 의한 경고(대판 1991. 11.12, 91누2700) | 1. 행정규칙에 의한 불문경고조치(대판 2002.7.26. 2001두353 2) |
| 2. 유흥전문음식점에 대하여 시장이 한 주간영업금지지시(대판 1982.12.28, 82누366) : 새로운 의무를 부과하는 것이 아니라 이미 허가조건에 부쳐진 사항의 이행을 지시경고 하는 것 | 2. 금융기관의 임원에 대한 금융감독원장의 문책경고(대판 2005.2.17, 2003두14765) |
| 3. 「서울특별시 교육·학예에 관한 감사규칙」 제11조 「서울 특별시교육청 감사결과 지적사항 및 법률위반공무원처분 기준」에 정해진 경고(대판 2004.4.23, 2003두13687) | 3. 「표시·광고의 공정화에 관한 법률」(표시·광고법) 위반을 이유로 한 공정거래위원회의 경고(헌재결 2012.6.27, 2010 헌마508) |
| 4. 금융감독원장이 종합금융주식회사의 전 대표이사에게 재직 중 위법·부당행위 사례를 첨부하여 금융 관련법규를 위반하고 신용질서를 심히 문란하게 한 사실이 있다는 내용으로 '문책경고장(상당)'을 보낸 행위(대판 2005.2.17, 2003두10312) | 4. 검찰총장이 검사에 대하여 하는 '경고조치'(대판 2021.2. 10, 2020두47564) |

### (1) 행정지도로 처분성 부정

#### ① 소속 공무원에 대한 장관의 서면에 의한 경고는 행정지도로서 처분이 아니다

> 공무원이 소속 장관으로부터 받은 "직상급자와 다투고 폭언하는 행위 등에 대하여 엄중 경고하니 차후 이러한 사례가 없도록 각별히 유념하기 바람"이라는 내용의 서면에 의한 경고가 공무원의 신분에 영향을 미치는 국가공무원법상의 징계의 종류에 해당하지 아니하고, 근무충실에 관한 권고행위 내지 지도행위로서 그 때문에 공무원으로서의 신분에 불이익을 초래하는 법률상의 효과가 발생하는 것도 아니므로, 경고가 국가공무원법상의 징계처분이나 행정소송의 대상이 되는 행정처분이라고 할 수 없다(대판 1991.11.12, 91누2700).

#### ② 「서울특별시 교육·학예에 관한 감사규칙」 제11조, 「서울특별시 교육청 감사결과 지적사항 및 법률위반공무원 처분기준」에 정해진 경고는 행정처분이 아니다

> 구 「서울특별시 교육·학예에 관한 감사규칙」 제11조, 「서울특별시 교육청 감사결과 지적사항 및 법률위반공무원 처분기준」에 정해진 경고는, 교육공무원의 신분에 영향을 미치는 교육공무원법령상의 징계의 종류에 해당하지 아니하고, 인사기록카드에 등재되지도 않으며, '2001년도정부포상업무지침'에 정해진 포상추천 제외대상이나 「교육공무원 징계양정 등에 관한 규칙」 제4조 제1항 단서에 정해진 징계감경사유 제외대상에 해당하지도 않을 뿐만 아니라, 「서울특별시 교육청 교육공무원 평정업무처리요령」에 따라 근무평정자가 위와 같은 경고를 이유로 경고를 받은 자에게 상위권 평점을 부여하지 않는다고 하더라도, 그와 같은 사정은 경고 자체로부터 직접 발생되는 법률상 효과라기보다는 경고를 받은 원인이 된 비위사실이 인사평정 당시의 참작사유로 고려되는 사실상 또는 간접적인 효과에 불과한 것이어서 교육공무원으로서의 신분에 불이익을 초래하는 법률상의 효과를 발생시키는 것은 아니라 할 것이다. 따라서 위와 같은 경고는, 교육공무원법, 교육공무원징계령, '교육공무원 징계양정 등에 관한 규칙'에 근거하여 행해지고, 인사기록카드에 등재되며, '2001년도 정부포상업무지침'에 따른 포상추천 제한사유 및 '교육공무원 징계양정 등에 관한 규칙' 제4조 제1항 단서에 정해진 징계감경사유 제외대상에 해당하는 불문(경고)과는 달리, 항고소송의 대상이 되는 행정처분에 해당하지 않는다고 할 것이다(대판 2004.4.23, 2003두13687).

③ 금융감독원장이 종합금융주식회사의 전 대표이사에게 재직 중 위법·부당행위 사례를 첨부하여 금융 관련법규를 위반하고 신용질서를 심히 문란하게 한 사실이 있다는 내용으로 '문책경고장(상당)'을 보낸 행위는 처분이 아니다

> 이 사건 서면통보행위는 어떠한 법적 근거에 기하여 발하여진 것이 아니고, 단지 종합금융회사의 업무와 재산상황에 대한 일반적인 검사권한을 가진 피고가 소외 주식회사에 대하여 검사를 실시한 결과, 원고가 소외 주식회사의 대표이사로 근무할 당시 행한 것으로 인정된 위법·부당행위 사례에 관한 단순한 사실의 통지에 불과한 것으로서, 다만 원고가 재직 중인 임원이었다고 한다면 이는 「금융기관 검사 및 제재에 관한 규정」 제18조 제1항 제3호 소정의 문책경고의 제재에 해당하는 사례라는 취지로 '문책경고장(상당)'이라는 제목을 붙인 것일 뿐, 금융업 관련법규에 근거한 문책경고의 제재처분 자체와는 다르고, 피고로부터 같은 내용을 통보받은 소외 주식회사가 금융기관검사및제재에관한규정 시행세칙 제64조 제2항에 따라 인사기록부에 원고의 위법·부당사실 등을 기록·유지함으로 인하여 원고가 소외 주식회사나 다른 금융기관에 취업함에 있어 지장을 받는 불이익이 있다고 하더라도, 이는 이 사건 서면 통보행위로 인한 것이 아닐 뿐만 아니라 사실상의 불이익에 불과한 것이고, 원고가 주장하는 취업 제한 자체도 불분명하며, 문책경고를 받은 자는 문책경고일로부터 3년 간 은행장 또는 상임이사 등이 될 수 없다는 내용이 담긴 은행업감독규정은 실제로 문책경고의 제재처분을 받은 자에 대하여 적용되는 규정이므로 원고와는 무관하고, 불안감이라는 것도 원고가 주장하는 취업제한의 내용에 비추어 볼 때 은행 고위 임원을 선임함에 있어 그러한 제한을 인식하여야 할 선임권자 등의 범위는 매우 제한적이어서 그들의 법의식 수준이 위 서면 통보만으로도 이를 문책경고의 법적 효력이 있다고 오해할 것이라고 보기 어려우며, 달리 위 통보행위로 인하여 이미 소외 주식회사로부터 퇴직한 후의 원고의 권리의무에 직접적 변동을 초래하는 하등의 법률상의 효과가 발생하거나 그러한 법적 불안이 존재한다고 할 수 없으므로, 이 사건 서면 통보행위는 항고소송의 대상이 되는 행정처분에 해당하지 않는다(대판 2005.2.17, 2003두10312).

## (2) 행정지도가 아니므로 행정처분성 인정

① 행정규칙에 의한 '불문경고조치'는 처분에 해당한다 ★ 20·12 국가9급, 18 서울7급, 13·11 지방9급, 11 국회8급

최신기출

> 「이 사건 처분이 비록 법률상의 징계처분은 아니라 하더라도, 이 사건 처분에는 적어도 이 사건 처분을 받지 아니하였다면 차후 다른 징계처분이나 경고를 받게 될 경우 징계감경사유로 사용될 수 있었던 표창공적의 사용가능성을 소멸시키는 효과와 1년 동안 인사기록카드에 등재됨으로써 그동안은 장관표창이나 도지사표창 대상자에서 제외시키는 효과 등이 있음을 알 수 있다. 그렇다면 이 사건 처분은 그 근거와 법적 효과가 위와 같은 행정규칙에 규정되어 있다 하더라도, 행정규칙의 내부적 구속력에 의하여 상대방에게 권리의 설정 또는 의무의 부담을 명하거나 기타 법적 효과를 발생하게 하는 등으로 원고의 권리의무에 직접 영향을 미치는 행위로서 항고소송의 대상이 되는 행정처분에 해당하는 것으로 보아야 할 것이다(대판 2002.7.26, 2001두3532).

판례에 의하면, 행정규칙에 의한 불문경고 조치는 차후 징계감경사유로 작용할 수 있는 표창대상자에서 제외되는 등의 인사상 불이익을 줄 수 있다 하여도 이는 간접적 효과에 불과하므로 항고소송의 대상인 행정처분에 해당하지 않는다. (x) ■ 18 서울7급
어떠한 처분의 근거나 법적인 효과가 행정규칙에 규정되어 있다면, 그 처분이 행정규칙의 내부적 구속력에 의하여 상대방의 권리의무에 직접 영향을 미치는 행위라도 항고소송의 대상이 되는 행정처분이라 볼 수 없다. (x) ■ 20 국가9급

### ② 금융기관의 임원에 대한 금융감독원장의 문책경고는 처분에 해당한다

★ 18 지방9급, 16 국가9급, 15·14 순경특채, 14 국회8급, 14·13 변호사, 08지방7급

`최신기출` 「금융기관 검사 및 제재에 관한 규정」 제22조는 금융기관의 임원이 문책경고를 받은 경우에는 금융업 관련법 및 당해 금융기관의 감독 관련규정에서 정한 바에 따라 일정기간 동안 임원선임의 자격제한을 받는다고 규정하고 있고, 은행법 제18조 제3항의 위임에 기한 구 은행업감독규정 제17조 제2호 (다)목, 제18조 제1호는 제재규정에 따라 문책경고를 받은 자로서 문책경고일로부터 3년이 경과하지 아니한 자는 은행장, 상근감사위원, 상임이사, 외국 은행지점 대표자가 될 수 없다고 규정하고 있어서, 문책경고는 그 상대방에 대한 직업선택의 자유를 직접 제한하 는 효과를 발생하게 하는 등 상대방의 권리의무에 직접 영향을 미치는 행위로서 행정처분에 해당한다(대판 2005. 2.17, 2003두14765).

금융기관 임원에 대한 금융감독원장의 문책경고는 상대방의 권리의무에 직접 영향을 미치지 않으므로 행정소송의 대상이 되는 처분에 해당하지 않는다. (x) ■ 18 지방9급

### ③ 검찰총장이 검사에 대하여 하는 '경고조치'는 항고소송의 대상이 되는 처분이다

`최신판례` 검사가 검찰총장의 경고를 받으면 1년 이상 감찰관리 대상자로 선정되어 특별관리를 받을 수 있고, 경고를 받은 사실이 인사자료로 활용되어 복무평정, 직무성과금 지급, 승진·전보인사에서도 불이익을 받게 될 가능성이 높아지며, 향후 다른 징계사유로 징계처분을 받게 될 경우에 징계양정에서 불이익을 받게 될 가능성이 높아지므로, 검사의 권리 의무에 영향을 미치는 행위로서 항고소송의 대상이 되는 처분이라고 보아야 한다(대판 2021.2.10, 2020두47 564).

### ④ 검사의 직무상 의무 위반의 정도가 중하지 않아 검사징계법에 따른 '징계사유'에 해당하지 않더라도 징계처분보 다 낮은 수준의 감독조치로서 '경고처분'을 할 수 있고, 법원은 이를 존중해야 한다

`최신판례` 검찰총장의 경고처분은 검사징계법에 따른 징계처분이 아니라 검찰청법 제7조 제1항, 제12조 제2항에 근거하여 검사에 대한 직무감독권을 행사하는 작용에 해당하므로, 검사의 직무상 의무 위반의 정도가 중하지 않아 검사징계 법에 따른 '징계사유'에는 해당하지 않더라도 징계처분보다 낮은 수준의 감독조치로서 '경고처분'을 할 수 있고, 법원은 그것이 직무감독권자에게 주어진 재량권을 일탈·남용한 것이라는 특별한 사정이 없는 한 이를 존중하는 것이 바람직하다(대판 2021.2.10, 2020두47564).

## (5) 촉 구

구청장이 도시재개발구역 내의 건물소유자에게 지장물철거촉구라는 제목으로 건물의 자진철거를 요청하는 내용 의 공문을 발송한 행위(대판 1989.9.12, 88누8883)

## (6) 지 시

1. 구청장이 사회복지법인에 특별감사 결과 지적사항에 대한 시정지시와 그 결과를 관계서류와 함께 보고하도록 지시한 경우, 시정지시(대판 2008.4.24. 2008두3500)
2. 교육감이 학교법인에 대한 감사 실시 후 처리지시를 하고 그와 함께 그 시정조치에 대한 결과를 증빙서를 첨부한 문서로 보고하도록 한 것(대판 2008.9.11. 2006두18362) : 행정지도가 아님

① 구청장이 사회복지법인에 특별감사 결과 지적사항에 대한 시정지시와 그 결과를 관계서류와 함께 보고하도록 지시한 경우, 시정지시는 비권력적 사실행위가 아니라 항고소송의 대상이 되는 행정처분에 해당한다고 한 사례
★ 17 지방9급

> 보고명령 및 관련서류 제출명령을 이행하기 위하여 위 시정지시에 따른 시정조치의 이행이 사실상 강제되어 있다고 할 것이고, 만일 피고의 위 명령을 이행하지 않는 경우 시정명령을 받거나 법인설립허가가 취소될 수 있고, 자신이 운영하는 사회복지시설에 대한 개선 또는 사업정지 명령을 받거나 그 시설의 장의 교체 또는 시설의 폐쇄와 같은 불이익을 받을 위험이 있으며, 원심이 유지한 제1심의 인정 사실에 의하더라도 피고는, 원고가 위 시정지시를 이행하지 아니하였음을 이유로 서울특별시장에게 원고에 대한 시정명령 등의 조치를 취해달라고 요청한 바 있으므로, 이와 같은 사정에 비추어 보면, 위 시정지시는 단순한 권고적 효력만을 가지는 비권력적 사실행위에 불과하다고 볼 수는 없고, 원고에 대하여 의무의 부담을 명하거나 기타 법률상 효과를 발생하게 하는 것으로서 항고소송의 대상이 되는 행정처분에 해당한다고 해석함이 상당하다고 할 것이다(대판 2008.4.24. 2008두3500).

② 교육감이 학교법인에 대한 감사 실시 후 처리지시를 하고 그와 함께 그 시정조치에 대한 결과를 증빙서를 첨부한 문서로 보고하도록 한 것은, 의무의 부담을 명하거나 기타 법률상 효과를 발생하게 하는 것으로서 항고소송의 대상이 되는 행정처분에 해당한다

> 보고명령 및 증빙서 첨부명령을 이행하지 않는 경우 학교법인의 이사장이 형사상 처벌을 받거나 법 규정을 위반하였다는 사유로 임원 취임의 승인이 취소될 수도 있다. 이와 같은 사정에 비추어 보면, 원고로서는 위 보고명령 및 증빙서 첨부명령을 이행하기 위하여 이 사건 처리지시에 따른 제반 조치를 먼저 이행하는 것이 사실상 강제되어 있다고 할 것이므로, 이 사건 처리지시는 단순히 권고적 효력만을 가지는 비권력적 사실행위인 행정지도에 불과하다고 보기 어렵고, 원고에게 의무의 부담을 명하거나 기타 법률상 효과를 발생하게 하는 것으로서 항고소송의 대상이 되는 행정처분에 해당한다(대판 2008.9.11. 2006두18362).

# Ⅲ. 행정지도의 한계

## 1. 위법한 행정지도에 따른 사인의 행위의 위법성 조각 부정

★ 18 서울7급, 17 지방9급, 17 국가9급, 14 순경특채, 11 지방7급, 10 국회8급

최신기출 행정관청이 국토이용관리법 소정의 토지거래계약신고에 관하여 공시된 기준시가를 기준으로 매매가격을 신고하도록 행정지도를 하여 그에 따라 허위신고를 한 것이라 하더라도 이와 같은 행정지도는 법에 어긋나는 것으로서 그와 같은 행정지도나 관행에 따라 허위신고행위에 이르렀다고 하여도 이것만 가지고서는 그 범법행위가 정당화될 수 없다(대판 1994.6.14, 93도3247).

## 2. 정부의 주식매각 종용행위가 강박행위에 해당하는 경우 불법행위로 인한 손해배상책임을 져야 한다

★ 21 변호사, 12 서울9급

최신기출 이른바 행정지도라 함은 행정주체가 일정한 행정목적을 실현하기 위하여 권고 등과 같은 비강제적인 수단을 사용하여 상대방의 자발적 협력 내지 동의를 얻어내어 행정상 바람직한 결과를 이끌어내는 행정활동으로 이해되고, 따라서 적법한 행정지도로 인정되기 위하여는 우선 그 목적이 적법한 것으로 인정될 수 있어야 할 것이므로, 주식매각의 종용이 정당한 법률적 근거 없이 자의적으로 주주에게 제재를 가하는 것이라면 이 점에서 벌써 행정지도의 영역을 벗어난 것이라고 보아야 할 것이고 만일 이러한 행위도 행정지도에 해당된다고 한다면 이는 행정지도라는 미명하에 법치주의의 원칙을 파괴하는 것이라고 하지 않을 수 없으며, 더구나 그 주주가 주식매각의 종용을 거부한다는 의사를 명백하게 표시하였음에도 불구하고, 집요하게 위협적인 언동을 함으로써 그 매각을 강요하였다면 이는 위법한 강박행위에 해당한다고 하지 않을 수 없다 하여, 정부의 재무부(현 기획재정부) 이재국장 등이 국제그룹 정리방안에 따라 신한투자금융주식회사의 주식을 주식회사 제일은행에게 매각하도록 종용한 행위가 행정지도에 해당되어 위법성이 조각된다는 주장을 배척한 사례(대판 1994.12.13, 93다49482)

## 3. 무효인 조례 규정에 터잡은 행정지도에 따라 취득세를 신고·납부한 경우, 그 신고행위의 하자가 중대하고 명백한 것인지 여부 ★ 10 국회8급

조례규정이 무효라 하여 그에 터잡은 부과처분이 당연무효가 되는 것은 아니므로, 부과처분에 따라 납부한 취득세에 대한 부당이득 청구는 허용되지 아니한다. 원심이 인정한 사정만으로는 원고들의 신고행위의 하자가 중대하고 명백한 것이라고 단정할 수 없음은 분명하다 할 것이다(대판 1995.11.28, 95다18185).

# IV. 행정지도와 권리구제

## 1. 행정쟁송

행정지도는 비권력적 사실행위이기 때문에 처분성이 부정되므로 항고소송을 통한 구제는 곤란하다. 다만, 행정지도에 불응한 것을 이유로 부담적 행정행위(불이익조치)가 행하여진 경우 이를 대상으로 한 항고소송 제기는 가능하다. ★ 10 국회9급

1. 세무당국이 소외 회사에 대하여 원고와의 주류거래를 일정기간 중지하여 줄 것을 요청한 행위(대판 1980.10.27, 80누395)
2. 관광안내업체에 대한 보험요율의 일률적용통지(대판 1982.9.14, 82누161)
3. 유흥전문음식점업의 소관관서인 시장이 한 허가에 부쳐진 영업시간의 준수지시(대판 1982.12.28, 82누366)
4. 공무원이 소속장관으로부터 받은 서면에 의한 경고(대판 1991.11.12, 91누2700)
   ※ 행정규칙에 의한 '불문경고조치'에 대해서는 처분성 긍정(대판 2002.7.26, 2001두3532)
5. 택시운송사업자에 대한 사업용자동차 증차배정조치(대판 1993.9.24, 93누11999) : 자동차운송사업자에 대하여 증차를 수반하는 자동차운송사업계획의 변경인가신청을 권유하는 내용을 결정·통보한 것에 불과
6. 한국전력공사가 전기공급의 적법 여부를 조회한 데 대한 관할구청장의 회신(대판 1995.11.21, 95누9099)
7. 위법건축물에 대한 단전 및 전화통화 단절조치 요청행위(대판 1996.3.22, 96누433)·위법건물 단속기관이 수도공급기관에 수도공급을 거부하도록 요청하는 행위
8. 구청장이 도시재개발구역 내의 건물소유자에게 건물의 자진철거를 요청하면서 '지장물철거촉구'라는 제목의 공문을 보낸 경우(대판 1989.9.12, 88누8883)
9. 행정기관이 상대방 개인에 행하는 알선·권유
10. 경기도 대기환경개선 위해 황사기간 중 공장가동시간 1시간 줄이기운동 전개 협조요청
11. 「서울특별시 교육·학예에 관한 감사규칙」 제11조 '서울특별시 교육청 감사결과 지적사항 및 법률위반공무원 처분기준'에 정해진 경고(대판 2004.4.23, 2003두13687)

### (1) 행정지도의 처분성 부정 ★ 10 국회9급, 10 국가9급

> 행정청이 위법건축물에 대한 시정명령을 하고 나서 위반자가 이를 이행하지 아니하여 전기·전화의 공급자에게 그 위법건축물에 대한 전기·전화공급을 하지 말아 줄 것을 요청한 행위는 권고적 성격의 행위에 불과한 것으로서 전기·전화공급자나 특정인의 법률상 지위에 직접적인 변동을 가져오는 것은 아니므로 이를 항고소송의 대상이 되는 행정처분이라고 볼 수 없다(대판 1996.3.22, 96누433).

### (2) 행정지도에 대한 헌법소원 예외적 긍정 ★ 21 변호사, 19·12 국가9급, 17·11 국회8급, 17·13 지방9급, 15·13 순경특채, 10 서울9급

최신기출
> 교육인적자원부장관(현 교육부장관)의 대학총장들에 대한 이 사건 학칙시정요구는 고등교육법 제6조 제2항, 동법 시행령 제4조 제3항에 따른 것으로서 그 법적 성격은 대학총장의 임의적인 협력을 통하여 사실상의 효과를 발생시키는 행정지도의 일종이지만, 그에 따르지 않을 경우 일정한 불이익조치를 예정하고 있어 사실상 상대방에게 그에 따를 의무를 부과하는 것과 다를 바 없으므로 단순한 행정지도로서의 한계를 넘어 규제적·구속적 성격을 상당히 강하게 갖는 것으로서 헌법소원의 대상이 되는 공권력의 행사라고 볼 수 있다(헌재결 2003.6.26, 2002헌마337, 2003헌마7·8).

> 교육인적자원부장관의 국·공립대학총장들에 대한 학칙시정요구는 대학총장의 임의적인 협력을 통하여 사실상의 효과를 발생시키는 행정지도의 일종으로 헌법소원의 대상이 되는 공권력행사라고 볼 수 없다. (x) ■ 17 지방9급
> 행정지도는 비권력적 사실행위이므로 행정지도가 그 한계를 넘어 규제적·구속적 성격을 강하게 갖는 경우라 하여 헌법소원의 대상이 되는 공권력의 행사에 해당한다고 볼 수는 없다. (x) ■ 17 국회8급
> 행정기관의 조언에 따르지 않을 경우 일정한 불이익조치가 예정되어 있어 사실상 상대방에게 그에 따를 의무를 부과하는 것과 다를 바 없더라도 그 조언이 행정지도에 불과한 이상 이는 「헌법재판소법」 제68조 제1항의 헌법소원심판의 대상이 되는 공권력의 행사라 할 수 없다. (x) ■ 21 변호사

(3) 노동부장관이 2009.4. 노동부 산하 7개 공공기관의 단체협약내용을 분석하여 2009.5.1.경 불합리한 요소를 개선하라고 요구한 행위(개선요구)는 공권력행사에 해당하지 않는다 ★ 17 지방9급

> 이 사건 개선요구는 이를 따르지 않을 경우의 불이익을 명시적으로 예정하고 있다고 보기 어렵고, 행정지도로서의 한계를 넘어 규제적·구속적 성격을 강하게 갖는다고 할 수 없어 헌법소원의 대상이 되는 공권력의 행사에 해당한다고 볼 수 없다(헌재결 2011.12.29, 2009헌마330·344).

## 2. 손해전보

규제적 행정지도의 경우 상대방이 사실상 행정지도에 따르지 않을 수 없을 정도라면 예외적으로 위법성과 상당인과관계를 인정할 수 있다.

(1) 재무부장관이 금융기관의 부실채권 정리에 관한 행정지도를 함에 있어 중요한 사항에 대해 사전에 대통령에게 보고·지시를 받는 것은 적법이고, 그 행정지도가 통상의 방법에 의하지 아니하고 사실상 지시하는 방법으로 행해진 경우, 그 행정지도는 위헌이다 ★ 10 국회8급

> 재무부장관(현 기획재정부장관)은 금융기관의 불건전채권 정리에 관한 행정지도를 할 권한과 책임이 있고, 이를 위하여 중요한 사항은 대통령에게 보고하고 지시를 받을 수도 있으므로, 기업의 도산과 같이 국민경제에 심대한 영향을 미치는 중요한 사안에 대하여 재무부장관이 부실채권의 정리에 관하여 금융기관에 대하여 행정지도를 함에 있어 사전에 대통령에게 보고하여 지시를 받는다고 하여 위법하다고 할 수는 없으며, 다만 재무부장관이 대통령의 지시에 따라 정해진 정부의 방침을 행정지도라는 방법으로 금융기관에 전달함에 있어 실제에 있어서는 통상의 행정지도의 방법과는 달리 사실상 지시하는 방법으로 행한 경우에 그것이 헌법상의 법치주의 원리, 시장경제의 원리에 반하게 되는 것일 뿐이다(대판 1999.7.23, 96다21706).

(2) 한계를 일탈하지 않은 행정지도로 인하여 상대방에게 손해가 발생한 경우, 행정기관이 손해배상책임을 지지 않는다 ★ 21 변호사, 17·10 국회8급, 14 국가7급, 14 순경특채, 13 지방9급

**[최신기출]**
> 행정지도가 강제성을 띠지 않은 비권력적 작용으로서 행정지도의 한계를 일탈하지 아니하였다면, 그로 인하여 상대방에게 어떤 손해가 발생하였다 하더라도 행정기관은 그에 대한 손해배상책임이 없다(대판 2008.9.25, 2006다18228).

> 강제성을 띠지 아니한 행정지도로 인하여 손해가 발생한 경우에 행정청은 손해배상책임이 있다. (×) ■ 17·10 국회8급

(3) 행정기관의 위법한 행정지도로 일정기간 어업권을 행사하지 못하는 손해를 입은 자가 그 어업권을 타인에게 매도하여 매매대금 상당의 이득을 얻은 경우, 손해배상액의 산정에서 그 이득을 손익상계할 수 없다 ★ 17 지방9급

> 행정기관의 위법한 행정지도로 일정기간 어업권을 행사하지 못하는 손해를 입은 자가 그 어업권을 타인에게 매도하여 매매대금 상당의 이득을 얻었더라도 그 이득은 손해배상책임의 원인이 되는 행위인 위법한 행정지도와 상당인과관계에 있다고 볼 수 없고, 행정기관이 배상하여야 할 손해는 위법한 행정지도로 피해자가 일정기간 어업권을 행사하지 못한 데 대한 것임에 반해 피해자가 얻은 이득은 어업권 자체의 매각대금이므로 위 이득이 위 손해의 범위에 대응하는 것이라고 볼 수도 없어, 피해자가 얻은 매매대금 상당의 이득을 행정기관이 배상하여야 할 손해액에서 공제할 수 없다(대판 2008.9.25, 2006다18228).

> 행정기관의 위법한 행정지도로 일정기간 어업권을 행사하지 못하는 손해를 입은 자가 그 어업권을 타인에게 매도하여 매매대금 상당의 이득을 얻은 경우, 손해배상액의 산정에서 그 이득을 손익상계할 수 있다. (×) ■ 17 지방9급

**(4)** 위법한 행정지도로 상대방에게 일정기간 어업권을 행사하지 못하는 손해를 입힌 행정기관이 "어업권 및 시설에 대한 보상 문제는 관련 부서와의 협의 및 상급기관의 질의, 전문기관의 자료에 의하여 처리해야 하므로 처리기간이 지연됨을 양지하여 달라."는 취지의 공문을 보낸 사유만으로 자신의 채무를 승인한 것으로 볼 수 없다

★ 10 국회8급

이 사건 어업권침해로 인한 손해배상채권 가운데 이 사건 소 제기일인 2000.3.2.로부터 역산하여 5년이 경과한 1995.3.1.까지 발생한 부분은 시효로 소멸하였다고 한 다음, 피고가 1998.4.6.까지 위 손해배상채무를 승인해 왔으므로 그에 대한 소멸시효는 1998.4.6.부터 진행한다는 원고승계참가인의 주장에 대하여, 피고가 원고에게 1998.3.20. 및 같은해 4.6. '원고의 어업권 및 시설에 대한 보상 문제는 관련 부서와의 협의 및 상급기관의 질의, 전문기관의 자료에 의하여 처리해야 하므로 처리기간이 지연됨을 양지하여 달라'는 취지의 공문을 보낸 사유만으로는 피고가 자신의 채무를 승인한 것으로 볼 수 없다는 이유로 이를 배척하였는바, 피고가 원고에게 보낸 위 각 공문은 1998.4.29.자로 공유수면매립 기본계획이 변경되어 원고의 어업면허지역이 공유수면매립지에서 제외되기 전에 작성된 것으로서 그 내용은 이 사건 공유수면매립사업이 시행됨을 전제로 하여 그에 따른 손실보상에 관한 향후의 처리계획 및 처리지연 상황을 알려주는 취지에 불과하고 1995.1.3. 행한 행정지도로 인한 이 사건 손해배상책임을 지겠다는 취지라고 볼 수 없으므로, 원심의 위와 같은 판단은 앞서 본 법리에 따른 것으로서 옳고, 거기에 상고이유에서 주장하는 바와 같은 소멸시효에 관한 법리오해 등의 위법이 있다고 할 수 없다(대판 2008.9.25, 2006다18228).

# 제4장
# 행정작용에 대한 법적 규제

## 제1절 행정절차

## 제1항 개설

대법원은 행정절차의 헌법원리성을 부정하는 입장이지만, 헌법재판소는 헌법 제12조 제1항과 제3항의 적법절차조항을 근거로 헌법원리성을 인정하는 입장이다.

## I. 대법원(헌법원리성 부정)

### 1. 개별법률이나 대통령령에 규정된 청문절차 결여시 위법이다

> 관계행정청이 식품위생법에 의한 영업정지처분을 하려면 반드시 사전에 청문절차를 거쳐야 함은 물론 청문서 도달기간 등을 엄격하게 지켜 영업자로 하여금 의견진술과 변명의 기회를 보장하여야 할 것이고, 가령 식품위생법 제58조 소정의 사유(영업정지)가 분명히 존재하는 경우라 하더라도 위와 같은 청문절차를 제대로 준수하지 아니하고 한 영업정지처분은 위법임을 면치 못할 것이다(대판 1991.7.9, 91누971).

### 2. 부령형식의 행정규칙에 정한 청문절차 결여시 적법이다

> 규칙의 성질은 자동차운수사업면허취소처분 등에 관한 사무처리기준과 처분절차 등 행정청 내부의 사무처리준칙을 규정한 것에 불과하여 처분이 이에 위반되는 것이라고 하더라도 위법의 문제는 생기지 않는 것이다(대판 1987.2.10, 84누350).

### 3. 행정규칙에 규정된 청문절차 결여시 적법이다(주류적 판례)

> '국민의 권익보호를 위한 행정절차에 관한 훈령'에 따라 1990.3.1.부터 시행된 행정절차운영지침에 의하면 행정청이 공권력을 행사하여 국민의 구체적인 권리 또는 의무에 직접적인 변동을 초래하게 하는 행정처분을 하고자 할 때에는 미리 당사자에게 행정처분을 하고자 하는 원인이 되는 사실을 통지하여 그에 대한 의견을 청취한 다음 이유를 명시하여 행정처분을 하여야 한다고 규정되어 있으나 이는 대외적 구속력을 가지는 것이 아니므로, 시장이 건조물 소유자의 신청이 없는 상태에서 소유자의 의견을 듣지 아니하고 건조물을 문화재로 지정하였다고 하여 위법한 것이라고 할 수 없다(대판 1994.8.9, 94누3414).

## 4. 개별법령에 명문규정이 없을 경우는 적법이다 ★ 13 지방9급

> 청문절차 없이 어떤 행정처분을 한 경우에도 관계법령에서 청문절차를 시행하도록 규정하지 않고 있는 경우에는 그 행정처분이 위법하게 되는 것이 아니라고 할 것인바, 구 주택건설촉진법 및 같은법 시행령에 의하면 주택조합설립 인가처분의 취소처분을 하고자 하는 경우에 청문절차를 거치도록 규정하고 있지 아니하므로 청문절차를 거치지 아니한 것이 위법하지 아니하다(대판 1994.3.22, 93누18969).

## II. 헌법재판소(헌법원리성 인정, 적법절차조항근거설)

### 1. 헌법원리성 인정, 적법절차조항근거설 ★ 20·13 국회8급, 14 사회복지, 08 지방7급, 07 국가7급

최신기출

> 헌법 제12조 제3항 본문은 동조 제1항과 함께 적법절차원리의 일반조항에 해당하는 것으로서, 형사절차상의 영역에 한정되지 않고 입법, 행정 등 국가의 모든 공권력의 작용에는 절차상의 적법성뿐만 아니라 법률의 구체적 내용도 합리성과 정당성을 갖춘 실체적인 적법성이 있어야 한다는 적법절차의 원칙을 헌법의 기본원리로 명시하고 있는 것이므로 헌법 제12조 제3항에 규정된 영장주의는 구속의 개시시점에 한하지 않고 구속영장의 효력을 계속 유지할 것인지 아니면 취소 또는 실효시킬 것인지의 여부도 사법권독립의 원칙에 의하여 신분이 보장되고 있는 법관의 판단에 의하여 결정되어야 한다는 것을 의미하고, 따라서 형사소송법 제331조 단서 규정과 같이 구속영장의 실효 여부를 검사의 의견에 좌우되도록 하는 것은 헌법상의 적법절차의 원칙에 위배된다(헌재결 1992.12.24, 92헌가8).

### 2. 독자적 헌법원리

> 적법절차라 함은 인신의 구속이나 처벌 등 형사절차만이 아니라 국가작용으로서의 모든 입법작용과 행정작용에도 광범위하게 적용되는 독자적인 헌법원리의 하나로 절차가 형식적 법률로 정하여지고 그 법률에 합치하여야 할 뿐만 아니라 적용되는 법률의 내용에 있어서도 합리성과 정당성을 갖춘 적정한 것이어야 하며, 특히 형사소송절차와 관련시켜 적용함에 있어서는 형벌권의 실행절차인 형사소송의 전반을 규율하는 기본원리로 이해하여야 하는 것이다(헌재결 1994.4.28, 93헌바26).

# 제2항 행정절차법의 주요내용

## I. 적용범위

### 1. 적용대상

처분, 신고, 확약, 위반사실 등의 공표, 행정계획, 행정상 입법예고, 행정예고 및 행정지도의 절차(행정절차)에 관하여 다른 법률에 특별한 규정이 있는 경우를 제외하고는 이 법에서 정하는 바에 따른다(제3조 제1항). 〈시행 2022.7.12.〉

#### 어린이집 평가인증의 취소절차에 관하여 특별한 절차규정이 있음을 이유로 행정절차법의 적용이 배제되지 않는다

> 보건복지부장관이 작성한 「보육사업안내」에 평가인증취소의 절차에 관한 사항을 일부 정하고 있다 하더라도 이러한 사정만으로 행정절차법 제3조 제1항이 정한 '다른 법률에 특별한 규정이 있는 경우'에 해당하여 평가인증취소에 행정절차법 적용이 배제된다고 보기 어렵다(대판 2016.11.9, 2014두1260).

## 2. 적용제외대상

**이 법은 다음의 1에 해당하는 사항에 대하여는 적용하지 아니한다**(제3조 제2항).

1. 국회 또는 지방의회의 의결을 거치거나 동의 또는 승인을 받아 행하는 사항(1호)
2. 법원 또는 군사법원의 재판에 의하거나 그 집행으로 행하는 사항(2호)
3. 헌법재판소의 심판을 거쳐 행하는 사항(3호)
4. 각급 선거관리위원회의 의결을 거쳐 행하는 사항(4호)
5. 감사원이 감사위원회의의 결정을 거쳐 행하는 사항(5호)
6. 형사, 행형 및 보안처분 관계 법령에 따라 행하는 사항(6호)
7. 국가안전보장·국방·외교 또는 통일에 관한 사항 중 행정절차를 거칠 경우 국가의 중대한 이익을 현저히 해칠 우려가 있는 사항(7호)
8. 심사청구, 해양안전심판, 조세심판, 특허심판, 행정심판, 그 밖의 불복절차에 따른 사항(8호)
9. 병역법에 따른 징집·소집, 외국인의 출입국·난민인정·귀화, 공무원 인사 관계 법령에 따른 징계와 그 밖의 처분, 이해 조정을 목적으로 하는 법령에 따른 알선·조정·중재·재정 또는 그 밖의 처분 등 해당 행정작용의 성질상 행정절차를 거치기 곤란하거나 거칠 필요가 없다고 인정되는 사항과 행정절차에 준하는 절차를 거친 사항으로서 대통령령으로 정하는 사항(9호)

법 제3조 제2항 제9호에서 "대통령령으로 정하는 사항"이라 함은 다음 각 호의 어느 하나에 해당하는 사항을 말한다(같은 법 시행령 제2조).

**(1) 병역법, 예비군법, 민방위기본법, 「비상대비자원 관리법」, 「대체역의 편입 및 복무 등에 관한 법률」에 따른 징집·소집·동원·훈련에 관한 사항(1호)**

**① 산업기능요원 편입취소처분은 행정절차법의 적용이 배제되는 사항인 행정절차법 제3조 제2항 제9호, 같은법 시행령 제2조 제1호에서 규정하는 '병역법에 의한 소집에 관한 사항'에 해당하지 않는다**

★ 20 지방7급, 20 국가7급, 20 국회8급

> **최신기출**
>
> 지방병무청장이 병역법 제41조 제1항 제1호, 제40조 제2호의 규정에 따라 산업기능요원에 대하여 한 산업기능요원 편입취소처분은, 행정처분을 할 경우 '처분의 사전통지'와 '의견제출 기회의 부여'를 규정한 행정절차법 제21조 제1항, 제22조 제3항에서 말하는 '당사자의 권익을 제한하는 처분'에 해당하는 한편, 행정절차법의 적용이 배제되는 사항인 행정절차법 제3조 제2항 제9호, 같은법 시행령 제2조 제1호에서 규정하는 '병역법에 의한 소집에 관한 사항'에는 해당하지 아니하므로, 행정절차법상의 '처분의 사전통지'와 '의견제출 기회의 부여' 등의 절차를 거쳐야 한다(대판 2002.9.6, 2002두554).

## (2) 외국인의 출입국·난민인정·귀화·국적회복에 관한 사항(2호)

### ① 출입국관리법규정은 난민인정 거부처분의 이유제시에 관한 한 행정절차법 중 이유제시에 대한 특별규정이다 ★

12 사회복지

> 심판대상 법률조항 중 행정절차법 제3조 제2항 제9호 중 외국인의 난민인정에 대하여 행정절차법 제23조(처분의 이유제시)의 적용을 배제하는 부분은 난민인정에 관련한 처분의 경우 행정절차법을 전반적으로 적용하지 아니한다고 규정함으로써 구체적으로 난민인정 거부처분에 그 근거와 이유의 제시에 관한 행정절차법 제23조의 적용을 배제하고 있는 반면, 난민인정에 관한 절차 등을 규정한 출입국관리법 제76조의2 제3항은 행정청이 난민인정을 하지 아니한 때에는 서면으로 그 사유를 통지하여야 한다고 규정하고 있는바, 위 출입국관리법규정은 난민인정 거부처분의 이유제시에 관한 한 행정절차법, 특히 심판대상법률조항에 대한 특별규정이라 할 것이므로, 이 사건처분의 적법성에 대한 당해 사건 재판에서 심판대상 법률조항은 적용이 배제되고, 출입국관리법 제76조의2 제3항만이 적용된다 할 것이다(헌재결 2009.1.13, 2008헌바161).

### ② 행정절차법 제3조 제2항 제9호, 「행정절차법 시행령」 제2조 제2호에서 정한 행정절차법의 적용이 제외되는 '외국인의 출입국에 관한 사항'의 경우 행정절차를 거칠 필요가 당연히 부정되는 것은 아니다 ★ 20 국회8급

**최신판례**
> 행정절차법의 적용이 제외되는 '외국인의 출입국에 관한 사항'이란 해당 행정작용의 성질상 행정절차를 거치기 곤란하거나 거칠 필요가 없다고 인정되는 사항이나 행정절차에 준하는 절차를 거친 사항으로서 「행정절차법 시행령」으로 정하는 사항만을 가리킨다. '외국인의 출입국에 관한 사항'이라고 하여 행정절차를 거칠 필요가 당연히 부정되는 것은 아니다.
> 외국인(스티브유)의 사증발급 신청에 대한 거부처분은 당사자에게 의무를 부과하거나 적극적으로 권익을 제한하는 처분이 아니므로, 행정절차법 제21조 제1항에서 정한 '처분의 사전통지'와 제22조 제3항에서 정한 '의견제출 기회 부여'의 대상은 아니다. 그러나 사증발급 신청에 대한 거부처분이 성질상 행정절차법 제24조에서 정한 '처분서 작성·교부'를 할 필요가 없거나 곤란하다고 일률적으로 단정하기 어렵다. 또한 출입국관리법령에 사증발급 거부처분서 작성에 관한 규정을 따로 두고 있지 않으므로, 외국인의 사증발급 신청에 대한 거부처분을 하면서 행정절차법 제24조에 정한 절차를 따르지 않고 '행정절차에 준하는 절차'로 대체할 수도 없다(대판 2019.7.11, 2017두38874).

> 외국인의 출입국에 관한 사항은 「행정절차법」이 적용되지 않으므로, 미국국적을 가진 교민에 대한 사증거부처분에 대해서도 처분의 방식에 관한 「행정절차법」 제24조는 적용되지 않는다. (x) ■ 20 국회8급

## (3) 공무원 인사관계법령에 의한 징계 기타 처분에 관한 사항(3호)

### ① 공무원인사 관계법령에 의한 처분에 관한 사항에 대하여 행정절차법의 적용이 배제되는 범위

★ 22·16 국가9급, 19·18·16 국회8급, 10 지방7급

**최신기출**
> 공무원 인사관계 법령에 의한 처분에 관한 사항이라 하더라도 전부에 대하여 행정절차법의 적용이 배제되는 것이 아니라, 성질상 행정절차를 거치기 곤란하거나 불필요하다고 인정되는 처분이나 행정절차에 준하는 절차를 거치도록 하고 있는 처분의 경우에만 행정절차법의 적용이 배제되는 것으로 보아야 하고, 이러한 법리는 '공무원 인사관계 법령에 의한 처분'에 해당하는 별정직 공무원(대통령기록관장)에 대한 직권면직 처분의 경우에도 마찬가지로 적용된다(대판 2007.9.21, 2006두20631).

> 행정절차법령이 '공무원 인사관계 법령에 의한 처분에 관한 사항'에 대하여 「행정절차법」의 적용이 배제되는 것으로 규정하고 있는 이상, '공무원 인사관계 법령에 의한 처분에 관한 사항' 전부에 대해 「행정절차법」의 적용이 배제되는 것으로 보아야 한다. (x)
> ■ 16 국가9급
> 별정직 공무원인 대통령기록관장에 대한 직권면직 처분에는 처분의 사전통지 및 의견청취 등에 관한 「행정절차법」 규정이 적용되지 않는다. (x) ■ 22 국가9급

② 이러한 법리는 육군3사관학교 생도에 대한 퇴학처분에도 적용된다

> 이러한 법리는 '공무원 인사관계 법령에 의한 처분'에 해당하는 육군3사관학교 생도에 대한 퇴학처분에도 마찬가지로 적용된다(대판 2018.3.13, 2016두33339).

③ 군인사법령에 의하여 진급예정자명단에 포함된 자에 대하여 의견제출의 기회를 부여하지 아니한 채 진급선발을 취소하는 처분을 한 것은 절차상 하자가 있어 위법하다 ★ 19·18 국회8급, 18 국가7급

**[최신기출]**

> 진급예정자 명단에 포함된 자는 진급예정자명단에서 삭제되거나 진급선발이 취소되지 않는 한 진급예정자 명단 순위에 따라 진급하게 되므로, 이 사건 처분과 같이 진급선발을 취소하는 처분은 진급예정자로서 가지는 원고의 이익을 침해하는 처분이라 할 것이고, 한편 군인사법 및 그 시행령에 이 사건 처분과 같이 진급예정자 명단에 포함된 자의 진급선발을 취소하는 처분을 함에 있어 행정절차에 준하는 절차를 거치도록 하는 규정이 없을 뿐만 아니라 위 처분이 성질상 행정절차를 거치기 곤란하거나 불필요하다고 인정되는 처분이라고 보기도 어렵다고 할 것이어서 이 사건 처분이 행정절차법의 적용이 제외되는 경우에 해당한다고 할 수 없으며, 나아가 원고가 수사과정 및 징계과정에서 자신의 비위행위에 대한 해명기회를 가졌다는 사정만으로 이 사건 처분이 행정절차법 제21조 제4항 제3호, 제22조 제4항에 따라 원고에게 사전통지를 하지 않거나 의견제출의 기회를 주지 아니하여도 되는 예외적인 경우에 해당한다고 할 수 없으므로, 피고가 이 사건 처분을 함에 있어 원고에게 의견제출의 기회를 부여하지 아니한 이상, 이 사건 처분은 절차상 하자가 있어 위법하다고 할 것이다(대판 2007.9.21, 2006두20631).

> 처분의 사전통지 및 의견청취 등에 관한 「행정절차법」 규정은 「국가공무원법」상 직위해제처분에 대해서는 적용되지만, 「군인사법」상 진급선발취소처분에 대해서는 적용되지 않는다. (×) ■ 18 국가7급

④ 정규공무원으로 임용된 사람에게 시보임용처분 당시 지방공무원법 제31조 제4호에 정한 공무원임용 결격사유가 있어 시보임용처분을 취소하고 그에 따라 정규임용처분을 취소한 사안에서, 정규임용처분을 취소하는 처분은 성질상 행정절차를 거치는 것이 불필요하여 행정절차법의 적용이 배제되는 경우에 해당하지 않으므로, 그 처분을 하면서 사전통지나 의견제출의 기회를 부여하지 않은 것은 위법하다

> 정규임용처분을 취소하는 처분은 원고의 이익을 침해하는 처분이라 할 것이고, 한편 지방공무원법 및 그 시행령에는 이 사건 처분과 같이 정규임용처분을 취소하는 처분을 함에 있어 행정절차에 준하는 절차를 거치도록 하는 규정이 없을 뿐만 아니라 위 처분이 성질상 행정절차를 거치기 곤란하거나 불필요하다고 인정되는 처분이라고 보기도 어렵다고 할 것이어서 이 사건 처분이 행정절차법의 적용이 제외되는 경우에 해당한다고 할 수 없으며, 나아가 이 사건 처분은, 지방공무원법 제31조 제4호 소정의 공무원임용 결격사유가 있어 당연무효인 이 사건 시보임용처분과는 달리, 위 시보임용처분의 무효로 인하여 시보공무원으로서의 경력을 갖추지 못하였다는 이유만으로, 위 결격사유가 해소된 후에 한 별도의 정규임용처분을 취소하는 처분이어서 행정절차법 제21조 제4항 및 제22조 제4항에 따라 원고에게 사전통지를 하지 않거나 의견제출의 기회를 주지 아니하여도 되는 예외적인 경우에 해당한다고 할 수도 없다(대판 2009.1.30, 2008두16155).

⑤ 대통령의 한국방송공사 사장 해임에 행정절차법이 적용된다 ★ 22 국가9급

**[최신기출]**

> 대통령의 한국방송공사 사장의 해임 절차에 관하여 방송법이나 관련 법령에도 별도의 규정을 두지 않고 있고, 행정절차법의 입법 목적과 행정절차법 제3조 제2항 제9호와 관련 시행령의 규정 내용 등에 비추어 보면, 이 사건 해임처분이 행정절차법과 그 시행령에서 열거적으로 규정한 예외 사유에 해당한다고 볼 수 없으므로 이 사건 해임처분에도 행정절차법이 적용된다고 할 것이다. 대통령이 한국방송공사 적자구조 만성화에 대한 경영책임을 물어 사장인 원고(정연주 사장)를 해임하면서 행정절차법 소정의 사전통지 등 절차를 거치지 않은 위법이 있음을 이유로 그 해임처분을 취소한 원심을 수긍한 사례(대판 2012.2.23, 2011두5001)

⑥ **국가공무원법상 직위해제처분에는 처분의 사전통지 및 의견청취 등에 관한 행정절차법 규정이 적용되지 않는다**

★ 21·20·18·16 지방7급, 21 지방9급, 21·20 국회9급, 20 서울7급, 20 국회8급, 18·14 국가7급

국가공무원법상 직위해제처분은 구 행정절차법 제3조 제2항 제9호, 구 「행정절차법 시행령」 제2조 제3호에 의하여 당해 행정작용의 성질상 행정절차를 거치기 곤란하거나 불필요하다고 인정되는 사항 또는 행정절차에 준하는 절차를 거친 사항에 해당하므로, 처분의 사전통지 및 의견청취 등에 관한 행정절차법의 규정이 별도로 적용되지 않는다(대판 2014.5.16. 2012두26180).

「국가공무원법」상 직위해제처분을 하는 경우에 처분의 사전통지 및 의견청취 등에 관한 「행정절차법」 규정이 적용된다. (x)
■ 16 지방7급

「국가공무원법」상 직위해제처분에 대해서는 처분의 사전통지 및 의견청취 등에 관한 「행정절차법」의 규정이 적용된다. (x)
■ 20 서울7급

공무원의 직위해제처분에 대하여 「행정절차법」상 사전통지의무 규정이 적용된다. (x) ■ 21 국회9급

「국가공무원법」상 직위해제처분은 공무원의 인사상 불이익을 주는 처분이므로 「행정절차법」상 사전통지 및 의견청취절차를 거쳐야 한다. (x) ■ 21 지방9급

⑦

구 군인사법상 보직해임처분에는 구 행정절차법 제3조 제2항 제9호, 구 「행정절차법 시행령」 제2조 제3호에 따라 처분의 근거와 이유 제시 등에 관한 구 행정절차법의 규정이 적용되지 않는다(대판 2014.10.15. 2012두5756). ★ 21 국가7급, 19 국회8급

「군인사법」에 따라 당해 직무를 수행할 능력이 없다고 인정하여 장교를 보직해임하는 경우, 처분의 근거와 이유 제시 등에 관하여 「행정절차법」의 규정이 적용된다. (x) ■ 21 국가7급

**(4) 이해조정을 목적으로 법령에 의한 알선·조정·중재·재정 기타 처분에 관한 사항(4호)**

**(5) 조세관계법령에 의한 조세의 부과·징수에 관한 사항(5호)**

**(6) 「독점규제 및 공정거래에 관한 법률」, 「하도급거래 공정화에 관한 법률」, 「약관의 규제에 관한 법률」에 따라 공정거래위원회의 의결·결정을 거쳐 행하는 사항(6호)**

① **공정거래위원회의 시정조치 및 과징금납부명령에 행정절차법 소정의 의견청취절차 생략사유가 존재하는 경우, 공정거래위원회가 행정절차법을 적용하여 의견청취절차를 생략할 수 없다** ★ 19 지방9급, 16 국가7급

행정절차법 제3조 제2항, 같은법 시행령 제2조 제6호에 의하면 공정거래위원회의 의결·결정을 거쳐 행하는 사항에는 행정절차법의 적용이 제외되게 되어 있으므로, 설사 공정거래위원회의 시정조치 및 과징금납부명령에 행정절차법 소정의 의견청취절차 생략사유가 존재한다고 하더라도, 공정거래위원회는 행정절차법을 적용하여 의견청취절차를 생략할 수는 없다(대판 2001.5.8. 2000두10212).

공정거래위원회의 시정조치 및 과징금납부명령에 「행정절차법」 소정의 의견청취절차 생략사유가 존재한다면, 공정거래위원회는 「행정절차법」을 적용하여 의견청취절차를 생략할 수 있다. (x) ■ 16 국가7급

공정거래위원회의 시정조치 및 과징금납부명령에 「행정절차법」 소정의 의견청취절차 생략사유가 존재하면 공정거래위원회는 「행정절차법」을 적용하여 의견청취절차를 생략할 수 있다. (x) ■ 19 지방9급

② 「독점규제 및 공정거래에 관한 법률」 제52조의2의 규정 취지 및 같은 법 제55조의2에 따라 공정거래위원회가 법 규정 위반사건의 처리절차 등에 관하여 필요한 사항을 설정하는 고시 내용의 한계 ★ 20 국회8급

**최신기출** 행정절차법 제3조, 「행정절차법 시행령」 제2조 제6호는 「독점규제 및 공정거래에 관한 법률」(공정거래법)에 대하여 행정절차법의 적용이 배제되도록 규정하고 있다. 그 취지는 공정거래법의 적용을 받는 당사자에게 행정절차법이 정한 것보다 더 약한 절차적 보장을 하려는 것이 아니라, 오히려 그 의결절차상 인정되는 절차적 보장의 정도가 일반 행정절차와 비교하여 더 강화되어 있기 때문이다. 공정거래위원회에 강학상 '준사법기관'으로서의 성격이 부여되어 있다는 전제하에 공정거래위원회의 의결을 다투는 소를 서울고등법원의 전속관할로 정하고 있는 취지 역시 같은 전제로 볼 수 있다. 공정거래법 제52조의2가 당사자에게 단순한 열람·복사 '요청권'이 아닌 열람·복사 '요구권'을 부여한 취지 역시 이와 마찬가지이다.

이처럼 공정거래법 규정에 의한 처분의 상대방에게 부여된 절차적 권리의 범위와 한계를 확정하려면 행정절차법이 당사자에게 부여한 절차적 권리의 범위와 한계 수준을 고려하여야 한다. 나아가 '당사자'에게 보장된 절차적 권리는 단순한 '이해관계인'이 보유하는 절차적 권리와 같을 수는 없다. 또한 단순히 조사가 개시되거나 진행 중인 경우에 당사자인 피심인의 절차적 권리와 비교하여, 공정거래위원회 전원회의나 소회의 등이 열리기를 전후하여 최종 의결에 이르기까지 피심인이 가지는 절차적 권리는 한층 더 보장되어야 한다. 따라서 공정거래위원회의 심의절차에서 특별한 사정이 없는 한 피심인에게 원칙적으로 관련 자료를 열람·등사하여 주어 실질적으로 그 방어권이 보장되도록 하여야 한다.

이러한 전제에서 공정거래법 제52조의2의 규정 취지를 헌법상 적법절차 원칙을 고려하여 체계적으로 살펴보면, 당사자인 피심인은 공정거래위원회에 대하여 공정거래법 규정에 의한 처분과 관련된 자료의 열람 또는 복사를 요구할 수 있고, 적어도 공정거래위원회의 심리·의결 과정에서는 다른 법령에 따라 공개가 제한되는 경우 등 특별한 사정이 없는 한 공정거래위원회가 피심인의 이러한 요구를 거부할 수 없음이 원칙이라고 새기는 것이 타당하다. 공정거래법 제55조의2는 이러한 전제에서 공정거래법 규정 위반사건의 처리절차 등에 관하여 필요한 사항을 공정거래위원회가 정하여 고시하도록 규정한 것으로 볼 수 있고, 이에 따라 그 내용 역시 이러한 한계 범위 내에서 설정되어야 한다(대판 2018.12.27, 2015두44028).

「독점규제 및 공정거래에 관한 법률」 규정에 의한 처분의 상대방에게 부여된 절차적 권리의 범위와 한계를 확정하려면 「행정절차법」이 당사자에게 부여한 절차적 권리의 범위와 한계 수준을 고려하여야 한다. ■ 20 국회8급

③ 피심인이 신청한 심사보고서 첨부자료의 열람·복사 요구를 거부할 수 있는 예외적인 경우 및 이에 해당하는지 판단하는 방법

요구된 대상이 영업비밀, 사생활의 비밀 등 기타 법령 규정이 정한 비공개 자료에 해당하거나 자진신고와 관련된 자료로서 자진신고자 등의 신상 등 사적인 정보가 드러나는 부분 등에 관하여는, 첨부자료의 열람·복사 요구를 거부할 수도 있다. 다만 이 경우에도 일률적으로 거부할 수는 없고 첨부자료의 열람·복사를 거부함으로써 보호되는 이익과 그로 인하여 침해되는 피심인의 방어권의 내용과 정도를 비교·형량하여 신중하게 판단하여야 한다(대판 2018.12.27, 2015두44028).

④ 공정거래위원회가 위 규칙 제29조 제12항에서 정한 거부 사유에 해당하지 않음에도 피심인의 심사보고서 첨부자료 열람·복사 신청에 응하지 않은 경우, 공정거래위원회의 처분이 취소되어야 한다

피심인이 심의·의결절차에서의 방어권을 행사하기 위하여 필요한 심사보고서의 첨부자료 열람·복사를 신청하였으나, 공정거래위원회가 절차규칙 제29조 제12항에서 정한 거부 사유에 해당하지 않음에도 이에 응하지 아니하였다면, 공정거래위원회의 심의·의결의 절차적 정당성이 상실되므로, 공정거래위원회의 처분은 절차적 하자로 인하여 원칙적으로 취소되어야 한다(대판 2018.12.27, 2015두44028).

⑤ 위 절차상 하자로 피심인의 방어권 행사에 실질적으로 지장을 가져왔다고 볼 수 없는 경우에도 공정거래위원회의 처분을 취소해야 하는 것은 아니다

> 다만 그 절차상 하자로 피심인의 방어권 행사에 실질적으로 지장이 초래되었다고 볼 수 없는 예외적인 경우에는, 공정거래위원회가 첨부자료의 제공 또는 열람·복사를 거절하였더라도 공정거래위원회의 심의·의결에 절차적 정당성이 상실되었다고 볼 수 없으므로 그 처분을 취소할 것은 아니다. 나아가 첨부자료의 제공 또는 열람·등사가 거절되는 등으로 인하여 피심인의 방어권이 실질적으로 침해되었는지는 공정거래위원회가 송부 내지 열람·복사를 거부한 자료의 내용, 범위, 정도, 자료의 내용과 처분요건 등과의 관련 정도, 거부의 경위와 거부 사유의 타당성, 심사보고서에 기재된 내용, 피심인이 심의·의결절차에서 의견을 진술하고 변명하는 등 방어의 기회를 충분히 가졌는지 등을 종합하여 판단하여야 한다(대판 2018.12.27, 2015두44028).

**(7)** 국가배상법, 「공익사업을 위한 토지 등의 취득 및 보상에 관한 법률」에 따른 재결·결정에 관한 사항(7호)

**(8)** 학교·연수원등에서 교육·훈련의 목적을 달성하기 위하여 학생·연수생등을 대상으로 행하는 사항(8호)

생도에 대한 퇴학처분과 같이 신분을 박탈하는 징계처분은 행정절차법의 적용이 제외되는 경우인 「행정절차법 시행령」 제2조 제8호에 해당하지 않는다 ★ 20 국회8급

> 최신기출  「행정절차법 시행령」 제2조 제8호는 '학교·연수원 등에서 교육·훈련의 목적을 달성하기 위하여 학생·연수생들을 대상으로 하는 사항'을 행정절차법의 적용이 제외되는 경우로 규정하고 있으나, 이는 교육과정과 내용의 구체적 결정, 과제의 부과, 성적의 평가, 공식적 징계에 이르지 아니한 질책·훈계 등과 같이 교육·훈련의 목적을 직접 달성하기 위하여 행하는 사항을 말하는 것으로 보아야 하고, 생도에 대한 퇴학처분과 같이 신분을 박탈하는 징계처분은 여기에 해당한다고 볼 수 없다(대판 2018.3.13, 2016두33339).

**(9)** 사람의 학식·기능에 관한 시험·검정의 결과에 따라 행하는 사항(9호)

**(10)** 「배타적 경제수역에서의 외국인어업 등에 대한 주권적 권리의 행사에 관한 법률」에 따라 행하는 사항(10호)

**(11)** 특허법, 실용신안법, 디자인보호법, 상표법에 따른 사정·결정·심결, 그 밖의 처분에 관한 사항(11호)

---

※ 적용제외 대상이 아닌 것
1. 상대방에게 상당한 불이익을 줄 우려가 있는 처분
2. 공중위생, 식품위생 및 보건에 관한 사항
3. 대통령이 직접 행하는 처분사항
4. 대통령의 승인을 얻어 행하는 사항
5. 과징금 부과처분

## II. 행정절차의 당사자등

### 1. 영업시간 제한 등 처분의 대상인 대규모점포 중 개설자의 직영매장 이외에 개설자에게서 임차하여 운영하는 임대매장이 병존하는 경우, 임대매장의 임차인은 개설자와 별도로 처분상대방이 되지 않는다 ★ 21 서울7급

> **최신기출**
> **전합판례**
> 영업시간 제한 등 처분의 대상인 대규모점포 중 개설자의 직영매장 이외에 개설자로부터 임차하여 운영하는 임대매장이 병존하는 경우에도, 전체 매장에 대하여 법령상 대규모점포 등의 유지·관리 책임을 지는 개설자만이 그 처분상대방이 되고, 임대매장의 임차인이 이와 별도로 처분상대방이 되는 것은 아니라고 할 것이다. 원심판결 이유에 의하면, 원심은 채택 증거에 의하여 이 사건 대규모점포의 매장 내에 다수의 임대매장이 입점되어 있는 사실, 피고들이 이 사건 각 처분을 하면서 원고들을 상대로 하여서만 행정절차법상 사전통지 및 의견청취 절차를 거쳤을 뿐, 임대매장 운영자인 임차인들에게는 그러한 절차를 거치지 않은 사실을 인정한 다음, 행정절차법 제21조 제1항, 제4항, 제22조에 따라 행정청이 당사자에게 의무를 부과하거나 권익을 제한하는 처분을 하는 경우 처분상대방에 대하여 사전통지 및 의견청취 절차를 거쳐야 하는데, 이 사건 각 처분의 처분상대방에 속하는 임차인들에 대하여 위와 같은 절차를 거치지 않았으므로, 이 사건 각 처분에 절차상 하자가 있다고 판단하였다. 그러나 위 사실관계를 앞서 본 법리에 비추어 살펴보면, 이 사건 대규모점포 중 개설자가 직영하지 않는 임대매장이 존재하더라도 대규모점포에 대한 영업시간 제한 등 처분의 상대방은 오로지 대규모점포 개설자인 원고들(롯데쇼핑 주식회사 외 5인)이다. 따라서 위와 같은 절차도 원고들을 상대로 거치면 충분하고, 그 밖에 임차인들을 상대로 별도의 사전통지 등 절차를 거칠 필요가 없다[대판(전합) 2015.11.19, 2015두295].

### 2. 행정청은 징계와 같은 불이익처분절차에서 징계심의대상자가 선임한 변호사가 징계위원회에 출석하여 징계심의대상자를 위하여 필요한 의견을 진술하는 것을 거부할 수 없다 ★ 21 변호사

> **최신기출**
> 행정절차법 제12조 제1항 제3호, 제2항, 제11조 제4항 본문에 따르면, 당사자 등은 변호사를 대리인으로 선임할 수 있고, 대리인으로 선임된 변호사는 당사자 등을 위하여 행정절차에 관한 모든 행위를 할 수 있다고 규정되어 있다. 위와 같은 행정절차법령의 규정과 취지, 헌법상 법치국가원리와 적법절차원칙에 비추어 징계와 같은 불이익처분절차에서 징계심의대상자에게 변호사를 통한 방어권의 행사를 보장하는 것이 필요하고, 징계심의대상자가 선임한 변호사가 징계위원회에 출석하여 징계심의대상자를 위하여 필요한 의견을 진술하는 것은 방어권 행사의 본질적 내용에 해당하므로, 행정청은 특별한 사정이 없는 한 이를 거부할 수 없다(대판 2018.3.13, 2016두33339).

### 3. 육군3사관학교 사관생도에 대한 징계절차에서 징계심의대상자가 대리인으로 선임한 변호사가 징계위원회 심의에 출석하여 진술하는 것을 막은 경우, 징계처분이 위법하여 취소되어야 한다

> 육군3사관학교의 사관생도에 대한 징계절차에서 징계심의대상자가 대리인으로 선임한 변호사가 징계위원회 심의에 출석하여 진술하려고 하였음에도, 징계권자나 그 소속 직원이 변호사가 징계위원회의 심의에 출석하는 것을 막았다면 징계위원회 심의·의결의 절차적 정당성이 상실되어 그 징계의결에 따른 징계처분은 위법하여 원칙적으로 취소되어야 한다. 다만 징계심의대상자의 대리인이 관련된 행정절차나 소송절차에서 이미 실질적인 증거조사를 하고 의견을 진술하는 절차를 거쳐서 징계심의대상자의 방어권 행사에 실질적으로 지장이 초래되었다고 볼 수 없는 특별한 사정이 있는 경우에는, 징계권자가 징계심의대상자의 대리인에게 징계위원회에 출석하여 의견을 진술할 기회를 주지 아니하였더라도 그로 인하여 징계위원회 심의에 절차적 정당성이 상실되었다고 볼 수 없으므로 징계처분을 취소할 것은 아니다(대판 2018.3.13, 2016두33339).

# III. 처분절차

**■ 행정절차의 의무성**

| 수익적·침익적 처분의 공통 | 수익적 처분에만 적용 | 불이익 처분에만 적용 |
|---|---|---|
| 1. 처분기준의 설정·공표(제20조)<br>2. 처분의 이유제시(강학상 이유부기)(제23조)<br>3. 처분의 방식 : 문서주의(제24조)<br>4. 처분의 정정(명백한 오기·오산)(제25조)<br>5. 고지제도 | 1. 처분의 신청(제17조)<br>2. 다수의 행정청이 관여하는처분(제18조)<br>3. 처리기간 설정·공표(제19조) | 1. 처분의 사전통지(제21조 제1항·제3항)<br>2. 의견청취<br>  ① 의견제출(약식청문)<br>  ② 청문(정식청문)<br>  ③ 공청회. 공통적 처분절차로 이해하는 견해로는 김남진, 김동희, 박윤흔 |

1. 청문과 공청회는 개별법에 근거가 있거나, 행정청 스스로 필요 인정시에만 실시의무(행정절차법상 실시의무 없음)
2. 이유부기와 의견제출은 행정절차법상 의무적 절차. 단, 예외사항 있음

## 1. 처분의 신청(문서주의)

### (1) 행정청에 대한 처분의 신청의 의사표시의 방법은 명시적이고 확정적인 것이어야 한다 ★ 21·16 지방7급, 20·16 국가7급

> **최신기출** 신청인의 행정청에 대한 신청의 의사표시는 명시적이고 확정적인 것이어야 한다고 할 것이므로 신청인이 신청에 앞서 행정청의 허가업무 담당자에게 신청서의 내용에 대한 검토를 요청한 것만으로는 다른 특별한 사정이 없는 한 명시적이고 확정적인 신청의 의사표시가 있었다고 하기 어렵다(대판 2004.9.24, 2003두13236).

## 2. 처리기간의 설정·공표의무(기간 내 처리는 훈시규정 ⇔ 강행규정)

행정청은 신청인의 편의를 위하여 처분의 처리기간을 종류별로 미리 정하여 공표하여야 한다(제19조 제1항). 행정청은 부득이한 사유로 제1항에 따른 처리기간 내에 처분을 처리하기 곤란한 경우에는 해당 처분의 처리기간의 범위에서 한 번만 그 기간을 연장할 수 있다(같은 조 제2항). 행정청은 제2항에 따라 처리기간을 연장할 때에는 처리기간의 연장 사유와 처리 예정 기한을 지체 없이 신청인에게 통지하여야 한다(같은 조 제3항). 행정청이 정당한 처리기간 내에 처리하지 아니하였을 때에는 신청인은 해당 행정청 또는 그 감독 행정청에 신속한 처리를 요청할 수 있다(같은 조 제4항).

### (1) 행정절차법이나 「민원 처리에 관한 법률」상 처분·민원의 처리기간에 관한 규정은 강행규정이 아니고, 행정청이 처리기간을 지나 처분을 한 경우 및 「민원 처리에 관한 법률 시행령」 제23조에 따른 민원처리진행상황 통지를 하지 않은 경우, 처분을 취소할 절차상 하자로 볼 수 없다

> **최신판례** 처분이나 민원의 처리기간을 정하는 것은 신청에 따른 사무를 가능한 한 조속히 처리하도록 하기 위한 것이다. 처리기간에 관한 규정은 훈시규정에 불과할 뿐 강행규정이라고 볼 수 없다. 행정청이 처리기간이 지나 처분을 하였더라도 이를 처분을 취소할 절차상 하자로 볼 수 없다. 민원처리법 시행령 제23조에 따른 민원처리진행상황 통지도 민원인의 편의를 위한 부가적인 제도일 뿐, 그 통지를 하지 않았더라도 이를 처분을 취소할 절차상 하자로 볼 수 없다(대판 2019.12.13. 2018두41907).

## 3. 처분기준의 설정·공표의무(처분기준해석·설명요청권)

행정청은 필요한 처분기준을 해당 처분의 성질에 비추어 되도록 구체적으로 정하여 공표하여야 한다. 처분기준을 변경하는 경우에도 또한 같다(제20조 제1항). 「행정기본법」 제24조에 따른 인허가의제의 경우 관련 인허가 행정청은 관련 인허가의 처분기준을 주된 인허가 행정청에 제출하여야 하고, 주된 인허가 행정청은 제출받은 관련 인허가의 처분기준을 통합하여 공표하여야 한다. 처분기준을 변경하는 경우에도 또한 같다(같은 조 제2항). 〈신설 2022.1.11. 시행 2023.3.24.〉 제1항에 따른 처분기준을 공표하는 것이 해당 처분의 성질상 현저히 곤란하거나 공공의 안전 또는 복리를 현저히 해치는 것으로 인정될 만한 상당한 이유가 있는 경우에는 처분기준을 공표하지 아니할 수 있다(같은 조 제3항). 〈개정 2022.1.11. 시행 2023.3.24.〉당 사자등은 공표된 처분기준이 명확하지 아니한 경우 해당 행정청에 그 해석 또는 설명을 요청할 수 있다. 이 경우 해당 행정청은 특별한 사정이 없으면 그 요청에 따라야 한다(같은 조 제4항). 〈개정 2022.1.11. 시행 2023.3.24.〉

### (1) 행정절차법 제20조 제1항에서 행정청으로 하여금 처분기준을 구체적으로 정하여 공표할 의무를 부과한 취지

**최신판례** 행정청으로 하여금 처분기준을 구체적으로 정하여 공표하도록 한 것은 해당 처분이 가급적 미리 공표된 기준에 따라 이루어질 수 있도록 함으로써 해당 처분의 상대방으로 하여금 결과에 대한 예측가능성을 높이고 이를 통하여 행정의 공정성, 투명성, 신뢰성을 확보하며 행정청의 자의적인 권한행사를 방지하기 위한 것이다(대판 2019.12.13. 2018두41907).

### (2) 처분기준 사전공표 의무의 예외를 정한 같은 조 제2항에 따라 처분기준을 따로 공표하지 않거나 개략적으로만 공표할 수 있는 경우

**최신판례** 처분의 성질상 처분기준을 미리 공표하는 경우 행정목적을 달성할 수 없게 되거나 행정청에 일정한 범위 내에서 재량권을 부여함으로써 구체적인 사안에서 개별적인 사정을 고려하여 탄력적으로 처분이 이루어지도록 하는 것이 오히려 공공의 안전 또는 복리에 더 적합한 경우도 있다. 그러한 경우에는 행정절차법 제20조 제2항에 따라 처분기준을 따로 공표하지 않거나 개략적으로만 공표할 수도 있다(대판 2019.12.13. 2018두41907).

**(3) 행정청이 행정절차법 제20조 제1항의 처분기준 사전공표 의무를 위반하여 미리 공표하지 아니한 기준을 적용하여 처분을 하였다는 사정만으로 해당 처분에 취소사유에 이를 정도의 흠이 존재한다고 할 수 없고, 해당 처분에 적용한 기준이 상위법령의 규정이나 법의 일반원칙을 위반하였거나 객관적으로 합리성이 없다고 볼 수 있는 구체적인 사정이 있는 경우, 해당 처분은 위법하다**

행정청이 행정절차법 제20조 제1항의 처분기준 사전공표 의무를 위반하여 미리 공표하지 아니한 기준을 적용하여 처분을 하였다고 하더라도, 그러한 사정만으로 곧바로 해당 처분에 취소사유에 이를 정도의 흠이 존재한다고 볼 수는 없다. 다만 해당 처분에 적용한 기준이 상위법령의 규정이나 신뢰보호의 원칙 등과 같은 법의 일반원칙을 위반하였거나 객관적으로 합리성이 없다고 볼 수 있는 구체적인 사정이 있다면 해당 처분은 위법하다고 평가할 수 있다. 구체적인 이유는 다음과 같다.
① 행정청이 행정절차법 제20조 제1항에 따라 정하여 공표한 처분기준은, 그것이 해당 처분의 근거 법령에서 구체적 위임을 받아 제정·공포되었다는 특별한 사정이 없는 한, 원칙적으로 대외적 구속력이 없는 행정규칙에 해당한다. ② 처분이 적법한지는 행정규칙에 적합한지 여부가 아니라 상위법령의 규정과 입법 목적 등에 적합한지 여부에 따라 판단해야 한다. 처분이 행정규칙을 위반하였다고 하여 그러한 사정만으로 곧바로 위법하게 되는 것은 아니고, 처분이 행정규칙을 따른 것이라고 하여 적법성이 보장되는 것도 아니다. 행정청이 미리 공표한 기준, 즉 행정규칙을 따랐는지 여부가 처분의 적법성을 판단하는 결정적인 지표가 되지 못하는 것과 마찬가지로, 행정청이 미리 공표하지 않은 기준을 적용하였는지 여부도 처분의 적법성을 판단하는 결정적인 지표가 될 수 없다. ③ 행정청이 정하여 공표한 처분기준이 과연 구체적인지 또는 행정절차법 제20조 제2항에서 정한 처분기준 사전공표 의무의 예외사유에 해당하는지는 일률적으로 단정하기 어렵고, 구체적인 사안에 따라 개별적으로 판단하여야 한다. 만약 행정청이 행정절차법 제20조 제1항에 따라 구체적인 처분기준을 사전에 공표한 경우에만 적법하게 처분을 할 수 있는 것이라고 보면, 처분의 적법성이 지나치게 불안정해지고 개별법령의 집행이 사실상 유보·지연되는 문제가 발생하게 된다(대판 2020.12.24, 2018두45633).

**(4)**

행정청이 관계 법령의 규정이나 자체적인 판단에 따라 처분상대방에게 특정한 권리나 이익 또는 지위 등을 부여한 후 일정한 기간마다 심사하여 갱신여부를 판단하는 이른바 '갱신제'를 채택하여 운용하는 경우, 처분상대방은 갱신 여부에 관하여 합리적인 기준에 의한 공정한 심사를 요구할 권리를 가진다(대판 2020.12.24, 2018두45633).

**(5) '공정한 심사'의 의미**

여기에서 '공정한 심사'란 갱신 여부가 행정청의 자의가 아니라 객관적이고 합리적인 기준에 의하여 심사되어야 할 뿐만 아니라, 처분상대방에게 사전에 심사기준과 방법의 예측가능성을 제공하고 사후에 갱신 여부 결정이 합리적인 기준에 의하여 공정하게 이루어졌는지를 검토할 수 있도록 심사기준이 사전에 마련되어 공표되어 있어야 함을 의미한다(대판 2020.12.24, 2018두45633).

**(6) 사전에 공표한 심사기준을 심사대상기간이 이미 경과하였거나 상당 부분 경과한 시점에서 처분상대방의 갱신 여부를 좌우할 정도로 중대하게 변경하는 것은 원칙적으로 허용되지 않는다**

사전에 공표한 심사기준 중 경미한 사항을 변경하거나 다소 불명확하고 추상적이었던 부분을 명확하게 하거나 구체화하는 정도를 뛰어넘어, 심사대상기간이 이미 경과하였거나 상당 부분 경과한 시점에서 처분상대방의 갱신 여부를 좌우할 정도로 중대하게 변경하는 것은 갱신제의 본질과 사전에 공표된 심사기준에 따라 공정한 심사가 이루어져야 한다는 요청에 정면으로 위배되는 것이므로, 갱신제 자체를 폐지하거나 갱신상대방의 수를 종전보다 대폭 감축할 수밖에 없도록 만드는 중대한 공익상 필요가 인정되거나 관계 법령이 제·개정되었다는 등의 특별한 사정이 없는 한, 허용되지 않는다(대판 2020.12.24, 2018두45633).

# 4. 이유부기

## (1) 이유부기의 취지 및 기능

### ① 납세고지의 취지

> 국세징수법의 납세고지에 관한 규정은 헌법상 적법절차의 원칙과 행정절차법의 기본 원리를 과세처분의 영역에도 그대로 받아들여, 과세관청으로 하여금 자의를 배제한 신중하고도 합리적인 과세처분을 하게 함으로써 조세행정의 공정을 기함과 아울러 납세의무자에게 과세처분의 내용을 자세히 알려주어 이에 대한 불복 여부의 결정과 불복신청의 편의를 주려는 데 그 근본취지가 있다(대판 2014.1.16, 2013두17305).

### ② 법인에 대한 소득금액변동통지를 일정한 사항을 기재한 서면에 의하도록 한 이유

> 법인에 대한 소득금액변동통지를 일정한 사항을 기재한 서면에 의하도록 한 이유는, 과세관청의 소득처분과 그에 따른 소득금액변동통지에 의하여 법인이 원천징수하는 소득세의 납세의무가 성립함과 동시에 확정되고, 원천징수의무자인 법인으로서는 소득금액변동통지서에 기재된 소득처분의 내용에 따라 원천징수세액을 납부할 의무를 부담하는 등의 법률효과가 뒤따르게 되므로, 소득종류, 소득자, 소득금액 및 그에 따른 원천징수세액을 특정하여 원천징수에 따른 법률관계를 명확히 하고 원천징수의무자가 이에 대하여 불복신청을 하는 데 지장이 없도록 하려는 것이다(대판 2014.8.20, 2012두23341).

### ③ 소득금액변동통지서에 소득의 귀속자나 귀속자별 소득금액을 특정하여 기재하지 않고 한 소득금액변동통지가 위법한지 여부(원칙적 적극) 및 소득금액변동통지서에 기재하여야 할 사항을 일부 누락하거나 잘못 기재하였더라도 소득금액변동통지가 위법하다고 볼 수 없는 경우

> 소득금액변동통지의 성격과 효과, 소득금액변동통지를 일정한 서면에 의하도록 한 취지 등에 비추어 보면, 과세관청이 소득금액변동통지서에 소득의 귀속자나 소득의 귀속자별 소득금액을 특정하여 기재하지 아니한 채 소득금액변동통지를 한 경우에는 특별한 사정이 없는 한 소득금액변동통지는 위법하나, 과세관청이 소득금액변동통지서에 기재하여야 할 사항을 일부 누락하거나 잘못 기재하였더라도 그것이 사소한 누락 또는 명백한 착오에 해당함이 소득금액변동통지서상 분명하거나 소득금액변동통지에 앞서 이루어진 세무조사결과통지 등에 의하여 원천징수의무자가 그러한 사정을 충분히 알 수 있어서 소득종류, 소득자, 소득금액 및 그에 따른 원천징수세액을 특정하고 원천징수의무자가 불복신청을 하는 데 지장을 초래하지 아니하는 경우라면 소득금액변동통지를 위법하다고 볼 것은 아니다(대판 2014.8.20, 2012두23341).

## (2) 법적 근거

행정절차법 제23조에서 행정행위의 이유부기에 관한 일반적인 규정을 두고 있다. 행정절차법상 이유부기는 의견제출과 마찬가지로 행정청의 의무사항이다. 그러나 처분절차에만 적용되기 때문에 행정처분이 아닌 공법상 계약에는 이유부기를 요하지 않는다는 것이 판례이다.

### ① 계약직공무원 해촉은 행정처분이 아니므로 이유제시를 하지 않아도 된다(피바다사건)

★ 21·13·10 국회8급, 21 국가9급, 17·12 지방7급, 15·10 지방9급, 10 서울9급

> [최신기출] 계약직공무원 채용계약 해지의 의사표시는 일반공무원에 대한 징계처분과는 달라서 항고소송의 대상이 되는 처분 등의 성격을 가진 것으로 인정되지 아니하고, 일정한 사유가 있을 때에 국가 또는 지방자치단체가 채용계약관계의 한쪽 당사자로서 대등한 지위에서 행하는 의사표시로 취급되는 것으로 이해되므로, 이를 징계해고 등에서와 같이 그 징계사유에 한하여 효력 유무를 판단하여야 하거나, 행정처분과 같이 행정절차법에 의하여 근거와 이유를 제시하여야 하는 것은 아니다(대판 2002.11.26, 2002두5948).

계약직공무원에 대한 계약을 해지할 때에는 「행정절차법」에 의하여 근거와 이유를 제시하여야 한다. (x) ■ 15 지방9급
공법상 계약의 해지의 의사표시에 있어서는 특별한 규정이 없는 한 「행정절차법」에 의하여 근거와 이유를 제시하여야 한다. (x)
■ 17 지방7급
계약직공무원 채용계약해지의 의사표시는 일정한 사유가 있을 때에 국가 또는 지방자치단체가 채용계약 관계의 한쪽 당사자로서 대등한 지위에서 행하는 의사표시로 볼 수 없으므로, 「행정절차법」에 의하여 근거와 이유를 제시하여야 한다. (x)
■ 21·13·10 국회8급

## (3) 이유부기의 정도 ★ 20 지방7급, 16 국회8급, 12 국가9급

### ①

> [최신기출] 면허의 취소처분에는 그 근거가 되는 법령이나 취소권 유보의 부관 등을 명시하여야 함은 물론 처분을 받은 자가 어떠한 위반사실에 대하여 당해 처분이 있었는지를 알 수 있을 정도로 사실을 적시할 것을 요하며, 이와 같은 취소처분의 근거와 위반사실의 적시를 빠뜨린 하자는 피처분자가 처분 당시 그 취지를 알고 있었다거나 그 후 알게 되었다 하여도 치유될 수 없다고 할 것인바, 세무서장인 피고가 주류도매업자인 원고에 대하여 한 이 사건 일반주류도매업면허취소통지에 "상기 주류도매장은 무면허 주류판매업자에게 주류를 판매하여 주세법 제11조 및 국세법사무처리 규정 제26조에 의거 지정조건위반으로 주류판매면허를 취소합니다."라고만 되어 있어서 원고의 영업기간과 거래상대방 등에 비추어 원고가 어떠한 거래행위로 인하여 이 사건 처분을 받았는지 알 수 없게 되어 있다면 이 사건 면허취소처분은 위법하다(대판 1990.9.11, 90누1786).

A구청장은 甲의 영업허가를 철회함에 있어 그 근거가 되는 법령이나 취소권 유보의 부관 등을 명시하여야 하나, 피처분자가 처분 당시 그 취지를 알고 있었다거나 그 후 알게 된 경우에는 생략할 수 있다. (x) ■ 16 국회8급
면허의 취소처분에는 그 근거가 되는 법령이나 취소권 유보의 부관 등을 명시하여야 함은 물론 처분을 받은 자가 어떠한 위반사실에 대하여 당해 처분이 있었는지를 알 수 있을 정도로 사실을 적시할 것을 요하지만, 이와 같은 취소처분의 근거와 위반사실의 적시를 빠뜨린 하자는 피처분자가 처분 당시 그 취지를 알고 있었거나 그 후 알게 되었다면 그 하자는 치유될 수 있다. (x)
■ 20 지방7급

**② 행정처분의 근거 및 이유제시의 정도** ★ 21 변호사, 18 서울7급, 18·15 지방9급, 16 국가7급, 14 변호사, 10 국회8급

일반적으로 당사자가 근거규정 등을 명시하여 신청하는 인허가 등을 거부하는 처분을 함에 있어 당사자가 그 근거를 알 수 있을 정도로 상당한 이유를 제시한 경우에는 당해 처분의 근거 및 이유를 구체적 조항 및 내용까지 명시하지 않았더라도 그로 말미암아 그 처분이 위법한 것이 된다고 할 수 없다(대판 2002.5.17, 2000두8912).

당사자가 처분의 근거를 알 수 있을 정도로 상당한 이유를 제시할 뿐 그 구체적 조항 및 내용까지 명시하지 않으면, 해당 처분은 위법하다. (x) ■ 18 서울7급
행정청이 허가를 거부하는 처분을 하면서 처분의 근거와 이유를 구체적으로 명시하지 않은 이상, 당사자가 그 근거를 알 수 있을 정도로 이유를 제시하였다 하더라도 그 처분은 위법하다. (x) ■ 21 변호사

**③ 행정절차법 제23조 제1항의 규정 취지 및 처분서에 처분의 근거와 이유가 구체적으로 명시되어 있지 않은 처분이라도 절차상 위법하지 않은 경우** ★ 21 지방9급, 16 국회8급

처분서에 기재된 내용과 관계 법령 및 당해 처분에 이르기까지 전체적인 과정 등을 종합적으로 고려하여, 처분 당시 당사자가 어떠한 근거와 이유로 처분이 이루어진 것인지를 충분히 알 수 있어서 그에 불복하여 행정구제절차로 나아가는 데에 별다른 지장이 없었던 것으로 인정되는 경우에는 처분서에 처분의 근거와 이유가 구체적으로 명시되어 있지 않았다고 하더라도 그로 말미암아 그 처분이 위법한 것으로 된다고 할 수는 없다(대판 2013.11.14, 2011두18571).

처분 당시 당사자가 어떠한 근거와 이유로 처분이 이루어진 것인지를 충분히 알 수 있어서 그에 불복하여 행정구제절차로 나아가는 데에 별다른 지장이 없었던 것으로 인정되는 경우에도 처분서에 처분의 근거와 이유가 구체적으로 명시되어 있지 않았다면, 그 처분은 위법한 것으로 된다. (x) ■ 16 국회8급
처분 당시 당사자가 어떠한 근거와 이유로 처분이 이루어진 것인지를 충분히 알 수 있어서 그에 불복하여 행정구제절차로 나아가는 데에 별다른 지장이 없었던 것으로 인정되는 경우에도 처분서에 처분의 근거와 이유가 구체적으로 명시되어 있지 않았다면 그 처분은 위법하다. (x) ■ 21 지방9급

**④**

행정청이 토지형질변경허가신청을 불허하는 근거규정으로 '도시계획법시행령 제20조'를 명시하지 아니하고 '도시계획법'이라고만 기재하였으나, 신청인이 자신의 신청이 개발제한구역의 지정목적에 현저히 지장을 초래하는 것이라는 이유로 구 도시계획법시행령 제20조 제1항 제2호에 따라 불허된 것임을 알 수 있었던 경우, 그 불허처분이 위법하지 아니하다고 한 사례(대판 2002.5.17, 2000두8912) ★ 17 지방7급, 15 국가7급

**⑤**

행정청이 당사자가 신청하는 허가 등을 거부하는 처분을 하면서 처분의 근거와 이유를 구체적으로 명시하지는 않았으나 당사자가 그 근거를 알 수 있을 정도로 이유를 제시한 경우, 그 처분은 위법하지 않다(대판 2017.8.29., 2016두44186). ★ 19 국가7급

**⑥ '이유를 제시한 경우'의 의미**

'이유를 제시한 경우'는 처분서에 기재된 내용과 관계 법령 및 당해 처분에 이르기까지의 전체적인 과정 등을 종합적으로 고려하여, 처분 당시 당사자가 어떠한 근거와 이유로 처분이 이루어진 것인지를 충분히 알 수 있어서 그에 불복하여 행정구제절차로 나아가는 데 별다른 지장이 없었다고 인정되는 경우를 뜻한다(대판 2017.8.29, 2016두44186).

⑦ 폐기물처리업사업계획의 부적정통보를 하거나 사업계획서를 반려하는 경우의 이유제시 정도

> 설정된 기준이 객관적으로 합리적이 아니라거나 타당하지 않다고 보이는 경우 또는 그러한 기준을 설정하지 않은 채 구체적이고 합리적인 이유의 제시 없이 사업계획의 부적정 통보를 하거나 사업계획서를 반려하는 경우에까지 단지 행정청의 재량에 속하는 사항이라는 이유만으로 그 행정청의 의사를 존중하여야 하는 것은 아니고, 이러한 경우의 처분은 재량권을 남용하거나 그 범위를 일탈한 조치로서 위법하다(대판 2004.5.28, 2004두961).

⑧

> 납세고지서에 과세대상과 그에 대한 과세표준액, 세액, 세액산출방법 등은 상세히 기재하면서 구체적 근거 법령인 「지방세법 시행령」과 조례의 규정을 누락한 경우 부과처분은 적법이다(대판 2008.11.13, 2007두160).

⑨ 납세고지서의 하자 여부의 판단방법 및 그 하자를 사전에 보완할 수 있는 요건 ★ 12 순경특채

> 납세고지서에는 원칙적으로 납세의무자가 부과처분의 내용을 상세하게 알 수 있도록 과세대상 재산을 특정하고 그에 대한 과세표준액, 적용할 세율 등 세액의 산출근거를 구체적으로 기재하여야 하고, 위 규정은 강행규정으로서 위 규정에서 요구하는 사항 중 일부를 누락시킨 하자가 있는 경우 그 과세처분은 위법하다 할 것이나, 한편 납세고지서에 과세대상과 그에 대한 과세표준액, 세율, 세액산출방법 등 세액산출의구체적 과정과 기타 필요한 사항이 상세히 기재되어 있어 납세의무자가 당해 부과처분의 내용을 확연하게 파악할 수 있고 과세표준액과 세율에 관한 근거 법령이 기재되어 있다면 그 근거 법령이 다소 총괄적으로 기재되어 있다 하여도 특별한 사정이 없는 한 위 법이 요구하는 세액산출근거의 기재요건을 충족한 것으로 보아야 할 것이고, 과세관청이 과세처분에 앞서 납세의무자에게 보낸 과세예고통지서 등에 납세고지서의 필요적 기재사항이 제대로 기재되어 있어 납세의무자가 그 처분에 대한 불복 여부의 결정 및 불복신청에 전혀 지장을 받지 않았음이 명백하다면, 이로써 납세고지서의 하자가 보완되거나 치유될 수 있다(대판 2010.11.11, 2008두5773).

⑩ "귀하의 소유 우리시 과천동 ○○번지상의 이축 전 기존건축물이 신축건물사용승인 전에 철거하여야 함에도 이행되지 않아 통보하오니 2007.7.15.까지 철거하시고 전·후 사진을 제출하시기 바랍니다."라고 기재되어 있을 뿐 그 근거법령은 기재되어 있지 않더라도 이유부기의 하자가 아니다

> 피고가 2007.7.9. 원고 1에게 보낸 철거통보서에는 "귀하의 소유 우리시 과천동 ○○번지상의 이축 전 기존건축물이 신축건물사용승인 전에 철거하여야 함에도 이행되지 않아 통보하오니 2007.7.15.까지 철거하시고 전·후 사진을 제출하시기 바랍니다."라고 기재되어 있을 뿐 그 근거법령은 기재되어 있지 않으나, 이사건 이축허가는 이축 전 기존 건축물인 제1건물의 철거를 당연한 전제로 한 것으로 구 「개발제한구역의 지정 및 관리에 관한 특별조치법」(개발제한법)의 이축허가에 관련된 조항 자체에 철거명령의 법적 근거가 내재되어 있다고 볼 수 있는 점, 이사건 이축허가에 관련된 조항은 이미 이축허가나 그 변경허가 당시 소외인이나 원고에게 제시된 점, 위 철거통보서에는 이사건 철거명령이 이축에 따른 것이라는 취지가 드러나 있는 점 등에 비추어 보면, 원고1로서는 이사건 철거명령의 근거와 이유를 충분히 알 수 있었다고 할 것이고, 이에 대하여 원고1이 불복하는 데에 별다른 지장을 초래하였다고 보이지 아니하므로, 이사건 철거명령에 처분의 근거와 이유제시에 관한 행정절차법 제23조 제1항의 규정을 위반한 절차상 위법이 있다고 할 수 없다(대판 2011.1.13, 2009두20755).

⑪ 하나의 납세고지서에 의하여 복수의 과세처분을 하는 경우에는 과세처분별로 그 세액과 산출근거 등을 구분하여 기재함으로써 납세의무자가 각 과세처분의 내용을 알 수 있도록 해야 한다 ★ 20 국가7급, 16 지방9급

**최신기출**
**전합판례**
개별 세법에 납세고지에 관한 별도의 규정이 없더라도 국세징수법이 정한 것과 같은 납세고지의 요건을 갖추지 않으면 안 된다는 것이고, 이는 적법절차의 원칙이 과세처분에도 적용됨에 따른 당연한 귀결이다. 같은 맥락에서, 하나의 납세고지서에 의하여 복수의 과세처분을 함께 하는 경우에는 과세처분별로 그 세액과 산출근거 등을 구분하여 기재함으로써 납세의무자가 각 과세처분의 내용을 알 수 있도록 해야 하는 것 역시 당연하다고 할 것이다[대판(전합) 2012.10.18, 2010두12347].

⑫

본세와 가산세 각각의 세액과 산출근거 및 가산세 상호 간의 종류별 세액과 산출근거 등을 구분하여 기재하지 않은 채 본세와 가산세의 합계액 등만을 기재한 경우, 과세처분은 위법하다(대판 2018.12.13, 2018두128).
★ 17 지방7급

가산세 부과처분에 관해서는 「국세기본법」이나 개별 세법 어디에도 그 납세고지의 방식 등에 관하여 따로 정한 규정이 없으므로, 가산세의 종류와 세액의 산출근거 등을 전혀 밝히지 않고 가산세의 합계액만을 기재한 경우 그 부과처분은 위법하지 않다. (×)
■ 17 지방7급

⑬ 납세고지에 관한 구 국세징수법 제9조 제1항의 규정이나 개별 세법의 규정 취지는 가산세의 납세고지에도 적용된다 ★ 14 국회8급

**전합판례**
본세의 부과처분과 가산세의 부과처분은 각 별개의 과세처분인 것처럼, 같은 세목에 관하여 여러 종류의 가산세가 부과되면 그 각 가산세 부과처분도 종류별로 각각 별개의 과세처분이라고 보아야 한다. 따라서 하나의 납세고지서에 의하여 본세와 가산세를 함께 부과할 때에는 납세고지서에 본세와 가산세 각각의 세액과 산출근거 등을 구분하여 기재해야 하는 것이고, 또 여러 종류의 가산세를 함께 부과하는 경우에는 그 가산세 상호 간에도 종류별로 세액과 산출근거 등을 구분하여 기재함으로써 납세의무자가 납세고지서 자체로 각 과세처분의 내용을 알 수 있도록 하는 것이 당연한 원칙이다[대판(전합) 2012.10.18, 2010두12347].

⑭

납세의무자가 부과처분이나 세액 징수처분과 구별되는 초과환급금 환수처분이라는 점과 환수를 요하는 구체적인 사유 등을 알 수 있을 정도인 경우, 납세고지서에 국세기본법 제51조 제7항과 같은 근거 규정을 적시하지 않았다거나 초과환급금 액수의 구체적 계산내역을 기재하지 않았다는 사정만으로 환수처분이 위법하다고 볼 수 없다(대판 2014.1.16, 2013두17305).

⑮ 교육부장관이 부적격사유가 없는 후보자들 사이에서 어떤 후보자를 상대적으로 총장 임용에 더 적합하다고 판단하여 임용제청하는 경우, 임용제청 행위 자체로서 행정절차법상 이유제시의무를 다한 것이고, 나아가 교육부장관에게 개별 심사항목이나 고려요소에 대한 평가 결과를 자세히 밝힐 의무는 없다 ★ 21 변호사

교육부장관이 어떤 후보자를 총장 임용에 부적격하다고 판단하여 배제하고 다른 후보자를 임용제청하는 경우라면 배제한 후보자에게 연구윤리 위반, 선거부정, 그 밖의 비위행위 등과 같은 부적격사유가 있다는 점을 구체적으로 제시할 의무가 있다. 그러나 부적격사유가 없는 후보자들 사이에서 어떤 후보자를 상대적으로 더욱 적합하다고 판단하여 임용제청하는 경우라면, 이는 후보자의 경력, 인격, 능력, 대학운영계획 등 여러 요소를 종합적으로 고려하여 총장 임용의 적격성을 정성적으로 평가하는 것으로 그 판단 결과를 수치화하거나 이유제시를 하기 어려울 수 있다. 이 경우에는 교육부장관이 어떤 후보자를 총장으로 임용제청하는 행위 자체에 그가 총장으로 더욱 적합하다는 정성적 평가 결과가 당연히 포함되어 있는 것으로, 이로써 행정절차법상 이유제시의무를 다한 것이라고 보아야 한다. 여기에서 나아가 교육부장관에게 개별 심사항목이나 고려요소에 대한 평가 결과를 더 자세히 밝힐 의무까지는 없다(대판 2018.6.15, 2016두57564).

교육부장관이 관련 법령에 따른 부적격사유가 없는 A와 B 총장후보자 가운데 A후보자가 상대적으로 더욱 적합하다고 판단하여 대통령에게 총장으로 A후보자를 임용제청한 경우, 교육부장관은 B후보자에게 개별 심사항목이나 총장 임용 적격성에 대한 정성적 평가결과를 구체적으로 밝힐 의무가 있다. (x) ■ 21 변호사

## 5. 처분의 방식(문서주의·처분실명제)

행정청이 처분을 할 때에는 다른 법령등에 특별한 규정이 있는 경우를 제외하고는 문서로 하여야 하며, 다음 각 호의 어느 하나에 해당하는 경우에는 전자문서로 할 수 있다(제24조 제1항). 〈개정 2022.1.11. 시행 2022.7.12.〉

1. 당사자등의 동의가 있는 경우
2. 당사자가 전자문서로 처분을 신청한 경우

제1항에도 불구하고 공공의 안전 또는 복리를 위하여 긴급히 처분을 할 필요가 있거나 사안이 경미한 경우에는 말, 전화, 휴대전화를 이용한 문자 전송, 팩스 또는 전자우편 등 문서가 아닌 방법으로 처분을 할 수 있다. 이 경우 당사자가 요청하면 지체 없이 처분에 관한 문서를 주어야 한다(같은 조 제2항). 〈신설 2022.1.11. 시행 2022.7.12.〉 처분을 하는 문서에는 그 처분 행정청과 담당자의 소속·성명 및 연락처(전화번호, 팩스번호, 전자우편주소 등을 말한다)를 적어야 한다(같은 조 제3항). 〈개정 2022.1.11. 시행 2022.7.12.〉

(1)

행정청이 문서로 처분을 한 경우, 어떤 처분을 하였는지는 문언에 따라 확정하여야 하고, 처분서의 문언만으로도 행정청이 어떤 처분을 하였는지 분명한 경우, 다른 사정을 고려하여 처분서의 문언과 달리 다른 처분까지 포함되어 있는 것으로 해석할 수 없다(대판 2017.8.29, 2016두44186).

(2)

행정청이 문서로 처분을 하였으나 처분서의 문언만으로는 행정처분의 내용이 불분명한 경우, 처분 경위와 목적, 처분 이후 상대방의 태도 등을 고려하여 처분서의 문언과 달리 처분의 내용을 해석할 수 있고, 행정청이 행정처분을 하면서 논리적으로 당연히 수반되어야 하는 의사표시를 명시적으로 하지 않았으나 그것이 행정청의 추단적 의사에도 부합하고 상대방도 이를 알 수 있는 경우, 행정처분에 위와 같은 의사표시가 묵시적으로 포함되어 있다고 볼 수 있다(대판 2021.2.4, 2017다207932).

**(3)**

> 지방소방사시보 발령을 취소한다고만 기재되어 있는 인사발령통지서에 정규공무원인 지방소방사 임용행위까지 취소한다는 취지가 포함되어 있다고 볼 수 없다(대판 2005.7.28, 2003두469).

## (4) 행정청이 문서에 의하여 처분을 하였으나 그 처분서의 문언만으로는 행정처분의 내용이 불분명한 경우, 처분 경위나 처분 이후의 상대방의 태도 등을 고려하여 처분서의 문언과 달리 그 처분의 내용을 해석할 수 있다

> 행정절차법 제24조 제1항에서 행정청이 처분을 하는 때에는 다른 법령 등에 특별한 규정이 있는 경우를 제외하고는 문서로 하도록 규정한 것은 처분내용의 명확성을 확보하고 처분의 존부나 내용에 관한 다툼을 방지하기 위한 것인바, 이와 같은 행정절차법의 규정 취지를 감안해 보면, 행정청이 문서에 의하여 처분을 한 경우 원칙적으로 그 처분서의 문언에 따라 어떤 처분을 하였는지 확정하여야 하나, 그 처분서의 문언만으로는 행정청이 어떤 처분을 하였는지 불분명하다는 등 특별한 사정이 있는 때에는 처분 경위나 처분 이후의 상대방의 태도 등 다른 사정을 고려하여 처분서의 문언과 달리 그 처분의 내용을 해석할 수도 있다(대판 2010.2.11, 2009두18035).

**(5)**

> 공익근무요원 소집통지를 받고 육군훈련소로 입영하여 교육소집을 받다가 교육시간 부족과 질병 등 사유로 퇴영 조치된 갑에게 관할 지방병무청장이 다시 공익근무요원 소집통지를 한 사안에서, 처분 경위 등 모든 사정을 종합하여 위 처분은 새로운 '공익근무요원소집처분'이라기보다 이미 공익근무요원으로 소집된 갑에 대하여 '병역법 시행령' 제111조의 교육소집처분이라고 본 원심판단을 정당하다고 한 사례(대판 2013.5.9, 2012두5985)

## (6) 명예전역 선발을 취소하는 처분은 행정절차법 제24조 제1항에 따라 문서로 해야 한다

명예전역 선발을 취소하는 처분은 당사자의 의사에 반하여 예정되어 있던 전역을 취소하고 명예전역수당의 지급 결정 역시 취소하는 것으로서 임용에 준하는 처분으로 볼 수 있으므로, 행정절차법 제24조 제1항에 따라 문서로 해야 한다(대판 2019.5.30, 2016두49808).

## (7) 행정처분의 처분 방식에 관한 행정절차법 제24조 제1항을 위반한 처분은 무효이다

★ 21 국회9급, 19 국가9급, 14 지방7급, 14 국회8급, 14 행정사, 14 사회복지

이 규정은 처분내용의 명확성을 확보하고 처분의 존부에 관한 다툼을 방지하여 처분상대방의 권익을 보호하기 위한 것이므로, 이를 위반한 처분은 하자가 중대·명백하여 무효이다(대판 2019.7.11, 2017두38874).

**(8)**

외국인(스티브유)의 사증발급 신청에 대한 거부처분이 행정절차법 제24조에서 정한 '처분서 작성·교부'를 할 필요가 없거나 곤란하다고 인정되는 사항이거나 행정절차법 제24조에 정한 절차를 따르지 않고 '행정절차에 준하는 절차'로 대체할 수 없다(대판 2019.7.11, 2017두38874)

**(9)**

행정청이 행정처분을 하면서 논리적으로 당연히 수반되어야 하는 의사표시를 명시적으로 하지 않았으나 그것이 행정청의 추단적 의사에도 부합하고 상대방도 이를 알 수 있는 경우, 행정처분에 위와 같은 의사표시가 묵시적으로 포함되어 있다고 볼 수 있다(대판 2020.10.29, 2017다269152).

**(10) 관할 행정청이 사회복지법인의 정식이사 선임보고를 수리하는 처분에 종전 임시이사 해임처분이 포함된 것으로 보아야 한다**

> **최신판례** 새로 선임된 정식이사와 종전 임시이사가 일시적으로라도 병존하여야 하는 다른 특별한 사정이 없는 한, 관할 행정청이 사회복지법인의 정식이사 선임보고를 수리하는 처분에는 정식이사가 선임되어 이사의 결원이 해소되었음을 이유로 종전 임시이사를 해임하는 의사표시, 즉 임시이사 해임처분이 포함된 것으로 보아야 한다(대판 2020.10.29, 2017다269152).

## 6. 사전통지(불이익처분에 한정)

**(1) 행정청이 구 식품위생법상의 영업자지위승계신고 수리처분을 하는 경우, 종전의 영업자가 행정절차법 제2조 제4호 소정의 '당사자'에 해당하므로 수리처분시 종전의 영업자에게 행정절차법 소정의 행정절차를 실시하여야 한다** ★ 21 국가7급, 21 서울7급, 20·18·16 국가9급, 20 국회9급, 17 지방7급, 15 지방9급, 18 국회8급, 15 변호사, 14 사회복지

> **최신기출** 행정청이 구 식품위생법 규정에 의하여 영업자지위승계신고를 수리하는 처분은 종전의 영업자의 권익을 제한하는 처분이라 할 것이고, 따라서 종전의 영업자는 그 처분에 대하여 직접 그 상대가 되는 자에 해당한다고 봄이 상당하므로, 행정청으로서는 위 신고를 수리하는 처분을 함에 있어서 행정절차법 규정 소정의 당사자에 해당하는 종전의 영업자에 대하여 위 규정 소정의 행정절차를 실시하고 처분을 하여야 한다(대판 2003.2.14, 2001두7015).

「식품위생법」상 허가영업에 대해 영업자지위승계신고를 수리하는 처분은 종전의 영업자에 대하여 다소 권익을 침해하는 효과가 발생한다고 하더라도 「행정절차법」상 사전통지를 거쳐야 하는 대상이 아니다. (x) ■ 16 국가9급
사업의 양도·양수에 대한 신고를 수리하는 행위는 「행정절차법」의 적용대상이 된다. ■ 17 지방7급

**(2) 특별한 사정이 없는 한 신청에 대한 거부처분은 현재의 권익제한이 아니므로 사전통지대상이 되지 않는다**
★ 21·19·16·12 지방7급, 21 서울7급, 21·17·15·14·10 국가7급, 21 국회9급, 21·15·14 변호사, 20·15·14·13·11 국회8급, 20·15·13 지방9급, 20·14 국가9급, 15 사회복지, 14·13·12 순경특채, 국회8급, 13 행정사, 12 순경특채, 10 서울9급

> **최신기출** 신청에 따른 처분이 이루어지지 아니한 경우에는 아직 당사자에게 권익이 부과되지 아니하였으므로 특별한 사정이 없는 한 신청에 대한 거부처분이라고 하더라도 직접 당사자의 권익을 제한하는 것은 아니어서 신청에 대한 거부처분을 여기에서 말하는 '당사자의 권익을 제한하는 처분'에 해당한다고 할 수 없는 것이어서 처분의 사전통지대상이 된다고 할 수 없다(대판 2003.11.28, 2003두674).

신청에 대한 거부처분은 당사자의 권익을 제한하는 처분에 해당한다고 할 수 있어서 처분의 사전통지대상이 된다. (x) ■ 15 지방9급
신청에 대한 거부처분도 사전통지의 대상이 된다. ■ 15 국가7급
의견제출제도는 당사자에게 의무를 부과하거나 권익을 제한하는 경우에 적용되고 수익적 행위나 수익적 행위의 신청에 대한 거부에는 적용이 없으며, 일반처분의 경우에도 적용이 없다. ■ 19 지방7급
수익적 행정행위의 신청에 대한 거부처분은 직접 당사자의 권익을 제한하는 처분에 해당하므로, 그 거부처분은 「행정절차법」상 처분의 사전통지대상이 된다. (x) ■ 20 국가9급
수익적 행정행위의 신청에 대해서 이를 거부하면서 사전통지 및 의견제출 절차를 거치지 않은 것은 실질적으로 침익적 결과를 초래하였으므로 취소사유에 해당한다. (x) ■ 20 국회8급
특별한 사정이 없는 한 신청에 대한 거부처분은 당사자의 권익을 제한하는 처분으로서 처분의 사전통지대상이 된다. (x)
　　■ 21 서울7급
특별한 사정이 없는 한, 신청에 대한 거부처분은 사전통지 및 의견제출의 대상이 된다. (x) ■ 21 국가7급

**(3)**

항만시설인 대지사용불허가처분은 행정절차법 제22조 제3항에서 말하는 '당사자의 권익을 제한하는 처분'에 해당하지 않으므로, 처분의 사전통지대상이나 의견청취대상이 되지 않는다(대판 2017.11.23. 2014두1628).
★ 19 국가9급

항만시설 사용허가신청에 대하여 거부처분을 하는 경우, 사전에 통지하여 의견제출 기회를 주어야 한다. (x) ■ 20 국가9급
행정청이 당사자에게 의무를 과하거나 권익을 제한하는 처분을 하는 경우에는 처분의 사전통지를 하여야 하는데, 이때의 처분에는 신청에 대한 거부처분도 포함된다. (x) ■ 20 지방9급

**(4)**

행정청이 구 관광진흥법 또는 구 「체육시설의 설치·이용에 관한 법률」의 규정에 의하여 유원시설업자 또는 체육시설업자 지위승계신고를 수리하는 처분을 하는 경우, 종전 유원시설업자 또는 채육시설업자에 대하여 행정절차법 제21조 제1항 등에서 정한 처분의 사전통지 등 절차를 거쳐야 한다(대판 2012.12.13. 2011두29144).
★ 19 국가9급, 17·14 지방9급

행정청이 구「체육시설의 설치·이용에 관한 법률」의 규정에 의하여 체육시설업자 지위승계신고를 수리하는 처분을 하는 경우, 종전 체육시설업자에 대하여 「행정절차법」상 사전통지 등 절차를 거칠 필요는 없다. (x) ■ 17·14 지방9급

**(5) 예외사유에 해당하는 경우 사전통지를 결하면 적법, 예외사유에 해당하지 않을 경우에는 위법**

**① 행정청이 침해적 행정처분을 함에 있어서 당사자에게 행정절차법상의 사전통지를 하지 않거나 의견제출의 기회를 주지 아니한 경우, 그 처분은 위법이다** ★ 21 서울7급, 10 서울9급

행정청이 침해적 행정처분을 함에 있어서 당사자에게 사전통지를 하거나 의견제출의 기회를 주지 아니하였다면 사전통지를 하지 않거나 의견제출의 기회를 주지 아니하여도 되는 예외적인 경우에 해당하지 아니하는 한 그 처분은 위법하여 취소를 면할 수 없다(대판 2004.5.28. 2004두1254).

**② 사전고지나 그에 따른 당사자의 자진 폐공의 약속 등의 사유**

행정청이 온천지구임을 간과하여 지하수개발·이용신고를 수리하였다가 행정절차법상의 사전통지를 하거나 의견제출의 기회를 주지 아니한 채 그 신고수리처분을 취소하고 원상복구명령의 처분을 한 경우, 행정지도방식에 의한 사전고지나 그에 따른 당사자의 자진 폐공의 약속 등의 사유만으로는 사전통지 등을 하지 않아도 되는 행정절차법 소정의 예외의 경우에 해당한다고 볼 수 없다는 이유로 그 처분은 위법하다(대판 2000.11.14. 99두5870).

**③ 사전통지를 하고 의견제출의 기회를 준다면 많은 액수의 손실보상금을 기대하여 공사를 강행할 우려가 있다는 사정** ★ 10 지방7급

건축법상의 공사중지명령에 대한 사전통지를 하고 의견제출의 기회를 준다면 많은 액수의 손실보상금을 기대하여 공사를 강행할 우려가 있다는 사정은 사전통지 및 의견제출절차의 예외사유에 해당하지 아니한다(대판 2004. 5.28. 2004두1254).

**④** ★ 19·11 국회8급, 13 국가7급

정규공무원으로 임용된 사람에게 시보임용처분 당시 지방공무원법 제31조 제4호에 정한 공무원임용 결격사유가 있어 시보임용처분을 취소하고 그에 따라 정규임용처분을 취소한 사안에서, 정규임용처분을 취소하는 처분은 성질상 행정절차를 거치는 것이 불필요하여 행정절차법의 적용이 배제되는 경우에 해당하지 않으므로, 그 처분을 하면서 사전통지나 의견제출의 기회를 부여하지 않은 것은 위법하다(대판 2009.1.30. 2008두16155).

⑤ 처분상대방이 이미 행정청에 위반사실을 시인하였다거나 처분의 사전통지 이전에 의견을 진술할 기회가 있었다는 사정을 고려하여야 하는 것은 아니다

> '의견청취가 현저히 곤란하거나 명백히 불필요하다고 인정될 만한 상당한 이유가 있는 경우'에 해당하는지는 해당 행정처분의 성질에 비추어 판단하여야 하며, 처분상대방이 이미 행정청에 위반사실을 시인하였다거나 처분의 사전통지 이전에 의견을 진술할 기회가 있었다는 사정을 고려하여 판단할 것은 아니다(대판 2016.10.27, 2016두41811).

⑥ 원상복구를 명하는 시정명령과 계고처분의 경우 사전통지의 예외사유에 해당하지 않는다는 사례

★ 19 국가9급, 17 국가7급

`최신기출`

> 피고(가평군수) 소속 공무원 소외인이 위 현장조사에 앞서 원고에게 전화로 통지한 것은 행정조사의 통지이지 이 사건 처분에 대한 사전통지로 볼 수 없다. 그리고 위 소외인이 현장조사 당시 위반경위에 관하여 원고에게 의견진술기회를 부여하였다 하더라도, 이 사건 처분이 현장조사 바로 다음 날 이루어진 사정에 비추어 보면, 의견제출에 필요한 상당한 기간을 고려하여 의견제출기한이 부여되었다고 보기도 어렵다. 그리고 현장조사에서 원고가 위반사실을 시인하였다거나 위반경위를 진술하였다는 사정만으로는 행정절차법 제21조 제4항 제3호가 정한 '의견청취가 현저히 곤란하거나 명백히 불필요하다고 인정될 만한 상당한 이유가 있는 경우'로서 처분의 사전통지를 하지 아니하여도 되는 경우에 해당한다고 볼 수도 없다. 따라서 행정청인 피고가 침해적 행정처분인 이 사건 처분을 하면서 원고에게 행정절차법에 따른 적법한 사전통지를 하거나 의견제출의 기회를 부여하였다고 볼 수 없다(대판 2016.10.27, 2016두41811).

> 처분상대방이 이미 행정청에 위반사실을 시인하였다는 사정은 사전통지의 예외가 적용되는 '의견청취가 현저히 곤란하거나 명백히 불필요하다고 인정될 만한 상당한 이유가 있는 경우'에 해당한다. (x) ■ 17 국가7급
> 용도를 무단변경한 건물의 원상복구를 명하는 시정명령 및 계고처분을 하는 경우, 사전에 통지할 필요가 없다. (x) ■ 19 국가9급

## (6) 특별규정이 있을 경우 일반법인 행정절차법이 적용되지 않는다

① 행정절차법 제3조 제1항의 규정취지와 사립학교법 제20조의2 제2항이 행정절차법의 특별규정이다

> 사립학교법 제20조의2 제2항은 "제1항의 규정에 의한 취임승인의 취소는 관할청이 당해 학교법인에게 그 사유를 들어 시정을 요구한 날로부터 15일이 경과하여도 이에 응하지 아니한 경우에 한한다."고 규정하고 있는바, 비록 그 취지가 사학의 자율성을 고려하여 학교법인 스스로 임원의 위법·부당행위를 시정할 기회를 주는 데 있다고 하더라도, 학교법인이나 해당 임원의 입장에서는 위 시정요구에 응하지 아니하면 임원취임승인이 취소되므로 관할청에 위 시정요구사항에 대한 결과보고를 함에 있어서, 위 기간 안에 시정할 수 없는 사항에 대하여는 임원취임승인취소처분을 면하기 위하여 당연히 위 기간 안에 시정할 수 없는 사유와 그에 대한 앞으로의 시정계획, 학교법인의 애로사항 등에 관한 의견진술을 하게 될 것인즉, 그렇다면 위 조항에 의한 시정요구는 학교법인 이사장을 비롯한 임원들에게, 임원취임승인취소처분의 사전통지와 아울러 행정절차법 소정의 의견진술의 기회를 준 것에 다름 아니다(대판 2002.2.5, 2001두7138).

② 도로구역변경고시는 사전통지나 의견청취의 대상이 되는 처분에 해당되지 않는다

★ 21·10 국가7급, 20 국회9급, 14 지방9급

`최신기출`

> 행정절차법 제2조 제4호가 행정절차법의 당사자를 행정청의 처분에 대하여 직접 그 상대가 되는 당사자로 규정하고, 도로법 제25조 제3항이 도로구역을 결정하거나 변경할 경우 이를 고시에 의하도록 하면서, 그 도면을 일반인이 열람할 수 있도록 한 점 등을 종합하여 보면, 도로구역을 변경한 이 사건 처분은 행정절차법 제21조 제1항의 사전통지나 제22조 제3항의 의견청취의 대상이 되는 처분은 아니라 할 것이다(대판 2008.6.12, 2007두1767).

**(7) 사회복지시설에 대하여 특별감사를 실시한 후 행한 감사결과 지적사항에 대한 시정지시에는 사전통지나 의견진술의 기회를 부여할 필요가 없다**

이 사건 시정지시(사회복지시설에 대하여 특별감사를 실시한 후 행한 감사결과 지적사항에 대한 시정지시)는 보건복지부, 서울특별시, 피고가 합동으로 원고 등에 대하여 특별감사를 실시한 후 이루어진 것으로 감사결과의 통보 및 감사기관의 의견 표명의 성질도 지니고 있는데, 특별감사를 받은 원고 등은 감사과정을 거치면서 감사결과 및 그에 따른 감사기관의 의견표명이 있으리라는 점을 충분히 예상할 수 있어 별도로 사전에 통지를 한다거나 의견진술의 기회를 부여할 필요가 있다고 보기 어려운 점, 이 사건 시정지시를 이행하지 않을 경우에 이루어지게 될 구 사회복지사업법상의 시정명령 및 설립허가 취소 등의 후행 처분을 위해서는 사전통지 및 의견진술의 기회 부여 등 행정절차법이 정한 절차를 거쳐야 하고, 실제로 피고가 원고에게 이 사건 시정지시를 하면서 그와 동시에 원고가 시정지시를 받은 사항에 대하여 의견진술과 이의를 제기할 기회를 준 점 등에 비추어 보면, 이 사건 시정지시에 대하여는 그 성질상 당사자의 사전 의견청취가 불필요하다고 볼 상당한 이유가 있는 것으로 명백히 인정되는 경우에 해당한다고 할 것이다(대판 2009.2.12, 2008두14999).

**(8)**

불이익처분의 직접 상대방인 당사자 또는 행정청이 참여하게 한 이해관계인이 아닌 제3자에 대하여는 사전통지 및 의견제출에 관한 같은법 제21조, 제22조가 적용되지 않는다(대판 2009.4.23, 2008두686).

**(9) 보조금 반환명령 당시 사전통지 및 의견제출 기회가 부여된 경우에도 뒤이은 평가인증취소처분에 대해서 사전통지의 예외를 인정할 수 없다**

이 사건 평가인증취소처분은 이로 인하여 원고에 대한 인건비 등 보조금 지급이 중단되는 등 원고의 권익을 제한하는 처분에 해당하며, 보조금 반환명령과는 전혀 별개의 절차로서 보조금 반환명령이 있으면 피고 보건복지부장관이 평가인증을 취소할 수 있지만 반드시 취소하여야 하는 것은 아닌 점 등에 비추어 보면, 보조금 반환명령 당시 사전통지 및 의견제출의 기회가 부여되었다 하더라도 그 사정만으로 이 사건 평가인증취소처분이 구 행정절차법 제21조 제4항 제3호에서 정하고 있는 사전통지 등을 하지 아니하여도 되는 예외사유에 해당한다고도 볼 수 없으므로, 구 행정절차법 제21조 제1항에 따른 사전통지를 거치지 않은 이 사건 평가인증취소처분은 위법하다(대판 2016.11.9. 2014두1260).

**(10) 「행정절차법 시행령」 제13조 제2호에서 정한 "법원의 재판 또는 준사법적 절차를 거치는 행정기관의 결정 등에 따라 처분의 전제가 되는 사실이 객관적으로 증명되어 처분에 따른 의견청취가 불필요하다고 인정되는 경우"의 의미**

최신판례 법원의 재판 등에 따라 처분의 전제가 되는 사실이 객관적으로 증명되면 행정청이 반드시 일정한 처분을 해야 하는 경우 등 의견청취가 행정청의 처분 여부나 그 수위 결정에 영향을 미치지 못하는 경우를 의미한다고 보아야 한다(대판 2020.7.23, 2017두66602).

**(11)**

최신판례 처분의 전제가 되는 '일부' 사실만 증명된 경우이거나 의견청취에 따라 행정청의 처분 여부나 처분 수위가 달라질 수 있는 경우라면 위 예외사유에 해당하지 않는다(대판 2020.7.23. 2017두66602).

(12) 관할 시장(서산시장)이 甲에게 구 폐기물관리법 제48조 제1호에 따라 토지에 장기보관 중인 폐기물을 처리할 것을 명령하는 1차, 2차 조치명령을 각각 하였고, 甲이 위 각 조치명령을 불이행하였다고 하여 구 폐기물관리법 위반죄로 유죄판결이 각각 선고·확정되었는데, 이후 관할 시장이 폐기물 방치 실태를 확인하고 별도의 사전 통지와 의견청취 절차를 밟지 않은 채 甲에게 폐기물 처리에 관한 3차 조치명령을 한 사안에서, 3차 조치명령은 재량행위로서 「행정절차법 시행령」 제13조 제2호에서 정한 사전 통지, 의견청취의 예외사유에 해당하지 않는다고 한 사례

**최신판례** 이 규정에 따른 폐기물 처리 조치명령은 재량행위에 해당하므로, 3차 조치명령은 법원의 재판 등에 따라 처분의 전제가 되는 사실이 객관적으로 증명되면 행정청이 반드시 일정한 처분을 해야 하는 경우 등 의견청취가 행정청의 처분 여부나 그 수위 결정에 영향을 미치지 못하는 경우에 해당한다고 보기 어려워, 「행정절차법 시행령」 제13조 제2호에서 정한 사전 통지, 의견청취의 예외사유에 해당하지 않는다고 한 사례(대판 2020.7.23, 2017두66602).

## 7. 의견청취절차(불이익처분에 한정)

### (1) 의견제출

① 행정청이 의무를 부과하거나 권익을 제한하는 처분을 할 때 구 행정절차법 제22조 제3항에 따라 의견제출의 기회를 주어야 하는 '당사자'의 의미

구 행정절차법 제22조 제3항에 따라 행정청이 의무를 부과하거나 권익을 제한하는 처분을 할 때 의견제출의 기회를 주어야 하는 '당사자'는 '행정청의 처분에 대하여 직접 그 상대가 되는 당사자'(구 행정절차법 제2조 제4호)를 의미한다(대판 2014.10.27, 2012두7745).

② '고시'의 방법으로 불특정 다수인을 상대로 의무를 부과하거나 권익을 제한하는 처분에서도 위 조항에 따라 상대방에게 의견제출의 기회를 주어야 하는 것은 아니다 ★ 20·15 지방9급, 19 서울7급, 19 국가9급, 19·17·16 지방7급, 15 국회8급

**최신기출** '고시'의 방법으로 불특정 다수인을 상대로 의무를 부과하거나 권익을 제한하는 처분은 성질상 의견제출의 기회를 주어야 하는 상대방을 특정할 수 없으므로, 이와 같은 처분에 있어서까지 구 행정절차법 제22조 제3항에 의하여 그 상대방에게 의견제출의 기회를 주어야 한다고 해석할 것은 아니다(대판 2014.10.27, 2012두7745).

'고시'의 방법으로 불특정 다수인을 상대로 의무를 부과하거나 권익을 제한하는 처분의 경우에는 「행정절차법」 제22조 제3항에 의하여 그 상대방을 대표할 수 있는 사업자단체 등에게 의견제출의 기회를 주어야 한다. (x) ■ 15 국회8급

고시의 방법으로 불특정 다수인을 상대로 권익을 제한하는 처분을 하는 경우, 상대방에게 사전에 통지하여 의견제출 기회를 주어야 한다. (x) ■ 19 국가9급

행정청이 '고시'의 방법으로 불특정 다수인을 상대로 의무를 부과하거나 권익을 제한하는 처분을 한 경우에도 상대방에게 의견제출의 기회를 주어야 한다. (x) ■ 19 서울7급

의견제출제도는 당사자에게 의무를 부과하거나 권익을 제한하는 경우에 적용되고 수익적 행위나 수익적 행위의 신청에 대한 거부에는 적용이 없으며, 일반처분의 경우에도 적용이 없다. ■ 19 지방7급

고시의 방법으로 불특정 다수인을 상대로 권익을 제한하는 처분을 할 경우 당사자는 물론 제3자에게도 의견제출의 기회를 주어야 한다. (x) ■ 20 지방9급

③ **퇴직연금의 환수결정시 당사자에게 의견진술의 기회를 주지 아니한 경우, 행정절차법 제22조 제3항이나 신의칙에 위반되지 않는다** ★ 20 국가9급, 19 국가7급, 19·18 지방7급, 19 서울7급, 15 국회8급, 15 지방9급, 13 국회9급, 12 사회복지

최신기출 퇴직연금의 환수결정은 당사자에게 의무를 과하는 처분이기는 하나, 관련법령에 따라 당연히 환수금액이 정하여지는 것이므로, 퇴직연금의 환수결정에 앞서 당사자에게 의견진술의 기회를 주지 아니하여도 행정절차법 제22조 제3항이나 신의칙에 어긋나지 아니한다(대판 2000.11.28, 99두5443).

법령에 의해 당연히 퇴직연금 환수금액이 결정되는 경우에도 퇴직연금의 환수결정은 당사자에게 의무를 과하는 처분이기 때문에, 퇴직연금의 환수결정에 앞서 당사자에게 의견진술의 기회를 주어야 한다. (x) ■ 18 지방7급

법령에 따라 당연히 환수금액이 정해지더라도 퇴직연금의 환수결정에 앞서 당사자에게 의견진술의 기회를 주어야 한다. (x) ■ 19 서울7급

「공무원연금법」상 퇴직연금 지급정지 사유기간 중 수급자에게 지급된 퇴직연금의 환수결정은 당사자에게 의무를 과하는 처분으로, 퇴직연금의 환수결정에 앞서 당사자에게 의견진술의 기회를 주지 아니하면 「행정절차법」에 반한다. (x) ■ 19 국가7급

「공무원연금법」상 퇴직연금의 환수결정은 당사자에게 의무를 과하는 처분이므로, 퇴직연금의 환수결정에 앞서 당사자에게 「행정절차법」상의 의견진술의 기회를 주지 아니한 경우 당해 처분은 「행정절차법」 위반이다. (x) ■ 19 지방7급

## (2) 청문

### ① 청문제도의 취지

㉠

청문제도의 취지는 처분으로 말미암아 불이익을 받게 될 영업자에게 미리 변명과 유리한 자료를 제출할 기회를 부여하려는 데에 있다(대판 1992.10.23, 92누2844).

㉡

최신기출 행정절차법이 당사자에게 의무를 부과하거나 권익을 제한하는 처분을 하는 경우에 사전통지 및 의견청취를 하도록 규정한 것은 불이익처분 상대방의 방어권 행사를 실질적으로 보장하기 위함이다(대판 2020.4.29, 2017두31064).

### ② 실시사유 : 행정처분의 근거법령 등에서 청문의 실시를 규정하고 있는 경우, 청문절차를 결여한 처분은 위법하다

㉠ **행정처분의 근거 법령 등에서 청문의 실시를 규정하고 있는 경우, 청문절차를 결여한 처분은 위법으로 취소사유이다** ★ 20 국회8급, 17 지방7급

최신판례 행정절차법 제22조 제1항 제1호에 정한 청문제도는 행정처분의 사유에 대하여 당사자에게 변명과 유리한 자료를 제출할 기회를 부여함으로써 위법사유의 시정가능성을 고려하고 처분의 신중과 적정을 기하려는 데 그 취지가 있으므로, 행정청이 특히 침해적 행정처분을 할 때 그 처분의 근거법령 등에서 청문을 실시하도록 규정하고 있다면, 행정절차법 등 관련법령상 청문을 실시하지 않아도 되는 예외적인 경우에 해당하지 않는 한 반드시 청문을 실시하여야 하며, 그러한 절차를 결여한 처분은 위법한 처분으로서 취소사유에 해당한다(대판 2007.11.16, 2005두15700).

ⓛ 행정청이 침해적 행정처분을 하면서 당사자에게 구 행정절차법에서 정한 사전통지를 하거나 의견제출의 기회를 주지 않은 경우, 처분은 원칙적으로 위법하다

> 행정청이 침해적 행정처분을 하면서 당사자에게 위와 같은 사전통지를 하거나 의견제출의 기회를 주지 않았다면, 사전통지를 하지 않거나 의견제출의 기회를 주지 않아도 되는 예외적인 경우에 해당하지 않는 한, 그 처분은 위법하여 취소를 면할 수 없다(대판 2013.1.16, 2011두30687).

ⓒ 행정청이 침해적 행정처분을 할 때 처분의 근거 법령 등에서 청문을 실시하도록 규정하고 있는 경우, 반드시 청문을 실시하여야 하고, 청문절차를 결여한 처분은 위법한 처분으로 취소사유에 해당한다 ★ 20 서울7급

> **최신기출** 행정청이 특히 침해적 행정처분을 할 때 그 처분의 근거 법령 등에서 청문을 실시하도록 규정하고 있다면, 행정절차법 등 관련 법령상 청문을 실시하지 않아도 되는 예외적인 경우에 해당하지 않는 한, 반드시 청문을 실시하여야 하며, 그러한 절차를 결여한 처분은 위법한 처분으로서 취소사유에 해당한다(대판 2017.4.7, 2016두63224).

> 침익적 행정처분에서 법령상 규정된 청문절차를 결여한 경우 절차상 하자있는 위법한 처분으로 무효사유가 된다. (x) ■ 20 서울7급

ⓔ 사학분쟁조정위원회가 학교법인의 정상화를 심의하는 과정에서 반드시 설립자나 종전이사의 의견을 청취하여야 하는 것은 아니다

> 「사립학교법 시행령」제9조의6 제3항, 「사학분쟁조정위원회 운영규정」제13조 제1항은 조정위원회가 안건의 심의에 필요하다고 인정할 경우 그 판단에 따라 이해관계인 등으로부터 의견을 청취할 수 있다고 규정하고 있을 뿐 반드시 이해관계인 등으로부터 의견청취를 하도록 규정하고 있지 아니하므로, 피고 서울특별시 교육감이 참가인의 임시이사를 해임하고 정식이사를 선임한 이 사건 처분이 원고들의 의견을 청취하지 아니한 상태에서 행하여졌다고 하여 위법하다고 볼 수 없다(대판 2014.1.23, 2012두6629).

ⓜ 지방자치단체의 장이 「공유재산 및 물품관리법」에 근거하여 민간투자사업을 추진하던 중 우선협상대상자 지위를 박탈하는 처분을 하는 경우, 반드시 청문을 실시할 의무는 없다

> **최신판례** 행정절차법이 당사자에게 의무를 부과하거나 권익을 제한하는 처분을 하는 경우에 사전통지 및 의견청취를 하도록 규정한 것은 불이익처분 상대방의 방어권 행사를 실질적으로 보장하기 위함이다. 이러한 행정절차법의 규정 내용과 체계에 의하면, 행정청이 당사자에게 의무를 부과하거나 권익을 제한하는 처분을 하는 경우에는 원칙적으로 행정절차법 제21조 제1항에 따른 사전통지를 하고, 제22조 제3항에 따른 의견제출 기회를 주는 것으로 족하며, 다른 법령 등에서 반드시 청문을 실시하도록 규정한 경우이거나 행정청이 필요하다고 인정하는 경우 등에 한하여 청문을 실시할 의무가 있다(대판 2020.4.29, 2017두31064).

ⓗ 지방자치단체의 장이 「공유재산 및 물품관리법」에 근거하여 민간투자사업을 추진하던 중 우선협상대상자 지위를 박탈하는 처분을 하는 경우, 반드시 청문을 실시할 의무는 없다

> **최신판례** 행정청이 당사자에게 의무를 부과하거나 권익을 제한하는 처분을 하는 경우에는 원칙적으로 행정절차법 제21조 제1항에 따른 사전통지를 하고, 제22조 제3항에 따른 의견제출 기회를 주는 것으로 족하며, 다른 법령 등에서 반드시 청문을 실시하도록 규정한 경우이거나 행정청이 필요하다고 인정하는 경우 등에 한하여 청문을 실시할 의무가 있다(대판 2020.4.29, 2017두31064).

③ 예외사유 : 다음의 경우에는 의견청취를 아니할 수 있다(제22조 제4항).

㉠ 공공의 안전 또는 복리를 위하여 긴급히 처분을 할 필요가 있는 경우

㉡ 법령등에서 요구된 자격이 없거나 없어지게 되면 반드시 일정한 처분을 하여야 하는 경우에 그 자격이 없거나 없어지게 된 사실이 법원의 재판 등에 의하여 객관적으로 증명된 경우

㉢ 기소유예처분에 대한 진정이 안동지청에서 공람종결된 경우

> 원고가 기소유예처분을 받았고, 그에 대한 원고의 진정이 안동지청에서 공람종결되었다고 하여 이 사건이 청문절차의 예외적 사유로 「행정절차법 시행령」 제13조 제3호가 규정하고 있는 '법원의 판결 등에 의하여 처분의 전제가 되는 사실이 객관적으로 증명되어 처분에 따른 의견청취가 불필요하다고 판단되는 경우'에 해당한다고 볼 수 없다 (대판 2004.3.12, 2002두7517).

㉣ 해당 '처분'의 성질상 의견청취가 현저히 곤란하거나 명백히 불필요하다고 인정될 만한 상당한 이유가 있는 경우 (이상은 사전통지와 공통적인 예외사유임)

ⓐ 청문통지서의 반송 여부(수취인 부재 및 수취인 미거주를 이유로 2회 반송), 청문통지의 방법(공시송달), 행정처분의 상대방이 청문일시에 불출석하였다는 이유는 청문의 예외사유가 아니다(서울시 종로구 청진동의 아케이드 이퀍먼트 사건) ★ 21 서울7급, 20 국가7급, 19·13 지방9급, 15·12 지방7급, 10 서울9급

**최신기출** | '의견청취가 현저히 곤란하거나 명백히 불필요하다고 인정될 만한 상당한 이유가 있는지 여부'는 당해 행정처분의 성질에 비추어 판단하여야 하는 것이지, 청문통지서의 반송 여부, 청문통지의 방법 등에 의하여 판단할 것은 아니며, 또한 행정처분의 상대방이 통지된 청문일시에 불출석하였다는 이유만으로 행정청이 관계법령상 그 실시가 요구되는 청문을 실시하지 아니한 채 침해적 행정처분을 할 수는 없을 것이므로, 행정처분의 상대방에 대한 청문통지서가 반송되었다거나, 행정처분의 상대방이 청문일시에 불출석하였다는 이유로 청문을 실시하지 아니하고 한 침해적 행정처분은 위법하다(대판 2001.4.13, 2000두3337).

> 침해적 행정처분을 함에 있어서 행정처분의 상대방이 청문일시에 불출석하였다는 이유로 청문을 실시하지 아니하고 처분을 한 경우 당해 처분은 적법하다는 것이 판례의 입장이다. (x) ■ 15 지방7급
> 구 「공중위생법」상 유기장업허가취소처분을 함에 있어서 두 차례에 걸쳐 발송한 청문통지서가 모두 반송되어 온 경우, 처분의 상대방이 청문일시에 불출석하였다는 이유로 청문을 거치지 않고 한 침해적 행정처분은 적법하다. (x) ■ 19 지방9급
> 행정청은 행정처분의 상대방에 대한 청문통지서가 반송되었거나, 행정처분의 상대방이 청문일시에 불출석하였다는 이유로 청문절차를 생략하고 침해적 행정처분을 할 수 있다. (x) ■ 20 국가7급

ⓑ 행정처분 시 의견청취 예외사유에 관한 행정절차법 제22조 제4항, 제21조 제4항 제3호에서 '의견청취가 현저히 곤란하거나 명백히 불필요하다고 인정될 만한 상당한 이유가 있는 경우'에 해당하는지 판단할 때 처분상대방이 이미 행정청에 위반사실을 시인하였다거나 처분의 사전통지 이전에 의견을 진술할 기회가 있었다는 사정을 고려하여야 하는 것은 아니다

> 관련 법령이 정한 청문 등 의견청취를 하지 아니할 수 있는 예외에 해당하는지는 해당 행정처분의 성질에 비추어 판단하여야 하며, 처분상대방이 이미 행정청에게 위반사실을 시인하였다거나 처분의 사전통지 이전에 의견을 진술할 기회가 있었다는 사정을 고려하여 판단할 것은 아니므로, 앞서 본 대로 원고의 방문 당시 담당공무원이 원고에게 관련 법규와 행정처분 절차에 대하여 설명을 하였다거나 그 자리에서 청문절차를 진행하고자 하였음에도 원고가 이에 응하지 않았다는 사정만으로 '처분의 성질상 의견청취가 현저히 곤란하거나 명백히 불필요하다고 인정될 만한 상당한 이유가 있는 경우'나 또는 '당사자가 의견진술의 기회를 포기한다는 뜻을 명백히 표시한 경우'에 해당한다고 볼 수도 없다(대판 2017.4.7, 2016두63224).

ⓔ 당사자가 의견진술의 기회를 포기한다는 뜻을 명백히 표시한 경우

ⓐ 행정청과 당사자 사이의 의견청취절차배제협약은 예외사유가 아니다

★ 21·19 서울7급, 20·14 지방9급, 20·16 국가9급, 19·12 지방7급, 14 변호사, 13 국회9급, 13 순경특채, 11 사회복지

<table>
<tr><td>최신기출</td><td>행정청이 당사자와 사이에 도시계획사업의 시행과 관련한 협약을 체결하면서 관계법령 및 행정절차법에 규정된 청문의 실시 등 의견청취절차를 배제하는 조항을 두었다고 하더라도, 국민의 행정참여를 도모함으로써 행정의 공정성·투명성 및 신뢰성을 확보하고 국민의 권익을 보호한다는 행정절차법의 목적 및 청문제도의 취지 등에 비추어 볼 때, 위와 같은 협약의 체결로 청문의 실시에 관한 규정의 적용을 배제할 수 있다고 볼만한 법령상의 규정이 없는 한, 이러한 협약이 체결되었다고 하여 청문의 실시에 관한 규정의 적용이 배제된다거나 청문을 실시하지 않아도 되는 예외적인 경우에 해당한다고 할 수 없다(대판 2004.7.8, 2002두8350).</td></tr>
</table>

의견청취절차를 배제하는 내용의 협약이 체결되었다면, 청문실시에 관한 규정의 적용이 배제되거나 청문을 실시하지 않아도 되는 예외적인 경우에 해당한다. (x) ■ 19 서울7급
행정청이 당사자와 사이에 도시계획사업의 시행과 관련한 협약을 체결하면서 관련 법령상 요구되는 청문절차를 배제하는 조항을 두었다면, 이는 청문을 실시하지 않아도 되는 예외적인 경우에 해당한다. (x) ■ 20 국가9급
행정청이 당사자와 사이에 도시계획사업의 시행과 관련한 협약을 체결하면서 관계 법령 및 행정절차법에 규정된 청문의 실시 등 의견청취절차를 배제하는 조항을 두었다면 청문을 실시하지 않아도 되는 예외적인 경우에 해당한다고 할 수 있다. (x) ■ 21 서울7급

④ 청문의 종결 : 행정청은 처분을 함에 있어서 제출받은 청문조서, 청문 주재자의 의견서 그 밖의 관계서류 등을 충분히 검토하고 상당한 이유가 있다고 인정하는 경우에는 청문결과를 반영하여야 한다(제35조의2).

㉠ 광업용 토지수용을 위한 사업인정 여부를 결정함에 있어 처분청이 그 의견에 기속되어야 하는 것은 아니다

★ 19 지방9급

<table>
<tr><td>광업법 제88조 제2항에서 처분청이 광업용 토지수용을 위한 사업인정(특허)을 하고자 할 때에 토지소유자와 토지에 관한 권리를 가진 자의 의견을 들어야 한다고 한 것은 그 사업인정 여부를 결정함에 있어서 소유자나 기타 권리자가 의견을 반영할 기회를 주어 이를 참작하도록 하고자 하는 데 있을 뿐, 처분청이 그 의견에 기속되는 것은 아니다(대판 1995.12.22, 95누30).</td></tr>
</table>

구 「광업법」에 근거하여 처분청이 광업용 토지수용을 위한 사업인정을 하면서 토지소유자와 토지에 관한 권리를 가진 자의 의견을 들은 경우 처분청은 그 의견에 기속된다. (x) ■ 19 지방9급

⑤ 청문의 하자 : 청문절차를 결여한 처분의 위법성 정도에 대해 다수설은 중대명백설을 취하지만, 취소사유라는 것이 최근의 대법원의 주류적 경향이다.

㉠ 구 「금융산업의 구조개선에 관한 법률」 제14조 제2항·제3항에 의하여 금융감독위원회의 요청에 따라 이루어진 재정경제부장관의 은행업 등의 인허가 취소에 같은법 제14조의2 소정의 청문절차를 거치지 아니한 절차상의 잘못이 있다는 사정만으로 그에 선행된 금융감독위원회의 계약이전결정이 위법하게 되지 않는다

<table>
<tr><td>금융감독위원회의 계약이전결정과 재정경제부장관의 은행업 등의 인허가 취소는 각기 그 처분을 하는 주체나 내용 및 절차 등을 달리하여 별개의 행정처분에 해당한다고 할 것이어서 금융감독위원회의 요청에 따라 이루어진 재정경제부장관의 은행업 등의 인허가 취소에 구 「금융산업의 구조개선에 관한 법률」 제14조의2에 정하여진 청문절차를 거치지 아니한 절차상의 잘못이 있다 하더라도 그와 같은 사정만으로 그에 앞서 이루어진 금융감독위원회의 계약이전결정이 위법하게 된다고 볼 것은 아니다(대판 2002.4.12, 2001다38807).</td></tr>
</table>

### (3) 공청회

**묘지공원과 화장장의 후보지를 선정하는 과정에서 행정청이 아닌 추모공원건립추진협의회가 개최한 공청회는 행정절차법에서 정한 절차를 준수하여야 하는 것은 아니다** ★ 19 지방9급, 13 국회8급

최신기출 | 위 각 공청회는 이 사건 협의회가 이 사건 추모공원의 후보지를 선정하는 과정에서 후보지 주민들의 의견을 청취하기 위하여 그 명의로 개최된 것일 뿐이지, 행정청인 피고가 이 사건 도시계획시설결정이라는 처분을 함에 있어서 당해 처분의 영향이 광범위하여 널리 의견을 수렴할 필요가 있다고 스스로 인정하여 개최한 공청회가 아니므로, 위 각 공청회를 개최함에 있어 행정절차법에서 정한 절차를 준수하여야 하는 것은 아니라 할 것이고, 위 각 공청회 개최과정에서 피고가 이 사건 협의회의 구성원으로서 행정적인 업무지원을 하였다 하여 달리 볼 것은 아니다(대판 2007. 4.12, 2005두1893).

### (4) 입법예고

「소득세법 시행령」(1989.8.1. 대통령령 제12767호로 개정되기 전의 것) 제115조 제3항 및 같은법 시행규칙 제56조의5 제7항의 효력은 유효이다(대판 1990.6.8, 90누2420).

# 제3항 절차하자와 행정행위의 효력

## Ⅰ. 절차하자의 독자적 위법사유 인정 여부

판례도 재량행위와 기속행위의 구별 없이 이유부기의 하자를 이유로 행정행위의 취소를 구할 수 있다고 판시하여 독자적 위법사유로 보는 적극설에 따르고 있다.

### 1. 기속행위의 경우 ★ 17 국회8급, 17 지방9급, 11 국가7급

부과처분의 실체가 적법한 이상 납세고지서의 기재사항 누락이라는 경미한 형식상의 하자 때문에 부과처분을 취소한다면 소득이 있는데 세금을 부과하지 못하는 불공평이 생긴다거나, 다시 납세부과처분이나 보완통지를 하는 등 무용한 처분을 되풀이한다 하더라도 이로 인하여 경제적, 시간적, 정신적인 낭비만 초래하게 된다는 사정만으로는 과세처분을 취소하는 것이 행정소송법 제12조에서 말하는 현저히 공공복리에 적합하지 않거나 납세의무자에게 실익이 전혀 없다고 할 수 없다(대판 1984.5.9, 84누116).

기속행위의 경우에는 절차상의 하자만으로 독립된 취소사유가 될 수 없으나, 재량행위의 경우에는 절차상의 하자만으로도 독립된 취소사유가 된다. (×) ■ 17 지방9급

### 2. 재량행위의 경우

식품위생법 제64조, 같은법 시행령 제37조 제1항 소정의 청문절차를 전혀 거치지 아니하거나 거쳤다고 하여도 그 절차적 요건을 제대로 준수하지 아니한 경우에는 가사 영업정지사유 등 위 법 제58조 등 소정사유가 인정된다고 하더라도 그 처분은 위법하여 취소를 면할 수 없다(대판 1991.7.9, 91누971).

## 3. 공람공고절차를 위배한 도시계획변경결정처분의 효력

> 공람·공고절차를 위배한 도시계획변경결정신청은 위법하다고 아니할 수 없고 행정처분에 위와 같은 법률이 보장한 절차의 흠결이 있는 위법사유가 존재하는 이상 그 내용에 있어 재량권의 범위 내이고 변경될 가능성이 없다 하더라도 그 행정처분은 위법하다(대판 1988.5.24, 87누388).

# II. 절차하자의 위법성의 정도

대법원은 개별적 사안에 따라 구체적으로 판단하기 때문에 일정하지는 않으나, 청문과 이유부기의 하자에 관하여 대체로 취소사유로 보고 있다.

## 1. 이유부기의 하자는 취소사유 ★ 12 순경특채

> 세액의 산출근거가 기재되지 아니한 물품세 납세고지서에 의한 부과처분은 위법한 것으로서 취소의 대상이 된다(대판 1984.5.9, 84누116).

## 2. 청문을 결한 행정처분은 취소사유

> 행정청이 특히 침해적 행정처분을 할 때 그 처분의 근거법령등에서 청문을 실시하도록 규정하고 있다면, 행정절차법 등 관련법령상청문을 실시하지 않아도 되는 예외적인 경우에 해당하지 않는 한 반드시 청문을 실시하여야 하며, 그러한 절차를 결여한 처분은 위법한 처분으로서 취소사유에 해당한다(대판 2007.11.16, 2005두15700).

# III. 절차하자와 국가배상

판례는 상대적 위법성설의 입장에서 절차법적 위법이 있다 해도, 이로 인해 바로 구체적 위법성이 인정되는 것이 아니라 가해행위의 위반내용 등 제반사정을 종합적으로 검토하여 개별·구체적으로 정해야 한다는 입장이다(장태주).

## 1. 징벌처분의 절차상 하자와 국가배상책임의 성립 여부

> 설령 원심이 판시하고 있는 것처럼 대구교도소장이 아닌 관구교감에 의하여 고지된 이 사건 금치처분이 「행형법(형의 집행 및 수용자의 처우에 관한 법률) 시행령」 제144조의 규정에 반하는 것으로서 절차적인 면에서 위법하다고 하더라도, 교도소장이 아닌 일반교도관 또는 중간관리자에 의하여 징벌내용이 고지되었다는 사유에 의하여 당해 징벌처분이 위법하다는 이유로 공무원의 고의·과실로 인한 국가배상책임을 인정하기 위하여는 징벌처분이 있게 된 규율위반행위의 내용, 징벌혐의내용의 조사·징벌혐의자의 의견진술 및 징벌위원회의 의결 등 징벌절차의 진행경과, 징벌의 내용 및 그 집행경과 등 제반사정을 종합적으로 고려하여 징벌처분이 객관적 정당성을 상실하고 이로 인하여 손해의 전보책임을 국가에게 부담시켜야 할 실질적인 이유가 있다고 인정되어야 할 것이다(대판 2004.12.9, 2003다50184).

## 2. 국가나 지방자치단체가 행정절차를 진행하는 과정에서 주민들의 의견제출 등 절차적 권리를 보장하지 않은 위법이 있더라도 절차적 권리 침해로 인한 정신적 고통에 대한 배상이 인정되지 않는 경우

> **최신판례**
>
> 법령에서 주민들의 행정절차 참여에 관하여 정하는 것은 어디까지나 주민들에게 자신의 의사와 이익을 반영할 기회를 보장하고 행정의 공정성, 투명성과 신뢰성을 확보하며 국민의 권익을 보호하기 위한 것일 뿐, 행정절차에 참여할 권리 그 자체가 사적 권리로서의 성질을 가지는 것은 아니다. 이와 같이 행정절차는 그 자체가 독립적으로 의미를 가지는 것이라기보다는 행정의 공정성과 적정성을 보장하는 공법적 수단으로서의 의미가 크므로, 관련 행정처분의 성립이나 무효·취소 여부 등을 따지지 않은 채 주민들이 일시적으로 행정절차에 참여할 권리를 침해받았다는 사정만으로 곧바로 국가나 지방자치단체가 주민들에게 정신적 손해에 대한 배상의무를 부담한다고 단정할 수 없다.
> 이와 같은 행정절차상 권리의 성격이나 내용 등에 비추어 볼 때, 국가나 지방자치단체가 행정절차를 진행하는 과정에서 주민들의 의견제출 등 절차적 권리를 보장하지 않은 위법이 있다고 하더라도 그 후 이를 시정하여 절차를 다시 진행한 경우, 종국적으로 행정처분 단계까지 이르지 않거나 처분을 직권으로 취소하거나 철회한 경우, 행정소송을 통하여 처분이 취소되거나 처분의 무효를 확인하는 판결이 확정된 경우 등에는 주민들이 절차적 권리의 행사를 통하여 환경권이나 재산권 등 사적 이익을 보호하려던 목적이 실질적으로 달성된 것이므로 특별한 사정이 없는 한 절차적 권리 침해로 인한 정신적 고통에 대한 배상은 인정되지 않는다(대판 2021.7.29, 2015다221668).

## 3. 주민들의 절차적 권리 침해로 인한 정신적 고통이 여전히 남아 있다고 볼 특별한 사정이 있는 경우, 국가나 지방자치단체는 그로 인한 손해를 배상할 책임이 있다

> **최신판례**
>
> 다만 이러한 조치로도 주민들의 절차적 권리 침해로 인한 정신적 고통이 여전히 남아 있다고 볼 특별한 사정이 있는 경우에 국가나 지방자치단체는 그 정신적 고통으로 인한 손해를 배상할 책임이 있다(대판 2021.7.29. 2015다221668).

## 4. 특별한 사정에 대한 주장·증명책임의 소재(=청구하는 주민들) 및 특별한 사정이 있는지 판단하는 기준

> **최신판례**
>
> 이때 특별한 사정이 있다는 사실에 대한 주장·증명책임은 이를 청구하는 주민들에게 있고, 특별한 사정이 있는지는 주민들에게 행정절차 참여권을 보장하는 취지, 행정절차 참여권이 침해된 경위와 정도, 해당 행정절차 대상 사업의 시행경과 등을 종합적으로 고려해서 판단해야 한다(대판 2021.7.29, 2015다221668).

# 제2절 민원처리

## Ⅰ. 민원과 복합민원

1. 복합민원에 있어서 필요한 인허가를 일괄하여 신청하지 아니하고 그 중 어느 하나의 인허가만을 신청한 경우, 근거법령이 아닌 다른 관계법령을 고려하여 그 인허가 여부를 결정할 수 있는지 여부(한정적극)

> 하나의 민원 목적을 실현하기 위하여 관계법령등에 의하여 다수 관계기관의 허가·인가·승인·추천·협의·확인 등의 인허가를 받아야 하는 복합민원에 있어서 필요한 인허가를 일괄하여 신청하지 아니하고 그 중 어느 하나의 인허가만을 신청한 경우에도 그 근거법령에서 다른 법령상의 인허가에 관한 규정을 원용하고 있거나 그 대상행위가 다른 법령에 의하여 절대적으로 금지되고 있어 그 실현이 객관적으로 불가능한 것이 명백한 경우에는 이를 고려하여 그 인허가 여부를 결정할 수 있다. … 구 문화재보호법 제2조, 제4조 내지 제8조, 제20조 제4호, 제55조 및 제58조 제2항에 의하면, 문화재 혹은 그 보호구역에서의 현상변경 행위 등은 소정의 허가를 받아야 하지만, 이는 그 문화재가 국가지정 문화재 또는 시도지정 문화재이거나 시도지사가 지정한 문화재자료에 해당할 것을 전제로 하고 있는 데 비하여, 기록에 의하면, 이 사건 토지에 인접한 원심 판시의 분오리 돈대는 이 사건 처분 당시 「강화군 향토유적조례」에 기하여 지정된 향토유적일 뿐 위와 같은 문화재보호법상의 지정문화재에 해당하지 아니함을 알 수 있으므로, 이와 같은 향토유적 인접지에서의 건축행위에 문화재보호법상의 허가가 요구된다고도 할 수 없다. … 그러므로 이 사건 토지에 대한 농지법상의 농지전용허가 여부를 심사하는 데에는 그 전용 목적과 관련된 다른 법령상의 인허가요건을 고려할 수 있다고 하더라도, 원고가 구체적으로 전용목적사업으로 삼고 있는 이 사건 주택 및 화장실의 신축은 인근에 향토유적인 원심 판시의 분오리 돈대가 있다고 하여 건축법이나 문화재보호법 또는 「강화군 향토유적조례」상 별도의 인허가 등을 받아야 하는 것은 아니고, 한편 농지법이나 그 시행령에서 이러한 향토유적의 보호를 농지전용허가의 제한사유로 규정하고 있지도 아니하므로, 결국 이러한 사유를 들어 원고의 이 사건 농지전용허가신청을 거부할 수는 없다(대판 2000.3.24, 98두8766).

## Ⅱ. 적용범위

사업계획승인 신청 민원의 처리기간과 승인 의제에 관한 「중소기업창업 지원법」 제33조 제3항은 「민원 처리에 관한 법률」 제3조 제1항에서 정한 '다른 법률에 특별한 규정이 있는 경우'에 해당하고, 사업계획승인 신청을 받은 시장 등에게 「민원 처리에 관한 법률 시행령」 제21조 제1항 본문에 따라 처리기간을 임의로 연장할 수 있는 재량이 없다

> `최신판례` 사업계획승인 신청 민원의 처리기간과 승인 의제에 관한 중소기업창업법 제33조 제3항은 민원처리법 제3조 제1항에서 정한 '다른 법률에 특별한 규정이 있는 경우'에 해당한다. 따라서 사업계획승인 신청을 받은 시장 등은 민원처리법 시행령 제21조 제1항 본문에 따라 처리기간을 임의로 연장할 수 있는 재량이 없고, 사업계획승인 신청을 받은 날부터 20일 이내에 승인 여부를 알리지 않은 때에는 중소기업창업법 제33조 제3항에 따라 20일이 지난 날의 다음 날에 해당 사업계획에 대한 승인처분이 이루어진 것으로 의제된다(대판 2021.3.11, 2020두42569).

## III. 민원의 처리

### 1. 민원사무처리규정 제11조 제1항 소정의 보완 또는 보정의 대상이 되는 흠결 및 흠결서류의 접수를 거부 또는 반려할 정당한 사유가 있는 경우 ★ 20 서울7급

민원사무처리규정 제11조 제1항 소정의 보완 또는 보정의 대상이 되는 흠결은 보완 또는 보정할 수 있는 경우이어야 함은 물론이고, 그 내용 또한 형식적, 절차적인 요건에 한하고 실질적인 요건에 대하여까지 보완 또는 보정 요구를 하여야 한다고 볼 수 없으며, 또한 흠결된 서류의 보완 또는 보정을 하면 이미 접수된 주요서류의 대부분을 새로 작성함이 불가피하게 되어 사실상 새로운 신청으로 보아야 할 경우에는 그 흠결서류의 접수를 거부하거나 그것을 반려할 정당한 사유가 있는 경우에 해당하여 이의 접수를 거부하거나 반려하여도 위법이 되지 않는다 (대판 1991.6.11, 90누8862).

### 2. 구 「민원사무 처리에 관한 법률」 제19조 제1항에서 정한 사전심사결과 통보는 항고소송의 대상이 되는 행정처분에 해당하지 않는다 ★ 19 지방9급

사전심사청구제도는 민원인이 대규모의 경제적 비용이 수반되는 민원사항에 대하여 간편한 절차로써 미리 행정청의 공적 견해를 받아볼 수 있도록 하여 민원행정의 예측 가능성을 확보하게 하는 데에 취지가 있다고 보이고, 민원인이 희망하는 특정한 견해의 표명까지 요구할 수 있는 권리를 부여한 것으로 보기는 어려운 점, 행정청은 사전심사결과 가능하다는 통보를 한 때에도 구 민원사무처리법 제19조 제3항에 의한 제약이 따르기는 하나 반드시 민원사항을 인용하는 처분을 해야 하는 것은 아닌 점, 행정청은 사전심사결과 불가능하다고 통보하였더라도 사전심사결과에 구애되지 않고 민원사항을 처리할 수 있으므로 불가능하다는 통보가 민원인의 권리의무에 직접적 영향을 미친다고 볼 수 없고, 통보로 인하여 민원인에게 어떠한 법적 불이익이 발생할 가능성도 없는 점 등 여러 사정을 종합해 보면, 구 민원사무처리법이 규정하는 사전심사결과 통보는 항고소송의 대상이 되는 행정처분에 해당하지 아니한다(대판 2014.4.24, 2013두7834).

### 3.

민원사무를 처리하는 행정기관이 민원 1회방문 처리제를 시행하는 절차의 일환으로 민원사항의 심의·조정 등을 위한 민원조정위원회를 개최하면서 민원인에게 회의일정 등을 사전에 통지하지 않은 경우, 민원사항에 대한 행정기관의 장의 거부처분에 취소사유에 이를 정도의 흠이 존재하지 않는다(대판 2015.8.27. 2013두1560). ★ 17·15 국회8급

처분 이전에 개최하도록 되어 있는 민원조정위원회의 경우, 민원조정위원회의 절차요건에 하자가 있을 때에는 그 처분이 재량행위이면 위법하다고 할 수 없으나 그 처분이 기속행위이면 재량권 일탈·남용이라고 볼 수 있는 한 취소의 대상이 되는 위법한 행위이다. (x) ■ 15 국회8급

판례는 민원사무를 처리하는 행정기관이 민원 1회 방문 처리제를 시행하는 절차의 일환으로 민원사항의 심의, 조정 등을 위한 민원조정위원회를 개최하면서 민원인에게 회의일정 등을 사전에 통지하지 아니하였다면 취소사유가 존재한다는 입장이다. (x) ■ 17 국회8급

### 4. 위 거부처분이 위법한 경우

다만 행정기관의 장의 거부처분이 재량행위인 경우에, 위와 같은 사전통지의 흠결로 민원인에게 의견진술의 기회를 주지 아니한 결과 민원조정위원회의 심의과정에서 고려대상에 마땅히 포함시켜야 할 사항을 누락하는 등 재량권의 불행사 또는 해태로 볼 수 있는 구체적 사정이 있다면, 거부처분은 재량권을 일탈·남용한 것으로서 위법하다(대판 2015.8.27, 2013두1560).

# 제3절 행정규제

규제개혁위원회가 행정규제기본법 제14조에 의하여 한 '자원의절약과재활용촉진에관한법률 시행규칙 제4조 [별표 2] 비고 1.의 나.의 단서조항을 삭제하라'는 내용의 권고결정에 대하여 환경부장관이 이에 따라야 할 작위의무를 지는 것은 아니고 이로써 청구인들의 기본권을 침해하는 공권력의 불행사에 해당하지도 않는다

> 행정규제기본법 제14조는 기본적으로 행정기관의 장이 규제개혁위원회의 권고를 존중하여 자발적으로 그 내용에 부응하는 조치를 할 것을 독려하는 내용이라고 보이고 행정규제위원회의 권고결정이 그 상대방인 환경부장관에 대하여 어떠한 법적 구속력이나 강제력을 갖는다고 보기는 어렵다. 또한 위 법상으로 상대방 행정기관이 규제개혁위원회의 '권고'대로 이행할 것을 강제하기 위한 어떠한 절차규정도 두고 있지 아니하고, 규제개혁위원회의 권고결정이 내려졌다 하여 이를 근거로 이해관계인인 국민이 직접 상대방 행정기관에게 그 권고내용대로 조치할 것을 청구할 권한이 발생하는 것도 아니므로 환경부장관이 위 규제개혁위원회의 삭제 권고대로 이행하지 아니하였더라도 그것이 위 청구인들의 기본권을 침해하는 공권력의 불행사에 해당한다고 할 수 없다(헌재결 2007.2.22, 2003헌마428).

# 제4절 행정정보공개

## Ⅰ. 행정정보공개청구권

### 1. 의의

#### (1) 알 권리의 핵심은 일반적 정보공개청구권이다 ★ 10 지방9급

> '알 권리'는 민주국가에 있어서 국정의 공개와도 밀접한 관련이 있는데 우리 헌법에 보면 입법의 공개(제50조 제1항), 재판의 공개(제109조)에는 명문규정을 두고 행정의 공개에 관하여서는 명문규정을 두고 있지 않으나, '알 권리'의 생성기반을 살펴볼 때 이 권리의 핵심은 정부가 보유하고 있는 정보에 대한 국민의 알 권리, 즉 국민의 정부에 대한 일반적 정보공개를 구할 권리(청구권적 기본권)라고 할 것이며, 또한 자유민주적 기본질서를 천명하고 있는 헌법 전문과 제1조 및 제4조의 해석상 당연한 것이라고 봐야 할 것이다(헌재결 1989.9.4, 88헌마22).

#### (2) 알 권리에는 일반적 정보공개청구권이 포함된다 ★ 21 국가9급

최신기출
> 국민의 알 권리, 특히 국가정보에의 접근의 권리는 우리 헌법상 기본적으로 표현의 자유와 관련하여 인정되는 것으로 그 권리의 내용에는 일반국민 누구나 국가에 대하여 보유·관리하고 있는 정보의 공개를 청구할 수 있는 이른바 일반적인 정보공개청구권이 포함되고, 이 청구권은 「공공기관의 정보공개에 관한 법률」이 1998.1.1. 시행되기 전에는 구 사무관리규정(현 행정업무의 효율적 운영에 관한 규정) 제33조 제2항과 행정정보공개운영지침에서 구체화되어 있었다(대판 1999.9.21, 97누5114).

> 국민의 알 권리의 내용에는 일반 국민 누구나 국가에 대하여 보유·관리하고 있는 정보의 공개를 청구할 수 있는 이른바 일반적인 정보공개청구권이 포함된다. ■ 21 국가9급

**(3) 군수관리의 임야조사서, 토지조사부에 대한 청구인의 열람·복사 신청에 불응한 부작위는 재산권 침해가 아닌 알·권리 침해에 해당**

부동산소유권의 회복을 위한 입증자료로 사용하고자 청구인이 문서의 열람·복사 신청을 하였으나 행정청이 이에 불응하였다 하더라도 그 불응한 행위로 인하여 청구인의 재산권이 침해당하였다고는 보기 어려우나, 청구인의 정당한 이해관계가 있는 정부보유의 정보의 개시에 대하여 행정청이 아무런 검토 없이 불응한 부작위는 헌법 제21조에 규정된 표현의 자유와 자유민주주의적 기본질서를 천명하고 있는 헌법 전문, 제1조, 제4조의 해석상 국민의 정부에 대한 일반적 정보 공개를 구할 권리(청구권적 기본권)로서 인정되는 알 권리를 침해한 것이다(헌재결 1989.9.4, 88헌마22).

**(4) 확정된 형사소송기록의 복사신청에 대한 거부행위는 알 권리 침해에 해당한다**

확정된 형사소송기록의 복사신청에 대한 서울지방검찰청의정부지청장의 거부행위는 청구인의 헌법상의 기본권인 '알 권리'를 침해한 것이다(헌재결 1991.5.13, 90헌마133).

**(5) 법원이 형을 선고받은 피고인에게 재판서를 송달하지 않는다고 하여 국민의 알 권리를 침해한다고 할 수 없다**

재판의 선고는 공판기일에 출석한 피고인에게 주문을 낭독하고 이유의 요지를 설명하여야 하는 것이 원칙으로 되어 있으며, 형사소송법 제324조는 형을 선고하는 경우에는 재판장은 피고인에게 상소할 기간과 상소할 법원을 고지하여야 한다고 규정하고 있으므로, 법원이 형을 선고받은 피고인에게 재판서를 송달하지 않는다고 하여 국민의 알 권리를 침해한다고 할 수 없고, 형사소송법 제343조 제2항이 상소기간을 재판서 송달일이 아닌 재판선고일로부터 계산하는 것이 과잉으로 국민의 재판청구권을 제한한다고 할 수 없다(헌재결 1995.3.23, 92헌바1).

**(6) 국회예산결산특별위원회 계수조정소위원회의 성격, 국회관행 등을 이유로 동 위원회 회의에 대한 시민단체의 방청을 불허한 것이 알 권리를 침해한 것이 아니다**

예산심의에 관하여 이해관계를 가질 수밖에 없는 많은 국가기관과 당사자들에게 계수조정과정을 공개하기는 곤란하다는 점과, 계수조정소위원회를 비공개로 진행하는 것이 국회의 확립된 관행이라는 점을 들어 방청을 불허한 것이고, 한편 절차적으로도 계수조정소위원회를 비공개로 함에 관하여는 예산결산특별위원회 위원들의 실질적인 합의 내지 찬성이 있었다고 볼 수 있으므로, 이 사건 소위원회 방청불허행위를 헌법이 설정한 국회 의사자율권의 범위를 벗어난 위헌적인 공권력의 행사라고 할 수 없다(헌재결 2000.6.29, 98헌마443·99헌마583).

## 2. 법적 근거

### (1) 헌법상 근거

판례는 헌법상 표현의 자유에서 근거를 찾는다. 또한 정보공개청구권 내지 알 권리는 법률에 의한 구체화 없이도 헌법에 의하여 직접 인정되는 헌법직접적 권리인가에 대해 최근 대법원 및 헌법재판소의 판결·결정들을 통해 이를 긍정하고 있다.

#### ① 알 권리는 법률의 제정이 없더라도 헌법 제21조에 의해 가능하다 ★ 10 지방9급

> 헌법 규정만으로 이를 실현할 수 있는가 구체적인 법률의 제정이 없이는 불가능한 것인가에 대하여서는 다시 견해가 갈릴 수 있지만, 본건 서류에 대한 열람·복사 민원의 처리는 법률의 제정이 없더라도 불가능한 것이 아니라 할 것이고, 또 비록 공문서 공개의 원칙보다는 공문서의 관리·통제에 중점을 두고 만들어진 규정이기는 하지만 「정부공문서 규정」 제36조 제2항이 미흡하나마 공문서의 공개를 규정하고 있는 터이므로 이 규정을 근거로 해서 국민의 알권리를 곧바로 실현시키는 것이 가능하다고 보아야 할 것이다. 이러한 관점에서 청구인의 자기에게 정당한 이해관계가 있는 정부 보유 정보의 개시 요구에 대하여 행정청이 아무런 검토 없이 불응하였다면 이는 청구인이 갖는 헌법 제21조에 규정된 언론 출판의 자유 또는 표현의 자유의 한 내용인 '알 권리'를 침해한 것이라 할 수 있으며, 그 이외에도 자유민주주의 국가에서 국민주권을 실현하는 핵심이 되는 기본권이라는 점에서 국민주권주의(제1조), 각 개인의 지식의 연마, 인격의 도야에는 가급적 많은 정보에 접할 수 있어야 한다는 의미에서 인간으로서의 존엄과 가치(제10조) 및 인간다운 생활을 할 권리(제34조 제1항)와 관련이 있다 할 것이다(헌재결 1989.9.4, 88헌마22).

#### ② 알 권리의 근거는 헌법 제21조의 표현의 자유이다

> 자유로운 의사의 형성은 정보에의 접근이 충분히 보장됨으로써 비로소 가능한 것이며, 그러한 의미에서 정보에의 접근·수집·처리의 자유, 즉 '알 권리'는 표현의 자유와 표리일체의 관계에 있으며 … 이러한 '알 권리'는 표현의 자유에 당연히 포함되는 것으로 보아야 하며 인권에 관한 세계선언 제19조도 '알 권리'를 명시적으로 보장하고 있다(헌재결 1991.5.13, 90헌마133).

#### ③ 알 권리는 자유권적 기본권과 청구권적 기본권, 생활권적 기본권의 복합적 성질을 공유하는 권리이다

★ 20 지방7급, 17 국가7급

> [최신기출] '알 권리'는 표현의 자유와 표리일체의 관계에 있으며 자유권적 성질과 청구권적 성질을 공유하는 것이다. 자유권적 성질은 일반적으로 정보에 접근하고 수집·처리함에 있어서 국가권력의 방해를 받지 아니한다는 것을 말하며, 청구권적 성질은 의사형성이나 여론 형성에 필요한 정보를 적극적으로 수집하고 수집을 방해하는 방해제거를 청구할 수 있다는 것을 의미하는바, 이는 정보수집권 또는 정보공개청구권으로 나타난다. 나아가 현대사회가 고도의 정보화사회로 이행해감에 따라 '알 권리'는 한편으로 생활권적 성질까지도 획득해 나가고 있다(헌재결 1991.5.13, 90헌마133).

### (2) 정보공개조례

대법원은 법적 근거 없이 제정된 청주시 정보공개조례안의 적법성을 인정하였다. 이러한 대법원의 판결에 따라 많은 지방자치단체가 행정정보공개조례를 제정하고 있다. 「공공기관의 정보공개에 관한 법률」 "지방자치단체는 그 소관 사무에 관하여 법령의 범위에서 정보공개에 관한 조례를 정할 수 있다."(제4조 제2항)라고 명시적으로 규정하고 있다.

#### ① 법적 근거 없이 제정된 청주시 정보공개조례안은 적법 ★ 13 국가9급

> 청주시의회에서 의결한 청주시행정정보공개조례안은 행정에 대한 주민의 알 권리의 실현을 그 근본내용으로 하면서도 이로 인한 개인의 권익침해 가능성을 배제(법령상 공개가 금지되었거나, 개인의 사생활을 침해할 우려가 있거나, 행정집행과정에 관련되었거나, 집행기관이 공익 등의 이유로 공개하지 않는 것이 명백하다고 판단되는 등의 정보를 제외)하고 있으므로 이를 들어 주민의 권리를 제한하거나 의무를 부과하는 조례라고는 단정할 수 없고, 따라서 그 제정에 있어서 반드시 법률의 개별적 위임이 따로 필요한 것은 아니다(대판 1992.6.23, 92추17).

## 3. 정부의 정보공개의무

### (1) 특정정보에 대한 공개청구가 없었던 경우 일반적인 정보공개의무는 없다(헌법재판소) ★ 12 지방7급

> 알 권리에서 파생되는 정부의 공개의무는 특별한 사정이 없는 한 국민의 적극적인 정보수집행위, 특히 특정의 정보에 대한 공개청구가 있는 경우에야 비로소 존재하므로, 정보공개청구가 없었던 경우 대한민국과 중화인민공화국이 2000.7.31. 체결한 양국 간 마늘교역에 관한 합의서 및 그 부속서 중 "2003.1.1.부터 한국의 민간기업이 자유롭게 마늘을 수입할 수 있다."는 부분을 사전에 마늘재배농가들에게 공개할 정부의 의무는 인정되지 아니한다(헌재결 2004.12.16, 2002헌마579).

# II. 「공공기관의 정보공개에 관한 법률」의 내용

## 1. 적용범위

정보의 공개에 관하여는 다른 법률에 특별한 규정이 있는 경우를 제외하고는 이 법에서 정하는 바에 의한다(제4조 제1항). 그러나 국가안전보장에 관련되는 정보 및 보안 업무를 관장하는 기관에서 국가안전보장과 관련된 정보의 분석을 목적으로 수집하거나 작성한 정보에 대해서는 이 법을 적용하지 아니한다(제4조 제3항).

### (1) '다른 법률에 특별한 규정'의 의미 ★ 15 국회8급

> '정보공개에 관하여 다른 법률에 특별한 규정이 있는 경우'에 해당한다고 하여서 정보공개법의 적용을 배제하기 위해서는, 그 특별한 규정이 '법률'이어야 하고, 나아가 그 내용이 정보공개의 대상 및 범위, 정보공개의 절차, 비공개 대상정보 등에 관하여 정보공개법과 달리 규정하고 있는 것이어야 할 것이다(대판 2007.6.1, 2007두2555).

(2) 형사재판확정기록의 공개에 관하여 「공공기관의 정보공개에 관한 법률」에 의한 공개청구는 허용되지 않고, 형사재판확정기록의 열람·등사신청 거부나 제한 등에 대한 불복 방법은 준항고이며, 불기소처분으로 종결된 기록의 정보공개청구 거부나 제한 등에 대한 불복 방법은 항고소송이다 ★ 21 국회8급, 19 지방7급

**최신기출**
**최신판례**

> 2007.6.1. 신설되어 2008.1.1.부터 시행된 형사소송법 제59조의2의 내용과 취지 등을 고려하면, 형사소송법 제59조의2는 재판이 확정된 사건의 소송기록, 즉 형사재판확정기록의 공개 여부나 공개 범위, 불복절차 등에 관하여 「공공기관의 정보공개에 관한 법률」(정보공개법)과 달리 규정하고 있는 것으로 정보공개법 제4조 제1항에서 정한 '정보의 공개에 관하여 다른 법률에 특별한 규정이 있는 경우'에 해당한다. 따라서 형사재판확정기록의 공개에 관하여는 정보공개법에 의한 공개청구가 허용되지 않는다. 따라서 형사재판확정기록에 관해서는 형사소송법 제59조의2에 따른 열람·등사신청이 허용되고 그 거부나 제한 등에 대한 불복은 준항고에 의하며, 형사재판확정기록이 아닌 불기소처분으로 종결된 기록에 관해서는 정보공개법에 따른 정보공개청구가 허용되고 그 거부나 제한 등에 대한 불복은 항고소송절차에 의한다(대결 2022.2.11, 2021모3175).

「형사소송법」이 형사재판확정기록의 공개 여부나 공개 범위, 불복절차 등에 대하여 규정하고 있는 것은 「정보공개법」 제4조제1항에서 정한 '정보의 공개에 관하여 다른 법률에 특별한 규정이 있는 경우'에 해당한다고 볼 수 없으므로 형사재판확정기록의 공개에 관하여는 「정보공개법」에 의한 공개청구가 허용된다. (x) ■ 21 국회8급


## 2. 정보공개청구권자(모든 국민과 일정한 범위의 외국인)

### (1) 「공공기관의 정보공개에 관한 법률」 제6조 제1항 소정의 국민의 범위

★ 20·16 국가7급, 20 서울7급, 20 국회9급, 17·14·12 지방7급, 17·12 국가9급, 15 순경특채, 14·13 행정사

**최신기출**

> 국민에는 자연인은 물론 법인, 권리능력 없는 사단·재단도 포함되고, 법인, 권리능력 없는 사단·재단 등의 경우에는 설립목적을 불문한다(시민단체인 충주환경운동연합의 당사자능력을 인정)(대판 2003.12.12, 2003두8050).

모든 국민은 정보의 공개를 청구할 권리를 가진다고 규정하고 있고, 여기의 국민에는 자연인과 법인이 포함되지만 권리능력 없는 사단은 포함되지 않는다. (x) ■ 17 국가9급

### (2) 국민의 정보공개청구가 권리의 남용에 해당하는 것이 명백한 경우, 정보공개청구권의 행사를 허용해야 하는 것은 아니다 ★ 21·17 지방9급, 17·12·10 지방7급, 15 국회8급, 12 국회9급

**최신기출**

> 국민의 정보공개청구는 정보공개법 제9조에 정한 비공개 대상 정보에 해당하지 아니하는 한 원칙적으로 폭넓게 허용되어야 하지만, 실제로는 해당 정보를 취득 또는 활용할 의사가 전혀 없이 정보공개 제도를 이용하여 사회통념상 용인될 수 없는 부당한 이득을 얻으려 하거나, 오로지 공공기관의 담당공무원을 괴롭힐 목적으로 정보공개청구를 하는 경우처럼 권리의 남용에 해당하는 것이 명백한 경우에는 정보공개청구권의 행사를 허용하지 아니하는 것이 옳다(대판 2014.12.24, 2014두9349).

정보공개제도를 이용하여 사회통념상 용인될 수 없는 부당한 이득을 얻으려 하거나, 오로지 공공기관의 담당공무원을 괴롭힐 목적으로 정보공개청구를 하는 경우라 하더라도 적법한 공개청구 요건을 갖추고 있는 경우라면 정보공개청구권 행사 자체를 권리남용으로 볼 수는 없다. (x) ■ 17 지방9급

정보공개청구권은 국민의 알 권리에 근거한 헌법상 기본권이므로, 권리남용을 이유로 정보공개를 거부하는 것은 허용되지 아니한다. (x) ■ 17 지방7급

오로지 공공기관의 담당공무원을 괴롭힐 목적으로 정보공개청구를 하는 경우에도 정보공개청구권의 행사는 허용되어야 한다. (x) ■ 21 지방9급

**(3)**

손해배상소송에 제출할 증거자료를 획득하기 위한 목적으로 정보공개를 청구한 경우, 오로지 상대방을 괴롭힐 목적으로 정보공개를 구하고 있다는 등의 특별한 사정이 없는 한, 권리남용에 해당하지 아니한다고 한 사례(대판 2004.9.23, 2003두1370) ★ 19 국가7급

> 정보공개를 청구한 목적이 손해배상소송에 제출할 증거자료를 획득하기 위한 것이었고 그 소송이 이미 종결되었다면, 그러한 정보공개청구는 권리남용에 해당한다. (x) ■ 19 국가7급

**(4) 권리남용 부정사례**

> 원고가 피고의 전 직원이었던 소외인의 소송대리인으로서 소송상 유리한 자료를 획득하기 위하여 이 사건 정보공개청구를 하였다 하더라도 그러한 사정만으로 원고의 이 사건 정보공개청구가 권리의 남용에 해당한다고 볼 수 없다(대판 2008.10.23, 2007두1798).

**(5) 교도소에 복역 중인 甲이 지방검찰청 검사장에게 자신에 대한 불기소사건 수사기록 중 타인의 개인정보를 제외한 부분의 공개를 청구하였으나 검사장이 구 「공공기관의 정보공개에 관한 법률」 제9조 제1항 등에 규정된 비공개 대상 정보에 해당한다는 이유로 비공개 결정을 한 사안에서, 甲의 정보공개청구는 권리를 남용하는 행위로서 허용되지 않는다고 한 사례**

> 甲은 위 정보에 접근하는 것을 목적으로 정보공개를 청구한 것이 아니라, 청구가 거부되면 거부처분의 취소를 구하는 소송에서 승소한 뒤 소송비용 확정절차를 통해 자신이 그 소송에서 실제 지출한 소송비용보다 다액을 소송비용으로 지급받아 금전적 이득을 취하거나, 수감 중 변론기일에 출정하여 강제노역을 회피하는 것 등을 목적으로 정보공개를 청구하였다고 볼 여지가 큰 점 등에 비추어 甲의 정보공개청구는 권리를 남용하는 행위로서 허용되지 않는다(대판 2014.12.24, 2014두9349).

**(6) 지방자치단체는 정보공개청구권자인 '국민'에 포함되지 않는다** ★ 16·14 국가7급

> 정보공개청구제도는 국민이 국가·지방자치단체 등이 보유한 정보에 접근하여 그 정보의 공개를 청구할 수 있는 권리로서 이로 인하여 국정에 대한 국민의 참여를 보장하기 위한 제도인 점, 지방자치단체에게 이러한 정보공개청구권이 인정되지 아니한다고 하더라도 헌법상 보장되는 행정자치권 등이 침해된다고 보기는 어려운 점, 오히려 지방자치단체는 공권력기관으로서 이러한 국민의 알 권리를 보호할 위치에 있다고 보아야 하는 점 등에 비추어 보면, 지방자치단체에게는 알 권리로서의 정보공개청구권이 인정된다고 보기는 어렵고, 나아가 「공공기관의 정보공개에 관한 법률」 제4조, 제5조, 제6조의 각 규정의 취지를 종합하면, 「공공기관의 정보공개에 관한 법률」은 국민을 정보공개청구권자로, 지방자치단체를 국민에 대응하는 정보공개의무자로 상정하고 있다고 할 것이므로, 지방자치단체는 공공기관의 정보공개에 관한 법률 제5조에서 정한 정보공개청구권자인 '국민'에 해당되지 아니한다(서울행판 2005.10.12, 2005구합10484).

> 「공공기관의 정보공개에 관한 법률」은 모든 국민을 정보공개청구권자로 규정하고 있는데, 이에는 자연인은 물론 법인, 권리능력 없는 사단·재단, 지방자치단체 등이 포함된다. (x) ■ 17·14 국가7급

## 3. 공개대상정보 및 범위

### (1) 정보의 의의

① 공개를 구하는 정보를 공공기관이 보유·관리하고 있을 상당한 개연성이 있다는 점에 대한 증명책임의 소재는 공개청구자이고 그 정보를 더 이상 보유·관리하고 있지 아니하다는 점에 대한 증명책임의 소재는 공공기관이다

★ 21 변호사, 20 지방7급, 20 서울7급, 19·17 국가7급, 17 국회8급, 15 순경특채, 12 국회9급

> **[최신기출]** 정보공개제도는 공공기관이 보유·관리하는 정보를 그 상태대로 공개하는 제도로서 공개를 구하는 정보를 공공기관이 보유·관리하고 있을 상당한 개연성이 있다는 점에 대하여 원칙적으로 공개청구자에게 증명책임이 있다고 할 것이지만, 공개를 구하는 정보를 공공기관이 한때 보유·관리하였으나 후에 그 정보가 담긴 문서 등이 폐기되어 존재하지 않게 된 것이라면 그 정보를 더 이상 보유·관리하고 있지 아니하다는 점에 대한 증명책임은 공공기관에게 있다(대판 2004.12.9, 2003두12707).

> 공개청구된 정보를 공공기관이 한때 보유·관리하였으나 후에 그 정보가 담긴 문서가 정당하게 폐기되어 존재하지 않게 된 경우, 정보 보유·관리 여부의 입증책임은 정보공개청구자에게 있다. (×) ■ 19 국가7급

②

> 구 「공공기관의 정보공개에 관한 법률」상 당해 정보를 공공기관이 보유·관리하고 있다는 점에 관한 증명의 정도는 그러한 정보를 공공기관이 보유·관리하고 있을 상당한 개연성이 있다는 점을 증명하면 족하다 할 것이다(대판 2007.6.1, 2006두20587).

③ 사경제의 주체라는 지위에서 행한 사업과 관련된 정보라 하더라도 공공기관이 직무상 작성·관리하는 정보라면 정보공개법의 적용대상인 정보에 해당한다

> 정보공개법 제2조 제1호, 제3조에 의하면, 공공기관이 직무상 작성하여 관리하고 있는 정보는 정보공개법이 정하는 바에 따라 공개하여야 하는 것인바, 이 사건 정보는 피고가 주택건설사업과 분양업무라는 직무와 관련하여 작성하고 관리하는 정보임이 기록상 분명하므로, 정보공개법의 적용대상인 정보에 해당한다고 할 것이다. 따라서 이 사건 정보는 피고가 사경제의 주체라는 지위에서 행한 사업과 관련된 정보이니 정보공개법이 적용될 여지가 없다는 피고의 상고이유의 주장은 이유 없다(대판 2007.6.1, 2006두20587).

### (2) 공공기관의 의의

공공기관이란 다음 각 목의 기관을 말한다(제2조 제3호).

가. 국가기관
　　1. 국회, 법원, 헌법재판소, 중앙선거관리위원회
　　2. 중앙행정기관(대통령 소속 기관과 국무총리 소속 기관을 포함한다) 및 그 소속 기관
　　3. 「행정기관 소속 위원회의 설치·운영에 관한 법률」에 따른 위원회
나. 지방자치단체
다. 「공공기관의 운영에 관한 법률」 제2조에 따른 공공기관
라. 지방공기업법에 따른 지방공사 및 지방공단
마. 그 밖에 대통령령으로 정하는 기관

「공공기관의 정보공개에 관한 법률」 제2조 제3호에서 '그 밖에 대통령령이 정하는 기관'이라 함은 다음의 기관을 말한다(동시행령 제2조).

① 「유아교육법」, 「초·중등교육법」, 「고등교육법」에 따른 각급 학교 또는 그 밖의 다른 법률에 따라 설치된 학교 : 사립고등학교와 사립대학교

㉠ 구 「공공기관의 정보공개에 관한 법률 시행령」 제2조 제1호가 정보공개의무를 지는 공공기관의 하나로 사립대학교를 들고 있는 것이 모법의 위임 범위를 벗어났다거나 사립대학교(계명대학교)가 국비의 지원을 받는 범위 내에서만 공공기관의 성격을 가진다고 볼 수 없다

★ 21 국회8급, 21 변호사, 17 지방9급, 15 국가9급, 20·14 지방7급, 12 순경특채, 11 국가7급

정보공개의무기관을 정하는 것은 입법자의 입법형성권에 속하고, 이에 따라 입법자는 구 「공공기관의 정보공개에 관한 법률」 제2조 제3호에서 정보공개의무기관을 공공기관으로 정하였는바, 공공기관은 국가기관에 한정되는 것이 아니라 지방자치단체, 정부투자기관, 그 밖에 공동체 전체의 이익에 중요한 역할이나 기능을 수행하는 기관도 포함되는 것으로 해석되고, 여기에 정보공개의 목적, 교육의 공공성 및 공·사립학교의 동질성, 사립대학교에 대한 국가의 재정지원 및 보조 등 여러 사정을 고려해 보면, 사립대학교에 대한 국비 지원이 한정적·일시적·국부적이라는 점을 고려하더라도, 같은법 시행령 제2조 제1호가 정보공개의무를 지는 공공기관의 하나로 사립대학교를 들고 있는 것이 모법인 구 「공공기관의 정보공개에 관한 법률」의 위임 범위를 벗어났다거나 사립대학교가 국비의 지원을 받는 범위 내에서만 공공기관의 성격을 가진다고 볼 수 없다(대판 2006.8.24, 2004두2783).

구 「공공기관의 정보공개에 관한 법률 시행령」 제2조 제1호가 정보공개의무기관으로 사립대학교를 들고 있는 것은 모법의 위임범위를 벗어난 것으로 위법하다. (x) ■ 15 국가9급

사립대학교는 「공공기관의 정보공개에 관한 법률 시행령」에 따른 공공기관에 해당하나, 국비의 지원을 받는 범위 내에서만 공공기관의 성격을 가진다. (x) ■ 17 지방9급

사립대학교에 정보공개를 청구하였다가 거부될 경우 사립대학교에 대한 국가의 지원이 한정적·국부적·일시적임을 고려한다면 사립대학교 총장을 피고로 하여 취소소송을 제기할 수 없다. (x) ■ 20 지방7급

A대학교가 사립대학교라면 乙이 요청한 자료는 정보공개법의 적용대상이 아니다. (x) ■ 21 변호사

사립대학교는 정보공개 의무기관인 공공기관에 해당하지 않는다. (x) ■ 21 국회8급

㉡ 학교에 대하여 구 「교육관련기관의 정보공개에 관한 특례법」이 적용되는 경우, 구 「공공기관의 정보공개에 관한 법률」을 적용할 수 없는 것은 아니다

교육기관정보공개법은 공공기관이 직무상 작성 또는 취득하여 관리하고 있는 정보 가운데 교육관련기관이 학교교육과 관련하여 직무상 작성 또는 취득하여 관리하고 있는 정보의 공개에 관하여 특별히 규율하는 법률이므로, 학교에 대하여 교육기관정보공개법이 적용된다고 하여 더 이상 정보공개법을 적용할 수 없게 되는 것은 아니라고 할 것이다(대판 2013.11.28, 2011두5049).

학교에 대하여 구 「교육관련기관의 정보공개에 관한 특례법」이 적용되는 경우, 구 「공공기관의 정보공개에 관한 법률」을 적용할 수 없는 것은 아니다. ■ 17 지방9급

② 삭제 〈2021.6.22.〉

③ 「지방자치단체 출자·출연 기관의 운영에 관한 법률」 제2조 제1항에 따른 출자기관 및 출연기관

④ 특별법에 따라 설립된 특수법인

㉠ 「공공기관의 정보공개에 관한 법률 시행령」 제2조 제4호가 정보공개 대상기관으로 규정한 '특별법에 의하여 설립된 특수법인'의 의미 및 판단기준

> 당해 법인의 설립근거가 되는 법률이 법인의 조직구성과 활동에 대한 행정적 관리·감독 등에서 민법이나 상법 등에 의하여 설립된 일반 법인과 달리 규율한 취지, 국가나 지방자치단체의 당해 법인에 대한 재정적 지원·보조의 유무와 그 정도, 당해 법인의 공공적 업무와 관련하여 국가기관·지방자치단체 등 다른 공공기관에 대한 정보공개청구와는 별도로 당해 법인에 대하여 직접 정보공개청구를 구할 필요성이 있는지 여부 등을 종합적으로 고려하여야 한다(대판 2010.4.29, 2008두5643).

㉡ '한국증권업협회'는 「공공기관의 정보공개에 관한 법률 시행령」 제2조 제4호의 '특별법에 의하여 설립된 특수법인'에 해당한다고 보기 어렵다 ★ 17 지방9급, 17 국가9급, 12 지방7급, 11 국가7급

> '한국증권업협회'는 증권회사 상호 간의 업무질서를 유지하고 유가증권의 공정한 매매거래 및 투자자보호를 위하여 일정 규모 이상인 증권회사 등으로 구성된 회원조직으로서, 증권거래법 또는 그 법에 의한 명령에 대하여 특별한 규정이 있는 것을 제외하고는 민법 중 사단법인에 관한 규정을 준용받는 점, 그 업무가 국가기관 등에 준할 정도로 공동체 전체의 이익에 중요한 역할이나 기능에 해당하는 공공성을 갖는다고 볼 수 없는 점 등에 비추어, 「공공기관의 정보공개에 관한 법률 시행령」 제2조 제4호의 '특별법에 의하여 설립된 특수법인'에 해당한다고 보기 어렵다(대판 2010.4.29, 2008두5643).

㉢

> 한국방송공사는 정보공개법에 따라 정보를 공개할 의무가 있는 '특별법에 의하여 설립된 특수법인'에 해당한다(대판 2010.12.23, 2008두13101). ★ 17 지방9급

⑤ 「사회복지사업법」 제42조제1항에 따라 국가나 지방자치단체로부터 보조금을 받는 사회복지법인과 사회복지사업을 하는 비영리법인

⑥ 제5호 외에 「보조금 관리에 관한 법률」 제9조 또는 「지방재정법」 제17조제1항 각 호 외의 부분 단서에 따라 국가나 지방자치단체로부터 연간 5천만원 이상의 보조금을 받는 기관 또는 단체. 다만, 정보공개 대상 정보는 해당 연도에 보조를 받은 사업으로 한정한다.

※ 공공기관이 아닌 사례 : 언론기관, 사기업

## 4. 정보공개절차

### (1) 정보공개청구의 방법(문서 또는 구술)

#### ① 「공공기관의 정보공개에 관한 법률」상 청구대상정보의 내용과 범위를 특정하는 방법
★ 19 지방7급, 15 국가9급, 14 순경특채, 10 국회8급

**최신기출** 정보공개법 제10조 제1항 제2호는 정보의 공개를 청구하는 자는 정보공개청구서에 '공개를 청구하는 정보의 내용' 등을 기재할 것을 규정하고 있는바, 청구대상정보를 기재함에 있어서는 사회일반인의 관점에서 청구대상정보의 내용과 범위를 확정할 수 있을 정도로 특정함을 요한다고 할 것이다. 또한, 정보비공개결정의 취소를 구하는 사건에 있어서, 만일 원고가 공개를 청구한 정보의 내용 중 너무 포괄적이거나 막연하여서 사회일반인의 관점에서 그 내용과 범위를 확정할 수 있을 정도로 특정되었다고 볼 수 없는 부분이 포함되어 있다면, 이를 심리하는 법원으로서는 마땅히 정보공개법 제20조 제2항의 규정에 따라 피고에게 그가 보유·관리하고 있는 공개청구정보를 제출하도록 하여 이를 비공개로 열람·심사하는 등의 방법으로 공개청구정보의 내용과 범위를 특정시켜야 할 것이고, 나아가 위와 같은 방법으로도 특정이 불가능한 경우에는 특정되지 않은 부분과 나머지 부분을 분리할 수 있고 나머지 부분에 대한 비공개결정이 위법한 경우라고 하여도 원고의 청구 중 특정되지 않은 부분에 대한 비공개결정의 취소를 구하는 부분은 나머지 부분과 분리하여서 이를 기각하여야 할 것이다(대판 2007.6.1, 2007두2555).

#### ② 정보공개를 청구하는 자가 공공기관에 대해 정보의 사본 또는 출력물의 교부의 방법으로 공개방법을 선택하여 정보공개청구를 한 경우, 공개청구를 받은 공공기관은 그 공개방법을 선택할 재량권이 없다
★ 21 변호사, 17 국회8급, 15 국가9급

**최신기출** 정보공개를 청구하는 자가 공공기관에 대해 정보의 사본 또는 출력물의 교부의 방법으로 공개방법을 선택하여 정보공개청구를 한 경우에 공개청구를 받은 공공기관으로서는 같은법 제8조 제2항에서 규정한 정보의 사본 또는 복제물의 교부를 제한할 수 있는 사유에 해당하지 않는 한 정보공개청구자가 선택한 공개방법에 따라 정보를 공개하여야 하므로 그 공개방법을 선택할 재량권이 없다고 해석함이 상당하다(대판 2003.12.12, 2003두8050).

> 공개방법을 선택하여 정보공개를 청구하였더라도 공공기관은 정보공개청구자가 선택한 방법에 따라 정보를 공개하여야 하는 것은 아니며, 원칙적으로 그 공개방법을 선택할 재량권이 있다. (x) ■ 15 국가9급

#### ③ 정보공개 청구인에게 특정한 정보공개방법을 지정하여 청구할 수 있는 법령상 신청권이 있다

구 「공공기관의 정보공개에 관한 법률」(구 정보공개법)은, 정보의 공개를 청구하는 이(청구인)가 정보공개방법도 아울러 지정하여 정보공개를 청구할 수 있도록 하고 있고, 전자적 형태의 정보를 전자적으로 공개하여 줄 것을 요청한 경우에는 공공기관은 원칙적으로 요청에 응할 의무가 있고, 나아가 비전자적 형태의 정보에 관해서도 전자적 형태로 공개하여 줄 것을 요청하면 재량판단에 따라 전자적 형태로 변환하여 공개할 수 있도록 하고 있다. 이는 정보의 효율적 활용을 도모하고 청구인의 편의를 제고함으로써 구 정보공개법의 목적인 국민의 알 권리를 충실하게 보장하려는 것이므로, 청구인에게는 특정한 공개방법을 지정하여 정보공개를 청구할 수 있는 법령상 신청권이 있다(대판 2016.11.10, 2016두44674).

#### ④

**최신기출** 공공기관이 공개청구의 대상이 된 정보를 청구인이 신청한 공개방법 이외의 방법으로 공개하기로 하는 결정을 한 경우, 정보공개방법에 관한 부분에 대하여 일부 거부처분을 한 것이고 이에 대하여 항고소송으로 다툴 수 있다(대판 2016.11.10, 2016두44674). ★ 20 지방9급, 19·18 국가7급, 19 서울7급

> 공공기관이 공개청구의 대상이 된 정보를 공개는 하되, 청구인이 신청한 공개방법 이외의 방법으로 공개하기로 하는 결정을 한 경우 이는 정보공개방법만을 달리 한 것이므로 일부 거부처분이라 할 수 없다. (x) ■ 20 지방9급

## (2) 정보공개의 의의와 방법

### ① 「공공기관의 정보공개에 관한 법률」상 공개청구의 대상이 되는 정보에 해당하는 문서가 원본일 필요는 없다

★ 21·10 국가9급, 17·14 국가7급, 14 행정사, 14 사회복지, 14 순경특채, 10 지방7급, 10 지방9급

**최신기출** 「공공기관의 정보공개에 관한 법률」상 공개청구의 대상이 되는 정보란 공공기관이 직무상 작성 또는 취득하여 현재 보유·관리하고 있는 문서에 한정되는 것이기는 하나, 그 문서가 반드시 원본일 필요는 없다(대판 2006.5.25, 2006두3049).

### ② 비공개대상정보에 해당하는 부분과 공개가 가능한 부분이 구별되고 이를 분리할 수 있는 경우, 공개가 가능한 부분을 특정하고 판결주문에 공개가 가능한 부분만 취소한다고 표시하여야 한다(일부취소판결)

★ 22·15·10 국가9급, 21 지방7급, 19 서울7급, 18·11 지방9급, 10 국회8급

**최신기출** 법원이 행정청의 정보공개거부처분의 위법 여부를 심리한 결과, 공개를 거부한 정보에 비공개대상정보에 해당하는 부분과 공개가 가능한 부분이 혼합되어 있고 공개청구의 취지에 어긋나지 아니하는 범위 안에서 두 부분을 분리할 수 있음을 인정할 수 있을 때에는, 위 정보 중 공개가 가능한 부분을 특정하고 판결의 주문에 행정청의 위 거부처분 중 공개가 가능한 정보에 관한 부분만을 취소한다고 표시하여야 한다(대판 2003.3.11, 2001두6425).

A가 공개청구한 정보의 일부가 「공공기관의 정보공개에 관한 법률」상 비공개사유에 해당하는 때에는 그 나머지 정보만을 공개하는 것이 가능한 경우라 하더라도 법원은 공개가능한 정보에 관한 부분만의 일부취소를 명할 수는 없다. (×) ■ 22 국가9급

### ③ "공개청구의 취지에 어긋나지 아니하는 범위 안에서 비공개대상정보에 해당하는 부분과 공개가 가능한 부분을 분리할 수 있다."는 요건의 의미 ★ 13 행정사

공개청구의 취지에 어긋나지 아니하는 범위 안에서 비공개대상정보에 해당하는 부분과 공개가 가능한 부분을 분리할 수 있다고 함은 이 두 부분이 물리적으로 분리가능한 경우를 의미하는 것이 아니고 당해 정보의 공개방법 및 절차에 비추어 당해 정보에서 비공개대상 정보에 관련된 기술 등을 제외 내지 삭제하고 그 나머지 정보만을 공개하는 것이 가능하고 나머지 부분의 정보만으로도 공개의 가치가 있는 경우를 의미한다고 해석하여야 한다(대판 2004.12.9, 2003두12707).

### ④

공공기관은 공개대상정보의 양이 과다하여 정상적인 업무수행에 현저한 지장을 초래할 우려가 있는 경우에는 정보의 사본·복제물을 일정 기간별로 나누어 교부하거나 열람과 병행하여 교부할 수 있으나(제13조 제2항), 정보공개청구의 대상이 이미 널리 알려진 사항이거나 청구량이 과다하여 정상적인 업무수행에 현저한 지장을 초래할 우려가 있더라도 청구된 정보의 사본 또는 복제물의 교부를 제한할 수는 없다(대판 2009.4.23, 2009두2702).

### ⑤

행정청이 공개를 거부한 정보 중 법인의 계좌번호, 개인의 주민등록번호, 계좌번호 등에 해당하는 정보를 제외한 나머지 부분의 정보를 공개하는 것이 타당하다고 하면서 판결 주문에서 정보공개거부처분 전부를 취소한 것은 위법하다(대판 2009.4.23, 2009두2702).

⑥ 공공기관에 의하여 전자적 형태로 보유·관리되는 정보가 정보공개청구인이 구하는 대로 되어 있지 않더라도, 공공기관이 공개청구대상정보를 보유·관리하고 있는 것으로 볼 수 있는지 여부(한정적극)

★ 21 국회8급, 20 서울7급, 17 지방9급

「공공기관의 정보공개에 관한 법률」에 의한 정보공개제도는 공공기관이 보유·관리하는 정보를 그 상태대로 공개하는 제도이지만, 전자적 형태로 보유·관리되는 정보의 경우에는, 그 정보가 청구인이 구하는 대로는 되어 있지 않다고 하더라도, 공개청구를 받은 공공기관이 공개청구대상정보의 기초자료를 전자적 형태로 보유·관리하고 있고, 당해 기관에서 통상 사용되는 컴퓨터 하드웨어 및 소프트웨어와 기술적 전문지식을 사용하여 그 기초자료를 검색하여 청구인이 구하는 대로 편집할 수 있으며, 그러한 작업이 당해 기관의 컴퓨터 시스템 운용에 별다른 지장을 초래하지 아니한다면, 그 공공기관이 공개청구대상정보를 보유·관리하고 있는 것으로 볼 수 있고, 이러한 경우에 기초자료를 검색·편집하는 것은 새로운 정보의 생산 또는 가공에 해당한다고 할 수 없다(대판 2010.2.11, 2009두6001).

정보공개청구의 대상이 되는 공공기관이 보유하는 정보는 공공기관이 직무상 작성 또는 취득한 원본문서이어야 하며 전자적 형태로 보유·관리되는 경우에는 행정기관의 업무수행에 큰 지장을 주지 않는 한도 내에서 검색·편집하여 제공하여야 한다. (x)
■ 17 지방9급

정보공개제도는 공공기관이 보유·관리하는 정보를 그 상태대로 공개하는 제도이므로, 전자적 형태로 보유·관리하는 정보를 검색·편집하여야 하는 경우는 새로운 정보의 생산으로서 정보공개의 대상이 아니다. (x) ■ 21 국회8급

⑦ 甲이 재판기록 일부의 정보공개를 청구한 데 대하여 서울행정법원장이 민사소송법 제162조를 이유로 소송기록의 정보를 비공개한다는 결정을 전자문서로 통지한 사안에서, 비공개결정 당시 정보의 비공개결정은 구 「공공기관의 정보공개에 관한 법률」 제13조 제4항에 의하여 전자문서로 통지할 수 있다고 본 사례 ★ 19 국가9급

'문서'에 '전자문서'를 포함한다고 규정한 구 「공공기관의 정보공개에 관한 법률」(정보공개법) 제2조와 정보의 비공개결정을 '문서'로 통지하도록 정한 정보공개법 제13조 제4항의 규정에 의하면 정보의 비공개결정은 전자문서로 통지할 수 있고, 위 규정들은 행정절차법 제3조 제1항에서 행정절차법의 적용이 제외되는 것으로 정한 '다른 법률'에 특별한 규정이 있는 경우에 해당하므로, 비공개결정 당시 정보의 비공개결정은 정보공개법 제13조 제4항에 의하여 전자문서로 통지할 수 있다고 본 원심판단에 법리오해 등의 위법이 없다(대판 2014.4.10, 2012두17384).

행정소송의 재판기록 일부의 정보공개청구에 대한 비공개결정은 전자문서로 통지할 수 없다. (x) ■ 19 국가9급

⑧ 정보공개거부처분의 취소를 구하는 소송에서 공공기관이 청구정보를 증거 등으로 법원에 제출하여 법원을 통하여 그 사본을 청구인에게 교부 또는 송달되게 하여 청구인에게 정보를 공개하게 된 경우, 정보 비공개결정의 취소를 구할 소의 이익이 소멸하지 않는다 ★ 20 국가9급, 18 국가7급

청구인이 정보공개거부처분의 취소를 구하는 소송에서 공공기관이 청구정보를 증거 등으로 법원에 제출하여 법원을 통하여 그 사본을 청구인에게 교부 또는 송달되게 하여 결과적으로 청구인에게 정보를 공개하는 셈이 되었다고 하더라도, 이러한 우회적인 방법은 정보공개법이 예정하고 있지 아니한 방법으로서 정보공개법에 의한 공개라고 볼 수는 없으므로, 당해 정보의 비공개결정의 취소를 구할 소의 이익은 소멸되지 않는다(대판 2016.12.15, 2012두11409, 11416).

정보비공개결정 취소소송에서 공공기관이 청구정보를 증거로 법원에 제출하여 법원을 통하여 그 사본을 청구인에게 교부되게 하여 정보를 공개하게 된 경우에는 비공개결정의 취소를 구할 소의 이익이 소멸한다. (x) ■ 18 국가7급

정보공개거부처분의 취소를 구하는 소송에서 공공기관이 청구정보를 증거 등으로 법원에 제출하여 법원을 통하여 그 사본을 청구인에게 교부 또는 송달되게 하여 청구인에게 정보를 공개하는 셈이 되었다면, 이러한 우회적인 방법에 의한 공개는 「공공기관의 정보공개에 관한 법률」에 의한 공개라고 볼 수 있다. (x) ■ 20 국가9급

## 5. 정보공개의 제한(비공개대상정보, 제9조)

### (1) 개설

① 정보공개를 요구받은 공공기관이 공공기관의정보공개에관한법률 제7조 제1항 몇 호 소정의 비공개사유에 해당하는지를 주장·입증하지 아니한 채 개괄적인 사유만을 들어 그 공개를 거부할 수 없다

★ 21 지방7급, 17 국회8급, 12 국회9급

> **최신기출** 「공공기관의 정보공개에 관한 법률」 제1조, 제3조, 제6조는 국민의 알권리를 보장하고 국정에 대한 국민의 참여와 국정운영의 투명성을 확보하기 위하여 공공기관이 보유·관리하는 정보를 모든 국민에게 원칙적으로 공개하도록 하고 있으므로, 국민으로부터 보유·관리하는 정보에 대한 공개를 요구받은 공공기관으로서는 같은법 제7조(현행 제9조) 제1항 각호에서 정하고 있는 비공개사유에 해당하지 않는 한 이를 공개하여야 할 것이고, 만일 이를 거부하는 경우라 할지라도 대상이 된 정보의 내용을 구체적으로 확인·검토하여 어느 부분이 어떠한 법익 또는 기본권과 충돌되어 같은법(현행 제9조) 제7조 제1항 몇 호에서 정하고 있는 비공개사유에 해당하는지를 주장·입증하여야만 할 것이며, 그에 이르지 아니한 채 개괄적인 사유만을 들어 공개를 거부하는 것은 허용되지 아니한다(대판 2003.12.11, 2001두8827).

② 공공기관이 국민으로부터 보유·관리하는 정보에 대한 공개를 요구받은 경우 취해야 할 조치

> 국민으로부터 보유·관리하는 정보에 대한 공개를 요구받은 공공기관은 법 제9조 제1항 각호에서 정하고 있는 비공개사유에 해당한다고 하여 공개를 거부하는 경우에는 대상이 된 정보의 내용을 구체적으로 확인·검토하여 어느 부분이 어떠한 법익 또는 기본권과 충돌되어 위 각호의 어디에 해당하는지를 주장·증명하여야만 하며, 여기에 해당하는지 여부는 비공개에 의하여 보호되는 업무수행의 공정성 등의 이익과 공개에 의하여 보호되는 국민의 알 권리의 보장과 국정에 대한 국민의 참여 및 국정운영의 투명성 확보 등의 이익을 비교·교량하여 구체적인 사안에 따라 개별적으로 판단하여야 한다(대판 2009.12.10, 2009두12785).

③ 정보공개 청구권자의 권리구제 가능성 등은 정보의 공개 여부 결정에 영향을 미치지 못한다 ★ 20 국가9급, 19 지방7급

> **최신기출** 비공개대상정보에 해당하지 않는 한 공공기관이 보유·관리하는 정보는 공개 대상이 된다고 규정하고 있을 뿐(제9조 제1항) 정보공개 청구권자가 공개를 청구하는 정보와 어떤 관련성을 가질 것을 요구하거나 정보공개청구의 목적에 특별한 제한을 두고 있지 아니하므로 정보공개 청구권자의 권리구제 가능성 등은 정보의 공개 여부 결정에 아무런 영향을 미치지 못한다(대판 2017.9.7, 2017두44558).

# ■ 판례상 공개 대상 정보

1. 외무부장관이 1996.3.경 미국정부로부터 당시 미국 정보공개법에 따라 비밀이 해제된 바 있는 1979년 및 1980년의 우리나라 정치상황과 관련한 미국 정부로부터 제공받아 보관하고 있는 문서사본(대판 1999.9.21, 97누5114)
2. 지방자치단체의 도시공원에 관한 조례에서 규정된 도시공원위원회의 심의사항에 관하여 위 위원회의 심의를 거친 후 시장이나 구청장이 위 사항들에 대한 결정을 대외적으로 공표한 후(대판 2000.5.30, 99추85)
   ※ 다만, 대외적 공표행위가 있기 전까지는 비공개대상정보
3. 형사소송법 제47조의 공개금지는 일반에게 공표를 금지하려는 취지이지, 당해사건의 고소인에게 공소제기내용을 알려주는 것을 금지하는 취지가 아니다(대판 2006.5.25, 2006두3049).
4. 수용자자비부담물품의 판매수익금총액과 교도소장에게 배당된 수익금액 및 사용내역 등에 관한 정보(대판 2004.12.9, 2003두12707)
5. 사법시험 제2차 답안지(대판 2003.3.14, 2000두6114)
   ※ 다만, 사법시험 채점위원별 채섬결과는 비공개대상정보임.
6. 아파트재건축주택조합의 조합원들에게 제공될 무상보상평수의 사업수익성 등을 검토한 자료(대판 2006.1.13, 2003두9459)
   ※ 다만, 개인의 인적사항, 재산에 관한 내용이 포함되어 있어서 공개될 경우에는 타인의 사생활의 비밀과 자유를 침해할 우려가 있고, 자료의 분량이 합계 9,029매에 달하는 재개발사업에 관한 자료는 비공개대상정보임(대판 1997. 5.23, 96누2439).
7. 교육공무원의 근무성적평정의 결과(대판 2006.10.26, 2006두11910)
8. 사면대상자들의 사면실시건의서와 그와 관련된 국무회의 안건자료에 관한 정보(대판 2006.12.7, 2005두241)
9. 대한주택공사의 아파트 분양원가 산출내역에 관한 정보(대판 2007.6.1, 2006두20587)
10. 한국방송공사의 '수시집행 접대성 경비의 건별 집행서류 일체'에 관한 정보(대판 2008.10.23, 2007두1798)
    ※ 다만, 지방자치단체장의 업무추진비는 비공개대상정보임(대판 2003.3.11, 2001두6425).
11. 교도관이 직무 중 발생한 사유에 관하여 작성하는 근무보고서는 정보공개대상이고, 징벌위원회 회의록 중 비공개 심사·의결 부분은 비공개사유에 해당하지만, 징벌절차 진행 부분은 비공개사유에 해당하지 않으므로 분리공개가 허용된다(대판 2009.12.10, 2009두12785).
12. '2002학년도부터 2005학년도까지의 대학수학능력시험 원데이터'를 연구목적으로 그 정보의 공개를 청구하는 경우(대판 2010.2.25, 2007두9877)
13. 금융위원회의 2003.9.26.자 론스타에 대한 동일인 주식보유한도 초과보유 승인과 관련하여 '론스타 측이 제출한 동일인 현황 등 자료' 등(대판 2011.11.24, 2009두19021)
14. 장기요양등급판정과 관련된 자료로서 장기요양인정조사표(조사원 수기 작성분)(대판 2012.2.9, 2010두14268)
15. 수사기록 중의 의견서, 보고문서, 메모, 법률검토, 내사자료 등(의견서 등) 중 개인 인적사항 부분을 제외한 나머지 부분인 범죄사실, 적용법조, 증거관계, 고소인 및 피고소인의 진술, 수사결과 및 의견 등(대판 2012.7.12, 2010두7048)
16. 심리생리검사를 의뢰한 문서의 발송에 관한 내용이 기재된 부분(발송대장)은 공개대상정보이고, 심리생리검사에서 질문한 질문내용문서에 관한 부분은 비공개대상정보(대판 2016.12.15, 2012두11409, 11416)
17. 갑 단체(민주사회를 위한 변호사 모임)가 국세청장에게 '을 외국법인(론스타펀드가 대한민국에 투자할 목적으로 벨기에와 룩셈부르크에 설립한 8개 법인) 등이 대한민국을 상대로 국제투자분쟁해결센터(ICSID)에 제기한 국제중재 사건에서 중재신청인들이 주장·청구하는 손해액 중 대한민국이 중재신청인들에게 부과한 과세·원천징수세액의 총합계액과 이를 청구하는 중재신청인들의 명단 등'의 공개를 청구한 정보(대판 2020.5.14, 2017두49652)
    ※ 국세기본법 제81조의13 제1항 본문의 과세정보는 「공공기관의 정보공개에 관한 법률」 제9조 제1항 제1호의 '다른 법률에 의하여 비밀 또는 비공개 사항으로 규정한 정보'에 해당(대판 2020.5.14, 2017두49652)

**(2)** 다른 법률 또는 법률에서 위임한 명령(국회규칙·대법원규칙·헌법재판소규칙·중앙선거관리위원회규칙·대통령령 및 조례로 한정한다)에 따라 비밀이나 비공개 사항으로 규정된 정보(법령비정보, 제1호) ★ 14 지방7급

① **'법률에 의한 명령'은 법률의 위임규정에 의하여 제정된 대통령령, 총리령, 부령 전부를 의미한다기보다는 정보의 공개에 관하여 법률의 구체적인 위임 아래 제정된 법규명령(위임명령)을 의미한다** ★ 20·10 지방9급, 18 국회8급

> 최신기출
> 입법취지는 비밀 또는 비공개사항으로 다른 법률 등에 규정되어 있는 경우는 이를 존중함으로써 법률 간의 마찰을 피하기 위한 것이고, 여기에서 '법률에 의한 명령'은 정보의 공개에 관하여 법률의 구체적인 위임 아래 제정된 법규명령(위임명령)을 의미한다(대판 2010.6.10, 2010두2913).

> 「공공기관의 정보공개에 관한 법률」 제9조 제1항 제1호의 '법률에서 위임한 명령'은 법률의 위임규정에 의하여 제정된 대통령령, 총리령, 부령 전부를 의미한다. (×) ■ 18 국회8급

② **검찰보존사무규칙(법무부령) 제22조의 법적 성질은 행정기관 내부의 사무처리준칙이므로 같은 규칙상의 열람·등사의 제한은 「공공기관의 정보공개에 관한 법률」 제9조 제1항 제1호의 '다른 법률 또는 법률에 의한 명령에 의하여 비공개사항으로 규정된 경우'에 해당하지 않는다**

★ 21 변호사, 18 서울7급, 17·14 지방9급, 13 국회8급, 12 국회9급, 11 서울9급

> 최신기출
> 검찰보존사무규칙이 검찰청법 제11조에 기하여 제정된 법무부령이기는 하지만, 그 사실만으로 같은규칙 내의 모든 규정이 법규적 효력을 가지는 것은 아니다. 기록의 열람·등사의 제한을 정하고 있는 같은 규칙 제22조는 법률상의 위임근거가 없어 행정기관 내부의 사무처리준칙으로서 행정규칙에 불과하므로, 위 규칙상의 열람·등사의 제한을 「공공기관의 정보공개에 관한 법률」 제9조 제1항 제1호의 '다른 법률 또는 법률에 의한 명령에 의하여 비공개사항으로 규정된 경우'에 해당한다고 볼 수 없다(대판 2006.5.25, 2006두3049).

> 법무부령인 「검찰보존사무규칙」에서 불기소사건 기록 등의 열람·등사 등을 제한하는 것은 「공공기관의 정보공개에 관한 법률」에 따른 '다른 법률 또는 명령에 의하여 비공개사항으로 규정된 경우'에 해당되어 적법하다. (×) ■ 17·14 지방9급
> 검찰보존사무규칙에서 정한 기록의 열람·등사의 제한은 「공공기관의 정보공개에 관한 법률」에 의한 비공개대상에 해당한다. (×)
> ■ 18 서울7급
> 「검찰보존사무규칙」은 「검찰청법」 제11조에 기하여 제정된 법무부령이므로, 불기소사건기록의 열람·등사의 제한을 정하고 있는 「검찰보존사무규칙」 제22조는 법규명령으로서 효력을 가진다. (×) ■ 21 변호사

③ **형사소송법 제47조의 공개금지는 일반에게 공표를 금지하려는 취지이지, 당해 사건의 고소인에게 공소제기내용을 알려주는 것을 금지하는 취지가 아니다**

> "소송에 관한 서류는 공판의 개정 전에는 공익상 필요 기타 상당한 이유가 없으면 공개하지 못한다."고 정하고 있는 형사소송법 제47조의 취지는, 일반에게 공표되는 것을 금지하여 소송관계인의 명예를 훼손하거나 공서양속을 해하거나 재판에 대한 부당한 영향을 야기하는 것을 방지하려는 취지이지, 당해 사건의 고소인(범죄피해자)에게 그 고소에 따른 공소제기내용을 알려주는 것을 금지하려는 취지는 아니므로, 이와 같은 형사소송법 제47조의 공개금지를 「공공기관의 정보공개에 관한 법률」 제9조 제1항 제1호의 '다른 법률 또는 법률에 의한 명령에 의하여 비공개사항으로 규정된 경우'에 해당한다고 볼 수 없다(대판 2006.5.25, 2006두3049).

④ 구체적인 법률의 위임 없이 교육공무원의 근무성적평정의 결과를 공개하지 아니한다고 규정하고 있는 교육공무원승진규정(대통령령) 제26조를 근거로 정보공개청구를 거부할 수 없다 ★ 21·20 국가7급, 10 지방9급, 10 국가9급

교육공무원법 제13조, 제14조의 위임에 따라 제정된 교육공무원승진규정은 정보공개에 관한 사항에 관하여 구체적인 법률의 위임에 따라 제정된 명령이라고 할 수 없고, 따라서 교육공무원승진규정 제26조에서 근무성적평정의 결과를 공개하지 아니한다고 규정하고 있다고 하더라도 위 교육공무원승진규정은 「공공기관의 정보공개에 관한 법률」 제9조 제1항 제1호에서 말하는 법률이 위임한 명령에 해당하지 아니하므로 위 규정을 근거로 정보공개청구를 거부하는 것은 잘못이다(대판 2006.10.26, 2006두11910).

⑤ 국방부의 한국형 다목적 헬기(KMH) 도입사업에 대한 감사원장의 감사결과보고서는 비공개대상정보 ★ 10 지방9급

국방부의 한국형 다목적 헬기(KMH) 도입사업에 대한 감사원장의 감사결과보고서가 군사2급비밀에 해당하는 이상 「공공기관의 정보공개에 관한 법률」 제9조 제1항 제1호에 의하여 공개하지 아니할 수 있다(대판 2006.11.10, 2006두9351).

감사원장의 감사결과 군사2급비밀에 해당한다고 하여 공공기관의 정보공개에 관한 법률 제9조 제1항 제1호에 의하여 공개하지 아니할 수는 없다. (×)

⑥ 공직자윤리법상의 등록의무자가 구 「공직자윤리법 시행규칙」 제12조 관련 [별지 제14호서식]에 따라 제출한, '자신의 재산등록사항의 고지를 거부한 직계존비속의 본인과의 관계, 성명, 고지거부사유, 서명(날인)'이 기재되어 있는 문서는 구 「공공기관의 정보공개에 관한 법률」 제7조 제1항 제1호에 정한 법령비정보에 해당하지 않는다 ★ 17 국회8급

구 「공공기관의 정보공개에 관한 법률」과 구 공직자윤리법의 관련규정들을 종합하여 보면, 구 공직자윤리법에 의한 '등록사항' 중 같은법 제10조 제1항 및 제2항에 의하여 공개하여야 할 등록사항을 제외한 나머지 등록사항은 같은법 제10조 제3항 또는 제14조의 규정에 의한 법령비정보에 해당한다. 그런데 위 규정들의 내용 및 공직자윤리법의 목적, 입법취지 등을 종합하여 보면, 등록의무자 본인 및 그 배우자와 직계존비속이 소유하는 재산의 종류와 가액 및 고지거부사실(직계존비속이 자신의 재산등록사항의 고지를 거부하는 경우 그 고지거부사실 자체는 등록할 재산에 대응하는 것이므로 등록사항으로 보아야 한다)은 구 공직자윤리법에 의한 등록사항에 해당하나, 그밖에 등록의무자의 배우자 및 직계존비속의 존부와 그 인적사항 및 고지거부자의 고지거부사유는 그 등록사항에 해당하지 않는다. 따라서 공직자윤리법상의 등록의무자가 제출한 '자신의 재산등록사항의 고지를 거부한 직계존비속의 본인과의 관계, 성명, 고지거부사유, 서명(날인)'이 기재되어 있는 구 「공직자윤리법 시행규칙」 제12조 관련 [별지 제14호서식]의 문서는 구 공직자윤리법에 의한 등록사항이 아니므로, 같은법 제10조 제3항 및 제14조의 각 규정에 의하여 열람복사가 금지되거나 누설이 금지된 정보가 아니고, 나아가 구 「공공기관의 정보공개에 관한 법률」 제7조 제1항 제1호에 정한 법령비정보에도 해당하지 않는다(대판 2007.12.13, 2005두13117).

「공직자윤리법」상의 등록의무자가 구 「공직자윤리법 시행규칙」 제12조에 따라 제출한 '자신의 재산등록사항의 고지를 거부한 직계존비속의 본인과의 관계, 성명, 고지거부사유, 서명'이 기재되어 있는 문서는 정보공개법상의 비공개대상정보에 해당한다. (×)
■ 17 국회8급

⑦

'학교폭력대책자치위원회 회의록'은 「공공기관의 정보공개에 관한 법률」 제9조 제1항 제1호의 비공개대상정보에 해당한다(대판 2010.6.10, 2010두2913). ★ 19 지방9급, 13 국가9급, 12 서울9급

⑧ 국가정보원이 직원에게 지급하는 현금급여 및 월초수당에 관한 정보는 「공공기관의 정보공개에 관한 법률」 제9조 제1항 제1호의 비공개대상정보인 '다른 법률에 의하여 비공개 사항으로 규정된 정보'에 해당한다

★ 18 서울7급, 14 지방9급, 14 순경특채, 11 국가7급

국가정보원법 제12조가 국회에 대한 관계에서조차 국가정보원 예산내역의 공개를 제한하고 있는 것은, 정보활동의 비밀보장을 위한 것으로서, 그 밖의 관계에서도 국가정보원의 예산내역을 비공개 사항으로 한다는 것을 전제로 하고 있다고 볼 수 있고, 예산집행내역의 공개는 예산내역의 공개와 다를 바 없어, 비공개 사항으로 되어 있는 '예산내역'에는 예산집행내역도 포함된다고 보아야 하며, 국가정보원이 그 직원에게 지급하는 현금급여 및 월초수당에 관한 정보는 국가정보원 예산집행내역의 일부를 구성하는 것이므로, 위 현금급여 및 월초수당에 관한 정보는 국가정보원법 제12조에 의하여 비공개 사항으로 규정된 정보로서 「공공기관의 정보공개에 관한 법률」 제9조 제1항 제1호의 비공개대상정보인 '다른 법률에 의하여 비공개 사항으로 규정된 정보'에 해당한다고 보아야 하고, 위 현금급여 및 월초수당이 근로의 대가로서의 성격을 가진다거나 정보공개청구인이 해당 직원의 배우자라고 하여 달리 볼 것은 아니다(대판 2010.12.23, 2010두14800).

국가정보원이 직원에게 지급하는 현금급여 및 월초수당에 대한 정보는 비공개대상에 해당하지 아니한다. (x) ■ 18 서울7급

⑨

국가정보원의 조직·소재지 및 정원에 관한 정보는 원칙적으로 「공공기관의 정보공개에 관한 법률」 제9조 제1항 제1호에서 말하는 '다른 법률에 의하여 비공개 사항으로 규정된 정보'에 해당한다(대판 2013.1.24, 2010두18918).

⑩ 갑 단체(민주사회를 위한 변호사 모임)가 국세청장에게 '을 외국법인(론스타펀드가 대한민국에 투자할 목적으로 벨기에와 룩셈부르크에 설립한 8개 법인) 등이 대한민국을 상대로 국제투자분쟁해결센터(ICSID)에 제기한 국제중재 사건에서 중재신청인들이 주장·청구하는 손해액 중 대한민국이 중재신청인들에게 부과한 과세·원천징수세액의 총 합계액과 이를 청구하는 중재신청인들의 명단 등'의 공개를 청구하였으나 국세청장이 위 정보는 「공공기관의 정보공개에 관한 법률」 제9조 제1항 제1호 등의 비공개정보에 해당한다는 이유로 비공개결정을 한 사안에서, 구 국세기본법 제81조의13 제1항 본문의 과세정보는 「공공기관의 정보공개에 관한 법률」 제9조 제1항 제1호의 '다른 법률에 의하여 비밀 또는 비공개 사항으로 규정한 정보'에 해당하지만, 갑 단체가 공개를 청구한 정보가 과세정보에 해당한다고 보기 어렵다고 본 원심판단이 정당하다고 한 사례

원심은, 구 국세기본법 제81조의13 제1항 본문의 과세정보는 정보공개법 제9조 제1항 제1호의 '다른 법률에 의하여 비밀 또는 비공개 사항으로 규정한 정보'에 해당하지만, 이 사건 국제중재 사건에서 중재신청인들이 주장·청구하는 손해액 중 대한민국이 중재신청인들에게 부과한 과세·원천징수세액의 총 합계액과 이를 청구하는 중재신청인들의 명단(쟁점 정보)은 이 사건 국제중재 사건에서 신청인들이 주장·청구하는 손해액 중 대한민국이 신청인들에게 부과한 과세·원천징수세액의 총 합계액과 이를 청구하는 신청인들의 명단일 뿐 신청인별 과세·원천징수세액은 아니어서 신청인별 과세·원천징수세액의 총 합계액을 공개하더라도 납세자인 신청인들에 대한 개별 과세·원천징수세액은 알 수 없다는 등의 이유로 쟁점 정보가 과세정보에 해당한다고 보기 어렵고, 달리 쟁점 정보가 과세정보에 해당한다는 점에 관한 증거가 없다고 판단하였다. 법 제9조 제1항 제1호의 적용을 부정한 결론은 정당하고, 구 국세기본법 제81조의13 제1항 본문의 과세정보에 관한 법리 등을 오해한 잘못이 없다(대판 2020.5.14, 2017두49652).

**(3) 국가안전보장·국방·통일·외교관계 등에 관한 사항으로서 공개될 경우 국가의 중대한 이익을 현저히 해칠 우려가**
　 **있다고 인정되는 정보(제2호)**

① 외무부장관이 1996.3.경 미국정부로부터 당시 미국 정보공개법에 따라 비밀이 해제된 바 있는 1979년 및
　 1980년의 우리나라 정치상황과 관련한 미국 정부로부터 제공받아 보관하고 있는 문서사본은 비공개대상정보가
　 아니다

> 국민의 알 권리에 기한 일반적 정보공개청구권도 일정한 한계를 갖는 것으로서 그 제한에서 오는 이익과 그 침해에
> 의한 해악과의 비교·형량에 의하여 일정한 범위 내에서 제한될 수 있으나, 이 사건 문서의 성격과 내용, 피고가
> 이를 미국 정부로부터 제공받게 된 경위 및 그 당시 미국정부가 이 사건 문서의 공개와 관련하여 피고에게 요청
> 한 내용에 관한 피고의 주장 요지 등 이 사건 변론에 나타난 바를 종합하여 보면, 이 사건 문서의 공개에 의하여
> 초래될 외교관계상의 국익 침해에 대한 피고의 구체적 주장·입증이 없어 그에 대한 원고의 이 사건 공개 신청이 국민의
> 알 권리에 기한 정보공개청구권의 한계를 벗어난 것이라고 단정할 수 없다(대판 1999.9.21, 97누5114).

② **보안관찰법 소정의 보안관찰 관련통계자료는 비공개대상정보이다** ★ 19·15 지방9급, 10 국가9급

`최신기출`
`전합판례`
> 그 통계자료의 분석에 의하여 대남공작활동이 유리한 지역으로 보안관찰처분대상자가 많은 지역을 선택하는 등으로
> 위 정보가 북한정보기관에 의한 간첩의 파견, 포섭, 선전선동을 위한 교두보의 확보 등 북한의 대남전략에 있어 매우
> 유용한 자료로 악용될 우려가 없다고 할 수 없으므로, 위 정보는 「공공기관의 정보공개에 관한 법률」 제7조 제1항
> 제2호 소정의 공개될 경우 국가안전보장·국방·통일·외교관계 등 국가의 중대한 이익을 해할 우려가 있는 정보
> 또는 제3호 소정의 공개될 경우 국민의 생명·신체 및 재산의 보호 기타 공공의 안전과 이익을 현저히 해할 우려
> 가 있다고 인정되는 정보에 해당한다(대판(전합) 2004.3.18, 2001두8254].

「보안관찰법」 소정의 보안관찰 관련 통계자료는 「공공기관의 정보공개에 관한 법률」 소정의 비공개대상정보에 해당하지 않는다.
(x) ■ 19 지방9급
「보안관찰법」 소정의 보안관찰 관련 통계자료는 「공공기관의 정보공개에 관한 법률」상의 공개대상정보에 해당한다. (x)
　 ■ 15 지방9급

③ 갑이 외교부장관에게 한·일 군사정보보호협정 및 한·일 상호군수지원협정과 관련하여 각종 회의자료 및 회의록 등의 정보에 대한 공개를 청구하였으나, 외교부장관이 공개 청구 정보 중 일부를 제외한 나머지 정보들에 대하여 비공개 결정을 한 사안에서, 위 정보는 구 공공기관의 정보공개에 관한 법률 제9조 제1항 제2호, 제5호에 정한 비공개대상정보에 해당하고, 공개가 가능한 부분과 공개가 불가능한 부분을 쉽게 분리하는 것이 불가능하여 같은 법 제14조에 따른 부분공개도 가능하지 않다고 본 원심판단이 정당하다고 한 사례 ★ 19 서울7급

> 원고가 공개를 청구하는 이 사건 쟁점 정보에는 이 사건 협정들에 관한 교섭과정에서 한·일 양국 간에 제기된 구체적 주장과 대응 내용, 각 주제별 협의 사항 및 양국의 견해 차이와 이에 대한 교섭전략 등 한·일 양국의 외교적 비밀에 관한 사항이 포함되어 있다.
> 이 사건 쟁점 정보가 공개된다면, 이 사건 협정들의 체결과 관련한 우리나라의 대응전략이나 일본 측의 입장에 관한 내용이 그대로 노출되어 우리나라가 향후 유사한 협정을 체결할 때에 협정 상대 국가들의 교섭 정보로 활용될 수 있는 여지가 충분할 뿐만 아니라 상대국과의 외교적 신뢰관계에 심각한 타격을 줄 수 있는 점 등에 비추어 보면, 이 사건 쟁점 정보는 구 정보공개법 제9조 제1항 제2호에서 정한 비공개대상정보에 해당한다.
> 이 사건 처분 당시 한·일 군사정보보호협정은 가서명만 이루어진 단계였고, 한·일 상호군수지원협정은 합의문이 도출되지 않은 단계였다. 따라서 이 사건 쟁점 정보가 공개된다면 이해관계자들의 각종 요구 등으로 협정문이 당초 예정과 다르게 수정되거나 협정 자체가 무산되는 결과를 초래할 가능성이 있고, 그 과정에서 실무자들의 발언 내용이 외부에 공표된다면, 협상에 임하는 실무자들은 견해를 달리하는 사람들이나 단체 등으로부터 거센 공격을 받을 가능성이 크므로 그에 따른 심리적 압박으로 인하여 특정한 입장에 영합하는 쪽으로 발언을 하거나 아예 침묵으로 일관하는 등의 상황이 발생함으로써 국익에 반하는 결과를 초래할 가능성이 충분한 점 등에 비추어 보면, 이 사건 쟁점 정보는 구 정보공개법 제9조 제1항 제5호에서 정한 비공개대상정보에도 해당한다.
> 나아가 이 사건 쟁점 정보는 상호 유기적으로 결합되어 있어 공개가 가능한 부분과 공개가 불가능한 부분을 용이하게 분리하는 것이 불가능하고, 이 사건 쟁점 정보에 관한 목록에는 '문서의 제목, 생산 날짜, 문서 내용을 추론할 수 있는 목차 등'이 포함되어 있어 목록의 공개만으로도 한일 양국 간의 논의 주제와 논의 내용, 그에 대한 우리나라의 입장 및 전략을 추론할 수 있는 가능성이 충분하여 부분공개도 가능하지 않다(대판 2019.1.17. 2015두46512).

한·일 군사정보보호협정 및 한·일 상호군수지원협정과 관련하여 각종 회의자료 및 회의록 등의 정보는 정보공개법상 공개가 가능한 부분과 공개가 불가능한 부분을 쉽게 분리하는 것이 불가능한 비공개정보에 해당하지 아니한다. (x) ■ 19 서울7급

**(4) 공개될 경우 국민의 생명·신체 및 재산의 보호에 현저한 지장을 초래할 우려가 있다고 인정되는 정보(제3호)**

**(5)** 진행 중인 재판에 관련된 정보와 범죄의 예방, 수사, 공소의 제기 및 유지, 형의 집행, 교정(矯正), 보안처분에 관한 사항으로서 공개될 경우 그 직무수행을 현저히 곤란하게 하거나 형사피고인의 공정한 재판을 받을 권리를 침해한다고 인정할 만한 상당한 이유가 있는 정보(제4호)

**①** 법원 이외의 공공기관이 '진행 중인 재판에 관련된 정보'에 해당한다는 사유로 정보공개를 거부할 수 있는 정보의

**범위** ★ 22 국가9급, 21·19·14 지방7급, 21·13 국회8급, 17 국가7급, 13 행정사, 12 국회9급, 12 서울9급

최신기출 법원 이외의 공공기관이 위 규정이 정한 '진행 중인 재판에 관련된 정보'에 해당한다는 사유로 정보공개를 거부하기 위하여는 반드시 그 정보가 진행 중인 재판의 소송기록 그 자체에 포함된 내용의 정보일 필요는 없으나, 재판에 관련된 일체의 정보가 그에 해당하는 것은 아니고 진행 중인 재판의 심리 또는 재판결과에 구체적으로 영향을 미칠 위험이 있는 정보에 한정된다고 봄이 상당하다(대판 2011.11.24, 2009두19021).

「공공기관의 정보공개에 관한 법률」 제9조제1항제4호의 '진행 중인 재판에 관련된 정보'에 해당한다는 사유로 정보공개를 거부하기 위해서는 그 정보가 진행 중인 재판의 소송기록 그 자체에 포함된 내용이어야 한다. (x) ■ 17 국가7급
「공공기관의 정보공개에 관한 법률」상 비공개대상정보인 '진행 중인 재판에 관련된 정보'라 함은 재판에 관련된 일체의 정보를 의미한다. (x) ■ 19 지방7급
법원 이외의 공공기관이 「정보공개법」 제9조 제1항 제4호에서 정한 '진행 중인 재판에 관련된 정보'에 해당한다는 사유로 정보공개를 거부하기 위하여는 원칙적으로 그 정보가 진행 중인 재판의 소송기록 자체에 포함된 내용이어야 한다. (x) ■ 21 국회8급
B의 비공개사유가 정당화되기 위해서는 A가 공개청구한 정보가 진행 중인 재판의 소송기록 자체에 포함된 내용이어야 한다. (x) ■ 22 국가9급

**②** 「공공기관의 정보공개에 관한 법률」 제9조 제1항 제4호에서 '수사'에 관한 사항으로서 공개될 경우 직무수행을 현저히 곤란하게 한다고 인정할 만한 상당한 이유가 있는 정보를 비공개대상정보의 하나로 규정한 취지와 그에 해당하는 정보 및 수사기록 중 의견서 등이 비공개대상정보에 해당하기 위한 요건 ★ 20 국가7급

최신기출 그 취지는 수사의 방법 및 절차 등이 공개되어 수사기관의 직무수행에 현저한 곤란을 초래할 위험을 막고자 하는 것으로서, 수사기록 중의 의견서, 보고문서, 메모, 법률검토, 내사자료 등(의견서 등)이 이에 해당한다고 할 수 있으나, 공개청구대상인 정보가 의견서 등에 해당한다고 하여 곧바로 정보공개법 제9조 제1항 제4호에 규정된 비공개대상정보라고 볼 것은 아니고, 의견서 등의 실질적인 내용을 구체적으로 살펴 수사의 방법 및 절차 등이 공개됨으로써 수사기관의 직무수행을 현저히 곤란하게 한다고 인정할 만한 상당한 이유가 있어야만 위 비공개대상정보에 해당한다고 봄이 타당하다(대판 2012.7.12, 2010두7048).

**③** 구 「공공기관의 정보공개에 관한 법률」 제7조 제1항 제4호에서 규정하고 있는 '공개될 경우 그 직무수행을 현저히 곤란하게 한다고 인정할 만한 이유가 있는 정보'의 의미 및 판단방법

당해 정보가 공개될 경우 범죄의 예방 및 수사 등에 관한 직무의 공정하고 효율적인 수행에 직접적이고 구체적으로 장애를 줄 고도의 개연성이 있고, 그 정도가 현저한 경우를 의미한다고 할 것이며, 여기에 해당하는지 여부는 비공개에 의하여 보호되는 업무수행의 공정성 등의 이익과 공개에 의하여 보호되는 국민의 알 권리의 보장과 국정에 대한 국민의 참여 및 국정운영의 투명성 확보 등의 이익을 비교·교량하여 구체적인 사안에 따라 신중하게 판단되어야 한다(대판 2008.11.27, 2005두15694).

**④**

수용자자비부담물품의 판매수익금총액과 교도소장에게 배당된 수익금액 및 사용내역 등에 관한 정보는 비공개대상정보가 아니다(대판 2004.12.9, 2003두12707). ★ 13 국가9급

⑤ 교도관이 직무 중 발생한 사유에 관하여 작성하는 근무보고서는 정보공개대상이고, 징벌위원회 회의록 중 비공개 심사·의결 부분은 비공개사유에 해당하지만 징벌절차 진행 부분은 비공개사유에 해당하지 않으므로 분리공개가 허용된다 ★ 15 순경특채, 13 국가9급

> 교도관이 직무 중 발생한 사유에 관하여 작성하는 근무보고서는 관계법령에 근거하여 정식으로 작성·보관하는 공문서인 이상 원칙적으로 법 제3조에 따른 공개의 대상이라고 보아야 할 뿐만 아니라 근무 중 수용자에게 발생한 사유 혹은 그 대처방안에 따르는 책임 여부나 소재 등이 문제될 경우 수용자의 권리구제 내지 교정 업무의 적법성 확보 차원에서 관련 사실관계에 관한 확인 내지 보고적 성격의 위 근무보고서 기재내용의 이해관계인에 대한 공개 및 검토의 필요성은 일반적으로 인정된다는 점, …, 이 사건 근무보고의 대상인 원고가 당시 교도관들의 대처방안에 문제가 있다는 이유로 소송까지 제기한 이상 법률상 직접 이해당사자인 원고에게 이를 공개한다 하여 일반적 교정 업무 수행에 지장을 초래할 우려가 있다고 보기 어렵고, 오히려 원고의 권리구제를 위해서는 그 공개가 객관적으로 필요한 것으로 보이며, 피고로서도 교정 업무의 투명성 측면에서 이를 제시·공개할 공익적 필요가 있다는 점 등의 사정과 앞서 본 관련 법리를 종합하면, 위 근무보고서의 기재내용을 통해 교도관들의 근무방법 등이 파악될 소지가 있다거나 교도관들의 근무 여건이 열악하고 수용자들로부터의 위협에 항시 노출되어 있다는 일반적 혹은 부수적 사정만으로 이 사건에서 이를 공개함으로써 교정 업무의 공정하고 효율적인 수행에 직접적·구체적이고 현저한 장애를 초래할 고도의 개연성이 있다고 보기는 어렵다. 재소자가 교도관의 가혹행위를 이유로 형사고소 및 민사소송을 제기하면서 그 증명자료 확보를 위해 '근무보고서'와 '징벌위원회 회의록' 등의 정보공개를 요청하였으나 교도소장이 이를 거부한 사안에서, 근무보고서는 비공개대상정보에 해당한다고 볼 수 없고, 징벌위원회 회의록 중 비공개 심사·의결 부분은 비공개사유에 해당하지만 징벌절차 진행 부분은 비공개사유에 해당하지 않는다고 보아 분리 공개가 허용된다(대판 2009.12.10, 2009두12785).

⑥ 수사기록 중의 의견서, 보고문서, 메모, 법률검토, 내사자료 등(의견서 등) 중 개인 인적사항 부분을 제외한 나머지 부분인 범죄사실, 적용법조, 증거관계, 고소인 및 피고소인의 진술, 수사결과 및 의견 등은 공개대상정보이다

> 이 사건 정보 중 개인 인적사항 부분을 제외한 나머지 부분인 범죄사실, 적용법조, 증거관계, 고소인 및 피고소인의 진술, 수사결과 및 의견 등은 비록 그것이 수사기록 중의 의견서, 법률검토 등에 해당하여 수사에 관한 사항에 포함되는 것이기는 하나, 원고는 관련사건의 고소인으로서 그 권리구제를 위하여 경찰의 송치의견서의 내용을 알 필요성이 큰 반면 그 정보의 내용, 수집경로 등이 노출되어 향후 범죄의 예방이나 정보수집, 수사활동 등에 영향을 미치는 경우로 보기 어려운 점 등에 비추어 보면, 위 정보가 공개될 경우 피고의 직무수행을 현저히 곤란하게 하거나 피의자의 인권 및 공익 목적을 해하는 결과를 야기한다고 인정하기 어렵다는 이유를 들어 이 사건 정보 중 개인 인적사항 부분을 제외한 나머지 부분은 정보공개법 제9조 제1항 제4호의 비공개대상정보에 해당하지 아니한다고 판단하였다. 위 법리와 기록에 비추어 보면, 원심의 위와 같은 판단은 정당하다(대판 2012.7.12, 2010두7048).

(6) 감사·감독·검사·시험·규제·입찰계약·기술개발·인사관리에 관한 사항이나 의사결정 과정 또는 내부검토 과정에 있는 사항 등으로서 공개될 경우 업무의 공정한 수행이나 연구·개발에 현저한 지장을 초래한다고 인정할 만한 상당한 이유가 있는 정보. 다만, 의사결정 과정 또는 내부검토 과정을 이유로 비공개할 경우에는 제13조제5항에 따라 통지를 할 때 의사결정 과정 또는 내부검토 과정의 단계 및 종료 예정일을 함께 안내하여야 하며, 의사결정 과정 및 내부검토 과정이 종료되면 제10조에 따른 청구인에게 이를 통지하여야 한다(제5호).

① 학교교육에서의 시험에 관한 정보가 「공공기관의 정보공개에 관한 법률」 제9조 제1항 제5호의 비공개대상정보에 해당하는지 여부의 판단기준

> 정보공개법 제9조 제1항 제5호에서 규정하고 있는 '공개될 경우 업무의 공정한 수행에 현저한 지장을 초래한다고 인정할 만한 상당한 이유가 있는 경우'라 함은 공개될 경우 업무의 공정한 수행이 객관적으로 현저하게 지장을 받을 것이라는 고도의 개연성이 존재하는 경우를 의미하고, 알 권리와 학생의 학습권, 부모의 자녀교육권의 성격 등에 비추어 볼 때, 학교교육에서의 시험에 관한 정보로서 공개될 경우 업무의 공정한 수행에 현저한 지장을 초래하는지 여부는 정보공개법의 목적 및 시험정보를 공개하지 아니할 수 있도록 하고 있는 입법 취지, 당해 시험 및 그에 대한 평가행위의 성격과 내용, 공개의 내용과 공개로 인한 업무의 증가, 공개로 인한 파급효과 등을 종합하여, 비공개에 의하여 보호되는 업무수행의 공정성 등의 이익과 공개에 의하여 보호되는 국민의 알 권리와 학생의 학습권 및 부모의 자녀교육권의 보장, 학교교육에 대한 국민의 참여 및 교육행정의 투명성 확보 등의 이익을 비교교량하여 구체적인 사안에 따라 신중하게 판단하여야 한다(대판 2010.2.25, 2007두9877).

② 「공공기관의 정보공개에 관한 법률」 제9조 제1항 제5호에서 비공개대상정보로 규정하고 있는 '감사·감독·검사·시험·규제·입찰계약·기술개발·인사관리에 관한 사항이나 의사결정과정 또는 내부검토과정에 있는 사항 등으로서 공개될 경우 업무의 공정한 수행에 현저한 지장을 초래한다고 인정할 만한 상당한 이유가 있는 정보'의 의미 및 이에 해당하는지 판단하는 기준

> 그 판단을 할 때에는 공개청구의 대상이 된 당해 정보의 내용뿐 아니라 그것을 공개함으로써 장래 동종 업무의 공정한 수행에 현저한 지장을 가져올지도 아울러 고려해야 한다(대판 2012.10.11, 2010두18758).

③ 공공기관이 보유·관리하는 인사관리에 관한 정보로서 공개될 경우 업무의 공정한 수행에 현저한 지장을 초래한다고 인정할 만한 상당한 이유가 있는 경우에는 공개하지 아니할 수 있도록 정하고 있는 「공공기관의 정보공개에 관한 법률」 제9조 제1항 제5호의 '인사관리'에 관한 부분은 명확성원칙에 위반되지 않는다(합헌)

> 이 사건 법률조항 중 '현저한 지장', '상당한 이유'라는 부분이 다소 추상적이기는 하지만, 인사관리업무 및 정보의 다양성에서 비롯된 것으로서 입법기술상 불가피한 측면이 있고, 그 의미의 대강을 확정할 수 있는데다가, 구체적 의미는 법원의 보충적 해석을 통하여 확정할 수 있어서 법집행자가 정보의 비공개 범위를 자의적으로 해석하여 적용할 여지가 없다. 따라서 이 사건 법률조항은 명확성원칙에 위반되지 아니한다(헌재결 2014.3.27, 2012헌바373).

④ 공개대상정보

㉠ 사법시험 제2차 답안지 ★ 15 사회복지, 13 국가9급

> 답안지를 열람하도록 할 경우 업무의 증가가 다소 있을 것으로 예상되고, 다른 논술형시험의 열람 여부에도 영향이 있는 등 파급효과로 인하여 시험업무의 수행에 다소 지장을 초래한다고 볼 수 있기는 하지만, 답안지는 응시자의 시험문제에 대한 답안이 기재되어 있을 뿐 평가자의 평가기준이나 평가결과가 반영되어 있는 것은 아니므로 응시자가 자신의 답안지를 열람한다고 하더라도 시험문항에 대한 채점위원별 채점결과가 열람되는 경우와 달리 평가자가 시험에 대한 평가업무를 수행함에 있어서 지장을 초래할 가능성이 적은 점, 답안지에 대한 열람이 허용된다고 하더라도 답안지를 상호비교함으로써 생기는 부작용이 생길 가능성이 희박하고, 열람업무의 폭증이 예상된다고 볼만한 자료도 없는 점 등을 종합적으로 고려하면, 답안지의 열람으로 인하여 시험업무의 수행에 현저한 지장을 초래한다고 볼 수 없다(대판 2003.3.14, 2000두6114).

㉡ 아파트재건축주택조합의 조합원들에게 제공될 무상보상평수의 사업수익성 등을 검토한 자료

> '무상보상평수 산출내역'은 조합원들에게 제공될 무상보상평수를 '종전 분양면적+지하주차장 2평'으로 정할 경우의 사업수익성 등을 검토한 자료인데, 피고는 이 사건정보에 대한 공개거부처분 이전인 2001.7.27. 소외 조합과 사이에 위와 같은 무상보상평수 제공내용이 포함된 재건축사업계약을 체결한 사실을 알 수 있으므로, 이 정보는 구 「공공기관의 정보공개에 관한 법률」 제7조 제1항 제5호 소정의 '의사결정과정 또는 내부검토과정에 있는 사항 등으로 공개될 경우 업무의 공정한 수행에 현저한 지장을 초래한다고 인정할 만한 상당한 이유가 있는 정보'에 해당한다고 할 수 없고, 이 사건 재건축사업의 경과, 피고의 사업참여 경위, 피고와 소외 조합과의 재건축사업계약의 내용 등에 비추어 보더라도 이 사건 정보가 공개될 경우 피고가 이 사건 재건축아파트의 분양 등 업무를 추진하는 것이 곤란해진다고 보기 어려울 뿐만 아니라, 이 사건 제2정보가 공개되면 피고와 소외 조합 사이의 재건축사업계약에 의하여 조합원들에게 제공될 무상보상평수의 산출근거를 알 수 있게 되어 조합원들의 알 권리를 충족시키고 이 사건 재건축사업의 투명성을 확보할 수 있게 되는 점 등 여러 사정들을 감안하여 보면, 이 사건 정보가 법 제7조 제1항 제7호 소정의 '법인 등의 영업상 비밀에 관한 사항으로서 공개될 경우 법인 등의 정당한 이익을 현저히 해할 우려가 있다고 인정되는 정보'에 해당한다고 보기도 어렵다(대판 2006.1.13, 2003두9459).

㉢ '2002년도 및 2003년도 국가 수준 학업성취도평가 자료'는 「공공기관의 정보공개에 관한 법률」 제9조 제1항 제5호에서 정한 비공개대상정보에 해당하는 부분이 있으나, '2002학년도부터 2005학년도까지의 대학수학능력시험 원데이터'는 연구목적으로 그 정보의 공개를 청구하는 경우 위 조항의 비공개대상정보에 해당하지 않는다

> '2002년도 및 2003년도 국가 수준 학업성취도평가 자료'는 표본조사방식으로 이루어졌을 뿐만 아니라 학교식별정보 등도 포함되어 있어서 그 원자료 전부가 그대로 공개될 경우 학업성취도평가 업무의 공정한 수행이 객관적으로 현저하게 지장을 받을 것이라는 고도의 개연성이 존재한다고 볼 여지가 있어 「공공기관의 정보공개에 관한 법률」 제9조 제1항 제5호에서 정한 비공개대상정보에 해당하는 부분이 있으나, '2002학년도부터 2005학년도까지의 대학수학능력시험 원데이터'는 연구목적으로 그 정보의 공개를 청구하는 경우, 공개로 인하여 초래될 부작용이 공개로 얻을 수 있는 이익보다 더 클 것이라고 단정하기 어려우므로 그 공개로 대학수학능력시험 업무의 공정한 수행이 객관적으로 현저하게 지장을 받을 것이라는 고도의 개연성이 존재한다고 볼 수 없어 위 조항의 비공개대상정보에 해당하지 않는다(대판 2010.2.25, 2007두9877).

ⓔ 외국 또는 외국 기관으로부터 비공개를 전제로 정보를 입수하였다는 이유만으로 이를 공개할 경우 업무의 공정한 수행에 현저한 지장을 받을 것이라고 단정할 수 없다 ★ 20 국가7급, 19 서울7급

외국 또는 외국 기관으로부터 비공개를 전제로 정보를 입수하였다는 이유만으로 이를 공개할 경우 업무의 공정한 수행에 현저한 지장을 받을 것이라고 단정할 수는 없다. 다만 위와 같은 사정은 정보 제공자와의 관계, 정보 제공자의 의사, 정보의 취득 경위, 정보의 내용 등과 함께 업무의 공정한 수행에 현저한 지장이 있는지를 판단할 때 고려하여야 할 형량 요소이다(대판 2018.9.28, 2017두69892).

외국 또는 외국 기관으로부터 비공개를 전제로 입수한 정보는 비공개를 전제로 하였다는 이유만으로 비공개대상정보에 해당한다. (×) ■ 20 국가7급

⑤ 비공개대상정보

㉠ 도시공원위원회의 회의관련자료 및 회의록

지방자치단체의 도시공원에 관한 조례에서 규정된 도시공원위원회의 심의사항에 관하여 위 위원회의 심의를 거친 후 시장이나 구청장이 위 사항들에 대한 결정을 대외적으로 공표하기 전에 위 위원회의 회의관련자료 및 회의록이 공개된다면 업무의 공정한 수행에 현저한 지장을 초래한다고 할 것이므로, 위 위원회의 심의 후 그 심의사항들에 대한 시장 등의 결정의 대외적 공표행위가 있기 전까지는 위 위원회의 회의관련자료 및 회의록은 「공공기관의 정보공개에 관한 법률」 제7조 제1항 제5호에서 규정하는 비공개대상정보에 해당한다고 할 것이고, 다만 시장 등의 결정의 대외적 공표행위가 있은 후에는 이를 의사결정과정이나 내부검토과정에 있는 사항이라고 할 수 없고 위 위원회의 회의관련자료 및 회의록을 공개하더라도 업무의 공정한 수행에 지장을 초래할 염려가 없으므로, 시장 등의 결정의 대외적 공표행위가 있은 후에는 위 위원회의 회의관련자료 및 회의록은 같은법 제7조 제2항에 의하여 공개대상이 된다고 할 것인바, 지방자치단체의 도시공원에 관한 조례안에서 공개시기 등에 관한 아무런 제한규정 없이 위 위원회의 회의관련자료 및 회의록은 공개하여야 한다고 규정하였다면 이는 같은법 제7조 제1항 제5호에 위반된다고 할 것이다(대판 2000.5.30, 99추85).

㉡ 시험문항에 대한 채점위원별 채점 결과(답안지열람거부처분취소) ★ 13 국가9급

답안지 및 시험문항에 대한 채점위원별 채점결과를 열람하도록 하면, 다의적일 수밖에 없는 평가기준과 주관적 평가결과 사이의 정합성을 둘러싸고 시험결과에 이해관계를 가진 자들로부터 제기될지도 모를 시시비비에 일일이 휘말리는 상황이 초래될 우려가 있고, 그럴 경우 업무수행상의 공정성을 확보할 수 없을 뿐 아니라 그 평가업무의 수행 자체에 지장을 초래할 것이 명백함은 물론, 궁극적으로는 논술형시험의 존립이 무너지게 될 염려가 있다(대판 2003.3.14, 2000두6114).

㉢ 의사결정과정에 제공된 회의관련자료나 의사결정과정이 기록된 회의록 등 ★ 21 국가7급

「공공기관의 정보공개에 관한 법률」상 비공개대상정보의 입법취지에 비추어 살펴보면, 같은법 제7조 제1항 제5호에서의 '감사·감독·검사·시험·규제·입찰계약·기술개발·인사·관리·의사결정과정 또는 내부검토과정에 있는 사항'은 비공개대상정보를 예시적으로 열거한 것이라고 할 것이므로 의사결정과정에 제공된 회의관련자료나 의사결정과정이 기록된 회의록 등은 의사가 결정되거나 의사가 집행된 경우에는 더 이상 의사결정과정에 있는 사항 그 자체라고는 할 수 없으나, 의사결정과정에 있는 사항에 준하는 사항으로서 비공개대상정보에 포함될 수 있다(대판 2003.8.22, 2002두12946).

ⓔ

학교환경위생구역 내 금지행위(숙박시설) 해제결정에 관한 학교환경위생정화위원회의 회의록에 기재된 발언내용에 대한 해당 발언자의 인적사항 부분에 관한 정보는 「공공기관의 정보공개에 관한 법률」 제7조 제1항 제5호 소정의 비공개대상에 해당한다(대판 2003.8.22, 2002두12946). ★ 19 지방9급

학교환경위생구역 내 금지행위(숙박시설) 해제결정에 관한 학교환경위생정화위원회의 회의록에 기재된 발언내용에 대한 해당 발언자의 인적사항 부분에 관한 정보는 「공공기관의 정보공개에 관한 법률」 소정의 비공개대상정보에 해당하지 않는다. (×)
■ 19 지방9급

ⓜ **문제은행 출제방식을 채택하고 있는 치과의사 국가시험의 문제지와 정답지** ★ 10 국가9급

치과의사 국가시험에서 채택하고 있는 문제은행 출제방식이 출제의 시간·비용을 줄이면서도 양질의 문항을 확보할 수 있는 등 많은 장점을 가지고 있는 점, 그 시험문제를 공개할 경우 발생하게 될 결과와 시험업무에 초래될 부작용 등을 감안하면, 위 시험의 문제지와 그 정답지를 공개하는 것은 시험업무의 공정한 수행이나 연구·개발에 현저한 지장을 초래한다고 인정할 만한 상당한 이유가 있는 경우에 해당하므로, 「공공기관의 정보공개에 관한 법률」 제9조 제1항 제5호에 따라 이를 공개하지 않을 수 있다(대판 2007.6.15, 2006두15936).

ⓗ

갑이 자신의 모 을의 장기요양등급판정과 관련된 자료로서 장기요양등급판정위원회 회의록 등에 대한 정보공개를 청구하였으나 국민건강보험공단이 등급판정과 관련된 자료 일체는 「공공기관의 정보공개에 관한 법률」 제9조 제1항 제5호의 '공개될 경우 업무의 공정한 수행에 현저한 지장을 초래한다고 인정할 만한 상당한 이유가 있는 경우'에 해당한다는 이유로 비공개결정처분을 한 사안에서, 회의록은 의사결정과정이 기록된 것으로서 의사결정과정에 있는 사항에 준하는 것에 해당하고 공개될 경우 위원회 심의업무의 공정한 수행에 현저한 지장을 가져온다고 인정할 만한 타당한 이유가 있다는 이유로 비공개결정처분이 위법하지 않다고 본 원심판단을 수긍한 사례(대판 2012.2.9, 2010두14268).

ⓢ

갑이 자신의 모 을의 장기요양등급판정과 관련된 자료로서 장기요양인정조사표(조사원 수기 작성분) 등에 대한 정보공개를 청구하였으나 국민건강보험공단이 전자문서 외에 수기로 작성된 원본이 없다는 등의 이유로 비공개결정처분을 한 사안에서, 수기 작성 조사표는 국민건강보험공단이 직무와 관련하여 작성하여 관리하고 있는 문서라고 보는 것이 타당하고, 단순히 공개해야 할 필요성이 없다고 하여 비공개대상정보가 되는 것이 아니라는 이유로, 이와 달리 본 원심판결에 법리를 오해한 위법이 있다고 한 사례(대판 2012.2.9, 2010두14268).

◎ **고소인이, 자신이 고소하였다가 불기소처분된 사건기록의 피의자신문조서, 진술조서 중 피의자 등 개인의 인적사항을 제외한 부분의 정보공개를 청구하였으나 해당 검찰청 검사장이 「공공기관의 정보공개에 관한 법률」 제9조 제1항 제6호에 해당한다는 이유로 비공개결정을 한 사안에서, 비공개결정한 정보 중 개인에 관한 정보가 포함된 부분은 비공개대상정보에 해당한다**

비공개결정한 정보 중 관련자들의 이름을 제외한 주민등록번호, 직업, 주소(주거 또는 직장주소), 본적, 전과 및 검찰 처분, 상훈·연금, 병역, 교육, 경력, 가족, 재산 및 월수입, 종교, 정당·사회단체가입, 건강상태, 연락처 등 개인에 관한 정보는 개인에 관한 사항으로서 공개되면 개인의 내밀한 비밀 등이 알려지게 되고 그 결과 인격적·정신적 내면생활에 지장을 초래하거나 자유로운 사생활을 영위할 수 없게 될 위험성이 있는 정보에 해당한다고 보아 이를 비공개대상정보에 해당한다고 본 원심판단을 수긍한 사례[대판(전합) 2012.6.18, 2011두2361]

ⓐ 甲이 친족인 망 乙 등에 대한 독립유공자 포상신청을 하였다가 독립유공자서훈 공적심사위원회의 심사를 거쳐 포상에 포함되지 못하였다는 내용의 공적심사 결과를 통지받자 국가보훈처장에게 '망인들에 대한 독립유공자서훈 공적심사위원회의 심의·의결 과정 및 그 내용을 기재한 회의록' 등의 공개를 청구하였는데, 국가보훈처장이 위 회의록은 「공공기관의 정보공개에 관한 법률(정보공개법)」 제9조 제1항 제5호에 따라 공개할 수 없다는 통보를 한 사안에서, 위 회의록은 「공공기관의 정보공개에 관한 법률」 제9조 제1항 제5호에서 정한 '공개될 경우 업무의 공정한 수행에 현저한 지장을 초래한다고 인정할 만한 상당한 이유가 있는 정보'에 해당한다고 한 사례 ★ 19 국회8급, 17 지방9급

**최신기출**
> 독립유공자 등록에 관한 신청당사자의 알권리 보장에는 불가피한 제한이 따를 수밖에 없고 관계 법령에서 제한을 다소나마 해소하기 위해 조치를 마련하고 있는 점, 공적심사위원회의 심사에는 심사위원들의 전문적·주관적 판단이 상당 부분 개입될 수밖에 없는 심사의 본질에 비추어 공개를 염두에 두지 않은 상태에서의 심사가 그렇지 않은 경우보다 더 자유롭고 활발한 토의를 거쳐 객관적이고 공정한 심사 결과에 이를 개연성이 큰 점 등 위 회의록 공개에 의하여 보호되는 알권리의 보장과 비공개에 의하여 보호되는 업무수행의 공정성 등의 이익 등을 비교·교량해볼 때, 위 회의록은 정보공개법 제9조 제1항 제5호에서 정한 '공개될 경우 업무의 공정한 수행에 현저한 지장을 초래한다고 인정할 만한 상당한 이유가 있는 정보'에 해당함에도 이와 달리 본 원심판결에 비공개대상정보에 관한 법리를 오해한 위법이 있다고 한 사례(대판 2014.7.24, 2013두20301).

독립유공자서훈 공적심사위원회의 심의·의결 과정 및 그 내용을 기재한 회의록은 독립유공자 등록에 관한 신청당사자의 알 권리 보장과 공정한 업무수행을 위해서 공개되어야 한다. (x) ■ 19 국회8급

(7) 해당 정보에 포함되어 있는 성명·주민등록번호 등 「개인정보 보호법」 제2조 제1호에 따른 개인정보로서 공개될 경우 사생활의 비밀 또는 자유를 침해할 우려가 있다고 인정되는 정보(제6호)

① 「공공기관의 정보공개에 관한 법률」 제9조 제1항 제6호 본문에서 정한 '당해 정보에 포함되어 있는 이름·주민등록번호 등 개인에 관한 사항으로서 공개될 경우 개인의 사생활의 비밀 또는 자유를 침해할 우려가 있다고 인정되는 정보'의 의미와 범위 ★ 20 지방9급, 13 국회8급

**최신기출**
**전합판례**
> 정보공개법 제9조 제1항 제6호 본문의 규정에 따라 비공개대상이 되는 정보에는 구 「공공기관의 정보공개에 관한 법률」의 이름·주민등록번호 등 정보 형식이나 유형을 기준으로 비공개대상정보에 해당하는지를 판단하는 '개인식별정보'뿐만 아니라 그 외에 정보의 내용을 구체적으로 살펴 '개인에 관한 사항의 공개로 개인의 내밀한 내용의 비밀 등이 알려지게 되고, 그 결과 인격적·정신적 내면생활에 지장을 초래하거나 자유로운 사생활을 영위할 수 없게 될 위험성이 있는 정보'도 포함된다고 새겨야 한다. 따라서 불기소처분 기록 중 피의자신문조서 등에 기재된 피의자 등의 인적사항 이외의 진술내용 역시 개인의 사생활의 비밀 또는 자유를 침해할 우려가 인정되는 경우 정보공개법 제9조 제1항 제6호 본문 소정의 비공개대상에 해당한다[대판(전합) 2012.6.18, 2011두2361].

국민의 알권리를 두텁게 보호하기 위해 「공공기관의 정보공개에 관한 법률」 제9조 제1항 제6호 본문의 규정에 따라 비공개대상이 되는 정보는 이름·주민등록번호 등 '개인식별정보'로 한정된다. (x) ■ 20 지방9급

② 기관이 아닌 개인이 타인에 관한 정보의 공개를 청구하는 경우에는 구 「공공기관의 개인정보보호에 관한 법률」
이 아닌 「공공기관의 정보공개에 관한 법률」 제9조 제1항 제6호에 따라 개인에 관한 정보의 공개 여부를 판단
하여야 한다 ★ 12 국회9급

> 구 「공공기관의 개인정보보호에 관한 법률」은 제3조 제1항에서 "공공기관의 컴퓨터에 의하여 처리되는 개인정
> 보의 보호에 관하여는 다른 법률에 특별한 규정이 있는 경우를 제외하고는 이 법이 정하는 바에 의한다."고 규정
> 하고는 있으나, 제10조에서 다른 기관에 정보를 제공하는 경우에 관하여, 제12조 및 제13조에서 정보주체가 본인에
> 관한 정보의 열람을 청구하는 경우에 관하여 규정할 뿐, 기관이 아닌 개인이 타인에 관한 정보의 공개를 청구하는
> 경우에 관하여는 특별한 규정을 두지 않고 있다. 그러므로 기관이 아닌 개인들이 타인에 관한 정보의 공개를 청구하는
> 이 사건에서는 구 「개인정보 보호법」이 아니라 정보공개법 제9조 제1항 제6호에 따라 개인에 관한 정보의 공개 여부
> 를 판단하여야 함에도, 원심은 이와 달리 구 개인정보 보호법 제10조에 따라 그 공개 여부를 판단하였으니, 이러
> 한 원심의 판단에는 정보공개법과 구 개인정보 보호법 사이의 관계에 관한 법리를 오해한 위법이 있다(대판 2010.
> 2.25, 2007두9877).

③ 불기소처분 기록이나 내사기록 중 피의자신문조서 등 조서에 기재된 피의자 등의 인적사항 이외의 진술내용은
개인의 사생활의 비밀 또는 자유를 침해할 우려가 인정되는 경우 「공공기관의 정보공개에 관한 법률」 제9조
제1항 제6호 본문에서 정한 비공개대상정보에 해당한다(대판 2017.9.7, 2017두44558). ★ 19 지방9급


■ 다만, 다음 각목에 열거한 개인에 관한 정보는 제외한다.

④ 법령에서 정하는 바에 따라 열람할 수 있는 정보(가목)

⑤ 공공기관이 공표를 목적으로 작성하거나 취득한 정보로서 사생활의 비밀 또는 자유를 부당하게 침해하지 아니하
는 정보(나목)

⑥ 공공기관이 작성하거나 취득한 정보로서 공개하는 것이 공익이나 개인의 권리 구제를 위하여 필요하다고 인정되
는 정보(다목)

㉠ 구 「공공기관의 정보공개에 관한 법률」 제7조 제1항 제6호 단서 (다)목에 정한 '공개하는 것이 공익을 위하여
필요하다고 인정되는 정보'에 해당하는지 여부의 판단방법

> '공개하는 것이 공익을 위하여 필요하다고 인정되는 정보'에 해당하는지 여부는 비공개에 의하여 보호되는 개인
> 의 사생활보호 등의 이익과 공개에 의하여 보호되는 국정운영의 투명성 확보 등의 공익을 비교·교량하여 구체적
> 사안에 따라 신중히 판단하여야 한다(대판 2007.12.13, 2005두13117).

㉡ 개인의 사생활의 비밀과 자유를 침해할 우려가 있다는 등의 이유로 재개발사업에 관한 정보공개청구를 배척한
사례 ★ 10 국가9급

> 재개발사업에 관한 이해관계인이 공개를 청구한 자료 중 일부는 개인의 인적사항, 재산에 관한 내용이 포함되어
> 있어서 공개될 경우에는 타인의 사생활의 비밀과 자유를 침해할 우려가 있으며, 그 자료의 분량이 합계 9,029매에
> 달하기 때문에 이를 공개하기 위하여는 행정업무에 상당한 지장을 초래할 가능성이 있고, 그 자료의 공개로 공익이
> 실현된다고 볼 수도 없으므로 재개발사업에 관한 정보공개청구를 배척하여 원고의 청구를 기각한다(대판 1997.
> 5.23, 96누2439).

ⓒ 지방자치단체(경상북도 칠곡군)의 업무추진비(속칭 판공비) 세부항목별 집행내역 및 그에 관한 증빙서류에 포함된 개인에 관한 정보는 '공개하는 것이 공익을 위하여 필요하다고 인정되는 정보'에 해당하지 않는다

★ 19 지방9급, 11 국가9급

`최신기출` 이 사건 정보 중 개인에 관한 정보는 특별한 사정이 없는 한 그 개인의 사생활 보호라는 관점에서 보더라도 위와 같은 정보가 공개되는 것은 바람직하지 않으며 위 정보의 비공개에 의하여 보호되는 이익보다 공개에 의하여 보호되는 이익이 우월하다고 단정할 수도 없으므로, 이는 '공개하는 것이 공익을 위하여 필요하다고 인정되는 정보'에 해당하지 않는다고 봄이 상당하다(대판 2003.3.11, 2001두6425).

지방자치단체의 업무추진비 세부항목별 집행내역 및 그에 관한 증빙서류에 포함된 개인에 관한 정보는 「공공기관의 정보공개에 관한 법률」 소정의 '공개하는 것이 공익을 위하여 필요하다고 인정되는 정보'에 해당하여 공개대상이 된다. (x) ■ 19 지방9급

ⓔ 제3자의 확정된 수사기록에 대한 정보공개청구

이 사건 정보와 같은 수사기록에 들어 있는 특정인을 식별할 수 있는 개인에 관한 정보로는 통상 관련자들의 이름, 주민등록번호, 주소(주거 또는 근무처 등)·연락처(전화번호 등), 그 외 직업·나이 등이 있을 것인데, 그 중 관련자들의 이름은 수사기록의 공개를 구하는 필요성이나 유용성, 즉 개인의 권리구제라는 관점에서 특별한 사정이 없는 한 원칙적으로 공개되어야 할 것이고, 관련자들의 주민등록번호는 동명이인의 경우와 같이 동일성이 문제되는 등의 특별한 사정이 있는 경우를 제외하고는 개인의 권리구제를 위하여 필요하다고 볼 수는 없으므로 원칙적으로 비공개하여야 할 것이며, 관련자들의 주소·연락처는 공개될 경우 악용될 가능성이나 사생활이 침해될 가능성이 높은 반면, 증거의 확보 등 개인의 권리구제라는 관점에서는 그 공개가 필요하다고 볼 수 있는 경우도 있을 것이므로 개인식별정보는 비공개라는 원칙을 염두에 두고서 구체적 사안에 따라 개인의 권리구제의 필요성과 비교·교량하여 개별적으로 공개 여부를 판단하여야 할 것이고, 그 외 직업, 나이 등의 인적사항은 특별한 경우를 제외하고는 개인의 권리구제를 위하여 필요하다고 볼 수는 없다고 할 것이다(대판 2003.12.26, 2002두1342).

ⓜ 공무원이 직무와 관련 없이 개인적인 자격으로 간담회·연찬회 등 행사에 참석하고 금품을 수령한 정보는 '공개하는 것이 공익을 위하여 필요하다고 인정되는 정보'에 해당하지 않는다(충주환경운동연합의 원고적격을 인정한 판례)

★ 20 국가9급, 15 사회복지, 13 국회8급

`최신기출` 공무원이 직무와 관련 없이 개인적인 자격으로 간담회·연찬회 등 행사에 참석하고 금품을 수령한 정보는 「공공기관의 정보공개에 관한 법률」 제7조 제1항 제6호 단서 (다)목 소정의 '공개하는 것이 공익을 위하여 필요하다고 인정되는 정보'에 해당하지 않는다(대판 2003.12.12, 2003두8050).

ⓗ 사면대상자들의 사면실시건의서와 그와 관련된 국무회의 안건자료에 관한 정보는 비공개사유가 아니다

★ 15 사회복지, 12 서울9급, 10 국회8급

원고가 공개를 청구한 사면대상자들의 사면실시건의서와 그와 관련된 국무회의 안건자료를 공개할 경우 비록 당사자들의 사생활의 비밀 등이 침해될 염려가 있다고 하더라도, 사면실시 당시 법무부가 발표한 사면발표문 및 보도자료에 이미 이 사건 정보의 당사자들 상당수의 명단이 포함되어 있는 점, 대통령이 행하는 사면권 행사가 고도의 정치적 행위라고 하더라도, 위 정보의 공개가 정치적 행위로서의 사면권 자체를 부정하려는 것이 아니라 오히려 사면권 행사의 실체적 요건이 설정되어 있지 아니하여 생길 수 있는 사면권의 남용을 견제할 국민의 자유로운 정치적 의사 등이 형성되도록 위 정보에의 접근을 허용할 필요성이 있는 점, 이 사건 정보의 당사자들이 저지른 범죄의 중대성과 반사회성에 비추어 볼 때 이 사건 정보를 공개하는 것은 사면권 행사의 형평성이나 자의적 행사 등을 지적하고 있는 일부 비판적 여론과 관련하여 향후 특별사면행위가 보다 더 국가이익과 국민화합에 기여하는 방향으로 이루어질 수 있게 하는 계기가 될 수 있다는 점 등에 견주어 보면, 이 사건 정보의 공개로 얻는 이익이 이로 인하여 침해되는 당사자들의 사생활의 비밀에 관한 이익보다 더욱 크다고 할 것이므로 정보공개법 제7조 제1항 제6호 소정의 비공개사유에 해당되지 않는다(대판 2006.12.7, 2005두241).

Ⓐ 공직자윤리법상의 등록의무자가 구 「공직자윤리법 시행규칙」 제12조 관련 [별지 14호서식]에 따라 정부공직자 윤리위원회에 제출한 문서에 포함되어 있는 고지거부자의 인적사항은, 구 「공공기관의 정보공개에 관한 법률」 제7조 제1항 제6호 단서 (다)목에 정한 '공개하는 것은 공익을 위하여 필요하다고 인정되는 정보'에 해당하지 않는다

> 고지거부자의 인적사항의 공개와 공직자윤리법의 입법목적인 공직자의 청렴성과 직무수행의 공정성 확보는 서로 관련성이 없거나 있다 하더라도 간접적인 것에 불과한 반면, 고지거부자의 인적사항을 공개할 경우 그 고지거부자의 인격권 내지 사생활 등이 심각하게 침해될 우려가 있는 점 및 고지거부자의 지위, 고지거부제도의 취지 등에 비추어, 고지거부자의 인적사항의 비공개에 의하여 보호되는 이익보다 공개에 의하여 보호되는 이익이 우월하다고 단정할 수 없으므로, 결국 고지거부자의 인적사항은 공개하는 것이 공익을 위하여 필요하다고 인정되는 정보에 해당하지 않는다(대판 2007.12.13, 2005두13117).

◎ 개인의 성명의 비공개에 의하여 보호되는 해당 개인의 사생활비밀 등의 이익은 국정운영의 투명성 확보 등의 공익보다 더 중하다(오송분기역 유치와 관련한 유치위원회의 보조금 집행내역에 관한 정보공개를 청구한 사안)

> 이 사건 정보 중 개인의 성명은 원심이 공개를 허용하지 않은 다른 정보(개인의 주민등록번호, 주소, 계좌번호, 신용카드번호 및 사업자의 사업자등록번호, 주소 중 번지)들과 마찬가지로 개인의 신상에 관한 것으로서 그 정보가 공개될 경우 해당인의 사생활이 침해될 염려가 있다고 인정되는 반면, 원심이 공개대상으로 삼은 개인의 성명 외의 나머지 거래내역 등의 공개만으로도 유치위가 오송분기역 유치와 관련하여 청원군으로부터 지급받은 보조금의 사용내역 등을 확인할 수 있을 것으로 보이므로, 개인의 성명의 비공개에 의하여 보호되는 해당 개인의 사생활비밀 등의 이익은 국정운영의 투명성 확보 등의 공익보다 더 중하다고 할 것이므로 이 부분에 대한 공개거부는 적법하다(대판 2009.10.29, 2009두14224).

ⓐ 직무를 수행한 공무원의 성명·직위(라목)

ⓑ 공개하는 것이 공익을 위하여 필요한 경우로서 법령에 따라 국가 또는 지방자치단체가 업무의 일부를 위탁 또는 위촉한 개인의 성명·직업(마목)

---

**(8) 법인·단체 또는 개인(법인등)의 경영상·영업상 비밀에 관한 사항으로서 공개될 경우 법인등의 정당한 이익을 현저히 해칠 우려가 있다고 인정되는 정보. 다만, 다음 각 목에 열거한 정보는 제외한다(제7호).**

가. 사업활동에 의하여 발생하는 위해(危害)로부터 사람의 생명·신체 또는 건강을 보호하기 위하여 공개할 필요가 있는 정보
나. 위법·부당한 사업활동으로부터 국민의 재산 또는 생활을 보호하기 위하여 공개할 필요가 있는 정보

① 「공공기관의 정보공개에 관한 법률」 제9조 제1항 제7호에 정한 '법인등의 경영·영업상 비밀'의 의미

★ 18 서울7급, 14 지방9급

최신기출

> 정보공개법 제9조 제1항 제7호 소정의 '법인등의 경영·영업상 비밀'은 부정경쟁방지법 제2조 제2호 소정의 '영업비밀'에 한하지 않고, '타인에게 알려지지 아니함이 유리한 사업활동에 관한 일체의 정보' 또는 '사업활동에 관한 일체의 비밀사항'으로 해석함이 상당하다(대판 2008.10.23, 2007두1798).

② 구 「공공기관의 정보공개에 관한 법률」 제9조 제1항 제7호에서 정한 '법인 등의 경영·영업상 비밀'의 공개 여부를 판단하는 기준과 방법

> 그 공개 여부는 공개를 거부할 만한 정당한 이익이 있는지에 따라 결정되어야 한다. 이러한 정당한 이익이 있는지는 정보공개법의 입법 취지에 비추어 이를 엄격하게 판단하여야 한다(대판 2018.4.12, 2014두5477).

③ 「공공기관의 정보공개에 관한 법률」 제9조 제1항 제7호에 정한 공개를 거부할 만한 '정당한 이익'이 있는지 여부의 판단방법

> 정당한 이익이 있는지의 여부는 앞서 본 정보공개법의 입법취지에 비추어 이를 엄격하게 해석하여야 할 뿐만 아니라 국민에 의한 감시의 필요성이 크고 이를 감수하여야 하는 면이 강한 공익법인에 대하여는 다른 법인등에 대하여 보다 소극적으로 해석할 수밖에 없다고 할 것이다(대판 2008.10.23, 2007두1798).

④ 구 「공공기관의 정보공개에 관한 법률」 제9조 제1항 제7호에서 공개 여부의 기준이 되는 공개를 거부할 만한 정당한 이익 유무를 판단하는 방법

> 정당한 이익 유무를 판단할 때에는 국민의 알권리를 보장하고 국정에 대한 국민의 참여와 국정 운영의 투명성을 확보함을 목적으로 하는 구 정보공개법의 입법 취지와 아울러 당해 법인 등의 성격, 당해 법인 등의 권리, 경쟁상 지위 등 보호받아야 할 이익의 내용·성질 및 당해 정보의 내용·성질 등에 비추어 당해 법인 등에 대한 권리보호의 필요성, 당해 법인 등과 행정과의 관계 등을 종합적으로 고려해야 한다(대판 2014.7.24, 2012두12303).

⑤ 법인 등이 거래하는 금융기관의 계좌번호에 관한 정보는 비공개대상정보 ★ 16 국가7급

> 법인등이 거래하는 금융기관의 계좌번호에 관한 정보는 법인등의 영업상 비밀에 관한 사항으로서 공개될 경우 법인등의 정당한 이익을 현저히 해할 우려가 있다고 인정되는 정보에 해당한다(대판 2004.8.20, 2003두8302).

⑥ 대한주택공사의 아파트 분양원가 산출내역에 관한 정보는, 그 공개로 위 공사의 정당한 이익을 현저히 해할 우려가 있다고 볼 수 없어 구 「공공기관의 정보공개에 관한 법률」 제7조 제1항 제7호에서 정한 비공개대상정보에 해당하지 않는다 ★ 12 서울9급

> 공공기관은 자신이 보유·관리하는 정보를 공개하는 것이 원칙이고, 정보공개의 예외로서 비공개사유에 해당하는지 여부는 이를 엄격하게 해석할 필요가 있는 점, 피고는 주택을 건설·공급 및 관리하고 불량주택을 개량하여 국민생활의 안정과 공공복리의 증진에 이바지하게 함을 목적으로 대한주택공사법에 의하여 설립된 법인으로서 그와 같은 목적의 수행을 위하여 일반 사기업과는 다른 특수한 지위와 권한을 가지고 있는 점, 피고가 이미 분양이 종료된 고양시 풍동 소재 주공그린빌 주택단지의 아파트 분양원가 산출내역의 자료를 공개한다고 하여 기업으로서의 경쟁력이 현저히 저하된다거나 주택건설사업과 분양업무를 추진하는 것이 곤란해진다고 단정할 수 없는 점, 피고가 위 정보를 공개함으로써 위 아파트의 분양원가 산출내역을 알 수 있게 되어 수분양자들의 알 권리를 충족시키고, 나아가 공공기관의 주택정책에 대한 국민의 참여와 그 운영의 투명성을 확보할 수 있는 계기가 될 수 있는 점 등 여러 사정들을 감안하여 보면, 위 정보를 공개함으로 인하여 피고의 정당한 이익을 현저히 해할 우려가 있다고 볼 수 없다(대판 2007.6.1, 2006두20587).

⑦ 한국방송공사의 '수시집행 접대성 경비의 건별 집행서류 일체'에 관한 정보는 비공개대상정보가 아니다

★ 12 서울9급

> 이 사건 정보에 피고 주장과 같이 거래 일시 및 거래 장소 등의 정보가 기재되어 있다 하더라도 그 정보가 피고의 영업상 유·무형의 비밀에 해당한다거나 이를 공개할 경우 피고의 정당한 이익이 현저히 침해받는다고 인정할 만한 아무런 근거가 없는 반면, 오히려 피고가 텔레비전 수상기를 소지한 국민들이 납부하는 수신료 등으로 운영되는 공영방송사로서 이 사건 업무추진비 등에 대하여 자의적이고 방만한 예산집행의 여지를 미리 차단하고 시민들의 감시를 보장함으로써 그 집행의 합법성과 효율성을 확보하기 위하여서라도 그 집행증빙을 공개할 필요성이 크다고 할 것인바, 이러한 사정을 종합하여 보면, 이 사건 정보가 정보공개법 제9조 제1항 제7호의 비공개대상정보에 해당한다고 볼 수 없다(대판 2008.10.23, 2007두1798).

⑧ 방송프로그램의 기획·편성·제작 등에 관한 정보로서 한국방송공사가 공개하지 아니한 것이 정보공개법 제9조 제1항 제7호의 비공개대상정보에 해당하는지 여부(한정적극)

> 방송사의 취재활동을 통하여 확보한 결과물이나 그 과정에 관한 정보 또는 방송프로그램의 기획·편성·제작 등에 관한 정보는 경쟁관계에 있는 다른 방송사와의 관계나 시청자와의 관계, 방송프로그램의 객관성·형평성·중립성이 보호되어야 한다는 당위성 측면에서 볼 때 '타인에게 알려지지 아니함이 유리한 사업활동에 관한 일체의 정보'에 해당한다고 볼 수 있는바, 개인 또는 집단의 가치관이나 이해관계에 따라 방송프로그램에 대한 평가가 크게 다를 수밖에 없는 상황에서, 정보공개법에 의한 정보공개청구의 방법으로 피고가 가지고 있는 방송프로그램의 기획·편성·제작 등에 관한 정보 등을 제한 없이 모두 공개하도록 강제하는 것은 피고로 하여금 정보공개의 결과로서 야기될 수 있는 각종 비난이나 공격에 노출되게 하여 결과적으로 방송프로그램 기획 등 방송활동을 위축시킴으로써 피고의 경영·영업상의 이익을 해하고 나아가 방송의 자유와 독립을 훼손할 우려가 있다. 따라서 방송프로그램의 기획·편성·제작 등에 관한 정보로서 피고가 공개하지 아니한 것은, 사업활동에 의하여 발생하는 위해로부터 사람의 생명·신체 또는 건강을 보호하기 위하여 공개할 필요가 있는 정보나 위법·부당한 사업활동으로부터 국민의 재산 또는 생활을 보호하기 위하여 공개할 필요가 있는 정보를 제외하고는, 정보공개법 제9조 제1항 제7호에 정한 '법인 등의 경영·영업상 비밀에 관한 사항'에 해당할 뿐만 아니라 그 공개를 거부할 만한 정당한 이익도 있다고 보아야 한다. 한국방송공사 소속 프로듀서인 A가 황우석 박사의 논문조작 사건에 관하여 60분 분량의 가제 '새튼은 특허를 노렸나'라는 방송용 가편집본 테이프를 제작한 후 그 방송이 무산되자 이를 가지고 잠적하여 여기에 임의로 더빙 및 자막 처리를 한 이 사건 정보는 방송프로그램의 기획·편성·제작 등에 관한 정보로서 정보공개법 제9조 제1항 제7호에 비공개대상정보로 규정되어 있는 '법인 등의 경영·영업상 비밀에 관한 사항으로서 공개될 경우 법인 등의 정당한 이익을 현저히 해할 우려가 있다고 인정되는 정보'에 해당한다(대판 2010.12.23, 2008두13101).

⑨

> 금융위원회의 2003.9.26.자 론스타에 대한 동일인 주식보유한도 초과보유 승인과 관련하여 '론스타 측이 제출한 동일인 현황 등 자료' 등은 비공개대상정보에 해당하지 않는다(대판 2011.11.24, 2009두19021).

(9) 공개될 경우 부동산 투기, 매점매석 등으로 특정인에게 이익 또는 불이익을 줄 우려가 있다고 인정되는 정보(제8호)

## 6. 권리구제수단

### (1) 상대방(알 권리)

#### ① 행정소송

㉠ 원고적격과 협의의 소익 : 청구인이 정보공개와 관련한 공공기관의 결정에 대하여 불복이 있거나(구법상 '법률상 이익의 침해를 받은 때'는 '불복이 있는 때'로 개정) 정보공개 청구 후 20일이 경과하도록 정보공개 결정이 없는 때에는 행정소송법이 정하는 바에 따라 행정소송을 제기할 수 있다(제20조 제1항).

※ 별도의 정보공개청구소송은 인정되지 않음

ⓐ **정보공개거부처분을 받은 청구인은 그 거부처분의 취소를 구할 법률상의 이익이 있다**
★ 22·21·15 국가9급, 21·17 지방7급, 21·13·12 지방9급, 15 변호사, 14·10 국가7급, 13 행정사, 10 국회9급, 10 국회8급, 10 세무사

> **최신기출**
> **최신판례**
> 국민의 정보공개청구권은 법률상 보호되는 구체적인 권리이므로, 공공기관에 대하여 정보공개를 청구하였다가 공개거부처분을 받은 청구인은 행정소송을 통해 공개거부처분의 취소를 구할 법률상 이익이 인정되고, 그 밖에 추가로 어떤 이익이 있어야 하는 것은 아니다(대판 2022.5.26, 2022두33439).

A는 공개청구한 정보에 대해 개별·구체적 이익이 없는 경우에도 B의 정보공개거부에 대해 취소소송으로 다툴 수 있다.
■ 22 국가9급

ⓑ **견책의 징계처분을 받은 갑이 사단장(제39보병사단장)에게 징계위원회에 참여한 징계위원의 성명과 직위에 대한 정보공개청구를 하였으나 위 정보가 공「공기관의 정보공개에 관한 법률」제9조 제1항 제1호, 제2호, 제5호, 제6호에 해당한다는 이유로 공개를 거부한 사안에서, 징계처분 취소사건에서 갑의 청구를 기각하는 판결이 확정되었더라도, 갑으로서는 여전히 정보공개거부처분의 취소를 구할 법률상 이익이 있다고 한 사례**

> **최신판례**
> 비록 징계처분 취소사건에서 갑의 청구를 기각하는 판결이 확정되었더라도 이러한 사정만으로 위 처분의 취소를 구할 이익이 없어지지 않고, 사단장이 갑의 정보공개청구를 거부한 이상 갑으로서는 여전히 정보공개거부처분의 취소를 구할 법률상 이익이 있으므로, 이와 달리 본 원심판결에 법리오해의 잘못이 있다고 한 사례(대판 2022.5.26, 2022두33439)

ⓒ **공공기관이 공개를 구하는 정보를 보유·관리하고 있지 아니한 경우, 정보공개거부처분의 취소를 구할 법률상의 이익이 없다** ★ 21·16 국가7급, 21 국가9급, 17·15·10 국회8급, 10 지방7급

> **최신기출**
> 공공기관이 그 정보를 보유·관리하고 있지 아니한 경우에는 특별한 사정이 없는 한 정보공개거부처분의 취소를 구할 법률상의 이익이 없다(대판 2006.1.13, 2003두9459).

공개대상 정보는 원칙적으로 공개를 청구하는 자가 작성한 정보공개청구서의 기재내용에 의하여 특정되며, 공개청구자가 특정한 바와 같은 정보를 공공기관이 보유·관리하고 있지 않은 경우라도 해당 정보에 대한 공개거부처분에 대해 취소를 구할 법률상 이익은 인정된다. (x) ■ 15 국회8급

ⓓ 공개청구의 대상이 되는 정보가 이미 다른 사람에게 공개되어 널리 알려져 있다거나 인터넷이나 관보 등을 통하여 공개되어 인터넷 검색이나 도서관에서의 열람 등을 통하여 쉽게 알 수 있다고 하여 소의 이익이 없다거나 비공개결정이 정당화될 수 없다

★ 21·19·14 국가7급, 20 국회9급, 20·19 국가9급, 18·13 지방9급, 17 지방7급, 15 순경특채, 13 국회8급, 13 행정사

구법 제8조 제2항은 정보공개청구의 대상이 이미 널리 알려진 사항이라 하더라도 그 공개의 방법만을 제한할 수 있도록 규정하고 있을 뿐 공개 자체를 제한하고 있지는 아니하므로, 공개청구의 대상이 되는 정보가 이미 다른 사람에게 공개하여 널리 알려져 있다거나 인터넷이나 관보 등을 통하여 공개하여 인터넷검색이나 도서관에서의 열람 등을 통하여 쉽게 알 수 있다는 사정만으로는 소의 이익이 없다거나 비공개결정이 정당화될 수는 없다(대판 2008.11.2 7, 2005두15694).

공개청구의 대상이 되는 정보가 인터넷에 공개되어 인터넷 검색 등을 통하여 쉽게 알 수 있다면 정보공개청구권자는 공개거부처분의 취소를 구할 법률상의 이익이 없다. (x) ■ 18 지방9급
공개청구된 정보가 이미 인터넷을 통해 공개되어 인터넷검색으로 쉽게 접근할 수 있는 경우는 비공개사유가 된다. (x)
■ 19 국가7급
공개청구의 대상이 되는 정보가 이미 다른 사람에게 공개되어 널리 알려져 있다거나 인터넷 등을 통하여 공개되어 인터넷 검색 등을 통하여 쉽게 알 수 있다면 행정청의 정보비공개 결정이 정당화될 수 있다. (x) ■ 20 지방9급
공개청구의 대상이 되는 정보가 인터넷 등을 통하여 공개되어 인터넷검색 등을 통하여 쉽게 알 수 있는 경우에는 비공개결정이 정당화될 수 있다. ■ 21 국가7급

ⓛ 피고적격

ⓐ 공개 청구된 정보의 공개 여부를 결정하는 법적인 의무와 권한을 가진 주체는 공공기관의 장이다 ★ 13 지방9급

공개 청구된 정보의 공개 여부를 결정하는 법적인 의무와 권한을 가진 주체는 공공기관의 장이고, 정보공개심의회는 공공기관의 장이 정보의 공개 여부를 결정하기 곤란하다고 보아 의견을 요청한 사항의 자문에 응하여 심의하는 것이며, 그의 구성을 위하여 공공기관의 장이 소속 공무원 또는 임·직원 중에서 정보공개심의회의 위원을 지명하는 것이 원칙이나, 다만 필요한 경우에는 공무원이나 임·직원이었던 자 또는 외부전문가를 위원으로 위촉할 수 있되, 그 필요성 여부나 외부전문가의 수 등에 관한 판단과 결정은 공공기관의 장이 그의 권한으로 할 수 있다는 것이 같은법 시행령 규정의 취지이다(대판 2002.3.15, 2001추95).

ⓑ 공공기관이 장이 정보공개심의회 위원의 과반수 이상을 반드시 외부인사로 위촉하여야 하고 부위원장을 시민복지국장으로 한다고 규정한 조례안은 지방의회가 단순한 견제의 범위를 넘어 집행기관의 장의 인사권의 본질적 부분을 사전에 적극적으로 침해한 것으로 관련 법령의 규정 취지에 위배된다고 한 사례

이 사건 조례안 제11조 제1항은 위와 같이 공공기관이 장이 심의회 위원 7인 중 과반수 이상을 반드시 외부인사로 위촉하여야 하는 의무규정을 둔 것이고, 제2항은 제1항의 규정 즉 외부인사가 위원의 과반수를 차지하는 것을 전제로 한 것으로 부위원장을 시민복지국장으로 하고 위원장은 외부 인사로 하기로 한 것이어서 제1항의 규정이 유효함을 전제로 둔 규정일 뿐만 아니라 집행기관의 장이 원천적으로 시민복지국장을 부위원장으로 지명하여야 되며 위원장이나 일반위원으로 지명할 수 없도록 하고 있는 것인바, 따라서 이는 지방의회가 단순한 견제의 범위를 넘어 집행기관의 장의 인사권의 본질적 부분을 사전에 적극적으로 침해한 것으로 관련 법령의 규정 취지에 위배된다 (대판 2002.3.15, 2001추95).

ⓒ 대상적격 : 정보공개거부처분은 행정소송의 대상이 될 수 있다. 그러나 정보공개청구권이 없는 자의 정보공개청구에 대한 거부행위는 처분이 아니다.

ⓐ 경찰서장의 수사기록사본교부거부처분은 처분에 해당

> 「공공기관의 정보공개에 관한 법률」 제6조, 제9조, 제18조에 의하여 국민에게 불기소사건기록의 열람, 등사를 청구할 권리 내지 법에 정하여진 절차에 따라 그 허가 여부의 처분을 행할 것을 요구할 수 있는 법규상의 지위가 부여되었으므로 경찰서장의 수사기록사본교부거부처분은 행정소송의 대상이 된다 할 것이므로 직접 헌법소원심판의 대상으로 삼을 수 없다(헌재결 2001.2.22, 2000헌마620).

ⓑ 서울특별시 송파구가 서울특별시 선거관리위원회를 상대로 제기한 정보비공개처분 취소청구소송에서 처분성을 부정한 사례

> 지방자치단체인 원고는 피고에 대하여 이 사건 각 정보의 공개를 청구할 권리가 없으므로, 이 사건 처분은 행정소송의 대상이 되는 거부처분에 해당하지 아니한다(서울행판 2005.10.12, 2005구합10484).

ⓔ 심리

> 정보공개법 제20조 제2항은 "재판장은 필요하다고 인정되는 때에는 당사자를 참여시키지 아니하고 제출된 공개청구정보를 비공개로 열람·심사할 수 있다."고 규정하고 있는바, 사실심 법원은 해당 정보의 성질, 당해 사건의 증거관계 등에 비추어 필요하다고 판단한 경우 위 규정에 따라 공개청구정보를 제출받아 비공개로 열람·심사할 권한이 있다고 할 것이나, 특별한 사정이 없는 한, 사실심 법원에 그와 같은 의무가 있다고 할 수는 없다(대판 2008.10.23, 2007두1798).

② 국가배상 : 정보공개청구에 대하여 공공기관이 정보공개법에 위반하여 정보공개를 거부한 경우 청구인은 국가배상을 청구할 수 있다. 그러나 청구인이 당해 정보의 직접적인 이해관계인이 아니라면 일반적 정보공개청구권의 침해만을 이유로 승소하는 것은 사실상 어렵다.

> 수사기관의 피의사실 공표행위는 공권력에 의한 수사결과를 바탕으로 한 것으로 국민들에게 그 내용이 진실이라는 강한 신뢰를 부여함은 물론, 그로 인하여 피의자나 피해자 나아가 그 주변인물들에 대하여 치명적인 피해를 가할 수도 있다는 점을 고려할 때, 수사기관의 발표는 원칙적으로 일반국민들의 정당한 관심의 대상이 되는 사항에 관하여 객관적이고도 충분한 증거나 자료를 바탕으로 한 사실 발표에 한정되어야 하고, 이를 발표함에 있어서도 정당한 목적하에 수사결과를 발표할 수 있는 권한을 가진 자에 의하여 공식의 절차에 따라 행하여져야 하며, 무죄추정의 원칙에 반하여 유죄를 속단하게 할 우려가 있는 표현이나 추측 또는 예단을 불러일으킬 우려가 있는 표현을 피하는 등 그 내용이나 표현방법에 대하여도 유념하지 아니하면 아니 될 것이므로, 수사기관의 피의사실 공표행위가 위법성을 조각하는지의 여부를 판단함에 있어서는 공표 목적의 공익성과 공표 내용의 공공성, 공표의 필요성, 공표된 피의사실의 객관성 및 정확성, 공표의 절차와 형식, 그 표현방법, 피의사실의 공표로 인하여 생기는 피침해이익의 성질, 내용 등을 종합적으로 참작하여야 한다(대판 2001.11.30, 2000다68474).

**(2) 제3자(사생활의 비밀과 자유)** ★ 20 서울7급, 12 지방9급

> 공공기관이 보유·관리하고 있는 제3자 관련정보의 경우, 제3자의 비공개요청은 정보공개법상 비공개사유에 해당하지 않는다 : 제3자와 관련이 있는 정보라고 하더라도 당해 공공기관이 이를 보유·관리하고 있는 이상 정보공개법 제9조 제1항 단서 각호의 비공개사유에 해당하지 아니하면 정보공개의 대상이 되는 정보에 해당한다. 따라서 정보공개법 제11조 제3항, 제21조 제1항의 규정은 공공기관이 보유·관리하고 있는 정보가 제3자와 관련이 있는 경우 그 정보공개 여부를 결정할 때 공공기관이 제3자와의 관계에서 거쳐야 할 절차를 규정한 것에 불과할 뿐, 제3자의 비공개요청이 있다는 사유만으로 정보공개법상 정보의 비공개사유에 해당한다고 볼 수 없다(대판 2008.9.25, 2008두8680).

공개 청구된 공개대상 정보의 전부 또는 일부와 관련있는 제3자가 자신과 관련된 정보를 공개하지 않을 것을 요청한 경우 공공기관은 해당 정보를 비공개하여야 한다. (x) ■ 20 서울7급

# 제5절 개인정보보호

## Ⅰ. 개설

### 1. 보호의 한계

#### (1) 비례원칙

> 진술인의 인격권과 사생활의 비밀과 자유를 제한하고 그 진술에 대한 녹취를 허용하는 경우에도 녹취를 허용하여야 할 공익상의 필요와 진술인의 인격보호의 이익을 비교형량하여 공익적 요청이 더욱 큰 경우에 한하여 이를 허용하여야 하고, 그렇지 아니한 경우에는 녹취의 전부 또는 일부를 불허하는 것도 가능하다고 보아야 할 것이다 (헌재결 1995.12.28, 91헌마114).

#### (2) 법률유보원칙

> 기본권은 헌법 제37조 제2항에 의하여 국가안전보장·질서유지 또는 공공복리를 위하여 필요한 경우에 한하여 이를 제한할 수 있으나, 그 제한의 방법은 원칙적으로 법률로써만 가능하고 제한의 정도도 기본권의 본질적 내용을 침해할 수 없고 필요한 최소한도에 그쳐야 한다. 그런데 위 조항에서 규정하고 있는 기본권 제한에 관한 법률유보의 원칙은 '법률에 의한 규율'을 요청하는 것이 아니라 '법률에 근거한 규율'을 요청하는 것이므로, 기본권의 제한에는 법률의 근거가 필요할 뿐이고 기본권 제한의 형식이 반드시 법률의 형식일 필요는 없다. 따라서 심판대상인 이 사건 시행령조항 및 경찰청장의 보관 등 행위와 같이 헌법상의 기본권으로 인정되는 개인정보자기결정권을 제한하는 공권력의 행사는 반드시 법률에 그 근거가 있어야 한다(헌재결 2005.5.26, 99헌마513).

#### (3) 정보주체의 동의 없이 개인정보를 공개함으로써 침해되는 인격적 법익과 정보주체의 동의 없이 자유롭게 개인정보를 공개하는 표현행위로서 보호받을 수 있는 법적 이익이 하나의 법률관계를 둘러싸고 충돌하는 경우, 그 행위의 위법성에 관한 판단 방법(이익형량)

**전합판례**
> 정보주체의 동의 없이 개인정보를 공개함으로써 침해되는 인격적 법익과 정보주체의 동의 없이 자유롭게 개인정보를 공개하는 표현행위로서 보호받을 수 있는 법적 이익이 하나의 법률관계를 둘러싸고 충돌하는 경우에는, 개인이 공적인 존재인지 여부, 개인정보의 공공성 및 공익성, 개인정보 수집의 목적·절차·이용형태의 상당성, 개인정보 이용의 필요성, 개인정보 이용으로 인해 침해되는 이익의 성질 및 내용 등 여러 사정을 종합적으로 고려하여, 개인정보에 관한 인격권 보호에 의하여 얻을 수 있는 이익(비공개 이익)과 표현행위에 의하여 얻을 수 있는 이익(공개 이익)을 구체적으로 비교 형량하여, 어느 쪽 이익이 더욱 우월한 것으로 평가할 수 있는지에 따라 그 행위의 최종적인 위법성 유무를 판단하여야 한다[대판(전합) 2011.9.2, 2008다42430].

## 2. 개인정보자기결정권

### (1) 의의 ★ 18 국회8급, 12 국회9급

#### ① 대법원

> 인간의 존엄과 가치, 행복추구권을 규정한 헌법 제10조 제1문에서 도출되는 일반적 인격권 및 헌법 제17조의 사생활의 비밀과 자유에 의하여 보장되는 개인정보자기결정권은 자신에 관한 정보가 언제 누구에게 어느 범위까지 알려지고 또 이용되도록 할 것인지를 그 정보주체가 스스로 결정할 수 있는 권리이다. 즉, 정보주체가 개인정보의 공개와 이용에 관하여 스스로 결정할 권리를 말한다(헌재결 2005.7.21, 2003헌마282·425).

#### ② 헌법재판소

> 공판정에서 진술을 하는 피고인·증인 등도 인간으로서의 존엄과 가치를 가지며(헌법 제10조), 사생활의 비밀과 자유를 침해받지 아니할 권리를 가지고 있으므로(헌법 제17조), 본인이 비밀로 하고자 하는 사적인 사항이 일반에 공개되지 아니하고 자신의 인격적 징표가 타인에 의하여 일방적으로 이용당하지 아니할 권리가 있다. 따라서 모든 진술인은 원칙적으로 자기의 말을 누가 녹음할 것인지와 녹음된 기기의 음성이 재생될 것인지 여부 및 누가 재생할 것인지 여부에 관하여 스스로 결정할 권리가 있다(헌재결 1995.12.28, 91헌마114).

### (2) 헌법적 근거

개인정보보호는 헌법상 정보상 자기결정권에 근거를 두고 있다. 다수설은 자기결정권의 근거를 사생활의 비밀과 자유에서 찾는다. 대법원은 정보상 자기결정권의 근거를 헌법 제10조와 제17조에서 도출하는 입장이다. 헌법재판소는 정보상 자기결정권은 헌법에 명시되지 아니한 독자적 기본권으로 보고 있다.

#### ① 사생활의 비밀과 자유 헌법 제10조 및 제17조에 근거(대법원)

> 헌법 제10조는 "모든 국민은 인간으로서의 존엄과 가치를 가지며, 행복을 추구할 권리를 가진다. 국가는 개인이 가지는 불가침의 기본적 인권을 확인하고 이를 보장할 의무를 진다."고 규정하고, 헌법 제17조는 "모든 국민은 사생활의 비밀과 자유를 침해받지 아니한다."라고 규정하고 있는바, 이들 헌법 규정은 개인의 사생활 활동이 타인으로부터 침해되거나 사생활이 함부로 공개되지 아니할 소극적인 권리는 물론, 오늘날 고도로 정보화된 현대사회에서 자신에 대한 정보를 자율적으로 통제할 수 있는 적극적인 권리까지도 보장하려는 데에 그 취지가 있는 것으로 해석된다(대판 1998.7.24, 96다42789).

#### ② 개인정보자기결정권은 독자적 기본권으로서 헌법에 명시되지 아니한 기본권이다(헌법재판소) ★ 18 국가9급

**최신기출** | 개인정보자기결정권의 헌법상 근거로는 헌법 제17조의 사생활의 비밀과 자유, 헌법 제10조 제1문의 인간의 존엄과 가치 및 행복추구권에 근거를 둔 일반적 인격권 또는 위 조문들과 동시에 우리 헌법의 자유민주적 기본질서 규정 또는 국민주권원리와 민주주의원리 등을 고려할 수 있으나, 개인정보자기결정권으로 보호하려는 내용을 위 각 기본권들 및 헌법원리들 중 일부에 완전히 포섭시키는 것은 불가능하다고 할 것이므로, 그 헌법적 근거를 굳이 어느 한두 개에 국한시키는 것은 바람직하지 않은 것으로 보이고, 오히려 개인정보자기결정권은 이들을 이념적 기초로 하는 독자적 기본권으로서 헌법에 명시되지 아니한 기본권이라고 보아야 할 것이다(헌재결 2005.5.26, 2004헌마190).

#### ③ 개인정보자기결정권은 인간의 존엄과 가치, 행복추구권을 규정한 헌법 제10조 제1문에서 도출되는 일반적 인격권 및 헌법 제17조의 사생활의 비밀과 자유에 의하여 보장된다(헌법재판소)(헌재결 2005.7.21, 2003헌마282·425).

### (3) 제한

**①** 개인정보자기결정권이나 익명표현의 자유는 헌법 제37조 제2항에 따라 법률로써 제한될 수 있다 ★ 18·국회8급

> **최신기출** 헌법상 기본권의 행사는 국가공동체 내에서 타인과의 공동생활을 가능하게 하고 다른 헌법적 가치나 국가의 법질서를 위태롭게 하지 않는 범위 내에서 이루어져야 하므로, 개인정보자기결정권이나 익명표현의 자유도 국가안전보장·질서유지 또는 공공복리를 위하여 필요한 경우에는 헌법 제37조 제2항에 따라 법률로써 제한될 수 있다(대판 2016. 3.10, 2012다105482).

**②** 개인정보를 대상으로 한 조사·수집·보관·처리·이용 등의 행위는 개인정보자기결정권에 대한 제한에 해당한다

> 개인정보를 대상으로 한 조사·수집·보관·처리·이용 등의 행위는 모두 원칙적으로 개인정보자기결정권에 대한 제한에 해당한다(대판 2016.8.17, 2014다235080).

### (4) 침해

**①** 군 정보기관이 법령상의 직무범위를 벗어나 민간인에 관한 정보를 비밀리에 수집·관리한 경우 불법행위가 성립한다(원고 노무현, 이강철, 문동환, 김승훈)

> 구 국군보안사령부가 군과 관련된 첩보수집, 특정한 군사법원 관할범죄의 수사 등 법령에 규정된 직무범위를 벗어나 민간인들을 대상으로 평소의 동향을 감시·파악할 목적으로 지속적으로 개인의 집회·결사에 관한 활동이나 사생활에 관한 정보를 미행, 망원 활용, 탐문채집 등의 방법으로 비밀리에 수집·관리한 경우, 이는 헌법에 의하여 보장된 기본권을 침해한 것으로서 불법행위를 구성한다(대판 1998.7.24, 96다42789).

**②** 국가기관이 일반국민의 알 권리와는 무관하게 평소의 동향을 감시할 목적으로 개인의 정보를 비밀리에 수집한 경우, 그 대상자가 공적 인물이라는 이유만으로 면책될 수 없다

> 공적 인물에 대하여는 사생활의 비밀과 자유가 일정한 범위 내에서 제한되어 그 사생활의 공개가 면책되는 경우도 있을 수 있으나, 이는 공적 인물은 통상인에 비하여 일반국민의 알 권리의 대상이 되고 그 공개가 공공의 이익이 된다는 데 근거한 것이므로, 일반국민의 알 권리와는 무관하게 국가기관이 평소의 동향을 감시할 목적으로 개인의 정보를 비밀리에 수집한 경우에는 그 대상자가 공적 인물이라는 이유만으로 면책될 수 없다(대판 1998.7.24, 96다42789).

**③** 「주민등록법 시행령」 제33조 제2항(개인의 지문정보 수집, 보관, 전산화 및 범죄수사 목적 이용)은 개인정보자기결정권을 과잉제한하는 것이 아니다

⑦

> **최신기출** 개인의 고유성, 동일성을 나타내는 지문은 그 정보주체를 타인으로부터 식별가능하게 하는 개인정보이므로, 시장·군수 또는 구청장이 개인의 지문정보를 수집하고, 경찰청장이 이를 보관·전산화하여 범죄수사목적에 이용하는 것은 모두 개인정보자기결정권을 제한하는 것이다(헌재결 2005.5.26, 99헌마513). ★ 18·지방7급

ⓒ 방법의 적절성

> 범죄자 등 특정인만이 아닌 17세 이상 모든 국민의 열 손가락 지문정보를 수집하여 보관하도록 한 것은 신원확인 기능의 효율적인 수행을 도모하고, 신원확인의 정확성 내지 완벽성을 제고하기 위한 것으로서, 그 목적의 정당성이 인정되고, 또한 이 사건 지문날인제도가 위와 같은 목적을 달성하기 위한 효과적이고 적절한 방법의 하나가 될 수 있다(헌재결 2005.5.26, 99헌마513).

ⓒ 침해의 최소성

> 범죄자 등 특정인의 지문정보만 보관해서는 17세 이상 모든 국민의 지문정보를 보관하는 경우와 같은 수준의 신원확인기능을 도저히 수행할 수 없는 점, 개인별로 한 손가락만의 지문정보를 수집하는 경우 그 손가락 자체 또는 지문의 손상 등으로 인하여 신원확인이 불가능하게 되는 경우가 발생할 수 있고, 그 정확성 면에 있어서도 열 손가락 모두의 지문을 대조하는 것과 비교하기 어려운 점, 다른 여러 신원확인수단 중에서 정확성·간편성·효율성 등의 종합적인 측면에서 현재까지 지문정보와 비견될 만한 것은 찾아보기 어려운 점 등을 고려해 볼 때, 이 사건 지문날인제도는 피해 최소성의 원칙에 어긋나지 않는다(헌재결 2005.5.26, 99헌마513).

ⓔ 법익의 균형성

> 이 사건 지문날인제도로 인하여 정보주체가 현실적으로 입게 되는 불이익에 비하여 경찰청장이 보관·전산화하고 있는 지문정보를 범죄수사활동, 대형사건사고나 변사자가 발생한 경우의 신원확인, 타인의 인적사항 도용방지 등 각종 신원확인의 목적을 위하여 이용함으로써 달성할 수 있게 되는 공익이 더 크다고 보아야 할 것이므로, 이 사건 지문날인제도는 법익의 균형성의 원칙에 위배되지 아니한다(헌재결 2005.5.26, 99헌마513).

④ 변호사 정보 제공 웹사이트 운영자가 변호사들의 개인신상정보를 기반으로 변호사들의 '인맥지수'를 산출하여 공개하는 서비스를 제공한 경우 위 인맥지수 서비스 제공행위는 변호사들의 개인정보에 관한 인격권을 침해하는 위법한 것이다

전합판례
> 인맥지수의 사적·인격적 성격, 산출과정에서 왜곡 가능성, 인맥지수 이용으로 인한 변호사들의 이익 침해와 공적 폐해의 우려, 그에 반하여 이용으로 달성될 공적인 가치의 보호 필요성 정도 등을 종합적으로 고려하면, 운영자가 변호사들의 개인신상정보를 기반으로 한 인맥지수를 공개하는 표현행위에 의하여 얻을 수 있는 법적 이익이 이를 공개하지 않음으로써 보호받을 수 있는 변호사들의 인격적 법익에 비하여 우월하다고 볼 수 없어, 결국 운영자의 인맥지수 서비스 제공행위는 변호사들의 개인정보에 관한 인격권을 침해하는 위법한 것이라고 한 사례[대판(전합) 2011.9. 2, 2008다42430]

⑤ 변호사 정보 제공 웹사이트 운영자가 대법원 홈페이지에서 제공하는 '나의 사건검색' 서비스를 통해 수집한 사건 정보를 이용하여 변호사들의 '승소율이나 전문성 지수 등'을 제공하는 서비스를 한 사안에서, 위 행위는 변호사 들의 개인정보에 관한 인격권을 침해하는 위법한 행위로 평가할 수 없다고 한 사례

전합판례
> 공적 존재인 변호사들의 지위, 사건정보의 공공성 및 공익성, 사건정보를 이용한 승소율이나 전문성 지수 등 산출 방법 의 합리성 정도, 승소율이나 전문성 지수 등의 이용 필요성, 이용으로 인하여 변호사들 이익이 침해될 우려의 정도 등을 종합적으로 고려하면, 웹사이트 운영자가 사건정보를 이용하여 승소율이나 전문성 지수 등을 제공하는 서비 스를 하는 행위는 그에 의하여 얻을 수 있는 법적 이익이 이를 공개하지 않음으로써 얻을 수 있는 정보주체의 인격적 법익에 비하여 우월한 것으로 보여 변호사들의 개인정보에 관한 인격권을 침해하는 위법한 행위로 평가할 수 없 다고 한 사례[대판(전합) 2011.9.2, 2008다42430]

⑥ 국회의원 甲(새누리당 조전혁 전 의원) 등이 '각급학교 교원의 교원단체 및 교원노조 가입현황 실명자료'를 인터넷을 통하여 공개한 행위는 해당 교원들의 개인정보자기결정권 등을 침해하는 것으로 위법하다

> 위 정보는 개인정보자기결정권의 보호대상이 되는 개인정보에 해당하므로 이를 일반 대중에게 공개하는 행위는 해당 교원들의 개인정보자기결정권과 전국교직원노동조합의 존속, 유지, 발전에 관한 권리를 침해하는 것이고, 甲 등이 위 정보를 공개한 표현행위로 인하여 얻을 수 있는 법적 이익이 이를 공개하지 않음으로써 보호받을 수 있는 해당 교원 등의 법적 이익에 비하여 우월하다고 할 수 없으므로, 甲 등의 정보 공개행위가 위법하다(대판 2014.7. 24, 2012다49933).

⑦ 전기통신사업자가 검사 또는 수사관서의 장의 요청에 따라 구 전기통신사업법 제54조 제3항, 제4항에서 정한 형식적·절차적 요건을 심사하여 이용자의 통신자료를 제공한 경우, 원칙적으로 이용자의 개인정보자기결정권이나 익명표현의 자유 등을 위법하게 침해한 것으로 볼 수 없다

> 검사 또는 수사관서의 장이 통신자료의 제공 요청 권한을 남용하여 정보주체 또는 제3자의 이익을 부당하게 침해하는 것임이 객관적으로 명백한 경우와 같은 특별한 사정이 없는 한, 이로 인하여 이용자의 개인정보자기결정권이나 익명표현의 자유 등이 위법하게 침해된 것이라고 볼 수 없다(대판 2016.3.10, 2012다105482).

⑧ 개인정보자기결정권을 침해·제한한다고 주장되는 행위의 내용이 이미 정보주체의 의사에 따라 공개된 개인정보를 별도의 동의 없이 영리 목적으로 수집·제공하였다는 것인 경우, 정보처리 행위의 위법성 여부를 판단하는 기준 및 정보처리자에게 영리 목적이 있었다는 사정만으로 곧바로 정보처리 행위를 위법하다고 할 수 없다

> 개인정보자기결정권이라는 인격적 법익을 침해·제한한다고 주장되는 행위의 내용이 이미 정보주체의 의사에 따라 공개된 개인정보를 그의 별도의 동의 없이 영리 목적으로 수집·제공하였다는 것인 경우에는, 정보처리 행위로 침해될 수 있는 정보주체의 인격적 법익과 그 행위로 보호받을 수 있는 정보처리자 등의 법적 이익이 하나의 법률관계를 둘러싸고 충돌하게 된다. 이때는 정보주체가 공적인 존재인지, 개인정보의 공공성과 공익성, 원래 공개한 대상 범위, 개인정보 처리의 목적·절차·이용형태의 상당성과 필요성, 개인정보 처리로 침해될 수 있는 이익의 성질과 내용 등 여러 사정을 종합적으로 고려하여, 개인정보에 관한 인격권 보호에 의하여 얻을 수 있는 이익과 정보처리 행위로 얻을 수 있는 이익 즉 정보처리자의 '알 권리'와 이를 기반으로 한 정보수용자의 '알 권리' 및 표현의 자유, 정보처리자의 영업의 자유, 사회 전체의 경제적 효율성 등의 가치를 구체적으로 비교 형량하여 어느 쪽 이익이 더 우월한 것으로 평가할 수 있는지에 따라 정보처리 행위의 최종적인 위법성 여부를 판단하여야 하고, 단지 정보처리자에게 영리 목적이 있었다는 사정만으로 곧바로 정보처리 행위를 위법하다고 할 수는 없다(대판 2016.8.17, 2014다235080).

## II. 「개인정보 보호법」 주요 내용

### 1. 일반법

「개인정보 보호법」은 개인정보 보호에 관한 일반법이다. 개인정보 보호에 관하여는 다른 법률에 특별한 규정이 있는 경우를 제외하고는 이 법에서 정하는 바에 따른다(제6조).

**공공기관이 보유·관리하고 있는 개인정보의 공개에 관하여 구 「공공기관의 정보공개에 관한 법률」(2020.12.22. 법률 제17690호로 개정되기 전의 것) 제9조 제1항 제6호가 적용된다[법무부장관이 지방변호사회의 변호사시험 합격자 명단 공개 청구를 거부한 사건]**

> `최신판례` 구 「공공기관의 정보공개에 관한 법률(2020.12.22. 법률 제17690호로 개정되기 전의 것, 이하 '구 정보공개법'이라 한다)」과 「개인정보 보호법」의 각 입법목적과 규정 내용, 구 정보공개법 제9조 제1항 제6호의 문언과 취지 등에 비추어 보면, 구 정보공개법 제9조 제1항 제6호는 공공기관이 보유·관리하고 있는 개인정보의 공개 과정에서의 개인정보를 보호하기 위한 규정으로서 「개인정보 보호법」 제6조에서 말하는 '개인정보 보호에 관하여 다른 법률에 특별한 규정이 있는 경우'에 해당한다. 따라서 공공기관이 보유·관리하고 있는 개인정보의 공개에 관하여는 구 정보공개법 제9조 제1항 제6호가 「개인정보 보호법」에 우선하여 적용된다(대판 2021.11.11, 2015두53770).

### 2. 보호대상정보

**(1) 개인정보자기결정권의 보호대상이 되는 개인정보에는 공적 생활에서 형성되었거나 이미 공개된 개인정보가 이에 포함된다** ★ 21·12 국가9급, 18 지방7급, 18 국회8급, 12 국회9급

> `최신기출` 개인정보자기결정권의 보호대상이 되는 개인정보는 개인의 신체, 신념, 사회적 지위, 신분 등과 같이 개인의 인격주체성을 특징짓는 사항으로서 개인의 동일성을 식별할 수 있게 하는 일체의 정보라고 할 수 있고, 반드시 개인의 내밀한 영역에 속하는 정보에 국한되지 않고 공적 생활에서 형성되었거나 이미 공개된 개인정보까지 포함한다. 또한 그러한 개인정보를 대상으로 한 조사·수집·보관·처리·이용 등의 행위는 모두 원칙적으로 개인정보자기결정권에 대한 제한에 해당한다(대판 2014.7.24, 2012다49933).

개인정보자기결정권의 보호대상이 되는 개인정보는 개인의 신체, 신념, 사회적 지위, 신분 등과 같이 인격주체성을 특징짓는 사항으로서 개인의 동일성을 식별할 수 있게 하는 일체의 정보를 의미하는 것이므로 개인의 내밀한 영역에 속하는 정보에 국한되고 공적 생활에서 형성되었거나 이미 공개된 개인정보는 포함되지 않는다. (x) ■ 18 국회8급

개인정보자기결정권의 보호대상이 되는 개인정보는 개인의 신체, 신념, 사회적 지위, 신분 등과 같이 개인의 인격주체성을 특징짓는 사항으로서 그 개인의 동일성을 식별할 수 있는 일체의 정보이고, 이미 공개된 개인정보는 포함하지 않는다. (x) ■ 18 지방7급

**(2) 익명표현의 자유는 헌법 제21조에서 보장하는 표현의 자유의 보호영역에 포함된다** ★ 18 국회8급

> `최신기출` 헌법 제21조에서 보장하고 있는 표현의 자유는 개인이 인간으로서의 존엄과 가치를 유지하고 국민주권을 실현하는 데 필수불가결한 자유로서, 자신의 신원을 누구에게도 밝히지 않은 채 익명 또는 가명으로 자신의 사상이나 견해를 표명하고 전파할 익명표현의 자유도 보호영역에 포함된다(대판 2016.3.10, 2012다105482).

**(3) 지문에 관한 정보는 개인정보에 해당한다** ★ 21 지방9급

최신기출 개인의 고유성, 동일성을 나타내는 지문은 그 정보주체를 타인으로부터 식별가능하게 하는 개인정보이므로, 시장·군수 또는 구청장이 개인의 지문정보를 수집하고, 경찰청장이 이를 보관·전산화하여 범죄수사목적에 이용하는 것은 모두 개인정보자기결정권을 제한하는 것이라고 할 수 있다(헌재결 2005.5.26, 2004헌마190).

## 3. 개인정보의 처리(개인정보의 수집·이용·제공 등)

**(1) 서울특별시 교육감 등이 졸업생의 성명, 생년월일 및 졸업일자 정보를 교육정보시스템(NEIS)에 보유하는 행위는 법률유보원칙에 위배되지 않는다**

개인정보자기결정권을 제한함에 있어서는 개인정보의 수집·보관·이용 등의 주체, 목적, 대상 및 범위 등을 법률에 구체적으로 규정함으로써 그 법률적 근거를 보다 명확히 하는 것이 바람직하나, 개인정보의 종류와 성격, 정보처리의 방식과 내용 등에 따라 수권법률의 명확성 요구의 정도는 달라진다 할 것인바, 피청구인 서울특별시 교육감과 교육인적자원부장관(현 교육부장관)이 졸업생 관련 제 증명의 발급이라는 소관 민원업무를 효율적으로 수행함에 필요하다고 보아 개인의 인격에 밀접히 연관된 민감한 정보라고 보기 어려운 졸업생의 성명, 생년월일 및 졸업일자만을 교육정보시스템(NEIS)에 보유하는 행위에 대하여는 그 보유정보의 성격과 양(量), 정보보유 목적의 비침해성 등을 종합할 때 수권법률의 명확성이 특별히 강하게 요구된다고는 할 수 없으며, 따라서 "공공기관은 소관업무를 수행하기 위하여 필요한 범위 안에서 개인정보파일을 보유할 수 있다."고 규정하고 있는 「공공기관의 개인정보보호에 관한 법률」 제5조와 같은 일반적 수권조항에 근거하여 피청구인들의 보유행위가 이루어졌다 하더라도 법률유보원칙에 위배된다고 단정하기 어렵다(헌재결 2005.7.21, 2003헌마282).

**(2) 서울특별시 교육감 등이 졸업생의 성명, 생년월일 및 졸업일자 정보를 교육정보시스템(NEIS)에 보유하는 행위는 정보주체의 개인정보자기결정권을 침해하지 않는다**

피청구인들이 졸업증명서 발급업무에 관한 민원인의 편의 도모, 행정효율성의 제고를 위하여 개인의 존엄과 인격권에 심대한 영향을 미칠 수 있는 민감한 정보라고 보기 어려운 성명, 생년월일, 졸업일자 정보만을 NEIS에 보유하고 있는 것은 목적의 달성에 필요한 최소한의 정보만을 보유하는 것이라 할 수 있고, 「공공기관의 개인정보보호에 관한 법률」에 규정된 개인정보보호를 위한 법규정들의 적용을 받을 뿐만 아니라 피청구인들이 보유목적을 벗어나 개인정보를 무단 사용하였다는 점을 인정할 만한 자료가 없는 한 NEIS라는 자동화된 전산시스템으로 그 정보를 보유하고 있다는 점만으로 피청구인들의 적법한 보유행위 자체의 정당성마저 부인하기는 어렵다(헌재결 2005.7.21, 2003헌마282).

**(3) 이미 공개된 개인정보를 정보주체의 동의가 있었다고 객관적으로 인정되는 범위 내에서 수집·이용·제공 등 처리를 할 때 정보주체의 별도의 동의가 필요하지 않고, 동의를 받지 아니한 경우, 「개인정보 보호법」 제15조나 제17조를 위반한 것이 아니다** ★ 21 국가9급

최신기출 정보주체가 직접 또는 제3자를 통하여 이미 공개한 개인정보는 공개 당시 정보주체가 자신의 개인정보에 대한 수집이나 제3자 제공 등의 처리에 대하여 일정한 범위 내에서 동의를 하였다고 할 것이다. 이와 같이 공개된 개인정보를 객관적으로 보아 정보주체가 동의한 범위 내에서 처리하는 것으로 평가할 수 있는 경우에도 동의의 범위가 외부에 표시되지 아니하였다는 이유만으로 또다시 정보주체의 별도의 동의를 받을 것을 요구한다면 이는 정보주체의 공개의사에도 부합하지 아니하거니와 정보주체나 개인정보처리자에게 무의미한 동의절차를 밟기 위한 비용만을 부담시키는 결과가 된다. 다른 한편 「개인정보 보호법」 제20조는 공개된 개인정보 등을 수집·처리하는 때에는 정보주체의 요구가 있으면 즉시 개인정보의 수집 출처, 개인정보의 처리 목적, 제37조에 따른 개인정보 처리의 정지를 요구할 권리가 있다는 사실을 정보주체에게 알리도록 규정하고 있으므로, 공개된 개인정보에 대한 정보주체의 개인정보자기결정권은 이러한 사후통제에 의하여 보호받게 된다. 따라서 이미 공개된 개인정보를 정보주체의 동의가 있었다고 객관적으로 인정되는 범위 내에서 수집·이용·제공 등 처리를 할 때는 정보주체의 별도의 동의는 불필요하다고 보아야 하고, 별도의 동의를 받지 아니하였다고 하여 개인정보 보호법 제15조나 제17조를 위반한 것으로 볼 수 없다(대판 2016.8.17. 2014다235080).

**(4) 정보주체의 동의가 있었다고 인정되는 범위 내인지 판단하는 기준**

정보주체의 동의가 있었다고 인정되는 범위 내인지는 공개된 개인정보의 성격, 공개의 형태와 대상 범위, 그로부터 추단되는 정보주체의 공개 의도 내지 목적뿐만 아니라, 정보처리자의 정보제공 등 처리의 형태와 정보제공으로 공개의 대상 범위가 원래의 것과 달라졌는지, 정보제공이 정보주체의 원래의 공개 목적과 상당한 관련성이 있는지 등을 검토하여 객관적으로 판단하여야 한다(대판 2016.8.17. 2014다235080).

**(5) 법률정보 제공 사이트를 운영하는 甲 주식회사가 공립대학교인 乙 대학교 법과대학 법학과 교수로 재직 중인 丙의 사진, 성명, 성별, 출생연도, 직업, 직장, 학력, 경력 등의 개인정보를 위 법학과 홈페이지 등을 통해 수집하여 위 사이트 내 '법조인' 항목에서 유료로 제공한 사안에서, 甲 회사의 행위를 丙의 개인정보자기결정권을 침해하는 위법한 행위로 평가하거나, 甲 회사가 「개인정보 보호법」 제15조나 제17조를 위반하였다고 볼 수 없다고 한 사례**

甲 회사가 영리 목적으로 丙의 개인정보를 수집하여 제3자에게 제공하였더라도 그에 의하여 얻을 수 있는 법적 이익이 정보처리를 막음으로써 얻을 수 있는 정보주체의 인격적 법익에 비하여 우월하므로, 甲 회사의 행위를 丙의 개인정보자기결정권을 침해하는 위법한 행위로 평가할 수 없고, 甲 회사가 丙의 개인정보를 수집하여 제3자에게 제공한 행위는 丙의 동의가 있었다고 객관적으로 인정되는 범위 내이고, 甲 회사에 영리 목적이 있었다고 하여 달리 볼 수 없으므로, 甲 회사가 丙의 별도의 동의를 받지 아니하였다고 하여 「개인정보 보호법」 제15조나 제17조를 위반하였다고 볼 수 없다고 한 사례(대판 2016.8.17. 2014다235080).

**(6) 「개인정보 보호법」 제17조와 「정보통신망 이용촉진 및 정보보호 등에 관한 법률」 제24조의2에서 말하는 개인정보의 '제3자 제공'의 의미 및 「개인정보 보호법」 제26조와 「정보통신망 이용촉진 및 정보보호 등에 관한 법률」 제25조에서 말하는 개인정보의 '처리위탁'의 의미**

「개인정보 보호법」 제17조와 정보통신망법 제24조의2에서 말하는 개인정보의 '제3자 제공'은 본래의 개인정보 수집·이용 목적의 범위를 넘어 정보를 제공받는 자의 업무처리와 이익을 위하여 개인정보가 이전되는 경우인 반면, 「개인정보 보호법」 제26조와 정보통신망법 제25조에서 말하는 개인정보의 '처리위탁'은 본래의 개인정보 수집·이용 목적과 관련된 위탁자 본인의 업무 처리와 이익을 위하여 개인정보가 이전되는 경우를 의미한다(대판 2017.4.7. 2016도13263).

**(7) 개인정보 처리위탁에 있어 수탁자는 「개인정보 보호법」 제17조와 「정보통신망 이용촉진 및 정보보호 등에 관한 법률」 제24조의2에 정한 '제3자'에 해당하지 않는다** ★ 21 국가9급

개인정보 처리위탁에 있어 수탁자는 위탁자로부터 위탁사무 처리에 따른 대가를 지급받는 것 외에는 개인정보 처리에 관하여 독자적인 이익을 가지지 않고, 정보제공자의 관리·감독 아래 위탁받은 범위 내에서만 개인정보를 처리하게 되므로, 「개인정보 보호법」 제17조와 정보통신망법 제24조의2에 정한 '제3자'에 해당하지 않는다(대판 2017. 4.7, 2016도13263).

개인정보 처리위탁에 있어 수탁자는 정보제공자의 관리·감독 아래 위탁받은 범위 내에서만 개인정보를 처리하게 되지만, 위탁자로부터 위탁사무 처리에 따른 대가를 지급받는 이상 개인정보 처리에 관하여 독자적인 이익을 가지므로, 그러한 수탁자는 「개인정보 보호법」 제17조에 의해 개인정보처리자가 정보주체의 개인정보를 제공할 수 있는 '제3자'에 해당한다. (x) ■ 21 국가9급

**(8) 어떠한 행위가 개인정보의 제공인지 아니면 처리위탁인지 판단하는 기준**

한편 어떠한 행위가 개인정보의 제공인지 아니면 처리위탁인지는 개인정보의 취득 목적과 방법, 대가 수수 여부, 수탁자에 대한 실질적인 관리·감독 여부, 정보주체 또는 이용자의 개인정보 보호 필요성에 미치는 영향 및 이러한 개인정보를 이용할 필요가 있는 자가 실질적으로 누구인지 등을 종합하여 판단하여야 한다(대판 2017.4.7, 2016도13263).

**(9) 「정보통신망 이용촉진 및 정보보호 등에 관한 법률」로 보호되는 개인정보의 누출의 개념**

「정보통신망 이용촉진 및 정보보호 등에 관한 법률」로 보호되는 개인정보의 누출이란 개인정보가 해당 정보통신서비스 제공자의 관리·통제권을 벗어나 제3자가 그 내용을 알 수 있는 상태에 이르게 된 것을 의미하는바, 어느 개인정보가 정보통신서비스 제공자의 관리·통제하에 있고 그 개인정보가 제3자에게 실제 열람되거나 접근되지 아니한 상태라면, 정보통신서비스 제공자의 기술적·관리적 보호조치에 미흡한 점이 있어서 제3자가 인터넷상 특정 사이트를 통해 정보통신서비스 제공자가 보관하고 있는 개인정보에 접근할 수 있는 상태에 놓여 있었다고 하더라도 그것만으로 바로 개인정보가 정보통신서비스 제공자의 관리·통제권을 벗어나 제3자가 그 내용을 알 수 있는 상태에 이르게 되었다고 할 수는 없다(대판 2014.5.16, 2011다24555, 2011다24562).

**(10) 甲 주식회사가 개인휴대통신서비스를 제공하는 乙 주식회사로부터 웹사이트의 시스템 점검을 위하여 아이디와 비밀번호를 임시로 부여받았다가 시스템 점검 후 아이디와 비밀번호를 삭제하지 아니하여 위 웹사이트에 휴대폰번호를 입력하면 가입자의 개인정보가 서버로부터 전송되는 상태에 있었음을 이유로 乙 회사의 서비스에 가입한 丙 등이 乙 회사 등을 상대로 개인정보 누출로 인한 손해배상을 구한 사안에서, 丙 등의 개인정보가 乙 회사의 관리·통제권을 벗어나 제3자가 내용을 알 수 있는 상태에 이르게 되었다고 볼 수 없다고 한 사례**

위 웹사이트의 폰정보 조회 페이지에 丙 등의 휴대폰번호를 입력하기 전에는 丙 등의 개인정보는 서버에 그대로 보관된 채 아무런 접근이 이루어지지 않으며 乙 회사가 관리·통제권을 행사하여 위 웹사이트와 서버가 더 이상 연동하지 않도록 함으로써 丙 등의 개인정보에 대한 접근과 전송 가능성을 없앨 수 있었던 상태에 있었으므로, 丙 등의 휴대폰번호가 위 웹사이트의 폰정보 조회 페이지에 입력되었는지가 확인되지 않은 상황에서 위 웹사이트와 서버가 연동하고 있었다 하더라도 丙 등의 개인정보가 乙 회사의 관리·통제권을 벗어나 제3자가 내용을 알 수 있는 상태에 이르게 되었다고 볼 수 없다고 한 사례(대판 2014.5.16, 2011다24555, 24562)

**(11)** 개인정보의 누설이나 권한 없는 처리 또는 타인의 이용에 제공하는 등 부당한 목적으로 사용한 행위를 처벌하도록 규정한 구 공공기관의 개인정보보호에 관한 법률 제23조 제2항, 제11조에서 '누설', '처리'의 의미 ★ 18 국회8급

'누설'이라 함은 아직 이를 알지 못하는 타인에게 알려주는 일체의 행위를 말하고, 구 개인정보보호법 제2조 제3호, 구 「개인정보보호법 시행령」 제3조 제2호에 따르면 구 개인정보보호법이 처벌하는 개인정보의 '처리'는 컴퓨터·폐쇄회로 텔레비전 등 정보의 처리 또는 송·수신 기능을 가진 장치를 사용하여 정보를 입력·저장·편집·검색·삭제 또는 출력하거나 기타 이와 유사한 행위를 가리키고 문서 또는 도면의 내용을 전기통신의 방법으로 전달하기만 하는 등의 단순업무처리를 위한 행위는 제외된다(대판 2015.7.9, 2013도13070).

**(12)**

개인정보의 정보주체에게서 개인정보의 취급을 위임받은 대리인은 위 조항에 의하여 처벌되는 누설이나 개인정보 이용 제공의 상대방인 '타인'에 해당하지 않는다(대판 2015.7.9, 2013도13070).

**(13)** 구 「개인정보 보호법」 제71조 제5호의 적용대상자로서 제59조 제2호의 의무주체인 '개인정보를 처리하거나 처리하였던 자'에 제2조 제5호의 '개인정보처리자' 외에 업무상 알게 된 제2조 제1호의 '개인정보'를 제2조 제2호의 방법으로 처리하거나 처리하였던 자가 포함된다

구 「개인정보 보호법」 제59조 제2호의 의무주체는 '개인정보를 처리하거나 처리하였던 자'로서 제15조(개인정보의 수집·이용), 제17조(개인정보의 제공), 제18조(개인정보의 목적 외 이용제공 제한) 등의 의무주체인 '개인정보처리자'와는 법문에서 명백히 구별되는 점, 「개인정보 보호법」이 금지 및 행위규범을 정할 때 일반적으로 개인정보처리자를 규범준수자로 하여 규율함에 따라, 제8장 보칙의 장에 따로 제59조를 두어 '개인정보처리자' 외에도 '개인정보를 처리하거나 처리하였던 자'를 의무주체로 하는 금지행위에 관하여 규정함으로써 개인정보처리자 이외의 자에 의하여 이루어지는 개인정보 침해행위로 인한 폐해를 방지하여 사생활의 비밀 보호 등 「개인정보 보호법」의 입법목적을 달성하려 한 것으로 볼 수 있는 점 등을 고려하면, 「개인정보 보호법」 제71조 제5호의 적용대상자로서 제59조 제2호의 의무주체인 '개인정보를 처리하거나 처리하였던 자'는 제2조 제5호의 '개인정보처리자' 즉 업무를 목적으로 개인정보파일을 운용하기 위하여 스스로 또는 다른 사람을 통하여 개인정보를 처리하는 공공기관, 법인, 단체 및 개인 등에 한정되지 않고, 업무상 알게 된 제2조 제1호의 '개인정보'를 제2조 제2호의 방법으로 '처리'하거나 '처리'하였던 자를 포함한다(대판 2016.3.10, 2015도8766).

**(14)** 「개인정보 보호법」 제72조 제2호에 규정된 '거짓이나 그 밖의 부정한 수단이나 방법'의 의미 및 거짓이나 그 밖의 부정한 수단이나 방법으로 개인정보를 취득하거나 그 처리에 관한 동의를 받았는지 판단하는 방법

「개인정보 보호법」 제72조 제2호에 규정된 '거짓이나 그 밖의 부정한 수단이나 방법'이란 개인정보를 취득하거나 또는 그 처리에 관한 동의를 받기 위하여 사용하는 위계 기타 사회통념상 부정한 방법이라고 인정되는 것으로서 개인정보 취득 또는 그 처리에 동의할지에 관한 정보주체의 의사결정에 영향을 미칠 수 있는 적극적 또는 소극적 행위를 뜻한다. 그리고 거짓이나 그 밖의 부정한 수단이나 방법으로 개인정보를 취득하거나 그 처리에 관한 동의를 받았는지를 판단할 때에는 개인정보처리자가 그에 관한 동의를 받는 행위 자체만을 분리하여 개별적으로 판단하여서는 안 되고, 개인정보처리자가 개인정보를 취득하거나 처리에 관한 동의를 받게 된 전 과정을 살펴보아 거기에서 드러난 개인정보 수집 등의 동기와 목적, 수집 목적과 수집 대상인 개인정보의 관련성, 수집 등을 위하여 사용한 구체적인 방법, 「개인정보 보호법」 등 관련 법령을 준수하였는지 및 취득한 개인정보의 내용과 규모, 특히 민감정보·고유식별정보 등의 포함 여부 등을 종합적으로 고려하여 사회통념에 따라 판단하여야 한다(대판 2017.4.7, 2016도13263).

**(15) 개인정보를 처리하거나 처리하였던 자가 업무상 알게 된 개인정보를 누설하거나 권한 없이 다른 사람이 이용하도록 제공한 것이라는 사정을 알면서도 영리 또는 부정한 목적으로 개인정보를 제공받은 자라면, 개인정보를 처리하거나 처리하였던 자로부터 직접 개인정보를 제공받지 아니하더라도 「개인정보 보호법」 제71조 제5호의 '개인정보를 제공받은 자'에 해당한다**

「개인정보 보호법」 제71조 제5호 후단은 그 사정을 알면서도 영리 또는 부정한 목적으로 개인정보를 제공받은 자를 처벌하도록 규정하고 있을 뿐 개인정보를 제공하는 자가 누구인지에 관하여는 문언상 아무런 제한을 두지 않고 있는 점과 「개인정보 보호법」의 입법 목적 등을 고려할 때, 개인정보를 처리하거나 처리하였던 자가 업무상 알게 된 개인정보를 누설하거나 권한 없이 다른 사람이 이용하도록 제공한 것이라는 사정을 알면서도 영리 또는 부정한 목적으로 개인정보를 제공받은 자라면, 개인정보를 처리하거나 처리하였던 자로부터 직접 개인정보를 제공받지 아니하더라도 개인정보 보호법 제71조 제5호의 '개인정보를 제공받은 자'에 해당한다(대판 2018.1.24, 2015도16508).

**(16) 개인정보를 처리하는 자가 수집한 개인정보를 피용자가 해당 정보주체의 의사에 반하여 유출한 경우, 그로 인하여 정보주체에게 위자료로 배상할 만한 정신적 손해가 발생하였는지 판단하는 기준**

개인정보를 처리하는 자가 수집한 개인정보를 그 피용자가 해당 개인정보의 정보주체의 의사에 반하여 유출한 경우, 그로 인하여 그 정보주체에게 위자료로 배상할 만한 정신적 손해가 발생하였는지 여부는, 유출된 개인정보의 종류와 성격이 무엇인지, 개인정보의 유출로 정보주체를 식별할 가능성이 발생하였는지, 제3자가 유출된 개인정보를 열람하였는지 또는 제3자의 열람 여부가 밝혀지지 않았다면 제3자의 열람 가능성이 있었거나 앞으로 그 열람 가능성이 있는지, 유출된 개인정보가 어느 범위까지 확산되었는지, 개인정보의 유출로 추가적인 법익침해의 가능성이 발생하였는지, 개인정보를 처리하는 자가 개인정보를 관리해온 실태와 개인정보가 유출된 구체적인 경위는 어떠한지, 개인정보의 유출로 인한 피해의 발생 및 확산을 방지하기 위하여 어떠한 조치가 취하여졌는지 등 여러 사정을 종합적으로 고려하여 구체적 사건에 따라 개별적으로 판단하여야 한다(대판 2012.12.26, 2011다60797·60803·60810·60827·60834).

**(17) 구 「개인정보 보호법」 제74조 제2항 양벌규정에 의하여 개인정보처리자 아닌 행위자도 같은 법 제71조 제2호, 제18조 제1항 벌칙규정의 적용대상이 된다**

최신판례
법 제71조 제2호, 제18조 제1항에서 벌칙규정의 적용대상자를 개인정보처리자로 한정하고 있기는 하나, 위 양벌규정은 벌칙규정의 적용대상인 개인정보처리자가 아니면서 그러한 업무를 실제로 처리하는 자가 있을 때 벌칙규정의 실효성을 확보하기 위하여 적용대상자를 해당 업무를 실제로 처리하는 행위자까지 확장하여 그 행위자나 개인정보처리자인 법인 또는 개인을 모두 처벌하려는 데 그 취지가 있으므로, 위 양벌규정에 의하여 개인정보처리자 아닌 행위자도 위 벌칙규정의 적용대상이 된다(대판 2021.10.28, 2020도1942).

**(18) '법인격 없는 공공기관'을 위 양벌규정에 의하여 처벌할 수 없고, 이 경우 행위자를 위 양벌규정으로 처벌할 수 없다**

최신판례
그러나 구 「개인정보 보호법」은 제2조 제5호, 제6호에서 공공기관 중 법인격이 없는 '중앙행정기관 및 그 소속기관' 등을 개인정보처리자 중 하나로 규정하고 있으면서도, 양벌규정에 의하여 처벌되는 개인정보처리자로는 같은 법 제74조 제2항에서 '법인 또는 개인'만을 규정하고 있을 뿐이고, 법인격 없는 공공기관에 대하여도 위 양벌규정을 적용할 것인지 여부에 대하여는 명문의 규정을 두고 있지 않으므로, 죄형법정주의의 원칙상 '법인격 없는 공공기관'을 위 양벌규정에 의하여 처벌할 수 없고, 그 경우 행위자 역시 위 양벌규정으로 처벌할 수 없다고 봄이 타당하다(대판 2021.10.28, 2020도1942).

**(19)** 개인정보를 제공받은 자의 「개인정보 보호법」 제71조 제2호 위반죄는 정보제공자가 법령위반으로 개인정보를 제공한다는 사정에 대한 인식 외에 '영리 또는 부정한 목적'을 범죄성립요건으로 하는 목적범이다

`최신판례` 「개인정보 보호법」 제71조 제2호는 '제18조 제1항·제2항(제39조의14에 따라 준용되는 경우를 포함한다), 제19조, 제26조 제5항 또는 제27조 제3항을 위반하여 개인정보를 이용하거나 제3자에게 제공한 자'뿐만 아니라 '그러한 사정을 알면서 영리 또는 부정한 목적으로 개인정보를 제공받은 자'도 처벌하도록 규정하고 있다. 개인정보를 제공받은 자의 「개인정보 보호법」 제71조 제2호 위반죄는 정보제공자가 법령위반으로 개인정보를 제공한다는 사정에 대한 인식 외에 '영리 또는 부정한 목적'을 범죄성립요건으로 하는 목적범이다(대판 2022.6.16, 2022도1676).

**(20)** 「개인정보 보호법」 제71조 제2호에서 '부정한 목적'의 의미 및 이에 해당하는지 판단하는 방법

`최신판례` 여기서 '부정한 목적'이란 개인정보를 제공받아 실현하려는 의도가 사회통념상 부정한 것으로서, 이에 해당하는지 여부는 개인정보를 제공받아 실현하려는 목적의 구체적인 내용을 확정하고 당해 개인정보의 내용과 성격, 개인정보가 수집된 원래의 목적과 취지, 개인정보를 제공받게 된 경위와 방법 등 여러 사정을 종합하여 사회통념에 따라 판단하여야 한다(대판 2022.6.16, 2022도1676).

**(21)** 주택재개발정비사업 조합의 조합원인 피고인이 조합 임원 9명에 대한 해임안건이 담긴 해임 총회 개최사실을 알릴 목적으로 甲이 이전에 개최된 주민총회의 적정성을 검토하기 위해 제공받은 토지 등 소유자 명부 등을 바탕으로 작성하여 보관 중이던 조합원 명단을 제공받음으로써 부정한 목적으로 개인정보를 제공받았다는 이유로 「개인정보 보호법」 위반으로 기소된 사안에서, '해임 총회 개최사실을 알릴 목적'이 사회통념상 부정하다고 단정하기 어렵다고 한 사례

`최신판례` 피고인은 「도시 및 주거환경정비법」에 따라 해임 총회의 요구자 대표로서 조합장 권한을 대행하여 해임 총회를 소집하기 위하여 개인정보인 조합원 명단을 제공받았다고 볼 여지가 있고, 개인정보인 조합원 명단의 내용과 성격, 조합원들이 조합에 개인정보를 제공한 원래의 목적, 피고인이 甲으로부터 조합원 명단을 제공받게 된 경위와 방법 등 제반 사정을 종합하면, '해임 총회 개최사실을 알릴 목적'이 사회통념상 부정하다고 단정하기 어렵다고 보아, 이와 달리 본 원심판결에 법리오해의 잘못이 있다고 한 사례(대판 2022.6.16, 2022도1676)

ADMINISTRATION

# 03

행정의
실효성확보수단

# 제1장
# 행정상의 강제집행

## 제1절 행정상의 대집행

## Ⅰ. 대집행의 의의

### 1.

최신기출 행정청이 행정대집행의 방법으로 건물의 철거 등 대체적 작위의무의 이행을 실현할 수 있는 경우, 민사소송의 방법으로 그 의무의 이행을 구할 수 없고, 건물의 점유자가 철거의무자인 경우 별도로 퇴거를 명하는 집행권원이 필요하지 않다(대판 2017.4.28. 2016다213916).
★ 22·19·18 지방9급, 21·16·15·14 국가9급, 21·20 국회9급, 20·18·10 국회8급, 19·17·13·10 지방7급, 16 국가7급, 14 서울7급

행정상 강제집행이 법률에 규정되어 있는 경우에도 민사상 강제집행은 인정된다. (×) ■ 15 국가9급
법령에 의해 행정대집행의 절차가 인정되는 경우에도 행정청은 따로 민사소송의 방법으로 시설물의 철거를 구할 수 있다. (×) ■ 16 국가9급
관계 법령상 행정대집행의 절차가 인정되어 행정청이 행정대집행의 방법으로 건물의 철거 등 대체적 작위의무의 이행을 실현할 수 있는 경우에도 따로 민사소송의 방법으로 그 의무의 이행을 구할 수 있다. (×) ■ 20 국가9급
「공유재산 및 물품 관리법」에 따라 지방자치단체장이 행정대집행의 방법으로 공유재산에 설치한 시설물을 철거할 수 있는 경우에도 민사소송의 방법으로 시설물의 철거를 구할 수 있다. (×) ■ 21 국회9급

### 2. 행정청이 행정대집행을 할 수 있는 경우 행정청의 채권자가 대위하여 민사소송의 방법으로 시설물의 철거를 구할 수 있다 ★ 22 지방9급, 20 국회8급, 13 지방7급, 12 변호사

최신기출 관리권자인 보령시장이 행정대집행을 실시하지 아니하는 경우 국가에 대하여 이 사건 토지 사용청구권을 가지는 원고로서는 위 청구권을 보전하기 위하여 국가를 대위하여 피고들을 상대로 민사소송의 방법으로 이 사건 시설물의 철거를 구하는 이외에는 이를 실현할 수 있는 다른 절차와 방법이 없어 그 보전의 필요성이 인정되므로, 원고는 국가를 대위하여 피고들을 상대로 민사소송의 방법으로 이 사건 시설물의 철거를 구할 수 있다(대판 2009.6.11. 2009다1122).

## Ⅱ. 대집행의 요건

## 1. 대집행의 주체

### (1) 군수로부터 대집행권한을 위임받은 읍장은 계고처분을 할 권한이 있다

남제주군군수는 남제주군사무위임조례 제2조 제2항의 규정에 따라 무허가 건축물에 대한 철거대집행사무를 하부 행정기관인 읍·면에 위임하고 있으므로(기록 80면 이하), 피고에게는 관할구역 내의 무허가 건축물인 이 사건 건물에 대하여 그 철거대집행을 위한 이 사건 계고처분을 할 권한이 있다(대판 1997.2.14. 96누15428).

## 2. 대체적 작위의무의 불이행

### (1) 법령 또는 법령에 의거한 행정청의 처분에 의하여 부과된 의무

#### ① 철거명령이 없었다면 대집행은 위법하다

> 원심은 모름지기 석명권을 행사하여 본건 계고처분에 선행하여 철거명령이 있었는지의 여부를 심리하여 그 철거명령이 없었다면 본건 계고처분은 요건 흠결로 인하여 적법한 것이라 할 수 없고, 철거명령이 있어 취소된바 없다면, 본건에서 건축법 제42조 소정요건의 흠결을 주장할 수 없음을 판단하였어야 할 것이다(대판 1966.2.28, 65누141).

#### ② 구 토지구획정리사업법(현 도시개발법) 제40조 제1항에 의하여 건축물 등의 소유자 또는 점유자에게 직접 그 이전 또는 제거의무가 발생하지 않는다

> 대집행계고처분을 하기 위하여는 법령에 의하여 직접 명령되거나 법령에 근거한 행정청의 명령에 의한 의무자의 대체적 작위의무 위반행위가 있어야 하는바, 구 토지구획정리사업법 제40조 제1항은 "시행자는 제56조 제1항의 규정에 의하여 환지예정지를 지정하는 경우, 제58조 제1항의 규정에 의하여 종전의 토지에 관한 사용 또는 수익을 정지시키는 경우나 공공시설의 변경 또는 폐지에 관한 공사를 시행하는 경우에 필요한 때에는 시행지구 안에 있는 건축물 등 및 장애물 등을 이전하거나 제거할 수 있다."고 규정하고 있을 뿐이어서, 건축물 등의 소유자 또는 점유자에게 직접 그 이전 또는 제거의무를 부과하는 규정이 아님은 법문상 명백하고, 사업시행자에게 직접 건축물 등을 이전하거나 제거할 수 있는 권능을 부여하는 규정일 뿐, 사업시행자에게 건축물 등의 소유자 또는 점유자에 대하여 그 이전 또는 제거를 명할 수 있는 권능까지 부여하는 규정이라고 할 수 없다(대판 2010.6.24, 2010두1231).

### (2) 대체적 작위의무

#### ① 공유재산 대부계약의 해지에 따라 원상회복을 위하여 실시하는 지상물철거의무는 대집행의 대상이다

★ 20 국회8급, 17 지방7급, 16 국가9급

최신기출

> 지방재정법 제85조 제1항은, 공유재산을 정당한 이유 없이 점유하거나 그에 시설을 한 때에는 이를 강제로 철거하게 할 수 있다고 규정하고, 그 제2항은, 지방자치단체의 장이 제1항의 규정에 의한 강제철거를 하게 하고자 할 때에는 행정대집행법 제3조 내지 제6조의 규정을 준용한다고 규정하고 있는바, 공유재산의 점유자가 그 공유재산에 관하여 대부계약 외 달리 정당한 권원이 있다는 자료가 없는 경우 그 대부계약이 적법하게 해지된 이상 그 점유자의 공유재산에 대한 점유는 정당한 이유 없는 점유라 할 것이고, 따라서 지방자치단체의 장은 지방재정법 제85조에 의하여 행정대집행의 방법으로 그 지상물을 철거시킬 수 있다(대판 2001.10.12, 2001두4078).

> 공유재산대부계약이 적법하게 해지되었음에도 불구하고 공유재산의 점유자가 그 지상물을 점유하고 있는 경우, 지방자치단체의 장은 원상회복을 위해 행정대집행의 방법으로 그 지상물을 철거시킬 수는 없다. (x) ■ 17 지방7급
> 공유재산 대부계약 해지에 따라 원상회복을 위하여 실시하는 지상물의 철거는 대집행의 대상이 아니다. (x) ■ 20 국회8급

#### ② 전국공무원노동조합 지부사무실 철거 행정대집행은 적법한 공무집행이다

> 법외 단체인 전국공무원노동조합(전공노)이 연기군 청사시설인 사무실을 불법 사용한 사안에서 사실상 불법 사용을 중지시키기 위하여 사무실 내에 비치되어 있는 전공노의 물품을 철거하고 사무실을 폐쇄함으로써 연기군 청사의 기능을 회복하기 위한 행정대집행은 전체적으로 대집행의 대상이 되는 대체적 작위의무인 철거의무를 대상으로 한 것으로 적법한 공무집행에 해당한다고 볼 수 있고, 그 집행을 행하는 공무원들에 대항하여 피고인들과 전공노 소속 연기군청 공무원들이 폭행 등 행위를 한 것은 단체 또는 다중의 위력으로 공무원들의 적법한 직무집행을 방해한 것이 된다고 한 사례(대판 2011.4.28. 2007도7514)

③ 건물을 철거하여 유수면을 원상회복하여야 할 의무는 대체적 작위의무에 해당한다 ★ 20 국가9급

**최신기출** 피고들이 이 사건 건물을 철거하여 이 사건 공유수면을 원상회복하여야 할 의무는 대체적 작위의무에 해당하므로 행정대집행의 대상이 된다 할 것이며, 당진시장은 이 사건 건물 철거의무를 행정대집행의 방법으로 실현하는 과정에서 부수적으로 피고들과 그 가족들의 퇴거 조치를 실현할 수 있으므로, 행정대집행 외에 별도로 퇴거를 명하는 집행권원은 필요하지 않다고 할 것이다. 원심이 같은 취지에서 원고가 피고들에 대하여 건물퇴거를 구하는 이 사건 소가 부적법하다고 판단한 것은 정당하고, 거기에 상고이유 주장과 같이 소의 이익이나 행정대집행에 관한 법리를 오해한 잘못이 없다(대판 2017.4.28, 2016다213916). ★ 20 국가9급

행정청이 건물 철거의무를 행정대집행의 방법으로 실현하는 과정에서, 건물을 점유하고 있는 철거의무자들에 대하여 제기한 건물퇴거를 구하는 소송은 적법하다. (×) ■ 20 국가직9급

## (3) 비대체적 작위의무

### ① 도시공원점유자의 퇴거 및 점유이전의무(관악산 도시공원매점 퇴거사건)
★ 21 지방9급, 21·13 국회9급, 18·14 국가9급, 15 지방7급, 15·11·10 국회8급, 14 서울7급, 14 행정사, 13·11 순경특채, 10 서울9급

**최신기출** 도시공원시설인 매점의 관리청이 그 공동점유자 중의 1인에 대하여 소정의 기간 내에 위 매점으로부터 퇴거(대집행의 대상이 아님 ; 필자 주)하고 이에 부수하여 그 판매시설물 및 상품을 반출(이 경우는 대집행이 가능 ; 필자 주)하지 아니할 때에는 이를 대집행하겠다는 내용의 계고처분은 그 주된 목적이 매점의 원형을 보존하기 위하여 점유자가 설치한 불법시설물을 철거하고자 하는 것이 아니라, 매점에 대한 점유자의 점유를 배제하고 그 점유이전을 받는 데 있다고 할 것인데, 이러한 의무는 그것을 강제적으로 실현함에 있어 직접적인 실력행사가 필요한 것이지 대체적 작위의무에 해당하는 것은 아니어서 직접강제의 방법에 의하는 것은 별론으로 하고 행정대집행법에 의한 대집행의 대상이 되는 것은 아니다(대판 1998.10.23, 97누157).

### ② 구 토지수용법상 피수용자 등이 기업자에 대하여 부담하는 수용대상 토지의 인도의무
★ 22·15 국가9급, 20 국회8급, 20 국회9급, 19 서울7급, 17 지방7급, 14 지방9급, 13 행정사, 13 국가7급

**최신기출** 피수용자 등이 기업자(현 사업시행자)에 대하여 부담하는 수용대상 토지의 인도의무에 관한 구 토지수용법 제63조, 제64조, 제77조 규정에서의 '인도'에는 명도도 포함되는 것으로 보아야 하고, 이러한 명도의무는 그것을 강제적으로 실현하면서 직접적인 실력행사가 필요한 것이지 대체적 작위의무라고 볼 수 없으므로 특별한 사정이 없는 한 행정대집행법에 의한 대집행의 대상이 될 수 있는 것이 아니다(대판 2005.8.19, 2004다2809).

건축물의 철거와 토지의 명도는 대집행의 대상이 된다. (×) ■ 15 국가9급
토지나 건물의 명도는 대집행의 대상이 된다. (×) ■ 17 지방7급
토지의 명도 의무를 이행하지 않을 경우 직접강제 또는 대집행을 통해 이를 실현할 수 있다. (×) ■ 20 국회8급
甲이 계속 거주하고 있는 건물과 토지의 인도를 거부할 경우 행정대집행의 대상이 될 수 있다. (×) ■ 22 국가9급

## (4) 부작위의무

### ① 허가 없는 부대시설 훼손행위금지의무(인천광역시 남구 용현동 유치원놀이터설치사건)

★ 21·19·14·13 국가7급, 20·15 지방9급, 19 지방7급, 19 서울7급, 18·17·15 국가9급, 16 지방7급, 15 사회복지, 12 서울9급, 11 국회8급

**최신기출** 단순한 부작위의무의 위반, 즉 관계법령에 정하고 있는 절대적 금지나 허가를 유보한 상대적 금지를 위반한 경우에는 당해 법령에서 그 위반자에 대하여 위반에 의하여 생긴 유형적 결과의 시정을 명하는 행정처분의 권한을 인정하는 규정(건축법 제69조, 도로법 제74조, 하천법 제67조, 도시공원법 제20조, 옥외광고물 등 관리법 제10조 등)을 두고 있지 아니한 이상, 법치주의의 원리에 비추어 볼 때 위와 같은 부작위의무로부터 그 의무를 위반함으로써 생긴 결과를 시정하기 위한 작위의무를 당연히 끌어낼 수는 없으며, 또 위 금지규정(특히, 허가를 유보한 상대적 금지규정)으로부터 작위의무, 즉 위반결과의 시정을 명하는 권한이 당연히 추론되는 것도 아니다. 주택건설촉진법 제38조 제2항은 공동주택 및 부대시설·복리시설의 소유자·입주자·사용자 등은 부대시설 등에 대하여 도지사의 허가를 받지 않고 사업계획에 따른 용도 이외의 용도에 사용하는 행위 등을 금지하고(정부조직법 제5조 제1항, 「행정권한의 위임 및 위탁에 관한 규정 제4조에 따른 인천광역시사무위임규칙에 의하여 위 허가권이 구청장에게 재위임되었다), 그 위반행위에 대하여 위 주택건설촉진법 제52조의2 제1호에서 1천만 원 이하의 벌금에 처하도록 하는 벌칙규정만을 두고 있을 뿐, 건축법 제69조 등과 같은 부작위의무 위반행위에 대하여 대체적 작위의무로 전환하는 규정을 두고 있지 아니하므로 위 금지규정으로부터 그 위반결과의 시정을 명하는 원상복구명령을 할 수 있는 권한이 도출되는 것은 아니다. 결국 행정청의 원고에 대한 원상복구명령은 권한 없는 자의 처분으로 무효라고 할 것이고, 위 원상복구명령이 당연무효인 이상 후행처분인 계고처분의 효력에 당연히 영향을 미쳐 그 계고처분 역시 무효로 된다(대판 1996.6.28, 96누4374).

법령상 부작위의무 위반에 대해 작위의무를 부과할 수 있는 법령의 근거가 없음에도, 행정청이 작위의무를 명한 후 그 의무불이행을 이유로 대집행계고처분을 한 경우 그 계고처분은 유효하다. (x) ■ 16 지방7급

부작위하명에는 행정행위의 강제력의 효력이 있으므로 당해 하명에 따른 부작위 의무의 불이행에 대하여는 별도의 법적 근거 없이 대집행이 가능하다. (x) ■ 17 국가9급

관계 법령에서 금지규정 및 그 위반에 대한 벌칙규정은 두고 있으나 금지규정 위반행위에 대한 시정명령의 권한에 대해서는 규정하고 있지 않은 경우에 그 금지규정 및 벌칙규정은 당연히 금지규정 위반행위로 인해 발생한 유형적 결과를 시정하게 하는 것도 예정하고 있다고 할 것이어서 금지규정 위반으로 인한 결과의 시정을 명하는 권한도 인정하고 있는 것으로 해석된다. (x)
■ 18 국가9급

부작위의무 위반행위에 대하여 대체적 작위의무로 전환하는 규정을 두고 있지 아니하더라도 그 금지규정으로부터 그 위반결과의 시정을 명하는 원상복구명령을 할 수 있는 권한이 도출될 수 있다. (x) ■ 19 서울7급

### ② 하천유수인용행위 중단의무는 대집행의 대상이 될 수 없는 부작위의무이다

하천유수인용허가신청이 불허되었음을 이유로 하천유수인용행위를 중단할 것과 이를 불이행할 경우 행정대집행법에 의하여 대집행하겠다는 내용의 계고처분은 대집행의 대상이 될 수 없는 부작위의무에 대한 것으로서 그 자체로 위법함이 명백한바, 이러한 경우 법원으로서는 마땅히 석명권을 행사하여 원고로 하여금 위 계고처분의 위법사유를 밝히게 하고, 나아가 위와 같은법리에 따라 그 취소 여부를 가려 보아야 한다(대판 1998.10.2, 96누5445).

③ 장례식장 영업을 하고 있는 자의 장례식장 사용 중지의무는 비대체적 부작위의무이다

★ 22 지방9급, 21 국회9급, 20·17 국가7급, 18 국회8급, 15·10 지방7급, 10 국가9급

**최신기출**

> 이 사건 용도위반 부분을 장례식장으로 사용하는 것이 관계법령에 위반한 것이라는 이유로 장례식장의 사용을 중지할 것과 이를 불이행할 경우 행정대집행법에 의하여 대집행하겠다는 내용의 이 사건 처분은, 이 사건 처분에 따른 '장례식장 사용중지 의무'가 원고 이외의 '타인이 대신'할 수도 없고, 타인이 대신하여 '행할 수 있는 행위'라고도 할 수 없는 비대체적 부작위의무에 대한 것이므로, 그 자체로 위법함이 명백하다(대판 2005.9.28, 2005두7464).

관계 법령에 위반하여 장례식장 영업을 하고 있는 자의 장례식장 사용 중지 의무는 「행정대집행법」 제2조의 규정에 따른 대집행의 대상이 된다. (x) ■ 17 국가7급
관계법령을 위반하였음을 이유로 장례식장의 사용중지를 명하고 이를 불이행할 경우 「행정대집행법」에 의하여 대집행하겠다는 내용의 장례식장사용중지계고처분은 적법하다. (x) ■ 18 국회8급
관계 법령에 위반하여 장례식장 영업을 하고 있는 자에 대한 장례식장 사용중지의무는 대집행의 대상이 된다. (x) ■ 20 국가7급
관계법령에 위반하여 장례식장 영업을 하고 있는 자에게 부과된 장례식장 사용중지의무는 공법상 의무로서 행정대집행의 대상이 된다. (x) ■ 22 지방9급

## (5) 공법상의 의무

대집행의 대상이 되는 의무는 공법상의 의무에 한정된다. 따라서 공법상 의무의 이행을 민사집행으로 할 수 없고, 또한 사법상의 의무불이행에 대하여는 대집행을 할 수 없다는 것이 판례이다.

① 모든 국유재산(잡종재산 포함)에 대하여는 행정재산 등 공용재산인 여부나 그 철거의무가 공법상의 의무인 여부에 관계없이 대집행을 할 수 있다 ★ 12 서울9급

> 현행 국유재산법은 위와 같은 제한 없이 모든 국유재산에 대하여 행정대집행법을 준용할 수 있도록 규정하였으므로, 행정청은 당해 재산이 행정재산 등 공용재산인 여부나 그 철거의무가 공법상의 의무인 여부에 관계없이 대집행을 할 수 있으며, 이는 같은법 제25조 및 제38조가 사법상 권리관계인 국유재산의 사용료 또는 대부료 체납에 관하여도 국세징수법 중 체납처분에 관한 규정을 준용하여 징수할 수 있도록 규정한 것과도 그 궤를 같이하는 것이다(대판 1992.9.8, 91누13090).

② 구 「공공용지의 취득 및 손실보상에 관한 특례법」에 의한 협의취득시 건물소유자가 매매대상 건물에 대한 철거의무를 부담하겠다는 취지의 약정을 한 경우, 그 철거의무는 행정대집행법에 의한 대집행의 대상이 되지 않는다

★ 20 국가9급, 17 지방9급, 15 지방7급, 13 국가7급

> 행정대집행법상 대집행의 대상이 되는 대체적 작위의무는 공법상 의무이어야 할 것인데, 구 「공공용지의 취득 및 손실보상에 관한 특례법」에 따른 토지 등의 협의취득은 공공사업에 필요한 토지 등을 그 소유자와의 협의에 의하여 취득하는 것으로서 공공기관이 사경제주체로서 행하는 사법상 매매 내지 사법상 계약의 실질을 가지는 것이므로, 그 협의취득시 건물소유자가 매매대상 건물에 대한 철거의무를 부담하겠다는 취지의 약정을 하였다고 하더라도 이러한 철거의무는 공법상의 의무가 될 수 없고, 이 경우에도 행정대집행법을 준용하여 대집행을 허용하는 별도의 규정이 없는 한 위와 같은 철거의무는 행정대집행법에 의한 대집행의 대상이 되지 않는다(대판 2006.10.13, 2006두7096).

구 「공공용지의 취득 및 손실보상에 관한 특례법」에 의한 협의취득시 건물소유자가 매매대상 건물에 대한 철거의무를 부담하겠다는 취지의 약정을 한 경우, 그 철거의무는 「행정대집행법」에 의한 대집행의 대상이 된다. (x) ■ 15 지방7급

## 3. 불이행을 방치함이 심히 공익을 해(害)하는 것일 것

### (1) 요건판단에 대해 다수설은 판단여지설, 판례는 재량행위설 ★ 17 국가9급, 15 사회복지

> 최신기출 | 계고처분을 발할 수 있는 요건에 대한 판단은 행정청의 공익재량에 속하나 그것이 심히 부당할 경우에는 법원이 이를 심사할 수 있다(대판 1967.11.28, 67누139).

### (2) 공유재산에 대한 대집행의 경우 공익저해우려 요건은 필요없다

> 지방재정법 제85조에 의하면 그 제1항에서 공유재산을 정당한 이유 없이 점유하거나 그에 시설을 한 때에는 이를 강제로 철거시킬 수 있는 권한이 지방자치단체의 장에게 부여되었고, 그 제2항에서는 제1항에 의하여 강제철거를 시키는 경우에 행정대집행법 제3조 내지 제6조를 준용한다고 규정되어 있을 뿐 같은법 제2조(대집행의 요건에 관한 규정)의 준용은 없으므로, 같은조에 규정된 대집행의 요건은 필요 없는 것으로 해석함이 지방재정법 제85조의 입법취지에 맞는 해석이다(대판 1996.10.11, 95누10020).

### (3) 대체적 작위의무 요건은 필요하다

> 지방재정법 제85조는 철거대집행에 관한 개별적인 근거규정을 마련함과 동시에 행정대집행법상의 대집행요건 및 절차에 관한 일부 규정만을 준용한다는 취지에 그치는 것이고, 그것이 대체적 작위의무에 속하지 아니하여 원칙적으로 대집행의 대상이 될 수 없는 다른 종류의 의무에 대하여서까지 강제집행을 허용하는 취지는 아니다(대판 1998.10.23, 97누157).

### (4) 공익저해우려 인정사례

1. 소방도로침범(대판 1969.9.23, 69누94)
2. 건축허가 및 준공검사 시에 소방시설, 주차시설, 교통소통의 원활화, 건물의 높이 등 인접건물과의 조화, 적정한 생활환경의 보호를 위한 건폐율, 용적률 기타 건축법 소정의 제한규정을 회피하고자 하는 탈법행위의 경우(대판 1985.7.23, 84누699)
3. 불법건축물을 단속하는 당국의 권능을 무력화(수회 무시)(대판 1989.10.10, 88누11230)
4. 바닥면적이 359평방미터에 달하는 원판시 불법건축물이 시장건물의 후면벽과 인접한 주택의 담장을 벽으로 삼고 철골의 기둥과 천정을 세워 그 위에 스레트 및 천막을 씌워 차양시설을 하여 건축되고 많은 사람이 출입하는 시장으로 사용된 경우(대판 1989.3.28, 87누930)
5. 허가 없이 무단증평된 부분이 상당히 큰 데다가 도로쪽 전면으로 돌출되어 있어 쉽게 발견되고, 기존에 설정된 도시계획선을 침범하고 있으며, 그 도시계획선의 설정이 불합리하다고도 보이지 아니한 경우(대판 1992.8.14, 92누3885)
6. 개발제한구역 내에 불법형질변경을 하여 허가 없이 묘지를 설치한 경우(대판 1993.5.11, 92누8279)
7. 허가 없이 증축된 건물부분의 철거가 용이하다고 보여지고 도시미관을 해칠 우려가 있으며, 계고처분 이전에 발한 시정명령에 응하지 않은 경우(대판 1993.6.25, 93누2346)
8. 당초 적법하게 허가받아 그 현상을 유지하고 있는 광고물이 허가기간이 도과했고 현행 법령에 의한 설치기준에는 적합하지 아니하게 된 경우(대판 1994.11.11, 94누7126)
9. 개발제한구역 내에서 무허가로 용도 변경하여 골프연습장이 설치된 경우(대판 1995.6.29, 94누11354)
10. 위법건축 부분의 면적이 지나치게 크고 무단증축함으로써 결국 2층 공장건물을 그 구조 및 용도가 전혀 다른 4층 일반건물로 변경한 결과가 된 경우(대판 1995.12.26, 95누14114)

① 건축허가 및 준공검사 시에 소방시설, 주차시설, 교통소통의 원활화, 건물의 높이 등 인접건물과의 조화, 적정한 생활환경의 보호를 위한 건폐율, 용적률 기타 건축법 소정의 제한규정을 회피하고자 하는 탈법행위의 경우

> 수차에 걸쳐 불법증축하고 대수선하여 철거할 의무가 있는 건축물을 소관 행정청이 그런 사정을 미처 발견하지 못하여 그 부분에까지 전면외장변경공사를 허용하였다거나 완공 후에 단순히 도시미관 및 위생상 현저히 개선되었다는 사실만을 들어 그대로 방치한다면 불법건축물을 단속하는 당국의 권능을 무력화하여 건축행정의 원활한 수행이 위태롭게 되고 건축허가 및 준공검사 시에 소방시설, 주차시설, 교통소통의 원활화, 건물의 높이 등 인접건물과의 조화, 적정한 생활환경의 보호를 위한 건폐율, 용적률 기타 건축법 소정의 제한 규정을 회피하는 것을 사전예방한다는 더 큰 공익을 해칠 우려가 있으므로 위 건물에 대한 철거명령 및 대집행계고 처분은 적법하다(대판 1985.7.23, 84누699).

② 불법건축물을 단속하는 당국의 권능을 무력화하거나(수회 무시) 건축허가 및 준공검사시에 소방시설, 주차시설, 교통소통의 원활화, 건물의 높이 등 인접건물과의 조화, 적정한 생활환경의 보호를 위한 건폐율, 용적률 기타 건축법 소정의 제한규정을 회피하고자 하는 경우(탈법행위)

> 건축주가 도립공원으로서 자연환경지구로 지정된 임야 위에 건축허가를 받을 수 없음을 알면서도 건축행위에 착수하였을 뿐만 아니라 건축도중 3회에 걸쳐 관할관청으로부터 건축중지 및 시공부분의 철거지시를 받고도 공사를 강행하여 건축물을 완공하였으며, 그 완공 후에도 계속 철거명령에 불응하고 있고 그 건축물의 신축행위가 자연공원법 제23조 제1항 제1호, 제2항 소정의 신축이나 재축 등의 허용행위에 해당하지 않는다면, 비록 건축주가 다액의 공사비를 투입하여 위 건축물을 신축한 것이고 이것이 철거된 종전의 건축물보다 주위의 경관에 더 잘 어울린다고 하여도, 위 건축물을 그대로 방치하는 것은 심히 공익을 해하는 것이고 이에 관한 철거대집행은 다른 수단으로써 그 이행을 확보하기 곤란한 경우에 해당한다고 볼 것이므로 위 건축물철거계고처분은 행정대집행법이 정한 요건을 구비한 것이다(대판 1989.10.10, 88누11230).

③ 무허가증축부분으로 인하여 건물의 미관이 나아지고 위 증축부분을 철거하는 데 비용이 많이 소요된다고 하더라도 건물철거대집행계고처분을 할 요건에 해당된다고 한 사례 ★ 20 지방7급

최신기출

> 무허가증축부분으로 인하여 건물의 미관이 나아지고 위 증축부분을 철거하는 데 비용이 많이 소요된다고 하더라도 위 무허가증축부분을 그대로 방치한다면 이를 단속하는 당국의 권능이 무력화되어 건축행정의 원활한 수행이 위태롭게 되며 건축법 소정의 제한규정을 회피하는 것을 사전예방하고 또한 도시계획구역 안에서 토지의 경제적이고 효율적인 이용을 도모한다는 더 큰 공익을 심히 해할 우려가 있다고 보아 건물철거대집행계고처분을 할 요건에 해당된다고 한 사례(대판 1992.3.10, 91누4140)

무허가증축부분으로 인하여 건물의 미관이 나아지고 증축부분을 철거하는 데 비용이 많이 소요된다고 하더라도 건물철거대집행계고처분을 할 요건에 해당된다. ■ 20 지방7급

④ 합법화가 불가능한 경우

> 개발제한구역 및 도시공원에 속하는 임야상에 신축된 위법건축물인 대형 교회건물의 합법화가 불가능한 경우, 교회건물의 건축으로 공원미관조성이나 공원관리 측면에서 유리하고 철거될 경우 막대한 금전적 손해를 입게 되며 신자들이 예배할 장소를 잃게 된다는 사정을 고려하더라도 위 교회건물의 철거의무의 불이행을 방치함은 심히 공익을 해한다고 보아야 한다(대판 2000.6.23, 98두3112).

### (5) 공익저해 부정사례

1. 도로관리청으로부터 도로점용허가를 받지 아니하고 광고물을 설치한 경우(대판 1974.10.25, 74누122)
2. 용도변경허가를 얻은 후 기존건물을 완전히 헐고 새로 신축한 건축법 제5조에 위반된 건축물로서 동 신축건물이 증평된 것이기는 하나, 기존건물이 낡아 도괴될 위험이 있어 건물 전체를 헐고 신축하기에 이른 것으로서 기존건물의 마당에 증축되어 기존건물과 같은 곳에 위치하고 도시미관상, 위생상 해롭지 아니한 경우(대판 1982.12.14, 82누349)
3. 대수선 및 구조변경허가의 내용과 다르게 건물을 증·개축하여 그 위반결과가 현존하고 있다고 할지라도, 그 공사결과 건물모양이 산뜻하게 되었고, 건물의 안정감이 더하여진 반면 그 증평부분을 철거함에는 많은 비용이 소요되고 이를 철거하여도 건물의 외관만을 손상시키고 쓰임새가 줄 뿐인 경우(대판 1987.3.10, 86누860)
4. 허가 없이 증축된 부분이 외관상 당초 허가된 건물의 외부로 돌출하지 아니하였거나 돌출되었더라도 크게 눈에 띄지 아니하고, 위 위법 건물부분을 대집행으로 철거할 경우 많은 비용이 소요되는 경우(대판 1989.7.11, 88누11193)
5. 건축허가 면적보다 0.02평방미터 정도만 초과하였을 뿐인 경우(대판 1991.3.12, 90누10070)

① **도로관리청으로부터 도로점용허가를 받지 아니하고 광고물을 설치한 경우** ★ 12 순경특채

> 도로관리청으로부터 도로점용허가를 받지 아니하고 광고물을 설치하였다는 점만으로 곧 심히 공익을 해치는 경우에 해당한다고 할 수 없고 대집행계고의 요건에 관한 주장·입증책임은 처분청에게 있다(대판 1974.10.25, 74누122).

② **건축법위반 건물이 주위의 미관을 해칠 우려가 없을 뿐 아니라 이를 대집행으로 철거할 경우 많은 비용이 드는 반면에, 공익에는 별 도움이 되지 아니하고, 도로교통·방화·보안·위생·도시미관 및 공해예방 등의 공익을 크게 해친다고도 볼 수 없어 이에 대한 철거대집행계고 처분은 그 요건을 갖추지 못한 것으로서 위법하다**

> 이 사건 건물의 지상 1, 2, 3층의 외벽선에 의한 건물면적도 각 44.9평방미터씩이어서 위 건축허가 면적보다 0.02평방미터 정도만 초과하였을 뿐이라는 것인바, … 위와 같은 위반정도만 가지고는 주위의 미관을 해칠 우려가 없을 뿐 아니라 이를 대집행으로 철거할 경우 많은 비용이 드는 반면에 공익에는 별 도움이 되지 아니하고, 도로교통·방화·보안·위생·도시미관 및 공해예방 등의 공익을 크게 해친다고도 볼 수 없어 이 사건 계고처분은 그 요건을 갖추지 못한 것으로서 위법하여 그 취소를 면할 수 없다(대판 1991.3.12, 90누10070).

## 4. 대집행요건 충족의 입증책임(처분청)

### (1) 대집행요건의 주장·입증책임은 처분행정청에 있다 ★ 20·19 지방7급, 20 지방9급, 16 국가7급, 12 서울9급, 10 순경특채

> `최신기출` 건축법에 위반하여 건축한 것이어서 철거의무가 있는 건물이라 하더라도 그 철거의무를 대집행하기 위한 계고처분을 하려면 다른 방법으로는 이행의 확보가 어렵고 불이행을 방치함이 심히 공익을 해하는 것으로 인정될 때에 한하여 허용되고 이러한 요건의 주장입증책임은 처분 행정청에 있다(대판 1993.9.14, 92누16690).

## III. 대집행의 절차

### 1. 계고의 법적 성질(의사의 통지)

#### (1) 대집행계고의 처분성 인정 ★ 15 지방7급, 15 국가9급, 11 순경특채

> 계고가 있음으로 인하여 대집행이 실행되어 상대방의 권리의무에 변동을 가져오는 것이라 할 것이므로, 상대방은 계고절차의 단계에서 이의 취소를 소구할 법률상 이익이 있다 할 것이고, 계고는 행정소송법 소정 처분에 포함된다고 보아 계고처분 자체에 위법이 있는 경우에 한하여 항고소송의 대상이 될 수 있다(대판 1966.10.31, 66누25).

#### (2) 제2차·제3차계고의 처분성 부정 ★ 21 변호사, 20 국회9급, 19·18·15 국회8급, 18·14·10 국가9급, 17·16·15·13 지방9급, 15 사회복지, 14·11 국가7급, 14·13 행정사, 13 지방7급, 13 순경특채, 13 변호사, 12·10 서울9급, 10 지방9급

**최신기출**
> 행정대집행법상의 철거의무는 제1차 철거명령 및 계고처분으로써 발생하였다고 할 것이고, 제3차 철거명령 및 대집행계고는 새로운 철거의무를 부과하는 것이라고는 볼 수 없으며, 단지 종전의 계고처분에 의한 건물철거를 독촉하거나 그 대집행기한을 연기한다는 통지에 불과하므로 취소소송의 대상이 되는 독립한 행정처분이라고 할 수 없다(대판 1994.10.28, 94누5144).

대집행을 위한 계고가 동일한 내용으로 수회 반복된 경우에는 최후에 행해진 계고가 항고소송의 대상이 되는 처분이다. (x) ■ 15 지방9급

대집행에 대한 계고는 행정처분이고, 1차 계고 이후 대집행기한을 연기하기 위한 2차 계고, 3차 계고 또한 독립된 행정처분이다. (x) ■ 20 국회9급

#### (3) 제1차로 창고건물의 철거 및 하천부지에 대한 원상복구명령을 하였음에도 이에 불응하므로 대집행계고를 하면서 다시 자진철거 및 토사를 반출하여 하천부지를 원상복구할 것을 명한 경우, 대집행계고서에 기재된 자진철거 및 원상복구명령은 취소소송의 대상이 되는 독립한 행정처분에 해당하지 않는다

★ 13 국회9급

> 행정대집행법상의 철거 및 원상복구의무는 제1차 철거 및 원상복구명령에 의하여 이미 발생하였다 할 것이어서, 대집행계고서에 기재된 자진철거 및 원상복구명령은 새로운 의무를 부과하는 것이라고 볼 수 없으며, 단지 종전의 철거 및 원상복구를 독촉하는 통지에 불과하므로 취소소송의 대상이 되는 독립한 행정처분이라고 할 수 없고, 대집행계고서에 기재된 철거 및 원상복구의무의 이행기한은 행정대집행법 제3조 제1항에 따른 이행기한을 정한 것에 불과하다고 할 것이다(대판 2004.6.10, 2002두12618).

## 2. 상당한 기간

상당한 기간이란 사회통념상 이행에 필요한 기한을 말한다.

(1) 대집행영장으로써 대집행할 시기 등을 통지하기 위하여는 의무이행을 할 수 있는 상당한 기간을 부여할 것을 요구하고 있으므로, 행정청이 의무이행기한이 상당한 기간을 부여하지 않은 경우에는 비록 대집행의 시기를 늦추었더라도 위법한 처분이다 ★ 17 지방9급, 15 회8급, 10 국가9급

> 행정대집행법 제3조 제1항은 행정청이 의무자에게 대집행영장으로써 대집행할 시기 등을 통지하기 위하여는 그 전제로서 대집행계고처분을 함에 있어서 의무이행을 할 수 있는 상당한 기간을 부여할 것을 요구하고 있으므로, 행정청인 피고가 의무이행기한이 1988.5.24.까지로 된 이 사건 대집행계고서를 5.19. 원고에게 발송하여 원고가 그 이행종기인 5.24. 이를 수령하였다면, 설사 피고가 대집행영장으로써 대집행의 시기를 1988.5.27. 15:00로 늦추었더라도 위 대집행계고처분은 상당한 이행기한을 정하여 한 것이 아니어서 대집행의 적법절차에 위배한 것으로 위법한 처분이라고 할 것이다(대판 1990.9.14, 90누2048).

대집행계고처분을 함에 있어서 의무이행을 할 수 있는 상당한 기간을 부여하지 아니하였다 하더라도, 행정청이 대집행계고처분 후에 대집행영장으로써 대집행의 시기를 늦추었다면 그 대집행계고처분은 적법한 처분이다. (x) ■ 17 지방9급

## 3. 계고의 내용 및 방식

(1)

> 최신기출 계고를 함에 있어서는 의무자가 이행하여야 할 행위와 그 의무불이행 시 대집행할 행위의 내용 및 범위가 구체적으로 특정되어야 할 것이지만, 반드시 철거명령서나 대집행계고서에 의하여서만 특정되어야 하는 것은 아니고, 그 처분 전후에 송달된 문서나 기타 사정을 종합하여 이를 특정할 수 있으면 족하다(대판 1994.10.28, 94누5144).
> ★ 20·14·13 국가7급, 20·16·13 지방9급, 19 서울7급, 18 국회8급, 18·10 국가9급, 16 지방7급, 14 변호사

행정청이 대집행계고를 함에 있어서 의무자가 스스로 이행하지 아니하는 경우에 대집행할 행위의 내용 및 범위는 반드시 대집행계고서에 의해서만 특정되어야 하는 것이지, 계고처분 전후에 송달된 문서나 기타 사정을 종합하여 행위의 내용이 특정되거나 대집행 의무자가 그 이행의무의 범위를 알 수 있는 것만으로는 부족하다. (x) ■ 16 지방7급

대집행 시에 대집행계고서에 대집행의 대상물 등 대집행 내용이 특정되지 않으면 다른 문서나 기타 사정을 종합하여 특정될 수 있다 하더라도 그 대집행은 위법하다. (x) ■ 18 국회8급

행정청이 계고를 함에 있어 의무자가 스스로 이행하지 아니하는 경우 대집행의 내용과 범위가 구체적으로 특정되어야 하며, 대집행의 내용과 범위는 반드시 대집행 계고서에 의해서만 특정되어야 한다. (x) ■ 20 지방9급

**(2) 대집행요건의 충족시점**(의무부과와 계고의 결합가능 여부)

㉠ 계고서라는 명칭의 1장의 문서로써 일정기간 내에 위법건축물의 자진철거를 명함과 동시에 그 소정기한 내에 자진철거를 하지 아니할 때에는 대집행할 뜻을 미리 계고한 경우, 철거명령 및 계고처분은 적법하다
  ★ 20 국가7급, 20·18 국회8급, 19 서울7급, 19·16 지방9급, 16·13 지방7급, 14 행정사, 14 변호사, 12·10 순경특채, 12 서울9급, 10 국가9급

최신기출 계고서라는 명칭의 1장의 문서로써 일정기간 내에 위법건축물의 자진철거를 명함과 동시에 그 소정기한 내에 자진철거를 하지 아니할 때에는 대집행할 뜻을 미리 계고한 경우라도 위 건축법에 의한 철거명령과 행정대집행법에 의한 계고처분은 독립하여 있는 것으로서 각 그 요건이 충족되었다고 볼 것이고, 이 경우 철거명령에서 주어진 일정기간이 자진철거에 필요한 상당한 기간이라면 그 기간 속에는 계고시에 필요한 '상당한 이행기간'도 포함되어 있다고 보아야 할 것이다(대판 1992.6.12, 91누13564).

계고서라는 명칭의 1장의 문서로써 건축물의 철거명령과 동시에 그 소정기한 내에 자진철거를 하지 아니할 때에는 대집행할 뜻을 미리 계고한 경우, 「건축법」에 의한 철거명령과 「행정대집행법」에 의한 계고처분은 각 그 요건이 충족되었다고 볼 수 없다. (x)
■ 16 지방9급

계고서라는 명칭의 1장의 문서로 일정기간 내에 위법건축물의 자진철거를 명함과 동시에 그 소정기한 내에 자진철거를 하지 아니할 때에는 대집행할 뜻을 미리 계고한 경우, 철거명령에서 주어진 일정기간이 자진철거에 필요한 상당한 기간이라도 그 기간 속에 계고 시에 필요한 '상당한 이행기간'이 포함된다고 볼 수 없다. (x) ■ 16 지방7급

1장의 문서에 철거명령과 계고처분을 동시에 기재하여 처분할 수 있다. ■ 18 국회8급

철거명령에서 주어진 일정기간이 자진철거에 필요한 상당한 기간이라고 하여도 그 기간 속에는 계고시에 필요한 '상당한 이행기간'이 포함되어 있다고 볼 수 없다. (x) ■ 19 지방9급

위법건축물 철거명령과 대집행한다는 계고처분은 각각 별도의 처분서에 의하여야만 한다. (x) ■ 20 국회8급

## 4. 대집행절차의 생략

**(1) 대집행절차 생략의 취지**(도심광장으로서 '서울특별시 서울광장의 사용 및 관리에 관한 조례'에 의하여 관리되고 있는 '서울광장'에서, 서울시청 및 중구청 공무원들이 행정대집행법이 정한 계고 및 대집행영장에 의한 통지절차를 거치지 아니한 채 위 광장에 무단설치된 천막의 철거대집행에 착수하였고, 이에 피고인들을 비롯한 '광우병위험 미국산 쇠고기 전면 수입을 반대하는 국민대책회의' 소속 단체 회원들이 몸싸움을 하거나 천막을 붙잡고 이를 방해한 사안)

도로법 제65조 제1항은 "관리청은 반복적, 상습적으로 도로를 불법 점용하는 경우나 신속하게 실시할 필요가 있어서 행정대집행법 제3조 제1항과 제2항에 따른 절차에 의하면 그 목적을 달성하기 곤란한 경우에는 그 절차를 거치지 아니하고 적치물을 제거하는 등 필요한 조치를 취할 수 있다."고 규정하고 있는바, 위 규정의 취지는 교통사고의 예방과 도로교통의 원활한 소통을 목적으로 도로 관리청으로 하여금 반복·상습적인 도로의 불법점용과 같은 행위에 대하여 보다 적극적이고 신속하게 대처할 수 있도록 하기 위하여, 행정대집행법 제3조 제1항 및 제2항에서 정한 대집행 계고나 대집행영장의 통지절차를 생략할 수 있도록 하는 행정대집행의 특례를 인정하는 데에 있다. 따라서 위 규정은 일반인의 교통을 위하여 제공되는 도로로서 도로법 제8조에 열거된 도로를 불법 점용하는 경우 등에 적용될 뿐 도로법상 도로가 아닌 장소의 경우에까지 적용된다고 할 수 없고, 토지대장상 지목이 도로로 되어 있다고 하여 반드시 도로법의 적용을 받는 도로라고 할 수는 없다. 서울광장이 도로법상의 도로라고 할 수 없으므로 위와 같은 계고 및 대집행영장에 의한 통지절차를 거치지 아니한 채 철거대집행을 행하는 공무원들에 대항하여 폭행이나 협박을 가하였다고 하더라도 특수공무집행방해죄가 성립하지 않는다(대판 2010.11.11, 2009도11523).

## 5. 대집행의 실행(실력행사 가능성)

### (1) 행정청이 건물철거 대집행 과정에서 부수적으로 건물의 점유자들에 대한 퇴거 조치를 할 수 있고, 이 경우 필요하면 경찰의 도움을 받을 수 있다. ★ 20·19 국가9급, 19 국가7급, 18 국회8급

**최신기출** 행정청이 행정대집행의 방법으로 건물철거의무의 이행을 실현할 수 있는 경우에는 건물철거 대집행 과정에서 부수적으로 건물의 점유자들에 대한 퇴거 조치를 할 수 있고, 점유자들이 적법한 행정대집행을 위력을 행사하여 방해하는 경우 형법상 공무집행방해죄가 성립하므로, 필요한 경우에는 「경찰관 직무집행법」에 근거한 위험발생 방지조치 또는 형법상 공무집행방해의 범행방지 내지 현행범체포의 차원에서 경찰의 도움을 받을 수도 있다(대판 2017. 4.28, 2016다213916).

대집행에 의한 건물철거 시 점유자들이 위력을 행사하여 방해하는 경우라도 경찰의 도움을 받을 수 없다. (x) ■ 18 국회8급
행정대집행의 방법으로 건물철거의무이행을 실현할 수 있는 경우, 철거의무자인 건물 점유자의 퇴거의무를 실현하려면 퇴거를 명하는 별도의 집행권원이 있어야 하고, 철거 대집행 과정에서 부수적으로 건물 점유자들에 대한 퇴거조치를 할 수는 없다. (x)
■ 19 국가9급

## 6. 비용징수

### (1) 사업시행자인 한국토지주택공사는 민사소송절차에서 행정대집행비용을 청구할 수 없다
★ 19·17 지방9급, 19 국가9급, 14 지방7급

**최신기출** 대한주택공사가 구 대한주택공사법 및 동법 시행령에 의하여 대집행권한을 위탁받아 공무인 대집행을 실시함에 따라 발생하는 대집행에 요한 비용은 행정대집행법의 절차에 따라 국세징수법의 예에 의하여 징수할 수 있다. 행정대집행법이 대집행비용의 징수에 관하여 민사소송절차에 의한 소송이 아닌 간이하고 경제적인 특별구제절차를 마련해놓고 있으므로 민법 제750조에 기한 손해배상으로서 대집행비용의 상환을 구하는 한국토지주택공사의 청구는 소의이익이 없어 부적법하다(대판 2011.9.8, 2010다48240).

의무자가 대집행에 요한 비용을 납부하지 않으면 당해 행정청은 「민법」 제750조에 기한 손해배상으로서 대집행비용의 상환을 구할 수 있다. (x) ■ 17 지방9급

## IV. 대집행에 대한 권리구제

### 1. 행정대집행이 실행완료된 경우 대집행계고처분의 취소를 구할 법률상 이익이 없다

★ 19 지방9급, 15 국회8급, 14·13 세무사, 11 서울7급, 11 국가7급, 10 지방7급

> **최신기출** 대집행계고처분 취소소송의 변론종결 전에 대집행영장에 의한 통지절차를 거쳐 사실행위로서 대집행의 실행이 완료된 경우에는 행위가 위법한 것이라는 이유로 손해배상이나 원상회복 등을 청구하는 것은 별론으로 하고 처분의 취소를 구할 법률상 이익은 없다(대판 1993.6.8, 93누6164).

### 2. 손해배상청구소송의 선결문제

손해배상청구소송의 경우 행정행위의 효력을 부인할 필요는 없고, 다만 위법·적법만이 선결문제가 되므로 심리가 가능하다는 것이 통설·판례이다.

> **최신기출** 위법한 행정대집행이 완료되면 그 처분의 무효확인 또는 취소를 구할 소의 이익은 없다 하더라도, 미리 그 행정처분의 취소판결이 있어야만 그 행정처분의 위법임을 이유로 한 손해배상청구를 할 수 있는 것은 아니다(대판 1972.4.28, 72다337).
>
> ★ 19·15·12·10 국가9급, 16 지방7급, 15·12 사회복지, 14·10 지방9급, 15·14 변호사, 13·12 순경특채, 11 국회8급, 10 국가7급

### 3. 위법한 대집행계고처분의 효력

위법한 대집행계고에 중대·명백한 하자가 있으면 무효사유에 해당하고, 그렇지 않은 단순위법의 경우 취소사유에 해당한다.

#### (1) 의무위반자가 아닌 자에 대한 계고는 당연무효이다

> 남편이 무허가로 건물을 축조함에 있어 도와준 처가 무허가건축물을 단속하는 공무원에 대하여 자신이 불법건축물을 축조하였다는 내용의 자인서를 작성하고 자신의 앞으로 부과된 과태료를 이의 없이 납부한 사정만으로 건물의 점유보조자에 불과한 처를 위 건축공사의 현장관리인 또는 점유자라고 볼 수 없으므로 처에 대하여 한 철거계고처분은 그 하자가 중대하고도 명백하여 당연무효이다(대판 1991.10.11, 91누896).

#### (2) 적법한 건축물에 대한 철거명령은 당연무효이다 ★ 17·11 서울7급, 16 국가7급, 16 국가9급, 15 지방7급

> 적법한 건축물에 대한 철거명령은 그 하자가 중대하고 명백하여 당연무효라고 할 것이고, 그 후행행위인 건축물철거 대집행계고처분 역시 당연무효라고 할 것이다(대판 1999.4.27, 97누6780).

> 적법한 건축물에 대한 철거명령의 하자가 중대하고 명백하여 당연무효라고 하더라도 그 후행행위인 건축물철거 대집행계고처분 역시 당연무효가 되는 것은 아니다. (x) ■ 16 국가7급

# 제2절 이행강제금(집행벌)

## Ⅰ. 이행강제금의 의의 및 성질

**(1) 위반행위를 한 시기가 개정 건축법 전이라면 구 건축법에 따라 과태료를 부과해야 하고 개정 건축법상 이행강 제금을 부과할 수 없다**

> 건축법상의 이행강제금에 관한 규정은 시정명령 불이행을 이유로 한 구 건축법상의 과태료에 관한 규정을 개선한 것이 기는 하나, 그 최고한도 및 부과횟수 등에 있어서 차이가 있으므로, 위반행위를 한 시기가 개정 건축법이 시행되기 전이라서 구 건축법 제56조의2 제1항을 적용하여 과태료에 처할 것을 개정 건축법 제83조 제1항을 적용하여 이행강제금에 처하였다면 위법하다(대결 2000.3.8, 99마317).

**(2) 형사처벌과 별도로 시정명령 위반에 대하여 이행강제금을 부과하는 건축법 제83조 제1항은 이중처벌에 해당 하지 않고, 시정명령 이행 시까지 반복하여 이행강제금을 부과·징수할 수 있도록 규정하는 같은 조 제4항은 과잉금지원칙에 위반하지 않는다** ★ 16 지방7급, 14·10 지방9급, 13 국회8급

> 개발제한구역 내의 건축물에 대하여 허가를 받지 않고 한 용도변경행위에 대한 형사처벌과 건축법 제83조 제1항에 의한 시정명령 위반에 대한 이행강제금의 부과는 그 처벌 내지 제재대상이 되는 기본적 사실관계로서의 행위를 달리 하며, 또한 그 보호법익과 목적에서도 차이가 있으므로 이중처벌에 해당한다고 할 수 없고, 이행강제금은 위법건축물 의 원상회복을 궁극적인 목적으로 하고, 그 궁극적인 목적을 달성하기 위해서는 위법건축물이 존재하는 한 계속하 여 부과할 수밖에 없으며, 만약 통산부과횟수나 통산부과상한액의 제한을 두면 위법건축물의 소유자 등에게 위 법건축물의 현상을 고착할 수 있는 길을 열어주게 됨으로써 이행강제금의 본래의 취지를 달성할 수 없게 될 수 있으므로, 건축법 제83조 제4항이 "허가권자는 최초의 시정명령이 있은 날을 기준으로 하여 1년에 2회의 범위 안에서 당해 시정명령이 이행될 때까지 반복하여 이행강제금을 부과·징수할 수 있다."고 규정하였다고 하여 과 잉금지원칙에 반한다고 할 수도 없다(대결 2005.8.19, 2005마30).

**(3) 이행강제금은 강제수단일 뿐이어서 범죄에 대하여 국가가 형벌권을 실행한다고 하는 과벌에 해당하지 아니하므 로 헌법 제13조 제1항이 금지하는 이중처벌금지의 원칙이 적용될 여지가 없다**

★ 20·19·12 국회8급, 20·16·13·10 지방9급, 15 지방7급, 15 국가9급, 15 변호사, 14 서울9급

> [최신기출] 이행강제금은 일정한 기한까지 의무를 이행하지 않을 때에는 일정한 금전적 부담을 과할 뜻을 미리 계고함으로써 의무자에게 심리적 압박을 주어 장래에 그 의무를 이행하게 하려는 행정상 간접적인 강제집행 수단의 하나로서 과거의 일정한 법률위반 행위에 대한 제재로서의 형벌이 아니라 장래의 의무이행의 확보를 위한 강제수단일 뿐이어서 범죄에 대하여 국가가 형벌권을 실행한다고 하는 과벌에 해당하지 아니하므로 헌법 제13조 제1항이 금지하는 이중 처벌금지의 원칙이 적용될 여지가 없을 뿐 아니라, 건축법 제108조, 제110조에 의한 형사처벌의 대상이 되는 행위와 이 사건 법률조항에 따라 이행강제금이 부과되는 행위는 기초적 사실관계가 동일한 행위가 아니라 할 것이므로 이런 점에서도 이 사건 법률조항이 헌법 제13조 제1항의 이중처벌금지의 원칙에 위반되지 아니한다(헌 재결 2011.10.25, 2009헌바140).

이행강제금은 형벌과 병과될 경우 이중처벌금지원칙에 반한다. (×) ■ 15 국가9급
이행강제금이란 행정법상 의무를 불이행하였거나 위반한 자에 대하여 당해 위반행위로 얻은 경제적 이익을 박탈하기 위하여 부과 하거나 또는 사업의 취소·정지에 갈음하여 부과되는 금전상의 제재를 말한다. (×) ■ 15 지방7급
「건축법」상 이행강제금은 의무자에게 심리적 압박을 주어 시정명령에 따른 의무이행을 간접적으로 강제하는 강제집행수단이 아니 라 시정명령의 불이행이라는 과거의 위반행위에 대한 금전적 제재에 해당한다. (×) ■ 19 국회8급

(4) 이행강제금은 행정상 간접적인 강제집행 수단의 하나로서, 과거의 일정한 법률위반 행위에 대한 제재인 형벌이 아니라 장래의 의무이행 확보를 위한 강제수단일 뿐이어서, 범죄에 대하여 국가가 형벌권을 실행하는 과벌에 해당하지 아니한다. 따라서 심판대상조항은 이중처벌금지원칙에 위배되지 아니한다

> 확정된 구제명령을 따르지 않은 사용자에게 형벌을 부과하고 있음에도, 구제명령을 이행하지 아니한 사용자에게 는 이행강제금을 부과하는 근로기준법 제33조 제1항 및 제5항은 이중처벌금지원칙에 위배되지 않는다(합헌)(헌재 결 2014.5.29. 2013헌바171).

(5) 이행강제금 및 이행강제금 부과 예고의 법적 성격 ★ 18 국회8급

> 이행강제금은 행정법상의 부작위의무 또는 비대체적 작위의무를 이행하지 않은 경우에 '일정한 기한까지 의무를 이행하지 않을 때에는 일정한 금전적 부담을 과할 뜻'을 미리 '계고'함으로써 의무자에게 심리적 압박을 주어 장래를 향하여 의무의 이행을 확보하려는 간접적인 행정상 강제집행 수단이고, 노동위원회가 근로기준법 제33 조에 따라 이행강제금을 부과하는 경우 그 30일 전까지 하여야 하는 이행강제금 부과 예고는 이러한 '계고'에 해당한 다(대판 2015.6.24. 2011두2170).

## II. 이행강제금의 대상

### 1. 이행강제금은 대체적 작위의무의 위반에 대하여도 부과될 수 있다

★ 21·14 국회8급, 21·20·19·14·13·11 지방9급, 21 국회9급, 15 국가9급, 14 사회복지

최신기출
> 전통적으로 행정대집행은 대체적 작위의무에 대한 강제집행수단으로, 이행강제금은 부작위의무나 비대체적 작 위의무에 대한 강제집행수단으로 이해되어 왔으나, 이는 이행강제금제도의 본질에서 오는 제약은 아니며, 이행강 제금은 대체적 작위의무의 위반에 대하여도 부과될 수 있다(헌재결 2004.2.26. 2001헌바80·84·102·103, 2002헌바26).

이행강제금은 비대체적 작위의무 위반에만 부과될 뿐 대체적 작위의무의 위반에는 부과될 수 없다. (x) ■ 15 국가9급
대체적 작위의무 위반에 대해서는 이행강제금이 부과될 수 없다. (x) ■ 20 지방9급
대체적 작위의무의 강제방법으로 이행강제금제도를 활용해서는 안 된다. (x) ■ 21 국회9급

### 2. 건축법상 시정명령을 위반한 자에 대하여 그 이행을 강제하기 위해서 이행강제금을 부과하는 건축법 제83조 제1항은 과잉금지원칙 및 이중처벌금지원칙에 위배되지 않는다

★ 21·10 지방9급, 21·14·10 국가9급, 21·15 변호사, 20·19 국회8급, 20 국가9급, 18·15 국가7급, 14 지방7급, 14 행정사, 12 국회9급

최신기출
> 현행 건축법상 위법건축물에 대한 이행강제수단으로 대집행과 이행강제금(제83조 제1항)이 인정되고 있는데, 양 제도는 각각의 장·단점이 있으므로 행정청은 개별사건에 있어서 위반내용, 위반자의 시정의지 등을 감안하여 대집행과 이행강제금을 선택적으로 활용할 수 있으며, 이처럼 그 합리적인 재량에 의해 선택하여 활용하는 이상 중첩 적인 제재에 해당한다고 볼 수 없다(헌재결 2004.2.26. 2001헌바80·84·102·103, 2002헌바26).

## III. 이행강제금의 부과요건 및 절차

### 1. 시정명령과 그 불이행

(1) 건축법상 위법건축물 완공 후에도 시정명령을 할 수 있고 그 불이행에 대한 이행강제금의 부과는 헌법 제37조 제2항에 위배되지 않는다 ★ 13 국회8급

> 이행강제금은 국민의 자유와 권리를 제한한다는 의미에서 행정상 간접강제의 일종인 이른바 침익적 행정행위에 속하기는 하나, 위법건축물의 방치를 막고자 행정청이 시정조치를 명하였음에도 건축주 등이 이를 이행하지 아니한 경우에 행정명령의 실효성을 확보하기 위하여 시정명령 이행시까지 지속적으로 부과함으로써 건축물의 안전과 기능, 미관을 향상시켜 공공복리의 증진을 도모하기 위한 것이므로 그 목적의 정당성이 인정된다 할 것이고, 공무원들이 위법건축물임을 알지 못하여 공사 도중에 시정명령이 내려지지 않아 위법건축물이 완공되었다 하더라도, 공공복리의 증진이라는 위 목적의 달성을 위해서는 완공 후라도 위법건축물임을 알게 된 이상 시정명령을 할 수 있다고 보아야 할 것이며, 만약 완공 후에는 시정명령을 할 수 없다면 위법건축물을 축조한 자가 일단 건물이 완공되었다는 이유만으로 그 시정을 거부할 수 있는 결과를 초래하게 될 것이므로, 공사기간 중에 위법건축물임을 알지 못하여 시정명령을 하지 않고 있다가 완공 후에 이러한 사실을 알고 시정명령을 하였다고 하여 부당하다고 볼 수는 없고, 시정명령을 내릴 수 있는 시점을 공사 도중이나 특정 시점까지만 할 수 있다고 정해두지 아니하였다고 하여 그 침해의 필요성이 없음에도 국민의 자유와 권리를 침해하고 있다거나, 국민의 자유와 권리에 대한 본질적인 내용을 침해한 것이라고 볼 수는 없다 할 것이므로, 건축법 제83조 제1항 및 제69조 제1항에서 시정명령을 내리도록 규정하면서 그 발령 시기를 규정하지 아니한 것이 헌법 제37조 제2항에 위반된다고도 볼 수 없다 (대결 2002.8.16, 2002마1022).

(2) 건축법 위반 건축물에 대해 건축주 명의를 갖는 자가 실제 건축주가 아니라고 하더라도, 원칙적으로 건축법 제79조 제1항에 의한 시정명령의 상대방이 되는 건축주에 해당한다

> 건축법의 관계 규정상 건축허가 혹은 건축신고시 관할 행정청에 명의상 건축주가 실제 건축주인지 여부에 관한 실질적 심사권이 있다고 보기 어렵고, 또 명목상 건축주라도 그것이 명의대여라면, 당해 위반 건축물에 대한 직접 원인행위자는 아니라 하더라도 명의대여자로서 책임을 부담하여야 하는 점, 만약 이와 같이 보지 않을 경우 건축주는 자신이 명목상 건축주에 불과하다고 주장하여 책임회피의 수단으로 악용할 가능성이 있고, 또 건축주 명의대여가 조장되어 행정법 관계를 불명확하게 하고 법적 안정성을 저해하는 요소로 작용할 수 있는 점 등을 종합적으로 고려하여 보면, 위반 건축물에 대해 건축주 명의를 갖는 자는 명의가 도용되었다는 등의 특별한 사정이 있지 않은 한 건축법 제79조 제1항의 건축주에 해당한다고 보아야 한다(대판 2010.10.14, 2010두13340).

(3)

> 건물에 대한 건축허가를 받은 갑이 건축 중이던 건물 및 대지를 을에게 양도하였으나 을이 명의를 변경하지 아니한 채 사용승인을 받지 않고 건물을 사용하자, 행정청이 건물에 관한 소유권보존등기 명의자인 갑에게 시정명령을 한 후 이행강제금을 부과한 사안에서, 위 처분이 부적법하다고 판단한 원심에 시정명령의 상대방인 건축주 또는 소유자 등에 관하여 법리를 오해한 위법이 있다고 한 사례(대판 2010.10.14, 2010두13340)

(4)

> 「개발제한구역의 지정 및 관리에 관한 특별조치법」(개발제한구역법)이 정한 이행강제금을 부과·징수할 때마다 그에 앞서 시정명령 절차를 다시 거쳐야 하는 것은 아니다(대판 2013.12.12, 2012두19137).

**(5) 「국토의 계획 및 이용에 관한 법률」상 토지의 이용 의무 불이행에 따른 이행명령을 받은 의무자가 이행명령에서 정한 기간을 지나서 그 명령을 이행한 경우, 이행명령 불이행에 따른 최초의 이행강제금을 부과할 수 없다**

★ 20 국회8급, 20 국가9급, 19 지방7급, 19 지방9급, 18·17 국가7급

「국토의 계획 및 이용에 관한 법률」(국토계획법) 제124조의2 제5항이 이행명령을 받은 자가 그 명령을 이행하는 경우에 새로운 이행강제금의 부과를 즉시 중지하도록 규정한 것은 이행강제금의 본질상 이행강제금 부과로 이행을 확보하고자 한 목적이 이미 실현된 경우에는 그 이행강제금을 부과할 수 없다는 취지를 규정한 것으로서, 이에 의하여 부과가 중지되는 '새로운 이행강제금'에는 국토계획법 제124조의2 제3항의 규정에 의하여 반복 부과되는 이행강제금뿐만 아니라 이행명령 불이행에 따른 최초의 이행강제금도 포함된다. 따라서 이행명령을 받은 의무자가 그 명령을 이행한 경우에는 이행명령에서 정한 기간을 지나서 이행한 경우라도 최초의 이행강제금을 부과할 수 없다 (대판 2014.12.11, 2013두15750).

「국토의 계획 및 이용에 관한 법률」에 의해 이행명령을 받은 의무자가 이행명령에서 정한 기간을 지나서 그 명령을 이행한 경우, 의무불이행에 대한 이행강제금을 새로이 부과할 수 있다. (x) ■ 17 국가7급

**(6) 「부동산 실권리자명의 등기에 관한 법률」상 장기미등기자가 같은 법 제6조 제2항에 규정된 기간이 지나서 등기신청의무를 이행한 경우, 이행강제금을 부과할 수 없다** ★ 21 지방9급

장기미등기자가 이행강제금 부과 전에 등기신청의무를 이행하였다면 이행강제금의 부과로써 이행을 확보하고자 하는 목적은 이미 실현된 것이므로 부동산실명법 제6조 제2항에 규정된 기간이 지나서 등기신청의무를 이행한 경우라 하더라도 이행강제금을 부과할 수 없다(대판 2016.6.23, 2015두36454).

「부동산 실권리자명의 등기에 관한 법률」상 장기미등기자가 이행강제금 부과 전에 등기신청의무를 이행하였더라도 동법에 규정된 기간이 지나서 등기신청의무를 이행하였다면 이행강제금을 부과할 수 있다. (x) ■ 21 지방9급

**(7) 건축법상 시정명령을 받은 의무자가 시정명령에서 정한 기간이 지났으나 이행강제금이 부과되기 전에 의무를 이행한 경우, 이행강제금을 부과할 수 없다** ★ 21 변호사, 19 지방9급, 18 국가7급

건축법상의 이행강제금은 시정명령의 불이행이라는 과거의 위반행위에 대한 제재가 아니라, 의무자에게 시정명령을 받은 의무의 이행을 명하고 그 이행기간 안에 의무를 이행하지 않으면 이행강제금이 부과된다는 사실을 고지함으로써 의무자에게 심리적 압박을 주어 의무의 이행을 간접적으로 강제하는 행정상의 간접강제 수단에 해당한다. 이러한 이행강제금의 본질상 시정명령을 받은 의무자가 이행강제금이 부과되기 전에 그 의무를 이행한 경우에는 비록 시정명령에서 정한 기간을 지나서 이행한 경우라도 이행강제금을 부과할 수 없다(대판 2018.1. 25, 2015두35116).

「건축법」상의 이행강제금과 관련하여, 시정명령을 받은 의무자가 시정명령에서 정한 기간을 지나서 시정명령을 이행한 경우, 이행강제금이 부과되기 전에 그 이행이 있었다 하더라도 시정명령상의 기간을 준수하지 않은 이상 이행강제금을 부과하는 것은 정당하다. (x) ■ 18 국가7급

이행강제금은 과거의 의무불이행에 대한 제재의 기능을 지니고 있으므로, 이행강제금이 부과되기 전에 의무를 이행한 경우에도 시정명령에서 정한 기간을 지나서 이행한 경우라면 이행강제금을 부과할 수 있다. (x) ■ 19 지방9급

「건축법」에 의하여 시정명령을 받은 의무자가 이행강제금이 부과되기 전에 그 의무를 이행하였다 하더라도 시정명령에서 정한 기간을 지나서 이행한 이상 행정청은 이행강제금을 부과할 수 있다. (x) ■ 21 변호사

**(8)**

시정명령을 받은 의무자가 시정명령의 취지에 부합하는 의무를 이행하기 위한 정당한 방법으로 행정청에 신청 또는 신고를 하였으나 행정청이 위법하게 이를 거부 또는 반려함으로써 그 처분이 취소된 경우, 시정명령의 불이행을 이유로 이행강제금을 부과할 수 없다(대판 2018.1.25, 2015두35116).

(9)

「독점규제 및 공정거래에 관한 법률」 제16조에 따른 시정조치를 그 정한 기간 내에 이행하지 아니하는 자에 대하여 같은 법 제17조의3에 따라 이행강제금을 부과할 수 있고, 시정조치가 같은 법 제16조 제1항 제7호에 따른 부작위 의무를 명하는 내용인 경우에도 마찬가지이며, 이행강제금이 부과되기 전에 시정조치를 이행하거나 부작위 의무를 명하는 시정조치 불이행을 중단한 경우 과거의 시정조치 불이행기간에 대하여 이행강제금을 부과 할 수 있다(대판 2019.12.12. 2018두63563).

## 2. 상당한 이행기한

### (1) 건축법 제80조에서 정한 이행강제금을 부과하기 위한 요건

건축법 제79조 제1항 및 제80조 제1항에 의하면, 허가권자는 먼저 건축주 등에 대하여 상당한 기간을 정하여 시정명령을 하고, 건축주 등이 그 시정기간 내에 시정명령을 이행하지 아니하면, 다시 그 시정명령의 이행에 필요 한 상당한 이행기한을 정하여 그 기한까지 시정명령을 이행할 수 있는 기회를 준 후가 아니면 이행강제금을 부과할 수 없다(대판 2010.6.24. 2010두3978).

### (2) 건축주 등이 장기간 시정명령을 이행하지 아니하였으나 그 기간 중에 시정명령의 이행 기회가 제공되지 아니하 였다가 뒤늦게 이행 기회가 제공된 경우, 이행 기회가 제공되지 아니한 과거의 기간에 대한 이행강제금까지 한꺼번에 부과할 수 없고, 이를 위반하여 이루어진 이행강제금 부과처분의 하자는 중대·명백하여 당연무효이다

★ 21 지방7급, 19 국가7급, 18 국가9급, 17 지방9급

구 건축법 제80조 제1항, 제4항에 의하면 문언상 최초의 시정명령이 있었던 날을 기준으로 1년 단위별로 2회에 한하여 이행강제금을 부과할 수 있고, 이 경우에도 매 1회 부과 시마다 구 건축법 제80조 제1항 단서에서 정한 1회분 상당액의 이행강제금을 부과한 다음 다시 시정명령의 이행에 필요한 상당한 이행기한을 정하여 그 기한까지 시정명령을 이행할 수 있는 기회(시정명령의 이행 기회)를 준 후 비로소 다음 1회분 이행강제금을 부과할 수 있다. 따라서 비록 건축주 등이 장기간 시정명령을 이행하지 아니하였더라도, 그 기간 중에는 시정명령의 이행 기회가 제공 되지 아니하였다가 뒤늦게 시정명령의 이행 기회가 제공된 경우라면, 시정명령의 이행 기회 제공을 전제로 한 1회분의 이행강제금만을 부과할 수 있고, 시정명령의 이행 기회가 제공되지 아니한 과거의 기간에 대한 이행강제금까지 한꺼번 에 부과할 수는 없다. 그리고 이를 위반하여 이루어진 이행강제금 부과처분은 과거의 위반행위에 대한 제재가 아니라 행정상의 간접강제 수단이라는 이행강제금의 본질에 반하여 구 건축법 제80조 제1항, 제4항 등 법규의 중요한 부분 을 위반한 것으로서, 그러한 하자는 중대할 뿐만 아니라 객관적으로도 명백하다(대판 2016.7.14. 2015두46598).

건축주 등이 장기간 건축철거를 명하는 시정명령을 이행하지 아니하였다면, 비록 그 기간 중에 시정명령의 이행 기회가 제공되지 아니하였다가 뒤늦게 시정명령의 이행 기회가 제공된 경우라 하더라도, 행정청은 이행 기회가 제공되지 아니한 과거의 기간에 대한 이행강제금까지 한꺼번에 부과할 수 있다. (×)  ■ 17 지방9급
「건축법」상 이행강제금은 시정명령의 불이행이라는 과거의 위반행위에 대한 제재이므로, 건축주가 장기간 시정명령을 이행하지 않았다면 그 기간 중에 시정명령의 이행 기회가 제공되지 않았다가 뒤늦게 이행 기회가 제공된 경우라 하더라도 이행 기회가 제공 되지 않은 과거의 기간에 대한 이행강제금까지 한꺼번에 부과할 수 있다. (×)  ■ 18 국가9급

## 3. 계고

**(1)** 사용자가 이행하여야 할 행정법상 의무의 내용을 초과하는 것을 '불이행 내용'으로 기재한 이행강제금 부과 예고서에 의하여 이행강제금 부과 예고를 한 다음 이행강제금을 부과한 경우, 이행강제금 부과 예고 및 이행강제금 부과처분은 원칙적으로 위법하다 ★ 21 변호사, 19 국가7급, 17 지방9급

**최신기출** 초과한 정도가 근소하다는 등의 특별한 사정이 없는 한 이행강제금 부과 예고는 이행강제금 제도의 취지에 반하는 것으로서 위법하고, 이에 터 잡은 이행강제금 부과처분 역시 위법하다(대판 2015.6.24, 2011두2170).

**(2)** 농지법 제62조 제1항에 따라 이행강제금을 부과할 때마다 이를 부과·징수한다는 뜻을 미리 문서로 알려야 하고, 이러한 절차 없이 이행강제금을 부과하는 것은 위법하다 ★ 21 지방7급

**최신기출** 농지법 제62조 제1항에 따른 이행강제금을 부과할 때에는 그때마다 이행강제금을 부과·징수한다는 뜻을 미리 문서로 알려야 하고, 이와 같은 절차를 거치지 아니한 채 이행강제금을 부과하는 것은 이행강제금 제도의 취지에 반하는 것으로서 위법하다(대결 2018.11.2, 2018마5608).

## 4. 이행강제금의 부과·징수

**(1)** 건축법상 이행강제금 납부의 최초 독촉은 항고소송의 대상이 되는 행정처분에 해당한다
★ 19·17 지방9급, 17·14·13 국회8급, 13 국가7급

**최신기출** 이행강제금 납부의 최초 독촉은 징수처분으로서 항고소송의 대상이 되는 행정처분이 될 수 있다(대판 2009.12.24, 2009두14507).

**(2)**

건축법상의 이행강제금은 허가 대상 건축물뿐만 아니라 신고 대상 건축물에 대해서도 부과할 수 있다(대판 2013.1.24, 2011두10164).

**(3)** 행정청에 「국토의 계획 및 이용에 관한 법률 시행령」 제124조의3 제3항에서 정한 토지이용의무를 위반한 자에게 부과할 이행강제금 부과기준과 다른 이행강제금액을 결정할 재량권이 없다 ★ 21 서울7급, 15 지방7급

**최신기출** 국토계획법 및 「국토의 계획 및 이용에 관한 법률 시행령」이 정한 이행강제금의 부과기준은 단지 상한을 정한 것에 불과한 것이 아니라, 위반행위 유형별로 계산된 특정 금액을 규정한 것이므로 행정청에 이와 다른 이행강제금액을 결정할 재량권이 없다고 보아야 한다(대판 2014.11.27, 2013두8653).

「국토의 계획 및 이용에 관한 법률」 및 같은 법 시행령이 정한 이행강제금의 부과기준은 단지 상한을 정한 것에 불과한 것이므로 행정청에 이와 다른 이행강제금액을 결정할 재량권이 있다. (x) ■ 15 지방7급
국토의 계획 및 이용에 관한 법령이 정한 이행강제금의 부과기준은 단지 상한을 정한 것에 불과하여 행정청에 이와 다른 이행강제금액을 결정할 재량권이 있다고 보아야 한다. (x) ■ 21 서울7급

## Ⅳ. 이행강제금에 대한 불복

### 1. 구 건축법상 이행강제금부과처분은 행정처분이 아니다

> 건축법 제83조의 규정에 의하여 부과된 이행강제금부과처분의 당부는 최종적으로 비송사건절차법에 의한 절차에 의하여만 판단되어야 한다고 보아야 할 것이므로 위와 같은 이행강제금부과처분은 행정소송의 대상이 되는 행정처분이라고 볼 수 없다(대판 2000.9.22. 2000두5722).

### 2.

**최신기출**
**최신판례**
> 농지법 제62조 제1항에 따른 이행강제금 부과처분에 대한 불복절차는 비송사건절차법에 따른 재판이므로 위 이행강제금 부과처분은 행정소송법상 항고소송의 대상이 되지 않는다(대판 2019.4.11. 2018두42955).
> ★ 21·20 국가7급

> 「농지법」상 이행강제금 부과처분은 항고소송의 대상이 되는 처분에 해당하므로 이에 불복하는 경우 항고소송을 제기할 수 있다. (x) ■ 20 국가7급
> 「농지법」상 이행강제금부과처분은 행정소송의 대상이다. (x) ■ 21 국가7급

### 3. 관할청이 위 이행강제금 부과처분을 하면서 재결청에 행정심판을 청구하거나 관할 행정법원에 행정소송을 할 수 있다고 잘못 안내한 경우, 행정법원의 항고소송 재판관할이 생기지 않는다 ★ 22 국가9급

**최신기출**
**최신판례**
> 농지법 제62조 제6항, 제7항이 위와 같이 이행강제금 부과처분에 대한 불복절차를 분명하게 규정하고 있으므로, 이와 다른 불복절차를 허용할 수는 없다. 설령 관할청이 이행강제금 부과처분을 하면서 재결청에 행정심판을 청구하거나 관할 행정법원에 행정소송을 할 수 있다고 잘못 안내하거나 관할 행정심판위원회가 각하재결이 아닌 기각재결을 하면서 관할 법원에 행정소송을 할 수 있다고 잘못 안내하였다고 하더라도, 그러한 잘못된 안내로 행정법원의 항고소송 재판관할이 생긴다고 볼 수도 없다(대판 2019.4.11. 2018두42955).

> 관할청이 「농지법」상의 이행강제금 부과처분을 하면서 재결청에 행정심판을 청구하거나 관할 행정법원에 행정소송을 할 수 있다고 잘못 안내한 경우 행정법원의 항고소송 재판관할이 생긴다. (x) ■ 22 국가9급

### 4. 법원이 농지법 제65조 제1항이 정한 이행강제금을 감액하여 부과할 수 없다 ★ 21 국회9급

**최신기출**
> 농지법 제65조 제1항이 처분명령을 정당한 사유 없이 이행하지 아니한 자에 대하여 당해 농지의 토지가액의 100분의 20에 상당하는 이행강제금을 부과한다고 정하고 있으므로, 처분명령이 효력이 없거나 그 불이행에 같은 항 소정의 정당한 사유가 있어 이행강제금에 처하지 아니하는 결정을 하지 않는 한, 법원으로서는 그보다 적은 이행강제금을 부과할 수도 없다(대결 2005.11.30. 2005마1031).

## 제3절 직접강제

「학원의 설립·운영에 관한 법률」상 무등록 학원의 설립·운영자에 대하여 관할 행정청이 그 폐쇄를 명할 수 없다

> 「학원의 설립·운영에 관한 법률」 제2조 제1호와 제6조 및 제19조 등의 관련 규정에 의하면, 같은법상의 학원을 설립·운영하고자 하는 자는 소정의 시설과 설비를 갖추어 등록을 하여야 하고, 그와 같은 등록절차를 거치지 아니한 경우에는 관할행정청이 직접 그 무등록 학원의 폐쇄를 위하여 출입제한 시설물의 설치와 같은 조치를 취할 수 있게 되어 있으나, 달리 무등록 학원의 설립·운영자에 대하여 그 폐쇄를 명할 수 있는 것으로는 규정하고 있지 아니하고, 위와 같은 폐쇄조치에 관한 규정이 그와 같은 폐쇄명령의 근거규정이 된다고 할 수도 없다(대판 2001.2.23. 99두6002).

## 제4절 행정상 강제징수

## Ⅰ. 행정상 강제징수의 의의

### 1. 중앙관서의 장이 「보조금의 예산 및 관리에 관한 법률」 제31조 제1항에 의한 보조금 반환을 구하는 경우, 민사소송의 방법으로 반환청구를 할 수 없다 ★ 17 국회8급

> 「반환하여야 할 보조금에 대하여는 국세징수의 예에 따라 이를 징수할 수 있도록 규정하고 있으므로, 중앙관서의 장으로서는 반환하여야 할 보조금을 국세체납처분의 예에 의하여 강제징수할 수 있고, 위와 같은 중앙관서의 장이 가지는 반환하여야 할 보조금에 대한 징수권은 공법상 권리로서 사법상 채권과는 성질을 달리하므로, 중앙관서의 장으로서는 보조금을 반환하여야 할 자에 대하여 민사소송의 방법으로는 반환청구를 할 수 없다고 보아야 한다(대판 2012.3.15, 2011다17328).

### 2. 국유 일반재산의 대부료 등의 지급을 민사소송의 방법으로 구할 수 없다 ★ 16 지방7급

> 국유 일반재산의 대부료 등의 징수에 관하여는 국세징수법 규정을 준용한 간이하고 경제적인 특별구제절차가 마련되어 있으므로, 특별한 사정이 없는 한 민사소송의 방법으로 대부료 등의 지급을 구하는 것은 허용되지 아니한다(대판 2014.9.4, 2014다203588).

## 3. 체납처분에 의하여 압류된 채권에 대하여도 민사집행법에 따라 압류 및 추심명령을 할 수 있고, 그 압류 및 추심명령을 받은 채권자는 추심의 소를 제기할 수 있다

현행법상 체납처분절차와 민사집행절차는 별개의 절차이고 두 절차 상호 간의 관계를 조정하는 법률의 규정이 없으므로, 한쪽의 절차가 다른 쪽의 절차에 간섭할 수 없는 반면, 쌍방 절차에서 각 채권자는 서로 다른 절차에 정한 방법으로 그 다른 절차에 참여하게 된다. 따라서 체납처분에 의하여 압류된 채권에 대하여도 민사집행법에 따라 압류 및 추심명령을 할 수 있고, 민사집행절차에서 압류 및 추심명령을 받은 채권자는 제3채무자를 상대로 추심의 소를 제기할 수 있다. 제3채무자는 압류 및 추심명령에 선행하는 체납처분에 의한 압류가 있어 서로 경합된다는 사정만을 내세워 민사집행절차에서 압류 및 추심명령을 받은 채권자의 추심청구를 거절할 수 없고, 또한 민사집행절차에 의한 압류가 근로기준법에 의해 우선변제권을 가지는 임금 등 채권에 기한 것이라는 등의 사정을 내세워 체납처분에 의한 압류채권자의 추심청구를 거절할 수도 없다(대판 2015.7.9, 2013다60982).

## 4. 구 법인세법 제72조의 결손금 소급공제에 의하여 법인세를 환급받은 법인이 후에 결손금 소급공제 대상 법인이 아닌 것으로 밝혀진 경우, 납세지 관할 세무서장이 착오환급한 환급세액에 대하여 민사소송의 방법으로 부당이득반환을 구할 수 없다

구 법인세법 제72조의 결손금 소급공제에 의하여 법인세를 환급받은 법인이 후에 결손금 소급공제 대상 법인이 아닌 것으로 밝혀진 경우 납세지 관할 세무서장은 착오환급한 환급세액을 구 국세기본법 제51조 제7항에 따라 강제징수할 수 있을 뿐이고, 민사소송의 방법으로 부당이득반환을 구할 수는 없다(대판 2016.2.18, 2013다206610).

## 5. 공유 일반재산의 대부료의 지급을 민사소송으로 구할 수 없다 ★ 22·17 지방9급

`최신기출` 공유 일반재산의 대부료와 연체료를 납부기한까지 내지 아니한 경우에도 「공유재산 및 물품 관리법」 제97조 제2항에 의하여 지방세 체납처분의 예에 따라 이를 징수할 수 있다. 이와 같이 공유 일반재산의 대부료의 징수에 관하여도 지방세 체납처분의 예에 따른 간이하고 경제적인 특별한 구제절차가 마련되어 있으므로, 특별한 사정이 없는 한 민사소송으로 공유 일반재산의 대부료의 지급을 구하는 것은 허용되지 아니한다(대판 2017.4.13, 2013다207941).

「공유재산 및 물품관리법」 제83조에 따라 지방자치단체장이 행정대집행의 방법으로 공유재산에 설치한 시설물을 철거할 수 있는 경우, 민사소송의 방법으로도 시설물의 철거를 구하는 것이 허용된다. (x) ■ 17 지방9급

공유 일반재산의 대부료 지급은 사법상 법률관계이므로 행정상 강제집행절차가 인정되더라도 따로 민사소송으로 대부료의 지급을 구하는 것이 허용된다. (x) ■ 22 지방9급

## 6. 「도시 및 주거환경정비법」상 시장·군수가 아닌 사업시행자가 분양받은 자를 상대로 공법상 당사자소송의 방법으로 청산금 청구를 할 수 없다

「도시 및 주거환경정비법」 제57조 제1항에 규정된 청산금의 징수에 관하여는 지방세체납처분의 예에 의한 징수 또는 징수 위탁과 같은 간이하고 경제적인 특별구제절차가 마련되어 있으므로, 시장·군수가 사업시행자의 청산금 징수 위탁에 응하지 아니하였다는 등의 특별한 사정이 없는 한 시장·군수가 아닌 사업시행자가 이와 별개로 공법상 당사자소송의 방법으로 청산금 청구를 할 수는 없다(대판 2017.4.28, 2016두39498).

## II. 강제징수의 절차

독촉 → 체납처분(압류 → 매각.추심 → 청산)

### 1. 독촉(의사의 통지)

#### (1) 제2차 납세의무자 지정통지는 항고소송의 대상이 되는 행정처분에 해당하지 않는다

> 제2차 납세의무는 주된 납세의무자의 체납등 그 요건에 해당되는 사실의 발생에 의하여 추상적으로 성립하고 납부통지에 의하여 고지됨으로써 구체적으로 확정된다 할 것이니, 구체적으로 납세의무가 발생하지 아니하는 제2차 납세의무자 지정통지는 항고소송의 대상이 되는 행정처분이라 볼 수 없다(대판 1982.8.24, 81누80).

#### (2)

> 독촉절차 없이 한 압류처분의 효력은 취소사유이다(대판 1987.9.22, 87누383).

#### (3) 동일한 내용의 반복된 독촉은 처분이 아니다

> 보험자 또는 보험자단체가 부당이득금 또는 가산금의 납부를 독촉한 후 다시 동일한 내용의 독촉을 하는 경우 최초의 독촉만이 징수처분으로서 항고소송의 대상이 되는 행정처분이 되고 그 후에 한 동일한 내용의 독촉은 체납처분의 전제요건인 징수처분으로서 소멸시효 중단사유가 되는 독촉이 아니라 민법상의 단순한 최고에 불과하여 국민의 권리의무나 법률상의 지위에 직접적으로 영향을 미치는 것이 아니므로 항고소송의 대상이 되는 행정처분이라 할 수 없다(대판 1999.7.13, 97누119).

#### (4) 제2차 납세의무자가 주된 납세의무의 위법 여부에 대한 확정과 무관하게 자신에 대한 제2차 납세의무 부과처분 취소소송에서 주된 납세의무자에 대한 부과처분의 하자를 주장할 수 있다

> 제2차 납세의무는 주된 납세의무와는 별개로 성립하여 확정되는 것이나 주된 납세의무의 존재를 전제로 하는 것이므로, 주된 납세의무에 대하여 발생한 사유는 원칙적으로 제2차 납세의무에도 영향을 미치게 되는 이른바 부종성을 가진다고 할 것이다. 따라서 제2차 납세의무자는 주된 납세의무의 위법 여부에 대한 확정에 관계없이 자신에 대한 제2차 납세의무 부과처분의 취소소송에서 주된 납세의무자에 대한 부과처분의 하자를 주장할 수 있다고 봄이 상당하다(대판 2009.1.15, 2006두14926).

#### (5) 법인의 제2차 납세의무 성립 적용 요건은 엄격하게 해석하여야 한다

> [최신판례] 법인의 제2차 납세의무는 출자자와 법인이 독립된 권리의무의 주체임에도 예외적으로 본래의 납세의무자가 아닌 제3자인 법인에 출자자의 체납액에 대하여 보충적인 성질의 납세의무를 부과하는 것이고, 또한 조세법규의 해석은 엄격하게 하여야 하므로 그 적용 요건을 엄격하게 해석하여야 한다(대판 2020.9.24, 2016두38112).

## 2. 압류

### (1) 압류의 의의 및 성질(권력적 사실행위)

#### ① 압류처분에 기한 압류등기가 경료되어 있는 경우에도 압류처분의 무효확인을 구할 이익이 있다

★ 18 지방9급, 17 국회8급

> **최신기출** 체납처분에 기한 압류처분은 행정처분으로서 이에 기하여 이루어진 집행방법인 압류등기와는 구별되므로 압류등기의 말소를 구하는 것을 압류처분 자체의 무효를 구하는 것으로 볼 수 없고, 또한 압류등기가 말소된다고 하여도 압류처분이 외형적으로 효력이 있는 것처럼 존재하는 이상 그 불안과 위험을 제거할 필요가 있다고 할 것이므로, 압류처분에 기한 압류등기가 경료되어 있는 경우에도 압류처분의 무효확인을 구할 이익이 있다(대판 2003.5.16, 2002두3669).

### (2) 압류대상재산

#### ①

> 압류재산이 징수할 국세액을 초과하는 경우 위 압류처분의 효력은 당연무효가 아니다(대판 1986.11.11, 86누479).
> ★ 17 국가9급

세무 공무원이 국세의 징수를 위해 납세자의 재산을 압류하는 경우 그 재산의 가액이 징수할 국세액을 초과한다면 당해 압류처분은 무효이다. (x) ■ 17 국가9급

#### ② 체납자 아닌 제3자 소유물건에 대한 압류처분의 효력은 당연무효 ★ 15 지방9급

> 과세관청이 납세자에 대한 체납처분으로서 제3자의 소유물건을 압류하고 공매하더라도 그 처분으로 인하여 제3자가 소유권을 상실하는 것이 아니므로 체납자가 아닌 제3자의 소유물건을 대상으로 한 압류처분은 하자가 객관적으로 명백한 것인지 여부와는 관계없이 처분의 내용이 법률상 실현될 수 없는 것이어서 당연무효라고 하지 않을 수 없다(대판 1993.4.27, 92누12117).

### (3) 압류의 효력(처분금지)

#### ① 구 국세징수법 제47조 제2항에 의한 압류의 효력 범위

> 국세징수법 제45조의 규정에 의한 압류는 압류 당시의 체납액이 납부되었다고 하여 당연히 실효되지 아니하고, 그 압류가 유효하게 존속하는 한 압류등기 이후에 발생한 체납액에 대하여도 효력이 미친다(대판 2012.7.26, 2010다50625).

② 국세징수법상 체납처분에 의한 채권압류에서 압류조서가 작성되지 않은 경우, 채권압류 자체가 무효이고, 제3채무자에 대한 채권압류통지서에 피압류채권이 특정되지 않거나 체납자에 대한 채무이행 금지의 문언이 기재되지 않은 경우, 채권압류의 효력은 무효이며, 이러한 법리는 「지방세외수입금의 징수 등에 관한 법률」의 적용을 받는 지방자치단체의 과징금, 이행강제금, 부과금 등의 압류절차에도 그대로 적용된다

> 국세징수법상 체납처분에 의한 채권압류에서 압류조서의 작성은 과세관청 내부에서 당해 채권을 압류하였다는 사실을 기록·증명하는 것에 불과하여 이를 채권압류의 효력발생요건이라고 할 수 없으므로, 압류조서가 작성되지 않았다고 하여 채권압류 자체가 무효라고 할 수 없으나, 채권압류는 채무자(제3채무자)에게 체납자에 대한 채무이행을 금지시켜 조세채권을 확보하는 것을 본질적 내용으로 하는 것이므로, 제3채무자에 대한 채권압류통지서의 문언에 비추어 피압류채권이 특정되지 않거나 체납자에 대한 채무이행을 금지하는 문언이 기재되어 있지 않다면 채권압류는 효력이 없다. 그리고 이러한 법리는 「지방세외수입금의 징수 등에 관한 법률」의 적용을 받는 지방자치단체의 과징금, 이행강제금 및 부담금 등의 압류절차에도 그대로 적용된다[「지방세외수입금의 징수 등에 관한 법률」 제19조 참조](대판 2017.6.15. 2017다213678).

### (3) 압류의 해제

> 국세징수법에 의한 체납처분으로 채무자의 제3채무자에 대한 채권을 압류하였다가 압류를 해제한 경우, 그 압류채권에 관한 추심권능과 소송수행권은 채무자에게 복귀한다(대판 2009.11.12. 2009다48879).

## 3. 매각(환가)

### (1) 의의 및 법적 성질

#### ① 매각방법(공매·수의계약)결정·공매통지는 처분이 아니다

> 성업공사가 당해 부동산을 공매하기로 한 결정 자체는 내부적인 의사결정에 불과하여 항고소송의 대상이 되는 행정처분이라고 볼 수 없고, 또한 위 공사가 한 공매통지는 공매의 요건이 아니고 공매사실 그 자체를 체납자에게 알려주는 데 불과한 것으로서[이 부분은 대판(전합) 2008.11.20. 2007두18154에 의해 파기됨] 통지의 상대방인 골프장업자의 법적 지위나 권리의무에 직접 영향을 주는 것이 아니라고 할 것이므로 이것 역시 행정처분에 해당한다고 할 수 없다(대판 1998.6.26. 96누12030).

#### ② 공매처분은 행정처분에 해당한다 ★ 21 국회8급, 18·16 지방9급, 16·13 국가7급, 15·11 국가9급

`최신기출`

> 과세관청이 체납처분으로서 행하는 공매는 우월한 공권력의 행사로서 행정소송의 대상이 되는 공법상의 행정처분이며 공매에 의하여 재산을 매수한 자는 그 공매처분이 취소된 경우에 그 취소처분의 위법을 주장하여 행정소송을 제기할 법률상 이익이 있다(대판 1984.9.25. 84누201).

> 과세관청이 체납처분으로서 행하는 공매는 우월한 공권력의 행사로서 행정소송의 대상이 되는 행정처분이나, 공매에 의하여 재산을 매수한 자는 그 공매처분이 취소된 경우에 그 취소처분의 위법을 주장하여 행정소송을 제기할 법률상 이익이 없다. (x)
>    ■ 16 지방9급

③ **국세징수법이 압류재산의 공매통지를 하도록 한 이유는 절차적인 적법성 확보에 있고, 공매통지 자체는 항고소송의 대상이 되는 행정처분이 아니다** ★ 21·15 국회8급, 20·17·16 국가9급, 19 지방7급, 19 국가7급, 18·14 지방9급, 13 변호사

<u>최신기출</u>

체납자 등에 대한 공매통지는 국가의 강제력에 의하여 진행되는 공매에서 체납자 등의 권리 내지 재산상의 이익을 보호하기 위하여 법률로 규정한 절차적 요건이라고 보아야 하며, 공매처분을 하면서 체납자 등에게 공매통지를 하지 않았거나 공매통지를 하였더라도 그것이 적법하지 아니한 경우에는 절차상의 흠이 있어 그 공매처분이 위법하게 되는 것이지만, 공매통지 자체가 그 상대방인 체납자 등의 법적 지위나 권리·의무에 직접적인 영향을 주는 행정처분에 해당한다고 할 것은 아니므로 다른 특별한 사정이 없는 한 체납자 등은 공매통지의 결여나 위법을 들어 공매처분의 취소 등을 구할 수 있는 것이지 공매통지 자체를 항고소송의 대상으로 삼아 그 취소 등을 구할 수는 없다(대판 2011.3. 24, 2010두25527).

「국세징수법」상 공매통지 자체는 원칙적으로 항고소송의 대상이 되는 행정처분이다. (x) ■ 15 국회8급
체납자에 대한 공매통지는 체납자의 법적 지위나 권리·의무에 직접적인 영향을 주는 행정처분에 해당한다. (x) ■ 16 국가9급
「국세징수법」상 체납자 등에 대한 공매통지는 체납자 등의 법적 지위나 권리·의무에 직접적인 영향을 주는 행정처분에 해당하지 아니하므로 공매통지가 적법하지 아니한 경우에도 그에 따른 공매처분이 위법하게 되는 것은 아니다. (x) ■ 18 지방9급
「국세징수법」상 공매통지에 하자가 있는 경우, 다른 특별한 사정이 없는 한 체납자는 공매통지 자체를 항고소송의 대상으로 삼아 그 취소 등을 구할 수 있다. (x) ■ 20 국가9급
체납자 등에 대한 공매통지는 국가의 강제력에 의하여 진행되는 공매에서 체납자 등의 권리 내지 재산상의 이익을 보호하기 위하여 법률로 규정한 절차적 요건이라고 보아야 하며, 공매처분을 하면서 체납자 등에게 공매통지를 하지 않았거나 공매통지를 하였더라도 그것이 적법하지 아니한 경우에는 절차상의 흠이 있어 그 공매처분이 위법하게 되는 것이므로 위법한 공매통지에 대해서는 처분성이 인정된다. (x) ■ 21 국회8급

④ **한국자산공사의 재공매(입찰)결정·재공매통지는 처분이 아니다** ★ 16 국가7급, 13 순경특채

한국자산공사가 당해 부동산을 인터넷을 통하여 재공매(입찰)하기로 한 결정 자체는 내부적인 의사결정에 불과하여 항고소송의 대상이 되는 행정처분이라고 볼 수 없고, 또한 한국자산공사가 공매통지는 공매의 요건이 아니라 공매사실 자체를 체납자에게 알려주는 데 불과한 것으로서[이 부분은 대판(전합) 2008.11.20, 2007두18154에 의해 파기됨], 통지의 상대방의 법적 지위나 권리·의무에 직접 영향을 주는 것이 아니라고 할 것이므로 이것 역시 행정처분에 해당한다고 할 수 없다(대판 2007.7.27, 2006두8464).

한국자산관리공사가 인터넷을 통하여 재공매(입찰)하기로 한 결정 자체는 상대방의 법적 지위나 권리·의무에 직접 영향을 주는 것으로 행정처분에 해당한다. (x) ■ 16 국가7급

⑤ **공매에 있어서 공매재산에 대한 감정평가나 매각예정가격의 결정이 잘못되어 공매재산이 부당하게 저렴한 가격으로 공매된 경우 그 공매처분은 취소사유이다**

과세관청이 체납처분으로서 하는 공매에 있어서 공매재산에 대한 감정평가나 매각예정가격의 결정이 잘못되었다 하더라도, 그로 인하여 공매재산이 부당하게 저렴한 가격으로 공매됨으로써 공매처분이 위법하다고 볼 수 있는 경우에 공매재산의 소유자 등이 이를 이유로 적법한 절차에 따라 공매처분의 취소를 구하거나, 공매처분이 확정된 경우에는 위법한 재산권의 침해로서 불법행위의 요건을 충족하는 경우에 국가 등을 상대로 불법행위로 인한 손해배상을 청구할 수 있음은 별론으로 하고, 매수인이 공매절차에서 취득한 공매재산의 시가와 감정평가액과의 차액 상당을 법률상의 원인 없이 부당이득한 것이라고는 볼 수 없고, 이러한 이치는 공매재산에 부합된 물건이 있는데도 이를 간과한 채 부합된 물건의 가액을 제외하고 감정평가를 함으로써 공매재산의 매각예정가격이 낮게 결정된 경우에 있어서도 마찬가지이다(대판 1997.4.8, 96다52915).

⑥ **체납자 등에 대한 공매통지에 하자가 있는 경우 공매처분은 위법하다** ★ 19 국회8급, 17·11 국가7급

최신기출
전합판례 체납자 등에 대한 공매통지는 국가의 강제력에 의하여 진행되는 공매에서 체납자 등의 권리 내지 재산상의 이익을 보호하기 위하여 법률로 규정한 절차적 요건이라고 보아야 하며, 공매처분을 하면서 체납자 등에게 공매통지를 하지 않았거나 공매통지를 하였더라도 그것이 적법하지 아니한 경우에는 절차상의 흠이 있어 그 공매처분은 위법하다고 할 것이다. 다만, 공매통지의 목적이나 취지 등에 비추어 보면, 체납자 등은 자신에 대한 공매통지의 하자만을 공매처분의 위법사유로 주장할 수 있을 뿐 다른 권리자에 대한 공매통지의 하자를 들어 공매처분의 위법사유로 주장하는 것은 허용되지 않는다. 공매통지는 공매의 요건이 아니라 공매사실 자체를 체납자 등에게 알려주는 데 불과한 것이라는 취지로 판시한 대법원 1971.2.23. 선고 70누161 판결, 대법원 1996.9.6. 선고 95누12026 판결 등을 비롯한 같은 취지의 판결들은 이 판결의 견해에 배치되는 범위 내에서 이를 모두 변경하기로 한다[대판(전합) 2008.11.20, 2007두18154].

> 한국자산공사의 공매통지는 공매의 요건이 아니라 공매사실 자체를 체납자에게 알려주는 데 불과한 것으로서 행정처분에 해당한다고 할 수 없다. (x) ■ 19 국회8급

⑦

공매통지 없이 한 부동산 공매처분은 취소사유이다(대판 2012.7.26, 2010다50625). ■ 16 지방9급


## (2) 방법과 절차(공매가 원칙)

### ① 방법

#### ㉠ 세무서장의 공매권한을 성업공사에 위임한 경우 피고는 성업공사

성업공사가 체납압류된 재산을 공매하는 것은 세무서장의 공매권한 위임에 의한 것으로 보아야 할 것이므로, 성업공사가 한 그 공매처분에 대한 취소 등의 항고소송을 제기함에 있어서는 수임청으로서 실제로 공매를 행한 성업공사를 피고로 하여야 하고, 위임청인 세무서장은 피고적격이 없다(대판 1997.2.28, 96누1757).

#### ㉡ 세무서장을 피고로 소송이 잘못 제기된 경우 바로 각하해서는 안 되고 피고를 경정하여 소송을 진행해야 한다

세무서장의 위임에 의하여 성업공사가 한 공매처분에 대하여 피고지정을 잘못하여 피고적격이 없는 세무서장을 상대로 그 공매처분의 취소를 구하는 소송이 제기된 경우, 법원으로서는 석명권을 행사하여 피고를 성업공사로 경정하게 하여 소송을 진행하여야 한다(대판 1997.2.28, 96누1757).


### ② 절차

공고기간이 경과되지 아니한 공매는 위법하다(대판 1974.2.26, 73누186).

③ 매각결정과 취소 : 보증금의 국가귀속을 규정한 국세징수법 제78조 제2항은 평등원칙에 위반된다.

> 국가 등에 조세채권의 자력집행권을 인정하는 취지는, 절차를 직접 개시할 수 있도록 하고 현금화된 대상재산의
> 교환가치에 의한 채권의 만족에 일정 정도 우선적 지위를 가지도록 하는 데에 있을 뿐, 대상재산의 현금화 단계
> 에서 조세채권 및 절차비용 이외에 별도의 이익을 취득하도록 허용하는 것은 아니다. 따라서 이 사건 법률조항은
> 위약금약정의 성격을 가지는 매각의 법정조건으로서 민사집행법상 매수신청보증금과 본질적으로 동일한 성격을 가지
> 는 국세징수법상 계약보증금을 절차상 달리 취급함으로써, 국세징수법상 공매절차에서의 체납자 및 담보권자를 민사
> 집행법상 경매절차에서의 집행채무자 및 담보권자에 비하여 그 재산적 이익의 영역에서 합리적 이유 없이 자의적으로
> 차별하고 있으므로 헌법상 평등원칙에 위반된다(헌재결 2009.4.30. 2007헌가8).

## 4. 청산

### (1) 국세와 다른 채권 간의 우선순위는 압류재산의 매각대금을 배분하기 위해 국세징수법상의 배분계산서를 작성함으로써 체납처분이 종료되는 때에 비로소 확정된다

> 국세징수법상의 체납처분절차를 통하여 압류재산을 매각한 후 그 매각대금을 배분함에 있어서 국세와 다른 채권
> 간의 우선순위는 압류재산의 매각대금을 배분하기 위하여 국세징수법상의 배분계산서를 작성함으로써 체납처분이 종
> 료되는 때에 비로소 확정된다고 보아야 한다(대판 1992.1.17. 91다42524).

### (2) 매각대금 납부 이후에 성립·확정된 조세채권은 당해 공매절차의 매각대금 등의 배분대상에 포함되지 않는다

> 구 국세징수법에 의한 체납처분 절차에서 압류는 원칙적으로 체납자 소유의 재산에 대해서만 할 수 있는 점,
> 공매대상인 체납자 소유의 재산은 매각대금이 납부되면 매수인에게 그 소유권이 이전되고 매각대금 자체는 기존
> 에 진행되는 체납처분절차에 따른 배분의 목적물이 될 뿐인 점, 매각대금 납부 이후에 성립·확정된 조세채권에 기
> 초하여서는 체납자의 다른 재산에 관하여만 체납처분이 가능하다고 할 것인 점 등을 고려하면, 매각대금이 완납되
> 어 압류재산이 매수인에게 이전된 후에 성립·확정된 조세채권은 배분요구의 효력이 있는 교부청구가 있더라도
> 그 공매절차에서 배분대상이 되지 않는다고 봄이 타당하다.
> 이와 달리 매각대금이 완납된 후에 성립·확정된 조세채권도 배분계산서가 작성되기 전까지 교부청구가 있기만
> 하면 매각대금의 배분대상에 포함될 수 있다고 볼 경우에는, 구 국세징수법상 별도의 규정이 없고 세무서장의
> 임의에 맡겨져 있는 배분계산서의 작성시점에 따라 매각대금이 완납된 후 성립·확정된 조세채권의 배분대상 포
> 함 여부가 좌우되는 불합리한 결과가 발생할 수 있다(대판 2016.11.24. 2014두4085).

### (3) 공매대금배분처분의 직접 상대방이 아닌 압류재산의 원소유자는 그 처분의 취소를 구할 법률상 이익이 있다

> 주식회사 베스트리드 리미티드 코리아 발행주식 7,767,470주의 매각대금 배분에 있어서 모든 채권자들이 그들
> 의 채권액 전부를 배분받은 것은 아니므로 이 사건 주식의 매각 당시 그 소유자이었던 원고가 이러한 배분의
> 취소를 구하는 것은 채권자들이 그들의 채권액 전부를 배분받은 상황에서 채권자들 사이의 배분순위만을 다투는
> 것이 아니고, 이 사건 주식의 매각대금을 추징금채권보다 우선하여 이 사건 국세채권과 이 사건 지방세채권에 배분할
> 경우 원고는 가산금 또는 시효에 관하여 법률상 유리한 지위에 있게 되므로, 원고는 이 사건 주식의 매각대금 배분에
> 대하여 항고소송으로 그 취소를 구할 법률상 이익이 있다(대판 2016.11.25. 2014두5316).

**(4)**

> 체납처분절차에서 배분계산서에 대한 이의가 취하되는 경우 당초의 배분계산서가 그대로 확정되지 않고, 세무서 장이 당초의 배분계산서 중 이의의 제기로 확정되지 아니한 부분에 관하여 다른 사유를 고려하여 배분계산서를 수정할 수 있다(대판 2018.6.15. 2018두33784).

## 5. 체납처분의 중지 및 결손처분

### (1) 국세기본법상 '결손처분' 또는 '결손처분의 취소'는 항고소송의 대상이 되는 행정처분이 아니다

> 1996.12.30. 법률 제5189호로 개정되기 전의 구 국세기본법 제26조 제1호에 납세의무의 소멸사유 중 하나로 규정되어 있던 '결손처분'이 개정 국세기본법에서는 납세의무의 소멸사유에서 제외되었음에도, '결손처분 당시 다른 압류할 수 있는 재산이 있었던 것을 발견한 때'에는 지체 없이 그 처분을 취소하고 체납처분을 하여야 한다 고 규정한 구 국세징수법 제86조 제2항이 그대로 존치되어 오다가, 1999.12.28. 법률 제6053호로 국세징수법이 개정되면서 결손처분의 취소사유가 개정 국세기본법의 취지에 맞추어 '압류할 수 있는 다른 재산을 발견한 때로 확대 되었는바, 개정 국세징수법 아래에서 결손처분은 체납처분절차의 종료라는 의미만 가지게 되었고, 결손처분의 취소도 종료된 체납처분절차를 다시 시작하는 행정절차로서의 의미만을 가질 뿐이다(대판 2011.3.24, 2010두25527).

### (2) 지방세의 결손처분과 그 취소는 행정처분이 아니다

> 최신판례 지방세법 및 지방세기본법, 지방세징수법의 개정 연혁에 따르면, 구 지방세기본법은 물론 현행 지방세징수법하 에서도, 지방세의 결손처분은 국세의 결손처분과 마찬가지로 더 이상 납세의무가 소멸하는 사유가 아니라 체납처분을 종료하는 의미만을 가지게 되었고, 결손처분의 취소 역시 국민의 권리와 의무에 영향을 미치는 행정처분이 아니라 과거에 종료되었던 체납처분 절차를 다시 시작한다는 행정절차로서의 의미만을 가지게 되었다고 할 것이다(대판 201 9.8.9, 2018다272407).

## 6. 교부청구

### (1) 국세징수법 제56조에 규정된 교부청구의 법적 성질

> 최신판례 국세징수법 제56조에 규정된 교부청구는 과세관청이 이미 진행 중인 강제환가절차에 가입하여 체납된 조세의 배당을 구하는 것으로서 강제집행에 있어서의 배당요구와 같은 성질의 것이므로, 해당 조세는 교부청구 당시 체납되 어 있음을 요한다(대판 2019.7.25, 2019다206933).

### (2) 세무서장이 국세징수법상 교부청구를 한 경우 교부청구 사실을 체납자에게 알리는 것은 국세징수권에 관한 소 멸시효 중단의 요건이 아니다

> 국세기본법 제28조에서 교부청구로 국세징수권의 소멸시효가 중단된다고 규정하고 있고, 국세징수법 등 관련법규 에서 교부청구를 한 세무서장 등이 체납자에게 교부청구한 사실을 알릴 것을 요하지 아니하므로, 체납자에게 교부청 구 사실을 알리지 아니하였다고 하여 소멸시효 중단의 효력에 영향을 미칠 수 없다(대판 2010.5.27, 2009다6995 1).

**(3)**

> 공매절차에서 세무서장 등은 매각대금이 완납되어 압류재산이 매수인에게 이전되기 전까지 성립·확정된 조세채권에 관해서만 교부청구할 수 있다(대판 2016.11.24, 2014두4085).

**(4)**

`최신판례` 

> 납세자에게 국세징수법 제14조 제1항 제1호 내지 제6호의 사유가 발생하고 납부고지가 된 국세의 납부기한도 도과하여 체납 상태에 있는 경우, 과세관청이 독촉장을 발급하거나 이미 발급한 독촉장에 기재된 납부기한의 도과를 기다릴 필요 없이 해당 국세에 대하여 교부청구를 할 수 있다(대판 2019.7.25. 2019다206933).

# III. 강제징수에 대한 구제수단

## 1. 행정심판

조세부과·징수에 관한 행정심판에 관해서는 행정심판법의 적용이 배제되고(국세기본법 제56조 제1항) 국세기본법·관세법·「지방세 기본법」이 적용된다.

### (1) 이의신청

**㉠ 과세관청이 과세처분에 관한 불복절차과정에서 그 불복사유가 옳다고 인정하여 그에 따라 필요한 처분을 하였음에도 동일사항에 관하여 특별한 사유 없이 이를 번복하고 다시 종전의 처분을 되풀이 할 수 없다**

> 과세처분에 관한 불복절차과정에서 그 불복사유가 옳다고 인정하고 이에 따라 필요한 처분을 하였을 경우에는 불복제도와 이에 따른 시정방법을 인정하고 있는 국세기본법 취지에 비추어 동일 사항에 관하여 특별한 사유 없이 이를 번복하고 다시 종전의 처분을 되풀이 할 수는 없다고 할 것이다. 과세관청이 이의신청사유가 옳다고 인정하여 종전 처분을 직권취소한 다음, 이의신청에 대하여는 대상 처분이 취소되어 존재하지 않음을 이유로 각하결정을 하였음에도. 특별한 사유 없이 이를 번복하고 종전 처분을 되풀이하여 한 재경정처분은 위법하다(대판 2010.6.24, 2007두18161).

### (2) 감사원에 대한 심사청구

> 조세의 부과징수처분에 대하여 감사원법 제43조 제1항에 정한 심사청구절차를 거친 경우에는 위 처분의 취소소송 제기에 앞서 필요한 요건으로서의 행정심판을 거친 것으로 보아야 한다(대판 1991.2.26, 90누7944).

## 2. 행정소송

행정쟁송절차에 따라 독촉 또는 체납처분이 위법할 경우에는 취소·변경을 청구할 수 있다. 행정소송에 있어서도 행정소송을 제기하기 전에 심사청구 또는 심판청구를 필수적으로 거쳐야 하는 등의 특칙이 규정되어 있다.

**(1) 지방세법 제78조 제2항에 대한 위헌결정과 관련하여 지방세법상 부과처분취소소송을 제기하기 위하여는 이의신청 및 심사청구를 반드시 거쳐야 하는 것은 아니다** ★ 10 세무사

> 헌법재판소 2001.6.28. 2000헌바30 결정에서 지방세법(1997.8.30. 법률 제5406호로 개정된 것) 제78조 제2항이 헌법에 위반된다고 선언함에 따라 효력을 상실한 이상 납세자가 임의적으로 이의신청을 거치는 경우에 더 나아가 반드시 심사청구까지 거쳐야만 한다고 볼 근거규정도 없게 되었으므로, 지방세법에 의한 처분에 대한 취소소송을 제기하려는 납세자로서는 지방세법상의 이의신청 및 심사청구를 거치지 아니하고 취소소송을 제기하거나 혹은 임의적으로 이의신청 및 심사청구를 모두 거친 후 취소소송을 제기할 수 있을 뿐만 아니라, 임의적으로 이의신청만을 하여 그 결정을 받은 후 바로 취소소송을 제기할 수도 있는 것이라고 해석할 수밖에 없고, 납세자가 임의적으로 이의신청만을 거친 채 취소소송을 제기할 경우에는 행정소송법 제20조 제1항 본문 및 단서에 따라 그 제소기간은 이의신청에 대한 결정의 정본을 송달받은 날부터 기산하여 90일 이내라고 보아야 한다(대판 2001.9.18. 2000두2662).

**(2)**

> 과세관청이 조세의 징수를 위하여 납세의무자 소유의 부동산을 압류한 이후에 압류등기가 된 부동산을 양도받아 소유권이전등기를 마친 사람은 위 압류처분에 대하여 사실상 간접적 이해관계를 가질 뿐, 법률상 직접적이고 구체적인 이익을 가지는 것은 아니어서 그 압류처분의 무효확인을 구할 당사자 적격이 없다(대판 1990.10.16. 89누5706).

**(3) 이의신청 및 심사청구를 거치지 아니하고서는 지방세 부과처분에 대하여 행정소송을 제기할 수 없도록 한 지방세법 제78조 제2항은 행정심판에 사법절차를 준용하도록 한 헌법 제107조 제3항 및 재판청구권을 보장하는 헌법 제27조에 위반된다**

> 지방세 부과처분에 대한 이의신청 및 심사청구의 심의·의결기관인 지방세심의위원회는 그 구성과 운영에 있어서 심의·의결의 독립성과 공정성을 객관적으로 신뢰할 수 있는 토대를 충분히 갖추고 있다고 보기 어려운 점, 이의신청 및 심사청구의 심리절차에 사법절차적 요소가 매우 미흡하고 당사자의 절차적 권리보장의 본질적 요소가 결여되어 있다는 점에서 지방세법상의 이의신청·심사청구제도는 헌법 제107조 제3항에서 요구하는 '사법절차 준용'의 요청을 외면하고 있다고 할 것인데, 지방세법 제78조 제2항은 이러한 이의신청 및 심사청구라는 2중의 행정심판을 거치지 아니하고서는 행정소송을 제기하지 못하도록 하고 있으므로 위 헌법조항에 위반될 뿐만 아니라, 재판청구권을 보장하고 있는 헌법 제27조 제3항에도 위반된다 할 것이며, 나아가 필요적 행정심판전치주의의 예외사유를 규정한 행정소송법 제18조 제2항·제3항에 해당하는 사유가 있어 행정심판제도의 본래의 취지를 살릴 수 없는 경우에까지 그러한 전심절차를 거치도록 강요한다는 점에서도 국민의 재판청구권을 침해한다 할 것이다(헌재결 2001. 6.28. 2000헌바30).

# 제2장
# 행정상 즉시강제 및 행정조사

## I. 행정상 즉시강제의 의의

### 1. 행정상 즉시강제의 의의 ★ 19 국가9급

**최신기출**

> 행정상 즉시강제란 행정강제의 일종으로서 목전의 급박한 행정상 장해를 제거할 필요가 있는 경우에, 미리 의무를 명할 시간적 여유가 없을 때 또는 그 성질상 의무를 명하여 가지고는 목적달성이 곤란할 때에, 직접 국민의 신체 또는 재산에 실력을 가하여 행정상 필요한 상태를 실현하는 작용이며, 법령 또는 행정처분에 의한 선행의 구체적 의무의 존재와 그 불이행을 전제로 하는 행정상 강제집행과 구별된다(헌재결 2002.10.31, 2000헌가12).

즉시강제란 법령 또는 행정처분에 의한 선행의 구체적 의무의 불이행으로 인한 목전의 급박한 장해를 제거할 필요가 있는 경우에 행정기관이 즉시 국민의 신체 또는 재산에 실력을 행사하여 행정상의 필요한 상태를 실현하는 작용을 말한다. (×) ■ 19 국가9급

## II. 행정상 즉시강제의 종류

### 1. 불법게임물 수거·폐기는 대물적 즉시강제이다 ★ 21 국가9급

**최신기출**

> 어떤 하명도 거치지 않고 행정청이 직접 대상물에 실력을 가하는 경우로서, 위 조항은 행정상 즉시강제 그 중에서도 대물적(對物的) 강제를 규정하고 있다고 할 것이다(헌재결 2002.10.31, 2000헌가12).

### 2. 위법한 집회에 참가하기 위해 예정시간으로부터 약 5시간 30분 전에 그 예정장소로부터 약 150km 떨어진 곳에서 출발하려는 사람들을 경찰이 물리력으로 제지하는 행위는 적법한 공무수행이 아니다

> 형법 제136조, 「경찰관 직무집행법」 제6조 제1항 및 구 「집회 및 시위에 관한 법률」 제18조 등 관련 법률 조항들의 내용과 취지를 종합하면, 비록 장차 특정지역에서 구 「집회 및 시위에 관한 법률」에 의하여 금지되어 그 주최 또는 참가행위가 형사처벌의 대상이 되는 위법한 집회·시위가 개최될 것이 예상된다고 하더라도, 이와 시간적·장소적으로 근접하지 않은 다른 지역에서 그 집회·시위에 참가하기 위하여 출발 또는 이동하는 행위를 함부로 제지하는 것은 「경찰관 직무집행법」 제6조 제1항에 의한 행정상 즉시강제인 경찰관의 제지의 범위를 명백히 넘어서는 것이어서 허용될 수 없으므로, 이러한 제지 행위는 공무집행방해죄의 보호대상이 되는 공무원의 적법한 직무집행에 포함될 수 없다(대판 2008.11.13, 2007도9794).

### 3. 피구호자에 대한 보호조치는 경찰 행정상 즉시강제에 해당한다

경찰관직무집행법 제4조 제1항 제1호에서 규정하는 술에 취한 상태로 인하여 자기 또는 타인의 생명·신체와 재산에 위해를 미칠 우려가 있는 피구호자에 대한 보호조치는 경찰 행정상 즉시강제에 해당하므로, 그 조치가 불가피한 최소한도 내에서만 행사되도록 발동·행사 요건을 신중하고 엄격하게 해석하여야 한다. 따라서 이 사건 조항의 '술에 취한 상태'란 피구호자가 술에 만취하여 정상적인 판단능력이나 의사능력을 상실할 정도에 이른 것을 말하고, 이 사건 조항에 따른 보호조치를 필요로 하는 피구호자에 해당하는지는 구체적인 상황을 고려하여 '경찰관 평균인'을 기준으로 판단하되, 그 판단은 보호조치의 취지와 목적에 비추어 현저하게 불합리하여서는 아니 되며, 피구호자의 가족 등에게 피구호자를 인계할 수 있다면 특별한 사정이 없는 한 경찰관서에서 피구호자를 보호하는 것은 허용되지 않는다(대판 2012.12.13. 2012도11162).

### 4. 구 「경찰관 직무집행법」 제6조 제1항에 따른 경찰관의 제지 조치는 범죄의 예방을 위한 경찰 행정상 즉시강제에 해당한다

최신판례
경찰관의 제지에 관한 부분은 범죄의 예방을 위한 경찰 행정상 즉시강제, 즉 눈앞의 급박한 경찰상 장해를 제거하여야 할 필요가 있고 의무를 명할 시간적 여유가 없거나 의무를 명하는 방법으로는 그 목적을 달성하기 어려운 상황에서 의무불이행을 전제로 하지 않고 경찰이 직접 실력을 행사하여 경찰상 필요한 상태를 실현하는 권력적 사실행위에 관한 근거조항이다(대판 2021.10.14. 2018도2993).

### 5. 경찰관직무집행법 제6조 제1항에 의한 경찰관의 제지 조치 발동·행사 요건의 해석 방법 ★ 18 국회8급

최신기출
경찰관직무집행법 제6조 제1항 중 경찰관의 제지에 관한 부분은 범죄의 예방을 위한 경찰 행정상 즉시강제에 관한 근거 조항이다. 행정상 즉시강제는 그 본질상 행정 목적 달성을 위하여 불가피한 한도 내에서 예외적으로 허용되는 것이므로, 위 조항에 의한 경찰관의 제지 조치 역시 그러한 조치가 불가피한 최소한도 내에서만 행사되도록 그 발동·행사 요건을 신중하고 엄격하게 해석하여야 한다. 그러한 해석·적용의 범위 내에서만 우리 헌법상 신체의 자유 등 기본권 보장 조항과 그 정신 및 해석 원칙에 합치될 수 있다(대판 2013.6.13. 2012도9937).

6. 피고인들을 포함한 '갑 주식회사 희생자 추모와 해고자 복직을 위한 범국민대책위원회'(약칭 '대책위')가 덕수궁 대한문 화단 앞 인도('농성 장소')를 불법적으로 점거한 뒤 천막·분향소 등을 설치하고 농성을 계속하다가 관할 구청이 행정대집행으로 농성 장소에 있던 물건을 치웠음에도 대책위 관계자들이 이에 대한 항의의 일환으로 기자회견 명목의 집회를 개최하려고 하자, 출동한 경찰 병력이 농성 장소를 둘러싼 채 대책위 관계자들의 농성 장소 진입을 제지하는 과정에서 피고인들이 경찰관을 밀치는 등으로 공무집행을 방해하였다는 내용으로 기소된 사안에서, 경찰의 농성 장소에 대한 점거와 대책위의 집회 개최를 제지한 직무집행이 '위법한 공무집행'이라고 본 원심판단에 법리오해의 잘못이 있다고 한 사례

경찰 병력이 행정대집행 직후 대책위가 또다시 같은 장소를 점거하고 물건을 다시 비치하는 것을 막기 위해 농성 장소를 미리 둘러싼 뒤 대책위가 같은 장소에서 기자회견 명목의 집회를 개최하려는 것을 불허하면서 소극적으로 제지한 것은 구 「경찰관 직무집행법」 제6조 제1항의 범죄행위 예방을 위한 경찰 행정상 즉시강제로서 적법한 공무집행에 해당하고, 피고인 등 대책위 관계자들이 이와 같이 직무집행 중인 경찰 병력을 밀치는 등 유형력을 행사한 행위는 공무집행방해죄에 해당한다는 이유로, 이와 달리 경찰의 농성 장소에 대한 점거와 대책위의 집회 개최를 제지한 직무집행이 '위법한 공무집행'이라고 본 원심판단에 법리오해의 잘못이 있다고 한 사례(대판 2021. 10.14, 2018도2993)

## III. 행정조사의 종류

1. 운전자가 음주측정기에 의한 측정 결과에 불복하여 혈액을 채취하였으나 채취한 혈액이 분실, 오염 등의 사유로 감정이 불가능하게 된 경우, 음주측정기에 의한 측정 결과만으로 음주운전 사실 및 그 주취 정도를 증명할 수 없다 ★ 12 지방7급

운전자가 음주측정기에 의한 측정 결과에 불복하면서 혈액채취 방법에 의한 측정을 요구한 때에는 경찰공무원은 반드시 가까운 병원 등에서 혈액을 채취하여 감정을 의뢰하여야 하고, 이를 위하여 채취한 혈액에 대한 보존 및 관리 등을 철저히 하여야 하는데, 만일 채취한 혈액이 분실되거나 오염되는 등의 사유로 감정이 불능으로 된 때에는 음주측정기에 의한 측정 결과가 특히 신빙할 수 있다고 볼 수 있는 때에 한하여 음주측정기에 의한 측정 결과만으로 음주운전 사실 및 그 주취 정도를 증명할 수 있다(대판 2002.10.11, 2002두6330).

**2. 음주운전자가 경찰공무원이 실시한 호흡측정기에 의한 혈중알코올농도 측정 결과에 불복한 사안에서, 호흡측정기에 의한 1차 측정 후 상당한 시간 내에 명시적으로 재측정 또는 혈액채취의 방법에 의한 측정을 요구하지 않았던 점 등에 기하여 1차 호흡측정기에 의한 결과를 근거로 음주운전 사실을 인정한 사례** ★ 12 지방7급

> 운전자가 경찰공무원에 대하여 호흡측정기에 의한 측정 결과에 불복하여 그 즉시, 또는 2차, 3차 호흡측정을 실시하여 그 재측정 결과에도 불복하면서 혈액채취의 방법에 의한 측정을 요구할 수 있는 것은 경찰공무원이 운전자에게 호흡측정의 결과를 제시하여 확인을 구하는 때로부터 상당한 정도로 근접한 시점에 한정된다 할 것이고, 운전자가 정당한 이유 없이 위 시점으로부터 상당한 시간이 경과한 후에야 호흡측정 결과에 이의를 제기하면서 2차 호흡측정 또는 혈액채취의 방법에 의한 측정을 요구하는 경우에는 이를 정당한 요구라고 할 수 없으므로, 이와 같은 경우에는 경찰공무원이 2차 호흡측정 또는 혈액채취의 방법에 의한 측정을 실시하지 않았다고 하더라도 1차 호흡측정기에 의한 측정의 결과만으로 음주운전 사실을 증명할 수 있다(대판 2008.5.8, 2008도2170).

**3. 세무공무원의 조사행위가 실질적으로 납세자 등으로 하여금 질문에 대답하고 검사를 수인하도록 함으로써 납세자의 영업의 자유 등에 영향을 미치는 경우, '현지확인'의 절차에 따른 것이더라도 구 국세기본법 제81조의4 제2항에 따라 재조사가 금지되는 '세무조사'에 해당한다** ★ 18 국회8급

> `최신기출` 세무조사는 국가의 과세권을 실현하기 위한 행정조사의 일종으로서 국세의 과세표준과 세액을 결정 또는 경정하기 위하여 질문을 하고 장부·서류 그 밖의 물건을 검사·조사하거나 그 제출을 명하는 일체의 행위를 말하며, 부과처분을 위한 과세관청의 질문조사권이 행하여지는 세무조사의 경우 납세자 또는 그 납세자와 거래가 있다고 인정되는 자 등(납세자 등)은 세무공무원의 과세자료 수집을 위한 질문에 대답하고 검사를 수인하여야 할 법적 의무를 부담한다. 한편 같은 세목 및 과세기간에 대한 거듭된 세무조사는 납세자의 영업의 자유나 법적 안정성 등을 심각하게 침해할 뿐만 아니라 세무조사권의 남용으로 이어질 우려가 있으므로 조세공평의 원칙에 현저히 반하는 예외적인 경우를 제외하고는 금지될 필요가 있다.
>
> 이러한 세무조사의 성질과 효과, 중복세무조사를 금지하는 취지 등에 비추어 볼 때, 세무공무원의 조사행위가 실질적으로 납세자 등으로 하여금 질문에 대답하고 검사를 수인하도록 함으로써 납세자의 영업의 자유 등에 영향을 미치는 경우에는 국세청 훈령인 구 조사사무처리규정에서 정한 '현지확인'의 절차에 따른 것이라고 하더라도 그것은 재조사가 금지되는 '세무조사'에 해당한다고 보아야 한다(대판 2017.3.16, 2014두8360).

**4. 납세자 등이 대답하거나 수인할 의무가 없고 납세자의 영업의 자유 등을 침해하거나 세무조사권이 남용될 염려가 없는 조사행위까지 재조사가 금지되는 '세무조사'에 해당하는 것은 아니다**

> 과세자료의 수집 또는 신고내용의 정확성 검증 등을 위한 과세관청의 모든 조사행위가 재조사가 금지되는 세무조사에 해당한다고 볼 경우에는 과세관청으로서는 단순한 사실관계의 확인만으로 충분한 사안에서 언제나 정식의 세무조사에 착수할 수밖에 없고 납세자 등으로서도 불필요하게 정식의 세무조사에 응하여야 하므로, 납세자 등이 대답하거나 수인할 의무가 없고 납세자의 영업의 자유 등을 침해하거나 세무조사권이 남용될 염려가 없는 조사행위까지 재조사가 금지되는 '세무조사'에 해당한다고 볼 것은 아니다(대판 2017.3.16, 2014두8360).

5. 조사행위가 실질적으로 과세표준과 세액을 결정 또는 경정하기 위한 것으로서 납세자 등의 사무실 등에서 납세자 등을 직접 접촉하여 상당한 시일에 걸쳐 질문하거나 일정한 기간 동안의 장부 등을 검사·조사하는 경우, 재조사가 금지되는 '세무조사'로 보아야 한다

> 세무공무원의 조사행위가 재조사가 금지되는 '세무조사'에 해당하는지 여부는 조사의 목적과 실시경위, 질문조사의 대상과 방법 및 내용, 조사를 통하여 획득한 자료, 조사행위의 규모와 기간 등을 종합적으로 고려하여 구체적 사안에서 개별적으로 판단할 수밖에 없을 것인데, 세무공무원의 조사행위가 사업장의 현황 확인, 기장 여부의 단순 확인, 특정한 매출사실의 확인, 행정민원서류의 발급을 통한 확인, 납세자 등이 자발적으로 제출한 자료의 수령 등과 같이 단순한 사실관계의 확인이나 통상적으로 이에 수반되는 간단한 질문조사에 그치는 것이어서 납세자 등으로서도 손쉽게 응답할 수 있을 것으로 기대되거나 납세자의 영업의 자유 등에도 큰 영향이 없는 경우에는 원칙적으로 재조사가 금지되는 '세무조사'로 보기 어렵지만, 조사행위가 실질적으로 과세표준과 세액을 결정 또는 경정하기 위한 것으로서 납세자 등의 사무실·사업장·공장 또는 주소지 등에서 납세자 등을 직접 접촉하여 상당한 시일에 걸쳐 질문하거나 일정한 기간 동안의 장부·서류·물건 등을 검사·조사하는 경우에는 특별한 사정이 없는 한 재조사가 금지되는 '세무조사'로 보아야 할 것이다(대판 2017.3.16, 2014두8360).

6.

> 국세청 소속 세무공무원이 옥제품 도매업체를 운영하면서 제품을 판매하는 갑이 현금매출 누락 등의 수법으로 세금을 탈루한다는 제보를 받고 먼저 현장조사를 하고 그 결과 갑이 부가가치세에 관한 매출을 누락하였다고 보아 세무조사를 한 후 부가가치세 부과처분을 한 사안에서, 첫 번째 조사가 실질적으로 포괄적 질문조사권을 행사하고 과세자료를 획득하는 것이어서 재조사가 금지되는 '세무조사'이므로, 두 번째 조사는 구 국세기본법 제81조의4 제2항에 따라 금지되는 재조사이어서 그에 기초한 처분이 위법하다고 한 사례(대판 2017.3.16. 2014두8360)

## IV. 법적 근거

노동조합의 회계, 경리상태나 기타 운영에 대하여 지도할 필요가 있는 경우에 해당되지 않음에도 불구하고 행정관청이 그와 같은 업무지도의 필요성이 있다고 판단하여 노동조합에 대하여 조사를 위한 자료제출요구를 한 경우 노동조합이 이에 응할 의무가 있다

> 노동조합법 제30조, 같은법 시행령 제9조의2에 의하면 행정관청은 당해 노동조합에 대하여 진정 등이 있는 경우와 분규가 야기된 경우뿐만 아니라 노동조합의 회계, 경리상태나 기타 운영에 대하여 지도할 필요가 있는 경우에도 노동조합의 경리상황 기타 관계서류를 제출하게 하여 조사할 수 있도록 규정되어 있으므로 행정기관이 그와 같은 업무지도의 필요성이 있다고 판단되면 관계서류 등의 제출을 요구하여 조사할 수 있다고 하여야 할 것이고, 설사 노동조합의 회계, 경리상태나 기타 운영에 대하여 지도할 필요가 있는 경우에 해당되지 않는다고 하더라도 행정관청이 그와 같이 판단하여 조사하기로 한 이상 노동조합은 이에 응할 의무가 있다고 할 것이다(대판 1992.4.10, 91도3044).

# V. 한계

## 1. 실체적 한계

### (1) 행정강제는 행정상 강제집행이 원칙이고 행정상 즉시강제는 예외적인 강제수단이다

> 행정강제는 행정상 강제집행을 원칙으로 하며, 법치국가적 요청인 예측가능성과 법적 안정성에 반하고, 기본권 침해의 소지가 큰 권력작용인 행정상 즉시강제는 어디까지나 예외적인 강제수단이라고 할 것이다. 이러한 행정상 즉시강제는 엄격한 실정법상의 근거를 필요로 할 뿐만 아니라(법률유보원칙), 그 발동에 있어서는 법규의 범위 안에서도(법률우위원칙) 다시 행정상의 장해가 목전에 급박하고(급박성), 다른 수단으로는 행정목적을 달성할 수 없는 경우이어야 하며(보충성), 이러한 경우에도 그 행사는 필요 최소한도에 그쳐야 함(필요성)을 내용으로 하는 조리상의 한계에 기속된다(헌재결 2002.10.31, 2000헌가12).

## 2. 절차적 한계(영장주의)

### (1) 행정상 즉시강제와 영장주의

#### ① 대법원 판례(절충설) : 사전영장주의는 원칙적으로 행정영역에도 적용되지만 예외가 인정된다
★ 21 국가9급, 18 국회8급, 14 지방9급, 13 순경특채

**최신기출**
> 사전영장주의는 인신보호를 위한 헌법상의 기속원리이기 때문에 인신의 자유를 제한하는 모든 국가작용의 영역에서 존중되어야 하지만, 헌법 제12조 제3항 단서도 사전영장주의의 예외를 인정하고 있는 것처럼 사전영장주의를 고수하다가는 도저히 행정목적을 달성할 수 없는 지극히 예외적인 경우에는 형사절차에서와 같은 예외가 인정되므로, 구 사회안전법 제11조 소정의 동행보호규정은 재범의 위험성이 현저한 자를 상대로 긴급히 보호할 필요가 있는 경우에 한하여 단기간의 동행보호를 허용한 것으로서 그 요건을 엄격히 해석하는 한, 동규정 자체가 사전영장주의를 규정한 헌법규정에 반한다고 볼 수는 없다(대판 1997.6.13, 96다56115).

행정상 즉시강제는 국민의 권리침해를 필연적으로 수반하므로, 이에 대해서는 항상 영장주의가 적용된다. (x)  ■ 21 국가9급

#### ② 헌법재판소(영장불요설) ★ 13·12 순경특채, 09 서울9급

> 영장주의가 행정상 즉시강제에도 적용되는지에 관하여는 논란이 있으나, 행정상 즉시강제는 상대방의 임의이행을 기다릴 시간적 여유가 없을 때 하명 없이 바로 실력을 행사하는 것으로서, 그 본질상 급박성을 요건으로 하고 있어 법관의 영장을 기다려서는 그 목적을 달성할 수 없다고 할 것이므로, 원칙적으로 영장주의가 적용되지 않는다고 보아야 할 것이다. 한편, 이 사건 법률조항은 수거에 앞서 청문이나 의견제출 등 절차보장에 관한 규정을 두고 있지 않으나, 행정상 즉시강제는 목전에 급박한 장해에 대하여 바로 실력을 가하는 작용이라는 특성에 비추어 사전적 절차와 친하기 어렵다는 점을 고려하면, 이를 이유로 적법절차의 원칙에 위반되는 것으로는 볼 수 없다(헌재결 2002.10.31, 2000헌가12).

③ 관계행정청이 등급분류를 받지 아니하거나 등급분류를 받은 게임물과 다른 내용의 게임물을 발견한 경우 관계공무원으로 하여금 이를 수거·폐기하게 할 수 있도록 한 구 「음반·비디오물 및 게임물에 관한 법률」 제24조 제3항 제4호 중 게임물에 관한 규정 부분은 영장주의와 적법절차의 원칙에 위배되지 않는다(합헌) ★ 14 지방9급

> 이 사건 법률조항은 앞에서 본 바와 같이 급박한 상황에 대처하기 위한 것으로서 그 불가피성과 정당성이 충분히 인정되는 경우이므로, 이 사건 법률조항이 영장 없는 수거를 인정한다고 하더라도 이를 두고 헌법상 영장주의에 위배되는 것으로는 볼 수 없고, 위 구 「음반·비디오물 및 게임물에 관한 법률」 제24조 제4항에서 관계공무원이 당해 게임물 등을 수거한 때에는 그 소유자 또는 점유자에게 수거증을 교부하도록 하고 있고, 동조 제6항에서 수거 등 처분을 하는 관계공무원이나 협회 또는 단체의 임·직원은 그 권한을 표시하는 증표를 지니고 관계인에게 이를 제시하도록 하는 등의 절차적 요건을 규정하고 있으므로, 이 사건 법률조항이 적법절차의 원칙에 위배되는 것으로 보기도 어렵다(헌재결 2002.10.31, 2000헌가12).

## (2) 행정조사와 영장주의

㉠ 우편물 통관검사절차에서 압수·수색영장 없이 진행된 우편물의 개봉, 시료채취, 성분분석 등 검사는 원칙적으로 적법하다 ★ 20 서울7급, 18 국가7급, 17 국회8급, 16 국가9급, 15 지방7급

> `최신기출` 우편물 통관검사절차에서 이루어지는 우편물의 개봉, 시료채취, 성분분석 등의 검사는 수출입물품에 대한 적정한 통관 등을 목적으로 한 행정조사의 성격을 가지는 것으로서 수사기관의 강제처분이라고 할 수 없으므로, 압수·수색영장 없이 우편물의 개봉, 시료채취, 성분분석 등 검사가 진행되었다 하더라도 특별한 사정이 없는 한 위법하다고 볼 수 없다(대판 2013.9.26, 2013도7718).

> 우편물 통관검사절차에서 압수·수색영장 없이 우편물의 개봉, 시료채취, 성분분석 등의 검사가 진행되었다면 특별한 사정이 없는 한 위법하다. (x) ■ 15 지방7급

## (3) 행정조사의 한계

㉠ 서면조사결정과 보정요구의 범위 ★ 18 국회8급

> `최신기출` 조정계산서가 증빙서류 등의 근거 없이 전혀 허위·가공으로 작성되었음이 명백하거나, 수입금액이 전혀 신고내용에 포함되지 아니하고 처음부터 탈루되었음이 명백하거나, 수입금액이 신고되었으나 그 신고내용 자체에 의하여 탈루 또는 오류를 범한 것임이 객관적으로 명백한 경우 등과 같이 과세표준과 세액을 서면조사만으로 결정하도록 하는 것이 부당하다고 인정되는 경우에는 서면조사로 결정하지 아니하고 실지조사 또는 추계조사로 결정할 수 있으나, 그렇지 아니한 경우에는 과세표준확정신고서와 조정계산서의 기재내용을 기초로 결정하여야 하고(다만 그 신고내용의 범위 내에서 소득세법상의 익금가산이나 필요경비에 관한 시·부인절차를 거쳐 총수입금액이거나 소득금액을 가감하여 과세표준과 세액을 결정하는 것은 서면조사결정의 범위에 포함된다), 그 신고내용 자체를 부인하고 그와 다른 내용의 사실을 인정하거나, 이를 위하여 구 소득세법 제100조 제5항의 규정에 기하여 증빙서류의 제출을 요구하는 것과 같은 보정요구는 실지조사나 추계조사를 허용하는 결과가 되어 이를 할 수 없다(대판 1995.12.8, 94누11200).

ⓒ 당초 세무조사를 한 항목을 제외한 나머지 항목에 대하여 다시 세무조사를 하는 것이 재조사에 해당하지 아니하는 경우 ★ 20 국회8급

다만 당초의 세무조사가 다른 세목이나 다른 과세기간에 대한 세무조사 도중에 해당 세목이나 과세기간에도 동일한 잘못이나 세금탈루 혐의가 있다고 인정되어 관련 항목에 대하여 세무조사 범위가 확대됨에 따라 부분적으로만 이루어진 경우와 같이 당초 세무조사 당시 모든 항목에 걸쳐 세무조사를 하는 것이 무리였다는 등의 특별한 사정이 있는 경우에는 당초 세무조사를 한 항목을 제외한 나머지 항목에 대하여 향후 다시 세무조사를 하는 것은 구 국세기본법 제81조의4 제2항에서 금지하는 재조사에 해당하지 아니한다(대판 2015.2.26, 2014두12062).

다른 세목, 다른 과세기간에 대한 세무조사 도중 해당 세목 및 과세기간에 대한 조사가 부분적으로 이루어진 경우 추후 이루어진 재조사는 위법한 중복조사에 해당한다. (x) ■ 20 국회8급

## 3. 행정조사의 근거

행정기관은 법령등에서 행정조사를 규정하고 있는 경우에 한하여 행정조사를 실시할 수 있다(강제조사). 다만, 조사대상자의 자발적인 협조를 얻어 실시하는 행정조사(임의조사)의 경우에는 그러하지 아니하다(제5조).

**(1) 개별 법령 등에서 행정조사를 규정하고 있는 경우, 행정기관이 행정조사기본법 제5조 단서에서 정한 '조사대상자의 자발적인 협조를 얻어 실시하는 행정조사'를 실시할 수 있다** ★ 21 국회9급, 20 서울7급

행정조사기본법 제5조는 행정기관이 정책을 결정하거나 직무를 수행하는 데에 필요한 정보나 자료를 수집하기 위하여 행정조사를 실시할 수 있는 근거에 관하여 정한 것으로서, 이러한 규정의 취지와 아울러 문언에 비추어 보면, 단서에서 정한 '조사대상자의 자발적인 협조를 얻어 실시하는 행정조사'는 개별 법령 등에서 행정조사를 규정하고 있는 경우에도 실시할 수 있다(대판 2016.10.27, 2016두41811).

## 4. 조사대상자의 선정

구 국세기본법 제81조의5가 마련된 이후에는 개별 세법이 정한 질문·조사권은 위 규정이 정한 요건과 한계 내에서만 허용된다(대판 2014.6.26. 2012두911).

# VI. 행정조사의 하자

행정조사에 위법이 있는 경우 이를 기초로 한 행정결정이 위법한 것으로 되는가의 문제이다. 판례는 적극설을 취하고 있다. 다만, 행정조사절차의 하자가 경미한 경우에는 위법사유가 되지 않는 것으로 본다.

## 1. 위법이라는 판례

### (1) 과세관청 내지 그 상급관청이나 수사기관의 강요로 합리적이고 타당한 근거도 없이 작성된 과세자료에 터잡은 과세처분의 하자는 중대하고 명백한 것이다 ★ 14 순경특채

전합판례 | 과세처분의 근거가 된 확인서, 명세서, 자술서, 각서 등이 과세관청 내지 그 상급관청이나 수사기관의 일방적이고 억압적인 강요로 작성자의 자유로운 의사에 반하여 별다른 합리적이고 타당한 근거도 없이 작성된 것이라면 이러한 자료들은 그 작성경위에 비추어 내용이 진정한 과세자료라고 볼 수 없으므로, 이러한 과세자료에 터잡은 과세처분의 하자는 중대한 하자임은 물론 위와 같은 과세자료의 성립과정에 직접 관여하여 그 경위를 잘 아는 과세관청에 대한 관계에 있어서 객관적으로 명백한 하자라고 할 것이다[대판(전합) 1992.3.31, 91다32053].

### (2) 납세자에 대한 부가가치세부과처분이, 종전의 부가가치세 경정조사와 같은 세목 및 같은 과세기간에 대하여 중복하여 실시된 위법한 세무조사에 기초하여 이루어진 것이어서 위법하다고 한 사례
★ 21·19·15 지방7급, 21 국회9급, 20 국회8급, 16 국가9급, 12 사회복지

최신기출 | 서울지방국세청장은 1999.11.경 원고의 개인제세 전반에 관하여 특별세무조사를 한다는 명목으로 이미 부가가치세 경정조사가 이루어진 과세기간에 대하여 다시 임대수입의 누락 여부, 매입세액의 부당공제 여부 등에 관하여 조사를 하였고, 피고는 그 세무조사 결과에 따라 부가가치세액을 증액하는 이 사건 재경정처분을 한 사실 등을 인정한 다음, 이 사건 부가가치세부과처분은 이미 피고가 1998.11.경에 한 세무조사(부가가치세 경정조사)와 같은 세목 및 같은 과세기간에 대하여 중복하여 실시한 서울지방국세청장의 위법한 중복조사에 기초하여 이루어진 것이므로 위법하다(대판 2006.6.2, 2004두12070).

### (3) 구 국세기본법 제81조의5가 정한 세무조사대상 선정사유가 없음에도 세무조사대상으로 선정하여 과세자료를 수집하고 과세처분을 하는 것은 위법하다

구 국세기본법 제81조의5가 정한 세무조사대상 선정사유가 없음에도 세무조사대상으로 선정하여 과세자료를 수집하고 그에 기하여 과세처분을 하는 것은 적법절차의 원칙을 어기고 구 국세기본법 제81조의5와 제81조의3 제1항을 위반한 것으로서 특별한 사정이 없는 한 과세처분은 위법하다(대판 2014.6.26, 2012두911).

### (4) 어느 세목의 특정 과세기간의 특정 항목에 대하여 세무조사를 한 경우, 다시 그 세목의 같은 과세기간에 대하여 세무조사를 하는 것은 구 국세기본법 제81조의4 제2항에서 금지하는 재조사에 해당하고, 당초 세무조사를 한 특정 항목을 제외한 다른 항목에 대하여만 다시 세무조사를 함으로써 세무조사의 내용이 중첩되지 아니한 경우에도 마찬가지이다

세무공무원이 어느 세목의 특정 과세기간에 대하여 모든 항목에 걸쳐 세무조사를 한 경우는 물론 그 과세기간의 특정 항목에 대하여만 세무조사를 한 경우에도 다시 그 세목의 같은 과세기간에 대하여 세무조사를 하는 것은 구 국세기본법 제81조의4 제2항에서 금지하는 재조사에 해당하고, 세무공무원이 당초 세무조사를 한 특정 항목을 제외한 다른 항목에 대하여만 다시 세무조사를 함으로써 세무조사의 내용이 중첩되지 아니하였다고 하여 달리 볼 것은 아니다(대판 2015.2.26, 2014두12062).

**(5) 세무조사가 과세자료의 수집 또는 신고내용의 정확성 검증이라는 본연의 목적이 아니라 부정한 목적을 위하여 행하여진 경우, 세무조사에 의하여 수집된 과세자료를 기초로 한 과세처분은 위법하다** ★ 19 국가7급

최신기출 세무조사가 과세자료의 수집 또는 신고내용의 정확성 검증이라는 본연의 목적이 아니라 부정한 목적을 위하여 행하여진 것이라면 이는 세무조사에 중대한 위법사유가 있는 경우에 해당하고 이러한 세무조사에 의하여 수집된 과세자료를 기초로 한 과세처분 역시 위법하다. 세무조사가 국가의 과세권을 실현하기 위한 행정조사의 일종으로서 과세자료의 수집 또는 신고내용의 정확성 검증 등을 위하여 필요불가결하며, 종국적으로는 조세의 탈루를 막고 납세자의 성실한 신고를 담보하는 중요한 기능을 수행하더라도 만약 남용이나 오용을 막지 못한다면 납세자의 영업활동 및 사생활의 평온이나 재산권을 침해하고 나아가 과세권의 중립성과 공공성 및 윤리성을 의심받는 결과가 발생할 것이기 때문이다(대판 2016.12.15, 2016두47659).

## 2. 적법인정사례 ★ 20 국회8급

최신기출 행정기관 및 공무원의 직무를 감찰하여 행정운영의 개선향상을 기하여야 할 감사원의 임무나 감사원이 원고 사업장 인근 주민의 환경오염 진정에 따라 충청남도에 대한 감사를 진행하던 중 현지조사 차원에서 피고(부여군수) 소속 담당공무원과 충청남도의 담당공무원 참여하에 이 사건 토양오염실태조사가 이루어진 경우, 토양오염실태조사는 토양정밀조사명령의 사전 절차를 이루는 사실행위로서 그 자체가 행정처분에 해당하지는 않는 점 등을 종합 고려해 보면, 이 사건 토양오염실태조사가 감사원 소속 감사관의 주도하에 실시되었다는 사정만으로 이 사건 토양정밀조사명령에 이를 위법한 것으로서 취소해야 할 정도의 하자가 있다고 볼 수는 없다(대판 2009.1.30, 2006두9498).

# VII. 위법한 즉시강제에 대한 권리구제

## 1. 손해배상

**(1) 경찰관이 범인을 검거하면서 가스총을 근접 발사하여 가스와 함께 발사된 고무마개가 범인의 눈에 맞아 실명한 경우**

이 사건 당시 사용한 가스총의 탄환은 고무마개로 막혀 있어 사람의 안면 가까이에서 발사하는 경우 고무마개가 분리되면서 눈 부위 등 인체에 위해를 가할 가능성이 있었으므로, 1.5m 미만의 근접한 거리에서 이를 사용하는 경찰관인 소외 2로서는 원고의 안면 부위를 향하여 가스총을 발사하지 아니함으로써 사람의 눈 부위 등 인체에 대한 위해를 방지하여야 할 주의의무가 있음에도 불구하고 이를 게을리한 채 만연히 원고를 향하여 가스총을 발사한 나머지 가스총에서 분리된 고무마개가 원고의 오른쪽 눈에 명중하여 그로 인하여 원고에게 상해를 가하여 실명에 이르게 하였다고 보아야 할 것이다. 그리고 위에서 본 사고의 경위에 비추어 볼 때 원고가 입은 상해는 위와 같은 상황에서의 가스총 발사행위시에 통상적으로 예견되는 범위 내의 손해라 할 것이고, 이를 특별한 사정에 의한 손해라고는 할 수 없다(대판 2003.3.14, 2002다57218).

## 2. 정당방위

위법한 즉시강제나 행정조사에 대하여는 형법상의 정당방위의 법리에 따라 그에 저항할 수 있기 때문에 공무집행방해죄를 구성하지 아니한다.

> **임의동행요구에 응하지 않는다 하여 강제연행하려고 대상자의 양팔을 잡아 끈 행위에 대하여 그 대상자가 이로부터 벗어나기 위하여 저항한 행위에 과실이 있다고 할 수 없다** ★ 12 지방7급
>
> 경찰관이 임의동행요구에 응하지 않는다 하여 강제연행하려고 대상자의 양팔을 잡아 끈 행위는 적법한 공무집행이라고 할 수 없으므로 그 대상자가 이러한 불법연행으로부터 벗어나기 위하여 저항한 행위는 정당한 행위라고 할 것이고 이러한 행위에 무슨 과실이 있다고 할 수 없다(대판 1992.5.26, 91다38334).

## VIII. 적법한 즉시강제에 대한 권리구제

### 1. 가축전염병예방법상 살처분의 법적 성격은 사회적 제약이다

> 살처분은 가축의 전염병이 전파가능성과 위해성이 매우 커서 타인의 생명, 신체나 재산에 중대한 침해를 가할 우려가 있는 경우 이를 막기 위해 취해지는 조치로서, 가축 소유자가 수인해야 하는 사회적 제약의 범위에 속한다(헌재결 2014.4.24, 2013헌바110).

### 2. 살처분 보상금을 대통령령으로 정하도록 위임한 구 가축전염병예방법 제48조 제1항 제2호는 포괄위임입법금지원칙에 위배되지 않는다(합헌)

> 살처분 보상금의 금액은 살처분으로 인한 경제적 가치의 손실을 평가하여 결정되어야 하는 등 기술적 측면이 있고, 소유자의 귀책사유, 살처분 보상금의 지급 수준에 따른 소유자의 방역 협조의 경향, 전염병의 확산 정도, 당해년도의 가축 살처분 두수, 국가 및 지방자치단체의 재정 상황 등을 고려하여 탄력적으로 정하여질 필요가 있어 대통령령에 위임할 필요성이 인정된다. 심판대상조항은 살처분 보상금의 지급 주체, 보상금을 받을 자, 그리고 차등지급의 사유를 정한 후 대통령령에 보상금액을 정하도록 위임하고 있으므로, 누구라도 심판대상조항으로부터 대통령령에 규정될 내용의 대강을 예측할 수 있다. 그러므로 심판대상조항은 포괄위임입법금지원칙에 위배되지 아니한다(헌재결 2014.4.24, 2013헌바110).

# IX. 인신보호법

## 1. 인신보호법 제2조 제1항 단서 중 "출입국관리법에 따라 보호된 자는 제외한다." 부분은 청구인들의 평등권을 침해하지 않는다(기각)

> 심판대상조항이 출입국관리법에 따라 보호된 사람을 인신보호법에 따라 구제청구를 할 수 있는 피수용자의 범위에서 제외한 것은, 출입국관리법상 보호가 외국인의 강제퇴거사유의 존부 심사 및 강제퇴거명령의 집행확보라는 행정목적을 담보하고 이를 효율적으로 집행하기 위해 행해지는 것으로 신체의 자유 제한 자체를 목적으로 하는 형사절차상의 인신구속 또는 여타의 행정상의 인신구속과는 그 목적이나 성질이 다르다는 점, 출입국관리법이 보호라는 인신구속의 적법성을 담보하기 위한 엄격한 사전절차와 사후적 구제수단을 충분히 마련하고 있는 이상, 인신보호법의 보호범위에 출입국관리법에 따라 보호된 자를 포함시킬 실익이 크지 아니한 점을 고려한 것이며, 여기에는 합리적 이유가 있다. 따라서 심판대상조항은 청구인들의 평등권을 침해하지 아니한다(헌재결 2014.8.28, 2012헌마686).

## 2. 대한민국 입국이 불허되어 대한민국 공항에 머무르고 있는 외국인에게 인신보호법상 구제청구권이 인정되고 대한민국 입국이 불허된 외국인을 외부와 출입이 통제되는 한정된 공간에 장기간 머무르도록 강제하는 것은 인신보호법상 구제대상인 위법한 수용에 해당한다

> 신체의 자유는 모든 인간에게 주체성이 인정되는 기본권이고, 인신보호법은 인신의 자유를 부당하게 제한당하고 있는 개인에 대한 신속한 구제절차를 마련하기 위하여 제정된 법률이므로, 대한민국 입국이 불허된 결과 대한민국 공항에 머무르고 있는 외국인에게도 인신보호법상의 구제청구권은 인정된다. 또한 대한민국 입국이 불허된 외국인이라 하더라도 외부와 출입이 통제되는 한정된 공간에 장기간 머무르도록 강제하는 것은 법률상 근거 없이 인신의 자유를 제한하는 것으로서 인신보호법이 구제대상으로 삼고 있는 위법한 수용에 해당한다(대결 2014.8.25, 2014인마5).

## 3. 인신보호법에 의한 구제청구절차 진행 중 피수용자에 대한 수용이 해제된 경우, 원칙적으로 구제청구의 이익이 소멸한다

> 인신보호법에 의한 구제청구절차가 진행되는 중에 피수용자에 대한 수용이 해제되었다면, 피수용자 등 구제청구자가 법원에 구제를 청구한 사유와 같은 사유로 다른 수용시설에 다시 수용되었거나 향후 같은 사유로 재수용될 가능성을 배제할 수 없는 경우와 같은 특별한 사정이 없는 한, 구제청구의 이익도 소멸한다고 보아야 한다(대결 2014.8. 25, 2014인마5).

# 제3장
# 행정벌

## Ⅰ. 일사부재리원칙 위반 여부

| 구 분 | 일사부재리(이중처벌금지)원칙 위반 여부 |
|---|---|
| 형사벌과 행정형벌 | ○ |
| 행정형벌과 행정질서벌 | 1. 긍정설(다수설) : 행정형벌과 행정질서벌은 모두 행정벌의 일종이므로 병과하면 일사부재리원칙에 위반된다는 견해<br>2. 부정설 : 행정형벌과 행정질서벌은 목적이나 성질이 다르므로 병과해도 일사부재리원칙 위반이 아니라는 견해<br>3. 대법원판례는 부정설(대판 1989.6.13, 88도1983) : 행정형벌과 행정질서벌의 실질적 차이를 전제로 병과가능하다는 입장<br>4. 헌법재판소(헌재결 1994.6.30, 92헌바38)<br>　㉠ 병과가능(정종섭, 홍정선)<br>　㉡ 국가입법권 남용여지 있음(박균성). |
| 이중처분 | ○ |
| 형사벌과 행정질서벌 | ×(대판 1989.6.13, 88도1983) |
| 집행벌(이행강제금)과 행정벌 | ×(대결 2005.8.19, 2005마30) |
| 행정벌(형사벌)과 행정처분(운행정지처분) | ×(대판 1983.6.14, 82누439) |
| 행정질서벌과 행정처분 | × |
| 행정벌과 징계벌(징계처분) | × |
| 벌금과 과징금 | ×(대판 2007.7.12, 2006두4554) |
| 보호감호처분과 형벌 | ×(헌재결 2001.3.21, 99헌바7) |
| 보안처분과 형벌 | ×(헌재결 1997.11.27, 92헌바28) |
| 누범가중처벌 | ×(헌재결 2002.10.31, 2001헌바68) |
| 상습범의 가중처벌 | ×(헌재결 1995.3.21, 99헌바7) |
| 동일한 범죄에 대한 외국의 확정판결과 형사처벌 | ×(대판 1983.10.25, 83누184) |
| 동일한 사유로 인한 직위해제처분과 감봉처분 | ×(대판 1983.10.25, 83누184) |
| 형벌과 신상공개 | ×(헌재결 2003.6.26, 2002헌가14) |
| 행정형벌, 과태료, 영업허가의 취소·정지, 과징금 | ×(헌재결 2003.7.24, 2001헌가25) |

## 1. 행정형벌과 행정질서벌

**(1) 대법원 판례(병과가능)** ★ 15 사회복지, 14 국회8급, 13·12·10 지방7급, 12 순경특채, 08 지방9급, 07·06 관세사, 06 경기9급

㉠ **임시운행허가기간을 벗어나 무등록차량을 운행한 자에 대한 과태료의 제재와 형사처벌은 일사부재리의 원칙에 반하는 것이 아니다** ★ 18 지방9급, 14 국가9급

> **[최신기출]** 행정법상의 질서벌인 과태료의 부과처분과 형사처벌은 그 성질이나 목적을 달리하는 별개의 것이므로 행정법상의 질서벌인 과태료를 납부한 후에 형사처벌을 한다고 하여 이를 일사부재리의 원칙에 반하는 것이라고 할 수는 없으며, 자동차의 임시운행허가를 받은 자가 그 허가 목적 및 기간의 범위 안에서 운행하지 아니한 경우에 과태료를 부과하는 것은 당해 자동차가 무등록 자동차인지 여부와는 관계없이, 이미 등록된 자동차의 등록번호표 또는 봉인이 멸실되거나 식별하기 어렵게 되어 임시운행허가를 받은 경우까지를 포함하여, 허가받은 목적과 기간의 범위를 벗어나 운행하는 행위 전반에 대하여 행정질서벌로써 제재를 가하고자 하는 취지라고 해석되므로, 만일 임시운행허가기간을 넘어 운행한 자가 등록된 차량에 관하여 그러한 행위를 한 경우라면 과태료의 제재만을 받게 되겠지만, 무등록 차량에 관하여 그러한 행위를 한 경우라면 과태료와 별도로 형사처벌의 대상이 된다(대판 1996. 4.12, 96도158).

> 위반행위에 대해 내려진 시정명령에 따르지 않았다는 이유로 乙이 과태료 부과처분을 받고 이를 납부하였다면, 당초의 위반행위를 이유로 乙을 형사처벌할 수 없다. (x) ■ 18 지방9급

**(2) 헌법재판소(병과가능, 단 위헌소지 있음)**

① **이중처벌금지원칙을 정한 헌법 제13조 제1항 소정의 '처벌'은 원칙적으로 국가의 형벌권 실행으로서의 과벌을 의미하는 것이고, 국가가 행하는 일체의 제재나 불이익처분을 모두 그에 포함된다고 할 수는 없다**

> 헌법 제13조 제1항이 정한 '이중처벌금지의 원칙'은 동일한 범죄행위에 대하여 국가가 형벌권을 거듭 행사할 수 없도록 함으로써 국민의 기본권, 특히 신체의 자유를 보장하기 위한 것이므로, 그 '처벌'은 원칙으로 범죄에 대한 국가의 형벌권 실행으로서의 과벌을 의미하는 것이고, 국가가 행하는 일체의 제재나 불이익처분을 모두 그에 포함된다고 할 수는 없다(헌재결 1994.6.30, 92헌바38).

② **과태료는 행정형벌과 목적·기능이 중복되는 면이 없지 않으므로, 동일한 행위를 대상으로 하여 형벌을 부과하면서 아울러 행정질서벌로서의 과태료까지 부과한다면 이중처벌금지의 기본정신에 배치되어 국가 입법권의 남용으로 인정될 여지가 있다** ★ 12 순경특채

> 다만, 행정질서벌로서의 과태료는 행정상 의무의 위반에 대하여 국가가 일반통치권에 기하여 과하는 제재로서 형벌(특히 행정형벌)과 목적·기능이 중복되는 면이 없지 않으므로, 동일한 행위를 대상으로 하여 형벌을 부과하면서 아울러 행정질서벌로서의 과태료까지 부과한다면 그것은 이중처벌금지의 기본정신에 배치되어 국가 입법권의 남용으로 인정될 여지가 있음을 부정할 수 없다(헌재결 1994.6.30, 92헌바38).

③ 무허가건축행위로 구 건축법 제54조 제1항에 의하여 형벌을 받은 자가 그 위법건축물에 대한 시정명령에 위반한 경우 그에 대하여 과태료를 부과할 수 있도록 한 동법 제56조의2 제1항의 규정은 이중처벌금지원칙에 위배되지 않는다

> 구 건축법 제54조 제1항에 의한 형사처벌의 대상이 되는 범죄의 구성요건은 당국의 허가 없이 건축행위 또는 건축물의 용도변경행위를 한 것이고, 동법 제56조의2 제1항에 의한 과태료는 건축법령에 위반되는 위법건축물에 대한 시정명령을 받고도 건축주 등이 이를 시정하지 아니할 때 과하는 것이므로, 양자는 처벌 내지 제재대상이 되는 기본적 사실관계로서의 행위를 달리하는 것이다. 그리고 전자가 무허가건축행위를 한 건축주 등의 행위 자체를 위법한 것으로 보아 처벌하는 것인 데 대하여, 후자는 위법건축물의 방치를 막고자 행정청이 시정조치를 명하였음에도 건축주 등이 이를 이행하지 아니한 경우에 행정명령의 실효성을 확보하기 위하여 제재를 과하는 것이므로 양자는 그 보호법익과 목적에서도 차이가 있고, 또한 무허가건축행위에 대한 형사처벌시에 위법건축물에 대한 시정명령의 위반행위까지 평가된다고 할 수 없으므로 시정명령위반행위가 무허가건축행위의 불가벌적 사후행위라고 할 수도 없다. 이러한 점에 비추어 구 건축법 제54조 제1항에 의한 무허가건축행위에 대한 형사처벌과 동법 제56조의2 제1항에 의한 과태료의 부과는 헌법 제13조 제1항이 금지하는 이중처벌에 해당한다고 할 수 없다(헌재결 1994. 6.30, 92헌바38).

## 2. 행형법상의 징벌을 받은 자에 대한 형사처벌은 일사부재리의 원칙에 위반되지 않는다 ★ 19 국회8급

**최신기출**
> 피고인이 행형법에 의한 징벌을 받아 그 집행을 종료하였다고 하더라도 행형법상의 징벌은 수형자의 교도소 내의 준수사항위반에 대하여 과하는 행정상의 질서벌의 일종으로서 형법 법령에 위반한 행위에 대한 형사책임과는 그 목적, 성격을 달리하는 것이므로 징벌을 받은 뒤에 형사처벌을 한다고 하여 일사부재리의 원칙에 반하는 것은 아니다(대판 2000.10.27, 2000도3874).

## 3. 행정형벌과 과징금은 병과가능 ★ 22 국가9급, 14 사회복지, 11 국가9급, 10 국회8급

**최신기출**
> 구 「독점규제 및 공정거래에 관한 법률」 제23조 제1항 제7호, 같은법 제24조의2 소정의 부당지원행위를 한 지원주체에 대한 과징금은 그 취지와 기능, 부과의 주체와 절차 등을 종합할 때 부당지원행위의 억지(抑止)라는 행정목적을 실현하기 위한 입법자의 정책적 판단에 기하여 그 위반행위에 대하여 제재를 가하는 행정상의 제재금으로서의 기본적 성격에 부당이득환수적 요소도 부가되어 있는 것이라고 할 것이어서 그것이 헌법 제13조 제1항에서 금지하는 국가형벌권 행사로서의 처벌에 해당한다고 할 수 없으므로 구 「독점규제 및 공정거래에 관한 법률」에서 형사처벌과 아울러 과징금의 부과처분을 할 수 있도록 규정하고 있다 하더라도 이중처벌금지원칙이나 무죄추정원칙에 위반된다거나 사법권이나 재판청구권을 침해한다고 볼 수 없고, 또한 같은법 제55조의3 제1항에 정한 각 사유를 참작하여 부당지원행위의 불법의 정도에 비례하여 상당한 금액의 범위 내에서만 과징금을 부과할 수 있도록 하고 있음에 비추어 비례원칙에 반한다고 할 수도 없다(대판 2004.4.9, 2001두6197).

## II. 행정벌의 근거

### 죄형법정주의의 헌법적 의의

> 죄형법정주의는 자유주의, 권력분립, 법치주의 및 국민주권의 원리에 입각한 것으로서 무엇이 범죄이며 그에 대한 형벌이 어떠한 것인가는 반드시 국민의 대표로 구성된 입법부가 제정한 법률로써 정하여야 한다는 원칙이고, 죄형법정주의를 천명한 헌법 제12조 제1항 후단이나 제13조 제1항 전단에서 말하는 '법률'도 입법부에서 제정한 형식적 의미의 법률을 의미하는 것임은 물론이다. 그런데 아무리 권력분립이나 법치주의가 민주정치의 원리라 하더라도 현대국가의 사회적 기능증대와 사회현상의 복잡화에 따라 국민의 권리·의무에 관한 사항이라 하여 모두 입법부에서 제정한 법률만으로 다 정할 수는 없는 것이기 때문에 예외적으로 행정부에서 제정한 명령에 위임하는 것을 허용하지 않을 수 없다(헌재결 1991.7.8, 91헌가4).

## III. 행정벌의 종류

### 1. 벌의 선택(입법재량) ★ 14 지방9급, 12 지방7급

> 무릇 어떤 행정법규 위반행위에 대하여, 이를 단지 간접적으로 행정상의 질서에 장해를 줄 위험성이 있음에 불과한 경우(단순한 의무태만 내지 의무위반)로 보아 행정질서벌인 과태료를 과할 것인가, 아니면 직접적으로 행정목적과 공익을 침해한 행위로 보아 행정형벌을 과할 것인가, 그리고 행정형벌을 과할 경우 그 법정형의 형종과 형량을 어떻게 정할 것인가는, 당해 위반행위가 위의 어느 경우에 해당하는가에 대한 법적 판단을 그르친 것이 아닌 한 그 처벌내용은 기본적으로 입법권자가 제반 사정을 고려하여 결정할 그 입법재량에 속하는 문제라고 할 수 있다(헌재결 1994.4.28, 91헌바14).

## IV. 실체법적 특수성

### 1. 행정형벌의 특수성

#### (1) 행정형벌과 형법총칙의 적용

> 형법 제13조 단서에서 말하는 특별한 규정이 있는 경우라 함은 다른 형벌법규에 의하여 처벌하는 죄의 성립에 고의를 요하지 아니한다는 명문의 규정이 있거나 그 법률규정 중에 그러한 취지를 명백하게 알 수 있는 경우를 의미하므로, 이와 같은 특별한 규정이 있는 경우에 해당하는 것으로 인정되지 아니하는 근로기준법 제107조에 의하여 처벌되는 같은법 제27조 제1항 위반죄에 있어서는 일반형법의 원칙에 따라 고의를 필요로 한다(대판 1994.5.27, 93도3377).

## (2) 위법성의 인식

### ① 허가를 담당하는 공무원이 허가를 요하지 않는다고 잘못 알려 준 것을 믿은 경우 자기의 행위가 죄가 되지 않는 것으로 오인한 데 정당한 이유 인정

> 행정청의 허가가 있어야 함에도 불구하고 허가를 받지 아니하여 처벌대상의 행위를 한 경우라도, 허가를 담당하는 공무원이 허가를 요하지 않는 것으로 잘못 알려 주어 이를 믿었기 때문에 허가를 받지 아니한 것이라면 허가를 받지 않더라도 죄가 되지 않는 것으로 착오를 일으킨 데 대하여 정당한 이유가 있는 경우에 해당하여 처벌할 수 없다(대판 1992.5.22, 91도2525).

## (3) 과실범

과실범의 경우는 법률에 특별한 규정이 있는 경우에 한하여 처벌한다(형법 제14조). 이와 같은 형법규정은 당연히 행정범에도 적용된다(동법 제8조). 다수설·판례는 행정범을 처벌하는 명문규정이 있는 경우뿐만 아니라 해석상 과실범의 처벌도 인정되는 경우에도 벌할 수 있다는 입장이다.

### ① 명문의 규정이 있는 경우 과실범 처벌가능 ★ 18 국회8급, 18·12 지방9급, 17 국가7급, 17 서울7급, 14 행정사

[최신기출]
> 행정상의 단속을 주안으로 하는 법규라 하더라도 명문규정이 있거나 해석상 과실범도 벌할 뜻이 명확한 경우를 제외하고는 형법의 원칙에 따라 고의가 있어야 벌할 수 있다(대판 1986.7.22, 85도108).

### ② 명문의 규정이 없는 경우 해석상으로도 처벌할 수 있다 ★ 19·14 국가9급

[최신기출]
> 구 대기환경보전법의 입법목적이나 제반 관계규정의 취지 등을 고려하면, 법정의 배출허용기준을 초과하는 배출가스를 배출하면서 자동차를 운행하는 행위를 처벌하는 위 법 제57조 제6호의 규정은 자동차의 운행자가 그 자동차에서 배출되는 배출가스가 소정의 운행자동차 배출허용기준을 초과한다는 점을 실제로 인식하면서 운행한 고의범의 경우는 물론 과실로 인하여 그러한 내용을 인식하지 못한 과실범의 경우도 함께 처벌하는 규정이다(대판 1993.9.10, 92도1136).

## (4) 양벌규정

### ① 양벌규정은 영업주의 종업원 등에 대한 감독태만을 처벌하려는 취지이다

> 식품영업주의 그 종업원 등에 대한 감독태만을 처벌하려는 규정인바, 피고인의 종업원인 공소외인이 이 사건 무허가 유흥주점 영업을 할 당시 피고인이 교통사고로 입원하고 있었다는 사유만으로 위 양벌규정에 따른 식품영업주로서의 감독태만에 대한 책임을 면할 수는 없다고 할 것이므로, 원심이 피고인의 식품영업주로서의 책임을 인정하여 위 양벌규정에 따라 피고인에게 벌금을 부과한 것은 정당하고, 거기에 상고이유의 주장과 같은 채증법칙 위배, 식품위생법에 관한 법리오해 등의 위법이 없다(대판 2007.11.29, 2007도7920).

② **구 건축법 제57조의 양벌규정은 위반행위의 이익귀속주체인 업무주에 대한 처벌규정임과 동시에 행위자의 처벌규정이다** ★ 22 국가9급

구 건축법 제54조 내지 제56조의 벌칙규정에서 그 적용대상자를 건축주, 공사감리자, 공사시공자 등 일정한 업무주로 한정한 경우에 있어서, 같은법 제57조의 양벌규정은 업무주가 아니면서 당해 업무를 실제로 집행하는 자가 있는 때에 위 벌칙규정의 실효성을 확보하기 위하여 그 적용대상자를 당해 업무를 실제로 집행하는 자에게까지 확장함으로써 그러한 자가 당해 업무집행과 관련하여 위 벌칙규정의 위반행위를 한 경우 위 양벌규정에 의하여 처벌할 수 있도록 한 행위자의 처벌규정임과 동시에 그 위반행위의 이익귀속주체인 업무주에 대한 처벌규정이라고 할 것이다. 이와 일부 달리 구 건축법 제57조의 양벌규정은 행위자 처벌규정이라고 해석할 수 없는 것이므로 위 규정을 근거로 실제의 행위자를 처벌할 수 없다고 한 대법원 1990.10.12. 선고 90도1219 판결, 1992.7.28. 선고 92도1163 판결 및 1993.2.9. 선고 92도3207 판결의 견해는 이와 저촉되는 한도에서 변경하기로 한다[대판(전합) 1999.7.15. 95도2870].

③ **종업원의 미성년자보호법 위반죄의 구성요건상 자격흠결시에도 영업주의 범죄성립 가능**

★ 22 국가9급, 21 국가7급, 20 지방7급

양벌규정에 의한 영업주의 처벌은 금지위반행위자인 종업원의 처벌에 종속하는 것이 아니라 독립하여 그 자신의 종업원에 대한 선임감독상의 과실로 인하여 처벌되는 것이므로 영업주의 위 과실책임을 묻는 경우 금지위반행위자인 종업원에게 구성요건상의 자격이 없다고 하더라도 영업주의 범죄성립에는 아무런 지장이 없다(대판 1987.11.10. 87도1213).

양벌규정에 의한 영업주의 처벌은 금지위반행위자인 종업원의 처벌에 종속되는 것이므로 영업주만 따로 처벌할 수는 없다. (x)
★ 22 지방9급

④ **양벌규정에 의한 영업주의 처벌에 있어서 종업원의 범죄성립이나 처벌이 전제조건은 아니다**

★ 22 국가9급, 20 지방7급, 18 지방9급, 17·16 국가7급, 14 행정사

양벌규정에 의한 영업주의 처벌은 금지위반행위자인 종업원의 처벌에 종속하는 것이 아니라 독립하여 그 자신의 종업원에 대한 선임감독상의 과실로 인하여 처벌되는 것이므로 종업원의 범죄성립이나 처벌이 영업주 처벌의 전제조건이 될 필요는 없다(대판 2006.2.24. 2005도7673).

양벌규정에 의한 영업주의 처벌에 있어서 종업원의 범죄성립이나 처벌은 영업주 처벌의 전제조건이 된다. (x) ■ 16 국가7급
양벌규정에 의한 영업주의 처벌은 금지위반행위자인 종업원의 처벌에 종속하는 것이므로 종업원의 범죄성립이나 처벌이 영업주 처벌의 전제조건이 된다. (x) ■ 20 지방7급

⑤ **타인이 고용한 종업원의 위법행위로 인한 영업주의 양벌규정에 의한 범죄성립 가능**

종업원 등의 행정법규위반행위에 대하여 양벌규정으로 영업주의 책임을 묻는 것은 종업원 등에 대한 영업주의 선임감독상의 과실책임을 근거로 하는 것이며 그 종업원은 영업주의 사업경영과정에 있어서 직접 또는 간접으로 영업주의 감독통제 아래 그 사업에 종사하는 자를 일컫는 것이므로 영업주 스스로 고용한 자가 아니고 타인의 고용인으로서 타인으로부터 보수를 받고 있다 하더라도 객관적 외형상으로 영업주의 업무를 처리하고 영업주의 종업원을 통하여 간접적으로 감독통제를 받는 자라면 위에 포함된다(대판 1987.11.10. 87도1213).

⑥ **종업원의 위법행위의 동기가 영업주의 책임에 영향을 미치지 않는다**

객관적 외형상으로 영업주의 업무에 관한 행위이고 종업원이 그 영업주의 업무를 수행함에 있어서 위법행위를 한 것이라면 그 위법행위의 동기가 종업원 기타 제3자의 이익을 위한 것에 불과하고 영업주의 영업에 이로운 행위가 아니라 하여도 영업주는 그 감독해태에 대한 책임을 면할 수 없다(대판 1987.11.10. 87도1213).

⑦ 양벌규정에 의하여 사용자가 벌금을 납부하여야 하는 경우, 원칙적으로 위법행위를 한 종업원이나 그 종업원의 실질적인 사용자에게 배상을 구할 수 없다

> 벌금의 납부 역시 사용자 자신의 과실행위로 인한 손해에 해당하고 특별한 약정이 없는 한 위법행위를 한 종업원이나 그 종업원의 실질적인 사용자에게 그 배상을 구할 수는 없다(대판 2007.11.16, 2005다3229).

⑧ 종업원의 위반행위에 대하여 양벌조항으로서 개인인 영업주에게도 동일하게 무기 또는 2년 이상의 징역형의 법정형으로 처벌하도록 규정하고 있는 「보건범죄단속에 관한 특별조치법」 제6조 중 제5조에 의한 처벌부분은 형사법상 책임원칙에 반한다(위헌)

㉠ 책임 없는 자에게 형벌을 부과(책임주의 위배)

> 이 사건 법률조항이 종업원의 업무 관련 무면허의료행위가 있으면 이에 대해 영업주가 비난받을 만한 행위가 있었는지 여부와는 관계없이 자동적으로 영업주도 처벌하도록 규정하고 있고, 그 문언상 명백한 의미와 달리 '종업원의 범죄행위에 대해 영업주의 선임감독상의 과실(기타 영업주의 귀책사유)이 인정되는 경우'라는 요건을 추가하여 해석하는 것은 문리해석의 범위를 넘어서는 것으로서 허용될 수 없으므로, 결국 위 법률조항은 다른 사람의 범죄에 대해 그 책임 유무를 묻지 않고 형벌을 부과함으로써, 법정형에 나아가 판단할 것 없이, 형사법의 기본원리인 "책임 없는 자에게 형벌을 부과할 수 없다."는 책임주의에 반한다(헌재결 2007.11.29, 2005헌가10).

㉡ 책임 정도보다 무거운 법정형(과잉금지원칙 위배)

> 일정한 범죄에 대해 형벌을 부과하는 법률조항이 정당화되기 위해서는 범죄에 대한 귀책사유를 의미하는 책임이 인정되어야 하고, 그 법정형 또한 책임의 정도에 비례하도록 규정되어야 하는데, 이 사건 법률조항은 문언상 종업원의 범죄에 아무런 귀책사유가 없는 영업주에 대해서도 그 처벌가능성을 열어두고 있을 뿐만 아니라, 가사 위 법률조항을 종업원에 대한 선임감독상의 과실 있는 영업주만을 처벌하는 규정으로 보더라도, 과실밖에 없는 영업주를 고의의 본범(종업원)과 동일하게 '무기 또는 2년 이상의 징역형'이라는 법정형으로 처벌하는 것은 그 책임의 정도에 비해 지나치게 무거운 법정형을 규정하는 것이므로, 두 가지 점을 모두 고려하면 형벌에 관한 책임원칙에 반한다(헌재결 2007.11.29, 2005헌가10).

⑨ 청소년보호법 제54조는 위헌이다 ★ 17 국가9급

> "책임 없는 자에게 형벌을 부과할 수 없다."는 형벌에 관한 책임주의는 형사법의 기본원리로서, 헌법상 법치국가의 원리에 내재하는 원리인 동시에, 헌법 제10조의 취지로부터 도출되는 원리이다. 그런데, 이 사건 법률조항은 영업주가 고용한 종업원 등이 그 업무와 관련하여 위반행위를 한 경우에, 그와 같은 종업원 등의 범죄행위에 대해 영업주가 비난받을 만한 행위가 있었는지 여부와는 전혀 관계없이 종업원 등의 범죄행위가 있으면 자동적으로 영업주도 처벌하도록 규정하고 있으므로 책임주의에 반한다(헌재결 2009.7.30, 2008헌가10).

> 종업원 등의 범죄에 대해 법인에게 어떠한 잘못이 있는지를 전혀 묻지 않고, 곧바로 그 종업원 등을 고용한 법인에게도 종업원 등에 대한 처벌조항에 규정된 벌금형을 과하도록 규정하는 것은 책임주의에 반한다. ■ 17 국가9급

⑩

> 개인의 대리인, 사용인, 그 밖의 종업원이 무면허의료행위를 하면 그 개인도 행위자와 같이 처벌하는 의료법 제91조 제2항 부분은 책임주의에 반하여 헌법에 위반된다(헌재결 2009.10.29, 2009헌가6).

## (5) 법인의 범죄능력

다수설은 법인을 처벌한다는 특별규정을 요한다고 해석하는데, 판례는 일관되지 않다.

① 

> 양벌규정이 있는 경우 회사를 처단함에 있어 회사 대표자의 위반행위에 대한 형 선고와 같은 조치를 취하여야 하는 것은 아니다(대판 1995.12.12, 95도1893).

② **지방자치단체가 도로법 제86조의 양벌규정의 적용대상이 되는 법인에 해당하는지 여부(한정적극)**

★ 21 지방7급, 20·19 국가7급, 17 서울7급

`최신기출`
> 국가가 본래 그의 사무의 일부를 지방자치단체의 장에게 위임하여 그 사무를 처리하게 하는 기관위임사무의 경우에는 지방자치단체는 국가기관의 일부로 볼 수 있는 것이지만, 지방자치단체가 그 고유의 자치사무를 처리하는 경우에는 지방자치단체는 국가기관의 일부가 아니라 국가기관과는 별도의 독립한 공법인이므로, 지방자치단체 소속 공무원이 지방자치단체 고유의 자치사무를 수행하던 중 도로법 제81조 내지 제85조의 규정에 의한 위반행위를 한 경우에는 지방자치단체는 도로법 제86조의 양벌규정에 따라 처벌대상이 되는 법인에 해당한다(대판 2005.11.10, 2004도2657).

> 지방자치단체가 그 고유의 자치사무를 처리하는 경우 지방자치단체는 양벌규정에 의한 처벌대상이 되지 않는다. (x) ■ 19 국가7급
> 양벌규정의 대상이 되는 법인에 국가는 포함되지 않지만 기관위임사무를 행하는 지방자치단체는 포함된다. (x) ■ 17 서울7급

③ **지방자치단체(부산광역시 서구) 소속 공무원이 압축트럭 청소차를 운전하여 고속도로를 운행하던 중 제한축중을 초과 적재 운행함으로써 도로관리청의 차량운행제한을 위반한 사안에서, 해당 지방자치단체는 도로법 제86조의 양벌규정에 따른 처벌대상이 된다**

> 피고인 소속 공무원인 공소외인이 압축트럭 청소차를 운전하여 남해고속도로를 운행하던 중 한국도로공사 서부 산영업소 진입도로에서 제한축중 10t을 초과하여 위 차량 제3축에 1.29t을 초과 적재 운행함으로써 도로관리청의 차량운행제한을 위반한 사실을 인정할 수 있는바, 이 사건 도로법위반 당시 위 공소외인이 수행하고 있던 업무는 지방자치단체 고유의 자치사무 중 주민의 복지증진에 관한 사무를 규정한 지방자치법 제9조 제2항 제2호 (자)목에서 예시하고 있는 '청소, 오물의 수거 및 처리'에 해당되는 업무라고 할 것이므로 지방자치단체인 피고인은 도로법 제86조의 양벌규정에 따른 처벌대상이 된다고 할 것이다(대판 2005.11.10, 2004도2657).

④ **「사행행위 등 규제 및 처벌특례법」 제31조는 위헌이다**

> '책임 없는 자에게 형벌을 부과할 수 없다'는 형벌에 관한 책임주의는 형사법의 기본원리로서, 헌법상 법치국가의 원리에 내재하는 원리인 동시에, 헌법 제10조의 취지로부터 도출되는 원리이다. 오늘날 법인의 사회적 활동이 증가함에 따라 법인에 의한 반사회적 법익침해 또한 증가하고 있고, 이에 대처하기 위하여는 법인에게 직접 제재를 가할 필요가 있다. 그러나 형벌은 국가가 가지고 있는 가장 강력한 제재수단이므로 입법자가 일단 법인에 대한 제재수단으로 '형벌'을 선택한 이상, 그 적용에 있어서는 형벌에 관한 헌법상 원칙, 즉 법치주의와 죄형법정주의로부터 도출되는 책임주의 원칙이 준수되어야 한다. 그런데 이 사건 법률조항은 법인이 고용한 종업원 등이 업무에 관하여 법 제30조 제2항 제1호를 위반한 범죄행위를 저지른 사실이 인정되면, 법인이 그와 같은 종업원 등의 범죄에 대해 어떠한 잘못이 있는지를 전혀 묻지 않고 곧바로 그 종업원 등을 고용한 법인에게도 종업원 등에 대한 처벌조항에 규정된 벌금형을 과하도록 규정하고 있어, 법인이 종업원 등의 위반행위와 관련하여 선임·감독상의 주의의무를 다하여 아무런 잘못이 없는 경우까지도 법인에게 형벌을 부과될 수밖에 없게 되므로 책임주의 원칙에 반하여 헌법에 위반된다(헌재결 2009.7.30, 2008헌가14).

⑤

**최신기출** 구 폐기물관리법 제67조 제1항 중 "법인의 대리인, 사용인, 그 밖의 종업원이 그 법인의 업무에 관하여 제65조 제1호의 규정에 따른 위반행위를 하면 그 법인도 해당 조문의 벌금형을 과한다."는 부분, 구 조세범처벌법 제3조 본문 중 "법인의 대리인, 사용인, 기타의 종업원이 그 법인의 업무 또는 재산에 관하여 제11조의2 제4항 제1호에 규정하는 범칙행위를 한 때에는 그 법인에 대하여서도 본조의 벌금형에 처한다."는 부분, 구 산업안전보건법 제71조 본문 중 "법인의 대리인·사용인(관리감독자를 포함한다) 기타 종업원이 그 법인의 업무에 관하여 제67조 제1호의 위반행위를 한 때에는 그 법인에 대하여도 동조의 벌금형을 과한다."는 부분 등 양벌규정은 책임주의에 반하여 헌법에 위반된다(헌재결 2010.7.29, 2009헌가18). ★ 18 국회8급

법인의 종업원이 제80조의 위반행위를 하였음을 이유로 종업원과 함께 법인도 처벌하고자 한다면, 종업원의 행위의 결과에 대하여 법인에게 독자적인 책임이 있어야 한다. ■ 18 국회8급

## ⑥ 산지관리법의 양벌규정 중 법인의 대표자에 사실상 대표자도 포함한다

'법인의 대표자'에는 그 명칭 여하를 불문하고 당해 법인을 실질적으로 경영하면서 사실상 대표하고 있는 자도 포함된다고 해석함이 상당하다(대판 2011.3.24, 2010도14817).

## ⑦ 산지관리법의 양벌규정 중 법인의 대표자 부분은 형벌의 자기책임원칙에 반하지 않는다 ★ 22 국가9급

**최신기출** 법인은 기관을 통하여 행위하므로 법인의 대표자의 행위로 인한 법률효과는 법인에게 귀속되어야 하고, 법인 대표자의 범죄행위에 대하여는 법인 자신이 책임을 져야 하는바, 법인 대표자의 법규위반행위에 대한 법인의 책임은 법인 자신의 법규위반행위로 평가될 수 있는 행위에 대한 법인의 직접책임으로서, 대표자의 고의에 의한 위반행위에 대하여는 법인 자신의 고의에 의한 책임을, 대표자의 과실에 의한 위반행위에 대하여는 법인 자신의 과실에 의한 책임을 지는 것이다. 따라서 이 사건 법률조항 중 법인의 대표자 관련 부분은 대표자의 책임을 요건으로 하여 법인을 처벌하는 것이므로 위 양벌규정에 근거한 형사처벌이 형벌의 자기책임원칙에 반하여 헌법에 위반된다고 볼 수 없다(대판 2011.3.24, 2010도14817).

⑧

법인의 종업원 등이 법인의 업무에 관하여 범죄행위를 하면 그 법인에게도 동일한 벌금형을 과하도록 규정하고 있는 구 도로법 제86조 중 "법인의 대리인·사용인 기타의 종업원이 그 법인의 업무에 관하여 제83조 제1항 제4호의 규정에 의한 위반행위를 한 때에는 그 법인에 대하여도 해당 조의 벌금형을 과한다."는 부분은 책임주의원칙에 위배된다(위헌)(헌재결 2012.2.23, 2012헌가2).

⑨

법인의 종업원 등이 법인의 업무에 관하여 범죄행위를 하면 그 법인에게도 동일한 벌금형을 과하도록 규정되어 있는 구 도로법 제86조 중 "법인의 대리인·사용인 기타의 종업원이 그 법인의 업무에 관하여 제83조 제1항 제3호의 규정에 의한 위반행위를 한 때에는 그 법인에 대하여도 해당 조의 벌금형을 과한다."는 부분은 책임주의원칙에 위배된다(헌재결 2012.7.26, 2012헌가11).

⑩

법인격 없는 사단에 고용된 사람이 구 건축법 제108조 제1항에 따른 위반행위를 한 경우, 법인격 없는 사단의 구성원 개개인이 같은 법 제112조 제4항 양벌규정에서 정한 '개인'의 지위에 있다 하여 그를 처벌할 수 없다(대판 2017.12.28. 2017도13982).

## 2. 행정질서벌의 특수성

### (1) 죄형법정주의

죄형법정주의의 적용 여부에 대하여 다수설은 적용된다는 입장인 데 반해, 헌법재판소는 적용되지 않는다는 입장이다(헌재결 1998.5.28, 96헌바83). 그러나 질서위반행위 법정주의는 당연히 적용된다. 법률에 따르지 아니하고는 어떤 행위도 질서위반행위로 과태료를 부과하지 아니한다(질서위반행위규제법 제6조).

**① 죄형법정주의의 의미** ★ 21·16 국가7급, 19 국가9급

최신기출

> 죄형법정주의는 무엇이 범죄이며 그에 대한 형벌이 어떠한 것인가는 국민의 대표로 구성된 입법부가 제정한 법률로써 정하여야 한다는 원칙인데, 부동산등기특별조치법 제11조 제1항 본문 중 제2조 제1항에 관한 부분이 정하고 있는 과태료는 행정상의 질서유지를 위한 행정질서벌에 해당할 뿐 형벌이라고 할 수 없어 죄형법정주의의 규율대상에 해당하지 아니한다(헌재결 1998.5.28, 96헌바83).

과태료는 행정질서벌에 해당할 뿐 형벌이라고 할 수 없어 죄형법정주의의 규율대상에 해당하지 아니한다. ■ 19 국가9급
행정질서벌인 과태료는 죄형법정주의의 규율 대상이다.(x) ■ 21 국가7급

### (2) 과태료 부과요건

**① 법 적용의 시간적 범위** : 질서위반행위의 성립과 과태료처분은 행위 시의 법률에 따른다(동법 제3조 제1항). 질서위반행위 후 법률이 변경되어 그 행위가 질서위반행위에 해당하지 아니하게 되거나 과태료가 변경되기 전의 법률보다 가볍게 된 때에는 법률에 특별한 규정이 없는 한 변경된 법률을 적용한다(같은 조 제2항). 행정청의 과태료처분이나 법원의 과태료재판이 확정된 후 법률이 변경되어 그 행위가 질서위반행위에 해당하지 아니하게 된 때에는 변경된 법률에 특별한 규정이 없는 한 과태료의 징수 또는 집행을 면제한다(같은 조 제3항).

**㉠ 질서위반행위에 대하여 과태료 부과의 근거 법률이 개정되어 행위 시의 법률에 의하면 과태료 부과대상이었지만 재판 시의 법률에 의하면 과태료 부과대상이 아니게 된 경우, 과태료를 부과할 수 없다** ★ 19 국가7급, 19 국가9급

최신기출
최신판례

> 질서위반행위에 대하여 과태료 부과의 근거 법률이 개정되어 행위 시의 법률에 의하면 과태료 부과대상이었지만 재판 시의 법률에 의하면 과태료 부과대상이 아니게 된 때에는, 개정 법률의 부칙에서 종전 법률 시행 당시에 행해진 질서위반행위에 대해서는 행위 시의 법률을 적용하도록 특별한 규정을 두지 않은 이상 재판 시의 법률을 적용하여야 하므로 과태료를 부과할 수 없다(대결 2020.12.18, 2020마6912).

질서위반행위 후 법률이 변경되어 그 행위가 질서위반행위에 해당하지 아니하게 된 때에는 법률에 특별한 규정이 없는 한 변경되기 전의 법률을 적용한다. (x) ■ 19 국가7급

ⓒ 국가경찰공무원으로서 경감 직위에서 퇴직한 甲이 '철도건널목 안전관리 및 경비' 등의 업무를 담당하는 경비사
업소장으로 乙 주식회사에 취업한 후 취업제한 여부 확인요청서를 제출하였는데, 甲에 대하여 취업 전에 취업제
한 여부 확인요청을 하지 않았다는 이유로 과태료가 부과되었고, 이에 甲이 항고하였으나 항고심법원이
2019.12.3. 법률 제16671호로 개정된 공직자윤리법이 공포된 상태임에도 시행일까지 기다리지 아니한 채 항
고기각 결정을 한 사안에서, 과태료 재판 계속 중에 개정·시행된 공직자윤리법령에 의하면 甲이 취업제한 여부
확인요청대상자의 범위에서 제외될 여지가 있으므로 이 경우 재판 시의 법률에 따라 과태료를 부과할 수 없게
된다는 이유로 원심결정을 파기한 사례

甲이 퇴직 후 미리 취업제한 여부 확인요청 절차를 거치지 않은 채 乙 회사에 취업한 행위가 당시에는 구 공직자윤리
법 제18조 제1항을 위반한 것이어서 같은 법 제30조 제3항 제2호에 따른 과태료 부과대상에 해당하였으나, 과태
료 재판 계속 중에 개정·시행된 공직자윤리법령에 의하면, 국가경찰공무원으로서 경감 직위에서 퇴직한 甲이 乙
회사에 취업하여 담당하는 '철도건널목 안전관리 및 경비' 등의 업무가 개정 시행령 제31조 제2항에서 정한 '통
계법 제22조에 따라 통계청장이 고시하는 직업에 관한 표준분류의 대분류에 따른 서비스 종사자, 기능원 및 관련
기능 종사자 또는 단순노무 종사자'에 해당하는 경우에는 취업심사대상자 및 취업제한 여부 확인요청대상자의 범위에
서 제외되므로, 재판 시의 법률에 의하면 개정 공직자윤리법 제18조 제1항 위반에 해당할 수 없어 같은 법 제30조
제3항 제8호에 따른 과태료 부과대상이 아니게 된 때에 해당하고, 개정 공직자윤리법령에는 구 공직자윤리법 시행
당시에 행해진 질서위반행위에 대해서 행위 시의 법률을 적용하여 과태료 처벌을 하도록 하는 내용의 특별한
규정을 두지 않아 재판 시의 법률을 적용하여야 하므로 과태료를 부과할 수 없게 된다는 이유로 원심결정을 파기
한 사례(대결 2020.11.3, 2020마5594)

ⓒ

2018.12.31. 이전에 이루어진 현금영수증 발급의무 위반행위에 대하여는 행위 시의 법률인 구 「조세범 처벌법」
제15조 제1항을 적용하여 과태료를 부과하여야 한다(대결 2020.12.18. 2020마6912).

② 고의·과실

㉠ 과태료 부과대상 질서위반행위를 한 자가 자신의 책임 없는 사유로 위반행위에 이르렀다고 주장하는 경우, 법원
이 취하여야 할 조치 ★ 18 지방7급, 16·11 국가7급, 13 국가9급

질서위반행위를 한 자가 자신의 책임 없는 사유로 위반행위에 이르렀다고 주장하는 경우 법원으로서는 그 내용
을 살펴 행위자에게 고의나 과실이 있는지를 따져보아야 한다(대결 2011.7.14, 2011마364).

㉡ 과태료재판에는 신뢰보호원칙위반 여부가 문제되지 않는다 ★ 22 지방9급

법원이 비송사건절차법에 따라서 하는 과태료재판은 관할 관청이 부과한 과태료처분에 대한 당부를 심판하는
행정소송절차가 아니라 법원의 직권으로 개시·결정하는 것이므로, 원칙적으로 과태료 재판에서는 행정소송에서와
같은 신뢰보호의 원칙위반 여부가 문제로 되지 아니한다(대결 2006.4.28, 2003마715).
※ 법원이 하는 과태료재판에는 원칙적으로 행정소송에서와 같은 신뢰보호의 원칙이 적용된다.

㉢ 과태료부과와 사법적 효력 : 주택건설촉진법의 규정을 위반하여 주택을 공급한 자에게 과태료를 부과한다고 하
여 사법적 효력까지 부인되지는 않는다

구 주택건설촉진법 제52조의3 제1항 제6호는 '제32조 제2호의 규정을 위반하여 주택을 공급한 자'를 과태료에
처하도록 규정하고 있으나, 주택공급계약이 위 법 제32조, 위 규칙 제27조 제4항, 제3항에 위반하였다고 하더라도
그 사법적 효력까지 부인된다고 할 수는 없다(대판 2007.8.23, 2005다59475·59482·59499).

## V. 행정벌의 과벌절차

### 1. 행정형벌의 과벌절차(통고처분)

#### (1) 의의

① 조세범칙사건의 조사 결과에 따른 국세청장 등의 후속조치로서 '통고처분'의 성격

> 통고처분은 조세범칙자에게 벌금 또는 과료에 해당하는 금액 등을 납부할 것을 통고하는 처분일 뿐 벌금 또는 과료의 면제를 통고하는 처분이 아니며, 통고서는 범칙자별로 작성된다(대판 2014.10.15, 2013도5650).

② 통고처분과 고발의 법적 성질 및 효과

> 「조세범 처벌절차법」 제15조 제1항에 따른 지방국세청장 또는 세무서장의 조세범칙사건에 대한 통고처분은 법원에 의하여 자유형 또는 재산형에 처하는 형사절차에 갈음하여 과세관청이 조세범칙자에 대하여 금전적 제재를 통고하고 이를 이행한 조세범칙자에 대하여는 고발하지 아니하고 조세범칙사건을 신속·간이하게 처리하는 절차로서, 형사절차의 사전절차로서의 성격을 가진다. 그리고 「조세범 처벌절차법」에 따른 조세범칙사건에 대한 지방국세청장 또는 세무서장의 고발은 수사 및 공소제기의 권한을 가진 수사기관에 대하여 조세범칙사실을 신고함으로써 형사사건으로 처리할 것을 요구하는 의사표시로서, 조세범칙사건에 대하여 고발한 경우에는 지방국세청장 또는 세무서장에 의한 조세범칙사건의 조사 및 처분 절차는 원칙적으로 모두 종료된다(대판 2016.9.28, 2014도10748).

㉠ 통고처분을 행정심판이나 행정소송의 대상에서 제외하고 있는 관세법 제38조 제3항 제2호는 재판청구권이나 적법절차에 위반이 아니다 ★ 21 국회9급, 19 국가7급

> **최신기출** 통고처분은 상대방의 임의의 승복을 그 발효요건으로 하기 때문에 그 자체만으로는 통고이행을 강제하거나 상대방에게 아무런 권리의무를 형성하지 않으므로 행정심판이나 행정소송의 대상으로서의 처분성을 부여할 수 없고, 통고처분에 대하여 이의가 있으면 통고내용을 이행하지 않음으로써 고발되어 형사재판절차에서 통고처분의 위법·부당함을 얼마든지 다툴 수 있기 때문에 관세법 제38조 제3항 제2호가 법관에 의한 재판받을 권리를 침해한다든가 적법절차의 원칙에 저촉된다고 볼 수 없다(헌재결 1998.5.28, 96헌바4).

㉡ 통고처분제도의 근거조항인 도로교통법 제118조 본문은 적법절차원칙이나 권력분립원칙에 위배된다거나, 재판청구권 침해가 아니다 ★ 11 국가9급

> 도로교통법상의 통고처분은 처분을 받은 당사자의 임의의 승복을 발효요건으로 하고 있으며, 행정공무원에 의하여 발하여지는 것이지만, 통고처분에 따르지 않고자 하는 당사자에게는 정식재판의 절차가 보장되어 있다. … 통고처분제도의 근거규정인 도로교통법 제118조 본문이 적법절차원칙이나 사법권을 법원에 둔 권력분립원칙에 위배된다거나, 재판청구권을 침해하는 것이라 할 수 없다(헌재결 2003.10.30, 2002헌마275).

㉢ 경범죄처벌법상 범칙금제도의 의의

> 경범죄처벌법상 범칙금제도는 형사절차에 앞서 경찰서장 등의 통고처분에 의하여 일정액의 범칙금을 납부하는 기회를 부여하여 범칙금을 납부하는 사람에 대하여는 기소를 하지 아니하고 사건을 간이하고 신속·적정하게 처리하기 위하여 처벌의 특례를 마련해 둔 것이라는 점에서 법원의 재판절차와는 제도적 취지 및 법적 성질에서 차이가 있다(대판 2012.9.13, 2012도6612).

## (2) 법적 성질

① **대법원 판례(처분성 부정)** ★ 22 국가9급, 20·15·14 지방9급, 17 서울7급, 17·14·12 국가9급, 15 국회8급, 14 행정사,
14 순경특채 / 10 국가7급

㉠

**[최신기출]**

> 성질상으로는 행정처분이라 하여도 그것이 전부 행정소송의 대상으로 취소변경을 소구할 수 있는 것은 아니며, 형사절차에 관한 행위의 옳고 그른 것은 형사소송법규에 의하여서만 다툴 수 있고 행정소송의 대상이 될 수 없는 것인바, 조세범처벌절차법에 의한 통고처분은 그 처분을 받은 자가 통고취지를 이행하지 아니한 때에는 세무관서의 고발에 의하여 형사절차로 옮아가 처분의 대상이 된 사실은 그 절차에 의하여 최종적으로 결정될 것이고 통고처분은 따로이 그대로 존속하여 별개의 효력을 나타낼 수 있는 것이 아니므로 행정소송의 대상이 되지 않는다(대판 1962. 1.31, 4294행상40).

「조세범 처벌절차법」에 근거한 범칙자에 대한 세무관서의 통고처분은 행정소송의 대상이 되는 행정처분이다. (x) ■ 15 지방9급
일반형사소송절차에 앞선 절차로서의 통고처분은 그 자체로 상대방에게 금전납부의무를 부과하는 행위로서 항고소송의 대상이 된다. (x) ■ 17 국가9급
통고처분은 실체법상 행정행위이므로 「행정쟁송법」상의 처분이 되고 취소소송의 대상이 된다. (x) ■ 17 서울7급
「도로교통법」에서 규정하는 경찰서장의 통고처분은 행정소송의 대상이 되는 행정처분이다. (x) ■ 18 서울7급
통고처분은 법정기간 내에 납부하지 않는 것을 해제조건으로 하는 행정처분이므로 행정소송의 대상이 된다. (x) ■ 22 지방9급

㉡ **도로교통법상 통고처분의 취소를 구하는 행정소송은 부적법하다** ★ 21 지방7급, 21 서울7급, 21 국회9급, 19 국회8급,
17 지방9급

**[최신기출]**

> 도로교통법 제118조에서 규정하는 경찰서장의 통고처분은 행정소송의 대상이 되는 행정처분이 아니므로 그 처분의 취소를 구하는 소송은 부적법하고, 도로교통법상의 통고처분을 받은 자가 그 처분에 대하여 이의가 있는 경우에는 통고처분에 따른 범칙금의 납부를 이행하지 아니함으로써 경찰서장의 즉결심판청구에 의하여 법원의 심판을 받을 수 있게 될 뿐이다(대판 1995.6.29, 95누4674).

도로교통법 상 통고처분에 대하여 이의가 있는 자는 통고처분에 따른 범칙금의 납부를 이행한 후에 행정쟁송을 통해 통고처분을 다툴 수 있다. (x) ■ 17 지방9급
위법한 통고처분에 대해서는 제소기간 내에 취소소송을 제기할 수 있다. (x) ■ 21 국회9급
「도로교통법」에 따른 경찰서장의 통고처분은 행정소송의 대상이 되는 행정처분이다. (x) ■ 21 지방7급

② **헌법재판소 결정(처분성 부정)**

> 통고처분은 상대방의 임의의 승복을 그 발효요건으로 하기 때문에 그 자체만으로는 통고이행을 강제하거나 상대방에게 아무런 권리의무를 형성하지 않으므로 행정심판이나 행정소송의 대상으로서의 처분성을 부여할 수 없고, 통고처분에 대하여 이의가 있으면 통고내용을 이행하지 않음으로써 고발되어 형사재판절차에서 통고처분의 위법·부당함을 얼마든지 다툴 수 있기 때문에 관세법 제38조 제3항 제2호가 법관에 의한 재판받을 권리를 침해한다든가 적법절차의 원칙에 저촉된다고 볼 수 없다(헌재결 1998.5.28, 96헌바4).

③ **벌점의 법적 성질** ★ 12 순경특채

> 「도로교통법 시행규칙」 제53조 제1항 [별표 16]의 벌점에 관한 규정을 보면, 정지처분 개별기준에서 정하는 각 위반항목 별로 일정한 벌점을 배점하여 이를 누적한 다음 무위반·무사고기간 경과시에 부여되는 점수 등을 상계 치로 뺀 점수를 '누산점수'로서 관리하고 그 누산점수에서 이미 처분이 집행된 벌점을 뺀 점수를 '처분벌점'으로 하여 처분의 기준으로 삼되, 취소처분 또는 정지처분의 개별기준을 적용하는 것이 현저하게 불합리한 경우에는 그 처분기준을 감경할 수 있다는 것이지, 각 위반 항목별로 규정된 점수가 최고한도를 규정한 것이라고 볼만한 아무런 근거가 없다(대판 1998.3.27, 97누20236).

## (3) 효과

① **납부시 일사부재리원칙**

㉠ **범칙금을 납부한 사람은 그 범칙행위에 대하여 다시 벌받지 아니한다는 도로교통법 제119조 제3항의 의미** ★ 21 서울7급

> 도로교통법 제119조 제3항은 그 법 제118조에 의하여 범칙금 납부통고서를 받은 사람이 그 범칙금을 납부한 경우 그 범칙행위에 대하여 다시 벌받지 아니한다고 규정하고 있는바, 이는 범칙금의 납부에 확정재판의 효력에 준하는 효력을 인정하는 취지로 해석하여야 한다(대판 2002.11.22, 2001도849).

㉡ **범칙금을 납부한 사람은 범칙행위에 대하여 다시 벌받지 아니한다."는 경범죄처벌법 제7조 제3항, 제8조 제3항의 규정 취지** ★ 21 서울7급, 19 국가9급, 11 서울7급

> 통고처분에 의한 범칙금의 납부에 확정판결에 준하는 효력을 인정한 것이고, 형사소송법 제326조 제1호는 '확정판결이 있는 때'를 면소사유로 규정하고 있으므로 확정판결이 있는 사건과 동일사건에 대하여 공소가 제기된 경우에는 판결로써 면소의 선고를 하여야 하며, 여기에서 공소사실이나 범칙행위의 동일성 여부는 사실의 동일성이 갖는 법률적 기능을 염두에 두고 피고인의 행위와 그 사회적인 사실관계를 기본으로 하되 그 규범적 요소도 아울러 고려하여 판단하여야 한다(대판 2011.1.27, 2010도11987).

> 통고처분에 따른 범칙금을 납부한 후에 동일한 사건에 대하여 다시 형사처벌을 하는 것이 일사부재리의 원칙에 반하는 것은 아니다. (x) ■ 19 국가9급

㉢ **범칙금의 납부에 따라 확정판결에 준하는 효력이 인정되는 범위** ★ 17 국가7급

> 범칙금의 납부에 따라 확정판결에 준하는 효력이 인정되는 범위는 범칙금 통고의 이유에 기재된 당해 범칙행위 자체 및 범칙행위와 동일성이 인정되는 범칙행위에 한정된다. 따라서 범칙행위와 같은 시간과 장소에서 이루어진 행위라 하더라도 범칙행위의 동일성을 벗어난 형사범죄행위에 대하여는 범칙금의 납부에 따라 확정판결에 준하는 일사부재리의 효력이 미치지 아니한다(대판 2012.9.13, 2012도6612).

> 통고처분에 의해 범칙금을 납부한 경우, 그 납부의 효력에 따라 다시 벌 받지 아니하게 되는 행위사실은 범칙금 통고의 이유에 기재된 당해 범칙행위 자체에 한정될 뿐, 그 범칙행위와 동일성이 인정되는 범칙행위에는 미치지 않는다. (x) ■ 17 국가7급

ⓔ **이미 범칙금을 납부한 범칙행위와 같은 일시·장소에서 이루어진 별개의 형사범죄행위에 대하여 범칙금의 납부로 인한 불처벌의 효력이 미치지 않는다**

> 범칙자가 경찰서장으로부터 범칙행위를 하였음을 이유로 범칙금 통고를 받고 그 범칙금을 납부한 경우 다시 벌받지 아니하게 되는 행위는 범칙금 통고의 이유에 기재된 당해 범칙행위 자체 및 그 범칙행위와 동일성이 인정되는 범칙행위에 한정된다고 해석함이 상당하므로, 범칙행위와 같은 때, 같은 곳에서 이루어진 행위라 하더라도 범칙행위와 별개의 형사범죄행위에 대하여는 범칙금의 납부로 인한 불처벌의 효력이 미치지 아니한다(대판 2007.4.12, 2006도4322).

ⓜ **인근소란으로 인한 경범죄처벌법위반죄로 통고처분을 받아 범칙금을 납부한 사람을 다시 흉기휴대상해죄로 처벌하는 것은 이중처벌에 해당하지 않는다**

> 피고인에게 적용된 경범죄처벌법 제1조 제26호(인근소란등)의 범칙행위와 흉기인 야채 손질용 칼 2자루를 휴대하여 사람의 신체를 상해하였다는 흉기휴대상해의 공소사실은 범죄사실의 내용이나 그 행위의 수단 및 태양, 각 행위에 따른 피해법익이 다르고, 그 죄질에도 현저한 차이가 있으며, 위 범칙행위의 내용이나 수단 및 태양 등에 비추어 그 행위과정에서나 이로 인한 결과에 통상적으로 흉기휴대상해행위까지 포함된다거나 이를 예상할 수 있다고는 볼 수 없으므로 서로 별개의 행위로서 양립할 수 있는 관계에 있어 기본적 사실관계가 동일한 것으로 평가할 수 없다는 이유로 위 범칙행위에 대한 범칙금 납부의 효력이 위 공소사실에 미치지 않는다(대판 2011.4.28, 2009도12249).

ⓗ

> 피고인이 경범죄처벌법상 '음주소란' 범칙행위로 범칙금 통고처분을 받아 이를 납부하였는데, 이와 근접한 일시·장소에서 위험한 물건인 과도(果刀)를 들고 피해자를 쫓아가며 "죽여 버린다."고 소리쳐 협박하였다는 내용의 「폭력행위 등 처벌에 관한 법률」 위반으로 기소된 사안에서, 범칙행위인 '음주소란'과 공소사실인 '흉기휴대협박행위'는 기본적 사실관계가 동일하다고 볼 수 없다는 이유로, 범칙금 납부의 효력이 공소사실에 미치지 않는다고 한 사례(대판 2012.9.13, 2012도6612)

② **납부하지 아니할 경우**

㉠ **통고처분권자의 고발 없는 공소제기는 기각사유이다**

> 본법상 범칙행위는 국세청장, 지방국세청장, 세무서장 또는 세무에 종사하는 공무원의 고발을 기다려 논하게 되어 있으므로, 고발 없이 공소가 제기된 경우에는 공소제기절차가 법률규정에 위반한 것이니 공소를 기각하여야 한다(대판 1971.11.30, 71도1736).

㉡ **관세법상 통고처분 여부는 행정청의 재량이므로 통고처분 없이 이루어진 고발의 효력은 유효이다**

★ 21 서울7급, 15 지방9급, 12 지방7급, 12 국가9급

> 통고처분을 할 것인지의 여부는 관세청장 또는 세관장의 재량에 맡겨져 있고, 따라서 관세청장 또는 세관장이 관세범에 대하여 통고처분을 하지 아니한 채 고발하였다는 것만으로는 그 고발 및 이에 기한 공소의 제기가 부적법하게 되는 것은 아니다(대판 2007.5.11, 2006도1993).

> 법률에 따라 통고처분을 할 수 있으면 행정청은 통고처분을 하여야 하며, 통고처분 이외의 조치를 취할 재량은 없다. (×)
> ■ 15 지방9급

ⓒ **조세범칙사건에 대한 고발의 효력 범위 및 수 개의 범칙사실 중 일부만을 범칙사건으로 하는 고발의 효력 범위**

> 고발은 범죄사실에 대한 소추를 요구하는 의사표시로서 그 효력은 고발장에 기재된 범죄사실과 동일성이 인정되는 사실 모두에 미치므로, 「조세범 처벌절차법」에 따라 범칙사건에 대한 고발이 있는 경우 고발의 효력은 범칙사건에 관련된 범칙사실의 전부에 미치고 한 개의 범칙사실의 일부에 대한 고발은 전부에 대하여 효력이 생긴다. 그러나 수 개의 범칙사실 중 일부만을 범칙사건으로 하는 고발이 있는 경우 고발장에 기재된 범칙사실과 동일성이 인정되지 않는 다른 범칙사실에 대해서까지 고발의 효력이 미칠 수는 없다(대판 2014.10.15, 2013도5650).

ⓔ

> 범칙금 통고처분을 받고도 납부기간 이내에 범칙금을 납부하지 아니한 사람에 대하여 행정청에 대한 이의제기나 의견진술 등의 기회를 주지 않고 경찰서장이 곧바로 즉결심판을 청구하도록 한 구 도로교통법 제165조 제1항 본문 제2호(즉결심판청구 조항)는 적법절차원칙에 위배되지 않는다(합헌)(헌재결 2014.8.28, 2012헌바433).

ⓜ

> 범칙금 통고처분을 받고도 납부기간 이내에 범칙금을 납부하지 아니한 사람에 대하여 행정청에 대한 이의제기나 의견진술 등의 기회를 주지 않고 경찰서장이 곧바로 즉결심판을 청구하도록 한 구 도로교통법 제165조 제1항 본문 제2호(즉결심판청구 조항)는 적법절차원칙에 위배되지 않는다(합헌)(헌재결 2014.8.28, 2012헌바433).

ⓗ **지방국세청장 또는 세무서장이 조세범칙행위에 대하여 고발을 한 후에 동일한 조세범칙행위에 대하여 한 통고처분의 효력은 원칙적으로 무효이고 조세범칙행위자가 이러한 통고처분을 이행한 경우, 「조세범 처벌절차법」 제15조 제3항에서 정한 일사부재리의 원칙이 적용되지 않는다** ★ 21 서울7급

`최신기출` 지방국세청장 또는 세무서장이 「조세범 처벌절차법」 제17조 제1항에 따라 통고처분을 거치지 아니하고 즉시 고발하였다면 이로써 조세범칙사건에 대한 조사 및 처분 절차는 종료되고 형사사건 절차로 이행되어 지방국세청장 또는 세무서장으로서는 동일한 조세범칙행위에 대하여 더 이상 통고처분을 할 권한이 없다. 따라서 지방국세청장 또는 세무서장이 조세범칙행위에 대하여 고발을 한 후에 동일한 조세범칙행위에 대하여 통고처분을 하였더라도, 이는 법적 권한 소멸 후에 이루어진 것으로서 특별한 사정이 없는 한 효력이 없고, 조세범칙행위자가 이러한 통고처분을 이행하였더라도 「조세범 처벌절차법」 제15조 제3항에서 정한 일사부재리의 원칙이 적용될 수 없다(대판 2016.9.28, 2014도10748).

> 「조세범 처벌절차법」상 지방국세청장 또는 세무서장이 조세범칙행위에 대하여 고발을 한 후에 동일한 조세범칙행위에 대하여 통고처분을 하였다면 조세범칙행위에 대한 고발은 효력을 상실한다. (×) ■ 21 서울7급

ⓢ

`최신기출`
`최신판례` 경찰서장이 범칙행위에 대하여 통고처분을 하였는데 통고처분에서 정한 범칙금 납부기간이 경과하지 아니한 경우, 원칙적으로 즉결심판을 청구할 수 없고, 검사도 동일한 범칙행위에 대하여 공소를 제기할 수 없다(대판 2020. 4.29, 2017도13409). ★ 21 지방9급

## 2. 행정청의 과태료 부과 및 징수(원칙)

과태료처분은 비송사건절차라는 별도의 절차에 의해 구제가 가능하므로 행정소송에 의해 구제되어야 할 행정처분이 아니라는 것이 판례의 입장이다(대판 2012.10.11, 2011두19369).

### (1) 과태료의 부과

① 「서울특별시 수도조례」 및 「서울특별시 하수도사용조례」에 근거한 과태료 부과처분은 행정소송의 대상이 되는 행정처분이 아니다 ★ 16·15 국회8급, 16 국가9급, 14 세무사, 14 사회복지, 10 순경특채

> 최신기출 수도조례 및 하수도사용조례에 기한 과태료의 부과 여부 및 그 당부는 최종적으로 질서위반행위규제법에 의한 절차에 의하여 판단되어야 한다고 할 것이므로, 그 과태료 부과처분은 행정청을 피고로 하는 행정소송의 대상이 되는 행정처분이라고 볼 수 없다(대판 2012.10.11, 2011두19369).
>
> 「질서위반행위규제법」에 따른 과태료부과처분은 항고소송의 대상인 행정처분에 해당한다. (x) ■ 16 국가9급

② 과태료의 처벌에 있어 공소시효나 형의 시효 및 예산회계법 제96조 소정의 국가의 금전채권에 관한 소멸시효의 규정이 적용 내지 준용되지 않는다 ★ 10 지방7급

> 과태료의 제재는 범죄에 대한 형벌이 아니므로 그 성질상 처음부터 공소시효(형사소송법 제249조)나 형의 시효(형법 제78조)에 상당하는 것은 있을 수 없고, 이에 상당하는 규정도 없으므로 일단 한번 과태료에 처해질 위반행위를 한 자는 그 처벌을 면할 수 없는 것이며, 예산회계법(현 국가재정법) 제96조 제1항은 "금전의 급부를 목적으로 하는 국가의 권리로서 시효에 관하여 다른 법률에 규정이 없는 것은 5년 간 행사하지 아니할 때에는 시효로 인하여 소멸한다."라고 규정하고 있으므로 과태료 결정 후 징수의 시효, 즉 과태료 재판의 효력이 소멸하는 시효에 관하여는 국가의 금전채권으로서 예산회계법(현 국가재정법)에 의하여 그 기간은 5년이라고 할 것이지만, 위반행위자에 대한 과태료의 처벌권을 국가의 금전채권과 동일하게 볼 수는 없으므로 예산회계법(현 국가재정법) 제96조에서 정해진 국가의 금전채권에 관한 소멸시효의 규정이 과태료의 처벌권에 적용되거나 준용되지는 않는다(대결 2000.8.24, 2000마1350).

### (2) 과태료부과에 대한 권리구제

① 이의제기

㉠ 상대방의 이의제기가 법원에 통지되면 과태료 부과처분은 효력을 상실한다 ★ 18 서울7급

> 최신기출 행정기관의 과태료 부과처분에 대하여 그 상대방이 이의를 제기함으로써 비송사건절차법에 의한 과태료의 재판을 하게 되는 경우, 법원은 당초 행정기관의 과태료 부과처분을 심판의 대상으로 하여 그 당부를 심사한 후 이의가 이유 있다고 인정하여 그 처분을 취소하거나 이유 없다는 이유로 이의를 기각하는 재판을 하는 것이 아니라, 직권으로 과태료 부과요건이 있는지를 심사하여 그 요건이 있다고 인정하면 새로이 위반자에 대하여 과태료를 부과하는 것이므로, 행정기관의 과태료 부과처분에 대하여 상대방이 이의를 하여 그 사실이 비송사건절차법에 의한 과태료의 재판을 하여야 할 법원에 통지되면 당초의 행정기관의 부과처분은 그 효력을 상실한다 할 것이다. 따라서 이미 효력을 상실한 피청구인의 과태료 부과처분의 취소를 구하는 이 사건 심판청구는 권리보호의 이익이 없다(헌재결 1998.9.30, 98헌마18).

② 비송사건절차법에 따라 과태료 액수를 정함에 있어 법원이 가지는 재량의 범위

> 법원이 비송사건절차법에 따라 과태료 재판을 함에 있어서는 관계법령에서 규정하는 과태료 상한의 범위 내에서 그 동기, 위반의 정도, 결과 등 여러 인자를 고려하여 재량으로 그 액수를 정할 수 있고, 원심이 정한 과태료 액수가 법령이 정한 범위 내에서 이루어진 이상 그것이 현저히 부당하여 재량권남용에 해당하지 않는 한 그 액수가 많다고 다투는 것은 적법한 재항고이유가 될 수 없다(대결 2007.4.12, 2006마731).

③ 과태료재판의 심판 범위는 행정청의 과태료부과처분사유와 기본적 사실관계에서 동일성이 인정되는 한도 내이다 ★ 14 국가7급

> 과태료재판의 경우, 법원으로서는 기록상 현출되어 있는 사항에 관하여 직권으로 증거조사를 하고 이를 기초로 하여 판단할 수 있는 것이나, 그 경우 행정청의 과태료부과처분사유와 기본적 사실관계에서 동일성이 인정되는 한도 내에서만 과태료를 부과할 수 있다(대결 2012.10.19, 2012마1163).

# 제4장
# 새로운 의무이행확보수단

## 제1절 금전적인 제재

### Ⅰ. 가산금

#### 1. 국세체납에 따른 가산금, 중가산금의 독촉처분에 대한 취소소송에 의한 불복이 가능하다 ★ 19 서울7급

> 국세징수법 제21조, 제22조 소정의 가산금, 중가산금은 국세체납이 있는 경우에 위 법조에 따라 당연히 발생하고, 그 액수도 확정되는 것이기는 하나, 그에 관한 징수절차를 개시하려면 독촉장에 의하여 그 납부를 독촉함으로써 가능한 것이고 위 가산금 및 중가산금의 납부독촉이 부당하거나 그 절차에 하자가 있는 경우에는 그 징수처분에 대하여도 취소소송에 의한 불복이 가능하다(대판 1986.10.28, 86누147).

#### 2. 국세징수법상 가산금 또는 중가산금의 고지는 항고소송의 대상인 처분이 아니다 ★ 19·17 국가9급, 13 지방7급

`최신기출`
> 국세징수법 제21조, 제22조가 규정하는 가산금 또는 중가산금은 국세를 납부기한까지 납부하지 아니하면 과세청의 확정절차 없이도 법률 규정에 의하여 당연히 발생하는 것이므로 가산금 또는 중가산금의 고지가 항고소송의 대상이 되는 처분이라고 볼 수 없다(대판 2005.6.10, 2005다15482).

#### 3.

> 행정재산의 사용·수익 허가에 따른 사용료를 납부기한까지 납부하지 않은 경우에 부과되는 가산금과 중가산금의 법적 성질은 지연이자의 의미로 부과되는 부대세의 일종이다(대판 2006.3.9, 2004다31074). ★ 13 지방7급, 12 국가9급

#### 4.

> 기반시설부담금 부과처분에 처분 당시부터 위법사유가 있어 부과처분이 당연무효이거나 부과처분을 소급적으로 취소하는 경우, 행정청이 납부의무자에게 기반시설부담금과 함께 지체가산금도 환급해야 한다(대판 2018.6.28, 2016두50990).

#### 5. 기반시설부담금 부과처분이 처분 당시에는 적법하였고 납부의무자의 납부의무 이행지체에도 정당한 사유가 없어 행정청이 지체가산금을 정당하게 징수한 후 납부의무자에게 구 「기반시설부담금에 관한 법률」 제17조 제1항, 같은 법 시행령 제15조 제2항 각호의 환급사유가 발생한 경우, 행정청이 당초 정당하게 징수한 지체가산금까지 납부의무자에게 환급하여야 하는 것은 아니다

> 따라서 이러한 경우에는 행정청이 납부의무자에게 법 제17조 제1항, 제2항, 시행령 제15조 제2항, 제4항에 따라 부담금환급금과 그에 대한 법정이자에 해당하는 환급가산금을 지급할 의무가 있을 뿐이라고 보아야 한다(대판 2018.6.28. 2016두50990).

## II. 가산세

### 1. 가산세의 의의

**(1) 가산세의 법적 성질은 행정상 제재이고, 가산세 부과처분은 본세의 부과처분과 별개의 과세처분이다**

> 가산세는 과세권의 행사와 조세채권의 실현을 용이하게 하기 위하여 세법에 규정된 의무를 정당한 이유 없이 위반한 납세자에게 부과하는 일종의 행정상 제재이므로, 징수절차의 편의상 당해 세법이 정하는 국세의 세목으로 하여 그 세법에 의하여 산출한 본세의 세액에 가산하여 함께 징수하는 것일 뿐, 세법이 정하는 바에 의하여 성립 확정되는 국세와 본질적으로 그 성질이 다른 것이므로, 가산세 부과처분은 본세의 부과처분과 별개의 과세처분이다(대판 2005.9.30, 2004두2356).

**(2) 가산제는 형벌이 아니므로 조세부과절차에 따라 징수할 수 있다** ★ 21·18 지방7급, 18 서울7급

> `최신기출` 가산세는 형벌이 아니므로 행위자의 고의 또는 과실·책임능력·책임조건 등을 고려하지 아니하고 가산세 과세요건의 충족 여부만을 확인하여 조세의 부과 절차에 따라 과징할 수 있다(헌재결 2006.7.27, 2004헌가13).

**(3)**

> 본세의 산출세액이 없더라도 가산세만 독립하여 부과·징수할 수 있다(대판 2007.3.15, 2005두12725).

**(4)**

> 국세의 '가산세'는 환급가산금의 적용대상이다(대판 2009.9.10, 2009다11808).

### 2. 가산세의 부과요건

**(1) 가산세를 부과하기 위하여는 납세자의 고의·과실을 요하지 않고, 납세자의 법령의 부지 등은 가산세를 부과할 수 없는 정당한 사유에 해당하지 않는다** ★ 19·18·12 국가9급, 15·14 국회8급, 14 사회복지, 13 국가7급

**(2)**

> 납세의무자가 신고·납세의무를 알지 못한 것에 책임을 귀속시킬 수 없는 합리적인 이유가 있을 때 또는 그 의무를 게을리한 점을 비난할 수 없는 정당한 사유가 있는 경우, 국세기본법에 따른 가산세를 부과할 수 없다(대판 2017.7.11, 2017두36885).

**(3)**

> `최신판례` 신고·납부할 본세의 납세의무가 인정되지 않는 경우 본세의 세액이 유효하게 확정되어 있을 것을 전제로 하는 무신고·과소신고·납부불성실 가산세 등을 부과할 수 없고, 이는 관세의 경우에도 마찬가지이다(대판 2019.2.14, 2015두52616).

**(4)**

관세법 제42조 제1항에 따른 관세 가산세의 부과의 기초가 되는 '부족한 관세액'이 없는 경우 가산세 납세의무가 인정되지 않는다(대판 2019.2.14, 2015두52616).

**(5)**

종합소득금액이 있는 거주자가 법정신고기한 내에 종합소득 과세표준을 관할 세무서장에게 신고하면서 종합소득의 구분과 금액을 잘못 신고한 경우, 종합소득 과세표준에 대한 신고가 없었음을 전제로 하는 무신고가산세를 부과할 수 없다(대판 2019.5.16, 2018두34848).

**(6)**

갑이 병원의 실질적 소유자인 을과의 약정에 따라 병원장으로서 대가를 받고 근로를 제공한 근로자인데도 자신의 이름으로 병원의 사업자등록을 마친 후 사업소득에 대한 종합소득세 명목으로 과세관청에 종합소득세를 신고·납부하였는데, 과세관청이 근로소득에 대한 종합소득세 명목으로 갑에게 무신고가산세와 납부불성실가산세를 포함한 종합소득세를 경정·고지하는 처분을 한 사안에서, 갑이 종합소득 과세표준을 무신고하였음을 전제로 한 무신고가산세 부과처분 및 갑의 체납세액에 대한 납부불성실가산세 부과처분이 당연무효라고 한 사례(대판 2019.5.16, 2018두34848)

**(7)**

구 부가가치세법 제22조 제1항 제2호에서 규정하는 명의위장등록가산세의 부과제척기간은 5년이다(대판 2019. 8.30, 2016두62726). ★ 20 지방7급

**(8)**

납세자 본인이 사용인 등의 부정한 행위를 방지하기 위하여 상당한 주의 또는 관리·감독을 게을리하지 않은 경우, 납세자 본인에게 해당 국세에 관하여 부과제척기간을 연장하고, 중과세율이 적용되는 부당과소신고가산세를 부과할 수 없다(대판(전합) 2021.2.18, 2017두38959).

**(9)**

법인의 대표자나 사실상 대표자가 아닌 사용인 등의 부정한 행위가 납세자 본인의 이익이나 의사에 반하여 자기 또는 제3자의 이익을 도모할 목적으로 납세자를 피해자로 하는 사기, 배임 등 범행의 일환으로 행하여지고, 거래 상대방이 이에 가담하는 등으로 인하여 납세자가 이들의 부정한 행위를 쉽게 인식하거나 예상할 수 없었던 경우, 사용인 등의 배임적 부정한 행위로 인한 과소신고에 대하여 납세자에게 부정한 행위를 이유로 구 국세기본법 제47조의3 제2항 제1호의 중과세율을 적용한 부당과소신고가산세의 제재를 가할 수 없다(대판(전합) 2021.2.18, 2017두38959).

**(10) 가산세를 면할 정당한 사유가 있는지는 개별 세법에 따른 신고·납부기한을 기준으로 판단하여야 한다**

가산세는 세법에서 규정한 신고·납세 등 의무 위반에 대한 제재인 점, 구 국세기본법이 세법에 따른 신고기한이나 납부기한까지 과세표준 등의 신고의무나 국세의 납부의무를 이행하지 않은 경우에 가산세를 부과하도록 정하고 있는 점 등에 비추어 보면, 가산세를 면할 정당한 사유가 있는지는 특별한 사정이 없는 한 개별 세법에 따른 신고·납부기한을 기준으로 판단하여야 한다(대판 2022.1.14. 2017두41108).

## (11) 정당한 사유 관련사례

①

최신기출 가산세의 부과요건 및 납세의무자가 법령을 부지 또는 오인하거나 세무공무원의 잘못된 설명을 믿고 신고·납부의무를 불이행한 것은 가산세를 부과할 수 없는 정당한 사유에 해당하지 않는다(대판 2004.9.24, 2003두10350).
★ 18·17 지방7급

세법상 가산세는 납세자가 정당한 이유 없이 법에 규정된 신고·납세의무 등을 위반한 경우에 부과되는 행정상 제재로서, 납세의무자가 세무공무원의 잘못된 설명을 믿고 그 신고납부의무를 이행하지 아니한 경우에는 그것이 관계 법령에 어긋나는 것임이 명백하다고 하더라도 정당한 사유가 있는 경우에 해당한다. (×) ■ 17 지방7급

②

甲 주식회사가 자신의 토지에 회원제 골프장을 건설하면서 부동산신탁회사인 乙 주식회사 앞으로 신탁등기를 마친 후 토지의 지목 변경으로 인한 취득세를 신고하였고 관할 관청이 甲 회사에 취득세를 결정·고지하였는데, '신탁법에 의한 신탁으로 수탁자에게 소유권이 이전된 토지에 있어 구 지방세법 제105조 제5항이 정한 지목의 변경으로 인한 취득세의 납세의무는 수탁자로 본다'는 취지의 대법원판결이 선고되자, 관할 관청이 甲 회사에 대한 부과처분을 직권취소하고 乙 회사에 취득세 및 가산세를 결정·고지한 사안에서, 乙 회사가 취득세를 신고·납부하지 아니하였더라도 대법원판결이 선고되기 전까지는 의무해태를 탓할 수 없는 정당한 사유가 있다고 한 사례(대판 2016.10.27, 2016두44711)

③

변호사인 甲이 2002년부터 2014년까지 다수의 법인파산사건에 대한 파산관재 업무를 수행하고 지급받은 보수를 줄곧 기타소득으로 신고하였는데, 과세관청이 이를 기타소득이 아닌 사업소득으로 보아 아직 부과제척기간이 도과하지 않은 과세연도인 2009년 내지 2013년 귀속 종합소득세 부과처분을 하면서 가산세까지 부과한 사안에서, 甲이 위 보수를 사업소득으로 신고·납부하지 아니하였더라도 그 의무를 게을리하였다고 비난할 수 없는 정당한 사유가 있다고 한 사례(대판 2017.7.11, 2017두36885)

④

관세법 제42조 제1항에 따른 관세 가산세의 부과의 기초가 되는 '부족한 관세액'이 없는 경우 가산세 납세의무가 인정되지 않고, 관세의 감면을 받기 위한 사전신고 여부에 따라 관세 가산세 납세의무의 존부를 달리 판단할 수 없으며, 사전신고 시에 잘못이 있었더라도 적법한 기한 내에 이를 보완하여 관세 감면이 유효하게 이루어진 경우, 관세법 제42조가 담보하고자 하는 관세액의 정당한 징수와 납세자의 협력의무 이행에 위반이 있었다고 평가할 수 없다(대판 2018.11.29, 2015두56120).

⑤

구 「자유무역협정의 이행을 위한 관세법의 특례에 관한 법률」 제10조, 제13조, 한·미 자유무역협정(FTA) 제6.18조에 따라 납세자가 해당 상품이 원산지 상품이라는 것을 증명하는 추가 정보를 제출한 경우, 수입물품에 대한 관세 납부의무가 없고, 관세법 제42조 제1항에 따른 관세 가산세의 납세의무가 인정되지 않는다(대판 2018.11.29, 2016두53180).

## 3. 가산세부과의 한계

### 가산세 부과에도 비례원칙이 적용된다

> 의무위반에 대한 책임의 추궁에 있어서는 의무위반의 정도와 부과되는 제재 사이에 적정한 비례관계가 유지되어야 하므로, 조세의 형식으로 부과되는 금전적 제재인 가산세 역시 의무위반의 정도에 비례하는 결과를 이끌어내는 그러한 비율에 의하여 산출되어야 하고, 그렇지 못한 경우에는 비례의 원칙에 어긋나서 재산권에 대한 침해가 된다(헌재결 2005.2.24, 2004헌바26).

# III. 과징금(부과금)

## 1. 과징금의 성질(행정행위)

### (1)

> 면허받은 장의자동차운송사업구역에 위반하였음을 이유로 한 행정청의 과징금부과처분에 의하여 동종업자의 영업이 보호되는 결과는 사업구역제도의 반사적 이익에 불과하다(대판 1992.12.8, 91누13700). ★ 13 국회8급, 12 서울9급

### (2) 승계(상속)가능 ★ 16 국회8급, 12 사회복지

> 「부동산 실권리자명의 등기에 관한 법률」 제5조에 의하여 부과된 과징금 채무는 대체적 급부가 가능한 의무이므로, 위 과징금을 부과받은 자가 사망한 경우 그 상속인에게 포괄승계된다(대판 1999.5.14, 99두35)

> 대법원은 영업정지 등의 제재처분에 있어서는 양도인에게 발생한 책임이 양수인에게 승계되는 것을 인정하지만 과징금의 부과에 대해서는 이를 인정하지 않고 있다. (x) ■ 16 국회8급

### (3) 법원이 아닌 합의제 행정청인 공정거래위원회로 하여금 과징금을 부과할 수 있도록 한 것은 합헌이다

> 과징금부과주체가 법관이 아닌 행정청에 의한 것이 법관에게 과징금에 관한 결정권한을 부여한다든지, 과징금부과절차에 있어 사법적 요소들을 강화한다든지 하면 법치주의적 자유보장이라는 점에서 장점이 있겠으나, 공정거래법에서 행정기관인 공정거래위원회로 하여금 과징금을 부과하여 제재할 수 있도록 한 것은 부당내부거래를 비롯한 다양한 불공정 경제행위가 시장에 미치는 부정적 효과 등에 관한 사실수집과 평가는 이에 대한 전문적 지식과 경험을 갖춘 기관이 담당하는 것이 보다 바람직하다는 정책적 결단에 입각한 것이라 할 것이고, 과징금의 부과 여부 및 그 액수의 결정권자인 위원회는 합의제 행정기관으로서 그 구성에 있어 일정한 정도의 독립성이 보장되어 있고, 과징금부과절차에서는 통지, 의견진술의 기회 부여 등을 통하여 당사자의 절차적 참여권을 인정하고 있으며, 행정소송을 통한 사법적 사후심사가 보장되어 있으므로, 이러한 점들을 종합적으로 고려할 때 과징금부과절차에 있어 적법절차원칙에 위반되거나 사법권을 법원에 둔 권력분립의 원칙에 위반된다고 볼 수 없다(헌재결 2003.7.24, 2001헌가25).

**(4) 공정거래위원회로 하여금 부당내부거래를 한 사업자에 대하여 그 매출액의 2% 범위 내에서 과징금을 부과할 수 있도록 한 것은 이중처벌금지원칙, 무죄추정의 원칙, 적법절차원칙, 비례원칙 등에 위반되지 않는다**

★ 21·20 지방7급, 18 서울7급

구 「독점규제 및 공정거래에 관한 법률」 제24조의2에 의한 부당내부거래에 대한 과징금은 그 취지와 기능, 부과의 주체와 절차 등을 종합할 때 부당내부거래 억지라는 행정목적을 실현하기 위하여 그 위반행위에 대하여 제재를 가하는 행정상의 제재금으로서의 기본적 성격에 부당이득환수적 요소도 부가되어 있는 것이라 할 것이고, 이를 두고 헌법 제13조 제1항에서 금지하는 국가형벌권 행사로서의 '처벌'에 해당한다고는 할 수 없으므로, 공정거래법에서 형사처벌과 아울러 과징금의 병과를 예정하고 있더라도 이중처벌금지원칙에 위반된다고 볼 수 없으며, 이 과징금부과처분에 대하여 공정력과 집행력을 인정한다고 하여 이를 확정판결 전의 형벌집행과 같은 것으로 보아 무죄추정의 원칙에 위반된다고도 할 수 없다(헌재결 2003.7.24, 2001헌가25).

구 「독점규제 및 공정거래에 관한 법률」상의 부당내부거래에 대한 과징금에는 행정상의 제재금으로서의 기본적 성격에 부당이득환수적 요소도 부가되어 있다. ■ 20 지방7급

**(5) 과징금부과에 관한 구 「부동산 실권리자명의 등기에 관한 법률」 제5조는 이중처벌금지 원칙 또는 비례의 원칙에 위반되지 않는다** ★ 17 지방7급, 13 국회9급

구 「부동산 실권리자명의 등기에 관한 법률」 제5조에 규정된 과징금은 그 취지와 기능, 부과의 주체와 절차 등에 비추어 행정청이 명의신탁행위로 인한 불법적인 이익을 박탈하거나 위 법률에 따른 실명등기의무의 이행을 강제하기 위하여 의무자에게 부과·징수하는 것일 뿐 그것이 헌법 제13조 제1항에서 금지하는 국가형벌권 행사로서의 처벌에 해당한다고 할 수 없으므로 위 법률에서 형사처벌과 아울러 과징금의 부과처분을 할 수 있도록 규정하고 있다 하더라도 이중처벌금지 원칙에 위반한다고 볼 수 없다(대판 2007.7.12, 2006두4554).

**(6) 취소의 범위(과징금 전부)** ★ 20·18·14 지방9급, 17 지방9급, 18·17 국가9급, 14 지방7급, 13 세무사, 10 국회9급

처분을 할 것인지 여부와 처분의 정도에 관하여 재량이 인정되는 과징금납부명령에 대하여 그 명령이 재량권을 일탈하였을 경우 법원으로서는 재량권의 일탈 여부만 판단할 수 있을 뿐이지 재량권의 범위 내에서 어느 정도가 적정한 것인지에 관하여 판단할 수 없으므로 그 전부를 취소할 수밖에 없고, 법원이 적정하다고 인정되는 부분을 초과한 부분만 취소할 수는 없는 것이며, 또한 수개의 위반행위에 대하여 하나의 과징금납부명령을 하였으나 수개의 위반행위 중 일부의 위반행위만이 위법하지만, 소송상 그 일부의 위반행위를 기초로 한 과징금액을 산정할 수 있는 자료가 없는 경우에는 하나의 과징금납부명령 전부를 취소할 수밖에 없다(대판 2007.10.26, 2005두3172).

처분을 할 것인지 여부와 처분의 정도에 관하여 재량이 인정되는 과징금 납부명령에 대하여 그 명령이 재량권을 일탈하였을 경우, 법원은 재량권의 범위 내에서 어느 정도가 적정한 것인지에 관하여 판단할 수 있고 그 일부를 취소할 수 있다. (×) ■ 20 지방9급

**(7) 공정거래위원회가 부당한 공동행위에 대한 과징금을 부과하면서 여러 개의 위반행위에 대하여 하나의 과징금 납부명령을 하였으나 그 중 일부의 위반행위에 대한 과징금 부과만이 위법한 경우, 과징금 납부명령 전부를 취소하여야 하는 것은 아니고 일부의 위반행위에 대한 과징금액에 해당하는 부분만을 취소하여야 한다**

공정거래위원회가 부당한 공동행위에 대한 과징금을 부과함에 있어 여러 개의 위반행위에 대하여 하나의 과징금 납부명령을 하였으나 여러 개의 위반행위 중 일부의 위반행위에 대한 과징금 부과만이 위법하고 소송상 그 일부의 위반행위를 기초로 한 과징금액을 산정할 수 있는 자료가 있는 경우에는, 하나의 과징금 납부명령일지라도 그 일부의 위반행위에 대한 과징금액에 해당하는 부분만을 취소하여야 한다(대판 2009.10.29, 2009두11218).

**(8)** 「**부동산 실권리자명의등기에 관한 법률**」**상 명의신탁자에 대하여 과징금을 부과할 것인지 여부는 기속행위에 해당하므로, 과징금부과처분을 하지 않거나 전액 감면하는 것은 허용되지 아니한다** ★ 22 국가9급

최신기출 명의신탁자에 대하여 과징금을 부과할 것인지 여부는 기속행위에 해당하여, 명의신탁이 조세를 포탈하거나 법령에 의한 제한을 회피할 목적이 아닌 경우에 한하여 그 과징금을 일정한 범위 내에서 감경할 수 있을 뿐이지 그에 대하여 과징금부과처분을 하지 않거나 과징금을 전액 감면할 수 있는 것은 아니라고 할 것이다(대판 2007.7.12, 2005 두17287).

「부동산 실권리자명의 등기에 관한 법률」상 명의신탁자에 대한 과징금의 부과 여부는 행정청의 재량행위이다. (×) ■ 22 국가9급

**(9)**

과징금은 행정상 제재금으로서의 기본적 성격에 부당이득환수적 요소도 부가되어 있다(대판 2004.3.12, 2001두72 20). ★ 11 국가9급

**(10)**

공정거래위원회가 행하는 부당지원행위에 대한 과징금납부명령은 재량행위이다(대판 2010.3.11, 2008두15176). ★ 10 국가7급

**(11)**

최신기출 구 「여객자동차 운수사업법」 제88조 제1항의 과징금을 현실적인 행위자가 아닌 법령상 책임자에게 부과할 수 있고 위반자의 의무 해태를 탓할 수 없는 정당한 사유가 있는 경우 과징금을 부과할 수 없다(대판 2014.10.15, 2013두5005). ★ 21·20·18 국가7급, 20 국가9급, 18 지방9급

과징금은 원칙적으로 행위자의 고의·과실이 있는 경우에 부과한다. (×) ■ 21·18 지방9급
행정상 의무위반행위자에 대하여 과징금을 부과하기 위해서는 원칙적으로 위반자의 고의 또는 과실이 있어야 한다. (×)
■ 21 국가7급

**(12) 구 영유아보육법 제45조 제1항 각 호의 사유가 인정되는 경우, 행정청에 어린이집 운영정지 처분을 할 것인지 또는 이에 갈음하여 과징금(변형과징금)을 부과할 것인지를 선택할 수 있는 재량이 인정된다** ★ 22 국가9급

구 영유아보육법 제45조 제1항 각 호의 사유가 인정되는 경우, 행정청에는 운영정지 처분이 영유아 및 보호자에게 초래할 불편의 정도 또는 그 밖에 공익을 해칠 우려가 있는지 등을 고려하여 어린이집 운영정지 처분을 할 것인지 또는 이에 갈음하여 과징금을 부과할 것인지를 선택할 수 있는 재량이 인정된다(대판 2015.6.24, 2015두39 378).

**(13) 행정청이 과징금 부과처분을 한 후 부과처분의 하자를 이유로 감액처분을 한 경우, 감액된 부분에 대한 부과처분 취소청구는 부적법하다**

과징금 부과처분에서 행정청이 납부의무자에 대하여 부과처분을 한 후 부과처분의 하자를 이유로 과징금의 액수를 감액하는 경우에 감액처분은 감액된 과징금 부분에 관하여만 법적 효과가 미치는 것으로서 당초 부과처분과 별개 독립의 과징금 부과처분이 아니라 실질은 당초 부과처분의 변경이고, 그에 의하여 과징금의 일부취소라는 납부의무자에게 유리한 결과를 가져오는 처분이므로 당초 부과처분이 전부 실효되는 것은 아니다. 따라서 감액처분에 의하여 감액된 부분에 대한 부과처분 취소청구는 이미 소멸하고 없는 부분에 대한 것으로서 소의 이익이 없어 부적법하다(대판 2017.1.12, 2015두2352).

**(14) 명의신탁등기 과징금 부과처분과 장기미등기 과징금 부과처분 중 어느 하나의 처분사유에 의한 과징금 부과처분에 대하여 당해 처분사유가 아닌 다른 처분사유가 존재한다는 이유로 적법하다고 판단할 수 없다**

> 명의신탁등기 과징금과 장기미등기 과징금은 위반행위의 태양, 부과 요건, 근거 조항을 달리하므로, 각 과징금 부과처분의 사유는 상호 간에 기본적 사실관계의 동일성이 있다고 할 수 없다. 그러므로 그중 어느 하나의 처분사유에 의한 과징금 부과처분에 대하여 당해 처분사유가 아닌 다른 처분사유가 존재한다는 이유로 적법하다고 판단하는 것은 특별한 사정이 없는 한 행정소송법상 직권심사주의의 한계를 넘는 것으로서 허용될 수 없다(대판 2017.5.17, 2016두53050).

**(15)**

> `최신판례` 「화물자동차 운수사업법」 제21조 제2항의 위임에 따라 사업정지처분을 갈음하여 과징금을 부과할 수 있는 위반행위의 종류와 과징금의 금액을 정한 구 「화물자동차 운수사업법 시행령」 제7조 제1항 [별표 2] '과징금을 부과하는 위반행위의 종류와 과징금의 금액'에 열거되지 않은 위반행위의 종류에 대해서 사업정지처분을 갈음하여 과징금을 부과할 수 없다(대판 2020.5.28. 2017두73693).

## 2. 과징금의 법적 근거

**(1) 구 「독점규제 및 공정거래에 관한 법률」 제24조의2 제1항에 의한 과징금을 부과하면서 추후 부과금 산정 기준인 새로운 자료가 나올 경우 과징금액을 변경할 수 있다고 유보하거나 실제로 새로운 자료가 나왔다는 이유로 새로운 부과처분을 할 수 없다** ★ 22 국가9급, 18 지방9급

> `최신기출` 과징금의 부과와 같이 재산권의 직접적인 침해를 가져오는 처분을 변경하려면 법령에 그 요건 및 절차가 명백히 규정되어 있어야 할 것인데, 위와 같은 변경처분에 대한 법령상의 근거규정이 없고, 이를 인정하여야 할 합리적인 이유 또한 찾아 볼 수 없기 때문이다(대판 1999.5.28, 99두1571).

> 부과관청이 추후에 부과금 산정 기준이 되는 새로운 자료가 나올 경우 과징금액이 변경될 수도 있다고 유보하며 과징금을 부과했다면, 새로운 자료가 나온 것을 이유로 새로이 부과처분을 할 수 있다. (x) ■ 18 지방9급

## 3. 과징금 상한액의 의미

법령에서 법규위반에 대해 과징금을 규정한 경우 그 상한액이 위반행위의 횟수만큼 늘어나는 것인가(위반행위기준설) 아니면 위반행위의 횟수에 관계 없이 1회의 처분에 대한 상한액으로 보아야 하는가(처분기준설)이다. 판례는 입법의 취지에 따라 1회의 처분에 대한 상한으로 보기도 하고, 위반행위의 횟수에 따라 과징금을 병과해야 하는 것으로 보기도 한다.

**(1) 구 청소년보호법 제49조 제1항, 제2항의 위임에 따른 같은법시행령 제40조 [별표 6]의 '위반행위의 종별에 따른 과징금 처분기준'의 법적 성격은 법규명령이고 그 과징금 수액의 의미는 최고한도액이다**

> 원심이 위 [별표 6]의 기준 금액이 상한액이고, 그 판시와 같이 위반행위가 유흥업소에 청소년 2명을 고용한 것은 결코 가벼운 위반행위는 아니나 그 고용기간이 7일로 비교적 짧고 그로 인하여 얻은 이익이 실제 많지 아니하며, 원고는 동일한 위반행위로 인하여 식품위생법에 따른 15일간의 영업정지처분을 받은 점 등 제반 사정에 비추어 보면 상한액의 2배인 16,000,000원의 과징금을 부과한 이 사건 처분이 재량권의 한계를 일탈한 것으로 위법하다고 판단한 조치는 위 법리에 따른 것으로 수긍이 가고, 거기에 상고이유에서 지적하는 바 위 [별표 6]의 법적 성격, 재량권 일탈이나 남용 등에 관한 법리오해의 위법이 없다(대판 2001.3.9, 99두5207).

**(2) 자동차운수사업법 제31조의2 제1항에 의하여 1회에 부과할 수 있는 과징금의 최고한도액**

> 자동차운수사업법 제31조 제1항은 자동차운수사업자가 동법에 의거한 명령이나 처분, 면허에 붙인 조건에 위반한 때 등에는 6월 이내의 기간을 정하여 사업의 정지를 명하거나 면허의 일부 또는 전부를 취소할 수 있도록 규정하고 있고, 같은법 제31조의2 제1항은 이 경우 대통령령이 정하는 바에 의하여 사업정지명령에 갈음하여 5,000,000원 이하의 과징금을 부과할 수 있도록 규정하고 있는바, 수회 경합된 위반행위에 대한 것이라 하더라도 사업정지명령을 내림에 있어서는 그 기간은 6월을 초과할 수 없다고 보아야 함에 비추어 볼 때 이에 갈음하는 과징금도 그것이 비록 수대의 차량이 수회 위반행위를 한 데 대한 것이라 하더라도 1회에 부과할 수 있는 최고한도액은 5,000,000원이라고 해석함이 상당하다(대판 1993.7.27, 93누1077).

**(3) 수회 경합된 위반행위에 대해 1개의 과징금 부과처분이 행하여질 경우, 과징금 산정방법 및 그 상한액**

> 자동차운수사업법 제31조의2 제2항에 의거한 같은법시행령 제3조 제1항 [별표 1], 제2항은 위반행위의 종별에 따른 과징금의 기준금액을 정하고 있는바, 그 기준금액은 1회의 위반행위에 대한 것이라 할 것이어서 수회의 위반행위를 한 경우에는 각 위반행위에 대하여 각 그 기준에 따른 과징금을 병과할 수 있다고 보아야 할 것이고, 따라서 그와 같은 수회의 위반행위에 대하여 1개의 부과처분이 행하여질 경우에는 그 부과할 과징금의 액수는 위 법령상의 각 해당 기준금액을 병과하여 산정하되 그 최고한도액은 위 인정의 금 5,000,000원인 것으로 해석하여야 하고, 1개의 부과처분에서 행해질 수 있는 과징금의 최고한도액이 하나의 위반행위에 대한 위 법령상의 기준금액이 되는 것으로 해석할 것은 아니다(대판 1995.1.24, 94누6888).

**(4) 「화물자동차 운수사업법」 제21조 제2항의 위임에 따라 사업정지처분을 갈음하여 과징금을 부과할 수 있는 위반행위의 종류와 과징금의 금액을 정한 구 「화물자동차 운수사업법 시행령」 제7조 제1항 [별표 2] '과징금을 부과하는 위반행위의 종류와 과징금의 금액'에 열거되지 않은 위반행위의 종류에 대해서 사업정지처분을 갈음하여 과징금을 부과할 수 없다**

> `최신판례` 입법자는 대통령령에 단순히 '과징금의 산정기준'을 구체화하는 임무만을 위임한 것이 아니라, 사업정지처분을 갈음하여 과징금을 부과할 수 있는 '위반행위의 종류'를 구체화하는 임무까지 위임한 것이라고 보아야 한다. 따라서 구 「화물자동차 운수사업법 시행령」 제7조 제1항 [별표 2] '과징금을 부과하는 위반행위의 종류와 과징금의 금액'에 열거되지 않은 위반행위의 종류에 대해서 사업정지처분을 갈음하여 과징금을 부과하는 것은 허용되지 않는다고 보아야 한다(대판 2020.5.28, 2017두73693).

(5) 여객자동차운수사업자가 범한 여러 가지 위반행위에 대하여 관할 행정청이 사업정지처분을 갈음하는 과징금 부과처분을 하기로 선택하는 경우, 여러 가지 위반행위에 대하여 1회에 부과할 수 있는 과징금 총액의 최고한 도액은 5,000만 원이다

위반행위가 여러 가지인 경우에 행정처분의 방식과 한계를 정한 관련 규정들의 내용과 취지에다가, 여객자동차 운수사업자가 범한 여러 가지 위반행위에 대하여 관할 행정청이 구 「여객자동차 운수사업법」(2020. 3. 24. 법률 제17091호 로 개정되기 전의 것) 제85조 제1항 제12호에 근거하여 사업정지처분을 하기로 선택한 이상 각 위반행 위의 종류와 위반 정도를 불문하고 사업정지처분의 기간은 6개월을 초과할 수 없는 점을 종합하면, 관할 행정청이 사업정지처분을 갈음하는 과징금 부과처분을 하기로 선택하는 경우에도 사업정지처분의 경우와 마찬가지로 여러 가지 위반행위에 대하여 1회에 부과할 수 있는 과징금 총액의 최고한도액은 5,000만 원이라고 보는 것이 타당하다(대판 2021.2.4, 2020두48390).

(6) 관할 행정청이 여객자동차운송사업자의 여러 가지 위반행위를 인지한 경우, 인지한 여러 가지 위반행위 중 일부 에 대해서만 우선 과징금 부과처분을 하고 나머지에 대해서는 원칙적으로 차후에 별도의 과징금 부과처분을 할 수 없다

관할 행정청이 여객자동차운송사업자의 여러 가지 위반행위를 인지하였다면 전부에 대하여 일괄하여 5,000만 원의 최고한도 내에서 하나의 과징금 부과처분을 하는 것이 원칙이고, 인지한 여러 가지 위반행위 중 일부에 대해서만 우선 과징금 부과처분을 하고 나머지에 대해서는 차후에 별도의 과징금 부과처분을 하는 것은 다른 특별한 사정이 없는 한 허용되지 않는다. 만약 행정청이 여러 가지 위반행위를 인지하여 그 전부에 대하여 일괄하여 하나의 과징금 부과처분을 하는 것이 가능하였음에도 임의로 몇 가지로 구분하여 각각 별도의 과징금 부과처분을 할 수 있다고 보게 되면, 행정청이 여러 가지 위반행위에 대하여 부과할 수 있는 과징금의 최고한도액을 정한 구 「여객자동차 운수사업법 시행령」(2018. 4. 10. 대통령령 제28793호로 개정되기 전의 것) 제46조 제2항의 적용을 회피하는 수단으로 악용될 수 있기 때문이다(대판 2021.2.4, 2020두48390).

(7) 관할 행정청이 여객자동차운송사업자가 범한 여러 가지 위반행위 중 일부만 인지하여 과징금 부과처분을 한 후 그 과징금 부과처분 시점 이전에 이루어진 다른 위반행위를 인지하여 이에 대하여 별도의 과징금 부과처분 을 하게 되는 경우, 추가 과징금 부과처분의 과징금액을 산정하는 방법

관할 행정청이 여객자동차운송사업자가 범한 여러 가지 위반행위 중 일부만 인지하여 과징금 부과처분을 하였는 데 그 후 과징금 부과처분 시점 이전에 이루어진 다른 위반행위를 인지하여 이에 대하여 별도의 과징금 부과처분 을 하게 되는 경우에도 종전 과징금 부과처분의 대상이 된 위반행위와 추가 과징금 부과처분의 대상이 된 위반행 위에 대하여 일괄하여 하나의 과징금 부과 처분을 하는 경우와의 형평을 고려하여 추가 과징금 부과처분의 처분양정 이 이루어져야 한다. 다시 말해, 행정청이 전체 위반행위에 대하여 하나의 과징금 부과처분을 할 경우에 산정되었을 정당한 과징금액에서 이미 부과된 과징 금액을 뺀 나머지 금액을 한도로 하여서만 추가 과징금 부과처분을 할 수 있다. 행정청이 여러 가지 위반행위를 언제 인지하였느냐는 우연한 사정에 따라 처분상대방에게 부과되는 과징금의 총액이 달라지는 것은 그 자체로 불합리하기 때문이다(대판 2021.2.4, 2020두48390).

# 제2절 공급거부

## I. 급부관계가 사법관계일 경우

### 전화가입계약의 해지는 항고소송의 대상이 되는 행정처분이 아니다

> 전화가입계약은 … 그 성질은 사법상의 계약관계에 불과하다고 할 것이므로, 피고(서울 용산전화국장)가 「전기통신법 시행령」 제59조에 의하여 전화가입계약을 해지하였다 하여도 이는 사법상의 계약의 해지와 성질상 다를 바가 없다 할 것이고 이를 항고소송의 대상이 되는 행정처분으로 볼 수 없다(대판 1982.12.28, 82누441).

## II. 급부관계가 공법관계일 경우

판례는 단수처분은 행정처분으로 보고 있으므로 위법한 단수처분에 대해 행정소송을 제기하여 그 취소를 구할 수 있다. 그러나 관할구청장이 한국전력공사에 대하여 한 전기공급이 불가하다는 내용의 회신이나 공급거부 요청행위는 처분성을 부인하고 있다.

### (1) 단수처분 ★ 12 지방9급, 11 지방7급

> 단수처분은 항고소송의 대상이 되는 행정처분에 해당한다(대판 1979.12.28, 79누218).

### (2) 수도료의 부과징수와 수도료의 납부관계 ★ 19 국가9급

최신기출
> 수도법에 의하여 지방자치단체인 수도사업자가 수도물의 공급을 받는 자에 대하여 하는 수도료의 부과징수와 이에 따른 수도료의 납부관계는 공법상의 권리의무관계라 할 것이므로 이에 관한 소송은 행정소송절차에 의하여야 한다(대판 1977.2.22, 76다2517).

## 제3절 행정상의 공표와 권리구제

## 공표제도의 목적

> 「독점규제 및 공정거래에 관한 법률」 제24조가 시정조치의 하나로서 시정명령을 받은 사실의 공표를 규정하고 있는 목적은 일반 공중이나 관련 사업자들이 법위반 여부에 대한 정보와 인식의 부족으로 피고의 시정조치에도 불구하고, 위법사실의 효과가 지속되고 피해가 계속되는 사례가 발생할 수 있으므로 조속히 법위반에 관한 중요 정보를 공개하는 등의 방법으로 일반 공중이나 관련 사업자들에게 널리 경고함으로써 계속되는 공공의 손해를 종식시키고 위법행위가 재발하는 것을 방지하고자 함에 있는바, 이러한 제도의 목적과 기록에 나타난 여러 사정에 비추어 보면, 원고에 대하여 피고로부터 시정명령을 받은 사실을 공표하도록 한, 피고의 공표명령이 비례원칙상의 한계를 벗어났다거나 재량권을 일탈·남용하였다고 볼 수 없다(대판 2006.5.12, 2004두12315).

## II. 법적 근거

### 1. 판례(소극설)

판례는 국토이용관리법을 위반하여 부동산투기를 한 자의 명단공표에 관한 사건에서 이 법률에 구체적인 근거규정이 없음에도 이 사실은 문제로 하지 않고 내용적 측면에서 당해 공표행위의 위법성 여부를 판단하고 있는바(대판 1993.11.26, 93다18389), 판례는 행정상 공표에 있어서는 반드시 법적 근거를 요하는 것은 아니라는 입장인 것으로 해석할 수 있다(김동희).

(1) 「독점규제 및 공정거래에 관한 법률」 제27조(시정조치) "공정거래위원회는 제26조(사업자단체의 금지행위)의 규정에 위반하는 행위가 있을 때에는 당해 사업자단체(필요한 경우 관련 구성사업자를 포함한다)에 대하여 당해행위의 중지, 정정광고, 법위반사실의 공표 기타 시정을 위한 필요한 조치를 명할 수 있다." 중 '법위반사실의 공표' 부분은 헌법에 위반된다(부분위헌)

> '법위반으로 인한 시정명령을 받은 사실의 공표'에 의할 경우, 입법목적을 달성하면서도 행위자에 대한 기본권 침해의 정도를 현저히 감소시키고 재판 후 발생가능한 무죄로 인한 혼란과 같은 부정적 효과를 최소화할 수 있는 것이므로, 법위반사실을 인정케 하고 이를 공표시키는 이 사건과 같은 명령형태는 기본권을 과도하게 제한하는 것이 된다(헌재결 2002.1.31, 2001헌바43).

(2)

> 공정거래위원회는 구 「독점규제 및 공정거래에 관한 법률」 제24조 소정의 '법위반사실의 공표' 부분이 위헌결정으로 효력을 상실하였다 하더라도 '기타 시정을 위하여 필요한 조치'로서 '법위반을 이유로 공정거래위원회로부터 시정명령을 받은 사실의 공표'명령을 할 수 있다(대판 2003.2.28, 2002두6170).

## 2. 「청소년의 성보호에 관한 법률」 제20조 제2항 제1호 등 위헌제청사건

### (1) 이중처벌금지원칙에 위반되지 않는다 ★ 10 지방9급

> 헌법 제13조 제1항에서 말하는 '처벌'은 원칙적으로 범죄에 대한 국가의 형벌권 실행으로서의 과벌을 의미하는 것이고, 국가가 행하는 일체의 제재나 불이익처분을 모두 그 '처벌'에 포함시킬 수는 없다. … 공개되는 신상과 범죄사실은 이미 공개재판에서 확정된 유죄판결의 일부로서, 개인의 신상 내지 사생활에 관한 새로운 내용이 아니고, 공익목적을 위하여 이를 공개하는 과정에서 부수적으로 수치심 등이 발생된다고 하여 이것을 기존의 형벌 외에 또 다른 형벌로서 수치형이나 명예형에 해당한다고 볼 수는 없다. 그렇다면 신상공개제도는 헌법 제13조의 이중처벌금지 원칙에 위배되지 않는다(헌재결 2003.6.26, 2002헌가14).

### (2) 과잉금지원칙에 위반되지 않는다 ★ 10 지방9급

> '청소년의 성보호'라는 목적은 우리 사회에 있어서 가장 중요한 공익의 하나라고 할 것이다. … 청소년 성매수 범죄자들이 자신의 신상과 범죄사실이 공개됨으로써 수치심을 느끼고 명예가 훼손된다고 하더라도 그 보장 정도에 있어서 일반인과는 차이를 둘 수밖에 없어, 그들의 인격권과 사생활의 비밀의 자유도 그것이 본질적인 부분이 아닌 한 넓게 제한될 여지가 있다. 그렇다면 청소년 성매수자의 일반적 인격권과 사생활의 비밀의 자유가 제한되는 정도가 청소년 성보호라는 공익적 요청에 비해 크다고 할 수 없으므로 결국 법 제20조 제2항 제1호의 신상공개는 해당 범죄인들의 일반적 인격권, 사생활의 비밀의 자유를 과잉금지의 원칙에 위배하여 침해한 것이라 할 수 없다(헌재결 2003.6.26, 2002헌가14).

### (3) 평등원칙에 위반되지 않는다 ★ 10 지방9급

> 청소년 대상 성범죄와 그 밖의 일반 범죄는 서로 비교집단을 이루는 '본질적으로 동일한 것'이라고 단언하기는 어려우며, 나아가 그러한 구분기준이 특별히 자의적이라고 볼만한 사정이 없다. … 청소년 대상 성범죄자 중 일부 범죄자의 신상이 공개되지 않는다 하더라도 그러한 차별입법이 자의적인 것이라거나 합리성이 없는 것이라고 단정하기 어렵다. 신상공개제도로 인하여 기본권 제한상의 차별을 초래하나, 그 입법목적과 이를 달성하려는 수단 간에 비례성을 벗어난 차별이라고 보기 어렵고, 달리 평등권을 침해한 것이라고 볼 수 없다(헌재결 2003.6.26, 2002헌가14).

### (4) 법관에 의한 재판을 받을 권리를 침해하지 않는다 ★ 10 지방9급

> 신상공개제도는 '처벌'에 해당한다고 할 수 없으므로 이 제도가 법관에 의한 재판을 받을 권리를 침해한 것이라 할 수 없다(헌재결 2003.6.26, 2002헌가14).

### (5) 적법절차원칙에 위반되지 않는다 ★ 10 지방9급

> 청소년보호위원회는 최소한의 독립성과 중립성을 갖춘 기관이고(청소년보호법 제29조, 제32조 등 참조), 신상공개결정에 대해서는 행정소송을 통해 그 적법 여부를 다툴 기회가 보장되고 있으며, 이미 법관에 의한 재판을 거쳐 형이 확정된 이후에 신상공개가 결정된다. 그렇다면 법 제20조 제2항 제1호의 신상공개제도는 법률이 정한 형식적 절차에 따라 이루어지며 그 절차의 내용도 합리성과 정당성을 갖춘 것이라고 볼 것이므로 절차적 적법절차원칙에 위반되는 것이라 할 수 없다(헌재결 2003.6.26, 2002헌가14).

**3. 2010.7.23. 법률 제10391호로 개정된 「아동·청소년의 성보호에 관한 법률」이 공개명령 제도가 시행된 2010.1.1. 이전에 범한 범죄에 대하여도 공개명령 제도를 적용하도록 한 것은 소급입법금지 원칙에 반하지 않는다**

> 공개명령 제도는 범죄행위를 한 자에 대한 응보 등을 목적으로 그 책임을 추궁하는 사후적 처분인 형벌과 구별되어 그 본질을 달리하는 것으로서 형벌에 관한 소급입법금지의 원칙이 그대로 적용되지 않으므로, 공개명령 제도가 시행된 2010.1.1. 이전에 범한 범죄에도 공개명령 제도를 적용하도록 「아동·청소년의 성보호에 관한 법률」이 2010. 7.23. 법률 제10391호로 개정되었다고 하더라도 그것이 소급입법금지의 원칙에 반한다고 볼 수 없다. 이 부분 상고이유의 주장은 이유 없다(대판 2011.3.24, 2010도14393·2010전도120).

## III. 공표의 한계

### 1. 공표의 공공성

(1) 공표사실의 내용이 공공의 이해에 관한 것이어야 한다. 개인의 사생활에 대한 공표는 원칙적으로 금지된다. 그러나 알권리와 사생활의 비밀과 자유의 관계에 있어 반드시 사생활이 우선하는 것은 아니고 양자는 이익형량에 따라 조화되어야 한다.

> 인격권으로서의 개인의 명예의 보호와 표현의 자유의 보장이라는 두 법익이 충돌하였을 때 그 조정을 어떻게 할 것인지는 구체적인 경우에 사회적인 여러 가지 이익을 비교하여 표현의 자유로 얻어지는 이익, 가치와 인격권의 보호에 의하여 달성되는 가치를 형량하여 그 규제의 폭과 방법을 정하여야 한다(대판 1998.7.14, 96다17257).

### 2. 공표의 진실성

공표사실이 진실이거나 혹은 진실이라고 믿을 만한 상당한 이유가 있는 경우에만 허용된다. 다만, 판례는 상당한 이유의 존부를 판단함에 있어 행정기관의 경우는 사인에 비해 엄격한 입장이다.

(1) 국가기관에 의해 공표된 사실이 진실이라는 증명이 없더라도 진실이라고 믿을 만한 상당한 이유가 있다면 위법성이 조각되는 것은 사인과 마찬가지이다

> 국가기관이 행정목적 달성을 위하여 언론에 보도자료를 제공하는 등 이른바 행정상 공표의 방법으로 실명을 공개함으로써 타인의 명예를 훼손한 경우, 그 공표된 사람에 관하여 적시된 사실의 내용이 진실이라는 증명이 없더라도 국가기관이 공표 당시 이를 진실이라고 믿었고 또 그렇게 믿을 만한 상당한 이유가 있다면 위법성이 없는 것이고, 이 점은 언론을 포함한 사인에 의한 명예훼손의 경우에서와 마찬가지이다(대판 1993.11.26, 93다18389).

(2) 그러나 공표한 사실이 진실이라고 믿을 만한 상당한 이유의 존부 판단은 그 사실이 의심의 여지없이 확실히 진실이라고 믿을 만한 객관적이고도 타당한 확증과 근거가 있어야 한다는 점에서 사인보다 엄격하다

> 상당한 이유의 존부의 판단에 있어서는, 실명공표 자체가 매우 신중하게 이루어져야 한다는 요청에서 비롯되는 무거운 주의의무와 공권력의 광범한 사실조사능력, 공표된 사실이 진실하리라는 점에 대한 국민의 강한 기대와 신뢰, 공무원의 비밀엄수의무와 법령준수의무 등에 비추어, 사인의 행위에 의한 경우보다는 훨씬 더 엄격한 기준이 요구된다 할 것이므로, 그 사실이 의심의 여지없이 확실히 진실이라고 믿을 만한 객관적이고도 타당한 확증과 근거가 있는 경우가 아니라면 그러한 상당한 이유가 있다고 할 수 없다(대판 1993.11.26, 93다18389).

### (3) 보도자료의 내용이 진실하다고 믿은 데에는 상당한 이유가 없다고 본 사례 ★ 10 국회8급, 10 지방9급

> 지방국세청 소속 공무원들이 통상적인 조사를 다하여 의심스러운 점을 밝혀 보지 아니한 채 막연한 의구심에 근거하여 원고가 위장증여자로서 국토이용관리법을 위반하였다는 요지의 조사결과를 보고한 것이라면 국세청장이 이에 근거한 보도자료의 내용이 진실하다고 믿은 데에는 상당한 이유가 없다(대판 1993.11.26, 93다18389).

### (4) 수사기관의 피의사실 공표행위가 허용되기 위한 요건 및 그 위법성 조각 여부의 판단 기준

`최신판례`
> 수사기관의 피의사실 공표행위는 공권력에 의한 수사 결과를 바탕으로 한 것으로 국민들에게 그 내용이 진실이라는 강한 신뢰를 부여함은 물론 그로 인하여 피의자나 피해자 나아가 주변 인물들에 대하여 큰 피해를 가할 수도 있다는 점을 고려할 때, 수사기관의 발표는 원칙적으로 일반 국민들의 정당한 관심의 대상이 되는 사항에 관하여 객관적이고도 충분한 증거나 자료를 바탕으로 한 사실 발표에 한정되어야 하고, 이를 발표할 때에도 정당한 목적하에 수사 결과를 발표할 수 있는 권한을 가진 자에 의하여 공식의 절차에 따라 행하여져야 하며, 무죄추정의 원칙에 반하여 유죄를 속단하게 할 우려가 있는 표현이나 추측 또는 예단을 불러일으킬 우려가 있는 표현을 피하는 등 내용이나 표현 방법에 대하여도 유념하여야 할 것이므로, 수사기관의 피의사실 공표행위가 위법성을 조각하는지를 판단할 때에는 공표 목적의 공익성과 공표 내용의 공공성, 공표의 필요성, 공표된 피의사실의 객관성 및 정확성, 공표의 절차와 형식, 표현 방법, 피의사실의 공표로 침해되는 이익의 성질, 내용 등을 종합적으로 참작하여야 한다(대판 2022.1.14, 2019다282197).

### (5) 수사기관이 발표한 피의사실에 '범죄를 구성하지 않는 사실관계'까지 포함되어 있고, 발표 내용에 비추어 피의사실은 부수적인 것에 불과하고 '범죄를 구성하지 않는 사실관계'가 주된 것인 경우, 피의사실 공표행위가 위법하다고 보아야 한다

`최신판례`
> 한편 수사기관의 피의사실 공표행위의 대상은 어디까지나 피의사실, 즉 수사기관이 혐의를 두고 있는 범죄사실에 한정되는 것이므로, 피의사실과 불가분의 관계라는 등의 특별한 사정이 없는 한 수사기관이 '범죄를 구성하지 않는 사실관계'까지 피의사실에 포함시켜 수사 결과로서 발표하는 것은 원칙적으로 허용될 수 없다. 따라서 수사기관이 발표한 피의사실에 '범죄를 구성하지 않는 사실관계'까지 포함되어 있고, 발표 내용에 비추어 볼 때 피의사실은 부수적인 것에 불과하고 오히려 '범죄를 구성하지 않는 사실관계'가 주된 것인 경우에는 그러한 피의사실 공표행위는 위법하다고 보아야 한다(대판 2022.1.14, 2019다282197).

## IV. 위법한 공표에 대한 권리구제

## 1. 민법 제764조는 양심의 자유 및 인격권을 침해한다

> 사죄광고제도란 타인의 명예를 훼손하여 비행을 저질렀다고 믿지 않는 자에게 본심에 반하여 깊이 "사과한다." 하면서 죄악을 자인하는 의미의 사죄의 의사표시를 강요하는 것이므로, 국가가 재판이라는 권력작용을 통해 자기의 신념에 반하여 자기의 행위가 비행이며 죄가 된다는 윤리적 판단을 형성강요하여 외부에 표시하기를 명하는 한편 의사·감정과 맞지 않는 사과라는 도의적 의사까지 광포시키는 것이다. 따라서 사죄광고의 강제는 양심도 아닌 것이 양심인 것처럼 표현할 것의 강제로 인간양심의 왜곡·굴절이고 겉과 속이 다른 이중인격형성의 강요인 것으로서 침묵의 자유의 파생인 양심에 반하는 행위의 강제금지에 저촉되는 것이며 따라서 우리 헌법이 보호하고자 하는 정신적 기본권의 하나인 양심의 자유의 제약(법인의 경우라면 그 대표자에게 양심표명의 강제를 요구하는 결과가 된다)이라고 보지 않을 수 없다(헌재결 1991.4.1, 89헌마160).

# 제4절 제재적 행정처분(관허사업의 제한)

## I. 의의

### 1. 일정한 법규위반사실에 관하여 형사판결확정 전에 한 행정처분의 적부

> 일정한 법규위반 사실이 행정처분의 전제사실이 되는 한편 이와 동시에 형사법규의 위반사실이 되는 경우에 행정처분과 형벌은 각기 그 권력적 기초, 대상, 목적을 달리하고 있으므로 동일한 행위에 관하여 독립적으로 행정처분이나 형벌을 과하거나 이를 병과할 수 있는 것이고 법규가 예외적으로 형사소추선행의 원칙을 규정하고 있지 아니한 이상 형사판결 확정에 앞서 일정한 위반사실을 들어 행정처분을 하였다고 하여 절차적 위반이 있다고 할 수 없다 (대판 1986.7.8, 85누1002).

### 2. 현실적인 행위자가 아닌 법령상 책임자로 규정된 자에게 행정법규 위반에 대한 제재조치를 부과할 수 있고, 행정법규 위반자에게 고의나 과실이 없어도 제재조치를 부과할 수 있으며, 이러한 법리는 구 「대부업 등의 등록 및 금융이용자 보호에 관한 법률」 제13조 제1항이 정하는 대부업자 등의 불법추심행위를 이유로 한 영업정지 처분에도 적용된다 ★ 18 지방7급, 17 서울7급, 16 국가7급

> **최신기출** 행정법규 위반에 대한 제재조치는 행정목적의 달성을 위하여 행정법규 위반이라는 객관적 사실에 착안하여 가하는 제재이므로, 반드시 현실적인 행위자가 아니라도 법령상 책임자로 규정된 자에게 부과되고, 특별한 사정이 없는 한 위반자에게 고의나 과실이 없더라도 부과할 수 있다. 이러한 법리는 구 「대부업 등의 등록 및 금융이용자 보호에 관한 법률」 제13조 제1항이 정하는 대부업자 등의 불법추심행위를 이유로 한 영업정지 처분에도 마찬가지로 적용된다(대판 2017.5.11, 2014두8773).

> 대법원은 행정법규 위반에 대하여 가하는 제재조치로서의 행정처분에도 특별한 경우가 아닌 한 고의 또는 과실을 그 요건으로 한다고 판시하였다. (x) ■ 17 서울7급

## II. 종류

### 1. 관허사업의 의미

> 국세징수법 제23조의 관허사업이란 널리 허가인가·면허 등을 얻어 경영하는 사업 모두가 포함된다(대판 1976.4.27, 74누284).

### 2.

> 국세징수법 제7조에 따른 등록취소처분이 있은 경우 국세체납에 정당한 사유가 있었다는 점에 대한 주장·입증책임의 소재는 납세의무자이다(대판 1992.10.13, 92누8071).

### 3. 국세징수법 제7조 제2항 소정의 '국세를 3회 이상 체납한 때'의 의미

> 국세징수법 제7조 제2항, 같은법 시행령 제9조 제1항에서 말하는 세무서장이 면허의 취소를 요구하기 위한 요건인 '국세를 3회 이상 체납한 때'라 함은 면허 등의 취소요구시점에서 1년 전까지의 기간 내에 납세고지서 1통을 1회로 보아 계산하여 체납된 국세가 3가지 이상 동시에 존재하는 경우라야 하고 그 체납상태가 취소시점에도 계속되어야 한다고 해석하여야 한다(대판 1991.9.10, 90누8831).

## Ⅲ. 제재적 행정처분에 대한 구제

### 1. 제재적 행정처분이 위법한 경우 행정소송으로 다툴 수 있다

> 제재적 행정처분이 재량권의 범위를 일탈하였거나 남용하였는지 여부는 처분사유로 된 위반행위의 내용과 그 위반의 정도, 당해 처분에 의하여 달성하려는 공익상의 필요와 개인이 입게 될 불이익 및 이에 따르는 제반 사정 등을 객관적으로 심리하여 공익침해의 정도와 그 처분으로 인하여 개인이 입게 될 불이익을 비교교량하여 판단하여야 한다(대판 2006.4.14. 2004두3854).

**(1) 방송내용 중 역사적 평가의 대상이 되는 공인에 대하여 명예가 훼손되는 사실을 적시한 경우 구 「방송심의에 관한 규정」 제20조 제2항을 위반한 것이 아니고, 적시된 사실이 공공의 이익에 관한 사항으로서 진실한 것이거나 진실한 사실이라고 믿을 상당한 이유가 있는 경우, 방송법 제100조 제1항에서 정한 제재조치의 대상이 될 수 없다**

> 방송내용 중 역사적 평가의 대상이 되는 공인에 대하여 명예가 훼손되는 사실이 적시되었더라도 특별한 사정이 없는 한 구 「방송심의에 관한 규정」(2014.1.15. 방송통신심의위원회규칙 제100호로 개정되기 전의 것. 이하 '구 심의규정'이라 한다) 제20조 제2항을 위반하였다고 볼 수 없을 뿐 아니라, 적시된 사실이 공공의 이익에 관한 사항으로서 진실한 것이거나 진실한 사실이라고 믿을 상당한 이유가 있는 경우에는 구 심의규정 제20조 제3항에 의하여 방송법 제100조 제1항에서 정한 제재조치의 대상이 될 수 없다[대판(전합) 2019.11.21. 2015두49474].

**(2) '그 목적이 오로지 공공의 이익을 위한 것일 때' 및 '진실한 사실'의 의미**

> '그 목적이 오로지 공공의 이익을 위한 것일 때'는 적시된 사실이 객관적으로 볼 때 공공의 이익에 관한 것으로서 행위자도 공공의 이익을 위하여 그 사실을 적시한 것을 의미하는데, 행위자의 주요한 목적이나 동기가 공공의 이익을 위한 것이라면 부수적으로 다른 사익적 목적이나 동기가 내포되어 있더라도 무방하고, 여기서 '진실한 사실'은 그 내용 전체의 취지를 살펴볼 때 중요한 부분이 객관적 사실과 합치되는 사실이라는 의미로서 세부에서 진실과 약간 차이가 나거나 다소 과장된 표현이 있더라도 무방하다[대판(전합) 2019.11.21. 2015두49474].

# 제5절 출국금지

## 1. 국세체납을 이유로 한 출국금지처분의 요건과 판단기준

> 조세 미납을 이유로 한 출국금지는 그 미납자가 출국을 이용하여 재산을 해외에 도피시키는 등으로 강제집행을 곤란하게 하는 것을 방지함에 주된 목적이 있는 것이지 조세 미납자의 신병을 확보하거나 출국의 자유를 제한하여 심리적 압박을 가함으로써 미납 세금을 자진납부하도록 하기 위한 것이 아니다. 따라서 재산을 해외로 도피할 우려가 있는지 여부 등을 확인하지 아니한 채 단순히 일정 금액 이상의 조세를 미납하였고 그 미납에 정당한 사유가 없다는 사유만으로 바로 출국금지 처분을 하는 것은 위와 같은 헌법상의 기본권 보장 원리 및 과잉금지의 원칙에 비추어 허용되지 아니한다. 나아가 재산의 해외 도피 가능성 여부에 관한 판단에 있어서도 … 출국금지로써 달성하려는 공익목적과 그로 인한 기본권 제한에 따라 당사자가 받게 될 불이익을 비교형량하여 합리적인 재량권의 범위 내에서 출국금지 여부를 결정하여야 한다(대판 2013.12.26, 2012두18363).

## 2. 국세청장의 출국금지요청이 요건을 갖추지 못하였다는 이유만으로 이에 기한 법무부장관의 출국금지처분이 위법하다고 할 수 없다

> 국세청장 등의 출국금지 요청이 있는 경우에도 법무부장관은 이에 구속되지 않고 출국금지의 요건이 갖추어졌는지를 따져서 처분 여부를 결정할 수 있다. 따라서 국세청장 등의 출국금지 요청이 요건을 구비하지 못하였다는 사유만으로 출국금지 처분이 당연히 위법하게 되는 것은 아니고, 앞서 본 재산의 해외 도피 가능성 등 출국금지 처분의 요건이 갖추어졌는지 여부에 따라 그 적법 여부가 가려져야 할 것이다(대판 2013.12.26, 2012두18363).

# 제6절 시정명령

## 1. 「독점규제 및 공정거래에 관한 법률」에 의한 시정명령의 명확성 정도

**최신기출** 「독점규제 및 공정거래에 관한 법률」에 의한 시정명령이 지나치게 구체적인 경우 매일 매일 다소간의 변형을 거치면서 행해지는 수많은 거래에서 정합성이 떨어져 결국 무의미한 시정명령이 되므로 그 본질적인 속성상 다소간의 포괄성·추상성을 띨 수밖에 없다 할 것이고, 한편 시정명령제도를 둔 취지에 비추어 시정명령의 내용은 과거의 위반행위에 대한 중지는 물론 가까운 장래에 반복될 우려가 있는 동일한 유형의 행위의 반복금지까지 명할 수 있는 것으로 해석함이 상당하다[대판(전합) 2003.2.20, 2001두5347].

## 2.

**최신기출** 구 「하도급거래 공정화에 관한 법률」 제13조, 제16조 등의 위반행위가 있었으나 그 위반행위의 결과가 더 이상 존재하지 않는 경우, 같은법 제25조 제1항에 의한 시정명령을 할 수 없다(대판 2010.11.11., 2008두20093). ★ 18 지방7급

## 3. 명의만 빌려준 명목상 건축주가 구 건축법 제69조 제1항에 정한 위반건축물에 대한 시정명령의 상대방이 되는 '건축주'에 해당한다

건축법의 관계 규정상 건축허가 혹은 건축신고시 관할 행정청에 명의상 건축주가 실제 건축주인지 여부에 관한 실질적 심사권이 있다고 보기 어렵고, 또 명목상 건축주라도 그것이 자의에 의한 명의대여라면 당해 위반건축물에 대한 직접 원인행위자는 아니라 하더라도 명의대여자로서 책임을 부담함이 상당한 점, 만약 이와 같이 보지 않을 경우 건축주는 자신이 명목상 건축주에 불과하다고 주장하여 책임회피의 수단으로 악용할 가능성이 있고, 또 건축주 명의대여가 조장되어 행정법 관계를 불명확하게 하고 법적 안정성을 저해하는 요소로 작용할 수 있는 점 등을 종합적으로 고려하여 보면, 당해 위반건축물에 대해 건축주 명의를 갖는 자는 명의가 도용되었다는 등의 특별한 사정이 있지 않은 한 구 건축법 제69조 제1항의 건축주에 해당한다고 보아야 한다(대판 2008.7.24, 2007두5639).

## 4.

구 「하도급거래 공정화에 관한 법률」 제13조 제8항에 따라 공정거래위원회가 정하여 고시한 고시이율에 의한 지연손해금의 지급을 명하는 공정거래위원회의 시정명령 이후에 수급사업자의 원사업자에 대한 하도급대금 청구소송에서 법정이율에 의한 지연손해금의 지급을 명하는 판결이 확정된 경우, 시정명령 중 고시이율과 법정이율의 차액에 해당하는 지연손해금의 지급을 명하는 부분이 위법하게 되고, 이는 법정이율에 의한 지연손해금의 지급을 명하는 판결이 확정된 후에 공정거래위원회가 시정명령을 하는 경우에도 마찬가지이다(대판 2015.12.10, 2013두35013).

## 5. 공정거래위원회가 구 「독점규제 및 공정거래에 관한 법률」 제23조 제1항 또는 제2항, 제23조의2 또는 제23조의3, 구 「대리점거래의 공정화에 관한 법률」 제6조부터 제12조를 위반한 사업자에 대하여 위반행위를 시정하기 위해 필요한 제반 조치를 할 수 있고, 공정거래위원회에 이러한 시정의 필요성 및 시정에 필요한 조치 내용의 판단에 관한 재량이 인정된다

**최신판례** 공정거래위원회는 구 공정거래법 제23조 제1항 또는 제2항, 제23조의2 또는 제23조의3, 구 대리점법 제6조부터 제12조를 위반한 사업자에 대하여 위반행위를 시정하기 위하여 필요하다고 인정되는 제반 조치를 할 수 있고, 이러한 시정의 필요성 및 시정에 필요한 조치의 내용에 관하여는 공정거래위원회에 그 판단에 관한 재량이 인정된다(대판 2022.5.12, 2022두31433).

ADMINISTRATION

# 04

행정구제법

# 제1장
# 사전적 권리구제수단

## Ⅰ. 청원

### 1. 청원에 대한 심사처리결과의 통지 유무는 처분이 아니다

> 국가기관이 그 수리한 청원을 받아들여 구체적인 조치를 취할 것인지 여부는 국가기관의 자유재량에 속한다고 할 것일 뿐만 아니라 이로써 청원자의 권리·의무, 그 밖의 법률관계에는 하등의 영향을 미치는 것이 아니므로 청원에 대한 심사처리결과의 통지 유무는 행정소송의 대상이 되는 행정처분이라고 할 수 없다(대판 1990.5.25, 90누1458).

### 2. 청원에 대해 국가기관에게 청원서를 수리·심사하여 그 결과를 통지하여야 할 헌법상의 작위의무가 있다

> 헌법 제26조와 청원법의 규정에 의할 때, 헌법상 보장된 청원권은 공권력과의 관계에서 일어나는 여러 가지 이해관계, 의견, 희망 등에 관하여 적법한 청원을 한 모든 국민에게, 국가기관이 청원을 수리·심사하여 그 결과를 통지할 것을 요구할 수 있는 권리를 말하므로, 청원서를 접수한 국가기관은 이를 수리·심사하여 그 결과를 통지하여야 할 헌법에서 유래하는 작위의무를 지고 있고, 이에 상응하여 청원인에게는 청원에 대하여 위와 같은 적정한 처리를 할 것을 요구할 수 있는 권리가 있다(헌재결 2004.5.27, 2003헌마851).

### 3. 이중청원에 대해 수리, 심사 및 통지를 하여야 할 작위의무가 없다

> 청원법 제8조는 동일내용의 청원서를 동일기관에 2개 이상 또는 2개 기관 이상에 제출할 수 없도록 하고, 이에 위배된 청원서를 접수한 관서는 이를 취급하지 아니하도록 하고 있으므로, 동일내용의 청원에 대하여는 국가기관이 이를 수리, 심사 및 통지를 하여야 할 아무런 의무가 없다(헌재결 2004.5.27, 2003헌마851).

### 4. 지방의회에 청원을 하고자 할 때에 반드시 지방의회 의원의 소개를 얻도록 한 것은 청원권의 과도한 제한에 해당하지 않는다(기각)

> 지방의회에 청원을 할 때에 지방의회 의원의 소개를 얻도록 한 것은 의원이 미리 청원의 내용을 확인하고 이를 소개하도록 함으로써 청원의 남발을 규제하고 심사의 효율을 기하기 위한 것이고, 지방의회 의원 모두가 소개의원이 되기를 거절하였다면 그 청원내용에 찬성하는 의원이 없는 것이므로 지방의회에서 심사하더라도 인용가능성이 전혀 없어 심사의 실익이 없으며, 청원의 소개의원도 1인으로 족한 점을 감안하면 이러한 정도의 제한은 공공복리를 위한 필요·최소한의 것이라고 할 수 있다(헌재결 1999.11.25, 97헌마54).

5. 국회에 청원을 할 때 의원의 소개를 얻어 청원서를 제출하도록 한 국회법 제123조 제1항은 국회에 청원을 하려는 자의 청원권을 침해하지 않는다(기각)

> 청원권의 구체적 내용은 입법활동에 의하여 형성되며, 입법형성에는 폭넓은 재량권이 있으므로 입법자는 청원의 내용과 절차는 물론 청원의 심사·처리를 공정하고 효율적으로 행할 수 있게 하는 합리적인 수단을 선택할 수 있는 바, 의회에 대한 청원에 국회의원의 소개를 얻도록 한 것은 청원 심사의 효율성을 확보하기 위한 적절한 수단이다. 또한 청원은 일반의안과 같이 처리되므로 청원서 제출단계부터 의원의 관여가 필요하고, 의원의 소개가 없는 민원의 경우에는 진정으로 접수하여 처리하고 있으며, 청원의 소개의원은 1인으로 족한 점 등을 감안할 때 국회법 제123조 제1항이 국회에 청원을 하려는 자의 청원권을 침해한다고 볼 수 없다(헌재결 2006.6.29, 2005헌마604).

## II. 옴부즈만제도(충청북도 청소리 옴부즈만 조례안 재의결 무효확인판결)

### 1. 합의제 행정기관인 옴부즈만의 설치를 조례로 정할 수 있다

> 합의제 행정기관인 옴부즈만(Ombudsman)을 집행기관의 장인 도지사 소속으로 설치하는 데 있어서는 지방자치법 제107조 제1항의 규정에 따라 당해 지방자치단체의 조례로 정하면 되는 것이지 헌법이나 다른 법령상으로 별도의 설치근거가 있어야 되는 것은 아니다(대판 1997.4.11, 96추138).

### 2. 지방의회의 행정 감시·통제기능을 제한·박탈하거나 제3의 기관 또는 집행기관 소속의 특정 행정기관에게 일임하는 조례의 효력은 무효이다

> 지방자치단체의 집행기관의 사무집행에 관한 감시·통제기능은 지방의회의 고유권한이므로 이러한 지방의회의 권한을 제한·박탈하거나 제3의 기관 또는 집행기관 소속의 어느 특정 행정기관에 일임하는 내용의 조례를 제정한다면 이는 지방의회의 권한을 본질적으로 침해하거나 그 권한을 스스로 저버리는 내용의 것으로서 지방자치법령에 위반되어 무효이다(대판 1997.4.11, 96추138).

### 3. 옴부즈만 구성원의 임면시 지방의회의 사전 동의를 얻도록 조례로써 정한 것이 집행기관의 인사권을 침해한 것이 아니다

> 집행기관의 구성원의 전부 또는 일부를 지방의회가 임면하도록 하는 것은 지방의회가 집행기관의 인사권에 사전에 적극적으로 개입하는 것이어서 원칙적으로 허용되지 않지만, 지방자치단체의 집행기관의 구성원을 집행기관의 장이 임면하되 다만 그 임면에 지방의회의 동의를 얻도록 하는 것은 지방의회가 집행기관의 인사권에 소극적으로 개입하는 것으로서 지방자치법이 정하고 있는 지방의회의 집행기관에 대한 견제권의 범위 안에 드는 적법한 것이므로, 지방의회가 조례로써 옴부즈만의 위촉(임명)·해촉시에 지방의회의 동의를 얻도록 정하였다고 해서 집행기관의 인사권을 침해한 것이라 할 수 없다(대판 1997.4.11, 96추138).

## 4. 지방자치법령상의 지방공무원의 총정원을 늘리는 것을 내용으로 하는 조례가 내무부장관의 사전승인 없이 제정된 경우, 그 조례의 효력은 무효이다

> 지방자치단체에 두는 지방공무원의 정수를 정하는 내용의 조례는 지방자치법 제103조 제1항, 지방자치단체의행정기구와정원기준등에관한규정 제14조 제1항과 제21조 제1항, 지방자치단체의행정기구와정원기준등에관한규정시행규칙 제3조 제1항 [별표 1]의 규정에 의한 지방공무원의 총정원의 범위 내에서 정원관리기관별로 지방공무원의 정수를 정하는 것일 경우에 한하여 유효하고, 내무부장관의 사전승인을 얻지 아니하고 총정원을 늘리는 것을 내용으로 하는 조례는 위 법령에 위반되어 무효이다(대판 1997.4.11, 96추138).

## 5. 옴부즈맨조례안이 내무부장관의 사전승인 없이 지방자치법령상의 지방공무원의 총정원을 늘리는 것을 내용으로 하고 있어 무효라고 한 사례

> 집행기관의 하나인 옴부즈맨에 4급 이상의 지방공무원 1명을 상임 옴부즈맨으로 임명하도록 하고 있는 옴부즈맨조례안에 대하여, 그 조례안이 당해 지방자치단체에 두는 지방공무원의 현 정원이 지방자치법령상의 산식에 의한 총정원을 초과하고 있는 상태에서 의결됨으로써 지방자치단체에 두는 지방공무원의 총정원을 결과적으로 늘리는 것을 내용으로 하고 있다는 이유로, 그 의결시 내무부장관(현 안전행정부장관)의 사전승인을 얻지 아니하여 무효라고 본 사례(대판 1997.4.11, 96추138)

## Ⅲ. 고충민원처리제도

### 1. 국민고충처리위원회에 대한 고충민원의 신청은 원칙적으로 행정심판청구가 아니다

> 국민고충처리제도는 국무총리 소속하에 설치된 국민고충처리위원회로 하여금 행정과 관련된 국민의 고충민원을 상담·조사하여 행정기관의 처분 등이 위법·부당하다고 인정할 만한 상당한 이유가 있는 경우에 관계행정기관의 장에게 적절한 시정조치를 권고하도록 함으로써 국민의 불편과 부담을 시정하기 위한 제도로서 행정심판법에 의한 행정심판 내지 다른 특별법에 따른 이의신청, 심사청구, 재결의 신청 등의 불복구제절차와는 제도의 취지나 성격을 달리하고 있으므로 국민고충처리위원회에 대한 고충민원의 신청이 행정소송의 전치절차로서 요구되는 행정심판청구에 해당하는 것으로 볼 수는 없다(대판 1995.9.29, 95누5332).

### 2. 국민고충처리위원회에 대한 고충민원신청서의 제출을 예외적으로 행정심판청구로 볼 수 있는 경우

> 다만, 국민고충처리위원회에 접수된 신청서가 행정기관의 처분에 대하여 시정을 구하는 취지임이 내용상 분명한 것으로서 국민고충처리위원회가 이를 당해 처분청 또는 그 재결청에 송부한 경우에 한하여 행정심판법 제17조 제2항·제7항의 규정에 의하여 그 신청서가 국민고충처리위원회에 접수된 때에 행정심판청구가 제기된 것으로 볼 수 있다(대판 1995.9.29, 95누5332).

# 제2장
# 손해전보

## 제1절 손해배상과 손실보상의 구별

국가 등에 의하여 사유지가 불법사용되는 경우에 토지수용법 제48조 제2항에 의한 수용청구권을 인정하지 않는 것은 헌법에 위반되지 않는다

> 공권력의 작용에 의한 손실(손해)전보제도를 손실보상과 국가배상으로 나누고 있는 우리 헌법 아래에서는 불법사용의 경우에는 국가배상 등을 통하여 문제를 해결할 것으로 예정되어 있고 기존 침해상태의 유지를 전제로 보상청구나 수용청구를 함으로써 문제를 해결하도록 예정되어 있지는 않으므로 토지수용법 제48조 제2항 중 '사용' 부분이 불법사용의 경우를 포함하지 않는다고 하더라도 헌법에 위반되지 아니한다(헌재결 1997.3.27, 96헌바21).

## 제2절 행정상의 손해배상

## 제1항 행정상 손해배상제도의 규범적 구조

### Ⅰ. 「자동차손해배상 보장법」

### 1. 국가의 배상책임

#### (1) 「자동차손해배상 보장법」에 의한 국가배상책임

#### ① 운행자는 운행지배와 운행이익을 향수하는 자(차주)를 말한다

> 자동차손해배상보장법 제3조 소정의 '자기를 위하여 자동차를 운행하는 자'라고 함은 자동차에 대한 운행을 지배하여 그 이익을 향수하는 책임주체로서의 지위에 있는 자를 뜻하는 것이다(대판 1994.12.27, 94다31860).

#### ② 공무원의 국가 소유의 오토바이의 무단운전행위에 대한 국가의 위 오토바이에 대한 운행보유자성 인정사례

> 국가소속 공무원이 관리권자의 허락을 받지 아니한 채 국가소유의 오토바이를 무단으로 사용하다가 교통사고가 발생한 경우에 있어 국가가 그 오토바이와 시동열쇠를 무단운전이 가능한 상태로 잘못 보관하였고 위 공무원으로서도 국가와의 고용관계에 비추어 위 오토바이를 잠시 운전하다가 본래의 위치에 갖다 놓았을 것이 예상되는 한편 피해자들로 위 무단운전의 점을 알지 못하고 또한 알 수도 없었던 일반 제3자인 점에 비추어 보면 국가가 위 공무원의 무단운전에도 불구하고 위 오토바이에 대한 객관적, 외형적인 운행지배 및 운행이익을 계속 가지고 있었다고 봄이 상당하다(대판 1988.1.19, 87다카2202).

③

> 군 소속 차량의 운전수가 일과시간 후에 무단으로 차를 운행하다가 사고가 일어난 경우 자동차손해배상보장법 및 국가배상법상의 책임은 부정된다(대판 1981.2.10, 80다2720).

**④ 자동차가 관용차량인 경우 국가 또는 지방자치단체가 배상책임을 부담한다** ★ 11 서울교행7급

> 공무원이 그 직무를 집행하기 위하여 국가 또는 지방자치단체 소유의 관용차를 운행하는 경우, 그 자동차에 대한 운행지배와 운행이익은 그 공무원이 소속한 국가 또는 지방자치단체에 귀속된다고 할 것이고, 그 공무원 자신이 개인적으로 그 자동차에 대한 운행지배나 운행이익을 가지는 것이라고는 볼 수 없으므로, 그 공무원이 자기를 위하여 관용차를 운행하는 자로서 같은법 소정의 손해배상책임의 주체가 될 수는 없다(대판 1992.2.25, 91다12356).

**(2) 국가배상법에 의한 국가배상책임 : 공무원이 공무수행을 위하여 차량을 운전 중 사고로 타인에게 손해를 발생시킨 경우 자배법이 적용되지 않는 경우에는 국가배상법이 적용된다.**

**① 공무원이 자신의 승용차를 운전하여 공무를 수행하고 돌아오던 중 교통사고로 동승한 다른 공무원을 사망하게 한 경우 국가배상책임이 성립된다**

`전합판례` > 외형상 객관적으로 직무와 밀접한 관련이 있는 행위이고, 가해행위를 한 공무원과 동일한 목적을 위한 업무를 수행한 공무원이라 할지라도 그가 가해행위에 관여하지 아니한 이상 국가배상법 제2조 제1항 소정의 '타인'에 해당하므로 국가배상법에 의한 손해배상책임이 인정된다[대판(전합) 1998.11.19, 97다36873].

## 2. 공무원의 배상책임

**(1) 자동차가 공무원 개인 소유인 경우 공무원이 자동차손해배상보장법상 배상책임을 부담한다** ★ 15 국회8급

> 자동차손해배상보장법의 입법취지에 비추어 볼 때, 같은 법 제3조는 자동차의 운행이 사적인 용무를 위한 것이건 국가 등의 공무를 위한 것이건 구별하지 아니하고 민법이나 국가배상법에 우선하여 적용된다고 보아야 한다. 따라서 일반적으로 공무원의 공무집행상의 위법행위로 인한 공무원 개인 책임의 내용과 범위는 민법과 국가배상법의 규정과 해석에 따라 정하여 질 것이지만, 자동차의 운행으로 말미암아 다른 사람을 사망하게 하거나 부상하게 함으로써 발생한 손해에 대한 공무원의 손해배상책임의 내용과 범위는 이와는 달리 자동차손해배상보장법이 정하는 바에 의할 것이므로, 공무원이 직무상 자동차를 운전하다가 사고를 일으켜 다른 사람에게 손해를 입힌 경우에는 그 사고가 자동차를 운전한 공무원의 경과실에 의한 것인지 중과실 또는 고의에 의한 것인지를 가리지 않고, 그 공무원이 자동차손해배상보장법 제3조 소정의 '자기를 위하여 자동차를 운행하는 자'에 해당하는 한 자동차손해배상보장법상의 손해배상책임을 부담한다(대판 1996.3.8, 94다23876).

## Ⅱ. 「실화책임에 관한 법률」

**1.** 일반 불법행위에 대한 과실책임주의의 예외로서 경과실로 인한 실화의 경우 실화피해자의 손해배상 청구권을 전면 부정하고 있는 「실화책임에 관한 법률」(실화책임법)은 헌법에 합치되지 아니한다(헌법 불합치)

> 실화책임법은 위와 같은 입법목적을 달성하는 수단으로서, 경과실로 인한 화재의 경우에 실화자의 손해배상책임을 감면하여 조절하는 방법을 택하지 아니하고, 실화자의 배상책임을 전부 부정하고 실화피해자의 손해배상청구권도 부정하는 방법을 채택하였다. 그러나 화재피해의 특수성을 고려하여 과실 정도가 가벼운 실화자를 가혹한 배상책임으로부터 구제할 필요가 있다고 하더라도, 그러한 입법목적을 달성하기 위하여 실화책임법이 채택한 방법은 입법목적의 달성에 필요한 정도를 벗어나 지나치게 실화자의 보호에만 치중하고 실화피해자의 보호를 외면한 것이어서 합리적이라고 보기 어렵고, 실화피해자의 손해배상청구권을 입법목적상 필요한 최소한도를 벗어나 과도하게 많이 제한하는 것이다. 또한 화재피해자에 대한 보호수단이 전혀 마련되어 있지 아니한 상태에서, 화재가 경과실로 발생한 경우에 화재와 연소의 규모와 원인 등 손해의 공평한 분담에 관한 여러 가지 사항을 전혀 고려하지 아니한 채, 일률적으로 실화자의 손해배상책임과 피해자의 손해배상청구권을 부정하는 것은, 일방적으로 실화자만 보호하고 실화피해자의 보호를 외면한 것으로서 실화자 보호의 필요성과 실화피해자 보호의 필요성을 균형있게 조화시킨 것이라고 보기 어렵다(헌재결 2007.8.30, 2004헌가25).

**2.**

> 헌법재판소의 헌법불합치결정 당시 구 「실화책임에 관한 법률」이 재판의 전제가 되어 법원에 계속 중이었던 사건에도 위 헌법불합치결정에 따라 개정된 「실화책임에 관한 법률」이 적용된다(대판 2010.7.22, 2009다57910).

## Ⅲ. 학교안전법에 의한 공제제도

**1.** 「학교안전사고 예방 및 보상에 관한 법률」에 의한 공제급여 지급책임에 과실책임 원칙이나 과실상계 이론이 적용되지 않고, 민사상 손해배상 사건에서 기왕증이 손해의 확대 등에 기여한 경우 손해배상 책임의 범위를 제한하는 법리도 원칙적으로 공제급여에 적용되지 않는다

> `전합판례` 학교안전법에 의한 공제제도는 상호부조 및 사회보장적 차원에서 학교안전사고로 피공제자가 입은 피해를 직접 전보하기 위하여 특별법으로 창설한 것으로서 일반 불법행위로 인한 손해배상 제도와는 취지나 목적이 다르다. 따라서 법률에 특별한 규정이 없는 한 학교안전법에 의한 공제급여의 지급책임에는 과실책임의 원칙이나 과실상계의 이론이 당연히 적용된다고 할 수 없고, 또한 민사상 손해배상 사건에서 기왕증이 손해의 확대 등에 기여한 경우에 공평의 견지에서 과실상계의 법리를 유추적용하여 손해배상책임의 범위를 제한하는 법리도 법률에 특별한 규정이 없는 이상 학교안전법에 따른 공제급여에는 적용되지 않는다[대판(전합) 2016.10.19, 2016다208389].

## 2. 피공제자가 경과실로 학교안전사고를 일으킨 경우, 학교안전공제회가 수급권자에게 공제급여를 지급한 후 피공제자를 상대로 구상권을 행사할 수 없다

> 가해자인 피공제자가 경과실로 학교안전사고를 일으킨 경우에 수급권자에게 공제급여가 지급되면 그 피공제자는 피해자 측에 대한 손해배상책임이 면제될 뿐만 아니라 학교안전공제회에 대한 구상책임도 없으므로, 결과적으로 경과실로 학교안전사고를 일으킨 피공제자와 학교안전공제회 사이에서는 학교안전공제회가 최종적인 부담을 지게 된다. 이는 학교안전법이 경과실로 학교안전사고를 일으킨 가해자인 피공제자까지 보호하기 위하여 특별히 배려한 것으로 볼 수 있다(대판 2019.12.13, 2018다287010)

## 3.

> 최신판례 경과실로 학교안전사고를 일으킨 피공제자가 먼저 피해자에게 손해배상을 한 경우, 학교안전공제회를 상대로 구상권을 행사할 수 있다(대판 2019.12.13, 2018다287010).

## 4.

> 최신판례 학교안전공제회가 학교안전사고로 피해를 입은 수급권자에게 공제급여를 지급한 경우, 손해배상책임 있는 피공제자의 책임보험자에게 수급권자의 보험금직접청구권을 대위행사할 수 있고, 이는 책임보험의 피보험자인 피공제자가 경과실로 학교안전사고를 일으킨 경우에도 마찬가지이며, 피공제자가 경과실로 학교안전사고를 일으켜 피공제자의 책임보험자가 먼저 피해자에게 손해배상금을 지급한 경우, 학교안전공제회를 상대로 구상권을 행사할 수 없다(대판 2019.12.13, 2018다287010).

# IV. 국가배상법의 성격과 주체

## 1. 판례(사법설) ★ 17 국회8급, 13 국회9급, 12 순경특채, 07 국가7급, 06 국가9급

> 공무원의 직무상 불법행위로 손해를 받은 국민이 국가 또는 공공단체에 배상을 청구하는 경우 국가 또는 공공단체에 대하여 그의 불법행위를 이유로 손해배상을 구함은 국가배상법이 정한 바에 따른다 하여도 이 역시 민사상의 손해배상책임을 특별법인 국가배상법이 정한 데 불과하다(대판 1972.10.10, 69다701).

> 甲의 국가배상청구소송은 공법상 당사자소송에 해당한다. (×) ■ 17 국회8급

## 2. 국가배상청구권의 법적 성격은 청구권

> 헌법 제26조는 공무원의 직무상 불법행위로 손해를 받은 국민은 국가 또는 공공단체에 배상을 청구할 수 있다고 규정하여 공무원의 불법행위로 손해를 받은 국민은 그 신분에 관계 없이 누구든지 국가 또는 공공단체에 그 불법행위로 인한 손해전부의 배상을 청구할 수 있는 기본권(청구권)을 보장하였다(대판 1971.6.22, 70다1010).

## 3. 배상청구권의 주체

### (1) 국가배상법 제7조에서 정한 '상호보증'이 있는지 판단하는 기준

국가배상법 제7조는 우리나라만이 입을 수 있는 불이익을 방지하고 국제관계에서 형평을 도모하기 위하여 외국인의 국가배상청구권의 발생요건으로 '외국인이 피해자인 경우에는 해당 국가와 상호보증이 있을 것'을 요구하고 있는데, 해당 국가에서 외국인에 대한 국가배상청구권의 발생요건이 우리나라의 그것과 동일하거나 오히려 관대할 것을 요구하는 것은 지나치게 외국인의 국가배상청구권을 제한하는 결과가 되어 국제적인 교류가 빈번한 오늘날의 현실에 맞지 아니할 뿐만 아니라 외국에서 우리나라 국민에 대한 보호를 거부하게 하는 불합리한 결과를 가져올 수 있는 점을 고려할 때, 우리나라와 외국 사이에 국가배상청구권의 발생요건이 현저히 균형을 상실하지 아니하고 외국에서 정한 요건이 우리나라에서 정한 그것보다 전체로서 과중하지 아니하여 중요한 점에서 실질적으로 거의 차이가 없는 정도라면 국가배상법 제7조가 정하는 상호보증의 요건을 구비하였다고 봄이 타당하다. 그리고 상호보증은 외국의 법령, 판례 및 관례 등에 의하여 발생요건을 비교하여 인정되면 충분하고 반드시 당사국과의 조약이 체결되어 있을 필요는 없으며, 당해 외국에서 구체적으로 우리나라 국민에게 국가배상청구를 인정한 사례가 없더라도 실제로 인정될 것이라고 기대할 수 있는 상태이면 충분하다(대판 2015.6.11, 2013다208388).

### (2)

중화민국민법 제188·192·197조에 외국인도 중화민국을 상대로 피용인의 직무집행시의 불법행위로 인한 재산상 및 정신상 손해를 배상하도록 규정되어 있으므로 중화민국과 우리나라 사이에 국가배상법 본조에 이른바 외국인이 피해자인 경우에 상호의 보증이 있는 때에 해당한다(대판 1968.12.3, 68다1929).

### (3) 공무집행 중인 미합중국 군대의 구성원이나 고용원의 작위나 부작위 또는 사고에 대한 소송은 대한민국을 상대로 하는 것이 원칙이지만, '계약에 의한 청구권'의 실현을 위한 소송의 상대방은 미합중국이다

'대한민국과 아메리카합중국 간의 상호방위조약 제4조에 의한 시설과 구역 및 대한민국에서의 합중국군대의 지위에 관한 협정[한미행정협정 = SOFA(Status of Forces Agreement)]' 제23조 제5항은 공무집행 중인 미합중국 군대의 구성원이나 고용원의 작위나 부작위 또는 미합중국 군대가 법률상 책임을 지는 기타의 작위나 부작위 또는 사고로서 대한민국 안에서 대한민국 정부 이외의 제3자에게 손해를 가한 것으로부터 발생하는 청구권은 대한민국이 이를 처리하도록 규정하고 있으므로 위 청구권의 실현을 위한 소송은 대한민국을 상대로 제기하는 것이 원칙이고, 대한민국을 상대로 위와 같은 소송을 제기하기 위하여는 「대한민국과 아메리카합중국 간의 상호방위조약 제4조에 의한 시설과 구역 및 대한민국에서의 합중국군대의 지위에 관한 협정의 시행에 관한 민사특별법」 제2조, 제4조에 따라 국가배상법이 규정하고 있는 전치절차를 거쳐야 하지만(현행법상으로는 임의주의) 한편, 위 한미행정협정 제23조 제5항은 위와 같은 청구권이라고 하더라도 그것이 '계약에 의한 청구권(contractual claim)'인 경우에는 대한민국이 처리할 대상에서 제외하도록 규정하고 있으므로 위 '계약에 의한 청구권'의 실현을 위한 소송은 계약당사자인 미합중국을 상대로 제기할 수 있다(대판 1997.12.12, 95다29895).

### (4) 일본인 甲이 대한민국 소속 공무원의 위법한 직무집행에 따른 피해에 대하여 국가배상청구를 한 사안에서, 우리나라와 일본 사이에 국가배상법 제7조가 정하는 상호보증이 있다고 한 사례

일본인 甲이 대한민국 소속 공무원의 위법한 직무집행에 따른 피해에 대하여 국가배상청구를 한 사안에서, 일본 국가배상법 제1조 제1항, 제6조가 국가배상청구권의 발생요건 및 상호보증에 관하여 우리나라 국가배상법과 동일한 내용을 규정하고 있는 점 등에 비추어 우리나라와 일본 사이에 국가배상법 제7조가 정하는 상호보증이 있다고 한 사례(대판 2015.6.11, 2013다208388).

## 제2항 공무원의 직무상 불법행위로 인한 손해배상

## 제1목 배상책임의 요건

국가나 지방자치단체는 공무원 또는 공무를 위탁받은 사인이 직무를 집행하면서 고의 또는 과실로 법령을 위반하여 타인에게 손해를 입히거나, 「자동차손해배상 보장법」에 따라 손해배상의 책임이 있을 때에는 이 법에 따라 그 손해를 배상하여야 한다(국가배상법 제2조 제1항).

## Ⅰ. 공무원 또는 공무수탁사인

### 1. 국가배상법 제2조 소정의 '공무원'의 의미 ★ 19 국가7급, 19 국회8급, 17 서울7급

최신기출
> 국가배상법 제2조 소정의 '공무원'이라 함은 국가공무원법이나 지방공무원법에 의하여 공무원으로서의 신분을 가진 자에 국한하지 않고, 널리 공무를 위탁받아 실질적으로 공무에 종사하고 있는 일체의 자를 가리키는 것으로서, 공무의 위탁이 일시적이고 한정적인 사항에 관한 활동을 위한 것이어도 달리 볼 것은 아니다(대판 2001.1.5, 98다39060).

▶ 공무를 위탁받아 실질적으로 공무에 종사하고 있더라도 그 위탁이 일시적이고 한정적인 경우에는 「국가배상법」 제2조의 공무원에 해당하지 않는다. (x) ■ 17 서울7급

### 2. 공무원 인정사례

1. 공무원법상의 공무원
   ① 국회의원(대판 1997.6.13, 96다56115)
   ② 판사·법관(대판 2001.10.12, 2001다47290)·검사(대판 2002.2.22, 2001다23447)·헌법재판소 재판관(대판 2003.7.11, 99다24218)
2. 공무수탁사인
   ① 집달사(집달리 ; 현행은 집행관)(대판 1966.7.26, 66다854)
   ② 군무수행을 위해 채용된 민간인(군무원)(대판 1970.11.24, 70다2253)
   ③ 통장(대판 1991.7.9, 91다5570)
   ④ 동장에 의해 선정된 교통할아버지(대판 2001.1.5, 98다39060)
   ⑤ 수산업협동조합(대판 2003.11.14., 2002다55304)
3. 미합중국군군대에 파견되어 있는 한국증원군대의 구성원(KAT- USA)의 운전병(대판 1969.2.18, 68다2346)
4. 소집 중인 향토예비군(대판 1970.5.26, 70다471)
5. 육군병기계공작창 내규에 의해 군무수행을 위하여 채용되어 소속부대 차량의 운전업무에 종사하는 자(대판 1970.11.24, 70다2253)
6. 서울특별시 산하 구청 청소차량 운전수(대판 1980.9.24, 80다1051)
7. 전투경찰(대판 1995.11.10, 95다23897)
8. 공법인 (대한변호사협회)이 국가로부터 위탁받은 공행정사무를 집행하는 경우 공법인의 임직원 (대한변호사협회장)이나 피용인(대판 2021.1.28, 2019다260197)

**(1) 서울특별시 산하 구청 청소차량 운전수는 공무원에 해당한다** ★ 10 국가9급

> 서울특별시 산하 관악구청소속 청소차량 운전원은 지방잡급직원규정에 따른 단순한 노무제공만을 행하는 기능직 잡급직원으로서 본조 제1항 제7호에 규정한 단순한 노무에 종사하는 공무원이다(대판 1980.9.24, 80다1051).

**(2) 동장에 의해 선정된 교통할아버지는 공무원에 해당한다** ★ 12 국가9급, 11 순경특채, 10 지방9급

> 지방자치단체(서울특별시 강서구 ; 필자 주)가 '교통할아버지 봉사활동계획'을 수립한 후 관할 동장으로 하여금 '교통할아버지'를 선정하게 하여 어린이 보호, 교통안내, 거리질서 확립 등의 공무를 위탁하여 집행하게 하던 중 '교통할아버지'로 선정된 노인이 위탁받은 업무범위를 넘어 교차로 중앙에서 교통정리를 하다가 교통사고를 발생시킨 경우, 지방자치단체가 국가배상법 제2조 소정의 배상책임을 부담한다(대판 2001.1.5, 98다39060).

## 3. 공무원 부정사례

1. 의용소방대원(대판 1978.7.11, 78다584) : 소방공무원과 구별
2. 법령에 의해 대집행권한을 위탁받은 한국토지공사(대판 2010.1.28, 2007다82950)
3. 「부동산소유권 이전등기 등에 관한 특별조치법」상 보증인(대판 2019.1.31, 2013다14217)

**(1) 법령에 의해 대집행권한을 위탁받은 한국토지공사가 대집행을 행할 때 국가배상법 제2조 소정의 공무원의 지위에 있다고 할 수 없다** ★ 21·15·13 국회8급, 19 지방9급, 15·12 지방7급, 13·12 국회9급

`최신기출`
> 한국토지공사는 이러한 법령의 위탁에 의하여 이 사건 대집행을 수권받은 자로서 공무인 대집행을 실시함에 따르는 권리·의무 및 책임이 귀속되는 행정주체의 지위에 있다고 볼 것이지 지방자치단체 등의 기관으로서 국가배상법 제2조 소정의 공무원에 해당한다고 볼 것은 아니다(대판 2010.1.28, 2007다82950).

> 법령에 의해 대집행권한을 위탁받은 한국토지공사는 「국가배상법」 제2조에서 말하는 공무원에 해당한다. (x) ■ 15 국회8급
> 법령에 의해 대집행권한을 위탁받은 한국토지공사는 대집행을 수권 받은 자로서 「국가배상법」 제2조 소정의 공무원에 해당한다. (x) ■ 15 지방7급
> 법령의 위탁에 의해 지방자치단체로부터 대집행을 수권받은 구 한국토지공사는 지방자치단체의 기관으로서 「국가배상법」 제2조 소정의 공무원에 해당한다. (x) ■ 19 지방9급
> 본래 시·도지사나 시장·군수 또는 구청장의 업무에 속하는 대집행권한이 LH공사에게 위탁된 경우에 LH공사는 지방자치단체 등의 기관으로서 「국가배상법」 제2조 소정의 공무원에 해당한다. (x) ■ 21 국회8급

**(2) 구 「부동산소유권 이전등기 등에 관한 특별조치법」상 보증인은 공무를 위탁받아 실질적으로 공무를 수행한다고 볼 수 없다**

`최신판례`
> 보증인을 위촉하는 관청은 소정 요건을 갖춘 주민을 보증인으로 위촉하는 데 그치고 대장소관청은 보증서의 진위를 확인하기 위한 일련의 절차를 거쳐 확인서를 발급할 뿐 행정관청이 보증인의 직무수행을 지휘·감독할 수 있는 법령상 근거가 없으며, 보증인은 보증서를 작성할 의무를 일방적으로 부과받으면서도 어떠한 경제적 이익도 제공받지 못하는 반면 재량을 가지고 발급신청의 진위를 확인하며 그 내용에 관하여 행정관청으로부터 아무런 간섭을 받지 않기 때문이다(대판 2019.1.31, 2013다14217).

## II. 직무행위

### 1. 직무행위의 범위

**(1) 광의설** ★ 21 국가9급, 19·18 서울7급, 17·11 지방7급, 17 국회8급, 17 국가9급, 16 지방7급, 14 서울9급, 14 지방9급, 14 순경특채, 13 행정사, 10 국가7급

> **최신기출** 국가배상법이 정한 손해배상청구의 요건인 '공무원의 직무'에는 국가나 지방자치단체의 권력적 작용뿐만 아니라 비권력적 작용도 포함되지만 단순한 사경제의 주체로서 하는 작용은 포함되지 않는다(대판 2004.4.9, 2002다10691).

「국가배상법」이 정하는 손해배상청구의 요건인 '공무원의 직무'에는 비권력작용인 행정지도는 포함되지 아니한다. (x)
■ 17 국회8급
국가배상청구의 요건인 공무원의 직무에는 비권력적 작용도 포함되며 행정주체가 사경제주체로서 하는 활동도 포함된다. (x)
■ 18 서울7급
국가배상의 요건인 '공무원의 직무'에는 국가나 지방자치단체의 비권력적 작용과 사경제 주체로서 하는 작용이 포함된다. (x)
■ 21 국가9급

**(2) 공공용지의취득및손실보상에관한특례법에 의하여 공공용지를 협의취득한 사업시행자가 그 양도인과 사이에 체결한 매매계약에 기한 불법행위에는 국가배상법이 아니라 민법이 적용된다** ★ 16 지방7급

> 서울특별시장의 대행자인 도봉구청장이 원고와 사이에 체결한 이 사건 매매계약은 공공기관이 사경제주체로서 행한 사법상 매매이므로, 설령 서울특별시장이나 그 대행자인 도봉구청장에게 원고를 위하여 양도소득세 감면신청을 할 법률상의 의무가 인정되고 이러한 의무를 위반하여 원고에게 손해를 가한 행위가 불법행위를 구성하는 것으로 본다 하더라도, 이에 대하여는 국가배상법을 적용하기는 어렵고 일반 민법의 규정을 적용할 수 있을 뿐이라 할 것이다(대판 1999.11.26, 98다47245).

## 2. 직무행위의 내용

### (1) 입법작용

① **국회의 입법행위 또는 입법부작위가 국가배상법 제2조 제1항의 위법행위에 해당하는 경우**(1951년 공비토벌 등을 이유로 국군병력이 작전수행을 하던 중에 거창군 일대의 지역주민이 희생된, 이른바 '거창양민학살사건'으로 인한 희생자와 그 유족들이 국가를 상대로 제기한 손해배상청구소송) ★ 21·13·12 국회9급, 19 국가9급, 17 국가7급, 16 지방9급, 14 지방7급

**최신기출**

우리 헌법이 채택하고 있는 의회민주주의하에서 국회는 다원적 의견이나 각가지 이익을 반영시킨 토론과정을 거쳐 다수결의 원리에 따라 통일적인 국가의사를 형성하는 역할을 담당하는 국가기관으로서 그 과정에 참여한 국회의원은 입법에 관하여 원칙적으로 국민 전체에 대한 관계에서 정치적 책임을 질 뿐 국민 개개인의 권리에 대응하여 법적 의무를 지는 것은 아니므로, 국회의원의 입법행위는 그 입법 내용이 헌법의 문언에 명백히 위배됨에도 불구하고 국회가 굳이 당해 입법을 한 것과 같은 특수한 경우가 아닌 한 국가배상법 제2조 제1항 소정의 위법행위에 해당한다고 볼 수 없고, 같은 맥락에서 국가가 일정한 사항에 관하여 헌법에 의하여 부과되는 구체적인 입법의무를 부담하고 있음에도 불구하고 그 입법에 필요한 상당한 기간이 경과하도록 고의 또는 과실로 이러한 입법의무를 이행하지 아니하는 등 극히 예외적인 사정이 인정되는 사안에 한정하여 국가배상법 소정의 배상책임이 인정될 수 있으며, 위와 같은 구체적인 입법의무 자체가 인정되지 않는 경우에는 애당초 부작위로 인한 불법행위가 성립할 여지가 없다(대판 2008. 5.29, 2004다33469).

헌법에 의하여 일반적으로 부과된 의무가 있음에도 불구하고 국회가 그 입법을 하지 않고 있다면 「국가배상법」상 배상책임이 인정된다. (×) ■ 17 국가7급

국가가 일정한 사항에 관하여 헌법에 의하여 부과되는 구체적인 입법의무를 부담하고 있음에도 불구하고 그 입법에 필요한 상당한 기간이 경과하도록 고의·과실로 입법의무를 이행하지 아니하는 경우, 국가배상책임이 인정될 수 있다. ■ 19 국가9급

### ② 구체적인 입법의무를 부정한 사례

비록 거창사건으로 인한 피해가 매우 중대하고 피해자의 범위도 넓어 상당한 특수성이 있기는 하지만, 거창사건 희생자들의 신원(伸寃)을 위한 진상규명이나 피해배상을 위하여 별도의 특별법을 제정하도록 규정한 헌법상 명시적인 입법위임은 존재하지 아니한다. 그렇다면 거창사건 희생자들의 사망에 관하여 현행 국가배상법의 규정보다 국가의 배상책임을 확대한다든가 혹은 이에 관하여 국가로 하여금 희생자 유족들에게 일정한 보상금을 지급하도록 규정하는 취지의 특별법을 제정할 것인지 여부는 원칙적으로 헌법상 국민의 대의기관으로서 국가의 예산안을 심의·확정하고 법률안을 의결하는 권한을 행사하는 국회(헌법 제49조, 제53조, 제54조 등 참조)와 집행기관으로서 국가 예산을 편성·집행하고 법률안을 공포하는 권한을 행사하는 대통령 및 행정부(헌법 제53조, 제54조, 제89조 등 참조)가 국민 전체의 여론과 국가재정 등을 종합적으로 고려하여 그 재량의 범위 내에서 정책적으로 판단할 문제로 보아야 하고, 6·25사변을 전후하여 경북 문경이나 전남 함평 등 다른 지역에서 발생한 유사사건에 관한 법적 규율 등 제반 사정에 비추어 볼 때 헌법의 해석상 거창사건에 관하여 위와 같은 특별법을 추가로 제정해야 하는 구체적인 입법의무가 국가에게 부과된다고 보기는 어렵다(대판 2008.5.29, 2004다33469).

③

구 의료법 제55조 등 관련 법률 자체로 보건복지부장관에게 사실상 전공의 수련과정을 마친 치과의사들에 대한 치과의사전문의 자격시험 응시자격 부여 등 경과조치에 관한 사항과 관련한 행정입법 의무가 곧바로 도출되지 않고, 이는 국민권익위원회가 보건복지부장관에게 그러한 경과조치를 마련하라는 의견표명을 하였더라도 마찬가지이다(대판 2018.6.15, 2017다249769).

### (2) 재판작용

#### ① 법관의 재판에 대한 국가배상책임이 인정되기 위한 요건 ★ 16 지방9급

> **[최신판례]** 법관의 재판에 법령 규정을 따르지 않은 잘못이 있더라도 이로써 바로 재판상 직무행위가 국가배상법 제2조 제1항에서 말하는 위법한 행위로 되어 국가의 손해배상책임이 발생하는 것은 아니다. 법관의 오판으로 인한 국가배상책임이 인정되려면 법관이 위법하거나 부당한 목적을 가지고 재판을 하였다거나 법이 법관의 직무수행상 준수할 것을 요구하고 있는 기준을 현저하게 위반하는 등 법관이 그에게 부여된 권한의 취지에 명백히 어긋나게 이를 행사하였다고 인정할 만한 특별한 사정이 있어야 한다(대판 2022.3.17, 2019다226975).

법령의 규정을 따르지 아니한 법관의 재판상 직무행위는 곧바로 「국가배상법」 제2조 제1항에서 규정하고 있는 위법행위가 되어 국가의 손해배상책임이 발생한다. (x) ■ 16 지방9급

#### ② 재판에 대하여 불복절차 또는 시정절차가 마련되어 있는 경우, 이를 통한 시정을 구하지 않은 사람은 국가배상에 의한 권리구제를 받을 수 없다 ★ 21 국가7급, 19 서울7급, 19 국가9급, 15 지방7급, 12 국회9급, 10 서울교행

> **[최신기출]** 재판에 대하여 따로 불복절차 또는 시정절차가 마련되어 있는 경우에는 재판의 결과로 불이익 내지 손해를 입었다고 여기는 사람은 그 절차에 따라 자신의 권리 내지 이익을 회복하도록 함이 법이 예정하는 바이므로, 불복에 의한 시정을 구할 수 없었던 것 자체가 법관이나 다른 공무원의 귀책사유로 인한 것이라거나 그와 같은 시정을 구할 수 없었던 부득이한 사정이 있었다는 등의 특별한 사정이 없는 한, 스스로 그와 같은 시정을 구하지 아니한 결과 권리 내지 이익을 회복하지 못한 사람은 원칙적으로 국가배상에 의한 권리구제를 받을 수 없다고 봄이 상당하다고 하겠으나, 재판에 대하여 불복절차 내지 시정절차 자체가 없는 경우에는 부당한 재판으로 인하여 불이익 내지 손해를 입은 사람은 국가배상 이외의 방법으로는 자신의 권리 내지 이익을 회복할 방법이 없으므로, 이와 같은 경우에는 배상책임의 요건이 충족되는 한 국가배상책임을 인정하지 않을 수 없다. 헌법재판소 재판관이 청구기간 내에 제기된 헌법소원심판청구 사건에서 청구기간을 오인하여 각하결정을 한 경우, 이에 대한 불복절차 내지 시정절차가 없는 때에는 국가배상책임(위법성)을 인정할 수 있다고 한 사례(대판 2003.7.11. 99다24218)

#### ③ 이러한 법리는 보전재판의 경우에도 마찬가지이다

> **[최신판례]** 보전재판의 특성상 신속한 절차진행이 중시되고 당사자 일방의 신청에 따라 심문절차 없이 재판이 이루어지는 경우도 많다는 사정을 고려하여 민사집행법에서는 보전재판에 대한 불복 또는 시정을 위한 수단으로서 즉시항고와 효력정지 신청 등 구제절차를 세심하게 마련해 두고 있다. 재판작용에 대한 국가배상책임에 관한 판례는 재판에 대한 불복절차 또는 시정절차가 마련되어 있으면 이를 통한 시정을 구하지 않고서는 원칙적으로 국가배상을 구할 수 없다는 것으로, 보전재판이라고 해서 이와 달리 보아야 할 이유가 없다(대판 2022.3.17, 2019다226975).

| 국가배상 인정사례 | 국가배상 부정사례 |
|---|---|
| 1. 헌법소원 제기기간의 계산착오로 각하한 경우(대판 2003. 7.11, 99다24218)<br><br>2. 등기관이 같은 부동산에 관하여 접수된 두개의 근저당권설정등기신청 가운데 등기필증을 구비하지 못한 선(先) 등기신청의 흠결을 임의로 후(後) 등기신청에 첨부된 등기필증으로 보완함으로써 후(後) 등기신청한 근저당권자가 후순위로 밀려나 임의경매절차에서 배당을 받지 못하는 손해를 입은 경우(대판 2007.11.15, 2004다2786)<br><br>3. 경매 담당 공무원이 이해관계인에게 기일통지를 잘못한 것이 원인이 되어 경락허가결정이 취소된 사안에서, 그 사이 경락대금을 완납하고 소유권이전등기를 마친 경락인에 대하여 국가는 배상책임을 진다(대판 2008.7.10, 2006다23664).<br><br>4. 환지 과정에서 등기관이 새로운 등기부를 편제하면서 근저당권설정등기 및 압류등기의 이기를 누락하였고, 그 등기부를 신뢰하여 부동산을 매수한 매수인이 매매대금을 전부 지급한 후 위 근저당권설정등기 및 압류등기가 이기된 사안(대판 2009.3.12, 2007다76580).<br><br>5. 집행법원이나 경매담당 공무원이 매각물건명세서 작성에 관한 직무상의 의무를 위반한 경우(대판 2010.6.24, 2009다40790)<br><br>6. 매각물건명세서를 작성하면서 매각으로 소멸되지 않는 최선순위 전세권이 매수인에게 인수된다는 취지의 기재를 하지 아니한 경매담당 공무원 등의 직무집행상의 과실로 인하여 매수인이 입은 손해에 대하여 국가배상책임을 인정한 사례(대판 2010.6.24, 2009다40790)<br><br>7. 국가기관이 수사과정에서 한 위법행위로 수집한 증거에 기초하여 공소가 제기되고 유죄의 확정판결까지 받았으나 재심절차에서 형사소송법 제325조 후단의 '피고사건이 범죄사실의 증명이 없는 때'에 해당하여 무죄판결이 확정된 경우(대판 2014.10.27. 2013다217962)<br><br>8. 긴급조치 제9호의 발령부터 적용·집행에 이르는 일련의 국가작용[대판(전합) 2022.8.30, 2018다212610] | 1. 임의경매절차에서 경매담당 법관의 오인에 의해 배당표원안이 잘못 작성되고 그에 대해 불복절차가 제기되지 않아 실체적 권리관계와 다른 배당표가 확정된 경우(대판 2001.4.24, 2000다16114)<br><br>2. 압수수색할 물건의 기재가 누락된 압수수색영장을 발부한 경우(대판 2001.10.12, 2001다47290)<br><br>3. 등기신청의 첨부 서면으로 제출한 판결서의 일부 기재사항 및 기재 형식이 일반적인 판결서의 작성 방식과 다른 경우에 담당 등기관이 자세한 확인절차를 거치지 않은 경우(대판 2005.2.25, 2003다13048)<br><br>4. 경매절차에서 공동주택에 대한 임대차관계의 현황조사를 하는 집행관이 그 공동주택의 외벽에 건축물관리대장 등에 표시된 명칭과 다른 명칭이 표시되어 있다고 하여 그 공동주택의 주민등록전입세대의 열람을 함에 있어서 외벽 표시에 좇아서도 열람을 할 의무가 없다(대판 2010.4.29, 2009다40615). |

#### ④ 위법성 부정사례

##### ㉠ 위헌·무효인 긴급조치에 근거하여 유죄판결을 받은 후 형사소송법 제325조 전단에 의한 재심무죄판결이 확정된 경우, 원칙적으로 국가의 손해배상책임이 인정되지 않는다 ★ 19 지방9급

`최신기출` 형벌에 관한 법령이 헌법재판소의 위헌결정으로 소급하여 효력을 상실하였거나 법원에서 위헌·무효로 선언된 경우, 그 법령이 위헌으로 선언되기 전에 그 법령에 기초하여 수사가 개시되어 공소가 제기되고 유죄판결이 선고되었더라도, 그러한 사정만으로 수사기관의 직무행위나 법관의 재판상 직무행위가 국가배상법 제2조 제1항에서 말하는 공무원의 고의 또는 과실에 의한 불법행위에 해당하여 국가의 손해배상책임이 발생한다고 볼 수는 없다[이 부분은 대판(전합) 2022.8.30. 2018다212610으로 파기]. … 국가기관이 수사과정에서 한 위법행위로 수집한 증거에 기초하여 공소가 제기되고 유죄의 확정판결까지 받았으나 재심절차에서 형사소송법 제325조 후단의 '피고사건이 범죄사실의 증명이 없는 때'에 해당하여 무죄판결이 확정된 경우에는 유죄판결에 의한 복역 등으로 인한 손해에 대하여 국가의 손해배상책임이 인정될 수 있다. … 그러나 긴급조치 제9호 위반의 유죄판결에 대한 재심절차에서 피고인에게 적용된 형벌에 관한 법령이 긴급조치 제9호가 위헌·무효라는 이유로 형사소송법 제325조 전단에 의한 무죄판결이 확정된 경우에는 다른 특별한 사정이 없는 한 수사과정에서 있었던 국가기관의 위법행위로 인하여 재심대상판결에서 유죄가 선고된 경우라고 볼 수 없으므로, 그와 같은 내용의 재심무죄판결이 확정되었다는 사정만으로는 위 1.항의 법리에 비추어 볼 때 유죄판결에 의한 복역 등이 곧바로 국가의 불법행위에 해당한다고 볼 수 없고, 그러한 복역 등으로 인한 손해를 수사과정에서 있었던 국가기관의 위법행위로 인한 손해라고 볼 수 없으므로 국가의 손해배상책임이 인정된다고 하기 어렵다. 이 경우에는 국가기관이 수사과정에서 한 위법행위와 유죄판결 사이에 인과관계가 있는지를 별도로 심리하여 그에 따라 유죄판결에 의한 복역 등에 대한 국가의 손해배상책임의 인정 여부를 정하여야 할 것이다(대판 2014.10.27, 2013다217962).

> 형벌에 관한 법령이 헌법재판소의 위헌결정으로 소급하여 효력을 상실한 경우, 위헌 선언 전 그 법령에 기초하여 수사가 개시되어 공소가 제기되고 유죄판결이 선고되었더라도, 그러한 사정만으로 국가의 손해배상책임이 발생한다고 볼 수 없다. ■ 19 지방9급

#### ⑤ 위법성 인정사례

##### ㉠ 헌법소원 제기기간의 계산착오로 각하한 경우 ★ 19 지방9급, 18 지방7급, 17 국가7급, 14 순경특채, 10 국회8급, 10 국가9급

`최신기출` 헌법소원심판을 청구한 자로서는 헌법재판소 재판관이 일자 계산을 정확하게 하여 본안판단을 할 것으로 기대하는 것이 당연하고, 따라서 헌법재판소 재판관의 위법한 직무집행의 결과 잘못된 각하결정을 함으로써 청구인으로 하여금 본안판단을 받을 기회를 상실하게 한 이상, 설령 본안판단을 하였더라도 어차피 청구가 기각되었을 것이라는 사정이 있다고 하더라도 잘못된 판단으로 인하여 헌법소원심판 청구인의 위와 같은 합리적인 기대를 침해한 것이고 이러한 기대는 인격적 이익으로서 보호할 가치가 있다고 할 것이므로 그 침해로 인한 정신상 고통에 대하여는 위자료를 지급할 의무가 있다(대판 2003.7.11, 99다24218).

> 헌법재판소 재판관이 청구기간을 오인하여 청구기간 내에 제기된 헌법소원심판 청구를 위법하게 각하한 경우, 설령 본안판단을 하였더라도 어차피 청구가 기각되었을 것이라는 사정이 있다면 국가배상책임이 인정될 수 없다. (x) ■ 19 지방9급, 17 국가7급
> 헌법재판소 재판관이 잘못된 각하결정을 하여 청구인으로 하여금 본안판단을 받을 기회를 상실하게 하였더라도, 본안판단에서 어차피 청구가 기각되었을 것이라는 사정이 있다면 국가배상책임이 인정되지 않는다. (x) ■ 19 지방9급, 18 지방7급

##### ㉡ 집행법원이나 경매담당 공무원이 매각물건명세서 작성에 관한 직무상의 의무를 위반한 경우, 국가배상책임이 성립한다 ★ 12 변호사

> 집행법원이나 경매담당 공무원이 위와 같은 직무상의 의무를 위반하여 매각물건명세서에 매각대상 부동산의 현황과 권리관계에 관한 사항을 제출된 자료와 다르게 작성하거나 불분명한 사항에 관하여 잘못된 정보를 제공함으로써 매수인의 매수신고가격 결정에 영향을 미쳐 매수인으로 하여금 불측의 손해를 입게 하였다면, 국가는 이로 인하여 매수인에게 발생한 손해에 대한 배상책임을 진다(대판 2010.6.24, 2009다40790).

ⓒ 매각물건명세서를 작성하면서 매각으로 소멸되지 않는 최선순위 전세권이 매수인에게 인수된다는 취지의 기재를 하지 아니한 경매담당 공무원 등의 직무집행상의 과실로 인하여 매수인이 입은 손해에 대하여 국가배상책임을 인정한 사례 ★ 12 변호사

> 최선순위 전세권은 경매절차에서의 매각으로 소멸되지 않고 매수인에게 인수되는 것이므로 매각물건명세서를 작성함에 있어서 위 전세권이 인수된다는 취지의 기재를 하였어야 할 것임에도 위와 같은 매각물건명세서의 잘못된 기재로 인하여 위 전세권이 매수인에게 인수되지 않은 것으로 오인한 상태에서 매수신고가격을 결정하고 매각대상 부동산을 매수하였다가 위 전세권을 인수하여 그 전세금을 반환하여야 하는 손해를 입은 매수인에 대하여 경매담당 공무원 등의 직무집행상의 과실로 인한 국가배상책임을 인정한 사례(대판 2010.6.24, 2009다40790)

ⓓ 긴급조치 제9호의 발령부터 적용·집행에 이르는 일련의 국가작용에 대한 국가배상책임이 인정된다

**최신판례**

> 긴급조치 제9호는 위헌·무효임이 명백하고 긴급조치 제9호 발령으로 인한 국민의 기본권 침해는 그에 따른 강제수사와 공소제기, 유죄판결의 선고를 통하여 현실화되었다. 이러한 경우 긴급조치 제9호의 발령부터 적용·집행에 이르는 일련의 국가작용은, 전체적으로 보아 공무원이 직무를 집행하면서 객관적 주의의무를 소홀히 하여 그 직무행위가 객관적 정당성을 상실한 것으로서 위법하다고 평가되고, 긴급조치 제9호의 적용·집행으로 강제수사를 받거나 유죄판결을 선고받고 복역함으로써 개별 국민이 입은 손해에 대해서는 국가배상책임이 인정될 수 있다. 대통령의 긴급조치 제9호 발령 및 적용·집행행위가 국가배상법 제2조 제1항에서 말하는 공무원의 고의 또는 과실에 의한 불법행위에 해당하지 않는다고 보아 국가배상책임을 부정한 대법원 2014.10.27. 선고 2013다217962 판결, 대법원 2015.3.26. 선고 2012다48824 판결 등을 이 판결의 견해에 배치되는 범위에서 변경[대판(전합) 2022.8.30, 2018다212610].

## (3) 검사의 공소제기·불기소처분의 경우

① 검사 등의 수사기관이 피의자를 구속하여 수사한 후 공소를 제기하였으나 법원에서 무죄판결이 선고되어 확정된 경우, 국가배상법 제2조에 의한 손해배상책임이 인정되기 위한 요건

> 형사 재판과정에서 범죄사실의 존재를 증명함에 충분한 증거가 없다는 이유로 무죄판결이 확정되었다고 하더라도 그러한 사정만으로 바로 검사의 구속 및 공소제기가 위법하다고 할 수 없고, 그 구속 및 공소제기에 관한 검사의 판단이 그 당시의 자료에 비추어 경험칙이나 논리칙상 도저히 합리성을 긍정할 수 없는 정도에 이른 경우에만 그 위법성을 인정할 수 있다(대판 2002.2.22, 2001다23447).

② 수사기관이 피의자를 수사하여 공소를 제기하였으나 법원에서 무죄판결이 확정된 경우, 수사기관에 불법행위책임이 인정되기 위한 요건

> 객관적으로 보아 사법경찰관이나 검사가 당해 피의자에 대하여 유죄의 판결을 받을 가능성이 있다는 혐의를 가지게 된 데에 상당한 이유가 있는 때에는 후일 재판과정을 통하여 그 범죄사실의 존재를 증명함에 족한 증거가 없다는 이유로 그에 관하여 무죄의 판결이 확정되더라도, 수사기관의 판단이 경험칙이나 논리칙에 비추어 도저히 그 합리성을 긍정할 수 없는 정도에 이른 경우에만 귀책사유가 있다고 할 것이다(대판 2013.2.15, 2012다203096).

③ 국가배상책임을 인정한 사례

> 강도강간의 피해자가 제출한 팬티에 대한 국립과학수사연구소의 유전자검사결과 그 팬티에서 범인으로 지목되어 기소된 원고나 피해자의 남편과 다른 남자의 유전자형이 검출되었다는 감정결과를 검사가 공판과정에서 입수한 경우 그 감정서는 원고의 무죄를 입증할 수 있는 결정적인 증거에 해당하는데도 검사가 그 감정서를 법원에 제출하지 아니하고 은폐하였다면 검사의 그와 같은 행위는 위법하다(대판 2002.2.22, 2001다23447).

④ 대법원 판결이 형사소송법 등 법령에 명시되지 아니한 피의자의 권리를 헌법적 해석을 통하여 혹은 형사소송법의 규정 등을 유추적용하여 최초로 인정한 경우, 그 대법원 판결 전에 이와 달리 법령을 해석하여 조치한 수사검사에게 국가배상법 제2조 제1항 소정의 과실이 있는지 여부(원칙적 소극) 및 그 판단기준

> 형사소송법 및 관계 법령이 형사소송절차에서 피의자가 갖는 권리에 관하여 명문의 규정을 두고 있지 아니하여 그 해석에 관하여 여러 가지 견해가 있을 수 있고, 이에 대하여 대법원 판례 등 선례가 없고 학설도 귀일된 바 없어 의의 (疑義)가 있을 수 있는 경우에는, 검사로서는 그 나름대로 신중을 다하여 그 당시의 실무관행을 파악하고 각 견해의 근거의 합리성을 검토하여 어느 한 견해를 따라 조치를 취할 수밖에 없다. 이 경우 그러한 조치 후에 대법원이 형사소 송법 등 법령에 명시되지 아니한 피의자의 권리를 헌법적 해석을 통하여 인정하거나 피의자의 다른 권리에 관한 형사 소송법의 규정 등을 유추적용하여 인정함으로써, 사후적으로 피의자에게 그러한 권리가 존재하지 않는 것으로 해석한 검사의 조치가 잘못된 것으로 판명되고 이에 따른 처리가 결과적으로 위법하게 되어 법령의 부당집행이라는 결과를 가져오게 되었다고 하더라도, 그 검사의 조치 당시 그 검사가 내린 판단 이상의 것을 성실하고 합리적인 평균적 검사에 게 기대하기 어렵다고 인정된다면, 특별한 사정이 없는 한 이러한 경우에까지 당해 검사에게 국가배상법 제2조 제1항 에서 규정하는 과실이 있다고 할 수 없다. 대법원 2003.11.11.자 2003모402 결정은 헌법 제12조 제4항 본문의 규정 등과 적법절차주의를 선언한 헌법정신에 비추어 구금된 피의자는 구 형사소송법 제209조, 제89조 등의 규정 을 유추적용하여 피의자신문시 변호인의 참여를 요구할 권리가 있다고 판시하고, 당시 수사검사가 구속 피의자인 송○ ○에 대하여 변호인의 피의자신문 참여를 불허한 처분이 위법하다고 판단하였지만, 위 불허처분 당시 형사소송법의 규정, 판례 및 학설, 검찰 실무관행, 대검찰청이 제정한 「변호인의 피의자신문 참여 운영 지침」의 법적 성질 및 내용과 그 실무적 운용상황 등을 종합하여 보면, 그 당시 성실하고 합리적인 평균적인 검사를 기준으로 하더라도 송○○가 피의자신문시 변호인의 참여를 요구할 권리를 갖고 있었고, 그 참여를 불허하는 처분이 그러한 권리를 위법 하게 침해하는 것이라는 점을 알 수 있었다고 보기 어렵다는 이유로, 수사검사에게 국가배상법 제2조 제1항 소정의 과실이 있다고 볼 수 없다고 한 사례(대판 2010.6.24, 2006다58738).

## (4) 공무원의 부작위

### 공무원의 부작위로 인한 국가배상책임을 인정하기 위한 요건 ★ 13 지방7급

> 공무원의 부작위로 인한 국가배상책임을 인정하기 위하여는 공무원의 작위로 인한 국가배상책임을 인정하는 경 우와 마찬가지로 '공무원이 그 직무를 집행함에 당하여 고의 또는 과실로 법령에 위반하여 타인에게 손해를 가한 때'라고 하는 국가배상법 제2조 제1항의 요건이 충족되어야 할 것이다(대판 2012.7.26, 2010다95666).

### ① 작위의무의 존재

### ㉠ 재량행위

### ⓐ 경찰관에게 부여된 권한의 불행사가 직무상의 의무를 위반하여 위법하게 되는 경우

★ 17 지방9급, 16 국회8급, 14 국가7급, 10 지방9급

> 구체적인 사정에 따라 경찰관이 권한을 행사하여 필요한 조치를 하지 아니하는 것이 현저하게 불합리하다고 인 정되는 경우에는 권한의 불행사는 직무상 의무를 위반한 것이 되어 위법하게 된다(대판 2016.4.15, 2013다20427).

ⓑ 교도소 의무관이 수용자에 대한 의료행위를 하는 경우 요구되는 주의의무의 내용

> 교도소의 의무관은 교도소 수용자에 대한 진찰·치료 등의 의료행위를 하는 경우 수용자의 생명·신체·건강을 관리하는 업무의 성질에 비추어 환자의 구체적인 증상이나 상황에 따라 위험을 방지하기 위하여 요구되는 최선의 조치를 행하여야 할 주의의무가 있다. 당뇨병 환자인 교도소 수용자가 당뇨병의 합병증인 당뇨병성 망막병증으로 인한 시력저하를 호소하였으나 교도소 의무관이 적절한 치료와 조치를 취하지 아니하여 수용자의 양안이 실명상태에 이르게 된 데 대하여 교도소 의무관의 주의의무위반을 인정한 사례(대판 2005.3.10, 2004다65121)

ⓒ 교장 또는 교사의 학생에 대한 보호·감독의무의 범위 및 손해배상책임의 인정기준

> 지방자치단체가 설치·경영하는 학교의 교장이나 교사는 학생을 보호·감독할 의무를 지는데, 이러한 보호·감독의무는 교육법에 따라 학생들을 친권자 등 법정감독의무자에 대신하여 감독을 하여야 하는 의무로서 학교 내에서의 학생의 모든 생활관계에 미치는 것은 아니지만, 학교에서의 교육활동 및 이와 밀접 불가분의 관계에 있는 생활관계에 속하고, 교육활동의 때와 장소, 가해자의 분별능력, 가해자의 성행, 가해자와 피해자의 관계, 기타 여러 사정을 고려하여 사고가 학교생활에서 통상 발생할 수 있다고 하는 것이 예측되거나 또는 예측가능성(사고발생의 구체적 위험성)이 있는 경우에는 교장이나 교사는 보호·감독의무 위반에 대한 책임을 진다고 할 것이다(대판 2007.4.26, 2005다24318).

ⓓ 집단따돌림의 의미와 집단따돌림으로 인하여 피해학생이 자살한 경우, 자살의 결과에 대하여 교장이나 교사에게 보호감독의무 위반책임을 묻기 위한 요건 및 그 판단기준

> 집단따돌림이란 학교 또는 학급 등 집단에서 복수의 학생들이 한 명 또는 소수의 학생들을 대상으로 의도와 적극성을 가지고, 지속적이면서도 반복적으로 관계에서 소외시키거나 괴롭히는 현상을 의미한다. 집단따돌림으로 인하여 피해학생이 자살한 경우, 자살의 결과에 대하여 학교의 교장이나 교사의 보호감독의무 위반의 책임을 묻기 위하여는 피해 학생이 자살에 이른 상황을 객관적으로 보아 교사 등이 예견하였거나 예견할 수 있었음이 인정되어야 한다. 다만, 사회통념상 허용될 수 없는 악질, 중대한 집단따돌림이 계속되고 그 결과 피해학생이 육체적 또는 정신적으로 궁지에 몰린 상황에 있었음을 예견하였거나 예견할 수 있었던 경우에는 피해학생이 자살에 이른 상황에 대한 예견가능성도 있는 것으로 볼 수 있을 것이나, 집단따돌림의 내용이 이와 같은 정도에까지 이르지 않은 경우에는 교사 등이 집단따돌림을 예견하였거나 예견할 수 있었다고 하더라도 이것만으로 피해학생의 자살에 대한 예견이 가능하였던 것으로 볼 수는 없으므로, 교사 등이 집단따돌림 자체에 대한 보호감독의무 위반의 책임을 부담하는 것은 별론으로 하고 자살의 결과에 대한 보호감독의무 위반의 책임을 부담한다고 할 수는 없다(대판 2007.11.15, 2005다16034).

ⓔ 소방공무원의 직무상 의무 위반이 국가배상법 제2조의 위법요건을 충족하는 경우 및 소방공무원이 재량에 맡겨진 권한을 행사하지 않은 것이 직무상 의무를 위반하여 위법한 것이 되기 위한 요건 ★ 19 국회8급

**최신기출**
> 소방공무원의 행정권한 행사가 관계법률의 규정 형식상 소방공무원의 재량에 맡겨져 있다고 하더라도 소방공무원에게 그러한 권한을 부여한 취지와 목적에 비추어 볼 때 구체적인 상황 아래에서 소방공무원이 그 권한을 행사하지 않은 것이 현저하게 합리성을 잃어 사회적 타당성이 없는 경우에는 소방공무원의 직무상 의무를 위반한 것으로서 위법하게 된다(대판 2008.4.10, 2005다48994).

> 소방공무원의 권한 행사가 관계 법률의 규정에 의하여 소방공무원의 재량에 맡겨져 있으면 구체적인 상황에서 소방공무원이 권한을 행사하지 아니한 것이 현저하게 합리성을 잃어 사회적 타당성이 없는 경우에도 직무상 의무를 위반하여 위법하게 되는 것은 아니다. (×) ■ 19 국회8급

ⓕ **구금시설 관리자의 피구금자에 대한 안전확보의무의 내용과 정도**

> 교도소 등의 구금시설에 수용된 피구금자는 스스로 의사에 의하여 시설로부터 나갈 수 없고 행동의 자유도 박탈되어 있으므로, 그 시설의 관리자는 피구금자의 생명, 신체의 안전을 확보할 의무가 있는바, 그 안전확보의무의 내용과 정도는 피구금자의 신체적·정신적 상황, 시설의 물적·인적 상황, 시간적·장소적 상황 등에 따라 일의적이지는 않고 사안에 따라 구체적으로 확정하여야 한다. 망인에게 발병한 급성정신착란증의 증세가 과중한 수준에 이르고, 사고 당일은 발병일로부터 불과 10여 일 경과된 때로서 지속적인 약물 투여 및 계구의 사용이 이루어지고 있었으며, 망인의 자살위험이 발병일 당시보다 줄어들었다고 볼만한 특별한 사정은 보이지 아니한 점 등에 비추어, 교도소의 담당 근무자가 자살사고의 발생위험에 대비하여 계구의 사용을 그대로 유지하거나 또는 계구의 사용을 일시 해제하는 경우에는 CCTV상으로 보다 면밀히 관찰하여야 하는 등의 직무상 주의의무가 있다(대판 2010.1.28, 2008다75768).

ⓖ **교육감이 사립학교의 교육관계 법령 등 위반에 대하여 시정·변경명령 등 권한을 행사하지 않은 것이 직무상 의무를 위반한 것으로 위법하다고 인정되기 위한 요건**

`전합판례` 
> 교육감이 위 법률의 규정에서 정하여진 직무상의 의무를 게을리하여 그 의무를 위반한 것으로 위법하다고 하기 위해서는 그 의무 위반이 직무에 충실한 보통 일반의 공무원을 표준으로 할 때 객관적 정당성을 상실하였다고 인정될 정도에 이르러야 한다. 또한 교육감의 장학지도나 시정·변경명령 권한의 행사 등이 교육감의 재량에 맡겨져 있는 위 법률의 규정 형식과 교육감에게 그러한 권한을 부여한 취지와 목적에 비추어 볼 때 구체적인 상황 아래에서 교육감이 그 권한을 행사하지 않은 것이 현저하게 합리성을 잃어 사회적 타당성이 없는 경우에 해당하여야만 교육감의 직무상 의무를 위반한 것으로서 위법하게 된다[대판(전합) 2010.4.22, 2008다38288].

ⓛ **작위의무의 근거**

ⓐ **관련 공무원에게 작위의무를 명하는 법령 규정이 없는 경우 공무원의 부작위로 인한 국가배상책임을 인정하기 위한 요건에 대한 판단기준** ★ 21 지방7급, 21 국회9급, 18·10 국가9급

`최신기출` 
> 국민의 생명·신체·재산 등에 대하여 절박하고 중대한 위험상태가 발생하였거나 발생할 상당한 우려가 있어서 국민의 생명 등을 보호하는 것을 본래적 사명으로 하는 국가가 초법규적·일차적으로 그 위험의 배제에 나서지 아니하면 국민의 생명 등을 보호할 수 없는 경우에는 형식적 의미의 법령에 근거가 없더라도 국가나 관련 공무원에 대하여 그러한 위험을 배제할 작위의무를 인정할 수 있을 것이다. 절박하고 중대한 위험상태가 발생하였거나 발생할 상당한 우려가 있는 경우가 아닌 한, 원칙적으로 공무원이 관련 법령에서 정하여진 대로 직무를 수행하였다면 그와 같은 공무원의 부작위를 가지고 '고의 또는 과실로 법령에 위반'하였다고 할 수는 없다. 따라서 공무원의 부작위로 인한 국가배상책임을 인정할 것인지 여부가 문제되는 경우에 관련 공무원에 대하여 작위의무를 명하는 법령의 규정이 없는 때라면 공무원의 부작위로 인하여 침해되는 국민의 법익 또는 국민에게 발생하는 손해가 어느 정도 심각하고 절박한 것인지, 관련 공무원이 그와 같은 결과를 예견하여 그 결과를 회피하기 위한 조치를 취할 수 있는 가능성이 있는지 등을 종합적으로 고려하여 판단하여야 한다(대판 2012.7.26, 2010다95666).

> 甲의 공장에서 배출된 물질 때문에 피해를 입은 주민이 A시장의 부작위를 원인으로 하여 국가배상을 청구한 경우에 국가배상책임이 인정되기 위해서는 A시장의 작위의무위반이 인정되면 충분하고, A시장이 그와 같은 결과를 예견하여 그 결과를 회피하기 위한 조치를 취할 수 있는 가능성까지 인정되어야 하는 것은 아니다. (x) ■ 18 국가9급
> 공무원의 부작위로 인한 국가배상책임을 인정하기 위해서는 법령에 명시적으로 공무원의 작위의무가 규정되어 있어야 한다. (x) ■ 21 국회9급
> 공무원의 부작위로 인한 국가배상책임을 인정할 것인지 여부가 문제되는 경우에 관련 공무원에 대하여 작위의무를 명하는 형식적 법률의 규정이 없는 경우에는 국가배상책임이 인정되지 않는다. (x) ■ 21 지방7급

ⓑ **법규상 또는 조리상의 의무도 인정** ★ 12 지방9급, 12·10 국가9급, 11 국회9급

> 경찰관은 그 직무를 수행하면서 헌법과 법률에 따라 국민의 자유와 권리를 존중하고 범죄피해자의 명예와 사생활의 평온을 보호할 법규상 또는 조리상의 의무가 있고, 특히 이 사건과 같이 성폭력범죄의 피해자가 나이 어린 학생인 경우에는 수사과정에서 또 다른 심리적·신체적 고통으로 인한 가중된 피해를 입지 않도록 더욱 세심하게 배려할 직무상 의무가 있다. 그런데 이 사건 성폭력범죄의 담당경찰관은 그 경찰서에 설치되어 있는 범인식별실을 사용하지 않은 채 공개된 장소인 형사과 사무실에서 피의자 41명을 한꺼번에 세워 놓고 피해자인 원고들로 하여금 범행일시와 장소별로 범인을 지목하게 하였다는 것인바, 경찰관의 이와 같은 행위는 위에서 본 직무상 의무를 소홀히 하여 원고들에게 불필요한 수치심과 심리적 고통을 느끼도록 하는 행위로서 법규상 또는 조리상의 한계를 위반한 것임이 분명하고, 수사상의 편의라는 동기나 목적에 의해 정당화될 수는 없다(대판 2008.6.12, 2007다64365).

ⓒ

> 甲이 경주보훈지청에 국가유공자에 대한 주택구입대부제도에 관하여 전화로 문의하고 대부신청서까지 제출하였으나, 담당 공무원에게서 지급보증서제도에 관한 안내를 받지 못하여 대부제도 이용을 포기하고 시중은행에서 대출을 받아 주택을 구입함으로써 결과적으로 더 많은 이자를 부담하게 되었다고 주장하며 국가를 상대로 정신적 손해의 배상을 구한 사안에서, 담당 공무원에게 지급보증서제도를 안내하거나 설명할 의무가 있음을 전제로 그 위반에 대한 국가배상책임을 인정한 원심판결에 법리오해의 위법이 있다고 한 사례(대판 2012.7.26, 2010다95666)

ⓓ **구 「개발제한구역의 지정 및 관리에 관한 특별조치법 시행령」 제22조 [별표 2] 제4호 (마)목을 관련 공무원에 대하여 건축물 이축에 있어 종전 토지의 지목을 건축물의 건축을 위한 용도가 아닌 지목으로 변경하여야 할 적극적인 작위의무를 명하는 규정으로 볼 수 없다**

최신판례

> 구 「개발제한구역의 지정 및 관리에 관한 특별조치법 시행령」(2018. 2. 9. 대통령령 제28635호로 개정되기 전의 것) 제22조 [별표 2] 제4호 (마)목은 "이주단지를 조성한 후 또는 건축물을 이축한 후의 종전 토지는 다른 사람의 소유인 경우와 공익사업에 편입된 경우를 제외하고는 그 지목을 전·답·과수원, 그 밖에 건축물의 건축을 위한 용도가 아닌 지목으로 변경하여야 한다."라고 규정하면서 그 변경 주체와 절차에 대해서는 아무런 규정을 두고 있지 않다. 따라서 위 규정을 관련 공무원에 대하여 건축물 이축에 있어 종전 토지의 지목을 건축물의 건축을 위한 용도가 아닌 지목으로 변경하여야 할 적극적인 작위의무를 명하는 규정으로 볼 수 없고, 관련 법령에 그와 같은 작위의무 규정을 찾아볼 수도 없다(대판 2021.7.21, 2021두33838).

② **법률상 보호이익의 존재** : 분류에 있어서는 부작위의 위법성으로 분류하는 견해와 손해요건으로 분류하는 견해
가 대립된다. 판례는 인과관계의 문제로 다룬다.

| 사익보호성 인정사례 | 사익보호성 부정사례 |
|---|---|
| 1. 선박안전법이나 「유선 및 도선업법」의 규정(대판 1993.2. 12, 91다43466)<br>2. 주민등록사무를 담당하는 공무원이 개명과 같은 사유로 주민등록상 성명을 정정한 경우 본적지 관할청에 그 변경사항을 통보할 직무상 의무(대판 2003.4.25, 2001다59842)<br>3. 하천의 유지·관리 및 점용허가 관련업무를 맡고 있는 지방자치단체 담당공무원의 직무상 의무(대판 2006.4.14, 2003다41746)<br>4. 소방법의 규정(대판 2008.4.10, 2005다48994)<br>5. 식품의약품안전청장 등으로 하여금 식품 또는 식품첨가물의 제조 등의 방법과 성분, 용기와 포장의 제조 방법과 그 원재료, 표시 등에 대하여 일정한 기준 및 규격 등을 마련하도록 하고, 그와 같은 기준 및 규격 등을 준수하는지 여부를 확인할 필요가 있거나 위생상 위해가 발생할 우려나 국민보건상의 필요가 있을 경우 수입신고 시 식품 등을 검사하도록 규정하고 있는 식품위생법의 관련규정(대판 2010.9.9, 2008다77795)<br>6. 공직선거법이 후보자가 되고자 하는 자와 그 소속 정당에게 전과기록을 조회할 권리를 부여하고 수사기관에 회보의무를 부과한 것(대판 2011.9.8, 2011다34521) | 1. 구 「풍속영업의 규제에 관한 법률」에서 규정하고 있는 풍속영업의 신고 및 이에 대한 수리행위(대판 2001.4.13. 2000다34891)<br>2. 국가 등에게 일정한 기준에 따라 상수원수의 수질을 유지하여야 할 의무를 부과하고 있는 법령의 규정(대판 2001.10.23, 99다36280)<br>3. 공공기관이 구 산업기술혁신 촉진법령에서 정한 인증신제품 구매의무를 위반한 경우(대판 2015.5.28, 2013다41431) |

㉠ **의무가 사익과 관계없이 행정내부질서를 유지하기 위한 것이거나 공공 일반의 이익을 도모하기 위한 것이라면 국가배상책임이 없다** ★ 22 국가9급, 21·20 지방9급, 19·14 국가7급, 19 서울7급, 19·16·14 국회8급, 14 변호사, 10 서울교행

`최신기출` 공무원이 직무를 수행하면서 그 근거되는 법령의 규정에 따라 구체적으로 의무를 부여받았어도 그것이 국민의 이익과는 관계없이 순전히 행정기관 내부의 질서를 유지하기 위한 것이거나, 또는 국민의 이익과 관련된 것이라도 직접 국민 개개인의 이익을 위한 것이 아니라 전체적으로 공공 일반의 이익을 도모하기 위한 것이라면 그 의무에 위반하여 국민에게 손해를 가하여도 국가 또는 지방자치단체는 배상책임을 부담하지 아니한다(대판 2006. 4.14, 2003다41746).

> 공무원에게 부과된 직무상 의무의 내용이 공공 일반의 이익을 위한 것이거나 행정기관의 내부질서를 규율하기 위한 경우에도 공무원이 그 직무상 의무를 위반하여 피해자가 입은 손해에 대하여서는 상당인과관계가 인정되는 범위 내에서 국가가 배상책임을 진다. (×) ■ 19 국회8급

㉡ **공무원의 직무상 의무가 오로지 공공 일반의 전체적인 이익을 도모하기 위한 것에 불과한지 판단하는 기준**

> 공무원이 준수하여야 할 직무상 의무가 오로지 공공 일반의 전체적인 이익을 도모하기 위한 것에 불과한지 혹은 국민 개개인의 안전과 이익을 보호하기 위하여 설정된 것인지는 결국 근거 법령 전체의 기본적인 취지·목적과 그 의무를 부과하고 있는 개별 규정의 구체적 목적·내용 및 직무의 성질, 가해행위의 태양 및 피해의 정도 등의 제반 사정을 개별적·구체적으로 고려하여 판단하여야 한다(대판 2015.5.28, 2013다41431).

© 토지형질변경허가권자의 위험관리의무의 내용 및 그 의무위반이나 재량에 의한 허가취소권 등의 불행사가 위법한 것으로 인정되기 위한 요건(위법성의 문제로 본 판례)

> 허가권자에게 재량에 의한 직무수행권한을 부여한 것처럼 되어 있더라도 시장 등에게 그러한 권한을 부여한 취지와 목적에 비추어 볼 때 구체적인 사정에 따라 시장 등이 그 권한을 행사하여 필요한 조치를 취하지 아니하는 것이 현저하게 불합리하다고 인정되는 경우에는 그러한 권한의 불행사는 직무상의 의무를 위반하는 것이 되어 위법하게 된다(대판 2001.3.9, 99다64278).

② 국가배상책임의 상당인과관계가 인정되기 위하여는 공무원에게 부과된 직무상 의무의 내용이 개인의 안전과 이익을 보호하기 위한 것이어야 한다(상당인과관계의 문제로 본 판례) ★ 21·12 지방7급, 17 서울7급, 15 국가9급

> `최신기출` 상당인과관계가 인정되기 위하여는 공무원에게 부과된 직무상 의무의 내용이 단순히 공공 일반의 이익을 위한 것이거나 행정기관 내부의 질서를 규율하기 위한 것이 아니고 전적으로 또는 부수적으로 사회구성원 개인의 안전과 이익을 보호하기 위하여 설정된 것이어야 한다(대판 2010.9.9, 2008다77795).

⑩ 선박안전법이나 「유선 및 도선업법」의 각 규정은 공공의 안전 외에 일반인의 인명과 재화의 안전보장도 그 목적으로 한다 ★ 06 선관위9급

> 선박안전법이나 유선및도선업법의 각 규정은 공공의 안전 외에 일반인의 인명과 재화의 안전보장도 그 목적으로 하는 것이라고 할 것이므로 국가 소속 선박검사관이나 시 소속 공무원들이 직무상 의무를 위반하여 시설이 불량한 선박에 대하여 선박중간검사에 합격하였다 하여 선박검사증서를 발급하고, 해당 법규에 규정된 조치를 취함이 없이 계속 운항하게 함으로써 화재사고가 발생한 것이라면, 화재사고와 공무원들의 직무상 의무위반행위와의 사이에는 상당인과관계가 있다(대판 1993.2.12, 91다43466).

⑭ 국가 또는 지방자치단체가 법령이 정하는 상수원수 수질기준 유지의무를 다하지 못하고, 법령이 정하는 고도의 정수처리방법이 아닌 일반적 정수처리방법으로 수돗물을 생산·공급하였다는 사유만으로 그 수돗물을 마신 개인에 대하여 손해배상책임을 부담하지 않는다 ★ 20 지방7급, 10 국회8급

> `최신기출` 국가등에게 일정한 기준에 따라 상수원수의 수질을 유지하여야 할 의무를 부과하고 있는 법령의 규정은 국민에게 양질의 수돗물이 공급되게 함으로써 국민 일반의 건강을 보호하여 공공 일반의 전체적인 이익을 도모하기 위한 것이지, 국민 개개인의 안전과 이익을 직접적으로 보호하기 위한 규정이 아니므로, 국민에게 공급된 수돗물의 상수원의 수질이 수질기준에 미달한 경우가 있고, 이로 말미암아 국민이 법령에 정하여진 수질기준에 미달한 상수원수로 생산된 수돗물을 마심으로써 건강상의 위해발생에 대한 염려 등에 따른 정신적 고통을 받았다고 하더라도, 이러한 사정만으로는 국가 또는 지방자치단체가 국민에게 손해배상책임을 부담하지 아니한다. 또한 상수원수 2급에 미달하는 상수원수는 고도의 정수처리 후 사용하여야 한다는 환경정책기본법령상의 의무 역시 위에서 본 수질기준 유지의무와 같은 성질의 것이므로, 지방자치단체가 상수원수의 수질기준에 미달하는 하천수를 취수하거나 상수원수 3급 이하의 하천수를 취수하여 고도의 정수처리가 아닌 일반적 정수처리 후 수돗물을 생산·공급하였다고 하더라도, 그렇게 공급된 수돗물이 음용수 기준에 적합하고 몸에 해로운 물질이 포함되어 있지 아니한 이상, 지방자치단체의 위와 같은 수돗물 생산·공급행위가 국민에 대한 불법행위가 되지 아니한다(대판 2001.10.23, 99다36280).

ⓐ 주민등록사무를 담당하는 공무원이 개명과 같은 사유로 주민등록상 성명을 정정한 경우 본적지 관할관청에 그 변경사항을 통보할 직무상의 의무가 있고, 그 의무는 개인의 안전과 이익을 보호하기 위한 것이다 ★ 12 국가7급

> 주민등록사무를 담당하는 공무원으로서는 만일 개명과 같은 사유로 주민등록상의 성명을 정정한 경우에는 위에서 본 바와 같은 법령의 규정에 따라 반드시 본적지의 관할관청에 대하여 그 변경사항을 통보하여 본적지의 호적관서로 하여금 그 정정사항의 진위를 재확인할 수 있도록 할 직무상의 의무가 있다고 할 것이고, 이러한 직무상 의무는 단순히 공공 일반의 이익을 위한 것이거나 행정기관 내부의 질서를 규율하기 위한 것이 아니고 전적으로 또는 부수적으로 사회구성원 개인의 안전과 이익을 보호하기 위하여 설정된 것이다. 주민등록사무를 담당하는 공무원이 개명으로 인한 주민등록상 성명정정을 본적지 관할관청에 통보하지 아니한 직무상 의무위배행위와 갑과 같은 이름으로 개명허가를 받은 듯이 호적등본을 위조하여 주민등록상 성명을 위법하게 정정한 을이 갑의 부동산에 관하여 불법적으로 근저당권설정등기를 경료함으로써 갑이 입은 손해 사이에는 상당인과관계가 있다(대판 2003.4.25, 2001다59842).

◎ 소방공무원의 의무

> 소방법의 규정들은 단순히 전체로서의 공공 일반의 안전을 도모하기 위한 것에서 더 나아가 국민 개개인의 인명과 재화의 안전보장을 목적으로 하여 둔 것이므로, 소방공무원이 소방법 규정에서 정하여진 직무상의 의무를 게을리한 경우 그 의무 위반이 직무에 충실한 보통 일반의 공무원을 표준으로 할 때 객관적 정당성을 상실하였다고 인정될 정도에 이른 경우에는 국가배상법 제2조에서 말하는 위법의 요건을 충족하게 된다(대판 2008.4.10, 2005다48994).

ⓐ 공직선거법이 후보자가 되고자 하는 자와 그 소속 정당에게 전과기록을 조회할 권리를 부여하고 수사기관에 회보의무를 부과한 것 ★ 19 국가7급

> 공직선거법이 위와 같이 후보자가 되고자 하는 자와 그 소속 정당에게 전과기록을 조회할 권리를 부여하고 수사기관에 회보의무를 부과한 것은 단순히 유권자의 알권리 보호 등 공공 일반의 이익만을 위한 것이 아니라, 그와 함께 후보자가 되고자 하는 자가 자신의 피선거권 유무를 정확하게 확인할 수 있게 하고, 정당이 후보자가 되고자 하는 자의 범죄경력을 파악함으로써 부적격자를 공천함으로 인하여 생길 수 있는 정당의 신뢰도 하락을 방지할 수 있게 하는 등의 개별적인 이익도 보호하기 위한 것이라고 할 수 있다(대판 2011.9.8, 2011다34521).

> 「공직선거법」이 후보자가 되고자 하는 자와 그 소속 정당에게 전과기록을 조회할 권리를 부여하고 수사기관에 회보의무를 부과한 것은 공공의 이익만을 위한 것이지 후보자가 되고자 하는 자나 그 소속 정당의 개별적 이익까지 보호하기 위한 것은 아니다. (×)
> ■ 19 국가7급

ⓐ 공공기관이 구 산업기술혁신 촉진법령에서 정한 인증신제품 구매의무를 위반한 경우, 신제품 인증을 받은 자에 대하여 국가배상법 제2조가 정한 배상책임이나 불법행위를 이유로 한 손해배상책임을 지지 않는다

> 구 「산업기술혁신 촉진법」 제1조, 제3조, 제16조 제1항, 제17조 제1항 본문 및 구 「산업기술혁신 촉진법 시행령」 제23조, 제24조, 제25조, 제27조의 목적과 내용 등을 종합하여 보면, 위 법령이 공공기관에 부과한 신제품 인증을 받은 제품(인증신제품) 구매의무는 기업에 신기술개발제품의 판로를 확보하여 줌으로써 산업기술개발을 촉진하기 위한 국가적 지원책의 하나로 국민경제의 지속적인 발전과 국민의 삶의 질 향상이라는 공공 일반의 이익을 도모하기 위한 것이고, 공공기관이 구매의무를 이행한 결과 신제품 인증을 받은 자가 재산상 이익을 얻게 되더라도 이는 반사적 이익에 불과할 뿐 위 법령이 보호하고자 하는 이익으로 보기는 어렵다. 따라서 공공기관이 위 법령에서 정한 인증신제품 구매의무를 위반하였다고 하더라도, 이를 이유로 신제품 인증을 받은 자에 대하여 국가배상법 제2조가 정한 배상책임이나 불법행위를 이유로 한 손해배상책임을 지는 것은 아니다(대판 2015.5.28, 2013다41431).

### ③ 국가배상 인정사례

1. 무장공비출현신고에 대해 군경공무원들이 출동하지 않은 직무유기로 인한 주민사망(대판 1971.4.6, 71다124)
2. 주택가에 돌출하여 붕괴위험이 예견되는 자연암벽에 대한 사전제거의무를 해태한 부작위로 인한 붕괴사고로 주민들이 손해를 입은 사안(대판 1980.2.26, 79다2341)
3. 충무시의 극동호(유람선)에 대한 수선명령, 사용 및 운행제한·금지명령의 불이행과 국가의 시정명령의 불이행으로 인한 선박화재사고(대판 1993.2.12, 91다43466)
4. 경찰서 대용감방 내의 폭력행위를 방지하기 위한 경찰관의 주의의무를 게을리하여 발생한 감방 내의 폭력행위로 좌측 신장결손이라는 장해발생(대판 1993.9.28, 93다17546)
5. 학군단의 학군사관후보생들에 대한 보호·감독의무의 불이행으로 인한 구타사망사건(대판 1998.4.10, 97다52103)
6. 경찰관이 농민들의 시위를 진압하고 시위과정에 도로상에 방치된 트랙터 1대를 도로 밖으로 옮기거나 후방에 안전표지판을 설치하는 등 위험발생방지조치를 취하지 아니한 채 그대로 방치하고 철수하여 버린 결과, 야간에 그 도로를 진행하던 운전자가 위 방치된 트랙터를 피하려다가 다른 트랙터에 부딪혀 상해를 입은 사안(대판 1998.8.25, 98다16890)
7. 작업 도중 '구체적인 위험'이 발생하였음에도 작업을 중지시키는 등의 사고예방조치를 취하지 아니하여, 토석채취공사 도중 굴러 내린 암석이 가스저장시설을 충격·화재발생(대판 2001.3.9, 99다64278)
8. 복무기관장이나 담당공무원이 감독의무를 게을리한 과실로 공익근무요원들 간의 구타사고로 인한 손해 발생(대판 2002. 11.26, 2002다43165)
9. 헌병대 영창에서 탈주한 군인들이 민가에 침입하여 저지른 강도와 강제추행(대판 2003.2.14, 2002다62678)
10. 주민등록사무를 담당하는 공무원이 개명으로 인한 주민등록상 성명정정을 본적지 관할관청에 통보하지 아니함으로써 甲과 같은 이름으로 개명허가를 받은 듯이 호적등본을 위조하여 주민등록상 성명을 위법하게 정정한 乙이 甲의 부동산에 관하여 불법적으로 근저당권설정등기를 경료함으로써 甲이 입은 손해(대판 2003.4.25, 2001다59842)
11. 경찰관의 직무상 의무위반행위로 인한 윤락업소화재사건으로 인한 윤락녀(매매춘녀) 사망사건(군산시 대명동 소재 윤락업소 집중지역인 속칭 '쉬파리골목' 내에 위치한 상호 없는 윤락업소화재사건)(대판 2004.9.23, 2003다49009)
12. 유흥주점에 감금된 채 윤락을 강요받으며 생활하던 여종업원들이 유흥주점에 화재가 났을 때 미처 피신하지 못하고 유독가스에 질식해 사망한 경우(군산시 유흥주점인 '대가'와 '아방궁' 화재로 인한 사망사건)(대판 2008.4.10, 2005 다48994)
13. 초등학교 6학년인 피해자가 가해학생들로부터 수개월에 걸쳐 이유 없이 폭행 등 괴롭힘을 당한 결과 충격 후 스트레스 장애 등의 증상에 시달리다 자살한 사건(대판 2007.4.26, 2005다24318)
14. 여자중학교 학생이 자신의 아파트 16층에서 투신자살한 사건에서 '집단따돌림으로 인한 피해'(대판 2007.11.15, 2005다 16034)
15. 성폭력범죄의 수사를 담당하거나 수사에 관여하는 경찰관이 피해자의 인적사항 등을 공개 또는 누설함으로써 피해자가 손해를 입은 경우(대판 2008.6.12, 2007다64365)
16. 형사재판의 공판검사가 증인으로 소환된 자로부터 신변보호요청을 받았음에도 아무런 조치를 취하지 않아 그 증인이 공판기일에 법정에서 공판 개정을 기다리던 중 피고인의 칼에 찔려 상해를 입은 사안(대판 2009.9.24, 2006다82649).
17. 자살우려자 식별과 신상파악·관리·처리의 책임이 있는 각급 부대의 지휘관 등 관계자가 장병의 자살 등의 사고를 방지하기 위해 취할 조치를 취하지 않은 상황에서 소속 장병의 자살 사고가 발생한 경우(대판 2020.5.28, 2017다211559)
18. 해군교육사령부에서 받은 인성검사에서 '부적응, 관심, 자살예측'이라는 결과가 나왔음에도 「자살예방 및 생명존중문화 조성을 위한 법률」 및 장병의 자살예방 대책과 관련한 부대관리훈령 등에 따른 자살우려자 식별과 신상파악 등의 조치가 이루어지지 아니한 경우(대판 2020.5.28, 2017다211559)

#### ㉠ 지방자치단체(서울특별시)에 자연암벽 붕괴사고로 인한 배상책임 인정 예 ★ 14 국회8급

> 지방자치단체 소유의 임야에 주민들이 무허가로 주택을 지어 살고 있더라도 그에 대하여 관리행정을 실시해 온 이상 그 자치단체로서는 주택가에 돌출하여 위험이 예견되는 자연암벽이 있으면 복지행정의 집행자로서 이를 사전에 제거하여야 할 의무가 있고, 그 의무를 해태한 부작위로 인하여 붕괴사고가 일어나서 주민들이 손해를 입었다면 이를 배상할 책임이 있다(대판 1980.2.26, 79다2341).

ⓛ **극동호사건(충무시의 '극동호'라는 이름의 유람선에 대한 수선명령·사용 및 운행제한·금지명령의 불이행이라는 부작위와 국가의 시정명령의 불이행이라는 부작위로 인한 선박화재사고)**

> 피고 대한민국 산하 마산지방해운항만청 충무출장소 소속 선박검사관의 이 사건 극동호에 대한 제1종 중간검사 시인 1987.3.13.경 당시는 물론 이 사건 화재사고 당시에도 기관실 바닥과 측면에 경유와 엔진오일 등이 흠뻑 젖어 유류냄새가 심하게 날 정도라든지, 배기관에 석면이 감겨 있지 아니하였다든지, 선내 소화기가 녹이 슬어 안전핀이 뽑히지 아니할 우려가 있는 등 불량한 시설상태였고, 이를 그대로 방치할 경우 화재의 위험성이 있다고 인정될 정도였다고 하면, 피고 대한민국의 위 선박검사관들로서는 선박안전법 제5조에 의한 선박검사를 함에 있어서, 위와 같은 점에 관한 검사를 하여 이를 시정하도록 할 직무상 의무가 있음에도 불구하고 이를 간과한 채 선박중간검사에 합격하였다 하여 선박검사증서를 발급하여 계속 운항하게 함으로써 위 직무상 의무를 위반하였다고 할 것이다(대판 1993.2.12, 91다43466).

ⓒ **경찰관이 농민들의 시위를 진압하고 시위과정에 도로상에 방치된 트랙터 1대에 대해 이를 도로 밖으로 옮기거나 후방에 안전표지판을 설치하는 것과 같은 위험발생방지조치를 취하지 아니한 채 그대로 방치하고 철수하여 버린 결과, 야간에 그 도로를 진행하던 운전자가 위 방치된 트랙터를 피하려다가 다른 트랙터에 부딪혀 상해를 입은 사안에서 국가배상책임을 인정한 사례** ★ 12 지방7급

> 원심이, 앞서 본 사실을 인정한 다음, 농민들의 시위를 진압하고 시위 과정에 도로 상에 방치된 트랙터 1대를 도로 밖으로 옮기는 등 도로의 질서 및 교통을 회복하는 조치를 취하던 소외 1 등 경찰관들로서는 도로교통의 안전을 위하여 나머지 트랙터 1대도 도로 밖으로 옮기거나 그것이 어려우면 야간에 다른 차량에 의한 추돌사고를 방지하기 위하여 트랙터 후방에 안전표지판을 설치하는 등 경찰관직무집행법 제5조가 규정하는 위험발생방지의 조치를 취하여야 할 의무가 있는데도 위 트랙터가 무거워 옮기지 못한다는 등의 이유로 아무런 사고예방조치도 취하지 아니한 채 그대로 방치하고 철수하여 버린 것은 직무상의 의무를 위반한 것으로 위법하다는 취지로 판단하여 이 사건 사고에 대한 피고의 손해배상책임을 인정한 것은 이러한 법리에 따른 것으로 정당하고, 거기에 경찰관직무집행법에 관한 법리오해 등 상고이유의 주장과 같은 위법이 없다(대판 1998.8.25, 98다16890).

ⓔ **헌병대 영창에서 탈주한 군인들이 민가에 침입하여 저지른 범죄(강도와 강제추행)행위**

> 군행형법과 「군행형법 시행령」이 군교도소나 미결수용실에 대한 경계감호를 위하여 관련공무원에게 각종 직무상의 의무를 부과하고 있는 것은, 1차적으로는 그 수용자들을 격리보호하고 교정·교화함으로써 공공 일반의 이익을 도모하고 교도소 등의 내부질서를 유지하기 위한 것이라 할 것이지만, 부수적으로는 그 수용자들이 탈주한 경우에 그 도주과정에서 일어날 수 있는 2차적 범죄행위로부터 일반국민의 인명과 재화를 보호하고자 하는 목적도 있다고 할 것이므로, 국가공무원들이 위와 같은 직무상의 의무를 위반한 결과 수용자들이 탈주함으로써 일반국민에게 손해를 입히는 사건이 발생하였다면, 국가는 그로 인하여 피해자들이 입은 손해를 배상할 책임이 있다(대판 2003.2.14, 2002다62678).

ⓜ **경찰관의 직무상 의무위반행위로 인한 윤락녀 사망사건(군산시 대명동 소재 윤락업소 집중지역인 속칭 '쉬파리골목' 내에 위치한 상호 없는 윤락업소화재사건)**

> 윤락녀들이 윤락업소에 감금된 채로 윤락을 강요받으면서 생활하고 있음을 쉽게 알 수 있는 상황이었음에도, 경찰관이 이러한 감금 및 윤락강요행위를 제지하거나 윤락업주들을 체포·수사하는 등 필요한 조치를 취하지 아니하고 오히려 업주들로부터 뇌물을 수수하며 그와 같은 행위를 방치한 것은 경찰관의 직무상 의무에 위반하여 위법하므로 국가는 이로 인한 정신적 고통에 대하여 위자료를 지급할 의무가 있다(대판 2004.9.23, 2003다49009).

ⓗ 학교폭력 가해학생들의 부모의 과실과 담임교사, 교장의 과실이 경합하여 피해학생의 자살 사건이 발생하였다는 이유로 부모들과 지방자치단체에게 공동불법행위자로서의 손해배상책임을 인정한 사례(초등학교 6학년인 피해자가 가해학생들로부터 수개월에 걸쳐 이유 없이 폭행 등 괴롭힘을 당한 결과 충격 후 스트레스 장애 등의 증상에 시달리다 자살한 사건)

> 망인은 가해학생들로부터 수개월에 걸쳐 이유 없이 폭행 등 괴롭힘을 당한 결과 충격 후 스트레스 장애 등의 증상에 시달리다 결국 자살에까지 이르게 되었음을 알 수 있고, 가해학생들의 망인에 대한 폭행 등은 거의 대부분 학교 내에서 휴식시간 중에 이루어졌고, 또한 수개월에 걸쳐 지속되었으며 당시 학교 내 집단괴롭힘이 심각한 사회문제로 대두되어 있었으므로, 망인의 담임교사인 소외 1로서는 학생들의 동향 등을 보다 면밀히 파악하였더라면 망인에 대한 폭행 등을 적발하여 망인의 자살이라는 결과를 사전에 예방할 수 있었던 것으로 보이며, 나아가 망인에 대한 폭행 사실이 적발된 후에도 소외 1, 2는 망인의 정신적 피해상태를 과소 평가한 나머지 망인의 부모로부터 가해학생들과 망인을 격리해 줄 것을 요청받고도 이를 거절하면서 가해학생들로부터 반성문을 제출받고 가해학생들의 부모들로부터 치료비에 대한 부담과 재발방지 약속을 받는 데 그치는 등 미온적으로 대처하였고, 또한 그 이후의 수학여행 중에도 망인에 대하여 보다 특별한 주의를 기울였어야 함에도 불구하고, 특별교우관계에 있는 학생을 붙여주는 이외에 별다른 조치를 취하지 아니함으로써 결과적으로 망인이 자살에 이르게 하도록 한 원인을 제공한 과실이 있다고 할 것이므로, 피고 경기도는 국가배상법 제2조 제1항에 의하여 그 소속공무원인 소외 1, 2의 위와 같은 공무수행상의 과실로 인하여 망인 및 원고들이 입은 손해를 배상할 책임이 있다(대판 2007.4.26, 2005다24318).

ⓢ 유흥주점에 감금된 채 윤락을 강요받으며 생활하던 여종업원들이 유흥주점에 화재가 났을 때 미처 피신하지 못하고 유독가스에 질식해 사망한 경우, 소방공무원이 소방법상 시정조치를 명하지 않은 직무상 의무위반(군산시 유흥주점인 '대가'와 '아방궁' 화재로 인한 사망사건)

> 소방공무원이 위 유흥주점에 대하여 화재발생 전 실시한 소방점검 등에서 구 소방법상 방염규정위반에 대한 시정조치 및 화재발생시 대피에 장애가 되는 잠금장치의 제거 등 시정조치를 명하지 않은 직무상 의무위반은 현저히 불합리한 경우에 해당하여 위법하고, 이러한 직무상 의무위반과 위 사망의 결과 사이에 상당인과관계가 존재한다(대판 2008.4.10, 2005다48994).

ⓞ 성폭력범죄의 수사를 담당하거나 수사에 관여하는 경찰관이 피해자의 인적사항 등을 공개 또는 누설함으로써 피해자가 손해를 입은 경우, 국가의 배상책임이 성립한다 ★ 14 국가7급

> 「성폭력범죄의 처벌 및 피해자보호 등에 관한 법률」 제21조는 성폭력범죄의 수사 또는 재판을 담당하거나 이에 관여하는 공무원에 대하여 피해자의 인적사항과 사생활의 비밀을 엄수할 직무상 의무를 부과하고 있고, 이는 주로 성폭력범죄 피해자의 명예와 사생활의 평온을 보호하기 위한 것이므로, 성폭력범죄의 수사를 담당하거나 수사에 관여하는 경찰관이 위와 같은 직무상 의무에 반하여 피해자의 인적사항 등을 공개 또는 누설하였다면 국가는 그로 인하여 피해자가 입은 손해를 배상하여야 한다(대판 2008.6.12, 2007다64365).

### ④ 국가배상 부정사례

1. 정신질환자에 의한 집주인 살인범행에 앞서 그 '구체적 위험'이 객관적으로 존재하고 있었다고 보기 어려운 경우, 경찰관이 그때그때의 상황에 따라 그 정신질환자를 훈방하거나 일시 정신병원에 입원시키는 등 「경찰관 직무집행법」의 규정에 의한 긴급구호조치를 취한 경우(대판 1996.10.25, 95다45927)

2. 에이즈 검사 결과 양성으로 판정된 후 자의로 보건당국의 관리를 벗어난 특수업태부에 대하여 그 후 국가 산하 검사기관이 실시한 일련의 정기검진 결과 중에서 일부가 음성으로 판정된 적이 있음에도 불구하고 검사기관이 이를 본인에게 통보하지 않고 그에 따른 후속조치를 하지 않아 피해자가 정신적 고통을 겪은 경우(대판 1998.10.13, 98다18520) : 검사기관으로부터 별도로 양성반응이 나왔다는 통지를 받지 아니하게 되면 수검자는 그로써 자신이 항체검사 결과 음성판정을 받았음을 알았다고 볼 소지가 있는 점

3. 국립 전남대학교에서 한총련 산하 남총련의 간부들이 엉뚱한 사람을 경찰프락치라고 속단하여 감금·폭행하여 사망(대판 2002.12.10, 2000다55126)

4. 사업시행자가 인가조건에 위반하여 사전분양행위를 한 경우, 행정청이 사업인가를 취소하지 아니한 것(대판 2005.11.10, 2003다18876)

5. 여자중학교 학생이 자신의 아파트 16층에서 투신자살한 사건에서 '자살피해'(대판 2007.11.15, 2005다16034)

6. 합성 교감신경흥분제인 페닐프로판올아민(Phe- nylprophanolamine) 함유 일반의약품인 감기약 '콘택600'을 복용한 사람이 사망한 사안에서, 당시의 제반 사정에 비추어 식품의약품안전청 공무원 등이 위 의약품의 복용에 따르는 위험을 배제하기 위한 조치를 취하지 아니한 과실이 있다고 보기 어렵다는 이유로 국가배상책임의 성립을 부정한 사례(대판 2008.2.28, 2007다52287)

7. 경찰관이 음주운전 단속 시 운전자의 요구에 따라 곧바로 채혈을 실시하지 않은 채 호흡측정기에 의한 음주측정을 하고 1시간 12분이 경과한 후에야 채혈을 하였다는 사정만으로는 위 행위가 법령에 위배된다거나 객관적 정당성을 상실하여 운전자가 음주운전 단속과정에서 받을 수 있는 권익이 현저하게 침해되었다고 단정하기 어렵다고 본 사례(대판 2008.4.24, 2006다32132)

8. 서울특별시 교육감과 담당공무원이 취한 일부 시정조치들만으로는 종립학교의 위법한 종교교육이나 퇴학처분을 막기에는 부족하여 결과적으로 학생의 인격적 법익에 대한 침해가 발생하였다고 하더라도, 교육감이 더 이상의 시정·변경명령 권한 등을 행사하지 아니한 것이 객관적 정당성을 상실하였다거나 현저하게 합리성을 잃어 사회적 타당성이 없다고 볼 수 있는 정도에까지 이르렀다고 하기는 어렵다고 한 사례[대판(전합) 2010.4.22, 2008다38288]

#### ㉠ 국립 전남대학교에서 한총련 산하 남총련의 간부들이 엉뚱한 사람을 경찰프락치라고 속단하여 감금폭행하여 사망에 이르게 한 사건

> 국립 전남대학교에서 한총련 산하 남총련의 간부들이 엉뚱한 사람을 경찰프락치라고 속단하여 감금폭행하여 사망에 이르게 한 경우, 그 사망사고가 전남대학교의 불법행위자들에 대한 교육활동이나 이에 밀접한 생활관계와 연관성이 있다고 보기 어려울 뿐만 아니라 전남대학교에 학교생활에서 위와 같은 사망사고가 발생하리라는 점에 대한 예견가능성이 있었다고 보기 어렵다(대판 2002.12.10, 2000다55126).

ⓛ 강원도 원주시 소재 여자중학교 3학년 2반 학생이 자신의 아파트 16층에서 투신자살한 사건

> 망인의 자살에 직접적인 계기가 된 필통분실 사건 이후 소외 1등의 망인에 대한 행동은, 망인이 필통을 감춘 것으로 오해한 데 대한 사과를 받아주지 않고 망인을 계속 비난한 것으로 이를 사회통념상 허용될 수 없는 악질, 중대한 따돌림에 이를 정도라고는 보기 어렵고, 그 이전에 망인을 집단에서 배제한 행위도 빈번하지는 않았던 것으로 보이며, 행위의 태양도 폭력적인 방법에 의하지 않고 무관심으로 소외시키는 것이 주된 것이었던 점, 망인의 행동에 관하여 보면, 자살 전날 교복 대신 검정 스웨터를 입고 등교하여 불안한 모습을 보인 점이 평소와 다른 행동으로 보이지만, 결석이나 지각을 하지도 않고, 가정에서도 특별히 우울한 모습을 엿볼 수 없었던 점 등에 비추어, 당시 사회적으로 학생들의 집단따돌림으로 인한 피해사례들이 보고되고 있었다고 하더라도 이 사건 사고 발생 당시 담임교사가 망인의 자살에 대한 예견가능성이 있었다고 인정하기는 어렵다고 할 것이다. 다만, 앞서 본 사실에 의하면, 담임교사로서는 망인이 소외 1등과 친밀한 관계를 맺고 싶어함에도 이러한 관계를 맺지 못하고 집단에서 배척되었다가 끼워졌다 하는 등의 갈등이 있음을 알고 있었음에도 이러한 일들이 학창시절 교우관계에서 발생할 수 있는 일상적인 문제로 생각하고 이에 대한 대처를 소홀히 한 과실을 인정할 수 있으므로, 그의 직무상 불법행위로 발생한 집단따돌림의 피해에 대하여는 그가 소속한 지방자치단체인 피고가 손해배상책임을 부담한다고 할 것이다(대판 2007.11.15, 2005다16034).

ⓒ

> 유흥주점에 감금된 채 윤락을 강요받으며 생활하던 여종업원들이 유흥주점에 화재가 났을 때 미처 피신하지 못하고 유독가스에 질식해 사망한 사안에서, 지방자치단체의 담당 공무원이 식품위생법상 취하여야 할 조치를 게을리 한 직무상 의무위반행위와 위 사망의 결과 사이의 상당인과관계를 인정하지 않은 사례(대판 2008.4.10, 2005다48994) ★ 14 지방9급

ⓡ 형사재판의 공판검사가 증인으로 소환된 자로부터 신변보호요청을 받았음에도 아무런 조치를 취하지 않아 그 증인이 공판기일에 법정에서 공판 개정을 기다리던 중 피고인의 칼에 찔려 상해를 입은 사안에서, 검사의 부작위로 인한 국가배상책임을 인정한 사례

> 원고는 위 형사재판에서 증인으로 소환되자 공판검사에게 소외인으로부터의 신변위험을 호소하면서 신변보호조치를 요청하였으나, 별다른 신변보호조치가 이루어지지 않은 사실, 소외인은 위 형사재판의 공판기일에 식칼을 주머니에 숨긴 채 법정에 들어와 있다가 공판 개정을 기다리고 있던 원고에게 다가가 갑자기 식칼로 원고를 찔러 상해를 가한 사실을 알 수 있다. 이를 앞서 본 법리에 비추어 살펴보면, 이 사건 당시 원고에게는 스스로의 힘만으로는 방지하기 어려운 생명·신체에 대한 중대한 위험이 존재하였을 뿐 아니라, 원고로부터 직접 신변보호요청을 받은 검사로서도 원고의 호소내용과 당해 사건기록을 통하여 그 위험발생을 쉽게 예상할 수 있었으므로, 검사는 재판부에 원고의 신변보호를 요청하여 적절한 조치를 취하게 하는 등 원고에 대한 신변안전조치를 취하여야 할 작위의무가 있었다고 할 것이고, 따라서 이를 위반한 검사의 부작위는 국가배상법 제2조 제1항이 정하는 '직무를 집행하면서 과실로 법령을 위반하여 타인에게 손해를 입힌 때'에 해당한다(대판 2009.9.24, 2006다82649).

### (5) 준법률행위적 행정행위

①

> 공무원의 직무상 과실로 허위의 주민등록표와 인감대장이 비치된 결과 허위의 인감증명서가 발급됨으로써 부실의 근저당권설정등기를 마친 저당권자가 그 저당권의 불성립으로 손해를 입었다면 공무원의 그와 같은 직무상 과실과 그와 같은 손해 사이에는 상당인과관계가 있다(대판 1991.7.9, 91다5570).

②

> 위조인장에 의하여 타인 명의의 인감증명서가 발급되고 이를 토대로 소유권이전등기가 경료된 부동산을 담보로 금전을 대여한 자가 손해를 입게 된 경우, 인감증명 발급업무 담당공무원의 직무집행상의 과실이 인정된다(대판 2004.3.26, 2003다54490).

### (6) 군종장교의 종교활동

**① 군종장교가 종교활동을 수행하면서 소속 종단의 종교를 선전하거나 다른 종교를 비판한 것만으로 종교적 중립 준수의무를 위반한 직무상의 위법이 없다**

> 군대 내에서 군종장교는 국가공무원인 참모장교로서의 신분뿐 아니라 성직자로서의 신분을 함께 가지고 소속 종단으로부터 부여된 권한에 따라 설교·강론 또는 설법을 행하거나 종교의식 및 성례를 할 수 있는 종교의 자유를 가지는 것이므로, 군종장교가 최소한 성직자의 신분에서 주재하는 종교활동을 수행함에 있어 소속종단의 종교를 선전하거나 다른 종교를 비판하였다고 할지라도 그것만으로 종교적 중립을 준수할 의무를 위반한 직무상의 위법이 있다고 할 수 없다(대판 2007.4.26, 2006다87903).

**② 공군참모총장이 군종장교로 하여금 교계에 널리 알려진 특정 종교에 대한 비판적 정보를 담은 책자를 발행·배포하게 한 행위가 정교분리의 원칙에 위반하는 위법한 직무집행에 해당하지 않는다고 한 사례**

> 공군참모총장이 군종장교로 하여금 교계에 널리 알려진 특정 종교(기존교단에 속하지 않는 독립침례교회)에 대한 비판적 정보를 담은 책자를 발행·배포하게 한 행위는 정교분리의 원칙에 위반하는 위법한 직무집행에 해당하지 않는다(대판 2007.4.26, 2006다87903).

## 3. 직무행위의 판단기준(직무를 집행하면서, 직무관련성)

### (1) 직무행위 및 밀접하게 관련된 행위와 부수적 행위포함

> 국가배상법 제2조 소정의 '공무원이 그 직무를 집행함에 당하여'라고 함은 직무의 범위 내에 속한 행위이거나 직무수행의 수단으로써 또는 직무행위에 부수하여 행하여지는 행위로서 그 임무를 수행하기 위해 실질적·객관적으로 그 직무와 밀접한 관련이 있는 것도 포함되는 것이다(대판 1994.5.27, 94다6741).

### (2) 외관설

① **실질적으로 직무행위가 아니거나 또는 행위자로서는 주관적으로 공무집행의 의사가 없었다고 하더라도 무방하다** ★ 18·12 국가9급, 14 지방7급, 14 국가7급, 14 서울9급, 10 국회8급, 10 서울교행

`최신기출`
> 국가배상법 제2조 제1항의 '직무를 집행함에 당하여'라 함은 직접 공무원의 직무집행행위이거나 그와 밀접한 관계에 있는 행위를 포함하고, 이를 판단함에 있어서는 행위 자체의 외관을 객관적으로 관찰하여 공무원의 직무행위로 보여질 때에는 비록 그것이 실질적으로 직무행위가 아니거나 또는 행위자로서는 주관적으로 공무집행의 의사가 없었다고 하더라도 그 행위는 공무원이 '직무를 집행함에 당하여'한 것으로 보아야 한다(대판 1995.4.21, 93다14240).

> 「국가배상법」상 공무원의 직무행위는 객관적으로 직무행위로서의 외형을 갖추고 있어야 할 뿐만 아니라 주관적 공무집행의 의사도 있어야 한다. (x) ★ 18 국가9급

② **실질적으로 공무집행행위가 아니라는 사정을 피해자가 알았더라도 무방하다** ★ 20 국회9급

`최신기출`
> 실질적으로 공무집행행위가 아니라는 사정을 피해자가 알았다 하더라도, 그것을 국가배상법 제2조 제1항에서 말하는 '직무를 행함에 당하여'라고 단정하는데, 아무러한 영향을 미치는 것은 아니다(대판 1966.6.28, 66다781).

> 공무원의 행위가 실질적으로 공무집행행위가 아니라는 사정을 피해자가 알았다면 그것만으로 국가배상책임을 부인할 수 있다. (x)
> ■ 20 국회9급

③ **본래의 직무와 관련이 없는 행위이고 외형상으로도 직무범위 내에 속하는 행위라고 볼 수 없는 경우는 제외된다**

> 공무원의 행위가 본래의 직무와는 관련이 없는 행위로서 외형상으로도 직무범위 내에 속하는 행위라고 볼 수 없을 때에는 공무원의 행위에 의한 손해에 대하여 국가배상법에 의한 국가 또는 지방자치단체의 책임을 인정할 수 없다(대판 1993.1.15, 92다8514).

## (3) 자동차 운전

| 인정사례 | 부정사례 |
|---|---|
| 1. 공휴일에 지휘관의 승낙 없이 용문사에 유흥목적으로 차량을 운행한 경우(대판 1967.9.5, 67다1601) | 1. 결혼식 참석을 위하여 군차량을 운행한 경우(대판 1967.11.21, 67다2107) |
| 2. 운전병이 아닌 군인이 군용차를 운전하다 사고가 발생한 경우(대판 1967.11.21, 67다1304) | 2. 공무원이 통상적으로 근무하는 근무지로 출근하기 위하여 자기소유의 자동차를 운행하다가 자신의 과실로 교통사고를 일으킨 경우(대판 1996.5.31, 94다15271) |
| 3. 극장에서 영화를 구경하고 귀대하는 군인을 소속대장의 인솔하에 군용차에 태우고 운전한 행위(대판 1971.9.28, 70다1968) | 3. 결혼식 참석을 위하여 군차량을 운행한 경우(대판 1967.11.21, 67다2107) |
| 4. 미군부대 소속 선임하사관이 공무차 예하부대로 출장을 감에 있어 개인소유의 차량을 빌려 직접 운전하여 예하부대에 가서 공무를 보고나자 퇴근시간이 되어서 위 차량을 운전하여 집으로 운행하던 중 교통사고가 발생(대판 1988.3.22. 87다카1163) | 4. 공무원이 통상적으로 근무하는 근무지로 출근하기 위하여 자기소유의 자동차를 운행하다가 자신의 과실로 교통사고를 일으킨 경우(대판 1996.5.31, 94다15271) |
| 5. 사고차량이 군용차량이고 운전사가 군인임이 외관상 뚜렷한 경우(대판 1971.3.23, 70다2986) | |
| 6. 극장에서 영화를 구경하고 귀대하는 군인을 소속 대장의 인솔하에 군용차에 태우고 운전한 행위(대판 1971.9.28, 70다1968) | |
| 7. 미군부대소속 선임하사관이 공무차 예하부대로 출장을 감에 있어 개인소유의 차량을 빌려 직접 운전하여 예하부대에 가서 공무를 보고 나자 퇴근시간이 되어서 위 차량을 운전하여 집으로 운행하던 중 교통사고가 발생한 경우(대판 1988.3.22, 87다카1163) ★ 10 순경특채 | |
| 8. 상관의 명에 의한 이삿짐을 운반한 행위 | |

① **군부대 소속 선임하사관이 공무차 예하부대로 출장을 감에 있어 개인소유의 차량을 빌려 직접 운전하여 예하부대에 가서 공무를 보고 나자 퇴근시간이 되어서 위 차량을 운전하여 집으로 운행하던 중 교통사고가 발생한 경우(인정)**

> 미군부대소속 선임하사관이 소속 부대장의 명에 따라 공무차 예하부대로 출장을 감에 있어 부대에 공용차량이 없었던 까닭에 개인소유의 차량을 빌려 직접 운전하여 예하부대에 가서 공무를 보고 나자 퇴근시간이 되어서 위 차량을 운전하여 집으로 운행하던 중 교통사고가 발생하였다면 위 선임하사관의 위 차량의 운행은 실질적, 객관적으로 그가 명령받은 위 출장명령을 수행하기 위한 직무와 밀접한 관련이 있는 것이라고 보아야 한다(대판 1988.3.22, 87다카1163)

② **군중사가 훈련에 대비하여 개인 소유의 오토바이를 운전하여 사전정찰차 훈련지역 일대를 돌아보고 귀대하다가 교통사고를 일으킨 경우, 오토바이의 운전행위는 국가배상법 제2조 소정의 직무집행행위에 해당한다** ★ 16 지방7급

> 육군중사가 자신의 개인소유 오토바이 뒷좌석에 같은 부대 소속 군인을 태우고 다음날부터 실시예정인 훈련(전제대 동시 야간훈련 및 독수리훈련)에 대비하여 사전정찰차 훈련지역 일대를 살피고 귀대하던 중 교통사고가 일어났다면, 그가 비록 개인소유의 오토바이를 운전한 경우라 하더라도 실질적, 객관적으로 위 운전행위는 그에게 부여된 훈련지역의 사전정찰임무를 수행하기 위한 직무와 밀접한 관련이 있다고 보아야 한다(대판 1994.5.27, 94다6741).

③ 공무원이 통상적으로 근무하는 근무지로 출근하기 위하여 자기소유의 자동차를 운행하다가 자신의 과실로 교통 사고를 일으킨 경우(부정)

> 공무원이 통상적으로 근무하는 근무지로 출근하기 위하여 자기 소유의 자동차를 운행하다가 자신의 과실로 교통사고 를 일으킨 경우에는 특별한 사정이 없는 한 국가배상법 제2조 제1항 소정의 공무원이 '직무를 집행함에 당하여' 타인에게 불법행위를 한 것이라고 할 수 없으므로 그 공무원이 소속된 국가나 지방공공단체가 국가배상법상의 손해 배상책임을 부담하지 않는다(대판 1996.5.31, 94다15271).

### (4) 사냥

| 인정사례 | 부정사례 |
| --- | --- |
| 예비군 실탄사격 교육훈련을 마치고 휴식 중에 조교가 꿩을 사격하다 휴식 중이던 예비군을 명중시켜 사망한 경우(대판 1971.7.27, 71다1290) | 1. 공용외출 중인 군인이 칼빈 소총을 불법휴대하고 보리밭에 앉은 꿩을 잡으려고 총기를 발사한 결과 사람을 관통한 경우(대판 1967.6.20, 67다785)<br>2. 사격훈련이 끝난 후에 사격장 부근 논에서 본 잉어를 잡으려고 총기를 발사한 결과 사고를 일으킨 경우(대판 1968.1.31, 67다1987)<br>3. 작업 중이던 군인이 휴식시간에 비둘기 사냥을 한 행위(대판 1968.5.7, 67다332) |

① 수해복구 작업 중이던 군인이 휴식시간에 비둘기 사냥을 한 경우 직무집행행위가 아님(불도저 운전병이던 육군상병 이 낙동강유역 개간공사 작업장에 파견되어 근무 중, 휴식시간을 이용하여 칼빈총으로 비둘기를 향하여 실탄 1발을 발사한 것이, 숲 속에서 이를 구경하고 있던 동리 아이에게 명중되어 사망케 한 사건)

> 군인이 휴식시간에 비둘기 사냥을 한 행위는 외관상으로도 군인으로서의 직무집행행위라고는 볼 수 없다고 할 것이 므로 그 비둘기 사냥을 하다가 발생한 사고는 군무집행에 당한 사고라고 할 수 없다(대판 1968.5.7, 67다332).

② 예비군 실탄사격교육훈련을 마치고 휴식 중에 조교가 꿩을 사격하다 휴식 중이던 예비군을 명중시켜 사망한 경우 직무집행행위에 해당

> 전술학부 조교직에 있던 상병 '甲'이 훈련 중인 예비군에게 실탄사격 교육훈련을 마치고 휴식 중 꿩 한 마리가 기어가는 것을 보고 예비군 '乙'이 교육용으로 지급받아 가지고 있던 칼빈총을 빌려 사격하여 휴식 중이던 예비 군을 명중 사망케 하였다면 공무원이 그 직무를 집행함에 당하여 한 행위라 할 것이다(대판 1971.7.27, 71다1290).

## (5) 기타

| 인정사례 | 부정사례 |
|---|---|
| 1. 상급자가 같은 소대에 새로 전입한 하급자에 대하여 암기 사항에 관한 교육을 실시하던 중 암기상태가 불량하다는 이유로 하급자를 훈계하다가 폭행(대판 1995.4.21, 93다14240) | 1. 군의관의 포경수술(대판 1968.7.23, 68다1033) |
| 2. 인사업무담당 공무원이 다른 공무원의 공무원증 등을 위조한 행위(대판 2005.1.14, 2004다26805) | 2. 세무과에 근무하는 구청공무원 甲이 주택정비계장으로 부임하기 이전에 그의 처 등과 공모하여 乙에게 무허가건물철거 세입자들에 대한 시영아파트입주권 매매행위를 한 경우(대판 1993.1.15, 92다8514) |
| 3. 수사도중 고문행위[경찰관들이 형사피의자(김근태)를 구속 영장 없이 연행 구금하여, 물고문 및 전기고문 등 가혹행위를 하고, 교도관들이 고문증거(상처딱지)를 강제로 수거하여 임의로 폐기한 행위](서울민사지법 1992.1.3, 86가합5126) | 3. 압류도중 절도행위·세무공무원이 재산압류시에 재산절취 행위 |
|  | 4. 가솔린 불법처분 중 발화 |
| 4. 수사관이 수사도중 행한 성고문행위 | 5. 경찰공무원이 도박장의 판돈을 착복하는 행위 |

① **세무과에 근무하는 구청공무원 甲이 주택정비계장으로 부임하기 이전에 그의 처 등과 공모하여 乙에게 무허가건물철거 세입자들에 대한 시영아파트입주권 매매행위를 한 경우 직무집행행위가 아니다** ★ 11 순경특채

> 구청공무원 甲이 주택정비계장으로 부임하기 이전에 그의 처 등과 공모하여 乙에게 무허가건물철거 세입자들에 대한 시영아파트입주권 매매행위를 한 경우 이는 甲이 개인적으로 저지른 행위에 불과하고 당시 근무하던 세무과에서 수행하던 지방세 부과, 징수 등 본래의 직무와는 관련이 없는 행위로서 외형상으로도 직무범위 내에 속하는 행위라고 볼 수 없고, 甲이 그 후 주택정비계장으로 부임하여 乙의 문의에 의하여 주택정비계 사무실에 허위로 작성하여 비치해 놓은 입주신청 및 명의변경 접수대장을 이용하여 세입자들이 정당한 입주권 부여 대상자인 양 허위로 확인하여 주었다 하더라도 이는 이미 불법행위가 종료되어 乙 등의 손해가 발생된 이후의 범행관여 사이에 상당인과관계를 인정하기 어렵다(대판 1993.1.15, 92다8514).

② **상급자가 같은 소대에 새로 전입한 하급자에 대하여 암기사항에 관한 교육을 실시하던 중 암기상태가 불량하다는 이유로 하급자를 훈계하다가 폭행한 경우 직무집행행위 인정** ★ 11 국회8급

> 전입신병에 대한 보호조인 상급자가 같은 소대에 새로 전입한 하급자에 대하여 암기사항에 관한 교육을 실시하던 중 암기상태가 불량하다는 이유로 그 하급자를 훈계하다가 도가 지나쳐 폭행을 하기에 이른 경우, 그 상급자의 교육·훈계행위는 적어도 외관상으로는 직무집행으로 보여지고 교육·훈계 중에 한 폭행도 그 직무집행과 밀접한 관련이 있는 것이므로 결국 그 폭행은 국가배상법 제2조 제1항 소정의 공무원이 직무를 집행함에 당하여 한 행위로 볼 수 있다(대판 1995.4.21, 93다14240).

③ **인사업무 담당공무원이 다른 공무원의 공무원증 등을 위조한 행위에 대하여 직무집행관련성 인정**

★ 21 국가7급, 15 지방7급, 14 지방9급, 12 국회9급

울산세관의 통관지원과에서 인사업무를 담당하면서 울산세관 공무원들의 공무원증 및 재직증명서 발급업무를 하는 공무원인 김영선이 울산세관의 다른 공무원의 공무원증 등을 위조하는 행위는 비록 그것이 실질적으로는 직무행위에 속하지 아니한다 할지라도 적어도 외관상으로는 공무원증과 재직증명서를 발급하는 행위로서 직무집행으로 보여지므로 결국 소외인의 공무원증 등 위조행위는 국가배상법 제2조 제1항 소정의 공무원이 직무를 집행함에 당하여 한 행위로 인정되고, 소외인이 실제로는 공무원증 및 재직증명서의 발급권자인 울산세관장의 직무를 보조하는 데 불과한 지위(보조기관)에 있다거나, 신청자의 발급신청 없이 정상의 발급절차를 거치지 아니하고 이를 발급하였으며, 위 공무원증 등 위조행위가 원고로부터 대출을 받기 위한 목적으로 행하여졌다 하더라도 이를 달리 볼 수 없다(대판 2005.1.14, 2004다26805).

인사업무담당 공무원이 다른 공무원의 공무원증 등을 위조한 행위는 「국가배상법」 제2조 제1항 소정의 '공무원이 직무를 집행하면서 행한 행위'로 인정되지 않는다. (×) ■ 15 지방7급

공무원들의 공무원증 발급 업무를 하는 공무원이 다른 공무원의 공무원증을 위조하는 행위는 「국가배상법」상의 직무집행에 해당하지 않는다. (×) ■ 21국가7급

# III. 고의 또는 과실

## 1. 과실의 객관화

### (1) 추상적 경과실(평균적 공무원의 주의의무를 기준)

#### ① 균적 공무원의 주의의무를 기준(추상적 경과실) ★ 지방9급

공무원의 직무집행상의 과실이라 함은 공무원이 그 직무를 수행함에 있어 당해 직무를 담당하는 평균인이 보통(통상) 갖추어야 할 주의의무를 게을리한 것을 말한다(대판 1987.9.22, 87다카1164).

#### ② 사고차량이 철도 건널목에서 일단정지의무를 무시한 채 통과하려 했는데 기관사가 차량을 발견하자마자 경적을 울리고 비상제동조치를 취한 경우 과실 부정

철도 건널목을 통과하려던 차량이 운행 중인 열차와 충돌한 사고에서, 국가가 그 건널목을 철도청 훈령인 건널목의 설치 및 설비기준 규정에 의한 3종 건널목에 해당하는 것으로 보아 3종 건널목에 설치되어야 할 입간판표시와 경보기 등 설비가 구비되어 정상작동하고 있었다면 1종 건널목에 요구되는 차단기 설치나 안내원 배치를 아니한 사실이 건널목 설치·보존상의 하자에 해당한다거나 사고발생과의 사이에 상당인과관계가 있다고 볼 수 없고, 사고차량이 그 안전설비에 따른 지시나 도로교통법의 일단정지의무를 무시한 채 그대로 건널목을 통과하려 하였다면 기관사가 사고차량을 발견하자마자 경적을 울리고 비상제동조치를 취한 이상 기관사에게 어떤 과실이 인정된다고 할 수 없다(대판 1994.11.8, 94다34036).

③ 경찰관이 난동을 부리던 범인을 검거하면서 가스총을 근접 발사하여 가스와 함께 발사된 고무마개가 범인의 오른쪽 눈에 맞아 실명한 경우 과실 인정 ★11 순경특채

> 경찰관은 범인의 체포 또는 도주의 방지, 타인 또는 경찰관의 생명·신체에 대한 방호, 공무집행에 대한 항거의 억제를 위하여 필요한 때에는 최소한의 범위 안에서 가스총을 사용할 수 있으나, 가스총은 통상의 용법대로 사용하는 경우 사람의 생명 또는 신체에 위해를 가할 수 있는 이른바 위해성 장비로서 그 탄환은 고무마개로 막혀 있어 사람에게 근접하여 발사하는 경우에는 고무마개가 가스와 함께 발사되어 인체에 위해를 가할 가능성이 있으므로, 이를 사용하는 경찰관으로서는 인체에 대한 위해를 방지하기 위하여 상대방과 근접한 거리에서 상대방의 얼굴을 향하여 이를 발사하지 않는 등 가스총 사용시 요구되는 최소한의 안전수칙을 준수함으로써 장비 사용으로 인한 사고발생을 미리 막아야 할 주의의무가 있다(대판 2003.3.14, 2002다57218).

④ 체육수업을 받던 학생이 쓰러져 위급한 상태에 처한 경우, 체육교사의 보호·감독의무의 내용

> 체육수업 시간에 학교 운동장에서 체력검사를 실시하던 도중에 수업을 받던 학생이 쓰러져 위와 같은 위급한 상태를 보이고 있다면 체육교사로서는 가능한 범위 안에서 유효적절한 응급조치를 즉각 시행함으로써 그 학생의 생명과 건강에 대한 위험을 제거하거나 최소화할 의무가 있다 할 것이다(대판 2008.5.8, 2008다5417).

⑤

> 국가정보기관이 살인사건 가해자(피해자 수지킴의 남편 윤태식)의 자백으로 피해자(살해 피해자 수지김)가 북한 공작원이 아님을 알게 되었음에도 이를 숨기기 위하여 가해자를 구금·협박한 사안에서, 이는 가해자의 신체의 자유, 사생활의 자유 등을 부당하게 침해하는 불법행위이므로 국가는 이로 인한 손해를 배상하여야 한다고 한 사례(대판 2008.3.27, 2006다70929·70936)

⑥

> 과거 정신분열증의 병력이 있던 자가 소방공무원으로 복직하여 근무하던 중 동료 소방관을 살해한 사안에서, 당해 공무원의 복직 과정과 이후 정신분열증 재발 여부의 지속적인 관리·감독 및 조치 등에 있어서 임용권자나 관리·감독자로서 지방자치단체의 주의의무 위반이 없다고 본 사례(대판 2009.1.15, 2008다63192)

⑦ 특별송달우편물의 배달업무에 종사하는 우편집배원이 압류 및 전부명령 결정 정본을 부적법하게 송달한 경우 집행채권자가 그로 인해 손해를 입게 될 것에 대하여 예견가능성이 있다고 볼 수 있다

> 특별송달우편물의 배달업무에 종사하는 우편집배원으로서는 압류 및 전부명령 결정 정본에 대하여 적법한 송달이 이루어지지 아니할 경우에는 법령에 정해진 일정한 효과가 발생하지 못하고 그로 인하여 국민의 권리 실현에 장애를 초래하여 당사자가 불측의 피해를 입게 될 수 있음을 충분히 예견할 수 있다고 봄이 상당하다(대판 2009.7.23, 2006다87798).

⑧ 우편집배원이 압류 및 전부명령 결정 정본을 특별송달함에 있어 부적법한 송달을 하고도 적법한 송달을 한 것처럼 보고서를 작성하였으나 압류 및 전부의 효력이 발생하지 않아 집행채권자가 피압류채권을 전부받지 못한 경우, 국가가 집행채권자의 손해에 대하여 배상책임을 부담한다 ★ 19 국회8급

우편집배원이 압류 및 전부명령 결정 정본을 특별송달하는 과정에서 민사소송법을 위반하여 부적법한 송달을 하고도 적법한 송달을 한 것처럼 우편송달보고서를 작성하여 압류 및 전부의 효력이 발생한 것과 같은 외관을 형성시켰으나, 실제로는 압류 및 전부의 효력이 발생하지 아니하여 집행채권자로 하여금 피압류채권을 전부받지 못하게 함으로써 손해를 입게 한 경우에는, 우편집배원의 위와 같은 직무상 의무위반과 집행채권자의 손해 사이에는 상당인과관계가 있다고 봄이 상당하고, 국가는 국가배상법에 의하여 그 손해에 대하여 배상할 책임이 있다(대판 2009.7.23, 2006다87798).

⑨

경찰관이 폭행사고 현장에 도착한 후 가해자를 피해자와 완전히 격리하고, 흉기의 소지 여부를 확인하는 등 적절한 다른 조치를 하지 않은 것은 피해자에게 발생한 피해의 심각성 및 절박한 정도 등에 비추어 현저하게 불합리하여 위법하므로, 국가는 위 경찰관의 직무상 과실로 말미암아 발생한 후속 살인사고로 인하여 피해자 및 그 유족들이 입은 손해를 배상할 책임이 있다고 한 원심의 판단이 정당하다고 한 사례(대판 2010.8.26, 2010다37479)

⑩ 구 교육공무원법에 의하여 기간제로 임용되어 임용기간이 만료된 국·공립대학의 교원이 재임용 여부에 관하여 심사를 요구할 신청권을 가지는지 여부(적극) 및 국공립대학의 교원에 대한 재임용거부처분이 불법행위가 됨을 이유로 국·공립대학 교원 임용권자에게 재산적 손해배상을 묻기 위한 요건과 그 판단기준

구 교육공무원법에 의하여 기간제로 임용되어 임용기간이 만료된 국·공립대학의 교원도 교원으로서의 능력과 자질에 관하여 합리적인 기준에 의한 공정한 심사를 받아 기준에 부합하면 특별한 사정이 없는 한 재임용되리라는 기대를 가지고 재임용 여부에 관하여 심사를 요구할 법규상 또는 조리상 신청권을 가진다. 그런데 이러한 국·공립대학 교원에 대한 재임용거부처분이 재량권을 일탈·남용한 것으로 평가되어 그것이 불법행위가 됨을 이유로 국·공립대학 교원 임용권자에게 재산적 손해배상책임을 묻기 위해서는 당해 재임용거부가 국·공립대학 교원 임용권자의 고의 또는 과실로 인한 것이라는 점이 인정되어야 한다. 나아가 위와 같은 고의·과실이 인정되려면 국·공립대학 교원 임용권자가 객관적 주의의무를 결하여 그 재임용거부처분이 객관적 정당성을 상실하였다고 인정될 정도에 이르러야 한다(대판 2011.1.27, 2009다30946).

⑪ 대법원 2004.4.22, 선고 2000두7735 전원합의체 판결이 선고되기 이전에 기간제로 임용된 국·공립대학 교원에 대하여 재임용이 거부된 경우에 그것이 부당하다는 이유로 국·공립대학 교원 임용권자에게 손해배상책임을 물을 수 없다

2004년 대법원 전원합의체 판결이 선고되고 그에 따른 법해석의 변화로 비로소 인정되게 된 재임용심사신청권을 기초로 하여 종전의 국·공립대학 교원의 권리 내지 법익침해의 결과에 대하여 손해배상책임을 묻는 것은, 당시로선 일반적으로 존재하지 않는 것으로 해석되었던 규범의 준수를 요구하는 것이거나 현실적으로 실현 불가능한 주의의무의 이행을 기대하는 것에 지나지 아니한다. 그러므로 2004년 대법원 전원합의체 판결이 선고되기 이전에 기간제로 임용된 국·공립대학 교원에 대하여 재임용이 거부된 경우에는 그것이 부당하다는 이유로 국·공립대학 교원 임용권자에게 손해배상책임을 물을 수 없다고 보아야 한다(대판 2011.1.27, 2009다30946).

⑫ 위법한 재임용거부로 인한 국·공립대학 교원 임용권자의 손해배상책임은 당해 교원의 재심사신청의사가 객관적으로 확인된 시점 이후에만 물을 수 있다

2004년 대법원 전원합의체 판결 선고 이후로는 기간제로 임용된 국·공립대학의 교원에게도 재임용 여부에 관하여 합리적인 기준에 의한 공정한 심사를 요구할 권리가 인정되고 있으므로, 국·공립대학 교원 임용권자가 과거 재임용이 거부된 교원에 대하여 특별한 사정 없이 재임용심사절차를 재개하지 아니하면 손해배상책임을 부담할 수 있게 된다. 그런데 재임용절차는 통상적으로 재임용신청과 재임용심사, 재임용 여부의 결정 순서로 진행되게 되므로 국·공립대학 교원 임용권자가 재임용심사절차를 재개하지 아니함을 이유로 그에게 손해배상책임을 지우려면 그 전제로 먼저 당해 교원의 재심사신청의사가 확인되어야 한다. 따라서 당해 교원의 재심사신청의사가 표시되지 않은 상황에서 곧바로 국·공립대학 교원 임용권자에게 재심사의무의 불이행을 이유로 바로 손해배상책임을 지우는 것은 타당하지 아니하며, 위법한 재임용거부로 인한 국·공립대학 교원 임용권자의 손해배상책임은 당해 교원의 재심사신청의사가 객관적으로 확인된 시점 이후에만 물을 수 있는 것이다(대판 2011.1.27, 2009다30946).

⑬ 건축물관리대장 등 공부상 건물용도가 '유치원'으로 등재되어 있는 부동산에 관하여 근저당권설정등기신청이 있는 경우, 등기관이 부담하는 주의의무의 내용

등기업무를 담당하는 등기관은 건축물관리대장 등 공부상 건물용도가 '유치원'으로 등재되어 있는 부동산에 관하여 근저당권설정등기신청이 있는 경우, 그 부동산이 공부상의 기재와는 달리 실제로 유치원 교육에 사용되지 않고 있거나, 그 소유자가 유치원경영자가 아닌 사실이 소명되는 경우에 한하여 그 등기신청을 수리하여야 할 직무상의 주의의무가 있다고 할 것이다(대판 2011.9.29, 2010다5892).

⑭

등기부 표제부 건물내역란에 건물용도가 '유치원'으로 기재되어 있는 부동산에 관하여 근저당권설정등기신청을 받은 등기관이 부동산 소유자인 등기의무자가 유치원 경영자가 아니거나 위 부동산이 실제로 유치원 교육에 사용되지 않고 있다는 소명자료를 요구하지 않은 채 등기신청을 수리하여 근저당권설정등기를 마친 사안에서, 등기관에게 등기업무를 담당하는 평균적 등기관이 갖추어야 할 통상의 주의의무를 다하지 않은 직무집행상 과실이 있다고 본 원심판단을 정당하다고 한 사례(대판 2011.9.29, 2010다5892)

⑮ 행정청이 관리처분계획을 인가하는 경우, 정비구역 내 토지 등 소유자의 명단과 관리처분계획상 분양대상자, 현금청산대상자 명단을 대조하여 현금청산대상자 중 누락된 사람이 있는지 확인할 의무가 없고 행정청이 현금청산대상자를 누락하는 등의 하자가 있는 관리처분계획을 그대로 인가한 경우, 누락된 현금청산대상자에 대하여 불법행위로 인한 손해배상책임을 지지 않는다

행정청이 관리처분계획에 대한 인가 여부를 결정할 때에는 관리처분계획인가 신청서와 첨부서류를 기준으로 관리처분계획에 구 도시정비법 제48조 제1항, 구 도시정비법 시행령 제50조에 규정된 사항이 포함되어 있는지, 계획의 내용이 구 도시정비법 제48조 제2항의 기준에 부합하는지 등을 심사·확인하여 인가 여부를 결정하면 되고, 그 과정에서 행정청은 구 도시정비법 제75조 제2항, 제77조 제1항에서 정한 조치를 통하여 관리처분계획을 실질적으로 심사할 권한이 있으나, 더 나아가 행정청이 정비계획 수립 과정에서 미리 조사하거나 재개발조합으로부터 이미 제출받아 보유하고 있는 정비구역 내 토지 등 소유자의 명단과 관리처분계획상 분양대상자, 현금청산대상자 명단을 하나하나 대조하여 현금청산대상자 중 누락된 사람이 있는지를 확인할 의무까지 부담한다고 볼 수 없으며, 설령 현금청산대상자를 누락하는 등의 하자가 있는 관리처분계획을 그대로 인가하였다고 하더라도 그 하자의 존재를 관리처분계획인가 신청서와 첨부서류에 대한 심사만으로 발견할 수 없는 경우라면 누락된 현금청산대상자에 대하여 불법행위로 인한 손해배상책임을 진다고 볼 수 없다(대판 2014.3.13, 2013다27220).

⑯ 분배농지를 관리하는 공무원이 구 농지개혁법에 따라 국가가 매수·취득한 농지임을 제대로 확인하지 아니한 채 이를 제3자에게 처분함으로써 수분배자 또는 원소유자에게 손해를 발생하게 한 경우, 국가배상법 제2조 제1항에 정한 공무원의 고의·과실에 의한 위법행위에 해당한다

> 국가는 구 농지개혁법에 따라 매수하여 분배한 농지에 관하여 그 명의로 소유권보존등기를 마친 경우 수분배자가 상환을 완료한 때는 수분배자에게, 수분배자가 상환을 포기하는 등으로 구 농지개혁법 제19조 제1항에 의하여 국가에 반환되고 다시 분배하지 아니하기로 확정되는 때는 원소유자에게 각각 소유권이전등기를 마쳐야 한다. 이와 같은 구 농지개혁법에 따른 국가의 농지매수 취지, 분배농지에 대한 수분배자의 권리, 분배농지의 소유권이 원소유자에게 회복될 가능성 등에 비추어 보면, 분배농지를 관리하는 공무원이 구 농지개혁법에 따라 국가가 매수·취득한 농지임을 제대로 확인하지 아니한 채 이를 제3자에게 처분함으로써 수분배자 또는 원소유자에게 손해를 발생하게 한 경우 이는 특별한 사정이 없는 한 국가배상법 제2조 제1항에 정한 공무원의 고의·과실에 의한 위법행위에 해당한다(대판 2016.11.10, 2014다229009).

⑰ 자살우려자 식별과 신상파악·관리·처리의 책임이 있는 각급 부대의 지휘관 등 관계자가 장병의 자살 등의 사고를 방지하기 위해 취할 조치를 취하지 않은 상황에서 소속 장병의 자살 사고가 발생한 경우, 자살 사고가 발생할 수 있음을 예견할 수 있었고 그러한 조치를 취했다면 자살 사고의 결과를 회피할 수 있었다면 국가배상책임이 인정된다

> 최신판례 「자살예방 및 생명존중문화 조성을 위한 법률」과 장병의 자살예방 대책과 관련한 부대관리훈령 등의 규정 내용을 종합하면, 자살우려자 식별과 신상파악·관리·처리의 책임이 있는 각급 부대의 지휘관 등 관계자는 장병의 자살을 예방하기 위해 마련된 부대관리훈령 등의 관련 규정을 준수하여 자살이 우려되는 장병을 식별하고 장병의 신상을 파악하려고 노력하고, 자살의 가능성이 확인된 장병에 대해서는 정신과 군의관의 진단 등을 거쳐 그 결과에 따라 해당 장병을 적절하게 관리하는 등의 조치를 취하여 자살 등의 사고를 미리 방지하고 그가 신체적·정신적 건강을 회복할 수 있도록 할 의무가 있다. 각급 부대의 관계자가 위와 같은 자살예방 관련 규정에 따라 필요한 조치를 취하지 않은 상황에서 소속 장병의 자살 사고가 발생한 경우, 자살 사고가 발생할 수 있음을 예견할 수 있었고 그러한 조치를 취했을 경우 자살 사고의 결과를 회피할 수 있었다면, 특별한 사정이 없는 한 해당 관계자의 직무상 의무위반과 이에 대한 과실이 인정되고, 국가는 국가배상법 제2조 제1항에 따라 배상책임을 진다(대판 2020.5.28, 2017다211559).

⑱

> 최신판례 甲이 하사로 임관하여 해군교육사령부 정보통신학교 등에서 교육을 받고 함선에서 근무하던 중 자살한 사안에서, 甲이 해군교육사령부에서 받은 인성검사에서 '부적응, 관심, 자살예측'이라는 결과가 나왔음에도 「자살예방 및 생명존중문화 조성을 위한 법률」 및 장병의 자살예방 대책과 관련한 부대관리훈령 등에 따른 자살우려자 식별과 신상파악 등의 조치가 이루어지지 아니한 사정 등을 이유로 국가의 배상책임을 인정한 사례(대판 2020.5.28, 2017다211559)

⑲ 해양수산부 산하 어업관리단의 불법어로행위 특별합동단속 중 갑 등이 승선하고 있던 선박이 단속정의 추적을
피해 도주하는 과정에서 암초와 충돌하였고, 인근에서 갑이 익사한 상태로 발견되었는데, 갑의 유족들이 단속정
에 승선하고 있던 감독공무원들의 구조의무 위반 등을 주장하며 국가를 상대로 손해배상을 구한 사안에서, 감독
공무원들에게 직무집행상 과실이 있다고 단정하기 어렵고, 이들의 행위와 갑의 사망 사이에 상당인과관계가 있
다고 볼 수도 없다고 한 사례

**최신판례** 사고 시간과 기상 상태, 사고 주변 해역의 상황, 감독공무원들의 인원적 제한과 장비상의 문제, 단속정과 갑의 충돌
위험성 등을 종합하면 단속팀장이 유일한 이동·수색수단인 단속정을 보고와 지원요청 및 정비를 위하여 본부로 이
동하게 한 결정이 결과론적·사후적 관점에서 최선이 아니었다고 하더라도 사고 당시를 기준으로 전혀 합리성이 없다거
나 평균인이 통상 갖추어야 할 주의의무를 게을리한 잘못이 있다고 쉽게 단정할 수 없을 뿐만 아니라, 단속정을 본부
에 이동시키지 않고 해상수색을 하도록 했더라도 갑의 생존가능 시간 내에 그를 발견하여 구조할 가능성이 높다고
볼 수 없으므로, 감독공무원들에게 직무집행상 과실이 있다고 단정하기 어렵고, 나아가 이들의 행위와 갑의 사망
사이에 상당인과관계가 있다고 볼 수도 없다고 한 사례(대판 2021.6.10. 2017다286874)

⑳ 갑 주식회사(주식회사 여양건설)가 고층 아파트 신축사업을 계획하고 토지를 매수한 다음 을 지방자치단체(여수시)
와 협의하여 사업계획 승인신청을 하였고, 수개월에 걸쳐 을 지방자치단체의 보완 요청에 응하여 사업계획 승인
에 필요한 요건을 갖추었는데, 을 지방자치단체의 장이 위 사업계획에 관하여 부정적인 의견을 제시한 후, 을
지방자치단체가 갑 회사에 주변 경관 등을 이유로 사업계획 불승인처분을 한 사안에서, 을 지방자치단체의 국가
배상책임이 인정된다고 볼 여지가 있는데도, 이와 달리 본 원심판결에 법리오해 등의 잘못이 있다고 한 사례

**최신판례** 을 지방자치단체의 담당 공무원이 경관 훼손 여부를 검토하기 위해 수행한 업무는 현장실사를 나가 사진을 촬영하여
분석자료를 작성한 것이 전부이고, 그 분석자료의 내용이 실제에 부합하는 방식으로 작성되었다고 볼 수 없는 등 위
불승인처분은 경관 훼손에 관한 객관적인 검토를 거치지 않은 채 이루어진 것으로 볼 수 있고, 사업계획 승인 업무의
진행경과, 위 사업의 규모와 경관 훼손 여부를 판단하기 위한 합리적이고 신중한 검토 필요성 등에 비추어, 담당
공무원의 업무 수행은 보통 일반의 공무원을 표준으로 하여 볼 때 객관적 주의의무를 소홀히 한 것이므로, 을
지방자치단체의 국가배상책임이 인정된다고 볼 여지가 있는데도, 이와 달리 본 원심판결에 법리오해 등의 잘못
이 있다고 한 사례(대판 2021.6.30. 2017다249219)

㉑ 공무원의 행위가 국가배상책임을 인정할 수 있을 정도로 객관적 정당성을 잃었는지 판단하는 기준

**최신판례** 객관적 정당성을 잃었는지는 행위의 양태와 목적, 피해자의 관여 여부와 정도, 침해된 이익의 종류와 손해의
정도 등 여러 사정을 종합하여 판단하되, 손해의 전보책임을 국가가 부담할 만한 실질적 이유가 있는지도 살펴보아
야 한다(대판 2021.10.28. 2017다219218).

㉒ 「집회 및 시위에 관한 법률」 제20조 제1항 제5호에 따른 집회 또는 시위에 대한 해산명령이 객관적 정당성을
잃은 것인지 판단할 때 고려할 사항

**최신판례** 집회·시위의 경우 많은 사람이 관련되고 시위 장소 주변의 사람이나 시설에 적지 않은 영향을 줄 수 있으므로
집회 장소에서 예상치 못한 행동이 발생했을 때 경찰공무원이 집회를 허용할 것인지는 많은 시간을 두고 심사숙고
하여 결정할 수 있는 것이 아니고, 현장에서 즉시 허용 여부를 결정하여 이에 따른 조치를 신속하게 취해야 할 사항이
다(대판 2021.10.28. 2017다219218).

㉓ 갑 등이 그들이 속한 단체가 개최한 집회와 기자회견에서 있었던 을 등 경찰의 집회 장소 점거 행위와 을의 해산명령이 위법한 공무집행에 해당하고 이로 인해 집회의 자유가 침해되었다며 국가와 을을 상대로 손해배상을 구한 사안에서, 제반 사정에 비추어 위 점거 행위와 해산명령이 객관적 정당성을 잃은 것이라고 볼 수 없는데도, 이를 법적 요건을 갖추지 못한 위법한 경찰력의 행사로 보아 국가와 을의 손해배상책임을 인정한 원심판단에는 법리오해 등 잘못이 있다고 한 사례

사건 당일 발생한 상황뿐만 아니라 위 집회 장소에서 점거와 농성이 시작된 이후 천막 등 철거의 행정대집행에 이르기까지 다수의 공무집행방해와 손괴행위가 발생하였고 장기간 불법적으로 물건이 설치되었던 일련의 과정을 고려하여 보면, 을 등 경찰의 집회 장소 점거 행위는 불법적인 사태가 반복되는 것을 막기 위한 필요 최소한도의 조치로 볼 수 있고, 경찰이 집회참가자들을 향하여 유형력을 행사하지 않고 소극적으로 자리를 지키고 서 있었을 뿐인데도 일부 집회참가자들이 경찰을 밀치는 행위를 하는 등 당시의 현장 상황에 비추어 보면, 을로서는 집회참가자들이 경찰에 대항하여 공공의 질서유지를 해치는 행위를 하는 것으로 판단할 수 있는 상황이었으므로, 당시 해산명령이 객관적 정당성을 잃은 것이라고 단정할 수 없는데도, 위 집회 장소 점거 행위와 해산명령을 법적 요건을 갖추지 못한 위법한 경찰력의 행사로 보아 국가와 을의 손해배상책임을 인정한 원심판단에는 국가배상책임의 성립 요건과 위법성 여부에 관한 법리오해 등 잘못이 있다고 사례(대판 2021.10.28. 2017다219218)

㉔ 법령에 따라 국가가 시행과 관리를 담당하는 시험에서 시험문항의 출제나 정답결정에 대한 오류 등의 위법을 이유로 시험출제에 관여한 공무원이나 시험위원의 고의 또는 과실에 따른 국가배상책임을 인정하기 위한 요건 및 판단 기준

법령에 따라 국가가 시행과 관리를 담당하는 시험에서 시험문항의 출제나 정답결정에 대한 오류 등의 위법을 이유로 시험출제에 관여한 공무원이나 시험위원의 고의 또는 과실에 따른 국가배상책임을 인정하기 위해서는, 해당 시험이 응시자에 대하여 일정한 수준을 갖추었는지를 평가하여 특정한 자격을 부여하는 사회적 제도로서 공익성을 가지고 있는지 여부, 국가기관이나 소속 공무원이 시험문제의 출제, 정답결정 등의 결정을 위하여 외부의 전문 시험위원을 법령에서 정한 요건과 절차에 따라 적정하게 위촉하였는지 여부, 위촉된 시험위원들이 최대한 주관적 판단의 여지를 배제하고 객관적 입장에서 해당 과목의 시험을 출제하였으며 시험위원들 사이에 출제된 문제와 정답의 결정과정에 다른 의견은 없었는지 여부, 시험문항의 출제나 정답결정에 대한 오류가 사후적으로 정정되었고 응시자들에게 국가기관이나 소속 공무원이 그에 따른 적절한 구제조치를 하였는지 여부 등의 여러 사정을 종합하여 시험출제에 관여한 공무원이나 시험위원이 객관적 주의의무를 소홀히 하여 시험문항의 출제나 정답결정에 대한 오류 등에 따른 행정처분이 객관적 정당성을 상실하였다고 판단되어야 한다(대판 2022.4.28. 2017다233061).

**(2) 가해공무원의 특정 불필요(김귀정 열사 사망사건)** ★ 21 국가9급

①

최신기출 국가배상책임은 공무원에 의한 가해행위의 태양이 확정될 수 있으면 성립되고 구체적인 행위자가 반드시 특정될 것을 요하지 않는다(대판 2011.1.27, 2010다6680).

　손해배상책임을 묻기 위해서는 가해 공무원을 특정하여야 한다. (x) ■ 21 국가9급

② **과도한 시위진압으로 인하여 시위 참가자가 사망한 사안에서, 국가배상책임을 인정하되 시위 참가자에 대하여 30% 과실상계를 한 원심판결을 수긍한 사례(성대 재학생 김귀정 사건)** ★ 12 국가9급

합리적이고 상당하다고 인정되는 정도를 넘어 지나치게 과도한 방법으로 시위진압을 한 잘못으로 소외 망 김귀정으로 하여금 사망에 이르게 하였다 할 것이므로 피고는 그 소속 공무원인 전투경찰들(본 사안에서 판례는 전투경찰 중의 누가 불법행위자인지를 특정하지 않고도 국가배상책임을 인정)의 직무집행상의 과실로 발생한 이 사건 사고로 인하여 소외 망 김귀정 및 그 가족들인 원고들이 입은 손해를 배상할 책임이 있다(대판 1995.11.10, 95다23897).

**(3) 중과실이란 거의 고의에 가까운 현저한 주의를 결여한 상태를 의미한다**

최신판례 공무원의 중과실이란 공무원에게 통상 요구되는 정도의 상당한 주의를 하지 않더라도 약간의 주의를 한다면 손쉽게 위법·유해한 결과를 예견할 수 있는 경우임에도 만연히 이를 간과한 경우와 같이, 거의 고의에 가까운 현저한 주의를 결여한 상태를 의미한다(대판 2021.1.28, 2019다260197).

**(4) 중과실 인정사례**

①

등기공무원이 신청에 따라 등기부에 2번 근저당설정등기를 등재함에 있어 근저당권설정자 갑을 근저당권자로 착오등재한 것은 등기공무원으로서의 주의의무를 현저히 결여한 중과실에 해당된다. 착오등재 후 위 2번 근저당권설정등기가 갑이 근저당권자인 것처럼 말소신청하여 말소되고 그 후 1번 근저당권자의 신청에 의하여 진행된 임의경매절차에서 2번 근저당권자가 되어야 할 을이 배당받지 못하게 된 손해와 등기공무원의 위 착오등재행위 사이에 상당인과관계가 있다(대판 1991.5.10, 91다6764).

②

10개월 이상 개인용 및 공직선거 후보용의 범죄경력조회 회보서의 발급업무를 담당하던 경찰공무원이 공직선거 후보자용 범죄경력조회서에는 금고 이상의 형은 실효되었더라도 이를 기재하여야 한다는 것을 알고 있었음에도 2008년 총선 당시 이 사건 국회의원 후보자에게 실효된 4건의 금고형 이상의 전과가 있음을 확인하고도 공직선거 후보자용 범죄경력조회 회보서에 이를 기재하지 않은 사안에서, 위 경찰공무원에게 중과실을 인정하여 국가배상 외에 공무원 개인의 배상책임까지도 인정한 원심을 수긍한 사례(대판 2011.9.8, 2011다34521)

**(5) 위법성과 과실은 별개의 요건이므로 그 충족 여부도 별도로 판단**

① 행정규칙의 기준에 따른 영업허가취소처분이 행정심판에 의하여 재량권 일탈로 취소된 경우, 그 처분을 한 행정청 공무원에게 직무집행상 과실이 있다고 할 수 없다 ★ 21 국가7급, 16 국회8급, 16 지방9급, 13 행정사

> 영업허가취소처분이 나중에 행정심판에 의하여 재량권을 일탈한 위법한 처분임이 판명되어 취소되었다고 하더라도 그 처분이 당시 시행되던 「공중위생법 시행규칙」에 정하여진 행정처분의 기준에 따른 것인 이상 그 영업허가취소처분을 한 행정청 공무원에게 그와 같은 위법한 처분을 한 데 있어 어떤 직무집행상의 과실이 있다고 할 수는 없다(대판 1994.11.8, 94다26141).

②

최신기출
최신판례

> 행정처분이 항고소송에서 위법하다고 판단되어 취소된 것만으로 행정처분이 공무원의 고의나 과실로 인한 불법행위를 구성한다고 단정할 수 없다(대판 2021.6.30, 2017다249219). ★ 19 서울7급

③ 확정판결에서 인정된 사실에 반하는 행정처분을 함으로써 그 처분에 이해관계가 있는 제3자가 그 처분의 취소를 구하는 소송을 제기하여 그 처분이 취소되는 것으로 확정된 경우, 제3자에 대하여 국가배상법 제2조 소정의 국가배상책임을 인정한 사례

> 당해 근로자가 당사자가 되어 진행된 민사사건에서 신체장해의 존부가 다투어지고 신체감정절차를 거쳐 그러한 장해를 인정하지 않는 내용의 판결이 확정되었음에도 산재심사위원회가 특별한 합리적 근거도 없이 객관적으로 확정판결의 내용에 명백히 배치되는 사실인정을 하였다면 이러한 재결은 전문적 판단의 영역에서 행정청에게 허용되는 재량을 넘어 객관적 정당성을 상실한 것으로서 국가배상법 제2조 소정의 국가배상책임의 요건을 충족할 수 있다고 하겠다(대판 2011.1.27, 2008다30703).

④

> 법원이 형사소송법 등 관련 법령에 근거하여 검사에게 어떠한 조치를 이행할 것을 명하였고, 관련 법령의 해석상 법원의 결정에 따르는 것이 당연하고 그와 달리 해석될 여지가 없는데도 검사가 관련 법령의 해석에 관하여 대법원판례 등의 선례가 없다는 이유 등으로 법원의 결정에 어긋나는 행위를 한 경우, 당해 검사에게 직무상 의무를 위반한 과실이 있다(대판 2012.11.15, 2011다48452).

⑤

> 甲 등이 乙 지방검찰청 검사에게 수사서류의 열람·등사를 신청하였으나 거부당하자 법원에 형사소송법 제266조의4 제1항에 따라 수사서류의 열람·등사를 허용하도록 해줄 것을 신청하였고, 이에 대하여 법원이 서류에 대한 열람·등사를 허용할 것을 명하는 결정을 하였는데도 검사가 일부 서류의 열람·등사를 거부한 사안에서, 열람·등사 거부 행위 당시 검사에게 국가배상법 제2조 제1항에서 정한 과실이 인정된다고 한 사례(대판 2012.11.15, 2011다48452)

## 2. 법령해석의 잘못과 공무원의 과실

### (1) 원칙적으로 긍정

#### ① 원칙적으로 관계법규를 알지 못해 잘못된 처분을 했어도 과실 인정

★ 21 국가9급, 18 지방7급, 16 지방9급, 14 서울9급, 13 서울7급

> **[최신기출]** 일반적으로 공무원이 직무를 집행함에 있어서 관계법규를 알지 못하거나 필요한 지식을 갖추지 못하여 법규의 해석을 그르쳐 잘못된 행정처분을 하였다면 그가 법률전문가가 아닌 행정직 공무원이라고 하여 과실이 없다고 할 수 없다(대판 1995.10.13, 95다32747).

#### ② 원칙적으로 관계법규를 알지 못해 위법한 시행령을 제정했어도 과실 인정

> 일반적으로 행정입법에 관여하는 공무원이 시행령이나 시행규칙을 제정함에 있어서 관계법규를 알지 못하거나 필요한 지식을 갖추지 못하여 법률 등 상위법규의 해석을 그르치는 바람에 상위법규에 위반된 시행령 등을 제정하게 되었다면 그가 법률전문가가 아닌 행정공무원이라고 하여 과실이 없다고 할 수는 없다(대판 1997.5.28, 95다15735).

#### ③

> 지방자치단체(서울특별시 광진구)가 민간투자사업을 BTO 방식으로 추진하기로 하여 갑 주식회사와 실시협약을 체결하였으나 지방의회 사전 의결이 없었음을 이유로 실시협약이 무효로 된 사안에서, 지방자치단체 소속 공무원들이 위 사업에 지방의회 의결이 필요한지를 관련 행정기관에 질의하는 등 신중을 다함으로써 갑 회사에 실시협약 무효로 인한 불의의 손해가 발생하지 않도록 하여야 할 직무상 의무를 위반하였으므로 지방자치단체는 갑 회사가 실시협약이 유효한 것으로 믿고 실시계획을 준비하는 데 지출한 비용 상당의 손해를 배상할 책임이 있다(대판 2012.6.28, 2011다88313).

#### ④

> 갑 회사도 지방의회 의결 없이 체결되는 실시협약이 무효임을 모른 데 사회통념상, 신의성실 원칙상, 공동생활상 요구되는 약한 부주의가 인정되는 점 등의 사정에 비추어 손해배상책임을 20%로 제한한 원심판단을 수긍한 사례(대판 2012.6.28, 2011다88313).

### (2) 법령해석 및 실무취급례가 있는 경우(긍정)

#### ① 행정청이 확립된 법령의 해석에 어긋나는 견해를 고집하여 계속하여 위법한 행정처분을 하거나 이에 준하는 행위로 평가될 수 있는 불이익을 처분상대방에게 계속 주는 경우 과실 인정

> 대법원의 판단으로 관계법령의 해석이 확립되고 이어 상급 행정기관 내지 유관 행정부서로부터 시달된 업무지침이나 업무연락 등을 통하여 이를 충분히 인식할 수 있게 된 상태에서, 확립된 법령의 해석에 어긋나는 견해를 고집하여 계속하여 위법한 행정처분을 하거나 이에 준하는 행위로 평가될 수 있는 불이익을 처분상대방에게 주게 된다면, 이는 그 공무원의 고의 또는 과실로 인한 것이 되어 그 손해를 배상할 책임이 있다(대판 2007.5.10, 2005다31828).

### (3) 법령해석 및 실무취급례가 없는 경우(부정)

**① 법령에 대한 해석이 복잡·미묘하여 워낙 어렵고 학설·판례조차 귀일되지 못하여 의의가 없을 수 없는 경우 과실 부정** ★ 22·12 국가9급, 15·10 국회8급, 15 순경특채, 10 국가7급

`최신기출` 법령에 대한 해석이 복잡·미묘하여 워낙 어렵고 이에 대한 학설·판례조차 귀일되지 못하여 의의가 없을 수 없는 경우에 공무원이 그 나름대로 신중을 다하여 합리적인 근거를 찾아 그 중 어느 한 설을 취하여 내린 해석이 대법원이 가린 그것과 같지 않아 결과적으로 잘못된 해석에 돌아가고 그에 따른 처리가 역시 결과적으로 위법하게 되어 그 법령의 부당집행이란 결과를 빚었다고 하더라도 그와 같은 처리방법 이상의 것을 성실한 평균적 공무원에게 기대하기란 어려운 일이므로 다른 특별한 사정이 없으면 그 한 설을 취한 처리가 공무원의 과실에 의한다고 일컬을 수 없다 할 것이다(대판 1973.10.10, 72다2583).

**② 법령해석을 잘못하여 행한 처분의 위법성 정도는 취소사유**

대법원은 법령해석을 잘못하여 행한 처분이 위법한 경우 그 하자가 명백하다고 할 수 없으므로 무효사유에 해당하지 않는다고 판시하고 있다(대판 1997.5.9, 95다46722).

**③ 행위 근거가 된 법률에 대하여 나중에 헌법재판소가 위헌결정을 하였다고 행위자의 고의 또는 과실이 있었다고 인정할 수는 없다** ★ 12 국가7급

일반적으로 법률이 헌법에 위반된다는 사정은 헌법재판소의 위헌결정이 있기 전에는 객관적으로 명백한 것이라고 할 수 없어 법률이 헌법에 위반되는지 여부를 심사할 권한이 없는 일반 당사자로서는 행위 당시의 법률에 따를 수 밖에 없다 할 것이고, 따라서 행위 근거가 된 법률에 대하여 나중에 헌법재판소가 위헌결정을 하였다는 점을 들어 그 행위 과정에서 행위자의 고의 또는 과실이 있었다고 인정할 수는 없을 것인 이상, 당해 사건을 재판하는 법원이 이 사건 법률조항들의 위헌 여부에 따라 채무불이행책임의 요건인 귀책사유 유무와 채무불이행 성립 여부 및 불법행위책임의 요건인 고의 또는 과실에 관하여 다른 내용의 재판을 하게 된다고 할 수 없으므로 이 사건 법률조항들의 위헌 여부는 당해 사건의 재판의 전제가 되지 아니한다(헌재결 2011.11.24, 2010헌바353).

**④**

`최신기출` 행정입법에 관여한 공무원이 나름대로 합리적 근거를 찾아 어느 하나의 견해에 따라 경과규정을 두는 등의 조치 없이 새 법령을 그대로 시행 또는 적용하였으나 그 판단이 나중에 대법원이 내린 판단과 달라 결과적으로 신뢰보호 원칙 등을 위반하게 된 경우, 국가배상책임의 성립요건인 공무원의 과실이 있다고 볼 수 없다(대판 2013.4.26, 2011다14428). ★ 18 국회8급

**⑤ 2002.3.25. 개정된 「변리사법 시행령」 제4조 제1항이 변리사 제1차 시험을 '절대평가제'에서 '상대평가제'로 변경함에 따라 2002.5.26. 실시된 시험에서 불합격처분을 받았다가 그 후 위 조항을 즉시 시행한 부분이 헌법에 위배되어 무효라는 대법원판결이 내려져 추가합격처분을 받은 甲 등이 국가배상책임을 물은 사안에서, 국가배상책임을 인정한 원심판결에 법리오해 등 위법이 있다고 한 사례**

제반 사정에 비추어 위 시행령과 부칙의 입법에 관여한 공무원들은 입법 당시 상황에서 다양한 요소를 고려하여 나름대로 합리적인 근거를 찾아 어느 하나의 견해에 따라 위 시행령을 경과규정 등의 조치 없이 그대로 시행한 것이므로, 비록 대법원판결에서 위 시행령 부칙 중 위 조항을 즉시 시행하도록 한 부분이 헌법에 위배된다고 판단하여 결과적으로 부칙 제정행위가 위법한 것으로 되고 그에 따른 불합격처분 역시 위법하게 되어 위법한 법령의 제정 및 법령의 부당집행이라는 결과를 가져오게 되었더라도, 이러한 경우에까지 국가배상책임의 성립요건인 공무원의 과실이 있다고 단정할 수 없다는 이유로, 이와 달리 보아 국가배상책임을 인정한 원심판결에는 국가배상책임에서 공무원의 직무상 과실에 관한 법리오해 등 위법이 있다고 한 사례(대판 2013.4.26, 2011다14428)

## 3. 입증책임의 완화

> 구 국세징수법 제24조 제2항에 따라 국세 확정 전 보전압류를 한 후 보전압류에 의하여 징수하려는 국세의 전부 또는 일부가 확정되지 못한 경우, 국가가 부당한 보전압류로 납세자가 입은 손해를 배상할 책임이 있고, 이러한 법리는 보전압류 후 과세처분에 의해 일단 국세가 확정되었으나 과세처분이 취소되어 국세의 전부 또는 일부가 확정되지 못한 경우에도 마찬가지로 적용된다(대판 2015.10.29, 2013다209534).

## 4. 행정규칙에 따라 처분한 경우 과실 부정

> 영업허가취소처분이 나중에 행정심판에 의하여 재량권을 일탈한 위법한 처분임이 판명되어 취소되었다고 하더라도 그 처분이 당시 시행되던 「공중위생법 시행규칙」에 정하여진 행정처분의 기준에 따른 것인 이상 그 영업허가취소처분을 한 행정청 공무원에게 그와 같은 위법한 처분을 한 데 있어 어떤 직무집행상의 과실이 있다고 할 수는 없다(대판 1994.11.8, 94다26141).

# IV. 법령을 위반한 행위(위법성)

## 1. 법령의 범위(광의설)

### (1) 국가배상책임에 있어 '법령 위반'의 의미(광의설) ★ 20·12 지방9급, 17 서울7급, 14 변호사, 13 지방7급, 12·10 국회9급

`최신기출`
> 국가배상책임에 있어서 공무원의 가해행위는 '법령에 위반한' 것이어야 하고, 법령 위반이라 함은 엄격한 의미의 법령 위반뿐만 아니라 인권존중, 권력남용금지, 신의성실, 공서양속 등의 위반도 포함하여 널리 그 행위가 객관적인 정당성을 결여하고 있음을 의미한다고 할 것이다(대판 2009.12.24, 2009다70180).

### (2) 위법성 여부는 전체 법질서 차원에서 판단

> 구 병역법 제18조 제4항 및 같은법 시행령 제28조 제2항 제1호의 각 규정을 검토하면 확정판결에 의한 형의 집행일수만을 현역 복무기간에 산입하지 아니한다는 것이 규정 자체에 의하여 명백하다는 점에 비추어, '가'항과 같은 내용의 병인사관리규정을 발령·유지시킨 육군참모총장에게 직무상의 과실이 없다고 할 수 없으며, 나아가 피해자가 구속되어 있던 기간을 제외하고도 잔여 복무일수를 복무한 때로부터 실제로 전역명령을 받은 때까지 전역이 지연되도록 한 육군참모총장의 행위는 전체 법질서의 관점에서 보아 위법한 것임을 면할 수 없다(대판 1995.7.14, 93다16819).

### (3) 수사기관이 범죄수사를 하면서 지켜야 할 법규상 또는 조리상의 한계를 위반한 것은 '법령 위반'에 해당한다

> 수사기관이 범죄수사를 하면서 지켜야 할 법규상 또는 조리상의 한계를 위반하였다면 이는 법령을 위반한 경우에 해당한다(대판 2020.4.29, 2015다224797).

### (4)

> 구 건축법상 준공검사업무를 담당하는 공무원의 준공검사 지연행위가 보통 일반의 공무원을 표준으로 할 때 객관적 정당성을 상실하였다고 인정될 정도에 이른 경우 위법성이 인정된다(대판 1999.3.23, 98다30285).

**(5) 법령에 의한 국가시험에 있어 시험문항의 출제 및 정답 결정에 오류가 있어 합격자 결정이 위법하게 된 것을 이유로 공무원 내지 시험위원의 고의·과실로 인한 국가배상책임을 인정하기 위한 판단기준(사법시험 관련공무원 혹은 시험위원의 고의·과실로 인한 직무집행상의 국가배상책임을 인정한 원심판결을 파기한 사례)**

> 제반 사정을 종합적으로 고려하여 시험관련 공무원 혹은 시험위원이 객관적 주의의무를 결하여 그 시험의 출제와 정답 및 합격자 결정 등의 행정처분이 객관적 정당성을 상실하고, 이로 인하여 손해의 전보책임을 국가에게 부담시켜야 할 실질적인 이유가 있다고 인정되어야 한다(대판 2003.11.27, 2001다33789·33796·33802·33819).

**(6) 행정청의 처분 여부 결정의 지체로 국가배상책임이 성립하기 위한 요건** ★ 20 지방7급

최신기출

> 행정청의 처분을 구하는 신청에 대하여 상당한 기간 처분 여부 결정이 지체되었다고 하여 곧바로 공무원의 고의 또는 과실에 의한 불법행위를 구성한다고 단정할 수는 없고, 행정처분의 담당공무원이 보통 일반의 공무원을 표준으로 하여 볼 때 객관적 주의의무를 결하여 처분 여부 결정을 지체함으로써 객관적 정당성을 상실하였다고 인정될 정도에 이른 경우에 비로소 국가배상법 제2조가 정한 국가배상책임의 요건을 충족한다(대판 2015.11.27, 2013다6759).

> 행정처분의 담당공무원이 주관적 주의의무를 결하여 그 행정처분이 주관적 정당성을 상실하였다고 인정될 정도에 이른 경우에 「국가배상법」 제2조의 요건을 충족하였다고 봄이 상당하다. (x) ■ 20 지방7급

**(7) 정당한 이유 없이 처리를 지연하였는지 판단하는 기준**

> 정당한 이유 없이 처리를 지연하였는지는 법정 처리기간이나 통상적인 처리기간을 기초로 처분이 지연된 구체적인 경위나 사정을 중심으로 살펴 판단하되, 처분을 아니하려는 행정청의 악의적인 동기나 의도가 있었는지, 처분 지연을 쉽게 피할 가능성이 있었는지 등도 아울러 고려할 수 있다(대판 2015.11.27, 2013다6759)

**(8) 구 「공무원수당 등에 관한 규정」 제7조의2 제1항이 정한 성과상여금 지급대상 교육공무원으로서 '공무원보수규정 [별표 11]을 적용받는 교원'에 기간제교원은 포함되지 않는다**

> 구 「공무원수당 등에 관한 규정」 제7조의2 제1항이 정한 성과상여금 지급대상 교육공무원으로서 '공무원보수규정 [별표 11]을 적용받는 교원'이란 호봉 승급에 따른 급여체계의 적용을 받는 정규 교원만을 의미하고 기간제교원은 포함되지 아니한다(대판 2017.2.9, 2013다205778).

**(9) 교육부장관이 갑 등을 비롯한 국·공립학교 기간제교원을 구 「공무원수당 등에 관한 규정」에 따른 성과상여금 지급대상에서 제외하는 내용의 「교육공무원 성과상여금 지급 지침」을 발표한 사안에서, 국가가 갑 등에 대하여 불법행위로 인한 손해배상책임을 진다고 볼 수 없다고 한 사례**

> 위 지침에서 갑 등을 포함한 기간제교원을 성과상여금 지급대상에서 제외한 것은 구 「공무원수당 등에 관한 규정」 제7조의2 제1항의 해석에 관한 법리에 따른 것이므로, 국가가 갑 등에 대하여 불법행위로 인한 손해배상책임을 진다고 볼 수 없다(대판 2017.2.9, 2013다205778).

**(10) 정부에 대한 비판 자체를 원천적으로 배제하려는 공권력의 행사에 정당성을 인정할 수 없다**

최신판례

> 정부의 정책에 대하여 정치적인 반대의사를 표시하는 것은 헌법이 보장하는 정치적 자유의 가장 핵심적인 부분이다. 자신의 정치적 생각을 집회와 시위를 통해 설파하거나 서명운동 등을 통해 자신과 의견이 같은 세력을 규합해 나가는 것은 국가의 안전에 대한 위협이 아니라, 우리 헌법의 근본이념인 '자유민주적 기본질서'의 핵심적인 보장 영역에 속한다. 정부에 대한 비판에 대하여 합리적인 홍보와 설득으로 대처하는 것이 아니라, 비판 자체를 원천적으로 배제하려는 공권력의 행사는 대한민국 헌법이 예정하고 있는 자유민주적 기본질서에 부합하지 아니하므로 정당성을 인정할 수 없다(대판 2020.6.4, 2015다233807).

**(11) 국가기관이 자신이 관리·운영하는 홈페이지에 게시된 글에 대하여 정부의 정책에 찬성 또는 반대하는 내용인지에 따라 선별적으로 삭제 여부를 결정하는 것은 허용되지 않는다**

> **최신판례** 일반적으로 국가기관이 자신이 관리·운영하는 홈페이지에 게시된 글에 대하여 정부의 정책에 찬성하는 내용인지, 반대하는 내용인지에 따라 선별적으로 삭제 여부를 결정하는 것은 특별한 사정이 없는 한 국민의 기본권인 표현의 자유와 자유민주적 기본질서에 배치되므로 허용되지 않는다(대판 2020.6.4, 2015다233807).

**(12) 해군본부가 해군 홈페이지 자유게시판에 게시된 '제주해군기지 건설사업에 반대하는 취지의 항의글' 100여 건을 삭제하는 조치를 취하자, 항의글을 게시한 甲 등이 국가를 상대로 손해배상을 구한 사안에서, 위 삭제 조치가 객관적 정당성을 상실한 위법한 직무집행에 해당한다고 보기 어렵다고 한 사례**

> **최신판례** 해군 홈페이지 자유게시판이 정치적 논쟁의 장이 되어서는 안 되는 점, 위와 같은 항의글을 게시한 행위는 정부정책에 대한 반대의사 표시이므로 「해군 인터넷 홈페이지 운영규정」에서 정한 게시글 삭제 사유인 '정치적 목적이나 성향이 있는 경우'에 해당하는 점, 해군본부가 집단적 항의글이 위 운영규정 등에서 정한 삭제 사유에 해당한다고 판단한 것이 사회통념상 합리성이 없다고 단정하기 어려운 점, 반대의견을 표출하는 항의 시위의 1차적 목적은 달성되었고 현행법상 국가기관으로 하여금 인터넷 공간에서의 항의 시위의 결과물인 게시글을 영구히 또는 일정 기간 보존하여야 할 의무를 부과하는 규정은 없는 점 등에 비추어 위 삭제 조치가 객관적 정당성을 상실한 위법한 직무집행에 해당한다고 보기 어려운데도, 이와 달리 본 원심판단에 법리오해의 잘못이 있다고 한 사례(대판 2020.6.4, 2015다233807)

## 2. 행위위법과 결과위법

### (1) 행위위법설(주류적 판례)

㉠ **공무원의 직무집행이 법령이 정한 요건과 절차에 따라 이루어진 것이라면 특별한 사정이 없는 한 법령에 적합하다** ★ 18 서울7급, 10 국회8급

> **최신기출** 국가배상책임은 공무원의 직무집행이 법령에 위반한 것임을 요건으로 하는 것으로서, 공무원의 직무집행이 법령이 정한 요건과 절차에 따라 이루어진 것이라면 특별한 사정이 없는 한 이는 법령에 적합한 것이고 그 과정에서 개인의 권리가 침해되는 일이 생긴다고 하여 그 법령 적합성이 곧바로 부정되는 것은 아니라고 할 것인바, 불법시위를 진압하는 경찰관들의 직무집행이 법령에 위반한 것이라고 하기 위하여는 그 시위진압이 불필요하거나 또는 불법시위의 태양 및 시위장소의 상황 등에서 예측되는 피해발생의 구체적 위험성의 내용에 비추어 시위진압의 계속 수행 내지 그 방법 등이 현저히 합리성을 결하여 이를 위법하다고 평가할 수 있는 경우이어야 한다. 경찰관들의 시위진압에 대항하여 시위자들이 던진 화염병에 의하여 발생한 화재로 인하여 손해를 입은 주민의 국가배상청구를 인정한 원심판결을 법리오해를 이유로 파기한 사례(대판 1997.7.25, 94다2480)

### (2) 상대적 위법성설을 취한 판례(예외판례)

★ 22 국가9급, 20 국회9급, 19·17 국가7급, 19 지방9급, 18·17 서울7급, 18 국가9급, 17·15 지방7급, 17·16·15 국회8급

어떠한 행정처분이 후에 항고소송에서 취소되었다고 할지라도 그 기판력에 의하여 당해 행정처분이 곧바로 공무원의 고의 또는 과실로 인한 것으로서 불법행위를 구성한다고 단정할 수는 없는 것이고, 그 행정처분의 담당공무원이 보통 일반의 공무원을 표준으로 하여 볼 때 객관적 주의의무를 결하여 그 행정처분이 객관적 정당성을 상실하였다고 인정될 정도에 이른 경우에 국가배상법 제2조 소정의 국가배상책임의 요건을 충족하였다고 봄이 상당할 것이며, 이때에 객관적 정당성을 상실하였는지 여부는 피침해이익의 종류 및 성질, 침해행위가 되는 행정처분의 태양 및 그 원인, 행정처분의 발동에 대한 피해자측의 관여의 유무, 정도 및 손해의 정도 등 제반 사정을 종합하여 손해의 전보책임을 국가 또는 지방자치단체에게 부담시켜야 할 실질적인 이유가 있는지 여부에 의하여 판단하여야 한다(대판 2000.5.12, 99다70600).

행정처분이 후에 항고소송에서 취소된 사실만으로 당해 행정처분이 곧바로 공무원의 고의 또는 과실로 인한 불법행위를 구성한다고 단정할 수 없다. ■ 15 국회8급

취소판결을 통해 위 영업허가취소처분은 「국가배상법」상 공무원의 고의 또는 과실에 의한 불법행위로 인정된다. (x) ■ 15 국회8급

어떠한 행정처분이 후에 항고소송에서 취소되면, 그 기판력에 의하여 당해 행정처분은 곧바로 공무원의 고의 또는 과실로 인한 불법행위를 구성한다. (x) ■ 17 국가9급, 15 지방7급

취소판결의 기판력은 국가배상청구소송에도 미치므로, 행정처분이 후에 항고소송에서 위법을 이유로 취소된 경우에는 그 기판력에 의하여 당해 행정처분이 곧바로 공무원의 고의 또는 과실에 의한 불법행위를 구성한다고 보아야 한다. (x) ■ 19 지방9급

어떠한 행정처분이 항고소송에서 취소되었을지라도 그 기판력에 의하여 당해 행정처분이 곧바로 공무원의 고의 또는 과실로 인한 것으로서 국가배상책임이 성립한다고 단정할 수는 없다. ■ 19 국가7급

## 3. 수익적 행정처분의 위법

### (1) 수익적 행정처분이 신청인에 대한 관계에서 국가배상법 제2조 제1항의 위법성이 있는 것으로 평가되기 위한 요건

수익적 행정처분은 그 성질상 특별한 사정이 없는 한 그 처분이 이루어지는 것이 신청인의 이익에 부합하고, 이에 대한 법규상의 제한은 공공의 이익을 위한 것이어서 그러한 법규상의 제한 사유가 없는 한 원칙적으로 이를 허용할 것이 요청된다고 할 것이므로, 수익적 행정처분이 신청인에 대한 관계에서 국가배상법 제2조 제1항의 위법성이 있는 것으로 평가되기 위하여는 당해 행정처분에 관한 법령의 내용, 그 성질과 법률적 효과, 그로 인하여 신청인이 무익한 비용을 지출할 개연성에 관한 구체적 사정 등을 종합적으로 고려하여 객관적으로 보아 그 행위로 인하여 신청인이 손해를 입게 될 것임이 분명하다고 할 수 있어 신청인을 위하여도 당해 행정처분을 거부할 것이 요구되는 경우이어야 할 것이다(대판 2001.5.29, 99다37047).

### (2) 수익적 행정처분인 허가 등을 신청한 사안에서 공무원이 신청인의 목적 달성에 필요한 안내나 배려 등을 하지 않았다는 사정만으로 직무집행에 있어 위법한 행위를 한 것이라고 볼 수 없다

국가배상법에 따른 손해배상책임을 부담시키기 위한 전제로서, 공무원이 행한 행정처분이 위법하다고 하기 위하여서는 법령을 위반하는 등으로 행정처분을 하였음이 인정되어야 하므로, 수익적 행정처분인 허가 등을 신청한 사안에서 행정처분을 통하여 달성하고자 하는 신청인의 목적 등을 자세하게 살펴 목적 달성에 필요한 안내나 배려 등을 하지 않았다는 사정만으로 직무집행에 있어 위법한 행위를 한 것이라고 보아서는 아니 된다(대판 2017.6.29, 2017다211726).

(3) 갑 주식회사(아시아 주식회사)가 을 지방자치단체(서울특별시 강남구)에 하천부지에 잔디실험연구소를 설치하는 내용이 포함된 사업계획서를 제출하면서 하천점용허가를 신청하여 점용허가를 받은 후 하천부지에 컨테이너를 설치하였는데, 을 지방자치단체가 하천부지가 개발제한구역에 해당함에도 갑 회사가 「개발제한구역의 지정 및 관리에 관한 특별조치법」 제12조에서 정한 행위허가를 받지 않은 채 컨테이너를 설치하였다는 이유로 하천점용허가를 취소한 사안에서, 을 지방자치단체의 손해배상책임을 인정한 원심판단에 법리오해의 잘못이 있다고 한 사례

> 갑 회사는 개발제한구역에 속하는 하천부지를 단순히 점용하는 데 그치지 않고 그곳에 컨테이너를 설치하여 잔디실험연구소로 사용하려고 하였으므로 목적 달성을 위하여서는 처음부터 하천점용허가가 의제되는 개발행위허가신청을 하거나 하천점용허가와는 별도로 개발행위허가신청을 하고 그 결과에 따라 후속행위를 하였어야 하는데도 하천점용허가만을 받은 상태에서 개발행위허가 없이 컨테이너를 설치한 잘못이 있고, 그 때문에 하천점용허가가 취소됨으로써 컨테이너 설치비용 상당의 손해를 입게 되었으므로, 갑 회사가 입은 손해는 갑 회사 스스로의 잘못에 기인한 것이어서 을 지방자치단체 소속 담당 공무원의 행위와 갑 회사의 손해발생 사이에 상당인과관계가 있다고 보기 어렵고, 또한 을 지방자치단체 소속 담당 공무원이 갑 회사의 허가신청에 따라 하천점용허가를 하면서 하천점용허가의 요건이 갖추어졌는지만을 살펴보고 나아가 하천부지가 개발제한구역에 속하는지 등을 미리 파악하여 관련 부서와 협의를 거친 다음 하천점용허가 여부를 결정하거나 하천부지가 개발제한구역으로서 시설물 설치에 개발행위허가가 필요하다는 점 등을 갑 회사에 따로 알려주지 않은 채 하천점용허가를 하였더라도, 이러한 을 지방자치단체 소속 담당 공무원의 행위를 위법한 행위라고 볼 수는 없는데도, 을 지방자치단체의 손해배상책임을 인정한 원심판단에 법리오해의 잘못이 있다고 한 사례(대판 2017.6.29, 2017다211726).

## 4. 형사책임과 국가배상의 위법성 문제

형사책임과 국가배상책임은 각각 지도원리가 다르므로 각각 별개의 관점에서 인정 여부를 검토하여야 한다.

### 형사상 범죄를 구성하지 아니하는 침해행위가 민사상 불법행위를 구성할 수 있다 ★ 20 국회9급, 19 국가7급

> 불법행위에 따른 형사책임은 사회의 법질서를 위반한 행위에 대한 책임을 묻는 것으로서 행위자에 대한 공적인 제재(형벌)를 그 내용으로 함에 비하여, 민사책임은 타인의 법익을 침해한 데 대하여 행위자의 개인적 책임을 묻는 것으로서 피해자에게 발생한 손해의 전보를 그 내용으로 하는 것이고, 손해배상제도는 손해의 공평·타당한 부담을 그 지도원리로 하는 것이므로, 형사상 범죄를 구성하지 아니하는 침해행위라고 하더라도 그것이 민사상 불법행위를 구성하는지 여부는 형사책임과 별개의 관점에서 검토하여야 한다. 경찰관이 범인을 제압하는 과정에서 총기를 사용하여 범인을 사망에 이르게 한 사안에서, 총기사용행위에 대한 무죄판결이 확정된 것과 무관하게 민사상 불법행위책임을 인정한 사례(대판 2008.2.1, 2006다6713)

## 5. 행위 자체의 법위반

### (1) 국가가 한센병 환자의 치료 및 격리수용을 위하여 운영·통제해 온 국립 소록도병원 등에 소속된 의사 등이 한센인들에게 시행한 정관절제수술과 임신중절수술을 정당한 공권력의 행사라고 인정하기 위한 요건

국가가 한센병 환자의 치료 및 격리수용을 위하여 운영·통제해 온 국립 소록도병원 등에 소속된 의사나 간호사 또는 의료보조원 등이 한센인들에게 시행한 정관절제수술과 임신중절수술은 신체에 대한 직접적인 침해행위로서 그에 관한 동의 내지 승낙을 받지 아니하였다면 헌법상 신체를 훼손당하지 아니할 권리와 태아의 생명권 등을 침해하는 행위이다. 또한 한센인들의 임신과 출산을 사실상 금지함으로써 자손을 낳고 단란한 가정을 이루어 행복을 추구할 권리는 물론이거니와 인간으로서의 존엄과 가치, 인격권 및 자기결정권, 내밀한 사생활의 비밀 등을 침해하거나 제한하는 행위임이 분명하다. 더욱이 위와 같은 침해행위가 정부의 정책에 따른 정당한 공권력의 행사라고 인정받으려면 법률에 그에 관한 명시적인 근거가 있어야 하고, 과잉금지의 원칙에 위배되지 아니하여야 하며, 침해행위의 상대방인 한센인들로부터 '사전에 이루어진 설명에 기한 동의(prior informed consent)'가 있어야 한다(대판 2017.2.15, 2014다230535).

### (2)

국가가 요건을 갖추지 아니한 채 한센인들을 상대로 정관절제수술이나 임신중절수술을 시행한 경우, 민사상 불법행위가 성립한다(대판 2017.2.15, 2014다230535).

### (3) 한센병을 앓은 적이 있는 甲 등이 국가가 한센병 환자의 치료 및 격리수용을 위하여 운영·통제해 온 국립 소록도병원 등에 입원해 있다가 위 병원 등에 소속된 의사 등으로부터 정관절제수술 또는 임신중절수술을 받았음을 이유로 국가를 상대로 손해배상을 구한 사안에서, 국가배상책임을 인정한 사례

의사 등이 한센인인 甲 등에 대하여 시행한 정관절제수술과 임신중절수술은 법률상 근거가 없거나 적법 요건을 갖추었다고 볼 수 없는 점, 수술이 행해진 시점에서 의학적으로 밝혀진 한센병의 유전위험성과 전염위험성, 치료가능성 등을 고려해 볼 때 한센병 예방이라는 보건정책 목적을 고려하더라도 수단의 적정성이나 피해의 최소성을 인정하기 어려운 점, 甲 등이 수술에 동의 내지 승낙하였다 할지라도, 甲 등은 한센병이 유전되는지, 자녀에게 감염될 가능성이 어느 정도인지, 치료가 가능한지 등에 관하여 충분히 설명을 받지 못한 상태에서 한센인에 대한 사회적 편견과 차별, 열악한 사회·교육·경제적 여건 등으로 어쩔 수 없이 동의 내지 승낙한 것으로 보일 뿐 자유롭고 진정한 의사에 기한 것으로 볼 수 없는 점 등을 종합해 보면, 국가는 소속 의사 등이 행한 위와 같은 행위로 甲 등이 입은 손해에 대하여 국가배상책임을 부담한다고 한 사례(대판 2017.2.15, 2014다230535).

### (4) 수사기관이 법령에 의하지 않고 처분 등으로 변호인의 접견교통권을 제한할 수 없다

형사소송법 규정은 헌법상 변호인의 조력을 받을 권리를 기본적 인권의 하나로 보장한 취지를 실현하기 위하여 피의자 등의 헌법상 기본권을 구체화함과 동시에 변호인 또는 변호인이 되려는 자(변호인)에게 피의자 등과 자유롭게 접견교통을 할 수 있는 법률상 권리를 인정한 것이다. 변호인의 접견교통권은 피의자 등의 인권보장과 방어준비를 위하여 필수불가결한 권리이므로, 수사기관의 처분 등으로 이를 제한할 수 없고, 다만 법령에 의해서만 제한할 수 있다(대판 2018.12.27, 2016다266736).

**(5) 피의자 등이 헌법상 변호인의 조력을 받을 권리의 의미와 범위를 정확히 이해하면서도 이성적 판단에 따라 자발적으로 그 권리를 포기한 경우, 변호인의 접견이 강제될 수 없고, 위와 같은 요건이 갖추어지지 않았는데도 수사기관이 접견을 허용하지 않는 경우, 변호인의 접견교통권 침해로 인한 국가배상책임이 성립한다**

> 수사기관이 법령에 의하지 않고는 변호인의 접견교통권을 제한할 수 없다는 것은 대법원이 오래전부터 선언해 온 확고한 법리로서 변호인의 접견신청에 대하여 허용 여부를 결정하는 수사기관으로서는 마땅히 이를 숙지해야 한다. 이러한 법리에 반하여 변호인의 접견신청을 허용하지 않고 변호인의 접견교통권을 침해한 경우에는 접견 불허결정을 한 공무원에게 고의나 과실이 있다고 볼 수 있다. 변호인의 접견교통권은 피의자 등이 변호인의 조력을 받을 권리를 실현하기 위한 것으로서, 피의자 등이 헌법 제12조 제4항에서 보장한 기본권의 의미와 범위를 정확히 이해하면서도 이성적 판단에 따라 자발적으로 그 권리를 포기한 경우까지 피의자 등의 의사에 반하여 변호인의 접견이 강제될 수 있는 것은 아니다.
> 그러나 변호인이 피의자 등에 대한 접견신청을 하였을 때 위와 같은 요건이 갖추어지지 않았는데도 수사기관이 접견을 허용하지 않는 것은 변호인의 접견교통권을 침해하는 것이고, 이 경우 국가는 변호인이 입은 정신적 고통을 배상할 책임이 있다. 이때 변호인의 조력을 받을 권리의 중요성, 수사기관에 이러한 권리를 침해할 동기와 유인이 있는 점, 피의자 등이 접견교통을 거부하는 것은 이례적이라는 점을 고려하면, 피의자 등이 헌법 제12조 제4항에서 보장한 기본권의 의미와 범위를 정확히 이해하면서도 이성적 판단에 따라 자발적으로 그 권리를 포기하였다는 것에 대해서는 이를 주장하는 사람이 증명할 책임이 있다(대판 2018.12.27, 2016다266736).

**(6)**

> 북한에서 태어나고 자란 중국 국적의 화교인 甲(서울시 공무원 간첩사건으로 기소되었던 유우성의 여동생 유가려)이 대한민국에 입국한 후 국가정보원장이 「북한이탈주민의 보호 및 정착지원에 관한 법률」에 따라 설치·운영하는 임시보호시설인 중앙합동신문센터에 수용되어 조사를 받았는데, 변호사인 乙 등이 甲에 대한 변호인 선임을 의뢰받고 9차례에 걸쳐 甲에 대한 변호인접견을 신청하였으나, 국가정보원장과 국가정보원 소속 수사관이 乙 등의 접견신청을 모두 불허하였고, 이에 乙 등이 국가를 상대로 변호인 접견교통권 침해를 이유로 손해배상을 구한 사안에서, 국가정보원장이나 국가정보원 수사관이 변호인인 乙 등의 甲에 대한 접견교통신청을 허용하지 않은 것은 변호인의 접견교통권을 침해한 위법한 직무행위에 해당하므로, 국가는 乙 등이 입은 정신적 손해를 배상할 책임이 있다고 본 원심판단이 정당하다고 한 사례(대판 2018.12.27, 2016다266736).

**(7)**

> **최신판례** 구 농촌근대화촉진법에 따른 구획정리사업의 시행자가 사유지에 대하여 환지를 지정하지 아니하고 청산금도 지급하지 아니하는 내용으로 환지계획을 작성하여 그 계획이 인가·고시됨으로써 위 토지의 소유권을 상실시킨 경우, 이로 인한 토지 소유자의 손해를 배상할 책임이 있고, 이 경우 배상할 손해액은 토지 소유권을 상실하는 경우의 청산금 상당액이며, 그 손해배상청구권의 소멸시효 기산점은 환지처분 고시일의 다음 날이다(대판 2019. 1.31, 2018다255105).

**(8)** 피의자가 소년 등 사회적 약자인 경우, 수사기관은 수사과정 중 피의자의 방어권 행사에 불이익이 발생하지 않도록 더욱 세심하게 배려할 직무상 의무를 부담하고, 수사기관이 고의 또는 과실로 위 직무상 의무를 위반하여 피의자신문조서를 작성함으로써 피의자의 방어권이 실질적으로 침해된 경우, 국가배상책임이 성립한다

최신판례

수사기관은 수사 등 직무를 수행할 때에 헌법과 법률에 따라 국민의 인권을 존중하고 공정하게 하여야 하며 실체적 진실을 발견하기 위하여 노력하여야 할 법규상 또는 조리상의 의무가 있고, 특히 피의자가 소년 등 사회적 약자인 경우에는 수사과정에서 방어권 행사에 불이익이 발생하지 않도록 더욱 세심하게 배려할 직무상 의무가 있다. 따라서 경찰관은 피의자의 진술을 조서화하는 과정에서 조서의 객관성을 유지하여야 하고, 고의 또는 과실로 위 직무상 의무를 위반하여 피의자신문조서를 작성함으로써 피의자의 방어권이 실질적으로 침해되었다고 인정된다면, 국가는 그로 인하여 피의자가 입은 손해를 배상하여야 한다(대판 2020.4.29, 2015다224797).

**(9)** 공익사업의 시행자가 토지소유자와 관계인에게 보상액을 지급하지 않고 승낙도 받지 않은 채 공사에 착수하여 토지소유자와 관계인이 손해를 입은 경우, 사업시행자가 손해배상책임을 진다[지방자치단체가 전통시장 공영주차장 설치사업을 사업인정고시 없이 시행하면서 협의취득한 건물의 임차인들에게 영업손실보상을 하지 않자, 임차인들이 재산상 손해로서 영업손실보상 상당액과 정신적 손해에 대한 위자료를 함께 청구한 사건]

최신판례

공익사업의 시행자는 해당 공익사업을 위한 공사에 착수하기 이전에 토지소유자와 관계인에게 보상액 전액을 지급하여야 한다(「공익사업을 위한 토지 등의 취득 및 보상에 관한 법률」 제62조 본문). 공익사업의 시행자가 토지소유자와 관계인에게 보상액을 지급하지 않고 승낙도 받지 않은 채 공사에 착수함으로써 토지소유자와 관계인이 손해를 입은 경우, 토지소유자와 관계인에 대하여 불법행위가 성립할 수 있고, 사업시행자는 그로 인한 손해를 배상할 책임을 진다(대판 2021.11.11, 2018다204022).

**(10)** 피고인의 변호인으로부터 조력을 받을 권리와 변호인의 피고인에 대한 접견교통권이 침해된 경우 국가배상책임이 인정된다[변호인 접견교통권 침해에 대한 국가배상청구 사건]

최신판례

원고 2가 제1회 피의자 신문조사에 이어 제2회 피의자 신문조사를 받기까지 이루어진 일련의 과정과 수사절차의 내용 및 그 경위 등에 비추어 원고 2에 대한 제2회 피의자 신문조사와 관련하여 원고 2는 변호인의 조력을 받을 권리를, 원고 1은 변호인으로서 이에 참여할 권리를 행사하려는 의사를 명백히 표현한 것으로 볼 수 있고, 그럼에도 담당 수사관의 관련 절차상 기망적 조치로 인하여 사실상 그 권리를 행사할 기회를 박탈당한 것으로 볼 수 있다. 담당 수사관의 위와 같은 조치가 수사의 편의와 효율성을 우선시한 데 따른 것으로 선해할 수 있더라도 그로 인하여 침해된 원고들의 위 헌법상, 법률상의 절차적 권리 침해의 정도가 상당한 정도에 이른 이상, 위 조치가 원고들에 대한 불법행위를 구성한다고 본 원심의 판단은 정당하고, 거기에 상고이유 주장과 같은 피고의 불법행위에 대한 채증법칙 위반 내지 심리미진, 변호인의 피의자신문 참여권에 관한 법리오해 및 불법행위에 따른 손해배상책임에 관한 법리오해와 심리미진 등의 위법이 없다(대판 2021.11.25, 2019다235450).

**(11) 부패의 염려가 있거나 보관하기 어려운 압수물에 대하여 형사소송법 제130조 제3항에서 정한 요건을 갖추지 않은 폐기처분은 위법하다**

> [최신판례] 압수물은 검사의 이익을 위해서뿐만 아니라 이에 대한 증거신청을 통하여 무죄를 입증하고자 하는 피고인의 이익을 위해서도 존재하므로 사건종결 시까지 이를 그대로 보존할 필요성이 있다. 다만 형사소송법은 "몰수하여야 할 압수물로서 멸실, 파손, 부패 또는 현저한 가치 감소의 염려가 있거나 보관하기 어려운 압수물은 매각하여 대가를 보관할 수 있다."라고 규정하면서(제132조 제1항), "법령상 생산·제조·소지·소유 또는 유통이 금지된 압수물로서 부패의 염려가 있거나 보관하기 어려운 압수물은 소유자 등 권한 있는 자의 동의를 받아 폐기할 수 있다."라고 규정하고 있다(제130조 제3항). 따라서 부패의 염려가 있거나 보관하기 어려운 압수물이라 하더라도 법령상 생산·제조·소지·소유 또는 유통이 금지되어 있고, 권한 있는 자의 동의를 받지 못하는 한 이를 폐기할 수 없고, 만약 그러한 요건이 갖추어지지 않았음에도 폐기하였다면 이는 위법하다(대판 2022.1.14, 2019다282197).

**(12) 경찰관에게 부여된 권한의 불행사가 현저하게 불합리하다고 인정되는 경우, 직무상의 의무를 위반한 것으로서 위법하다**

> [최신판례] 경찰은 범죄의 예방, 진압 및 수사와 함께 국민의 생명, 신체 및 재산의 보호 기타 공공의 안녕과 질서유지를 직무로 하고 직무의 원활한 수행을 위하여 경찰관 직무집행법, 형사소송법 등 관계 법령에 의하여 여러 가지 권한이 부여되어 있다. 구체적인 직무를 수행하는 경찰관으로서는 여러 상황에 대응하여 자신에게 부여된 여러 가지 권한을 적절하게 행사하여 필요한 조치를 취할 수 있고, 그러한 권한은 일반적으로 경찰관의 전문적 판단에 기한 합리적인 재량에 위임되어 있는 것이다. 그러나 구체적인 사정에서 경찰관이 권한을 행사하여 필요한 조치를 하지 아니하는 것이 현저하게 불합리하다고 인정되는 경우 그러한 권한의 불행사는 직무상의 의무를 위반한 것으로 위법하다(대판 2022.7.14, 2017다290538).

**(13) 보호관찰관이 위치추적 전자장치 피부착자의 재범 방지에 유효한 실질적인 조치를 하지 아니한 것이 현저하게 불합리하다고 인정되는 경우, 직무상의 의무를 위반한 것으로서 위법하다**

> [최신판례] 구체적인 상황에서 전자장치 피부착자에 대한 지도·감독이나 원호 업무를 어떻게 수행할 것인지는 원칙적으로 보호관찰관의 전문적, 합리적 재량에 위임되었지만, 전자장치 피부착자의 재범을 효과적으로 방지하기 위해서는 전자장치 피부착자의 성향이나 환경 및 개별 관찰 결과에 맞추어 재범 방지에 유효한 실질적인 조치를 선택하여 적극적으로 수행하여야 한다. 만약 보호관찰관이 이러한 조치를 하지 아니한 것이 현저하게 불합리하다면 직무상의 의무를 위반한 것이어서 위법하다고 보아야 한다(대판 2022.7.14, 2017다290538).

**(14) 다수의 성폭력범죄로 여러 차례 처벌을 받은 뒤 위치추적 전자장치를 부착하고 보호관찰을 받고 있던 甲이 乙을 강간하였고, 그로부터 13일 후 丙을 강간하려다 살해하였는데, 丙의 유족들이 경찰관과 보호관찰관의 위법한 직무수행을 이유로 국가를 상대로 손해배상을 구한 사안에서, 경찰관과 보호관찰관의 직무수행이 객관적 정당성을 결여하여 위법하다고 인정한 사례**

> [최신판례] 직전 범행의 수사를 담당하던 경찰관이 직전 범행의 특수성과 위험성을 고려하지 않은 채 통상적인 조치만 하였을 뿐 전자장치 위치정보를 수사에 활용하지 않은 것과 보호관찰관이 甲의 높은 재범의 위험성과 반사회성을 인식하였음에도 적극적 대면조치 등 이를 억제할 실질적인 조치를 하지 않은 것은 범죄를 예방하고 재범을 억지하여 사회를 방위하기 위해서 이들에게 부여된 권한과 직무를 목적과 취지에 맞게 수행하지 않았거나 소홀히 수행하였던 것이고, 이는 국민의 생명·신체에 관하여 절박하고 중대한 위험상태가 발생할 우려가 있어 그 위험 배제에 나서지 않으면 이를 보호할 수 없는 상황에서 그러한 위험을 배제할 공무원의 작위의무를 위반한 것으로 인정될 여지가 있으며, 위와 같은 경찰관과 보호관찰관의 직무상 의무 위반은 丙의 사망 사이에서 상당인과관계를 인정할 여지가 큰데도, 경찰관과 보호관찰관의 직무수행이 객관적 정당성을 결여하지 않아 위법하지 않다고 본 원심판단에 법리오해의 잘못이 있다고 한 사례(대판 2022.7.14, 2017다290538)

## 6. 행위의 집행방법상 위법

**(1) 경찰관이 교통법규 등을 위반하고 도주하는 차량을 순찰차로 추적하는 직무를 집행하는 중에 그 도주 차량의 주행에 의하여 제3자가 손해를 입은 경우, 경찰관의 추적행위는 위법한 것이 아니다**

> 경찰관은 수상한 거동 기타 주위의 사정을 합리적으로 판단하여 어떠한 죄를 범하였거나 범하려 하고 있다고 의심할 만한 상당한 이유가 있는 자 또는 이미 행하여진 범죄나 행하여지려고 하는 범죄행위에 관하여 그 사실을 안다고 인정되는 자를 정지시켜 질문할 수 있고, 또 범죄를 실행 중이거나 실행 직후인 자는 현행범인으로, 누구임을 물음에 대하여 도망하려 하는 자는 준현행범인으로 각 체포할 수 있으며, 이와 같은 정지 조치나 질문 또는 체포 직무의 수행을 위하여 필요한 경우에는 대상자를 추적할 수도 있으므로, 경찰관이 교통법규 등을 위반하고 도주하는 차량을 순찰차로 추적하는 직무를 집행하는 중에 그 도주차량의 주행에 의하여 제3자가 손해를 입었다고 하더라도 그 추적이 당해 직무 목적을 수행하는 데에 불필요하다거나 또는 도주차량의 도주의 태양 및 도로교통상황 등으로부터 예측되는 피해발생의 구체적 위험성의 유무 및 내용에 비추어 추적의 개시·계속 혹은 추적의 방법이 상당하지 않다는 등의 특별한 사정이 없는 한 그 추적행위를 위법하다고 할 수는 없다(대판 2000.11.10, 2000다26807·26814).

**(2) 교정시설 수용행위로 인하여 수용자의 인간으로서의 존엄과 가치가 침해되었는지 판단하는 기준**

국가가 인간의 생존에 필요한 필수적이면서 기본적인 시설이 갖추어지지 않은 교정시설에 수용자를 수용하는 행위는 수용자의 인간으로서의 존엄과 가치를 침해하는 것으로서 위법한 행위가 될 수 있다.

> [최신판례] 교정시설 수용행위로 인하여 수용자의 인간으로서의 존엄과 가치가 침해되었는지는 수용 거실의 수용자 1인당 수용면적, 수용자에게 제공되는 의류, 침구, 음식, 식수 및 기타 영양 상태, 채광·통풍·냉난방 시설 및 기타 위생시설의 상태, 수용자가 거실 밖에서 자유로이 운동하거나 활동할 수 있는 시간과 장소의 제공 정도, 교정시설의 의료 수준 등 수용자의 수용 환경에 관한 모든 사정을 종합적으로 고려하여 판단하여야 한다(대판 2022.7.14, 2017다266771).

**(3) 수용자가 하나의 거실에 다른 수용자들과 함께 수용되어 거실 중 화장실을 제외한 부분의 1인당 수용면적이 인간으로서의 기본적인 욕구에 따른 일상생활조차 어렵게 할 만큼 협소한 경우, 원칙적으로 수용자의 인간으로서의 존엄과 가치를 침해하는 것이다**

> [최신판례] 그런데 수용자가 하나의 거실에 다른 수용자들과 함께 수용되어 거실 중 화장실을 제외한 부분의 1인당 수용면적이 인간으로서의 기본적인 욕구에 따른 일상생활조차 어렵게 할 만큼 협소하다면, 그러한 과밀수용 상태가 예상할 수 없었던 일시적인 수용률의 폭증에 따라 교정기관이 부득이 거실 내 수용 인원수를 조정하기 위하여 합리적이고 필요한 정도로 단기간 내에 이루어졌다는 등의 특별한 사정이 없는 한, 그 자체로 수용자의 인간으로서의 존엄과 가치를 침해한다고 봄이 타당하다(대판 2022.7.14, 2017다266771).

**(4) 교정시설 수용행위로 인하여 수용자의 인간으로서의 존엄과 가치가 침해된 경우, 그 수용행위는 공무원의 법령을 위반한 가해행위가 될 수 있다**

> [최신판례] 따라서 교정시설 수용행위로 인하여 수용자의 인간으로서의 존엄과 가치가 침해되었다면 그 수용행위는 공무원의 법령을 위반한 가해행위가 될 수 있다(대판 2022.7.14, 2017다266771).

(5) 구치소 등 교정시설에 수용된 후 출소한 甲 등이 혼거실 등에 과밀수용되어 정신적, 육체적 고통을 겪었다고 주장하며 국가를 상대로 위자료 지급을 구한 사안에서, 수용자 1인당 도면상 면적이 2㎡ 미만인 거실에 수용되었는지를 위법성 판단의 기준으로 삼아 甲 등에 대한 국가배상책임을 인정한 원심판단을 수긍한 사례

**최신판례** 수면은 인간의 생명 유지를 위한 필수적 행위 중 하나인 점, 관계 법령상 수용자에게 제공되는 일반 매트리스의 면적은 약 1.4㎡인데, 이는 수용자 1인당 수면에 필요한 최소한의 면적으로 볼 수 있는 점, 교정시설에 설치된 거실의 도면상 면적은 벽, 기둥의 중심선으로 둘러싸인 수평투영면적을 의미하는데, 벽, 기둥 외의 실제 내부 면적 중 사물함이나 싱크대 등이 설치된 공간을 제외하고 수용자가 실제 사용할 수 있는 면적은 그보다 좁을 수밖에 없는 점 등을 고려하면, 수용자 1인당 도면상 면적이 2㎡ 미만인 거실에 수용되었는지를 위법성 판단의 기준으로 삼아 甲 등에 대한 국가배상책임을 인정한 원심판단을 수긍한 사례(대판 2022.7.14, 2017다266771)

## 7. 구체적 사례

### (1) 행정규칙 위반

①

**최신판례** 상급행정기관이 소속 공무원이나 하급행정기관에 대하여 업무처리지침이나 법령의 해석·적용 기준을 정해 주는 '행정규칙'은 대외적으로 국민이나 법원을 구속하는 효력이 없고 공무원의 조치가 행정규칙에 적합한지 여부에 따라 공무원의 조치의 적법 여부를 판단할 수 없다(대판 2020.5.28, 2017다211559).

### ② 위법성을 부정한 판례

「피의자 유치 및 호송규칙」은 경찰청장이 관련 행정기관 및 그 직원에 대하여 그 직무권한행사의 지침을 발한 행정조직 내부에서의 행정명령의 성질을 가지는 것에 불과하고 법규명령의 성질을 가진 것이라고 는 볼 수 없으므로, 이에 따른 처분이라고 하여 당연히 적법한 처분이라고는 할 수 없고, 또한 위법하거나 부당한 공권력의 행사가 오랜 기간 반복되어 왔고 그 동안에 그에 대한 이의가 없었다고 하여 그 공권력 행사가 적법하거나 정당한 것으로 되는 것도 아니다(대판 2013.5.9, 2013다200438).

### (2) 재량행위

### ① 재량행위라 하더라도 불행사가 현저하게 불합리한 경우에는 위법 가능

긴급구호권한과 같은 경찰관의 조치권한은 일반적으로 경찰관의 전문적 판단에 기한 합리적인 재량에 위임되어 있는 것이나, 그렇다고 하더라도 구체적 상황 하에서 경찰관에게 그러한 조치권한을 부여한 취지와 목적에 비추어 볼 때 그 불행사가 현저하게 불합리하다고 인정되는 경우에는, 그러한 불행사는 법령에 위반하는 행위에 해당하게 되어 국가배상법상의 다른 요건이 충족되는 한, 국가는 그로 인하여 피해를 입은 자에 대하여 국가배상책임을 부담한다(대판 1996.10.25, 95다45927).

② 소방공무원이 구 「소방시설설치유지 및 안전관리에 관한 법률」과 구 「다중이용업소의 안전관리에 관한 특별법」에서 정한 직무상 의무를 게을리한 경우, 국가배상법 제2조 제1항에 정한 위법의 요건을 충족하기 위하여 요구되는 의무 위반의 정도

> 구 「소방시설설치유지 및 안전관리에 관한 법률」(구 소방시설법) 제4조 제1항, 제5조, 구 「다중이용업소의 안전관리에 관한 특별법」(2다중이용업소법) 제9조 제2항은 전체로서의 공공 일반의 안전과 이익을 도모하기 위한 것일 뿐만 아니라 나아가 국민 개개인의 안전과 이익을 보장하기 위하여 둔 것이므로, 소방공무원이 구 소방시설법과 다중이용업소법 규정에 정하여진 직무상 의무를 게을리한 경우 의무 위반이 직무에 충실한 보통 일반의 공무원을 표준으로 객관적 정당성을 상실하였다고 인정될 정도에 이른 때는 국가배상법 제2조 제1항에 정한 위법의 요건을 충족하게 된다(대판 2016.8.25, 2014다225083).

③

> 소방공무원이 재량에 맡겨져 있는 행정권한을 행사하지 아니한 것이 현저하게 합리성을 잃어 사회적 타당성이 없는 경우, 직무상 의무를 위반한 것으로서 위법하게 된다(대판 2016.8.25, 2014다225083).

④ 결과적으로 체비지를 적게 지정할 수 있었다는 사정만으로 사업의 시행자에게 손해배상책임을 물을 수 없다

> 토지구획정리사업의 시행자는 구 토지구획정리사업법(현 도시개발법) 제54조 제1항에 따라 구획정리사업에 필요한 경비에 충당하기 위하여 환지계획에서 일정한 토지를 체비지로 정할 수 있는데, 토지구획정리사업은 도시의 건전한 발전과 공공복리의 증진에 기여함을 목적으로 하는 공공사업으로서 그 시행에 상당한 기간이 소요되고, 사업시행기간 동안 지가의 변동 등에 따라 체비지 매각대금이 달라지며, 경비의 부족으로 사업이 중단되면 공공의 이익은 물론 토지소유자의 이익도 침해되기 때문에, 체비지를 정함에 있어서는 사업의 시행자에게 재량권이 넓게 인정되므로, 사업의 시행자가 재량권을 현저하게 남용하여 과도한 체비지를 지정함으로써 사업시행지구 내의 토지소유자에게 손해를 입혔다는 증명이 없는 한 결과적으로 체비지를 적게 지정할 수 있었다는 사정만으로 사업의 시행자에게 손해배상책임을 물을 수 없다(대판 2002.3.12, 2000다55225·55232).

⑤

> 대학수학능력시험에 있어 '반올림에 의한 소수점 폐지' 정책과 그에 따라 반올림된 점수를 대학에 통보한 행위는 교육인적자원부장관 등의 재량 범위 내에 속하는 업무처리이므로 위법한 행위에 해당하지 않는다(대판 2007. 12.13, 2005다66770).

⑥ 식품의약품안전청장 등이 권한을 행사하지 아니한 것이 직무상 의무를 위반한 것이 되는지 여부(한정적극)

> 구 식품위생법의 규정이 식약청장 등에게 합리적인 재량에 따른 직무수행 권한을 부여한 것으로 해석되는 이상, 식약청장 등에게 그러한 권한을 부여한 취지와 목적에 비추어 볼 때 구체적인 상황 아래에서 식약청장 등이 그 권한을 행사하지 아니한 것이 현저하게 합리성을 잃어 사회적 타당성이 없는 경우에 한하여 직무상 의무를 위반한 것이 되어 위법하게 된다. 2004.2.경 어린이가 미니컵 젤리를 섭취하던 중 미니컵 젤리가 목에 걸려 질식사한 두 건의 사고가 연달아 발생한 뒤 약 8개월 20일 이후 다시 어린이가 미니컵 젤리를 먹다가 질식사한 사안에서, 식품의약품안전청장 등이 미니컵 젤리의 유통을 금지하거나 물성실험 등을 통하여 미니컵 젤리의 위험성을 확인하고 기존의 규제조치보다 강화된 미니컵 젤리의 기준 및 규격 등을 마련하지 아니하였다고 하더라도 이를 현저하게 합리성을 잃어 사회적 타당성이 없다고 볼 수 있는 정도에 이른 것이라고 보기 어렵다고 한 사례(대판 2010.11.25, 2008다67828)

**(3)**

> 설계변경 승인이 설계도서 등과 다른 위법시공을 한 후 사후적으로 이루어졌다는 이유만으로 위법은 아니다(삼풍백화점 붕괴사건)(대판 1999.12.21, 98다29797).

**(4)**

> 「행형법(형의 집행 및 수용자의 처우에 관한 법률) 시행령」 제144조의 규정에 반하여 교도소장이 아닌 관구교감에 의해 징벌처분이 고지되었다는 사유만으로는 위 징벌처분이 손해의 전보책임을 국가에게 부담시켜야 할 만큼 객관적 정당성을 상실한 정도라고 볼 수 없다고 한 사례(대판 2004.12.9, 2003다50184)

**(5) 정신의료기관이 정신질환자를 입원시키는 행위가 위법한 감금행위로서 불법행위가 성립되는 경우**

> 정신의료기관의 장은 입원 의뢰된 자에 대하여 72시간 내에 계속입원에 필요한 정신보건법 소정의 요건을 갖추지 못한 때에는 입원중인 자를 즉시 퇴원시켜야 하고, 이를 위반하여 72시간이 경과하였음에도 본인의 의사에 반하여 퇴원을 시키지 않는 경우에는 위법한 감금행위로서 불법행위가 성립하는 것이며, 이러한 위법한 감금행위가 지속되는 가운데 이루어진 절차는 위법하므로 뒤늦게 계속입원의 요건을 갖출 수도 없다. … 정신의료기관이 정신질환자를 입원시키거나 입원기간을 연장시키면서 지체없이 정신보건법 소정의 퇴원심사 청구 등의 절차를 서면으로 통지하여 안내하지 아니한 경우, 또는 정신질환자의 퇴원 요구가 있음에도 정신보건법 소정의 절차를 취하지 아니한 채 방치한 경우에는 그 입원기간 전체에 대하여 위법한 감금행위로서 불법행위를 구성한다(대판 2009.1.15, 2006다19832).

**(6) 불이익한 전보인사조치가 인사대상자에 대하여 정신적 고통을 가하는 것으로서 불법행위를 구성하기 위한 요건**

★ 11 순경특채

> 공무원에 대한 전보인사가 법령이 정한 기준과 원칙에 위반하거나 인사권을 다소 부적절하게 행사한 것으로 볼 여지가 있다 하더라도 그러한 사유만으로 그 전보인사가 당연히 불법행위를 구성한다고 볼 수는 없고, 인사권자가 당해 공무원에 대한 보복감정 등 다른 의도를 가지고 인사재량권을 일탈·남용하여 객관적 정당성을 상실하였음이 명백한 전보인사를 한 경우 등 전보인사가 우리의 건전한 사회통념이나 사회상규상 도저히 용인될 수 없음이 분명한 경우에, 그 전보인사는 위법하게 상대방에게 정신적 고통을 가하는 것이 되어 당해 공무원에 대한 관계에서 불법행위를 구성한다. 그리고 이러한 법리는 구 부패방지법에 따라 다른 공직자의 부패행위를 부패방지위원회에 신고한 공무원에 대하여 위 신고행위를 이유로 불이익한 전보인사가 행하여진 경우에도 마찬가지이다. 시청소속 공무원이 시장을 부패방지위원회에 부패혐의자로 신고한 후 동사무소로 전보된 사안에서, 그 전보인사가 사회통념상 용인될 수 없을 정도로 객관적 상당성을 결여하였다고 단정할 수 없어 불법행위를 구성하지 않는다고 한 사례(대판 2009.5.28, 2006다16215)

**(7) 수사과정에서 여자 경찰관이 실시한 여성 피의자에 대한 신체검사가 그 방식 등에 비추어 피의자에게 큰 수치심을 느끼게 하였을 것으로 보이는 등 피의자의 신체의 자유를 침해하였다고 본 사례**

> 원고는 이 사건 신체검사를 받기 이전에도 신고인, 유족, 참고인으로 여러 차례 조사를 받았는데, 이러한 과정에서 자신 또는 타인에게 신체적 위해를 가할 만한 특이한 증상을 보인 적이 없었고, 신체검사가 이루어진 날인 2006. 8.27.에도 자진 출석하여 조사에 응하였던 점, 그와 같은 상황에서 원고로 하여금 팬티를 벗고 가운을 입도록 한 다음 손으로 그 위를 두드리는 방식으로 한 신체검사는 원고에게 큰 수치심을 느끼도록 했을 것으로 보이는 점 등에 비추어 원고에 대한 신체검사가 남자 경찰관들이 없는 곳에서 여경에 의해 행하여졌다고 하더라도, 이는 공무원이 직무집행을 함에 있어 적정성 및 피해의 최소성, 과잉금지의 원칙을 위배하여 헌법 제12조가 보장하는 원고의 신체의 자유를 침해하였다고 봄이 상당하다(대판 2009.12.24, 2009다70180).

**(8) 식품의약품안전청장 등 관계공무원이 재량에 맡겨진 권한을 행사하지 않은 것이 직무상 의무를 위반하여 위법한 것이 되고 과실이 있다고 인정되기 위한 요건** ★ 14 국회8급, 11 국가7급

> 구 식품위생법의 관련규정이 식약청장 등에게 합리적인 재량에 따른 직무수행 권한을 부여한 것으로 해석된다고 하더라도, 식약청장 등에게 그러한 권한을 부여한 취지와 목적에 비추어 볼 때 구체적인 상황 아래에서 식약청장 등이 그 권한을 행사하지 아니한 것이 현저하게 합리성을 잃어 사회적 타당성이 없는 경우에는 직무상 의무를 위반한 것이 되어 위법하게 된다. 그리고 위와 같이 식약청장 등이 그 권한을 행사하지 아니한 것이 직무상 의무를 위반하여 위법한 것으로 되는 경우에는 특별한 사정이 없는 한 과실도 인정된다고 할 것이다. 어린이가 '미니컵 젤리'를 먹다가 질식사한 사안에서, 당시의 미니컵 젤리에 대한 외국의 규제수준, 그 이전에 피고가 실시한 규제조치 등에 비추어 식품의약품안전청장 등 관계공무원으로서는 미니컵 젤리로 인한 질식의 위험을 인식하거나 예견하기 어려웠던 사정 등을 종합하면 식품의약품안전청장 등이 미니컵 젤리의 수입·유통 등을 금지하거나 그 기준과 규격, 표시 등을 강화하고 그에 필요한 검사 등을 실시하지 아니하였다고 하여 이를 위법하다고 보기 어렵고, 과실이 있다고 할 수도 없다(대판 2010.9.9, 2008다77795).

**(9) 의무복무기간을 마친 공군 조종사들 중 전역희망자가 예년에 비해 크게 증가하자, 공군본부가 국가안보 내지 군 전투력 유지에 차질을 초래할 수 있다는 판단하에 전역희망자 중 비 공군사관학교 출신과 생년월일이 앞선 자를 우선하여 전역 허가하는 방식으로 전역제한처분을 한 사안에서, 위 전역제한처분이 위법하지 않다고 본 원심판단을 수긍한 사례**

> 생년월일을 전역제한자 선별 기준으로 삼은 것은 민간항공사 취업가능연령의 하향화 추세로 전역 후 취업가능 기간을 고려하였기 때문인 점과 공군 조종사의 인력 부족은 국가안보에 공백이 생기는 중대한 결과를 초래할 수 있는 데 비하여 전역제한처분으로 전역이 지연되는 기간이 1년 정도일 것으로 예상되는 점 등을 고려하여 위 전역제한처분이 위법하지 않다(대판 2011.9.8, 2009다77280).

**(10) 공군이 의무복무기간을 마친 장기복무장교에 대해 추가복무기간을 운영한 행위의 위법성이 문제된 사안에서, 단지 공군이 법규상 근거 없이 관행에 의해 추가복무기간을 운영하였다는 사정만으로 위 행위를 위법하다고 하기 어렵다고 본 원심판단을 수긍한 사례**

> 의무복무기간을 마친 장기복무장교의 군복무관계는 전역지원자의 전역지원과 전역권자의 전역허가에 의해 종료된다고 전제한 다음, 전역권자는 장기복무장교의 의무복무기간이 종료되더라도 자체적으로 인력수급사정을 참작하여 그 장교가 원에 의한 전역의 의사표시를 하지 않는 한 복무기간을 연장하여 지속적으로 근무하게 할 수 있다고 할 것이므로, 단지 공군이 법규상 근거 없이 관행에 의해 추가복무기간을 운영하였다는 사정만으로 위 행위를 위법하다고 하기 어렵다고 본 원심판단을 수긍한 사례(대판 2011.9.8, 2009다77280)

**(11)**

> 법무법인 소속 변호사 갑의 지시로 법무법인 직원 을이 구금된 피의자 병의 변호인선임서를 경찰서에 제시하며 체포영장에 대한 등사신청을 하였으나 담당 경찰관 정이 '변호사가 직접 와서 신청하라.'고 말하면서 등사를 거부하자 갑이 국가배상청구를 한 사안에서, 정의 등사 거부행위가 변호인 갑의 체포영장에 대한 열람등사청구권을 침해하는 것으로 위법하다고 보아 국가배상책임을 인정한 원심판단을 정당하다고 한 사례(대판 2012.9.13, 2010다24879)

**(12)**

> 지적공부에 소유자 기재가 없는 미등기 토지에 관하여 국가가 국가 명의의 소유권보존등기를 마치자, 토지를 사정받은 甲의 상속인들이 국가를 상대로 불법행위에 따른 손해배상을 구한 사안에서, 국가가 토지의 진정한 소유자가 따로 있음을 알았다는 등의 특별한 사정이 없는 한 토지의 사성명의인 또는 상속인에 대한 관계에서 불법행위가 성립하지 않는다고 한 사례쳤다는 등의 특별한 사정이 없는 한 토지의 사정명의인 또는 상속인에 대한 관계에서 불법행위가 성립하지 않는다(대판 2014.12.11, 2011다38219).

# V. 타인에 대한 손해의 발생

## 1. 타인

타인이란 가해공무원과 그의 위법한 직무행위에 가담한 자 이외의 모든 사람을 의미하며, 자연인과 법인을 불문한다. 피해자가 가해공무원과 동일 또는 동종의 기관에 근무하는지 여부는 문제되지 않는다. 따라서 공무원의 신분을 가진 자도 피해자로서 타인에 해당할 수 있다(예 관용차운전사의 과실로 인한 사고로 동승자인 공무원이 상해를 입은 경우 등).

## 2. 손해의 발생

**(1) 국가배상법 제2조 제1항에 따른 국가배상책임이 성립하기 위해서 공무원의 위법한 직무집행으로 타인의 권리·이익이 침해되어 구체적 손해가 발생하여야 한다** ★ 19 국회8급

> `최신기출` 국가배상책임이 성립하기 위해서는 공무원의 직무집행이 위법하다는 점만으로는 부족하고, 그로 인해 타인의 권리·이익이 침해되어 구체적 손해가 발생하여야 한다(대판 2016.8.30, 2015두60617).

**(2) 불법행위로 재산권이 침해된 경우 원칙적으로 위자료 부정**

> 일반적으로 타인의 불법행위로 인하여 재산권이 침해된 경우에는 특별한 사정이 없는 한 그 재산적 손해의 배상에 의하여 정신적 고통도 회복된다고 보아야 할 것이고 재산적 손해의 배상만으로는 회복할 수 없는 정신적 손해가 있다면 그 위자료를 인정할 수 있다(대판 2003.7.25, 2003다22912).

**(3) 특별한 사정이 있는 경우 재산권 침해에 대한 위자료 인정** ★ 12 순경특채

> 국가배상법 제3조 제5항에 생명, 신체에 대한 침해로 인한 위자료의 지급을 규정하였을 뿐이고 재산권 침해에 대한 위자료의 지급에 관하여 명시한 규정을 두지 아니하였으나 같은법조 제4항의 규정이 재산권 침해로 인한 위자료의 지급의무를 배제하는 것이라고 볼 수는 없다(대판 1990.12.21, 90다6033·6040·6057).

**(4)**

> 불법행위로 인한 손해배상채무의 지체책임 발생시기는 원칙적으로 채무성립 시이다(대판 2011.1.13, 2009다103950).

**(5)**

> 토지의 면적 및 경계가 잘못 등재된 지적공부의 기재를 진실한 것으로 믿고 토지를 매수하였다가 그 토지의 일부에 관한 소유권을 취득할 수 없게 됨으로써 매도인에게 지급한 매매대금 중 위 토지 일부에 해당하는 금액 상당의 손해를 입은 매수인의 국가에 대한 손해배상채권은 그 매매대금을 실제로 지급한 때에 성립하고 그때 이행기가 도래하므로 국가는 그날부터 갚는 날까지의 지연손해금을 지급하여야 한다고 한 사례(대판 2010.7.22, 2010다18829).

**(6) 불법행위로 인한 위자료배상채무의 지체책임 발생시기를 예외적으로 사실심 변론종결시로 보아야 한다는 이유에서 그 지연손해금 부분에 관한 법리오해의 위법이 있는 원심판결을 파기환송한 사례(불법구금 상태에서 고문을 당한 후 간첩방조 등의 범죄사실로 유죄판결을 받고 형집행을 당한 사람에 대하여 국가배상책임을 인정)**

> 위자료를 산정함에 있어서는 사실심 변론종결 당시까지 발생한 일체의 사정이 그 참작대상이 될 뿐만 아니라, 위자료 산정의 기준이 되는 국민소득수준이나 통화가치 등도 변론종결시의 것을 반영해야만 하는바, 불법행위가 행하여진 시기와 가까운 무렵에 통화가치 등의 별다른 변동이 없는 상태에서 위자료 액수가 결정된 경우에는 위와 같이 그 채무가 성립한 불법행위시로부터 지연손해금이 발생한다고 보더라도 특별히 문제될 것은 없으나, 불법행위시와 변론종결시 사이에 장기간의 세월이 경과되어 위자료를 산정함에 있어 반드시 참작해야 할 변론종결시의 통화가치 등에 불법행위시와 비교하여 상당한 변동이 생긴 때에도 덮어놓고 불법행위시로부터 지연손해금이 발생한다고 보는 경우에는 현저한 과잉배상의 문제가 제기된다. 왜냐하면 이때에는 위와 같이 변동된 통화가치 등을 추가로 참작하여 위자료의 수액을 재산정해야 하는데, 이러한 사정은 불법행위가 행하여진 무렵의 위자료 산정의 기초되는 기존의 제반 사정과는 명백히 구별되는 것이고, 변론종결의 시점에서야 전적으로 새롭게 고려되는 사정으로서 어찌 보면 변론종결시에 비로소 발생한 사정이라고도 할 수 있어, 이처럼 위자료 산정의 기준되는 통화가치 등의 요인이 변론종결시에 변동된 사정을 참작하여 위자료가 증액된 부분에 대하여 불법행위시로부터 지연손해금을 붙일 수 있는 근거는 전혀 없다고 할 것이기 때문이다. 더구나 이 사건과 같이 피고 소속 공무원들에 의하여 원고 ○○○에 대한 불법구금이 개시된 1975.2.13.로부터 원심의 변론종결일인 2009.9.25.까지 34년 이상의 오랜 세월이 경과하여 그 사이에 우리나라의 물가와 국민소득수준 등이 몇 곱절 상승함으로 말미암아 이를 반영하여 증액된 위자료에 대하여 이 사건 불법행위가 저질러진 시기와 가까운 무렵인 1975.4.1.부터 지연손해금이 발생한다고 보는 경우에는, 합리적인 이유 없이 현저하게 과잉된 지연배상을 허용하는 결과가 된다. 따라서 이처럼 불법행위시와 변론종결시 사이에 장기간의 세월이 경과됨으로써 위자료를 산정함에 있어 반드시 참작해야 할 변론종결시의 통화가치 등에 불법행위시와 비교하여 상당한 변동이 생긴 때에는, 예외적으로라도 불법행위로 인한 위자료배상채무의 지연손해금은 그 위자료 산정의 기준시인 사실심 변론종결 당일로부터 발생한다고 보아야만 할 것이다. 이러한 이유에서 불법행위로 인한 위자료배상채무의 지연손해금 기산일에 관한 법리를 오해한 위법이 있는 원심판결을 파기환송한 사례(대판 2011.1.13, 2009다103950)

**(7)** 이른바 과거사 관련 위자료청구사건에서 재심대상판결(대판 2011.1.27, 2010다6680)이 불법행위로 인한 손해 배상채무의 지연손해금 기산일에 관하여 표시한 예외적 변론종결시설의 견해는 대법관 전원의 3분의 2 이상으로 구성된 전원합의체에 의한 판례변경절차를 요하는 법원조직법 제7조 제1항 제3호 소정의 "종전에 대법원에서 판시한 법령의 해석적용에 관한 의견을 '변경한 경우'에 해당하지 않으므로 그에 따라 대법원 전원합의체가 아니라 소부에서 선고된 재심대상판결에 민사소송법 제451조 제1항 제1호의 '법률에 의하여 판결법원을 구성하지 아니한 때'의 재심사유가 있다."고 할 수 없다

**전합판례** 원고가 들고 있는 대법원 판결들(대판 1993.3.9, 92다48413 ; 대판 2010.7.22, 2010다18829)과 이 사건 재심대상판결은 서로 다른 사안에서 불법행위로 인한 손해배상채무의 지연손해금의 기산일에 관하여 원칙과 예외에 속하는 법리를 각각 선언하고 있다고 할 것이고, 따라서 이 사건 재심대상판결은 원고가 들고 있는 대법원 판결들이 선언한 법리의 적용 범위와 한계를 분명히 하고 그 법리가 적용되지 않는 경우에 적용할 새로운 법리를 표시한 것일 뿐 종래 대법원이 표시한 의견을 변경한 경우에는 해당하지 않는다고 할 것이다. 불법행위로 인한 손해배상에 있어 재산상 손해에 대한 배상액은 그 손해가 발생한 불법행위 당시를 기준으로 하여 액수를 산정하여야 하고, 공평의 관념상 별도의 이행최고가 없더라도 그 불법행위 당시부터 지연손해금이 발생하는 것이 원칙이다. 이에 비하여 정신상 손해에 대한 배상인 위자료는 불법행위 그 자체로 인하여 피해자가 입은 고통의 정도, 가해자가 보인 태도, 가해자와 피해자의 연령, 사회적 지위, 재산상태는 물론, 국민소득수준 및 통화가치 등 여러 사정을 종합적으로 고려하여 사실심 변론종결시를 기준으로 그 수액이 결정되어야 한다. 불법행위시와 사실심 변론종결시가 통화가치 등의 변동을 무시해도 좋을 정도로 근접해 있는 경우에는 위자료에 대하여도 재산상 손해에 대한 배상액과 마찬가지로 불법행위 당시부터 지연손해금의 지급을 명하더라도 특별히 문제될 것은 없고, 그렇게 하는 것이 원칙이다. 그러나 불법행위시부터 사실심 변론종결시까지 사이에 장기간이 경과하고 통화가치 등에 상당한 변동이 생긴 경우에는, 그와 같이 변동된 사정까지를 참작하여 사실심 변론종결시를 기준으로 한 위자료의 수액이 결정되어야 하는 것이므로, 그 위자료에 대하여는 앞서 본 원칙적인 경우와는 달리, 사실심 변론종결일 이후의 기간에 대하여 지연손해금을 지급하도록 하여야 하고, 불법행위시로 소급하여 그 때부터 지연손해금을 지급할 아무런 합리적인 이유나 근거가 없다. 이 사건 재심대상판결은 이러한 법리를 선언하고 있는 것으로서 정당하여 그대로 유지되어야 하고, 이를 변경할 이유나 필요도 없다[대판(전합) 2011.7.21, 2011재다199].

**(8)** 불법구금 등에 따른 손해배상액을 산정하는 과정에서 먼저 받은 형사보상금을 공제하는 방법

구 형사보상법 제5조 제1항은 "이 법은 보상을 받을 자가 다른 법률의 규정에 의하여 손해배상을 청구함을 금하지 아니한다."고 규정하고 있고, 제5조 제3항은 "다른 법률의 규정에 의하여 손해배상을 받을 자가 동일한 원인에 대하여 이 법에 의한 보상을 받았을 때에는 그 보상금의 액수를 공제하고 손해배상의 액수를 정하여야 한다."고 규정하고 있으며, 현행의「형사보상 및 명예회복에 관한 법률」제6조 제1항과 제3항 역시 같은 취지의 규정을 두고 있다. 그런데 형사절차에서 억울하게 구금 또는 형의 집행을 받은 자는 공무원의 귀책사유를 입증하여 손해배상을 받을 수도 있고, 공무원의 귀책사유를 입증할 필요 없이 형사보상을 받는 방법을 통하여 간편·신속하게 그 피해를 구제받을 수도 있는바, 형사보상제도가 마련된 취지에 비추어 손해배상에 앞서 형사보상을 먼저 받은 자에게 불이익이 생겨서는 안 될 것인 점이나 손해배상과 형사보상 모두가 동일한 피해에 대한 손해전보 수단으로서의 기능을 같이하는 점 등에 비추어, 손해배상액을 산정하는 과정에서 위 관련규정에 의하여 먼저 받은 형사보상금을 공제함에 있어서는 이를 손해배상채무의 변제액 공제에 준하여 민법에서 정한 변제충당의 일반 원칙에 따라 형사보상금을 지급받을 당시의 손해배상채무의 지연손해금과 원본의 순서로 충당하여 공제하는 것이 상당하다 할 것이고, 형사보상금을 곧바로 손해배상액의 원본에서 공제할 것은 아니지만, 예외적으로 불법행위로 인한 위자료 배상채무의 지연손해금이 사실심 변론종결일부터 기산되는 이 사건과 같은 경우에 있어서 형사보상금의 수령일을 기준으로 지연손해금이 발생하지 아니한 위자료 원본의 액수가 이미 수령한 형사보상금 액수 이상인 때에는 계산의 번잡을 피하기 위하여 이미 지급받은 형사보상금을 그 위자료 원본에서 우선 공제하여도 무방하다(대판 2012.3.29, 2011다38325).

**(9) 불법행위로 입은 비재산적 손해에 대한 위자료 액수 산정에서 사실심법원이 갖는 재량의 한계 및 「진실·화해를 위한 과거사정리 기본법」의 진실규명결정을 거친 한국전쟁 전후 희생사건의 피해자에 대한 위자료 액수를 산정할 때 고려하여야 할 사항**

전합판례 | 불법행위로 입은 비재산적 손해에 대한 위자료 액수에 관하여는 사실심법원이 여러 사정을 참작하여 그 직권에 속하는 재량에 의하여 이를 확정할 수 있고, 법원이 그 위자료 액수 결정의 근거가 되는 제반 사정을 판결 이유 중에 빠짐없이 명시해야만 하는 것은 아니나, 이것이 위자료의 산정에 법관의 자의가 허용된다는 것을 의미하는 것은 물론 아니다. 위자료의 산정에도 그 시대와 일반적인 법감정에 부합될 수 있는 액수가 산정되어야 한다는 한계가 당연히 존재하고, 따라서 그 한계를 넘어 손해의 공평한 분담이라는 이념과 형평의 원칙에 현저히 반하는 위자료를 산정하는 것은 사실심법원이 갖는 재량의 한계를 일탈한 것이 된다. 또한 「진실·화해를 위한 과거사정리 기본법」(과거사정리법)에 의한 진실규명결정을 거친 한국전쟁 전후 희생사건은 그 피해가 발생한 때로부터 무려 약 60년이 경과되었고, 과거사정리법도 그 피해의 일률적인 회복을 지향하고 있으며, 피해자의 숫자도 매우 많을 뿐 아니라 전국적으로 분포되어 있는 등 특수한 사정이 있다. 따라서 그에 대한 위자료의 액수를 정할 때는 피해자들 상호 간의 형평도 중요하게 고려하여야 하고 손해배상을 청구하는 희생자 유족의 숫자 등에 따른 적절한 조정도 필요하다[대판(전합) 2013.5.16, 2012다202819].

**(10) 재산적 손해액의 확정이 가능하거나 재산상 손해의 발생에 대한 증명이 부족한데도 위자료의 명목으로 사실상 재산적 손해의 전보를 꾀하는 것은 허용되지 않는다**

위자료는 불법행위에 따른 피해자의 정신적 고통을 위자하는 금액에 한정되어야 하므로 발생한 재산상 손해의 확정이 가능한 경우에 위자료의 명목 아래 재산상 손해의 전보를 꾀하는 일은 허용될 수 없고, 재산상 손해의 발생에 대한 증명이 부족한 경우에는 더욱 그러하다. 원심이 이른바 '윤필용 사건'의 피해자와 그의 가족들에 대하여 피고 국가가 배상하여야 할 위자료액을 산정함에 있어서 참작하여서는 안 될 사정을 증액사유로 참작하거나 참작함이 마땅한 제반 사정을 제대로 감안하지 않음으로써 손해의 공평한 분담이라는 이념과 형평의 원칙에 현저히 반하여 그 재량의 한계를 일탈하였다고 본 사안(대판 2014.1.16, 2011다108057)

**(11) 국가가 소속 경찰관의 직무집행상의 과실로 피해자에게 손해를 배상할 책임이 있는 경우, 손해배상의 범위를 판단하는 방법**

국가가 소속 경찰관의 직무집행상의 과실로 말미암아 피해자에게 손해를 배상할 책임이 있는 경우에 손해배상의 범위를 정함에 있어서는, 당해 직무집행에서 요구되는 경찰관의 주의의무의 내용과 성격, 당해 경찰관의 주의의무 위반의 경위 및 주의의무 위반행위의 태양, 피해자의 손해 발생 및 확대에 관여된 객관적인 사정이나 정도 등 제반 사정을 참작하여 손해분담의 공평이라는 손해배상제도의 이념에 비추어 손해배상액을 제한할 수 있다. 나아가 책임감경사유에 관한 사실인정이나 비율을 정하는 것은 그것이 형평의 원칙에 비추어 현저히 불합리하다고 인정되지 않는 한 사실심의 전권사항에 속한다(대판 2017.11.9, 2017다228083).

**(12) 국가배상법에 따른 손해배상 급여와 「범죄피해자 보호법」에서 정한 유족구조금과의 관계**

구조대상 범죄피해를 받은 구조피해자가 사망한 경우, 사망한 구조피해자의 유족들이 국가배상법에 의하여 국가 또는 지방자치단체로부터 사망한 구조피해자의 소극적 손해에 대한 손해배상금을 지급받았다면 지구심의회는 유족들에게 같은 종류의 급여인 유족구조금에서 그 상당액을 공제한 잔액만을 지급하면 되고, 유족들이 지구심의회로부터 「범죄피해자 보호법」 소정의 유족구조금을 지급받았다면 국가 또는 지방자치단체는 유족들에게 사망한 구조피해자의 소극적 손해액에서 유족들이 지급받은 유족구조금 상당액을 공제한 잔액만을 지급하면 된다고 봄이 타당하다(대판 2017.11.9, 2017다228083).

**(13)**

최신판례 가해자가 행한 불법행위로 인하여 피해자에게 행정처분이 부과되고 확정되어 그 이행에 비용이 발생하는 경우, 행정처분 당시 위 비용 상당의 손해가 현실적으로 발생하였다고 볼 수 있다(대판 2020.10.15, 2017다278446).

**(14)**

최신판례 행정처분이 있은 후 행정처분을 이행하기 어려운 장애사유가 있어 오랫동안 이행이 이루어지지 않았고 행정관청에서도 이러한 사정을 참작하여 이행을 강제하기 위한 조치를 취하지 않고 불이행된 상태를 방치하는 등 특별한 사정이 있는 경우, 행정처분의 이행에 따른 비용 상당의 손해가 현실적·확정적으로 발생하였다고 보기 위해서는 행정처분의 존재뿐만 아니라 행정처분의 이행가능성과 이행필요성이 인정되어야 한다(대판 2020.10.15, 2017다278446).

**(15)**

최신판례 甲 등이 토지 위에 건축물을 신축하면서 乙 지방자치단체(김포시)에 건축신고를 하였는데, 乙 지방자치단체 소속 공무원이 위 토지가 「군사기지 및 군사시설 보호법」상 폭발물 관련 제한보호구역으로 지정되어 있었음에도 관할 부대장에게 협의요청을 하지 않은 채 건축신고를 수리하였고, 이후 관할부대장이 공사중지 등을 요청하여 乙 지방자치단체가 甲에게 건축물 신축을 중지하라는 명령을 내리자, 甲 등이 乙 지방자치단체를 상대로 건축신고 수리가 적법하게 이루어진 것으로 믿고 건축물의 신축에 이르렀다가 이를 철거해야 할 의무를 지게 되었다는 이유로 손해배상을 구한 사안에서, 乙 지방자치단체 소속 공무원의 과실은 인정되나, 원심 변론종결 시점까지 위 건축물에 관한 사용승인이 반려된 상태가 지속되고 있다는 점만으로 甲 등에게 가까운 장래에 위 건축물의 철거 내지 이를 전제로 하는 손해의 결과가 현실적·확정적으로 발생하였다고 단정하기 어렵다고 한 사례(대판 2020.10.15, 2017다278446)

### (16) 불법행위로 인한 위자료를 산정할 때 참작하여야 할 요소

최신판례 불법행위로 인한 위자료를 산정할 경우, 피해자의 연령, 직업, 사회적 지위, 재산과 생활상태, 피해로 입은 고통의 정도, 피해자의 과실 정도 등 피해자 측의 사정과 아울러 가해자의 고의·과실의 정도, 가해행위의 동기와 원인, 불법행위 후의 가해자의 태도 등 가해자 측의 사정까지 함께 참작하는 것이 손해의 공평부담이라는 손해배상의 원칙에 부합하고, 법원은 이러한 여러 사정을 참작하여 그 직권에 속하는 재량에 의하여 위자료 액수를 확정할 수 있다(대판 2020.11.26, 2019다276307).

**(17)**

최신판례 불법행위 시와 변론종결 시 사이에 장기간의 세월이 지나 통화가치 등에 상당한 변동이 생긴 경우, 불법행위로 인한 위자료 배상채무의 지연손해금은 위자료 산정의 기준시인 사실심 변론종결일부터 발생한다고 보아야 하고, 이 경우 사실심 변론종결 시의 위자료 원금도 배상이 지연된 사정을 참작하여 산정할 필요가 있으며, 제1심판결에서 배상이 지연된 사정을 참작하여 제1심 변론종결일을 기준으로 위자료를 산정하였는데 항소심이 이를 그대로 유지한 경우, 위자료 배상채무의 지연손해금은 제1심 변론종결일부터 발생한다(대판 2020.11.26, 2019다276307).

**(18) 손해가 발생한 사실이 인정되나 구체적인 손해의 액수를 증명하는 것이 어려운 경우, 법원이 취하여야 할 조치 및 이때 고려할 사항**

<sub>최신판례</sub> 손해가 발생한 사실이 인정되나 구체적인 손해의 액수를 증명하는 것이 매우 어려운 경우에 법원은 손해배상청구를 쉽사리 배척해서는 안 되고, 적극적으로 석명권을 행사하여 증명을 촉구하는 등으로 구체적인 손해액에 관하여 심리하여야 한다. 그 후에도 구체적인 손해액을 알 수 없다면 민사소송법 제202조의2에 따라 법원은 변론 전체의 취지와 증거조사의 결과에 의하여 인정되는 모든 사정을 종합하여 상당하다고 인정되는 금액을 손해배상 액수로 정할 수 있다. 이때 고려할 사정에는 당사자들 사이의 관계, 불법행위로 인한 손해가 발생하게 된 경위, 손해의 성격, 손해가 발생한 이후의 정황 등이 포함된다(대판 2021.6.30, 2017다249219).

**(19) 공익사업의 시행자가 사전보상을 하지 않은 채 공사에 착수하여 토지소유자와 관계인이 손해를 입은 경우, 사업시행자의 손해배상 범위는 손실보상금이다**

공익사업의 시행자가 사전보상을 하지 않은 채 공사에 착수함으로써 토지소유자와 관계인이 손해를 입은 경우, 토지소유자와 관계인이 입은 손해는 손실보상청구권이 침해된 데에 따른 손해이므로, 사업시행자가 배상해야 할 손해액은 원칙적으로 손실보상금이다(대판 2021.11.11, 2018다204022).

**(20) 이때 토지소유자와 관계인에게 손실보상금에 해당하는 손해 외에 별도의 손해가 발생한 경우, 사업시행자가 이를 배상할 책임이 있고, 그 증명책임의 소재는 이를 주장하는 자이다**

<sub>최신판례</sub> 다만 그 과정에서 토지소유자와 관계인에게 손실보상금에 해당하는 손해 외에 별도의 손해가 발생하였다면, 사업시행자는 그 손해를 배상할 책임이 있으나, 이와 같은 손해배상책임의 발생과 범위는 이를 주장하는 사람에게 증명책임이 있다(대판 2021.11.11, 2018다204022).

**(21) 전통시장 공영주차장 설치사업의 시행자인 갑 지방자치단체(인천광역시 계양구)가 「공익사업을 위한 토지 등의 취득 및 보상에 관한 법률」에 따른 사업인정 절차를 거치지 않고 위 사업부지의 소유자들로부터 토지와 건물을 매수하여 협의취득하였고, 위 토지상의 건물을 임차하여 영업한 을 등이 갑 지방자치단체에 영업손실 보상금을 지급해달라고 요청하였으나, 갑 지방자치단체가 아무런 보상 없이 위 사업을 시행하자, 을 등이 갑 지방자치단체를 상대로 영업손실 보상액 상당의 손해배상금과 정신적 손해에 대한 위자료 지급을 구한 사안에서, 을 등이 입은 손해는 원칙적으로 위 법률 제77조 등이 정한 영업손실 보상금이고, 손실보상금의 지급이 지연되었다는 사정만으로 손실보상금에 해당하는 손해 외에 을 등에게 별도의 손해가 발생하였다고 볼 수 없는데도, 이와 달리 본 원심판결에 법리오해의 잘못이 있다고 한 사례**

<sub>최신판례</sub> 위 사업은 지방자치단체인 갑이 공공용 시설인 공영주차장을 직접 설치하는 사업으로 토지보상법 제4조 제3호의 '공익사업'에 해당하고, 을 등의 각 영업이 위 사업으로 폐업하거나 휴업한 것이므로 사업인정고시가 없더라도 공익사업의 시행자인 갑 지방자치단체는 공사에 착수하기 전 을 등에게 영업손실 보상금을 지급할 의무가 있는데도 보상액을 지급하지 않고 공사에 착수하였으므로, 갑 지방자치단체는 을 등에게 그로 인한 손해를 배상할 책임이 있는데, 을 등이 입은 손해는 원칙적으로 토지보상법 제77조 등이 정한 영업손실 보상금이고, 그 밖에 별도의 손해가 발생하였다는 점에 관한 을 등의 구체적인 주장·증명이 없는 한 손실보상금의 지급이 지연되었다는 사정만으로 손실보상금에 해당하는 손해 외에 을 등에게 별도의 손해가 발생하였다고 볼 수 없는데도, 이와 달리 본 원심판결에 법리오해의 잘못이 있다고 한 사례(대판 2021.11.11, 2018다204022)

**(22)** 군 복무 중 사망한 사람의 유족이 국가배상을 받은 경우, 국가보훈처장 등이 사망보상금에서 정신적 손해배상금까지 공제할 수 있는지 문제 된 사안에서, 사망보상금에서 소극적 손해배상금 상당액을 공제할 수 있을 뿐 이를 넘어 정신적 손해배상금까지 공제할 수 없다고 한 사례

> **최신판례** 구 군인연금법(2019.12.10. 법률 제16760호로 전부 개정되기 전의 것)이 정하고 있는 급여 중 사망보상금은 일실손해의 보전을 위한 것으로 불법행위로 인한 소극적 손해배상과 같은 종류의 급여이므로, 군 복무 중 사망한 사람의 유족이 국가배상을 받은 경우 국가보훈처장 등은 사망보상금에서 소극적 손해배상금 상당액을 공제할 수 있을 뿐, 이를 넘어 정신적 손해배상금까지 공제할 수 없다(대판 2021.12.16, 2019두45944).

# VI. 군인 등의 특례

## 1. 위헌 여부

구 헌법하에서 대법원은 위헌결정을 내린 바 있지만, 현행 헌법하에서 헌법재판소는 헌법 제29조 제2항 및 국가배상법 제2조 제1항 단서가 헌법에 위배되지 않는다고 한다.

### (1) 구 국가배상법(1967.3.3. 법률 제1899호) 제2조 제1항 단행은 헌법에 위반된다(대법원)

> **전합판례** 군인 또는 군속이 공무원의 직무상 불법행위의 피해자인 경우에 그 군인 또는 군속에게 이로 인한 손해배상청구권을 제한 또는 부인하는 국가배상법 제2조 제1항 단행은 헌법 제26조에서 보장된 국민의 기본권인 손해배상청구권을 헌법 제32조 제2항의 질서유지 또는 공공복리를 위하여 제한할 필요성이 없이 제한한 것이고, 또 헌법 제9조의 평등의 원칙에 반하여 군인 또는 군속인 피해자에 대하여서만 그 권리를 부인함으로써 그 권리자체의 본질적 내용을 침해하였으며, 기본권제한의 범주를 넘어 권리 자체를 박탈하는 규정이므로 이는 헌법 제26조, 제8조, 제9조 및 제32조 제2항에 위반한다 할 것이다(대판(전합) 1971.6.22, 70다1010).

### (2) 국가배상법 제2조 제1항 단서 중 '경찰공무원' 부분은 헌법에 위반되지 아니한다(헌재결정) ★ 11 지방7급

> 헌법 제111조 제1항 제1호·제5호 및 헌법재판소법 제41조 제1항, 제68조 제2항은 위헌심사의 대상이 되는 규범을 '법률'로 명시하고 있으며, 여기서 '법률'이라고 함은 국회의 의결을 거쳐 제정된 이른바 형식적 의미의 법률을 의미하므로 헌법의 개별규정 자체는 헌법소원에 의한 위헌심사의 대상이 아니다. 헌법은 전문과 각 개별조항이 서로 밀접한 관련을 맺으면서 하나의 통일된 가치체계를 이루고 있는 것으로서, 헌법의 제 규정 가운데는 헌법의 근본가치를 보다 추상적으로 선언한 것도 있으므로 이념적·논리적으로는 헌법규범 상호 간의 우열을 인정할 수 있는 것이 사실이다. 그러나 이때 인정되는 헌법규범 상호 간의 우열은 추상적 가치규범의 구체화에 따른 것으로서 헌법의 통일적 해석에 있어서는 유용할 것이지만, 그것이 헌법의 어느 특정규정이 다른 규정의 효력을 전면적으로 부인할 수 있을 정도의 개별적 헌법규정 상호 간에 효력상의 차등을 의미하는 것이라고는 볼 수 없다. 국가배상법 제2조 제1항 단서의 '경찰공무원' 부분은 헌법 제29조 제1항에 의하여 보장되는 국가배상청구권을 헌법 내재적으로 제한하는 헌법 제29조 제2항에 직접 근거하고, 실질적으로 그 내용을 같이하는 것이므로 헌법에 위반되지 아니한다(헌재결 1996.6.13, 94헌마118·95헌바39).

## 2. 적용요건

### (1) 피해자가 군인·군무원·경찰공무원(헌법에 명시) 또는 향토예비군대원(국가배상법)일 것

| 인정사례 | 부정사례 |
| --- | --- |
| 1. 향토예비군(헌재결 1996.6.13, 94헌바20)<br>2. 전투경찰순경(헌재결 1996.6.13, 94헌마118·95헌바39)<br>3. 의무경찰순경[대판(전합) 2001.2.15, 96다42420] | 1. 공익근무요원(대판 1997.3.28, 97다4036)<br>2. 현역병으로 입영하여 경비교도로 전임 임용된 자(대판 1998.2.10, 97다45914) |

#### ① 공익근무요원(부정) ★ 18 지방7급, 15 변호사, 10 국가7급

최신기출
> 공익근무요원(현 사회복무요원)은 소집되어 군에 복무하지 않는 한 군인이라고 말할 수 없으므로, 비록 병역법 제75조 제2항이 공익근무요원으로 복무 중 순직한 사람의 유족에 대하여 「국가유공자 등 예우 및 지원에 관한 법률」에 따른 보상을 하도록 규정하고 있다고 하여도, 공익근무요원이 국가배상법 제2조 제1항 단서의 규정에 의하여 국가배상법상 손해배상청구가 제한되는 군인·군무원·경찰공무원 또는 향토예비군대원에 해당한다고 할 수 없다(대판 1997.3.28, 97다4036).

#### ② 현역병으로 입영하여 경비교도로 전임 임용된 자(부정) ★ 15·12 순경특채, 11 지방7급

> 현역병으로 입영하여 소정의 군사교육을 마치고 병역법 제25조의 규정에 의하여 전임되어 구 교정시설경비교도대설치법 제3조에 의하여 경비교도로 임용된 자는, 군인의 신분을 상실하고 군인과는 다른 경비교도로서의 신분을 취득하게 되었다고 할 것이어서 국가배상법 제2조 제1항 단서가 정하는 군인 등에 해당하지 아니한다(대판 1998.2.10, 97다45914).

### (2) 전투·훈련 등 직무집행과 관련하여 전사·순직 또는 공상을 입었을 것

#### ① 군인의 사망이 국가배상법 제2조 제1항 단서 소정의 '순직'에 해당하는지 여부에 대한 판단기준

> 국가배상법 제2조 제1항 단서에서 말하는 '순직'에 해당하는 여부는 피해를 입은 군인 등이 그 직무수행과 관련하여 피해를 입게 되었는지 여부에 따라 가려져야 할 것이고 가해자인 군대 상급자의 구타행위나 소위 얼차려행위 등이 그 징계권 또는 훈계권의 한계를 넘어 불법행위를 구성하는지 여부는 순직 여부를 판단하는 데에 직접적인 관계가 없다(대판 1991.8.13, 90다16108).

#### ② 전사·순직·공상 인정사례

#### ㉠ 폭행으로 인한 군인의 사망

> 불성실한 근무태도로 주번사관한테 주의를 받고 다시 근무지로 가라는 지시를 이행하지 않는 군인에게 폭행을 가하여 사망한 경우 이는 직무집행 중에 폭행을 당하여 사망한 것으로서 구 국가배상법 제2조 제1항 단서의 경우에 해당한다(대판 1978.5.23, 78다523).

#### ㉡

> 군 내무반에서 상급자의 폭행으로 사망한 사고는 '순직'에 해당한다(대판 1993.5.14, 92다33145).

#### ㉢

> 방위병이 영내에서 소속 중대장으로부터 근무태도불량을 이유로 한 얼차려교육을 받던 중 반항한다는 이유로 위 중대장으로부터 전투화발로 가슴을 걷어차이고 이로 인하여 사망한 것은 '순직'에 해당한다(대판 1991.8.13, 90다16108).

③ 전사·순직·공상 부정사례

㉠ 경찰서 지서 숙직실 ★ 11 지방7급

전합판례　경찰서 지서의 숙직실은 국가배상법 제2조 제1항 단서에서 말하는 전투·훈련에 관련된 시설이라고 볼 수 없다 [대판(전합) 1979.1.30, 77다2389].

㉡

전투경찰대원이 국민학교 교정에서 다중범죄진압훈련을 일단 마치고 점심을 먹기 위하여 근무하던 파출소를 향하여 걸어가다가 경찰서소속 대형버스에 충격되어 사망한 경우에는 국가배상법 제2조 제1항 단서에 해당하지 않는다(대판 1989.4.11, 88다카4222).

④ 국가배상법 제2조 제1항 단서는 전투·훈련 또는 이에 준하는 직무집행뿐만 아니라 일반 직무집행에 관하여도 국가나 지방자치단체의 배상책임을 제한하는 것이다(경찰공무원이 낙석사고 현장 주변 교통정리를 위하여 사고현장 부근으로 순찰차를 운전하고 가다가 산에서 떨어진 대형 낙석이 순찰차를 덮쳐 사망한 사안) ★ 21 국회9급, 19 국회8급

최신기출　국가배상법(2005.7.13. 법률 제7584호로 개정된 것) 제2조 제1항 단서(면책조항)의 해석과 관련하여 ① 구 국가배상법(2005.7.13. 법률 제7584호로 개정되기 전의 것) 제2조 제1항 단서(종전 면책조항)에 대하여 종래 대법원과 헌법재판소가 헌법 제29조 제2항과 실질적으로 내용을 같이하는 규정이라고 해석하여 왔고, 이 사건 면책조항은 '전투·훈련 등 직무집행'이라고 규정하여 헌법 제29조 제2항과 동일한 표현으로 개정이 이루어졌으므로 그 개정에도 불구하고 그 실질적 내용은 동일한 것으로 보이는 점, ② 이 사건 면책조항이 종전의 '전투·훈련 기타'에서 '전투·훈련 등'으로 개정되었는데 통상적으로 '기타'와 '등'은 같은 의미로 이해되고 이 경우에 다르게 볼 특수한 사정이 엿보이지 않는 점, ③ 위 개정 과정에서 국가 등의 면책을 종전보다 제한하려는 내용의 당초 개정안이 헌법의 규정에 반한다는 등의 이유로 이 사건 면책조항으로 수정이 이루어져 국회를 통과한 점, ④ 이 사건 면책조항은 군인연금법이나 「국가유공자 등 예우에 관한 법률」 등의 특별법에 의한 보상을 지급받을 수 있는 경우에 한하여 국가나 지방자치단체의 배상책임을 제한하는데, 「국가유공자 등 예우에 관한 법률」에 의한 보훈급여금 등은 사회보장적 성격을 가질 뿐만 아니라 국가를 위한 공헌이나 희생에 대한 응분의 예우를 베푸는 것으로서, 불법행위로 인한 손해를 전보하는 데 목적이 있는 손해배상제도와는 그 취지나 목적을 달리하지만, 실질적으로는 사고를 당한 피해자 또는 유족의 금전적 손실을 메꾼다는 점에서 배상과 유사한 기능을 수행하는 측면이 있음을 부인할 수 없다는 사정 등을 고려하면 이 사건 면책조항이 국민의 기본권을 과도하게 침해한다고도 할 수 없다는 점 등을 종합하여, 이 사건 면책조항은 종전 면책조항과 마찬가지로 전투·훈련 또는 이에 준하는 직무집행뿐만 아니라 일반 직무집행에 관하여도 국가나 지방자치단체의 배상책임을 제한하는 것이라고 해석한 원심의 판결을 수긍한 사례(대판 2011.3.10, 2010다85942)

**(3) 본인 또는 그 유족이 다른 법령에 따라 재해보상금, 유족연금, 상이연금 등의 보상을 지급받을 수 있을 것**

① 

> 공상을 입은 군인·경찰공무원 등이 별도의 국가보상을 받을 수 없는 경우, 국가배상법 제2조 제1항 단서는 적용되지 않는다(대판 1997.2.14, 96다28066). ★ 15 변호사

## ② 다른 법령 인정

㉠

> 「국가유공자 예우 등에 관한 법률」 및 군인연금법의 각 보상규정은 국가배상법 제2조 제1항 단서 소정의 '다른 법령의 규정'에 해당한다(대판 1993.5.14, 92다33145).

㉡

> 망인에게 군인연금법상의 유족에 해당하는 사람이 없는 경우에도 국가배상법 조항 단서가 적용된다(대판 1991.8.13, 90다16108).

㉢

> 군인·경찰공무원이 공상을 입고 전역·퇴직하였으나 그 상이(傷痍) 정도가 「국가유공자예우 등에 관한 법률」의 적용대상인 상이등급에 해당하지 않는 경우 국가배상청구가 가능하다(대판 1996.12.20, 96다42178).

㉣

> 공상을 입은 군인이 국가배상법에 의한 손해배상청구 소송 도중에 「국가유공자 등 예우 및 지원에 관한 법률」에 의한 국가유공자 등록신청을 하였다가 인과관계가 없어 공상군경 요건에 해당되지 않는다는 이유로 비해당결정 통보를 받고 이에 불복하지 아니한 후 위 법률에 의한 보상금청구권과 군인연금법에 의한 재해보상금청구권이 모두 시효완성된 경우, 국가배상청구 부정(대판 2002.5.10, 2000다39735).

## ㉤ 국가배상법 제2조 제1항 단서에 해당하는 경우 위자료청구 부정

> 국가배상법 제2조 제1항 단서에 해당하는 경우에는 위자료청구도 할 수 없다 할 것이다(대판 1991.8.13, 90다16108).

㉥

> 군인 등이 직무집행과 관련하여 공상을 입는 등의 이유로 구 「국가유공자 등 예우 및 지원에 관한 법률」이 정한 국가유공자 요건에 해당하여 보상금 등 보훈급여금을 지급받을 수 있는 경우, 국가를 상대로 국가배상을 청구할 수 없다(대판 2017.2.3, 2014두40012).

Ⓐ 직무집행과 관련하여 공상을 입은 군인 등이 먼저 국가배상법에 따라 손해배상금을 지급받은 다음 구 「국가유공자 등 예우 및 지원에 관한 법률」이 정한 보상금 등 보훈급여금의 지급을 청구하는 경우, 국가배상법에 따라 손해배상을 받았다는 이유로 그 지급을 거부할 수 없다 ★ 20 지방7급, 19 국가9급

국가배상법 제2조 제1항 단서가 명시적으로 '다른 법령에 따라 보상을 지급받을 수 있을 때에는 국가배상법 등에 따른 손해배상을 청구할 수 없다'고 정하고 있는 것과 달리, 구 국가유공자법은 국가배상법에 따른 손해배상금을 지급받은 자를 보상금 등 보훈급여금의 지급대상에서 제외하도록 하는 규정을 두고 있지 아니하다.

헌법 제29조 제2항 및 국가배상법 제2조 제1항 단서의 취지는, 국가 또는 공공단체가 위험한 직무를 집행하는 군인 등에 대한 피해보상제도를 운영하여, 직무집행과 관련하여 피해를 입은 군인 등이 간편한 보상절차에 의하여 자신의 과실 유무나 그 정도와 관계없이 무자력의 위험부담이 없는 확실하고 통일된 피해보상을 받을 수 있도록 보장하는 대신 피해 군인 등이 국가 등에 대하여 공무원의 직무상 불법행위로 인한 손해배상을 청구할 수 없게 함으로써, 군인 등의 동일한 피해에 대하여 국가 등의 보상과 배상이 모두 이루어짐으로 인하여 발생할 수 있는 과다한 재정지출과 피해 군인 등 사이의 불균형을 방지하기 위한 것이다.

그런데 구 국가유공자법 제12조가 정한 공상군경 등에 대한 보상금의 액수는 해당 군인 등의 과실을 묻지 아니하고 상이등급별로 구분하여 정해지고, 그 지급수준도 가계조사통계의 전국가구 가계소비지출액 등을 고려하여 국가유공자의 희생과 공헌의 정도에 상응하게 결정되며, 이와 같이 정하여진 보상금은 매월 사망시점까지 지급되는 반면, 국가배상법에 따른 손해배상에서는 완치 후 장해가 있는 경우에도 그 장해로 인한 노동력 상실 정도에 따라 피해를 입은 당시의 월급액이나 월실수입액 또는 평균임금에 장래의 취업가능기간을 곱한 금액의 장해배상만을 받을 수 있고, 해당 군인 등의 과실이 있는 경우에는 그 과실의 정도에 따라 책임이 제한되므로, 대부분의 경우 구 국가유공자법에 따른 보상금 등 보훈급여금의 규모가 국가배상법상 손해배상금을 상회할 것으로 보인다. 이와 같은 국가배상법 제2조 제1항 단서의 입법 취지, 구 국가유공자법이 정한 보상과 국가배상법이 정한 손해배상의 목적과 산정방식의 차이 등을 고려하면, 구 국가배상법 제2조 제1항 단서가 구 국가유공자법 등에 의한 보상을 받을 수 있는 경우 추가로 국가배상법에 따른 손해배상청구를 하지 못한다는 것을 넘어 국가배상법상 손해배상금을 받은 경우 일률적으로 구 국가유공자법상 보상금 등 보훈급여금의 지급을 금지하는 취지로까지 해석하기는 어렵다(대판 2017.2.3, 2014두40012).

◎ 군인 등이 직무집행과 관련하여 공상을 입는 등의 이유로 보훈보상대상자 지원에 관한 법률이 정한 보훈보상대상자 요건에 해당하여 보상금 등 보훈급여금을 지급받을 수 있는 경우, 국가를 상대로 국가배상을 청구할 수 없다 ★ 20 서울7급

국가배상법 제2조 제1항 단서는 헌법 제29조 제2항에 근거를 둔 규정이고, 「보훈보상대상자 지원에 관한 법률」(보훈보상자법)이 정한 보상에 관한 규정은 국가배상법 제2조 제1항 단서가 정한 '다른 법령'에 해당하므로, 보훈보상자법에서 정한 보훈보상대상자 요건에 해당하여 보상금 등 보훈급여금을 지급받을 수 있는 경우는 보훈보상자법에 따라 '보상을 지급받을 수 있을 때'에 해당한다. 따라서 군인·군무원·경찰공무원 또는 향토예비군대원이 전투·훈련 등 직무집행과 관련하여 공상을 입는 등의 이유로 보훈보상자법이 정한 보훈보상대상자 요건에 해당하여 보상금 등 보훈급여금을 지급받을 수 있을 때에는 국가배상법 제2조 제1항 단서에 따라 국가를 상대로 국가배상을 청구할 수 없다(대판 2017.2.3, 2015두60075).

군인 등이 직무집행과 관련하여 공상을 입는 등의 이유로 「보훈보상대상자 지원에 관한 법률」이 정한 보훈보상대상자 요건에 해당하여 보상금 등 보훈급여금을 지급받을 수 있는 경우에도 국가를 상대로 국가배상을 청구할 수 있다. (×) ■ 20 서울7급

ⓧ 직무집행과 관련하여 공상을 입은 군인 등이 먼저 국가배상법에 따라 손해배상금을 지급받은 다음 보훈보상대상
자 지원에 관한 법률이 정한 보상금 등 보훈급여금의 지급을 청구하는 경우, 국가배상법에 따라 손해배상을 받았
다는 이유로 그 지급을 거부할 수 없다 ★ 20 서울7급, 19 국회8급

전투·훈련 등 직무집행과 관련하여 공상을 입은 군인·군무원·경찰공무원 또는 향토예비군대원이 먼저 국가배상
법에 따라 손해배상금을 지급받은 다음 「보훈보상대상자 지원에 관한 법률」(보훈보상자법)이 정한 보상금 등 보훈
급여금의 지급을 청구하는 경우, 국가배상법 제2조 제1항 단서가 명시적으로 '다른 법령에 따라 보상을 지급받
을 수 있을 때에는 국가배상법 등에 따른 손해배상을 청구할 수 없다'고 규정하고 있는 것과 달리 보훈보상자법
은 국가배상법에 따른 손해배상금을 지급받은 자를 보상금 등 보훈급여금의 지급대상에서 제외하는 규정을 두고
있지 않은 점, 국가배상법 제2조 제1항 단서의 입법 취지 및 보훈보상자법이 정한 보상과 국가배상법이 정한
손해배상의 목적과 산정방식의 차이 등을 고려하면 국가배상법 제2조 제1항 단서가 보훈보상자법 등에 의한
보상을 받을 수 있는 경우 국가배상법에 따른 손해배상청구를 하지 못한다는 것을 넘어 국가배상법상 손해배상
금을 받은 경우 보훈보상자법상 보상금 등 보훈급여금의 지급을 금지하는 것으로 해석하기는 어려운 점 등에
비추어, 국가보훈처장은 국가배상법에 따라 손해배상을 받았다는 사정을 들어 보상금 등 보훈급여금의 지급을
거부할 수 없다(대판 2017.2.3, 2015두60075).

직무집행과 관련하여 공상을 입은 군인이 먼저 「국가배상법」에 따라 손해배상금을 지급받은 후 「보훈보상대상자 지원에 관한 법률
」이 정한 보상금 등 보훈급여금의 지급을 청구하는 경우에 국가보훈처장은 「국가배상법」에 따라 손해배상을 받았다는 것을 이유로
그 지급을 거부할 수 있다. (x) ■ 19 국회8급

③ 다른 법령 부정

㉠ 구 공무원연금법상의 장해보상금지급규정은 국가배상법 제2조 제1항 단서 소정의 '다른 법령의 규정'에 해당하
지 않는다

구 공무원연금법 제33조 내지 제37조 소정의 장해보상금지급제도와 국가배상법 제2조 제1항 단서 소정의 재해
보상금 등의 보상을 지급하는 제도와는 취지와 목적을 달리하는 것이어서 두 제도는 서로 아무런 관련이 없다 할
것이므로 구 공무원연금법상의 장해보상금지급규정은 국가배상법 제2조 제1항 단서 소정의 '다른 법령의 규정'
에 해당하지 아니하고, 따라서 경찰공무원이 구 공무원연금법의 규정에 의하여 장해보상을 지급받는 것은 국가배상
법 제2조 제1항 단서 소정의 '다른 법령의 규정'에 의한 재해보상을 지급받은 것에 해당하지 아니한다(대판 1988.12.
27, 84다카796).

ⓒ 경찰공무원인 피해자가 구 공무원연금법에 따라 공무상 요양비를 지급받는 것은 국가배상법 제2조 제1항 단서
에서 정한 '다른 법령의 규정'에 따라 보상을 지급받는 것에 해당하지 않는다

> **최신판례** 구 공무원연금법에 따라 각종 급여를 지급하는 제도는 공무원의 생활안정과 복리향상에 이바지하기 위한 것이라
> 는 점에서 국가배상법 제2조 제1항 단서에 따라 손해배상금을 지급하는 제도와 그 취지 및 목적을 달리하므로,
> 경찰공무원인 피해자가 구 공무원연금법의 규정에 따라 공무상 요양비를 지급받는 것은 국가배상법 제2조 제1
> 항 단서에서 정한 '다른 법령의 규정'에 따라 보상을 지급받는 것에 해당하지 않는다. 다만 경찰공무원인 피해자
> 가 구 공무원연금법에 따라 공무상 요양비를 지급받은 후 추가로 국가배상법에 따라 치료비의 지급을 구하는 경우나
> 반대로 국가배상법에 따라 치료비를 지급받은 후 추가로 구 공무원연금법에 따라 공무상 요양비의 지급을 구하는 경
> 우, 공무상 요양비와 치료비는 실제 치료에 소요된 비용에 대하여 지급되는 것으로서 같은 종류의 급여라고 할 것이므
> 로, 치료비나 공무상 요양비가 추가로 지급될 때 구 공무원연금법 제33조 등을 근거로 먼저 지급된 공무상 요양비나
> 치료비 상당액이 공제될 수 있을 뿐이다. 한편 군인연금법과 구 공무원연금법은 취지나 목적에서 유사한 면이 있
> 으나, 별도의 규정체계를 통해 서로 다른 적용대상을 규율하고 있는 만큼 서로 상이한 내용들로 규정되어 있기도
> 하므로, 군인연금법이 국가배상법 제2조 제1항 단서에서 정한 '다른 법령'에 해당한다고 하여, 구 공무원연금법
> 도 군인연금법과 동일하게 취급되어야 하는 것은 아니다(대판 2019.5.30, 2017다16174).

④

> **최신판례** 업무용 자동차종합보험계약의 관용차 면책약관은 군인 등의 피해자가 다른 법령에 의하여 보상을 지급받을 수
> 있어 국가나 지방자치단체가 국가배상법 제2조 제1항 단서에 따라 손해배상책임을 부담하지 않는 경우에 한하
> 여 적용된다(대판 2019.5.30, 2017다16174).

⑤

> **최신판례** 국민의 생명·재산 보호와 직접적인 관련이 있는 직무수행 중 상이를 입은 군인 등이 전역하거나 퇴직하지 않은
> 경우, 업무용 자동차종합보험계약의 관용차 면책약관이 적용될 수 없고, 이는 국민의 생명·재산 보호와 직접적인
> 관련이 없는 직무수행 중 상이를 입은 군인 등이 전역하거나 퇴직하지 않은 경우도 마찬가지이다(대판 2019.5.30,
> 2017다16174).

## 3. 적용범위(공동불법행위 관련 구상권행사의 가능 여부)

### (1) 헌법재판소(한정위헌) ★ 15·12 변호사, 11 지방7급

> 국가배상법 제2조 제1항 단서 중 군인에 관련되는 부분을, 일반국민이 직무집행 중인 군인과의 공동불법행위로 직무
> 집행 중인 다른 군인에게 공상을 입혀 그 피해자에게 공동의 불법행위로 인한 손해를 배상한 다음 공동불법행위자인
> 군인의 부담부분에 관하여 국가에 대하여 구상권을 행사하는 것을 허용하지 않는다고 해석한다면, 이는 위 단서규정의
> 헌법상 근거규정인 헌법 제29조가 구상권의 행사를 배제하지 아니하는데도 이를 배제하는 것으로 해석하는 것으로서
> 합리적인 이유 없이 일반국민을 국가에 대하여 지나치게 차별하는 경우에 해당하므로 헌법 제11조·제29조에 위반되
> 며, 또한 국가에 대한 구상권은 헌법 제23조 제1항에 의하여 보장되는 재산권이고 위와 같은 해석은 그러한
> 재산권의 제한에 해당하며 재산권의 제한은 헌법 제37조 제2항에 의한 기본권 제한의 한계 내에서만 가능한데,
> 위와 같은 해석은 헌법 제37조 제2항에 의하여 기본권을 제한할 때 요구되는 비례의 원칙에 위배하여 일반국민
> 의 재산권을 과잉제한하는 경우에 해당하여 헌법 제23조 제1항 및 제37조 제2항에도 위반된다(헌재결 1994.
> 12.29, 93헌바21).

**(2) 최근의 전원합의체 판결** ★ 18 국가9급, 15 변호사, 11 서울교행7급, 10 국가7급

최신기출
전합판례

> 공동불법행위자 등이 부진정연대채무자로서 각자 피해자의 손해 전부를 배상할 의무를 부담하는 공동불법행위의 일반적인 경우와 달리 예외적으로 민간인은 피해군인 등에 대하여 그 손해 중 국가등이 민간인에 대한 구상의무를 부담한다면 그 내부적인 관계에서 부담하여야 할 부분을 제외한 나머지 자신의 부담부분에 한하여 손해배상의무를 부담하고, 한편 국가 등에 대하여는 그 귀책부분의 구상을 청구할 수 없다고 해석함이 상당하다 할 것이고, 이러한 해석이 손해의 공평·타당한 부담을 그 지도원리로 하는 손해배상제도의 이상에도 맞는다 할 것이다[대판 (전합) 2001.2.15, 96다42420].

> 민간인과 직무집행 중인 군인의 공동불법행위로 인하여 직무집행 중 다른 군인이 피해를 입은 경우 민간인이 피해 군인에게 자신의 과실비율에 따라 내부적으로 부담할 부분을 초과하여 피해금액 전부를 배상한 경우에 대법원 판례에 따르면 민간인은 국가에 대해 가해 군인의 과실비율에 대한 구상권을 행사할 수 있다. (×) ■ 18 국가9급

# VII. 상당인과관계

## 1. 상당인과관계 판단기준 ★ 12 사회복지

최신기출

> 상당인과관계의 유무를 판단함에 있어서는 일반적인 결과발생의 개연성은 물론 직무상 의무를 부과하는 법령 기타 행동규범의 목적이나 가해행위의 태양 및 피해의 정도 등을 종합적으로 고려하여야 하며, 이는 지방자치단체와 그 소속공무원에 대하여도 마찬가지이다(대판 2008.4.10, 2005다48994).

## 2. 상당인과관계 인정사례

### (1) 직접증명방식에서 간접증명방식으로 개정된 인감증명법하에서 허위의 인감증명서의 발급과 이를 믿고 거래하여 발생한 손해 사이의 인과관계가 인정된다 ★ 15 순경특채, 12 국가7급

> 인감증명은 인감 자체의 동일성을 증명함과 동시에 거래행위자의 동일성과 거래행위가 행위자의 의사에 의한 것임을 확인하는 자료로서 일반인의 거래상 극히 중요한 기능을 갖고 있으므로, 인감증명사무를 처리하는 공무원으로서는 그것이 타인과의 권리·의무에 관계되는 일에 사용될 것을 예상하여 그 발급된 인감증명으로 인한 부정행위의 발생을 방지할 직무상의 의무가 있고, 따라서 발급된 허위의 인감증명에 의하여 그 인감명의인과 계약을 체결한 자가 그로 인한 손해를 입었다면 위 인감증명의 교부와 그 손해 사이에는 상당인과관계가 있다. 이러한 법리는, 구 인감증명법 및 구 「인감증명법 시행령」 아래에서 인감증명은 증명청이 신청인의 본인 또는 대리인인지 여부를 주민등록증 등에 의하여 확인한 다음 신청서에 날인된 인영을 미리 신고되어 있는 인감대장상의 인영과 대조·확인하여 그 동일성을 증명하는 이른바 직접증명방식으로 이루어져 오다가, 같은 법 및 시행령의 개정에 따라 증명청이 전산정보처리조직을 이용하여 인감증명을 할 수 있게 하면서 신청서에 날인된 인영과 인감대장상의 인영을 대조·확인하는 절차를 생략하고 단순히 인감대장상의 인영을 현출하여 그것이 신고되어 있는 인감의 인영임을 증명하는 이른바 간접증명방식으로 전환되었다고 하여 달리 볼 것은 아니다(대판 2008.7.24, 2006다63273).

**(2) 주점에서 발생한 화재로 사망한 甲 등의 유족들이 부산광역시를 상대로 손해배상을 구한 사안에서, 소방공무원들이 업주들에 대하여 적절한 지도·감독을 하지 않는 등 직무상 의무를 위반하였고, 소방공무원들의 직무상 의무 위반과 甲 등의 사망 사이에 상당인과관계가 인정된다고 한 사례**

전합판례

소방공무원들이 소방검사에서 비상구 중 1개가 폐쇄되고 그곳으로 대피하도록 유도하는 피난구유도등, 피난안내도 등과 일치하지 아니하게 됨으로써 화재 시 피난에 혼란과 장애를 유발할 수 있는 상태임을 발견하지 못하여 업주들에 대한 시정명령이나 행정지도, 소방안전교육 등 적절한 지도·감독을 하지 아니한 것은 구체적인 소방검사 방법 등이 소방공무원의 재량에 맡겨져 있음을 감안하더라도 현저하게 합리성을 잃어 사회적 타당성이 없는 경우에 해당하고, 다른 비상구 중 1개와 그곳으로 연결된 통로가 사실상 폐쇄된 사실을 발견하지 못한 것도 주점에 설치된 피난통로 등에 대한 전반적인 점검을 소홀히 한 직무상 의무 위반의 연장선에 있어 위법성을 인정할 수 있고, 소방공무원들이 업주들에 대하여 필요한 지도·감독을 제대로 수행하였더라면 화재 당시 손님들에 대한 대피조치가 보다 신속히 이루어지고 피난통로 안내가 적절히 이루어지는 등으로 甲 등이 대피할 수 있었을 것이고, 甲 등이 대피방향을 찾지 못하다가 복도를 따라 급속히 퍼진 유독가스와 연기로 인하여 단시간에 사망하게 되는 결과는 피할 수 있었을 것인 점 등 화재 당시의 구체적 상황과 甲 등의 사망 경위 등에 비추어 소방공무원들의 직무상 의무 위반과 甲 등의 사망 사이에 상당인과관계가 인정된다고 한 사례(대판 2016.8.25, 2014다225083).

**(3) 개연성이론에 따라 인과관계를 인정한 사례**

공해소송에 있어서 피해자에게 사실적인 인과관계의 존재에 관하여 과학적으로 엄밀한 증명을 요구한다는 것은 공해로 인한 사법적 구제를 사실상 거부하는 결과가 될 우려가 있는 반면에, 가해기업은 기술적, 경제적으로 피해자보다 훨씬 원인조사가 용이한 경우가 많을 뿐만 아니라 그 원인을 은폐할 염려가 있고 가해기업이 어떠한 유해한 원인물질을 배출하고 그것이 피해물건에 도달하여 손해가 발생하였다면 가해자측에서 그것이 무해하다는 것을 입증하지 못하는 한 책임을 면할 수 없다고 보는 것이 사회형평의 관념에 적합하다고 할 것이다. 공사장에서 배출되는 황토 등이 양식어장에 유입되어 농어가 폐사한 경우, 폐수가 배출되어 유입된 경로와 그 후 농어가 폐사하였다는 사실이 입증되었다면 개연성이론에 의하여 인과관계가 증명되었다고 볼 것이다(대판 1997.6.27, 95다2692).

**(4) 우편역무종사자의 직무상 의무위반으로 내용증명 우편이 수취인에게 도달하지 아니하거나 그 도달에 대한 증명기능이 발휘하지 못하게 된 경우, 그 직무상 의무 위반과 발송인 등이 제3자와 맺은 거래관계의 성립·이행·소멸 등과 관련하여 입게 된 손해 사이의 상당인과관계 유무(원칙소극)**

우편역무종사자가 내용증명우편물을 배달하는 과정에서 우편법 관계법령에서 정한 직무규정을 위반하였다고 하더라도, 우편역무종사자가 발송인 등과 제3자와의 거래관계의 내용을 인식하고 그 내용증명우편물을 배달하지 아니할 경우 그 거래관계의 성립·이행·소멸이 방해되어 발송인 등에게 손해가 발생할 수 있다는 점을 알았거나 알 수 있었다는 등의 특별한 사정이 없는 한, 그 직무상 의무 위반과 내용증명우편물에 기재된 의사표시가 도달되지 않거나 그 도달에 대한 증명기능이 발휘되지 못함으로써 발송인 등이 제3자와 맺은 거래관계의 성립·이행·소멸 등과 관련하여 입게 된 손해 사이에는 상당인과관계가 있다고 볼 수 없다(대판 2009.7.23, 2006다81325).

**(5) 이와 같은 경우 우편역무종사자에 고의 또는 중과실이 있는 경우 발송인 등이 통상손해로서 위자료를 청구할 수 있다**

다만, 우편집배원의 고의 또는 중과실에 의한 직무상 의무 위반으로 내용증명우편물이 도달되지 않거나 그 증명기능이 발휘되지 못하게 된 경우, 발송인 등이 그로 인하여 정신적 고통을 입었을 것임은 경험칙상 넉넉히 인정할 수 있고, 이러한 정신적 고통은 단순히 내용증명우편물의 발송비용을 전보받는 것만으로 회복된다고 볼 수 없으므로, 이러한 경우에는 당해 발송인 등은 그 정신적 고통에 대한 위자료를 통상손해로서 청구할 수 있을 것이다(대판 2009.7.23, 2006다81325).

**(6) 공무원의 개별공시지가결정이 개인의 재산권을 침해한 경우 그 공무원이 소속된 지방자치단체가 상당인과관계가 있는 범위 내에서 배상책임을 진다 ★ 19 국가7급**

**최신기출** 개별공시지가 산정업무 담당공무원 등이 그 직무상 의무에 위반하여 현저하게 불합리한 개별공시지가를 결정되도록 함으로써 국민 개개인의 재산권을 침해한 경우에는 그 손해에 대하여 상당인과관계 있는 범위 내에서 그 담당공무원 등이 소속된 지방자치단체가 배상책임을 지게 된다. 개별공시지가는 그 산정목적인 개발부담금의 부과, 토지 관련 조세 부과 등 다른 법령이 정하는 목적을 위해 지가를 산정하는 경우에 그 산정기준이 되는 범위 내에서는 납세자인 국민 등의 재산상 권리·의무에 직접적인 영향을 미칠 수 있지만, 이에 더 나아가 개별공시지가가 당해 토지의 거래 또는 담보제공을 받음에 있어 그 실제 거래가액 또는 담보가치를 보장한다거나 어떠한 구속력을 미친다고 할 수는 없다. 피고(경기도 광주시) 소속 담당공무원 등의 토지에 관한 개별공시지가 산정에 관한 직무상 위반행위와 원고가 이 사건 토지의 담보가치가 충분하다고 믿고 추가로 물품을 공급하였다가 입은 손해 사이에 상당인과관계가 있다고 보기 어렵다고 한 사례(대판 2010.7.22. 2010다13527)

**(7) 자살한 초임하사가 근무한 부대의 지휘관 등이 영내 거주 등에 관한 육군규정에 위반한 잘못과 망인의 사망 사이에 상당인과관계가 인정되지 않는다**

자살한 초임하사의 유족인 원고들이 망인이 근무한 부대의 지휘관 등의 망인에 대한 관심 소홀과 영내 거주 기간을 규정한 육군규정에 위반한 과실로 자살에 이르게 되었다고 주장하며 국가인 피고에 대하여 그로 인한 손해배상을 청구한 사안에서, 위 지휘관 등이 육군규정에 위반한 과실은 있으나 제반 사정에 비추어 영내생활이 다소 길어지게 되었다는 사정만으로 스스로 자신의 삶을 마감하는 방법을 선택한다는 것은 극히 이례적인 경우라 할 것이어서, 위와 같은 지휘관 등의 업무상 잘못으로 망인이 자살할 수도 있다는 특별한 사정에 관한 예견가능성을 인정하기는 어렵고, 따라서 위 업무집행상의 잘못과 망인의 사망 사이에 상당인과관계가 있는 것으로 볼 수 없다(대판 2011. 1.27. 2010다74416).

**(8)**

기업자(현 사업시행자)의 잘못으로 1차 토지수용이 무효가 된 경우 기업자가 2차 토지수용을 하면서 1차 수용목적물에 대하여 물상대위권을 행사한 근저당권자에게 협의나 통지절차를 이행하지 않고 위와 같은 무효사실 등을 알리지도 않았으므로 기업자의 불법행위가 성립할 수 있다(대판 2011.7.28. 2009다35842).

**(9) 상당인과관계 인정사례**

지방자치단체장의 갑에 대한 건축허가신청 반려처분이 확정판결에 의하여 취소되었음에도 담당공무원들이 판결 취지에 따른 재처분을 지체하고, 그 후 건축허가를 하면서 위법한 내용의 부관을 부가한 다음 부관의 이행을 요구하면서 갑이 한 착공신고의 수리를 지체한 사안에서, 위 행정처분은 객관적 정당성을 상실한 것으로서 위와 같은 불법행위와 갑이 건물 준공이 지체된 기간 동안 얻지 못한 건물 차임 상당의 손해 사이에 상당인과관계가 인정된다고 본 원심판단을 수긍한 사례(대판 2012.5.24. 2012다11297)

**(10) 원인무효의 소유권이전등기와 해당 부동산 소유자의 임대지연 사이에 상당인과관계가 있다고 인정되는 경우**

진정한 소유자가 당해 부동산에 대한 임대를 계획하고 또 시도하였으나 임대하지 못하였고, 그와 같이 부동산을 임대하지 못한 것이 원인무효의 소유권이전등기로 인하였을 것이라는 점이 증명되는 경우에만 원인무효의 소유권이전등기와 해당 부동산의 임대지연 사이에 상당인과관계가 있다(대판 2014.7.24. 2014다200305).

**(11)** 담당공무원이 위법하게 집행문을 부여하여 甲이 乙과 공유인 토지 중 乙의 지분에 관하여 원인무효의 등기를 마쳤는데, 乙이 담당공무원의 과실로 임대지연으로 인한 차임 상당의 손해를 입었다고 주장하면서 대한민국을 상대로 손해배상을 구한 사안에서, 담당공무원의 과실에 기초한 甲 명의의 소유권이전등기와 乙이 입은 차임 상당의 손해 사이에 상당인과관계가 있다고 단정할 수 없다고 한 사례

> 위 토지는 甲과 乙의 공유이어서 乙의 의사만으로 타에 임대할 수 없는데, 乙이 甲에게 임대에 관한 동의나 협조를 요구한 적이 없는 점 등에 비추어 乙이 위 지분을 임대하지 못한 것이 원인무효의 소유권이전등기 때문이라고 볼 수 없으므로, 담당공무원의 과실에 기초한 甲 명의의 소유권이전등기와 乙이 입은 차임 상당의 손해 사이에 상당인과관계가 있다고 단정할 수 없다(대판 2014.7.24, 2014다200305).

# 제2목 배상책임

## Ⅰ. 공무원의 피해자에 대한 직접적 배상책임(선택적 청구권 인정 여부)

### 1. 판례(절충설)

#### (1) 헌법 제29조 제1항 단서(공무원 자신의 책임은 면제되지 아니한다)의 해석 : 공무원 개인의 구체적인 손해배상책임의 범위에 대한 규정이 아니다 ★ 18 서울7급

`최신기출` `전합판례`
> 헌법 제29조 제1항 단서는 공무원이 한 직무상 불법행위로 인하여 국가등이 배상책임을 진다고 할지라도 그 때문에 공무원 자신의 민·형사책임이나 징계책임이 면제되지 아니한다는 원칙을 규정한 것이나, 그 조항 자체로 공무원 개인의 구체적인 손해배상책임의 범위까지 규정한 것으로 보기는 어렵다[대판(전합) 1996.2.15, 95다38677].

#### (2) 국가배상책임에는 사용자의 면책규정이 적용되지 않는다 ★ 18 국가9급

`최신기출` `전합판례`
> 국가배상법은 민법상의 사용자책임을 규정한 민법 제756조 제1항 단서에서 사용자가 피용자의 선임감독에 무과실인 경우에는 면책되도록 규정한 것과는 달리 이러한 면책규정을 두지 아니함으로써 국가배상책임이 용이하게 인정되도록 하고 있다[대판(전합) 1996.2.15, 95다38677].

> 국가나 지방자치단체는 공무원이 직무를 집행하면서 고의 또는 과실로 위법하게 타인에게 손해를 가한 때에 「국가배상법」상 배상책임을 지고, 공무원의 선임 및 감독에 상당한 주의를 한 경우에도 그 배상책임을 면할 수 없다. ■ 18 국가9급

**(3) 국가배상법 제2조 제1항 본문 및 제2항(내부적 구상책임)의 입법취지 : 경과실의 경우 국가만이 배상책임, 고의 또는 중과실의 경우는 공무원 개인, 다만 외형상 직무집행행위로서 국가와 공무원이 중첩적 책임을 지는 경우 공무원에 대한 구상권을 인정하여 궁극적으로 공무원 개인의 배상책임**

> 국가배상법 제2조 제1항 본문 및 제2항의 입법취지는 공무원의 직무상 위법행위로 타인에게 손해를 끼친 경우에는 변제자력이 충분한 국가 등에게 선임·감독상 과실 여부에 불구하고 손해배상책임을 부담시켜 국민의 재산권을 보장하되, 공무원이 직무를 수행함에 있어 경과실로 타인에게 손해를 입힌 경우에는 그 직무수행상 통상 예기할 수 있는 흠이 있는 것에 불과하므로, 이러한 공무원의 행위는 여전히 국가등의 기관의 행위로 보아 그로 인하여 발생한 손해에 대한 배상책임도 전적으로 국가등에만 귀속시키고 공무원 개인에게는 행위가 고의·중과실에 기한 경우에는 비록 그 행위가 그의 직무와 관련된 것이라고 하더라도 그와 같은 행위는 그 본질에 있어서 기관행위로서의 품격을 상실하여 국가등에게 그 책임을 귀속시킬 수 없으므로 공무원 개인에게 불법행위로 인한 손해배상책임을 부담시키되, 다만 이러한 경우에도 그 행위의 외관을 객관적으로 관찰하여 공무원의 직무집행으로 보여질 때에는 피해자인 국민을 두텁게 보호하기 위하여 국가 등이 공무원 개인과 중첩적으로 배상책임을 부담하되 국가 등이 배상책임을 지는 경우에는 공무원 개인에게 구상할 수 있도록 함으로써 궁극적으로 그 책임이 공무원 개인에게 귀속되도록 하려는 것이라고 봄이 합당하다[대판(전합) 1996.2.15, 95다38677].

**(4) 공무원의 피해자에 대한 민사상의 불법행위책임 : 고의 또는 중과실의 경우에만 배상책임 인정, 경과실의 경우는 불법행위책임 부정**

★ 21 지방9급, 21·11 국회9급, 16 국회8급, 18·13 서울7급, 14 국가9급, 14 사회복지, 13 행정사, 12 변호사, 11 서울교행7급

**최신기출**
**전합판례**
> 공무원이 직무수행 중 불법행위로 타인에게 손해를 입힌 경우에 국가등이 국가배상책임을 부담하는 외에 공무원 개인도 고의 또는 중과실이 있는 경우에는 불법행위로 인한 손해배상책임을 진다고 할 것이지만, 공무원에게 경과실 뿐인 경우에는 공무원 개인은 손해배상책임을 부담하지 아니한다고 해석하는 것이 헌법 제29조 제1항 본문과 단서 및 국가배상법 제2조의 입법취지에 조화되는 올바른 해석이다[대판(전합) 1996.2.15, 95다38677].

**(5) 공무원이 직무수행 중 불법행위로 타인에게 손해를 입힌 경우, 피해자에게 손해를 직접 배상한 경과실이 있는 공무원은 국가에 대하여 원칙적으로 구상권을 취득한다** ★ 22·15 지방9급, 21 국회8급, 19 국가9급, 16 국가7급

**최신기출**
> 경과실이 있는 공무원이 피해자에 대하여 손해배상책임을 부담하지 아니함에도 피해자에게 손해를 배상하였다면 그것은 채무자 아닌 사람이 타인의 채무를 변제한 경우에 해당하고, 이는 민법 제469조의 '제3자의 변제' 또는 민법 제744조의 '도의관념에 적합한 비채변제'에 해당하여 피해자는 공무원에 대하여 이를 반환할 의무가 없고, 그에 따라 피해자의 국가에 대한 손해배상청구권이 소멸하여 국가는 자신의 출연 없이 채무를 면하게 되므로, 피해자에게 손해를 직접 배상한 경과실이 있는 공무원은 특별한 사정이 없는 한 국가에 대하여 국가의 피해자에 대한 손해배상책임의 범위 내에서 공무원이 변제한 금액에 관하여 구상권을 취득한다고 봄이 타당하다(대판 2014.8.20, 2012다54478).

국가공무원이 직무수행 중 경과실로 인한 불법행위로 국민에게 손해를 입힌 경우에 피해자에게 손해를 직접 배상하였다 하더라도 자신이 변제한 금액에 관하여 국가에 대하여 구상권을 취득할 수 없다. (x) ■ 16 국가7급

경과실이 있는 공무원이 피해자에 대하여 손해배상책임을 부담하지 아니함에도 피해자에게 손해를 배상하였다면 이는 법률상 원인이 없는 것으로 피해자는 공무원에 대하여 이를 반환할 의무가 있다. (x) ■ 21 국회8급

경과실로 불법행위를 한 공무원이 피해자에게 손해를 배상하였다면 이는 타인의 채무를 변제한 경우에 해당하므로 피해자는 공무원에게 이를 반환할 의무가 있다. (x) ■ 22 지방9급

(6)

> 공중보건의인 甲에게 치료를 받던 乙이 사망하자 乙의 유족들이 甲 등을 상대로 손해배상청구의 소를 제기하였고, 甲의 의료과실이 인정된다는 이유로 甲 등의 손해배상책임을 인정한 판결이 확정되어 甲이 乙의 유족들에게 판결금 채무를 지급한 사안에서, 직무 수행 중 경과실로 타인에게 손해를 입힌 甲은 국가에 대하여 구상권을 취득한다고 한 사례(대판 2014.8.20, 2012다54478)

**(7) 공법인이 국가로부터 위탁받은 공행정사무를 집행하는 과정에서 공법인의 임직원이나 피용인이 고의 또는 과실로 법령을 위반하여 타인에게 손해를 입힌 경우, 공법인의 임직원이나 피용인은 고의 또는 중과실이 있는 경우에만 배상책임을 부담한다**

최신판례

> 공법인이 국가로부터 위탁받은 공행정사무를 집행하는 과정에서 공법인의 임직원이나 피용인이 고의 또는 과실로 법령을 위반하여 타인에게 손해를 입힌 경우에는, 공법인은 위탁받은 공행정사무에 관한 행정주체의 지위에서 배상 책임을 부담하여야 하지만, 공법인의 임직원이나 피용인은 실질적인 의미에서 공무를 수행한 사람으로서 국가배상법 제2조에서 정한 공무원에 해당하므로 고의 또는 중과실이 있는 경우에만 배상책임을 부담하고 경과실이 있는 경우에는 배상책임을 면한다(대판 2021.1.28, 2019다260197).

(8)

최신판례

> 甲이 선고유예 판결의 확정으로 변호사등록이 취소되었다가 선고유예기간이 경과한 후 대한변호사협회에 변호사 등록신청을 하였는데, 협회장 乙이 등록 심사위원회에 甲에 대한 변호사등록 거부 안건을 회부하여 소정의 심사과정을 거쳐 대한변호사협회가 甲의 변호사등록을 마쳤고, 이에 甲이 대한변호사협회 및 협회장 乙을 상대로 변호사 등록거부사유가 없음에도 위법하게 등록 심사위원회에 회부되어 변호사등록이 2개월간 지연되었음을 이유로 손해배상을 구한 사안에서, 대한변호사협회는 乙 및 등록심사위원회 위원들이 속한 행정주체의 지위에서 甲에게 변호사등록이 위법하게 지연됨으로 인하여 얻지 못한 수입 상당액의 손해를 배상할 의무가 있는 반면, 乙은 경과실 공무원의 면책 법리에 따라 甲에 대한 배상책임을 부담하지 않는다고 한 사례(대판 2021.1.28, 2019다260197)

## II. 배상책임의 내용

## 1. 배상의 범위

### (1) 과실상계

①

> 피해자의 단순한 부주의가 손해의 발생이나 확대의 원인이 된 경우 과실상계를 할 수 있고 손해배상의무자가 과실상계를 주장하지 않는 경우에도 법원이 이를 직권으로 심리·판단하여야 한다(대판 2010.8.26, 2010다37479).

②

> 공동불법행위자 중 일부에게 피해자의 부주의를 이용하여 고의로 불법행위를 저지른 사유가 있더라도, 그러한 사유가 없는 다른 불법행위자는 과실상계의 주장을 할 수 있다(대판 2010.8.26, 2010다37479).

③

> 불법행위로 인한 손해배상의 책임과 그 범위를 정함에 있어 참작하여야 하는 피해자의 과실에는 피해자 본인의 과실뿐 아니라 그와 신분상 내지 사회생활상 일체를 이루는 관계에 있는 자의 과실도 포함된다(대판 2010.8.26, 2010다37479).

④

> 사고현장에 출동한 직후의 경찰관들이 당시 상황을 충분히 파악하지 못하고 추가 범행을 막지 못한 잘못에는 남편인 가해자로부터 심하게 구타를 당한 사실을 경찰관들에게 설명하지 않은 피해자의 과실도 기여하였으므로 국가의 손해배상책임 범위를 산정함에 있어 그 과실도 고려되어야 하고, 가해자가 피해자와 동거하던 부부 사이로서 신분상 내지 생활관계상 일체를 이루는 관계에 있으므로 가해자의 책임도 국가의 손해배상책임 범위를 감경하는 요소로 고려되어야 한다고 한 사례(대판 2010.8.26, 2010다37479)

### (2) 생명·신체에 대한 특례규정은 기준액 ★ 19 국가9급, 15 지방9급

`최신기출` 구 국가배상법 제3조 제1항과 제3항의 손해배상의 기준은 배상심의회의 배상금지급기준을 정함에 있어서의 하나의 기준을 정한 것에 지나지 아니하는 것이고 이로써 배상액의 상한을 제한한 것으로 볼 수 없다 할 것이며 따라서 법원이 국가배상법에 의한 손해배상액을 산정함에 있어서 그 기준에 구애되는 것이 아니라 할 것이니 이 규정은 국가 또는 공공단체에 대한 손해배상청구권을 규정한 구 헌법(1962.12.26, 개정헌법) 제26조에 위반된다고 볼 수 없다(대판 1970.1.29, 69다1203).

## 2. 배상책임과 구상

### (1) 국가 또는 지방자치단체의 산하 공무원에 대한 구상권행사의 범위 ★ 21 국가9급

`최신기출` 국가 또는 지방자치단체의 산하 공무원이 그 직무를 집행함에 당하여 중대한 과실로 인하여 법령에 위반하여 타인에게 손해를 가함으로써 국가 또는 지방자치단체가 손해배상책임을 부담하고, 그 결과로 손해를 입게 된 경우에는 국가 등은 당해 공무원의 직무내용, 당해 불법행위의 상황, 손해발생에 대한 당해 공무원의 기여정도, 당해 공무원의 평소 근무태도, 불법행위의 예방이나 손실분산에 관한 국가 또는 지방자치단체의 배려의 정도 등 제반사정을 참작하여 손해의 공평한 분담이라는 견지에서 신의칙상 상당하다고 인정되는 한도 내에서만 당해 공무원에 대하여 구상권을 행사할 수 있다고 봄이 상당하다(대판 1991.5.10, 91다6764).

국가가 가해 공무원에 대하여 구상권을 행사하는 경우 국가가 배상한 배상액 전액에 대하여 구상권을 행사하여야 한다. (×)
■ 21 국가9급

### (2) 공무원의 불법행위로 손해를 입은 피해자가 갖는 국가배상청구권의 소멸시효 기간이 지났으나 국가가 소멸시효 완성을 주장하는 것이 신의성실의 원칙에 반하는 권리남용으로 허용될 수 없어 배상책임을 이행한 경우, 원칙적으로 국가가 공무원에게 구상권을 행사할 수 없다 ★ 22 국가9급, 17 지방9급

`최신기출` 공무원의 불법행위로 손해를 입은 피해자의 국가배상청구권의 소멸시효 기간이 지났으나 국가가 소멸시효 완성을 주장하는 것이 신의성실의 원칙에 반하는 권리남용으로 허용될 수 없어 배상책임을 이행한 경우에는, 그 소멸시효 완성 주장이 권리남용에 해당하게 된 원인행위와 관련하여 해당 공무원이 그 원인이 되는 행위를 적극적으로 주도하였다는 등의 특별한 사정이 없는 한, 국가가 해당 공무원에게 구상권을 행사하는 것은 신의칙상 허용되지 않는다고 봄이 상당하다(대판 2016.6.9, 2015다200258).

국가배상청구권의 소멸시효 기간은 지났으나 국가가 소멸시효 완성을 주장하는 것이 신의성실의 원칙에 반하는 권리남용으로 허용될 수 없어 배상책임을 이행한 경우, 국가는 원칙적으로 해당 공무원에 대해 구상권을 행사할 수 있다. (×) ■ 22 국가9급

### 3. 손해배상의 청구절차(행정절차에 의할 경우)

#### (1) 임의적 결정전치주의 채택

> 결정전치주의를 규정한 국가배상법 제9조 본문은 합헌이다 : "국가배상법에 의한 손해배상의 소송은 배상심의회의 배상금지급 또는 기각의 결정을 거친 후에 한하여 이를 제기할 수 있다."는 국가배상법 제9조 본문은 헌법에 위반되는 법률이라고 볼 수 없다(대결 1990.8.24, 90카72).

#### (2) 국가배상심의회의 결정은 행정처분이 아니다

> 배상심의회의 위 결정을 거치는 것은 위 민사상의 손해배상청구를 하기 전의 전치요건에 불과하다고 할 것이므로 위 배상심의회의 결정은 이를 행정처분이라고 할 수 없어 도시 행정소송의 대상이 아니라고 할 것이다(대판 1981. 2.10, 80누317).

#### (3) 배상결정의 효력

"신청인의 동의가 있거나 지방자치단체가 신청인의 청구에 따라 배상금을 지급한 때에는 민사소송법에 의한 재판상 화해가 이루어진 것으로 간주된다(제16조)."는 구 국가배상법 규정은 헌법재판소에 의하여 위헌결정을 받아(헌재결 1995.5.25, 91헌가7) 삭제되었다. 그에 따라 신청인의 동의가 있는 배상심의회의 배상결정은 민법상 화해와 같은 효력만이 인정된다.

> 이 사건 심판대상조항부분은 국가배상에 관한 분쟁을 신속히 종결·이행시키고 배상결정에 안정성을 부여하여 국고의 손실을 가능한 한 경감하려는 입법목적을 달성하기 위하여 동의된 배상결정에 재판상의 화해의 효력과 같은, 강력하고도 최종적인 효력을 부여하여 재심의 소에 의하여 취소 또는 변경되지 않는 한 그 효력을 다툴 수 없도록 하고 있는바, 사법절차에 준한다고 볼 수 있는 각종 중재·조정절차와는 달리 배상결정절차에 있어서는 심의회의 제3자성·독립성이 희박한 점, 심의절차의 공정성·신중성도 결여되어 있는 점, 심의회에서 결정되는 배상액이 법원의 그것보다 하회하는 점 및 부제소합의(不提訴合意)의 경우와는 달리 신청인의 배상결정에 대한 동의에 재판청구권을 포기할 의사까지 포함되는 것으로 볼 수도 없는 점을 종합하여 볼 때, 이는 신청인의 재판청구권을 과도하게 제한하는 것이어서 헌법 제37조 제2항에서 규정하고 있는 기본권 제한입법에 있어서의 과잉입법금지의 원칙에 반할 뿐 아니라, 권력을 입법·행정 및 사법 등으로 분립한 뒤 실질적 의미의 사법작용인 분쟁해결에 관한 종국적인 권한은 원칙적으로 이를 헌법과 법률에 의한 법관으로 구성되는 사법부에 귀속시키고, 나아가 국민에게 그러한 법관에 의한 재판을 청구할 수 있는 기본권을 보장하고자 하는 헌법의 정신에도 충실하지 못한 것이다(헌재결 1995.5.2 5, 91헌가7).

# 제3항 공공시설 등의 설치나 관리의 하자로 인한 손해배상

## 제1목 배상책임의 요건

배상책임의 요건은 ① 도로·하천 기타 공공의 영조물일 것, ② 설치나 관리에 하자가 있을 것, ③ 타인에게 손해를 발생하게 하였을 것 등이다.

## Ⅰ. 영조물

### 1. 영조물의 의의 ★ 22·21·10 지방9급, 21 서울7급, 20·17 지방7급, 20·16 국가9급, 14 서울7급, 14 사회복지, 14 순경특채 / 14·13 변호사, 12 사회복지, 11 국회9급

최신기출
> 국가배상법 제5조 제1항 소정의 '공공의 영조물'이라 함은 국가 또는 지방자치단체에 의하여 특정 공공의 목적에 공여된 유체물 내지 물적 설비를 지칭하며, 특정 공공의 목적에 공여된 물이라 함은 일반공중의 자유로운 사용에 직접적으로 제공되는 공공용물에 한하지 아니하고, 행정주체 자신의 사용에 제공되는 공용물도 포함하며 국가 또는 지방자치단체가 소유권, 임차권 그 밖의 권한에 기하여 관리하고 있는 경우뿐만 아니라 사실상의 관리를 하고 있는 경우도 포함한다(대판 1995.1.24. 94다45302).

'공공의 영조물'이란 국가 또는 지방자치단체가 소유권, 임차권 그 밖의 권한에 기하여 관리하고 있는 경우를 의미하고, 그러한 권원 없이 사실상의 관리를 하고 있는 경우는 제외된다. (x) ■ 16 국가9급

'공공의 영조물'이라 함은 강학상 공물을 뜻하므로 국가 또는 지방자치단체가 사실상의 관리를 하고 있는 유체물은 포함되지 않는다. (x) ■ 17 국가9급

A 지방자치단체가 위 도로를 권원 없이 사실상 관리하고 있는 경우에는 A 지방자치단체의 배상책임은 인정될 수 없다. (X) ■ 20 국가9급

「국가배상법」 제5조 제1항의 '공공의 영조물'이란 국가 또는 지방자치단체에 의하여 공공의 목적에 공여된 유체물 내지 물적 설비로서 국가 또는 지방자치단체가 소유권, 임차권 그 밖의 권한에 기하여 관리하고 있는 경우를 말하는 것으로, 그러한 권원 없이 사실상 관리하고 있는 경우는 포함되지 않는다. (x) ■ 20·17 지방7급

「국가배상법」상 '공공의 영조물'은 지방자치단체가 소유권, 임차권 그밖의 권한에 기하여 관리하고 있는 경우는 포함하지만, 사실상의 관리를 하고 있는 경우는 포함하지 않는다. (x) ■ 21 지방9급

지방자치단체가 권원 없이 사실상 관리하고 있는 도로는 국가배상책임의 대상이 되는 영조물에 해당하지 않는다. (x) ■ 22 지방9급

| 영조물 인정사례 | 영조물 부정사례 |
|---|---|
| 1. 교통시설<br>　① 철도건널목 자동경보기(대판 1998.5.22, 97다57528)<br>　② 도로상 맨홀(대판 19/1.11.15, 71다1952)<br>　③ 육교(대판 1981.12.8, 80다3282)<br>　④ 도로(대판 2000.4.25, 99다54998)<br>　⑤ 지하차도(서울고법 1997.8.27, 96나45704)<br>　⑥ 교통신호기(대판 2000.2.25, 99다54004)<br>　⑦ 도로와 일체가 되어 그 효용을 다하게 하는 시설인 여의도광장(대판 1995.2.24, 94다57671)<br>　⑧ 수원역 대합실과 승강장(대판 1999.6.22, 99다7008)<br>2. 군부대의 병사(兵舍)(대판 1967.2.21, 66다1723)<br>3. 공중변소(대판 1971.8.31, 71다1331)<br>4. 하천 등 자연재해관련시설<br>　① 제방과 하천(대판 1981.9.22, 80다3011)<br>　② 저수지(대판 1993.8.24, 93다22050)<br>　③ 홍수조절에 관한 다목적댐(대판 1998.2.13. 95다44658)<br>5. 태종대 유원지(대판 1995.9.15, 94다31662)<br>6. 매향리사격장(대판 2004.3.12, 2002 다14242) | 1. 잡종재산(재정재산, 일반재산)·국유림·국유임야·국유광산·폐천부지 : 국가배상법 제5조가 아닌 민법 제758조에 의한 공자물책임<br>2. 형체적 요소와 의사적 요소를 갖추지 못한 경우 : 공사 중이며 아직 완성되지 않아 일반공중의 이용에 제공되지 않는 옹벽(대판 1998.10.23, 98다17381)<br>3. 의사적 요소(공용지정, 공용개시)를 갖추지 못한 경우 : 사실상 군민의 통행에 제공되고 있던 도로(대판 1981.7.7, 80다2478)<br>4. 예정공물 : 시명의의 종합운동장 예정부지나 그 지상의 자동차경주를 위한 안전시설(대판 1995.1.24, 94다45302) |

## 2. 영조물 인정사례

### (1) 수원역 대합실과 승강장 ★ 21 국가7급

최신기출

국가 또는 지방자치단체라 할지라도 공권력의 행사가 아니고 단순한 사경제의 주체로 활동하였을 경우에는 그 손해배상책임에 국가배상법이 적용될 수 없고 민법상의 사용자책임 등이 인정되는 것이고, 국가의 철도운행사업은 국가가 공권력의 행사로서 하는 것이 아니고 사경제적 작용이라 할 것이므로, 이로 인한 사고에 공무원이 간여하였다고 하더라도 국가배상법을 적용할 것이 아니고 일반 민법의 규정에 따라야 하므로, 국가배상법상의 배상전치절차를 거칠 필요가 없으나, 공공의 영조물인 철도시설물의 설치 또는 관리의 하자로 인한 불법행위를 원인으로 하여 국가에 대하여 손해배상청구를 하는 경우에는 국가배상법이 적용되므로 배상전치절차를 거쳐야(현재는 임의주의로 개정) 한다(대판 1999.6.22, 99다7008).

## 3. 영조물 부정사례

### (1) 사실상 군민의 통행에 제공되고 있던 도로 ★ 21 지방7급, 20 국가7급

최신기출

국가배상법 제5조 소정의 공공의 영조물이란 공유나 사유임을 불문하고 행정주체에 의하여 특정 공공의 목적에 공여된 유체물 또는 물적 설비를 의미하므로 사실상 군민의 통행에 제공되고 있던 도로 옆의 암벽으로부터 떨어진 낙석에 맞아 소외인이 사망하는 사고가 발생하였다고 하여도 동 사고지점 도로가 피고 군에 의하여 노선인정 기타 공용개시가 없었으면 이를 영조물이라 할 수 없다(대판 1981.7.7, 80다2478).

**(2) 공사 중이며 아직 완성되지 않아 일반 공중의 이용에 제공되지 않는 옹벽** ★21 지방7급, 21 서울7급, 11 국회8급

> 최신기출
> 지방자치단체가 비탈사면인 언덕에 대하여 현장조사를 한 결과 붕괴의 위험이 있음을 발견하고 이를 붕괴위험지구로 지정하여 관리하여 오다가 붕괴를 예방하기 위하여 언덕에 옹벽을 설치하기로 하고 소외 회사에게 옹벽시설공사를 도급 주어 소외 회사가 공사를 시행하다가 깊이 3m의 구덩이를 파게 되었는데, 피해자가 공사현장 주변을 지나가다가 흙이 무너져 내리면서 위 구덩이에 추락하여 상해를 입게 된 사안에서, 위 사고 당시 설치하고 있던 옹벽은 소외 회사가 공사를 도급받아 공사 중에 있었을 뿐만 아니라 아직 완성도 되지 아니하여 일반 공중의 이용에 제공되지 않고 있었던 이상 국가배상법 제5조 제1항 소정의 영조물에 해당한다고 할 수 없다(대판 1998. 10.23, 98다17381).

**(3) 권원에 기한 관리만이 아니라 사실상 관리도 포함된다** ★14 행정사

> 국가배상법 제5조 제1항 소정의 '공공의 영조물'이라 함은 국가 또는 지방자치단체에 의하여 특정 공공의 목적에 공여된 유체물 내지 물적 설비를 말하며, 국가 또는 지방자치단체가 소유권, 임차권 그 밖의 권한에 기하여 관리하고 있는 경우뿐만 아니라 사실상의 관리를 하고 있는 경우도 포함된다(대판 1998.10.23, 98다17381).

# II. 설치나 관리의 하자

## 1. 영조물의 관리의 의의

> 영조물의 관리라 함은 국가 기타 행정주체가 영조물을 사실상 직접 지배하는 상태에 있음을 의미하므로, 군이나 기타 지방자치단체가 주민들이 왕래하는 사실상의 도로에다 하수도나 포장공사를 위하여 세멘트나 기타 공사비의 일부를 보조한 사실만으로 당해 지방자치단체가 그 도로를 점유 관리하고 있다고 할 수 없다(대판 1981.7.7, 80다2478).

## 2. 설치나 관리의 '하자'의 판단기준

종래는 객관설을 취했지만, 최근에는 주관적인 요소를 고려한 판례도 등장하고 있다. 다만, 주관적인 요소를 고려한 판례를 어떻게 이해할 것인가에 대하여는 견해가 나뉜다. 즉, (i) 과거에는 객관설을 취했지만 최근에는 의무위반설에 입각한다는 견해(김동희, 김성수, 박윤흔, 장태주, 홍정선, 홍준형), (ii) 위법·무과실책임설을 취했다는 견해(김남진, 정하중), (iii) 변형된(수정된) 객관설(사법연수원교재) 내지 객관화된 주관설 또는 절충설(박균성) 등이다.

### (1) 객관설적 판례

#### ① 객관적 견지에서 본 안전성(군대 막사 붕괴사건) ★20·16 국가9급, 20 국회9급

> 최신기출
> 영조물 설치의 '하자'라 함은 영조물의 축조에 불완전한 점이 있어 이 때문에 영조물 자체가 통상 갖추어야 할 안전성을 갖추지 못한 상태에 있음을 말한다고 할 것인바, 그 '하자' 유무는 객관적 견지에서 본 안전성의 문제이고 그 설치자의 재정사정이나 영조물의 사용목적에 의한 사정은 안전성을 요구하는 데 대한 정도문제로서 참작사유에는 해당할지언정 안전성을 결정지을 절대적 요건에는 해당하지 아니한다(대판 1967.2.21, 66다1723).

② **도로결빙사건**

> 지방자치단체가 관리하는 도로 지하에 매설되어 있는 상수도관에 균열이 생겨 그 틈으로 새어 나온 물이 도로 위까지 유출되어 노면이 결빙되었다면 도로로서의 안전성에 결함이 있는 상태로서 설치·관리상의 하자가 있다(대판 1994.11.22, 94다32924).

③ **국가 또는 지방자치단체가 영조물의 설치·관리상의 하자로 인하여 타인에게 손해를 가한 경우, 그 손해의 방지에 필요한 주의를 해태하지 아니하였다 하여 면책을 주장할 수 없다** ★ 18 국회8급

> **최신기출** 국가배상법 제5조 소정의 영조물의 설치·관리상의 하자로 인한 책임은 무과실책임이고 나아가 민법 제758조 소정의 공작물의 점유자의 책임과는 달리 면책사유도 규정되어 있지 않으므로, 국가 또는 지방자치단체는 영조물의 설치·관리상의 하자로 인하여 타인에게 손해를 가한 경우에 그 손해의 방지에 필요한 주의를 해태하지 아니하였다 하여 면책을 주장할 수 없다(대판 1994.11.22, 94다32924).

## (2) 주관설적 판례

① **방호조치의무, 예견가능성·회피가능성, 관리행위** ★ 21 서울7급, 18·16 국회8급, 17 국가9급, 10 지방9급

> **최신기출** 국가배상법 제5조 제1항 소정의 영조물의 설치 또는 관리의 하자라 함은 영조물이 그 용도에 따라 통상 갖추어야 할 안전성을 갖추지 못한 상태에 있음을 말하는 것으로서, 영조물이 완전무결한 상태에 있지 아니하고 그 기능상 어떠한 결함이 있다는 것만으로 영조물의 설치 또는 관리에 하자가 있다고 할 수 없는 것이고, 위와 같은 안전성의 구비 여부를 판단함에 있어서는 당해 영조물의 용도, 그 설치장소의 현황 및 이용상황 등 제반 사정을 종합적으로 고려하여 설치·관리자가 그 영조물의 위험성에 비례하여 사회통념상 일반적으로 요구되는 정도의 방호조치의무를 다하였는지 여부를 그 기준으로 삼아야 할 것이며, 객관적으로 보아 시간적·장소적으로 영조물의 기능상 결함으로 인한 손해발생의 예견가능성과 회피가능성이 없는 경우, 즉 그 영조물의 결함이 영조물의 설치·관리자의 관리행위가 미칠 수 없는 상황 아래에 있는 경우에는 영조물의 설치·관리상의 하자를 인정할 수 없다(대판 2001.7.27, 2000다56822).

> 주관적 요소를 고려하는 최근의 판례에 따르면 영조물의 결함이 영조물의 설치관리자의 관리행위가 미칠 수 없는 상황 아래에 있는 것이 입증되는 경우 영조물의 설치·관리상의 하자를 인정할 수 있다. (×) ■ 16 국회8급

② **하천법 제7조 제2항에 의하여 지정되는 국가하천의 관리에 있어서 익사사고를 방지하기 위하여 요구되는 방호조치의무의 정도**

> 자연영조물로서의 하천 중 국토보전상 또는 국민경제상 중요한 하천으로서 하천법 제7조 제2항에 의하여 지정되는 국가하천의 관리에 있어서는 그 유역의 광범위성과 유수(流水)의 상황에 따른 하상의 가변성 등으로 인하여 익사사고에 대비한 하천 자체의 위험관리에는 일정한 한계가 있을 수밖에 없겠지만, 국가하천 주변에 체육공원이 있어 다양한 이용객이 왕래하는 곳으로서 과거 동종 익사사고가 발생하고, 또한 그 주변 공공용물로부터 사고지점인 하천으로의 접근로가 그대로 존치되어 있기 때문에 이를 이용한 미성년자들이 하천에 들어가 물놀이를 할 수 있는 상황이라고 한다면, 특별한 사정이 없는 한 그 사고지점인 하천으로의 접근을 막기 위하여 방책을 설치하는 등의 적극적 방호조치를 취하지 아니한 채 하천 진입로 주변에 익사사고의 위험을 경고하는 표지판을 설치한 것만으로는 국가하천에서 성인에 비하여 사리 분별력이 떨어지는 미성년자인 아이들의 익사사고를 방지하기 위하여 그 관리주체로서 사회통념상 일반적으로 요구되는 정도의 방호조치의무를 다하였다고 할 수는 없다(대판 2010.7.22, 2010다33354·33361).

### ③ 국가배상법 제5조 제1항에 규정된 '영조물 설치·관리상의 하자'의 의미 및 그 판단 기준

> **최신기출** 국가배상법 제5조 제1항에 규정된 '영조물 설치·관리상의 하자'는 공공의 목적에 공여된 영조물이 그 용도에 따라 통상 갖추어야 할 안전성을 갖추지 못한 상태에 있음을 말한다. 그리고 위와 같은 안전성의 구비 여부는 영조물의 설치자 또는 관리자가 그 영조물의 위험성에 비례하여 사회통념상 일반적으로 요구되는 정도의 방호조치의무를 다하였는지를 기준으로 판단하여야 하고, 아울러 그 설치자 또는 관리자의 재정적·인적·물적 제약 등도 고려하여야 한다. 따라서 영조물이 그 설치 및 관리에 있어 완전무결한 상태를 유지할 정도의 고도의 안전성을 갖추지 아니하였다고 하여 하자가 있다고 단정할 수는 없고, 영조물 이용자의 상식적이고 질서 있는 이용 방법을 기대한 상대적인 안전성을 갖추는 것으로 족하다(대판 2022.7.28, 2022다225910).

## (3) 안전성의 정도

### ① 완전무결한 상태가 아니라 사회통념상 일반적으로 요구되는 정도의 안전성을 의미한다

★ 18 국회8급, 18·11 지방9급, 12 순경특채

> **최신기출** 국가배상법 제5조 제1항에 정하여진 '영조물 설치·관리상의 하자'라 함은 공공의 목적에 공여된 영조물이 그 용도에 따라 통상 갖추어야 할 안전성을 갖추지 못한 상태에 있음을 말하는바, 영조물의 설치 및 관리에 있어서 항상 완전무결한 상태를 유지할 정도의 고도의 안전성을 갖추지 아니하였다고 하여 영조물의 설치 또는 관리에 하자가 있다고 단정할 수 없는 것이고, 영조물의 설치자 또는 관리자에게 부과되는 방호조치의무는 영조물의 위험성에 비례하여 사회통념상 일반적으로 요구되는 정도의 것을 의미하므로 영조물인 도로의 경우도 다른 생활필수시설과의 관계나 그것을 설치하고 관리하는 주체의 재정적, 인적, 물적 제약 등을 고려하여 그것을 이용하는 자의 상식적이고 질서 있는 이용방법을 기대한 상대적인 안전성을 갖추는 것으로 족하다(대판 2002.8.23, 2002다9158).

국가가 甲과 乙에게 손해배상책임을 부담할 것인지 여부는 위 도로들이 모든 가능한 경우를 예상하여 고도의 안전성을 갖추었는지 여부에 따라 결정될 것이다. (x) ■ 18·11 지방9급

## (4) 물적 하자와 기능적 하자

영조물의 설치나 관리의 하자는 영조물을 구성하는 물적 시설 자체에 있는 물리적·외형적인 흠결이나 불비로 인한 물적 하자만이 아니라, 영조물의 이용이 일정한 한도를 초과하여 제3자에게 사회통념상 참을 수 없는 피해를 입히는 경우인 기능상 하자까지 포함한다.

### ① 제3자에게 사회통념상 수인할 것이 기대되는 한도를 넘는 경우도 포함된다 ★ 20 국회9급, 18 국회8급, 17 국가9급

> **최신기출** 국가배상법 제5조 제1항에 정하여진 '영조물의 설치 또는 관리의 하자'라 함은 공공의 목적에 공여된 영조물이 그 용도에 따라 갖추어야 할 안전성을 갖추지 못한 상태에 있음을 말하고, 안전성을 갖추지 못한 상태, 즉 타인에게 위해를 끼칠 위험성이 있는 상태라 함은 당해 영조물을 구성하는 물적 시설 그 자체에 있는 물리적·외형적 흠결이나 불비로 인하여 그 이용자에게 위해를 끼칠 위험성이 있는 경우뿐만 아니라, 그 영조물이 공공의 목적에 이용됨에 있어 그 이용상태 및 정도가 일정한 한도를 초과하여 제3자에게 사회통념상 수인할 것이 기대되는 한도를 넘는 피해를 입히는 경우까지 포함된다고 보아야 한다(대판 2005.1.27, 2003다49566).

영조물이 공공의 목적에 이용됨에 있어 그 이용상태 및 정도가 일정한 한도를 초과하여 제3자에게 사회통념상 참을 수 없는 피해를 입히는 경우까지 영조물의 설치·관리상의 하자에 포함되는 것은 아니다. (x) ■ 20 국회9급

② **수인한도의 기준** ★ 12 순경특채

> '영조물 설치 또는 하자'에 관한 제3자의 수인한도의 기준을 결정함에 있어서는 일반적으로 침해되는 권리나 이익의 성질과 침해의 정도뿐만 아니라 침해행위가 갖는 공공성의 내용과 정도, 그 지역환경의 특수성, 공법적인 규제에 의하여 확보하려는 환경기준, 침해를 방지 또는 경감시키거나 손해를 회피할 방안의 유무 및 그 난이 정도 등 여러 사정을 종합적으로 고려하여 구체적 사건에 따라 개별적으로 결정하여야 한다. 김포공항에서 발생하는 소음 등으로 인근 주민들이 입은 피해는 사회통념상 수인한도를 넘는 것으로서 김포공항의 설치·관리에 하자가 있다(대판 2005.1.27, 2003다49566).

③

> 도로에서 유입되는 소음 때문에 인근 주택 거주자에게 사회통념상 수인한도를 넘는 침해가 있는지 여부를 판단하는 경우, 주택법상 주택건설기준보다 환경정책기본법상 환경기준을 우선 고려하여야 한다(대판 2008.8.21, 2008다9358, 9365). ★ 21 국회8급

④ **소음 등을 포함한 공해 등의 위험지역으로 이주하여 거주하는 경우 이를 손해배상액의 산정에 있어 감경 또는 면제사유로 고려하여야 한다** ★ 21 국회8급

> 소음 등을 포함한 공해 등의 위험지역으로 이주하여 들어가 거주하는 경우와 같이 위험의 존재를 인식하거나 과실로 인식하지 못하고 이주한 경우에는 손해배상액의 산정에 있어 형평의 원칙상 과실상계에 준하여 감경 또는 면제사유로 고려하는 것이 상당하다. 사격장 주변지역에서 발생하는 소음 등으로 인하여 피해를 입은 주변 거주민인 원고들이 피고 대한민국을 상대로 손해배상을 청구한 사안에서, 사격장의 소음피해를 인식하거나 과실로 인식하지 못하고 이주한 일부 원고들의 경우 피고의 손해배상책임을 완전히 면제할 수는 없다고 하더라도, 그와 같은 사정을 참작하여 감경조차 하지 아니한 것은 현저히 불합리하다는 이유로 원심판결을 파기한 사례(대판 2010.11.11, 2008다57975)

⑤ **적법하게 가동하거나 공용에 제공한 시설로부터 발생하는 유해배출물로 인하여 제3자가 손해를 입은 경우, 그 위법성의 판단기준**

> 불법행위 성립요건으로서의 위법성은 관련 행위 전체를 일체로만 판단하여 결정하여야 하는 것은 아니고, 문제가 되는 행위마다 개별적·상대적으로 판단하여야 할 것이므로 어느 시설을 적법하게 가동하거나 공용에 제공하는 경우에도 그로부터 발생하는 유해배출물로 인하여 제3자가 손해를 입은 경우에는 그 위법성을 별도로 판단하여야 하며, 이러한 경우의 판단 기준은 그 유해의 정도가 사회생활상 통상의 수인한도를 넘는 것인지 여부인데, 그 수인한도의 기준을 결정함에 있어서는 일반적으로 침해되는 권리나 이익의 성질과 침해의 정도뿐만 아니라 침해행위가 갖는 공공성의 내용과 정도, 그 지역환경의 특수성, 공법적인 규제에 의하여 확보하려는 환경기준, 침해를 방지 또는 경감시키거나 손해를 회피할 방안의 유무 및 그 난이 정도 등 여러 사정을 종합적으로 고려하여 구체적 사건에 따라 개별적으로 결정하여야 한다(대판 2010.7.15, 2006다84126).

⑥ **소음 등을 포함한 공해 등의 위험지역으로 이주하여 거주하는 경우, 가해자의 면책 여부 및 손해배상액 감액에 대한 판단기준** ★ 21 서울7급, 17 지방9급, 16 국가9급

소음 등을 포함한 공해 등의 위험지역으로 이주하여 들어가서 거주하는 경우와 같이 위험의 존재를 인식하면서 그로 인한 피해를 용인하며 접근한 것으로 볼 수 있는 경우에, 그 피해가 직접 생명이나 신체에 관련된 것이 아니라 정신적 고통이나 생활방해의 정도에 그치고 그 침해행위에 고도의 공공성이 인정되는 때에는, 위험에 접근한 후 실제로 입은 피해 정도가 위험에 접근할 당시에 인식하고 있었던 위험의 정도를 초과하는 것이거나 위험에 접근한 후에 그 위험이 특별히 증대하였다는 등의 특별한 사정이 없는 한 가해자의 면책을 인정하여야 하는 경우도 있을 수 있다. 특히 소음 등의 공해로 인한 법적 쟁송이 제기되거나 그 피해에 대한 보상이 실시되는 등 피해지역임이 구체적으로 드러나고 또한 이러한 사실이 그 지역에 널리 알려진 이후에 이주하여 오는 경우에는 위와 같은 위험에의 접근에 따른 가해자의 면책 여부를 보다 적극적으로 인정할 여지가 있을 것이다. 다만, 일반인이 공해 등의 위험지역으로 이주하여 거주하는 경우라고 하더라도 위험에 접근할 당시에 그러한 위험이 존재하는 사실을 정확하게 알 수 없는 경우가 많고, 그 밖에 위험에 접근하게 된 경위와 동기 등의 여러 가지 사정을 종합하여 그와 같은 위험의 존재를 인식하면서도 위험으로 인한 피해를 용인하면서 접근하였다고 볼 수 없는 경우에는 손해배상액의 산정에 있어 형평의 원칙상 과실상계에 준하여 감액사유로 고려하는 것이 상당하다(대판 2010.11.25, 2007다74560).

> 소음 등의 공해로 인한 피해 사실이 널리 알려진 이후 그 위험지역으로 이주하였다면, 위험에 접근한 후 실제로 입은 피해 정도가 위험에 접근할 당시에 인식하고 있었던 위험의 정도를 초과하였거나 그 위험에 접근한 후에 그 위험이 증대하였다고 하더라도 가해자의 면책을 인정하여야 한다. (x) ■ 21 서울7급

⑦

김포공항에서 발생하는 소음 등으로 인근주민들이 입은 피해는 사회통념상 수인한도를 넘는 것으로서 김포공항의 설치·관리에 하자가 있다고 본 사례(대판 2005.1.27, 2003다49566)

⑧

대구비행장 인근 주민들이 국가를 상대로 항공기 소음 피해에 대한 손해배상을 구한 사안에서, 다른 주민들이 제기한 종전 소송에서 국가의 배상책임을 인정한 대법원판결 내용이 언론보도 등을 통하여 널리 알려졌다고 보이는 2011.1.1. 이후 전입한 주민들에 대하여 손해액을 50% 감액한 원심판단을 수긍한 사례(대판 2012.6.14, 2012다13569)

⑨ **고속도로의 확장으로 인하여 소음·진동이 증가하여 인근 양돈업자가 양돈업을 폐업하게 된 사안에서, 양돈업에 대한 침해의 정도가 사회통념상 일반적으로 수인할 정도를 넘어선 것으로 보아 한국도로공사의 손해배상책임을 인정한 사례**

피고가 점유·관리하는 위 고속도로가 확장되고 공사완료 후 차량의 교통량과 차량의 속도가 증가함에 따라 원고들이 이미 하고 있던 위 양돈업을 폐업하여야 할 만큼의 소음·진동이 발생하였다는 것인바, 그렇다면 원고들이 입은 위 피해의 성질과 내용 및 그 정도나 규모, 피해원인과 그 밖에 기록으로 알 수 있는 위 고속도로 확장공사 시나 공사완료 후의 소음정도와 일반적으로 허용되는 소음기준치, 피고가 위 고속도로 확장공사 전에 원고들의 피해를 방지하기 위하여, 고속도로 개통 후 원고들의 피해 경감을 위하여 아무런 조치를 취한 바 없는 점, 위 양돈장이 소재한 곳의 위치와 도로 근접성 및 그 주변 일대의 일반적인 토지이용관계 등 여러 사정을 종합하여 볼 때, 위 고속도로 확장공사 및 차량통행에 따른 소음으로 인한 원고들의 양돈업에 대한 침해는 그 정도가 사회통념상 일반적으로 수인할 정도를 넘어선 것이라고 볼 것이고, 따라서 고속도로의 사용이나 자동차의 통행 그 자체가 공익적인 것이고, 고속도로에서의 차량통행으로 인한 소음·진동이 불가피하게 발생한다 하더라도 그 정도가 수인한도를 넘어 원고들에게 위와 같이 양돈업을 폐업하게 하는 손해를 입혔다면 피고는 원고들에 대하여 그로 인한 손해배상책임을 면할 수 없다 할 것이다(대판 2001.2.9, 99다55434).

⑩
> 매향리 주한미공군사격장에서 발생하는 소음 등으로 지역주민들이 입은 피해는 사회통념상 참을 수 있는 정도를 넘는 것으로서 사격장의 설치나 관리에 하자가 있었다고 본 사례(대판 2004. 3. 12. 2002다14242)

⑪
> 국가가 공군 전투기 비행훈련장으로 설치·사용하고 있는 공군기지의 활주로 북쪽 끝으로부터 4.5km 떨어진 곳에 위치한 양돈장에서 모돈(母豚)이 유산하는 손해가 발생한 사안에서, 그 손해는 공군기지에서 발생한 소음으로 인한 것으로, 당시의 소음배출행위와 그 결과가 양돈업자의 수인한도를 넘는 위법행위라고 판단한 원심판결을 수긍한 사례(대판 2010. 7. 15, 2006다84126)

⑫ **충남 보령시 웅천 전투비행장에서 발생하는 항공기소음에 대한 국가배상 인정(소음이 적은 농촌의 경우 80웨클 이상인 경우 인정)**

> 원심이 피고가 이 사건 비행장을 설치·관리함에 있어 여러 가지 소음대책을 시행하였음에도 이 사건 비행장을 전투기 비행훈련이라는 공공의 목적에 이용하면서 여기에서 발생한 소음 등의 침해가 인근 주민들에게 통상의 수인한도를 넘는 피해를 발생하게 하였다면 이 사건 비행장의 설치·관리상 하자가 있다고 보아야 할 것이라고 전제한 다음, 이 사건 항공기소음으로 인한 피해의 내용 및 정도, 이 사건 비행장 및 군용항공기 운항이 가지는 공공성과 아울러 원고 및 선정자들 거주지역이 농촌지역으로서 가지는 지역적 환경적 특성 등의 여러 사정을 종합적으로 고려하여 원고 및 선정자들 거주지역 소음피해가 적어도 소음도 80WECPNL 이상인 경우에는 사회생활상 통상의 수인한도를 넘어 위법하다고 판단한 것은 위 법리에 따른 것으로 정당하므로, 이에 관한 피고의 상고이유의 주장도 이유 없다(대판 2010. 11. 25, 2007다20112).

⑬ **대구비행장과 그 주변지역의 주민들이 입은 피해에 대한 하자를 인정한 사례(소음이 많은 도시의 경우 85웨클 이상인 경우 인정)**

> 원심판결 이유와 그 채택증거에 의하면, 이 사건 대구비행장과 그 주변지역은 당초 비행장이 개설되었을 때와는 달리 그 후 점차 주거지 및 도시화되어 인구가 밀집되는 등으로 비도시지역에 위치한 국내의 다른 비행장과는 확연히 구별되는 지역적 환경적 특성이 있음을 알 수 있는바, 원심이 이 사건 항공기소음으로 인한 피해의 내용 및 정도, 이 사건 대구비행장 및 군용항공기의 운항이 가지는 공공성과 아울러 위와 같은 지역적 특성 등의 여러 사정을 종합적으로 고려하여 원고들 거주지역의 소음피해가 소음도 85WECPNL 이상인 경우에는 사회생활상 통상의 수인한도를 넘어 위법하다고 판단한 것은 위 법리에 따른 것으로 정당하므로, 이에 관한 피고의 상고이유의 주장도 이유 없다(대판 2010. 11. 25, 2007다74560).

⑭ **철도소음·진동을 규제하는 행정법규에서 정하는 기준을 넘는 철도소음·진동이 있다고 하여 참을 한도를 넘는 위법한 침해행위가 있다고 단정할 수 없고, 철도소음·진동이 행정법규에서 정하는 기준을 넘는지를 참을 한도를 정하는 데 고려해야 한다**

> 철도소음·진동을 규제하는 행정법규에서 정하는 기준을 넘는 철도소음·진동이 있다고 하여 바로 사회통념상 일반적으로 참아내야 할 정도(참을 한도)를 넘는 위법한 침해행위가 있어 민사책임이 성립한다고 단정할 수 없다. 그러나 위와 같은 행정법규는 인근 주민의 건강이나 재산, 환경을 소음·진동으로부터 보호하는 데 주요한 목적이 있기 때문에 철도소음·진동이 위 기준을 넘는지는 참을 한도를 정하는 데 중요하게 고려해야 한다(대판 2017. 2. 15, 2015다23321).

⑮

최신판례 원고가 운영하는 한우사육농장 주변에 피고 한국철도시설공단이 철로를 개설하고 피고 한국철도공사가 위 철로를 이용해 열차를 운행하면서 사회통념상 '참을 한도'를 넘는 소음·진동이 발생하여 원고가 사육하던 한우들에 유·사산, 성장지연, 수태율 저하 등의 피해가 발생하였으므로, 피고들(한국철도시설공단 외 1인)은 구 환경정책기본법상 사업자 내지 환경정책기본법상 오염원인자로서 연대하여 원고가 입은 손해를 배상할 책임이 있다고 판단한 원심이 옳다고 보아 상고기각한 사안(대판 2017.2.15. 2015다23321)

⑯

최신판례 고속도로에 인접한 과수원의 운영자인 甲이 과수원에 식재된 과수나무 중 고속도로에 접한 1열과 2열에 식재된 과수나무의 생장과 결실이 다른 곳에 식재된 과수나무에 비해 현격하게 부진하자 과수원의 과수가 고사하는 등의 피해는 고속도로에서 발생하는 매연과 한국도로공사의 제설제 사용 등으로 인한 것이라고 주장하며 한국도로공사를 상대로 손해배상을 구한 사안에서, 한국도로공사가 설치·관리하는 고속도로에서 발생한 매연과 한국도로공사가 살포한 제설제의 염화물 성분 등이 甲이 운영하는 과수원에 도달함으로써, 과수가 고사하거나 생장과 결실이 부족하고 상품판매율이 떨어지는 피해가 발생하였을 뿐만 아니라, 이는 통상의 참을 한도를 넘는 것이어서 위법성이 인정된다고 보아 한국도로공사의 손해배상책임을 인정한 사례(대판 2019.11.28, 2016다233538, 2016다233545)

⑰

최신판례 지방공기업인 甲 공단(서울특별시성동구도시관리공단)이 관리·운영하는 수영장은 하나의 수영조에 깊이가 다른 성인용 구역과 어린이용 구역이 수면 위에 떠있는 코스로프(course rope)만으로 구분되어 함께 설치되어 있고, 수심 표시가 「체육시설의 설치·이용에 관한 법률 시행규칙」 제8조 [별표 4]에서 정한 수영조의 벽면이 아니라 수영조의 각 구역 테두리 부분에 되어 있는데, 乙(사고 당시 만 6세)이 어머니 丙, 누나 丁과 함께 어린이용 구역에서 물놀이를 하고 밖으로 나와 쉰 다음 다시 물놀이를 하기 위해 혼자서 수영조 쪽으로 뛰어갔다가 튜브 없이 성인용 구역에 빠져 의식을 잃은 채 발견되는 사고로 무산소성 뇌손상을 입어 사지마비, 양안실명 등의 상태에 이르자, 乙, 丙, 丁 및 아버지 戊가 甲 공단을 상대로 수영장에 설치·보존상 하자가 있다고 주장하면서 민법 제758조 제1항에 따른 손해배상을 구한 사안에서, 위 수영장에는 성인용 구역과 어린이용 구역을 동일한 수영조에 두었다는 점과 수심 표시를 제대로 하지 않은 점 등의 하자가 있고, 이러한 하자 때문에 위 사고가 발생하였다고 볼 수 있는 이상 甲 공단에 책임이 없다고 할 수 없으며, 乙에 대한 보호감독의무를 부담하는 丙 등의 주의의무 위반이 사고 발생의 공동원인이 되었더라도 이것이 甲 공단에 대하여 수영장의 설치·보존상 하자로 인한 책임을 인정하는 데 장애가 되지 않는데도, 이와 달리 보아 乙 등의 주장을 배척한 원심판단에는 공작물책임에 관한 법리오해 등의 잘못이 있다고 한 사례(대판 2019.11.28, 2017다14895).)

## (5) 자연공물

인공공물은 당해 영조물이 통상 갖추어야 할 안전성이 확보된 상태하에서 공적 목적에 제공되어야 하므로 영조물의 하자가 넓게 인정될 수 있다. 그러나 자연공물은 자연상태로 공적 목적에 제공되고 당해 영조물의 안전성은 연차적으로 강화되어야 하는 것이므로 이 한도 내에서 영조물의 하자의 인정에 한계가 주어질 수 있다(박균성, 정하중).

### ① 자연영조물로서의 하천의 관리상의 특질과 특수성

자연영조물로서의 하천은 원래 이를 설치할 것인지 여부에 대한 선택의 여지가 없고, 위험을 내포한 상태에서 자연적으로 존재하고 있으며, 간단한 방법으로 위험상태를 제거할 수 없는 경우가 많고, 유수라고 하는 자연현상을 대상으로 하면서도 그 유수의 원천인 강우의 규모, 범위, 발생시기 등의 예측이나 홍수의 발생작용 등의 예측이 곤란하고, 실제로 홍수가 어떤 작용을 하는지는 실험에 의한 파악이 거의 불가능하고 실제 홍수에 의하여 파악할 수밖에 없어 결국 과거의 홍수 경험을 토대로 하천관리를 할 수밖에 없는 특질이 있고, 또 국가나 하천관리청이 목표로 하는 하천의 개수작업을 완성함에 있어서는 막대한 예산을 필요로 하고, 대규모공사가 되어 이를 완공하는 데 장기간이 소요되며, 치수의 수단은 강우의 특성과 하천 유역의 특성에 의하여 정해지는 것이므로 그 특성에 맞는 방법을 찾아내는 것은 오랜 경험이 필요하고 또 기상의 변화에 따라 최신의 과학기술에 의한 방법이 효용이 없을 수도 있는 등 그 관리상의 특수성도 있으므로 이와 같은 관리상의 특질과 특수성을 감안한다면, 하천의 관리청이 관계규정에 따라 설정한 계획홍수위를 변경시켜야 할 사정이 생기는 등 특별한 사정이 없는 한, 이미 존재하는 하천의 제방이 계획홍수위를 넘고 있다면 그 하천은 용도에 따라 통상 갖추어야 할 안전성을 갖추고 있다고 보아야 하고, 그와 같은 하천이 그 후 새로운 하천시설을 설치할 때 기준으로 삼기 위하여 제정한 '하천시설기준'이 정한 여유고를 확보하지 못하고 있다는 사정만으로 바로 안전성이 결여된 하자가 있다고 볼 수는 없다(대판 2003.10.23, 2001다48057).

### ② 관리청이 하천법 등 관련규정에 의해 책정한 하천정비기본계획 등에 따라 개수를 완료한 하천이 위 기본계획 등에서 정한 계획홍수량 등을 충족하여 관리되고 있는 경우 원칙적으로 안전성을 인정할 수 있다

★ 14 변호사, 12 사회복지

관리청이 하천법 등 관련규정에 의해 책정한 하천정비기본계획 등에 따라 개수를 완료한 하천 또는 아직 개수 중이라 하더라도 개수를 완료한 부분에 있어서는, 위 하천정비기본계획 등에서 정한 계획홍수량 및 계획홍수위를 충족하여 하천이 관리되고 있다면 당초부터 계획홍수량 및 계획홍수위를 잘못 책정하였다거나 그 후 이를 시급히 변경해야 할 사정이 생겼음에도 불구하고 이를 해태하였다는 등의 특별한 사정이 없는 한, 그 하천은 용도에 따라 통상 갖추어야 할 안전성을 갖추고 있다고 봄이 상당하다(대판 2007.9.21, 2005다65678).

### ③

관련규정 내지 하천관리계획에 따라 설치·관리되고 있는 하천관리시설(신이문빗물펌프장)의 경우 원칙적으로 안전성을 인정할 수 있다(대판 2007.10.25, 2005다62235).

### ④ 자연영조물인 하천의 관리주체가 익사사고를 방지하기 위하여 부담하는 방호조치의무의 정도

당해 하천의 현황과 이용 상황, 과거에 발생한 사고 이력 등을 종합적으로 고려하여 하천구역의 위험성에 비례하여 사회통념상 일반적으로 요구되는 정도의 방호조치의무를 다하였다면 하천의 설치·관리상의 하자를 인정할 수 없다(대판 2014.1.23, 2013다211865).

⑤ 교회 수련회에 참석한 미성년자 甲이 하천을 가로질러 수심이 깊은 맞은 편 바위(황새바위) 위에서 다이빙을 하며 놀다가 익사하자, 甲의 유족들이 하천 관리주체인 지방자치단체(강원도)를 상대로 손해배상을 구한 사안에서, 지방자치단체의 손해배상책임을 인정한 원심판결에 법리오해의 위법이 있다고 한 사례

> 하천 관리자인 지방자치단체가 유원지(강원도 정선군 여량면 유천리 소재 홍터유원지) 입구나 유원지를 거쳐 하천에 접근하는 길에 수영금지의 경고표지판과 현수막을 설치함으로써 하천을 이용하는 사람들의 안전을 보호하기 위하여 통상 갖추어야 할 시설을 갖추었다고 볼 수 있고, 지방자치단체에게 사고지점에 각별한 주의를 촉구하는 내용의 위험표지나 부표를 설치하는 것과 같은 방호조치를 취하지 않은 과실이 인정되더라도 익사사고와 상당인 과관계가 있다고 보기 어려운데도 지방자치단체의 손해배상책임을 인정한 원심판결에 하천의 설치 또는 관리상 하자책임에 관한 법리오해의 위법이 있다(대판 2014.1.23, 2013다211865).

## (6) 도로의 설치·관리의 하자

### ① 도로의 설치·관리상의 하자 유무에 관한 판단기준

> 공작물인 도로의 설치·관리상의 하자는 도로의 위치 등 장소적인 조건, 도로의 구조, 교통량, 사고시에 있어서의 교통사정 등 도로의 이용 상황과 그 본래의 이용목적 등 여러 사정과 물적 결함의 위치, 형상 등을 종합적으로 고려하여 사회통념에 따라 구체적으로 판단하여야 한다(대판 2008.3.13, 2007다29287·29294).

### ② 도로설치 후 제3자의 행위에 의하여 도로의 통행상의 안전에 결함이 생긴 경우, 도로의 관리·보존상의 하자 여부에 관한 판단기준 ★ 20 국회9급

**최신기출**
> 도로의 설치 후 제3자의 행위에 의하여 그 본래의 목적인 통행상의 안전에 결함이 발생한 경우에는 도로에 그와 같은 결함이 있다는 것만으로 성급하게 도로의 보존상 하자를 인정하여서는 안 되고, 당해 도로의 구조, 장소적 환경과 이용 상황 등 제반 사정을 종합하여 그와 같은 결함을 제거하여 원상으로 복구할 수 있는데도 이를 방치한 것인지 여부를 개별적·구체적으로 심리하여 하자의 유무를 판단하여야 한다. 편도 2차선 도로의 1차선 상에 교통사고의 원인이 될 수 있는 크기의 돌멩이가 방치되어 있는 경우, 도로의 점유·관리자가 그에 대한 관리 가능성이 없다는 입증을 하지 못하는 한 이는 도로의 관리·보존상의 하자에 해당한다(대판 1998.2.10, 97다32536).

### ③ 도로설치 후 집중호우 등 자연력에 의하여 통행상의 안전에 결함이 발생한 경우, 도로의 관리·보존상의 하자 여부에 관한 판단기준

> 도로의 설치 후 집중호우 등 자연력이 작용하여 본래 목적인 통행상의 안전에 결함이 발생한 경우에는 그 결함이 제3자의 행위에 의하여 발생한 경우와 마찬가지로, 도로에 그와 같은 결함이 있다는 것만으로 성급하게 도로의 보존상 하자를 인정하여서는 안 되고, 당해 도로의 구조, 장소적 환경과 이용상황 등 제반 사정을 종합하여 그와 같은 결함을 제거하여 원상으로 복구할 수 있는데도 이를 방치한 것인지 여부를 개별적·구체적으로 심리하여 하자의 유무를 판단하여야 한다(대판 1998.2.13, 97다49800).

### ④ 고속도로의 관리자가 강설에 대처하기 위하여 부담하는 관리의무의 내용 ★ 14 국가7급

> 강설에 대처하기 위하여 완벽한 방법으로 도로 자체에 융설설비를 갖추는 것이 현대의 과학기술 수준이나 재정사정에 비추어 사실상 불가능하다고 하더라도, 최저속도의 제한이 있는 고속도로의 경우에 있어서는 도로관리자가 도로의 구조, 기상예보 등을 고려하여 사전에 충분한 인적·물적 설비를 갖추어 강설시 신속한 제설작업을 하고 나아가 필요한 경우 제때에 교통통제 조치를 취함으로써 고속도로로서의 기본적인 기능을 유지하거나 신속히 회복할 수 있도록 하는 관리의무가 있다(대판 2008.3.13, 2007다29287·29294).

⑤ **고속도로의 점유관리자가 도로의 관리상 하자로 인한 손해배상책임을 면하기 위한 요건** ★ 17 지방9급

고속도로의 관리상 하자가 인정되는 이상 고속도로의 점유관리자는 그 하자가 불가항력에 의한 것이거나 손해의 방지에 필요한 주의를 해태하지 아니하였다는 점을 주장·입증하여야 비로소 그 책임을 면할 수 있다(대판 2008.3.13, 2007다29287·29294).

⑥ **여의도광장 광란의 살인질주사건**

차량진입으로 인한 인신사고 당시에는 차도와의 경계선 일부에만 이동식 쇠기둥이 설치되어 있고 나머지 부분에는 별다른 차단시설물이 없었으며 경비원도 없었던 것은, 평소 시민의 휴식공간으로 이용되는 여의도광장이 통상 요구되는 안전성을 결여하고 있었다 할 것이고, 만약 사고 후에 설치된 차단시설물이 이미 설치되어 있었고 경비원이 배치되어 있었더라면 가해자가 승용차를 운전하여 광장 내로 진입하는 것을 막을 수 있었거나, 설사 차량진입을 완전히 막지는 못하더라도 최소한 진입시에 차단시설물을 충격하면서 발생하는 소리나 경비원의 경고를 듣고 많은 사람들이 대피할 수 있었다고 보이므로, 차량신입으로 인한 사고와 어의도광장의 관리싱의 하자 사이에는 상당인과관계가 있다(대판 1995.2.24, 94다57671).

⑦ **U자형 쇠파이프 도로방치로 인한 사망사건**

소외 ○○○이 1995.11.21.10:30경 피고가 점유·관리하는 대구 달성군 논공면 삼리 소재 편도 2차선의 국도를 프라이드 승용차를 운전하여 가다가 반대방향 도로 1차선에 떨어져 있던 길이 120cm, 직경 2cm 크기의 U자형 쇠파이프가 번호미상 갤로퍼 승용차 뒷 타이어에 튕기어 ○○○의 승용차 앞 유리창을 뚫고 들어오는 바람에 쇠파이프에 목부분이 찔려 개방성 두개골 골절 등으로 사망한 사실 … 그와 같은 쇠파이프가 위 도로에 떨어져 있었다면 일단 도로의 관리에 하자가 있는 것으로 볼 수 있으나, 내세운 증거에 의하면 사고 당일 09:57부터 10:08 사이(사고발생 33분 내지 22분 전)에 피고 운영의 과적차량 검문소 근무자 교대차량이 사고장소를 통과하였으나 위 쇠파이프를 발견하지 못한 사실 … 피고가 관리하는 넓은 국도상을 더 짧은 간격으로 일일이 순찰하면서 낙하물을 제거하는 것은 현실적으로 불가능하기 때문에 피고에게 국가배상법 제5조 제1항이 정하는 손해배상책임이 없다(대판 1997.4.22, 97다3194).

⑧

피해자가 운전하던 트럭의 앞바퀴가 고속도로 상에 떨어져 있는 타이어에 걸려 중앙분리대를 넘어가 맞은 편에서 오던 트럭과 충돌하여 부상을 입었는데, 타이어가 사고지점 고속도로 상에 떨어진 것은 사고가 발생하기 10분 내지 15분 전인 경우 피해자는 국가배상책임을 물을 수 없다(대판 1992.9.14, 92다3243). ★ 10 국회8급

⑨

급경사 내리막 커브길에 안전방호벽을 설치하지 않아 차량이 도로를 이탈하여 인도 및 인근 건물로 돌진한 사고에 대하여 지방자치단체에게 도로의 설치·관리상의 하자를 인정한 사례(대판 2004.6.11, 2003다62026)

⑩ 관광버스를 타고 가다가 고속도로 비상주차대에서 하차한 갑이 도로를 따라 설치된 방음벽과 가드레일 사이에 있는 30cm 정도의 틈을 통하여 빠져나가 고속도로 옆 경사면을 내려가던 중 미끄러지면서 옹벽 밑 도로에 추락하여 사망한 사안에서, 위 도로에 도로가 통상 갖추어야 할 안전성이 결여된 설치·관리상의 하자가 있다고 볼수 없음에도, 이와 달리 본 원심판결에 법리오해 등의 위법이 있다고 한 사례

> 피고는 2002년경 종전의 버스정류장을 폐쇄하면서 버스정류장 앞뒤로 길이 200m 내지 300m의 방음벽을 설치하였고 현재는 그 버스정류장 일대가 비상주차대로 사용되고 있음을 알 수 있는 점, 이 사건 하차장소 일대가 인근에 마을이 있고 약 8년 전까지 버스정류장으로 사용된 곳이라고 하더라도 고속도로 비상주차대에서 하차한 승객이 사람의 통행을 위한 길이 아닌 고속도로 옆 경사면을 따라 내려가 마을로 가려고 하는 것은 매우 이례적인 행동인 점 등을 앞서 본 법리에 비추어 볼 때, 특별한 사정이 없는 한 피고가 위와 같이 200m 내지 300m 길이의 방음벽을 설치한 것 이외에 더 나아가 위와 같은 이례적인 행동을 예견하여, 이 사건 하차장소에서 승객을 하차시킬 목적으로 차량을 정차하지 못하게 하거나 이 사건 하차장소 부근의 고속도로 옆 경사면의 통행을 금지하고 추락 위험을 경고하는 내용의 표지판을 설치하며 가드레일과 방음벽 사이의 틈을 메우는 등의 조치까지 취하여야 할 의무가 있다고 보기 어렵고, 따라서 그와 같은 조치가 취해지지 않았다고 하여 이 사건 사고가 난 도로에 도로가 통상 갖추어야 할 안전성이 결여된 설치·관리상의 하자가 있다고 보기 어렵다(대판 2012.2.9. 2011다95267).

⑪ 甲이 차량을 운전하여 지방도 편도 1차로를 진행하던 중 커브길에서 중앙선을 침범하여 반대편 도로를 벗어나 도로 옆 계곡으로 떨어져 동승자인 乙이 사망한 사안에서, 도로에 통상 갖추어야 할 안전성이 결여된 설치·관리상의 하자가 있다고 보기 어려운데도, 이와 달리 본 원심판결에 법리오해의 위법이 있다고 한 사례 ★ 18 지방9급

> 좌로 굽은 도로에서 운전자가 무리하게 앞지르기를 시도하여 중앙선을 침범하여 반대편 도로로 미끄러질 경우까지 대비하여 도로 관리자인 지방자치단체가 차량용 방호울타리를 설치하지 않았다고 하여 도로에 통상 갖추어야 할 안전성이 결여된 설치·관리상의 하자가 있다고 보기 어려운데도, 이와 달리 본 원심판결에 법리오해의 위법이 있다고 한 사례(대판 2013.10.24. 2013다208074)

만약 반대편 갓길에 차량용 방호울타리가 설치되었다면 甲이 상해를 입지 않았거나 경미한 상해를 입었을 것이므로 그 방호울타리 미설치만으로도 손해배상을 받기에 충분한 요건을 갖추었다고 볼 수 있다. (x) ■ 18 지방9급

⑫ 甲 등이 원동기장치자전거를 운전하던 중 'ㅏ' 형태의 교차로에서 유턴하기 위해 신호를 기다리게 되었고, 위 교차로 신호등에는 유턴 지시표지 및 그에 관한 보조표지로서 '좌회전 시, 보행신호 시 / 소형 승용, 이륜에 한함'이라는 표지가 설치되어 있었으나, 실제 좌회전 신호 및 좌회전할 수 있는 길은 없었는데, 甲이 위 신호등이 녹색에서 적색으로 변경되어 유턴을 하다가 맞은편 도로에서 직진 및 좌회전 신호에 따라 직진 중이던 차량과 충돌하는 사고가 발생하자, 甲 등이 위 교차로의 도로관리청이자 보조표지의 설치·관리주체인 지방자치단체(제주특별자치도)를 상대로 손해배상을 구한 사안에서, 위 표지에 위 신호등의 신호체계 및 위 교차로의 도로구조와 맞지 않는 부분이 있더라도 거기에 통상 갖추어야 할 안전성이 결여된 설치·관리상의 하자가 있다고 보기 어렵다고 한 사례

위 표지는 도로에서의 위험을 방지하고 교통의 안전과 소통을 확보할 목적으로 설치된 교통안전시설이므로 그 내용이 설치 장소의 구조나 상황, 신호체계에 부합되어야 함이 원칙이고, 특히 위 표지는 도로에서 자동차 등을 운전하는 자(운전자)로 하여금 어떤 신호가 켜져 있을 때 유턴을 할 수 있는지 알리는 역할을 하는 유턴 보조표지이므로 그 표지의 내용으로 인하여 운전자에게 착오나 혼동이 발생하는 경우 교통사고 발생의 위험성이 크게 증가할 수 있다는 측면에서도 더욱 그러한데, 위 표지의 내용으로 인하여 운전자에게 착오나 혼동을 가져올 우려가 있는지 여부는 일반적이고 평균적인 운전자의 인식을 기준으로 판단하여야 하는바, 위 표지에 따르면 좌회전 신호이거나 혹은 보행자 신호등이 녹색 신호일 때 유턴이 가능하다는 의미로 이해되지만, 위 교차로에는 좌회전할 도로가 설치되어 있지 않았고 신호등에도 좌회전 신호가 없었으므로 일반적이고 평균적인 운전자라면 보행자 신호등이 녹색 신호일 때 유턴을 할 것으로 보이는 점, 위 사고 이전에 위 표지가 잘못 설치되었다는 민원이 제기되지 않았고 위 표지로 인한 사고가 발생한 적이 없는 점을 고려하면, 위 표지에 위 신호등의 신호체계 및 위 교차로의 도로구조와 맞지 않는 부분이 있더라도 거기에 통상 갖추어야 할 안전성이 결여된 설치·관리상의 하자가 있다고 보기 어려운데도, 위 표지에 설치·관리상의 하자가 있다고 본 원심판단에 법리오해의 잘못이 있다고 한 사례(대판 2022.7.28, 2022다225910)

## (7) 교통신호기의 설치·관리의 하자

① 신호기의 고장이 천재지변인 낙뢰로 인한 것이고 신호기를 찾지 못하여 고장 수리가 지연되었을 뿐 임의로 방치한 것이 아닌 경우에도 국가배상책임이 인정된다 ★ 10 국회8급

> 보행자신호와 차량신호에 동시에 녹색등이 표시되는 사고의 위험성이 높은 고장이 발생하였는데도 이를 관리하는 경찰관들이 즉시 그 신호기의 작동을 중지하거나 교통경찰관을 배치하여 수신호를 하는 등의 안전조치를 취하지 않은 채 장시간 고장상태를 방치한 것을 그 공무집행상의 과실로 인정하기에 충분하므로 같은 취지의 원심판결은 타당하고, 위 신호기의 고장이 천재지변인 낙뢰로 인한 것이고 신호기를 찾지 못하여 고장 수리가 지연되었을 뿐 임의로 방치한 것이 아니므로 과실이 없다는 취지의 주장은 받아들일만한 것이 되지 못한다(대판 1999.6.25, 99다11120).

②

> 편도 4차선의 간선도로를 따라 오다가 편도 1차선의 지선도로가 좌측에서 합류하는 삼거리 교차로를 지나 우측으로 굽은 간선도로를 따라 계속 진행하는 차량에 대하여 신호기가 우측 화살표 신호가 아닌 직진 신호를 표시한 경우, 그 신호기의 신호가 도로의 실제상황과 일치하지 않는 잘못된 신호로서 신호기의 설치·관리에 하자가 있다고 할 수 없다(대판 2000.1.14, 99다24201).

③ 교차로의 진행방향 신호기의 정지신호가 단선으로 소등되어 있는 상태에서 그대로 진행하다가 다른 방향의 진행 신호에 따라 교차로에 진입한 차량과 충돌한 경우, 신호기의 적색신호가 소등된 기능상 결함이 있었다는 사정만으로 신호기의 설치 또는 관리상의 하자를 인정할 수 없다 ★ 10 국회8급

> 교차로 진행방향의 신호기가 소등되었다 하더라도 좌우의 다른 신호기에 의하여 신호기의 내용을 확인할 수 있을 뿐만 아니라 차의 운전자로서는 신호기에 의한 교통정리가 행하여지고 있지 아니하는 교차로에 들어가려는 경우에도 도로 교통법 제22조 제4항 내지 제7항 소정의 교차로 통행방법을 준수하여야 하는 점 등에 비추어 보면, 피고가 이 사건 신호기의 적색신호가 단선으로 소등되었다는 것을 바로 알 수 있었음에도 이를 알지 못한 잘못이 있다거나 그 소등으로 인하여 사고가 발생하리라는 것을 예측하고 이를 회피하지 못한 잘못이 있다고 할 수도 없으며, 더욱이 피고가 이 사건 교통신호기의 고장 사실을 바로 알 수 있었다고 볼 수도 없는 이상 사회통념상 이러한 경우까지 피고에게 이로 인한 사고의 발생을 방지할 수 있는 방호조치를 기대할 수도 있었다고 할 수는 없을 것이므로, 이 사건 신호기의 적색신호가 소등된 기능상 결함이 있었다는 사정만으로는 이 사건 신호기의 설치 또는 관리상의 어떠한 하자가 있었다고 할 수 없다(대판 2000.2.25, 99다54004).

④ 가변차로 신호등 오작동 ★ 10 국회8급, 10 지방9급

최신기출

> 가변차로에 설치된 두 개의 신호등에서 서로 모순되는 신호가 들어오는 오작동이 발생하였고 그 고장이 현재의 기술수준상 부득이한 것이라고 가정하더라도 그와 같은 사정만으로 손해발생의 예견가능성이나 회피가능성이 없어 영조물의 하자를 인정할 수 없는 경우라고 단정할 수 없다(대판 2001.7.27, 2000다56822).

⑤ 보행자신호기가 고장난 횡단보도상에서 교통사고가 발생한 사안에서, 적색등의 전구가 단선되어 있었던 위 보행자신호기는 그 용도에 따라 통상 갖추어야 할 안전성을 갖추지 못한 관리상의 하자가 있어 지방자치단체의 배상책임이 인정된다고 한 사례

> 이 사건 사고장소가 평소 차량 및 일반인들의 통행이 많은 곳일 뿐만 아니라 가해 버스가 진행하던 도로는 편도 3차선의 넓은 도로여서 횡단보도 및 신호기가 설치되지 않을 경우 무단횡단 등으로 인하여 교통사고가 발생할 위험성이 높은 곳인 점, 이 사건 사고장소에는 가해 버스의 진행방향에서 보아 교차로 건너편에 차량용 신호가 있고 교차로를 지난 직후 이 사건 보행자신호기가 설치된 횡단보도가 있는데, 교차로를 통행하는 운전자로서는 차량용 신호기가 진행신호인 경우 횡단보도에 설치된 보행자신호기가 정지신호일 것이라고 신뢰하고 횡단보도 앞에서 감속하거나 일단정지를 하지 않을 것이므로, 횡단보도에 설치된 보행자 신호기가 고장이 나서 그 신호기의 신호와 차량용 신호기의 신호가 불일치 또는 모순되는 경우 교통사고가 발생할 위험성이 큰 점, 보행자신호기에 아무런 표시등도 켜져 있지 않은 경우 보행자가 횡단보도를 건너다가 사고가 발생하였다 하더라도 그 사고가 오로지 보행자의 과실에만 기인한 것이고 보행자신호기의 고장과는 무관한 것이라고 할 수 없는 점, 특히 이 사건에서 피고와의 교통신호 등 유지보수공사 계약에 따라 사고장소의 각 신호기를 관리하여 오던 삼흥전설이라는 업체는 매일 순회하면서 신호기의 정상작동 여부를 확인, 점검하여 고장 신호기를 보수하고 있는데 이 사건 사고 발생 이틀 후에야 비로소 위 고장 신호기가 수리된 점 등의 각 사정에 비추어, 피고가 자신이 관리하는 영조물인 이 사건 보행자 신호기의 위험성에 비례하여 사회통념상 일반적으로 요구되는 정도의 방호조치의무를 다하였다고는 볼 수 없고, 객관적으로 보아 시간적·장소적으로 영조물의 기능상 결함으로 인한 손해발생의 예견가능성과 회피가능성이 없는 경우에 해당한다고 볼 수도 없다는 이유로, 이 사건 사고 당시 적색등의 전구가 단선되어 있었던 이 사건 보행자신호기에는 그 용도에 따라 통상 갖추어야 할 안전성을 갖추지 못한 관리상의 하자가 있었다고 보아야 한다(대판 2007.10.26, 2005다51235).

**(8) 기타 영조물의 설치·관리의 하자**

**① 고등학교 3학년 학생이 학교건물의 3층 난간을 넘어 들어가 흡연을 하던 중 실족하여 사망한 경우, 위 건물의 설치·보존상의 하자가 인정되지 않는다고 한 사례** ★ 14 국가7급

> 고등학교 3학년 학생이 교사의 단속을 피해 담배를 피우기 위하여 3층 건물 화장실 밖의 난간을 지나다가 실족하여 사망한 사안에서 학교관리자에게 그와 같은 이례적인 사고가 있을 것을 예상하여 복도나 화장실 창문에 난간으로의 출입을 막기 위하여 출입금지장치나 추락위험을 알리는 경고표지판을 설치할 의무가 있다고 볼 수는 없으므로 학교시설의 설치·관리상의 하자가 없다(대판 1997.5.16, 96다54102).

**② 전철의 노선용량 부족 및 그에 대한 대책 수립 소홀이 영조물의 설치·관리상의 하자에 해당하는지 여부(소극) 및 국가가 전철의 노선용량 및 시설 확충을 위한 투자를 소홀히 한 것이 위법하다고 볼 수 있는지 여부(소극)**

> 전철의 노선용량이 부족하다거나 그에 대한 대책 수립이 소홀하였다고 하여 그 자체를 영조물의 설치·관리상의 하자라고는 볼 수 없고, 또한 전철의 노선용량이나 시설의 확충 등은 국가 예산이 뒷받침되어야 할 문제인바, 국가 예산의 편성과 배정은 국가의 고도의 정책적 판단사항에 속한다 할 것이므로 국가에서 전철의 노선용량이나 시설의 확충 등을 위한 투자를 다소 소홀히 하였다고 하여 이를 위법하다고는 할 수 없다(대판 1997.12.26, 97다36309).

**(9) 그밖의 영조물의 설치·관리 하자의 판단기준**

**① 철도건널목의 설치·관리상의 하자 인정기준**

> 철도건널목의 보안설비의 흠결이 영조물의 설치·관리상의 하자라고 할 수 있는 것인지 여부는 건널목이 설치된 위치, 통행하는 교통량, 부근의 상황 특히 건널목을 건너려는 사람이 열차를 발견할 수 있는 거리, 반대로 열차의 운전자가 건널목을 건너려는 사람이나 차량 등을 발견할 수 있는 거리 등 모든 사정을 고려하여 사회통념에 따라 결정하여야 하고, 철도청의 내부규정인 건널목설치및설비기준규정은 철도건널목 설치·관리상의 하자를 판단하는 하나의 참작기준이 될 수 있을 뿐이고, 위 규정이 정하는 기준에 맞추어 철도건널목의 보안설비가 설치되어 있다 하더라도 반드시 철도건널목 설치·관리상의 하자가 없는 것이라고 단정할 수 없다(대판 1998.5.22, 97다57528).

**② 홍수조절에 관한 다목적댐 설치상 하자의 인정기준**

> 국가가 하천에 설치하는 다목적댐의 규모와 시설은 당해 하천의 특성, 그 유역의 강우상황, 유수량, 지형 기타 자연적 조건, 유역 부근 토지의 이용상황 기타 사회적 조건 및 댐의 용도와 댐 공사의 경제성 등 여러 관점을 종합적으로 참작하여 결정하는 것이므로, 홍수조절과 관련하여 다목적댐의 규모와 시설에 설치상 하자가 있다고 하기 위하여는, 댐의 설치 당시 여러 관점을 종합하여 볼 때 홍수조절을 위하여 댐 규모, 수위의 조정 등의 조치가 필요불가결한 것임에도 불구하고 이를 하지 아니하였음이 댐 설치의 일반기준 및 사회통념에 비추어 명백하다고 볼만한 사정이 인정되어야 한다. 댐이 건설되면 정도의 차이는 있으나 댐의 상류로부터 저수지에 토사가 유입, 퇴적되어 시간이 경과함에 따라 저수지의 저수용량이 점차 감소되는 것은 불가피한 현상이라고 할 것인바, 이와 같이 댐의 저수용량이 감소되는 경우 홍수조절과 관련하여 댐 관리에 하자가 있다고 하기 위하여는 댐의 저수용량의 감소로 인하여 수해발생의 위험성이 현저히 증가하였음에도 불구하고 위험성을 배제하거나 감소시키기 위하여 상당한 조치를 하지 아니하였음이 댐 관리의 일반수준 및 사회통념에 비추어 명백하다고 볼만한 사정이 인정되어야 한다(대판 1998. 2.13, 95다44658).

# III. 타인에게 손해발생

## (1) 영조물책임에도 위자료 인정

> 원심은 피고에게 국가배상법 제5조 제1항의 규정에 의하여 이 사건 사고로 인한 위자료 지급의무를 지우고 있는데 같은법 제3조 제1항 내지 제5항에 의하더라도 이 사건과 같은 경우에 원고들의 위자료청구권이 반드시 배제되는 것으로는 해석되지 아니한다(대판 1990.11.13, 90다카25604).

## (2) 상당인과관계

### ① 다른 자연적 사실이나 제3자 또는 피해자의 행위와 경합하여 발생한 손해도 영조물의 설치·관리상의 하자에 의해 발생한 것으로 보아야 한다 ★ 20 국회9급, 18 지방9급

> `최신기출` '영조물의 설치 또는 관리상의 하자로 인한 사고'라 함은 영조물의 설치 또는 관리상의 하자만이 손해발생의 원인이 되는 경우만을 말하는 것이 아니고, 다른 자연적 사실이나 제3자의 행위 또는 피해자의 행위와 경합하여 손해가 발생하더라도 영조물의 설치 또는 관리상의 하자가 공동원인의 하나가 되는 이상 그 손해는 영조물의 설치 또는 관리상의 하자에 의하여 발생한 것이라고 해석함이 상당하다(대판 1994.11.22, 94다32924).

### ② 피해자가 입은 손해가 특수한 자연적 조건 아래 발생한 것이라 하더라도 자연력의 기여분을 인정하여 가해자의 배상범위를 제한할 수 없는 경우

> 불법행위에 기한 손해배상 사건에 있어서 피해자가 입은 손해가 자연력과 가해자의 과실행위가 경합되어 발생된 경우 가해자의 배상 범위는 손해의 공평한 부담이라는 견지에서 손해 발생에 대하여 자연력이 기여하였다고 인정되는 부분을 공제한 나머지 부분으로 제한하여야 함이 상당한 것이지만, 다른 한편, 피해자가 입은 손해가 통상의 손해와는 달리 특수한 자연적 조건 아래 발생한 것이라 하더라도, 가해자가 그와 같은 자연적 조건이나 그에 따른 위험의 정도를 미리 예상할 수 있었고 또 과도한 노력이나 비용을 들이지 아니하고도 적절한 조치를 취하여 자연적 조건에 따른 위험의 발생을 사전에 예방할 수 있었다면, 그러한 사고방지 조치를 소홀히 하여 발생한 사고로 인한 손해배상의 범위를 정함에 있어서 자연력의 기여분을 인정하여 가해자의 배상 범위를 제한할 것은 아니다(대판 2001.2.23, 99다61316).

## Ⅳ. 면책사유

### 1. 천재지변(자연재해)

#### (1) 집중호우(100년 기준)

① **50년 빈도의 경우 불가항력 부정**(충북 청원군 미원면 소재 제방도로 유실로 주부가 강물에 휩쓸려 익사한 사건)
★ 15 사회복지, 12 순경특채

> 집중호우로 제방도로가 유실되면서 그곳을 걸어가던 보행자가 강물에 휩쓸려 익사한 경우, 사고 당일의 집중호우가 50년 빈도의 최대강우량에 해당한다는 사실만으로 불가항력에 기인한 것으로 볼 수 없다(대판 2000.5.26, 99다53247).

② **600~1,000년 빈도의 경우 불가항력 인정**(동부간선도로건설로 인한 중랑천 범람사건)

> 100년 발생빈도의 강우량을 기준으로 책정된 계획홍수위를 초과하여 600년 또는 1,000년 발생빈도의 강우량에 의한 하천의 범람은 예측가능성 및 회피가능성이 없는 불가항력적인 재해로서 그 영조물의 관리청에게 책임을 물을 수 없다(대판 2003.10.23, 2001다48057).

#### (2) 강설(降雪) : 판례에 의하면 강설의 경우 적설지대에 속하는 지역의 도로라든가 최저속도의 제한이 있는 고속도로 등 특수목적을 갖고 있는 도로는 면책 부정, 기타 일반 보통의 도로의 경우는 면책된다(대판 2000.4.25, 99다54998).

① **적설지대도로와 고속도로 등 특수목적도로는 면책 부정, 기타도로는 면책 긍정** ★ 21 국회9급, 18 지방9급

**최신기출**
> 적설지대에 속하는 지역의 도로라든가 최저속도의 제한이 있는 고속도로 등 특수목적을 갖고 있는 도로가 아닌 일반 보통의 도로까지도 도로관리자에게 완전한 인적·물적 설비를 갖추고 제설작업을 하여 도로통행상의 위험을 즉시 배제하여 그 안전성을 확보하도록 하는 관리의무를 부과하는 것은 도로의 안전성의 성질에 비추어 적당하지 않고, 오히려 그러한 경우의 도로통행의 안전성은 그와 같은 위험에 대면하여 도로를 이용하는 통행자 개개인의 책임으로 확보하여야 한다. 강설의 특성, 기상적 요인과 지리적 요인, 이에 따른 도로의 상대적 안전성을 고려하면 겨울철 산간지역에 위치한 도로에 강설로 생긴 빙판을 그대로 방치하고 도로상황에 대한 경고나 위험표지판을 설치하지 않았다는 사정만으로 도로관리상의 하자가 있다고 볼 수 없다고 한 사례(대판 2000.4.25, 99다54998)

> 乙은 산악지역의 특성상 빙판길 위험 경고나 위험 표지판이 설치되었다면 주의를 기울여 운행하여 상해를 입지 않았을 것이므로 그 미설치만으로도 국가에 대한 손해배상책임을 묻기에 충분하다. (x) ■ 18 지방9급

② **폭설로 차량 운전자 등이 고속도로에서 장시간 고립된 사안에서, 고속도로의 관리상 하자를 인정**

> 폭설로 차량 운전자 등이 고속도로에서 장시간 고립된 사안에서, 고속도로의 관리자가 고립구간의 교통정체를 충분히 예견할 수 있었음에도 교통제한 및 운행정지 등 필요한 조치를 충실히 이행하지 아니하였으므로 고속도로의 관리상 하자가 있다(대판 2008.3.13, 2007다29287·29294).

## 2. 재정사정이나 영조물의 사용목적에 의한 사정

### (1) 원칙적으로 면책 부정 ★ 17·11 지방9급, 16 국가9급, 12 순경특채

최신기출 설치자의 재정사정이나 영조물의 사용목적에 의한 사정은 안전성을 요구하는 데 대한 정도문제로서 참작사유에 는 해당할지언정 안전성을 결정지을 절대적 요건에는 해당하지 아니한다 할 것이다(대판 1967.2.21, 66다1723).

### (2) 천문학적인(막대한) 예산을 필요로 하는 경우 예외적으로 면책 긍정

#### ① 강설

특히, 강설은 기본적 환경의 하나인 자연현상으로서 그것이 도로교통의 안전을 해치는 위험성의 정도나 그 시기 를 예측하기 어렵고 통상 광범위한 지역에 걸쳐 일시에 나타나고 일정한 시간을 경과하면 소멸되는 일과성을 띠는 경우가 많은 점에 비하여, 이로 인하여 발생되는 도로상의 위험에 대처하기 위한 완벽한 방법으로서 도로 자체에 융설 설비를 갖추는 것은 현대의 과학기술의 수준이나 재정사정에 비추어 사실상 불가능하다(대판 2000.4.25, 99다54998).

#### ② 제방 ★ 20 국가7급

최신기출 국가나 하천관리청이 목표로 하는 하천의 개수작업을 완성함에 있어서는 막대한 예산을 필요로 하고, 대규모공사가 되어 이를 완공하는 데 장기간이 소요되며 … 이와 같은 관리상의 특질과 특수성을 감안한다면, 하천의 관리청이 관계규정에 따라 설정한 계획홍수위를 변경시켜야 할 사정이 생기는 등 특별한 사정이 없는 한, 이미 존재하는 하천의 제방이 계획홍수위를 넘고 있다면 그 하천은 용도에 따라 통상 갖추어야 할 안전성을 갖추고 있다고 보아야 하고, 그와 같은 하천이 그 후 새로운 하천시설을 설치할 때 기준으로 삼기 위하여 제정한 '하천시설기준'이 정한 여유고를 확보하지 못하고 있다는 사정만으로 바로 안전성이 결여된 하자가 있다고 볼 수는 없다(대판 2003.10.23, 2001다48057).

하천의 제방이 계획홍수위를 넘고 있더라도, 하천이 그 후 새로운 하천시설을 설치할 때 '하천시설기준'으로 정한 여유고(餘裕高)를 확보하지 못하고 있다면 그 사정만으로 안정성이 결여된 하자가 있다고 보아야 한다. (×) ■ 20 국가7급

# 제2목 배상책임

## 1. 배상책임자

### (1) 사무관리주체(원칙)

기관위임사무는 사무가 이전되지 않으므로 위임기관이 속한 국가나 상급지방자치단체가, 단체위임사무는 사무가 이전되어 지방자치단체의 사무가 되므로 지방자치단체가 사무관리주체이다.

#### ① 국가사무를 시장에 기관위임한 경우 국가가 사무관리주체이다 ★ 19 국가7급, 15 순경특채, 11 사회복지

> **최신기출** 도로법 제22조 제2항에 의하여 지방자치단체의 장인 시장이 국도의 관리청이 되었다 하더라도 이는 시장이 국가로부터 관리업무를 위임받아 국가행정기관의 지위에서 집행하는 것이므로 국가는 도로관리상 하자로 인한 손해배상책임을 면할 수 없다(대판 1993.1.26, 92다2684).

> 권한의 위임과 재위임이 적법하게 이루어진 경우 X국도 X1구간의 유지·관리 사무의 귀속주체는 B군이다. (x) ■19 국가7급

#### ② 도로 유지·관리사무에 대한 기관위임이 있는 경우의 도로 관리청은 피위임 관청(수임청)이다 ★ 19 국가7급

> **최신기출** 도로의 유지·관리에 관한 상위 지방자치단체의 행정권한이 행정권한 위임조례에 의하여 하위 지방자치단체장에게 위임되었다면 그것은 기관위임이지 단순한 내부위임이 아니고 권한을 위임받은 하위 지방자치단체장은 도로의 관리청이 되며 위임 관청은 사무처리의 권한을 잃는다(대판 1996.11.8, 96다21331).

#### ③ 지방자치단체장 간의 기관위임의 경우, 위임사무처리상의 불법행위에 대한 사무귀속 주체로서의 손해배상책임 주체는 상위 지방자치단체이다

> 지방자치단체장 간의 기관위임의 경우에 위임받은 하위 지방자치단체장은 상위 지방자치단체 산하 행정기관의 지위에서 그 사무를 처리하는 것이므로 사무귀속의 주체가 달라진다고 할 수 없고, 따라서 하위 지방자치단체장을 보조하는 하위 지방자치단체 소속 공무원이 위임사무처리에 있어 고의 또는 과실로 타인에게 손해를 가하였더라도 상위 지방자치단체는 여전히 그 사무귀속 주체로서 손해배상책임을 진다(대판 1996.11.8, 96다21331).

#### ④ 지방자치단체사무를 국가기관에 기관위임한 경우 지방자치단체가 사무관리주체이다

★ 20 지방7급, 14 국회8급, 13 국가9급, 12 사회복지, 10 지방9급

> **최신기출** 지방자치단체장(대전광역시장)이 교통신호기를 설치하여 그 관리권한이 도로교통법 제71조의2 제1항의 규정에 의하여 관할 지방경찰청장에게 위임되어 지방자치단체 소속 공무원과 지방경찰청 소속 공무원이 합동근무하는 교통종합관제센터에서 그 관리업무를 담당하던 중 위 신호기가 고장난 채 방치되어 교통사고가 발생한 경우, 국가배상법 제2조 또는 제5조에 의한 배상책임을 부담하는 것은 지방경찰청장이 소속된 국가가 아니라, 그 권한을 위임한 지방자치단체장이 소속된 지방자치단체라고 할 것이나, 한편 국가배상법 제6조 제1항은 같은법 제2조·제3조 및 제5조의 규정에 의하여 국가 또는 지방자치단체가 손해를 배상할 책임이 있는 경우에 공무원의 선임·감독 또는 영조물의 설치·관리를 맡은 자와 공무원의 봉급·급여 기타의 비용 또는 영조물의 설치·관리의 비용을 부담하는 자가 동일하지 아니한 경우에는 그 비용을 부담하는 자도 손해를 배상하여야 한다고 규정하고 있으므로 교통신호기를 관리하는 지방경찰청장 산하 경찰관들에 대한 봉급을 부담하는 국가도 국가배상법 제6조 제1항에 해당한다(대판 1999.6.25, 99다11120).

> 「국가배상법」 제6조 제1항에 의하면 지방자치단체장이 설치하여 관할 지방경찰청장에게 관리권한이 위임된 교통신호기의 고장으로 인하여 교통사고가 발생한 경우, 지방자치단체가 손해배상책임을 지고 국가는 피해자에 대하여 배상책임을 지지 않는다. (x) ■ 20 지방7급

⑤

> 구 하천법 제28조 제1항에 따라 국토해양부장관이 하천(전북 완주군 운주면에 위치한 장선천)공사를 대행하던 중 지방하천의 관리상 하자로 손해가 발생한 경우, 피고 대한민국은 장선천의 점유 및 관리자로서뿐만 아니라 장선천 제방공사의 비용부담자로서도 국가배상법 제6조 제1항에 따라 장선천의 관리상 하자로 인한 손해를 배상할 책임을 지고, 나아가 이 사건 수해가 천재지변에 의한 불가항력적인 재해라고 하기 어렵다(대판 2014.6.26, 2011다85413).

⑥ **구 하천법 제28조 제1항에 따라 국토해양부장관이 하천(전북 완주군 운주면에 위치한 장선천)공사를 대행하던 중 지방하천의 관리상 하자로 손해가 발생한 경우, 하천관리청이 속한 지방자치단체는 국가와 함께 국가배상법 제5조 제1항에 따라 지방하천의 관리자로서 손해배상책임을 부담한다**

> 구 하천법 제28조 제1항에 따라 국토해양부장관이 하천공사를 대행하더라도 이는 국토해양부장관이 하천관리에 관한 일부 권한을 일시적으로 행사하는 것으로 볼 수 있을 뿐 하천관리청이 국토해양부장관으로 변경되는 것은 아니므로, 국토해양부장관이 하천공사를 대행하던 중 지방하천의 관리상 하자로 인하여 손해가 발생하였다면 하천관리청이 속한 지방자치단체는 국가와 함께 국가배상법 제5조 제1항에 따라 지방하천의 관리자로서 손해배상책임을 부담한다(대판 2014.6.26, 2011다85413).

### (2) 영조물의 설치·관리자와 비용부담자가 다른 경우의 대외적 배상책임자(선택적 청구)

> 국가배상법 제6조 제1항의 비용부담자의 책임은 국가배상법 제2조 또는 제5조에 의하여 국가 또는 지방자치단체가 손해를 배상할 책임이 있는 경우에 공무원의 선임·감독 또는 영조물의 설치·관리를 맡은 자와 비용부담자가 다름으로 인해 손해를 입은 자가 배상책임의 주체를 명확히 알기 어려운 경우 그로 인하여 곤란을 겪지 않도록 하려는 피해자 보호의 견지에서 만들어진 것으로서 국가배상법 제2조 또는 제5조의 책임이 인정되는 것을 전제로 한 규정이다(서울지법 1997.4.17, 96가합10695).

### (3) 비용부담자의 의의와 범위

① **비용부담자의 의의 : 비용부담자는 공무원의 봉급·급여, 그 밖의 비용 또는 영조물의 설치·관리비용을 부담하는 자를 말한다**(제6조 제1항).

㉠ **국가배상법 제6조 제1항 비용부담자의 의미** ★ 20 국회9급

`최신기출`

> 국가배상법 제6조 제1항 소정의 비용부담자란 '공무원의 봉급·급여 기타의 비용을 부담하는 자'이다. 기타의 비용이란 공무원의 인건비만을 가리키는 것이 아니라 당해 사무에 필요한 일체의 경비를 의미한다(대판 1994.12.9, 94다38137).

② **비용부담자의 범위**(병합설)

| 구분 | 사무관리주체 | 실질적 비용부담자 | 형식적 비용부담자 |
|---|---|---|---|
| 기관위임사무(국가사무 → 서울특별시장) | 국가 | 국가 | 서울특별시 |
| 단체위임사무(국가사무 → 서울특별시) | 서울특별시 | 국가 | 서울특별시 |
| 도로법의 특칙(국가사무 → 서울특별시장) | 국가 | 서울특별시 | 서울특별시 |

○ **형식적 비용부담자에 관한 판례** ★ 17 지방9급

> 구 지방재정법 제16조 제2항(현행 제18조 제2항)의 규정상, 지방자치단체의 장이 기관위임된 국가행정사무를 처리하는 경우 그에 소요되는 경비의 실질적·궁극적 부담자는 국가라고 하더라도 당해 지방자치단체는 국가로부터 내부적으로 교부된 금원으로 그 사무에 필요한 경비를 대외적으로 지출하는 자(형식적 비용부담자)이므로, 이러한 경우 지방자치단체는 국가배상법 제6조 제1항 소정의 비용부담자로서 공무원의 불법행위로 인한 같은법에 의한 손해를 배상할 책임이 있다(대판 1994.12.9, 94다38137).

○ **실질적 비용부담자를 포함한 판례(여의도광장 광란의 살인질주사건)** ★ 20 국가9급, 11 국가7급

**최신기출**
> 서울특별시는 여의도광장을 도로법 제2조 제2항 소정의 '도로와 일체가 되어 그 효용을 다하게 하는 시설'로 보고 같은법의 규정을 적용하여 관리하고 있으며, 그 관리사무 중 일부를 영등포구청장에게 권한위임하고 있어, 여의도광장의 관리청이 본래 서울특별시장이라 하더라도 그 관리사무의 일부가 영등포구청장에게 위임되었다면, 그 위임된 관리사무에 관한 한 여의도광장의 관리청은 영등포구청장이 되고, 같은법 제56조에 의하면 도로에 관한 비용은 건설부장관(현 국토교통부장관)이 관리하는 도로 이외의 도로에 관한 것은 관리청이 속하는 지방자치단체의 부담으로 하도록 되어 있어 여의도광장의 관리비용부담자는 그 위임된 관리사무에 관한 한 관리를 위임받은 영등포구청장이 속한 영등포구(실질적 비용부담자)가 되므로, 영등포구는 여의도광장에서 차량진입으로 일어난 인신사고에 관하여 국가배상법 제6조 소정의 비용부담자로서의 손해배상책임이 있다(대판 1995.2.24, 94다57671).

## 2. 구상권

### (1) 기여도설 내지 종합설에 따른 판례 ★ 18 국회8급

원래 광역시가 점유·관리하던 일반국도 중 일부구간의 포장공사를 국가가 대행하여 광역시에 도로의 관리를 이관하기 전에 교통사고가 발생한 경우, 광역시는 그 도로의 점유자 및 관리자, 도로법 제56조·제55조, 「도로법 시행령」 제30조에 의한 도로관리비용 등의 부담자로서의 책임이 있고, 국가는 그 도로의 점유자 및 관리자, 관리사무귀속자, 포장공사비용 부담자로서의 책임이 있다고 할 것이며, 이와 같이 광역시와 국가 모두가 도로의 점유자 및 관리자, 비용부담자로서의 책임을 중첩적으로 지는 경우에는, 광역시와 국가 모두가 국가배상법 제6조 제2항소정의 궁극적으로 손해를 배상할 책임이 있는 자라고 할 것이고, 결국 광역시와 국가의 내부적인 부담부분은, 그 도로의 인계·인수경위, 사고의 발생경위, 광역시와 국가의 그 도로에 관한 분담비용 등 제반 사정을 종합하여 결정함이 상당하다(대판 1998.7.10, 96다42819).

> 광역시와 국가 모두가 도로의 점유자 및 관리자, 비용부담자로서의 책임을 중첩적으로 지는 경우 국가만이 「국가배상법」에 따라 궁극적으로 손해를 배상할 책임이 있는 자가 된다. (x) ■ 18 국회8급

### (2) 관리자설에 따른 판례

횡단보도에 설치된 신호기는 원래 원고인 안산시장이 설치·관리하여야 할 것인데, 도로교통법 제104조 제1항, 그 시행령 제71조의2 제1호에 의하여 원고 시장이 그 설치·관리에 관한 권한을 피고 산하 경기도 지방경찰청 소속 안산경찰서장에게 위임함에 따라 안산경찰서장이 원고의 비용부담 아래 이를 설치·관리하고 있었다. 따라서, 교통신호기의 관리사무는 지방자치단체가 설치하여 안산경찰서장에게 그 권한을 기관위임한 사무로서 피고인 국가 소속 경찰공무원들은 원고의 사무를 처리하는 지위에 있으므로, 원고인 안산시가 그 사무에 관하여 선임·감독자에 해당하고, 그 교통신호기 시설은 지방자치법 제132조 단서의 규정에 따라 원고인 안산시의 비용으로 설치·관리되고 있으므로, 그 신호기의 설치·관리의 비용을 실질적으로 부담하는 비용부담자의 지위도 아울러 지니고 있는 반면, 피고인 국가는 단지 그 소속 경찰공무원에게 봉급만을 지급하고 있을 뿐이므로, 원고와 피고 사이에서 이 사건 손해배상의 궁극적인 책임은 전적으로 원고인 안산시에게 있다고 봄이 상당하다(대판 2001.9.25, 2001다41865).

### (3) 시가 국도의 관리상 비용부담자로서 책임을 지는 경우 국가배상법 제6조 제2항의 규정을 들어 구상권자인 공동불법행위자에게 대항할 수 없다

시가 국도의 관리상 비용부담자로서 책임을 지는 것은 국가배상법이 정한 자신의 고유한 배상책임이므로 도로의 하자로 인한 손해에 대하여 시는 부진정연대채무자인 공동불법행위자와의 내부관계에서 배상책임을 분담하는 관계에 있으며 국가배상법 제6조 제2항의 규정은 도로의 관리주체인 국가와 그 비용을 부담하는 경제주체인 시 상호간에 내부적으로 구상의 범위를 정하는데 적용될 뿐 이를 들어 구상권자인 공동불법행위자에게 대항할 수 없다(대판 1993.1.26, 92다2684).

# 제3절 행정상 손실보상

## 제1항 행정상 손실보상의 근거 및 청구권의 성질

### Ⅰ. 행정상 손실보상의 근거

#### 1. 대법원

대법원은 헌법이 개정될 때마다 불법행위를 인정하기도 하고(대판 1966.10.18, 66다1715), 직접효력설에 입각하기도 하고(대판 1967.11.2, 67다1334), 방침규정설에 입각하기도 하고(대판 1976.10.12, 76다1443), 관련 공법규정을 유추적용하기도 하고(대판 1985.9.10, 85다카571)★ 13 서울7급, 개발제한구역에 대해서는 사회적 제약이라고 판시하는 등(대판 1996.6.28, 94다54511) 일관된 입장을 보이지 못하고 있다. ★ 14 국회8급

##### (1) 개발제한구역 지정에 관한 도시계획법 제21조는 위헌이라고 볼 수 없다

> 도시계획법(현 국토의 계획 및 이용에 관한 법률) 제21조의 규정에 의하여 개발제한구역 안에 있는 토지의 소유자는 재산상의 권리행사에 많은 제한을 받게 되고 그 한도 내에서 일반 토지소유자에 비하여 불이익을 받게 됨은 명백하지만, … 그와 같은 제한으로 인한 토지소유자의 불이익은 공공의 복리를 위하여 감수하지 아니하면 안 될 정도의 것이라고 인정되므로, 그에 대하여 손실보상의 규정을 두지 아니하였다 하여 도시계획법 제21조의 규정을 헌법 제23조 제3항, 제11조 제1항 및 제37조 제2항에 위배되는 것으로 볼 수 없다(대판 1996.6.28, 94다54511).

##### (2) 헌법 제23조 제3항의 취지 ★ 15 국회8급

> 헌법 제23조 제3항은 "공공필요에 의한 재산권의 수용·사용 또는 제한 및 그에 대한 보상은 법률로써 하되, 정당한 보상을 지급하여야 한다"라고 규정하고 있는 바, 이 헌법의 규정은 보상청구권의 근거에 관하여서 뿐만 아니라 보상의 기준과 방법에 관하여서도 법률의 규정에 유보하고 있는 것으로 보아야 하고, 위 구 토지수용법과 지가공시법의 규정들은 바로 헌법에서 유보하고 있는 그 법률의 규정들로 보아야 할 것이다(대판 1993.7.13, 93누2131).

##### (3) 제방부지 및 제외지가 법률 제2292호 하천법 개정법률 시행일(1971.7.20.)부터 법률 제3782호 하천법 중 개정법률의 시행일(1984.12.31.) 전에 국유로 된 경우, 명시적인 보상규정이 없더라도 관할관청이 소유자가 입은 손실을 보상하여야 한다

> 제방부지 및 제외지가 법률 제2292호 하천법 개정법률 시행일(1971.7.20.)부터 법률 제3782호 하천법 중 개정법률의 시행일(1984.12.31.) 전에 국유로 된 경우, 그로 인하여 소유자가 입은 손실은 보상되어야 하고 보상방법을 유수지에 관한 것과 달리할 아무런 합리적 이유가 없으므로, 특별조치법 제2조를 유추적용하여 소유자에게 손실을 보상하여야 한다고 보는 것이 타당하다(대판 2011.8.25, 2011두2743).

## 2. 헌법재판소

헌법재판소는 위헌무효설을 취하고 있다. 또한 헌법재판소는 "보상의 구체적 기준과 방법은 헌법재판소가 결정할 성질의 것이 아니라 광범위한 입법형성권을 가진 입법자가 입법정책적으로 정할 사항이다(헌재결 1998.12.24, 89헌마214·90헌바16·97헌바78 병합)."라고 판시함으로써 보상규정이 없을 경우 직접 손실보상을 청구할 수 없다는 입장이다.

### (1) 위헌무효설

#### ① 토지를 종전의 용도대로 사용할 수 있는 경우에 개발제한구역 지정으로 인한 지가의 하락은 토지재산권에 내재하는 사회적 제약에 해당한다

> 개발제한구역의 지정으로 인한 개발가능성의 소멸과 그에 따른 지가의 하락이나 지가상승률의 상대적 감소는 토지소유자가 감수해야 하는 사회적 제약의 범주에 속하는 것으로 보아야 한다. 자신의 토지를 장래에 건축이나 개발목적으로 사용할 수 있으리라는 기대가능성이나 신뢰 및 이에 따른 지가상승의 기회는 원칙적으로 재산권의 보호범위에 속하지 않는다. 구역지정 당시의 상태대로 토지를 사용·수익·처분할 수 있는 이상, 구역지정에 따른 단순한 토지이용의 제한은 원칙적으로 재산권에 내재하는 사회적 제약의 범주를 넘지 않는다(헌재결 1998.12.24, 89헌마214·90헌바16·97헌바78 병합).

#### ② 도시계획법 제21조는 위헌이다 ★ 15 순경특채, 14 국회8급, 13 변호사, 11 사회복지, 11 서울교행7급, 08 지방9급

> 도시계획법(현 「국토의 계획 및 이용에 관한 법률」) 제21조에 의한 재산권의 제한은 개발제한구역으로 지정된 토지를 원칙적으로 지정 당시의 지목과 토지현황에 의한 이용방법에 따라 사용할 수 있는 한, 재산권에 내재하는 사회적 제약을 비례의 원칙에 합치하게 합헌적으로 구체화한 것이라고 할 것이나, 종래의 지목과 토지현황에 의한 이용방법에 따른 토지의 사용도 할 수 없거나 실질적으로 사용·수익을 전혀 할 수 없는 예외적인 경우에도 아무런 보상 없이 이를 감수하도록 하고 있는 한, 비례의 원칙에 위반되어 당해 토지소유자의 재산권을 과도하게 침해하는 것으로서 헌법에 위반된다(헌재결 1998.12.24, 89헌마214·90헌바16·97헌바78).

#### ③ 헌법불합치결정을 하는 이유와 그 의미 ★ 14 국회8급, 14 지방9급, 13 서울7급

> 보상의 구체적 기준과 방법은 헌법재판소가 결정할 성질의 것이 아니라 광범위한 입법형성권을 가진 입법자가 입법정책적으로 정할 사항이므로, 입법자가 보상입법을 마련함으로써 위헌적인 상태를 제거할 때까지 위 조항을 형식적으로 존속케 하기 위하여 헌법불합치결정을 하는 것인바, 입법자는 되도록 빠른 시일 내에 보상입법을 하여 위헌적 상태를 제거할 의무가 있고, 행정청은 보상입법이 마련되기 전에는 새로 개발제한구역을 지정하여서는 아니되며, 토지소유자는 보상입법을 기다려 그에 따른 권리행사를 할 수 있을 뿐 개발제한구역의 지정이나 그에 따른 토지재산권의 제한 그 자체의 효력을 다투거나 위 조항에 위반하여 행한 자신들의 행위의 정당성을 주장할 수는 없다(헌재결 1998.12.24, 89헌마214·90헌바16·97헌바78).

#### ④ 보상입법의 의미 및 법적 성격

> 재산권의 침해와 공익 간의 비례성을 다시 회복하기 위한 방법은 헌법상 반드시 금전보상만을 해야 하는 것은 아니다. 입법자는 지정의 해제 또는 토지매수청구권제도와 같이 금전보상에 갈음하거나 기타 손실을 완화할 수 있는 제도를 보완하는 등 여러 가지 다른 방법을 사용할 수 있다(헌재결 1998.12.24, 89헌마214·90헌바 16·97헌바78).

**(2) 국립공원지정에 따른 토지재산권의 제한에 대하여 손실보상규정을 두지 않은 구 자연공원법 제4조는 비례의 원칙에 어긋나게 토지소유자의 재산권을 과도하게 침해한다고 할 수 없다**

> 토지재산권에 대하여는 강한 사회성·공공성으로 인하여 다른 재산권에 비하여 보다 강한 제한과 의무가 부과될 수 있으나, 토지재산권에 대한 제한입법 역시 다른 기본권에 대한 제한입법과 마찬가지로 과잉금지의 원칙을 준수해야 하고 재산권의 본질적 내용인 사적유용성(私的有用性)과 원칙적인 처분권(處分權)을 부인해서는 안된다. 국립공원구역지정 후 토지를 종래의 목적으로 사용할 수 있는 원칙적인 경우의 토지소유자에게 부과하는 현상태의 유지의무나 변경금지의무는, 토지재산권의 제한을 통하여 실현하고자 하는 공익의 비중과 토지재산권의 침해의 정도를 비교해 볼 때, 토지소유자가 자신의 토지를 원칙적으로 종래 용도대로 사용할 수 있는 한 재산권의 내용과 한계를 비례의 원칙에 부합하게 합헌적으로 규율한 규정이라고 보아야 한다. 그러나 입법자가, 국립공원 구역지정 후 토지를 종래의 목적으로도 사용할 수 없거나 토지를 사적으로 사용할 수 있는 방법이 없이 공원구역 내 일부 토지소유자에 대하여 가혹한 부담을 부과하면서 아무런 보상규정을 두지 않은 경우에는 비례의 원칙에 위반되어 당해 토지소유지의 재산권을 과도하게 침해하는 것이라고 할 수 있다(헌재결 2003.4.24, 99헌바110).

## II. 손실보상청구권의 성질

**(1) 법률에 불복절차에 관한 특별한 규정이 없는 경우에 판례(대판 1999.6.1, 97다56150)는 손실보상청구권을 사권으로 보고 그에 관한 소송도 민사소송으로 다루고 있다.**

> 구 수산업법에 의한 손실보상청구권이나 손실보상 관련법령의 유추적용에 의한 손실보상청구권은 사업시행자를 상대로 한 민사소송의 방법에 의하여 행사하여야 한다(대판 2001.6.29, 99다56468).

# 제2항 손실보상의 요건

## I. 공공필요

**(1) 공공의 필요성의 판단과 입증** ★ 20 서울7급

최신기출

> 공용수용은 공익사업을 위하여 특정의 재산권을 법률에 의하여 강제적으로 취득하는 것을 내용으로 하므로 그 공익사업을 위한 필요가 있어야 하고, 그 필요가 있는지에 대하여는 수용에 따른 상대방의 재산권 침해를 정당화할 만한 공익의 존재가 쌍방의 이익의 비교형량의 결과로 입증되어야 하며, 그 입증책임은 사업시행자에게 있다(대판 2005.11.10, 2003두7507).

**(2) 헌법상의 재산권 보장규정의 취지** ★ 17 국회8급

> 이 규정의 근본취지는 우리 헌법이 사유재산제도의 보장이라는 기조 위에서 원칙적으로 모든 국민의 구체적 재산권의 자유로운 이용·수익·처분을 보장하면서 공공필요에 의한 재산권의 수용·사용 또는 제한은 헌법이 규정하는 요건을 갖춘 경우에만 예외적으로 허용한다는 것으로 해석된다(헌재결 1995.2.23, 92헌바12).

**(3) 공용수용이 허용될 수 있는 공익사업의 범위** ★ 17 국회8급

공용수용이 허용될 수 있는 공익성을 가진 사업, 즉 공익사업의 범위는 사업시행자와 토지소유자 등의 이해가 상반되는 중요한 사항으로서, 공용수용에 대한 법률유보의 원칙에 따라 법률에서 명확히 규정되어야 한다. 공공의 이익에 도움이 되는 사업이라도 '공익사업'으로 실정법에 열거되어 있지 않은 사업은 공용수용이 허용될 수 없다. 공익사업의 범위는 국가의 목표 및 시대적 상황에 따라 달라질 수 있으며 입법정책으로 결정될 문제라고 할 수 있다. 과거 공용수용이 허용되는 공익사업은 도로건설, 철도부설, 발전소건설, 운하건설 등과 같은 특정사업에서 시작되었다가, 특정사업이 아닌 것으로까지 확대되어 왔다. 또한 공익사업의 범위는 당시의 행정수요 및 사회경제적 여건의 변화에 따라 규정되는 것으로서, 과거 공익사업으로 규정되었던 제철·비료 등의 사업 분야는 더 이상 공익사업으로 보기 어렵고, 사인 간의 토지매수로 가능하다고 보아 공익사업에서 제외되었다. 현재 공용수용이 허용될 수 있는 공익사업은 「공익사업을 위한 토지 등의 취득 및 보상에 관한 법률」 및 각 개별법에 열거되어 있다. 다만 법이 공용수용 할 수 있는 공익사업을 열거하고 있더라도, 이는 공공성 유무를 판단하는 일응의 기준을 제시한 것에 불과하므로, 사업인정의 단계에서 개별적·구체적으로 공공성에 관한 심사를 하여야 한다(헌재결 2014.10. 30, 2011헌바129·172).

공용수용이 허용될 수 있는 공익사업의 범위는 법률유보 원칙에 따라 법률에서 명확히 규정되어야 한다. 따라서 공공의 이익에 도움이 되는 사업이라도 '공익사업'으로 실정법에 열거되어 있지 아니한 사업은 공용수용이 허용될 수 없다. ■ 17 국회8급

**(4) 공공필요의 판단기준** ★ 17 국회8급, 17 국가9급

오늘날 공익사업의 범위가 확대되는 경향에 대응하여 재산권의 존속보장과의 조화를 위해서는, '공공필요'의 요건에 관하여, 공익성은 추상적인 공익 일반 또는 국가의 이익 이상의 중대한 공익을 요구하므로 기본권 일반의 제한사유인 '공공복리'보다 좁게 보는 것이 타당하며, 공익성의 정도를 판단함에 있어서는 공용수용을 허용하고 있는 개별법의 입법목적, 사업내용, 사업이 입법목적에 이바지 하는 정도는 물론, 특히 그 사업이 대중을 상대로 하는 영업인 경우에는 그 사업 시설에 대한 대중의 이용·접근가능성도 아울러 고려하여야 한다(헌재결 2014.10.30, 2011헌바129·172).

재산권의 존속보장과의 조화를 위하여서는 '공공필요'의 요건에 관하여 공익성은 추상적인 공익 일반 또는 국가의 이익 이상의 중대한 공익을 요구하므로 기본권 일반의 제한사유인 '공공복리'보다 넓게 보는 것이 타당하다. (x) ■ 17 국회8급

**(5) 공익성 판단기준** ★ 17 국회8급

헌법 제23조 제3항에서 규정하고 있는 '공공필요'는 "국민의 재산권을 그 의사에 반하여 강제적으로라도 취득해야 할 공익적 필요성"으로서, '공공필요'의 개념은 '공익성'과 '필요성'이라는 요소로 구성되어 있는바, '공익성'의 정도를 판단함에 있어서는 공용수용을 허용하고 있는 개별법의 입법목적, 사업내용, 사업이 입법목적에 이바지 하는 정도는 물론, 특히 그 사업이 대중을 상대로 하는 영업인 경우에는 그 사업 시설에 대한 대중의 이용·접근가능성도 아울러 고려하여야 한다. 그리고 '필요성'이 인정되기 위해서는 공용수용을 통하여 달성하려는 공익과 그로 인하여 재산권을 침해당하는 사인의 이익 사이의 형량에서 사인의 재산권침해를 정당화할 정도의 공익의 우월성이 인정되어야 하며, 사업시행자가 사인인 경우에는 그 사업 시행으로 획득할 수 있는 공익이 현저히 해태되지 않도록 보장하는 제도적 규율도 갖추어져 있어야 한다(헌재결 2014.10.30, 2011헌바129·172).

(6) 체육시설을 도시계획시설사업의 대상이 되는 기반시설의 한 종류로 규정한 「국토의 계획 및 이용에 관한 법률」 제2조 제6호 라목 중 '체육시설' 부분은 포괄위임금지원칙에 위배된다(시행령에서 골프장을 공용수용이 가능한 체육시설로 규정)

> 재산권 수용에 있어 요구되는 공공필요성과 관련하여 살펴본다면 체육시설은 시민들이 손쉽게 이용할 수 있는 시설에서부터 그 시설 이용에 일정한 경제적 제한이 존재하는 시설, 시설이용비용의 다과와는 관계없이 그 자체 공익목적을 위하여 설치된 시설 등에 이르기까지 상당히 넓은 범위에 걸쳐 있다. 따라서 그 자체로 공공필요성이 인정되는 교통시설이나 수도·전기·가스공급설비 등 국토계획법상의 다른 기반시설과는 달리, 기반시설로서의 체육시설의 종류와 범위를 대통령령에 위임하기 위해서는, 체육시설 중 공공필요성이 인정되는 범위로 한정해 두어야 한다. 그러나 이 사건 정의조항은 체육시설의 구체적인 내용을 아무런 제한 없이 대통령령에 위임하고 있으므로, 기반시설로서의 체육시설의 구체적인 범위를 결정하는 일을 전적으로 행정부에게 일임한 결과가 되어 버렸다. 이로 인해 예컨대, 시행령에서 공공필요성을 인정하기 곤란한 일부 골프장과 같은 시설까지도 체육시설의 종류에 속하는 것으로 규정되는 경우에는 그러한 공공필요성이 부족한 시설을 설치하기 위해서까지 수용권이 과잉행사될 우려가 발생하게 된다. 그렇다면, 이 사건 정의조항은 개별 체육시설의 성격과 공익성을 고려하지 않은 채 구체적으로 범위를 한정하지 않고 포괄적으로 대통령령에 입법을 위임하고 있으므로 헌법상 위임입법의 한계를 일탈하여 포괄위임금지원칙에 위배된다(헌재결 2011.6.30, 2008헌바166·2011헌바35).

(7) 행정청이 골프장에 관하여 한 도시계획시설결정과 그에 관한 실시계획 인가처분의 적법성이 인정되기 위한 요건 및 체육시설이 운영방식 등에서 일반인의 이용에 제공하기 위한 시설에 해당하는지 판단하는 기준

> 행정청이 골프장에 관하여 한 도시계획시설결정은 특별한 사정이 없는 한 일반인의 이용에 제공하기 위하여 설치하는 체육시설인 경우에 한하여 적법한 것으로 인정될 수 있고, 행정청이 그 도시계획시설결정에 관한 실시계획을 인가할 때에는 그 실시계획이 법령이 정한 도시계획시설(체육시설)의 결정·구조 및 설치의 기준은 물론이고, 운영방식 등에서 일반인의 이용에 제공하기 위한 체육시설에 해당하는지도 함께 살펴 이를 긍정할 수 있을 때에 한하여 인가할 수 있다고 보아야 한다. 그리고 체육시설이 운영방식 등에서 일반인의 이용에 제공하기 위한 시설에 해당하는지는 그 종류의 시설을 이용하여 체육활동을 하는 일반인의 숫자, 당해 시설의 운영상의 개방성, 시설 이용에 드는 경제적 부담의 정도, 시설의 규모와 공공적 요소 등을 종합적으로 고려하여 그 시설의 이용 가능성이 불특정 다수에게 실질적으로 열려 있는지를 중심으로 판단해야 한다(대판 2013.9.12, 2012두12884).

(8) 골프장에 관한 도시계획시설결정에 따라 관할 시장이 甲 주식회사를 사업시행자로 하여 회원제 골프장을 설치하는 내용의 도시계획시설사업 실시계획인가 고시를 한 사안에서, 위 인가처분은 위법하지만, 그 흠이 중대·명백하여 당연무효라고 볼 수는 없다고 한 사례

> 도시계획시설결정은 일반인의 이용에 제공하기 위하여 설치하는 골프장에 관하여 한 것이라고 인정되는 범위 내에서만 적법한데, 회원제 골프장은 상당한 정도로 고액인 입회비를 내고 회원이 된 사람 이외의 사람에게는 이용이 제한되므로, 특별한 사정이 없는 한 이를 '일반인의 이용에 제공하기 위하여 설치하는 체육시설'이라고 보기는 어려워, 위 도시계획시설사업 실시계획인가는 그 근거가 되는 도시계획시설결정의 적법성이 인정되는 범주를 벗어나는 것으로서 위법하지만, 인가처분 당시 골프장에 관한 도시계획시설결정이 '일반인의 이용에 제공하기 위하여 설치하는 체육시설'인 골프장에 한정되고, 회원제 운영방식의 골프장은 이에 맞지 않아 위법하다는 법리가 명백히 밝혀져 해석에 다툼의 여지가 없었다고 보기는 어려우므로 그 흠이 중대·명백하여 당연무효라고 볼 수는 없다(대판 2013.9.12, 2012두12884).

**(9) 민간기업을 수용의 주체로 규정한 「산업입지 및 개발에 관한 법률」 제22조 제1항의 '사업시행자' 부분 중 '제 16조 제1항 제3호'에 관한 부분은 헌법 제23조 제3항에 위반되지 않는다** ★ 11 국회9급, 14 사회복지

> 우리 헌법상 수용의 주체를 국가로 한정한 바 없으므로 민간기업도 수용의 주체가 될 수 있고, 산업입지의 공급을 통해 산업발전을 촉진하며 국민경제의 발전에 이바지하고자 함에는 공공의 필요성이 있으며, 피수용자에게 환매권이 보장되고 정당한 보상이 지급되며, 나아가 수용과정이 적법절차에 의해 규율되는 점에 비추어 볼 때 민간기업에게 산업단지개발사업에 필요한 토지 등을 수용할 수 있도록 규정한 「산업입지 및 개발에 관한 법률」 제22조 제1항의 '사업시행자' 부분 중 '제16조 제1항 제3호'에 관한 부분 등을 위헌이라 할 수 없다(헌재결 2009.9.24, 2007헌바114).

**(10) 수용의 주체가 공적 기관이든 민간기업이든 공공필요에 대한 판단과 수용의 범위에 본질적인 차이는 없다**
★ 21·20 국가7급

최신기출
> 민간기업이 수용의 주체가 되는 경우라 하더라도, 그 민간기업에게 수용권을 부여하는 것은 산업단지 지정처분 등을 행하는 국가 내지 지방자치단체 등이라 할 수 있는바, 이는 궁극적으로 수용에 요구되는 공공의 필요성 등에 대한 최종적인 판단권한이 국가와 같은 공적 기관에게 유보되어 있음을 의미하는 것이다. 국가 등의 공적 기관이 직접 수용의 주체가 되는 것이든 그러한 공적 기관의 최종적인 허부판단과 승인결정 하에 민간기업이 수용의 주체가 되는 것이든, 양자 사이에 공공필요에 대한 판단과 수용의 범위에 있어서 본질적인 차이를 가져올 것으로 보이지 않는다(헌재결 2009.9.24, 2007헌바114).

> 공용수용은 공공필요에 부합하여야 하므로, 수용 등의 주체를 국가 등의 공적 기관에 한정하여야 한다. (×) ■ 21 국가7급

**(11) 민간기업이 도시계획시설사업의 시행자로서 도시계획시설사업에 필요한 토지 등을 수용할 수 있도록 규정한 국 토계획법 제95조 제1항의 '도시계획시설사업의 시행자' 중 '제86조 제7항'의 적용을 받는 부분은 헌법 제23조 제3항 소정의 '공공필요성' 요건을 결여하거나 과잉금지원칙을 위반하여 재산권을 침해한다고 할 수 없다**

> 도시계획시설사업은 그 자체로 공공필요성의 요건이 충족된다. 또한 이 사건 수용조항은 도시계획시설사업의 원활한 진행을 위한 것이므로 정당한 입법목적을 가진다. 민간기업도 일정한 조건하에서는 헌법상 공용수용권을 행사할 수 있고, 위 수용조항을 통하여 사업시행자는 사업을 원활하게 진행할 수 있으므로, 위 조항은 위 입법목적을 위한 효과적인 수단이 된다. 만약 사업시행자에게 수용권한이 부여되지 않는다면 협의에 응하지 않는 사람들의 일방적인 의사에 의해 도시계획시설사업을 통한 공익의 실현이 저지되거나 연기될 수 있고, 수용에 이르기까지의 과정이 국토계획법상 적법한 절차에 의해 진행되며, 사업시행자는 피수용권자에게 정당한 보상을 지급해야 하고, 우리 법제는 구체적인 수용처분에 하자가 있을 경우 행정소송 등을 통한 실효적인 권리구제의 방안들을 마련하고 있는 점 등에 비추어 이 사건 수용조항이 피해의 최소성 원칙에 반한다고 볼 수 없고, 우리 국가공동체에서 도시계획시설이 수행하는 역할 등을 감안한다면 위 수용조항이 공익과 사익 간의 균형성을 도외시한 것이라고 보기도 어렵다. 따라서 이 사건 수용조항은 헌법 제23조 제3항 소정의 공공필요성 요건을 결여하거나 과잉금지원칙을 위반하여 재산권을 침해한다고 볼 수 없다(헌재결 2011.6.30, 2008헌바166·2011헌바35).

**(12)**

> 산업단지개발사업을 시행함에 있어 필요한 경우 사업시행자인 지방공기업에 수용권을 부여한 구 「산업입지 및 개발에 관한 법률」 제22조 제1항의 '사업시행자' 부분 중 제16조 제1항 제1호의 지방공기업에 관한 부분은 헌법 제23조 제3항 및 제37조 제2항에 위반되지 않는다(합헌)(헌재결 2012.3.29, 2010헌바370).

**(13)** 관광단지 조성사업에 있어 민간개발자를 토지 수용의 주체로 규정한 관광진흥법 제54조 제4항 단서 중 제61조 제1항에 관한 부분은 헌법 제23조 제3항에 위반되지 않는다 ★ 20 국회9급

헌법 제23조 제3항은 정당한 보상을 전제로 하여 재산권의 수용 등에 관한 가능성을 규정하고 있지만, 수용의 주체를 한정하지 않고 있으므로 위 헌법조항의 핵심은 그 수용의 주체가 국가인지 민간개발자인지에 달려 있다고 볼 수 없다. … 따라서 관광단지 조성사업에 있어 민간개발자를 수용의 주체로 규정한 것 자체를 두고 헌법에 위반된다고 볼 수 없다(헌재결 2013.2.28. 2011헌바250).

> 「관광진흥법」이 민간개발자를 수용의 주체로 규정한 것은 헌법에 위반된다. (x) ■ 20 국회9급

**(14)** 행정기관이 개발촉진지구 지역개발사업으로 실시계획을 승인하고 이를 고시하기만 하면 고급골프장 사업과 같이 공익성이 낮은 사업에 대해서까지도 시행자인 민간개발자에게 수용권한을 부여하는 구 「지역균형개발 및 지방중소기업 육성에 관한 법률」 제19조 제1항의 '시행자' 부분 중 '제16조 제1항 제4호'에 관한 부분은 헌법 제23조 제3항에 위배된다(헌법불합치)

이 사건에서 문제된 지구개발사업의 하나인 '관광휴양지 조성사업' 중에는 고급골프장, 고급리조트 등(고급골프장 등)의 사업과 같이 입법목적에 대한 기여도가 낮을 뿐만 아니라, 대중의 이용·접근가능성이 작아 공익성이 낮은 사업도 있다. 또한 고급골프장 등 사업은 그 특성상 사업 운영 과정에서 발생하는 지방세수 확보와 지역경제 활성화는 부수적인 공익일 뿐이고, 이 정도의 공익이 그 사업으로 인하여 강제수용 당하는 주민들의 기본권침해를 정당화할 정도로 우월하다고 볼 수는 없다. 따라서 이 사건 법률조항은 공익적 필요성이 인정되기 어려운 민간개발자의 지구개발사업을 위해서까지 공공수용이 허용될 수 있는 가능성을 열어두고 있어 헌법 제23조 제3항에 위반된다(헌재결 2014.10.30. 2011헌바129·172).

**(15)** 국가지정문화재에 대하여 관리단체로 지정된 지방자치단체의 장은 문화재보호법 제83조 제1항 및 「공익사업을 위한 토지 등의 취득 및 보상에 관한 법률」에 따라 국가지정문화재나 그 보호구역에 있는 토지 등을 수용할 수 있다 ★ 21 국가7급

문화재보호법 제83조 제1항은 "문화재청장이나 지방자치단체의 장은 문화재의 보존·관리를 위하여 필요하면 지정문화재나 그 보호구역에 있는 토지, 건물, 입목(立木), 죽(竹), 그 밖의 공작물을 「공익사업을 위한 토지 등의 취득 및 보상에 관한 법률」(토지보상법)에 따라 수용하거나 사용할 수 있다."라고 규정하고 있다. … 이와 같이 문화재보호법은 지방자치단체 또는 지방자치단체의 장에게 시·도지정문화재뿐 아니라 국가지정문화재에 대하여도 일정한 권한 또는 책무를 부여하고 있고, 문화재보호법에 해당 문화재의 지정권자만이 토지 등을 수용할 수 있다는 등의 제한을 두고 있지 않으므로, 국가지정문화재에 대하여 관리단체로 지정된 지방자치단체의 장은 문화재보호법 제83조 제1항 및 토지보상법에 따라 국가지정문화재나 그 보호구역에 있는 토지 등을 수용할 수 있다(대판 2019.2.28. 2017두71031).

## II. 재산권에 대한 공권적 침해

### 1. 재산권의 의의 ★ 20 국회9급

**최신기출**

헌법 제23조 제1항의 재산권보장에 의하여 보호되는 재산권은 사적유용성 및 그에 대한 원칙적 처분권을 내포하는 재산가치 있는 구체적 권리이다. 그러므로 구체적인 권리가 아닌, 단순한 이익이나 재화의 획득에 관한 기회 등은 재산권보장의 대상이 아니다(헌재결 1996.8.29, 95헌바36).

### 2.

공공사업의 시행으로 손해를 입었다고 주장하는 자가 보상받을 권리를 가졌는지 판단하는 기준 시점은 공공사업 시행 당시이다(대판 2013.6.14, 2010다9658).

### 3. 문화적·학술적 가치는 손실보상의 대상이 아니다 ★ 12 국가9급, 11 지방7급

문화적·학술적 가치는 특별한 사정이 없는 한 그 토지의 부동산으로서의 경제적·재산적 가치를 높여 주는 것이 아니므로 토지수용법 제51조 소정의 손실보상의 대상이 될 수 없으니, 이 사건 토지가 철새 도래지로서 자연 문화적인 학술가치를 지녔다 하더라도 손실보상의 대상이 될 수 없다(대판 1989.9.12, 88누11216).

### 4. 면허를 받아 도선사업을 영위하던 甲 농업협동조합이 연륙교 건설 때문에 항로권을 상실하였다며 연륙교 건설사업을 시행한 지방자치단체(전라남도)를 상대로 구 「공공용지의 취득 및 손실보상에 관한 특례법 시행규칙」 제23조, 제23조의6 등을 유추적용하여 손실보상할 것을 구한 사안에서, 위 항로권은 도선사업의 영업권과 별도로 손실보상의 대상이 되는 권리가 아니라고 본 원심판단을 정당하다고 한 사례

항로권은 구 「공공용지의 취득 및 손실보상에 관한 특례법」 등 관계 법령에서 간접손실의 대상으로 규정하고 있지 않고, 항로권의 간접손실에 대해 유추적용할 만한 규정도 찾아볼 수 없으므로, 위 항로권은 도선사업의 영업권 범위에 포함하여 손실보상 여부를 논할 수 있을 뿐 이를 손실보상의 대상이 되는 별도의 권리라고 할 수 없다(대판 2013.6.14, 2010다9658).

### 5. 도시계획사업허가의 공고시에 토지세목의 고시를 누락하거나 사업인정을 함에 있어 수용 또는 사용할 토지의 세목을 공시하는 절차를 누락한 경우, 이를 이유로 수용재결처분의 취소를 구하거나 무효확인을 구할 수 없다

도시계획사업허가의 공고시에 토지세목의 고시를 누락하거나 사업인정을 함에 있어 수용 또는 사용할 토지의 세목을 공시하는 절차를 누락한 경우, 이는 절차상의 위법으로서 수용재결 단계 전의 사업인정 단계에서 다툴 수 있는 취소사유에 해당하기는 하나 더 나아가 그 사업인정 자체를 무효로 할 중대하고 명백한 하자라고 보기는 어렵고, 따라서 이러한 위법을 들어 수용재결처분의 취소를 구하거나 무효확인을 구할 수는 없다(대판 2009.11.26, 2009두11607).

## III. 특별한 희생

### 1. 구별기준

(1) 헌법재판소의 입장에 대해서는 ( i ) 형식적 기준설과 실질적 기준설을 직접적인 기준으로 삼아 판단하지 아니하고 신뢰보호의 관점에서 접근했다는 견해(석종현), ( ii ) 복수기준설을 취했다는 견해(유상현), ( iii ) 목적위배설을 취했다는 견해가 대립한다.

> 언제 이 사건 법률조항에 의한 제한이 토지재산권의 내재적 한계로서 허용되는 사회적 제약의 범위를 넘어 감수하라고 할 수 없는 특별한 재산적 손해가 발생하였는가의 문제는 일률적으로 확정할 수는 없고 당해 토지가 놓여 있는 객관적 상황(공부상 지목, 토지의 구체적 현황 등)을 종합적으로 고려하여 판단(상황구속성설 ; 필자 주)해야 할 것이나, 토지소유자가 보상 없이 수인해야 할 한계를 설정함에 있어서 일반적으로 다음의 두 가지 관점이 중요한 기준이 된다고 하겠다. 첫째, 토지를 합법적인 용도대로 계속 사용할 수 있는 가능성이 있는가 하는 것이다. … 토지를 종래 합법적으로 행사된 토지이용의 목적으로도 사용할 수 없는 경우(목적위배설 ; 필자 주), 토지재산권의 이러한 제한은 국민 누구나가 수인해야 하는(수인한도설 ; 필자 주) 사회적 제약의 범위를 넘는 것으로 판단해야 한다. 둘째, 토지에 대한 이용방법의 제한으로 말미암아 토지소유자에게 법적으로 전혀 이용방법이 없기 때문에 실질적으로 토지에 대한 사용·수익을 전혀 할 수 없는 경우(사적 효용설 ; 필자 주)에도, 수인의 한계를 넘는 특별한 재산적 손해가 발생하였다고 보아야 한다(헌재결 1998.12.24, 89헌마214·90헌바16·97헌바78 병합).

### 2. 특별한 희생 해당 여부

(1) **공공용물에 대한 일반사용이 적법한 개발행위로 제한됨으로 인한 불이익은 특별한 손실이 아니다**

★ 12 지방7급, 11 국가9급

> 일반 공중의 이용에 제공되는 공공용물에 대하여 특허 또는 허가를 받지 않고 하는 일반사용은 다른 개인의 자유이용과 국가 또는 지방자치단체 등의 공공목적을 위한 개발 또는 관리·보존행위를 방해하지 않는 범위 내에서만 허용된다 할 것이므로, 공공용물에 관하여 적법한 개발행위 등이 이루어짐으로 말미암아 이에 대한 일정 범위의 사람들의 일반사용이 종전에 비하여 제한 받게 되었다 하더라도 특별한 사정이 없는 한 그로 인한 불이익은 손실보상의 대상이 되는 특별한 손실에 해당한다고 할 수 없다(대판 2002.2.26, 99다35300).

(2)

> 공익사업의 시행으로 토석채취허가를 연장받지 못한 경우 그로 인한 손실과 공익사업 사이에 상당인과관계가 인정되지 않고, 그 손실은 적법한 공권력의 행사로 가하여진 재산상의 특별한 희생으로서 손실보상의 대상이 되지 않는다(대판 2009.6.23, 2009두2672).

(3) **간척사업의 시행으로 종래의 관행어업권자에게 구 공유수면매립법에서 정하는 손실보상청구권이 인정되기 위해서는 매립면허고시 후 매립공사가 실행되어 관행어업권자에게 실질적이고 현실적인 피해가 발생해야 한다**

★ 21 국가7급, 19 지방9급, 14 국회8급

`최신기출`
> 공유수면 매립면허의 고시가 있다고 하여 반드시 그 사업이 시행되고 그로 인하여 손실이 발생한다고 할 수 없으므로, 매립면허 고시 이후 매립공사가 실행되어 관행어업권자에게 실질적이고 현실적인 피해가 발생한 경우에만 공유수면매립법에서 정하는 손실보상청구권이 발생하였다고 할 것이다(대판 2010.12.9, 2007두6571).

## 3. 분리이론·경계이론

헌법재판소는 개발제한구역의 지정으로 인한 재산권 행사의 제한과 그에 대한 권익구제의 문제를 헌법 제23조 제3항의 공용제한과 손실보상의 문제로 보지 않고 헌법 제23조 제1항 및 제2항의 재산권의 내용과 한계의 문제로 보고 있다. 이 점에서 헌법재판소는 재산권의 제한에 관한 독일법상의 경계이론과 분리이론 중 분리이론을 취하고 있다.

**분리이론** ★ 13 서울7급, 10 서울교행

> 입법자가 도시계획법(현 「국토의 계획 및 이용에 관한 법률」) 제21조를 통하여 국민의 재산권을 비례의 원칙에 부합하게 합헌적으로 제한하기 위해서는, 수인의 한계를 넘어 가혹한 부담이 발생하는 예외적인 경우에는 이를 완화하는 보상규정을 두어야 한다. 이러한 보상규정은 입법자가 헌법 제23조 제1항 및 제2항에 의하여 재산권의 내용을 구체적으로 형성하고 공공의 이익을 위하여 재산권을 제한하는 과정에서 이를 합헌적으로 규율하기 위하여 두어야 하는 규정(분리이론을 판시한 부분 ; 필자 주)이다(헌재결 1998.12.24, 89헌마214·90헌바16·97헌바78 병합).

# 제3항 손실보상의 대상

# 제1목 생활보상

## Ⅰ. 이주대책

### 1. 이주대책의 취지(생활보상의 일환) ★ 20 국회8급, 14 사회복지, 11 지방9급, 10 지방7급, 10 서울9급

> **최신기출**
>
> 구 「공익사업을 위한 토지 등의 취득 및 보상에 관한 법률」 제78조 제1항과 같은조 제4항의 취지를 종합하여 보면, 공익사업법에 의한 이주대책은 공익사업의 시행에 필요한 토지 등을 제공함으로 인하여 생활의 근거를 상실하게 되는 이주대책대상자들을 위하여 사업시행자가 '기본적인 생활시설이 포함된' 택지를 조성하거나 그 지상에 주택을 건설하여 이주대책대상자들에게 이를 '그 투입비용 원가만의 부담 하에 개별 공급하는 것으로서, 그 본래의 취지가 이주대책대상자들에 대하여 종전의 생활상태를 원상으로 회복시키면서 동시에 인간다운 생활을 보장하여 주기 위한, 이른바 생활보상의 일환으로 국가의 적극적이고 정책적인 배려에 의하여 마련된 제도이다(대판 2011.2.24, 2010다43498).

### 2. 이주대책 수립·실시의무(사업시행자)

**(1) 사업시행자의 이주대책 수립·실시의무와 이주대책의 내용에 관하여 규정하고 있는 공익사업법 조항은 당사자의 합의 또는 사업시행자의 재량에 의하여 그 적용을 배제할 수 없는 강행법규이다** ★ 17 국가7급

> **전합판례**
>
> 사업시행자의 이주대책 수립·실시의무를 정하고 있는 구 공익사업법 제78조 제1항은 물론 그 이주대책의 내용에 관하여 규정하고 있는 같은법 제78조 제4항 본문 역시 당사자의 합의 또는 사업시행자의 재량에 의하여 그 적용을 배제할 수 없는 강행법규이다[대판(전합) 2011.6.23, 2007다63089·63096].

> 「공익사업을 위한 토지 등의 취득 및 보상에 관한 법률」상 사업시행자에 의한 이주대책 수립·실시 및 이주대책의 내용에 관한 규정은 당사자의 합의에 의하여 적용을 배제할 수 있다. (×) ■ 17 국가7급

### (2) 재개발사업의 경우에도 이주대책을 수립해야 한다

> 재개발사업으로 인하여 주택이 철거되는 주민들을 위하여 재개발사업이 완료되어 입주하기까지 사이의 기간 동안 임시로 거처할 시설 등을 제공하도록 한 임시수용시설의 설치에 관한 규정인 구 도시재개발법(현 「도시 및 주거환경정비법」) 제27조 제1항은 재개발사업으로 인하여 생활근거를 상실하는 자에 대하여 시행하도록 규정하고 있는 이주대책과는 별개의 내용을 규정한 것이므로, 위 규정을 이유로 재개발사업의 경우 이주대책을 세우지 않아도 된다고 할 수는 없다(대판 2004.10.27, 2003두858).

### (3)

> **전합판례** 사업시행자가 택지개발촉진법 또는 주택법 등 관계 법령에 의하여 이주대책대상자에게 택지 또는 주택을 공급한 경우에도 사업시행자가 도로·급수시설·배수시설 그 밖의 공공시설 등 당해 지역조건에 따른 생활기본시설을 설치하여 이주대책대상자들에게 제공하여야 한다(대판(전합) 2011.6.23, 2007다63089·63096).

### (4) 사업시행자가 택지개발촉진법 또는 주택법 등 관계 법령에 의하여 이주대책대상자에게 택지 또는 주택을 공급한 경우에도 사업시행자가 도로·급수시설·배수시설 그 밖의 공공시설 등 당해 지역조건에 따른 생활기본시설을 설치하여 이주대책대상자들에게 제공하여야 한다

> **전합판례** 사업시행자가 구 '공익사업법 시행령' 제40조 제2항 단서에 따라 택지개발촉진법 또는 주택법 등 관계법령에 의하여 이주대책대상자들에게 택지 또는 주택을 공급(특별공급)하는 것도 구 공익사업법 제78조 제1항의 위임에 근거하여 사업시행자가 선택할 수 있는 이주대책의 한 방법이므로, 특별공급의 경우에도 이주정착지를 제공하는 경우와 마찬가지로 사업시행자의 부담으로 같은조 제4항이 정한 생활기본시설을 설치하여 이주대책대상자들에게 제공하여야 한다고 봄이 상당하고, 이주대책대상자들이 특별공급을 통해 취득하는 택지나 주택의 시가가 그 공급가액을 상회하여 그들에게 시세차익을 얻을 기회나 가능성이 주어진다고 하여 달리 볼 것은 아니다(대판(전합) 2011.6.23, 2007다63089·63096).

## 3. 이주대책의 재량행위성 및 이주대책기준

사업시행자는 법령에서 정한 일정한 경우 이주대책을 수립할 의무를 지지만, 이주대책의 내용결정에 있어서는 재량권을 갖는다.

### (1)

> 「주택공급에 관한 규칙」 제19조 제1항 제3호에서 정한 철거 주택의 소유자를 대상으로 하는 국민주택 등의 특별공급의 경우, 사업시행자가 공급 국민주택의 수량 및 대상자 결정 등에 관하여 재량을 가진다(대판 2009.11.12, 2009두10291). ★ 20 서울7급, 20·15 국회8급, 10 지방7급

> 사업시행자는 법령에서 정한 일정한 경우 이주대책을 수립실시할 의무를 지므로 이주대책의 내용결정에 있어서 재량권이 인정되지 않는다. (x) ■ 20 서울7급

### (2)

> 「공익사업을 위한 토지 등의 취득 및 보상에 관한 법률」과 동법 시행령에 의해 이주대책을 수립·실시하거나 이주정착금을 지급함에 있어서 사업시행자가 설정한 기준은 그것이 객관적으로 합리적이 아니라거나 타당하지 않다고 볼만한 다른 특별한 사정이 없는 한 존중되어야 한다(대판 2010.3.25, 2009두23709).

## 4. 이주대책의 대상자

### (1) 법령으로 정한 이주대책대상자

법률에서 이주대책대상자는 공익사업의 시행으로 인하여 주거용 건축물을 제공함에 따라 생활의 근거를 상실하게 되는 자를 말한다(제78조 제1항).

#### ① 공익사업의 시행을 원인

甲 지방자치단체(서울특별시)가 진행한 노후화된 시민아파트 철거사업에 따라 乙 등이 시민아파트를 관할 자치구에 매도하고 丙 공사가 공급하는 아파트를 분양받은 사안에서, 乙 등은 구 「공익사업을 위한 토지 등의 취득 및 보상에 관한 법률」 제78조 제4항에 의하여 사업시행자가 생활기본시설 설치비용을 부담하는 이주대책대상자에 해당하지 아니하고, 乙 등과 丙 공사가 체결한 아파트분양계약 중 분양대금에 생활기본시설 설치비용을 포함시킨 부분이 강행법규에 위배되어 무효가 된다거나 사업시행자가 부담하여야 할 생활기본시설 설치비용의 지출을 면하였다고 볼 수 없다고 한 사례

구 재난관리법 제39조가 시민아파트를 수용 또는 사용할 수 있는 근거 규정이 되지 못하므로 시민아파트 정리사업은 구 「공익사업을 위한 토지 등의 취득 및 보상에 관한 법률」(구 토지보상법) 제4조 각 호의 사업에 해당하지 아니하고, 甲 지방자치단체가 시민아파트를 철거한 자리에 공원, 주차장 등을 설치할 계획을 가지고 있었더라도 시민아파트 정리사업이 관계 법령에 따른 사업인정절차를 거쳐 추진된 것이 아닌 이상 그러한 사정만으로 공익사업에 해당한다고 볼 수 없으므로, 乙 등은 구 토지보상법 제78조 제4항에 의하여 사업시행자가 생활기본시설 설치비용을 부담하는 이주대책대상자에 해당하지 아니하고, 구 토지보상법 제4조 각 호에 규정된 공익사업에 해당하지 아니하는 시민아파트 정리사업으로 인하여 주거용 건축물을 제공한 乙 등이 스스로를 이주대책대상자에 해당한다고 믿었더라도, 그러한 사정만으로 乙 등과 丙 공사가 체결한 아파트분양계약 중 분양대금에 생활기본시설 설치비용을 포함시킨 부분이 강행법규에 위배되어 무효가 된다거나 사업시행자가 부담하여야 할 생활기본시설 설치비용의 지출을 면하였다고 볼 수 없다고 한 사례(대판 2015.6.11, 2012다58920)

#### ② 주거용 건축물의 소유자일 것

㉠

도시개발사업의 사업시행자가 보상계획공고일을 기준으로 이주대책대상자를 정한 후, 협의계약 체결일 또는 수용재결일까지 당해 주택에 계속 거주하였는지 여부 등을 고려하여 이주대책을 수립·실시하여야 할 자를 선정하여 그들에게 공급할 아파트의 종류, 면적을 정한 이주대책기준을 근거로 한 입주권 공급대상자 결정처분에 재량권을 일탈·남용한 위법이 없다고 한 사례(대판 2009.3.12, 2008두12610)

㉡

사업시행자가 「공익사업을 위한 토지 등의 취득 및 보상에 관한 법률」 제78조 제1항, 같은 법 시행령 제40조 제2항, 「주택공급에 관한 규칙」 제19조 제1항 제3호에서 정한 이주대책대상자를 선정하면서 공부상 기재된 건물의 용도를 기준으로 그 대상자를 선정한 것은 위법하다고 볼 수 없다(대판 2009.11.12, 2009두10291).

㉢

도시계획 사업시행자가 사업부지 내 철거 건축물의 건축물대장상 용도가 '주거용'이 아닌 '근린생활시설'이라는 이유로 그 건물을 국민주택 특별공급의 대상에서 배제한 처분은 위법하지 않다(대판 2009.11.12, 2009두10291).

ㄹ

최신판례 이주대책 수립대상 가옥에 관한 공동상속인 중 1인에 해당하는 공유자가 그 가옥에서 계속 거주하여 왔고 그가 사망한 이후 대상 가옥에 관하여 나머지 상속인들 사이에 상속재산분할협의가 이루어진 경우, 사망한 공유자는 이주대책대상자 선정 특례에 관한 한국토지주택공사의 「이주 및 생활대책 수립지침」 제8조 제2항 전문의 '종전 의 소유자'에 해당한다(대판 2020.7.9, 2020두34841).

ㅁ

최신판례 상속재산분할에 소급효가 인정된다고 하더라도, 사망한 공유자가 생전에 공동상속인 중 1인으로서 대상 가옥을 공유하였던 사실 자체가 부정된다고 볼 수 없으므로, 사망한 공유자는 피고의 「이주 및 생활대책 수립지침」 제8 조 제2항 전문의 '종전의 소유자'에 해당한다고 해석하는 것이 타당하다고 판시한 사안[원고가 '이주 및 생활대책 수립지침'의 선정특례 조항에 근거하여 이주자택지 공급신청을 하였으나, 피고가 원고에 대하여 이주대책대상자 부적격 통보를 한 사건](대판 2020.7.9, 2020두34841)

③ 생활의 근거를 상실

주거환경개선지구 내 주거용 건축물의 소유자로서 「도시저소득주민의 주거환경개선을 위한 임시조치법」에 따른 주거환경개선사업으로 건설되는 주택에 관한 분양계약을 체결한 자들은 구 「공익사업을 위한 토지 등의 취득 및 보상에 관한 법률」 제78조 제1항에서 정한 '이주대책대상자'에 해당하지 않는다

구 「도시저소득주민의 주거환경개선을 위한 임시조치법」(2002. 12. 30. 법률 제6852호 「도시 및 주거환경정비 법」 부칙 제2조로 폐지)에 따른 주거환경개선사업은 당해 사업지구 내 도시의 저소득주민들 전체의 주거환경개 선을 위한 것으로서 그로 인하여 사업지구 내 토지 또는 건축물의 소유자, 세입자 등은 생활 근거를 상실하는 것이 아니라 오히려 당해 사업으로 건설되는 주택을 분양 또는 임대받게 되고, 특히 사업지구 내 주거용 건축물 소유자들 의 경우 일시적으로는 공익사업에 해당하는 주거환경개선사업의 시행으로 인하여 주거용 건축물을 제공할 수밖 에 없다 하더라도 추후 당해 사업에 의하여 건설되는 주택을 그들의 선택에 따라 분양 또는 임대받을 수 있는 우선적 권리를 향유하게 될 뿐만 아니라, 토지 또는 건축물의 소유자가 반드시 사업지구에 거주할 것을 요하지도 않으므로 생활 근거를 상실하였는지와 관계없이 주택을 분양 또는 임대받게 된다. 더욱이 주거환경개선사업으로 인하여 건설되는 주택의 분양가격은 주택건설업자가 국가 및 지방자치단체의 보조 등이 없이 일반적으로 책정하게 되는 분양가보다 낮게 되어, 주거용 건축물의 소유자들은 보다 저렴한 비용으로 주택을 분양받아 주거환경개선사업 이전보다 주거환경이 개선된 기존의 생활근거지에서 계속 거주할 수 있게 된다. 뿐만 아니라 택지개발사업 등 공익사 업의 시행은 그로 인하여 주거용 건축물을 제공하는 자들의 의사와 관계없이 이루어지는 것임에 비하여, 주거환경개선 지구 내 주민들이 모두 비자발적으로 주거용 건축물을 제공하는 것도 아니다. 이러한 여러 사정을 비롯한 관계 법령 의 내용, 형식 및 취지 등을 종합하여 보면, 주거환경개선지구 내 주거용 건축물의 소유자로서 위 사업으로 인하 여 건설되는 주택에 관한 분양계약을 체결한 자들은 구 공익사업법 제78조 제1항에 규정된 이주대책대상자 즉, 공익사업의 시행으로 인하여 주거용 건축물을 제공함에 따라 생활의 근거를 상실하게 되는 자에 해당하지 않는 다고 봄이 타당하다(대판 2011.11.24, 2010다80749).

## (2) 법정 제외자

다음 각 호의 어느 하나에 해당하는 자는 이주대책대상자에서 제외한다(토지보상법 시행령 제40조 제5항).

① 허가를 받거나 신고를 하고 건축 또는 용도변경을 하여야 하는 건축물을 허가를 받지 아니하거나 신고를 하지 아니하고 건축 또는 용도변경을 한 건축물의 소유자(제1호)

㉠

> 공익사업법 제78조 제1항 소정의 이주대책의 대상이 되는 주거용 건축물이란 이주대책기준일 당시 건축물의 용도가 주거용인 건물을 의미하고, 이주대책기준일 이후에 적법절차에 따르지 않고 주거용으로 용도변경된 경우에는 수용재결 내지 협의계약 체결 당시 주거용으로 사용된 건물이라 할지라도 이주대책대상이 되는 주거용 건축물이 될 수 없다(대판 2009.2.26, 2008두5124).

㉡

> 사업시행자가 이주 및 생활대책 준칙에서 기준일 이전부터 사업지구 내에 사용승인을 받은 주택을 소유하고 있으면서 그 주택에 계속 거주하여 온 자를 이주대책대상자로 정한 후, 타인 명의로 근린생활시설 증축신고를 하고 사용승인을 받은 건물부분에서 거주해오다가 기준일이 지난 다음에야 자신의 명의로 소유권이전등기를 경료한 사람을 이주대책대상자에서 제외한 것이 합리적 재량권 행사의 범위를 넘는 위법한 것으로 볼 수 없다고 한 원심 판단을 수긍한 사례(대판 2010.3.25, 2009두23709)

㉢ 농업용 창고를 용도변경절차 없이 주거용으로 사용하는 경우 이주대책대상자에 해당하지 않는다

> 건물 및 그 부속물에 대한 손실보상 외에는 별도의 보상이 이루어지지 않는 주거용 건축물의 철거에 따른 생활보상적 측면이 있다는 점을 비롯하여 위 각 규정의 문언, 내용 및 입법 취지 등을 종합하여 보면, 주거용 용도가 아닌 다른 용도로 이미 허가를 받거나 신고를 받은 건축물을 소유한 자라 하더라도, 이주대책기준일 당시를 기준으로 공부상 주거용 용도가 아닌 건축물을 허가를 받거나 신고를 하는 등 적법절차에 의하지 않고 임의로 주거용으로 용도를 변경하여 사용하는 자는 공익사업법시행령 제40조 제3항 제1호의 '허가를 받거나 신고를 하고 건축하여야 하는 건축물을 허가를 받지 아니하거나 신고를 하지 아니하고 건축한 건축물의 소유자'에 포함되는 것으로 해석하는 것이 타당하다(대판 2011.6.10, 2010두26216).

㉣ 관할 행정청으로부터 건축허가를 받아 택지개발사업구역 안에 있는 토지 위에 주택을 신축하였으나 사용승인을 받지 않은 주택의 소유자 甲이 한국토지주택공사에 이주자택지 공급대상자 선정신청을 하였는데 위 주택이 사용승인을 받지 않았다는 이유로 한국토지주택공사가 이주자택지 공급대상자 제외 통보를 한 사안에서, 위 처분이 위법하다고 본 원심판단을 정당하다고 한 사례

> 공공사업의 시행에 따라 생활의 근거를 상실하게 되는 이주자들에 대하여는 가급적 이주대책의 혜택을 받을 수 있도록 하는 것이 「공익사업을 위한 토지 등의 취득 및 보상에 관한 법률」이 규정하고 있는 이주대책 제도의 취지에 부합하는 점, 구 「공익사업을 위한 토지 등의 취득 및 보상에 관한 법률 시행령」 제40조 제3항 제1호는 무허가건축물 또는 무신고건축물의 경우를 이주대책대상에서 제외하고 있을 뿐 사용승인을 받지 않은 건축물에 대하여는 아무런 규정을 두고 있지 않은 점, 건축법은 무허가건축물 또는 무신고건축물과 사용승인을 받지 않은 건축물을 요건과 효과 등에서 구별하고 있고, 허가와 사용승인은 법적 성질이 다른 점 등의 사정을 고려하여 볼 때, 건축허가를 받아 건축되었으나 사용승인을 받지 못한 건축물의 소유자는 그 건축물이 건축허가와 전혀 다르게 건축되어 실질적으로는 건축허가를 받은 것으로 볼 수 없는 경우가 아니라면 구 공익사업법 시행령 제40조 제3항 제1호에서 정한 무허가건축물의 소유자에 해당하지 않는다는 이유로 甲을 이주대책대상자에서 제외한 위 처분이 위법하다고 본 원심판단을 정당하다고 한 사례(대판 2013.8.23, 2012두24900)

② 해당 건축물에 공익사업을 위한 관계 법령에 따른 고시 등이 있은 날부터 계약체결일 또는 수용재결일까지 계속하여 거주하고 있지 아니한 건축물의 소유자. 다만, 다음 각 목의 어느 하나에 해당하는 사유로 거주하고 있지 아니한 경우에는 그러하지 아니하다(제2호).

가. 질병으로 인한 요양
나. 징집으로 인한 입영
다. 공무
라. 취학
마. 해당 공익사업지구 내 타인이 소유하고 있는 건축물에의 거주
바. 그 밖에 가목부터 라목까지에 준하는 부득이한 사유

㉠

> 도시개발사업의 사업시행자가 보상계획공고일을 기준으로 이주대책대상자를 정한 후, 협의계약 체결일 또는 수용재결일까지 당해 주택에 계속 거주하였는지 여부 등을 고려하여 이주대책을 수립·실시하여야 할 자를 선정하여 그들에게 공급할 아파트의 종류, 면적을 정한 이주대책기준을 근거로 한 입주권 공급대상자 결정처분에 재량권을 일탈·남용한 위법이 없다고 한 사례(대판 2009.3.12, 2008두12610)

㉡ 당해 건물에 계속하여 거주하지 아니하던 자는 당해 건물의 제공으로 인하여 생활근거를 상실하게 된 자가 아니어서 이주대책대상자가 되지 아니한다

> 공공사업시행지구 내에 건물을 소유하고 있다가 당해 공공사업의 시행을 위하여 당해 건물을 사업시행자에게 제공함으로써 생활근거를 상실하게 되는 자만이 「공공용지의 취득 및 손실보상에 관한 특례법」 소정의 이주대책대상자가 되고 당해 건물에 계속하여 거주하지 아니하던 자는 당해 건물의 제공으로 인하여 생활근거를 상실하게 된 자가 아니어서 이주대책대상자가 되지 아니한다(대판 1994.2.22, 93누15120).

③ 타인이 소유하고 있는 건축물에 거주하는 세입자. 다만, 해당 공익사업지구에 주거용 건축물을 소유한 자로서 타인이 소유하고 있는 건축물에 거주하는 세입자는 제외한다(제2호).

④ 농업용 창고를 용도변경절차 없이 주거용으로 사용하는 경우 이주대책대상자에 해당하지 않는다

> 건물 및 그 부속물에 대한 손실보상 외에는 별도의 보상이 이루어지지 않는 주거용 건축물의 철거에 따른 생활보상적 측면이 있다는 점을 비롯하여 위 각 규정의 문언, 내용 및 입법 취지 등을 종합하여 보면, 주거용 용도가 아닌 다른 용도로 이미 허가를 받거나 신고를 받은 건축물을 소유한 자라 하더라도, 이주대책기준일 당시를 기준으로 공부상 주거용 용도가 아닌 건축물을 허가를 받거나 신고를 하는 등 적법절차에 의하지 않고 임의로 주거용으로 용도를 변경하여 사용하는 자는 공익사업법시행령 제40조 제3항 제1호의 '허가를 받거나 신고를 하고 건축하여야 하는 건축물을 허가를 받지 아니하거나 신고를 하지 아니하고 건축한 건축물의 소유자'에 포함되는 것으로 해석하는 것이 타당하다(대판 2011.6.10, 2010두26216).

⑤ 관할 행정청으로부터 건축허가를 받아 택지개발사업구역 안에 있는 토지 위에 주택을 신축하였으나 사용승인을 받지 않은 주택의 소유자 甲이 한국토지주택공사에 이주자택지 공급대상자 선정신청을 하였는데 위 주택이 사용승인을 받지 않았다는 이유로 한국토지주택공사가 이주자택지 공급대상자 제외 통보를 한 사안에서, 위 처분이 위법하다고 본 원심판단을 정당하다고 한 사례

> 공공사업의 시행에 따라 생활의 근거를 상실하게 되는 이주자들에 대하여는 가급적 이주대책의 혜택을 받을 수 있도록 하는 것이 「공익사업을 위한 토지 등의 취득 및 보상에 관한 법률」이 규정하고 있는 이주대책 제도의 취지에 부합하는 점, 구 「공익사업을 위한 토지 등의 취득 및 보상에 관한 법률 시행령」 제40조 제3항 제1호는 무허가건축물 또는 무신고건축물의 경우를 이주대책대상에서 제외하고 있을 뿐 사용승인을 받지 않은 건축물에 대하여는 아무런 규정을 두고 있지 않은 점, 건축법은 무허가건축물 또는 무신고건축물과 사용승인을 받지 않은 건축물을 요건과 효과 등에서 구별하고 있고, 허가와 사용승인은 법적 성질이 다른 점 등의 사정을 고려하여 볼 때, 건축허가를 받아 건축되었으나 사용승인을 받지 못한 건축물의 소유자는 그 건축물이 건축허가와 전혀 다르게 건축되어 실질적으로는 건축허가를 받은 것으로 볼 수 없는 경우가 아니라면 구 공익사업법 시행령 제40조 제3항 제1호에서 정한 무허가건축물의 소유자에 해당하지 않는다는 이유로 甲을 이주대책대상자에서 제외한 위 처분이 위법하다고 본 원심판단을 정당하다고 한 사례(대판 2013.8.23, 2012두24900)

## (3) 시혜적인 이주대책대상자

사업시행자는 법상 이주대책대상자가 아닌 자(세입자 등)도 임의로 이주대책대상자에 포함시킬 수 있다.

① 「공익사업을 위한 토지 등의 취득 및 보상에 관한 법률 시행령」 제40조 제3항 제3호가 이주대책의 대상자에서 세입자를 제외하고 있는 것은 세입자의 재산권과 평등권을 침해하지 않는다 ★ 20 국회9급

> 이주대책은 헌법 제23조 제3항에 규정된 정당한 보상에 포함되는 것이라기보다는 이에 부가하여 이주자들에게 종전의 생활상태를 회복시키기 위한 생활보상의 일환으로서 국가의 정책적인 배려에 의하여 마련된 제도라고 볼 것이다. 따라서 이주대책의 실시 여부는 입법자의 입법정책적 재량의 영역에 속하므로 「공익사업을 위한 토지 등의 취득 및 보상에 관한 법률 시행령」 제40조 제3항 제3호가 이주대책의 대상자에서 세입자를 제외하고 있는 것이 세입자의 재산권을 침해하는 것이라 볼 수 없다. 소유자와 세입자는 생활의 근거의 상실 정도에 있어서 차이가 있는 점, 세입자에 대해서 주거이전비와 이사비가 보상되고 있는 점을 고려할 때, 입법자가 이주대책 대상자에서 세입자를 제외하고 있는 이 사건 조항을 불합리한 차별로서 세입자의 평등권을 침해하는 것이라 볼 수는 없다(헌재결 2006.2.23, 2004헌마19).

② 공익사업의 시행자는 법정 이주대책대상자를 포함하여 그 밖의 이해관계인에게까지 대상자를 넓혀 이주대책 수립 등을 시행할 수 있다

> 사업시행자는 법이 정한 이주대책대상자를 법령이 예정하고 있는 이주대책 수립 등의 대상에서 임의로 제외해서는 아니 된다. 그렇지만 규정 취지가 사업시행자가 시행하는 이주대책 수립 등의 대상자를 법이 정한 이주대책대상자로 한정하는 것은 아니므로, 사업시행자는 해당 공익사업의 성격, 구체적인 경위나 내용, 원만한 시행을 위한 필요 등 제반 사정을 고려하여 법이 정한 이주대책대상자를 포함하여 그 밖의 이해관계인에게까지 넓혀 이주대책 수립 등을 시행할 수 있다(대판 2015.7.23, 2012두22911).

③ [공공용지의취득및손실보상에관한특례법 시행령」 제5조 제5항 단서와 「주택공급에 관한 규칙」 제15조와의 관계

> 같은 법 시행령 제5조 제5항 단서의 규정에 따라 같은 법상의 이주대책대상자에게 구 「주택공급에 관한 규칙」 제15조의 규정에 의하여 주택을 특별공급한 경우에는 별도의 이주대책을 수립 시행하지 아니하여도 되는 것이지만, 같은 법상의 이주대책과 같은 규칙에 의한 주택의 특별공급은 각기 그 요건과 절차를 달리하는 것이므로 사업시행자가 이주대책으로서 같은 규칙에 의한 주택특별공급방법을 정하였다 하더라도 그 이주대책상 대상자에 해당하지 아니하는 자에게도 당연히 같은 규칙에 의하여 주택을 특별공급하여야 한다거나 그와 같은 자를 이주대책대상자에서 제외한 조치의 위법 여부를 같은 법이 아닌 같은 규칙의 규정을 근거로 하여 판단하여야 하는 것은 아니다(대판 1994.2.22. 93누15120).

④

> 주거환경개선사업 및 주택재개발사업의 시행으로 철거되는 주택의 소유자에 대해서는 임시수용시설의 설치 등을 사업시행자의 의무로 규정한 반면, 도시환경정비사업의 경우에는 이와 같은 규정을 두지 아니한 「도시 및 주거환경정비법」 제36조 제1항 본문 중 '소유자'에 관한 부분은 평등원칙에 위반되지 않는다(합헌)(헌재결 2014.3. 27. 2011헌바396).

⑤

> 주거환경개선사업 및 주택재개발사업의 시행으로 철거되는 주택의 소유자에 대해서는 임시수용시설의 설치 등을 사업시행자의 의무로 규정한 반면, 도시환경정비사업의 경우에는 이와 같은 규정을 두지 아니한 「도시 및 주거환경정비법」 제36조 제1항 본문 중 '소유자'에 관한 부분은 헌법 제23조 제3항의 정당한 보상원칙에 위반되지 않는다(합헌)(헌재결 2014.3.27. 2011헌바396).

⑥ 시혜적으로 시행되는 이주대책 수립 등의 경우, 대상자의 범위나 그들에 대한 이주대책 수립 등의 내용을 어떻게 정할 것인지에 관하여 사업시행자에게 폭넓은 재량이 있다

> 사업시행자가 이주대책 수립 등의 시행 범위를 넓힌 경우에, 그 내용은 법이 정한 이주대책대상자에 관한 것과 그 밖의 이해관계인에 관한 것으로 구분되고, 그 밖의 이해관계인에 관한 이주대책 수립 등은 법적 의무가 없는 시혜적인 것이다. 따라서 시혜적으로 시행되는 이주대책 수립 등의 경우에 대상자(시혜적인 이주대책대상자)의 범위나 그들에 대한 이주대책 수립 등의 내용을 어떻게 정할 것인지에 관하여는 사업시행자에게 폭넓은 재량이 있다(대판 2015.7.23. 2012두22911).

⑦ 이주대책의 내용으로서 사업시행자가 생활기본시설을 설치하고 비용을 부담하도록 강제한 「공익사업을 위한 토지 등의 취득 및 보상에 관한 법률」 제78조 제4항이 시혜적인 이주대책대상자에까지 적용되지 않는다

> 이주대책의 내용으로서 사업시행자가 이주정착지(이주대책의 실시로 건설하는 주택단지를 포함한다)에 대한 도로·급수시설·배수시설 그 밖의 공공시설 등 통상적인 수준의 생활기본시설을 설치하고 비용을 부담하도록 강제한 공익사업법 제78조 제4항은 법이 정한 이주대책대상자를 대상으로 하여 특별히 규정된 것이므로, 이를 넘어서서 그 규정이 시혜적인 이주대책대상자에까지 적용된다고 볼 수 없다(대판 2015.7.23. 2012두22911).

⑧ 공익사업의 시행자가 구 「공익사업을 위한 토지 등의 취득 및 보상에 관한 법률」 제78조 제1항, 같은 법 시행령 제40조 제3항이 정한 이주대책대상자의 범위를 넘어 미거주 소유자까지 이주대책대상자에 포함시킨 경우, 미거주 소유자에 대하여도 같은 법 제78조 제4항에 따라 생활기본시설을 설치하여 줄 의무를 부담하지 않는다

> 사업시행자가 구 「공익사업을 위한 토지 등의 취득 및 보상에 관한 법률」 제78조 제1항, 구 공익사업법 시행령 제40조 제3항이 정한 이주대책대상자의 범위를 넘어 미거주 소유자까지 이주대책대상자에 포함시킨다고 하더라도, 법령에서 정한 이주대책대상자가 아닌 미거주 소유자에게 제공하는 이주대책은 법령에 의한 의무로서가 아니라 시혜적인 것으로 볼 것이므로, 사업시행자가 이러한 미거주 소유자에 대하여도 공익사업법 제78조 제4항에 따라 생활기본시설을 설치하여 줄 의무를 부담한다고 볼 수는 없다(대판 2015.10.29, 2014다14641).

## (4) 법령이 정하는 이주대책대상자를 정하는 기준일

도시개발사업에서 '공익사업을 위한 관계 법령에 의한 고시 등이 있은 날'에 해당하는 법정 이주대책기준일은 도시개발구역의 지정에 관한 공람공고일이고, 이를 기준으로 「공익사업을 위한 토지 등의 취득 및 보상에 관한 법률 시행령」 제40조 제3항 본문에 따라 법이 정한 이주대책대상자인지를 가려야 한다

> 토지수용 절차에 「공익사업을 위한 토지 등의 취득 및 보상에 관한 법률」을 준용하도록 한 관계 법률에서 사업인정의 고시 외에 주민 등에 대한 공람공고를 예정하고 있는 경우에, 공익사업의 시행으로 인하여 주거용 건축물을 제공함에 따라 생활의 근거를 상실하게 되는 자(이주대책대상자)의 기준이 되는 '공익사업을 위한 관계 법령에 의한 고시 등이 있은 날'에는 사업인정의 고시일뿐만 아니라 공람공고일도 포함될 수 있다. 그렇지만 법령이 정하는 이주대책대상자에 해당되는지를 판단하는 기준은 각 공익사업의 근거 법령에 따라 개별적으로 특정되어야 한다. 강행규정인 이주대책의 수립·실시 또는 이주정착금의 지급에 관한 공익사업을 위한 토지 등의 취득 및 보상에 관한 법령의 적용대상은 일관성 있게 정해져야 하므로 기준이 되는 개별 법령의 법정 이주대책기준일은 하나로 해석함이 타당하다. 만약 그와 반대로 이를 둘 이상으로 보아 사업시행자가 그중 하나를 마음대로 선택할 수 있다고 한다면 사업마다 기준이 달라지게 되어 혼란을 초래하고 형평에 반하는 결과를 낳을 수 있어 바람직하지 않다. 따라서 이러한 사정들과 아울러, 도시개발법상 공익사업의 진행절차와 사업 시행에 따른 투기적 거래를 방지하여야 할 정책적 필요성 등을 종합하여 보면, 도시개발사업에서 '공익사업을 위한 관계 법령에 의한 고시 등이 있은 날'에 해당하는 법정 이주대책기준일은 구 도시개발법 제7조, 구 「도시개발법 시행령」 제11조 제2항, 제1항의 각 규정에 따른 도시개발구역의 지정에 관한 공람공고일이며, 이를 기준으로 「공익사업을 위한 토지 등의 취득 및 보상에 관한 법률 시행령」 제40조 제3항 제2호 본문에 따라 법이 정한 이주대책대상자인지를 가려야 한다(대판 2015.7.23, 2012두22911).

## 5. 이주대책의 내용

### (1) 생활기본시설

#### ① 구 공익사업법 제78조 제4항 본문의 생활기본시설의 범위

전합판례 '구 공익사업법 제78조 제4항의 취지는 이주대책대상자들에게 생활의 근거를 마련해 주고자 하는 데 그 목적이 있으므로, 위 규정의 '도로·급수시설·배수시설 그 밖의 공공시설 등 당해 지역조건에 따른 생활기본시설'이라 함 은 주택법 제23조 등 관계 법령에 의하여 주택건설사업이나 대지조성사업을 시행하는 사업주체가 설치하도록 되어 있는 도로 및 상하수도시설, 전기시설·통신시설·가스시설 또는 지역난방시설 등 간선시설을 의미한다고 보아야 한다. 따라서 만일 이주대책대상자들과 사업시행자 또는 그의 알선에 의한 공급자와 사이에 체결된 택지 또는 주택에 관한 특별공급계약에서 구 공익사업법 제78조 제4항에 규정된 생활기본시설 설치비용을 분양대금에 포함시킴으로써 이주 대책대상자들이 생활기본시설 설치비용까지 사업시행자 등에게 지급하게 되었다면, 사업시행자가 직접 택지 또는 주택을 특별공급한 경우에는 특별공급계약 중 분양대금에 생활기본시설 설치비용을 포함시킨 부분은 강행법규인 구 공익사업법 제78조 제4항에 위배되어 무효이고, 사업시행자의 알선에 의하여 다른 공급자가 택지 또는 주택을 공급한 경우에는 사업시행자가 위 규정에 따라 부담하여야 할 생활기본시설 설치비용에 해당하는 금액의 지출을 면하 게 되어, 결국 사업시행자는 법률상 원인 없이 생활기본시설 설치비용 상당의 이익을 얻고 그로 인하여 이주대책대상 자들이 같은 금액 상당의 손해를 입게 된 것이므로, 사업시행자는 그 금액을 부당이득으로 이주대책대상자들에게 반환 할 의무가 있다 할 것이다. 다만, 위에서 본 바와 같이 구 공익사업법 제78조 제4항에 따라 사업시행자의 부담으 로 이주대책대상자들에게 제공하여야 하는 것은 위 조항에서 정한 생활기본시설에 국한되므로, 이와 달리 사업시행자 가 이주대책으로서 이주정착지를 제공하거나 택지 또는 주택을 특별공급하는 경우 사업시행자는 이주대책대상자들에 게 택지의 소지(素地)가격 및 택지조성비 등 투입비용의 원가만을 부담시킬 수 있고 이를 초과하는 부분은 생활기본시 설 설치비용에 해당하는지 여부를 묻지 않고 그 전부를 이주대책대상자들에게 전가할 수 없다는 취지로 판시한 대법 원 1994.5.24, 선고 92다35783 전원합의체 판결, 대법원 2002.3.15, 선고 2001다67126 판결, 대법원 2003. 7.25, 선고 2001다57778 판결과 그 밖에 이 판결과 다른 취지의 대법원 판결들은 이 판결의 견해에 배치되는 범위 안에서 모두 변경하기로 한다[대판(전합) 2011.6.23, 2007다63089·63096].

#### ② 구체적 사례

| 인정사례 | 부정사례 |
|---|---|
| '주택단지 안의 도로를 해당 주택단지 밖에 있는 동종의 도로에 연결시키는 도로', 해당 사업지구 안의 주택단지 등의 입구와 사업지구 밖에 있는 도로를 연결하는 기능을 담당하는 도로'(대판 2019.3.28, 2015다49804) | 1. 공익사업지구 안에 설치된 도로가 사업지구 안의 주택단지 등의 기능 달성 및 전체 주민들의 통행을 위한 필수적인 시설이라고 볼 수 없는 경우(대판 2015.10.15, 2014다89997)<br>2. 중수도시설(대판 2015.10.29, 2014다78683)<br>3. 고속도로 등 고속국도(대판 2017.12.5, 2015다1277) |

#### ㉠ 공익사업지구 안에 설치된 도로가 사업지구 안의 주택단지 등의 기능 달성 및 전체 주민들의 통행을 위한 필수적 인 시설이라고 볼 수 없는 경우, 공익사업의 시행자가 이주대책대상자에게 제공하여야 하는 생활기본시설에 포 함되지 않는다

공익사업의 시행자가 이주대책대상자에게 생활기본시설로서 제공하여야 하는 도로에는 길이나 폭에 불구하고 구 주택법 제2조 제8호에서 정하고 있는 간선시설에 해당하는 도로, 즉 주택단지 안의 도로를 해당 주택단지 밖에 있는 동종의 도로에 연결시키는 도로가 포함됨은 물론, 사업시행자가 공익사업지구 안에 설치하는 도로로 서 해당 사업지구 안의 주택단지 등의 입구와 사업지구 밖에 있는 도로를 연결하는 기능을 담당하는 도로도 이에 포함되나, 사업지구 안의 주택단지 등의 기능 달성 및 전체 주민들의 통행을 위한 필수적인 시설이라고 볼 수 없는 특별한 사정이 있으면 생활기본시설에 포함된다고 볼 수 없다(대판 2015.10.15, 2014다89997).

© 중수도시설은 이주대책대상자에게 생활의 근거로 제공되어야 할 생활기본시설에 해당하지 않는다

> 「물의 재이용 촉진 및 지원에 관한 법률」 제1조, 제2조 제4호, 제9조에서 정한 중수도의 개념, 기능과 중수도 설치의 목적에다가 중수도가 종래의 상·하수도 기능의 전부 또는 일부를 대체하는 시설이라기보다는 상·하수도와 별도로 제한된 범위 내에서 물의 재이용을 위하여 설치되는 시설로 볼 수 있는 점까지 고려하면, 비록 중수도시설이 하수처리 및 용수공급의 기능을 수행하는 측면이 있다고 하더라도, 이주대책대상자에게 생활의 근거로 제공되어야 할 생활기본시설에 해당한다고 볼 수 없다(대판 2015.10.29, 2014다78683).

## (2) 사업시행자 비용부담

①

> 「공익사업을 위한 토지 등의 취득 및 보상에 관한 법률」 소정의 이주대책으로서 이주정착지에 택지를 조성하거나 주택을 건설하여 공급하는 경우, 이주정착지에 대한 공공시설 등의 설치비용을 당사자들의 합의로 이주자들에게 부담시킬 수 없다(대판 2011.2.24, 2010다43498).

②

> 공익사업지구 밖에 설치하는 도로 등 시설에 관한 부담금 등 비용은 구 「공익사업을 위한 토지 등의 취득 및 보상에 관한 법률」 제78조 제4항의 생활기본시설 설치비용에 원칙적으로 포함되지 않는다(대판 2013.9.12, 2012다203799).

③ 개발사업 시행자가 주택지 조성 및 주택 건설 과정에서 실제로 지출한 광역교통시설부담금을 비용으로 산정하여 분양대금을 정함에 따라 이주대책대상자와 체결한 분양계약의 분양대금에 위 부담금 상당액이 포함된 경우, 원칙적으로 개발사업 시행자가 부담금 상당의 분양대금을 부당이득하였다거나 분양대금에 이를 전가한 행위를 불법행위라고 할 수 없다

> 구 「대도시권 광역교통 관리에 관한 특별법」 제11조의2 제1항 제3호는 「공공용지의 취득 및 손실보상에 관한 특례법」 제8조의 규정에 의한 이주대책의 실시에 따른 주택지의 조성 및 주택의 건설 사업에 대하여는 광역교통시설부담금을 부과하지 아니하도록 규정한다. 그러나 이는 광역교통시설부담금 부과권자인 시·도지사로 하여금 이주대책의 실시에 따른 주택지의 조성 및 주택의 건설을 위한 용지에 대하여는 광역교통시설부담금을 부과하지 아니하도록 하여 개발사업 시행자의 납부의무 부담을 경감시키는 규정일 뿐, 개발사업 시행자가 주택지의 조성 및 주택의 건설 과정에서 실제로 광역교통시설부담금을 지출한 경우에 비록 수분양자 중에 이주대책대상자가 포함되어 있더라도 실제로 지출한 광역교통시설부담금을 이주대책대상자에 대한 주택지 및 주택의 분양대금 산정에서 제외하도록 하는 규정으로 볼 것은 아니다. 개발사업 시행자가 실제로 지출한 광역교통시설부담금을 비용으로 산정하여 분양대금을 정함에 따라 이주대책대상자와 사이에 체결된 분양계약의 분양대금에 광역교통시설부담금 상당액이 포함되어 있더라도, 분양대금에서 이를 제외하도록 하는 법률 규정이나 별도의 약정이 있는 등 특별한 사정이 없는 한, 분양계약에 의하여 약정된 분양대금 중에서 광역교통시설부담금 상당액 부분이 무효라고 볼 수는 없으므로, 개발사업 시행자가 이주대책대상자와의 관계에서 광역교통시설부담금 상당의 분양대금을 법률상 원인 없이 이득하였다고 보기는 어렵고, 개발사업 시행자가 분양대금에 이를 전가한 행위를 불법행위라고 할 수도 없다(대판 2013.9.26, 2012다30823).

④ 공익사업의 사업주체가 재량 범위 내에서 격차율을 적용하여 이주자택지의 분양대금을 개별적으로 결정한 경우, 개별 이주자택지에 대한 조성원가 및 생활기본시설 설치비용과 그에 따른 정당한 분양대금을 산정할 때 해당 격차율을 반영한 금액으로 산정하여야 한다

> 공익사업의 사업주체가 재량 범위 내에서 격차율을 적용하여 이주자택지의 분양대금을 개별적으로 결정한 경우에는 전체 이주자택지의 조성원가를 개별 이주자택지에 대하여 입지조건에 따라 차등적으로 할당한 것으로 볼 수 있으므로, 개별 이주자택지에 대한 조성원가 및 생활기본시설 설치비용과 그에 따른 정당한 분양대금을 산정할 때에도 해당 격차율을 반영한 금액으로 산정하여야 한다(대판 2014.8.20, 2014다6572).

⑤ 공익사업에서 생활기본시설 용지비 등을 산정할 때 존치부지 면적을 총사업면적에서 제외하여야 한다

> 존치부지는 공익사업의 시행자가 사업지구 안에 있는 기존의 건축물이나 그 밖의 시설을 이전하거나 철거하지 아니하여도 개발사업에 지장이 없다고 인정하여 그대로 존치시킨 부지로서 협의취득이나 수용 또는 무상취득의 대상에서 제외되고 유상공급은 물론 공공시설물의 설치를 위한 무상귀속 대상에도 포함되지 아니하므로 사업시행자가 실질적으로 사업을 시행하는 부분이 아닌 점, 택지조성원가는 '총사업비 ÷ 총유상공급면적'의 방식으로 산정되므로 존치부지의 유무나 면적의 크기는 택지조성원가의 산정에 아무런 영향을 미치지 아니하는 점, 총사업면적에 존치부지 면적을 포함하게 되면 존치부지 면적을 제외하고는 사업 내용이 모두 동일한 경우에도 존치부지 면적에 따라 생활기본시설 설치비용이 달라지는 불합리한 결과가 발생하는 점 등을 종합하면, 생활기본시설 용지비 등을 산정할 때 존치부지 면적은 총사업면적에서 제외함이 타당하다(대판 2015.7.9, 2014다85391).

⑥ 공익사업의 사업주체가 당해 지역에 가스 등을 공급하는 자에게 가스공급설비 등의 부지로 제공하기 위하여 그에 해당하는 용지를 택지조성원가 산정 당시 유상공급면적에 포함시킨 경우, 그 용지비는 원칙적으로 생활기본시설 설치비용에 포함되지 않는다

> 사업주체가 당해 지역에 가스·난방 또는 전기를 공급하는 자에게 가스공급설비, 집단에너지공급시설, 변전소 등의 부지로 제공하기 위하여 그에 해당하는 용지를 택지조성원가 산정 당시 유상공급면적에 포함시켰다면 비록 그 시설이 생활기본시설이라 하더라도 다른 특별한 사정이 없는 한 그 용지비가 분양대금에 전가된 것이 아니므로 이를 생활기본시설 설치비용에 포함시킬 것이 아니다(대판 2015.7.9, 2014다85391).

⑦ 공익사업에서 도로축조 및 포장공사비, 상·하수도공사비는 전액이 생활기본시설 설치를 위한 공사비에 해당하는지 여부(적극) 및 이를 제외한 나머지 토목공사비 중 생활기본시설 설치를 위한 공사비의 산정방식

> 도로와 상·하수도시설은 생활기본시설에 해당하므로, 설치비용인 도로축조 및 포장공사비, 상·하수도공사비는 전액이 생활기본시설 설치를 위한 공사비에 해당하고, 전체 토목공사비 중 이를 제외한 나머지 공사비는 생활기본시설의 설치를 위하여 지출된 비율, 즉 총사업면적에 대한 생활기본시설 설치면적의 비율의 범위 내에서 생활기본시설 설치를 위한 공사비에 해당한다(대판 2015.7.9, 2014다85391).

⑧ 도로와 상·하수도 등 생활기본시설 자체의 설치비용 액수가 명확하지 않은 경우, 전체 토목공사비 중 생활기본시설 설치비용을 산정하는 방법

> 도로와 상·하수도 등 생활기본시설 자체의 설치비용 액수가 명확하지 아니한 경우에는 논리와 경험의 법칙에 반하지 아니하는 범위 내에서 객관성과 합리성을 갖춘 방식으로 전체 토목공사비 중 생활기본시설 설치비용을 추산할 수밖에 없을 것이지만, 전체 토목공사비 중 총사업면적에 대한 생활기본시설 설치면적의 비율 범위로 생활기본시설 설치비용을 추산하는 방식은 위에서 본 산정방식에 따를 때보다 항상 적은 금액이 산정되는 결과가 될 것이므로, 그와 같이 추산하기에 앞서 생활기본시설 자체의 설치비용을 가려낼 수 있는지에 관하여 충분한 심리를 거쳐야 한다(대판 2015.7.9, 2014다85391).

⑨ **택지조성원가 중 조성비에 계상된 항목의 비용이 생활기본시설 설치비용에 포함되기 위한 요건과 범위 및 그 증명책임의 소재(=생활기본시설 설치비용임을 주장하는 자)**

> 택지조성원가 중 조성비에 계상된 항목의 비용은 비용 지출과 생활기본시설 설치와의 관련성, 즉 생활기본시설 설치를 위하여 해당 비용이 지출된 것으로 인정되어야만 전부 또는 총사업면적에 대한 생활기본시설 설치면적의 비율 범위 내에서 생활기본시설 설치비용에 포함되고, 관련성의 증명책임은 그 항목의 비용이 생활기본시설 설치비용임을 주장하는 측에 있다(대판 2015.7.9, 2014다85391).

⑩ **공익사업의 시행자가 택지조성원가에서 일정한 금액을 할인하여 이주자택지의 분양대금을 정한 경우, 분양대금에 생활기본시설 설치비용이 포함되었는지와 포함된 범위를 판단하는 기준 및 이때 '택지조성원가에서 생활기본시설 설치비용을 공제한 금액'의 산정 방식**

> 공익사업의 시행자가 택지조성원가에서 일정한 금액을 할인하여 이주자택지의 분양대금을 정한 경우에는 분양대금이 '택지조성원가에서 생활기본시설 설치비용을 공제한 금액'을 초과하는지 등 상호관계를 통하여 분양대금에 생활기본시설 설치비용이 포함되었는지와 포함된 범위를 판단하여야 한다. 이때 구 「공익사업을 위한 토지 등의 취득 및 보상에 관한 법률」(구 토지보상법) 제78조 제4항은 사업시행자가 이주대책대상자에게 생활기본시설 설치비용을 전가하는 것만을 금지할 뿐 적극적으로 이주대책대상자에게 부담시킬 수 있는 비용이나 그로부터 받을 수 있는 분양대금의 내역에 관하여는 규정하지 아니하고 있으므로, 사업시행자가 실제 이주자택지의 분양대금 결정의 기초로 삼았던 택지조성원가 가운데 생활기본시설 설치비용에 해당하는 항목을 가려내어 이를 빼내는 방식으로 '택지조성원가에서 생활기본시설 설치비용을 공제한 금액'을 산정하여야 하고, 이와 달리 이주대책대상자에게 부담시킬 수 있는 택지조성원가를 새롭게 산정하여 이를 기초로 할 것은 아니다(대판 2015.10.15, 2014다89997).

⑪ **사업시행자가 이주자택지 분양대금 결정의 기초로 삼은 택지조성원가를 산정할 때 실제 적용한 유상공급면적을 기준으로 삼아야 한다**

> 이주자택지의 분양대금 결정의 기초로 삼은 택지조성원가를 산정할 때 도시지원시설 감보면적을 유상공급면적에서 제외할 것인지에 관하여 다투는 것도 이러한 택지조성원가 산정의 정당성을 다투는 것에 불과하기 때문에 이주대책대상자에 대한 생활기본시설 설치비용의 전가 여부와는 관련성이 있다고 할 수 없고, 이로 인하여 사업시행자가 구 토지보상법 제78조 제4항을 위반하게 된다고 볼 수도 없다. 따라서 이주자택지의 분양대금에 포함된 생활기본시설 설치비용 상당의 부당이득액을 산정하는 경우에는 사업시행자가 이주자택지 분양대금 결정의 기초로 삼은 택지조성원가를 산정할 때 실제 적용한 유상공급면적을 그대로 기준으로 삼아야 한다(대판 2015.10.15, 2014다89997).

⑫ **공익사업의 시행자가 이주대책대상자에게 일반 유상공급택지에 비하여 저렴한 가격으로 택지를 공급함에 따라 차액 상당의 비용을 부담하게 된 경우, 이주대책대상자에게 공급하는 이주자택지에 관한 택지조성원가를 산정할 때 이주대책비가 공제되어야 한다**

> 공익사업의 시행자가 이주대책대상자에게 일반 유상공급택지에 비하여 저렴한 가격으로 택지를 공급함에 따라 차액 상당의 비용(이주대책비)을 부담하게 된 경우, 이주대책대상자에게 공급하는 이주자택지에 관한 택지조성원가에 이주대책비가 포함된다면 이주대책대상자에게 이주대책 시행에 따른 비용을 부담하게 하는 부당한 결과가 되므로, 택지조성원가를 산정할 때에 이주대책비는 공제되어야 한다(대판 2015.10.29, 2014다78683).

⑬ 공익사업의 시행자가 재량 범위 내에서 격차율을 적용하여 이주자택지의 분양대금을 개별적으로 결정한 경우, 개별 이주자택지에 대한 조성원가 및 생활기본시설 설치비용을 산정할 때 반영되어야 하는 격차율(=차등적 할당 대상이 된 전체 이주자택지 조성원가의 단위면적당 금액과 차등적 할당 결과인 개별 이주자택지의 단위면적당 분양대금 사이의 격차율)

> 공익사업의 시행자가 재량 범위 내에서 격차율을 적용하여 이주자택지의 분양대금을 개별적으로 결정한 경우에는 전체 이주자택지의 조성원가를 개별 이주자택지에 대하여 입지조건에 따라 차등적으로 할당한 것으로 볼 수 있으므로, 개별 이주자택지에 대한 조성원가 및 생활기본시설 설치비용을 산정할 때에도 해당 격차율을 반영한 금액으로 산정하여야 한다. 격차율을 반영하는 취지는 이주자택지를 분양받은 이주대책대상자 사이의 형평을 유지하는 데에 있을 뿐이고 격차율 반영으로 사업주체가 전체 이주대책대상자에게 반환하여야 할 부당이득의 존부나 범위가 달라져서는 아니 되므로, 여기서 반영되어야 하는 격차율은 차등적 할당 대상이 된 전체 이주자택지 조성원가의 단위면적당 금액과 차등적 할당 결과인 개별 이주자택지의 단위면적당 분양대금 사이의 격차율이어야 한다(대판 2015.10.29, 2014다78683).

⑭

> 甲 공사가 이주대책대상자인 乙 등에게 공급한 택지의 분양대금에 구 「공익사업을 위한 토지 등의 취득 및 보상에 관한 법률」 제78조 제4항에서 정한 생활기본시설 설치비용이 포함되었음을 이유로 乙 등이 부당이득반환 등을 구한 사안에서, 乙 등이 실제 납부한 금액에 반영된 연체이자 내지 선납할인금 중 생활기본시설 설치와 관계없는 분양대금에 대응되는 부분은 甲 공사가 반환하여야 할 부당이득액 또는 乙 등이 납부하여야 할 잔여채무액 산정에서 고려되어서는 안 된다고 한 사례(대판 2015.10.29, 2014다78683)

⑮

> 공익사업의 시행자가 이주대책대상자들과 체결한 아파트 특별공급계약에서 구 「공익사업을 위한 토지 등의 취득 및 보상에 관한 법률」 제78조 제4항에 위배하여 생활기본시설 설치비용을 분양대금에 포함시킨 경우, 이주대책대상자들이 사업시행자에게 이미 지급하였던 분양대금 중 그 부분에 해당하는 금액의 반환을 구하는 부당이득 반환청구권의 소멸시효기간은 10년이다(대판 2016.9.28, 2016다20244).

⑯ 광역교통시설 부담금은 생활기본시설 설치비용에 해당하지 않는다

> 대도시권에서만 부과되는 광역교통시설 부담금은 대도시권 광역교통시설의 건설과 개량을 위한 것이므로 대도시권 내 택지와 주택의 가치를 상승시키는 데 드는 비용을 시·도지사가 사업시행자에게 부담시키는 것이다. 대도시권 내의 이주자택지를 공급받는 이주대책대상자들도 광역교통시설의 건설과 개량에 따른 이익을 얻는다. 따라서 광역교통시설 부담금은 이주대책대상자에게 생활의 근거로 제공되어야 할 생활기본시설 설치비용에 해당한다고 볼 수 없다(대판 2017.12.5, 2015다1277).

⑰

> 최신판례 이주자택지의 분양대금에 포함된 생활기본시설 설치비용 상당의 부당이득액을 산정하는 경우, 사업시행자가 이주자택지 분양대금 결정의 기초로 삼은 택지조성원가를 산정할 때 실제 적용한 총사업면적과 사업비, 유상공급면적을 그대로 기준으로 삼아야 한다(대판 2019.3.28, 2015다49804).

⑱ 한국토지공사가 시행한 택지개발사업의 사업부지 중 기존 도로 부분과 수도 부분을 포함한 국공유지가 한국토지공사에 무상으로 귀속된 경우, 생활기본시설 용지비의 산정 방식이 문제 된 사안에서, 무상귀속부지 중 전체 공공시설 설치면적에 대한 생활기본시설 설치면적의 비율에 해당하는 면적을 제외하고 생활기본시설의 용지비를 산정한 원심판단에 법리오해의 잘못이 있다고 한 사례

한국토지공사가 이주대책대상자들에게 반환하여야 할 부당이득액은 이주자택지의 분양대금에 포함된 생활기본시설에 관한 비용 상당액이므로, 그 구성요소의 하나인 생활기본시설 용지비는 분양대금 산정의 기초가 된 총용지비에 포함된 전체 토지의 면적에 대한 생활기본시설이 차지하는 면적의 비율에 총용지비를 곱하는 방식으로 산출하여야 하고, 사업부지 중 한국토지공사에게 무상귀속된 부분이 있을 경우에는 무상귀속 부분의 면적도 생활기본시설의 용지비 산정에 포함시켜야 하는데도, 무상귀속부지 중 전체 공공시설 설치면적에 대한 생활기본시설 설치면적의 비율에 해당하는 면적을 제외하고 생활기본시설의 용지비를 산정한 원심판단에 법리오해의 잘못이 있다고 한 사례(대판 2019. 3.28, 2015다49804).

## 6. 이주대책에 대한 권리와 구제

(1) 「공공용지의 취득 및 손실보상에 관한 특례법」 제8조 제1항에 의하여 이주자에게 이주대책상의 택지분양권이나 아파트입주권 등을 받을 수 있는 구체적인 권리(수분양권)가 직접 발생하지 않는다

★ 21 변호사, 19·16 국가7급, 15 국회8급

「공공용지의 취득 및 손실보상에 관한 특례법」 제8조 제1항이 사업시행자에게 이주대책의 수립·실시의무를 부과하고 있다고 하여 그 규정 자체만에 의하여 이주자에게 사업시행자가 수립한 이주대책상의 택지분양권이나 아파트입주권 등을 받을 수 있는 구체적인 권리(수분양권)가 직접 발생하는 것이라고는 도저히 볼 수 없으며, 사업시행자가 이주대책에 관한 구체적인 계획을 수립하여 이를 해당자에게 통지 내지 공고한 후, 이주자가 수분양권을 취득하기를 희망하여 이주대책에 정한 절차에 따라 사업시행자에게 이주대책대상자 선정신청을 하고 사업시행자가 이를 받아들여 이주대책대상자로 확인·결정하여야만 비로소 구체적인 수분양권이 발생하게 된다[대판(전합) 1994.5.24, 92다35783].

이주대책은 생활보상의 한 내용이므로 이주대책이 수립되면 이주자들에게는 구체적인 권리가 발생하며, 사업시행자의 확인·결정이 있어야만 구체적인 수분양권이 발생하는 것은 아니다. (x) ■ 16 국가7급
이주대책은 이른바 생활보상에 해당하는 것으로서 헌법 제23조 제3항이 규정하는 손실보상의 한 형태로 보아야 하므로, 법률이 사업시행자에게 이주대책의 수립·실시의무를 부과하였다면 이로부터 사업시행자가 수립한 이주대책상의 택지분양권 등의 구체적 권리가 이주자에게 직접 발생한다. (x) ■ 19 국가7급
이주대책대상자 선정에서 배제된 이주자는 사업시행자를 상대로 그 선정거부처분의 취소를 구하는 항고소송을 제기할 필요 없이 공법상 당사자소송으로 이주대책상의 수분양권 확인을 구하는 소송을 제기할 수 있다. (x) ■ 21 변호사
사업시행자가 이주대책에 관한 구체적인 계획을 수립하여 이를 해당자에게 통지 내지 공고하게 되면 이주대책대상자에게 구체적인 수분양권이 발생하게 된다. (x) ■ 21 국회8급

**(2)** 이주대책에 의한 수분양권은 사업시행자로부터 이주대책대상자로 확인·결정을 받음으로써 취득하게 되는 공법 상의 권리이므로 확인·결정을 받지 않아 구체적인 수분양권을 취득하지 못한 상태에서 민사소송이나 공법상 당사자소송으로 이주대책상의 수분양권의 확인을 구할 수 없다 ★ 21 국회8급

최신기출 전합판례 수분양권은 위와 같이 이주자가 이주대책을 수립·실시하는 사업시행자로부터 이주대책대상자로 확인·결정을 받음으로써 취득하게 되는 택지나 아파트 등을 분양받을 수 있는 공법상의 권리라고 할 것이므로, 이주자가 사업시행자에 대한 이주대책대상자 선정신청 및 이에 따른 확인·결정 등 절차를 밟지 아니하여 구체적인 수분양권을 아직 취득하지도 못한 상태에서 곧바로 분양의무의 주체를 상대방으로 하여 민사소송이나 공법상 당사자소송으로 이주대책 상의 수분양권의 확인 등을 구하는 것은 허용될 수 없고, 나아가 그 공급대상인 택지나 아파트 등의 특정부분에 관하여 그 수분양권의 확인을 소구하는 것은 더더욱 불가능하다고 보아야 한다[대판(전합) 1994.5.24, 92다35783].

**(3)** 관할구청장이 세입자에 대하여 영구임대 아파트의 입주권 부여대상자가 아니라고 한 통보는 행정처분이다

관할구청장이 세입자에 대하여 재개발구역 내에 건립되는 영구임대 아파트의 입주권 부여대상자가 아니라고 통보한 것은 세입자를 영구임대 아파트의 입주권 부여대상에서 제외시키는 행정처분을 한 것으로 보는 것이 옳다(대판 1993.2.23, 92누5966).

**(4)** 「공익사업을 위한 토지 등의 취득 및 보상에 관한 법률」상의 공익사업시행자가 하는 이주대책대상자 확인·결정 의 법적 성질은 행정처분이므로 이에 대한 쟁송방법은 항고소송이다

「공익사업을 위한 토지 등의 취득 및 보상에 관한 법률」상의 공익사업시행자가 하는 이주대책대상자 확인·결정은 구체적인 이주대책상의 수분양권을 부여하는 요건이 되는 행정작용으로서의 처분이지 이를 단순히 절차상의 필요에 따른 사실행위에 불과한 것으로 평가할 수는 없다. 따라서 수분양권의 취득을 희망하는 이주자가 소정의 절차에 따라 이주대책대상자 선정신청을 한 데 대하여 사업시행자가 이주대책대상자가 아니라고 하여 위 확인·결정 등의 처분을 하지 않고 이를 제외시키거나 거부조치한 경우에는, 이주자로서는 사업시행자를 상대로 항고소송에 의하여 제외처분이나 거부처분의 취소를 구할 수 있다. 나아가 이주대책의 종류가 달라 각 그 보장하는 내용에 차등이 있는 경우 이주자의 희망에도 불구하고 사업시행자가 요건 미달 등을 이유로 그중 더 이익이 되는 내용의 이주대책대상자로 선정하지 않았다면 이 또한 이주자의 권리의무에 직접적 변동을 초래하는 행위로서 항고소송의 대상이 된다(대판 2014.2.27, 2013두10885).

# II. 주거이전비

## 1. 강행규정

### (1)

> 사업시행자의 세입자에 대한 주거이전비 지급의무를 정하고 있는 「공익사업을 위한 토지 등의 취득 및 보상에 관한 법률 시행규칙」 제54조 제2항은 강행규정이다(대판 2011.7.14, 2011두3685).

### (2)

> 주택재개발사업 정비구역 안에 있는 주거용 건축물에 거주하던 세입자 갑이 주거이전비를 받을 수 있는 권리를 포기한다는 취지의 주거이전비 포기각서를 제출하고 사업시행자가 제공한 임대아파트에 입주한 다음 별도로 주거이전비를 청구한 사안에서, 위 포기각서의 내용은 강행규정에 반하여 무효라고 한 사례(대판 2011.7.14, 2011두3685)

### (3) 공익사업의 시행으로 인하여 이주하는 주거용 건축물의 세입자에게 지급되는 주거이전비와 이사비의 법적 성격, 그 청구권의 취득시기 및 이사비의 지급금액

> 「공익사업을 위한 토지 등의 취득 및 보상에 관한 법률」 제78조 제5항 및 같은법 시행규칙 제54조 제2항, 제55조 제2항의 각 규정에 의하여 공익사업의 시행에 따라 이주하는 주거용 건축물의 세입자에게 지급하는 주거이전비와 이사비는, 당해 공익사업 시행지구 안에 거주하는 세입자들의 조기이주를 장려하여 사업추진을 원활하게 하려는 정책적인 목적과 주거이전으로 인하여 특별한 어려움을 겪게 될 세입자들을 대상으로 하는 사회보장적인 차원에서 지급하는 금원의 성격을 갖는다 할 것이므로, 같은법 시행규칙 제54조 제2항에 규정된 '공익사업의 시행으로 인하여 이주하게 되는 주거용 건축물의 세입자로서 사업인정고시일 등 당시 또는 공익사업을 위한 관계 법령에 의한 고시 등이 있는 당시 당해 공익사업 시행지구 안에서 3월 이상 거주한 자에 해당하는 세입자는 이후의 사업시행자의 주거이전비 산정통보일 또는 수용개시일까지 계속 거주할 것을 요함이 없이 위 사업인정고시일 등에 바로 같은 법 시행규칙 제54조 제2항의 주거이전비와 같은 법 시행규칙 제55조 제2항의 이사비 청구권을 취득한다고 볼 것이고, 한편 이사비의 경우 실제 이전할 동산의 유무나 다과를 묻지 않고 같은법 시행규칙 제55조 제2항 [별표 4]에 규정된 금액을 지급받을 수 있다(대판 2006.4.27, 2006두2435).

## 2. 판단기준시

### (1) 주거이전비의 보상대상자를 정하는 기준일은 정비계획에 관한 공람공고일이지 사업시행인가고시일이 아니다

「도시 및 주거환경정비법」상 주거용 건축물의 세입자에 대한 주거이전비의 보상은 정비계획이 외부에 공표됨으로써 주민 등이 정비사업이 시행될 예정임을 알 수 있게 된 때인 정비계획에 관한 공람공고일 당시 당해 정비구역 안에서 3월 이상 거주한 자를 대상으로 한다고 봄이 상당하다(대판 2010.9.9, 2009두16824).

### (2)

2007.4.12. 건설교통부령 제556호로 개정된 「공익사업을 위한 토지 등의 취득 및 보상에 관한 법률 시행규칙」 시행 이후에 「도시 및 주거환경정비법」에 의한 사업시행인가 고시가 이루어진 정비사업에 관하여 주거용 건축물의 세입자에게 지급되는 주거이전비 보상대상자 요건과 보상금액을 정하는 기준이 되는 법령은 개정 시행규칙이고 보상금액 산정의 기준 시기는 사업시행인가 고시가 있은 때이다(대판 2012.8.30, 2011두22792).

### (3)

구 「도시 및 주거환경정비법」상 주거용 건축물의 세입자에 대한 주거이전비 보상의 방법과 금액 등 보상 내용이 확정되는 기준일은 사업시행인가고시일이고 같은 법에 의한 주택재개발정비사업의 경우 「공익사업을 위한 토지 등의 취득 및 보상에 관한 법률」 제15조에 따른 보상계획 공고 및 통지 절차가 아닌 구 「도시 및 주거환경정비법」 제31조 등에 규정된 공고 및 통지 절차를 거쳐도 된다(대판 2012.9.27, 2010두13890).

## 3. 대상자

### (1)

「공익사업을 위한 토지 등의 취득 및 보상에 관한 법률」상 이사비 보상대상자는 공익사업시행지구에 편입되는 주거용 건축물의 거주자로서 공익사업의 시행으로 인하여 이주하게 되는 자이다(대판 2010.11.11, 2010두5332).

### (2) 사업시행자에게서 임시수용시설을 제공받는 세입자

「도시 및 주거환경정비법」에 따라 사업시행자에게서 임시수용시설을 제공받는 세입자는 「공익사업을 위한 토지 등의 취득 및 보상에 관한 법률」 및 같은 법 시행규칙에서 정한 주거이전비를 별도로 청구할 수 있다(대판 2011. 7.14, 2011두3685).

### (3) 소유자 또는 세입자가 아닌 가구원이 사업시행자를 상대로 직접 주거이전비의 지급을 구할 수 없다

구법과 그 위임에 따라 제정된 구시행규칙 소정의 주거이전비는 가구원수에 따라 소유자 또는 세입자에게 지급되는 것으로서 소유자와 세입자가 그 지급청구권을 가지는 것으로 보아야 하고, 따라서 소유자 또는 세입자가 아닌 가구원은 사업시행자를 상대로 직접 주거이전비의 지급을 구할 수 없다고 보아야 할 것이다(대판 2011.8.25, 2010두4131).

### (4)

구 「도시 및 주거환경정비법」상 주택재개발사업에 편입되는 주거용 건축물의 소유자 중 현금청산대상자에 대하여도 구 「공익사업을 위한 토지 등의 취득 및 보상에 관한 법률」에 따른 주거이전비 및 이사비를 지급해야 한다 (대판 2013.1.10, 2011두19031).

(5)

> 구 「도시 및 주거환경정비법」상 주택재개발사업에 편입되는 주거용 건축물의 소유자 중 현금청산대상자에 대하여도 구 「공익사업을 위한 토지 등의 취득 및 보상에 관한 법률」에 따른 주거이전비 및 이사비를 지급해야 한다 (대판 2013. 1. 10, 2011두19031).

(6)

> 구 「도시 및 주거환경정비법」상 주거용 건축물의 소유자에 대한 주거이전비 보상의 경우, 주거용 건축물에 대한 정비계획에 관한 공람·공고일부터 해당 건축물에 대한 보상을 하는 때까지 계속하여 소유 및 거주하여야 한다(대판 2015. 2. 26, 2012두19519).

(7) 구 「도시 및 주거환경정비법」이 적용되는 주택재개발정비사업의 사업구역 내 주거용 건축물을 소유하는 주택재개발정비조합원이 사업구역 내 타인의 주거용 건축물에 거주하는 세입자일 경우, 구 「도시 및 주거환경정비법」 제40조 제1항, 구 「공익사업을 위한 토지 등의 취득 및 보상에 관한 법률 시행규칙」 제54조 제2항에 따른 '세입자로서의 주거이전비(4개월분)' 지급대상이 아니다.

> 구 「도시 및 주거환경정비법」(구 도시정비법) 제40조 제1항, 「공익사업을 위한 토지 등의 취득 및 보상에 관한 법률」(토지보상법) 제78조 제5항, 제9항, 구 「공익사업을 위한 토지 등의 취득 및 보상에 관한 법률 시행규칙」 (구 토지보상법 시행규칙) 제54조 제1항, 제2항의 내용, 체계, 취지 등에 비추어 보면, 구 도시정비법이 적용되는 주택재개발정비사업의 사업구역 내 주거용 건축물을 소유하는 주택재개발정비조합원이 사업구역 내의 타인의 주거용 건축물에 거주하는 세입자일 경우(소유자 겸 세입자)에는 구 도시정비법 제40조 제1항, 구 토지보상법 시행규칙 제54조 제2항에 따른 '세입자로서의 주거이전비(4개월분)' 지급대상은 아니라고 봄이 타당하다. 이유는 다음과 같다.
> 주택재개발정비사업의 개발이익을 누리는 조합원은 그 자신이 사업의 이해관계인이므로 관련 법령이 정책적으로 조기 이주를 장려하고 있는 대상자에 해당한다고 보기 어렵다. 이러한 조합원이 소유 건축물이 아닌 정비사업구역 내 다른 건축물에 세입자로 거주하다 이전하더라도, 일반 세입자처럼 주거이전으로 특별한 어려움을 겪는다고 보기 어려우므로, 그에게 주거이전비를 지급하는 것은 사회보장급부로서의 성격에 부합하지 않는다.
> 주택재개발사업에서 조합원은 사업 성공으로 인한 개발이익을 누릴 수 있고 그가 가지는 이해관계가 실질적으로는 사업시행자와 유사할 뿐 아니라, 궁극적으로는 공익사업 시행으로 생활의 근거를 상실하게 되는 자와는 차이가 있다. 이러한 특수성은 '소유자 겸 세입자'인 조합원에 대하여 세입자 주거이전비를 인정할 것인지를 고려할 때에도 반영되어야 한다. 더욱이 구 도시정비법 제36조 제1항은 사업시행자가 주택재개발사업 시행으로 철거되는 주택의 소유자 또는 세입자에 대하여 정비구역 내·외에 소재한 임대주택 등의 시설에 임시로 거주하게 하거나 주택자금의 융자알선 등 임시수용에 상응하는 조치를 하여야 한다고 정하고 있고, 이러한 다양한 보상조치와 보호대책은 소유자 겸 세입자에 대해서도 적용될 수 있으므로 최소한의 보호에 공백이 있다고 보기 어렵다.
> 조합원인 소유자 겸 세입자를 주택재개발정비사업조합의 세입자 주거이전비 지급대상이 된다고 본다면, 지급액은 결국 조합·조합원 모두의 부담으로 귀결될 것인데, 동일한 토지 등 소유자인 조합원임에도 우연히 정비구역 안의 주택에 세입자로 거주하였다는 이유만으로 다른 조합원들과 비교하여 이익을 누리고, 그 부담이 조합·조합원들의 부담으로 전가되는 결과 역시 타당하다고 볼 수 없다(대판 2017. 10. 31, 2017두40068).

**(8) 주택재개발사업의 사업시행자가 현금청산대상자나 세입자로부터 정비구역 내 토지 또는 건축물을 인도받기 위해서는 협의나 재결절차 등에 의하여 결정되는 주거이전비 등도 지급하여야 한다**

최신판례

토지보상법 제78조에서 정한 주거이전비, 이주정착금, 이사비(주거이전비 등)도 구 도시정비법 제49조 제6항 단서에서 정한 '토지보상법에 따른 손실보상'에 해당한다. 그러므로 주택재개발사업의 사업시행자가 공사에 착수하기 위하여 현금청산대상자나 세입자로부터 정비구역 내 토지 또는 건축물을 인도받기 위해서는 협의나 재결절차 등에 의하여 결정되는 주거이전비 등도 지급할 것이 요구된다. 만일 사업시행자와 현금청산대상자나 세입자 사이에 주거이전비 등에 관한 협의가 성립된다면 사업시행자의 주거이전비 등 지급의무와 현금청산대상자나 세입자의 부동산 인도의무는 동시이행의 관계에 있게 되고, 재결절차 등에 의할 때에는 주거이전비 등의 지급절차가 부동산 인도에 선행되어야 한다(대판 2021.6.30, 2019다207813).

**(9) 주택재개발사업의 사업시행자가 수용재결에 따른 보상금을 지급하거나 공탁하고 「공익사업을 위한 토지 등의 취득 및 보상에 관한 법률」 제43조에 따라 부동산의 인도를 청구하는 경우, 현금청산대상자나 임차인 등이 주거이전비 등을 보상받기 전에는 구 「도시 및 주거환경정비법」 제49조 제6항 단서에 따라 주거이전비 등의 미지급을 이유로 부동산의 인도를 거절할 수 있다**

최신판례

주택재개발사업의 사업시행자가 공사에 착수하기 위하여 현금청산대상자나 임차인 등으로부터 정비구역 내 토지 또는 건축물을 인도받기 위해서는 협의나 재결절차 등에서 결정되는 주거이전비 등을 지급할 것이 요구된다. 사업시행자가 수용재결에서 정한 토지나 지장물 등 보상금을 지급하거나 공탁한 것만으로 토지보상법에 따른 손실보상이 완료되었다고 보기 어렵다(대판 2021.7.29, 2019도13010).

**(10) 주거이전비 등의 미지급을 이유로 구 「도시 및 주거환경정비법」 제49조 제6항에 따른 부동산의 인도를 거절할 수 있는 현금청산대상자는 사용·수익에 대한 부당이득반환의무를 부담하지 않는다**

최신판례

주택재개발정비사업의 사업시행자가 구「도시 및 주거환경정비법」(구 도시정비법) 제49조 제6항에 따라 현금청산대상자를 상대로 부동산 인도청구를 할 때 현금청산대상자는 「공익사업을 위한 토지 등의 취득 및 보상에 관한 법률」(토지보상법) 제78조 등에서 정한 주거이전비, 이주정착금, 이사비(주거이전비 등)의 미지급을 이유로 인도를 거절할 수 있고, 그 경우 나아가 현금청산대상자는 사업시행자에게 부동산의 사용·수익에 대한 부당이득반환의무도 부담하지 않는다(대판 2021.8.26, 2019다257474).

**(11) 주택재개발사업의 사업시행자가 현금청산대상자나 세입자로부터 정비구역 내 토지 또는 건축물을 인도받기 위해서는 협의나 재결절차 등에 의하여 결정되는 주거이전비 등도 지급하여야 한다**

최신판례

구 「도시 및 주거환경정비법」(2017. 2. 8. 법률 제14567호로 전부 개정되기 전의 것, 이하 '구 도시정비법'이라 한다) 제49조 제6항은 '관리처분계획의 인가·고시가 있은 때에는 종전의 토지 또는 건축물의 소유자·지상권자·전세권자·임차권자 등 권리자는 제54조의 규정에 의한 이전의 고시가 있는 날까지 종전의 토지 또는 건축물에 대하여 이를 사용하거나 수익할 수 없다. 다만 사업시행자의 동의를 받거나 제40조 및 「공익사업을 위한 토지 등의 취득 및 보상에 관한 법률」(토지보상법)에 따른 손실보상이 완료되지 아니한 권리자의 경우에는 그러하지 아니하다.'고 정한다. 토지보상법 제78조 등에서 정한 주거이전비, 이주정착금, 이사비(주거이전비 등)는 구 도시정비법 제49조 제6항 단서의 '토지보상법에 따른 손실보상'에 해당한다. 주택재개발사업의 사업시행자가 공사에 착수하기 위하여 현금청산대상자나 세입자로부터 정비구역 내 토지 또는 건축물을 인도받으려면 협의나 재결절차 등에 따라 결정되는 주거이전비 등도 지급할 것이 요구된다(대판 2022.6.30, 2021다310088, 310095).

**(12) 사업시행자가 협의나 재결절차를 거치지 않더라도 주거이전비 등을 지급하였거나 공탁하였다는 사정을 인정할 수 있는 경우, 주거이전비 등의 지급절차가 선행되었다고 보아 사업시행자의 토지나 건축물에 관한 인도청구를 인정할 수 있다**

최신판례 주거이전비 등은 토지보상법 제78조와 관계 법령에서 정하는 요건을 충족하면 당연히 발생하고 그에 관한 보상청구소송은 행정소송법 제3조 제2호에서 정하는 당사자소송으로 해야 한다. 사업시행자는 협의나 재결절차를 거칠 필요 없이 현금청산대상자나 세입자에게 주거이전비 등을 직접 지급하거나 현금청산대상자나 세입자가 지급을 받지 않거나 받을 수 없을 때에는 민법 제487조에 따라 변제공탁을 할 수도 있다. 주택재개발사업의 사업시행자가 관리처분계획의 인가·고시 후 현금청산대상자나 세입자에 대하여 토지나 건축물에 관한 인도청구의 소를 제기하고 현금청산대상자나 세입자가 그 소송에서 주거이전비 등에 대한 손실보상을 받지 못하였다는 이유로 인도를 거절하는 항변을 하는 경우, 이를 심리하는 법원은 사업시행자가 협의나 재결절차를 거치지 않더라도 주거이전비 등을 지급하였거나 공탁하였다는 사정을 인정할 수 있으면 주거이전비 등의 지급절차가 선행되었다고 보아 사업시행자의 인도청구를 인정할 수 있다(대판 2022.6.30, 2021다310088, 310095).

## 4. 권리구제

**(1) 주거이전비 보상청구에 대한 소송형태는 당사자소송이다** ★ 19 국가7급, 15 지방7급, 11 국회8급, 10 서울9급

최신기출 주거이전비 보상청구권은 그 요건을 충족하는 경우에 당연히 발생되는 것이므로, 주거이전비 보상청구소송은 행정소송법 제3조 제2호에 규정된 당사자소송에 의하여야 할 것이다. 다만, 구 「도시 및 주거환경정비법」 제40조 제1항에 의하여 준용되는 공익사업법 제2조, 제50조, 제78조, 제85조 등의 각 조문을 종합하여 보면, 세입자의 주거이전비 보상에 관하여 수용재결이 이루어진 다음 세입자가 보상금의 증감부분을 다투는 경우에는 공익사업법 제85조 제2항에 규정된 행정소송(보상금증감청구소송)에 따라, 보상금의 증감 이외의 부분을 다투는 경우에는 같은조 제1항에 규정된 행정소송(재결취소소송)에 따라 권리구제를 받을 수 있다고 봄이 상당하다(대판 2008.5.29, 2007다8129).

「공익사업을 위한 토지 등의 취득 및 보상에 관한 법률」상 주거용 건축물 세입자의 주거이전비 보상청구권은 사법상의 권리이고, 주거이전비 보상청구소송은 민사소송에 의하여 한다. (x) ■ 19 국가7급

**(2)**

구 「도시 및 주거환경정비법」(도시정비법)상 현금청산대상자와 사업시행자 간에 청산금액에 관한 협의가 성립되지 아니하거나 협의를 할 수 없을 경우, 「공익사업을 위한 토지 등의 취득 및 보상에 관한 법률」(토지보상법)을 준용하여 곧바로 현금청산대상자가 사업시행자에게 재결을 신청할 것을 청구할 수 있다(대판 2015.11.27, 2015두48877).

**(3) 재개발조합이 관리처분계획의 인가·고시가 있은 후 사업시행자가 토지보상법에 따른 손실보상의 완료를 주장하며 현금청산대상자에 대하여 민사소송으로써 종전의 토지나 건축물에 관한 인도청구를 하는 경우 법원이 심리하여야 할 사항**

최신판례 현금청산대상자가 재결절차에서 주거이전비 등을 보상받지 못하였음을 이유로 인도를 거절한다고 선이행 항변하는 사건을 심리하는 민사법원은, 위 항변의 당부를 판단하기 위한 전제로 현금청산대상자가 토지보상법 제78조, 같은 법 시행령 제40, 41조, 같은 법 시행규칙 제53조 내지 55조 등이 정한 요건을 충족하여 주거이전비 등의 지급대상에 해당하는지 여부를 심리·판단하여야 하고, 주거이전비 등의 지급대상인 경우 주거이전비 등의 지급절차가 선행되었는지 등을 심리하여야 한다(대판 2021.8.26, 2019다235153).

**(4) 이때 직접 주거이전비 등의 지급을 명거나 주거이전비 등의 보상에 관한 재결에 대한 다툼을 심리·판단할 수 없다**

주거이전비 보상청구권은 공법상의 권리로서 그 보상을 구하는 소송은 행정소송법상 당사자소송에 의하여야 하고, 소유자의 주거이전비 보상에 관하여 재결이 이루어진 다음 소유자가 다투는 경우에는 토지보상법 제85조에 규정된 행정소송을 제기하여야 한다. 그러므로 위와 같이 사업시행자가 현금청산대상자를 상대로 종전의 토지나 건축물의 인도를 구하는 민사소송에서 법원이 직접 주거이전비 등의 지급을 명하거나 주거이전비 등의 보상에 관한 재결에 대한 다툼을 심리·판단할 수는 없다(대판 2021.8.26, 2019다235153).

## III. 생계(생활)대책

## 1. 사업시행자 스스로 공익사업의 원활한 시행을 위하여 필요하다고 인정함으로써 생활대책을 수립·실시할 수 있도록 하는 내부규정을 두고 있고 내부규정에 따라 생활대책대상자 선정기준을 마련하여 생활대책을 수립·실시하는 경우에는, 이러한 생활대책 역시 헌법 제23조 제3항에 따른 정당한 보상에 포함된다

「공익사업을 위한 토지 등의 취득 및 보상에 관한 법률」은 … 생활대책용지의 공급과 같이 공익사업 시행 이전과 같은 경제수준을 유지할 수 있도록 하는 내용의 생활대책에 관한 분명한 근거 규정을 두고 있지는 않으나, 사업시행자 스스로 공익사업의 원활한 시행을 위하여 필요하다고 인정함으로써 생활대책을 수립·실시할 수 있도록 하는 내부규정을 두고 있고 내부규정에 따라 생활대책대상자 선정기준을 마련하여 생활대책을 수립·실시하는 경우에는, 이러한 생활대책 역시 "공공필요에 의한 재산권의 수용·사용 또는 제한 및 그에 대한 보상은 법률로써 하되, 정당한 보상을 지급하여야 한다."고 규정하고 있는 헌법 제23조 제3항에 따른 정당한 보상에 포함되는 것으로 보아야 한다(대판 2011.10.13, 2008두17905).

## 2. 생활대책은 입법정책적 재량의 영역에 속한다 ★ 15 변호사, 14 지방9급

'생업의 근거를 상실하게 된 자에 대하여 일정 규모의 상업용지 또는 상가분양권 등을 공급하는' 생활대책은 헌법 제23조 제3항에 규정된 정당한 보상에 포함되는 것이라기보다는 생활보상의 일환으로서 국가의 정책적인 배려에 의하여 마련된 제도이므로, 그 실시 여부는 입법자의 입법정책적 재량의 영역에 속한다. 이 사건 법률조항이 공익사업의 시행으로 인하여 농업 등을 계속할 수 없게 되어 이주하는 농민 등에 대한 생활대책 수립의무를 규정하고 있지 않다는 것만으로 재산권을 침해한다고 볼 수 없다(헌재결 2013.7.25, 2012헌바71).

## 3.

사업시행자가 갑은 주거대책 및 생활대책에서 정한 '이주대책 기준일 3개월 이전부터 사업자등록을 하고 영업을 계속한 화훼영업자'에 해당하지 않는다는 이유로 화훼용지 공급대상자에서 제외한 사안에서, 갑이 동생 명의를 빌려 사업자등록을 하다가 기준일 이후에 자신 명의로 사업자등록을 마쳤다 하더라도 위 대책에서 정한 화훼용지 공급대상자에 해당한다고 본 원심판단을 정당하다고 한 사례(대판 2011.10.13, 2008두17905)

# 제2목 간접손실보상(제3자보상)

판례도 간접손실을 헌법 제23조 제3항에 규정한 손실보상의 대상이 된다고 보고 있다(대판 1999.11.15, 99다2723 1).

## I. 간접손실도 손실보상의 대상에 포함된다 ★ 15 변호사

사업시행자가 택지개발사업을 시행하면서 그 구역 내의 농지개량조합 소유 저수지의 몽리답(夢利畓 : 저수지, 보 등의 수리시설에 의하여 물이 들어와 농사에 혜택을 입는 논 ↔ 천수답, 천둥지기)을 취득함으로써 사업시행구역 외에 위치한 저수지가 기능을 상실하고, 그 기능상실에 따른 손실보상의 협의가 이루어지지 않은 경우, 농지개량조합이 입은 손해는 공공사업지 밖에서 일어난 간접손실로서 토지수용법 또는 「공공용지의 취득 및 손실보상에 관한 특례법 시행규칙」의 간접보상에 관한 규정에 근거하여 직접 사업시행자에게 손실보상청구권을 가질 수는 없으나, 「공공용지의 취득 및 손실보상에 관한 특례법 시행규칙」 제23조의6을 유추적용하여 사업시행자를 상대로 민사소송으로써 그 보상을 청구할 수 있다(대판 1999.6.1, 97다56150).

## II. 내용

### 1. 통로·도랑·담장 등의 공사

(1) 구 「공익사업을 위한 토지 등의 취득 및 보상에 관한 법률」 제73조에 따라 토지 일부의 취득 또는 사용으로 잔여지 손실에 대하여 보상하는 경우, 보상하여야 하는 손실의 범위

보상하여야 할 손실에는 토지 일부의 취득 또는 사용으로 인하여 그 획지조건이나 접근조건 등의 가격형성요인이 변동됨에 따라 발생하는 손실뿐만 아니라 그 취득 또는 사용 목적 사업의 시행으로 설치되는 시설의 형태·구조·사용 등에 기인하여 발생하는 손실과 수용재결 당시의 현실적 이용상황의 변경 외 장래의 이용가능성이나 거래의 용이성 등에 의한 사용가치 및 교환가치상의 하락 모두가 포함된다(대판 2011.2.24, 2010두23149).

(2) 토지소유자가 「공익사업을 위한 토지 등의 취득 및 보상에 관한 법률」 제34조, 제50조 등에 규정된 재결절차를 거치지 않고 곧바로 사업시행자를 상대로 같은 법 제73조에 따른 잔여지 가격감소 등으로 인한 손실보상을 청구할 수 없고 이는 수용대상토지에 대하여 재결절차를 거친 경우에도 마찬가지이다 ★ 19 지방7급

**최신기출** 토지소유자가 사업시행자로부터 공익사업법 제73조에 따른 잔여지 가격감소 등으로 인한 손실보상을 받기 위해서는 공익사업법 제34조, 제50조 등에 규정된 재결절차를 거친 다음 그 재결에 대하여 불복이 있는 때에 비로소 공익사업법 제83조 내지 제85조에 따라 권리구제를 받을 수 있을 뿐, 이러한 재결절차를 거치지 않은 채 곧바로 사업시행자를 상대로 손실보상을 청구하는 것은 허용되지 않는다고 봄이 상당하고, 이는 수용대상토지에 대하여 재결절차를 거친 경우에도 마찬가지라 할 것이다(대판 2012.11.29, 2011두22587).

토지소유자가 잔여지 수용청구에 대한 재결절차를 거친 경우에는 곧바로 사업시행자를 상대로 잔여지 가격감소 등으로 인한 손실보상을 청구할 수 있다. (x) ■ 19 지방7급

(3)

공익사업의 사업시행자가 동일한 소유자에게 속하는 일단의 토지 중 일부를 취득하거나 사용하고 남은 잔여지에 현실적 이용상황 변경 또는 사용가치 및 교환가치의 하락 등이 발생하였으나 그 손실이 토지의 일부가 공익사업에 취득되거나 사용됨으로 인하여 발생한 것이 아닌 경우, 「공익사업을 위한 토지 등의 취득 및 보상에 관한 법률」 제73조 제1항 본문에 따른 잔여지 손실보상 대상에 해당하지 않는다(대판 2017.7.11, 2017두40860).

**(4)** 「공익사업을 위한 토지 등의 취득 및 보상에 관한 법률」 제73조 제1항에 따른 잔여지 손실보상금에 대한 지연 손해금 지급의무의 발생 시기

> 「공익사업을 위한 토지 등의 취득 및 보상에 관한 법률」이 잔여지 손실보상금 지급의무의 이행기를 정하지 않았고, 그 이행기를 편입토지의 권리변동일이라고 해석하여야 할 체계적, 목적론적 근거를 찾기도 어려우므로, 잔여지 손실보상금 지급의무는 이행기의 정함이 없는 채무로 보는 것이 타당하다. 따라서 잔여지 손실보상금 지급의무의 경우 잔여지의 손실이 현실적으로 발생한 이후로서 잔여지 소유자가 사업시행자에게 이행청구를 한 다음 날부터 그 지연손해금 지급의무가 발생한다(민법 제387조 제2항 참조)(대판 2018.3.13, 2017두68370).

## 2. 토지보상법상 간접손실보상(잔여지·잔여건축물에 대한 보상)

### (1) 잔여지매수청구권

① **토지수용법에 의한 잔여지수용청구권의 법적 성질은 형성권이고 그 행사기간의 법적 성질은 제척기간이다**

★ 20 국가7급, 20 서울7급, 19 지방7급

**최신기출**

> 토지수용법에 의한 잔여지수용청구권은 그 요건을 구비한 때에는 토지수용위원회의 특별한 조치를 기다릴 것 없이 청구에 의하여 수용의 효과가 발생하는 형성권적 성질을 가지고, 그 행사기간은 제척기간으로서, 토지소유자가 그 행사기간 내에 잔여지수용청구권을 행사하지 아니하면 그 권리가 소멸한다(대판 2001.9.4, 99두11080).

> 잔여지 수용청구는 당해 공익사업의 공사완료일까지 해야 하지만, 토지소유자가 그 기간 내에 잔여지 수용청구권을 행사하지 않았더라도 그 권리가 소멸하는 것은 아니다. (x) ■ 20 국가7급, 19 지방7급

② **잔여지수용거부에 대해서는 민사소송이 아닌 행정소송을 제기하여야 한다**

> 잔여지수용재결 및 이의재결에 불복이 있으면 재결청과 기업자(현 사업시행자)를 공동피고로 하여 그 이의재결의 취소 및 보상금의 증액을 구하는 행정소송을 제기하여야 하며, 곧바로 기업자를 상대로 하여 민사소송으로 잔여지에 대한 보상금의 지급을 구할 수는 없다(대판 2004.9.24, 2002다68713).

③ **구 「공익사업을 위한 토지 등의 취득 및 보상에 관한 법률」 제74조 제1항에 의한 잔여지 수용청구를 받아들이지 않은 토지수용위원회의 재결에 대하여 토지소유자가 불복하여 제기하는 소송은 '보상금의 증감에 관한 소송'에 해당하여 사업시행자를 피고로 하여야 한다** ★ 19·17 지방9급, 17 국가7급

**최신기출**

> 구 「공익사업을 위한 토지 등의 취득 및 보상에 관한 법률」 제74조 제1항에 규정되어 있는 잔여지 수용청구권은 손실보상의 일환으로 토지소유자에게 부여되는 권리로서 그 요건을 구비한 때에는 잔여지를 수용하는 토지수용위원회의 재결이 없더라도 그 청구에 의하여 수용의 효과가 발생하는 형성권적 성질을 가지므로, 잔여지 수용청구를 받아들이지 않은 토지수용위원회의 재결에 대하여 토지소유자가 불복하여 제기하는 소송은 위 법 제85조 제2항에 규정되어 있는 '보상금의 증감에 관한 소송'(형식적 당사자소송 : 필자 주)에 해당하여 사업시행자를 피고로 하여야 한다(대판 2010.8.19, 2008두822).

> 「공익사업을 위한 토지 등의 취득 및 보상에 관한 법률」에 의한 잔여지 수용청구를 받아들이지 않은 토지수용위원회의 재결에 대하여 토지소유자가 불복하여 제기하는 소송은 항고소송에 해당한다. (x) ■ 19 지방9급

④ 구 「공익사업을 위한 토지 등의 취득 및 보상에 관한 법률」 제74조 제1항의 잔여지 수용청구권 행사기간의 법적 성질은 제척기간이고 잔여지 수용청구 의사표시의 상대방은 관할 토지수용위원회이다

★ 19 지방7급, 19 국회8급

구 「공익사업을 위한 토지 등의 취득 및 보상에 관한 법률」 제74조 제1항에 의하면, 잔여지 수용청구는 사업시행자와 사이에 매수에 관한 협의가 성립되지 아니한 경우 일단의 토지의 일부에 대한 관할 토지수용위원회의 수용재결이 있기 전까지 관할 토지수용위원회에 하여야 하고, 잔여지 수용청구권의 행사기간은 제척기간으로서, 토지소유자가 그 행사기간 내에 잔여지 수용청구권을 행사하지 아니하면 그 권리가 소멸한다. 또한 위 조항의 문언 내용 등에 비추어 볼 때, 잔여지 수용청구의 의사표시는 관할 토지수용위원회에 하여야 하는 것으로서, 관할 토지수용위원회가 사업시행자에게 잔여지 수용청구의 의사표시를 수령할 권한을 부여하였다고 인정할 만한 사정이 없는 한, 사업시행자에게 한 잔여지 매수청구의 의사표시를 관할 토지수용위원회에 한 잔여지 수용청구의 의사표시로 볼 수는 없다(대판 2010.8.19, 2008두822).

사업시행자에게 한 잔여지매수청구의 의사표시는 일반적으로 관할 토지수용위원회에 한 잔여지수용청구의 의사표시로 볼 수 있다. (x) ■ 19 국회8급

토지소유자가 사업시행자에게 잔여지 매수청구의 의사표시를 하였다면, 그 의사표시는 특별한 사정이 없는 한 관할 토지수용위원회에 한 잔여지 수용청구의 의사표시로 볼 수 있다. (x) ■ 19 지방7급

## (2) 잔여 건축물의 손실에 대한 보상 등

① 지장물인 건물의 일부가 수용된 경우 잔여건물부분의 교환가치하락으로 인한 감가보상을 잔여지의 감가보상을 규정한 공공용지의취득및손실보상에관한특례법시행규칙 제26조 제2항을 유추적용하여 인정할 수 있다

★ 14 국가7급

수용대상토지 지상에 건물이 건립되어 있는 경우 그 건물에 대한 보상은 취득가액을 초과하지 아니하는 한도 내에서 건물의 구조·이용상태·면적·내구연한·유용성·이전 가능성 및 난이도 등의 여러 요인을 종합적으로 고려하여 원가법으로 산정한 이전비용으로 보상하고, 건물의 일부가 공공사업지구에 편입되어 그 건물의 잔여부분을 종래의 목적대로 사용할 수 없거나 사용이 현저히 곤란한 경우에는 그 잔여부분에 대하여는 위와 같이 평가하여 보상하되, 그 건물의 잔여부분을 보수하여 사용할 수 있는 경우에는 보수비로 평가하여 보상하도록 하고 있을 뿐, 보수를 하여도 제거 또는 보전될 수 없는 잔여건물의 가치하락이 있을 경우 이에 대하여 어떻게 보상하여야 할 것인지에 관하여는 명문의 규정을 두고 있지 아니하나, 한 동의 건물은 각 부분이 서로 기능을 달리하면서 유기적으로 관련을 맺고 전체적으로 그 효용을 발휘하는 것이므로, 건물의 일부가 수용되면 토지의 일부가 수용되는 경우와 마찬가지로 또는 그 이상으로 건물의 효용을 일부 잃게 되는 것이 일반적이고, 수용에 따른 손실보상액 산정의 경우 헌법 제23조 제3항에 따른 정당한 보상이란 원칙적으로 피수용재산의 객관적인 재산가치를 완전하게 보상하여야 한다는 완전보상을 뜻하는 것인데, 건물의 일부만이 수용되고 그 건물의 잔여부분을 보수하여 사용할 수 있는 경우 그 건물 전체의 가격에서 편입비율만큼의 비율로 손실보상액을 산정하여 보상하는 한편 보수비를 손실보상액으로 평가하여 보상하는 데 그친다면 보수에 의하여 보전될 수 없는 잔여건물의 가치하락분에 대하여는 보상을 하지 않는 셈이어서 불완전한 보상이 되는 점 등에 비추어 볼 때, 잔여건물에 대하여 보수만으로 보전될 수 없는 가치하락이 있는 경우에는, 동일한 토지소유자의 소유에 속하는 일단의 토지 일부가 공공사업용지로 편입됨으로써 잔여지의 가격이 하락한 경우에는 공공사업용지로 편입되는 토지의 가격으로 환산한 잔여지의 가격에서 가격이 하락된 잔여지의 평가액을 차감한 잔액을 손실액으로 평가하도록 되어 있는 공공용지의취득및손실보상에관한특례법시행규칙 제26조 제2항을 유추적용하여 잔여건물의 가치하락분에 대한 감가보상을 인정함이 상당하다(대판 2001.9.25, 2000두2426).

건물의 일부만 수용되어 잔여부분을 보수하여 사용할 수 있는 경우 그 건물 전체의 가격에서 수용된 부분의 비율에 해당하는 금액과 건물 보수비를 손실보상액으로 평가하여 보상하면 되고, 잔여건물에 대한 가치하락까지 보상해야 하는 것은 아니다. (x) ■ 14 국가7급

② 건축물 소유자는 「공익사업을 위한 토지 등의 취득 및 보상에 관한 법률」 제34조, 제50조 등에 규정된 재결절차를 거치지 않은 채 곧바로 사업시행자를 상대로 같은 법 제75조의2 제1항에 따른 잔여 건축물 가격감소 등으로 인한 손실보상을 청구할 수 없고, 이는 수용대상 건축물에 대하여 재결절차를 거친 경우에도 마찬가지이다

★ 21 변호사, 17 국가7급

건축물 소유자가 사업시행자로부터 토지보상법 제75조의2 제1항에 따른 잔여 건축물 가격감소 등으로 인한 손실보상을 받기 위해서는 토지보상법 제34조, 제50조 등에 규정된 재결절차를 거친 다음 재결에 대하여 불복이 있는 때에 비로소 토지보상법 제83조 내지 제85조에 따라 권리구제를 받을 수 있을 뿐, 재결절차를 거치지 않은 채 곧바로 사업시행자를 상대로 손실보상을 청구하는 것은 허용되지 않고, 이는 수용대상 건축물에 대하여 재결절차를 거친 경우에도 마찬가지이다(대판 2015.11.12, 2015두2963).

## 3. 토지보상법 시행규칙상 간접손실보상

### (1) 공익사업시행지구 밖의 영업손실에 대한 보상

① 공유수면매립사업으로 인하여 수산업협동조합이 관계 법령에 의하여 대상지역에서의 독점적 지위가 부여되어 있던 위탁판매사업을 중단하게 된 경우, 그로 인한 위탁판매수수료 수입 상실에 대하여 공공용지의취득및손실보상에관한특례법시행규칙을 유추적용하여 손실보상을 하여야 한다

수산업협동조합이 수산물 위탁판매장을 운영하면서 위탁판매 수수료를 지급받아 왔고, 그 운영에 대하여는 구 수산자원보호령 제21조 제1항에 의하여 그 대상지역에서의 독점적 지위가 부여되어 있었는데, 공유수면매립사업의 시행으로 그 사업대상지역에서 어업활동을 하던 조합원들의 조업이 불가능하게 되어 일부 위탁판매장에서의 위탁판매사업을 중단하게 된 경우, 그로 인해 수산업협동조합이 상실하게 된 위탁판매수수료 수입은 사업시행자의 매립사업으로 인한 직접적인 영업손실이 아니고 간접적인 영업손실이라고 하더라도 피침해자인 수산업협동조합이 공공의 이익을 위하여 당연히 수인하여야 할 재산권에 대한 제한의 범위를 넘어 수산업협동조합의 위탁판매사업으로 얻고 있는 영업상의 재산이익을 본질적으로 침해하는 특별한 희생에 해당하고, 사업시행자는 공유수면매립면허 고시 당시 그 매립사업으로 인하여 위와 같은 영업손실이 발생한다는 것을 상당히 확실하게 예측할 수 있었고 그 손실의 범위도 구체적으로 확정할 수 있으므로, 위 위탁판매수수료 수입손실은 헌법 제23조 제3항에 규정한 손실보상의 대상이 되고, 그 손실에 관하여 구 공유수면매립법 또는 그 밖의 법령에 직접적인 보상규정이 없더라도 「공공용지의 취득 및 손실보상에 관한 특례법 시행규칙」상의 각 규정을 유추적용하여 그에 관한 보상을 인정하는 것이 타당하다(대판 1999.10.8, 99다27231).

②

공공사업의 시행으로 인하여 사업지구 밖에서 발생한 수산제조업에 대한 간접손실의 보상에 관하여 공공용지의취득및손실보상에관한특례법시행규칙 제23조의5 소정의 간접보상 규정을 유추적용할 수 있다(대판 1999.12.24, 98다57419, 57426). ★ 19 국가7급, 15 국회8급

공공사업 시행으로 사업시행지 밖에서 발생한 간접손실은 손실 발생을 쉽게 예견할 수 있고 손실 범위도 구체적으로 특정할 수 있더라도, 사업시행자와 협의가 이루어지지 않고 그 보상에 관한 명문의 근거 법령이 없는 경우에는 보상의 대상이 아니다. (×)
■ 19 국가7급

③

공공사업 시행지구 밖에서 영업을 영위하던 사업자에게 공공사업 시행 후에도 그 영업의 고객이 소재하는 지역이 그대로 남아 있는 상태에서 고객이 공공사업 시행으로 설치된 시설 등을 이용하고 사업자가 제공하는 시설이나 용역은 이용하지 않게 되었다는 사정은 '배후지 상실'에 해당하지 않는다(대판 2013.6.14. 2010다9658).

④ 잔여 영업시설 손실보상의 요건인 "공익사업에 영업시설의 일부가 편입됨으로 인하여 잔여시설에 그 시설을 새로이 설치하거나 잔여시설을 보수하지 아니하고는 그 영업을 계속할 수 없는 경우"의 의미 ★ 19 지방7급

사업시행자가 동일한 토지소유자에 속하는 일단의 토지 일부를 취득함으로 인하여 잔여지의 가격이 감소하거나 그 밖의 손실이 있을 때 등에는 잔여지를 종래의 목적으로 사용하는 것이 가능한 경우라도 잔여지 손실보상의 대상이 되며, 잔여지를 종래의 목적에 사용하는 것이 불가능하거나 현저히 곤란한 경우이어야만 잔여지 손실보상청구를 할 수 있는 것이 아니다. 마찬가지로 잔여 영업시설 손실보상의 요건인 "공익사업에 영업시설의 일부가 편입됨으로 인하여 잔여시설에 그 시설을 새로이 설치하거나 잔여시설을 보수하지 아니하고는 그 영업을 계속할 수 없는 경우"란 잔여 영업시설에 시설을 새로이 설치하거나 잔여 영업시설을 보수하지 아니하고는 그 영업이 전부 불가능하거나 곤란하게 되는 경우만을 의미하는 것이 아니라, 공익사업에 영업시설 일부가 편입됨으로써 잔여 영업시설의 운영에 일정한 지장이 초래되고, 이에 따라 종전처럼 정상적인 영업을 계속하기 위해서는 잔여 영업시설에 시설을 새로 설치하거나 잔여 영업시설을 보수할 필요가 있는 경우도 포함된다고 해석함이 타당하다(대판 2018.7.20, 2015두4044).

⑤ 공익사업에 영업시설 일부가 편입됨으로 인하여 잔여 영업시설에 손실을 입은 자가 재결절차를 거치지 않은 채 곧바로 사업시행자를 상대로 잔여 영업시설의 손실에 대한 보상을 청구할 수 없고, 영업의 단일성·동일성이 인정되는 범위에서 보상금 산정의 세부요소를 추가로 주장하는 경우, 별도로 재결절차를 거쳐야 하는 것은 아니다 ★ 21 변호사, 20 국가7급

공익사업에 영업시설 일부가 편입됨으로 인하여 잔여 영업시설에 손실을 입은 자가 사업시행자로부터 구 「공익사업을 위한 토지 등의 취득 및 보상에 관한 법률 시행규칙」 제47조 제3항에 따라 잔여 영업시설의 손실에 대한 보상을 받기 위해서는, 토지보상법 제34조, 제50조 등에 규정된 재결절차를 거친 다음 그 재결에 대하여 불복이 있는 때에 비로소 토지보상법 제83조 내지 제85조에 따라 권리구제를 받을 수 있을 뿐이다. 이러한 재결절차를 거치지 않은 채 곧바로 사업시행자를 상대로 손실보상을 청구하는 것은 허용되지 않는다.
재결절차를 거쳤는지 여부는 보상항목별로 판단하여야 한다. 피보상자별로 어떤 토지, 물건, 권리 또는 영업이 손실보상대상에 해당하는지, 나아가 보상금액이 얼마인지를 심리·판단하는 기초 단위를 보상항목이라고 한다. 편입토지·물건 보상, 지장물 보상, 잔여 토지·건축물 손실보상 또는 수용청구의 경우에는 원칙적으로 개별물건별로 하나의 보상항목이 되지만, 잔여 영업시설 손실보상을 포함하는 영업손실보상의 경우에는 '전체적으로 단일한 시설 일체로서의 영업 자체가 보상항목이 되고, 세부 영업시설이나 영업이익, 휴업기간 등은 영업손실보상금 산정에서 고려하는 요소에 불과하다. 그렇다면 영업의 단일성·동일성이 인정되는 범위에서 보상금 산정의 세부요소를 추가로 주장하는 것은 하나의 보상항목 내에서 허용되는 공격방법일 뿐이므로, 별도로 재결절차를 거쳐야 하는 것은 아니다(대판 2018.7.20, 2015두4044).

공익사업에 영업시설 일부가 편입됨으로 인하여 잔여 영업시설에 손실을 입은 자는 재결절차를 거치지 않은 채 곧바로 사업시행자를 상대로 잔여 영업시설의 손실에 대한 보상을 청구할 수 있다. (×) ■ 20 국가7급

⑥

공익사업으로 인하여 공익사업시행지구 밖에서 영업을 휴업하는 자가 「공익사업을 위한 토지 등의 취득 및 보상에 관한 법률」 제34조, 제50조 등에 규정된 재결절차를 거치지 않은 채 곧바로 사업시행자를 상대로 「공익사업을 위한 토지 등의 취득 및 보상에 관한 법률 시행규칙」 제47조 제1항에 따라 영업손실에 대한 보상을 청구할 수 없다(대판 2019.11.28, 2018두227).

⑦ 「공익사업을 위한 토지 등의 취득 및 보상에 관한 법률 시행규칙」 제64조 제1항 제2호에서 정한 공익사업시행 지구 밖 영업손실보상의 요건인 '공익사업의 시행으로 인한 그 밖의 부득이한 사유로 일정 기간 동안 휴업이 불가피한 경우'에 공익사업의 시행 결과로 휴업이 불가피한 경우가 포함된다 ★ 21 변호사

공익사업시행지구 밖의 영업손실은 공익사업의 시행과 동시에 발생하는 경우도 있지만, 공익사업에 따른 공공시설의 설치공사 또는 설치된 공공시설의 가동·운영으로 발생하는 경우도 있어 그 발생원인과 발생시점이 다양하므로, 공익사 업시행지구 밖의 영업자가 발생한 영업상 손실의 내용을 구체적으로 특정하여 주장하지 않으면 사업시행자로서는 영 업손실보상금 지급의무의 존부와 범위를 구체적으로 알기 어려운 특성이 있다. … 공익사업시행지구 밖 영업손실보 상의 특성과 헌법이 정한 '정당한 보상의 원칙'에 비추어 보면, 공익사업시행지구 밖 영업손실보상의 요건인 '공 익사업의 시행으로 인한 그 밖의 부득이한 사유로 일정 기간 동안 휴업이 불가피한 경우'란 공익사업의 시행 또는 시행 당시 발생한 사유로 휴업이 불가피한 경우만을 의미하는 것이 아니라 공익사업의 시행 결과, 즉 그 공익사업의 시행으 로 설치되는 시설의 형태·구조·사용 등에 기인하여 휴업이 불가피한 경우도 포함된다고 해석함이 타당하다(대판 201 9.11.28, 2018두227).

⑧ 실질적으로 같은 내용의 손해에 관하여 「공익사업을 위한 토지 등의 취득 및 보상에 관한 법률」 제79조 제2항에 따른 손실보상과 환경정책기본법 제44조 제1항에 따른 손해배상청구권이 동시에 성립하는 경우, 영업자는 두 청구권을 동시에 행사할 수 없고, '해당 사업의 공사완료일로부터 1년'이라는 손실보상 청구기간이 지나 손실보 상청구권을 행사할 수 없는 경우에도 손해배상청구는 가능하다

「공익사업을 위한 토지 등의 취득 및 보상에 관한 법률」(토지보상법) 제79조 제2항(그 밖의 토지에 관한 비용보상 등)에 따른 손실보상과 환경정책기본법 제44조 제1항(환경오염의 피해에 대한 무과실책임)에 따른 손해배상은 근거 규정과 요건·효과를 달리하는 것으로서, 각 요건이 충족되면 성립하는 별개의 청구권이다. 다만 손실보상청구권에는 이미 '손해 전보'라는 요소가 포함되어 있어 실질적으로 같은 내용의 손해에 관하여 양자의 청구권을 동시에 행사할 수 있다고 본다면 이중배상의 문제가 발생하므로, 실질적으로 같은 내용의 손해에 관하여 양자의 청구권이 동시에 성립하더라도 영업자는 어느 하나만을 선택적으로 행사할 수 있을 뿐이고, 양자의 청구권을 동시에 행사할 수는 없다. 또한 '해당 사업의 공사완료일로부터 1년'이라는 손실보상 청구기간(토지보상법 제79조 제5항, 제73조 제2항)이 도 과하여 손실보상청구권을 더 이상 행사할 수 없는 경우에도 손해배상의 요건이 충족되는 이상 여전히 손해배상 청구는 가능하다(대판 2019.11.28, 2018두227).

# 제4항 손실보상의 기준과 내용

## 제1목 손실보상의 기준

### Ⅰ. 현행 헌법상 보상기준(정당한 보상)

#### 1. 정당한 보상이란 완전보상을 의미한다(대법원) ★ 21 국가7급, 20 국회9급, 14 서울7급, 14 서울9급,

> **최신기출** '정당한 보상'이라 함은 원칙적으로 피수용재산의 객관적인 재산가치를 완전하게 보상하여야 한다는 완전보상을 뜻하는 것이라 할 것이나, 투기적인 거래에 의하여 형성되는 가격은 정상적인 객관적 재산가치로는 볼 수 없으므로 이를 배제한다고 하여 완전보상의 원칙에 어긋나는 것은 아니며, 공익사업의 시행으로 지가가 상승하여 발생하는 개발이익은 궁극적으로는 국민 모두에게 귀속되어야 할 성질의 것이므로 이는 완전보상의 범위에 포함되는 피수용토지의 객관적 가치 내지 피수용자의 손실이라고는 볼 수 없다(대판 1993.7.13, 93누2131).

> 공익사업시행으로 인한 개발이익은 완전보상의 범위에 포함되는 피수용토지의 객관적 가치 내지 피수용자의 손실에 해당한다. (x)
> ■ 21 국가7급

#### 2. '정당한 보상'이란 완전보상을 뜻하지만 개발이익은 제외된다(헌법재판소) ★ 20 서울7급, 12 국가9급, 11 지방9급

> **최신기출** 헌법 제23조 제3항에서 규정한 '정당한 보상'이란 원칙적으로 피수용재산의 객관적인 재산가치를 완전하게 보상하여야 한다는 완전보상을 뜻하는 것이지만, 공익사업의 시행으로 인한 개발이익은 완전보상의 범위에 포함되는 피수용토지의 객관적 가치 내지 피수용자의 손실이라고는 볼 수 없다(헌재결 1991.2.11, 90헌바17·18).

### Ⅱ. 공용수용의 경우 - 법률상의 보상기준 및 내용

#### 1. 표준지 공시지가를 기준으로 보상

##### (1) 위헌 여부

① 토지의 수용에 대한 보상을 표준지 공시지가를 기준으로 하도록 한 「지가공시 및 토지 등의 평가에 관한 법률」 제10조 제1항 제1호는 정당한 보상규정 등에 위배되지 않는다 ★ 12 지방7급

> 공시지가는 그 평가의 기준이나 절차로 미루어 대상토지가 대상지역공고일 당시 갖는 객관적 가치를 평가하기 위한 것으로서 적정성을 갖고 있으며, 표준지와 지가선정 대상토지 사이에 가격의 유사성을 인정할 수 있도록 표준지 선정의 적정성이 보장되므로 위 조항이 헌법 제23조 제3항이 규정한 정당보상의 원칙에 위배되거나 과잉금지의 원칙에 위배된다고 볼 수 없고, 토지수용시 개별공시지가에 따라 손실보상액을 산정하지 아니하였다고 하여 위헌이 되는 것은 아니다(헌재결 2001.4.26, 2000헌바31).

②

> 감정평가업자가 토지를 감정평가하는 경우 당해 토지와 유사한 이용가치를 지닌다고 인정되는 표준지의 공시지가를 기준으로 하도록 하고 있는 「부동산 가격공시 및 감정평가에 관한 법률」 제21조 제1항 본문은 정당보상원칙에 위배되지 않는다(합헌)(헌재결 2012.3.29, 2010헌바370).

③ 사업인정고시일 전의 시점을 공시기준일로 하는 공시지가를 손실보상액 산정 기준으로 하도록 하고 있는 구「공익사업을 위한 토지 등의 취득 및 보상에 관한 법률」제70조 제4항 및 구「공익사업을 위한 토지 등의 취득 및 보상에 관한 법률」제70조 제1항은 정당보상원칙에 위배되지 않는다(합헌)

> 개발이익이 배제된 손실보상액을 산정하는 적정한 수단으로서 헌법상 정당보상의 원칙에 위배되지 않는다(헌재결 2012.3.29, 2010헌바370).

④

> 헌법 제23조 제3항의 '정당한 보상'의 원칙이 모든 경우에 예외없이 시가에 의한 보상을 요구하지는 않는다(헌재결 2002.12.18, 2002헌가4). ★ 09 지방9급

### (2) 비교표준지 선정방법

#### ① 비교표준지 선정방법

> 비교표준지는 특별한 사정이 없는 한 도시계획구역 내에서는 용도지역을 우선으로 하고(용도지역우선의 원칙), 도시계획구역 외에서는 용도지역을 현실적 이용상황에 따른 실제 지목을 우선으로 하여 선정하여야 할 것이나(이용상황우선의 원칙), 이러한 토지가 없다면 지목, 용도, 주위환경, 위치 등의 제반 특성을 참작하여 그 자연적·사회적 조건이 수용대상 토지와 동일 또는 가장 유사한 토지를 선정하여야 한다(대판 2001.3.27, 99두7968).

#### ② 도시계획구역 내에 있는 수용대상토지에 대한 표준지 선정방법

> 수용대상토지가 도시계획구역 내에 있는 경우에는 그 용도지역이 토지의 가격형성에 미치는 영향을 고려하여 볼 때, 당해 토지와 같은 용도지역의 표준지가 있으면 다른 특별한 사정이 없는 한 용도지역이 같은 토지를 당해 토지에 적용할 표준지로 선정함이 상당하고, 가령 그 표준지와 당해 토지의 이용상황이나 주변환경 등에 다소 상이한 점이 있다 하더라도 이러한 점은 지역요인이나 개별요인의 분석 등 품등비교에서 참작하면 된다(대판 2007.7.12, 2006두11507).

### (3) 사정보정과 시점수정

취득재산에 대한 보상액으로 결정되는 취득재산의 가격은 기준이 되는 표준지공시지가를 기준으로 하여 토지의 상황을 고려하여 수정하고(사정보정), 기준이 되는 공시지가의 공시기준일과 가격시점 사이의 지가변동률 및 물가상승률을 고려하여 보상액을 수정(시점수정)하여 결정한다.

①

> 수용보상액 산정을 위해 토지를 평가함에 있어 토지의 현재 상태가 산림으로서 사실상 개발이 어렵다는 사정이 개별요인의 비교시에 이미 반영된 경우, 입목본수도가 높아 관계 법령상 토지의 개발이 제한된다는 점을 기타요인에서 다시 반영하는 것은 이미 반영한 사유를 중복하여 반영하는 것으로서 위법하다고 한 사례(대판 2007.7.12, 2006두11507)

② 토지가격비준표는 토지수용에 따른 보상액 산정의 기준이 되지 않는다

> 건설교통부장관이 작성하여 관계 행정기관에 제공하는 '지가형성요인에 관한 표준적인 비교표(토지가격비준표)'는 개별토지가격을 산정하기 위한 자료로 제공되는 것으로, 토지수용에 따른 보상액 산정의 기준이 되는 것은 아니고 단지 참작자료에 불과할 뿐이다(대판 2007.7.12, 2006두11507).

③ 비교표준지와 수용대상토지에 대한 지역요인 및 개별요인 등 품등비교를 함에 있어서 현실적인 이용상황에 따른 비교수치 외에 공부상 지목에 따른 비교수치를 중복적용할 수 없다

> 토지의 수용·사용에 따른 보상액을 평가함에 있어서는 관계 법령에서 들고 있는 모든 산정요인을 구체적·종합적으로 참작하여 그 각 요인들을 모두 반영하되 지적공부상의 지목에 불구하고 가격시점에 있어서의 현실적인 이용상황에 따라 평가되어야 하므로, 비교표준지와 수용대상토지의 지역요인 및 개별요인 등 품등비교를 함에 있어서도 현실적인 이용상황에 따른 비교수치 외에 다시 공부상의 지목에 따른 비교수치를 중복적용하는 것은 허용되지 아니한다(대판 2007.7.12, 2006두11507).

④ 인근 유사토지의 거래사례 비교

> 수용대상토지의 보상액을 산정함에 있어 인근유사토지의 보상사례가 있고 그 가격이 정상적인 것으로서 적정한 보상액 평가에 영향을 미칠 수 있는 것임이 입증된 경우에는 이를 참작할 수 있고, 여기서 '정상적인 가격'이란 개발이익이 포함되지 아니하고 투기적인 거래로 형성되지 아니한 가격을 말한다. 그러나 그 보상사례의 가격이 개발이익을 포함하고 있어 정상적인 것이 아닌 경우라도 그 개발이익을 배제하여 정상적인 가격으로 보정할 수 있는 합리적인 방법이 있다면 그러한 방법에 의하여 보정한 보상사례의 가격은 수용대상토지의 보상액을 산정함에 있어 이를 참작할 수 있다(대판 2010.4.29, 2009두17360).

### (4) 현황평가의 원칙

토지에 대한 보상액은 가격시점에 있어서의 현실적인 이용상황과 일반적인 이용방법에 의한 객관적 사정을 고려하여 산정하되, 일시적인 이용상황과 토지소유자 또는 관계인이 갖는 주관적 가치 및 특별한 용도에 사용할 것을 전제로 한 경우 등은 이를 고려하지 아니한다(제70조 제2항). 이 규정은 현황평가의 원칙을 규정한 것이다.

① 산지전용기간이 만료될 때까지 목적사업을 완료하지 못한 경우, 사업시행으로 토지의 형상이 변경된 부분은 「공익사업을 위한 토지 등의 취득 및 보상에 관한 법률」에 의한 보상에서 불법 형질변경된 토지로 보아 형질변경될 당시의 토지이용상황(임야)을 기준으로 보상금을 산정하여야 한다

> 산지전용기간이 만료될 때까지 목적사업을 완료하지 못한 때에는 사업시행으로 토지의 형상이 변경된 부분은 원칙적으로 그 전체가 산지 복구의무의 대상이 되므로, 토지보상법에 의한 보상에서도 불법 형질변경된 토지로서 형질변경될 당시의 토지이용상황이 보상금 산정의 기준이 된다(대판 2017.4.7, 2016두61808).

② 산지복구의무가 면제될 사정이 있는 경우, 형질변경이 이루어진 상태가 토지에 대한 보상의 기준이 되는 '현실적인 이용상황'(나대지)이다

> 그러나 산지전용 허가 대상 토지 일대에 대하여 행정청이 택지개발촉진법 등 법률에 근거하여 개발행위제한조치를 하고 산지 외의 다른 용도로 사용하기로 확정한 면적이 있어서 산지전용 목적사업을 완료하지 못한 경우와 같이 산지 복구의무가 면제될 사정이 있는 경우에는, 형질변경이 이루어진 현상 상태가 그 토지에 대한 보상기준이 되는 '현실적인 이용상황'이라고 보아야 한다. 그것이 토지수용의 경우에 정당하고 적정한 보상을 하도록 한 헌법과 토지보상법의 근본정신에 부합하고, 토지보상법 시행규칙 제23조가 토지에 관한 공법상 제한이 당해 공익사업의 시행을 직접 목적으로 하여 가하여진 경우에는 제한이 없는 상태를 상정하여 평가한다고 정한 취지에도 부합한다(대판 2017.4.7, 2016두61808).

③ '공익계획사업이나 도시계획의 결정·고시 때문에 이에 저촉된 토지가 현황도로로 이용되고 있지만 공익사업이 실제로 시행되지 않은 상태에서 일반공중의 통행로로 제공되고 있는 상태로서 계획제한과 도시계획시설의 장기미집행상태로 방치되고 있는 도로' 곧 예정공도부지는 「공익사업을 위한 토지 등의 취득 및 보상에 관한 법률 시행규칙」 제26조 제2항에서 정한 사실상의 사도에 해당하지 않는다

최신판례

> 공익사업이 실제로 시행되지 않은 상태에서 일반공중의 통행로로 제공되고 있는 상태로서 계획제한과 도시계획 시설의 장기미집행상태로 방치되고 있는 도로', 즉 예정공도부지의 경우 보상액을 사실상의 사도를 기준으로 평가 한다면 토지가 도시·군 관리계획에 의하여 도로로 결정된 후 곧바로 도로사업이 시행되는 경우의 보상액을 수용 전의 사용현황을 기준으로 산정하는 것과 비교하여 토지소유자에게 지나치게 불리한 결과를 가져온다는 점 등을 고려하면, 예정공도부지는 공익사업법 시행규칙 제26조 제2항에서 정한 사실상의 사도에서 제외된다(대판 2019.1.17, 2018 두55753).

### (5) 당해 공익사업으로 인한 지가변동 배제

보상액의 산정은 협의에 의한 경우에는 협의성립 당시의 가격을, 재결에 의한 경우에는 수용 또는 사용의 재결 당시의 가격을 기준으로 한다(토지보상법 제67조 제1항). 보상액을 산정할 경우에 해당 공익사업으로 인하여 토지 등의 가격이 변동 되었을 때에는 이를 고려하지 아니한다(토지보상법 제67조 제2항).

손실보상액을 산정함에 있어서는 당해 공공사업의 시행을 직접 목적으로 하는 계획의 승인, 고시로 인한 가격변 동은 이를 고려함이 없이 수용재결 당시의 가격을 기준으로 하여 적정가격을 정하여야 하는 것이다

★ 14 국가7급, 08 지방7급

> 토지수용으로 인한 손실보상액을 산정함에 있어서는 당해 공공사업의 시행을 직접 목적으로 하는 계획의 승인, 고 시로 인한 가격변동은 이를 고려함이 없이 수용재결 당시의 가격을 기준으로 하여 적정가격을 정하여야 하는 것이므 로, 택지개발계획의 승인과 더불어 용도지역이 생산녹지지역에서 주거지역으로 변경된 토지들에 대하여 그 이후 이 사업을 시행하기 위하여 이를 수용하였다면, 구 토지수용법 제46조 제2항에 의하여 보상액을 산정하여야 하 는 경우에 있어서 표준지의 선정이나 지가변동률의 적용, 품등비교 등 그 보상액 재결을 위한 평가를 함에 있어 서는 용도지역의 변경을 고려함이 없이 평가하여야 한다(대판 1993.9.10, 93누5543).

## (6) 변동되기 전의 용도지역 등을 기준

### ① 당해 공공사업의 시행 이전에 개발제한구역으로 지정된 토지에 대한 수용보상액 평가방법(일반적 계획제한의 경우)

> 공법상 제한을 받는 토지의 수용보상액을 산정함에 있어서는 공법상 제한이 당해 공공사업의 시행을 직접 목적으로 하여 가하여진 경우 제한을 받지 아니하는 상태대로 평가하여야 하고, 반면 당해 공공사업의 시행 이전에 이미 당해 공공사업과 관계없이 도시계획법에 의한 고시 등으로 일반적 계획제한이 가하여진 상태인 경우 그러한 제한을 받는 상태 그대로 평가하여야 하며, 도시계획법에 의한 개발제한구역의 지정은 위와 같은 일반적 계획제한에 해당하므로 당해 공공사업의 시행 이전에 개발제한구역 지정이 있었을 경우 그러한 제한이 있는 상태 그대로 평가함이 상당하다(대판 1993.10.12, 93누12527).

### ② 수용대상토지에 대하여 당해 공공사업의 시행 이전에 도로 설치에 관한 도시계획결정이 고시된 경우 도로편입예정 부분과 편입예정 부분 아닌 인근토지에 대한 손실보상액의 각 평가방법(개별적 계획제한의 경우)

> 수용대상토지에 대하여 당해 공공사업의 시행 이전에 이미 도로의 설치에 관한 도시계획결정이 고시되어 이용제한이 가하여진 경우의 공법상 제한은 그 목적달성을 위하여 구체적인 사업의 시행을 필요로 하는 이른바 개별적 계획제한에 해당하므로, 그 토지의 수용보상액을 산정함에 있어서는 위와 같은 공법상 제한이 당해 공공사업의 시행을 직접 목적으로 하여 가하여진 경우는 물론 위 토지가 당초의 목적사업과 다른 목적의 공공사업에 편입수용되는 경우에도 모두 그러한 제한을 받지 아니하는 상태대로 이를 평가하여야 한다(대판 1993.11.12, 93누7570).

### ③ 손실보상액의 산정에 있어 그 대상토지가 공법상의 제한을 받고 있는 경우에는 원칙적으로 제한받는 상태대로 평가하여야 하지만, 그 제한이 당해 공공사업의 시행을 직접 목적으로 하여 가하여진 경우에는 당해 공공사업의 영향을 배제하여 정당한 보상을 실현하기 위하여 예외적으로 그 제한이 없는 상태를 전제로 하여 평가하여야 한다(일반적 계획제한의 경우)

> 도시계획변경결정에 의하여 용도지역이 생산녹지지역에서 준주거지역으로 변경된 토지를 택지개발예정지구로 지정하면서 지적승인 고시를 하지 않아 용도지역이 생산녹지지역으로 환원된 경우, 위 환원은 당해 공공사업인 택지개발사업의 시행을 직접 목적으로 하여 가하여진 제한에 해당하므로 용도지역을 준주거지역으로 하여 수용보상액을 평가하여야 한다(대판 2000.4.21, 98두4504).

### ④

> 문화재보호구역의 확대 지정이 당해 공공사업인 택지개발사업의 시행을 직접 목적으로 하여 가하여진 것이 아님이 명백하므로 토지의 수용보상액은 그러한 공법상 제한을 받는 상태대로 평가하여야 한다(대판 2005.2.18, 2003두14222). ★ 18 지방7급

> 문화재보호구역의 확대지정이 공공사업인 택지개발사업의 시행을 직접 목적으로 하여 가하여진 것이 아님이 명백한 이상, 문화재보호구역의 확대지정이 당해 공공사업의 시행 이후에 행해진 경우라 하더라도, 공공사업지구에 포함된 토지에 대한 수용보상액은 문화재보호구역의 확대지정에 의한 공법상 제한을 받지 아니한 것으로 보고 평가하여야 한다. (x) ■ 18 지방7급

### ⑤

> 공원조성사업의 시행을 직접 목적으로 일반주거지역에서 자연녹지지역으로 변경된 토지에 대한 수용보상액을 산정하는 경우, 그 대상 토지의 용도지역을 일반주거지역으로 하여 평가하여야 한다고 한 사례(대판 2007.7.12, 2006두11507)

### ⑥

> 수용대상 토지에 관하여 특정 시점에서 용도지역 등의 지정 또는 변경을 하지 않은 것이 특정 공익사업의 시행을 위한 것인 경우, 공익사업의 시행을 직접 목적으로 하는 제한으로 보아 용도지역 등의 지정 또는 변경이 이루어진 상태를 상정하여 토지가격을 평가해야 한다(대판 2015.8.27, 2012두7950).

⑦ 특정 공익사업의 시행을 위하여 용도지역 등의 지정 또는 변경을 하지 않았다고 보기 위한 요건

> 특정 공익사업의 시행을 위하여 용도지역 등의 지정 또는 변경을 하지 않았다고 볼 수 있으려면, 토지가 특정 공익사업에 제공된다는 사정을 배제할 경우 용도지역 등의 지정 또는 변경을 하지 않은 행위가 계획재량권의 일탈·남용에 해당함이 객관적으로 명백하여야만 한다(대판 2015.8.27, 2012두7950).

⑧ 2개 이상의 토지 등에 대한 감정평가 방법 및 예외적으로 일괄평가가 허용되는 경우인 2개 이상의 토지 등이 '용도상 불가분의 관계'에 있다는 의미

> 2개 이상의 토지 등에 대한 감정평가는 개별평가를 원칙으로 하되, 예외적으로 2개 이상의 토지 등에 거래상 일체성 또는 용도상 불가분의 관계가 인정되는 경우에 일괄평가가 허용된다. 여기에서 '용도상 불가분의 관계'에 있다는 것은 일단의 토지로 이용되고 있는 상황이 사회적·경제적·행정적 측면에서 합리적이고 그 토지의 가치 형성적 측면에서도 타당하다고 인정되는 관계에 있는 경우를 뜻한다(대판 2018.1.25, 2017두61799).

## 2. 가격시점(협의 성립 또는 재결 당시의 가격)

보상액의 산정은 협의에 의한 경우에는 협의성립 당시의 가격을, 재결에 의한 경우에는 수용 또는 사용의 재결 당시의 가격을 기준으로 한다(토지보상법 제67조 제1항).

(1) 특정한 토지를 구 「도시 및 주거환경정비법」상 사업시행 대상 부지로 삼은 최초의 사업시행인가 고시가 이루어지고 그에 따라 「공익사업을 위한 토지 등의 취득 및 보상에 관한 법률」에 따른 사업인정이 의제되어 사업시행자에게 수용 권한이 부여된 후 최초 사업시행인가의 주요 내용을 실질적으로 변경하는 인가가 있는 경우, 손실보상금을 산정하는 기준일은 최초 사업시행인가 고시일이다

> 특정한 토지를 최초로 사업시행 대상 부지로 삼은 최초의 사업시행인가가 효력을 유지하고 있고 그에 따라 의제된 사업인정의 효력 역시 유지되고 있는 경우라면, 특별한 사정이 없는 한 최초의 사업시행인가를 통하여 의제된 사업인정은 변경인가에도 불구하고 그 효력이 계속 유지된다. 사업시행 대상부지 자체에 관하여는 아무런 변경 없이 건축물의 구조와 내용 등 사업시행계획의 내용을 대규모로 변경함으로써 최초 사업시행인가의 주요 내용을 실질적으로 변경하는 인가가 있는 경우에도 최초의 사업시행인가가 유효하게 존속하다가 변경인가 시부터 장래를 향하여 실효될 뿐이고, 사업시행 대상부지에 대한 수용의 필요성은 특별한 사정이 없는 한 변경인가 전후에 걸쳐 아무런 차이가 없다. 「공익사업을 위한 토지 등의 취득 및 보상에 관한 법률」(토지보상법) 제24조에 비추어 보더라도, 사업시행변경인가에 따라 사업대상 토지 일부가 제외되는 등의 방식으로 사업내용이 일부 변경됨으로써 종전의 사업대상 토지 중 일부에 대한 수용의 필요성이 없게 된 경우에, 그 부분에 한하여 최초 사업시행인가로 의제된 사업인정 중 일부만이 효력을 상실하게 될 뿐이고(제24조 제1항, 제5항 참조), 변동 없이 수용의 필요성이 계속 유지되는 토지 부분에 대하여는 최초 사업시행인가로 의제된 사업인정의 효력이 그대로 유지됨을 당연한 전제로 하고 있다.
> 이러한 도시정비법령과 토지보상법령의 체계와 취지에 비추어 보면, 특정한 토지를 사업시행 대상 부지로 삼은 최초의 사업시행인가 고시로 의제된 사업인정이 효력을 유지하고 있다면, 최초의 사업시행인가 고시일을 기준으로 보상금을 산정함이 원칙이다. 만일 이렇게 보지 않고 사업시행변경인가가 있을 때마다 보상금 산정 기준시점이 변경된다고 보게 되면, 최초의 사업시행인가 고시가 있을 때부터 수용의 필요성이 유지되는 토지도 그와 무관한 사정으로 보상금 산정 기준시점이 매번 바뀌게 되어 부당할 뿐 아니라, 사업시행자가 자의적으로 보상금 산정 기준시점을 바꿀 수도 있게 되어 합리적이라고 볼 수 없다(대판 2018.7.26, 2017두33978).

## (2) 개발이익의 환수

### ① 개발이익의 의의 및 산정

「개발이익환수에 관한 법률」상 '개발이익'이란 개발사업의 시행이나 토지이용계획의 변경, 그 밖에 사회적·경제적 요인에 따라 정상지가(正常地價)상승분을 초과하여 개발사업을 시행하는 자(사업시행자)나 토지 소유자에게 귀속되는 토지 가액의 증가분을 말한다(제2조 제1호). 개발부담금의 부과 기준은 부과 종료 시점의 부과 대상 토지의 가액(종료시점지가)에서 다음 각 호의 금액을 뺀 금액으로 한다(같은 법 제8조).

1. 부과 개시 시점의 부과 대상 토지의 가액(이하 "개시시점지가"라 한다)
2. 부과 기간의 정상지가상승분
3. 제11조에 따른 개발비용

#### ㉠

> 「공익사업을 위한 토지 등의 취득 및 보상에 관한 법률」 제67조 제2항에서 정한 수용 대상 토지의 보상액을 산정함에 있어, 해당 공익사업과는 관계없는 다른 사업의 시행으로 인한 개발이익을 포함한 가격으로 평가할 것이고 개발이익이 해당 공익사업의 사업인정고시일 후에 발생한 경우에도 마찬가지이다(대판 2014.2.27, 2013두 21182). ★ 08 지방7급

#### ㉡ 공시지가에 당해 수용사업으로 인한 개발이익이 포함되어 있거나 반대로 자연적 지가상승분도 반영되지 아니한 경우의 손실보상액 평가방법

> 당해 수용사업의 시행으로 인한 개발이익은 수용대상토지의 수용 당시의 객관적 가치에 포함되지 아니하는 것이므로 수용대상토지에 대한 손실보상액을 산정함에 있어서 구 토지수용법 제46조 제2항에 의하여 손실보상액 산정의 기준이 되는 「지가공시 및 토지 등의 평가에 관한 법률」에 의한 공시지가에 당해 수용사업의 시행으로 인한 개발이익이 포함되어 있을 경우 그 공시지가에서 그러한 개발이익을 배제한 다음 이를 기준으로 하여 손실보상액을 평가하고, 반대로 그 공시지가가 당해 수용사업의 시행으로 지가가 동결된 관계로 개발이익을 배제한 자연적 지가 상승분도 반영하지 못한 경우에는 그 자연적 지가상승률을 산출하여 이를 기타사항으로 참작하여 손실보상액을 평가하는 것이 정당보상의 원리에 합당하다(대판 1993.7.27, 92누11084).

#### ㉢ 개발부담금 제도의 취지 및 개발부담금 산정의 전제가 되는 개발이익을 산출하는 방법

> 개발부담금 제도는 사업시행자가 개발사업을 시행한 결과 개발대상 토지의 지가가 상승하여 정상지가상승분을 초과하는 개발이익이 생긴 경우에 이를 일부 환수함으로써 경제정의를 실현하고 토지에 대한 투기를 방지하여 토지의 효율적인 이용의 촉진을 도모하기 위한 제도이므로, 개발사업시행자에게 부과할 개발부담금 산정의 전제가 되는 개발이익을 산출할 때는 가능한 한 부과대상자가 현실적으로 얻게 되는 개발이익을 실제에 가깝도록 산정하여야 한다(대판 2016.1.28, 2013두2938).

ⓔ 지하수개발·이용허가를 받아 지하수 관정 시설을 설치하는 데에 들인 비용은 토지 자체의 객관적 가치의 증가에 기여한 비용에 포함되지 않는다

구 「개발이익 환수에 관한 법률」 제8조에 의하면, 개발부담금은 부과 종료시점의 부과 대상 토지의 가액에서 부과 개시시점의 부과 대상 토지의 가액, 부과 기간의 정상지가상승분, 개발비용을 뺀 금액을 기준으로 부과하도록 되어 있는데, 같은 법 제11조 제1항은 "개발사업의 시행과 관련하여 지출된 비용(개발비용)은 다음 각 호의 금액을 합하여 산출한다."고 규정하면서, 제1호에서 '순공사비, 조사비, 설계비 및 일반관리비'를 들고 있다.
이와 같은 구 개발이익환수법의 입법목적과 개발이익의 정의, 개발부담금의 부과 기준 등에 비추어 볼 때, 개발이익에서 공제되는 개발비용이란 개발사업의 시행과 관련하여 지출한 비용으로서 토지 자체의 객관적인 가치의 증가에 기여한 것을 말한다.
자연히 용출하는 지하수나 동력장치를 사용하지 아니한 가정용 우물 또는 공동우물 및 기타 경미한 개발·이용 등 공공의 이해에 직접 영향을 미치지 아니하는 범위에 속하는 지하수의 이용은 토지소유권에 기한 것으로서 토지소유권에 부수하여 인정되는 권리로 보아야 할 것이지만, 그 범위를 넘어선 지하수 개발·이용은 토지소유권에 부수되는 것이 아니라 지하수의 공적 수자원으로서의 성질과 기능 등을 고려하여 행정청의 허가·감시·감독·이용제한·공동이용 명령·허가취소 등 공적관리방법에 의한 규제를 받게 하고 있다. 이러한 규제의 범위에 속하는 지하수개발·이용권은 토지소유권의 범위에 속하지 않는다(대판 2022.5.26, 2022두32900).

② 사업시행자

㉠ 「개발이익환수에 관한 법률」 제6조 제1항 본문에서 정한 개발부담금 납부의무자로서 사업시행자의 의미

「개발이익환수에 관한 법률」 제6조 제1항 본문에서 정한 개발부담금 납부의무자로서의 사업시행자는 특별한 사정이 없는 한 개발사업의 시행으로 불로소득적 개발이익을 얻게 되는 토지 소유자인 사업시행자를 말한다(대판 2014. 8.28, 2013두14696).

㉡ 토지 소유자인 사업시행자가 부동산신탁회사에 토지를 신탁하고 부동산신탁회사가 수탁자로서 사업시행자의 지위를 승계하여 신탁된 토지에서 개발사업을 시행한 경우, 토지가액의 증가로 나타나는 개발이익의 귀속 주체와 개발부담금의 납부의무자는 수탁자이다

부동산 신탁에서 수탁자 앞으로 소유권이전등기를 마치게 되면 대내외적으로 소유권이 수탁자에게 완전히 이전되고, 위탁자의 내부관계에서 소유권이 위탁자에게 유보되지 않으며, 신탁재산의 관리, 처분, 운용, 개발, 멸실, 훼손, 그 밖의 사유로 수탁자가 얻은 재산은 신탁재산에 속하게 되므로(신탁법 제27조), 토지 소유자인 사업시행자가 부동산신탁회사에 토지를 신탁하고 부동산신탁회사가 수탁자로서 사업시행자의 지위를 승계하여 신탁된 토지에서 개발사업을 시행한 경우에 토지가액의 증가로 나타나는 개발이익은 해당 개발토지의 소유자이자 사업시행자인 수탁자에게 실질적으로 귀속된다고 보아야 하고, 수탁자를 개발부담금의 납부의무자로 보아야 한다(대판 2014.8.28, 2013두14696).

㉢

구 「공공기관 지방이전에 따른 혁신도시 건설 및 지원에 관한 특별법」에 근거하여 시행되는 혁신도시개발사업은 구 「개발이익 환수에 관한 법률」 제5조 제1항 제10호, 구 「개발이익 환수에 관한 법률 시행령」 제4조 [별표 1] 제10호에서 정한 개발부담금 부과대상사업이다(대판 2020.9.3, 2019두47728).

## 3. 공용제한의 경우

**(1) 토지소유자가 고압전선의 소유자에게 최대횡진거리 내의 상공 부분에 대한 부당이득반환을 구할 수 있는지 여부(한정적극)**

> 고압전선의 경우 양쪽의 철탑으로부터 아래로 늘어져 있어 강풍 등이 부는 경우에 양쪽으로 움직이는 횡진현상이 발생할 수 있는데, 그 최대횡진거리 내의 상공 부분은 횡진현상이 발생할 가능성이 있는 것에 불과하므로 일반적으로는 토지소유자가 그 이용에 제한을 받고 있다고 볼 수 없으나, 최대횡진거리 내의 상공 부분이라도 토지소유자의 이용이 제한되고 있다고 볼 특별한 사정이 있는 경우에는 그 토지소유자는 고압전선의 소유자에게 그 부분에 대한 임료 상당액의 부당이득금 반환을 구할 수 있다(대판 2009.1.15, 2007다58544).

# 제2목 손실보상의 내용(범위)

## I. 보상대상자

**(1)**

> 공공사업의 시행으로 손해를 입었다고 주장하는 자가 보상을 받을 권리를 가졌는지 판단하는 기준 시기는 공공사업 시행 당시이므로 공공사업 시행에 관한 실시계획 승인과 그에 따른 고시 이후 영업허가나 신고가 이루어진 경우 공공사업 시행으로 허가나 신고권자가 특별한 손실을 입게 되었다고 볼 수 없다(대판 2014.5.29, 2013두12478).

**(2) 일반지방산업단지 조성사업의 사업인정고시일 당시 사업지구 내에서 제재목과 합판 등 제조·판매업을 영위해 오다가 사업인정고시일 이후 사업지구 내 다른 곳으로 영업장소를 이전하여 영업을 하던 甲이 영업보상 등을 요구하면서 수용재결을 청구하였으나 관할 토지수용위원회가 甲의 영업장은 임대기간이 종료되어 이전한 것이지 공익사업의 시행으로 손실이 발생한 것이 아니라는 이유로 甲의 청구를 기각한 사안에서, 사업인정고시일 당시 보상대상에 해당한다면 그 후 사업지구 내 다른 토지로 영업장소가 이전되었더라도 손실보상의 대상이 된다고 본 원심판단을 정당하다고 한 사례**

> 공익사업의 시행으로 인한 영업손실 및 지장물 보상의 대상 여부는 사업인정고시일을 기준으로 판단해야 하고, 사업인정고시일 당시 보상대상에 해당한다면 그 후 사업지구 내 다른 토지로 영업장소가 이전되었다고 하더라도 이전된 사유나 이전된 장소에서 별도의 허가 등을 받았는지를 따지지 않고 여전히 손실보상의 대상이 된다(대판 2012.12.27, 2011두27827).

**(3)**

> 「공익사업을 위한 토지 등의 취득 및 보상에 관한 법률」 제77조 등에서 정한 영업의 손실 등에 대한 보상과 관련하여 사업인정고시일 이후 영업장소 등이 이전되어 수용재결 당시에는 해당 토지 위에 영업시설 등이 존재하지 않게 된 경우, 사업인정고시일 이전부터 해당 토지 상에서 영업을 해 왔고 당시 영업시설 등이 존재하였다는 점에 관한 증명책임의 소재는 이를 주장하는 자이다(대판 2012.12.27, 2011두27827).

**(4) 구 「공익사업을 위한 토지 등의 취득 및 보상에 관한 법률」 제15조 제1항에 따른 사업시행자의 보상계획공고 등으로 공익사업의 시행과 보상 대상 토지의 범위 등이 객관적으로 확정된 후 해당 토지에 지장물을 설치하는 경우, 원칙적으로 손실보상의 대상에 해당하지 않는다**

사업인정고시 전에 공익사업시행지구 내 토지에 설치한 공작물 등 지장물은 원칙적으로 손실보상의 대상이 된다고 보아야 한다. 그러나 손실보상은 공공필요에 의한 행정작용에 의하여 사인에게 발생한 특별한 희생에 대한 전보라는 점을 고려할 때, 구 공익사업법 제15조 제1항에 따른 사업시행자의 보상계획공고 등으로 공익사업의 시행과 보상 대상 토지의 범위 등이 객관적으로 확정된 후 해당 토지에 지장물을 설치하는 경우에 그 공익사업의 내용, 해당 토지의 성질, 규모 및 보상계획공고 등 이전의 이용실태, 설치되는 지장물의 종류, 용도, 규모 및 그 설치시기 등에 비추어 그 지장물이 해당 토지의 통상의 이용과 관계없거나 이용 범위를 벗어나는 것으로 손실보상만을 목적으로 설치되었음이 명백하다면, 그 지장물은 예외적으로 손실보상의 대상에 해당하지 아니한다고 보아야 한다(대판 2013.2.15, 2012두22096).

**(5) 「산업입지 및 개발에 관한 법률」에 따른 산업단지개발사업의 경우, 토지소유자 및 관계인에 대한 손실보상 여부 판단의 기준시점은 산업단지 지정 고시일이다**

최신판례 | 산업입지법에 따른 산업단지개발사업의 경우에도 토지보상법에 의한 공익사업의 경우와 마찬가지로 토지보상법에 의한 사업인정고시일로 의제되는 산업단지 지정 고시일을 토지소유자 및 관계인에 대한 손실보상 여부 판단의 기준시점으로 보아야 한다(대판 2019.12.12, 2019두47629).

# II. 재산권보상

## 1. 지상물건에 대한 보상(이전비보상)

### (1) 건축물·입목·공작물

① 「공익사업을 위한 토지 등의 취득 및 보상에 관한 법률」의 보상 대상인 '기타 토지에 정착한 물건에 대한 소유권 그 밖의 권리를 가진 관계인'의 범위

> 「공익사업을 위한 토지 등의 취득 및 보상에 관한 법률」의 보상 대상이 되는 '기타 토지에 정착한 물건에 대한 소유권 그 밖의 권리를 가진 관계인'에는 독립하여 거래의 객체가 되는 정착물에 대한 소유권 등을 가진 자뿐 아니라, 당해 토지와 일체를 이루는 토지의 구성부분이 되었다고 보기 어렵고 거래관념상 토지와 별도로 취득 또는 사용의 대상이 되는 정착물에 대한 소유권이나 수거·철거권 등 실질적 처분권을 가진 자도 포함된다(대판 2009.2.12, 2008다76112).

② 지장물인 건물이 토지수용법상 손실보상의 대상이 되기 위해서는 적법한 건축허가를 받아 건축된 것이어야 하는 것은 아니다 ★ 15 순경특채, 11 지방7급

> 지장물인 건물의 경우 그 이전비를 보상함이 원칙이나, 이전으로 인하여 종래의 목적대로 이용 또는 사용할 수 없거나 이전이 현저히 곤란한 경우 또는 이전비용이 취득가격을 초과할 때에는 이를 취득가격으로 평가하여야 하는데, 그와 같은 건물의 평가는 그 구조, 이용상태, 면적, 내구연한, 유용성, 이전가능성 및 그 난이도 기타 가격형성상의 제 요인을 종합적으로 고려하여 특별히 거래사례비교법으로 평가하도록 규정한 경우를 제외하고는 원칙적으로 원가법으로 평가하여야 한다고만 규정함으로써 지장물인 건물을 보상대상으로 함에 있어 건축허가의 유무에 따른 구분을 두고 있지 않을 뿐만 아니라, 오히려 같은법 시행규칙 제5조의9는 주거용 건물에 관한 보상특례를 규정하면서 그 단서에 주거용인 무허가건물은 그 규정의 특례를 적용하지 아니한 채 같은법 시행규칙 제10조에 따른 평가액을 보상액으로 한다고 규정하고, 같은법 시행규칙 제10조 제5항은 지장물인 건물이 주거용인 경우에 가족수에 따른 주거비를 추가로 지급하되 무허가건물의 경우에는 그러하지 아니하다고 규정함으로써 무허가건물도 보상의 대상에 포함됨을 전제로 하고 있는바, 이와 같은 관계 법령을 종합하여 보면, 지장물인 건물은 그 건물이 적법한 건축허가를 받아 건축된 것인지 여부에 관계없이 토지수용법상의 사업인정의 고시 이전에 건축된 건물이기만 하면 손실보상의 대상이 됨이 명백하다(대판 2000.3.10, 99두10896).

③ 도시개발사업의 시행자가 사업시행에 방해되는 건축물 등에 관하여 구 「공익사업을 위한 토지 등의 취득 및 보상에 관한 법률」 제75조 제1항 단서 제2호에 따라 물건의 가격으로 보상한 경우, 보상만으로 해당 물건의 소유권을 취득하는 것은 아니고 시행자가 해당 물건의 소유권을 취득하지 못한 경우 도시개발법 제38조 제1항에 따라 건축물 등을 이전하거나 제거할 수 있다

> 도시개발사업의 시행자가 사업시행에 방해가 되는 건축물 등에 관하여 공익사업법 제75조 제1항 단서 제2호에 따라 물건의 가격으로 보상한 경우라도, 시행자가 해당 물건을 취득하는 수용의 절차를 거치지 아니한 이상 그 보상만으로 해당 물건의 소유권까지 취득한다고 보기는 어렵다. 도시개발사업의 시행자는 도시개발법 제38조 제1항에 따라 필요한 경우 도시개발구역에 있는 건축물 등을 이전하거나 제거할 수 있고, 건축물 등을 점유하는 사람이 있어 그 이전이나 제거가 방해당하고 있다면 원만한 실현을 위하여 점유자에 대하여 퇴거를 청구할 수 있다고 보아야 하므로, 시행자가 위와 같이 해당 물건의 소유권을 취득하지 못한다고 보더라도 건축물 등을 이전하거나 제거하는 데에 지장이 초래되지는 않는다(대판 2014.9.4, 2013다89549).

④ 구「공익사업을 위한 토지 등의 취득 및 보상에 관한 법률」제75조 제1항에 따른 이전비 보상과 관련하여 수목의 이식비용을 산정할 때, 수목 1주당 가액을 산정기준으로 대량의 수목을 이식하는 경우, 규모의 경제 원리에 따라 이식비용을 감액할 수 있다

> 수목의 이식비용을 산정할 때에, 그 산정기준이 수목 1주당 가액을 기준으로 한 것이라면 대량의 수목이 이식되는 경우에는 특별한 사정이 없는 한 규모의 경제 원리가 작용하여 그 이식비용이 감액될 가능성이 있다고 봄이 경험칙에 부합한다(대판 2015.10.29, 2015두2444).

⑤ 수목을 대량으로 이식하는 경우, 규모의 경제 원리에 따라 고손액을 감액하여야 하는 것은 아니다

> 고손액은 이식 과정에서 고사 또는 훼손되는 수목의 손실을 보상하기 위한 항목으로서, '수목의 가격'에 수목이 이식 후 정상적으로 성장하지 못하고 고사할 가능성을 비율로 표시한 수치인 '고손율'을 곱하는 방법으로 산정되므로, 실제로 수목을 굴취하여 차량 등으로 운반한 후 다시 식재하는 데에 소요되는 실비에 대한 변상인 이식비용과는 그 성격이 전혀 다르다. 따라서 수목을 대량으로 이식하는 경우가 낱개로 이식하는 경우에 비하여 수목이 고사할 가능성인 '고손율'이 더 낮다고 인정할 만한 특별한 사정이 없는 한, 고손액이 이식비용과 마찬가지로 규모의 경제의 원리에 따라 감액되어야 한다고 단정할 수 없다(대판 2015.10.29, 2015두2444).

⑥

> 사업시행에 방해되는 지장물에 관하여「공익사업을 위한 토지 등의 취득 및 보상에 관한 법률」제75조 제1항 단서 제2호에 따라 이전비용에 못 미치는 물건 가격을 보상한 경우, 사업시행자가 지장물의 소유권을 취득하거나 지장물의 소유자에 대하여 철거 및 토지의 인도를 요구할 수는 없고 단지 자신의 비용으로 이를 직접 제거할 수 있을 권한과 부담을 가질 뿐이고, 이 경우 지장물의 소유자는 원칙적으로 사업시행자의 지장물 제거와 그 과정에서 발생하는 물건의 가치 상실을 수인하여야 할 지위에 (2019.4.11, 2018다277419).

⑦

> 철도건설사업 시행자인 甲 공단(한국철도시설공단)이 乙 소유의 건물 등 지장물에 관하여 중앙토지수용위원회의 수용재결에 따라 건물 등의 가격 및 이전보상금을 공탁한 다음 乙이 공탁금을 출급하자 위 건물의 일부를 철거하였고, 乙은 위 건물 중 철거되지 않은 나머지 부분을 계속 사용하고 있었는데, 그 후 丙 재개발정비사업조합(재송2주택 재개발정비사업조합)이 위 건물을 다시 수용하면서 수용보상금 중 위 건물 등에 관한 설치이전비용 상당액을 丙 조합과 乙 사이에 성립한 조정에 따라 피공탁자를 甲 공단 또는 乙로 하여 채권자불확지 공탁을 한 사안에서, 丙 조합에 대한 지장물 보상청구권은 乙이 아니라 위 건물에 대한 가격보상 완료 후 이를 인도받아 철거한 권리를 보유한 甲 공단에 귀속된다고 보아야 하는데도, 이와 달리 위 건물의 소유권이 乙에게 있다는 이유만으로 공탁금출급청구권이 乙에게 귀속된다고 본 원심판단에는 법리오해의 잘못이 있다고 한 사례(대판 2019.4.11, 2018다277419)

⑧ 택지개발사업의 사업시행자인 한국토지주택공사가 공공용지로 협의취득한 토지 위에 있는 갑 소유의 지장물에 관하여 중앙토지수용위원회의 재결에 따라 보상금을 공탁하였는데, 위 토지에 폐합성수지를 포함한 산업쓰레기 등 폐기물이 남아 있자 갑을 상대로 폐기물 처리비용의 지급을 구한 사안에서, 한국토지주택공사는 갑에게 폐기물을 이전하도록 요청하거나, 그 불이행을 이유로 처리비에 해당하는 손해배상을 청구할 수 없다고 본 원심판결이 정당하다고 한 사례

> 중앙토지수용위원회의 보상금 내역에는 '제품 및 원자재(재활용품)'가 포함되어 있고 그 보상액이 1원으로 되어 있는데, 이는 폐기물의 이전비가 물건의 가격을 초과하는 경우에 해당한다는 전제에서 재활용이 가능하여 가치가 있던 쓰레기와 재활용이 불가능하고 처리에 비용이 드는 쓰레기를 모두 보상 대상 지장물로 삼아 일괄하여 보상액을 정한 것으로 볼 수 있다는 이유 등을 들어, 한국토지주택공사는 자신의 비용으로 직접 폐기물을 제거할 수 있을 뿐이고 갑에게 폐기물을 이전하도록 요청하거나, 그 불이행을 이유로 처리비에 해당하는 손해배상을 청구할 수 없다고 본 원심판결이 정당하다고 한 사례(대판 2021.5.7, 2018다256313)

## (2) 기타의 토지 정착물

① 구 「공익사업을 위한 토지 등의 취득 및 보상에 관한 법률」 제75조 제3항에서 정한 '흙·돌·모래 또는 자갈이 당해 토지와 별도로 취득 또는 사용의 대상이 되는 경우'의 의미

> '흙·돌·모래 또는 자갈이 당해 토지와 별도로 취득 또는 사용의 대상이 되는 경우'란 흙·돌·모래 또는 자갈이 속한 수용대상 토지에 관하여 토지의 형질변경 또는 적석·채취를 적법하게 할 수 있는 행정적 조치가 있거나 그것이 가능하고 구체적으로 토지의 가격에 영향을 미치고 있음이 객관적으로 인정되어 토지와는 별도의 경제적 가치가 있다고 평가되는 경우 등을 의미한다(대판 2014.4.24, 2012두16534).

② 甲이 자신의 토지에서 토석채취허가를 받아 채석장을 운영하면서 건축용 석재를 생산해 왔는데, 고속철도건설사업의 시행으로 토석채취기간의 연장허가가 거부된 이후 사업시행지구에 편입된 위 토지에 대하여 매장된 돌의 경제적 가치를 고려하지 않은 채 보상액을 산정하여 수용재결한 사안에서, 위 토지에 매장된 돌을 적법하게 채취할 수 있는 행정적 조치의 가능성을 부정하여 위 토지와 별도로 구 「공익사업을 위한 토지 등의 취득 및 보상에 관한 법률」 제75조 제3항에 따른 보상의 대상이 될 수 없다고 본 원심판결에 법리오해의 위법이 있다고 한 사례

> 수용대상 토지에 속한 돌 등에 대한 손실보상을 인정하기 위한 전제로서 그 경제적 가치를 평가할 때에는, 토지수용의 목적이 된 당해 공익사업의 시행으로 토지에 관한 토석채취허가나 토석채취기간의 연장허가를 받지 못하게 된 경우까지 행정적 조치의 가능성을 부정하여 행정적 조치가 없거나 불가능한 것으로 보아서는 아니 됨에도, 위 토지에 매장된 돌을 적법하게 채취할 수 있는 행정적 조치의 가능성을 부정하여 위 토지와 별도로 구 「공익사업을 위한 토지 등의 취득 및 보상에 관한 법률」 제75조 제3항에 따른 보상의 대상이 될 수 없다고 본 원심판결에 법리오해의 위법이 있다(대판 2014.4.24, 2012두16534).

## 2. 권리의 보상

**(1) 물을 사용하여 사업을 영위하는 지위가 독립하여 재산권으로 평가될 수 있는 경우, 「댐건설 및 주변지역지원 등에 관한 법률」 제11조 제1항, 제3항 및 「공익사업을 위한 토지 등의 취득 및 보상에 관한 법률」 제76조 제1항에 따라 손실보상의 대상이 되는 '물의 사용에 관한 권리'에 해당한다** ★ 21 국가7급

**최신기출** 물을 사용하여 사업을 영위하는 지위가 독립하여 재산권, 즉 처분권을 내포하는 재산적 가치 있는 구체적인 권리로 평가될 수 있는 경우에는 댐건설법 제11조 제1항, 제3항 및 토지보상법 제76조 제1항에 따라 손실보상의 대상이 되는 '물의 사용에 관한 권리'에 해당한다고 볼 수 있다(대판 2018.12.27, 2014두11601).

**(2) 하천법 제50조에 따른 하천수 사용권은 「공익사업을 위한 토지 등의 취득 및 보상에 관한 법률」 제76조 제1항에서 손실보상의 대상으로 규정하고 있는 '물의 사용에 관한 권리'에 해당한다**

하천법 제50조에 의한 하천수 사용권(2007.4.6. 하천법 개정 이전에 종전의 규정에 따라 유수의 점용·사용을 위한 관리청의 허가를 받음으로써 2007.4.6. 개정 하천법 부칙 제9조에 따라 현행 하천법 제50조에 의한 하천수 사용허가를 받은 것으로 보는 경우를 포함)은 하천법 제33조에 의한 하천의 점용허가에 따라 해당 하천을 점용할 수 있는 권리와 마찬가지로 특허에 의한 공물사용권의 일종으로서, 양도가 가능하고 이에 대한 민사집행법상의 집행 역시 가능한 독립된 재산적 가치가 있는 구체적인 권리라고 보아야 한다. 따라서 하천법 제50조에 의한 하천수 사용권은 공익사업을 위한 「토지 등의 취득 및 보상에 관한 법률」 제76조 제1항이 손실보상의 대상으로 규정하고 있는 '물의 사용에 관한 권리'에 해당한다(대판 2018.12.27, 2014두11601).

**(3)**

거 물건 또는 권리 등에 대한 손실보상액 산정의 기준이나 방법에 관하여 구체적으로 정하고 있는 법령의 규정이 없는 경우, 그 성질상 유사한 물건 또는 권리 등에 대한 관련 법령상의 손실보상액 산정의 기준이나 방법에 관한 규정을 유추적용할 수 있다(대판 2018.12.27, 2014두11601).

**(4) 甲 주식회사(인세홀딩스 주식회사)가 한탄강 일대 토지에 수력발전용 댐을 건설하고 한탄강 하천수에 대한 사용허가를 받아 하천수를 이용하여 소수력발전사업을 영위하였는데, 한탄강 홍수조절지댐 건설사업 등의 시행자인 한국수자원공사가 댐 건설에 필요한 위 토지 등을 수용하면서 지장물과 영업손실에 대하여는 보상을 하고 甲 회사의 하천수 사용권에 대하여는 별도로 보상금을 지급하지 않자 甲 회사가 재결을 거쳐 하천수 사용권에 대한 별도의 보상금을 산정하여 지급해 달라는 취지로 보상금증액 소송을 제기한 사안에서, 甲 회사의 하천수 사용권에 대한 '물의 사용에 관한 권리'로서의 정당한 보상금액은 어업권이 취소되거나 어업면허의 유효기간 연장이 허가되지 않은 경우의 손실보상액 산정 방법과 기준을 유추적용하여 산정하는 것이 타당하다고 본 원심 판단을 수긍한 사례**

「공익사업을 위한 토지 등의 취득 및 보상에 관한 법률」(토지보상법) 및 그 시행령, 시행규칙에 '물의 사용에 관한 권리'의 평가에 관한 규정이 없고, 하천법 제50조에 의한 하천수 사용권과 면허어업의 성질상 유사성, 면허어업의 손실액 산정 방법과 환원율 등에 비추어 볼 때, 甲 회사의 하천수 사용권에 대한 '물의 사용에 관한 권리'로서의 정당한 보상금액은 토지보상법 시행규칙 제44조(어업권의 평가 등) 제1항이 준용하는 「수산업법 시행령」 제69조 [별표 4](어업보상에 대한 손실의 산출방법·산출기준 등) 중 어업권이 취소되거나 어업면허의 유효기간 연장이 허가되지 않은 경우의 손실보상액 산정 방법과 기준을 유추적용하여 산정하는 것이 타당하다고 본 원심판단을 수긍한 사례(대판 2018.12.27, 2014두11601).

(5)

「공익사업을 위한 토지 등의 취득 및 보상에 관한 법률」상 보상 대상이 되는 '기타 토지에 정착한 물건에 대한 소유권 그 밖의 권리를 가진 관계인'에 수거·철거권 등 실질적 처분권을 가진 자가 포함된다(대판 2019.4.11, 2018다277419). ★ 21 국가7급

## 3. 일실손실보상

### (1) 영업의 손실

영업을 폐업하거나 휴업함에 따른 영업손실에 대하여는 영업이익과 시설의 이전비용 등을 고려하여 보상하여야 한다(같은 법 제77조 제1항). 영업의 폐지는 다음 각 호의 어느 하나에 해당하는 경우로 한다(같은 법 시행규칙 제45조).

1. 영업을 폐업하거나 휴업함에 따른 영업손실에 대하여는 영업이익과 시설의 이전비용 등을 고려하여 보상하여야 한다(같은 법 제77조 제1항). 영업의 폐지는 다음 각 호의 어느 하1. 영업장소 또는 배후지(당해 영업의 고객이 소재하는 지역을 말한다. 이하 같다)의 특수성으로 인하여 당해 영업소가 소재하고 있는 시·군·구(자치구를 말한다. 이하 같다) 또는 인접하고 있는 시·군·구의 지역안의 다른 장소에 이전하여서는 당해 영업을 할 수 없는 경우
2. 당해 영업소가 소재하고 있는 시·군·구 또는 인접하고 있는 시·군·구의 지역안의 다른 장소에서는 당해 영업의 허가등을 받을 수 없는 경우
3. 도축장 등 악취 등이 심하여 인근주민에게 혐오감을 주는 영업시설로서 해당 영업소가 소재하고 있는 시·군·구 또는 인접하고 있는 시·군·구의 지역안의 다른 장소로 이전하는 것이 현저히 곤란하다고 특별자치도지사·시장·군수 또는 구청장(자치구의 구청장을 말한다)이 객관적인 사실에 근거하여 인정하는 경우나에 해당하는 경우로 한다(같은 법 시행규칙 제45조).

① 영업손실에 관한 보상에 있어서 영업의 폐지 또는 휴업 여부의 구별기준은 영업의 이전 가능성 여부이고, 이전 가능성 여부는 법령상의 이전 장애사유 유무와 인근주민들의 이전 반대 등과 같은 사실상의 이전 장애사유 유무 등을 종합하여 판단하여야 한다 ★ 11 순경특채

> 영업손실에 관한 보상의 경우 같은법 시행규칙 제24조 제2항 제3호에 의한 영업의 폐지로 볼 것인지 아니면 영업의 휴업으로 볼 것인지를 구별하는 기준은 당해 영업을 그 영업소 소재지나 인접 시·군 또는 구 지역 안의 다른 장소로 이전하는 것이 가능한지 여부에 달려 있고, 이러한 이전가능성 여부는 법령상의 이전 장애사유 유무와 당해 영업의 종류와 특성, 영업시설의 규모, 인접지역의 현황과 특성, 그 이전을 위하여 당사자가 들인 노력 등과 인근 주민들의 이전 반대 등과 같은 사실상의 이전 장애사유 유무 등을 종합하여 판단하여야 한다(대판 2000.11.10, 99두3645).

② 수용재결 이전의 사업인정고시 등 절차의 진행으로 입은 영업상의 손실은 손실보상의 대상이 되지 않는다

> 구 토지수용법 제51조가 규정하고 있는 '영업상의 손실'이란 수용의 대상이 된 토지·건물 등을 이용하여 영업을 하다가 그 토지·건물 등이 수용됨으로 인하여 영업을 할 수 없거나 제한을 받게 됨으로 인하여 생기는 직접적인 손실을 말하는 것이므로 수용재결 이전의 사업인정고시 등 절차의 진행으로 입은 영업상의 손실에 대한 보상의 근거 규정이 될 수 없고, 구 토지수용법이나 구 공공용지의취득및손실보상에관한특례법, 같은법시행령 및 같은법시행규칙 등 관계 법령에서 수용재결 이전의 위와 같은 영업상의 손실에 대하여 보상청구를 할 수 있는 근거 규정이나 그 보상의 기준과 방법 등에 관한 규정이 없으므로, 이러한 영업상의 손실은 그 보상의 대상이 된다고 할 수 없다(대판 2005.7.29, 2003두2311).

③

> 영업을 하기 위하여 투자한 비용이나 그 영업을 통하여 얻을 것으로 기대되는 이익은 손실보상의 대상이 되지 않는다(대판 2006.1.27., 2003두13106)  ★ 11 순경특채

④ 영업손실 등에 대한 보상을 받기 위해서는 재결절차를 거쳐야 하고, 재결절차를 거치지 않은 당사자소송은 각하 사유이다

> 공익사업으로 인하여 영업을 폐지하거나 휴업하는 자가 사업시행자로부터 구「공익사업을 위한 토지 등의 취득 및 보상에 관한 법률」제77조 제1항에 따라 영업손실에 대한 보상을 받기 위해서는 구 공익사업법 제34조, 제50조 등에 규정된 재결절차를 거친 다음 그 재결에 대하여 불복이 있는 때에 비로소 구 공익사업법 제83조 내지 제85조에 따라 권리구제를 받을 수 있을 뿐, 이러한 재결절차를 거치지 않은 채 곧바로 사업시행자를 상대로 손실보상을 청구하는 것은 허용되지 않는다고 봄이 타당하다(대판 2011.9.29, 2009두10963).

⑤ 구「공익사업을 위한 토지 등의 취득 및 보상에 관한 법률」제79조 제2항 등에 따른 사업폐지 등에 대한 보상청구권에 관한 쟁송형태는 행정소송이고 공익사업으로 인한 사업폐지 등으로 손실을 입은 자가 위 법률에 따른 보상을 받기 위해서 재결절차를 거쳐야 한다  ★ 19 지방9급, 17 국가7급, 16 지방7급

> **최신기출** 구「공익사업을 위한 토지 등의 취득 및 보상에 관한 법률」제79조 제2항,「공익사업을 위한 토지 등의 취득 및 보상에 관한 법률 시행규칙」제57조에 따른 사업폐지 등에 대한 보상청구권은 공익사업의 시행 등 적법한 공권력의 행사에 의한 재산상 특별한 희생에 대하여 전체적인 공평부담의 견지에서 공익사업의 주체가 손해를 보상하여 주는 손실보상의 일종으로 공법상 권리임이 분명하므로 그에 관한 쟁송은 민사소송이 아닌 행정소송절차에 의하여야 한다(대판 2012.10.11, 2010다23210).

> 「공익사업을 위한 토지 등의 취득 및 보상에 관한 법률」에 따른 사업폐지 등에 대한 보상청구권은 사법상 권리로서 그에 관한 소송은 민사소송절차에 의하여야 한다.  (x)  ■ 19 지방9급

⑥ 어떤 보상항목이 공익사업을 위한 토지 등의 취득 및 보상에 관한 법령상 손실보상대상에 해당함에도 관할 토지수용위원회가 사실을 오인하거나 법리를 오해함으로써 손실보상대상에 해당하지 않는다고 잘못된 내용의 재결을 한 경우, 피보상자가 제기할 소송과 그 상대방  ★ 20 지방7급

> **최신기출** 피보상자는 관할 토지수용위원회를 상대로 그 재결에 대한 취소소송을 제기할 것이 아니라, 사업시행자를 상대로 「공익사업을 위한 토지 등의 취득 및 보상에 관한 법률」제85조 제2항에 따른 보상금증감소송을 제기하여야 한다(대판 2019.11.28, 2018두227).

> 어떤 보상항목이 손실보상대상에 해당함에도 관할 토지수용위원회가 사실이나 법리를 오해하여 손실보상대상에 해당하지 않는다고 잘못된 내용의 재결을 한 경우, 피보상자는 관할 토지수용위원회를 상대로 그 재결에 대한 취소소송을 제기하여야 한다. (x) ■ 20지방7급

---

법 제77조 제1항에 따라 영업손실을 보상하여야 하는 영업은 다음 각 호 모두에 해당하는 영업으로 한다(같은 법 시행규칙 제45조).

1. 사업인정고시일등 전부터 적법한 장소(무허가건축물등, 불법형질변경토지, 그 밖에 다른 법령에서 물건을 쌓아놓는 행위가 금지되는 장소가 아닌 곳을 말한다)에서 인적·물적시설을 갖추고 계속적으로 행하고 있는 영업. 다만, 무허가건축물등에서 임차인이 영업하는 경우에는 그 임차인이 사업인정고시일등 1년 이전부터 「부가가치세법」제8조에 따른 사업자등록을 하고 행하고 있는 영업을 말한다.
2. 영업을 행함에 있어서 관계법령에 의한 허가등을 필요로 하는 경우에는 사업인정고시일등 전에 허가등을 받아 그 내용대로 행하고 있는 영업

---

⑦ 영업손실의 보상대상인 영업을 정한 「공익사업을 위한 토지 등의 취득 및 보상에 관한 법률 시행규칙」 제45조 제1호에서 말하는 '적법한 장소에서 인적·물적 시설을 갖추고 계속적으로 행하고 있는 영업'에 해당하는지 여부의 판단기준시기

'적법한 장소(무허가 건축물 등, 불법형질변경토지, 그 밖에 다른 법령에서 물건을 쌓아놓는 행위가 금지되는 장소가 아닌 곳을 말한다)에서 인적·물적시설을 갖추고 계속적으로 행하고 있는 영업'에 해당하는지 여부는 협의성립, 수용재결 또는 사용재결 당시를 기준으로 판단하여야 한다(대판 2010.9.9, 2010두11641).

⑧ 신고 없이 종계업을 영위한 경우 휴업보상 대상이 되지 않는다

구 「공공용지의 취득 및 손실보상에 관한 특례법」 시행규칙 제25조의3 제1항 제2호는 '제24조 및 제25조에 의한 영업의 폐지 또는 휴업에 대한 손실을 평가함에 있어서 관계법령에 의하여 허가면허 또는 신고 등이나 일정한 자격이 있어야 행할 수 있는 영업이나 행위를 당해 허가면허 또는 신고 등이나 자격 없이 행하고 있는 경우에는 이를 영업으로 보지 아니한다'고 규정하고 있고, 이 사건 수용재결일인 2002.9.17. 당시 시행되던 구 축산법 제20조 제1항, 구 축산법 시행규칙 제24조 제1항 제2호는 '종계 1천 수 이상의 종계업을 영위하고자 하는 자는 그에 필요한 시설을 갖추어 시장·군수에게 신고하여야 한다'고 규정하고 있다. 그런데 원심판결 이유 및 원심이 적법하게 채택한 증거에 의하면, 원고는 종계 12,960수를 사육하여 종란을 생산하는 종계업을 영위하면서 관할 시장·군수에게 위와 같은 규정에 따른 종계업 신고를 하지 아니한 사실을 알 수 있으므로, 공특법 시행규칙 제25조의3 제1항 제2호에 따라 이 사건 종계업은 휴업보상의 대상이 되는 영업에서 제외된다(대판 2009.12.10, 2007두10686).

⑨ 영업손실 보상대상인 영업에 관한 구 「공익사업을 위한 토지 등의 취득 및 보상에 관한 법률 시행규칙」 제45조 제2호의 해석방법

위법한 영업은 보상대상에서 제외한다는 의미로서 그 자체로 헌법에서 보장한 '정당한 보상의 원칙'에 배치된다고 할 것은 아니다. 다만 영업의 종류에 따라서는 관련 행정법규에서 일정한 사항을 신고하도록 규정하고는 있지만 그러한 신고를 하도록 한 목적이나 관련 규정의 체제 및 내용 등에 비추어 볼 때 신고를 하지 않았다고 하여 영업 자체가 위법성을 가진다고 평가할 것은 아닌 경우도 적지 않고, 이러한 경우라면 신고 등을 하지 않았다고 하더라도 그 영업손실 등에 대해서는 보상을 하는 것이 헌법상 정당보상의 원칙에 합치하므로, 위 구 공익사업법 시행규칙의 규정은 그러한 한도에서만 적용되는 것으로 제한하여 새겨야 한다(대판 2012.12.13, 2010두12842).

⑩ 체육시설업의 영업주체가 영업시설의 양도나 임대 등에 의하여 변경되었으나 그에 관한 신고를 하지 않은 채 영업을 하던 중에 공익사업으로 영업을 폐지 또는 휴업하게 된 경우, 그 임차인 등의 영업은 보상대상에서 제외되는 위법한 영업이 아니다 ★ 19 국회8급

최신기출 기존 체육시설업자가 영업을 양도하거나 법인의 합병 등으로 운영주체가 변경되는 경우에도 그로 인한 체육시설업의 승계는 당연히 인정되는 전제에서 사업계획이나 회원과의 약정사항을 승계하는 데 대한 규정만을 두고 있을 뿐이다(구 체육시설법 제30조). 이러한 규정 형식과 내용 등으로 보면, 체육시설업의 영업주체가 영업시설의 양도나 임대 등에 의하여 변경되었음에도 그에 관한 신고를 하지 않은 채 영업을 하던 중에 공익사업으로 영업을 폐지 또는 휴업하게 된 경우라 하더라도, 그 임차인 등의 영업을 보상대상에서 제외되는 위법한 영업이라고 할 것은 아니다. 따라서 그로 인한 영업손실에 대해서는 법령에 따른 정당한 보상이 이루어져야 마땅하다(대판 2012.12.13, 2010두12842).

⑪

구 「공익사업을 위한 토지 등의 취득 및 보상에 관한 법률 시행규칙」 제45조 제1호에서 영업손실보상의 대상으로 정한 영업에 '매년 일정한 계절이나 일정한 기간 동안에만 인적·물적시설을 갖추어 영리를 목적으로 영업을 하는 경우'가 포함된다(대판 2012.12.13, 2010두12842).

⑫ 중앙토지수용위원회가 생태하천조성사업에 편입되는 토지 상의 무허가건축물에서 축산업을 영위하는 甲에 대하여 「공익사업을 위한 토지 등의 취득 및 보상에 관한 법률 시행규칙」 제45조 제1호에 따라 영업손실을 인정하지 않는 내용의 수용재결을 한 사안에서, 위 조항이 「공익사업을 위한 토지 등의 취득 및 보상에 관한 법률」의 위임 범위를 벗어나거나 정당한 보상의 원칙에 위배된다고 하기 어렵다고 본 원심판단을 정당하다고 한 사례

> ① 무허가건축물을 사업장으로 이용하는 경우 사업장을 통해 이익을 얻으면서도 영업과 관련하여 해당 사업장에 부과되는 행정규제의 탈피 또는 영업을 통하여 얻는 이익에 대한 조세 회피 등 여러 가지 불법행위를 저지를 가능성이 큰 점, ② 건축법상의 허가절차를 밟을 경우 관계 법령에 따라 불허되거나 규모가 축소되었을 건물에서 건축허가를 받지 않은 채 영업을 하여 법적 제한을 넘어선 규모의 영업을 하고도 그로 인한 손실 전부를 영업손실로 보상받는 것은 불합리한 점 등에 비추어 보면, 위 규칙 조항이 '영업'의 개념에 '적법한 장소에서 운영될 것'이라는 요소를 포함하고 있다고 하여 「공익사업을 위한 토지 등의 취득 및 보상에 관한 법률」의 위임 범위를 벗어났다거나 정당한 보상의 원칙에 위배된다고 하기 어렵다고 본 원심판단을 정당한 것으로 수긍한 사례(대판 2014.3.27, 2013두25863)

---

영업의 폐지에 대한 손실의 평가 등 : 공익사업의 시행으로 인하여 영업을 폐지하는 경우의 영업손실은 2년간의 영업이익(개인영업인 경우에는 소득을 말한다)에 영업용 고정자산·원재료·제품 및 상품 등의 매각손실액을 더한 금액으로 평가한다(같은 법 시행규칙 제46조 제1항).

---

⑬ 「공익사업을 위한 토지 등의 취득 및 보상에 관한 법률 시행규칙」 제46조 제1항에서 정한 '제품 및 상품 등 재고자산의 매각손실액'의 의미

> 「공익사업을 위한 토지 등의 취득 및 보상에 관한 법률 시행규칙」 제46조 제1항에 의하면, 공익사업의 시행으로 인하여 영업을 폐지하는 경우에는 2년간의 영업이익에 영업용 고정자산·원재료·제품 및 상품 등의 매각손실액을 더한 금액을 평가하여 보상한다. 여기에서 제품 및 상품 등 재고자산의 매각손실액이란 영업의 폐지로 인하여 제품이나 상품 등을 정상적인 영업을 통하여 판매하지 못하고 일시에 매각해야 하거나 필요 없게 된 원재료 등을 매각해야 함으로써 발생하는 손실을 말한다(대판 2014.6.26, 2013두13457).

⑭ 매각손실액 산정의 기초가 되는 재고자산의 가격에 당해 재고자산을 판매할 경우 거둘 수 있는 이윤은 포함되지 않는다

> 위 영업이익에는 이윤이 이미 포함되어 있는 점 등에 비추어 보면 매각손실액 산정의 기초가 되는 재고자산의 가격에 당해 재고자산을 판매할 경우 거둘 수 있는 이윤은 포함되지 않는다(대판 2014.6.26, 2013두13457).

## (2) 농업손실

①

> 구 「공익사업을 위한 토지 등의 취득 및 보상에 관한 법률」 제77조 제2항의 농업손실에 대한 보상청구권은 공법상 권리로서 그에 관한 쟁송은 행정소송절차에 의하여야 한다(대판 2011.10.13, 2009다43461).

② **사업시행자가 보상금 지급이나 토지소유자 및 관계인의 승낙 없이 공익사업을 위한 공사에 착수하여 영농을 계속할 수 없게 한 경우, 2년분의 영농손실보상금 지급과 별도로 공사의 사전 착공으로 토지소유자나 관계인이 영농을 할 수 없게 된 때부터 수용개시일까지 입은 손해를 배상할 책임이 있다**

> 공익사업을 위한 공사는 손실보상금을 지급하거나 토지소유자 및 관계인의 승낙을 받지 않고는 미리 착공해서는 아니 되는 것으로, 이는 그 보상권리자가 수용대상에 대하여 가지는 법적 이익과 기존의 생활관계 등을 보호하고자 하는 것이고, 수용대상인 농지의 경작자 등에 대한 2년분의 영농손실보상은 그 농지의 수용으로 인하여 장래에 영농을 계속하지 못하게 되어 생기는 이익 상실 등에 대한 보상을 하기 위한 것이다. 따라서 사업시행자가 토지소유자 및 관계인에게 보상금을 지급하지 아니하고 그 승낙도 받지 아니한 채 미리 공사에 착수하여 영농을 계속할 수 없게 하였다면 이는 공익사업법상 사전보상의 원칙을 위반한 것으로서 위법하다 할 것이므로, 이 경우 사업시행자는 2년분의 영농손실보상금을 지급하는 것과 별도로, 공사의 사전 착공으로 인하여 토지소유자나 관계인이 영농을 할 수 없게 된 때부터 수용개시일까지 입은 손해에 대하여 이를 배상할 책임이 있다(대판 2013.11.14, 2011다27103).

③ **공익사업으로 농업의 손실을 입게 된 자가 「공익사업을 위한 토지 등의 취득 및 보상에 관한 법률」 제34조, 제50조 등에 규정된 재결절차를 거치지 않은 채 곧바로 사업시행자를 상대로 손실보상을 청구할 수 없다**

★ 19 국가7급

`최신기출`
`최신판례`
> 공익사업으로 농업의 손실을 입게 된 자가 사업시행자로부터 토지보상법 제77조 제2항에 따라 농업손실에 대한 보상을 받기 위해서는 토지보상법 제34조, 제50조 등에 규정된 재결절차를 거친 다음 그 재결에 대하여 불복이 있는 때에 비로소 토지보상법 제83조 내지 제85조에 따라 권리구제를 받을 수 있을 뿐, 이러한 재결절차를 거치지 않은 채 곧바로 사업시행자를 상대로 손실보상을 청구하는 것은 허용되지 않는다(대판 2019.8.29, 2018두57865).

④ **2013.4.25. 국토교통부령 제5호로 개정된 공익사업을 위한 토지 등의 취득 및 보상에 관한 법률 시행규칙 제48조 제2항 단서 제1호가 헌법상 정당보상원칙, 비례원칙에 위반되거나 위임입법의 한계를 일탈한 것이 아니다**

`최신판례`
> 개정 시행규칙 제48조 제2항 단서 제1호는, 영농보상이 장래의 불확정적인 일실소득을 보상하는 것이자 농민의 생존배려·생계지원을 위한 보상인 점, 실제소득 산정의 어려움 등을 고려하여, 농민이 실농으로 인한 대체생활을 준비하는 기간의 생계를 보장할 수 있는 범위 내에서 실제소득 적용 영농보상금의 '상한'을 설정함으로써 나름대로 합리적인 적정한 보상액의 산정방법을 마련한 것이므로, 헌법상 정당보상원칙, 비례원칙에 위반되거나 위임입법의 한계를 일탈한 것으로는 볼 수 없다(대판 2020.4.29, 2019두32696).

⑤ 2013.4.25. 국토교통부령 제5호로 개정된 「공익사업을 위한 토지 등의 취득 및 보상에 관한 법률 시행규칙」 시행일 전에 사업인정고시가 이루어졌으나 위 시행규칙 시행 후 보상계획의 공고·통지가 이루어진 공익사업에 대해서도 영농보상금액의 구체적인 산정방법·기준에 관한 위 시행규칙 제48조 제2항 단서 제1호를 적용하도록 규정한 위 시행규칙 부칙(2013.4.25.) 제4조 제1항은 진정소급입법에 해당하지 않는다

사업인정고시일 전부터 해당 토지를 소유하거나 사용권원을 확보하여 적법하게 농업에 종사해 온 농민은 사업인 정고시일 이후에도 수용개시일 전날까지는 해당 토지에서 그간 해온 농업을 계속할 수 있다. 그러나 사업인정고 시일 이후에 수용개시일 전날까지 농민이 해당 공익사업의 시행과 무관한 어떤 다른 사유로 경작을 중단한 경우 에는 손실보상의 대상에서 제외될 수 있다. 사업인정고시가 이루어졌다는 점만으로 농민이 구체적인 영농보상금 청구권을 확정적으로 취득하였다고는 볼 수 없으며, 보상협의 또는 재결절차를 거쳐 협의성립 당시 또는 수용재결 당시의 사정을 기준으로 구체적으로 산정되는 것이다.

또한 「공익사업을 위한 토지 등의 취득 및 보상에 관한 법률 시행규칙」 제48조에 따른 영농보상은 수용개시일 이후 편입농지에서 더 이상 영농을 계속할 수 없게 됨에 따라 발생하는 손실에 대하여 장래의 2년간 일실소득을 예측 하여 보상하는 것이므로, 수용재결 당시를 기준으로도 영농보상은 아직 발생하지 않은 장래의 손실에 대하여 보상하는 것이다.

따라서 「공익사업을 위한 토지 등의 취득 및 보상에 관한 법률 시행규칙」 부칙(2013.4.25.) 제4조 제1항이 영농 보상금액의 구체적인 산정방법·기준에 관한 2013.4.25. 국토교통부령 제5호로 개정된 「공익사업을 위한 토지 등의 취득 및 보상에 관한 법률 시행규칙」(개정 시행규칙) 제48조 제2항 단서 제1호를 개정 시행규칙 시행일 전에 사업인정고시가 이루어졌으나 개정 시행규칙 시행 후 보상계획의 공고·통지가 이루어진 공익사업에 대해서도 적용하 도록 규정한 것은 진정소급입법에 해당하지 않는다(대판 2020.4.29, 2019두32696).

## 3. 기타손실

(1) 구 수산업법 제81조의 규정에 의한 손실보상청구권이나 손실보상 관련 법령의 유추적용에 의한 손실보상청구권의 행사방법은 민사소송이지만, 구「공익사업을 위한 토지 등의 취득 및 보상에 관한 법률」의 관련 규정에 의하여 취득하는 어업피해에 관한 손실보상청구권의 행사 방법은 행정소송이다 ★ 19 국회8급

> **최신기출** 구 수산업법 제81조의 규정에 의한 손실보상청구권이나 손실보상 관련 법령의 유추적용에 의한 손실보상청구권은 사업시행자를 상대로 한 민사소송의 방법에 의하여 행사하여야 한다. 그렇지만 구「공익사업을 위한 토지 등의 취득 및 보상에 관한 법률」(구 공익사업법)의 관련 규정에 의하여 취득하는 어업피해에 관한 손실보상청구권은 민사소송의 방법으로 행사할 수는 없고, 구 공익사업법 제34조, 제50조 등에 규정된 재결절차를 거친 다음 그 재결에 대하여 불복이 있는 때에 비로소 구 공익사업법 제83조 내지 제85조에 따라 권리구제를 받아야 하며, 이러한 재결절차를 거치지 않은 채 곧바로 사업시행자를 상대로 손실보상을 청구하는 것은 허용되지 않는다고 봄이 타당하다 (대판 2014.5.29, 2013두12478).

(2) 피수용자가 부가가치세법상의 납세의무자인 사업자로서 손실보상금으로 수용된 건축물 등을 다시 신축하는 것이 자기의 사업을 위하여 사용될 재화 또는 용역을 공급받는 경우에 해당하는 경우, 사업시행자에게 건축비 등에 포함된 부가가치세 상당을 손실보상으로 구할 수 없다

> 피수용자가 부가가치세법상의 납세의무자인 사업자로서 손실보상금으로 수용된 건축물 등을 다시 신축하는 것이 자기의 사업을 위하여 사용될 재화 또는 용역을 공급받는 경우에 해당하면 건축비 등에 포함된 부가가치세는 부가가치세법 제38조 제1항 제1호에서 정한 매입세액에 해당하여 피수용자가 자기의 매출세액에서 공제받거나 환급받을 수 있으므로 위 부가가치세는 실질적으로는 피수용자가 부담하지 않게 된다. 따라서 이러한 경우에는 다른 특별한 사정이 없는 한 피수용자가 사업시행자에게 위 부가가치세 상당을 손실보상으로 구할 수는 없다(대판 2015. 11.12, 2015두2963).

# 제5항 손실보상의 원칙과 보상액 결정방법

## Ⅰ. 손실보상의 원칙

(1) 토지수용법에 의한 보상은 피보상자 개인별 보상이 원칙이고, 피보상자가 수용 대상물건 중 전부 또는 일부에 관하여 불복이 있는 경우, 그 불복의 사유를 주장하여 행정소송을 제기할 수 있다

> 토지수용법 제45조 제2항은 수용 또는 사용함으로 인한 보상은 피보상자의 개인별로 산정할 수 없을 때를 제외하고는 피보상자에게 개인별로 하여야 한다고 규정하고 있으므로, 보상은 수용 또는 사용의 대상이 되는 물건별로 하는 것이 아니라 피보상자 개인별로 행하여지는 것이라고 할 것이어서 피보상자는 수용 대상물건 중 전부 또는 일부에 관하여 불복이 있는 경우 그 불복의 사유를 주장하여 행정소송을 제기할 수 있다(대판 2000.1.28, 97누11720).

## Ⅱ. 보상액의 결정 방법

### 1. 당사자 사이의 협의에 의하는 경우

(1) 「공익사업을 위한 토지 등의 취득 및 보상에 관한 법률」에 의한 보상을 하면서 손실보상금에 관한 당사자 간의 합의가 성립한 경우, 그 합의 내용이 같은 법에서 정하는 손실보상 기준에 맞지 않는다는 이유로 그 기준에 따른 손실보상금 청구를 추가로 할 수 없다 ★ 21 국회8급, 18 국가7급

> **최신기출** 「공익사업을 위한 토지 등의 취득 및 보상에 관한 법률」(공익사업법)에 의한 보상합의는 공공기관이 사경제주체로서 행하는 사법상 계약의 실질을 가지는 것으로서, 당사자 간의 합의로 같은 법 소정의 손실보상의 기준에 의하지 아니한 손실보상금을 정할 수 있으며, 이와 같이 같은 법이 정하는 기준에 따르지 아니하고 손실보상액에 관한 합의를 하였다고 하더라도 그 합의가 착오 등을 이유로 적법하게 취소되지 않는 한 유효하다. 따라서 공익사업법에 의한 보상을 하면서 손실보상금에 관한 당사자 간의 합의가 성립하면 그 합의 내용대로 구속력이 있고, 손실보상금에 관한 합의 내용이 공익사업법에서 정하는 손실보상 기준에 맞지 않는다고 하더라도 합의가 적법하게 취소되는 등의 특별한 사정이 없는 한 추가로 공익사업법상 기준에 따른 손실보상금 청구를 할 수는 없다(대판 2013.8.22, 2012다3517).

(2) 사업시행자가 수용할 토지의 저당권자에게 「공익사업을 위한 토지 등의 취득 및 보상에 관한 법률」 제26조 제1항, 제16조 및 같은 법 시행령 제8조 제1항에 의한 협의나 통지를 하지 않은 것은 위법하다

> 「공익사업을 위한 토지 등의 취득 및 보상에 관한 법률」(토지보상법) 제26조 제1항, 제16조 및 같은 법 시행령 제8조 제1항에 의하면, 사업인정을 받은 사업시행자는 토지 등에 대한 보상에 관하여 토지소유자 및 관계인과 성실하게 협의하여야 하고, 그 협의를 하려는 경우에는 보상협의요청서에 협의기간·협의장소 및 협의방법, 보상의 시기·방법·절차 및 금액, 계약체결에 필요한 구비서류를 적어 토지소유자 및 관계인에게 통지하여야 한다고 규정하고 있으므로, 사업시행자가 수용할 토지의 저당권자에게 위 규정에 의한 협의나 통지를 하지 않았다면 위법하다(대판 2017.12.28. 2017다270565).

## 2. 행정청에 의한 결정

(1) 「공익사업을 위한 토지 등의 취득 및 보상에 관한 법률」 제30조 제1항에서 정한 '협의가 성립되지 아니한 때'에, 토지소유자 등이 손실보상대상에 해당한다고 주장하며 보상을 요구하는데도 사업시행자가 손실보상대상에 해당하지 않는다며 보상대상에서 이를 제외한 채 협의를 하지 않아 결국 협의가 성립하지 않은 경우도 포함된다

> 「공익사업을 위한 토지 등의 취득 및 보상에 관한 법률」(공익사업법) 제30조 제1항은 재결신청을 청구할 수 있는 경우를 사업시행자와 토지소유자 및 관계인 사이에 '협의가 성립하지 아니한 때'로 정하고 있을 뿐 손실보상대상에 관한 이견으로 협의가 성립하지 아니한 경우를 제외하는 등 그 사유를 제한하고 있지 않은 점, 위 조항이 토지소유자 등에게 재결신청청구권을 부여한 취지는 공익사업에 필요한 토지 등을 수용에 의하여 취득하거나 사용할 때 손실보상에 관한 법률관계를 조속히 확정함으로써 공익사업을 효율적으로 수행하고 토지소유자 등의 재산권을 적정하게 보호하기 위한 것인데, 손실보상대상에 관한 이견으로 손실보상협의가 성립하지 아니한 경우에도 재결을 통해 손실보상에 관한 법률관계를 조속히 확정할 필요가 있는 점 등에 비추어 볼 때, '협의가 성립되지 아니한 때'에는 사업시행자가 토지소유자 등과 공익사업법 제26조에서 정한 협의절차를 거쳤으나 보상액 등에 관하여 협의가 성립하지 아니한 경우는 물론 토지소유자 등이 손실보상대상에 해당한다고 주장하며 보상을 요구하는데도 사업시행자가 손실보상대상에 해당하지 아니한다며 보상대상에서 이를 제외한 채 협의를 하지 않아 결국 협의가 성립하지 않은 경우도 포함된다고 보아야 한다. 아산~천안 간 도로건설 사업구역에 포함된 토지의 소유자가 토지상의 지장물에 대하여 재결신청을 청구하였으나, 그 중 일부에 대해서는 사업시행자가 손실보상대상에 해당하지 않아 재결신청대상이 아니라는 이유로 수용재결 신청을 거부하면서 보상협의를 하지 않은 사안에서, 사업시행자가 수용재결 신청을 거부하거나 보상협의를 하지 않으면서도 아무런 조치를 취하지 않은 것은 공익사업을 위한 토지 등의 취득 및 보상에 관한 법률에서 정한 재결신청청구 제도의 취지에 반하여 위법하다고 본 원심판단을 수긍한 사례(대판 2011.7.14, 2011두2309).

(2) 「공익사업을 위한 토지 등의 취득 및 보상에 관한 법률」상 토지수용위원회의 수용재결이 있은 후 토지소유자 등과 사업시행자가 다시 협의하여 토지 등의 취득이나 사용 및 그에 대한 보상에 관하여 임의로 계약을 체결할 수 있다 ★ 18 국가7급

> **최신기출** 일단 토지수용위원회가 수용재결을 하였더라도 사업시행자로서는 수용 또는 사용의 개시일까지 토지수용위원회가 재결한 보상금을 지급 또는 공탁하지 아니함으로써 재결의 효력을 상실시킬 수 있는 점, 토지소유자 등은 수용재결에 대하여 이의를 신청하거나 행정소송을 제기하여 보상금의 적정 여부를 다툴 수 있는데, 그 절차에서 사업시행자와 보상금액에 관하여 임의로 합의할 수 있는 점, 공익사업의 효율적인 수행을 통하여 공공복리를 증진시키고, 재산권을 적정하게 보호하려는 토지보상법의 입법 목적(제1조)에 비추어 보더라도 수용재결이 있은 후에 사법상 계약의 실질을 가지는 협의취득 절차를 금지해야 할 별다른 필요성을 찾기 어려운 점 등을 종합해 보면, 토지수용위원회의 수용재결이 있은 후라고 하더라도 토지소유자 등과 사업시행자가 다시 협의하여 토지 등의 취득이나 사용 및 그에 대한 보상에 관하여 임의로 계약을 체결할 수 있다고 보아야 한다(대판 2017.4.13, 2016두64241).

**(3)** 중앙토지수용위원회가 지방국토관리청장이 시행하는 공익사업을 위하여 갑 소유의 토지에 대하여 수용재결을 한 후, 갑과 사업시행자가 '공공용지의 취득협의서'를 작성하고 협의취득을 원인으로 소유권이전등기를 마쳤는데, 갑이 '사업시행자가 수용개시일까지 수용재결보상금 전액을 지급·공탁하지 않아 수용재결이 실효되었다'고 주장하며 수용재결의 무효확인을 구하는 소송을 제기한 사안에서, 갑이 수용재결의 무효확인 판결을 받더라도 토지의 소유권을 회복시키는 것이 불가능하고, 무효확인으로써 회복할 수 있는 다른 권리나 이익이 남아 있다고도 볼 수 없다고 한 사례

> 갑과 사업시행자가 수용재결이 있은 후 토지에 관하여 보상금액을 새로 정하여 취득협의서를 작성하였고, 이를 기초로 소유권이전등기까지 마친 점 등을 종합해 보면, 갑과 사업시행자가 수용재결과는 별도로 '토지의 소유권을 이전한다는 점과 그 대가인 보상금의 액수를 합의하는 계약을 새로 체결하였다고 볼 여지가 충분하고, 만약 이러한 별도의 협의취득 절차에 따라 토지에 관하여 소유권이전등기가 마쳐진 것이라면 설령 갑이 수용재결의 무효확인 판결을 받더라도 토지의 소유권을 회복시키는 것이 불가능하고, 나아가 무효확인으로써 회복할 수 있는 다른 권리나 이익이 남아 있다고도 볼 수 없다고 한 사례(대판 2017.4.13, 2016두64241)

**(4)** 편입토지 보상, 지장물 보상, 영업·농업 보상에 관하여 토지소유자나 관계인이 사업시행자에게 재결신청을 청구했음에도 사업시행자가 재결신청을 하지 않을 경우, 토지소유자나 관계인의 불복 방법

> 최신판례 「공익사업을 위한 토지 등의 취득 및 보상에 관한 법률」 제28조, 제30조에 따르면, 편입토지 보상, 지장물 보상, 영업·농업 보상에 관해서는 사업시행자만이 재결을 신청할 수 있고 토지소유자와 관계인은 사업시행자에게 재결신청을 청구하도록 규정하고 있으므로, 토지소유자나 관계인의 재결신청 청구에도 사업시행자가 재결신청을 하지 않을 때 토지소유자나 관계인은 사업시행자를 상대로 거부처분 취소소송 또는 부작위 위법확인소송의 방법으로 다투어야 한다(대판 2019.8.29, 2018두57865).

**(5)** 이때 사업시행자에게 재결신청을 할 의무가 있는지는 소송요건 심사단계에서 고려할 요소는 아니다

> 최신판례 구체적인 사안에서 토지소유자나 관계인의 재결신청 청구가 적법하여 사업시행자가 재결신청을 할 의무가 있는지는 본안에서 사업시행자의 거부처분이나 부작위가 적법한가를 판단하는 단계에서 고려할 요소이지, 소송요건 심사단계에서 고려할 요소가 아니다(대판 2019.8.29, 2018두57865).

**(6)** 한국수자원공사법에 따른 사업을 수행하기 위한 토지 등의 수용 또는 사용으로 손실을 입게 된 토지소유자나 관계인이 「공익사업을 위한 토지 등의 취득 및 보상에 관한 법률」 제30조에 따라 한국수자원공사에 재결신청을 청구하는 경우, 위 사업의 실시계획을 승인할 때 정한 사업시행기간 내에 해야 한다

> 최신판례 한국수자원공사법 제10조에 따른 실시계획의 승인·고시가 있으면 토지보상법 제20조 제1항 및 제22조에 따른 사업인정 및 사업인정의 고시가 있은 것으로 보고, 이 경우 재결신청은 토지보상법 제23조 제1항 및 제28조 제1항에도 불구하고 실시계획을 승인할 때 정한 사업의 시행기간 내에 하여야 한다(제24조 제2항). 위와 같은 관련 규정들의 내용과 체계, 입법 취지 등을 종합하면, 한국수자원공사가 한국수자원공사법에 따른 사업을 수행하기 위하여 토지 등을 수용 또는 사용하고자 하는 경우에 재결신청은 실시계획을 승인할 때 정한 사업의 시행기간 내에 하여야 하므로, 토지소유자나 관계인이 토지보상법 제30조에 의하여 한국수자원공사에 하는 재결신청의 청구도 위 사업시행기간 내에 하여야 한다(대판 2019.8.29, 2018두57865).

## 3. 소송에 의한 보상액 결정

### (1) 재결취소소송

① 공유수면매립사업으로 인하여 관행어업권을 상실하게 된 자가 취득한 손실보상청구권은 행정소송(항고소송)으로 행사해야 한다

> 구 수산업법에 의한 손실보상청구권이나 손실보상 관련법령의 유추적용에 의한 손실보상청구권은 사업시행자를 상대로 한 민사소송의 방법에 의하여 행사하여야 하나, 구 공유수면매립법 제16조 제1항에 정한 권리를 가진 자가 위 규정에 의하여 취득한 손실보상청구권은 민사소송의 방법으로 행사할 수 없고 같은법 제16조 제2항·제3항이 정한 바에 따라 협의가 성립되지 아니하거나 협의할 수 없을 경우에 토지수용위원회의 재정을 거쳐 토지수용위원회를 상대로 재정에 대한 행정소송을 제기하는 방법에 의하여 행사하여야 하는바, 공유수면매립사업으로 인하여 관행어업권을 상실하게 된 자는 구 공유수면매립법 제6조 제2호가 정한 입어자로서 같은법 제16조 제1항의 공유수면에 대하여 권리를 가진 자에 해당하므로 그가 매립사업으로 인하여 취득한 손실보상청구권은 직접 같은법 조항에 근거하여 발생한 것이라 할 것이어서, 공유수면매립사업법 제16조 제2항·제3항이 정한 재정과 그에 대한 행정소송의 방법에 의하여 권리를 주장하여야 할 것이고 민사소송의 방법으로는 그 손실보상청구권을 행사할 수 없다(대판 2001. 6.29, 99다56468).

② 하천법 개정(1984.12.31) 후 하천법 본문에 따라 하천법상 준용하천의 제외지로 편입된 토지 소유자의 손실보상 청구는 토지수용위원회를 상대로 행정소송(항고소송)

> 토지가 준용하천의 제외지와 같은 하천구역에 편입된 경우, 토지소유자는 구 하천법 제74조가 정하는 바에 따라 하천관리청과 협의를 하고 그 협의가 성립되지 아니하거나 협의를 할 수 없을 때에는 관할 토지수용위원회에 재결을 신청하고 그 재결에 불복일 때에는 바로 관할 토지수용위원회를 상대로 재결 자체에 대한 행정소송을 제기하여 그 결과에 따라 손실보상을 받을 수 있을 뿐이고, 같은법 부칙 제2조 제1항을 준용하여 직접 하천관리청을 상대로 민사소송으로 손실보상을 청구할 수는 없다(대판 2003.4.25, 2001두1369).

③ 사업시행자가 재결에 불복하여 이의신청을 거쳐 행정소송을 제기하는 경우 이의재결에서 증액된 보상금을 공탁하여야 할 시기

> 사업시행자가 재결에 불복하여 이의신청을 거쳐 행정소송을 제기하는 경우에는 원칙적으로 행정소송 제기 전에 이의재결에서 증액된 보상금을 공탁하여야 하지만, 제소 당시 그와 같은 요건을 구비하지 못하였다 하여도 사실심 변론종결 당시까지 그 요건을 갖추었다면 그 흠결의 하자는 치유되었다고 본다(대판 2008.2.15, 2006두9832).

## (2) 당사자소송

**①** 하천법 개정(1984.12.31) 전 하천법 부칙 제2조 제1항 및 「법률 제3782호 하천법 중 개정법률 부칙 제2조의 규정에 의한 보상청구권의 소멸시효가 만료된 하천구역 편입토지 보상에 관한 특별조치법」 제2조 제1항에서 정하고 있는 손실보상청구권의 법적 성질(공권)과 그 쟁송절차는 행정소송(당사자소송)

★ 17·14 지방9급, 14 국회8급, 14 서울7급, 13 서울9급, 11 지방9급

<blockquote>
전합판례

법률 제3782호 하천법 중 개정법률(개정 하천법)은 그 부칙 제2조 제1항에서 개정 하천법의 시행일인 1984.12.31. 전에 유수지에 해당되어 하천구역으로 된 토지 및 구 하천법(1971.1.19. 법률 제2292호로 전문 개정된 것)의 시행으로 국유로 된 제외지 안의 토지에 대하여는 관리청이 그 손실을 보상하도록 규정하였고, 「법률 제3782호 하천법 중 개정법률 부칙 제2조의 규정에 의한 보상청구권의 소멸시효가 만료된 하천구역 편입토지 보상에 관한 특별조치법」 제2조는 구 하천법(1989.12.30. 법률 제4161호로 개정되기 전의 것) 부칙 제2조 제1항에 해당하는 토지로서 개정 하천법 부칙 제2조 제2항에서 규정하고 있는 소멸시효의 만료로 보상청구권이 소멸되어 보상을 받지 못한 토지에 대하여는 시·도지사가 그 손실을 보상하도록 규정하고 있는바, 위 각 규정들에 의한 손실보상청구권은 모두 종전의 하천법 규정 자체에 의하여 하천구역으로 편입되어 국유로 되었으나 그에 대한 보상규정이 없었거나 보상청구권이 시효로 소멸되어 보상을 받지 못한 토지들에 대하여, 국가가 반성적 고려와 국민의 권리구제 차원에서 그 손실을 보상하기 위하여 규정한 것으로서, 그 법적 성질은 하천법 본칙(本則)이 원래부터 규정하고 있던 하천구역에의 편입에 의한 손실보상청구권과 하등 다를 바가 없는 것이어서 공법상의 권리임이 분명하므로 그에 관한 쟁송도 행정소송절차에 의하여야 한다[대판(전합) 2006.5.18, 2004다6207].
</blockquote>

**②** 하천법 개정(1984.12.31) 전 하천법 부칙 제2조 제1항 및 「법률 제3782호 하천법 중 개정법률 부칙 제2조의 규정에 의한 보상청구권의 소멸시효가 만료된 하천구역 편입토지 보상에 관한 특별조치법」 제2조 제1항에서 정하고 있는 손실보상청구권에 대한 쟁송절차는 당사자소송이다 ★ 15 변호사, 14 국회8급, 14 서울7급, 14 지방9급, 11 국가9급

<blockquote>
전합판례

위 규정들에 의한 손실보상청구권은 1984.12.31. 전에 토지가 하천구역으로 된 경우에는 당연히 발생되는 것이지, 관리청의 보상금지급결정에 의하여 비로소 발생하는 것은 아니므로, 위 규정들에 의한 손실보상금의 지급을 구하거나 손실보상청구권의 확인을 구하는 소송은 행정소송법 제3조 제2호 소정의 당사자소송에 의하여야 한다[대판(전합) 2006.5.18, 2004다6207].
</blockquote>

**③**

<blockquote>
제방부지 및 제외지가 법률 제2292호 하천법 개정법률 시행일인 1971.7.20.부터 법률 제3782호 하천법 중 개정법률 시행일인 1984.12.31. 전에 국유로 된 경우, 명시적인 보상규정이 없더라도 관할 관청이 소유자가 입은 손실을 보상해야 하고 보상대상은 등기된 토지에 한정되지 않는다(대판 2011.11.10, 2011두16636).
</blockquote>

**④** 시·도지사가 「하천편입토지 보상 등에 관한 특별조치법」에 따른 보상청구절차를 통지 또는 공고를 하지 않는 등 보상절차를 진행하지 아니함에 따라 손실보상청구권자가 직접 시·도지사를 상대로 행정소송을 제기한 경우, 보상액 평가의 기준시기

<blockquote>
시·도지사가 「하천편입토지 보상 등에 관한 특별조치법」(특별조치법)에 따른 보상청구절차를 통지 또는 공고를 하지 않는 등 보상절차를 진행하지 아니함에 따라 손실보상청구권자가 직접 시·도지사를 상대로 행정소송을 제기한 경우에는 보상을 위한 감정평가 당시 가격을 기준으로 보상액을 산정하는 것이 원칙이나, 하천에 편입된 토지의 경우 이용상황이나 해당 토지에 대한 공법상 제한 등에 비추어 가격 변화가 크지 않은 것이 일반적이므로 특별조치법 시행일 이후의 시점을 기준으로 보상액을 산정하더라도 특별한 사정이 없는 한 위법하다고 볼 것은 아니다(대판 2011.11.10, 2011두16636).
</blockquote>

⑤ 국가가 진정한 소유자가 아닌 자를 하천 편입 당시의 소유자로 보아 손실보상금을 지급한 경우, 민법 제470조 (채권의 준점유자에 대한 변제)에 따라 진정한 소유자에 대한 손실보상금 지급의무를 면하지 않고, 국가가 하천 편입 당시의 진정한 소유자가 손실보상대상자임을 전제로 하여 손실보상금청구권이 자신에게 귀속되는 것과 같은 외관을 가진 자에게 손실보상금을 지급하였고 지급에 과실이 없는 경우, 민법 제470조에 따라 채무를 면한다

> 국가가 원인무효의 소유권보존등기 또는 소유권이전등기의 등기명의인으로 기재되어 있는 자 등 진정한 소유자가 아닌 자를 하천 편입 당시의 소유자로 보아 등기명의인에게 손실보상금을 지급하였다면, 설령 그 과정에서 국가가 등기명의인을 하천 편입 당시 소유자라고 믿은 데에 과실이 없더라도, 국가가 민법 제470조에 따라 진정한 소유자에 대한 손실보상금 지급의무를 면한다고 볼 수 없다. 그러나 이와 달리 국가가 하천 편입 당시의 진정한 소유자가 토지에 대한 손실보상금청구권자임을 전제로 보상절차를 진행하였으나, 진정한 소유자 또는 진정한 소유자로부터 손실보상금청구권을 승계한 것과 같은 외관을 가진 자 등과 같이 하천 편입 당시의 진정한 소유자가 손실보상대상자임을 전제로 하여 손실보상금청구권이 자신에게 귀속되는 것과 같은 외관을 가진 자에게 손실보상금을 지급한 경우에는, 이로 인한 법률관계를 일반 민사상 채권을 사실상 행사하는 자에 대하여 변제한 경우와 달리 볼 이유가 없으므로, 국가의 손실보상금 지급에 과실이 없다면 국가는 민법 제470조에 따라 채무를 면한다(대판 2016. 8.24, 2014두46966).

⑥ 「하천편입토지 보상 등에 관한 특별조치법」 제6조 제1항에서 정한 보상액 평가기준의 해석

> 보상액은 보상의 대상이 되는 권리가 소멸한 때의 현황을 기준으로 산정하는 것이 보상에 관한 일반적인 법리에 부합하는 점 등에 비추어 보면, 위 조문은 원칙적으로 '편입 당시의 지목 및 토지이용상황'을 기준으로 평가하되, 편입 당시의 지목 및 토지이용상황을 알 수 없을 때에는 예외적으로 '현재의 토지이용상황'을 고려하여야 한다는 취지로 해석하는 것이 타당하다(대판 2016.8.24, 2014두46966).


### (3) 보상금 증감청구소송(형식적 당사자소송)

#### ① 보상금증감청구소송은 공법상 당사자소송이다

> 토지수용법 제75조의2 제2항의 규정은 그 제1항에 의하여 이의재결에 대하여 불복하는 행정소송을 제기하는 경우, 이것이 보상금의 증감에 관한 소송인 때에는 이의재결에서 정한 보상금이 증액 변경될 것을 전제로 하여 기업자(현 사업시행자)를 상대로 보상금의 지급을 구하는 공법상의 당사자소송을 규정한 것으로 볼 것이다(대판 1991.11. 26, 91누285).

#### ② 토지수용법 제25조의3 제3항에 의한 지연가산금 청구를 보상금의 증감에 관한 행정소송이 아닌 민사소송으로 제기할 수 없다

> 토지수용법 제25조의3 제3항이 정한 지연가산금은 수용보상금에 대한 법정 지연손해금의 성격을 갖는 것이므로 이에 대한 불복은 수용보상금에 대한 불복절차에 의함이 상당할 뿐 아니라, 토지수용법시행령 제16조의3은 "법 제25조의3 제3항의 규정에 의하여 가산하여 지급할 금액은 관할 토지수용위원회가 재결서에 기재하여야 하며, 기업자는 수용 시기까지 보상금과 함께 이를 지급하여야 한다."라고 하여 지연가산금은 수용보상금과 함께 수용재결로 정하도록 규정하고 있으므로, 지연가산금에 대한 불복은 수용보상금의 증액에 관한 소에 의하여야 한다(대판 1997.10.24, 97다31175).

③ 공익사업법 제85조 제1항이 정한 제소기간 내에 일부 청구임을 명시하여 보상금의 증감에 관한 소송을 제기하여 전부 승소한 경우 청구취지 확장을 위한 항소의 이익이 인정되지 않는다

공익사업법 제85조 제1항이 정한 제소기간 내에 일부 청구임을 명시하여 보상금의 증감에 관한 소송을 제기한 경우, 원고로서는 제소기간이 도과한 후에라도 사실심변론종결시까지는 청구취지를 확장할 수 있을 뿐만 아니라 그 확장하는 부분에 해당하는 청구를 별소를 제기하여 구할 수도 있다고 보아야 할 것이다. 이와 같은 법리에 의할 때 제소기간 내에 일부 청구임을 명시하여 보상금의 증액에 관한 이 사건 소송을 제기한 원고들로서는 제소기간이 도과한 후에라도 사실심변론종결시까지 나머지 부분의 보상금을 구하는 별소를 제기할 수 있다고 할 것이고, 따라서 원고들에게 청구취지 확장을 위한 항소의 이익을 인정할 필요는 없다 할 것이다(대판 2010.11.11, 2010두14534).

④ 보상금 증감에 관한 소송에서 동일한 사실에 관하여 상반되는 여러 개의 감정평가가 있는 경우, 법원이 각 감정평가 중 어느 하나를 채용하거나 하나의 감정평가 중 일부만에 의거하여 사실을 인정하는 것은 원칙적으로 위법하지 않다

감정은 법원이 어떤 사항을 판단하기 위하여 특별한 지식과 경험을 필요로 하는 경우 판단의 보조수단으로 그러한 지식이나 경험을 이용하는 데 지나지 아니하는 것이므로, 보상금의 증감에 관한 소송에서 동일한 사실에 관하여 상반되는 여러 개의 감정평가가 있고, 그 중 어느 하나의 감정평가가 오류가 있음을 인정할 자료가 없는 이상 법원이 각 감정평가 중 어느 하나를 채용하거나 하나의 감정평가 중 일부만에 의거하여 사실을 인정하였다 하더라도 그것이 논리나 경험의 법칙에 반하지 않는 한 위법하다고 할 수 없다(대판 2014.12.11, 2012두1570).

⑤ 손실보상금 산정을 위한 감정평가가 위법한 경우 법원이 감정내용 중 위법하지 않은 부분을 추출하여 판결에 참작할 수 있다 ★ 20 국가7급

최신기출 손실보상금 산정을 위한 감정평가 중 어느 한 가지 점이라도 위법사유가 있으면 그것으로써 감정평가결과는 위법하게 되나, 감정평가가 위법하다고 하여도 법원은 그 감정내용 중 위법하지 않은 부분을 추출하여 판결에서 참작할 수 있다(대판 2014.12.11, 2012두1570).

⑥ 감정평가에 위법이 있는 경우, 법원이 취해야 할 조치

감정평가가 위법하다고 하여도 법원은 그 감정내용 중 위법하지 않은 부분을 추출하여 판결에서 참작하는 등 정당한 손실보상액을 스스로 산정할 수 있으나, 이러한 직권 보정방식은 객관성과 합리성을 갖추고 논리나 경험의 법칙에 반하지 않는 범위 내에서만 허용되는 것이므로, 감정평가에 위법이 있다면 법원으로서는 적법한 감정평가방법에 따른 재감정을 명하거나 감정인에게 사실조회를 하여 보는 등의 방법으로 석명권을 행사하여 충분한 심리를 거치는 것이 타당하다(대판 2014.12.11, 2012두1570).

### (4) 민사소송

개별법에서 손실보상의 원칙만을 규정하고, 보상금결정기관에 관한 규정이 전혀 존재하지 않는 경우 토지소유자 등은 직접 보상금지급청구소송을 법원에 제기할 수 있다. 이 경우 손실보상청구권의 법적 성질을 공권으로 보느냐 사권으로 보느냐에 따라 소송의 종류가 달라진다. 손실보상청구권을 공권으로 보는 다수설에 의하면 당사자소송을, 사권으로 보는 판례에 의하면 민사소송을 제기해야 한다.

수용 목적물의 소유자 또는 관계인은 관계법령에 손실보상에 관하여 관할 토지수용위원회에 재결신청 등의 불복 절차에 관한 규정이 있으면 그 규정에 따라서, 이에 관한 아무런 규정이 없으면 사업시행자를 상대로 민사소송으로 그 손실보상금을 청구할 수 있다(대판 1998.1.20, 95다29161). ★ 13 국가7급

# 제4절 손해전보를 위한 그 밖의 제도

## Ⅰ. 수용유사침해이론

판례는 수용유사침해에 해당하는 경우 손실보상의 문제로 해결하기도 하고, 불법행위 내지 부당이득의 법리로 해결하기도 하는 등 일관성을 결여하고 있다. 그러나 수용유사침해이론에 대해서는 명시적으로 판단하지 않았지만, 인정한 판례가 없기 때문에 부정하는 입장이라고 할 수 있다.

### MBC 문화방송주식 강제증여

> 원심이 들고 있는 위와 같은 수용유사적 침해의 이론은 국가 기타 공권력의 주체가 위법하게 공권력을 행사하여 국민의 재산권을 침해하였고 그 효과가 실제에 있어서 수용과 다름없을 때에는 적법한 수용이 있는 것과 마찬가지로 국민이 그로 인한 손실의 보상을 청구할 수 있다는 내용으로 이해되는데, 과연 우리 법제하에서 그와 같은 이론을 채택할 수 있는 것인가는 별론으로 하더라도(명시적 판단유보) 위에서 본 바에 의하여 이 사건에서 피고 대한민국의 이 사건 주식취득이 그러한 공권력의 행사에 의한 수용유사적 침해에 해당한다고 볼 수는 없다(대판 1993.10.26, 93다6409).

## Ⅱ. 희생보상청구권

### 1. 「감염병의 예방 및 관리에 관한 법률」 제71조에 따른 예방접종 피해에 대한 국가의 보상책임이 인정되기 위한 요건

> **최신판례** 「감염병의 예방 및 관리에 관한 법률」(감염병예방법) 제71조에 의한 예방접종 피해에 대한 국가의 보상책임은 무과실책임이지만, 질병, 장애 또는 사망(장애 등)이 예방접종으로 발생하였다는 점이 인정되어야 한다(대판 2019.4.3, 2017두52764).

### 2. 예방접종과 장애 등 사이의 인과관계가 있다고 추단하기 위한 증명의 정도

> **최신판례** 예방접종과 장애 등 사이의 인과관계는 반드시 의학적·자연과학적으로 명백히 증명되어야 하는 것은 아니고, 간접적 사실관계 등 제반 사정을 고려할 때 인과관계가 있다고 추단되는 경우에는 증명이 있다고 보아야 한다. 인과관계를 추단하기 위해서는 특별한 사정이 없는 한 예방접종과 장애 등의 발생 사이에 시간적 밀접성이 있고, 피해자가 입은 장애 등이 예방접종으로부터 발생하였다고 추론하는 것이 의학이론이나 경험칙상 불가능하지 않으며, 장애 등이 원인불명이거나 예방접종이 아닌 다른 원인에 의해 발생한 것이 아니라는 정도의 증명이 있으면 족하다(대판 2019.4.3, 2017두52764).

3. 피해자가 해당 장애 등과 관련한 다른 위험인자를 보유하고 있다거나, 해당 예방접종이 오랜 기간 널리 시행되었음에도 해당 장애 등에 대한 보고 내지 신고 또는 인과관계에 관한 조사연구 등이 없는 경우, 이를 인과관계 유무를 판단할 때 고려할 수 있다

**최신판례** 그러나 이러한 정도에 이르지 못한 채 예방접종 후 면역력이 약해질 수 있다는 막연한 추측을 근거로 현대의학상 예방접종에 내재하는 위험이 현실화된 것으로 볼 수 없는 경우까지 곧바로 인과관계를 추단할 수는 없다. 특히 피해자가 해당 장애 등과 관련한 다른 위험인자를 보유하고 있다거나, 해당 예방접종이 오랜 기간 널리 시행되었음에도 해당 장애 등에 대한 보고 내지 신고 또는 그 인과관계에 관한 조사·연구 등이 없다면, 인과관계 유무를 판단할 때 이를 고려할 수 있다(대판 2019.4.3, 2017두52764).

## III. 결과제거청구권(원상회복청구권)

### 1. 원상회복 부정, 손해배상 인정사례(도로)

도로를 구성하는 부지에 대하여는 사권을 행사할 수 없으므로 그 부지의 소유자는 불법행위를 원인으로 하여 손해배상을 청구함은 별론으로 하고 그 부지에 관하여 그 소유권을 행사하여 인도를 청구할 수 없다(대판 1968. 10.22, 68다1317).

### 2. 원상회복 부정, 부당이득반환청구 인정사례(도로)

도로를 구성하는 부지에 관하여는 도로법 제5조에 의하여 사권의 행사가 제한된다고 하더라도 이는 도로법상의 도로에 관하여 도로로서의 관리, 이용에 저촉되는 사권을 행사할 수 없다는 취지이지 부당이득반환청구권의 행사를 배제하는 것은 아니다(대판 1989.1.24, 88다카6006).

### 3. 원상회복 인정사례(상수도관)

대지소유자가 그 소유권에 기하여 그 대지의 불법점유자인 시에 대하여 권원 없이 그 대지의 지하에 매설한 상수도관의 철거를 구하는 경우에 공익사업으로서 공중의 편의를 위하여 매설한 상수도관을 철거할 수 없다거나 이를 이설할 만한 마땅한 다른 장소가 없다는 이유만으로써는 대지소유자의 위 철거청구가 오로지 타인을 해하기 위한 것으로서 권리남용에 해당한다고 할 수는 없다(대판 1987.7.7, 85다카1383).

# 제3장
# 행정쟁송

## 제1절 행정심판제도

## 제1항 개설

## Ⅰ. 행정심판의 개념

### 1. 행정심판에 관한 헌법 제107조 제3항에서 규정하고 있는 '사법절차의 준용'의 의미

> 헌법 제107조 제3항은 "재판의 전심절차로서 행정심판을 할 수 있다. 행정심판의 절차는 법률로 정하되, 사법절차가 준용되어야 한다."고 규정하고 있으므로, 입법자가 행정심판을 전심절차가 아니라 종심절차로 규정함으로써 정식재판의 기회를 배제하거나, 어떤 행정심판을 필요적 전심절차로 규정하면서도 그 절차에 사법절차가 준용되지 않는다면 이는 헌법 제107조 제3항, 나아가 재판청구권을 보장하고 있는 헌법 제27조에도 위반된다. 여기서 말하는 '사법절차를 특징지우는 요소로는 판단기관의 독립성·공정성, 대심적(對審的) 심리구조, 당사자의 절차적 권리보장 등을 들 수 있으나, 위 헌법조항은 행정심판에 사법절차가 '준용'될 것만을 요구하고 있으므로 위와 같은 사법절차적 요소를 엄격히 갖춰야 할 필요는 없다고 할지라도, 적어도 사법절차의 본질적 요소를 전혀 구비하지 아니하고 있다면 '준용'의 요구에마저 위반된다(헌재결 2000.6.1, 98헌바8).

### 2. 이의신청(행정심판인 이의신청과 행정심판이 아닌 이의신청의 구별실익)

#### (1) 이의신청과 행정심판의 구별기준

양자의 구별기준으로는 ① 이의신청은 처분청 자체에 제기하는 쟁송인데 행정심판은 직근상급행정청에 제기하는 쟁송이라는 심판기관기준설, ② 사법절차가 준용되면 행정심판으로 보고 그렇지 않으면 행정심판이 아니라고 보는 쟁송절차기준설이 제기되는데, 판례는 명확하지는 않지만 쟁송절차기준설을 취하고 있는 것으로 보인다(박균성).

#### ① 행정처분에 대하여 이의신청을 제기하여야 하는데도 표제를 행정심판청구서로 한 서류를 제출한 경우에 이를 그 처분에 대한 이의신청으로 볼 수 있는 요건 ★ 16 국회8급, 15 지방9급

> 이의신청은 행정청의 위법·부당한 처분에 대하여 행정기관이 심판하는 행정심판과는 구별되는 별개의 제도라 할 것이나, 이의신청과 행정심판은 모두 본질에 있어서 행정처분으로 인하여 권리나 이익을 침해당한 상대방의 권리구제에 그 목적이 있고, 행정소송에 앞서 먼저 행정기관의 판단을 받는 데에 목적을 둔 엄격한 형식을 요하지 않는 서면행위라 할 것이므로, 이의신청을 제기하여야 할 사람이 처분청에 표제를 행정심판청구서로 한 서류를 제출한 경우라 할지라도, 서류의 내용에 있어서 이의신청의 요건에 맞는 불복취지와 그 사유가 충분히 기재되어 있다면 그 표제에도 불구하고 이를 그 처분에 대한 이의신청으로 볼 수 있다. 원고가 피고의 도로점용료부과처분에 불복하면서 행정심판청구서라는 서면을 제출하였던 것에 대하여, 그 서면이 어느 행정청에 접수되었는지 그리고 그 서면의 기재 내용이 사용료 부과처분에 대한 이의신청시의 기재내용을 포함하고 있는지 여부에 관하여 심리를 하지 않은 채 원고의 위와 같은 서면 제출을 이의신청이 아닌 행정심판청구로 보아 그 행정심판청구가 부적법하다고 본 다음, 원고가 이의신청 없이 이 사건 처분을 안 날로부터 90일이 경과한 후에야 이 사건 소를 제기하였다는 이유로 소를 각하하여야 한다고 본 원심판결을 파기한 사례(대판 2012.3.29, 2011두26886)

> 법률상 이의신청을 제기해야 할 사람이 처분청에 표제를 '행정심판청구서'로 한 서류를 제출하였다면, 서류의 내용에 이의신청 요건에 맞는 불복취지와 사유가 충분히 기재되어 있다고 하여도 이를 처분에 대한 이의신청으로 볼 수 없다. (×) ■ 15 지방9급
> 이의신청을 제기하여야 할 사람이 처분청에 표제를 '행정심판청구서'로 한 서류를 제출한 경우 그 서류의 실질이 이의신청일지라도 이를 행정심판으로 다룬다. (×) ■ 16 국회8급

## (2) 적용법률과 행정심판 제기가능 여부

이의신청이 행정심판(특별행정심판)에 해당하면 개별법에서 규정하고 있는 것을 제외하고는 행정심판법이 적용되고, 이의신청을 거친 후에는 행정심판을 다시 제기할 수 없다. 그러나 행정심판이 아니라면 행정심판법이 적용되지 않고 이의신청을 거친 후에도 행정심판을 다시 제기할 수 있다.

### ① 토지수용위원회의 수용재결에 대한 이의절차에 행정심판법의 규정이 적용된다 ★ 17 지방9급

> **최신기출**   토지수용위원회의 수용재결에 대한 이의절차는 실질적으로 행정심판의 성질을 갖는 것이므로 토지수용법에 특별한 규정이 있는 것을 제외하고는 행정심판법의 규정이 적용된다고 할 것이다(대판 1992.6.9, 92누565).

### ② 토지수용재결서정본을 송달함에 있어 이의신청기간을 알리지 않은 경우 행정심판법 제18조 제6항이 적용된다

> 토지수용법 제73조 및 제74조의 각 규정을 보면 수용재결에 대한 이의신청기간을 재결서정본송달일로부터 1월로 규정한 것 외에는 행정심판법 제42조 제1항 및 같은 법 제18조 제6항과 다른 내용의 특례를 규정하고 있지 않으므로, 재결서정본을 송달함에 있어서 상대방에게 이의신청기간을 알리지 않았다면 행정심판법 제18조 제6항의 규정에 의하여 같은 조 제3항의 기간 내에 이의신청을 할 수 있다고 보아야 할 것이다(대판 1992.6.9, 92누565).

### ③ 개별공시지가에 대하여 이의가 있는 자가 행정심판을 거쳐 행정소송을 제기하는 경우 제소기간의 기산점

★ 19 국가7급, 18 지방7급, 17 서울7급, 16 국회8급

> **최신기출**   「부동산 가격공시 및 감정평가에 관한 법률」에 행정심판의 제기를 배제하는 명시적인 규정이 없고 「부동산 가격공시 및 감정평가에 관한 법률」에 따른 이의신청과 행정심판은 그 절차 및 담당 기관에 차이가 있는 점을 종합하면, 「부동산 가격공시 및 감정평가에 관한 법률」이 이의신청에 관하여 규정하고 있다고 하여 이를 행정심판법 제3조 제1항에서 행정심판의 제기를 배제하는 '다른 법률에 특별한 규정이 있는 경우'에 해당한다고 볼 수 없으므로, 개별공시지가에 대하여 이의가 있는 자는 곧바로 행정소송을 제기하거나 「부동산 가격공시 및 감정평가에 관한 법률」에 따른 이의신청과 행정심판법에 따른 행정심판청구 중 어느 하나만을 거쳐 행정소송을 제기할 수 있을 뿐 아니라, 이의신청을 하여 그 결과 통지를 받은 후 다시 행정심판을 거쳐 행정소송을 제기할 수도 있다고 보아야 하고, 이 경우 행정소송의 제소기간은 그 행정심판 재결서 정본을 송달받은 날부터 기산한다(대판 2010.1.28, 2008두19987).

개별 법률에 이의신청제도를 두면서 행정심판에 대한 명시적인 규정이 없는 경우, 이의신청과는 별도로 행정심판을 제기할 수 없다. (x) ■ 16 국회8급
개별공시지가에 대해 이의신청을 하여 그 결과 통지를 받은 후 행정심판을 거쳐 행정소송을 제기하였다면 이 경우 행정소송의 제소기간은 이의신청의 결과통지를 받은 날로부터 기산한다. (x) ■ 17 서울7급

### ④ 「국가유공자 등 예우 및 지원에 관한 법률」 제74조의18 제1항이 정한 이의신청을 받아들이지 아니하는 결과를 통보받은 자는 통보받은 날부터 90일 이내에 행정심판 또는 취소소송을 제기할 수 있다

> 국가유공자 비해당결정 등 원결정에 대한 이의신청이 받아들여지지 아니한 경우에도 이의신청인으로서는 원결정을 대상으로 항고소송을 제기하여야 하고, 「국가유공자 등 예우 및 지원에 관한 법률」 제74조의18 제4항이 이의신청을 하여 그 결과를 통보받은 날부터 90일 이내에 행정심판법에 따른 행정심판의 청구를 허용하고 있고, 행정소송법 제18조 제1항 본문이 "취소소송은 법령의 규정에 의하여 당해 처분에 대한 행정심판을 제기할 수 있는 경우에도 이를 거치지 아니하고 제기할 수 있다."라고 규정하고 있는 점 등을 종합하면, 이의신청을 받아들이지 아니하는 결과를 통보받은 자는 통보받은 날부터 90일 이내에 행정심판법에 따른 행정심판 또는 행정소송법에 따른 취소소송을 제기할 수 있다(대판 2016.7.27, 2015두45953).

## (3) 성질

행정심판인 이의신청에 대한 결정은 행정심판 재결의 성질을 갖는다. 행정심판이 아닌 이의신청에 대해 원처분을 취소 또는 변경하는 결정은 새로운 최종적 처분으로서 원처분을 대체하는 새로운 행정처분이다. 그러나 행정심판이 아닌 이의신청에서 원처분을 그대로 유지하는 기각결정은 종전의 처분을 단순히 확인하는 사실행위로서 독립된 처분의 성질을 갖지 않는다. 다만, 이 경우에도 이의신청에 따른 기각결정이 새로운 신청에 따른 것이거나 별도의 의사결정 과정과 절차를 거쳐 이루어진 독립된 행정처분의 성질을 갖는 경우에는 항고소송이 대상이 된다. 판례는 이의신청에 대해 다시 제외결정(2차결정)을 하면서 불복방법(행정심판이나 행정소송)을 안내한 경우에는 처분성을 인정한다(대판 2021.1.14. 2020두50324).

① 「민원사무 처리에 관한 법률」 제18조 제1항에서 정한 '거부처분에 대한 이의신청'을 받아들이지 않는 취지의 기각 결정 또는 그 취지의 통지는 항고소송의 대상이 아니다 ★ 16 국회8급

> 「민원사무 처리에 관한 법률」(민원사무 처리법) 제18조 제1항에서 정한 거부처분에 대한 이의신청(민원 이의신청)은 행정청의 위법 또는 부당한 처분이나 부작위로 침해된 국민의 권리 또는 이익을 구제함을 목적으로 하여 행정청과 별도의 행정심판기관에 대하여 불복할 수 있도록 한 절차인 행정심판과는 달리, 민원사무 처리법에 의하여 민원사무처리를 거부한 처분청이 민원인의 신청 사항을 다시 심사하여 잘못이 있는 경우 스스로 시정하도록 한 절차이다. 이에 따라, 민원 이의신청을 받아들이는 경우에는 이의신청 대상인 거부처분을 취소하지 않고 바로 최초의 신청을 받아들이는 새로운 처분을 하여야 하지만, 이의신청을 받아들이지 않는 경우에는 다시 거부처분을 하지 않고 그 결과를 통지함에 그칠 뿐이다. 따라서 이의신청을 받아들이지 않는 취지의 기각 결정 내지는 그 취지의 통지는, 종전의 거부처분을 유지함을 전제로 한 것에 불과하고 또한 거부처분에 대한 행정심판이나 행정소송의 제기에도 영향을 주지 못하므로, 결국 민원 이의신청인의 권리·의무에 새로운 변동을 가져오는 공권력의 행사나 이에 준하는 행정작용이라고 할 수 없어, 독자적인 항고소송의 대상이 된다고 볼 수 없다고 봄이 타당하다(대판 2012.11.15. 2010두8676).

이의신청이 「민원 처리에 관한 법률」의 민원 이의신청과 같이 별도의 행정심판절차가 존재하고 행정심판과는 성질을 달리하는 경우에는 그 이의신청은 행정심판과는 다른 것으로 본다. ■ 16 국회8급

② 한국토지주택공사가 택지개발사업의 시행자로서 일정 기준을 충족하는 손실보상대상자들에 대하여 생활대책을 수립·시행하였는데, 직권으로 甲 등이 생활대책대상자에 해당하지 않는다는 결정을 하고, 甲 등의 이의신청에 대하여 재심사 결과로도 생활대책 대상자로 선정되지 않았다는 통보를 한 사안에서, 재심사 결과 통보는 독립한 행정처분으로서 항고소송의 대상이 된다 ★ 19 국회8급

<sup>최신기출</sup>

> 부적격통보가 심사대상자에 대하여 한국토지주택공사가 생활대책대상자 선정 신청을 받지 아니한 상태에서 자체적으로 가지고 있던 자료를 기초로 일정 기준을 적용한 결과를 일괄 통보한 것이고, 각 당사자의 개별·구체적 사정은 이의신청을 통하여 추가로 심사하여 고려하겠다는 취지를 포함하고 있다면, 甲 등은 이의신청을 통하여 비로소 생활대책대상자 선정에 관한 의견서 제출 등의 기회를 부여받게 되었고 한국토지주택공사도 그에 따른 재심사과정에서 당사자들이 제출한 자료 등을 함께 고려하여 생활대책대상자 선정기준의 충족 여부를 심사하여 재심사통보를 한 것이라고 볼 수 있는 점 등을 종합하면, 비록 재심사통보가 부적격통보와 결론이 같더라도, 단순히 한국토지주택공사의 업무처리의 적정 및 甲 등의 편의를 위한 조치에 불과한 것이 아니라 별도의 의사결정 과정과 절차를 거쳐 이루어진 독립한 행정처분으로서 항고소송의 대상이 되므로, 이와 달리 본 원심판단에 법리오해의 잘못이 있다고 한 사례(대판 2016.7.14. 2015두58645)

③ 「국가유공자 등 예우 및 지원에 관한 법률」 제74조의18 제1항이 정한 이의신청을 받아들이지 아니하는 결정은 항고소송의 대상이 되지 않는다

> 「국가유공자 등 예우 및 지원에 관한 법률」(국가유공자법) 제4조 제1항 제6호, 제6조 제3항, 제4항, 제74조의18의 문언·취지 등에 비추어 알 수 있는 다음과 같은 사정, 즉 국가유공자법 제74조의18 제1항이 정한 이의신청은, 국가유공자 요건에 해당하지 아니하는 등의 사유로 국가유공자 등록신청을 거부한 처분청인 국가보훈처장이 신청 대상자의 신청 사항을 다시 심사하여 잘못이 있는 경우 스스로 시정하도록 한 절차인 점, 이의신청을 받아들이는 것을 내용으로 하는 결정은 당초 국가유공자 등록신청을 받아들이는 새로운 처분으로 볼 수 있으나, 이와 달리 이의신청을 받아들이지 아니하는 내용의 결정은 종전의 결정 내용을 그대로 유지하는 것에 불과한 점, 보훈심사위원회의 심의·의결을 거치는 것도 최초의 국가유공자 등록신청에 대한 결정에서나 이의신청에 대한 결정에서 마찬가지로 거치도록 규정된 절차인 점, 이의신청은 원결정에 대한 행정심판이나 행정소송의 제기에도 영향을 주지 아니하는 점 등을 종합하면, 국가유공자법 제74조의18 제1항이 정한 이의신청을 받아들이지 아니하는 결정은 이의신청인의 권리·의무에 새로운 변동을 가져오는 공권력의 행사나 이에 준하는 행정작용이라고 할 수 없으므로 원결정과 별개로 항고소송의 대상이 되지는 않는다(대판 2016.7.27, 2015두45953).

④ 수익적 행정행위 신청에 대한 거부처분이 있은 후 당사자가 다시 신청하고 행정청이 이를 다시 거절한 경우, 새로운 거부처분이다 ★ 21·20 서울7급

**[최신기출]**
> 수익적 행정행위 신청에 대한 거부처분은 당사자의 신청에 대하여 관할 행정청이 거절하는 의사를 대외적으로 명백히 표시함으로써 성립되고, 거부처분이 있은 후 당사자가 다시 신청을 한 경우에는 신청의 제목 여하에 불구하고 그 내용이 새로운 신청을 하는 취지라면 관할 행정청이 이를 다시 거절하는 것은 새로운 거부처분으로 봄이 원칙이다. 감염병예방법령에는 이의신청에 관한 명문의 규정이 없고, 소멸시효 또는 권리 행사기간의 제한에 관한 규정도 없으므로, 원고는 언제든지 재신청을 할 수 있다. 원고의 이의신청은 「민원 처리에 관한 법률」상 이의신청 기간이 도과된 후에야 제기되었다. 피고는 원고의 이의신청에 따라 추가로 제출된 자료 등을 예방접종피해보상 전문위원회에서 새로 심의하도록 하여 그 의견을 들은 후 제2차 거부통보를 하였다. 따라서 이와 같이 원고가 당초에 쟁송대상으로 삼은 제2차 거부통보의 처분성을 인정할 수 있고, 그에 대한 제소기간도 도과하지 않았다(대판 2019.4.3, 2017두52764).

> 피고의 이의기각결정이 피해보상신청에 대한 기각결정과 동일한 내용이라면 이의기각결정을 별개의 새로운 처분으로 볼 수 없으므로, 원고의 이의기각결정의 취소를 구하는 소는 부적법하다. (x) ■ 20 서울7급
> 수익적 행정행위 신청에 대한 거부처분이 있은 후 당사자가 다시 신청을 한 경우에는 신청의 제목 여하에 불구하고 그 내용이 새로운 신청을 하는 취지라면 관할 행정청이 이를 다시 거절하는 것은 새로운 거부처분이 된다. (x) ■ 21 서울7급

⑤ 이주대책대상자 제외결정에 대한 이의신청에 대해 다시 제외결정(2차결정)을 하면서 불복방법(행정심판이나 행정소송)을 안내한 경우 처분성이 인정된다

> 이 사건에서 피고 공사(한국토지주택공사)가 원고에게 2차 결정을 통보하면서 '2차 결정에 대하여 이의가 있는 경우 2차 결정 통보일부터 90일 이내에 행정심판이나 취소소송을 제기할 수 있다.'는 취지의 불복방법 안내를 하였던 점을 보면, 피고 공사 스스로도 2차 결정이 행정절차법과 행정소송법이 적용되는 처분에 해당한다고 인식하고 있었음을 알 수 있고, 그 상대방인 원고로서도 2차 결정이 행정쟁송의 대상인 처분이라고 인식하였을 수밖에 없다고 보인다. 이와 같이 불복방법을 안내한 피고 공사가 이 사건 소가 제기되자 '처분성'이 인정되지 않는다고 본안전항변을 하는 것은 신의성실원칙(행정절차법 제4조)에도 어긋난다(대판 2021.1.14, 2020두50324).

⑥ 어떤 처분이 수익적 행정처분을 구하는 신청에 대한 거부처분이 아니더라도 해당 처분에 대한 이의신청의 내용이 새로운 신청을 하는 취지로 볼 수 있는 경우, 그 이의신청에 대한 결정의 통보를 새로운 처분으로 볼 수 있다

> 어떠한 처분이 수익적 행정처분을 구하는 신청에 대한 거부처분이 아니라고 하더라도, 해당 처분에 대한 이의신청의 내용이 새로운 신청을 하는 취지로 볼 수 있는 경우에는, 그 이의신청에 대한 결정의 통보를 새로운 처분으로 볼 수 있다(대판 2022.3.17, 2021두53894).

⑦ 甲 시장(당진시장)이 乙 소유 토지의 경계확정으로 지적공부상 면적이 감소되었다는 이유로 지적재조사위원회의 의결을 거쳐 乙에게 조정금 수령을 통지하자(1차통지), 乙이 구체적인 이의신청 사유와 소명자료를 첨부하여 이의를 신청하였으나, 甲 시장이 지적재조사위원회의 재산정 심의·의결을 거쳐 종전과 동일한 액수의 조정금 수령을 통지한(2차 통지) 사안에서, 2차 통지는 1차 통지와 별도로 행정쟁송의 대상이 되는 처분으로 보는 것이 타당하다고 한 사례

> 구 「지적재조사에 관한 특별법」(2020. 4. 7. 법률 제17219호로 개정되기 전의 것) 제21조의2가 신설되면서 조정금에 대한 이의신청 절차가 법률상 절차로 변경되었으므로 그에 관한 절차적 권리는 법률상 권리로 볼 수 있는 점, 乙이 이의신청을 하기 전에는 조정금 산정결과 및 수령을 통지한 1차 통지만 존재하였고 乙은 신청 자체를 한 적이 없으므로 乙의 이의신청은 새로운 신청으로 볼 수 있는 점, 2차 통지서의 문언상 종전 통지와 별도로 심의·의결하였다는 내용이 명백하고, 단순히 이의신청을 받아들이지 않는다는 내용에 그치는 것이 아니라 조정금에 대하여 다시 재산정, 심의·의결절차를 거친 결과, 그 조정금이 종전 금액과 동일하게 산정되었다는 내용을 알리는 것이므로, 2차 통지를 새로운 처분으로 볼 수 있는 점 등을 종합하면, 2차 통지는 1차 통지와 별도로 행정쟁송의 대상이 되는 처분으로 보는 것이 타당함에도 2차통지의 처분성을 부정한 원심판단에 법리오해의 잘못이 있다고 한 사례(대판 2022.3.17, 2021두53894)

## (4) 효력(불가변력)

행정심판이 아닌 이의신청도 처분에 대한 불복제도이므로 이의신청에 따른 직권취소에도 불가변력이 인정된다.

① 과세처분에 관한 이의신청절차에서 과세관청이 이의신청 사유가 옳다고 인정하여 과세처분을 직권으로 취소한 후, 특별한 사유 없이 이를 번복하여 종전 처분과 동일한 내용의 처분을 할 수 없다

★ 16 국가7급, 11 지방7급, 11 국회8급

> 과세처분에 관한 불복절차과정에서 과세관청이 그 불복사유가 옳다고 인정하고 이에 따라 필요한 처분을 하였을 경우에는, 불복제도와 이에 따른 시정방법을 인정하고 있는 구 국세기본법 제55조 제1항, 제3항 등 규정들의 취지에 비추어 동일 사항에 관하여 특별한 사유 없이 이를 번복하고 다시 종전의 처분을 되풀이할 수는 없는 것이므로, 과세처분에 관한 이의신청절차에서 과세관청이 이의신청 사유가 옳다고 인정하여 과세처분을 직권으로 취소한 이상 그 후 특별한 사유 없이 이를 번복하고 종전 처분을 되풀이하는 것은 허용되지 않는다(대판 2010.9.30, 2009두1020).

### (5) 제소기간 기산점

행정심판인 이의신청의 경우 그에 대한 결정은 재결이므로 재결서 정본을 송달받은 날부터 90일, 재결이 있은 날부터 1년 안에 행정소송을 제기할 수 있다. 그러나 행정심판이 아닌 이의신청의 경우 그에 대한 결정은 재결이 아니므로 거부처분시가 기산점이다.

① 민원사항에 대한 행정기관의 장의 거부처분에 불복하여 「민원사무 처리에 관한 법률」 제18조 제1항에 따라 이의신청을 한 경우, 이의신청에 대한 결과를 통지받은 날부터 취소소송의 제소기간이 기산된다고 할 수 없고, 위 이의신청 절차는 헌법 제27조에서 정한 재판청구권을 침해하지 않는다

> 민원사무 처리법에서 정한 민원 이의신청의 대상인 거부처분에 대하여는 민원 이의신청과 상관없이 행정심판 또는 행정소송을 제기할 수 있으며, 또한 민원 이의신청은 민원사무처리에 관하여 인정된 기본사항의 하나로 처분청으로 하여금 다시 거부처분에 대하여 심사하도록 한 절차로서 행정심판법에서 정한 행정심판과는 성질을 달리하고 또한 사안의 전문성과 특수성을 살리기 위하여 특별한 필요에 따라 둔 행정심판에 대한 특별 또는 특례 절차라 할 수도 없어 행정소송법에서 정한 행정심판을 거친 경우의 제소기간의 특례가 적용된다고 할 수도 없으므로, 민원 이의신청에 대한 결과를 통지받은 날부터 취소소송의 제소기간이 기산된다고 할 수 없다. 그리고 이와 같이 민원 이의신청 절차와는 별도로 그 대상이 된 거부처분에 대하여 행정심판 또는 행정소송을 제기할 수 있도록 보장하고 있는 이상, 민원 이의신청 절차에 의하여 국민의 권익 보호가 소홀하게 된다거나 헌법 제27조에서 정한 재판청구권이 침해된다고 볼 수도 없다(대판 2012.11.15, 2010두8676).

② 「공공감사에 관한 법률」상의 재심의신청 및 「광주광역시교육청 행정감사규정」상의 이의신청은 행정소송법 제20조 제1항의 '행정심판청구'에 해당하지 않는다

> 「공공감사에 관한 법률」상의 재심의신청 및 구 「광주광역시교육청 행정감사규정」상의 이의신청은 자체감사를 실시한 중앙행정기관 등의 장으로 하여금 감사결과나 그에 따른 요구사항의 적법·타당 여부를 스스로 다시 심사하도록 한 절차로서 행정심판을 거친 경우의 제소기간의 특례가 적용된다고 할 수 없다. 개별법상 규정된 이의신청과 행정심판과의 관계가 불분명하게 규정되어 행정소송의 기산일을 언제로 보아야 하는지 문제되는 경우가 많은데, 위 판결은 행정소송법 제20조 제1항의 행정심판은 행정심판법에 따른 일반행정심판과 행정심판법 제4조에서 정하고 있는 특별행정심판을 의미하고, 개별법상 이의신청이 그러한 행정심판의 요건을 갖추고 있지 않다면 그 이의신청 결과통지일이 행정소송의 제소기간 기산일이 될 수 없다는 판단 하에, 같은 취지의 원심판단이 정당하다고 보아 상고를 기각한 사안(대판 2014.4.24, 2013두10809)

## II. 행정심판의 존재이유(기능)

> 행정소송을 제기함에 있어서 행정심판을 먼저 거치도록 한 것은 행정관청으로 하여금 그 행정처분을 다시 검토케 하여 시정할 수 있는 기회를 줌으로써 행정권의 자주성을 존중하고 아울러 소송사건의 폭주를 피함으로써 법원의 부담을 줄이고자 하는 데 그 취지가 있다(대판 1988.2.23, 87누704).

# 제2항 행정심판의 제기

## I. 당사자와 관계인

### (1) 행정심판절차에서 당사자가 아닌 자를 선정대표자로 선정한 행위는 무효이다

> 행정심판절차에서 청구인들이 당사자가 아닌 자를 선정대표자로 선정하였더라도 행정심판법 제11조에 위반되어 그 선정행위는 그 효력이 없다(대판 1991.1.25, 90누7791).

### (2) 사립학교 교원은 임용기간 만료 후에도 계속 근무를 하던 중 신규임용의 취소 통지를 받은 경우 이에 대하여 교원소청심사를 청구할 법률상 이익이 있다

> 위 교원이 이 사건 소청심사를 청구하기 전에 임용기간이 만료되었다고 하더라도, 사립학교 교원이 임용기간이 만료된 경우에는 사립학교법과 학교법인의 정관 규정에 따라 재임용 여부에 관하여 교원인사위원회의 심의를 받을 권리 및 그 심의를 거쳐 재임용 여부를 결정해 줄 것을 임면권자에게 요구할 권리가 인정되는 반면, 이 사건 임용취소통지에 의하여 신규임용이 무효로 인정되는 경우에는 그러한 권리가 인정되지 않아 법률상의 지위에 차이가 있게 되고, 특히 그 교원이 임용 후 이 사건 임용취소통지일까지의 기간에 대하여 전혀 교육경력을 인정받지 못하게 됨으로써 「대학교원 자격기준 등에 관한 규정」 제2조 제1호 및 같은 규정 별표에 정해진 자격기준에 필요한 연구실적 연수(年數) 및 교육경력 연수(年數)를 갖추었는지 여부에 영향을 미쳐 교원으로 임용되는 데 법령상 제약으로 작용할 수도 있는 등의 불이익을 입을 수 있으므로, 위 교원은 위와 같은 권리 또는 법률상 지위에 대한 위험이나 불안을 제거하기 위하여 이 사건 임용취소통지에 대한 소청심사를 청구할 법률상 이익이 있다고 봄이 상당하다(대판 2012.6.14, 2011두29885).

## II. 행정심판의 대상

## 1. 행정심판의 대상인 처분 개념을 규정한 행정심판법 제2조 제1호 및 제3조 제1항 중 '처분'에 관한 부분은 재판청구권을 침해하지 않는다(합헌)

> 이 사건 행정심판법조항들이 행정심판 대상을 한정하고 있더라도, 헌법 제107조 제3항은 행정심판을 임의적 전치제도로 규정함에 그치고 있어 행정심판을 거치지 아니하고 곧바로 행정소송을 제기할 수 있는 선택권이 보장되어 있으므로 법관에 의하여 재판을 받을 권리를 제한하고 있지는 않다(헌재결 2014.6.26, 2012헌바333).

**2. 행정심판의 대상인 처분 개념을 규정한 행정심판법 제2조 제1호 및 제3조 제1항 중 '처분'에 관한 부분은 '구체적 사실에 대한 법집행으로서의 공권력의 행사'에 의하여 권리 또는 이익을 침해당한 사람들만이 행정심판을 제기할 수 있도록 하는 것은 평등권을 침해하지 않는다(합헌)**

> 이 사건 행정심판법조항들은 '구체적 사실에 대한 법집행으로서의 공권력의 행사'에 의하여 권리 또는 이익을 침해당한 사람들만이 행정심판을 제기할 수 있도록 하고, 그렇지 아니한 사람들은 행정심판을 제기할 수 없도록 하지만 위 두 집단은 행정청의 공권력 행사에 의하여 권리 또는 이익을 침해하였는지 여부에서 서로 상이하여 본질적으로 동일한 비교집단에 해당한다고 할 수 없다. 설령 이와 달리 보더라도 행정심판 대상을 한정하는 것은 불필요한 심판을 억제하여 행정청과 당사자의 부담을 경감시킴으로써 효율적인 행정심판제도를 구현하기 위한 것이므로, 행정심판법에서 이와 같이 처분 개념을 한정하고 있는 것은 충분히 합리적인 이유가 있다. 따라서 이 사건 행정심판법조항들은 청구인의 평등권을 침해한다고 할 수 없다(헌재결 2014.6.26, 2012헌바333).

**(1) 사립학교 교원에 대한 신규임용을 취소한다는 내용의 통지는 교원소청심사의 대상이 된다**

> 학교법인이 전임강사로 신규임용되어 근무하던 사립학교 교원의 신규임용이 무효라는 이유로 그 임용을 취소한다는 내용의 통지를 한 경우 이러한 통지는 참가인의 임용 자체를 소급적으로 무효로 하는 것으로서, 「교원지위향상을 위한 특별법」 제7조 제1항, 제9조 제1항이 규정하고 있는 '그 밖에 교원의 의사에 반하는 불리한 처분'에 해당한다고 보는 것이 타당하다(대판 2012.6.14, 2011두29885).

## Ⅲ. 행정심판의 청구방식(엄격한 형식을 요하지 아니하는 서면주의)

### 1. 행정소송의 전치요건인 행정심판청구는 엄격한 형식을 요하지 아니하는 서면행위

> 행정소송의 전치요건인 행정심판청구는 엄격한 형식을 요하지 아니하는 서면행위로 해석되므로, 위법·부당한 행정처분으로 인하여 권리나 이익을 침해당한 자로부터 그 처분의 취소나 변경을 구하는 서면이 제출되었을 때에는 그 표제와 제출기관의 여하를 불문하고, 이를 행정소송법 제18조 소정의 행정심판청구로 보고, 불비된 사항이 보정 가능한 때에는 보정을 명하고 보정이 불가능하거나 보정명령에 따르지 아니한 때에 비로소 부적법각하를 하여야 할 것이며, 더욱 심판청구인은 일반적으로 전문적 법률지식을 갖고 있지 못하여 제출된 서면의 취지가 불명확한 경우도 적지 않으나, 이러한 경우에도 행정청으로서는 그 서면을 가능한 한 제출자의 이익이 되도록 해석하고 처리하여야 하는 것이다(대판 1995.9.5, 94누16250, 대판 2000.6.9, 98두2621).

### 2. 진정서라는 제목으로 제기했지만 행정심판으로 인정한 사례 ★ 16 국회8급

> 진정서에는 처분청과 청구인의 이름 및 주소가 기재되어 있고, 청구인의 기명날인이 되어 있으며 그 진정서의 기재내용에 의하여 심판청구의 대상이 되는 행정처분의 내용과 심판청구의 취지 및 이유를 알 수 있고, 거기에 기재되어 있지 않은 재결청, 처분이 있는 것을 안 날, 처분을 한 행정청의 고지의 유무 및 그 내용 등의 불비한 점은 어느 것이나 그 보정이 가능한 것이므로, 처분청에 제출한 처분의 취소를 구하는 취지의 진정서를 행정심판청구로 보아야 한다(대판 1995.9.5, 94누16250).

> 진정이라는 표현을 사용하면 그것이 실제로 행정심판의 실체를 가지더라도 행정심판으로 다룰 수 없다. (x) ■ 16 국회8급

# Ⅳ. 행정심판 청구기간

## 1. 원칙적인 심판청구 제기기간 - 처분이 있음을 안 날의 의미

### (1) 특정인의 경우

① '안 날'의 의미는 현실적으로 안 날을 의미하고 추상적으로 알 수 있었던 날은 아니지만, 알 수 있는 상태에 놓여진 때 반증이 없는 한 처분이 있음을 알았다고 추정할 수 있다 ★ 21 지방9급, 18 서울7급, 13·11 국회9급

> **최신기출** 행정심판법 제18조 제1항 소정의 심판청구기간 기산점인 '처분이 있음을 안 날'이라 함은 당사자가 통지·공고 기타의 방법에 의하여 당해 처분이 있었다는 사실을 현실적으로 안 날을 의미하고, 추상적으로 알 수 있었던 날을 의미하는 것은 아니지만, 처분에 관한 서류가 당사자의 주소지에 송달되는 등 사회통념상 처분이 있음을 당사자가 알 수 있는 상태에 놓여진 때에는 반증이 없는 한 그 처분이 있음을 알았다고 추정할 수 있다. 아르바이트 직원이 납부고지서를 수령한 경우, 납부의무자는 그때 부과처분이 있음을 알았다고 추정할 수 있다(대판 2002.8.27, 2002두3850).

② 아파트 경비원이 과징금 부과처분의 납부고지서를 수령한 날은 그 납부의무자가 '부과처분이 있음을 안 날'은 아니다

> 아파트 경비원이 관례에 따라 부재 중인 납부의무자에게 배달되는 과징금 부과처분의 납부고지서를 수령한 경우, 납부의무자가 아파트 경비원에게 우편물 등의 수령권한을 위임한 것으로 볼 수는 있을지언정, 과징금 부과처분의 대상으로 된 사항에 관하여 납부의무자를 대신하여 처리할 권한까지 위임한 것으로 볼 수는 없고, 설사 위 경비원이 위 납부고지서를 수령한 때에 위 부과처분이 있음을 알았다고 하더라도 이로써 납부의무자 자신이 그 부과처분이 있음을 안 것과 동일하게 볼 수는 없다(대판 2002.8.27, 2002두3850).
> ※ 그러나 아파트 경비원을 통한 납세고지서 송달 자체는 적법(대판 2000.7.4, 2000두1164)

③ 특정인에 대한 행정처분을 주소불명 등의 이유로 송달할 수 없어 관보 등에 공고한 경우, 상대방이 그 처분이 있음을 안 날은 현실적으로 안 날이다 ★ 10 국회9급

> 특정인에 대한 행정처분을 주소불명 등의 이유로 송달할 수 없어 관보·공보·게시판·일간신문 등에 공고한 경우에는, 공고가 효력을 발생하는 날에 상대방이 그 행정처분이 있었음을 알았다고 볼 수는 없고, 상대방이 당해 처분이 있었다는 사실을 현실적으로 안 날에 그 처분이 있음을 알았다고 보아야 한다. 상고이유에서 드는 대법원 1995.8.22. 선고 94누5694 판결은 통상 고시 또는 공고에 의하여 불특정다수인에 대하여 행정처분을 하는 경우에 있어서의 제소기간의 기산점에 관한 것으로서, 이 사건과는 사안을 달리하여 적절한 선례가 될 수 없다(대판 2006.4.28, 2005두14851).

④ 취소소송의 제소기간 기산점으로 행정소송법 제20조 제1항이 정한 '처분 등이 있음을 안 날'과 같은 조 제2항이 정한 '처분 등이 있은 날'의 의미에 관한 법리는 행정심판의 청구기간에 관해서도 마찬가지로 적용된다

> **최신판례** 취소소송의 제소기간 기산점으로 행정소송법 제20조 제1항이 정한 '처분 등이 있음을 안 날'은 유효한 행정처분이 있음을 안 날을, 같은 조 제2항이 정한 '처분 등이 있은 날'은 그 행정처분의 효력이 발생한 날을 각 의미한다. 이러한 법리는 행정심판의 청구기간에 관해서도 마찬가지로 적용된다(대판 2019.8.9, 2019두38656).

**(2) 불특정다수인의 경우(고시 또는 공고에 의하여 행정처분을 하는 경우)**

**① 불특정다수인에 대한 고시 또는 공고의 경우 고시의 효력발생일** ★ 20·17·16 지방9급

> `최신기출` 통상 고시 통상 고시 또는 공고에 의하여 행정처분을 하는 경우에는 그 처분의 상대방이 불특정 다수인이고, 그 처분의 효력이 불특정 다수인에게 일률적으로 적용되는 것이므로, 그 행정처분에 이해관계를 갖는 자는 고시 또는 공고가 있었다는 사실을 현실적으로 알았는지 여부에 관계없이 고시가 효력을 발생하는 날에 행정처분이 있음을 알았다고 보아야 하고, 따라서 그에 대한 취소소송은 그 날로부터 90일 이내에 제기하여야 한다(대판 2006.4.14, 2004두3847).

**② 고시 또는 공고가 있은 후 5일이 경과한 날이 안 날이다** ★ 18 서울7급

> `최신기출` 통상 고시 또는 공고에 의하여 행정처분을 하는 경우에는 그 처분의 상대방이 불특정다수인이고, 그 처분의 효력이 불특정다수인에게 일률적으로 적용되는 것이므로, 그에 대한 행정심판 청구기간도 그 행정처분에 이해관계를 갖는 자가 고시 또는 공고가 있었다는 사실을 현실적으로 알았는지 여부에 관계없이 고시가 효력을 발생하는 날인 고시 또는 공고가 있은 후 5일이 경과한 날에 행정처분이 있음을 알았다고 보아야 한다(대판 2000.9.8, 99두11257).

> 고시 또는 공고에 의하여 행정처분을 하는 경우에는 고시 또는 공고의 효력발생일을 처분이 있는 날로 보아 그 날로부터 180일 이내에 행정심판을 청구할 수 있다. (x) ■ 18 서울7급

**(3) 처분이 있음을 안 경우와 알지 못한 경우의 관계**

> 소원법(현행 행정심판법)상 행정처분이 있은 것을 안 날로 부터 1월(현행 90일)이 지나서 제기한 소원(현행 행정심판)은 처분이 있은 날로 부터 3월(현행 180일)이 경과하지 아니하였다 하더라도 부적법하다(대판 1971.6.30, 71누61).

## 2. 심판청구기간의 예외

### 개별토지가격결정에 대한 재조사 또는 행정심판의 청구기간

> 개별토지가격결정에 대한 재조사 또는 행정심판의 청구기간은 그 처분의 상대방이 실제로 그 처분이 있음을 안 날로부터 기산하여야 하므로, 개별토지가격합동조사지침(국무총리훈령 제241호, 제248호) 제12조의2 제1항 소정의 '개별토지가격이 결정된 날로부터'는 위와 같은 의미로 해석하여야 하고, 시장, 군수 또는 구청장이 상대방에 대하여 별도의 고지절차를 취하지 않는 경우에는 원칙적으로 특별히 그 처분을 알았다고 볼만한 사정이 없는 한 개별토지가격결정에 대한 재조사청구 또는 행정심판청구는 행정심판법 제18조 제3항 소정의 처분이 있은 날로부터 180일 이내에 이를 제기하면 되나, 나아가 개별토지가격결정의 경우에 있어서와 같이 그 처분의 통지가 없는 경우에는 그 개별토지가격결정의 대상토지 소유자가 심판청구기간 내에 심판청구가 가능하였다는 특별한 사정이 없는 한 행정심판법 제18조 제3항 단서 소정의 정당한 사유가 있는 때에 해당한다(대판 1995.8.25, 94누13121).

## 3. 복효적 행정행위의 심판청구기간

복효적 행정행위의 제3자의 경우에도 심판청구기간은 원칙적으로 처분이 있음을 안 날로부터 90일, 처분이 있은 날로부터 180일 이내이다. 그러나 우리의 경우 독일과 달리 복효적 행정행위의 경우 제3자에 대한 통지의무가 없기 때문에 제3자는 현실적으로 처분이 있음을 알기 어려우므로 통상 180일 경과 후에도 심판청구가 가능하였다는 특별한 사정이 없는 한, 예외가 되는 정당한 사유에 해당한다고 보아야 한다. ★ 10 국회8급

> 행정심판법 제18조 제3항에 의하면 행정처분의 상대방이 아닌 제3자라도 처분이 있은 날로부터 180일을 경과하면 행정심판청구를 제기하지 못하는 것이 원칙이지만, 다만 정당한 사유가 있는 경우에는 그러하지 아니하도록 규정되어 있는바, 행정처분의 직접 상대방이 아닌 제3자는 일반적으로 처분이 있는 것을 바로 알 수 없는 처지에 있으므로, 위와 같은 심판청구기간 내에 심판청구를 제기하지 아니하였다고 하더라도, 그 기간 내에 처분이 있은 것을 알았거나 쉽게 알 수 있었기 때문에 심판청구를 제기할 수 있었다고 볼만한 특별한 사정이 없는 한, 위 법조항 본문의 적용을 배제할 '정당한 사유'가 있는 경우에 해당한다고 보아 위와 같은 심판청구기간이 경과한 뒤에도 심판청구를 제기할 수 있다(대판 1992.7.28, 91누12844). ★ 10 국회8급

# 제3항 행정심판기관 – 행정심판위원회

## 1. 행정심판위원회에서 위원이 발언한 내용 기타 공개할 경우 위원회의 심리·의결의 공정성을 해할 우려가 있는 사항으로서 대통령령이 정하는 사항은 이를 공개하지 아니한다고 규정하고 있는 행정심판법 제26조의2는 정보공개청구권의 본질적 내용을 침해하지 않는다

> 행정심판위원회에서는 위원회의 최종 의사형성에 관하여 토의가 이루어지는데 자유롭고 활발하며 공정한 심리·의결이 보장되기 위해서는 심리·의결 과정에서 누가 어떤 발언을 하였는지가 외부에 공개되지 않도록 보장할 필요가 있으므로 행정심판법 제26조의2가 위원의 발언내용을 비공개대상으로 하는 것은 입법목적에 합리적인 정당성이 있다. 행정심판회의록을 당해 재결이 확정되었다는 이유만으로 공개하기 시작하면 장래 있게 될 행정심판에서 위원회의 위원은 자신들의 발언도 재결확정 후에는 공개될 것을 우려하여 공정하고 자유로운 토론 및 심리·의결이 방해받을 수 있게 되기 때문에 위원의 발언내용은 행정심판위원회 재결이 확정 후에도 비공개상태를 유지할 필요가 있고, 위원의 발언내용을 선별하여 그 중 일부를 부분공개하는 형태의 입법을 채택하기도 어렵다. 결국, 이 사건 조항상의 비공개제도 외에 달리 청구인의 알 권리를 덜 제한하는 입법수단이 존재한다고 할 수 없으므로, 이 사건 조항은 피해의 최소성원칙을 구비하고 있고, 그 밖에 이 사건 조항은 기본권 침해에 있어서 방법의 적정성 및 법익균형성도 갖추고 있으므로, 헌법 제37조 제2항에서 정하는 기본권 제한의 한계를 벗어나 청구인의 정보공개청구권을 침해하였다고 볼 수 없다(헌재결 2004.8.26, 2003헌바81·89).

## 2. 위 조항은 위임입법의 명확성원칙에 위반하지 않는다

> 이 사건 조항이 '공개할 경우 행정심판위원회의 심리·의결의 공정성을 해할 우려가 있는 사항'을 비공개대상으로 규정하면서 구체적인 비공개대상의 지정은 대통령령에게 위임하고 있는바, 이 사건 조항의 입법목적 및 위임기준 그리고 관련법률조항을 종합하여 판단하면, 이 사건 조항으로부터 대통령령으로 정하여질 비공개대상정보가 무엇인가 하는 대강의 내용을 충분히 예측할 수 있으므로, 이 사건 조항은 입법위임의 명확성을 요청하는 헌법 제75조에 위반되지 않는다(헌재결 2004.8.26, 2003헌바81·89).

## 제4항 행정심판의 심리

**항고소송에서 행정청이 처분의 근거 사유를 추가하거나 변경하기 위한 요건인 '기본적 사실관계의 동일성' 유무의 판단 방법 및 법리는 행정심판 단계에서도 적용된다** ★ 18 국가9급, 18·17 지방7급, 16 국회8급

최신기출 행정처분의 취소를 구하는 항고소송에서 처분청은 당초 처분의 근거로 삼은 사유와 기본적 사실관계가 동일성이 있다고 인정되는 한도 내에서만 다른 사유를 추가 또는 변경할 수 있고, 이러한 기본적 사실관계의 동일성 유무는 처분사유를 법률적으로 평가하기 이전의 구체적 사실에 착안하여 그 기초인 사회적 사실관계가 기본적인 점에서 동일한지에 따라 결정되므로, 추가 또는 변경된 사유가 처분 당시에 이미 존재하고 있었다거나 당사자가 그 사실을 알고 있었다고 하여 당초의 처분사유와 동일성이 있다고 할 수 없다. 그리고 이러한 법리는 행정심판 단계에서도 그대로 적용된다(대판 2014.5.16, 2013두26118).

행정청은 당초 처분사유와 기본적 사실관계가 동일하지 아니한 처분사유를 행정소송 계속중에는 추가·변경할 수 없으나 행정심판 단계에서는 추가·변경할 수 있다. (x) ■ 17 지방7급

행정심판에서는 항고소송에서와 달리 처분청이 당초 처분의 근거로 삼은 사유와 기본적 사실관계가 동일성이 인정되지 않는 다른 사유를 처분사유로 추가하거나 변경할 수 있다. (x) ■ 18 국가9급


## 제5항 행정심판의 재결

### 1. 재결의 기준시

취소심판과 무효등확인심판의 경우에는 처분시를 기준으로 한다. 의무이행심판에서 재결은 거부처분이나 부작위시의 법이나 사실상황을 기초로 하는 것이 아니라 재결시의 법과 사실상황을 기초로 판단한다.

#### (1) 행정심판에 있어서 재결청이 행정처분의 위법·부당 여부를 재결 당시까지 제출된 모든 자료를 종합하여 판단할 수 있다 ★ 15 지방9급

행정심판에 있어서 행정처분의 위법·부당 여부는 원칙적으로 처분시를 기준으로 판단하여야 할 것이나, 재결청은 처분 당시 존재하였거나 행정청에 제출되었던 자료뿐만 아니라, 재결 당시까지 제출된 모든 자료를 종합하여 처분 당시 존재하였던 객관적 사실을 확정하고 그 사실에 기초하여 처분의 위법·부당 여부를 판단할 수 있다(대판 2001.7.27, 99두5092).

## 2. 재결의 효력

### (1) 행정처분이나 행정심판 재결이 불복기간의 경과로 확정된 경우 확정력의 의미

★ 22 지방9급, 19·18·17 지방7급, 18 국회8급, 18 국가9급, 16 국가7급

**최신기출**

> 행정처분이나 행정심판 재결이 불복기간의 경과로 인하여 확정될 경우 확정력은 처분으로 인하여 법률상 이익을 침해받은 자가 처분이나 재결의 효력을 더 이상 다툴 수 없다는 의미일 뿐 판결에 있어서와 같은 기판력이 인정되는 것은 아니어서 처분의 기초가 된 사실관계나 법률적 판단이 확정되고 당사자들이나 법원이 이에 기속되어 모순되는 주장이나 판단을 할 수 없게 되는 것은 아니다(대판 1993.4.13, 92누17181).

행정처분이 불복기간의 경과로 인하여 확정될 경우, 처분의 기초가 된 사실관계나 법률적 판단이 확정되고 당사자들이나 법원이 이에 기속되어 모순되는 주장이나 판단을 할 수 없다. (x) ■ 16 국가7급

행정심판의 재결이 확정되면 피청구인인 행정청을 기속하는 효력이 있고 그 처분의 기초가 된 사실관계나 법률적 판단이 확정되므로 이후 당사자 및 법원은 이에 모순되는 주장이나 판단을 할 수 없다. (x) ■ 19·18 지방7급, 18 국회8급, 18 국가9급

처분의 불복기간이 도과된 경우에는 당해 처분의 효력을 더 이상 다툴 수 없도록 그 처분의 기초가 된 사실관계나 법률적 판단도 확정되기 때문에 법원은 그에 모순되는 판단을 할 수 없다. (x) ■ 18 국회8급

행정처분이나 행정심판 재결이 불복기간의 경과로 인하여 확정될 경우 확정력은 처분으로 인하여 법률상 이익을 침해받은 자가 처분이나 재결의 효력을 더 이상 다툴 수 없다는 의미에서 판결에 있어서와 같은 기판력이 인정된다. (x) ■ 18 지방7급

행정처분에 대해 불가쟁력이 발생한 경우 이로 인해 그 처분의 기초가 된 사실관계나 법률적 판단이 확정되는 것이므로 처분의 당사자는 당초 처분의 기초가 된 사실관계나 법률관계와 모순되는 주장을 할 수 없다. (x) ■ 19 지방7급

행정심판의 재결에도 판결에서와 같은 기판력이 인정되는 것이어서 재결이 확정되면 처분의 기초가 된 사실관계나 법률적 판단이 확정되는 것이므로 당사자는 이와 모순되는 주장을 할 수 없게 된다. (x) ■ 22 지방9급

### (2) 재결이 확정된 경우, 처분의 기초가 되는 사실관계나 법률적 판단이 확정되고 당사자들이나 법원이 이에 기속되어 모순되는 주장이나 판단을 할 수 없게 되는 것은 아니다(기판력 부정)

★ 22 국가9급, 21 지방9급, 20 국회9급, 19 국가7급, 18 서울7급

**최신기출**

> 행정심판의 재결은 피청구인인 행정청을 기속하는 효력을 가지므로 재결청이 취소심판의 청구가 이유 있다고 인정하여 처분청에 처분을 취소할 것을 명하면 처분청으로서는 재결의 취지에 따라 처분을 취소하여야 하지만, 나아가 재결에 판결에서와 같은 기판력이 인정되는 것은 아니어서 재결이 확정된 경우에도 처분의 기초가 된 사실관계나 법률적 판단이 확정되고 당사자들이나 법원이 이에 기속되어 모순되는 주장이나 판단을 할 수 없게 되는 것은 아니다(대판 2015.11.27, 2013다6759).

취소재결의 경우 기판력과 기속력이 인정된다. (x) ■ 18 서울7급

재결이 확정된 경우에는 처분의 기초가 된 사실관계나 법률적 판단이 확정되고 당사자들이나 법원은 이에 기속되어 모순되는 주장이나 판단을 할 수 없게 된다. (x) ■ 19 국가7급

행정심판의 재결이 확정된 경우 처분의 기초가 된 사실관계나 법률적 판단이 확정되고 당사자들이나 법원은 이에 기속되어 모순되는 주장이나 판단을 할 수 없다. (x) ■ 20 국회9급

### (3) 반복금지효 ★ 12 국회8급

> 양도소득세 및 방위세부과처분이 국세청장에 대한 불복심사청구에 의하여 그 불복사유가 이유있다고 인정되어 취소되었음에도 처분청이 동일한 사실에 관하여 부과처분을 되풀이 한 것이라면 설령 그 부과처분이 감사원의 시정요구에 의한 것이라 하더라도 위법하다(대판 1986.5.27, 86누127).

**(4) 거부처분을 취소하는 재결의 효력 및 그 취지와 양립할 수 없는 다른 처분에 대한 취소를 구할 소익의 유무**

> 당사자의 신청을 거부하는 처분을 취소하는 재결이 있는 경우에는 행정청은 그 재결의 취지에 따라 이전의 신청에 대한 처분을 하여야 하는 것이므로 행정청이 그 재결의 취지에 따른 처분을 하지 아니하고 그 처분과는 양립할 수 없는 다른 처분을 하는 것은 위법한 것이라 할 것이고 이 경우 그 재결의 신청인은 위법한 다른 처분의 취소를 소구할 이익이 있다(대판 1988.12.13, 88누7880).

**(5) 재결의 기속력의 범위** ★ 21·19 국가7급, 21·15 지방9급, 14·11 순경특채, 11 국회8급

최신기출
> 재결의 기속력은 재결의 주문 및 그 전제가 된 요건사실의 인정과 판단, 즉 처분 등의 구체적 위법사유에 관한 판단에만 미친다고 할 것이고, 종전 처분이 재결에 의하여 취소되었다 하더라도 종전 처분시와는 다른 사유를 들어서 처분을 하는 것은 기속력에 저촉되지 않는다고 할 것이며, 여기에서 동일 사유인지 다른 사유인지는 종전 처분에 관하여 위법한 것으로 재결에서 판단된 사유와 기본적 사실관계에 있어 동일성이 인정되는 사유인지 여부에 따라 판단되어야 한다(대판 2005.12.9, 2003두7705).

> 기속력은 재결의 주문에만 미치고, 처분 등의 구체적 위법사유에 관한 판단에는 미치지 않는다. (×) ■ 21 지방9급

**(6) 형성적 재결의 효력** ★ 12 국회8급

> 행정심판법 제32조 제3항에 의하면 재결청(현재는 행정심판위원회로 변경)은 취소심판의 청구가 이유 있다고 인정할 때에는 처분을 취소·변경하거나 처분청에게 취소·변경할 것을 명한다(현재는 처분취소명령권은 삭제)고 규정하고 있으므로, 행정심판 재결의 내용이 처분청에게 처분의 취소를 명하는 것이 아니라 재결청이 스스로 처분을 취소하는 것일 때에는 그 재결의 형성력에 의하여 당해 처분은 별도의 행정처분을 기다릴 것 없이 당연히 취소되어 소멸되는 것이다(대판 1998.4.24, 97누17131).

**(7) 행정심판법 제37조 제2항에 기한 재결청의 직접 처분의 요건(부작위)**

> 행정심판법 제37조 제2항, 같은법 시행령 제27조의2 제1항의 규정에 따라 재결청이 직접 처분을 하기 위하여는 처분의 이행을 명하는 재결이 있었음에도 당해 행정청이 아무런 처분을 하지 아니하였어야 하므로, 당해 행정청이 어떠한 처분을 하였다면 그 처분이 재결의 내용에 따르지 아니하였다고 하더라도 재결청이 직접 처분을 할 수는 없다 (대판 2002.7.23, 2000두9151).

**(8) 지방자치단체인 성남시의 고유사무에 관한 국가기관으로서의 재결청인 경기도지사의 행정심판법 제37조 제2항에 근거한 직접처분이 인용재결의 범위를 넘어 성남시의 권한을 침해한 것으로서 무효임을 확인한 사례**

> 피청구인이 행한 두 차례의 인용재결에서 재결의 주문에 포함된 것은 골프연습장에 관한 것뿐으로서, 이 사건 진입도로에 관한 판단은 포함되어 있지 아니함이 명백하고, 재결의 기속력의 객관적 범위는 그 재결의 주문에 포함된 법률적 판단에 한정되는 것이다. 청구인은 인용재결내용에 포함되지 아니한 이 사건 진입도로에 대한 도시계획사업시행자지정처분을 할 의무는 없으므로, 피청구인이 이 사건 진입도로에 대하여까지 청구인의 불이행을 이유로 행정심판법 제37조 제2항에 의하여 도시계획사업시행자지정처분을 한 것은 인용재결의 범위를 넘어 청구인의 권한을 침해한 것으로서, 그 처분에 중대하고도 명백한 흠이 있어 무효라고 할 것이다(헌재결 1999.7.22, 98헌라4).

**(9)** 행정심판청구를 인용하는 재결이 행정청을 기속하도록 규정한 행정심판법 제49조 제1항은 헌법 제101조 제1 항, 제107조 제2항 및 제3항에 위배되지 않는다(합헌)

> 헌법 제107조 제3항은 행정심판의 심리절차에서도 관계인의 충분한 의견진술 및 자료제출과 당사자의 자유로운 변론 보장 등과 같은 대심구조적 사법절차가 준용되어야 한다는 취지일 뿐, 사법절차의 심급제에 따른 불복할 권리까지 준용되어야 한다는 취지는 아니다. 그러므로 이 사건 법률조항은 헌법 제101조 제1항, 제107조 제2항 및 제3항에 위배되지 아니한다(헌재결 2014.6.26, 2013헌바122).

**(10)** 행정심판청구를 인용하는 재결이 행정청을 기속하도록 규정한 행정심판법 제49조 제1항은 평등원칙에 위배되 지 않는다(합헌)

> 이 사건 법률조항은 행정청의 자율적 통제와 국민 권리의 신속한 구제라는 행정심판의 취지에 맞게 행정청으로 하여금 행정심판을 통하여 스스로 내부적 판단을 종결시키고자 하는 것으로서 그 합리성이 인정되고, 반면 국민이 행정청의 행위를 법원에서 다툴 수 없도록 한다면 재판받을 권리를 제한하는 것이 되므로 국민은 행정심판의 재 결에도 불구하고 행정소송을 제기할 수 있도록 한 것일 뿐이므로, 평등원칙에 위배되지 아니한다(헌재결 2014.6.26, 2013헌바122).

**(11)** 행정심판청구를 인용하는 재결이 행정청을 기속하도록 규정한 행정심판법 제49조 제1항은 지방자치제도의 본 질적 부분을 침해하지 않는다(합헌)

> 행정심판제도가 행정통제기능을 수행하기 위해서는 중앙정부와 지방정부를 포함하여 행정청 내부에 어느 정도 그 판단기준의 통일성이 갖추어져야 하고, 행정청이 가진 전문성을 활용하고 신속하게 문제를 해결하여 분쟁해 결의 효과성과 효율성을 높이기 위해 사안에 따라 국가단위로 행정심판이 이루어지는 것이 더욱 바람직할 수 있다. 이 사건 법률조항은 다층적·다면적으로 설계된 현행 행정심판제도 속에서 각 행정심판기관의 인용재결의 기속력 을 인정한 것으로서, 이로 인하여 중앙행정기관이 지방행정기관을 통제하는 상황이 발생한다고 하여 그 자체로 지방 자치제도의 본질적 부분을 훼손하는 정도에 이른다고 보기 어렵다. 그러므로 이 사건 법률조항은 지방자치제도의 본질적 부분을 침해하지 아니한다(헌재결 2014.6.26, 2013헌바122).

## 제6항 불복고지(고지제도)

### 1. 고지의무의 불이행과 면허취소처분의 하자 유무 ★ 20 서울7급 11 국회8급

**최신기출** 자동차운수사업법 제31조 등의 규정에 의한 사업면허의 취소 등의 처분에관한 규칙(교통부령) 제7조 제3항의 고지절차에 관한 규정은 행정처분의 상대방이 그 처분에 대한 행정심판의 절차를 밟는데 있어 편의를 제공하려는데 있으며 처분청이 위 규정에 따른 고지의무를 이행하지 아니하였다고 하더라도 경우에 따라서는 행정심판의 제기기간이 연장될 수 있는 것에 그치고 이로 인하여 심판의 대상이 되는 행정처분에 어떤 하자가 수반된다고 할 수 없다(대판 1987.11.24, 87누529).

> 행정청이 처분을 함에 있어서 개별법령상의 고지의무를 이행하지 않은 경우 그 처분은 절차상 하자를 가진 위법한 것이 되고 처분 자체의 효력에도 직접 영향을 미친다. (x) ■ 20 서울7급

### 2. 도로관리청이 도로점용료 상당 부당이득금의 징수고지서를 발부하면서 이의제출기간을 고지하지 않은 경우 이의제출기간은 처분일로부터 180일이다

> 도로점용료 상당 부당이득금의 징수 및 이의절차를 규정한 지방자치법에서 이의제출기간을 행정심판법 제18조 제3항 소정기간 보다 짧게 정하였다고 하여도 같은법 제42조 제1항 소정의 고지의무에 관하여 달리 정하고 있지 아니한 이상 도로관리청인 피고가 이 사건 도로점용료 상당 부당이득금의 징수고지서를 발부함에 있어서 원고들에게 이의제출기간 등을 알려주지 아니하였다면 원고들은 지방자치법상의 이의제출기간에 구애됨이 없이 행정심판법 제18조 제6항, 제3항의 규정에 의하여 징수고지처분이 있은 날로부터 180일 이내에 이의를 제출할 수 있다고 보아야 할 것이다(대판 1990.7.10, 89누6839).

## 제7항 특별행정심판

### 구 공무원연금법상 공무원연금급여 재심위원회에 대한 심사청구 제도의 법적 성격은 특별행정심판이다

**최신판례** 구 공무원연금법 제80조에 의하면, 급여에 관한 결정 등에 관하여 이의가 있는 자는 급여에 관한 결정 등이 있었던 날부터 180일, 그 사실을 안 날부터 90일 이내에 '공무원연금급여 재심위원회'에 심사를 청구할 수 있을 뿐이고(제1항, 제2항), 행정심판법에 따른 행정심판을 청구할 수는 없다(제4항). 이와 같은 공무원연금급여 재심위원회에 대한 심사청구 제도의 입법 취지와 심사청구기간, 행정심판법에 따른 일반행정심판의 적용 배제, 구 공무원연금법 제80조 제3항의 위임에 따라 구 「공무원연금법 시행령」 제84조 내지 제95조의2에서 정한 공무원연금급여 재심위원회의 조직, 운영, 심사절차에 관한 사항 등을 종합하면, 구 공무원연금법상 공무원연금급여 재심위원회에 대한 심사청구 제도는 사안의 전문성과 특수성을 살리기 위하여 특히 필요하여 행정심판법에 따른 일반행정심판을 갈음하는 특별한 행정불복절차(행정심판법 제4조 제1항), 즉 특별행정심판에 해당한다(대판 2019.8.9, 2019두38656).

## 제2절 행정소송

## 제1항 행정소송의 한계

### 1. 사실행위

국가보훈처장 등이 발행한 책자 등에서 독립운동가 등의 활동상을 잘못 기술하였다는 등의 이유로 그 사실관계의 확인을 구하거나, 국가보훈처장의 서훈추천서의 행사, 불행사가 당연무효 또는 위법임의 확인을 구하는 청구는 항고소송의 대상이 되지 않는다(홍범도 장군의 청산리전투 참여 여부에 대한 사실관계확인, 청산리전투는 홍범도 장군이 이끄는 1,400명과 김좌진 장군이 이끄는 600여명의 독립군이 5,000명의 일본군과 교전한 사건)

★ 14·11·08·07 세무사, 10 순경특채, 10 국회9급

> 피고 국가보훈처장이 발행·보급한 독립운동사, 피고 문교부장관이 저작하여 보급한 국사교과서 등의 각종 책자와 피고 문화부장관(현 문화체육관광부장관)이 관리하고 있는 독립기념관에서의 각종 해설문·전시물의 배치 및 전시 등에 있어서, 일제치하에서의 국내외의 각종 독립운동에 참가한 단체와 독립운동가의 활동상을 잘못 기술하거나, 전시·배치함으로써 그 역사적 의의가 그릇 평가되게 하였다는 이유로 그 사실관계의 확인을 구하고, 또 피고 국가보훈처장은 이들 독립운동가들의 활동상황을 잘못 알고 국가보훈상의 서훈추천권을 행사함으로써 서훈추천권의 행사가 적정하지 아니하였다는 이유로 이러한 서훈추천권의 행사, 불행사가 당연무효임의 확인, 또는 그 부작위가 위법함의 확인을 구하는 청구는 과거의 역사적 사실관계의 존부나 공법상의 구체적인 법률관계가 아닌 사실관계에 관한 것들을 확인의 대상으로 하는 것이거나 행정청의 단순한 부작위를 대상으로 하는 것으로서 항고소송의 대상이 되지 아니하는 것이다(대판 1990.11.23, 90누3553).

### 2. 의무이행소송

#### (1) 행정소송법상 의무이행 소송은 허용되지 않는다

★ 18·14 국가9급, 16 지방9급, 14 행정사, 14 세무사, 12 변호사, 10 순경특채, 07국가7급

**최신기출**
> 행정심판법 제3조에 의하면 행정청의 위법 또는 부당한 거부처분이나 부작위에 대하여 의무이행심판청구를 할 수 있으나 행정소송법 제4조에서는 행정심판법상의 의무이행심판청구에 대응하여 부작위위법확인소송만을 규정하고 있으므로 행정청의 부작위에 대한 의무이행소송은 현행법상 허용되지 않는다(대판 1989.9.12, 87누868).

甲은 의무이행소송을 제기하여 권리구제가 가능하다. (x) ■ 16 지방9급

#### (2) 행정청의 토지등급설정 및 수정처분의 시정을 구하는 소

> 토지소유자가 토지에 대한 행정청의 토지등급설정 및 수정처분의 시정을 구하는 것은 동인이 원하는 행정처분을 하도록 명하는 이행판결을 구하는 것이어서 행정소송에서 허용되지 아니한다(대판 1986.8.19, 86누223).

#### (3) 검사에게 압수물 환부를 이행하라는 청구

> 검사에게 압수물 환부를 이행하라는 청구는 행정청의 부작위에 대하여 일정한 처분을 하도록 하는 의무이행소송으로 현행 행정소송법상 허용되지 아니한다(대판 1995.3.10, 94누14018).

## 3. 예방적 부작위소송(부작위청구소송) ★ 21·10 국회9급, 14 국가9급, 14 세무사, 12 사회복지, 12 변호사, 10 순경특채, 07국가7급

### (1)

> 건축건물의 준공처분을 하여서는 아니 된다는 내용의 부작위를 구하는 청구는 행정소송에서 허용되지 아니하는 것이므로 부적법하다(대판 1987.3.24, 86누182).

### (2)

> 행정소송법상 행정청이 일정한 처분을 하지 못하도록 그 부작위를 구하는 청구는 허용되지 않는 부적법한 소송이라 할 것이므로, 피고 국민건강보험공단은 이 사건 고시를 적용하여 요양급여비용을 결정하여서는 아니 된다는 내용의 원고들의 위 피고에 대한 이 사건 청구는 부적법하다 할 것이다(대판 2006.5.25, 2003두11988).

## 4. 작위의무확인소송

> 피고 국가보훈처장 등에게 독립운동가들에 대한 서훈추천권의 행사가 적정하지 아니하였으니 이를 바로잡아 다시 추천하고, 잘못 기술된 독립운동가의 활동상을 고쳐 독립운동사 등의 책자를 다시 편찬·보급하고, 독립기념관 전시관의 해설문, 전시물 중 잘못된 부분을 고쳐 다시 전시 및 배치할 의무가 있음의 확인을 구하는 청구는 작위의무확인소송으로서 항고소송의 대상이 되지 아니한다(대판 1990.11.23, 90누3553).

# 제2항 항고소송

# 제1목 취소소송

# 제1관 소송물(처분의 위법성 일반)

### 취소소송의 소송물은 위법성 일반이다 ★ 11 지방9급

> 원래 과세처분이란 법률에 규정된 과세요건이 충족됨으로써 객관적·추상적으로 성립한 조세채권의 내용을 구체적으로 확인하여 확정하는 절차로서, 과세처분취소소송의 소송물은 그 취소원인이 되는 위법성 일반이고 그 심판의 대상은 과세처분에 의하여 확인된 조세채무인 과세표준 및 세액의 객관적 존부이다(대판 1990.3.23. 89누5386).

# 제2관 취소소송의 제소요건

## 제1강 법원의 직권조사

### Ⅰ. 소송요건은 법원의 직권조사사항

#### 1. 제소기간의 준수여부는 소송요건으로서 직권조사사항이다 ★ 21 국회9급

**최신기출**  제소기간이 지켜졌는가의 여부는 소송요건으로서 법원의 직권조사사항에 속하며 소송요건의 존부를 명백히 한 다음 본안판결을 하여야 할 것이므로 본안의 심리에 들어갔다 하여 소송요건의 흠결을 덮어둘 수는 없다(대판 1987.1.20, 86누490).

#### 2. 소송에서 당사자가 누구인가를 법원이 직권으로 확정하여야 한다

소송에서 당사자가 누구인가는 당사자능력, 당사자적격 등에 관한 문제와 직결되는 중요한 사항이므로, 사건을 심리·판단하는 법원으로서는 직권으로 소송당사자가 누구인가를 확정하여 심리를 진행하여야 한다(대판 2016. 12.27, 2016두50440).

#### 3. 개인이나 법인이 과세처분에 대하여 심판청구 등을 제기하여 전심절차를 진행하던 중 사망하거나 흡수합병되는 등으로 당사자능력이 소멸하였으나, 전심절차에서 이를 알지 못한 채 소멸된 당사자를 청구인으로 표시하여 청구에 관한 결정이 이루어지고, 상속인이나 합병법인이 결정에 불복하여 소를 제기하면서 소장에 착오로 소멸한 당사자를 원고로 기재한 경우, 법원이 취할 조치

개인이나 법인이 과세처분에 대하여 심판청구 등을 제기하여 전심절차를 진행하던 중 사망하거나 흡수합병되는 등으로 당사자능력이 소멸하였으나, 전심절차에서 이를 알지 못한 채 사망하거나 합병으로 인해 소멸된 당사자를 청구인으로 표시하여 청구에 관한 결정이 이루어지고, 상속인이나 합병법인이 결정에 불복하여 소를 제기하면서 소장에 착오로 소멸한 당사자를 원고로 기재하였다면, 실제 소를 제기한 당사자는 상속인이나 합병법인이고 다만 그 표시를 잘못한 것에 불과하므로, 법원으로서는 이를 바로잡기 위한 당사자표시정정신청을 받아들인 후 본안에 관하여 심리·판단하여야 한다(대판 2016.12.27, 2016두50440).

#### 4. 전심절차를 거친 여부는 자백의 대상이 아니라 직권조사사항이다 ★ 15 국회8급, 14 사회복지, 11 국회9급, 13 세무사

전심절차를 거친 여부는 행정소송제기의 소송요건으로서 직권조사사항이라 할 것이므로 이를 거치지 않았음을 원고 소송대리인이 시인하였다고 할지라도 그 사실만으로 전심절차를 거친 여부를 단정할 수는 없다(대판 1986. 4.8, 82누242).

## Ⅱ. 본안판단 사항

### 처분청의 처분권한 유무는 직권조사사항이 아니다 ★ 17 서울7급, 14 세무사

**전합판례** | 행정소송에 있어서 처분청의 처분권한 유무는 직권조사사항이 아니다[대판(전합) 1997.6.19, 95누8669].

행정소송의 제기요건은 법원의 직권조사사항이므로 행정소송에 있어서 처분청의 처분권한 유무는 직권조사사항이다. (×)
■ 17 서울7급

# 제2강 취소소송의 재판관할

## Ⅰ. 심급관할

### 원고가 고의나 중대한 과실 없이 행정소송으로 제기하여야 할 사건을 민사소송으로 잘못 제기하고 단독판사가 제1심판결을 선고한 경우, 그에 대한 항소사건은 고등법원의 전속관할이다

행정사건 제1심판결에 대한 항소사건은 고등법원이 심판해야 하고(법원조직법 제28조 제1호), 원고가 고의나 중대한 과실 없이 행정소송으로 제기하여야 할 사건을 민사소송으로 잘못 제기하고 단독판사가 제1심판결을 선고한 경우에도 그에 대한 항소사건은 고등법원의 전속관할이다(대판 2022.1.27, 2021다219161).

## Ⅱ. 관할법원에의 이송

### 1. 행정사건을 민사사건으로 오해하여 민사소송을 제기한 경우 행정소송에 대한 관할도 동시에 가지고 있다면 행정소송으로 심리·판단해야 한다 ★ 11·10 세무사

행정소송법 제7조는 원고의 고의 또는 중대한 과실 없이 행정소송이 심급을 달리하는 법원에 잘못 제기된 경우에 민사소송법 제31조 제1항을 적용하여 이를 관할법원에 이송하도록 규정하고 있을 뿐 아니라, 관할 위반의 소를 부적법하다고 하여 각하하는 것보다 관할법원에 이송하는 것이 당사자의 권리구제나 소송경제의 측면에서 바람직하므로, 원고가 고의 또는 중대한 과실 없이 행정소송으로 제기하여야 할 사건을 민사소송으로 잘못 제기한 경우, 수소법원으로서는 만약 그 행정소송에 대한 관할도 동시에 가지고 있다면 이를 행정소송으로 심리·판단하여야 하고, 그 행정소송에 대한 관할을 가지고 있지 아니하다면 당해 소송이 이미 행정소송으로서의 전심절차 및 제소기간을 도과하였거나 행정소송의 대상이 되는 처분 등이 존재하지도 아니한 상태에 있는 등 행정소송으로서의 소송요건을 결하고 있음이 명백하여 행정소송으로 제기되었더라도 어차피 부적법하게 되는 경우가 아닌 이상 이를 부적법한 소라고 하여 각하할 것이 아니라 관할법원에 이송하여야 한다(대판 1997.5.30, 95다28960).

## 2. 행정소송법상 항고소송으로 제기하여야 할 사건을 민사소송으로 잘못 제기하였으나 수소법원이 항고소송에 대한 관할도 동시에 가지고 있는 경우, 원고에게 항고소송으로 소를 변경하도록 석명권을 행사하여 행정소송법이 정하는 절차에 따라 심리·판단하여야 한다

행정소송법상 항고소송으로 제기하여야 할 사건을 민사소송으로 잘못 제기한 경우에 수소법원이 그 항고소송에 대한 관할도 동시에 가지고 있다면, 전심절차를 거치지 않았거나 제소기간을 도과하는 등 항고소송으로서의 소송요건을 갖추지 못했음이 명백하여 항고소송으로 제기되었더라도 어차피 부적법하게 되는 경우가 아닌 이상, 원고로 하여금 항고소송으로 소 변경을 하도록 석명권을 행사하여 행정소송법이 정하는 절차에 따라 심리·판단하여야 한다(대판 2020.1.16, 2019다264700).

## 3.

심급관할을 위배한 이송결정의 기속력은 이송받은 상급심 법원에는 미치지 아니하므로, 이송받은 상급심 법원은 사건을 관할 법원에 이송하여야 한다(대판 2000.1.14, 99두9735).

## 4. 당사자소송을 서울행정법원이 아닌 서울북부지방법원에 제기한 경우 관할법원으로 이송함이 마땅하다

원고들이 이 사건 소로써 다투고자 하는 실체는 조합설립의 효력으로서, 이를 위해서는 마땅히 조합설립인가처분에 대한 취소 또는 무효확인을 구하는 방법에 의하여야 할 것인데, 이러한 점을 제대로 알지 못한 채 재건축조합에 대한 설립인가처분을 보충행위(인가)로 보았던 종래 실무 관행을 그대로 답습한 나머지 부득이 그 요건에 해당하는 조합설립결의의 무효확인을 구하는 방법을 택한 것으로 보이는바, 이러한 사정에 비추어 보면 이 사건 소는 그 실질이 조합설립인가처분의 효력을 다투는 취지라고 못 볼 바 아니고, 여기에 이 사건 소의 상대방이 행정주체로서 지위를 갖는 피고 조합이라는 점까지 아울러 고려하여 보면, 이 사건 소는 공법상 법률관계에 관한 것으로서 행정소송의 일종인 당사자소송으로 제기된 것으로 봄이 상당하다. 따라서 이 사건 소는 제1심 관할법원인 서울행정법원에 제기되었어야 할 것인데도 서울북부지방법원에 제기되어 심리되었으므로 확인의 이익 유무에 앞서 전속관할을 위반한 위법이 있는바, 이송 후 행정법원의 허가를 얻어 이 사건이 조합설립인가처분에 대한 항고소송으로 변경될 수 있음을 고려해 보면 이송하더라도 부적법하게 되어 각하될 것이 명백한 경우에 해당한다고 보기는 어려우므로, 이 사건은 관할법원으로 이송함이 마땅하다(대판 2009.9.24, 2008다60568).

## 5. 관할위반을 이유로 한 이송신청을 거부하는 재판에 대한 항고의 경우 항고심에서 각하해야 한다

당사자가 관할위반을 이유로 한 이송신청을 한 경우에도 이는 단지 법원의 직권발동을 촉구하는 의미밖에 없는 것이고, 따라서 법원은 이 이송신청에 대하여는 재판을 할 필요가 없고, 설사 법원이 이 이송신청을 거부 하는 재판을 하였다고 하여도 항고가 허용될 수 없으므로 항고심에서는 이를 각하하여야 한다(대판(전합) 1993.12.6, 93마524).

## III. 관련청구소송의 이송과 병합

### 1. 관련청구소송의 범위

#### (1) 손해배상청구 등의 민사소송이 행정소송에 관련청구로 병합되기 위한 요건

> 행정소송법 제10조 제1항 제1호는 행정소송에 병합될 수 있는 관련청구에 관하여 '당해 처분 등과 관련되는 손해배상·부당이득반환·원상회복 등의 청구'라고 규정함으로써 그 병합요건으로 본래의 행정소송과의 관련성을 요구하고 있는바, 이는 행정소송에서 계쟁 처분의 효력을 장기간 불확정한 상태에 두는 것은 바람직하지 않다는 관점에서 병합될 수 있는 청구의 범위를 한정함으로써 사건의 심리범위가 확대·복잡화되는 것을 방지하여 그 심판의 신속을 도모하려는 취지라 할 것이므로, 손해배상청구 등의 민사소송이 행정소송에 관련청구로 병합되기 위해서는 그 청구의 내용 또는 발생원인이 행정소송의 대상인 처분 등과 법률상 또는 사실상 공통되거나, 그 처분의 효력이나 존부 유무가 선결문제로 되는 등의 관계에 있어야 함이 원칙이다(대판 2000.10.27, 99두561).

#### (2) 사업인정 전의 사업시행으로 인하여 재산권이 침해되었음을 원인으로 한 손해배상청구는 토지수용사건에 관련청구로서 병합될 수 있다

> 공공사업의 시행을 위한 토지수용사건에 있어서 심리의 대상으로 되는 적법한 수용에 따른 손실보상청구권과 당해 공공사업과 관련하여 사업인정 전에 사업을 시행하여 타인의 재산권을 침해하게 됨에 따라 발생하게 된 손해배상청구권은 위 각 권리가 적법한 행위에 의하여 발생한 것인가 아닌가의 차이가 날 뿐, 그것들이 하나의 동일한 공공사업의 시행과 관련하여 타인의 재산권을 침해한 사실로 인하여 발생하였다는 점에서 위 각 청구의 발생원인은 법률상 또는 사실상 공통된다 할 것이고, 토지수용사건에 이러한 손해배상청구사건을 병합하여 함께 심리·판단함으로써 얻게 되는 당사자의 소송경제와 편의 등의 효용에 비하여 심리범위를 확대·복잡화함으로써 심판의 신속을 해치는 폐단이 통상의 경우보다 크다고 할 수도 없으므로, 이와 같은 경우 토지수용사건에 병합된 손해배상청구는 행정소송법 제10조 제2항·제1항 제1호, 제44조 제2항에 따른 관련청구로서의 병합요건을 갖춘 것으로 보아야 한다(대판 2000.10.27, 99두561).

### 2. 병합의 종류

#### (1) 객관적 병합

① **예비적 병합** ★ 21·12 국회8급, 21 변호사, 19 서울7급, 15 국가9급, 14·12·11 세무사

`최신기출`

> 행정처분에 대한 무효확인과 취소청구는 서로 양립할 수 없는 청구로서 주위적·예비적 청구로서만 병합이 가능하고 선택적 청구로서의 병합이나 단순병합은 허용되지 아니한다(대판 1999.8.20, 97누6889).

> 행정처분에 대한 무효확인과 취소청구는 서로 양립할 수 없는 청구로서 선택적 청구로서의 병합만이 가능하고 단순 병합은 허용되지 아니한다. (x) ■ 19 서울7급
> 甲은 A 처분에 대한 무효확인소송과 취소소송을 선택적 청구로서 병합하여 제기할 수 있다. (x) ■ 21 국회8급

② 동일한 행정처분에 대하여 무효확인의 소를 제기하였다가 그 후 그 처분의 취소를 구하는 소를 추가적으로 병합한 경우, 주된 청구인 무효확인의 소가 적법한 제소기간 내에 제기되었다면 추가로 병합된 취소청구의 소도 적법하게 제기된 것으로 볼 수 있다 ★ 21 국회8급, 21 국가9급, 21 변호사, 19·17 지방7급, 19 국가7급

> 최신기출
> 하자 있는 행정처분을 놓고 이를 무효로 볼 것인지 아니면 단순히 취소할 수 있는 처분으로 볼 것인지는 동일한 사실관계를 토대로 한 법률적 평가의 문제에 불과하고, 행정처분의 무효확인을 구하는 소에는 특단의 사정이 없는 한 그 취소를 구하는 취지도 포함되어 있다고 보아야 하는 점 등에 비추어 볼 때, 동일한 행정처분에 대하여 무효확인의 소를 제기하였다가 그 후 그 처분의 취소를 구하는 소를 추가적으로 병합한 경우, 주된 청구인 무효확인의 소가 적법한 제소기간 내에 제기되었다면 추가로 병합된 취소청구의 소도 적법하게 제기된 것으로 봄이 상당하다(대판 2005.12.23, 2005두3554).

> 갑이 압류처분에 대해 무효확인소송을 제기하였다가 압류처분에 대한 취소소송을 추가로 병합하는 경우, 무효확인의 소가 취소소송 제소기간 내에 제기됐더라도 취소청구의 소의 추가 병합이 제소기간을 도과했다면 병합된 취소청구의 소는 부적법하다. (x)
> ■ 19 국가7급
> 무효확인소송이 「행정소송법」상 취소소송의 적법한 제소기간 안에 제기되었더라도, 적법한 제소기간 이후에는 A처분의 취소를 구하는 소를 추가적·예비적으로 병합하여 제기할 수 없다. (x) ■ 19 지방7급

③ 국가유공자 요건 또는 보훈보상대상자 요건에 해당함을 이유로 국가유공자 비해당결정처분과 보훈보상대상자 비해당결정처분의 취소를 청구하는 것은 양립가능하지 않고, 두 처분의 취소청구는 국가유공자 비해당결정처분 취소 청구를 주위적 청구로 하는 주위적·예비적 관계에 있다

> 국가유공자법과 보훈보상자법은 사망 또는 상이의 주된 원인이 된 직무수행 또는 교육훈련이 국가의 수호·안전보장 또는 국민의 생명·재산 보호와 직접적인 관련이 있는지에 따라 국가유공자와 보훈보상대상자를 구분하고 있으므로, 국가유공자 요건 또는 보훈보상대상자 요건에 해당함을 이유로 국가유공자 비해당결정처분과 보훈보상대상자 비해당결정처분의 취소를 청구하는 것은 동시에 인정될 수 없는 양립불가능한 관계에 있고, 이러한 두 처분의 취소청구는 원칙적으로 국가유공자 비해당결정처분 취소청구를 주위적 청구로 하는 주위적·예비적 관계에 있다(대판 2016.7.27, 2015두46994).

### (2) 주관적·예비적 병합의 인정문제
아파트입주자대표회의 구성원 개인을 피고로 삼아 제기한 동대표지위 부존재확인의 소의 계속 중에 아파트 입주자대표회의를 피고로 추가하는 주관적·예비적 추가를 허용

> 이 사건 동대표 지위의 부존재확인을 구하는 소송에서 입주자대표회의와 상대방 중 누가 피고적격을 가지는지에 따라 어느 일방에 대한 청구는 부적법하고 다른 일방에 대한 청구는 적법하게 될 수 있으므로 이들 각 청구는 법률상 양립할 수 없는 경우에 해당하여 앞에서 본 주관적·예비적 공동소송의 한 태양에 속하고, 따라서 민사소송법 제70조 제1항에 의하여 준용되는 같은법 제68조의 규정에 따라 그 주관적·예비적 피고의 추가가 허용되는 것으로 보아야 할 것이다(대결 2007.6.26, 2007마515).

## 3. 병합의 요건

### (1) 본체인 취소소송의 적법성

취소소송을 제기한 당사자가 국가 또는 공공단체에 대한 당사자소송을 행정소송법 제10조 제2항에 의하여 관련 청구로서 병합하였으나 위 취소소송이 부적법한 경우 법원은 소변경청구로 보아 청구의 기초에 변경이 없는 한 이를 허가하여야 한다

> 행정소송법 제10조 제2항에서 인정되는 관련청구소송의 병합은 당초의 취소소송 등이 적법함을 전제로 한다 할 것인데 이 사건 피고 보상심의위원회의 결정은 항고소송의 대상이 되는 행정처분으로 볼 수 없어 그에 대한 취소청구는 부적법하다고 할 것이나 취소소송 등을 제기한 당사자가 당해 처분 등에 관계되는 사무가 귀속되는 국가 또는 공공단체에 대한 당사자소송을 행정소송법 제10조 제2항에 의하여 관련청구로서 병합한 경우 위 취소소송 등이 부적법하다면 당사자는 위 당사자소송의 병합청구로서 동법 제21조 제1항에 의한 소변경을 할 의사를 아울러 가지고 있었다고 봄이 상당하고, 이러한 경우 법원은 그 청구의 기초에 변경이 없는 한 당초의 청구가 부적법하다는 이유로 위 병합된 청구까지 각하할 것이 아니라 위 병합청구 당시 유효한 소변경청구가 있었던 것으로 받아들여 이를 허가함이 타당하다고 할 것이다(대판 1992.12.24. 92누3335).

### (2) 관련청구의 범위

① 행정처분의 취소를 구하는 취소소송에 당해 처분의 취소를 선결문제로 하는 부당이득반환청구가 병합된 경우, 그 청구가 인용되려면 소송절차에서 당해 처분이 취소되면 충분하고 당해 처분의 취소가 확정되어야 하는 것은 아니다 ★ 18 국가7급, 15 국가9급, 13 국회8급

> 최신기출  행정소송법 제10조는 처분의 취소를 구하는 취소소송에 당해 처분과 관련되는 부당이득반환소송을 관련 청구로 병합 할 수 있다고 규정하고 있는바, 이 조항을 둔 취지에 비추어 보면, 취소소송에 병합할 수 있는 당해 처분과 관련되는 부당이득반환소송에는 당해 처분의 취소를 선결문제로 하는 부당이득반환청구가 포함되고, 이러한 부당이득 반환청구가 인용되기 위해서는 그 소송절차에서 판결에 의해 당해 처분이 취소되면 충분하고 그 처분의 취소가 확정되어야 하는 것은 아니라고 보아야 한다(대판 2009.4.9. 2008두23153).

취소소송에 당해 처분의 취소를 선결문제로 하는 부당이득반환청구가 병합된 경우 그 청구가 인용되려면 소송절차에서 당해 처분의 취소가 확정되어야 한다. (×) ■ 15 국가9급

# 제3강 취소소송의 당사자등

## 제1 당사자능력

### 도롱뇽과 자연은 당사자능력을 인정할 수 없다 ★ 15 국가9급, 12 순경특채

> 도롱뇽은 천성산 일원에 서식하고 있는 도롱뇽목 도롱뇽과에 속하는 양서류로서 자연물인 도롱뇽 또는 그를 포함한 자연 그 자체로서는 소송을 수행할 당사자능력을 인정할 수 없다(대결 2006.6.2, 2004마1148·1149).

## 제2 원고적격

### 원고적격은 상고심에서도 존속하여야 한다 ★ 19 지방7급, 19 국가9급, 18 지방7급, 17 국가7급, 15 사회복지, 13 세무사

> **최신기출** 원고적격은 소송요건의 하나이므로 사실심 변론종결시는 물론 상고심에서도 존속하여야 하고 이를 흠결하면 부적법한 소가 된다 할 것이다(대판 2007.4.12, 2004두7924).

## II. 법률상 이익의 주체

### 1. 상대방

침익적·부담적 행정행위의 상대방에게는 관계 법률에 의존함이 없이 헌법상 자유권으로부터 직접 원고적격이 인정되지만(이른바 상대방이론), 수익적 행정행위의 상대방의 원고적격은 부인된다. 영업정지처분의 직접 상대방은 자신에 대한 처분의 취소를 청구할 원고적격이 있다.

#### (1) 불이익처분의 상대방에게는 원고적격이 인정되지만, 수익처분의 상대방에게는 부정된다
★ 18 국회8급, 17·11 국가9급

> **최신기출** 행정처분에 있어서 불이익처분의 상대방은 직접 개인적 이익의 침해를 받은 자로서 원고적격이 인정되지만 수익처분의 상대방은 그의 권리나 법률상 보호되는 이익이 침해되었다고 볼 수 없으므로 달리 특별한 사정이 없는 한 취소를 구할 이익이 없다(대판 1995.8.22, 94누8129).

#### (2) 처분의 상대방이라 하더라도 법률상 이익이 아닌 경제적·사실적·반사적 이익을 침해당했을 경우에는 원고적격이 부정된다.

> 영업정지처분으로 조달청입찰참가자격사전심사기준 및 조달청시설공사적격심사세부기준에 의하여 3년 동안 신인도 감점의 불이익을 받게 된다고 하더라도 그와 같은 불이익은 사실상·경제상의 불이익에 불과할 뿐, 그 취소를 구할 법률상의 이익이 있는 것이라고 볼 수 없다(대판 1999.2.23, 98두14471).

(3) 미얀마 국적의 갑이 위명(僞名)인 '을' 명의의 여권으로 대한민국에 입국한 뒤 을 명의로 난민 신청을 하였으나 법무부장관이 을 명의를 사용한 갑을 직접 면담하여 조사한 후 갑에 대하여 난민불인정 처분을 한 사안에서, 갑이 처분의 취소를 구할 법률상 이익이 있다고 한 사례 ★ 19 국회8급

> **최신기출** 원고는 그 본명과 생년월일이 '△△△△(생년월일 1 생략)'인데, 2001.5.29. 위명인 '○○○○(생년월일 2 생략)' 명의의 여권으로 대한민국에 입국하였고, 2009.8.28. 위 '○○○○' 명의로 난민 신청을 한 사실, 피고는 2010.6.17. '○○○○' 명의를 사용한 원고를 직접 면담하여 조사한 후 2011.5.25.경 원고에 대하여 난민불인정 처분을 한 사실을 알 수 있다. 그렇다면 이 사건 처분의 상대방은 허무인이 아니라 '○○○○'이라는 위명을 사용한 원고이므로, 원고는 이 사건 처분의 취소를 구할 법률상 이익이 있다고 봄이 상당하다(대판 2017.3.9, 2013두16852).

## 2. 제3자 ★ 14·10 세무사, 13·11 국가9급

> 행정처분의 상대방이 아닌 제3자도 그 처분으로 인하여 법률상 보호되는 이익을 침해당한 경우에는 그 처분의 취소 또는 변경을 구하는 행정소송을 제기하여 그 당부의 판단을 받을 법률상 자격이 있다(대판 1999.12.7, 97누12556).

## 3. 행정기관(원칙 부정)

(1) 법령이 특정한 행정기관 등으로 하여금 다른 행정기관을 상대로 제재적 조치를 취할 수 있도록 하면서, 그에 따르지 않으면 그 행정기관에 대하여 과태료를 부과하거나 형사처벌을 할 수 있도록 정하는 경우, 제재적 조치의 상대방인 행정기관 등에게 항고소송 원고로서의 당사자능력과 원고적격을 예외적으로 인정할 수 있다 ★ 21·16 국가9급

> **최신기출** 국가기관 등 행정기관(행정기관 등) 사이에 권한의 존부와 범위에 관하여 다툼이 있는 경우에 이는 통상 내부적 분쟁이라는 성격을 띠고 있어 상급관청의 결정에 따라 해결되거나 법령이 정하는 바에 따라 '기관소송'이나 '권한쟁의심판'으로 다루어진다.
> 그런데 법령이 특정한 행정기관 등으로 하여금 다른 행정기관을 상대로 제재적 조치를 취할 수 있도록 하면서, 그에 따르지 않으면 그 행정기관에 대하여 과태료를 부과하거나 형사처벌을 할 수 있도록 정하는 경우가 있다. 이러한 경우에는 단순히 국가기관이나 행정기관의 내부적 문제라거나 권한 분장에 관한 분쟁으로만 볼 수 없다. 행정기관의 제재적 조치의 내용에 따라 '구체적 사실에 대한 법집행으로서 공권력의 행사'에 해당할 수 있고, 그러한 조치의 상대방인 행정기관이 입게 될 불이익도 명확하다. 그런데도 그러한 제재적 조치를 기관소송이나 권한쟁의심판을 통하여 다툴 수 없다면, 제재적 조치는 그 성격상 단순히 행정기관 등 내부의 권한 행사에 머무는 것이 아니라 상대방에 대한 공권력 행사로서 항고소송을 통한 주관적 구제대상이 될 수 있다고 보아야 한다. 기관소송 법정주의를 취하면서 제한적으로만 이를 인정하고 있는 현행 법령의 체계에 비추어 보면, 이 경우 항고소송을 통한 구제의 길을 열어주는 것이 법치국가 원리에도 부합한다. 따라서 이러한 권리구제나 권리보호의 필요성이 인정된다면 예외적으로 그 제재적 조치의 상대방인 행정기관 등에게 항고소송 원고로서의 당사자능력과 원고적격을 인정할 수 있다(대판 2018.8.1, 2014두35379).

> 국가기관인 시·도 선거관리위원회 위원장은 국민권익위원회가 그에게 소속직원에 대한 중징계요구를 취소하라는 등의 조치요구를 한 것에 대해서 취소소송을 제기할 원고적격을 가진다고 볼 수 없다. (×) ■ 16 국가9급

**(2) 국가는 기관위임사무에 관하여 지방자치단체의 장을 상대로 취소소송을 제기할 수 없다**(국토이용계획의 변경결정 권은 원래 국가의 권한으로서 충청남도지사를 거쳐 연기군수에게 재위임되어 있는데, 국가 산하 충북대학교가 농과대학 부설 축산기술연구소를 설립하고 국토이용계획상 용도지역을 준도시지역 중 시설용지지구로 변경하는 국토이용계획변경승인신청 을 하였으나 연기군수가 거부처분을 하자, 국가가 연기군수를 상대로 취소소송을 제기한 사건) ★ 12 순경특채, 10 국회8급

> 건설교통부장관은 지방자치단체의 장이 기관위임사무인 국토이용계획 사무를 처리함에 있어 자신과 의견이 다를 경우 행정협의조정위원회에 협의·조정 결정에 따라 의견불일치를 해소할 수 있고, 법원에 의한 판결을 받지 않고서도 「행정권한의 위임 및 위탁에 관한 규정」이나 구 지방자치법에서 정하고 있는 지도·감독을 통하여 직접 지방자치 단체의 장의 사무처리에 대하여 시정명령을 발하고 그 사무처리를 취소 또는 정지할 수 있으며, 지방자치단체의 장에 게 기간을 정하여 직무이행명령을 하고 지방자치단체의 장이 이를 이행하지 아니할 때에는 직접 필요한 조치를 할 수도 있으므로, 국가가 국토이용계획과 관련한 지방자치단체의 장의 기관위임사무의 처리에 관하여 지방자치단 체의 장을 상대로 취소소송을 제기하는 것은 허용되지 않는다(대판 2007.9.20, 2005두6935).

**(3)** 甲이 국민권익위원회에 「부패방지 및 국민권익위원회의 설치와 운영에 관한 법률」(국민권익위원회법)에 따른 신고와 신분보장조치를 요구하였고, 국민권익위원회가 乙 시·도선거관리위원회 위원장에게 '甲에 대한 중징계요 구를 취소하고 향후 신고로 인한 신분상 불이익처분 및 근무조건상의 차별을 하지 말 것을 요구'하는 내용의 조치요구를 한 사안에서, 국가기관인 乙에게 위 조치요구의 취소를 구하는 소를 제기할 당사자능력, 원고적격 및 법률상 이익을 인정한 원심판단을 정당하다고 한 사례

> 국가기관 일방의 조치요구에 불응한 상대방 국가기관에 국민권익위원회법상의 제재규정과 같은 중대한 불이익을 직접 적으로 규정한 다른 법령의 사례를 찾아보기 어려운 점, 그럼에도 乙이 국민권익위원회의 조치요구를 다툴 별다른 방법이 없는 점 등에 비추어 보면, 처분성이 인정되는 위 조치요구에 불복하고자 하는 乙로서는 조치요구의 취소를 구하는 항고소송을 제기하는 것이 유효·적절한 수단이므로 비록 乙이 국가기관이더라도 당사자능력 및 원고적격을 가 진다고 보는 것이 타당하고, 乙이 위 조치요구 후 甲을 파면하였다고 하더라도 조치요구가 곧바로 실효된다고 할 수 없고 乙은 여전히 조치요구를 따라야 할 의무를 부담하므로 乙에게는 위 조치요구의 취소를 구할 법률상 이익도 있다(대판 2013.7.25, 2011두1214).

**(4) 구 건축법 제29조 제1항에서 정한 건축협의의 취소는 처분에 해당하고 지방자치단체 등은 건축물 소재지 관할 허가권자인 지방자치단체의 장을 상대로 건축협의취소의 취소를 구할 수 있다** ★ 17 국회8급, 17 지방9급

최신기출

> 건축협의의 실질은 지방자치단체 등에 대한 건축허가와 다르지 않으므로, 지방자치단체 등이 건축물을 건축하려는 경우 등에는 미리 건축물의 소재지를 관할하는 허가권자인 지방자치단체의 장과 건축협의를 하지 않으면, 지방 자치단체라 하더라도 건축물을 건축할 수 없다. 그리고 구 지방자치법 등 관련 법령을 살펴보아도 지방자치단체 의 장이 다른 지방자치단체를 상대로 한 건축협의 취소에 관하여 다툼이 있는 경우에 법적 분쟁을 실효적으로 해결할 구제수단을 찾기도 어렵다. 따라서 건축협의 취소는 상대방이 다른 지방자치단체 등 행정주체라 하더라도 '행정청이 행하는 구체적 사실에 관한 법집행으로서의 공권력 행사'(행정소송법 제2조 제1항 제1호)로서 처분에 해당한다 고 볼 수 있고, 지방자치단체인 원고(서울특별시)가 이를 다툴 실효적 해결 수단이 없는 이상, 원고는 건축물 소재 지 관할 허가권자인 지방자치단체의 장(강원도 양양군수)을 상대로 항고소송을 통해 건축협의 취소의 취소를 구할 수 있다(대판 2014.2.27, 2012두22980).

(5) 국민권익위원회가 소방청장에게 인사와 관련하여 부당한 지시를 한 사실이 인정된다며 이를 취소할 것을 요구하기로 의결하고 그 내용을 통지하자 소방청장이 국민권익위원회 조치요구의 취소를 구하는 소송을 제기한 사안에서, 처분성이 인정되는 국민권익위원회의 조치요구에 불복하고자 하는 소방청장으로서는 조치요구의 취소를 구하는 항고소송을 제기하는 것이 유효·적절한 수단으로 볼 수 있으므로 소방청장이 예외적으로 당사자능력과 원고적격을 가진다고 한 사례 ★ 22·16 국가9급, 19 국회8급

행정기관인 국민권익위원회가 행정기관의 장에게 일정한 의무를 부과하는 내용의 조치요구를 한 것에 대하여 그 조치요구의 상대방인 행정기관의 장이 다투고자 할 경우에 법률에서 행정기관 사이의 기관소송을 허용하는 규정을 두고 있지 않으므로 이러한 조치요구를 이행할 의무를 부담하는 행정기관의 장으로서는 기관소송으로 조치요구를 다툴 수 없고, 위 조치요구에 관하여 정부 조직 내에서 그 처분의 당부에 대한 심사·조정을 할 수 있는 다른 방도도 없으며, 국민권익위원회는 헌법 제111조 제1항 제4호에서 정한 '헌법에 의하여 설치된 국가기관'이라고 할 수 없으므로 그에 관한 권한쟁의심판도 할 수 없고, 별도의 법인격이 인정되는 국가기관이 아닌 소방청장은 질서위반행위규제법에 따른 구제를 받을 수도 없는 점, 「부패방지 및 국민권익위원회의 설치와 운영에 관한 법률」은 소방청장에게 국민권익위원회의 조치요구에 따라야 할 의무를 부담시키는 외에 별도로 그 의무를 이행하지 않을 경우 과태료나 형사처벌까지 정하고 있으므로 위와 같은 조치요구에 불복하고자 하는 '소속기관 등의 장'에게는 조치요구를 다툴 수 있는 소송상의 지위를 인정할 필요가 있는 점에 비추어, 처분성이 인정되는 국민권익위원회의 조치요구에 불복하고자 하는 소방청장으로서는 조치요구의 취소를 구하는 항고소송을 제기하는 것이 유효·적절한 수단으로 볼 수 있으므로 소방청장은 예외적으로 당사자능력과 원고적격을 가진다(대판 2018.8.1, 2014두35379).

▶ 국민권익위원회가 소방청장에게 일정한 의무를 부과하는 내용의 조치요구를 한 경우 소방청장은 조치요구의 취소를 구할 당사자능력 및 원고적격이 인정되지 않는다. (x) ■ 22 국가9급

## 4. 법인

(1) 약제를 제조·공급하는 제약회사는 보건복지부 고시인 「약제급여·비급여 목록 및 급여 상한금액표」 중 약제의 상한금액 인하 부분에 대하여 그 취소를 구할 원고적격이 있다 ★ 19 지방9급, 15 순경특채, 13 국회8급, 12 서울9급

제약회사는 자신이 공급하는 약제에 관하여 국민건강보험법, 같은법 시행령, 「국민건강보험 요양급여의 기준에 관한 규칙」 등 약제상한금액고시의 근거 법령에 의하여 보호되는 직접적이고 구체적인 이익을 향유하는데, 보건복지부 고시인 「약제급여·비급여목록 및 급여상한금액표」로 인하여 자신이 제조·공급하는 약제의 상한금액이 인하됨에 따라 위와 같이 보호되는 법률상 이익이 침해당할 경우, 제약회사는 위 고시의 취소를 구할 원고적격이 있다(대판 2006.9.22, 2005두2506).

(2)

과세관청이 소득처분을 경정하면서 증액과 감액을 동시에 한 결과 전체로서 소득처분금액이 감소된 경우 소득금액변동통지는 납세자인 당해 법인에 불이익을 미치는 처분이 아니므로 법인은 소득금액변동통지처분의 취소를 구할 소의 이익이 없다 ★ 17 지방9급

**(3) 환경상 이익은 본질적으로 자연인에게 귀속되는 것으로서 법인(수녀원)은 환경상 이익의 침해를 이유로 행정소송을 제기할 수 없다** ★ 21 변호사, 16 지방9급

원고 수녀원(수정성모트라피스트수녀원)은 수도원 설치 운영 및 수도자 양성 등을 목적으로 설립된 재단법인으로서, 공유수면매립 승인처분의 매립목적을 당초의 택지조성에서 조선시설용지로 변경하는 내용의 이 사건 처분으로 인하여 원고 수녀원에 소속된 수녀 등이 전과 비교하여 수인한도를 넘는 환경침해를 받지 아니하고 쾌적한 환경에서 생활할 수 있는 환경상 이익을 침해받는다고 하더라도 이를 가리켜 곧바로 원고 수녀원의 법률상 이익이 침해된다고 볼 수 없고, 자연인이 아닌 원고 수녀원은 쾌적한 환경에서 생활할 수 있는 이익을 향수할 수 있는 주체도 아니므로 이 사건 처분으로 인하여 위와 같은 생활상의 이익이 직접적으로 침해되는 관계에 있다고 볼 수도 없으며, 이 사건 처분으로 인하여 환경에 영향을 주어 원고 수녀원이 운영하는 쨈 공장에 직접적이고 구체적인 재산적 피해가 발생한다거나 원고 수녀원이 폐쇄되고 이전해야 하는 등의 피해를 받거나 받을 우려가 있다는 점 등에 관한 증명도 부족하므로, 원고 수녀원에게는 이 사건 처분의 무효확인을 구할 원고적격이 있다고 할 수 없다고 한 사안(대판 2012.6.28, 2010두2005)

B는 공유수면매립목적 변경 승인처분으로 자신의 직원들이 쾌적한 환경에서 생활할 수 있는 환경상 이익을 침해받았음을 이유로 B 자신의 이름으로 그 변경 승인처분에 대하여 항고소송을 제기할 수 있다. (×) ■ 21 변호사

# III. 법률상 이익의 의미

## 1. 법률상 보호이익

대법원은 통설과 마찬가지로 법률상 보호이익설에 따르고 있다.

### (1) '법률상 보호되는 이익'의 의미

'법률상 보호되는 이익'은 주택 관련 법규에 의하여 보호되는 직접적이고 구체적인 이익이 있는 경우를 말하고, 간접적이거나 사실적·경제적 이해관계를 가지는데 불과한 경우는 여기에 해당하지 아니한다(대판 2009.6.25, 2006도824).

### (2) 행정처분의 직접 상대방이 아닌 제3자가 행정처분의 취소를 구할 수 있는 요건으로서 '법률상 보호되는 이익'의 의미 ★ 20 국회9급, 17 국회8급

행정처분의 직접 상대방이 아닌 제3자라 하더라도 당해 행정처분으로 법률상 보호되는 이익을 침해당한 경우에는 취소소송을 제기하여 당부의 판단을 받을 자격이 있다. 여기에서 말하는 법률상 보호되는 이익은 당해 처분의 근거 법규 및 관련 법규에 의하여 보호되는 개별적·직접적·구체적 이익이 있는 경우를 말하고, 공익보호의 결과로 국민 일반이 공통적으로 가지는 일반적·간접적·추상적 이익과 같이 사실적·경제적 이해관계를 갖는 데 불과한 경우는 여기에 포함되지 아니한다(대판 2015.7.23, 2012두19496, 19502).

「행정소송법」제12조 전단의 '법률상 이익'의 개념과 관련하여서는 권리구제설, 법률상 보호된 이익구제설, 보호가치 있는 이익구제설, 적법성 보장설 등으로 나누어지며, 이 중에서 보호가치 있는 이익구제설이 통설·판례의 입장이다. (×) ■ 17 국회8급

**(3) 과세관청의 소득처분과 그에 따른 소득금액변동통지가 있는 경우, 법인은 소득금액변동통지의 취소를 구할 법률상 이익이 있지만, 소득처분에 따른 소득의 귀속자가 법인에 대한 소득금액변동통지의 취소를 구할 법률상 이익은 없다**

> 과세관청의 소득처분과 그에 따른 소득금액변동통지가 있는 경우 법인은 소득금액변동통지서를 받은 날에 그 통지서에 기재된 소득의 귀속자에게 당해 소득금액을 지급한 것으로 의제되고 그 때 원천징수하는 소득세 등의 납세의무가 성립함과 동시에 확정되어 원천징수세액을 납부할 의무를 부담하게 되므로 원천징수의무자인 법인은 항고소송으로써 소득금액변동통지의 취소를 구할 법률상 이익이 있다. 그러나 소득처분에 따른 소득의 귀속자의 원천납세의무는 법인에 대한 소득금액변동통지와 상관없이 국세기본법 제21조 제1항 제1호, 소득세법 제39조 제1항, 「소득세법 시행령」 제49조 제1항 제3호 등에 의하여 당해 소득이 귀속된 과세기간의 종료시에 성립하는 점, 과세관청이 원천납세의무자에게 소득세 등을 부과할 경우 원천납세의무자는 이에 대한 항고소송으로써 직접 불복할 수 있는 기회가 별도로 보장되어 있는 점 등에 비추어 보면, 원천징수의무자에 대한 소득금액변동통지는 원천납세의무의 존부나 범위와 같은 원천납세의무자의 권리나 법률상 지위에 어떠한 영향을 준다고 할 수 없으므로 소득처분에 따른 소득의 귀속자는 법인에 대한 소득금액변동통지의 취소를 구할 법률상 이익이 없다(대판 2013.4.26, 2012두27954).

**(4) 설립자나 종전 이사가 사립학교 운영에 대하여 가지는 재산적 이해관계는 법률적인 것이 아니다**

> 원고 학교법인 이화학원(원고 학원)을 피고 보조참가인 학교법인 서울예술학원(참가인)의 설립자로 볼 수 없을 뿐 아니라, 사립학교법 제25조의3 제1항이 학교법인을 정상화하기 위하여 임시이사를 해임하고 이사를 선임하는 절차에서 이해관계인에게 어떠한 청구권 또는 의견진술권을 부여하고 있지 아니하므로, 설령 원고 학원이 참가인의 설립자로서 사립학교법 제25조 제1항에 따라 임시이사 선임을 청구할 수 있는 '이해관계인'에 해당한다고 보더라도, 그러한 사유만으로는 원고 학원이 임시이사 해임 및 이사 선임에 관하여까지 사립학교법에 의해 보호받는 법률상 이익이 있는 것으로 볼 수 없다(대판 2014.1.23, 2012두6629).

**(5) 교육부장관이 사학분쟁조정위원회의 심의를 거쳐 상지대학교를 설치·운영하는 상지 학교법인의 이사 8인과 임시이사 1인을 선임한 데 대하여 상지대학교 교수협의회와 총학생회 등이 이사선임처분의 취소를 구하는 소송을 제기한 사안에서, 상지대학교 교수협의회와 총학생회는 이사선임처분을 다툴 법률상 이익을 가지지만, 전국대학노동조합 상지대학교지부는 법률상 이익이 없다고 한 사례** ★ 17 지방9급

> 구 사립학교법과 구 「사립학교법 시행령」 및 법인 정관 규정은 헌법 제31조 제4항에 정한 교육의 자주성과 대학의 자율성에 근거한 상지대학교 교수협의회와 총학생회의 학교운영참여권을 구체화하여 이를 보호하고 있다고 해석되므로, 상지대학교 교수협의회와 총학생회는 이사선임처분을 다툴 법률상 이익을 가지지만, 고등교육법령은 교육받을 권리나 학문의 자유를 실현하는 수단으로서 학생회와 교수회와는 달리 학교의 직원으로 구성된 노동조합의 성립을 예정하고 있지 아니하고, 노동조합은 근로자가 주체가 되어 자주적으로 단결하여 근로조건의 유지·개선 기타 근로자의 경제적·사회적 지위의 향상을 도모하기 위하여 조직된 단체인 점 등을 고려할 때, 학교의 직원으로 구성된 노동조합이 교육받을 권리나 학문의 자유를 실현하는 수단으로서 직접 기능한다고 볼 수는 없으므로, 개방이사에 관한 구 사립학교법과 구 「사립학교법 시행령」 및 乙 법인 정관 규정이 학교직원들로 구성된 전국대학노동조합 상지대학교지부의 법률상 이익까지 보호하고 있는 것으로 해석할 수는 없다고 한 사례(대판 2015.7.23, 2012두19496, 19502)

## 2. 개별적·직접적·구체적 이익

한편, 법률상 이익도 개별적·직접적·구체적 이익만을 말하고, 공익보호의 결과로 국민 일반이 공통적으로 가지는 일반적·간접적·추상적·평균적 이익이 생기는 경우에는 법률상 보호되는 이익이 있다고 할 수 없다.

### (1) 인정사례

1. 주식이 소각되거나 주주의 법인에 대한 권리가 소멸하는 등 주주의 지위에 중대한 영향을 초래하게 되는 경우(대판 2004.12.23, 2000두2648)
2. 처분으로 인하여 법인이 더 이상 영업 전부를 행할 수 없게 되고, 영업에 대한 인·허가의 취소 등을 거쳐 해산·청산되는 절차 또한 처분 당시 이미 예정되어 있으며, 그 후속절차가 취소되더라도 그 처분의 효력이 유지되는 한 당해 법인이 종전에 행하던 영업을 다시 행할 수 없는 예외적인 경우의 주주(대판 2005.1.27, 2002두5313)
3. 계약이전결정으로 침해되는 주주들의 이익(대판 1997.12.12, 96누4602) : 회사들이 해산되는 결과, 법인에 대한 행정처분이 당해 법인의 존속 자체를 직접 좌우
4. <u>교육부장관이 사학분쟁조정위원회의 심의를 거쳐 상지대학교를 설치·운영하는 상지 학교법인의 이사 8인과 임시이사 1인을 선임한 데 대하여 상지대학교 교수협의회와 총학생회 등이 이사선임처분의 취소를 구하는 소송을 제기한 사안에서, 상지대학교 교수협의회와 총학생회</u>(대판 2015.7.23, 2012두19496, 19502)
5. 과세관청이 원천징수과정에서 원천납세의무자로 취급된 외국법인이 도관에 불과하고, 그 상위 투자자인 다른 외국법인이 실질과세원칙상 납세의무자로서 국내 고정사업장을 갖고 있다고 보아 그를 상대로 법인세 과세표준과 세액을 결정하는 과정에서, 당초 원천징수된 세액의 환급금을 상위 투자자 외국법인의 결정세액에서 공제하거나 충당하면서 과세연도와 세액 및 산출근거 등이 기재된 결정결의서를 교부하는 등의 방법으로 결정의 내용을 자세하게 고지한 경우, 상위 투자자인 외국법인(대판 2017.10.12, 2014두3044, 3051)
6. 「신문 등의 진흥에 관한 법률」상 등록에 따라 인정되는 신문사업자의 지위(대판 2019.8.30, 2018두47189) : 신문사업자에게 등록한 특정 명칭으로 신문을 발행할 수 있도록 하는 이익
7. 지방법무사회가 법무사의 사무원 채용승인 신청을 거부하거나 채용승인을 얻어 채용 중인 사람에 대한 채용승인을 취소한 경우, 그 때문에 사무원이 될 수 없게 된 사람(대판 2020.4.9, 2015다34444) : 법무사 사무원으로 채용되어 근무할 수 없게 되는 불이익
8. 임차인이 구 임대주택법 제21조에 따른 분양전환승인의 효력을 다툴 이익(대판 2020.7.23, 2015두48129) : 분양전환승인 중 분양전환가격에 대한 부분은 임대사업자뿐만 아니라 임차인의 법률적 지위에도 구체적이고 직접적인 영향

① 

> 과세관청이 원천징수과정에서 원천납세의무자로 취급된 외국법인이 도관에 불과하고, 그 상위 투자자인 다른 외국법인이 실질과세원칙상 납세의무자로서 국내 고정사업장을 갖고 있다고 보아 그를 상대로 법인세 과세표준과 세액을 결정하는 과정에서, 당초 원천징수된 세액의 환급금을 상위 투자자 외국법인의 결정세액에서 공제하거나 충당하면서 과세연도와 세액 및 산출근거 등이 기재된 결정결의서를 교부하는 등의 방법으로 결정의 내용을 자세하게 고지한 경우, 상위 투자자인 외국법인은 그러한 내용의 과세처분의 취소를 구하는 항고소송을 제기할 수 있다(대판 2017.10.12, 2014두3044, 3051).

② 「신문 등의 진흥에 관한 법률」상 등록에 따라 인정되는 신문사업자의 지위는 사법상 권리인 '특정 명칭의 사용권'과 구별되는 직접적·구체적인 이익이다

> `최신판례` 「신문 등의 진흥에 관한 법률」(신문법)상 신문 등록의 법적 성격, 동일 명칭 이중등록 금지의 내용과 취지 등을 종합하면, 신문의 등록은 단순히 명칭 등을 공적 장부에 등재하여 일반에 공시(公示)하는 것에 그치는 것이 아니라 신문사업자에게 등록한 특정 명칭으로 신문을 발행할 수 있도록 하는 것이고, 이처럼 신문법상 등록에 따라 인정되는 신문사업자의 지위는 사법상 권리인 '특정 명칭의 사용권' 자체와는 구별된다(대판 2019.8.30, 2018두47189).

③ 갑 주식회사(주식회사 제주일보사)로부터 '제주일보' 명칭 사용을 허락받아 「신문 등의 진흥에 관한 법률」에 따라 등록관청인 도지사(제주특별자치도지사)에게 신문의 명칭 등을 등록하고 제주일보를 발행하고 있던 을 주식회사(주식회사 제주일보, 원고)가, 병 주식회사(주식회사 제주일보방송, 피고보조참가인)가 갑 회사의 사업을 양수하였음을 원인으로 하여 사업자 지위승계신고 및 그에 따른 발행인·편집인 등의 등록사항 변경을 신청한 데 대하여 도지사가 이를 수리하고 변경등록을 하자, 사업자 지위승계신고 수리와 신문사업변경등록에 대한 무효확인 또는 취소를 구하는 소를 제기한 사안에서, 위 처분은 을 회사가 '제주일보' 명칭으로 신문을 발행할 수 있는 「신문 등의 진흥에 관한 법률」상 지위를 불안정하게 만드는 것이므로, 을 회사에 무효확인 또는 취소를 구할 법률상 이익이 인정된다고 한 사례

신문사업자의 지위는 신문법상 등록에 따라 보호되는 직접적·구체적인 이익으로 사법상 '특정 명칭의 사용권'과 구별되고, 갑 회사와 을 회사 사이에 신문의 명칭 사용 허락과 관련하여 민사상 분쟁이 있더라도 법원의 판단이 있기 전까지 을 회사의 신문법상 지위는 존재하기 때문에, 위 처분은 을 회사가 '제주일보' 명칭으로 신문을 발행할 수 있는 신문법상 지위를 불안정하게 만드는 것이므로, 을 회사에는 무효확인 또는 취소를 구할 법률상 이익이 인정된다는 이유로, 이와 달리 사법상 권리를 상실하면 신문법상 지위도 당연히 소멸한다는 전제에서 을 회사의 원고적격을 부정한 원심판단에 법리를 오해한 잘못이 있다고 한 사례(대판 2019.8.30, 2018두47189).

④ 지방법무사회가 법무사의 사무원 채용승인 신청을 거부하거나 채용승인을 얻어 채용 중인 사람에 대한 채용승인을 취소한 경우, 그 때문에 사무원이 될 수 없게 된 사람에게 항고소송을 제기할 원고적격이 인정된다

★ 21 국회8급, 21 국가9급

지방법무사회가 법무사의 사무원 채용승인 신청을 거부하거나 채용승인을 얻어 채용 중인 사람에 대한 채용승인을 취소하면, 상대방인 법무사로서도 그 사람을 사무원으로 채용할 수 없게 되는 불이익을 입게 될 뿐만 아니라, 그 사람도 법무사 사무원으로 채용되어 근무할 수 없게 되는 불이익을 입게 된다. 법무사규칙 제37조 제4항이 이의신청 절차를 규정한 것은 채용승인을 신청한 법무사뿐만 아니라 사무원이 되려는 사람의 이익도 보호하려는 취지로 볼 수 있다. 따라서 지방법무사회의 사무원 채용승인 거부처분 또는 채용승인 취소처분에 대해서는 처분 상대방인 법무사뿐만 아니라 그 때문에 사무원이 될 수 없게 된 사람도 이를 다툴 원고적격이 인정되어야 한다(대판 2020.4.9, 2015다34444).

⑤ 임차인은 구 임대주택법 제21조에 따른 분양전환승인의 효력을 다툴 이익이 있다

구 임대주택법 제21조에 의한 분양전환승인은 '해당 임대주택이 임대의무기간 경과 등으로 분양전환 요건을 충족하는지 여부' 및 '분양전환승인신청서에 기재된 분양전환가격이 임대주택법령의 규정에 따라 적법하게 산정되었는지'를 심사하여 승인하는 행정처분에 해당하고, 그중 분양전환가격에 관한 부분은 시장 등이 분양전환에 따른 분양계약의 매매대금 산정의 기준이 되는 분양전환가격의 적정성을 심사하여 그 분양전환가격이 적법하게 산정된 것임을 확인하고 임대사업자로 하여금 승인된 분양전환가격을 기준으로 분양전환을 하도록 하는 처분이다. 이러한 절차를 거쳐 승인된 분양전환가격은 곧바로 임대사업자와 임차인 사이에 체결되는 분양계약상 분양대금의 내용이 되는 것은 아니지만, 임대사업자는 승인된 분양전환가격을 상한으로 하여 분양대금을 정하여 임차인과 분양계약을 체결하여야 하므로, 분양전환승인 중 분양전환가격에 대한 부분은 임대사업자뿐만 아니라 임차인의 법률적 지위에도 구체적이고 직접적인 영향을 미친다. 따라서 분양전환승인 중 분양전환가격을 승인하는 부분은 단순히 분양계약의 효력을 보충하여 그 효력을 완성시켜주는 강학상 '인가'에 해당한다고 볼 수 없고, 임차인들에게는 분양계약을 체결한 이후 분양대금이 강행규정인 임대주택법령에서 정한 산정기준에 의한 분양전환가격을 초과하였음을 이유로 부당이득반환을 구하는 민사소송을 제기하는 것과 별개로, 분양계약을 체결하기 전 또는 체결한 이후라도 항고소송을 통하여 분양전환승인의 효력을 다툴 법률상 이익(원고적격)이 있다고 보아야 한다(대판 2020.7.23, 2015두48129).

## (2) 부정사례

1. 단체가 단체구성원의 이익침해에 대해 소송을 제기하는 경우
   ① 연식품협동조합이 그 조합원에 대한 식품제조영업허가 취소처분의 취소를 구할 소익(대판 1987.5.26, 87누119)
   ② 전국고속버스운송사업조합이 도지사의 시외버스운송사업자에 대한 사업계획변경인가처분의 취소를 구할 이익(대판 1990.2.9, 89누4420)
   ③ 노동조합이 근로자의 부당해고 등 구제신청을 규정한 근로기준법 제27조의3의 조항에 의한 구제신청인이 될 수 있는 이익(대판 1992.11.13, 92누11114)
   ④ 사단법인 대한의사협회가 보건복지부 고시인「건강보험요양급여행위 및 그 상대가치점수 개정」의 취소를 구할 이익 (대판 2006.5.25, 2003두11988) : 원고 협회의 장이 요양급여비용협의회의 위원으로서 국민건강보험법 제42조 제1항 소정의 요양급여비용을 정하는 계약 체결에 간접적으로 관여하더라도 마찬가지
2. 단체 구성원이 단체 자체의 이익침해에 대해 소송을 제기하는 경우
   ① 운전기사의 합승행위를 이유로 소속 운수회사에 대하여 과징금부과처분이 있은 경우 당해 운전기사의 이익(대판 1994.4.12, 93누24247)
   ② 상호신용금고가 재정경제원장관의 업무·재산관리명령에 대한 행정심판을 청구하였다가 기각당한 경우 법인이나 비법인사단의 구성원인 회사의 이사 겸 주주나 과점주주(대판 1997.12.12, 97누317)
3. 기타
   ① 국세체납처분을 원인으로 한 압류등기 이후에 압류부동산을 매수한 자(대판 1985.2.8, 82누524)
   ② 전공이 다른 교수를 임용함으로써 학습권을 침해당한 대학생들의 이익(대판 1993.7.27, 93누8139)
   ③ 과세권자의 원천징수의무자에 대한 납세고지에 대하여 원천납세의무자가 항고소송을 제기할 이익(대판 1994.9.9, 93누22234) : 과세권자가 직접 그에게 원천세액을 부과한 경우가 아닌 한 과세권자의 원천징수의무자에 대한 납세고지로 인하여 자기의 원천납세의무의 존부나 범위에 아무런 영향을 받지 아니하므로
   ④ 체납압류처분된 부동산의 매수인이나 가압류권자가 그 압류처분의 취소를 구할 이익(대판 1997.2.14, 96누3241)
   ⑤ 부동산압류처분에 대한 금전채권자(가등기담보권자나 저당권자)의 이익(대판 1989.10.10, 89누2080)
   ⑥ 토지구획정리사업 시행자로부터 공사를 도급받은 자가 시행자가 한 환지처분을 다툴 법률상 이익(대판 1999.7.23, 97누1006)
   ⑦ 아파트관리사무소 소장으로 근무하면서 관리사무소를 위하여 종합소득세의 신고·납부, 경정청구 등의 업무를 처리한 경우 소장이 경정청구를 거부한 과세관청의 처분에 대해 취소를 구할 이익(대판 2003.9.23, 2002두1267)
   ⑧ 사법시험에 합격한 보병병과 장교를 법무병과로 전과를 명하고, 그를 법무병과의 소령 진급예정자로 선발한 피고의 이 사건 처분으로 인해 제3자로 군법무관인 원고들이 서열이나 진급 등과 관련하여 받는 영향들(대판 2011.4.14, 2010두27615)
   ⑨ 법인의 주주가 법인에 대한 행정처분 이후의 주식 양수인인 경우(대판 2010.5.13, 2010두2043)
   ⑩ 교육부장관이 사학분쟁조정위원회의 심의를 거쳐 상지대학교를 설치·운영하는 상지 학교법인의 이사 8인과 임시이사 1인을 선임한 데 대하여 상지대학교 교수협의회와 총학생회 등이 이사선임처분의 취소를 구하는 소송을 제기한 사안에서, 전국대학노동조합 상지대학교지부(대판 2015.7.23, 2012두19496, 19502)

---

### ① 연식품협동조합에게는 그 조합원에 대한 식품제조영업허가 취소처분의 취소를 구할 소익이 없다

> 두부제조업체들에 의하여 설립된 연식품협동조합이 식품위생법상의 식품위생이나 보건향상등에 의한 이익을 향수할 수 있는 주체도 아닐 뿐만 아니라 그 조합원에 대한 식품제조영업허가취소처분과는 직접적인 법률관계가 없고 다만 기존허가업체인 그 조합원과 간접적인 사실상의 관계가 있는 것에 불과하다면 위 조합은 위 행정처분으로 자신의 업무수행상 법적으로 보호받아야 할 어떤 이익의 침해가 직접적으로 야기되었다고도 볼 수 없어 위 식품제조영업허가취소처분에 대한 취소를 소구할 이익이 없다(대판 1987.5.26, 87누119).

② 전국고속버스운송사업조합이 도지사의 시외버스운송사업자에 대한 사업계획변경인가처분의 취소를 구할 원고적격이 없다고 본 사례

> 피고인 경상북도지사가 시외버스운송사업자에게, 그가 보유하고 있던 대구 - 주왕산 노선의 운행계통을 일부 분리하여 기점을 영천으로 하고 경부고속도로를 경유하여 종점을 서울까지로 연장하는 내용의 이 사건 시외버스 운송사업계획변동인가처분을 함으로 인하여, 그 노선에 관계가 있는 고속버스운송사업자의 경제적 이익이 침해됨은 별론으로 하고 원고조합 자신의 법률상 이익이 침해된다거나, 고속버스운송사업자가 아닌 원고조합이 이 사건 처분에 관하여 직접적이고 구체적인 이해관계를 가진다고는 볼 수 없으므로, 원고조합이 이 사건 시외버스운송사업계획변동인가처분의 취소를 구하는 행정소송을 제기할 원고적격은 없다(대판 1990.2.9, 89누4420).

③ 노동조합은 근로자의 부당해고 등 구제신청을 규정한 근로기준법 제27조의3의 조항에 의한 구제신청인이 될 수 없다

> 같은 조 제2항이 정당한 이유 없는 해고 등의 구제신청과 심사절차 등에 관하여 노동조합법 제40조 내지 제44조의 규정을 준용하도록 규정하고 있으나 그 준용의 범위는 노동위원회에 구제를 신청하고 노동위원회가 이를 심사하는 "절차"에 국한된다고 보아야 하므로 부당해고 등에 대한 구제신청에 있어, 신청인이 될 수 있는 자는 바로 해고 등의 불이익처분을 받은 "당해 근로자"뿐이고, 노동조합은 이에 포함되지 않는다(대판 1992.11.13, 92누11114).

④ 대학생들이 전공이 다른 교수를 임용함으로써 학습권을 침해당하였다는 이유를 들어 교수임용처분의 취소를 구할 소의 이익이 없다고 한 사례 ★ 15·12 순경특채

> 원고들은 서울시립대학교 세무학과에 재학중인 학생들로서 조세정책과목을 수강하고 있는데 피고가 경제학적으로 접근하여야 하는 조세정책과목의 담당교수를 행정학을 전공한 소외 원윤희로 임용함으로써 원고들의 학습권을 침해하였다는 것이나 설령 피고의 이 사건 임용처분으로 말미암아 원고들이 그 주장과 같은 불이익을 받게 되더라도 그 불이익은 간접적이거나 사실적인 불이익에 지나지 아니하여 그것만으로는 원고들에게 이 사건 임용처분의 취소를 구할 소의 이익이 있다고 할 수 없다(대판 1993.7.27, 93누8139)

⑤ 과세권자의 원천징수의무자에 대한 납세고지에 대하여 원천납세의무자는 항고소송을 제기할 수 없다

★ 15 국가9급, 14 서울7급, 12 세무사

> 원천징수에 있어서 원천납세의무자는 과세권자가 직접 그에게 원천세액을 부과한 경우가 아닌 한 과세권자의 원천징수의무자에 대한 납세고지로 인하여 자기의 원천세납세의무의 존부나 범위에 아무런 영향을 받지 아니하므로 이에 대하여 항고소송을 제기할 수 없다(대판 1994.9.9, 93누22234).

⑥

> 아파트관리사무소 소장으로 근무하면서 관리사무소를 위하여 종합소득세의 신고·납부, 경정청구 등의 업무를 처리하였다는 것만으로는, 위 소장에게 경정청구를 거부한 과세관청의 처분에 대해 취소를 구할 법률상의 이익이 있다고 보기 어렵다(대판 2003.9.23, 2002두1267).

⑦ **법인의 주주가 당해 법인에 대한 행정처분의 취소를 구할 원고적격이 있는 경우** ★ 14 변호사

> 일반적으로 법인의 주주는 당해 법인에 대한 행정처분에 관하여 사실상이나 간접적인 이해관계를 가질 뿐이어서 스스로 그 처분의 취소를 구할 원고적격이 없는 것이 원칙이라고 할 것이지만, 그 처분으로 인하여 궁극적으로 주식이 소각되거나 주주의 법인에 대한 권리가 소멸하는 등 주주의 지위에 중대한 영향을 초래하게 되는데도 그 처분의 성질상 당해 법인이 이를 다툴 것을 기대할 수 없고 달리 주주의 지위를 보전할 구제방법이 없는 경우에는 주주도 그 처분에 관하여 직접적이고 구체적인 법률상 이해관계를 가진다고 보이므로 그 취소를 구할 원고적격이 있다(대판 2004.12.23, 2000두2648).

⑧ **법인의 주주의 원고적격 인정에 관한 판단기준**

> 법인의 주주는 법인에 대한 행정처분에 관하여 사실상이나 간접적인 이해관계를 가질 뿐이어서 스스로 그 처분의 취소를 구할 원고적격이 없는 것이 원칙이다. 다만 그 처분으로 인하여 법인이 더 이상 영업 전부를 행할 수 없게 되고, 영업에 대한 인허가의 취소 등을 거쳐 해산·청산되는 절차 또한 처분 당시 이미 예정되어 있으며, 그 후속절차가 취소되더라도 그 처분의 효력이 유지되는 한 당해 법인이 종전에 행하던 영업을 다시 행할 수 없는 예외적인 경우에는 주주도 그 처분에 관하여 직접적·구체적인 법률상 이해관계를 가진다고 보아 그 효력을 다툴 원고적격이 있지만, 만일 그 법인의 주주가 법인에 대한 행정처분 이후의 주식 양수인인 경우에는 특별한 사정이 없는 한 그 처분에 대하여 간접적·경제적 이해관계를 가질 뿐 법률상 직접적·구체적 이익을 가지는 것은 아니다(대판 2010.5.13, 2010두2043).

## 3. 개인적 이익(사적 이익)

법에 의해 보호되는 개인적 이익이 있는 자만이 항고소송을 제기할 원고적격이 있고, 공익의 침해만으로는 원고적격이 인정될 수 없다.

### (1) 외국인에게는 사증발급 거부처분의 취소를 구할 법률상 이익이 인정되지 않지만, 국적법상 귀화불허가처분이나 출입국관리법상 체류자격변경 불허가처분, 강제퇴거명령 등을 다투는 외국인은 해당 처분의 취소를 구할 법률상 이익이 인정된다 ★ 21 국가9급, 19 국가7급

`최신기출` 체류자격 및 사증발급의 기준과 절차에 관한 출입국관리법과 그 하위법령의 위와 같은 규정들은, 대한민국의 출입국 질서와 국경관리라는 공익을 보호하려는 취지일 뿐, 외국인에게 대한민국에 입국할 권리를 보장하거나 대한민국에 입국하고자 하는 외국인의 사익까지 보호하려는 취지로 해석하기는 어렵다.
사증발급 거부처분을 다투는 외국인은, 아직 대한민국에 입국하지 않은 상태에서 대한민국에 입국하게 해달라고 주장하는 것으로, 대한민국과의 실질적 관련성 내지 대한민국에서 법적으로 보호가치 있는 이해관계를 형성한 경우는 아니어서, 해당 처분의 취소를 구할 법률상 이익을 인정하여야 할 법정책적 필요성도 크지 않다. 반면, 국적법상 귀화불허가처분이나 출입국관리법상 체류자격변경 불허가처분, 강제퇴거명령 등을 다투는 외국인은 대한민국에 적법하게 입국하여 상당한 기간을 체류한 사람이므로, 이미 대한민국과의 실질적 관련성 내지 대한민국에서 법적으로 보호가치 있는 이해관계를 형성한 경우이어서, 해당 처분의 취소를 구할 법률상 이익이 인정된다고 보아야 한다. 나아가 중화인민공화국(중국) 출입경관리법 제36조 등은 외국인이 사증발급 거부 등 출입국 관련 제반 결정에 대하여 불복하지 못하도록 명문의 규정을 두고 있으므로, 국제법의 상호주의원칙상 대한민국이 중국 국적자에게 우리 출입국관리 행정청의 사증발급 거부에 대하여 행정소송 제기를 허용할 책무를 부담한다고 볼 수는 없다.
이와 같은 사증발급의 법적 성질, 출입국관리법의 입법 목적, 사증발급 신청인의 대한민국과의 실질적 관련성, 상호주의원칙 등을 고려하면, 우리 출입국관리법의 해석상 외국인에게는 사증발급 거부처분의 취소를 구할 법률상 이익이 인정되지 않는다고 봄이 타당하다(대판 2018.5.15, 2014두42506).

## 4. 법률상 이익의 확실한 침해가능성

> 환경영향평가에 관한 자연공원법령 및 환경영향평가법령의 규정들의 취지는 집단시설지구개발사업이 환경을 해치지 아니하는 방법으로 시행되도록 함으로써 집단시설지구개발사업과 관련된 환경공익을 보호하려는 데에 그치는 것이 아니라 그 사업으로 인하여 직접적이고 중대한 환경피해를 입으리라고 예상되는 환경영향평가대상지역 안의 주민들이 개발 전과 비교하여 수인한도를 넘는 환경침해를 받지 아니하고 쾌적한 환경에서 생활할 수 있는 개별적 이익까지도 이를 보호하려는 데에 있다(대판 1998.4.24, 97누3286).

# Ⅳ. 법률의 범위(보호규범론)

## 1. 대법원 판례

대법원 판례는 기본적으로 처분의 근거법률이라는 테두리를 유지(학설상 관계법률에 해당하는 법률에 대해서도 근거법률로 표현)하면서 절차적인 규율이나 처분과 실질적 관련성이 있는 관계법령을 근거법률로 표현하는 입장이 주류적인데, 최근에는 관련법규까지 포함하는 판시가 나온 바 있다. 그러나 기본권의 경우 자유권적 기본권에 대해서는 원고적격을 인정하지만, 환경권과 자연방위권에 관해서는 원고적격을 부정하고 있다.

### (1) 근거법률과 관계법률

#### ① 관련법규 포함 ★ 11 국가9급

> 국립공원 집단시설지구개발사업의 조성면적이 $10$만$m^2$ 이상인 경우에는 환경영향평가대상사업에 해당하므로 환경부장관이 집단시설지구 내 시설물기본설계 변경승인처분 등을 함에 있어서는 반드시 자연공원법령 및 환경영향평가법령 소정의 환경영향평가를 거쳐서 그 환경영향평가의 협의내용을 사업계획에 반영시키도록 하여야 하므로 자연공원법령뿐 아니라, 환경영향평가법령(절차법)도 위 변경승인처분 등에 직접적인 영향을 미치는 근거법령이 된다고 볼 수밖에 없다(대판 2001.7.27, 99두2970).

#### ② 근거법규 및 관련법규에 의해 보호되는 개별적·직접적·구체적 이익
★ 17 국회8급, 14·13·10 세무사, 14 순경특채, 13 국가7급, 11 국가9급

> 법률상 보호되는 이익이라 함은 당해 처분의 근거법규 및 관련법규에 의하여 보호되는 개별적·직접적·구체적 이익이 있는 경우를 말하고, 공익보호의 결과로 국민 일반이 공통적으로 가지는 일반적·간접적·추상적 이익이 생기는 경우에는 법률상 보호되는 이익이 있다고 할 수 없다(대판 2006.12.22, 2006두14001).

법률상 보호되는 이익이라 함은 당해 처분의 근거법규에 의하여 보호되는 개별적·구체적 이익을 의미하며, 관련법규에 의하여 보호되는 개별적·구체적 이익까지 포함하는 것은 아니라는 것이 판례의 입장이다. (x) ■ 17 국회8급

#### ③ 당해 처분의 근거 법규 및 관련 법규에 의하여 보호되는 법률상 이익의 의미

> 당해 처분의 근거 법규 및 관련 법규에 의하여 보호되는 법률상 이익은 당해 처분의 근거 법규의 명문 규정에 의하여 보호받는 법률상 이익, 당해 처분의 근거 법규에 의하여 보호되지는 아니하나 당해 처분의 행정목적을 달성하기 위한 일련의 단계적인 관련 처분들의 근거 법규에 의하여 명시적으로 보호받는 법률상 이익, 당해 처분의 근거 법규 또는 관련 법규에서 명시적으로 당해 이익을 보호하는 명문의 규정이 없더라도 근거 법규 및 관련 법규의 합리적 해석상 그 법규에서 행정청을 제약하는 이유가 순수한 공익의 보호만이 아닌 개별적·직접적·구체적 이익을 보호하는 취지가 포함되어 있다고 해석되는 경우까지를 말한다(대판 2015.7.23, 2012두19496, 19502).

### (2) 자유권적 기본권(인정)

**구속된 피고인은 미결수용중인 교도소장의 접견허가거부처분의 취소를 구할 원고적격을 가진다** ★ 10 국가9급

> 구속된 피고인은 형사소송법 제89조의 규정에 따라 타인과 접견할 권리를 가지며 행형법 제62조, 제18조 제1항의 규정에 의하면 교도소에 미결수용된 자는 소장의 허가를 받아 타인과 접견할 수 있으므로(이와 같은 접견권은 헌법상 기본권의 범주에 속하는 것이다) 구속된 피고인이 사전에 접견신청한 자와의 접견을 원하지 않는다는 의사표시를 하였다는 등의 특별한 사정이 없는 한 구속된 피고인은 교도소장의 접견허가거부처분으로 인하여 자신의 접견권이 침해되었음을 주장하여 위 거부처분의 취소를 구할 원고적격을 가진다(대판 1992.5.8, 91누7552).

### (3) 환경권(부정)

#### ① 헌법상의 환경권 규정에 의하여 사법상 권리로서 환경권이 인정될 수는 없다

> 헌법 제35조 제1항은 환경권을 기본권의 하나로 승인하고 있으므로, 사법의 해석과 적용에 있어서도 이러한 기본권이 충분히 보장되도록 배려하여야 하나, 헌법상의 기본권으로서의 환경권에 관한 위 규정만으로서는 그 보호대상인 환경의 내용과 범위, 권리의 주체가 되는 권리자의 범위 등이 명확하지 못하여 이 규정이 개개의 국민에게 직접으로 구체적인 사법상의 권리를 부여한 것이라고 보기는 어렵고, 사법적 권리인 환경권을 인정하면 그 상대방의 활동의 자유와 권리를 불가피하게 제약할 수밖에 없으므로, 사법상의 권리로서의 환경권이 인정되려면 그에 관한 명문의 법률규정이 있거나 관계법령의 규정취지나 조리에 비추어 권리의 주체, 대상, 내용, 행사방법 등이 구체적으로 정립될 수 있어야 한다. 관할행정청으로부터 도시공원법상의 근린공원 내의 개인 소유 토지상에 골프연습장을 설치할 수 있다는 인가처분을 받은 데 하자가 있다는 점만으로 바로 그 근린공원 인근 주민들에게 토지소유자에 대하여 골프연습장 건설의 금지를 구할 사법상의 권리가 생기는 것이라고는 할 수 없다(대결 1995.5.23, 94마2218).

#### ② 환경권의 법적 성질

> 환경권은 명문의 법률규정이나 관계법령의 규정취지 및 조리에 비추어 권리의 주체, 대상, 내용, 행사방법 등이 구체적으로 정립될 수 있어야만 인정되는 것이므로, 사법상의 권리로서의 환경권을 인정하는 명문의 규정이 없는데도 환경권에 기하여 직접 방해배제청구권을 인정할 수 없다(대판 1997.7.22, 96다56153).

#### ③ 환경권과 환경정책기본법상의 권리는 원고적격 부정(새만금사건) ★ 20 서울7급, 17 지방9급, 13 세무사, 10 지방7급, 10 서울교행

> 헌법 제35조 제1항에서 정하고 있는 환경권에 관한 규정만으로는 그 권리의 주체·대상·내용·행사방법 등이 구체적으로 정립되어 있다고 볼 수 없고, 환경정책기본법 제6조도 그 규정 내용 등에 비추어 국민에게 구체적인 권리를 부여한 것으로 볼 수 없으므로, 위 원고들에게 헌법상의 환경권 또는 환경정책기본법 제6조에 기하여 이 사건 각 처분을 다툴 원고적격이 있다고 할 수 없다(대판(전합) 2006.3.16, 2006두330].

> 환경정책기본법 제6조의 규정 내용 등에 비추어 국민에게 구체적인 권리를 부여한 것으로 볼 수 없더라도 환경영향평가 대상지역 밖에 거주하는 주민에게 헌법상의 환경권 또는 환경정책기본법에 근거하여 공유수면매립면허처분과 농지개량사업 시행인가처분의 무효확인을 구할 원고적격이 있다. (x) ■ 17 지방9급

④ 환경권과 자연방위권은 원고적격 부정(내원사, 미타암, 도롱뇽의 친구들이 천성산을 관통하는 고속철도원효터널공사착공 금지가처분을 신청한 사건)

> 신청인 내원사, 미타암, 도롱뇽의 친구들이 환경권에 관한 헌법 제35조 제1항이나 자연방위권 등 헌법상의 권리에 의하여 직접 피신청인에 대하여 고속철도 중 일부 구간의 공사금지를 청구할 수는 없고 환경정책기본법 등 관계법령의 규정 역시 그와 같이 구체적인 청구권원을 발생시키는 것으로 해석할 수는 없으므로, 원심이 같은 취지에서 신청인 내원사, 미타암의 신청 중 환경권이나 자연방위권을 피보전권리로 하는 부분 및 신청인 도롱뇽의 친구들의 신청(위 신청인은 천성산을 비롯한 자연환경과 생태계의 보존운동 등을 목적으로 설립된 법인 아닌 사단으로서 헌법상 환경권 또는 자연방위권만을 이 사건 신청의 피보전권리로서 주장하고 있다)에 대하여는 피보전권리를 인정할 수 없다는 취지로 판단한 것은 정당하고, 환경권 및 그에 기초한 자연방위권의 권리성, 신청인 도롱뇽의 친구들의 당사자적격이나 위 신청인이 보유하는 법률상 보호되어야 할 가치 등에 관한 법리오해 등의 위법이 없다(대결 2006.6.2, 2004마1148·1149).

## 2. 헌법재판소 결정례

헌법재판소도 자유권적 기본권인 경쟁의 자유와 알 권리에 대해 원고적격을 인정하고 있다.

### (1) 경쟁의 자유

> 국세청장의 지정행위의 근거규범인 이 사건 조항들이 단지 공익만을 추구할 뿐 청구인 개인의 이익을 보호하려는 것이 아니라는 이유로 청구인에게 취소소송을 제기할 법률상 이익을 부정한다고 하더라도, 청구인의 기본권인 경쟁의 자유가 바로 행정청의 지정행위의 취소를 구할 법률상 이익이 된다 할 것이다(헌재결 1998.4.30, 97헌마141).

### (2) 알 권리

> 부동산소유권의 회복을 위한 입증자료로 사용하고자 청구인이 문서의 열람·복사 신청을 하였으나 행정청이 이에 불응하였다 하더라도 그 불응한 행위로 인하여 청구인의 재산권이 침해 당하였다고는 보기 어려우나, 청구인의 정당한 이해관계가 있는 정부보유의 정보의 개시에 대하여 행정청이 아무런 검토 없이 불응한 부작위는 헌법 제21조에 규정된 표현의 자유와 자유민주주의적 기본질서를 천명하고 있는 헌법 전문, 제1조, 제4조의 해석상 국민의 정부에 대한 일반적 정보공개를 구할 권리(청구권적 기본권으로서 인정되는 '알' 권리)를 침해한 것이고 위 열람·복사 민원의 처리는 법률의 제정이 없더라도 불가능한 것이 아니다(헌재결 1989.9.4, 88헌마22).

## V. 인인소송(이웃소송)

### 1. 환경관련

#### (1) 법률상 이익 인정사례

1. 주거지역 내에 거주하는 인근 주민의 거주의 안녕과 건전한 생활환경의 보호이익(연탄공장건축허가취소소송)(대판 1975.5.13, 73누96·97)
2. 엘.피.지(L.P.G)자동차충전소에 인접하여 거주하는 주민들의 안전과 환경상의 이익(대판 1983.7.12, 83누59)
3. 도시계획시설인 공설화장장 설치를 금지함에 의하여 보호되는 부근 주민들의 환경상 이익(대판 1995.9.26, 94누14544)
4. 토사채취 허가지의 인근 주민들에게 토사채취허가의 취소를 구할 이익(대판 2007.6.15, 2005두9736)
5. 광업권설정허가처분과 그에 따른 광산 개발과 관련된 후속 절차로 인하여 재산상·환경상 피해가 예상되는 토지나 건축물의 소유자나 점유자 또는 이해관계인 및 주민들의 이익(증명한 경우)(대판 2008.9.11, 2006 두7577)
6. 고속도로에 편입되는 토지의 소유권자들이 '사업실시계획의 승인 단계'에서 민간투자사업시행자지정처분을 다툴 이익(대판 2009.4.23, 2008두2421)
7. 수돗물을 공급받아 이를 마시거나 이용하는 주민들이 근거 법규 및 관련 법규가 환경상 이익의 침해를 받지 않은 채 깨끗한 수돗물을 마시거나 이용할 수 있는 자신들의 생활환경상의 개별적 이익을 직접적·구체적으로 보호하고 있음을 증명한 경우(대판 2010.4.15, 2007두16127)
8. 김해시장이 낙동강에 합류하는 하천수 주변의 토지에 구 「산업집적활성화 및 공장설립에 관한 법률」 제13조에 따라 공장설립을 승인하는 처분을 한 사안에서, 공장설립으로 수질오염 등이 발생할 우려가 있는 취수장에서 물을 공급받는 부산광역시 또는 양산시에 거주하는 주민들의 이익(대판 2010.4.15, 2007두16127)

#### ① 주거지역 내에 거주하는 인근 주민의 거주의 안녕과 건전한 생활환경의 보호(연탄공장건축허가취소소송)

★ 20 국회9급, 14·10 순경특채

최신기출

주거지역 안에서는 도시계획법(현 국토의 계획 및 이용에 관한 법률) 제19조 제1항과 개정 전 건축법 제32조 제1항에 의하여 공익상 부득이하다고 인정될 경우를 제외하고는 거주의 안녕과 건전한 생활환경의 보호를 해치는 모든 건축이 금지되고 있을 뿐 아니라 주거지역 내에 거주하는 사람이 받는 위와 같은 보호이익은 법률에 의하여 보호되는 이익이라고 할 것이므로 주거지역 내에 위 법조 소정 제한면적을 초과한 연탄공장건축허가처분으로 불이익을 받고 있는 제3거주자는 비록 당해 행정처분의 상대자가 아니라 하더라도 그 행정처분으로 말미암아 위와 같은 법률에 의하여 보호되는 이익을 침해받고 있다면 당해 행정처분의 취소를 소구하여 그 당부의 판단을 받을 법률상의 자격이 있다(대판 1975.5.13, 73누96·97 ).

#### ② 광업권설정허가처분과 그에 따른 광산 개발과 관련된 후속절차로 인하여 재산상·환경상 피해가 예상되는 토지나 건축물의 소유자나 점유자 또는 이해관계인 및 주민들의 이익 ★ 14 변호사

근거법규 또는 관련법규의 취지는 광업권설정허가처분과 그에 따른 광산 개발과 관련된 후속절차로 인하여 직접적이고 중대한 재산상·환경상 피해가 예상되는 토지나 건축물의 소유자나 점유자 또는 이해관계인 및 주민들이 전과 비교하여 수인한도를 넘는 재산상·환경상 침해를 받지 아니한 채 토지나 건축물 등을 보유하며 쾌적하게 생활할 수 있는 개별적 이익까지도 보호하려는 데에 있다고 할 것이므로, 광업권설정허가처분과 그에 따른 광산 개발로 인하여 재산상·환경상 이익의 침해를 받거나 받을 우려가 있는 토지나 건축물의 소유자와 점유자 또는 이해관계인 및 주민들로서는 그 처분 전과 비교하여 수인한도를 넘는 재산상·환경상 이익의 침해를 받거나 받을 우려가 있다는 것을 증명함으로써 그 처분의 취소를 구할 원고적격을 인정받을 수 있다(대판 2008.9.11, 2006두7577).

③ 수돗물을 공급받아 마시거나 이용하는 주민들이 환경상 이익의 침해를 이유로 공장설립승인처분의 취소 등을 구할 원고적격을 인정받기 위한 요건 ★ 14 세무사, 13 국회8급, 12 서울9급

> 공장설립승인처분과 그 후속절차에 따라 공장이 설립되어 가동됨으로써 그 배출수 등으로 인한 수질오염 등으로 직접적이고도 중대한 환경상 피해를 입을 것으로 예상되는 주민들이 환경상 침해를 받지 아니한 채 물을 마시거나 용수를 이용하며 쾌적하고 안전하게 생활할 수 있는 개별적 이익까지도 구체적·직접적으로 보호하려는 데 있다. 따라서 수돗물을 공급받아 이를 마시거나 이용하는 주민들로서는 위 근거 법규 및 관련 법규가 환경상 이익의 침해를 받지 않은 채 깨끗한 수돗물을 마시거나 이용할 수 있는 자신들의 생활환경상의 개별적 이익을 직접적·구체적으로 보호하고 있음을 증명하여 원고적격을 인정받을 수 있다(대판 2010.4.15. 2007두16127).

④ 김해시장이 낙동강에 합류하는 하천수 주변의 토지에 구 「산업집적활성화 및 공장설립에 관한 법률」 제13조에 따라 공장설립을 승인하는 처분을 한 사안에서, 공장설립으로 수질오염 등이 발생할 우려가 있는 취수장에서 물을 공급받는 부산광역시 또는 양산시에 거주하는 주민들도 위 처분의 근거 법규 및 관련 법규에 의하여 법률상 보호되는 이익이 침해되거나 침해될 우려가 있는 주민으로서 원고적격이 인정된다

> 상수원인 물금취수장이 소감천이 흘러 내려 낙동강 본류와 합류하는 지점 근처에 위치하고 있는 점, 수돗물은 수도관 등 급수시설에 의해 공급되는 것이어서 거주지역이 물금취수장으로부터 다소 떨어진 곳이라고 하더라도 수돗물의 수질악화 등으로 주민들이 갖게 되는 환경상 이익의 침해나 그 우려는 그 수돗물을 공급하는 취수시설이 입게 되는 수질오염 등의 피해나 그 우려와 동일하게 평가될 수 있는 점 등에 비추어, 공장설립으로 수질오염 등이 발생할 우려가 있는 물금취수장에서 취수된 물을 공급받는 부산광역시 또는 양산시에 거주하는 주민들도 위 처분의 근거 법규 및 관련 법규에 의하여 개별적·구체적·직접적으로 보호되는 환경상 이익, 즉 법률상 보호되는 이익이 침해되거나 침해될 우려가 있는 주민으로서 원고적격이 인정된다(대판 2010.4.15. 2007두16127).

⑤ 납골당 설치장소에서 500m 내에 20호 이상의 인가가 밀집한 지역에 거주하는 주민들의 경우, 납골당이 누구에 의하여 설치되는지와 관계없이 납골당 설치에 대하여 환경 이익 침해 또는 침해 우려가 있는 것으로 사실상 추정되어 원고적격이 인정된다 ★ 20 국회9급, 12 지방7급

> **최신기출**
> 구 「장사 등에 관한 법률」 제14조 제3항, 구 「장사 등에 관한 법률 시행령」 제13조 제1항 [별표 3]에서 납골묘. 납골탑. 가족 또는 종중·문중 납골당 등 사설납골시설의 설치장소에 제한을 둔 것은, 이러한 사설납골시설을 인가가 밀집한 지역 인근에 설치하지 못하게 함으로써 주민들의 쾌적한 주거, 경관, 보건위생 등 생활환경상의 개별적 이익을 직접적·구체적으로 보호하려는 데 취지가 있으므로, 이러한 납골시설 설치장소에서 500m 내에 20호 이상의 인가가 밀집한 지역에 거주하는 주민들은 납골당 설치에 대하여 환경상 이익 침해를 받거나 받을 우려가 있는 것으로 사실상 추정된다. 다만 사설납골시설 중 종교단체 및 재단법인이 설치하는 납골당에 대하여는 그와 같은 설치 장소를 제한하는 규정을 명시적으로 두고 있지 않지만, 종교단체나 재단법인이 설치한 납골당이라 하여 납골당으로서 성질이 가족 또는 종중, 문중 납골당과 다르다고 할 수 없고, 인근 주민들이 납골당에 대하여 가지는 쾌적한 주거, 경관, 보건위생 등 생활환경상의 이익에 차이가 난다고 볼 수 없다. 따라서 납골당 설치장소에서 500m 내에 20호 이상의 인가가 밀집한 지역에 거주하는 주민들에게는 납골당이 누구에 의하여 설치되는지를 따질 필요 없이 납골당 설치에 대하여 환경 이익 침해 또는 침해 우려가 있는 것으로 사실상 추정되어 원고적격이 인정된다고 보는 것이 타당하다(대판 2011.9.8. 2009두6766).

⑥ 행정처분의 직접 상대방이 아닌 자로서 처분에 의하여 자신의 환경상 이익을 침해받거나 침해받을 우려가 있다는 이유로 취소소송을 제기하는 제3자에게 원고적격이 인정되기 위한 요건

> 행정처분의 직접 상대방이 아닌 자로서 처분에 의하여 자신의 환경상 이익을 침해받거나 침해받을 우려가 있다는 이유로 취소소송을 제기하는 제3자는, 자신의 환경상 이익이 처분의 근거 법규 또는 관련 법규에 의하여 개별적·직접적·구체적으로 보호되는 이익, 즉 법률상 보호되는 이익임을 증명하여야 원고적격이 인정된다(대판 2018.7.12, 2015두3485).

### (2) 법률상 이익 부정사례

1. 인근 주민들의 농경지 등이 훼손 또는 풍수해를 입을 우려가 제거되는 것과 같은 이익(대판 1991.12.13, 90누10360)
2. 서울에 거주하며 그 공장설립예정지에 인접한 곳에 2필지의 토지를 공유하여 그 지상에 선대의 묘 4기를 두고 있는 자나 공장설립예정지로부터 약 500m 떨어진 곳에서 살고 있는 주민 등의 공장입지지정승인처분이 취소됨으로 인하여 그 공장설립예정지에 인접한 마을과 주위 토지 및 그 지상의 묘소가 분진, 소음, 수질오염 등의 해를 입을 우려에서 벗어나는 이익(대판 1995.2.28, 94누3964)
3. 상수원보호구역변경처분으로 침해되는 상수원에서 급수를 받고 있는 지역주민들이 가지는 상수원의 오염을 막아 양질의 급수를 받을 이익(대판 1995.9.26, 94누14544)
4. 고속도로에 편입되는 토지의 소유권자들이 '사업시행자지정처분의 단계'에서 민간투자사업시행자지정처분을 다툴 이익(대판 2009.4.23, 2008두242)
5. 환경부장관이 생태·자연도 1등급으로 지정되었던 지역을 2등급 또는 3등급으로 변경하는 내용의 생태·자연도 수정·보완을 고시하자, 인근 주민 甲이 생태·자연도 등급변경처분의 무효확인을 청구한 경우, 甲이 무효확인을 구할 이익(대판 2014.2.21, 2011두29052)

① 상수원보호구역변경처분으로 침해되는 상수원에서 급수를 받고 있는 지역주민들이 가지는 상수원의 오염을 막아 양질의 급수를 받을 이익 ★ 20·12 국회9급, 17 국가9급, 10 서울9급

**최신기출**
> 상수원보호구역 설정의 근거가 되는 수도법 제5조 제1항 및 동 시행령 제7조 제1항이 보호하고자 하는 것은 상수원의 확보와 수질보전일 뿐이고, 그 상수원에서 급수를 받고 있는 지역주민들이 가지는 상수원의 오염을 막아 양질의 급수를 받을 이익은 직접적이고 구체적으로는 보호하고 있지 않음이 명백하여 위 지역주민들이 가지는 이익은 상수원의 확보와 수질보호라는 공공의 이익이 달성됨에 따라 반사적으로 얻게 되는 이익에 불과하므로 지역주민들에 불과한 원고들에게는 위 상수원보호구역변경처분의 취소를 구할 법률상의 이익이 없다(대판 1995.9.26, 94누14544).

② 민간투자사업시행자지정처분의 단계에서 환경정책기본법이나 「환경·교통·재해 등에 관한 영향평가법」에 의해 보호되는 원고(인근주민)들의 환경이익

> 민간투자사업시행자지정처분 자체로 제3자의 재산권이 침해되지 않고, 구 민간투자법 제18조에 의한 타인의 토지출입 등, 제20조에 의한 토지 등의 수용·사용은 사업실시계획의 승인을 받은 후에야 가능하다. 그러므로 원고(서울·춘천 고속도로건설사업시행지 토지소유자)들의 재산권은 사업실시계획의 승인 단계에서 보호되는 법률상 이익이라고 할 것이므로, 그 이전인 사업시행자지정처분 단계에서는 원고들의 재산권 침해를 이유로 그 취소를 구할 수 없다. 이 사건 사업에 대한 사전환경성검토협의나 환경영향평가협의는 모두 이 사건 사업시행자지정처분 이후에 이루어져도 적법하고, 반드시 이 사건 사업시행자지정처분 전에 사전환경성검토협의나 환경영향평가협의 절차를 거칠 필요는 없다. 그러므로 환경정책기본법이나 「환경·교통·재해 등에 관한 영향평가법」에 의해 보호되는 원고(인근주민)들의 환경이익은 이 사건 사업시행자지정처분의 단계에서는 아직 법률에 의하여 보호되는 이익이라고 할 수 없다(대판 2009.4.23, 2008두242).

③ 환경부장관이 생태·자연도 1등급으로 지정되었던 지역을 2등급 또는 3등급으로 변경하는 내용의 생태·자연도 수정·보완을 고시하자, 인근 주민 甲이 생태·자연도 등급변경처분의 무효 확인을 청구한 사안에서, 甲은 무효 확인을 구할 원고적격이 없다고 한 사례 ★ 16국가9급

> 생태·자연도의 작성 및 등급변경의 근거가 되는 구 자연환경보전법 제34조 제1항 및 그 시행령 제27조 제1항, 제2항에 의하면, 생태·자연도는 토지이용 및 개발계획의 수립이나 시행에 활용하여 자연환경을 체계적으로 보전·관리하기 위한 것일 뿐, 1등급 권역의 인근 주민들이 가지는 생활상 이익을 직접적이고 구체적으로 보호하기 위한 것이 아님이 명백하고, 1등급 권역의 인근 주민들이 가지는 이익은 환경보호라는 공공의 이익이 달성됨에 따라 반사적으로 얻게 되는 이익에 불과하므로, 인근 주민에 불과한 甲은 생태·자연도 등급권역을 1등급에서 일부는 2등급으로, 일부는 3등급으로 변경한 결정의 무효 확인을 구할 원고적격이 없다(대판 2014.2.21, 2011두29052).

생태·자연도 1등급으로 지정되었던 지역을 2등급 또는 3등급으로 변경하는 내용의 환경부장관의 결정에 대해 해당 1등급 권역의 인근 주민은 취소소송을 제기할 원고적격이 인정된다. (x) ■ 16 국가9급

## 2. 환경영향평가 대상지역 안의 주민(인정)

종전판례는 환경영향평가 대상지역 내의 주민의 이익은 원고적격을 인정하고 밖의 주민은 원고적격을 부정했다. 그러나 최신판례에서 환경영향평가 대상지역 내의 주민은 원고적격이 사실상 추정된다고 판시하고 있고, 밖의 주민이라 하더라도 입증을 한 경우에는 원고적격을 인정하고 있다.

### (1) 법률상 이익 인정사례

1. 환경영향평가 대상지역 '내'의 주민의 이익
2. 환경영향평가 대상지역 안의 주민들이 속리산 용화집단시설지구개발사업시행허가처분을 다툴 이익(대판 2001.7.27, 99두2970)
3. 환경영향평가 대상지역 안의 주민에게 원전냉각수 순환 시 발생되는 온배수로 인한 환경상의 이익·방사성물질에 의하여 보다 직접적이고 중대한 피해를 입으리라고 예상되는 지역 내의 주민들의 이익(대판 1998.9.4, 97누19588)
4. 환경영향평가 대상지역 내의 주민이 전원개발사업실시계획 승인처분을 다툴 이익(대판 1998.9.22, 97누19571) : 강원 인제군 기린면 진동리 방대천 최상류 해발 920m지점의 상부댐과 강원 양양군 서면 영덕리 남대천 안쪽 지류 후천 135m 지점의 하부댐으로 구성되는 양수발전소 1 내지 4호기(발전시설용량 100만kw = 25만kw × 4기)를 건설하는 사업
5. 환경영향평가 대상지역 내의 주민이 경부고속철도 서울차량기지 정비창 건설사업실시계획 승인처분을 다툴 이익(대판 2001.6.29, 99두9902)
6. 납골당설치허가처분과 산림형질변경허가처분의 무효확인이나 취소를 구할 환경영향평가 대상지역 안에 거주하는 주민들의 이익(대판 2004.12.9, 2003두12073)
7. 폐기물소각시설의 부지경계선으로부터 300m 밖에 거주하는 주민들이 당해 폐기물처리시설의 설치·운영으로 인하여 환경상 이익에 대한 침해 또는 침해우려가 있다는 것을 입증한 경우(대판 2005.3.11, 2003두13489)
8. 환경영향평가 대상지역 안의 주민들이 개발 전과 비교하여 수인한도를 넘는 환경침해를 받지 아니하고 쾌적한 환경에서 생활할 수 있는 이익은 특단의 사정이 없는 한 환경상의 이익에 대한 침해 또는 침해우려가 있는 것으로 사실상 추정[대판(전합) 2006.3.16, 2006두330]
9. 환경영향평가 대상지역 밖의 주민이 환경상 이익에 대한 침해 또는 침해우려가 있다는 것을 입증한 경우(대판 2006.12.22, 2006두14001)
10. 사전환경성검토협의 대상지역 내에 포함될 개연성이 충분하다고 보이는 주민들인 원고들에 대하여는 그 환경상 이익에 대한 침해 또는 침해 우려가 있는 것으로 추정(대판 2006.12.22, 2006두14001)
11. 영향권 내의 주민들을 비롯하여 그 영향권 내에서 농작물을 경작하는 등 현실적으로 환경상 이익을 향유하는 자의 이익(대판 2009.9.24, 2009두2825)

12. 행정처분으로써 이루어지는 사업으로 환경상 침해를 받으리라고 예상되는 영향권의 범위가 그 처분의 근거 법규 등에 구체적으로 규정되어 있는 경우, 영향권 내의 주민은 사실상 추정, 영향권 밖의 주민들은 환경상 이익에 대한 침해 또는 침해 우려가 있음을 증명한 경우 인정(대판 2010.4.15, 2007두16127)
13. 납골당 설치장소에서 500m 내에 20호 이상의 인가가 밀집한 지역에 거주하는 주민들의 경우 침해 또는 침해우려가 사실상 추정(대판 2011.9.8, 2009두6766)
14. 폐기물매립시설 경계로부터 2km 이내인 간접영향권 지정 가능 범위 내에 거주하는 주민(대판 2018.8.1. 2014두42520) : 침해 또는 침해 우려가 있는 것으로 사실상 추정

① 환경영향평가 대상지역 안의 주민들이 그 대상사업인 전원(電源)개발사업실시계획승인처분과 관련하여 갖는 환경상 이익(강원도 인제군 상부댐, 강원도 양양군 하부댐건설허가처분) ★ 14 서울9급, 09 서울승진, 06 국가9급

> 전원(電源)개발사업실시계획승인처분의 근거법률인 전원개발에관한특례법령, 구 환경보전법령, 구 환경정책기본법령 및 환경영향평가법령 등의 규정 취지는 환경영향평가대상사업에 해당하는 발전소건설사업이 환경을 해치지 아니하는 방법으로 시행되도록 함으로써 당해 사업과 관련된 환경공익을 보호하려는 데 그치는 것이 아니라 당해 사업으로 인하여 직접적이고 중대한 환경피해를 입으리라고 예상되는 환경영향평가 대상지역 안의 주민들이 전과 비교하여 수인한도를 넘는 환경침해를 받지 아니하고 쾌적한 환경에서 생활할 수 있는 개별적 이익까지도 이를 보호하려는 데에 있으므로, 주민들이 위 승인처분과 관련하여 갖고 있는 위와 같은 환경상 이익은 단순히 환경공익 보호의 결과로서 국민일반이 공통적으로 갖게 되는 추상적·평균적·일반적 이익에 그치지 아니하고 환경영향평가 대상지역 안의 주민 개개인에 대하여 개별적으로 보호되는 직접적·구체적 이익이라고 보아야 하고, 따라서 위 사업으로 인하여 직접적이고 중대한 환경침해를 받게 되리라고 예상되는 환경영향평가 대상지역 안의 주민에게는 위 승인처분의 취소를 구할 원고적격이 있다(대판 1998.9.22, 97누19571).

② 환경영향평가대상사업에 해당하는 국립공원 집단시설지구개발사업에 있어 그 시설물기본설계 변경승인처분 등과 관련하여 환경영향평가 대상지역 안의 주민들이 갖고 있는 환경상의 이익은 주민 개개인에 대하여 개별적으로 보호되는 직접적·구체적인 이익이고 위 주민들에게 그 이익의 침해를 이유로 그 처분 등의 취소를 구할 원고적격이 있다 ★ 12 서울9급, 11 국가9급

> 구 자연공원법, 같은법시행령, 같은법시행규칙, 그리고 구 환경영향평가법, 같은법시행령의 각 관련 규정에 의하면, 국립공원 집단시설지구개발사업의 조성면적이 10만㎡ 이상인 경우에는 환경영향평가대상사업에 해당하므로 환경부장관이 집단시설지구 내 시설물기본설계 변경승인처분 등을 함에 있어서는 반드시 자연공원법령 및 환경영향평가법령 소정의 환경영향평가를 거쳐서 그 환경영향평가의 협의내용을 사업계획에 반영시키도록 하여야 하므로 자연공원법령뿐 아니라, 환경영향평가법령도 위 변경승인처분 등에 직접적인 영향을 미치는 근거 법령이 된다고 볼 수밖에 없고, 환경영향평가에 관한 위 자연공원법령 및 환경영향평가법령상의 관련 규정의 취지는 집단시설지구개발사업으로 인하여 직접적이고 중대한 환경피해를 입으리라고 예상되는 환경영향평가 대상지역 안의 주민들이 개발 전과 비교하여 수인한도를 넘는 환경침해를 받지 아니하고 쾌적한 환경에서 생활할 수 있는 개별적 이익까지도 이를 보호하려는 데에 있다 할 것이므로, 위 주민들이 위 변경승인처분과 관련하여 갖고 있는 위와 같은 환경상의 이익은 주민 개개인에 대하여 개별적으로 보호되는 직접적·구체적인 이익이라고 보아야 할 것이어서, 국립공원 집단시설지구개발사업으로 인하여 직접적이고 중대한 환경피해를 입으리라고 예상되는 환경영향평가 대상지역 안의 주민들이 누리고 있는 환경상의 이익이 위 변경승인처분으로 인하여 침해되거나 침해될 우려가 있는 경우에는 그 주민들에게 위 변경승인처분과 그 변경승인처분의 취소를 구하는 행정심판청구를 각하한 재결의 취소를 구할 원고적격이 있다고 보아야 한다(대판 2001.7.27, 99두2970).

③ 폐기물처리시설 설치기관이 주변영향지역으로 지정·고시하지 아니한 경우, 폐기물소각시설의 부지경계선으로부터 300m 밖에 거주하는 주민들이 폐기물소각시설의 입지지역을 결정·고시한 처분의 무효확인을 구할 원고적격을 인정받기 위한 요건 ★ 14 행정사, 14 서울9급

> 구 폐기물처리시설설치촉진및주변지역지원등에관한법률 및 같은법시행령의 관계 규정의 취지는 처리능력이 1일 50t인 소각시설을 설치하는 사업으로 인하여 직접적이고 중대한 환경상의 침해를 받으리라고 예상되는 직접영향권 내에 있는 주민들이나 폐기물소각시설의 부지경계선으로부터 300m 이내의 간접영향권 내에 있는 주민들이 사업 시행 전과 비교하여 수인한도를 넘는 환경피해를 받지 아니하고 쾌적한 환경에서 생활할 수 있는 개별적인 이익까지도 이를 보호하려는 데에 있다 할 것이므로, 위 주민들이 소각시설입지지역결정·고시와 관련하여 갖는 위와 같은 환경상의 이익은 주민 개개인에 대하여 개별적으로 보호되는 직접적·구체적 이익으로서 그들에 대하여는 특단의 사정이 없는 한 환경상의 이익에 대한 침해 또는 침해우려가 있는 것으로 사실상 추정되어 폐기물 소각시설의 입지지역을 결정·고시한 처분의 무효확인을 구할 원고적격이 인정된다고 할 것이고, 한편 폐기물소각시설의 부지경계선으로부터 300m 밖에 거주하는 주민들도 위와 같은 소각시설 설치사업으로 인하여 사업 시행 전과 비교하여 수인한도를 넘는 환경피해를 받거나 받을 우려가 있음에도 폐기물처리시설 설치기관이 주변영향지역으로 지정·고시하지 않는 경우 같은 법 제17조 제3항 제2호 단서 규정에 따라 당해 폐기물처리시설의 설치·운영으로 인하여 환경상 이익에 대한 침해 또는 침해우려가 있다는 것을 입증함으로써 그 처분의 무효확인을 구할 원고적격을 인정받을 수 있다(대판 2005.3.11, 2003두13489).

④ 환경영향평가 대상지역 안의 주민들이 개발 전과 비교하여 수인한도를 넘는 환경침해를 받지 아니하고 쾌적한 환경에서 생활할 수 있는 이익은 침해 또는 침해우려가 있는 것으로 사실상 추정(새만금사건)

★ 20 국회9급, 19 국가7급

> **최신기출**
> **전합판례**
>
> 공유수면매립면허처분과 농지개량사업 시행인가처분의 근거법규 또는 관련법규가 되는 구 공유수면매립법, 구 농촌근대화촉진법, 구 환경보전법, 구 「환경보전법 시행령」, 구 환경정책기본법, 구 환경정책기본법 시행령의 각 관련규정의 취지는, 공유수면매립과 농지개량사업시행으로 인하여 직접적이고 중대한 환경피해를 입으리라고 예상되는 환경영향평가 대상지역 안의 주민들이 전과 비교하여 수인한도를 넘는 환경침해를 받지 아니하고 쾌적한 환경에서 생활할 수 있는 개별적 이익까지도 이를 보호하려는 데에 있다고 할 것이므로, 위 주민들이 공유수면매립면허처분 등과 관련하여 갖고 있는 위와 같은 환경상의 이익은 주민 개개인에 대하여 개별적으로 보호되는 직접적·구체적 이익으로서 그들에 대하여는 특단의 사정이 없는 한 환경상의 이익에 대한 침해 또는 침해우려가 있는 것으로 사실상 추정되어 공유수면매립면허처분 등의 무효확인을 구할 원고적격이 인정된다고 할 것이다[대판(전합) 2006.3.16, 2006두330].

⑤ 환경영향평가 대상지역 밖의 주민들도 환경상 이익에 대한 침해 또는 침해우려가 있다는 것을 입증함으로써 그 처분 등의 취소(무효확인)를 구할 원고적격을 인정 ★ 21 변호사, 17 국회8급, 15·13 국가7급, 14·12·10 순경특채, 12 국회9급

> **최신기출**
>
> 환경영향평가 대상지역 밖의 주민이라 할지라도 공유수면매립면허처분 등으로 인하여 그 처분 전과 비교하여 수인한도를 넘는 환경피해를 받거나 받을 우려가 있는 경우에는, 공유수면매립면허처분 등으로 인하여 환경상 이익에 대한 침해 또는 침해우려가 있다는 것을 입증함으로써 그 처분 등의 취소(무효확인)를 구할 원고적격을 인정받을 수 있다(대판 2006.12.22, 2006두14001).

환경영향평가 대상지역 밖에 거주하는 주민은 관계법령의 내용과는 상관없이 헌법상의 환경권에 근거하여 제3자에 대한 공유수면매립면허처분을 취소할 것을 청구할 수 있는 공권을 가진다. (x) ■ 17 국회8급
공유수면매립면허처분과 관련하여 법령상 요구되는 환경영향평가를 실시하지 않은 경우 환경영향평가지역 밖에 거주하는 주민들에 대해서도 환경상 이익에 대한 침해 또는 침해 우려가 있는 것으로 사실상 추정된다. (x) ■ 21 변호사

⑥ 행정처분으로써 이루어지는 사업으로 환경상 침해를 받으리라고 예상되는 영향권의 범위가 그 처분의 근거 법규 등에 구체적으로 규정되어 있는 경우, 영향권 내의 주민에게 행정처분의 취소 등을 구할 원고적격이 인정되는지 여부(원칙적 적극) 및 영향권 밖의 주민에게 원고적격이 인정되기 위한 요건

★ 14 변호사, 13 국회8급, 12 지방7급, 12 사회복지

> 행정처분의 근거 법규 또는 관련 법규에 그 처분으로써 이루어지는 행위 등 사업으로 인하여 환경상 침해를 받으리라고 예상되는 영향권의 범위가 구체적으로 규정되어 있는 경우에는, 그 영향권 내의 주민들에 대하여는 당해 처분으로 인하여 직접적이고 중대한 환경피해를 입으리라고 예상할 수 있고, 이와 같은 환경상의 이익은 주민 개개인에 대하여 개별적으로 보호되는 직접적·구체적 이익으로서 그들에 대하여는 특단의 사정이 없는 한 환경상 이익에 대한 침해 또는 침해 우려가 있는 것으로 사실상 추정되어 법률상 보호되는 이익으로 인정됨으로써 원고적격이 인정되며, 그 영향권 밖의 주민들은 당해 처분으로 인하여 그 처분 전과 비교하여 수인한도를 넘는 환경피해를 받거나 받을 우려가 있다는 자신의 환경상 이익에 대한 침해 또는 침해 우려가 있음을 증명하여야만 법률상 보호되는 이익으로 인정되어 원고적격이 인정된다(대판 2010.4.15, 2007두16127).

⑦ 폐기물매립시설 경계로부터 2km 이내인 간접영향권 지정 가능 범위 내에 거주하는 원고들에게 주변영향지역 결정을 다툴 원고적격이 인정된다

> 「폐기물처리시설 설치촉진 및 주변지역지원 등에 관한 법률 시행령」 제18조 제1항 별표2 제2호 나.목의 취지는, 폐기물매립시설의 부지 경계선으로부터 2킬로미터 이내, 폐기물소각시설의 부지 경계선으로부터 300미터 이내에는 폐기물처리시설의 설치·운영으로 환경상 영향을 미칠 가능성이 있으므로, 그 범위 안에서 거주하는 주민들 중에서 선정한 주민대표로 하여금 지원협의체의 구성원이 되어 환경상 영향조사, 주변영향지역 결정, 주민지원사업의 결정에 참여할 수 있도록 함으로써, 그 주민들이 폐기물처리시설 설치·운영으로 인한 환경상 불이익을 보상받을 수 있도록 하려는 데 있다. 위 범위 안에서 거주하는 주민들이 폐기물처리시설의 주변영향지역 결정과 관련하여 갖는 이익은 주민 개개인에 대하여 개별적으로 보호되는 직접적·구체적 이익으로서 그들에 대하여는 특단의 사정이 없는 한 환경상 이익에 대한 침해 또는 침해 우려가 있는 것으로 사실상 추정되어 원고적격이 인정된다(대판 2018.8.1, 2014두42520).

## (2) 법률상 이익 부정사례

① 환경영향평가 대상지역 밖의 주민·일반국민·산악인·사진가·학자·환경보호단체 등의 환경상 이익이나 전원(電源)개발사업구역 밖의 주민 등의 재산상 이익

> 환경영향평가 대상지역 밖의 주민·일반국민·산악인·사진가·학자·환경보호단체 등의 환경상 이익이나 전원(電源)개발사업구역 밖의 주민 등의 재산상 이익에 대하여는 근거법률에 이를 그들의 개별적·직접적·구체적 이익으로 보호하려는 내용 및 취지를 가지는 규정을 두고 있지 아니하므로, 이들에게는 위와 같은 이익 침해를 이유로 전원(電源)개발사업실시계획승인처분의 취소를 구할 원고적격이 없다(대판 1998.9.22, 97누19571).

② 단지 영향권 내의 건물·토지를 소유하거나 환경상 이익을 일시적으로 향유하는데 그치는 자의 이익은 부정

★ 12 지방9급, 12 순경특채

> 환경상 이익에 대한 침해 또는 침해 우려가 있는 것으로 사실상 추정되어 원고적격이 인정되는 자는 환경상 침해를 받으리라고 예상되는 영향권 내의 주민들을 비롯하여 그 영향권 내에서 농작물을 경작하는 등 현실적으로 환경상 이익을 향유하는 자도 포함된다고 할 것이나, 단지 그 영향권 내의 건물·토지를 소유하거나 환경상 이익을 일시적으로 향유하는데 그치는 자는 포함되지 않는다고 할 것이다(대판 2009.9.24, 2009두2825).

## 3. 공물사용관계

| 인정사례 | 부정사례 |
|---|---|
| 도로의 용도폐지처분에 관하여 직접적인 이해관계를 가지는 이웃주민의 이익(대판 1992.9.22, 91누13212) | 1. 일반적인 시민생활에 있어 도로를 이용만 하는 사람(공물의 보통사용자)(대판 1992.9.22, 91누13212)<br>2. 乙소유의 도로를 공로에 이르는 유일한 통로로 이용하였으나 乙의 신청에 따라 관할행정청이 乙소유의 도로에 대하여 한 도로폐지허가처분을 하였지만, 甲소유의 대지에 연접하여 새로운 공로가 개설된 경우의 이웃주민 甲의 이익(대판 1999.12.7, 97누12556)<br>  ※ 유일한 도로가 폐쇄됐지만 대체도로가 개설된 사안<br>3. 횡단보도가 설치된 도로 인근에서 영업활동을 하는 자의 영업상 이익(대판 2000.10.27, 98두896)<br>  ※ 대상적격(처분성)은 인정 |

### (1) 법률상 이익 인정사례

**도로의 용도폐지처분에 관하여 직접적인 이해관계를 가지는 이웃주민의 이익은 법률상 이익이지만, 일반적인 시민생활에 있어 도로를 이용만 하는 사람(공물의 보통이용자)의 이익은 법률상 이익이 아니다** ★ 12 지방7급

원심이 인정한 사실에 의하면, 원고가 거주하는 금강빌라의 주민들에 대하여는 그 빌라의 준공 당시부터 30m 대로에 연결되는 폭 6m의 진입로가 별도로 설치되어 있어 통행에 아무런 불편이 없고, 이 사건 도로는 빌라 뒤쪽 사유지 사이에 위치한 매우 좁은 도로로서 거의 일반통행에는 제공이 되지 않고 위 주민들의 산책로 등으로 가끔 이용될 뿐이어서 새마을사업으로 포장을 할 때에도 제외되었고, 1989.1.9.에는 소외 ○○○에게 전으로 점용허가까지 된 사실이 있었다는 것인바, 그렇다면 원고가 이 사건 도로를 산책로 등으로 가끔 이용하였던 정도의 이해관계만으로는 이 사건 도로의 용도폐지처분을 다툴 법률상의 이익이 있다고 할 수 없고, 원고가 주장하는 공원경관에 대한 조망의 이익이나 문화재의 매장 가능성, 문화재 발견에 의한 표창 가능성에 따른 일반국민으로서의 문화재 보호의 이해관계 역시 직접적이고 구체적인 이익이라고 할 수 없어, 원고는 이 사건 민영주택건설사업계획승인처분을 다툴 법률상의 이익이 없다고 판단한 원심의 조치도 정당하다고 할 것이다. 일반적으로 도로는 국가나 지방자치단체가 직접 공중의 통행에 제공하는 것으로서 일반국민은 이를 자유로이 이용할 수 있는 것이기는 하나, 그렇다고 하여 그 이용관계로부터 당연히 그 도로에 관하여 특정한 권리나 법령에 의하여 보호되는 이익이 개인에게 부여되는 것이라고까지는 말할 수 없으므로, 일반적인 시민생활에 있어 도로를 이용만 하는 사람은 그 용도폐지를 다툴 법률상의 이익이 있다고 말할 수 없지만, 공공용 재산이라고 하여도 당해 공공용 재산의 성질상 특정개인의 생활에 개별성이 강한 직접적이고 구체적인 이익을 부여하고 있어서 그에게 그로 인한 이익을 가지게 하는 것이 법률적인 관점으로도 이유가 있다고 인정되는 특별한 사정이 있는 경우에는 그와 같은 이익은 법률상 보호되어야 할 것이고, 따라서 도로의 용도폐지처분에 관하여 이러한 직접적인 이해관계를 가지는 사람이 그와 같은 이익을 현실적으로 침해당한 경우에는 그 취소를 구할 법률상의 이익이 있다(대판 1992.9.22, 91누13212).

## (2) 법률상 이익 부정사례

① 乙소유의 도로를 공로에 이르는 유일한 통로로 이용하였으나 乙의 신청에 따라 관할행정청이 乙 소유의 도로에 대하여 한 도로폐지허가처분을 하였지만, 甲소유의 대지에 연접하여 새로운 공로가 개설된 경우의 이웃주민 甲의 이익은 법률상 이익이 아니다 ★ 10 서울9급

> 甲이 乙 소유의 도로를 공로에 이르는 유일한 통로로 이용하였으나 甲 소유의 대지에 연접하여 새로운 공로가 개설되어 그쪽으로 출입문을 내어 바로 새로운 공로에 이를 수 있게 된 경우, 乙의 신청에 따라 관할행정청이 乙 소유의 도로에 대하여 한 도로폐지허가처분으로 인하여 乙 소유의 도로가 구 건축법 제2조 제11호 (나)목 소정의 도로에 해당하지 않게 되었다고 하더라도 주위토지소유자인 甲의 대지 및 그 지상의 주택은 같은법 제2조 제11호 소정의 새로 개설된 도로에 접하고 있으므로 여전히 같은법 제33조 소정의 접도의무가 충족된다고 할 것이고, 도로폐지허가처분 이전에 乙 소유의 도로에 대하여 같은법 제34조, 제36조, 제37조가 적용됨으로써 甲이 갖고 있던 통행의 이익이 도로폐지허가처분에 의하여 상실되었다고 하더라도 이러한 甲의 폐지된 도로에 대한 통행의 이익은 같은법 의한 공익보호의 결과로 국민 일반이 공통적으로 가지는 추상적·평균적· 일반적 이익과 같이 간접적이거나 사실적·경제적 이익에 불과하고 이를 같은법에 의하여 보호되는 직접적이고 구체적인 이익에 해당한다고 보기도 어렵고, 또한 甲이 종전에 갖고 있던 폐지된 도로에 대한 주위토지통행권은 새로운 도로가 개설됨으로써 도로폐지허가처분 당시에는 이미 소멸하였을 뿐만 아니라, 도로폐지허가처분 당시에는 폐지된 도로의 소유자인 乙에게 폐지된 도로에 대한 독점적·배타적 사용수익권이 있다고 할 것이어서 그 제한을 전제로 한 甲의 폐지된 도로에 대한 무상통행권도 인정되지 않는다고 할 것이므로, 도로폐지허가처분으로 인하여 甲이 폐지된 도로에 대한 사법상의 통행권을 침해받았다고 볼 수도 없다 할 것이어서 甲에게는 도로폐지허가처분의 취소를 구할 법률상 이익이 없다(대판 1999.12.7. 97누12556).

## 4. 문화재 관련사례

| 인정사례 | 부정사례 |
|---|---|
| 1. 문화재보호구역 내 토지소유자의 문화재보호구역 지정해제신청에 대한 행정청의 거부행위(대판 2004.4.27. 2003두8821) : 검토결과 보호구역의 지정이 적정하지 아니하거나 기타 특별한 사유가 있는 때에는 보호구역의 지정을 해제하거나 그 범위를 조정하여야 하고, 적정성 여부의 검토에 있어서 보호구역의 지정이 재산권 행사에 미치는 영향 등을 고려하도록 규정하고 있는 점과 헌법상 개인의 재산권 보장의 취지<br>2. 문화재청장이 국가지정문화재[남양주시 금곡동 홍릉(고종황제와 명성황후의 묘릉)·유릉(순종황세와 황후 2인의 묘)]의 보호구역에 인접한 나대지에 건물을 신축하기 위한 국가지정문화재 현상변경신청을 거부한 행위(대판 2006.5.12. 2004두9920) | 1. 공원경관에 대한 조망의 이익이나 문화재의 매장 가능성, 문화재 발견에 의한 표창 가능성에 따른 일반국민으로서의 문화재 보호의 이해관계(공주시 옥룡동 금강빌라거주주민)(대판 1992.9.22. 91누13212)<br>2. 구 문화재보호법상의 도지정문화재 지정(백이정선생 가묘지정사건)처분으로 인하여 침해될 수 있는 특정 개인의 명예 내지 명예감정(대판 2001.9.28. 99두8565) |

**(1) 문화재의 지정이나 문화재보호구역의 지정으로 문화재를 향유할 수 있는 지역주민이나 국민일반 또는 학술연구자의 이익은 법률상 이익이 아니다**

> 문화재는 문화재의 지정이나 그 보호구역으로 지정이 있음으로써 유적의 보존·관리 등이 법적으로 확보되어 지역주민이나 국민 일반 또는 학술연구자가 이를 활용하고 그로 인한 이익을 얻는 것이지만, 그 지정은 문화재를 보존하여 이를 활용함으로써 국민의 문화적 향상을 도모함과 아울러 인류문화의 발전에 기여한다고 하는 목적을 위하여 행해지는 것이지, 그 이익이 일반국민이나 인근주민의 문화재를 향유할 구체적이고도 법률적인 이익이라고 할 수는 없다(대판 1992.9.22, 91누13212).

**(2) 구 문화재보호법상의 도지정문화재 지정처분으로 인하여 침해될 수 있는 특정 개인의 명예 내지 명예감정이 그 지정처분의 취소를 구할 법률상의 이익에 해당하지 않는다**

> 구 문화재보호법 제55조 제1항, 제5항, 구 경상남도문화재보호조례 제11조 제1항에 의하여 행하여지는 도지사의 도지정문화재 지정처분은, 문화재를 보존하여 이를 활용함으로써 국민의 문화적 향상을 도모함과 아울러 인류문화의 발전에 기여할 목적에서(같은 법 제1조), 도지사가 그 관할구역 안에 있는 문화재로서 국가지정문화재로 지정되지 아니한 문화재 중 보존가치가 있다고 인정되는 것을 도지정문화재로 지정하는 행위이므로, 그 입법목적이나 취지는 지역주민이나 국민 일반의 문화재 향유에 대한 이익을 공익으로서 보호함에 있는 것이지, 특정 개인의 문화재 향유에 대한 이익을 직접적·구체적으로 보호함에 있는 것으로 해석되지 아니하고, 달리 같은 법과 같은 조례에서 위 지정처분으로 침해될 수 있는 특정 개인의 명예 내지 명예감정을 보호하는 것을 목적으로 하여 그 지정처분에 제약을 가하는 규정을 두고 있지도 아니하므로, 설령 위 지정처분으로 인하여 어느 개인이나 그 선조의 명예 내지 명예감정이 손상되었다고 하더라도, 그러한 명예 내지 명예감정은 위 지정처분의 근거 법규에 의하여 직접적·구체적으로 보호되는 이익이라고 할 수 없으므로 그 처분의 취소를 구할 법률상의 이익에 해당하지 아니한다(대판 2001.9.28, 99두8565).

## 5. 기타 사례

| 인정사례 | 부정사례 |
|---|---|
| 1. 「도시 및 주거환경정비법」상 조합설립추진위원회의 구성에 동의하지 아니한 정비구역 내의 토지 등 소유자가 조합설립추진위원회 설립승인처분의 취소를 구할 이익(대판 2007.1.25, 2006두12289) : 정비구역 안에서 복수의 조합설립추진위원회에 대한 승인은 허용되지 않는 점, 주택재개발사업의 경우 정비구역 내의 토지 등 소유자는 당연히 그 조합원으로 되는 점<br>2. 도시계획시설의 설치에 관한 도시관리계획 대상 지역 내 토지 소유자에게 도시관리계획 변경결정의 효력을 다툴 법률상 이익(대판 2012.12.26, 2012두19311) : 도시관리계획 변경결정에 따라 도시계획시설의 종류, 내용, 범위 등이 변경됨에 따라 토지의 개발 등 이용관계가 달라질 수 있으므로 | 1. 개발제한구역을 해제하는 내용의 도시관리계획변경결정에 대하여 특정 토지의 소유자가 자신의 토지가 그 해제 대상에 포함되어야 한다고 주장하면서 계획변경결정의 취소를 구할 이익(대판 2008.7.10, 2007두10242)<br>2. 재개발조합의 재결신청에 따라 토지수용위원회가 한 금전보상의 수용재결이 확정된 경우, 토지 및 건물을 수용당한 조합원이 관리처분계획의 취소를 구할 이익(대판 2011.1.27, 2008두14340) : 토지 및 건물에 대한 소유권과 함께 조합원의 지위도 상실하므로 |

**(1)** 「도시 및 주거환경정비법」상 조합설립추진위원회의 구성에 동의하지 아니한 정비구역 내의 토지 등 소유자가 조합설립추진위원회 설립승인처분의 취소를 구할 원고적격이 있다 ★ 20 서울7급, 13·10 국가9급, 12 서울9급, 11 국가7급

「도시 및 주거환경정비법」 제13조 제1항 및 제2항의 입법경위와 취지에 비추어 하나의 정비구역 안에서 복수의 조합설립추진위원회에 대한 승인은 허용되지 않는 점, 조합설립추진위원회가 조합을 설립할 경우 같은법 제15조 제4항에 의하여 조합설립추진위원회가 행한 업무와 관련된 권리와 의무는 조합이 포괄승계하며, 주택재개발사업의 경우 정비구역 내의 토지 등 소유자는 같은법 제19조 제1항에 의하여 당연히 그 조합원으로 되는 점 등에 비추어 보면, 조합설립추진위원회의 구성에 동의하지 아니한 정비구역 내의 토지 등 소유자도 조합설립추진위원회 설립승인처분에 대하여 같은법에 의하여 보호되는 직접적이고 구체적인 이익을 향유하므로 그 설립승인처분의 취소소송을 제기할 원고적격이 있다(대판 2007.1.25, 2006두12289).

**(2)** 개발제한구역을 해제하는 내용의 도시관리계획변경결정에 대하여 특정 토지의 소유자가 자신의 토지가 그 해제대상에 포함되어야 한다고 주장하면서 계획변경결정의 취소를 구할 이익은 법률상 이익이 아니다

★ 21·13·10 국가9급, 18 지방9급, 11 순경특채

원고 소유의 토지가 속한 취락부분이 개발제한구역으로 지정되어 있다가 원고 소유 토지를 제외한 나머지 취락지역을 개발제한구역에서 해제하기로 하는 도시관리계획변경결정이 이루어지자, 원고가 그 도시관리계획변경결정이 위법하다며 취소를 구하는 사안에서, 원고 소유 토지는 도시관리계획변경결정 전후를 통하여 개발제한구역으로 지정된 상태에 있으므로 이 사건 도시관리계획변경결정으로 인하여 그 소유자인 원고가 위 토지를 사용·수익·처분하는 데 새로운 공법상의 제한을 받거나 종전과 비교하여 더 불이익한 지위에 있게 되는 것은 아니고, 원고의 청구취지와 같이 이 사건 도시관리계획변경결정 중 원고 소유 토지가 속한 취락부분이 취소된다 하더라도 그 결과 이 사건 도시관리계획변경결정으로 개발제한구역에서 해제된 제3자 소유의 토지들이 종전과 같이 개발제한구역으로 남게 되는 결과가 될 뿐, 원고 소유의 이 사건 토지가 개발제한구역에서 해제되는 것도 아니므로. 원고에게는 제3자 소유의 토지에 관한 이 사건 도시관리계획변경결정의 취소를 구할 직접적이고 구체적인 이익이 있다고 할 수 없다(대판 2008.7.10, 2007두10242).

개발제한구역 중 일부 취락을 개발제한구역에서 해제하는 내용의 도시관리계획변경결정에 대하여 개발제한구역 해제대상에서 누락된 토지의 소유자는 그 결정의 취소를 구할 법률상 이익이 있다. (x) ■ 18 지방9급

**(3)** 재개발조합의 재결신청에 따라 토지수용위원회가 한 금전보상의 수용재결이 확정된 경우, 토지 및 건물을 수용당한 조합원은 토지 및 건물에 대한 소유권과 함께 조합원의 지위도 상실하므로 관리처분계획의 취소를 구할 법률상 이익이 없다

재개발조합이 재결신청을 하고, 토지수용위원회가 이에 기하여 금전보상의 재결을 하여 그 재결이 확정되면, 토지 및 건물을 수용당한 조합원은 토지 및 건물에 대한 소유권을 상실하고, 재개발조합의 조합원 지위도 상실하게 된다. 따라서 피고 조합의 조합원 지위를 상실한 원고 3으로서는 더 이상 이 사건 관리처분계획상의 권리관계에 관하여 어떠한 영향을 받을 개연성이 없어졌다고 할 것이므로, 원고 3은 이 사건 관리처분계획의 취소를 구할 법률상 이익이 없다고 할 것이다(대판 2011.1.27, 2008두14340).

**(4)** 도시계획시설의 설치에 관한 도시관리계획 대상 지역 내 토지 소유자에게 도시관리계획 변경결정의 효력을 다툴 법률상 이익이 있다

도시계획시설의 설치에 관한 도시관리계획 대상 지역 내 토지의 소유자는 도시관리계획 변경결정에 따라 도시계획시설의 종류, 내용, 범위 등이 변경됨에 따라 토지의 개발 등 이용관계가 달라질 수 있으므로 도시관리계획 변경결정의 효력을 다툴 법률상 이익이 있다고 보아야 할 것이다(대판 2012.12.26, 2012두19311).

# VI. 경업자소송(경쟁자소송)

## 1. 일반론

### (1) 기존의 업자가 경업자에 대한 면허나 인허가 등 수익적 행정처분의 취소를 구할 당사자 적격이 있는 경우
★ 14 변호사, 13 국회8급, 13 국가9급, 12 국회9급

> 일반적으로 면허나 인허가 등의 수익적 행정처분의 근거가 되는 법률이 해당 업자들 사이의 과당경쟁으로 인한 경영의 불합리를 방지하는 것도 그 목적으로 하고 있는 경우, 다른 업자에 대한 면허나 인허가 등의 수익적 행정처분에 대하여 미리 같은 종류의 면허나 인허가 등의 수익적 행정처분을 받아 영업을 하고 있는 기존의 업자는 경업자에 대하여 이루어진 면허나 인허가 등 행정처분의 상대방이 아니라 하더라도 당해 행정처분의 취소를 구할 당사자적격이 있다(대판 2010.11.11, 2010두4179).

### (2) 경업자에 대한 행정처분이 경업자에게 불리한 내용인 경우, 기존의 업자가 행정처분의 무효확인 또는 취소를 구할 이익이 없다

최신판례
> 경업자에 대한 행정처분이 경업자에게 불리한 내용이라면 그와 경쟁관계에 있는 기존의 업자에게는 특별한 사정이 없는 한 유리할 것이므로 기존의 업자가 그 행정처분의 무효확인 또는 취소를 구할 이익은 없다고 보아야 한다(대판 2020.4.9, 2019두49953).

## 2. 특허업자 인정

1. 운수사업
   ① 구 해상운송사업법에 근거한 신규선박운항사업 면허허가처분에 대한 당해 항로에 취항하고 있는 기존업자의 취소청구소송(대판 1969.12.30, 69누106)
   ② 자동차운수사업법에 의한 신규의 노선연장인가처분에 대하여 당해 노선에 관한 기존업자의 이익(대판 1974.4.9, 73누173)
   ③ 70미터밖에 떨어져 있지 않은 길목에 직행버스 정류장의 설치를 인가한 경우의 기존 시외버스 공동정류장운영업자의 이익(대판 1975.7.22, 75누12)
   ④ 다른 운송사업자가 운행하고 있는 기존 시외버스를 시내버스로 전환을 허용하는 사업계획변경인가처분에 대한 기존 시내버스업자의 이익(대판 1987.9.22, 85누985)
   ⑤ 동일한 사업구역 내의 동종의 사업용 화물자동차면허대수를 늘리는 보충인가처분에 대하여 개별화물자동차운송사업면허를 받아 이를 영위하고 있는 기존업자의 이익(대판 1992.7.10, 91누9107)
   ⑥ 기존의 농어촌버스운송사업계획변경신청을 인가하면 신규의 마을버스운송사업면허를 할 수 없게 되는 경우(대판 1999.10.12, 99두6026)
   ⑦ 신규 노선버스운송사업인가에 대하여 기존 노선버스사업자가 취소를 구할 법률상 이익(대판 2002.10.25, 2001두4450)
   ⑧ 기존의 시외버스운송사업인 을 회사에 다른 시외버스운송사업자 갑 회사에 대한 시외버스운송사업계획변경인가처분의 취소를 구할 법률상 이익(대판 2010.6.10, 2009두10512)
   ⑨ 직행형 시외버스운송사업자에 대한 사업계획변경인가처분으로 인하여 기존의 고속형 시외버스운송사업자의 노선이 직행형 시외버스운송사업자들의 노선과 일부 중복하게 되어 기존업자의 수익감소가 예상되는 경우, 기존의 고속형 시외버스운송사업자의 이익(대판 2010.11.11, 2010두4179)
2. 광업법상의 거리제한규정을 위배한 광구허가에 대한 인접 광업권자의 경계의 분쟁, 침굴의 우려, 광산작업상의 위해 등을 미연에 방지·제거할 수 있는 이익(대판 1982.7.27, 81누271)
3. 면허받은 장의자동차운수사업구역에 위반하였음을 이유로 한 행정청의 과징금부과처분에 의하여 보호되는 동종업자의 영업상 이익은 부정(대판 1992.12.8, 91누13700)
4. 먼저 하천부지점용허가를 받아 점용허가기간 중에 있는 업자의 이익(대판 1993.10.8, 93누5017)
5. 중계유선방송사업 허가를 받은 중계유선방송사업자의 사업상 이익(대판 2007.5.11, 2004다11162)
6. 한정면허를 받은 시외버스운송사업자(주식회사 대한관광리무진)가 일반면허를 받은 시외버스운송사업자(주식회사 전북고속 외 1인)에 대한 사업계획변경 인가처분으로 수익감소가 예상되는 경우, 일반면허 시외버스운송사업자에 대한 사업계획변경인가처분의 취소를 구할 이익(대판 2018.4.26, 2015두53824)

### (1) 자동차운수사업법에 의한 신규의 노선연장인가처분에 대하여 당해 노선에 관한 기존업자의 이익

★ 14 순경특채

> 자동차운수사업법 제6조 제1호에서 당해 사업계획이 당해 노선 또는 사업구역의 수송수요와 수송력공급에 적합할 것을 면허의 기준으로 한 것은 주로 자동차운수사업에 관한 질서를 확립하고 자동차운수의 종합적인 발달을 도모하여 공공복리의 증진을 목적으로 하고 있으며, 동시에 한편으로는 업자 간의 경쟁으로 인한 경영의 불합리를 미리 방지하는 것이 공공의 복리를 위하여 필요하므로 면허조건을 제한하여 기존업자의 경영의 합리화를 보호하자는 데도 그 목적이 있다 할 것이다. 따라서 이러한 기존업자의 이익은 단순한 사실상의 이익이 아니고, 법에 의하여 보호되는 이익이라고 해석된다(대판 1974.4.9, 73누173).

**(2) 다른 운송사업자가 운행하고 있는 기존 시외버스를 시내버스로 전환을 허용하는 사업계획변경인가처분에 대한 기존 시내버스업자의 이익** ★ 15 국회8급

> 자동차운수사업법 제6조 제1호의 규정의 목적이 자동차운수사업에 관한 질서를 확립하고 자동차운수의 종합적인 발달을 도모하여 공공의 복리를 증진함과 동시에 업자 간의 경쟁으로 인한 경영의 불합리를 미리 방지하자는데 있다 할 것이므로 기존 시내버스 업자로서는, 다른 운송사업자가 운행하고 있는 기존 시외버스를 시내버스로 전환을 허용하는 사업계획변경인가처분에 대하여 그 취소를 구할 법률상의 이익이 있다고 할 것이다(대판 1987. 9.22, 85누985).

**(3) 동일한 사업구역 내의 동종의 사업용 화물자동차면허대수를 늘리는 보충인가처분에 대하여 개별화물자동차운송사업면허를 받아 이를 영위하고 있는 기존업자의 이익** ★ 10 순경특채

> 자동차운수사업법 제6조 제1항 제1호에서 당해 사업계획이 당해 노선 또는 사업구역의 수송수요와 수송력공급에 적합할 것을 면허의 기준으로 정한 것은 자동차운수사업에 관한 질서를 확립하고 자동차운수사업의 종합적인 발달을 도모하여 공공의 복리를 증진함과 동시에 업자간의 경쟁으로 인한 경영의 불합리를 미리 방지하자는 데 그 목적이 있다 할 것이므로 개별화물자동차운송사업면허를 받아 이를 영위하고 있는 기존의 업자로서는 동일한 사업구역 내의 동종의 사업용 화물자동차면허대수를 늘리는 보충인가처분에 대하여 그 취소를 구할 법률상 이익이 있다 (대판 1992.7.10, 91누9107).
> ※ 본 판례는 근거법규의 목적론적 해석을 통해 법률상 이익을 확장한 경우라고 소개하는 견해(장태주)

**(4) 시외버스운송사업계획변경인가처분으로 시외버스 운행노선 중 일부가 기존의 시내버스 운행노선과 중복하게 되어 기존 시내버스사업자의 수익감소가 예상되는 경우, 기존의 시내버스운송사업자에게 위 처분의 취소를 구할 법률상의 이익이 있다** ★ 20 국회9급, 14 세무사

> 구 「여객자동차 운수사업법」 제6조 제1항 제1호에서 '사업계획이 당해 노선 또는 사업구역의 수송수요와 수송력공급에 적합할 것'을 여객자동차운송사업의 면허기준으로 정한 것은 여객자동차운송사업에 관한 질서를 확립하고 여객자동차운송사업의 종합적인 발달을 도모하여 공공의 복리를 증진함과 동시에 업자 간의 경쟁으로 인한 경영의 불합리를 미리 방지하자는 데 그 목적이 있다 할 것인바, 시외버스운송사업 계획변경인가처분으로 인하여 기존의 시내버스운송사업자의 노선 및 운행계통과 시외버스운송사업자들의 그것들이 일부 중복되게 되고 기존업자의 수익감소가 예상된다면, 기존의 시내버스운송사업자와 시외버스운송사업자들은 경업관계에 있는 것으로 봄이 상당하다 할 것이어서 기존의 시내버스운송사업자에게 시외버스운송사업계획변경인가처분의 취소를 구할 법률상의 이익이 있다(대판 2002.10.25, 2001두4450).

**(5) 직행형 시외버스운송사업자에 대한 사업계획변경인가처분으로 인하여 기존의 고속형 시외버스운송사업자의 노선이 직행형 시외버스운송사업자들의 노선과 일부 중복하게 되어 기존업자의 수익감소가 예상되는 경우, 기존의 고속형 시외버스운송사업자에게 위 처분의 취소를 구할 법률상의 이익** ★ 16 지방9급

> 법 제3조 제1항 제1호와 법 시행령 제3조 제1호, 법 시행규칙 제7조 제5항 등의 각 규정을 종합하여 보면, 고속형 시외버스운송사업과 직행형 시외버스운송사업은 다같이 운행계통을 정하고 여객을 운송하는 노선여객자동차운송사업 중 시외버스운송사업에 속하므로, 위 두 운송사업이 사용버스의 종류, 운행거리, 운행구간, 중간정차 여부 등에서 달리 규율된다는 사정만으로 본질적인 차이가 있다고 할 수 없으며, 직행형 시외버스운송사업자에 대한 사업계획변경인가처분으로 인하여 기존의 고속형 시외버스운송사업자의 노선 및 운행계통과 직행형 시외버스운송사업자들의 그것들이 일부 중복되게 되고 기존업자의 수익감소가 예상된다면, 기존의 고속형 시외버스운송사업자와 직행형 시외버스운송사업자들은 경업관계에 있는 것으로 봄이 상당하므로, 기존의 고속형 시외버스운송사업자에게 직행형 시외버스운송사업자에 대한 사업계획변경인가처분의 취소를 구할 법률상의 이익이 있다고 할 것이다(대판 2010. 11.11, 2010두4179).

**(6)** 한정면허를 받은 시외버스운송사업자(주식회사 대한관광리무진)가 일반면허를 받은 시외버스운송사업자(주식회사 전북고속 외 1인)에 대한 사업계획변경 인가처분으로 수익감소가 예상되는 경우, 일반면허 시외버스운송사업자에 대한 사업계획변경인가처분의 취소를 구할 법률상의 이익이 있다 ★ 21 국회8급, 19 국가7급

> 최신기출
>
> 한정면허를 받은 시외버스운송사업자라고 하더라도 다 같이 운행계통을 정하고 여객을 운송하는 노선여객자동차운송사업을 한다는 점에서 일반면허를 받은 시외버스운송사업자와 본질적인 차이가 없으므로, 일반면허를 받은 시외버스운송사업자에 대한 사업계획변경 인가처분으로 인하여 기존에 한정면허를 받은 시외버스운송사업자의 노선 및 운행계통과 일반면허를 받은 시외버스운송사업자의 그것이 일부 중복되게 되고 기존업자의 수익감소가 예상된다면, 기존의 한정면허를 받은 시외버스운송사업자와 일반면허를 받은 시외버스운송사업자는 경업관계에 있는 것으로 보는 것이 타당하고, 따라서 기존의 한정면허를 받은 시외버스운송사업자는 일반면허 시외버스운송사업자에 대한 사업계획변경인가처분의 취소를 구할 법률상의 이익이 있다(대판 2018.4.26, 2015두53824).

한정면허를 받은 시외버스운송사업자는 일반면허를 받은 시외버스운송사업자에 대한 사업계획변경 인가처분으로 수익감소가 예상되는 경우라 하더라도, 일반면허 시외버스운송사업자에 대한 사업계획변경 인가처분의 취소를 구할 법률상의 이익이 인정되지 않는다. (×) ■ 21 국회8급


## 3. 허가업자

| 인정사례 | 부정사례 |
|---|---|
| 1. 보건·위생<br>  자신의 영업허가지역 내로의 약종상 영업소이전허가로 인해 침해되는 기존 약종상의 이익(대판 1988.6.14, 87누873)<br>2. 국가재정<br>  ① 주류제조면허업자의 영상 이익(대판 1989.12.22, 89누46)<br>  ② 적법한 담배일반소매인 지정기준으로서의 거리제한규정에 위반하여 담배일반소매인 지정을 한 경우 침해되는 기존업자의 이익(대판 2008.3.27, 2007두23811)<br>  ※ 담배일반소매인의 구내소매인 지정에 대한 이익은 원고적격 부정(대판 2008.4.10, 2008두402) | 1. 기존 목욕장업자의 영업상 이익(대판 1963.8.22, 63누97)<br>2. 무역거래법상 수출입이 금지되는 특정물품의 수입허가로 인한 기존 수입업자의 이익(대판 1971.6.29, 69누91)<br>3. 「석탄수급조정에 관한 임시조치법」 소정의 석탄가공업허가를 받은 기존업자의 이익(대판 1980.7.22, 80누33·34)<br>4. 양곡가공업허가를 받은 기존업자의 이익(대판 1981.1.27, 79누433)<br>5. 당초에 상품매도점포로서의 근린생활시설로 되어 있던 용도를 치과의원을 개설할 수 있도록 의원으로서의 근린생활시설로 변경한 용도변경처분으로 인한 인근치과병원장의 불이익(대판 1990.5.22, 90누813)<br>6. 유기장업허가업자의 영업상 이익(대판 1986.11.25, 84누147)<br>7. 건물의 4·5층 일부에 객실을 설비할 수 있도록 숙박업구조변경허가를 함으로써 그곳으로부터 50미터 내지 700미터 정도의 거리에서 여관을 경영하는 원고들이 받게 될 불이익(대판 1990.8.14, 89누7900)<br>8. 한의사면허를 취득하여 영업하고 있는 기존 한의사의 영업상 이익(대판 1998.3.10, 97누4289) |

## (1) 인정사례

**담배 일반소매인으로 지정되어 영업을 하고 있는 기존업자의 신규업자에 대한 이익은 '법률상 보호되는 이익'에 해당한다** ★ 20 국회8급

`최신기출` 담배 일반소매인의 지정기준으로서 일반소매인의 영업소 간에 일정한 거리제한을 두고 있는 것은 담배유통구조의 확립을 통하여 국민의 건강과 관련되고 국가 등의 주요 세원이 되는 담배산업 전반의 건전한 발전 도모 및 국민경제에의 이바지라는 공익목적을 달성하고자 함과 동시에 일반소매인 간의 과당경쟁으로 인한 불합리한 경영을 방지함으로써 일반소매인의 경영상 이익을 보호하는 데에도 그 목적이 있다고 보이므로, 일반소매인으로 지정되어 영업을 하고 있는 기존업자의 신규 일반소매인에 대한 이익은 단순한 사실상의 반사적 이익이 아니라 법률상 보호되는 이익이라고 해석함이 상당하다(대판 2008.3.27, 2007두23811).

## (2) 부정사례

① **건물의 4, 5층 일부에 객실을 설비할 수 있도록 숙박업구조변경허가를 함으로써 그곳으로부터 50미터 내지 700미터 정도의 거리에서 여관을 경영하는 원고들이 받게 될 불이익** ★ 10 서울9급

이 사건 건물의 4, 5층 일부에 객실을 설비할 수 있도록 숙박업구조변경허가를 함으로써 그곳으로부터 50미터 내지 700미터 정도의 거리에서 여관을 경영하는 원고들이 받게 될 불이익은 간접적이거나 사실적, 경제적인 불이익에 지나지 아니하므로 그것만으로는 원고들에게 위 숙박업구조 변경허가처분의 무효확인 또는 취소를 구할 소익이 있다고 할 수 없다(대판 1990.8.14, 89누7900).

② **한의사면허를 취득하여 영업하고 있는 기존 한의사의 영업상 이익** ★ 14 지방9급, 12 서울9급, 12 세무사, 11 서울교행7급

한의사면허는 경찰금지를 해제하는 명령적 행위(강학상 허가)에 해당하고, 한약조제시험을 통하여 약사에게 한약조제권을 인정함으로써 한의사들의 영업상 이익이 감소되었다고 하더라도 이러한 이익은 사실상의 이익에 불과하고 약사법이나 의료법 등의 법률에 의하여 보호되는 이익이라고는 볼 수 없으므로, 한의사들이 한약조제시험을 통하여 한약조제권을 인정받은 약사들에 대한 합격처분의 무효확인을 구하는 당해 소는 원고적격이 없는 자들이 제기한 소로서 부적법하다(대판 1998.3.10, 97누4289).

③ **석탄가공업에 관한 허가** ★ 13 국회8급, 11·10 순경특채

「석탄수급조정에 관한 임시조치법」 소정의 석탄가공업에 관한 허가는 사업경영의 권리를 설정하는 형성적 행정행위가 아니라 질서유지와 공공복리를 위한 금지를 해제하는 명령적 행정행위여서 그 허가를 받은 자는 영업자유를 회복하는데 불과하고 독점적 영업권을 부여받은 것이 아니기 때문에 기존허가를 받은 원고들이 신규허가로 인하여 영업상 이익이 감소된다 하더라도 이는 원고들의 반사적 이익을 침해하는 것에 지나지 아니하므로 원고들은 신규허가 처분에 대하여 행정소송을 제기할 법률상 이익이 없다(대판 1980.7.22, 80누33·34).

# VII. 경원자소송

**(1) 경원관계에 관해서는 원칙적으로 제3자가 처분의 취소를 구할 당사자적격이 있지만. 처분이 취소된다 하더라도 허가 등의 처분을 받지 못한 불이익이 회복된다고 볼 수 없을 때에는 당해 처분의 취소를 구할 정당한 이익이 없다** ★ 17 지방9급, 14 변호사, 12 국회8급

> 면허나 인허가 등의 수익적 행정처분을 신청한 수인이 서로 경쟁관계에 있어서 일방에 대한 면허나 인허가 등의 행정처분이 타방에 대한 불면허·불인가·불허가 등으로 귀결될 수밖에 없는 경우[이른바 경원관계(競願關係)에 있는 경우로서 동일 대상지역에 대한 공유수면매립면허나 도로점용허가 혹은 일정지역에 있어서의 영업허가 등에 관하여 거리제한규정이나 업소개수제한규정 등이 있는 경우를 그 예로 들 수 있다]에 면허나 인허가 등의 행정처분을 받지 못한 사람 등은 비록 경업자나 경원자에 대하여 이루어진 면허나 인허가 등 행정처분의 상대방이 아니라 하더라도 당해 행정처분의 취소를 구할 당사자적격이 있다 할 것이고, 다만 구체적인 경우에 있어서 그 처분이 취소된다 하더라도 허가 등의 처분을 받지 못한 불이익이 회복된다고 볼 수 없을 때에는 당해 처분의 취소를 구할 정당한 이익이 없다고 할 것이다(대판 1992.5.8, 91누13274).

> 인허가 등 수익적 처분을 신청한 여러 사람이 상호 경쟁관계에 있다면, 그 처분이 타방에 대한 불허가 등으로 될 수밖에 없는 때에도 수익적 처분을 받지 못한 사람은 처분의 직접 상대방이 아니므로 원칙적으로 당해 수익적 처분의 취소를 구할 수 없다. (x) ■ 17 지방9급

**(2) 인가·허가 등 수익적 행정처분을 신청한 여러 사람이 서로 경원관계에 있는 경우, 허가 등 처분을 받지 못한 사람은 원칙적으로 자신에 대한 거부처분의 취소를 구할 원고적격과 소의 이익이 있다** ★ 18 국회8급, 16 지방7급

> **최신기출** 취소판결이 확정되는 경우 판결의 직접적인 효과로 경원자에 대한 허가 등 처분이 취소되거나 효력이 소멸되는 것은 아니더라도 행정청은 취소판결의 기속력에 따라 판결에서 확인된 위법사유를 배제한 상태에서 취소판결의 원고와 경원자의 각 신청에 관하여 처분요건의 구비 여부와 우열을 다시 심사하여야 할 의무가 있으며, 재심사 결과 경원자에 대한 수익적 처분이 직권취소되고 취소판결의 원고에게 수익적 처분이 이루어질 가능성을 완전히 배제할 수는 없으므로, 특별한 사정이 없는 한 경원관계에서 허가 등 처분을 받지 못한 사람은 자신에 대한 거부처분의 취소를 구할 소의 이익이 있다(대판 2015.10.29, 2013두27517).

**(3) 경원관계라 하더라도 명백한 법적 장애로 인하여 원고 자신의 신청이 인용될 가능성이 처음부터 배제되어 있는 경우에는 당해 처분의 취소를 구할 정당한 이익이 없다** ★ 17·13 국회8급

> 인·허가 등의 수익적 행정처분을 신청한 수인이 서로 경쟁관계에 있어서 일방에 대한 허가 등의 처분이 타방에 대한 불허가 등으로 귀결될 수밖에 없는 때 허가 등의 처분을 받지 못한 자는 비록 경원자에 대하여 이루어진 허가 등 처분의 상대방이 아니라 하더라도 당해 처분의 취소를 구할 원고 적격이 있다. 다만, 명백한 법적 장애로 인하여 원고 자신의 신청이 인용될 가능성이 처음부터 배제되어 있는 경우에는 당해 처분의 취소를 구할 정당한 이익이 없다(대판 2009.12.10, 2009두8359).

**(4) 법률상 이익 인정사례**

①

> 원고와 피고보조참가인은 동일한 장소인 포항부두 4번 접안장소 뒤에 바다모래 제염처리시설을 설치하기 위하여 항만공사 시행허가신청을 하였고, 피고는 1개 업체만 허가하기로 하였으므로, 피고보조참가인의 신청을 허가하면 원고의 신청은 거부할 수밖에 없었으니, 원고에게 피고보조참가인에 대한 허가처분의 취소를 구할 법률상 이익이 있다(대판 1998.9.8, 98두6272).

②

> 원고(학교법인 조선대학교)를 포함하여 법학전문대학원 설치인가 신청을 한 41개 대학들은 2,000명이라는 총 입학 정원을 두고 그 설치인가 여부 및 개별 입학정원의 배정에 관하여 서로 경쟁관계에 있고 이 사건 각 처분이 취소 될 경우 원고의 신청이 인용될 가능성도 배제할 수 없으므로, 원고가 이 사건 각 처분의 상대방이 아니라도 그 처분의 취소 등을 구할 당사자적격이 있다(대판 2009.12.10, 2009두8359).

# Ⅷ. 기타

## 1. 인정사례

1. 다른 공동상속인의 상속세에 대한 연대납부의무를 지는 상속인이 다른 공동상속인에 대한 과세처분 자체의 취소를 구할 이익(대판 2001.11.27, 98두9530)
2. 위법한 징계재결을 받은 해양사고관련자가 소로써 불복하지 아니하는 경우 공익의 대표자로서 「해양사고의 조사 및 심판에 관한 법률」상의 조사관(대판 2002.9.6, 2002추54)
3. 정보공개거부처분을 받은 청구인이 그 거부처분의 취소를 구할 이익(대판 2006.1.13, 2003두9459)
4. 채석허가를 받은 자에 대한 관할행정청의 채석허가취소처분에 대하여 수허가자의 지위를 양수한 양수인의 이익(대판 2003.7.11, 2001두6289)
5. 과세관청이 체납자가 점유하고 있는 제3자 소유의 동산을 압류한 경우 체납자의 이익(대판 2006.4.13, 2005두15151) : 압류처분에 의하여 당해 동산에 대한 점유권의 침해를 받은 자로서 그 압류처분에 대하여 법률상 직접적이고 구체적인 이익
6. 제약회사가 보건복지부 고시인 「약제급여·비급여목록 및 급여상한금액표」의 취소를 구할 이익(대판 2006.9.22, 2005두2506) : 보건복지부 고시인 '약제급여·비급여목록 및 급여상한금액표'로 인하여 자신이 제조·공급하는 약제의 상한금액 이 인하됨에 따른 이익
7. 해기사 또는 도선사 외의 자로서 해양사고의 원인에 관계있는 자가 해양안전심판원이 자신에 대하여 한 '시정 등 권고 재결'의 취소를 구할 이익(대판 2006.10.26, 2004추58) : 그 내용이 관보에 공고되는 등 개선조치의 권고를 받은 자의 명예와 신용에 영향을 미치고, 개선조치의 권고를 받은 자는 그 취지에 따라 필요한 조치를 취한 다음 조치내용을 지체 없이 통보하여야 하며, 개선조치의 권고를 한 사항에 대한 조치가 미흡하다고 인정될 때에는 그 이행을 요구받을 수 있는 등의 법률상 의무
8. 학교법인의 임원취임승인신청 반려처분에 대하여, 임원으로 선임된 사람이 이를 다툴 수 있는 이익(대판 2007.12.27, 2005두9651) : 관할청이 학교법인의 임원취임승인신청에 대하여 이를 반려하거나 거부하는 경우 학교법인에 의하여 임원으로 선임된 사람은 학교법인의 임원으로 취임할 수 없게 되는 불이익
9. 회원제골프장의 기존 회원이 회원모집계획서에 대한 시·도지사의 검토결과통보의 취소를 구할 이익(대판 2009.2.26, 2006두16243)
10. 임대주택법상 임차인과 임차인대표회의가 행정청이 임대사업자에게 한 분양전환승인처분의 취소를 구할 이익(대판 2010.5.13, 2009두19168)
11. 사립대학교 총장이 소속 대학교 교원의 임용권을 위임받아 전임강사 갑에 대하여 재임용기간의 경과를 이유로 당연면 직의 통지를 하였고, 이에 갑이 총장을 피청구인으로 재임용 거부처분 취소 청구를 하여 교원소청심사위원회가 재임용 거부처분을 취소한다는 결정처분을 한 사안에서, 대학교 총장이 교원소청심사위원회를 상대로 결정처분의 취소를 구 할 이익(대판 2011.6.24, 2008두9317) : 위원회의 결정에 대하여 행정소송을 제기할 수 있는 자에는 교원지위법 제10조 제3항에서 명시하고 있는 교원, 사립학교법 제2조에 의한 학교법인, 사립학교 경영자뿐 아니라 소청심사의 피청구인 이 된 학교의 장도 포함
12. 관할청이 구 사립학교법 제25조의3에 따라 하는 정식이사 선임 처분에 관하여 '상당한 재산을 출연한 자'와 '학교

발전에 기여한 자'(대판 2013.9.12, 2011두33044)
13. 재단법인 한국연구재단이 甲 대학교 총장에게 연구개발비의 부당집행을 이유로 '해양생물유래 고부가식품·향장·한약 기초소재 개발 인력양성사업에 대한 2단계 두뇌한국(BK)21 사업' 협약을 해지하고 연구팀장 乙에 대한 국가연구개발사업의 3년간 참여제한 등을 명하는 통보를 하자 乙이 통보 취소를 청구한 사안에서, 乙이 위 협약 해지 통보의 효력을 다툴 이익(대판 2014.12.11, 2012두28704) : 사업 협약의 해지 통보는 단순히 대등 당사자의 지위에서 형성된 공법상 계약을 계약당사자의 지위에서 종료시키는 의사표시에 불과한 것이 아니라 행정청이 우월적 지위에서 연구개발비의 회수 및 관련자에 대한 국가연구개발사업 참여제한 등의 법률상 효과를 발생시키는 행정처분에 해당
14. 대한민국에서 출생하여 오랜 기간 대한민국 국적을 보유하면서 거주한 사람(스티브유)(대판 2019.7.11, 2017두38874)
15. 보조금지원사업 시행기관의 장인 피고(담양군수)가 (선정된 시공업체와 계약을 체결한 경우에만 보조금을 교부하기 위하여) 보조사업자(농가)의 계약상대방이 될 수 있는 시공업체를 공모절차를 통하여 선정한 사안에서, 선정 제외된 원고들이 선정제외결정을 다툴 이익(대판 2021.2.4, 2020두48772) : 선정제외결정 부분은 불이익처분의 직접 상대방으로서 그 취소를 구할 원고적격이 인정

### (1) 채석허가를 받은 자에 대한 관할행정청의 채석허가 취소처분에 대하여 수허가자의 지위를 양수한 양수인이 취소처분의 취소를 구할 법률상 이익 ★ 18 국회8급, 18 지방9급

**최신기출** 산림법령이 수허가자의 명의변경제도를 두고 있는 취지는, 채석허가가 일반적·상대적 금지를 해제하여 줌으로써 채석행위를 자유롭게 할 수 있는 자유를 회복시켜 주는 것일 뿐 권리를 설정하는 것이 아니어서 관할행정청과의 관계에서 수허가자의 지위의 승계를 직접 주장할 수는 없다 하더라도, 채석허가가 대물적 허가의 성질을 아울러 가지고 있고 수허가자의 지위가 사실상 양도·양수되는 점을 고려하여 수허가자의 지위를 사실상 양수한 양수인의 이익을 보호하고자 하는 데 있는 것으로 해석되므로, 수허가자의 지위를 양수받아 명의변경신고를 할 수 있는 양수인의 지위는 단순한 반사적 이익이나 사실상의 이익이 아니라 산림법령에 의하여 보호되는 직접적이고 구체적인 이익으로서 법률상 이익이라고 할 것이고, 채석허가가 유효하게 존속하고 있다는 것이 양수인의 명의변경신고의 전제가 된다는 의미에서 관할행정청이 양도인에 대하여 채석허가를 취소하는 처분을 하였다면 이는 양수인의 지위에 대한 직접적 침해가 된다고 할 것이므로 양수인은 채석허가를 취소하는 처분의 취소를 구할 법률상 이익을 가진다(대판 2003. 7.11, 2001두6289).

### (2) 과세관청이 체납자가 점유하고 있는 제3자 소유의 동산을 압류한 경우 체납자의 이익 ★ 20 국회8급

**최신기출** 국세징수법 제38조, 제39조의 규정에 의하면 동산의 압류는 세무공무원이 점유함으로써 행하되, 다만 일정한 경우 체납자로 하여금 보관하게 하고 그 사용 또는 수익을 허가할 수 있을 뿐이며, 여기서의 점유는 목적물에 대한 체납자의 점유를 전면적으로 배제하고 세무공무원이 이를 직접 지배, 보관하는 것을 뜻하므로, 과세관청이 조세의 징수를 위하여 체납자가 점유하고 있는 제3자의 소유 동산을 압류한 경우, 그 체납자는 그 압류처분에 의하여 당해 동산에 대한 점유권의 침해를 받은 자로서 그 압류처분에 대하여 법률상 직접적이고 구체적인 이익을 가지는 것이어서 그 압류처분의 취소나 무효확인을 구할 원고적격이 있다(대판 2006.4.13, 2005두15151).

### (3) 관할청이 학교법인의 임원취임승인신청을 반려한 처분에 대하여 임원으로 선임된 사람이 이를 다툴 수 있는 이익 ★ 19 국회8급, 16 지방9급

**최신기출** 관할청의 임원취임승인행위는 학교법인의 임원선임행위의 법률상 효력을 완성케 하는 보충적 법률행위이다. 따라서 관할청이 학교법인의 임원취임승인신청에 대하여 이를 반려하거나 거부하는 경우 학교법인에 의하여 임원으로 선임된 사람은 학교법인의 임원으로 취임할 수 없게 되는 불이익을 입게 되는바, 이와 같은 불이익은 간접적이거나 사실상의 불이익이 아니라 직접적이고도 구체적인 법률상의 불이익이라 할 것이므로 학교법인에 의하여 임원으로 선임된 사람에게는 관할청의 임원취임승인신청 반려처분을 다툴 수 있는 원고적격이 있다(대판 2007.12.27, 2005두9651).

**(4) 회원제골프장의 기존 회원이 회원모집계획서에 대한 시·도지사의 검토결과통보의 취소를 구할 이익** ★ 16 지방9급

> 회사가 정하는 자격기준에 준하는 자로서 입회승인을 받은 회원은 일정한 입회금을 납부하고 회사가 지정한 시설을 이용할 때에는 회사가 정한 요금을 지불하여야 하며 회사는 회원의 입회금을 5년 후에 상환하도록 정해져 있는 예탁금 회원제골프장에 있어서, 체육시설업자 또는 그 사업계획의 승인을 얻은 자가 회원모집계획서를 제출하면서 허위의 사업시설 설치공정확인서를 첨부하거나 사업계획의 승인을 받을 때 정한 예정인원을 초과하여 회원을 모집하는 내용의 회원모집계획서를 제출하여 그에 대한 시·도지사 등의 검토결과 통보를 받는다면 이는 기존회원의 골프장에 대한 법률상의 지위에 영향을 미치게 되므로, 이러한 경우 기존회원은 위와 같은 회원모집계획서에 대한 시·도지사의 검토결과 통보의 취소를 구할 법률상의 이익이 있다고 보아야 한다(대판 2009.2.26, 2006두16243).

**(5) 사립대학교 총장이 소속 대학교 교원의 임용권을 위임받아 전임강사 갑에 대하여 재임용기간의 경과를 이유로 당연면직의 통지를 하였고, 이에 갑이 총장을 피청구인으로 재임용 거부처분 취소 청구를 하여 교원소청심사위원회가 재임용 거부처분을 취소한다는 결정처분을 한 사안에서, 대학교 총장은 교원소청심사위원회를 상대로 결정처분의 취소를 구하는 행정소송을 제기할 당사자능력 및 당사자적격이 있다** ★ 21 국회9급

**[최신기출]**
> 원래 교원만이 위원회의 결정에 대하여 행정소송을 제기할 수 있도록 한 구 「교원지위 향상을 위한 특별법」 제10조 제3항이 헌법재판소의 위헌결정(헌법재판소 2006.2.23. 선고 2005헌가7, 2005헌마1163 전원재판부 결정 참조)에 따라 학교법인 및 사립학교 경영자뿐 아니라 소청심사의 피청구인이 된 학교의 장 등도 행정소송을 제기할 수 있도록 현재와 같이 개정된 경위, 학교의 장은 학교법인의 위임 등을 받아 교원에 대한 징계처분, 인사발령 등 각종 업무를 수행하는 등 독자적 기능을 수행하고 있어 이러한 경우 하나의 활동단위로 특정될 수 있는 점까지 아울러 고려하여 보면, 위원회의 결정에 대하여 행정소송을 제기할 수 있는 자에는 교원지위법 제10조 제3항에서 명시하고 있는 교원, 사립학교법 제2조에 의한 학교법인, 사립학교 경영자뿐 아니라 소청심사의 피청구인이 된 학교의 장도 포함된다고 봄이 상당하다(대판 2011.6.24, 2008두9317).

**(6) 재단법인 한국연구재단이 甲 대학교 총장에게 연구개발비의 부당집행을 이유로 '해양생물유래 고부가식품·향장·한약 기초소재 개발 인력양성사업에 대한 2단계 두뇌한국(BK)21 사업' 협약을 해지하고 연구팀장 乙에 대한 국가연구개발사업의 3년간 참여제한 등을 명하는 통보를 하자 乙이 통보 취소를 청구한 사안에서, 乙은 위 협약 해지 통보의 효력을 다툴 법률상 이익이 있다고 한 사례** ★ 21 국회8급, 19 국가9급

**[최신기출]**
> 학술진흥법 등과 과학기술기본법령의 입법 취지 및 규정 내용 등과 아울러 ① 학술진흥법 등과 과학기술기본법령의 해석상 국가가 두뇌한국(BK)21 사업의 주관연구기관인 대학에 연구개발비를 출연하는 것은, '연구 중심 대학'의 육성은 물론 그와 별도로 대학에 소속된 연구인력의 역량 강화에도 그 목적이 있다고 보이는 점, ② 기본적으로 국가연구개발사업에 대한 연구개발비의 지원은 대학에 소속된 일정한 연구단위(연구팀)별로 신청한 연구개발과제에 대한 것이지, 그 소속 대학을 기준으로 한 것은 아닌 점, ③ 대학은 학술진흥법 등에 정한 연구개발비의 공식적 지원 대상이자 그 관리·집행의 대외적 주체로서 협약 당사자로 되어 있을 뿐, 협약으로 인한 실질적 이해관계는 해당 연구개발과제의 수행주체인 연구팀에 귀속된다고 볼 수 있는 점, ④ 나아가 과학기술기본법령상 사업 협약의 해지 통보는 단순히 대등 당사자의 지위에서 형성된 공법상 계약을 계약당사자의 지위에서 종료시키는 의사표시에 불과한 것이 아니라 행정청이 우월적 지위에서 연구개발비의 회수 및 관련자에 대한 국가연구개발사업 참여제한 등의 법률상 효과를 발생시키는 행정처분에 해당하므로, 이로 인하여 자신의 법률상 지위에 영향을 받는 연구자 등은 적어도 그 이해관계를 대변하는 연구팀장을 통해서 협약 해지 통보의 효력을 다툴 개별적·직접적·구체적 이해관계가 있다고 보이는 점 등 제반 사정을 앞서 본 법리에 비추어 살펴보면, 이 사건 사업의 연구팀장인 원고는 이 사건 사업에 관한 협약의 해지 통보의 효력을 다툴 법률상 이익이 있다(대판 2014.12.11, 2012두28704).

「과학기술기본법」 및 하위 법령상 사업 협약의 해지 통보는 단순히 대등 당사자의 지위에서 형성된 공법상 계약을 계약당사자의 지위에서 종료시키는 의사표시에 불과하다. (x) ■ 21 국회8급
재단법인 한국연구재단이 A대학교 총장에게 연구개발비의 부당집행을 이유로 과학기술기본법령에 따라 '두뇌한국(BK)21 사업' 협약의 해지를 통보한 것은 공법상 계약을 계약당사자의 지위에서 종료시키는 의사표시에 해당한다. (x) ■ 19 국가9급

**(7) 대한민국에서 출생하여 오랜 기간 대한민국 국적을 보유하면서 거주한 사람(스티브유)** ★ 22 국가9급

> 원고는 대한민국에서 출생하여 오랜 기간 대한민국 국적을 보유하면서 거주한 사람이므로 이미 대한민국과 실질적 관련성이 있거나 대한민국에서 법적으로 보호가치 있는 이해관계를 형성하였다고 볼 수 있다. 또한 재외동포의 대한 민국 출입국과 대한민국 안에서의 법적 지위를 보장함을 목적으로 「재외동포의 출입국과 법적 지위에 관한 법률」(재외 동포법)이 특별히 제정되어 시행 중이다. 따라서 원고는 이 사건 사증발급 거부처분의 취소를 구할 법률상 이익이 인정 되므로, 원고적격 또는 소의 이익이 없어 이 사건 소가 부적법하다는 피고의 주장은 이유 없다(대판 2019.7.11. 2017두38874).

## 2. 부정사례

1. 종합유선방송 전송선로시설 제공역무를 사업내용으로 하는 전송망사업자로 지정받은 자가 특정주파수대역을 이용한 무선국개설허가를 받은 뒤 유효기간만료 등으로 그 허가의 효력을 상실한 경우(대판 2007.4.12. 2004두7924)
2. 보조금지원사업 시행기관의 장인 피고(담양군수)가 (선정된 시공업체와 계약을 체결한 경우에만 보조금을 교부하기 위하여) 보조 사업자(농가)의 계약상대방이 될 수 있는 시공업체를 공모절차를 통하여 선정한 사안에서, 선정 제외된 원고들이 선정된 업체들을 포함한 선정 및 선정제외 행위 전체의 취소를 구할 이익(대판 2021.2.4. 2020두48772) : 제3자가 해당 처분과 간접적·사실적·경제적인 이해관계를 가지는 데 불과

**보조금지원사업 시행기관의 장인 피고(담양군수)가 (선정된 시공업체와 계약을 체결한 경우에만 보조금을 교부하기 위하 여) 보조사업자(농가)의 계약상대방이 될 수 있는 시공업체를 공모절차를 통하여 선정한 사안에서, 선정 제외된 원고들은 선정된 업체들을 포함한 선정 및 선정제외 행위 전체의 취소를 구할 원고적격이 인정되지 않는다**

> 불이익처분의 상대방은 직접 개인적 이익의 침해를 받은 자로서 원고적격이 인정된다. … 이 사건 선정결과 공고 중 원고들에 대한 선정제외결정 부분은 불이익처분의 직접 상대방으로서 그 취소를 구할 원고적격이 인정되지만, 나 머지 16개 업체에 대한 선정결정, 2개 업체에 대한 선정제외결정 부분은 그 취소를 구할 원고적격이 인정되지 않는다 고 보아야 한다. 그 이유는 다음과 같다.
> 피고는 응모한 20개 업체에 대하여 절대평가제를 적용하여 평가점수 70점을 기준으로 선정 여부를 결정하였을 뿐이고, 응모한 업체들은 선정에 관한 상호 경쟁관계 또는 경원자 관계가 아니었다.16개 업체에 대한 선정결정으로 인하여 원고들의 계약체결의 자유와 영업의 자유가 직접적으로 제한된다고 볼 수 없다. 선정된 16개 업체가 사업대 상자(농가)들과 시공계약을 체결할 가능성이 높아지고, 그로 인하여 원고들의 영업기회가 줄어들 수 있을 터이지 만 이는 간접적·사실적·경제적 불이익에 불과하다. 또한 원고들은 이 사건 사업의 6개 분야 중 농업에너지절감시설 (다겹보온커튼)사업 분야에 응모하였을 뿐이므로, 이와 무관한 5개 분야에서의 시공업체 선정을 다툴 이유도 없다. 다른 2개 업체에 대한 선정제외결정도 원고들과는 직접 관련이 없으며, 설령 이를 취소한다고 하더라도 원고들 의 불이익이 회복되지도 않는다(대판 2021.2.4. 2020두48772).

# 제3 권리보호의 필요성(협의의 소익)

## I. 법률상 이익의 의미와 충족시기

판례는 자격정지처분을 받고 그 정지기간이 경과한 경우에 명예나 신용 등의 인격적 이익의 침해가 기간경과 후에도 잔존하고 있는 경우에도 원고의 권리보호의 필요를 부인하고 있다.

### 1. 회복되는 법률상 이익의 범위

> 자격정지처분의 취소청구에 있어 그 정지기간이 경과된 이상 그 처분의 취소를 구할 이익이 없고 설사 그 처분으로 인하여 명예, 신용 등 인격적인 이익이 침해되어 그 침해상태가 자격정지기간 경과 후까지 잔존하더라도 이와 같은 불이익은 동처분의 직접적인 효과라고 할 수 없다(대판 1978.5.23, 78누72).

### 2. 행정소송법 제12조 제2문에서 정한 법률상 이익, 즉 행정처분을 다툴 협의의 소의 이익 유무를 판단하는 방법

> `최신판례` 행정소송법 제12조 제2문에서 정한 법률상 이익, 즉 행정처분을 다툴 협의의 소의 이익은 개별·구체적 사정을 고려하여 판단하여야 한다(대판 2020.12.24, 2020두30450).

## II. 처분이 취소되어도 원고에게 아무런 실익이 없는 경우

### 1. 원상회복(목적달성)이 불가능한 경우

#### (1) 원척적으로 부정

① 행정처분의 위법을 이유로 무효확인 또는 취소 판결을 받더라도 그 처분으로 발생한 위법상태를 원상으로 회복시킬 수 없는 경우, 원칙적으로 무효확인 또는 취소를 구할 법률상 이익이 없다 ★ 22 국가9급

> `최신기출` `최신판례` 행정처분의 무효확인 또는 취소를 구하는 소에서, 비록 행정처분의 위법을 이유로 무효확인 또는 취소 판결을 받더라도 그 처분으로 발생한 위법상태를 원상으로 회복시킬 수 없는 경우에는 원칙적으로 무효확인 또는 취소를 구할 법률상 이익이 없다(대판 2020.2.27, 2018두67152).

② 예외적으로 처분의 취소를 구할 소의 이익이 있는 경우

> `최신판례` 다만 원상회복이 불가능하더라도 무효확인 또는 취소로써 회복할 수 있는 다른 권리나 이익이 남아 있거나, 동일한 소송 당사자 사이에서 동일한 사유로 위법한 처분이 반복될 위험이 있어 행정처분의 위법성 확인 또는 불분명한 법률문제에 대한 해명이 필요하다고 판단되는 경우 등에는 행정의 적법성 확보와 그에 대한 사법통제, 국민의 권리구제 확대 등의 측면에서 예외적으로 처분의 취소를 구할 소의 이익을 인정할 수 있다(대판 2020.2.27, 2018두67152).

③ 행정처분의 무효 확인 또는 취소를 구하는 소송계속 중 해당 행정처분이 기간의 경과 등으로 효과가 소멸한 때에 처분이 취소되어도 원상회복은 불가능하더라도 예외적으로 처분의 취소를 구할 소의 이익을 인정할 수 있는 경우 및 그 예외 중 하나인 '그 행정처분과 동일한 사유로 위법한 처분이 반복될 위험성이 있는 경우'의 의미

> **[최신판례]** '그 행정처분과 동일한 사유로 위법한 처분이 반복될 위험성이 있는 경우'란 불분명한 법률문제에 대한 해명이 필요한 상황에 대한 대표적인 예시일 뿐이며, 반드시 '해당 사건의 동일한 소송 당사자 사이에서' 반복될 위험이 있는 경우만을 의미하는 것은 아니다(대판 2020.12.24, 2020두30450).

## (2) 협의의 소익 부정사례(원칙)

1. 건축허가가 건축법 소정의 이격거리를 두지 아니하고 건축물을 건축하도록 되어 있어 위법하다 하더라도 이미 건축공사가 완료된 경우(대판 1992.4.24, 91누11131) : 건축허가를 받은 대지와 접한 대지의 소유자인 원고가 위 건축허가처분의 취소를 받아 이격거리를 확보할 단계는 지났으며 민사소송으로 위 건축물 등의 철거를 구하는 데 있어서도 위 처분의 취소가 필요한 것이 아니므로

2. 사실심 변론종결 전에 건축공사를 완료하고 준공검사필증까지 교부받은 경우 건축허가처분의 무효확인을 소구할 법률상 이익(대판 1993.6.8, 91누11544) : 건축허가처분의 무효확인을 받아 건물의 건립을 저지할 수 있는 단계는 지났다.

3. 대집행의 실행이 완료된 경우(대판 1993.6.8, 93누6164)

4. 토석채취허가기간이 경과한 경우(대판 1993.7.27, 93누3899)

5. 광업권취소처분에 대한 쟁송 중 광업권존속기간이 만료된 경우(대판 1995.7.11, 95누4568)

6. 위법한 건축허가처분을 취소한다 하더라도 원상회복이 불가능한 경우(대판 1996.11.29, 96누9768)

7. 현역병입영대상자로 병역처분을 받은 자가 그 취소소송 중 모병에 응하여 현역병으로 자진 입대한 경우(대판 1998.9.8, 98두9165) : 병역처분이 취소된다고 하더라도 현역병으로 채용된 효력이 상실되지 아니하여 계속 현역병으로 복무할 수밖에 없으므로

8. 주택건설사업계획 사전결정반려처분 취소청구소송의 계속중 구 주택건설촉진법의 개정으로 주택건설사업계획 사전결정제도가 폐지된 경우(대판 1999.6.11, 97누379) : 승소한다고 하더라도 위 반려처분이 취소됨으로써 사전결정신청을 한 상태로 돌아갈 뿐이므로

9. 병장으로의 진급요건을 갖춘 자에 대하여 진급처분을 행하지 아니한 상태에서 예비역편입처분을 한 경우(대판 2000.5.16, 99두7111) : 예비역편입처분이 취소된다 하더라도 그로 인하여 신분이 예비역에서 현역으로 복귀함에 그칠 뿐이고, 상등병에서 병장으로의 진급처분 여부는 원칙적으로 진급권자의 합리적 판단에 의하여 결정

10. 소음·진동배출시설에 대한 설치허가가 취소된 후 그 배출시설이 철거된 경우(대판 2002.1.11, 2000두2457)

11. 종국처분인 농지처분명령의 취소를 구하는 소를 제기하여 원고 패소의 판결이 확정된 후, 그 전 단계인 농지처분의무통지의 취소를 구하는 경우(대판 2003.11.14, 2001두8742)

12. 이미 회사정리계획이 확정된 경우(대판 2005.6.10· 2005다15482)

13. 인접주택의 소유자가 건물에 대한 사용승인처분의 취소를 구할 이익(대판 2007.4.26, 2006두18409) : 일조권의 침해 등 생활환경상 이익침해는 실제로 위 건물의 전부 또는 일부가 철거됨으로써 회복되거나 보호받을 수 있는 것인데, 위 건물에 대한 사용승인처분의 취소를 받는다 하더라도 그로 인하여 건축주는 위 건물을 적법하게 사용할 수 없게 되어 사용승인 이전의 상태로 돌아가게 되는 것에 그칠 뿐

14. 이전고시의 효력발생 후 관리처분계획에 대한 인가처분의 취소 또는 무효확인을 구할 이익(대판 2012.5.24., 2009두22140) : 이미 대다수 조합원 등에 대하여 획일적·일률적으로 처리된 권리귀속 관계를 모두 무효화시키고 다시 처음부터 관리처분계획을 수립하여 이전고시 절차를 거치도록 하는 것은 정비사업의 공익적·단체법적 성격에 배치

15. 갑 주식회사와 을 주식회사가 공동으로 건축용 판유리 제품 가격을 인상한 후 갑 회사가 1순위로 부당한 공동행위 자진신고자 등에 대한 시정조치 등 감면신청을 하고 을 회사가 2순위로 감면신청을 하였으나 공정거래위원회가 갑 회사는 감면요건을 충족하지 못했다는 이유로 감면불인정 통지를 하고 을 회사에 1순위 조사협조자 지위확인을 해준 사안에서, 갑 회사가 공정거래위원회의 을 회사에 대한 1순위 조사협조자 지위확인의 취소를 구할 소의 이익(대판 2012.9.27, 2010두3541) : 을

회사에 대한 1순위 조사협조자 지위확인이 취소되더라도 갑 회사가 을 회사의 지위를 승계하는 것이 아니고, 갑 회사에 대한 감면불인정의 위법 여부를 다투어 감면불인정이 번복되는 경우 1순위 조사협조자의 지위를 인정받을 수 있다.

16. 환지처분이 공고된 이후 환지처분의 일부에 대하여 취소나 무효확인을 구할 이익(대판 2013.2.28. 2010두2289) : 환지계획에 따라 환지교부 등을 하는 처분으로서, 일단 공고되어 효력을 발생하게 된 이후에는 환지 전체의 절차를 처음부터 다시 밟지 않는 한 그 일부만을 따로 떼어 환지처분을 변경할 길이 없으므로

17. 주택법상 입주자나 입주예정자가 사용검사처분의 취소를 구할 이익(대판 2014.7.24. 2011두30465) : 건축물에 대한 사용검사처분이 취소된다고 하더라도 사용검사 이전의 상태로 돌아가 건축물을 사용할 수 없게 되는 것에 그칠 뿐 곧바로 건축물의 하자 상태 등이 제거되거나 보완되는 것도 아니므로

18. 조합설립인가처분의 취소·무효확인 판결이 확정되기 전에 이전고시의 효력이 발생한 경우 조합설립인가처분의 취소·무효확인을 구할 이익(대판 2014.9.25. 2011두20680)

19. 구 주택법상 입주자나 입주예정자가 사용검사처분의 무효확인 또는 취소를 구할 법률상 이익(대판 2015.1.29. 2013두24976) : 건축물에 대한 사용검사처분의 무효확인을 받거나 처분이 취소된다고 하더라도 사용검사 전의 상태로 돌아가 건축물을 사용할 수 없게 되는 것에 그칠 뿐, 일부 입주자나 입주예정자가 사업주체와의 개별적 분쟁 등을 이유로 사용검사처분의 무효확인 또는 취소를 구하게 되면, 처분을 신뢰한 다수의 이익에 반하게 되는 상황이 발생

20. 갑이 구 도시공원법상 도시계획시설인 공원 부지에 포함되어 있던 처와 자녀들 소유 토지에 골프연습장을 설치할 수 있도록 공원조성계획을 변경하여 달라는 내용의 변경입안제안을 하자 관할 시장이 반려하였고, 그 후 도시관리계획 변경결정에 따라 공원 전부를 도시자연공원으로 하던 도시계획시설 결정이 폐지되고 구「도시공원 및 녹지 등에 관한 법률」에 따라 위 토지가 도시자연공원구역으로 변경·지정되었는데, 갑이 변경입안제안 반려처분의 취소를 구한 사안(대판 2015.12.10. 2013두14221) : 제안지는 더 이상 공원조성계획의 대상이 되는 도시계획시설인 공원이 아니게 되었고, 제안지에 관한 공원조성계획 역시 폐지되어 존재하지 않게 되었으므로

21. 경남도지사(홍준표)가 경상남도에서 설치·운영하는 진주지방의료원을 폐업하겠다는 결정을 발표하고 그에 따라 폐업을 위한 일련의 조치가 이루어진 후 진주지방의료원을 해산한다는 내용의 조례를 공포하고 乙 지방의료원의 청산절차가 마쳐진 경우(대판 2016.8.30. 2015두60617)

22. 세무사 자격 보유 변호사 甲이 관할 지방국세청장에게 조정반 지정 신청을 하였으나 지방국세청장이 '甲의 경우 세무사등록부에 등록되지 않았기 때문에 2015년도 조정반 구성원으로 지정할 수 없다.'는 이유로 거부처분을 한 경우(대판 2020.2.27. 2018두67152) : 2015년도 조정반 지정의 효력기간이 지났으므로 거부처분을 취소하더라도 甲이 2015년도 조정반으로 지정되고자 하는 목적을 달성할 수 없고 장래의 조정반 지정 신청에 대하여 동일한 사유로 위법한 처분이 반복될 위험성이 있다거나 행정처분의 위법성 확인 또는 불분명한 법률문제에 대한 해명이 필요한 경우도 아님

---

① 건축허가가 건축법 소정의 이격거리를 두지 아니하고 건축물을 건축하도록 되어 있어 위법하다 하더라도 이미 건축공사가 완료되었다면 인접한 대지의 소유자로서는 위 건축허가처분의 취소를 구할 소의 이익이 없다

★ 18·14 서울7급, 16 국가9급, 13 지방7급, 13 세무사, 12 서울9급

**최신기출** 건축허가가 건축법 소정의 이격거리를 두지 아니하고 건축물을 건축하도록 되어 있어 위법하다 하더라도 그 건축허가에 기하여 건축공사가 완료되었다면 그 건축허가를 받은 대지와 접한 대지의 소유인 원고가 위 건축허가처분의 취소를 받아 이격거리를 확보할 단계는 지났으며 민사소송으로 위 건축물 등의 철거를 구하는 데 있어서도 위 처분의 취소가 필요한 것이 아니므로 원고로서는 위 처분의 취소를 구할 법률상의 이익이 없다(대판 1992.4.24. 91누11131).

건축허가처분의 취소를 구하는 소를 제기하기 전에 건축공사가 완료된 경우에는 소의 이익이 없으나, 소를 제기한 후 사실심 변론 종결일 전에 건축공사가 완료된 경우에는 소의 이익이 있다. (x) ■ 18 서울7급

**② 대집행의 실행이 완료된 경우** ★ 21 국회8급

대집행계고처분 취소소송의 변론종결 전에 대집행영장에 의한 통지절차를 거쳐 사실행위로서 대집행의 실행이 완료된 경우에는 행위가 위법한 것이라는 이유로 손해배상이나 원상회복 등을 청구하는 것은 별론으로 하고 처분의 취소를 구할 법률상 이익은 없다(대판 1993.6.8, 93누6164).

**③ 현역병입영대상자로 병역처분을 받은 자가 그 취소소송 중 모병에 응하여 현역병으로 자진 입대한 경우 협의의 소익 부정** ★ 14 사회복지, 13 순경특채

원고는 1993.8.17. 징병신체검사에서 신체등위 2급판정을 받고 피고로부터 현역병입영대상자로서의 병역처분을 받자, 원고는 1996.7.22. 색맹이라는 신체적 결함으로 인하여 현역병의 임무를 감당할 수 없음을 그 사유로 들어 피고에게 위 병역처분을 현역병징집면제처분으로 변경하여 달라는 신청을 하였으나, 피고는 1996.11.12. 색맹은 징병신체검사 등 검사규칙에 규정된 평가기준상 병역처분의 변경대상이 아니라는 이유로 이를 거부하는 이 사건 처분을 하였고, 그 후 원고는 이 사건 처분의 위법을 주장하며 그 취소를 구하는 이 사건 소를 제기하였으나 소송 도중 모병에 응하여 현역병으로 자진 입대하였는바, 사실관계가 이와 같다면, 원고가 당초에 이 사건 소를 제기한 현실적인 필요는 현역병으로서의 복무가 강제되는 징집을 면하기 위한 데에 있었다고 할 것이나, 소송 도중 원고가 지원에 의하여 현역병으로 채용되었을 뿐만 아니라 이 사건 처분이 취소된다고 하더라도 현역병으로 채용된 효력이 상실되지 아니하여 계속 현역병으로 복무할 수밖에 없으므로 더 이상 재판으로 이 사건 처분의 위법을 다툴 실제적인 효용 내지 실익이 사라졌다고 할 것이어서 이 사건 소는 결국 소의 이익이 없는 부적법한 소라고 할 것이다(대판 1998.9.8,98두9165).

**④ 주택건설사업계획 사전결정반려처분 취소청구소송의 계속중 구 주택건설촉진법의 개정으로 주택건설사업계획 사전결정제도가 폐지된 경우, 소의 이익이 없다** ★ 18 서울7급

구 주택건설촉진법은 제32조의4에서 주택건설사업계획의 사전결정제도에 관하여 규정하고 있었으나 위 법률이 1999.2.8. 법률 제5908호로 개정되면서 위 제32조의4가 삭제되었고, 그 부칙 규정에 의하면 개정 후 법은 1999.3.1.부터 시행되며(부칙 제1조), 개정 후 법의 시행 당시 종전의 제32조의4의 규정에 의하여 사전결정을 한 주택건설사업은 종전의 규정에 따라 주택건설사업을 시행할 수 있다고 규정되어 있을 뿐(부칙 제2조), 개정 후 법의 시행 전에 사전결정의 신청이 있었으나 그 시행 당시 아직 사전결정이 되지 않은 경우에도 종전의 규정에 의한다는 취지의 규정을 두지 아니하고 있고, 따라서 개정 전의 법에 기한 주택건설사업계획 사전결정반려처분의 취소를 구하는 소송에서 승소한다고 하더라도 위 반려처분이 취소됨으로써 사전결정신청을 한 상태로 돌아갈 뿐이므로, 개정 후 법이 시행된 1999.3.1. 이후에는 사전결정신청에 기하여 행정청으로부터 개정 전 법 제32조의4 소정의 사전결정을 받을 여지가 없게 되었다고 할 것이어서 더 이상 소를 유지할 법률상의 이익이 없게 되었다고 할 것이다(대판 1999.6.11, 97누379).

**⑤ 소음·진동배출시설에 대한 설치허가가 취소된 후 그 배출시설이 철거된 경우, 위 취소처분의 취소를 구할 소의 이익이 없다** ★ 18 지방9급

소음·진동배출시설에 대한 설치허가가 취소된 후 그 배출시설이 어떠한 경위로든 철거되어 다시 복구 등을 통하여 배출시설을 가동할 수 없는 상태라면 이는 배출시설 설치허가의 대상이 되지 아니하므로 외형상 설치허가취소행위가 잔존하고 있다고 하여도 특단의 사정이 없는 한 이제 와서 굳이 위 처분의 취소를 구할 법률상의 이익이 없다(대판 2002.1.11, 2000두2457).

배출시설에 대한 설치허가가 취소된 후 그 배출시설이 철거되어 다시 가동할 수 없는 상태라도 그 취소처분이 위법하다는 판결을 받아 손해배상청구소송에서 이를 원용할 수 있다면 배출시설의 소유자는 당해 처분의 취소를 구할 법률상 이익이 있다. (x)
■ 18 지방9급

⑥ **인접주택의 소유자가 건물에 대한 사용승인처분의 취소를 구할 이익 부정** ★ 12 국회8급

> 일조권의 침해 등 생활환경상 이익침해는 실제로 위 건물의 전부 또는 일부가 철거됨으로써 회복되거나 보호받을 수 있는 것인데, 위 건물에 대한 사용승인처분의 취소를 받는다 하더라도 그로 인하여 건축주는 위 건물을 적법하게 사용할 수 없게 되어 사용승인 이전의 상태로 돌아가게 되는 것에 그칠 뿐이고, 위반건물에 대한 시정명령을 할 것인지 여부, 그 시기 및 명령의 내용 등은 행정청의 합리적 판단에 의하여 결정되는 것이므로, 건물이 이격거리를 유지하지 못하고 있고, 건축과정에서 인접주택 소유자에게 피해를 입혔다 하더라도 인접주택의 소유자로서는 위 건물에 대한 사용승인처분의 취소를 구할 법률상 이익이 있다고 볼 수 없다(대판 2007.4.26, 2006두18409).

⑦ **이전고시의 효력발생 후에는 관리처분계획에 대한 인가처분의 취소 또는 무효확인을 구할 법률상 이익이 없다** ★ 16 국가7급, 13 국회8급

> [최신기출] 이전고시의 효력 발생으로 이미 대다수 조합원 등에 대하여 획일적·일률적으로 처리된 권리귀속 관계를 모두 무효화시키고 다시 처음부터 관리처분계획을 수립하여 이전고시 절차를 거치도록 하는 것은 정비사업의 공익적·단체법적 성격에 배치된다고 할 것이므로, 이전고시가 그 효력을 발생하게 된 이후에는 조합원 등이 관리처분계획의 취소 또는 무효확인을 구할 법률상 이익이 없다고 봄이 타당하고, 이는 관리처분계획에 대한 인가처분의 취소 또는 무효확인을 구하는 경우에도 마찬가지이다(대판 2012.5.24, 2009두22140).

⑧ **구 주택법상 입주자나 입주예정자가 사용검사처분의 무효확인 또는 취소를 구할 법률상 이익이 없다** ★ 19 국회8급, 18·17 지방9급

> [최신기출] 사용검사처분은 건축물을 사용·수익할 수 있게 하는 데 그치므로 건축물에 대하여 사용검사처분이 이루어졌다고 하더라도 그 사정만으로는 건축물에 있는 하자나 건축법 등 관계 법령에 위배되는 사실이 정당화되지는 아니하며, 또한 건축물에 대한 사용검사처분의 무효확인을 받거나 처분이 취소된다고 하더라도 사용검사 전의 상태로 돌아가 건축물을 사용할 수 없게 되는 것에 그칠 뿐 곧바로 건축물의 하자 상태 등이 제거되거나 보완되는 것도 아니다. 그리고 입주자나 입주예정자들은 사용검사처분의 무효확인을 받거나 처분을 취소하지 않고도 민사소송 등을 통하여 분양계약에 따른 법률관계 및 하자 등을 주장·증명함으로써 사업주체 등으로부터 하자의 제거·보완 등에 관한 권리구제를 받을 수 있으므로, 사용검사처분의 무효확인 또는 취소 여부에 의하여 법률적인 지위가 달라진다고 할 수 없으며, 구 「주택공급에 관한 규칙」에서 주택공급계약에 관하여 사용검사와 관련된 규정을 두고 있다고 하더라도 달리 볼 것은 아니다. 오히려 주택에 대한 사용검사처분이 있으면, 그에 따라 입주예정자들이 주택에 입주하여 이를 사용할 수 있게 되므로 일반적으로 입주예정자들에게 이익이 되고, 다수의 입주자들이 사용검사권자의 사용검사처분을 신뢰하여 입주를 마치고 제3자에게 주택을 매매 내지 임대하거나 담보로 제공하는 등 사용검사처분을 기초로 다수의 법률관계가 형성되는데, 일부 입주자나 입주예정자가 사업주체와의 개별적 분쟁 등을 이유로 사용검사처분의 무효확인 또는 취소를 구하게 되면, 처분을 신뢰한 다수의 이익에 반하게 되는 상황이 발생할 수 있다. 위와 같은 사정들을 종합하여 볼 때, 구 주택법상 입주자나 입주예정자는 사용검사처분의 무효확인 또는 취소를 구할 법률상 이익이 없다(대판 2015.1.29, 2013두24976).

구 「주택법」상 입주자나 입주예정자는 주택의 사용검사처분의 무효확인 또는 취소를 구할 법률상 이익이 있다. (×) ■ 17 지방9급
건축물에 대한 사용검사처분이 취소되면 사용검사 전의 상태로 돌아가 건축물을 사용할 수 없게 되므로 구 「주택법」상 입주자나 입주예정자가 사용검사처분의 무효확인 또는 취소를 구할 법률상 이익이 있다. (×) ■ 18 지방9급

## (3) 협의의 소익 인정사례(예외)

1. 보수 등 재산적 이익
   ① 징계처분으로서 감봉처분이 있은 후 공무원의 신분이 상실된 경우 감봉처분의 취소를 구할 소의 이익(대판 1977. 7.12, 74누147)
   ② 파면처분이 있은 후에 금고 이상의 형을 선고받아 당연퇴직된 경우 파면처분을 다툴 이익(대판 1985.6.25, 85누39) : 파면처분 후 당연퇴직까지 급여청구권
   ③ 중앙노동위원회의 원직복귀명령 및 임금지급명령에 관한 재심결정 중 원직복귀명령 부분이 근로계약종료로 인하여 실효된 경우 재심판정의 취소를 구할 법률상 이익(대판 1993.4.27, 92누13196) : 중앙노동위원회의 원직복귀명령 및 임금지급명령에 관한 재심결정 중 원직복귀명령이 사정변경으로 인하여 근로계약 종료일 이후부터 효력이 없게 되는 경우 해고 다음날부터 복직명령이 이행가능하였던 근로계약종료 시까지의 기간 동안에 임금지급명령에 기하여 발생한 구체적인 임금지급의무는 사정변경으로 복직명령이 실효되더라도 소급하여 소멸하는 것이 아니므로 사용자는 사업장이 폐쇄되어 근로계약이 종료한 이후에도 임금 상당액의 지급명령을 포함하는 노동위원회의 결정에 따를 공법상의 의무를 부담하고 있어서 사용자로서는 그 의무를 면하기 위하여 재심판정의 취소를 구할 법률상의 이익이 있다.
   ④ 유효기간이 경과된 뒤에 중앙노동위원회의 중재재심결정 중 임금인상 부분의 취소를 구할 이익(대판 1997.12.26, 96누10669) : 임금인상에 관한 중재재정이 취소되어 협약 내용이 변경된다면 이미 경과한 중재재정의 유효기간 중에 미지급된 임금차액이 있는 경우 이를 사후에나마 청구할 수 있는 여지가 있으므로, 이로 인한 근로자들의 이익은 단순한 사실상의 이익이 아니라 단체교섭권 등에 기한 법률상의 이익이라고 보아야
   ⑤ 직위해제처분 후 복직발령을 받은 경우(헌재결 1998.5.28, 96헌가12) : 승진소요최저연수의 계산에 있어서 직위해제 기간은 산입되지 않으며 직위해제기간 중 봉급의 감액을 감수할 수밖에 없는 등 승급이나 보수지급 등에 있어서의 불리함을 제거하기 위하여 직위해제처분의 취소를 구할 소의 이익이 인정
   ⑥ 인천광역시 서구의회 의원에 대한 제명의결처분 취소소송 계속 중 그 의원의 임기가 만료된 경우(대판 2009.1.30, 2007두13487) : 제명의결 시부터 임기만료일까지의 기간에 대해 월정수당의 지급을 구할 수 있는 이익이 존재
   ⑦ 근로자를 직위해제한 후 동일한 사유를 이유로 징계처분을 한 경우(대판 2010.7.29, 2007두18406) : 직위해제처분에 기하여 발생한 효과는 당해 직위해제처분이 실효되더라도 소급하여 소멸하는 것이 아니므로, '인사규정 등에서 직위해제처분에 따른 효과로 승진·승급에 제한을 가하는 등의 법률상 불이익을 규정하고 있는 경우'에는 직위해제처분을 받은 근로자는 이러한 법률상 불이익을 제거하기 위하여 그 실효된 직위해제처분에 대한 구제를 신청할 이익이 있다.
   ⑧ 해임처분 무효확인 또는 취소소송 계속 중 임기가 만료되어 해임처분의 무효확인 또는 취소로 지위를 회복할 수 없는 경우(대판 2012.2.23, 2011두5001) : 무효확인 또는 취소로 해임처분일부터 임기만료일까지 기간에 대한 보수 지급을 구할 수 있는 경우
   ⑨ 「기간제 및 단시간근로자 보호 등에 관한 법률」 제9조에 따른 차별적 처우의 시정신청 당시 또는 시정절차 진행 도중에 근로계약기간이 만료한 경우, 기간제근로자가 차별적 처우의 시정을 구할 시정이익(대판 2016.12.1, 2014두43288) : 근로계약기간의 만료 여부는 차별적 처우의 시정과는 직접적인 관련이 없는 사정이고, 금전보상명령 또는 배상명령은 과거에 있었던 차별적 처우의 결과로 남아 있는 불이익을 금전적으로 전보하기 위한 것으로서, 그 성질상 근로계약기간이 만료한 경우에도 발할 수 있다.
   ⑩ 근로자가 부당해고 구제신청을 하여 해고의 효력을 다투던 중 정년에 이르거나 근로계약기간이 만료하는 등의 사유로 원직에 복직하는 것이 불가능하게 되었으나 해고기간 중의 임금 상당액을 지급받을 필요가 있는 경우[대판(전합) 2020.2.20. 2019두52386]
2. 대학입학고사 불합격처분의 취소를 구하는 소송계속 중 당해 연도의 입학시기가 지나고 서울대학교 입학정원에 못 들어가게 된 경우(대판 1990.8.28, 89누8255) : 당해 연도의 합격자로 인정되면 다음 연도의 입학시기에 입학할 수 있는 이익
3. 광업권 존속기간의 경과와 채광목적의 토지형질변경허가거부처분 취소소송의 소의 이익(대판 1994.4.12, 93누21088) : 광업권자는 상공자원부장관(현 산업통상자원부장관)의 허가를 받아 광업권의 존속기간을 연장할 수도 있는 것이므로
4. 채석불허가처분의 취소를 구하는 임야 임차인이 소송 도중 임야의 사용·수익권을 잃어 허가요건이 불비된 경우(대판 1996.10.29, 96누9621) : 임야 임차인으로서는 다시 사용·수익권을 취득하여 보완할 수도 있는 것

5. 「공공용지의 취득 및 손실보상에 관한 특례법」 제8조 제1항 소정의 이주대책업무가 종결되고 그 공공사업을 완료하여 사업지구 내에 더 이상 분양할 이주대책용 단독택지가 없는 경우에 이주대책대상자 선정신청을 거부한 행정처분의 취소를 구할 법률상 이익(대판 1999.8.20, 98두17043) : 보상금청구권 등의 권리를 확정하는 법률상의 이익은 여전히 남아

6. 공장등록이 취소된 후 그 공장시설물이 철거되었다 하더라도 대도시 안의 공장(서울 성북구 석관동 소재 콘크리트 벽돌 블록 제조업)을 지방으로 이전할 경우 조세특례제한법상의 세액공제 및 소득세 등의 감면혜택이 있고, 간이한 이전절차 및 우선 입주의 혜택이 있는 경우(대판 2002.1.11, 2000두3306)

7. 현역입영대상자가 입영한 후에 현역병입영통지처분의 취소를 구할 소송상의 이익(대판 2003.12.26, 2003두1875) : 현역 병입영통지처분이 위법하다 하더라도 법원에 의하여 그 처분의 집행이 정지되지 아니하는 이상 현실적으로 입영을 할 수밖에 없으므로

8. 도시개발사업의 공사 등이 완료되고 원상회복이 사회통념상 불가능하게 된 경우, 도시개발사업의 시행에 따른 도시계획 변경결정처분과 도시개발구역지정처분 및 도시개발사업실시계획인가처분의 취소를 구할 이익(대판 2005.9.9, 2003두5402·5419) : 각 처분이 취소된다면 그것이 유효하게 존재하는 것을 전제로 하여 이루어진 토지수용이나 환지 등에 따른 각종의 처분이나 공공시설의 귀속 등에 관한 법적 효력에 영향

9. 부실금융기관에 대한 파산결정이 확정되고 이미 파산절차가 상당부분 진행되고 있는 경우에 금융감독위원회의 부실금융기관에 대한 영업인가의 취소처분에 대한 취소를 구할 소의 이익(대판 2006.7.28, 2004두13219) : 파산종결이 될 때까지는 그 가능성이 매우 적기는 하지만 동의폐지나 강제화의 등의 방법으로 당해 부실금융기관이 영업활동을 재개할 가능성이 여전히 남아 있으므로

10. 사업시행계획인가 처분의 유효를 전제로 한 일련의 후속행위가 이루어진 경우, 당초 사업시행계획을 실질적으로 변경하는 내용으로 새로운 사업시행계획을 수립하여 시장·군수로부터 인가를 받은 경우 당초 사업시행계획의 무효확인을 구할 소의 이익(대판 2013.11.28, 2011두30199) : 당초 사업시행계획이 무효로 확인되거나 취소될 경우 그것이 유효하게 존재하는 것을 전제로 이루어진 위와 같은 일련의 후속 행위 역시 소급하여 효력을 상실하게 되므로

11. 새로이 조합설립인가 처분을 받는 것과 동일한 요건과 절차를 거쳐 조합설립변경인가 처분을 받는 경우 당초 조합설립 인가 처분의 무효확인을 구할 소의 이익(대판 2014.5.16, 2011두27094) : 후속행위를 하였다면, 당초 조합설립인가 처분이 무효로 확인되거나 취소될 경우 그것이 유효하게 존재하는 것을 전제로 이루어진 위와 같은 후속행위 역시 소급하여 효력을 상실하게 되므로

---

① 파면처분이 있은 후에 금고 이상의 형을 선고받아 당연퇴직된 경우에도 위 파면처분의 취소를 구할 이익이 있다

★ 21 지방9급

**최신기출**
파면처분취소소송의 사실심변론종결전에 동원고가 허위공문서등작성 죄로 징역 8월에 2년간 집행유예의 형을 선고받아 확정되었다면 원고는 지방공무원법 제61조의 규정에 따라 위 판결이 확정된 날 당연퇴직되어 그 공무원의 신분을 상실하고, 당연퇴직이나 파면이 퇴직급여에 관한 불이익의 점에 있어 동일하다 하더라도 최소한도 이 사건 파면처분이 있은 때부터 위 법규정에 의한 당연퇴직일자까지의 기간에 있어서는 파면처분의 취소를 구하여 그로 인해 박탈당한 이익의 회복을 구할 소의 이익이 있다 할 것이다(대판 1985.6.25, 85누39).

② 대학입학고사 불합격처분의 취소를 구하는 소송계속중 당해연도의 입학시기가 지나고 서울대학교 입학정원에 못들어가게 된 경우 소의 이익 ★ 14 지방7급

어느 학년도의 합격자는 반드시 당해연도에만 입학하여야 한다고 볼 수 없으므로 원고들이 불합격처분의 취소를 구하는 이 사건 소송계속 중 당해연도의 입학시기가 지났더라도 당해연도의 합격자로 인정되면 다음년도의 입학시기에 입학할 수도 있다고 할 것이고, 피고의 위법한 처분이 있게 됨에 따라 당연히 합격하였어야 할 원고들이 불합격처리 되고 불합격되었어야 할 자들이 합격한 결과가 되었다면 원고들은 입학정원에 들어가는 자들이라고 하지 않을 수 없다고 할 것이므로 원고들로서는 피고의 불합격처분의 적법여부를 다툴만한 법률상의 이익이 있다고 할 것이다(대판 1990.8.28, 89누8255).

③ 공장등록이 취소된 후 그 공장시설물이 철거되었다 하더라도 대도시 안의 공장을 지방으로 이전할 경우 조세특례제한법상의 세액공제 및 소득세 등의 감면혜택이 있고, 공업배치및공장설립에관한법률상의 간이한 이전절차 및 우선 입주의 혜택이 있는 경우, 그 공장등록취소처분의 취소를 구할 법률상의 이익이 있다 ★ 19 국가9급

일반적으로 공장등록이 취소된 후 그 공장 시설물이 어떠한 경위로든 철거되어 다시 복구 등을 통하여 공장을 운영할 수 없는 상태라면 이는 공장등록의 대상이 되지 아니하므로 외형상 공장등록취소행위가 잔존하고 있다고 하여도 그 처분의 취소를 구할 법률상의 이익이 없다 할 것이나, 위와 같은 경우에도 유효한 공장등록으로 인하여 공장등록에 관한 당해 법률이나 다른 법률에 의하여 보호되는 직접적·구체적 이익이 있다면, 당사자로서는 공장건물의 멸실 여부에 불구하고 그 공장등록취소처분의 취소를 구할 법률상의 이익이 있다고 할 것이다. … 피고가 원고들에 대한 공장등록을 취소한 후, 그 공장들이 행정대집행에 의하여 철거되었거나 철거될 예정에 있다 하더라도, 대도시 안의 공장시설을 지방으로 이전할 경우, 조세특례제한법 제62조 및 제63조에 따라 설비투자에 대한 세액공제 및 소득세 등의 감면혜택이 있을 뿐 아니라, 공업배치및공장설립에관한법률 제21조 및 제25조에 따라 간이한 이전절차 및 우선 입주를 할 수 있는 혜택이 부여되어 있으므로, 비록 원고들의 각 공장이 철거되었다 하더라도 이 사건 공장등록취소처분의 취소를 구할 법률상의 이익이 있다(대판 2002. 1. 11, 2000두3306).

④ 현역입영대상자가 입영한 후에 현역병입영통지처분의 취소를 구할 소송상의 이익 인정

★ 19·16 국가9급, 14 세무사, 10 서울9급

병역법 제2조 제1항 제3호에 의하면 '입영'이란 병역의무자가 징집·소집 또는 지원에 의하여 군부대에 들어가는 것이고, 같은법 제18조 제1항에 의하면 현역은 입영한 날부터 군부대에서 복무하도록 되어 있으므로 현역병입영통지처분에 따라 현실적으로 입영을 한 경우에는 그 처분의 집행은 종료되지만, 한편 입영으로 그 처분의 목적이 달성되어 실효되었다는 이유로 다툴 수 없도록 한다면, 병역법상현역입영대상자로서는 현역병입영통지처분이 위법하다 하더라도 법원에 의하여 그 처분의 집행이 정지되지 아니하는 이상 현실적으로 입영을 할 수밖에 없으므로 현역병입영통지처분에 대하여는 불복을 사실상 원천적으로 봉쇄하는 것이 되고, 또한 현역입영대상자가 입영하여 현역으로 복무하는 과정에서 현역병입영통지처분 외에는 별도의 다른 처분이 없으므로 입영한 이후에는 불복할 아무런 처분마저 없게 되는 결과가 되며, 나아가 입영하여 현역으로 복무하는 자에 대한 병적을 당해 군 참모총장이 관리한다는 것은 입영 및 복무의 근거가 된 현역병입영통지처분이 적법함을 전제로 하는 것으로서 그 처분이 위법한 경우까지를 포함하는 의미는 아니라고 할 것이므로, 현역입영대상자로서는 현실적으로 입영을 하였다고 하더라도, 입영 이후의 법률관계에 영향을 미치고 있는 현역병입영통지처분 등을 한 관할지방병무청장을 상대로 위법을 주장하여 그 취소를 구할 소송상의 이익이 있다(대판 2003. 12. 26, 2003두1875).

현역입영대상자가 현역병입영통지처분에 따라 현실적으로 입영을 한 후에는 처분의 집행이 종료되었고 입영으로 처분의 목적이 달성되어 실효되었으므로 입영통지처분을 다툴 법률상 이익이 인정되지 않는다. (x) ■ 19 국가9급

⑤ 지방의회(인천광역시 서구의회) 의원에 대한 제명의결처분 취소소송 계속 중 그 의원의 임기가 만료된 경우 협의의 소익 인정(지방의회의원 유급화 이후 최신판례) ★ 21·17 지방9급, 19·16 국가9급, 18 서울7급, 14 변호사, 10 서울8급

지방의회 의원에게 지급되는 비용 중 적어도 월정수당(제3호)은 지방의회 의원의 직무활동에 대한 대가로 지급되는 보수의 일종으로 봄이 상당하다. 따라서 원고가 이 사건 제명의결 취소소송 계속 중 임기가 만료되어 제명의결의 취소로 지방의회 의원으로서의 지위를 회복할 수는 없다 할지라도, 그 취소로 인하여 최소한 제명의결시부터 임기만료일까지의 기간에 대해 월정수당의 지급을 구할 수 있는 등 여전히 그 제명의결의 취소를 구할 법률상 이익은 남아 있다고 보아야 한다(대판 2009. 1. 30, 2007두13487).

지방의회 의원의 제명의결 취소소송 계속 중 임기 만료로 지방의원으로서의 지위를 회복할 수 없는 자는 제명의결의 취소를 구할 소의 이익이 없다. (x) ■ 17 지방9급

⑥ 해임처분 무효확인 또는 취소소송 계속 중 임기가 만료되어 해임처분의 무효확인 또는 취소로 지위를 회복할 수 없는데도 해임처분의 무효확인 또는 취소를 구할 법률상 이익이 있는 경우 ★ 22·14 국가9급, 16 지방9급, 13 세무사

해임처분 무효확인 또는 취소소송 계속 중 임기가 만료되어 해임처분의 무효확인 또는 취소로 지위를 회복할 수는 없다고 할지라도, 그 무효확인 또는 취소로 해임처분일부터 임기만료일까지 기간에 대한 보수 지급을 구할 수 있는 경우에는 해임처분의 무효확인 또는 취소를 구할 법률상 이익이 있다. 해임권자와 보수지급의무자가 다른 경우에도 마찬가지이다(대판 2012.2.23, 2011두5001).

⑦ 근로자가 부당해고 구제신청을 하여 해고의 효력을 다투던 중 정년에 이르거나 근로계약기간이 만료하는 등의 사유로 원직에 복직하는 것이 불가능하게 되었으나 해고기간 중의 임금 상당액을 지급받을 필요가 있는 경우, 구제신청을 기각한 중앙노동위원회의 재심판정을 다툴 소의 이익이 있고, 위 법리는 근로자가 근로기준법 제30조 제3항에 따라 금품지급명령을 신청한 경우에도 마찬가지로 적용된다

근로자가 부당해고 구제신청을 하여 해고의 효력을 다투던 중 정년에 이르거나 근로계약기간이 만료하는 등의 사유로 원직에 복직하는 것이 불가능하게 된 경우에도 해고기간 중의 임금 상당액을 지급받을 필요가 있다면 임금 상당액 지급의 구제명령을 받을 이익이 유지되므로 구제신청을 기각한 중앙노동위원회의 재심판정을 다툴 소의 이익이 있다고 보아야 한다. 상세한 이유는 다음과 같다.
① 부당해고 구제명령제도는 부당한 해고를 당한 근로자에 대한 원상회복, 즉 근로자가 부당해고를 당하지 않았다면 향유할 법적 지위와 이익의 회복을 위해 도입된 제도로서, 근로자 지위의 회복만을 목적으로 하는 것이 아니다. 해고를 당한 근로자가 원직에 복직하는 것이 불가능하더라도, 부당한 해고라는 사실을 확인하여 해고기간 중의 임금 상당액을 지급받도록 하는 것도 부당해고 구제명령제도의 목적에 포함된다. …
③ 근로자가 구제명령을 통해 유효한 집행권원을 획득하는 것은 아니지만, 해고기간 중의 미지급 임금과 관련하여 강력력 있는 구제명령을 얻을 이익이 있으므로 이를 위해 재심판정의 취소를 구할 이익도 인정된다고 봄이 타당하다.
④ 해고기간 중의 임금 상당액을 지급받기 위하여 민사소송을 제기할 수 있다는 사정이 소의 이익을 부정할 이유가 되지는 않는다. …
위와 같은 법리는 근로자가 근로기준법 제30조 제3항에 따라 금품지급명령을 신청한 경우에도 마찬가지로 적용된다 [대판(전합) 2020.2.20, 2019두52386].

## 2. 처분 등의 효력소멸

### (1) 원칙 부정

#### ① 효력기간이 경과한 행정처분의 취소를 구할 법률상 이익 유무(한정 소극) ★ 18 국회8급, 17 지방7급

**최신기출** 행정처분에 그 효력기간이 정하여져 있는 경우, 그 처분의 효력 또는 집행이 정지된 바 없다면 위 기간의 경과로 그 행정처분의 효력은 상실되므로 그 기간 경과 후에는 그 처분이 외형상 잔존함으로 인하여 어떠한 법률상 이익이 침해되고 있다고 볼만한 별다른 사정이 없는 한 그 처분의 취소를 구할 법률상의 이익이 없다(대판 2002.7.26, 2000두7254).

#### ② 처분이 유효하게 존속하는 경우, 취소소송을 제기할 권리보호의 필요성이 인정된다

행정처분의 존재로 인하여 국민의 권익이 실제로 침해되고 있는 경우는 물론이고 권익침해의 구체적·현실적 위험이 있는 경우에도 이를 구제하는 소송이 허용되어야 한다는 요청을 고려하여야 한다. 따라서 처분이 유효하게 존속하는 경우에는 특별한 사정이 없는 한 그 처분의 존재로 인하여 실제로 침해되고 있거나 침해될 수 있는 현실적인 위험을 제거하기 위해 취소소송을 제기할 권리보호의 필요성이 인정된다고 보아야 한다(대판 2018.7.12, 2015두3485).

### (2) 기간의 경과로 효력이 소멸한 경우

#### ① 부정사례(원칙)

1. 건축사업무정지처분의 취소를 구하는 본안소송을 제기하면서 그 효력정지신청을 하여 '본안판결 선고 시'까지 그 처분의 효력을 정지한다는 효력정지결정을 받은 후 당해 처분을 취소한다는 원고 승소판결이 선고되었으나 피고가 이에 불복하여 상고한 경우, 다시 효력정지결정을 받지 않은 상태에서 상고심 계속 중 업무정지기간이 전부 경과한 경우(대판 1997.2.14, 96누6233)
2. 운전면허 정지처분에서 정한 정지기간이 상고심 계속 중에 도과한 경우, 그 정지처분의 취소를 구할 법률상 이익(대판 1997.9.26, 96누1931)
3. 중재재정 자체에 의하여 효력기간이 정하여져 있는 경우에 중재재정이 유효기간의 경과로 실효된 경우, 노동관계 당사자가 중재재정의 취소를 구할 이익(대판 1997.12.26, 96누10669)
4. 농수산물 지방도매시장의 도매시장법인으로 지정된 유효기간이 만료된 경우(대판 2002.7.26, 2000두7254)

#### ② 인정사례(예외)

1. 민법상의 법인에 있어 이사의 임기가 만료되었음에도 불구하고 후임이사의 선임이 없는 경우(대판 1972.4.11, 72누86) : 임기 만료된 구이사로 하여금 법인의 업무를 수행케 함이 부적당하다고 인정될 특별한 사정이 없는 한 구이사는 신임이사가 선출될 때까지 종전의 직무를 수행할 수 있다.
2. 국유임산물 매수자격을 3년 간 정지한다는 자격정지처분 시 표시된 자격정지기간이 경과한 경우 자격정지처분에 대해 집행정지결정이 있는 경우(대판 1974.1.29, 73누202)
3. 도시계획시설사업의 시행자가 실시계획에서 정한 사업시행기간 내에 토지에 대한 수용재결 신청을 하였으나 그 신청을 기각하는 내용의 이의재결이 이루어져 그 취소를 구하던 중 사업시행기간이 경과한 경우 이의재결의 취소를 구할 소의 이익(대판 2007.1.11, 2004두8538) : 이의재결이 취소되면 도시계획시설사업 시행자의 신청에 따른 수용재결이 이루어질 수 있어 원상회복이 가능하므로
4. 학교법인 임원취임승인의 취소처분 후 그 임원의 임기가 만료되고 구 사립학교법 제22조 제2호 소정의 임원결격사유기간마저 경과한 경우 또는 위 취소처분에 대한 취소소송 제기 후 임시이사가 교체되어 새로운 임시이사가 선임된 경우(대판(전합) 2007.7.19, 2006두19297) : 원래의 정식이사들로서는 계속 중인 소를 취하하고 후행 임시이사 선임처분을 별개의 소로 다툴 수밖에 없게 되며, 그 별소 진행 도중 다시 임시이사가 교체되면 또 새로운 별소를 제기하여야 하는 등 무익한 처분과 소송이 반복될 가능성이 있으므로 위와 같은 구체적인 침해의 반복 위험을 방지할 수 있는 이익이 존재

### (3) 직권취소·철회나 기타사유로 인하여 처분의 효력이 소멸된 경우

### ① 직권취소·철회된 경우

### ㉠ 부정사례(원칙)

### ⓐ 취소되어 더 이상 존재하지 않는 행정처분을 대상으로 한 취소소송은 소의 이익이 없다 ★ 18 서울7급

> **최신기출** 행정처분이 취소되면 그 처분은 효력을 상실하여 더 이상 존재하지 않는 것이고, 존재하지 않는 행정처분을 대상으로 한 취소소송은 소의 이익이 없어 부적법하다(대판 2010.4.29, 2009두16879).

1. 처분청이 당초의 운전면허 취소처분을 철회하고 정지처분을 한 경우, 당초의 취소처분을 대상으로 한 소의 이익(대판 1997.9.26, 96누1931)
2. 입찰참가자격제한에 대한 취소소송 계속 중 처분청이 납품업자에 대한 입찰참가자격 제한처분을 직권으로 취소하고 제1심판결의 취지(처분사유는 존재하지만 재량권의 일탈·남용이 있다는 것)에 따라 그 제재기간만을 3개월로 감경하여 입찰 참가자격을 제한하는 내용의 새로운 처분을 다시 한 경우(대판 2002.9.6, 2001두5200)
3. 행정청이 공무원에 대하여 새로운 직위해제사유에 기한 직위해제처분을 한 경우(대판 2003.10.10, 2003두5945) : 이전에 한 직위해제처분은 묵시적으로 철회하였다고 봄이 상당하므로, 그 이전 처분의 취소를 구하는 부분은 존재하지 않는 행정처분을 대상
4. 납세자가 감액경정청구 거부처분에 대한 취소소송을 제기한 후 증액경정처분이 이루어져서 그 증액경정처분에 대하여 도 취소소송을 제기한 경우, 감액경정청구 거부처분에 대한 취소소송의 소의 이익(대판 2005.10.14, 2004두8972) : 동일 한 납세의무의 확정에 관한 심리의 중복과 판단의 저촉을 피하기 위하여 감액경정청구 거부처분의 취소를 구하는 소는 그 취소를 구할 이익이나 필요가 없어 부적법
5. 보충역편입처분 및 공익근무요원소집처분의 취소를 구하는 소의 계속 중 병역처분변경신청에 따라 제2국민역편입처분 으로 병역처분이 변경된 경우, 종전 보충역편입처분 및 공익근무요원소집처분의 취소를 구할 소의 이익(대판 2005.12.9, 2004두6563) : 보충역편입처분은 제2국민역편입처분을 함으로써 취소 또는 철회되어 그 효력이 소멸하였고, 공익근무 요원소집처분 또한 효력이 소멸
6. 항소심판결 선고 후 개발부담금 감액경정처분이 이루어진 경우, 감액된 부분에 대한 개발부담금부과처분의 취소를 구할 이익(대판 2006.5.12, 2004 두12698) : 감액경정처분은 당초처분의 일부를 취소하는 효력을 갖는 것이므로 감액된 부분에 대한 부과처분취소청구는 이미 소멸
7. 행정청이 당초의 분뇨 등 관련영업 허가신청 반려처분의 취소를 구하는 소의 계속 중, 사정변경을 이유로 위 반려처분을 직권취소함과 동시에 위 신청을 재반려하는 내용의 재처분을 한 경우(대판 2006.9.28, 2004두5317) : 행정처분이 취소되 면 그 처분은 취소로 인하여 그 효력이 상실되어 더 이상 존재하지 않는 것
8. 교원소청심사위원회의 파면처분 취소결정에 대한 취소소송 계속 중 학교법인이 교원에 대한 징계처분을 파면에서 해임 으로 변경한 경우(대판 2010.2.25, 2008두20765)
9. 절차상 또는 형식상 하자로 무효인 행정처분에 대하여 행정청이 적법한 절차 또는 형식을 갖추어 동일한 행정처분을 한 경우, 종전의 무효인 행정처분에 대하여 무효확인을 구할 법률상 이익(대판 2010.4.29, 2009두16879)
10. 병역감면신청서 회송처분과 공익근무요원 소집처분이 직권으로 취소된 경우 이에 대한 무효확인과 취소를 구하는 소 의 이익(대판 2010.4.29, 2009두16879)
11. 시·도지사의 결정으로 사업구역의 면적이 확장되자 확장된 구역에 속한 토지 등 소유자로부터 동의를 새로이 받아 당초의 추진위원회 설립승인에 대한 변경승인을 받은 경우 당초 추진위원회 설립승인에 대한 소의 이익(대판 2012.9.2 7, 2011두17400)
12. 조합설립변경인가 후에 다시 변경인가를 받은 경우 당초 조합설립변경인가의 취소를 구할 소의 이익(대판 2013.10.24, 2012두12853) : 당초 조합설립변경인가는 취소·철회
13. 공정거래위원회가 부당한 공동행위를 한 사업자에게 과징금 부과처분(선행처분)을 한 뒤, 다시 자진신고 등을 이유로 과징금 감면처분(후행처분)을 한 경우, 선행처분의 취소를 구하는 소(대판 2015.2.12· 2013두987) : 선행처분은 종국적 처분인 후행처분을 예정하고 있는 일종의 잠정적 처분으로서 후행처분이 있을 경우 선행처분은 후행처분에 흡수되어

소멸

14. 국가인권위원회가 한 징계권고결정에 따라 상주경찰서장의 불문경고처분을 받은 징계당사자가 제기한 징계권고결정에 대한 취소의 소(대판 2022.1.27, 2021두40256) : 징계권고 결정은 경찰서장의 2020.6.11.자 불문경고 처분으로 이미 목적을 달성하여 그 법적 효과가 소멸

ⓒ 인정사례

> 주택재건축사업조합이 새로 조합설립인가처분을 받는 것과 동일한 요건과 절차를 거쳐 조합설립변경인가처분을 받은 후 후속 처분을 한 경우 당초 조합설립인가처분의 무효확인을 구할 소의 이익(대판 2012.10.25, 2010두25107) : 당초 조합설립인가처분이 무효로 확인되거나 취소될 경우 그것이 유효하게 존재하는 것을 전제로 이루어진 위와 같은 후속 행위 역시 소급하여 효력을 상실하게 되므로

② 쟁송취소나 무효확인재결이 있는 경우

| 부정사례 | 인정사례 |
|---|---|
| 1. 취소소송 제기 후 판결선고 전에 당해 처분을 취소한다는 내용의 형성적 재결이 이루어진 경우(대판 1997.5.30, 96누18632) : 취소의 재결로써 당해 처분은 소급하여 그 효력을 잃게 되므로<br>2. 특허를 무효로 한다는 심결이 확정된 때(대판 2011.6.30, 2011후620)<br>3. 당사자의 신청을 받아들이지 않은 거부처분이 재결에서 취소된 경우(대판 2017.10.31, 2015두45045) | 개발제한구역 안에서의 공장설립을 승인한 처분이 위법하다는 이유로 쟁송취소되었으나 그 승인처분에 기초한 공장건축허가처분이 잔존하는 경우(대판 2018.7.12, 2015두3485) : 공장설립승인처분이 취소되었다는 사정만으로 인근 주민들의 환경상 이익이 침해되는 상태나 침해될 위험이 종료되었다거나 이를 시정할 수 있는 단계가 지나버렸다고 단정할 수는 없으므로 |

**(1) 당사자의 신청을 받아들이지 않은 거부처분이 재결에서 취소된 경우, 재결의 취소를 구할 법률상 이익이 없다**
★ 19 국가7급

최신기출 | 당사자의 신청을 받아들이지 않은 거부처분이 재결에서 취소된 경우에 행정청은 종전 거부처분 또는 재결 후에 발생한 새로운 사유를 내세워 다시 거부처분을 할 수 있다. 그 재결의 취지에 따라 이전의 신청에 대하여 다시 어떠한 처분을 하여야 할지는 처분을 할 때의 법령과 사실을 기준으로 판단하여야 하기 때문이다. 또한 행정청이 재결에 따라 이전의 신청을 받아들이는 후속처분을 하였더라도 후속처분이 위법한 경우에는 재결에 대한 취소소송을 제기하지 않고도 곧바로 후속처분에 대한 항고소송을 제기하여 다툴 수 있다. 나아가 거부처분을 취소하는 재결이 있더라도 그에 따른 후속처분이 있기까지는 제3자의 권리나 이익에 변동이 있다고 볼 수 없고 후속처분 시에 비로소 제3자의 권리나 이익에 변동이 발생하며, 재결에 대한 항고소송을 제기하여 재결을 취소하는 판결이 확정되더라도 그와 별도로 후속처분이 취소되지 않는 이상 후속처분으로 인한 제3자의 권리나 이익에 대한 침해 상태는 여전히 유지된다. 이러한 점들을 종합하면, 거부처분이 재결에서 취소된 경우 재결에 따른 후속처분이 아니라 그 재결의 취소를 구하는 것은 실효적이고 직접적인 권리구제수단이 될 수 없어 분쟁해결의 유효적절한 수단이라고 할 수 없으므로 법률상 이익이 없다(대판 2017.10.31, 2015두45045).

**(2) 개발제한구역 안에서의 공장설립을 승인한 처분이 위법하다는 이유로 쟁송취소되었으나 그 승인처분에 기초한 공장건축허가처분이 잔존하는 경우, 인근 주민들에게 공장건축허가처분의 취소를 구할 법률상 이익이 있다**

★ 19 서울7급, 19 지방9급

최신기출 구 「산업집적활성화 및 공장설립에 관한 법률」 제13조 제1항, 제13조의2 제1항 제16호, 제14조, 제50조, 제13조의5 제4호의 규정을 종합하면, 공장설립승인처분이 있고 난 뒤에 또는 그와 동시에 공장건축허가처분을 하는 것이 허용되므로, 공장설립승인처분이 취소된 경우에는 그 승인처분을 기초로 한 공장건축허가처분 역시 취소되어야 하고, 공장설립승인처분에 근거하여 토지의 형질변경이 이루어진 경우에는 원상회복을 해야 함이 원칙이다. 따라서 개발제한구역 안에서의 공장설립을 승인한 처분이 위법하다는 이유로 쟁송취소되었다고 하더라도 그 승인처분에 기초한 공장건축허가처분이 잔존하는 이상, 공장설립승인처분이 취소되었다는 사정만으로 인근 주민들의 환경상 이익이 침해되는 상태나 침해될 위험이 종료되었다거나 이를 시정할 수 있는 단계가 지나버렸다고 단정할 수는 없고, 인근 주민들은 여전히 공장건축허가처분의 취소를 구할 법률상 이익이 있다고 보아야 한다(대판 2018.7.12, 2015두3485).

개발제한구역 안에서의 공장설립을 승인한 처분이 위법하다는 이유로 쟁송취소되었다면, 설령 그 승인처분에 기초한 공장건축허가처분이 잔존하는 경우에도 인근 주민들에게는 공장건축허가처분의 취소를 구할 법률상 이익이 없다. (x) ■ 19 지방9급

### ③ 철회된 경우

| 부정사례 | 인정사례 |
|---|---|
| 1. 처분청이 당초의 운전면허 취소처분을 철회하고 정지처분을 한 경우, 당초의 취소처분을 대상으로 한 소의 이익 (대판 1997.9.26, 96누1931)<br>2. 납세자가 감액경정청구 거부처분에 대한 취소소송을 제기한 후 증액경정처분이 이루어져서 그 증액경정처분에 대하여도 취소소송을 제기한 경우, 감액경정청구 거부처분에 대한 취소소송의 소의 이익(대판 2005.10.14, 2004두8972) : 동일한 납세의무의 확정에 관한 심리의 중복과 판단의 저촉을 피하기 위하여 감액경정청구 거부처분의 취소를 구하는 소는 그 취소를 구할 이익이나 필요가 없어 부적법<br>3. 행정청이 공무원에 대하여 새로운 직위해제사유에 기한 직위해제처분을 한 경우(대판 2003.10.10, 2003두5945) : 이전에 한 직위해제처분은 묵시적으로 철회하였다고 봄이 상당하므로, 그 이전 처분의 취소를 구하는 부분은 존재하지 않는 행정처분을 대상 | 1. 직위해제처분 후 복직발령을 받은 경우(헌재결 1998.5.28, 96헌가12) : 승진소요최저연수의 계산에 있어서 직위해제기간은 산입되지 않으며 직위해제기간 중 봉급의 감액을 감수할 수밖에 없는 등 승급이나 보수지급 등에 있어서의 불리함을 제거하기 위하여 직위해제처분의 취소를 구할 소의 이익이 인정<br>2. 근로자를 직위해제한 후 동일한 사유를 이유로 징계처분을 한 경우, 직위해제처분이 효력을 상실하는지 여부(적극) 및 근로자가 직위해제처분에 대한 구제를 신청할 이익이 있는지 여부(한정적극)(대판 2010.7.29, 2007두18406) : 직위해제 처분에 기하여 발생한 효과는 당해 직위해제처분이 실효되더라도 소급하여 소멸하는 것이 아니므로, '인사규정 등에서 직위해제처분에 따른 효과로 승진·승급에 제한을 가하는 등의 법률상 불이익을 규정하고 있는 경우'에는 직위해제처분을 받은 근로자는 이러한 법률상 불이익을 제거하기 위하여 그 실효된 직위해제처분에 대한 구제를 신청할 이익이 있다. |

### ㉠ 처분청이 당초의 운전면허 취소처분을 철회하고 정지처분을 한 경우, 당초의 취소처분을 대상으로 한 소의 이익

처분청이 당초의 운전면허 취소처분을 신뢰보호의 원칙과 형평의 원칙에 반하는 너무 무거운 처분으로 보아 이를 철회하고 새로이 265일간의 운전면허 정지처분을 하였다면, 당초의 처분인 운전면허 취소처분은 철회로 인하여 그 효력이 상실되어 더 이상 존재하지 않는 것이고 그 후의 운전면허 정지처분만이 남아 있는 것이라 할 것이며, 한편 존재하지 않는 행정처분을 대상으로 한 취소소송은 소의 이익이 없어 부적법하다(대판 1997.9.26, 96누1931).

ⓒ **행정청이 공무원에 대하여 새로운 직위해제사유에 기한 직위해제처분을 한 경우, 그 이전 처분의 취소를 구할 소의 이익이 없다** ★ 16 지방7급

> 행정청이 공무원에 대하여 새로운 직위해제사유에 기한 직위해제처분을 한 경우 그 이전에 한 직위해제처분은 이를 묵시적으로 철회하였다고 봄이 상당하므로, 그 이전 처분의 취소를 구하는 부분은 존재하지 않는 행정처분을 대상으로 한 것으로서 그 소의 이익이 없어 부적법하다(대판 2003.10.10, 2003두5945).

④ **실효된 경우**

㉠ **부정사례**

1. 유기장의 영업허가를 받은 자가 영업장소를 명도하고 유기시설을 모두 철거하여 매각함으로써 유기장업을 폐업한 경우 영업허가취소처분의 취소를 청구할 소의 이익(대판 1990.7.13, 90누2284)
2. 환지처분 공고 후에 환지 예정지지정처분의 취소를 구할 법률상 이익(대판 1999.10.8, 99두6873) : 환지처분이 일단 공고되어 효력을 발생하게 되면 환지 예정지지정처분은 그 효력이 소멸

⑤ **토석채취허가취소처분 취소소송의 계속 중에 토석채취 허가기간이 만료된 경우**

> 사실심 변론종결일 현재 토석채취허가기간이 경과하였다면 그 허가는 이미 실효되었다고 할 것이어서 새로 토석채취허가를 받지 아니하고는 채석을 계속할 수 없고, 나아가 토석채취허가취소처분이 외형상 잔존함으로 말미암아 어떠한 법률상 불이익이 있다고 볼만한 특별한 사정도 없다면 위 취소처분의 취소를 구하는 소는 소의 이익이 없다(대판 1993.7.27, 93누3899).

**(4) 예외적 인정**

① **집행정지결정이 있는 경우**

> 행정처분의 효력정지가처분결정은 일시 잠정적으로 그 처분의 집행 혹은 효력발생을 정지하는 것이므로 집행정지가처분으로 인하여 그 행정처분이 정한 기간이 그 집행정지 중에 이미 지나갔다 하여도 그 행정처분의 당부에 대한 본안심판을 하여야 하고 본소를 각하하지 못한다(대판 1974.1.29, 73누202).

② 동일한 소송 당사자 사이에서 그 행정처분과 동일한 사유로 위법한 처분이 반복될 위험성이 있어 행정처분의 위법성 확인 내지 불분명한 법률문제에 대한 해명이 필요하다고 판단되는 경우, 동일한 행정목적을 달성하거나 동일한 법률효과를 발생시키기 위하여 선행처분과 후행처분이 단계적인 일련의 절차로 연속하여 행하여져 후행 처분이 선행처분의 적법함을 전제로 이루어짐에 따라 선행처분의 하자가 후행처분에 승계된다고 볼 수 있어 이 미 소를 제기하여 다투고 있는 선행처분의 위법성을 확인하여 줄 필요가 있는 경우

**전합판례** 제소 당시에는 권리보호의 이익을 모두 갖추었는데 제소 후 취소대상 행정처분이 기간의 경과 등으로 그 효과가 소멸한 때, 즉 제재적 행정처분의 기간 경과, 행정처분 자체의 효력기간 경과, 특정기일의 경과 등으로 인하여 그 처분이 취소되어도 원상회복이 불가능하다고 보이는 경우라 하더라도, 동일한 소송 당사자 사이에서 그 행정처 분과 동일한 사유로 위법한 처분이 반복될 위험성이 있어 행정처분의 위법성 확인 내지 불분명한 법률문제에 대한 해명이 필요하다고 판단되는 경우, 그리고 동일한 행정목적을 달성하거나 동일한 법률효과를 발생시키기 위하여 선행 처분과 후행처분이 단계적인 일련의 절차로 연속하여 행하여져 후행처분이 선행처분의 적법함을 전제로 이루어짐에 따라 선행처분의 하자가 후행처분에 승계된다고 볼 수 있어 이미 소를 제기하여 다투고 있는 선행처분의 위법성을 확인하여 줄 필요가 있는 경우 등에는 행정의 적법성 확보와 그에 대한 사법통제, 국민의 권리구제의 확대 등의 측면에 서 여전히 그 처분의 취소를 구할 법률상 이익이 있다고 보아야 한다[대판(전합) 2007.7.19, 2006두19297].

③ 학교법인 임원취임승인의 취소처분 후 그 임원의 임기가 만료되고 구 사립학교법 제22조 제2호 소정의 임원결 격사유기간마저 경과한 경우 또는 위 취소처분에 대한 취소소송 제기 후 임시이사가 교체되어 새로운 임시이사 가 선임된 경우, 위 취임승인취소처분 및 당초의 임시이사선임처분의 취소를 구할 소의 이익 인정 ★ 18·17 지방9급

**최신기출**
**전합판례** 임시이사 선임처분에 대하여 취소를 구하는 소송의 계속 중 임기만료 등의 사유로 새로운 임시이사들로 교체된 경우, 선행 임시이사 선임처분의 효과가 소멸하였다는 이유로 그 취소를 구할 법률상 이익이 없다고 보게 되면, 원래의 정식이사들로서는 계속 중인 소를 취하하고 후행 임시이사 선임처분을 별개의 소로 다툴 수밖에 없게 되며, 그 별소 진행 도중 다시 임시이사가 교체되면 또 새로운 별소를 제기하여야 하는 등 무익한 처분과 소송이 반복 될 가능성이 있으므로, 이러한 경우 법원이 선행 임시이사 선임처분의 취소를 구할 법률상 이익을 긍정하여 그 위법성 내지 하자의 존재를 판결로 명확히 해명하고 확인하여 준다면 위와 같은 구체적인 침해의 반복위험을 방지할 수 있을 뿐 아니라, 후행 임시이사 선임처분의 효력을 다투는 소송에서 기판력에 의하여 최초 내지 선행 임시이사 선임처분의 위법성을 다투지 못하게 함으로써 그 선임처분을 전제로 이루어진 후행 임시이사 선임처분의 효력을 쉽게 배제할 수 있어 국민의 권리구제에 도움이 된다. 그러므로 취임승인이 취소된 학교법인의 정식이사들로서는 그 취임승인취소처분 및 임시이사 선임처분에 대한 각 취소를 구할 법률상 이익이 있고, 나아가 선행 임시이사 선임 처분의 취소를 구하는 소송 도중에 선행 임시이사가 후행 임시이사로 교체되었다고 하더라도 여전히 선행 임시 이사 선임처분의 취소를 구할 법률상 이익이 있다[대판(전합) 2007.7.19, 2006두19297].

취임승인이 취소된 학교법인의 정식이사들에 대해 원래 정해져 있던 임기가 만료되면 그 임원취임승인취소처분의 취소를 구할 소의 이익이 없다. (x) ■ 17 지방9급
학교법인 임원취임승인의 취소처분 후 그 임원의 임기가 만료되고 구「사립학교법」 소정의 임원결격사유기간마저 경과한 경우에 취임승인이 취소된 임원은 취임승인취소처분의 취소를 구할 소의 이익이 없다. (x) ■ 18 지방9급

## 3. 가중된 제재처분의 경우

판례는 가중된 제재처분에 있어서 제재기간이 경과한 후의 권리보호의 필요에 대하여 법률이나 대통령령인 시행령에 규정 된 경우는 권리보호의 필요를 인정하고, 부령이나 지방자치단체의 규칙형식에 규정된 경우는 권리보호의 필요를 부정해왔 다. 그러나 최근 전원합의체판결에서 부령이나 규칙형식에 규정된 경우도 권리보호의 필요를 인정하는 것으로 판례를 변경 했다.

## (1) 가중처분의 취지

### ① 구 「화물자동차 운수사업법 시행령」 제5조 제1항 [별표 1] 제재처분기준 제2호 및 비고 제4호에서 정한 「위반행위의 횟수에 따른 가중처분기준」의 취지

**최신판례** 구 「화물자동차 운수사업법 시행령」 제5조 제1항 [별표 1] 제재처분기준 제2호 및 비고 제4호에서 정한 「위반행위의 횟수에 따른 가중처분기준」은 위반행위에 따른 제재처분을 받았음에도 또다시 같은 내용의 위반행위를 반복하는 경우에 더욱 중하게 처벌하려는 데에 취지가 있다(대판 2020.5.28, 2017두73693).

### ② 선행 위반행위에 대한 선행 제재처분이 반드시 위 시행령 [별표 1] 제재처분기준 제2호에 명시된 처분내용대로 이루어진 경우이어야 하는 것은 아니다

**최신판례** 「위반행위의 횟수에 따른 가중처분기준」이 적용되려면 실제 선행 위반행위가 있고 그에 대하여 유효한 제재처분이 이루어졌음에도 그 제재처분일로부터 1년 이내에 다시 같은 내용의 위반행위가 적발된 경우이면 족하다고 보아야 한다. 선행 위반행위에 대한 선행 제재처분이 반드시 구 시행령 [별표 1] 제재처분기준 제2호에 명시된 처분내용대로 이루어진 경우이어야 할 필요는 없으며, 선행 제재처분에 처분의 종류를 잘못 선택하거나 처분양정(量定)에서 재량권을 일탈·남용한 하자가 있었던 경우라고 해서 달리 볼 것은 아니다(대판 2020.5.28, 2017두73693).

| 인정사례 | 부정사례 |
|---|---|
| 1. 법률<br>  ① 건축사법 : 건축사법에 의한 건축사업무정지처분을 받은 후 기간이 도과되었으나 장래 건축사사무소등록취소라는 가중된 제재처분을 받게 될 우려가 있는 경우(대판 1991.8.27, 91누3512) : 장래 건축사사무소등록취소라는 가중된 제재처분을 받게 될 우려가 있는 것이므로 건축사로서의 업무를 행할 수 있는 법률상 지위에 대한 위험이나 불안을 제거<br>  ② 의료법 : 가중 제재처분규정이 있는 의료법에 의한 의사면허자격정지처분에서 정한 자격정지기간이 지난 후 의사면허자격정지처분의 취소를 구할 소의 이익(대판 2005.3.25, 2004두14106)<br>2. 대통령령 : '건설기술관리법 시행령'상 업무정지처분을 일반정지처분과 가중정지처분으로 구분하고 전자를 후자의 요건으로 규정하고 있는 경우, 업무정지처분의 업무정지기간이 도과된 경우(대판 1999.2.5, 98두13997) : 감리원으로서 업무를 행할 수 있는 법률상 지위에 대한 위험이나 불안을 제거<br>3. 부령이나 지방자치단체의 규칙형식[대판(전합) 2006.6.22, 2003두1684] : 부령인 시행규칙 또는 지방자치단체의 규칙의 형식으로 정한 처분기준에서 제재적 행정처분을 받은 것을 가중사유나 전제요건으로 삼아 장래의 제재적 행정처분을 하도록 정하고 있는 경우<br>  ※ 다만, 법적 성질은 여전히 행정규칙설을 변경하지 않았다는 점에 유의 | 1. 훈령에 가중적 제재처분에 관한 규정이 있는 경우(대판 1982.3.23, 81누243)<br>2. 건축사업무정지처분을 받은 후 새로운 업무정지처분을 받음이 없이 1년이 경과하여 실제로 가중된 제재처분을 받을 우려가 없게 된 경우(대판 2000.4.21, 98두10080) |

## (2) 법률인 건축사법(인정)

> 건축사법 제28조 제1항이 건축사 업무정지처분을 연 2회 이상 받고 그 정지기간이 통산하여 12월 이상이 될 경우에는 가중된 제재처분인 건축사사무소 등록취소처분을 받게 되도록 규정하여 건축사에 대한 제재적인 행정 처분인 업무정지명령을 보다 무거운 제재처분인 사무소등록취소처분의 기준요건으로 규정하고 있는 이상, 건축 사업무정지처분을 받은 건축사로서는 위 처분에서 정한 기간이 도과되었다 하더라도 위 처분을 그대로 방치하여 둠으로써 장래 건축사사무소 등록취소라는 가중된 제재처분을 받게 될 우려가 있는 것이므로 건축사로서의 업무를 행할 수 있는 법률상 지위에 대한 위험이나 불안을 제거하기 위하여 건축사 업무정지처분의 취소를 구할 이익이 있다 (대판 1991.8.27, 91누3512).

## (3) 건축사 업무정지처분을 받은 후 새로운 업무정지처분을 받음이 없이 1년이 경과하여 실제로 가중된 제재처분을 받을 우려가 없게 된 경우, 업무정지처분에서 정한 정지기간이 경과한 후에 업무정지처분의 취소를 구할 법률상 이익이 없다 ★ 19 국가9급, 17 지방9급, 16 국가7급

**최신기출**
> 업무정지처분을 받은 후 새로운 업무정지처분을 받음이 없이 1년이 경과하여 실제로 가중된 제재처분을 받을 우려가 없어졌다면 위 처분에서 정한 정지기간이 경과한 이상 특별한 사정이 없는 한 그 처분의 취소를 구할 법률상 이익이 없다(대판 2000.4.21, 98두10080).

## (4) 가중 제재처분규정이 있는 의료법에 의한 의사면허자격정지처분에서 정한 자격정지기간이 지난 후 의사면허자 격정지처분의 취소를 구할 소의 이익이 있다 ★ 14 세무사

> 의료법에서 의료인에 대한 제재적인 행정처분으로서 면허자격정지처분과 면허취소처분이라는 2단계 조치를 규 정하면서 전자의 제재처분을 보다 무거운 후자의 제재처분의 기준요건으로 규정하고 있는 이상 자격정지처분을 받은 의사로서는 면허자격정지처분에서 정한 기간이 도과되었다 하더라도 그 처분을 그대로 방치하여 둠으로써 장래 의사면허취소라는 가중된 제재처분을 받게 될 우려가 있는 것이어서 의사로서의 업무를 행할 수 있는 법률상 지위 에 대한 위험이나 불안을 제거하기 위하여 면허자격정지처분의 취소를 구할 이익이 있다(대판 2005.3.25, 2004두1 4106).

## (5) 부령인 시행규칙 또는 지방자치단체의 규칙(인정)

★ 20 국회9급, 17 지방7급, 17·12 지방9급, 16 국가7급, 16·15·10 국가9급, 15 사회복지, 14·10 지방7급, 14 변호사

**최신기출**
**전합판례**

제재적 행정처분이 그 처분에서 정한 제재기간의 경과로 인하여 그 효과가 소멸되었으나, 부령인 시행규칙 또는 지방자치단체의 규칙(규칙)의 형식으로 정한 처분기준에서 제재적 행정처분(선행처분)을 받은 것을 가중사유나 전제요건으로 삼아 장래의 제재적 행정처분(후행처분)을 하도록 정하고 있는 경우, 제재적 행정처분의 가중사유나 전제요건에 관한 규정이 법령이 아니라 규칙의 형식으로 되어 있다고 하더라도, 그러한 규칙이 법령에 근거를 두고 있는 이상 그 법적 성질이 대외적·일반적 구속력을 갖는 법규명령인지 여부와는 상관없이, 관할 행정청이나 담당공무원은 이를 준수할 의무가 있으므로 이들이 그 규칙에 정해진 바에 따라 행정작용을 할 것이 당연히 예견되고, 그 결과 행정작용의 상대방인 국민으로서는 그 규칙의 영향을 받을 수밖에 없다. 따라서 그러한 규칙이 정한 바에 따라 선행처분을 받은 상대방이 그 처분의 존재로 인하여 장래에 받을 불이익, 즉 후행처분의 위험은 구체적이고 현실적인 것이므로, 상대방에게는 선행처분의 취소소송을 통하여 그 불이익을 제거할 필요가 있다. 또한, 나중에 후행처분에 대한 취소소송에서 선행처분의 사실관계나 위법 등을 다툴 수 있는 여지가 남아 있다고 하더라도, 이러한 사정은 후행처분이 이루어지기 전에 이를 방지하기 위하여 직접 선행처분의 위법을 다투는 취소소송을 제기할 필요성을 부정할 이유가 되지 못한다. 그러한 쟁송방법을 막는 것은 여러 가지 불합리한 결과를 초래하여 권리구제의 실효성을 저해할 수 있기 때문이다. 오히려 앞서 본 바와 같이 행정청으로서는 선행처분이 적법함을 전제로 후행처분을 할 것이 당연히 예견되므로, 이러한 선행처분으로 인한 불이익을 선행처분 자체에 대한 소송에서 사전에 제거할 수 있도록 해 주는 것이 상대방의 법률상 지위에 대한 불안을 해소하는 데 가장 유효적절한 수단이 된다고 할 것이고, 또한 그 소송을 통하여 선행처분의 사실관계 및 위법 여부가 조속히 확정됨으로써 이와 관련된 장래의 행정작용의 적법성을 보장함과 동시에 국민생활의 안정을 도모할 수 있다. 이상의 여러 사정과 아울러, 국민의 재판청구권을 보장한 헌법 제27조 제1항의 취지와 행정처분으로 인한 권익침해를 효과적으로 구제하려는 행정소송법의 목적 등에 비추어 행정처분의 존재로 인하여 국민의 권익이 실제로 침해되고 있는 경우는 물론이고 권익침해의 구체적·현실적 위험이 있는 경우에도 이를 구제하는 소송이 허용되어야 한다는 요청을 고려하면, 규칙이 정한 바에 따라 선행처분을 가중사유 또는 전제요건으로 하는 후행처분을 받을 우려가 현실적으로 존재하는 경우에는, 선행처분을 받은 상대방은 비록 그 처분에서 정한 제재기간이 경과하였다 하더라도 그 처분의 취소소송을 통하여 그러한 불이익을 제거할 권리보호의 필요성이 충분히 인정된다고 할 것이므로, 선행처분의 취소를 구할 법률상 이익이 있다고 보아야 한다[대판(전합) 2006.6.22, 2003두1684].

※ 본 판례는 부령형식의 행정규칙에 대하여만 판례를 변경했을 뿐, 행정규칙형식에 대해서는 파기하지 않았다. 또한 부령형식의 행정규칙에 규정된 가중처분의 협의의 소익을 인정했을 뿐, 부령형식의 행정규칙의 법적 성질은 여전히 행정규칙설을 취한다.

제재적 행정처분이 제재기간의 경과로 인하여 그 효과가 소멸되었고, 제재적 행정처분을 받은 것을 가중사유로 삼아 장래의 제재적 행정처분을 하도록 정한 처분기준이 부령인 시행규칙이라면 처분의 취소를 구할 이익이 없다. (x) ■ 15 국가9급

장래의 제재적 가중처분 기준을 대통령령이 아닌 부령의 형식으로 정한 경우에는 이미 제재기간이 경과한 제재적 처분의 취소를 구할 법률상 이익이 인정되지 않는다. (x) ■ 16 국가9급

제재적 행정처분의 가중사유나 전제요건에 관한 규정이 법령이 아닌 행정규칙의 형식으로 되어 있다면 이는 행정청 내부의 재량준칙을 규정한 것에 불과하므로 관할 행정청이나 담당공무원은 이를 준수할 의무가 없다. (x) ■ 16 국가7급

## 4. 보다 실효적인 권리구제절차의 존재 여부

당해 취소소송보다 실효적인(직접적인) 권리구제절차가 있는 경우에는 소의 이익이 부정된다. 그러나 다른 권리구제절차가 있는 경우에도 취소를 구할 현실적 이익이 있어 문제의 취소소송이 분쟁해결의 유효적절한 수단이라고 할 수 있는 경우에는 소의 이익이 인정된다.

> 행정청이 한 처분 등의 취소를 구하는 소송은 처분에 의하여 발생한 위법 상태를 배제하여 원래 상태로 회복시키고 처분으로 침해된 권리나 이익을 구제하고자 하는 것이다. 따라서 해당 처분 등의 취소를 구하는 것보다 실효적이고 직접적인 구제수단이 있음에도 처분 등의 취소를 구하는 것은 특별한 사정이 없는 한 분쟁해결의 유효적절한 수단이라고 할 수 없어 법률상 이익이 있다고 할 수 없다(대판 2017.10.31, 2015두45045).

# III. 처분 후의 사정변경에 의해 권익침해가 해소된 경우

## 1. 부정사례

1. 불합격처분 이후 새로 실시된 치과의사국가시험에 합격한 경우(대판 1993.11.9, 93누6867) : 치과의사국가시험 합격은 치과의사면허를 부여받을 수 있는 전제요건이 된다고 할 것이나 국가시험에 합격하였다고 하여 위 면허취득의 요건을 갖추게 되는 이외에 그 자체만으로 합격한 자의 법률상 지위가 달라지게 되는 것은 아니므로
2. 사법시험 제1차 시험 불합격처분 이후에 새로이 실시된 사법시험 제1차 시험에 합격하였을 경우(대판 1996.2.23, 95누2685) : 사법시험 제1차 시험에 합격하였다고 할지라도 그것은 합격자가 당회의 제2차 시험과 차회의 제2차 시험에 응시할 자격을 부여받을 수 있는 전제요건이 되는 데 불과한 것이고, 그 자체만으로 합격한 자의 법률상의 지위가 달라지게 되는 것이 아니므로
3. 공익근무요원 소집해제신청을 거부한 후에 원고가 계속하여 공익근무요원으로 복무함에 따라 복무기간 만료를 이유로 소집해제처분을 한 경우(대판 2005.5.13, 2004두4369)
4. 사법시험 제2차 시험 불합격처분 이후에 새로이 실시된 제2차와 제3차 시험에 합격한 사람이 불합격처분의 취소를 구할 법률상 이익(대판 2007.9.21, 2007두12057) : 사법시험에 최종합격한 것은 합격자가 사법연수생으로 임명될 수 있는 전제요건이 되는 것일 뿐이고, 그 자체만으로 합격한 자의 법률상의 지위가 달라지게 되는 것이 아니므로

### (1) 사법시험 제1차 시험 불합격 처분 이후에 새로이 실시된 사법시험 제1차 시험에 합격하였을 경우, 그 불합격 처분의 취소를 구할 법률상 이익이 없다 ★ 14·13·10 세무사

> 사법시험령 제5조, 제6조, 제8조의 각 규정을 종합하여 보면, 사법시험 제1차 시험에 합격하였다고 할지라도 그것은 합격자가 사법시험령 제6조, 제8조 제1항의 각 규정에 의하여 당회의 제2차 시험과 차회의 제2차 시험에 응시할 자격을 부여받을 수 있는 전제요건이 되는 데 불과한 것이고, 그 자체만으로 합격한 자의 법률상의 지위가 달라지게 되는 것이 아니므로, 제1차 시험 불합격 처분 이후에 새로이 실시된 사법시험 제1차 시험에 합격하였을 경우에는 더 이상 위 불합격 처분의 취소를 구할 법률상 이익이 없다. 사법시험 제1차 시험 불합격 처분의 취소를 구하는 소송을 제기하였는데 원심판결이 선고된 이후 새로이 실시된 사법시험 제1차 시험에 합격한 경우, 상고심 계속 중 소의 이익이 없게 되어 부적법하게 되었다(대판 1996.2.23, 95누2685).

(2) 공익근무요원 소집해제신청을 거부한 후에 원고가 계속하여 공익근무요원으로 복무함에 따라 복무기간 만료를 이유로 소집해제처분을 한 경우, 원고가 입게 되는 권리와 이익의 침해는 소집해제처분으로 해소되었으므로 위 거부처분의 취소를 구할 소의 이익이 없다 ★ 21 지방9급, 13 지방7급, 13 순경특채, 08 국회8급

최신기출 피고의 이 사건 각 처분으로 인하여 원고가 입게 되는 권리와 이익의 침해는 피고가 소집해제처분을 함으로써 해소되었다 할 것이므로, 원고로서는 이 사건 각 처분의 취소를 구할 소의 이익이 없다고 할 것이고(이는 공익근무요원 소집처분에 대하여 위와 같이 집행정지결정이 있었다고 하여 달리 볼 것이 아니다), 설령 원고가 향후 국가를 상대로 이 사건 각 처분이 위법함을 이유로 손해배상청구를 할 예정이라고 하더라도, 그와 같은 사정만으로 소의 이익이 있다고 할 수 없다(대판 2005.5.13, 2004두4369).

공익근무요원 소집해제신청을 거부한 후에 원고가 계속하여 공익근무요원으로 복무함에 따라 복무기간 만료를 이유로 소집해제처분을 한 경우, 원고는 거부처분의 취소를 구할 소의 이익이 있다. (×) ■ 21 지방9급

(3) 사법시험 제2차 시험 불합격처분 이후에 새로이 실시된 제2차와 제3차 시험에 합격한 사람이 불합격처분의 취소를 구할 법률상 이익을 갖지 않는다 ★ 15 국가9급, 14 사회복지

사법시험법 제1조 내지 제12조, 법원조직법 제72조의 각 규정을 종합하여 보면, 사법시험에 최종합격한 것은 합격자가 사법연수생으로 임명될 수 있는 전제요건이 되는 것일 뿐이고, 그 자체만으로 합격한 자의 법률상의 지위가 달라지게 되는 것이 아니므로, 사법시험 제2차 시험에 관한 불합격처분 이후에 새로이 실시된 제2차 및 제3차 시험에 합격하였을 경우에는 더 이상 위 불합격처분의 취소를 구할 법률상 이익이 없다고 보아야 할 것이다(대판 2007.9.21, 2007두12057).

## 2. 인정사례

고등학교에서 퇴학처분을 당한 후 고등학교졸업학력 검정고시에 합격한 경우, 퇴학처분의 취소를 구할 소의 이익이 있다 ★ 16·13 지방7급, 15 국가9급, 14 서울7급, 14·13·10 세무사, 13 순경특채, 10 지방9급, 10 서울9급

고등학교졸업이 대학입학자격이나 학력인정으로서의 의미밖에 없다고 할 수 없으므로 고등학교졸업학력검정고시에 합격하였다 하여 고등학교 학생으로서의 신분과 명예가 회복될 수 없는 것이니 퇴학처분을 받은 자로서는 퇴학처분의 위법을 주장하여 그 취소를 구할 소송상의 이익이 있다(대판 1992.7.14, 91누4737).

## Ⅳ. 기타

### 1. 부정사례

1. 기본행위에만 하자가 있고 인가는 적법한 경우 기본행위를 다투어야 하고 인가의 무효확인이나 취소청구 불가(대판 2000.9.5, 99두1854)
2. '원자력건설허가처분이 발령된 후'에 원자력부지사전승인처분을 다툴 이익(대판 1998.9.4, 97누19588)
3. 임대주택에 대한 분양전환승인처분 중 일부 세대에 대한 부분만 취소하는 것이 가능하고 우선 분양전환 대상인 임차인들이 분양전환승인처분의 취소를 구하는 경우, 다른 세대에 대한 부분까지 취소를 구할 법률상 이익(대판 2020.7.23, 2015두48129) : 임대사업자가 여러 세대의 임대주택에 대해 분양전환승인신청을 하여 외형상 하나의 행정처분으로 그 승인을 받았다고 하더라도 이는 승인된 개개 세대에 대한 처분으로 구성되고 각 세대별로 가분될 수 있으므로 임대주택에 대한 분양전환승인처분 중 일부 세대에 대한 부분만 취소하는 것이 가능
4. 분양전환승인처분 전부에 대하여 취소소송을 제기한 임차인이 해당 임대주택에 관하여 분양전환 요건이 충족되었다는 점 자체는 다투지 않으면서 분양전환가격 산정에 관해서만 다투는 경우, 분양전환승인처분 중 임대주택의 매각을 허용하는 부분의 취소를 구할 이익(대판 2020.7.23, 2015두48129) : 분양전환가격 산정에 관해서만 다투는 경우에는 분양전환승인처분 중 임대주택의 매각을 허용하는 부분은 실질적인 불복이 없어 그 취소를 구할 법률상 이익(협의의 소의 이익)이 없다고 보아야
5. 임대주택에 대한 분양전환승인처분 이후 진행된 분양전환절차에서 분양계약을 체결하지 아니한 채 임대주택에서 퇴거한 임차인에게 분양전환승인처분의 취소를 구할 법률상 이익(대판 2020.7.23, 2015두48129) : 분양전환승인처분 이후 진행된 분양전환절차에서 분양계약을 체결하지 아니한 채 임대주택에서 퇴거한 임차인은 분양전환승인일로부터 6개월이 경과하면 우선분양전환권을 상실하게 되고, 임차인이 임대주택에서 퇴거할 당시 분양전환승인처분 취소소송을 제기한 상태였고 이후 그 취소소송에서 승소한다 하더라도 새롭게 우선분양전환권을 취득할 수 있는 것은 아니라고 보는 것이 타당

#### (1) 분양전환승인처분 전부에 대하여 취소소송을 제기한 임차인이 해당 임대주택에 관하여 분양전환 요건이 충족되었다는 점 자체는 다투지 않으면서 분양전환가격 산정에 관해서만 다투는 경우, 분양전환승인처분 중 임대주택의 매각을 허용하는 부분의 취소를 구할 법률상 이익이 없다

최신판례 분양전환승인처분은 분양전환의 요건을 심사하여 임대주택의 매각을 허용하는 부분과 분양전환가격을 심사하여 이를 승인하는 부분으로 구분하는 것이 가능하다. 행정청은 분양전환승인처분 중 '분양전환가격의 산정 부분'에만 위법이 있을 경우, '분양전환을 허용하는 부분'의 효력은 그대로 둔 채 '분양전환가격 부분'의 위법을 시정하여 변경하는 처분을 하는 것도 가능하다. 따라서 분양전환승인처분 전부에 대하여 취소소송을 제기한 임차인이 해당 임대주택에 관하여 분양전환 요건이 충족되었다는 점 자체는 다투지 않으면서 다만 분양전환가격 산정에 관해서만 다투는 경우에는 분양전환승인처분 중 임대주택의 매각을 허용하는 부분은 실질적인 불복이 없어 그 취소를 구할 법률상 이익(협의의 소의 이익)이 없다고 보아야 한다(대판 2020.7.23, 2015두48129).

#### (2) 우선 분양전환 대상인 임차인들이 분양전환승인처분의 취소를 구하는 경우, 다른 세대에 대한 부분까지 취소를 구할 법률상 이익은 없다

최신판례 외형상 하나의 행정처분이라고 하더라도 가분성이 있거나 그 처분대상의 일부가 특정될 수 있다면 일부만의 취소도 가능하고 그 일부의 취소는 해당 취소 부분에 관하여 효력이 생긴다. 구 임대주택법의 임대사업자가 여러 세대의 임대주택에 대해 분양전환승인신청을 하여 외형상 하나의 행정처분으로 그 승인을 받았다고 하더라도 이는 승인된 개개 세대에 대한 처분으로 구성되고 각 세대별로 가분될 수 있으므로 임대주택에 대한 분양전환승인처분 중 일부 세대에 대한 부분만 취소하는 것이 가능하다. 따라서 우선 분양전환 대상인 임차인들이 분양전환승인처분의 취소를 구하는 경우, 특별한 사정이 없는 한 그 취소를 구하는 임차인이 분양전환 받을 세대가 아닌 다른 세대에 대한 부분까지 취소를 구할 법률상 이익(원고적격)은 인정되지 않는다(대판 2020.7.23, 2015두48129).

**(3) 임대주택에 대한 분양전환승인처분 이후 진행된 분양전환절차에서 분양계약을 체결하지 아니한 채 임대주택에서 퇴거한 임차인에게 분양전환승인처분의 취소를 구할 법률상 이익이 인정되지 않는다**

최신판례 구 임대주택법 제21조 제7항은 임대사업자가 분양전환승인을 받은 이후에도 임차인이 6개월 이상 분양전환에 응하지 아니하는 경우에는 임대사업자는 해당 임대주택을 분양전환가격으로 국토해양부령으로 정하는 바에 따라 제3자에게 매각할 수 있다고 규정하고 있다. 즉, 임대사업자가 임대주택을 분양전환승인일 이후로서 임대사업자로부터 분양전환승인에 따라 분양전환신청을 할 것을 적법하게 안내 또는 통보받은 날부터 6개월이 지나도록 임차인이 분양전환에 응하지 아니하는 경우 임차인의 우선분양전환권은 소멸하여 임대사업자는 해당 임대주택을 제3자에게 매각할 수 있으므로, 분양전환승인처분 이후 진행된 분양전환절차에서 분양계약을 체결하지 아니한 채 임대주택에서 퇴거한 임차인은 분양전환승인일로부터 6개월이 경과하면 우선분양전환권을 상실하게 되고, 임차인이 임대주택에서 퇴거할 당시 분양전환승인처분 취소소송을 제기한 상태였고 이후 그 취소소송에서 승소한다 하더라도 새롭게 우선분양전환권을 취득할 수 있는 것은 아니라고 보는 것이 타당하다. 구 임대주택법 제21조 제7항이 우선분양권자인 임차인의 계약 체결기간을 6개월로 정한 것은 분양전환을 둘러싼 법률관계를 조속히 확정하는 데 그 취지가 있고, 임대사업자가 유효한 분양전환승인처분을 받은 이후에도 임차인이 6개월 이상 분양전환에 응하지 않아 해당 임대주택을 제3자에게 매각하였다면 이를 매수한 제3자의 거래의 효력에 관한 신뢰와 주거의 안정도 법질서가 보호하여야 하는 정당한 이익에 해당한다. 그런데 해당 임차인이 사후적으로 분양전환가격을 다투는 취소소송에서 승소하였다는 이유만으로 임대사업자가 다시 적법하게 산정된 분양전환가격으로 분양전환절차를 이행할 의무가 있다고 보는 것은 제3자의 법적 이익을 중대하게 침해하는 것으로 볼 수 있다. 따라서 분양전환승인처분 이후 진행된 분양전환절차에서 분양계약을 체결하지 아니한 채 임대주택에서 퇴거한 임차인은, 분양전환승인처분에 관하여 효력정지결정이 이루어져 임대사업자가 제3자에게 해당 임대주택을 매각하지 않았다는 등의 특별한 사정이 없는 한, 분양전환승인처분의 취소를 구할 법률상 이익(협의의 소의 이익)이 인정되지 않는다고 보아야 한다(대판 2020.7.23. 2015두48129).

## 2. 인정사례

1. 징계에 관한 일반사면이 있은 후 파면처분의 취소를 구할 이익(대판 1983.2.8, 81누121) : 사면법에 의하면 징계처분에 의한 기성의 효과는 사면으로 인하여 변경되지 않는다고 되어 있고 이는 사면의 효과가 소급하지 않음을 의미하는 것이므로, 일반사면이 있었다고 할지라도 파면처분으로 이미 상실된 원고의 공무원 지위가 회복될 수는 없는 것

2. 동일한 내용의 후행거부처분이 존재하는 경우 선행거부처분 취소소송의 소의 이익(대판 1994.4.12, 93누21088) : 거부처분의 효력을 직접 부정하는 것이 아닌 한 선행거부처분보다 뒤에 된 동일한 내용의 후행거부처분 때문에 선행거부처분의 취소를 구할 법률상 이익이 없다고 할 수는 없다.

3. 원자력부지사전승인처분 후 '원자로 등의 건설허가처분이 발령되지 않은 경우' 원자력부지사전승인처분을 다툴 이익(대판 1998.9.4, 97누19588)

4. 기본행위는 적법유효하나 보충행위인 인가처분에만 하자가 있는 경우에는 그 인가처분의 취소나 무효확인소송을 다툴 이익(대판 2000.9.5. 99두1854)

5. 군인사법상 진급예정자 명단에서 삭제된 사람이 그 삭제처분에 대하여 취소소송으로 다툴 수 있는 이익(대판 2007.9.20, 2005두13971)

6. 수형자의 영치품에 대한 사용신청 불허처분 후 수형자가 다른 교도소로 이송된 경우 영치품 사용신청 불허처분의 취소를 구할 이익(대판 2008.2.14. 2007두13203) : 다른 교도소로의 이송이라는 사정에 의하여 원고의 권리와 이익의 침해 등이 해소되지 아니한 점, 형기가 만료되기까지는 아직 상당한 기간이 남아 있고, 진주교도소로의 재이송 가능성이 소멸하였다고 단정하기 어려운 점

7. 분양신청을 하지 아니하거나 철회한 도시환경정비사업구역 내의 토지 등 소유자가 관리처분계획의 무효확인 또는취소를 구할 소의 이익(대판 2011.12.8, 2008두18342) : 도시환경정비사업에 대한 사업시행계획에 당연무효인 하자가 있는 경우에는 도시환경정비사업조합은 그 사업시행계획을 새로이 수립하여 관할관청으로부터 인가를 받은 후 다시 분양신청을 받아 관리처분계획을 수립하여야 하는데, 조합원의 지위를 상실한 토지 등 소유자도 그때 분양신청을 함으로써 건축물 등을 분양받을 수 있으므로

8. 공정거래위원회가 부당한 공동행위의 시정명령 및 과징금 부과와 자진신고자 또는 조사협조자에 대한 감면 여부를 분리 심리하여 별개로 의결한 후 과징금 등 처분과 별도의 처분서로 감면기각처분을 한 경우, 각 처분에 대하여 함께 또는 별도로 불복할 수 있고, 과징금 등 처분과 감면기각처분의 취소를 구하는 소를 함께 제기한 경우, 감면기각처분의 취소를 구할 소의 이익(대판 2016.12.27. 2016두43282) : 원칙적으로 2개의 처분, 즉 과징금 등 처분과 감면기각처분이 각각 성립한 것이고, 처분의 상대방으로서는 각각의 처분에 대하여 함께 또는 별도로 불복할 수 있다.

---

**(1) 수형자의 영치품에 대한 사용신청 불허처분 후 수형자가 다른 교도소로 이송되었다 하더라도 수형자의 권리와 이익의 침해 등이 해소되지 않은 점 등에 비추어, 위 영치품 사용신청 불허처분의 취소를 구할 이익이 있다고 본 사례** ★ 17 지방9급

> 원고의 긴 팔 티셔츠 2개(앞 단추가 3개 있고 칼라가 달린 것, 이 사건 영치품)에 대한 사용신청 불허처분(이 사건 처분) 이후 이루어진 원고의 다른 교도소로의 이송이라는 사정에 의하여 원고의 권리와 이익의 침해 등이 해소되지 아니한 점, 원고의 형기가 만료되기까지는 아직 상당한 기간이 남아 있을 뿐만 아니라, 진주교도소가 전국 교정시설의 결핵 및 정신질환 수형자들을 수용·관리하는 의료교도소인 사정을 감안할 때 원고의 진주교도소로의 재이송 가능성이 소멸하였다고 단정하기 어려운 점 등을 종합하면, 원고로서는 이 사건 처분의 취소를 구할 이익이 있다고 봄이 상당하다(대판 2008.2.14, 2007두13203).

수형자의 영치품에 대한 사용신청 불허처분 후 수형자가 다른 교도소로 이송된 경우 원래 교도소로의 재이송 가능성이 소멸되었으므로 그 불허처분의 취소를 구할 소의 이익이 없다. (x) ■ 17 지방9급

**(2) 도시환경정비사업에 대한 사업시행계획이 당연무효인 경우, 분양신청기간 내에 분양신청을 하지 않거나 분양신 청을 철회하여 「도시 및 주거환경정비법」 제47조 등에 의하여 조합원의 지위를 상실한 토지 등 소유자에게도 관리처분계획의 무효확인 또는 취소를 구할 법률상 이익이 있다**

> 도시환경정비사업에 대한 사업시행계획에 당연무효인 하자가 있는 경우에는 도시환경정비사업조합은 사업시행 계획을 새로이 수립하여 관할관청에게서 인가를 받은 후 다시 분양신청을 받아 관리처분계획을 수립하여야 한 다. 따라서 분양신청기간 내에 분양신청을 하지 않거나 분양신청을 철회함으로 인해 「도시 및 주거환경정비법」 제47조 및 조합 정관 규정에 의하여 조합원의 지위를 상실한 토지 등 소유자도 그때 분양신청을 함으로써 건축 물 등을 분양받을 수 있으므로 관리처분계획의 무효확인 또는 취소를 구할 법률상 이익이 있다(대판 2011.12.8, 2008두18342).

**(3) 공정거래위원회가 부당한 공동행위의 시정명령 및 과징금 부과와 자진신고자 또는 조사협조자에 대한 감면 여 부를 분리 심리하여 별개로 의결한 후 과징금 등 처분과 별도의 처분서로 감면기각처분을 한 경우, 각 처분에 대하여 함께 또는 별도로 불복할 수 있고, 과징금 등 처분과 감면기각처분의 취소를 구하는 소를 함께 제기한 경우, 감면기각처분의 취소를 구할 소의 이익이 인정된다**

> 공정거래위원회의 시정명령 및 과징금 부과처분(과징금 등 처분)과 자진신고 등에 따른 감면신청에 대한 감면기각처분 은 근거조항이 엄격히 구분되고, 자진신고 감면인정 여부에 대한 결정은 공정거래법령이 정한 시정조치의 내용과 과징금산정 과정에 따른 과징금액이 결정된 이후, 자진신고 요건 충족 여부에 따라 결정되므로, 과징금 등 처분과 자진신고 감면요건이 구별되는 점, 이에 따라 공정거래위원회로서는 자진신고가 있는 사건에서 시정명령 및 과징 금 부과의 요건과 자진신고 감면 요건 모두에 대하여 심리·의결할 의무를 부담하는 점, 감면기각처분은 자진신고 사업자의 감면신청에 대한 거부처분의 성격을 가지는 점 등을 종합하면, 공정거래위원회가 시정명령 및 과징금 부과 와 감면 여부를 분리 심리하여 별개로 의결한 후 과징금 등 처분과 별도의 처분서로 감면기각처분을 하였다면, 원칙적 으로 2개의 처분, 즉 과징금 등 처분과 감면기각처분이 각각 성립한 것이고, 처분의 상대방으로서는 각각의 처분에 대하여 함께 또는 별도로 불복할 수 있다. 따라서 과징금 등 처분과 동시에 감면기각처분의 취소를 구하는 소를 함께 제기했더라도, 특별한 사정이 없는 한 감면기각처분의 취소를 구할 소의 이익이 부정된다고 볼 수 없다(대판 2016.12.27, 2016두43282).

# 제4 피고적격

## Ⅰ. 행정청(원칙)

### 1. 행정소송법 제13조 제1항에서 취소소송의 피고로 정한 행정청의 의미(=처분 권한을 가진 기관)

★ 20 국가9급

'행정청'이라 함은 국가 또는 공공단체의 기관으로서 국가나 공공단체의 의견을 결정하여 외부에 표시할 수 있는 권한, 즉 처분 권한을 가진 기관을 말한다(대판 2019.4.3. 2017두52764).

### 2. 인천직할시장 명의의 사업장폐쇄명령처분을 통지한 인천직할시 북구청장은 피고적격이 없다

피고인 인천직할시 북구청장이 인천직할시장으로부터 환경보전법상의 위법시설에 대한 폐쇄 등 명령권한의 사무처리에 관한 내부위임을 받아, 원고들이 공동으로 경영하는 공장에서 같은법 제15조의 규정에 의한 허가를 받지 아니하고 배출시설을 설치하여 조업하고 있는 것을 적발하고, 인천직할시장 명의의 폐쇄명령서를 발부받아 '환경보전법 위반사업장 고발 및 폐쇄명령'이란 제목으로 위 폐쇄명령서를 첨부하여 위 무허가배출시설에 대한 폐쇄명령통지를 하였다면 위 폐쇄명령처분을 한 행정청은 어디까지나 인천직할시장이고, 피고는 인천직할시장의 위 폐쇄명령처분에 관한 사무처리를 대행하면서 이를 통지하였음에 지나지 않으며, 위 폐쇄명령서나 그 통지서가 정부공문서규정이 정하는 문서양식에 맞지 않는다는 이유만으로 피고를 처분청으로 볼 수는 없으므로, 피고를 위 폐쇄명령처분을 한 행정청으로 보고 제기한 이 사건 소는 피고적격이 없는 자를 상대로 한 것이어서 부적법하다(대판 1990. 4.27. 90누233).

### 3. 국무회의에서 건국훈장 독립장이 수여된 망인(장지연)에 대한 서훈취소를 의결하고 대통령이 결재함으로써 서훈취소가 결정된 후 국가보훈처장이 망인의 유족 甲에게 '독립유공자 서훈취소결정 통보'를 하자 甲이 국가보훈처장을 상대로 서훈취소결정의 무효 확인 등의 소를 제기한 사안에서, 위 소는 피고를 잘못 지정하였다고 한 사례 ★ 16 지방9급

甲이 서훈취소 처분을 행한 행정청(대통령)이 아니라 국가보훈처장을 상대로 제기한 위 소는 피고를 잘못 지정한 경우에 해당하므로, 법원으로서는 석명권을 행사하여 정당한 피고로 경정하게 하여 소송을 진행해야 함에도 국가보훈처장이 서훈취소 처분을 한 것을 전제로 처분의 적법 여부를 판단한 원심판결에 법리오해 등의 잘못이 있다(대판 2014.9.26. 2013두2518).

건국훈장 독립장이 수여된 망인에 대하여 사후적으로 친일행적이 확인되었다는 이유로 대통령에 의하여 망인에 대한 독립유공자서훈취소가 결정되고, 그 서훈취소에 따라 훈장 등을 환수조치하여 달라는 당시 행정안전부장관의 요청에 의하여 국가보훈처장이 망인의 유족에게 독립유공자서훈취소결정을 통보한 사안에서, 독립유공자서훈취소결정에 대한 취소소송에서의 피고적격이 있는 자는 국가보훈처장이다. (x) ■ 16 지방9급

## 4. 감염병의 예방 및 관리에 관한 법령상 예방접종 피해에 대한 국가의 보상금 지급에 대한 처분 권한을 가진 기관은 질병관리본부장이다

> 예방접종피해보상 업무에 관한 보건복지부장관의 권한은 질병관리본부장에게 위임되어 있다(제32조 제1항 제20호).
>
> 위 규정에 따르면 법령상 보상금 지급에 대한 처분 권한은, 국가사무인 예방접종피해보상에 관한 보건복지부장관의 위임을 받아 보상금 지급 여부를 결정하고, 보상금을 지급함으로써 대외적으로 보상금 지급 여부에 관한 의사를 표시할 수 있는 질병관리본부장에게 있다(대판 2019.4.3, 2017두52764).

## 5. 지방의회와 지방자치단체장

| 구분 | 처분적 조례에 대한 소송 | 조례안에 대한 소송 |
|---|---|---|
| 종류 | 항고소송 | 기관소송 |
| 원고 | 주민 | 지방자치단체장(교육감) |
| 피고 | 지방자치단체장(일반조례), 교육감(교육조례) | 지방의회 |
| 관할법원 | 행정법원(지방법원) | 대법원 |
| 제소기간 | 취소소송의 경우(무효확인소송의 경우 제한규정 없음)<br>1. 처분이 있음을 안 날부터 90일<br>2. 처분이 있은 날부터 1년 | 재의결된 날로부터 20일 이내 |

### (1) 처분적 조례에 대한 항고소송의 피고는 지방자치단체장이고, 교육조례에 대한 피고는 교육감이다

★ 20 지방7급, 16 국가7급, 15 변호사, 13 세무사, 12 국회9급

최신기출
> 조례에 대한 무효확인소송을 제기함에 있어서 행정소송법 제38조 제1항, 제13조에 의하여 피고적격이 있는 처분 등을 행한 행정청은, 행정주체인 지방자치단체 또는 지방자치단체의 내부적 의결기관으로서 지방자치단체의 의사를 외부에 표시할 권한이 없는 지방의회가 아니라, 구 지방자치법 제19조 제2항, 제92조에 의하여 지방자치단체의 집행기관으로서 조례로서의 효력을 발생시키는 공포권이 있는 지방자치단체의 장이다. 구 지방교육자치에관한법률 제14조 제5항, 제25조에 의하면 시·도의 교육·학예에 관한 사무의 집행기관은 시·도 교육감이고 시·도 교육감에게 지방교육에 관한 조례안의 공포권이 있다고 규정되어 있으므로, 교육에 관한 조례의 무효확인소송을 제기함에 있어서는 그 집행기관인 시·도 교육감을 피고로 하여야 한다(대판 1996.9.20, 95누8003).

교육에 관한 조례에 대한 항고소송을 제기함에 있어서는 그 의결기관인 시·도 지방의회를 피고로 하여야 한다. (X) ■ 16 국가7급
처분적 조례에 대한 무효확인소송을 제기함에 있어서 피고적격이 있는 처분 등을 행한 행정청은 지방의회이다. (X) ■ 20 지방7급

## 6. 위원회

처분청이 토지수용위원회나 공정거래위원회와 같은 합의제 행정관청인 경우에는 당해 합의제 행정관청인 위원회 자체가 피고가 되지만, 법률에 특별한 규정이 있을 경우에는 위원장이 피고가 되는 경우도 있다(예 중앙노동위원회위원장, 중앙해양안전심판원장). 그러나 의결기관이나 자문기관으로서의 위원회는 피고적격이 인정되지 않는다.

**(1) 감사원의 재심의판정처분에 대한 피고는 감사원이다** ★ 13 서울7급, 13 세무사

> 감사원의 변상판정처분(원처분)에 대하여서는 행정소송을 제기할 수 없고, 재결에 해당하는 재심의판정에 대하여서만 감사원을 피고(감사원장이 아님)로 하여 행정소송을 제기할 수 있다(대판 1984.4.10, 84누91).

**(2) 지방노동위원회의 처분에 대하여 불복하기 위하여는 중앙노동위원장을 피고로 하여 재심판정취소의 소를 제기하여야 한다** ★ 13 국가7급

> 노동위원회법 제19조의2 제1항의 규정은 행정처분의 성질을 가지는 지방노동위원회의 처분에 대하여 중앙노동위원장을 상대로 행정소송을 제기할 경우의 전치요건에 관한 규정이라 할 것이므로 당사자가 지방노동위원회의 처분에 대하여 불복하기 위하여는 처분송달일로부터 10일 이내에 중앙노동위원회에 재심을 신청하고 중앙노동위원회의 재심판정서 송달일로부터 15일 이내에 중앙노동위원장을 피고로 하여 재심판정취소의 소를 제기하여야 할 것이다(대판 1995.9.15, 95누6724).

**(3) 시·도 인사위원회 위원장의 명의로 한 7급 지방공무원의 신규임용시험 불합격결정에 대한 피고는 시·도 인사위원회 위원장이다**

> 시·도 인사위원회는 독립된 합의제 행정기관으로서 7급 지방공무원의 신규임용시험의 실시를 관장한다고 할 것이므로, 그 관서장인 시·도 인사위원회 위원장은 그의 명의로 한 7급 지방공무원의 신규임용시험 불합격결정에 대한 취소소송의 피고적격을 가진다(대판 1997.3.28, 95누7055).

# II. 예외

## 1. 권한의 위임·위탁의 경우(수임기관·수탁기관)

**(1) 지방철도청장은 그 소속 8급 공무원에 대하여 징계파면처분을 행할 권한이 있다**

> 철도청장은 구 국가공무원법 제32조 제3항과 구 공무원임용령 제5조 제1항의 규정에 따라 1급 이상 공무원을 장으로 하는 소속 기관의 장에게 6급 이하 및 기능직 공무원의 임용권을 위임할 수 있고, 철도청위임전결사항규정(1994.6.1. 시행)을 보면 철도청장은 6급 이하 및 기능직 공무원의 임용에 관한 권한을 지방철도청장에게 위임하였음을 알 수 있고, 따라서 지방철도청장은 국가공무원법 제82조 제1항이 정하는 임용권자로서 그 소속 8급 공무원인 원고에 대하여 징계파면처분을 행할 권한이 있다(대판 1996.6.25, 96누570).

**(2) 세무서장의 공매권한이 성업공사에게 위임된 경우 성업공사가 피고이다** ★ 13 세무사, 12 국회9급

> 성업공사가 체납압류된 재산을 공매하는 것은 세무서장의 공매권한 위임에 의한 것으로 보아야 할 것이므로, 성업공사가 한 그 공매처분에 대한 취소 등의 항고소송을 제기함에 있어서는 수임청으로서 실제로 공매를 행한 성업공사를 피고로 하여야 하고, 위임청인 세무서장은 피고적격이 없다(대판 1997.2.28, 96누1757).

**(3) 양재 ~ 판교 간 경부고속국도 구간의 통행료 징수권을 행사할 권한은 국가로부터 통행료 징수권이 포함된 유료도로관리권을 출자받은 한국도로공사에 있다**

> 피고 공사는 국가로부터 유료도로 통행료 징수권이 포함된 유료도로관리권을 출자받아 이 사건 구간의 통행료 징수권을 행사할 권한을 적법하게 가지게 되었고, 이에 따라 피고 공사가 이 사건 처분을 한 것이지 피고 장관이 이 사건 처분을 하였다고 볼 수 없다(대판 2005.6.24, 2003두6641).

**(4) 서울특별시장으로부터 이주대책 수립권한이 에이에이치공사에게 위탁된 경우 피고는 공사이다**

> 에스에이치공사가 택지개발사업 시행자인 서울특별시장으로부터 이주대책 수립권한을 포함한 택지개발사업에 따른 권한을 위임 또는 위탁받은 경우, 위 공사 명의로 이루어진 이주대책에 관한 처분에 대한 취소소송의 정당한 피고는 위 공사이다(대판 2007.8.23, 2005두3776).

**(5) 문화관광부장관으로부터 저작권 등록업무에 관한 권한을 위탁받은 '저작권심의조정위원회'가 피고적격을 가진다**

> 문화관광부장관으로부터 저작권 등록업무에 관한 권한을 위탁받은 '저작권심의조정위원회'가 저작권 등록업무의 처분청으로서 그 등록처분에 대한 무효확인소송에서 피고적격을 가진다. '저작권심의조정위원회 위원장'을 피고로 저작권 등록처분의 무효확인을 구하는 소는 피고적격이 없는 자를 상대로 한 부적법한 것이다(대판 2009.7.9, 2007두16608).

**(6) 근로복지공단이 甲 지방자치단체에 고용보험료 부과처분을 하자, 甲 지방자치단체가 구 「고용보험 및 산업재해보상보험의 보험료징수 등에 관한 법률」 제4조 등에 따라 국민건강보험공단을 상대로 위 처분의 무효확인 및 취소를 구한 사안에서, 위 처분의 무효확인 및 취소 소송의 피고는 국민건강보험공단이 되어야 함에도 이와 달리 위 처분의 주체는 여전히 근로복지공단이라고 본 원심판결에 고용보험료 부과고지권자와 항고소송의 피고적격에 관한 법리를 오해한 위법이 있다고 한 사례**

> 甲 지방자치단체에 대한 근로복지공단의 고용보험료 부과처분에 관계되는 권한 중 적어도 보험료의 고지에 관한 업무는 국민건강보험공단이 그 명의로 고용노동부장관의 위탁을 받아서 한 것으로 보아야 하므로, 위 처분의 무효확인 및 취소 소송의 피고는 국민건강보험공단이 되어야 함에도, 이와 달리 위 처분의 주체는 여전히 근로복지공단이라고 본 원심판결에 고용보험료 부과고지권자와 항고소송의 피고적격에 관한 법리를 오해한 위법이 있다고 한 사례(대판 2013.2.28, 2012두22904)

## 2. 대리·내부위임·위임전결

**(1) 피대리기관·위임기관이 피고(원칙)** : 대리나 내부위임의 경우에는 권한이 이전되는 것이 아니기 때문에 피대리기관이나 위임기관이 피고가 된다. 따라서 대리관청, 내부위임을 받은 자 등은 원칙적으로 피고가 될 수 없다.

① 내부위임의 경우 수임관청이 위임관청의 이름으로 권한을 행사하였다면 그처분의 취소나 무효확인을 구하는 소송의 피고는 위임관청이다 ★ 20 서울7급, 14 지방7급, 13 서울9급

> **최신기출** 행정관청이 특정한 권한을 법률에 따라 다른 행정관청에 이관한 경우와 달리 내부적인 사무처리의 편의를 도모하기 위하여 그의 보조기관 또는 하급행정관청으로 하여금 그의 권한을 사실상 행하도록 하는 내부위임의 경우에는 수임관청이 그 위임된 바에 따라 위임관청의 이름으로 권한을 행사하였다면 그 처분청은 위임관청이므로 그 처분의 취소나 무효확인을 구하는 소송의 피고는 위임관청으로 삼아야 한다(대판 1991.10.8, 91누520).

②

> **최신기출** 대리기관이 대리관계를 표시하고 피대리 행정청을 대리하여 행정처분을 한 경우, 행정처분에 대한 항고소송의 피고는 피대리 행정청이다(대판 2018.10.25, 2018두43095). ★ 19 지방9급

**(2) 수임기관의 명의로 처분을 한 경우(명의기관인 수임기관)·피대리기관을 밝히지 않은 경우(대리기관)**

판례는 내부적으로 위임한 경우에 수임관청이 자신의 이름으로 행하였다면 피고가 내부위임을 받은 자(즉, 명의자)가 된다고 한다. 이는 외부위임과 내부위임의 구별이 실제로 어렵기 때문에 처분명의에 따른 것이라고 할 수 있다. 대리의 경우 피대리기관을 위한 뜻을 밝혀야 하는데 이를 밝히지 않고 대리기관 자신의 명의로 한 경우에도 명의기관인 대리기관이 피고가 된다.

① 내부위임의 경우 수임청의 명의로 처분을 한 경우에는 명의기관인 수임청이 피고이다

★ 20 국가7급, 15 지방9급, 15 국가9급, 14 변호사, 13 서울9급, 10 세무사

> **최신기출** 행정처분의 취소 또는 무효확인을 구하는 행정소송은 다른 법률에 특별한 규정이 없는 한 그 처분을 행한 행정청을 피고로 하여야 하며, 행정처분을 행할 적법한 권한 있는 상급행정청으로부터 내부위임을 받은 데 불과한 하급행정청이 권한 없이 행정처분을 한 경우에도 실제로 그 처분을 행한 하급행정청을 피고로 하여야 할 것이지 그 처분을 행할 적법한 권한 있는 상급행정청을 피고로 할 것이 아니다(대판 1991.2.22, 90누5641).

내부위임을 받은 경찰서장의 권한 없는 자동차운전면허정지처분 – 지방경찰청장 (x) ■ 15 국가9급

②

> 내부위임을 받은 경찰서장이 한 자동차운전면허정지처분에 대해 지방경찰청장을 피고로 취소소송을 제기한 것은 부적법하다고 한 사례(대판 1994.8.12, 94누2763)

③ 내부위임이나 대리의 경우 원행정청 명의나 대리관계를 밝히지 않고 자기 명의로 한 처분의 경우 처분명의자인 행정청이 피고이다 ★ 20 국가9급, 14 지방7급, 13 행정사, 10 서울7급

항고소송은 원칙적으로 소송의 대상인 행정처분 등을 외부적으로 그의 명의로 행한 행정청을 피고로 하여야 하는 것으로서, 그 행정처분을 하게 된 연유가 상급행정청이나 타 행정청의 지시나 통보에 의한 것이라 하여 다르지 않으며, 권한의 위임이나 위탁을 받아 수임행정청이 정당한 권한에 기하여 수임행정청 명의로 한 처분에 대하여는 말할 것도 없고, 내부위임이나 대리권을 수여받은 데 불과하여 원행정청 명의나 대리관계를 밝히지 아니하고는 그의 명의로 처분 등을 할 권한이 없는 행정청이 권한 없이 그의 명의로 한 처분에 대하여도 처분명의자인 행정청이 피고가 되어야 한다(대판 1994.6.14, 94누1197).

④ 대리관계를 밝히지 않고 자기 명의로 한 처분의 경우에도 처분명의자는 물론 그 상대방도 그 행정처분이 피대리 행정청을 대리하여 한 것임을 알고서 이를 받아들인 예외적인 경우에는 피대리 행정청이 피고

비록 대리관계를 명시적으로 밝히지는 아니하였다 하더라도 처분명의자가 피대리 행정청 산하의 행정기관으로서 실제로 피대리 행정청으로부터 대리권한을 수여받아 피대리 행정청을 대리한다는 의사로 행정처분을 하였고 처분명의자는 물론 그 상대방도 그 행정처분이 피대리 행정청을 대리하여 한 것임을 알고서 이를 받아들인 예외적인 경우에는 피대리 행정청이 피고가 되어야 한다. 근로복지공단의 이사장으로부터 보험료의 부과 등에 관한 대리권을 수여받은 지역본부장이 대리의 취지를 명시적으로 표시하지 않고서 산재보험료 부과처분을 한 경우, 그러한 관행이 약 10년 간 계속되어 왔고, 실무상 근로복지공단을 상대로 산재보험료 부과처분에 대한 항고소송을 제기하여 온 점 등에 비추어 지역본부장은 물론 그 상대방 등도 근로복지공단과 지역본부장의 대리관계를 알고 받아들였다는 이유로, 위 부과처분에 대한 항고소송의 피고적격이 근로복지공단에 있다고 한 사례(대결 2006.2.23, 2005부4)

## III. 피고의 경정

### 1. 피고경정이 허용되는 경우

#### (1) 피고를 잘못 지정한 때(신청)

**행정소송에서 피고 지정이 잘못된 경우에 법원이 취할 조치**

> 세무서장의 위임에 의하여 성업공사가 한 공매처분에 대하여 피고지정을 잘못하여 피고적격이 없는 세무서장을 상대로 그 공매처분의 취소를 구하는 소송이 제기된 경우, 법원으로서는 석명권을 행사하여 피고를 성업공사로 경정하게 하여 소송을 진행하여야 한다(대판 1997.2.28, 96누1757).

#### (2) 권한승계(신청 또는 직권)

**무효등확인소송에 준용되는 행정소송법 제13조 제1항 소정의 '그 처분 등에 관계되는 권한이 다른 행정청에 승계된 때'의 의미**

> 행정소송법 제13조 제1항 소정의 '그 처분 등에 관계되는 권한이 다른 행정청에 승계된 때'의 의미 : '그 처분 등에 관계되는 권한이 다른 행정청에 승계된 때'라고 함은 처분 등이 있은 뒤에 행정기구의 개혁, 행정주체의 합병·분리 등에 의하여 처분청의 당해 권한이 타 행정청에 승계된 경우뿐만 아니라 처분 등의 상대방인 사인의 지위나 주소의 변경 등에 의하여 변경 전의 처분 등에 관한 행정청의 관할이 이전된 경우 등을 말한다(대판 2000. 11.14, 99두5481).

#### (3) 법원이 피고적격 여부에 관하여 석명권을 행사하여 당사자에게 의견을 진술할 기회를 부여하였음에도 정당한 피고로의 경정신청을 하지 않은 경우에 법원이 피고의 지정이 잘못되었다는 이유로 소를 각하한 것은 위법이 아니다 ★ 20 국가9급

> `최신기출` 행정소송법상 항고소송에서 원고가 피고를 잘못 지정한 때에는 법원은 원고의 신청에 의하여 결정으로써 피고의 경정을 허가할 수 있는 것이므로, 원고가 피고를 잘못 지정한 것으로 보이는 경우 법원으로서는 마땅히 석명권을 행사하여 원고로 하여금 정당한 피고로 경정하게 하여 소송을 진행케 하여야 할 것이지, 그러한 조치를 취하지 아니한 채 피고의 지정이 잘못되었다는 이유로 곧바로 소를 각하할 것은 아니지만, 법원이 피고적격 여부에 관하여 석명권을 행사하여 당사자에게 의견을 진술할 기회를 부여하였음에도 원고가 정당한 피고로의 경정신청을 하지 않은 경우에 법원이 피고의 지정이 잘못되었다는 이유로 소를 각하하였다고 하여 이를 위법하다고 할 수 없다(대판 2011.1.13, 2009두20755).

취소소송에서 원고가 처분청 아닌 행정관청을 피고로 잘못 지정한 경우, 법원은 석명권의 행사 없이 소송요건의 불비를 이유로 소를 각하할 수 있다. (x) ★ 20 국가9급

#### (4) 행정소송에 있어서 예비적인 피고의 변경은 허용되지 않는다 ★ 20 국가9급

> `최신기출` 소위 주관적·예비적 병합은 행정소송법 제28조 제3항과 같은 예외적 규정이 있는 경우를 제외하고는 원칙적으로 허용되지 않는 것이고, 또 행정소송법상 소의 종류의 변경에 따른 당사자(피고)의 변경은 교환적 변경에 한한다고 봄이 상당하므로 예비적 청구만이 있는 피고의 추가경정신청은 허용되지 않는다(대결 1989.10.27, 89두1).

## 2. 피고경정 가능시기(사실심 구두변론종결시) ★ 14 세무사, 14 변호사

> 행정소송법 제14조 제1항 소정의 피고경정은 사실심 변론종결시까지만 가능하고 상고심에서는 허용되지 않는다 (대판 1996.1.23, 95누1378).

# 제5 소송참가

## Ⅰ. 참가의 요건

### 1. 보조참가를 하려면 법률상의 이해관계가 있어야 한다 ★ 15 국가9급, 13 세무사

> 특정 소송사건에서 당사자 일방을 보조하기 위하여 보조참가를 하려면 당해 소송의 결과에 대하여 이해관계가 있어야 하고, 여기서 말하는 이해관계라 함은 사실상·경제상 또는 감정상의 이해관계가 아니라 법률상의 이해관계를 가리킨다(대판 2000.9.8, 99다26924).

> 특정 소송사건에서 당사자 일방을 보조하기 위하여 보조참가를 하려면 당해 소송의 결과에 대하여 사실상, 경제상 또는 감정상의 이해관계가 있으면 충분하며 법률상의 이해관계가 요구되는 것은 아니다. (x) ■ 15 국가9급

### 2. 법률상 이익 인정사례

> 원고들의 광구로부터 상당한 거리를 보유한 경계선에 동종의 광업권을 갖고 있던 피고 보조참가인이 원고들에 대한 광업권 증구허가처분으로 인하여 동 증구허가의 대상구역에 해당하는 보안구역이 폐지됨으로 말미암아 원고들의 광구로부터의 상당한 거리를 상실하는 결과가 되어 보안구역존치의 이익을 침해당하였다면 위 증구허가처분에 대하여 구 광업법 제71조 소정의 이의신청을 할 적격이 있고 위 증구허가처분취소처분의 취소를 구하는 소송에 이해관계 있는 자로서 보조참가할 수 있다(대판 1982.7.27, 81누271).

### 3. 학교법인의 이사 겸 이사장에 대한 임원취임승인취소처분 취소소송에 대하여 관할청인 피고를 돕기 위하여 이사장직무대행자가 학교법인의 이름으로 보조참가를 하는 경우 보조참가의 요건인 법률상 이해관계에 해당한다

> 임원취임승인취소처분이 취소되어 원고가 학교법인의 이사 및 이사장으로서의 지위를 회복하게 되면 학교법인으로서는 결과적으로 그 의사와 관계없이 이사회의 구성원이나 대표자가 변경되는 관계에 있다고 할 것이고, 이는 위 취소소송의 결과에 의하여 그 법률상의 지위가 결정되는 관계로서 보조참가의 요건인 법률상 이해관계에 해당한다 (대판 2003.5.30, 2002두11073).

**4. 공정거래위원회가 명한 시정조치의 취소 등을 구하는 행정소송에서 당해 시정조치가 사업자의 상대방에 대한 특정행위를 중지·금지시키는 것을 내용으로 하는 경우, 그 행위의 상대방은 위 행정소송에서 공정거래위원회를 보조하기 위하여 보조참가를 할 수 있다**

> 공정거래위원회가 명한 시정조치에 대하여 그 취소 등을 구하는 행정소송에서 당해 시정조치가 사업자(한국항공우주산업 주식회사)의 상대방(주식회사 쎄트렉아이)에 대한 특정행위를 중지·금지(공급거절금지)시키는 것을 내용으로 하는 경우, 당해 소송의 판결 결과에 따라 해당 사업자가 특정행위를 계속하거나 또는 그 행위를 할 수 없게 되고, 따라서 그 행위의 상대방은 그 판결로 법률상 지위가 결정된다고 볼 수 있으므로 그는 위 행정소송에서 공정거래위원회를 보조하기 위하여 보조참가를 할 수 있다(대결 2013.7.12, 2012무84).

## II. 참가의 효과

**1. 행정소송 사건에서 참가인이 한 보조참가가 행정소송법 제16조가 규정한 제3자의 소송참가에 해당하지 않는 경우에도 민사소송법 제78조에 규정된 공동소송적 보조참가이다**

> 행정소송 사건에서 참가인이 한 보조참가가 행정소송법 제16조가 규정한 제3자의 소송참가에 해당하지 않는 경우에도, 판결의 효력이 참가인에게까지 미치는 점 등 행정소송의 성질에 비추어 보면 그 참가는 민사소송법 제78조에 규정된 공동소송적 보조참가이다(대판 2013.3.28, 2011두13729).

**2. 피참가인이 공동소송적 보조참가인의 동의 없이 한 소 취하의 효력은 유효이고 행정소송법 제16조에 의한 제3자 참가가 아니라 민사소송법의 준용에 의하여 보조참가를 한 경우에도 마찬가지이다**

> 공동소송적 보조참가는 그 성질상 필수적 공동소송 중에서는 이른바 유사필수적 공동소송에 준한다 할 것인데, 유사필수적 공동소송에서는 원고들 중 일부가 소를 취하하는 경우에 다른 공동소송인의 동의를 받을 필요가 없다. 또한 소취하는 판결이 확정될 때까지 할 수 있고 취하된 부분에 대해서는 소가 처음부터 계속되지 아니한 것으로 간주되며(민사소송법 제267조), 본안에 관한 종국판결이 선고된 경우에도 그 판결 역시 처음부터 존재하지 아니한 것으로 간주되므로, 이는 재판의 효력과는 직접적인 관련이 없는 소송행위로서 공동소송적 보조참가인에게 불이익이 된다고 할 것도 아니다. 따라서 피참가인이 공동소송적 보조참가인의 동의 없이 소를 취하하였다 하더라도 이는 유효하다. 그리고 이러한 법리는 행정소송법 제16조에 의한 제3자 참가가 아니라 민사소송법의 준용에 의하여 보조참가를 한 경우에도 마찬가지로 적용된다(대판 2013.3.28, 2011두13729).

**3. 참가인이 상소를 할 경우 피참가인은 상소취하나 상소포기를 할 수 없다** ★ 20 지방9급

**최신기출**
> 민사소송법 제78조의 공동소송적 보조참가에는 필수적 공동소송에 관한 민사소송법 제67조 제1항, 즉 "소송목적이 공동소송인 모두에게 합일적으로 확정되어야 할 공동소송의 경우에 공동소송인 가운데 한 사람의 소송행위는 모두의 이익을 위하여서만 효력을 가진다."라고 한 규정이 준용되므로, 피참가인의 소송행위는 모두의 이익을 위하여서만 효력을 가지고, 공동소송적 보조참가인에게 불이익이 되는 것은 효력이 없으므로, 참가인이 상소를 할 경우에 피참가인이 상소취하나 상소포기를 할 수는 없다(대판 2017.10.12, 2015두36836).

> 「행정소송법」상 제3자 소송참가의 경우 참가인이 상소를 하였더라도, 소송당사자 본인인 피참가인은 참가인의 의사에 반하여 상소취하나 상소포기를 할 수 있다. (x) ■ 20 지방9급

## 4. 민사소송법상 보조참가신청에 대하여 당사자가 이의를 신청하지 아니한 채 변론하거나 변론준비기일에서 진술을 한 경우, 수소법원의 보조참가 허가 결정 없이 계속 소송행위를 할 수 있다

> 민사소송법상 보조참가신청에 대하여 당사자가 이의를 신청한 때에는 수소법원은 참가를 허가할 것인지 여부를 결정하여야 하지만, 당사자가 이의를 신청하지 아니한 채 변론하거나 변론준비기일에서 진술을 한 경우에는 이의를 신청할 권리를 잃게 되고(민사소송법 제73조 제1항, 제74조) 수소법원의 보조참가 허가 결정 없이도 계속 소송행위를 할 수 있다(대판 2017.10.12, 2015두36836).

# 제4강 취소소송의 대상(처분 등)

## 제1 대상적격(처분 등)의 의의

판례는 원칙상 실체법적 처분개념설에 입각하여 행정행위를 항고소송의 주된 대상으로 보면서도 예외적으로 행정행위가 아닌 공권력 행사에도 항고소송의 대상이 될 수 있는 여지를 남겨 두고 있다.

### 1. 실체법적 처분개념설을 취한 판례(주류적 판례)

#### (1) 어떠한 처분의 근거가 행정규칙에 규정되어 있는 경우, 그 처분이 항고소송의 대상이 되는 행정처분에 해당하기 위한 요건 ★ 19·18 서울7급, 15 지방7급, 15 국회9급, 15 사회복지, 13 국가9급

**최신기출**
> 항고소송의 대상이 되는 행정처분이라 함은 원칙적으로 행정청의 공법상 행위로서 특정사항에 대하여 법규에 의한 권리의 설정 또는 의무의 부담을 명하거나 기타 법률상 효과를 발생하게 하는 등으로 일반국민의 권리의무에 직접 영향을 미치는 행위를 가리키는 것이지만, 어떠한 처분의 근거가 행정규칙에 규정되어 있다고 하더라도, 그 처분이 상대방에게 권리의 설정 또는 의무의 부담을 명하거나 기타 법적인 효과를 발생하게 하는 등으로 그 상대방의 권리의무에 직접 영향을 미치는 행위라면, 이 경우에도 항고소송의 대상이 되는 행정처분에 해당한다(대판 2004.11.26, 2003두10251·10268).

근거규정이 행정규칙에 해당하는 이상, 그 근거규정에 의거한 조치는 행정처분에 해당하지 않는다. (×) ■ 19 서울7급

#### (2) 행정처분에 해당하기 위한 요건 ★ 13 국가9급

> 항고소송의 대상이 되는 행정처분이라 함은 행정청의 공법상의 행위로서 특정사항에 대하여 권리의 설정 또는 의무의 부담을 명하거나 기타 법적인 효과를 발생하게 하는 등 국민의 구체적인 권리의무에 직접 영향을 미치는 행위를 말하는 것으로서, 그 주체·내용·절차·형식에 있어서 어느 정도 성립 내지 효력요건을 충족하느냐에 따라 개별적으로 결정하여야 한다(대판 2007.4.12. 2004두7924).

## 2. 쟁송법적 처분개념설에 입각한 판례

### (1)

> 행위의 성질, 효과 외에 행정소송제도의 목적 또는 사법권에 의한 국민의 권리보호의 기능도 충분히 고려하여 합목적적으로 판단하여야 한다(대판 1984.2.14, 82누370).

### (2) 행정청의 행위가 항고소송의 대상이 되는지 판단하는 기준 ★ 19 국회8급

**최신기출**
**최신판례**
> 행정청의 행위가 항고소송의 대상이 될 수 있는지는 추상적·일반적으로 결정할 수 없고, 구체적인 경우에 관련 법령의 내용과 취지, 그 행위의 주체·내용·형식·절차, 그 행위와 상대방 등 이해관계인이 입는 불이익 사이의 실질적 견련성, 법치행정의 원리와 그 행위에 관련된 행정청이나 이해관계인의 태도 등을 고려하여 개별적으로 결정하여야 한다. 또한 어떠한 처분에 법령상 근거가 있는지, 행정절차법에서 정한 처분절차를 준수하였는지는 본안에서 당해 처분이 적법한가를 판단하는 단계에서 고려할 요소이지, 소송요건 심사단계에서 고려할 요소가 아니다(대판 2020.1.16, 2019다264700).

### (3) 행정청의 행위가 '처분'에 해당하는지 불분명한 경우, 이를 판단하는 방법

**최신판례**
> 행정청의 행위가 '처분'에 해당하는지가 불분명한 경우에는 그에 대한 불복방법 선택에 중대한 이해관계를 가지는 상대방의 인식가능성과 예측가능성을 중요하게 고려하여 규범적으로 판단하여야 한다(대판 2020.4.9, 2019두61137).

### (4) 행정소송에 있어서 행정처분의 존부는 직권조사사항이고 사실심 변론종결시까지 당사자가 주장하지 않던 직권조사사항에 해당하는 사항을 상고심에서 비로소 주장하는 경우, 그 사항이 상고심의 심판범위에 해당한다

★ 21·19·13 서울7급, 20 국가9급, 15 지방7급, 15 지방9급, 14 세무사, 14 변호사

**최신기출**
> 행정소송에서 쟁송의 대상이 되는 행정처분의 존부는 소송요건으로서 직권조사사항이고, 자백의 대상이 될 수 없는 것이므로, 설사 그 존재를 당사자들이 다투지 아니한다 하더라도 그 존부에 관하여 의심이 있는 경우에는 이를 직권으로 밝혀 보아야 할 것이고, 사실심에서 변론종결시까지 당사자가 주장하지 않던 직권조사사항에 해당하는 사항을 상고심에서 비로소 주장하는 경우 그 직권조사사항에 해당하는 사항은 상고심의 심판범위에 해당한다(대판 2004. 12.24, 2003두15195).

사실심에서 변론 종결시까지 당사자가 주장하지 않던 직권조사사항에 해당하는 사항을 상고심에서 비로소 주장하는 경우 그 직권조사사항에 해당하는 사항은 상고심의 심판범위에 해당하지 않는다. (×) ■ 20 국가9급, 15 지방7급
사실심에서 변론종결시까지 당사자가 주장하지 않던 직권조사사항에 해당하는 사항을 상고심에서 비로소 주장하는 경우, 그 직권조사 사항에 해당하는 사항은 상고심의 심판범위에 해당하지 않는다. (×) ■ 21 서울7급

# 제2 대상적격(처분 등)의 요건

## I 행정청

### 1. 행정청의 의의

> 행정청에는 처분 등을 할 수 있는 권한이 있는 국가 또는 지방자치단체와 같은 행정기관뿐만 아니라 법령에 의하여 행정권한의 위임 또는 위탁을 받은 행정기관, 공공단체 및 그 기관 또는 사인이 포함되는바, 특별한 법률에 근거를 두고 행정주체로서의 국가 또는 지방자치단체로부터 독립하여 특수한 존립목적을 부여받은 특수한 행정주체로서 국가의 특별한 감독하에 그 존립목적인 특정한 공공사무를 행하는 공법인인 특수행정조직 등이 이에 해당한다(대판 1992.11.27, 92누3618).

### 2. 행정청이 아닌 자의 행위는 처분이 아니다 ★ 21·17 서울7급

**최신기출**
> 행정소송의 대상이 되는 행정처분은, 행정청 또는 그 소속기관이나 법령에 의하여 행정권한의 위임 또는 위탁을 받은 공공기관이 국민의 권리의무에 관계되는 사항에 관하여 공권력을 발동하여 행하는 공법상의 행위를 말하며, 그것이 상대방의 권리를 제한하는 행위라 하더라도 행정청 또는 그 소속기관이나 권한을 위임받은 공공기관의 행위가 아닌 한 이를 행정처분이라고 할 수 없다(대결 2010.11.26, 2010무137).

### 3. 입법기관(인정사례)

1. 지방의회의 의원징계의결(대판 1993.11.26, 93누7341)
   ※ 피고는 지방의회
2. 지방의회의장에 대한 불신임의결(대결 1994.10.11, 94두23)
   ※ 피고는 지방의회
3. 지방의회의 의장선거(대판 1995.1.12, 94누2602)
   ※ 피고는 지방의회

#### (1) 지방의회 의장선거는 행정처분이다 ★ 14 국회8급

> 지방의회의 의장은 지방자치법 제43조, 제44조의 규정에 의하여 의회를 대표하고 의사를 정리하며, 회의장 내의 질서를 유지하고 의회의 사무를 감독할 뿐만 아니라 위원회에 출석하여 발언할 수 있는 등의 직무권한을 가지는 것이므로, 지방의회의 의사를 결정 공표하여 그 당선자에게 이와 같은 의장으로서의 직무권한을 부여하는 지방의회의 의장선거는 행정처분의 일종으로서 항고소송의 대상이 된다고 할 것이다(대판 1995.1.12, 94누2602).

#### (2) 지방의회의 의원징계의결은 행정처분이다 ★ 14 서울7급, 12 국회8급, 09 국회9급

> 지방자치법 제78조 내지 제81조의 규정에 의거한 지방의회의 의원징계의결(제명)은 그로 인해 의원의 권리에 직접 법률효과를 미치는 행정처분의 일종으로서 행정소송의 대상이 된다(대판 1993.11.26, 93누7341).

**(3) 지방의회 의장에 대한 불신임의결은 행정처분의 일종이다** ★ 14 사회복지, 13 행정사, 13 변호사, 12 국회9급, 10 국회8급

> 지방의회를 대표하고 의사를 정리하며 회의장 내의 질서를 유지하고 의회의 사무를 감독하며 위원회에 출석하여 발언할 수 있는 등의 직무권한을 가지는 지방의회 의장에 대한 불신임의결은 의장으로서의 권한을 박탈하는 행정 처분의 일종으로서 항고소송의 대상이 된다(대결 1994.10.11, 94두23).

## 4. 행정청·공공단체·공무수탁사인

### (1) 인정사례

1. 공공조합직원의 근무관계 : 농지개량조합의 직원에 대한 징계처분(대판 1995.6.9, 94누10870)
2. 환지 예정지지정처분(대판 1965.6.22, 64누106), 환지처분(대판 1999.8.20., 97누6889)
   ※ 환지계획은 처분성 부정(대판 1999.8.20, 97누6889)(학설은 처분성 인정)
   ※ 환지처분이 확정된 후 별도로 행하여진 환지청산금교부처분은 사법적 심사의 대상인 행정처분이 아님(대판 1987.3.2 4, 85누926) : 환지청산금교부처분도 환지계획에 따른 환지처분에 포함되는 것이므로
3. 대한주택공사가 시행한 택지개발사업 및 이에 따른 이주대책에 관한 처분(대판 1992.11.27, 92누3618)
4. 도시재개발법상 종전 토지소유자에 대한 분양처분(대판 1995.6.30, 95다10570) : 재개발구역 안의 종전의 토지 또는 건축 물에 대하여 재개발사업에 의하여 조성되거나 축조되는 대지 또는 건축 시설의 위치 및 범위 등을 정하고 그 가격의 차액에 상당하는 금액을 청산하거나, 대지 또는 건축 시설을 정하지 않고 금전으로 청산하는 공법상 처분
5. 성업공사의 체납압류된 재산에 대한 공매처분(대판 1997.2.28, 96누1757)
6. 토지구획정리조합의 조합원에 대한 경비부과징수(대판 2002.5.28, 2000다5817)
7. 행정기관이 한 입찰참가자격제한처분
   ① 국방부장관의 입찰참가자격제한처분(대판 1996.2.27, 95누4360)
   ② 관악구청장의 입찰참가자격제한처분(대판 1999.3.9, 98두18565)
   ③ 서울특별시장의 입찰참가자격제한처분(대판 1994.8.23, 94누3568)
8. 공기업·준정부기관이 법령에 근거하여 한 입찰참가자격 제한 조치
   ① 공기업·준정부기관이 법령에 근거하여 계약상대방에게 한 입찰참가자격 제한 조치(대판 2018.10.25. 2016두33537) : 처분성 인정
   ② 「공공기관의 운영에 관한 법률」 제39조 제2항에 따른 한국수력원자력 주식회사의 입찰참가자격제한 조치(대판 2020.5.28, 2017두66541)
9. 과세관청이 납세의무자에 대하여 양도소득세의 과세표준과 세액이 기한후과세표준신고서 제출 당시 이미 자진납부한 금액과 동일하여 별도로 고지할 세액이 없다는 내용의 신고시인결정 통지(대판 2020.2.27, 2016두60898) : 과세관청의 결정
10. 법무사의 사무원 채용승인 신청에 대하여 소속 지방법무사회가 '채용승인을 거부'하는 조치 또는 일단 채용승인을 하였으나 법무사규칙 제37조 제6항을 근거로 '채용승인을 취소'하는 조치(대판 2020.4.9, 2015다34444) : 공법인인 지 방법무사회가 행하는 구체적 사실에 관한 법집행으로서 공권력의 행사 또는 그 거부에 해당
11. 근로복지공단이 사업주에 대하여 하는 '개별 사업장의 사업종류 변경결정'(대판 2020.4.9, 2019두61137)
12. 한국수력원자력 주식회사가 자신의 「공급자관리지침」에 근거하여 등록된 공급업체에 대하여 하는 '등록취소 및 그에 따른 일정 기간의 거래제한조치'(대판 2020.5.28, 2017두66541)

① 과세관청이 납세의무자에 대하여 양도소득세의 과세표준과 세액이 기한후과세표준신고서 제출 당시 이미 자진 납부한 금액과 동일하여 별도로 고지할 세액이 없다는 내용의 신고시인결정 통지를 한 경우, 위 통지는 항고소송의 대상이 되는 행정청의 처분에 해당한다

 **최신판례**  양도소득세 납세의무자가 기한후과세표준신고서를 제출하더라도 그 납세의무는 관할 세무서장이 양도소득세 과세표준과 세액을 결정하는 때에 비로소 확정되고, 과세관청이 납세의무자에 대하여 양도소득세 과세표준과 세액이 기한후과세표준신고서를 제출할 당시 이미 자진납부한 금액과 동일하므로 별도로 고지할 세액이 없다는 신고시인 결정 통지를 하였다면, 그 신고시인결정 통지는 구 국세기본법 제45조의3 제3항이 정한 과세관청의 결정으로서 항고소송의 대상이 되는 행정청의 처분에 해당한다.
이와 같이 신고시인결정의 통지를 항고소송의 대상이 되는 처분으로 인정한 취지는 과세관청이 납세의무자가 제출한 신고서와 동일한 내용으로 과세표준과 산출세액을 결정한 것으로 봄으로써 특히 기한 후 신고에 대한 경정청구가 허용되지 않는 구 국세기본법 체제 아래서 납세의무자에게 쟁송을 통한 권리구제의 기회를 주는 데 그 의미가 있다(다만 2019.12.31. 개정된 국세기본법 제45조의2에서는 기한 후 신고의 경우에도 경정청구를 허용하고 있다)(대판 2020.2.27., 2016두60898).

② 근로복지공단이 사업주에 대하여 하는 '개별 사업장의 사업종류 변경결정'은 '처분'에 해당한다 ★ 21 국회8급

**최신기출** **최신판례**  근로복지공단이 사업주에 대하여 하는 '개별 사업장의 사업종류 변경결정'은 행정청이 행하는 구체적 사실에 관한 법집행으로서의 공권력의 행사인 '처분'에 해당한다(대판 2020.4.9., 2019두61137).

③ 법무사의 사무원 채용승인 신청에 대하여 소속 지방법무사회가 '채용승인을 거부'하는 조치 또는 일단 채용승인을 하였으나 법무사규칙 제37조 제6항을 근거로 '채용승인을 취소'하는 조치는 항고소송의 대상인 '처분'에 해당한다 ★ 22 국가9급

**최신기출** **최신판례**  법무사의 사무원 채용승인 신청에 대하여 소속 지방법무사회가 '채용승인을 거부'하는 조치 또는 일단 채용승인을 하였으나 법무사규칙 제37조 제6항을 근거로 '채용승인을 취소'하는 조치는 공법인인 지방법무사회가 행하는 구체적 사실에 관한 법집행으로서 공권력의 행사 또는 그 거부에 해당하므로 항고소송의 대상인 '처분'이라고 보아야 한다. 구체적인 이유는 다음과 같다. …
법무사가 사무원 채용에 관하여 법무사법이나 법무사규칙을 위반하는 경우에는 소관 지방법원장으로부터 징계를 받을 수 있으므로, 법무사에 대하여 지방법무사회로부터 채용승인을 얻어 사무원을 채용할 의무는 법무사법에 의하여 강제되는 공법적 의무이다.
이러한 법무사 사무원 채용승인 제도의 법적 성질 및 연혁, 사무원 채용승인 거부에 대한 불복절차로서 소관 지방법원장에게 이의신청을 하도록 제도를 규정한 점 등에 비추어 보면, 지방법무사회의 법무사 사무원 채용승인은 단순히 지방법무사회와 소속 법무사 사이의 내부 법률문제라거나 지방법무사회의 고유사무라고 볼 수 없고, 법무사 감독이라는 국가사무를 위임받아 수행하는 것이라고 보아야 한다. 따라서 지방법무사회는 법무사 감독 사무를 수행하기 위하여 법률에 의하여 설립과 법무사의 회원 가입이 강제된 공법인으로서 법무사 사무원 채용승인에 관한 한 공권력 행사의 주체라고 보아야 한다(대판 2020.4.9., 2015다34444).

법무사가 사무원을 채용할 때 소속 지방법무사회로부터 승인을 받아야 할 의무는 공법상 의무이다.

④ 「공공기관의 운영에 관한 법률」 제39조 제2항과 그 하위법령에 따른 입찰참가자격제한 조치는 행정처분에 해당하고 한국수력원자력 주식회사는 법령에 따라 행정처분권한을 위임받은 공공기관으로서 행정청에 해당한다

> **최신판례** 공공기관운영법 제39조 제2항과 그 하위법령에 따른 입찰참가자격제한 조치는 '구체적 사실에 관한 법집행으로서의 공권력의 행사'로서 행정처분에 해당한다. 공공기관운영법은 공공기관을 공기업, 준정부기관, 기타공공기관으로 구분하고(제5조), 그중에서 공기업, 준정부기관에 대해서는 입찰참가자격제한처분을 할 수 있는 권한을 부여하였다.
> 한국수력원자력 주식회사는 한국전력공사법에 의하여 설립된 공법인인 한국전력공사가 종래 수행하던 발전사업 중 수력·원자력 발전사업 부문을 전문적·독점적으로 수행하기 위하여 2000.12.23. 법률 제6282호로 제정된 「전력산업 구조개편 촉진에 관한 법률」에 의하여 한국전력공사에서 분할되어 설립된 회사로서, 한국전력공사가 그 주식 100%를 보유하고 있으며, 공공기관운영법 제5조 제3항 제1호에 따라 '시장형 공기업'으로 지정·고시된 '공공기관'이다. 한국수력원자력 주식회사는 공공기관운영법에 따른 '공기업'으로 지정됨으로써 공공기관운영법 제39조 제2항에 따라 입찰참가자격제한처분을 할 수 있는 권한을 부여받았으므로 '법령에 따라 행정처분권한을 위임받은 공공기관'으로서 행정청에 해당한다(대판 2020.5.28, 2017두66541).

⑤ 한국수력원자력 주식회사가 자신의 「공급자관리지침」에 근거하여 등록된 공급업체에 대하여 하는 '등록취소 및 그에 따른 일정 기간의 거래제한조치'는 행정처분에 해당한다

> **최신판례** 한국수력원자력 주식회사가 자신의 「공급자관리지침」에 근거하여 등록된 공급업체에 대하여 하는 '등록취소 및 그에 따른 일정 기간의 거래제한조치'는 행정청이 행하는 구체적 사실에 관한 법집행으로서의 공권력의 행사인 '처분'에 해당한다(대판 2020.5.28, 2017두66541).

### (2) 부정사례

1. 공사나 공단직원의 근무관계
   ① 한국조폐공사 직원의 근무관계(대판 1978.4.25, 78다414)
   ② 서울특별시 지하철공사 임직원 징계(대판 1989.9.12, 89누2103)
2. 행정기관이 아닌 공사나 공단이 한 입찰참가자격제한처분 : 다수설은 긍정설
   ① 한국전력공사나 그 예하 발전소 등의 대표자가 한 입찰참가자격 제한처분(대판 1985.1.22, 84누647)
   ② 한국토지개발공사가 일정기간 입찰참가자격을 제한하는 내용의 부정당업자제재처분(대결 1995.2.28, 94두36)
   ③ 공기업·준정부기관이 계약에 근거하여 계약상대방에게 한 입찰참가자격 제한 조치(대판 2018.10.25, 2016두33537)
3. 조세원천징수의무자의 원천징수행위(대판 1984.2.14· 82누177)
4. 한국마사회의 조교사 및 기수 면허 부여 또는 취소(대판 2008.1.31·2005두8269) : 국가 기타 행정기관으로부터 위탁받은 행정권한의 행사가 아니라 일반 사법상의 법률관계에서 이루어지는 단체 내부에서의 징계 내지 제재처분

① 서울특별시 지하철공사 사장의 소속직원에 대한 징계처분은 사법관계이기 때문에 행정소송의 대상인 행정처분이 아니다 ★ 19 국회8급

> **최신기출** 서울특별시 지하철공사의 임원과 직원의 근무관계의 성질은 지방공기업법의 모든 규정을 살펴보아도 공법상의 특별권력관계라고는 볼 수 없고 사법관계에 속할 뿐만 아니라, 위 지하철공사의 사장이 그 이사회의 결의를 거쳐 제정된 인사규정에 의거하여 소속직원에 대한 징계처분을 한 경우 위 사장은 행정소송법 제13조 제1항 본문과 제2조 제2항 소정의 행정청에 해당되지 않으므로 공권력발동주체로서 위 징계처분을 행한 것으로 볼 수 없고, 따라서 이에 대한 불복절차는 민사소송에 의할 것이지 행정소송에 의할 수는 없다(대판 1989.9.12, 89누2103).

② 한국마사회의 조교사 및 기수 면허 부여 또는 취소는 행정처분이 아니다(한국마사회의 행정청으로서의 지위부정)

★ 15·12 순경특채, 14 행정사, 14 사회복지, 11 국회9급, 10 지방9급

최신기출 한국마사회가 조교사 또는 기수의 면허를 부여하거나 취소하는 것은 경마를 독점적으로 개최할 수 있는 지위에서 우수한 능력을 갖추었다고 인정되는 사람에게 경마에서의 일정한 기능과 역할을 수행할 수 있는 자격을 부여하거나 이를 박탈하는 것에 지나지 아니하므로, 이는 국가 기타 행정기관으로부터 위탁받은 행정권한의 행사가 아니라 일반 사법상의 법률관계에서 이루어지는 단체 내부에서의 징계 내지 제재처분이다(대판 2008.1.31, 2005두8269).

## 5. 기타

### (1) 의결기관

#### ① 국가보훈처 산하 보훈심사위원회의 의결은 처분이 아니다

현행 「국가유공자 예우 등에 관한 법률」에 규정된 국가보훈처 산하 보훈심사위원회는 국가보훈처장을 돕기 위해 필요한 사항을 심의·의결함에 불과하고 스스로 의사를 결정하고 이를 대외적으로 표시할 수 있는 기관이 아니어서 독립하여 행정처분이나 재결을 할 수 있는 행정청이라 할 수 없으므로 보훈심사위원회 위원장은 피고적격이 없다(대판 1989.1.24, 88누3314).

### (2) 서울특별시 안전공제회

등교하던 중 학교 복도에서 쓰러진 후 사망한 고등학생 甲의 아버지 乙이 서울특별시학교안전공제회에 甲에 대한 요양급여 등의 지급을 구하는 학교안전공제보상심사청구를 하였으나 공제회가 심사청구를 기각하는 결정을 한 경우 보상심사청구 기각결정은 항고소송의 대상인 행정처분이 아니다

등교하던 중 학교 복도에서 쓰러진 후 사망한 고등학생 甲의 아버지 乙이, 甲의 사망이 등교 중 발생한 학교안전사고에 해당한다며 서울특별시학교안전공제회에 甲에 대한 요양급여, 유족급여 및 장의비의 지급을 구하는 학교안전공제보상심사청구를 하였으나 공제회가 甲의 사망이 교육활동과 인과관계가 없다는 이유로 심사청구를 기각하는 결정을 통보한 사안에서, 위 공제회는 행정청 또는 그 소속기관이나 법령에 의하여 행정권한을 위임받은 공공단체가 아닐 뿐만 아니라, 학교안전공제보상심사청구를 기각한 결정을 乙의 권리·의무에 관계되는 사항에 관하여 직접 효력을 미치는 공권력의 발동으로서 하는 공법상의 행위로 볼 수도 없다는 이유로, 공제회가 한 보상심사청구 기각결정은 항고소송의 대상인 행정처분이 아니라고 본 원심판단을 정당하다고 한 사례(대판 2012.12.13, 2010두20874)

## II. 구체적 사실에 관한 법집행행위

일반·추상적 규율로서의 행정입법(명령)은 직접 취소소송의 대상이 되지 않는다(대판 1987.3.24, 86누656). 그러나 법규명령이라 하더라도 개별적 행위를 매개하지 아니하고 직접 개인의 법률상 이익을 침해할 경우에 예외적으로, 이른바 처분적 명령으로서 취소쟁송의 대상이 된다(대판 1996.9.20, 95누8003).

## III. 공권력 행사의 거부

### 1. 거부행위의 처분성 인정 요건

#### (1) 행정처분의 거부일 것

| 사경제적 행위의 거부 | 공법상의 법률관계에 대한 거부 |
|---|---|
| 1. 국유임야의 무상양여신청 거부행위(대판 1984.12.11, 83누291)<br>2. 국유재산 매각신청 반려(대판 1986.6.24, 86누171)<br>3. 기부채납 부동산의 사용허가기간 연장신청 거부행위(대판 1994.1.25, 93누7365)<br>4. 지방자치단체장의 국유 잡종재산 대부 신청 거부(대판 1998.9.22, 98두7602) | 1. 석탄산업합리화사업단의 재해위로금 지급거부의 의사표시(대판 1999.1.26, 98두12598) : 그 의사표시는 재해위로금청구권을 형성·확정하는 행정처분이 아니라 공법상의 법률관계의 한쪽 당사자로서 그 지급의무의 존부 및 범위에 관하여 나름대로의 사실상·법률상 의견을 밝힌 것에 불과<br>2. 공무원연금관리공단이 퇴직연금 중 일부 금액에 대하여 한 지급거부의 의사표시(대판 2004.7.8, 2004두244) : 공법상의 법률관계의 한쪽 당사자로서 그 지급의무의 존부 및 범위에 관하여 나름대로의 사실상·법률상 의견을 밝힌 것일 뿐 |

#### (2) 거부행위가 신청인의 법률관계에 영향을 미치는 거부일 것

① '신청인의 법률관계에 어떤 변동을 일으키는 것'의 의미는 신청인의 실체상의 권리관계에 직접적인 변동을 일으키는 것은 물론, 그렇지 않다 하더라도 신청인이 실체상의 권리자로서 권리를 행사함에 중대한 지장을 초래하는 것도 포함한다 ★ 22 지방9급

**최신기출** 국민의 적극적 행위 신청에 대하여 행정청이 그 신청에 따른 행위를 하지 않겠다고 거부한 행위가 항고소송의 대상이 되는 행정처분에 해당하는 것이라고 하려면, 그 신청한 행위가 공권력의 행사 또는 이에 준하는 행정작용이어야 하고, 그 거부행위가 신청인의 법률관계에 어떤 변동을 일으키는 것이어야 하며, 그 국민에게 그 행위발동을 요구할 법규상 또는 조리상의 신청권이 있어야 하는바, 여기에서 '신청인의 법률관계에 어떤 변동을 일으키는 것'이라는 의미는 신청인의 실체상의 권리관계에 직접적인 변동을 일으키는 것은 물론, 그렇지 않다 하더라도 신청인이 실체상의 권리자로서 권리를 행사함에 중대한 지장을 초래하는 것도 포함한다(대판 2007.10.11, 2007두1316).

거부행위가 항고소송의 대상인 처분이 되기 위해서는 그 거부행위가 신청인의 실체상의 권리관계에 직접적인 변동을 일으키는 것이어야 하며, 신청인이 실체상의 권리자로서 권리를 행사함에 중대한 지장을 초래하는 것만으로는 부족하다. (x) ■ 22 지방9급

| 권리의무와 관련된 거부(인정) | 사실행위로서의 거부(부정) |
|---|---|
| 1. 건축계획심의신청에 대한 반려(대판 2007.10.11, 2007두13 16) : 이 사건 반려처분은 객관적으로 행정처분으로 인식할 정도의 외형을 갖추고 있고, 원고도 이를 행정처분으로 인식하고 있는 점, 피고는 건축위원회의 심의대상이 되는 건축물에 대한 건축허가를 신청하려는 사람으로 하여금 그 신청에 앞서 건축계획심의신청을 하도록 하고, 그 절차를 거치지 아니한 경우 건축허가를 접수하지 아니하고 있어 원고로서는 이 사건 건축물의 건축허가신청에 중대한 지장이 초래된 점 | 1. 국가공무원법의 규정에 의하여 당연퇴직된 이후 오랜 시간이 경과한 이후 당연퇴직의 내용과 상반되는 처분을 해 줄 것을 구하는 신청에 대한 행정청의 거부(헌재결 2003. 10.30, 2002헌가24) : 당연퇴직의 효과가 법률상 계속하여 존재하는 사실을 알려주는 일종의 안내에 불과 |
| 2. 상수원 수질보전을 위하여 필요한 지역 내 토지의 매수신청에 대한 거부(대판 2009.9.10, 2007두20638) : 토지 등의 매수제도는 환경침해적인 토지이용을 예방하여 상수원의 수질개선을 도모함과 아울러 상수원지역의 토지이용규제로 인한 토지 등의 소유자의 재산권 침해에 대해 보상하려는 것을 목적으로 하는 것으로서 손실보상을 대체하는 성격 | 2. 과거에 법률에 의하여 당연퇴직된 공무원의 복직 또는 재임용신청에 대한 행정청의 거부(대판 2006.3.10, 2005두562) : 당연퇴직의 효과가 계속하여 존재한다는 것을 알려주는 일종의 안내에 불과 |
| 3. 결손금액증액경정청구 거부처분(대판 2009.7.9, 2007두1781) | 3. 종교단체가 납골탑 설치신고를 함에 있어 관리사무실, 유족편의시설 등과 같은 부대시설에 관한 사항을 신고한 데 대한 행정청의 반려(대판 2005.2.25, 2004두4031) : 위와 같은 시설들은 신고한 납골탑을 실제로 설치·관리함에 있어 마련해야 하는 시설에 불과한 것으로서 납골탑 설치신고의 신고대상이 되지 않는다. |
| 4. 평택~시흥 간 고속도로 건설공사 사업시행인 한국도로공사가 구 지적법 제24조 제1항, 제28조 제1호에 따라 고속도로 건설공사에 편입되는 토지소유자들을 대위하여 토지면적등록 정정신청을 하였으나 화성시장이 이를 반려한 반려처분(대판 2011.8.25, 2011두3371) : 공공사업의 원활한 수행을 위하여 부여된 관계법령상의 권리 또는 이익에 영향을 미치는 공권력의 행사 또는 그 거부에 해당 | ※ 다만, 동 판례에서 납골탑설치신고반려는 처분성 인정 |

① **과거에 법률에 의하여 당연퇴직된 공무원의 복직 또는 재임용신청에 대한 행정청의 거부행위는 항고소송의 대상이 되는 행정처분에 해당하지 않는다** ★ 15 국회8급

> 과거에 법률에 의하여 당연퇴직된 공무원이 자신을 복직 또는 재임용시켜 줄 것을 요구하는 신청에 대하여 그와 같은 조치가 불가능하다는 행정청의 거부행위는 당연퇴직의 효과가 계속하여 존재한다는 것을 알려주는 일종의 안내에 불과하므로 원고의 실체상의 권리관계에 직접적인 변동을 일으키는 것으로 볼 수 없고, 당연퇴직의 근거 법률이 헌법재판소의 위헌결정으로 효력을 잃게 되었다고 하더라도 당연퇴직된 이후 헌법소원 등의 청구기간이 도과한 경우에는 당연퇴직의 내용과 상반되는 처분을 요구할 수 있는 조리상의 신청권을 인정할 수도 없다고 할 것이어서, 이와 같은 경우 행정청의 복직 또는 재임용거부행위는 항고소송의 대상이 되는 행정처분에 해당한다고 할 수 없으므로 그 취소를 구하는 소는 부적법하다고 할 것이다(대판 2006.3.10, 2005두562).

법률에 의하여 당연퇴직된 공무원의 복직 또는 재임용신청에 대한 행정청의 거부행위는 항고소송의 대상이 되는 행정처분에 해당한다. (x) ■ 15 국회8급

② **건축계획심의신청에 대한 반려처분은 항고소송의 대상이 되는 행정처분에 해당한다** ★ 15 지방9급

> 이 사건 반려처분은 객관적으로 행정처분으로 인식할 정도의 외형을 갖추고 있고, 원고도 이를 행정처분으로 인식하고 있는 점, 구 건축법 제4조 제1항은 건축법 및 조례의 시행에 관한 중요사항을 조사·심의하기 위하여 건축위원회를 설치하여야 한다고 규정하고 있는바, 이는 건축행정의 공정성·전문성을 도모하기 위하여 행정청으로 하여금 법령이 정하고 있는 건축물에 대한 건축허가 여부를 결정함에 있어서는 반드시 건축위원회의 심의를 거치도록 한 것으로 보이므로, 이러한 건축계획심의를 거치지 아니한 상태에서는 비록 원고가 이 사건 건축물에 대한 건축허가를 받는다 하더라도 이는 하자 있는 행정행위라 할 것이니, 원고로서는 피고의 이 사건 반려처분으로 인하여 적법한 건축허가를 받기 어려운 불안한 법적 지위에 놓이게 된 점, 피고는 건축위원회의 심의대상이 되는 건축물에 대한 건축허가를 신청하려는 사람으로 하여금 그 신청에 앞서 건축계획심의신청을 하도록 하고, 그 절차를 거치지 아니한 경우 건축허가를 접수하지 아니하고 있어 원고로서는 이 사건 건축물의 건축허가신청에 중대한 지장이 초래된 점 등에 비추어 보면, 피고의 이 사건 반려처분은 원고의 권리·의무나 법률관계에 직접 영향을 미쳤다고 할 것이다 (대판 2007.10.11, 2007두1316).

③ **상수원 수질보전을 위하여 필요한 지역 내 토지의 매수신청에 대한 거부는 처분에 해당한다**

> 토지 등의 매수제도는 환경침해적인 토지이용을 예방하여 상수원의 수질개선을 도모함과 아울러 상수원지역의 토지이용규제로 인한 토지 등의 소유자의 재산권 침해에 대해 보상하려는 것을 목적으로 하는 것으로서 손실보상을 대체하는 성격도 있는 점, 위 규정에 따른 매수신청에 대하여 유역환경청장 등이 매수거절의 결정을 할 경우 토지 등의 소유자로서는 재산권에 대한 제한을 피할 수 없게 되는데, 위 매수거절을 항고소송의 대상이 되는 행정처분으로 보지 않는다면 달리 이에 대하여는 다툴 방법이 없게 되는 점 등에 비추어 보면, 유역환경청장 등의 매수 거부행위는 공권력의 행사 또는 이에 준하는 행정작용으로서 항고소송의 대상이 되는 행정처분에 해당한다고 봄이 상당하고, 구체적으로 원고의 매수신청 인용 여부에 대하여는 본안에서 심리 후 판단하여야 할 사항이다(대판 2009.9.10, 2007두20638).

④ **결손금액증액경정청구 거부처분은 처분에 해당한다**

> 구 국세기본법 제45조의2 제1항 제2호·제3항의 규정에 의하면, 납세자가 법정신고기한 내에 과세표준신고서를 제출하였으나 그 과세표준신고서에 기재된 결손금액이 세법에 의하여 신고하여야 할 결손금액에 미달하는 때에는 관할세무서장에게 결손금액의 증액을 내용으로 하는 경정청구를 할 수 있고, 이 경우 경정청구를 받은 세무서장은 그 청구를 받은 날부터 2월 이내에 결손금액을 경정하거나 경정하여야 할 이유가 없다는 뜻을 그 청구를 한 자에게 통지하여야 할 의무가 있으므로, 만약 세무서장이 납세자의 결손금액증액경정청구에 대하여 그 전부나 일부를 거부한 경우에는 납세자로서는 그 거부처분의 취소를 구하는 항고소송을 제기할 수 있다(대판 2009.7.9, 2007두1781).

**(3) 원고에게 신청에 대한 법규상 또는 조리상 신청권이 있을 것**

**① 법규상 또는 조리상 신청권의 존재** ★ 17 국가7급

> 행정청이 국민의 신청에 대하여 한 거부행위가 항고소송의 대상이 되는 행정처분이 된다고 하기 위하여는 국민이 그 신청에 따른 행정행위를 요구할 수 있는 법규상 또는 조리상의 권리가 있어야 하고 이러한 권리에 의하지 아니한 국민의 신청을 행정관청이 받아들이지 아니하고 거부한 경우에는 이로 인하여 신청인의 권리나 법적 이익에 어떤 영향을 주는 것이 아니므로 그 거부행위를 가리켜 항고소송의 대상이 되는 행정처분이라고 할 수 없다 (대판 2006.6.30, 2004두701).

**② 신청권의 판단기준 : 신청권의 존부에 대한 판단기준은 일반국민을 기준으로 추상적·형식적으로 결정하고 인용이라는 만족적 결과를 얻을 권리는 본안판단의 문제라는 것이 판례이다.**

**㉠ 신청권의 존부에 대한 판단기준(일반국민을 기준으로 추상적·형식적으로 결정)** ★ 21 지방9급, 21 국회9급

`최신기출`
> 거부처분의 처분성을 인정하기 위한 전제요건이 되는 신청권의 존부는 구체적 사건에서 신청인이 누구인가를 고려하지 않고 관계법규의 해석에 의하여 일반국민에게 그러한 신청권을 인정하고 있는가를 살펴 추상적으로 결정되는 것이고, 신청인이 그 신청에 따른 단순한 응답을 받을 권리를 넘어서 신청의 인용이라는 만족적 결과를 얻을 권리를 의미하는 것은 아니다. 따라서 국민이 어떤 신청을 한 경우에 그 신청의 근거가 된 조항의 해석상 행정발동에 대한 개인의 신청권을 인정하고 있다고 보여지면 그 거부행위는 항고소송의 대상이 되는 처분으로 보아야 할 것이고, 구체적으로 그 신청이 인용될 수 있는가 하는 점은 본안에서 판단하여야 할 사항인 것이다(대판 1996.6.11, 95누12460).

> 거부처분의 처분성을 인정하기 위한 전제요건이 되는 신청권의 존부는 구체적 사건에서 신청인이 누구인지를 고려하여 관계 법규의 해석에 의하여 그러한 신청권을 인정하고 있는가를 살펴 구체적으로 결정한다. (x) ■ 21 국회9급
> 거부처분의 처분성을 인정하기 위한 전제 요건이 되는 신청권은 신청인이 그 신청에 따른 단순한 응답을 받을 권리를 넘어서 신청의 인용이라는 만족적 결과를 얻을 권리를 의미한다. (x) ■ 21 지방9급

**③ 거부의 의사표시가 있을 것**

**대학의 상근강사로서 근무를 마친 자가 정규교원에 임용하여 줄 것을 요청하는 내용의 탄원서에 대하여 교장이 민원서류 처리 결과통보의 형식으로 인사위원회에서 임용동의가 부결되어 임용하지 못한다는 설명을 담은 서신을 보낸 경우를 임용거부처분으로 본 사례**

> 행정청의 부작위상태를 소멸시키는 행정청으로부터의 일정한 처분, 특히 거부처분이 있었다고 하기 위하여는 그 처분을 위한 의사결정이 어떠한 형식으로든 행정청의 권한 있는자에 의하여 외부로 표시되고 그 신청이 거부 내지 각하되었다는 취지가 신청자에게 오해없이 정확하게 전달되어 이를 알 수 있는 상태에 놓여진 경우에 한하는 것인바, 이 사건에서 상근강사로서의 직무를 마친 원고가 정규교원에 임용하여 줄 것을 요청하는 내용으로 문교부에 낸 탄원서를 이첩받은 피고가 이에 대한 민원서류처리 결과통보의 형식으로 원고에 대한 상근강사 근무성적평가 결과는 특별한 결격사유가 없었으나 인사위원회에서 임용동의가 부결됨으로써 정규교원으로 임용하지 못한다는 내용의 설명을 담은 서신을 보냈다면, 피고가 위 민원서류처리결과통보라는 형식으로 그 임용거절의 의사를 명백히 함으로써 적어도 이 무렵에는 원고에 대하여 거부처분을 하였다고 보아야 한다(대판 1990.9.25, 89누4758).

## 2. 구체적 사례

### (1) 공무원임용관련

#### ① 신청권 인정사례(기대권자)

1. 국립서울교육대학 상근강사의 정규교원 임용신청거부(대판 1990.9.25, 89누4758) : 시보임용 내지 조건부채용시 특별한 사정이 없는 한 정규공무원으로 임용될 권리를 취득하고, 시보임용기간 종료 후 정규공무원 내지 교원으로서의 임용이 거부된 경우 소청심사청구권
2. 인천광역시장이 종전 사립대학 소속교원의 신분에 대하여 교육공무원으로의 임용결격사유가 없는 한 전원 교육공무원으로 임용한다고 약정하였고, 교육부장관 스스로도 학교법인에 대하여 설립자변경과 관련하여 교원의 신분보장상의 문제점을 보완하도록 지시한 경우(대판 1997.10.10, 96누4046)
3. 대학교원의 임용권자가 임용기간이 만료된 조교수(서울대학교 미대 김민수교수)에 대하여 재임용을 거부하는 취지로 한 임용기간만료의 통지[대판(전합) 2004.4.22, 2000두7735] : 기준에 부합되면 특별한 사정이 없는 한 재임용되리라는 기대를 가지고 재임용 여부에 관하여 합리적인 기준에 의한 공정한 심사를 요구할 법규상 또는 조리상 신청권
4. 대학교원의 신규채용에 있어서 유일한 면접심사대상자로 선정된 임용지원자에 대한 교원신규채용 중단조치(대판 2004. 6.11, 2001두7053) : 임용권자에 대하여 나머지 심사를 공정하게 진행하여 그 심사에서 통과되면 대학교원으로 임용해 줄 것을 신청할 조리상의 권리가 있다.
5. 학교법인이 대학강의전담교원에게 계약기간의 만료로 인하여 교원의 신분이 상실되었음을 통보한 행위(대판 2009. 10.29, 2008두12092)

---

⊙ **국·공립 대학교원 임용지원자는 임용권자에게 임용 여부에 대한 응답을 신청할 법규상 또는 조리상 권리가 없다고 한 사례** ★ 16 국회8급

> 원고로서는 피고에게 자신의 임용을 요구할 권리가 없을 뿐 아니라 단순한 임용지원자에 불과하여 임용에 관한 법률상 이익을 가진다고도 볼 수 없어, 임용 여부에 대한 응답을 신청할 법규상 또는 조리상 권리도 없다고 할 것이므로 이 사건 통보는 항고소송의 대상이 되는 행정처분에 해당하지 아니한다(대판 2003.10.23, 2002두12489).

ⓛ **대학교원의 임용권자가 임용기간이 만료된 조교수(서울대학교 미대 김민수교수)에 대하여 재임용을 거부하는 취지로 한 임용기간 만료의 통지는 행정소송의 대상이 되는 처분에 해당한다**

★ 21·18·10 지방7급, 20·14 서울7급, 17·10 국회8급, 13 지방9급

> 기간제로 임용되어 임용기간이 만료된 국·공립대학의 조교수는 교원으로서의 능력과 자질에 관하여 합리적인 기준에 의한 공정한 심사를 받아 위 기준에 부합되면 특별한 사정이 없는 한 재임용되리라는 기대를 가지고 재임용 여부에 관하여 합리적인 기준에 의한 공정한 심사를 요구할 법규상 또는 조리상 신청권을 가진다고 할 것이니, 임용권자가 임용기간이 만료된 조교수에 대하여 재임용을 거부하는 취지로 한 임용기간 만료의 통지는 위와 같은 대학교원의 법률관계에 영향을 주는 것으로서 행정소송의 대상이 되는 처분에 해당한다[대판(전합) 2004.4. 22, 2000두7735].

ⓒ

> 학교법인이 대학강의전담교원에게 계약기간의 만료로 인하여 교원의 신분이 상실되었음을 통보한 행위는 재임용 거부처분이라고 보아야 한다(대판 2009.10.29, 2008두12092).

### ② 신청권 부정사례

1. 사립대학(인천전문대학)을 공립대학(시립대학)으로 신설하는 경우 설립자변경 인가처분의 효력발생일 이전에 임용기간이 만료된 교원들의 교육공무원으로의 임용을 신청할 권리(대판 1997.10.10, 96누4046)
2. 국·공립대학교원 임용지원자에 대한 거부행위(대판 2003.10.23, 2002두12489)
3. 교육공무원법 제12조에 따른 특별채용대상자로서의 자격을 갖춘 임용지원자의 특별채용신청거부(대판 2005.4.15, 2004 두11626)

> **교사에 대한 임용권자가 교육공무원법 제12조에 따라 임용지원자를 특별채용하는 경우, 임용지원자가 임용권자에게 자신의 임용을 요구할 법규상 또는 조리상 권리가 없다** ★ 22 국가9급

**최신기출**
> 원고 및 선정자들이 피고가 관할하는 경기도의 각 초등학교 병설유치원에 임시강사로 채용되어 3년 이상 근무하여 온 자들로서 정교사 자격증을 가지고 있어 교육공무원법 제12조 및 교육공무원임용령 제9조의2 제2호의 규정에 의한 특별채용 대상자로서의 자격을 갖추고 있고, 원고 등과 유사한 지위에 있는 전임강사에 대하여는 피고가 정규교사로 특별채용한 전례가 있다 하더라도 그러한 사정만으로 임용지원자에 불과한 원고 등에게 피고에 대하여 교사로의 특별채용을 요구할 법규상 또는 조리상의 권리가 있다고 할 수는 없으므로, 피고가 원고 등의 특별채용 신청을 거부하였다고 하여도 그 거부로 인하여 원고 등의 권리나 법적 이익에 어떤 영향을 주는 것이 아니어서 그 거부행위가 항고소송의 대상이 되는 행정처분에 해당한다고 할 수 없다(대판 2005.4.15, 2004두11626).

### (2) 이주대책·특별분양

| 신청권 인정사례 | 신청권 부정사례 |
|---|---|
| 1. 사업주체인 서울시 양천구청장이 주택건설촉진법의 위임에 따라 건설부장관이 제정한 '주택공급에 관한 규칙' 제15조 제1항 제5호에 해당함을 이유로 특별분양을 요구하는 자에게 입주권 부여를 거부한 행위(대판 1992.1.21, 91누2649) : 공공사업에 협력한 자에게 특별공급의 기회를 요구할 수 있는 법적인 이익을 부여하고 있는 것이라고 보아야 할 것이므로 특별공급신청권(이는 특별공급을 받을 권리와는 다른 개념이다)이 인정<br>2. 택지개발촉진법에 따른 사업시행을 위하여 토지 등을 제공한 자가 「공공용지의 취득 및 손실보상에 관한 특례법」 제8조(이주대책)에 해당함을 이유로 특별분양을 요구한 데 대하여 이를 거부한 행위(대판 1992.11.27, 92누3618)<br>3. 사업시행자가 「공공용지의 취득 및 손실보상에 관한 특례법」 제8조 제1항에 기한 특별분양 신청을 거부한 행위(대판 1999.8.20, 98두17043) : 이주대책은 공공사업에 협력한 자에게 특별공급의 기회를 요구할 수 있는 법적인 이익을 부여 | 1. 서울특별시의 시영아파트에 대한 특별분양불허의 의사표시(대판 1993.5.11, 93누2247) ★ 10 국가9급 : 서울특별시의 「철거민에 대한 시영아파트 특별분양개선지침」은 서울특별시 내부에 있어서의 행정지침에 불과하고 지침 소정의 사람에게 공법상의 분양신청권이 부여되는 것이 아니라 할 것이므로<br>2. 서울특별시 자치구의 「철거민에 대한 국민주택특별공급지침」에 의한 주택공급신청 거부행위(대판 1997.3.14, 96누19079) : 서울특별시 자치구의 구청장이 제정하여 시행하던 「철거민에 대한 국민주택특별공급지침」은 행정청 내부에 있어서의 행정지침에 불과하며 그 지침 소정의 사람에게 공법상의 분양신청권이 부여되는 것은 아니므로 |

### (3) 문화재 지정해제신청거부

| 신청권 인정사례 | 신청권 부정사례 |
|---|---|
| 1. 문화재보호구역 내 토지소유자의 문화재보호구역 지정해제신청에 대한 행정청의 거부행위(대판 2004.4.27, 2003두8821) : 검토결과 보호구역의 지정이 적정하지 아니하거나 기타 특별한 사유가 있는 때에는 보호구역의 지정을 해제하거나 그 범위를 조정하여야 하고, 적정성 여부의 검토에 있어서 보호구역의 지정이 재산권 행사에 미치는 영향 등을 고려하도록 규정하고 있는 점과 헌법상 개인의 재산권 보장의 취지<br>2. 문화재청장이 국가지정문화재[남양주시 금곡동 홍릉(고종황제와 명성황후의 묘릉)·유릉(순종황제와 황후 2인의 묘)]의 보호구역에 인접한 나대지에 건물을 신축하기 위한 국가지정문화재 현상변경신청을 거부한 행위(대판 2006.5.12, 2004두9920) | 백이정선생의 가묘에 대한 경상남도지정문화재 지정에 대해 후손들이 명예감정의 훼손을 이유로 한 해제신청거부(대판 2001.9.28, 99두8565) : 법규상으로 개인에게 그러한 신청권이 있다고 할 수 없고, 신청권을 부여하지 아니한 취지는, 도지사로 하여금 개인의 신청에 구애됨이 없이 문화재의 보존이라는 공익적인 견지에서 객관적으로 지정해제사유 해당 여부를 판정하도록 함에 있다고 할 것이므로 |

#### ① 문화재보호구역 내 토지소유자의 문화재보호구역 지정해제 신청에 대한 행정청의 거부행위 ★ 20 지방9급, 18 지방7급

최신기출
> 문화재보호법은 문화재를 보존하여 이를 활용함으로써 국민의 문화적 생활의 향상을 도모함과 아울러 인류문화의 발전에 기여함을 목적으로 하면서도, 문화재보호구역의 지정에 따른 재산권 행사의 제한을 줄이기 위하여, 행정청에게 보호구역을 지정한 경우에 일정한 기간마다 적정성 여부를 검토할 의무를 부과하고, 그 검토사항 등에 관한 사항은 문화관광부령으로 정하도록 위임하였으며, 검토결과 보호구역의 지정이 적정하지 아니하거나 기타 특별한 사유가 있는 때에는 보호구역의 지정을 해제하거나 그 범위를 조정하여야 한다고 규정하고 있는 점, 같은법 제8조 제3항의 위임에 의한 같은법 시행규칙 제3조의2 제1항은 그 적정성 여부의 검토에 있어서 당해 문화재의 보존가치 외에도 보호구역의 지정이 재산권 행사에 미치는 영향 등을 고려하도록 규정하고 있는 점 등과 헌법상 개인의 재산권 보장의 취지에 비추어 보면, 문화재보호구역 내에 있는 토지소유자 등으로서는 위 보호구역의 지정해제를 요구할 수 있는 법규상 또는 조리상의 신청권이 있다고 할 것이고, 이러한 신청에 대한 거부행위는 항고소송의 대상이 되는 행정처분에 해당한다(대판 2004.4.27, 2003두8821).

문화재보호구역 내에 토지를 소유하고 있는 자는 문화재보호구역의 지정에 대해 항고소송을 통해 다툴 수 없다. (×) ■ 18 지방7급
문화재보호구역 내의 토지소유자가 문화재보호구역의 지정해제를 신청하는 경우에는 그 신청인에게 법규상 또는 조리상 행정계획변경을 신청할 권리가 인정되지 않는다. (×) ■ 20 지방9급

### (4) 신청에 의한 행정행위의 거부(인정)

1. 허가거부 : 영업허가갱신신청에 대한 거부행위
2. 특허거부 : 행정재산의 사용·수익에 대한 허가신청을 거부한 행위(대판 1998.2.27, 97누1105), 공유수면점용기간 연장신청거부(대판 1982.2.23, 81누7)
3. 인가거부 : 방송위원회가 중계유선방송사업자에게 한 종합유선방송사업 승인거부처분(대판 2005.1.14, 2003두13045)

## (5) 기타

### ① 신청권 인정사례

1. 사회단체등록신청 반려[대판(전합) 1989.12.26, 87누308] : 등록신청의 법적 성질은 사인의 공법행위로서의 신고이고 등록은 당해 신고를 수리하는 것을 의미하는 준법률행위적 행정행위

2. 검사임용신청에 대한 거부(대판 1991.2.12, 90누5825) : 법령상 검사임용신청 및 그 처리의 제도에 관한 명문규정이 없다고 하여도 조리상 임용권자는 임용신청자들에게 전형의 결과인 임용 여부의 응답을 해 줄 의무가 있다.

3. 주민등록 전입신고에 따른 등록거부(대판 1992.4.28, 91누8753)

4. 구속피고인에 대한 교도소장의 접견허가거부처분(대판 1992.5.8, 91누7552)

5. 국세징수법에 따른 담보권자의 매각대금배분신청 거부(대판 1992.12.22., 92누7580) : 체납처분절차에서 압류재산에 관계되는 담보권자의 우선변제권을 보호하기 위하여 그 절차를 행하는 세무서장에 대하여 압류재산의 매각대금을 압류 전후를 불문하고 위 법 소정의 담보권자에게 우선순위에 따라 배분할 공법상의 의무를 부과

6. 진료기관의 의료보호비용 청구에 대한 지급거부(대판 1999.11.26, 97다42250)

7. 근로기준법상 평균임금정정신청거부(대판 2002.10.25, 2000두9717) : 처분성 인정을 전제로 본안판단

8. 실용신안권이 특허청장의 직권에 의하여 불법 또는 착오로 소멸등록된 경우 특허청장에 대하여 한 실용신안권의 회복등록신청거부(대판 2002.11.22, 2000두9229) : 권리를 표창하지 못하고 처분이나 담보제공 불가

9. 학력인정 학교형태의 평생교육시설의 설치자 명의변경신청에 대한 행정청의 거부(대판 2003.4.11, 2001두9929) : 평생교육법은 평생교육시설 설치자의 지위승계를 명문으로 금지하지 아니하고 있고 그 지위승계를 금지하여야 할 합리적인 필요성도 인정된다고 할 수 없으며, 현실적으로 설치자의 지위승계를 허용하여야 할 필요성도 있다.

10. 「지방이전기업유치에 대한 국가의 재정자금지원기준」 제7조에 따라 입지보조금 등 지급을 신청하였고 이에 따라 광주광역시장이 지식경제부장관에게 지급신청을 하였는데, 이후 지식경제부장관이 광주광역시장에게 반려하자 광주광역시장이 다시 갑 회사에 반려한 사안에서, 지식경제부장관의 반려회신은 항고소송 대상이 되는 행정처분에 해당하지 않고, 광주광역시장의 반려처분은 항고소송 대상이 되는 행정처분에 해당(대판 2011.9.29, 2010두26339)

11. 뉴타운개발 사업시행자가 사업시행으로 생활근거 등을 상실하는 주민들을 위한 주거대책 및 생활대책을 공고함에 따라 화훼도매업을 하던 갑이 사업시행자에게 생활대책신청을 하였으나, 사업시행자가 갑은 위 주거대책 및 생활대책에서 정한 '이주대책 기준일 3개월 이전부터 사업자등록을 하고 영업을 계속한 화훼영업자'에 해당하지 않는다는 이유로 화훼용지 공급대상자에서 제외한 거부행위(대판 2011.10.13, 2008두17905) : 생활대책대상자 선정기준에 해당하는 자는 사업시행자에 생활대책대상자 선정 여부의 확인·결정을 신청할 수 있는 권리

12. 도시계획시설결정에 이해관계가 있는 주민의 도시시설계획의 입안 내지 변경 신청에 대한 거부행위(대판 2015.3.26., 2014두42742) : 주민(이해관계자 포함)에게는 도시·군관리계획의 입안을 제안할 권리를 부여

13. 토지사용승낙서를 작성해 주었던 건축허가 대상 토지 소유자의 건축허가 철회신청을 거부한 행위(대판 2017.3.15, 2014두41190) : 건축허가의 존재로 말미암아 토지에 대한 소유권 행사에 지장을 받을 수 있는 토지 소유자로서는 건축허가의 철회를 신청할 수 있다.

14. 甲 등이 인터넷 포털사이트 등의 개인정보 유출사고로 자신들의 주민등록번호 등 개인정보가 불법 유출되자 이를 이유로 관할 구청장(서울특별시 성북구청장)에게 주민등록번호를 변경해 줄 것을 신청하였으나 구청장이 '주민등록번호가 불법 유출된 경우 주민등록법상 변경이 허용되지 않는다.'는 이유로 주민등록번호 변경을 거부하는 취지의 통지(대판 2017.6.15, 2013두2945) : 개인의 사생활뿐만 아니라 생명·신체에 대한 위해나 재산에 대한 피해를 입을 우려

15. 산업단지개발계획상 산업단지 안의 토지 소유자로서 산업단지개발계획에 적합한 시설을 설치하여 입주하려는 자의 산업단지개발계획의 변경거부행위(대판 2017.8.29., 2016두44186) : 산업입지에 관한 법령은 산업단지에 적합한 시설을 설치하여 입주하려는 자와 토지 소유자에게 산업단지 지정과 관련한 산업단지개발계획 입안과 관련한 권한을 인정하고, 산업단지 지정뿐만 아니라 변경과 관련해서도 이해관계인에 대한 절차적 권리를 보장

16. 기반시설부담금 납부의무자의 환급신청에 대하여 행정청이 전부 또는 일부 환급을 거부하는 결정(대판 2018.6.28., 2016두50990) : 환급사유가 발생한 경우에는 증명자료를 첨부하여 행정청에 환급신청을 할 수 있다.

17. 원천징수의무자가 원천징수한 법인세 납부와 관련하여 국내원천소득의 실질귀속자의 과세표준과 세액의 경정 청구권(대판 2022.2.10, 2019두50946)

㉠ 수도권 소재 갑 주식회사가 본사와 공장을 광주광역시로 이전하는 계획하에 광주광역시장에게 구 '지방자치단체의 지방이전기업유치에 대한 국가의 재정자금지원기준' 제7조에 따라 입지보조금 등 지급을 신청하였고 이에 따라 광주광역시장이 지식경제부장관에게 지급신청을 하였는데, 이후 지식경제부장관이 광주광역시장에게 반려하자 광주광역시장이 다시 갑 회사에 반려한 사안에서, 지식경제부장관의 반려회신은 항고소송 대상이 되는 행정처분에 해당하지 않고, 광주광역시장의 반려처분은 항고소송 대상이 되는 행정처분에 해당한다 ★ 14 국가9급

> 지식경제부장관에 대한 국가 보조금 지급신청권은 해당 지방자치단체장에게 있고, 지방이전기업은 해당 지방자치단체장에게 국가 보조금 지급신청을 할 수 있을 뿐 지식경제부장관에게 국가 보조금 지급을 요구할 법규상 또는 조리상 신청권이 있다고 볼 수 없으므로, 지식경제부장관의 반려회신은 항고소송 대상이 되는 행정처분에 해당하지 않고, 원고는 관련 규정 및 구 「광주광역시 투자유치 촉진 조례」 제18조 제1항 제3호, 제19조, 제20조, 제21조 및 구 「광주광역시 투자유치 촉진 조례 시행규칙」 제8조, 제9조, 제10조에 따라 피고 광주광역시장에 대하여 보조금 지급신청권을 가진다고 할 것이어서 피고 광주광역시장의 반려처분은 항고소송의 대상이 되는 처분에 해당한다(대판 2011.9.29, 2010두26339).

㉡ 사업시행자 스스로 공익사업의 원활한 시행을 위하여 생활대책을 수립·실시할 수 있도록 하는 내부규정을 두고 이에 따라 생활대책대상자 선정기준을 마련하여 생활대책을 수립·실시하는 경우, 생활대책대상자 선정기준에 해당하는 자가 자신을 생활대책대상자에서 제외하거나 선정을 거부한 행위는 행정처분이므로 사업시행자를 상대로 항고소송을 제기할 수 있다 ★ 15 국회8급

> 생활대책대상자 선정기준에 해당하는 자는 사업시행자에 생활대책대상자 선정 여부의 확인·결정을 신청할 수 있는 권리를 가지는 것이어서, 만일 사업시행자가 그러한 자를 생활대책대상자에서 제외하거나 선정을 거부하면, 이러한 생활대책대상자 선정기준에 해당하는 자는 사업시행자를 상대로 항고소송을 제기할 수 있다고 보는 것이 타당하다(대판 2011.10.13, 2008두17905).

사업시행자 스스로 생활대책을 수립·실시하는 경우, 이는 내부적인 기준에 불과하므로 생활대책대상자 선정기준에 해당하는 자는 사업시행자에게 생활대책대상자 선정여부의 확인·결정을 신청할 수 있는 권리를 갖지 못한다. (x) ■ 15 국회8급

㉢ 도시계획시설결정에 이해관계가 있는 주민에게 도시시설계획의 입안 내지 변경을 요구할 수 있는 법규상 또는 조리상의 신청권이 있고, 이러한 신청에 대한 거부행위는 항고소송의 대상이 되는 행정처분에 해당한다
★ 20·17 지방9급, 16 지방7급

> 최신기출
> 「국토의 계획 및 이용에 관한 법률」은 국토의 이용·개발과 보전을 위한 계획의 수립 및 집행 등에 필요한 사항을 규정함으로써 공공복리를 증진시키고 국민의 삶의 질을 향상시키는 것을 목적으로 하면서도 도시계획시설결정으로 인한 개인의 재산권행사의 제한을 줄이기 위하여, 도시·군계획시설부지의 매수청구권(제47조), 도시·군계획시설결정의 실효(제48조)에 관한 규정과 아울러 도시·군관리계획의 입안권자인 특별시장·광역시장·특별자치시장·특별자치도지사·시장 또는 군수(입안권자)는 5년마다 관할 구역의 도시·군관리계획에 대하여 타당성 여부를 전반적으로 재검토하여 정비하여야 할 의무를 지우고(제34조), 주민(이해관계자 포함)에게는 도시·군관리계획의 입안권자에게 기반시설의 설치·정비 또는 개량에 관한 사항, 지구단위계획구역의 지정 및 변경과 지구단위계획의 수립 및 변경에 관한 사항에 대하여 도시·군관리계획도서와 계획설명서를 첨부하여 도시·군관리계획의 입안을 제안할 권리를 부여하고 있고, 입안 제안을 받은 입안권자는 그 처리 결과를 제안자에게 통보하도록 규정하고 있다. 이들 규정에 헌법상 개인의 재산권 보장의 취지를 더하여 보면, 도시계획구역 내 토지 등을 소유하고 있는 사람과 같이 당해 도시계획시설결정에 이해관계가 있는 주민으로서는 도시시설계획의 입안권자 내지 결정권자에게 도시시설계획의 입안 내지 변경을 요구할 수 있는 법규상 또는 조리상의 신청권이 있고, 이러한 신청에 대한 거부행위는 항고소송의 대상이 되는 행정처분에 해당한다(대판 2015.3.26, 2014두42742).

ⓔ 건축주가 토지 소유자로부터 토지사용승낙서를 받아 토지 위에 건축물을 건축하는 대물적(對物的) 성질의 건축허가를 받았다가 착공에 앞서 건축주의 귀책사유로 해당 토지를 사용할 권리를 상실한 경우, 토지 소유자가 건축허가의 철회를 신청할 수 있고, 토지 소유자의 신청을 거부한 행위는 항고소송의 대상이 된다 ★ 22 국가9급

> **최신기출** 건축허가는 대물적 성질을 갖는 것이어서 행정청으로서는 허가를 할 때에 건축주 또는 토지 소유자가 누구인지 등 인적 요소에 관하여는 형식적 심사만 한다. 건축주가 토지 소유자로부터 토지사용승낙서를 받아 그 토지 위에 건축물을 건축하는 대물적(對物的) 성질의 건축허가를 받았다가 착공에 앞서 건축주의 귀책사유로 해당 토지를 사용할 권리를 상실한 경우, 건축허가의 존재로 말미암아 토지에 대한 소유권 행사에 지장을 받을 수 있는 토지 소유자로서는 건축허가의 철회를 신청할 수 있다고 보아야 한다. 따라서 토지 소유자의 위와 같은 신청을 거부한 행위는 항고소송의 대상이 된다(대판 2017.3.15, 2014두41190).

ⓕ 甲 등이 인터넷 포털사이트 등의 개인정보 유출사고로 자신들의 주민등록번호 등 개인정보가 불법 유출되자 이를 이유로 관할 구청장(서울특별시 성북구청장)에게 주민등록번호를 변경해 줄 것을 신청하였으나 구청장이 '주민등록번호가 불법 유출된 경우 주민등록법상 변경이 허용되지 않는다.'는 이유로 주민등록번호 변경을 거부하는 취지의 통지를 한 사안에서, 피해자의 의사와 무관하게 주민등록번호가 유출된 경우에는 조리상 주민등록번호의 변경을 요구할 신청권을 인정함이 타당하고, 구청장의 주민등록번호 변경신청 거부행위는 항고소송의 대상이 되는 행정처분에 해당한다고 한 사례 ★ 22·21·19 국가9급

> **최신기출** 피해자의 의사와 무관하게 주민등록번호가 불법 유출된 경우 개인의 사생활뿐만 아니라 생명·신체에 대한 위해나 재산에 대한 피해를 입을 우려가 있고, 실제 유출된 주민등록번호가 다른 개인정보와 연계되어 각종 광고 마케팅에 이용되거나 사기, 보이스피싱 등의 범죄에 악용되는 등 사회적으로 많은 피해가 발생하고 있는 것이 현실인 점, 반면 주민등록번호가 유출된 경우 그로 인하여 이미 발생하였거나 발생할 수 있는 피해 등을 최소화할 수 있는 충분한 권리구제방법을 찾기 어려운데도 구 주민등록법에서는 주민등록번호 변경에 관한 아무런 규정을 두고 있지 않은 점, 주민등록법령상 주민등록번호 변경에 관한 규정이 없다거나 주민등록번호 변경에 따른 사회적 혼란 등을 이유로 위와 같은 불이익을 피해자가 부득이한 것으로 받아들여야 한다고 보는 것은 피해자의 개인정보자기결정권 등 국민의 기본권 보장의 측면에서 타당하지 않은 점, 주민등록번호를 관리하는 국가로서는 주민등록번호가 유출된 경우 그로 인한 피해가 최소화되도록 제도를 정비하고 보완해야 할 의무가 있으며, 일률적으로 주민등록번호를 변경할 수 없도록 할 것이 아니라 만약 주민등록번호 변경이 필요한 경우가 있다면 그 변경에 관한 규정을 두어서 이를 허용해야 하는 점 등을 종합하면, 피해자의 의사와 무관하게 주민등록번호가 유출된 경우에는 조리상 주민등록번호의 변경을 요구할 신청권을 인정함이 타당하고, 구청장의 주민등록번호 변경신청 거부행위는 항고소송의 대상이 되는 행정처분에 해당한다고 한 사례(대판 2017.6.15, 2013두2945)

인터넷 포털사이트의 개인정보 유출사고로 주민등록번호가 불법 유출되었음을 이유로 주민등록번호 변경신청을 하였으나 관할 구청장이 이를 거부한 경우, 그 거부행위는 처분에 해당하지 않는다. (×) ■ 19 국가9급

ⓗ 기반시설부담금 납부의무자의 환급신청에 대하여 행정청이 전부 또는 일부 환급을 거부하는 결정은 항고소송의 대상인 처분에 해당하고, 행정청의 환급 거부대상이 납부지체로 발생한 지체가산금인 경우에도 달리 보아야 하는 것은 아니다 ★ 21 국회9급

기반시설부담금 부과처분을 할 당시에 이미 납부의무자에게 구 「기반시설부담금에 관한 법률」(2008.3.28. 법률 제9051호로 폐지) 제8조 제4항과 제5항에서 정한 공제사유가 있었음에도 행정청이 해당 금액을 공제하지 않은 채 기반시설부담금 부과처분을 하였다면, 그 부과처분의 상대방인 납부의무자는 행정청의 공제의무 불이행을 위법사유로 주장하면서 취소소송을 제기하여 권리구제를 받을 수 있다. 납부의무자가 적법하게 부과된 기반시설부담금을 납부한 후에 법 제8조 제4항, 제5항, 제17조 제1항에서 정한 환급사유가 발생한 경우에는 증명자료를 첨부하여 행정청에 환급신청을 할 수 있고[구 「기반시설부담금에 관한 법률 시행령」 제15조 제3항], 이에 대하여 행정청이 전부 또는 일부 환급을 거부하는 경우에, 납부의무자가 환급액에 관하여 불복이 있으면 환급 거부결정에 대하여 취소소송을 제기하여 권리구제를 받을 수 있게 하는 것이 행정소송법 및 기반시설부담금 환급 제도의 입법 취지에도 부합한다. 따라서 납부의무자의 환급신청에 대하여 행정청이 전부 또는 일부 환급을 거부하는 결정은 행정청이 공권력의 주체로서 행하는 구체적 사실에 관한 법집행으로서 납부의무자의 권리·의무에 직접 영향을 미치므로 항고소송의 대상인 처분에 해당한다고 보아야 한다. 행정청의 환급 거부대상이 기반시설부담금 그 자체가 아니라 그 납부지체로 발생한 지체가산금인 경우에도 달리 볼 것은 아니다. 정당한 환급액 내지 행정청의 환급의무의 범위는 취소소송의 본안에서 심리·판단할 사항이지, 소송요건 심사 단계에서 고려할 요소가 아니다(대판 2018.6. 28, 2016두50990).

ⓢ 원천징수의무자가 원천징수한 법인세 납부와 관련하여 국내원천소득의 실질귀속자는 구 국세기본법 제45조의2 제1항, 제4항 제3호에 따라 과세표준과 세액의 경정을 청구할 수 있다

구 국세기본법(2018.12.31. 법률 제16097호로 개정되기 전의 것, 이하 같다) 제45조의2 제1항, 제4항 제3호는 '법인세법 제93조 제8호 등에 해당하는 국내원천소득이 있는 원천징수대상자는 원천징수의무자가 원천징수한 법인세를 납부하고 그에 따른 지급명세서를 제출기한까지 제출한 경우 원천징수영수증에 기재된 과세표준 및 세액의 경정을 청구할 수 있다.'고 정한다. 그런데 원천징수의무자는 특별한 사정이 없는 한 실질과세의 원칙에 따라 국내원천소득의 실질귀속자를 기준으로 해당 소득에 대한 법인세를 원천징수할 의무가 있으므로, 소득의 실질귀속자는 구 국세기본법 제45조의2 제1항, 제4항 제3호에 따라 과세표준과 세액의 경정을 청구할 수 있다고 보아야 한다(대판 2022.2.10, 2019두50946).

② 신청권 부정사례

1. 시장개설자의 시장점포 소유자에 대한 시장개설허가처분변경 거부(대판 1989.12.12, 89누5348) : 도·소매업진흥법에 시장개설허가 및 그 변경에 대하여 어떠한 신청을 할 수 있는 아무런 규정이 없을 뿐 아니라 원고들에게 그 시장개설허가 처분내용의 변경을 청구할 조리상의 권리가 있다고 할 수 없는 것

2. 학교법인 설립자라고 주장하는 자가 한 학교법인설립자 명의정정신청을 거부한 행정청의 회신(대판 1998.7.10, 96누14036) : 사립학교법령이 학교법인 설립자의 명의정정 또는 명의변경에 관하여 아무런 규정을 두지 않고 있을 뿐 아니라, 학교법인의 설립자가 이미 설립된 학교법인에 대하여 어떠한 법적 지위도 가지고 있지 않는 것으로 해석

3. 행정청이 공무원에게 연가보상비를 지급하지 아니한 행위(대판 1999.7.23, 97누10857) : 법령상 정해진 요건이 충족되면 그 자체만으로 지급기준일 또는 보수지급기관의 장이 정한 지급일에 구체적으로 발생하고 행정청의 지급결정에 의하여 비로소 발생하는 것은 아니므로

4. 세법에 근거하지 아니한 납세의무자의 경정청구에 대한 과세관청의 거부회신(대판 2006.5.12, 2003두7651) : 국세기본법 또는 개별 세법에 경정청구권을 인정하는 명문의 규정이 없는 이상, 조리에 의한 경정청구권을 인정할 수는 없고, 별도로 조리상의 경정청구권을 인정할 실익도 없다.

5. 제소기간이 도과하여 불가쟁력이 생긴 행정처분(대판 2007.4.26, 2005두11104) : 제소기간이 이미 도과하여 불가쟁력이 생긴 행정처분에 대하여는 개별 법규에서 그 변경을 요구할 신청권을 규정하고 있거나 관계 법령의 해석상 그러한 신청

권이 인정될 수 있는 등 특별한 사정이 없는 한 국민에게 그 행정처분의 변경을 구할 신청권이 있다 할 수 없다.

6. 학교법인의 금전채권자가 학교법인을 대위하여 관할청에 기본재산의 처분허가신청을 할 수 있는 신청권(대판 2011.12. 8., 2011두14357) : 학교법인의 기본재산의 처분을 위하여 관할청의 허가를 신청할 것인지 여부는 특별한 사정이 없는 한 학교법인의 의사에 맡겨져 있고, 채무자인 학교법인에 다른 재산이 없어 기본재산을 처분하지 않고는 채무의 변제가 불가능하다고 하더라도, 학교법인으로부터 기본재산을 양수한 자도 아니고 금전채권자들에 불과한 자에게는 강제이행청구권의 실질적인 실현을 위하여 필요하다는 사유만으로 기본재산의 처분을 희망하지도 않는 학교법인을 상대로 관할청에 대하여 기본재산에 대한 처분허가신청절차를 이행할 것을 청구할 권한은 없다.

7. 문화재구역 내 토지 소유자 甲이 구「공익사업을 위한 토지 등의 취득 및 보상에 관한 법률」제30조 제1항에 의한 재결신청 청구를 하였으나, 문화재청장에게서 문화재청은 위 법 제30조 제2항에 따른 관할 토지수용위원회에 대한 재결신청 의무를 부담하지 않는다는 이유로 한 거부 회신(대판 2014.7.10, 2012두22966) : 문화재청장이 토지조서 및 물건조서를 작성하는 등 위 토지에 대하여 구 공익사업법에 따른 수용절차를 개시한 바 없으므로, 갑에게 문화재청장으로 하여금 관할 토지수용위원회에 재결을 신청할 것을 청구할 법규상의 신청권이 인정된다고 할 수 없어

8. 중요무형문화재 보유자(경기민요보유자)추가인정거부처분(대판 2015.12.10, 2013두20585) : 중요무형문화재 보유자의 추가인정 여부는 문화재청장의 재량에 속하고, 특정 개인이 자신을 보유자로 인정해 달라고 신청할 수 있다는 근거 규정을 별도로 두고 있지 아니하므로

9. 법관이 이미 수령한 명예퇴직수당액이 구「법관 및 법원공무원 명예퇴직수당 등 지급규칙」제4조 [별표 1]에서 정한 정당한 수당액에 미치지 못한다고 주장하며 차액의 지급을 신청한 것에 대하여 법원행정처장이 거부하는 의사를 표시한 경우(대판 2016.5.24, 2013두14863) : 명예퇴직수당액을 형성·확정하는 행정처분이 아니라 공법상의 법률관계의 한쪽 당사자로서 지급의무의 존부 및 범위에 관하여 자신의 의견을 밝힌 것에 불과

10. 업무상 재해를 당한 甲의 요양급여 신청에 대하여 근로복지공단이 요양승인 처분을 하면서 사업주를 乙 주식회사로 보아 요양승인 사실을 통지하자, 乙 회사가 甲이 자신의 근로자가 아니라고 주장하면서 사업주 변경신청을 하였으나 근로복지공단이 한 거부 통지(대판 2016.7.14, 2014두47426) : 사업주가 이미 발생한 업무상 재해와 관련하여 당시 재해 근로자의 사용자가 자신이 아니라 제3자임을 근거로 사업주 변경신청을 할 수 있도록 하는 규정을 두고 있지 않으므로 법규상으로 신청권이 인정된다고 볼 수 없고, 산업재해보상보험에서 보험가입자인 사업주와 보험급여를 받을 근로자에 해당하는지는 해당 사실의 실질에 의하여 결정되는 것일 뿐이고 근로복지공단의 결정에 따라 보험가입자(당연가입자) 지위가 발생하는 것은 아닌 점

11. 과세관청이 구 국세기본법 제45조의2 제2항에 정한 경정청구기간이 도과한 후 제기된 경정청구에 대하여 경정을 거절한 경우(대판 2017.8.23, 2017두38812) : 경정청구기간이 도과한 후에 제기된 경정청구는 부적법하여 과세관청이 과세표준 및 세액을 결정 또는 경정하거나 거부처분을 할 의무가 없으므로

---

### ㉠ 행정청이 공무원에게 연가보상비를 지급하지 아니한 행위는 항고소송의 대상이 되는 행정처분이 아니다

★ 19 지방7급

**최신기출**

> 공무원의 연가보상비청구권은 공무원이 연가를 실시하지 아니하는 등 법령상 정해진 요건이 충족되면 그 자체만으로 지급기준일 또는 보수지급기관의 장이 정한 지급일에 구체적으로 발생하고 행정청의 지급결정에 의하여 비로소 발생하는 것은 아니라고 할 것이므로, 행정청이 공무원에게 연가보상비를 지급하지 아니한 행위로 인하여 공무원의 연가보상비청구권 등 법률상 지위에 아무런 영향을 미친다고 할 수는 없으므로 행정청의 연가보상비 부지급 행위는 항고소송의 대상이 되는 처분이라고 볼 수 없다(대판 1999.7.23, 97누10857).

행정청이 공무원에게 국가공무원법령상 연가보상비를 지급하지 아니한 행위는 공무원의 연가보상비청구권을 제한하는 행위로서 항고소송의 대상이 되는 처분이다. (x) ■ 19 지방7급

ⓛ **제소기간이 도과하여 불가쟁력이 생긴 행정처분에 대하여 국민에게 그 변경을 구할 신청권이 없다**
★ 19 지방7급, 18 국회8급, 17·13 국가7급

제소기간이 이미 도과하여 불가쟁력이 생긴 행정처분에 대하여는 개별 법규에서 그 변경을 요구할 신청권을 규정하고 있거나 관계 법령의 해석상 그러한 신청권이 인정될 수 있는 등 특별한 사정이 없는 한 국민에게 그 행정처분의 변경을 구할 신청권이 있다 할 수 없다(대판 2007.4.26, 2005두11104).

제소기간이 이미 도과하여 불가쟁력이 생긴 행정처분에 대하여는, 관계 법령의 해석상 그 변경을 요구할 신청권이 인정될 수 있는 경우라 하더라도 국민에게 그 행정처분의 변경을 구할 신청권이 없다. (x) ■ 17 국가7급

영업허가를 취소하는 처분에 대해 불가쟁력이 발생하였더라도 이후 사정변경을 이유로 그 허가취소의 변경을 요구하였으나 행정청이 이를 거부한 경우라면, 그 거부는 원칙적으로 항고소송의 대상이 되는 처분이다. (x) ■ 19 지방7급

ⓒ **중요무형문화재 보유자의 추가인정 여부는 문화재청장의 재량에 속하고, 법규상 개인에게 신청권이 없다**

중요무형문화재 보유자의 추가인정 여부는 문화재청장의 재량에 속하고, 특정 개인이 자신을 보유자로 인정해 달라고 신청할 수 있다는 근거 규정을 별도로 두고 있지 아니하므로 법규상으로 개인에게 신청권이 있다고 할 수 없다(대판 2015.12.10, 2013두20585).

ⓓ **구 문화재보호법 및 그 시행령이 개인에게 신청권을 부여하고 있지 아니한 취지 및 추가인정에 관한 법령의 규정은 중요무형문화재의 보유자로 인정될 개인의 이익도 함께 보호하고 있지 않다**

구 문화재보호법 및 구 「문화재보호법 시행령」이 개인에게 신청권을 부여하고 있지 아니한 취지는 문화재청장이 개인의 신청에 구애되지 않고 중요무형문화재의 보존과 전승이라는 공익적 관점에서 객관적으로 보유자 추가인정의 필요성 또는 타당성 유무를 판단하도록 함에 있다. 또한 문화재를 보존하여 민족문화를 계승하고, 이를 활용할 수 있도록 함으로써 국민의 문화적 향상을 도모함과 아울러 인류문화의 발전에 기여한다는 문화재보호법의 입법 목적과 중요무형문화재 보유자의 추가인정 절차에 관한 규정 내용 등을 고려할 때, 추가인정에 관한 법령의 규정이 중요무형문화재의 보존이라는 공익 이외에 중요무형문화재의 보유자로 인정될 개인의 이익도 함께 보호하고 있다고 해석되지 아니한다(대판 2015.12.10, 2013두20585).

ⓜ **법관이 이미 수령한 명예퇴직수당액이 구 「법관 및 법원공무원 명예퇴직수당 등 지급규칙」 제4조 [별표 1]에서 정한 정당한 수당액에 미치지 못한다고 주장하며 차액의 지급을 신청한 것에 대하여 법원행정처장이 거부하는 의사를 표시한 경우, 위 의사표시를 행정처분으로 볼 수 없으므로, 명예퇴직한 법관이 미지급 명예퇴직수당액의 지급을 구하는 경우, 소송 형태는 행정소송법의 당사자소송이다** ★ 21 변호사, 19 지방7급, 19·18 서울7급, 17 지방9급

명예퇴직수당은 명예퇴직수당 지급신청자 중에서 일정한 심사를 거쳐 피고가 명예퇴직수당 지급대상자로 결정한 경우에 비로소 지급될 수 있지만, 명예퇴직수당 지급대상자로 결정된 법관에 대하여 지급할 수당액은 명예퇴직수당규칙 제4조 [별표 1]에 산정 기준이 정해져 있으므로, 위 법관은 위 규정에서 정한 정당한 산정 기준에 따라 산정된 명예퇴직수당액을 수령할 구체적인 권리를 가진다. 따라서 위 법관이 이미 수령한 수당액이 위 규정에서 정한 정당한 명예퇴직수당액에 미치지 못한다고 주장하며 차액의 지급을 신청함에 대하여 법원행정처장이 거부하는 의사를 표시했더라도, 그 의사표시는 명예퇴직수당액을 형성·확정하는 행정처분이 아니라 공법상의 법률관계의 한쪽 당사자로서 지급의무의 존부 및 범위에 관하여 자신의 의견을 밝힌 것에 불과하므로 행정처분으로 볼 수 없다. 결국 명예퇴직한 법관이 미지급 명예퇴직수당액에 대하여 가지는 권리는 명예퇴직수당 지급대상자 결정 절차를 거쳐 명예퇴직수당규칙에 의하여 확정된 공법상 법률관계에 관한 권리로서, 그 지급을 구하는 소송은 행정소송법의 당사자소송에 해당하며, 그 법률관계의 당사자인 국가를 상대로 제기하여야 한다(대판 2016.5.24, 2013두14863).

명예퇴직한 법관이 명예퇴직수당액의 차액 지급을 신청한 것에 대해 법원행정처장이 거부하는 의사표시를 한 경우 항고소송으로 이를 다투어야 한다. (x) ■ 18 서울7급

법관이 이미 수령한 명예퇴직수당액이 구 「법관 및 법원공무원 명예퇴직수당 등 지급규칙」에서 정한 정당한 명예퇴직수당액에 미치지 못한다고 주장하며 차액의 지급을 신청한 것에 대하여 법원행정처장이 행한 거부의 의사표시는 행정처분에 해당한다. (x)
■ 19 지방7급, 19 지방9급

## Ⅳ. 외부에 대하여 직접적인 법적 효과(권리의무의 발생·변경·소멸)를 발생하는 행위

### (1) 처분성 인정사례

1. 노동조합규약의 변경보완시정명령(대판 1993.5.11., 91누10787) : 조합규약의 내용이 노동조합법에 위반된다고 보아 구체적 사실에 관한 법집행으로서 명령권을 발동하여 조합규약의 해당 조항을 지적된 법률조항에 위반되지 않도록 적절히 변경보완할 것을 명하는 노동행정에 관한 행정관청의 의사를 조합에게 직접 표시한 것

2. 구 문화재관리법하의 지방문화재에 대한 보호구역 지정처분(대판 1993.6.29, 91누6986) : 시·도지정문화재에 대하여도 보호구역에 관한 권리행사의 제한규정을 준용하고 있고, 또 신법 제75조에서 지방자치단체의 장에게 보호구역 내의 토지에 대한 수용 또는 사용권을 부여하고 있는 점

3. 토지초과이득세 등의 산정기준이 되는 개별토지가격결정(대판 1994.2.8, 93누111) : 토지초과이득세, 택지초과소유부담금 또는 개발부담금 산정의 기준

4. 도시재개발법상 종전 토지소유자에 대한 분양처분(대판 1995.6.30, 95다10570) : 재개발구역 안의 종전의 토지 또는 건축물에 대하여 재개발사업에 의하여 조성되거나 축조되는 대지 또는 건축 시설의 위치 및 범위 등을 정하고 그 가격의 차액에 상당하는 금액을 청산하거나, 대지 또는 건축 시설을 정하지 않고 금전으로 청산하는 공법상 처분

5. 지방노동위원회가 노동쟁의에 대하여 한 중재회부결정(대판 1995.9.15, 95누6724) : 중재회부결정은, 중재에 회부된 날로부터 15일간 쟁의행위를 금지시키고, 이를 위반하여 쟁의행위를 한 자에 대한 형사처벌을 할 수 있으며, 그 금지기간 중의 쟁의행위를 부당한 쟁의행위로 보는 결과 그로 인하여 발생한 사용자의 손해에 대하여 노동조합 또는 조합원에게 배상책임을 부담시키는 등의 법률상 효과를 발생

6. 공무원연금관리공단의 급여에 관한 결정(대판 1996.12.6, 96누6417) : 급여를 받을 권리를 가진 자가 당해 공무원이 소속하였던 기관장의 확인을 얻어 신청하는 바에 따라 공무원연금관리공단이 그 지급결정을 함으로써 그 구체적인 권리가 발생

7. 「징발재산정리에 관한 특별조치법」에 의한 국방부장관의 징발재산 매수결정(대판 1991.10.22, 91다26690)
   ※ 징발물보상청구권은 사법관계(대판 1970.3.24, 69다1561)

8. 금융감독위원회가 부실금융기관에 대하여 내린 계약이전결정(대판 2002.4.12, 2001다38807) : 금융감독위원회의 일방적인 결정에 의하여 금융거래상의 계약상의 지위가 이전되는 사법상의 법률효과
   ※ 주주들의 원고적격을 인정한 이례적(예외적)인 판례임.

9. 국방부장관이 군인연금법령상 퇴역연금 등의 급여를 받을 권리의 인정 청구를 거부하거나 청구 중의 일부만을 인정하는 처분(대판 2003.9.5, 2002두3522)

10. 정부 간 항공노선의 개설에 관한 잠정협정 및 비밀양해각서와 건설교통부 내부지침에 의한 항공노선에 대한 운수권배분처분(대판 2004.11.26, 2003두10251·10268) : 추후 당해 노선상의 합의된 업무를 운영함에 있어 중국의 영역 내에서 무착륙비행, 비운수목적의 착륙 등 제 권리를 가지게 된다.

11. 금융기관의 임원에 대한 금융감독원장의 문책경고(대판 2005.2.17, 2003두14765) : 상대방에 대한 직업선택의 자유를 직접 제한하는 효과를 발생하게 하는 등 상대방의 권리의무에 직접 영향

12. 구 「남녀차별금지 및 구제에 관한 법률」상 국가인권위원회의 성희롱결정 및 시정조치권고(대판 2005.7.8, 2005두487) : 남녀차별행위의 중지, 원상회복·손해배상 기타 필요한 구제조치, 재발방지를 위한 교육 및 대책수립 등을 위한 조치, 일간신문의 광고란을 통한 공표 등의 의무

13. 과세관청의 법인에 대한 소득처분에 따른 소득금액변동통지[대판(전합) 2006.4.20, 2002두1878] : 소득금액변동통지가 있는 경우 원천징수의무자인 법인은 소득금액변동통지서를 받은 날에 그 통지서에 기재된 소득의 귀속자에게 당해 소득금액을 지급한 것으로 의제되어 그때 원천징수하는 소득세의 납세의무가 성립함과 동시에 확정
   ※ 구 「소득세법 시행령」 제192조 제1항 단서에 따른 소득의 귀속자에 대한 소득금액변동통지는 항고소송의 대상이 되는 행정처분이 아니다(대판 2014.7.24, 2011두14227).

14. 「국토의 계획 및 이용에 관한 법률」상 토지거래허가구역의 지정(대판 2006.12.22, 2006두12883) : 당사자는 공동으로 행정관청으로부터 허가를 받아야 하는 등 일정한 제한을 받게 되고, 허가를 받지 아니하고 체결한 토지거래계약은 그 효력이 발생하지 아니하며, 토지거래계약허가를 받은 자는 5년의 범위 이내에서 토지를 허가받은 목적대로 이용하여야 하는 의무도 부담하며, 같은 법에 따른 토지이용의무를 이행하지 아니하는 경우 이행강제금을 부과

15. 「민주화운동관련자 명예회복 및 보상 등에 관한 법률」상의 보상심의위원회의 결정[대판(전합) 2008.4.17, 2005두16185]
: 민주화운동관련자명예회복및보상심의위원회에서 심의·결정을 받아야만 비로소 보상금 등의 지급대상자로 확정

16. 교육감이 학교법인에 대한 감사 실시 후 처리지시를 하고 그와 함께 그 시정조치에 대한 결과를 증빙서를 첨부한 문서로 보고하도록 한 것(대판 2008.9.11, 2006두18362)

17. 퇴직연금이 잘못 지급되어 급여가 과오급된 경우 과다하게 지급된 급여의 환수를 위한 행정청의 환수통지(대판 2009.5. 14, 2007두16202) : 당사자에게 새로운 의무를 과하거나 권익을 제한하는 것으로서 행정처분

18. 친일반민족행위자재산조사위원회의 재산조사개시결정(대판 2009.10.15, 2009두6513) : 조사대상자는 위원회의 보전처분 신청을 통하여 재산권 행사에 실질적인 제한을 받게 되고, 위원회의 자료제출요구나 출석요구 등의 조사행위에 응하여야 하는 법적 의무를 부담

19. 방산물자 지정취소(대판 2009.12.24, 2009두12853) : 방산물자 지정이 취소되는 경우 당해 물자에 대한 방산업체 지정도 취소, 방산물자 등에 대한 수출지원을 받을 수 없을 뿐 아니라 방산업체로서 누릴 수 있는 각종 지원과 혜택을 상실, 수의계약에 의할 수 있는 지위도 상실

20. 부과처분을 위한 과세관청의 질문조사권이 행해지는 세무조사결정(대판 2011.3.10, 2009두23617·23624) : 납세의무자는 세무공무원의 과세자료 수집을 위한 질문에 대답하고 검사를 수인하여야 할 법적 의무를 부담

21. 구 「산업집적활성화 및 공장설립에 관한 법률」 제42조 제1항 제6호에 따른 산업단지 입주계약의 해지통보(대판 2011. 6.30, 2010두23859) : 행정청인 관리권자로부터 관리업무를 위탁받은 피고가 우월적 지위에서 원고에게 일정한 법률상 효과를 발생하게 하는 것

22. 한국보건산업진흥원장이 자신이 지원하는 대학교 산학협력단의 주관연구책임자인 갑에게 '한의약연구개발사업 참여제한 2년, 행정제재기간 이후 선정평가 시 감점 2점'을 내용으로 하는 행정제재처분(대판 2012.6.14, 2010두23002) : 제재기간 동안 국가연구개발사업에 대한 원고의 참여를 제한하는 처분인 점, 피고가 한국과학기술평가원에 이 사건 처분을 통보함으로써 원고는 중앙행정기관이 발주하는 국가연구개발사업에 참여하지 못하게 된 점

23. 구 「부당한 공동행위 자진신고자 등에 대한 시정조치 등 감면제도 운영고시」 제14조 제1항에 따른 시정조치 등 감면신청에 대한 감면불인정 통지(대판 2012.9.27, 2010두3541) : 자진신고자 등 지위확인을 받는 경우에는 시정조치 및 과징금 감경 또는 면제, 형사고발 면제 등의 법률상 이익을 누리게 되지만, 그 지위확인을 받지 못하고 고시 제14조 제1항에 따라 감면불인정 통지를 받는 경우에는 위와 같은 법률상 이익을 누릴 수 없게 되므로

24. 「진실·화해를 위한 과거사정리 기본법」 제26조에 따른 진실·화해를 위한 과거사정리위원회의 진실규명결정(대판 2013.1.16, 2010두22856) : 피해자 등에게 명문으로 진실규명 신청권, 진실규명결정 통지 수령권 및 진실규명결정에 대한 이의신청권 등이 부여된 점, 진실규명결정이 이루어지면 그 결정에서 규명된 진실에 따라 국가가 피해자 등에 대하여 피해 및 명예회복 조치를 취할 법률상 의무를 부담

25. 요양급여의 적정성 평가 결과 전체 하위 20% 이하에 해당하는 요양기관이 건강보험심사평가원으로부터 받은 입원료 가산 및 별도 보상 적용 제외 통보(대판 2013.11.14, 2013두13631) : 요양급여의 적정성 평가 결과 전체 하위 20% 이하에 해당하는 요양기관이 평가결과와 함께 그로 인한 입원료 가산 및 별도 보상 제외 통보를 받게 되면, 해당 요양기관은 평가결과 발표 직후 2분기 동안 요양급여비용 청구 시 입원료 가산 및 별도 보상 규정을 적용받지 못하게 되므로

26. 구 「표시·광고의 공정화에 관한 법률」 위반을 이유로 한 공정거래위원회의 경고의결(대판 2013.12.26, 2011두4930) : 위반행위를 할 경우 과징금 부과 여부나 그 정도에 영향을 주는 고려사항이 되어 사업자의 자유와 권리를 제한

27. 교도소장이 수형자를 '접견내용 녹음·녹화 및 접견 시 교도관 참여대상자'로 지정한 행위(대판 2014.2.13., 2013두20899) : 수형자의 구체적 권리의무에 직접적 변동을 초래하는 행정청의 공법상 행위

28. 구 건축법 제29조 제1항에서 정한 건축협의의 취소(대판 2014.2.27. 2012두22980) : 건축협의의 실질은 지방자치단체 등에 대한 건축허가와 다르지 않으므로, 지방자치단체 등이 건축물을 건축하려는 경우 미리 건축물의 소재지를 관할하는 허가권자인 지방자치단체의 장과 건축협의를 하지 않으면, 지방자치단체라 하더라도 건축물을 건축할 수 없다. 지방자치단체의 장이 다른 지방자치단체를 상대로 한 건축협의 취소에 관하여 다툼이 있는 경우에 법적 분쟁을 실효적으로 해결할 구제수단을 찾기도 어렵다.

29. 진정에 대한 국가인권위원회의 각하 및 기각결정(헌재결 2015.3.26, 2013헌마214·245·445·804·833, 2014헌마104·506·1047) : 피해자인 진정인에게는 국가인권위원회법이 정하고 있는 구제조치를 신청할 법률상 신청권이 있는데 국가인권위원회가 진정을 각하 및 기각결정을 할 경우 피해자인 진정인으로서는 자신의 인격권 등을 침해하는 인권침해 또는 차별행위 등이 시정되고 그에 따른 구제조치를 받을 권리를 박탈당하게 되므로

30. 한국환경산업기술원장이 구 「국가연구개발사업의 관리 등에 관한 규정」, 「환경기술개발사업운영규정」에 따라 주관연

구기관에 대하여 한 연구개발 중단 조치와 연구비 집행중지 조치(대판 2015.12.24, 2015두264) : 연구개발을 중단하고 이미 지급된 연구비를 더 이상 사용하지 말아야 할 공법상 의무를 부과, 연구개발 중단 조치는 협약의 해약 요건에도 해당, 조치가 있은 후에는 주관연구기관이 연구개발을 계속하더라도 그에 사용된 연구비는 환수 또는 반환 대상이 되므로

31. 경남도지사(홍준표)의 지방의료원 폐업결정(대판 2016.8.30, 2015두60617) : 입원환자들과 소속 직원들의 권리·의무에 직접 영향
    ※ 단, 폐업결정 후 을 지방의료원을 해산한다는 내용의 조례가 제정·시행되었고 조례가 무효라고 볼 사정도 없어 을 지방의료원을 폐업 전의 상태로 되돌리는 원상회복은 불가능하므로 취소를 구할 소의 이익은 부정

32. 「여객자동차 운수사업법」 제85조 제1항 제38호에 따른 감차명령(대판 2016.11.24, 2016두45028)

33. 「도시 및 주거환경정비법」에 따른 이전고시(대판 2016.12.29, 2013다73551) : 소유권을 분양받을 자에게 이전하고 가격의 차액에 상당하는 금액을 청산하거나 대지 또는 건축물을 정하지 않고 금전적으로 청산하는 공법상 처분

34. 산업단지관리공단이 구 「산업집적활성화 및 공장설립에 관한 법률」 제38조 제2항에 따른 변경계약을 취소한 것(대판 2017.6.15, 2014두46843) : 관리업무를 위탁받은 산업단지관리공단이 우월적 지위에서 입주기업체들에게 일정한 법률상 효과를 발생하게 하는 것

35. 교육부장관이 대학에서 추천한 복수의 총장 후보자들 전부 또는 일부를 임용제청에서 제외하는 행위(대판 2018.6.15, 2016두57564) : 항고소송의 대상이 되는 처분으로 보지 않는다면, 침해된 권리 또는 법률상 이익을 구제받을 방법이 없다.

36. 교육부장관이 특정 후보자를 임용제청에서 제외하고 다른 후보자를 임용제청함으로써 대통령이 임용제청된 다른 후보자를 총장으로 임용한 경우, 임용제청에서 제외된 후보자가 행정소송으로 다툴 처분은 대통령의 임용 제외처분(대판 2018.6.15, 2016두57564)

37. 조달청의 기업에 대한 나라장터 종합쇼핑몰 거래정지 조치(대판 2018.11.29, 2015두52395) : 나라장터를 통하여 수요기관의 전자입찰에 참가하거나 나라장터 종합쇼핑몰에서 등록된 물품을 수요기관에 직접 판매할 수 있는 지위를 직접 제한하거나 침해하는 행위에 해당

38. 조달청장이 '「중소기업제품 구매촉진 및 판로지원에 관한 법률」 제8조의2 제1항에 해당하는 자는 입찰 참여를 제한하고, 계약체결 후 해당 기업으로 확인될 경우 계약해지 및 기 배정한 물량을 회수한다.'는 내용의 레미콘 연간 단가계약을 위한 입찰공고를 하고 입찰에 참가하여 낙찰 받은 甲 주식회사 등과 레미콘 연간 단가계약을 각 체결하였는데, 甲 회사 등으로부터 중소기업청장이 발행한 참여제한 문구가 기재된 중소기업 확인서를 제출받고 甲 회사 등에 '중소기업자 간 경쟁입찰 참여제한 대상기업에 해당하는 경우 물량 배정을 중지하겠다'는 내용의 통보(대판 2019.5.10, 2015두46987) : 중소기업자 간 경쟁입찰에 참여할 수 있는 자격을 획득할 때까지 물량 배정을 받을 수 없게 되고 이는 甲 회사 등의 권리·의무에 직접적인 영향을 미치는 법적 불이익에 해당

39. 병무청장이 병역법 제81조의2 제1항에 따라 병역의무 기피자의 인적사항 등을 인터넷 홈페이지에 게시하는 등의 방법으로 공개한 경우, 병무청장의 공개결정(대판 2019.6.27, 2018두49130) : 특정인을 병역의무 기피자로 판단하여 그 사실을 일반 대중에게 공표함으로써 그의 명예를 훼손하고 그에게 수치심을 느끼게 하여 병역의무 이행을 간접적으로 강제하려는 조치로서 병역법에 근거하여 이루어지는 공권력의 행사에 해당

40. 근로복지공단이 사업주에 대하여 하는 '개별 사업장의 사업종류 변경결정'(대판 2020.4.9, 2019두61137) : 개별 사업장의 사업종류가 사업주에게 불리한 내용으로 변경되면 산재보험료율이 인상되고, 사업주가 납부하여야 하는 산재보험료가 증가한다. 따라서 근로복지공단의 사업종류 변경결정은 사업주의 권리·의무에도 직접 영향

41. 지방자치단체의 장이 「공유재산 및 물품관리법」에 근거하여 기부채납 및 사용·수익허가 방식으로 민간투자사업을 추진하는 과정에서 사업시행자를 지정하기 위한 전 단계에서 공모제안을 받아 일정한 심사를 거쳐 우선협상대상자를 선정하는 행위와 이미 선정된 우선협상대상자를 그 지위에서 배제하는 행위(대판 2020.4.29, 2017두31064) : 공유재산의 사용·수익허가를 우선적으로 부여받을 수 있는 지위를 설정하거나 또는 이미 설정한 지위를 박탈하는 조치

42. 구 법인세법에 신설된 제13조 제1호 후문 규정의 시행일 이후 최초로 과세표준을 신고한 사업연도에 발생한 결손금 등에 대한 과세관청의 결손금 감액경정(대판 2020.7.9, 2017두63788) : 특별한 사정이 없는 한 납세의무자로서는 결손금 감액경정 통지가 이루어진 단계에서 그 적법성을 다투지 않는 이상 이후 사업연도 법인세의 이월결손금 공제와 관련하여 종전의 결손금 감액경정이 잘못되었다거나 과세관청이 경정한 결손금 외에 공제될 수 있는 이월결손금이 있다는 주장을 할 수 없으므로

43. 제안비용보상금 지급 청구에 관한 주무관청의 결정(대판 2020.10.15, 2020다222382) : 민간투자사업기본계획 등에 따른

제안비용보상금을 지급받을 권리는 법령의 규정에 의하여 직접 발생하는 것이 아니라 보상금을 지급받으려고 하는 제안자의 신청에 따라 주무관청이 지급대상자인지 여부를 판단하고 구체적인 보상금액을 산정하는 지급결정을 함으로써 비로소 구체적인 권리가 발생

44. 총포·화약안전기술협회의 '회비납부통지'(대판 2021.12.30, 2018다241458) : 총포화약류를 취급하는 사람의 추상적인 회비납부의무는 법령의 규정에 따라 성립하지만, 피고가 매년 납부의무자별로 일정한 조사·확인을 거쳐 회비산정기준에 따라 회비의 액수를 산정·고지해야 실제 납부 또는 징수가 가능

---

### ① 「민주화운동관련자 명예회복 및 보상 등에 관한 법률」상의 보상심의위원회의 결정은 처분에 해당한다

★ 21·10 국회9급, 15 지방7급, 14 국회8급, 14 변호사, 11 국회8급, 10 서울9급

최신기출
전합판례

「민주화운동관련자 명예회복 및 보상 등에 관한 법률」 제2조 각목은 민주화운동과 관련한 피해유형을 추상적으로 규정한 것에 불과하여 같은법 제2조 제1호에서 정의하고 있는 민주화운동의 내용을 함께 고려하더라도 그 규정들만으로는 바로 위 법상의 보상금 등의 지급대상자가 확정된다고 볼 수는 없고, 민주화운동관련자명예회복및보상심의위원회에서 심의·결정을 받아야만 비로소 보상금 등의 지급대상자로 확정될 수 있다. 따라서 그와 같은 보상심의위원회의 결정은 국민의 권리의무에 직접 영향을 미치는 행정처분에 해당한다고 할 것이므로, 관련자 등으로서 보상금 등을 지급받고자 하는 신청에 대하여 보상심의위원회가 관련자 해당 요건의 전부 또는 일부를 인정하지 아니하여 보상금 등의 지급을 기각하는 결정을 한 경우에는 신청인은 보상심의위원회를 상대로 그 결정의 취소를 구하는 소송을 제기하여 보상금 등의 지급대상자가 될 수 있다[대판(전합) 2008.4.17, 2005두16185].
※ 「광주민주화운동관련자 보상 등에 관한 법률」에 의거하여 관련자 및 유족들이 갖게 되는 보상 등에 관한 권리에 관한 소송은 당사자소송(대판 1992.12.24, 92누3335)

### ② 토지초과이득세 등의 산정기준이 되는 개별토지가격결정은 항고소송 대상이 되는 행정처분이다

★ 21 국가9급, 16 국회8급

최신기출

시장·군수 또는 구청장의 개별토지가격결정은 관계법령에 의한 토지초과이득세, 택지초과소유부담금 또는 개발부담금 산정의 기준이 되어 국민의 권리나 의무 또는 법률상 이익에 직접적으로 관계되는 것으로서 행정소송법 제2조 제1항 제1호 소정의 행정청이 행하는 구체적 사실에 관한 법집행으로서의 공권력행사이므로 항고소송의 대상이 되는 행정처분에 해당한다(대판 1994.2.8, 93누111).

甲은 과세처분이 있기 전에는 개별공시지가결정에 대해서 취소소송을 제기할 수 없다. (×) ■ 21 국가9급

### ③ 구 공무원연금법상 퇴직급여결정은 행정처분이다 ★ 15 국회8급

급여를 받을 권리를 가진 자가 당해 공무원이 소속하였던 기관장의 확인을 얻어 신청하는 바에 따라 공무원연금관리공단이 그 지급결정을 함으로써 그 구체적인 권리가 발생하는 것이므로, 공무원연금관리공단의 급여에 관한 결정은 국민의 권리에 직접 영향을 미치는 것이어서 행정처분에 해당하고, 공무원연금관리공단의 급여결정에 불복하는 자는 공무원연금급여재심위원회의 심사결정을 거쳐 공무원연금관리공단의 급여결정을 대상으로 행정소송을 제기하여야 한다(대판 1996.12.6, 96누6417).

④ **과세관청의 법인에 대한 소득처분에 따른 소득금액변동통지는 처분에 해당한다**

★ 21 지방7급, 21 국회9급, 17 서울7급, 12 국회8급, 11·10 세무사

> 과세관청의 소득처분과 그에 따른 소득금액변동통지가 있는 경우 원천징수의무자인 법인은 소득금액변동통지서를 받은 날에 그 통지서에 기재된 소득의 귀속자에게 당해 소득금액을 지급한 것으로 의제되어 그때 원천징수하는 소득세의 납세의무가 성립함과 동시에 확정되고, 원천징수의무자인 법인으로서는 소득금액변동통지서에 기재된 소득처분의 내용에 따라 원천징수세액을 그 다음달 10일까지 관할세무서장 등에게 납부하여야 할 의무를 부담하며, 만일 이를 이행하지 아니하는 경우에는 가산세의 제재를 받게 됨은 물론이고 형사처벌까지 받도록 규정되어 있는 점에 비추어 보면, 소득금액변동통지는 원천징수의무자인 법인의 납세의무에 직접 영향을 미치는 과세관청의 행위로서, 항고소송의 대상이 되는 조세행정처분이라고 봄이 상당하다[대판(전합) 2006.4.20, 2002두1878].

법인세법령에 따른 과세관청의 원천징수의무자인 법인에 대한 소득금액변동통지 및 「소득세법 시행령」에 따른 소득의 귀속자에 대한 소득금액변동통지는 항고소송의 대상이다. (×)  ■ 17 서울7급

⑤ **퇴직연금이 잘못 지급되어 급여가 과오급된 경우 과다하게 지급된 급여의 환수를 위한 행정청의 환수통지는 처분에 해당한다** ★ 10 국회8급

> 공무원연금법 제47조 각호 소정의 급여제한사유가 있음에도 불구하고 수급자에게 퇴직연금이 잘못 지급되었으면 이는 공무원연금법 제31조 제1항 제3호의 '기타 급여가 과오급된 경우'에 해당하고, 이때 과다하게 지급된 급여의 환수를 위한 행정청의 환수통지는 당사자에게 새로운 의무를 과하거나 권익을 제한하는 것으로서 행정처분에 해당한다(대판 2009.5.14, 2007두16202).

⑥ **친일반민족행위자재산조사위원회의 재산조사개시결정은 항고소송의 대상이 되는 행정처분에 해당한다**

★ 13 지방9급

> 친일반민족행위자재산조사위원회의 재산조사개시결정이 있는 경우 조사대상자는 위원회의 보전처분 신청을 통하여 재산권 행사에 실질적인 제한을 받게 되고, 위원회의 자료제출요구나 출석요구 등의 조사행위에 응하여야 하는 법적 의무를 부담하게 되는 점, 법에서 인정된 재산조사결정에 대한 이의신청절차만으로는 조사대상자에 대한 권리구제 방법으로 충분치 아니한 점, 조사대상자로 하여금 개개의 과태료 처분에 대하여 불복하거나 조사종료 후의 국가귀속결정에 대하여만 다툴 수 있도록 하는 것보다는 그에 앞서 재산조사개시결정에 대하여 다툼으로써 분쟁을 조기에 근본적으로 해결할 수 있는 점 등을 종합하면, 위원회의 재산조사개시결정은 조사대상자의 권리·의무에 직접 영향을 미치는 독립한 행정처분으로서 항고소송의 대상이 된다(대판 2009.10.15, 2009두6513).

⑦ **부과처분을 위한 과세관청의 질문조사권이 행해지는 세무조사결정은 항고소송의 대상이 되는 처분에 해당한다**

★ 21 국회9급, 19·15 지방7급, 19 지방9급, 18 서울7급, 18·14 국가9급, 17 국회8급, 14 국가7급, 14 세무사

최신기출

부과처분을 위한 과세관청의 질문조사권이 행해지는 세무조사결정이 있는 경우 납세의무자는 세무공무원의 과세자료 수집을 위한 질문에 대답하고 검사를 수인하여야 할 법적 의무를 부담하게 되는 점, 세무조사는 기본적으로 적정하고 공평한 과세의 실현을 위하여 필요한 최소한의 범위 안에서 행하여져야 하고, 더욱이 동일한 세목 및 과세기간에 대한 재조사는 납세자의 영업의 자유 등 권익을 심각하게 침해할 뿐만 아니라 과세관청에 의한 자의적인 세무조사의 위험마저 있으므로 조세공평의 원칙에 현저히 반하는 예외적인 경우를 제외하고는 금지될 필요가 있는 점, 납세의무자로 하여금 개개의 과태료 처분에 대하여 불복하거나 조사 종료 후의 과세처분에 대하여만 다툴 수 있도록 하는 것보다는 그에 앞서 세무조사결정에 대하여 다툼으로써 분쟁을 조기에 근본적으로 해결할 수 있는 점 등을 종합하면, 세무조사결정은 납세의무자의 권리·의무에 직접 영향을 미치는 공권력의 행사에 따른 행정작용으로서 항고소송의 대상이 된다고 할 것이다(대판 2011.3.10, 2009두23617·23624).

세무조사결정은 납세의무자의 권리·의무에 직접 영향을 미치는 공권력의 행사에 따른 행정작용이 아니므로 항고소송의 대상이 될 수 없다. (x) ■ 15 지방7급

판례에 의하면 세무조사결정은 납세의무자의 권리·의무에 직접 영향을 미치는 것이 아니라 행정내부의 행위로서 항고소송의 대상이 아니다. (x) ■ 17 국회8급

행정조사는 처분성이 인정되지 않으므로 세무조사결정이 위법하더라도 이에 대해서는 항고소송을 제기할 수 없다. (x) ■ 18 국가9급

지방자치단체장의 세무조사결정은 납세의무자의 권리의무에 간접적 영향을 미치는 행정작용으로서 항고소송의 대상이 되지 않는다. (x) ■ 18 서울7급

조세부과처분을 위한 과세관청의 세무조사결정은 사실행위로서 납세의무자의 권리·의무에 직접 영향을 미치는 것은 아니므로 항고소송의 대상이 되지 아니한다. (x) ■ 19 지방7급

세무조사결정은 행정조사의 일종으로 사실행위에 불과하여 취소소송의 대상이 되지 아니한다. (x) ■ 21 국회9급

⑧ **구 「산업집적활성화 및 공장설립에 관한 법률」 제42조 제1항 제6호에 따른 산업단지 입주계약의 해지통보는 행정처분에 해당한다** ★ 20 국회9급, 17 지방7급

최신기출

같은 법 제42조 제1항 제6호에 따른 산업단지 입주계약의 해지통보는 단순히 대등한 당사자의 지위에서 형성된 공법상계약을 계약당사자의 지위에서 종료시키는 의사표시에 불과하다고 볼 것이 아니라 행정청인 관리권자로부터 관리업무를 위탁받은 피고가 우월적 지위에서 원고에게 일정한 법률상 효과를 발생하게 하는 것으로서 항고소송의 대상이 되는 행정처분에 해당한다(대판 2011.6.30, 2010두23859).

「산업집적활성화 및 공장설립에 관한 법률」상의 입주계약의 해지는 행정처분에 해당하지 않는다. (x) ■ 20 국회9급

⑨ **구 「부당한 공동행위 자진신고자 등에 대한 시정조치 등 감면제도 운영고시」 제14조 제1항에 따른 시정조치 등 감면신청에 대한 감면불인정 통지는 항고소송의 대상이 되는 행정처분에 해당한다** ★ 14 국가9급

부당한 공동행위 자진신고자 등에 대한 시정조치 또는 과징금 감면 신청인이 고시 제11조 제1항에 따라 자진신고자 등 지위확인을 받는 경우에는 시정조치 및 과징금 감경 또는 면제, 형사고발 면제 등의 법률상 이익을 누리게 되지만, 그 지위확인을 받지 못하고 고시 제14조 제1항에 따라 감면불인정 통지를 받는 경우에는 위와 같은 법률상 이익을 누릴 수 없게 되므로, 감면불인정 통지가 이루어진 단계에서 신청인에게 그 적법성을 다투어 법적 불안을 해소한 다음 조사협조행위에 나아가도록 함으로써 장차 있을지도 모르는 위험에서 벗어날 수 있도록 하는 것이 법치행정의 원리에도 부합한다. 따라서 부당한 공동행위 자진신고자 등의 시정조치 또는 과징금 감면신청에 대한 감면불인정 통지는 항고소송의 대상이 되는 행정처분에 해당한다고 보아야 한다(대판 2012.9.27, 2010두3541).

⑩ 「진실·화해를 위한 과거사정리 기본법」 제26조에 따른 진실·화해를 위한 과거사정리위원회의 진실규명결정은 항고소송의 대상이 되는 행정처분이다 ★ 15 지방9급, 14 세무사

> 「진실·화해를 위한 과거사정리 기본법」과 구 '과거사 관련 권고사항 처리에 관한 규정'의 목적, 내용 및 취지를 바탕으로, 피해자 등에게 명문으로 진실규명 신청권, 진실규명결정 통지 수령권 및 진실규명결정에 대한 이의신청권 등이 부여된 점, 진실규명결정이 이루어지면 그 결정에서 규명된 진실에 따라 국가가 피해자 등에 대하여 피해 및 명예회복 조치를 취할 법률상 의무를 부담하게 되는 점, 진실·화해를 위한 과거사정리위원회가 위와 같은 법률상 의무를 부담하는 국가에 대하여 피해자 등의 피해 및 명예 회복을 위한 조치로 권고한 사항에 대한 이행의 실효성이 법적·제도적으로 확보되고 있는 점 등 여러 사정을 종합하여 보면, 법이 규정하는 진실규명결정은 국민의 권리의무에 직접적으로 영향을 미치는 행위로서 항고소송의 대상이 되는 행정처분이라고 보는 것이 타당하다(대판 2013.1.16, 2010두22856).

⑪ 구 「표시·광고의 공정화에 관한 법률」 위반을 이유로 한 공정거래위원회의 경고의결은 행정처분에 해당한다
★ 16 국회8급

> 구 「표시·광고의 공정화에 관한 법률」 위반을 이유로 한 공정거래위원회의 경고의결은 당해 표시·광고의 위법을 확인하되 구체적인 조치까지는 명하지 않는 것으로 사업자가 장래 다시 「표시·광고의 공정화에 관한 법률」 위반행위를 할 경우 과징금 부과 여부나 그 정도에 영향을 주는 고려사항이 되어 사업자의 자유와 권리를 제한하는 행정처분에 해당한다(대판 2013.12.26, 2011두4930).

구 「표시·광고의 공정화에 관한 법률」 위반을 이유로 한 공정거래위원회의 경고의결은 당해 표시·광고의 위법을 확인하되 구체적인 조치까지는 명하지 않은 것이므로 행정처분에 해당하지 않는다. (x)

⑫ 교도소장이 수형자를 '접견내용 녹음·녹화 및 접견 시 교도관 참여대상자'로 지정한 행위는 수형자의 구체적 권리의무에 직접적 변동을 가져오는 행정청의 공법상 행위로서 항고소송의 대상이 되는 '처분'에 해당한다
★ 20 지방9급, 18 국회8급, 16 국가9급

**최신기출**
> 피고가 위와 같은 지정행위를 함으로써 원고의 접견 시마다 사생활의 비밀 등 권리에 제한을 가하는 교도관의 참여, 접견내용의 청취·기록·녹음·녹화가 이루어졌으므로 이는 피고가 그 우월적 지위에서 수형자인 원고에게 일방적으로 강제하는 성격을 가진 공권력적 사실행위의 성격을 갖고 있는 점, 위 지정행위는 그 효과가 일회적인 것이 아니라 이 사건 제1심판결이 선고된 이후인 2013.2.13.까지 오랜 기간 동안 지속되어 왔으며, 원고로 하여금 이를 수인할 것을 강제하는 성격도 아울러 가지고 있는 점, 위와 같이 계속성을 갖는 공권력적 사실행위를 취소할 경우 장래에 이루어질지도 모르는 기본권의 침해로부터 수형자들의 기본적 권리를 구제할 실익이 있는 것으로 보이는 점 등을 종합하면, 위와 같은 지정행위는 수형자의 구체적 권리의무에 직접적 변동을 초래하는 행정청의 공법상 행위로서 항고소송의 대상이 되는 '처분'에 해당한다(대판 2014.2.13. 2013두20899).

⑬ 진정에 대한 국가인권위원회의 각하 및 기각결정은 항고소송의 대상이 되는 행정처분에 해당한다
★ 19 국가9급, 17 국회8급

**최신기출**
> 국가인권위원회는 법률상의 독립된 국가기관이고, 피해자인 진정인에게는 국가인권위원회법이 정하고 있는 구제조치를 신청할 법률상 신청권이 있는데 국가인권위원회가 진정을 각하 및 기각결정을 할 경우 피해자인 진정인으로서는 자신의 인격권 등을 침해하는 인권침해 또는 차별행위 등이 시정되고 그에 따른 구제조치를 받을 권리를 박탈당하게 되므로, 진정에 대한 국가인권위원회의 각하 및 기각결정은 피해자인 진정인의 권리행사에 중대한 지장을 초래하는 것으로서 항고소송의 대상이 되는 행정처분에 해당하므로, 그에 대한 다툼은 우선 행정심판이나 행정소송에 의하여야 할 것이다(헌재결 2015.3.26, 2013헌마214·245·445·804·833, 2014헌마104·506·1047).

국가인권위원회의 각하 및 기각결정은 항고소송의 대상이 되는 처분에 해당하지 아니하므로 헌법소원의 보충성 요건을 충족하여 헌법소원의 대상이 된다. (x) ■ 17 국회8급

⑭ 한국환경산업기술원장이 환경기술개발사업 협약을 체결한 갑 주식회사 등에게 연차평가 실시 결과 절대평가 60점 미만으로 평가되었다는 이유로 연구개발 중단 조치 및 연구비 집행중지 조치를 한 사안에서, 각 조치가 항고소송의 대상이 되는 행정처분에 해당한다고 한 사례 ★ 20 국회8급

각 조치는 갑 회사 등에게 연구개발을 중단하고 이미 지급된 연구비를 더 이상 사용하지 말아야 할 공법상 의무를 부과하는 것이고, 연구개발 중단 조치는 협약의 해약 요건에도 해당하며, 조치가 있은 후에는 주관연구기관이 연구개발을 계속하더라도 그에 사용된 연구비는 환수 또는 반환 대상이 되므로, 각 조치는 갑 회사 등의 권리·의무에 직접적인 영향을 미치는 행위로서 항고소송의 대상이 되는 행정처분에 해당한다고 한 사례(대판 2015.12.24, 2015두264).

⑮ 경남도지사(홍준표)가 경상남도에서 설치·운영하는 진주지방의료원을 폐업하겠다는 결정을 발표하고 그에 따라 폐업을 위한 일련의 조치가 이루어진 후 진주지방의료원을 해산한다는 내용의 조례를 공포하고 乙 지방의료원의 청산절차가 마쳐진 사안에서, 경남도지사의 폐업결정은 항고소송의 대상에 해당한다

지방의료원의 설립·통합·해산은 지방자치단체의 조례로 결정할 사항이므로, 도가 설치·운영하는 乙 지방의료원의 폐업·해산은 도의 조례로 결정할 사항인 점 등을 종합하면, 甲 도지사의 폐업결정은 행정청이 행하는 구체적 사실에 관한 법집행으로서의 공권력 행사로서 입원환자들과 소속 직원들의 권리·의무에 직접 영향을 미치는 것이므로 항고소송의 대상에 해당한다(대판 2016.8.30, 2015두60617).

⑯ 교육부장관이 대학에서 추천한 복수의 총장 후보자들 전부 또는 일부를 임용제청에서 제외하는 행위는 항고소송의 대상이 되는 처분에 해당한다 ★ 19 국가9급

대학의 추천을 받은 총장 후보자는 교육부장관으로부터 정당한 심사를 받을 것이라는 기대를 하게 된다. 만일 교육부장관이 자의적으로 대학에서 추천한 복수의 총장 후보자들 전부 또는 일부를 임용제청하지 않는다면 대통령으로부터 임용을 받을 기회를 박탈하는 효과가 있다. 이를 항고소송의 대상이 되는 처분으로 보지 않는다면, 침해된 권리 또는 법률상 이익을 구제받을 방법이 없다. 따라서 교육부장관이 대학에서 추천한 복수의 총장 후보자들 전부 또는 일부를 임용제청에서 제외하는 행위는 제외된 후보자들에 대한 불이익처분으로서 항고소송의 대상이 되는 처분에 해당한다고 보아야 한다(대판 2018.6.15, 2016두57564).

국립대학교 총장의 임용권한은 대통령에게 있으므로, 교육부장관이 대통령에게 임용제청을 하면서 대학에서 추천한 복수의 총장 후보자들 중 일부를 임용제청에서 제외한 행위는 처분에 해당하지 않는다. (×) ■ 19 국가9급

⑰ 교육부장관이 특정 후보자를 임용제청에서 제외하고 다른 후보자를 임용제청함으로써 대통령이 임용제청된 다른 후보자를 총장으로 임용한 경우, 임용제청에서 제외된 후보자가 행정소송으로 다툴 처분은 대통령의 임용제외처분이다

다만 교육부장관이 특정 후보자를 임용제청에서 제외하고 다른 후보자를 임용제청함으로써 대통령이 임용제청된 다른 후보자를 총장으로 임용한 경우에는, 임용제청에서 제외된 후보자는 대통령이 자신에 대하여 총장 임용제외처분을 한 것으로 보아 이를 다투어야 한다(대통령의 처분의 경우 소속 장관이 행정소송의 피고가 된다. 국가공무원법 제16조 제2항). 이러한 경우에는 교육부장관의 임용제청 제외처분을 별도로 다툴 소의 이익이 없어진다(대판 2018.6.15, 2016두57564).

⑱ 甲 주식회사(주식회사 엔씨원)가 조달청과 물품구매계약을 체결하고 국가종합전자조달시스템인 나라장터 종합쇼핑몰 인터넷 홈페이지를 통해 요구받은 제품을 수요기관에 납품하였는데, 조달청이 계약이행내역 점검 결과 일부 제품이 계약 규격과 다르다는 이유로 물품구매계약 추가특수조건 규정에 따라 甲 회사에 대하여 6개월의 나라장터 종합쇼핑몰 거래정지 조치를 한 사안에서, 위 거래정지 조치는 항고소송의 대상이 되는 행정처분에 해당한다 ★ 21·20 국회8급

조달청이 계약상대자에 대하여 나라장터 종합쇼핑몰에서의 거래를 일정기간 정지하는 조치는 「전자조달의 이용 및 촉진에 관한 법률」, 「조달사업에 관한 법률」 등에 의하여 보호되는 계약상대자의 직접적이고 구체적인 법률상 이익인 나라장터를 통하여 수요기관의 전자입찰에 참가하거나 나라장터 종합쇼핑몰에서 등록된 물품을 수요기관에 직접 판매할 수 있는 지위를 직접 제한하거나 침해하는 행위에 해당하는 점 등을 종합하면, 위 거래정지 조치는 비록 추가특수조건이라는 사법상 계약에 근거한 것이지만 행정청인 조달청이 행하는 구체적 사실에 관한 법집행으로서의 공권력의 행사로서 그 상대방인 甲 회사의 권리·의무에 직접 영향을 미치므로 항고소송의 대상이 되는 행정처분에 해당한다(대판 2018.11.29, 2015두52395).

⑲ 조달청장이 「「중소기업제품 구매촉진 및 판로지원에 관한 법률」 제8조의2 제1항에 해당하는 자는 입찰 참여를 제한하고, 계약체결 후 해당 기업으로 확인될 경우 계약해지 및 기 배정한 물량을 회수한다.'는 내용의 레미콘 연간 단가계약을 위한 입찰공고를 하고 입찰에 참가하여 낙찰 받은 甲 주식회사 등과 레미콘 연간 단가계약을 각 체결하였는데, 甲 회사 등으로부터 중소기업청장이 발행한 참여제한 문구가 기재된 중소기업 확인서를 제출받고 甲 회사 등에 '중소기업자 간 경쟁입찰 참여제한 대상기업에 해당하는 경우 물량 배정을 중지하겠다'는 내용의 통보를 한 사안에서, 위 통보가 항고소송의 대상이 된다고 한 사례

구 판로지원법 제8조의2 제1항은 조달청장과 같은 '공공기관의 장'이 경쟁입찰 참여제한 처분의 주체임을 명시하고 있고, 조달청장은 甲 회사 등이 대기업과 지배 또는 종속의 관계에 있다고 최종적으로 판단하여, 위 법률 조항에 의한 집행행위로서 통보를 한 점, 甲 회사 등은 위 통보로 구 판로지원법 제8조의2 제1항, 같은 법 시행령 제9조의3에 따라 중소기업자 간 경쟁입찰에 참여할 수 있는 자격을 획득할 때까지 물량 배정을 받을 수 없게 되고 이는 甲 회사 등의 권리·의무에 직접적인 영향을 미치는 법적 불이익에 해당하는 점 등을 종합하면, 위 통보가 중소기업청장의 확인처분과 구 판로지원법 제8조의2 제1항 등에 근거한 후속 집행행위로서 상대방인 甲 회사 등의 권리·의무에도 직접 영향을 미치므로, 행정청인 조달청장이 행하는 구체적 사실에 관한 법 집행으로서의 공권력의 행사이고 따라서 항고소송의 대상이 된다고 한 사례(대판 2019.5.10, 2015두46987)

⑳ **병무청장이 병역법 제81조의2 제1항에 따라 병역의무 기피자의 인적사항 등을 인터넷 홈페이지에 게시하는 등의 방법으로 공개한 경우, 병무청장의 공개결정은 항고소송의 대상이 되는 행정처분이다**

`최신판례` 병무청장이 병역법 제81조의2 제1항에 따라 병역의무 기피자의 인적사항 등을 인터넷 홈페이지에 게시하는 등의 방법으로 공개한 경우 병무청장의 공개결정을 항고소송의 대상이 되는 행정처분으로 보아야 한다. 그 구체적인 이유는 다음과 같다.

① 병무청장이 하는 병역의무 기피자의 인적사항 등 공개는, 특정인을 병역의무 기피자로 판단하여 그 사실을 일반 대중에게 공표함으로써 그의 명예를 훼손하고 그에게 수치심을 느끼게 하여 병역의무 이행을 간접적으로 강제하려는 조치로서 병역법에 근거하여 이루어지는 공권력의 행사에 해당한다.

② 병무청장이 하는 병역의무 기피자의 인적사항 등 공개조치에는 특정인을 병역의무 기피자로 판단하여 그에게 불이익을 가한다는 행정결정이 전제되어 있고, 공개라는 사실행위는 행정결정의 집행행위라고 보아야 한다. 병무청장이 그러한 행정결정을 공개 대상자에게 미리 통보하지 않은 것이 적절한지는 본안에서 해당 처분이 적법한가를 판단하는 단계에서 고려할 요소이며, 병무청장이 그러한 행정결정을 공개 대상자에게 미리 통보하지 않았다거나 처분서를 작성·교부하지 않았다는 점만으로 항고소송의 대상적격을 부정하여서는 아니 된다.

③ 병무청 인터넷 홈페이지에 공개 대상자의 인적사항 등이 게시되는 경우 그의 명예가 훼손되므로, 공개 대상자는 자신에 대한 공개결정이 병역법령에서 정한 요건과 절차를 준수한 것인지를 다툴 법률상 이익이 있다. 병무청장이 인터넷 홈페이지 등에 게시하는 사실행위를 함으로써 공개 대상자의 인적사항 등이 이미 공개되었더라도, 재판에서 병무청장의 공개결정이 위법함이 확인되어 취소판결이 선고되는 경우, 병무청장은 취소판결의 기속력에 따라 위법한 결과를 제거하는 조치를 할 의무가 있으므로 공개 대상자의 실효적 권리구제를 위해 병무청장의 공개결정을 행정처분으로 인정할 필요성이 있다. 만약 병무청장의 공개결정을 항고소송의 대상이 되는 처분으로 보지 않는다면 국가배상청구 외에는 침해된 권리 또는 법률상 이익을 구제받을 적절한 방법이 없다.

④ 관할 지방병무청장의 공개 대상자 결정의 경우 상대방에게 통보하는 등 외부에 표시하는 절차가 관계 법령에 규정되어 있지 않아, 행정실무상으로도 상대방에게 통보되지 않는 경우가 많다. 또한 관할 지방병무청장이 위원회의 심의를 거쳐 공개 대상자를 1차로 결정하기는 하지만, 병무청장에게 최종적으로 공개 여부를 결정할 권한이 있으므로, 관할 지방병무청장의 공개 대상자 결정은 병무청장의 최종적인 결정에 앞서 이루어지는 행정기관 내부의 중간적 결정에 불과하다. 가까운 시일 내에 최종적인 결정과 외부적인 표시가 예정된 상황에서, 외부에 표시되지 않은 행정기관 내부의 결정을 항고소송의 대상인 처분으로 보아야 할 필요성은 크지 않다. 관할 지방병무청장이 1차로 공개 대상자 결정을 하고, 그에 따라 병무청장이 같은 내용으로 최종적 공개결정을 하였다면, 공개 대상자는 병무청장의 최종적 공개결정만을 다투는 것으로 충분하고, 관할 지방병무청장의 공개 대상자 결정을 별도로 다툴 소의 이익은 없어진다(대판 2019.6.27. 2018두49130).

㉑ **지방자치단체의 장이 「공유재산 및 물품관리법」에 근거하여 기부채납 및 사용·수익허가 방식으로 민간투자사업을 추진하는 과정에서 사업시행자를 지정하기 위한 전 단계에서 공모제안을 받아 일정한 심사를 거쳐 우선협상대상자를 선정하는 행위와 이미 선정된 우선협상대상자를 그 지위에서 배제하는 행위는 항고소송의 대상이 되는 행정처분이다** ★ 22 국가9급, 21 국회8급

`최신기출`
`최신판례` 지방자치단체의 장이 공유재산법에 근거하여 기부채납 및 사용·수익허가 방식으로 민간투자사업을 추진하는 과정에서 사업시행자를 지정하기 위한 전 단계에서 공모제안을 받아 일정한 심사를 거쳐 우선협상대상자를 선정하는 행위와 이미 선정된 우선협상대상자를 그 지위에서 배제하는 행위는 민간투자사업의 세부내용에 관한 협상을 거쳐 공유재산법에 따른 공유재산의 사용·수익허가를 우선적으로 부여받을 수 있는 지위를 설정하거나 또는 이미 설정한 지위를 박탈하는 조치이므로 모두 항고소송의 대상이 되는 행정처분으로 보아야 한다(대판 2020.4.29. 2017두31064).

「공유재산 및 물품 관리법」에 근거하여 공모제안을 받아 이루어지는 민간투자사업 '우선협상대상자 선정행위'나 '우선협상대상자 지위배제행위'에서 '우선협상대상자 지위배제행위'만이 항고소송의 대상인 처분에 해당한다. (x) ■ 22 국가9급

㉒ 제안비용보상금 지급 청구에 관한 주무관청의 결정의 법적 성질은 행정처분이다

최신판례 제안자가 민간투자사업기본계획 등에서 정한 제안비용보상금 지급대상자에 해당하는지 여부에 관해서는 주무관청의 일정한 사실조사와 판단이 필요하고 제안비용보상금액의 결정에 관하여 주무관청에게 일정 범위의 재량이 부여되어 있으므로, 민간투자사업기본계획 등에 따른 제안비용보상금을 지급받을 권리는 법령의 규정에 의하여 직접 발생하는 것이 아니라 보상금을 지급받으려고 하는 제안자의 신청에 따라 주무관청이 지급대상자인지 여부를 판단하고 구체적인 보상금액을 산정하는 지급결정을 함으로써 비로소 구체적인 권리가 발생한다고 보아야 한다. 제안비용보상금 지급 신청에 대한 주무관청의 결정은 '민간투자법령을 집행하는 행위로서의 공권력의 행사 또는 그 거부'에 해당하므로 항고소송의 대상인 '처분'이라고 보아야 한다(대판 2020.10.15, 2020다222382).

㉓ 2009.12.31. 법률 제9898호로 개정된 구 법인세법에 신설된 제13조 제1호 후문 규정의 시행일 이후 최초로 과세표준을 신고한 사업연도에 발생한 결손금 등에 대한 과세관청의 결손금 감액경정은 항고소송의 대상이 되는 행정처분에 해당한다

최신판례 개정 법인세법이 시행된 2010.1.1. 이후 최초로 과세표준을 신고한 사업연도에 발생한 결손금 등에 대하여 과세관청의 결손금 감액경정이 있는 경우, 특별한 사정이 없는 한 납세의무자로서는 결손금 감액경정 통지가 이루어진 단계에서 그 적법성을 다투지 않는 이상 이후 사업연도 법인세의 이월결손금 공제와 관련하여 종전의 결손금 감액경정이 잘못되었다거나 과세관청이 경정한 결손금 외에 공제될 수 있는 이월결손금이 있다는 주장을 할 수 없다고 보아야 할 것이므로, 이러한 과세관청의 결손금 감액경정은 이후 사업연도의 이월결손금 공제와 관련하여 법인세 납세의무자인 법인의 납세의무에 직접 영향을 미치는 과세관청의 행위로서, 항고소송의 대상이 되는 행정처분이라고 봄이 타당하다(대판 2020.7.9, 2017두63788).

## (2) 처분성 부정사례

1. 의료보호진료기관이 보호기관에 제출한 진료비청구명세서에 대한 의료보험연합회의 심사결과통지(대판 1999.6.25, 98두15863) : 진료비청구명세서에 대한 의료보험연합회의 심사결과통지는 그 자체로서 원고의 의료보호비용 청구에 관한 법률상 지위에 직접적인 법률적 변동을 가져오는 것은 아니므로

2. 구 「독점규제 및 공정거래에 관한 법률」 제49조 제2항에 따른 신고에 대해 공정거래위원회가 신고 내용에 따른 조치를 취하지 아니하고 이를 거부하는 취지로 한 무혐의 또는 각하 처리한다는 내용의 회시(대판 2000.4.11, 98두5682) : 신고는 공정거래위원회에 대하여 같은법에 위반되는 사실에 관한 조사의 직권발동을 촉구하는 단서를 제공하는 것에 불과하고 신고인에게 그 신고 내용에 따른 적당한 조치를 취하여 줄 것을 요구할 수 있는 구체적인 청구권까지 있다고 할 수는 없으므로

3. 시장·군수 또는 자치구의 구청장이 더 이상 연장허가를 받을 수 없는 어업권의 유효기간이 만료되는 수면을 어장이용개발계획에서 반영하지 않은 것(대판 2007.10.26, 2005두7853) : 최초 어업면허의 유효기간이 만료한 날부터 10년 간 면허기간을 연장한 어업권자는 더 이상 연장허가를 받을 수 없으므로

4. 해양수산부장관의 항만 명칭결정(대판 2008.5.29, 2007두23873) : 지방자치단체의 관할구역이 변경되는 것이 아닐 뿐만 아니라, 원고들의 권리의무나 법률상 지위에 직접적인 법률적 변동이 생기지도 아니하므로

5. 구 부가가치세법상 사업자등록의 위장사업자의 사업자명의를 직권으로 실사업자의 명의로 정정하는 행위(대판 2011.1.27, 2008두2200) : 과세관청의 사업자등록 직권말소행위도 폐업사실의 기재일 뿐 그에 의하여 사업자로서의 지위에 변동을 가져오는 것이 아니라는 점, 과세관청이 사업자등록을 관리하는 과정에서 위장사업자의 사업자명의를 직권으로 실사업자의 명의로 정정하는 행위 또한 당해 사업사실 중 주체에 관한 정정기재일 뿐 그에 의하여 사업자로서의 지위에 변동을 가져오는 것이 아니므로

6. '결손처분' 또는 '결손처분의 취소'(대판 2011.3.24, 2010두25527) : 개정 국세징수법 아래에서 결손처분은 체납처분절차의 종료라는 의미만 가지게 되었고, 결손처분의 취소도 종료된 체납처분절차를 다시 시작하는 행정절차로서의 의미만을 가질 뿐

7. 「소득세법 시행령」 제192조 제1항 단서에 따른 소득의 귀속자에 대한 소득금액변동통지(대판 2014.7.24, 2011두14227) : 소득의 귀속자는 소득세 부과처분에 대한 취소소송은 물론 구 국세기본법 제45조의2 제1항 등에 따른 경정청구를 통해서도 소득처분에 따른 원천납세의무의 존부나 범위를 충분히 다툴 수 있는 점

---

### ① 의료보호진료기관이 보호기관에 제출한 진료비청구명세서에 대한 의료보험연합회의 심사결과통지는 행정처분이 아니다 ★ 14 국회8급

> 의료보호법 및 같은법시행령의 관계 규정에 의하면, 의료보호진료기관의 의료보호비용 청구에 대한 최종적인 심사 및 지급권한은 의료보호비용의 재원인 의료보호기금의 관리책임을 맡고 있는 의료보호기관에게 주어져 있는 것이고, 다만 그 과정에서 진료비청구명세서를 심사·조정하는 업무는 의료에 관한 전문적 지식을 요하는 것이어서 의료보호기관이 심사업무의 능률과 다른 의료보호기관 사이의 의료보호비용지급기준의 통일을 기하기 위하여 진료비심사의 전문기관인 의료보험연합회에게 이를 위탁한 것으로서 진료비청구명세서에 대한 의료보험연합회의 심사결과통지는 그 자체로서 원고의 의료보호비용 청구에 관한 법률상 지위에 직접적인 법률적 변동을 가져오는 것은 아니므로 이를 가리켜 항고소송의 대상이 되는 행정처분이라고 볼 수는 없다(대판 1999.6.25, 98두15863).

### ② 해양수산부장관의 항만 명칭결정은 항고소송의 대상이 되는 행정처분이 아니다 ★ 10 서울교행

> 해양수산부장관(현 국토해양부장관)이 부산과 진해 사이에 조성 중인 항만의 공식명칭을 부산항의 하위항만으로 두되 무역항인 '부산항'의 명칭은 그대로 유지하면서, '신항(영문명칭 : Busan New Port)'으로 정하였다고 공표하였는바, 이러한 해양수산부장관의 이 사건 항만 명칭결정으로 원고들이 속한 지방자치단체의 관할구역이 변경되는 것이 아닐 뿐만 아니라, 원고들의 권리의무나 법률상 지위에 직접적인 법률적 변동이 생기지도 아니하므로, 해양수산부장관의 이 사건 항만 명칭결정을 항고소송의 대상이 되는 행정처분이라 할 수 없다(대판 2008.5.29, 2007두23873).

③ 구 부가가치세법상 사업자등록의 위장사업자의 사업자명의를 직권으로 실사업자의 명의로 정정하는 행위는 처분이 아니다 ★ 21 서울7급, 15·12 국회8급

**최신기출** 부가가치세법상의 사업자등록은 과세관청으로 하여금 부가가치세의 납세의무자를 파악하고 그 과세자료를 확보하게 하려는 데 제도의 취지가 있는바, 이는 단순한 사업사실의 신고로서 사업자가 관할세무서장에게 소정의 사업자등록신청서를 제출함으로써 성립하는 것이고, 사업자등록증의 교부는 이와 같은 등록사실을 증명하는 증서의 교부행위에 불과한 것이다. 나아가 구 부가가치세법 제5조 제5항에 의한 과세관청의 사업자등록 직권말소행위도 폐업사실의 기재일 뿐 그에 의하여 사업자로서의 지위에 변동을 가져오는 것이 아니라는 점에서 항고소송의 대상이 되는 행정처분으로 볼 수 없다. 이러한 점에 비추어 볼 때, 과세관청이 사업자등록을 관리하는 과정에서 위장사업자의 사업자명의를 직권으로 실사업자의 명의로 정정하는 행위 또한 당해 사업사실 중 주체에 관한 정정기재일 뿐 그에 의하여 사업자로서의 지위에 변동을 가져오는 것이 아니므로 항고소송의 대상이 되는 행정처분으로 볼 수 없다고 할 것이다(대판 2011.1.27, 2008두2200).

### (3) 행정행위

1. 징계처분
   ① 처분법률인 구 국가보위입법회의법 부칙 제4항 후단에 의한 공무원면직발령(대판 1991.6.28, 90누9346)
   ② 국립교육대학 학생에 대한 퇴학처분(대판 1991.11.22, 91누2144)
   ③ 사립학교교원의 징계에 대한 교원징계재심위원회의 결정(대판 1993.2.12, 92누13707)
      ※ 사립학교교직원에 대한 징계처분은 사법관계이므로 처분성 부정
   ④ 국·공립학교교원에 대한 징계처분(대판 1994.2.8, 93누17874)
   ⑤ 국가나 지방자치단체에 근무하는 청원경찰에 대한 징계처분(대판 1993.7.13, 92다47564)
   ⑥ 공무원에 대한 견책처분, 공무원에 대한 감봉처분
2. 공시지가
   ① 개별공시지가결정(대판 1994.2.8, 93누111) : 관계 법령에 의한 조세 또는 개발부담금 산정의 기준
   ② 표준지 공시지가결정(대판 1995.3.28, 94누12920) : 손실보상액 산정의 기준
      ※ 구 국토이용관리법상의 기준지가고시의 처분성 부정(대판 1979.4.24, 78누242)
3. 일반처분, 물적 행정행위, 이형적 대인처분
4. 보조금교부결정
5. 재량행위
   ① 자유재량행위·기속재량행위
   ② 외교관 자녀 등의 입학고사 특별전형에 관한 대학교총장의 처분(대판 1990.8.28, 89누8255)

## (4) 반복된 처분

| 처분성 인정사례 | 처분성 부정사례 |
|---|---|
| 1. 반복된 거부처분(대판 1992.12.8, 92누7542)<br>2. 거부처분은 관할행정청이 국민의 처분신청에 대하여 거절의 의사표시를 함으로써 성립되고, 그 이후 동일한 내용의 새로운 신청에 대하여 다시 거절의 의사표시를 한 경우에는 새로운 거부처분이 있는 것으로 보아야 할 것이다(대판 2002.3.29, 2000두6084).<br>3. 절차상 또는 형식상 하자로 인하여 무효인 행정처분이 있은 후 행정청이 관계 법령에서 정한 절차 또는 형식을 갖추어 다시 동일한 행정처분을 한 경우(대판 2014.3.13. 2012두1006)<br>4. 수익적 행정처분을 구하는 신청에 대한 거부처분이 있은 후 당사자가 새로운 신청을 하는 취지로 다시 신청을 하였으나 행정청이 이를 다시 거절한 경우(대판 2021.1.14, 2020두50324)<br>5. 어떤 처분이 수익적 행정처분을 구하는 신청에 대한 거부처분이 아니더라도 해당 처분에 대한 이의신청의 내용이 새로운 신청을 하는 취지로 볼 수 있는 경우, 그 이의신청에 대한 결정의 통보(대판 2022.3.17, 2021두53894)<br>6. 甲 시장(당진시장)이 乙 소유 토지의 경계확정으로 지적공부상 면적이 감소되었다는 이유로 지적재조사위원회의 의결을 거쳐 乙에게 조정금 수령을 통지하자(1차통지), 乙이 구체적인 이의신청 사유와 소명자료를 첨부하여 이의를 신청하였으나, 甲 시장이 지적재조사위원회의 재산정 심의·의결을 거쳐 종전과 동일한 액수의 조정금 수령을 통지한(2차 통지) 사안에서, 2차 통지는 1차 통지와 별도로 행정쟁송의 대상이 되는 처분(대판 2022.3.17, 2021두53894) | 1. 제3차 철거명령 및 대집행계고(대판 2000.2.22, 98두4665)<br>2. 대집행계고서에 기재된 2차의 자진철거 및 원상복구명령(대판 2004.6.10, 2002두12618)<br>3. 의료보험법에 기하여 보험자 또는 보험자단체가 의료기관에게 부당이득금 또는 가산금의 납부를 독촉한 후 다시 동일한 내용의 독촉을 한 경우, 후에 한 동일한 내용의 독촉(대판 1999.7.13, 97누119)<br>4. 지방병무청장이 복무기관을 정하여 공익근무요원 소집통지를 한 후 소집대상자의 원에 의하여 또는 직권으로 그 기일을 연기한 다음 다시 한 공익근무요원 소집통지(대판 2005.10.28, 2003두14550) : 최초의 공익근무요원 소집통지에 관하여 다시 의무이행기일을 정하여 알려주는 연기통지에 불과 |

① **반복된 거부의 처분성 인정** ★ 17지방9급, 14 행정사, 10 세무사

거부처분은 관할행정청이 국민의 처분신청에 대하여 거절의 의사표시를 함으로써 성립되고, 그 이후 동일한 내용의 새로운 신청에 대하여 다시 거절의 의사표시를 한 경우에는 새로운 거부처분이 있는 것으로 보아야 할 것이다(대판 2002.3.29, 2000두6084).

② 절차상 또는 형식상 하자로 인하여 무효인 행정처분이 있은 후 행정청이 관계 법령에서 정한 절차 또는 형식을 갖추어 다시 동일한 행정처분을 하였다면 당해 행정처분은 종전의 무효인 행정처분과 관계없이 새로운 행정처분이라고 보아야 한다. ★ 19 국회8급, 16 국가7급

> **최신기출** 절차상 또는 형식상 하자로 인하여 무효인 행정처분이 있은 후 행정청이 관계 법령에서 정한 절차 또는 형식을 갖추어 다시 동일한 행정처분을 하였다면 당해 행정처분은 종전의 무효인 행정처분과 관계없이 새로운 행정처분이라고 보아야 한다. … 이 사건 처분은 새로운 국방·군사시설사업 실시계획 승인처분으로서의 요건을 갖춘 새로운 처분일 뿐, 종전처분과 동일성을 유지하되 종전처분의 내용을 일부 수정하거나 새로운 사항을 추가하는 것에 불과한 종전처분의 변경처분이 아니므로, 비록 종전처분에 하자가 있더라도 이 사건 처분이 관계 법령에 규정된 절차를 거쳐 그 요건을 구비한 이상 적법하다(대판 2014.3.13, 2012두1006).

## (5) 변경처분

변경처분에는 소극적 변경처분(일부취소)과 적극적 변경처분이 있다. 변경처분이 당초 처분을 취소하고 행해지는 새로운 처분이면 변경처분을 대상으로 제기하여야 하고, 당초 처분의 효력 중 일부만을 취소하는 데 그치고 새로운 처분이 아닌 경우에는 당초 처분을 대상으로 항고소송을 제기하여야 한다.

### ① 증액경정처분(증액경정처분이 소송대상)

증액경정처분의 경우 당초처분은 증액처분에 흡수되어 소멸되므로 증액처분이 소송대상이다.

### ㉠ 증액경정처분은 증액경정처분이 대상(흡수설) ★ 18 서울7급, 14 지방7급, 12 서울9급

> **최신기출** 과세표준과 세액을 증액하는 경정처분이 있은 경우 그 경정처분은 당초처분을 그대로 둔 채 당초처분에서의 과세표준과 세액을 초과하는 부분만을 추가확정하려는 처분이 아니고, 재조사에 의하여 판명된 결과에 따라서 당초처분에서의 과세표준과 세액을 포함시켜 전체로서의 과세표준과 세액을 결정하는 것이므로, 증액경정처분이 되면 먼저 된 당초처분은 증액경정처분에 흡수되어 당연히 소멸하고 오직 경정처분만이 쟁송의 대상이 되는 것이고, 이는 증액경정시에 당초 결정분과의 차액만을 추가로 고지한 경우에도 동일하다 할 것이며, 당초처분이 불복기간의 경과나 전심절차의 종결로 확정되었다 하여도 증액경정처분에 대한 소송절차에서 납세자는 증액경정처분으로 증액된 과세표준과 세액에 관한 부분만이 아니라 당초처분에 의하여 결정된 과세표준과 세액에 대하여도 그 위법 여부를 다툴 수 있으며 법원은 이를 심리·판단하여 위법한 때에는 취소를 할 수 있다(대판 1999.5.28, 97누16329).

### ㉡ 과세처분에 대한 취소소송에서 청구기각판결이 확정된 후 과세관청이 증액의 재처분을 한 경우, 당초 처분은 재처분에 흡수되지 않는다

> 당초의 과세처분에 대한 취소소송에서 청구기각판결이 확정된 경우에는 당초 처분은 그 적법성이 확정되어 효력을 유지하게 되므로, 그 후 과세관청이 납세자의 탈루소득이나 재산누락을 발견하였음을 이유로 당초 처분에서 인정된 과세표준과 세액을 포함하여 전체의 과세표준과 세액을 새로이 결정한 다음 당초 처분의 세액을 공제한 나머지를 추가로 고지하는 내용의 재처분을 하였을 경우, 추가된 재처분 외에 다시 당초 처분 부분의 취소를 구하는 것은 확정판결의 기판력에 저촉되어 허용될 수 없고, 당초 처분이 재처분에 흡수되어 소멸된다고 할 수도 없다(대판 2004.12.9, 2003두4034).

ⓒ **국세기본법 제22조의2의 시행 이후에도 증액경정처분이 있는 경우 당초 신고나 결정은 증액경정처분에 흡수됨으로써 독립된 존재가치를 잃게 된다** ★ 19 지방7급

국세기본법 제22조의2 제1항의 주된 입법 취지는 증액경정처분이 있더라도 불복기간의 경과 등으로 확정된 당초 신고 또는 결정에서의 세액만큼은 그 불복을 제한하려는 데 있는 점 등을 종합하여 볼 때, 국세기본법 제22조의2의 시행 이후에도 증액경정처분이 있는 경우 당초 신고나 결정은 증액경정처분에 흡수됨으로써 독립된 존재가치를 잃게 된다고 보아야 할 것이므로, 원칙적으로는 당초 신고나 결정에 대한 불복기간의 경과 여부 등에 관계없이 증액경정처분만이 항고소송의 심판대상이 되고, 납세의무자는 그 항고소송에서 당초 신고나 결정에 대한 위법사유도 함께 주장할 수 있다고 해석함이 타당하다(대판 2009.5.14, 2006두17390).

증액경정처분이 있는 경우, 원칙적으로는 당초 신고나 결정에 대한 불복기간의 경과 여부 등에 관계없이 증액경정처분만이 항고소송의 대상이 되고 납세의무자는 그 항고소송에서 당초 신고나 결정에 대한 위법사유를 주장할 수 없다. (x) ■ 19 지방7급

ⓓ **당초처분의 절차적 하자는 존속하는 증액경정처분에 승계되지 않는다** ★ 19 지방7급

증액경정처분이 있는 경우 당초처분은 증액경정처분에 흡수되어 소멸하고, 소멸한 당초처분의 절차적 하자는 존속하는 증액경정처분에 승계되지 아니한다(대판 2010.6.24, 2007두16493).

ⓔ

증액경정처분이 있는 경우 당초 신고나 결정에 대한 위법사유도 함께 주장할 수 있으나 확정된 당초 신고나 결정에서의 세액에 관하여는 취소를 구할 수 없고 증액된 세액을 한도로 취소를 구할 수 있다(대판 2011.4.14, 2008두22280).

ⓕ **증액경정처분의 취소를 구하는 항고소송에서 다툴 수 있는 불복사유의 범위** ★ 18 지방9급

증액경정처분의 취소를 구하는 항고소송에서 증액경정처분의 위법 여부는 그 세액이 정당한 세액을 초과하는지 여부에 의하여 판단하여야 하고 당초신고에 관한 과다신고사유나 과세관청의 증액경정사유는 증액경정처분의 위법성을 뒷받침하는 개개의 위법사유에 불과한 점, 경정청구나 부과처분에 대한 항고소송은 모두 정당한 과세표준과 세액의 존부를 정하고자 하는 동일한 목적을 가진 불복수단으로서 납세의무자로 하여금 과다신고사유에 대하여는 경정청구로써, 과세관청의 증액경정사유에 대하여는 항고소송으로써 각각 다투게 하는 것은 납세의무자의 권익 보호나 소송경제에도 부합하지 않는 점 등에 비추어 보면, 납세의무자는 증액경정처분의 취소를 구하는 항고소송에서 과세관청의 증액경정사유뿐만 아니라 당초신고에 관한 과다신고사유도 함께 주장하여 다툴 수 있다[대판(전합) 2013.4.18, 2010두11733].

부가가치세 증액경정처분의 취소를 구하는 항고소송에서 납세의무자는 과세관청의 증액경정사유만 다툴 수 있을 뿐이지 당초 신고에 관한 과다신고사유는 함께 주장하여 다툴 수 없다. (x) ■ 18 지방9급

ⓖ **원천징수의무자에 대하여 납세의무의 단위를 달리하여 순차 이루어진 2개의 징수처분에 대해 당초 처분과 증액경정처분에 관한 법리가 적용되지 않는다** ★ 18 서울7급

원천징수의무자에 대하여 납세의무의 단위를 달리하여 순차 이루어진 2개의 징수처분은 별개의 처분으로서 당초 처분과 증액경정처분에 관한 법리가 적용되지 아니하므로, 당초 처분이 후행 처분에 흡수되어 독립한 존재가치를 잃는다고 볼 수 없고, 후행 처분만이 항고소송의 대상이 되는 것도 아니다(대판 2013.7.11, 2011두7311).

◎ 국세심판결정에 근거해 처분청이 감액경정결정을 한 경우 항고소송의 대상은 증액경정처분 중 감액재경정결정으로도 취소되지 않고 남은 부분이다 ★ 18 서울7급

<table>
<tr><td>최신기출</td><td>과세처분이 있은 후 이를 증액하는 경정처분이 있으면 당초 처분은 경정처분에 흡수되어 독립된 존재가치를 상실하여 소멸하는 것이고, 그 후 다시 이를 감액하는 재경정처분이 있으면 재경정처분은 위 증액경정처분과는 별개인 독립의 과세처분이 아니라 그 실질은 위 증액경정처분의 변경이고 그에 의하여 세액의 일부 취소라는 납세의무자에게 유리한 효과를 가져오는 처분이라 할 것이므로, 그 감액하는 재경정결정으로도 아직 취소되지 않고 남아 있는 부분이 위법하다 하여 다투는 경우 항고소송의 대상은 그 증액경정처분 중 감액재경정결정에 의하여 취소되지 않고 남은 부분이고, 감액재경정결정이 항고소송의 대상이 되는 것은 아니다. 이러한 법리는 국세심판소가 심판청구를 일부 인용하면서 정당한 세액을 명시하여 취소하지 아니하고 경정기준을 제시하여 당해 행정청으로 하여금 구체적인 과세표준과 세액을 결정하도록 함에 따라, 당해 행정청이 감액경정결정을 함에 있어 심판결정의 취지에 어긋나게 결정하거나 혹은 그 결정 자체에 위법사유가 존재하여 그에 대하여 별도의 쟁송수단을 인정하여야 할 특별한 사정이 없는 한 마찬가지로 적용된다(대판 1996.7.30, 95누6328).</td></tr>
</table>

과세처분이 있은 후 이를 증액하는 경정처분이 있고, 다시 이를 감액하는 재경정처분이 있으면 재경정처분은 위 증액경정처분과는 별개인 독립의 과세처분으로서 그 실질은 위 증액경정처분의 변경이고 그에 의하여 세액의 일부취소라는 납세의무자에게 유리한 효과를 가져오는 처분이라 할 것이므로, 감액재경정결정이 항고소송의 대상이 된다. (×) ■ 18 서울7급

## ② 감액경정처분(감액되고 남은 당초처분이 대상)

감액처분은 일부취소처분의 성질을 가지므로 감액처분이 항고소송의 대상이 되는 것은 아니고, 당초처분 중 감액처분에 의해 취소되지 않고 남은 부분이 항고소송의 대상이 된다.

### ㉠ 감액경정처분은 당초의 처분 중 취소되지 않고 남은 부분(역흡수설) ★ 19 지방7급, 18 서울7급, 14·11 세무사

<table>
<tr><td>최신기출</td><td>과세표준과 세액을 감액하는 경정처분은 당초 부과처분과 별개 독립의 과세처분이 아니라 그 실질은 당초 부과처분의 변경이고, 그에 의하여 세액의 일부 취소라는 납세자에게 유리한 효과를 가져오는 처분이므로 그 감액경정처분으로도 아직 취소되지 아니하고 남아 있는 부분이 위법하다 하여 다투는 경우, 항고소송 대상은 당초의 부과처분 중 경정처분에 의하여 취소되지 않고 남은 부분이고, 경정처분이 항고소송의 대상이 되는 것은 아니며, 이 경우 적법한 전심절차를 거쳤는지 여부, 제소기간의 준수 여부도 당초 처분을 기준으로 판단하여야 한다(대판 2007.10.26, 2005두3585).</td></tr>
</table>

### ㉡ 행정청이 과징금 부과처분을 하였다가 감액처분을 한 것에 대하여 그 감액처분으로도 아직 취소되지 않고 남아 있는 부분이 위법하다고 하여 다투는 경우 항고소송의 대상은 처음의 부과처분 중 감액처분에 의하여 취소되지 않고 남은 부분이고 감액처분이 항고소송의 대상이 되는 것은 아니다 ★ 21 서울7급, 21 국회9급, 17 지방9급, 15 국회8급

<table>
<tr><td>최신기출</td><td>과징금 부과처분에서 행정청이 납부의무자에 대하여 부과처분을 한 후 그 부과처분의 하자를 이유로 과징금의 액수를 감액하는 경우에 그 감액처분은 감액된 과징금 부분에 관하여만 법적 효과가 미치는 것으로서 처음의 부과처분과 별개 독립의 과징금 부과처분이 아니라 그 실질은 당초 부과처분의 변경이고, 그에 의하여 과징금의 일부취소라는 납부의무자에게 유리한 결과를 가져오는 처분이므로 처음의 부과처분이 전부 실효되는 것은 아니며, 그 감액처분으로도 아직 취소되지 않고 남아 있는 부분이 위법하다고 하여 다투는 경우 항고소송의 대상은 처음의 부과처분 중 감액처분에 의하여 취소되지 않고 남은 부분이고 감액처분이 항고소송의 대상이 되는 것은 아니다(대판 2008.2.15, 2006두3957).</td></tr>
</table>

행정청이 금전부과처분을 한 후 감액처분을 한 경우에는 감액처분이 항고소송의 대상이 된다. (×) ■ 15 국회8급
과징금 부과처분 후 그 부과처분의 하자를 이유로 감액처분을 한 경우 그 감액처분이 항고소송의 대상이다. (×) ■ 21 국회9급
행정청이 과징금 부과처분을 한 후 부과처분의 하자를 이유로 감액처분을 한 경우, 감액처분은 당초 부과처분과 별개 독립의 처분으로서 독립적인 취소소송의 대상이 된다. (×) ■ 21 서울7급

ⓒ 행정청이 산업재해보상보험법에 의한 보험급여 수급자에 대하여 부당이득 징수결정을 한 후 그 하자를 이유로 징수금 액수를 감액하는 경우, 징수의무자에게 감액처분의 취소를 구할 소의 이익이 없고, 감액처분으로도 아직 취소되지 않고 남은 부분을 다투고자 하는 경우 항고소송의 대상과 제소기간 준수 여부의 판단 기준이 되는 처분은 당초 처분이다 ★ 17 지방9급

> 행정청이 산업재해보상보험법에 의한 보험급여 수급자에 대하여 부당이득 징수결정을 한 후 징수결정의 하자를 이유로 징수금 액수를 감액하는 경우에 감액처분은 감액된 징수금 부분에 관해서만 법적 효과가 미치는 것으로서 당초 징수결정과 별개 독립의 징수금 결정처분이 아니라 그 실질은 처음 징수결정의 변경이고, 그에 의하여 징수금의 일부취소라는 징수의무자에게 유리한 결과를 가져오는 처분이므로 징수의무자에게는 그 취소를 구할 소의 이익이 없다. 이에 따라 감액처분으로도 아직 취소되지 않고 남아 있는 부분이 위법하다 하여 다투고자 하는 경우, 감액처분을 항고소송의 대상으로 할 수는 없고, 당초 징수결정 중 감액처분에 의하여 취소되지 않고 남은 부분을 항고소송의 대상으로 할 수 있을 뿐이며, 그 결과 제소기간의 준수 여부도 감액처분이 아닌 당초 처분을 기준으로 판단해야 한다(대판 2012.9.27, 2011두27247).

산업재해보상보험법 상 보험급여의 부당이득 징수결정의 하자를 이유로 징수금을 감액하는 경우 감액처분으로도 아직 취소되지 않고 남아 있는 부분이 위법하다 하여 다툴 때에는, 제소기간의 준수 여부는 감액처분을 기준으로 판단하여야 한다. (×) ■ 17 지방9급

③ 적극적 변경처분의 경우

㉠ 판단기준

ⓐ 선행처분의 내용을 변경하는 후행처분이 있는 경우, 선행처분의 효력 존속 여부

> 선행처분의 주요 부분을 실질적으로 변경하는 내용으로 후행처분을 한 경우에 선행처분은 특별한 사정이 없는 한 그 효력을 상실하지만, 후행처분이 있었다고 하여 일률적으로 선행처분이 존재하지 않게 되는 것은 아니고 선행처분의 내용 중 일부만을 소폭 변경하는 정도에 불과한 경우에는 선행처분이 소멸한다고 볼 수 없다(대판 2012.12.13. 2010두20782·20799).

ⓑ 기존의 행정처분을 변경하는 후속처분의 내용이 종전처분의 유효를 전제로 내용 중 일부만을 추가·철회·변경하는 것이고 그 부분이 내용과 성질상 나머지 부분과 불가분적인 것이 아닌 경우, 종전처분이 항고소송의 대상이 된다

> <sub>전합판례</sub> 기존의 행정처분을 변경하는 내용의 행정처분이 뒤따르는 경우, 후속처분이 종전처분을 완전히 대체하는 것이거나 주요 부분을 실질적으로 변경하는 내용인 경우에는 특별한 사정이 없는 한 종전처분은 효력을 상실하고 후속처분만이 항고소송의 대상이 되지만, 후속처분의 내용이 종전처분의 유효를 전제로 내용 중 일부만을 추가·철회·변경하는 것이고 추가·철회·변경된 부분이 내용과 성질상 나머지 부분과 불가분적인 것이 아닌 경우에는, 후속처분에도 불구하고 종전처분이 여전히 항고소송의 대상이 된다(대판(전합) 2015.11.19, 2015두295].

## ⓛ 원칙(변경처분)

판례는 적극적 변경처분의 경우 당초처분은 효력을 상실하므로 변경처분을 대상으로 항고소송을 제기하여야 한다고 판시하고 있다.

### ⓐ 관리처분계획의 주요 부분을 실질적으로 변경하는 내용으로 새로운 관리처분계획을 수립하여 시장·군수의 인가를 받아 고시한 경우. 당초 관리처분계획은 효력을 상실한다

> 당초 관리처분계획의 경미한 사항을 변경하는 경우와는 달리 당초 관리처분계획의 주요 부분을 실질적으로 변경하는 내용으로 새로운 관리처분계획을 수립하여 시장·군수의 인가를 받아 고시된 경우에는 당초 관리처분계획은 그 효력을 상실한다고 할 것이다(대판 2012.3.29, 2010두7765).

## ⓒ 예외(당초처분)

선행처분의 내용 중 일부만을 소폭 변경하는 정도에 불과한 경우나 당초처분과 동일한 요건과 절차가 요구되지 않는 경미한 사항에 대한 변경처분과 같이 분리가능한 일부변경처분의 경우에는 선행처분이 소멸한다고 볼 수 없다. 이 경우 선행처분과 후행변경처분을 별도로 다툴 수 있고, 후행처분 취소소송의 취소를 구하는 소를 제기한 후 후행처분의 취소를 구하는 청구를 추가하여 청구를 변경하였다면 후행처분에 관한 제소기간 준수 여부는 청구변경 당시를 기준으로 판단하여야 한다. 또한 유리한 변경처분의 경우에도 예외적으로 변경처분이 대상이 된다.

### ⓐ 유리한 변경처분(변경된 내용의 당초처분)

### ⓑ 선행처분이 후행처분에 의하여 변경되지 아니한 범위 내에서 존속하고 후행처분은 선행처분의 내용 중 일부를 변경하는 범위 내에서 효력을 가지는 경우에 있어서 선행처분의 취소를 구하는 소를 제기한 후 후행처분의 취소를 구하는 청구를 추가하여 청구를 변경하는 경우, 후행처분에 관한 제소기간 준수 여부의 판단 기준시기

> 선행처분이 후행처분에 의하여 변경되지 아니한 범위 내에서 존속하고 후행처분은 선행처분의 내용 중 일부를 변경하는 범위 내에서 효력을 가지는 경우에, 선행처분의 취소를 구하는 소를 제기한 후 후행처분의 취소를 구하는 청구를 추가하여 청구를 변경하였다면 후행처분에 관한 제소기간 준수 여부는 청구변경 당시를 기준으로 판단하여야 하나, 선행처분에만 존재하는 취소사유를 이유로 후행처분의 취소를 청구할 수는 없다(대판 2012.12.13, 2010두20782·20799).

### ⓒ 조합설립인가처분 후에 토지 등 건축물의 매매 등으로 조합원의 권리가 이전되어 토지 등 소유자의 수가 변경되고, 추가로 동의서를 제출받아 조합설립 동의자 수가 변경되었음을 이유로 조합설립 변경인가처분을 한 경우, 당초의 조합설립인가처분이 변경인가처분에 흡수되어 존재하지 않게 되는 것은 아니다

> 재개발조합설립 인가신청에 대한 행정청의 조합설립인가처분은 법령상 일정한 요건을 갖출 경우 주택재개발사업의 추진위원회에게 행정주체로서의 지위를 부여하는 일종의 설권적 처분의 성격을 가지고 있는데, 도시정비법 제16조 제1항은 조합설립인가처분의 내용을 변경하는 변경인가처분을 함에 있어서는 조합설립인가처분과 동일한 요건과 절차를 거칠 것을 요구하고 있다. 그런데 조합설립인가처분과 동일한 요건과 절차가 요구되지 아니하는 「도시 및 주거환경정비법 시행령」 제27조 각호에서 정하는 경미한 사항의 변경에 대하여 행정청이 조합설립의 변경인가라는 형식으로 처분을 하였다고 하더라도 그 성질은 당초의 조합설립인가처분과는 별개로 위 조항에서 정한 경미한 사항의 변경에 대한 신고를 수리하는 의미에 불과한 것으로 보아야 할 것이다. 따라서 경미한 사항의 변경에 대한 신고를 수리하는 의미에 불과한 변경인가처분에 설권적 처분인 조합설립인가처분이 흡수된다고 볼 것은 아니다. 위 법리에 앞서 본 사실관계를 비추어 보면, 이 사건 변경인가처분은 토지 등 건축물의 매매 등으로 인하여 조합원의 권리가 이전되거나 추가 동의서가 제출되어 동의자 수가 변경되었음을 이유로 하는 것으로서 구 도시정비법 시행령 제27조 제2호가 정하는 경미한 사항의 변경에 대한 신고를 수리하는 의미에 불과하다고 할 것이다(대판 2010.12.9, 2009두4555).

## (6) 내부결정, 준비행위(처분성 부정)

1. 국세 관련
   ① 법인세과세표준결정(대판 1986.1.21, 82누236) : 조세부과처분에 앞선 결정으로서 그로 인하여 바로 과세처분의 효력이 발생하는 것이 아님.
   ② 국세기본법 제51조 및 제52조의 국세환급금 및 국세가산금 결정[대판(전합) 1989.6.15, 88누6436] : 이미 납세의무자의 환급청구권이 확정된 국세환급금 및 가산금에 대한 내부적 사무처리절차
   ③ 국세징수법상 가산금 또는 중가산금의 고지(대판 2005.6.10, 2005다15482) : 국세를 납부기한까지 납부하지 아니하면 과세청의 확정절차 없이도 법률 규정에 의하여 당연히 발생
   ④ 국세환급금의 충당(대판 2005.6.10, 2005다15482) : 민사소송에 의하여 이미 결정된 국세환급금의 반환을 청구
   ⑤ 국세환급금결정이나 그 결정을 구하는 신청에 대한 환급거부결정(대판 2009.11.26, 2007두4018) : 국세환급금결정에 관한 규정은 이미 납세의무자의 환급청구권이 확정된 국세환급금에 대하여 내부적 사무처리절차로서 과세관청의 환급절차를 규정한 것에 지나지 않고 위 규정에 의한 국세환급금결정에 의하여 비로소 환급청구권이 확정되는 것은 아니므로
   ⑥ 과세관청의 물납재산에 대한 환급결정이나 그 환급결정을 구하는 신청에 대한 환급거부결정(대판 2009.11.26, 2007두4018) : 물납재산에 대한 환급청구권은 과세처분의 전부 또는 일부가 취소되거나 감액경정된 때에 확정되는 것이고, 과세관청의 환급결정에 의하여 비로소 확정되는 것은 아니므로
2. 감사원이 심사청구에 대하여 관계기관에게 통지하는 시정결정이나 이유 없다고 기각하는 결정(대판 1967.6.27, 67누44)
3. 외환은행장이 수입허가의 유효기간연장을 승인하고자 할 때 상공부장관과 하는 협의(대판 1971.9.14, 71누99)
4. 감사원의 시정요구(대판 1977.6.28, 76누294)
5. 도시계획사항을 명시한 지형도면을 승인하는 처분(대판 1978.12.26, 78누281) : 건설부장관의 도시계획결정에 따라 서울특별시장이 도시계획사항을 명시한 지형도면을 승인하는 처분은 그 자체 새로운 법률적 효과가 형성되는 것은 아님.
6. 교육공무원법상 총·학장의 교수 등 임용제청이나 그 철회 (대판 1989.6.27, 88누9640) : 행정기관 상호 간의 내부적인 의사결정과정
   ※ 대학교원의 임용권자가 임용기간이 만료된 조교수에 대하여 재임용을 거부하는 취지로 한 임용기간만료의 통지는 행정소송의 대상이 되는 처분에 해당[대판(전합) 2004.4.22, 2000두7735]
   ※ 교육부장관이 대학에서 추천한 복수의 총장 후보자들 전부 또는 일부를 임용제청에서 제외하는 행위는 처분성 인정(대판 2018.6.15, 2016두57564)
7. 택지개발촉진법상 택지개발사업 시행자의 택지공급방법결정행위(대판 1993.7.13, 93누36) : 내부적인 행정계획에 불과
8. 경제기획원장관의 정부투자기관에 대한 예산편성지침통보(대판 1993.9.14, 93누9163) : 정부투자기관의 경영합리화와 정부투자의 효율적 관리를 도모하기 위한 감독작용에 불과
9. 학입시기본계획 내의 내신성적산정지침(대판 1994.9.10, 94두33) : 교육부장관이 내신성적산정기준의 통일을 기하기 위해 대학입시기본계획의 내용에서 내신성적산정기준에 관한 시행지침을 마련하여 시·도 교육감에서 통보한 것은 행정조직 내부에서 내신성적 평가에 관한 내부적 심사기준을 시달한 것에 불과
10. 공정거래위원회의 검찰총장에 대한 고발조치·의결(대판 1995.5.12, 94누13794) : 사직 당국(검찰총장)에 대하여 형벌권 행사를 요구하는 행정기관 상호 간의 행위에 불과
11. 상급행정기관의 하급행정기관에 대한 승인·지시·동의(대판 1997.9.26, 97누8540) : 행정기관 상호 간의 내부행위로서 국민의 권리의무에 직접 영향을 미치는 것이 아님.
12. 지방자치단체장이 개발제한구역 안에서의 혐오시설 설치허가에 앞서 건설부훈령인 '개발제한구역관리규정'에 의해 사전승인신청을 함에 따라 건설교통부장관이 한 승인행위(대판 1997.9.26, 97누8540) : 지방자치단체장에 대한 지도·감독작용으로서 행한 것으로서 행정기관 내부의 행위에 불과
13. 임용권자가 특정인을 경찰공무원시험승진후보자명부에서 삭제한 행위(대판 1997.11.14, 97누7325) : 명부에 등재된 자에 대한 승진 여부를 결정하기 위한 행정청 내부의 준비과정에 불과
    ※ 군인사법상 진급예정자 명단에서 삭제한 처분은 행정처분이고 협의의 소익도 인정(대판 2007.9.20, 2005두13971)
14. 금융감독위원회의 부실금융기관에 대한 파산신청(대판 2006.7.28, 2004두13219) : 법원에 대한 재판상 청구로서 그 자체가 국민의 권리의무에 어떤 영향을 미치는 것이 아님.

15. 전파주관청인 정보통신부장관이 국제공용자원인 위성궤도 및 주파수를 국제전기통신연합의 전파규칙에 따라 국제전기통신연합에 대하여 하는 위성망국제등록신청(대판 2007.4.12, 2004두7924) : 등록신청은 전파주관청이 '국제전기통신연합'에 대하여 하는 신청행위일 뿐 국민을 직접 상대방으로 하는 행위가 아니며, 정보통신부장관이 확보된 주파수를 등록신청의 요청자인 참가인에게 할당하는 경우 원고가 지정받은 주파수의 일부를 이용할 수 없게 되는 등의 불이익을 입는다 할지라도, 이는 위성망국제등록절차를 거쳐 실제로 위성궤도 및 주파수가 확보되는 경우에 비로소 문제될 수 있는 것으로서, 등록신청 단계에 있어서는 국민의 권리의무에 아무런 영향을 미치지 못하므로

16. 성업공사(한국자산관리공사)의 공매(재공매)결정(대판 2007.7.27, 2006두8464) : 내부적인 의사결정에 불과

17. 정부의 수도권 소재 공공기관의 지방이전시책을 추진하는 과정에서 도지사가 도 내 특정시를 공공기관이 이전할 혁신도시 최종입지로 선정한 행위(대판 2007.11.15, 2007두10198) : 공공기관의 지방이전을 위한 정부 등의 조치와 공공기관이 이전할 혁신도시 입지선정을 위한 사항 등을 규정하고 있을 뿐 혁신도시입지 후보지에 관련된 지역 주민 등의 권리의무에 직접 영향을 미치는 규정을 두고 있지 않으므로

18. 충남도지사가 태안군수의 국토이용계획변경결정 요청을 반려한 것(대판 2008.5.15, 2008두2583) : 행정기관 내부의 행위에 불과할 뿐 국민의 구체적인 권리의무에 직접적인 변동을 초래하는 것이 아니므로

19. 각 군 참모총장이 '군인 명예전역수당 지급대상자 결정절차'에서 국방부장관에게 수당지급대상자를 추천하거나 신청자 중 일부를 추천하지 않는 행위(대판 2009.12.10, 2009두14231) : 행정기관 상호 간의 내부적인 의사결정과정의 하나일 뿐 그 자체만으로는 직접적으로 국민의 권리의무가 설정, 변경, 박탈되거나 그 범위가 확정되는 등 기존의 권리상태에 어떤 변동을 가져오는 것이 아님.

20. 국토교통부, 환경부, 문화체육관광부, 농림수산식품부가 합동으로 2009.6.8. 발표한 '4대강 살리기 마스터플랜' 등(대결(전합) 2011.4.21, 2010무111) : 행정기관 내부에서 사업의 기본방향을 제시하는 계획일 뿐 국민의 권리·의무에 직접 영향을 미치는 것이 아니어서

21. 상급행정청이나 타행정청의 지시나 통보, 권한의 위임이나 위탁(대판 2013.2.28, 2012두22904) : 행정기관 내부의 문제일 뿐 국민의 권리의무에 직접 영향을 미치는 것이 아니어서

22. 교육공무원법상 승진후보자 명부에 의한 승진심사 방식으로 행해지는 승진임용에서 승진후보자 명부에 포함되어 있던 후보자를 승진임용인사발령에서 제외하는 행위(대판 2018.3.27, 2015두47492) : 승진임용제외처분을 항고소송의 대상이 되는 처분으로 보지 않는다면, 달리 이에 대하여는 불복하여 침해된 권리 또는 법률상 이익을 구제받을 방법이 없다.

23. 병무청장이 법무부장관에게 '가수 甲(스티브유)이 공연을 위하여 국외여행허가를 받고 출국한 후 미국 시민권을 취득함으로써 사실상 병역의무를 면탈하였으므로 재외동포 자격으로 재입국하고자 하는 경우 국내에서 취업, 가수활동 등 영리활동을 할 수 없도록 하고, 불가능할 경우 입국 자체를 금지해 달라'고 요청함에 따라 법무부장관이 한 甲의 입국을 금지하는 결정(대판 2019.7.11, 2017두38874) : 단지 그 정보를 내부전산망인 '출입국관리정보시스템'에 입력하여 관리한 것에 지나지 않으므로

---

### ① 행정권 내부의 행위는 항고소송의 대상이 될 수 없다

일반적으로 항고소송의 대상이 되는 행정처분이라 함은 행정청의 공법상의 행위로서 특정사항에 대하여 법규에 의한 권리의 설정 또는 의무의 부담을 명하고 기타 법률상의 효과를 발생케 하는 등 국민의 권리의무에 직접적 변동을 초래하는 행위를 가리키는 것으로서 행정권 내부에서의 행위나 사실상의 통지 등과 같이 상대방 또는 기타 관계자들의 법률상 지위에 직접적인 법률적 변동을 일으키지 아니하는 행위는 항고소송의 대상이 될 수 없다(대판 2000.9.8, 99두1113 ; 헌재결 1994.5.6, 89헌마35).

### ② 법인세과세표준결정은 항고소송의 대상이 되는 행정처분이 아니다 ★ 14 지방7급, 10 세무사

법인세과세표준결정은 조세부과처분에 앞선 결정으로서 그로 인하여 바로 과세처분의 효력이 발생하는 것이 아니고, 또 후일에 이에 의한 법인세부과처분이 있을 때에 그 부과처분을 다툴 수 있는 방법이 없는 것도 아니어서 과세관청의 위 결정을 바로 항고소송의 대상이 되는 행정처분이라고 볼 수는 없다(대판1986.1.21, 82누236).

③ 국세기본법 제51조 및 제52조의 국세환급금 및 국세가산금 결정이나 환급거부결정은 항고소송의 대상이 되는 처분이 아니다 ★ 15·14 지방7급

**전합판례** 국세기본법 제51조 및 제52조 국세환급금 및 국세가산금결정에 관한 규정은 이미 납세의무자의 환급청구권이 확정된 국세환급금 및 가산금에 대하여 내부적 사무처리절차로서 과세관청의 환급절차를 규정한 것에 지나지 않고 그 규정에 의한 국세환급금(가산금 포함)결정에 의하여 비로소 환급청구권이 확정되는 것은 아니므로, 국세환급금결정이나 이 결정을 구하는 신청에 대한 환급거부결정 등은 납세의무자가 갖는 환급청구권의 존부나 범위에 구체적이고 직접적인 영향을 미치는 처분이 아니어서 항고소송의 대상이 되는 처분이라고 볼 수 없다[대판(전합) 1989.6.15, 88누6436].

④ 대학입시기본계획 내의 내신성적산정지침은 항고소송의 대상인 행정처분이 아니다
★ 19·14·12 국가9급, 15 순경특채, 10 지방9급

**최신기출** 교육부장관이 내신성적 산정기준의 통일을 기하기 위해 대학입시기본계획의 내용에서 내신성적 산정기준에 관한 시행지침을 마련하여 시·도 교육감에서 통보한 것은 행정조직 내부에서 내신성적 평가에 관한 내부적 심사기준을 시달한 것에 불과하며, 각 고등학교에서 위 지침에 일률적으로 기속되어 내신성적을 산정할 수밖에 없고 또 대학에서도 이를 그대로 내신성적으로 인정하여 입학생을 선발할 수밖에 없는 관계로 장차 일부 수험생들이 위 지침으로 인해 어떤 불이익을 입을 개연성이 없지는 아니하나, 그러한 사정만으로서 위 지침에 의하여 곧바로 개별적이고 구체적인 권리의 침해를 받은 것으로는 도저히 인정할 수 없으므로, 그것만으로는 현실적으로 특정인의 구체적인 권리의무에 직접적으로 변동을 초래케 하는 것은 아니라 할 것이어서 내신성적 산정지침을 항고소송의 대상이 되는 행정처분으로 볼 수 없다(대판 1994.9.10, 94두33).

⑤ 공정거래위원회의 고발조치·의결은 항고소송의 대상이 되는 행정처분이 아니다 ★ 13 행정사, 12·10 국회9급

이른바 고발은 수사의 단서에 불과할 뿐 그 자체 국민의 권리의무에 어떤 영향을 미치는 것이 아니고, 특히 「독점규제 및 공정거래에 관한 법률」 제71조는 공정거래위원회의 고발을 위 법률위반죄의 소추요건으로 규정하고 있어 공정거래위원회의 고발조치는 사직 당국에 대하여 형벌권 행사를 요구하는 행정기관 상호 간의 행위에 불과하여 항고소송의 대상이 되는 행정처분이라 할 수 없으며, 더욱이 공정거래위원회의 고발 의결은 행정청 내부의 의사결정에 불과할 뿐 최종적인 처분은 아닌 것이므로 이 역시 항고소송의 대상이 되는 행정처분이 되지 못한다(대판 1995.5.12, 94누13794).

⑥ 상급행정기관의 하급행정기관에 대한 승인·동의·지시 등은 행정처분에 해당하지 않는다 ★ 13·11 국회9급, 11 순경특채

상급행정기관의 하급행정기관에 대한 승인·동의·지시 등은 행정기관 상호 간의 내부행위로서 국민의 권리·의무에 직접 영향을 미치는 것이 아니므로 항고소송의 대상이 되는 행정처분에 해당한다고 볼 수 없다(대판 1997.9.26, 97누8540).

⑦ 경찰공무원시험승진후보자명부에 등재된 자가 승진임용되기 전에 감봉 이상의 징계처분을 받은 경우, 임용권자가 당해인을 시험승진후보자명부에서 삭제한 행위는 행정처분이 된다고 할 수 없다
★ 15 순경특채, 14 지방7급, 14 세무사, 12 변호사

구 경찰공무원법 제11조 제2항, 제13조 제1항, 제2항, 경찰공무원승진임용규정 제36조 제1항, 제2항에 의하면, 경정 이하 계급에의 승진에 있어서는 승진심사와 함께 승진시험을 병행할 수 있고, 승진시험에 합격한 자는 시험승진후보자명부에 등재하여 그 등재순위에 따라 승진하도록 되어 있으며, 같은 규정 제36조 제3항에 의하면 시험승진후보자명부에 등재된 자가 승진임용되기 전에 감봉 이상의 징계처분을 받은 경우에는 임용권자 또는 임용제청권자가 위 징계처분을 받은 자를 시험승진후보자명부에서 삭제하도록 되어 있는바, 이처럼 시험승진후보자명부에 등재되어 있던 자가 그 명부에서 삭제됨으로써 승진임용의 대상에서 제외되었다 하더라도, 그와 같은 시험승진후보자명부에서의 삭제행위는 결국 그 명부에 등재된 자에 대한 승진 여부를 결정하기 위한 행정청 내부의 준비과정에 불과하고, 그 자체가 어떠한 권리나 의무를 설정하거나 법률상 이익에 직접적인 변동을 초래하는 별도의 행정처분이 된다고 할 수 없다(대판 1997.11.14, 97누7325).

⑧ 금융감독위원회의 부실금융기관에 대한 파산신청은 처분이 아니다 ★ 13 지방9급

> 금융감독위원회의 파산신청은 그 성격이 법원에 대한 재판상 청구로서 그 자체가 국민의 권리·의무에 어떤 영향을 미치는 것이 아닐 뿐만 아니라, 위 파산신청으로 인하여 당해 부실금융기관이 파산절차 내에서 여러 가지 법률상 불이익을 입는다 할지라도 파산법원이 관할하는 파산절차 내에서 그 신청의 적법 여부 등을 다투어야 할 것이므로, 위와 같은 금융감독위원회의 파산신청은 행정소송법상 취소소송의 대상이 되는 행정처분이라 할 수 없다(대판 2006.7.28, 2004두13219).

⑨ 정부의 수도권 소재 공공기관의 지방이전시책을 추진하는 과정에서 도지사가 도내 특정시를 공공기관이 이전할 혁신도시 최종입지로 선정한 행위는 처분이 아니다 ★ 12·10 국가9급, 11 지방7급, 11 순경특채, 10 국회8급

> 법과 법 시행령 및 이 사건 지침에는 공공기관의 지방이전을 위한 정부 등의 조치와 공공기관이 이전할 혁신도시 입지선정을 위한 사항 등을 규정하고 있을 뿐 혁신도시 입지후보지에 관련된 지역주민 등의 권리의무에 직접 영향을 미치는 규정을 두고 있지 않으므로, 피고가 원주시를 혁신도시 최종입지로 선정한 행위는 항고소송의 대상이 되는 행정처분으로 볼 수 없다(대판 2007.11.15, 2007두10198).

⑩ 각 군 참모총장이 '군인 명예전역수당 지급대상자 결정절차'에서 국방부장관에게 수당지급대상자를 추천하거나 신청자 중 일부를 추천하지 않는 행위는 항고소송의 대상이 되는 처분이 아니다 ★ 19 국회8급

최신기출
> 군인사법 제53조의2 제6항의 위임을 받은 「군인 명예전역수당지급 규정」 제6조 제1항·제3항의 각 규정에 의하면, 각 군 참모총장은 군인 명예전역수당 지급신청을 받아 이를 심사하고 수당지급대상자를 선정하여 국방부장관에게 추천하며, 국방부장관은 각 군 참모총장으로부터 수당지급대상자의 추천을 받아 수당지급대상자를 최종적으로 심사 결정하도록 규정되어 있다. 이 규정에 따라 각 군 참모총장이 수당지급대상자 결정절차에 대하여 수당지급대상자를 추천하거나 신청자 중 일부를 추천하지 아니하는 행위는 행정기관 상호 간의 내부적인 의사결정과정의 하나일 뿐 그 자체만으로는 직접적으로 국민의 권리·의무가 설정·변경·박탈되거나 그 범위가 확정되는 등 기존의 권리상태에 어떤 변동을 가져오는 것이 아니므로 이를 항고소송 대상이 되는 처분이라고 할 수는 없다(대판 2009.12.10, 2009두14231).

⑪ 국토해양부, 환경부, 문화체육관광부, 농림수산부, 식품부가 합동으로 2009.6.8. 발표한 '4대강 살리기 마스터플랜' 등은 행정기관 내부에서 사업의 기본방향을 제시하는 계획일 뿐 국민의 권리·의무에 직접 영향을 미치는 것이 아니어서, 행정처분에 해당하지 않는다 ★ 22 국가9급, 20 서울7급

최신기출
전합판례
> 국토해양부, 환경부, 문화체육관광부, 농림수산부, 식품부가 합동으로 2009.6.8. 발표한 '4대강 살리기 마스터플랜' 등은 4대강 정비사업과 주변 지역의 관련 사업을 체계적으로 추진하기 위하여 수립한 종합계획이자 '4대강 살리기 사업'의 기본방향을 제시하는 계획으로서, 행정기관 내부에서 사업의 기본방향을 제시하는 것일 뿐, 국민의 권리·의무에 직접 영향을 미치는 것이 아니어서 행정처분에 해당하지 않는다[대결(전합) 2011.4.21, 2010무111]

⑫ 상급행정청이나 타행정청의 지시나 통보, 권한의 위임이나 위탁은 항고소송의 대상이 되는 행정처분이 아니다

> 항고소송은 원칙적으로 소송의 대상인 행정처분 등을 외부적으로 그의 명의로 행한 행정청을 피고로 하여야 하는 것으로서, 그 행정처분을 하게 된 연유가 상급행정청이나 타행정청의 지시나 통보에 의한 것이라 하여 다르지 않고, 권한의 위임이나 위탁을 받아 수임행정청이 자신의 명의로 한 처분에 관하여도 마찬가지이다. 그리고 위와 같은 지시나 통보, 권한의 위임이나 위탁은 행정기관 내부의 문제일 뿐 국민의 권리의무에 직접 영향을 미치는 것이 아니어서 항고소송의 대상이 되는 행정처분에 해당하지 않는다(대판 2013.2.28, 2012두22904).

⑬ 교육공무원법상 승진후보자 명부에 의한 승진심사 방식으로 행해지는 승진임용에서 승진후보자 명부에 포함되어 있던 후보자를 승진임용인사발령에서 제외하는 행위는 항고소송의 대상인 처분에 해당한다

★ 21·19 국회8급, 20 서울7급, 19 지방7급, 19 지방9급

교육공무원법 제29조의2 제1항, 제13조, 제14조 제1항, 제2항, 「교육공무원 승진규정」 제1조, 제2조 제1항 제1호, 제40조 제1항, 교육공무원임용령 제14조 제1항, 제16조 제1항에 따르면 임용권자는 3배수의 범위 안에 들어간 후보자들을 대상으로 승진임용 여부를 심사하여야 하고, 이에 따라 승진후보자 명부에 포함된 후보자는 임용권자로부터 정당한 심사를 받게 될 것에 관한 절차적 기대를 하게 된다. 그런데 임용권자 등이 자의적인 이유로 승진후보자 명부에 포함된 후보자를 승진임용에서 제외하는 처분을 한 경우에, 이러한 승진임용제외처분을 항고소송의 대상이 되는 처분으로 보지 않는다면, 달리 이에 대하여는 불복하여 침해된 권리 또는 법률상 이익을 구제받을 방법이 없다. 따라서 교육공무원법상 승진후보자 명부에 의한 승진심사 방식으로 행해지는 승진임용에서 승진후보자 명부에 포함되어 있던 후보자를 승진임용인사발령에서 제외하는 행위는 불이익처분으로서 항고소송의 대상인 처분에 해당한다고 보아야 한다(대판 2018.3.27, 2015두47492).

「교육공무원법」상 승진후보자 명부에 의한 승진심사 방식으로 행해지는 승진임용에서 승진후보자 명부에 포함되어 있던 후보자를 승진임용인사발령에서 제외하는 행위는 항고소송의 대상인 처분에 해당하지 않는다. (×) ■ 19 지방9급

⑭ 병무청장이 법무부장관에게 '가수 甲(스티브유)이 공연을 위하여 국외여행허가를 받고 출국한 후 미국 시민권을 취득함으로써 사실상 병역의무를 면탈하였으므로 재외동포 자격으로 재입국하고자 하는 경우 국내에서 취업, 가수활동 등 영리활동을 할 수 없도록 하고, 불가능할 경우 입국 자체를 금지해 달라'고 요청함에 따라 법무부장관이 甲의 입국을 금지하는 결정을 하고, 그 정보를 내부전산망인 '출입국관리정보시스템'에 입력하였으나, 甲에게는 통보하지 않은 사안에서, 위 입국금지결정은 항고소송의 대상이 되는 '처분'에 해당하지 않는다고 한 사례

행정청이 행정의사를 외부에 표시하여 행정청이 자유롭게 취소·철회할 수 없는 구속을 받기 전에는 '처분'이 성립하지 않으므로 법무부장관이 출입국관리법 제11조 제1항 제3호 또는 제4호, 「출입국관리법 시행령」 제14조 제1항, 제2항에 따라 위 입국금지결정을 했다고 해서 '처분'이 성립한다고 볼 수는 없고, 위 입국금지결정은 법무부장관의 의사가 공식적인 방법으로 외부에 표시된 것이 아니라 단지 그 정보를 내부전산망인 '출입국관리정보시스템'에 입력하여 관리한 것에 지나지 않으므로, 위 입국금지결정은 항고소송의 대상이 될 수 있는 '처분'에 해당하지 않는데도, 위 입국금지결정이 처분에 해당하여 공정력과 불가쟁력이 있다고 본 원심판단에 법리를 오해한 잘못이 있다고 한 사례(대판 2019.7.11, 2017두38874)

### (7) 중간행위(권리의무에 간접적 관련성)

중간행위는 일반적으로 최종행위와 같이 국민의 구체적인 권리의무에 변동을 초래하지 않기 때문에 항고소송의 대상이 되지 않는다. 그러나 중간행위도 그 자체가 직접 사인의 권리와 이익을 침해하는 행위이거나 법률의 규정으로 독립하여 출소할 수 있는 길을 허용하고 있는 경우에는 처분이 된다.

## ▌중간적 행위의 처분성 판단기준

병역법상 신체등위판정은 행정청이라고 볼 수 없는 군의관이 하도록 되어 있으며, 그 자체만으로 바로 병역법상의 권리의무가 정하여지는 것이 아니라 그에 따라 지방병무청장이 병역처분을 함으로써 비로소 병역의무의 종류가 정하여지는 것이므로 항고소송의 대상이 되는 행정처분이라 보기 어렵다(대판 1993.8.27, 93누3356).

우선협상대상자 선정은 일련의 행정과정에서 최종적 행위가 아니라 중간적 행위에 해당하므로 이를 과연 항고소송의 대상인 처분으로 파악할 필요가 있는지가 문제 된다. 일련의 행정과정에서 내부적·중간적 행위를 반드시 처분으로 인정하여야 하는 것은 아니며, 개별 행정작용의 특수성을 고려하여 개별·구체적으로 판단하여야 한다. 내부적·중간적 행위를 최종적 행위와는 별도로 항고소송의 대상으로 삼아 다툴 수 있도록 하려면 한편으로는 분쟁을 조기에 실효적으로 해결하여야 할 필요와 다른 한편으로는 이를 처분이라고 봄으로써 제소기간과 불가쟁력을 통한 법률관계의 조기확정과 행정의 원활한 수행을 보장할 필요가 인정되어야 한다. … 공모제안에 대하여 일정한 심사를 거쳐 우선협상대상자 선정에서 탈락한 경원자의 경우 우선협상대상자 선정결정을 조기에 항고소송의 방법으로 다투도록 할 필요가 있다. 지방자치단체의 장이 우선협상대상자와 민간투자사업의 세부내용에 관한 협상을 완료하고 기부채납 및 공유재산 사용·수익허가를 모두 마친 다음에야 이해관계 있는 제3자로 하여금 공유재산 사용·수익허가를 항고소송의 방법으로 다투도록 한다면 실효적인 권리구제가 어려울 수 있을 뿐만 아니라, 이미 일련의 행정과정이 상당한 정도로 진행된 후에 과거의 우선협상대상자 선정결정 단계의 하자를 이유로 그 이후의 모든 절차를 취소하는 것은 행정의 원활한 수행에도 지장을 초래할 수 있기 때문이다. 나아가 우선협상대상자 선정결정을 처분으로 본다면, 행정청이 이를 직권으로 취소·철회하는 조치도 처분으로 보아야 한다(대판 2020.4.29, 2017두31064).

### ① 처분성 인정사례

1. 등급결정
   ① 상이등급 재분류 신청에 대한 지방보훈지청장의 거부(대판 1998.4.28, 97누13023)
   ② 산업재해보상보험법상 장해보상금 결정의 기준이 되는 장해등급결정(대판 2002.4.26, 2001두8155)
2. 다단계 행정결정
   ① 예비결정, 폐기물관리법상의 폐기물처리업의 허가 전의 사업계획서에 대한 적정·부적정통보(대판 1998.4.28, 97누21086)
   ② 부분허가(예비결정 또는 부분허가)(대판 1998.9.4, 97누19588)

### ② 처분성 부정사례

1. 등급결정
   ① 「국가유공자 예우 등에 관한 법률 시행령」 제15조 소정의 재심신체검사 시 행하는 등외판정(대판 1993.5.11, 91누9206) : 법률의 적용대상 여부를 결정하기 위한 일련의 절차 중의 하나를 이루는 것에 불과
   ② 군의관의 신체등위판정(대판 1993.8.27, 93누3356) : 지방병무청장이 병역처분을 함으로써 비로소 병역의무의 종류가 정하여지는 것
   ③ 상이등급 재분류(변경) 과정 중에 있는 보훈병원장의 상이등급재분류판정(대판 1998.4.28, 97누13023) : 상이등급을 결정하거나 재분류(변경)하기 위한 일련의 절차 중의 하나를 이루는 것에 불과
2. 광주민주화운동관련자 보상심의위원회의 보상금지급신청에 대한 결정(대판 1992.12.24, 92누3335) : 당사자소송을 제기하기 위한 전치요건에 불과
3. 토지구획정리사업법에 정한 건설부장관의 구획정리사업 시행명령(대판 1996.12.23, 95누17700) : 사업시행자를 지정하기 위한 준비절차로서 중간적인 처분
4. 운전면허 행정처분처리대장상 벌점의 부과(배점)(대판 1994.8.12, 94누2190) : 자동차운전면허의 취소, 정지처분의 기초자료로 제공하기 위한 것
5. 확약, 어업면허우선순위결정(대판 1995.1.20, 94누6529)
   ※ 다수설은 행정행위설, 판례는 처분성 부정
   ※ 확약의 불이행은 처분성 인정
6. 감사원의 징계 요구와 재심의결정(대판 2016.12.27, 2014두5637)

㉠ **병역법상 신체등위판정은 행정처분이 아니다**

★ 17·10 지방9급, 14·13 세무사, 13·10 국가9급, 13 변호사, 12·11 국회9급, 12·11 순경특채, 11 지방7급, 11 서울교행

> 병역법상 신체등위판정은 행정청이라고 볼 수 없는 군의관이 하도록 되어 있으며, 그 자체만으로 바로 병역법상의 권리의무가 정하여지는 것이 아니라 그에 따라 지방병무청장이 병역처분을 함으로써 비로소 병역의무의 종류가 정하여지는 것이므로 항고소송의 대상이 되는 행정처분이라 보기 어렵다(대판 1993.8.27, 93누3356).

㉡ **운전면허 행정처분처리대장상 벌점의 배점이 행정처분이 아니다**

★ 14 세무사, 14·12·11 순경특채, 13 국회9급, 10 국가9급, 10 서울교행

> 운전면허 행정처분처리대장상 벌점의 배점은 도로교통법규 위반행위를 단속하는 기관이 도로교통법시행규칙 별표 16의 정하는 바에 의하여 도로교통법규 위반의 경중, 피해의 정도 등에 따라 배정하는 점수를 말하는 것으로 자동차운전면허의 취소, 정지처분의 기초자료로 제공하기 위한 것이고 그 배점 자체만으로는 아직 국민에 대하여 구체적으로 어떤 권리를 제한하거나 의무를 명하는 등 법률적 규제를 하는 효과를 발생하는 요건을 갖춘 것이 아니어서 그 무효확인 또는 취소를 구하는 소송의 대상이 되는 행정처분이라고 할 수 없다(대판 1994.8.12, 94누2190).

㉢ 갑 시장(서울특별시장)이 감사원으로부터 감사원법 제32조에 따라 을에 대하여 징계의 종류를 정직으로 정한 징계 요구를 받게 되자 감사원에 징계 요구에 대한 재심의를 청구하였고, 감사원이 재심의청구를 기각하자 을이 감사원의 징계 요구와 그에 대한 재심의결정의 취소를 구하고 갑 시장이 감사원의 재심의결정 취소를 구하는 소를 제기한 사안에서, 감사원의 징계 요구와 재심의결정이 항고소송의 대상이 되는 행정처분이라고 할 수 없고, 갑 시장이 제기한 소송이 기관소송으로서 감사원법 제40조 제2항에 따라 허용된다고 볼 수 없다고 한 사례

★ 21 국회8급, 21 국회9급, 17 지방9급

**최신기출**
> 징계 요구는 징계 요구를 받은 기관의 장이 요구받은 내용대로 처분하지 않더라도 불이익을 받는 규정도 없고, 징계 요구 내용대로 효과가 발생하는 것도 아니며, 징계 요구에 의하여 행정청이 일정한 행정처분을 하였을 때 비로소 이해관계인의 권리관계에 영향을 미칠 뿐, 징계 요구 자체만으로는 징계 요구 대상 공무원의 권리·의무에 직접적인 변동을 초래하지도 아니하므로, 행정청 사이의 내부적인 의사결정의 경로로서 '징계 요구, 징계 절차 회부, 징계'로 이어지는 과정에서의 중간처분에 불과하여, 감사원의 징계 요구와 재심의결정이 항고소송의 대상이 되는 행정처분이라고 할 수 없고, 감사원법 제40조 제2항을 갑 시장에게 감사원을 상대로 한 기관소송을 허용하는 규정으로 볼 수는 없고 그 밖에 행정소송법을 비롯한 어떠한 법률에도 갑 시장에게 '감사원의 재심의 판결'에 대하여 기관소송을 허용하는 규정을 두고 있지 않으므로, 갑 시장이 제기한 소송이 기관소송으로서 감사원법 제40조 제2항에 따라 허용된다고 볼 수 없다(대판 2016.12.27, 2014두5637).

감사원의 징계요구와 재심의결정은 항고소송의 대상이 되는 행정처분이다. (×) ■ 21 국회9급
甲 시장이 감사원으로부터 「감사원법」에 따라 乙에 대하여 징계의 종류를 정직으로 정한 징계 요구를 받게 되자 감사원에 징계 요구에 대한 재심의를 청구하였는데 감사원이 재심의청구를 기각한 사안에서, 감사원의 징계 요구와 재심의청구 기각결정은 항고소송의 대상이 되는 행정처분이다. (×) ■ 21 국회8급

## (8) 별도의 권리구제수단이 있는 경우

### ① 원칙 부정

1. 형사소송절차에 의한 구제
   ① 통고처분(대판 1980.10.14, 80누380 ; 헌재결 1998.5.28, 96헌바4)
   ② 검사의 공소·기소결정(대판 2000.3.28, 99두11264)
   ③ 검사의 불기소결정(대판 2018.9.28, 2017두47465)
   ④ 형사소송법 제258조 제1항의 처분결과 통지 내지 형사소송법 제259조의 공소불제기이유고지
   ⑤ 형집행정지 취소처분
2. 비송사건절차법에 의한 구제
   건축법상 이행강제금부과처분(대판 2000.9.22, 2000두5722)
   ※ 현행법상으로는 처분성이 인정됨에 유의
3. 질서위반행위규제법에 의한 구제
   「서울특별시 수도조례」 및 「서울특별시 하수도사용조례」에 근거한 과태료부과처분(대판 2012.10.11, 2011두19369)
4. 민사소송에 의한 구제가 가능한 경우
   ① 이주대책 시행공고 중 이주택지의 공급조건에서 공공시설의 설치비용을 분양가에 포함시키는 내용이 있는 경우(대판 2000.9.8, 99두1113)
   ② 법무법인의 공정증서 작성행위(대판 2012.6.14, 2010두19720)

---

㉠ **근거 법률에서 행정소송 이외의 다른 절차에 의하여 불복할 것을 예정하고 있는 행정처분은 항고소송의 대상이 되는 처분이 아니다** ★ 20 국가9급  19 서울7급

> 최신기출
>
> 행정소송법 제2조 소정의 행정처분이라고 하더라도 그 처분의 근거 법률에서 행정소송 이외의 다른 절차에 의하여 불복할 것을 예정하고 있는 처분은 항고소송의 대상이 될 수 없다(대판 2000.3.28, 99두11264).

㉡ **검사의 공소는 행정소송의 대상이 되는 처분이 아니다** ★ 20 국회8급, 19 국가9급, 14 사회복지

> 최신기출
>
> 형사소송법에 의하면 검사가 공소를 제기한 사건은 기본적으로 법원의 심리대상이 되고 피의자 및 피고인은 수사의 적법성 및 공소사실에 대하여 형사소송절차를 통하여 불복할 수 있는 절차와 방법이 따로 마련되어 있으므로 검사의 공소제기가 적법절차에 의하여 정당하게 이루어진 것이냐의 여부에 관계없이 검사의 공소에 대하여는 형사소송절차에 의하여서만 이를 다툴 수 있고 행정소송의 방법으로 공소의 취소를 구할 수는 없다고 할 것이다(대판 2000.3.28, 99두11264).

검사의 불기소결정은 공권력의 행사에 포함되므로, 검사의 자의적인 수사에 의하여 불기소결정이 이루어진 경우 그 불기소결정은 처분에 해당한다. (×) ■ 20 국회8급, 19 국가9급

㉢ **법무법인의 공정증서 작성행위는 항고소송의 대상이 되는 행정처분이 아니다** ★ 21 국회9급, 17 서울7급

> 최신기출
>
> 항고소송의 대상이 되는 행정처분에 해당하는지는 행위의 성질·효과 이외에 행정소송 제도의 목적이나 사법권에 의한 국민의 권익보호 기능도 충분히 고려하여 합목적적으로 판단해야 한다. 이러한 행정소송 제도의 목적 및 기능 등에 비추어 볼 때, 행정청이 한 행위가 단지 사인 간 법률관계의 존부를 공적으로 증명하는 공증행위에 불과하여 그 효력을 둘러싼 분쟁의 해결이 사법원리에 맡겨져 있거나 행위의 근거 법률에서 행정소송 이외의 다른 절차에 의하여 불복할 것을 예정하고 있는 경우에는 항고소송의 대상이 될 수 없다고 보는 것이 타당하다(대판 2012.6.14, 2010두19720).

행정청이 한 행위가 단지 사인 간 법률관계의 존부를 공적으로 증명하는 공증행위에 불과하더라도 그 효력을 둘러싼 분쟁의 해결이 사법원리(私法原理)에 맡겨져 있는 경우에는 항고소송의 대상이 된다. (×) ■ 17 서울7급
사인 간의 법률관계의 존부를 공적으로 증명하는 법무법인의 공증행위는 항고소송의 대상이 되는 처분이다. (×) ■ 21 국회9급

ⓔ 검사의 불기소결정에 대하여 행정소송법상 항고소송을 제기할 수 없다 ★ 19 서울7급, 19 지방9급

최신기출 검사의 불기소결정에 대해서는 검찰청법에 의한 항고와 재항고, 형사소송법에 의한 재정신청에 의해서만 불복할 수 있는 것이므로, 이에 대해서는 행정소송법상 항고소송을 제기할 수 없다(대판 2018.9.28, 2017두47465).

검사의 불기소결정은 「행정소송법」상 처분에 해당되어 항고소송을 제기할 수 있다. (×) ■ 19 지방9급

ⓜ 형사소송법 제258조 제1항의 처분결과 통지 내지 형사소송법 제259조의 공소불제기이유고지를 별도의 독립한 처분으로 볼 수 없다

형사소송법 제258조 제1항의 처분결과 통지는 불기소결정에 대한 항고기간의 기산점이 되며, 형사소송법 제259조의 공소불제기이유고지 제도는 고소인 등으로 하여금 항고 등으로 불복할지 여부를 결정하는 데 도움을 주도록 하기 위한 것이므로, 이러한 통지 내지 고지는 불기소결정이라는 검사의 처분이 있은 후 그에 대한 불복과 관련한 절차일 뿐 별도의 독립한 처분이 된다고는 볼 수 없다. 만약 검사가 형사소송법 제258조 제1항의 처분결과 통지 의무를 이행하지 않은 경우에는 항고기간이 진행하지 않는 효과가 발생하고, 형사소송법 제259조의 공소불제기이유고지 의무를 이행하지 않은 경우에는 고소인 등이 검사의 불기소결정의 이유를 알 수 없어 그에 대한 불복 여부를 결정하는 데 장애를 초래할 수 있게 되므로, 고소인 등이 검찰청법 제10조 제6항에 따라 '자신에게 책임이 없는 사유로 정하여진 기간 내에 항고를 제기하지 못하여' 그 사유가 해소된 때부터 항고기간이 진행하게 될 여지가 있게 될 뿐이다(대판 2018.9.28, 2017두47465).

② 예외적 인정

「공무원범죄에 관한 몰수 특례법」 제9조의2에 따라 추징의 집행을 받는 제3자가 검사의 처분이 부당함을 이유로 형사소송법 제489조에 따라 재판을 선고한 법원에 재판의 집행에 관한 이의를 신청할 수 있고, 그와 별도로 행정소송법상 항고소송을 제기하여 처분의 위법성 여부를 다툴 수 있다

최신판례 형사소송법은 재산형 등의 재판은 검사의 명령에 의하여 집행하고(제477조 제1항), 재판의 집행을 받은 자 또는 그 법정대리인이나 배우자는 집행에 관한 검사의 처분이 부당함을 이유로 재판을 선고한 법원에 이의신청을 할 수 있다고 규정하여(제489조) 재산형 등 재판의 집행에 관한 검사의 처분에 대한 불복방법과 절차를 마련해두었다. 재판의 효력은 특별한 사정이 없는 한 재판을 받은 자에게만 미치므로 재판의 집행은 판결의 선고를 받은 자에 대해서 함을 원칙으로 하고, 재산형 등 재판의 집행에 관한 검사의 처분에 대하여 이의신청을 할 수 있는 '재판의 집행을 받은 자'는 통상 판결의 선고를 받은 피고인이라고 보아야 한다.
2013.7.12. 법률 제11883호로 개정되어 같은 날 시행된 「공무원범죄에 관한 몰수 특례법」(공무원범죄몰수법) 은 제9조의2를 신설하여 범인 외의 자가 정황을 알면서 취득한 불법재산 등에 대하여 그 범인 외의 자를 상대로 추징의 집행을 할 수 있다고 규정하였다. 그런데 위와 같이 개정된 공무원범죄몰수법은 제9조의2에 의한 집행에 관한 검사의 처분에 대하여 제3자가 불복할 수 있는 방법과 절차를 별도로 마련해두지 않았고, 위 조항에 따라 제3자를 상대로 추징의 집행을 함에 있어 그에게 의견진술과 방어의 기회를 보장하는 규정도 마련해두지 않았다. 그렇다면 공무원범죄몰수법 제9조의2에 따라 추징의 집행을 받는 제3자도 검사의 처분이 부당함을 이유로 형사소송법 제489조에 따라 재판을 선고한 법원에 재판의 집행에 관한 이의를 신청할 수 있다고 보아야 한다. 나아가 형사소송법 제489조가 정한 집행에 관한 이의신청 절차는 공무원범죄몰수법 제9조의2에 따른 추징의 집행에 관한 검사의 처분의 근거 법률인 공무원범죄몰수법에서 예정하고 있는 불복방법이 아니고, 형의 선고를 받은 피고인이 아닌 제3자에 대하여 예정된 불복방법이라고 볼 수도 없다. 또한 형사소송법 제489조가 정한 재판에 관한 이의신청 절차는 통상의 재판절차와는 달리 법원이 신청인의 출석 없이 서면으로만 심리하여 결정할 수도 있어 재산형 등 재판의 집행을 받은 자가 피고인 이외의 제3자인 경우에는 그의 의견진술 기회를 충분히 보장할 수 없고, 위 이의신청은 재산형 등의 집행이 종료된 후에는 허용되지 않으며, 이의신청을 하더라도 집행 정지의 효력도 없어 집행이 신속히 종결되는 경우에는 재판의 집행을 받은 제3자의 권리 구제에 한계가 있으므로 제3자의 권익보호에 미흡하다. 이러한 사정을 종합하면 공무원범죄몰수법 제9조의2에 따라 추징의 집행을 받은 제3자가 형사소송법 제489조에 따라 집행에 관한 검사의 처분에 대하여 이의신청을 할 수 있다고 하더라도 그와 별도로 행정소송법상 항고소송을 제기하여 처분의 위법성 여부를 다툴 수 있다고 보아야 한다(대판 2022.7.28, 2019두63447).

# 제3 원처분주의와 재결주의

## Ⅰ. 재결 자체의 고유한 위법의 의미

### 1. 행정소송법 제19조 소정의 '재결 자체에 고유한 위법'의 의미 ★ 22 국가9급, 16 지방9급, 13 세무사

**최신기출**

> 행정소송법 제19조에서 말하는 '재결 자체에 고유한 위법'이란 원처분에는 없고 재결에만 있는 재결청의 권한 또는 구성의 위법, 재결의 절차나 형식의 위법, 내용의 위법 등을 뜻하고, 그 중 내용의 위법에는 위법·부당하게 인용재결을 한 경우가 해당한다(대판 1997.9.12, 96누14661).

재결취소소송에 있어서 재결 자체의 고유한 위법은 재결의 주체, 절차 및 형식상의 위법만을 의미하고, 내용상의 위법은 이에 포함되지 않는다. (x) ■ 16 지방9급

### 2. 원처분의 취소를 구하는 소송에서 재결 자체의 고유한 위법사유를 주장할 수 없다 ★ 14 지방7급

> 행정심판의 재결에 이유모순의 위법이 있다는 사유는 재결처분 자체에 고유한 하자로서 재결처분의 취소를 구하는 소송에서는 그 위법사유로서 주장할 수 있으나, 원처분의 취소를 구하는 소송에서는 그 취소를 구할 위법사유로서 주장할 수 없다(대판 1996.2.13, 95누8027).

### 3. 인용재결의 당부를 그 심판대상으로 하고 있는 인용재결의 취소를 구하는 당해 소송의 심리·판단의 범위

> 인용재결의 취소를 구하는 당해 소송은 그 인용재결의 당부를 그 심판대상으로 하고 있고, 그 점을 가리기 위하여는 행정심판청구인들의 심판청구원인 사유에 대한 재결청의 판단에 관하여도 그 당부를 심리·판단하여야 할 것이므로, 원심으로서는 재결청이 원처분의 취소 근거로 내세운 판단사유의 당부뿐만 아니라 재결청이 심판청구인의 심판청구 원인 사유를 배척한 판단 부분이 정당한가도 심리·판단하여야 한다(대판 1997.12.23, 96누10911).

## II. 인용재결

### 1. 제3자효를 수반하는 행정행위에 대한 행정심판청구의 인용재결에 대하여 제3자가 재결취소를 구할 소의 이익이 있는지 여부 ★ 21 서울7급, 14·13·08 세무사, 13 변호사, 12 국회8급, 12 서울9급

**최신기출** 이른바 복효적 행정행위, 특히 제3자효를 수반하는 행정행위에 대한 행정심판청구에 있어서 그 청구를 인용하는 내용의 재결로 인하여 비로소 권리이익을 침해받게 되는 자(예컨대, 제3자가 행정심판청구인인 경우의 행정처분 상대방 또는 행정처분 상대방이 행정심판청구인인 경우의 제3자)는 재결의 당사자가 아니라고 하더라도 그 인용재결의 취소를 구하는 소를 제기할 수 있으나, 그 인용재결로 인하여 새로이 어떠한 권리이익도 침해받지 아니하는 자인 경우에는 그 재결의 취소를 구할 소의 이익이 없다(대판 1995.6.13, 94누15592).

### 2. 어업면허취소처분에 대한 면허권자의 행정심판청구를 인용한 재결에대하여 제3자가 재결취소를 구할 소의 이익이 없다고 본 사례

처분상대방이 아닌 제3자가 당초의 양식어업면허처분에 대하여는 아무런 불복조치를 취하지 않고 있다가 도지사가 그 어업면허를 취소하여 처분상대방인 면허권자가 그 어업면허취소처분의 취소를 구하는 행정심판을 제기하고 이에 재결기관인 수산청장이 그 심판청구를 인용하는 재결을 하자 비로소 그 제3자가 행정소송으로 그 인용재결을 다투고 있는 경우, 수산청장의 그 인용재결은 도지사의 어업면허취소로 인하여 상실된 면허권자의 어업면허권을회복하여 주는 것에 불과할 뿐 인용재결로 인하여 제3자의 권리이익이 새로이 침해받는 것은 없고, 가사 그 인용재결로 인하여 그 면허권자의 어업면허가 회복됨으로써 그 제3자에 대하여 사실상 당초의 어업면허에 따른 효과와 같은 결과를 초래한다고 하더라도 이는 간접적이거나 사실적·경제적인 이해관계에 불과하므로, 그 제3자는 인용재결의 취소를 구할 소의 이익이 없다(대판 1995.6.13, 94누15592).

### 3. 제3자효를 수반하는 행정행위에 대한 행정심판청구에 있어서 그 청구를 인용하는 내용의 재결로 인하여 비로소 권리이익을 침해받게 되는 자가 그 인용재결에 대하여 취소를 구하는 경우, 그 인용재결은 항고소송의 대상이 된다

이른바 복효적 행정행위, 특히 제3자효를 수반하는 행정행위에 대한 행정심판청구에 있어서 그 청구를 인용하는 내용의 재결로 인하여 비로소 권리이익을 침해받게 되는 자는 그 인용재결에 대하여 다툴 필요가 있고, 그 인용재결은 원처분과 내용을 달리하는 것이므로 그 인용재결의 취소를 구하는 것은 원처분에는 없는 재결에 고유한 하자를 주장하는 셈이어서 당연히 항고소송의 대상이 된다(대판 2001.5.29, 99두10292).

### 4. 형성적 재결

#### (1) 형성적 재결을 한 경우, 그 재결 외에 그에 따른 별도의 처분이 없기 때문에 재결 자체가 쟁송의 대상
★ 21 국가7급

**최신기출** 당해 재결과 같이 그 인용재결청인 문화체육부장관(현 문화체육관광부장관) 스스로가 직접 당해 사업계획승인처분을 취소하는 형성적 재결을 한 경우에는 그 재결 외에 그에 따른 행정청의 별도의 처분이 있지 않기 때문에 재결 자체를 쟁송의 대상으로 할 수밖에 없다(대판 1997.12.23, 96누10911).

# 5. 이행재결

## (1) 취소명령재결에 따른 취소처분의 경우

명령재결인 취소명령재결의 경우에는 재결이 소의 대상인지, 아니면 재결에 따른 처분이 소의 대상인지의 여부가 문제된다. 권익보호라는 소송제도의 목적에 비추어 재결에 따른 처분이 소의 대상이 되어야 한다는 견해가 있다(홍정선). 그러나 판례는 재결과 재결의 기속력에 따른 처분 양자에 대한 항고소송을 인정하고 있다.

> 행정심판법 제37조 제1항의 규정에 의하면 재결은 행정청을 기속하는 효력을 가지므로 재결청이 취소심판의 청구가 이유 있다고 인정하여 처분청에게 처분의 취소를 명하면(현행법상으로는 처분취소명령재결은 삭제됨) 처분청으로서는 그 재결의 취지에 따라 처분을 취소하여야 하지만, 그렇다고 하여 그 재결의 취지에 따른 취소처분이 위법할 경우 그 취소처분의 상대방이 이를 항고소송으로 다툴 수 없는 것은 아니다. 재결취지에 따른 취소처분의 상대방이 재결 자체의 효력을 다투는 별소를 제기하였고 그 소송에서 판결이 확정되지 아니하였다 하여 재결의 취지에 따른 취소처분의 취소를 구하는 항고소송 사건을 심리하는 법원이 그 청구의 당부를 판단할 수 없는 것이라고 할 수 없다(대판 1993.9.28, 92누15093).

## (2) 적극적 변경명령재결에 따른 변경처분의 경우

판례는 적극적 변경명령재결에 따라 변경처분이 이루어진 경우에 항고소송의 대상은 변경되고 남은 원처분이고, 제소기간은 재결서 정본을 송달받은 날로부터 90일 내라고 판시하고 있다.

### ① 행정청이 식품위생법령에 따라 영업자에게 행정제재처분을 한 후 당초 처분을 영업자에게 유리하게 변경하는 처분을 한 경우, 취소소송의 대상 및 제소기간 판단기준이 되는 처분은 당초 처분이다

★ 21 서울7급, 18·17 국가9급, 17 국회8급

> 최신기출
>
> 행정청이 식품위생법령에 따라 영업자에게 행정제재처분을 한 후 그 처분을 영업자에게 유리하게 변경하는 처분을 한 경우, 변경처분에 의하여 당초 처분은 소멸하는 것이 아니고 당초부터 유리하게 변경된 내용의 처분으로 존재하는 것이므로, 변경처분에 의하여 유리하게 변경된 내용의 행정제재가 위법하다 하여 그 취소를 구하는 경우 그 취소소송의 대상은 변경된 내용의 당초 처분이지 변경처분은 아니고, 제소기간의 준수 여부도 변경처분이 아닌 변경된 내용의 당초 처분을 기준으로 판단하여야 한다. 원심이 확정한 사실관계 및 기록에 의하면, 피고는 2002.12.26. 원고에 대하여 3월의 영업정지처분이라는 이 사건 당초처분을 하였고, 이에 대하여 원고가 행정심판청구를 하자 재결청은 2003.3.6. "피고가 2002.12.26. 원고에 대하여 한 3월의 영업정지처분을 2월의 영업정지에 갈음하는 과징금부과처분으로 변경하라"는 일부기각(일부인용)의 이행재결을 하였으며, 2003.3.10. 그 재결서 정본이 원고에게 도달한 사실, 피고는 위 재결취지에 따라 2003.3.13. "3월의 영업정지처분을 과징금 560만 원으로 변경한다"는 취지의 이 사건 후속 변경처분을 함으로써 이 사건 당초처분을 원고에게 유리하게 변경하는 처분을 하였으며, 원고는 2003.6.12. 이 사건 소를 제기하면서 청구취지로써 2003.3.13.자 과징금부과처분의 취소를 구하고 있음을 알 수 있다. 앞서 본 법리에 비추어 보면, 이 사건 후속 변경처분에 의하여 유리하게 변경된 내용의 행정제재인 과징금부과가 위법하다 하여 그 취소를 구하는 이 사건 소송에 있어서 위 청구취지는 이 사건 후속 변경처분에 의하여 당초부터 유리하게 변경되어 존속하는 2002.12.26.자 과징금부과처분의 취소를 구하고 있는 것으로 보아야 할 것이고, 일부기각(일부인용)의 이행재결에 따른 후속 변경처분에 의하여 변경된 내용의 당초처분의 취소를 구하는 이 사건 소 또한 행정심판재결서 정본을 송달받은 날로부터 90일 이내 제기되어야 하는데 원고가 위 재결서의 정본을 송달받은 날로부터 90일이 경과하여 이 사건 소를 제기하였다는 이유로 이 사건 소가 부적법하다고 판단한 원심판결은 정당하고, 상고이유는 받아들일 수 없다(대판 2007.4.27, 2004두9302).

## 6. 일부인용재결과 수정재결

판례는 일부취소 또는 변경재결로 인하여 감경되고 남은 원처분을 상대로 원처분청을 피고로 하여 소송을 제기하여야 하는 것으로 보고 있다. 즉, 판례는 감봉처분을 소청심사위원회가 견책처분으로 변경한 재결에 대한 취소소송에서 소청심사위원회의 재량권의 일탈이나 남용은 재결에 고유한 하자라고 볼 수 없다고 하면서 당해 변경재결에 대한 취소소송을 인정하고 있지 않다(대판 1993.8.24, 93누5673). 그러나 해임처분을 소청심사위원회가 정직 2월로 변경한 경우 원처분청을 상대로 정직 2월의 처분에 대한 취소소송을 제기한 사건에서 본안판단을 한 판결이 있다(대판 1997.11.14, 97누7325).

### 감봉의 원처분을 견책으로 변경한 소청결정의 경우 ★ 12 서울9급

> 항고소송은 원칙적으로 당해처분을 대상으로 하나, 당해처분에 대한 재결 자체에 고유한 주체, 절차, 형식 또는 내용상의 위법이 있는 경우에 한하여 그 재결을 대상으로 할 수 있다고 해석되므로, 징계혐의자에 대한 감봉 1월의 징계처분을 견책으로 변경한 소청결정 중 그를 견책에 처한 조치는 재량권의 남용 또는 일탈로서 위법하다는 사유는 소청결정 자체에 고유한 위법을 주장하는 것으로 볼 수 없어 소청결정의 취소사유가 될 수 없다(대판 1993.8.24, 93누5673).

## III. 기각재결

원처분이 그대로 유지되는 각하·기각재결에 대하여는 원처분주의의 원칙상 원처분을 상대로 소를 제기하여야 한다. 그러나 사정재결에 대해서는 원처분을 취소하더라도 현저히 공공복리에 부적합한 것이 아니라는 등의 이유로 재결취소의 소를 제기할 수 있다.

## IV. 각하재결

### 1. 심판청구가 부적법하여 각하해야 함에도 인용재결을 한 경우 ★ 21 서울7급

`최신기출`
> 행정청이 골프장 사업계획승인을 얻은 자의 사업시설 착공계획서를 수리한 것에 대하여 인근 주민들이 그 수리처분의 취소를 구하는 행정심판을 청구하자 재결청이 그 청구를 인용하여 수리처분을 취소하는 형성적 재결을 한 경우, 그 수리처분 취소 심판청구는 행정심판의 대상이 되지 아니하여 부적법 각하하여야 함에도 위 재결은 그 청구를 인용하여 수리처분을 취소하였으므로 재결 자체에 고유한 하자가 있다(대판 2001.5.29, 99두10292).

### 2. 행정심판청구가 부적법하지 않음에도 각하한 경우 ★ 21 국가7급, 21·13 서울7급, 15 지방9급, 14·13 세무사, 13 변호사

`최신기출`
> 행정심판청구가 부적법하지 않음에도 각하한 재결은 심판청구인의 실체심리를 받을 권리를 박탈한 것으로서 원처분에 없는 고유한 하자가 있다(대판 2001.7.27, 99두2970).

> 행정심판청구가 부적법하지 않음에도 각하한 재결은 원처분주의에 의해서 취소소송의 대상이 되지 않는다. (×) ■ 15 지방9급

## V. 행정소송법 제19조 단서에 위반한 소송의 처리(기각판결)

### 재결취소소송에 있어 재결 자체에 고유한 위법이 없는 경우 법원이 취할 조치는 기각판결

★ 19·14 국회8급, 19 국가9급, 17 국가7급, 14·13 세무사, 12 서울9급

> **최신기출** 재결취소소송의 경우 재결 자체에 고유한 위법이 있는지 여부를 심리할 것이고, 재결 자체에 고유한 위법이 없는 경우에는 원처분의 당부와는 상관없이 당해 재결취소소송은 이를 기각하여야 한다(대판 1994.1.25, 93누16901).

## VI. 원처분주의의 예외로서의 재결주의

### 1. 재결주의의 인정 근거

> 위법한 원처분을 소송의 대상으로 하여 다투는 것보다는 행정심판에 대한 재결을 다투는 것이 당사자의 권리구제에 보다 효율적이고, 판결의 적정성을 더욱 보장할 수 있는 경우에는 행정심판에 대한 재결에 대하여만 제소하도록 하는 것이 국민의 재판청구권의 보장이라는 측면에서 더욱 바람직한 경우도 있으므로, 개별법률에서 이러한 취지를 정하는 때에는 원처분주의의 적용은 배제되고 재결에 대해서만 제소를 허용하는 이른바 '재결주의'가 인정된다(헌재결 2001.6.28, 2000헌바77).

### 2. 적용범위

재결주의가 적용되는 처분이라도 원처분이 당연무효인 경우에는 원처분에 대한 무효확인의 소를 제기하는 것도 허용된다는 것이 통설과 판례[대판(전합) 1993.1.19, 91누8050]의 입장이므로 취소소송의 경우에만 적용된다.

> **전합판례** 토지수용법 제73조 내지 제75조의2의 각 규정과 관련하여, 중앙 또는 지방토지수용위원회의 수용재결에 대하여 불복이 있는 자는 중앙토지수용위원회에 이의신청을 하고, 중앙토지수용위원회의 이의재결에도 불복이 있으면 수용재결(원처분, 대리행위)이 아닌 이의재결(재결, 확인행위)을 대상으로 행정소송을 제기하도록 해석·적용한 것은 어디까지나 토지수용에 관한 재결이 위법·부당함을 이유로 그 취소를 소구하는 경우에 한하는 것이지, 수용재결 자체가 당연무효라 하여 그 무효확인을 구하는 경우에까지 그와 같이 해석할 수는 없다[대판(전합) 1993.1.19, 91누8050].

## VII. 원처분주의

### 1. 국·공립학교교원에 대한 징계처분 ★ 21 국회9급

> **최신기출** 국·공립학교교원에 대한 징계 등 불리한 처분은 행정처분이므로 국·공립학교교원이 징계 등 불리한 처분에 대하여 불복이 있으면 교원징계재심위원회(현 교원소청심사위원회)에 재심청구를 하고 위 재심위원회의 재심결정에 불복이 있으면 항고소송으로 이를 다투어야 할 것인데, 이 경우 그 소송의 대상이 되는 처분은 원칙적으로 원처분청의 처분이다(대판 1994.2.8, 93누17874).

> 국립대학교 교원의 징계처분에 대한 교원소청심사위원회의 결정은 그 결정에 고유한 위법이 있을 때에만 소송의 대상이 될 수 있다. ■ 21 국회9급

## 2. 사립학교 교원에 대한 교원징계재심위원회의 결정 ★ 18 국회8급, 15 국가9급, 10 국회9급

**최신기출** 사립학교 교원에 대한 해임처분에 대한 구제방법으로 학교법인을 상대로 한 민사소송 이외 교원지위 향상을 위한 특별법 제7조~제10조에 따라 교육부 내에 설치된 교원징계재심위원회(현 교원소청심사위원회)에 재심청구를 하고 교원징계재심위원회의 결정에 불복하여 행정소송을 제기하는 방법도 있으나, 이 경우에도 행정소송의 대상이 되는 행정처분은 교원징계재심위원회의 결정이지 학교법인의 해임처분이 행정처분으로 의제되는 것이 아니며 또한 교원징계재심위원회의 결정을 이에 대한 행정심판으로서의 재결에 해당되는 것으로 볼 수는 없다(대판 1993.2.12, 92누13707).

> 사립학교 교원에 대한 학교법인의 해임처분을 취소소송의 대상이 되는 행정청의 처분으로 볼 수 있으므로 학교법인을 상대로 한 불복은 행정소송에 의한다. (X) ■ 15 국가9급

## 3. 중앙토지수용위원회가 수용재결을 하고 다시 이의재결을 한 경우, 토지수용 자체의 위법성을 다투기 위하여 취소를 구하여야 하는 대상은 수용재결 ★ 21 국가7급, 21 국회9급, 19·14 국회8급, 16 지방9급, 14 변호사, 12 서울9급

**최신기출** 공익사업법 제85조 제1항 전문의 문언 내용과 공익사업법 제83조, 제85조가 중앙토지수용위원회에 대한 이의신청을 임의적 절차로 규정하고 있는 점, 행정소송법 제19조 단서가 행정심판에 대한 재결은 재결 자체에 고유한 위법이 있음을 이유로 하는 경우에 한하여 취소소송의 대상으로 삼을 수 있도록 규정하고 있는 점 등을 종합하여 보면, 수용재결에 불복하여 취소소송을 제기하는 때에는 이의신청을 거친 경우에도 수용재결을 한 중앙토지수용위원회 또는 지방토지수용위원회를 피고로 하여 수용재결의 취소를 구하여야 하고, 다만 이의신청에 대한 재결 자체에 고유한 위법이 있음을 이유로 하는 경우에는 그 이의재결을 한 중앙토지수용위원회를 피고로 하여 이의재결의 취소를 구할 수 있다고 보아야 한다(대판 2010.1.28, 2008두1504).

> 중앙토지수용위원회의 이의재결을 거친 경우 지방토지수용위원회의 수용재결을 대상으로 취소소송을 제기할 수 없다. (x)
> ■ 21 국회9급
> 토지수용에 관한 행정소송에 있어서 토지소유자는 중앙토지수용위원회의 이의재결에 대하여 불복이 있을 때 제기할 수 있고 수용재결은 행정소송의 대상이 될 수 없다. (x) ■ 21 국가7급

## 4. 교원소청심사위원회 결정의 기속력의 범위 및 불리한 처분을 받은 사립학교 교원의 소청심사청구에 대하여 교원소청심사위원회가 그 사유 자체가 인정되지 않는다는 이유로 처분을 취소하는 결정을 하고, 그에 대하여 학교법인 등이 제기한 행정소송 절차에서 심리한 결과 처분사유 중 일부 사유는 인정된다고 판단되는 경우, 법원은 교원소청심사위원회의 결정을 취소해야 한다 ★ 21·19 국회8급

**최신기출** 교원소청심사위원회의 결정은 학교법인 등에 대하여 기속력을 가지고 이는 그 결정의 주문에 포함된 사항뿐 아니라 그 전제가 된 요건사실의 인정과 판단, 즉 불리한 처분 등의 구체적 위법사유에 관한 판단에까지 미친다. 따라서 교원소청심사위원회가 사립학교 교원의 소청심사청구를 인용하여 불리한 처분 등을 취소한 데 대하여 행정소송이 제기되지 아니하거나 그에 대하여 학교법인 등이 제기한 행정소송에서 법원이 교원소청심사위원회 결정의 취소를 구하는 청구를 기각하여 그 결정이 그대로 확정되면, 결정의 주문과 그 전제가 되는 이유에 관한 판단만이 학교법인 등을 기속하게 되고, 설령 판결 이유에서 교원소청심사위원회의 결정과 달리 판단된 부분이 있더라도 이는 기속력을 가질 수 없다. 그러므로 사립학교 교원이 어떠한 불리한 처분을 받아 교원소청심사위원회에 소청심사청구를 하였고, 이에 대하여 교원소청심사위원회가 그 사유 자체가 인정되지 않는다는 이유로 양정의 당부에 대해서는 나아가 판단하지 않은 채 처분을 취소하는 결정을 한 경우, 그에 대하여 학교법인 등이 제기한 행정소송 절차에서 심리한 결과 처분사유 중 일부 사유는 인정된다고 판단되면 법원으로서는 교원소청심사위원회의 결정을 취소하여야 한다. 법원이 교원소청심사위원회 결정의 결론이 타당하다고 하여 학교법인 등의 청구를 기각하게 되면 결국 행정소송의 대상이 된 교원소청심사위원회의 결정이 유효한 것으로 확정되어 학교법인 등이 이에 기속되므로, 그 결정의 잘못을 바로잡을 길이 없게 되고 학교법인 등도 해당 교원에 대하여 적절한 재처분을 할 수 없게 되기 때문이다(대판 2018.7.12, 2017두65821).

5. 불리한 처분을 받은 사립학교 교원의 소청심사청구에 대하여 교원소청심사위원회가 학교법인 등이 교원에 대하여 불리한 처분을 한 근거인 내부규칙이 위법하여 효력이 없다는 이유로 학교법인 등의 처분을 취소하는 결정을 하고, 그에 대하여 학교법인 등이 제기한 행정소송 절차에서 심리한 결과 내부규칙은 적법하지만 교원이 내부규칙을 위반하였다고 볼 증거가 없다고 판단한 경우, 법원이 교원소청심사위원회의 결정을 취소할 필요 없이 학교법인 등의 청구를 기각할 수 있다

> 비록 교원소청심사위원회가 내린 결정의 전제가 되는 이유와 판결 이유가 다르다고 하더라도 법원은 교원소청심사위원회의 결정을 취소할 필요 없이 학교법인 등의 청구를 기각할 수 있다고 보아야 한다. 왜냐하면 교원의 내부규칙 위반사실이 인정되지 않는 이상 학교법인 등이 해당 교원에 대하여 다시 불리한 처분을 하지 못하게 되더라도 이것이 교원소청심사위원회 결정의 기속력으로 인한 부당한 결과라고 볼 수 없기 때문이다.
> 그리고 행정소송의 대상이 된 교원소청심사위원회의 결정이 유효한 것으로 확정되어 학교법인 등이 이에 기속되더라도 그 기속력은 당해 사건에 관하여 미칠 뿐 다른 사건에 미치지 않으므로, 학교법인 등은 다른 사건에서 문제가 된 내부규칙을 적용할 수 있기 때문에 법원으로서는 이를 이유로 취소할 필요도 없다(대판 2018.7.12, 2017두65821).

## VIII. 재결주의

### 1. 감사원의 재심의판정 ★ 20 지방7급, 19 국회8급

> `최신기출` 감사원의 변상판정처분(원처분)에 대하여서는 행정소송을 제기할 수 없고, 재결에 해당하는 재심의판정에 대하여서만 감사원(감사원장이 아님)을 피고로 하여 행정소송을 제기할 수 있다(대판 1984.4.10, 84누91).

### 2. 중앙노동위원회의 재심판정

#### (1) 지방노동위원회의 중재회부결정에 대하여 불복할 수 있다

> 지방노동위원회가 노동쟁의에 대하여 한 중재회부결정은, 중재에 회부된 날로부터 15일 간 쟁의행위를 금지시키고(노동쟁의조정법 제31조), 이를 위반하여 쟁의행위를 한 자에 대한 형사처벌을 할 수 있으며(같은 법 제47조), 그 금지기간 중의 쟁의행위를 부당한 쟁의행위로 보는 결과 그로 인하여 발생한 사용자의 손해에 대하여 노동조합 또는 조합원에게 배상책임을 부담시키는(같은 법 제8조 참조) 등의 법률상 효과를 발생하게 하는 행정처분이라 할 것이고, 또한 위 중재회부결정이 중재재정을 위한 선행처분에 해당한다고 보더라도 중재회부결정은 위와 같은 자체의 독립한 법률효과를 가지고 노동조합은 지방노동위원회의 중재회부결정 자체에 대하여도 불복할 수 있다(대판 1995.9.15, 95누6724).

#### (2) 지방노동위원회의 중재회부결정에 대한 불복방법 ★ 21 국회9급

> `최신기출` 노동위원회법 제19조의2 제1항의 규정은 행정처분의 성질을 가지는 지방노동위원회의 처분에 대하여 중앙노동위원장을 상대로 행정소송을 제기할 경우의 전치요건에 관한 규정이라 할 것이므로 당사자가 지방노동위원회의 처분에 대하여 불복하기 위하여는 처분 송달일로부터 10일 이내에 중앙노동위원회에 재심을 신청하고 중앙노동위원회의 재심판정서 송달일로부터 15일 이내에 중앙노동위원장을 피고로 하여 재심판정취소의 소를 제기하여야 할 것이다(대판 1995.9.15, 95누6724).

> 지방노동위원위원회의 결정에 불복하여 중앙노동위원회의 재심판정이 있는 경우 지방노동위원회의 결정에 대해 행정소송을 제기할 수 있다. (×) ■ 21 국회9급

(3) 부당노동행위구제신청에 관한 중앙노동위원회의 명령 또는 결정 전에 생긴 사유를 노동위원회에서 주장하지 아니하고 그 결정 등에 대한 행정소송에서 주장할 수 있다

> 부당노동행위구제신청에 관한 중앙노동위원회의 명령 또는 결정의 취소를 구하는 소송에 있어서 그 명령 또는 결정의 적부는 그것이 이루어진 시점을 기준으로 판단하여야 할 것이지만 노동위원회에서 이미 주장된 사유만에 한정된다고 볼 근거는 없으므로, 중앙노동위원회의 명령 또는 결정 후에 생긴 사유가 아닌 이상 노동위원회에서 주장하지 아니한 사유도 행정소송에서 주장할 수 있다고 보아야 할 것이다(대판 1990.8.10, 89누8217).

# 제5강 제소기간

## Ⅰ. 행정심판의 재결을 거치지 않는 경우(원칙)

### (1) 처분이 있음을 안 경우

#### ① 처분이 송달된 경우

판례는 처분이 있음을 안 날이란 당해 처분이 있었음을 현실적으로 안 날을 의미하고, 처분이 있음을 당사자가 알 수 있는 상태에 놓이게 된 때 반증이 없는 한 처분이 있음을 알았다고 추정할 수 있다고 판시하고 있다.

㉠ 안 날이란 처분이 있었다는 사실을 현실적으로 안 날을 의미하고 처분의 위법 여부를 판단한 날이 아니다
　　★ 21·12 국회9급, 15 사회복지

`최신기출`
> 행정소송법 제20조 제2항 소정의 제소기간 기산점인 '처분이 있음을 안 날'이란 통지, 공고 기타의 방법에 의하여 당해 처분이 있었다는 사실을 현실적으로 안 날을 의미하고 구체적으로 그 행정처분의 위법 여부를 판단한 날을 가리키는 것은 아니다(대판 1991.6.28, 90누6521).

㉡ 행정소송법 제20조 제1항이 정한 제소기간의 기산점인 '처분 등이 있음을 안 날'의 의미 및 상대방이 있는 행정처분의 경우 위 제소기간의 기산점

> 행정소송법 제20조 제1항이 정한 제소기간의 기산점인 '처분 등이 있음을 안 날'이란 통지, 공고 기타의 방법에 의하여 당해 처분 등이 있었다는 사실을 현실적으로 안 날을 의미한다. 상대방이 있는 행정처분의 경우에는 특별한 규정이 없는 한 의사표시의 일반적 법리에 따라 행정처분이 상대방에게 고지되어야 효력을 발생하게 되므로, 행정처분이 상대방에게 고지되어 상대방이 이러한 사실을 인식함으로써 행정처분이 있다는 사실을 현실적으로 알았을 때 행정소송법 제20조 제1항이 정한 제소기간이 진행한다고 보아야 한다(대판 2014.9.25, 2014두8254).

㉢ 행정청이 식품위생법령에 따라 영업자에게 행정제재처분을 한 후 당초 처분을 영업자에게 유리하게 변경하는 처분을 한 경우, 취소소송의 대상 및 제소기간 판단기준이 되는 처분은 변경된 내용의 당초 처분이다 ★ 17 서울7급

> 행정청이 식품위생법령에 따라 영업자에게 행정제재처분을 한 후 그 처분을 영업자에게 유리하게 변경하는 처분을 한 경우, 변경처분에 의하여 당초 처분은 소멸하는 것이 아니고 당초부터 유리하게 변경된 내용의 처분으로 존재하는 것이므로, 변경처분에 의하여 유리하게 변경된 내용의 행정제재가 위법하다 하여 그 취소를 구하는 경우 그 취소소송의 대상은 변경된 내용의 당초 처분이지 변경처분은 아니고, 제소기간의 준수 여부도 변경처분이 아닌 변경된 내용의 당초 처분을 기준으로 판단하여야 한다(대판 2007.4.27, 2004두9302).

ⓔ 처분 당시에는 "취소소송의 제기가 법제상 허용되지 않아 소송을 제기할 수 없다."가 위헌결정으로 인하여 비로소 취소소송을 제기할 수 있게 된 경우 위헌결정이 있는 날 또는 위헌결정이 있음을 안 날이 제소기간의 기산점 ★ 15 국회9급

> 행정소송법 제20조가 제소기간을 규정하면서 '처분 등이 있은 날' 또는 '처분 등이 있음을 안 날'을 각 제소기간의 기산점으로 삼은 것은 그때 비로소 적법한 취소소송을 제기할 객관적 또는 주관적 여지가 발생하기 때문이므로, 처분 당시에는 취소소송의 제기가 법제상 허용되지 않아 소송을 제기할 수 없다가 위헌결정으로 인하여 비로소 취소소송을 제기할 수 있게 된 경우, 객관적으로는 '위헌결정이 있은 날', 주관적으로는 '위헌결정이 있음을 안 날' 비로소 취소소송을 제기할 수 있게 되어 이때를 제소기간의 기산점으로 삼아야 한다(대판 2008.2.1, 2007두20997).

ⓜ 지방보훈청장이 허혈성심장질환이 있는 甲에게 재심 서면판정 신체검사를 실시한 다음 종전과 동일하게 전(공)상군경 7급 국가유공자로 판정하는 '고엽제후유증전환 재심신체검사 무변동처분' 통보서를 송달하자 甲이 위 처분의 취소를 구한 사안에서, 甲이 통보서를 송달받기 전에 정보공개를 청구하여 위 처분을 하는 내용의 통보서를 비롯한 일체의 서류를 교부받은 날부터 기산하여 위 소는 제소기간을 넘긴 것으로서 부적법하다고 본 원심판결에 법리를 오해한 위법이 있다고 한 사례 ★ 21 국가9급

> 위 처분이 甲에게 고지되어 처분이 있다는 사실을 현실적으로 알았을 때 행정소송법 제20조 제1항에서 정한 제소기간이 진행한다고 보아야 함에도, 甲이 통보서를 송달받기 전에 자신의 의무기록에 관한 정보공개를 청구하여 위 처분을 하는 내용의 통보서를 비롯한 일체의 서류를 교부받은 날부터 제소기간을 기산하여 위 소는 90일이 지난 후 제기한 것으로서 부적법하다고 본 원심판결에 법리를 오해한 위법이 있다(대판 2014.9.25, 2014두8254).

'처분이 있음을 안 날'은 처분이 있었다는 사실을 현실적으로 안 날을 의미하므로, 처분서를 송달받기 전 정보공개청구를 통하여 처분을 하는 내용의 일체의 서류를 교부받았다면 그 서류를 교부받은 날부터 제소기간이 기산된다. (x) ■ 21 국가9급

② 제3자의 경우 : 현행법은 제3자효 행정행위의 경우 이해관계 있는 제3자에 대한 처분의 통지의무를 부과하고 있지 않다. 따라서 제3자는 제3자효 행정처분이 있은 날로부터 180일 이내에 행정심판, 1년 이내에 취소소송을 제기할 수 있다. 그러나 제3자가 어떤 경위로든 행정처분이 있음을 알았다면 90일 내에 제기하여야 한다.

> 처분의 당사자가 아닌 제3자인 원고로서는 그 처분이 있었는지를 쉽사리 알 수 없었으므로 제소 이후 처분청이 본인가처분을 하였음을 자인하는 내용의 답변서를 수령한 때에 이르러 비로소 그 처분이 있었음을 알았다고 봄이 상당하다(대판 1992.7.10, 91누9107).

### ③ 처분이 고시 또는 공고된 경우

처분이 고시 또는 공고된 경우 처분의 상대방이 실제로 고시 또는 공고를 보았다면 공고 또는 고시를 본 날이 처분이 있음을 안 날이다. 문제는 상대방이 고시 또는 공고를 보지 못한 경우이다. 판례는 특정인의 경우에는 현실적으로 안 날을, 불특정다수인의 경우에는 고시 또는 공고의 효력발생일이 처분이 있음을 안 날이라고 판시하고 있다.

#### ㉠ 특정인에 대한 행정처분을 주소불명 등의 이유로 송달할 수 없어 관보 등에 공고한 경우, 상대방이 그 처분이 있음을 안 날은 현실적으로 안 날이다 ★ 20 국가9급, 10 국회9급

> **최신기출** 특정인에 대한 행정처분을 주소불명 등의 이유로 송달할 수 없어 관보·공보·게시판·일간신문 등에 공고한 경우에는, 공고가 효력을 발생하는 날에 상대방이 그 행정처분이 있었다고 볼 수는 없고, 상대방이 당해 처분이 있었다는 사실을 현실적으로 안 날에 그 처분이 있음을 알았다고 보아야 한다(대판 2006.4.28, 2005두14851).

> 乙의 영업허가취소처분이 공보에 공고된 경우, 乙이 자신에 대한 영업허가취소처분이 있음을 알고 있지 못하더라도 영업허가취소처분에 대한 취소소송을 제기하려면 공고가 효력을 발생한 날부터 90일 안에 제기해야 한다. (x) ■ 20 국가9급

#### ㉡ 고시 또는 공고에 의하여 행정처분을 하는 경우, 그에 대한 취소소송 제소기간의 기산일은 고시 또는 공고의 효력발생일이다 ★ 21 국가7급, 21·12·10 국회9급, 15·13 국회8급, 15·14·13 변호사, 12·11 세무사

> **최신기출** 통상 고시 또는 공고에 의하여 행정처분을 하는 경우에는 그 처분의 상대방이 불특정다수인이고 그 처분의 효력이 불특정다수인에게 일률적으로 적용되는 것이므로, 그 행정처분에 이해관계를 갖는 자가 고시 또는 공고가 있었다는 사실을 현실적으로 알았는지 여부에 관계없이 고시가 효력을 발생하는 날 행정처분이 있음을 알았다고 보아야 한다(대판 2007.6.14, 2004두619).

> 위 결정·고시에 대한 취소소송의 제소기간을 계산함에 있어서는, A주식회사가 위 결정·고시가 있었다는 사실을 현실적으로 알았는지 여부에 관계없이 고시일인 2019.4.17.에 위 결정·고시가 있음을 알았다고 보아야 한다. (x) ■ 21 국가7급

### ④ 불변기간

'처분이 있음을 안 날로부터 90일'은 불변기간이다. 그러나 당사자가 책임질 수 없는 사유로 인하여 이를 준수할 수 없었을 때는 행정소송법 제8조에 의해 준용되는 민사소송법 제173조 제1항에 의하여 그 사유가 없어진 후 2주일 이내에 제소행위를 추완할 수 있다.

#### ㉠ 1년에 대한 예외로서 '정당한 사유'의 의미와 판단기준 ★ 16 국회8급

> 행정소송법 제20조 제2항 소정의 '정당한 사유'란 불확정 개념으로서 그 존부는 사안에 따라 개별적·구체적으로 판단하여야 하나 민사소송법 제160조의 '당사자가 그 책임을 질 수 없는 사유'나 행정심판법 제18조 제2항 소정의 '천재, 지변, 전쟁, 사변 그 밖에 불가항력적인 사유보다는 넓은 개념이라고 풀이되므로, 제소기간 도과의 원인 등 여러 사정을 종합하여 지연된 제소를 허용하는 것이 사회통념상 상당하다고 할 수 있는가에 의하여 판단하여야 한다(대판 1991.6.28, 90누6521).

#### ㉡ 민사소송법상 '당사자가 책임질 수 없는 사유'의 의미

> '당사자가 책임질 수 없는 사유'란 당사자가 그 소송행위를 하기 위하여 일반적으로 하여야 할 주의를 다하였음에도 불구하고, 그 기간을 준수할 수 없었던 사유를 말한다고 할 것이다(대판 2008.6.12, 2007두16875).

ⓒ 위헌결정을 선고받은 법률조항의 합헌성을 신뢰했다는 사정은 정당한 사유가 아니다

> 위헌결정을 선고받은 법률조항의 합헌성을 신뢰했다는 사정은 행정소송법 제8조에 의하여 소제기행위의 추완에
> 준용되는 민사소송법 제160조 제1항에서 정한 '당사자가 책임질 수 없는 사유'에 해당하지 아니한다(대판 2005.
> 1.13, 2004두9951).

ⓔ 원고 주식회사 플러스상호저축은행(원고 은행)의 대표이사는 그 직무집행이 정지되고 피고(금융위원회)가 선임한 관리인이 원고 은행의 업무를 관리하는 경우, 원고 은행에 대한 영업인가취소처분에 대한 취소소송의 제소기간의 기산점

> 구 상호저축은행법 제24조의3, 제24조의4, 제24조의5의 규정 등에 의하면, 피고의 경영관리에 의하여 그 직무집
> 행 권한이 정지된 기존의 대표이사가 원고 주식회사 플러스상호저축은행(원고 은행)을 대표하여 경영관리 또는 영업인
> 가취소처분의 취소소송을 제기할 수는 없고, 공익(예금주 등 제3자의 이익) 보호를 위하여 선임된 관리인도 원고 은행
> 자체의 이익 보호를 위한 업무임과 동시에 원고 은행의 통상의 업무가 아닌 위 취소소송을 제기할 수 없으며, 다만
> 원고 은행의 주주나 임원 등 이해관계인은 행정소송법 제8조 제2항, 민사소송법 제62조, 제64조의 규정에 따라 법원
> 에 특별대리인 선임신청을 하여 위와 같은 취소소송을 제기할 수 있다. 한편, 관리인은 상호저축은행의 업무를 집행하
> 고 그 재산을 관리·처분하는 권한을 가진 자로서 각종 송달이나 행정처분 등을 통지받을 권한이 있다고 할 것이므로,
> 원고 은행으로서는 그 관리인에게 원고 은행에 대한 영업인가취소처분(이 사건 처분)이 통지된 때에 이 사건 처분이
> 있음을 알았다고 볼 것이다. 따라서 원고 은행이 행정소송법 제20조 제1항에 규정된 처분 등이 있음을 안 날부터
> 90일 이내에 이 사건 처분의 취소소송을 제기하지 아니한 이상, 원고 은행의 이 사건 소는 제소기간이 도과된
> 상태에서 제기되었다고 할 것이다. 그러나 위에서 본 바와 같이 원고 은행의 기존의 대표이사와 관리인이 취소소송
> 을 제기할 수 없었던 이상, 원고 은행이 이 사건 처분 통지일로부터 90일의 제소기간이 도과한 후에 소를 제기하였다
> 고 하더라도 이는 민사소송법 제173조 제1항에 규정된 책임질 수 없는 사유로 말미암아 불변기간을 지킬 수 없었던
> 경우로서, 원고 은행은 특별대리인이 선임되어 그 사유가 없어진 날부터 2주 내에 그 게을리 한 소송행위를 보완할
> 수 있다고 볼 여지가 있고, 이러한 책임질 수 없는 사유가 존재하였는지 여부는 취소소송의 당사자인 원고 은행을
> 기준으로 살펴야 한다(대판 2012.3.15, 2008두4619).

ⓜ 피고(한국산업기술평가관리원장)가 이 사건 처분 시에 행정소송의 제기절차 등을 고지하지 않았다는 사정은 행정소송의 제소기간을 준수할 수 없었던 '당사자가 책임질 수 없는 사유'에 해당하지 않는다

> '당사자가 책임질 수 없는 사유'란 당사자가 그 소송행위를 하기 위하여 일반적으로 하여야 할 주의를 다하였음
> 에도 불구하고, 그 기간을 준수할 수 없었던 사유를 말한다(대판 2018.10.25, 2015두38856).

⑤ 불고지·오고지의 경우 : 행정심판청구기간에 관한 행정심판법 제18조 제5항의 규정이 행정소송 제기에도 당연히 적용되지 않는다 ★ 21 국회8급, 21 국가9급, 20 서울7급

**최신기출**

> 행정청이 법정 심판청구기간보다 긴 기간으로 잘못 알린 경우에 그 잘못 알린 기간 내에 심판청구가 있으면 그
> 심판청구는 법정 심판청구기간 내에 제기된 것으로 본다는 취지의 행정심판법 제18조 제5항의 규정은 행정심판
> 제기에 관하여 적용되는 규정이지, 행정소송 제기에도 당연히 적용되는 규정이라고 할 수는 없다(대판 2001.5.8,
> 2000두6916).

> 행정청이 심판청구기간을 '처분이 있음을 안 날로부터 90일 이내'보다 더 긴 기간으로 잘못 알린 경우에 그 잘못 알린 기간에
> 행정심판청구나 행정소송제기가 있으면 그 행정쟁송은 적법한 기간 내에 제기된 것으로 본다. (x) ■ 20 서울7급
> 「행정소송법」에서는 행정소송 제기기간을 법령보다 긴 기간으로 잘못 알린 경우에 대해 이를 구제할 수 있는 규정을 두고 있지
> 않으나 「행정심판법」의 준용을 통해 구제가 가능하다. (x) ■ 21 국회8급

⑥ 행정청으로부터 행정처분시나 그 이후 행정심판 제기기간에 관하여 법정 심판청구기간보다 긴 기간으로 잘못 통지받아 행정소송법상 법정 제소기간을 도과한 경우 당사자가 책임질 수 없는 사유에 해당하지 않는다

★ 22 지방9급

**최신기출** 행정심판과 행정소송은 그 성질, 불복사유, 제기기간, 판단기관 등에서 본질적인 차이점이 있고, 임의적 전치주의는 당사자가 행정심판과 행정소송의 유·불리를 스스로 판단하여 행정심판을 거칠지 여부를 선택할 수 있도록 한 취지에 불과하므로 어느 쟁송 형태를 취한 이상 그 쟁송에는 그에 관련된 법률 규정만이 적용될 것이지 두 쟁송 형태에 관련된 규정을 통틀어 당사자에게 유리한 규정만이 적용된다고 할 수는 없으며, 행정처분시나 그 이후 행정청으로부터 행정심판 제기기간에 관하여 법정 심판청구기간보다 긴 기간으로 잘못 통지받은 경우에 보호할 신뢰 이익은 그 통지받은 기간 내에 행정심판을 제기한 경우에 한하는 것이지 행정소송을 제기한 경우에까지 확대된다고 할 수 없으므로, 당사자가 행정처분시나 그 이후 행정청으로부터 행정심판 제기기간에 관하여 법정 심판청구기간보다 긴 기간으로 잘못 통지받아 행정소송법상 법정 제소기간을 도과하였다고 하더라도, 그것이 당사자가 책임질 수 없는 사유로 인한 것이라고 할 수는 없다(대판 2001.5.8, 2000두6916).

## (2) 처분이 있음을 알지 못한 경우 ★ 12·10 국회9급, 10 서울9급

처분이 있음을 알지 못한 경우에는 상대방이 있는 행정처분의 경우 행정소송법 제20조 제2항 소정의 제소기간의 기산점인 '처분이 있은 날'은 처분의 고지일을 의미한다

행정심판을 제기하지 아니하거나 그 재결을 거치지 아니하는 사건에 대한 제소기간을 규정한 행정소송법 제20조 제2항에서 '처분이 있은 날'이라 함은 상대방이 있는 행정처분의 경우는 특별한 규정이 없는 한 의사표시의 일반적 법리에 따라 그 행정처분이 상대방에게 고지되어 효력이 발생한 날을 말한다고 할 것이다(대판 1990.7.13, 90누2284).

# II. 행정심판의 재결을 거치는 경우(예외)

## (1) 제소기간에 관한 행정소송법 제20조 제1항에서 말하는 '행정심판'의 의미

취소소송의 제소기간을 제한함으로써 처분 등을 둘러싼 법률관계의 안정과 신속한 확정을 도모하려는 입법 취지에 비추어 볼 때, 여기서 말하는 '행정심판'은 행정심판법에 따른 일반행정심판과 이에 대한 특례로서 다른 법률에서 사안의 전문성과 특수성을 살리기 위하여 특히 필요하여 일반행정심판을 갈음하는 특별한 행정불복절차를 정한 경우의 특별행정심판(행정심판법 제4조)을 뜻한다(대판 2019.4.3, 2017두52764).

## (2) 행정청이 행정심판청구를 할 수 있다고 잘못 알려 행정심판청구를 한 경우 취소소송의 제소기간 기산점은 재결서 정본 송달일이다 ★ 21 국가9급

**최신기출** 행정청이 행정심판청구를 할 수 있다고 잘못 알려 행정심판의 청구를 한 경우에는 그 제소기간은 행정심판재결서의 정본을 송달받은 날부터 기산하여야 한다(대판 2006.9.8, 2004두947).

행정청이 행정심판청구를 할 수 있다고 잘못 알려 행정심판을 청구한 경우에는 재결서 정본을 송달받은 날이 아닌 처분이 있음을 안 날로부터 제소기간이 기산된다. (x) ■ 21 국가9급

**(3) 임의적으로 이의신청을 거쳐 취소소송을 제기할 경우 이의신청에 대한 결정 정본 송달받은 날부터 90일 이내에 제기해야 한다**

> 납세자가 임의적으로 이의신청만을 거친 채 취소소송을 제기할 경우에는 행정소송법 제20조 제1항 본문 및 단서에 따라 그 제소기간은 이의신청에 대한 결정의 정본을 송달받은 날부터 기산하여 90일 이내라고 보아야 한다 (대판 2001.9.18, 2000두2662).

**(4) 행정처분이 있음을 안 날부터 90일을 넘겨 행정심판을 청구하였다가 부적법하다는 이유로 각하재결을 받은 후 재결서를 송달받은 날부터 90일 내에 원래의 처분에 대하여 취소소송을 제기한 경우, 취소소송의 제소기간을 준수한 것으로 볼 수 없다** ★ 21·19 국가9급, 21 국회9급, 17 지방7급

> **최신기출** 행정소송법 제18조 제1항·제20조 제1항, 구 행정심판법 제18조 제1항을 종합해 보면, 행정처분이 있음을 알고 처분에 대하여 곧바로 취소소송을 제기하는 방법을 선택한 때에는 처분이 있음을 안 날부터 90일 이내에 취소소송을 제기하여야 하고, 행정심판을 청구하는 방법을 선택한 때에는 처분이 있음을 안 날부터 90일 이내에 행정심판을 청구하고 행정심판의 재결서를 송달받은 날부터 90일 이내에 취소소송을 제기하여야 한다. 따라서 처분이 있음을 안 날부터 90일 이내에 행정심판을 청구하지도 않고 취소소송을 제기하지도 않은 경우에는 그 후 제기된 취소소송은 제소기간을 경과한 것으로서 부적법하고, 처분이 있음을 안 날부터 90일을 넘겨 청구한 부적법한 행정심판청구에 대한 재결이 있은 후 재결서를 송달받은 날부터 90일 이내에 원래의 처분에 대하여 취소소송을 제기하였다고 하여 취소소송이 다시 제소기간을 준수한 것으로 되는 것은 아니다(대판 2011.11.24, 2011두18786)

> 법령에서 규정한 행정심판청구기간을 도과한 후에 행정심판을 청구하여 재결 받은 후 재결서정본을 송달받은 날부터 90일 내에 제기한 취소소송은 제소기간을 준수한 것으로 본다. (x) ■ 21 국회9급
> 행정심판을 청구하였으나 심판청구기간을 도과하여 각하된 후 제기하는 취소소송은 재결서를 송달받은 날부터 90일 이내에 제기하면 된다. (x) ■ 21 국가9급

**(5) 이미 제소기간이 지나 불가쟁력이 발생한 후에 행정청이 행정심판청구를 할 수 있다고 잘못 알린 경우, 그 안내에 따라 청구된 행정심판 재결서 정본을 송달받은 날부터 다시 취소소송의 제소기간이 기산되지 않는다**
★ 17 지방9급

> 규정의 취지는 불가쟁력이 발생하지 않아 적법하게 불복청구를 할 수 있었던 처분 상대방에 대하여 행정청이 법령상 행정심판청구가 허용되지 않음에도 행정심판청구를 할 수 있다고 잘못 알린 경우에, 잘못된 안내를 신뢰하여 부적법한 행정심판을 거치느라 본래 제소기간 내에 취소소송을 제기하지 못한 자를 구제하려는 데에 있다. 이와 달리 이미 제소기간이 지남으로써 불가쟁력이 발생하여 불복청구를 할 수 없었던 경우라면 그 이후에 행정청이 행정심판청구를 할 수 있다고 잘못 알렸다고 하더라도 그 때문에 처분 상대방이 적법한 제소기간 내에 취소소송을 제기할 수 있는 기회를 상실하게 된 것은 아니므로 이러한 경우에 잘못된 안내에 따라 청구된 행정심판 정본을 송달받은 날부터 다시 취소소송의 제소기간이 기산되는 것은 아니다. 불가쟁력이 발생하여 더 이상 불복청구를 할 수 없는 처분에 대하여 행정청의 잘못된 안내가 있었다고 하여 처분 상대방의 불복청구 권리가 새로이 생겨나거나 부활한다고 볼 수는 없기 때문이다(대판 2012.9.27, 2011두27247).

> 처분의 불가쟁력이 발생하였고 그 이후에 행정청이 당해 처분에 대해 행정심판청구를 할 수 있다고 잘못 알렸다면, 그 처분의 취소소송의 제소기간은 행정심판의 재결서를 받은 날부터 기산한다. (x) ■ 17 지방9급

**(6)** 서울특별시장이 배출가스 저감장치 제조사 갑 주식회사에 배출가스 저감장치를 부착한 차량의 의무운행 기간 미준수 등을 이유로 보조금 회수처분을 하자, 갑 회사(현대모비스 주식회사)가 위 처분의 전부 취소를 구하는 행정심판을 제기하였다가 취소청구액 일부를 감축하고 그 후 위 처분 전부에 대하여 취소소송을 제기한 사안에서, 위 처분에 대한 취소소송 제소기간 준수 여부를 판단할 때에는 청구감축 부분을 포함하여 위 처분 전부에 대하여 적법한 행정심판을 거친 것으로 보아야 한다고 한 사례

> 구 행정심판법 제39조, 제36조 제1항, 행정소송법 제18조 제1항 단서, 제3항 제1호의 규정 취지 등에 비추어 행정심판의 심판대상은 처분 상대방의 불복 범위와 관계없이 처분의 위법·부당성이라고 보아야 할 것인 점, 처분 상대방이 하나의 처분 중 일부의 취소를 구하는 행정심판청구를 제기하거나 처분의 전부 취소를 구하는 행정심판청구를 제기하였다가 처분 중 일부의 취소를 구하는 것으로 청구를 감축한 경우에도 그 후 제기되는 취소소송의 제소기간 준수 여부는 행정심판에서 청구를 감축한 부분과 불복한 부분을 구분함이 없이 통일적으로 규율하는 것이 행정법 관계의 안정이라는 제소기간의 규정 취지에도 부합한다고 할 수 있는 점, 하나의 보조금 회수처분 중 일부의 액수에 대하여만 취소를 구하는 소송을 제기하였다가 그 후 청구취지를 보조금 회수처분 전부의 취소를 구하는 것으로 확장하는 것과 같이 동일한 처분의 범위 내에서 청구의 기초에 변경이 없이 이루어지는 청구의 변경은 허용되는 점 등을 고려할 때, 원고가 위 각 처분이 있음을 안 날부터 90일 이내인 2008.3.21. 위 각 처분의 전부 취소를 구하는 행정심판 청구를 제기하였다가 그 취소청구액 일부를 감축하였다 하더라도, 그 후 위 각 처분에 대하여 제기된 취소소송의 제소기간 준수 여부를 판단함에 있어서는 청구감축 부분을 포함한 위 각 처분 전부에 대하여 적법한 행정심판을 거친 것으로 봄이 상당하다(대판 2012.11.29, 2012두3743).

## Ⅲ. 제소기간 준수여부 판단 기준시

### (1) 원칙(제소시)

소 제기기간 준수 여부에 대한 판단은 원칙적으로 제소시를 기준으로 한다.

### (2) 소변경의 경우

#### ① 소종류의 변경

소의 종류의 변경의 경우 새로운 소에 대한 제소기간의 준수는 변경된 처음의 소가 제기된 때를 기준으로 한다(행정소송법 제21조 제4항).

#### ② 청구취지의 교환적 변경

선행처분의 취소를 구하는 소가 후속처분의 취소를 구하는 소로 교환적으로 변경되었다가 다시 선행처분의 취소를 구하는 소로 변경되고, 후속처분의 취소를 구하는 소에 선행처분의 취소를 구하는 취지가 그대로 남아 있었던 경우, 선행처분의 취소를 구하는 소의 제소기간은 최초의 소가 제기된 때를 기준으로 정하여야 한다

> 청구취지를 교환적으로 변경하여 종전의 소가 취하되고 새로운 소가 제기된 것으로 보게 되는 경우에 새로운 소에 대한 제소기간의 준수 등은 원칙적으로 소의 변경이 있은 때를 기준으로 하여 판단된다. 그러나 선행처분의 취소를 구하는 소가 그 후속처분의 취소를 구하는 소로 교환적으로 변경되었다가 다시 선행처분의 취소를 구하는 소로 변경된 경우 후속처분의 취소를 구하는 소에 선행처분의 취소를 구하는 취지가 그대로 남아 있었던 것으로 볼 수 있다면 선행처분의 취소를 구하는 소의 제소기간은 최초의 소가 제기된 때를 기준으로 정하여야 한다(대판 2013.7.11, 2011두27544).

③ 소의 추가적 병합

> 소의 추가적 병합의 경우 추가적으로 병합된 소의 제소기간은 원칙상 추가병합 신청이 있은 때를 기준으로 한다 (대판 2004.12.10, 2003두12257).

> 동일한 행정처분에 대한 무효확인의 소에 그 처분의 취소를 구하는 소를 추가적으로 병합한 경우, 주된 청구인 무효확인의 소가 적법한 취소소송의 제소기간 내에 제기되었다면 추가적으로 병합된 취소청구의 소도 적법하게 제기된 것으로 본다(대판 2005.12.23, 2005두3554).

④ 청구취지의 추가

㉠ 공정거래위원회의 처분에 대하여 불복의 소를 제기하였다가 청구취지를 추가하는 경우, 추가된 청구취지에 대한 제소기간 준수 여부를 판단하는 기준시점은 청구취지의 추가·변경 신청이 있는 때이다 ★ 21 국회8급

**최신기출**
> 청구취지를 추가하는 경우, 청구취지가 추가된 때에 새로운 소를 제기한 것으로 보므로, 추가된 청구취지에 대한 제소기간 준수 등은 원칙적으로 청구취지의 추가·변경 신청이 있는 때를 기준으로 판단하여야 한다(대판 2018.11.15, 2016두48737).

㉡ 선행 처분의 취소를 구하는 소를 제기하였다가 후행 처분의 취소를 구하는 청구취지를 추가하였으나 선행 처분이 잠정적 처분으로서 후행 처분에 흡수되어 소멸되는 관계에 있고, 선행 처분의 취소를 구하는 소에 후행 처분의 취소를 구하는 취지도 포함되어 있는 경우, 후행 처분의 취소를 구하는 소의 제소기간 준수 여부를 판단하는 기준시점은 선행 처분의 취소를 구하는 취초의 소가 제기된 때이다

> 그러나 선행 처분의 취소를 구하는 소를 제기하였다가 이후 후행 처분의 취소를 구하는 청구취지를 추가한 경우에도, 선행 처분이 종국적 처분을 예정하고 있는 일종의 잠정적 처분으로서 후행 처분이 있을 경우 선행 처분은 후행 처분에 흡수되어 소멸되는 관계에 있고, 당초 선행 처분에 존재한다고 주장되는 위법사유가 후행 처분에도 마찬가지로 존재할 수 있는 관계여서 선행 처분의 취소를 구하는 소에 후행 처분의 취소를 구하는 취지도 포함되어 있다고 볼 수 있다면, 후행 처분의 취소를 구하는 소의 제소기간은 선행 처분의 취소를 구하는 최초의 소가 제기된 때를 기준으로 정하여야 한다(대판 2018.11.15, 2016두48737).

## 3. 무효처분과 제소기간

**무효선언을 구하는 취소소송의 경우 제소기간의 제한규정이 적용된다**

★ 22 지방9급, 19 국회8급, 14·12·11 세무사, 14 사회복지, 14 순경특채, 12 국가9급, 12 순경특채, 11 국회9급, 10 지방7급

**최신기출**
> 행정처분의 당연무효를 선언하는 의미에서 그 취소를 구하는 행정소송을 제기하는 경우에는 전치절차와 그 제소기간의 준수 등 취소소송의 제소요건을 갖추어야 한다(대판 1987.6.9, 87누219).

> 무효인 처분에 대해 무효선언을 구하는 취소소송을 제기하는 경우에는 제소기간의 제한이 없다. (×) ■ 22 지방9급

# 제6강 전심절차

## I. 행정심판전치의 요건

### (1) 심판청구의 적법성(실질에 의해 판단)

**① 제기기간을 도과한 행정심판청구의 부적법을 간과한 채 행정청이 실질적 재결을 한 경우 행정소송의 전치요건을 충족하지 못한다** ★ 17 국가7급, 15 국회8급

> 행정처분의 취소를 구하는 항고소송의 전심절차인 행정심판청구가 기간도과로 인하여 부적법한 경우에는 행정소송 역시 전치의 요건을 충족치 못한 것이 되어 부적법 각하를 면치 못하는 것이고, 이 점은 행정청이 행정심판의 제기기간을 도과한 부적법한 심판에 대하여 그 부적법을 간과한 채 실질적 재결을 하였다 하더라도 달라지는 것이 아니다(대판 1991.6.25, 90누8091).

> 기간경과 등의 부적법한 심판제기가 있었고, 행정심판위원회가 각하하지 않고 기각재결을 한 경우는 심판전치의 요건이 구비된 것으로 볼 수 있다. (x) ■ 15 국회8급

### (2) 인적 관련성

> 소원(현행법상으로는 행정심판)전치주의는 행정행위의 특수성, 전문성에 비추어 처분행정청으로 하여금 위법한 행정행위에 대하여 그 스스로 재고, 시정의 기회를 부여함에 그 뜻이 있는 제도이므로 동일한 행정처분에 의하여 공동의 법률적 이해관계를 갖는 공동권리자의 1인이 이미 적법한 소원을 제기하여 처분행정청으로 하여금 그 잘못을 재고, 시정할 기회를 부여하였다면 다른 공동권리자는 소원을 경유함이 없이 행정소송을 제기할 수 있다(대판 1986.10. 14, 83누584).

### (3) 사물적 관련성

> 행정심판의 대상으로서의 행정처분과 행정소송의 대상으로서의 행정처분은 원칙적으로 동일한 것이어야 한다(대판 1969.1.3, 69누9).

### (4) 주장사유의 관련성

**판례는 양자의 주장이 전혀 별개의 것이 아닌 한 반드시 일치하는 것은 아니므로, 행정심판에서 주장하지 않은 사항도 기본적인 점에서 부합되는 것이면 행정소송에서 주장할 수 있다고 판시하고 있다.**

> 전심절차에 있어서의 주장과 행정소송에 있어서의 주장이 전혀 별개의 것이 아닌 한 반드시 일치하여야 하는 것은 아니므로 전심절차에 있어서 주장하지 아니한 사항도 행정소송에서 주장할 수 있고 세액산출근거를 흠결한 납세고지처분이 위법하다는 주장 역시 다같이 이건 과세처분의 위법사유의 하나로서, 전심절차에서 주장하지 아니하다가 본소에서 비로소 종전의 주장에 추가하였다 하여 그것이 전혀 별개의 주장이라고 할 수 없다(대판 1984.5.9, 84누 116).

② 항고소송에 있어 전심절차에서 주장하지 아니한 공격방어방법을 소송절차에서 주장할 수 있다

★ 13 국가7급, 13 국가9급

> 항고소송에 있어서 원고는 전심절차에서 주장하지 아니한 공격방어방법을 소송절차에서 주장할 수 있고 법원은 이를 심리하여 행정처분의 적법 여부를 판단할 수 있는 것이므로, 원고가 전심절차에서 주장하지 아니한 처분의 위법사유를 소송절차에서 새롭게 주장하였다고 하여 다시 그 처분에 대하여 별도의 전심절차를 거쳐야 하는 것은 아니다(대판 1996.6.14, 96누754).

## II. 행정심판전치주의의 적용범위

### (1) 취소소송에 적용

> 과세처분의 취소를 구하는 행정소송은 반드시 그 전치요건으로서 국세기본법 소정의 심사청구 및 심판청구 절차를 모두 경유하지 아니하면 이를 제기할 수 없다(대판 1987.6.9, 87누219).

### (2) 무효확인소송에는 적용되지 않음

> 행정처분의 당연무효를 구하는 소송에 있어서는 소원전치의 요건을 구비할 필요가 없다(대판 1962.9.27, 62누29).

### (3) 무효선언을 구하는 취소소송에 적용 ★ 21·14 국회8급, 20 국가7급

> 행정처분의 당연무효를 선언하는 의미에서 그 취소를 구하는 행정소송을 제기하는 경우에는 전치절차와 그 제소기간의 준수 등 취소소송의 제소요건을 갖추어야 한다(대판 1993.3.12, 92누11039).

甲이 A 처분에 대해 취소소송을 제기하는 경우 제소기간의 제한을 받지 않는다. (x) ■ 21 국회8급

### (4) 제3자효 행정행위에도 적용 ★ 19·14 국회8급, 13 세무사

최신기출
> 행정소송법 제20조 제2항은 행정심판을 제기하지 아니하거나 그 재결을 거치지 아니하는 사건을 적용대상으로 한 것임이 규정 자체에 의하여 명백하고, 행정처분의 상대방이 아닌 제3자가 제기하는 사건은 같은법 제18조 제3항 소정의 행정심판을 제기하지 아니하고 제소할 수 있는 사건에 포함되어 있지 않으므로 같은법 제20조 제2항 단서를 적용하여 제소에 관한 제척기간의 규정을 배제할 수는 없다(대판 1989.5.9, 88누5150).

## III. 필요적 행정심판전치주의 사례

### (1) 조세행정

① 조세의 부과징수처분에 대하여 감사원법 제43조 제1항에 정한 심사청구절차를 거친 경우에는 위 처분의 취소소송 제기에 앞서 필요한 요건으로서의 행정심판을 거친 것으로 보아야 한다 ★ 14 국회8급

> 조세의 부과징수처분에 대하여 감사원법 제43조 제1항에 정한 심사청구를 하여 그 절차를 거친 경우에는 이를 위 국세기본법, 관세법, 지방세법에 정한 불복절차를 거친 경우에서와 같이 그 처분의 취소소송 제기에 앞서 필요한 요건으로서의 당해 처분에 대한 행정심판을 거친 것으로 보아야 한다(대판 1991.2.26, 90누7944).

② 의제배당소득임을 전제로 한 원천징수고지에 대하여 전심절차를 거친 경우에 의제배당소득을 포함한 종합소득세 부과처분 취소소송에서 별도의 전심절차를 거쳐야 한다

> 원고가 당초 국세심판원에 대한 심판청구로써 전심절차를 거친 원고의 소외 회사에 대한 주식 양도에 따른 의제배당소득과 관련한 원천징수고지와 이 사건 소로써 취소를 구하는 피고의 원고에 대한 위 의제배당소득과 관련한 이 사건 종합소득세 부과처분은 그 처분청과 처분의 상대방이 서로 다르고, 국세심판원이 원고의 심판청구를 당사자적격이 인정되지 않는다는 이유로 각하한 점에 비추어, 국세심판원으로 하여금 기본적 사실관계와 법률문제에 대하여 다시 판단할 수 있는 기회를 부여하였다고 보기 어려울 뿐만 아니라 원고로 하여금 또 전심절차를 거치게 하는 것이 가혹하다고 보이는 정당한 사유가 있다고 보기도 어렵다(대판 2009.5.28, 2007두25817).

### (2) 재조사결정

① 재결청의 재조사결정에 따라 처분청이 감액경정처분이나 당초 처분을 유지하는 등의 후속 처분을 한 경우 불복청구기간의 기산점은 후속 처분의 통지를 받은 날이다 ★ 17 지방9급, 16 국회8급, 15 지방9급

`전합판례`
> 이의신청 등에 대한 결정의 한 유형으로 실무상 행해지고 있는 재조사결정은 처분청으로 하여금 하나의 과세단위의 전부 또는 일부에 관하여 당해 결정에서 지적된 사항을 재조사하여 그 결과에 따라 과세표준과 세액을 경정하거나 당초 처분을 유지하는 등의 후속 처분을 하도록 하는 형식을 취하고 있다. 이에 따라 재조사결정을 통지받은 이의신청인 등은 그에 따른 후속 처분의 통지를 받은 후에야 비로소 다음 단계의 쟁송절차에서 불복할 대상과 범위를 구체적으로 특정할 수 있게 된다. 이와 같은 재조사결정의 형식과 취지, 그리고 행정심판제도의 자율적 행정통제기능 및 복잡하고 전문적·기술적 성격을 갖는 조세법률관계의 특수성 등을 감안하면, 재조사결정은 당해 결정에서 지적된 사항에 관해서는 처분청의 재조사결과를 기다려 그에 따른 후속 처분의 내용을 이의신청 등에 대한 결정의 일부분으로 삼겠다는 의사가 내포된 변형결정에 해당한다고 볼 수밖에 없다. 그렇다면 재조사결정은 처분청의 후속 처분에 의하여 그 내용이 보완됨으로써 이의신청 등에 대한 결정으로서의 효력이 발생한다고 할 것이므로, 재조사결정에 따른 심사청구기간이나 심판청구기간 또는 행정소송의 제소기간은 이의신청인 등이 후속 처분의 통지를 받은 날부터 기산된다고 봄이 상당하다(대판(전합) 2010.6.25, 2007두12514].

> 납세자의 이의신청에 의한 재조사결정에 따른 행정소송의 제소기간은 이의신청인 등이 재결청으로부터 재조사결정의 통지를 받은 날부터 기산한다. (x) ■ 17 지방9급

# Ⅳ. 행정심판을 제기하지 아니하고 직접 제소할 수 있는 경우

| 행정심판의 재결을 거치지 아니하고 취소소송을 제기할 수 있는 경우(제18조 제2항) | 행정심판을 제기함이 없이 취소소송을 제기할 수 있는 경우(제18조 제3항) |
|---|---|
| 1. 행정심판청구가 있은 날로부터 60일이 지나도 재결이 없는 때(제1호)<br>2. 처분의 집행 또는 절차의 속행으로 생길 중대한 손해를 예방하여야 할 긴급한 필요가 있는 때(제2호)<br>3. 법령의 규정에 의한 행정심판기관이 의결 또는 재결을 하지 못할 사유가 있는 때(제3호)<br>4. 그 밖의 정당한 사유가 있는 때(제4호) | 1. 동종사건에 관하여 이미 행정심판의 기각재결이 있은 때(제1호)<br>2. 서로 내용상 관련되는 처분 또는 같은 목적을 위하여 단계적으로 진행되는 처분 중 어느 하나가 이미 행정심판의 재결을 거친 때(제2호)<br>3. 행정청이 사실심의 변론종결 후 소송의 대상인 처분을 변경하여 당해 변경된 처분에 관하여 소를 제기하는 때(제3호)<br>4. 처분을 행한 행정청이 행정심판을 거칠 필요가 없다고 잘못 알린 때(제4호)<br>5. 처분변경으로 인한 소의 변경의 경우(제22조 제3항) |

### (1) 동종사건에 관하여 이미 행정심판의 기각재결이 있은 때(1호)

#### ① 인정이유

> 행정소송법 제18조 제3항 제1호에서 "동종사건에 관하여 이미 행정심판의 기각재결이 있은 때"에 행정심판을 거치지 아니하고 행정소송을 제기할 수 있도록 한 것은, 행정심판의 재결결과가 명확하여 인용재결이 예상될 수 없는 경우에는 행정심판전치가 무의미하기 때문이다(대판 1994.11.8, 94누4653).

#### ② 동일한 행정처분에 의하여 동일한 의무를 부담하는 수인 중 1인이 전심절차를 거친 경우 나머지 사람도 전심절차를 다시 거쳐야 하는 것은 아니다

> 동일한 행정처분에 의하여 여러 사람이 동일한 의무를 부담하는 경우 그 중 한 사람이 적법한 행정심판을 제기하여 행정처분청으로 하여금 그 행정처분을 시정할 수 있는 기회를 가지게 한 이상 나머지 사람은 행정심판을 거치지 아니하더라도 행정소송을 제기할 수 있다(대판 1988.2.23, 87누704).

#### ③ '동종사건'의 의미

> 구 행정소송법 제18조 제3항 제1호에서 행정심판의 제기 없이도 행정소송을 제기할 수 있는 경우로 규정하고 있는 '동종사건에 관하여 이미 행정심판의 기각재결이 있은 때'에 있어서의 '동종사건'이라 함은 당해 사건은 물론 당해 사건과 기본적인 점에서 동질성이 인정되는 사건을 가리킨다(대판 2000.6.9, 98두2621).

#### ④

> 행정소송이 전심절차를 거쳤는지 여부를 판단함에 있어서 전심절차에서의 주장과 행정소송에서의 주장이 전혀 별개의 것이 아닌 한 그 주장이 반드시 일치하여야 하는 것은 아니고, 당사자는 전심절차에서 미처 주장하지 아니한 사유를 공격방어방법으로 제출할 수 있다(대판 1999.11.26, 99두9407).

**(2) 서로 내용상 관련되는 처분 또는 같은 목적을 위하여 단계적으로 진행되는 처분 중 어느 하나가 이미 행정심판의 재결을 거친 때(2호)**

① 행정소송법 제18조 제3항 제2호에서 선행정처분에 대한 행정심판의 재결을 거친 때에는 후행정처분에 대하여 별도의 행정심판을 거치지 아니하고도 소를 제기할 수 있도록 한 취지

> 비록 형식적으로는 별개의 행정처분이라 하더라도 그 별개의 행정처분에 깔려 있는 분쟁사유가 공통성을 내포하고 있어서 그 선행정처분에 대한 전치절차의 경유만으로도 이미 그 처분행정청으로 하여금 스스로 재고, 시정할 수 있는 기회를 부여한 것으로 볼 수 있어 후행정처분에 대하여는 다시 전치요건을 갖추지 아니하고서도 행정소송을 제기할 수 있도록 함으로써 무용한 절차의 반복을 피하고 행정구제제도의 취지를 살리기 위한 것이다(대판 1994. 11.22, 93누11050).

② 하천구역의 무단 점용을 이유로 부당이득금 부과처분과 가산금 징수처분을 받은 사람이 부당이득금 부과처분에 대하여만 전심절차를 거친 경우, 가산금 징수처분에 대하여도 부당이득금 부과처분과 함께 행정소송으로 다툴 수 있다 ★ 18 국회8급

> **최신기출** 이 사건 가산금 징수처분은 이 사건 부당이득금 부과처분과 별개의 행정처분이라고 볼 수 있다 할지라도, 이 사건 부당이득금 부과처분의 내용이 구체적으로 확정된 후에 비로소 발생되는 징수권의 행사이므로, … 비록 원고가 이 사건 가산금 징수처분에 대하여 이 사건 부당이득금 부과처분과 달리 피고가 안내한 전심절차를 모두 밟지 않았다 하더라도 이 사건 부당이득금 부과처분에 대하여 위와 같은 전심절차를 거친 이상 이 사건 부당이득금 부과처분과 함께 행정소송으로 이를 다툴 수 있다 할 것이다(대판 2006.9.8, 2004두947).

> 하천구역의 무단 점용을 이유로 부당이득금 부과처분과 그 부당이득금 미납으로 인한 가산금 징수처분을 받은 사람이 가산금 징수처분에 대하여 행정청이 안내한 전심절차를 밟지 않았다면 부당이득금 부과처분에 대하여 전심절차를 거쳤다 하더라도 가산금 징수처분에 대하여는 부당이득금 부과처분과 함께 행정소송으로 다툴 수 없다. (x) ★ 14 국회8급

③ 조세소송에서 납세의무자가 전심절차를 거치지 않고 과세처분취소청구소송을 제기할 수 있는 경우 ★ 14 세무사

> 조세행정에 있어서 2개 이상의 같은 목적의 행정처분이 단계적·발전적 과정에서 이루어진 것으로서 서로 내용상 관련이 있다든지, 세무소송 계속 중에 그 대상인 과세처분을 과세관청이 변경하였는데 위법사유가 공통된다든지, 동일한 행정처분에 의하여 수인이 동일한 의무를 부담하게 되는 경우에 선행처분에 대하여 또는 그 납세의무자들 중 1인이 적법한 전심절차를 거친 때와 같이, 과세관청과 국세심판원으로 하여금 기본적 사실관계와 법률문제에 대하여 다시 판단할 수 있는 기회를 부여하였을 뿐더러 납세의무자로 하여금 굳이 또 전심절차를 거치게 하는 것이 가혹하다고 보이는 등 정당한 사유가 있는 때에는 납세의무자가 전심절차를 거치지 아니하고도 과세처분의 취소를 청구하는 행정소송을 제기할 수 있다고 한 사례(대판 2011.1.27, 2009두13436)

④

> 당초의 과세처분에 존재하고 있다고 주장되는 위법사유가 증액경정처분에도 존재하고 있어 당초의 과세처분이 위법하다고 판단되면 증액경정처분도 위법하다고 하지 않을 수 없는 경우, 당초의 과세처분에 대한 전심절차에서 청구의 취지나 이유를 변경하지 아니하였다고 하더라도 증액경정처분에 대한 별도의 전심절차 없이 증액경정처분의 취소를 구할 수 있다(대판 2013.2.14, 2011두25005).

(3) 행정청이 사실심의 변론종결 후 소송의 대상인 처분을 변경하여 당해 변경된 처분에 관하여 소를 제기하는 때(3호)

(4) 처분을 행한 행정청이 행정심판을 거칠 필요가 없다고 잘못 알린 때(4호)

① 처분청이 아닌 재결청 소속의 행정심판 업무 담당 공무원이 행정심판을 거칠 필요가 없다고 잘못 알린 경우, 행정심판 제기 없이 그 취소소송을 제기할 수 있다

> 행정소송법 제18조 제3항 제4호의 규정이 행정청이 행정심판을 거칠 필요가 없다고 잘못 알린 때에는 행정심판을 제기하지 않고도 취소소송을 제기할 수 있도록 행정심판 전치주의에 대한 예외를 두고 있는 것은 행정에 대한 국민의 신뢰를 보호하려는 것이므로, 처분청이 아닌 재결청이 이와 같은 잘못된 고지를 한 경우에도 행정소송법 제18조 제3항 제4호의 규정을 유추·적용하여 행정심판을 제기함이 없이 그 취소소송을 제기할 수 있다고 할 것이다(대판 1996.8.23, 96누4671).

## V. 행정심판전치주의의 충족여부의 판단

### 1. 소 계속 중의 전심절차 이행과 전치요건 흠결의 하자치유 인정 ★ 15 국회8급, 14 사회복지, 10 세무사

최신기출
> 전심절차를 밟지 아니한 채 증여세부과처분취소소송을 제기하였다면 제소당시로 보면 전치요건을 구비하지 못한 위법이 있다 할 것이지만, 소송계속 중 심사청구 및 심판청구를 하여 각 기각결정을 받았다면 원심변론종결일 당시에는 위와 같은 전치요건흠결의 하자는 치유되었다고 볼 것이다(대판 1987.4.28, 86누29).

# 제3관 취소소송의 제기

# 제1강 소의 변경

## Ⅰ. 의의

### 1. 개념

일반적으로 소의 변경에는 종래의 청구를 철회하고 새로운 청구를 하는 교환적 변경과 종래의 청구는 그대로 두고 새로운 청구를 추가하는 추가적 변경이 있다.

### 항소심에서 소가 교환적으로 변경된 경우 항소취하는 무효

> 항소심에서 소의 교환적 변경이 있으면 제1심판결은 소취하로 실효되고, 항소심의 심판대상은 교환된 청구에 대한 새로운 소송으로 바뀌어 항소심은 사실상 제1심으로 재판하는 것이 되므로, 그 뒤에 항소인이 항소를 취하한다 하더라도 항소취하는 그 대상이 없어 아무런 효력을 발생할 수 없다(대판 2008.5.29, 2008두2606).

### 2. 청구취지의 정정과의 구별

청구취지의 정정이란 청구취지의 기재에 착오가 있을 때 청구취지를 바로잡는 것을 의미한다. 청구취지의 정정의 경우 청구가 변경되는 것이 아니므로 전심절차 및 제소기간의 준수 여부는 정정되기 전의 소송의 제기를 기준으로 판단해야 한다.

**주택건설사업의 양수인이 사업주체의 변경승인신청을 한 이후에 행정청이 양도인에 대한 사업계획승인을 취소하는 처분을 하면서 양수인에게 그 사실을 통지하고 변경승인신청서를 반려한 것에 대하여 양수인이 행정소송을 제기하면서 청구취지에 처분성이 결여된 위 통지를 소송의 대상으로 기재하였다가 청구원인에 비추어 볼 때 소송의 대상으로 삼았다고 봄이 합리적인 사업계획승인취소처분을 취소하는 것으로 청구취지를 바꿀 경우, 이는 청구취지의 정정에 해당하여 전심절차 및 제소기간을 준수한 것으로 보아야 한다고 한 사례**

> 주택건설사업의 양수인이 사업주체의 변경승인신청을 한 이후에 행정청이 양도인에 대한 사업계획승인을 취소하는 처분을 하면서 양수인에게 그 사실을 통지하고 변경승인신청서를 반려한 것에 대하여 양수인이 행정소송을 제기하면서 청구취지에 처분성이 결여된 위 통지를 소송의 대상으로 기재하였으나 청구원인에 비추어 볼 때 사업계획승인취소처분을 소송의 대상으로 삼았다고 봄이 합리적인 경우에는 위 통지의 취소를 사업계획승인취소처분의 취소로 청구취지를 정정하는 것이 가능하다(대판 2000.9.26, 99두646).

## II. 행정소송법상 소의 변경

| 구 분 | 내 용 |
|---|---|
| 소 종류의 변경 | 1. 항고소송 상호 간 - 취소소송 상호 간(동일한 처분인 경우) - 무효확인소송과 부작위위법확인소송 상호 간<br>2. 항고소송과 당사자소송 상호 간 |
| 처분변경으로 인한 소변경 | 1. 항고소송 - 부작위위법확인소송<br>2. 당사자소송 |

## 1. 소종류의 변경

### (1) 항고소송 상호 간

#### ① 행정소송에 있어서 예비적인 피고의 변경은 허용되지 않는다

> 행정소송법상 소의 종류의 변경에 따른 당사자(피고)의 변경은 교환적 변경에 한한다고 봄이 상당하므로 예비적 청구만이 있는 피고의 추가경정신청은 허용되지 않는다(대결 1989.10.27, 89두1).

#### ② 동일한 생활사실 또는 동일한 경제적 이익에 기한 청구의 변경과 청구의 기초

> 소변경제도를 인정하는 취지는 소송으로서 요구받고 있는 당사자 쌍방의 분쟁에 합리적 해결을 실질적으로 달성시키고 동시에 소송경제에 적합하도록 함에 있다 할 것이므로 동일한 생활사실 또는 동일한 경제적 이익에 관한 분쟁에 있어서 그 해결방법에 차이가 있음에 불과한 청구취지의 변경은 청구의 기초에 변경이 없다(대판 1987.7.7, 87다카225).

#### ③

> 취소소송을 제기하였다가 나중에 당사자소송으로 변경하는 경우에는 행정소송법 제21조 제4항, 제14조 제4항에 따라 처음부터 당사자소송을 제기한 것으로 보아야 하므로 당초의 취소소송이 적법한 기간 내에 제기된 경우에는 당사자소송의 제소기간을 준수한 것으로 보아야 할 것이다(대판 1992.12.24, 92누3335).

### (2) 항고소송과 당사자소송 상호 간

**원고가 고의 또는 중대한 과실 없이 당사자소송으로 제기하여야 할 것을 항고소송으로 잘못 제기한 경우, 법원이 취할 조치** ★ 21 변호사

> 최신기출   원고가 고의 또는 중대한 과실 없이 당사자소송으로 제기하여야 할 것을 항고소송으로 잘못 제기한 경우에, 당사자소송으로서의 소송요건을 결하고 있음이 명백하여 당사자소송으로 제기되었더라도 어차피 부적법하게 되는 경우가 아닌 이상, 법원으로서는 원고가 당사자소송으로 소 변경을 하도록 하여 심리·판단하여야 한다(대판 2016.5.24, 2013두14863).

### (3) 소변경의 효과

소변경이 허가되면 신소(新訴)는 처음에 소를 제기한 때에 제기된 것으로 보며, 변경된 구소(舊訴)는 취하된 것으로 본다(제21조 제4항). 따라서 구소에 대해 행해진 종전의 소송절차는 신소에 유효하게 승계된다. 이와 같은 제소기간 준수의 소급효를 인정한 것은 우리나라에 특유한 것이고, 민사소송법의 대원칙에 대한 예외로서 중요한 의미가 있다.

#### ① 취소소송을 제기하였다가 당사자소송으로 소변경을 허용할 경우 당사자소송의 제소기간의 준수기준은 취소소송

> 취소소송을 제기하였다가 나중에 당사자소송으로 변경하는 경우에는 행정소송법 제21조 제4항, 제14조 제4항에 따라 처음부터 당사자소송을 제기한 것으로 보아야 하므로 당초의 취소소송이 적법한 기간 내에 제기된 경우에는 당사자소송의 제소기간을 준수한 것으로 보아야 할 것이다(대판 1992.12.24, 92누3335).

## 2. 처분변경으로 인한 소 변경

#### 동일한 내용의 하천점용료를 대상으로 한 청구의 변경과 기초의 동일성

> 피고(남원시장)가 원고에게 하천점용료부과처분을 하였다가 절차상 하자를 이유로 이를 취소하고 다시 동일한 내용의 처분을 한 경우에, 원고가 당초의 부과처분에 대한 취소청구를 새로운 부과처분에 대한 취소청구로 변경하더라도 두 처분이 모두 동일한 내용의 하천점용료를 대상으로 한 것으로서 별개의 두 부과처분이 병존하는 것이 아닌 이상 그 청구의 기초에 변경이 없다고 볼 것이다(대판 1984.2.28, 83누638).

## III. 민사소송법상 소의 변경

### 1. 행정소송에서 민사소송법상의 청구의 변경이 인정된다

> 행정소송법 제21조와 제22조가 정하는 소의 변경은 그 법조에 의하여 특별히 인정되는 것으로서 민사소송법상의 소의 변경을 배척하는 것이 아니므로, 행정소송의 원고는 행정소송법 제8조 제2항에 의하여 준용되는 민사소송법 제235조에 따라 청구의 기초에 변경이 없는 한도에서 청구의 취지 또는 원인을 변경할 수 있다(대판 1999.11.26, 99두9407).

### 2. 행정소송으로 제기하여야 할 사건을 민사소송으로 잘못 제기하고 수소법원이 그 행정소송에 대한 관할도 동시에 가지고 있는 경우, 수소법원이 취하여야 할 조치(진료비지급청구의 민사소송을 진료비지급 거부처분취소소송으로 소변경을 허용) ★ 14 세무사

> 행정소송법 제7조는 원고의 고의 또는 중대한 과실 없이 행정소송이 심급을 달리하는 법원에 잘못 제기된 경우에 민사소송법 제31조 제1항을 적용하여 이를 관할 법원에 이송하도록 규정하고 있을 뿐 아니라 관할 위반의 소를 부적법하다고 하여 각하하는 것보다 관할 법원에 이송하는 것이 당사자의 권리 구제나 소송경제의 측면에서 바람직하므로, 원고가 고의 또는 중대한 과실 없이 행정소송으로 제기하여야 할 사건을 민사소송으로 잘못 제기한 경우 수소법원으로서는 만약 그 행정소송에 대한 관할도 동시에 가지고 있는 경우라면, 행정소송으로서의 전심절차 및 제소기간을 도과하였거나 행정소송의 대상이 되는 처분 등이 존재하지도 아니한 상태에 있는 등 행정소송으로서의 소송요건을 결하고 있음이 명백하여 행정소송으로 제기되었더라도 어차피 부적법하게 되는 경우가 아닌 이상, 원고로 하여금 항고소송으로 소 변경을 하도록 하여 그 1심법원으로 심리·판단하여야 한다(대판 1999.11.26, 97다42250).

### 3. 소의 교환적 변경의 경우 청구취지를 변경하여 구소가 취하되고 새로운 소로 변경된 경우, 새로운 소에 대한 소 제기기간 준수 여부의 기준시점은 소 변경시이다 ★ 17 지방9급

> 청구취지를 변경하여 구 소가 취하되고 새로운 소가 제기된 것으로 변경되었을 때에 새로운 소에 대한 제소기간의 준수 등은 원칙적으로 소의 변경이 있은 때를 기준으로 하여야 한다(대판 2004.11.25, 2004두7023).

### 4. 소의 추가적 변경의 경우 제소기간 준수 여부의 기준시점은 소 변경시이다

> 공익근무요원복무중단처분, 현역병입영대상편입처분 및 현역병입영통지처분은 보충역편입처분취소처분을 전제로 한 것이기는 하나 각각 단계적으로 별개의 법률효과를 발생시키는 독립된 행정처분으로서 하나의 소송물로 평가할 수 없고, 보충역편입처분취소처분의 효력을 다투는 소에 공익근무요원복무중단처분, 현역병입영대상편입처분 및 현역병입영통지처분을 다투는 소도 포함되어 있다고 볼 수는 없다고 할 것이므로, 공익근무요원복무중단처분, 현역병입영대상편입처분 및 현역병입영통지처분의 취소를 구하는 소의 제기기간의 준수 여부는 각 그 청구취지의 추가·변경신청이 있은 때를 기준으로 개별적으로 살펴야 할 것이지, 최초에 보충역편입처분취소처분의 취소를 구하는 소가 제기된 때를 기준으로 할 것은 아니라고 할 것이다(대판 2004.12.10, 2003두12257).

5. 당초의 조세부과처분 취소소송 계속 중 당초의 부과처분을 증액 변경하는 증액경정결정 또는 재경정결정이 있는 경우에 경정결정 또는 재경정결정에 대한 전심절차를 거칠 필요 없이 청구취지변경으로 취소를 구할 수 있는 경우 및 이때 당초의 소송이 제소기간 내에 제기된 경우 청구취지변경의 제소기간 준수를 따질 필요가 없다

> 당초의 조세부과처분에 대하여 적법한 취소소송이 계속 중에 동일한 과세목적물에 대하여 당초의 부과처분을 증액 변경하는 경정결정 또는 재경정결정이 있는 경우에 당초 부과처분에 존재하고 있다고 주장되는 취소사유(실체상의 위법성)가 경정결정 또는 재경정결정에도 마찬가지로 존재하고 있어 당초 부과처분이 위법하다고 판단되면 경정결정 또는 재경정결정도 위법하다고 하지 않을 수 없는 경우 원고는 경정결정 또는 재경정결정에 대하여 따로 전심절차를 거칠 필요 없이 청구취지를 변경하여 경정결정 또는 재경정결정의 취소를 구할 수 있고, 이러한 경우 당초의 소송이 적법한 제소기간 내에 제기된 것이라면 경정결정 또는 재경정결정에 대한 청구취지변경의 제소기간 준수 여부는 따로 따질 필요가 없다(대판 2012.11.29, 2010두7796).

6.

> 선행처분(주택재건축정비사업조합설립인가처분)의 취소를 구하는 소가 후속처분(변경인가처분)의 취소를 구하는 소로 교환적으로 변경되었다가 다시 선행처분의 취소를 구하는 소로 변경되고, 후속처분의 취소를 구하는 소에 선행처분의 취소를 구하는 취지가 그대로 남아 있었던 경우, 선행처분의 취소를 구하는 소의 제소기간은 최초의 소가 제기된 때를 기준으로 정하여야 한다(대판 2013.7.11, 2011두27544).

7.

> 최신판례 제소기간 내에 적법하게 제기된 선행 처분에 대한 취소소송 계속 중에 행정청이 선행 처분서 문언의 일부 오기를 정정할 수 있음에도 선행 처분을 직권 취소하고 실질적으로 동일한 내용의 후행 처분을 함으로써 두 처분 사이에 밀접한 관련성이 있고 선행 처분에 존재한다고 주장되는 위법사유가 후행 처분에도 존재할 수 있는 관계인 경우, 후행 처분의 취소를 구하는 소변경의 제소기간 준수 여부를 따로 따질 필요가 없다(대판 2019.7.4, 2018두58431).

# 제2강 처분사유의 추가·변경

## I. 개설

### 1. 근거법조의 추가·변경

판례에 의하면 처분사유의 추가·변경은 단순히 근거법조만을 추가·변경하는 것과 구별된다.

**(1) 행정처분의 취소를 구하는 항고소송에서 처분청이 처분 당시에 적시한 구체적 사실을 변경하지 아니하는 범위 내에서 단지 그 처분의 근거법령만을 추가·변경하거나 당초의 처분사유를 구체적으로 표시하는 것에 불과한 경우, 새로운 처분사유의 추가·변경에 해당하지 않는다** ★ 17 국가7급, 16 국가9급, 14 국회8급, 14·13·12·07세무사, 11 사회복지

> 행정처분의 적법 여부는 특별한 사정이 없는 한 처분 당시의 사유를 기준으로 판단하는 것이나 처분청이 처분 당시에 적시한 구체적 사실을 변경하지 아니하는 범위 내에서 단지 그 처분의 근거법령만을 추가·변경하는 것은 새로운 처분사유의 추가라고 볼 수 없으므로 이와 같은 경우에는 처분청이 처분 당시에 적시한 구체적 사실에 대하여 처분 후에 추가·변경한 법령을 적용하여 그 처분의 적법 여부를 판단하여도 무방하다(대판 1988.1.19, 87누603).

**(2)**

> 자동차운송사업면허취소처분의 취소를 구하는 소송 계속중 헌법재판소의 위헌결정으로 처분의 당초 근거규정이 효력을 상실하자 처분청이 그 법률상의 근거를 적법하게 변경한 경우, 위 면허취소처분이 법률의 근거가 없는 위법한 처분이라고 할 수 없다(대판 2005.3.10, 2002두9285).

**(3)**

> 최신판례 처분의 근거 법령을 변경하는 것이 종전 처분과 동일성을 인정할 수 없는 별개의 처분을 하는 것과 다름없는 경우에는 허용될 수 없다(대판 2021.7.29, 2021두34756).

### 2. 공격방어방법의 변경과 구별

**경정거부처분 취소소송에서 과세관청이 당초의 거부처분사유 외의 새로운 사유를 주장할 수 있다**

> 통상의 과세처분 취소소송에서와 마찬가지로 감액경정청구에 대한 거부처분 취소소송 역시 그 거부처분의 실체적·절차적 위법 사유를 취소원인으로 하는 것으로서 그 심판의 대상은 과세표준신고서에 기재된 과세표준 및 세액의 객관적인 존부이고, 경정청구가 이유 없다고 내세우는 개개의 거부처분사유는 과세표준신고서에 기재된 과세표준 및 세액이 세법에 의하여 신고하여야 할 객관적으로 정당한 과세표준 및 세액을 초과하는 것이 아니라고 주장하는 공격방어방법에 불과한 것이다. 따라서 과세관청은 당초 내세웠던 거부처분사유 이외의 사유도 그 거부처분 취소소송에서 새로이 주장할 수 있다(대판 2008.12.24, 2006두13497).

## 3. 처분사유의 근거가 되는 기초사실 내지 평가요소

### (1)

> 구 국적법 제5조 각호 사유 중 일부를 갖추지 못하였다는 이유로 행정청이 귀화 신청을 받아들이지 않는 처분을 한 경우, '그 각호 사유 중 일부를 갖추지 못하였다는 판단' 자체가 처분의 사유가 된다(대판 2018.12.13, 2016두31616).

### (2)

> **최신기출** 외국인 甲이 법무부장관에게 귀화신청을 하였으나 법무부장관이 심사를 거쳐 '품행 미단정'을 불허사유로 국적법상의 요건을 갖추지 못하였다며 신청을 받아들이지 않는 처분을 하였는데, 법무부장관이 甲을 '품행 미단정'이라고 판단한 이유에 대하여 제1심 변론절차에서 자동차관리법위반죄로 기소유예를 받은 전력 등을 고려하였다고 주장하였다가 원심 변론절차에서 불법 체류한 전력이 있다는 추가적인 사정까지 고려하였다고 주장한 사안에서, 법무부장관이 원심에서 추가로 제시한 불법 체류 전력 등의 제반 사정은 처분사유의 근거가 되는 기초 사실 내지 평가요소에 지나지 않으므로, 추가로 주장할 수 있다고(대판 2018.12.13, 2016두31616). ★ 19 서울7급

## 4. 처분사유의 구체적 표시나 설명

단지 처분사유를 구체적으로 표시하거나 설명하는 것은 처분사유의 추가변경이 아니다.

**(1)** 행정청이 처분서에 불확정개념으로 규정된 법령상의 허가기준 등을 충족하지 못하였다는 취지만 간략히 기재하여 폐기물처리사업계획서 부적합 통보를 한 경우, 부적합 통보에 대한 취소소송절차에서 행정청은 구체적 불허가사유를 분명히 하여야 하고, 원고는 행정청이 제시한 구체적인 불허가사유에 관한 판단과 근거에 재량권 일탈·남용의 위법이 있음을 밝히기 위해 추가적인 주장 및 자료를 제출할 필요가 있다

> **최신판례** 행정청이 폐기물처리사업계획서 부적합 통보를 하면서 처분서에 불확정개념으로 규정된 법령상의 허가기준 등을 충족하지 못하였다는 취지만을 간략히 기재하였다면, 부적합 통보에 대한 취소소송절차에서 행정청은 그 처분을 하게 된 판단 근거나 자료 등을 제시하여 구체적 불허가사유를 분명히 하여야 한다. 이러한 경우 재량행위인 폐기물처리사업계획서 부적합 통보의 효력을 다투는 원고로서는 행정청이 제시한 구체적인 불허가사유에 관한 판단과 근거에 재량권 일탈·남용의 위법이 있음을 밝히기 위하여 소송절차에서 추가적인 주장을 하고 자료를 제출할 필요가 있다(대판 2019.12.24, 2019두45579).

**(2)** 폐기물 중간처분업체인 甲 주식회사(신대한정유산업 주식회사)가 소각시설을 허가받은 내용과 달리 설치하거나 증설한 후 허가받은 처분능력의 100분의 30을 초과하여 폐기물을 과다소각하였다는 이유로 한강유역환경청장으로부터 과징금 부과처분을 받았는데, 甲 회사가 이를 취소해 달라고 제기한 소송에서 한강유역환경청장이 '甲 회사는 변경허가를 받지 않은 채 소각시설을 무단 증설하여 과다소각하였으므로 구 「폐기물관리법 시행규칙」 제29조 제1항 제2호 (마)목 등 위반에 해당한다.'고 주장하자 甲 회사가 이는 허용되지 않는 처분사유의 추가·변경에 해당한다고 주장한 사안에서, 한강유역환경청장의 위 주장은 소송에서 새로운 처분사유를 추가로 주장한 것이 아니라, 처분서에 다소 불명확하게 기재하였던 '당초 처분사유'를 좀 더 구체적으로 설명한 것이라고 한 사례

> 폐기물 중간처분업체인 甲 주식회사가 소각시설을 허가받은 내용과 달리 물리적으로 무단 증설하거나 물리적 증설 없이 1일 가동시간을 늘리는 등의 방법으로 허가받은 처분능력의 100분의 30을 초과하여 폐기물을 과다소각하였다는 이유로 한강유역환경청장으로부터 과징금 부과처분을 받았는데, 甲 회사가 이를 취소하는 소를 제기하여 처분이 과중하므로 재량권 일탈·남용에 해당한다고만 주장하다가 '소각시설의 물리적 증설 없이 과다소각한 경우는 폐기물관리법 제25조 제11항, 구 「폐기물관리법 시행규칙」(2018.12.31. 환경부령 제796호로 개정되기 전의 것) 제29조 제1항 제2호 (마)목 위반에 해당하지 않는다.'는 주장을 제기한 데 대하여 한강유역환경청장이 '① 소각시설의 물리적 증설 없이 과다소각한 경우도 위 법령 위반에 해당할 뿐만 아니라 ② 甲 회사는 변경허가를 받지 않은 채 소각시설을 무단 증설하여 과다소각하였으므로 위 법령 위반에 해당한다.'고 주장하자 甲 회사가 ② 주장은 허용되지 않는 처분사유의 추가·변경에 해당한다고 주장한 사안에서, 한강유역환경청장이 위 처분을 하면서 처분서에 '과다소각'이라고만 기재하였을 뿐 어떤 방법으로 과다소각을 한 경우인지 구체적으로 기재하지는 않았으나, 관련 수사 결과와 이에 따른 한강유역환경청장의 사전통지 및 甲 회사가 제출한 의견서 내용 등을 종합하면, 한강유역환경청장은 '甲 회사가 소각시설을 허가받은 내용과 달리 설치하거나 증설하여 폐기물을 과다소각함으로써 위 법령을 위반하였다.'는 점을 '당초 처분사유로 삼아 위 처분을 한 것이고, 甲 회사도 이러한 '당초 처분사유'를 알면서도 이를 인정하고 처분양정이 과중하다는 의견만을 제시하였을 뿐이며, 처분서에 위반행위 방법을 구체적으로 기재하지 않았더라도 그에 불복하여 방어권을 행사하는 데 별다른 지장이 없었으므로, 한강유역환경청장이 甲 회사의 소송상 주장에 대응하여 변론과정에서 한 ② 주장은 소송에서 새로운 처분사유를 추가로 주장한 것이 아니라, 처분서에 다소 불명확하게 기재하였던 '당초 처분사유'를 좀 더 구체적으로 설명한 것인데도, 이와 달리 본 원심판단에 법리오해 등의 잘못이 있다고 한 사례(대판 2020.6.11. 2019두49359).

## II. 허용 여부(제한적 긍정설)

판례도 통설인 제한적 긍정설의 견지에서 기본적 사실관계의 동일성이 인정되는 한도 내에서만 인정하고 있다. 기본적 사실관계의 동일성 유무는 처분사유를 법률적으로 평가하기 이전의 구체적인 사실에 착안하여 그 기초가 되는 사회적 사실관계가 기본적인 점에서 동일한지 여부에 따라 결정된다(대판 2003.12.11, 2003두8395).

### 1. 제한적 긍정설 ★ 17·13 국가7급, 15 사회복지, 14·13·11·10 세무사

행정처분취소소송에 있어서는 실질적 법치주의와 행정처분의 상대방인 국민에 대한 신뢰보호라는 견지에서 처분청은 당초의 처분사유와 기본적 사실관계에 있어서 동일성이 인정되는 한도 내에서만 새로운 처분사유를 추가하거나 변경할 수 있고 기본적 사실관계와 동일성이 전혀 없는 별개의 사실을 들어 처분사유로서 주장함은 허용되지 아니하며 법원으로서도 당초 처분사유와 기본적 사실관계의 동일성이 없는 사실은 처분사유로 인정할 수 없다(대판 2004. 11.26, 2004두4482).

### 2. 행정처분의 취소를 구하는 항고소송에 있어서 당초의 처분사유와 기본적 사실관계의 동일성이 없는 별개의 사실을 처분사유로 주장하는 것을 허용하지 아니하는 입법취지 ★ 15 순경특채, 13 국가7급

기본적 사실관계와 동일성이 인정되지 않는 별개의 사실을 들어 처분사유로 주장하는 것이 허용되지 않는다고 해석하는 이유는 행정처분의 상대방의 방어권을 보장함으로써 실질적 법치주의를 구현하고 행정처분의 상대방에 대한 신뢰를 보호하고자 함에 그 취지가 있고, 추가 또는 변경된 사유가 당초의 처분시 그 사유를 명기하지 않았을 뿐 처분시에 이미 존재하고 있었고 당사자도 그 사실을 알고 있었다 하여 당초의 처분사유와 동일성이 있는 것이라 할 수 없다(대판 2003.12.11, 2001두8827).

### 3. 기본적 사실관계의 동일성 판단기준 ★ 17 국가9급, 13 세무사

기본적 사실관계의 동일성 유무는 처분사유를 법률적으로 평가하기 이전의 구체적인 사실에 착안하여 그 기초가 되는 사회적 사실관계가 기본적인 점에서 동일한지 여부에 따라 결정된다(대판 2003.12.11, 2003두8395).

### 4. 당초 처분의 근거로 제시한 사유가 실질적인 내용이 없는 경우 소송단계에서 처분사유를 추가하여 주장할 수 없다 ★ 18 지방9급

피고는 이 사건 소송에서 '이 사건 산업단지 안에 새로운 폐기물시설부지를 마련할 시급한 필요가 없다.'는 점을 이 사건 거부처분의 사유로 추가하였다. 그러나 피고가 당초 처분의 근거로 제시한 사유가 실질적인 내용이 없다고 보는 이상, 위 추가 사유는 그와 기본적 사실관계가 동일한지 여부를 판단할 대상조차 없는 것이므로, 결국 소송단계에서 처분사유를 추가하여 주장할 수 없다(대판 2017.8.29, 2016두44186).

당초 행정처분의 근거로 제시한 이유가 실질적인 내용이 없는 경우에도 행정소송의 단계에서 행정처분의 사유를 추가할 수 있다. (×) ■ 18 지방9급

# III. 기본적 사실관계의 동일성 관련사례

## 1. 거부처분사유의 추가·변경

### (1) 기본적 사실관계의 동일성 인정사례

1. 허가기준에 맞지 않아 허가신청을 반려한다는 사유와 이격거리 기준위배라는 사유(대판 1989.7.25, 88누11926)
2. 토지 등 거래허가의 기준을 정한 국토이용관리법 제21조의4 제1항 제2호 각 목의 불허가처분사유(대판 1991.11.26, 91누5150)
3. 전교조신문에 대한 정기간행물등록신청거부처분시 발행주체가 불법단체라는 사유와 소정의 첨부서류가 제출되지 아니하였다는 사유(대판 1998.4.24, 96누13286) : 발행주체가 단체라는 점이 공통
4. 주유소건축예정토지에 관하여 "도시계획법 제4조 및 구 '토지의 형질변경 등 행위허가기준 등에 관한 규칙'에 의거하여 행위제한을 추진하고 있다."라는 사유와 위 신청이 토지형질변경허가의 요건을 갖추지 못하였다는 사유 및 도심의 환경보전의 공익상 필요라는 사유(대판 1999.4.23, 97누14378)
5. 국립공원에 인접한 미개발지의 합리적인 이용대책수립 시까지 그 허가를 유보한다는 사유와 국립공원 주변의 환경·풍치·미관 등을 크게 손상시킬 우려가 있으므로 공공목적상 원형유지의 필요가 있는 곳으로서 형질변경허가 금지대상이라는 사유(대판 2001.9.28, 2000두8684)
6. 당초의 정보공개거부처분사유인 검찰보존사무규칙 제20조(재판확정기록의 열람·등사를 피고인이었던 자 또는 그와 같이 볼 수 있는 자에게만 일반적으로 허용하고, 나머지 사건 관계자들에 대하여는 본인의 진술이 기재되거나 본인이 제출한 서류 등에 대하여만 열람·등사를 허용하는 내용) 소정의 신청권자에 해당하지 아니한다는 사유와 새로이 추가된 거부처분사유인 「공공기관의 정보공개에 관한 법률」 제7조 제1항 제6호(당해 정보에 포함되어 있는 이름·주민등록번호 등 개인에 관한 사항으로서 공개될 경우 개인의 사생활의 비밀 또는 자유를 침해할 우려가 있다고 인정되는 정보)의 사유(대판 2003.12.11, 2003두8395)
7. 공유수면이 포락지로서 현 상태로는 건축부지로 이용이 불가하다는 것과 연안도로변 근린공원 조성을 위한 도시계획을 입안하는 절차 중에 있어서 장차 건축을 제한할 예정이라는 당초의 공유수면점·사용 불허가처분사유와 구 공유수면관리법 제5조 제2항과 같은법 시행령 제5조 제1항에 따라 허가될 수 있는 건축물에 해당하지 아니한다는 사유(대판 2004.5.28, 2002두5016)
8. 주택신축을 위한 산림형질변경허가신청에 대하여 행정청이 거부처분을 하면서 당초 거부처분의 근거로 삼은 준농림지역에서의 행위제한이라는 사유와 나중에 거부처분의 근거로 추가한 자연경관 및 생태계의 교란, 국토 및 자연의 유지와 환경보전 등 중대한 공익상의 필요라는 사유(대판 2004.11.26, 2004두4482)
9. 골프연습장 및 근린생활시설을 신축하는 내용의 건축허가신청반려처분 시 내세운 당초의 처분사유인 한화의 화약종합개발 및 성능시험장 부지조성을 위하여 매립된 공유수면매립지에 대한 도시계획수립 등 향후 토지이용계획 검토가 이루어질 때까지 건축허가결정을 유보한다는 사유와 2002.3.부터 11.경까지 사이에 주민휴식공간으로 조성한 호수 주변에 철골구조물의 골프연습장이 건축될 경우 주변경관과의 부조화가 예상되어 「국토의 계획 및 이용에 관한 법률」 제58조 제1항 제4호에 저촉된다는 사유(대판 2006.10.13, 2005두10446) : 당초의 처분사유와 피고가 이 사건 소송에서 새로 추가한 처분사유는, 그 내용이 모두 이 사건 신청지가 공유수면매립 과정에서 형성된 이 사건 호수에 인접하여 있다는 점을 공통으로 하고 있을 뿐만 아니라, 그 취지도 주변환경과 관련한 도시계획 내지 주변경관의 보전 등 중대한 공익상의 필요가 있어 건축허가를 불허한다는 것으로서, 기본적 사실관계의 동일성이 인정된다고 할 것이며, 피고가 이 사건 소송에서 주장하는 처분사유는 당초의 처분사유를 구체화하는 것에 불과하여 이를 처분사유의 추가나 변경이라고 볼 것은 아니라고 할 것이다.
10. 입주자가 개별적으로 공장의 용도를 변경하는 것이 불가하다는 당초의 처분사유와 건물의 용도를 변경하려면 원고가 관리기관인 한국산업단지공단과 새로운 입주계약을 체결하여야 한다는 사실, 구분소유자들의 동의를 받아야 한다는 사실과 대표위원회의 의결 또는 그 의결을 거쳐 입주자 총회의 의결을 받아야 한다는 사실(대판 2013.10.11, 2012두24825)
11. '위 토지가 건축법상 도로에 해당하여 건축을 허용할 수 없다.'는 사유와 '위 토지가 인근 주민들의 통행에 제공된 사실상의 도로인데, 주택을 건축하여 주민들의 통행을 막는 것은 사회공동체와 인근 주민들의 이익에 반하므로 甲의 주택 건축을 허용할 수 없다'는 주장(대판 2019.10.31, 2017두74320) : 토지상의 사실상 도로의 법적 성질에 관한 평가를 다소 달리하는 것일 뿐, 모두 토지의 이용현황이 '도로'이므로 거기에 주택을 신축하는 것은 허용될 수 없다는 것

① **허가기준에 맞지 않아 허가신청을 반려한다는 사유와 이격거리 기준위배라는 사유** ★ 10 순경특채

> 동래구청장은 원고가 제출한 이 사건 허가신청에 대하여 관계법 및 부산시 고시 동래구 허가기준에 의거 검토한 결과 허가기준에 맞지 않아 허가신청을 반려한다고 하였는바, 그 취지는 다른 허가기준에는 들어맞으나 소론과 같은 액화석유가스판매업 허가기준 보완시행 안에 정하여진 허가기준에 맞지 아니하여 허가신청을 반려한다는 의미라고 할 수는 없고, 위에서 본 모든 허가기준에 의거하여 검토한 결과 그 허가기준(원고에 대하여는 이격거리에 관한 허가기준을 나타내는 것이라 함은 위에서 본 바와 같다)에 맞지 아니하여 반려한다는 것으로 이해되는 바이니 피고가 이 사건에서 이격거리 기준위배를 반려사유로 주장하는 것은 그 처분의 사유를 구체적으로 표시하는 것이지 당초의 처분사유와 기본적 사실관계와 동일성이 없는 별개의 또는 새로운 처분사유를 추가하거나 변경하는 것이라고 할 수는 없다(대판 1989.7.25, 88누11926).

② **발행주체가 불법단체라는 사유와 소정의 첨부서류가 제출되지 아니하였다는 주장** ★ 10 순경특채

> 구 정기간행물의등록에관한법률 및 그 시행령 소정의 첨부서류가 제출되지 아니하였다는 주장은 발행주체가 불법단체라는 당초의 처분사유와 비교하여 볼 때 발행주체가 단체라는 점을 공통으로 하고 있어 기본적 사실관계에 동일성이 있는 주장으로서 소송에서 처분사유로 추가·변경할 수 있다(대판 1998.4.24, 96누13286).

③ **국립공원에 인접한 미개발지의 합리적인 이용대책 수립시까지 그 허가를 유보한다는 사유와 국립공원 주변의 환경·풍치·미관 등을 크게 손상시킬 우려가 있으므로 공공목적상 원형유지의 필요가 있는 곳으로서 형질변경허가 금지대상이라는 사유** ★ 11 사회복지, 07세무사

> 토지형질변경 불허가처분의 당초의 처분사유인 국립공원에 인접한 미개발지의 합리적인 이용대책 수립시까지 그 허가를 유보한다는 사유와 그 처분의 취소소송에서 추가하여 주장한 처분사유인 국립공원 주변의 환경·풍치·미관 등을 크게 손상시킬 우려가 있으므로 공공목적상 원형유지의 필요가 있는 곳으로서 형질변경허가 금지대상이라는 사유는 기본적 사실관계에 있어서 동일성이 인정된다(대판 2001.9.28, 2000두8684).

④ **주택신축을 위한 산림형질변경허가신청에 대하여 행정청이 거부처분을 하면서 당초 거부처분의 근거로 삼은 준농림지역에서의 행위제한이라는 사유와 나중에 거부처분의 근거로 추가한 자연경관 및 생태계의 교란, 국토 및 자연의 유지와 환경보전 등 중대한 공익상의 필요라는 사유** ★ 15 변호사, 13 국가7급, 10 순경특채

> 주택신축을 위한 산림형질변경허가신청에 대하여 행정청이 거부처분을 하면서 당초 거부처분의 근거로 삼은 준농림지역에서의 행위제한이라는 사유와 나중에 거부처분의 근거로 추가한 자연경관 및 생태계의 교란, 국토 및 자연의 유지와 환경보전 등 중대한 공익상의 필요라는 사유는 기본적 사실관계에 있어서 동일성이 인정된다(대판 2004.11.26, 2004두4482).

## (2) 기본적 사실관계의 동일성 부정사례

1. 이 사건 각 광구가 도시계획지구 또는 국토이용관리법에 의한 산림보전지구, 경지지구, 자연환경보전지구이어서 이로부터 광물을 채굴함이 공익을 해하므로 광업법 제29조에 의하여 광업권설정출원에 대한 피고의 불허가처분사유와 원고가 이 사건 출원 당시 불석을 채굴하고 있지 아니하였으며, 이 사건 광구에는 이미 소외인들에 의하여 광업권설정등록이 필하여져 있어서 광업법 규정상 원고에 대하여 새로운 광업권의 설정을 허가할 수 없다는 불허가사유(대판 1987.7.21, 85누694)
2. 시세완납증명발급거부처분시 중기취득세의 체납이라는 당초의 처분사유와 자동차세의 체납이라는 사유(대판 1989.6.27, 88누6160)
3. 사업장소인 토지가 관할 군부대장의 동의를 얻지 못하였다는 이유와 탄약창에 근접한 지점에 위치하고 있어 공공의

안전과 군사시설의 보호라는 공익적인 측면에서 보아 허가신청을 불허한다는 이유(대판 1991.11.8, 91누70)
4. 추가 또는 변경된 사유가 당초의 처분 시 이미 존재하고 있었고 당사자도 그 사실을 알고 있었다는 사유(대판 1992.2.14, 91누3895)
5. 충전소설치예정지의 인근 주민들이 충전소설치를 반대하고, 전라남도 고시에 자연녹지의 경우 충전소의 외벽으로부터 100미터 내에 있는 건물주의 동의를 받도록 되어 있는데 그 설치예정지로부터 80미터에 위치한 전주이씨제각 소유주의 동의가 없다는 이유로 이를 반려한 사유와, 충전소설치예정지역 인근도로가 낭떠러지에 접한 S자 커브의 언덕길로 되어 있어서 교통사고로 인한 충전소폭발의 위험이 있어 허가하지 아니하였다는 사유(대판 1992.5.8, 91누13274)
6. 인근 주민들의 동의서를 제출하지 아니하였다는 당초의 토석채취허가신청 반려사유와 토석채취를 하게 되면 자연경관이 심히 훼손되고 암반의 발파시 생기는 소음, 토석운반차량의 통행 시 일어나는 소음, 먼지의 발생, 토석채취장에서 흘러내리는 토사가 부근의 농경지를 매몰할 우려가 있는 등 공익에 미치는 영향이 지대하고 이는 산림내토석채취사무취급요령 제11조 소정의 제한사유에도 해당되기 때문에 위 반려처분이 적법하다는 이유(대판 1992.8.18, 91누3659)
7. 규정온도가 미달되어 온천에 해당하지 않는다는 처분사유와 온천으로서의 이용가치, 기존의 도시계획 및 공공사업에의 지장 여부 등을 고려하여 이 사건 온천발견신고수리를 거부하였다는 사유(대판 1992.11.24, 92누3052)
8. 당초 자동차관리사업불허처분사유인 기존 공동사업장과의 거리제한규정에 저촉된다는 사실과 피고 주장의 최소주차용지에 미달한다는 사실(대판 1995.11.21, 95누10952)
9. 이주대책대상자 선정신청을 거부한 사유로서 당해 사업지구대상자가 아니라는 사유와 이주대책 실시기간을 도과하였다는 사유(대판 1999.8.20, 98두17043)
10. 전통사찰인 대한불교 조계종 수국사 소유의 경내지에 대한 부동산양도허가신청을 반려하면서 허가신청서의 구비서류 미비라는 처분의 형식적 사유와 당해 사안이 그 고유목적에 부합되지 아니한다는 처분의 실체적 사유(대판 1999.11.26, 97누13474)
11. 당초의 정보공개거부처분사유인 「공공기관의 정보공개에 관한 법률」 제7조 제1항 제4호 및 제6호의 사유와 같은항 제5호의 사유(대판 2003.12.11, 2001두8827)
12. 이축신청지가 이축을 허가받을 수 있는 범위 내의 토지에 해당하지 않는다는 당초의 사유와 이미 이축신청권을 포기해 놓고 다른 사람으로 하여금 개발제한구역 안에서 건물을 신축할 수 있도록 하기 위하여 이축신청을 하였다는 사유(대판 2004.2.13, 2001두4030)
13. 주택건설사업계획승인신청반려처분을 하면서 당초처분사유인 46필지 전체를 개발하지 아니한 채 이 사건 토지만을 개발하는 것은 도시미관과 지역여건을 고려하지 아니한 불합리한 계획으로 지역의 균형개발을 저해한다는 사유와 이 사건 처분 이후에 새로이 이 사건 토지가 제1종 일반주거지역으로 지정되었다는 사유(대판 2005.4.15, 2004두10883)
14. 당초의 정보공개거부 처분사유인 구 「공공기관의 정보공개에 관한 법률」 제7조 제1항 제2호, 제4호, 제6호의 사유와 같은항 제1호의 사유(대판 2006.1.13, 2004두12629)
15. "「개발제한구역의 지정 및 관리에 관한 특별조치법 시행령」 제13조의 규정에 의한 배치계획이 수립되어 있지 않다."는 당초의 액화석유가스충전사업허가신청에 대한 불허가처분사유와 "당해 개발제한구역 또는 동일권역으로 볼 수 있는 개발제한구역 안에 개발제한구역 지정 당시나 허가 신청일 당시 거주하였다고 볼 수 없다."는 사유(대판 2007.10.11, 2007두9365)
16. 당초의 처분사유인 대상 정보가 「공공기관의 정보공개에 관한 법률」 제9조 제1항 제7호에 해당한다는 것에다 같은 항 제1호에 해당한다는 사유를 추가하는 경우(대판 2008.10.23, 2007두1798)
17. 원고의 건축신고와 관련된 행정심판이 계속 중이므로 그 건축신고 건이 종결되지 않은 상황에서 이 사건 신청을 처리할 수 없다는 당초의 건축물대장기재신청서반려처분사유와 원고가 이 사건 건축물을 건축하면서 사전 허가 없이 「국토의 이용 및 계획에 관한 법률」상의 허가사항인 토지의 형질변경행위를 하였다거나 이 사건 토지가 경상남도의 화포천 유역 종합치수계획에 의하여 화포천 유역의 침수방지를 위한 저류지 부지에 포함되어 하천구역으로 지정·고시될 예정이어서 이 사건 신청을 받아들일 수 없다는 처분사유(대판 2009.2.12, 2007두17359)
18. 공무원연금법이 정하는 바에 따라 매월 납부하는 기여금이나 부담금을 납부한 사실이 없을 뿐만 아니라 공무원연금법 적용대상자가 아니므로 퇴직연금청구권자가 될 수 없다는 이유로 한 당초의 퇴직금지급거부처분사유와 원고의 퇴직급여청구권이 소멸시효기간의 경과로 소멸했다는 사유(대판 2009.2.26, 2006두2572·2006두2589)
19. 금융위원회위원장 등이 정보가 대법원 재판과 별개 사건인 서울중앙지방법원에 진행 중인 재판에 관련된 정보에도 해당한다며 처분사유를 추가로 주장하는 것(대판 2011.11.24, 2009두19021)

① 시세완납증명발급거부처분시 중기취득세의 체납이라는 당초의 처분사유와 자동차세의 체납이라는 사유
★ 15 순경특채

> 이 사건에서 당초의 처분사유인 중기취득세의 체납과 그 후 추가된 처분사유인 자동차세의 체납은 각 세목, 과세년도, 납세의무자의 지위(연대납세의무자와 직접의 납세의무자) 및 체납액 등을 달리하고 있어 기본적 사실관계가 동일하다고 볼 수 없고, 중기취득세의 체납이나 자동차세의 체납이 다같이 지방세의 체납이고 그 과세대상도 다같은 지입중기에 대한 것이라는 점만으로는 기본적 사실관계의 동일성을 인정하기에 미흡하다(대판 1989.6.27, 88누6160).

② 사업장소인 토지가 관할군부대장의 동의를 얻지 못하였다는 이유와 탄약창에 근접한 지점에 위치하고 있어 공공의 안전과 군사시설의 보호라는 공익적인 측면에서 보아 허가신청을 불허한다는 이유 ★ 13 국가7급

> 피고는 석유판매업허가신청에 대하여 당초 사업장소인 토지가 군사보호시설구역 내에 위치하고 있는 관할군부대장의 동의를 얻지 못하였다는 이유로 이를 불허가하였다가, 소송에서 위 토지는 탄약창에 근접한 지점에 위치하고 있어 공공의 안전과 군사시설의 보호라는 공익적인 측면에서 보아 허가신청을 불허한 것은 적법하다는 것을 불허가사유로 추가한 경우, 양자는 기본적 사실관계에 있어서의 동일성이 인정되지 아니하는 별개의 사유라고 할 것이므로 이와 같은 사유를 불허가처분의 근거로 추가할 수 없다(대판 1991.11.8, 91누70).

③ 추가 또는 변경된 사유가 당초의 처분시 그 사유를 명기하지 않았을 뿐 처분시에 이미 존재하고 있었고 당사자도 그 사실을 알고 있었을 경우 ★ 17 국가9급

> 추가 또는 변경된 사유가 당초의 처분시 그 사유를 명기하지 않았을 뿐 처분시에 이미 존재하고 있었고 당사자도 그 사실을 알고 있었을 경우에는 당초의 처분사유와 동일성이 있는 것이라고 하나 이는 독자적 견해로서 받아들일 수 없다(대판 1992.2.14, 91누3895).

> 추가 또는 변경된 사유가 당초의 처분시 그 사유를 명기하지 않았을 뿐 처분시에 이미 존재하고 있었고 당사자도 그 사실을 알고 있었다면 당초의 처분사유와 동일성이 인정된다. (x) ■ 17 국가9급

④ 금융위원회위원장 등이 정보가 대법원 재판과 별개 사건인 서울중앙지방법원에 진행 중인 재판에 관련된 정보에도 해당한다며 처분사유를 추가로 주장하는 것 ★ 15 변호사, 10 순경특채

> 경제개혁연대와 소속 연구원 갑이 금융위원회위원장 등에게 금융위원회의 론스타에 대한 외환은행 발행주식의 동일인 주식보유한도 초과보유 승인과 론스타의 외환은행 발행주식 초과보유에 대한 반기별 적격성 심사와 관련된 정보 등의 공개를 청구하였으나, 금융위원회위원장 등이 현재 대법원에 재판 진행 중인 사안이 포함되어 있다는 이유로 「공공기관의 정보공개에 관한 법률」(정보공개법) 제9조 제1항 제4호에 따라 공개를 거부한 사안에서, 금융위원회위원장 등이 당초 거부처분사유로 위 정보가 대법원 2007두11412호로 진행 중인 재판에 관련된 정보였다는 취지를 명기하였다면 이와 전혀 별개 사건인 서울중앙지방법원 2006고합1352, 1295, 1351호로 진행 중인 재판에 관련된 정보에도 해당한다며 처분사유를 추가로 주장하는 것은 당초의 처분사유와 기본적 사실관계가 동일하다고 할 수 없는 사유를 추가하는 것이어서 허용될 수 없다고 본 원심판단을 정당하다고 한 사례(대판 2011.11.24, 2009두19021)

## 2. 침해적(제재적) 처분사유·징계사유의 추가·변경

### (1) 기본적 사실관계의 동일성 인정사례

1. 자동차운수사업법 제26조(명의이용금지)를 위반하였다는 사유와 버스 6대에 대한 지입제 운영행위는 면허 및 인가처분시에 유보된 취소권의 행사대상이 될 뿐만 아니라 직영으로 운영하도록 한 위 면허 및 인가조건을 위반하였다는 사유(대판 1992.10.9, 92누213)

2. 과세표준과 세액이 동일한 원천징수 갑종근로소득세의 세목 아래에서 의제소득을 현실소득의 귀속으로 달리 주장하는 것은 동일한 소송물의 범위 내로서 처분사유의 변경이 허용(대판 1997.12.26, 97누4456)

3. 구 법인세법 제32조 제5항에 대한 헌법재판소의 위헌결정으로 효력을 상실한 같은법 시행령 제94조의2에 근거한 소득처분과는 별도로 소득금액이 대표이사 등에게 현실적 소득으로 귀속되었다는 주장과 함께 합산과세되는 종합소득의 범위 안에서 그 소득의 원천만을 달리 주장하는 것(대판 1999.9.17, 97누9666)

4. 동일한 법인세 및 농어촌특별세의 세목 아래 부동산 양도를 부당행위계산부인의 대상인 저가매매로 보고 시가에 따라 당초 부과처분을 했다가 소송 도중에 실지양도가액으로 처분사유를 변경할 경우(대판 2001.8.24, 2000두4873)

5. 종합소득세등부과처분시 과세관청이 과세대상 소득에 대하여 이자소득이 아니라 대금업에 의한 사업소득에 해당한다고 처분사유를 변경한 것(대판 2002.3.12, 2000두2181)

6. 법인세 면제세액의 계산에 관한 납세의무자의 신고내용의 오류를 시정하여 정당한 면제세액을 다시 계산하여 당초의 결정세액을 일부 감액하는 감액경정처분(대판 2002.9.24, 2000두6657)

7. 과세관청이 당초처분사유로 양도건물의 주택용도 이외 부분의 면적이 주택용도부분의 면적보다 크다는 사유를 내세워 양도소득세가 비과세되는 구 소득세법 제5조 제6호 (자)목 소정의 '1세대 1주택'의 요건을 갖추지 못하였다고 주장하다가 소송 중 양도인이 위 건물의 양도 당시 다른 주택 1채를 더 소유하고 있어 위 요건을 갖추지 못하였다고 주장하는 것(대판 2002.10.11, 2001두1994)

8. 사업예정지에 폐기물처리시설을 설치할 경우 인근 농지의 농업경영과 농어촌 생활환경 유지에 피해를 줄 것이 예상되어 농지전용이 불가능하고 또 구거의 목적 외 사용승인도 용이하지 아니하다는 당초의 폐기물처리업사업계획부적정통보사유와 사업예정지에 폐기물처리시설을 설치할 경우 인근 주민의 생활이나 주변 농업활동에 피해를 줄 것이 예상되어 이 사건 사업예정지가 폐기물처리시설의 부지로서 적절하지 아니하다는 사유(대판 2006.6.30, 2005두364)

9. 담합을 주도하거나 담합하여 입찰을 방해하였다는 것과 특정인의 낙찰을 위하여 담합한 자라는 주장(대판 2008.2.28, 2007두13791·13807)

10. 「개발이익의 환수에 관한 법률 시행령」 제4조 제1항 [별표 1]의 9.에 정한 '지목변경이 수반되는 개발사업'에 해당한다고 보아 개발부담금을 부과한 것이라는 당초의 처분사유와 이 사건 각 농지전용변경허가를 기준으로 하여 개발부담금 부과의 대상인지 여부를 판단하여야 한다는 사유(대판 2009.5.14, 2008두1856)

11. 甲이 자신의 아버지가 출자에 의하여 지배하고 있는 법인의 감사로서 특수관계자 乙로부터 비상장주식을 저가로 양수하였다고 보고 증여세 부과처분을 하였다가, 후에 위 주식의 실질적인 보유자는 甲의 부(父)이고 乙은 명의수탁자에 불과하므로 甲이 특수관계자인 부(父)로부터 주식을 저가로 양수하였다는 처분사유를 예비적으로 추가한 것(대판 2011.1.27, 2009두1617)

---

① **무자료 주류판매 및 위장거래 항목을 근거로 한 이유와 무면허판매업자에 대한 주류판매** ★ 15 순경특채

> 주류면허 지정조건 중 제6호 무자료 주류판매 및 위장거래 항목을 근거로 한 면허취소처분에 대한 항고소송에서, 지정조건 제2호 무면허판매업자에 대한 주류판매를 새로이 그 취소사유로 주장하는 것은 기본적 사실관계가 다른 사유를 내세우는 것으로서 허용될 수 없다(대판 1996.9.6, 96누7427).

② 과세대상 소득에 대하여 이자소득이 아니라 대금업에 의한 사업소득에 해당한다는 사유 ★15변호사

> 과세관청이 과세대상 소득에 대하여 이자소득이 아니라 대금업에 의한 사업소득에 해당한다고 처분사유를 변경한 것은 처분의 동일성이 유지되는 범위 내에서의 처분사유 변경에 해당하여 허용되며, 또 그 처분사유의 변경이 국세부과의 제척기간이 경과한 후에 이루어졌는지 여부에 관계없이 국세부과의 제척기간이 경과되었는지 여부는 당초의 처분시를 기준으로 판단하여야 한다(대판 2002.3.12, 2000두2181).

③ 담합을 주도하거나 담합하여 입찰을 방해하였다는 것과 특정인의 낙찰을 위하여 담합한 자라는 주장
   ★15변호사, 10순경특채

> 피고가 원심 심리 중에 당초의 처분사유인 국가를 당사자로 하는 계약에 관한 법률 시행령 제76조 제1항 제12호 소정의 '담합을 주도하거나 담합하여 입찰을 방해하였다'는 것으로부터 같은항 제7호 소정의 '특정인의 낙찰을 위하여 담합한 자'로 이 사건 처분의 사유를 변경한 것은, 그 변경 전후에 있어서 같은 행위에 대한 법률적 평가만 달리하는 것일 뿐 기본적 사실관계를 같이 하는 것이므로 허용된다(대판 2008.2.28, 2007두13791·13807).

### (2) 기본적 사실관계의 동일성 부정사례

1. 구청위생과직원인 원고가 당구장이 정화구역 외인 것처럼 허위표시를 함으로써 정화위원회의 심의를 면제하여 허가처분을 하였다는 당초의 감봉처분사유와 정부문서규정에 위반하여 이미 결재된 서류의 도면에 상사의 결재를 받음이 없이 거리표시를 기입하였다는 사유(대판 1983.10.25, 83누396)
2. 이 사건 공유수면점용허가 및 공작물설치허가에 붙은 부관 제6항 및 제7항에 의하여 피고에게 유보된 취소권을 행사하여 위 공유수면점용허가취소처분을 했다는 당초의 처분사유와 원고측의 탈법행위로 인하여 허가가 되었다거나 이 사건 공유수면이 수도권정비기본계획 대상구역이어서 실직적으로 위 공유수면의 매립을 수반하게 되는 허가가 위법부당하다는 취소사유(대판 1989.12.8, 88누9299)
3. 자동차운수사업법 제6조 제1항 제3호 소정의 요건을 충족하지 못한다는 당초의 토지거래계약체결중지권고처분사유와 같은법 제6조 제1항 제4호 소정의 요건을 충족하지 못한다는 사유(대판 1995.10.12, 95누4704)
4. 무자료 주류판매 및 위장거래금액이 부가가치세 과세기간별 총주류판매액의 100분의 20 이상에 해당한다는 것을 근거로 한 당초의 종합주류도매업면허취소사유와 무면허판매업자에 대한 주류판매라는 사유(대판 1996.9.6, 96누7427)
5. 입찰참가자격을 제한시킨 당초의 처분사유인 정당한 이유 없이 계약을 이행하지 않은 사실과 계약의 이행과 관련하여 관계공무원에게 뇌물을 준 사실(대판 1999.3.9, 98두18565)
6. 원고가 출소한 후 기간이 일천하다거나 보안관찰처분을 위한 검찰의 소환에 불응하였다는 등의 사유, 원고가 이 사건 처분을 위한 경찰 조사 시에 당시의 정부를 권위주의적 정권이라고 평가하고 국가보안법 폐지를 주장한 일이 있다는 사유, 원고가 출소 후 자신과 마찬가지로 남한사회주의노동자동맹 관련자로 유죄판결을 받은 적이 있는 소외 1과 한 차례, 소외 2와는 몇 차례 안부도 묻고 식사도 같이 할 겸해서 만났다는 사유, 원고가 미혼으로서 생활능력이 없는 부모와 함께 누나의 집에서 동거하고 있다는 당초의 보안관찰처분사유와 이 사건 처분을 위한 경찰 조사 시 "출소 후 당국의 지시사항을 어떻게 이행하고 있나요?"라는 담당자의 질문에 대하여 원고가 "제가 나오면서 관할경찰서에서 나와 신고사항을 준수하고 이행할 것을 촉구하여 지킬 것은 지키고 안 지킬 것은 안 지키기로 하였습니다."라고 대답하였다는 사유(대판 1999.2.12, 98두11861)
7. 의료보험요양기관지정취소처분을 하면서 본인부담금 수납대장을 비치하지 아니한 사유와 보건복지부장관의 관계서류 제출명령에 위반했다는 사유(대판 2001.3.23, 99두6392) ★11사회복지
8. '건축법 제11조 위반'("이 사건 컨테이너가 건축법 제2조 제1항 제2호의 건축물에 해당함에도 건축법 제11조를 위반하여 건축하였다.")에서 '건축법 제20조 제3항 위반'("이 사건 컨테이너가 가설건축물에 해당함에도 건축법 제20조 제3항을 위반하여 축조신고를 하지 아니하고 축조하였다.")을 추가하는 것(대판 2021.7.29, 2021두34756)

# Ⅳ. 추가·변경사유의 기준시

## 1.

> 위법판단의 기준시에 관하여 처분시설을 취하는 경우 위법성 판단은 처분시를 기준으로 판단되므로 추가사유나 변경사유는 처분시에 객관적으로 존재하던 사유이어야 한다. 처분 이후에 발생한 새로운 사실적·법적 사유를 추가변경할 수는 없다. 이 경우 처분청은 사정변경을 이유로 계쟁처분을 직권취소하고, 이를 대체하는 새로운 처분을 할 수 있고, 이 경우 계쟁처분은 취소된 것이 되므로 당초의 처분에 대한 취소소송은 소의 이익을 상실하고, 원고는 처분변경으로 인한 소변경을 신청할 수 있다(대판 2006.9.28, 2004두5317).

## 2. 경정거부처분 취소소송의 소송물은 정당한 세액의 객관적 존부이고 소송 도중 과세관청이 처분사유를 제한적으로 교환·변경할 수 있다

> `최신판례` 경정거부처분 취소소송의 소송물은 정당한 세액의 객관적 존부이다. 과세관청으로서는 소송 도중이라도 사실심 변론종결 시까지는 해당 처분에서 인정한 과세표준 또는 세액의 정당성을 뒷받침할 수 있는 새로운 자료를 제출하거나 처분의 동일성이 유지되는 범위에서 그 사유를 교환·변경할 수 있고, 반드시 처분 당시의 자료만으로 처분의 적법 여부를 판단하여야 하거나 당초의 처분사유만을 주장할 수 있는 것은 아니다(대판 2022.2.10, 2019두50946).

# Ⅴ. 처분사유의 추가·변경 허용시기(사실심 변론종결시)

## 과세처분취소소송에서 처분사유의 추가·변경의 시한

★ 19 서울7급, 17 국가9급, 15 사회복지, 15 순경특채, 14 국회8급, 14·13·12·11 세무사

> `최신기출` 과세관청은 과세처분 이후는 물론 소송 도중이라도 사실심 변론종결시까지 처분의 동일성이 유지되는 범위 내에서 처분사유를 추가·변경할 수 있다(대판 2001.10.30, 2000두5616).

처분청은 원고의 권리방어가 침해되지 않는 한도 내에서 당해 취소소송의 대법원 확정판결이 있기 전까지 처분사유의 추가·변경을 할 수 있다. (x) ■ 17 국가9급

처분사유의 추가·변경은 사실심의 확정판결시까지만 허용된다. (x) ■ 19 서울7급

# 제3강 취소소송과 가구제

## I. 개설

원고의 입장에서 보면 집행정지제도는 효과적인 권리보호를 위한 제도이기 때문에, 집행정지신청에도 법률상 이익이 있어야 한다.

### 행정처분에 대한 효력정지신청을 구함에 있어서도 법률상 이익이 있어야 한다 ★ 13 세무사, 10 국회8급

> 행정처분에 대한 효력정지신청을 구함에 있어서도 이를 구할 법률상 이익이 있어야 하는바, 이 경우 법률상 이익이라 함은 그 행정처분으로 인하여 발생하거나 확대되는 손해가 당해 처분의 근거법률에 의하여 보호되는 직접적이고 구체적인 이익과 관련된 것을 말하는 것이고 단지 간접적이거나 사실적·경제적 이해관계를 가지는 데 불과한 경우는 여기에 포함되지 않는다(대결 2000.10.10, 2000무17).

## II. 집행정지의 요건

### 1. 적극적 요건

#### (1) 처분 등의 존재

##### ① 거부처분의 경우 집행정지를 구할 이익이 없다

★ 21·17·16 지방9급, 21·16·15·14·12 국가9급, 15 변호사, 12 서울9급, 12 지방7급, 12 국회9급, 12 사회복지

**최신기출**
> 신청에 대한 거부처분의 효력을 정지하더라도 거부처분이 없었던 것과 같은 상태, 즉 거부처분이 있기 전의 신청시의 상태로 되돌아가는 데에 불과하고 행정청에게 신청에 따른 처분을 하여야 할 의무가 생기는 것이 아니므로, 거부처분의 효력정지는 그 거부처분으로 인하여 신청인에게 생길 손해를 방지하는 데 아무런 보탬이 되지 아니하여 그 효력정지를 구할 이익이 없다(대결 1995.6.21, 95두26).

> 거부처분에 대한 취소소송에서도 집행정지가 허용된다. (x) ■ 21·16·15·14·12 국가9급
> 개인택시운송사업면허가 거부된 경우, 거부처분에 대해 취소소송과 함께 제기한 갑의 집행정지 신청은 법원에 의해 허용된다. (x) ■ 17 지방9급
> 거부처분에 대해서도 그 효력정지를 구할 이익이 인정된다. (x) ■ 18 서울7급
> 거부처분의 효력정지는 그 거부처분으로 인하여 신청인에게 생길 손해를 방지하는 데 필요하므로 신청인에게는 그 효력정지를 구할 이익이 있다. (x) ■ 21 지방9급

##### ② 교도소장의 접견허가신청에 대한 거부처분의 경우 효력정지의 필요성이 없다 ★ 12 서울9급

> 허가신청에 대한 거부처분은 그 효력이 정지되더라도 그 처분이 없었던 것과 같은 상태를 만드는 것에 지나지 아니하는 것이고 그 이상으로 행정청에 대하여 어떠한 처분을 명하는 등 적극적인 상태를 만들어 내는 경우를 포함하지 아니하는 것이므로, 교도소장이 접견을 불허한 처분에 대하여 효력정지를 한다 하여도 이로 인하여 위 교도소장에게 접견의 허가를 명하는 것이 되는 것도 아니고 또 당연히 접견이 되는 것도 아니어서 접견허가거부처분에 의하여 생길 회복할 수 없는 손해를 피하는 데 아무런 보탬도 되지 아니하니 접견허가거부처분의 효력을 정지할 필요성이 없다(대결 1991.5.2, 91두15).

**(2) 적법한 본안소송의 계속 : 본안소송이 취하되면 집행정지결정은 당연히 소멸한다**(대판 1975.11.11, 75누97). 실무에 있어서는 통상 본안소송의 제기와 집행정지신청이 동시에 행해진다.
★ 21 지방9급, 16 국가9급, 15 변호사, 14·10 세무사, 10 서울9급

최신기출 행정처분의 집행정지결정을 하려면 이에 대한 본안소송이 법원에 제기되어 계속 중임을 요건으로 할 것이고 집행정지결정을 한 후에라도 본안소송이 취하되어 그 소송에 계속하지 아니한 것으로 되면 이에 따라 집행정지결정은 당연히 그 효력이 소멸되는 것이고 별도의 취소조치를 필요로 하는 것은 아니다(대판 1975.11.11, 75누97).

### (3) 회복하기 어려운 손해발생의 우려(손해예방의 필요)

#### ① 의의 ★ 15 사회복지, 10 국회8급

행정소송법 제23조 제2항 소정의 '회복하기 어려운 손해'라 함은 특별한 사정이 없는 한 금전으로 보상할 수 없는 손해라 할 것인데 이는 금전보상이 불능인 경우뿐만 아니라 금전보상으로는 사회관념상 행정처분을 받은 당사자가 참고 견딜 수 없거나 또는 참고 견디기가 현저히 곤란한 경우의 유형, 무형의 손해를 일컫는다(대결 2003.4.25, 2003무2).

#### ② 경제적인 손해

| 회복하기 어려운 손해 인정사례 | 회복하기 어려운 손해 부정사례 |
|---|---|
| 1. 경제적 손실이나 기업 이미지 및 신용의 훼손으로 인하여 사업자의 자금사정이나 경영 전반에 미치는 파급효과가 매우 중대하여 사업 자체를 계속할 수 없거나 중대한 경영상의 위기를 맞게 될 것으로 보이는 등의 사정(대결 2003.4.25, 2003무2)<br>2. 예산회계법(현 국가재정법)에 의한 부정사업자 입찰자격정지처분으로 인해 본안소송이 종결될 때까지 국가기관 등의 입찰에 참가하지 못하게 됨으로 인하여 입은 손해(대결 1986.3.21, 86두5)<br>3. 주유취급소 위험물저장취급시설 허가취소처분으로 인해 상대방이 주유소의 영업을 계속할 수 없게 되어 수입을 얻지 못하게 됨은 물론, 거래선으로부터의 신용 또한 실추되어 입게 되는 상당한 손해(대결 1987.6.23, 86두18)<br>4. 토석채취허가취소처분의 효력이 정지되지 아니한 채 본안소송이 진행되는 동안 처분의 상대방이 막대한 장비와 인원 및 자본을 투자하여 준비한 토석채취작업을 못하게 되고, 거래선으로부터의 납품계약해제, 신용실추 등으로 인해 상당한 손해를 입을 것임을 짐작하기 어렵지 아니한 경우(대결 1994.10.11, 94두35)<br>5. 골재도소매영업자가 농지전용원상복구계고처분으로 인해 그동안 막대한 장비와 인원 및 자본을 투자하면서 경영하여 온 영업을 못하게 되고, 거래선으로부터의 납품계약해제, 신용실추 등으로 입게 될 상당한 손해(대결 1995.6.7, 95두22)<br>6. 행정청이 당해 주택건설공사에 대한 공사중지명령으로 침해되는 조합과 조합원, 일반분양자들, 시공회사들의 이익(대결 1997.2.26, 97두3) : 조합, 조합원들, 일반분양 | 1. 유흥접객영업허가의 취소처분으로 5,000여만 원의 시설비를 회수하지 못하게 된다면 생계까지 위협받게 되는 결과가 초래될 수 있다는 등의 사정(대결 1991.3.2, 91두1)<br>2. 신설 시외버스운송사업면허 내인가처분에 대한 기존 버스업자의 이익(대판 1991.5.6, 91두13) : 운행수익의 감소로 인한 것이어서 금전보상이 가능<br>3. 일반택시운송사업면허를 받고 운송사업을 경영하던 택시운송업자가 일부 택시의 주식을 양도하고 양수인들로 하여금 직접 운행하게 함으로써 운송사업면허취소처분을 당한 경우, 면허취소처분의 집행으로 인하여 택시운송업자가 입게 될 택시의 운행수입의 감소라는 손해(대결 1993.3.30, 93두4)<br>4. 영업허가취소처분의 효력이 정지되지 않는다면 업소경영에 절대적인 타격을 입게 되고 그로 인하여 재항고인은 물론 그 가족 및 종업원들의 생계까지 위협받게 되는 결과가 초래될 수 있다는 등의 사정(대결 1995.11.23, 95두53)<br>5. 과세처분 취소소송을 제기하여 일부 취소판결을 받은 후 기납부세액 중 취소판결이 선고된 부분에 해당하는 세액을 환급받음으로써 얻게 되는 이익(대결 1998.8.23, 99무15)<br>6. 항정신병 치료제의 요양급여 인정기준에 관한 보건복지부 고시의 효력이 계속 유지됨으로 인한 제약회사의 경제적 손실, 기업 이미지 및 신용의 훼손(대결 2003.10.9, 2003두23)<br>7. 방송통신위원회가 개인휴대통신 서비스 부문의 기간통신사업자인 갑 주식회사의 신청으로 2G PCS 사업폐지 승 |

자들 및 시공회사들이 서로 간의 계약관계로부터 파생되는 법률적 분쟁에 휘말리게 되어 막대한 손실을 입게 될 우려가 있고, 주택이 준공되기를 기다리면서 잠정적으로 다른 곳에서 거주하고 있는 조합원들이 입는 타격 또한 적지 아니하므로

7. '문정자동차중장비기술학원'의 인가를 받아 위 학원을 운영하여 오다가 토지형질변경허가 및 준공취소처분으로 인해 상당한 비용을 투자하면서 운영하여 온 사업을 못하게 되고 사회적 신용이나 명예가 실추되는 등으로 인하여 현저한 손해를 입게 될 우려(대결 1998.3.10, 97두63)

8. 「독점규제 및 공정거래에 관한 법률」에 기한 공정거래위원회의 위반사실공표명령과 과징금납부명령의 신문게재로 대외적 전파에 의한 신용의 실추와 기업운용자금 수급계획의 차질 등의 손해(대결 1999.4.27, 98무57)

9. 과징금납부명령의 처분이 사업자의 자금사정이나 경영전반에 미치는 파급효과가 매우 중대한 경우(대결 2001.10.10, 2001무29)

10. 약제 및 치료재료의 산정기준 등에 관한 보건복지부 고시로 약제상한금액이 인하됨으로써 매출액의 감소, 시장점유율 및 판매신장률의 감소, 거래처의 감소, 신약의 공급중단위기가능성, 이 사건 약제들의 적정한 상한금액을 확보하지 못할 위험성 등의 경제적 손실과 기업 이미지 및 신용의 훼손 등을 입게 되는 손해(대결 2004.5.12, 2003무41)

인처분을 하자, 갑 회사와 이용계약을 체결하여 2G 이동통신 서비스를 이용하던 을 등이 위 처분의 효력정지를 구한 사안(대결 2012.2.1, 2012무2)

㉠ 유흥접객영업허가의 취소처분으로 5,000여만 원의 시설비를 회수하지 못하게 된다면 생계까지 위협받게 되는 결과가 초래될 수 있다는 등의 사정은 행정처분의 효력이나 집행을 정지하기 위한 요건인 '회복하기 어려운 손해'가 생길 우려가 있는 경우에 해당하지 않는다 ★ 14 국가9급

> 유흥접객영업허가의 취소처분으로 5,000여만 원의 시설비를 회수하지 못하게 된다면 생계까지 위협받게 되는 결과가 초래될 수 있다는 등의 사정은 위 처분의 존속으로 당사자에게 금전으로 보상할 수 없는 손해가 생길 우려가 있는 경우라고 볼 수 없다(대결 1991.3.2, 91두1).

㉡ 경쟁 항공회사에 대한 국제항공노선면허처분으로 인하여 노선의 점유율이 감소됨으로써 경쟁력과 대내외적 신뢰도가 상대적으로 감소되고 연계노선망개발이나 타항공사와의 전략적 제휴의 기회를 얻지 못하게 되는 손해는 위 면허처분의 효력정지를 구할 법률상 이익이 될 수 없다 ★ 12 국회9급

> 경쟁 항공회사에 대한 국제항공노선면허처분으로 인하여 노선의 점유율이 감소됨으로써 경쟁력과 대내외적 신뢰도가 상대적으로 감소되고 연계노선망개발이나 타항공사와의 전략적 제휴의 기회를 얻지 못하게 되는 손해를 입게 되었다고 하더라도 위 노선에 관한 노선면허를 받지 못하고 있는 한 그러한 손해는 법률상 보호되는 권리나 이익침해로 인한 손해라고는 볼 수 없으므로 처분의 효력정지를 구할 법률상 이익이 될 수 없다(대결 2000.10.10, 2000무17).

© 약제 및 치료재료의 산정기준 등에 관한 보건복지부 고시에 대한 제약회사의 집행정지신청을 인용

> 신청인은 이 사건 고시의 효력이 계속 유지되는 경우 이로 인한 매출액의 감소, 시장점유율 및 판매신장률의 감소, 거래처의 감소, 신약의 공급중단위기가능성, 이 사건 약제들의 적정한 상한금액을 확보하지 못할 위험성 등의 경제적 손실과 기업 이미지 및 신용의 훼손 등을 입게 되어 앞서본 신청인의 경영상황에 비추어 볼 때 경영상의 위기를 맞게 될 수도 있으므로, 이러한 손해는 금전보상 불능인 경우 내지 금전보상으로는 신청인으로 하여금 참고 견딜 수 없거나 또는 참고 견디기가 현저히 곤란한 경우의 유형·무형의 손해로서 행정소송법 제23조 제2항의 '회복하기 어려운 손해'에 해당한다고 볼 것이고, 신청인의 위와 같은 손해를 예방하기 위해서는 이 사건 고시의 효력을 정지하는 것 외에 다른 적당한 방법이 없으므로, 위 고시의 효력을 정지할 긴급한 필요도 있다고 보아야 할 것이다(대결 2004.5.12, 2003무41).

③ 기타 사례

| 회복하기 어려운 손해 인정사례 | 회복하기 어려운 손해 부정사례 |
| --- | --- |
| 1. 출입국관리법 제63조 제1항에 기한 강제퇴거명령의 집행정지(대결 1997.1.20, 96두31)<br>2. 현역병입영처분의 효력이 정지되지 아니한 채 본안소송이 진행된다면 특례보충역으로 방위산업체에 종사하던 신청인이 입영하여 다시 현역병으로 복무하지 않을 수 없는 경우(대결 1992.4.29, 92두7)<br>3. 상고심에 계속 중인 형사피고인을 안양교도소로부터 진주교도소로 이송한 조치(대결 1992.8.7, 92두30)<br>4. 지방의회(전북 전주시의회)의 지방의원제명의결(대결 1997.9.9, 97두29)<br>5. 주무관청이 민법 제38조에 의하여 비영리법인에 대하여 그 설립허가를 취소한 경우(대결 2014.1.23, 2011무178) : 처분의 효력을 정지하지 아니할 경우, 재항고인이 제기한 이 사건 처분의 취소를 구하는 소송이 진행되는 사이에 청산절차가 진행 완료되어 재항고인 법인 자체가 소멸할 수도 있고, 그 후 이 사건 처분이 취소되더라도 재항고인은 회복하기 어려운 손해를 입을 우려<br>6. 구청장이 도시환경정비사업조합설립인가를 취소한 경우(대결 2018.7.12, 2018무600) : 甲 조합에 특별한 귀책사유가 없는데도 정비사업의 진행이 법적으로 불가능해져 甲 조합에 회복하기 어려운 손해가 발생할 우려가 있으므로 각 처분의 효력을 정지할 긴급한 필요 | 1. 교육과학기술부장관의 법학전문대학원예비인가 대상에서 제외함으로써 침해되는 학교법인 동국대학교의 이익(대결 2008.8.26, 2008무51)<br>2. 국토해양부 등에서 발표한 '4대강 살리기 마스터플랜'에 따른 '한강 살리기 사업' 구간 인근에 거주하는 주민들이 각 공구별 사업실시계획승인처분에 대한 효력정지를 신청한 사안에서, 토지 소유권 수용 등으로 인한 손해[대결(전합) 2011.4.21, 2010무111] |

㉠ 상고심에 계속 중인 형사피고인을 안양교도소로부터 진주교도소로 이송한 조치(인정)

> 신청인 및 그 가족들의 주소는 서울이고 위 형사피고사건의 상고심에서 신청인을 위하여 선임된 변호인도 서울지방변호사회 소속 변호사임을 알 수 있으므로 신청인이 그에 관한 형사피고사건이 상고심에 계속 중에 안양교도소로부터 진주교도소로 이송되는 경우에는 그로 인하여 변호인과의 접견이 어려워져 방어권의 행사에 지장을 받게 됨은 물론, 가족이나 친지 등과의 접견권의 행사에도 장애를 초래할 것임이 명백하고 이로 인한 손해는 금전으로 보상할 수 없는 손해라 할 것이어서 이 사건 이송처분으로 인하여 신청인에게 회복할 수 없는 손해가 발생할 염려가 있다(대결 1992.8.7, 92두30).

ⓛ **지방의회(전북 전주시의회)의 지방의원제명의결(인정)**

> 본안소송에서 승소한다면 신청인이 그 기간 동안 지방의회 의원으로서의 업무를 수행할 수 없어 신분과 명예상의 불이익을 입게 되고 상당한 정신적 고통을 받게 될 것임은 짐작하기 어렵지 아니하며, 이와 같은 손해는 쉽게 금전으로 보상할 수 있는 성질의 것도 아니어서 사회관념상 회복하기 어려운 손해에 해당된다고 보여지고, 또한 이와 같은 손해를 예방하기 위하여 이 사건 처분의 효력을 정지시킬 긴급한 필요 역시 인정된다고 할 것이며, 이 사건 제명의결의 집행을 정지함이 공공복리에 중대한 영향을 미칠 우려가 있다고도 보여지지 아니한다(대결 1997.9.9, 97두29).

ⓒ **국토해양부 등에서 발표한 '4대강 살리기 마스터플랜'에 따른 '한강 살리기 사업' 구간 인근에 거주하는 주민들이 각 공구별 사업실시계획승인처분에 대한 효력정지를 신청한 사안에서, 토지소유권 수용 등으로 인한 손해는 행정소송법 제23조 제2항의 효력정지 요건인 금전으로 보상할 수 없거나 사회관념상 금전보상으로는 참고 견디기 어렵거나 현저히 곤란한 경우의 유·무형 손해에 해당하지 않는다(국토해양부 등에서 발표한 '4대강 살리기 마스터플랜'에 따른 '한강 살리기 사업' 구간 인근에 거주하는 주민들이 각 공구별 사업실시계획승인처분에 대한 효력정지를 신청한 사안)**

> **전합판례** 사업구간에 편입되는 팔당지역 농지 대부분이 국가 소유의 하천부지이고, 유기농업에 종사하는 주민들 대부분은 국가로부터 하천점용허가를 받아 경작을 해온 점, 위 점용허가의 부관에 따라 허가를 한 행정청은 공익상 또는 법령이 정하는 것에 따르거나 하천정비사업을 시행하는 경우 허가변경·취소 등을 할 수 있는 점 등에 비추어, 주민들 중 환경영향평가 대상지역 및 근접 지역에 거주하거나 소유권 기타 권리를 가지고 있는 사람들이 위 사업으로 인하여 토지 소유권 기타 권리를 수용당하고 이로 인하여 정착지를 떠나 타지로 이주를 해야 하며 더 이상 농사를 지을 수 없게 되고 팔당지역의 유기농업이 사실상 해체될 위기에 처하게 된다고 하더라도, 그러한 손해는 행정소송법 제23조 제2항에서 정하고 있는 효력정지 요건인 금전으로 보상할 수 없거나 사회관념상 금전보상으로는 참고 견디기 어렵거나 현저히 곤란한 경우의 유·무형 손해에 해당하지 않는다[대결(전합) 2011.4.21, 2010무111].

## (4) 긴급한 필요

### ① '처분 등이나 그 집행 또는 절차의 속행으로 인하여 생길 회복하기 어려운 손해를 예방하기 위하여 긴급한 필요'가 있는지의 판단기준

> '처분 등이나 그 집행 또는 절차의 속행으로 인하여 생길 회복하기 어려운 손해를 예방하기 위하여 긴급한 필요'가 있는지는 처분의 성질, 양태와 내용, 처분상대방이 입는 손해의 성질·내용과 정도, 원상회복·금전배상의 방법과 난이도 등은 물론 본안청구의 승소가능성 정도 등을 종합적으로 고려하여 구체적·개별적으로 판단하여야 한다(대결 2018.7.12, 2018무600).

### ② 한국문화예술위원회 위원장이 자신의 해임처분의 무효확인을 구하는 소송을 제기한 후 다시 해임처분의 집행정지 신청을 한 사안에서, 해임처분으로 신청인에게 회복하기 어려운 손해가 발생할 우려가 있어 이를 예방하기 위하여 긴급한 필요가 있다고 볼 수 없을 뿐만 아니라, 그 효력을 정지할 경우 공공복리에 중대한 영향을 미칠 우려가 있다는 이유로 위 효력정지 신청을 기각한 사례

> 해임처분으로 신청인에게 회복하기 어려운 손해가 발생할 우려가 있어 이를 예방하기 위하여 긴급한 필요가 있다고 볼 수 없을 뿐만 아니라, 그 효력을 정지할 경우 공공복리에 중대한 영향을 미칠 우려가 있다는 이유로 위 효력정지 신청을 기각한 원심의 판단을 긍정한 사례(대결 2010.5.14, 2010무48)

③ 주무관청이 민법 제38조에 의하여 비영리법인에 대하여 그 설립허가를 취소한 경우에 회복하기 어려운 손해를 입을 우려가 적지 아니하므로, 이러한 손해를 예방하기 위하여 이 사건 처분의 효력을 정지할 긴급한 필요가 있다고 본 사안

> 주무관청이 민법 제38조에 의하여 비영리법인에 대하여 그 설립허가를 취소한 경우 그 법인은 민법 제77조 제1항에 따라 해산하게 되고, 법인이 해산하면 본래의 목적을 위한 활동을 중단하고 청산절차를 이행하기 위하여 청산법인으로 존속하게 되어 청산의 목적범위 내에서만 권리가 있고 의무를 부담하며(민법 제81조), 청산절차를 마치면 소멸하게 된다. 따라서 이 사건 처분의 효력을 정지하지 아니할 경우, 재항고인이 제기한 이 사건 처분의 취소를 구하는 소송이 진행되는 사이에 청산절차가 진행 완료되어 재항고인 법인 자체가 소멸할 수도 있고, 그 후 이 사건 처분이 취소되더라도 재항고인은 회복하기 어려운 손해를 입을 우려가 적지 아니하므로, 이러한 손해를 예방하기 위하여 이 사건 처분의 효력을 정지할 긴급한 필요가 있다고 봄이 타당하다(대결 2014.1.23, 2011무178).

④ 서울특별시장이 도시환경정비구역을 지정하였다가 해당구역 및 주변지역의 역사·문화적 가치 보전이 필요하다는 이유로 정비구역을 해제하고 개발행위를 제한하는 내용을 고시함에 따라 사업시행예정구역에서 설립 및 사업시행인가를 받았던 甲 도시환경정비사업조합(사직제2구역도시환경정비사업조합)에 대하여 구청장이 조합설립인가를 취소하자, 甲 조합이 해제 고시의 무효확인과 인가취소처분의 취소를 구하는 소를 제기하고 판결 선고 시까지 각 처분의 효력 정지를 신청한 사안에서, 각 처분의 효력을 정지하지 않을 경우 甲 조합에 특별한 귀책사유가 없는데도 정비사업의 진행이 법적으로 불가능해져 甲 조합에 회복하기 어려운 손해가 발생할 우려가 있으므로 이러한 손해를 예방하기 위하여 각 처분의 효력을 정지할 긴급한 필요가 있다고 한 사례

> 정비구역 지정이 취소되고 이에 대하여 불가쟁력이 발생하는 경우 정비사업 시행을 전제로 하는 후속 처분들은 모두 그 의미를 상실하게 되고 甲 조합에 대한 조합설립인가 취소처분은 甲 조합이 적법하게 취득한 공법인의 지위를 甲 조합의 귀책사유 없이 사후적 사정변경을 이유로 박탈하는 것이어서 신중하게 판단해야 하므로 위 각 처분의 위법성에 관하여 甲 조합이 본안소송에서 주장·증명할 기회가 충분히 보장되어야 하는 점, 각 처분의 효력을 정지하지 않을 경우 甲 조합이 정비사업과 관련한 후속 조치를 실행하는 데 사실상, 법률상 장애가 있게 될 뿐 아니라 시장 및 구청장(종로구청장)이나 관계 행정청이 정비사업의 진행을 차단하기 위한 각종 불이익 조치를 할 염려가 있는 점 등을 종합하면, 각 처분의 효력을 정지하지 않을 경우 甲 조합에 특별한 귀책사유가 없는데도 정비사업의 진행이 법적으로 불가능해져 甲 조합에 회복하기 어려운 손해가 발생할 우려가 있으므로 이러한 손해를 예방하기 위하여 각 처분의 효력을 정지할 긴급한 필요가 있다고 한 사례(대결 2018.7.12, 2018무600).

## 2. 소극적 요건

### (1) 공공복리에 중대한 영향을 미칠 우려가 없을 것

집행정지가 공공복리에 중대한 영향을 미칠 우려가 있는 때에는 집행정지는 허용되지 않는다.

① **행정소송법 제23조 제3항이 집행정지의 요건으로 '공공복리에 중대한 영향을 미칠 우려가 없을 것'을 규정하고 있는 취지 및 '공공복리에 미칠 영향이 중대한지' 여부의 판단기준**

> 행정소송법 제23조 제3항이 집행정지의 요건으로 '공공복리에 중대한 영향을 미칠 우려가 없을 것'을 규정하고 있는 취지는, 집행정지 여부를 결정하는 경우 신청인의 손해뿐만 아니라 공공복리에 미칠 영향을 아울러 고려하여야 한다는데 있고, 따라서 공공복리에 미칠 영향이 중대한지의 여부는 절대적 기준에 의하여 판단할 것이 아니라, 신청인의 '회복하기 어려운 손해'와 '공공복리' 양자를 비교·교량하여, 전자를 희생하더라도 후자를 옹호하여야 할 필요가 있는지 여부에 따라 상대적·개별적으로 판단하여야 한다(대결 2010.5.14, 2010무48).

| 공공복리에 중대한 영향 인정사례 | 공공복리에 중대한 영향 부정사례 |
|---|---|
| 1. 공설화장장 이전설치처분에 대한 집행정지(대결 1971.3.5, 71두2)<br>2. 신설 시외버스운송사업면허 내인가처분에 대한 기존 버스업자의 집행정지 신청(대결 1991.5.6, 91두13) : 운행수익의 감소로 인한 것이어서 금전보상이 가능하고, 증가하는 관광객에게 저렴한 운송수단을 제공함으로써 관광진흥에 도움을 준다는 공공복리의 목적을 지닌 것이어서 기존 버스업자가 다소 손해를 입게 된다 하더라도 그 효력을 정지할 급박한 사정이 있다고 보여지지 아니하므로<br>3. 출입국관리법 제63조 제1항에 기한 보호명령의 집행정지(대결 1997.1.20, 96두31)<br>4. 외부감사인이 감사보고서 및 감사조서를 제출할 것을 요구하는 처분에 대한 집행정지(대결 2004.7.9, 2004무16) : 이해관계인의 보호와 기업의 건전한 발전에 기여함을 목적으로 한 회계감사 및 이에 대한 감리제도의 운영에 막대한 지장을 초래 | 1. 광역시장의 시내버스운송사업계획변경 인가처분에 대한 집행정지(대결 2004.5.17, 2004무6)<br>2. 산업기능요원 편입 당시 지정업체의 해당 분야에 종사하지 아니하였음을 이유로 한 산업기능요원 편입취소처분에 대한 집행정지(대결 2000.1.8, 2000무35) |

② **의의 및 주장·소명책임(행정청)** ★ 15 변호사, 12 국가9급, 12 국회9급

> 행정소송법 제23조 제3항에서 집행정지의 요건으로 규정하고 있는 '공공복리에 중대한 영향을 미칠 우려'가 없을 것이라고 할 때의 '공공복리'는 그 처분의 집행과 관련된 구체적이고도 개별적인 공익을 말하는 것으로서 이러한 집행정지의 소극적 요건에 대한 주장·소명책임은 행정청에게 있다(대결 1999.12.20, 99무42).

## (2) 본안에서의 이유 유무

행정소송법에 명시적 규정이 없기 때문에 견해의 대립이 있다. 원칙적으로 본안판단의 적법 여부는 판단하지 않음. 예외적으로 본안청구가 이유 없음이 명백하지 않을 것이 요건에 포함

### ① 행정처분의 적법 여부는 판단하지 않는 것이 원칙이지만, 집행정지사건 자체에 의하여도 본안청구가 적법한 것이어야 한다는 것을 집행정지의 요건에 포함시켜야 한다 ★ 21 지방9급, 14·12 국가9급, 12 국회9급, 10 국회8급

**최신기출** 행정처분의 효력정지나 집행정지를 구하는 신청사건에서는 행정처분 자체의 적법 여부는 원칙적으로 판단의 대상이 아니고, 그 행정처분의 효력이나 집행을 정지할 것인가에 관한 행정소송법 제23조 제2항에서 정한 요건의 존부만이 판단의 대상이 되는 것이다. 다만, 집행정지는 행정처분의 집행부정지원칙의 예외로서 인정되는 것이고, 또 본안에서 원고가 승소할 수 있는 가능성을 전제로 한 권리보호수단이라는 점에 비추어 보면, 집행정지사건 자체에 의하여도 신청인의 본안청구가 적법한 것이어야 한다는 것을 집행정지의 요건에 포함시키는 것이 옳다(대결 2010.11. 26, 2010무137).

### ② 본안에 이유 없음이 명백하지 않을 것(소극적 요건설) ★ 18 서울7급

**최신기출** 집행정지는 공공복리에 중대한 영향을 미칠 우려가 없어야 허용되고, 이 제도는 신청인이 본안소송에서 승소판결을 받을 때까지 그 지위를 보호함과 동시에 후에 받을 승소판결을 무의미하게 하는 것을 방지하려는 것이어서 본안소송에서의 처분의 취소가능성이 없음에도 처분의 효력이나 집행의 정지를 인정한다는 것은 제도의 취지에 반하므로 집행정지사건 자체에 의하여도 신청인의 본안청구가 이유 없음이 명백하지 않아야 한다는 것도 집행정지의 요건에 포함시켜야 할 것이다(대결 1992.6.8, 92두14).

### ③ 행정처분의 효력정지나 집행정지를 구하는 신청사건에서 집행정지사건 자체에 의하여도 신청인의 본안청구가 적법한 것이어야 한다는 것을 집행정지의 요건에 포함시켜야 한다

★ 22 지방9급, 15 사회복지, 14 변호사, 12 국회9급, 12 국가9급, 10 국회8급

**최신기출** 행정처분의 효력정지나 집행정지를 구하는 신청사건에서는 행정처분 자체의 적법 여부는 원칙적으로 판단의 대상이 아니고, 그 행정처분의 효력이나 집행을 정지할 것인가에 관한 행정소송법 제23조 제2항에서 정한 요건의 존부만이 판단의 대상이 되는 것이다. 다만, 집행정지는 행정처분의 집행부정지원칙의 예외로서 인정되는 것이고, 또 본안에서 원고가 승소할 수 있는 가능성을 전제로 한 권리보호수단이라는 점에 비추어 보면, 집행정지사건 자체에 의하여도 신청인의 본안청구가 적법한 것이어야 한다는 것을 집행정지의 요건에 포함시키는 것이 옳다(대결 2010.11.26, 2010무137).

> 甲이 취소소송을 제기하면서 집행정지신청을 한 경우 법원이 집행정지결정을 하는 데 있어 甲의 본안청구의 적법 여부는 집행정지의 요건에 포함되지 않는다. (x) ■ 22 지방9급

## Ⅲ. 집행정지결정의 내용

### 효력정지에는 보충성이 요구

산업기능요원 편입 당시 지정업체의 해당 분야에 종사하지 아니하였음을 이유로 산업기능요원의 편입이 취소된 사람은 편입되기 전의 신분으로 복귀하여 현역병으로 입영하게 하거나 공익근무요원으로 소집하여야 하는 것으로 되어 있는데, 그 취소처분에 의하여 생기는 손해로서 그동안의 근무실적이 산업기능요원으로서 종사한 것으로 인정받지 못하게 된 손해 부분은 본안소송에서 그 처분이 위법하다고 하여 취소하게 되면 그 취소판결의 소급효만으로 그대로 소멸되게 되므로, 그 부분은 그 처분으로 인하여 생기는 회복할 수 없는 손해에 해당한다고 할 수가 없고, 결국 그 취소처분으로 인하여 입게 될 회복할 수 없는 손해는 그 처분에 의하여 산업기능요원 편입이 취소됨으로써 편입 이전의 신분으로 복귀하여 현역병으로 입영하게 되거나 혹은 공익근무요원으로 소집되는 부분이라고 할 것이며, 이러한 손해에 대한 예방은 그 처분의 효력을 정지하지 아니하더라도 그 후속절차로 이루어지는 현역병 입영처분이나 공익근무요원 소집처분 절차의 속행을 정지함으로써 달성할 수가 있으므로, 산업기능요원편입취소처분에 대한 집행정지로서는 그 후속절차의 속행정지만이 가능하고 그 처분 자체에 대한 효력정지는 허용되지 아니한다(대결 2000.1.8, 2000무35).

## Ⅳ. 집행정지결정의 효력

### 1. 형성력

처분 등의 효력이나 그 집행 또는 절차의 속행의 전부 또는 일부의 정지결정이 있게 되면, 정지결정에 위배된 후속행위들은 무효가 된다(대판 1961.11.23, 4294행상3).

### 2. 기속력

#### 행정소송법 제23조 소정의 처분에 대한 집행정지의 취지 및 그 효력의 시적 범위 ★ 12 변호사

집행정지의 효력 또한 당해 결정의 주문에 표시된 시기까지 존속하다가 그 시기의 도래와 동시에 당연히 소멸하는 것이라 할 것이며, 특히 과징금부과처분에 대한 법원의 집행정지결정에도 불구하고 당초의 과징금부과처분에서 정한 기한의 도과로서 가산금이 발생한다고 보게 되면 이는 과징금납부의무자로 하여금 그 의무의 이행을 간접적으로 강제하는 결과가 된다고 할 것이어서 집행정지결정의 의미가 거의 없게 된다고 할 것인데, 이러한 취지 등을 감안하여 볼 때, 일정한 납부기한을 정한 과징금부과처분에 대하여 법원이 소명자료를 검토한 끝에 '회복하기 어려운 손해'를 예방하기 위하여 긴급한 필요가 있고 달리 공공복리에 중대한 영향을 미치지 아니한다는 이유로 그에 대한 집행정지결정을 하였다면 행정청에 의하여 과징금부과처분이 집행되거나 행정청·관계 행정청 또는 제3자에 의하여 과징금부과처분의 실현을 위한 조치가 행하여져서는 아니되며, 따라서 부수적인 결과인 가산금 등은 발생되지 아니한다고 보아야 할 것이다(대판 2003.7.11, 2002다48023).

## 3. 시간적 효력

### (1)

집행정지결정의 효력은 결정의 주문에 정하여진 시기까지 존속하는 것이나, 특별한 정함이 없는 때에는 본안판결이 확정될 때까지 존속하는 것으로 볼 것이다(대판 1962.4.12, 4294민상21541).

### (2) 행정처분 집행정지결정의 효력 시한

행정소송법 제23조에 의한 집행정지결정의 효력은 결정주문에서 정한 시기까지 존속하며 그 시기의 도래와 동시에 효력이 당연히 소멸하는 것이므로, 일정기간 동안 영업을 정지할 것을 명한 행정청의 영업정지처분에 대하여 법원이 집행정지결정을 하면서 주문에서 당해 법원에 계속 중인 본안소송의 판결선고시까지 처분의 효력을 정지한다고 선언하였을 경우에는 처분에서 정한 영업정지기간의 진행은 그때까지 저지되는 것이고 본안소송의 판결선고에 의하여 당해 정지결정의 효력은 소멸하고 이와 동시에 당초의 영업정지처분의 효력이 당연히 부활되어 처분에서 정하였던 정지기간(정지결정 당시 이미 일부 진행되었다면 나머지 기간)은 이때부터 다시 진행한다(대판 1999.2.23, 98두14471).

### (3) 효력기간이 정해져 있는 제재적 행정처분에 대한 취소소송에서 법원이 본안소송의 판결 선고 시까지 집행정지결정을 한 경우, 처분에서 정해 둔 효력기간은 판결 선고 시까지 진행하지 않다가 선고된 때에 다시 진행하고, 이는 처분에서 정해 둔 효력기간의 시기와 종기가 집행정지기간 중에 모두 경과한 경우에도 마찬가지이며, 이러한 법리는 행정심판위원회가 행정심판법 제30조에 따라 집행정지결정을 한 경우에도 그대로 적용된다

최신판례

행정소송법 제23조에 따른 집행정지결정의 효력은 결정 주문에서 정한 종기까지 존속하고, 그 종기가 도래하면 당연히 소멸한다. 따라서 효력기간이 정해져 있는 제재적 행정처분에 대한 취소소송에서 법원이 본안소송의 판결 선고 시까지 집행정지결정을 하면, 처분에서 정해 둔 효력기간(집행정지결정 당시 이미 일부 집행되었다면 그 나머지 기간)은 판결 선고 시까지 진행하지 않다가 판결이 선고되면 그때 집행정지결정의 효력이 소멸함과 동시에 처분의 효력이 당연히 부활하여 처분에서 정한 효력기간이 다시 진행한다. 이는 처분에서 효력기간의 시기(始期)와 종기(終期)를 정해 두었는데, 그 시기와 종기가 집행정지기간 중에 모두 경과한 경우에도 특별한 사정이 없는 한 마찬가지이다. 이러한 법리는 행정심판위원회가 행정심판법 제30조에 따라 집행정지결정을 한 경우에도 그대로 적용된다. 행정심판위원회가 행정심판 청구 사건의 재결이 있을 때까지 처분의 집행을 정지한다고 결정한 경우에는, 재결서 정본이 청구인에게 송달된 때 재결의 효력이 발생하므로(행정심판법 제48조 제2항, 제1항 참조) 그때 집행정지결정의 효력이 소멸함과 동시에 처분의 효력이 부활한다(대판 2022.2.11, 2021두40720).

**(4)** 효력기간이 정해져 있는 제재적 행정처분의 효력이 발생한 이후 행정청이 상대방에 대한 별도의 처분으로 효력 기간의 시기와 종기를 다시 정할 수 있고, 위와 같은 후속 변경처분서에 효력기간의 시기와 종기를 다시 특정하 는 대신 처음 행정처분의 집행을 특정 소송사건의 판결 시까지 유예한다고 기재한 경우, 처분의 효력기간은 판결 선고 시까지 집행이 정지되었다가 선고되면 다시 진행하며, 당초의 제재적 행정처분에서 정한 효력기간이 경과한 후 동일한 사유로 다시 후속 변경처분을 하는 것은 위법한 이중처분에 해당한다

최신판례 효력기간이 정해져 있는 제재적 행정처분의 효력이 발생한 이후에도 행정청은 특별한 사정이 없는 한 상대방에 대한 별도의 처분으로써 효력기간의 시기와 종기를 다시 정할 수 있다. 이는 당초의 제재적 행정처분이 유효함을 전제로 그 구체적인 집행시기만을 변경하는 후속 변경처분이다. 이러한 후속 변경처분도 특별한 규정이 없는 한 의사표 시에 관한 일반법리에 따라 상대방에게 고지되어야 효력이 발생한다. 위와 같은 후속 변경처분서에 효력기간의 시기와 종기를 다시 특정하는 대신 당초 제재적 행정처분의 집행을 특정 소송사건의 판결 시까지 유예한다고 기재되어 있다면, 처분의 효력기간은 원칙적으로 그 사건의 판결 선고 시까지 진행이 정지되었다가 판결이 선고되면 다시 진행 된다. 다만 이러한 후속 변경처분 권한은 특별한 사정이 없는 한 당초의 제재적 행정처분의 효력이 유지되는 동안에 만 인정된다. 당초의 제재적 행정처분에서 정한 효력기간이 경과하면 그로써 처분의 집행은 종료되어 처분의 효력이 소멸하는 것이므로(행정소송법 제12조 후문 참조), 그 후 동일한 사유로 다시 제재적 행정처분을 하는 것은 위법한 이중처분에 해당한다(대판 2022.2.11, 2021두40720).

**(5)** 일정한 납부기한을 정한 과징금부과처분에 대한 집행정지결정이 내려진 경우 그 집행정지기간 동안 납부기간이 진행되지 않는다

일정한 납부기한을 정한 과징금부과처분에 대하여 '회복하기 어려운 손해'를 예방하기 위하여 긴급한 필요가 있 고 달리 공공복리에 중대한 영향을 미치지 아니한다는 이유로 집행정지결정이 내려졌다면 그 집행정지기간 동안 은 과징금부과처분에서 정한 과징금의 납부기간은 더 이상 진행되지 아니하고 집행정지결정이 당해 결정의 주문 에 표시된 시기의 도래로 인하여 실효되면 그 때부터 당초의 과징금부과처분에서 정한 기간(집행정지결정 당시 이미 일부 진행되었다면 그 나머지 기간)이 다시 진행하는 것으로 보아야 한다(대판 2003.7.11, 2002다48023).

## 4. 본안판결과 집행정지결정의 효력

본안에서 계쟁 처분이 최종적으로 적법한 것으로 확정되면 집행정지결정은 장래를 향해 실효되고 처분을 다시 집행할 수 있게 된다. 이 경우 처분청으로서는 당초 집행정지결정이 없었던 경우와 동등한 수준으로 해당 처분이 집행되도록 필요한 조치를 취해야 한다는 것이 판례이다.

**(1) 보조금 교부결정 취소처분에 대한 효력정지결정에 따라 효력정지기간 중 계속하여 보조금이 지급되었으나 이후 본안소송에서 원고 패소 판결이 선고된 경우 효력정지기간 중 교부된 보조금을 반환하여야 한다** ★ 18 국가9급

> 최신기출
>
> 행정소송법 제23조에 의한 효력정지결정의 효력은 결정주문에서 정한 시기까지 존속하고 그 시기의 도래와 동시에 효력이 당연히 소멸하므로, 보조금 교부결정의 일부를 취소한 행정청의 처분에 대하여 법원이 효력정지결정을 하면서 주문에서 그 법원에 계속 중인 본안소송의 판결 선고시까지 처분의 효력을 정지한다고 선언하였을 경우, 본안소송의 판결 선고에 의하여 그 정지결정의 효력은 소멸하고 이와 동시에 당초의 보조금 교부결정 취소처분의 효력이 당연히 되살아난다고 할 것이다. 따라서 효력정지결정의 효력이 소멸하여 보조금 교부결정 취소처분의 효력이 되살아난 경우, 특별한 사정이 없는 한 행정청으로서는 구 「보조금의 예산 및 관리에 관한 법률」 제31조 제1항에 따라 그 취소처분에 의하여 취소된 부분의 보조사업에 대하여 효력정지기간 동안 교부된 보조금의 반환을 명하여야 할 것이다(대판 2017.7.11, 2013두25498).

**(2) 제재처분에 대한 행정쟁송절차에서 처분에 대해 집행정지결정이 이루어지고 본안에서 해당 처분이 최종적으로 적법한 것으로 확정되어 집행정지결정이 실효되고 제재처분을 다시 집행할 수 있게 된 경우 및 반대로 처분상대방이 집행정지결정을 받지 못했으나 본안소송에서 해당 제재처분이 위법하다는 것이 확인되어 취소하는 판결이 확정된 경우, 처분청이 취할 조치**

> 최신판례
>
> 항고소송을 제기한 원고가 본안소송에서 패소확정판결을 받았더라도 집행정지결정의 효력이 소급하여 소멸하지 않는다. 그러나 제재처분에 대한 행정쟁송절차에서 처분에 대해 집행정지결정이 이루어졌더라도 본안에서 해당 처분이 최종적으로 적법한 것으로 확정되어 집행정지결정이 실효되고 제재처분을 다시 집행할 수 있게 되면, 처분청으로서는 당초 집행정지결정이 없었던 경우와 동등한 수준으로 해당 제재처분이 집행되도록 필요한 조치를 취하여야 한다. 집행정지는 행정쟁송절차에서 실효적 권리구제를 확보하기 위한 잠정적 조치일 뿐이므로, 본안 확정판결로 해당 제재처분이 적법하다는 점이 확인되었다면 제재처분의 상대방이 잠정적 집행정지를 통해 집행정지가 이루어지지 않은 경우와 비교하여 제재를 덜 받게 되는 결과가 초래되도록 해서는 안 된다. 반대로, 처분상대방이 집행정지결정을 받지 못했으나 본안소송에서 해당 제재처분이 위법하다는 것이 확인되어 취소하는 판결이 확정되면, 처분청은 그 제재처분으로 처분상대방에게 초래된 불이익한 결과를 제거하기 위하여 필요한 조치를 취하여야 한다(대판 2020.9.3, 2020두34070).

(3) 「중소기업제품 구매촉진 및 판로지원에 관한 법률」에 따른 1차 직접생산확인 취소처분에 대하여 중소기업자(대한민국상이군경회)가 제기한 취소소송절차에서 집행정지결정이 이루어졌다가 본안소송에서 중소기업자의 패소판결이 확정되어 집행정지가 실효되고 취소처분을 집행할 수 있게 되었으나 1차 취소처분 당시 유효기간이 남아 있었던 직접생산확인의 전부 또는 일부가 집행정지기간 중 유효기간이 모두 만료되고 집행정지기간 중 새로 받은 직접생산확인의 유효기간이 남아 있는 경우, 관할 행정청은 직접생산확인 취소 대상을 '1차 취소처분 당시' 유효기간이 남아 있었던 모든 제품에서 '1차 취소처분을 집행할 수 있게 된 시점 또는 그와 가까운 시점'을 기준으로 유효기간이 남아 있는 모든 제품으로 변경하는 처분을 할 수 있다

최신판례

직접생산확인을 받은 중소기업자가 공공기관의 장과 납품 계약을 체결한 후 직접생산하지 않은 제품을 납품하였다. 관할 행정청은 「중소기업제품 구매촉진 및 판로지원에 관한 법률」 제11조 제3항에 따라 당시 유효기간이 남아 있는 중소기업자의 모든 제품에 대한 직접생산확인을 취소하는 1차 취소처분을 하였다. 중소기업자는 1차 취소처분에 대하여 취소소송을 제기하였고, 집행정지결정이 이루어졌다. 그러나 결국 중소기업자의 패소판결이 확정되어 집행정지가 실효되고, 취소처분을 집행할 수 있게 되었다. 그런데 1차 취소처분 당시 유효기간이 남아 있었던 직접생산확인의 전부 또는 일부는 집행정지기간 중 유효기간이 모두 만료되었고, 1차 취소처분 당시 유효기간이 남아 있었던 직접생산확인 제품 목록과 취소처분을 집행할 수 있게 된 시점에 유효기간이 남아 있는 직접생산확인 제품 목록은 다르다.

위와 같은 경우 관할 행정청은 1차 취소처분을 집행할 수 있게 된 시점으로부터 상당한 기간 내에 직접생산확인 취소 대상을 '1차 취소처분 당시' 유효기간이 남아 있었던 모든 제품에서 '1차 취소처분을 집행할 수 있게 된 시점 또는 그와 가까운 시점'을 기준으로 유효기간이 남아 있는 모든 제품으로 변경하는 처분을 할 수 있다. 이러한 변경처분은 중소기업자가 직접 생산하지 않은 제품을 납품하였다는 점과 「중소기업제품 구매촉진 및 판로지원에 관한 법률」 제11조 제3항 중 제2항 제3호에 관한 부분을 각각 궁극적인 '처분하려는 원인이 되는 사실'과 '법적 근거'로 한다는 점에서 1차 취소처분과 동일하고, 제재의 실효성을 확보하기 위하여 직접생산확인 취소 대상만을 변경한 것이다(대판 2020.9.3, 2020두34070).

## V. 집행정지결정의 취소

### '집행정지가 공공복리에 중대한 영향을 미치는 때'의 의미

행정소송법 제24조 제1항에서 규정하고 있는 집행정지결정의 취소사유는 특별한 사정이 없는 한 집행정지 결정이 확정된 이후에 발생한 것이어야 하고, 그 중 '집행정지가 공공복리에 중대한 영향을 미치는 때'라 함은 일반적·추상적인 공익에 대한 침해의 가능성이 아니라 당해 집행정지 결정과 관련된 구체적·개별적인 공익에 중대한 해를 입힐 개연성을 말하는 것이다(대결 2005.7.15, 2005무16).

# VI. 집행정지결정에 대한 불복

## 1. 행정소송법 제23조 제2항에서 정한 요건을 결여하였다는 이유로 효력정지 신청을 기각한 결정에 대하여 행정처분 자체의 적법 여부를 가지고 불복사유로 삼을 수 없다

[전합판례]

> 행정처분의 효력정지나 집행정지를 구하는 신청사건에서는 행정처분 자체의 적법 여부를 판단할 것이 아니고 행정처분의 효력이나 집행 등을 정지시킬 필요가 있는지 여부, 즉 행정소송법 제23조 제2항에서 정한 요건의 존부만이 판단대상이 된다. 나아가 '처분 등이나 그 집행 또는 절차의 속행으로 인한 손해발생의 우려' 등 적극적 요건에 관한 주장·소명 책임은 원칙적으로 신청인 측에 있으며, 이러한 요건을 결여하였다는 이유로 효력정지 신청을 기각한 결정에 대하여 행정처분 자체의 적법 여부를 가지고 불복사유로 삼을 수 없다[대결(전합) 2011.4.21, 2010무111].

## 2. 행정소송에 있어서 본안판결에 대한 상소 후 본안의 소송기록이 원심법원에 있는 경우, 행정소송법 제23조 제2항에 의한 집행정지사건의 관할법원(= 원심법원)

> 행정소송에 있어서 본안판결에 대하여 상소를 한 경우에 소송기록이 원심법원에 있으면 원심법원이 민사소송법 제501조, 제500조 제4항의 예에 따라 행정소송법 제23조 제2항의 규정에 의한 집행정지에 관한 결정을 할 수 있다고 봄이 상당하다(대결 2005.12.12, 2005무67).

## 3. 행정소송에 있어서 본안판결에 대한 상소 후 본안의 소송기록이 상소심법원으로 송부되기 전에 원심법원이 한 집행정지 결정에 대한 즉시항고사건의 관할법원(= 상소심법원)

> 행정소송에 있어서 본안판결에 대한 상소 후 본안의 소송기록이 송부되기 전에 원심법원이 한 집행정지에 관한 결정은 원심법원이 상소심법원의 재판을 대신하여 하는 2차적 판단이 아니라 그 소송기록을 보관하고 있는 원심법원이 집행정지의 필요 여부에 관하여 그 고유권한으로 하는 1차적 판단이고, 그에 대한 행정소송법 제23조 제5항 본문의 즉시항고는 성질상 원심법원의 집행정지에 관한 결정에 대한 것으로서 그에 관한 관할법원은 상소심법원이다(대결 2005.12.12, 2005무67).

# VII. 가처분(假處分)

## 항고소송에는 가처분이 적용되지 않는다 ★ 16 지방9급, 16·11 국가9급

> 구 행정소송법이 정한 소송 중 특히 행정처분의 취소 또는 변경에 관한 소송. 소위 항고소송에 있어서는 민사소송법 중 가처분에 관한 규정이 적용되지 않는다(대결 1961.11.20, 4292행항2).

「민사집행법」에 따른 가처분은 항고소송에서도 인정된다. (×) ■ 16 국가9급
취소소송을 제기한 경우 법원은 당사자의 신청이나 직권으로 「민사집행법」상 가처분을 내릴 수 있다. (×) ■ 16 지방9급

# 제4관 취소소송의 심리

## Ⅰ. 심리의 내용

### 1. 행정처분의 취소소송에 있어 판단의 대상이 되는 하자

> 행정처분의 취소소송은 행정청의 위법한 처분 등을 취소 또는 변경하는 소송이므로 법원은 그 처분의 위법여부를 가려서 판단하면 되는 것이고, 그 처분의 부당여부까지 판단할 필요는 없다(대판 1988.12.13, 88누7880).

### 2. 처분을 다툴 법률상 이익이 있는지에 관한 당사자의 주장에 관하여 원심법원이 판단하지 않은 것은 판단유탈의 상고이유가 되지 않는다

> 해당 처분을 다툴 법률상 이익이 있는지 여부는 직권조사사항으로 이에 관한 당사자의 주장은 직권발동을 촉구하는 의미밖에 없으므로, 원심법원이 이에 관하여 판단하지 않았다고 하여 판단유탈의 상고이유로 삼을 수 없다(대판 2017.3.9, 2013두16852).

### 3.

> 최신판례 어떠한 처분에 법령상 근거가 있는지, 행정절차법에서 정한 처분 절차를 준수하였는지는 본안에서 해당 처분이 적법한가를 판단하는 단계에서 고려할 요소이지, 소송요건 심사단계에서 고려할 요소가 아니다(대판 2020.4.29, 2017두31064).

# II. 심리의 절차(심리에 관한 제 원칙)

## 1. 심리에 관한 일반원칙

### (1) 변론주의

**법원이 당사자의 변론재개신청을 받아들일지 여부를 재량으로 결정할 수 있는지 여부(원칙적 적극) 및 법원이 당사자의 변론재개신청을 받아들여 변론을 재개할 의무가 있는 예외적인 경우**

> 당사자가 변론종결 후 주장·증명을 하기 위하여 변론재개신청을 한 경우에, 변론재개신청을 한 당사자가 변론종결 전에 그에게 책임을 지우기 어려운 사정으로 주장·증명할 기회를 제대로 갖지 못하였고 그 주장·증명의 대상이 판결의 결과를 좌우할 수 있는 사실에 해당하는 경우 등과 같이, 당사자에게 변론을 재개하여 그 주장·증명을 제출할 기회를 주지 않은 채 패소의 판결을 하는 것이 행정소송법 제8조 제2항에서 준용하도록 규정하고 있는 민사소송법이 추구하는 절차적 정의에 반하는 경우가 아니라면 법원은 당사자의 변론재개신청을 받아들일지 여부를 재량으로 결정할 수 있다(대판 2018.7.26, 2016두45783).

### (2) 법원의 석명의무

**법원의 석명권 행사의 내용 및 그 한계**

> 법원의 석명권 행사는 사안을 해명하기 위하여 당사자에게 그 주장의 모순된 점이나 불완전·불명료한 부분을 지적하여 이를 정정·보충할 수 있는 기회를 주고, 계쟁사실에 대한 증거의 제출을 촉구하는 것을 그 내용으로 하는 것이며, 당사자가 주장하지도 않은 법률효과에 관한 요건사실이나 공격방어방법을 시사하여 그 제출을 권유하는 행위는 변론주의의 원칙에 위배되고 석명권 행사의 한계를 일탈한 것이 된다(대판 2005.1.14, 2002두7234).

## 2. 행정소송의 심리에 특수한 절차

### (1) 직권증거조사주의·직권탐지주의(직권심리주의)

판례도 변론주의 보충설을 취하지만 민사소송보다는 넓게 직권증거조사를 인정하고 있다.

### ① 행정소송에서 기록상 자료가 나타나 있다면 당사자가 주장하지 않더라도 판단할 수 있다

★ 15 지방7급, 14 변호사, 11 세무사

> 구 행정소송법이 정한 소송 중 특히 행정처분의 취소 또는 변경에 관한 소송, 소위 항고소송에 있어서는 당사자가 주장하지 아니한 사실에 대하여도 판단할 수 있다고 규정하고 있지만, 이는 행정소송의 특수성에 연유하는 당사자주의, 변론주의에 대한 일부 예외규정일 뿐 법원이 아무런 제한 없이 당사자가 주장하지 아니한 사실을 판단할 수 있는 것은 아니고, 일건기록에 현출되어 있는 사항에 관하여서만 직권으로 증거조사를 하고 이를 기초로 하여 판단할 수 있을 따름이고, 그것도 법원이 필요하다고 인정할 때에 한하여 청구의 범위 내에서 증거조사를 하고 판단할 수 있을 뿐이다(대판 1994.10.11, 94누4820).

취소소송의 직권심리주의를 규정하고 있는 「행정소송법」 제26조의 규정을 고려할 때, 행정소송에 있어서 법원은 원고의 청구범위를 초월하여 그 이상의 청구를 인용할 수 있다. (x) ■ 15 지방7급

행정소송에 있어서 특단의 사정이 있는 경우를 제외하면 당해 행정처분의 적법성에 관하여는 당해 처분청이 이를 주장·입증하여야 할 것이나 행정소송에 있어서 직권주의가 가미되어 있다고 하여도 여전히 변론주의를 기본 구조로 하는 이상 행정처분의 위법을 들어 그 취소를 청구함에 있어서는 직권조사사항을 제외하고는 그 취소를 구하는 자가 위법사유에 해당하는 구체적인 사실을 먼저 주장하여야 한다. 법원의 석명권 행사는 사안을 해명하기 위하여 당사자에게 그 주장의 모순된 점이나 불완전·불명료한 부분을 지적하여 이를 정정·보충할 수 있는 기회를 주고 또 그 계쟁사실에 대한 증거의 제출을 촉구하는 것을 그 내용으로 하는 것이며, 당사자가 주장하지도 않은 법률효과에 관한 요건사실이나 공격방어방법을 시사하여 그 제출을 권유하는 행위는 변론주의의 원칙에 위배되고 석명권 행사의 한계를 일탈한 것이다(대판 2000.3.23, 98두2768).

### ③ 행정소송에서 기록상 자료가 나타나 있다면 당사자가 주장하지 않더라도 판단할 수 있다 ★ 14 국가9급

행정소송에서 기록상 자료가 나타나 있다면 당사자가 주장하지 않았더라도 판단할 수 있고, 당사자가 제출한 소송자료에 의하여 법원이 처분의 적법 여부에 관한 합리적인 의심을 품을 수 있음에도 단지 구체적 사실에 관한 주장을 하지 아니하였다는 이유만으로 당사자에게 석명을 하거나 직권으로 심리·판단하지 아니함으로써 구체적 타당성이 없는 판결을 하는 것은 행정소송법 제26조의 규정과 행정소송의 특수성에 반하므로 허용될 수 없다(대판 2011.2.10, 2010두20980).

### ④ 행정처분의 취소를 구하는 항고소송에서 법원이 직권으로 증거조사를 하고 이를 기초로 판단하는 경우, 새로운 처분사유를 인정하여 행정처분의 정당성 여부를 판단할 수 있는지 여부(한정적극)

행정소송에 있어서 특단의 사정이 있는 경우를 제외하면 당해 행정처분의 적법성에 관하여는 당해 처분청이 이를 주장·입증하여야 하고, 행정소송에 있어서 직권주의가 가미되어 있다고 하여도 여전히 당사자주의, 변론주의를 기본구조로 하는 이상 행정처분의 위법을 들어 그 취소를 청구함에 있어서는 직권조사사항을 제외하고는 그 취소를 구하는 자가 위법된 구체적인 사항을 먼저 주장하여야 한다(대판 2000.3.23, 98두2768).

⑤

최신판례
행정청이 폐기물처리사업계획서 부적합 통보를 하면서 처분서에 불확정개념으로 규정된 법령상의 허가기준 등을 충족하지 못하였다는 취지만 간략히 기재한 경우, 부적합 통보에 대한 취소소송절차에서 행정청은 구체적 불허가사유를 분명히 하여야 하고, 이 경우 부적합 통보의 효력을 다투는 상대방은 구체적인 불허가사유에 관한 판단과 근거에 재량권 일탈·남용의 위법이 있음을 밝히기 위하여 추가적인 주장 등을 할 필요가 있다(대판 2020. 7.23, 2020두36007).

# III. 증명(입증)책임의 분배기준

## 1. 법률요건분류설

### ① 행정소송에서 증명책임의 분배 ★ 18 지방9급

최신기출
민사소송법 규정이 준용되는 행정소송에서의 증명책임은 원칙적으로 민사소송 일반원칙에 따라 당사자 간에 분배되고, 항고소송의 경우에는 그 특성에 따라 처분의 적법성을 주장하는 피고에게 적법사유에 대한 증명책임이 있다. 피고가 주장하는 일정한 처분의 적법성에 관하여 합리적으로 수긍할 수 있는 일응의 증명이 있는 경우에 처분은 정당하며, 이와 상반되는 주장과 증명은 상대방인 원고에게 책임이 돌아간다(대판 2016.10.27, 2015두42817).

② 국민에게 일정한 이익과 권리를 취득하게 한 행정처분을 취소하는 경우에 있어서의 그 취소 필요성의 입증책임은 피고 행정청

> 행정처분에 있어서 하자 또는 취소하여야 할 공공의 필요성에 대한 입증책임은 기존의 이익과 권리를 침해하는 처분을 한 당해 행정청에 있다(대판 1964.5.26, 63누142).

③ 적법사유에 대한 주장·입증책임은 피고 행정청, 당해처분의 위법에 대한 주장·입증책임은 원고

> 행정소송에 있어서 특단의 사정이 있는 경우를 제외하면 당해 행정처분의 적법성에 관하여는 당해 처분청이 이를 주장·입증하여야 하고, 행정소송에 있어서 직권주의가 가미되어 있다고 하여도 여전히 당사자주의, 변론주의를 기본구조로 하는 이상 행정처분의 위법을 들어 그 취소를 청구함에 있어서는 직권조사사항을 제외하고는 그 취소를 구하는 자가 위법된 구체적인 사항을 먼저 주장하여야 한다(대판 2000.3.23, 98두2768).

## 2. 입증책임의 구체적 사례

### (1) 권리관계

#### ① 권리근거 규정의 요건사실(원고)

1. 손해배상청구권:불법행위로 인한 손해의 발생 사실(대판 2020.10.15, 2017다278446)
2. 손실보상청구권
3. 행정재산이 공용폐지되어 취득시효의 대상이라는 사실(대판 1999.1.15, 98다49548)
4. 부당이득반환청구권
   ① 국민건강보험공단이 요양기관에 급여를 지급한 후 그 지급이 부당하다며 환수를 구하는 경우 증명책임은 국민건강보험공단(대판 2011.11.24, 2011두16025)
   ② '임의 비급여 진료행위'가 구 의료급여법 제28조 제1항 제1호 소정의 '속임수 그 밖의 부당한 방법으로 수급권자로부터 급여비용을 받은 때'에 해당하지 않는 예외적인 경우에 관한 증명책임의 소재는 의료급여기관(대판 2012.9.13, 2010두27974)
   ③ 국민건강보험공단 요양급여의 범위와 이에 해당한다는 점에 관한 증명책임의 소재는 요양기관(대판 2012.11.29, 2008두21669)
   ④ 산재보험의 요양기관이 거짓이나 그 밖의 부정한 방법으로 진료비를 지급받았다는 사실에 관한 증명책임의 소재는 근로복지공단(대판 2013.2.15, 2011두22785)

#### ② 권리장애·권리소멸(멸각)·권리저지규정의 요건사실(피고)

### (2) 소송요건 : 소송요건 충족은 원고에게 유리하므로 원고에게, 소송요건 흠결은 피고에게 유리한 요건이므로 피고에게 입증책임이 있다.

| 구분 | 원고 | 피고 |
|---|---|---|
| 취소소송 | 처분의 존재·제소기간의 준수 등 소송요건 | |
| 부작위위법확인소송 | 일정한 처분을 신청한 사실 및 신청권의 존재, 상당한 기간이 경과하였다는 것 | 상당한 기간이 경과한 것에 대하여 이를 정당화할 특별한 사유가 있었다는 것 |

**(3) 처분의 위법·적법** : 처분의 위법은 원고에게 유리하므로 원고에게, 처분의 적법은 피고에게 유리한 요건이므로 피고에게 입증책임이 있다.

### ① 원고(위법)

1. 재량의 일탈·남용
2. 일반법원칙(신뢰보호원칙)의 요건충족, 과세관청이 납세자에게 신뢰의 대상이 되는 공적인 견해를 표명하였다는 사실(대판 1992.3.31, 91누9824)
3. 공개를 구하는 정보를 행정기관이 보유·관리하고 있을 상당한 개연성이 있다는 점(대판 2006.1.13, 2003 두9459)
4. 과세처분의 위법
5. 비과세·면제대상(대판 1996.4.26, 94누12708)
6. 구 국민건강보험법 제98조 제1항 제1호에 따른 업무정지처분을 면하기 위해 해당 요양기관이 '속임수'를 사용하지 않았다는 사정에 관한 증명책임의 소재(대판 2020.6.25, 2019두52980)

### ② 피고(적법, 처분의 요건사실·거부사유의 존재)

1. 처분의 적법, 송달, 처분절차의 적법
2. 정보공개거부처분취소소송에서 비공개사유(대판 1999.9.21, 98두3426)
3. 정보를 더 이상 보유·관리하고 있지 아니하다는 점(대판 2004.12.9, 2003두12707)
4. 대집행의 요건충족
5. 과세처분의 적법
6. 과세요건사실의 존재(대판 1996.4.26, 96누1627)
7. 국민에게 일정한 이득과 권리를 취득하게 한 종전 행정처분을 취소할 수 있는 경우 및 취소해야 할 필요성에 대한 증명책임(대판 2012.3.29, 2011두23375)
8. 「독점규제 및 공정거래에 관한 법률」(공정거래법) 제19조 제1항이 금지하는 '부당한 공동행위'에 관한 증명책임의 소재는 공정거래위원회(대판 2014.2.13, 2011두16049)
9. 법인세 부과처분 취소소송에서 과세표준의 기초가 되는 각 사업연도의 익금과 손금에 대한 증명책임(대판 2014.8.20, 2012두23341)
10. 국민에게 일정한 이익과 권리를 취득하게 한 종전 행정처분을 직권으로 취소할 수 있는 경우 및 취소해야 할 필요성에 관한 증명책임(대판 2014.11.27, 2014두9226)
11. 소득 등의 귀속 명의와 실질적인 귀속주체가 다르다고 다투어지는 경우, 과세요건사실의 존부와 과세표준에 관한 증명책임(대판 2017.10.26, 2015두53084)
12. 성희롱을 사유로 한 징계처분의 당부를 다투는 행정소송에서 징계사유에 대한 증명책임(대판 2018.4.12, 2017두74702)
13. 결혼이민[F-6 (다)목] 체류자격 거부처분 취소소송에서 처분사유(대판 2019.7.4, 2018두66869)
14. 부당해고구제재심판정을 다투는 소송에서 해고의 정당성에 관한 증명책임과 인정되는 일부 징계사유만으로 해당 징계처분의 타당성을 인정하기에 충분한지에 대한 증명책임도 사용자가 부담(대판 2019.11.28, 2017두57318)
15. 과세소득의 존재 및 그 귀속사업연도(대판 2020.4.9, 2018두57490)

---

### ㉠ 조세부과처분의 취소소송에서 과세요건사실에 관한 증명책임의 소재는 과세관청에 있다 ★ 14 세무사, 06국가9급

> 일반적으로 조세부과처분의 취소소송에서 과세요건사실에 관한 증명책임은 과세관청에게 있으므로, 과세관청이 구체적인 소송과정에서 과세요건사실을 직접 증명하거나 경험칙에 비추어 과세요건사실이 추정되는 사실을 밝히지 못하면 당해 과세처분은 과세요건을 충족시키지 못한 위법한 처분이 된다(대판 2013.3.28, 2010두20805).

ⓛ 항고소송에서 처분사유의 증명 정도

> 피고가 주장하는 일정한 처분의 적법성에 관하여 합리적으로 수긍할 만한 증명이 있는 경우에는 그 처분은 정당하다고 볼 수 있고, 이와 상반되는 예외적인 사정에 대한 주장과 증명은 그 상대방인 원고에게 그 책임이 있다(대판 2017. 7.11, 2015두2864).

ⓒ 행정청이 현장조사를 실시하는 과정에서 조사상대방으로부터 구체적인 위반사실을 자인하는 내용의 확인서를 작성 받은 경우, 그 확인서의 증거가치를 부정할 수 없다

> 행정청이 현장조사를 실시하는 과정에서 조사상대방으로부터 구체적인 위반사실을 자인하는 내용의 확인서를 작성 받았다면, 그 확인서가 작성자의 의사에 반하여 강제로 작성되었거나 또는 내용의 미비 등으로 구체적인 사실에 대한 증명자료로 삼기 어렵다는 등의 특별한 사정이 없는 한 그 확인서의 증거가치를 쉽게 부정할 수 없다(대판 2017.7.11, 2015두2864).

ⓔ 징계사유인 성희롱 관련 형사재판에서 공소사실에 관하여 무죄가 선고되었다는 사정만으로 행정소송에서 징계사유의 존재를 부정할 수 없다

> 민사책임과 형사책임은 지도이념과 증명책임, 증명의 정도 등에서 서로 다른 원리가 적용되므로, 징계사유인 성희롱 관련 형사재판에서 성희롱 행위가 있었다는 점을 합리적 의심을 배제할 정도로 확신하기 어렵다는 이유로 공소사실에 관하여 무죄가 선고되었다고 하여 그러한 사정만으로 행정소송에서 징계사유의 존재를 부정할 것은 아니다(대판 2018.4.12, 2017두74702).

ⓜ 결혼이민[F-6 (다)목] 체류자격을 신청한 외국인에 대하여 행정청이 그 요건을 충족하지 못하였다는 이유로 거부처분을 하는 경우, 처분사유

> **최신판례** 결혼이민[F-6 (다)목] 체류자격을 신청한 외국인에 대하여 행정청이 그 요건을 충족하지 못하였다는 이유로 거부처분을 하는 경우에는 '그 요건을 갖추지 못하였다는 판단', 다시 말해 '혼인파탄의 주된 귀책사유가 국민인 배우자에게 있지 않다는 판단' 자체가 처분사유가 된다(대판 2019.7.4, 2018두66869).

ⓗ 행정소송의 수소법원이 관련 확정판결에서 인정한 사실과 반대되는 사실을 인정할 수 없고, 출입국관리행정청이나 행정소송의 수소법원은 결혼이민[F-6 (다)목] 체류자격 부여에 관하여 가정법원이 이혼확정판결에서 내린 판단을 존중해야 한다

> **최신판례** 행정소송의 수소법원이 관련 확정판결의 사실인정에 구속되는 것은 아니지만, 관련 확정판결에서 인정한 사실은 행정소송에서도 유력한 증거자료가 되므로, 행정소송에서 제출된 다른 증거들에 비추어 관련 확정판결의 사실 판단을 채용하기 어렵다고 인정되는 특별한 사정이 없는 한, 이와 반대되는 사실은 인정할 수 없다. 나아가 '혼인파탄의 주된 귀책사유가 누구에게 있는지'라는 문제는 우리의 사법제도에서 가정법원의 법관들에게 가장 전문적인 판단을 기대할 수 있으므로, 결혼이민[F-6 (다)목] 체류자격 부여에 관하여 출입국관리행정청이나 행정소송의 수소법원은 특별한 사정이 없는 한 가정법원이 이혼확정판결에서 내린 판단을 존중함이 마땅하다. 이혼소송에서 당사자들이 적극적으로 주장·증명하지 않아 이혼확정판결의 사실인정과 책임판단에서 누락된 사정이 일부 있더라도 그러한 사정만으로 이혼확정판결의 판단 내용을 함부로 뒤집으려고 해서는 안 되며, 이혼확정판결과 다른 내용의 판단을 하는 데에는 매우 신중해야 한다(대판 2019.7.4, 2018두66869).

③ 기타

| 원고 | 피고 |
|---|---|
| 집행정지의 적극적 요건 | ① 집행정지의 소극적 요건<br>② 사정재결·사정판결의 필요성 |

# 제5관 취소소송의 판결

## Ⅰ. 판결의 의의 및 기재사항

판결서의 이유에 당사자의 모든 주장이나 공격·방어방법에 관한 판단이 표시되어야 하는 것은 아니고 법원의 판결에 당사자가 주장한 사항에 대한 구체적·직접적인 판단이 표시되어 있지 않지만 판결이유의 전반적인 취지로 주장의 인용 여부를 알 수 있는 경우 또는 실제로 판단을 하지 않았지만 주장이 배척될 것이 분명한 경우, 판단누락의 위법이 있다고 할 수 없다

> **최신판례** 판결서의 이유에는 주문이 정당하다는 것을 인정할 수 있을 정도로 당사자의 주장, 그 밖의 공격·방법에 관한 판단을 표시하면 되고, 당사자의 모든 주장이나 공격·방어방법에 관하여 판단할 필요가 없다. 따라서 법원의 판결에 당사자가 주장한 사항에 대한 구체적·직접적인 판단이 표시되어 있지 않더라도 판결 이유의 전반적인 취지에 비추어 주장을 인용하거나 배척하였음을 알 수 있는 정도라면 판단누락이라고 할 수 없다. 설령 실제로 판단을 하지 않은 부분이 있더라도 주장이 배척될 것임이 분명한 때에는 판결 결과에 영향이 없어 판단누락의 잘못을 이유로 파기할 필요가 없다(대판 2019.9.26, 2017두48406).

## Ⅱ. 판결의 종류

### 1. 소송판결과 본안판결

> 부적법하여 각하되어야 할 신청을 기각한 원심결정은 신청을 배척한 결론에 있어서는 정당하므로, 그 표현상의 잘못을 들어 원심결정을 특별히 파기할 것은 아니다(대판 1995.6.21, 95두26).

### 2. 인용판결

#### (1) 이행판결·적극적 형성판결

① 행정소송법상 이행판결이나 형성판결을 구하는 소송은 허용되지 않는다 ★ 20 국회8급, 10 순경특채

> **최신기출** 현행 행정소송법상 행정청으로 하여금 일정한 행정처분을 하도록 명하는 이행판결을 구하는 소송이나 법원으로 하여금 행정청이 일정한 행정처분을 행한 것과 같은 효과가 있는 행정처분을 직접 행하도록 하는 형성판결을 구하는 소송은 허용되지 아니한다(대판 1997.9.30, 97누3200).

「행정소송법」 제4조 제1호에서 취소소송을 행정청의 위법한 처분 등을 취소 또는 변경하는 소송으로 정의하고 있는데, 여기에서 '변경'은 소극적 변경뿐만 아니라 적극적 변경까지 포함하는 의미로 본다. (×) ■ 20 국회8급

## (2) 취소판결

### ① 법원이 비관리청 항만공사 시행허가신청에 대한 거부처분의 적법 여부를 심사하는 방법

> 비관리청 항만공사 시행허가신청에 대한 거부처분의 적법 여부를 심사하는 경우 법원은 구 항만법 제9조 제3항의 허가 요건에 관한 사실인정과 관련 법령의 해석·적용을 통하여 항만공사 시행허가를 받으려는 비관리청이 허가 요건을 갖추었는지를 판단한 뒤 그 결론에 비추어 거부처분의 적법 여부를 판정하여야 한다(대판 2014.8.28, 2013두3900).

### ② 일부취소판결

일부인용판결이 허용되기 위해서는 ㉠ 금전부과처분이 기속행위인 경우나 정당한 부과금액을 산정할 수 있는 경우, ㉡ 계쟁처분이 분리가능하고 일부취소의 대상에 대해서만 위법성이 인정되어야 하며(일부특정성), ㉢ 잔존하는 처분만으로도 의미가 있고, ㉣ 행정청의 의사에 명백히 반하지 않아야 한다. 일부취소가 가능한 경우에는 원칙상 전부취소를 해서는 안 되고 일부취소를 해야 한다.

### ㉠ 금전부과처분이 기속행위인 경우나 정당한 부과금액을 산정할 수 있는 경우

#### ⓐ 금전 부과처분 취소소송에서 부과금액 산출과정의 잘못 때문에 부과처분이 위법하나 사실심 변론종결 시까지 제출된 자료에 의하여 정당한 부과금액이 산출되는 경우, 이를 초과하는 부분만 취소하여야 하고, 이때 처분청이 처분 시를 기준으로 정당한 부과금액이 얼마인지 주장·증명하지 않는 경우, 법원이 이를 산출할 의무를 부담하지 않는다

> 일반적으로 금전 부과처분 취소소송에서 부과금액 산출과정의 잘못 때문에 부과처분이 위법한 것으로 판단되더라도 사실심 변론종결 시까지 제출된 자료에 의하여 적법하게 부과될 정당한 부과금액이 산출되는 때에는 부과처분 전부를 취소할 것이 아니라 정당한 부과금액을 초과하는 부분만 취소하여야 하지만, 처분청이 처분 시를 기준으로 정당한 부과금액이 얼마인지 주장·증명하지 않고 있는 경우에도 법원이 적극적으로 직권증거조사를 하거나 처분청에게 증명을 촉구하는 등의 방법으로 정당한 부과금액을 산출할 의무까지 부담하는 것은 아니다 (대판 2016.7.14, 2015두4167).

#### ⓑ 과세처분취소소송의 심판대상과 그 자료의 제출시한 및 취소범위 ★ 15 변호사, 13 세무사

> 과세처분취소소송에 있어 처분의 적법 여부는 정당한 세액을 초과하느냐의 여부에 따라 판단되는 것으로서, 당사자는 사실심 변론종결시까지 객관적인 조세채무액을 뒷받침하는 주장과 자료를 제출할 수 있고, 이러한 자료에 의하여 적법하게 부과될 정당한 세액이 산출되는 때에는 그 정당한 세액을 초과하는 부분만 취소하여야 할 것이고 그 전부를 취소할 것이 아니다(대판 2001.6.12, 99두8930).

#### ⓒ 개발부담금부과처분 취소소송에 있어서 취소의 범위 ★ 15 변호사

> 개발부담금부과처분 취소소송에 있어 당사자가 제출한 자료에 의하여 적법하게 부과될 정당한 부과금액이 산출할 수 없을 경우에는 부과처분 전부를 취소할 수밖에 없으나, 그렇지 않은 경우에는 그 정당한 금액을 초과하는 부분만 취소하여야 한다(대판 2004.7.22, 2002두11233).

#### ⓓ

> 여러 개의 상이에 대한 국가유공자요건비해당처분에 대한 취소소송에서 그중 일부 상이가 국가유공자요건이 인정되는 상이에 해당하고 나머지 상이는 해당하지 않는 경우, 비해당처분 전부를 취소할 수는 없다(대판 2012.3. 29, 2011두9263).

ⓔ 여러 개의 상이에 대한 국가유공자 요건 비해당결정처분에 대한 취소소송에서 그중 일부 상이에 대해서만 국가유공자 요건이 인정될 경우, 비해당결정처분 중 요건이 인정되는 상이에 대한 부분만 취소해야 한다 ★ 18 지방9급

> **최신기출** 「국가유공자 등 예우 및 지원에 관한 법률」 제4조 제1항 제6호, 제6조의3 제1항, 제6조의4 등 관련 법령의 해석상, 여러 개의 상이에 대한 국가유공자 요건 비해당결정처분에 대한 취소소송에서 그중 일부 상이에 대해서만 국가유공자 요건이 인정될 경우에는 비해당결정처분 중 요건이 인정되는 상이에 대한 부분만을 취소하여야 하고, 비해당결정처분 전부를 취소할 것은 아니다(대판 2016.8.30, 2014두46034).

ⓕ 마을버스 운수업자 갑이 유류사용량을 실제보다 부풀려 유가보조금을 과다 지급받은 데 대하여 관할 시장이 갑에게 부정수급기간 동안 지급된 유가보조금 전액을 회수하는 처분을 한 사안에서, 구 「여객자동차 운수사업법」 제51조 제3항을 '정상적으로 지급받은 보조금'까지 반환하도록 명할 수 있는 것으로 해석할 수는 없고, 위 환수처분은 기속행위라고 본 원심판단을 정당하다고 한 사례

> 구 「여객자동차 운수사업법」(2012.2.1. 법률 제11295호로 개정되기 전의 것) 제51조 제3항에 따라 국토해양부장관 또는 시·도지사는 여객자동차 운수사업자가 '거짓이나 부정한 방법으로 지급받은 보조금'에 대하여 반환할 것을 명하여야 하고, 위 규정을 '정상적으로 지급받은 보조금'까지 반환하도록 명할 수 있는 것으로 해석하는 것은 문언의 범위를 넘어서는 것이며, 규정의 형식이나 체재 등에 비추어 보면, 위 환수처분은 국토해양부장관 또는 시·도지사가 지급받은 보조금을 반환할 것을 명하여야 하는 기속행위라고 본 원심판단을 정당하다고 한 사례(대판 2013.12.12, 2011두3388)

ⓛ 가분적 제재처분의 경우

ⓐ

> **최신판례** 여러 처분사유에 관하여 하나의 제재처분을 하였을 때 그중 일부가 인정되지 않으나 나머지 처분사유들만으로도 처분의 정당성이 인정되는 경우, 그 처분을 위법하다고 보아 취소할 수 없다(대판 2020.5.14, 2019두63515).

ⓑ

> **최신판례** 행정청이 여러 개의 위반행위에 대하여 하나의 제재처분을 하였으나, 위반행위별로 제재처분의 내용을 구분하는 것이 가능하고 여러 개의 위반행위 중 일부의 위반행위에 대한 제재처분 부분만이 위법한 경우, 제재처분 전부를 취소할 수는 없다(대판 2020.5.14, 2019두63515).

ⓒ

> **최신판례** 공정거래위원회가 위반행위에 대한 과징금을 부과하면서 여러 개의 위반행위에 대하여 외형상 하나의 과징금 납부명령을 하였으나 여러 개의 위반행위 중 일부 위반행위에 대한 과징금 부과만 위법하고 소송상 그 일부 위반행위를 기초로 한 과징금액을 산정할 수 있는 자료가 있는 경우, 그 일부 위반행위에 대한 과징금액에 해당하는 부분만 취소하여야 한다(대판 2019.1.31, 2013두14726).

### ③ 전부취소판결

과징금 부과처분과 같은 재량행위, 부과금액을 산출할 수 없는 경우, 불가분처분의 경우에는 원칙적으로 일부취소판결을 할 수 없고 전부취소판결을 해야 한다.

### ㉠ 재량행위의 경우

재량행위의 경우 처분청의 재량권을 존중해야 하므로 일부만 위법한 경우라 하더라도 법원은 전부 취소를 함으로써 처분청이 재량권을 행사하여 적정한 처분을 하도록 해야 한다.

#### ⓐ 기속행위와 재량행위에 대한 사법심사 방식

> 행정행위를 기속행위와 재량행위로 구분하는 경우 양자에 대한 사법심사는, 전자(기속행위)의 경우 그 법규에 대한 원칙적인 기속성으로 인하여 법원이 사실인정과 관련 법규의 해석·적용을 통하여 일정한 결론을 도출한 후 그 결론에 비추어 행정청이 한 판단의 적법 여부를 독자의 입장에서 판정하는 방식(완전심사·판단대체방식)에 의하게 되나, 후자(재량행위)의 경우 행정청의 재량에 기한 공익판단의 여지를 감안하여 법원은 독자의 결론을 도출함이 없이 당해 행위에 재량권의 일탈·남용이 있는지 여부만을 심사(제한심사방식)하게 되고, 이러한 재량권의 일탈·남용 여부에 대한 심사는 사실오인, 비례·평등의 원칙 위배 등을 그 판단대상으로 한다(대판 2005.7.14, 2004두6181).

#### ⓑ 영업정지처분이 적정한 영업정지기간을 초과하여서 위법한 경우 그 초과부분만을 취소할 수 없다

> 행정청이 영업정지처분을 함에 있어서 그 정지기간을 어느 정도로 할 것인지는 행정청의 재량권에 속하는 사항인 것이며, 다만 그것이 공익의 원칙이나 평등의 원칙 또는 비례의 원칙등에 위반하여 재량권의 한계를 벗어난 재량권 남용에 해당하는 경우에만 위법한 처분으로서 사법심사의 대상이 되는 것이나, 법원으로서는 영업정지처분이 재량권 남용이라고 판단될 때에는 위법한 처분으로서 그 처분의 취소를 명할 수 있을 뿐이고, 재량권의 한계 내에서 어느 정도가 적정한 영업정지 기간인지를 가리는 일은 사법심사의 범위를 벗어난다(대판 1982.9.28, 82누2).

#### ⓒ 재량권을 일탈한 과징금 납부명령에 대하여 법원이 적정한 처분의 정도를 판단하여 그 초과되는 부분만 취소할 수 없다 ★ 18 지방7급, 17·14 국회8급

> 처분을 할 것인지 여부와 처분의 정도에 관하여 재량이 인정되는 과징금 납부명령에 대하여 그 명령이 재량권을 일탈하였을 경우, 법원으로서는 재량권의 일탈 여부만 판단할 수 있을 뿐이지 재량권의 범위 내에서 어느 정도가 적정한 것인지에 관하여는 판단할 수 없어 그 전부를 취소할 수밖에 없고, 법원이 적정하다고 인정하는 부분을 초과한 부분만 취소할 수는 없다(대판 2009.6.23, 2007두18062).

재량행위인 과징금 납부명령이 재량권을 일탈하였을 경우, 법원이 적정하다고 인정하는 부분을 초과한 부분만 취소할 수 있다. (x) ■ 17 국회8급

행정청의 재량권이 부여되어 있는 과징금부과처분이 법이 정한 한도액을 초과하여 위법할 경우, 법원으로서는 그 한도액을 초과한 부분이나 법원이 적정하다고 인정되는 부분을 초과한 부분만을 취소할 수 있다. (x) ■ 18 지방7급

ⓓ 징계처분을 받은 사립학교 교원의 소청심사청구에 대하여 교원소청심사위원회가 징계사유 자체가 인정되지 않는다는 이유로 징계처분을 취소하는 결정을 하고, 그에 대하여 학교법인 등이 제기한 행정소송 절차에서 심리한 결과 징계사유 중 일부 사유는 인정된다고 판단되는 경우, 법원은 위원회의 결정을 취소하여야 한다

> 사립학교 교원이 어떠한 징계처분을 받아 위원회에 소청심사청구를 하였고, 이에 대하여 위원회가 그 징계사유 자체가 인정되지 않는다는 이유로 징계양정의 당부에 대해서는 나아가 판단하지 않은 채 징계처분을 취소하는 결정을 한 경우, 그에 대하여 학교법인 등이 제기한 행정소송 절차에서 심리한 결과 징계사유 중 일부 사유는 인정된다고 판단이 되면 법원으로서는 위원회의 결정을 취소하여야 한다. 이는 설령 인정된 징계사유를 기준으로 볼 때 당초의 징계양정이 과중한 것이어서 그 징계처분을 취소한 위원회 결정이 결론에 있어서는 타당하다고 하더라도 마찬가지이다. 위와 같이 행정소송에 있어 확정판결의 기속력은 처분 등을 취소하는 경우에 그 피고인 행정청에 대해서만 미치는 것이므로, 법원이 위원회 결정의 결론이 타당하다고 하여 학교법인 등의 청구를 기각하게 되면 결국 행정소송의 대상이 된 위원회 결정이 유효한 것으로 확정되어 학교법인 등도 이에 기속되므로, 위원회 결정의 잘못은 바로잡을 길이 없게 되고 학교법인 등도 해당 교원에 대한 적절한 재징계를 할 수 없게 되기 때문이다(대판 2013.7.25, 2012두12297).

ⓛ 당사자가 제출한 자료에 의해 적법한 부과금액을 산출할 수 없는 경우

ⓐ 부당지원행위에 대한 공정거래위원회의 과징금납부명령의 법적 성격은 재량행위이고, 수 개의 위반행위에 대하여 하나의 과징금납부명령을 하였는데 수개의 위반행위 중 일부의 위반행위만이 위법하나 소송상 그 일부의 위반행위를 기초로 한 과징금액을 산정할 수 있는 자료가 없는 경우, 법원이 취소하여야 할 과징금납부명령의 범위는 전부취소이다

> 부당지원행위에 대한 과징금은 행정상 제재금으로서의 기본적 성격에 부당이득환수적 요소도 부가되어 있는 것이므로 그 구체적인 액수는 구 독점규제및공정거래에관한법률(1999.12.28. 법률 제6043호로 개정되기 전의 것) 제24조의2에서 규정하는 과징금 상한액(대통령령이 정하는 매출액에 100분의 2를 곱한 금액을 초과하지 아니하는 금액)을 초과하지 아니하는 범위 내에서 과징금 부과에 의하여 달성하고자 하는 목적과 같은 법 제55조의3 제1항 소정의 사유 즉, 위반행위의 내용 및 정도, 위반행위의 기간 및 횟수, 위반행위로 인해 취득한 이익의 규모 등을 감안하여 공정거래위원회가 재량을 가지고 결정할 수 있다 할 것이고, 수개의 위반행위에 대하여 하나의 과징금납부명령을 하였으나 수개의 위반행위 중 일부의 위반행위만이 위법하지만, 소송상 그 일부의 위반행위를 기초로 한 과징금액을 산정할 수 있는 자료가 없는 경우에는 하나의 과징금납부명령 전부를 취소할 수밖에 없다(대판 2004. 10.14, 2001두2881).

ⓑ 과세처분의 정당한 세액이 산출되지 않는 경우 과세처분 전부를 취소하여야 하고, 이 경우 법원이 직권으로 정당한 세액을 계산할 의무를 지지 않으며, 이는 소득금액변동통지의 정당한 소득금액에 관하여도 마찬가지이다

최신판례
> 당사자가 사실심 변론종결 시까지 객관적인 과세표준과 세액을 뒷받침하는 주장과 자료를 제출하지 아니하여 적법하게 부과될 정당한 세액을 산출할 수 없는 경우에는 과세처분 전부를 취소할 수밖에 없고, 그 경우 법원이 직권에 의하여 적극적으로 납세의무자에게 귀속될 세액을 찾아내어 부과될 정당한 세액을 계산할 의무까지 지는 것은 아니고, 이는 소득금액변동통지의 정당한 소득금액에 관하여도 마찬가지로 보아야 한다(대판 2020.8.20, 2017두44084).

## 3. 사정판결

### (1) 사정판결의 요건

#### ① 원고의 청구가 이유 있을 것

청구가 이유 있다고 함은 쟁송의 대상인 처분 등이 위법하고, 그 위법한 처분 등에 의하여 원고의 법률상의 이익이 침해되었음을 의미한다. 원고의 청구가 이유 없는 경우(처분이 적법한 경우)에는 당연히 기각판결을 하게 되므로 사정판결의 문제는 발생하지 않는다.

#### ② 처분 등의 취소가 현저히 공공복리에 적합하지 아니할 것

공공복리의 보호로 인하여 사익이 지나치게 제약된다는 문제가 발생하므로 이 요건은 엄격한 비교형량하에서만 적용되어야 한다.

#### ③ 사정판결제도는 합헌이다

> 행정처분이 위법한 때에는 이를 취소함이 원칙이고 그 위법한 처분을 취소·변경함이 도리어 현저히 공공의 복리에 적합하지 않은 경우에 극히 예외적으로 위법한 행정처분의 취소를 허용하지 않는다는 사정판결을 할 수 있으므로 사정판결의 적용은 극히 엄격한 요건 아래 제한적으로 하여야 하고, 그 요건인 현저히 공공복리에 적합하지 아니한가의 여부를 판단함에 있어서는 위법·부당한 행정처분을 취소·변경하여야 할 필요와 그 취소·변경으로 인하여 발생할 수 있는 공공복리에 반하는 사태 등을 비교·교량하여 그 적용 여부를 판단하여야 한다. 아울러 사정판결을 할 경우 미리 원고가 입게 될 손해의 정도와 구제방법, 그 밖의 사정을 조사하여야 하고, 원고는 피고인 행정청이 속하는 국가 또는 공공단체를 상대로 손해배상 등 적당한 구제방법의 청구를 당해 취소소송 등이 계속된 법원에 청구할 수 있는 점(행정소송법 제28조 제2항·제3항) 등에 비추어 보면, 사정판결제도가 위법한 처분으로 법률상 이익을 침해당한 자의 기본권을 침해하고, 법치행정에 반하는 위헌적인 제도라고 할 것은 아니다(대판 2009.12.10, 2009두8359).

#### ④ 피고인 행정청의 신청이 있을 것

명문규정은 없으나 공익과 사익의 신중한 형량을 위하여, 행정기관의 신청을 기다려 그 허용 여부가 결정되도록 하는 것이 타당하다는 것이 다수설이다. 그러나 판례는 당사자의 주장 없이도 법원이 직권으로 사정판결을 할 수 있다는 입장이다(대판 1992.2.14, 90누9032).

##### ㉠ 행정소송에 있어서 법원이 직권으로 사정판결을 할 수 있다

★ 22 지방9급, 17 국회8급, 15 국가9급, 14 서울7급, 13 지방7급, 13·12·10 세무사, 11 서울교행

`최신기출` 행정소송법 제26조, 제28조 제1항 전단의 각 규정에 비추어 행정소송에 있어서 법원이 사정판결을 할 필요가 있다고 인정하는 때에는 당사자의 명백한 주장이 없는 경우에도 일건기록에 나타난 사실을 기초로 하여 직권으로 사정판결을 할 수 있다(대판 1992.2.14, 90누9032).

### (2) 사정판결 관련사례

| 사정판결 인정사례 | 사정판결 부정사례 |
|---|---|
| 1. 건축불허가 처분 당시에 위 처분이 위법하다고 하더라도 구두변론 종결 당시에는 이미 진주시 도시계획 재정비 결정으로 도시계획법 제21조에 의한 녹지지역으로 지정고시된 경우(대판 1970.3.24, 69누299)<br>2. 재개발조합설립 및 사업시행인가처분이 처분 당시 법정요건인 토지 및 건축물 소유자 총수의 각 3분의 2 이상의 동의를 얻지 못하여 위법하더라도 그 후 90% 이상의 소유자가 재개발사업의 속행을 바라고 있는 경우(대판 1995.7.28, 95누4629)<br>3. 법학전문대학원이 개원한 후에 예비인가취소를 하는 경우(대판 2009.12.10, 2009두8359) | 1. 과세처분취소소송에서 과세처분을 취소하더라도 어차피 원고가 세금을 납부할 의무가 있으므로 무용한 과세처분을 되풀이함으로써 경제적, 시간적, 정신적 낭비만을 초래한다는 사정이 있는 경우(대판 1983.7.26, 82누420)<br>2. 시외버스운송사업계획변경인가처분의 취소로 인하여 연장노선이용 승객들의 불편이 예상되지만 그러한 불편은 피고가 취할 수 있는 여러 대응조치 등으로 일시적 현상에 그칠 것으로 예상되는 경우(대판 1991.5.28, 90누1359)<br>3. 면허대수 보충인가처분의 취소로 말미암아 이미 면허를 받아 등록까지 마치고 운행을 하고 있는 운송회사들에게 어느 정도 손해가 발생할 것이 예상되지만, 처분 무렵의 서울의 사업용 화물자동차가 무려 98,176대에 달하고 있는 점에 비추어 볼 때 위 처분의 취소로 인하여 전체 화물운송에 큰 영향을 미칠 것이라고는 보기 어려운 반면, 무리한 증차로 인하여 오히려 덤핑현상 등 운수업체간의 과당경쟁이 야기될 소지도 있고 기존업자 특히 개별운송사업면허자들이 받을 불이익도 적지 않은 점 등의 사정(대판 1992.7.10, 91누9107)<br>4. 생활폐기물을 수집·운반하여 온 기존의 동종업체에게 경쟁상대를 추가시킴으로써 일시적인 공급시설의 과잉현상이 나타나 어느 정도의 손해가 발생한 것이 예상되는 경우(대판 1998.5.8, 98두4061)<br>5. 징계면직된 검사의 복직이 검찰조직의 안정과 인화를 저해할 우려가 있다는 등의 사정(대판 2001.8.24, 2000두7704)<br>6. 관리처분계획취소사건에서 관리처분계획의 수정을 위한 조합원총회의 재결의를 위하여 시간과 비용이 많이 소요된다는 등의 사정이 있는 경우(대판 2001.10.12, 2000두4279)<br>7. 보건복지부 고시인 약제급여·비급여목록 및 급여상한금액표 중 약제의 상한금액 부분을 취소하는 것(대판 2006.9.22, 2005두2506) |

① 사정판결 부정사례

⑦ 징계면직된 검사의 복직(심재륜사건)

> 이른바 '심재륜사건'에서의 징계면직된 검사의 복직이 검찰조직의 안정과 인화를 저해할 우려가 있다는 등의 사정은 검찰 내부에서 조정·극복하여야 할 문제일 뿐이고, 준사법기관인 검사에 대한 위법한 면직처분의 취소 필요성을 부정할 만큼 현저히 공공복리에 반하는 사유라고 볼 수 없기 때문에, 사정판결을 할 경우에 해당하지 않는다(대판 2001. 8.24, 2000두7704).

ⓒ 보건복지부 고시인 약제급여·비급여목록 및 급여상한금액표 중 약제의 상한금액 부분을 취소하는 것

> 이 사건 고시(보건복지부 고시인 약제급여·비급여목록 및 급여상한금액표) 중 이 사건 약제의 상한금액 부분의 취소로 인하여 이 사건 약제와 관련된 건강보험가입자의 본인부담금 정산문제로 불편이 생길 가능성 등이 있으나, 건강보험재정에 직접적으로 중대한 영향을 미치거나 건강보험제도의 운용상 막대한 지장을 초래한다고 보기 어려우므로, 이 사건 고시 중 이 사건 약제의 상한금액 부분을 취소하는 것이 현저히 공공의 복리에 적합하지 않은 경우에 해당한다고 할 수 없다(대판 2006.9.22, 2005두2506).

② 사정판결 인정사례

⑦ 건축불허가처분 당시에 위 처분이 위법하다고 하더라도 본건 구두변론종결 당시에는 이미 진주시 도시계획 재정비 결정으로 도시계획법 제21조에 의한 녹지지역으로 지정고시된 경우

> 피고가 위 건축불허가처분 당시에 위 처분이 위법하다고 하더라도 본건 구두변론종결 당시에는(사정판결의 필요성은 구두변론종결시) 이미 진주시 도시계획 재정비 결정으로 도시계획법(현 국토의 계획 및 이용에 관한 법률) 제21조에 의한 녹지지역으로 지정고시되었는 만큼 동조의 규정에 의하면 녹지지역 내에서는 보건위생 또는 보안에 필요한 시설 및 녹지지역 내에서는 보건위생 또는 보안에 필요한 시설 및 녹지지역으로서의 효용을 해할 우려가 없는 용도에 공하는 건축물이 아니면 건축을 할 수 없다고 규정한 위 법조의 취지로 보아 본건 건축불허가처분을 취소하는 것은 현저히 공공의 복리에 적합하지 아니하다고 인정된다(대판 1970.3.24, 69누299).

ⓒ 법학전문대학원이 이미 개원한 후에 법학전문대학원 예비인가처분의 취소를 구하는 경우 ★ 12 국회8급

> 법학전문대학원이 장기간의 논의 끝에 사법개혁의 일환으로 출범하여 2009년 3월초 일제히 개원한 점, 전남대 법학전문대학원도 120명의 입학생을 받아들여 교육을 하고 있는데 인가처분이 취소되면 그 입학생들이 피해를 입을 수 있는 점, 법학전문대학원의 인가 취소가 이어지면 우수한 법조인의 양성을 목적으로 하는 법학전문대학원 제도 자체의 운영에 큰 차질을 빚을 수 있는 점, 법학전문대학원의 설치인가 심사기준의 설정과 각 평가에 있어 법 제13조에 저촉되지 않는 점, 교수위원이 제15차 회의에 관여하지 않았다고 하더라도 그 소속대학의 평가점수에 비추어 동일한 결론에 이르렀을 것으로 보여, 전남대에 대한 이 사건 인가처분을 취소하고 다시 심의하는 것은 무익한 절차의 반복에 그칠 것으로 보이는 점 등을 종합하여, 전남대에 대한 이 사건 인가처분이 법 제13조에 위배되었음을 이유로 취소하는 것은 현저히 공공복리에 적합하지 아니하다고 인정하였다(대판 2009.12.10, 2009두8359).

**(3) 사정판결의 적용범위(무효확인소송에서는 사정판결을 할 수 없다)**

★ 20·15 국가7급, 17 지방7급, 15 국가9급, 14·13 서울7급, 14·13·11 세무사, 14 변호사, 13 서울9급, 10 국가7급

> 당연무효의 행정처분을 소송목적물로 하는 행정소송에서는 존치시킬 효력이 있는 행정행위가 없기 때문에 행정소송법 제28조 소정의 사정판결을 할 수 없다(대판 1996.3.22, 95누5509).

무효인 행정행위에 대해서 사정판결을 할 수 있다. (x) ■ 20 국가7급

# Ⅲ. 위법판단의 기준시(처분시설)

## 1. 법령 및 사실상태(처분시)

### (1) 행정처분의 적법 여부 판단의 기준시점은 처분시이다 ★ 21·16 국회8급

**최신기출** 행정소송에서 행정처분의 위법 여부는 행정처분이 행하여졌을 때의 법령과 사실상태를 기준으로 하여 판단하여야 하고, 처분 후 법령의 개폐나 사실상태의 변동에 의하여 영향을 받지는 않는다 … 이 사건 처분 이후에 이 사건 처분의 사유 중 중요한 상당 부분이 소멸하였다면, 원고가 이를 이유로 피고에 대하여 이 사건 처분에 의한 공사중지명령의 해제를 요구하고 피고가 이를 거부할 경우 그 거부처분에 대하여 취소를 청구할 수 있음은 별론으로 하고, 이 사건 처분은 그 처분 당시의 법령과 사실상태를 기준으로 판단할 때 적법하다고 할 것이고, 이 사건 처분 이후의 원심판결에서 인정하고 있는 바와 같은 사실상태의 변동으로 인하여 처분 당시 적법하였던 이 사건 처분이 다시 위법하게 되는 것은 아니라고 할 것이다(대판 2007.5.11, 2007두1811).(대판 2007.5.11, 2007 두1811).

영업허가취소처분에 대한 취소판결은 사실심 변론종결시까지의 법령의 개폐 및 사실상태의 변동을 고려하여 내려진 것이다. (x)
■ 16 국회8급
취소소송에서 법원은 사실심변론종결 당시에 존재하는 사실 및 법률상태를 기준으로 처분의 위법 여부를 판단하여야 한다. (x)
■ 21·16 국회8급

### (2) 공정거래위원회의 시정명령 및 과징금 납부명령이 재량권 일탈·남용으로 위법한지 판단하는 기준 시점은 의결일 당시이다 ★ 18 국회8급

**최신기출** 행정소송에서 행정처분의 위법 여부는 행정처분이 행하여졌을 때의 법령과 사실상태를 기준으로 하여 판단해야 하고, 이는 「독점규제 및 공정거래에 관한 법률」에 기한 공정거래위원회의 시정명령 및 과징금 납부명령(과징금 납부명령 등)에서도 마찬가지이다. 따라서 공정거래위원회의 과징금 납부명령 등이 재량권 일탈·남용으로 위법한지는 다른 특별한 사정이 없는 한 과징금 납부명령 등이 행하여진 '의결일' 당시의 사실상태를 기준으로 판단하여야 한다(대판 2015.5.28, 2015두36256).

### (3) 교원소청심사위원회가 한 결정의 취소를 구하는 소송에서 결정의 적부를 판단하는 기준 시점 및 판단대상 ★ 21 국회8급

**최신기출** 교원소청심사위원회가 한 결정의 취소를 구하는 소송에서 그 결정의 적부는 결정이 이루어진 시점을 기준으로 판단하여야 하지만, 그렇다고 하여 소청심사 단계에서 이미 주장된 사유만을 행정소송의 판단대상으로 삼을 것은 아니다. 따라서 소청심사 결정 후에 생긴 사유가 아닌 이상 소청심사 단계에서 주장하지 아니한 사유도 행정소송에서 주장할 수 있고, 법원도 이에 대하여 심리·판단할 수 있다(대판 2018.7.12, 2017두65821).

### (4) 공정거래위원회가 과징금 산정 시 위반 횟수 가중의 근거로 삼은 위반행위에 대한 시정조치가 그 후 '위반행위 자체가 존재하지 않는다는 이유로 취소판결이 확정된 경우', 과징금 부과처분은 비례·평등원칙 및 책임주의 원칙에 위배될 수 있다

**최신판례** 구 「과징금부과 세부기준 등에 관한 고시」 Ⅳ. 2. 나. (2)항은 과거 시정조치의 횟수 산정 시 시정조치의 무효 또는 취소판결이 확정된 건을 제외하도록 규정하고 있다. 공정거래위원회가 과징금 산정 시 위반 횟수 가중의 근거로 삼은 위반행위에 대한 시정조치가 그 후 '위반행위 자체가 존재하지 않는다는 이유로 취소판결이 확정된 경우' 과징금 부과처분의 상대방은 결과적으로 처분 당시 객관적으로 존재하지 않는 위반행위로 과징금이 가중 되므로, 그 처분은 비례·평등원칙 및 책임주의 원칙에 위배될 여지가 있다(대판 2019.7.25, 2017두55077).

**(5) 시정조치를 위반 횟수 가중을 위한 횟수 산정에서 제외하더라도, 그 사유가 과징금 부과처분에 영향을 미치지 아니하여 처분의 정당성이 인정되는 경우, 그 처분은 위법하지 않다**

공정거래위원회는 독점규제 및 공정거래에 관한 법령상의 과징금 상한의 범위 내에서 과징금 부과 여부 및 과징금 액수를 정할 재량을 가지고 있다. 또한 재량준칙인 '구 과징금 고시' Ⅳ. 2. 나. (1)항은 위반 횟수와 벌점 누산점수에 따른 과징금 가중비율의 상한만을 규정하고 있다. 따라서 법 위반행위 자체가 존재하지 않아 위반행 위에 대한 시정조치에 대하여 취소판결이 확정된 경우에 위반 횟수 가중을 위한 횟수 산정에서 제외하더라도, 그 사유가 과징금 부과처분에 영향을 미치지 아니하여 처분의 정당성이 인정되는 경우에는 그 처분을 위법하다 고 할 수 없다(대판 2019.7.25, 2017두55077).

**(6)**

부당해고 구제신청에 관한 중앙노동위원회의 명령 또는 결정의 취소를 구하는 소송에서 그 명령 또는 결정이 적법한지는 그 명령 또는 결정이 이루어진 시점을 기준으로 판단하여야 하고, 그 명령 또는 결정 후에 생긴 사유 를 들어 적법 여부를 판단할 수는 없으나, 그 명령 또는 결정의 기초가 된 사실이 동일하다면 노동위원회에서 주장하지 아니한 사유도 행정소송에서 주장할 수 있다(대판 2021.7.29, 2016두64876).

**(7) 영업정지처분 이후에 영업정지 예외사유가 발생한 경우, 법원이 영업정지처분을 위법하다고 보아 취소할 수 없다**

행정소송에서 행정처분의 위법 여부는 행정처분이 있을 때의 법령과 사실상태를 기준으로 하여 판단하여야 하 고, 처분 후 법령의 개폐나 사실상태의 변동에 의하여 영향을 받지 않는다.
원고는 영업정지처분 이후에 간이회생절차 종결 결정을 받아 비로소 구 「건설산업기본법 시행령」(2019. 6. 18. 대통령령 제29877호로 개정되기 전의 것) 제79조의2 제3호 (나)목에서 정한 영업정지 예외사유가 발생하였으므로, 달리 이 사건 처분 당시 영업정지 예외사유가 발생하여 있었다고 볼 만한 자료가 없는 이상, 영업정지처분은 그 처분 당시의 법령과 사실상태를 기준으로 판단할 때 적법하다고 할 것이고, 영업정지처분 이후 간이회생절차 종결 결정을 받은 사실로 인하여 처분 당시 적법하였던 영업정지처분이 다시 위법하게 된다고 볼 수는 없다(대판 2022.4.28, 2021두61932).

## 2. 판단자료(판결시)

사실상태에 대한 법령의 적용에 관한 판단자료는 판결시를 기준으로 한다. 즉, 법원은 행정처분 당시 행정청이 보유했거나 알고 있었던 자료, 행정청에 제출되었던 자료뿐만 아니라 사실심 변론종결 당시까지 제출된 모든 자료를 종합하여 처분 당시 존재했던 객관적 사실을 확정하고, 그 사실에 기초하여 처분의 위법 여부를 판단할 수 있다. 특히 사실관계(안전, 위험, 인과관계 등 포함)의 판단은 판결시의 과학기술 등 증거자료에 의한다.

> 행정처분의 위법 여부를 판단하는 기준 시점에 관하여 판결 시가 아니라 처분 시라고 하는 의미는 행정처분이 있을 때의 법령과 사실상태를 기준으로 하여 위법 여부를 판단하며 처분 후 법령의 개폐나 사실상태의 변동에 영향을 받지 않는다는 뜻이지 처분 당시 존재하였던 자료나 행정청에 제출되었던 자료만으로 위법 여부를 판단한다는 의미는 아니다. 그러므로 처분 당시의 사실상태 등에 관한 증명은 사실심 변론종결 당시까지 할 수 있고, 법원은 행정처 분 당시 행정청이 알고 있었던 자료뿐만 아니라 사실심 변론종결 당시까지 제출된 모든 자료를 종합하여 처분 당시 존재하였던 객관적 사실을 확정하고 그 사실에 기초하여 처분의 위법 여부를 판단할 수 있다(대판 2017.4.7, 2014두37122).

# 제6관 취소판결의 효력

## Ⅰ. 형식적 확정력(불가쟁력) - 당사자에 대한 효력

### 행정처분이 불복기간의 경과로 확정될 경우, 그 효력으로서 확정력의 의미

[최신판례] 행정처분이 불복기간의 경과로 인하여 확정될 경우 그 확정력은, 처분으로 인하여 법률상 이익을 침해받은 자가 해당 처분이나 재결의 효력을 더 이상 다툴 수 없다는 의미일 뿐, 더 나아가 판결에 있어서와 같은 기판력이 인정되는 것은 아니어서 처분의 기초가 된 사실관계나 법률적 판단이 확정되고 당사자들이나 법원이 이에 기속되어 모순되는 주장이나 판단을 할 수 없게 되는 것은 아니다(대판 2019.10.17, 2018두104).

## Ⅱ. 실질적 확정력(기판력) - 후소법원과 당사자에 대한 효력

### 1. 의의

#### (1) 기판력의 의의

확정판결의 기판력이라 함은 확정판결의 주문에 포함된 법률적 판단의 내용은 이후 그 소송당사자의 관계를 규율하는 새로운 기준이 되는 것이므로 동일한 사항이 소송상 문제가 되었을 때 당사자는 이에 저촉되는 주장을 할 수 없고 법원도 이에 저촉되는 판단을 할 수 없는 기속력을 의미하는 것이다(대판 1987.6.9, 86다카2756).

#### (2) 행정소송법 제30조 제1항이 규정하는 취소 확정판결의 '기속력'과 같은 법 제8조 제2항에 의하여 행정소송에 준용되는 민사소송법 제216조, 제218조가 규정하는 '기판력'의 의미

행정소송법 제8조 제2항에 의하여 행정소송에 준용되는 민사소송법 제216조, 제218조가 규정하고 있는 '기판력'이란 기판력 있는 전소 판결의 소송물과 동일한 후소를 허용하지 않음과 동시에, 후소의 소송물이 전소의 소송물과 동일하지는 않더라도 전소의 소송물에 관한 판단이 후소의 선결문제가 되거나 모순관계에 있을 때에는 후소에서 전소 판결의 판단과 다른 주장을 하는 것을 허용하지 않는 작용을 한다(대판 2016.3.24, 2015두48235).

## 2. 범위

### (1) 주관적 범위(인적 범위)

민사소송에 있어서는 패소판결의 경우 기판력은 원칙적으로 당해 소송의 당사자 및 당사자와 동일시할 수 있는 승계인에게만 미치고, 제3자에게는 미치지 않으므로(기판력의 상대성) 소송참가를 한 제3자에게는 기판력이 미치지 않고 기판력과 구별되는 참가적 효력이 미친다는 것이 통설이다. 그러나 행정소송의 경우에는 원고와 피고만이 아니라 보조참가인에게도 미친다. 왜냐하면 행정소송에 있어서는 취소판결의 효력이 제3자에게 미치기 때문에 제3자의 소송참가를 허용하는 것이고, 참가인의 지위는 통상적인 보조참가인이 아니라 공동소송적 보조참가인이기 때문에 기판력이 미치는 것이다. 판례도 마찬가지이다(대판 1966.12.6, 66다1880).

### ① 기판력의 효과

적극당사자(원고)가 되어 주장하는 경우는 물론이고 소극당사자(피고)로서 항변하는 경우에도 그 기판력에 저촉되는 주장은 할 수 없다(대판 1987.6.9, 86다카2756).

### ② 처분청을 피고로 한 과세처분 취소소송의 기판력은 당해 처분이 귀속하는 국가 또는 지방자치단체에 미친다

★ 10 국가9급

취소소송에 있어서는 편의상 권리주체인 국가·공공단체가 아닌 처분청을 피고로 하기 때문에, 그 판결의 기판력은 피고인 처분청이 속하는 국가나 공공단체에도 미친다(대판 1998.7.24, 98다10854).

### ③ 기판력은 원고뿐만 아니라 관계 행정기관도 기속한다

행정처분취소청구를 기각하는 판결이 확정되면 그 처분이 적법하다는 점에 관하여 기판력이 생기고 그 소의 원고뿐만 아니라 관계 행정기관도 이에 기속된다 할 것이므로 면직처분이 위법하지 아니하다는 점이 판결에서 확정된 이상 원고가 다시 이를 무효라 하여 그 무효확인을 소구할 수는 없다(대판 1992.12.8, 92누6891).

### (2) 객관적 범위(물적 범위)

### ① 개설(판결주문)

### ㉠ 확정판결 및 소송판결 기판력의 객관적 범위

★ 21 서울7급, 16 국가7급, 16 국회8급, 15 사회복지, 15·11 순경특채, 11 지방9급, 11 국회8급, 10 국가9급

`최신기출` 확정판결의 기판력은 소송물로 주장된 법률관계의 존부에 관한 판단의 결론 그 자체에만 미치는 것이고 그 전제가 되는 법률관계의 존부에까지 미치는 것이 아니며, 소송판결은 그 판결에서 확정한 소송요건의 흠결에 관하여 기판력이 발생하는 것이다(대판 1996.11.15, 96다31406).

> 취소판결의 기판력과 기속력은 판결의 주문과 판결이유 중에 설시된 개개의 위법사유에까지 미친다. (×) ■ 16 국가7급

### ㉡ 전소와 후소가 소송물을 달리하는 경우, 전소 확정판결의 기판력이 후소에 미치지 않는다 ★ 21 서울7급

`최신기출` 취소판결의 기판력은 소송물로 된 행정처분의 위법성 존부에 관한 판단 그 자체에만 미치는 것이므로 전소와 후소가 그 소송물을 달리하는 경우에는 전소 확정판결의 기판력이 후소에 미치지 아니한다(대판 1996.4.26, 95누5820).

> 취소 확정판결의 기속력은 소송물인 행정처분의 위법성 존부에 관한 판단 그 자체에만 미치는 것이므로 전소와 후소가 그 소송물을 달리하는 경우에는 전소 확정판결의 기속력이 후소에 미치지 아니한다. (×) ■ 21 서울7급

② 동일한 소송물

㉠ 주된 납세의무자가 제기한 전소와 제2차 납세의무자가 제기한 후소가 각기 다른 처분에 관한 것이어서 그 소송물을 달리하는 경우, 전소 확정판결의 기판력이 후소에 미치지 않는다 ★ 18 국회8급

**최신기출**
과세처분이란 법률에 규정된 과세요건이 충족됨으로써 객관적·추상적으로 성립한 조세채권의 내용을 구체적으로 확인하여 확정하는 절차로서, 과세처분 취소소송의 소송물은 그 취소원인이 되는 위법성 일반이고 그 심판의 대상은 과세처분에 의하여 확인된 조세채무인 과세표준 및 세액의 객관적 존부이다. 한편, 취소판결의 기판력은 소송물로 된 행정처분의 위법성 존부에 관한 판단 그 자체에만 미치는 것이므로 전소와 후소가 그 소송물을 달리하는 경우에는 전소 확정판결의 기판력이 후소에 미치지 아니한다(대판 2009.1.15, 2006두14926).

③ 전소의 기판력 있는 법률관계가 후소의 선결적 법률관계가 되는 경우, 전소판결의 기판력이 후소에 미친다
★ 15 순경특채

전소와 후소의 소송물이 동일하지 아니하여도 전소의 기판력 있는 법률관계가 후소의 선결적 법률관계가 되는 때에는 전소의 판결의 기판력이 후소에 미쳐 후소의 법원은 전에 한 판단과 모순되는 판단을 할 수 없다(대판 2000.2.25, 99다55472).

④ 과세처분취소청구 기각판결의 기판력은 무효확인을 구하는 소송에도 미친다
★ 21 변호사, 14 지방9급, 14·13 세무사, 11 순경특채, 11 국회8급

**최신기출**
과세처분의 취소소송은 과세처분의 실체적·절차적 위법을 그 취소원인으로 하는 것으로서 그 심리의 대상은 과세관청의 과세처분에 의하여 인정된 조세채무인 과세표준 및 세액의 객관적 존부, 즉 당해 과세처분의 적부가 심리의 대상이 되는 것이며, 과세처분취소청구를 기각하는 판결이 확정되면 그 처분이 적법하다는 점에 관하여 기판력이 생기고 그 후 원고가 이를 무효라 하여 무효확인을 소구할 수 없는 것이어서 과세처분의 취소소송에서 청구가 기각된 확정판결의 기판력은 그 과세처분의 무효확인을 구하는 소송에도 미친다(대판 2003.5.16, 2002두3669).

⑤ 행정청의 공사중지명령에 대한 취소소송에서 명령이 적법한 것으로 확정된 경우, 이후 그 명령의 상대방이 명령의 해제신청을 거부한 처분의 취소를 구하는 소송에서 명령의 적법성을 다툴 수 없다 ★ 22 지방9급, 21 국가9급

**최신기출**
행정청이 관련 법령에 근거하여 행한 공사중지명령의 상대방이 명령의 취소를 구한 소송에서 패소함으로써 그 명령이 적법한 것으로 이미 확정되었다면, 이후 이러한 공사중지명령의 상대방은 그 명령의 해제신청을 거부한 처분의 취소를 구하는 소송에서 그 명령의 적법성을 다툴 수 없다(대판 2014.11.27, 2014두37665).

甲이 앞서 공사중지명령 취소소송에서 패소하여 그 판결이 확정되었더라도, 甲은 그 후 공사중지명령의 해제를 신청한 후 해제신청 거부처분 취소소송에서 다시 그 공사중지명령의 적법성을 다툴 수 있다. (×) ■ 21 국가9급
공사중지명령의 상대방이 제기한 공사중지명령취소소송에서 기각판결이 확정된 경우 특별한 사정변경이 없더라도 그 후 상대방이 제기한 공사중지명령해제신청 거부처분취소소송에서는 그 공사중지명령의 적법성을 다시 다툴 수 있다. (×) ■ 22 지방9급

⑥ 부과처분 취소소송에서 이미 행사하였던 공격방어방법을 그에 대한 경정청구 거부처분 취소소송에서 다시 행사하는 것은 확정된 부과처분 취소소송 판결의 기판력에 반하여 허용될 수 없다

**최신판례**
과세표준 및 세액의 인정이 위법이라고 내세우는 개개의 위법사유는 자기의 청구가 정당하다고 주장하는 공격방어방법에 불과하다. 이 사건 각 선행 확정판결의 소송물과 이 사건 소의 소송물은 모두 원고 1, 2, 4, 5의 각 해당 과세기간 귀속 각 이자소득의 과세표준과 세액의 객관적 존부로서 동일하고, 차용인 측의 기망을 이유로 한 각 대여계약의 취소는 이 사건 각 선행 확정판결의 변론종결 이전에 이미 행사하였던 공격방어방법이므로, 위 원고들이 다시 차용인 측의 기망을 이유로 각 대여계약의 취소를 주장하며 피고들을 상대로 이 사건 각 거부처분의 취소를 구하는 것은 이 사건 각 선행 확정판결의 기판력에 저촉되어 허용될 수 없다(대판 2020.6.25, 2017두58991).

### (3) 시간적 범위(사실심 구두변론종결시)

기판력은 사실심의 변론종결시를 표준시로 하여 발생한다(대판 1995.9.29, 94다46817). 즉, 당사자는 사실심 변론종결시까지 소송자료를 제출할 수 있고, 종국판결도 그때까지 제출한 자료를 기초로 한 결과이기 때문에 이 시점에서 기판력이 생긴다.

**① 기판력의 시간적 범위** ★ 17 서울7급

> 기판력은 사실심 변론종결 당시에 있어서 권리관계의 존부에 관하여 생기기 때문에 후소 법원은 위 표준시에서의 기판력 있는 판단에 반하는 판결을 할 수 없고, 후소에서 전소의 표준시 이전에 존재하였던 사실 및 증거자료를 제출하여 전소에서 확정된 권리관계를 뒤엎을 수 없는 작용을 하는 것이지만, 표준시 이후에 생긴 법률관계에 관하여서까지 후소에서 주장할 수 없다는 것은 아니다(대판 1995.9.29, 94다46817).

**② 기판력의 시간적 범위 및 기판력이 차단되는 변론종결 이후에 발생한 새로운 사유의 범위**

> 일반적으로 판결이 확정되면 법원이나 당사자는 확정판결에 반하는 판단이나 주장을 할 수 없는 것이나, 이러한 확정판결의 효력은 그 표준시인 사실심변론종결시를 기준으로 하여 발생하므로, 그 이후에 새로운 사유가 발생한 경우까지 전소의 확정판결의 기판력이 미치는 것은 아니며, 이와 같이 변론종결 이후에 발생한 새로운 사유는 원칙적으로 사실자료에 그치는 것으로. 법률의 변경, 판례의 변경 혹은 판결의 기초가 된 행정처분의 변경은 그에 포함되지 아니한다(대판 1998.7.10, 98다7001).

# Ⅲ. 기속력 - 행정기관에 대한 효력

## 1. 기속력의 성질

기속력이란 취소판결의 실효성을 확보하기 위해 행정소송법이 취소판결에 특히 인정한 특유한 효력이며 기판력과는 본질을 달리한다고 보는 특수효력설이 통설이다. 그러나 판례는 기판력설을 취하고 있다고 해석하는 견해가 다수이다.

### (1) 기속력설

> 관계행정기관 또는 그 소속기관을 기속하는 것은 행정소송법절차에 의거한 확정판결에 한하고 민사소송법에 의한 판결은 이러한 기속력이 없다(대판 1957.7.26, 4290행상23).

### (2) 기판력설 ★ 14 지방9급

> 어떠한 행정처분에 위법한 하자가 있다는 이유로 그 취소를 소구한 행정소송에서 그 행정처분을 취소하는 판결이 선고되어 확정된 경우에 처분행정청이 그 행정소송의 사실심 변론종결 이전의 사유를 내세워 다시 확정판결에 저촉되는 행정처분을 하는 것은 확정판결의 기판력에 저촉되어 허용될 수 없고 이와 같은 행정처분은 그 하자가 명백하고 중대한 경우에 해당되어 당연무효이다(대판 1989.9.12, 89누985).

## 2. 기속력의 내용

### (1) 소극적 효력(반복금지효) ★ 17 국회8급

① 징계처분의 취소를 구하는 소에서 징계사유가 될 수 없다고 판결한 사유와 동일한 사유를 내세워 다시 징계처분할 수 없다 ★ 17 국회8급

> 징계처분의 취소를 구하는 소에서 징계사유가 될 수 없다고 판결한 사유와 동일한 사유를 내세워 행정청이 다시 징계처분을 한 것은 확정판결에 저촉되는 행정처분을 한 것으로서, 위 취소판결의 기속력이나 확정판결의 기판력에 저촉되어 허용될 수 없다(대판 1992.7.14, 92누2912).

② 처분의 기본적 사실관계가 동일하다면 적용법규정을 달리하거나 처분사유를 변경하여 동일한 내용의 처분을 하는 것은 동일한 행위의 반복에 해당한다

> 피고가 원고의 토지형질변경허가신청에 대한 이 사건 불허가처분의 근거로 1988.7.1.자 서울특별시 예규 제499호의 토지형질변경행위 사무취급요령이 규정하는 규제대상에 해당함을 들고 있으나 이는 결국 도시계획법 제4조 제1항, 같은법 시행령 제5조의2에 터잡은 토지의 형질변경등행위허가기준등에관한규칙(건설부령 제328호) 제4조 제1항 제1호 및 제2호에 정한 허가기준에 적합하지 않다는 것에 불과한 것이어서 피고가 위 신청에 대한 1차 거부처분의 취소소송에서 이미 주장한 내용과 동일하여 1차 거부처분의 취소를 명한 확정판결의 사실심 변론종결이후에 생긴 새로운 사유로 볼 수 없으므로 이 사건 불허가처분은 위 확정판결에 저촉되는 것으로서 무효이다(대판 1990.12.11, 90누3560).

### (2) 재처분의무

① 주민 등의 도시관리계획 입안 제안을 거부한 처분에 이익형량의 하자가 있어 위법하다고 판단하여 취소하는 판결이 확정된 경우, 행정청에 그 입안 제안을 그대로 수용하는 내용의 도시관리계획을 수립할 의무가 없고, 행정청이 다시 새로운 이익형량을 하여 도시관리계획을 수립한 경우, 취소판결의 기속력에 따른 재처분의 의무를 이행한 것이며, 행정청이 다시 적극적으로 수립한 도시관리계획의 내용이 계획재량의 한계를 일탈한 것인지 여부는 별도로 심리·판단하여야 한다

> **최신판례** 취소 확정판결의 기속력의 범위에 관한 법리 및 도시관리계획의 입안·결정에 관하여 행정청에 부여된 재량을 고려하면, 주민 등의 도시관리계획 입안 제안을 거부한 처분을 이익형량에 하자가 있어 위법하다고 판단하여 취소하는 판결이 확정되었더라도 행정청에 그 입안 제안을 그대로 수용하는 내용의 도시관리계획을 수립할 의무가 있다고는 볼 수 없고, 행정청이 다시 새로운 이익형량을 하여 적극적으로 도시관리계획을 수립하였다면 취소판결의 기속력에 따른 재처분의무를 이행한 것이라고 보아야 한다. 다만 취소판결의 기속력 위배 여부와 계획재량의 한계 일탈 여부는 별개의 문제이므로, 행정청이 적극적으로 수립한 도시관리계획의 내용이 취소판결의 기속력에 위배되지는 않는다고 하더라도 계획재량의 한계를 일탈한 것인지의 여부는 별도로 심리·판단하여야 한다(대판 2020.6.25, 2019두56135).

## (3) 원상회복의무(결과제거의무)

행정청은 처분의 취소판결이 있으면 결과적으로 위법처분으로 인해 야기된 상태를 제거해야 하는 의무를 진다.

### ① 행정처분을 취소하는 판결이 확정된 경우, 취소판결의 기속력에 따른 행정청의 의무

`최신판례` 어떤 행정처분을 위법하다고 판단하여 취소하는 판결이 확정되면 행정청은 취소판결의 기속력에 따라 그 판결에서 확인된 위법사유를 배제한 상태에서 다시 처분을 하거나 그 밖에 위법한 결과를 제거하는 조치를 할 의무가 있다(대판 2020.4.9, 2019두49953).

### ②

`최신판례` 직업능력개발훈련과정 인정제한처분에 대한 쟁송절차에서 해당 제한처분이 위법한 것으로 판단되어 취소되거나 당연무효로 확인된 경우, 사업주가 해당 제한처분 때문에 관계 법령이 정한 기한 내에 하지 못했던 훈련과정 인정신청과 훈련비용 지원신청을 사후적으로 할 수 있는 기회를 주어야 한다(대판 2019.1.31, 2016두52019).

## (4) 기속력에 반하지 않는 재처분

### ① 위법사유의 보완

#### ㉠ 과세처분 취소소송의 확정판결에 적시된 위법사유를 보완하여 새로이 행한 과세처분은 동 판결의 기판력에 저촉되지 않는다 ★ 21·17 국회8급, 20 국가9급, 18·14·11 지방9급, 12 변호사

`최신기출` 과세처분시 납세고지서에 과세표준, 세율, 세액의 산출근거등이 누락되어 있어 이러한 절차 내지 형식의 위법을 이유로 과세처분을 취소하는 판결이 확정된 경우에 그 확정판결의 기판력은 확정판결에 적시된 절차 내지 형식의 위법사유에 한하여 미친다고 할 것이므로 과세처분권자가 그 확정판결에 적시된 위법사유를 보완하여 행한 새로운 과세처분은 확정판결에 의하여 취소된 종전의 과세처분과는 별개의 처분으로서 확정판결의 기판력에 저촉되는 것은 아니다(대판 1986.11.11, 85누231).

> 행정처분이 절차의 하자를 이유로 취소된 경우, 적법한 절차를 갖추더라도 이전의 처분과 동일한 내용의 처분을 다시 하는 것은 기속력에 위반되어 허용되지 않는다. (x) ■ 17 국회8급
> 절차상의 하자를 이유로 과세처분을 취소하는 판결이 확정된 후 그 위법사유를 보완하여 이루어진 새로운 부과처분은 확정판결의 기판력에 저촉된다. (x) ■ 20 국가9급

#### ㉡ 행정청이 확정판결의 취지에 따라 절차, 방법의 위법사유를 보완하여 다시 종전의 신청에 대한 거부처분을 할 수 있다 ★ 17 국가9급, 16 국회8급, 14·12 지방9급, 12 변호사

행정소송법 제30조 제2항의 규정에 의하면 행정청의 거부처분을 취소하는 판결이 확정된 때에는 그 처분을 행한 행정청이 판결의 취지에 따라 이전의 신청에 대하여 재처분할 의무가 있으나, 이때 확정판결의 당사자인 처분행정청은 그 확정판결에서 적시된 위법사유를 보완하여 새로운 처분을 할 수 있다(대판 2005.1.14, 2003두13045).

> 원고의 신청을 거부하는 처분에 대해 취소판결이 확정되면 기속력의 결과 행정청은 원고의 신청을 인용하는 처분을 하여야 한다. (x) ■ 16 국회8급
> 제3자효행정처분에서 절차의 하자를 이유로 원고가 취소확정판결을 받은 경우 당해 처분청은 원처분과 동일한 처분을 할 수 없다. (x) ■ 16 국회8급
> 청문절차를 거치지 않았다는 이유로 취소확정판결이 내려졌다면, A시장은 적법한 청문절차를 거치더라도 甲에게 연령을 확인하지 않고 청소년을 출입시켰다는 이유로 영업허가취소처분을 할 수는 없다. (x) ■ 17 국가9급

② 다른 사유

㉠ 사실심 변론종결 이전의 사유

ⓐ 거부처분에 대한 취소판결이 확정된 경우에는 사실심 변론종결 이전의 사유를 내세워 다시 거부처분을 하는 것은 확정판결의 기속력에 저촉되어 허용되지 아니한다 ★ 17 국회8급

> 거부처분에 대한 취소판결이 확정된 경우에는 그 처분을 행한 행정청은 판결의 취지에 따라 다시 처분을 하여야 할 의무를 부담하게 되므로, 취소소송에서 소송의 대상이 된 거부처분을 실체법상의 위법사유에 기하여 취소하는 판결이 확정된 경우에는 당해 거부처분을 한 행정청은 원칙적으로 신청을 인용하는 처분을 하여야 하고, 사실심 변론종결 이전의 사유를 내세워 다시 거부처분을 하는 것은 확정판결의 기속력에 저촉되어 허용되지 아니한다(대판 2001.3.23, 99두5238).

ⓑ 종전 처분이 판결에 의하여 취소된 경우, 종전 처분과 다른 사유를 들어 새로이 처분을 하는 것은 기속력에 저촉되지 않는다 ★ 22 지방9급, 21 서울7급, 21 변호사, 20·17 국가9급, 16 국회8급

> **최신기출** 취소 확정판결의 기속력은 판결의 주문 및 전제가 되는 처분 등의 구체적 위법사유에 관한 판단에도 미치나, 종전 처분이 판결에 의하여 취소되었더라도 종전 처분과 다른 사유를 들어서 새로이 처분을 하는 것은 기속력에 저촉되지 않는다(대판 2016.3.24, 2015두48235).
>
> 취소판결이 확정된 이후에는 다른 사유를 근거로 하더라도 다시 영업허가를 취소하는 처분을 할 수 없다. (×) ■ 16 국회8급
> A행정청이 거부처분 이전에 이미 존재하였던 사유 중 거부처분 사유와 기본적 사실관계의 동일성이 없는 사유를 근거로 다시 거부처분을 하는 것은 허용되지 않는다. (×) ■ 19 국가9급
> 행정처분이 판결에 의해 취소된 경우, 취소된 처분의 사유와 기본적 사실관계에서 동일성이 인정되지 않는 다른 사유를 들어 새로이 처분을 하는 것은 기속력에 반한다. (×) ■ 19 국가9급
> 행정청은 취소판결에서 위법하다고 판단된 처분사유와 기본적 사실관계의 동일성이 없는 사유이더라도 처분시에 존재한 사유를 들어 종전의 처분과 같은 처분을 다시 할 수 없다.

ⓒ '새로운 사유'의 판단기준(처분사유의 추가·변경과 동일) ★ 19 국회8급

> **최신기출** 새로운 사유인지는, 종전 처분에 관하여 위법한 것으로 판결에서 판단된 사유와, 기본적 사실관계의 동일성이 인정되는 사유인지 여부에 따라 판단되어야 하고, 기본적 사실관계의 동일성 유무는 처분사유를 법률적으로 평가하기 이전의 구체적인 사실에 착안하여 그 기초인 사회적 사실관계가 기본적인 점에서 동일한지 여부에 따라 결정되며, 추가 또는 변경된 사유가 처분 당시에 그 사유를 명기하지 않았을 뿐 이미 존재하고 있었고 당사자도 그 사실을 알고 있었다 하여 당초의 처분사유와 동일성이 있는 것이라고 할 수는 없다. 원고가 아파트 건설사업계획승인 신청을 하였으나 미디어밸리의 시가화 예정 지역이라는 이유로 거부되자 그 취소소송에서 처분 사유가 구체적이고 합리적이지 못하여 재량권 남용이라는 이유로 그 처분의 취소판결이 확정된 후 피고가 종전 처분 후이지만 종전 소송의 사실심 변론종결 이전에 발생한 개발제한지역 지정의 새로운 사실을 이유로 한 거부처분은 위 취소 확정판결의 기속력에 반하지 않는다(대판 2011.10.27, 2011두14401).

ⓓ 취소 확정판결의 당사자인 처분 행정청이 종전 처분 후에 발생한 새로운 사유를 내세워 다시 처분을 할 수 있고, 새로운 처분의 사유가 종전 처분의 사유와 기본적 사실관계에서 다르지만 종전 처분 당시 이미 존재하고 있었고 당사자가 알고 있었던 경우, 이를 내세워 새로이 처분을 하는 것은 확정판결의 기속력에 저촉되지 않는다

★ 21 변호사, 19 서울7급

> **최신기출** 행정처분의 위법 여부는 행정처분이 행하여진 때의 법령과 사실을 기준으로 판단하므로, 확정판결의 당사자인 처분 행정청은 종전 처분 후에 발생한 새로운 사유를 내세워 다시 처분을 할 수 있고, 새로운 처분의 처분사유가 종전 처분의 처분사유와 기본적 사실관계에서 동일하지 않은 다른 사유에 해당하는 이상, 처분사유가 종전 처분 당시 이미 존재하고 있었고 당사자가 이를 알고 있었더라도 이를 내세워 새로이 처분을 하는 것은 확정판결의 기속력에 저촉되지 않는다(대판 2016.3.24, 2015두48235).

▶ 추가 또는 변경된 사유가 처분 당시 이미 존재하고 있었거나 당사자가 그 사실을 알고 있었던 경우, 이러한 사정만으로도 당초의 처분사유와 동일성이 인정된다. (×) ■ 19 서울7급
▶ 새로운 처분의 처분사유가 종전 처분의 처분사유와 기본적 사실관계에서 동일하지 않은 다른 사유에 해당하더라도, 처분사유가 종전 처분 당시 이미 존재하고 있었고 당사자가 이를 알고 있었다면 이를 내세워 새로이 처분을 하는 것은 확정판결의 기속력에 저촉된다. (×) ■ 21 변호사

### ⓛ 사실심 변론종결(처분시) 이후 발생한 새로운 사유

거부처분취소의 확정판결을 받은 행정청은 사실심 변론종결(엄밀한 표현으로는 처분시) 이후 발생한 새로운 사유(사실관계의 변경 또는 법의 변경)를 내세워 다시 거부처분을 할 수도 있다. 한편, 통설·판례가 처분의 위법 여부 판단의 기준시점을 사실심 변론종결시가 아닌 처분시로 보고 있는 점에 비추어, 당초의 처분이 있은 다음 사실상태나 사유가 변동된 경우에는 그것이 변론종결시 이전의 일이라도 취소판결의 기속력을 받지 아니하고 동일한 내용의 처분을 새로이 할 수 있다고 보아야 할 것이다.

ⓐ 사실심 변론종결 이후 발생한 사유로 새로운 거부처분을 할 수 있다(종전의 부적절한 표현)

★ 19·18·15 국회8급, 16·15 국가7급, 13 세무사

> **최신기출** 행정소송법 제30조 제2항에 의하면, 행정청의 거부처분을 취소하는 판결이 확정된 경우에는 그 처분을 행한 행정청은 판결의 취지에 따라 이전의 신청에 대하여 재처분할 의무가 있고, 이 경우 확정판결의 당사자인 처분행정청은 그 행정소송의 사실심 변론종결 이후 발생한 새로운 사유를 내세워 다시 이전의 신청에 대하여 거부처분을 할 수 있으며, 그러한 처분도 이 조항에 규정된 재처분에 해당한다(대판 1999.12.28, 98두1895).

거부처분 취소판결이 확정된 후, 사실심 변론종결 이후에 발생한 새로운 사유를 근거로 다시 거부처분을 하는 것은 기속력에 위반된다. (×) ■ 15 국가7급

ⓑ 처분 후에 법령이 개정·시행된 경우에는 개정된 법령 및 허가기준을 새로운 사유로 들어 다시 이전의 신청에 대한 거부처분을 할 수 있다(정확한 표현) ★ 20·18·14 국회8급, 13 세무사

> **최신기출** 행정처분의 적법 여부는 그 행정처분이 행하여진 때의 법령과 사실을 기준으로 하여 판단하는 것이므로 거부처분 후에 법령이 개정·시행된 경우에는 개정된 법령 및 허가기준을 새로운 사유로 들어 다시 이전의 신청에 대한 거부처분을 할 수 있으며, 그러한 처분도 행정소송법 제30조 제2항에 규정된 재처분에 해당된다. 건축불허가처분을 취소하는 판결이 확정된 후 「국토이용관리법 시행령」이 준농림지역 안에서의 행위제한에 관하여 지방자치단체의 조례로써 일정지역에서 숙박업을 영위하기 위한 시설의 설치를 제한할 수 있도록 개정된 경우, 당해 지방자치단체장이 위 처분 후에 개정된 신법령에서 정한 사유를 들어 새로운 거부처분을 한 것은 행정소송법 제30조 제2항 소정의 확정판결의 취지에 따라 이전의 신청에 대한 처분을 한 경우에 해당한다(대결 1998.1.7, 97두22).

ⓒ 개정 법령에서 종전 규정에 따른다는 경과규정을 둔 경우 종전 규정에 따른 재처분을 해야 하고 개정 법령을 적용한 새로운 거부처분은 기속력 위반이다

> 주택건설사업 승인신청 거부처분의 취소를 명하는 판결이 확정되었음에도 행정청이 그에 따른 재처분을 하지 않은 채 위 취소소송 계속 중에 도시계획법령이 개정되었다는 이유를 들어 다시 거부처분을 한 사안에서, 개정된 도시계획 법령에 그 시행 당시 이미 개발행위허가를 신청 중인 경우에는 종전 규정에 따른다는 경과규정을 두고 있으므로 위 사업승인신청에 대하여는 종전 규정에 따른 재처분을 하여야 함에도 불구하고 개정 법령을 적용하여 새로운 거부처분을 한 것은 확정된 종전 거부처분 취소판결의 기속력에 저촉되어 당연무효이다(대결 2002.12.11, 2002무22).

ⓓ 거부처분시 이전에 존재하던 다른 사유를 근거로 다시 거부처분을 하는 경우

종전 확정판결의 행정소송 과정에서 한 주장 중 처분사유가 되지 아니하여 판결의 판단대상에서 제외된 부분을 행정청이 그 후 새로이 행한 처분의 적법성과 관련하여 새로운 소송에서 다시 주장하는 것은 확정판결의 기판력 (실질은 기속력임)에 저촉되지 않는다 ★ 19 국가7급

> 기히 원고의 승소로 확정된 판결은 원고 출원의 광구 내에서의 불석채굴이 공익을 해한다는 이유로 한 피고의 불허가 처분에 대하여 그것이 공익을 해한다고는 보기 어렵다는 이유로 이를 취소한 내용으로서 이 소송과정에서 피고가 원고 출원의 위 불석광은 광업권이 기히 설정된 고령토광과 동일광상에 부존하고 있어 불허가대상이라는 주장도 하였으나 이 주장 부분은 처분사유로 볼 수 없다는 점이 확정되어 판결의 판단대상에서 제외되었다면, 피고가 그 후 새로이 행한 처분의 적법성과 관련하여 다시 위 주장을 하더라도 위 확정판결의 기판력에 저촉된다고 할 수 없다(대판 1991.8.9, 90누7326).

> 허가가 거부되자 갑이 이에 대해 취소소송을 제기하여 승소하였고 판결이 확정되었다면, 관할 행정청은 갑에게 허가를 하여야 하며 이전 처분사유와 다른 사유를 들어 다시 허가를 거부할 수 없다. (x) ■ 19 국가7급

## 3. 기속력의 효력범위

### (1) 기속력의 객관적 범위 ★ 21·16 국가7급, 20·17 서울7급, 20·10 국가9급, 18 지방9급, 16·14 국회8급, 13 세무사

> 행정소송법 제30조 제1항에 의하여 인정되는 취소소송에서 처분 등을 취소하는 확정판결의 기속력은 주로 판결의 실효성 확보를 위하여 인정되는 효력으로서 판결의 주문뿐만 아니라 그 전제가 되는 처분 등의 구체적 위법사유에 관한 이유 중의 판단에 대하여도 인정되고, 같은조 제2항의 규정상 특히 거부처분에 대한 취소판결이 확정된 경우에는 그 처분을 행한 행정청은 판결의 취지에 따라 다시 처분을 하여야 할 의무를 부담하게 되므로, 취소소송에서 소송의 대상이 된 거부처분을 실체법상의 위법사유에 기하여 취소하는 판결이 확정된 경우에는 당해 거부처분을 한 행정청은 원칙적으로 신청을 인용하는 처분을 하여야 하고, 사실심 변론종결 이전의 사유를 내세워 다시 거부처분을 하는 것은 확정판결의 기속력에 저촉되어 허용되지 아니한다(대판 2001.3.23, 99두5238).

> 취소판결의 기속력은 판결의 주문(主文)에 대하여서만 발생한다. (x) ■ 16·14 국회8급
> 취소판결의 기판력과 기속력은 판결의 주문과 판결이유 중에 설시된 개개의 위법사유에까지 미친다. (x) ■ 16 국가7급
> 점용허가취소처분을 취소하는 확정판결의 기속력은 판결의 주문에 미치는 것으로 그 전제가 되는 처분 등의 구체적 위법사유에 관한 이유 중의 판단에 대해서는 인정되지 않는다. (x) ■ 18 지방9급
> 취소판결의 기속력은 판결의 주문에 대하여서만 발생한다. (x) ■ 20 서울7급
> 취소 확정판결의 기속력은 판결의 주문(主文)에 대해서만 발생하며, 처분의 구체적 위법사유에 대해서는 발생하지 않는다. (x) ■ 21·16 국가7급

### (2) 기속력위반의 효과

기속력에 위반하는, 즉 취소판결에 저촉되는 행정청의 처분은 당연무효라는 것이 통설·판례의 입장이다.

#### ① 기속력에 위반한 처분은 당연무효이다 ★ 21 변호사, 20 국회8급, 19·10 국가9급, 14·12 지방7급, 14 사회복지, 12·11 세무사, 11 순경특채

**최신기출** | 어떠한 행정처분에 위법한 하자가 있다는 이유로 그 취소를 소구한 행정소송에서 그 행정처분을 취소하는 판결이 선고되어 확정된 경우에 처분행정청이 그 행정소송의 사실심변론종결 이전의 사유를 내세워 다시 확정판결에 저촉되는 행정처분을 하는 것은 확정판결의 기판력에 저촉되어 허용될 수 없고 이와 같은 행정처분은 그 하자가 명백하고 중대한 경우에 해당되어 당연무효이다(대판 1989.9.12, 89누985).

A행정청의 재처분이 취소판결의 기속력에 저촉되더라도 당연무효는 아니고 취소사유가 될 뿐이다. (x) ■ 19 국가9급

#### ② 재처분을 하지 않거나 재처분이 무효인 경우 기속력 위반이다 ★ 18 지방9급, 13 세무사, 11 지방7급

**최신기출** | 거부처분에 대한 취소의 확정판결이 있음에도 행정청이 아무런 재처분을 하지 아니하거나, 재처분을 하였다 하더라도 그것이 종전 거부처분에 대한 취소의 확정판결의 기속력에 반하는 등으로 당연무효라면 이는 아무런 재처분을 하지 아니한 때와 마찬가지라 할 것이므로 이러한 경우에는 행정소송법 제30조 제2항, 제34조 제1항 등에 의한 간접강제신청에 필요한 요건을 갖춘 것으로 보아야 한다(대결 2002.12.11, 2002무22).

## IV. 형성력

## 1. 형성력의 의의

**최신기출** | 행정처분을 취소한다는 확정판결이 있으면 그 취소판결의 형성력에 의하여 당해 행정처분의 취소나 취소통지 등의 별도의 절차를 요하지 아니하고 당연히 취소의 효과가 발생한다(대판 1991.10.11, 90누5443). ★ 22 지방9급, 15 순경특채

영업정지처분에 대한 취소소송에서 취소판결이 확정되면 처분청은 영업정지처분의 효력을 소멸시키기 위하여 영업정지처분을 취소하는 처분을 하여야 할 의무를 진다. (x) ■ 22 지방9급

## 2. 소급효

「도시 및 주거환경정비법」상 주택재개발사업조합의 조합설립인가처분이 법원의 재판에 의하여 취소된 경우, 주택재개발사업조합이 조합설립인가처분 취소 전에 「도시 및 주거환경정비법」상 적법한 행정주체 또는 사업시행자로서 한 결의 등 처분이 소급하여 효력을 상실하지만 종전 결의 등 처분의 법률효과를 다투는 소송의 당사자 지위까지 함께 소멸한다고 할 수는 없다

「도시 및 주거환경정비법」(도시정비법)상 주택재개발사업조합의 조합설립인가처분이 법원의 재판에 의하여 취소된 경우 그 조합설립인가처분은 소급하여 효력을 상실하고, 이에 따라 당해 주택재개발사업조합 역시 조합설립인가처분 당시로 소급하여 도시정비법상 주택재개발사업을 시행할 수 있는 행정주체인 공법인으로서의 지위를 상실하므로, 당해 주택재개발사업조합이 조합설립인가처분 취소 전에 도시정비법상 적법한 행정주체 또는 사업시행자로서 한 결의 등 처분은 달리 특별한 사정이 없는 한 소급하여 효력을 상실한다고 보아야 한다. 다만 그 효력 상실로 인한 잔존사무의 처리와 같은 업무는 여전히 수행되어야 하므로, 종전에 결의 등 처분의 법률효과를 다투는 소송에서의 당사자지위까지 함께 소멸한다고 할 수는 없다(대판 2012.3.29, 2008다95885).

## 3. 제3자효

### (1) 제3자효는 취소판결에 의해 취소된 처분을 기초로 하여 새로 형성된 제3자의 권리에는 미치지 않는다 ★ 20 국가9급

> **최신기출** 행정처분을 취소하는 확정판결이 제3자에 대하여도 효력이 있다고 하더라도 일반적으로 판결의 효력은 주문에 포함한 것에 한하여 미치는 것이니 그 취소판결 자체의 효력으로써 그 행정처분을 기초로 하여 새로 형성된 제3자의 권리까지 당연히 그 행정처분 전의 상태로 환원되는 것이라고는 할 수 없고, 단지 취소판결의 존재와 취소판결에 의하여 형성되는 법률관계를 소송당사자가 아니었던 제3자라 할지라도 이를 용인하지 않으면 아니된다는 것을 의미하는 것에 불과하다 할 것이며, 따라서 취소판결의 확정으로 인하여 당해 행정처분을 기초로 새로 형성된 제3자의 권리관계에 변동을 초래하는 경우가 있다 하더라도 이는 취소판결 자체의 형성력에 기한 것이 아니라 취소판결의 위와 같은 의미에서의 제3자에 대한 효력의 반사적 효과로서 그 취소판결이 제3자의 권리관계에 대하여 그 변동을 초래할 수 있는 새로운 법률요건이 되는 까닭이라 할 것이다(대판 1986.8.19, 83다카2022).

> 취소된 행정처분을 기초로 하여 새로 형성된 제3자의 권리가 취소판결 자체의 효력에 의해 당연히 그 행정처분 전의 상태로 환원되는 것은 아니다. ■ 20 국가9급

## V. 집행력(간접강제)

### 1. 거부처분 취소판결에는 간접강제 허용 ★ 21·20 국가7급, 21·17 국회8급

> **최신기출** 행정소송법 제34조는 취소판결의 간접강제에 관하여 규정하면서 제1항에서 행정청이 같은법 제30조 제2항의 규정에 의한 처분을 하지 아니한 때에 간접강제를 할 수 있도록 규정하고 있고, 같은법 제30조 제2항은 "판결에 의하여 취소되는 처분이 당사자의 신청을 거부하는 것을 내용으로 하는 경우에는 그 처분을 행한 행정청은 판결의 취지에 따라 다시 이전의 신청에 대한 처분을 하여야 한다."라고 규정함으로써 취소판결에 따라 취소된 행정처분이 거부처분인 경우에 행정청에 다시 처분을 할 의무가 있음을 명시하고 있으므로, 결국 같은법상 간접강제가 허용되는 것은 취소판결에 의하여 취소된 행정처분이 거부처분인 경우라야 할 것이다(대결 1998.12.24, 98무37).

> 거부처분에 대한 무효확인판결에는 간접강제가 인정된다. (x) ■ 20 국가7급
> 거부처분의 무효확인판결에 따른 재처분의무를 이행하지 않는 경우에는 법원은 간접강제결정을 할 수 있다. (x) ■ 21·17 국회8급
> 취소 확정판결의 기속력에 대한 규정은 무효확인판결에도 준용되므로, 무효확인판결의 취지에 따른 처분을 하지 아니할 때에는 1심 수소법원은 간접강제결정을 할 수 있다. (x) ■ 21 국가7급

### 2. 재처분을 하지 않거나 재처분이 무효인 경우 간접강제요건 충족

★ 21·16·15 국가7급, 20 서울7급, 19 국가9급, 16 국회8급

> **최신기출** 거부처분에 대한 취소의 확정판결이 있음에도 행정청이 아무런 재처분을 하지 아니하거나, 재처분을 하였다 하더라도 그것이 종전 거부처분에 대한 취소의 확정판결의 기속력에 반하는 등으로 당연무효라면 이는 아무런 재처분을 하지 아니한 때와 마찬가지라 할 것이므로 이러한 경우에는 행정소송법 제30조 제2항, 제34조 제1항 등에 의한 간접강제신청에 필요한 요건을 갖춘 것으로 보아야 한다(대결 2002.12.11, 2002무22).

> 행정청이 판결 확정 이후 상대방에 대해 재처분을 하였다면 그 처분이 기속력에 위반되는 경우라도 간접강제의 대상은 되지 않는다. (x) ■ 15 국가7급

## 3. 간접강제결정에서 정한 의무이행기한이 경과한 후에라도 확정판결의 취지에 따른 재처분의 이행이 있으면 처분상대방이 더 이상 배상금을 추심하는 것은 허용되지 않는다

★ 21·16·13 국가7급, 19 국가9급, 13 세무사, 11 지방7급

**[최신기출]** 행정소송법 제34조 소정의 간접강제결정에 기한 배상금은 거부처분취소판결이 확정된 경우 그 처분을 행한 행정청으로 하여금 확정판결의 취지에 따른 재처분의무의 이행을 확실히 담보하기 위한 것으로서, 확정판결의 취지에 따른 재처분의무내용의 불확정성과 그에 따른 재처분에의 해당 여부에 관한 쟁송으로 인하여 간접강제결정에서 정한 재처분의무의 기한 경과에 따른 배상금이 증가될 가능성이 자칫 행정청으로 하여금 인용처분을 강제하여 행정청의 재량권을 박탈하는 결과를 초래할 위험성이 있는 점 등을 감안하면, 이는 확정판결의 취지에 따른 재처분의 지연에 대한 제재나 손해배상이 아니고 재처분의 이행에 관한 심리적 강제수단에 불과한 것으로 보아야 하므로, 특별한 사정이 없는 한 간접강제결정에서 정한 의무이행기한이 경과한 후에라도 확정판결의 취지에 따른 재처분의 이행이 있으면 배상금을 추심함으로써 심리적 강제를 꾀할 목적이 상실되어 처분상대방이 더 이상 배상금을 추심하는 것은 허용되지 않는다(대판 2004.1.15, 2002두2444).

A행정청이 간접강제결정에서 정한 의무이행 기한 내에 재처분을 이행하지 않아 배상금이 이미 발생한 경우에는 그 이후에 재처분을 이행하더라도 甲은 배상금을 추심할 수 있다. (x) ■ 19 국가9급

## 4. 전부명령 확정 후 집행채권이 소멸한 것으로 판명된 경우, 집행채권자의 부당이득반환의무가 성립된다

집행권원에 기한 금전채권에 대한 강제집행의 일환으로 채권압류 및 전부명령이 확정된 후 그 집행권원상의 집행채권이 소멸한 것으로 판명된 경우에는 그 소멸한 부분에 관하여는 집행채권자가 집행채무자에 대한 관계에서 부당이득을 한 셈이 되므로, 집행채권자는 그가 위 전부명령에 따라 전부받은 채권 중 실제로 추심한 금전 부분에 관하여는 그 상당액을, 추심하지 아니한 부분에 관하여는 그 채권 자체를 집행채무자에게 양도하는 방법으로 반환하여야 한다(대판 2010.12.23, 2009다37725).


# 제7관 취소소송의 불복(재심)

## Ⅰ. 행정소송법 제31조 제1항 소정의 '자기에게 책임 없는 사유' 유무의 판단기준과 입증책임(제3자)

행정소송법 제31조 제1항에 의하여 제3자가 재심을 청구하는 소를 제기하는 경우에 갖추어야 할 요건의 하나인 '자기에게 책임 없는 사유'의 유무는 사회통념에 비추어 제3자가 당해 소송에 참가를 할 수 없었던 데에 자기에게 귀책시킬 만한 사유가 없었는지의 여부에 의하여 사안에 따라 결정되어야 하고, 제3자가 종전 소송의 계속을 알지 못한 경우에 그것이 통상인으로서 일반적 주의를 다하였어도 알기 어려웠다는 것과 소송의 계속을 알고 있었던 경우에는 당해 소송에 참가를 할 수 없었던 특별한 사정이 있었을 것을 필요로 한다. 위 사유에 관한 입증책임은 그러한 사유를 주장하는 제3자에게 있고, 더욱이 제3자가 종전 소송이 계속중임을 알고 있었다고 볼 만한 사정이 있는 경우에는 종전 소송이 계속중임을 알지 못하였다는 점을 제3자가 적극적으로 입증하여야 한다(대판 1995.9.15, 95누6762).

## Ⅱ. 재심소송에 있어서의 사실심에서는 재심사유 있음을 전제로 소송 당사자는 새로운 공격 방어방법을 제출할 수 있다 ★ 14 세무사

민사소송법 제429조 소정 본안의 변론과 재판은 재심청구이유의 범위내에서 한다는 것은 재심에 의한 원판결에 대한 불복의 범위내에서 본안의 변론과 재판을 하여야 한다는 의미로 해석함이 상당하다 할 것이며 사실심에서는 재심 이유있음을 전제로 새로운 공격 방어의 방법을 제출할 수 있을 것이므로 재심소송절차에서 새로이 소론 경낙사실의 주장이 있고 원판결이 이 사실을 인정하여 재판하였다고 하여 거기에 위법이 있을 수 없다(대판 1965.1.19, 64다1260).

# 제2목 무효 등 확인소송

## Ⅰ. 개설

**전합판례** 조세부과처분의 부존재확인은 그 부존재를 주장하는 부과처분의 결과로 인하여 생긴 조세채무의 부존재확인이 다[대판(전합) 1982.3.23, 80누476].

## Ⅱ. 제기요건

### 1. 당사자 적격

#### (1) 원고적격(법률상 보호이익설)

종전에 판례는 행정소송법상의 명문규정과 달리 무효 등 확인소송에 보충성을 요구함으로써 즉시확정이익설을 따르고 있었다. 즉, 판례는 무효나 부존재인 행정처분이 이미 집행된 경우(무효나 부존재인 조세부과처분에 따라 세금이 이미 납부된 경우)에는 그에 의해 형성된 위법상태의 제거를 위한 직접적인 소송방법인 부당이득반환청구소송이 있기 때문에 소의 이익을 부정하고, 납부하기 전에는 다른 직접적인 소송방법이 없기 때문에(보충성) 소의 이익을 인정한 바 있다. 그러나 최근 전원합의체 판결을 통해 다수설과 마찬가지로 법률상 보호이익설을 취하고 있다.

##### ① 취소소송과 마찬가지로 법률상 보호이익설
★ 21·17·13 국회8급, 21 변호사, 20·10 국가7급, 20·16 지방9급, 14·12 변호사, 13 서울9급, 13·04 국가9급, 13·12·11·10 세무사, 10 지방7급

**최신기출**
**전합판례** 행정소송은 행정청의 위법한 처분 등을 취소·변경하거나 그 효력 유무 또는 존재 여부를 확인함으로써 국민의 권리 또는 이익의 침해를 구제하고, 공법상의 권리관계 또는 법적용에 관한 다툼을 적정하게 해결함을 목적으로 하는 것이므로, 대등한 주체 사이의 사법상 생활관계에 관한 분쟁을 심판대상으로 하는 민사소송과는 그 목적, 취지 및 기능 등을 달리한다. 또한, 행정소송법 제4조에서는 무효확인소송을 항고소송의 일종으로 규정하고 있고, 행정소송법 제38조 제1항에서는 처분 등을 취소하는 확정판결의 기속력 및 행정청의 재처분 의무에 관한 행정소송법 제30조를 무효확인소송에도 준용하고 있으므로 무효확인판결 자체만으로도 실효성을 확보할 수 있다. 그리고 무효확인소송의 보충성을 규정하고 있는 외국의 일부 입법례와는 달리 우리나라 행정소송법에는 명문의 규정이 없어 이로 인한 명시적 제한이 존재하지 않는다. 이와 같은 사정을 비롯하여 행정에 대한 사법통제, 권익구제의 확대와 같은 행정소송의 기능 등을 종합하여 보면, 행정처분의 근거법률에 의하여 보호되는 직접적이고 구체적인 이익이 있는 경우에는 행정소송법 제35조에 규정된 '무효확인을 구할 법률상 이익'이 있다고 보아야 하고, 이와 별도로 무효확인소송의 보충성이 요구되는 것은 아니므로 행정처분의 무효를 전제로 한 이행소송 등과 같은 직접적인 구제수단이 있는지 여부를 따질 필요가 없다고 해석함이 상당하다[대판(전합) 2008.3.20, 2007두6342].

甲이 만일 부과된 과징금을 납부한 후 과징금부과처분에 대하여 무효확인의 소를 제기하였다면, 甲은 부당이득반환청구의 소로써 직접 위법상태를 제거할 수 있으므로 甲이 제기한 무효확인의 소는 법률상 이익이 없다. (x) ■ 21 변호사

甲이 A 처분에 대해 무효확인소송을 제기하려면 확인소송의 일반적 요건인 즉시확정의 이익이 있어야 한다. (x) ■ 21 국회8급

##### ② 행정처분의 근거 법률에 의하여 보호되는 직접적이고 구체적인 이익이 있는 경우 행정소송법 제35조에 규정된 '무효 등 확인을 구할 법률상 이익'이 있고, 이때 행정처분의 유·무효를 전제로 한 이행소송 등과 같은 직접적인 구제수단이 있는지를 따져보아야 하는 것은 아니다

**최신판례** 행정처분의 근거 법률에 의하여 보호되는 직접적이고 구체적인 이익이 있는 경우에는 행정소송법 제35조에 규정된 '무효 등 확인을 구할 법률상 이익'이 있다고 보아야 한다. 이와 별도로 무효 등 확인소송의 보충성이 요구되는 것은 아니므로 행정처분의 유·무효를 전제로 한 이행소송 등과 같은 직접적인 구제수단이 있는지 여부를 따질 필요가 없다(대판 2019.2.14, 2017두62587).

## (2) 협의의 소익 관련 사례

### ① 이전고시의 효력발생 후에는 관리처분계획에 대한 인가처분의 취소 또는 무효확인을 구할 법률상 이익이 없다
★ 20 서울7급

> 이전고시의 효력 발생으로 이미 대다수 조합원 등에 대하여 획일적·일률적으로 처리된 권리귀속 관계를 모두 무효화하고 다시 처음부터 관리처분계획을 수립하여 이전고시 절차를 거치도록 하는 것은 정비사업의 공익적·단체법적 성격에 배치되므로, 이전고시가 효력을 발생한 후에는 조합원 등이 관리처분계획의 취소 또는 무효확인을 구할 법률상 이익이 없다고 보는 것이 타당하고, 이는 관리처분계획에 대한 인가처분의 취소 또는 무효확인을 구하는 경우에도 마찬가지이다(대판 2012.5.24, 2009두22140).

관리처분계획에 대한 관할 행정청의 인가고시까지 있게 되면 이전고시의 효력이 발생한 이후에도 총회결의의 하자를 이유로 하여 그 관리처분계획의 취소 또는 무효확인을 구하는 방식으로 정비사업의 진행을 저지할 수 있다. (x) ■ 20 서울7급

### ② 법률상 이익이 아닌 사실적·경제적·반사적 이익은 제외된다 ★ 17 서울7급

> 제주 강정마을 일대가 절대보전지역으로 유지됨으로써 주민들인 원고들이 가지는 주거 및 생활환경상 이익은 그 지역의 경관 등이 보호됨으로써 반사적으로 누리는 것일 뿐 근거 법규 또는 관련 법규에 의하여 보호되는 개별적·직접적·구체적 이익이라고 할 수 없다(대판 2012.7.5, 2011두13187·13914).

절대보전지역 변경처분에 대해 지역주민회와 주민들이 항고소송을 제기한 경우에는 절대보전지역 유지로 지역주민회와주민들이 가지는 주거 및 생활환경상 이익은 지역의 경관 등이 보호됨으로써 누리는 법률상 이익이다. (x) ■ 17 서울7급

### ③

> 당초의 주택재건축사업조합 설립인가처분에 대한 무효확인 소송 계속 중 새로운 조합설립인가처분이 이루어졌으나 당초 조합설립인가처분의 효력이 소멸되었음이 객관적으로 확정되지 않은 경우, 조합원에게 당초의 조합설립인가처분에 관한 무효확인을 구할 소의 이익이 있다(대판 2012.12.13, 2011두21010).

### ④ 구 「도시 및 주거환경정비법」상 조합설립추진위원회 구성승인처분을 다투는 소송 계속 중 조합설립인가처분이 이루어진 경우 조합설립추진위원회 구성승인처분에 대하여 취소 또는 무효확인을 구할 법률상 이익이 없다
★ 20·17 서울7급, 18·17 지방9급, 16 지방7급, 16 국회8급

**최신기출**
> 조합설립추진위원회(추진위원회) 구성승인처분은 조합의 설립을 위한 주체인 추진위원회의 구성행위를 보충하여 그 효력을 부여하는 처분으로서 조합설립이라는 종국적 목적을 달성하기 위한 중간단계의 처분에 해당하지만, 그 법률요건이나 효과가 조합설립인가처분의 그것과는 다른 독립적인 처분이기 때문에, 추진위원회 구성승인처분에 대한 취소 또는 무효확인 판결의 확정만으로는 이미 조합설립인가를 받은 조합에 의한 정비사업의 진행을 저지할 수 없다. 따라서 추진위원회 구성승인처분을 다투는 소송 계속 중에 조합설립인가처분이 이루어진 경우에는, 추진위원회 구성승인처분에 위법이 존재하여 조합설립인가 신청행위가 무효라는 점 등을 들어 직접 조합설립인가처분을 다툼으로써 정비사업의 진행을 저지하여야 하고, 이와는 별도로 추진위원회 구성승인처분에 대하여 취소 또는 무효확인을 구할 법률상의 이익은 없다고 보아야 한다(대판 2013.1.31, 2011두11112, 2011두11129).

조합설립추진위원회 구성승인처분은 조합설립이라는 종국적 목적을 달성하기 위한 중간단계의 처분에 해당하므로 이 처분에 대한 취소 또는 무효확인판결의 확정으로 이미 조합설립인가를 받은 조합에 의한 정비사업의 진행을 저지할 수 있다. (x) ■ 20 서울7급

⑤ 甲 주식회사가 제주특별자치도개발공사와 먹는샘물에 관하여 협약기간 자동연장조항이 포함된 판매협약을 체결하였는데, 제주특별자치도지사가 개발공사 설치조례를 개정·공포하면서 '먹는샘물 민간위탁 사업자의 선정은 일반입찰에 의한다.'는 규정을 신설하고, '종전 먹는샘물 국내판매 사업자는 2012.3.14.까지 이 조례에 따른 먹는샘물 국내판매 사업자로 본다'는 내용의 부칙조항을 둠에 따라 개발공사가 협약 해지 통지를 하자, 甲 회사가 부칙조항의 무효확인을 구한 사안에서, 무효확인을 구할 법률상 이익이 없다고 한 사례

> 협약기간 자동연장조항에 따라 협약기간이 일정 시점 이후까지 자동연장되었다고 보기 어렵다는 등의 사유로 甲 회사가 먹는샘물 판매사업자의 지위를 상실하였다면 지위 상실의 원인이 부칙조항에 의한 것이라고 보기 어려워 부칙조항의 무효확인 판결을 받더라도 판매사업자의 지위를 회복할 수 없으므로, 무효확인을 구할 법률상 이익이 없다고 한 사례(대판 2016.6.10, 2013두1638).

## 2. 행정심판전치주의(부정) ★ 20 서울7급, 10 세무사

> **최신기출** 본안소송으로 공매처분의 무효확인청구 등을 제기한 경우에는 위 공매처분의 전제가 되는 국세부과처분에 대하여 전심절차를 거치지 아니하였다고 하더라도 법원의 집행정지결정이 그 요건을 흠결한 위법이 있다고 할 수 없다(대결 1986.11.27, 86두21).

# III. 소송의 심리

### (1) 입증책임

무효 등 확인소송은 항고소송의 일종으로서 다투어지는 것이 처분 등의 적법 여부인 점에서 취소소송과 다를 것이 없기 때문에 취소소송의 경우와 같다는 견해가 다수설이다. 그러나 판례는 원고부책설을 취하고 있다.

#### ① 행정처분무효확인소송에 있어서의 주장·입증책임은 원고가 부담한다

★ 17 지방7급, 17 국회8급, 16 지방9급, 13 세무사, 10 국가7급

> **최신기출** 행정처분의 당연무효를 주장하여 그 무효확인을 구하는 행정소송에 있어서는 원고에게 그 행정처분이 무효인 사유를 주장·입증할 책임이 있다(대판 1992.3.10, 91누6030).
>
> 행정처분의 당연무효를 주장하여 그 무효확인을 구하는 행정소송에 있어서는 피고 행정청이 그 행정처분에 중대·명백한 하자가 없음을 주장·입증할 책임이 있다. (x) ■ 16 지방9급

### (2) 선결문제(심리가능)

> 국세 등의 부과 및 징수처분과 같은 행정처분이 당연무효임을 전제로 하여 민사소송을 제기한 때에는 그 행정처분이 당연무효인지의 여부가 선결문제이므로 법원은 이를 심사하여 그 행정처분의 하자가 중대하고도 명백하여 당연무효라고 인정될 경우에는 이를 전제로 하여 판단할 수 있으나 그 하자가 단순한 취소사유에 그칠 때에는 법원은 그 효력을 부인할 수 없다(대판 1973.7.10, 70다1439).

# Ⅳ. 판결

## 1. 행정처분의 무효확인청구를 취소청구로 인용하기 위한 요건 ★ 20 서울7급, 19 서울7급, 18 지방7급, 10 세무사

**최신기출** 행정처분의 무효확인을 구하는 청구에는 특별한 사정이 없는 한 그 처분의 취소를 구하는 취지까지도 포함되어 있다고 볼 수는 있으나 위와 같은 경우에 취소청구를 인용하려면 먼저 취소를 구하는 항고소송으로서의 제소요건을 구비한 경우에 한한다(대판 1986.9.23, 85누838).

## 2. 무효확인소송에는 사정판결을 할 수 없다 ★ 12 지방7급, 10 세무사

**최신기출** 당연무효의 행정처분을 소송목적물로 하는 행정소송에서는 존치시킬 효력이 있는 행정행위가 없기 때문에 행정소송법 제28조 소정의 사정판결을 할 수 없다(대판 1987.3.10, 84누158).

## 3. 판결의 효력

### (1)

행정처분의 무효확인판결은 비록 형식상은 확인판결이라 하여도 그 확인판결의 효력은 그 취소판결의 경우와 같이 소송의 당사자는 물론 제3자에게도 미친다(대판 1982.7.27, 82다173).

### (2) 거부처분에 대한 무효확인판결에는 재처분의무가 인정될 뿐, 간접강제는 허용되지 않는다

★ 19 지방9급, 17 국회8급, 13·10 세무사

**최신기출** 행정소송법 제38조 제1항이 무효확인판결에 관하여 취소판결에 관한 규정을 준용함에 있어서 같은법 제30조 제2항을 준용한다고 규정하면서도 같은법 제34조는 이를 준용한다는 규정을 두지 않고 있으므로, 행정처분에 대하여 무효확인 판결이 내려진 경우에는 그 행정처분이 거부처분인 경우에도 행정청에 판결의 취지에 따른 재처분의무가 인정될 뿐, 그에 대하여 간접강제까지 허용되는 것은 아니라고 할 것이다(대결 1998.12.24, 98무37).

거부처분에 대해서 무효확인판결이 내려진 경우에는 당해 행정청에 판결의 취지에 따른 재처분의무가 인정됨은 물론 간접강제도 허용된다. (×) ■ 19 지방9급, 17 국회8급

# 제3목 부작위위법확인소송

## Ⅰ. 개설

> 행정심판법 제3조에 의하면 행정청의 위법 또는 부당한 거부처분이나 부작위에 대하여 의무이행심판청구를 할 수 있으나, 행정소송법 제4조에서는 행정심판법상의 의무이행심판청구에 대응하여 부작위위법확인소송만을 규정하고 있으므로 행정청의 부작위에 대한 의무이행소송은 현행법상 허용되지 않는다(대판 1989.9.12, 87누868).

## Ⅱ. 소송의 대상(부작위)

### 1. 당사자의 신청 및 신청권의 존재

신청권은 법령에 명시된 경우뿐만 아니라 법령의 해석상(조리상) 신청권이 있는 것으로 판단되는 경우도 포함된다. 한편, 대법원은 신청권을 원고적격의 문제임과 동시에 대상적격의 문제로 보고 있다.

#### (1) 법규상 또는 조리상 신청권의 존재(원고적격 내지 항고소송의 대상인 부작위의 요건)
★ 20 국가9급, 20.10 국회9급, 18 국회8급, 18 지방9급, 13·10 세무사, 12 서울9급

`최신기출` 부작위위법확인소송은 처분의 신청을 한 자로서 부작위의 위법의 확인을 구할 법률상 이익이 있는 자만이 제기할 수 있다 할 것이며, 이를 통하여 구하는 행정청의 응답행위는 행정소송법 제2조 제1항 제1호 소정의 처분에 관한 것이라야 하므로 당사자가 행정청에 대하여 어떠한 행정행위를 하여 줄 것을 신청하지 아니하였거나 그러한 신청을 하였더라도 당사자가 행정청에 대하여 그러한 행정행위를 하여 줄 것을 요구할 수 있는 법규상 또는 조리상의 권리를 갖고 있지 아니하든지 또는 행정청이 당사자의 신청에 대하여 거부처분을 한 경우에는 원고적격이 없거나 항고소송의 대상인 위법한 부작위가 있다고 볼 수 없어 그 부작위위법확인의 소는 부적법하다고 할 것이다(대판 2000.2.25, 99두11455).

> 부작위위법확인소송에서 사인의 신청권의 존재여부는 부작위의 성립과 관련하므로 원고적격의 문제와는 관련이 없다. (x)
> ■ 18 지방9급
> 부작위위법확인소송의 대상인 부작위의 성립요건으로는 거부처분의 경우와는 달리 당사자에게 처분을 구할 수 있는 법규상 또는 조리상의 신청권이 있어야 하는 것은 아니다. (x) ■ 20 국회9급

#### (2) 공사중지명령의 상대방은 원인사유가 소멸하였음을 들어 행정청에게 공사중지명령의 철회를 요구할 수 있는 조리상의 신청권이 있다 ★ 21 국가9급, 18·13 국회8급, 14 세무사

`최신기출` 행정청이 행한 공사중지명령의 상대방은 그 명령 이후에 그 원인사유가 소멸하였음을 들어 행정청에게 공사중지명령의 철회를 요구할 수 있는 조리상의 신청권이 있다 할 것이고, 상대방으로부터 그 신청을 받은 행정청으로서는 상당한 기간 내에 그 신청을 인용하는 적극적 처분을 하거나 각하 또는 기각하는 등의 소극적 처분을 하여야 할 법률상의 응답의무가 있다고 할 것이며, 행정청이 상대방의 신청에 대하여 아무런 적극적 또는 소극적 처분을 하지 않고 있는 이상 행정청의 부작위는 그 자체로 위법하다고 할 것이고, 구체적으로 그 신청이 인용될 수 있는지 여부는 소극적 처분에 대한 항고소송의 본안에서 판단하여야 할 사항이라고 할 것이다(대판 2005.4.14, 2003두7590).

> 행정청이 행한 공사중지명령의 상대방은 그 명령 이후에 그 원인사유가 소멸하였음을 들어 행정청에게 공사중지명령의 철회를 요구할 수 있는 조리상의 신청권이 없다. (x) ■ 18 국회8급

(3) 국회의원이 대통령 및 외교통상부장관의 특임공관장에 대한 인사권 행사 등과 관련하여 그 임면과정이나 지위 변경 등에 관한 요구를 할 수 있는 법규상 또는 조리상 신청권 부정(한나라당 국회의원인 이신범이 외교통상부장관에 게 미합중국 주재 대사인 이홍구의 직을 계속 보유하게 하여서는 아니된다고 요구했는데, 이에 대해 아무런 조치를 취하지 아니한 피고의 부작위는 위법임을 확인한다는 부작위위법확인청구)

> 외무공무원의 정년 등을 규정한 외무공무원법상 일반국민이나 국회의원 등이 외무공무원의 임면권자에 대하여 특임 공관장의 임면과정이나 지위변경 등에 관하여 어떠한 신청을 할 수 있다는 규정이 없을 뿐 아니라, 나아가 국회의원 은 헌법이 부여한 권한에 따라 국정감사·조사권, 국무위원 등의 국회출석요구권·질문권, 국무위원 등의 해임건 의권 등의 다양한 권한행사를 통하여 행정부의 위법·부당한 행위를 통제할 수 있고, 또한 국회법상 국회통일외 교통상위원회는 외무공무원의 인사에 관한 사항 등 외교통상부 소관에 속하는 의안과 청원의 심사 등의 직무를 행하도록 규정되어 있기는 하지만, 이러한 규정들에 의하여 국회의원이 국무위원인 외교통상부장관에 대하여 정치적인 책임을 물을 수 있음은 별론으로 하고 국회의원 개개인에게 특임공관장의 인사사항에 관한 구체적인 신청 권을 부여한 것이라고 할 수 없어서, 국회의원에게는 대통령 및 외교통상부장관의 특임공관장에 대한 인사권 행사 등과 관련하여 대사의 직을 계속 보유하게 하여서는 아니 된다는 요구를 할 수 있는 법규상 신청권이 있다고 할 수 없고, 그 밖에 조리상으로도 그와 같은 신청권이 있다고 보여지지 아니한다(대판 2000.2.25, 99두11455).

(4) 광주광역시장이 국가직 4급 공무원이 당해 지방자치단체 인사위원회의 심의를 거쳐 지방부이사관 승진대상자 로 결정되고 임용권자가 그 사실을 대내외에 공표한 경우 조리상 신청권 인정 ★ 14 서울7급

> 지방공무원법 제8조, 제38조 제1항, 지방공무원임용령 제38조의3의 각 규정을 종합하면, 2급 내지 4급 공무원 의 승진임용은 임용권자가 행정실적·능력·경력·전공분야·인품 및 적성 등을 고려하여 하되 인사위원회의 사전 심의를 거치도록 하고 있는바, 4급 공무원이 당해 지방자치단체 인사위원회의 심의를 거쳐 3급 승진대상자로 결정되 고 임용권자가 그 사실을 대내외에 공표까지 하였다면, 그 공무원은 승진임용에 관한 법률상 이익을 가진 자로서 임용 권자에 대하여 3급 승진임용신청을 할 조리상의 권리가 있다(대판 2008.4.10, 2007두18611).

## 2. 상당한 기간의 경과

상당한 기간이라 함은 사회통념상 행정청이 당해 신청에 대한 처분을 하는 데 필요한 합리적인 기간을 말한다. 법령에 처리기간이 규정된 경우 판례는 훈시규정으로 이해한다(대판 1996.8.20, 95누10877).

(1) 구 「주택건설촉진법 시행령」 제32조의2 제2항·제3항 규정의 법적 성질은 훈시규정이다

> 구 「주택건설촉진법 시행령」 제32조의2 제2항·제3항의 규정에 의하면 주택건설사업계획의 승인 여부는 정당한 사유가 없는 한 신청수리 후 60일(관계기관의 장과의 협의기간 30일을 포함) 내에 결정하도록 되어 있지만, 그 규정 은 가능한 한 조속히 그 승인사무를 처리하도록 정한 훈시규정에 불과할 뿐 강행규정이나 효력규정이라고 할 수는 없으므로, 행정청이 그 기간을 경과하여 주택건설사업승인 거부처분을 하였다고 해서 그 거부처분이 위법하다고 할 수는 없다(대판 1996.8.20, 95누10877).

(2) 구 「경제자유구역의 지정 및 운영에 관한 법률」 제9조 제1항 소정의 시기에 관한 규정은 훈시규정에 해당한다

> 경제자유구역의 지정 고시일로부터 2년 이내에 대통령령이 정하는 바에 따라 실시계획을 작성하여 지식경제부장관에 게 승인을 신청하지 아니한 경우의 효력에 관하여 구 「경제자유구역의 지정 및 운영에 관한 법률」(경제자유구역법)에 별다른 규정을 두고 있지 아니한 점을 비롯한 경제자유구역 지정제도의 취지 및 관련 규정의 내용 등을 종합하여 보면, 경제자유구역법 제9조 제1항 본문에 규정된 실시계획을 작성하여 지식경제부장관의 승인을 얻어야 하는 시기에 관한 규정은 훈시규정에 해당한다고 할 것이다(대판 2011.2.24, 2010두21464).

## 3. 행정청의 처분의무의 존재

### (1) 부작위의 요소인 처분의무는 응답의무이며 신청에 따라 특정한 내용의 처분을 할 의무가 아니다

> 상대방으로부터 그 신청을 받은 행정청으로서는 상당한 기간 내에 그 신청을 인용하는 적극적 처분을 하거나 각하 또는 기각하는 등의 소극적 처분을 하여야 할 법률상의 응답의무가 있다고 할 것이며, 행정청이 상대방의 신청에 대하여 아무런 적극적 또는 소극적 처분을 하지 않고 있는 이상 행정청의 부작위는 그 자체로 위법하다고 할 것이고, 구체적으로 그 신청이 인용될 수 있는지 여부는 소극적 처분에 대한 항고소송의 본안에서 판단하여야 할 사항 이라고 할 것이다(대판 2005.4.14, 2003두7590).

### (2) 국유개간토지의 매각행위는 사법상의 법률행위나 공법상의 계약관계에 해당하므로 처분이 아니고, 국유개간토지의 매각행위를 하지 아니하는 것이 위법이라고 하는 부작위위법확인의 소는 부적법하다

> 부작위위법확인소송의 대상이 되는 행정청의 부작위라 함은 행정청이 당사자의 신청에 대하여 상당한 기간 내에 일정한 처분을 할 법률상 의무가 있음에도 불구하고 이를 하지 아니하는 것을 말하고, 이 소송은 처분의 신청을 한 자가 제기하는 것이므로 이를 통하여 원고가 구하는 행정청의 응답행위는 행정소송법 제2조 제1항 제1호 소정의 처분에 관한 것이라야 한다. 국유개간토지의 매각행위는 국가가 우월한 지위에서 공권력의 행사로서 행하는 공법상의 행정처분이 아니라 국민과 대등한 입장에서 국토개간 장려의 방편으로 개간지를 개간한 자에게 일정한 대가로 매각하는 것으로서 사법상의 법률행위나 공법상의 계약관계에 해당한다고 보아야 할 것이므로 이를 가지고 항고소송의 대상이 되는 처분이라고 할 수는 없다(대판 1991.11.8, 90누9391).

### (3) 검사가 압수 해제된 것으로 간주된 압수물의 환부신청에 대하여 아무런 결정·통지도 하지 아니한 경우, 부작위위법확인소송의 대상이 되지 않는다 ★ 10 국회9급

> 결정 등 어떤 처분에 의하여 비로소 환부의무가 발생하는 것은 아니므로 압수가 해제된 것으로 간주된 압수물에 대하여 피압수자나 기타 권리자가 민사소송으로 그 반환을 구함은 별론으로 하고 검사가 피압수자의 압수물 환부 신청에 대하여 아무런 결정이나 통지도 하지 아니하고 있다고 하더라도 그와 같은 부작위는 현행 행정소송법상의 부작위위법확인소송의 대상이 되지 아니한다(대판 1995.3.10, 94누14018).

## 4. 처분의 부존재

행정청의 처분으로 볼만한 외관이 존재하지 아니하여야 한다. 따라서 처분의 외관이 존재하는 무효인 행정처분과는 구별된다. 즉, 인용처분도 거부처분도 하지 않은 경우를 말한다.

### (1) 행정소송법상 거부처분 취소소송의 대상인 '거부처분'과 부작위위법확인소송의 대상인 '부작위'의 의미

> 행정소송법상 거부처분 취소소송의 대상인 '거부처분'이란 '행정청이 행하는 구체적 사실에 관한 법집행으로서의 공권력의 행사 또는 이에 준하는 행정작용', 즉 적극적 처분의 발급을 구하는 신청에 대하여 그에 따른 행위를 하지 않겠다고 거부하는 행위를 말하고, 부작위위법확인소송의 대상인 '부작위'란 '행정청이 당사자의 신청에 대하여 상당한 기간 내에 일정한 처분을 하여야 할 법률상 의무가 있음에도 불구하고 이를 하지 아니하는 것'을 말한다(제2조 제1항 제1호, 제2호)(대판 2018.9.28, 2017두47465).

(2) **거부처분에 대한 부작위위법확인소송은 부적법하다**(원고가 가족과 함께 서울 노원구 상계동에서 서울 서초구 서초3동 꽃동네의 무허가 비닐하우스에 이사하여 살다가 1989.12.16. 서초3동장에게 거주지 이동에 따른 전입신고를 하였으나, 피고는 위 비닐하우스 주민등록법상 주소로 정할 수 없다는 이유로 전입신고의 수리를 하지 않고 이송된 주민등록표를 구 거주지 동사무소로 반송한 서초동꽃동네 전입신고거부사건) ★ 10 세무사

> 당사자의 신청에 대한 행정청의 처분이 존재하지 아니하는 경우에 허용되는 것이므로, 행정청이 당사자의 신청에 대하여 거부처분(주민등록 전입신고 거부처분)을 한 경우에는 거부처분에 대하여 취소소송을 제기하여야 하는 것이지 행정처분의 부존재를 전제로 한 부작위위법확인소송을 제기할 수 없다(대판 1992.4.28, 91누8753).

(3) **부작위위법확인소송의 변론종결시까지 행정청의 처분으로 부작위 상태가 해소된 경우 각하**

★ 20·18 국회8급, 12 서울9급, 10 국회8급

> `최신기출` 소제기의 전후를 통하여 판결시까지 행정청이 그 신청에 대하여 적극 또는 소극의 처분을 함으로써 부작위상태가 해소된 때에는 소의 이익을 상실하게 되어 당해 소는 각하를 면할 수가 없는 것이다(대판 1990.9.25, 89누4758).

# III. 제소기간

## 1. 부작위위법확인의 소의 제소기간 ★ 20 국가9급, 20 국회9급, 19·18·16 국회8급, 19·16·13 지방9급, 17 지방7급, 14 변호사

> `최신기출` 부작위위법확인의 소는 부작위상태가 계속되는 한 그 위법의 확인을 구할 이익이 있다고 보아야 하므로 원칙적으로 제소기간의 제한을 받지 않으나, 행정소송법 제38조 제2항이 제소기간을 규정한 같은법 제20조를 부작위위법확인소송에 준용하고 있는 점에 비추어 보면, 행정심판 등 전심절차를 거친 경우에는 행정소송법 제20조가 정한 제소기간 내에 부작위위법확인의 소를 제기하여야 할 것이다. 하지만 당사자의 법규상 또는 조리상의 권리에 기한 신청에 대하여 행정청이 부작위의 상태에 있는지 아니면 소극적 처분을 하였는지는 동일한 사실관계를 토대로 한 법률적 평가의 문제가 개입되어 분명하지 않은 경우가 있을 수 있고, 부작위위법확인소송의 계속 중 소극적 처분이 있게 되면 부작위위법확인의 소는 소의 이익을 잃어 부적법하게 되고 이 경우 소극적 처분에 대한 취소소송을 제기하여야 하는 등 부작위위법확인의 소는 취소소송의 보충적 성격을 지니고 있으며, 부작위위법확인소송의 이러한 보충적 성격에 비추어 동일한 신청에 대한 거부처분의 취소를 구하는 취소소송에는 특단의 사정이 없는 한 그 신청에 대한 부작위위법의 확인을 구하는 취지도 포함되어 있다고 볼 수 있다. 이러한 사정을 종합하여 보면, 당사자가 동일한 신청에 대하여 부작위위법확인의 소를 제기하였으나 그 후 소극적 처분이 있다고 보아 처분취소소송으로 소를 교환적으로 변경한 후 여기에 부작위위법확인의 소를 추가적으로 병합한 경우 최초의 부작위위법확인의 소가 적법한 제소기간 내에 제기된 이상 그 후 처분취소소송으로의 교환적 변경과 처분취소소송에의 추가적 변경 등의 과정을 거쳤다고 하더라도 여전히 제소기간을 준수한 것으로 봄이 상당하다(대판 2009.7.23, 2008두10560).

행정심판을 거친 후 부작위위법확인소송을 제기하는 경우에는 제소기간이 적용되지 않는다. (x) ■ 16 지방9급
행정심판 등 전심절차를 거친 경우에도 부작위위법확인소송은 부작위상태가 계속되는 한 그 위법의 확인을 구할 이익이 있으므로 제소기간의 제한을 받지 않는다. (x) ■ 16 국회8급
부작위위법확인의 소는 부작위상태가 계속되는 한 제소기간의 제한을 받지 않으며, 이는 「행정소송법」 제18조제1항 단서(예외적 행정심판전치주의)에 따라 행정심판의 재결을 거친 경우에도 마찬가지이다. (x) ■ 20 국회9급
취소소송의 제소기간에 관한 규정은 부작위위법확인소송에 준용되지 않으므로 행정심판 등 전심절차를 거친 경우에도 부작위위법확인소송에 있어서는 제소기간의 제한을 받지 않는다. (x) ■ 20 국가9급

## IV. 심리의 범위(절차적 심리설) ★ 18 국회8급, 16 지방9급, 15 국가7급

### 1. 부작위위법확인의 소의 제도적 취지 및 당사자의 신청이 있은 이후 당사자에게 생긴 사정의 변화로 인하여 부작위가 위법하다는 확인을 받는다고 하더라도 종국적으로 침해되거나 방해받은 권리와 이익을 보호·구제받는 것이 불가능하게 된 경우, 그 부작위가 위법하다는 확인을 구할 이익이 없다

★ 20 국가9급

**최신기출** 부작위위법확인의 소는 행정청이 당사자의 법규상 또는 조리상의 권리에 기한 신청에 대하여 상당한 기간 내에 그 신청을 인용하는 적극적 처분을 하거나 각하 또는 기각하는 등의 소극적 처분을 하여야 할 법률상의 응답의무가 있음에도 불구하고 이를 하지 아니하는 경우, 그 부작위의 위법을 확인함으로써 행정청의 응답을 신속하게 하여 부작위 내지 무응답이라고 하는 소극적인 위법상태를 제거하는 것을 목적으로 하는 것이고, 나아가 그 인용 판결의 기속력에 의하여 행정청으로 하여금 적극적이든 소극적이든 어떤 처분을 하도록 강제한 다음, 그에 대하여 불복이 있을 경우 그 처분을 다투게 함으로써 최종적으로는 당사자의 권리와 이익을 보호하려는 제도이므로, 당사자의 신청이 있은 이후 당사자에게 생긴 사정의 변화로 인하여 위 부작위가 위법하다는 확인을 받는다고 하더라도 종국적으로 침해되거나 방해받은 권리와 이익을 보호·구제받는 것이 불가능하게 되었다면 그 부작위가 위법하다는 확인을 구할 이익은 없다(대판 2002.6.28, 2000두4750).

甲이 부작위위법확인소송을 제기한 경우, 법원은 乙이 도로점용허가를 발급해 주어야 하는지의 여부를 심리할 수 있다. (x)
■ 16 지방9급

처분의 신청 후에 원고에게 생긴 사정의 변화로 인하여, 그 처분에 대한 부작위가 위법하다는 확인을 받아도 종국적으로 침해되거나 방해받은 원고의 권리·이익을 보호·구제받는 것이 불가능하게 되었다면, 법원은 각하판결을 내려야 한다. ■ 20 국가9급

## V. 위법판단 기준시(판결시설)

### 부작위 위법 여부의 판단 기준시는 사실심 구두변론종결시이다 ★ 13 국회8급, 13·09 세무사

부동산강제경매사건의 최고가매수신고인이 애당초 농지취득자격증명발급신청을 한 목적이 경락기일에서 경매법원에 이를 제출하기 위한 데에 있고 행정청이 적극적인 처분을 하지 않고 있는 사이 위 경락기일이 이미 도과하였다 하더라도, 위 사실만으로 위 신고인이 부동산을 취득할 가능성이 전혀 없게 되었다고 단정할 수는 없으므로 위 경락기일이 이미 도과함으로써 위 신고인이 농지취득 자격증명을 발급받을 실익이 없게 되었다거나 행정청의 부작위에 대한 위법확인을 구할 소의 이익이 없게 되었다고 볼 수는 없으며, 또한 부작위 위법 여부의 판단 기준시는 사실심의 구두변론종결시이므로 행정청이 원심판결선고 이후에 위 신고인의 위 신청에 대하여 거부처분을 함으로써 부작위 상태가 해소되었다 하더라도 달리 볼 것은 아니다(대판 1999.4.9, 98두12437).

# 제3항 당사자소송

## Ⅰ. 당사자소송의 종류

### 1. 실질적 당사자소송

#### (1) 공법상 법률관계에 관한 소송

처분 등을 원인으로 하지 않는 공법상 법률관계에 관한 소송은 공법상 당사자소송이다.

1. 납세의무부존재확인소송(대판 2000.9.8, 99두2765)
2. 항만법에 의한 항만시설무상사용권범위확인소송(대판 2001.9.4, 99두10148)
3. 도시정비법상의 관리처분계획에 대한 총회결의 무효확인소송[대판(전합) 2009.9.17, 2007다2428]
4. 고용·산재보험료 납부의무 부존재확인의 소(대판 2016.10.13, 2016다221658)
5. 명예퇴직한 법관이 미지급 명예퇴직수당액의 지급을 구하는 경우(대판 2016.5.24, 2013두14863)
6. 고용·산재보험료 납부의무 부존재확인의 소(대판 2016.10.13, 2016다221658)
7. 甲 토지구획정리조합이 환지계획을 인가받으면서 체비지 겸 학교용지로 인가받은 토지에 대하여 체비지대장에 甲 조합을 토지의 소유자로 등재한 후 소유자명의를 乙 주식회사 앞으로 이전하였는데, 환지처분이 이루어지지 않은 상태에서 丙 지방자치단체가 甲 조합을 상대로 환지처분의 공고 다음 날에 토지의 소유권을 원시취득할 지위에 있음의 확인을 구한 사안(대판 2016.12.15, 2016다221566) : 토지구획정리사업에 따른 공공시설용지의 원시취득으로 형성되는 국가 또는 지방자치단체와 사업시행자 사이의 관계는 공법관계
8. 토지의 일시 사용에 대한 동의의 의사표시를 할 의무의 존부에 관한 소송(대판 2018.7.26, 2015다221569) : 「국토의 계획 및 이용에 관한 법률」에서 특별히 인정한 공법상의 의무
9. 구 「도시 및 주거환경정비법」 제65조 제2항 후단에 따른 정비기반시설의 소유권 귀속에 관한 소송(대판 2019.9.9, 2016다262550)
10. 국가 등 과세주체가 당해 확정된 조세채권의 소멸시효 중단을 위하여 납세의무자를 상대로 제기한 조세채권존재확인의 소(대판 2020.3.2, 2017두41771)

---

#### ① 납세의무부존재확인의 소의 성격은 당사자소송이므로 국가·공공단체 등 권리주체가 피고이다
★ 20·19 지방9급, 19 서울7급, 14 변호사, 13 세무사

> 최신기출
>
> 납세의무부존재확인의 소는 공법상의 법률관계 그 자체를 다투는 소송으로서 당사자소송이라 할 것이므로 행정소송법 제3조 제2호, 제39조에 의하여 그 법률관계의 한쪽 당사자인 국가·공공단체 그 밖의 권리주체가 피고적격을 가진다(대판 2000.9.8, 99두2765).

▶ 납세의무부존재확인의 소는 당사자소송이고 항고소송의 성격을 가지므로 해당 과세처분 관할 행정청이 피고가 된다. (x)
■ 19 서울7급

#### ② 텔레비전방송수신료 통합징수권한부존재확인 ★ 15 국회8급, 12 사회복지

> 수신료의 법적 성격, 피고 보조참가인의 수신료 강제징수권의 내용 등에 비추어 보면 수신료 부과행위는 공권력의 행사에 해당하므로, 피고가 피고 보조참가인으로부터 수신료의 징수업무를 위탁받아 자신의 고유업무와 관련된 고지행위와 결합하여 수신료를 징수할 권한이 있는지 여부를 다투는 이 사건 쟁송은 민사소송이 아니라 공법상의 법률관계를 대상으로 하는 것으로서 행정소송법 제3조 제2호에 규정된 당사자소송에 의하여야 한다고 봄이 상당하다(대판 2008.7.24, 2007다25261).

③ 고용·산재보험료 납부의무 부존재확인의 소의 법적 성질은 공법상 당사자소송이다

> 「고용보험 및 산업재해보상보험의 보험료징수 등에 관한 법률」 제4조, 제16조의2, 제17조, 제19조, 제23조의 각 규정에 의하면, 사업주가 당연가입자가 되는 고용보험 및 산재보험에서 보험료 납부의무 부존재확인의 소는 공법상의 법률관계 자체를 다투는 소송으로서 공법상 당사자소송이다(대판 2016.10.13, 2016다221658).

④ 甲 토지구획정리조합이 환지계획을 인가받으면서 체비지 겸 학교용지로 인가받은 토지에 대하여 체비지대장에 甲 조합을 토지의 소유자로 등재한 후 소유자명의를 乙 주식회사 앞으로 이전하였는데, 환지처분이 이루어지지 않은 상태에서 丙 지방자치단체가 甲 조합을 상대로 환지처분의 공고 다음 날에 토지의 소유권을 원시취득할 지위에 있음의 확인을 구한 사안에서, 丙 지방자치단체는 甲 조합을 상대로 위와 같은 지위 확인을 구할 확인의 이익이 있고, 이는 행정소송법상 당사자소송에 해당한다고 한 사례

> 위 토지가 환지계획에서 초등학교 및 중고등학교 교육에 필요한 학교용지로 지정되어 있으면 장차 환지처분 및 공고가 있게 되면 丙 지방자치단체가 소유권을 원시취득하므로, 토지에 대한 丙 지방자치단체의 이익은 비록 불확정적이라도 보호할 가치 있는 법적 이익에 해당하고, 구 토지구획정리사업법 제63조, 제80조 등의 취지는 학교교육이라는 중대한 공익의 실현에 필수적인 학교용지를 안정적이고 확실하게 확보할 수 있도록 하려는 것인데, 체비지대장상의 소유명의대로 환지처분이 되어 甲 조합이나 乙 회사 등 제3자 앞으로 토지의 소유권이 귀속된 것 같은 외관이 생기게 되면, 분쟁의 해결이 더욱 복잡해지고 학교용지의 확보에 차질을 빚게 될 수 있으므로, 확인소송을 통해 그러한 위험이나 불안을 제거할 이익과 필요가 있으며, 甲 조합이 토지를 체비지대장에 등재하는 등으로 丙 지방자치단체의 지위를 다투고 있는 반면, 丙 지방자치단체가 현재의 상태에서 토지에 대하여 물권 유사의 사용수익권이나 관리권 등을 행사할 수 없으므로, 사업시행자인 甲 조합을 상대로 확인판결을 받는 것은 丙 지방자치단체의 법률상 지위에 대한 위험이나 불안을 제거하기 위한 유효적절한 수단이므로, 확인의 이익이 있고, 나아가 토지구획정리사업에 따른 공공시설용지의 원시취득으로 형성되는 국가 또는 지방자치단체와 사업시행자 사이의 관계는 공법관계이므로, 위와 같은 지위의 확인을 구하는 것은 행정소송법상 당사자소송에 해당한다(대판 2016.12.15, 2016다221566).

⑤ 구 「도시 및 주거환경정비법」 제65조 제2항 후단에 따른 정비기반시설의 소유권 귀속에 관한 소송은 행정소송법 제3조 제2호에서 정한 당사자소송에 해당한다

> 정비기반시설의 소유권 귀속에 관한 국가 또는 지방자치단체와 정비사업시행자 사이의 법률관계는 공법상의 법률관계로 보아야 한다. 따라서 위 후단 규정에 따른 정비기반시설의 소유권 귀속에 관한 소송은 공법상의 법률관계에 관한 소송으로서 행정소송법 제3조 제2호에서 규정하는 당사자소송에 해당한다(대판 2018.7.26, 2015다22156 9).

⑥ 「국토의 계획 및 이용에 관한 법률」 제130조 제3항에서 정한 토지 소유자 등이 사업시행자의 일시 사용에 대하여 정당한 사유 없이 동의를 거부하는 경우, 사업시행자가 토지 소유자 등을 상대로 동의의 의사표시를 구하는 소를 제기할 수 있고, 토지의 일시 사용에 대한 동의의 의사표시를 할 의무의 존부에 관한 소송은 행정소송법상 당사자소송이다 ★ 20 국가7급

> **최신기출**
> **최신판례**
> 「국토의 계획 및 이용에 관한 법률」 제130조 제3항에서 정한 토지의 소유자·점유자 또는 관리인(소유자 등)이 사업시행자의 일시 사용에 대하여 정당한 사유 없이 동의를 거부하는 경우, 사업시행자는 해당 토지의 소유자 등을 상대로 동의의 의사표시를 구하는 소를 제기할 수 있다. 이와 같은 토지의 일시 사용에 대한 동의의 의사표시를 할 의무는 「국토의 계획 및 이용에 관한 법률」에서 특별히 인정한 공법상의 의무이므로, 그 의무의 존부를 다투는 소송은 '공법상의 법률관계에 관한 소송으로서 그 법률관계의 한쪽 당사자를 피고로 하는 소송', 즉 행정소송법 제3조 제2호에서 규정한 당사자소송이라고 보아야 한다(대판 2019.9.9, 2016다262550).

### (2) 처분 등을 원인으로 하는 법률관계에 관한 소송

다수설에 의하면 ① 처분 등의 무효·취소를 전제로 하는 공법상의 부당이득반환청구소송(과오납금반환청구소송), ② 공무원의 직무상 불법행위로 인한 국가배상청구소송, ③ 별도의 불복방법에 관한 규정이 없는 경우의 손실보상청구권 등도 공권으로서 이에 관한 소송은 공법상 당사자소송이 된다고 본다. 그러나 판례는 국가배상청구권이나 조세부과처분이 무효로 됨으로써 발생하는 부당이득반환청구권, 별도의 불복절차에 관한 규정이 없을 경우 손실보상청구권은 사권이고 그에 관한 소송은 민사소송이라고 본다.

### (3) 공법상 계약

**■통설·판례 모두 공법상 계약에 대하여는 실질적 당사자소송을 인정한다.**

1. 서울특별시립무용단 단원의 위촉(대판 1995.12.22, 95누4636)
2. 국립중앙극장 전속합창단원의 채용(대판 1996.8.27, 95나35953)
3. 광주시립합창단원에 대한 재위촉(대판 2001.12.11, 2001두7794)
4. 국방일보의 발행책임자인 국방홍보원장으로 채용된 계약직공무원에 대한 채용계약(대판 2002.11.26, 2002두5948)
5. 전문직공무원인 공중보건의사 채용계약·공중보건의 계약해지(대판 1996.5.31, 95누10617)

### (4) 공법상 금전지급청구를 위한 소송(사회보장급부청구소송)

#### ① 당사자소송

1. 「광주민주화운동관련자 보상 등에 관한 법률」 제15조에 의거하여 관련자 및 유족들이 갖게 되는 보상 등에 관한 권리 (대판 1992.12.24, 92누3335)
2. 구 석탄산업법상의 석탄가격안정지원금 지급청구의 소(대판 1997.5.30, 95다28960)
3. 「석탄산업법 시행령」 제41조 제4항 제5호 소정의 재해위로금 지급청구소송(대판 1999.1.26, 98두12598)
4. 정당한 퇴역연금액과 결정, 통지된 퇴역연금액과의 차액의 지급을 구하는 소송(대판 2003.9.5, 2002두3522)
5. 공무원연금관리공단이 퇴직연금 중 일부 금액에 대하여 지급거부의 의사표시를 한 경우 미지급퇴직연금의 지급을 구하는 소송(대판 2004.7.8, 2004두244)
6. 공무원봉급 미지급 시 지급청구소송
7. 텔레비전방송수신료 통합징수권한부존재확인(대판 2008.7.24, 2007다25261)
8. 지방자치단체가 보조금 지급결정을 하면서 일정 기한 내에 보조금을 반환하도록 하는 교부조건을 부가한 사안의 경우 보조사업자에 대한 지방자치단체의 보조금반환청구소송(대판 2011.6.9, 2011다2951)
9. 부가가치세 환급세액 지급청구소송[대판(전합) 2013.3.21, 2011다95564]
10. 지방소방공무원의 초과근무수당 지급을 구하는 청구에 관한 소송(대판 2013.3.28, 2012다102629)
11. 명예퇴직한 법관이 미지급 명예퇴직수당액의 지급을 구하는 경우(대판 2016.5.24, 2013두14863)
12. 도시개발사업조합이 도시개발법에 따른 청산금의 지급을 구하는 소송(대판 2017.4.28, 2013다1211)

㉠ 광주민주화운동관련자보상등에관한법률 제15조에 의거하여 관련자 및 유족들이 갖게 되는 보상 등에 관한 권리
★ 12 사회복지, 15·11 국회8급

> 광주민주화운동관련자보상등에관한법률에 의거하여 관련자 및 유족들이 갖게 되는 보상 등에 관한 권리는 헌법 제23조 제3항에 따른 재산권 침해에 대한 손실보상청구나 국가배상법에 따른 손해배상청구와는 그 성질을 달리하는 것으로서 법률이 특별히 인정하고 있는 공법상의 권리라고 하여야 할 것이므로 그에 관한 소송은 행정소송법 제3조 제2호 소정의 당사자소송에 의하여야 할 것이며 보상금 등의 지급에 관한 법률관계의 주체는 대한민국이다(대판 1992.12.24, 92누3335).
> ※ 「민주화운동관련자 명예회복 및 보상 등에 관한 법률」상의 보상심의위원회의 결정은 처분에 해당[대판(전합) 2008.4.17, 2005두16185]

㉡ 구 석탄산업법상의 석탄가격안정지원금 지급청구의 소 ★ 17 국회8급, 12 사회복지

> 석탄가격안정지원금은 석탄의 수요 감소와 열악한 사업환경 등으로 점차 경영이 어려워지고 있는 석탄광업의 안정 및 육성을 위하여 국가정책적 차원에서 지급하는 지원비의 성격을 갖는 것이고, 석탄광업자가 석탄산업합리화사업단에 대하여 가지는 이와 같은 지원금지급청구권은 석탄사업법령에 의하여 정책적으로 당연히 부여되는 공법상의 권리이므로, 석탄광업자가 석탄산업합리화사업단을 상대로 석탄산업법령 및 석탄가격안정지원금 지급요령에 의하여 지원금의 지급을 구하는 소송은 공법상의 법률관계에 관한 소송인 공법상의 당사자소송에 해당한다(대판 1997.5.30, 95다28960).

㉢ 「석탄산업법 시행령」 제41조 제4항 제5호 소정의 재해위로금 지급청구소송 ★ 20 지방7급

> 최신기출 석탄산업법 제39조의3 제1항 제4호, 제4항 및 같은법 시행령 제41조 제4항 제5호의 각 규정에 의하여 폐광대책비의 일종으로 폐광된 광산에서 업무상 재해를 입은 근로자에게 지급하는 재해위로금은, 국내의 석탄수급상황을 감안하여 채탄을 계속하는 것이 국민경제의 균형발전을 위하여 바람직하지 못하다고 판단되는 경제성이 없는 석탄광산을 폐광함에 있어서 그 광산에서 입은 재해로 인하여 전업 등에 특별한 어려움을 겪게 될 퇴직근로자를 대상으로 사회보장적인 차원에서 통상적인 재해보상금에 추가하여 지급하는 위로금의 성격을 갖는 것이고, 이러한 재해위로금에 대한 지급청구권은 공법상의 권리로서 그 지급을 구하는 소송은 공법상의 법률관계에 관한 소송인 공법상 당사자소송에 해당한다(대판 1999.1.26, 98두12598).

㉣ 법령의 개정에 따른 국방부장관의 퇴역연금액 감액조치에 대하여 이의가 있는 퇴역연금수급권자는 직접 국가를 상대로 공법상 당사자소송을 제기할 수 있다 ★ 18 국가9급

> 최신기출 국방부장관의 인정에 의하여 퇴역연금을 지급받아 오던 중 군인보수법 및 공무원보수규정에 의한 호봉이나 봉급액의 개정 등으로 퇴역연금액이 변경된 경우에는 법령의 개정에 따라 당연히 개정규정에 따른 퇴역연금액이 확정되는 것이지 구 군인연금법 제18조 제1항 및 제2항에 정해진 국방부장관의 퇴역연금액 결정과 통지에 의하여 비로소 그 금액이 확정되는 것이 아니므로, 법령의 개정에 따른 국방부장관의 퇴역연금액 감액조치에 대하여 이의가 있는 퇴역연금수급권자는 항고소송을 제기하는 방법으로 감액조치의 효력을 다툴 것이 아니라 직접 국가를 상대로 정당한 퇴역연금액과 결정, 통지된 퇴역연금액과의 차액의 지급을 구하는 공법상 당사자소송을 제기하는 방법으로 다툴 수 있다 할 것이고, 같은 법 제5조 제1항에 그 법에 의한 급여에 관하여 이의가 있는 자는 군인연금급여재심위원회에 그 심사를 청구할 수 있다는 규정이 있다 하여 달리 볼 것은 아니다(대판 2003.9.5, 2002두3522).

ⓤ **공무원연금관리공단이 퇴직연금 중 일부 금액에 대하여 지급거부의 의사표시를 한 경우, 미지급퇴직연금의 지급을 구하는 소송** ★ 21 지방7급, 15·14 국회8급, 15 국가9급, 14 세무사, 13 지방9급

공무원연금관리공단의 인정에 의하여 퇴직연금을 지급받아 오던 중 구 공무원연금법령의 개정 등으로 퇴직연금 중 일부 금액의 지급이 정지된 경우에는 당연히 개정된 법령에 따라 퇴직연금이 확정되는 것이지 같은법 제26조 제1항에 정해진 공무원연금관리공단의 퇴직연금결정과 통지에 의하여 비로소 그 금액이 확정되는 것이 아니므로, 공무원연금관리공단이 퇴직연금 중 일부 금액에 대하여 지급거부의 의사표시를 하였다고 하더라도 그 의사표시는 퇴직연금청구권을 형성·확정하는 행정처분이 아니라 공법상의 법률관계의 한쪽 당사자로서 그 지급의무의 존부 및 범위에 관하여 나름대로의 사실상·법률상 의견을 밝힌 것일 뿐이어서, 이를 행정처분이라고 볼 수는 없고, 이 경우 미지급퇴직연금에 대한 지급청구권은 공법상 권리로서 그의 지급을 구하는 소송은 공법상의 법률관계에 관한 소송인 공법상 당사자소송에 해당한다(대판 2004.7.8, 2004두244).

공무원연금공단의 인정에 의해 퇴직연금을 지급받아 오던 중 공무원연금법령 개정 등으로 퇴직연금 중 일부 금액에 대해 지급이 정지된 경우, 미지급퇴직연금에 대한 지급청구권은 공법상 권리로서 그의 지급을 구하는 소송은 항고소송이다. (×) ■ 21 지방7급

ⓥ **도시정비법상의 관리처분계획에 대한 총회결의 무효확인소송은 관리처분계획에 대한 인가·고시가 있기 전에는 허용되지만, 관리처분계획에 대한 관할 행정청의 인가·고시까지 있게 되면 관리처분계획은 행정처분이므로 항고소송의 방법으로 관리처분계획의 취소 또는 무효확인을 구하여야 하고, 확인의 소를 제기하는 것은 특별한 사정이 없는 한 허용되지 않는다** ★ 21 지방9급, 21 국가9급, 20 국회8급, 19 지방7급, 16 국가7급

재건축조합의 총회결의 무효확인소송은, 관리처분계획이 인가·고시되기 전이라면 위법한 총회결의에 대해 무효확인 판결을 받아 이를 관할행정청에 자료로 제출하거나 재건축조합으로 하여금 새로이 적법한 관리처분계획안을 마련하여 다시 총회결의를 거치도록 함으로써 하자 있는 관리처분계획이 인가·고시되어 행정처분으로서 효력이 발생하는 단계에까지 나아가지 못하도록 저지할 수 있고, 또 총회결의에 대한 무효확인판결에도 불구하고 관리처분계획이 인가·고시되는 경우에도 관리처분계획의 효력을 다투는 항고소송에서 총회결의 무효확인소송의 판결과 증거들을 소송자료로 활용함으로써 신속하게 분쟁을 해결할 수 있으므로, 관리처분계획에 대한 인가·고시가 있기 전에는 허용할 필요가 있다. 그러나 나아가 관리처분계획에 대한 관할행정청의 인가·고시까지 있게 되면 관리처분계획은 행정처분으로서 효력이 발생하게 되므로, 총회결의의 하자를 이유로 하여 행정처분의 효력을 다투는 항고소송의 방법으로 관리처분계획의 취소 또는 무효확인을 구하여야 하고, 그와 별도로 행정처분에 이르는 절차적 요건 중 하나에 불과한 총회결의 부분만을 따로 떼어내어 효력 유무를 다투는 확인의 소를 제기하는 것은 특별한 사정이 없는 한 허용되지 않는다고 보아야 한다[대판(전합) 2009.9.17, 2007다2428].
※ 이와 달리 도시재개발법상 재개발조합의 관리처분계획안에 대한 총회결의 무효확인소송을 민사소송으로 보고, 또 관리처분계획에 대한 인가·고시가 있은 후에도 여전히 소로써 총회결의의 무효확인을 구할 수 있다는 취지로 판시한 대법원 2004.7.22. 선고 2004다13694 판결과 이와 같은 취지의 대법원 판결들은 이 판결의 견해에 배치되는 범위 내에서 변경한 사안임

「도시 및 주거환경정비법」상 주택재건축정비사업조합을 상대로 관리처분계획안에 대한 조합 총회결의의 효력 등을 다투는 소송은 관리처분계획의 인가·고시가 있은 이후라도 특별한 사정이 없는 한 허용되어야 한다. (×) ■ 19 지방7급
「도시 및 주거환경정비법」상 재건축조합의 관리처분계획에 대한 인가·고시 후 관리처분계획 결의의 하자를 다투고자 하는 경우 조합총회의 결의는 관리처분계획처분의 실체적 요건에 해당하기 때문에 조합총회결의를 대상으로 효력 유무를 다투는 확인의 소를 제기하는 것이 허용된다. (×) ■ 20 국회8급
「도시 및 주거환경정비법」상 관리처분계획에 대한 인가는 강학상 인가의 성격을 갖고 있으므로 관리처분계획에 대한 인가가 있더라도 관리처분계획안에 대한 총회결의에 하자가 있다면 민사소송으로 총회결의의 하자를 다투어야 한다. (×) ■ 21 지방9급

ⓐ 구 공무원연금법령상 급여를 받으려고 하는 자는 우선 관계법령에 따라 공단에 급여지급을 신청하여 공단이 이를 거부하거나 일부 금액만 인정하는 급여지급결정을 하는 경우 그 결정을 대상으로 항고소송을 제기하는 등으로 구체적 권리를 인정받은 다음 비로소 당사자소송으로 그 급여의 지급을 구하여야 한다 ★ 21 변호사

> **최신기출** 구 공무원연금법 제26조 제1항·제3항, 제83조 제1항, 구 「공무원연금법 시행령」 제19조의3 등의 각 규정을 종합하면, 구 공무원연금법에 의한 퇴직수당 등의 급여를 받을 권리는 법령의 규정에 의하여 직접 발생하는 것이 아니라 위와 같은 급여를 받으려고 하는 자가 소속하였던 기관장의 확인을 얻어 신청함에 따라 공무원연금관리공단이 그 지급결정을 함으로써 구체적인 권리가 발생한다. 여기서 공단이 하는 급여지급결정의 의미는 단순히 급여수급대상자를 확인·결정하는 것에 그치는 것이 아니라 구체적인 급여수급액을 확인·결정하는 것까지 포함한다. 따라서 구 공무원연금법령상 급여를 받으려고 하는 자는 우선 관계법령에 따라 공단에 급여지급을 신청하여 공단이 이를 거부하거나 일부 금액만 인정하는 급여지급결정을 하는 경우 그 결정을 대상으로 항고소송을 제기하는 등으로 구체적 권리를 인정받은 다음 비로소 당사자소송으로 그 급여의 지급을 구하여야 할 것이고, 구체적인 권리가 발생하지 않은 상태에서 곧바로 공단 등을 상대로 한 당사자소송으로 급여의 지급을 소구하는 것은 허용되지 아니한다(대판 2010.5.27, 2008두5636).

「공무원연금법」상 급여를 받으려고 하는 자는 관계 법령에 따라 공무원연금공단에 급여지급을 신청하지 않고도 곧바로 공무원연금공단을 상대로 한 당사자소송으로 권리의 확인이나 급여의 지급을 소구할 수 있다. (x) ■ 21 변호사

◎ 지방자치단체가 보조금 지급결정을 하면서 일정 기한 내에 보조금을 반환하도록 하는 교부조건을 부가한 사안의 경우 보조사업자에 대한 지방자치단체의 보조금반환청구는 행정소송법 제3조 제2호에 규정한 당사자소송의 대상이다 ★ 21 국가7급, 15 국가9급, 13 변호사

> **최신기출** 보조사업자의 지방자치단체에 대한 보조금 반환의무는 행정처분인 위 보조금 지급결정에 부가된 부관상 의무이고, 이러한 부관상 의무는 보조사업자가 지방자치단체에 부담하는 공법상 의무이므로, 보조사업자에 대한 지방자치단체의 보조금반환청구는 공법상 권리관계의 일방 당사자를 상대로 하여 공법상 의무이행을 구하는 청구로서 행정소송법 제3조 제2호에 규정된 당사자소송의 대상이다(대판 2011.6.9, 2011다2951).

ⓧ 부가가치세 환급세액 지급청구는 당사자소송의 대상이다
★ 21 국가7급, 19·18·17 서울7급, 17 지방9급, 16·15 국가9급, 15·14 지방7급, 14 국회8급, 14 세무사, 14 변호사

> **최신기출**
> **전합판례** 납세의무자에 대한 국가의 부가가치세 환급세액 지급의무는 그 납세의무자로부터 어느 과세기간에 과다하게 거래징수된 세액 상당을 국가가 실제로 납부받았는지 여부와 관계없이 부가가치세법령의 규정에 의하여 직접 발생하는 것으로서, 그 법적 성질은 정의와 공평의 관념에서 수익자와 손실자 사이의 재산상태 조정을 위해 인정되는 부당이득 반환의무가 아니라 부가가치세법령에 의하여 그 존부나 범위가 구체적으로 확정되고 조세 정책적 관점에서 특별히 인정되는 공법상 의무라고 봄이 타당하다. 그렇다면 납세의무자에 대한 국가의 부가가치세 환급세액 지급의무에 대응하는 국가에 대한 납세의무자의 부가가치세 환급세액 지급청구는 민사소송이 아니라 행정소송법 제3조 제2호에 규정된 당사자소송의 절차에 따라야 한다(대판(전합) 2013.3.21, 2011다95564).

납세의무자에 대한 국가의 부가가치세 환급세액 지급의무는 부당이득반환의무에 해당하므로, 그에 대한 지급청구는 민사소송의 절차에 따라야 한다. (x) ■ 16 국가9급
부가가치세법령에 따른 환급세액 지급의무 등의 규정과 그 입법취지에 비추어 볼 때 부가가치세 환급세액 반환은 공법상 부당이득 반환으로서 민사소송의 대상이다. (x) ■ 17 지방9급
납세의무자에 대한 국가의 부가가치세 환급세액 지급의무에 대응하는 국가에 대한 납세의무자의 부가가치세 환급세액 지급청구는 당사자소송의 절차에 따르지 않아도 된다. (x) ■ 17 서울7급
부가가치세법령상 납세의무자에 대한 국가의 부가가치세 환급세액 지급의무는 부당이득 반환의무이므로 그 지급청구는 당사자소송이 아니라 민사소송의 절차에 따라야 한다. (x) ■ 19 서울7급
국가에 대한 납세의무자의 부가가치세 환급세액 지급청구는 당사자소송이 아니라 민사소송의 절차에 따라야 한다. (x) ■ 21 국가7급

ⓩ 지방소방공무원의 초과근무수당 지급을 구하는 청구에 관한 소송의 형식은 당사자소송이다 ★ 14 지방7급, 14 행정사

> 지방소방공무원의 초과근무수당 지급청구권은 법령의 규정에 의하여 직접 그 존부나 범위가 정하여지고 법령에 규정된 수당의 지급요건에 해당하는 경우에는 곧바로 발생한다고 할 것이므로, 지방소방공무원이 자신이 소속된 지방자치단체를 상대로 초과근무수당의 지급을 구하는 청구에 관한 소송은 행정소송법 제3조 제2호에 규정된 당사자소송의 절차에 따라야 한다. 피고(서울특별시) 소속 전·현직 소방공무원들인 원고들이 초과근무수당의 지급을 구하는 이 사건 청구가 민사소송의 대상임을 전제로 민사소송절차에 의하여 심리·판단한 제1심판결을 취소하고 이 사건을 행정소송 관할법원인 서울행정법원에 이송한 원심의 조치를 수긍한 사례(대판 2013.3.28, 2012다102629)

ⓣ 명예퇴직한 법관이 미지급 명예퇴직수당액의 지급을 구하는 경우, 소송 형태는 행정소송법의 당사자소송이다
★ 18 국가9급, 17 지방9급

`최신기출`
> 명예퇴직한 법관이 미지급 명예퇴직수당액에 대하여 가지는 권리는 명예퇴직수당 지급대상자 결정 절차를 거쳐 명예퇴직수당규칙에 의하여 확정된 공법상 법률관계에 관한 권리로서, 그 지급을 구하는 소송은 행정소송법의 당사자소송에 해당하며, 그 법률관계의 당사자인 국가를 상대로 제기하여야 한다(대판 2016.5.24, 2013두14863).

ⓔ 공무원연금법령상 급여를 받으려고 하는 자가 구체적 권리가 발생하지 않은 상태에서 곧바로 공무원연금공단을 상대로 한 당사자소송으로 권리의 확인이나 급여의 지급을 소구할 수 없고 이러한 법리는 구체적인 급여수급권의 전제가 되는 지위의 확인을 구하는 경우에도 마찬가지로 적용된다 ★ 19 지방7급, 18 서울7급

`최신기출`
> 공무원연금법령상 급여를 받으려고 하는 자는 우선 관계 법령에 따라 공무원연금공단에 급여지급을 신청하여 공무원연금공단이 이를 거부하거나 일부 금액만 인정하는 급여지급결정을 하는 경우 그 결정을 대상으로 항고소송을 제기하는 등으로 구체적 권리를 인정받아야 하고, 구체적인 권리가 발생하지 않은 상태에서 곧바로 공무원연금공단을 상대로 한 당사자소송으로 권리의 확인이나 급여의 지급을 소구하는 것은 허용되지 아니한다. 이러한 법리는 구체적인 급여를 받을 권리의 확인을 구하기 위하여 소를 제기하는 경우뿐만 아니라, 구체적인 급여수급권의 전제가 되는 지위의 확인을 구하는 경우에도 마찬가지로 적용된다(대판 2017.2.9, 2014두43264).

ⓜ 도시개발사업조합은 직접 공법상 당사자소송으로 도시개발법에 따른 청산금의 지급을 구할 수 있다

> 도시개발법 제46조 제3항에 따라 도시개발사업조합이 관할 지방자치단체의 장에게 도시개발법에 따른 청산금의 징수를 위탁할 수 있다 하더라도, 지방자치단체의 장이 징수위탁에 응하지 아니하는 등의 특별한 사정이 있는 때에는 도시개발사업조합은 직접 공법상 당사자소송으로 청산금의 지급을 구할 수 있다(대판 2017.4.28. 2013다1211).

## ② 항고소송

당사자의 신청과 그에 대한 행정청의 인용결정이 있을 때 비로소 권리가 발생하는 경우는 항고소송의 대상이다.

■ **급부를 받을 권리가 법령의 규정에 의하여 직접 발생하는 것이 아니라 급부를 받으려고 하는 자의 신청에 따라 관할 행정청이 지급결정을 함으로써 구체적인 권리가 발생하는 경우, 구체적인 권리가 발생하지 않은 상태에서 곧바로 행정청이 속한 국가나 지방자치단체 등을 상대로 한 당사자소송이나 민사소송으로 급부의 지급을 소구하는 것은 허용되지 않는다**

> [최신판례] 관계 법령의 해석상 급부를 받을 권리가 법령의 규정에 의하여 직접 발생하는 것이 아니라 급부를 받으려고 하는 자의 신청에 따라 관할 행정청이 지급결정을 함으로써 구체적인 권리가 발생하는 경우에는, 급부를 받으려고 하는 자는 우선 관계 법령에 따라 행정청에 급부지급을 신청하여 행정청이 이를 거부하거나 일부 금액만 인정하는 지급결정을 하는 경우 그 결정을 대상으로 항고소송을 제기하고, 취소·무효확인판결의 기속력에 따른 재처분을 통하여 구체적인 권리를 인정받은 다음 비로소 공법상 당사자소송으로 급부의 지급을 구하여야 하고, 구체적인 권리가 발생하지 않은 상태에서 곧바로 행정청이 속한 국가나 지방자치단체 등을 상대로 한 당사자소송이나 민사소송으로 급부의 지급을 소구하는 것은 허용되지 않는다(대판 2020.10.15, 2020다222382).

1. 군인연금법상 상이연금 등의 급여를 받을 권리(대판 1995.9.15, 93누18532)
2. 진료기관의 의료보호비용 청구에 대한 지급거부를 다투는 소송(대판 1999.11.26, 97다42250)
3. 구 군인연금법령상 퇴역연금 등의 급여청구권을 인정받기 위한 항고소송 등의 절차를 거치지 아니하고 곧바로 국가를 상대로 한 당사자소송으로 급여의 지급을 소구하는 것은 허용되지 않는다(대판 2003.9.5, 2002두3522).
4. 특수임무수행자 및 그 유족으로서 보상금 등을 지급받고자 하는 자의 신청에 대하여 위원회가 특수임무수행자에 해당하지 않는다는 이유로 한 기각결정은 행정처분이다(대판 2008.12.11, 2008두6554).
5. 공무원연금법상 퇴직연금 등의 급여결정(대판 2004.7.8, 2004두244)
6. 「민주화운동관련자 명예회복 및 보상 등에 관한 법률」상의 보상심의위원회의 결정[대판(전합) 2008.4.17, 2005두16185]
7. 근로복지공단의 보험급여결정(대판 2010.2.25, 2009다98447)
8. 구 법인세법상 결손금 소급공제 환급결정은 행정처분에 해당하고, 과세관청이 착오환급 내지 과다환급한 결손금 소급공제 환급세액을 강제징수하려면 결손금 소급공제 환급결정을 직권으로 취소하여야 한다(대판 2016.2.18, 2013다206610).

### ㉠ 진료기관의 의료보호비용 청구에 대한 지급거부는 처분에 해당한다

> 진료기관의 보호기관에 대한 진료비지급청구권은 계약 등의 법률관계에 의하여 발생하는 사법상의 권리가 아니라 법에 의하여 정책적으로 특별히 인정되는 공법상의 권리라고 할 것이고, 법령의 요건에 해당하는 것만으로 바로 구체적인 진료비지급청구권이 발생하는 것이 아니라 보호기관의 심사결정에 의하여 비로소 구체적인 청구권이 발생한다고 할 것이므로, 진료기관은 법령이 규정한 요건에 해당하여 진료비를 지급받을 추상적인 권리가 있다 하더라도 진료기관의 보호비용 청구에 대하여 보호기관이 심사결과 지급을 거부한 경우에는 곧바로 민사소송은 물론, 공법상 당사자소송으로도 지급청구를 할 수는 없고, 지급거부결정의 취소를 구하는 항고소송을 제기하는 방법으로 구제받을 수밖에 없다(대판 1999.11.26, 97다42250).

### ㉡ 근로복지공단의 보험급여결정은 행정처분에 해당한다 ★ 15 지방9급

> 구 산업재해보상보험법 제38조 제2항, 법 시행령 제24조의 각 규정을 종합하면, 법에서 정한 보험급여는 피고가 그 지급결정을 함으로써 그 구체적인 권리가 발생하므로, 피고의 보험급여에 관한 결정은 국민의 권리에 직접 영향을 미치는 것이어서 행정처분에 해당하고, 피고의 보험급여결정에 불복하는 자는 피고의 보험급여결정을 대상으로 항고소송을 제기하는 등으로 구체적 권리를 인정받아야 하는 것이지, 구체적인 권리가 발생하지 않은 상태에서 피고를 상대로 보험급여의 지급을 구하는 소송을 바로 제기하는 것은 허용되지 않는다(대판 2010.2.25, 2009다98447).

ⓒ **구 법인세법상 결손금 소급공제 환급결정은 행정처분에 해당하고, 과세관청이 착오환급 내지 과다환급한 결손금 소급공제 환급세액을 강제징수하려면 결손금 소급공제 환급결정을 직권으로 취소하여야 한다**

> 구 법인세법상 결손금 소급공제는 일정한 중소기업을 대상으로 특별히 조세정책적 목적에서 인정된 제도로서 납세자의 신청에 기하여 관할 세무서장이 이월결손금의 발생 등 실체적 요건 및 절차적 요건의 충족 여부를 판단하여 환급세액을 결정함으로써 납세자의 환급청구권이 비로소 확정되므로, 결손금 소급공제 환급결정은 납세자의 권리·의무에 직접 영향을 미치는 과세관청의 행위로서 행정처분에 해당한다. 따라서 과세관청은 결손금 소급공제 환급결정을 직권으로 취소한 이후에야 비로소 납세자를 상대로 착오환급 내지 과다환급한 환급세액을 강제징수할 수 있다(대판 2016.2.18, 2013다206610).

ⓔ **구 군인연금법령상 급여를 받으려고 하는 사람이 관계 법령에 따라 국방부장관 등에게 급여지급을 청구하였으나 국방부장관 등이 이를 거부하거나 일부 금액만 인정하는 급여지급결정을 하는 경우, 그 결정을 대상으로 항고소송을 제기하는 등으로 구체적 권리를 인정받지 않은 상태에서 곧바로 국가를 상대로 한 당사자소송으로 급여의 지급을 소구할 수 없다** ★ 22 국가9급

> **[최신기출] [최신판례]** 구 군인연금법(2019.12.10. 법률 제16760호로 전부 개정되기 전의 것, 이하 같다)에 의한 사망보상금 등의 급여를 받을 권리는 법령의 규정에 따라 직접 발생하는 것이 아니라 급여를 받으려고 하는 사람이 소속하였던 군의 참모총장의 확인을 얻어 청구함에 따라 국방부장관 등이 지급결정을 함으로써 구체적인 권리가 발생한다. 국방부장관 등이 하는 급여지급결정은 단순히 급여수급 대상자를 확인·결정하는 것에 그치는 것이 아니라 구체적인 급여수급액을 확인·결정하는 것까지 포함한다. 구 군인연금법령상 급여를 받으려고 하는 사람은 우선 관계 법령에 따라 국방부장관 등에게 급여지급을 청구하여 국방부장관 등이 이를 거부하거나 일부 금액만 인정하는 급여지급결정을 하는 경우 그 결정을 대상으로 항고소송을 제기하는 등으로 구체적 권리를 인정받은 다음 비로소 당사자소송으로 그 급여의 지급을 구해야 한다. 이러한 구체적인 권리가 발생하지 않은 상태에서 곧바로 국가를 상대로 한 당사자소송으로 급여의 지급을 소구하는 것은 허용되지 않는다(대판 2021.12.16, 2019두45944).

> 군인연금법령상 급여를 받으려고 하는 사람이 국방부장관에게 급여지급을 청구하였으나 거부된 경우, 곧바로 국가를 상대로 한 당사자소송으로 급여의 지급을 청구할 수 있다. (×) ■ 22 국가9급

### ③ 공법상 지위·자격·신분의 확인을 구하는 소송

1. 국가의 훈기부상 화랑무공훈장을 수여받은 것으로 기재되어 있는 자가 태극무공훈장을 수여받은 자임의 확인을 구하는 소송(대판 1990.10.23, 90누4440)
2. 영관생계보조기금권리자확인(대판 1991.1.25, 90누3041)
3. 지방공무원으로서의 지위확인을 구하는 소(대판 1998.10.23, 98두12932)
4. 구 도시재개발법(현 도시 및 주거환경정비법)에 의한 재개발조합에 대해 조합원 자격확인을 구하는 소송(대판 1999.2.5, 97누14606)
5. 결격사유에 해당하지 않음을 이유로 하는 국회의원의 지위확인청구소송

### ㉠ 지방공무원으로서의 지위확인을 구하는 소 ★ 14 국회8급

> 원고의 이 사건 소는 교육청 교육장의 당연퇴직 조치가 행정처분임을 전제로 그 취소나 무효의 확인을 구하는 항고소송이 아니라 원고의 지방공무원으로서의 지위를 다투는 피고에 대하여 그 지위확인을 구하는 공법상의 당사자소송에 해당함이 분명하므로, 행정소송법 제39조의 규정상 지방자치단체로서 권리 주체인 피고가 이 사건 소에 있어서의 피고적격을 가진다고 할 것이다(대판 1998.10.23, 98두12932).

ⓛ 구 도시재개발법(현 도시 및 주거환경정비법)에 의한 재개발조합에 대하여 조합원 자격확인을 구하는 소송

★ 11 국회8급

전합판례 | 조합을 상대로 한 쟁송에 있어서 강제가입제를 특색으로 한 조합원의 자격 인정 여부에 관하여 다툼이 있는 경우에는 그 단계에서는 아직 조합의 어떠한 처분 등이 개입될 여지는 없으므로 공법상의 당사자소송에 의하여 그 조합원 자격의 확인을 구할 수 있다[대판(전합) 1996.2.15, 94다31235].

④ 토지수용법 제75조의2 제2항에 의하여 사업시행자가 환매권자를 상대로 하는 환매가격의 증감에 관한 소송

토지수용법 제75조의2 제2항에 의하여 사업시행자가 환매권자를 상대로 하는 소송은 공법상의 당사자소송으로 사업시행자로서는 환매가격이 환매대상토지의 취득 당시 지급한 보상금 상당액보다 증액 변경될 것을 전제로 하여 환매권자에게 그 환매가격과 위 보상금 상당액의 차액의 지급을 구할 수 있다(대판 2000.11.28, 99두3416).

⑤ 한국전력공사가 한국방송공사로부터 수신료의 징수업무를 위탁받아 자신의 고유업무와 관련된 고지행위와 결합하여 수신료를 징수할 권한이 있는지 여부를 다투는 쟁송

수신료의 법적 성격, 한국방송공사의 수신료 강제징수권의 내용 등에 비추어 보면 수신료 부과행위는 공권력의 행사에 해당하므로, 한국전력공사가 한국방송공사로부터 수신료의 징수업무를 위탁받아 자신의 고유업무와 관련된 고지행위와 결합하여 수신료를 징수할 권한이 있는지 여부를 다투는 이 사건 쟁송은 민사소송이 아니라 공법상의 법률관계를 대상으로 하는 것으로서 행정소송법 제3조 제2호에 규정된 당사자소송에 의하여야 한다(대판 2008.7.24, 2007다25261).

⑥ 공법상의 결과제거청구소송 : 다만, 판례는 민사소송

## 2. 형식적 당사자소송(보상금 증감청구소송)

(1) 공익사업법 제85조 제1항이 정한 제소기간 내에 일부 청구임을 명시하여 보상금의 증감에 관한 소송을 제기하여 전부 승소한 경우 청구취지 확장을 위한 항소의 이익이 인정되지 않는다

공익사업법 제85조 제1항이 정한 제소기간 내에 일부 청구임을 명시하여 보상금의 증감에 관한 소송을 제기한 경우, 원고로서는 제소기간이 도과한 후에라도 사실심변론종결시까지는 청구취지를 확장할 수 있을 뿐만 아니라 그 확장하는 부분에 해당하는 청구를 별소를 제기하여 구할 수도 있다고 보아야 할 것이다. 이와 같은 법리에 의할 때 제소기간 내에 일부 청구임을 명시하여 보상금의 증액에 관한 이 사건 소송을 제기한 원고들로서는 제소기간이 도과한 후에라도 사실심변론종결시까지 나머지 부분의 보상금을 구하는 별소를 제기할 수 있다고 할 것이고, 따라서 원고들에게 청구취지 확장을 위한 항소의 이익을 인정할 필요는 없다 할 것이다(대판 2010.11.11, 2010두14534).

**(2)** 토지소유자 등이 구 「공익사업을 위한 토지 등의 취득 및 보상에 관한 법률」 제85조에서 정한 제소기간 내에 관할 토지수용위원회에서 재결한 보상금의 증감에 대한 소송을 제기한 경우, 같은법 제30조 제3항에서 정한 지연가산 금은 위 제85조에서 정한 제소기간에 구애받지 않고 그 소송절차에서 청구취지 변경 등을 통해 청구할 수 있다

> 구 「공익사업을 위한 토지 등의 취득 및 보상에 관한 법률」(구 공익사업법) 제84조 제1항, 제85조, 제30조 등 관계 법령의 내용, 형식 및 취지를 종합하면, 구 공익사업법 제30조 제3항에서 정한 지연가산금은, 사업시행자가 재결신청의 청구를 받은 때로부터 60일을 경과하여 재결신청을 한 경우 관할 토지수용위원회에서 재결한 보상금(재결 보상금)에 가산하여 토지소유자 및 관계인에게 지급하도록 함으로써, 사업시행자로 하여금 구 공익사업법이 규정하고 있는 기간 이내에 재결신청을 하도록 간접강제함과 동시에 재결신청이 지연된 데에 따른 토지소유자 및 관계인의 손해를 보전하는 성격을 갖는 금원으로, 재결 보상금에 부수하여 구 공익사업법상 인정되는 공법상 청구권이다. 그러므로 제소기간 내에 재결 보상금의 증감에 대한 소송을 제기한 이상, 지연가산금은 구 공익사업법 제85조에서 정한 제소기간에 구애받지 않고 그 소송절차에서 청구취지 변경 등을 통해 청구할 수 있다고 보는 것이 타당하다(대판 2012.12.27, 2010두9457).

**(3)** 「공익사업을 위한 토지 등의 취득 및 보상에 관한 법률」상 피보상자 또는 사업시행자가 여러 보상항목들 중 일부에 대해서만 개별적으로 불복의 사유를 주장하여 행정소송을 제기할 수 있다 ★ 21 국회8급, 21 변호사, 18 국가7급

**최신기출**

> 하나의 재결에서 피보상자별로 여러 가지의 토지, 물건, 권리 또는 영업(손실보상 대상에 해당하는지, 나아가 그 보상 금액이 얼마인지를 심리·판단하는 기초 단위를 보상항목)의 손실에 관하여 심리·판단이 이루어졌을 때, 피보상자 또는 사업시행자가 반드시 재결 전부에 관하여 불복하여야 하는 것은 아니며, 여러 보상항목들 중 일부에 관해서만 불복하는 경우에는 그 부분에 관해서만 개별적으로 불복의 사유를 주장하여 행정소송을 제기할 수 있다. 이러한 보상금 증 감 소송에서 법원의 심판범위는 하나의 재결 내에서 소송당사자가 구체적으로 불복신청을 한 보상항목들로 제한 된다(대판 2018.5.15, 2017두41221).

> 하나의 수용재결에서 여러가지의 토지, 물건, 권리 또는 영업의 손실의 보상에 관하여 심리·판단이 이루어졌을 때, 피보상자는 재결 전부에 관하여 불복하여야 하고 여러 보상항목들 중 일부에 관해서만 개별적으로 불복할 수는 없다. (x)
> ■ 21 국회8급, 18 국가7급

**(4)**

> 법원이 구체적인 불복신청이 있는 보상항목들에 관해서 감정을 실시하는 등 심리한 결과, 재결에서 정한 보상금 액이 일부 보상항목의 경우 과소하고 다른 보상항목의 경우 과다한 것으로 판명된 경우, 보상항목 상호 간의 유용을 허용하여 정당한 보상금을 결정할 수 있다(대판 2018.5.15, 2017두41221).

**(5)**

> 피보상자가 여러 보상항목들에 관해 불복하여 보상금 증액 청구소송을 제기하였으나, 그중 일부 보상항목에 관 해 법원감정액이 재결감정액보다 적게 나온 경우, 피보상자는 해당 보상항목에 관해 불복신청이 이유 없음을 자인하는 진술을 하거나 불복신청을 철회함으로써 해당 보상항목을 법원의 심판범위에서 제외하여 달라는 소송 상 의사표시를 할 수 있고, 사업시행자가 피보상자의 보상금 증액 청구소송을 통해 감액청구권을 실현하려는 기대에서 제소기간 내에 별도의 보상금 감액 청구소송을 제기하지 않았는데 피보상자가 위와 같은 의사표시를 하는 경우, 사업시행자는 법원 감정 결과를 적용하여 과다 부분과 과소 부분을 합산하여 처음 불복신청된 보상항 목들 전부에 관하여 정당한 보상금액을 산정하여 달라는 소송상 의사표시를 할 수 있으며, 이러한 법리는 정반대 상황의 경우에도 마찬가지로 적용된다(대판 2018.5.15, 2017두41221).

# Ⅱ. 주요 소송요건

## 1. 재판관할

### (1) 민사사건을 행정소송 절차로 진행한 경우, 그 자체로 위법하다고 볼 수 없다

> 행정사건의 심리절차는 행정소송의 특수성을 감안하여 행정소송법이 정하고 있는 특칙이 적용될 수 있는 점을 제외하면 심리절차 면에서 민사소송 절차와 큰 차이가 없으므로, 특별한 사정이 없는 한 민사사건을 행정소송 절차로 진행한 것 자체가 위법하다고 볼 수 없다(대판 2018.2.13, 2014두11328).

## 2. 당사자

### (1) 피고적격

#### ① 국가·공공단체 등 권리주체

> 공법상의 권리관계의 확인을 구하는 당사자소송은 그 권리주체인 국가 또는 공공단체 등을 피고로 하여야 하므로 그 권리주체가 아닌 재향군인회장과 국방부장관을 피고로 하여 제기한 소는 부적법하다(대판 1991.1.25, 90누3041).

#### ② 행정소송법상의 당사자소송에 있어서 피고의 지정이 잘못된 경우, 법원이 석명권을 행사하여 피고를 경정하게 하지 않고 바로 소를 각하할 수 없다 ★ 13 변호사

> 행정소송법 소정의 당사자소송에 있어서 원고가 피고를 잘못 지정한 때에는 법원은 원고의 신청에 의하여 결정으로서 피고의 경정을 허가할 수 있는 것이므로(행정소송법 제44조 제1항, 제14조), 원고가 피고를 잘못 지정한 것으로 보이는 경우 법원으로서는 마땅히 석명권을 행사하여 원고로 하여금 정당한 피고로 경정하게 하여 소송을 진행케 하여야 할 것이지, 그러한 조치를 취하지 아니한 채 피고의 지정이 잘못되었다는 이유로 막바로 소를 각하할 것은 아니다(대판 2006.11.9, 2006다23503).

#### ③ 「공익사업을 위한 토지 등의 취득 및 보상에 관한 법률」 제72조에 의한 토지소유자의 토지수용청구를 받아들이지 않은 토지수용위원회의 재결에 대하여 토지소유자가 불복하여 제기하는 소송의 성질은 보상금의 증감에 관한 소송이므로 그 상대방은 사업시행자이다 ★ 18 국가7급, 16 지방7급

> 최신기출 「공익사업을 위한 토지 등의 취득 및 보상에 관한 법률」(토지보상법) 제72조의 문언, 연혁 및 취지 등에 비추어 보면, 위 규정이 정한 수용청구권은 토지보상법 제74조 제1항이 정한 잔여지 수용청구권과 같이 손실보상의 일환으로 토지소유자에게 부여되는 권리로서 그 청구에 의하여 수용효과가 생기는 형성권의 성질을 지니므로, 토지소유자의 토지수용청구를 받아들이지 아니한 토지수용위원회의 재결에 대하여 토지소유자가 불복하여 제기하는 소송은 토지보상법 제85조 제2항에 규정되어 있는 '보상금의 증감에 관한 소송'에 해당하고, 피고는 토지수용위원회가 아니라 사업시행자로 하여야 한다(대판 2015.4.9, 2014두46669).

> 본법 제72조에 의한 사용토지에 대한 수용청구를 받아들이지 아니한 토지수용위원회의 재결에 대하여 토지소유자는 당해 토지수용위원회를 피고로 하여 항고소송을 제기할 수 있다. (×) ■ 16 지방7급

④ 고용·산재보험료 납부의무 부존재확인의 소는 근로복지공단을 피고로 하여 제기하여야 한다

「고용보험 및 산업재해보상보험의 보험료징수 등에 관한 법률」 제4조는 고용보험법 및 산업재해보상보험법에 따른 보험사업에 관하여 이 법에서 정한 사항은 고용노동부장관으로부터 위탁을 받아 근로복지공단이 수행하되, 보험료의 체납관리 등의 징수업무는 국민건강보험공단이 고용노동부장관으로부터 위탁을 받아 수행한다고 규정하고 있다. 따라서 고용·산재보험료의 귀속주체, 즉 사업주가 각 보험료 납부의무를 부담하는 상대방은 근로복지공단이고, 국민건강보험공단은 단지 각 보험료의 징수업무를 수행하는 데에 불과하므로, 고용·산재보험료 납부의무 부존재확인의 소는 근로복지공단을 피고로 하여 제기하여야 한다. 그리고 행정소송법상 당사자소송에서 원고가 피고를 잘못 지정한 때에는 법원은 원고의 신청에 의하여 결정으로써 피고의 경정을 허가할 수 있으므로(행정소송법 제44조 제1항, 제14조), 원고가 피고를 잘못 지정한 것으로 보이는 경우 법원으로서는 마땅히 석명권을 행사하여 원고로 하여금 정당한 피고로 경정하게 하여 소송을 진행하도록 하여야 한다(대판 2016.10.13, 2016다221658).

⑤ 사인을 피고로 하는 당사자소송이 허용된다

**최신판례** 행정소송법 제39조는, "당사자소송은 국가·공공단체 그 밖의 권리주체를 피고로 한다."라고 규정하고 있다. 이것은 당사자소송의 경우 항고소송과 달리 '행정청'이 아닌 '권리주체'에게 피고적격이 있음을 규정하는 것일 뿐, 피고적격이 인정되는 권리주체를 행정주체로 한정한다는 취지가 아니므로, 이 규정을 들어 사인을 피고로 하는 당사자소송을 제기할 수 없다고 볼 것은 아니다(대판 2019.9.9, 2016다262550).

### (2) 협의의 소익

**조세채권의 소멸시효 중단을 위한 재판상 청구에 예외적으로 소의 이익이 있는 경우**

**최신판례** 조세는 국가존립의 기초인 재정의 근간으로서, 세법은 공권력 행사의 주체인 과세관청에 부과권이나 우선권 및 자력집행권 등 세액의 납부와 징수를 위한 상당한 권한을 부여하여 공익성과 공공성을 담보하고 있다. 따라서 조세채권자는 세법이 부여한 부과권 및 자력집행권 등에 기하여 조세채권을 실현할 수 있어 특별한 사정이 없는 한 납세자를 상대로 소를 제기할 이익을 인정하기 어렵다. 다만 납세의무자가 무자력이거나 소재불명이어서 체납처분 등의 자력집행권을 행사할 수 없는 등 구 국세기본법 제28조 제1항이 규정한 사유들에 의해서는 조세채권의 소멸시효 중단이 불가능하고 조세채권자가 조세채권의 징수를 위하여 가능한 모든 조치를 충실히 취하여 왔음에도 조세채권이 실현되지 않은 채 소멸시효기간의 경과가 임박하는 등의 특별한 사정이 있는 경우에는, 그 시효중단을 위한 재판상 청구는 예외적으로 소의 이익이 있다고 봄이 타당하다(대판 2020.3.2, 2017두41771).

## 3. 제소기간

취소소송을 제기하였다가 나중에 당사자소송으로 변경하는 경우에는 행정소송법 제21조 제4항, 제14조 제4항에 따라 처음부터 당사자소송을 제기한 것으로 보아야 하므로 당초의 취소소송이 적법한 기간 내에 제기된 경우에는 당사자소송의 제소기간을 준수한 것으로 보아야 할 것이다(대판 1992.12.24, 92누3335).

## 4. 관련청구의 병합

### (1) 행정소송법 제44조, 제10조에 의한 관련청구소송의 병합은 본래의 당사자소송이 적법함을 요건으로 한다
★ 13 지방9급

행정소송법 제44조, 제10조에 의한 관련청구소송의 병합은 본래의 당사자소송이 적법할 것을 요건으로 하는 것이어서 본래의 당사자소송이 부적법하여 각하되면 그에 병합된 관련청구도 소송요건을 흠결한 부적합한 것으로 각하되어야 한다(대판 2011.9.29, 2009두10963).

(2) 甲에게서 주택 등 신축 공사를 수급한 乙이 사업주를 甲으로 기재한 甲 명의의 고용보험·산재보험관계성립신고서를 근로복지공단에 작성·제출하여 甲이 고용·산재보험료 일부를 납부하였고, 국민건강보험공단이 甲에게 나머지 보험료를 납부할 것을 독촉하였는데, 甲이 국민건강보험공단을 상대로 이미 납부한 보험료는 부당이득으로서 반환을 구하고 국민건강보험공단이 납부를 독촉하는 보험료채무는 부존재확인을 구하는 소를 제기한 사안에서, 원심법원인 인천지방법원 합의부는 사건을 관할법원인 서울고등법원에 이송했어야 옳다고 한 사례

> 이는 행정소송인 공법상 당사자소송과 행정소송법 제10조 제2항, 제44조 제2항에 규정된 관련청구소송으로서 부당이득반환을 구하는 민사소송이 병합하여 제기된 경우에 해당하므로, 원심법원인 인천지방법원 합의부는 항소심으로서 민사소송법 제34조 제1항, 법원조직법 제28조 제1호에 따라 사건을 관할법원인 서울고등법원에 이송했어야 옳다고 한 사례(대판 2016.10.13, 2016다221658).

## 5. 소의 변경

(1) 법원이 국가·공공단체 그 밖의 권리주체를 피고로 하는 당사자소송을 그 처분 등을 한 행정청을 피고로 하는 항고소송으로 변경하는 것이 타당하다고 인정할 경우, 원칙적으로 소의 변경을 허가할 수 있다

> [최신판례] 법원은 국가·공공단체 그 밖의 권리주체를 피고로 하는 당사자소송을 그 처분 등을 한 행정청을 피고로 하는 항고소송으로 변경하는 것이 타당하다고 인정할 때에는 청구의 기초에 변경이 없는 한 사실심 변론종결 시까지 원고의 신청에 의하여 결정으로써 소의 변경을 허가할 수 있다(행정소송법 제42조, 제21조)(대판 2021.12.16, 2019두45944).

(2) 원고가 고의 또는 중대한 과실 없이 항고소송으로 제기해야 할 것을 당사자소송으로 잘못 제기한 경우, 법원이 취할 조치

> [최신판례] 다만 원고가 고의 또는 중대한 과실 없이 항고소송으로 제기해야 할 것을 당사자소송으로 잘못 제기한 경우에, 항고소송의 소송요건을 갖추지 못했음이 명백하여 항고소송으로 제기되었더라도 어차피 부적법하게 되는 경우가 아닌 이상, 법원으로서는 원고가 항고소송으로 소 변경을 하도록 석명권을 행사하여 행정청의 처분이나 부작위가 적법한지 여부를 심리·판단해야 한다(대판 2021.12.16, 2019두45944).

## 6. 소제기의 효과

현저한 손해를 피하기 위해 필요한 경우, 사업시행자가 행정소송법 제8조 제2항, 민사집행법 제300조 제2항에 따라 '임시의 지위를 정하기 위한 가처분'을 신청할 수 있다 ★ 21·16 국가7급, 21 국회9급, 18 지방7급

> [최신기출] [최신판례] 당사자소송에 대하여는 행정소송법 제8조 제2항에 따라 민사집행법상 가처분에 관한 규정이 준용되므로, 사업시행자는 민사집행법 제300조 제2항에 따라 현저한 손해를 피하기 위해 필요한 경우 '임시의 지위를 정하기 위한 가처분'을 통하여 공익사업을 신속하고 원활하게 수행할 수 있다(대판 2019.9.9, 2016다262550).

당사자소송에 대하여는 「행정소송법」의 집행정지에 관한 규정이 준용되지 아니하므로, 「민사집행법」상 가처분에 관한 규정 역시 준용되지 아니한다. (x) ■ 18 지방7급
당사자소송에 대하여는 「민사집행법」상 가처분에 관한 규정을 적용할 수 없다. (x) ■ 21 국회9급

## Ⅲ. 심리절차

**민간투자사업 실시협약을 체결한 당사자가 공법상 당사자소송에 의하여 그 실시협약에 따른 재정지원금의 지급을 구하는 경우, 수소법원이 심리·판단하여야 하는 범위**

> **최신판례** 민간투자사업 실시협약을 체결한 당사자가 공법상 당사자소송에 의하여 그 실시협약에 따른 재정지원금의 지급을 구하는 경우에, 수소법원은 단순히 주무관청이 재정지원금액을 산정한 절차 등에 위법이 있는지 여부를 심사하는 데 그쳐서는 아니 되고, 실시협약에 따른 적정한 재정지원금액이 얼마인지를 구체적으로 심리·판단하여야 한다(대판 2019.1.31, 2017두46455).

## Ⅳ. 판결 - 가집행선고

국가를 상대로 하는 당사자소송의 경우에는 가집행선고를 할 수 없다(행정소송법 제43조). 같은 내용의 규정을 둔 「소송촉진 등에 관한 특례법」 제6조 제1항 단서가 위헌으로 결정된 사실을 볼 때(헌재결 1989.1.25, 88헌가7), 이 조항 역시 위헌의 소지가 농후하다는 비판이 제기되었다. 2022년 2월 24일 헌법재판소는 해당 조항이 평등원칙에 위배되어 위헌이라고 결정함으로써 논란이 종결됐다.

### 1. 국가를 상대로 하는 당사자소송의 경우에는 가집행선고를 할 수 없다고 규정한 행정소송법 제43조는 평등원칙에 위배된다(위헌)

> **최신판례** 심판대상조항은 재산권의 청구에 관한 당사자소송 중에서도 피고가 공공단체 그 밖의 권리주체인 경우와 국가인 경우를 다르게 취급한다. 가집행의 선고는 불필요한 상소권의 남용을 억제하고 신속한 권리실행을 하게 함으로써 국민의 재산권과 신속한 재판을 받을 권리를 보장하기 위한 제도이고, 당사자소송 중에는 사실상 같은 법률조항에 의하여 형성된 공법상 법률관계라도 당사자를 달리 하는 경우가 있다. 동일한 성격인 공법상 금전지급 청구소송임에도 피고가 누구인지에 따라 가집행선고를 할 수 있는지 여부가 달라진다면 상대방 소송 당사자인 원고로 하여금 불합리한 차별을 받도록 하는 결과가 된다. 재산권의 청구가 공법상 법률관계를 전제로 한다는 점만으로 국가를 상대로 하는 당사자소송에서 국가를 우대할 합리적인 이유가 있다고 할 수 없고, 집행가능성 여부에 있어서도 국가와 지방자치단체 등이 실질적인 차이가 있다고 보기 어렵다는 점에서, 심판대상조항은 국가가 당사자소송의 피고인 경우 가집행의 선고를 제한하여, 국가가 아닌 공공단체 그 밖의 권리주체가 피고인 경우에 비하여 합리적인 이유 없이 차별하고 있으므로 평등원칙에 반한다(헌재결 2022.2.24, 2020헌가12).

### 2. 공법상 당사자소송에서 재산권의 청구를 인용하는 판결을 하는 경우, 가집행선고를 할 수 있다(사업시행자인 서울시가 환매권자를 상대로 한 가집행) ★ 20 지방7급, 17 서울7급

> **최신기출** 행정소송법 제8조 제2항에 의하면 행정소송에도 민사소송법의 규정이 일반적으로 준용되므로 법원으로서는 공법상 당사자소송에서 재산권의 청구를 인용하는 판결을 하는 경우 가집행선고를 할 수 있다(대판 2000.11.28, 99두3416).

# 제4항 객관적 소송

## 1. 행정청이 한 여론조사의 무효확인을 구하는 소송은 부정

> 행정소송법 제45조는 민중소송 및 기관소송은 법률이 정한 경우에 법률이 정한 자에 한하여 제기할 수 있다고 규정하고 있고, 행정이 주민의 여론을 조사한 행위에 대하여는 법상 소로서 그 시정을 구할 수 있는 아무런 규정이 없으며, 행정소송법 제46조는 법률에서 민중소송을 허용하고 있는 경우에 그 재판절차를 규정한 것에 불과하므로, 원심이 여론조사의 무효확인을 구하는 소송을 각하한 것은 정당하다(대판 1996.1.23, 95누12736).

## 2. 공직선거법 제222조와 제224조에서 규정하고 있는 선거소송은 행정소송법 제3조 제3호에서 규정한 민중소송에 해당한다

> 공직선거법 제222조와 제224조에서 규정하고 있는 선거소송은 집합적 행위로서의 선거에 관한 쟁송으로서 선거라는 일련의 과정에서 선거에 관한 규정을 위반한 사실이 있고, 그로써 선거의 결과에 영향을 미쳤다고 인정하는 때에 선거의 전부나 일부를 무효로 하는 소송이다. 이는 선거를 적법하게 시행하고 그 결과를 적정하게 결정하도록 함을 목적으로 하므로, 행정소송법 제3조 제3호에서 규정한 민중소송 즉 국가 또는 공공단체의 기관이 법률을 위반한 행위를 한 때에 직접 자기의 법률상 이익과 관계없이 그 시정을 구하기 위하여 제기하는 소송에 해당한다(대판 2016.11.24, 2016수64).

## 3. 법원에서 선거관리위원회의 특정한 선거사무 집행 방식이 위법하지 아니하다는 분명한 판단이 내려졌음에도 앞서 배척되어 법률상 받아들여질 수 없음이 명백한 이유를 들어 실질적으로 같은 내용의 선거소송을 거듭 제기하는 것은 원칙적으로 허용되지 않는다

> 재판청구권의 행사도 상대방의 보호 및 사법기능의 확보를 위하여 신의성실의 원칙에 의하여 제한될 수 있다. 선거관리위원회의 특정한 선거사무 집행 방식이 위법함을 들어 선거소송을 제기하는 경우, 이미 법원에서 특정한 선거사무 집행 방식이 위법하지 아니하다는 분명한 판단이 내려졌음에도 앞서 배척되어 법률상 받아들여질 수 없음이 명백한 이유를 들어 실질적으로 같은 내용의 선거소송을 거듭 제기하는 것은 상대방인 선거관리위원회의 업무를 방해하는 결과가 되고, 나아가 사법자원을 불필요하게 소모시키는 결과로도 되므로, 그러한 제소는 특별한 사정이 없는 한 신의성실의 원칙을 위반하여 소권을 남용하는 것으로서 허용될 수 없다(대판 2016.11.24, 2016수64).

## 4. 공직선거법상 개표사무를 보조하기 위하여 투표지를 유·무효별 또는 후보자별로 구분하거나 계산에 필요한 기계장치 또는 전산조직을 이용하는 것이 적법한 개표 방식으로서 선거무효사유가 될 수 없다는 법리는 공직선거법에 동일한 내용이 규정된 2014.1.17. 이후에도 동일하게 적용된다

> 공직선거법상 개표사무를 보조하기 위하여 투표지를 유·무효별 또는 후보자별로 구분하거나 계산에 필요한 기계장치 또는 전산조직을 이용하는 것은 공직선거법에 명시적인 근거 규정이 신설된 2014.1.17. 이전에도 공직선거법 제178조 제4항, 구 공직선거관리규칙 제99조 제3항을 근거로 한 적법한 개표 방식으로서, 「공직선거 및 선거부정방지법」 부칙 제5조에 위배되는 등 선거무효사유가 될 수 없다는 점에 대한 대법원의 명시적인 판단이 있었으므로, 동일한 내용이 중앙선거관리위원회규칙이 아니라 공직선거법에 규정된 2014.1.17. 이후에도 이러한 법리가 동일하게 적용될 것이라는 점은 명백하다(대판 2016.11.24, 2016수64).